D1694904

Ohly / Sosnitza
Gesetz gegen den unlauteren Wettbewerb

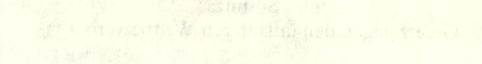

Gesetz gegen den unlauteren Wettbewerb

mit Preisangabenverordnung

Kommentar

von

Dr. Ansgar Ohly
o. Professor an der Ludwig-Maximilians-Universität München,
LL. M. (Cambridge) Visiting Professor an der University of Oxford

Dr. Olaf Sosnitza
o. Professor an der Universität Würzburg, Richter am Oberlandesgericht a. D.

begründet von
Helmut Köhler und Henning Piper

6., neu bearbeitete Auflage 2014

C.H.BECK

Es haben bearbeitet

Prof. Dr. Ansgar Ohly
Einführung Teil A–D
§ 4 Nrn 7–11, §§ 6–10, 17–20

Prof. Dr. Olaf Sosnitza
§§ 1, 2, 3, Anh zu § 3, 4 Nrn 1–6, §§ 5, 5a, 11–16 UWG, PAngV

Zitiervorschlag

Ohly/*Sosnitza* § 2 Rn 94
Ohly/Sosnitza Einf C Rn 12

www.beck.de

ISBN 978 3 406 64947 9

© 2014 Verlag C.H. Beck oHG
Wilhelmstraße 9, 80801 München
Druck: Druckerei C.H. Beck, Nördlingen
Wilhelmstraße 9, 80801 München

Satz: Jung Crossmedia Publishing GmbH
Gewerbestraße 17, 35633 Lahnau

Gedruckt auf säurefreiem, alterungsbeständigem Papier
(hergestellt aus chlorfrei gebleichtem Zellstoff)

Vorwort

Seit dem Erscheinen der Vorauflage im Jahre 2010 haben sich zwar die gesetzgeberischen Aktivitäten auf dem Gebiet des Lauterkeitsrechts in Grenzen gehalten, doch ist die Materie gleichwohl nach wie vor im Fluss. Die verbraucherschützenden Teile des Lauterkeitsrechts werden zunehmend durch das Unionsrecht geprägt, zumal der Europäische Gerichtshof vermehrt die Gelegenheit erhält, die Richtlinie über unlautere Geschäftspraktiken auszulegen. Deutliche Entwicklungen sind auch an der Schnittstelle zwischen UWG und Internetrecht zu verzeichnen, etwa bei der Haftung von Intermediären für die Verletzung von Verkehrspflichten. Auch das Schrifttum gewinnt beständig an Umfang und Differenzierungsgrad, nicht zuletzt wegen der erstaunlichen und ständig zunehmenden Anzahl an Kommentaren zum UWG.

Unser Ziel ist es, diesen Entwicklungen angemessen Rechnung zu tragen und vor allem die Rechtsprechung auf europäischer wie auch auf nationaler Ebene möglichst umfassend darzustellen und zu verarbeiten. Auch wenn ein Kurzkommentar nicht allen Verästelungen des Meinungsstandes im Schrifttum gerecht werden kann, versuchen wir doch, die aus unserer Sicht wesentlichen Literaturansichten konzise abzubilden und uns mit ihnen auseinanderzusetzen. Besonderes Augenmerk haben wir dabei auf die unionsrechtlichen Einflüsse und auf unlautere Praktiken in den neuen Medien gelegt. Bereits berücksichtigt ist außerdem das Gesetz gegen unseriöse Geschäftspraktiken. Anregungen und Kritik der Leser sind wie immer herzlich willkommen (ansgar.ohly@jura.uni-muenchen.de; olaf.sosnitza@uni-wuerzburg.de). Dank schulden wir wiederum den Mitarbeitern unserer Lehrstühle für ihre Hilfe bei der Recherche, Überprüfung, Erstellung des Manuskripts und Korrektur.

Rechtsprechung und Literatur sind bis Mitte September 2013 berücksichtigt. Spätere Entwicklungen konnten teilweise noch in den Korrekturen berücksichtigt werden.

München und Würzburg im Dezember 2013   Ansgar Ohly
Olaf Sosnitza

Inhaltsverzeichnis

Vorwort V
Abkürzungsverzeichnis IX
Literaturverzeichnis XIX

A. Gesetzestext

1. Gesetz gegen den unlauteren Wettbewerb (UWG) 1
2. Preisangabenverordnung (PAngV) 15

B. Kommentar

1. Gesetz gegen den unlauteren Wettbewerb (UWG)

Einführung 23

Kapitel 1. Allgemeine Bestimmungen

§ 1	Zweck des Gesetzes	153
§ 2	Definitionen	162
§ 3	Verbot unlauterer geschäftlicher Handlungen	201
Anhang (zu § 3 Absatz 3)		235
§ 4	Beispiele unlauterer geschäftlicher Handlungen	262
§ 5	Irreführende geschäftliche Handlungen	556
§ 5a	Irreführung durch Unterlassen	747
§ 6	Vergleichende Werbung	762
§ 7	Unzumutbare Belästigungen	805

Kapitel 2. Rechtsfolgen

§ 8	Beseitigung und Unterlassung	853
§ 9	Schadensersatz	929
§ 10	Gewinnabschöpfung	946
§ 11	Verjährung	955

Kapitel 3. Verfahrensvorschriften

§ 12	Anspruchsdurchsetzung, Veröffentlichungsbefugnis, Streitwertminderung	971
§ 13	Sachliche Zuständigkeit	1046
§ 14	Örtliche Zuständigkeit	1049
§ 15	Einigungsstellen	1054

Kapitel 4. Straf- und Bußgeldvorschriften

§ 16	Strafbare Werbung	1061
Vorbemerkungen vor §§ 17–19 [Schutz von Unternehmensgeheimnissen]		1075
§ 17	Verrat von Geschäfts- und Betriebsgeheimnissen	1081
§ 18	Verwertung von Vorlagen	1105
§ 19	Verleiten und Erbieten zum Verrat	1109
§ 20	Bußgeldvorschriften	1110

Inhaltsverzeichnis

2. Preisangabenverordnung (PAngV)

Einführung	1113
§ 1 Grundvorschriften	1124
§ 2 Grundpreis	1148
§ 3 Elektrizität, Gas, Fernwärme und Wasser	1150
§ 4 Handel	1151
§ 5 Leistungen	1154
§ 6 Kredite	1158
§ 6a Werbung für Kreditverträge	1163
§ 6b Überziehungsmöglichkeiten	1166
§ 7 Gaststätten, Beherbergungsbetriebe	1166
§ 8 Tankstellen, Parkplätze	1169
§ 9 Ausnahmen	1171
§ 10 Ordnungswidrigkeiten	1179

C. Weitere Gesetzestexte

I. Gemeinschaftsrecht

1. Richtlinie 2005/29/EG des Europäischen Parlaments und des Rates über unlautere Geschäftspraktiken von Unternehmen gegenüber Verbrauchern im Binnenmarkt und zur Änderung der Richtlinie 84/450/EWG des Rates, der Richtlinien 97/7/EG, 98/27/EG und 2002/65/EG des Europäischen Parlaments und des Rates sowie der Verordnung (EG) Nr. 2006/2004 des Europäischen Parlaments und des Rates (Richtlinie über unlautere Geschäftspraktiken) (Auszug) ... 1183
2. Richtlinie 2006/114/EG des Europäischen Parlaments und des Rates über irreführende und vergleichende Werbung ... 1202
3. Richtlinie 2000/31/EG des Europäischen Parlaments und des Rates über bestimmte rechtliche Aspekte der Dienste der Informationsgesellschaft, insbesondere des elektronischen Geschäftsverkehrs, im Binnenmarkt (Richtlinie über den elektronischen Geschäftsverkehr) ... 1209
4. Richtlinie 2002/58/EG des Europäischen Parlaments und des Rates über die Verarbeitung personenbezogener Daten und den Schutz der Privatsphäre in der elektronischen Kommunikation (Auszug) ... 1232

II. Deutsches Recht

5. Gesetz über den Verkehr mit Arzneimitteln (Arzneimittelgesetz – AMG) (Auszug) ... 1237
6. Gesetz über die Werbung auf dem Gebiete des Heilwesens (Heilmittelwerbegesetz – HWG) ... 1239
7. Lebensmittel-, Bedarfsgegenstände- und Futtermittelgesetzbuch (Lebensmittel- und Futtermittelgesetzbuch – LFGB) (Auszug) ... 1247
8. Telemediengesetz (TMG) ... 1249
9. Gesetz über Unterlassungsklagen bei Verbraucherrechts- und anderen Verstößen (Unterlassungsklagengesetz – UKlaG) ... 1259

Sachverzeichnis ... 1267

Abkürzungsverzeichnis

aA	anderer Ansicht
aaO	am angegebenen Ort
Abk	Abkommen
ABl	Amtsblatt
ABl EG	Amtsblatt der Europäischen Gemeinschaften (Band, Jahr, Seite)
abgedr	abgedruckt
abl	ablehnend
Abs	Absatz
Abschn	Abschnitt
abw	abweichend
AcP	Archiv für die civilistische Praxis (Band, Jahr, Seite)
aE	am Ende
aF	alte Fassung
AfP	Archiv für Presserecht (Jahr, Seite)
AG	Amtsgericht; Aktiengesellschaft; „Die Aktiengesellschaft" (Jahr, Seite)
AGB	Allgemeine Geschäftsbedingungen
AgV	Arbeitsgemeinschaft der Verbraucherverbände
AktG	Aktiengesetz
allg	allgemein
allgM	allgemeine Meinung
aM	anderer Meinung
AMG	Gesetz über den Verkehr mit Arzneimitteln (Arzneimittelgesetz)
Amtl Begr	amtliche Begründung
ÄndG	Änderungsgesetz
Anh	Anhang
Anl	Anlage
Anm	Anmerkung
AnwBl	Anwaltsblatt
AO	Abgabenordnung
AöR	Archiv des öffentlichen Rechts (Band, Seite)
AP	Arbeitsrechtliche Praxis, Nachschlagewerk des Bundesarbeitsgerichts
ApBetrO	Apothekenbetriebsordnung
ApoG	Gesetz über das Apothekenwesen (Apothekengesetz)
ARB	Allgemeine Bedingungen für die Rechtsschutzversicherung
ArbG	Arbeitsgericht
ArbGG	Arbeitsgerichtsgesetz
Art	Artikel
Aufl	Auflage
AÜG	Arbeitnehmerüberlassungsgesetz
ausf	ausführlich
AVMD-RL	Richtlinie 2010/13/EU über audiovisuelle Medien
AWD	Außenwirtschaftsdienst des Betriebsberaters (Jahr, Seite)
AWG	Außenwirtschaftsgesetz
Az	Aktenzeichen
AZG	Arbeitszeitgesetz
BAG	Bundesarbeitsgericht
BAGE	Entscheidungen des BAG (Band, Seite)
BAnz	Bundesanzeiger

Abkürzungsverzeichnis

BÄO	Bundesärzteordnung
BayAnwGH	Bayerischer Anwaltsgerichtshof
BayGO	Bayerische Gemeindeordnung
BayObLG	Bayerisches Oberstes Landesgericht
BB	Betriebs-Berater (Jahr, Seite)
BB (AWD)	Der Betriebsberater, Außenwirtschaftsdienst (Jahr, Seite)
Bd	Band
BDSG	Bundesdatenschutzgesetz
Begr RegE/Entw	Begründung des Regierungsentwurfs
Bek	Bekanntmachung
Bekl	Beklagter
ber	berichtigt
Beschl	Beschluss
betr	betreffend
BetrVG	Betriebsverfassungsgesetz
BFH	Bundesfinanzhof
BFHE	Entscheidungen des Bundesfinanzhofs (Band, Seite)
BGB	Bürgerliches Gesetzbuch
BGB-InfoV	Verordnung über Informations- und Nachweispflichten nach bürgerlichem Recht (BGB-Informationspflichten-Verordnung)
BGBl	Bundesgesetzblatt
BGH	Bundesgerichtshof
BGHR	Rechtsprechung des BGH in Zivil- und Strafsachen (Entscheidungssammlung)
BGH-Rep	BGH-Report (Jahr, Seite)
BGHSt	Entscheidungen des Bundesgerichtshofs in Strafsachen (Band, Seite)
BGHZ	Entscheidungen des Bundesgerichtshofs in Zivilsachen (Band, Seite)
BJM	Bundesminister der Justiz, Bundesministerium der Justiz
BKartA	Bundeskartellamt
BliWaG	Blindenwarenvertriebsgesetz
BlPMZ	Blatt für Patent-, Muster- und Zeichensachen (Jahr, Seite)
BNotO	Bundesnotarordnung
BO	Berufsordnung
BOÄ	Bundesärzteordnung
BOKraft	Verordnung über den Betrieb von Kraftfahrunternehmen im Personenverkehr
BORA	Berufsordnung für Rechtsanwälte
BOStB	Berufsordnung für Steuerberater
BPatG	Bundespatentgericht
BPatGE	Entscheidungen des BPatG
BR	Bundesrat
BRAO	Bundesrechtsanwaltsordnung
BR-Drucks	Bundesrats-Drucksache
BSG	Bundessozialgericht
BSGE	Entscheidungen des Bundessozialgerichts (Band, Seite)
Bspr, bespr	Besprechung, besprochen
BStBl	Bundessteuerblatt
BT	Bundestag
BTÄO	Bundestierärzteordnung
BT-Drucks	Bundestagsdrucksache
BVerfG	Bundesverfassungsgericht
BVerfGE	Entscheidungen des BVerfG (Band, Seite)
BVerfGG	Bundesverfassungsgerichtsgesetz
BVerwG	Bundesverwaltungsgericht

Abkürzungsverzeichnis

BVerwGE	Entscheidungen des BVerwG (Band, Seite)
BWM	Bundesminister für Wirtschaft
CC	Code Civil
ChemG	Chemikaliengesetz
CR	Computer und Recht (Jahr, Seite)
DB	Der Betrieb (Jahr, Seite)
DBGM	Deutsches Bundesgebrauchsmuster
DBP	Deutsches Bundespatent
ders	derselbe
dgl	dergleichen
diff, differenz	differenzierend
DIGH	Deutsches Institut zum Schutz geographischer Herkunftsangaben e. V.
Diss	Dissertation
DIHT	Deutscher Industrie- und Handelstag
DJ	Deutsche Justiz (Jahr, Seite)
DJZ	Deutsche Juristenzeitung (Jahr, Seite)
DLR	Deutsche Lebensmittelrundschau (Jahr, Seite)
DÖV	Die öffentliche Verwaltung (Jahr, Seite)
DPMA	Deutsches Patent- und Markenamt, München
DRiG	Deutsches Richtergesetz
DRiZ	Deutsche Richterzeitung (Jahr, Seite)
Drucks	Drucksache
DRZ	Deutsche Rechtszeitschrift (Jahr, Seite)
DSW	Deutscher Schutzverband gegen Wirtschaftskriminalität
DVBl	Deutsches Verwaltungsblatt (Jahr, Seite)
DVO	Durchführungsverordnung
DW	Der Wettbewerb (Jahr, Nummer, Seite)
E, Entw	Entwurf
ECRL	E-Commerce-Richtlinie
EG	Europäische Gemeinschaften; EG-Vertrag
EGBGB	Einführungsgesetz zum BGB
EGMR	Europäischer Gerichtshof für Menschenrechte
EGStGB	Einführungsgesetz zum StGB
EGV	Vertrag zur Gründung der Europäischen Gemeinschaften
Einf	Einführung
Einl	Einleitung
EIPR	European Intellectual Property Law Review (Jahr, Seite)
EKMR	Europäische Kommission für Menschenrechte
EMRK	Europäische Konvention für Menschenrechte
endg	endgültig
Entsch	Entscheidung, Entscheidungen
entspr	entsprechend
Entw	Entwurf
Erg	Ergebnis
Erl	Erläuterung
ErstrG	Gesetz über die Erstreckung von gewerblichen Schutzrechten (Erstreckungsgesetz)
EU	Europäische Union
EuG	Gericht erster Instanz der Europäischen Gemeinschaften
EuGH	Gerichtshof der Europäischen Gemeinschaften
EuGHE	Entscheidungen des EuGH (Band, Seite)

Abkürzungsverzeichnis

EuGH Slg	Amtliche Sammlung der Entscheidungen des EuGH (Band, Seite)
EuGVÜ	Übereinkommen der Europäisches Gemeinschaften über die gerichtliche Zuständigkeit und die Vollstreckung gerichtlicher Entscheidungen in Zivil- und Handelssachen (jetzt EuGVVO)
EuGVVO	Verordnung (EG) Nr 44/2001 des Rates über die gerichtliche Zuständigkeit und die Anerkennung und Vollstreckung von Entscheidungen in Zivil- und Handelssachen
EuR	Europarecht (Jahr, Seite)
EuV	Vertrag über die Europäische Union
EuZW	Europäische Zeitschrift für Wirtschaftsrecht (Jahr, Seite)
eV	einstweilige Verfügung; eingetragener Verein
EWG	Europäische Wirtschaftsgemeinschaft
EWGV	Vertrag zur Gründung der Europäischen Wirtschaftsgemeinschaft
EWiR	Entscheidungen zum Wirtschaftsrecht
EWR	Vertrag über einen einheitlichen Wirtschaftsraum
EWS	Europäisches Wirtschafts- und Steuerrecht (Jahr, Seite)
f, ff	folgende
FAG	Fernmeldeanlagengesetz
FAO	Fachanwaltsordnung
FG	Festgabe
FGG	Gesetz über die Angelegenheiten der freiwilligen Gerichtsbarkeit
Fn	Fußnote
fr	früher
FS	Festschrift
G, Ges	Gesetz
GA Wettb	Gutachterausschuß für Wettbewerbsfragen (Nr/Jahr)
GaststG	Gaststättengesetz
GATT	General Agreement on Tariffs and Trade
GBl	Gesetzblatt
GbR	Gesellschaft bürgerlichen Rechts
geä, geänd	geändert
GebrMG	Gebrauchsmustergesetz
gem	gemäß
GeschmMG	Geschmacksmustergesetz
GewA	Gewerbearchiv (Jahr, Seite)
GewO	Gewerbeordnung
GG	Grundgesetz der Bundesrepublik Deutschland
ggf	gegebenenfalls
GjS	Gesetz über die Verbreitung jugendgefährdender Schriften
GK	Großkommentar
GKG	Gerichtskostengesetz
glA	gleicher Ansicht
GmbH	Gesellschaft mit beschränkter Haftung
GmbHR	GmbH-Rundschau (Band, Seite)
GMBl	Gemeinsames Ministerialblatt
GmS-OGB	Gemeinsamer Senat der obersten Gerichtshöfe des Bundes
GO	Gemeindeordnung
GOÄ	Gebührenordnung für Ärzte
GOZ	Gebührenordnung für Zahnärzte
grds	grundsätzlich
GRUR	Gewerblicher Rechtsschutz und Urheberrecht (Jahr, Seite)

Abkürzungsverzeichnis

GRUR Int	Gewerblicher Rechtsschutz und Urheberrecht – Auslands- und internationaler Teil (Jahr, Seite)
GRUR-RR	GRUR-Rechtsprechungs-Report
GSSt	Großer Senat für Strafsachen des RG oder des BGH
GSZ	Großer Senat für Zivilsachen des RG oder des BGH
GüKG	Güterkraftverkehrsgesetz
GVBl	Gesetz- und Verordnungsblatt
GVG	Gerichtsverfassungsgesetz
GWB	Gesetz gegen Wettbewerbsbeschränkungen (Kartellgesetz)
hA	herrschende Ansicht
Halbs	Halbsatz
HandwO	Handwerksordnung
Hdb	Handbuch
HDE	Hauptgemeinschaft des deutschen Einzelhandels
HdSW	Handwörterbuch der Sozialwissenschaften
HGB	Handelsgesetzbuch
hL	herrschende Lehre
hM	herrschende Meinung
HOAI	Honorarordnung für Architekten und Ingenieure
HPG	Heilpraktikergesetz
HRefG	Handelsrechtsreformgesetz
HRR	Höchstrichterliche Rechtsprechung
Hrsg	Herausgeber
hrsg	herausgegeben
Hs	Halbsatz
HWG	Gesetz über Werbung auf dem Gebiet des Heilwesens
HWiG	Gesetz über den Widerruf von Haustürgeschäften und ähnlichen Geschäften
ICLQ	International and Comparative Law Quarterly (Jahr, Seite)
idF	in der Fassung
idR	in der Regel
ieS	im engeren Sinne
IHK	Industrie- und Handelskammer
IIC	International Review of Intellectual Property and Competition Law (Jahr, Seite)
insbes	insbesondere
InsO	Insolvenzordnung
IPrax	Praxis des Internationalen Privat- und Verfahrensrechts (Jahrgang, Seite)
iS	im Sinne
IuKDG	Gesetz zur Regelung der Rahmenbedingungen für Informations- und Kommunikationsdienste
iV(m)	in Verbindung (mit)
iwS	im weiteren Sinne
iZw	im Zweifel
JA	Juristische Arbeitsblätter (Jahr, Seite)
Jb	Jahrbuch
JMBl, JMinBl	Justizministerialblatt (Jahr, Seite)
JMStV	Jugendmedienschutz-Staatsvertrag
JÖSchG	Gesetz zum Schutz der Jugend in der Öffentlichkeit
JR	Juristische Rundschau (Jahr, Seite)
jur	juris

Abkürzungsverzeichnis

JurA	Juristische Analysen (Jahr, Seite)
JuS	Juristische Schulung (Jahr, Seite)
JW	Juristische Wochenschrift (Jahr, Seite)
JZ	Juristenzeitung (Jahr, Seite)
K	Kommunikation und Recht (Jahr, Seite)
Kap	Kapitel
KartVO	Kartellverordnung
KG	Kammergericht, Kommanditgesellschaft
KGaA	Kommanditgesellschaft auf Aktien
Komm	Kommentar
krit	kritisch
KUG	Gesetz betreffend das Urheberrecht an Werken der bildenden Künste und der Photographie
KWG	Gesetz über das Kreditwesen (Kreditwesengesetz)
LadSchlG	Ladenschlussgesetz
LAG	Landesarbeitsgericht
LFGB	Lebensmittel- und Futtermittelgesetzbuch
LG	Landgericht
lit	litera
LKartBeh	Landeskartellbehörde
LM	Lindenmaier/Möhring, Nachschlagewerk des BGH
LMBG	Gesetz über den Verkehr mit Lebensmitteln, Tabakerzeugnissen, kosmetischen Mitteln und sonstigen Bedarfsgegenständen (Lebensmittel- und Bedarfsgegenständegesetz)
LMKV	Lebensmittelkennzeichnungsverordnung
LPrG	Landespressegesetz
LRE	Lebensmittelrechtliche Entscheidungen
LS, Ls	Leitsatz
LSG	Landessozialgericht
LT-Drucks	Landtagsdrucksache
LUA	Lissabonner Abkommen über den Schutz von Ursprungsbezeichnungen und ihre internationale Registrierung
LUG	Gesetz betreffend das Urheberrecht an Werken der Literatur und der Tonkunst
MA	Der Markenartikel (Jahr, Seite)
MAH	Münchener Anwaltshandbuch
MarkenG	Markengesetz
MBl	Ministerialblatt
MBO-Ä	Musterberufsordnung für die deutschen Ärztinnen und Ärzte
MD	Magazindienst des Verbandes Sozialer Wettbewerb
MDR	Monatsschrift für Deutsches Recht (Jahr, Seite)
MDStV	Mediendienste-Staatsvertrag
MedR	Medizinrecht (Jahr, Seite)
MHA	Madrider Herkunftsabkommen
Mitt	Mitteilungen; Mitteilungen der deutschen Patentanwälte (Jahr, Seite)
MittBl, MBl	Mitteilungsblatt der deutschen Vereinigung für gewerblichen Rechtsschutz und Urheberrecht (Jahr, Seite)
MMA	Madrider Markenabkommen
MMR	Multimedia und Recht (Jahr, Seite)
mN	mit Nachweisen
MPG	Medizinproduktegesetz

Abkürzungsverzeichnis

MTVO	Mineral- und Tafelwasserverordnung
MüKo	Münchener Kommentar zum Bürgerlichen Gesetzbuch
MüKoUWG	Münchener Kommentar zum Lauterkeitsrecht
MuR	Medien- und Recht (Jahr, Seite)
MuW	Markenschutz und Wettbewerb (Band bzw Jahr, Seite)
mwN	mit weiteren Nachweisen
Nachw	Nachweis
nF	neue Fassung
NJW	Neue Juristische Wochenschrift (Jahr, Seite)
NJW-CoR	NJW-Computerreport (Jahr, Seite)
NJW-RR	NJW-Rechtsprechungs-Report Zivilrecht (Jahr, Seite)
NJW-WettbR	NJW-Entscheidungsdienst Wettbewerbsrecht (Jahr, Seite)
Nr	Nummer
NRWGO	Gemeindeordnung von Nordrhein-Westfalen
NStZ	Neue Zeitschrift für Strafrecht
NZA	Neue Zeitschrift für Arbeits- und Sozialrecht (Jahr, Seite)
oä	oder ähnlich
ÖBl	Österreichische Blätter für gewerblichen Rechtsschutz und Urheberrecht (Jahr, Seite)
ÖJZ	Österreichische Juristenzeitung
ÖOGH	Österreichischer Oberster Gerichtshof
ÖUWG	Österreichisches Gesetz gegen den unlauteren Wettbewerb
ÖZW	Österreichische Zeitschrift für Wirtschaftsrecht (Jahr, Seite)
OHG	offene Handelsgesellschaft
OLG	Oberlandesgericht
OLG-Rp	OLG-Report
OLGZ	Entscheidungen der Oberlandesgerichte in Zivilsachen
OVG	Oberverwaltungsgericht
OWiG	Gesetz über Ordnungswidrigkeiten
PAngV	Verordnung zur Regelung der Preisangaben (Preisangabenverordnung)
PatG	Patentgesetz
PBefG	Personenbeförderungsgesetz
PharmR	Pharmarecht (Jahr, Seite)
PrPG	Gesetz zur Stärkung des Schutzes geistigen Eigentums und zur Bekämpfung der Produktpiraterie (Produktpiraterigesetz)
PVÜ	Pariser Verbandsübereinkunft vom 20.3.1883 zum Schutze des gewerblichen Eigentums
RabattG	Rabattgesetz
RabelsZ	Zeitschrift für ausländisches und internationales Privatrecht, begründet von Rabel (Jahr, Seite)
RAL	Vereinbarungen des Ausschusses für Lieferbedingungen und Gütesicherung beim Deutschen Normenausschuss
RDG	Rechtsdienstleistungsgesetz
Rn	Randnummer
RDV	Recht der Datenverarbeitung
RegBl	Regierungsblatt
RegE/Entw	Regierungsentwurf
RfStV, RStV	Rundfunkstaatsvertrag
RG	Reichsgericht
RGBl	Reichsgesetzblatt

Abkürzungsverzeichnis

RGRK	Reichsgerichtsrätekommentar, hrsg. von Reichsgerichtsräten und Bundesrichtern
RGSt	Entscheidungen des Reichsgerichts in Strafsachen (Band, Seite)
RGZ	Entscheidungen des Reichsgerichts in Zivilsachen (Band, Seite)
RiStBV	Richtlinien für das Strafverfahren und das Bußgeldverfahren
RIW	Recht der Internationalen Wirtschaft (Jahr, Seite)
Rs	Rechtssache
Rspr	Rechtsprechung
RVG	Rechtsanwaltsvergütungsgesetz
RVO	Reichsversicherungsordnung
S	Seite
s	siehe
sa	siehe auch
SchwUWG	Schweizerisches Bundesgesetz über den unlauteren Wettbewerb
SchwZGB	Schweizerisches Zivilgesetzbuch
SGB	Sozialgesetzbuch
SGb	Die Sozialgerichtsbarkeit (Jahr, Seite)
SGG	Sozialgerichtsgesetz
Slg	Sammlung der Entscheidungen des EuGH
sog	sogenannt
SSchG	Sortenschutzgesetz
st	ständig
StBerG	Steuerberatungsgesetz
StGB	Strafgesetzbuch
StPO	Strafprozessordnung
str	streitig
stRspr	ständige Rechtsprechung
StVO	Straßenverkehrsordnung
StVZO	Straßenverkehrs-Zulassungsordnung
TabakStG	Tabaksteuergesetz
TDG	Teledienstegesetz
TextilKG	Textilkennzeichnungsgesetz
TKG	Telekommunikationsgesetz
TKV	Telekommunikations-Kundenschutzverordnung
TMG	Telemediengesetz
TRIPS	Agreement on Trade-Related Aspects of Intellectual Property Rights, Übereinkommen über handelsbezogene Aspekte der Rechte des geistigen Eigentums
Tz	Textziffer
ua	unter anderem
Üb	Übersicht, Überblick
Ufita	Archiv für Urheber-, Film-, Funk- und Theaterrecht (Band, Seite)
UGP-RL	Richtlinie 2005/29/EG über unlautere Geschäftspraktiken
UKlaG	Unterlassungsklagengesetz
UKlaV	Unterlassungsklagenverordnung
umstr	umstritten
UmwG	Umwandlungsgesetz
UnlWettb	Unlauterer Wettbewerb
unstr	unstreitig
unveröff	unveröffentlicht
unzutr	unzutreffend

Abkürzungsverzeichnis

UrhG	Gesetz über Urheberschutz und verwandte Schutzrechte (Urheberrechtsgesetz)
Urt	Urteil
uU	unter Umständen
UWG	Gesetz gegen den unlauteren Wettbewerb
V, VO	Verordnung
v	vom, von
VAEU	Vertrag über die Arbeitsweise der Europäischen Union (Neufassung des EG-Vertrages durch den Vertrag von Lissabon)
VerbrKrG	Verbraucherkreditgesetz
VerpV	Verpackungsverordnung
VersR	Versicherungsrecht (Jahr, Seite)
VerstVO	Versteigerungsverordnung
VG	Verwaltungsgericht
VGH	Verwaltungsgerichtshof
vgl	vergleiche
VO	Verordnung
VRS	Verkehrsrechtsammlung (Band, Seite)
VuR	Verbraucher und Recht (Jahr, Seite)
VVG	Versicherungsvertragsgesetz
VwGO	Verwaltungsgerichtsordnung
VwZG	Verwaltungszustellungsgesetz
WährG	Währungsgesetz
WeinG	Weingesetz
WerbeRL	Richtlinie 2006/114/EG über irreführende und vergleichende Werbung
WettbR	Wettbewerbsrecht
WHO	Weltgesundheitsorganisation
1. WiKG	Erstes Gesetz zur Bekämpfung der Wirtschaftskriminalität v 29.7.1976
2. WiKG	Zweites Gesetz zur Bekämpfung der Wirtschaftskriminalität v 15.5.1986
WIPO	World Intellectual Property Organization
WiStG	Wirtschaftsstrafgesetz
wistra	Zeitschrift für Wirtschaft – Steuer – Strafrecht
WiVerw	Wirtschaft und Verwaltung – Vierteljahresbeilage zum Gewerbearchiv (Jahr, Seite)
WM	Wertpapier-Mitteilungen (Jahr, Seite)
WPO	Wirtschaftsprüferordnung
WRP	Wettbewerb in Recht und Praxis (Jahr, Seite)
WTO	World Trade Organization
WuW	Wirtschaft und Wettbewerb (Jahr, Seite)
WuW/E	WuW-Entscheidungssammlung zum Kartellrecht
WZG	Warenzeichengesetz
zahlr	zahlreich, zahlreiche
ZAW	Zentralverband der deutschen Werbewirtschaft (ZAW)
zB	zum Beispiel
Zentrale	Zentrale zur Bekämpfung unlauteren Wettbewerbs
ZfRV	Zeitschrift für Rechtsvergleichung, Internationales Privatrecht und Europarecht (Jahr, Seite)
ZHR	Zeitschrift für das gesamte Handels- und Wirtschaftsrecht (Band, Jahr, Seite)
Ziff	Ziffer
ZIP	Zeitschrift für Wirtschaftsrecht und Insolvenzpraxis (Jahr, Seite)

Abkürzungsverzeichnis

zit	zitiert
ZLR	Zeitschrift für das gesamte Lebensmittelrecht (Jahr, Seite)
ZPO	Zivilprozessordnung
ZRP	Zeitschrift für Rechtspolitik (Jahr, Seite)
ZS	Zivilsenat
ZStW	Zeitschrift für die gesamte Strafrechtswissenschaft (Band, Seite)
zT	zum Teil
ZugabeVO	Zugabeverordnung
zul	zuletzt
ZUM	Zeitschrift für Urheber- und Medienrecht/Film und Recht (Jahr, Seite)
zust	zustimmend
zutr	zutreffend
ZVP	Zeitschrift für Verbraucherpolitik (Band, Seite)
zw	zweifelhaft
ZwV	Zwangsvollstreckung
ZZP	Zeitschrift für Zivilprozess (Jahr, Seite)

Literaturverzeichnis

Ahrens (Hrsg), Der Wettbewerbsprozess, 6. Aufl, 2009

Baumbach/Hefermehl, Wettbewerbsrecht, 22. Aufl, 2001

Beater, Verbraucherschutz und Schutzzweckdenken im Wettbewerbsrecht, 2000

Beater, Unlauterer Wettbewerb, 2011

Baumbach/Hopt, Handelsgesetzbuch, 35. Aufl, 2012

Baumgärtel, Handbuch der Beweislast im Privatrecht, Band 3: 3. UWG, bearb v G.-A. Ulrich, 1986

Bechtold, GWB, Kommentar, 6. Aufl, 2010

Berlit, Wettbewerbsrecht, 8. Aufl, 2011

Berneke, Die einstweilige Verfügung in Wettbewerbssachen, 2. Aufl, 2003

Doepner, Heilmittelwerbegesetz, 2. Aufl, 2000

Ekey/Klippel (Hrsg), Heidelberger Kommentar zum Markenrecht, 3. Aufl, 2013

Ekey/Klippel/Kotthoff/Meckel/Plaß (Hrsg), Heidelberger Kommentar zum Wettbewerbsrecht, 2. Aufl, 2005

Emmerich, Unlauterer Wettbewerb, 9. Aufl, 2012

Emmerich, Kartellrecht, 12. Aufl, 2012

Fezer, Markenrecht, Kommentar zum Markengesetz, zur Pariser Verbandsübereinkunft und zum Madrider Markenabkommen, 4. Aufl, 2009

Fezer (Hrsg), Lauterkeitsrecht, 2. Aufl, 2010

v. Gamm, Wettbewerbsrecht, Systematische Gesamtdarstellung, 5. Aufl, 1987

Gloy/Loschelder/Erdmann (Hrsg), Handbuch des Wettbewerbsrechts, 4. Aufl, 2010

Goldmann, Der Schutz des Unternehmenskennzeichens, 3. Aufl, 2013

Götting, Wettbewerbsrecht, 2005

Götting/Nordemann (Hrsg), UWG, 2. Aufl, 2013

Großkommentar zum UWG
- 1. Aufl, 1991–2007, hrsg v *Jacobs/Lindacher/Teplitzky* (zit: GK[1]/*Bearb*)
- 2. Aufl, 2013, hrsg v *Teplitzky/Peifer/Leistner* (zit: GK/*Bearb*)

Harte-Bavendamm/Henning-Bodewig (Hrsg) Gesetz gegen den unlauteren Wettbewerb, 3. Aufl, 2013

Heermann, Warenverkehrsfreiheit und deutsches Unlauterkeitsrecht, 2004

Immenga/Mestmäcker, Wettbewerbsrecht, Band I: EG, 5. Aufl, 2012

Immenga/Mestmäcker, Wettbewerbsrecht, Band II: GWB, 4. Aufl, 2007

Ingerl/Rohnke, Markengesetz, Kommentar, 3. Aufl, 2010

Jarass/Pieroth, Grundgesetz, Kommentar, 12. Aufl, 2012

juris-Praxiskommentar UWG, hrsg v Ullmann, 3. Aufl, 2013

Karlsruher Kommentar zum Gesetz über Ordnungswidrigkeiten, hrsg v Senge, 3. Aufl, 2006

Köhler/Bornkamm, Wettbewerbsrecht, 31. Aufl, 2013

Melullis, Handbuch des Wettbewerbsprozesses, 3. Aufl, 2000

Mestmäcker/Schweitzer, Europäisches Wettbewerbsrecht, 2. Aufl, 2004

Literaturverzeichnis

Meyer/Streinz, Kommentar Lebensmittel- und Futtermittelgesetzbuch, Verordnung (EG) Nr. 178/2002, Verordnung (EG) Nr. 1924/2006, 2. Aufl, 2012

Münchener Kommentar zum Bürgerlichen Gesetzbuch, hrsg v *Rebmann/Säcker/Rixecker,* Bde. 1, 2, 5, 6. Aufl, 2012–2013; Bd. 11, 5. Aufl, 2010

Münchener Kommentar zum Lauterkeitsrecht, hrsg v *Heermann/Hirsch,* 2006

Nordemann, Wettbewerbs- und Markenrecht, 11. Aufl, 2012

Palandt, Kommentar zum BGB, 72. Aufl, 2013

Schmidt-Kessel/Schubmehl (Hrsg), Lauterkeitsrecht in Europa, 2011

Schönke/Schröder (Hrsg), Strafgesetzbuch Kommentar, 28. Aufl, 2010

Streinz (Hrsg), EUV/AEUV, 2. Aufl, 2012

Ströbele/Hacker, Markengesetz, 10. Aufl, 2012

Teplitzky, Wettbewerbsrechtliche Ansprüche und Verfahren, 10. Aufl, 2012

Völker, Preisangabenrecht, 2. Aufl, 2002

Zöller, Zivilprozessordnung, 29. Aufl, 2012

A. Gesetzestext

1. Gesetz gegen den unlauteren Wettbewerb (UWG)

In der Fassung der Bekanntmachung vom 3. März 2010 (BGBl. I S. 254)
Zuletzt geändert durch Art. 6 Gesetz gegen unseriöse Geschäftspraktiken vom 1.10.2013 (BGBl. I S. 3714)

Kapitel 1. Allgemeine Bestimmungen

§ 1 Zweck des Gesetzes

[1]Dieses Gesetz dient dem Schutz der Mitbewerber, der Verbraucherinnen und Verbraucher sowie der sonstigen Marktteilnehmer vor unlauteren geschäftlichen Handlungen. [2]Es schützt zugleich das Interesse der Allgemeinheit an einem unverfälschten Wettbewerb.

§ 2 Definitionen

(1) Im Sinne dieses Gesetzes bedeutet
1. „geschäftliche Handlung" jedes Verhalten einer Person zugunsten des eigenen oder eines fremden Unternehmens vor, bei oder nach einem Geschäftsabschluss, das mit der Förderung des Absatzes oder des Bezugs von Waren oder Dienstleistungen oder mit dem Abschluss oder der Durchführung eines Vertrags über Waren oder Dienstleistungen objektiv zusammenhängt; als Waren gelten auch Grundstücke, als Dienstleistungen auch Rechte und Verpflichtungen;
2. „Marktteilnehmer" neben Mitbewerbern und Verbrauchern alle Personen, die als Anbieter oder Nachfrager von Waren oder Dienstleistungen tätig sind;
3. „Mitbewerber" jeder Unternehmer, der mit einem oder mehreren Unternehmern als Anbieter oder Nachfrager von Waren oder Dienstleistungen in einem konkreten Wettbewerbsverhältnis steht;
4. „Nachricht" jede Information, die zwischen einer endlichen Zahl von Beteiligten über einen öffentlich zugänglichen elektronischen Kommunikationsdienst ausgetauscht oder weitergeleitet wird; dies schließt nicht Informationen ein, die als Teil eines Rundfunkdienstes über ein elektronisches Kommunikationsnetz an die Öffentlichkeit weitergeleitet werden, soweit die Informationen nicht mit dem identifizierbaren Teilnehmer oder Nutzer, der sie erhält, in Verbindung gebracht werden können;
5. „Verhaltenskodex" Vereinbarungen oder Vorschriften über das Verhalten von Unternehmern, zu welchem diese sich in Bezug auf Wirtschaftszweige oder einzelne geschäftliche Handlungen verpflichtet haben, ohne dass sich solche Verpflichtungen aus Gesetzes- oder Verwaltungsvorschriften ergeben;
6. „Unternehmer" jede natürliche oder juristische Person, die geschäftliche Handlungen im Rahmen ihrer gewerblichen, handwerklichen oder beruflichen Tätigkeit vornimmt, und jede Person, die im Namen oder Auftrag einer solchen Person handelt;
7. „fachliche Sorgfalt" der Standard an Fachkenntnissen und Sorgfalt, von dem billigerweise angenommen werden kann, dass ein Unternehmer ihn in seinem Tätig-

keitsbereich gegenüber Verbrauchern nach Treu und Glauben unter Berücksichtigung der Marktgepflogenheiten einhält.

(2) Für den Verbraucherbegriff gilt § 13 des Bürgerlichen Gesetzbuchs entsprechend.

§ 3 Verbot unlauterer geschäftlicher Handlungen

(1) Unlautere geschäftliche Handlungen sind unzulässig, wenn sie geeignet sind, die Interessen von Mitbewerbern, Verbrauchern oder sonstigen Marktteilnehmern spürbar zu beeinträchtigen.

(2) [1]Geschäftliche Handlungen gegenüber Verbrauchern sind jedenfalls dann unzulässig, wenn sie nicht der für den Unternehmer geltenden fachlichen Sorgfalt entsprechen und dazu geeignet sind, die Fähigkeit des Verbrauchers, sich auf Grund von Informationen zu entscheiden, spürbar zu beeinträchtigen und ihn damit zu einer geschäftlichen Entscheidung zu veranlassen, die er andernfalls nicht getroffen hätte. [2]Dabei ist auf den durchschnittlichen Verbraucher oder, wenn sich die geschäftliche Handlung an eine bestimmte Gruppe von Verbrauchern wendet, auf ein durchschnittliches Mitglied dieser Gruppe abzustellen. [3]Auf die Sicht eines durchschnittlichen Mitglieds einer auf Grund von geistigen oder körperlichen Gebrechen, Alter oder Leichtgläubigkeit besonders schutzbedürftigen und eindeutig identifizierbaren Gruppe von Verbrauchern ist abzustellen, wenn für den Unternehmer vorhersehbar ist, dass seine geschäftliche Handlung nur diese Gruppe betrifft.

(3) Die im Anhang dieses Gesetzes aufgeführten geschäftlichen Handlungen gegenüber Verbrauchern sind stets unzulässig.

§ 4 Beispiele unlauterer geschäftlicher Handlungen

Unlauter handelt insbesondere, wer
1. geschäftliche Handlungen vornimmt, die geeignet sind, die Entscheidungsfreiheit der Verbraucher oder sonstiger Marktteilnehmer durch Ausübung von Druck, in menschenverachtender Weise oder durch sonstigen unangemessenen unsachlichen Einfluss zu beeinträchtigen;
2. geschäftliche Handlungen vornimmt, die geeignet sind, geistige oder körperliche Gebrechen, das Alter, die geschäftliche Unerfahrenheit, die Leichtgläubigkeit, die Angst oder die Zwangslage von Verbrauchern auszunutzen;
3. den Werbecharakter von geschäftlichen Handlungen verschleiert;
4. bei Verkaufsförderungsmaßnahmen wie Preisnachlässen, Zugaben oder Geschenken die Bedingungen für ihre Inanspruchnahme nicht klar und eindeutig angibt;
5. bei Preisausschreiben oder Gewinnspielen mit Werbecharakter die Teilnahmebedingungen nicht klar und eindeutig angibt;
6. die Teilnahme von Verbrauchern an einem Preisausschreiben oder Gewinnspiel von dem Erwerb einer Ware oder der Inanspruchnahme einer Dienstleistung abhängig macht, es sei denn, das Preisausschreiben oder Gewinnspiel ist naturgemäß mit der Ware oder der Dienstleistung verbunden;
7. die Kennzeichen, Waren, Dienstleistungen, Tätigkeiten oder persönlichen oder geschäftlichen Verhältnisse eines Mitbewerbers herabsetzt oder verunglimpft;
8. über die Waren, Dienstleistungen oder das Unternehmen eines Mitbewerbers oder über den Unternehmer oder ein Mitglied der Unternehmensleitung Tatsachen behauptet oder verbreitet, die geeignet sind, den Betrieb des Unternehmens oder den Kredit des Unternehmers zu schädigen, sofern die Tatsachen nicht erweislich wahr sind; handelt es sich um vertrauliche Mitteilungen und hat der Mitteilende oder der Empfänger der Mitteilung an ihr ein berechtigtes Interesse,

so ist die Handlung nur dann unlauter, wenn die Tatsachen der Wahrheit zuwider behauptet oder verbreitet wurden;
9. Waren oder Dienstleistungen anbietet, die eine Nachahmung der Waren oder Dienstleistungen eines Mitbewerbers sind, wenn er
   a) eine vermeidbare Täuschung der Abnehmer über die betriebliche Herkunft herbeiführt,
   b) die Wertschätzung der nachgeahmten Ware oder Dienstleistung unangemessen ausnutzt oder beeinträchtigt oder
   c) die für die Nachahmung erforderlichen Kenntnisse oder Unterlagen unredlich erlangt hat;
10. Mitbewerber gezielt behindert;
11. einer gesetzlichen Vorschrift zuwiderhandelt, die auch dazu bestimmt ist, im Interesse der Marktteilnehmer das Marktverhalten zu regeln.

§ 5 Irreführende geschäftliche Handlungen

(1) ¹Unlauter handelt, wer eine irreführende geschäftliche Handlung vornimmt. ²Eine geschäftliche Handlung ist irreführend, wenn sie unwahre Angaben enthält oder sonstige zur Täuschung geeignete Angaben über folgende Umstände enthält:
1. die wesentlichen Merkmale der Ware oder Dienstleistung wie Verfügbarkeit, Art, Ausführung, Vorteile, Risiken, Zusammensetzung, Zubehör, Verfahren oder Zeitpunkt der Herstellung, Lieferung oder Erbringung, Zwecktauglichkeit, Verwendungsmöglichkeit, Menge, Beschaffenheit, Kundendienst und Beschwerdeverfahren, geographische oder betriebliche Herkunft, von der Verwendung zu erwartende Ergebnisse oder die Ergebnisse oder wesentlichen Bestandteile von Tests der Waren oder Dienstleistungen;
2. den Anlass des Verkaufs wie das Vorhandensein eines besonderen Preisvorteils, den Preis oder die Art und Weise, in der er berechnet wird, oder die Bedingungen, unter denen die Ware geliefert oder die Dienstleistung erbracht wird;
3. die Person, Eigenschaften oder Rechte des Unternehmers wie Identität, Vermögen einschließlich der Rechte des geistigen Eigentums, den Umfang von Verpflichtungen, Befähigung, Status, Zulassung, Mitgliedschaften oder Beziehungen, Auszeichnungen oder Ehrungen, Beweggründe für die geschäftliche Handlung oder die Art des Vertriebs;
4. Aussagen oder Symbole, die im Zusammenhang mit direktem oder indirektem Sponsoring stehen oder sich auf eine Zulassung des Unternehmers oder der Waren oder Dienstleistungen beziehen;
5. die Notwendigkeit einer Leistung, eines Ersatzteils, eines Austauschs oder einer Reparatur;
6. die Einhaltung eines Verhaltenskodexes, auf den sich der Unternehmer verbindlich verpflichtet hat, wenn er auf diese Bindung hinweist, oder
7. Rechte des Verbrauchers, insbesondere solche auf Grund von Garantieversprechen oder Gewährleistungsrechte bei Leistungsstörungen.

(2) Eine geschäftliche Handlung ist auch irreführend, wenn sie im Zusammenhang mit der Vermarktung von Waren oder Dienstleistungen einschließlich vergleichender Werbung eine Verwechslungsgefahr mit einer anderen Ware oder Dienstleistung oder mit der Marke oder einem anderen Kennzeichen eines Mitbewerbers hervorruft.

(3) Angaben im Sinne von Absatz 1 Satz 2 sind auch Angaben im Rahmen vergleichender Werbung sowie bildliche Darstellungen und sonstige Veranstaltungen, die darauf zielen und geeignet sind, solche Angaben zu ersetzen.

(4) ¹Es wird vermutet, dass es irreführend ist, mit der Herabsetzung eines Preises zu werben, sofern der Preis nur für eine unangemessen kurze Zeit gefordert worden

ist. ²Ist streitig, ob und in welchem Zeitraum der Preis gefordert worden ist, so trifft die Beweislast denjenigen, der mit der Preisherabsetzung geworben hat.

§ 5a Irreführung durch Unterlassen

(1) Bei der Beurteilung, ob das Verschweigen einer Tatsache irreführend ist, sind insbesondere deren Bedeutung für die geschäftliche Entscheidung nach der Verkehrsauffassung sowie die Eignung des Verschweigens zur Beeinflussung der Entscheidung zu berücksichtigen.

(2) Unlauter handelt, wer die Entscheidungsfähigkeit von Verbrauchern im Sinne des § 3 Absatz 2 dadurch beeinflusst, dass er eine Information vorenthält, die im konkreten Fall unter Berücksichtigung aller Umstände einschließlich der Beschränkungen des Kommunikationsmittels wesentlich ist.

(3) Werden Waren oder Dienstleistungen unter Hinweis auf deren Merkmale und Preis in einer dem verwendeten Kommunikationsmittel angemessenen Weise so angeboten, dass ein durchschnittlicher Verbraucher das Geschäft abschließen kann, gelten folgende Informationen als wesentlich im Sinne des Absatzes 2, sofern sie sich nicht unmittelbar aus den Umständen ergeben:
1. alle wesentlichen Merkmale der Ware oder Dienstleistung in dem dieser und dem verwendeten Kommunikationsmittel angemessenen Umfang;
2. die Identität und Anschrift des Unternehmers, gegebenenfalls die Identität und Anschrift des Unternehmers, für den er handelt;
3. der Endpreis oder in Fällen, in denen ein solcher Preis auf Grund der Beschaffenheit der Ware oder Dienstleistung nicht im Voraus berechnet werden kann, die Art der Preisberechnung sowie gegebenenfalls alle zusätzlichen Fracht-, Liefer- und Zustellkosten oder in Fällen, in denen diese Kosten nicht im Voraus berechnet werden können, die Tatsache, dass solche zusätzlichen Kosten anfallen können;
4. Zahlungs-, Liefer- und Leistungsbedingungen sowie Verfahren zum Umgang mit Beschwerden, soweit sie von Erfordernissen der fachlichen Sorgfalt abweichen, und
5. das Bestehen eines Rechts zum Rücktritt oder Widerruf.

(4) Als wesentlich im Sinne des Absatzes 2 gelten auch Informationen, die dem Verbraucher auf Grund gemeinschaftsrechtlicher Verordnungen oder nach Rechtsvorschriften zur Umsetzung gemeinschaftsrechtlicher Richtlinien für kommerzielle Kommunikation einschließlich Werbung und Marketing nicht vorenthalten werden dürfen.

§ 6 Vergleichende Werbung

(1) Vergleichende Werbung ist jede Werbung, die unmittelbar oder mittelbar einen Mitbewerber oder die von einem Mitbewerber angebotenen Waren oder Dienstleistungen erkennbar macht.

(2) Unlauter handelt, wer vergleichend wirbt, wenn der Vergleich
1. sich nicht auf Waren oder Dienstleistungen für den gleichen Bedarf oder dieselbe Zweckbestimmung bezieht,
2. nicht objektiv auf eine oder mehrere wesentliche, relevante, nachprüfbare und typische Eigenschaften oder den Preis dieser Waren oder Dienstleistungen bezogen ist,
3. im geschäftlichen Verkehr zu einer Gefahr von Verwechslungen zwischen dem Werbenden und einem Mitbewerber oder zwischen den von diesen angebotenen Waren oder Dienstleistungen oder den von ihnen verwendeten Kennzeichen führt,
4. den Ruf des von einem Mitbewerber verwendeten Kennzeichens in unlauterer Weise ausnutzt oder beeinträchtigt,

5. die Waren, Dienstleistungen, Tätigkeiten oder persönlichen oder geschäftlichen Verhältnisse eines Mitbewerbers herabsetzt oder verunglimpft oder
6. eine Ware oder Dienstleistung als Imitation oder Nachahmung einer unter einem geschützten Kennzeichen vertriebenen Ware oder Dienstleistung darstellt.

§ 7 Unzumutbare Belästigungen

(1) ¹Eine geschäftliche Handlung, durch die ein Marktteilnehmer in unzumutbarer Weise belästigt wird, ist unzulässig. ²Dies gilt insbesondere für Werbung, obwohl erkennbar ist, dass der angesprochene Marktteilnehmer diese Werbung nicht wünscht.

(2) Eine unzumutbare Belästigung ist stets anzunehmen
1. bei Werbung unter Verwendung eines in den Nummern 2 und 3 nicht aufgeführten, für den Fernabsatz geeigneten Mittels der kommerziellen Kommunikation, durch die ein Verbraucher hartnäckig angesprochen wird, obwohl er dies erkennbar nicht wünscht;
2. bei Werbung mit einem Telefonanruf gegenüber einem Verbraucher ohne dessen vorherige ausdrückliche Einwilligung oder gegenüber einem sonstigen Marktteilnehmer ohne dessen zumindest mutmaßliche Einwilligung,
3. bei Werbung unter Verwendung einer automatischen Anrufmaschine, eines Faxgerätes oder elektronischer Post, ohne dass eine vorherige ausdrückliche Einwilligung des Adressaten vorliegt, oder
4. bei Werbung mit einer Nachricht,
   a) bei der die Identität des Absenders, in dessen Auftrag die Nachricht übermittelt wird, verschleiert oder verheimlicht wird oder
   b) bei der gegen § 6 Absatz 1 des Telemediengesetzes verstoßen wird oder in der der Empfänger aufgefordert wird, eine Website aufzurufen, die gegen diese Vorschrift verstößt, oder
   c) bei der keine gültige Adresse vorhanden ist, an die der Empfänger eine Aufforderung zur Einstellung solcher Nachrichten richten kann, ohne dass hierfür andere als die Übermittlungskosten nach den Basistarifen entstehen.

(3) Abweichend von Absatz 2 Nr. 3 ist eine unzumutbare Belästigung bei einer Werbung unter Verwendung elektronischer Post nicht anzunehmen, wenn
1. ein Unternehmer im Zusammenhang mit dem Verkauf einer Ware oder Dienstleistung von dem Kunden dessen elektronische Postadresse erhalten hat,
2. der Unternehmer die Adresse zur Direktwerbung für eigene ähnliche Waren oder Dienstleistungen verwendet,
3. der Kunde der Verwendung nicht widersprochen hat und
4. der Kunde bei Erhebung der Adresse und bei jeder Verwendung klar und deutlich darauf hingewiesen wird, dass er der Verwendung jederzeit widersprechen kann, ohne dass hierfür andere als die Übermittlungskosten nach den Basistarifen entstehen.

Kapitel 2. Rechtsfolgen

§ 8 Beseitigung und Unterlassung

(1) ¹Wer eine nach § 3 oder § 7 unzulässige geschäftliche Handlung vornimmt, kann auf Beseitigung und bei Wiederholungsgefahr auf Unterlassung in Anspruch genommen werden. ²Der Anspruch auf Unterlassung besteht bereits dann, wenn eine derartige Zuwiderhandlung gegen § 3 oder § 7 droht.

(2) Werden die Zuwiderhandlungen in einem Unternehmen von einem Mitarbeiter oder Beauftragten begangen, so sind der Unterlassungsanspruch und der Beseitigungsanspruch auch gegen den Inhaber des Unternehmens begründet.

(3) Die Ansprüche aus Absatz 1 stehen zu:
1. jedem Mitbewerber;
2. rechtsfähigen Verbänden zur Förderung gewerblicher oder selbständiger beruflicher Interessen, soweit ihnen eine erhebliche Zahl von Unternehmern angehört, die Waren oder Dienstleistungen gleicher oder verwandter Art auf demselben Markt vertreiben, soweit sie insbesondere nach ihrer personellen, sachlichen und finanziellen Ausstattung imstande sind, ihre satzungsmäßigen Aufgaben der Verfolgung gewerblicher oder selbständiger beruflicher Interessen tatsächlich wahrzunehmen und soweit die Zuwiderhandlung die Interessen ihrer Mitglieder berührt;
3. qualifizierten Einrichtungen, die nachweisen, dass sie in die Liste qualifizierter Einrichtungen nach § 4 des Unterlassungsklagengesetzes oder in dem Verzeichnis der Kommission der Europäischen Gemeinschaften nach Artikel 4 der Richtlinie 98/27/EG des Europäischen Parlaments und des Rates vom 19. Mai 1998 über Unterlassungsklagen zum Schutz der Verbraucherinteressen (ABl. EG Nr. L 166 S. 51) eingetragen sind;
4. den Industrie- und Handelskammern oder den Handwerkskammern.

(4) ^{1}Die Geltendmachung der in Absatz 1 bezeichneten Ansprüche ist unzulässig, wenn sie unter Berücksichtigung der gesamten Umstände missbräuchlich ist, insbesondere wenn sie vorwiegend dazu dient, gegen den Zuwiderhandelnden einen Anspruch auf Ersatz von Aufwendungen oder Kosten der Rechtsverfolgung entstehen zu lassen. ^{2}In diesen Fällen kann der Anspruchsgegner Ersatz der für seine Rechtsverteidigung erforderlichen Aufwendungen verlangen. ^{3}Weiter gehende Ersatzansprüche bleiben unberührt.

(5) ^{1}§ 13 des Unterlassungsklagengesetzes ist entsprechend anzuwenden; in § 13 Abs. 1 und 3 Satz 2 des Unterlassungsklagengesetzes treten an die Stelle des Anspruchs gemäß § 1 oder § 2 des Unterlassungsklagengesetzes die Unterlassungsansprüche nach dieser Vorschrift. ^{2}Im Übrigen findet das Unterlassungsklagengesetz keine Anwendung, es sei denn, es liegt ein Fall des § 4a des Unterlassungsklagengesetzes vor.

§ 9 Schadensersatz

^{1}Wer vorsätzlich oder fahrlässig eine nach § 3 oder § 7 unzulässige geschäftliche Handlung vornimmt, ist den Mitbewerbern zum Ersatz des daraus entstehenden Schadens verpflichtet. ^{2}Gegen verantwortliche Personen von periodischen Druckschriften kann der Anspruch auf Schadensersatz nur bei einer vorsätzlichen Zuwiderhandlung geltend gemacht werden.

§ 10 Gewinnabschöpfung

(1) Wer vorsätzlich eine nach § 3 oder § 7 unzulässige geschäftliche Handlung vornimmt und hierdurch zu Lasten einer Vielzahl von Abnehmern einen Gewinn erzielt, kann von den gemäß § 8 Absatz 3 Nummer 2 bis 4 zur Geltendmachung eines Unterlassungsanspruchs Berechtigten auf Herausgabe dieses Gewinns an den Bundeshaushalt in Anspruch genommen werden.

(2) ^{1}Auf den Gewinn sind die Leistungen anzurechnen, die der Schuldner auf Grund der Zuwiderhandlung an Dritte oder an den Staat erbracht hat. ^{2}Soweit der Schuldner solche Leistungen erst nach Erfüllung des Anspruchs nach Absatz 1 erbracht hat, erstattet die zuständige Stelle des Bundes dem Schuldner den abgeführten Gewinn in Höhe der nachgewiesenen Zahlungen zurück.

(3) Beanspruchen mehrere Gläubiger den Gewinn, so gelten die §§ 428 bis 430 des Bürgerlichen Gesetzbuchs entsprechend.

(4) ¹Die Gläubiger haben der zuständigen Stelle des Bundes über die Geltendmachung von Ansprüchen nach Absatz 1 Auskunft zu erteilen. ²Sie können von der zuständigen Stelle des Bundes Erstattung der für die Geltendmachung des Anspruchs erforderlichen Aufwendungen verlangen, soweit sie vom Schuldner keinen Ausgleich erlangen können. ³Der Erstattungsanspruch ist auf die Höhe des an den Bundeshaushalt abgeführten Gewinns beschränkt.

(5) Zuständige Stelle im Sinn der Absätze 2 und 4 ist das Bundesamt für Justiz.

§ 11 Verjährung

(1) Die Ansprüche aus §§ 8, 9 und 12 Absatz 1 Satz 2 verjähren in sechs Monaten.

(2) Die Verjährungsfrist beginnt, wenn
1. der Anspruch entstanden ist und
2. der Gläubiger von den den Anspruch begründenden Umständen und der Person des Schuldners Kenntnis erlangt oder ohne grobe Fahrlässigkeit erlangen müsste.

(3) Schadensersatzansprüche verjähren ohne Rücksicht auf die Kenntnis oder grob fahrlässige Unkenntnis in zehn Jahren von ihrer Entstehung, spätestens in 30 Jahren von der den Schaden auslösenden Handlung an.

(4) Andere Ansprüche verjähren ohne Rücksicht auf die Kenntnis oder grob fahrlässige Unkenntnis in drei Jahren von der Entstehung an.

Kapitel 3. Verfahrensvorschriften

§ 12 Anspruchsdurchsetzung, Veröffentlichungsbefugnis, Streitwertminderung

(1) ¹Die zur Geltendmachung eines Unterlassungsanspruchs Berechtigten sollen den Schuldner vor der Einleitung eines gerichtlichen Verfahrens abmahnen und ihm Gelegenheit geben, den Streit durch Abgabe einer mit einer angemessenen Vertragsstrafe bewehrten Unterlassungsverpflichtung beizulegen. ²Soweit die Abmahnung berechtigt ist, kann der Ersatz der erforderlichen Aufwendungen verlangt werden.

(2) Zur Sicherung der in diesem Gesetz bezeichneten Ansprüche auf Unterlassung können einstweilige Verfügungen auch ohne die Darlegung und Glaubhaftmachung der in den §§ 935 und 940 der Zivilprozessordnung bezeichneten Voraussetzungen erlassen werden.

(3) ¹Ist auf Grund dieses Gesetzes Klage auf Unterlassung erhoben worden, so kann das Gericht der obsiegenden Partei die Befugnis zusprechen, das Urteil auf Kosten der unterliegenden Partei öffentlich bekannt zu machen, wenn sie ein berechtigtes Interesse dartut. ²Art und Umfang der Bekanntmachung werden im Urteil bestimmt. ³Die Befugnis erlischt, wenn von ihr nicht innerhalb von drei Monaten nach Eintritt der Rechtskraft Gebrauch gemacht worden ist. ⁴Der Ausspruch nach Satz 1 ist nicht vorläufig vollstreckbar.

(4) ¹Macht eine Partei in Rechtsstreitigkeiten, in denen durch Klage ein Anspruch aus einem in diesem Gesetz geregelten Rechtsverhältnisse geltend gemacht wird, glaubhaft, dass die Belastung mit den Prozesskosten nach dem vollen Streitwert ihre wirtschaftliche Lage erheblich gefährden würde, so kann das Gericht auf ihren Antrag anordnen, dass die Verpflichtung dieser Partei zur Zahlung von Gerichtskosten sich nach einem ihrer Wirtschaftslage angepassten Teil des Streitwerts bemisst. ²Die Anordnung hat zur Folge, dass

1. die begünstigte Partei die Gebühren ihres Rechtsanwalts ebenfalls nur nach diesem Teil des Streitwerts zu entrichten hat,
2. die begünstigte Partei, soweit ihr Kosten des Rechtsstreits auferlegt werden oder soweit sie diese übernimmt, die von dem Gegner entrichteten Gerichtsgebühren und die Gebühren seines Rechtsanwalts nur nach dem Teil des Streitwerts zu erstatten hat und
3. der Rechtsanwalt der begünstigten Partei, soweit die außergerichtlichen Kosten dem Gegner auferlegt oder von ihm übernommen werden, seine Gebühren von dem Gegner nach dem für diesen geltenden Streitwert beitreiben kann.

(5) ¹Der Antrag nach Absatz 4 kann vor der Geschäftsstelle des Gerichts zur Niederschrift erklärt werden. ²Er ist vor der Verhandlung zur Hauptsache anzubringen. ³Danach ist er nur zulässig, wenn der angenommene oder festgesetzte Streitwert später durch das Gericht heraufgesetzt wird. ⁴Vor der Entscheidung über den Antrag ist der Gegner zu hören.

§ 13 Sachliche Zuständigkeit

(1) ¹Für alle bürgerlichen Rechtsstreitigkeiten, mit denen ein Anspruch auf Grund dieses Gesetzes geltend gemacht wird, sind die Landgerichte ausschließlich zuständig. ²Es gilt § 95 Absatz 1 Nummer 5 des Gerichtsverfassungsgesetzes.

(2) ¹Die Landesregierungen werden ermächtigt, durch Rechtsverordnung für die Bezirke mehrerer Landgerichte eines von ihnen als Gericht für Wettbewerbsstreitsachen zu bestimmen, wenn dies der Rechtspflege in Wettbewerbsstreitsachen, insbesondere der Sicherung einer einheitlichen Rechtsprechung, dienlich ist. ²Die Landesregierungen können die Ermächtigung auf die Landesjustizverwaltungen übertragen.

§ 14 Örtliche Zuständigkeit

(1) ¹Für Klagen auf Grund dieses Gesetzes ist das Gericht zuständig, in dessen Bezirk der Beklagte seine gewerbliche oder selbständige berufliche Niederlassung oder in Ermangelung einer solchen seinen Wohnsitz hat. ²Hat der Beklagte auch keinen Wohnsitz, so ist sein inländischer Aufenthaltsort maßgeblich.

(2) ¹Für Klagen auf Grund dieses Gesetzes ist außerdem nur das Gericht zuständig, in dessen Bezirk die Handlung begangen ist. ²Satz 1 gilt für Klagen, die von den nach § 8 Absatz 3 Nummer 2 bis 4 zur Geltendmachung eines Unterlassungsanspruchs Berechtigten erhoben werden, nur dann, wenn der Beklagte im Inland weder eine gewerbliche oder selbständige berufliche Niederlassung noch einen Wohnsitz hat.

§ 15 Einigungsstellen

(1) Die Landesregierungen errichten bei Industrie- und Handelskammern Einigungsstellen zur Beilegung von bürgerlichen Rechtsstreitigkeiten, in denen ein Anspruch auf Grund dieses Gesetzes geltend gemacht wird (Einigungsstellen).

(2) ¹Die Einigungsstellen sind mit einer vorsitzenden Person, die die Befähigung zum Richteramt nach dem Deutschen Richtergesetz hat, und beisitzenden Personen zu besetzen. ²Als beisitzende Personen werden im Falle einer Anrufung durch eine nach § 8 Absatz 3 Nummer 3 zur Geltendmachung eines Unterlassungsanspruchs berechtigte qualifizierte Einrichtung Unternehmer und Verbraucher in gleicher Anzahl tätig, sonst mindestens zwei sachverständige Unternehmer. ³Die vorsitzende Person soll auf dem Gebiet des Wettbewerbsrechts erfahren sein. ⁴Die beisitzenden Personen werden von der vorsitzenden Person für den jeweiligen Streitfall aus einer alljährlich für das Kalenderjahr aufzustellenden Liste berufen. ⁵Die Berufung soll im Einvernehmen mit den Parteien erfolgen. ⁶Für die Ausschließung und Ablehnung von Mitgliedern der Einigungsstelle sind die § 41 bis 43 und § 44 Absatz 2 bis 4 der Zivilprozess-

Gesetz gegen den unlauteren Wettbewerb UWG

ordnung entsprechend anzuwenden. ⁷Über das Ablehnungsgesuch entscheidet das für den Sitz der Einigungsstelle zuständige Landgericht (Kammer für Handelssachen oder, falls es an einer solchen fehlt, Zivilkammer).

(3) ¹Die Einigungsstellen können bei bürgerlichen Rechtsstreitigkeiten, in denen ein Anspruch auf Grund dieses Gesetzes geltend gemacht wird, angerufen werden, wenn der Gegner zustimmt. ²Soweit die Wettbewerbshandlungen Verbraucher betreffen, können die Einigungsstellen von jeder Partei zu einer Aussprache mit dem Gegner über den Streitfall angerufen werden; einer Zustimmung des Gegners bedarf es nicht.

(4) Für die Zuständigkeit der Einigungsstellen ist § 14 entsprechend anzuwenden.

(5) ¹Die der Einigungsstelle vorsitzende Person kann das persönliche Erscheinen der Parteien anordnen. ²Gegen eine unentschuldigt ausbleibende Partei kann die Einigungsstelle ein Ordnungsgeld festsetzen. ³Gegen die Anordnung des persönlichen Erscheinens und gegen die Festsetzung des Ordnungsgeldes findet die sofortige Beschwerde nach den Vorschriften der Zivilprozessordnung an das für den Sitz der Einigungsstelle zuständige Landgericht (Kammer für Handelssachen oder, falls es an einer solchen fehlt, Zivilkammer) statt.

(6) ¹Die Einigungsstelle hat einen gütlichen Ausgleich anzustreben. ²Sie kann den Parteien einen schriftlichen, mit Gründen versehenen Einigungsvorschlag machen. ³Der Einigungsvorschlag und seine Begründung dürfen nur mit Zustimmung der Parteien veröffentlicht werden.

(7) ¹Kommt ein Vergleich zustande, so muss er in einem besonderen Schriftstück niedergelegt und unter Angabe des Tages seines Zustandekommens von den Mitgliedern der Einigungsstelle, welche in der Verhandlung mitgewirkt haben, sowie von den Parteien unterschrieben werden. ²Aus einem vor der Einigungsstelle geschlossenen Vergleich findet die Zwangsvollstreckung statt; § 797a der Zivilprozessordnung ist entsprechend anzuwenden.

(8) Die Einigungsstelle kann, wenn sie den geltend gemachten Anspruch von vornherein für unbegründet oder sich selbst für unzuständig erachtet, die Einleitung von Einigungsverhandlungen ablehnen.

(9) ¹Durch die Anrufung der Einigungsstelle wird die Verjährung in gleicher Weise wie durch Klageerhebung gehemmt. ²Kommt ein Vergleich nicht zustande, so ist der Zeitpunkt, zu dem das Verfahren beendet ist, von der Einigungsstelle festzustellen. ³Die vorsitzende Person hat dies den Parteien mitzuteilen.

(10) ¹Ist ein Rechtsstreit der in Absatz 3 Satz 2 bezeichneten Art ohne vorherige Anrufung der Einigungsstelle anhängig gemacht worden, so kann das Gericht auf Antrag den Parteien unter Anberaumung eines neuen Termins aufgeben, vor diesem Termin die Einigungsstelle zur Herbeiführung eines gütlichen Ausgleichs anzurufen. ²In dem Verfahren über den Antrag auf Erlass einer einstweiligen Verfügung ist diese Anordnung nur zulässig, wenn der Gegner zustimmt. ³Absatz 8 ist nicht anzuwenden. ⁴Ist ein Verfahren vor der Einigungsstelle anhängig, so ist eine erst nach Anrufung der Einigungsstelle erhobene Klage des Antragsgegners auf Feststellung, dass der geltend gemachte Anspruch nicht bestehe, nicht zulässig.

(11) ¹Die Landesregierungen werden ermächtigt, durch Rechtsverordnung die zur Durchführung der vorstehenden Bestimmungen und zur Regelung des Verfahrens vor den Einigungsstellen erforderlichen Vorschriften zu erlassen, insbesondere über die Aufsicht über die Einigungsstellen, über ihre Besetzung unter angemessener Beteiligung der nicht den Industrie- und Handelskammern angehörenden Unternehmern (§ 2 Abs. 2 bis 6 des Gesetzes zur vorläufigen Regelung des Rechts der Industrie- und Handelskammern in der im Bundesgesetzblatt Teil III, Gliederungsnummer 701-1, veröffentlichten bereinigten Fassung), und über die Vollstreckung

von Ordnungsgeldern, sowie Bestimmungen über die Erhebung von Auslagen durch die Einigungsstelle zu treffen. ²Bei der Besetzung der Einigungsstellen sind die Vorschläge der für ein Bundesland errichteten, mit öffentlichen Mitteln geförderten Verbraucherzentralen zur Bestimmung der in Absatz 2 Satz 2 genannten Verbraucher zu berücksichtigen.

(12) Abweichend von Absatz 2 Satz 1 kann in den Ländern Brandenburg, Mecklenburg-Vorpommern, Sachsen, Sachsen-Anhalt und Thüringen die Einigungsstelle auch mit einem Rechtskundigen als Vorsitzendem besetzt werden, der die Befähigung zum Berufsrichter nach dem Recht der Deutschen Demokratischen Republik erworben hat.

Kapitel 4. Straf- und Bußgeldvorschriften

§ 16 Strafbare Werbung

(1) Wer in der Absicht, den Anschein eines besonders günstigen Angebots hervorzurufen, in öffentlichen Bekanntmachungen oder in Mitteilungen, die für einen größeren Kreis von Personen bestimmt sind, durch unwahre Angaben irreführend wirbt, wird mit Freiheitsstrafe bis zu zwei Jahren oder mit Geldstrafe bestraft.

(2) Wer es im geschäftlichen Verkehr unternimmt, Verbraucher zur Abnahme von Waren, Dienstleistungen oder Rechten durch das Versprechen zu veranlassen, sie würden entweder vom Veranstalter selbst oder von einem Dritten besondere Vorteile erlangen, wenn sie andere zum Abschluss gleichartiger Geschäfte veranlassen, die ihrerseits nach der Art dieser Werbung derartige Vorteile für eine entsprechende Werbung weiterer Abnehmer erlangen sollen, wird mit Freiheitsstrafe bis zu zwei Jahren oder mit Geldstrafe bestraft.

§ 17 Verrat von Geschäfts- und Betriebsgeheimnissen

(1) Wer als eine bei einem Unternehmen beschäftigte Person ein Geschäfts- oder Betriebsgeheimnis, das ihr im Rahmen des Dienstverhältnisses anvertraut worden oder zugänglich geworden ist, während der Geltungsdauer des Dienstverhältnisses unbefugt an jemand zu Zwecken des Wettbewerbs, aus Eigennutz, zugunsten eines Dritten oder in der Absicht, dem Inhaber des Unternehmens Schaden zuzufügen, mitteilt, wird mit Freiheitsstrafe bis zu drei Jahren oder mit Geldstrafe bestraft.

(2) Ebenso wird bestraft, wer zu Zwecken des Wettbewerbs, aus Eigennutz, zugunsten eines Dritten oder in der Absicht, dem Inhaber des Unternehmens Schaden zuzufügen,
1. sich ein Geschäfts- oder Betriebsgeheimnis durch
   a) Anwendung technischer Mittel,
   b) Herstellung einer verkörperten Wiedergabe des Geheimnisses oder
   c) Wegnahme einer Sache, in der das Geheimnis verkörpert ist,
   unbefugt verschafft oder sichert oder
2. ein Geschäfts- oder Betriebsgeheimnis, das er durch eine der in Absatz 1 bezeichneten Mitteilungen oder durch eine eigene oder fremde Handlung nach Nummer 1 erlangt oder sich sonst unbefugt verschafft oder gesichert hat, unbefugt verwertet oder jemandem mitteilt.

(3) Der Versuch ist strafbar.

(4) ¹In besonders schweren Fällen ist die Strafe Freiheitsstrafe bis zu fünf Jahren oder Geldstrafe. ²Ein besonders schwerer Fall liegt in der Regel vor, wenn der Täter
1. gewerbsmäßig handelt,

2. bei der Mitteilung weiß, dass das Geheimnis im Ausland verwertet werden soll, oder
3. eine Verwertung nach Absatz 2 Nummer 2 im Ausland selbst vornimmt.

(5) Die Tat wird nur auf Antrag verfolgt, es sei denn, dass die Strafverfolgungsbehörde wegen des besonderen öffentlichen Interesses an der Strafverfolgung ein Einschreiten von Amts wegen für geboten hält.

(6) § 5 Nummer 7 des Strafgesetzbuches gilt entsprechend.

§ 18 Verwertung von Vorlagen

(1) Wer die ihm im geschäftlichen Verkehr anvertrauten Vorlagen oder Vorschriften technischer Art, insbesondere Zeichnungen, Modelle, Schablonen, Schnitte, Rezepte, zu Zwecken des Wettbewerbs oder aus Eigennutz unbefugt verwertet oder jemandem mitteilt, wird mit Freiheitsstrafe bis zu zwei Jahren oder mit Geldstrafe bestraft.

(2) Der Versuch ist strafbar.

(3) Die Tat wird nur auf Antrag verfolgt, es sei denn, dass die Strafverfolgungsbehörde wegen des besonderen öffentlichen Interesses an der Strafverfolgung ein Einschreiten von Amts wegen für geboten hält.

(4) § 5 Nummer 7 des Strafgesetzbuches gilt entsprechend.

§ 19 Verleiten und Erbieten zum Verrat

(1) Wer zu Zwecken des Wettbewerbs oder aus Eigennutz jemanden zu bestimmen versucht, eine Straftat nach § 17 oder § 18 zu begehen oder zu einer solchen Straftat anzustiften, wird mit Freiheitsstrafe bis zu zwei Jahren oder mit Geldstrafe bestraft.

(2) Ebenso wird bestraft, wer zu Zwecken des Wettbewerbs oder aus Eigennutz sich bereit erklärt oder das Erbieten eines anderen annimmt oder mit einem anderen verabredet, eine Straftat nach § 17 oder § 18 zu begehen oder zu ihr anzustiften.

(3) § 31 des Strafgesetzbuches gilt entsprechend.

(4) Die Tat wird nur auf Antrag verfolgt, es sei denn, dass die Strafverfolgungsbehörde wegen des besonderen öffentlichen Interesses an der Strafverfolgung ein Einschreiten von Amts wegen für geboten hält.

(5) § 5 Nummer 7 des Strafgesetzbuches gilt entsprechend.

§ 20 Bußgeldvorschriften

(1) Ordnungswidrig handelt, wer vorsätzlich oder fahrlässig entgegen § 7 Absatz 1
1. in Verbindung mit § 7 Absatz 2 Nummer 2 mit einem Telefonanruf oder
2. in Verbindung mit § 7 Absatz 2 Nummer 3 unter Verwendung einer automatischen Anrufmaschine

gegenüber einem Verbraucher ohne dessen vorherige ausdrückliche Einwilligung wirbt.

(2) Die Ordnungswidrigkeit kann mit einer Geldbuße bis zu dreihunderttausend Euro geahndet werden.

(3) Verwaltungsbehörde im Sinne des § 36 Absatz 1 Nummer 1 des Gesetzes über Ordnungswidrigkeiten ist die Bundesnetzagentur für Elektrizität, Gas, Telekommunikation, Post und Eisenbahnen.

Anhang
(zu § 3 Absatz 3)

Unzulässige geschäftliche Handlungen im Sinne des § 3 Absatz 3 sind
1. die unwahre Angabe eines Unternehmers, zu den Unterzeichnern eines Verhaltenskodexes zu gehören;
2. die Verwendung von Gütezeichen, Qualitätskennzeichen oder Ähnlichem ohne die erforderliche Genehmigung;
3. die unwahre Angabe, ein Verhaltenskodex sei von einer öffentlichen oder anderen Stelle gebilligt;
4. die unwahre Angabe, ein Unternehmer, eine von ihm vorgenommene geschäftliche Handlung oder eine Ware oder Dienstleistung sei von einer öffentlichen oder privaten Stelle bestätigt, gebilligt oder genehmigt worden, oder die unwahre Angabe, den Bedingungen für die Bestätigung, Billigung oder Genehmigung werde entsprochen;
5. Waren- oder Dienstleistungsangebote im Sinne des § 5a Abs. 3 zu einem bestimmten Preis, wenn der Unternehmer nicht darüber aufklärt, dass er hinreichende Gründe für die Annahme hat, er werde nicht in der Lage sein, diese oder gleichartige Waren oder Dienstleistungen für einen angemessenen Zeitraum in angemessener Menge zum genannten Preis bereitzustellen oder bereitstellen zu lassen (Lockangebote). Ist die Bevorratung kürzer als zwei Tage, obliegt es dem Unternehmer, die Angemessenheit nachzuweisen;
6. Waren- oder Dienstleistungsangebote im Sinne des § 5a Abs. 3 zu einem bestimmten Preis, wenn der Unternehmer sodann in der Absicht, stattdessen eine andere Ware oder Dienstleistung abzusetzen, eine fehlerhafte Ausführung der Ware oder Dienstleistung vorführt oder sich weigert zu zeigen, was er beworben hat, oder sich weigert, Bestellungen dafür anzunehmen oder die beworbene Leistung innerhalb einer vertretbaren Zeit zu erbringen;
7. die unwahre Angabe, bestimmte Waren oder Dienstleistungen seien allgemein oder zu bestimmten Bedingungen nur für einen sehr begrenzten Zeitraum verfügbar, um den Verbraucher zu einer sofortigen geschäftlichen Entscheidung zu veranlassen, ohne dass dieser Zeit und Gelegenheit hat, sich auf Grund von Informationen zu entscheiden;
8. Kundendienstleistungen in einer anderen Sprache als derjenigen, in der die Verhandlungen vor dem Abschluss des Geschäfts geführt worden sind, wenn die ursprünglich verwendete Sprache nicht Amtssprache des Mitgliedstaats ist, in dem der Unternehmer niedergelassen ist; dies gilt nicht, soweit Verbraucher vor dem Abschluss des Geschäfts darüber aufgeklärt werden, dass diese Leistungen in einer anderen als der ursprünglich verwendeten Sprache erbracht werden;
9. die unwahre Angabe oder das Erwecken des unzutreffenden Eindrucks, eine Ware oder Dienstleistung sei verkehrsfähig;
10. die unwahre Angabe oder das Erwecken des unzutreffenden Eindrucks, gesetzlich bestehende Rechte stellten eine Besonderheit des Angebots dar;
11. der vom Unternehmer finanzierte Einsatz redaktioneller Inhalte zu Zwecken der Verkaufsförderung, ohne dass sich dieser Zusammenhang aus dem Inhalt oder aus der Art der optischen oder akustischen Darstellung eindeutig ergibt (als Information getarnte Werbung);
12. unwahre Angaben über Art und Ausmaß einer Gefahr für die persönliche Sicherheit des Verbrauchers oder seiner Familie für den Fall, dass er die angebotene Ware nicht erwirbt oder die angebotene Dienstleistung nicht in Anspruch nimmt;
13. Werbung für eine Ware oder Dienstleistung, die der Ware oder Dienstleistung eines Mitbewerbers ähnlich ist, wenn dies in der Absicht geschieht, über die betriebliche Herkunft der beworbenen Ware oder Dienstleistung zu täuschen;

14. die Einführung, der Betrieb oder die Förderung eines Systems zur Verkaufsförderung, das den Eindruck vermittelt, allein oder hauptsächlich durch die Einführung weiterer Teilnehmer in das System könne eine Vergütung erlangt werden (Schneeball- oder Pyramidensystem);
15. die unwahre Angabe, der Unternehmer werde demnächst sein Geschäft aufgeben oder seine Geschäftsräume verlegen;
16. die Angabe, durch eine bestimmte Ware oder Dienstleistung ließen sich die Gewinnchancen bei einem Glücksspiel erhöhen;
17. die unwahre Angabe oder das Erwecken des unzutreffenden Eindrucks, der Verbraucher habe bereits einen Preis gewonnen oder werde ihn gewinnen oder werde durch eine bestimmte Handlung einen Preis gewinnen oder einen sonstigen Vorteil erlangen, wenn es einen solchen Preis oder Vorteil tatsächlich nicht gibt, oder wenn jedenfalls die Möglichkeit, einen Preis oder sonstigen Vorteil zu erlangen, von der Zahlung eines Geldbetrags oder der Übernahme von Kosten abhängig gemacht wird;
18. die unwahre Angabe, eine Ware oder Dienstleistung könne Krankheiten, Funktionsstörungen oder Missbildungen heilen;
19. eine unwahre Angabe über die Marktbedingungen oder Bezugsquellen, um den Verbraucher dazu zu bewegen, eine Ware oder Dienstleistung zu weniger günstigen Bedingungen als den allgemeinen Marktbedingungen abzunehmen oder in Anspruch zu nehmen;
20. das Angebot eines Wettbewerbs oder Preisausschreibens, wenn weder die in Aussicht gestellten Preise noch ein angemessenes Äquivalent vergeben werden;
21. das Angebot einer Ware oder Dienstleistung als „gratis", „umsonst", „kostenfrei" oder dergleichen, wenn hierfür gleichwohl Kosten zu tragen sind; dies gilt nicht für Kosten, die im Zusammenhang mit dem Eingehen auf das Waren- oder Dienstleistungsangebot oder für die Abholung oder Lieferung der Ware oder die Inanspruchnahme der Dienstleistung unvermeidbar sind;
22. die Übermittlung von Werbematerial unter Beifügung einer Zahlungsaufforderung, wenn damit der unzutreffende Eindruck vermittelt wird, die beworbene Ware oder Dienstleistung sei bereits bestellt;
23. die unwahre Angabe oder das Erwecken des unzutreffenden Eindrucks, der Unternehmer sei Verbraucher oder nicht für Zwecke seines Geschäfts, Handels, Gewerbes oder Berufs tätig;
24. die unwahre Angabe oder das Erwecken des unzutreffenden Eindrucks, es sei im Zusammenhang mit Waren oder Dienstleistungen in einem anderen Mitgliedstaat der Europäischen Union als dem des Warenverkaufs oder der Dienstleistung ein Kundendienst verfügbar;
25. das Erwecken des Eindrucks, der Verbraucher könne bestimmte Räumlichkeiten nicht ohne vorherigen Vertragsabschluss verlassen;
26. bei persönlichem Aufsuchen in der Wohnung die Nichtbeachtung einer Aufforderung des Besuchten, diese zu verlassen oder nicht zu ihr zurückzukehren, es sei denn, der Besuch ist zur rechtmäßigen Durchsetzung einer vertraglichen Verpflichtung gerechtfertigt;
27. Maßnahmen, durch die der Verbraucher von der Durchsetzung seiner vertraglichen Rechte aus einem Versicherungsverhältnis dadurch abgehalten werden soll, dass von ihm bei der Geltendmachung seines Anspruchs die Vorlage von Unterlagen verlangt wird, die zum Nachweis dieses Anspruchs nicht erforderlich sind, oder dass Schreiben zur Geltendmachung eines solchen Anspruchs systematisch nicht beantwortet werden;
28. die in eine Werbung einbezogene unmittelbare Aufforderung an Kinder, selbst die beworbene Ware zu erwerben oder die beworbene Dienstleistung in Anspruch zu nehmen oder ihre Eltern oder andere Erwachsene dazu zu veranlassen;

29. die Aufforderung zur Bezahlung nicht bestellter Waren oder Dienstleistungen oder eine Aufforderung zur Rücksendung oder Aufbewahrung nicht bestellter Sachen, sofern es sich nicht um eine nach den Vorschriften über Vertragsabschlüsse im Fernabsatz zulässige Ersatzlieferung handelt, und
30. die ausdrückliche Angabe, dass der Arbeitsplatz oder Lebensunterhalt des Unternehmers gefährdet sei, wenn der Verbraucher die Ware oder Dienstleistung nicht abnehme.

2. Preisangabenverordnung (PAngV)

In der Fassung der Bekanntmachung vom 18. Oktober 2012 (BGBl. I S. 4197)
Zuletzt geändert durch Art. 7 Gesetz zur Umsetzung der Verbraucherrechterichtlinie und zur Änderung des Gesetzes zur Regelung der Wohnungsvermittlung vom 20.9.2013 (BGBl. I S. 3642)

§ 1 Grundvorschriften

(1) [1]Wer Letztverbrauchern gewerbs- oder geschäftsmäßig oder regelmäßig in sonstiger Weise Waren oder Leistungen anbietet oder als Anbieter von Waren oder Leistungen gegenüber Letztverbrauchern unter Angabe von Preisen wirbt, hat die Preise anzugeben, die einschließlich der Umsatzsteuer und sonstiger Preisbestandteile zu zahlen sind (Endpreise). [2]Soweit es der allgemeinen Verkehrsauffassung entspricht, sind auch die Verkaufs- oder Leistungseinheit und die Gütebezeichnung anzugeben, auf die sich die Preise beziehen. [3]Auf die Bereitschaft, über den angegebenen Preis zu verhandeln, kann hingewiesen werden, soweit es der allgemeinen Verkehrsauffassung entspricht und Rechtsvorschriften nicht entgegenstehen.

(2) [1]Wer Letztverbrauchern gewerbs- oder geschäftsmäßig oder regelmäßig in sonstiger Weise Waren oder Leistungen zum Abschluss eines Fernabsatzvertrages anbietet, hat zusätzlich zu Absatz 1 und § 2 Abs 2 anzugeben,
1. dass die für Waren oder Leistungen geforderten Preise die Umsatzsteuer und sonstige Preisbestandteile enthalten und
2. ob zusätzlich Liefer- und Versandkosten anfallen.

[2]Fallen zusätzlich Liefer- und Versandkosten an, so ist deren Höhe anzugeben. [3]Soweit die vorherige Angabe dieser Kosten in bestimmten Fällen nicht möglich ist, sind die näheren Einzelheiten der Berechnung anzugeben, aufgrund derer der Letztverbraucher die Höhe leicht errechnen kann.

(3) [1]Bei Leistungen können, soweit es üblich ist, abweichend von Absatz 1 Satz 1 Stundensätze, Kilometersätze und andere Verrechnungssätze angegeben werden, die alle Leistungselemente einschließlich der anteiligen Umsatzsteuer enthalten. [2]Die Materialkosten können in die Verrechnungssätze einbezogen werden.

(4) Wird außer dem Entgelt für eine Ware oder Leistung eine rückerstattbare Sicherheit gefordert, so ist deren Höhe neben dem Preis für die Ware oder Leistung anzugeben und kein Gesamtbetrag zu bilden.

(5) Die Angabe von Preisen mit einem Änderungsvorbehalt ist abweichend von Absatz 1 Satz 1 nur zulässig
1. bei Waren oder Leistungen, für die Liefer- oder Leistungsfristen von mehr als vier Monaten bestehen, soweit zugleich die voraussichtlichen Liefer- und Leistungsfristen angegeben werden,
2. bei Waren oder Leistungen, die im Rahmen von Dauerschuldverhältnissen erbracht werden, oder
3. in Prospekten eines Reiseveranstalters über die von ihm veranstalteten Reisen, soweit der Reiseveranstalter gemäß § 4 Absatz 2 der BGB-Informationspflichten-Verordnung in der Fassung der Bekanntmachung vom 5. August 2002 (BGBl. I S. 3002), die zuletzt durch die Verordnung vom 23. Oktober 2008 (BGBl. I S. 2069) geändert worden ist, den Vorbehalt einer Preisanpassung in den Prospekt aufnehmen darf und er sich eine entsprechende Anpassung im Prospekt vorbehalten hat.

(6) [1]Die Angaben nach dieser Verordnung müssen der allgemeinen Verkehrsauffassung und den Grundsätzen von Preisklarheit und Preiswahrheit entsprechen. [2]Wer

zu Angaben nach dieser Verordnung verpflichtet ist, hat diese dem Angebot oder der Werbung eindeutig zuzuordnen sowie leicht erkennbar und deutlich lesbar oder sonst gut wahrnehmbar zu machen. ³Bei der Aufgliederung von Preisen sind die Endpreise hervorzuheben.

§ 2 Grundpreis

(1) ¹Wer Letztverbrauchern gewerbs- oder geschäftsmäßig oder regelmäßig in sonstiger Weise Waren in Fertigpackungen, offenen Packungen oder als Verkaufseinheiten ohne Umhüllung nach Gewicht, Volumen, Länge oder Fläche anbietet, hat neben dem Endpreis auch den Preis je Mengeneinheit einschließlich der Umsatzsteuer und sonstiger Preisbestandteile (Grundpreis) in unmittelbarer Nähe des Endpreises gemäß Absatz 3 Satz 1, 2, 4 oder 5 anzugeben. ²Das gilt auch für denjenigen, der als Anbieter dieser Waren gegenüber Letztverbrauchern unter Angabe von Preisen wirbt. ³Auf die Angabe des Grundpreises kann verzichtet werden, wenn dieser mit dem Endpreis identisch ist.

(2) Wer Letztverbrauchern gewerbs- oder geschäftsmäßig oder regelmäßig in sonstiger Weise unverpackte Waren, die in deren Anwesenheit oder auf deren Veranlassung abgemessen werden (lose Ware), nach Gewicht, Volumen, Länge oder Fläche anbietet oder als Anbieter dieser Waren gegenüber Letztverbrauchern unter Angabe von Preisen wirbt, hat lediglich den Grundpreis gemäß Absatz 3 anzugeben.

(3) ¹Die Mengeneinheit für den Grundpreis ist jeweils 1 Kilogramm, 1 Liter, 1 Kubikmeter, 1 Meter oder 1 Quadratmeter der Ware. ²Bei Waren, deren Nenngewicht oder Nennvolumen üblicherweise 250 Gramm oder Milliliter nicht übersteigt, dürfen als Mengeneinheit für den Grundpreis 100 Gramm oder Milliliter verwendet werden. ³Bei nach Gewicht oder nach Volumen angebotener loser Ware ist als Mengeneinheit für den Grundpreis entsprechend der allgemeinen Verkehrsauffassung entweder 1 Kilogramm oder 100 Gramm oder 1 Liter oder 100 Milliliter zu verwenden. ⁴Bei Waren, die üblicherweise in Mengen von 100 Liter und mehr, 50 Kilogramm und mehr oder 100 Meter und mehr abgegeben werden, ist für den Grundpreis die Mengeneinheit zu verwenden, die der allgemeinen Verkehrsauffassung entspricht. ⁵Bei Waren, bei denen das Abtropfgewicht anzugeben ist, ist der Grundpreis auf das angegebene Abtropfgewicht zu beziehen.

(4) ¹Bei Haushaltswaschmitteln kann als Mengeneinheit für den Grundpreis eine übliche Anwendung verwendet werden. ²Dies gilt auch für Wasch- und Reinigungsmittel, sofern sie einzeln portioniert sind und die Zahl der Portionen zusätzlich zur Gesamtfüllmenge angegeben ist.

§ 3 Elektrizität, Gas, Fernwärme und Wasser

¹Wer Letztverbrauchern gewerbs- oder geschäftsmäßig oder regelmäßig in sonstiger Weise Elektrizität, Gas, Fernwärme oder Wasser leitungsgebunden anbietet oder als Anbieter dieser Waren gegenüber Letztverbrauchern unter Angabe von Preisen wirbt, hat den verbrauchsabhängigen Preis je Mengeneinheit einschließlich der Umsatzsteuer und aller spezifischen Verbrauchssteuern (Arbeits- oder Mengenpreis) gemäß Satz 2 im Angebot oder in der Werbung anzugeben. ²Als Mengeneinheit für den Arbeitspreis bei Elektrizität, Gas und Fernwärme ist 1 Kilowattstunde und für den Mengenpreis bei Wasser 1 Kubikmeter zu verwenden. ³Wer neben dem Arbeits- oder Mengenpreis leistungsabhängige Preise fordert, hat diese vollständig in unmittelbarer Nähe des Arbeits- oder Mengenpreises anzugeben. ⁴Satz 3 gilt entsprechend für die Forderungen nicht verbrauchsabhängiger Preise.

§ 4 Handel

(1) Waren, die in Schaufenstern, Schaukästen, innerhalb oder außerhalb des Verkaufsraumes auf Verkaufsständen oder in sonstiger Weise sichtbar ausgestellt werden, und Waren, die vom Verbraucher unmittelbar entnommen werden können, sind durch Preisschilder oder Beschriftung der Ware auszuzeichnen.

(2) Waren, die nicht unter den Voraussetzungen des Absatzes 1 im Verkaufsraum zum Verkauf bereitgehalten werden, sind entweder nach Absatz 1 auszuzeichnen oder dadurch, dass die Behältnisse oder Regale, in denen sich die Waren befinden, beschriftet werden oder dass Preisverzeichnisse angebracht oder zur Einsichtnahme aufgelegt werden.

(3) Waren, die nach Musterbüchern angeboten werden, sind dadurch auszuzeichnen, dass die Preise für die Verkaufseinheit auf den Mustern oder damit verbundenen Preisschildern oder Preisverzeichnissen angegeben werden.

(4) Waren, die nach Katalogen oder Warenlisten oder auf Bildschirmen angeboten werden, sind dadurch auszuzeichnen, dass die Preise unmittelbar bei den Abbildungen oder Beschreibungen der Waren oder in mit den Katalogen oder Warenlisten im Zusammenhang stehenden Preisverzeichnissen angegeben werden.

(5) Auf Angebote von Waren, deren Preise üblicherweise aufgrund von Tarifen oder Gebührenregelungen bemessen werden, ist § 5 Abs. 1 und 2 entsprechend anzuwenden.

§ 5 Leistungen

(1) [1]Wer Leistungen anbietet, hat ein Preisverzeichnis mit den Preisen für seine wesentlichen Leistungen oder in den Fällen des § 1 Abs. 3 mit seinen Verrechnungssätzen aufzustellen. [2]Dieses ist im Geschäftslokal oder am sonstigen Ort des Leistungsangebots und, sofern vorhanden, zusätzlich im Schaufenster oder Schaukasten anzubringen. [3]Ort des Leistungsangebots ist auch die Bildschirmanzeige. [4]Wird eine Leistung über Bildschirmanzeige erbracht und nach Einheiten berechnet, ist eine gesonderte Anzeige über den Preis der fortlaufenden Nutzung unentgeltlich anzubieten.

(2) Werden entsprechend der allgemeinen Verkehrsauffassung die Preise und Verrechnungssätze für sämtliche angebotenen Leistungen in Preisverzeichnisse aufgenommen, so sind diese zur Einsichtnahme am Ort des Leistungsangebots bereitzuhalten, wenn das Anbringen der Preisverzeichnisse wegen ihres Umfangs nicht zumutbar ist.

(3) Werden die Leistungen in Fachabteilungen von Handelsbetrieben angeboten, so genügt das Anbringen der Preisverzeichnisse in den Fachabteilungen.

§ 6 Kredite

(1) [1]Bei Krediten sind als Preis die Gesamtkosten als jährlicher Vomhundertsatz des Kredits anzugeben und als „effektiver Jahreszins" zu bezeichnen. [2]Satz 1 gilt auch beim Angebot eines Sollzinses für die Vertragslaufzeit nach Ablauf einer Sollzinsbindung.

(2) [1]Der anzugebende Vomhundertsatz gemäß Absatz 1 ist mit der in der Anlage angegebenen mathematischen Formel und nach den in der Anlage zugrunde gelegten Vorgehensweisen zu berechnen. [2]Er beziffert den Zinssatz, mit dem sich der Kredit bei regelmäßigem Kreditverlauf, ausgehend von den tatsächlichen Zahlungen des Kreditgebers und des Kreditnehmers, auf der Grundlage taggenauer Verrechnung aller Leistungen abrechnen lässt. [3]Es gilt die exponentielle Verzinsung auch im unterjährigen Bereich. [4]Ist im Vertrag eine Anpassung des Sollzinssatzes oder anderer preis-

bestimmender Faktoren vorbehalten (§ 1 Abs 5), sind die zum Zeitpunkt des Angebots oder der Werbung geltenden preisbestimmenden Faktoren zugrunde zu legen. [5]Der anzugebende Vomhundertsatz ist mit der im Kreditgewerbe üblichen Genauigkeit zu berechnen.

(3) In die Berechnung des anzugebenden Vomhundertsatzes sind die Gesamtkosten die vom Kreditnehmer zu entrichtenden Zinsen und alle sonstigen Kosten einschließlich etwaiger Vermittlungskosten, die der Kreditnehmer im Zusammenhang mit dem Kreditvertrag zu entrichten hat und die dem Kreditgeber bekannt sind, mit Ausnahme folgender Kosten einzubeziehen:
1. Kosten, die vom Kreditnehmer bei Nichterfüllung seiner Verpflichtungen aus dem Kreditvertrag zu tragen sind;
2. Kosten mit Ausnahme des Kaufpreises, die vom Kreditnehmer beim Erwerb von Waren oder Dienstleistungen unabhängig davon zu tragen sind, ob es sich um ein Bar- oder Kreditgeschäft handelt;
3. Kosten für die Führung eines Kontos, auf dem sowohl Zahlungen als auch in Anspruch genommene Kreditbeträge verbucht werden, Kosten für die Verwendung eines Zahlungsauthentifizierungsinstruments, mit dem sowohl Zahlungen getätigt als auch Kreditbeträge in Anspruch genommen werden können, sowie sonstige Kosten für Zahlungsgeschäfte, es sei denn, die Kontoeröffnung ist Voraussetzung für die Kreditvergabe oder die mit dem Konto verbundenen Kosten sind weder im Kreditvertrag noch in einem anderen mit dem Verbraucher geschlossenen Vertrag klar und getrennt ausgewiesen;
4. Kosten für solche Versicherungen und für solche anderen Zusatzleistungen, die keine Voraussetzung für die Kreditvergabe oder für die Kreditvergabe zu den vorgesehenen Vertragsbedingungen sind;
5. Notarkosten;
6. Kosten für Sicherheiten bei Immobiliardarlehensverträge im Sinne des § 503 des Bürgerlichen Gesetzbuchs.

(4) Ist eine Änderung des Zinssatzes oder sonstiger in die Berechnung des anzugebenden Vomhundertsatzes einzubeziehender Kosten vorbehalten und ist ihre zahlenmäßige Bestimmung im Zeitpunkt der Berechnung des anzugebenden Vomhundertsatzes nicht möglich, so wird bei der Berechnung von der Annahme ausgegangen, dass der Sollzinssatz und die sonstigen Kosten gemessen an der ursprünglichen Höhe fest bleiben und bis zum Ende des Kreditvertrages gelten.

(5) Erforderlichenfalls ist bei der Berechnung des anzugebenden Vomhundertsatzes von den in der Anlage niedergelegten Annahmen auszugehen.

(6) Wird die Gewährung eines Kredits allgemein von einer Mitgliedschaft oder vom Abschluss einer Versicherung abhängig gemacht, so ist dies anzugeben.

(7) [1]Bei Bauspardarlehen ist bei der Berechnung des anzugebenden Vomhundertsatzes davon auszugehen, dass im Zeitpunkt der Kreditauszahlung das vertragliche Mindestspargguthaben angespart ist. [2]Von der Abschlussgebühr ist im Zweifel lediglich der Teil zu berücksichtigen, der auf den Darlehensanteil der Bausparsumme entfällt. [3]Bei Krediten, die der Vor- oder Zwischenfinanzierung von Leistungen einer Bausparkasse aus Bausparverträgen dienen und deren preisbestimmende Faktoren bis zur Zuteilung unveränderbar sind, ist als Laufzeit von den Zuteilungsfristen auszugehen, die sich aus der Zielbewertungszahl für Bausparverträge gleicher Art ergeben.

§ 6a Werbung für Kreditverträge

(1) Wer gegenüber Letztverbrauchern für den Abschluss eines Kreditvertrags mit Zinssätzen oder sonstigen Zahlen, die die Kosten betreffen, wirbt, muss in klarer, verständlicher und auffallender Weise angeben:
1. den Sollzinssatz,

Preisangabenverordnung **PAngV**

2. den Nettodarlehensbetrag,
3. den effektiven Jahreszins.

Beim Sollzinssatz ist anzugeben, ob dieser gebunden oder veränderlich oder kombiniert ist und welche sonstigen Kosten der Beworbene im Falle eines Vertragsabschlusses im Einzelnen zusätzlich zu entrichten hätte.

(2) Die Werbung muss zusätzlich die folgenden Angaben enthalten, sofern diese vom Werbenden zur Voraussetzung für den Abschluss des beworbenen Vertrags gemacht werden:
1. die Vertragslaufzeit
2. bei Teilzahlungsgeschäften die Sache oder Dienstleistung, den Barzahlungspreis sowie den Betrag der Anzahlung,
3. gegebenenfalls den Gesamtbetrag und den Betrag der Teilzahlungen.

(3) Die in den Absätzen 1 und 2 genannten Angaben sind mit einem Beispiel zu versehen. Bei der Auswahl des Beispiels muss der Werbende von einem effektiven Jahreszins ausgehen, von dem er erwarten darf, dass er mindestens zwei Drittel der auf Grund der Werbung zustande kommenden Verträge zu dem angegebenen oder einem niedrigeren effektiven Jahreszins abschließen wird.

(4) Verlangt der Werbende den Abschluss eines Versicherungsvertrags oder eines Vertrags über andere Zusatzleistungen und können die Kosten für diesen Vertrag nicht im Voraus bestimmt werden, ist auf die Verpflichtung zum Abschluss dieses Vertrags klar und verständlich an gestalterisch hervorgehobener Stelle zusammen mit dem effektiven Jahreszins hinzuweisen.

§ 6b Überziehungsmöglichkeiten

Bei Überziehungsmöglichkeiten iSd § 504 II des Bürgerlichen Gesetzbuchs hat der Kreditgeber statt des effektiven Jahreszinses den Zollzinssatz pro Jahr und die Zinsbelastungsperiode anzugeben, wenn diese nicht kürzer als drei Monate ist und der Kreditgeber außer den Sollzinsen keine weiteren Kosten verlangt.

§ 7 Gaststätten, Beherbergungsbetriebe

(1) ¹In Gaststätten und ähnlichen Betrieben, in denen Speisen oder Getränke angeboten werden, sind die Preise in Preisverzeichnissen anzugeben. ²Die Preisverzeichnisse sind entweder auf Tischen aufzulegen oder jedem Gast vor Entgegennahme von Bestellungen und auf Verlangen bei Abrechnung vorzulegen oder gut lesbar anzubringen. ³Werden Speisen und Getränke gemäß § 4 Abs 1 angeboten, so muss die Preisangabe dieser Vorschrift entsprechen.

(2) ¹Neben dem Eingang der Gaststätte ist ein Preisverzeichnis anzubringen, aus dem die Preise für die wesentlichen angebotenen Speisen und Getränke ersichtlich sind. ²Ist der Gaststättenbetrieb Teil eines Handelsbetriebes, so genügt das Anbringen des Preisverzeichnisses am Eingang des Gaststättenteils.

(3) In Beherbergungsbetrieben ist beim Eingang oder bei der Anmeldestelle des Betriebes an gut sichtbarer Stelle ein Verzeichnis anzubringen oder auszulegen, aus dem die Preise der im Wesentlichen angebotenen Zimmer und gegebenenfalls der Frühstückspreis ersichtlich sind.

(4) Kann in Gaststätten- und Beherbergungsbetrieben eine Telekommunikationsanlage benutzt werden, so ist der bei Benutzung geforderte Preis je Minute oder je Benutzung in der Nähe der Telekommunikationsanlage anzugeben.

(5) Die in den Preisverzeichnissen aufgeführten Preise müssen das Bedienungsgeld und sonstige Zuschläge einschließen.

PAngV Preisangabenverordnung

§ 8 Tankstellen, Parkplätze

(1) ¹An Tankstellen sind die Kraftstoffpreise so auszuzeichnen, dass sie
1. für den auf der Straße heranfahrenden Kraftfahrer,
2. auf Bundesautobahnen für den in den Tankstellenbereich einfahrenden Kraftfahrer

deutlich lesbar sind. ²Dies gilt nicht für Kraftstoffmischungen, die erst in der Tankstelle hergestellt werden.

(2) Wer für weniger als einen Monat Garagen, Einstellplätze oder Parkplätze vermietet oder bewacht oder Kraftfahrzeuge verwahrt, hat am Anfang der Zufahrt ein Preisverzeichnis anzubringen, aus dem die von ihm geforderten Preise ersichtlich sind.

§ 9 Ausnahmen

(1) Die Vorschriften dieser Verordnung sind nicht anzuwenden
1. auf Angebote oder Werbung gegenüber Letztverbrauchern, die die Ware oder Leistung in ihrer selbständigen beruflichen oder gewerblichen oder in ihrer behördlichen oder dienstlichen Tätigkeit verwenden; für Handelsbetriebe gilt dies nur, wenn sie sicherstellen, dass als Letztverbraucher ausschließlich die in Halbsatz 1 genannten Personen Zutritt haben, und wenn sie durch geeignete Maßnahmen dafür Sorge tragen, dass diese Personen nur die in ihrer jeweiligen Tätigkeit verwendbaren Waren kaufen;
2. auf Leistungen von Gebietskörperschaften des öffentlichen Rechts, soweit es sich nicht um Leistungen handelt, für die Benutzungsgebühren oder privatrechtliche Entgelte zu entrichten sind;
3. auf Waren und Leistungen, soweit für sie aufgrund von Rechtsvorschriften eine Werbung untersagt ist;
4. auf mündliche Angebote, die ohne Angabe von Preisen abgegeben werden;
5. auf Warenangebote bei Versteigerungen.

(2) § 1 Abs. 1 und § 2 Abs. 1 sind nicht anzuwenden auf individuelle Preisnachlässe sowie auf nach Kalendertagen zeitlich begrenzte und durch Werbung bekannt gemachte generelle Preisnachlässe.

(3) § 1 Abs. 1 ist nicht anzuwenden auf die in § 312b Abs. 3 Nr. 1 bis 4 und 7 des Bürgerlichen Gesetzbuchs genannten Verträge.

(4) § 2 Abs. 1 ist nicht anzuwenden auf Waren, die
1. über ein Nenngewicht oder Nennvolumen von weniger als 10 Gramm oder Milliliter verfügen;
2. verschiedenartige Erzeugnisse enthalten, die nicht miteinander vermischt oder vermengt sind;
3. von kleinen Direktvermarktern sowie kleinen Einzelhandelsgeschäften angeboten werden, bei denen die Warenausgabe überwiegend im Wege der Bedienung erfolgt, es sei denn, dass das Warensortiment im Rahmen eines Vertriebssystems bezogen wird;
4. im Rahmen einer Dienstleistung angeboten werden;
5. in Getränke- und Verpflegungsautomaten angeboten werden.

(5) § 2 Abs. 1 ist ferner nicht anzuwenden bei
1. Kau- und Schnupftabak mit einem Nenngewicht bis 25 Gramm;
2. kosmetischen Mitteln, die ausschließlich der Färbung oder Verschönerung der Haut, des Haares oder der Nägel dienen;
3. Parfüms und parfümierten Duftwässern, die mindestens 3 Volumenprozent Duftöl und mindestens 70 Volumenprozent reinen Äthylalkohol enthalten.

(6) Die Angabe eines neuen Grundpreises nach § 2 Abs. 1 ist nicht erforderlich bei

Preisangabenverordnung — PAngV

1. Waren ungleichen Nenngewichts oder -volumens oder ungleicher Nennlänge oder -fläche mit gleichem Grundpreis, wenn der geforderte Endpreis um einen einheitlichen Betrag herabgesetzt wird;
2. leicht verderblichen Lebensmitteln, wenn der geforderte Endpreis wegen einer drohenden Gefahr des Verderbs herabgesetzt wird.

(7) § 4 ist nicht anzuwenden
1. auf Kunstgegenstände, Sammlungsstücke und Antiquitäten im Sinne des Kapitels 97 des Gemeinsamen Zolltarifs;
2. auf Waren, die in Werbevorführungen angeboten werden, sofern der Preis der jeweiligen Ware bei deren Vorführung und unmittelbar vor Abschluss des Kaufvertrags genannt wird;
3. auf Blumen und Pflanzen, die unmittelbar vom Freiland, Treibbeet oder Treibhaus verkauft werden.

(8) § 5 ist nicht anzuwenden
1. auf Leistungen, die üblicherweise aufgrund von schriftlichen Angeboten oder schriftlichen Voranschlägen erbracht werden, die auf den Einzelfall abgestellt sind;
2. auf künstlerische, wissenschaftliche und pädagogische Leistungen; dies gilt nicht, wenn die Leistungen in Konzertsälen, Theatern, Filmtheatern, Schulen, Instituten oder dergleichen erbracht werden;
3. auf Leistungen, bei denen in Gesetzen oder Rechtsverordnungen die Angabe von Preisen besonders geregelt ist.

§ 10 Ordnungswidrigkeiten

(1) Ordnungswidrig im Sinne des § 3 Abs. 1 Nr. 2 des Wirtschaftsstrafgesetzes 1954 handelt, wer vorsätzlich oder fahrlässig
1. entgegen § 1 Abs. 1 Satz 1 Preise nicht, nicht richtig oder nicht vollständig angibt,
2. entgegen § 1 Abs. 1 Satz 2 die Verkaufs- oder Leistungseinheit oder Gütebezeichnung nicht oder nicht richtig angibt, auf die sich die Preise beziehen,
3. entgegen § 1 Abs. 2 Satz 1 Nr. 1, auch in Verbindung mit Satz 3, eine Angabe nicht, nicht richtig oder nicht vollständig macht,
4. entgegen § 1 Abs. 3 Satz 1 Stundensätze, Kilometersätze oder andere Verrechnungssätze nicht richtig angibt,
5. entgegen § 1 Abs. 4 oder 6 Satz 2 Angaben nicht in der dort vorgeschriebenen Form macht,
6. entgegen § 1 Abs. 6 Satz 3 den Endpreis nicht hervorhebt oder
7. entgegen § 2 Abs. 1 Satz 1, auch in Verbindung mit Satz 2, oder § 2 Abs. 2 oder § 3 Satz 1 oder 3, auch in Verbindung mit Satz 4, eine Angabe nicht, nicht richtig oder nicht vollständig macht.

(2) Ordnungswidrig im Sinne des § 3 Abs. 1 Nr. 2 des Wirtschaftsstrafgesetzes 1954 handelt auch, wer vorsätzlich oder fahrlässig einer Vorschrift
1. des § 4 Abs. 1 bis 4 über das Auszeichnen von Waren,
2. des § 5 Abs. 1 Satz 1, 2 oder 4 oder Abs. 2, jeweils auch in Verbindung mit § 4 Abs. 5, über das Aufstellen, das Anbringen oder das Bereithalten von Preisverzeichnissen oder über das Anbieten einer Anzeige des Preises,
3. des § 6 Abs. 1 Satz 1 über die Angabe oder die Bezeichnung des Preises bei Krediten,
4. des § 6 Abs. 1 Satz 2 über die Angabe des Zeitpunktes, von dem an preisbestimmende Faktoren geändert werden können, oder des Verrechnungszeitraums,
5. des § 6 Abs. 2 bis 5 oder 8 über die Berechnung des Vomhundertsatzes,
6. des § 6 Abs. 6 über die Angabe des effektiven oder anfänglichen effektiven Jahreszinses,

7. des § 6 Abs. 7 oder 9 über die Angabe von Voraussetzungen für die Kreditgewährung oder des Zinssatzes oder der Zinsbelastungsperiode,
8. des § 7 Abs. 1 Satz 1 oder 2, Abs. 2 Satz 1, Abs. 3 oder 4 über die Angabe von Preisen oder über das Auflegen, das Vorlegen, das Anbringen oder das Auslegen eines dort genannten Verzeichnisses,
9. des § 8 Abs. 1 Satz 1 über das Auszeichnen von Kraftstoffpreisen oder
10. des § 8 Abs. 2 über das Anbringen eines Preisverzeichnisses

zuwider handelt.

(3) Ordnungswidrig im Sinne des § 3 Abs. 1 Satz 1 Nr. 3 des Wirtschaftsstrafgesetzes 1954 handelt, wer vorsätzlich oder fahrlässig entgegen § 1 Abs. 2 Satz 1 Nr. 2 oder Satz 2, jeweils auch in Verbindung mit Satz 3, eine Angabe nicht, nicht richtig oder nicht vollständig macht.

B. Kommentar

1. Gesetz gegen den unlauteren Wettbewerb (UWG)

In der Fassung der Bekanntmachung vom 3. März 2010 (BGBl. I S 254)
Zuletzt geändert durch Art 6 Gesetz gegen unseriöse Geschäftspraktiken vom 1.10.2013 (BGBl. I S 3714)

Einführung

A. Entwicklung, Rechtsquellen und allgemeine Grundlagen des Lauterkeitsrechts

Inhaltsübersicht

	Rn
I. Begriff, Rechtsquellen und Systematik des Lauterkeitsrechts	1
1. Begriff des Lauterkeitsrechts und Abgrenzungen	1
a) Lauterkeitsrecht als Marktverhaltensrecht	1
b) Wettbewerbsrecht	2
c) Gewerblicher Rechtsschutz	3
d) Lauterkeitsrecht und Kennzeichenrecht	4
e) Lauterkeitsrecht als Teil des Privatrechts	5
2. Rechtsquellen	6
a) Das UWG als umfassende Regelung des Lauterkeitsrechts	6
b) Marktverhaltensregeln außerhalb des UWG	7
c) Grundrechte	8
d) Europäisches Unionsrecht	9
3. Systematik des UWG	10
a) Aktivlegitimation	11
b) Geschäftliche Handlung	12
c) Unlauterkeit	13
d) Spürbarkeit	14
e) Haftungsausfüllung	15
II. Der Wettbewerb als Regelungsgegenstand	17
1. Begriff und Konzeptionen des Wettbewerbs	17
a) Allgemeiner Begriff	17
b) Wettbewerbstheoretische Modelle	18
c) Normative Bedeutung	19
2. Wettbewerbsfreiheit	20
a) Bedeutung	20
b) Unions- und verfassungsrechtliche Aspekte	21
c) Schutz der Wettbewerbsfreiheit durch Kartell- und Lauterkeitsrecht	22
3. Leistungswettbewerb	23
III. Historische Entwicklung des Lauterkeitsrechts	24
1. Von den Anfängen bis zum UWG 1909	24

	Rn
2. Ausdifferenzierung und Schutzzweckwandel (1909–1945)	32
3. Verschärfung der lauterkeitsrechtlichen Maßstäbe (1945–1984)	36
4. Europäisierung und Liberalisierung (1984–2004)	40
5. Die UWG-Reform 2004	44
a) Entstehungsgeschichte	44
b) Grundzüge	45
aa) Modernisierung	46
bb) Liberalisierung	47
cc) Harmonisierung	48
6. Die UWG-Novelle 2008 und die Zeit seitdem	49
a) Hintergrund	49
b) Gesetzgebungsgeschichte	50
c) Grundzüge	51
d) Das Gesetz zur Bekämpfung unerlaubter Telefonwerbung (2009)	52
e) Der Gesetz gegen unseriöse Geschäftspraktiken	53
f) Ausblick	54

I. Begriff, Rechtsquellen und Systematik des Lauterkeitsrechts

1 **1. Begriff des Lauterkeitsrechts und Abgrenzungen. a) Lauterkeitsrecht als Marktverhaltensrecht.** Das UWG schützt Mitbewerber, die Marktgegenseite (Verbraucher und gewerbliche Abnehmer) und die Allgemeinheit vor unlauterem Wettbewerb (§ 1). Es ist **Marktverhaltensrecht** und entspricht den Vorschriften, die in anderen Rechtsordnungen unter den Oberbegriffen „Marktrecht" oder „Recht der Geschäftspraktiken" (trade practices law) zusammengefasst werden. Während ausländische Rechtsordnungen zwischen dem Schutz von Unternehmern gegen unlautere Handlungen von Mitbewerbern einerseits und dem Verbraucherschutz andererseits unterscheiden **(Dualismus),** geht das deutsche Recht davon aus, dass die Interessen sämtlicher Marktteilnehmer untrennbar miteinander verwoben und daher in einem einheitlichen Gesetz zu regeln sind **(Monismus).**

2 **b) Wettbewerbsrecht.** Das Wettbewerbsrecht im weiteren Sinne zerfällt in zwei Teilbereiche: das im UWG geregelte Recht zur Bekämpfung des unlauteren Wettbewerbs **(Lauterkeitsrecht)** und das im AEUV und im GWB geregelte Recht gegen Wettbewerbsbeschränkungen **(Kartellrecht).** Beide stehen in einem engen **Funktionszusammenhang.** Vor allem verfolgen sie den einheitlichen Zweck, den Wettbewerb vor Verfälschungen zu schützen (§ 1 S 2; auf EU-Ebene früher Art 3 lit g EG, inzwischen Protokoll Nr 27 zu den Verträgen) und damit die Funktionsbedingungen einer auf Wettbewerb gegründeten Marktwirtschaft zu sichern (*Beater* Rn 105; *Emmerich* UWG § 5 Rn 22f; *Glöckner*, Europäisches Lauterkeitsrecht, S 282; Harte/Henning/*Ahrens* Einl G Rn 110; *Köhler* WRP 05, 645). Das Lauterkeitsrecht, das in Deutschland traditionell auch als „Wettbewerbsrecht" im engeren Sinn bezeichnet wird, bewirkt eine Marktverhaltenskontrolle (*Köhler*/Bornkamm § 4 Rn 12.2; vgl auch BGH GRUR 04, 602, 603 – *20 Minuten Köln*). Es regelt auf einer Mikroebene das Verhalten einzelner Akteure auf einem bestehenden Markt. Hingegen dient das Kartellrecht, das wiederum in der Überschrift zu Art 101ff AEUV und einigen europäischen Rechtsordnungen (etwa dem englischen Recht) als „Wettbewerbsrecht" im engeren Sinn bezeichnet wird, der Marktstrukturkontrolle. Es schützt auf einer Makroebene den freien Wettbewerb gegen Beschränkungen (zum Verhältnis beider Gebiete zueinander vgl im Einzelnen Einf D Rn 70ff). Obwohl sich beide Teilgebiete des Wettbewerbsrechts überlagern, unterscheiden sie sich hinsichtlich ihres konkreten Regelungsziels. Da angesichts der in Art 101ff AEUV gewählten Terminologie der

A. Entwicklung, Rechtsquellen und allgemeine Grundlagen **Einf A UWG**

Begriff des „**Wettbewerbsrechts**" inzwischen **mehrdeutig** geworden ist und das UWG mittlerweile auch Handlungen nach Vertragsschluss erfasst (§ 2 I Nr 1), erscheint es präziser, das Recht gegen unlauteren Wettbewerb als **Lauterkeitsrecht** zu bezeichnen (für den Begriff „Unlauterkeitsrecht" mit der Begründung, das UWG gebe nicht vor, was lauter ist, sondern verbiete unlautere Handlungen, *Bülow* GRUR 12, 889f).

c) Gewerblicher Rechtsschutz. Anders als die Rechte des geistigen Eigentums (Patentrecht, Gebrauchs- und Geschmacksmusterrecht, Kennzeichenrechte) schafft das UWG **keine absoluten Ausschließlichkeitsrechte,** sondern gewährt dem Verletzten **allein schuldrechtliche Ansprüche.** Gleichwohl wird das Lauterkeitsrecht traditionell gemeinsam mit dem Patentrecht, den Muster- und Kennzeichenrechten (nicht jedoch dem Urheberrecht) unter dem Oberbegriff des „**Gewerblichen Rechtsschutzes**" zusammengefasst (vgl Art 1 II PVÜ: „Der Schutz des gewerblichen Eigentums hat zum Gegenstand die Erfindungspatente ... sowie die Unterdrückung des unlauteren Wettbewerbs", näher zur PVÜ Einf B Rn 1). Daran ist zutreffend, dass auch Teilbereiche des Lauterkeitsrechts dem Schutz des gewerblichen Schaffens dienen. Allerdings stammt die Zuordnung des Lauterkeitsrechts zum gewerblichen Rechtsschutz aus einer Zeit, als der Verbraucherschutz als selbständiger Schutzzweck noch nicht anerkannt war (*Henning-Bodewig* GRUR Int 07, 986ff). Mittlerweile erscheint es präziser, die technischen Schutzrechte, die Kennzeichenrechte, das Geschmacksmusterrecht und das Urheberrecht unter dem Oberbegriff des geistigen Eigentums oder Immaterialgüterrechts zusammenzufassen (vgl Art 1 II TRIPS und Art 1 der EG-RL 2004/48/EG zur Durchsetzung der Rechte des geistigen Eigentums, ABl L 219 v 19.6.2004, S 8) und vom Lauterkeitsrecht als rein schuldrechtlichem Marktverhaltensrecht abzugrenzen. Zum Verhältnis zwischen dem Lauterkeitsrecht und dem Recht des geistigen Eigentums vgl im Einzelnen Einf D Rn 77ff.

d) Lauterkeitsrecht und Kennzeichenrecht. Traditionell wird auch das mittlerweile im MarkenG geregelte Kennzeichenrecht zum Wettbewerbsrecht iwS gezählt. Beide Rechtsgebiete gelten als Teilgebiete des gewerblichen Rechtsschutzes (s Rn 3). Tatsächlich verfolgen Kennzeichen- und Lauterkeitsrecht teilweise gemeinsame Zwecke. Das MarkenG schützt umfassend Kennzeichen gegen Verwechslungsgefahr; zugleich ist der Schutz vor Verwechslungsgefahren auch Aufgabe des Lauterkeitsrechts (vgl Art 10bis III Nr 1 PVÜ). Teilbereiche des Kennzeichenschutzes waren bis zur Reform des Markenrechts im Jahre 1994 im UWG geregelt (s Rn 41). Andererseits hat sich vor allem das Markenrecht inzwischen zu einem vollständigen Recht des geistigen Eigentums entwickelt (vgl Art 1 II iVm Art 15ff TRIPS). Insbesondere kann die Marke auch ohne Geschäftsbetrieb übertragen werden und kann Gegenstand von Lizenzverträgen sein (§§ 27 I, 30 I MarkenG). Diesen Unterschied verdeckt die Zuordnung des Markenrechts zum Wettbewerbsrecht iwS. Zum Verhältnis zwischen Lauterkeits- und Markenrecht, insb zur „Vorrangthese" der Rechtsprechung s Einf D Rn 82ff.

e) Lauterkeitsrecht als Teil des Privatrechts. Während in anderen europäischen Rechtsordnungen die Durchsetzung des Lauterkeitsrechts teilweise Verwaltungsbehörden obliegt (s Einf B Rn 31), werden unlautere Geschäftspraktiken in Deutschland nahezu ausschließlich mit zivilrechtlichen Mitteln bekämpft. Das Lauterkeitsrecht ist Sonderdeliktsrecht (Einf D Rn 56, zum Verhältnis zu §§ 823ff BGB s dort Rn 57ff). Allerdings unterscheidet es sich vom allgemeinen Deliktsrecht durch seinen kollektivrechtlichen Einschlag: Das UWG schützt auch Verbraucher und die Allgemeinheit (§ 1), dem entspricht die Anspruchsberechtigung für gewerbliche Verbände, Verbraucherschutzeinrichtungen und die Industrie- und Handelskammern (§ 8 III).

6   2. Rechtsquellen. a) Das UWG als umfassende Regelung des Lauterkeitsrechts. Das Lauterkeitsrecht wird umfassend im Gesetz gegen den unlauteren Wettbewerb von 2004 geregelt, das wesentliche Änderungen durch die UWG-Novelle von 2008 erfuhr (s Rn 49 ff). Das UWG schützt einheitlich Mitbewerber, die Marktgegenseite und die Allgemeinheit (§ 1). Der Geltungsbereich des UWG ist weder auf einzelne Medien noch auf einzelne Produkte beschränkt. Adressaten des UWG sind Unternehmen, unter bestimmten Voraussetzungen die öffentliche Hand (s Einf D Rn 20 ff) und Privatpersonen, die zur Förderung fremder Unternehmen handeln.

7   b) Marktverhaltensregeln außerhalb des UWG. Daneben enthalten zahlreiche weitere Gesetze marktverhaltensregelnde Vorschriften, deren Anwendungsbereich entweder allgemein (Beispiel: PAngV) oder oft auf bestimmte Produktkategorien (Beispiel: HWG) oder auf bestimmte Medien (Beispiel: §§ 5f TMG) beschränkt ist. Ein Verstoß gegen diese Vorschriften kann unter den Voraussetzungen der §§ 4 Nr 11; 5a; 3 lauterkeitsrechtliche Ansprüche auslösen (näher hierzu die Kommentierung zu § 4 Nr 11).

8   c) Grundrechte. Der UWG-Gesetzgeber und die Rechtsprechung sind an die durch das GG garantierten Grundrechte gebunden (Art 1 III GG), bei der Umsetzung und Auslegung von Unionsrecht auch an die EU-Grundrechtecharta (Art 51 I EUGRCh). Die Grundrechte wirken sich insbesondere bei der Konkretisierung der Generalklauseln aus die Privatrecht aus („mittelbar Drittwirkung", s Einf D Rn 1). Vor allem das Grundrecht auf freie Entfaltung der Persönlichkeit (Art 2 I GG), der Gleichheitsgrundsatz (Art 3 GG), das Grundrecht der Meinungs-, Informations- und Pressefreiheit (Art 5 I GG) und das der freien Berufswahl und Berufsausübung (Art 12 I GG) sind (auch) für das Lauterkeitsrecht **von fundamentaler Bedeutung.** Das BVerfG hat wiederholt auf das UWG gestützte Verbote als ungerechtfertigte Beschränkungen der Meinungs- und Pressefreiheit (Art 5 I GG) beurteilt. Näher zur Bedeutung der Grundrechte Einf D Rn 5 ff, 9 ff.

9   d) Europäisches Unionsrecht. Teile des Lauterkeitsrechts wurden durch EU-Recht harmonisiert, das gegenüber dem deutschen nationalen Recht Vorrang genießt. Vor allem die §§ 5, 5a (irreführende Praktiken und Irreführung durch Unterlassen), 6 (vergleichende Werbung) und 7 II, III (belästigende Formen der Direktwerbung) wurden zur Umsetzung europäischer Richtlinien erlassen (s im Einzelnen Einf C Rn 26 ff) und sind daher unionsrechtskonform auszulegen (Einf C Rn 27). Auch abgesehen von dem durch Sekundärrecht angeglichenen Bereich darf das Lauterkeitsrecht die im AEUV garantierten Grundfreiheiten nicht ungerechtfertigt beschränken (s im Einzelnen Einf C Rn 9 ff).

10   3. Systematik des UWG. Die **Zentralnorm** des UWG ist **die große Generalklausel des § 3 I.** Sie verbietet unlautere geschäftliche Handlungen, die geeignet sind, die Interessen der Mitbewerber, der Verbraucher oder der sonstigen Marktteilnehmer spürbar zu beeinträchtigen. Die Generalklausel der „Unlauterkeit" wird durch die „schwarze Liste" im Anhang zu § 3 III, durch die §§ 4–6 und durch die Leitlinien des § 3 II **konkretisiert.** Lediglich das Verbot belästigender geschäftlicher Handlungen (§ 7) verweist seit der UWG-Novelle 2008 nicht mehr auf § 3 I. §§ 8–10 regeln die **Rechtsfolgen** unlauterer geschäftlicher Handlungen und die Anspruchsberechtigung **(Aktivlegitimation).** Damit ergibt sich für lauterkeitsrechtliche Ansprüche folgende **Prüfungsreihenfolge.**

11   a) Aktivlegitimation. Ist der Anspruchsteller aktivlegitimiert? Gegenüber dem Bürgerlichen Recht erweitert das UWG den Kreis der Anspruchsberechtigten. Ansprüche auf Beseitigung oder Unterlassung (Abwehransprüche) stehen gem § 8 III jedem Mitbewerber, gewerblichen Verbänden, Verbraucherschutzeinrichtungen und den Industrie- und Handelskammern zu. Die genannten Verbände und Einrichtun-

A. Entwicklung, Rechtsquellen und allgemeine Grundlagen **Einf A UWG**

gen können auch Gewinnabschöpfungsansprüche geltend machen (§ 10 I). Hingegen stehen Schadensersatzansprüche nur Mitbewerbern zu (§ 9).

b) Geschäftliche Handlung. Stellt das beanstandete Verhalten eine geschäftliche 12 Handlung iSd § 2 I Nr 1 dar (s dazu § 2 Rn 4 ff)?

c) Unlauterkeit. Ist das beanstandete Verhalten unlauter? Das UWG konkreti- 13 siert die Begriffe der „Unlauterkeit" und „Unzulässigkeit" durch verschiedene Vorschriften, die dreistufig zu prüfen sind, wobei es sich empfiehlt, mit den konkretesten Bestimmungen zu beginnen. Demnach ist ein Verhalten unzulässig, wenn es **(a)** gegenüber Verbrauchen vorgenommen wird und einer Verhaltensweise entspricht, die im Anhang zu § 3 III aufgeführt ist **(„schwarze Liste")**, **(b)** nach den **Tatbeständen der §§ 5–6** oder einem der **Beispielsfälle des § 4** unlauter ist oder **(c)** in den genannten Spezialvorschriften nicht geregelt ist, sich aber aufgrund der in **§ 3 II genannten Leitlinien** oder einer **umfassenden Interessenabwägung** als unlauter darstellt (s § 3 Rn 17 ff).

d) Spürbarkeit. Sofern das Verhalten nicht schon von der „schwarzen Liste" er- 14 fasst wird: Ist es geeignet, die Interessen von Mitbewerbern, Verbrauchern oder sonstigen Marktteilnehmern **spürbar** zu beeinträchtigen (§ 3 I, s dazu § 3 Rn 45 ff)?

e) Haftungsausfüllung. Liegen demnach die haftungsbegründenden Vorausset- 15 zungen vor, so richtet sich die **Haftungsausfüllung** nach §§ 8–10.

Abweichend von den übrigen gesetzlich geregelten Fällen der Unlauterkeit fällt 16 die belästigende Werbung seit der UWG-Novelle von 2008 nicht mehr unter § 3 I. Sind die Tatbestände des § 7 I oder des § 7 II Nr 1–4 erfüllt, so richten sich die Rechtsfolgen unmittelbar nach §§ 8–10. Eine Prüfung der Voraussetzungen des § 3 entfällt.

II. Der Wettbewerb als Regelungsgegenstand

1. Begriff und Konzeptionen des Wettbewerbs. a) Allgemeiner Begriff. 17 Wettbewerb bedeutet das Streben mehrerer nach einem Ziel, das nicht alle gleichermaßen erreichen können, so dass der Gewinn des einen den Verlust des anderen bedingt. Gegenstand des Wettbewerbsrechts iwS ist nur der *wirtschaftliche* Wettbewerb.

b) Wettbewerbstheoretische Modelle. Die Volkswirtschaftslehre hat verschie- 18 dene Modelle zur Beschreibung des wirtschaftlichen Wettbewerbs hervorgebracht, die vom klassischen Leitbild des vollkommenen Wettbewerbs über die Konzepte der workable oder effective competition und das Konzept des Wettbewerbs als Entdeckungsverfahren (*v Hayek*) bis zu modernen spieltheoretischen Ansätzen reichen (vgl die ausführlichere Darstellung bei *Beater* Rn 105 ff; *Emmerich,* Kartellrecht, § 1 Rn 13 ff; *Fezer/Fezer* Einf E Rn 48 ff; *Leistner,* Richtiger Vertrag und lauterer Wettbewerb, 2007, S 16 ff; MüKo/*Sosnitza* Grundl A Rn 3 ff; *Köhler*/Bornkamm Einl Rn 1.11 ff; *Lux,* Der Tatbestand der allgemeinen Marktbehinderung, 2006, S 15 ff; zur Analyse des Lauterkeitsrechts aus Sicht der Behavioural Economics *Leistner* ZGE 09, 3 ff). Auch wenn diese Konzeptionen bei der Konkretisierung lauterkeitsrechtlicher Generalklauseln herangezogen werden können (*Leistner,* Richtiger Vertrag, S 140 ff), hält sich ihre praktische Bedeutung für die Anwendung des UWG doch in Grenzen. Erstens stellt keines dieser Modelle ein normativ verbindliches Leitbild dar. Vielmehr handelt es sich um Beschreibungen der Realität, die *rechtspolitische* Bedeutung gewinnen können, denen der Gesetzgeber aber keine Bindungswirkung beigemessen hat. Zweitens befassen sich diese Modelle mit der Marktstruktur und betreffen daher das Kartellrecht in weitaus höherem Maße als das Lauterkeitsrecht, das individuelles Marktverhalten in den Blick nimmt (s Rn 2) und dessen Auswirkungen auf den Markt allenfalls mittelbar berücksichtigt. Drittens regelt das UWG mittlerweile auch nachvertragliches Verhalten, das kein Wettbewerbsverhalten ieS darstellt (Rn 19). Daher kann hier unter Verweis auf die oben genannten Quellen auf eine ausführliche Darstellung verzichtet werden.

19 c) **Normative Bedeutung.** Eine gesetzliche Definition des Begriffs „Wettbewerb" besteht weder im UWG noch im GWB. Im Gegenteil hat der Begriff im Lauterkeitsrecht durch die UWG-Novelle von 2008 an Bedeutung verloren. Während die Gesetze von 1909 und von 2004 nur auf Wettbewerbshandlungen anwendbar waren, regelt das UWG in der Fassung von 2008 nur noch die Zulässigkeit „geschäftlicher Handlungen". Geschäftliche Handlung ist nicht mehr nur das Streben um Erweiterung des Kundenkreises auf Kosten eines Mitbewerbers (so zum Begriff des Wettbewerbs unter § 1 aF RGSt 58, 429, 430; BGHZ 23, 365, 370 = GRUR 57, 365, 366 – *Suwa*; BGH GRUR 90, 611, 613 – *Werbung im Programm*; *Fikentscher* GRUR Int 04, 727), sondern auch die Einwirkung auf die Marktgegenseite bei oder nach einem Geschäftsabschluss (vgl § 2 I Nr 1). Volkswirtschaftliche Wettbewerbskonzeptionen oder Begriffsdefinitionen aus der früheren Rechtsprechung können daher für die Auslegung der Tatbestände des UWG nur mit Vorsicht herangezogen werden. Der Begriff „Wettbewerb" selbst spielt nur noch in der Schutzzweckbestimmung (§ 1 S 2), im Rahmen der Frage nach dem Vorliegen eines Wettbewerbsverhältnisses (s dazu § 2 Rn 51 ff; § 6 Rn 26 ff) und in den Tatbeständen der §§ 17 ff eine Rolle.

20 **2. Wettbewerbsfreiheit. a) Bedeutung.** Wirtschaftlicher Wettbewerb kann nur stattfinden, wenn für aktuelle oder potentielle Wettbewerber (Unternehmen) und die Marktgegenseite (Verbraucher, sonstige Kunden) der Zutritt zum Markt offensteht und die Beteiligten in der Lage sind, ihre Entschließungen frei treffen zu können, dh **wenn Wettbewerbsfreiheit herrscht.** Dieser Begriff umschließt die Freiheit des Handelns für Anbieter und Nachfrager. Den Unternehmen gewährt sie die Möglichkeit zu freier Gestaltung ihres Angebots nach Art, Güte, Menge, Preis, den Kunden die Möglichkeit zu Annahme oder Ablehnung, beiden die Möglichkeit, den Vertragspartner frei zu wählen und sich über die Ausgestaltung der Vertragsbedingungen zu einigen.

21 **b) Unions- und verfassungsrechtliche Aspekte.** Der AEUV verpflichtet die Mitgliedstaaten, ihre Wirtschaftspolitik am Grundsatz der offenen Marktwirtschaft und der Wettbewerbsfreiheit auszurichten (Art 120 AEUV). Auch Art 12 I und 2 I GG schützen die Wettbewerbsfreiheit (vgl Einf D Rn 15). Beide Grundrechte gewähren keinen Schutz gegen Konkurrenz, sondern nur die Berechtigung auf Zutritt zum Markt und zur wettbewerblichen Betätigung *neben* dem wirtschaftlichen Streben anderer (BVerfGE 34, 252, 256; 55, 261, 269).

22 **c) Schutz der Wettbewerbsfreiheit durch Kartell- und Lauterkeitsrecht.** Das Kartell- und das Lauterkeitsrecht wirken beim Schutz der Wettbewerbsfreiheit zusammen. Während dem Kartellrecht die Aufgabe zukommt, Gefahren für den Wettbewerb vorbeugend, beseitigend und kontrollierend auszuschalten, ist es Sache des UWG, lauterkeitsrechtlichen Maßstäben zum Erfolg zu verhelfen und die Wettbewerbsfreiheit dort zu beschränken, wo Eingriffe in die Belange der Mitbewerber, der Verbraucher und der Allgemeinheit der Lauterkeit im Wettbewerb widersprechen (s Einf D Rn 71 f und BGHZ 23, 365, 371 = GRUR 57, 365, 367 – *Suwa*; st Rspr u allgM). Insoweit ist Wettbewerbsfreiheit auch von zentraler Bedeutung für die Konkretisierung der Generalklausel (§ 3 Rn 17, 32).

23 **3. Leistungswettbewerb.** In der älteren Rechtsprechung wurde im Anschluss an den *Benrather Tankstellenfall* (RGZ 134, 342, 350) verbreitet zwischen Leistungswettbewerb und Nichtleistungs- oder Behinderungswettbewerb unterschieden. Der Leistungswettbewerb sollte dadurch gekennzeichnet sein, dass er auf sachliche Gesichts-

A. Entwicklung, Rechtsquellen und allgemeine Grundlagen **Einf A UWG**

punkte (Qualität, Preiswürdigkeit, Service, etc) abhebt, statt „leistungsfremde" Parameter wie Kundentäuschung, übertriebenes Anlocken, unsachliche Ausnutzung von Gefühlen und Vertrauen oder die Behinderung von Mitbewerbern einzusetzen (vgl zB BGHZ 51, 236, 242 = GRUR 69, 287, 289 – *Stuttgarter Wochenblatt I;* BGHZ 81, 322, 329 = GRUR 82, 60, 61 – *Original-Ersatzteile II;* BGHZ 82, 375, 395 = GRUR 82, 425, 430 – *Brillen-Selbstabgabebestellen;* BGHZ 139, 368, 374 = GRUR 99, 264, 266 – *Handy für 0,00 DM;* BGHZ 149, 247, 272 = GRUR 02, 360, 367 – *H. I. V. POSITIVE II*). Im Schrifttum wird dieser Begriff seit langem aus zwei Gründen kritisiert. Zum einen ist er ebenso unbestimmt wie derjenige der „Unlauterkeit", zum anderen verleitet er dazu, überkommene Wettbewerbsmittel zur Norm zu erheben und damit innovative Marketingformen zu behindern (GK[1]/*Schünemann* Einf D Rn 81 ff; Harte/Henning/*Podszun* § 3 Rn 109; Köhler/Bornkamm § 1 Rn 44; Gloy/Loschelder/Erdmann/*Leistner* § 4 Rn 21 ff; *Beater* Rn 838 ff; *Emmerich* UWG § 5 Rn 21; *Ohly,* Richterrecht und Generalklausel, 1997, S 220 f; *v. Ungern-Sternberg* FS Erdmann, 2002, S 741, 759 f.; vgl aber Fezer/*Fezer* § 3 Rn 218 ff; Fezer/*Steinbeck* UWG § 4–1 Rn 77 ff). Auch wenn der Begriff zwischenzeitlich in der Rechtsprechung des BVerfG eine gewisse Renaissance erlebt hat (BVerfG GRUR 01, 1058, 1059 – *Therapeutische Äquivalenz;* BVerfG GRUR 02, 455, 456 – *Tier- und Artenschutz;* BVerfG WRP 03, 69, 70 – *Juve Handbuch*), spielt er in der modernen Rechtsprechung des BGH aus gutem Grund keine Rolle mehr.

III. Historische Entwicklung des Lauterkeitsrechts

Literatur: *Ahrens,* Die Entstehung der zivilrechtlichen Sanktionen des UWG, WRP 1980, 129; *Baumbach,* Kommentar zum Wettbewerbsrecht, 1929; *Beater,* Verbraucherschutz und Schutzzweckdenken im Wettbewerbsrecht, 2000; *ders,* Entwicklungen des Wettbewerbsrechts durch die gesetzgebende und die rechtsprechende Gewalt, FS Erdmann, 2002, 513; *Bornkamm,* Wettbewerbs- und Kartellrechtsprechung zwischen nationalem und europäischem Recht, 50 Jahre Bundesgerichtshof, 2000, 343; *Fezer,* Modernisierung des deutschen Rechts gegen den unlauteren Wettbewerb auf der Grundlage einer Europäisierung des Wettbewerbsrechts, WRP 2001, 989; *v. Gierke,* Der Rechtsgrund des Schutzes gegen unlauteren Wettbewerb, GR 4 (1895) 109 ff; *Kohler,* Der unlautere Wettbewerb, 1914; *Lobe,* Die Bekämpfung des unlauteren Wettbewerbs, Bd. 1: Der unlautere Wettbewerb als Rechtsverletzung, 1907; *ders,* Die Entwicklung des Schutzes gegen unlauteren Wettbewerb nach der Rechtsprechung des Reichsgerichts, GRUR 1931, 1215; *Ohly,* Richterrecht und Generalklausel im Recht des unlauteren Wettbewerbs, 1997; *Plager,* Schutzzwecke des Lauterkeitsrechts: Entfaltung und Entwicklung zwischen 1909 und 2004, 2010; *Schill,* Der Einfluss der Wettbewerbsideologie des Nationalsozialismus auf den Schutzzweck des UWG, 2004; *Schricker,* 100 Jahre Gesetz gegen den unlauteren Wettbewerb, GRUR Int 1996, 473; *v Stechow,* Das Gesetz zur Bekämpfung des unlauteren Wettbewerbs vom 27. Mai 1896, 2002; *Ulmer,* Sinnzusammenhänge im modernen Wettbewerbsrecht, 1932; *ders,* Wandlungen und Aufgaben im Wettbewerbsrecht, GRUR 1937, 769; *Wadle,* Das Reichsgesetz zur Bekämpfung des unlauteren Wettbewerbs von 1896, JuS 1996, 1064; *ders,* Geistiges Eigentum, Bausteine zur Rechtsgeschichte, 1996.

1. Von den Anfängen bis zum UWG 1909. Für eine eigenständige **Ordnung** 24 **des Wettbewerbs,** wie er zwischen Wettbewerbern und Marktpartnern beim Austausch von Gütern und Leistungen stattfindet, hatte bis ins 19. Jahrhundert hinein kein hinreichender Anlass bestanden. Wettbewerb als ein Urphänomen menschlichen Zusammenlebens hatte es zwar auch auf wirtschaftlichem Gebiet schon immer gegeben (*Kohler* aaO § 11). Aber solange die Lebensverhältnisse im Vergleich zu den heutigen generell einfach gelagert und die Ansprüche an die Lebenshaltung einer nur langsam zunehmenden Bevölkerung gering waren, reichten allgemein verbindliche oder für bestimmte Wirtschaftskreise geltende Gewerbebeschränkungen (insb durch die **Zünfte,** vgl. *Beater* Rn 229 ff) aus, um unlauteren Wettbewerb zu unterbinden.

Erst das 19. Jahrhundert führte – beginnend mit den Stein-Hardenbergschen Reformen von 1812, insbesondere der Reform der Staatsverwaltung, der Schaffung der Städteordnung und der Beseitigung der Erbuntertänigkeit der Bauern – zu einer allmählichen Überwindung des Merkantilismus und der Aufhebung der Verfassung von Zünften und Innungen. Deren Rechte und Privilegien entsprachen nicht mehr den geänderten Lebensbedingungen, seitdem sich Wissenschaft und Technik, Handel und Gewerbe, Eisenbahn und Wegenetz, Zeitungswesen und Nachrichtenübermittlung fortentwickelt und zu Wettbewerbskonzentrationen und wachsender Nachfrage nach gewerblichen Gütern und Leistungen geführt hatten.

25 Als Antwort auf die gewandelten Lebensverhältnisse und die neuen wirtschaftlichen Gegebenheiten entwickelte sich in Deutschland in der zweiten Hälfte des 19. Jahrhunderts eine sich nach und nach zum Ganzen fügende rechtliche Ordnung des Wettbewerbs. Entscheidende Voraussetzung dafür war der in § 1 der **Gewerbeordnung vom 21.6.1869** postulierte, an den liberalen Grundüberzeugungen jener Zeit orientierte Grundsatz der Gewerbefreiheit, der das Tor zu freier wettbewerblicher Betätigung öffnete und – seiner Bedeutung entsprechend – in die Reichsverfassung von 1871 und später auch in die Weimarer Reichsverfassung von 1919 eingehen sollte.

26 Die Entwicklung auf dem Gebiete des gewerblichen Rechtsschutzes setzte nach der Reichsgründung 1871 ein mit dem **Gesetz über den Markenschutz vom 30.11.1874** (RGBl S 134) und dem Patentgesetz vom 25.4.1877 (RGBl S 501), dem bereits 1876 ein (erstes) Urheberrechtsgesetz vorausgegangen war (RGBl S 1). Das Markenschutzgesetz von 1874 schützte das Recht am Warenzeichen allein auf Grund Anmeldung. Nicht angemeldete Zeichen, auch wenn sie sich im Verkehr als Herkunftshinweis auf ein bestimmtes Unternehmen durchgesetzt hatten, blieben ungeschützt. Aus diesem Markenschutzgesetz, das als eine abschließende Regelung verstanden wurde, obwohl es der Sache nach nur ein Sondergebiet betraf, leitete das Reichsgericht – **argumentum e contrario** – die von *Kohler* (aaO S 45ff) heftig bekämpfte Ansicht her, dass der Schutz der Warenbezeichnungen durch wettbewerbsrechtliche Regelungen zum Schutz gegen Irreführung und unlauteren Wettbewerb nicht ergänzt werden könne und dass deshalb im Wettbewerb **erlaubt sein müsse, was nicht verboten sei.** Ansätze zur Gewährung eines allgemeinen Schutzes gegen unlauteren Wettbewerb, wie sie sich namentlich in den Gebieten französischen Rechts des Deutschen Reichs auf der Grundlage der concurrence déloyale des Art 1382 Cc herausgebildet hatten, waren damit zunächst vom Tisch (vgl RGZ 3, 67, 69 – *Apollinarisbrunnen;* 29, 57, 59 – *de Constantinople;* GK[1]/*Schünemann* Einf Rn B 10ff; *Beater* Rn 277ff; HK/*Klippel* E 1 Rn 12f; *v Stechow* S 73ff). Auch die sonderschutzrechtlichen Regelungen des Patentgesetzes vom 7.4.1891 (RGBl S 79) und des Gebrauchsmustergesetzes vom 1.6.1891 (RGBl S 290) änderten daran nichts.

27 Dieser Rechtszustand erfuhr eine wesentliche Verbesserung durch das **Gesetz zum Schutz der Warenbezeichnungen vom 12.5.1894** (RGBl S 441), das das Markenschutzgesetz von 1874 ablöste, die Zeicheneintragung anstelle der Anmeldung zum **Konstitutivakt** machte, in § 15 zum Schutz gegen Irreführung ein (dem eingetragenen Warenzeichen nachrangiges) **Ausstattungsrecht** einführte und in § 16 eine rein wettbewerbsrechtliche Bestimmung aufnahm, durch die in Täuschungsabsicht vorgenommene Wettbewerbshandlungen mit falschen Wappen und unrichtigen geographischen Herkunftsbezeichnungen für Waren unter Strafe gestellt wurden. Außerdem ermöglichte es die Erhebung einer **Popularklage** (§ 8 I Nr 3). Zwar enthielt das Gesetz noch keine allgemeine Regelung gegen unlauteren Wettbewerb. Unter seinem Einfluss hat das Reichsgericht an seiner Auffassung, dass das Warenzeichenrecht eine erschöpfende Normierung auch des Wettbewerbsrechts enthalte, nicht mehr festgehalten (RGZ 38, 128, 131 – *Zigarrenausstattungen;* 48, 233, 235 – *PAH... Solingen;* GK[1]/*Schünemann* Einf Rn B 12; *Beater* Rn 295).

28 Mit dem Gesetz zum Schutz der Warenbezeichnung von 1894 (Rn 5) war eine Entwicklung eingeleitet worden, die über das erstmals einen **echten Wettbewerbs-**

A. Entwicklung, Rechtsquellen und allgemeine Grundlagen **Einf A UWG**

schutz gewährende **Gesetz zur Bekämpfung unlauteren Wettbewerbs vom 27.5.1896** (RGBl S 145) zum **UWG**, dem **Gesetz gegen den unlauteren Wettbewerb vom 7.6.1909** (RGBl S 449), führte (zur Entstehungsgeschichte HK/*Klippel* E1 Rn 19f; *v Stechow* S 154ff). Normzweck des Gesetzes von 1896 war der Schutz der Mitbewerber vor bestimmten einzelnen Erscheinungsformen des unlauteren Wettbewerbs. Wichtigste Neuerung insoweit war § 1 des Gesetzes, der eine dem heutigen § 5 UWG **vergleichbare Generalklausel gegen Irreführung** enthielt, im Übrigen aber noch keine abschließende Regelung des Rechts gegen den unlauteren Wettbewerb statuierte, was auch nicht beabsichtigt war. Das Gesetz beschränkte sich auf die Bekämpfung bestimmter einzelner Fallgestaltungen unlauteren Wettbewerbs wie der Anschwärzung, der geschäftlichen Verleumdung, der Nachahmung fremder Kennzeichen und des Geheimnisverrats. Damit blieben Rechtsschutzlücken, zu deren Schließung – wenn auch entsprechend der Gesetzeslage nur mit teilweisem Erfolg – das Reichsgericht nach Inkrafttreten des BGB am 1.1.1900 § 826 BGB als allgemeine Generalklausel zur Bekämpfung unlauteren Wettbewerbs heranzog, insbesondere bei der Unterbindung von Diskriminierung, Sperre und Boykott, aber auch sonst, wenn die Wettbewerbshandlung in vorsätzlicher Schädigung eines Mitbewerbers bestand (RGZ 48, 114, 119 – *Frachttarife*; 60, 94, 104 f – *Feingoldschlägervereinigung; Beater* Rn 296; *v Stechow* S 304 ff).

Die Lücken des Gesetzes von 1896 und die nur auf vorsätzlich-sittenwidrige Schä- **29** digungen anwendbare Bestimmung des § 826 BGB, deren oft nicht zu führender Nachweis dem Kläger oblag, sowie der Umstand, dass zwar als „sonstiges" absolutes Recht im Sinne des § 823 I BGB das Recht am eingerichteten und ausgeübten Gewerbetrieb anerkannt wurde, nicht aber die wettbewerblichen Interessen von Mitbewerbern, veranlassten den Gesetzgeber, diesen Rechtszustand durch das am 1.10.1909 in Kraft getretene **Gesetz gegen den unlauteren Wettbewerb vom 7.6.1909** zu ändern. Die im Laufe des Gesetzgebungsverfahren an die Spitze des Gesetzes gestellte **große Generalklausel des § 1** – ergänzt durch die dem Schutz vor Irreführung dienende **kleine Generalklausel des § 3** und einer Reihe einzelner Spezialtatbestände und Strafvorschriften – erhob nunmehr für den Gewerbetreibenden die Einhaltung der guten Sitten im Wettbewerb zur Norm: *„Wer im geschäftlichen Verkehr zu Zwecken des Wettbewerbs Handlungen vornimmt, die gegen die guten Sitten verstoßen, kann auf Unterlassung und Schadensersatz in Anspruch genommen werden"*. Mit dem Tatbestandsmerkmal der guten Sitten wurde das Lauterkeitsrecht zu einem weitgehend offenen, dh zu einem der Konkretisierung durch Richterspruch im Einzelfall zugänglichen und bedürftigen Recht.

§ 1 des UWG von 1909 wurde damit zu der **das gesamte Wettbewerbsrecht 30 beherrschenden Norm**, weil er es ermöglichte, auch solche unlauteren wettbewerblichen Verhaltensweisen zu unterbinden, die von seinen sonstigen Regelungen nicht erfasst wurden. Der mit ihm zum Maßstab wettbewerblichen Verhaltens erhobene unbestimmte Rechtsbegriff der guten Sitten wurde der Tatsache gerecht, dass eine unübersehbare Vielfalt denkbarer wettbewerbswidriger Verhaltensweisen deren tatbestandsmäßige Erfassung ausschließt. Mit dem unbestimmten Rechtsbegriff der guten Sitten zwang daher das UWG von 1909 den Richter in jedem Einzelfall zu wertausfüllender Konkretisierung, um die Frage der Lauterkeit oder Unlauterkeit normativ entscheiden zu können. Das Wettbewerbsrecht wurde damit – vom Gesetzgeber gewollt – weitestgehend **Richterrecht** (vgl *Ohly* S 202, 253 ff).

Normzweck des UWG von 1909 war wie der des UWG von 1896 der **Schutz 31 der Mitbewerber**. Waren zu Beginn der Kodifikationsarbeiten zum UWG 1896 der Wettbewerber- und Verbraucherschutz noch verbreitet als gleichrangig angesehen worden (vgl etwa *v Gierke* GR 4 (1895) 109, 113), so trat im Lauf der Gesetzesberatungen der Wettbewerberschutz immer stärker als vorrangiger Schutzzweck in den Vordergrund (*v Stechow* S 192). Der Schutz der Verbraucher und der der Allgemeinheit wurde seitdem nicht als vom Gesetz gewährt verstanden, sondern als mittelbare, aus dem Konkurrentenschutz reflexartig sich ergebende Folge. Es war daher nur konsequent, dass das Gesetz an der Regelung des UWG von 1896 festhielt, neben Mitbewerbern allein (rechtsfähige) Gewerbeverbände für klagebefugt zu erklären (§ 13 I). Eine Klagebefugnis zur Wahrung von Verbraucherinteressen, die erst Jahrzehnte später geschaffen wurde (Rn 37), war demgemäß nicht vorgesehen und konnte auch von den zur Förderung gewerblicher Interessen klagebefugten Gewerbeverbänden nicht wahrgenommen werden (*Baumbach* § 13 [XXIII 4 A] S 279).

32 **2. Ausdifferenzierung und Schutzzzweckwandel (1909–1945).** Während die neue **große Generalklausel** des § 1 UWG 1909 anfangs nur zurückhaltend und in erster Linie zur Lückenfüllung angewandt wurde, entwickelte sie sich in den 1920er Jahren zusammen mit der kleinen Generalklausel des § 3 UWG 1909 zur **Zentralnorm des Lauterkeitsrechts**. Etliche Fallgruppen, die später von der Rspr des BGH fortgeführt und teilweise im UWG 2004 kodifiziert wurden, fanden ihre Ausgestaltung in dieser Zeit (vgl zB § 4 Rn 9/5, 10/1, § 6 Rn 4).

33 Wurde das Wettbewerbsrecht zunächst nur als das Recht des Kaufmanns im Handelsverkehr angesehen (vgl RGSt 45, 355, 361 – *Futterkalk;* RG MuW XXIII [1923] S 91, 93), so **wandelte sich** in der Rspr schon bald nach Inkrafttreten des UWG 1909 das **Verständnis vom Schutzzweck des UWG.** In zunehmendem Maße berücksichtigte das RG die Interessen der Allgemeinheit (RG MuW XV 48, 49 [1915] – *Ärztlicher Bezirksverein*: „Die Vorschriften gegen die unlautere Reklame sollen ... neben dem Schutz des Konkurrenten und der Reinhaltung des öffentlichen gewerblichen Verkehrs dem Interesse des Publikums dienen"; vgl RGZ 108, 272, 274 – *Merx*; RGZ 120, 47, 49 – *Markenschutzverband*; RGZ 128, 330, 342f. = GRUR 30, 813, 817 – *Graf Zeppelin*; zum Ganzen *Plager* S 129 ff). Auch im Schrifttum wurde teilweise der Wandel vom rein individualschützenden zum sozialrechtlichen Verständnis betont (*Ulmer* GRUR 1937, 772f). Allerdings blieb dieser **Funktionswandel des UWG** nicht unwidersprochen. So bezeichnete es *Baumbach* noch in seiner ersten Kommentierung des UWG von 1929 als „grundlegenden, nicht auszurottenden Irrtum, dass das deutsche Wettbewerbsrecht auch das Publikum, den Verbraucher schütze" (*Baumbach* S 128 f).

34 Auf die Wirtschaftskrise zu Beginn der 1930er Jahre und die damit verbundene wirtschaftlich angespannte Lage weiter Bevölkerungskreise reagiert die Gesetzgebung durch eine Verschärfung des UWG und durch Erlass restriktiver wettbewerblicher Nebengesetze. Durch **Verordnung vom 9.3.1932** wurden verschiedene Vorschriften des UWG, die insbesondere das Ausverkaufs- und Räumungsverkaufswesen und die Einrichtung von Einigungsämtern betrafen, geändert. Außerhalb des UWG wurde 1932 die **ZugabeVO** (RGBl I S 121), im darauf folgenden Jahr das **Rabattgesetz** (RGBl 1933 I S 1011) erlassen, die ein weitgehendes Zugabe- und Rabattverbot vorsahen und erst im Jahre 2001 wieder aufgehoben wurden.

35 **In den Jahren von 1933–1945** blieb das UWG von gesetzgeberischen Eingriffen weitgehend verschont (*Beater* Rn 316ff). Allerdings bedurfte Wirtschaftswerbung der vorherigen Genehmigung des durch Gesetz über Wirtschaftswerbung vom 12.9.1933 (RGBl I S 625) neu geschaffenen Werberats der deutschen Wirtschaft, dessen Richtlinien zwar nicht rechtsverbindlich waren, aber in der wettbewerblichen Praxis Bedeutung gewannen. 1935 wurden einzelne Vorschriften des UWG erneut ergänzt, geändert und aufgehoben (Gesetz vom 26.2.1935, RGBl I S 311). Große Bedeutung für mehr als 50 Jahre erlangte die **AO RWM betr. Sonderveranstaltungen** vom 4.7.1935 (RAnz Nr 158), die in dem durch Gesetz vom 25.7.1986 (BGBl I S 1169) neu gefassten § 7 UWG aufging. Der Rspr gelang es anfangs, eine gewisse Distanz zur NS-Ideologie zu wahren (vgl RGZ 150, 298, 307 f: der Werbehinweis, ein Konkurrent sei Jude, verstoße gegen § 1 UWG und sei auch durch die nationalsozialistische Weltanschauung nicht zu rechtfertigen; vgl auch OLG Köln GRUR 34, 202 und *Beater* § 3 Rn 96 ff). Allerdings wurde später auch § 1 UWG 1909 zum Einfallstor für die Rassenideologie (vgl RG JW 39, 429, 430:

ein „volksbewußter Deutscher" sei dankbar für „jeden kameradschaftlichen Hinweis, der ihn vor einem unerwünschten Vertrag mit einem Juden bewahrt").

3. Verschärfung der lauterkeitsrechtlichen Maßstäbe (1945–1984). Nach 36 Kriegsende knüpfte die Rechtsprechung in der Bundesrepublik an die schon vor 1933 entwickelten Fallgruppen der Rechtsprechung zu § 1 UWG 1909 an. Erhebliche Bedeutung für die systematische Ordnung des ausufernden Fallmaterials kam der Fallgruppenbildung zu, die *Hefermehl* in den von ihm bearbeiteten Auflagen des von Baumbach begründeten Kommentars vornahm (zuletzt *Baumbach/Hefermehl*, 22. Aufl, Einf Rn 160 ff). Diese Einteilung unterschied – verfassungsrechtlich unbedenklich (BVerfGE 32, 311, 317 = GRUR 72, 358, 360 – *Grabsteinwerbung;* BVerfG GRUR 01, 1058, 1059 – *Therapeutische Äquivalenz*) – mit jeweils zahlreichen Untergruppen, weiteren Unterteilungen und Einzelkriterien zwischen Kundenfang, Behinderung, Ausbeutung, Rechtsbruch und Marktstörung.

Von 1957 an (Neufassung des § 27a, BGBl I S 172) wurden teils in geringerem, 37 teils in größerem Umfang zahlreiche Bestimmungen des UWG erweitert oder geändert, neue Vorschriften eingefügt, einige davon später wieder aufgehoben, so §§ 6d und 6e zum Verbot der öffentlichen Werbung mit Abgabebeschränkungen und Preisgegenüberstellungen. Wichtigste Änderungen waren das UWG-Änderungsgesetz vom 21.7.1965 (BGBl I S 625), das Änderungsgesetz vom 26.6.1969 (BGBl I S 633), das § 3 erweiterte, das Zweite Gesetz zur Bekämpfung der Wirtschaftskriminalität vom 15.5.1986 (BGBl I S 721) und das Gesetz zur Änderung wirtschafts-, verbraucher-, arbeits- und sozialrechtlicher Vorschriften vom 25.7.1986 (BGBl I S 1169). Die meisten dieser Änderungsgesetze sind überholt und nur noch von rechtshistorischem Interesse. Bleibende Bedeutung gewann die Einfügung der Regelung über die **Klagebefugnis der Verbraucherverbände** im damaligen § 13 I a UWG (später § 13 II Nr 3 UWG aF, heute § 8 III Nr 3) durch die Novelle von 1965, womit die Erweiterung des Normzwecks des UWG auf den Schutz der Interessen auch der Verbraucher gesetzlich verankert wurde, die Erweiterung des § 3 durch das ÄnderungsG vom 26.6.1969 (§ 5 Rn 1), die Einfügung der Strafvorschrift der **progressiven Kundenwerbung** (§ 6c UWG aF, jetzt § 16 II) durch Gesetz vom 15.5.1986.

Ebenso wie durch die genannten gesetzgeberischen Maßnahmen kam es auch in 38 der Rspr zu einer stetigen Verschärfung der lauterkeitsrechtlichen Maßstäbe, vor allem nach der Einführung der Klagebefugnis für Verbraucherverbände (Rn 15). So ist etwa die Rspr der 1970er und 1980er Jahre zur irreführenden Werbung, zum übertriebenen Anlocken bei Maßnahmen der Verkaufsförderung, zum psych(olog)ischen Kaufzwang, zur allgemeinen Marktstörung oder zur vergleichenden Werbung vom Bestreben nach möglichst intensivem Verbraucher- und Mitbewerberschutz geprägt, der nach einer zunehmenden Kritik in der Literatur zu Lasten der Wettbewerbsfreiheit ging (vgl *Emmerich* UWG § 14 Rn 25; *Sack* GRUR 98, 871, 879 f; *Sosnitza*, Wettbewerbsbeschränkungen durch die Rechtsprechung, 1995; *Schricker* GRUR Int 94, 486 ff).

In der DDR wurde das UWG von 1909 trotz der im Verhältnis zur Bundesrepu- 39 blik grundlegend anders gearteten wirtschaftlichen und gesellschaftlichen Strukturen nicht aufgehoben (s dazu die bei *Beater* Rn 326 ff zitierten unveröffentlichten Entscheidungen des Bezirksgerichts Leipzig und des OG DDR zu § 3 UWG). Da allerdings ein Wettbewerb der verstaatlichten Unternehmen praktisch nicht stattfand und der Anteil privater wirtschaftlicher Betätigung gegen Null tendierte, bestand kein Bedarf nach einem privatrechtlichen Wettbewerbsrecht. Streitigkeiten innerhalb der DDR-Wirtschaft schlichtete seit Anfang der siebziger Jahre nicht mehr die zivile Gerichtsbarkeit, sondern das Staatliche Vertragsgericht des Ministerrats, das nach anderen Grundsätzen und Regeln entschied als denen des UWG. Angewandt wurde von den UWG-Normen lediglich § 16 UWG aF (vgl BGHZ 130, 134, 146 = GRUR 95,

754, 758 – *Altenburger Spielkartenfabrik;* BGH DtZ 97, 285, 286 – *B. Z./Berliner Zeitung,* jeweils mwN). Durch Gesetz vom 21.7.1990 (GBl DDR I S 991) wurde das UWG im Zuge der Wiedervereinigung in der damals in der Bundesrepublik geltenden Fassung mit den seinerzeit geltenden Nebengesetzen (ZugabeVO, RabattG) in das Recht der DDR übernommen, so dass in dem seit dem 3.10.1990 wiedervereinigten Deutschland wieder ein einheitliches Recht gegen den unlauteren Wettbewerb galt (s Einigungsvertrag Art 8).

40   **4. Europäisierung und Liberalisierung (1984–2004).** Seit Mitte der 1980er Jahre führte der **Einfluss des Europäischen Gemeinschaftsrechts** zu einer **allmählichen Liberalisierung.** Obwohl sich die Harmonisierung des Lauterkeitsrechts in der EU anders als die Rechtsangleichung im Bereich des geistigen Eigentums als schwieriges Unterfangen erwies (näher hierzu Einf C Rn 3ff), boten die Richtlinie über irreführende Werbung von 1984 (Einf C Rn 28) und die im EWG-Vertrag (heute: AEUV) garantierten Grundfreiheiten (vgl Einf C Rn 12ff) dem EuGH doch die Gelegenheit zur Entwicklung des **gemeinschaftsrechtlichen Verbraucherleitbilds,** das der BGH unter Aufgabe seines früheren strengen Irreführungsmaßstabs um die Jahrtausendwende übernahm (BGH GRUR 00, 619, 621 – *Orient-Teppichmuster;* BGHZ 148, 1 = GRUR 01, 1061, 1063 – *mitwohnzentrale.de;* BGH GRUR 02, 160, 162 – *Warsteiner III; Beater* JZ 00, 973ff; *Helm,* FS Tilmann, S 135, 143ff; näher hierzu § 5 Rn 112ff). Auch abgesehen von Fällen der irreführenden Werbung prüfte der EuGH **Beschränkungen des freien Warenverkehrs** durch UWG-Verbote am Maßstab des Art 34 AEUV. Das Verbot des Eigenpreisvergleichs im früheren § 6e UWG wurde aufgehoben, nachdem der EuGH seine Anwendung im grenzüberschreitenden Handel für unverhältnismäßig erklärt hatte (EuGH GRUR Int 93, 763 – *Yves Rocher).* Zu einer Umkehr des Regel-Ausnahme-Verhältnisses bei der Regelung der **vergleichenden Werbung** führte die Umsetzung der Richtlinie 97/55/ EG vom 6.10.1997 zur Änderung der Richtlinie 84/450/EWG über irreführende Werbung zwecks Einbeziehung der vergleichenden Werbung (ABl EG Nr L 290, S 18) in § 2 des UWG von 1909 (inzwischen § 6 UWG) durch das Gesetz zur Änderung wettbewerbsrechtlicher Vorschriften vom 1.9.2000 (BGBl I S 1374). Schließlich bewirkte die Einführung des Herkunftslandprinzips in der Richtlinie über den elektronischen Geschäftsverkehr (s Einf C Rn 40, 71, 79) eine Inländerdiskriminierung im Bereich der Verkaufsförderung, da deutschen Anbietern gesetzlich die Gewährung von Zugaben und Rabatten untersagt war. Daher wurden die **ZugabeVO** und das **RabattG** durch Gesetze vom 23.7.2001 (BGBl I S 1661 und S 1663) **aufgehoben.** Weitere Änderungen brachten das Gesetz vom 25.7.1994 (BGBl I S 1738), das Gesetz zur Bekämpfung der Korruption vom 13.8.1997 (BGBl I S 2038), die Streichung des § 12 aF durch das Gesetz vom 13.8.1997, der durch § 299 StGB ersetzt wurde, und das Gesetz vom 27.6.2000 (BGBl I S 897, Umsetzung der Unterlassungsklagenrichtlinie 98/27/EG vom 19.5.1998 und Neufassung des § 13 II Nr 3 UWG).

41   Erheblichen Einfluss auf das UWG hatte die gemeinschaftsrechtliche Harmonisierung des Markenrechts durch die Markenrechtsrichtlinie (Erste Richtlinie 89/104 EWG des Rates v 21.12.1988 zur Angleichung der Rechtsvorschriften der Mitgliedstaaten über die Marken, neu verkündet durch RL 2008/95/EG, ABl L 299 v 8.11.2008, S 25). Der deutsche Gesetzgeber entschied sich dafür, nicht nur die Bestimmungen der Richtlinie zum Schutz eingetragener Marken ins deutsche Recht umzusetzen, sondern darüber hinaus mit dem Markenrechtsreformgesetz vom 25.10.1994 (BGBl I S 3082) das Kennzeichenrecht umfassend zu regeln. Dabei wurden der zuvor auf der Grundlage des § 1 UWG 1909 gewährte Schutz bekannter Marken gesetzlich ausgestaltet (§ 14 II Nr 3 MarkenG), der **Schutz der geschäftlichen Bezeichnungen (§ 16 UWG aF)** in das MarkenG (§ 1 Nr 2, §§ 5, 6, 15) überführt und der Schutz geographischer Herkunftsangaben, der zuvor als Unterfall der irreführenden Werbung behandelt wurde, gesetzlich ausgestaltet. Seitdem bereitet die Frage

A. Entwicklung, Rechtsquellen und allgemeine Grundlagen **Einf A UWG**

Schwierigkeiten, in welchem Umfang das UWG den Kennzeichenschutz des MarkenG ergänzen kann (s hierzu Einf D Rn 82; § 4 Rn 9/19).

Eine weitere Liberalisierung des deutschen Lauterkeitsrechts bewirkte die Rechtsprechung des BVerfG, die seit den *Benetton*-Urteilen (Einf D Rn 6) lauterkeitsrechtliche Verbote zunehmend einer Prüfung am Maßstab der Meinungs- und Pressefreiheit (Art 5 GG) unterwarf (näher hierzu Einf D Rn 6f, 9ff). So kam es in der Rspr der Zivilgerichte zu einer großzügigeren Beurteilung der gefühlsbetonten und unsachlichen Werbung (s § 4 Rn 1/125ff). 42

Die genannten gemeinschafts- und verfassungsrechtlichen Einflüsse führten zu einem **Paradigmenwechsel** in der Rechtsprechung, der sich in einer liberaleren Beurteilung verschiedener Fallgruppen, etwa der irreführenden Werbung (Rn 40), der Kopplungsangebote, des Rechtsbruchs (s § 4 Nr 11 Rn 3ff; vgl BGHZ 144, 255 = GRUR 00, 1076 – *Abgasemissionen*) oder der allgemeinen Marktstörung (BGH GRUR 04, 602, 604 – *20 Minuten Köln*) niederschlug. 43

5. Die UWG-Reform 2004

Literatur: *Fezer*, Modernisierung des deutschen Rechts gegen den unlauteren Wettbewerb auf der Grundlage einer Europäisierung des Wettbewerbsrechts, Rechtsgutachten erstellt im Auftrag des Bundesministeriums der Justiz, WRP 2001, 989; *Henning-Bodewig*, Das neue Gesetz gegen den unlauteren Wettbewerb, GRUR 2004, 713; *Köhler/Bornkamm/Henning-Bodewig*, Vorschlag für eine Richtlinie zum Lauterkeitsrecht und eine UWG-Reform, WRP 2002, 1317; *Köhler/Lettl*, Das geltende europäische Lauterkeitsrecht, der Vorschlag für eine EG-Richtlinie über unlautere Geschäftspraktiken und die UWG-Reform, WRP 2003, 1019; *Micklitz/Keßler*, Funktionswandel des UWG, WRP 2003, 919; *Ohly*, Das neue UWG – Mehr Freiheit für den Wettbewerb?, GRUR 2004, 889; *Schricker/Henning-Bodewig*, Elemente einer Harmonisierung des Rechts gegen den unlauteren Wettbewerb in der Europäischen Union, Rechtsgutachten erstellt im Auftrag des Bundesministeriums der Justiz, WRP 2001, 1367; *Sosnitza*, Das Koordinatensystem des Rechts des unlauteren Wettbewerbs im Spannungsfeld von Europa und Deutschland, GRUR 2003, 739; *Ullmann*, Das Koordinatensystem des Rechts des unlauteren Wettbewerbs im Spannungsfeld von Europa und Deutschland, GRUR 2003, 81.

a) Entstehungsgeschichte. Die zunehmende Europäisierung und Liberalisierung des Lauterkeitsrechts und die im Schrifttum verbreitete Forderung nach einer UWG-Reform veranlassten den Gesetzgeber im Frühjahr 2001, Rechtsgutachten und Stellungnahmen zwecks Erhebung rechtstatsächlicher Grundlagen für die beabsichtigte Gesetzesänderung einzuholen (*Fezer* WRP 01, 989ff; *Schricker/Henning-Bodewig* WRP 01, 1367) und eine Arbeitsgruppe „Unlauterer Wettbewerb" einzusetzen, deren Aufgabe es war, den Regierungsentwurf eines neuen UWG vorzubereiten. Der Referentenentwurf vom 23.1.2003 (GRUR 03, 298) und der Regierungsentwurf vom 9.5.2003 (BR-Drucks 301/03) sind systematisch und inhaltlich stark von einem Vorschlag beeinflusst, den *Köhler/Bornkamm/Henning-Bodewig* im Vorfeld der Gesetzgebungsarbeiten unterbreitet hatten (WRP 02, 1317). Abweichende Vorschläge des Bundesrats, insbesondere zum Verbot des Verkaufs unter Einstandspreis, konnten sich nicht durchsetzen (s RegE mit Stellungnahme des Bundesrats und Gegenäußerung der Bundesregierung, BT-Drucks 15/1487 vom 22.8.2003). Das Gesetz gegen den unlauteren Wettbewerb (UWG) vom 3.7.2004 trat ohne Übergangsfrist am Tag nach seiner Verkündung (BGBl I S 1414) am 8.7.2004 in Kraft. 44

b) Grundzüge. Ziele der Reform waren in erster Linie die Modernisierung (aa), die Liberalisierung (bb) und die Harmonisierung (cc) des Lauterkeitsrechts (Begr RegE A I). 45

aa) Modernisierung. Die Modernisierung zeigte sich vor allem in der **neuen Systematik** des UWG. Es unterschied erstmals deutlich zwischen den Voraussetzungen der lauterkeitsrechtlichen Haftung (§§ 1–7), den Rechtsfolgen (§§ 8–11), Ver- 46 fahrensvorschriften (§§ 12–15) und Straftatbeständen (§§ 16–19). Vor die Klammer gezogen wurden die bisher nicht ausdrücklich im Gesetz enthaltene Schutzzweckbestimmung (§ 1, sog. Schutzzwecktrias) und Begriffsdefinitionen (§ 2). Zentralnorm für die zivilrechtliche Haftung blieb die große Generalklausel (§ 3), in der allerdings der Begriff der „guten Sitten" durch denjenigen der **„Unlauterkeit"** ersetzt und in die eine **Bagatellklausel** eingefügt wurde. Während die Ausfüllung der Generalklausel unter Geltung des UWG 1909 der Rechtsprechung oblag, wurde nunmehr mit § 4 ein nicht abschließender **Katalog von Beispielen** des unlauteren Wettbewerbs in das Gesetz eingefügt. Damit wurden die wesentlichen richterrechtlich herausgebildeten Fallgruppen des § 1 UWG 1909 kodifiziert. Die §§ 5–7 dienen weitgehend der Umsetzung verschiedener europäischer Richtlinien: der Richtlinie über irreführende Werbung (§ 5), der Richtlinie über vergleichende Werbung (§ 6) und der Richtlinie über Datenschutz im elektronischen Geschäftsverkehr (§ 7 II Nr 2–4, III). §§ 4–7 verwiesen auf § 3, dessen Voraussetzungen also in jedem Fall zu prüfen waren (zur Änderung dieser Technik durch die UWG-Novelle 2008 s Rn 51). § 3 bildete somit den Rahmen, der durch die konkreteren Tatbestände der §§ 4–7 ausgefüllt wurde. Als Rechtsfolgen sah das UWG 2004 neben Abwehransprüchen (§ 8) und Schadensersatz (§ 9) erstmals einen Gewinnabschöpfungsanspruch vor. Sämtliche Vorschriften über die Rechtsfolgen verwiesen auf § 3, so dass sich die Anspruchsgrundlage regelmäßig aus einer Kombination des konkreten Unlauterkeitstatbestands, der Generalklausel des § 3 und der einschlägigen Rechtsfolgennorm ergab. Die Verfahrensvorschriften griffen weitgehend auf entsprechende Bestimmungen des UWG von 1909 zurück, doch wurden die bislang qua Gewohnheitsrecht geltenden Rechtsinstitute der Abmahnung und Unterwerfung und der in der Rechtsprechung entwickelte Aufwendungsersatzanspruch in § 12 nF erstmals auf eine gesetzliche Grundlage gestellt.

47 **bb) Liberalisierung.** Auch wenn wesentliche Liberalisierungsschritte schon vor 2004 durch die Gesetzgebung und Rechtsprechung vorgenommen wurden (s Rn 40 ff), wurden durch das UWG von 2004 weitere Verbote abgeschafft. Aus den in § 4 Nr 4–6 geregelten Transparenzgeboten folgt nunmehr im Gegenschluss, dass Maßnahmen der Verkaufsförderung wie Rabatte, Zugaben, Geschenke, Preisausschreiben oder Gewinnspiele als solche nicht verboten sind. **Ersatzlos gestrichen** wurden die nicht mehr als zeitgemäß und europakonform empfundenen Bestimmungen der §§ 6 (Konkurswarenverkauf), 6a (Hersteller- und Großhändlerwerbung), 6b (Kaufscheinhandel), 7 (Sonderveranstaltungen, Jubiläums- und Schlussverkäufe) und 8 (Räumungsverkäufe). Bislang von diesen Vorschriften untersagte Werbemaßnahmen wurden nunmehr zulässig, begrenzt allein durch das Verbot der Irreführung (§ 5 nF). Ersatzlos gestrichen wurden auch § 13a (Rücktrittsrecht bei unwahren und irreführenden Werbeangaben), der in der Praxis keine Bedeutung erlangt hatte, ferner § 15 (Geschäftliche Verleumdung), der neben § 187 StGB überflüssig erschien, § 19 (Schadensersatzpflicht, durch die Regelungen der §§ 3, 4 Nr 9, 11, §§ 17, 18 UWG nF iVm mit § 823 BGB überholt), § 23b (neben § 12 IV UWG nF bedeutungslos).

48 **cc) Harmonisierung.** Verschiedene Bestimmungen des UWG beruhen auf Unionsrecht. Bei der (2008 erneut geänderten) Formulierung des § 5 II stand die WerbeRL von 1984/1997/2006 (Einf C Rn 28, 34) Pate, deren Vorschriften über die vergleichende Werbung wurden in § 6 UWG umgesetzt. Die Transparenzgebote der Richtlinie 2000/31/EG über den elektronischen Geschäftsverkehr vom 8. 6. 2000 (Einf C Rn 40) finden sich in verallgemeinerter Form in § 4 Nr 4 und 5 UWG wieder, Art 7 II Nr 2–4, III UWG dienen der Umsetzung der Art 13 der Datenschutzrichtlinie 2002/58/EG für elektronische Kommunikation vom 12. 7. 2002 (Einf C Rn 41). Für die Auslegung des § 5 gilt das gemeinschaftsrechtliche Verbraucherleitbild (s Rn 40 und Begr RegE UWG 2004, 15/1487 S 19).

A. Entwicklung, Rechtsquellen und allgemeine Grundlagen **Einf A UWG**

6. Die UWG-Novelle 2008 und die Zeit seitdem

Literatur: *Fezer,* Plädoyer für eine offensive Umsetzung der Richtlinie über unlautere Geschäftspraktiken in das deutsche UWG, WRP 2006, 781; *ders,* Der Dualismus der Lauterkeitsrechtsordnungen des b2c-Geschäftsverkehrs und des b2b-Geschäftsverkehrs im UWG, WRP 2009, 1163; *ders,* Eine Replik: Die Auslegung der UGP-RL vom UWG aus?, WRP 2010, 677; *Glöckner,* Über die Schwierigkeit, Proteus zu beschreiben – die Umsetzung der Richtlinie über unlautere Geschäftspraktiken in Deutschland, GRUR 2013, 224; *Glöckner/Henning-Bodewig,* EG-Richtlinie über unlautere Geschäftspraktiken: Was wird aus dem „neuen" UWG?, WRP 2005, 1311; *Henning-Bodewig,* Der Schutzzweck des UWG und die Richtlinie über unlautere Geschäftspraktiken, GRUR 2013, 238; *Köhler,* Die UWG-Novelle 2008, WRP 2009, 109; *ders,* Richtlinienkonforme Gesetzgebung statt richtlinienkonforme Auslegung: Plädoyer für eine weitere UWG-Novelle, WRP 2012, 251; *ders,* Dogmatik des Beispielskatalogs des § 4 UWG, WRP 2012, 638; *ders,* Richtlinienumsetzung im UWG – eine unvollendete Aufgabe, WRP 2013, 403; *Scherer,* „Case law" in Gesetzesform – Die „Schwarze Liste" als neuer UWG-Anhang, NJW 2009, 324; *Sosnitza,* Der Gesetzentwurf der Richtlinie über unlautere Geschäftspraktiken, WRP 2008, 1014; *Steinbeck,* Richtlinie über unlautere Geschäftspraktiken: Irreführende Geschäftspraktiken – Umsetzung in das deutsche Recht, WRP 2006, 632; *Timm-Wagner,* Die Umsetzung der Richtlinie über unlautere Geschäftspraktiken in Deutschland, GRUR 2013, 245.

a) Hintergrund. Die Hoffnung des deutschen Gesetzgebers, das UWG von 2004 **49** würde eine Vorbildwirkung für die künftige europäische Rechtsentwicklung entfalten, hat sich nicht erfüllt. Im Gegenteil sah sich der Gesetzgeber nur vier Jahre nach der UWG-Reform zu einer erneuten Novellierung gezwungen. Anlass war die **Richtlinie 2005/29/EG** des Parlaments und des Rates v 11.5.2005 **über unlautere Geschäftspraktiken (UGP-RL)** (ABl L 149/22 v 11.6.2005, S 22, im Anh abgedr). Zwar entspricht die Richtlinie in ihren Grundzügen dem UWG von 2004; der Umstand, dass die Richtlinie anders als das deutsche Recht nur für den Geschäftsverkehr zwischen Unternehmern und Verbrauchern (B2C) gilt, steht einem umfassenden, der Schutzzwecktrias (§ 1) verbundenen lauterkeitsrechtlichen Gesetz nicht im Wege. Einzelne Bestimmungen der Richtlinie, vor allem die detaillierter ausgestaltete Generalklausel (Art 5 II), die Regelung der Irreführung durch Tun und Unterlassen (Art 6, 7) und die „schwarze Liste" von 31 unter allen Umständen verbotenen geschäftlichen Praktiken bedurften aber der Umsetzung ins deutsche Recht.

b) Gesetzgebungsgeschichte. Die Richtlinie war bis zum 12.6.2007 umzuset- **50** zen und spätestens ab dem 12.12.2007 unmittelbar anwendbar (Art 19 der Richtlinie). Deutschland hat die Richtlinie verspätet und als einer der letzten EU-Mitgliedstaaten umgesetzt. Ein Referentenentwurf wurde am 27.7.2007 vorgelegt. Der Regierungsentwurf vom 20.8.2008 stieß auch im Bundesrat nicht auf erhebliche Kritik und wurde daher im weiteren Gesetzgebungsverfahren nur noch geringfügig verändert (s die Begr RegE mit Stellungnahme des Bundesrates und Gegenäußerung der Bundesregierung, BT-Drucks 16/10 145). Das Erste Gesetz zur Änderung des Gesetzes gegen den unlauteren Wettbewerb vom 22.12.2008 trat am Tag nach seiner Verkündung (BGBl I S 2949) am 30.12.2008 in Kraft.

c) Grundzüge. Durch die Novelle von 2008 wurde das UWG vor allem in fol- **51** genden Punkten geändert:
– An die Stelle des Begriffs der „Wettbewerbshandlung" trat derjenige der **„geschäftlichen Handlung".** Sie wird in § 2 Nr 1 rein objektiv definiert, auf die früher erforderliche Wettbewerbsabsicht kommt es also nicht mehr an. Zudem umfassen die „geschäftlichen Handlungen" nunmehr jedes Verhalten bei Abschluss und bei Durchführung eines Vertrags, die bisherige Beschränkung des Lauterkeitsrechts auf eine Kontrolle der Vertragsanbahnung entfällt.
– Die **Generalklausel** wurde **geändert** und **ergänzt.** Aus dem bisherigen § 3 wurde § 3 I, dabei wurde die Bagatellklausel umformuliert. § 3 II enthält nunmehr

Leitlinien zur Bestimmung der Unlauterkeit bei geschäftlichen Handlungen gegenüber Verbrauchern. Die Vorschrift entspricht weitgehend Art 5 II der UGP-RL. § 3 III erklärt die in der „schwarzen Liste" aufgeführten geschäftlichen Handlungen im Geschäftsverkehr mit Verbrauchern für stets unzulässig. Näher zu den Änderungen § 3 Rn 1 ff.

– In §§ 4–7 wurde der **Verweis auf § 3 entfernt**. Grund hierfür ist nach der Begr RegE, dass ansonsten der falsche Eindruck entstehen könnte, § 3 I definiere den Begriff der Unlauterkeit (BT-Drucks 16/10 145 S 22; dazu zu Recht krit *Sosnitza* WRP 08, 1014, 1019). Gleichwohl sollen bei Verstößen gegen §§ 4–6 die Voraussetzungen des § 3 noch zu prüfen sein (s dazu § 3 Rn 3). Lediglich § 7 wurde ganz von § 3 abgekoppelt.

– Das **Verbot der irreführenden Werbung (§ 5)** wurde auf irreführende geschäftliche Handlungen erweitert und redaktionell an Art 6 UGP-RL angepasst.

– Als neuer **§ 5a** wurde eine Bestimmung über die **Irreführung durch Unterlassen** eingefügt, die sich an Art 7 UGP-RL anlehnt und die lauterkeitsrechtlichen Informationspflichten gegenüber dem bisherigen Recht ausdehnt.

– § 6 II wurde geringfügig geändert; insbesondere wurde klargestellt, dass schon das Hervorrufen einer Verwechslungsgefahr zur Unlauterkeit von Werbevergleichen führt (s § 6 Rn 59).

– Die **Systematik des § 7** wurde **geändert**. Das Verbot belästigender geschäftlicher Praktiken verweist nicht mehr auf § 3. Auch die Bestimmungen über die Rechtsfolgen der Unlauterkeit beziehen sich nunmehr ausdrücklich auf Verstöße gegen § 3 und § 7. Werbung unter Verwendung von automatischen Anrufmaschinen, Fax oder E-Mail ist nur noch bei Vorliegen einer vorherigen ausdrücklichen Einwilligung zulässig.

– Die **„schwarze Liste"** (Anh. I der UGP-RL) wurde **ins UWG übernommen**. Die dort aufgeführten Handlungen sind, wenn sie gegenüber Verbrauchern vorgenommen werden, stets unzulässig. Allerdings wurde die Anordnung gegenüber der Richtlinie geändert. Auch wurden aus den 31 Fällen der Richtlinie in der deutschen Umsätzung 30 Verhaltensweisen: Ziff 26 Anh. I UGP-RL wurde in § 7 II Nr 1 umgesetzt.

52 **d) Das Gesetz zur Bekämpfung unerlaubter Telefonwerbung (2009).** Um die Umsetzung der Richtlinie über unlautere Geschäftspraktiken bis Ende 2008 nicht zu gefährden, wurde ein weiteres Reformanliegen von der UWG-Novelle ausgenommen: die Verschärfung der Sanktionen gegen unerlaubte Telefonwerbung. Mit dem Gesetz zur Bekämpfung unerlaubter Telefonwerbung und zur Verbesserung des Verbraucherschutzes bei besonderen Vertriebsformen (BGBl I S 2413) wurden § 7 II Nr 2 neu gefasst und das Verbot der unerlaubten Telefonwerbung durch einen neuen Bußgeldtatbestand (§ 20) ergänzt. Daneben wurden durch dieses Gesetz vor allem das Widerrufsrecht der Verbraucher in § 312 d, f BGB erweitert und ein Verbot der Rufnummernunterdrückung in § 102 I 2, 3 TKG eingefügt (s im Einzelnen § 7 Rn 6). Durch das Gesetz zur Umsetzung der Verbraucherkreditrichtlinie v 29.7.2009 (BGBl I S 2355) wurde § 8 V 1 mit Wirkung ab 31.10.2009 geändert. Lediglich redaktionelle Änderungen der Eingangsformel zu § 4 Nr 3 bewirkte eine Bekanntmachung vom 3.3.2010 (BGBl I S 254).

53 **e) Der Gesetz gegen unseriöse Geschäftspraktiken.** Das Gesetzes gegen unseriöse Geschäftspraktiken vom 1.10.2013 (BGBl I S 3714; vgl dazu die Begr BT-Drucks 17/13057) verfolgt ua das Ziel, Missstände bei wettbewerbsrechtlichen Abmahnungen zu beseitigen. Zu diesem Zweck soll die Stellung des Abgemahnten bzw des Beklagten verbessert werden. Daher wird dem Anspruchsgegner im Fall des § 8 IV ein Anspruch auf Ersatz seiner Rechtsverteidigungskosten eingeräumt. § 12 IV sieht nunmehr die Möglichkeit einer Streitwertherabsetzung vor. § 7 II Nr 4 wird neu gefasst. In § 20 wird der Tatbestand auf die Fälle des § 7 II Nr 3, 1. Fall ausgedehnt und der Bußgeldrahmen erhöht. Hingegen fand die ursprünglich geplante Abschaffung des „**fliegenden Gerichtsstands**" durch Änderung des § 14 II (krit die GRUR-Stellungnahme, GRUR 13, 597; vgl auch *Schröder* WRP 13, 153; *Willems* GRUR 13, 462) keine politische Mehrheit.

f) Ausblick. Heftig umstritten ist derzeit die Frage, ob das UWG in der Fassung von 2008 die **UGP-RL in unionsrechtskonformer Weise umsetzt.** Die Kommission hat die deutsche Umsetzung beanstandet. Auch im Schrifttum wird die Ansicht vertreten, das UWG müsse stärker an die Richtlinie angeglichen werden (*Köhler* WRP 12, 251; aA *Timm-Wagner* GRUR 13, 245), erforderlich seien insbesondere eine Änderung des § 3, die Streichung des § 4 Nr 6, eine Anpassung der §§ 5, 5a an den Text der UGP-RL, eine detailliertere Umsetzung der Richtlinienvorschriften über aggressive Praktiken und eine wörtliche Übernahme der „schwarzen Liste" (Anh I UGP-RL). Zum Redaktionsschluss zeichnete sich eine derartig grundlegende Änderung des UWG noch nicht ab, sie käme aber nicht überraschend. **54**

B. Internationale Aspekte

Inhaltsübersicht

	Rn
I. Völkerrecht	1
1. PVÜ	1
2. TRIPS	2
3. Internationaler Grundrechteschutz	3
4. Europäisches Unionsrecht	4
II. Internationale Zuständigkeit	5
1. Überblick	5
2. Der Gerichtsstand des Begehungsortes	7
3. Weitere Gerichtsstände	11
III. Anwendbares Recht	12
1. Überblick	12
a) Internationales Privatrecht	12
b) Die Rom II-Verordnung	13
aa) Vorrang vor deutschem IPR	13
bb) Zeitlicher, sachlicher und räumlicher Anwendungsbereich	13a
cc) Autonome Auslegung	13b
dd) Verhältnis zum Herkunftslandprinzip	13c
ee) Verhältnis zum Völkerrecht	13d
c) Autonomes deutsches IPR	14
2. Art 6 Rom II-VO im Einzelnen	15
a) Überblick	15
aa) Grundsatz: Marktortprinzip (Art 6 I Rom II-VO)	15
bb) Ausnahme: bilaterales Wettbewerbsverhalten (Art 6 I Rom II-VO)	15a
b) Außervertragliche Schuldverhältnisse aus unlauterem Wettbewerbsverhalten	16
aa) Autonom- unionsrechtliche Qualifikation	16
bb) Handlungen gegenüber Verbrauchern (B2C)	16a
cc) Handlungen gegenüber Unternehmern (B2B)	16b
c) Bestimmung des Marktorts	17
d) Reichweite des Marktortprinzips	18
aa) Teilnahmehandlungen, „Störerhaftung"	18
bb) Aktivlegitimation	19

	Rn
cc) Rechtsfolgen	20
e) Bilaterale Wettbewerbshandlungen (Art 6 II Rom II-VO)	21
f) Sachnormverweisung	21a
g) Abgrenzungen	22
aa) Schutzlandprinzip	22
bb) Auswirkungsprinzip	23
3. Einschränkungen der Marktortregel	24
a) Multistate-Verstöße	24
b) Herkunftslandprinzip	27
c) Gemeinsamer gewöhnlicher Aufenthaltsort der Mitbewerber (Art 4 II Rom II-VO, Art 40 II EGBGB)	28
d) Offensichtlich engere Verbindung (Art 4 III Rom II-VO, Art 41 EGBGB)	29
e) Rechtswahl (Art 14 Rom II-VO, Art 42 EGBGB)	30
IV. Ausländisches Lauterkeitsrecht	31
1. Überblick	31
2. Mitgliedstaaten der EU	34
a) Belgien	34
b) Bulgarien	35
c) Dänemark	36
d) Estland	37
e) Finnland	38
f) Frankreich	39
g) Griechenland	40
h) Großbritannien	41
i) Irland	42
j) Italien	43
k) Kroatien	44
l) Lettland	45
m) Litauen	46
n) Luxemburg	47
o) Malta	48
p) Niederlande	49
q) Österreich	50
r) Polen	51
s) Portugal	52
t) Rumänien	53
u) Schweden	54
v) Slowakei	55
w) Slowenien	56
x) Spanien	57
y) Tschechische Republik	58
z) Ungarn	59
a') Zypern	60
3. Staaten außerhalb der EU	61
a) Australien	61
b) China	62
c) Japan	63
d) Kanada	64
e) Russland	65
f) Schweiz	66
g) Türkei	67
h) USA	68

B. Internationale Aspekte

I. Völkerrecht

Literatur: *Cornish*, Genevan Bootstraps, [1997] EIPR 336; *Fikentscher*, Wettbewerbsrecht im TRIPS-Agreement der Welthandelsorganisation – Historische Anknüpfung und Entwicklungschancen, GRUR Int 1995, 529; *Henning-Bodewig*, International Protection Against Unfair Competition – Art 10bis Paris Convention, TRIPS and WIPO Model Provisions, IIC 1999, 66; *dies*, International Unfair Competition Law, in: Hilty/Henning-Bodewig, Law Against Unfair Competition: Towards a New Paradigm in Europe, 2007, S 53; *dies*, Internationale Standards gegen unlauteren Wettbewerb, GRUR Int 2013, 1; *Höpperger/Senftleben*, Protection Against Unfair Competition at the International Level – The Paris Convention, the 1996 Model Provisions and the Current Work of the World Intellectual Property Organisation, in: Hilty/Henning-Bodewig, Law Against Unfair Competition: Towards a New Paradigm in Europe, 2007, S 61; *Jakob*, Wem gehört „Havana Club"? – Stationen eines hochprozentigen Handelskrieges, GRUR Int 2002, 406; *Pflüger*, Der internationale Schutz gegen unlauteren Wettbewerb, 2010; *Reger*, Der internationale Schutz gegen unlauteren Wettbewerb und das TRIPS-Übereinkommen, 1999.

1. PVÜ. Die Pariser Verbandsübereinkunft (PVÜ), abgeschlossen im Jahre 1883, **1** **enthält fremdenrechtliche Regelungen** und **Mindeststandards des gewerblichen Rechtsschutzes**. Das Prinzip der **Inländergleichbehandlung** (Art 2 I PVÜ) gilt auch für das Lauterkeitsrecht, ändert aber nichts daran, dass ausländische Anspruchsteller die nach inländischem Recht erforderlichen Tatbestandsmerkmale darzulegen und zu beweisen haben (Beispiel: Ist ein Produkt lediglich im Ausland bekannt, fehlt es beim Vertrieb von Nachahmungen im Inland an einer vermeidbaren Herkunftstäuschung gem § 4 Nr 9a, BGH GRUR 09, 79 Rn 35 – *Gebäckpresse*). **Art 10bis** (ausführlich zu dieser Vorschrift *Henning-Bodewig*, IIC 99, 166, 168 und GRUR Int 13, 1, 2 ff; *Pflüger* S 105 ff), eingeführt durch die Brüsseler PVÜ-Revision des Jahres 1900, verpflichtet die Mitgliedstaaten zu einem wirksamen Schutz gegen unlauteren Wettbewerb (Abs 1), der definiert wird als „jede Wettbewerbshandlung, die den anständigen Gepflogenheiten in Gewerbe oder Handel zuwiderläuft" (Abs 2). Abs 3 nennt beispielhaft („Insbesondere sind zu untersagen …") drei Fallgruppen: das Hervorrufen von Verwechslungsgefahr (Nr 1), die Anschwärzung (Nr 2) und die irreführende Werbung (Nr 3). Während die Vorschrift in einigen Ländern (Beispiele: Belgien, Italien) Grundlage für die Entstehung des nationalen Wettbewerbsrechts war, hat sie sich auf andere Rechtsordnungen (Beispiele: Großbritannien, Irland) kaum ausgewirkt (GK[1]/*Schricker* Einf F Rn 46 ff). Das deutsche UWG steht mit Art 10bis PVÜ in Einklang, obwohl dessen Abs 2 keine Bagatellklausel enthält (MüKo/*Drexl* IntRUW Rn 28). Die World Intellectual Property Organization (WIPO) hat auf der Grundlage des Art 10bis Modellvorschriften zum Schutz gegen unlauteren Wettbewerb erarbeitet (veröffentlicht 1996, im Internet unter http://www.wipo.int/cfdiplaw/en/trips/doc/unfair_competition.doc), die eine Generalklausel und Vorschriften über das Hervorrufen von Verwechslungsgefahr, die Schädigung des guten Geschäftsrufs, die Verwässerung von Kennzeichen, die irreführende Werbung und den Schutz von Unternehmensgeheimnissen enthalten (dazu *Pflüger* S 147 ff; *Reger* S 317 ff; Harte/Henning/*Glöckner* Einl E Rn 3; *Höpperger/Senftleben* S 61, 67 ff; krit aus britischer Sicht *Cornish* [1997] EIPR 336 ff).

2. TRIPS. Das Übereinkommen über handelsbezogene Aspekte der Rechte des **2** geistigen Eigentums (TRIPS Agreement, abgedr in GRUR Int 94, 128) hat den internationalen Schutz des Immaterialgüterrechts erheblich verstärkt. Es enthält aber **kaum lauterkeitsrechtliche Vorschriften** und reflektiert so auch den Dissens zwischen kontinentaleuropäisch geprägten Rechtssystemen und Common law-Ländern über das rechte Maß des lauterkeitsrechtlichen Schutzes (vgl *Reger* S 304 ff). Lediglich für den Schutz von geographischen Herkunftsangaben (Art 22 ff TRIPS) und Unternehmensgeheimnissen (Art 39 TRIPS), also für immaterialgüterrechtsnahe Teilbereiche, sieht das TRIPS-Übereinkommen Mindeststandards vor. Zwar verweist Art 2 I

TRIPS „in Bezug auf die Teile II, III und IV" des Übereinkommens auf Art 1–12 und 19 PVÜ, doch bezieht sich diese Verweisung nur auf Rechte des geistigen Eigentums (Art 1 II TRIPS). Hierzu gehören zwar nicht nur die in den Teilen II–IV des Übereinkommens ausdrücklich genannten Rechte (aA *Reger* S 291 ff; *Schricker/Henning-Bodewig* WRP 01, 1367, 1373), sondern etwa auch Handelsnamen gem Art 8 PVÜ (so der Bericht des Appellate Body der WTO im *Havana Club*-Fall, WT/DS 176/AB/R v 2.1.2002, Rn 333 ff; dazu *Jakob* GRUR Int 02, 406, 413). Indes bezieht sich die wettbewerbsrechtliche Generalklausel des Art 10bis PVÜ gerade nicht auf Rechte des geistigen Eigentums (zu Grenzbereichen vgl Einf D Rn 78 ff), so dass sie von der Verweisung des Art 2 I nicht erfasst wird (Harte/Henning/*Glöckner* Einl E Rn 5; MüKo/*Drexl* IntRUW Rn 32; *Pflüger* S 86).

3. Internationaler Grundrechteschutz. Von Bedeutung für die Auslegung des UWG sind neben den im Grundgesetz garantierten Grundrechten auch die europäischen und internationalen Konventionen zum Schutz der Menschenrechte. Sie werden im Zusammenhang mit dem Einfluss des deutschen Verfassungsrechts auf das Wettbewerbsrecht erläutert (Einf D Rn 3).

4. Europäisches Unionsrecht. Die Europäische Union ist eine internationale Organisation neuer Art, die aufgrund ihrer Supranationalität einen besonderen Integrationsgrad aufweist (vgl Streinz/*Streinz* Art 1 EGV Rn 10, 12). Da das Gemeinschaftsrecht gegenüber dem nationalen Recht vorrangig ist und sich stark auf das deutsche Wettbewerbsrecht auswirkt, wird dem Einfluss des primären und sekundären Gemeinschaftsrechts ein eigener Teil der Einleitung gewidmet (Einf C).

II. Internationale Zuständigkeit

Literatur: *Brand,* Persönlichkeitsrechtsverletzungen im Internet, E-Commerce und „Fliegender Gerichtsstand", NJW 2012, 127; *European Max Planck Group on Conflict of Laws in Intellectual Property,* Conflict of Laws in Intellectual Property, 2013; *Glöckner,* Der grenzüberschreitende Lauterkeitsprozess nach BGH vom 11.2.2010 – Ausschreibung in Bulgarien, WRP 2013, 137; *Heinze,* Surf global, sue local! Der europäische Klägergerichtsstand bei Persönlichkeitsrechtsverletzungen im Internet, EuZW 2011, 947; *Koch,* Internationale Gerichtszuständigkeit und Internet, CR 1999, 121; *Kubis,* Internationale Zuständigkeit bei Persönlichkeits- und Immaterialgüterrechtsverletzungen, 1999; *Lindacher,* Internationale Zuständigkeit in Wettbewerbssachen, FS Nakamura, 1996, S 323; *ders,* Die internationale Dimension lauterkeitsrechtlicher Unterlassungsansprüche: Marktterritorialität versus Universalität, GRUR Int 2008, 453; *ders,* Einstweiliger Rechtsschutz in Wettbewerbssachen unter dem Geltungsregime von Brüssel I, FS Leipold, 2009, 251; *Mankowski,* Wettbewerbsrechtliches Gerichtspflichtigkeits- und Rechtsanwendungsrisiko bei Werbung über Websites, CR 2000, 763; *Müller,* Der zuständigkeitsrechtliche Handlungsort des Delikts bei mehreren Beteiligten in der EuGVVO, EuZW 2013, 130; *Picht,* Von eDate zu Wintersteiger – Die Ausformung des Art 5 Nr 3 EuGVVO für Internetdelikte durch die Rechtsprechung des EuGH, GRUR Int 2013, 19; *Schack,* Internationale Urheber-, Marken- und Wettbewerbsrechtsverletzungen im Internet – Internationales Zivilprozessrecht, MMR 2000, 135; *Spickhoff,* Persönlichkeitsverletzungen im Internet: Internationale Zuständigkeit und Kollisionsrecht, IPRax 2011, 131; *Spindler,* Kollisionsrecht und internationale Zuständigkeit bei Persönlichkeitsrechtsverletzungen im Internet – die eDate-Entscheidung des EuGH, AfP 2012, 114; *Willems,* Wettbewerbsstreitsachen am Mittelpunkt der klägerischen Interessen?, GRUR 2013, 462. S auch die Nachw zu III.

1. Überblick. Die internationale Zuständigkeit betrifft die Frage, die Gerichte welchen Staates befugt sind, über Sachverhalte mit Auslandsberührung zu entscheiden. Im deutschen Recht sind die Regelungen der örtlichen Zuständigkeit (§ 14 UWG, §§ 12 ff ZPO) **doppelfunktional:** Sie bestimmen auch über die internationale Zuständigkeit (BGH GRUR 87, 172, 173 – *Unternehmensberatungsgesellschaft I;* BGH GRUR 07, 884, 886 – *Cambridge Institute;* Fezer/Hausmann/*Obergfell* Einl I

B. Internationale Aspekte **Einf B UWG**

Rn 444; Harte/Henning/*Glöckner* Einl D Rn 2). Allerdings gehen unionsrechtliche und völkervertragliche Vorschriften dem deutschen autonomen Zuständigkeitsrecht vor. Hat der Beklagte seinen Wohn- oder Geschäftssitz in einem Mitgliedstaat der EU (wo der Kläger seinen Wohn- oder Geschäftssitz hat, ist unerheblich: BGH GRUR-RR 13, 228 Rn 9 – *Trägermaterial für Kartenformulare*), so richtet sich die internationale Zuständigkeit nach der **EuGVVO** („**Brüssel I-Verordnung**" = Verordnung Nr 44/2001 des Rates vom 22.12.2000 über die gerichtliche Zuständigkeit und die Anerkennung und Vollstreckung von Entscheidungen in Zivil- und Handelssachen, ABl L 12 v 16.1.2001, S 1, berichtigt in ABl L 307 v 24.11.2001, S 28) die mit Wirkung vom 1.3.2002 an die Stelle des Europäischen Gerichtsstands- und Vollstreckungsabkommens (EuGVÜ) getreten ist. Die EuGVVO wurde durch Verordnung Nr 1215/2012 v 12.12.2012, ABl L 351 v 20.12.2012, S 1, **neu gefasst und nummeriert.** Die Neufassung findet nach ihrem Art 66 aber erst auf Verfahren Anwendung, die **ab dem 10.1.2015** eingeleitet werden. Gegenüber Dänemark ist die EuGVVO zwar nicht bindend, doch haben die EU und Dänemark in einem Abkommen über die gerichtliche Zuständigkeit und die Anerkennung und Vollstreckung von Entscheidungen in Zivil- und Handelssachen die Geltung der EuGVVO bilateral vereinbart (ABl L 299 v 16.11.2005, S 62, insoweit nicht mehr aktuell BGH GRUR 05, 431, 432 – *Hotel Maritime*). Weitgehend inhaltsgleich mit dem EuGVÜ ist das Übereinkommen von Lugano vom 16.9.1988 (**LugÜ**), das im Verhältnis zu den EFTA-Staaten Schweiz, Norwegen und Island (nicht jedoch Liechtenstein) gilt (zu Konkurrenzen vgl Fezer/*Hausmann/Oberfell* Einl I Rn 365ff; Harte/Henning/*Glöckner* Einl D Rn 7f). **Allgemeiner Gerichtsstand** ist gem Art 2 I EuGVVO/LugÜ (ab 2015: Art 4 I EuGVVO) der **Wohnsitz des Beklagten.** Unter den besonderen Gerichtsständen ist derjenige des Begehungsorts einer unerlaubten Handlung (Art 5 Nr 3 EuGVVO/LugÜ, ab 2015: Art 7 Nr 2 EuGVVO) für das Lauterkeitsrecht von besonderer Bedeutung.

Die internationale Zuständigkeit ist vorbehaltlich des Art 24 (ab 2015: Art 26) 6 EuGVVO (s Rn 11) in jeder Lage des Verfahrens von Amts wegen zu prüfen (BGH GRUR 05, 431, 432 – *Hotel Maritime*; BGH GRUR 08, 275 Rn 18 – *Versandhandel mit Arzneimitteln*; Köhler/Bornkamm Einl Rn 5.59; Fezer/*Hausmann/Oberfell* Einf I Rn 368). Erforderlich und ausreichend ist die schlüssige Behauptung eines Wettbewerbsverstoßes (BGH GRUR 80, 227, 230 – *Monumenta Germaniae Historica*). Für die Zuständigkeitsfrage ist die Richtigkeit des Klagevorbringens zu unterstellen, wenn die Behauptungen, die die Zuständigkeit begründen, zugleich notwendige Tatbestandsmerkmale des Anspruchs selbst sind (BGH GRUR 87, 172, 173 – *Unternehmensberatungsgesellschaft I*; Köhler/Bornkamm Einl Rn 5.59).

2. Der Gerichtsstand des Begehungsortes. Nach Art 5 Nr 3 (ab 2015: Art 7 7 Nr 2) EuGVVO kann eine Person, die ihren Wohnsitz in dem Hoheitsgebiet eines Vertragsstaates hat, in einem anderen Vertragsstaat vor dem Gericht des Ortes verklagt werden, an dem das schädigende Ereignis eingetreten ist, wenn Ansprüche aus einer unerlaubten Handlung den Gegenstand des Verfahrens bilden. Zu den unerlaubten Handlungen im Sinne dieser Vorschrift gehören auch unlautere geschäftliche Handlungen (BGHZ 167, 91 = GRUR 06, 513, Rn 21 – *Arzneimittelwerbung im Internet;* BGH GRUR 12, 1065 Rn 34 – *Parfumflakon II; Köhler*/Bornkamm Einl Rn 5.54; Fezer/*Hausmann/Oberfell* Einl I Rn 377; *Lindacher* GRUR Int 08, 453, 454; MüKo/*Mankowski* IntWettbR Rn 414), Kartellrechtsverstöße (BGH GRUR-RR 13, 228 Rn 12 – *Trägermaterial für Kartenformulare;* vgl auch EuGH GRUR 13, 98 – *Folien Fischer*) und Immaterialgüterrechtsverletzungen (zum Markenrecht: EuGH GRUR 12, 654 – *Wintersteiger/Products4U;* BGH GRUR 05, 431, 432 – *Hotel Maritime;* BGH GRUR 12, 621 Rn 18 – *OSCAR;* zum Urheberrecht: BGH GRUR 12, 1069 Rn 16 – *Hi Hotel*). Art 5 Nr 3 EuGVVO gilt auch für negative Feststellungsklagen (EuGH GRUR 13, 98 – *Folien Fischer*). Begehungsort ist der Ort, an dem das schädigende Ereignis eingetreten ist oder einzutreten droht. Art 5 Nr 3 EuGVVO setzt also keinen bereits erfolgten Verstoß voraus, sondern erfasst auch die vorbeugende Unterlassungsklage. Dasselbe gilt für den insoweit weniger klar formulierten Art 5 Nr 3 EuGVÜ/LugÜ (*Behr* GRUR Int 92, 604, 607; Harte/Henning/*Glöckner* Einl D Rn 17). Die Frage, ob eine Teilnahmehandlung einen Tatort begründet, wenn die Haupttat in einem anderen Staat vorgenommen wurde, hat der BGH dem EuGH zur Vorabentscheidung vorgelegt (BGH GRUR 12, 925 – *Parfumflakon II*).

8   Bei **Distanzdelikten** hat der Kläger unter Art 5 Nr 3 (ab 2015: Art 7 Nr 2) EuGVVO die Wahl zwischen einer Klage am Handlungs- und am Erfolgsort (EuGH GRUR 12, 300 Rn 41 – *eDate Advertising u Martinez;* EuGH GRUR 12, 654 Rn 19 – *Wintersteiger/Products4U*). Im Markenrecht ist Handlungsort der Ort der Niederlassung des Werbenden und Erfolgsort der Staat, in dem die verletzte Marke eingetragen ist (EuGH aaO – *Wintersteiger*), während der EuGH bei Persönlichkeitsrechtsverletzungen den Ort, an dem der Verletzte den Mittelpunkt seiner Interessen hat, als Erfolgsort hinsichtlich des gesamten Schadens ansieht (EuGH aaO – *eDate Advertising,* dazu *Heinze* EuZW 11, 947). Für das Lauterkeitsrecht ist die Frage bisher umstritten. Nach hM ist ein Gerichtsstand sowohl an jedem Ort, an dem gewichtige Tathandlungen vorgenommen wurden, als auch am Erfolgsort eröffnet (Fezer/*Hausmann/Obergfell* Einl I Rn 391, 412; Harte/Henning/*Glöckner* Einl D Rn 20, 24; *Behr* GRUR Int 92, 604, 608), während nach der Gegenansicht nur die Gerichte am Marktort zuständig sind (*Lindacher,* FS Nakamura, S 321, 326ff; ähnl MüKo/*Mankowski* IntWettbR Rn 419ff: Marktort als Handlungsort). Mittlerweile erscheint die *Wintersteiger*-Rspr des EuGH auf das Lauterkeitsrecht in modifizierter Form übertragbar: Zuständig sind demnach die Gerichte des Staates, in dem der **Handelnde seinen Wohn- oder Geschäftssitz hat (Handlungsort), oder die Gerichte des Marktorts (Erfolgsort),** also des Orts, an dem auf die Wettbewerbsbeziehungen oder die kollektiven Interessen der Verbraucher eingewirkt wird. Nur hinsichtlich des letzteren kommt es zu einem Gleichlauf zwischen internationaler Zuständigkeit und anwendbarem Recht (s dazu Rn 15).

8a   Bei Schadensersatzklagen wegen Delikten, die sich in einer Mehrzahl von Staaten auswirken **(Streudelikte** oder **Multistate-Delikte),** waren nach früherer Rspr des EuGH die Gerichte am Handlungsort für die Entscheidung über den Ersatz sämtlicher Schäden zuständig, während die Gerichte am Erfolgsort nur über die Schäden entscheiden durften, die im betreffenden Staat entstanden sind („**Mosaikbetrachtung**", s EuGH GRUR Int 98, 298 – *Fiona Shevill I;* Fezer/*Hausmann/Obergfell* Einf I Rn 403; *Lindacher* GRUR Int 08, 453, 454; MüKo/*Mankowski* IntWettbR Rn 429; krit *Kreuzer/Klötgen* IPRax 97, 90, 94). Mittlerweile hat der EuGH diesen Ansatz für Persönlichkeitsrechtsverletzungen modifiziert: Die Gerichte des Orts, an dem die betroffene Person den Mittelpunkt ihrer Interessen hat (regelmäßig der Ort ihres gewöhnlichen Aufenthalts), sind für die Entscheidung über den gesamten Schaden zuständig. Daneben bleibt die „Mosaikbetrachtung" bestehen: Die Gerichte jedes Staates, in dem ein im Internet veröffentlichter Inhalt abrufbar ist, sind für die Entscheidung über den Schaden zuständig, der in diesem Staat entstanden ist (EuGH GRUR 12, 300 Rn 48, 51 – *eDate Advertising u Martinez*). Dieses Urteil ist von der Zielsetzung geprägt, den Persönlichkeitsschutz im Internet zu stärken. Es ist daher auf das Lauterkeitsrecht nicht übertragbar, zumal gegen einen umfassenden Gerichtsstand am Aufenthaltsort des Klägers erhebliche Bedenken sprechen (*Heinze* EuZW 11, 947, 950; s zu § 4 Nr 7 aber OLG Frankfurt GRUR-RR 12, 392, 393). Daher gelten für das Lauterkeitsrecht die Grundsätze, die der EuGH für das Markenrecht entwickelt hat, entsprechend (s Rn 8): Die Gerichte des jeweiligen Marktorts sind nur für die Entscheidung über die Schäden zuständig, die in dem betreffenden Staat entstanden sind. Ungeklärt ist bisher, was für **Unterlassungs- und Beseitigungsansprüche** gilt, wenn sich eine unlautere Handlung in mehreren Staaten auswirkt. Überträgt man die Mosaikbetrachtung, so sind die Gerichte am jeweiligen Marktort nur befugt, über Abwehr-

B. Internationale Aspekte

ansprüche für den eigenen Staat zu entscheiden (MüKo/*Mankowski* IntWettbR Rn 431 f). Gerade angesichts der fortschreitenden Harmonisierung des Lauterkeitsrechts innerhalb der EU spricht aber vieles für die Möglichkeit grenzüberschreitender wettbewerbsrechtlicher Unterlassungsurteile (Fezer/*Hausmann*/*Obergfell* Einf I Rn 403; Ahrens/*Ahrens* Rn 16/15 f). Dabei ist allerdings zu beachten, dass ein auf Marktortrecht gestützter Unterlassungsanspruch nur für den Marktstaat gelten kann und das Unterlassungsgebot daher nach Möglichkeit entsprechend zu beschränken ist (s Rn 20). Grenzüberschreitend kann ein Gericht daher nur dann zur Unterlassung verurteilen, wenn zuvor ein Verstoß gegen sämtliche die Rechtsordnungen der vom Gebot umfassten Länder festgestellt wurde. Für die Verletzung einer **Gemeinschaftsmarke**, die allerdings anders als das Lauterkeitsrecht dem Grundsatz der Einheitlichkeit unterliegt, hat der EuGH die unionsweite Wirkung des Unterlassungsgebots anerkannt (EuGH GRUR 11, 518 – *DHL/Chronopost*; dazu *Sosnitza* GRUR 11, 465).

Besondere Schwierigkeiten bereiten Delikte, die im **Internet** begangen werden. Begründet schon die bloße Abrufbarkeit einer Website unabhängig von ihrer möglichen Auswirkung auf den Markt des Forumstaates den Gerichtsstand gem Art 5 Nr 3 EuGVVO, so ist der Beklagte einer unüberschaubaren Vielzahl möglicher Gerichtsstände ausgesetzt. Nach allgemeiner Ansicht löst ein Wettbewerbsverstoß im Internet nur dann Ansprüche nach Marktortrecht aus, wenn er sich auf dem betreffenden Markt in spürbarer Weise auswirkt (s Rn 24). Umstritten ist aber, ob diese Überlegung bereits bei der Prüfung der internationalen Zuständigkeit oder erst im Rahmen der Begründetheit zu berücksichtigen ist. Teilweise wird bereits die bloße Abrufbarkeit der Website für die Tatortzuständigkeit für ausreichend gehalten (OLG Hamburg MMR 02, 822, 823; OLG Karlsruhe MMR 02, 814, 815; *Bettinger/Thum* GRUR Int 99, 659, 663 ff; *Schack* MMR 00, 135, 138 f; ebenso für Persönlichkeitsrechtsverletzungen wohl EuGH GRUR 12, 300 Rn 51 – *eDate Advertising u Martinez*), da es sich bei der Spürbarkeit um eine doppelrelevante Tatsache handelt, die nach allgemeinen Regeln des Zivilprozessrechts erst im Rahmen der Begründetheit festzustellen ist. Die Gegenansicht spricht sich unter Verweis auf die Zuständigkeitsinteressen des Beklagten dafür aus, schon die Zuständigkeit nach Spürbarkeits- oder Auswirkungsgesichtspunkten zu begrenzen (OLG Frankfurt GRUR-RR 12, 392, 393; Fezer/*Hausmann*/*Obergfell* Einf I Rn 407; MüKo/*Mankowski* IntWettbR Rn 415 ff; vgl auch zu Art 15 EuGVVO EvGH MMR 11, 132 – *Pammer u Alpenhof*). Man sollte differenzieren. Ist schon nach dem Vortrag des Klägers eine Verletzung lauterkeitsrechtlich geschützter Interessen im Forumstaat ausgeschlossen, so fehlt es an der erforderlichen schlüssigen Behauptung eines Wettbewerbsverstoßes mit Inlandsbezug. Bedarf hingegen die Frage der Auswirkung auf den inländischen Markt einer eingehenderen Prüfung, so ist der Gerichtsstand des Begehungsortes eröffnet und die Frage der Auswirkung ist im Rahmen der Begründetheit zu prüfen (*Ohly* JZ 05, 738, 740; ähnlich BGH GRUR 05, 431, 432 – *Hotel Maritime*; BGHZ 167, 91 = GRUR 06, 513, Rn 21 f – *Arzneimittelwerbung im Internet*; *Kur* WRP 00, 935, 936).

Außerhalb des Anwendungsbereichs der EuGVVO und des LugÜ ergibt sich der Gerichtsstand des Begehungsortes aus §§ 14 II UWG; 32 ZPO. Insoweit wird auf die Kommentierung des § 14 verwiesen.

3. Weitere Gerichtsstände. Bei Streitigkeiten um vertragliche Ansprüche ist der Gerichtsstand des Erfüllungsortes (Art 5 Nr 1 EuGVVO/LugÜ, ab 2015: Art 7 Nr 1) eröffnet. Art 15–17 (ab 2015: Art 17–19) EuGVVO enthalten besondere Gerichtsstände für Verbrauchersachen. Während der Verbraucher nur an seinem Wohnsitz verklagt werden kann (ausschließlicher Gerichtsstand des Art 16 II EuGVVO), kann er seinerseits sowohl an seinem Wohnsitz als auch am allgemeinen Gerichtsstand seines Vertragspartners gegen diesen vorgehen (Art 16 I EuGVVO). Für Nichtigkeitsklagen im gewerblichen Rechtsschutz besteht ein ausschließlicher Gerichtsstand im Registerstaat (Art 22 Nr 4 EuGVVO/LugÜ, ab 2015: Art 24 Nr 4), der (nach einer in der Lit zu Recht fast einhellig abgelehnten EuGH-Rspr) unabhängig davon eingreift, ob der Nichtigkeitseinwand klage- oder einredeweise erhoben wird (EuGH GRUR 07, 49 – *GAT/LUK;* krit *Kur* IIC 06, 844, 847; *Reichardt* GRUR Int 08, 574, 575; *McGuire* WRP 11, 983 ff). Streitgenossen können vor den Gerichten des Staates verklagt werden, in dem einer der Beklagten seinen Wohnsitz hat (Art 6 Nr 1 EuGVVO/LugÜ, ab 2015: Art 8 Nr 1; zur restriktiven Auslegung für parallele Verletzungen europäischer Patente s EuGH GRUR 07, 47 – *Roche/Primus*). **Zuständigkeitsvereinbarungen** sind unter den in Art 23 EuGVVO/Art 17 LugÜ (ab 2015: Art 25) aufgestellten Formerfordernissen wirksam. Die **rügelose Einlassung** begründet die Zuständigkeit, sofern kein ausschließlicher Gerichtsstand besteht (Art 24 EuGVVO/LugÜ, ab 2015: Art 26). **Einstweilige Maßnahmen** können gem Art 31 EuGVVO/24 LugÜ (ab 2015: Art 35) unabhängig von der Anhängigkeit der Hauptsache bei sämtlichen nach Art 2 ff (ab 2015: 4 ff) zuständigen Gerichten beantragt werden (dann auch keine Sperrwirkung des Art 22 Nr 4 EuGVVO: EuGH GRUR 12, 1169, Rn 50 – *Solvay/Honeywell;* dazu *Sujecki* GRUR Int 13, 201 ff); daneben sind sämtliche Gerichtsstände des nationalen Rechts auch dann eröffnet, wenn sie im Hauptsacheverfahren durch die EuGVVO verdrängt würden (Fezer/Hausmann/ Obergfell Einf I Rn 481).

III. Anwendbares Recht

Literatur: *Baetzgen,* Internationales Wettbewerbs- und Immaterialgüterrecht im EG-Binnenmarkt, 2007; *Bernhard,* Das Internationale Recht des unlauteren Wettbewerbs in den Mitgliedstaaten der EG, 1994; *De Miguel Asensio,* The Private International Law of Intellectual Property and of Unfair Commercial Practices: Convergence or Divergence?, in: Leible/Ohly, Intellectual Property and Private International Law, 2009, S 137; *Dethloff,* Europäisches Kollisionsrecht des unlauteren Wettbewerbs, JZ 2000, 179; *dies,* Europäisierung des Wettbewerbsrechts, 2001; *Ehrich,* Der internationale Anwendungsbereich des deutschen und französischen Rechts gegen irreführende Werbung, 2006; *European Max Planck Group on Conflict of Laws in Intellectual Property,* Conflict of Laws in Intellectual Property, 2013; *Fountoulakis,* IPR, in: Schmidt-Kessel/Schubmehl (Hrsg.), Lauterkeitsrecht in Europa, 2011, S 719; *Glöckner,* Wettbewerbsverstöße im Internet – Grenzen einer kollisionsrechtlichen Problemlösung, ZVglRWiss 99 (2000), 278; *Handing,* Neues im Internationalen Wettbewerbsrecht – Auswirkungen der Rom II-Verordnung, GRUR Int 2008, 24; *Höder,* Die kollisionsrechtliche Behandlung unteilbarer Multistate-Verstöße: das internationale Wettbewerbsrecht im Spannungsfeld von Marktort-, Auswirkungs- und Herkunftslandprinzip, 2002; *Junker,* Die Rom II-Verordnung: Neues Internationales Deliktsrecht auf europäischer Grundlage, NJW 2007, 3675; *Koos,* Grundsätze des Lauterkeitskollisionsrechts im Lichte der Schutzzwecke des UWG, WRP 2006, 499; *Kur,* Haftung für Rechtsverletzungen Dritter: Reformbedarf im europäischen IPR?, WRP 2011, 971; *Leistner,* Unfair Competition Law Protection Against Imitations: A Hybrid under the Future Art 5 Rome II Regulation?, in Basedow/Drexl/Kur/Metzger, Intellectual Property in the Conflict of Laws, 2005, S 129; *Lindacher,* Die internationale Dimension lauterkeitsrechtlicher Unterlassungsansprüche: Marktterritorialität versus Universalität, GRUR Int 2008, 453; *Löffler,* Werbung im Cyberspace – Eine kollisionsrechtliche Betrachtung, WRP 2001, 379; *Mankowski,* Was soll der Anknüpfungsgegenstand des (europäischen) Internationalen Wettbewerbsrechts sein?, GRUR Int 2005, 634; *Sack,* Internationales Lauterkeitsrecht nach der Rom II-VO, WRP 2008, 845; *ders,* Das IPR des geistigen Eigentums nach der Rom II-VO, WRP 2008, 1405; *ders,* Art 6 Abs 2 Rom II-VO und „bilaterales" unlauteres Wettbewerbsverhalten, GRUR Int 2012, 601; *Schack,* Internationale Urheber-, Marken- und Wettbewerbsrechtsverletzungen im Internet – Internationales Privatrecht, MMR 2000, 59; *Thünken,* Die EG-Richtlinie über den elektronischen Geschäftsverkehr und das internationale Privatrecht des unlauteren Wettbewerbs, IPRax 2001, 15; *Wadlow,* Trade Secrets and the Rome II Regulation on the Law Applicable to Non-contractual Obligations, [2008] EIPR 309; *Wurmnest,* Internationale Zuständigkeit und anwendbares Recht bei grenzüberschreitenden Kartelldelikten, EuZW 2012, 933. S auch die Nachw zum unionsrechtlichen Herkunftslandprinzip (Einf C IV).

B. Internationale Aspekte **Einf B UWG**

1. Überblick. a) Internationales Privatrecht. Welche Rechtsordnung auf 12
Sachverhalte mit Auslandsberührung anwendbar ist, wird durch das Internationale
Privatrecht (IPR, Kollisionsrecht) bestimmt. Es ist trotz des missverständlichen Namens grundsätzlich nationales Recht. Die nach internationalem Zivilprozessrecht zuständigen Gerichte eines Staates wenden ihr eigenes IPR an *(lex fori)*. Dem autonomen deutschen IPR (Art 3ff EGBGB) gehen völkervertragliche und gemeinschaftsrechtliche Regelungen vor (Art 3 II EGBGB), insbesondere die Rom II-Verordnung (s Rn 13).

b) Die Rom II-Verordnung. aa) Vorrang vor deutschem IPR. Seit dem 13
11.1.2009 bestimmt sich das auf außervertragliche Schuldverhältnisse anwendbare Recht fast ausschließlich (zu Ausnahmen s Rn 13a, 14) nach der **Rom II-Verordnung** (Verordnung (EG) Nr 864/2007 v 11.7.2007 über das auf außervertragliche Schuldverhältnisse anzuwendende Recht, ABl L 119/40 v 31.7.2007; Überbl bei *Junker* NJW 07, 3675ff; zur Entstehungsgeschichte vgl MüKo/*Mankowski* IntWettbR Rn 19ff). Die Verordnung trifft eine Sonderregelung (vgl Egrd 21) für unlautere Wettbewerbshandlungen (Art 6 I, II), nach der grundsätzlich das Recht des Marktorts zur Anwendung kommt. Die Verordnung ist unmittelbar anwendbar (Art 288 II AEUV) und geht wegen des Vorrangs des Unionsrechts dem deutschen Kollisionsrecht vor (insoweit rein deklaratorisch Art 3 II 2 EGBGB).

bb) Zeitlicher, sachlicher und räumlicher Anwendungsbereich. Die Rom 13a
II-VO ist am 11.1.2009 in Kraft getreten und gilt **zeitlich** für alle Handlungen, die nach diesem Datum vorgenommen wurden (Art 31 Rom II-VO); vgl hierzu, mit weiteren Differenzierungen, *Glöckner* IPRax 09, 121ff). Für Altfälle gilt nach wie vor das autonome deutsche Kollisionsrecht (s hierzu Rn 14). **Sachlich** regelt die Verordnung das auf unlautere geschäftliche Handlungen anwendbare Recht in Art 6 I, II abschließend, ebenso wie das auf Kartellrechtsverstöße (Art 6 III) und auf Verletzungen der Rechte des geistigen Eigentums (Art 8) anwendbare Recht. Lediglich Verletzungen der Persönlichkeitsrechte sind, neben hier nicht interessierenden anderen Rechtsgebieten, vom Anwendungsbereich der Verordnung ausgenommen (Art 1 II lit g, zur Einordnung der belästigenden Werbung s Rn 17). Die Normen der Verordnung sind **allseitig,** regeln also die Anwendbarkeit des eigenen wie des ausländischen Rechts. Sie sind zudem **auch im Verhältnis zu Drittstaaten** anwendbar (Art 3 Rom II-VO). Zwar hat sich Dänemark der Verordnung nicht angeschlossen, doch gilt sie gem Art 3 Rom II-VO auch im Verhältnis zu Dänemark. Die Rom II-VO verdrängt daher, von Altfällen abgesehen, die bisher auf Wettbewerbsverstöße anwendbaren Art 40ff EGBGB im Lauterkeitsrecht völlig (s aber zum Zweifelsfall der belästigenden Werbung Rn 17). Das bisherige deutsche Kollisionsrecht ist also nur noch für eine Übergangszeit von Bedeutung.

cc) Autonome Auslegung. Da es sich bei der Verordnung um unmittelbar gel- 13b
tendes Unionsrecht handelt (Art 288 II AEUV), ist sie autonom, also unabhängig von den Grundsätzen des deutschen nationalen Rechts auszulegen. Eine wesentliche Auslegungshilfe stellen die Erwägungsgründe der Präambel und die Begründung des Kommissionsentwurfs (KOM(2003) 427 endg, 2003/0168 COD v 22.7.2003, im Internet abrufbar unter http://eurlex.europa.eu/LexUriServ/site/de/com/2003/com2003_0427de01.pdf) dar. Solange einschlägige Urteile des EuGH fehlen, kann allerdings in Zweifelsfällen vorläufig und vorbehaltlich anderslautender Entscheidungen des EuGH auf die bisherigen Grundsätze des deutschen Rechts zurückgegriffen werden, da das bisher in Deutschland geltende Marktortprinzip der Regel des Art 6 I Rom II-VO weitgehend entspricht.

dd) Verhältnis zum Herkunftslandprinzip. Das Herkunftslandprinzip, das in 13c
einigen Richtlinien (insb der Richtlinie über audiovisuelle Mediendienste und der E-Commerce-Richtlinie) verankert ist, ist nicht kollisionsrechtlich zu verstehen, son-

dern begrenzt lediglich das anwendbare Sachrecht (EuGH GRUR 12, 300, Rn 68 – *eDate Advertising u Martinez;* näher u Rn 27). Daher wird das Herkunftslandprinzip im Zusammenhang mit dem Einfluss des primären und sekundären Unionsrechts auf das UWG erläutert (Einf C Rn 65 ff). Auch die im AEUV garantierten Grundfreiheiten (denen teilweise ein primärrechtliches Herkunftslandprinzip entnommen wird) enthalten keine Bestimmung über das anwendbare Recht (s Einf C Rn 77 ff). Deutet man entgegen der hier vertretenen Ansicht das Herkunftslandprinzip kollisionsrechtlich, so ist es gegenüber Art 6 Rom II-VO vorrangig (Art 27 Rom II-VO, vgl auch Egrd 35).

13d **ee) Verhältnis zum Völkerrecht.** Die Verordnung berührt zwar nicht die Anwendung internationaler Übereinkommen (Art 28 I Rom II-VO), doch gegenüber Verträgen, die ausschließlich zwischen Mitgliedstaaten bestehen, hat die Verordnung Vorrang (Art 28 II Rom II-VO). Im Bereich des Lauterkeitsrechts bestehen aber keine allgemeinen konventionsrechtlichen Kollisionsregeln, insbesondere enthält die PVÜ (dazu Rn 1) nur fremdenrechtliche Regelungen und sachrechtliche Mindeststandards (GK[1]/*Schricker* Einf F Rn 157; *Fezer/Hausmann/Obergfell* Einf I Rn 39; MüKo/*Drexl* IntRUW Rn 81; Staudinger/*Fezer/Koos* IntWirtschR Rn 421). Lediglich in einigen Staatsverträgen über den gegenseitigen Schutz geographischer Herkunftsangaben wird auf das Recht des Ursprungslandes und für die Rechtsfolgen auf das Recht des Schutzlandes verwiesen (GK[1]/*Schricker* Einf Rn F 158; Staudinger/*Fezer/Koos* IntWirtschR Rn 422).

14 **c) Autonomes deutsches IPR.** Das autonome **deutsche IPR** wird für unlautere Handlungen, die nach dem 11.1.2009 stattfinden, von der Rom II-VO verdrängt und ist daher (abgesehen von der belästigenden Werbung, deren Einordnung unter Art 6 I Rom II-VO zweifelhaft erscheint, s Rn 17) nur noch während einer Übergangszeit relevant. Es enthält im Gegensatz zum schweizerischen Recht (Art 136 I schweiz IPRG) **keine gesetzliche Bestimmung** über das auf wettbewerbsrechtliche Ansprüche anwendbare Recht. Zwar handelt es sich beim Lauterkeitsrecht grundsätzlich um Sonderdeliktsrecht (s Einf D Rn 56), wegen des kollektivrechtlichen Einschlags des UWG (s § 1) hat sich aber im deutschen Recht richterrechtlich ein Grundsatz herausgebildet, der zwar auch auf der Tatortregel beruht, bei der Bestimmung des Tatorts aber von dem in Art 40 EGBGB geregelten Günstigkeitsprinzip abweicht. **Begehungsort** ist demnach bei unlauteren Wettbewerbshandlungen nur das **Recht des Marktortes (Marktortprinzip)**, also das Recht des Ortes, an dem die wettbewerblichen Interessen der Mitbewerber aufeinandertreffen (BGHZ 25, 329 = GRUR 62, 243, 245 – *Kindersaugflaschen,* bestätigt in BGHZ 113, 11 = GRUR 91, 463, 464 – *Kauf im Ausland;* BGH GRUR 98, 419 – *Gewinnspiel im Ausland;* BGH GRUR 04, 1035, 1036 – *Rotpreis-Revolution;* MüKo/*Drexl* IntRUW Rn 2; *Sack* WRP 00, 269, 272). Werden hingegen ausschließlich Interessen von Mitbewerbern beeinträchtigt, so gelten die allgemeinen Vorschriften der Art 40 ff EGBGB (*Sack* WRP 00, 269, 273; *Köhler*/Bornkamm Einf Rn 5.15; krit MüKo/*Drexl* IntRUW Rn 143). Die Regelung des deutschen Rechts entspricht damit fast völlig der in Art 6 I, II Rom II-VO getroffenen. Auf die Kommentierung des Art 6 Rom II-VO kann also verwiesen werden. Unterschiede ergeben sich immer dort, wo die Art 6 Rom II-VO autonom-unionsrechtlich auszulegen ist. So kann der unionsrechtliche Begriff der „unlauteren Wettbewerbshandlungen" abweichend vom Regelungsbereich des deutschen UWG zu bestimmen sein (s Rn 17).

15 **2. Art 6 Rom II-VO im Einzelnen. a) Überblick. aa) Grundsatz: Marktortprinzip (Art 6 I Rom II-VO).** Auf außervertragliche Schuldverhältnisse aus unlauterem Wettbewerbsverhalten ist das Recht des Staates anzuwenden, in dessen Gebiet die **Wettbewerbsbeziehungen** oder die **kollektiven Interessen der Verbraucher beeinträchtigt** worden sind oder wahrscheinlich beeinträchtigt werden (Art 6

B. Internationale Aspekte

I Rom II-VO). Die Regel des Art 6 I Rom II-VO entspricht dem schon bisher im deutschen Recht anerkannten **Marktortprinzip** (*Lindacher* GRUR Int 08, 453, 454; *Sack* WRP 08, 845, 846; zum autonomen deutschen Recht s Rn 14; für den Begriff „Einwirkungsort" unter Hinweis auf das inzwischen von UGP-RL und UWG erfasste Verhalten bei und nach Vertragsschluss *Köhler*/Bornkamm Einl Rn 5.33). Zu Beispielen s Rn 16ff.

bb) Ausnahme: bilaterales Wettbewerbsverhalten (Art 6 I Rom II-VO). 15a
Beeinträchtigt der Wettbewerbsverstoß aber **ausschließlich die Interessen eines bestimmten Mitbewerbers**, so gilt die allgemeine Regel des Art 4 Rom II-VO (s Rn 21). Anwendbar ist demnach das Recht des **Landes, in dem der Schaden eingetreten ist** (Art 4 I Rom II-VO).

b) Außervertragliche Schuldverhältnisse aus unlauterem Wettbewerbs- 16
verhalten. aa) Autonom- unionsrechtliche Qualifikation. Die Begriffe „außervertragliches Schuldverhältnis" und „unlauteres Wettbewerbsverhalten" bedürfen der autonom-unionsrechtlichen Qualifikation (s Rn 13b und *Handing* GRUR Int 08, 24, 25f). Maßgeblich ist also nicht die Systematik des deutschen Lauterkeitsrechts, auch wenn **Egrd 21** der Verordnung ähnlich wie § 1 auf die **Schutzzwecktrias** Bezug nimmt und damit verdeutlicht, dass sich der Anwendungsbereich des Art 6 nicht auf verbraucherschützende Vorschriften beschränkt. Handlungen, die in den Anwendungsbereich des Art 10bis PVÜ (s Rn 1) und der europäischen Richtlinien zum Lauterkeitsrecht fallen, stellen fraglos unlauteres Wettbewerbsverhalten iSd Art 6 Rom II-VO dar. Auch wenn auf die bisherige Rspr zu Art 40 EGBGB nicht unmittelbar zurückgegriffen werden darf, bietet sie doch vorbehaltlich abweichender Urteile des EuGH eine gewisse Orientierung, weil sie ebenfalls vom Marktortprinzip ausging.

bb) Handlungen gegenüber Verbrauchern (B2C). Im Verhältnis zwischen 16a
Unternehmern und Verbrauchern umfassen unlautere Wettbewerbshandlungen diejenigen Verhaltensweisen, die in den Anwendungsbereich der Richtlinie über unlautere Geschäftspraktiken (UGP-RL, dazu Einf C Rn 43) fallen, also vor allem irreführende und aggressive Praktiken. Auch bei Verstößen gegen Marktverhaltensregeln iSd § 4 Nr 11, die sich auf die Produktsicherheit oder das Recht reglementierter Berufe beziehen und daher gem Art 3 III, VIII vom Anwendungsbereich der UGP-RL ausgenommen sind, ist Art 6 I Rom II-VO anwendbar. **Zweifelhaft** erscheint dagegen, ob **belästigende Formen der Direktwerbung** (vgl § 7 II) auch dann unter Art 6 I Rom II-VO fallen, wenn sie sich nicht auf das Entscheidungsverhalten von Verbrauchern auswirken. Derartige Praktiken werden von Art 13 der Datenschutzrichtlinie für den elektronischen Geschäftsverkehr geregelt (Einf C Rn 41), die nach der Systematik des Unionsrechts zu dem vom Anwendungsbereich der Rom II-VO ausgenommenen Schutz der Privatsphäre gehört (s Rn 13a). Vieles spricht dafür, auf grenzüberschreitende Fälle der belästigenden Werbung autonomes deutsches Kollisionsrecht anzuwenden.

cc) Handlungen gegenüber Unternehmern (B2B). Im Verhältnis zwischen 16b
Unternehmern fällt die in der WerbeRL (2006/114/EG, dazu Einf C Rn 28, 34) geregelte irreführende und vergleichende Werbung unter Art 6 Rom II-VO, ebenso das Hervorrufen von Verwechslungsgefahr (vgl Art 10bis III Nr 1 PVÜ, Beispiel: *passing off* des englischen Rechts), die Ausbeutung und Schädigung fremden Geschäftsrufs (vgl Art 10bis III Nr 2 PVÜ) einschließlich der nach hM im deutschen Recht gem § 823 BGB zu beurteilenden (s § 4 Rn 10/35ff) unberechtigten Schutzrechtsverwarnung (*Sack* WRP 08, 845, 846). Die Begründung des Kommissionsentwurfs (oben Rn 13b, S 17f) nennt als Fälle des Art 6 I Rom II-VO die Störung der Zulieferung, die Abwerbung von Angestellten und den Boykott, als Fälle des Art 6 II Rom II-VO die Bestechung, Industriespionage, Preisgabe von Geschäftsgeheimnissen und die Anstiftung zum Vertragsbruch. Problematisch ist die Einordnung des Rechts-

bruchs, der bisher nicht Gegenstand der europäischen Rechtsangleichung war und der im Ausland verbreitet dem allgemeinen Deliktsrecht zugeordnet wird. Er sollte jedenfalls dann unter Art 6 I Rom II-VO subsumiert werden, wenn Verbraucherinteressen oder Interessen Dritter betroffen sind. In den übrigen, rein bilateralen Fällen verweist Art 6 II Rom II-VO ohnehin auf die allgemeine Regel des Art 4 Rom II-VO, so dass der Qualifikationsfrage hier keine praktische Bedeutung zukommt. Zur Abgrenzung zwischen Art 6 und Art 8 Rom II-VO in Grenzbereichen zwischen Lauterkeitsrecht und Recht des geistigen Eigentums s Rn 22.

17   **c) Bestimmung des Marktorts.** Anwendbar ist das Recht des Staates, in dessen Gebiet die **Wettbewerbsbeziehungen** oder die **kollektiven Interessen der Verbraucher beeinträchtigt** worden sind oder wahrscheinlich beeinträchtigt werden. Das ist der Ort, an dem **auf die Entschließung des Kunden eingewirkt** werden soll (BGH GRUR 10, 847 Rn 10 – *Ausschreibung in Bulgarien*). Bezieht sich der Unlauterkeitsvorwurf auf die Werbung, ist der Ort maßgeblich, an dem **potentielle Kunden sie bestimmungsgemäß zur Kenntnis nehmen**. Wo hingegen bei grenzüberschreitendem Verhalten der Handlungsort liegt oder wo sich das Verhalten wirtschaftlich auswirkt, ist unerheblich. Beispiele: Berät eine niederländische Internet-Apotheke über eine Telefon-Hotline Patienten in Deutschland in irreführender und gegen das Arzneimittelrecht verstoßender Weise, so kommt nur das deutsche UWG zur Anwendung, weil nur in Deutschland auf Verbraucher eingewirkt wird (BGH GRUR 13, 421 – *Pharmazeutische Beratung über Call-Center*). Eine per Brief in französischer Sprache an in Frankreich wohnhafte Verbraucher gerichtete irreführende Gewinnzusage (vgl Ziff 17 Anh zu § 3 III) ist auch dann ausschließlich nach französischem Recht zu beurteilen, wenn sie von Zahlungen an ein in Deutschland ansässiges Unternehmen oder von einem Kauf in Deutschland abhängig gemacht wird (nach BGH GRUR 98, 419 – *Gewinnspiel im Ausland*). Umwirbt ein spanisches Unternehmen auf Gran Canaria in deutscher Sprache deutsche Urlauber, so kommt spanisches Recht zur Anwendung (s u Rn 29). – Eine Ausnahme von dem Grundsatz, dass es auf den Ort der Einwirkung auf potentielle Kunden ankommt, hat der BGH nach autonomem deutschen IPR angenommen, wenn sich die Unlauterkeit aus den **Umständen des Verkaufs** ergibt. Beispiel: Ein in Luxemburg ansässiges Unternehmen wirbt im „Trierischen Volksfreund" für eine Sonderveranstaltung, die an einem deutschen Feiertag stattfindet und daher bei Durchführung in Deutschland gegen das LSchlG verstieße (BGH GRUR 04, 1035, 1036 – *Rotpreis-Revolution; Köhler*/Bornkamm Einl Rn 5.34). Bei näherem Hinsehen vermischt der BGH hier in unzulässiger Weise das IPR und das Sachrecht (*Sack* WRP 08, 845, 848; MüKo/*Mankowski* IntWettbR Rn 160 ff; MüKo/*Drexl* IntRUW Rn 136): Jedenfalls nach Art 6 I Rom II-VO ist deutsches Recht anwendbar, aber die Geltung des LSchlG ist sachrechtlich auf Deutschland beschränkt. – Auf **unlautere Handlungen bei oder nach Vertragsschluss** kommt das Recht des Staates zur Anwendung, in dem der Adressat bestimmungsgemäß mit dem Verhalten in Berührung kommt (*Köhler*/Bornkamm Einl Rn 5.35 f). Das ist bei Fernkommunikationsmitteln wie E-Mail, Telefon oder Brief der gewöhnliche Aufenthaltsort des Adressaten. – Kann das Produkt im Inland nicht bezogen werden, so scheitert die Anwendung inländischen Rechts nicht schon am Fehlen eines Marktorts (aA bei Fehlen jeglicher Bezugsmöglichkeit *Höder* S 35). Allerdings wird sich die Wettbewerbshandlung in diesem Fall oft nicht spürbar auf den inländischen Markt auswirken (s dazu Rn 24).

18   **d) Reichweite des Marktortprinzips. aa) Teilnahmehandlungen, „Störerhaftung".** Teilnahme- und Vorbereitungshandlungen sind akzessorisch anzuknüpfen (Art 15 lit g Rom II-VO; zu Reformbedarf *Kur* WRP 11, 971). Stellen sie also nicht bereits nach dem Recht des Ortes, an dem die Handlung erfolgt, selbständige unlautere Handlungen dar, so findet auf die Beurteilung des jeweiligen Tatbeitrags diejenige Rechtsordnung Anwendung, die auch für das Handeln des Täters gilt (so zu

B. Internationale Aspekte   **Einf B UWG**

Art 40 ff EGBGB BGH GRUR 82, 495, 497 – *Domgarten-Brand; Köhler*/Bornkamm Einl Rn 5.9). Entsprechendes gilt für die Förderung fremden Wettbewerbs (so zu Art 40 ff EGBGB BGH GRUR 71, 153, 154 – *Tampax*) und für die Haftung wegen der Verletzung lauterkeitsrechtlicher Verkehrspflichten (vgl zu deren dogmatischer Begründung BGH GRUR 07, 890 – *Jugendgefährdende Medien bei eBay* und § 8 Rn 120 ff), früher: Störerhaftung (so zu Art 40 ff EGBGB BGH GRUR 97, 313, 355 – *Architektenwettbewerb;* BGH GRUR 98, 419, 420 – *Gewinnspiel im Ausland*). Beispiel (nach BGH GRUR 98, 419, 420 – *Gewinnspiel im Ausland*): Wenn ein deutsches Unternehmen im Auftrag einer französischen Firma Werbematerial an Verbraucher in Frankreich schickt, ist lediglich französisches Recht anwendbar.

bb) Aktivlegitimation. Das Marktortprinzip gilt nicht nur für die Voraussetzungen wettbewerbsrechtlicher Ansprüche, sondern auch für die **Anspruchsberechtigung.** Ob eine **Verbandsklagebefugnis** (§ 8 III) besteht, ist keine nach der lex fori zu beurteilende Frage des Prozessrechts (aA Harte/Henning/*Glöckner* Einl C Rn 196), sondern eine Frage des materiellen Rechts und ist daher nach der lex causae, also dem durch die Marktortregel bestimmten Recht zu beurteilen (KG WRP 12, 102, 103 f – *Zusatzkosten für Kreditkartenzahlungen;* Palandt/*Thorn* Anh zu EGBGB Art 38–42, Rom II 6 Rn 11; Fezer/*Hausmann/Obergfell* Einf I Rn 519 ff mit umfangreichen Nachw; MüKo/*Drexl* IntRUW Rn 185; offengelassen in BGH GRUR 98, 419, 420 – *Gewinnspiel im Ausland*). Zugleich muss die Klage aber nach der lex fori zulässig sein (KG aaO; *Ahrens* WRP 94, 649, 656; *Lindacher,* FS Lüke, S 377, 384 ff; Fezer/*Hausmann/Obergfell* Einf I Rn 524). Beispiel (BGH GRUR 82, 495 – *Domgarten-Brand*): Klagt ein deutscher Verband vor einem deutschen Gericht gegen ein Wettbewerbsverhalten auf dem britischen Markt, das nach englischem Recht die Voraussetzungen des *passing off*-Anspruchs erfüllt (hierzu Rn 40), so ist die Klage zulässig, aber unbegründet, weil dieser Anspruch nach englischem Recht nur vom Verletzten geltend gemacht werden kann, während irreführende Praktiken nur von Behörden verfolgt werden. Jede andere Lösung würde das englische Sachrecht, das im Hinblick auf den Individualschutz entwickelt wurde, verzerren. Klagt hingegen eine ausländische Verbraucherschutzorganisation gegen ein Verhalten auf dem deutschen Markt, so ergibt sich die Aktivlegitimation schon aus § 8 III Nr 3 (MüKo/*Drexl* IntRUW Rn 187). Verstößt das Verhalten gegen das UWG, so ist die Klage zulässig und begründet. Folge ist, dass eine Klage abzuweisen ist (MüKo/*Drexl* IntRUW Rn 21), wenn das anwendbare ausländische Recht im Gegensatz zum deutschen Recht nur eine verwaltungsrechtliche Kontrolle, aber keine individuelle Klagemöglichkeit vorsieht (vgl zB zur britischen Umsetzung der UGP-RL Rn 40).

cc) Rechtsfolgen. Beim **Schadensersatzanspruch** ist das Marktortrecht zur Entscheidung über den im Marktstaat entstandenen Schaden berufen (Art 15 lit c Rom II-VO). Entstehen in mehreren Ländern Schäden, so kommt jede Rechtsordnung hinsichtlich des in ihrem Land entstandenen Schadens zur Anwendung (**Mosaikbetrachtung,** vgl ÖOGH GRUR Int 12, 468, 474 – *Rohrprodukte; Sack* WRP 08, 845, 853; Harte/Henning/*Glöckner* Einl C Rn 171). Ein **Unterlassungsanspruch** ist jeweils nur hinsichtlich der Handlungen am Marktort begründet (BGH GRUR 71, 153, 155 – *Tampax; Köhler*/Bornkamm Einl Rn 5.41). Werden Rechtsverletzungen im Ausland behauptet, so ist daher ein entsprechender Vortrag zum ausländischen Recht erforderlich (BGH GRUR 07, 1079 Rn 16 – *Bundesdruckerei*). Soweit möglich sind Antrag und Urteilstenor auf die Unterlassung der Wettbewerbshandlung im betreffenden Land, also **marktterritorial zu beschränken** (hierzu und zu den Konsequenzen für Titulierung und Vollstreckung eingehend *Lindacher* GRUR Int 08, 453, 455; vgl auch Harte/Henning/*Glöckner* Einl C Rn 171 ff; ebenso für das Immaterialgüterrecht *Kur* CRi 03, 65, 72). Selbst bei Internetsachverhalten kommt eine solche Beschränkung in Betracht, etwa indem aufgegeben wird, keine Kunden im Marktstaat zu beliefern und dies auf der Website in deutlicher Form kenntlich zu machen. Die Recht-

19

20

sprechung zur Einschränkung des Unterlassungsgebots bei Domainnamensstreitigkeiten unter Gleichnamigen (vgl BGH GRUR 02, 706, 708 – *vossius.de*) bietet hier Ansatzpunkte, die sich zur Übertragung eignen. Hingegen gelten im Fall bilateraler Wettbewerbsverstöße (Art 6 II Rom II-VO) die allgemeinen Regeln des Deliktsrechts (vgl hierzu *Lindacher* GRUR Int 08, 453, 457 f). Nur wenn eine solche Beschränkung nicht in Betracht kommt, der Wettbewerbsverstoß also unteilbar ist, setzt sich faktisch das strengste Recht durch (ÖOGH GRUR Int 12, 468, 474 – *Rohrprodukte*).

21 **e) Bilaterale Wettbewerbshandlungen (Art 6 II Rom II-VO).** Beeinträchtigt der Wettbewerbsverstoß **ausschließlich die Interessen eines bestimmten Mitbewerbers,** so gilt die allgemeine Regel des Art 4 Rom II-VO. Anwendbar ist demnach das Recht des **Landes, in dem der Schaden eingetreten ist** (Art 4 I Rom II-VO). Das ist regelmäßig der Ort, an dem das geschädigte Unternehmen bzw der geschädigte Unternehmensteil seinen (tatsächlichen) Sitz hat bzw seine Geschäftstätigkeit ausübt (*Lindacher* GRUR Int 08, 453, 457; *Sack* WRP 08, 845, 850). Haben allerdings Anspruchsteller und Anspruchsgegner ihren gemeinsamen gewöhnlichen Aufenthalt in einem anderen Staat, so findet dessen Recht Anwendung (Art 4 II Rom II-VO). Weist die Handlung eine offensichtlich engere Verbindung mit einem anderen Staat auf, so ist dessen Recht anwendbar (Art 4 III Rom II-VO). – **Wettbewerbshandlungen ohne Auswirkung auf Allgemeininteressen** sind vor allem einige Fälle der gezielten Behinderung (§ 4 Nr 10) wie etwa das unlautere Abwerben von Arbeitnehmern oder die unberechtigte Herstellerverwarnung, daneben die Verletzung von Unternehmensgeheimnissen (*Sack* WRP 08, 845, 851) und Produktnachahmungen, deren Unlauterkeit nicht durch eine vermeidbare Herkunftstäuschung begründet wird (vgl auch Rn 22). – Sobald die Wettbewerbshandlung aber **Marktbezug** aufweist, weil sie sich an Verbraucher oder dritte Marktbeteiligte richtet, die Interessen des Mitbewerbers also **marktvermittelt** beeinträchtigt, gilt die Marktortregel (BGH GRUR 10, 847 Rn 19 – *Ausschreibung in Bulgarien; Glöckner* WRP 11, 137, 139; *Sack* WRP 08, 845, 851). Das ist häufig auch bei Handlungen der Fall, die auf den ersten Blick nur Individualinteressen betreffen (*Lindacher* WRP 96, 645, 650; *Fezer/Hausmann/Obergfell* Einf I Rn 327; Staudinger/*Fezer/Koos* IntWirtschR Rn 656), etwa bei einer Produktnachahmung unter Herkunftstäuschung (§ 4 Nr 9a, ebenso, allerdings ohne die hier vorgenommene Unterscheidung BGHZ 25, 329 = GRUR 62, 243, 245 – *Kindersaugflaschen*), bei der vergleichenden Werbung (§ 6), bei geschäftsschädigenden Äußerungen über Mitbewerber gegenüber Abnehmern (§ 4 Nr 7, 8; MüKo/*Mankowski* IntWettbR Rn 246), bei einem Boykottaufruf (*Köhler*/Bornkamm Einl Rn 5.44) oder einer unberechtigten Abnehmerverwarnung (*Fezer/Hausmann/Obergfell* Einf I Rn 328).

21a **f) Sachnormverweisung.** Die Kollisionsnormen der Rom II-VO sind Sachnormverweisungen (Art 24 Rom II-VO). Sie verweisen also unmittelbar auf die Sachnormen des betreffenden Staates und schließen Rückverweisungen (renvoi) und Weiterverweisungen aus. Das Kollisionsrecht der Rechtsordnung, auf die verwiesen wird, ist also nicht mehr zu prüfen.

22 **g) Abgrenzungen. aa) Schutzlandprinzip.** Die Anknüpfung im Immaterialgüterrecht richtet sich nach dem Schutzlandprinzip: Anwendbar ist das Recht des Staates, für den der Schutz beansprucht wird (Art 8 I Rom II-VO, dazu *Sack* WRP 08, 1405 ff; ebenso für das deutsche Recht BGH GRUR 05, 431, 432 – *Hotel Maritime;* BGH GRUR 12, 621 Rn 17 – *OSCAR; Peifer* IPRax 13, 228; MüKo/*Drexl* IntImmGR Rn 10ff; zu Weiterentwicklungen vgl Art 3:601 ff der CLIP Principles). Das Schutzlandprinzip gilt insbesondere für das Markenrecht (BGH aaO) und das Recht geschäftlicher Bezeichnungen (BGH GRUR 07, 884 – *Cambridge Institute*). Im Übrigen bereitet die Abgrenzung Schwierigkeiten, weil geistiges Eigentum und lauterkeitsrechtlicher Schutz von Unternehmenswerten ineinander übergehen kön-

B. Internationale Aspekte **Einf B UWG**

nen und weil identische Güter (Beispiel: Benutzungsmarken) im einen Land immaterialgüterrechtlich, im anderen Land lauterkeitsrechtlich geschützt sein können (vgl *de Miguel Asensio* in: Leible/Ohly S 137, 139; *Leistner* in: Basedow/Drexl/Kur/Metzger S 131). – Der Schutz von **Unternehmensgeheimnissen** gehört trotz seiner Nähe zum Recht des geistigen Eigentums (vgl Art 39 TRIPS und Vor §§ 17–19 Rn 4) nach wohl international anerkannter Systematik zum Lauterkeitsrecht und wird im Kommissionsentwurf (Rn 13b, S 18) als Anwendungsbeispiel des Art 6 II Rom II-VO genannt (hierzu eingehend *Wadlow* [2008] EIPR 309 ff). – Umstritten ist die Einordnung des Schutzes **geographischer Herkunftsangaben.** Der BGH wendet das lauterkeitsrechtliche Marktortprinzip an (BGH GRUR 07, 67 Rn 15, s aber Rn 17 – *Pietra di Soln*; *Ingerl/Rohnke* Einl Rn 53). Die Zuordnung geographischer Herkunftsangaben zum Recht des geistigen Eigentums in Art 22 TRIPS und die Ausgestaltung geographischer Herkunftsangaben als Ausschließlichkeitsrechte sprechen dagegen für eine Anwendung des Schutzlandprinzips (MüKo/*Drexl* IntRUW Rn 123 ff; Fezer/*Hausmann/Obergfell* Einf I Rn 35). – Auch auf die **unlautere Produktnachahmung** wendet die hM das Marktortprinzip an, sofern nicht ausschließlich die Interessen des betroffenen Mitbewerbers verletzt werden (MüKo/*Mankowski* IntWettbR Rn 302; MüKo/*Drexl* IntRUW Rn 122; differenzierend *Sack* WRP 08, 845, 859; zum deutschen Recht BGHZ 35, 329 = GRUR 62, 243, 245 – *Kindersaugflaschen*; aA Fezer/*Hausmann/Obergfell* Einf I Rn 339). Da der UWG-Nachahmungsschutz nach der (freilich nicht ganz methodenehrlichen, s § 4 Rn 9/12) hM in Deutschland und vielen anderen europäischen Staaten und der Rspr des EuGH (GRUR Int 82, 439, Rn 9 – *Industrie Diensten/Beele*) kein „Recht des geistigen Eigentums" iSd Art 8 I Rom II-VO vermittelt, fällt er unter Art 6 Rom II-VO. Da nicht die Nachahmung als solche, sondern lediglich ihr Angebot als unlauter zu beurteilen ist (s § 4 Rn 9/3), handelt es sich um ein marktbezogenes Verhalten, das unter Art 6 I Rom II-VO fällt. Allerdings führen Schutzlandprinzip und Marktortprinzip zum selben Ergebnis, da auch die Anwendung des jeweiligen Marktrechts zu der für das Kollisionsrecht des Immaterialgüterrechts charakteristischen territorialen Segmentierung führt (GK[1]/*Schricker* Einf Rn F 162; MüKo/*Drexl* IntRUW Rn 128; zu Unterschieden *De Miguel* in Leible/Ohly S 137, 166). Beispiel (nach OLG Düsseldorf GRUR-RR 12, 200): Vertreibt ein koreanisches Unternehmen Tablet-PCs in Deutschland, die möglicherweise sowohl eine Verletzung des Geschmacksmusters eines US-Konkurrenten als auch eine Nachahmung seiner Produkte darstellen, so führen sowohl das Schutzlandprinzip als auch – wegen der Einwirkung auf deutsche Kunden – das Marktortprinzip zur Anwendung deutschen Rechts.

bb) Auswirkungsprinzip. Das Kartellrecht unterliegt dem Auswirkungsprinzip 23 (Art 6 III lit a Rom II-VO, dazu *Mankowski*, WuW 12, 797 ff; *Wurmnest* EuZW 12, 933 ff; ebenso im deutschen Recht die einseitige Kollisionsnorm des § 130 II GWB). Auswirkung ist dabei jede Veränderung der Wettbewerbssituation unabhängig davon, ob eine Handlung im Inland erfolgt (MüKo/*Immenga* IntWKartR Rn 16). In der Literatur zum autonomen deutschen Recht wurde angesichts der Parallelität der Schutzzwecke von Lauterkeits- und Kartellrecht teilweise für eine Ausdehnung des Auswirkungsprinzips auf das Internationale Lauterkeitsrecht plädiert (*Handing* GRUR Int 08, 24, 28 f; *Koos* WRP 06, 499, 506 ff; Staudinger/*Fezer/Koos* IntWirtschR Rn 479 ff; Harte/Henning/*Glöckner* Einl C Rn 104 ff). Weil auch das Marktortprinzip eine spürbare Beeinflussung von Abnehmern auf dem inländischen Markt voraussetzt, so dass eine Auslandshandlung ohne Auswirkung auf den inländischen Markt außer Betracht bleibt (s Rn 24), sind beide Grundsätze eng miteinander verwandt, und ihre Anwendung führt oft zu identischen Ergebnissen. Da allerdings Art 6 Rom II-VO deutlich zwischen unlauteren Wettbewerbshandlungen und Kartellrechtsverstößen unterscheidet, ist jedenfalls nach der Verordnung das Auswirkungsprinzip auf unlautere Verhaltensweisen nicht anwendbar (aA Harte/Henning/*Glöckner* Einl C Rn 107, 112). Auch für das autonome deutsche Internationale Lauterkeitsrecht überzeugt die Anwendung des Auswirkungsprinzips nicht (vgl Fezer/Hausmann/Obergfell Einf I Rn 31; Köhler/Bornkamm Einl Rn 5.6; MüKo/Drexl IntRUW Rn 131; MüKo/Mankowski IntWettbR Rn 142ff), da sie den Unterschied zwischen den Zielsetzungen des Kartellrechts (Marktstrukturkontrolle) und des Lauterkeitsrechts (Marktverhaltenskontrolle) vernachlässigt. Lässt man nach kartellrechtlichem Vorbild jede Auswirkung auf die Wettbewerbssituation auf einem Markt genügen und stellt man lediglich auf die Veränderung der Marktstruktur ab, so überspannt man den Anwendungsbereich des verhaltensbezogenen Lauterkeitsrechts und führt eine Statutenkumulation herbei. Lässt man eine Veränderung der Marktstruktur hingegen nicht genügen, so ist unklar, inwieweit sich die „Auswirkung" von der nach hM maßgeblichen „Einwirkung" auf die Marktgegenseite unterscheidet. In diesem Fall ist der Begriff zu unbestimmt, um die Anknüpfung im Lauterkeitsrecht mit hinreichender Sicherheit leiten zu können.

24 **3. Einschränkungen der Marktortregel. a) Multistate-Verstöße.** Bei Mulitstate-Verstößen führt die Marktortregel zur Anwendbarkeit einer Vielzahl von Rechtsordnungen. Zumindest theoretisch ist jeder Markt zu berücksichtigen, auf dem auf die Marktgegenseite eingewirkt wird; wo der Schwerpunkt des Interessenkonflikts liegt, ist dabei unbeachtlich (s Rn 29; zum deutschen Kollisionsrecht vgl BGH GRUR 71, 153, 154 – *Tampax;* Sack WRP 08, 845, 852; Staudinger/Fezer/Koos IntWirtschR Rn 519). Das gilt vor allem für unlautere Handlungen im Internet, aber auch für die Werbung in der grenzüberschreitend verbreiteten Presse und den weltweiten Vertrieb nachgeahmter Produkte. **Im deutschen Recht** besteht **Einigkeit** darüber, dass **nicht schon jeder noch so kleine Bezug (Abrufbarkeit einer Website,** zufällige Verbreitung einzelner Zeitschriftenexemplare) der Wettbewerbshandlung zum Marktort für die Annahme eines Wettbewerbsverstoßes **ausreichen kann,** sondern dass eine **spürbare Auswirkung** auf den betreffenden Markt erforderlich ist (BGH GRUR 71, 153, 154 – *Tampax;* BGHZ 167, 91 = GRUR 06, 513, Rn 25 – *Arzneimittelwerbung im Internet;* BGH GRUR 05, 431, 432f – *Hotel Maritime* (zum Markenrecht); Fezer/Hausmann/Obergfell Einf I Rn 293, 298ff; Harte/Henning/Glöckner Einl C Rn 145ff; MüKo/Mankowski IntWettbR Rn 211; Sack WRP 08, 845, 853; Staudinger/Fezer/Koos IntWirtschR Rn 519ff). Insoweit besteht eine Parallele zum kartellrechtlichen Auswirkungsprinzip. Mit dem **Wortlaut des Art 6 Rom II-VO** scheint das Spürbarkeitskriterium zunächst nicht vereinbar zu sein (Sack WRP 08, 845, 854), denn die im Entwurf noch enthaltene Einschränkung auf „unmittelbare und wesentliche" Beeinträchtigungen von Verbraucherinteressen findet sich in der endgültigen Fassung nicht mehr. Da es sich nach hier vertretener Ansicht jedoch um ein Prinzip des Sachrechts handelt (Rn 26), steht die Rom II-VO, die nur das Kollisionsrecht regelt, der Spürbarkeitsschwelle nicht entgegen. Charakterisiert man sie jedoch mit der hM als Kollisionsrecht, so kann das Spürbarkeitskriterium bei der nach Art 6 I Rom II-VO zu prüfenden Eignung einer Wettbewerbshandlung, die Wettbewerbsbeziehungen oder die kollektiven Interessen der Verbraucher zu beeinträchtigen berücksichtigt werden.

25 Bei Wettbewerbsverstößen in **Presseerzeugnissen** stellt die deutsche Rechtsprechung auf das tatsächliche Verbreitungsgebiet der Zeitung oder Zeitschrift ab. Die nur gelegentliche Einfuhr einzelner Exemplare in ein Land begründet dort noch keinen Marktort. Etwas anderes gilt hingegen, wenn die Zeitungen oder Zeitschriften im regelmäßigen Geschäftsbetrieb in größerer Anzahl über die Grenzen gelangen (BGH GRUR 71, 153, 154 – *Tampax*). Auch bei Wettbewerbsverstößen im **Internet** begründet die bloße Abrufbarkeit einer Website im Inland nach hM noch nicht die Anwendbarkeit des inländischen Wettbewerbsrechts. Vielmehr muss sich der Inhalt der Website **bestimmungsgemäß auch im Inland auswirken** (BGHZ 167, 91 = GRUR 06, 513, Rn 25 – *Arzneimittelwerbung im Internet;* BGH GRUR 13, 417 Rn 15 – *Medikamentenkauf im Versandhandel;* BGH GRUR 05, 431, 432f – *Hotel Ma-*

B. Internationale Aspekte

ritime (zum Markenrecht), s a Rn 24). Dabei spielt weniger die subjektive Zielrichtung des Anbieters als die objektive Ausgestaltung des Angebots eine Rolle. Es lässt sich ein Katalog von **Kriterien** formulieren (vgl *Höder* S 66 ff; *Köhler*/Bornkamm Einl Rn 5.33; *Fezer*/*Hausmann*/*Obergfell* Einf I Rn 275 ff; Harte/Henning/ *Glöckner* Einl C Rn 163 ff; MüKo/*Drexl* IntRUW Rn 168 ff; MüKo/*Mankowski* IntWettbR Rn 164 ff; vgl auch (zu Art 15 EuGVVO) EuGH MMR 2011, 132 – *Pammer* u *Alpenhof*), die jeweils für sich genommen die Frage der Spürbarkeit nicht abschließend beantworten können, sondern ein „bewegliches System" bilden. Anhaltspunkte bieten die für Domainnamenkonflikte von der WIPO vorgeschlagenen Joint Recommendations Concerning the Protection of Marks and other Industrial Property Rights in Signs on the Internet von 2001 (abgedr in WRP 01, 833 ff.; dazu *Bettinger* WRP 01, 789 ff; *Kur* GRUR Int 01, 961 ff). Wichtige Kriterien sind:

– die **Sprache** des Angebots: Je eher sie im Inland von der Mehrheit (Landessprache, weltweit gängige Verkehrssprache) oder einer Minderheit signifikanter Größe (Beispiel für Deutschland: Türkisch, nicht jedoch Finnisch) verstanden wird, desto eher ist eine Auswirkung zu bejahen (vgl BGH GRUR 13, 417 Rn 15 – *Medikamentenkauf im Versandhandel*);
– **weitere Angaben auf der Website,** etwa die Währung bei Preisangaben oder die Angabe von inländischen Kontaktadressen;
– **Voreinstellungen** der Website: wird der Nutzer bei Eingabe eines generischen Domainnamens automatisch auf die deutschsprachige Seite geleitet, so wirken sich Angaben auf der englischsprachigen Seite, die nur bei bewusster Sprachenwahl sichtbar werden, nicht auf den deutschen Markt aus (OLG Frankfurt GRUR-RR 12, 392, 393 – *Screen-Scraping*);
– die **Art der angebotenen Produkte:** je eher es sich um eine versandfähige und überall zu gebrauchende Ware handelt, desto eher ist eine Auswirkung zu bejahen, während bei nur lokal zu erbringenden Dienstleistungen eher das Gegenteil der Fall ist (Beispiel: Werbung für ein Hotel in Kopenhagen, BGH GRUR 05, 431, 432 f – *Hotel Maritime*);
– die **Bezugsmöglichkeit im Inland** und die auf der Website ausgedrückte Bereitschaft des ausländischen Anbieters, die Waren auch an Inländer zu liefern;
– ein **Disclaimer,** in dem der Werbende die Belieferung inländischer Kunden ausschließt, kann Indizfunktion haben, sofern er eindeutig gestaltet sowie ernst gemeint ist und praktisch befolgt wird (BGHZ 167, 91 = GRUR 06, 513, Rn 22, 25 – *Arzneimittelwerbung im Internet;* MüKo/*Mankowski* IntWettbR Rn 207).

Entgegen der ganz hM stellt das Spürbarkeitsprinzip keine kollisionsrechtliche **26** Einschränkung des Marktortprinzips, sondern eine **Selbstbeschränkung des anwendbaren Sachrechts** dar (*Löffler* WRP 01, 379, 383; *Sack* WRP 08, 845, 854; aA *Höder* S 46 ff; MüKo/*Mankowski* IntWettbR Rn 211; Staudinger/*Fezer*/*Koos* IntWirtschR Rn 651; für das deutsche Recht *Köhler*/Bornkamm Einl Rn 5.8). Die Gegenansicht hat zwar den Vorzug größerer Einfachheit, weil sie schon den Kreis der anwendbaren Rechtsordnungen beschränkt. Doch vermischt sie kollisions- und sachrechtliche Aspekte (*Löffler* aaO), da sie geringfügige Auswirkungen am Marktort keineswegs einem anderen ausländischen Wettbewerbsrecht unterwirft, sondern materiell-rechtlich für unbeachtlich hält. Beispiel: Wenn wenige Exemplare einer finnischen Zeitschrift nach Deutschland gelangen, beurteilt die hM die geringfügigen Auswirkungen in Deutschland nicht etwa nach finnischem Recht, sondern lässt sie für die lauterkeitsrechtliche Beurteilung völlig außer Betracht. Die Gegenansicht lässt sich ausdrücklich oder unbewusst vom Gedanken an eine einseitige Kollisionsnorm leiten, die ähnlich wie § 130 II GWB lediglich über die Anwendbarkeit des deutschen Rechts bestimmt, so dass Nichtanwendbarkeit des Rechts zugleich Nichtverfolgung des Verstoßes bedeutet. Da das Marktortprinzip aber eine allseitige Kollisionsnorm darstellt, müsste eine kollisionsrechtliche Spürbarkeitsgrenze eine andere Rechtsordnung für anwendbar erklären. Zudem müsste sie den Fall regeln, dass eine deutsche

Werbung auf einem ausländischen Markt nicht zu spürbaren Auswirkungen führt, und müsste für diesen Fall die Anwendung des dortigen Rechts ausschließen. Die Beurteilung dieser Frage, die eng mit dem Verbraucherverständnis am dortigen Marktort zusammenhängt, sollte man nicht nach dem IPR der lex fori vornehmen, sondern dem berufenen Sachrecht überlassen (zutr *Löffler* WRP 01, 379, 383). Die Frage ist nicht nur theoretischer Natur, sondern wirkt sich auf die Rechtsfolgen aus. Bleibt die Einwirkung unterhalb der Spürbarkeitsgrenze, so bestehen keinerlei Ansprüche hinsichtlich der Auswirkungen am Marktort, weder nach Marktortrecht, noch nach ausländischem Recht. Ansprüche können sich allenfalls wegen der Einwirkung auf andere Märkte nach dem darauf anwendbaren Recht ergeben. Ist die Einwirkung hingegen spürbar, so ist das Unterlassungsgebot, das auf der Grundlage des Marktortrechts ausgesprochen wird, auf die Geschehnisse am Marktort zu beschränken (zu den Möglichkeiten s Rn 20).

27 **b) Herkunftslandprinzip.** Trotz des Spürbarkeitskriteriums führt vor allem die Anwendung des Marktortprinzips auf Internet-Sachverhalte regelmäßig zur Anwendbarkeit einer Vielzahl von Rechtsordnungen. Wer im Internet wirbt, muss daher erhebliche Rechtsermittlungskosten tragen. Da zudem aus technischen Gründen der Standort des Internet-Nutzers oft nicht zuverlässig feststellbar ist (vgl *Ruess/Patzak* RDV 03, 167 ff; *Höder* S 21), ist sowohl aus Sicht des Internet-Anbieters als auch aus der Sicht der Gerichte und der Rechtsberatung teilweise nicht zweifelsfrei feststellbar, welche Rechtsordnung zur Anwendung kommen soll. Um diese misslichen Konsequenzen zu vermeiden, wird teilweise in Abweichung vom Marktortprinzip eine Anknüpfung am Niederlassungsort des Anbieters vorgeschlagen (so für EU-Anbieter *Dethloff,* Europäisierung, S 284 ff; für das englische Recht *Fawcett/Torremanns,* Intellectual Property and Private International Law, 1998, S 686). Auch das sekundärrechtliche Herkunftslandprinzip, das in verschiedenen EG-Richtlinien verankert wurde, wird verbreitet kollisionsrechtlich interpretiert (s Einf C Rn 79). Gegen eine allgemeine Geltung des Herkunftslandprinzips für Internet-Sachverhalte sprechen gewichtige Gründe (s Einf C Rn 68), es kommt daher allenfalls innerhalb der Gemeinschaft für harmonisierte Rechtsgebiete in Betracht. Auch das unionsrechtliche Herkunftslandprinzip führt nach hier vertretener, auch umstrittener Ansicht nicht generell zur Anwendbarkeit des Herkunftslandrechts. Es beschränkt vielmehr das anwendbare Sachrecht und wird daher an anderer Stelle erläutert (Einf C Rn 65 ff, 80).

28 **c) Gemeinsamer gewöhnlicher Aufenthaltsort der Mitbewerber (Art 4 II Rom II-VO, Art 40 II EGBGB).** Die allgemeine Tatortregel des Deliktsrechts wird durch Art 4 II Rom II-VO und Art 40 II EGBGB verdrängt, wenn der Ersatzpflichtige und der Verletzte zur Tatzeit ihren gemeinsamen gewöhnlichen Aufenthaltsort (oder gem Art 40 II EGBGB im Fall von juristischen Personen ihre Niederlassung) in einem Staat hatten. Diese Regel wird im Fall marktbezogener Wettbewerbshandlungen durch das Marktortprinzip verdrängt (arg e contrario aus Art 6 II Rom II-VO; BGH GRUR 10, 847 Rn 15 – *Ausschreibung in Bulgarien*; MüKo/*Drexl* IntRUW Rn 90). Hingegen sind bei rein bilateralen Wettbewerbsverstößen die allgemeinen Regeln (Art 4 II Rom II-VO bzw Art 40 II EGBGB) anwendbar (Rn 16; vgl auch, zum deutschen Recht, BGHZ 40, 391 = GRUR 62, 316, 318 – *Stahlexport*). Dabei ist allerdings sorgfältig zu prüfen, ob am Marktort weder Verbraucherinteressen berührt noch die Interessen anderer aktueller oder potentieller Mitbewerber beeinträchtigt werden. Ist das der Fall, so kann auch auf Wettbewerbshandlungen ausländischer Unternehmen auf dem deutschen Markt ausländisches Lauterkeitsrecht anwendbar sein (aA BGH GRUR 88, 453, 454 – *Ein Champagner unter den Mineralwässern*).

B. Internationale Aspekte   **Einf B UWG**

d) Offensichtlich engere Verbindung (Art 4 III Rom II-VO, Art 41 29
EGBGB). Regelmäßig weist das Marktortrecht die engste Verbindung zum Sachverhalt auf. Selbst wenn das ausnahmsweise nicht der Fall ist, schließt Art 6 I Rom II-VO den Rückgriff auf das Recht des Staats der offensichtlich engeren Verbindung (Art 4 III Rom II-VO) aus, wie der Gegenschluss aus Art 6 II Rom II-VO zeigt. Insbesondere ist, anders als bei Kartellrechtsverstößen (vgl Art 6 III lit b Rom II-VO), auch bei Multi-State-Verstößen keine kollisionsrechtliche Schwerpunktbildung möglich, die zur Anwendbarkeit nur einer Rechtsordnung (etwa des Upload-Landes bei unlauteren Handlungen im Internet) führen könnte. Eine Abweichung vom Marktortprinzip ist auch in Fällen ausgeschlossen, in denen ein deutsches Unternehmen im Ausland gezielt auf deutsche Staatsangehörige einwirkt („Gran-Canaria-Fälle", ebenso zum deutschen Recht bereits BGHZ 113, 11 = NJW 91, 1054 – *Kauf im Ausland; Köhler*/Bornkamm Einl Rn 5.20; Fezer/*Hausmann*/*Obergfell* Einf I Rn 254; Harte/ Henning/*Glöckner* Einl C Rn 143; MüKo/*Drexl* IntRUW Rn 137; inzident wohl auch BGH GRUR 04, 1035, 1036 – *Rotpreis-Revolution;* aA *Sack* WRP 00, 269, 273, anders aber nunmehr für die Rom II-VO: WRP 08, 845, 849). Anders mag allenfalls zu entscheiden sein, wenn die Werbeveranstaltung lediglich ins Ausland verlegt erscheint, Beispiel: Eine „Kaffeefahrt" ins Ausland beginnt und endet im Inland, die Werbeveranstaltung findet aber im Ausland statt (BGH aaO; *Sack* aaO).

e) Rechtswahl (Art 14 Rom II-VO, Art 42 EGBGB). Art 6 IV Rom II-VO 30
schließt die Möglichkeit einer Rechtswahl zwischen den Parteien aus. Daher ist Art 14 Rom II-VO, der als allgemeine Regel die nachträgliche Rechtswahl zulässt, **bei marktbezogenen Wettbewerbsverstößen nicht anwendbar** (MüKo/*Mankowski* IntWettbR Rn 238; MüKo/*Drexl* IntRUW Rn 9137; *Sack* WRP 08, 845, 848; aA zu Art 42 EGBGB *Köhler*/Bornkamm Einl Rn 5.19). Insbesondere kann ein Internetanbieter nicht durch einen Disclaimer auf seiner Website die Anwendung eines strengeren Marktortrechts ausschließen (*Mankowski* GRUR Int 99, 909, 919; Fezer/*Hausmann*/*Obergfell* Einf I Rn 13), auch wenn der Disclaimer ein Indiz für fehlenden Inlandsbezug sein kann (s Rn 25). Da die Bestimmung des anwendbaren Rechts der Parteidisposition entzogen ist, darf auch dann nicht ohne weiteres deutsches Recht angewendet werden, wenn die Parteien bei einem Fall mit Auslandsberührung lediglich zum deutschen Recht vortragen: Das anwendbare Recht ist **von Amts wegen zu bestimmen und zu ermitteln** (s Einf C Rn 85; ausführlich hierzu Fezer/*Hausmann*/*Obergfell* Einf I Rn 498 ff). Unklar ist allerdings, ob sich der Ausschluss der Rechtswahl auch auf die in Art 6 II Rom-II-VO geregelten **bilateralen Wettbewerbsverstöße** erstreckt. Dafür spricht, dass Art 6 IV nicht zwischen den Absätzen des Art 6 differenziert. Andererseits erscheint im reinen Zweiparteienverhältnis der Ausschluss der Parteiautonomie unnötig rigoros; zur Reichweite des Art 6 IV, der das „nach diesem Artikel anwendbare Recht" betrifft, lässt sich argumentieren, dass sich im Fall des Art 6 II das anwendbare Recht nach Art 4 bestimmt (*Leible* RIW 08, 257, 259).

IV. Ausländisches Lauterkeitsrecht

Literatur: *Bakardjieva Engelbrekt,* Fair Trading Law in Flux? National Legacies, Institutional Choice and the Process of Europeanisation, 2003; *Bettinger* (Hrsg), Handbuch des Domainrechts, 2008; *De Cristofaro,* Die zivilrechtlichen Folgen des Verstoßes gegen das Verbot unlauterer Geschäftspraktiken: eine vergleichende Analyse der Lösungen der EU-Mitgliedstaaten, GRUR Int 2010, 1017; *Glöckner,* Europäisches Lauterkeitsrecht, 2006; *Henning-Bodewig,* Unfair Competition Law, 2006; *dies,* Die Bekämpfung unlauteren Wettbewerbs in den EU-Mitgliedstaaten: eine Bestandaufnahme, GRUR Int 2010, 273; *dies* (Hrsg), International Handbook on Unfair Competition, 2013; *Kamperman Sanders,* Unfair Competition Law, 1997; *Keirsbilck,* The New European Law of Unfair Commercial Practices and Competition Law, 2011; *Lettl,* Der lauterkeitsrechtliche

Schutz vor irreführender Werbung in Europa, 2003, S 151 ff; *Micklitz/Kessler* (Hrsg), Marketing Practice Regulation and Consumer Protection in the EC Member States and the US, 2002; *Schmidt-Kessel/Schubmehl* (Hrsg), Lauterkeitsrecht in Europa, 2011; *Schotthöfer* (Hrsg), Handbuch des Werberechts in den EU-Staaten, 2. Aufl, 1997; *Schricker* (Hrsg), Recht der Werbung in Europa (Loseblattslg), 1995 ff; *Schricker/Bastian/Knaak* (Hrsg), Gemeinschaftsmarke und Recht der EU-Mitgliedstaaten, 2006; *Ulmer* (Hrsg), Recht des unlauteren Wettbewerbs in den Mitgliedstaaten der EWG, 8 Bde, 1965 ff. S auch die Nachw zu den jeweiligen Rechtsordnungen.

31 **1. Überblick.** Im Lauterkeitsrecht bestehen zwischen den nationalen Rechtsordnungen nicht nur weltweit, sondern auch innerhalb der EU erhebliche Unterschiede. Schon ein Vergleich des deutschen, französischen, skandinavischen und britischen Rechts verdeutlicht diesen Umstand. Im **deutschen Recht** besteht mit dem UWG ein spezielles Gesetz zur Bekämpfung des unlauteren Wettbewerbs, das Mitbewerber, Verbraucher und sonstige Marktteilnehmer und die Allgemeinheit (§ 1) mit fast ausschließlich zivilrechtlichen Mitteln (§§ 8 ff) schützt und das jedenfalls bis zur Liberalisierung des deutschen Wettbewerbsrechts für seine Strenge bekannt war. Auch das **französische Recht** verbietet den unlauteren Wettbewerb *(concurrence déloyale)* mit Nachdruck, unterscheidet dabei aber zwischen Konkurrenten- und Verbraucherschutz. Während Grundsätze zum Schutz der Mitbewerber von den französischen Gerichten seit Mitte des 19. Jahrhunderts auf der Grundlage der deliktsrechtlichen Generalklausel (Art 1382 Code civil) entwickelt wurden, ist der im Code de la consommation geregelte Verbraucherschutz weitgehend Domäne des Straf- und Verwaltungsrechts. In **Schweden, Norwegen und Dänemark** bestehen umfassende Marktverhaltensgesetze, die Mitbewerber und Verbraucher schützen, doch spielen bei der Durchsetzung dieser Gesetze der Verbraucherombudsmann und die Verbraucherschutzbehörde eine wesentliche Rolle. Im **britischen Recht** besteht dagegen schon kein allgemeines Verbot des unlauteren Wettbewerbs. Der Begriff „unfair competition" ist nicht geläufig und in seiner Bedeutung umstritten. Bestimmte wettbewerbliche Interessen der Mitbewerber werden durch die richterrechtlich entwickelten und unkodifizierten Ansprüche des Deliktsrechts geschützt, verschiedene Verbraucherschutzgesetze verbieten vor allem die irreführende Werbung mit straf- und verwaltungsrechtlichen Mitteln. Praktisch spielt die freiwillige Werbeselbstkontrolle in Großbritannien eine wichtigere Rolle als die rechtliche Marktverhaltenskontrolle.

32 Diese erheblichen Unterschiede **erschweren** sowohl die Harmonisierung des Lauterkeitsrechts innerhalb der EU (s Einf C Rn 26 ff) als auch **die Ermittlung und Anwendung ausländischen Rechts** in Sachverhalten mit Auslandsberührung. Normen, die funktional denjenigen des deutschen UWG entsprechen, müssen teilweise in anderen Rechtsgebieten gesucht werden. Selbst wenn die Voraussetzungen einer ausländischen Vorschrift denjenigen des deutschen Rechts entsprechen, unterscheidet sich die Anwendung der Bestimmungen in beiden Ländern möglicherweise erheblich. Das gilt vor allem, wenn sie in Land A von Zivilgerichten, in Land B von Verwaltungsbehörden und in Land C in erster Linie von den Institutionen der freiwilligen Werbeselbstkontrolle angewandt werden.

32a Innerhalb der EU hat allerdings die **Umsetzung der Richtlinie über unlautere Geschäftspraktiken** (näher dazu Einf C Rn 43 ff) zu einer Harmonisierung des verbraucherschützenden Lauterkeitsrechts geführt. Die Richtlinie wurde in den EU-Mitgliedstaaten zwar an systematisch unterschiedlichen Stellen ins nationale Recht umgesetzt: in Gesetzen gegen den unlauteren Wettbewerb oder Marktgesetzen (A, B, D, DK, E, S), in Verbraucherschutzgesetzen (BL, CZ, EST, FIN, F, GR, IRL, I, M, SK), im Bürgerlichen Gesetzbuch (NL) oder in Spezialgesetzen zur Bekämpfung unlauterer Geschäftspraktiken (CY, GB, H, LT, LV, LUX, M, PL, RO, SLO). Gleichwohl lehnen sich die Bestimmungen über irreführende und aggressive Werbung in den meisten Staaten eng an die Richtlinie an, so dass sie mit vergleichsweise geringem Aufwand aufzufinden sind. Ein Überblick über die Umsetzungsgesetzgebung in den

B. Internationale Aspekte   **Einf B UWG**

einzelnen Staaten findet sich auf der Website der GD Gesundheit und Verbraucher in der Datenbank zur UGP-RL unter https://webgate.ec.europa.eu/ucp/.

Um diese Unterschiede mit hinreichender Deutlichkeit darzustellen, bedarf es eines ausführlichen Rechtsvergleichs, den ein Kurzkommentar nicht bieten kann. Im Folgenden werden lediglich die Grundzüge weniger, ausgewählter Rechtsordnungen skizziert. Für die Mehrzahl der Staaten bleibt es bei weiterführenden Hinweisen auf Rechtsquellen und einschlägige Literatur. Da das Internet oft die schnellste Zugriffsmöglichkeit auf ausländische Rechtsordnungen bietet, werden, soweit möglich, Internet-Fundstellen der wesentlichen Rechtsquellen angegeben. Die Websites wurden zuletzt im Juli 2013 aufgerufen. Sie können sich seitdem verändert haben, auch bieten sie selbstverständlich nicht die gleiche Zuverlässigkeit wie ein Amtsblatt. Ausführlichere Informationen finden sich in den oben aufgeführten rechtsvergleichenden Darstellungen. Besonders gründlich werden die betreffenden ausländischen Rechtsordnungen in den (leider teilweise inzwischen veralteten) Bänden der von *Eugen Ulmer* begründeten Reihe „Recht des unlauteren Wettbewerbs in den Mitgliedstaaten der EWG", dem von *Henning-Bodewig* herausgegebenen „International Handbook on Unfair Competition" und dem von *Schmidt-Kessel* und *Schubmehl* herausgegebenen rechtsvergleichenden Band „Lauterkeitsrecht in Europa" dargestellt. Aus der Kommentarliteratur seien die Länderberichte in *Harte/Henning*, Einl F, hervorgehoben. Zum Auffinden von Gesetzestexten sei neben den im folgenden Text genannten Fundstellen die Internet-Datenbank der WIPO mit Gesetzen des gewerblichen Rechtsschutzes und Urheberrechts in englischer und französischer Übersetzung empfohlen (http://www.wipo.int/clea). 33

2. Mitgliedstaaten der EU. a) Belgien. Rechtsquellen: Gesetz vom 6.4.2010 über die Marktpraktiken und den Verbraucherschutz, im Internet unter http://www.wipo.int/wipolex/en/details.jsp?id=11631. 34

Literatur. Länderberichte: Gloy/Loschelder/Erdmann/*Schulte-Beckhausen/Maaßen*, § 13 Rn 8; Harte/Henning/*Henning-Bodewig*, Einl F Rn 1; Micklitz/Kessler/*Stuyck/van Dyck/Radeideh*; Schricker/*Henning-Bodewig*, 1995; *Stuyck*, Belgian Report: Example of an Integrated Approach, in: Hilty/Henning-Bodewig, Unfair competition: Towards a New Paradigm in Europe, 2007, S 139; Ulmer/*Schricker*, Bd II/1, 1967.

Aufsätze: *Franq*, Les droits allemand et belge relatifs à la concurrence déloyale: paternité, cousinage ou affinités électives?, FS Schricker, 2005, S 681; *Henning-Bodewig*, Lauterkeitsrecht in Belgien – Das Marktgesetz vom 06.04.2010, WRP 2013, 1266; *Jacquemin*, La loi du 6 avril 2010 relative aux pratiques du marché et à la protection du consommateur, Journal des Tribunaux 2010, Nr 6408, S 545 ff.

Das Gesetz über Handelspraktiken von 1991 (GRUR Int 92, 623) enthielt bis 2007 zwei in enger Anlehnung an Art 10bis PVÜ formulierte Generalklauseln (Art 93 und 94), von denen eine den Schutz der Mitbewerber, die andere den Verbraucherschutz betraf. Zur Umsetzung der Richtlinie über unlautere Geschäftspraktiken wurden diese Bestimmungen zunächst durch Gesetz vom 5.6.2007 geändert, doch auch das Reformgesetz entsprach nicht in allen Punkten dem EU-Recht (EuGH GRUR 09, 599 – *VTB-VAB/Total Belgium*, Rn 66 ff, 95: Unvereinbarkeit des grundsätzlichen Verbots von Kopplungsgeschäften mit der UGP-RL). **2010** wurde das heute geltende **Markt- und Verbraucherschutzgesetz** erlassen. Es enthält nicht nur lauterkeitsrechtliche Bestimmungen, sondern auch das verbraucherschützende Vertragsrecht. Dem deutschen UWG entspricht Kapitel 4 („Verbotene Praktiken"). Art 83–94 regeln in Umsetzung der UGP-RL das Lauterkeitsrecht im B2C-Verhältnis. Es folgen eine konkurrentenschützende Generalklausel (Art 95) und einige Bestimmungen zum konkurrentenschützenden Lauterkeitsrecht. Dabei ist umstritten, in welchem Maße das Immaterialgüterrecht gegenüber dem Lauterkeitsrecht vorrangig ist (*Henning-Bodewig* WRP 13, 1266, 1271). Das Gesetz wird weitgehend zivilrechtlich durchgesetzt. Die Anspruchsberechtigung ist ähnlich wie im deutschen Recht geregelt (Art 113).

35   **b) Bulgarien. Rechtsquellen:** Art 29ff des Gesetzes zum Schutz des Wettbewerbs (Zakon za zaščita na konkurenzijata) vom 20.9.2011 (Original und englische Übersetzung der Fassung von 2008 unter www.wipo.int/wipolex/en/details.jsp?id=11489); Verbraucherschutzgesetz (Zakon za zaščita na potrebitelite) vom 9.12.2005, in Kraft seit 10.6.2006.

Literatur. Länderberichte: Gloy/Loschelder/Erdmann/*Schulte-Beckhausen/Maaßen,* § 13 Rn 122; Harte/Henning/*Bakardjieva Engelbrekt,* Einl F Rn 36.

Aufsätze: *Bakardjieva,* Das Recht des unlauteren Wettbewerbs in Bulgarien, GRUR Int 1994, 671; *dies,* Das neue Wettbewerbsgesetz in Bulgarien, GRUR Int 1999, 395; *Dimitrov,* Die Neuregelung des Wettbewerbsrechts in Bulgarien, GRUR Int 1994, 676; *Schmitz,* Wettbewerbsrecht in Bulgarien, WiRO 1995, 375.

Internet-Ressourcen: Wettbewerbsbehörde: http://www.cpc.bg; bulgarischer Verbraucherschutzverband: http://www.bnap.org.

36   **c) Dänemark. Rechtsquellen:** Marktverhaltensgesetz (Markedsføringsloven Nr 58 vom 20.1.2012 (konsolidierte Fassung), dänisches Original und englische Übersetzung im Internet unter http://www.consumerombudsman.dk).

Literatur: *Bakardjieva Engelbrekt,* The Scandinavian Model of Unfair Competition Law, in: Hilty/Henning-Bodewig, Unfair competition: Towards a New Paradigm in Europe, 2007, S 161; Gloy/Loschelder/Erdmann/*Schulte-Beckhausen/Maaßen,* § 13, Rn 27; Harte/Henning/*Henning-Bodewig,* Einl F Rn 77 ff; Micklitz/Keßler/*Keßler/Bruun-Nilsen;* Schricker/*Kur/Schovsbo,* 1998.

Internet-Ressourcen: dänische Verbraucherbehörde: http://www.forbrug.dk.

Charakteristisch für das dänische Recht ist (ähnlich wie für das schwedische und norwegische) die Regelung des Wettbewerbsrechts in einem umfassenden Marktverhaltensgesetz, das neben zivilrechtlichen Ansprüchen eine starke Stellung des Verbraucherombudsmanns vorsieht. An der Spitze des Marktverhaltensgesetzes (zur Umsetzung der Richtlinie über unlautere Geschäftspraktiken geändert durch Gesetze vom 8.6.2006 und 31.8.2009, konsolidiert durch Gesetz vom 20.1.2012) steht eine Generalklausel (§ 1), die alle Unternehmer im Interesse von Verbrauchern, Mitbewerbern und der Allgemeinheit auf den Grundsatz des guten Marktverhaltens verpflichtet. Es folgen allgemeine Bestimmungen, die nicht zwischen dem Geschäftsverkehr im B2C- und B2B-Verhältnis unterscheiden (§ 3–7). Das Verbot irreführender und aggressiver Praktiken der UGP-RL wird in § 3 in ausgesprochen schlanker Form umgesetzt, § 5 regelt die vergleichende Werbung. Nur für den B2C-Geschäftsverkehr werden in Teil 3 verschiedene Informationspflichten geregelt, während Teil 4 konkurrentenschützende Bestimmungen zum Schutz von Kennzeichen (§ 18) und Unternehmensgeheimnissen (§ 19) enthält. §§ 22 ff räumen dem Verbraucherombudsmann umfassende Überwachungsbefugnisse ein. Im Fall von Wettbewerbsverstößen ist der Ombudsmann anspruchsbefugt, daneben aber auch jeder andere, der ein berechtigtes Interesse geltend machen kann (§ 27).

37   **d) Estland. Rechtsquellen:** Wettbewerbsgesetz vom 5.6.2001 (Konkurrentsiseadus), Verbraucherschutzgesetz vom 11.2.2004 (Tarbijakaitseseadus) und Werbegesetz vom 12.3.2008 (Reklaamiseadus, estnisches Original und englische Übersetzung im Internet unter http://www.legaltext.ee).

Literatur: Schmidt-Kessel/Schubmehl/*Käerdi,* S 217; Gloy/Loschelder/Erdmann/Schulte-Beckhausen/Maaßen, 4. Aufl 2010 § 13, Rn 108; Harte/Henning/*Bakardjieva Engelbrekt* Einl F Rn 112; *Myzaras,* Unfair Competition Law in the Baltic states, in: Hilty/Henning-Bodewig, Unfair competition: Towards a New Paradigm in Europe, 2007, S 249.

B. Internationale Aspekte **Einf B UWG**

Internet-Ressourcen: Estonian Legal Language Centre (estnische Gesetze im Original und in englischer Übersetzung): http://www.legaltext.ee/indexen.htm; European Consumer Center of Estonia: http://www.consumer.ee.

e) Finnland. Rechtsquellen: Verbraucherschutzgesetz Nr 38 vom 20.1.1978 (Kuluttajansuojalaki) und Gesetz Nr 1061 vom 22.12.1978 über unlautere Geschäftspraktiken (Laki sopimattomasta menettelystä elinkeinotoiminnassa, beide Gesetze in finnischer und schwedischer Originalfassung und in englischer Übersetzung im Internet unter http://www.finlex.fi). **38**

Literatur: Länderberichte: *Bakardjieva Engelbrekt,* The Scandinavian Model of Unfair Competition Law, in: Hilty/Henning-Bodewig, Unfair competition: Towards a New Paradigm in Europe, 2007, S 161; Gloy/Loschelder/Erdmann/*Schulte-Beckhausen/Maaßen,* § 13 Rn 60; Harte/Henning/*Henning-Bodewig* Einl F Rn 133; Micklitz/Keßler/*Keßler/Wilhelmsson,* S 60; Schricker/*Kaulamo,* 2002.

Monographien und Aufsätze: *Kaulamo,* Probleme des finnischen Wettbewerbs- und Marketingrechts, 2004; *Kur,* Das Recht des unlauteren Wettbewerbs in Finnland, Norwegen und Schweden, GRUR Int 1996, 38.

Internet-Ressourcen: Website der finnischen Gesetzgebung mit englischen Übersetzungen: www.finlex.fi; finnische Verbraucherschutzbehörde: http://www.kuluttajavirasto.fi.

f) Frankreich. Rechtsquellen: Art 1382f Code civil; Art L.120–1ff Code de la consommation (französisches Original und englische Übersetzung im Internet unter http://www.legifrance.gouv.fr). **39**

Literatur. Länderberichte: Gloy/Loschelder/Erdmann/*Schulte-Beckhausen/Maaßen,* § 13 Rn 2; Harte/Henning/*Henning-Bodewig,* Einl F Rn 160; Henning-Bodewig/*Nérisson,* § 11; Micklitz/Kessler/*Radeideh/Franck,* S 75; Schmidt-Kessel/Schubmehl/Lucas-Schloetter, S 237; Schricker/*Dreier/v Lewinski,* 1995; Ulmer/*Kraßer,* Bd IV, 1967.

Monographien und Aufsätze: *Fischer,* Schutz der Entscheidungsfreiheit im Rahmen der Verkaufsförderung – Ein Vergleich des deutschen, französischen und englischen Rechts, 2008; *Heister,* Harmonisierung des Rechts der vergleichenden Werbung durch die Richtlinie 97/55/EG? – Eine vergleichende Untersuchung des englischen, deutschen und französischen Rechts, 2004; *Szönyi,* Das französische Werbe- und Verbraucherrecht – Bemerkungen zum Code de la consommation, GRUR Int 1996, 83; *dies,* Die Neufassung des Kartell- und Wettbewerbsrechts in Frankreich, GRUR Int 2002, 105; *Vogel,* Französisches Wettbewerbs- und Kartellrecht, 2003.

Internet-Ressourcen: Direction générale de la Concurrence, de la Consommation et de la Répression des Fraudes (http://www.finances.gouv.fr/dgccrf); Institut national de la consommation (http://www.conso.net); Internet-Datenbank der französischen Gesetze (www.legifrance.gouv.fr).

Das französische Recht verfolgt einen dualistischen Ansatz. Grundlage des Individualschutzes der Gewerbetreibenden gegen unlauteren Wettbewerb *(concurrence déloyale)* ist die deliktsrechtliche Generalklausel des Art 1382 Code civil (zum Einfluss auf das deutsche Recht vgl Einf A Rn 26). Sie bestimmt, dass jeder, der schuldhaft einen anderen schädigt, diesem den Schaden zu ersetzen hat, ist aber auch Grundlage für Unterlassungs- und Beseitigungsansprüche. Auf dieser Basis hat die französische Rechtsprechung eine Reihe wettbewerbsrechtlicher Fallgruppen entwickelt, insbesondere die Anschwärzung *(dénigrement),* das Hervorrufen von Verwechslungen *(confusion),* die individuelle Behinderung *(désorganisation),* die Ausbeutung fremder Leistungen *(parasitisme)* und die Irreführung *(tromperie).* Hingegen werden die Interessen der Verbraucher in erster Linie durch die Vorschriften des Code de la consommation geschützt, der durch Gesetz vom 3.1.2008 an die Richtlinie über unlautere Geschäftspraktiken angepasst wurde. Die verbraucherschützende Generalklausel findet sich in Art L120–1, die Vorschriften über irreführende Geschäftspraktiken in Art

UWG Einf B Gesetz gegen den unlauteren Wettbewerb

L 121–1 ff, diejenigen über aggressive Geschäftspraktiken in Art L 121–11 ff. Auch die Richtlinie über vergleichende Werbung wurde trotz ihres in erster Linie mitbewerberschützenden Charakters in Art 121–8 ff des Verbraucherschutzgesetzes umgesetzt. Außerdem werden bestimmte Formen der Verkaufsförderung verboten. Die Vereinbarkeit einiger dieser Vorschriften, etwa des Zugabeverbots in Art L 121–35, mit der Richtlinie über unlautere Geschäftspraktiken erscheint zweifelhaft. Für die Ermittlung ist die Direction générale de la concurrence, de la consommation et de la répression des fraudes zuständig, die Verstöße der Staatsanwaltschaft mitteilt. Allerdings hat nach französischem Strafprozessrecht der Geschädigte die Möglichkeit, seinen durch die Straftat erlittenen Schaden im Adhäsionsverfahren oder durch eigenständige zivilrechtliche Klage geltend zu machen.

40 **g) Griechenland. Rechtsquellen:** Gesetz Nr 146 gegen den unlauteren Wettbewerb vom 26.12.1913/17.1.1914 (deutsche Übersetzung bei Ulmer/*Alexandridou* S 241); Verbraucherschutzgesetz Nr 2251 vom 15.11.1994 (deutsche Übersetzung in GRUR Int 95, 894).

Literatur. Länderberichte: Gloy/Loschelder/Erdmann/*Schulte-Beckhausen/Maaßen*, § 13 Rn 46; Harte/Henning/*Henning-Bodewig*, Einf E Rn 178 ff; Micklitz/Keßler/*Keßler/Alexandridou*, S 128; *Papathoma-Baetge* in: Papagiannis (Hrsg), Griechisches Wirtschafts- und Unternehmensrecht, 1997, S 55; Schmidt-Kessel/Schubmehl/*Gouga*, S 323; Ulmer/*Alexandridou*, Bd VIII, 1994.

Monographien und Aufsätze: *Alexandridou*, The Greek Consumer Protection Act of 1994, GRUR Int 1996, 400; *Apostolopoulos*, Die Liberalisierung des griechischen Lauterkeitsrechts im Rahmen der europäischen Rechtsangleichung, 2007; *Gouskos*, Die Beurteilung des Verkaufs mit Zugaben nach dem griechischen Gesetz gegen den unlauteren Wettbewerb, GRUR Int 2000, 38; *Kosmides*, Aktuelle Information Griechenland: Überblick über die Novelle des Verbraucherschutzgesetzes, GRUR Int 2008, 362.

Internet-Ressourcen: Griechische Verbraucherschutzorganisation INKA (www.inka.gr).

Das griechische UWG von 1913/1914 lehnt sich eng an das deutsche UWG von 1909 an. An der Spitze steht eine „große Generalklausel" (Art 1), gefolgt von Einzeltatbeständen, ua gegen irreführende Angaben, die Anschwärzung und das Hervorrufen von Verwechslungsgefahr. Da das griechische Recht keine Benutzungsmarke kennt, ist letztere Bestimmung Grundlage für den Schutz nicht eingetragener Kennzeichen. Anders als im deutschen Recht wurde der Verbraucherschutz gegen unlautere Praktiken allerdings nicht ins UWG, sondern in das Verbraucherschutzgesetz von 1994 integriert. Dort wurde (durch Gesetz Nr 3587 vom 9.7.2007) auch die Richtlinie über unlautere Geschäftspraktiken umgesetzt (Art 9 ff).

41 **h) Großbritannien. Rechtsquellen:** Im Wesentlichen Richterrecht *(common law)*, daneben Trade Descriptions Act 1968; Consumer Protection Act 1987; Enterprise Act 2002; Consumer Protection from Unfair Trading Regulations (SI 2008/1277); Business Protection from Misleading Marketing Regulations 2008 (SI 2008/1276). **Selbstkontrolle:** UK Code of Non-broadcast Advertising, Sales Promotion and Direct Marketing (12. Fassung, 2010); UK Code of Broadcast Advertising (1. Fassung, 2010) (sämtliche Kodices im Internet unter http://www.cap.org.uk).

Literatur. Länderberichte: Gloy/Loschelder/Erdmann/*Schulte-Beckhausen/Maaßen*, § 13 Rn 30; Harte/Henning/*Bodewig*, Einl F Rn 229; Henning-Bodewig/*Davis*, § 25; Micklitz/Kessler/*Howells/Voigt* S 361; Schmidt-Kessel/Schubmehl/*Müller*, S 163; Schricker/*Ohly*, 1995; Ulmer/*v Westerholt*, Bd VI, 1981.

Aufsätze und Monographien: *Arnold*, English Unfair Competition Law, IIC 2013, 63; *Bodewig*, Das Recht des unlauteren Wettbewerbs in Großbritannien: Ein Dreiklang von Fallrecht, Gesetzesrecht und Selbstkontrolle, GRUR Int 2004, 543; *Fröndhoff*, Die Inhaltsbeschränkungen irreführender und vergleichender Werbung – England und Deutschland im Vergleich, 2002;

B. Internationale Aspekte Einf B UWG

Heister, Harmonisierung des Rechts der vergleichenden Werbung durch die Richtlinie 97/55/EG? – Eine vergleichende Untersuchung des englischen, deutschen und französischen Rechts, 2004; *Jergolla*, Die Werbeselbstkontrolle in Großbritannien, 2003; *dies*, Die britische Werbeselbstkontrolle anhand des Advertising Code – eine Gegenüberstellung mit der Rechtslage in Deutschland, WRP 2003, 431; *dies*, Der neue British Code of Advertising, Sales Promotion and Direct Marketing, WRP 2003, 606; *Ohly*, Richterrecht und Generalklausel im Recht des unlauteren Wettbewerbs – ein Methodenvergleich des deutschen und des englischen Rechts, 1997; *Vitoria*, The English Law of Passing off, Mitt 2006, 247; *Wadlow*, The Law of Passing-off, Unfair Competition by Misrepresentation, 4. Aufl, 2011.

Internet-Ressourcen: Office of Public Sector Information (amtliche Datenbank der Gesetzgebung seit 1988: http://www.opsi.gov.uk); British and Irish Legal Information Institute (http://www.bailii.org/); Her Majesty's Court Service (http://www.hmcourts-service.gov.uk/); Office of Fair Trading (http://www.oft.gov.uk); Committee of Advertising Practice (http://www.cap.org.uk); Advertising Standards Authority (http://www.asa.org.uk/asa/).

Im britischen Recht besteht kein allgemeines Verbot des unlauteren Wettbewerbs. Unter „competition law" wird in erster Linie das Kartellrecht verstanden. Für den Begriff „unfair competition" werden in der Rechtsprechung drei Bedeutungsvarianten unterschieden (*Moorgate Tobacco Co Ltd v Philip Morris Ltd* (1984) 56 ALR 414, 439f), von denen keine als die herrschende bezeichnet werden kann: (1) Oberbegriff über sämtliche Ansprüche eines Gewerbetreibenden gegen unlauteres Handeln eines Konkurrenten, (2) eigenständiger Anspruch gegen Produktnachahmung und Ausbeutung, dessen Berechtigung aber bezweifelt wird (s Lord Justice Jacob, *L'Oréal SA v Bellure NV* [2007] EWCA Civ 968, Rn 135ff (Court of Appeal)), und (3) Synonym für den *passing off*-Anspruch (so Lord Justice Aldous, *Arsenal Football Club Plc v Reed* [2003] RPC 696, Rn 70 (Court of Appeal)). Die Funktion des deutschen UWG wird von drei Rechtsgebieten wahrgenommen: dem Deliktsrecht, einigen straf- und verwaltungsrechtlichen Verbraucherschutzgesetzen und der freiwilligen Werbeselbstkontrolle. Das englische Deliktsrecht *(tort law)*, das auch in Wales, in Nordirland und sogar mit kleinen Einschränkungen in der Republik Irland gilt, sich aber vom schottischen Recht unterscheidet, ist nicht kodifiziert, sondern besteht fast vollständig aus Richterrecht. Der *passing off*-Anspruch (dazu *Mountstephens/Ohly* in: Schricker/Bastian/Knaak, Gemeinschaftsmarke und Recht der EU-Mitgliedstaaten; *Vitoria*, Mitt 06, 247ff) schützt Kennzeichen im weitesten Sinne unter drei Voraussetzungen: (1) Der Anspruchsteller muss über einen Geschäftsruf *(goodwill)* im Inland verfügen, (2) der Anspruchsgegner muss durch eine Täuschung *(misrepresentation)* eine Verwechslungsgefahr hervorrufen, die (3) zu einer Schädigung des Anspruchstellers führt. Weitere wesentliche Anspruchsgrundlagen des Deliktsrechts sind die vorsätzliche, schädigende Herabsetzung (*injurious falsehood*, auch: *malicious falsehood, trade libel* vgl dazu *Ajinomoto Sweeteners Europe v Asda Stores* (2010) EWCA Civ 609 (Court of Appeal)); die Verleitung zum Vertragsbruch *(interference with contractual relations)* und die gemeinschaftliche vorsätzliche Schädigung eines Dritten *(conspiracy)*. In seiner erweiterten Form können auch die irreführende Verwendung von geographischen Herkunftsangaben und, darüber hinaus, von Produktbezeichnungen jeder Art den passing off-Anspruch auslösen (s *Diageo North America v Intercontinental Brands* [2010] EWCA Civ 920 (Court of Appeal): *passing off* wegen Irreführungsgefahr durch Verwendung der Bezeichnung VODCAT für ein wodkaähnliches Getränk). Bisher hat es die Rechtsprechung abgelehnt, einen generalklauselartigen Anspruch wegen unlauteren Wettbewerbs *(tort of unfair competition)* anzuerkennen. Verbraucherschützende Vorschriften waren bis vor kurzem auf eine Vielzahl von Gesetzen verteilt. Zu einer Konsolidierung hat die Umsetzung der Richtlinien über unlautere Geschäftspraktiken durch die Consumer Protection from Unfair Trading Regulations 2008 und die Umsetzung der Richtlinie über irreführende und vergleichende Werbung durch die Business Protection from Misleading Marketing Regulations 2008 geführt (vgl *Arnold* IIC 13, 63,

UWG Einf B Gesetz gegen den unlauteren Wettbewerb

67 ff), durch die zentrale Vorschriften des Trade Descriptions Act 1968 und des Consumer Protection Act 1987 aufgehoben wurden. Die Regulations von 2008 sehen keine zivilrechtliche Klagemöglichkeit, sondern eine Aufsichtsbefugnis des Office of Fair Trading vor. Von besonderer praktischer Bedeutung ist die freiwillige Werbeselbstkontrolle auf der Grundlage des British Code of Advertising, Sales Promotion and Direct Marketing (im Internet unter www.cap.org.uk; dazu *Jergolla* WRP 03, 431 ff und 606 ff), der zahlreiche Vorschriften enthält, die ein deutscher Jurist im UWG suchen würde. Die Einhaltung der Kodices wird vom Committee of Advertising Practice (CAP) und der Advertising Standards Authority (ASA) überwacht, die über ein weitreichendes Instrumentarium von Sanktionen verfügen. Insbesondere kann das CAP von den angeschlossenen Medienunternehmen verlangen, die beanstandete Werbung nicht zu veröffentlichen. Für die Radio- und Fernsehwerbung gelten besondere Kodices, die auf gesetzlicher Grundlage erlassen wurden.

42 **i) Irland. Rechtsquellen:** im Wesentlichen Richterrecht *(common law)*, das weitgehend dem englischen Recht entspricht, daneben Consumer Protection Act 2007 (im Internet unter http://www.bailii.org). **Selbstkontrolle:** Code of Advertising Standards und Code of Sales Promotion Practice (6. Aufl, 2007, im Internet unter http://www.asai.ie).

Literatur. Länderberichte: Gloy/Loschelder/Erdmann/*Schulte-Beckhausen*/*Maaßen*, § 13 Rn 35; Harte/Henning/*Bodewig*, Einl F Rn 268; Micklitz/Kessler/*Barrett*/*Voigt* S 149. **Aufsätze:** *Bodewig,* Das Recht des unlauteren Wettbewerbs in Irland, GRUR Int 2004, 827.

Internet-Ressourcen: British and Irish Legal Information Institute (http://www.bailii.org/); Advertising Standards Authority for Ireland (http://www.asai.ie/).

Bis zur Unabhängigkeit im Jahre 1921 galt in Irland englisches Recht. Nach wie vor unterscheidet sich das irische Richterrecht *(common law)* kaum vom englischen, englische Präzedenzfälle werden als Rechtsquellen herangezogen. Auch in Irland gibt es kein systematisch geschlossenes Wettbewerbsrecht. Die deliktsrechtlichen Ansprüche eines Gewerbetreibenden gegen unerlaubte Handlungen eines Konkurrenten entsprechen weitgehend denjenigen in England. Anders als in Großbritannien wurde aber in Irland die Richtlinie über unlautere Geschäftspraktiken zum Anlass für die Kodifizierung des Verbraucherschutzrechts im Consumer Protection Act 2007 genommen. Die Umsetzung der Richtlinienbestimmungen findet sich in Sec 41 ff. Zur Durchsetzung der Verbraucherschutzvorschriften wurde eine National Consumer Agency eingerichtet. Abweichend von der englischen Tradition kann neben der Agency jedermann vor den Zivilgerichten Unterlassungsansprüche geltend machen (Sec 71).

43 **j) Italien. Rechtsquellen:** Art 2598 ff Codice Civile; Codice del Consumo (Legislativdekret v 6.9.2005, Nr 206). **Selbstkontrolle:** Codice di Autodisciplina della Comunicazione Commerciale (57. Ausgabe, 2013, Original und englische Übersetzung im Internet unter http://www.iap.it).

Literatur. Länderberichte: Gloy/Loschelder/Erdmann/*Schulte-Beckhausen*/*Maaßen*, § 13 Rn 22; Harte/Henning/*Henning-Bodewig,* Einl F Rn 300; Henning-Bodewig/*Auteri*, § 15; Micklitz/Kessler/*Alpa*/*Radeideh* S 201; Schmidt-Kessel/Schubmehl/*Bastian,* S 355; Schricker/ *Bastian*, 1997; Ulmer/*Schricker,* Bd V, 1965.

Aufsätze und Monographien: *Bastian,* Werberecht in Italien, 1996; *A. Lehmann,* Werbeselbstkontrolle in Italien und Deutschland – Vor- und Nachteile der Systeme freiwilliger Selbstregulierung im Vergleich, GRUR Int 2006,123; *Omodeí-Salé,* Der neue italienische Codice del consumo: Echte Kodifikation oder reine Kompilation?, ZEuP 2007, 785; *Somariello,* Vergleichende Werbung in Italien und Deutschland, 2002; *dies,* Vergleichende und irreführende Werbung in Italien nach Umsetzung der Richtlinie 97/55/EG, GRUR Int 2003, 29; *Togo,* Die Einführung der kollektiven Schadensersatzklage in Italien, GRUR Int 2009, 132; *dies,* Das neue Sammelklageverfahren in Italien, GRUR Int 2011, 132.

B. Internationale Aspekte **Einf B UWG**

Internet-Ressourcen: Gesetzesdatenbank des italienischen Parlaments seit 1996 (http://www.parlamento.it); Autorità Garante (http://www.agcm.it); Istituto dell' Autodisciplina Pubblicitaria (http://www.iap.it).

Ähnlich wie im französischen Recht wird in Italien zwischen dem zivilrechtlichen Konkurrentenschutz und dem vorwiegend verwaltungsrechtlichen Verbraucherschutz unterschieden. Art 2598 Codice Civile enthält eine Generalklausel des unlauteren Wettbewerbs *(concorrenza sleale),* die ähnlich wie mittlerweile Art 5 II 2 lit a der Richtlinie über unlautere Geschäftspraktiken auf einen Verstoß gegen Grundsätze der beruflichen Korrektheit *(principi della correttezza professionale)* abstellt. Zudem verbietet die Vorschrift bestimmte konkurrentenschädigende Wettbewerbshandlungen wie das Hervorrufen von Verwechslungsgefahr durch unerlaubte Kennzeichenverwendung oder sklavische Nachahmung und die Rufschädigung und -ausbeutung. Anspruchsbefugt sind der verletzte Konkurrent und Berufsverbände (Art 2601). Hingegen werden die verbraucherschutzrechtlichen Bestimmungen des Codice del Consumo, in den auch per Dekret vom 2.8.2007 (Nr 146) Vorschriften zur Umsetzung der Richtlinie über unlautere Geschäftspraktiken eingefügt wurden (Art 18ff), von der Wettbewerbsbehörde (Autorità Garante) überwacht und durchgesetzt. Daneben kommt der freiwilligen Werbeselbstkontrolle auf der Grundlage des Codice di Autodisciplina della Comunicazione Commerciale erhebliche praktische Bedeutung zu.

k) Kroatien. Rechtsquellen: Wettbewerbsgesetz vom 30.6.2009; Gesetz über unzulässige Werbung vom 27.3.2009; Verbraucherschutzgesetz vom 10.6.2003. **44**

Literatur: *Straus,* Das Recht des unlauteren Wettbewerbs in Slowenien mit Hinweisen auf die Rechtslage in Kroatien, GRUR Int 1994, 700.

l) Lettland. Rechtsquellen: Wettbewerbsgesetz vom 4.10.2001 (Konkurences likums); Werbegesetz vom 20.12.1999 (Reklams likums) (englische Übersetzungen im Internet unter http://www.ttc.lv und unter http://www.competition.lv); Gesetz zur Bekämpfung unlauter Geschäftspraktiken vom 22.11.2007 (Negodīgas komercprakses aizlieguma likums) (englische Übersetzung unter https://webgate.ec.europa.eu/ucp). **45**

Literatur: Gloy/Loschelder/Erdmann/*Schulte-Beckhausen*/*Maaßen,* § 13 Rn 95; Harte/Henning/*Bakardijeva Engelbrekt,* Einl F Rn 331; *Eisfeld,* Lettisches Wettbewerbs- und Kartellrecht, WiRO 2004, 325; *Myzaras,* Unfair Competition Law in the Baltic states, in: Hilty/Henning-Bodewig, Unfair competition: Towards a New Paradigm in Europe, 2007, S 249.

Internet-Ressourcen: Datenbank mit Übersetzungen lettischer Gesetze (http://www.vvc.gov.lv); lettischer Wettbewerbsrat (http://www.competition.lv).

m) Litauen. Rechtsquellen: Wettbewerbsgesetz VIII-1099 vom 23.3.1999, Werbegesetz VIII-1871 vom 18.7.2000 (im Internet unter http://www.konkuren.lt); Gesetz zum Verbot unlauterer Geschäftspraktiken im Verhältnis von Unternehmern zu Verbrauchern X-1409 vom 21.12.2007 (englische Übersetzung unter http://kt.gov.lt/en/index.php?show=advertising&adv_doc=law_pub). **46**

Literatur: Gloy/Loschelder/Erdmann/*Schulte-Beckhausen*/*Maaßen,* § 13 Rn 101; Harte/Henning/*Bakardijeva Engelbrekt,* Einl F Rn 354; Henning-Bodewig/*Myzaras,* § 17; *Myzaras,* The Relationship between Intellectual Property Rights, Protection against Unfair Competition and Unfair Commercial Practices: A Lithuanian Perspective, in: Ohly (Hrsg), Common Principles of European Intellectual Property Law, 2012, S 255.

Internet-Ressourcen: litauischer Wettbewerbsrat (http://www.konkuren.lt).

n) Luxemburg. Rechtsquellen: Handelspraktikengesetz vom 29.4.2009 (Loi du 29 avril 2009 réglementant certaines pratiques commerciales, sanctionnant la concurrence déloyale, im Internet unter http://www.legilux.public.lu). **47**

UWG Einf B Gesetz gegen den unlauteren Wettbewerb

Literatur. Länderberichte: Gloy/Loschelder/Erdmann/*Schulte-Beckhausen/Maaßen*, § 13 Rn 12; Harte/Henning/*Henning-Bodewig*, Einl F Rn 377; Micklitz/Kessler/*Radeideh/Schmitz* S 220; Schricker/*Henning-Bodewig/Decker*, 2002; Ulmer/*Schricker/Franq/Wunderlich*, Bd II/1, 1974.

Aufsätze: *Henning-Bodewig*, Das Wettbewerbsrecht in Luxemburg, GRUR Int 1994, 808.

Internet-Ressourcen: Internet-Datenbank der luxemburgischen Gesetzgebung (http://www.legilux.public.lu).

48 **o) Malta. Rechtsquellen:** Art 32 ff Commercial Code von 1857; Consumer Affairs Act von 1994 (beide Gesetze im Internet unter http://justice.gov.mt).

Literatur: Gloy/Loschelder/Erdmann/*Schulte-Beckhausen/Maaßen*, § 13 Rn 114; Harte/Henning/*Henning-Bodewig*, Einl F Rn 412.

Internet-Ressourcen: Internet-Datenbank der maltesischen Gesetzgebung (http://justice.gov.mt); Malta Competition and Consumer Affairs Authority (http://www.mccaa.org.mt).

49 **p) Niederlande. Rechtsquellen:** Art 6:162, 6:193 a ff Bürgerliches Gesetzbuch (Burgerlijk Wetboek, im Internet unter http://www.overheid.nl);

Selbstkontrolle: Nederlandse Reclame Code (niederländische und englische Fassung unter http://www.reclamecode.nl).

Literatur. Länderberichte: Gloy/Loschelder/Erdmann/*Schulte-Beckhausen/Maaßen*, § 13 Rn 17; Harte/Henning/*Henning-Bodewig*, Einl F Rn 424; Henning-Bodewig/*De Vrey*, § 18; Micklitz/Kessler/*Radeideh/de Vrey*, S 238; Schricker/*Henning-Bodewig/Verkade/Quaedvlieg*, 1995; Ulmer/*Baeumer/van Manen*, Bd II/2, 1967.

Aufsätze und Monographien: *Henning-Bodewig*, Das neue (alte) Recht des unlauteren Wettbewerbs der Niederlande, GRUR Int 1993, 126; *Kamperman Sanders*, Unfair Competition Law, 1997; *Quaedvlieg*, Leistungsschutz in den Niederlanden, GRUR Int 1997, 971.

Internet-Ressourcen: Internet-Datenbank der niederländischen Gesetzgebung (http://www.overheid.nl); Reclame Code Commissie (http://www.reclamecode.nl); Institut für Informationsrecht der Universität Amsterdam (http://www.ivir.nl/).

In den Niederlanden gibt es kein spezielles Gesetz zur Bekämpfung des unlauteren Wettbewerbs. Bestimmungen zur Umsetzung der Richtlinie über unlautere Geschäftspraktiken (und zuvor bereits zur irreführenden und vergleichenden Werbung) wurden nachträglich in Buch 6 des Bürgerlichen Gesetzbuchs (Art 6:193 a ff Burgerlijk Wetboek) eingefügt. Im Übrigen kommt die deliktsrechtliche Generalklausel (Art 6:162 Burgerlijk Wetboek) zur Anwendung, etwa in den Fällen der Anschwärzung, des Rechtsbruchs oder der sklavischen Nachahmung (vgl hierzu Hoge Raad GRUR Int 87, 792 – *Decca*; *Quaedvlieg* GRUR Int 97, 971). Von großer praktischer Bedeutung ist die freiwillige Werbeselbstkontrolle auf der Grundlage des Reclame Code.

50 **q) Österreich. Rechtsquellen:** Bundesgesetz gegen den unlauteren Wettbewerb von 1984; Nahversorgungsgesetz von 1977 (UWG, im Internet unter http://www.ris.bka.gv.at).

Literatur. Länderberichte: Gloy/Loschelder/Erdmann/*Schulte-Beckhausen/Maaßen*, § 13 Rn 49; Harte/Henning/*Henning-Bodewig*, Einl F Rn 458; Henning-Bodewig/*Wiebe/Heidinger*, § 6; Schmidt-Kessel/Schubmehl/*Paiser/Kusznier/Pöchhacker*, S 433; Micklitz/Keßler/*Bultmann/Schuhmacher*, S 1.

Aufsätze und Monographien: *Alexander*, Die Umsetzung von Art 7 der Richtlinie 2005/29/EG über unlautere Geschäftspraktiken in Deutschland und Österreich, GRUR Int 2012, 1; *ders*, Die „schwarze Liste" der UGP-Richtlinie und ihre Umsetzung in Deutschland und Österreich, GRUR Int 2010, 1025; *Fitz/Gamerith*, Wettbewerbsrecht, 4. Aufl, 2004; *Gamerith*, Der

B. Internationale Aspekte **Einf B UWG**

Richtlinienvorschlag über unlautere Geschäftspraktiken – Möglichkeiten einer harmonischen Umsetzung, WRP 2005, 391; *Koppensteiner,* Österreichisches und europäisches Wettbewerbsrecht, 3. Aufl, 1997; Wiebe/Kodek, UWG, 2009; *Wiltschek,* UWG, 2. Aufl, 2007; *Wiltschek/ Majchrzak,* Wettbewerbs- und Markenrecht in Österreich, WRP 2013, 1104, 1137.

Internet-Ressourcen: Internet-Datenbank der österreichischen Gesetzgebung (http://www.ris.bka.gv.at).

Das österreichische und das deutsche Lauterkeitsrecht ähneln sich. Am Anfang des UWG von 1984 steht eine große Generalklausel (§ 1). Seit der UWG-Novelle von 2007 unterscheidet die Generalklausel zwischen unlauteren Geschäftspraktiken zum Nachteil von Unternehmern (§ 1 I Nr 1 UWG) und Verbrauchern (§ 1 I Nr 2, II UWG). Im Übrigen wird die Richtlinie über unlautere Geschäftspraktiken in § 1a UWG (aggressive Praktiken) und § 2 UWG (irreführende Geschäftspraktiken) umgesetzt; § 2a UWG regelt die Zulässigkeit der vergleichenden Werbung, teilweise unter Verweis auf andere Bestimmungen. Spezialvorschriften verbieten die Herabsetzung (§ 7), die unerlaubte Verwendung von geographischen Herkunftsangaben (§ 8) und anderen Kennzeichen (§ 9), die Ausgabe von Einkaufsausweisen an Verbraucher (§ 9c), die Bestechung von Arbeitnehmern oder Beauftragten (§ 10) und den Verrat von Geschäftsgeheimnissen und Vorlagen (§§ 11f). Die Anspruchsberechtigung ist in §§ 13f ähnlich geregelt wie in §§ 8f des deutschen UWG, allerdings steht geschädigten Verbrauchern ein individueller Schadensersatzanspruch zu (ÖOGH GRUR Int 99, 181 – *1. Hauptpreis*). Weitere Bestimmungen finden sich in Nebengesetzen, insbesondere dem Nahversorgungsgesetz von 1977. Die Vorschriften des UWG, insbesondere die Generalklausel des § 1 UWG, werden durch die Rechtsprechung des österreichischen OGH konkretisiert, die auch im deutschen Schrifttum gut dokumentiert ist (vgl insbesondere die regelmäßigen Berichte von *Wiltschek* in WRP). Umgekehrt berücksichtigen Rechtsprechung und Schrifttum in Österreich das deutsche Recht.

r) Polen. Rechtsquellen: Gesetz zur Bekämpfung des unlauteren Wettbewerbs vom 16.4.1993 (Ustawa o zwalczaniu nieuczciwej konkurencji im Internet unter http://wipo.int/wipolex/en/details.jsp?id=3510, deutsche Übersetzung in GRUR Int 1994, 148); Gesetz zum Schutz des Wettbewerbs und der Verbraucher vom 16.2.2007 (Ustawa o ochronie konkurencji i konsumentów); Gesetz zur Bekämpfung unlauterer Geschäftspraktiken vom 23.9.2007 (Ustawa o przecwdziałaniu nieuczciwym praktykom rynkowym). **51**

Literatur. Länderberichte: Gloy/Loschelder/Erdmann/*Schulte-Beckhausen/Maaßen,* § 13 Rn 64; Harte/Henning/*Bakardjieva Engelbrekt/Henning-Bodewig,* Einl F Rn 495; Henning-Bodewig/*Nestoruk,* 19; Schricker/*Wiszniewska,* 1999; *Skubisz/Szwaja,* Poland: Unfair Competition Law, in: Hilty/Henning-Bodewig, Law Against Unfair Competition: Towards a New Paradigm in Europe, 2007, S 231.

Aufsätze: *Skubisz,* Das Recht des unlauteren Wettbewerbs in Polen, GRUR Int 1994, 681; *Szwaja,* Die Genese der Generalklausel des neuen polnischen UWG, GRUR Int 1996, 484; *Wiszniewska,* Novellierung des polnischen Gesetzes über die Bekämpfung des unlauteren Wettbewerbs, GRUR Int 2001, 213.

s) Portugal. Rechtsquellen: Gesetzbuch des gewerblichen Rechtsschutzes vom 5.3.2003 (Código de la Propriedade Indústrial) im Internet unter http://www.wipo.int/wipolex/en/details.jsp?id=5952; Werbegesetzbuch vom 23.10.1990 (Código da Publicidade) im Internet unter http://www.wipo.int/wipolex/en/details.jsp?id=5539 (Übersetzung der einschlägigen Vorschriften im Anhang zu Ulmer/*de Oliveira Ascensão*); Gesetzesdekret no 57/2008 vom 26.3.2008 über die Bekämpfung unlauterer Geschäftspraktiken. **52**

Literatur. Länderberichte: Gloy/Loschelder/Erdmann/*Schulte-Beckhausen/Maaßen,* § 13 Rn 43; Harte/Henning/*Henning-Bodewig,* Einl F Rn 524; Micklitz/Keßler/*Voigt,* S 267;

Schmidt-Kessel/Schubmehl/*Pinto Monteiro/Nogueira Serens/Maia/Herzog,* S 531; Ulmer/*de Oliveira Ascensão,* Bd. VIII, 2005.

Aufsätze und Monographien: *Kuhlmann,* Der unlautere Wettbewerb im portugiesischen Recht, 1988; *Schricker,* Einführung in das portugiesische Recht des unlauteren Wettbewerbs, GRUR Int 1994, 819.

Internet-Ressourcen: Verbraucherschutzvereinigung (http://www.apdconsumo.pt/); Verbraucherschutzinstitut (http://www.ic.pt).

53 **t) Rumänien. Rechtsquellen:** Gesetz Nr 11/1991 über die Bekämpfung des unlauteren Wettbewerbs (Lege privind combaterea concurenței neloiale, in Internet unter http://www.wipo.int/wipolex/en/details.jsp?id=8482); Werbegesetz Nr 148/2000 (Lege privind publicitatea); Gesetz Nr 250/2007 zur Bekämpfung unlauterer Geschäftspraktiken (Lege privind combaterea practicilor incorecte ale comercianților).

Literatur: *Eminescu,* Das Recht des unlauteren Wettbewerbs in Rumänien, GRUR Int 1994, 688; Gloy/Loschelder/Erdmann/*Schulte-Beckhausen/Maaßen,* § 13 Rn 125; Harte/Henning/*Bakardjieva Engelbrekt,* Einl F Rn 557.

54 **u) Schweden. Rechtsquellen:** Marktvertriebsgesetz (SFS 2008:486) v 5.6.2008 (Marknadsföringslag, im Internet abrufbar unter http://www.government.se; deutsche Übersetzung des Vorgängergesetzes in GRUR Int 1997, 37).

Literatur. Länderberichte: Gloy/Loschelder/Erdmann/*Schulte-Beckhausen/Maaßen,* § 13 Rn 54; Harte/Henning/*Bakardjieva Engelbrekt/Henning-Bodewig,* Einl F Rn 589; Henning-Bodewig/*Bakardjieva Engelbrekt,* § 22; Micklitz/Keßler/*Keßler/Edling* S 285; Schricker/*Kur,* 1995.

Aufsätze und Monographien: *Bakardjieva Engelbrekt,* Fair Trading Law in Flux? – National Legacies, Institutional Choice and the Process of Europeanisation, 2003; *Bernitz,* Das neue schwedische Marktgesetz – insbesondere der Schutz von Gewerbetreibenden gegen Nachahmung, GRUR Int 1996, 433; *Kur,* Das Recht des unlauteren Wettbewerbs in Finnland, Norwegen und Schweden, GRUR Int 1996, 38; *Maier,* Der Schutz von Betriebs- und Geschäftsgeheimnissen im schwedischen, englischen und deutschen Recht, 1998; *Treis,* Recht des unlauteren Wettbewerbs und Marktvertriebsrecht in Schweden, 1991.

Internet-Ressourcen: Internet-Datenbank der schwedischen Gesetzgebung (http://www.government.se); schwedische Verbraucherschutzbehörde (http://www.konsumentverket.se).

Ähnlich wie im dänischen Recht wird in Schweden der Konkurrenten- und Verbraucherschutz einheitlich in einem Marktvertriebsgesetz geregelt (vgl § 1), das zivilrechtliche Ansprüche zulässt, daneben aber dem Verbraucherombudsmann eine wichtige Stellung zuweist. Auch die Bestimmungen der UGP-Richtlinie wurden weitgehend einheitlich für den B2C- und den B2B-Bereich in schlanker Form umgesetzt. Die Generalklausel (§ 5) wird ergänzt durch Bestimmungen zur Umsetzung der Richtlinie über unlautere Geschäftspraktiken (§§ 7ff) und Einzeltatbestände über vergleichende Werbung (§ 18), Sonderverkäufe (§§ 15ff) und die unbestellte Werbung per E-Mail, Fax oder Anrufautomat (§ 19).

55 **v) Slowakei. Rechtsquellen:** §§ 41ff Handelsgesetzbuch; Werbegesetz (Nr 147/2001, deutsche Übersetzung in GRUR Int 2003, 714); Verbraucherschutzgesetz (Zakon o ochrane spotrebitel'a, Nr 250/2007).

Literatur: *Bohata,* Slowakische Republik: Gesetz zum Schutz des Verbrauchers, WiRO 2008, 142; Gloy/Loschelder/Erdmann/*Schulte-Beckhausen/Maaßen,* § 13 Rn 85; Harte/Henning/*Henning-Bodewig,* Einl F Rn 630; *Škreko,* The Legal Regulation of Unfair Competition in the Slovak Republic, in: Hilty/Henning-Bodewig, Unfair competition: Towards a New Paradigm in Europe, 2007, S 211.

B. Internationale Aspekte   **Einf B UWG**

w) Slowenien. Rechtsquellen: Gesetz zum Schutz des Wettbewerbs von 1993 (Zakon o **56**
varstvu konkurence); Verbraucherschutzgesetz von 1998 (Zakon o varstvu potrošnikov); Gesetz über den Verbraucherschutz vor unlauteren Geschäftspraktiken von 2007 (Zakon o varstvu potrošnikov pred nepoštenimi poslovnimi praksami).

Literatur. Länderberichte: Gloy/Loschelder/Erdmann/*Schulte-Beckhausen/Maaßen*, § 13 Rn 88; *Grilc,* Unfair Competition Law in Slovenia, in: Hilty/Henning-Bodewig, Unfair competition: Towards a New Paradigm in Europe, 2007, S 221; Harte/Henning/*Henning-Bodewig,* Einl F Rn 669.

Aufsätze: *Krneta,* Die Neuregelung des Wettbewerbsrechts in Slowenien, GRUR Int 1994, 289; *Straus,* Das Recht des unlauteren Wettbewerbs in Slowenien mit Hinweisen auf die Rechtslage in Kroatien, GRUR 1994, 700.

x) Spanien. Rechtsquellen: Gesetz vom 10.1.1991 über unlauteren Wettbewerb (Ley 1/ **57**
1991 de Competencia desleal, geändert durch Ley 29/2009 vom 30.12.2009, im Internet im Original und in englischer Übersetzung unter https://webgate.ec.europa.eu/ucp); Allgemeines Werbegesetz vom 11.11.1988 (Ley 34/1988 General de Publicidad, deutsche Übersetzung in GRUR Int 1989, 908); Verbraucherschutzgesetz vom 16.11.2007 (Ley 26/1984 General para la Defensa de los Consumidores y Usuarios, geändert durch Dekret 1/2007).

Selbstkontrolle: Código de Conducta Publicitaria von 1996 (Original und englische Übersetzung im Internet unter http://www.autocontrol.es).

Literatur. Länderberichte: Gloy/Loschelder/Erdmann/*Schulte-Beckhausen/Maaßen,* § 13 Rn 39; Harte/Henning/*Henning-Bodewig,* Einl F Rn 689; Henning-Bodewig/*García Pérez,* § 21; Micklitz/Keßler/*Bueso Guillén/Voigt,* S 301; Schmidt-Kessel/Schubmehl/*García Pérez* S 633.

Aufsätze und Monographien: *Bercovitz,* Unfair Commercial Practices in European and Spanish Law, in: FS Schricker, 2005, S 641; *Berg,* Das neue spanische Gesetz gegen den unlauteren Wettbewerb von 1991, 1997; *Domínguez Pérez,* Nachahmung und ungerechtfertigte Ausnutzung fremder Leistungen im spanischen Recht gegen unlauteren Wettbewerb, GRUR Int 2001, 1017; *Klein,* Die Entwicklung des Rechts gegen unlauteren Wettbewerb in Spanien, 2013; *Knothe/Benido Penadés,* Der einstweilige Rechtsschutz im spanischen Wettbewerbsrecht, GRUR Int 1998, 667; *Tato Plaza,* Das neue System zur Selbstkontrolle der Werbung in Spanien, GRUR Int 1999, 853; *Vicent Chuliá,* Das spanische Gesetz gegen unlauteren Wettbewerb im Meinungsstreit – Eine andere Meinung über das spanische Gesetz gegen unlauteren Wettbewerb, GRUR Int 1994, 14; *Wirth,* Das neue Recht des unlauteren Wettbewerbs in Spanien, 1996; *ders,* Die Werbeselbstkontrolle in Spanien, WRP 1994, 94.

Internet-Ressourcen: Datenbank der spanischen Gesetzgebung (http://www.derecho.com/legislacion); Autocontrol de la Publicidad (Werbesebstkontrolle: http://www.autocontrol.es).

Das spanische UWG von 1991 dient dem Schutz des Wettbewerbs im Interesse aller Marktteilnehmer (Art 1). Die Generalklausel (Art 4) verbietet Wettbewerbshandlungen, die gegen die Anforderungen des guten Glaubens (las exigencias de la buena fe) verstoßen. Spezialbestimmungen betreffen Verwechslungshandlungen, Täuschungshandlungen, Zugaben, die Anschwärzung, die unlautere vergleichende Werbung, die unlautere Produktnachahmung, die Rufausbeutung, die Verletzung von Unternehmensgeheimnissen, die Verleitung zum Vertragsbruch, den Rechtsbruch, die Diskriminierung und den Verlustverkauf. Zur Umsetzung der UGP-RL wurde ein eigenes Kapitel über Geschäftspraktiken gegenüber Verbrauchern eingefügt (Art 19ff). Die Anspruchsberechtigung ist in Art 33 ähnlich wie im deutschen Recht geregelt. Neben das UWG tritt das Werbegesetz von 1988, das ua Werbung verbietet, die diskriminiert oder die Menschenwürde verletzt, und das die Werbung gegenüber Kindern einschränkt. Das Nebeneinander von UWG und Werbegesetz wirft schwierige Konkurrenzfragen auf (Henning-Bodewig/*García Pérez* § 21 Rn 9: „kafkaesk").

58 **y) Tschechische Republik. Rechtsquellen:** §§ 41 ff Handelsgesetzbuch; Werbegesetz (Zákon 40/1995 Sb o regulaci reklamy, deutsche Übersetzung in GRUR Int 2003, 714); Verbraucherschutzgesetz (Zákon 634/1992 Sb o ochraně spotřebitele).

Literatur. Länderberichte: Gloy/Loschelder/Erdmann/*Schulte-Beckhausen/Maaßen*, § 13 Rn 78; *Hajn,* The Law Against Unfair Competition in the Czech Republic, in: Hilty/Henning-Bodewig, Unfair competition: Towards a New Paradigm in Europe, 2007, S 205; Harte/Henning/*Henning-Bodewig,* Einl F Rn 716; *Knap* in: Beier/Bastian/Kur, Wettbewerbsrecht und Verbraucherschutz in den Ländern Mittel- und Osteuropas, 1992, S 55.

Aufsätze: *Bohata,* Tschechische Republik: Verbraucherschutzgesetze nach der großen Novelle, WiRO 2008, 176; *Kouba,* Unlauterer Wettbewerb in der Tschechischen Republik (Teil 1), WiRO 2000, 329, (Teil 2), WiRO 2000, 366; *Opltová,* Das Recht des unlauteren Wettbewerbs in der Tschechischen Republik, GRUR Int 1994, 710.

59 **z) Ungarn. Rechtsquellen:** Gesetz Nr LVII/1996 über das Verbot des unlauteren Wettbewerbs und der Wettbewerbsbeschränkung (Übersetzung in GRUR Int 2001, 1025, englische Übersetzung der aktuellen Fassung im Internet auf der Website http://www.gvh.hu verfügbar); Gesetz Nr XLVII/2008 über das Verbot unlauterer Geschäftspraktiken gegenübern Verbrauchern, Gesetz Nr XLVIII/2008 über wesentliche Voraussetzungen und gewisse Beschränkungen von Werbeaktivitäten im Geschäftsverkehr.

Literatur. Länderberichte: *Firniksz,* The Legal Framework of Unfair Market Practices in Hungary, Unfair Competition Law in Slovenia, in: Hilty/Henning-Bodewig, Unfair competition: Towards a New Paradigm in Europe, 2007, S 199; Gloy/Loschelder/Erdmann/*Schulte-Beckhausen/Maaßen,* § 13 Rn 73; Harte/Henning/*Bakardjieva Engelbrekt/Henning-Bodewig,* Einl F Rn 755; Henning-Bodewig/*Bacher,* § 13; Schmidt-Kessel/Schubmehl/*Vida,* S 679.

Aufsätze: *Graf Lambsdorff,* Das Recht des unlauteren Wettbewerbs in Ungarn, GRUR Int 1994, 714; *Hegyi,* Neuere Entwicklungen im Kartell- und Wettbewerbsrecht Ungarns unter Berücksichtigung der ungarischen Gruppenfreistellungsverordnungen, GRUR Int 1999, 312; *Vida,* Das Recht des unlauteren Wettbewerbs in Ungarn, WRP 1991, 465; *ders,* Schutz der Verbraucher in Ungarn gegen irreführende Werbung, GRUR Int 2007, 681; *ders,* Die unlautere Nachahmung im ungarischen Wettbewerbsrecht, WRP 2010, 44.

Internet-Ressourcen: Ungarische Wettbewerbsbehörde: http://www.gvh.hu.

60 **a') Zypern. Rechtsquellen:** Gesetz Nr 92/2000 zur Kontrolle der irreführenden und vergleichenden Werbung; Gesetz Nr 5/1987 über Handelsangaben (Trade Descriptions Law, im Internet unter www.wipo.int/wipolex/en/details.jsp?id=924); Gesetz Nr 98/2007 über die Kontrolle irreführender und vergleichender Werbung; Gesetz Nr 103/2007 über unlautere Geschäftspraktiken zwischen Unternehmen und Verbrauchern.

Literatur: Gloy/Loschelder/Erdmann/*Schulte-Beckhausen/Maaßen* § 13 Rn 120; Harte/Henning/*Henning-Bodewig,* Einl F Rn 784.

Internet-Ressourcen: zypriotische Verbraucherschutzvereinigung: http://www.cyprusconsumers.org.cy.

61 **3. Staaten außerhalb der EU. a) Australien. Rechtsquellen:** Competition and Consumer Act von 2010 (im Internet unter http://www.consumerlaw.gov.au);

Literatur: *Buck,* Das Recht des unlauteren Wettbewerbs in Australien, GRUR Int 2006, 374; *Frischen,* Unlauterer Wettbewerb und Verbraucherschutz in Australien, 1994; Gloy/Loschelder/Erdmann/*Schulte-Beckhausen/Maaßen,* 4. Aufl 2010, § 13 Rn 147; Henning-Bodewig/*Buck,* § 6.

Internet-Ressourcen: Australian Competition and Consumer Commission (www.accc.gov.au).

B. Internationale Aspekte **Einf B UWG**

b) China. Rechtsquellen: Gesetz gegen den unlauteren Wettbewerb vom 2.9.1993 im **62** Internet unter http://www.wipo.int/wipolex/en/details.jsp?id=849 (deutsche Übersetzung in GRUR Int 1994, 1001); Werbegesetz von 1994 im Internet unter http://wipo.int/wipolex/en/details.jsp?id=6549.

Literatur: *Au,* Das Wettbewerbsrecht der VR China, 2004; *Gloy/Loschelder/Erdmann/ Schulte-Beckhausen/Maaßen,* § 13 Rn 142; HK/*Wang/Ganea,* S 854; *Han,* Die Regelung der vergleichenden Werbung in der VR China, GRUR Int 1998, 947; *ders,* Die Regelung der irreführenden Werbung in der VR China, GRUR Int 2000, 192; *ders,* Die gegenwärtige Regelung der Werbung in der VR China, GRUR Int 2001, 703; Henning-Bodewig/*Bu,* § 10; *Maier,* Das Lauterkeitsrecht in der Bundesrepublik Deutschland im Vergleich zur Rechtslage in der VR China, 2009; *Qiao,* Das Recht des unlauteren Wettbewerbs in China im Vergleich zu Deutschland, 2000; *Shao,* Irreführende Werbung als unlautere Wettbewerbshandlung im chinesischen UWG, GRUR Int 1995, 752; *Yu,* Der Irreführungs- und Verwechslungsschutz im deutschen und chinesischen Wettbewerbsrecht, 2009; *Zhou,* Neue Rechtsprechung gegen unlauteren Wettbewerb und Markenpiraterie in der VR China, GRUR Int 2009, 201.

c) Japan. Rechtsquellen: Gesetz zur Verhütung des unlauteren Wettbewerbs von 1993 im **63** Internet unter http://www.wipo.int/wipolex/en/details.jsp?id=11485(deutsche Übersetzung in GRUR Int 1993, 754).

Literatur: Gloy/Loschelder/Erdmann/*Schulte-Beckhausen/Maaßen,* § 13 Rn 134; Henning-Bodewig/*Heath,* § 16; *Heath,*The System of Unfair Competition Prevention in Japan, 2001; *Rahn,* Das Japanische am japanischen UWG, GRUR Int 1992, 362; Schmidt-Kessel/Schubmehl/*Heath,* S 405.

d) Kanada. Rechtsquellen: Competition Act, RSC 1985, c C-34, im Internet unter **64** http://wipo.int/wipolex/en/details.jsp?id=620; im Übrigen Richterrecht.

Literatur: *Buck,* Das Recht des unlauteren Wettbewerbs in Kanada, GRUR Int 2011, 579; Henning-Bodewig/*Buck,* § 9.

e) Russland. Rechtsquellen: Art 14 Bundesgesetz Nr 135-FZ vom 26.7.2006 zum **65** Schutz des Wettbewerbs Gesetz über den Wettbewerb und die Beschränkung monopolistischer Tätigkeit von 1991 (Federal'nij zakon o zaščite konkurentsii, im Internet unter http://www.wipo.int/wipolex/en/details.jsp?id=12776).

Literatur: *Boguslavskij* in Beier/Bastian/Kur, Wettbewerbsrecht und Verbraucherschutz in den Ländern Mittel- und Osteuropas, 1992, S 152; *Dillenz,* Der aktuelle Entwicklungsstand des Rechts gegen den unlauteren Wettbewerb in der russischen Föderation, GRUR Int 1997, 16; *ders,* Das russische Wettbewerbsrecht, 1999;

Internet-Ressourcen: Bundes-Antimonopoldienst der Russischen Föderation (http://www.fas.gov.ru).

f) Schweiz. Rechtsquellen: Bundesgesetz gegen den unlauteren Wettbewerb vom **66** 19.12.1986 (im Internet unter http://www.admin.ch/ch/d/sr/c241.html).

Selbstkontrolle: Grundsätze der Lauterkeit in der kommerziellen Kommunikation (im Internet unter http://www.lauterkeit.ch/komm.htm).

Literatur. Länderberichte: Gloy/Loschelder/Erdmann/*Schulte-Beckhausen/Maaßen,* § 13 Rn 129; Henning-Bodewig/*Ritscher/Schröter,* § 23; Schmidt-Kessel/Schubmehl/*Baudenbacher,* S 585; Schricker/*Knaak/Ritscher,* 1996.

Aufsätze und Monographien: *Baudenbacher,* Lauterkeitsrecht, 2001; *v Büren/David,* Schweizerisches Immaterialgüter- und Wettbewerbsrecht, Bd. V/1, Wettbewerbsrecht, 1998; *David/Jacobs,* Schweizerisches Wettbewerbsrecht, 5. Aufl, 2012; HK/*Bühler,* S 998;

Internet-Ressourcen: Bundesbehörden der Schweiz mit Internet-Datenbank der Gesetzgebung (http://www.admin.ch); Lauterkeitskommission (http://www.lauterkeit.ch/komm.htm).

Das schweizerische UWG von 1986 schützt den lauteren und unverfälschten Wettbewerb im Interesse aller Beteiligten (Art 1). Die Gesetzgebungstechnik hat starke Ähnlichkeit mit derjenigen des neuen deutschen UWG. Die Generalklausel, die auf den Grundsatz von Treu und Glauben abstellt (Art 2), wird durch Spezialtatbestände ergänzt, die sämtlich auf die Generalklausel verweisen und als Beispiele unlauteren Wettbewerbs formuliert sind („Unlauter handelt insbesondere, wer ..."). Art 3 nennt beispielhaft unter anderem Herabsetzungen, irreführende und verwechslungsfähige Angaben, den wiederholten Verkauf unter Einstandspreis, die Täuschung über den Wert des Angebots und die Beeinträchtigung der Entscheidungsfreiheit von Abnehmern durch aggressive Werbung. Weitere Spezialbestimmungen betreffen die Verleitung zum Vertragsbruch (Art 4) und die Verwertung fremder Leistungsergebnisse (Art 5), die in Abweichung von § 4 Nr 9 des deutschen UWG als solche verboten ist, wenn das marktreife Arbeitsergebnis eines anderen ohne angemessenen eigenen Aufwand durch technische Reproduktionsverfahren übernommen wurde. Die Anspruchsberechtigung ist ähnlich wie im deutschen Recht geregelt (Art 9, 10). Größere Bedeutung als in Deutschland hat die Werbeselbstkontrolle durch die Lauterkeitskommission und durch branchenspezifische Selbstkontrollsysteme.

67 **g) Türkei. Rechtsquellen:** Art 54–63 Handelsgesetzbuch von 2011 (Gesetz Nr 6102 vom 13.1.2011, im Internet unter http://www.wipo.int/wipolex/en/details.jsp?id=11081); Art 57, 553, 626, 444, 446, 447 Schuldrechtsgesetzbuch von 2011 (Gesetz Nr 6098 vom 11.1.2011, im Internet unter http://wipo.int/wipolex/en/details.jsp?id=11084); Verbraucherschutzgesetz von 1995.

Literatur: Henning-Bodewig/*Ortan* § 24; *Pinar,* Das Recht der Werbung in der Türkei im Vergleich zum deutschen und europäischen Recht, 2003.

Die zentralen lauterkeitsrechtlichen Vorschriften finden sich im türkischen Handels- und Obligationenrecht, das dem schweizerischen Vorbild folgt. Beide Gesetze wurden 2011 reformiert, die neuen Vorschriften sind am 1.7.2012 in Kraft getreten. Die neuen Art 54ff HGB orientieren sich eng am schweizerischen UWG. Der Generalklausel des Art 54 folgen Beispiele unlauterer Praktiken. Während nach früherer Rechtslage das HGB nur auf unlautere Handlungen zwischen Kaufleuten Anwendung fand, sind die neuen Vorschriften nicht mehr in dieser Weise beschränkt. Zwar können sich für Nichtkaufleute Ansprüche wegen unlauteren Wettbewerbs aus der Generalklausel des Art 57 nF des türkischen Obligationenrechts ergeben, doch ist seit der HGB-Reform fraglich, welcher Anwendungsbereich dieser Bestimmung bleiben wird (Henning-Bodewig/*Ortan* § 24 Rn 14). Daneben enthält das türkische Verbraucherschutzgesetz, in dem die seit Anfang 1970 angestrebte Angleichung des türkischen Rechts an das europäische Verbraucherschutzrecht verwirklicht ist, Vorschriften, die das Werberecht betreffen.

68 **h) USA. Rechtsquellen:** § 43(a) Lanham Act (15 U.S.C. § 1125(a)) und § 45 FTC Act (15 U.S.C. § 45) (beide Gesetze im Internet unter http://uscode.house.gov/download/download.shtml oder http://www.law.cornell.edu/uscode/).

Literatur. Länderberichte: Gloy/Loschelder/Erdmann/*Schulte-Beckhausen/Maaßen,* § 13 Rn 151; Henning-Bodewig/*Corgill,* § 26.

Aufsätze und Monographien: *Baums,* Rechtsnorm und richterliche Entscheidung im Wettbewerbsrecht – Der Beitrag Rudolf Callmanns zur deutschen und amerikanischen Rechtsentwicklung, GRUR Int 1992, 1; *Corgill,* Die Bekämpfung unlauteren Wettbewerbs in den USA, GRUR Int 2012, 1065; *Deutsch,* Virtuelle Werbung im U.S.-amerikanischen Recht, GRUR Int 2001, 400; *McCarthy* on Trademarks and Unfair Competition, 4. Aufl (Loseblattslg),

C. Lauterkeitsrecht und Recht der Europäischen Union **Einf C UWG**

§ 27; *Sander*, Schutz nicht offenbarter betrieblicher Informationen nach der Beendigung des Arbeitsverhältnisses im deutschen und amerikanischen Recht, GRUR Int 2013, 217.

Internet-Ressourcen: Diverse Datenbanken des US-Bundesrechts (offiziell: http://uscode.house.gov/download/download.shtml, benutzerfreundlicher: http://www.law.cornell.edu/uscode); Federal Trade Commission (http://www.ftc.gov).

Das Recht der USA besteht aus einem nicht immer einfach durchschaubaren Geflecht von Gesetzen und Richterrecht *(common law)* und von Bundesrecht und Recht der einzelnen Staaten. Wichtigste gesetzliche Grundlage des Lauterkeitsrechts auf Bundesebene ist das Verbot der falschen und irreführenden Werbung in § 43(a) des Lanham Act von 1947 (15 U. S. C. § 1125 (a)). Die Vorschrift gewährt zivilrechtliche Ansprüche sowohl gegen das Hervorrufen von Verwechslungsgefahr (§ 1125 (a)(1)(A)) als auch gegen irreführende Werbung (§ 1125 (a)(1)(B)). Die erste Alternative ist Grundlage für den Schutz nicht eingetragener Marken im US-Recht. Bei der Anwendung der zweiten Alternative unterscheiden die Gerichte zwischen falscher Werbung, die per se verboten ist, und objektiv richtiger oder mehrdeutiger Werbung, bei der die Irreführungseignung festzustellen ist. Gegenüber marktschreierischen Werbesprüchen („puffing") sind die Gerichte großzügig. Demnach ist beispielsweise anders als im europäischen Recht vergleichende Werbung nur dann verboten, wenn sie falsch oder irreführend ist, nicht aber, wenn sie lediglich in übertriebener und humorvoller Weise ohne konkrete Angaben ein Produkt gegenüber einem andern hervorhebt. Während diese Bestimmung nur Irreführung und das Hervorrufen von Verwechslungsgefahr erfasst, verbietet § 45 FTC Act (15 U. S. C. § 45) unlautere Wettbewerbshandlungen im Allgemeinen, sieht aber keine zivilrechtlichen Ansprüche, sondern nur Aufsichts- und Untersagungsbefugnisse der Federal Trade Commission vor. Neben diesen gesetzlichen Vorschriften bestehen auf richterrechtlicher Grundlage die aus dem englischen Recht überkommenen Ansprüche wegen *passing off* und wegen *injurious falsehood* bzw *trade libel* (s Rn 40). In der grundlegenden Entscheidung *International News Service v Associated Press* von 1918 (248 US 215) erkannte der US Supreme Court in einem Fall der Leistungsübernahme zwar darüber hinaus einen allgemeinen *tort of unfair competition* an, doch wurde dieses Urteil in der weiteren Entwicklung auf den Schutz tagesaktueller Nachrichten („hot news") eingeschränkt und hat sich nicht zu einem allgemeinen Grundsatz des Wettbewerbsrechts weiterentwickelt. Zahlreiche US-Bundesstaaten sehen in ihren Gesetzen Vorschriften gegen unlauteren Wettbewerb vor, deren Vereinbarkeit mit dem Bundesrecht allerdings wiederholt Gegenstand höchstrichterlicher Entscheidungen war. Das vom American Law Institute erstellte, rechtlich nicht bindende Restatement (Third) of Unfair Competition von 1995 stellt Grundsätze des Wettbewerbsrechts des Bundes und der einzelnen Staaten zusammen.

C. Lauterkeitsrecht und Recht der Europäischen Union

Inhaltsübersicht

	Rn
I. Allgemeines	1
1. Binnenmarkt und Lauterkeitsrecht	1
2. Geschichtliche Entwicklung	3
3. Harmonisierung und Koexistenz	8
II. Lauterkeitsrecht und Grundfreiheiten	9
1. Allgemeines	9
2. Warenverkehrsfreiheit (Art 34 AEUV)	12
a) Schutzbereich	12
aa) Ausgangspunkt	12

			Rn
		bb) Dassonville	13
		cc) Keck und Mithouard	14
		dd) Nichtdiskriminierung, gegenseitige Anerkennung, freier Zugang	16a
	b)	Rechtfertigung	17
		aa) Art 36 AEUV	17
		bb) Zwingende Erfordernisse	19
		cc) Verhältnismäßigkeit	21
3.	Dienstleistungsfreiheit (Art 56 AEUV)		22
	a)	Anwendungsbereich	22
	b)	Rechtfertigung	25
III.	Harmonisierung durch Sekundärrecht		26
1.	Allgemeines		26
2.	Die Richtlinie über irreführende Werbung (1984/2006)		28
	a)	Regelungsgehalt	28
	b)	Änderungen	29
	c)	Wirkung und Umsetzung	30
3.	Die Richtlinie über audiovisuelle Mediendienste (Fernsehrichtlinie) (1989/2007/2010)		31
	a)	Regelungsgehalt	31
	b)	Änderungen	32
	c)	Umsetzung	33
4.	Die Richtlinie über vergleichende Werbung (1997/2006)		34
	a)	Regelungsgehalt	34
	b)	Änderung	35
	c)	Umsetzung	36
5.	Die Fernabsatzrichtlinie (1997), die Richtlinie über den Fernabsatz von Finanzdienstleistungen (2002) und die Richtlinie über die Rechte der Verbraucher (2011)		37
	a)	Von der Fernabsatzrichtlinie zur Richtlinie über die Rechte der Verbraucher	37
	b)	Finanzdienstleistungen	38
6.	Die Preisangabenrichtlinie (1998)		38a
7.	Die Richtlinie über Unterlassungsklagen (1998)		39
8.	Die Richtlinie über den elektronischen Geschäftsverkehr (2000)		40
9.	Die EK-Datenschutzrichtlinie (2002)		41
10.	Die Verordnung über Zusammenarbeit im Verbraucherschutz (2004)		42
11.	Die Richtlinie über unlautere Geschäftspraktiken (2005)		43
	a)	Überblick	43
	b)	Anwendungsbereich	47
	c)	Unlautere Geschäftspraktiken sind verboten (Art 5 I)	50
	d)	Irreführende Geschäftspraktiken	54
	e)	Aggressive Geschäftspraktiken	56
	f)	Umsetzung	57
12.	Weitere Richtlinien mit lauterkeitsrechtlicher Bedeutung		58
	a)	Produktspezifische Regelungen	58
	b)	Dienstleistungsrichtlinie	61a
	c)	Geistiges Eigentum	62
13.	Verordnungs- und Richtlinienentwürfe		63
	a)	Verordnung über Verkaufsförderung	63
	b)	Weitere Harmonisierung im B2B-Bereich	64
IV.	Das Herkunftslandprinzip		65

C. Lauterkeitsrecht und Recht der Europäischen Union — Einf C UWG

		Rn
1.	Überblick	65
	a) Begriff	65
	b) Unionsrechtliche Grundlage	66
	c) Zweck und Problematik	67
	aa) Ausgangspunkt	67
	bb) Rechtspolitische Kritik	68
2.	Voraussetzungen	69
	a) Allgemeines	69
	b) Richtlinie über audiovisuelle Mediendienste (Fernsehrichtlinie)	70
	c) Richtlinie über den elektronischen Geschäftsverkehr	71
	aa) Anwendungsbereich	71
	bb) Rechtfertigungsgründe	72
	cc) Umsetzung	73
	d) Richtlinie über unlautere Geschäftspraktiken	74
3.	Rechtsfolgen I: Internationale Zuständigkeit	75
4.	Rechtsfolgen II: Internationales Privatrecht	76
	a) Primärrecht	77
	b) Richtlinie über audiovisuelle Mediendienste	78
	c) E-Commerce-Richtlinie und § 3 TMG	79
	d) Richtlinie über unlautere Geschäftspraktiken	81
5.	Rechtsfolgen III: Unionsrechtliche Kontrolle des Sachrechts	82
	a) Maßstab	82
	aa) Außerhalb des Anwendungsbereichs des Herkunftslandprinzips	82
	bb) Im Geltungsbereich des Herkunftslandprinzips	83
	b) Verfahrensrechtliche Aspekte	85

I. Allgemeines

Literatur: *Beater,* Europäisches Recht gegen unlauteren Wettbewerb – Ansatzpunkte, Grundlagen, Entwicklung, Erforderlichkeit, ZEuP 2003, 11; *Dethloff,* Europäisierung des Wettbewerbsrechts, 2001; *Glöckner,* Europäisches Lauterkeitsrecht, 2006; *Henning-Bodewig,* Das Europäische Wettbewerbsrecht: Eine Zwischenbilanz, GRUR Int 2002, 389; *dies,* Die Bekämpfung unlauteren Wettbewerbs in den EU-Mitgliedstaaten: eine Bestandaufnahme, GRUR Int 2010, 273; *dies,* Nationale Eigenständigkeit und europäische Vorgaben im Lauterkeitsrecht, GRUR Int 2010, 549; *dies,* Der Schutzzweck des UWG und die Richtlinie über unlautere Geschäftspraktiken, GRUR 2013, 238; *Hilty/Henning-Bodewig* (Hrsg), Lauterkeitsrecht und Acquis communautaire, 2009; *Hucke,* Erforderlichkeit der Harmonisierung des Wettbewerbsrechts, 2001; *Keßler,* Vom Recht des unlauteren Wettbewerbs zum Recht der Marktkommunikation – Individualrechtliche und institutionelle Aspekte des deutschen und europäischen Lauterkeitsrechts, WRP 2005, 1203; *Koos,* Europäisches Lauterkeitsrecht und globale Integration, 1996; *Leistner,* Bestand und Entwicklungsperspektiven des Europäischen Lauterkeitsrechts, ZEuP 2009, 56; *Lettl,* Gemeinschaftsrecht und neues UWG, WRP 2004, 1079; *Mäsch,* Europäisches Lauterkeitsrecht – von Gesetzen und Würsten, EuR 2005, 625; *Micklitz/Keßler,* Europäisches Lauterkeitsrecht – Dogmatische und ökonomische Aspekte einer Harmonisierung des Wettbewerbsverhaltensrechts im europäischen Binnenmarkt, GRUR Int 2002, 885; *Ohly,* Bausteine eines europäischen Lauterkeitsrechts, WRP 2008, 177; *Schricker/Henning-Bodewig* (Hrsg), Neuordnung des Wettbewerbsrechts, 1999; *dies,* Elemente einer Harmonisierung des Rechts des unlauteren Wettbewerbs in der Europäischen Union, WRP 2001, 1367; *Ulmer* (Hrsg), Das Recht des unlauteren Wettbewerbs in den Mitgliedstaaten der Europäischen Wirtschaftsgemeinschaft, 8 Bde, 1965ff. S auch die Nachw zu II und III.

1 **1. Binnenmarkt und Lauterkeitsrecht.** Die **Rechtsordnungen der EU-Mitgliedstaaten unterscheiden** sich im Lauterkeitsrecht nach wie vor in verschiedenen Punkten **erheblich voneinander: (1) Schutzniveau:** Traditionell strengen Rechtsordnungen (Beispiele: Deutschland, Belgien) stehen liberale Systeme wie das britische und italienische Recht gegenüber. **(2) Systematik:** Ebenso wie Deutschland haben etliche EU-Staaten spezielle Gesetze zur Bekämpfung des unlauteren Wettbewerbs erlassen, während in anderen Ländern wie Frankreich und den Niederlanden das Wettbewerbsrecht von den Gerichten auf der Grundlage einer deliktsrechtlichen Generalklausel entwickelt wurde. In Großbritannien und Irland fehlt ein systematisch geschlossenes Wettbewerbsrecht ganz. **(3) Verfahren und Zuständigkeit:** Im Gegensatz zum rein zivilrechtlichen System Deutschlands, das vom monistischen Ansatz eines integrierten Schutzes von Mitbewerbern, Verbrauchern und Allgemeinheit ausgeht (§ 1), herrscht in anderen Staaten (Beispiel: Frankreich) ein Dualismus von zivilrechtlichem Konkurrenten- und vorwiegend strafrechtlichem Verbraucherschutz. In der Mehrzahl der EU-Staaten bestehen Verbraucherschutzbehörden (Beispiele: Italien, skandinavische Länder), während in Deutschland die kollektiven Verbraucherinteressen von klagebefugten Verbänden (§ 8 III) wahrgenommen werden. In Großbritannien hat die freiwillige Selbstkontrolle in der Praxis größerer Bedeutung als die rechtliche Kontrolle, während sie in anderen Staaten kaum eine Rolle spielt.

2 Diese Unterschiede **behindern die Entstehung eines Binnenmarktes,** also eines Raums ohne Binnengrenzen, in dem der freie Verkehr von Waren, Personen, Dienstleistungen und Kapital gemäß den Bestimmungen des AEUV gewährleistet ist (Art 26 II AEUV). Lauterkeitsrechtliche Verbote können dazu führen, dass Waren und Dienstleistungen aus dem EU-Ausland im Inland nicht in der gleichen Art angeboten werden können wie im Herkunftsland. Die Unterschiede zwischen den wettbewerbsrechtlichen Systemen **erhöhen die Kosten des grenzüberschreitenden Handels** innerhalb der EU erheblich (vgl EuGH GRUR Int 95, 804, Rn 13 – *Mars*). Die Entwicklung eines einheitlichen Marketingkonzepts für den EU-Markt wird erschwert, wenn nicht gar vereitelt, wenn ein Unternehmer 28 verschiedene lauterkeitsrechtliche Rechtsordnungen beachten muss. Andererseits erkennt das Unionsrecht selbst den **unverfälschten Wettbewerb** (früher Art 3 lit g EG, inzwischen Protokoll Nr 27 zu den Verträgen) und den **Verbraucherschutz** (Art 4 lit f; 169 AEUV) als Ziele an. Ein rechtlicher Schutz des lauteren Wettbewerbs ist im Binnenmarkt daher nicht nur gerechtfertigt, sondern sogar zwingend erforderlich. Solange eine vollständige Harmonisierung noch nicht erreicht worden ist, lässt sich auch mitgliedstaatlichen Verboten des unlauteren Wettbewerbs die Berechtigung nicht absprechen. Das Unionsrecht steht also vor der schwierigen Aufgabe, einerseits lauterkeitsrechtliche Beschränkungen des zwischenstaatlichen Handels innerhalb der EU soweit wie möglich zu reduzieren, andererseits aber zu gewährleisten, dass der Verbraucher- und Mitbewerberschutz dabei nicht auf der Strecke bleibt.

3 **2. Geschichtliche Entwicklung.** Der **AEUV** regelt in seinem Abschnitt zum Wettbewerbsrecht (Art 101 ff AEUV) ausschließlich das Kartellrecht. Ausdrückliche Vorschriften zum Lauterkeitsrecht bestehen nicht. Auch Protokoll Nr 27 zu den Verträgen (früher Art 3 lit g EG), der den Schutz des binnenmarktinternen Wettbewerbs vor Verfälschungen als Ziel der Gemeinschaft erwähnt, bezieht sich in erster Linie auf das Kartellrecht, auch wenn in diesem Punkt die Funktion des Kartellrechts mit derjenigen des Lauterkeitsrechts übereinstimmt (vgl Einf D Rn 71). Der Verbraucherschutz (Art 4 lit f; 169 AEUV) wurde erst durch den Vertrag von Maastricht (1992) als eigenständiger Politikbereich in den EG-Vertrag eingeführt (Streinz/*Lurger* Art 169 AEUV Rn 7).

4 Dennoch herrschte nach Gründung der EWG zunächst in Politik und Rechtswissenschaft die Hoffnung, das Lauterkeitsrecht innerhalb der Gemeinschaft lasse sich bald vollständig harmonisieren. Im Auftrag der Kommission erstellte das Max-

Planck-Institut unter Leitung von *Eugen Ulmer* ein mehrbändiges rechtsvergleichendes Gutachten mit Vorschlägen zur Rechtsangleichung. Während aber die Angleichung des Marken- und des Geschmacksmusterrechts innerhalb der Gemeinschaft mittlerweile weitgehend gelungen ist und wesentliche Bereiche des Urheberrechts und des Patentrechts harmonisiert wurden, erwies sich die Harmonisierung des Lauterkeitsrechts innerhalb der Gemeinschaft angesichts der erheblichen Unterschiede zwischen den einzelnen Rechtsordnungen als außerordentlich schwieriges Unterfangen (vgl *Schricker* GRUR Int 90, 771 ff; *Schricker/Henning-Bodewig* WRP 01, 1367, 1372; *Ohly* in Schricker/Henning-Bodewig, Neuordnung des Wettbewerbsrechts, S 69 ff; Harte/Henning/*Glöckner* Einl B Rn 7 ff). Die Richtlinie über irreführende Werbung von 1984 setzte lediglich einen vage definierten Mindeststandard und hatte daher nur geringe praktische Auswirkungen (s Rn 28, 30). Abgesehen vom Erlass medien- und produktspezifischer Sondervorschriften herrschte bis zum Erlass der Richtlinie über vergleichende Werbung im Jahre 1997 (s Rn 34) praktisch Stillstand bei den Bemühungen um Rechtsangleichung.

Neben die Rechtsangleichung trat daher eine andere Regelungstechnik, die ihren **5** Ausgangspunkt in der Rechtsprechung des EuGH zu den Grundfreiheiten nahm. Ausgehend von den grundlegenden Entscheidungen *Dassonville* und *Cassis de Dijon* (Rn 13, 19) überprüfte der EuGH in den 1980er und 1990er Jahren zunehmend nationale Wettbewerbsverbote am Maßstab der Warenverkehrsfreiheit (Art 34 AEUV) und, wenn auch im geringeren Maße, der Dienstleistungsfreiheit (Art 56 AEUV). In ständiger Rechtsprechung entschied der EuGH, dass bei Fehlen einer abschließenden Harmonisierung nationale wettbewerbsrechtliche Regelungen zwar durch die Erfordernisse des Verbraucherschutzes und der Lauterkeit des Handelsverkehrs gerechtfertigt sein können, aber dem Verhältnismäßigkeitsgebot unterliegen. Sowohl den strengen Irreführungsmaßstab des früheren deutschen Rechts als auch § 6e aF, der bestimmte Preisgegenüberstellungen verbot, hielt der EuGH für mit der Warenverkehrsfreiheit unvereinbar (s Rn 21). Erst als in zunehmendem Maße nationale Beschränkungen der Wettbewerbsfreiheit unabhängig von ihrem Bezug zum grenzüberschreitenden Handel dem EuGH zur Überprüfung vorgelegt wurden, schränkte er in seinem Urteil *Keck und Mithouard* den Anwendungsbereich des Art 28 wieder ein (Rn 14).

Hatte die Rechtsprechung des EuGH schon auf der Grundlage des heutigen Art 34 **6** AEUV Schritte in Richtung auf ein „primärrechtliches Herkunftslandprinzip" unternommen, so erweiterte die Kommission den Gedanken der Koexistenz unterschiedlicher nationaler Rechtsordnungen bei gleichzeitiger Gewährleistung der Warenverkehrsfreiheit in verschiedenen Richtlinien. Die Fernsehrichtlinie (1989, neu verkündet 2007) und die E-Commerce-Richtlinie (2000) enthalten „Binnenmarktklauseln", die aus zwei Elementen bestehen: (1) Jeder Mitgliedstaat sorgt dafür, dass Anbieter, die in seinem Hoheitsgebiet niedergelassen sind, das Recht dieses Staats einhalten; (2) Mitgliedstaaten erkennen Warenimporte oder grenzüberschreitende Dienstleistungen aus anderen EU-Staaten ohne zusätzliche eigene Kontrolle an (s Rn 65 ff).

Seit ungefähr 2000 hat der Prozess der Rechtsangleichung wieder an Dynamik ge- **7** wonnen. Mit ihrem Grünbuch zum Verbraucherschutz in der Europäischen Union vom 2.10.2001 (KOM (2001) 531 endg, im Internet unter http://ec.europa.eu/green-papers/index_de.htm) leitete die Kommission eine Diskussion über einen einheitlichen europäischen Rechtsrahmen für den Schutz der Verbraucher vor unlauterem Wettbewerb ein. Auf der Grundlage dieser Überlegungen wurde 2005 die Richtlinie über unlautere Geschäftspraktiken erlassen, die beschränkt auf den Geschäftsverkehr zwischen Unternehmern und Verbrauchern („B2C") das Lauterkeitsrecht vollständig harmonisieren soll (s Rn 43). Zudem verpflichtet das sekundäre Unionsrecht die Mitgliedstaaten zum Schutz natürlicher Personen vor bestimmten Formen belästigender Werbung (Art 13 der E-Datenschutzrichtlinie von 2002, dazu Rn 41) und zur Zusammenarbeit im Bereich des Verbraucherschutzes (Rn 42). Die

Kontrolle nationaler lauterkeitsrechtlicher Vorschriften am Maßstab der Grundfreiheiten hat angesichts des Fortschritts der Rechtsangleichung mittlerweile deutlich an Bedeutung verloren, sieht man von Sondergebieten wie dem Arzneimittel- oder Glücksspielrecht, die über § 4 Nr 11 zur Anwendung kommen, ab.

8   **3. Harmonisierung und Koexistenz.** Zusammenfassend lassen sich zwei unterschiedliche Strategien ausmachen (vgl *Micklitz/Keßler* GRUR Int 02, 885, 886; *Henning-Bodewig* GRUR Int 02, 389, 391), mit denen die Organe der Gemeinschaft lauterkeitsrechtlich motivierte Beschränkungen des Binnenmarktes bekämpfen, ohne zugleich die Ziele des Lauterkeits- und Verbraucherschutzes aufzugeben. **(1) Harmonisierung:** Durch Verordnungen und Richtlinien wird das Lauterkeitsrecht der Mitgliedstaaten vereinheitlicht. Diese Strategie hat sich als mühsam erwiesen, ist aber in den vergangenen Jahren wieder in den Vordergrund getreten. **(2) Koexistenz unterschiedlicher Systeme bei gegenseitiger Anerkennung:** Bestehende Unterschiede zwischen den Rechtsordnungen werden vorläufig hingenommen, doch werden den Mitgliedstaaten bestimmte Beschränkungen des innergemeinschaftlichen Handels untersagt. Diese Strategie wird ihrerseits mit Hilfe zweier Instrumente verfolgt: **(a) Kontrolle nationaler Beschränkungen** des grenzüberschreitenden Handels **am Maßstab** des Primärrechts, genauer **der Grundfreiheiten** (Art 34, 56 AEUV), durch den EuGH; **(b) Festlegung des Herkunftslandprinzips durch Sekundärrecht,** meist durch Richtlinien (Fernsehrichtlinie, E-Commerce-Richtlinie, Richtlinie über unlautere Geschäftspraktiken). Erst ein Blick auf sämtliche Strategien erfasst den vollständigen Einfluss des Gemeinschaftsrechts auf das nationale Lauterkeitsrecht. Entsprechend der Systematik des Gemeinschaftsrechts werden in der folgenden Kommentierung zunächst die Bedeutung des **Primärrechts,** also des in den Verträgen (AEUV, EUV) niedergelegten Rechts (I), anschließend der bisher erreichte Stand der Harmonisierung durch **Sekundärrecht,** also durch auf Grundlage der Verträge erlassene Verordnungen und Richtlinien (II), und drittens die Bedeutung des sekundärrechtlichen Herkunftslandprinzips (III) dargestellt.

II. Lauterkeitsrecht und Grundfreiheiten

Literatur: *Ahlfeld,* Zwingende Erfordernisse im Sinne der „Cassis"-Rechtsprechung des Europäischen Gerichtshofs zu Art 30 EGV, 1997; *Bernhard/Nemeczek,* Grenzüberschreitende Fußballübertragungen im Lichte von Grundfreiheiten, geistigem Eigentum und EU-Wettbewerbsrecht, GRUR Int 2012, 293; *Birkemeyer,* Die unmittelbare Drittwirkung der Grundfreiheiten, EuR 2010, 662; *Brigola,* Die Metamorphose der Keck-Formel in der Rechtsprechung des EuGH, EuZW 2012, 248; *Frenz,* Stand der Keck-Judikatur, WRP 2011, 1034; *Glöckner,* Europäisches Lauterkeitsrecht, 2006; *Heermann,* Das deutsche Wettbewerbsrecht und die Keck-Rechtsprechung des EuGH, WRP 1999, 381; *ders,* Artikel 30 EGV im Lichte der „Keck"-Rechtsprechung: Anerkennung sonstiger Verkaufsmodalitäten und Einführung eines einheitlichen Rechtfertigungstatbestands?, GRUR Int 1999, 579; *ders,* Warenverkehrsfreiheit und deutsches Unlauterkeitsrecht, 2004; *Joliet,* Der freie Warenverkehr: Das Urteil Keck und Mithouard und die Neuorientierung der Rechtsprechung, GRUR Int 1994, 979; *Lüde,* Die Grenzen der Keck-Rechtspechung, EuZW 1996, 615; *Roth,* Freier Warenverkehr nach „Keck", FS Großfeld, 1999, 929; *ders,* Diskriminierende Regelungen des Warenverkehrs und Rechtfertigung durch die „zwingenden Erfordernisse" des Allgemeininteresses, WRP 2000, 979; *ders,* Die „horizontale" Anwendbarkeit der Warenverkehrsfreiheit (Art 34 AEUV), EWS 2013, 16; *Sack,* Auswirkungen der Art 30, 36 und 59ff EG-Vertrag auf das Recht gegen den unlauteren Wettbewerb, GRUR 1998, 871; *Schmahl/Jung,* Horizontale Drittwirkung der Warenverkehrsfreiheit?, NVwZ 2013, 607; *Schmitz,* Die kommerzielle Kommunikation im Binnenmarkt im Lichte der neueren Rechtsprechung zur Warenverkehrsfreiheit, 2000; *Streinz,* Das Verbot des Apothekenversandhandels mit Arzneimitteln, EuZW 2003, 337; *Streinz/Leible,* Die unmittelbare Drittwirkung der Grundfreiheiten, EuZW 2000, 459; *Veelken,* Maßnahmen gleicher Wirkung wie mengenmäßige Be-

C. Lauterkeitsrecht und Recht der Europäischen Union **Einf C UWG**

schränkungen, EuR 1997, 311; *Weatherill,* After Keck: Some thoughts on how to clarify the clarification, CMLRev 1996, 885. S auch die Nachw zu I und III.

1. Allgemeines. Vorrangiges Ziel der EU ist die Errichtung eines **Binnenmarktes,** also eines Raums ohne Binnengrenzen, in dem die Grundfreiheiten gewährleistet sind (Art 26 II AEUV). Verbote unlauterer Wettbewerbshandlungen, die durch Gerichte und Behörden der Mitgliedstaaten auf der Grundlage ihrer unterschiedlichen lauterkeitsrechtlichen Normen ausgesprochen werden, können den Wirtschaftsverkehr innerhalb des Binnenmarkts behindern und damit das gegenüber dem nationalen Recht vorrangige Primärrecht der Gemeinschaft verletzen. In erster Linie kann das nationale Lauterkeitsrecht mit der **Warenverkehrsfreiheit (Art 34 AEUV),** daneben auch mit der **Dienstleistungsfreiheit (Art 56 AEUV)** oder dem **Diskriminierungsverbot (Art 18 I AEUV)** in Kollision geraten. Da jedoch der Schutz des Wettbewerbs vor Verfälschungen (Protokoll Nr 27 zu den Verträgen, früher Art 3 lit g EG) und der Verbraucherschutz (Art 4 lit f; 169 AEUV) ebenfalls zu den Zielen der EU zählen, müssen bei Fehlen einer vollständigen Harmonisierung gewisse Beschränkungen des Waren- und Dienstleistungsverkehrs aus Gründen des Lauterkeitsschutzes hingenommen werden.

Eine mitgliedstaatliche Gesetzesvorschrift oder ihre Auslegung durch die nationalen Gerichte **verstößt** unter **drei Voraussetzungen** gegen das primäre Gemeinschaftsrecht.

– Die betreffende Rechtsfrage ist **nicht Gegenstand einer abschließenden Regelung des sekundären Unionsrechts.** Wurde der betreffende Bereich hingegen auf Unionsebene abschließend harmonisiert, so ist das nationale Recht anhand der fraglichen Harmonisierungsmaßnahme und nicht des primären Unionsrechts zu beurteilen (EuGH EuZW 02, 89, Rn 32 – *Daimler Chrysler;* EuGH GRUR 04, 174, Rn 64 – *Doc Morris*).
– Der **Anwendungsbereich** der betreffenden **Grundfreiheit** ist eröffnet. Die Bestimmung des Schutzbereichs bereitet vor allem bei der Warenverkehrsfreiheit Schwierigkeiten, da die Unterscheidung zwischen produktbezogenen Regelungen und der Regelung bestimmter Verkaufsmodalitäten nach der *Keck*-Rechtsprechung einige Abgrenzungsprobleme aufwirft (s Rn 12ff).
– Die nationale Maßnahme ist **nicht gerechtfertigt.** Eine Rechtfertigung kann sich aus expliziten Schrankenregelungen (vgl etwa Art 36 AEUV) oder aus immanenten Schranken wie den im Urteil *Cassis de Dijon* anerkannten zwingenden Erfordernissen (s Rn 19) ergeben.

Verstößt das nationale Recht demnach gegen die Grundfreiheiten, so ist es zwar nicht nichtig, darf aber von den Gerichten nicht angewandt werden (EuGH EuZW 97, 574 Rn 18 – *Morellato*). Offene Auslegungsfragen können dem EuGH nach Maßgabe des Art 267 AEUV im **Vorabentscheidungsverfahren** vorgelegt werden. Für letztinstanzliche Gerichte besteht eine **Vorlagepflicht** (Art 267 III AEUV), bei deren Verletzung das **Recht auf den gesetzlichen Richter (Art 101 I 2 GG)** verletzt sein kann. Das gilt allerdings nur, wenn das betreffende Fachgericht seine Vorlagepflicht in **offensichtlich unhaltbarer Weise** gehandhabt hat, indem es (1) sie grundsätzlich verkannt hat, (2) bewusst ohne Vorlagebereitschaft von der Rspr des EuGH abgewichen ist oder (3) im Fall unvollständiger EuGH-Rechtsprechung seinen Beurteilungsrahmen in unvertretbarer Weise überschritten hat (BVerfG GRUR 99, 127, 250 – *Metro*; BGH GRUR 06, 346 Rn 6 – *Jeans II;* BGH GRUR 10, 999 Rn 48 – *Drucker und Plotter*). Die Verletzung kann mit der Anhörungsrüge (§ 321a ZPO) geltend gemacht werden (vgl BGH MMR 2012, 815 Rn 12f; BGH GRUR 06, 346 Rn 6 – *Jeans II*). Die Vorlagepflicht entfällt nur, wenn (1) die gestellte Frage nicht entscheidungserheblich ist, (2) die betreffende unionsrechtliche Frage bereits Gegenstand einer Auslegung durch den EuGH war oder wenn (3) die richtige Anwendung des Unionsrechts derart offenkundig ist, dass für einen vernünftigen Zweifel keinerlei

Raum bleibt (EuGH NJW 83, 1257 – *CILFIT;* BGH GRUR 06, 346 Rn 7 – *Jeans II*). Wird ein Bürger durch einen Verstoß gegen Unionsrecht geschädigt, so steht ihm gegen den betreffenden Mitgliedstaat ein **Schadensersatzanspruch** zu (EuGH EuZW 96, 205, Rn 51 ff – *Brasserie du Pecheur und Factortame*). Wird ein Hindernis nur für den grenzüberschreitenden Warenverkehr aufgehoben, für Inländer aber beibehalten (**Inländerdiskriminierung,** Beispiel: das deutsche Reinheitsgebot für Bier, das gem § 1 BierVO iVm § 9 I Vorläufiges Biergesetz für Inländer weitgehend fortgilt, einschränkend aber BVerwG NJW 05, 1736), so ist nicht das Unionsrecht, sondern allenfalls das nationale Verfassungsrecht (Art 3 I; 12 I GG) betroffen (EuGH EuZW 92, 189 Rn 8 ff – *Steen/Deutsche Bundespost;* Streinz/*Streinz* Art 18 AEUV Rn 67; *Beater* Rn 602 ff; *Riese/Noll* NVwZ 07, 516, 517 ff; *Fezer* JZ 94, 317, 326). Die deutschen Gerichte gestehen dem Gesetzgeber allerdings einen weiten Ermessensspielraum zu und bejahen einen Verstoß gegen Art 3 I GG nur, wenn sich für die Differenzierung schlechterdings kein sachlich einleuchtender Grund erkennen lässt (BGH GRUR 85, 886, 887 f – *Cocktail-Getränk;* *Beater* Rn 605 ff; anders ÖOGH ÖBl 98, 303, 307).

12   **2. Warenverkehrsfreiheit (Art 34 AEUV). a) Schutzbereich. aa) Ausgangspunkt.** Die Freiheit des Warenverkehrs ist im Binnenmarkt von grundlegender Bedeutung. Die Formulierung des Art 34 AEUV, der diese Freiheit garantiert, lässt erkennen, dass nach Gründung der EWG zunächst der Kampf gegen spezifische Importhindernisse wie die ausdrücklich genannten mengenmäßigen Einfuhrbeschränkungen im Mittelpunkt stand. Seitdem hat der EuGH in seiner Rechtsprechung aber das Verbot von „Maßnahmen gleicher Wirkung" zu einer Generalklausel weiterentwickelt, die eine Kontrolle sämtlicher Beschränkungen des Warenverkehrs innerhalb der Gemeinschaft erlaubt.

13   **bb) Dassonville.** Grundlegend für diesen weiten Anwendungsbereich ist die *Dassonville*-Entscheidung (EuGH GRUR Int 74, 467, Rn 5 – *Scotch Whisky/Dassonville;* zuletzt best in EuGH EuZW 09, 173 Rn 33 – *Kommission/Italien;* EuZW 12, 508 Rn 32 – *ANETT*). Nach ihrem Kernsatz, oft auch als „Dassonville-Formel" bezeichnet, **ist jede Regelung, die geeignet ist, den innergemeinschaftlichen Handel unmittelbar oder mittelbar, tatsächlich oder potentiell zu behindern,** als eine Maßnahme mit gleicher Wirkung wie eine mengenmäßige Beschränkung anzusehen. Entscheidend ist nicht der Zweck, sondern der tatsächliche oder potentielle Erfolg der Maßnahme. Auch kommt es nicht darauf an, ob die fragliche Vorschrift gerade an den Import einer Ware anknüpft. Auch Vorschriften, die unterschiedslos für importierte und einheimische Erzeugnisse gelten, unterfallen vorbehaltlich einer Rechtfertigung (s Rn 17 ff) dem Verbot des Art 28 (EuGH GRUR Int 79, 468, Rn 8, 15 – *Cassis de Dijon;* EuGH GRUR 94, 296, Rn 15 – *Keck und Mithouard*). Daraus ergibt sich das **Prinzip der gegenseitigen Anerkennung** (*Heermann,* Warenverkehrsfreiheit, Art 28 EG Rn 40; Streinz/*Schroeder* Art 34 AEUV Rn 75): **Die in einem Mitgliedstaat nach dessen Regeln rechtmäßig in Verkehr gebrachten Waren sind vorbehaltlich gerechtfertigter Beschränkungen in der ganzen EU verkehrsfähig.** Mit den Urteilen *Dassonville* und *Cassis de Dijon* eröffnete sich für den EuGH den Weg zu einer umfassenden Überprüfung jeder Art von Handelsbeschränkung (*Heermann,* Warenverkehrsfreiheit, Art 28 Rn 34). Damit gerieten praktisch alle wirtschaftslenkenden Gesetze, die den Absatz von Waren beeinflussen, unabhängig von ihrem Bezug zur Wareneinfuhr in Konflikt mit der Warenverkehrsfreiheit. Art 34 AEUV wandelte sich von einer Garantie der Warenverkehrsfreiheit zu einem allgemeinen Beschränkungsverbot (Streinz/*Schroeder* Art 34 AEUV Rn 40 f). Ein Beispiel sind Regelungen über den Ladenschluss oder den Verkauf an Sonntagen, die vor der *Keck*-Entscheidung (s folgende Rn) am Maßstab der Warenverkehrsfreiheit zu messen waren (zur Beurteilung nach der *Keck*-Rechtsprechung s EuGH EuZW 94, 434 – *Punto Casa*). Sie verhindern nicht nur den Verkauf heimischer Erzeugnisse, sondern auch den Absatz von Produkten aus anderen Mitgliedstaaten an Sonntagen oder nach Ladenschluss. Damit beschränken sie den innergemeinschaftlichen Handel, obwohl ihnen weder eine diskriminierende Tendenz noch überhaupt ein spezifischer Bezug zum Handel zwischen den Mitgliedstaaten innewohnt.

cc) Keck und Mithouard. Als sich Wirtschaftsteilnehmer immer häufiger auf 14 den heutigen Art 34 AEUV beriefen, um jedwede Regelung zu beanstanden, die sich als Beschränkung ihrer geschäftlichen Freiheit auswirkte, hielt es der EuGH in der 1993 gefällten *Keck*-Entscheidung für notwendig, seine Rechtsprechung auf diesem Gebiet zu überprüfen und klarzustellen (so ausdrücklich EuGH GRUR 94, 296 Rn 14 – *Keck und Mithouard*). Der EuGH entschied, dass die Anwendung nationaler Bestimmungen, die bestimmte **Verkaufsmodalitäten** in dem betroffenen Mitgliedstaat beschränken oder verbieten, auf Erzeugnisse aus anderen Mitgliedstaaten nicht unter Art 34 AEUV fällt, sofern diese Bestimmungen für alle betroffenen Wirtschaftsteilnehmer gelten, die ihre Tätigkeit im Inland ausüben, und sofern sie den Absatz der inländischen Erzeugnisse und der Erzeugnisse aus anderen Mitgliedstaaten rechtlich wie tatsächlich in der gleichen Weise berühren (EuGH GRUR 94, 296, Rn 16 – *Keck und Mithouard;* best in EuGH EuZW 08, 177, Rn 29 – *Dynamic Medien/Avides Media*). Seitdem ist der Anwendungsbereich des Art 34 AEUV nur noch eröffnet, wenn es sich bei der beanstandeten Regelung entweder **(1)** um eine **produktbezogene Regelung** oder **(2)** um eine **vertriebsbezogene, aber diskriminierende Regelung** handelt. Diskriminierend sind Regelungen, die ausschließlich zu Lasten eingeführter Erzeugnisse anwendbar sind (**unmittelbare** oder rechtliche **Diskriminierung**) oder Regelungen, die zwar unterschiedslos anwendbar sind, sich aber unterschiedlich auf inländische und importierte Erzeugnisse auswirken (**mittelbare** oder faktische **Diskriminierung**).

(1) Die Unterscheidung zwischen produktbezogenen Regelungen und Regelun- 15 gen, die eine bestimmte Verkaufsmodalität betreffen, beruht auf dem zutreffenden Gedanken, dass erstere regelmäßig bereits den Marktzugang verhindern, während letztere nur die Absatzgestaltung beschränken (vgl Schlussanträge der Generalanwältin Stix-Hackl in Rs C-322/01 – *Doc Morris*, Slg 2003 I-14 887, Rn 77f; *Heermann*, Warenverkehrsfreiheit, Art 28 Rn 135). Die Abgrenzung bereitet aber im Einzelfall Schwierigkeiten (Überbl bei *Frenz* WRP 11, 1034ff). Zu den produktbezogenen Regelungen gehören Vorschriften über Bezeichnung, Form, Abmessung, Gewicht, Zusammensetzung, Aufmachung, Ausstattung, Beschriftung und Verpackung von Waren (EuGH GRUR 94, 296, Rn 16 – *Keck und Mithouard; Heermann*, Warenverkehrsfreiheit, Art 28 Rn 125). Beispiele sind Rezepturvorschriften wie Reinheitsgebote für deutsches Bier (EuGH GRUR 87, 245) oder italienische Pasta (EuGH NJW 88, 2169), Regelungen über die irreführende Bezeichnung einer Ware (EuGH GRUR 94, 303 – *Clinique*) oder über irreführende Werbeaufdrucke auf der Verpackung (EuGH GRUR Int 95, 804 – *Mars*), Kennzeichnungspflichten für Bildträger (EuGH EuZW 08, 177, Rn 33 – *Dynamic Medien/Avides Media*), Vorschriften über die Benutzung von geographischen Herkunftsangaben (GRUR 84, 291 – *Prantl/Bocksbeutel*) oder das deutsche Dosenpfand, da es bestimmte Angaben auf den Getränkeverpackungen erfordert (EuGH EuZW 05, 49 – *Kommission/Deutschland*). Regelungen bestimmter Verkaufsmodalitäten betreffen hingegen die Frage, wann, wo, wie, durch wen und zu welchem Preis das Produkt verkauft wird (vgl die Schlussanträge des Generalanwalts Tesauro in Rs C-292/92 – *Hünermund*, Slg 1993, I-6787, Rn 20; *Heermann*, Warenverkehrsfreiheit, Art 28 Rn 126; Streinz/*Schroeder* Art 28 Rn 45). Die Mehrzahl der UWG-Vorschriften regeln Verkaufsmodalitäten (*Köhler/Bornkamm* Einf R Rn 3.23; *Sack* GRUR 98, 871, 872). Beispiele sind das Verbot der Gegenüberstellung von aktuellem und früherem Verkaufspreis (EuGH GRUR 93, 747 – *Yves Rocher* zu § 6e aF), Regelungen über Zugaben (EuGH GRUR Int 83, 648 – *Oosthoek*), den Haustürverkauf (EuGH GRUR Int 90, 459 – *Buet;* vgl auch EuGH EuZW 05, 497, Rn 26 – *Burmanjer, Van der Linden, De Jong*) oder die Preisgestaltung (EuGH GRUR 94, 296 – *Keck und Mithouard:* Verkauf unter Einstandspreis), das Verbot des Verkaufs bestimmter Produkte außerhalb vorgeschriebener Vertriebsstätten (EuGH GRUR 04, 174 – *Doc Morris:* Verbot des Arzneimittelverkaufs per Internet; EuGH EuZW 95, 612 – *Kommission/Griechenland:* Verbot des Verkaufs von Säuglingsmilch außerhalb von Apotheken), Informationspflichten des Heilmittelwerberechts (BGH GRUR 09, 509 Rn 13 – *Schoenenberger Artischockensaft*) oder die Beschränkung der Werbung für bestimmte Produkte (EuGH EuZW 01, 251 – *Gourmet International Products:* Verbot bestimmter Formen der Alkoholwerbung). Beim Verbot irreführender Werbung ist zu differenzieren: Ergibt sich die Irreführung aus der Aufmachung oder Verpackung des Produkts, so handelt es sich um eine von Art 34 AEUV erfasste produktbezogene Regelung (EuGH GRUR Int 95, 804 Rn 12f – *Mars; Streinz/Schroeder* Art 34 AEUV Rn 53), wird die irreführende Angabe hingegen im Rahmen der Werbung in den Medien aufgestellt, so handelt es sich um eine Verkaufsmodalität. Abgrenzungsschwierigkeiten sind unvermeidlich (vgl *Beater* Rn 517ff; *Ebenroth,* FS Piper, S 133ff; *Heermann,* Warenverkehrsfreiheit, Art 28 Rn 128ff; *Schwintowski* RabelsZ 64 (2000) 38, 47ff), zumal Marketingkonzepte meist sowohl die Werbung in den Medien als auch die Werbung auf dem Produkt umfassen. Grenzfälle sind etwa die Herstellergarantie für Kraftfahrzeuge (produktbezogene Regelung, vgl *Leible* WRP 97, 517, 522; aA OLG Dresden GRUR 97, 231, 233) und der UWG-Nachahmungsschutz (ebenfalls produktbezogene Regelung, vgl *Sack* GRUR 98, 871, 872).

16 (2) Auch **vertriebsbezogene Regelungen** fallen demnach in den Anwendungsbereich des Art 34 AEUV, wenn sie inländische und ausländische Produkte ungleich betreffen, also aus rechtlicher oder faktischer Sicht eine **Diskriminierung** bewirken. **Unmittelbare Diskriminierungen** knüpfen direkt an die ausländische Herkunft eines Produkts an (Beispiel: aufwendiges Bestellverfahren beim staatlichen Alkoholmonopolisten vor Einfuhr ausländischer alkoholischer Getränke durch Private nach Schweden: EuGH EuZW 07, 401 Rn 35 – *Rosengren/Riksåklagaren*). Praktisch im Vordergrund stehen **mittelbare Diskriminierungen,** die sich daraus ergeben, dass die betreffende Regelung ausländischen Anbietern den Verkauf ihrer Produkte faktisch erschwert. Beispielsweise begünstigt das Verbot des Internet-Handels mit Arzneimitteln mittelbar inländische Apotheker: Zwar dürfen auch sie ihre Arzneimittel nicht im Internet, immerhin aber in ihrer Verkaufsstätte anbieten (EuGH GRUR 04, 174 Rn 74 – *Doc Morris*). Dasselbe gilt, wenn ein Mitgliedstaat den Vertrieb von Kontaktlinsen über das Internet verbietet (EuGH GRUR 11, 243 Rn 54 – *Ker-Optika/ÀNTSZ*). Eine Werbebeschränkung für Alkohol verfestigt bestehende Gewohnheiten (EuGH EuZW 01, 251 Rn 21 – *Gourmet International Products*) und begünstigt daher die inländischen „Platzhirsche" (*Leible* EuZW 01, 253, 254). Eine Vorschrift, die nur ortsansässigen Gewerbetreibenden den Haustürverkauf erlaubt, betrifft zwar auch inländische Anbieter aus anderen Regionen, benachteiligt aber zugleich ausländische Gewerbetreibende (EuGH EuZW 00, 309 Rn 25ff; krit *Gundel* EuZW 00, 309, 312). Eine Vorschrift, die auch für ausländische Produkte zwingend eine Etikettierung in der Landessprache verlangt, ohne eine Ausweichmöglichkeit auf eine andere, leicht verständliche Sprache vorzusehen, verstößt gegen Art 34 AEUV (EuGH EuZW 92, 701 – *Piageme*).

16a **dd) Nichtdiskriminierung, gegenseitige Anerkennung, freier Zugang.** In der neuesten Rspr des EuGH hat die *Keck*-Formel einen Bedeutungswandel erlebt (*Brigola,* EuZW 12, 248, 250ff; *Frenz,* WRP 11, 1034, 1037; *Purnhagen* JZ 12, 742). In der Erkenntnis, dass sich einige Fallgestaltungen der Unterscheidung zwischen produktbezogenen Regelungen und Verkaufsmodalitäten entziehen, zieht der Gerichtshof das *Keck*-Urteil nicht mehr durchgängig zur Bestimmung des Schutzbereichs heran. Mittelweile geht der EuGH davon aus, dass Art 34 die Grundsätze der **Nichtdiskriminierung,** der **gegenseitigen Anerkennung** von Erzeugnissen, die

C. Lauterkeitsrecht und Recht der Europäischen Union **Einf C UWG**

in anderen Mitgliedstaaten rechtmäßig hergestellt und in den Verkehr gebracht wurden, und des **freien Zugangs** zu den nationalen Märkten der Mitgliedstaaten enthält (EuGH EuZW 09, 173 Rn 34 – *Kommission/Italien;* GRUR 11, 243 Rn 48 – *Ker-Optika/ÁNTSZ;* EuGH EuZW 12, 508 Rn 33 – *ANETT*). Eine nationale Maßnahme fällt demnach dann in den Anwendungsbereich des Art 34 AEUV, wenn sie **(1) eine unmittelbare oder mittelbare Diskriminierung bewirkt** (Beispiele s Rn 16), **(2) zusätzliche Erfordernisse für die Vermarktung ausländischer Erzeugnisse aufstellt, die im Herkunftsland frei vertrieben werden dürfen,** (hierunter fallen zahlreiche der in Rn 15 genannten produktbezogenen Regelungen) oder **(3) den Marktzugang** für Erzeugnisse aus anderen Mitgliedstaaten rechtlich oder faktisch **versperrt**. Beispiele: nationales Verbot, ein Kradfahrzeug mit Anhänger zu verwenden (EuGH EuZW 09, 173 Rn 34 – *Kommission/Italien*), an Einzelhändler gerichtetes Importverbot für Tabakerzeugnisse (EuGH EuZW 12, 508 – *ANETT*); Gegenbeispiel: das deutsche Arzneimittelpreisrecht regelt eine Verkaufsmodalität und diskriminiert ausländische Anbieter weder unmittelbar noch mittelbar (GmS-OGB GRUR 13, 417 Rn 40 ff – *Medikamentenkauf im Versandhandel*).

b) Rechtfertigung. aa) Art 36 AEUV. Auch wenn der Anwendungsbereich 17 des Art 34 AEUV eröffnet ist, kommt eine Rechtfertigung auf der Grundlage des Art 36 AEUV unter **drei Voraussetzungen** in Betracht: **(1)** Es muss einer der ausdrücklich genannten Gründe vorliegen, die Aufzählung der Rechtfertigungsgründe in Art 36 AEUV ist abschließend. **(2)** Die Beschränkung muss dem Gebot der Verhältnismäßigkeit genügen (Beispiele in Rn 18), insoweit gilt dasselbe wie für die in *Cassis de Dijon* anerkannten zwingenden Erfordernisse (s Rn 19). **(3)** Die Beschränkung darf weder ein Mittel zur willkürlichen Diskriminierung noch eine verschleierte Beschränkung des Handels zwischen den Mitgliedstaaten darstellen. Diese in Art 36 AEUV ausdrücklich genannte Schranken-Schranke ist letztlich Ausprägung des Verhältnismäßigkeitsgebots.

Von den in Art 36 AEUV genannten Gründen, die eine Beschränkung rechtfertigen 18 können (öffentliche Sittlichkeit, Ordnung und Sicherheit, Schutz der Gesundheit von Menschen, Tieren und Pflanzen, Schutz des nationalen Kulturguts, Schutz des gewerblichen und kommerziellen Eigentums), haben vor allem die Belange des Gesundheitsschutzes und des Schutzes des geistigen Eigentums Bedeutung für das Wettbewerbsrecht. Die Lauterkeit des Wettbewerbs und der Verbraucherschutz werden in Art 36 AEUV nicht genannt und nicht vom Begriff der „öffentlichen Sittlichkeit und Ordnung" erfasst (vgl EuGH GRUR 84, 343 Rn 33 – *Prantl/Bocksbeutel*), wurden aber in der Entscheidung *Cassis de Dijon* als zwingende Erfordernisse anerkannt (s Rn 19). – Aus Gründen des **Gesundheitsschutzes** können vorbehaltlich des Verhältnismäßigkeitsgebots Kontrollmaßnahmen, Sicherheitsstandards für Produkte (vor allem für Arzneimittel), Zulassungsverfahren und Verkehrsverbote erlaubt sein (Streinz/*Schroeder* Art 36 AEUV Rn 15). Das Verbot des Versandhandels mit Arzneimitteln wurde vom EuGH nur insoweit als gerechtfertigt angesehen, als es verschreibungspflichtige Arzneimittel betraf (EuGH GRUR 04, 174 Rn 106 ff, 112 ff – *Doc Morris*; vgl auch EuGH NJW 09, 2112 – *Apothekerkammer des Saarlandes/Saarland*). Das deutsche Arzneimittelpreisrecht fällt schon nicht in den Anwendungsbereich des Art 34 AEUV, wäre aber auch im Übrigen im Interesse einer sicheren und qualitativ hochwertigen Arzneimittelversorgung gerechtfertigt (GmS-OGB GRUR 13, 417 Rn 45 f – *Medikamentenkauf im Versandhandel*). Ein ungarisches Verbot zum Vertrieb von Kontaktlinsen über das Internet ist unverhältnismäßig, weil auch über interaktive Elemente von Websites die erforderlichen Informationen gegeben werden können (EuGH GRUR 11, 243 Rn 65 ff – *Ker-Optika/ÁNTSZ*). Bestimmte Beschränkungen der Einfuhr ausländischer alkoholischer Getränke durch Private in Schweden sind zum Schutz der Gesundheit nicht einmal geeignet und daher unverhältnismäßig (EuGH EuZW 07, 401, Rn 43 ff – *Rosengren/Riksåklagaren*), der EuGH neigt damit zu einer strengen Prüfung von Beschränkungen des Handels- und Dienstleistungsverkehrs durch staatliche Monopole (*Winkelmüller/Kessler* EuZW 07, 404, 405). Das Werbeverbot des § 8 HWG für nicht zugelassene Arzneimittel hält der EuGH insoweit für unverhältnismäßig, als es auch die Versendung von Listen nicht zugelassener Arzneimittel erfasst, deren Einfuhr gem § 73 III AMG zulässig ist (EuGH GRUR 08, 264 Rn 26 – *Ludwigs-Apotheke/Juers Pharma*). Ein Genehmigungserfordernis für die Einfuhr von Knoblauchkapseln aufgrund deren vom Unionsrecht abweichender Einstufung als Arzneimittel ist unverhältnismäßig, weil vor den Gefahren des Präparats auch durch geeignete Etikettierung gewarnt werden könnte (EuGH GRUR 08, 271 Rn 92ff – *Kommission/Deutschland, Knoblauch-Extrakt-Pulver-Kapsel*). – Der ungewöhnliche Begriff „gewerbliches und kommerzielles Eigentum" umfasst sämtliche **Rechte des geistigen Eigentums**, also insbesondere das Urheberrecht mit verwandten Schutzrechten (EuGH GRUR 12, 817 Rn 32ff – *Donner*), technische Schutzrechte (Patent, Gebrauchsmuster, Sortenschutzrecht) und Kennzeichenrechte (Marken, Unternehmensbezeichnungen, Werktitel) (*Gaster* CR 05, 247, 248f; *Beater* Rn 530; *Streinz/Schroeder* Art 36 AEUV Rn 23ff). Das Lauterkeitsrecht insgesamt zählt nicht zu den Rechten des gewerblichen und kommerziellen Eigentums. Hingegen hat der EuGH **geographische Herkunftsangaben** als Rechte iSd Art 36 AEUV anerkannt, obwohl es sich um Rechte mit kollektiver Inhaberschaft handelt (EuGH GRUR Int 93, 76 – *Exportur*; zust *Beier* GRUR Int 93, 79ff). Auch das Recht am **Unternehmensgeheimnis** sollte in Anbetracht seines immaterialgüterrechtsähnlichen Charakters (s Vor § 17 Rn 4) und seines völkerrechtlichen Schutzes in Art 39 TRIPS unter Art 36 AEUV fallen (ebenso *Gaster* CR 05, 247, 248; *Beater* Rn 535). Der **lauterkeitsrechtliche Nachahmungsschutz** (§ 4 Nr 9) ist zwar im Grenzbereich von geistigem Eigentum und Lauterkeitsrecht angesiedelt (s § 4 Rn 9/12), er fällt aber jedenfalls dann nicht unter Art 36 AEUV, wenn man den Grundsatz der Nachahmungsfreiheit Ernst nimmt und Schutz nur bei Vorliegen zusätzlicher Unlauterkeitsmerkmale gewährt (ebenso EuGH GRUR Int 82, 439 – *Industrie Diensten Groep/Beele*; *Beater* Rn 536; *Köhler/Bornkamm* Einl Rn 3.33; aA *Götting/Nordemann* Einl Rn 95; *Sack* GRUR 98, 871, 874f). Im Bereich des geistigen Eigentums hat der EuGH auf der Grundlage der Art 34, 36 AEUV die Grundsätze zur **gemeinschaftsweiten Erschöpfung** entwickelt (vgl hierzu *Beier* GRUR Int 89, 603, 610ff; *Gaster* GRUR Int 00, 571ff; *Baudenbacher* GRUR Int 00, 584ff), die mittlerweile für das Markenrecht, das Geschmacksmusterrecht und das Urheberrecht kodifiziert wurden und für die auf die einschlägigen immaterialgüterrechtlichen Darstellungen verwiesen wird.

19 **bb) Zwingende Erfordernisse.** Angesichts des weiten Anwendungsbereichs, der Art 34 AEUV in der Rechtsprechung des EuGH beigemessen wurde, erwies sich die Liste der in Art 36 AEUV genannten Belange als nicht umfassend genug. Vor allem fehlen dort einige wesentliche öffentliche Interessen, die an anderer Stelle im AEUV ausdrücklich anerkannt werden, insbesondere der Schutz des unverfälschten Wettbewerbs (Protokoll Nr 27 zu den Verträgen, früher Art 3 lit g EG), der Verbraucherschutz (Art 4 lit f; 169 AEUV) und der Umweltschutz (Art 4 lit e; 191 AEUV). Es hätte nahegelegen, weitere Rechtfertigungsgründe in Analogie zu Art 30 EG zu entwickeln oder den in Art 34 AEUV genannten Belang der „öffentlichen Ordnung" weit auszulegen, doch der EuGH wählte einen anderen Weg. Im Urteil *Cassis de Dijon* (GRUR 79, 468 Rn 8) entschied der EuGH, dass **in Ermanglung einer gemeinschaftlichen Regelung** Hemmnisse für den Binnenhandel der Gemeinschaft, die sich aus den Unterschieden der nationalen Regelungen über die Vermarktung dieser Erzeugnisse ergeben, hingenommen werden müssen, soweit diese Bestimmungen notwendig sind, um **zwingenden Erfordernissen** gerecht zu werden, insbesondere den Erfordernissen einer wirksamen steuerlichen Kontrolle, des Schutzes der öffentlichen Gesundheit, der Lauterkeit des Handelsverkehrs und des Verbraucherschutzes. Damit wurden praktisch **weitere Rechtfertigungsgründe** anerkannt, die

C. Lauterkeitsrecht und Recht der Europäischen Union **Einf C UWG**

neben die in Art 36 AEUV genannten treten und ebenso wie jene dem Verhältnismäßigkeitsgebot unterliegen (*Beater* Rn 544; *Bleckmann* GRUR Int 86, 172, 177f; *Sack* GRUR Int 98, 871, 877; Streinz/*Schroeder* Art 34 AEUV Rn 74).

Es bestehen vier Voraussetzungen für eine Rechtfertigung. **20**
- **Eine abschließende unionsrechtliche Regelung muss fehlen.** Wird die Materie durch Unionsrecht geregelt, so kommt es darauf an, ob eine vollständige Harmonisierung oder lediglich die Setzung von Mindeststandards beabsichtigt ist. Im Fall einer vollständigen Rechtsangleichung (wie sie etwa für den Bereich der vergleichenden Werbung vorgenommen wurde, s Rn 34) ist den Mitgliedstaaten die Berufung auf zwingende Erfordernisse verwehrt (EuGH EuZW 02, 89 Rn 32 – *Daimler Chrysler*; EuGH GRUR 04, 174 Rn 64 – *Doc Morris*). Sofern eine Richtlinie hingegen lediglich Mindeststandards vorsieht, kann eine weitergehende nationale Beschränkung durch zwingende Erfordernisse gerechtfertigt werden, sofern sie dem Gebot der Verhältnismäßigkeit genügt. Das gilt etwa für ein Verbot der irreführenden Werbung (EuGH GRUR Int 97, 913 Rn 37 – *De Agostini*) gegenüber Gewerbetreibenden (für irreführende Verbraucherwerbung nimmt die Richtlinie über unlautere Geschäftspraktiken mittlerweile eine vollständige Harmonisierung vor, s Rn 45).
- Es liegt ein **zwingendes Erfordernis** vor. Anerkannt wurden bisher folgende Belange: wirksame steuerliche Kontrolle, Schutz der öffentlichen Gesundheit, Schutz der Lauterkeit des Handelsverkehrs, Verbraucherschutz, Jugendschutz, Umweltschutz, Schutz kultureller Belange, Schutz der Medienvielfalt, Schutz der Sozialsysteme, Schutz öffentlicher Telekommunikationsnetze (vgl Streinz/*Schroeder* Art 36 AEUV Rn 35ff mwN). Die Liste ist allerdings (im Gegensatz zu derjenigen des Art 36 AEUV) nicht abschließend. Der Differenzierung zwischen **Lauterkeits- und Verbraucherschutz** liegt der dualistische Ansatz einiger europäischer Rechtsordnungen zugrunde, die zwischen dem Schutz der Mitbewerber und dem Verbraucherschutz unterscheiden, und der mittlerweile auch in die Richtlinie über unlautere Geschäftspraktiken Eingang gefunden hat. Der EuGH unterscheidet häufig nicht scharf zwischen beiden Belangen, sondern nennt sie in einem Atemzug (Beispiel: EuGH GRUR Int 97, 913 Rn 46 – *De Agostini*; anders aber EuGH GRUR Int 86, 633 – *Miro/Genever*; zust *Beater* Rn 551) und bestimmt dabei die Maßstäbe des Lauterkeits- und Verbraucherschutzes autonom-unionsrechtlich (*Götting*/Nordemann Einl Rn 94).
- Die betreffende Regelung ist **unterschiedslos auf inländische und importierte Waren anwendbar.** Bisher nicht geklärt ist, ob auch im Fall einer unterschiedslos anwendbaren, aber mittelbar diskriminierenden Regelung eine Rechtfertigung durch zwingende Erfordernisse in Betracht kommt. Während der EuGH in einigen derartigen Fällen lediglich die in Art 36 AEUV genannten Rechtfertigungsgründe prüft (EuGH GRUR 04, 174 Rn 64 – *Doc Morris*), zieht er in anderen Entscheidungen auch bei Vorliegen einer mittelbaren Diskriminierung eine Rechtfertigung durch zwingende Erfordernisse in Betracht (EuGH GRUR Int 97, 913 Rn 42, 45 – *De Agostini*).
- Die Beschränkung muss verhältnismäßig, also zum Schutz des zwingenden Belanges geeignet, erforderlich und angemessen sein. Insoweit gelten dieselben Grundsätze wie unter Art 36 AEUV (s folgende Rn).

cc) Verhältnismäßigkeit. Das Verhältnismäßigkeitsprinzip ist ein allgemeiner **21** Grundsatz des Unionsrechts. Es gilt sowohl für die Rechtfertigungsgründe des Art 36 AEUV als auch für die Rechtfertigung durch zwingende Erfordernisse auf der Grundlage der *Cassis de Dijon*-Rechtsprechung. Der Grundsatz zerfällt in drei Elemente, von denen allerdings der EuGH teils nur die ersten beiden ausdrücklich erwähnt (EuGH EuZW 90, 97 Rn 13ff – *Wurmser*; EuGH EuZW 08, 177 Rn 42 – *Dynamic Medien/ Avides Media*; Streinz/*Schroeder* Art 36 AEUV Rn 50ff). (1) Die Maßnahme muss zur

Erreichung des berechtigten Belanges **geeignet** sein, wobei dem Mitgliedstaat ein Prognosespielraum zukommt. (2) Die Maßnahme muss **erforderlich** sein, es darf also kein ebenso zuverlässiges milderes Mittel geben. In lauterkeitsrechtlichen Fällen war eine strenge Prüfung der Erforderlichkeit für den EuGH häufig das Einfallstor für die Entwicklung eigener lauterkeitsrechtlicher Grundsätze, etwa der Entbehrlichkeit von Werbeverboten bei der Möglichkeit hinreichender Information der Verbraucher (vgl EuGH GRUR 93, 747 Rn 17 – *Yves Rocher;* GRUR Int 94, 231 Rn 22 – *Clinique; Beater* Rn 578f). Unverhältnismäßig sind ein striktes Erfordernis einer CE-Kennzeichnung für bestimmte Produkte (EuGH EuZW 13, 21 Rn 29 – *Elenca*) und eine zwingende Verpflichtung zur Lebensmittelkennzeichnung in der am Marktort gesprochenen Sprache, etwas anderes gilt aber, wenn stattdessen die Möglichkeit eröffnet wird, eine andere leicht verständliche Sprache zu verwenden (EuGH EuZW 92, 701 – *Piageme;* BGH GRUR 13, 739 Rn 29 – *Barilla*). (3) Schließlich muss die Beschränkung **angemessen** sein, die Beschränkung des Warenverkehrs muss also in einem angemessenen Verhältnis zum verfolgten Zweck stehen.

22   **3. Dienstleistungsfreiheit (Art 56 AEUV). a) Anwendungsbereich.** In direktem Zusammenhang zur Warenverkehrsfreiheit steht die in Art 56 AEUV garantierte Dienstleistungsfreiheit. **Dienstleistungen** sind nach der Legaldefinition des Art 57 I AEUV Leistungen, die in der Regel gegen Entgelt erbracht werden, sofern sie nicht den Vorschriften über den freien Waren- und Kapitalverkehr und über die Freizügigkeit der Personen unterliegen. Art 57 II AEUV nennt beispielhaft gewerbliche, kaufmännische, handwerkliche und freiberufliche Tätigkeiten. Art 56 AEUV schützt sowohl den Erbringer als auch den Empfänger grenzüberschreitender Dienstleistungen, bei denen der Leistende die Grenze überschreitet **(aktive Dienstleistungsfreiheit),** bei denen der Leistungsempfänger die Grenze überschreitet **(passive Dienstleistungsfreiheit)** oder bei der lediglich die Leistung mit Hilfe von Fernkommunikationsmitteln (Telefon, Internet) grenzüberschreitend erbracht wird **(Ferndienstleistung)** (vgl Streinz/*Müller-Graff* Art 56 AEUV Rn 31ff mwN).

23   Verboten sind Beschränkungen jeder Art, insbesondere Diskriminierungen zwischen In- und Ausländern, daneben aber – ähnlich wie im Bereich der Warenverkehrsfreiheit – alle Maßnahmen, die geeignet sind, den Dienstleistungsverkehr zwischen den Mitgliedstaaten unmittelbar oder mittelbar, aktuell oder potentiell zu behindern (Streinz/*Müller-Graff* Art 56 AEUV Rn 85). Auch unterschiedslos auf In- und Ausländer anwendbare Regelungen fallen unter Art 56 AEUV, sofern sie geeignet sind, die Tätigkeiten von Dienstleistenden, die in einem anderen Mitgliedstaat ansässig sind und dort rechtmäßig entsprechende Dienstleistungen erbringen, zu unterbinden oder anderweitig zu behindern (EuGH EuZW 00, 763 Rn 33 – *Corsten;* EuGH EuZW 03, 415 Rn 18 – *Kommission/Luxemburg,* EuGH NJW 09, 2112 Rn 22 – *Apothekerkammer des Saarlandes/Saarland*). Die Kriterien zur Abgrenzung zwischen produkt- und vertriebsbezogenen Regelungen, die der EuGH in der *Keck*-Entscheidung für die Warenverkehrsfreiheit entwickelt hat, hat er bisher nicht auf die Dienstleistungsfreiheit übertragen; in *De Agostini* hält der EuGH eine Verkaufsmodalität ohne Erörterung dieser Frage für eine rechtfertigungsbedürftige Beschränkung der Dienstleistungsfreiheit (GRUR Int 97, 913 Rn 44, 50 – *De Agostini;* unklar in diesem Punkt allerdings EuGH GRUR Int 95, 900 Rn 33ff – *Alpine Investments/Minister van Financien*). Eine Übertragung der *Keck*-Rechtsprechung wäre wegen der Wesensunterschiede zwischen Waren und Dienstleistungen allerdings auch nicht sachgerecht (*Sack* GRUR 98, 871, 874; Streinz/*Müller-Graff* Art 56 AEUV Rn 88).

24   Verbote unlauterer Wettbewerbshandlungen können die Dienstleistungsfreiheit in zweierlei Hinsicht betreffen. (1) Erstens fallen die **Erbringung grenzüberschreitender Dienstleistungen und die entsprechende Werbung** in den Schutzbereich des Art 56 AEUV. Rechtfertigungsbedürftig sind daher etwa nationale Verbote der Telefonwerbung für Wertpapiergeschäfte (EuGH GRUR Int 95, 900 Rn 21 – *Alpine*

C. Lauterkeitsrecht und Recht der Europäischen Union **Einf C UWG**

Investments/Minister van Financien), von Internet-Sportwetten (EuGH EuZW 04, 115 Rn 54 – *Gambelli*), Pferdewetten (EuGH EuZW 11, 674 – *Zeturf*) und Glücksspielen (EuGH EuZW 10, 593 – *Ladbrokes*) oder des Verkaufs ausländischer Decodiervorrichtungen, die im Inland den Zugang zu Satellitenrundfunkdiensten eröffnen (EuGH GRUR 12, 156 Rn 85 ff – *Football Association Premier League u Murphy*). (2) Zweitens stellt die **Werbung selbst** eine **Dienstleistung** dar (EuGH GRUR Int 89, 665 Rn 14, 22 – *Bond van Adverteerders*; EuGH GRUR Int 97, 913 Rn 50 – *De Agostini*; EuGH EuZW 01, 251 Rn 36 – *Gourmet International Products*). Fällt sie allerdings als unselbständige Begleiterscheinung mit dem Angebot von Waren zusammen, so tritt Art 56 AEUV gegenüber Art 34 AEUV zurück (Art 57 I AEUV; vgl auch EuGH GRUR Int 04, 626 Rn 46 – *Karner*; EuGH EuZW 05, 497 Rn 35 – *Burmanjer, Van der Linden, De Jong*; Streinz/Müller-Graff Art 56 AEUV Rn 25). Handelt es sich aber um eine abgrenzbare Tätigkeit und handelt es sich beim Anbieter der Waren und demjenigen, der die Werbung konzipiert oder verbreitet, um verschiedene Personen, so kommt Art 56 AEUV zur Anwendung. Auf die Dienstleistungsfreiheit kann sich also etwa ein Unternehmen berufen, das Werbesendungen per Funk oder Kabel übermittelt (EuGH GRUR Int 89, 665 Rn 14 – *Bond van Adverteerders*) oder das für einen ausländischen Kunden ein Werbekonzept entwirft.

b) Rechtfertigung. Abgesehen von verschiedenen ausdrücklichen Ausnahmen **25** (Art 58; 62 iVm 51; 106 AEUV) sehen die Art 56 ff AEUV keine Rechtfertigungsgründe vor, die mit den in Art 36 AEUV genannten vergleichbar sind. Doch hält der EuGH in ständiger Rechtsprechung Beschränkungen der Dienstleistungsfreiheit für gerechtfertigt, wenn **(1) keine abschließende unionsrechtliche Regelung** besteht, **(2)** die Beschränkung durch **zwingende Gründe des Allgemeininteresses** veranlasst ist, **(3)** dem **Verhältnismäßigkeitsgebot** genügt, also zur Erreichung des Ziels geeignet, erforderlich und angemessen ist und **(4)** in **nicht diskriminierender Weise** angewandt wird (EuGH GRUR Int 97, 913 Rn 52 – *De Agostini*; EuGH EuZW 04, 115 Rn 65 – *Gambelli*; Streinz/Müller-Graff Art 56 AEUV Rn 98 ff). Ebenso wie zur Warenverkehrsfreiheit sind die **Lauterkeit des Wettbewerbs** und der **Verbraucherschutz** als beachtliche Gründe des Allgemeininteresses anerkannt (EuGH GRUR Int 92, 323 Rn 14 – *Stichting Collectieve Antennevoorziening Gouda/ Commissariaat voor de Media*; EuGH GRUR Int 97, 913 Rn 53 – *De Agostini*). Auch hier differenziert der EuGH oft nicht zwischen beiden Belangen, sondern nennt sie in einem Atemzug (EuGH aaO – *De Agostini*). Beispielsweise hielt der EuGH ein niederländisches Verbot der Telefonwerbung für Wertpapiergeschäfte (in der Zeit vor Inkrafttreten der Richtlinie über den Fernabsatz bei Finanzdienstleistungen) aus Gründen des Anlegerschutzes für gerechtfertigt (EuGH GRUR Int 95, 900 Rn 46 – *Alpine Investments/Minister van Financien*). Weitere Gründe des Allgemeininteresses mit wettbewerbsrechtlicher Relevanz sind der Schutz der sittlichen, religiösen und kulturellen Besonderheiten der Sozialordnung (EuGH EuZW 04, 115 Rn 63 – *Gambelli:* Verbot von Internet-Wetten), der Schutz der Menschenwürde (EuGH EuZW 04, 753 Rn 33 ff – *Omega Spielhallen- und Automatenaufstellungs GmbH:* Verbot eines Laserdrome, in dem Tötungshandlungen simuliert werden) und der Schutz des geistigen Eigentums (EuGH GRUR Int 80, 602 Rn 15 – *Coditel/Ciné Vog*).

III. Harmonisierung durch Sekundärrecht

Literatur: *Alexander,* Die Rechtsprechung des EuGH zur Richtlinie 2005/29/EG bis zum Jahr 2012, WRP 2013, 17; *Apostolopoulos,* Neuere Entwicklungen im europäischen Lauterkeitsrecht: Problematische Aspekte und Vorschläge, WRP 2004, 841; *ders,* Einige Gedanken zur Auslegung der nationalen Generalklausel im Hinblick auf eine Vollharmonisierung des europäischen Lauterkeitsrechts, WRP 2005, 152; *ders,* Das europäische Irreführungsverbot: Liberalisierung des Marktgeschehens oder Einschränkung für die Anbieterseite?, GRUR Int 2005, 292; *Bernreuther,*

Zulässigkeit von Telefonwerbung. Das Harmonisierungskonzept der Richtlinie über unlautere Geschäftspraktiken, MMR 2012, 284; *Brömmelmeyer*, Der Binnenmarkt als Leitstern der Richtlinie über unlautere Geschäftspraktiken, GRUR 2007, 295; *Busch*, Acquis communautaire, in: Schmidt-Kessel/Schubmehl (Hrsg.), Lauterkeitsrecht in Europa, 2011, S 1; *v Danwitz*, Zur Regulierung von „product placement" bei der Novellierung der EU-Fernsehrichtlinie, AfP 2005, 417; *Glöckner*, The Scope of Application of the UCP Directive – „I Know What You Did Last Summer", IIC 2010, 570; *ders,*The Regulatory Framework for Comparative Advertising in Europe – Time for a New Round of Harmonisation, IIC 2012, 35; *Grundmann*, Die EU-Verbraucherrechte-Richtlinie, JZ 2013, 53; *Henning-Bodewig*, Die Richtlinie 2005/29/EG über unlautere Geschäftspraktiken, GRUR Int 2005, 629; *Keßler/Micklitz*, Der Richtlinienvorschlag über unlautere Praktiken im binnenmarktinternen Geschäftsverkehr, BB 2003, 2073; *Köhler*, Richtlinienumsetzung im UWG – eine unvollendete Aufgabe, WRP 2013, 403; *ders*, Verbandsklagen gegen unerbetene Telefon-, Fax- und E-Mail-Werbung: Was sagt das Unionsrecht?, WRP 2013, 567; *Lettl*, Der lauterkeitsrechtliche Schutz vor irreführender Werbung in Europa, 2004, und GRUR Int 2004, 85; *Schricker*, Die europäische Angleichung des Rechts des unlauteren Wettbewerbs – ein aussichtsloses Unterfangen?, GRUR Int 1990, 771; *ders*, Zur Werberechtspolitik der EG – Liberalisierung und Restriktion im Widerstreit, GRUR Int 1992, 347; *Schroeder/Kraus*, Das neue Lebensmittelrecht, EuZW 2005, 423; *Schünemann*, „Unlauterkeit" in den Generalklauseln und Interessenabwägung nach neuem UWG, WRP 2004, 925; *Schwab/Giesemann*, Die Verbraucherrechte-Richtlinie: Ein wichtiger Schritt zur Vollharmonisierung im Binnenmarkt, EuZW 2012, 252; *Sosnitza*, Die Richtlinie über unlautere Geschäftspraktiken – Voll- oder Teilharmonisierung?, WRP 2006, 1; *Steinbeck*, Richtlinie über unlautere Geschäftspraktiken: Irreführende Geschäftspraktiken – Umsetzung in das deutsche Recht, WRP 2006, 632; *Stender-Vorwachs/Theißen*, Die Richtlinie für audiovisuelle Mediendienste, ZUM 2007, 613; *Thress*, Die irreführende Produktvermarktung, 2011; *Twigg-Flesner*, Deep Impact? The EC Directive on Unfair Commercial Practices and Domestic Consumer Law, [2005] LQR 386; *Unger*, Die Richtlinie über die Rechte der Verbraucher – Eine systematische Einführung, ZEuP 2012, 270. S auch die Nachw zu I; zur Umsetzung der Richtlinie unlautere Geschäftspraktiken s die Nachw in Einf A vor Rn 49.

26 **1. Allgemeines.** Das **Sekundärrecht** umfasst alle Rechtsakte, die von den Organen der EU auf der Grundlage der Verträge erlassen wurden. Die **Verordnung** hat allgemeine und unmittelbare Geltung (Art 288 II AEUV), bedarf also nicht der Umsetzung. Die **Richtlinie** ist ein Instrument der indirekten Rechtssetzung (Streinz/ Schroeder Art 288 AEUV Rn 68): Adressaten sind die Mitgliedstaaten. Richtlinien sind für jeden Mitgliedstaat hinsichtlich des zu erreichenden Ziels verbindlich, überlassen jedoch den innerstaatlichen Stellen die Wahl der Form und der Mittel (Art 288 III AEUV). Die Mitgliedstaaten sind verpflichtet, Richtlinien fristgerecht umzusetzen. Geschieht das nicht, so kann die Richtlinie unmittelbare Wirkung erlangen, sofern sie inhaltlich als unbedingt und hinreichend genau erscheint (EuGH NJW 82, 499 Rn 27 – *Becker;* EuGH EuZW 99, 476 Rn 21 – *Kortas*). Zudem kann Bürgern, die aufgrund der fehlenden oder fehlerhaften Umsetzung einen Schaden erleiden, ein Schadensersatzanspruch gegen den betreffenden Mitgliedstaat zustehen (EuGH NJW 92, 165 Rn 39f – *Francovich;* EuGH NJW 96, 3141 Rn 29 – *Pauschalreise-Richtlinie*). **Entscheidungen** regeln Einzelfälle (Art 288 IV AEUV). Sie sind den Verwaltungsakten des deutschen Rechts vergleichbar und stellen eine typische Handlungsform des EG-Kartellrechts dar, haben aber für das Lauterkeitsrechts keine Bedeutung. Die Harmonisierung des Lauterkeitsrechts ist bisher weitgehend durch Richtlinien erfolgt. Sie ermöglichen es den Mitgliedstaaten, das Gemeinschaftsrecht in das jeweilige eigene System des Lauterkeitsrechts einzupassen. Allerdings ist die angleichende Wirkung einer Richtlinie im Vergleich zu einer Verordnung geringer. So hat die Umsetzung der Richtlinien über irreführende und vergleichende Werbung in Großbritannien weitgehend verhindert, dass beide Rechtsmaterien praktische Bedeutung erlangt haben (s Rn 40).

C. Lauterkeitsrecht und Recht der Europäischen Union **Einf C UWG**

Vorschriften des nationalen Rechts, die auf einer Richtlinie beruhen, sind **richtli-** 27
nienkonform und **im Licht des primären Gemeinschaftsrechts** (insbes Art 34 ff,
56 ff AEUV) **auszulegen.** Das Gebot der richtlinienkonformen Auslegung ist eine
unionsrechtliche Verpflichtung (Streinz/*Schroeder* Art 288 AEUV Rn 125). Wesentliches Hilfsmittel der Auslegung ist der **Text der Richtlinie** einschließlich der **Erwägungsgründe**, wobei die Textfassungen in sämtlichen Amtssprachen gleichermaßen verbindlich und daher zu berücksichtigen sind (EuGH EuZW 97, 345, 346 – *Ebony*; *Siems* ZEuP 01, 687, 688). Besondere Bedeutung haben neben der grammatikalischen Interpretation die teleologische und die rechtsvergleichende Auslegung (vgl *Schroeder* JuS 04, 180, 182 ff). Offene Auslegungsfragen können dem EuGH nach Maßgabe des Art 267 AEUV im **Vorabentscheidungsverfahren** vorgelegt werden (s Rn 11). Die Auslegung der Richtlinienbestimmungen durch den EuGH ist für das nationale Gericht im Ausgangsverfahren bindend, entfaltet aber darüber hinaus nach hM Bindungswirkung auch für andere Verfahren (Streinz/*Ehricke* Art 267 AEUV Rn 68 f).

2. Die Richtlinie über irreführende Werbung (1984/2006). a) Regelungs- 28
gehalt. Die Richtlinie 84/450/EWG des Rates vom 10. 9. 1984 zur Angleichung der Rechts- und Verwaltungsvorschriften der Mitgliedstaaten über irreführende Werbung (ABl L 250 v 19. 9. 1984, S 17 = GRUR Int 84, 688, neu verkündet durch die Richtlinie 2006/114/EG des Europäischen Parlaments und des Rates über irreführende und vergleichende Werbung vom 12. 12. 2006, ABl L 376 v 27. 12. 2006, S 21) stellte den ersten zaghaften Schritt zur Harmonisierung des Lauterkeitsrechts in der EU dar (vgl zu dieser Richtlinie *Köhler* GRUR Int 94, 396 ff; *Sack* GRUR Int 98, 263 ff; *Schricker* GRUR Int 90, 112, 114 ff, 120 ff; Harte/Henning/*Glöckner* Einl B Rn 9 ff). Die Richtlinie definiert in Art 2 die Begriffe „Werbung" und „irreführende Werbung", nennt Kriterien, die bei der Beurteilung der Irreführungseignung zu berücksichtigen sind (Art 3) und verpflichtet die Mitgliedstaaten, geeignete und wirksame Möglichkeiten zur Bekämpfung der irreführenden Werbung vorzusehen (Art 5 I = Art 4 I aF). Bei der Wahl des rechtlichen Instrumentariums lässt die Richtlinie den Mitgliedstaaten aber einigen Spielraum: Personen oder Organisationen, die nach nationalem Recht ein Interesse an der Bekämpfung irreführender Werbung haben, müssen die Möglichkeit erhalten, entweder selbst gerichtlich gegen die irreführende Werbung vorzugehen oder den Fall vor eine Verwaltungsbehörde zu bringen, die entweder selbst hierüber entscheiden oder ihrerseits gerichtliche Schritte einleiten kann (Art 5 I 2); dieser Rechtsschutz kann durch ein System der freiwilligen Selbstkontrolle ergänzt werden (Art 6). Die Gerichte oder Behörden müssen die Möglichkeit haben, eine Beweislastumkehr vorzusehen, wenn dies „unter Berücksichtigung der berechtigten Interessen des Werbenden und anderer Verfahrensbeteiligter im Hinblick auf die Umstände des Einzelfalls angemessen erscheint" (Art 7 lit a). Den Mitgliedstaaten bleibt die Möglichkeit, strengere Bestimmungen zur Bekämpfung der vergleichenden Werbung zu erlassen (Art 8 I), die Richtlinie setzt also nur einen Mindeststandard.

b) Änderungen. Die Richtlinie von 1984 wurde 1997 um Vorschriften über die 29 vergleichende Werbung ergänzt (s Rn 34). Eine weitere wesentliche Änderung erfolgte durch die Richtlinie über unlautere Geschäftspraktiken von 2005 (s Rn 43): Während sich die Richtlinie von 1984 ausdrücklich zur Schutzzwecktrias, also zum Schutz der Verbraucher, der Gewerbetreibenden und der Allgemeinheit bekannte (Art 1), regelt die Richtlinie seit 2005 nunmehr den Schutz vor irreführender Werbung im Geschäftsverkehr zwischen Gewerbetreibenden und Verbrauchern („B2C") abschließend und bezweckt dabei eine vollständige Harmonisierung, die den Mitgliedstaaten keinen Spielraum mehr für strengere Regelungen lässt. Der Anwendungsbereich der Richtlinie von 1984 wurde durch Art 14 der Richtlinie über unlautere Geschäftspraktiken auf den Geschäftsverkehr unter Gewerbetreibenden („B2B") beschränkt. 2006 wurde die Richtlinie über irreführende und vergleichende Werbung in inhaltlich weitgehend unveränderter Form neu als Richtlinie 2006/114/EG verkündet (s Rn 28).

30 **c) Wirkung und Umsetzung.** Die harmonisierende Wirkung der Richtlinie blieb gering, da sie den Begriff der Irreführung nur sehr vage definiert, bei der Wahl des rechtlichen Instrumentariums einen weiten Gestaltungsspielraum lässt und strengere Bestimmungen der Mitgliedstaaten zulässt (vgl *Schricker* GRUR Int 90, 112 ff; *Keilholz* GRUR Int 87, 390 ff; Harte/Henning/*Glöckner* Einl B Rn 33 f). Immerhin führte die Rechtsprechung des EuGH zu einer gewissen Konkretisierung (EuGH GRUR Int 91, 215 – *Pall/Dallhausen;* EuGH GRUR Int 93, 951 – *Nissan;* EuGH GRUR Int 94, 231 – *Clinique;* dazu *Köhler* GRUR Int 94, 396 ff; *Sack* GRUR Int 98, 263 ff). Die Bundesregierung sah für das deutsche Recht in Anbetracht des § 3 aF zunächst keinen Umsetzungsbedarf. § 5 des UWG von 2004 lehnte sich enger an die Richtlinie an, wurde aber in der UWG-Reform 2008 an Art 6 der Richtlinie über unlautere Geschäftspraktiken (Rn 43, 54) angeglichen.

31 **3. Die Richtlinie über audiovisuelle Mediendienste (Fernsehrichtlinie) (1989/2007/2010). a) Regelungsgehalt.** Die Richtlinie 89/552/EWG des Rates zur Koordinierung der Rechts- und Verwaltungsvorschriften der Mitgliedstaaten über die Ausübung der Fernsehtätigkeit (ABl L 298 v 17.10.1989, geändert 1997: ABl L 202 v 30.7.1997), die 2007 durch Richtlinie 2007/65/EG (ABl L 332 v 18.12.2007, S 27) neu gefasst (s Rn 33) und 2010 durch Richtlinie 2010/13/EU (Richtlinie v 10.3.2010 zur Koordinierung bestimmter Rechts- und Verwaltungsvorschriften der Mitgliedstaaten über die Bereitstellung audiovisueller Mediendienste, ABl L 95 S 1) kodifiziert wurde, verfolgt einen **medienspezifischen Ansatz.** Sie betrifft lediglich audiovisuelle Mediendienste (Art 1 lit a; 2), insbesondere Fernsehsendungen. Andererseits ist sie nicht auf das Lauterkeitsrecht beschränkt, sondern enthält auch Vorschriften für das Programm. Daneben ordnet die Richtlinie für audiovisuelle Mediendienste das Herkunftslandprinzip (auch „Sendestaatprinzip", vgl *Baudenbacher* EuZW 98, 391, 394; *Keßler/Micklitz* BB 03, 2073, 2077) an (näher hierzu Rn 70). Für die Fernsehwerbung, das Sponsoring, das Teleshopping und die Produktplatzierung regelt die Richtlinie folgende Aspekte:
– Gebot der Erkennbarkeit von kommerzieller Kommunikation und Verbot der Schleichwerbung (Art 9 I lit a), Gebot der Trennung von Werbung und Programm, (Art 19),
– Verbot der subliminalen Werbung (Art 9 I lit b),
– Verbot der Menschenwürdeverletzung, der Diskriminierung nach Rasse, Geschlecht oder Nationalität, der Verletzung religiöser oder politischer Überzeugungen, der Förderung gesundheits- und umweltgefährdender Verhaltensweisen (Art 9 I lit c),
– Verbot der Tabakwerbung (Art 9 I lit d),
– Einschränkung der Werbung für Alkoholika (Art 9 I lit e, 22) und Arzneimittel (Art 9 I lit f, 21),
– Schutz Minderjähriger (Art 9 I lit g),
– Regelungen über Sponsoring und die Produktplatzierung (Art 10 f, näher hierzu Rn 33),
– Regelungen zum Teleshopping (Art 19 ff).

32 **b) Änderungen.** Während sich die Änderung von 1997, abgesehen von der Einfügung von Vorschriften zum Teleshopping, auf Fernsehwerbung kaum ausgewirkt hat, führte die Neufassung der Richtlinie von 2007 nicht nur zu einer Erweiterung des Anwendungsbereichs auf sämtliche audiovisuellen Mediendienste, sondern auch zu einer Liberalisierung (vgl *v Danwitz* AfP 2005, 417; *Stender-Vorwachs/Theißen* ZUM 07, 613). War die **Produktplatzierung** nach der ursprünglichen Fassung der Richtlinie noch verboten, wurde 2007 das grundsätzliche Verbot (Art 11 II) durch zwei weitreichende Ausnahmen eingeschränkt (Art 11 III lit a). Demnach ist die Platzierung von Produkten in Kinofilmen, Fernsehfilmen und -serien, Sportsendungen und Sendungen der leichten Unterhaltung erlaubt, ausgenommen sind Kindersendungen. Generell erlaubt ist die Produktplatzierung, wenn kein Entgelt geleistet wird, sondern lediglich Waren oder Dienstleistungen kostenlos zur Verfügung gestellt werden (Art 11 III lit b). Allerdings bestehen gewisse Bedingungen, vor allem müssen die Zuschauer eindeutig auf die Produktplatzierung hingewiesen werden. Eine ähnliche Erlaubnis mit Informationspflicht gilt für das **Sponsoring** (Art 10). Mit der Neuverkündung der Richtlinie 2010 änderte sich die Nummerierung der Bestimmungen.

c) **Umsetzung.** Die Richtlinie wurde in Deutschland im Rundfunkstaatsvertrag 33 und im Jugendmedienschutz-Staatsvertrag umgesetzt, deren Bestimmungen sich über den Rechtsbruchtatbestand (§ 4 Nr 11) wettbewerbsrechtlich auswirken können (s § 4 Rn 11/302; Köhler/Bornkamm Einf Rn 3.50).

4. Die Richtlinie über vergleichende Werbung (1997/2006). a) Regelungs- 34 **gehalt.** Abgesehen von den medienspezifischen Regelungen der Fernsehrichtlinie stellte die Richtlinie 97/55/EG des Europäischen Parlaments und des Rates zur Änderung der Richtlinie 84/450/EWG über irreführende Werbung zwecks Einbeziehung der vergleichenden Werbung (**WerbeRL,** ABl L 290 v 23.10.1997, S 18 = GRUR Int 97, 985, neu verkündet durch die Richtlinie 2006/114/EG des Europäischen Parlaments und des Rates über irreführende und vergleichende Werbung vom 12.12.2006, ABl L 376 v 27.12.2006, S 21) den zweiten Schritt zu einer europäischen Harmonisierung des Lauterkeitsrechts dar. Die Richtlinie ergänzt die Richtlinie über irreführende Werbung von 1984 um eine Bestimmung, die vergleichende Werbung definiert und einen Katalog von Kriterien aufstellt, unter denen Werbevergleiche als zulässig gelten (Art 4, näher hierzu § 6 Rn 8f). Weniger deutlich bringt die Richtlinie zum Ausdruck, dass vergleichende Werbung im Übrigen verboten ist, doch ist mittlerweile anerkannt, dass die Richtlinie eine vollständige Harmonisierung bezweckt (s § 6 Rn 8). Die Mitgliedstaaten dürfen keine strengeren Bestimmungen über vergleichende Werbung vorsehen (Art 8 II), aus dem Regelungszusammenhang der Richtlinie ergibt sich aber zugleich, dass sie auch keine liberalere Beurteilung von Werbevergleichen vornehmen dürfen. Die übrigen Bestimmungen der Richtlinie von 1984 wurden im Wesentlichen nur sprachlich an den neuen Regelungsgegenstand angepasst.

b) **Änderung.** Bei Ergänzung der Richtlinie von 1984 um Vorschriften über ver- 35 gleichende Werbung wurde die ursprüngliche Schutzzwecktrias (Art 1) unverändert beibehalten. Durch Art 14 der Richtlinie über unlautere Geschäftspraktiken wurde 2005 der Schutzzweck der Richtlinie über irreführende und vergleichende Werbung aber auf Schutz von Gewerbetreibenden beschränkt. Werbevergleiche, die irreführend sind oder eine Verwechslungsgefahr hervorrufen, sind nunmehr bei Irreführung von Verbrauchern nach der Richtlinie von 2005 und bei Irreführung von Gewerbetreibenden nach der Richtlinie von 1984/1997 zu beurteilen. Zudem wurde der Kriterienkatalog des Art 3a geringfügig geändert. Vor allem wurde das Verbot des Werbevergleichs, der zu Verwechslungen führt, neu gefasst (Art 3 I lit h) und ausdrücklich auf das Hervorrufen einer Verwechslungsgefahr erweitert. 2006 wurde die Richtlinie über irreführende und vergleichende Werbung in inhaltlich weitgehend unveränderter Form neu als Richtlinie 2006/114/EG verkündet (s Rn 34).

c) **Umsetzung.** Die Bestimmungen über die vergleichende Werbung werden im 36 deutschen Recht durch § 6 umgesetzt. Die Definition des Art 2c entspricht § 6 I, der Katalog der Zulässigkeitskriterien des Art 4 findet sich in § 6 II. Die zahlreichen Unklarheiten der Richtlinie, die bei der Kommentierung des § 6 dargestellt werden, haben im deutschen Recht zu einer großen Anzahl von Urteilen und literarischen Stellungnahmen geführt, die zur praktischen Bedeutung der vergleichenden Werbung außer Verhältnis stehen dürfte. In anderen Mitgliedstaaten, etwa in Großbritannien, haben die zur Umsetzung der Richtlinie erlassenen Vorschriften hingegen kaum praktische Bedeutung erlangt. Der EuGH hatte schon mehrfach Gelegenheit, zur Auslegung der Richtlinie Stellung zu nehmen (vgl Kommentierung des § 6).

37 **5. Die Fernabsatzrichtlinie (1997), die Richtlinie über den Fernabsatz von Finanzdienstleistungen (2002) und die Richtlinie über die Rechte der Verbraucher (2011). a) Von der Fernabsatzrichtlinie zur Richtlinie über die Rechte der Verbraucher.** Die **Richtlinie** 2011/83/EU vom 25.10.2011 über die **Rechte der Verbraucher** (ABl L 304 v 22.11.2011, S 64) löst mit Wirkung vom 13.6.2014 die **Fernabsatzrichtlinie** (Richtlinie 97/7/EG des Europäischen Parlaments und des Rates vom 20.5.1997 über den Verbraucherschutz bei Vertragsabschlüssen im Fernabsatz, ABl L 144 v 4.6.1997, S 19) und die Haustürwiderrufsrichtlinie (Richtlinie 85/577/EWG des Rates vom 20. Dezember 1985 betreffend den Verbraucherschutz im Falle von außerhalb von Geschäftsräumen geschlossenen Verträgen, ABl L 372 v 31.12.1985, S 31) ab. Während die bisherigen Richtlinien nur einen Mindeststandard setzten, bewirkt die Richtlinie von 2011 eine vollständige Harmonisierung. Die Richtlinie betrifft nach der Systematik des deutschen Rechts größtenteils den schuldrechtlichen Verbraucherschutz. Geregelt werden Informationspflichten, das Widerrufsrecht des Verbrauchers bei Fernabsatz- und Haustürgeschäften und die Rechte des Verbrauchers bei der Zusendung unbestellter Waren. Diese Richtlinienbestimmungen wurden im Rahmen der Schuldrechtsreform ins BGB integriert (§§ 241a; 312b ff BGB). Art 10 der Fernabsatzrichtlinie, der ein Verbot der Werbung unter Verwendung von automatischen Anrufmaschinen und der Telefaxwerbung ohne Einwilligung des Beworbenen und der Werbung mit Hilfe von Fernkommunikationsmitteln im Fall einer offenkundigen Ablehnung durch den Verbraucher enthielt, war durch Art 13 der E-Datenschutzrichtlinie weitgehend obsolet geworden (s § 7 Rn 12) und ist in der Richtlinie über Rechte der Verbraucher nicht mehr enthalten.

38 **b) Finanzdienstleistungen.** Der Fernabsatz von Finanzdienstleistungen ist gem. Art 3 III lit d vom Geltungsbereich der Richtlinie über Verbraucherrechte ausgenommen. Er ist speziell in der Richtlinie 2002/65/EG des Europäischen Parlaments und des Rates vom 23.9.2002 über den Fernabsatz von Finanzdienstleistungen an Verbraucher (ABl L 271 v 9.10.2002, S 16) geregelt. Inhaltlich entspricht die Richtlinie weitgehend der Richtlinie über die Rechte der Verbraucher: Geregelt werden Informations- und Auskunftspflichten, das Widerrufsrecht des Verbrauchers und die Erbringung unaufgeforderter Dienstleistungen. Art 10 der Richtlinie sieht nur für die Werbung mittels automatischer Anrufmaschinen und Telefaxgeräten ein striktes Einwilligungserfordernis vor, lässt im Übrigen, also auch hinsichtlich der E-Mail-Werbung, den Mitgliedstaaten aber einen Gestaltungsspielraum. Diese Bestimmung tritt teilweise hinter Art 13 der EK-Datenschutzrichtlinie zurück (s § 7 Rn 12).

38a **6. Die Preisangabenrichtlinie (1998).** Die **Richtlinie** 98/6/EG des Europäischen Parlaments und des Rates vom 16.2.1998 **über den Schutz der Verbraucher bei der Angabe der Preise der ihnen angebotenen Erzeugnisse** (ABl L 80 v 18.3.1998, S 27) verpflichtet die Mitgliedstaaten, die Angabe des Verkaufspreises und des Preises je Maßeinheit (Art 1) vorzuschreiben. Die Verpflichtung zur Angabe von Grundpreisen wurde im deutschen Recht in § 2 PAngV übernommen.

39 **7. Die Richtlinie über Unterlassungsklagen (1998).** Die **Richtlinie** 98/27/EG des Europäischen Parlaments und des Rates vom 19.3.1998 **über Unterlassungsklagen zum Schutz der Verbraucherinteressen** (ABl L 166 v 11.6.1998, S 51) verpflichtet die Mitgliedstaaten, in ihrem nationalen Recht die Möglichkeit von **Unterlassungsklagen** bei Verletzung bestimmter im Anhang aufgeführter Richtlinien aus dem Bereich des Verbraucherschutzes (zB Richtlinie über unlautere Geschäftspraktiken, Fernsehrichtlinie, Richtlinie über missbräuchliche Klauseln in Verbraucherverträgen, Fernabsatzrichtlinie, Dienstleistungsrichtlinie) vorzusehen. Klagebefugt sind „qualifizierte Einrichtungen", zu denen Verbraucherschutzbehörden und Verbraucherschutzorganisationen gehören können. Damit lässt die Richtlinie den Mitgliedstaaten die **Wahl** zwischen einem **Behördenmodell**, einem **rein zivilrechtlichen Modell** und einer Kombination beider (so ausdrücklich Egrd 10). Die Richtlinie wurde in Deutschland durch das UKlaG umgesetzt, das für das Lauterkeitsrecht durch § 8 III ergänzt wird. Mittlerweile ist neben die Richtlinie von 1998 die Verordnung über Zusammenarbeit im Verbraucherschutz von 2004 (Rn 42) getreten, die stärker auf ein Behördenmodell abstellt.

8. Die Richtlinie über den elektronischen Geschäftsverkehr (2000). Die 40
Richtlinie 2000/31/EG des Europäischen Parlaments und des Rates über bestimmte rechtliche Aspekte der Informationsgesellschaft, insbesondere des elektronischen Geschäftsverkehrs, im Binnenmarkt vom 8.6.2000 (ABl L 178 v 17.7.2000, S 1), oft auch in der Sprache des Internet als **E-Commerce-Richtlinie** bezeichnet, verfolgt ebenso wie die Fernsehrichtlinie von 1989 einen medienspezifischen Ansatz. Ihr hauptsächliches Anliegen besteht darin, den freien Verkehr von Informationen im Binnenmarkt zu gewährleisten (Art 1 I). Zu diesem Zweck führt sie das Herkunftslandprinzip in einer Form ein, die im Vergleich zur Fernsehrichtlinie weit radikaler ist, weil sie sich nicht nur auf die durch die Richtlinie angeglichenen Rechtsgebiete, sondern auf nahezu sämtliche Rechtsvorschriften für die Tätigkeit von Internet-Anbietern erstreckt (näher hierzu Rn 71). Im Übrigen regelt die Richtlinie schwerpunktmäßig Informationspflichten (Art 5, 6), den Vertragsschluss im Internet (Art 9ff) und sieht Haftungsprivilegien für Diensteanbieter vor (Art 12ff). Art 7 verpflichtet die Mitgliedstaaten, die Beachtung von „Robinson-Listen" zu gewährleisten, in die sich Personen eintragen können, die keine kommerziellen Kommunikationen per Internet zu erhalten wünschen. In Deutschland wurde die Richtlinie teils im BGB, teils im TMG und anderen medienspezifischen Gesetzen umgesetzt.

9. Die EK-Datenschutzrichtlinie (2002). Während nach deutschem Rechts- 41
verständnis der Schutz vor belästigender Werbung Aufgabe des Lauterkeitsrechts ist (§ 7), handelt es sich nach der Systematik des Unionsrechts um einen Aspekt des Schutzes der Privatsphäre, der eng mit dem Datenschutz zusammenhängt. Aus diesem Grund verbietet die Richtlinie über unlautere Geschäftspraktiken die belästigende Werbung nicht als solche (vgl Egrd 7), sondern nur Belästigungen, die die Entscheidungsfreiheit des Verbrauchers beeinträchtigen (vgl insb Ziff 26 Anh I). Hingegen werden die Mitgliedstaaten zum Schutz vor belästigender Werbung durch Einsatz von Fernkommunikationsmedien durch **Art 13** der **Datenschutzrichtlinie für elektronische Kommunikation** (Richtlinie 2002/58/EG des Europäischen Parlaments und des Rates vom 12.7.2002 über die Verarbeitung personenbezogener Daten und den Schutz der Privatsphäre in der elektronischen Kommunikation, ABl L 201 v 31.7.2002, S 37) verpflichtet, die im Übrigen den Datenschutz im Bereich des elektronischen Geschäftsverkehrs regelt. Die Bestimmung verpflichtet die Mitgliedstaaten dazu, Werbung unter Einsatz von automatischen Anrufmaschinen, Telefax und E-Mail ohne Einwilligung des Adressaten zu verbieten, räumt hinsichtlich der Werbung mittels individueller Telefonanrufe den Mitgliedstaaten aber die Wahl zwischen einem Opt in- und einem Opt out-Modell ein. Art 13 der EK-Datenschutzrichtlinie wird ins deutsche Recht durch § 7 umgesetzt und wird im Zusammenhang mit dieser Norm erläutert (§ 7 Rn 10).

10. Die Verordnung über Zusammenarbeit im Verbraucherschutz (2004). 42
Die Verordnung (EG) Nr 2006/2004 des Europäischen Parlaments und des Rates vom 27.10.2004 über die Zusammenarbeit zwischen den für die Durchsetzung der Verbraucherschutzgesetze zuständigen nationalen Behörden (ABl L 364 v 9.12.2004,

S 1) soll die Tätigkeit der nationalen Verbraucherschutzbehörden innerhalb der EU koordinieren. Die Mitgliedstaaten sind verpflichtet, nach Inkrafttreten der Verordnung am 29.12.2005 der Kommission zuständige Behörden und eine Koordinierungsstelle zu benennen (Art 4 I); die Kommission erstellt auf dieser Grundlage ein Verzeichnis. Der zuständigen Behörde werden Auskunfts- Ermittlungs- und Durchsetzungsbefugnisse einzurichten in Fällen innergemeinschaftlicher grenzüberschreitender Verstöße eingeräumt (Art 4 III, VI, VII). Zudem ist ein Informationsaustausch zwischen den zuständigen nationalen Behörden vorgesehen (Art 6–8). Die Verordnung ist auf das **Behördenmodell** zugeschnitten, das in den meisten EU-Mitgliedstaaten besteht, und passt schlecht zum rein zivilrechtlichen Modell des deutschen Lauterkeitsrechts. Die Verordnung verpflichtet die Mitgliedstaaten zwar nicht ausdrücklich zur Einrichtung einer Verbraucherschutzbehörde einzurichten und lässt die Richtlinie über Unterlassungsklagen von 1998 unberührt (Art 2 V). Andererseits betont die Präambel aber die Notwendigkeit eines gemeinschaftsweiten Netzes von Durchsetzungsbehörden (Egrd 6), während von einer Wahlmöglichkeit zwischen verschiedenen Modellen nicht mehr die Rede ist. Der deutsche Gesetzgeber hat davon abgesehen, eine allgemeine Verbraucherschutzbehörde einzurichten (für eine mittelbare Verpflichtung zur Einrichtung einer solchen Behörde *Henning-Bodewig*, FS Schricker, 2005, S 709, 713f), sondern hat lediglich in § 2 des **EG-Verbraucherschutzdurchsetzungsgesetzes (VSchDG)** verschiedene Behörden, insbesondere das **Bundesamt für Verbraucherschutz und Lebensmittelsicherheit,** als zuständige Koordinationsbehörden benannt. Abweichend von dem im deutschen Recht herrschenden Modell der rein zivilrechtlichen Rechtsdurchsetzung haben die zuständigen Behörden nicht nur Ermittlungsbefugnisse, sondern können auch die Unterlassung oder Beseitigung innergemeinschaftlicher Verstöße anordnen (§ 5 I Nr 1 VSchDG).

43   **11. Die Richtlinie über unlautere Geschäftspraktiken (2005). a) Überblick.** Die Richtlinie des Parlaments und des Rates vom 11.5.2005 über unlautere Geschäftspraktiken (2005/29/EG) (**UGP-RL,** ABl L 149 v 11.6.2005, S 22 = GRUR Int 05, 569) stellt den bisher größten Schritt zur Harmonisierung des Lauterkeitsrechts innerhalb der EU dar. Zugleich weicht sie aber von dem Ansatz ab, den die Kommission mit den Richtlinien über irreführende Werbung und über vergleichende Werbung verfolgt hat: Die UGP-RL untersteht nicht mehr der Schutzzwecktrias, sondern ist **nur** auf den **Geschäftsverkehr zwischen Gewerbetreibenden und Verbrauchern („B2C")** anwendbar und dient damit nur noch dem Verbraucherschutz. Dementsprechend wird der Anwendungsbereich der Irreführungsrichtlinie 84/450/EWG auf den Schutz der Mitbewerber beschränkt (Art 14 I, krit die Stellungnahmen der Deutschen Vereinigung, GRUR 04, 215ff, und des MPI/*Henning-Bodewig* GRUR Int 03, 926ff, und *Gamerith* WRP 05, 391, 413ff, 427; *Glöckner* WRP 04, 936, 938; *Köhler/Lettl* WRP 03, 1019, 1033; aA *Keßler/Micklitz* BB 03, 2073, 2074). Zwar wird in der Präambel ausdrücklich anerkannt, dass der Verbraucherschutz im Wettbewerb mittelbar auch die Interessen der Mitbewerber schützt (Egrde 6, 8), doch bleiben die Mitgliedstaaten frei, den unmittelbaren Schutz der Interessen der Mitbewerber autonom, wenn auch in Einklang mit den Grundfreiheiten, zu regeln.

44   Die UGP-RL schützt den Verbraucher lediglich vor solchen Geschäftspraktiken, die sich **nachteilig auf seine rationale Marktentscheidung** auswirken (Egrde 7, 14; Art 5 II lit b). Dabei knüpft sie an das **Verbraucherleitbild** an, das der EuGH in seiner Rechtsprechung entwickelt hat, betont aber stärker als das bisherige Unionsrecht, dass auf die jeweils angesprochenen Verkehrskreise abzustellen ist (s Rn 52). Die freie und effiziente Verbraucherentscheidung wird nach dem Konzept der Richtlinie vorwiegend durch zwei Typen unlauterer Praktiken beeinflusst, nämlich durch **Irreführungen** und durch die Beeinträchtigung der Entscheidungsfreiheit durch **aggressive Praktiken.** Die Richtlinie regelt anders als das deutsche UWG (§ 7) nicht den Schutz der Verbraucher vor Belästigungen als solchen. Egrd 7 nennt das Ansprechen auf der Straße als eine

„Frage der guten Sitten und des Anstandes", den die Mitgliedstaaten in Einklang mit ihren kulturellen Anschauungen unabhängig von der Richtlinie regeln dürfen.

Die Richtlinie bewirkt eine **vollständige Harmonisierung** (EuGH GRUR 09, 45 599 Rn 52 – *VTB-VAB/Total Belgium;* EuGH GRUR 11, 76 Rn 30 – *Mediaprint; Henning-Bodewig* GRUR Int 05, 629, 630; diff *Sosnitza* WRP 06, 1, 3 ff). Während gem Art 7 I der Irreführungsrichtlinie 84/450/EWG die Mitgliedstaaten strengere Vorschriften zur Bekämpfung der irreführenden Werbung vorsehen dürfen, schließt die Richtlinie für den B2C-Bereich strengere oder restriktivere nationale Regelungen aus, räumt aber für die Abschaffung solcher Bestimmungen eine, mittlerweile allerdings abgelaufene Übergangsfrist ein, die im Rahmen der nach Art 18 vorgesehenen Überprüfung der Richtlinie noch verlängert werden kann (Art 3 V). Nationale Verbote, die weder auf der „schwarzen Liste" beruhen noch eine konkrete Beeinflussung des Verbraucherverhaltens voraussetzen, können daher gegen die UGP-RL verstoßen (so für das belgische Kopplungsverbot EuGH GRUR 09, 599 – *VTB-VAB/ Total Belgium;* für § 4 Nr 6 UWG EuGH GRUR 10, 244 – *Plus Warenhandelsgesellschaft,* s § 4 Rn 6/2; für das Zugabeverbot des früheren § 9a öst UWG EuGH GRUR 11, 76 – *Mediaprint*).

Für die **Rechtsfolgen** unlauterer Geschäftspraktiken sehen Art 11ff UGP-RL 46 Regelungen vor, die weitgehend denjenigen der Irreführungsrichtlinie 84/450/ EWG entsprechen. Insbesondere bleibt den Mitgliedstaaten die Wahl zwischen einem Behördenmodell und einem Modell, das auf zivilrechtliche Ansprüche, verbunden mit einer Verbandsklagebefugnis, setzt (Art 11 I) (*Gamerith* WRP 05, 391, 403; *Henning-Bodewig* GRUR Int 05, 629, 633, s aber Rn 42). Nach wie vor kann der nationale Gesetzgeber über den Kreis der Anspruchsberechtigten entscheiden („Personen oder Organisationen, die nach dem nationalen Recht ein berechtigtes Interesse an der Bekämpfung unlauterer Geschäftspraktiken haben"), die Richtlinie zwingt nicht zur Einführung einer individuellen Verbraucherklage (*Gamerith* aaO; *Köhler/Lettl* WRP 03, 1019, 1047; *Veelken* WRP 04, 1, 27; aA *Berlit* RIW 05, erste Seite). Die Mitgliedstaaten sind verpflichtet, Sanktionen vorzusehen, die wirksam, verhältnismäßig und abschreckend sind (Art 13). Allerdings zeigt die englische Fassung dieser Bestimmung, in der anders als im deutschen und französischen Text nicht von „sanctions", sondern von „penalties" die Rede ist, dass der Kommission wohl in erster Linie strafrechtliche Rechtsfolgen vor Augen standen.

b) Anwendungsbereich. Die Richtlinie gilt für **unlautere Geschäftsprakti-** 47 **ken zwischen Unternehmern und Verbrauchern** (Art 3 I). **Geschäftspraktiken** sind nach der Definition des Art 2 lit d alle Verhaltensweisen eines Gewerbetreibenden, die unmittelbar mit der Absatzförderung, dem Verkauf oder der Lieferung eines Produkts an Verbraucher zusammenhängen (näher hierzu § 2 Rn 4 ff). Dazu gehören die Werbung und andere Maßnahmen der Verkaufsförderung wie die Wertreklame oder Gewinnspiele (vgl hierzu die Sonderregelungen in Anh I Nr 16, 19, 20, 31). Abgrenzungsschwierigkeiten bestehen allerdings im Bereich der allgemeinen Imagewerbung. Die Selbstdarstellung eines Unternehmens in Jahresberichten und Unternehmensprospekten soll laut Egrd 7 nicht in den Anwendungsbereich der Richtlinie fallen. Je eher aber eine Selbstdarstellung eines Unternehmens zugleich Produktwerbung ist, desto eher ist der Anwendungsbereich der Richtlinie eröffnet. So fällt das Sponsoring dann in den Anwendungsbereich der Richtlinie, wenn es von den angesprochenen Verkehrskreisen zumindest auch als Werbung für bestimmte Produkte verstanden wird, was etwa beim Sponsoring einer Sportveranstaltung durch eine Brauerei regelmäßig der Fall ist (aA *Henning-Bodewig* GRUR Int 05, 629, 630: als mittelbar der Absatzförderung dienende Maßnahme außerhalb des Anwendungsbereichs). Im Gegensatz zum deutschen UWG erfasst die Richtlinie auch unlautere Geschäftspraktiken nach Vertragsschluss (näher hierzu Einf D Rn 66 und § 2 Rn 23).

Ohly

48   **Verbraucher** ist jede natürliche Person, die zu Zwecken handelt, die nicht ihrer gewerblichen, handwerklichen oder beruflichen Tätigkeit zugerechnet werden können (Art 2 lit a, näher hierzu § 2 Rn 94ff). Diese Definition findet sich bereits in zahlreichen anderen verbraucherschützenden Richtlinien und entspricht (abgesehen davon, dass sie auch die unselbständige Berufstätigkeit erfasst) § 13 BGB, auf den § 2 II UWG verweist. Dementsprechend ist **Gewerbetreibender** jede natürliche oder juristische Person, die im Rahmen ihrer gewerblichen, handwerklichen oder beruflichen Tätigkeit oder im Namen oder Auftrag eines Gewerbetreibenden handelt (Art 2 lit b, entspricht weitgehend § 14 BGB).

49   Ausdrücklich vom Anwendungsbereich der Richtlinie **ausgenommen** sind das Vertragsrecht (Art 3 II), Vorschriften über Gesundheits- und Sicherheitsaspekte von Produkten (Art 3 III), das internationale Zivilprozessrecht (Art 3 VII), berufsständische Regelungen (Art 3 VIII), Vorschriften über den Immobilienhandel und Finanzdienstleistungen (Art 3 IV) und das Recht des geistigen Eigentums (Egrd 9). Treffen die Bestimmungen der Richtlinie mit anderen gemeinschaftsrechtlichen Rechtsvorschriften zusammen, die besondere Aspekte unlauterer Geschäftspraktiken regeln, so tritt die Richtlinie nach der **Subsidiaritätsklausel** des Art 3 IV zurück.

50   c) **Unlautere Geschäftspraktiken sind verboten (Art 5 I).** Mit dieser knappen Bestimmung wird erstmals eine wettbewerbsrechtliche Generalklausel ins Gemeinschaftsrecht eingeführt (zu deren Notwendigkeit bereits *Schricker/Henning-Bodewig* WRP 01, 1367, 1378; *Geis,* FS Tilmann, 131, 139), wenn auch nur für den Geschäftsverkehr zwischen Unternehmern und Verbrauchern. Für die Unlauterkeit bestehen **zwei kumulativ geltende Voraussetzungen: (1)** Die Praxis muss den **Erfordernissen der beruflichen Sorgfaltspflicht widersprechen** (Art 5 II lit a und Art 2 lit h, dazu *Köhler* WRP 12, 22ff) und **(2)** dazu **geeignet** sein, das **Verbraucherverhalten wesentlich zu beeinflussen** (Art 5 II lit b). Die Generalklausel wird durch die Verbote irreführender Geschäftspraktiken (Art 6, 7) und aggressiver Geschäftspraktiken (Art 8, 9) und die in Anhang I in einer „schwarzen Liste" aufgeführten 31 Praktiken (s Rn 53) konkretisiert. Praktisch bietet sich folgende, vom Speziellen zum Allgemeinen fortschreitende **Prüfungsreihenfolge** an (*Gamerith* WRP 05, 391, 415; *Henning-Bodewig* GRUR Int 05, 629, 631; *Twigg-Flesner* [2005] LQR 386): Prüfung **(1)** der „schwarzen Liste" des Anhangs I, **(2)** der konkreten Verbote der Art 6–9, **(3)** der Generalklausel (Art 5).

51   Die Koppelung der Unlauterkeit an die beruflichen Sorgfaltspflichten wird aus zwei Gründen zu Recht kritisiert (vgl Stellungnahme der Deutschen Vereinigung, GRUR 04, 215, 216; *Gamerith* WRP 05, 391, 417; *Glöckner* WRP 04, 936, 939; *Köhler/Lettl* WRP 03, 1019, 1036; *Schünemann* WRP 04, 925, 930f). Erstens entstammt das Kriterium der Sorgfaltspflicht der Fahrlässigkeitshaftung (vgl § 276 II BGB), während unlautere Verhaltensweisen regelmäßig vorsätzlich vorgenommen werden. Zweitens ist nach bisherigem deutschem Recht eine bestimmte Branchenpraxis für die Beurteilung der Unlauterkeit aus gutem Grund zwar von indizieller, nicht aber von zwingender Bedeutung. Auch bei der Auslegung des Art 5 II lit a sollte berücksichtigt werden, dass berufliche Konventionen auch Unsitten sein können, die sich zu Lasten der Verbraucher auswirken.

52   Die Praxis muss zumindest geeignet sein, das wirtschaftliche Verhalten des Durchschnittsverbrauchers wesentlich zu beeinflussen (Art 5 II lit b). Der **Durchschnittsverbraucher ist angemessen gut unterrichtet und angemessen aufmerksam und kritisch unter Berücksichtigung sozialer, kultureller und sprachlicher Faktoren** (Egrd 18). Damit knüpft die Richtlinie an das Verbraucherleitbild des EuGH an, betont aber deutlicher als einige Urteile des EuGH, dass nicht ein fiktiver Grad an „Verständigkeit", sondern das konkrete und situationsadäquate Verständnis der angesprochenen Verkehrskreise ausschlaggebend ist (vgl *Helm* WRP 05, 931, 933ff; zu den verschiedenen Formulierungen des gemeinschaftsrechtlichen Verbraucherleitbilds vor Erlass der Richtlinie *Sack* WRP 05, 462). Welcher Grad von Informiertheit und Aufmerksamkeit „angemessen" ist, hängt von der konkreten Verkaufssituation und der Art der Produkte ab (EuGH GRUR Int 00, 354 Rn 29f – *Esteé Lauder/Lancaster – Lifting-Creme; Apostolopoulos* GRUR Int 05, 292, 295; *Helm* WRP 05, 931, 936; *Lettl,* Der lauterkeitsrechtliche Schutz vor irreführender Werbung in Europa, S 94). Wird eine **bestimmte Gruppe von Verbrauchern** angesprochen, so ist das Verständnis eines durchschnittlichen Mitglieds dieser Gruppe maßgeblich (Art 5 II lit b); dasselbe gilt für besonders schutzwürdige Gruppen wie Kinder oder Behinderte (Art 5 III).

Anhang I der Richtlinie enthält eine **„schwarze Liste"** von Geschäftspraktiken, die gem Art 5 V „unter allen Umständen" als unlauter anzusehen sind. Unklar ist, ob auch diese Praktiken zumindest geeignet sein müssen, das wirtschaftliche Verhalten des Durchschnittsverbrauchers zu beeinträchtigen. Der Wortlaut des Art 5 V spricht dagegen (s Anh zu § 3 Abs 3 Rn 3; in diesem Sinne auch *Gamerith* WRP 05, 391, 415). Andererseits trägt Art 5 II lit b, indem er Bagatellfälle vom Verbot unlauterer Geschäftspraktiken ausnimmt, dem Verhältnismäßigkeitsgebot Rechnung, zu dem sich die Präambel bekennt (Egrd 18). Würde diese Bestimmung für die insgesamt 31 im Anhang aufgeführten Fälle nicht gelten, so würde das Verhältnismäßigkeitsprinzip in systemwidriger Weise für einen erheblichen Teilbereich des unlauteren Geschäftsverhaltens wieder eingeschränkt. **53**

d) Irreführende Geschäftspraktiken. Die Richtlinie unterscheidet zwischen irreführenden Handlungen und Unterlassungen. Eine Handlung ist irreführend, wenn sie entweder unwahre Angaben enthält (Art 6 I, 1. Alt) oder dazu geeignet ist, Verbraucher zu täuschen. Jedenfalls muss der Verbraucher aber tatsächlich oder voraussichtlich zu einer geschäftlichen Entscheidung verleitet werden, die er ansonsten nicht getroffen hätte. Anders als im bisherigen deutschen Recht, aber ebenso wie etwa im US-Recht (vgl *Novartis Consumer Health Inc v Johnson & Johnson-Merck Consumer Pharm Co,* 290 F.3d 578, 586 (3d Cir 2002); *Johnson & Johnson-Merck Consumer v Rhone-Poulenc Rorer Pharm, Inc,* 19 F.3d 125, 129–30 (3d Cir 1994)) sind objektiv falsche Angaben damit per se verboten, sofern sie überhaupt geeignet sind, die geschäftlichen Entscheidungen der Verbraucher zu beeinflussen. Auf die Irreführungseignung kommt es erst dann an, wenn die Angabe mehrdeutig oder objektiv richtig ist. Art 6 I enthält einen umfangreichen Katalog von Umständen, die Gegenstand einer irreführenden Praxis sein können (Art 6 I) und ist insoweit detaillierter formuliert als noch Art 3 der Irreführungsrichtlinie 84/450/EWG, der § 5 II zugrunde liegt. Offenbar ist der Katalog abschließend gemeint, erfasst aber wohl weitgehend alle relevanten Merkmale. Im Übrigen kommt ein Rückgriff auf die Generalklausel in Betracht (*Gamerith* WRP 05, 391, 422). Auch das Hervorrufen einer Verwechslungsgefahr und die Nichteinhaltung von Verpflichtungen, die in einem für den Unternehmer verbindlichen Verhaltenskodex enthalten sind, gelten als irreführende Praktiken (Art 6 II). **54**

Ausdrücklich stellt die Richtlinie irreführende Unterlassungen den irreführenden Handlungen gleich (Art 7). Es gilt als irreführend, dem durchschnittlichen Verbraucher Informationen vorzuenthalten, die er nach den Umständen benötigt, um eine informierte geschäftliche Entscheidung zu treffen (Art 7 I). Art 7 IV konkretisiert diese Vorgabe für den Fall der „Aufforderung zum Kauf", worunter nach der Definition des Art 2 lit i sowohl die unter Nennung der Merkmale und des Preises erfolgende „invitatio ad offerendum" als auch das konkrete Vertragsangebot fallen (EuGH GRUR 11, 930 Rn 30 – *Ving Sverige*). In diesem Fall muss der Unternehmer Angaben zu den wesentlichen Merkmalen des Produkts, zu seinen Kontaktdaten, zum Preis, zu den Konditionen und zu möglichen Widerrufsrechten machen, sofern sich diese Punkte nicht bereits unmittelbar aus den Umständen ergeben. Informationspflichten, die in anderen Rechtsakten der Gemeinschaft festgelegt werden, gelten stets als wesentlich (Art 7 V, vgl zu diesem Verhältnis *Schulte-Nölke/Busch* ZEuP 04, 99, 111 ff). **55**

56 **e) Aggressive Geschäftspraktiken.** Während schon bisher eine gemeinschaftsrechtliche Verpflichtung zur Bekämpfung der irreführenden Werbung bestand, führt die Richtlinie erstmals ein Verbot aggressiver Geschäftspraktiken ein. Eine Geschäftspraxis gilt unter **drei Voraussetzungen** als aggressiv (Art 8): **(1)** Sie **beeinflusst** den Durchschnittsverbraucher **in unzulässiger Weise,** beispielsweise durch Belästigung oder Nötigung (vgl Art 9), **(2)** beeinflusst dadurch seine **Entscheidungsfreiheit** tatsächlich oder voraussichtlich in erheblicher Weise und **(3) veranlasst** ihn so tatsächlich oder voraussichtlich zu einer geschäftlichen **Entscheidung,** die er andernfalls nicht getroffen hätte. Art 8 zielt also auf die Situation, die im deutschen Recht durch § 4 Nr 1 und 2 erfasst wird, verbietet aber anders als § 7 nicht die belästigende Werbung als solche. Das wird auch aus Anhang I deutlich, der verschiedene Formen der belästigenden Werbung nur dann verbietet, wenn sie geeignet sind, die Entscheidungsfreiheit des Verbrauchers zu beeinträchtigen: Weigerung, die Wohnung des Beworbenen zu verlassen (Nr 25), hartnäckige und unerwünschte Telefon-, Telefax- oder E-Mail-Werbung (Nr 26), Zahlungsaufforderung nach Zusendung unbestellter Ware (Nr 29).

57 **f) Umsetzung.** Die Richtlinie wurde durch das Erste Gesetz zur Änderung des Gesetzes gegen den unlauteren Wettbewerb vom 22.12.2008 (BGBl I S 2949), in Kraft seit 30.12.2008, umgesetzt. Dabei wurden insbesondere der Begriff der „Wettbewerbshandlung" durch den weiter gefassten Begriff der „geschäftlichen Handlung" ersetzt, die Generalklausel des § 3 umformuliert und durch Passagen des Art 5 der Richtlinie ergänzt, das Verbot der irreführenden geschäftlichen Handlungen (§ 5) umformuliert und durch eine Bestimmung über die Irreführung durch Unterlassen ergänzt (§ 5a). Außerdem wurde die „schwarze Liste" (Anh I zur Richtlinie) als Anhang zu § 3 III ins UWG übernommen. Allerdings hat die Kommission die deutsche Umsetzung als unzureichend beanstandet. Daher wird derzeit über eine weitergehende Anpassung des UWG an die Richtlinie diskutiert (s dazu einerseits *Köhler* WRP 12, 251 ff; andererseits *Timm-Wagner* GRUR 13, 245). Zur Umsetzung im Einzelnen Einf A Rn 49 ff, zur Diskussion um die Umsetzung vor der UWG-Novelle von 2008 s Voraufl Einf C Rn 57.

58 **12. Weitere Richtlinien mit lauterkeitsrechtlicher Bedeutung. a) Produktspezifische Regelungen.** Zahlreiche gemeinschaftsrechtliche Rechtsakte enthalten Vorschriften über die Vermarktung und Kennzeichnung bestimmter Produktkategorien (vgl die Liste in Anh II UGP-RL und Harte/Henning/*Glöckner* Einl B Rn 50 ff; MüKo/*Micklitz* EG K). Die Richtlinie über audiovisuelle Mediendienste schränkt die Fernsehwerbung für bestimmte Produkte ein (s Rn 31) und hat insoweit medien- und produktspezifischen Charakter.

59 Im **Lebensmittelrecht** wurde die **„Basis"-Verordnung** (EG) Nr 178/2002 über die Lebensmittelsicherheit vom 28.1.2002 (ABl L 31 v 1.2.2002, S 1, in wesentlichen Teilen verbindlich ab 1.1.2005), umgesetzt im Lebensmittel- und Futtermittel-Gesetzbuch (LFGB) (BGBl 2004 I, S 2618, Kommentierung der maßgeblichen Bestimmungen bei MüKo/*Hagenmeyer/Oelrichs* Anh §§ 1–7 F). Die Verordnung und das LFGB enthalten unter anderem Irreführungsverbote (Art 16 VO; §§ 11; 19; 27; 33 LFGB) und Verbote der krankheitsbezogenen Werbung (§§ 12; 20 LFGB). Daneben enthält eine unübersichtliche Fülle von Verordnungen und Richtlinien Vorschriften zur Vermarktung und Etikettierung von Lebensmitteln. Die **Health-Claims-Verordnung** (Verordnung (EG) Nr 1924/2006 des Europäischen Parlaments und des Rates v 20.12.2006 über nährwert- und gesundheitsbezogene Angaben über Lebensmittel) enthält Bedingungen für die Zulässigkeit gesundheits- und nährwertbezogener Angaben.

60 **Tabakwerbung** im Fernsehen ist durch Art 13 der Fernsehrichtlinie 89/552/ EWG, umgesetzt durch § 22 des Vorläufigen Tabakgesetzes, verboten. Darüber hinaus stellte die Tabakwerberichtlinie 98/43/EG (Abl L 213 v 30.7.1998, S 9 =

C. Lauterkeitsrecht und Recht der Europäischen Union **Einf C UWG**

GRUR Int 98, 787) ein vollständiges Verbot der Tabakwerbung auf; sie wurde aber vom EuGH mangels ausreichender Kompetenzgrundlage für nichtig erklärt (EuGH GRUR 01, 67). In eingeschränkter Form ist sie als Richtlinie 2003/33/EG des Europäischen Parlaments und des Rates vom 26.5.2005 zur Angleichung der Rechts- und Verwaltungsvorschriften der Mitgliedstaaten über Werbung und Sponsoring zugunsten von Tabakerzeugnissen (ABl L 152 v 20.6.2003, S 16) in Kraft getreten. Danach ist die Werbung für Tabakerzeugnisse im Rundfunk und der Presse (mit Ausnahme branchenspezifischer und außerhalb der EU erscheinender Publikationen) sowie das Sponsoring von Veranstaltungen mit grenzüberschreitender Wirkung zur Förderung des Verkaufs von Tabakerzeugnissen verboten. Eine Nichtigkeitsklage der Bundesrepublik gegen die Richtlinie wurde abgewiesen (EuGH EuZW 2007, 46). Schon vor dem Urteil wurde die Richtlinie in § 21a Vorl TabakG umgesetzt.

Bestimmungen über die Werbung für **Arzneimittel** enthalten Art 86ff der **61** Richtlinie 2001/83/EG des Europäischen Parlaments und des Rates vom 6.11.2001 zur Schaffung eines Gemeinschaftskodexes für Humanarzneimittel (ABl L 311 v 28.11.2001, S 67), die verschiedene arzneimittelrechtliche Richtlinien, darunter die frühere Richtlinie 92/28/EWG über die Werbung für Humanarzneimittel, in einem Kodex zusammenfasst. Die Richtlinie verbietet die Werbung für verschreibungspflichtige Arzneimittel (Art 88 I), gebietet die Erkennbarkeit von Arzneimittelwerbung und einen bestimmten Mindestgehalt (Art 89; 91) und verbietet bestimmte Werbeaussagen wie beispielsweise die Entbehrlichkeit eines Arztbesuchs oder die Freiheit von Nebenwirkungen (Art 90). Die Bestimmungen der Richtlinie wurden im Heilmittelwerbegesetz (HWG) umgesetzt (vgl § 4 Rn 11/68; *Doepner* HWG Einf Rn 43ff).

b) Dienstleistungsrichtlinie. Die Richtlinie 2006/123/EG des Europäischen **61a** Parlaments und des Rates vom 20.12.2006 über Dienstleistungen im Binnenmarkt konkretisiert die primärrechtliche Dienstleistungsfreiheit (Art 56 AEUV). Sie enthält unter anderem Bestimmungen zur Vereinfachung von Verwaltungsverfahren (Art 5ff), über Genehmigungen (Art 9ff), über die Rechte der Dienstleistungsempfänger (Art 19ff), über die Qualität von Dienstleistungen (Art 22ff) und über die Entsendung von Arbeitnehmern (Art 30f). Das in einem früheren Entwurf vorgesehene und in Deutschland heftig kritisierte Herkunftslandprinzip (vgl *Glöckner* WRP 05, 795, 802ff; *Mankowski* IPRax 04, 385ff), das nach den Befürchtungen seiner Kritiker vor allem zu einer Erosion arbeits- und sozialrechtlicher Schutzvorschriften hätte führen können, wurde entschärft (vgl Art 16). Lauterkeitsrechtliche Aspekte stehen nicht im Mittelpunkt der Richtlinie, doch gilt sie ebenso für Art 56 AEUV für die Werbung als Dienstleistung (s Rn 24).

c) Geistiges Eigentum. Zwischen dem Recht des geistigen Eigentums und dem **62** Lauterkeitsrecht besteht eine enge Wechselbeziehung (näher hierzu Einf D Rn 77ff). Das UWG ergänzt den immaterialgüterrechtlichen Schutz und erfüllt eine Vorreiter- oder Schrittmacherfunktion: Einige Gebiete, die im deutschen Recht ursprünglich durch das UWG erfasst wurden, sind mittlerweile in die Gesetze zum Schutz des geistigen Eigentums übernommen worden. Während der ergänzende wettbewerbsrechtliche Leistungsschutz auf EU-Ebene bisher nicht harmonisiert wurde und in diesem Bereich zwischen den Rechtsordnungen der Mitgliedstaaten nach wie vor erhebliche Unterschiede bestehen, sind bei der Harmonisierung des Marken-, Geschmacksmuster- und Urheberrechts einige dieser Grenzgebiete gemeinschaftsrechtlich geregelt worden. Offenbar ließ sich über die Ausdehnung der Immaterialgüterrechte leichter Konsens erzielen als über die Harmonisierung des wettbewerbsrechtlichen Leistungsschutzes (*Kur* GRUR Int 98, 771, 773; Harte/Henning/*Glöckner* Einl B Rn 6; *Ohly*, FS Schricker, S 105, 112). Die **Markenrechtsrichtlinie** (Richtlinie 2008/95/EG v 22.10.2008, ABl L 299 v 8.11.2008, S 25) sieht für die Mitgliedstaaten die Option vor, den Ruf und die Unterscheidungskraft **bekannter Marken** gegen Schädigung und Ausbeutung zu schützen; einen entsprechenden Schutz bietet die **Gemeinschaftsmarkenverordnung** (Verordnung 207/2009 v 26.2.2009, ABl L 78 v 24.3.2009, S 1). Daraufhin hat der deutsche Gesetzgeber den Schutz der bekannten Marke, der früher auf der Grundlage des § 1 aF und des § 823 I BGB gewährt wurde, in § 14 II Nr 3 MarkenG geregelt. Die **Gemeinschaftsgeschmacksmusterverordnung** (Verordnung 6/2002 v 12.12.1001, ABl L 3 v 5.1.2002) sieht neben dem eingetragenen Gemeinschaftsgeschmacksmuster erstmals ein **nicht eingetragenes Gemeinschaftsgeschmacksmuster** vor, das für den Zeitraum von drei Jahren Nachahmungsschutz gewährt. Damit wird im immaterialgüterrechtlichen Zusammenhang eine Fallgruppe geregelt, die unter § 1 aF zu den wichtigsten Anwendungsfällen des UWG-Nachahmungsschutzes gehörte. Die Vorschriften zum Schutz von **Computerprogrammen** (§§ 69 a ff UrhG) und **Datenbanken** (§§ 4 II, 89 a ff UrhG) beruhen ebenfalls auf EG-Richtlinien, während zuvor Schutz auf der Grundlage des UWG gewährt wurde (vgl BGH GRUR 99, 923, 926 – *Tele-Info-CD;* OLG Frankfurt GRUR 83, 757; 84, 509 – *Donkey Kong Junior I* und *II*).

63 **13. Verordnungs- und Richtlinienentwürfe. a) Verordnung über Verkaufsförderung.** Der mittlerweile zurückgezogene Vorschlag einer Verordnung über Verkaufsförderung im Binnenmarkt (KOM 2002, 585 endg v 25.10.2002, im Internet unter http://eur-lex.europa.eu/LexUriServ/LexUriServ.do?uri=COM:2002:0585:FIN:DE:PDF) bestand aus drei Komponenten. Erstens sollten Maßnahmen der Verkaufsförderung wie Rabatte, Zugaben, Preisausschreiben und Gewinnspiele grundsätzlich erlaubt werden (Art 3 I). Zweitens stellte der Entwurf aber strenge Informationspflichten auf (Art 4 I), die in einem Anhang zur Verordnung konkretisiert wurden. Diese Pflichten gingen über die Transparenzgebote des deutschen UWG (§§ 4 Nr 4, 5) teilweise deutlich hinaus. Drittens sollte die Verordnung das Prinzip der gegenseitigen Anerkennung enthalten (Art 3 II): Mitgliedstaaten durften demnach die Werbung für Produkte aus anderen Mitgliedstaaten, die den Anforderungen der Verordnung genügt, nicht beschränken. Der Verordnungsentwurf war aus vielen Gründen umstritten (vgl *Göhre* WRP 02, 36 ff; *Lehne/Haak,* FS Tilmann, S 179 ff; *Henning-Bodewig* GRUR Int 02, 389, 396 ff). Zum einen hielten Kritiker die Rechtsform der Verordnung für unangebracht und sahen eine Richtlinie als geeigneter an. Zum anderen wurden die Informationspflichten der Verordnung wegen ihrer Strenge und Starrheit kritisiert. Als Reaktion auf die verbreitete Kritik hat die Kommission den Entwurf zurückgezogen (ABl C 64 v 17.3.2006, S 7).

64 **b) Weitere Harmonisierung im B2B-Bereich.** Während das Lauterkeitsrecht im B2C-Bereich durch die Richtlinie über unlautere Geschäftspraktiken weitgehend harmonisiert wurde, wurde der Schutz der Mitbewerber in der EU bisher nur punktuell vereinheitlicht (s Rn 34). Zwei Vorhaben der Kommission könnten in der Zukunft zu einer weitergehenden Harmonisierung führen. Erstens erwägt die Kommission eine **Harmonisierung des Rechts der Betriebs- und Geschäftsgeheimnisse** und hat inzwischen einen Richtlinienentwurf vorgelegt (s Vor §§ 17–19 Rn 7). Zweitens hat die Kommission ein **Grünbuch über unlautere Handelspraktiken in der B2B-Lieferkette für Lebensmittel und Nicht-Lebensmittel** in Europa vorgelegt (KOM(2013) 37 endg, im Internet abrufbar unter http://eur-lex.europa.eu/LexUriServ/LexUriServ.do?uri=COM:2013:0037:FIN:DE:PDF; dazu *Witt/Freudenberg* WRP 13, 990). Anders als der Titel vermuten lässt, befasst sich das Grünbuch nicht in erster Linie mit Fragen des Lauterkeitsrechts, sondern mit den vertraglichen Beziehungen zwischen Lieferanten und Einzelhändlern im Lebensmittelsektor. Konkret werden als unlautere Handelspraktiken mehrdeutige Vertragsbestimmungen, das Fehlen eines schriftlichen Vertrags, rückwirkende Vertragsänderungen, eine unbillige Übertragung kommerzieller Risiken, die missbräuchliche Nutzung von Informationen, die plötzliche Beendigung einer Geschäftsbeziehung und regionale Angebotsbeschränkungen identifiziert. Damit zielt der Vorschlag weitgehend auf das Vertrags-,

C. Lauterkeitsrecht und Recht der Europäischen Union **Einf C UWG**

Handels- und Kartellrecht und allenfalls am Rande auf Praktiken, die nach deutschem Recht unter § 4 Nr 1 oder Nr 10 fallen könnten. Die Verwendung des in der Richtlinie über unlautere Geschäftspraktiken definierten Begriffs der Unlauterkeit in anderem Zusammenhang ist unglücklich. Bisher führt die Kommission lediglich eine Konsultation durch. Eine Richtlinie in dem durch das Grünbuch bestimmten Bereich würde punktuell verschiedene Bereiche des Wirtschaftsrechts betreffen und könnte daher zu Wertungswidersprüchen und schwierigen Konkurrenzfragen führen.

IV. Das Herkunftslandprinzip

Literatur: *Ahrens,* Das Herkunftslandprinzip in der E-Commerce-Richtlinie, CR 2000, 835; *ders,* Der Einfluss des Gemeinschaftsrechts auf das nationale IPR, FS Georgiades, 2006, 789; *Baetzgen,* Internationales Wettbewerbs- und Immaterialgüterrecht im EG-Binnenmarkt, 2007; *Blasi,* Das Herkunftslandprinzip in der Fernseh- und E-Commerce-Richtlinie, 2004; *Bodewig,* Elektronischer Geschäftsverkehr und Unlauterer Wettbewerb, GRUR Int 2000, 475; *Brömmelmeyer,* Der Binnenmarkt als Leitstern der Richtlinie über unlautere Geschäftspraktiken, GRUR 2007, 295; *Dauses,* Die Dienstleistungsrichtlinie – Herkunftsstaatsprinzip oder Bestimmungsstaatsprinzip?, EuZW 2013, 201; *Fezer/Koos,* Das gemeinschaftsrechtliche Herkunftslandprinzip und die e-commerce-Richtlinie, IPRax 2000, 349; *Glöckner,* Ist die Union reif für die Kontrolle an der Quelle?, WRP 2005, 795; *Grundmann,* Das Internationale Privatrecht der E-Commerce-Richtlinie – was ist kategorial anders im Kollisionsrecht des Binnenmarktes und warum?, RabelsZ 2003, 246; *Halfmeier,* Vom Cassislikör zur E-Commerce-Richtlinie – Auf dem Weg zu einem europäischen Mediendeliktsrecht, ZEuP 2001, 837; *Henning-Bodewig,* Herkunftslandprinzip im Wettbewerbsrecht: Erste Erfahrungen, GRUR 2004, 822; *Höder,* Die kollisionsrechtliche Behandlung unteilbarer Multistate-Verstöße: das internationale Wettbewerbsrecht im Spannungsfeld von Marktort-, Auswirkungs- und Herkunftslandprinzip, 2002; *Kur,* Das Herkunftslandprinzip der E-Commerce-Richtlinie: Chancen und Risiken, FS Erdmann, 2002, 629; *Mankowski,* Herkunftslandprinzip und deutsches Umsetzungsgesetz zur e-commerce-Richtlinie, IPRax 2002, 257; *ders,* Wider ein Herkunftslandprinzip für Dienstleistungen im Binnenmarkt, IPRax 2004, 385; *ders,* Was soll der Anknüpfungsgegenstand des (europäischen) Internationalen Wettbewerbsrechts sein?, GRUR 2005, 634; *Ohly,* Herkunftslandprinzip und Kollisionsrecht, GRUR Int 2001, 899; *ders,* Das Herkunftslandprinzip im Bereich vollständig angeglichenen Lauterkeitsrechts, WRP 2006, 1401; *Ruess,* Die E-Commerce-Richtlinie und das deutsche Wettbewerbsrecht – Eine Analyse der Auswirkungen unter besonderer Berücksichtigung des Herkunftslandprinzips, 2002; *Sack,* Herkunftslandprinzip und internationale elektronische Werbung nach der Novellierung des Teledienstegesetzes (TDG), WRP 2002, 271; *ders,* Internationales Lauterkeitsrecht nach der Rom II-VO, WRP 2008, 845; *ders,* Das Herkunftslandprinzip der E-Commerce-Richtlinie und der Vorlagebeschluss des BGH vom 10.11.2009, EWS 2010, 70; *ders,* Die IPR-Neutralität der E-Commerce-Richtlinie und des Telemediengesetzes, EWS 2011, 65; *ders,* Der EuGH zu Art 3 E-Commerce-Richtlinie – die Entscheidung „eDate Advertising", EWS 2011, 513; *Spickhoff,* Persönlichkeitsverletzungen im Internet: Internationale Zuständigkeit und Kollisionsrecht, IPRax 2011, 131; *Spindler,* Herkunftslandprinzip und Kollisionsrecht – Binnenmarktintegration ohne Harmonisierung, RabelsZ 2002, 633; *ders,* Das Gesetz zum elektronischen Geschäftsverkehr – Verantwortlichkeit der Diensteanbieter und Herkunftslandprinzip, NJW 2002, 921; *Thünken,* Die EG-Richtlinie über den elektronischen Geschäftsverkehr und das internationale Privatrecht des unlauteren Wettbewerbs, IPRax 2001, 15.

1. Überblick. a) Begriff. Das Herkunftslandprinzip, auch als Binnenmarktprinzip bezeichnet, besteht in seiner typischen Form aus **zwei Regeln:** 65
– Jeder Mitgliedstaat der EU gewährleistet, dass alle Anbieter von Waren oder Dienstleistungen, die in seinem Hoheitsgebiet niedergelassen sind, die Vorschriften dieses Staates einhalten (**Prinzip der Kontrolle im Niederlassungsland,** treffend *Glöckner* WRP 05, 795: „Kontrolle an der Quelle").

– Kein Mitgliedstaat behindert den freien Verkehr von Waren oder Dienstleistungen aus einem anderen Mitgliedstaat. Jedoch können Beschränkungen je nach konkreter Ausprägung des Prinzips aus bestimmten Gründen gerechtfertigt sein (**Prinzip der Verkehrsfreiheit**).

66 **b) Unionsrechtliche Grundlage.** Das Herkunftslandprinzip ist **kein allgemeiner Grundsatz des Gemeinschaftsrechts,** sondern gilt nur, wenn es durch eine gemeinschaftsrechtliche Norm angeordnet wird. Das Prinzip der gegenseitigen Anerkennung, das vom EuGH aus der Warenverkehrsfreiheit (Art 34 AEUV) entwickelt wurde, wird teilweise als **primärrechtliches Herkunftslandprinzip** bezeichnet (s Rn 77). Allerdings lässt die Rechtsprechung des EuGH zu Art 34 AEUV den Mitgliedstaaten in Ermanglung einer Harmonisierung einen weiten Spielraum für die Anwendung des eigenen Rechts (s Rn 9, 20). Das **sekundärrechtliche Herkunftslandprinzip** wird in einigen Richtlinien angeordnet und gilt nur innerhalb des jeweiligen Anwendungsbereichs, der medienspezifisch (Fernsehen, Internet) oder verhaltensspezifisch (unlautere Geschäftspraktiken im B2C-Verkehr) umschrieben wird. Die wichtigsten Bestimmungen des Sekundärrechts, die Binnenmarktprinzipien vorsehen, sind **Art 2, 3 der Richtlinie über audiovisuelle Mediendienste,** dort auch als Sendelandprinzip bezeichnet, und **Art 3 der E-Commerce-Richtlinie 2000/31/EG.** Die Binnenmarktklausel des **Art 4 der Richtlinie 2005/29/EG über unlautere Geschäftspraktiken** enthält eine abgeschwächte Version des Herkunftslandprinzips (Rn 74). Auch Art 8 der Tabakrichtlinie (Rn 60) sieht das Herkunftslandprinzip vor, während es in der Dienstleistungsrichtlinie im Vergleich zum Entwurf eingeschränkt wurde (Rn 61a).

67 **c) Zweck und Problematik. aa) Ausgangspunkt.** Das Herkunftslandprinzip beruht auf dem **Gedanken der gegenseitigen Anerkennung und des gegenseitigen Vertrauens:** Wenn ein Mitgliedstaat der EU ein Produkt vor dem Export kontrolliert hat, liefe eine zweite Kontrolle des Importstaates auf eine unnötige und damit unverhältnismäßige Beschränkung des Waren- oder Dienstleistungsverkehrs hinaus. Ursprünglich wurde der Grundsatz der gegenseitigen Anerkennung vom EuGH unter Art 34 AEUV für verwaltungsrechtliche Kontrollen, etwa im Bereich der Lebensmittel- und Produktsicherheit entwickelt (vgl EuGH, Slg 1981, 3277 – *Frans-Nederlandse Maatschappij voor biologische Producten;* EuGH Slg 1983, 203 *Kommission/Vereinigtes Königreich* und die Mitteilung der Kommission zur praktischen Anwendung des Prinzips der gegenseitigen Anerkennung, 2003/C 265/02, ABl C 265 v 4.11.2003, S 2). Beispiel (nach *Höder* S 139): Wenn französischer Käse nach den französischen Vorschriften hergestellt wurde, ist eine weitere lebensmittelrechtliche Kontrolle in Deutschland entbehrlich. Mittlerweile wurde das Herkunftslandprinzip aber sowohl in der Rechtsprechung zu Art 34 AEUV als auch im Sekundärrecht auf zivilrechtliche, insbesondere wettbewerbsrechtliche Sachverhalte ausgedehnt. Hier gerät es in **Konflikt** mit dem **Marktortprinzip** des internationalen Wettbewerbsrechts (dazu ausführlich Einf B Rn 15ff), das bei lauterkeitsrechtlichen Konflikten mit Auslandsberührung gerade nicht das Herkunftslandrecht, sondern das Recht des Marktorts, also regelmäßig des Bestimmungslandes beruft.

68 **bb) Rechtspolitische Kritik.** Rechtspolitisch ist das Herkunftslandprinzip umstritten (ablehnend *Bodewig* GRUR Int 00, 475, 482ff; *Fezer/Koos* IPRax 00, 349, 354ff; *Höder* S 204ff; *Mankowski* GRUR Int 99, 909ff und IPRax 04, 385ff; differenzierend *Glöckner* WRP 05, 795ff; *Kur,* FS Erdmann, 2002, S 629ff; *Ohly* GRUR Int 01, 899, 906ff). **Einerseits** erleichtert es die grenzüberschreitende geschäftliche Tätigkeit und fördert so die Entstehung des Binnenmarkts. Das gilt besonders für Rechtsverletzungen im Internet, bei dem das Marktortprinzip zu einer kaum praktikablen Vielzahl anwendbarer Rechtsordnungen führt. **Andererseits** kann das Herkunftsland dazu führen, dass hohe Standards des Verbraucher- und Mitbewerberschutzes, die einige Mitgliedstaaten berechtigterweise vorsehen, dadurch unterlaufen werden, dass Anbieter in Länder mit niedrigerem Schutzniveau ausweichen („race to the bottom"). Außerdem verschiebt es die Kosten der Ermittlung fremden Rechts vom Anbieter auf diejenigen, die sich gegen unlauteren Wettbewerb ausländischer Unternehmer wehren möchten. Schließlich führt es zu einer Ungleichbehandlung von Wettbewerbern, die auf demselben Markt tätig sind, und verletzt so die par conditio concurrentium. Diese Kritik überzeugt vor allem im Hinblick auf Art 3 der E-Commerce-Richtlinie, da dort das Herkunftslandprinzip unterschiedslos für harmonisierte und für nicht harmonisierte Rechtsbereiche gilt. Während das Herkunftslandprinzip in Rechtsbereichen, die durch Richtlinien harmonisiert wurden, die Angleichung des materiellen Rechts sinnvoll ergänzen kann und letztlich nur eine spezielle Ausprägung der Grundfreiheiten darstellt, führt es in nicht angeglichenen Bereichen dazu, dass den Mitgliedstaaten in unangemessener Weise die Rechtfertigungsgründe des Art 36 AEUV und der *Cassis de Dijon*-Rechtsprechung (s Rn 19 ff) entzogen werden.

2. Voraussetzungen. a) Allgemeines. Die Voraussetzungen der einzelnen Ausprägungen des Herkunftslandprinzips in den verschiedenen einschlägigen Richtlinienbestimmungen unterscheiden sich in zweierlei Hinsicht voneinander. Erstens sind die jeweiligen Vorschriften entweder medien- oder verhaltensspezifisch begrenzt, zweitens gelten sie teilweise nur für harmonisierte Rechtsgebiete, während sie teilweise allgemeine Geltung beanspruchen. **69**

b) Richtlinie über audiovisuelle Mediendienste (Fernsehrichtlinie). In der Richtlinie 2010/13/EU über audiovisuelle Mediendienste sieht Art 2 I das Prinzip der Kontrolle im Niederlassungsland und Art 3 I das Prinzip der Verkehrsfreiheit vor. Beide Grundsätze kommen unter zwei Voraussetzungen zur Anwendung. **(1)** Die Richtlinie gilt nur für **audiovisuelle Mediendienste** (Definition in Art 1 I lit a), insb Fernsehsendungen, in diesem Bereich allerdings sowohl für das Programm als auch für die kommerzielle Kommunikation. **(2)** Das Herkunftslandprinzip greift nur in den **Rechtsbereichen** ein, die **durch die Richtlinie selbst harmonisiert** werden (s Rn 31, Beispiele: Tabak- und Alkoholwerbung, an Kinder gerichtete Werbung). Art 3 a II erlaubt ausnahmsweise Beschränkungen, wenn ein Fernsehveranstalter mehrfach schwerwiegend gegen die Bestimmungen der Richtlinie zum Schutz der öffentlichen Ordnung (Art 6, 27) verstoßen hat (EuGH GRUR Int 12, 53 – *Mesopotamia Broadcast*). Die Funktionsweise des Prinzips zeigt sich im *De Agostini*-Urteil des EuGH (GRUR Int 97, 913; vgl auch die Parallelentscheidung des EFTA-Gerichtshofs, GRUR Int 96, 52 – *FO/Mattel und Lego Norge*), dem zufolge es schwedischen Behörden verwehrt ist, eine aus Großbritannien nach Schweden in schwedischer Sprache ausgestrahlte Werbesendung aus Gründen, die in der Richtlinie geregelt sind (hier: Werbung an Kinder), zu verbieten. **70**

c) Richtlinie über den elektronischen Geschäftsverkehr. aa) Anwendungsbereich. Der Geltungsbereich des Herkunftslandprinzips in Art 3 der E-Commerce-Richtlinie 2000/31/EG, umgesetzt in § 3 TMG, ist medienspezifisch auf **Dienste der Informationsgesellschaft** beschränkt, die durch ihre elektronische Übermittlung und ihre individuelle Abrufbarkeit gekennzeichnet werden (Art 2 lit a iVm Art 2 Nr 2 der Richtlinie 98/34/EG in der Fassung der Richtlinie 98/48/EG). **Ausgenommen** sind unter anderem in Art 1 V das Steuerrecht, das Berufsrecht der Anwälte und Notare und die Zulässigkeit von Gewinnspielen und Lotterien, in Art 2 lit h (ii) Anforderungen an Waren und ihre Lieferung (dazu BGH GRUR 06, 513 Rn 28 – *Arzneimittelwerbung im Internet*; BGH GRUR 07, 67 Rn 16 – *Pietra di Soln*) und im Anhang das Recht des geistigen Eigentums (darunter fallen auch geographische Herkunftsangaben, OLG München GRUR-RR 04, 252, 253 – *Pietra di Soln*; ähnl aber iE offen BGH GRUR 07, 67 Rn 17 – *Pietra di Soln*), die Zulässigkeit der **71**

E-Mail-Werbung und das Recht der Verbraucherverträge. Art 3 I (Prinzip der Kontrolle im Niederlassungsstaat, s Rn 65) und Art 3 II (Prinzip der Verkehrsfreiheit) sind nach dem Vorbild der Fernsehrichtlinie formuliert, weisen aber einen erheblich weiteren Anwendungsbereich auf. Beide Bestimmungen gelten nominell nur für den „**koordinierten Bereich**", der allerdings gem Art 2 lit h **sämtliche Vorschriften über die Aufnahme und Ausübung eines Dienstes der Informationsgesellschaft** unabhängig davon erfasst, ob sie allgemeiner Art oder speziell auf Dienste der Informationsgesellschaft zugeschnitten sind. Ob diese Vorschriften bereits durch Gemeinschaftsrecht harmonisiert wurden, ist ebenfalls unerheblich. Der „koordinierte Bereich" ist dadurch gekennzeichnet, dass er gerade nicht koordiniert ist, die Definition des Art 2 lit h grenzt also an einen Etikettenschwindel (*Ohly* GRUR Int 01, 899, 900). Ausdrücklich gilt das Herkunftslandprinzip für den Bereich des Werberechts (Art 2 lit h (i)) bzw des Rechts der kommerziellen Kommunikation (Art 1 II), also jeder Form der Kommunikation, die unmittelbar oder mittelbar der Förderung des Absatzes von Produkten oder des Erscheinungsbildes von Unternehmen dient (Art 2 lit f). In den Anwendungsbereich des Herkunftslandprinzips fallen daher **alle lauterkeitsrechtlichen Vorschriften, die geschäftliche Handlungen im Internet betreffen,** mit Ausnahme des geistigen Eigentums und der Regeln über die Zulässigkeit unaufgeforderter Werbe-E-Mails.

72 **bb) Rechtfertigungsgründe.** Art 3 IV der E-Commerce-Richtlinie formuliert Rechtfertigungsgründe für Beschränkungen, die sich erkennbar an die *Cassis de Dijon*-Rechtprechung (s Rn 19) anlehnen, aber nur unter engeren Voraussetzungen eingreifen. Beschränkungen sind zulässig, wenn sie aus Gründen der öffentlichen Sicherheit und Ordnung, des Gesundheitsschutzes oder des Verbraucherschutzes erforderlich sind und dem Verhältnismäßigkeitsprinzip genügen. Allerdings muss zuvor der Herkunftsstaat um Abhilfe ersucht und die Kommission informiert worden sein (Art 3 IV lit b). Dieses Verfahren eignet sich nicht für lauterkeitsrechtliche Streitigkeiten und lässt daher für das deutsche Recht den Rechtfertigungsgrund des Verbraucherschutzes weitgehend leer laufen. Zur Auslegung des Rechtfertigungsgrundes „Gesundheitsschutz" kann der Gemeinschaftskodex für Humanarzneimittel (s Rn 61) herangezogen werden. Werbebeschränkungen aufgrund der Vorschriften des HWG, die dessen Umsetzung dienen, sind also gerechtfertigt (BGH GRUR 06, 513, Rn 30 – *Arzneimittelwerbung im Internet*).

73 **cc) Umsetzung.** Im deutschen Recht wird Art 3 durch **§ 3 TMG** umgesetzt. Mittelbar hat die Einführung des Herkunftslandprinzips zur Aufhebung des Rabattgesetzes und der Zugabeverordnung geführt, weil diese Beschränkungen angesichts liberalerer Vorschriften in vielen anderen EU-Staaten in Verbindung mit dem Herkunftslandprinzip zu einer Inländerdiskriminierung geführt hätten.

74 **d) Richtlinie über unlautere Geschäftspraktiken.** Während in früheren Entwürfen der UGP-RL beide Komponenten des Herkunftslandprinzips vorgesehen waren, wurde in der endgültigen Fassung die Pflicht der Mitgliedstaaten zur Kontrolle der im Inland niedergelassenen Anbieter (Kontrolle im Niederlassungsstaat) gestrichen (vgl zur Entstehungsgeschichte *Ohly* WRP 06, 1401, 1408). Nunmehr verbietet **Art 4** unter der Überschrift „Binnenmarkt" den Mitgliedstaaten lediglich, den **freien Waren- und Dienstleistungsverkehr „aus Gründen einzuschränken, die mit dem durch diese Richtlinie angeglichenen Bereich zusammenhängen".** Diese Bestimmung ist unklar formuliert (vgl Vorauf Rn 74; *Brömmelmeyer* GRUR 07, 295, 301; *Gamerith* WRP 05, 391, 409 f; *Glöckner/Henning-Bodewig* WRP 05, 1311, 1327; *Ohly* WRP 06, 1401, 1409), besagt aber angesichts des Prinzips der vollständigen Harmonisierung (Rn 45) lediglich, dass im Anwendungsbereich der Richtlinie geschäftliche Praktiken nur verboten werden dürfen, wenn die Richtlinie es zulässt. Insbesondere ist es den Mitgliedstaaten verwehrt, Beschränkungen des freien Warenverkehrs im

Anwendungsbereich der Richtlinie auf die zwingenden Erfodernisse der *Cassis*-Rspr zu stützen. Art 4 UGP-RL fehlt damit die praktische Bedeutung (*Brömmelmeier* aaO; *Ohly* aaO; *Fezer/Hausmann/Obergfell* Einl I Rn 150; aA MüKo/*Drexl* IntRUW Rn 88). Das gilt auch für die Anwendung der Generalklausel (Art 5 I, II UGP-RL, umgesetzt in § 3 II): Da es sich bei den Begriffen der „Unlauterkeit", der „beruflichen Sorgfaltspflicht" und der „wesentlichen Beeinflussung" um autonom auszulegende Begriffe des EU-Rechts handelt, sind Auslegungsfragen nach Maßgabe des Art 267 AEUV dem EuGH vorzulegen. Die Anwendung dieser Rechtsgrundsätze auf den jeweiligen Fall wird aber von Art 4 UGP-RL nicht berührt (aA MüKo/*Drexl* aaO; Harte-Henning/ *Glöckner* Einl B Rn 287, die sich dafür aussprechen, den Einwand des liberaleren Herkunftsrechts auch bei der Anwendung vollständig harmonisierten Rechts zuzulassen).

3. Rechtsfolgen I: Internationale Zuständigkeit. Das Herkunftslandprinzip 75 lässt die **internationale Zuständigkeit unberührt** (so ausdrücklich Art 1 IV E-Commerce-Richtlinie = § 1 V TMG und Art 3 VII der Richtlinie über unlautere Geschäftspraktiken). Es sieht vor allem keine ausschließliche Zuständigkeit der Gerichte des Herkunftsstaats vor. Eine solche stünde mit Art 5 Nr 3 EuGVVO in Widerspruch (dazu Einf B Rn 7) und würde gerade die Rechtsschutzmöglichkeiten der Verbraucher empfindlich und in systemwidriger Weise verkürzen. Nicht zu verkennen ist allerdings, dass auf diese Weise in zivilrechtlichen Streitigkeiten das **Konzept der Kontrolle im Niederlassungsland nicht mehr aufgeht.** Während es im Verwaltungsrecht sinnvoll ist, den Behörden des Herkunftsstaats die ausschließliche Kontrollbefugnis am Maßstab ihrer Rechtsordnung zuzuweisen, kann der Herkunftsstaat im Privatrecht seine Verpflichtung zur „Kontrolle an der Quelle" dann nicht erfüllen, wenn (wie regelmäßig) im Bestimmungsland geklagt wird (*Höder* S 191f). Die Gerichte des Marktortes sind aber bei grenzüberschreitenden Wettbewerbsverstößen nicht Adressaten des Prinzips der Kontrolle im Niederlassungsland (Art 2 I Richtlinie über audiovisuelle Mediendienste; Art 3 I E-Commerce-Richtlinie). Ihre Tätigkeit ist dem Herkunftsland auch dann nicht zuzurechnen, wenn sie anstelle der lex fori das Recht des Herkunftslandes anwenden.

4. Rechtsfolgen II: Internationales Privatrecht. Das **Herkunftslandprinzip** 76 ist **nicht als Kollisionsnorm** anzusehen, sondern beschränkt nur das anwendbare Sachrecht.

a) Primärrecht. Aus der Rechtsprechung des EuGH zu Art 34 AEUV lässt sich 77 keine (versteckte) Kollisionsnorm ableiten (*Drexl*, FS Dietz, 2001, S 461, 472; *Fezer/ Koos* IPRax 00, 349, 350ff; *Höder* S 177; Harte/Henning/*Glöckner* Einl C Rn 23; aA *Basedow* RabelsZ 59 (1995) 1, 12ff; *Dethloff* JZ 00, 179, 183ff). Wenn eine nationale Regelung gegen die Warenverkehrsfreiheit verstößt, so dürfen die nationalen Gerichte sie nicht anwenden, sind aber keineswegs gehalten, stattdessen das Herkunftslandrecht anzuwenden. Unter Art 34, 56 AEUV findet kein Vergleich zwischen Herkunftsland- und Marktortrecht, sondern eine Kontrolle des Marktortrechts am Maßstab der Grundfreiheiten statt.

b) Richtlinie über audiovisuelle Mediendienste. Das Herkunftslandprinzip 78 gem Art 2 I; 3 I der Richtlinie 2010/13/EU über audiovisuelle Mediendienste ist auf den durch die Richtlinie koordinierten Bereich beschränkt und wirkt sich außerhalb dieses Bereichs weder auf das IPR noch auf die Anwendung des durch Kollisionsrecht bestimmten Sachrechts aus. Darüber herrscht Einigkeit. Allerdings nimmt die wohl hM an, dass innerhalb des durch die Richtlinie koordinierten Bereichs die genannten Bestimmungen die Anwendbarkeit des Sendelandsrechts anordnen (Fezer/*Hausmann/Obergfell* Einl I Rn 120; MüKo/*Mankowski* IntWettbR Rn 97; MüKo/*Drexl* IntRUW Rn 59; offen Harte/Henning/*Glöckner* Einl C Rn 31). Diese Ansicht überzeugt nicht (ebenso *Halfmeier* ZEuP 01, 837, 858; *Sack* WRP 08, 845, 858; offen Harte/Henning/*Glöckner* Einl C Rn 31; aA MüKo/*Mankowski* IntWettbR Rn 97;

Fezer/*Hausmann/Obergfell* Einf I Rn 120; MüKo/*Drexl* IntRUW Rn 59). Die Argumente, die für ein sachrechtliches Verständnis des Herkunftslandprinzips in der E-Commerce-Richtlinie sprechen (Rn 79), gelten entsprechend. Im *De Agostini*-Urteil (s dazu Rn 70) geht der EuGH keineswegs von der Anwendbarkeit des britischen Rechts aus, sondern nimmt als Konsequenz des Sendestaatprinzips lediglich an, dass die strengere schwedische Norm auf den Fall nicht anwendbar ist (EuGH GRUR Int 97, 913 Rn 59 ff). Eine Anwendung des Sendestaatrechts würde zu einer gespaltenen Anknüpfung führen, da das Sendestaatprinzip nur für die durch die Fernsehrichtlinie angeglichenen Rechtsbereiche gilt und nach allgemeiner Ansicht jedenfalls außerhalb dieses Bereichs das Kollisionsrecht unberührt lässt. Die Gegenansicht beruft sich im Wesentlichen auf das in Art 2 I verankerte Prinzip der Kontrolle am Niederlassungsort, das sich aber nur an den Sendestaat, nicht hingegen an die Gerichte des Empfangsstaates richtet (s Rn 75) und daher kollisionsrechtlich neutral ist.

79 c) **E-Commerce-Richtlinie und § 3 TMG.** Art 3 I, II der Richtlinie 2000/31/EG **berührt nicht das Kollisionsrecht**, sondern **begrenzt nur das anwendbare Sachrecht.** Der frühere deutsche Meinungsstreit zu Art 3 der E-Commerce-Richtlinie (s folgende Rn), hat sich durch die **Rspr des EuGH** erledigt (EuGH GRUR 12, 300 Rn 60 ff – *eDate Advertising u Martinez*). Das sachrechtliche Verständnis gilt **auch für § 3 TMG,** der richtlinienkonform auszulegen ist (BGH GRUR 12, 830 Rn 30 – *www.rainbow.at II*; teilw aA zu § 3 TMG *Voraufl* Rn 80). **Beispiel:** Wirbt ein britisches Unternehmen im Internet für ein nachgeahmtes Produkt und wäre die Werbung nach englischem Recht erlaubt, aber nach § 4 Nr 9b des deutschen UWG verboten, so wendet das angerufene deutsche Gericht nach dem Marktortprinzip deutsches Recht an, muss aber das liberalere britische Recht berücksichtigen und daher aus sachrechtlichen Gründen die Klage abweisen.

80 Für diese Ansicht sprachen schon vor dem Urteil des EuGH die besseren Gründe (*Ahrens* CR 00, 835, *Fezer/Koos* IPRax 00, 349, 352; *Halfmeier* ZEuP 01, 837, 864; *Harte/Henning/Glöckner* Einl C Rn 46 ff; *Höder* S 202; *Ohly* GRUR Int 01, 899, 901; *Sack* WRP 08, 845, 855; *Spindler* ZHR 165 (2001) 324, 335 f; aA Fezer/*Hausmann/Obergfell* Einl I Rn 134; MüKo/*Mankowski* IntWettbR Rn 48 ff mwN). **(1) Art 1 IV** (= § 1 V TMG) und Egrd 23 der Richtlinie betonen ausdrücklich, die Richtlinie schaffe keine IPR-Normen (EuGH GRUR 12, 300 Rn 60 ff – *eDate Advertising u Martinez*). **(2)** Die **Rom II-Verordnung** (dazu Einf B Rn 13) bekennt sich zum Marktortprinzip, ohne eine Einschränkung durch das Herkunftslandprinzip vorzunehmen. Im Gegenteil differenziert Egrd 35 zwischen Kollisionsnormen und dem Herkunftslandprinzip. **(3)** Das Herkunftslandprinzip ist eine spezielle Ausprägung der Grundfreiheiten und sollte nicht **binnenmarktfunktional** verstanden werden. Gegen die kollisionsrechtliche Lösung spricht ihr überschießender Charakter. Sofern das Herkunftslandrecht nicht liberaler ist, sondern mit anderen Mitteln eine entsprechende Regelung trifft, sprechen weder das Ziel des Binnenmarktes noch die kollisionsrechtlichen Interessen für dessen Anwendung. **(4)** Da in Mitgliedstaaten mit vorwiegend verwaltungsrechtlicher Kontrolle ohnehin nach den Grundsätzen des internationalen Verwaltungsrechts eine Anwendung fremden Rechts nicht in Betracht kommt, zwingt die Gegenansicht zu der Annahme, dass Art 3 je nach Rechtssystem unterschiedlich zu qualifizieren wäre. **(5)** Schließlich würde eine generelle Verweisung auf das Herkunftslandrecht die Rechtsanwendung erschweren und verteuern, während bei einer sachrechtlichen Beschränkung zu erwägen ist, ob zumindest im Verfügungsverfahren das mildere Herkunftslandrecht nur auf Einwand des Anbieters zu berücksichtigen ist. Die Gegenansicht schützt zwar den im Herkunftsland ansässigen Unternehmer umfassender, weil diesem die Kosten der Ermittlung fremden Rechts und die Unsicherheit von dessen Anwendung abgenommen werden, sie entspricht aber nicht der Konzeption des europäischen Gesetzgebers. Immerhin weist Art 3 der Richtlinie insoweit einen, praktisch allerdings nicht relevanten, kollisionsrechtlichen Mindestgehalt auf, als die Vorschrift immerhin das Herkunftslandrecht als Vergleichsmaßstab heranzieht (so *Spindler* und *Ohly* aaO).

d) Richtlinie über unlautere Geschäftspraktiken. Auch **Art 4** der Richtlinie über unlautere Geschäftspraktiken **fehlt ein kollisionsrechtlicher Gehalt** (*Glöckner* WRP 05, 795, 802; *Glöckner/Henning-Bodewig* WRP 05, 1311, 1326; MüKo/*Mankowski* IntWettbR Rn 107; *Veelken* WRP 04, 1, 13). Erstens fehlt das Prinzip der Kontrolle im Niederlassungsland (s Rn 65) und damit ein wichtiger Anhaltspunkt für die Anwendbarkeit des Herkunftslandrechts. Zweitens verweist die Bestimmung auf die Warenverkehrs- und Dienstleistungsfreiheit, die ebenfalls nicht als versteckte IPR-Normen anzusehen sind (s Rn 77). Ein Verweis auf das Recht des Herkunftslandes würde die Rechtsanwendung erheblich erschweren und verteuern, da angesichts des breiten Anwendungsbereichs der Richtlinie die Gerichte sehr häufig ausländisches Recht anzuwenden hätten. Zudem stünde ein Verweis auf das Herkunftslandrecht im Widerspruch zum Anspruch der Richtlinie, das Wettbewerbsrecht im B2C-Verkehr nach einer Übergangsfrist vollständig zu harmonisieren. Vielmehr ist der Verweis des Art 4 auf die Grundfreiheiten so zu verstehen, dass nationale Beschränkungen der Warenverkehrs- und Dienstleistungsfreiheit aus Gründen des Verbraucherschutzes vor unlauteren Geschäftspraktiken nur dann gerechtfertigt sind, wenn sie auf den Vorschriften der Richtlinie beruhen. **Beschränkungen durch das Marktortrecht** sind daher nach Ablauf der Übergangsfrist des Art 3 V **nur noch am Maßstab der Richtlinie zu messen** (str, s Rn 74). Bei Zweifeln an der Vereinbarkeit des nationalen Rechts mit der Richtlinie ist die Rechtsfrage dem EuGH gem Art 267 AEUV vorzulegen (s Rn 84).

5. Rechtsfolgen III: Unionsrechtliche Kontrolle des Sachrechts. a) Maßstab. aa) Außerhalb des Anwendungsbereichs des Herkunftslandprinzips. Fällt eine nationale Regelung nicht in den Anwendungsbereich des Art 34 AEUV, so ist sie bei Fehlen einer abschließenden Harmonisierung durch Verordnungen oder Richtlinien am Maßstab der **Rechtfertigungsgründe des** Art 36 AEUV und der **zwingenden Erfordernisse** im Sinne der *Cassis de Dijon*-Rechtsprechung, jeweils verbunden mit dem **Verhältnismäßigkeitsprinzip** zu messen (s Rn 17, 19 ff). Wurde das betreffende Gebiet jedoch **abschließend harmonisiert,** so ist, sofern nicht das sekundärrechtliche Herkunftslandprinzip eingreift, alleiniger Maßstab die einschlägige **unionsrechtliche Norm** (s Rn 20). Beispiel: Nimmt ein britischer Anbieter in einer Postwurfsendung an deutsche Haushalte einen Werbevergleich vor, so kann ein deutsches Gericht, das von einem Mitbewerber angerufen wurde, diese Werbung auf der Grundlage des § 6 untersagen, dessen Anwendbarkeit durch das Marktortprinzip bestimmt wird. Dieses Verbot verstößt nicht gegen Art 34 AEUV, es sei denn, § 6 selbst oder seine Auslegung verstießen gegen die Richtlinie über irreführende und vergleichende Werbung. Letzteres kann vom EuGH im Vorabentscheidungsverfahren (Art 267 AEUV) überprüft werden.

bb) Im Geltungsbereich des Herkunftslandprinzips. Da § 3 I und die übrigen Ausprägungen des Herkunftslandprinzips nicht kollisionsrechtlich, sondern sachrechtlich zu verstehen sind (s Rn 79 f), unterliegt das aufgrund des Marktortprinzips (Art 6 I Rom II-VO, dazu Rn 15 ff) anwendbare Recht einem **Günstigkeitsvergleich,** sofern die betreffende Rechtsfrage nicht auf Gemeinschaftsebene abschließend harmonisiert wurde (s zu dieser Konstellation Rn 84). Ist die einschlägige Norm des Marktortrechts strenger als die entsprechende des Herkunftslandrechts, so ist sie unanwendbar (OLG Hamburg ZUM 08, 63 f; LG Berlin MMR 12, 706). Bisher ungeklärt ist, ob sich dieser Vergleich **nur auf die Voraussetzungen** oder **auch auf die Rechtsfolgen** bezieht. Diese Frage ist von großer praktischer Bedeutung, da sämtliche Richtlinien des Lauterkeitsrechts die Wahl zwischen einer zivilrechtlichen Klagemöglichkeit und einer verwaltungsrechtlichen Kontrolle eröffnen. Verbietet also Staat A ein Verhalten durch eine Norm des Verwaltungs- oder Strafrechts, ohne zugleich eine zivilrechtliche Klagemöglichkeit vorzusehen, so ist unklar, ob der Verstoß gegen eine voraussetzungsgleiche Norm des Staates B gleichwohl mit einer dort vorgesehenen zivilrechtliche Klage verfolgt werden kann. Gegen eine solche Möglichkeit spricht, dass in dieser Konstellation, anders als in rein zivilrechtlichen Streitigkeiten, das Prinzip der Kontrolle im Niederlassungsland reibungslos funktioniert: Die Behörden des Herkunftslandes haben die Kontrollmöglichkeit, ein Verbot durch die Gerichte des Bestimmungslandes liefe auf eine zweite Kontrolle hinaus (vgl EuGH GRUR Int 97, 913 Rn 60f – *De Agostini*). Andererseits kann sich der Anbieter lediglich darauf verlassen, dass das nach Heimatrecht erlaubte Verhalten in der gesamten EU erlaubt ist, er hat aber kein schutzwürdiges Interesse daran, dass verbotenes Verhalten durch andere Stellen oder mit geringerer Wahrscheinlichkeit verfolgt wird (so *Sack* WRP 02, 271, 276; *Veelken* WRP 04, 1, 12). Jedenfalls im Anwendungsbereich der UGP-RL, die keine Verpflichtung zur Kontrolle im Niederlassungsland enthält, ist letztere Lösung vorzuziehen.

84   Ist die entscheidende Rechtsfrage allerdings bereits **Gegenstand einer abschließenden unionsrechtlichen Regelung**, so bleibt für ein Günstigkeitsprinzip kein Raum (vgl BGH GRUR 07, 67 Rn 18 – *Pietra di Soln*). Vielmehr ist das **Marktortrecht uneingeschränkt anwendbar, sofern es mit der Richtlinie vereinbar ist** (*Ohly* WRP 06, 1401, 1406ff; differenzierend Harte/Henning/*Glöckner* Einl C Rn 192, 287). Das Herkunftslandprinzip stellt nach dem hier vertretenen **binnenmarktfunktionalen Verständnis** lediglich eine spezielle Ausprägung der Grundfreiheiten dar. In seiner Rechtsprechung zu Art 34 AEUV misst der EuGH nationale Beschränkungen des Warenverkehrs, die auf einer abschließenden gemeinschaftsrechtlichen Regelung beruhen, nur am Maßstab der Richtlinie (EuGH EuZW 02, 89 Rn 32 – *Daimler Chrysler;* EuGH GRUR 04, 174 Rn 64 – *Doc Morris*). Für eine Übertragung dieser Methode auf das sekundärrechtliche Herkunftslandprinzip spricht der Gesichtspunkt der effektiven Durchsetzung des Gemeinschaftsrechts *(effet utile),* da eine mögliche unzureichende Umsetzung der Richtlinie im Herkunftsland Anbietern aus diesem Staat nicht zum Vorteil gereicht und da die Vereinbarkeit nationalen Rechts mit der Richtlinie häufiger zum Gegenstand von Vorlagefragen gemacht wird. Gerade letzteres ist von Bedeutung, da unionsrechtliche Generalklauseln wie diejenige des Art 5 I der Richtlinie über unlautere Geschäftspraktiken erst dann ein gewisses Maß an Rechtssicherheit und Vorhersehbarkeit bieten, wenn sie durch Richterrecht konkretisiert werden (s Rn 74). Außerdem macht diese Methode bei zunehmender Harmonisierung die schwierige und kostspielige Ermittlung ausländischen Rechts im Wettbewerbsverfahren in zunehmendem Maße überflüssig. Es handelt sich nicht um eine unionsrechtlich ausgeschlossene horizontale Anwendung einer Richtlinie zwischen Privaten, da die Richtlinie, ähnlich wie im Rahmen des Art 34 AEUV, nur als unionsrechtlicher Maßstab zur Überprüfung mitgliedstaatlichen Rechts dient. Allerdings ist einzuräumen, dass der Wortlaut der Art 3 I Fernsehrichtlinie und 3 II E-Commerce-Richtlinie eher für eine generelle Unanwendbarkeit strengeren Marktortrechts spricht und auch der EuGH im soweit ersichtlich einzigen einschlägigen Urteil (GRUR Int 97, 913, Rn 60f – *De Agostini*) nicht etwa das nationale schwedische Verbot der an Kinder gerichteten Werbung am Maßstab der Fernsehrichtlinie geprüft hat. Ob sich der hier vorgeschlagene Weg als gangbar erweist, wird letztlich der EuGH zu klären haben.

85   **b) Verfahrensrechtliche Aspekte.** Kommt es also nach kollisionsrechtlichem Verständnis des Herkunftslandprinzips oder nach dem hier vertretenen Günstigkeitsprinzip (Rn 83) auf den Regelungsgehalt einer ausländischen Rechtsordnung an, so hat das Gericht ausländisches Recht von Amts wegen zu ermitteln (BGHZ 77, 32, 38 = NJW 80, 2022; *Pfeiffer* NJW 02, 3306, 3307; Fezer/*Hausmann/Obergfell* Einl I Rn 508; Harte/Henning/*Glöckner* Einl C Rn 185), und zwar so, wie es sich in Recht-

sprechung und Rechtslehre entwickelt hat und wie es praktisch angewandt wird (BGH NJW 91, 1418, 1419; *Pfeiffer* aaO). Eine Berücksichtigung des liberaleren Herkunftslandrechts nur auf Einrede des Beklagten hin wäre zwar prozessökonomisch, ist aber mit dem Grundsatz „iura novit curia" nicht zu vereinbaren (*Höder* S 190f; *Ohly* GRUR Int 01, 899, 903; *Fezer/Hausmann/Obergfell* Einl I Rn 499; aA *Ahrens* CR 00, 835, 837 ff, s auch Einf A Rn 83). Das Gericht ist dabei verpflichtet, alle ihm zugänglichen Erkenntnismittel auszuschöpfen (vgl § 293 ZPO). Im Verfahren des einstweiligen Rechtsschutzes kann sich das Gericht jedoch auf die präsenten und kurzfristig erreichbaren Erkenntnisquellen beschränken (OLG Frankfurt NJW 69, 991, 992; krit *Fezer/Hausmann/Obergfell* Einl I Rn 512ff). Wird die zu klärende Rechtsfrage durch eine Richtlinie geregelt, so kann im Verfügungsverfahren vermutet werden, dass die Richtlinie im Herkunftsland vollständig umgesetzt wurde und gemeinschaftskonform ausgelegt wird (*Henning-Bodewig* GRUR 04, 822, 824), wenn man in diesem Fall nicht schon von vornherein die Überprüfung des Marktortrechts am Maßstab der Richtlinie für ausreichend hält (s vorige Rn). Praktisch können aufgrund dieser Überlegung Richtlinienbestimmungen im Verfügungsverfahren mangels abweichender Anhaltspunkte unmittelbar herangezogen werden (Fezer/*Hausmann/Obergfell* Einl I Rn 517), ohne dass damit eine unstatthafte horizontale Richtlinienwirkung impliziert würde.

D. Das UWG im deutschen Rechtssystem

Inhaltsübersicht

		Rn
I. UWG und Verfassungsrecht		1
1. Grundlagen		1
a) Die Auswirkung der Grundrechte auf das Privatrecht		1
aa) Mittelbare Drittwirkung		1
bb) Abwehr- und Schutzfunktion der Grundrechte		2
b) Europäisches Verfassungsrecht		3
aa) EMRK		3
bb) EU-Grundrechtecharta		4
2. Die Rechtsprechung des BVerfG		5
a) Ältere Rechtsprechung		5
b) Die Benetton-Urteile		6
c) Die folgenden Kammerbeschlüsse		7
d) Auswirkungen auf die Anwendung des UWG		8
3. Grundrechte mit Bedeutung für die Anwendung des UWG		9
a) Meinungs- und Pressefreiheit (Art 5 I GG)		9
aa) Schutzbereich		9
(1) Meinungsäußerungen		9
(2) Tatsachenbehauptungen		10
(3) Presse- und Rundfunkfreiheit		11
bb) Eingriff		12
cc) Rechtfertigung		13
b) Freiheit der Kunst und Wissenschaft (Art 5 III GG)		14
c) Berufsfreiheit (Art 12 GG)		15
d) Eigentumsgarantie (Art 14 GG)		16
e) Glaubensfreiheit (Art 4 GG)		16a
f) Gleichheitsgrundsatz (Art 3 GG)		16b
g) Allgemeine Handlungsfreiheit (Art 2 I GG)		17
h) Allgemeines Persönlichkeitsrecht (Art 2 I iVm 1 I GG)		18
i) Menschenwürde (Art 1 I GG)		19

	Rn
II. UWG und Verwaltungsrecht: Der Wettbewerb der öffentlichen Hand	20
1. Allgemeines	20
a) Begriff und Erscheinungsformen	20
b) Problematik	21
2. Rechtsweg	22
a) Grundsatz	22
b) Abgrenzung zu öffentlich-rechtlichen Streitigkeiten	23
c) Abgrenzung zu sozialrechtlichen Streitigkeiten	23a
3. Geschäftliche Handlung (§ 2 I Nr 1)	24
a) Grundsatz	24
b) Erwerbswirtschaftliche Tätigkeit	25
c) Bedarfsdeckung	26
d) Hoheitliches und schlicht-hoheitliches Handeln	27
aa) Grundsatz: keine geschäftliche Handlung	27
bb) Indizien für geschäftliches Handeln	28
cc) Indizien gegen geschäftliches Handeln	29
dd) Subventionen	30
4. Unlauterkeit	31
a) Allgemeines	31
aa) Ausgangspunkt	31
bb) Unionsrechtlicher Rahmen	32
cc) Grundsatz der Gleichbehandlung der öffentlichen Hand	33
dd) Besonderheiten	34
ee) Grundrechtsbindung der öffentlichen Hand, insbesondere Gleichheitssatz (Art 3 I GG)	35
b) Unlautere Einwirkung auf Abnehmer	36
aa) Grundsatz	36
bb) Allgemeine Voraussetzungen	37
cc) Autoritätsmissbrauch	38
dd) Auskünfte und Empfehlungen	39
ee) Kritik und Warnungen	40
ff) Beeinflussung amtlicher Entscheidungsprozesse	41
c) Vorsprung durch Nutzung amtlicher Einrichtungen, Ressourcen und Informationen	42
aa) Grundsatz	42
bb) Standortvorteile	43
cc) Nutzung öffentlicher Einrichtungen	44
dd) Informationen	45
ee) Hoheitliche Regelungsbefugnisse	46
d) Preisgestaltung	47
aa) Grundsatz	47
bb) Zweckentfremdung öffentlicher Mittel	48
cc) Gefährdung des Wettbewerbsbestands	49
e) Rechtsbruch	50
aa) Grundsatz	50
bb) Marktzutrittsregelungen	51
cc) Allgemeine Marktverhaltensregeln	52
dd) Medienrechtliche Vorschriften	53
ee) Haushaltsrechtliche Vorschriften	54
ff) Sozialrechtliche Vorschriften	55
III. UWG und Bürgerliches Recht	56

D. Das UWG im deutschen Rechtssystem

	Rn
1. Deliktsrecht	56
a) Grundsatz	56
b) Konkurrenzen	58
aa) Begriffe	58
bb) Recht am eingerichteten und ausgeübten Gewerbebetrieb	59
cc) § 823 I BGB im Übrigen	61
dd) § 823 II BGB	62
ee) §§ 824, 826 BGB	63
ff) Verjährung	64
2. Vertragsrecht	65
a) Ausgangspunkt	65
b) Unlauterkeit wegen Vertragsverletzung?	66
aa) Grundsatz	66
bb) Begründung	66a
cc) Abgrenzung	66b
c) Nichtigkeit von Verträgen wegen Unlauterkeit	67
aa) § 134 BGB	67
bb) § 138 BGB	67a
d) Vertragsauflösungsrecht der Verbraucher	68
aa) UWG	68
bb) BGB	69
IV. UWG und Kartellrecht	70
1. Allgemeines	70
a) Begriffe	70
b) Schutzzweck	71
2. Konkurrenzverhältnis	72
V. UWG und geistiges Eigentum	77
1. Begriff und Rechtsquellen	77
2. Abgrenzung und Konkurrenzen	78
a) Grundsatz	78
b) Vorrang des geistigen Eigentums bei Vorliegen einer Rechtsverletzung	79
c) Ergänzender UWG-Nachahmungsschutz	80
aa) Problematik	80
bb) Wertungseinheit von Immaterialgüter- und Lauterkeitsrecht	81
3. Einzelne Schutzrechte	82
a) Kennzeichenrecht	82
b) Designrecht	83
c) Patent- und Gebrauchsmusterrecht	84
d) Urheberrecht und verwandte Schutzrechte	85

I. UWG und Verfassungsrecht

Literatur: *Achatz,* Grundrechtliche Freiheit im Wettbewerb, 2011; *Ahrens,* Die Benetton-Rechtsprechung des BVerfG und die UWG-Fachgerichtsbarkeit, JZ 2004, 763; *ders,* Menschenwürde als Rechtsbegriff im Wettbewerbsrecht, FS Schricker, 2005, 619; *v Becker,* Werbung Kunst Wirklichkeit – Bemerkungen zu einem schwierigen Verhältnis, GRUR 2001, 1101; *Faßbender,* Der grundrechtliche Schutz der Werbefreiheit in Deutschland und Europa, GRUR Int 2006, 965; *Fechner,* Geistiges Eigentum und Verfassung, 1999; *Fezer,* Imagewerbung mit gesellschaftskritischen Themen im Schutzbereich der Meinungs- und Pressefreiheit – BVerfG hebt BGH-Urteile zur Benetton-Werbung auf, NJW 2001, 580; *Fiedler,* Zunehmende Einschränkungen der

Pressefreiheit, ZUM 2010, 18; *Gomille,* Mehrdeutigkeit und Meinungsfreiheit, JZ 2012, 769 ff; *Hartwig,* Verfassungsrechtliche Anforderungen an die Fallgruppenbildung nach § 1 UWG, NJW 2002, 38; *ders,* „H. I. V. POSITIVE II" – zugleich Abschied vom Verbot „gefühlsbetonter Werbung"?, WRP 2003, 582; *ders,* Meinungsfreiheit und lauterer Wettbewerb, GRUR 2003, 924; *ders,* Der BGH und das Ende des Verbots „gefühlsbetonter Werbung", NJW 2006, 1326; *Hösch,* Meinungsfreiheit und Wettbewerbsrecht am Beispiel der „Schockwerbung", WRP 2003, 936; *Kleine-Cosack,* Wettbewerbsrecht und Verfassungsrecht contra antiquierte Berufsbilder, NJW 2013, 272; *Krüger,* Von „Club X" zu „Jacubowski" – Ein Bericht zu § 1 UWG und Art 10 EMRK im Anschluss an GRUR 1989, 738 ff, GRUR 1996, 252; *Leisner,* Wettbewerb als Verfassungsprinzip, 2012; *Lerche,* Werbung und Verfassung, 1967; *Ohly,* Das neue UWG – Mehr Freiheit für den Wettbewerb?, GRUR 2004, 889; *Scherer,* Verletzung der Menschenwürde durch Werbung, WRP 2007, 594; *Sevecke,* Die Benetton-Werbung als Problem der Kommunikationsfreiheiten, AfP 1994, 196.

1 **1. Grundlagen. a) Die Auswirkung der Grundrechte auf das Privatrecht. aa) Mittelbare Drittwirkung.** Die Grundrechte binden unmittelbar nur die Staatsgewalt. Eine unmittelbare Drittwirkung zwischen den Privatrechtssubjekten, wie sie in der älteren Rechtsprechung und Lehre erwogen wurde (BAGE 1, 185, 193 f; 13, 168, 174 ff; Enneccerus/*Nipperdey,* Allgemeiner Teil des Bürgerlichen Rechts, 15. Aufl, § 15 II 4), besteht nach ganz herrschender Ansicht nicht (vgl Dreier/*Dreier,* GG, Vorb Rn 98; Schmidt-Bleibtreu/Hofmann/Hopfauf/*Müller-Franken* Vor Art 1 Rn 11 ff), sieht man von Art 9 III GG ab. Aus der Grundrechtsbindung der Rechtsprechung folgt aber, dass das einfache Recht grundrechtskonform auszulegen ist und dass Interessenkonflikte zwischen Privatrechtssubjekten durch die Zivilgerichtsbarkeit im Einklang mit den Wertungen der Grundrechte zu lösen sind. Aus der unmittelbaren Grundrechtsbindung der Gerichte ergibt sich so eine **mittelbare Drittwirkung** (BVerfGE 7, 198, 205 = GRUR 58, 254, 255 – *Lüth;* BVerfGE 73, 261, 269). Je weiter der Entscheidungsspielraum ist, der den Gerichten bei der Anwendung einer Norm bleibt, desto mehr wirkt sich die Ausstrahlung der Grundrechte aus. Insbesondere sind die Generalklauseln Einbruchstellen für die Wertungen der Grundrechte (BVerfG aaO; BVerfGE 42, 143 = NJW 76, 1677). Das galt für § 1 aF und gilt inzwischen sowohl für die große Generalklausel (§ 3) als auch für die generalklauselartig weiten Tatbestände des Beispielskatalogs (§ 4) und der §§ 5–7 (s aber zu umgesetztem Unionsrecht Rn 8 aE).

2 **bb) Abwehr- und Schutzfunktion der Grundrechte.** Der Grundrechtsschutz hat verschiedene Dimensionen (vgl Dreier/*Dreier,* GG, Vorb Rn 82 ff; Schmidt-Bleibtreu/Hofmann/Hopfauf/*Müller-Franken* Vor Art 1 Rn 11 ff; *Pieroth/Schlink,* Grundrechte, Rn 75 ff), die sich im Lauterkeitsrecht auswirken. Nach ihrer klassischen Funktion sind die Grundrechte **Freiheitsrechte**, schützen also die Freiheitssphäre des Bürgers gegen Eingriffe durch den Staat. Wird einem Marktteilnehmer ein Wettbewerbsverhalten untersagt, das in den Schutzbereich eines Grundrechts, insbesondere der Berufsausübungsfreiheit (Art 12 GG) oder der Meinungsfreiheit (Art 5 I GG) fällt, so handelt es sich um einen Grundrechtseingriff, der der verfassungsrechtlichen Rechtfertigung bedarf. Zugleich folgt aus den Grundrechten aber auch ein **Schutzauftrag:** Die Staatsgewalt ist verfassungsrechtlich verpflichtet, die grundrechtlich geschützten Positionen der Bürger gegen Übergriffe durch andere zu schützen (BVerfGE 81, 242; BVerfGE 89, 214; Handbuch des Staatsrechts/*Isensee* § 111 Rn 77 ff; *Canaris* AcP 184 (1984) 201, 225). Das UWG dient den Schutz der Mitbewerber, der Verbraucher und sonstigen Marktteilnehmer sowie der Allgemeinheit (§ 1) und schützt damit insbesondere die durch Art 14, 12 und 2 I GG garantierten Grundrechtspositionen der Marktteilnehmer. Die Grundrechtsabwägung, die bei der Anwendung der UWG-Vorschriften geboten sein kann, stellt sich häufig als Abwägung zwischen dem Eingriff in die Freiheitsrechte eines Gewerbetreibenden und dem Schutz der Rechte eines anderen Marktteilnehmers dar. Schließlich folgt aus ei-

D. Das UWG im deutschen Rechtssystem **Einf D UWG**

nigen Grundrechten eine **Institutsgarantie** und damit der Auftrag an die Staatsgewalt, das betreffende Institut zu schützen (BVerfGE 20, 162 = NJW 66, 1603, 1604f; Dreier/*Dreier*, GG, Vorb Rn 107f). Bedeutung in der wettbewerbsrechtlichen Rechtsprechung hat insbesondere die aus Art 5 I 2 GG folgende Institutsgarantie der Pressefreiheit gewonnen (s § 4 Rn 10/102).

b) Europäisches Verfassungsrecht. aa) EMRK. Neben dem Grundgesetz 3 kommt dem europäischen Verfassungsrecht zunehmende Bedeutung zu. Die Europäische Konvention zum Schutz der Menschenrechte und Grundfreiheiten von 1950 (EMRK) enthält einen Grundrechtskatalog, der demjenigen des Grundgesetzes weitgehend entspricht. Insbesondere schützt die Konvention die Meinungsäußerungsfreiheit (Art 10), die Privatsphäre (Art 8) und das Eigentum (Art 1 Zusatzprotokoll), hingegen fehlt ein ausdrücklicher Schutz der Berufsfreiheit. Allerdings weicht die Auslegung der Konventionsrechte durch den Europäischen Gerichtshof für Menschenrechte (Datenbank der Rechtsprechung in englischer und französischer Sprache im Internet unter http://www.echr.coe.int) teilweise von der Grundrechtsrechtsprechung des BVerfG ab. Insbesondere bezieht der EGMR sämtliche Formen der Werbung in den Schutzbereich des Art 10 EMRK ein und differenziert bei der Rechtfertigung von Eingriffen zwischen politischen und gewerblichen Meinungsäußerungen (vgl EGMR Urt v 20.11.1989 – *markt intern Verlag und Beermann/Deutschland,* Serie A 165, Ziff 26; EGMR, Urt v 23.6.1994 – *Jacubowski/Deutschland,* Serie A 291-A, Ziff 25; EGMR, Urt v 11.12.2003 – *Krone Verlag (Nr 3)/Österreich,* Nr 39 069/97; EGMR GRUR-RR 09, 173, 174 – *Brzank/Deutschland;* einschränkend aber EuGH EuZW 04, 439 Rn 51 – *Karner/Troostwijk;* vgl auch *Faßbender* GRUR Int 06, 965, 972ff mwN; *Krüger* GRUR 96, 252ff; *Messer* FS Vieregge, 1995, S 629ff).

bb) EU-Grundrechtecharta. Die Charta der Grundrechte der Europäischen 4 Union (EU-GRCh) wurde erstmals am 7.12.2000 proklamiert (ABl C 364 v 18.12.2000, S 1) und sollte als Teil II des EU-Verfassungsvertrags Rechtsverbindlichkeit erlangen. Nach dem Scheitern des Verfassungsvertrags wurde der Plan einer einheitlichen Verfassung mit inkorporiertem Grundrechtsteil aufgegeben. Der EU-Reformvertrag („Vertrag von Lissabon", ABl C 306 v 17.12.2007, S 10) nimmt aber in Art 6 auf die am 12.12.2007 erneut proklamierte Grundrechtecharta Bezug und erklärt die dort garantierten Rechte, Freiheiten und Grundsätze für verbindlich. Art 51 EU-GRCh präzisiert, dass die Charta für die Organe der Union und für die Mitgliedstaaten bei der Durchführung des Rechts der Union gilt. Daher ist nicht nur die Wirksamkeit von EU-Sekundärrecht an der Charta zu messen, die EU-Grundrechte sind auch bei der Auslegung nationalen Rechts heranzuziehen, das – wie weite Teile des UWG – auf Richtlinien beruht (BGH GRUR 11, 631 Rn 20 – *Unser wichtigstes Cigarettenpapier*). Die Charta lehnt sich teilweise an die EMRK an und garantiert insbesondere die Achtung des Privat- und Familienlebens (Art 7), die Meinungsäußerungs- und Informationsfreiheit (Art 11), die Freiheit der Kunst und Wissenschaft (Art 13), die Berufsfreiheit (Art 15) und das Eigentumsrecht (Art 17) einschließlich des geistigen Eigentums. Zudem gewährt der EuGH Grundrechtsschutz auf der Grundlage der EMRK und der gemeinsamen Verfassungstradition der Mitgliedstaaten (Art 6 EUV).

2. Die Rechtsprechung des BVerfG. a) Ältere Rechtsprechung. Seit jeher 5 ist anerkannt, dass den Wertungen der Grundrechte bei der Auslegung der großen Generalklausel und der übrigen UWG-Tatbestände eine erhebliche Bedeutung zukommt (*Beater* WRP 12, 6, 8f; *Emmerich* UWG § 5 Rn 28; Harte/Henning/*Ahrens* Einl G Rn 41ff; *Sack* WRP 85, 1, 5). In seiner älteren Rechtsprechung hat das BVerfG Verbote unlauteren Wettbewerbsverhaltens in erster Linie am Maßstab der Berufsausübungsfreiheit (Art 12 I GG) geprüft und entschieden, die Ziele des UWG stünden grundsätzlich mit Art 12 GG in Einklang (BVerfGE 32, 311 = GRUR 72, 358, 360 –

Grabsteinwerbung). Insbesondere hielt das BVerfG die große Generalklausel (§ 1 aF) nicht wegen ihrer Unbestimmtheit für verfassungsrechtlich bedenklich. Die unübersehbare Vielfalt möglicher Verhaltensweisen im geschäftlichen Wettbewerb lasse die Bildung eines erschöpfenden Katalogs von Einzeltatbeständen nicht zu. Eine gewisse Freiheit des Richters bei der Beurteilung wettbewerblicher Sachverhalte müsse dabei in Kauf genommen werden; sie beeinträchtige zwar die Berechenbarkeit gerichtlicher Entscheidungen und damit die Rechtssicherheit, doch werde dieser Nachteil dadurch gemindert, dass die langjährige Rechtsprechung des RG und des BGH den Rechtsgehalt der Generalklausel nach vielen Richtungen breit entfaltet habe (BVerfG aaO). Zwar muss bei der Beurteilung der Unlauterkeit der Freiheitsgehalt des Art 12 GG berücksichtigt werden, dabei ließ das BVerfG den Fachgerichten in seiner älteren Rechtsprechung aber einen erheblichen Spielraum.

6 b) Die Benetton-Urteile. Eine Tendenzwende hin zu einer strengeren Überprüfung der wettbewerbsrechtlichen Rechtsprechung durch das BVerfG wurde durch das erste *Benetton*-Urteil eingeleitet (BVerfGE 102, 347 = GRUR 01, 170 – *Benetton-Schockwerbung I*, dazu *Ahrens* JZ 04, 763 ff; *Fezer* NJW 01, 580 ff; *Hösch* WRP 03, 936 ff). Der Fall betraf eine Werbekampagne, in der großformatige Fotografien verwendet wurden, die in schockierender Weise menschliches Leid zeigten. Der Werbecharakter ging lediglich aus dem in einer Ecke sichtbaren Logo des Werbenden hervor. Der BGH hielt diese Werbung in verschiedenen Urteilen für eine gem § 1 aF sittenwidrige gefühlsbetonte Werbung (BGH GRUR 95, 595 – *Kinderarbeit;* BGHZ 130, 196 = GRUR 95, 598 – *Ölverschmutzte Ente;* BGH GRUR 95, 600 – *H. I. V. Positive I*). Die Werbung errege Gefühle des Mitleids und der Ohnmacht und führe so zur Solidarisierung mit dem Werbenden. Die Meinungsfreiheit (Art 5 I GG) rechtfertige kein anderes Ergebnis, da die Werbung nur kommerziellen Zwecken diene und zur öffentlichen Auseinandersetzung nichts Wesentliches beitrage. Auf die Verfassungsbeschwerde des Verlags entschied das BVerfG, dass die fraglichen Fotografien in den Schutzbereich des Art 5 I 1 GG fallen (BVerfGE 102, 347 = GRUR 01, 170, 172 f – *Benetton-Schockwerbung I*). Das Verbot sei nicht gerechtfertigt. Zwar sei § 1 aF ein allgemeines Gesetz iSd Art 5 II GG, das in berechtigter Weise die Interessen der Mitbewerber, der Verbraucher und der Allgemeinheit schütze, im konkreten Fall sei eine Beeinträchtigung dieser Interessen aber nicht ersichtlich. Bei der erneuten Entscheidung des *„H. I. V. Positive"*-Falls hielt der BGH indes mit erweiterter Begründung an seiner bisherigen Auffassung fest und bejahte erneut einen Verstoß gegen § 1 aF (BGHZ 149, 247 = GRUR 02, 360, 363 ff – *H. I. V. Positive II*). Eine Einschränkung der Grundrechte komme auch in Betracht, um Verrohungs- und Abstumpfungstendenzen entgegenzuwirken. Im konkreten Fall verletze die Abbildung eines „abgestempelten" HIV-Infizierten die Menschenwürde, weil die Darstellung der Not von Aids-Kranken in einer Unternehmenswerbung als Reizobjekt missbraucht werde, um zu kommerziellen Zwecken die Aufmerksamkeit der Öffentlichkeit auf das werbende Unternehmen zu lenken. Ein Aufruf zur Solidarität sei zynisch, wenn er der Werbung für das eigene Unternehmen diene. Auf die erneute Verfassungsbeschwerde des Verlags hin entschied das BVerfG wiederum, dass das Urteil des BGH das Grundrecht des Verlags aus Art 5 I 1, 2 GG verletzt (BVerfGE 107, 275 = GRUR 03, 442, 443 f – *Benetton-Schockwerbung II*). Ein ausschließlich oder vorrangig auf das Leid selbst bezogener Umgang mit menschlichem Leid möge moralisch vorzugswürdig sein, durch Art 1 I GG geboten sei er nicht. Wollte man kommerziellen Werbeanzeigen wegen des mit ihnen stets verbundenen Eigennutzes die Thematisierung von Leid verbieten, hätte ein wesentlicher Teil der Realität in der allgegenwärtigen, Sichtweisen, Werte und Einstellungen der Menschen nicht unerheblich beeinflussenden Werbewelt von vornherein keinen Platz. Das könne angesichts der besonders schützenswerten Interessen an der Thematisierung gesellschaftlicher Probleme kein mit der Meinungs- und der Pressefreiheit zu vereinbarendes Ergebnis sein.

D. Das UWG im deutschen Rechtssystem **Einf D UWG**

c) Die folgenden Kammerbeschlüsse. In der Folge des *Benetton I*-Urteils überprüfte das BVerfG mehrere Werbeverbote und gelangte in seinen Kammerbeschlüssen zur therapeutischen Äquivalenz (BVerfG GRUR 01, 1058), zum Tier- und Artenschutz (BVerfG GRUR 02, 455), zum JUVE-Handbuch (BVerfG WRP 03, 69) und zur Kritik eines Mediziners an der Pharmaindustrie (BVerfG GRUR 08, 81 – *Pharmakartell*) jeweils zu dem Ergebnis, die Fachgerichte hätten bei ihrer Anwendung des § 1 aF das Grundrecht der jeweiligen Werbenden aus Art 5 I 1 GG verletzt. Hingegen hielt das BVerfG in drei Nichtannahmebeschlüssen die Rechtsprechung zur Unzulässigkeit anonymer Preisvergleiche (BVerfG GRUR 03, 349 – *Preistest*), zur Trennung von redaktionellem Teil und Werbung in der Presse (BVerfG NJW 05, 3201) und zur Löschung der „WM-Marken" (BVerfG GRUR-RR 11, 215) für verfassungsrechtlich unbedenklich. Stärker als der Senat unterzog die Kammer die Fallgruppenmethode des Wettbewerbsrechts der Kritik. Eine Einschränkung der Meinungsfreiheit im Interesse des Schutzguts des UWG setze die Feststellung einer Gefährdung des an der Leistung orientierten Wettbewerbs voraus. Die Heranziehung von Fallgruppen sei demnach dann nicht zu beanstanden, wenn gesichert sei, dass Meinungsäußerungen nur auf Grund einer Gefährdung des Leistungswettbewerbs (zur Kritik an diesem Begriff s Einf A Rn 23) unterbunden würden. Soweit die Fallgruppe aber auf Prognosen angewiesen sei und auf die Anwendung unbestimmter, insbesondere wertausfüllungsbedürftiger Rechtsbegriffe verweise, sei die Rechtsanwendung nicht eindeutig vorgegeben. Dann seien Feststellungen im konkreten Fall und bei Kollisionen unterschiedlicher Rechtsgüter eine die betroffenen Interessen erfassende Abwägung erforderlich (BVerfG GRUR 02, 455, 456 – *Tier- und Artenschutz,* bestätigt in BVerfG WRP 03, 69 – *JUVE-Handbuch*). Die Kammerbeschlüsse scheinen anzudeuten, dass die Unlauterkeit, ähnlich wie die Verletzung des allgemeinen Persönlichkeitsrechts (vgl *Ahrens* JZ 04, 763, 767), in jedem Fall nur aufgrund einer umfassenden Güter- und Interessenabwägung festgestellt werden kann. Auch in der Rechtsprechung der Fachgerichte ist zu beobachten, dass zunehmend die wettbewerbsrechtliche Argumentation durch eine Abwägung der betroffenen Grundrechtspositionen untermauert wird (vgl etwa BGH GRUR 04, 696, 697 f – *Direktansprache am Arbeitsplatz I;* BGH GRUR 04, 699, 701 – *Ansprechen in der Öffentlichkeit;* OLG Hamburg GRUR-RR 05, 131, 136 – *Schlauer Telefonkunde*).

d) Auswirkungen auf die Anwendung des UWG. Anders als noch zur Zeit der *Benetton*-Rspr des BVerfG beruhen mittlerweile erhebliche Teile des UWG auf EU-Richtlinien. Deren Vereinbarkeit mit verfassungsrechtlichen Grundsätzen prüft das BVerfG nicht, solange der EuGH einen hinreichenden Grundrechtsschutz gewährleistet (BVerfGE 73, 339 = NJW 87, 577 – *Solange II;* BVerfGE 89, 155 = NJW 93, 3047 – *Maastricht; Ahrens* JZ 04, 763, 773 f). Die Anwendung des nationalen, auf Richtlinien beruhenden Rechts wird am Maßstab der **EU-Grundrechte** überprüft (s Rn 4). Im Übrigen kommt es darauf an, inwieweit der maßgebliche Interessenkonflikt schon durch die gesetzliche Norm oder durch eine richterrechtlich gebildete Fallgruppennorm (vgl hierzu *Ohly,* Richterrecht und Generalklausel, 1997, S 268 ff; *Lindacher,* FS Tilmann, 2002, S 195, 206) geregelt wird. Je mehr dies der Fall ist, desto weniger bedarf es der Güter- und Interessenabwägung im Einzelfall, sofern die gesetzliche oder richterrechtliche Norm selbst einer verfassungsrechtlichen Überprüfung standhält. Auch wenn das BVerfG in einigen Dikta zu fordern scheint, dass in jedem Einzelfall die Beeinträchtigung des Leistungswettbewerbs konkret zu begründen ist, wird eine Grundrechtsabwägung hauptsächlich **in zwei Konstellationen relevant** (*Ohly* GRUR 04, 889, 893; vgl auch *Ahrens* JZ 04, 763, 767). **Erstens** dient der Rückgriff auf die Grundrechte dazu, **überkommene gesetzliche Wettbewerbsbeschränkungen oder Sätze des Richterrechts** auf den Prüfstand zu stellen. Diese Konstellation hat seit der UWG-Reform erheblich an Bedeutung verloren, da 2004 die wesentlichen Fallgruppen des Lauterkeitsrechts kodifiziert wurden

7

8

und da zudem eine Liberalisierung stattgefunden hat. Relevant bleibt die verfassungsrechtliche Kontrolle vor allem für das ärztliche und anwaltliche Berufsrecht, das sich über § 4 Nr 11 im Lauterkeitsrecht auswirkt (vgl etwa BVerfG WM 11, 989; BVerfG MedR 12, 516). **Zweitens** ist ein Rückgriff auf die Grundrechte immer dann erforderlich, wenn die unlauterkeitsbegründende gesetzliche oder richterrechtliche Norm **erheblichen Wertungsspielraum** lässt oder sogar gänzlich fehlt. Daher war beispielsweise im ersten Urteil des BGH zur Direktansprache am Arbeitsplatz (BGH GRUR 04, 696, dazu § 7 Rn 56) eine verfassungsrechtliche Abwägung veranlasst, denn zuvor war offen und umstritten, ob ein Personalberater einen Arbeitnehmer am Arbeitsplatz anrufen darf, um mit ihm über einen Stellenwechsel zu sprechen. Hier liegt ein möglicher Grund dafür, dass das BVerfG gerade in den *Benetton*-Fällen eingeschritten ist, denn hier galt die Besonderheit, dass – abgesehen vom außerordentlich vagen Topos der „gefühlsbetonten Werbung" (hierzu im Einzelnen § 4 Rn 1/125 ff) – eine konkrete Fallgruppennorm für die Beurteilung der Schockwerbung gerade fehlte. In einem solchen zuvor nicht entschiedenen Fall besteht die besondere Notwendigkeit, eine einzelfallbezogene Abwägung im Lichte der Meinungsfreiheit vorzunehmen. Hingegen sind die Sondertatbestände der §§ 5–7 schon jetzt sehr genau gefasst und die in § 4 aufgeführten Beispiele werden umso mehr Präzision gewinnen, je stärker sie von Präzedenzfällen umsponnen werden. Die Notwendigkeit einer Grundrechtsprüfung im Einzelfall wird damit immer stärker abnehmen.

9 3. **Grundrechte mit Bedeutung für die Anwendung des UWG. a) Meinungs- und Pressefreiheit (Art 5 I GG). aa) Schutzbereich. (1) Meinungsäußerungen.** Art 5 I 1 GG schützt das Recht eines jeden, seine Meinung frei zu äußern und sich aus allgemein zugänglichen Quellen frei zu informieren. Von weichenstellender Bedeutung für die Anwendung des Art 5 I 1 GG ist die Abgrenzung zwischen Meinungsäußerung und Tatsachenbehauptung (BVerfG WRP 03, 69, 70 – *JUVE-Handbuch*). Meinungsäußerungen sind durch Elemente des Wertens und Dafürhaltens geprägt; sie können nicht wahr oder falsch, sondern nur mehr oder weniger überzeugend sein (zur Abgrenzung im Einzelnen Rn 10 und § 4 Rn 8/12f). Sie fallen ohne weiteres in den Schutzbereich des Art 5 I GG, unabhängig davon, ob die Äußerung rational oder emotional, begründet oder grundlos ist und ob sie von anderen für nützlich oder schädlich, wertvoll oder wertlos gehalten wird (BVerfGE 30, 336, 347 = NJW 71, 1555; BVerfGE 102, 347 = GRUR 01, 170, 174 – *Benetton-Schockwerbung I*). Der Schutz der Meinungsfreiheit erstreckt sich auf **kommerzielle Meinungsäußerungen sowie reine Wirtschaftswerbung, die einen wertenden, meinungsbildenden Inhalt hat** (BVerfGE 102, 347 = GRUR 01, 170, 172 – *Benetton-Schockwerbung I;* BVerfG GRUR 07, 1083 – *Dr. R's Vitaminprogramm;* BVerfG GRUR 08, 81 – *Pharmakartell;* zu Art 11 EU-GRCh BGH GRUR 11, 631 Rn 20 – *Unser wichtigstes Cigarettenpapier*). Ob es daneben auch Wirtschaftswerbung ohne wertenden, meinungsbildenden Inhalt gibt, ob also auch die **schlichte Produktwerbung ohne gesellschaftspolitische Bezüge** in den Schutzbereich des Art 5 I 1 GG fällt, hat das BVerfG bisher nicht ausdrücklich entschieden (vgl aber BVerfG GRUR 03, 349 – *Preistest:* Verbot eines Preisvergleichs zwischen Discountern wird ohne Begründung am Maßstab des Art 5 I GG überprüft). Einiges spricht dafür, nach dem Vorbild der EMRK- und US-Rechtsprechung jede Art der Werbung in den Schutzbereich des Art 5 I 1 GG einzubeziehen (BGH GRUR 12, 74 Rn 27 – *Coaching-Newsletter; Jarass* NJW 82, 1833; 1834; *Kloepfer/Michael* GRUR 91, 170, 173; *Köhler* WRP 98, 455, 460; *v Becker* GRUR 01, 1101, 1102; so bereits *Lerche*, Werbung und Verfassung, S 76 ff; aA *Faßbender* GRUR Int 06, 965, 969 ff mwN). Beschränkungen kommerzieller Meinungsäußerungen aber unter geringeren Voraussetzungen für gerechtfertigt anzusehen als Beschränkungen rein politischer oder gesellschaftlicher Äußerungen (s zur Rechtsprechung des EGMR Rn 3; zum US-Recht

D. Das UWG im deutschen Rechtssystem **Einf D UWG**

Virginia State Board of Pharmacy v Virginia Citizens Consumer Council, 425 US 748, 96 SCt 1817 (US 1976); *Central Hudson Gas & Electric Co v Public Service Commission of New York,* 447 US 557, 100 SCt 2343 (US 1980)). **Beispiele** für Meinungsäußerungen, die nach der Rechtsprechung des BVerfG in den Schutzbereich des Art 5 I 1 GG fallen, sind die Bilder des italienischen Fotografen Toscani aus der Benetton-Werbekampagne der 1980er Jahre, die menschliches Leiden in schockierender Weise zeigen (BVerfG aaO), die Behauptung, die therapeutische Äquivalenz zweier Arzneimittel sei erwiesen (BVerfG GRUR 01, 1058), eine Anwalts-Rangliste in dem in der Anwaltschaft mit Aufmerksamkeit verfolgten JUVE-Handbuch (BVerfG WRP 03, 69), eine Werbung für künstliche Pelze, verbunden mit einer Kritik an der Pelztierhaltung (BVerfG GRUR 02, 455), der Hinweis darauf, dass das werbende Unternehmen eine Umweltschutzorganisation unterstützt (BVerfG aaO), ein Bericht über Bestellmöglichkeiten günstig aus dem Ausland zu beziehender Arzneimittel (BVerfG NJW 05, 3201) oder eine Publikation, in der die Ansicht vertreten wird, zahlreiche Krankheiten ließen sich durch die Einnahme von Vitaminpräparaten vermeiden (BVerfG GRUR 08, 81 – *Pharmakartell*).

(2) **Tatsachenbehauptungen.** Tatsachenbehauptungen sind dem Beweis zugänglich und können in die Kategorien „wahr" und „unwahr" eingeordnet werden. Die bewusste Behauptung unwahrer Tatsachen fällt nicht in den Schutzbereich des Art 5 I GG (BVerfG WRP 03, 69, 70 – *JUVE-Handbuch;* BVerfGE 54, 148 = NJW 80, 2072, 2073). Im Übrigen fällt die Behauptung von Tatsachen aber in den Schutzbereich von Art 5 I GG, weil und soweit diese Voraussetzung für die Bildung von Meinungen sind (BVerfGE 54, 208, 219; 90, 1, 15; Dreier/*Schulze-Fielitz,* GG, Art 5 I, II Rn 63; Schmidt-Bleibtreu/Hofmann/Hopfauf/*Kannengießer,* Art 5 Rn 3). 10

(3) **Presse- und Rundfunkfreiheit.** Der Schutzbereich der Pressefreiheit (Art 5 I 2) umfasst den gesamten Inhalt eines Presseorgans, darunter auch Werbeanzeigen (BVerfGE 21, 271, 278 f = NJW 67, 976; BVerfGE 102, 347 = GRUR 01, 170, 172 – *Benetton-Schockwerbung I*). Soweit Meinungsäußerungen Dritter, die den Schutz des Art 5 1 1 GG genießen, in einem Presseorgan veröffentlicht werden, schließt die Pressefreiheit diesen Schutz mit ein: Einem Presseorgan darf die Veröffentlichung einer fremden Meinungsäußerung nicht verboten werden, wenn dem Meinungsträger selbst die Äußerung und Verbreitung zu gestatten ist (BVerfGE 102, 347 = GRUR 01, 170, 172 – *Benetton-Schockwerbung I*). Die Garantie der Presse- und Rundfunkfreiheit wirkt sich insbesondere auf die Auslegung des § 2 Nr 1 aus: Bei Äußerungen im Rahmen redaktioneller Beiträge kann das Vorliegen einer geschäftlichen Handlung des Autors oder Medienunternehmens nicht vermutet werden (s § 2 Rn 35). Bei der Presse- und Rundfunkfreiheit ist der objektiv-rechtliche Gehalt des Art 5 I 2 von erheblicher Bedeutung, da Presse und Rundfunk die öffentliche Meinung in der Demokratie entscheidend prägen (BVerfGE 66, 116, 135; Dreier/*Schulze-Fielitz,* GG, Art 5 I, II Rn 226, 232). 11

bb) Eingriff. Die Anordnung einer Unterlassung oder Beseitigung knüpft ebenso wie die Verurteilung zum Schadensersatz oder Wertersatz an die betreffende Meinungsäußerung als Sanktion und verfolgt das Ziel, die Äußerung der betreffenden Meinung zu unterbinden. Damit wird in das Grundrecht eingegriffen. 12

cc) Rechtfertigung. Die Meinungsfreiheit findet ihre Schranke im Schutz der allgemeinen Gesetze (Art 5 II GG), zu denen auch die Vorschriften des UWG gehören (BVerfGE 62, 230, 245 = NJW 83, 1181; BVerfGE 85, 248, 263 = NJW 92, 2341; BVerfGE 102, 347 = GRUR 01, 170, 172 – *Benetton-Schockwerbung I*). Allerdings sind diese Bestimmungen im Lichte des Art 5 I 1 GG auszulegen, zwischen dem Grundrecht und der Grundrechtsschranke besteht also eine Wechselwirkung (BVerfG aaO; BVerfGE 7, 198, 205 = GRUR 58, 254, 255 – *Lüth*). Beschränkungen der Meinungsfreiheit bedürfen der Rechtfertigung durch hinreichend gewichtige 13

Ohly

Gemeinwohlbelange oder schutzwürdige Rechte und Interessen Dritter und müssen zum Schutz dieser Interessen geeignet, erforderlich und angemessen sein. Das gilt für kritische Meinungsäußerungen zu gesellschaftlichen oder politischen Fragen in besonderem Maße (BVerfG 102, 347 = GRUR 01, 170, 172 – *Benetton-Schockwerbung I;* BVerfG GRUR 08, 81, 83 – *Pharmakartell*). In den *Benetton*-Urteilen und einigen weiteren Kammerentscheidungen (Rn 6f) hat das BVerfG verschiedene Werbeverbote, die auf der Grundlage des § 1 aF ergangen waren, als nicht gerechtfertigt gerügt.

14   **b) Freiheit der Kunst und Wissenschaft (Art 5 III GG).** Wissenschaftliche und künstlerische Äußerungen genießen den Schutz des Art 5 III GG. Geschützt sind nicht nur künstlerische Äußerungen einer bestimmten Gestaltungshöhe, sondern auch humorvolle und satirische Äußerungen wie etwa eine Parodie auf die Milka-Werbung (BGH GRUR 05, 583, 584f – *Lila-Postkarte*). Unerheblich ist, ob die künstlerische Äußerung „rein" oder im werblichen Kontext erfolgt (*v Becker* GRUR 01, 1101, 1102ff; *Köhler*/Bornkamm § 3 Rn 87; aA für den wettbewerbswidrigen Einsatz einer Fotografie zu Werbezwecken BGHZ 130, 196 = GRUR 95, 598, 599f – *Ölverschmutzte Ente*). Auf die Kunstfreiheit können sich nicht nur Künstler selbst, sondern auch Werkvermittler wie etwa Verleger berufen (BVerfGE 30, 173, 193 = NJW 71, 1645, 1646 – *Mephisto;* BGH GRUR 95, 750, 751 – *Feuer, Eis und Dynamit II;* BGH GRUR 05, 583, 584 – *Lila-Postkarte*). Art 5 III GG steht zwar nicht unter dem Vorbehalt der allgemeinen Gesetze, doch ist auch die Kunstfreiheit nicht schrankenlos gewährleistet, sondern findet ihre Begrenzung in anderen kollidierenden Grundrechten, zu denen insbesondere das Eigentumsrecht (vgl BGH GRUR 05, 583, 584f – *Lila-Postkarte:* durch Art 14 GG geschütztes Markenrecht) und das allgemeine Persönlichkeitsrecht (BVerfG aaO; BVerfGE 119, 1 Rn 70ff = GRUR 07, 1085 – *Esra*) zählen.

15   **c) Berufsfreiheit (Art 12 GG).** Art 12 I GG garantiert die freie Berufswahl und die freie Berufsausübung. Da jede geschäftliche Handlung (§ 2 Nr 1) zwangsläufig Berufsausübung ist, fällt sie zugleich in den Schutzbereich des Art 12 GG. Insbesondere schützt Art 12 GG die wirtschaftliche Verwertung der beruflich erbrachten Leistung (BGH GRUR 04, 877, 880 – *Werbeblocker*) und die Außendarstellung der beruflichen Tätigkeit (BVerfGE 85, 248, 256; BVerfG GRUR 07, 720, 721 – *Geistheiler*). Jede Sanktion, die gem §§ 8ff an eine unlautere geschäftliche Handlung geknüpft wird, stellt zugleich einen Eingriff in die Berufsausübungsfreiheit dar (vgl BVerfGE 13, 237, 239f; BVerfG 07, 720, 721 [zum HWG]; BGH GRUR 99, 1014, 1015 – *Verkaufsschütten vor Apotheken; Hufen* NJW 86, 1291ff). Allerdings hat der Gesetzgeber bei Berufsausübungsregeln einen weiten Spielraum. Die Regelung muss lediglich aufgrund vernünftiger Gründe des Allgemeinwohls zweckmäßig erscheinen und dem Grundsatz der Verhältnismäßigkeit genügen (BVerfGE 7, 377, 405; BVerfGE 94, 372 = GRUR 96, 899, 902 – *Werbeverbot für Apotheker*). Die Bestimmungen des UWG dienen dem Schutz der Mitbewerber, Verbraucher, sonstigen Marktteilnehmer und der Allgemeinheit (§ 1) und verfolgen damit einen verfassungsrechtlich legitimen Zweck. Ein Verstoß der UWG-Normen selbst gegen das Verhältnismäßigkeitsprinzip ist nicht ersichtlich. Als verfassungsrechtlich bedenklich haben sich allerdings in der Vergangenheit immer wieder Vorschriften des Berufsrechts erwiesen, die über § 4 Nr 11 lauterkeitsrechtliche Bedeutung erlangen (s dazu § 4 Rn 11/31ff). Bei der Anwendung des UWG und der über § 4 Nr 11 ins UWG rezipierten außerwettbewerbsrechtlichen Normen haben die Gerichte die Wertung des Art 12 GG zu beachten. Insbesondere darf eine Wettbewerbshandlung nur nach Maßgabe des Verhältnismäßigkeitsprinzips, also dann verboten werden, wenn das Verbot zum Schutz der in § 1 genannten Personenkreise geeignet, erforderlich und angemessen ist.

16   **d) Eigentumsgarantie (Art 14 GG).** Der Eigentumsbegriff des Art 14 I GG umfasst nicht nur das Sacheigentum (§ 903 BGB), sondern darüber hinaus alle ver-

D. Das UWG im deutschen Rechtssystem **Einf D UWG**

mögenswerten privatrechtlichen Rechtspositionen, insbesondere die Rechte des geistigen Eigentums (BVerfGE 79, 29, 40; BVerfGE 36, 281, 290; BVerfGE 51, 193, 217; Dreier/*Wieland,* GG, Art 14 Rn 59) und nach der im Zivilrecht hM das Recht am eingerichteten und ausgeübten Gewerbebetrieb (BGHZ 23, 157, 162f = NJW 57, 630, 631; BGHZ 92, 34, 37; Dreier/*Wieland,* GG, Art 14 Rn 52; Schmidt-Bleibtreu/*Hofmann*/Hopfauf Art 14 Rn 14, einschränkend BVerfGE 51, 193, 221f). Da das Lauterkeitsrecht im Gegensatz zum Recht des geistigen Eigentums grundsätzlich keine subjektiven absoluten Rechte gewährt (s zur Abgrenzung Rn 78), hat die Eigentumsgarantie in der lauterkeitsrechtlichen Rechtsprechung bisher nur in Randgebieten eine Rolle gespielt. Sieht man, wie hier (vor § 17 Rn 4), das Recht am Unternehmensgeheimnis als subjektives Recht an, so genießt es auch den Schutz des Art 14 GG. Dasselbe sollte für die immaterialgüterrechtsähnliche Rechtsposition gelten, die bei Gewährung des UWG-Nachahmungsschutzes auf der Grundlage des § 4 Nr 9 oder aufgrund unmittelbarer Anwendung des § 3 gewährt wird. Allerdings obliegt die Ausgestaltung des Eigentumsschutzes dem Gesetzgeber, der bei der Formulierung von Inhalts- und Schrankenbestimmungen (Art 14 I 2 GG) einen weiten Gestaltungsspielraum genießt. In verschiedenen Urteilen zum Urheber-, Patent- und Kennzeichenrecht hat das BVerfG die Anforderungen konkretisiert, die der Gesetzgeber bei der Bestimmung von Inhalt und Schranken des geistigen Eigentums zu beachten hat (vgl etwa BVerfGE 79, 29, 40; BVerfGE 36, 281, 290; BVerfGE 51, 193, 217).

e) Glaubensfreiheit (Art 4 GG). Die Glaubensfreiheit (Art 4 I GG) und die Freiheit zur ungestörten Religionsausübung können sich auf die Auslegung der UWG-Tatbestände auswirken. Handlungen, die zu religiösen Zwecken vorgenommen werden, stellen grundsätzlich keine geschäftlichen Handlungen dar (s § 2 Rn 39; anders aber für den Verkauf von Büchern und das Angebot von Kursen durch die Scientology-Sekte OLG Düsseldorf WRP 86, 212, 215). Umgekehrt ist die Nutzung religiöser Motive in der Werbung noch nicht deshalb unlauter, weil sie bei anderen Marktteilnehmern zu Irritationen führen könnte (OLG Frankfurt WRP 94, 407, 408; MüKo/*Sosnitza* § 3 Rn 71). **16a**

f) Gleichheitsgrundsatz (Art 3 GG). Der Gleichheitsgrundsatz bindet zunächst nur die staatliche Gewalt (Art 1 III), während im Privatrechtsverkehr die Möglichkeit zur Ungleichbehandlung gerade wesentlicher Teil der Vertragsfreiheit ist. Auch das UWG verbietet daher nicht die Diskriminierung zwischen verschiedenen Marktteilnehmern (s § 4 Rn 10/17; MüKo/*Sosnitza* § 3 Rn 69f), sofern nicht die kartellrechtlichen Diskriminierungsverbote (§§ 19, 20 GWB) eingreifen oder ausnahmsweise ein Kontrahierungszwang gem § 826 BGB besteht. Auch lässt sich aus Art 3 kein Verbot diskriminierender Werbung herleiten (MüKo/*Sosnitza* § 3 Rn 70; aA *Fezer* JZ 98, 265ff); zum Verbot der menschenverachtenden Werbung s Rn 19. Allerdings verbietet das Allgemeine Gleichbehandlungsgesetz (AGG), das zur Umsetzung mehrerer EG-Richtlinien ergangen ist, bestimmte Diskriminierungen im Zivilrecht und kann als Marktverhaltensregelung (§ 4 Nr 11 UWG) auch lauterkeitsrechtliche Bedeutung erlangen (s § 4 Rn 11/80). **16b**

g) Allgemeine Handlungsfreiheit (Art 2 I GG). Art 2 I GG erfüllt eine Auffangfunktion und schützt den Bürger insoweit gegen sämtliche staatlichen Eingriffe, die nicht von einer speziellen Grundrechtsverbürgung erfasst werden. Da allerdings jedes Wettbewerbshandeln in den Schutzbereich des Art 12 GG fällt, kommt Art 2 I als Freiheitsrecht (zu den Grundrechtsfunktionen s Rn 2) bei der Anwendung des UWG nicht zum Tragen. Bedeutender ist hingegen die aus Art 2 I GG folgende Schutzfunktion. Insbesondere fällt die Vertragsfreiheit in den Schutzbereich des Art 2 I, sofern nicht spezielle Grundrechte (etwa Art 14 GG bei Verfügungsgeschäften) **17**

Vorrang genießen. Der Schutz der Vertragsfreiheit kann daher einen Eingriff in die Berufs- und Meinungsfreiheit rechtfertigen.

18 **h) Allgemeines Persönlichkeitsrecht (Art 2 I iVm 1 I GG).** Das Gebot zum Schutz des allgemeinen Persönlichkeitsrechts verpflichtet den Staat insbesondere dazu, die Privatsphäre der Marktteilnehmer zu schützen. Diesem Anliegen dient in weitem Maße das Verbot der belästigenden Werbung (§ 7; vgl zu § 1 aF BGHZ 54, 188 = GRUR 70, 523, 524 – *Telefonwerbung I;* BGH GRUR 95, 220, 221 – *Telefonwerbung V*). Die kommerzielle Nutzung des Namens, Abbildes oder anderer Persönlichkeitsmerkmale ohne Einwilligung der betroffenen Person verletzt deren Namensrecht (§ 12 BGB), Recht am eigenen Bild (§ 22 KUG) oder allgemeines Persönlichkeitsrecht (§ 823 I BGB) (vgl BGHZ 143, 214 = GRUR 00, 709, 711 ff – *Marlene Dietrich* mwN; *Götting,* Persönlichkeitsrechte als Vermögensrechte, 1995, Kap. 2, 3 und passim). Gegenüber persönlichkeitsrechtlichen Ansprüchen treten wettbewerbsrechtliche zurück (vgl BGH aaO, S 715).

19 **i) Menschenwürde (Art 1 I GG).** Der Staat ist zum Schutz der Menschenwürde verpflichtet (Art 1 I GG). Dieses Schutzgebot kann das Verbot von Wettbewerbshandlungen auf der Grundlage des UWG rechtfertigen (BVerfGE 107, 275 = GRUR 03, 442, 443 f – *Benetton-Schockwerbung II*). Unmittelbar dem Schutz der Menschenwürde dient das Verbot der menschenverachtenden Werbung in § 4 Nr 1 (dazu § 4 Rn 1/11 f). Allerdings ist dem Gesetzgeber die Formulierung dieses Verbots misslungen, da es an die Beeinträchtigung der Entscheidungsfreiheit von Verbrauchern und anderen Marktteilnehmern anknüpft. Daher läuft es weitgehend oder sogar völlig leer und erfasst vor allem, entgegen der gesetzgeberischen Intention, weder die *Benetton*-Fälle noch den Fall geschlechtsdiskriminierender Werbung (*Ahrens,* FS Schricker, 2005, S 619, 627; *Köhler*/Bornkamm § 4 Rn 1.38, 1.44; MüKo/*Sosnitza* § 3 Rn 65; *Scherer* WRP 07, 594, 595 ff; für einen Verzicht auf die verbraucherschützende Komponente aber *4. Aufl* § 4 Rn 1/44). Ob neben § 4 Nr 1 menschenverachtende Werbung im Allgemeinen auf der Grundlage des § 3 unterbunden werden kann, ist umstritten. Die Befürworter verweisen auf die Schutzfunktion des Art 1 I GG und die Absicht des Gesetzgebers, diese Fälle zu regeln (*Ahrens* aaO; *Sack* WRP 05, 531, 544; *Scherer* WRP 07, 594, 597 ff). Dagegen spricht allerdings, dass das UWG mittlerweile nur noch das Allgemeininteresse an einem unverfälschten Wettbewerb schützt (§ 1) und dass die große Generalklausel (§ 3 I) eine Beeinträchtigung der Interessen von Mitbewerbern, Verbrauchern oder sonstigen Marktteilnehmern, und zwar gerade in ihrer Rolle als Marktteilnehmer, voraussetzt (vgl Harte/Henning/*Stuckel* § 4 Nr 1 Rn 154; mit Einschränkungen auch *Köhler*/Bornkamm § 4 Rn 1.44). Der Schutz vor menschenverachtender und diskriminierender Werbung betrifft demgegenüber nicht spezifisch marktbezogene Interessen, sondern das Allgemeininteresse am Schutz der Ehre, Würde und Persönlichkeit in der Öffentlichkeit vor Übergriffen durch die Medien. Er sollte daher dem Medienrecht und dem Strafrecht vorbehalten bleiben (ähnl MüKo/*Sosnitza* § 3 Rn 65 ff). Im Übrigen sollte den Marktteilnehmern ein weiter eigener Spielraum für Reaktionen auf geschmacklose Werbung verbleiben. Wer menschenverachtend wirbt, wird damit meist keinen Erfolg haben.

II. UWG und Verwaltungsrecht: Der Wettbewerb der öffentlichen Hand

Literatur: *Ackermann,* Der Rückzug des Zivilrechts von der wettbewerbsrechtlichen Beurteilung des Handelns der öffentlichen Hand – Ende eines „zivilgerichtlichen Dilettierens" oder Ende der Freiheit der privaten Marktteilnehmer?, FS Tilmann, 2003, S 73; *Alexander,* Öffentliche Auftragsvergabe und unlauterer Wettbewerb, WRP 2004, 700; *Broß,* Überlegungen zum Wettbewerb der öffentlichen Hand, FS Piper, 1996, S 107; *Brüning,* Die Wege des Rechts sind verschlungen – Wettbewerbsrelevante Betätigung der öffentlichen Hand und Rechtsschutz, NVwZ

D. Das UWG im deutschen Rechtssystem

2012, 671; *Doepner,* Unlauterer Wettbewerb durch Verletzung von Marktzutrittsregulierungen?, WRP 2003, 1292; *Emmerich,* Der unlautere Wettbewerb der öffentlichen Hand, 1969; *ders,* Ausnahmebereich Krankenversicherung?, FS Raiser, 2005, 645; *Ennuschat,* Rechtsschutz privater Wettbewerber gegen kommunale Konkurrenz, WRP 2008, 883; *Frenz,* Kommunalwirtschaft außerhalb des Wettbewerbsrechts?, WRP 2002, 1367; *Gaa,* Anwendung privaten Wettbewerbsrechts bei schlicht hoheitlichem Handeln?, WRP 1997, 837; *Gröning,* Kommunalrechtliche Grenzen der wirtschaftlichen Betätigung der Gemeinden und Drittschutz auf dem ordentlichen Rechtsweg, WRP 2002, 17; *Hauck,* Dabeisein ist alles ... – Der Rechtsschutz privater Unternehmen gegen die Teilnahme der öffentlichen Hand am Wettbewerb, WRP 2006, 323; *Köhler,* Wettbewerbsverstoß durch rechtswidrigen Marktzutritt?, GRUR 2001, 777; *ders,* Zur wettbewerbsrechtlichen Sanktionierung öffentlich-rechtlicher Normen, FS Schmitt Glaeser, 2003, S 499; *Mees,* Wettbewerbsrechtliche Ansprüche und EG-Beihilfenrecht, FS Erdmann, 2002, S 657; *Piper,* Zum Wettbewerb der öffentlichen Hand, GRUR 1986, 574; *Poppen,* Der Wettbewerb der öffentlichen Hand, 2007; *Schliesky,* Öffentliches Wirtschaftsrecht, 1997; *H. Schricker,* Wirtschaftliche Tätigkeit der öffentlichen Hand und unlauterer Wettbewerb, 2. Aufl, 1987; *Schünemann,* Die wirtschaftliche Tätigkeit der öffentlichen Hand zwischen öffentlichem und privatem Wettbewerbsrecht, WRP 2000, 1001; *Tettinger,* Rechtsschutz gegen kommunale Wettbewerbsteilnahme, NJW 1998, 3473; *Tieben,* Die Einflussnahme der Öffentlichen Hand auf den Wettbewerb, WRP 2011, 1101; *Tilmann,* Privatwirtschaftliche Betätigung der Kommunen, FS Schricker, 2005, S 763; *Tilmann/Schreibauer,* Rechtsfolgen rechtswidriger nationaler Beihilfen, GRUR 2002, 212.

1. Allgemeines. a) Begriff und Erscheinungsformen. Unter den Oberbegriff „öffentliche Hand" fallen Bund, Länder, Gemeinden, sämtliche juristischen Personen des öffentlichen Rechts und gemischt-wirtschaftliche Unternehmen, die von öffentlichen Anteilseignern beherrscht werden (BGH GRUR 12, 728 Rn 11, 13 – *Einkauf Aktuell,* vgl auch § 130 I 1 GWB). Zur Tätigkeit der öffentlichen Hand zählt das Handeln der Verwaltungsbehörden, der kommunalen Eigenbetriebe, die organisatorisch, aber nicht rechtlich verselbständigt sind, und aller privatrechtlich organisierten Unternehmen, die ganz (Eigengesellschaft) oder mehrheitlich der öffentlichen Hand gehören (*Köhler*/Bornkamm § 4 Rn 13.1 f; Harte/Henning/*Keller* § 2 Rn 52; *Bechtold,* GWB, § 130 Rn 5). Als Handlungsformen lassen sich das **hoheitliche** bzw obrigkeitliche **Handeln** (Ausübung von einseitig verbindlicher Regelungskompetenz), das **schlicht-hoheitliche Handeln** (Realhandlungen ohne Regelungsgehalt), das sowohl in öffentlich-rechtlicher als auch in privatrechtlicher Form erfolgen kann, die **Bedarfsdeckung** (Beispiel: Ankauf von Büromaterial, Anmietung eines Bürogebäudes) und das **erwerbswirtschaftliche Handeln** unterscheiden (*Pieroth/Schlink,* Grundrechte, Rn 183; *Köhler*/Bornkamm § 4 Rn 13.3). 20

b) Problematik. Die rechtliche Beurteilung des Wettbewerbs der öffentlichen Hand bereitet besondere Schwierigkeiten, weil es sich um ein Grenzgebiet zwischen öffentlichem Recht und Lauterkeitsrecht handelt. Einerseits kann die wirtschaftliche Tätigkeit der öffentlichen Hand nicht allein deshalb dem Lauterkeitsrecht entzogen sein, weil eine öffentlich-rechtliche Handlungsform gewählt wird, andererseits ist es nicht Aufgabe des Lauterkeitsrechts, tatsächliche oder vermeintliche Schutzlücken im öffentlichen Recht zu schließen. Die Wettbewerbsgerichte, denen die besondere Kompetenz der Verwaltungsgerichtsbarkeit für die Beurteilung des Bürger-Staat-Verhältnisses fehlt (polemisch *Tettinger* NJW 98, 3473, 3474: „zivilgerichtliches Dilettieren"), sind nicht schon dann zur Entscheidung berufen, wenn sich staatliches Handeln irgendwie auf den Markt auswirkt. Eine völlig befriedigende Systematisierung dieser Grauzone zwischen Wirtschaft und Verwaltung ist bisher nicht gelungen (*H. Schricker* S 1). Die Kasuistik der Rechtsprechung ist stark von den Besonderheiten der jeweiligen Einzelfälle geprägt (*Piper* GRUR 86, 574, 578) und lässt sich nur mit Mühe auf allgemeine Prinzipien zurückführen (*Beater* Rn 921). 21

UWG Einf D Gesetz gegen den unlauteren Wettbewerb

22 **2. Rechtsweg. a) Grundsatz.** Der Rechtsweg zu den ordentlichen Gerichten ist gem § 13 GVG eröffnet, wenn nicht die Zuständigkeit der Verwaltungsgerichte (**§ 40 I VwGO**) oder besonderer Gerichte, insbesondere der Sozialgerichte (**§ 51 I SGG**), begründet ist. Das zuständige Gericht entscheidet über den Rechtsstreit unter allen rechtlichen Gesichtspunkten (§ 17 II GVG). Hat ein Gericht den zu ihm beschrittenen Rechtsweg rechtskräftig für zulässig erklärt, sind andere Gerichte an diese Entscheidung gebunden (§ 17a I GVG).

23 **b) Abgrenzung zu öffentlich-rechtlichen Streitigkeiten.** Ob eine Streitigkeit als öffentlich- oder bürgerlich-rechtlich zu beurteilen ist, richtet sich, wenn eine ausdrückliche Rechtswegzuweisung des Gesetzgebers fehlt, nach der Natur des Rechtsverhältnisses, aus dem der Klageanspruch hergeleitet wird. Dabei kommt es regelmäßig darauf an, ob die Beteiligten zueinander in einem hoheitlichen Verhältnis der Über- und Unterordnung stehen und sich der Träger hoheitlicher Gewalt der besonderen Rechtssätze des öffentlichen Rechts bedient oder ob sich beide Parteien als gleichberechtigte Wettbewerber gegenüberstehen (BGHZ 82, 375 = GRUR 82, 425, 427 – *Brillen-Selbstabgabestellen;* GmS OGB BGHZ 97, 312 = NJW 86, 2359 und BGHZ 102, 280 = NJW 88, 2295, 2296; vgl auch aus öffentlich-rechtlicher Perspektive OVG Münster NVwZ 03, 1520 f). Nach Ansicht der Rechtsprechung (GmS OGB aaO; BGH GRUR 00, 340, 342 – *Kartenlesegerät*), die in der Literatur teils befürwortet (*Piper* GRUR 86, 574, 576 ff), teils abgelehnt wird (*Brohm* NJW 94, 281, 287 ff; *Gaa* WRP 97, 837 ff; *H Schricker* S 102 ff), kann auch eine hoheitliche Tätigkeit wettbewerbsrechtlich relevante Auswirkungen haben (s Rn 27 f). Aus dieser Doppelnatur folgt die Möglichkeit einer parallelen Kontrolle durch Zivil- und Verwaltungsgerichte (*Köhler*/Bornkamm § 4 Rn 13.11; s aber § 17a I GVG). Allerdings fehlt den Zivilgerichten die Möglichkeit, hoheitliche Anordnungen aufzuheben, sie können lediglich zivilrechtliche Verbote aussprechen (*Köhler*/Bornkamm § 4 Rn 13.16 mwN).

23a **c) Abgrenzung zu sozialrechtlichen Streitigkeiten.** Für die Eröffnung des Rechtswegs zu den Sozialgerichten gem § 51 I SGG ist entscheidend, ob es sich um eine Streitigkeit in einer Angelegenheit der gesetzlichen Krankenversicherung handelt. Nicht von Bedeutung ist hingegen, ob die Streitigkeit öffentlich-rechtlicher oder privatrechtlicher Natur ist (BGH GRUR 04, 444, 445 – *Arzneimittelsubstitution;* GRUR 08, 447 Rn 13 – *Treuebonus;* GRUR 12, 94 Rn 8 – *Radiologisch-diagnostische Untersuchungen*). Die Beziehungen zwischen Krankenkassen und Leistungserbringern werden abschließend durch das Sozialrecht geregelt, daraus folgt die Zuständigkeit der Sozialgerichte (§ 69 SGB V; BGH GRUR 06, 517, Rn 22 – *Blutdruckmessungen*). Hingegen soll der Rechtsweg zu den ordentlichen Gerichten eröffnet sein, wenn der Anspruch ausschließlich auf lauterkeitsrechtliche Normen gestützt wird, deren Beachtung auch jedem privaten Mitbewerber obliegt (BGH GRUR 07, 535 Rn 13 – *Gesamtzufriedenheit;* BGH GRUR 08, 447 Rn 14 – *Treuebonus;* GRUR 12, 94 Rn 9 – *Radiologisch-diagnostische Untersuchungen;* OLG Celle GRUR-RR 11, 111 – *Kassenwechsel*). Das kann zu dem unbefriedigenden Ergebnis führen, dass gegen ein und dieselbe Werbehandlung bei einer Klage einer gesetzlichen Krankenkasse der Rechtsweg zu den Sozialgerichten, bei einer Klage privater Verbände oder Konkurrenten aber der Rechtsweg zu den ordentlichen Gerichten eröffnet ist (*Knispel* NZS 08, 129 ff; *Köhler* GRUR-RR 07, 337).

24 **3. Geschäftliche Handlung (§ 2 I Nr 1). a) Grundsatz.** Die Tätigkeit der öffentlichen Hand unterliegt nur der lauterkeitsrechtlichen Kontrolle, wenn und soweit sie eine geschäftliche Handlung darstellt (§ 2 I Nr 1), also mit der Förderung des Absatzes oder des Bezugs von Waren oder Dienstleistungen oder mit dem Abschluss oder der Durchführung eines Vertrags über Waren oder Dienstleistungen *objektiv* zusammenhängt. Auf die nach § 2 I Nr 1 aF subjektive Voraussetzung der Wettbewerbsab-

D. Das UWG im deutschen Rechtssystem **Einf D UWG**

sicht kommt es nicht mehr an (missverständl BGH GRUR 13, 301 Rn 20 – *Solarinitiative*). Da allerdings schon bisher die Wettbewerbsabsicht aus objektiven Indizien hergeleitet wurde, können die Grundsätze, die sich in der bisherigen Rechtsprechung zur Wettbewerbshandlung herausgebildet haben, auch zu § 2 I Nr 1 herangezogen werden. Sofern der Anwendungsbereich der UGP-RL eröffnet ist, ist § 2 I Nr 1 richtlinienkonform auszulegen (BGH GRUR 12, 288 Rn 7 – *Betriebskrankenkasse*).

b) Erwerbswirtschaftliche Tätigkeit. Unstreitig unterliegt die erwerbswirt- 25
schaftliche Tätigkeit der öffentlichen Hand der Kontrolle am Maßstab des UWG (BGH GRUR 05, 960, 961 – *Friedhofsruhe;* BGH GRUR 06, 428, Rn 12 – *Abschleppkosten-Inkasso; Köhler*/Bornkamm § 4 Rn 13.18). Unerheblich sind die Organisationsform (Eigenbetrieb, Eigengesellschaft, Mehrheitsbeteiligung der öffentlichen Hand an gemischtwirtschaftlichen Unternehmen) und die Ausgestaltung des Rechtsverhältnisses zu möglichen Abnehmern (BGHZ 82, 375 = GRUR 82, 425, 427 – *Brillen-Selbstabgabestellen; Piper* GRUR 86, 574, 577). Auch auf eine Gewinnerzielungsabsicht kommt es nicht an. Ihr Fehlen kann jedoch ein Indiz dafür darstellen, dass die öffentliche Hand im konkreten Fall nicht erwerbswirtschaftlich, sondern in erster Linie zur Verfolgung hoheitlicher Zwecke tätig wird. Auch Krankenkassen, die als Körperschaften des öffentlichen Rechts organisiert sind, können als „Unternehmer" iSd § 2 I Nr 6 anzusehen sein. Daher fallen irreführende Angaben einer Krankenkasse gegenüber ihren Mitgliedern unter den insoweit richtlinienkonform auszulegenden § 5 I (EuGH GRUR 13, 1159 Rn 38 – *BKK Mobil Oil/Wettbewerbszentrale,* in diesem Sinne bereits BGH GRUR 12, 288 Rn 14 f – *Betriebskrankenkasse*).

c) Bedarfsdeckung. Schließt die Verwaltung privatrechtliche Verträge zur De- 26
ckung des eigenen Bedarfs (auch als „Hilfsgeschäfte der Verwaltung" bezeichnet), so handelt sie regelmäßig als Endabnehmer und damit nicht zu Zwecken des Wettbewerbs (BGH GRUR 68, 95, 97 – *Büchereinauslass;* LG Düsseldorf NZBau 09, 142, 144; *Köhler*/Bornkamm § 4 Rn 13.27). Etwas anderes kann gelten, wenn die öffentliche Hand den Zweck verfolgt, einen bestimmten Anbieter zu bevorzugen. Dieser Zweck bedarf aber der besonderen Begründung. Er ist nicht schon dann gegeben, wenn die öffentliche Hand aus Gründen der Schnelligkeit und Einfachheit stets einen bestimmten Unternehmer beauftragt (BGH GRUR 88, 38, 39 – *Leichenaufbewahrung*).

d) Hoheitliches und schlicht-hoheitliches Handeln. aa) Grundsatz: keine 27
geschäftliche Handlung. Hoheitliches und schlicht-hoheitliches Handeln steht regelmäßig nicht mit dem Absatz oder Bezug von Produkten im Zusammenhang (BGH GRUR 90, 463, 464 – *Firmenrufnummer; Köhler*/Bornkamm § 4 Rn 13.22; *Harte/Henning/Keller* § 2 Rn 55). Maßnahmen der öffentlichen Hand außerhalb des Bereichs der erwerbswirtschaftlichen Tätigkeit verfolgen im Allgemeinen nicht das Ziel, fremden Wettbewerb zu fördern, sondern dienen der Erfüllung öffentlicher Aufgaben (*Köhler*/Bornkamm § 4 Rn 13.22; Harte/Henning/*Keller* aaO). Insbesondere **Gesetzgebungsakte** (*Köhler*/Bornkamm § 4 Rn 13.29) und **hoheitliche Handlungen in Erfüllung gesetzlicher Aufgaben** sind keine geschäftlichen Handlungen (BGH GRUR 06, 428 Rn 12 – *Abschleppkosten-Inkasso; Köhler*/Bornkamm § 4 Rn 13.22; *Beater* Rn 921; Beispiele: Erhebung von Steuern, OLG München GRUR 04, 169, 171 – *Städtisches Krematorium;* Öffentlichkeitsarbeit im Internet, KG GRUR-RR 02, 198, 200 – *Online-Öffentlichkeitsarbeit*). Auch der Unternehmer, der als „verlängerter Arm" der Behörde ein verbotswidrig geparktes Fahrzeug abschleppt, handelt nicht zu Zwecken des Wettbewerbs (BGH aaO Rn 14).

bb) Indizien für geschäftliches Handeln. Allerdings schließen sich die Erfül- 28
lung öffentlicher Aufgaben und das geschäftliche Handeln gegenseitig nicht aus (BGH GRUR 90, 611, 613 – *Werbung im Programm;* BGH GRUR 02, 550, 554 – *Elternbriefe; Köhler*/Bornkamm § 4 Rn 13.22). Für das Vorliegen einer geschäftlichen

Handlung spricht es, wenn das hoheitliche Handeln Unternehmen der öffentlichen Hand begünstigt oder wenn die öffentliche Hand am wirtschaftlichen Erfolg des begünstigten privaten Unternehmers ein Interesse hat, weil sie aufgrund vertraglicher oder sonstiger Beziehungen davon profitiert (vgl BGH GRUR 90, 463, 464 – *Firmenrufnummer;* BGH GRUR 02, 550, 554 – *Elternbriefe:* Mitversendung von Werbung eines Unternehmens mit amtlicher Mitteilung gegen Übernahme der Portokosten; OLG Stuttgart WRP 11, 1207, 1210 – *Der Pflegedienst*). Auch darüber hinaus kann es für eine geschäftliche Handlung sprechen, wenn eine Gemeinde gezielt die Nachfrage eines Unternehmens fördert (BGH GRUR 13, 301 Rn 21 – *Solarinitiative*).

29 cc) **Indizien gegen geschäftliches Handeln.** Je stärker das Handeln aber **öffentlichen Zwecken dient** und je mehr die Absicht, den Wettbewerb zu fördern, in den Hintergrund tritt, desto **weniger ist von einem Zusammenhang mit dem Absatz oder Bezug von Produkten auszugehen** (vgl BGH WRP 93, 106, 108 – *EWG-Baumusterprüfung;* KG GRUR-RR 02, 198, 200 – *Online-Öffentlichkeitsarbeit*). Geschäftliches Handeln setzt zwar keine Gewinnerzielungsabsicht voraus (BGHZ 82, 375 = GRUR 82, 425, 430 – *Brillen-Selbstabgabestellen*), doch sollte ihr Fehlen stärker als bisher als Indiz dafür angesehen werden, dass in erster Linie öffentliche Zwecke verfolgt werden. Die Rechtsprechung hat demgegenüber die Einrichtung von Brillen-Selbstabgabestellen durch eine Krankenkasse und die kostenlose Abgabe von Software an Zahnärzte zur Erleichterung der Abrechnung an den Maßstäben des Lauterkeitsrechts gemessen (BGHZ 82, 375 = GRUR 82, 425, 430 – *Brillen-Selbstabgabestellen;* BGHZ 123, 157 = GRUR 93, 917 – *Abrechnungs-Software für Zahnärzte;* vgl auch OLG Stuttgart WRP 11, 1207, 1209 – *Der Pflegedienst*). Die Beurteilung der Frage, wann der Staat aus sozialpolitischen Gründen oder zur Einsparung anderweitiger Kosten Waren oder Dienstleistungen kostenlos oder vergünstigt anbieten darf, sollte aber dem Verwaltungs- und Sozialrecht überlassen bleiben. § 69 SGB V, dem zufolge die Beziehungen zwischen Krankenkassen und Leistungsanbietern abschließend durch das Sozialrecht geregelt werden, ist Ausdruck dieses Gedankens (vgl BGH GRUR 06, 517 Rn 21 – *Blutdruckmessungen*). Bei amtlichen Auskünften und Empfehlungen indizieren nicht bereits die Ungleichbehandlung verschiedener Unternehmer die Absicht zur Förderung fremden Wettbewerbs. Sofern der öffentlichen Hand durch eine parteiische oder unvollständige Empfehlung keine Vorteile zuwachsen, liegt im Zweifel ein nach öffentlichem Recht unzulässiges Verwaltungshandeln, nicht aber eine Wettbewerbshandlung vor (vgl BGH GRUR 90, 463, 464 – *Firmenrufnummer;* im Kern zutreffend, aber in der Begründung sehr weitgehend BGHZ 19, 299 = GRUR 56, 216, 218 – *Bad Ems*).

30 dd) **Subventionen.** Umstritten ist, ob ein Verstoß gegen das **Beihilfeverbot des** Art 107 I AEUV mit den Mitteln des UWG verfolgt werden kann. Dafür wird angeführt, dass staatliche Beihilfen den Wettbewerb erheblich verfälschen könnten und das UWG eine effektive Abwehrmöglichkeit biete (*Tilmann/Schreibauer* GRUR 02, 212, 220). Aus ähnlichen Erwägungen hält der BGH das Durchführungsverbot des Art 108 III 3 AEUV für ein Marktverhaltensregelung iSd § 4 Nr 11 (BGH GRUR 11, 444 Rn 50ff – *Flughafen Frankfurt-Hahn*). Dagegen spricht aber, dass das Lauterkeitsrecht in diesem Fall lediglich tatsächliche oder vermeintliche Schutzlücken des öffentlichen Rechts schließen würde und dass im Unionsrecht und im nationalen Verwaltungsrecht ein umfangreiches Instrumentarium zur Abwehr rechtswidrig gewährter Subventionen vorgesehen ist (*Köhler/Bornkamm* § 4 Rn 13.59; MüKo/*Schaffert* § 4 Nr 11 Rn 65). Die Gewährung von Beihilfen durch den Staat stellt schon keine geschäftliche Handlung (§ 2 I Nr 1) dar, weil der Staat zwar den Wettbewerb des Begünstigten fördert, dabei aber nicht selbst am Wettbewerb teilnimmt, sondern ausschließlich seine hoheitliche Regelungsbefugnis ausübt (OLG München GRUR 04, 169, 171; *Mees,* FS Erdmann, 2002, S 657, 659). Zudem spielt sich die Gewährung von Beihilfen im Vorfeld des eigentlichen Marktgeschehens ab, sodass die

D. Das UWG im deutschen Rechtssystem **Einf D UWG**

Art 107 ff AEUV keine marktverhaltensregelnde Zielsetzung verfolgen (OLG München GRUR 04, 169, 170; LG Hamburg GRUR-Prax 12, 121; *Mees* aaO S 667; *Teplitzky* WRP 03, 173, 180 f; aA, allerdings ohne auf dieses Argument einzugehen, für Art 108 III 3 AEUV BGH GRUR 11, 444 Rn 53 – *Flughafen Frankfurt-Hahn;* s a *Haslinger* WRP 04, 58, 61). Insoweit läuft die lauterkeitsrechtliche Beurteilung des Beihilfen- und des Steuerrechts parallel (dessen Vorschriften keine Marktverhaltensregeln darstellen: BGH GRUR 10, 654 Rn 19 – *Zweckbetrieb*), zumal es sich bei Beihilfen und Steuervergünstigungen oft um austauschbare Instrumente der staatlichen Wirtschaftslenkung handelt und Steuer- und Abgabenbefreiungen daher unter den Beihilfebegriff des Art 107 AEUV fallen können (EuGH EuZW 94, 346 Rn 13 – *Banco Exterior de España*). Zum Kartellvergaberecht (§§ 97 ff GWB) s § 4 Rn 11/10.

4. Unlauterkeit. a) Allgemeines. aa) Ausgangspunkt. Unter dem UWG von 1909 wurde der Wettbewerb der öffentlichen Hand als eigenständige Fallgruppe im Rahmen des § 1 aF angesehen. Diese Einordnung lässt sich unter dem UWG von 2004 und 2008 nicht mehr aufrechterhalten. Ist überhaupt der Anwendungsbereich des UWG eröffnet, so richtet sich die Beurteilung der betreffenden geschäftlichen Handlung **nach den allgemeinen Vorschriften des UWG,** also nach **§ 3 III iVm Anhang,** nach **§ 3 iVm §§ 4–6** und nach **§ 7** (*Köhler*/Bornkamm § 4 Rn 13.10). § 3 ist unmittelbar erst dann anwendbar, wenn die Tatbestände der §§ 4–7 keine umfassende Bewertung der Interessen der durch das Wettbewerbsverhältnis betroffenen Marktteilnehmer ermöglichen (BGH GRUR 09, 1080 Rn 13 – *Buchgeschenk vom Standesamt;* BGH GRUR 13, 301 Rn 26 – *Solarinitiative*), was die Rspr allerdings bisweilen allzu schnell annimmt (*Tieben* WRP 11, 1101, 1105 f). Soweit der Unlauterkeitsvorwurf auf einer unsachlichen Einwirkung auf den Entscheidungsprozess von Verbrauchern und anderen Marktteilnehmern beruht, kommen in erster Linie die Vorschriften über **irreführende (§§ 5, 5 a) und aggressive Handlungen (§ 4 Nr 1 und 2)** in Betracht. **Beispiele:** Täuscht ein Unternehmen über das Ausmaß der öffentlichen Beteiligung, so liegt eine irreführende Handlung vor (BGH GRUR 12, 1273 Rn 14 ff – *Stadtwerke Wolfsburg*). Die Fallgruppe des Autoritätsmissbrauchs fällt unter § 4 Nr 1 oder, etwa bei Werbung gegenüber Schulkindern, unter § 4 Nr 2. Die Ausnutzung amtlicher Beziehungen zum Wettbewerb und die missbräuchliche Preisunterbietung lassen sich unter **§ 4 Nr 10** subsumieren, sofern eine individuelle Behinderung vorliegt (vgl § 4 Rn 10/9). Ein wesentlicher Anwendungsbereich kommt dem **Rechtsbruchtatbestand (§ 4 Nr 11)** zu. Im Übrigen kommt **§ 3 unmittelbar** zur Anwendung. Unter § 1 aF hat sich eine umfassende Rechtsprechung entwickelt, auf deren Grundsätze nach wie vor zurückgegriffen werden kann (BGH GRUR 05, 960, 961 – *Friedhofsruhe;* BGH GRUR 13, 301 Rn 18 – *Solarinitiative*), sofern sie weder im Widerspruch zu EU-Recht noch zu den Wertungen der §§ 3 II, III, 4–7 stehen. Allerdings darf gerade die ältere Rechtsprechung nicht unkritisch übernommen werden. Zu beachten ist erstens, dass § 4 Nr 11 in Abweichung von der Rechtsprechung vor BGHZ 150, 343 = GRUR 02, 825, 826 f – *Elektroarbeiten* nunmehr den Anwendungsbereich des UWG auf Marktverhaltensregeln (in Abgrenzung von Marktzutrittsschranken) begrenzt (s Rn 51). Zweitens ist zu berücksichtigen, dass die Wurzeln der wettbewerbsrechtlichen Rechtsprechung zur wirtschaftlichen Betätigung der öffentlichen Hand schon in der Zeit des RG gewachsen sind, als die Möglichkeit der kartellrechtlichen Kontrolle noch nicht bestand und die Regelungsdichte des öffentlichen Rechts in diesem Bereich erheblich geringer war als heute (vgl *H Schricker* S 71).

bb) Unionsrechtlicher Rahmen. Zwar sind die Regelungen zum Wettbewerb der öffentlichen Hand als solche bisher in der EU nicht harmonisiert worden, doch können geschäftliche Handlungen staatlicher Stellen, juristischer Personen des öffentlichen Rechts oder staatlicher Unternehmen **in den Anwendungsbereich der allgemeinen lauterkeitsrechtlichen Richtlinien UGP-RL** fallen. Die UGP-RL gilt

31

32

für unlautere Geschäftspraktiken von Unternehmern gegenüber Verbrauchern (Art 3 I). Wettbewerb der öffentlichen Hand wird von dieser Definition dann erfasst, wenn die handelnde Stelle oder Person „Gewerbetreibende" iSd Art 2 lit b ist, also selbst gewerblich, handwerklich oder beruflich tätig ist oder im Namen oder Auftrag eines Gewerbetreibenden handelt. Zur gewerblichen Tätigkeit in diesem Sinne gehört die erwerbswirtschaftliche Tätigkeit der öffentlichen Hand unabhängig von ihrer Organisationsform (Beispiel: irreführende Werbung einer Sparkasse). Auch der Umstand, dass die staatliche Einrichtung nicht in erster Linie der Gewinnerzielung dient, sondern mit der Wahrnehmung sozialer Aufgaben betraut ist, steht der Einstufung als „Gewerbetreibende" nicht entgegen. Insbesondere fällt die Werbung der **Krankenkassen** in den Anwendungsbereich der Richtlinie (EuGH GRUR 13, 1157 Rn 38 – *BKK Mobil Oil/Wettbewerbszentrale,* in diesem Sinne bereits BGH GRUR 12, 288 Rn 14f – *Betriebskrankenkasse*). Ungeklärt ist bisher, ob auch **schlicht-hoheitliches Handeln** des Staates gegenüber Bürgern, das einzelne Unternehmer bevorzugt oder benachteiligt, in den Anwendungsbereich der UGP-RL fällt. Der Staat handelt insofern nicht selbst gewerblich, wohl aber möglicherweise „im Namen oder Auftrag" des begünstigten Unternehmens (Art 2 lit b, vgl auch die englische Sprachfassung: „on behalf of a trader"). Nach Ansicht des BGH ist die Frage zu verneinen, weil derartige Handlungen, sofern sie nicht irreführend sind, nur Mitbewerber- nicht aber Verbraucherinteressen berühren (BGH 13, 301 Rn 25 – *Solarinitiative*). Da aber durch einseitige hoheitliche Informationen auch Verbraucher unvollständig informiert werden, ist diese Ansicht nicht ohne Zweifel erhaben.

33 **cc) Grundsatz der Gleichbehandlung der öffentlichen Hand.** Ist das beanstandete Verhalten als geschäftliche Handlung anzusehen, so ist es grundsätzlich an den **gleichen wettbewerbsrechtlichen Maßstäben** zu messen wie das **Marktverhalten privater Unternehmer.** Die öffentliche Hand genießt im Wettbewerb keine Vorzugsstellung, sie ist aber auch nicht strengeren Verhaltensregeln unterworfen (BGH GRUR 03, 77, 78 – *Fernwärme für Börnsen; Köhler*/Bornkamm Rn 13.31; *H Schricker* S 135ff). Einerseits kann die öffentliche Hand daher Wettbewerbsverstöße nicht unter Berufung auf öffentlich-rechtliche Grundsätze wie das Sparsamkeitsgebot oder das Sozialstaatsprinzip den Anforderungen des Lauterkeitsrechts entziehen (OLG Stuttgart WRP 11, 1207, 1210 – *Der Pflegedienst;* für das Kartellrecht BGH GRUR 03, 633, 634 – *Ausrüstungsgegenstände für Feuerlöscher*). Andererseits ist das wirtschaftliche Handeln des Staates nicht etwa deshalb strenger zu beurteilen, weil die öffentliche Hand aufgrund ihrer besonderen Stellung verschiedene Wettbewerbsvorteile genießt (aA *Emmerich* UWG § 4 Rn 32). Die öffentliche Hand kann sich ihrerseits gegenüber unlauter handelnden Mitbewerbern auf das Lauterkeitsrecht berufen (BGHZ 37, 1 = GRUR 62, 470, 475 – *AKI;* BGHZ 120, 228 = GRUR 93, 692, 694 – *Guldenburg;* BGH GRUR 2012, 193 Rn 18 – *Sportwetten im Internet* II; *Piper* GRUR 86, 574, 575f; *Köhler*/Bornkamm § 4 Rn 13.5). Das soll allerdings nicht gelten, wenn die konkrete Form der erwerbswirtschaftlichen Tätigkeit mit öffentlich-rechtlichen Normen unvereinbar ist (BGH GRUR 93, 692, 695 – *Guldenburg* zum Titel-Merchandising durch das ZDF, zweifelhaft).

34 **dd) Besonderheiten.** Gleichwohl ergeben sich aus der Stellung des Staates und seiner Unternehmen auch für die wettbewerbsrechtliche Beurteilung Sonderfragen (vgl BGH GRUR 05, 960, 961 – *Friedhofsruhe*). Erstens haben staatliche Stellen eine besondere **Autoritäts- und Vertrauensstellung** inne, deren Missbrauch als unangemessene Beeinflussung anderer Marktteilnehmer zu bewerten sein kann. Zweitens können **amtliche Einrichtungen und Ressourcen** der öffentlichen Hand gegenüber privaten Mitbewerbern einen **Vorsprung** im Wettbewerb verschaffen, etwa weil die wirtschaftliche Tätigkeit im räumlichen oder sachlichen Zusammenhang mit einer Behörde erfolgt, deren Dienste der Bürger zwangsläufig in Anspruch nimmt, oder weil staatliche Stellen im Gegensatz zu Privaten über Informationen (Adressen

D. Das UWG im deutschen Rechtssystem **Einf D UWG**

von Schülern und Eltern, Abmeldung von Kraftfahrzeugen, Sterbefälle) verfügen. Die Ausnutzung dieses Vorsprungs ist missbrauchsanfällig. Drittens verschafft die **Verfügungsbefugnis über öffentliche Gelder** der öffentlichen Hand einen erheblich größeren finanziellen Spielraum als privaten Unternehmern. Zwar kann nicht jede Nutzung öffentlicher Gelder zu wirtschaftlichen Zwecken verboten sein, weil ansonsten der Wettbewerb der öffentlichen Hand selbst unterbunden würde, doch ist auch insoweit eine Missbrauchskontrolle veranlasst. Die folgende Darstellung orientiert sich an diesen Fallgruppen, auch wenn Abgrenzungsschwierigkeiten und Überschneidungen unvermeidlich sind.

ee) Grundrechtsbindung der öffentlichen Hand, insbesondere Gleichheitssatz (Art 3 I GG). Soweit die öffentliche Hand **hoheitlich** oder schlicht-hoheitlich tätig wird, ist sie uneingeschränkt an die Grundrechte gebunden (Art 1 III GG; vgl BGHZ 91, 84, 98 = NJW 85, 197, 200). Insbesondere darf sie verschiedene Unternehmer nicht ohne sachlichen Grund ungleich behandeln (Art 3 I GG). Allerdings ist nicht jeder Verstoß gegen den Gleichheitssatz, der irgendeinen Marktbezug aufweist, zugleich eine unlautere Wettbewerbshandlung. Außerhalb des erwerbswirtschaftlichen Bereichs bedarf das Vorliegen einer geschäftlichen Handlung der Begründung im konkreten Fall (s Rn 27). Der bloße Umstand, dass eine Behörde aus Nachlässigkeit oder aus Arbeitsersparnis bestimmte Unternehmer bevorzugt, begründet noch nicht das Vorliegen einer geschäftlichen Handlung. Erweist sich aber nach Prüfung der Fallumstände, dass eine solche vorliegt, so handelt die öffentliche Hand unlauter, wenn sie verschiedene Unternehmer ohne sachlichen Grund ungleich behandelt (*Köhler*/Bornkamm § 4 Rn 13.49). **Umstritten** ist hingegen das Ausmaß der Grundrechtsbindung bei **Hilfsgeschäften der Verwaltung** und im **erwerbswirtschaftlichen Bereich.** Während der BGH insbesondere die Bindung an Art 3 I GG in diesem Bereich verneint (BGHZ 36, 91, 95 = NJW 62, 196, 198; GmS OGB BGHZ 97, 312, 316 = NJW 86, 2359, 2360), wird sie im verfassungsrechtlichen Schrifttum verbreitet mit dem Argument bejaht, Art 3 I GG lasse hinreichende Differenzierungen zu (*Pieroth/Schlink,* Grundrechte, Rn 187; *Jarass*/Pieroth GG Art 1 Rn 38). Die Auswahl eines bestimmten Vertragspartners durch ein Unternehmen der öffentlichen Hand im erwerbswirtschaftlichen Bereich kann aus Gründen der Ungleichbehandlung allenfalls dann angegriffen werden, wenn sich für sie kein sachlicher Grund anführen lässt. Auch an die übrigen Grundrechte ist die öffentliche Hand gebunden, etwa an Art 5 I 2 GG und den daraus folgenden Grundsatz der Staatsferne der Presse (BGH GRUR 12, 728 Rn 10 – *Einkauf Aktuell;* zur Bedeutung dieses Grundsatzes im Rahmen des § 4 Nr 11 s § 4 Rn 11/12, 11/20). 35

b) Unlautere Einwirkung auf Abnehmer. aa) Grundsatz. Der Staat genießt amtliche **Autorität,** und ihm wird von den Bürgern trotz aller Skepsis gegenüber der Politik ein gewisses **Vertrauen** entgegengebracht. Setzt die öffentliche Hand diese Vorzugsstellung dazu ein, um den Entscheidungsprozess der Verbraucher und anderen Marktteilnehmer zu beeinflussen, so kann sich diese Einwirkung als unlauter darstellen (BGHZ 19, 299 = GRUR 56, 216, 218 – *Bad Ems;* BGH GRUR 02, 550, 553 – *Elternbriefe;* BGHG GRUR 09, 1080 Rn 18 – *Auskunft der IHK; Köhler*/Bornkamm § 4 Rn 13.42). Ansatzpunkt der lauterkeitsrechtlichen Beurteilung sind insoweit **§ 4 Nr 1** und **§ 4 Nr 10** (*Tieben* WRP 11, 1101, 1102f; für Anwendung des § 3 hingegen BGH 13, 301 Rn 26 – *Solarinitiative;* OLG Saarbrücken GRUR-RR 05, 283, 284 – *Brandschutzwerbung*). Wird auf besonders schutzwürdige Personenkreise (Beispiel: Schulkinder) eingewirkt, so kann auch der Fall des § 4 Nr 2 vorliegen. Deutlicher als dies zuweilen in der Rechtsprechung geschieht, ist in diesem Bereich aber **zwischen hoheitlichem und erwerbswirtschaftlichem Handeln zu unterscheiden.** Eine besondere Vertrauens- und Autoritätsstellung genießt der Staat in der Regel nur bei hoheitlichem und schlicht-hoheitlichem Handeln, doch bedarf in diesem Bereich das Vorliegen einer geschäftlichen Handlung einer besonderen Begründung (s 36

Ohly 127

Rn 27). Einem Unternehmen der öffentlichen Hand, das im erwerbswirtschaftlichen Bereich privaten Konkurrenten gegenübertritt, wird der durchschnittlich informierte, aufmerksame und verständige Verbraucher jedoch kein gesteigertes Vertrauen entgegenbringen (etwas Anderes mag bei besonders schutzwürdigen Verbrauchergruppen gelten, § 3 II 3). Hier sind regelmäßig die allgemeinen lauterkeitsrechtlichen Grundsätze anwendbar, insbesondere das Irreführungsverbot (§ 5; Beispiel: BGH GRUR 81, 823 – *Ecclesia-Versicherungsdienst*: Werbung für angeblich unentgeltlich tätiges kirchliches Unternehmen, das in Wirklichkeit Provisionen bezieht). Bei Mitteilungen erwerbswirtschaftlich tätiger staatlicher Unternehmen (Beispiel: Anlageberatung einer Sparkasse) kann strikte Neutralität nicht erwartet werden. Auch besteht in diesem Fall keine gesteigerte Pflicht zu objektiver, informativer und seriöser Werbung (*Köhler*/Bornkamm § 4 Rn 13.41; aA, aber in der Begründung wohl überholt BGH GRUR 85, 975, 976 – *Sparkassenaktion*).

37 **bb) Allgemeine Voraussetzungen.** Für die Fallkonstellationen des Autoritäts- und des Vertrauensmissbrauchs, die sich häufig nicht scharf voneinander unterscheiden lassen, können aus der Rechtsprechung **drei allgemeine Voraussetzungen** abgeleitet werden. **(1)** Es muss überhaupt eine **geschäftliche Handlung** (§ 2 I Nr 1) vorliegen. Gerade bei amtlichen Auskünften, Empfehlungen oder Warnungen bedarf dieser Punkt einer sorgfältigen Prüfung (s Rn 27). **(2)** Die Mitteilung muss **geeignet sein**, den **Entscheidungsprozess** der angesprochenen Verkehrskreise **unsachlich zu beeinflussen** (§ 4 Nr 1). Sofern nicht die Leichtgläubigkeit besonders schutzwürdiger Verbraucherkreise ausgenutzt wird (§ 4 Nr 2), ist die **Sicht des durchschnittlich informierten, angemessen aufmerksamen und verständigen Verbrauchers** maßgeblich. Er muss der Mitteilung besonderes Vertrauen entgegenbringen, sie also als Anordnung oder neutralen und objektiven amtlichen Rat und nicht lediglich als Werbung für ein erwerbswirtschaftlich tätiges Unternehmen auffassen (Beispiele für Letzteres: BGH GRUR 73, 530 – *Crailsheimer Stadtblatt:* private Werbung in amtlichem Mitteilungsblatt; BGH GRUR 02, 550 – *Elternbriefe:* Versendung von Werbebroschüren der Sparkasse gemeinsam mit amtlichem Schreiben). Je weniger die Mitteilung nach den Umständen des Falls amtliche Autorität für sich in Anspruch nimmt, desto weniger bringt ihr der Abnehmer besonderes Vertrauen entgegen. Schließlich muss das Vertrauen in die staatliche Autorität beim Entscheidungsprozess des Verbrauchers überhaupt relevant sein. Dabei ist zu berücksichtigen, dass der Verbraucher an die Tätigkeit staatlicher Unternehmen gewöhnt ist und auch amtliche Empfehlungen nicht stets mit blindem Gehorsam befolgt, sondern ihnen nach Lage der Dinge durchaus skeptisch gegenübertritt. **(3)** Die Maßnahme darf **nicht durch sachgerechte Gründe des Gemeinwohls gerechtfertigt** sein.

38 **cc) Autoritätsmissbrauch.** Wird die amtliche Autorität eingesetzt, um den Entscheidungsprozess von Verbrauchern oder anderen Marktteilnehmern durch Zwang oder Druck unsachlich zu beeinflussen, so liegt ein gem § 4 Nr 1 oder Nr 2 unlauterer Autoritätsmissbrauch vor (vgl BGH GRUR 84, 665, 667 – *Werbung in Schulen;* BGH GRUR 02, 550, 553 – *Elternbriefe; Köhler*/Bornkamm § 4 Rn 13.42). Voraussetzung hierfür ist insbesondere, dass die beanstandete Maßnahme von den angesprochenen Verkehrskreisen als Anordnung oder ernste Empfehlung verstanden wird, deren Nichtbeachtung nachteilige Konsequenzen hat (vgl BGH GRUR 02, 550, 553 – *Elternbriefe*). Während sich der durchschnittliche Verbraucher an die wirtschaftliche Betätigung des Staates gewöhnt hat und insbesondere auf Werbung staatlicher Unternehmen nicht mit blinder Unterwerfung, sondern mit einer gewissen Skepsis begegnet, gelten gegenüber den in § 4 Nr 2 genannten Bevölkerungsgruppen strengere Maßstäbe. **Beispiele:** Wirbt ein Lehrer bei seinen Schülern für den Bezug einer Zeitschrift, so kommt ein Autoritätsmissbrauch nur in Betracht, wenn der Eindruck erweckt wird, Schülern, die die Zeitschrift nicht beziehen, entstünde ein Nachteil (vgl BGH GRUR 84, 665, 667 – *Werbung in Schulen; Köhler*/Bornkamm § 4 Rn 13.42). Dasselbe gilt,

D. Das UWG im deutschen Rechtssystem

wenn eine Kindergärtnerin ihre Autorität einsetzt, um alle Kinder zur Beteiligung an einem von einem Unternehmen veranstalteten Malwettbewerb zu veranlassen (vgl BGH GRUR 79, 157, 158 – *Kindergarten-Malwettbewerb*) oder wenn eine Schule Einfluss auf die Schüler ausübt, um sie zur Teilnahme an einer Werbeaktion zu veranlassen (BGH GRUR 08, 183, 22 – *Tony Taler;* OLG Celle GRUR-RR 05, 387 – *Klassensparbuch;* Gegenbeispiel: BGH GRUR 06, 77 Rn 20 – *Schulfotoaktion*). Wird hingegen lediglich Werbung gemeinsam mit einem amtlichen Rundschreiben versandt, so fehlt es bereits an einer amtlichen Empfehlung, erst recht aber an der Androhung nachteiliger Folgen für den Fall der Nichtbeachtung (BGH GRUR 02, 550, 553 – *Elternbriefe*). Voraussetzung der Unlauterkeit ist zudem, dass die amtliche Autorität sachwidrig eingesetzt wird. Zwar ist die Schwelle für die Rechtfertigung von Zwang oder Druck höher als bei bloßen Empfehlungen, dennoch können Gründe des Gemeinwohls den Einsatz staatlicher Autorität rechtfertigen. So darf ein Lehrer seine Autorität aufbieten, um die Schüler vor einem gesundheitsgefährdenden Produkt zu warnen.

dd) Auskünfte und Empfehlungen. Auskünfte und Empfehlungen müssen **39** **neutral, objektiv und sachgerecht** erteilt werden (BGHZ 19, 299 = GRUR 1956, 216 – *Bad Ems;* bestätigt in BGH GRUR 84, 665, 667 – *Werbung in Schulen;* BGH GRUR 02, 550, 551 – *Elternbriefe;* BGH GRUR 09, 1080 Rn 18 – *Auskunft der IHK;* BGH GRUR 13, 301 Rn 29 – *Solarinitiative;* Köhler/Bornkamm § 4 Rn 13.37, 13.39). Allerdings bestehen Zweifel an der Vereinbarkeit dieser Fallgruppe mit der UGP-RL (s Rn 32). Die angesprochenen Verkehrskreise müssen das Verhalten als amtliche Empfehlung verstehen, was regelmäßig nur bei hoheitlichem und schlicht-hoheitlichem Handeln, nicht aber bei der Werbung erwerbswirtschaftlich tätiger staatlicher Unternehmen der Fall ist. Beispiel: Führt die örtliche Feuerwehr eine öffentliche Beratung in einem Baumarkt durch, der seinerseits Brandschutzprodukte anbietet, so versteht der durchschnittliche Verbraucher diese Aktion nicht als Empfehlung der Ortsfeuerwehr gerade für die Produkte dieses Marktes. Daher ist auch die Werbung für die Brandschutzberatung durch den Baumarkt nicht zu beanstanden (aA OLG Saarbrücken GRUR-RR 05, 283, 284 – *Brandschutzwerbung*). An der Neutralität und Objektivität fehlt es, wenn die Empfehlung nicht das Ergebnis einer sachlichen, unparteiischen Wertung ist, sondern von geschäftlichen Interessen bestimmt wird und die Gleichbehandlung der Mitbewerber beeinträchtigt wird (BGH GRUR 02, 550, 551 – *Elternbriefe* mwN; OLG Stuttgart WRP 11, 1207, 1210 – *Der Pflegedienst;* Köhler/Bornkamm § 4 Rn 13.39). Das ist insbesondere dann der Fall, wenn die Empfehlung bewusst unvollständig oder irreführend ist (BGH GRUR 94, 516, 517 – *Auskunft über Notdienste*). Doch brauchen nicht alle Anbieter genannt zu werden, vor allem wenn nach Lage der Dinge eine schnelle, knappe Auskunft erwünscht ist (BGH aaO; BGHZ 101, 72 = GRUR 87, 829, 831 – *Krankentransporte*). Das Neutralitätsgebot kann vor allem dann verletzt sein, wenn ein Unternehmer für die Empfehlung eine Gegenleistung verspricht (BGH GRUR 84, 665, 667 – *Werbung in Schulen; Heermann* WRP 06, 8, 16; Köhler/Bornkamm § 4 Rn 13.39). Allerdings sind die Umstände des Einzelfalls zu berücksichtigen. Die in Zeiten knapper öffentlicher Mittel wünschenswerte Unterstützung öffentlicher Einrichtungen durch die Wirtschaft darf nicht durch eine allzu engherzige Handhabung des Neutralitätsgebots verhindert werden. Je eher die Öffentlichkeit über die Zuwendung informiert wird und je weniger die Empfehlung unmittelbar auf den Entscheidungsprozess der angesprochenen Abnehmer Einfluss nimmt, desto weniger ist sie als unlauter zu beurteilen. Verspricht ein Fotograf einer Schule einen PC im Gegenzug für die Erlaubnis, in der Schule eine Fotoaktion durchzuführen, so ist dies nicht zu beanstanden, sofern Schüler und Eltern frei darüber entscheiden können, ob ihnen die Fotos gefallen und ob ihnen der Preis angemessen erscheint (BGH GRUR 06, 77, Rn 16ff – *Schulfotoaktion;* aA als Vorinstanz OLG Brandenburg WRP 03, 903 – *Schulfotovertrieb*). Scharf von der Beeinflussung von Verbrauchern durch Autoritäts- oder Vertrauensmissbrauch ist in derartigen

Fällen ein weiterer Unlauterkeitsaspekt zu unterscheiden, der in der Beeinflussung amtlicher Entscheidungsprozesse durch das Versprechen von Vorteilen besteht. Dieses Verhalten kann unter dem Gesichtspunkt der Bestechung (§ 334 StGB) oder der Vorteilsgewährung bzw -annahme (§§ 331, 333 StGB) strafbar und unter dem Gesichtspunkt des Rechtsbruchs (§ 4 Nr 11) als unlauter zu beurteilen sein (s Rn 41).

40 ee) **Kritik und Warnungen.** Dieselben Grundsätze gelten für die **Kritik** an Mitbewerbern und die **Warnung** vor bestimmten Produkten. Auch hier ist oft bereits das Vorliegen einer geschäftlichen Handlung fraglich (zweifelhaft daher OLG München NJW-RR 95, 1004, 1005). Je eher ein staatliches Unternehmen im Wettbewerb zu privaten Anbietern steht und in eigener Sache wirbt, desto weniger besteht ein besonderes Neutralitätsgebot. In diesem Fall gelten keine strengeren Maßstäbe als für die Kritik durch private Unternehmer (aA *Köhler*/*Bornkamm* § 4 Rn 13.40 unter Hinweis auf OLG München aaO), sondern die allgemeinen Grundsätze des § 4 Nr 7 und 8.

41 ff) **Beeinflussung amtlicher Entscheidungsprozesse.** Nimmt ein Unternehmer durch das Versprechen von Zuwendungen auf behördliche Entscheidungsprozesse Einfluss, so ist Schwerpunkt des Unlauterkeitsvorwurfs nicht die Beeinflussung von Abnehmern, sondern die Beeinflussung amtlicher Entscheidungen. Sie ist in erster Linie nach den strafrechtlichen Vorschriften über Vorteilsannahme und Bestechung (§§ 331 ff StBG) zu beurteilen (BGH WRP 11, 1203, 1204), die als marktverhaltensregelnde Normen iSd § 4 Nr 11 anzusehen sein sollen (BGH GRUR 06, 77, Rn 27 – *Schulfotoaktion*, s aber § 4 Rn 11/90). **Beispiele:** Gestattet eine Schule einem Fotografen die Durchführung einer Fotoaktion in ihren Räumlichkeiten und verspricht dieser als Gegenleistung der Schule einen PC, so hält der I. Zivilsenat des BGH dies straf- und lauterkeitsrechtlich für unbedenklich, weil Leistung und Gegenleistung nicht außer Verhältnis stehen (BGH GRUR 06, 77, Rn 29 – *Schulfotoaktion*; *Ambos*/*Ziehn* NStZ 08, 498 ff), während nach Ansicht des 3. Strafsenats eine Strafbarkeit in Betracht kommt (BGH WRP 11, 1203, 1204 ff; ebenso OLG Celle NJW 08, 164; *Busch* NJW 06, 1100 ff; *Heermann* WRP 06, 8, 16). Ein Verstoß gegen das UWG soll auch anzunehmen sein, wenn ein Unternehmer einer Schule eine finanzielle Zuwendung dafür verspricht, dass sich diese bereiterklärt, dem Unternehmer die Aufstellung von Schließfächern zu erlauben und der Schulbehörde den Abschluss eines Vertrags mit diesem Unternehmer zu empfehlen (OLG Karlsruhe GRUR-RR 03, 191, 192 – *Schulschließfächer*).

42 c) **Vorsprung durch Nutzung amtlicher Einrichtungen, Ressourcen und Informationen. aa) Grundsatz.** Hoheitliche Befugnisse und behördliche Einrichtungen und Ressourcen verschaffen der öffentlichen Hand in bestimmten Bereichen eine vorteilhafte Position. Nutzt sie diesen Vorsprung aus, um sich auf einem mit der amtlichen Tätigkeit verbundenen Markt einen Vorteil gegenüber privaten Wettbewerbern zu verschaffen, so fällt sowohl dem Kartellrecht als auch dem Lauterkeitsrecht die Aufgabe einer Missbrauchskontrolle zu. Nach ständiger Rechtsprechung darf sich die öffentliche Hand bei der Wahrnehmung ihrer erwerbswirtschaftlichen Betätigung nicht dadurch einen unsachlichen Vorsprung vor ihren Mitbewerbern verschaffen, dass sie ihre **hoheitlichen Befugnisse zur Durchsetzung ihrer privatwirtschaftlichen Interessen** und zur Förderung ihres Wettbewerbs einsetzt, die privaten Mitbewerber mit Mitteln **verdrängt,** die diesen nicht zugänglich sind, oder **öffentlich-rechtliche Aufgaben mit der erwerbswirtschaftlichen Tätigkeit verquickt** (BGH GRUR 87, 116, 118 – *Kommunaler Bestattungswirtschaftsbetrieb I;* bestätigt in BGH GRUR 99, 256, 257 – *1000 DM Umwelt-Bonus;* BGH GRUR 03, 164, 166 – *Altautoverwertung;* BGH GRUR 03, 77, 78 – *Fernwärme für Börnsen;* BGH GRUR 03, 167, 169 – *Kommunaler Schilderprägebetrieb;* für das neue UWG bestätigt in BGH GRUR 05, 960, 961 – *Friedhofsruhe;* *Köhler*/*Bornkamm* § 4 Rn 13.44; *H Schri-*

D. Das UWG im deutschen Rechtssystem **Einf D UWG**

cker S 197 ff). Anders als in den Fallgruppen des Autoritäts- und Vertrauensmissbrauchs ergibt sich die Unlauterkeit hier nicht in erster Linie aus dem Gesichtspunkt der unangemessenen Einwirkung auf die Verbraucherentscheidung, sondern aus der Verletzung der Mitbewerberinteressen durch Ausnutzung eines durch amtliche Möglichkeiten geschaffenen Vorsprungs (BGH GRUR 02, 550, 553 – *Elternbriefe;* BGH GRUR 09, 606 Rn 20 – *Buchgeschenk vom Standesamt*).

bb) Standortvorteile. Bestimmte öffentliche Einrichtungen müssen von Bürgern, die eine behördliche Leistung in Anspruch nehmen möchten, zwangsläufig aufgesucht werden. Häufig besteht in dieser Situation Bedarf nach weiteren Produkten oder Dienstleistungen: Wer ein Kfz anmeldet, benötigt ein Kfz-Kennzeichenschild, wer standesamtlich heiratet, braucht Blumen und einen Fotografen, wer die Friedhofsverwaltung aufsucht, nimmt oft auch die Dienste eines Bestattungsunternehmens und einer Friedhofsgärtnerei in Anspruch. Derartige Standortvorteile darf die öffentliche Hand im Wettbewerb mit privaten Unternehmen grundsätzlich nutzen (BGH GRUR 05, 960, 962 – *Friedhofsruhe*). Allerdings muss sie das jeweils schonendste Mittel wählen, das einerseits den zu wahrenden öffentlichen Interessen genügt, andererseits aber auch die Belange des privaten Gewerbes so wenig wie möglich beeinträchtigt (BGH GRUR 03, 164, 166 – *Altautoverwertung;* vielfach bereits BGH GRUR 74, 733, 735 – *Schilderverkauf;* vgl auch *Köhler*/Bornkamm § 4 Rn 13.44). Geschieht dies nicht, so kann die Ausnutzung des vorgegebenen Wettbewerbsvorteils zu Lasten privater Anbieter als unlauter zu bewerten sein. **Beispiele:** Ein städtischer Bestattungsdienst darf in den Räumlichkeiten der Friedhofsverwaltung untergebracht sein, sofern die Räume der hoheitlichen Verwaltung und des erwerbswirtschaftlichen Betriebs hinreichend voneinander getrennt sind (BGH GRUR 05, 960, 962 – *Friedhofsruhe;* anders, wohl wegen nicht hinreichender räumlicher Trennung, OLG Celle GRUR-RR 04, 374 – *Grabpflegearbeiten,* vgl dazu auch Rn 44). Nimmt eine Gemeinde Altautos bei der Abmeldung zur Verschrottung entgegen, so kann dies wegen des öffentlichen Interesses an rascher, bequemer und gefahrloser Entsorgung gerechtfertigt sein (BGH GRUR 03, 164, 167 – *Altautoverwertung*). Betreibt eine Gemeinde im Gebäude der Kfz-Zulassungsstelle eine eigene Schilderprägerei, so muss unterschieden werden. Handelt die Gemeinde, um im Wettbewerb mit privaten Anbietern die eigene Stellung zu verbessern, so ist dies unlauter (BGH GRUR 03, 167, 169 – *Kommunaler Schilderprägebetrieb*). Wird der Prägebetrieb aber betrieben, weil ansonsten die Versorgung der Bürger nicht gewährleistet wäre, so ist der Betrieb gerechtfertigt (BGH aaO; BGH GRUR 74, 733, 735 – *Schilderverkauf*).

cc) Nutzung öffentlicher Einrichtungen. Die Nutzung öffentlicher Einrichtungen für erwerbswirtschaftliche Zwecke ist als solche jedenfalls dann nicht zu beanstanden, wenn es sich um eine **Randnutzung** handelt, die in ihrer Bedeutung hinter der Nutzung für öffentliche Aufgaben zurücktritt (BGH GRUR 09, 606 Rn 14 – *Buchgeschenk vom Standesamt*). Es liegt im öffentlichen Interesse, dass die Mittel, die der öffentlichen Hand zur Verfügung stehen, wirtschaftlich eingesetzt werden (BGH GRUR 05, 960, 962 – *Friedhofsruhe*). Daher dürfen öffentliche Flächen zu Werbezwecken genutzt oder Räume einer Behörde, Schule oder Universität an kommerzielle Veranstalter vermietet werden. Auch ist es nicht zwangsläufig zu beanstanden, wenn im Rahmen von Medien, die von der öffentlichen Hand herausgegeben werden, privaten Unternehmern die Gelegenheit zur Imagewerbung, etwa in Form des Sponsorings, eingeräumt wird (BGH GRUR 13, 301 Rn 33 – *Solarinitiative*). Unzulässig ist jedoch nach dem oben dargestellten allgemeinen Grundsatz die **Verquickung** von öffentlicher und privatwirtschaftlicher Tätigkeit. Das gilt vor allem, sofern Räume in unmittelbarer Nähe zu einer Behörde für erwerbswirtschaftliche Tätigkeiten genutzt werden, die mit der Aufgabe der Behörde im Zusammenhang stehen (s Rn 43). Ob eine erwerbswirtschaftliche Nutzung öffentlicher Einrichtungen über das Maß einer bloßen Randnutzung hinaus zulässig ist, ist grundsätzlich

43

44

nach öffentlichem Recht zu beurteilen, da in dieser Situation nicht die Art und Weise des Wettbewerbs, sondern der Marktzugang beanstandet wird (vgl OVG Münster NVwZ 03, 1520).

45 **dd) Informationen.** Staatliche Stellen verfügen von Amts wegen über Informationen, die private Unternehmen nicht oder nur mit großem Aufwand erheben können, etwa über Geburten und Sterbefälle, über den Wohnort von Schülern und Eltern oder über Ort und Zeit von Verkehrsunfällen. Nach ständiger Rechtsprechung zu § 1 aF ist es als unlauter anzusehen, wenn die öffentliche Hand amtlich erlangte Informationen oder Beziehungen dazu ausnutzt, sich oder Dritten einen ungerechtfertigten Wettbewerbsvorsprung vor Mitbewerbern zu verschaffen, denen diese Informationen und Beziehungen nicht ohne weiteres in gleicher Weise zugänglich sind (BGH GRUR 02, 550, 553 – *Elternbriefe; Köhler*/Bornkamm § 4 Rn 13.45). Leitet eine Behörde Mitteilungen über Sterbefälle an ein einem bestimmten Bestattungsunternehmer (Beispiel von *Piper* GRUR 86, 574, 579; vgl aber BGH GRUR 88, 38, 39 – *Leichenaufbewahrung*) oder Mitteilungen über Verkehrsunfälle an ein bestimmtes Abschleppunternehmen weiter, so handelt sie unlauter, wenn nicht sämtliche Mitbewerber diese Information bei Bedarf ebenfalls erhalten (vgl *Köhler*/Bornkamm § 4 Rn 13.45). Etwas anderes kann gelten, wenn besondere Gründe eine schnelle Bearbeitung erzwingen. Daher darf ein Krankenhausträger Transportaufträge an die örtliche Rettungsleitstelle weiterleiten, weil nur auf diese Weise eine schnelle und fachkundige Versorgung gewährleistet ist (BGHZ 101, 72 = GRUR 87, 829 – *Krankentransporte*). Das gilt allerdings nicht, wenn der Patient ausdrücklich den Transport durch ein bestimmtes privates Unternehmen wünscht (BGHZ 107, 40 = GRUR 89, 430, 431 – *Krankentransportbestellung*). Unlauter ist auch die Versendung von Werbung eines bestimmten Unternehmens an alle Personen, die in einer bestimmten behördlichen Adressenkartei erfasst sind (so für die Versendung von Werbung in einem Umschlag mit amtlichen Elternbriefen BGH GRUR 02, 550, 553). Die Unlauterkeit ergibt sich in diesem Fall nicht aus dem Missbrauch der amtlichen Autorität (so aber BGH aaO; krit insoweit *Köhler*/Bornkamm § 4 Rn 13.45), sondern aus der Bevorzugung eines Wettbewerbers bei der Verwendung behördlicher Informationen und der Zweckentfremdung amtlicher Adressenkarteien für Werbezwecke. Der BGH verquickt in seiner *Elternbriefe*-Entscheidung zwei unterschiedliche Unlauterkeitsaspekte.

46 **ee) Hoheitliche Regelungsbefugnisse.** Der Staat darf seine hoheitliche Regelungsbefugnis nicht zur Bevorzugung eines bestimmten Unternehmers missbrauchen (BGH GRUR 64, 210, 212 – *Landwirtschaftsausstellung;* bestätigt in BGH GRUR 87, 116, 118 – *Kommunaler Bestattungswirtschaftsbetrieb I;* BGH GRUR 03, 77, 78 – *Fernwärme für Börnsen*). Ein solcher Missbrauch läge etwa vor, wenn eine Schule ihren Schülern aufgeben würde, die Schulbücher bei einer bestimmten Buchhandlung zu kaufen, oder wenn die Baubehörde eine Abrissverfügung mit der Maßgabe verbände, ein bestimmtes Abbruchunternehmen mit den Arbeiten zu beauftragen (Beispiele nach *H Schricker* S 178). Allerdings bedarf in diesen Fällen das Vorliegen einer geschäftlichen Handlung der besonderen Begründung: allgemein-wirtschaftspolitische Maßnahmen wie die Vergabe von Subventionen sind keine geschäftlichen Handlungen (s Rn 30). Zudem kann die Anordnung durch öffentliche Belange gerechtfertigt werden. Dasselbe gilt, wenn eine staatliche Stelle eine hoheitliche Regelung mit einem erwerbswirtschaftlichen Angebot koppelt. Erschließt eine Gemeinde ein Wohngebiet und verkauft die dort belegenen Grundstücke nur bei gleichzeitigem Abschluss eines Versorgungsvertrags mit dem örtlichen Blockheizwerk, so ist diese Kopplung in erster Linie aus kartellrechtlicher Sicht, daneben aber auch aus lauterkeitsrechtlicher Perspektive bedenklich. Im konkreten Fall wurde sie jedoch aus Umweltschutzgründen als gerechtfertigt angesehen (BGH GRUR 03, 77, 78 – *Fernwärme für Börnsen*).

D. Das UWG im deutschen Rechtssystem **Einf D UWG**

d) Preisgestaltung. aa) Grundsatz. Da für die öffentliche Hand im Wettbe- 47
werb die gleichen Grundsätze wie für private Unternehmer gelten, kann sie sich auch
auf die Freiheit der Preisgestaltung berufen. Der Einsatz öffentlicher Gelder zu erwerbswirtschaftlichen Zwecken ist als solcher nicht unlauter, da ansonsten schon der
Wettbewerb der öffentlichen Hand selbst weitgehend unmöglich wäre (BGH
GRUR 87, 116, 118 – *Kommunaler Bestattungswirtschaftsbetrieb I; Köhler*/Bornkamm
§ 4 Rn 13.32f). Auch kann die Unlauterkeit nicht schon damit begründet werden,
dass die öffentliche Hand die Preise privater Unternehmer unterbietet. Dennoch bestehen Grenzen der freien Preisgestaltung. Erstens ist auch die öffentliche Hand an das
Verbot der Preisunterbietung in Verdrängungsabsicht gebunden (OLG Schleswig
GRUR 96, 141, 142 – *Badespaß*; vgl auch RGZ 138, 174, 178 f – *Haus der Jugend;*
BGH GRUR 82, 433, 436 – *Kinderbeträge;* BGH GRUR 87, 116, 118 – *Kommunaler
Bestattungswirtschaftsbetrieb I;* näher zu dieser Fallgruppe § 4 Rn 10/91 ff). Allerdings
kann die gezielte Förderung eines bestimmten Anbieters durch sachliche Gründe gerechtfertigt sein (Beispiel, LG Hamburg GRURPrax 12, 121: Förderung von Konzerten mit weniger bekanntem Repertoire oder unbekannten Musikern). Zweitens kann
sich nach hM ein Unlauterkeitsvorwurf daraus ergeben, dass zweckgebundene öffentliche Mittel in sachfremder Weise für andere Zwecke verwendet werden. Schließlich
wendet die Rechtsprechung das (insgesamt zweifelhafte, s § 4 Rn 10/97) Verbot der
allgemeinen Marktstörung auch auf den Wettbewerb der öffentlichen Hand an und
verbietet deren Wettbewerbsverhalten, wenn es den Wettbewerbsbestand auf einem
gesamten Markt zu gefährden droht (s Rn 49).

bb) Zweckentfremdung öffentlicher Mittel. Die öffentliche Hand handelt 48
nach ständiger Rechtsprechung unlauter, wenn sie mit Mitteln, die ihr kraft öffentlichen Rechts zur Förderung eines im öffentlichen Interesse liegenden Zwecks zufließen, ohne sachlichen Zusammenhang mit diesem Zweck private Gewerbebetreibende
unterbietet und die Preisunterbietung dadurch ermöglicht wird, dass die Verlustgefahr auf den Steuer- und Beitragszahler oder sonst auf die Allgemeinheit abgewälzt
wird (RGZ 138, 174, 178 f – *Haus der Jugend;* bestätigt in BGH GRUR 82, 433, 436
– *Kinderbeträge; Köhler*/Bornkamm § 4 Rn 13.33; *Emmerich* UWG § 4 Rn 35). Diese
Rechtsprechung stößt auf Bedenken, weil sie haushaltsrechtlichen Vorschriften eine
Außenwirkung verleiht, die ihnen nach öffentlichem Recht nicht zukommt (*H Schricker* S 212).

cc) Gefährdung des Wettbewerbsbestands. Die mit öffentlichen Mitteln fi- 49
nanzierte kostenlose oder kostengünstige Abgabe von Produkten soll dann unter dem
Gesichtspunkt der allgemeinen Marktstörung (s § 4 Rn 10/95 ff) unlauter sein, wenn
sie zu einer Gefährdung des Wettbewerbsbestands führt und über das Maß des verfassungsrechtlich Zulässigen und sachlich Gebotenen hinausgeht (BGHZ 82, 375 =
GRUR 82, 425, 430 – *Brillen-Selbstabgabestellen;* BGHZ 123, 157 = BGH GRUR 93,
917, 919 – *Abrechnungs-Software für Zahnärzte;* OLG Hamm MMR 12, 32, 33; OLG
Düsseldorf BeckRS 2010, 24897). Es bestehen **drei Voraussetzungen.** (1) Es muss
überhaupt eine **geschäftliche Handlung** vorliegen, was bei der Abgabe kostenloser
oder preisgünstiger Produkte aus sozialpolitischen Gründen zweifelhaft sein kann (s
Rn 29). (2) Es muss zu einer **Gefährdung des Wettbewerbsbestandes** auf einem
bestimmten Markt kommen. (3) Das Verhalten der öffentlichen Hand muss **über die
Grenzen des verfassungsrechtlich Zulässigen hinausgehen.** Zwar ist ein wettbewerbliches Handeln der öffentlichen Hand nicht erst dann unzulässig, wenn es durch
zwingende Gründe der Daseinsvorsorge gerechtfertigt ist, doch muss es in grundrechtsrelevanten Bereichen dem Verhältnismäßigkeitsgebot genügen, also zur Erreichung der öffentlichen Aufgabe geeignet, erforderlich und angemessen sein (*Köhler*/
Bornkamm § 4 Rn 13.35). Problematisch an dieser Fallgruppe ist, dass sie eine Gemengelage aus Marktzutritts- und Marktverhaltensregelungen betrifft. Der Unlauterkeitsvorwurf ergibt sich daraus, dass die öffentliche Hand überhaupt auf dem entspre-

chenden Markt tätig ist und dass sie nicht mit Gewinnerzielungsabsicht arbeitet. Ob aber die öffentliche Hand in bestimmten Bereichen zum Selbstkostenpreis Waren und Dienstleistungen anbieten darf, ist systematisch eine dem Lauterkeitsrecht entzogene Frage des Marktzutritts (s Rn 51) und teleologisch eine wirtschafts- und sozialpolitische Problematik, über die nicht die Wettbewerbsgerichte entscheiden sollten. Aus gutem Grund ist mittlerweile das Verhältnis der Krankenkassen zu den Leistungserbringern im SGB V abschließend geregelt (§ 69 V), die Entscheidung *Brillen-Selbstabgabestellen* ist damit überholt. Einiges spricht dafür, die Entscheidung darüber, ob der Wettbewerb der öffentlichen Hand ohne Gewinnerzielungsabsicht den Wettbewerbsbestand bedroht, dem öffentlichen Recht zu überlassen.

50   **e) Rechtsbruch. aa) Grundsatz.** Der Verstoß gegen eine außerwettbewerbsrechtliche Norm ist gem § 4 Nr 11 nur noch dann relevant, wenn diese zumindest auch dazu bestimmt ist, im Interesse der Marktteilnehmer das Marktverhalten zu regeln. Der früheren Rechtsprechung zu § 1 aF, die bei der Verletzung einer Norm zum Schutz eines wichtigen Gemeinschaftsguts zu Wettbewerbszwecken ohne weiteres eine unlautere Wettbewerbshandlung annahm (so etwa BGH GRUR 90, 611, 615 – *Werbung im Programm* mwN), ist damit die Grundlage entzogen. Entscheidend ist nunmehr lediglich, ob die verletzte Vorschrift zumindest sekundär der Regelung des Marktverhaltens im Interesse der Marktteilnehmer dient (vgl im Einzelnen § 4 Rn 11/3, 15 ff). Insbesondere ist es nicht Aufgabe des UWG, Schutzlücken des öffentlichen Rechts zu schließen und auf diese Weise subsidiär Gemeinschaftsgüter ohne Wettbewerbsbezug zu schützen (vgl BGHZ 150 343 = GRUR 02, 825, 827 – *Elektroarbeiten*).

51   **bb) Marktzutrittsregelungen.** Für die lauterkeitsrechtliche Beurteilung ist zwischen der Frage, ob die öffentliche Hand überhaupt wirtschaftlich tätig werden darf (**„Ob"**), und der Art und Weise des Wettbewerbsverhaltens (**„Wie"**) zu unterscheiden. Zweck des UWG ist nur die Kontrolle des Marktverhaltens. Hingegen ist die Überwachung der Grenzen der wirtschaftlichen Betätigung des Staates nicht Aufgabe des Lauterkeitsrechts. Insoweit handelt es sich um eine wirtschaftspolitische Entscheidung, die dem öffentlichen Recht obliegt (*Piper* GRUR 86, 574, 578; *Köhler*/Bornkamm § 4 Rn 13.13). Der Verstoß gegen Marktzutrittsregelungen löst nur dann wettbewerbsrechtliche Ansprüche gem §§ 4 Nr 11; 3; 8 ff aus, wenn diese Vorschriften zumindest sekundär dazu dienen, auch das Marktverhalten zu regeln (s § 4 Rn 11/14 ff). Hingegen schützt § 3 nicht das Interesse der Marktteilnehmer daran, bestimmte Wettbewerber vom Markt fernzuhalten, denn das UWG dient der Marktverhaltenskontrolle, nicht dem Erhalt bestimmter Marktstrukturen (BGHZ 150, 343 = GRUR 02, 825, 826 f – *Elektroarbeiten*, bestätigt in BGH GRUR 03, 164, 165 f – *Altautoverwertung;* BGH GRUR 04, 255, 258 f, 262 – *Strom und Telefon I* und *II; Köhler* GRUR 01, 777, 780 ff und GRUR 04, 381, 385; *Ullmann* GRUR 03, 817, 823 f; differenzierend *Poppen,* S 253 ff). Aus diesem Grund ist der Verstoß gegen diejenigen kommunalrechtlichen Bestimmungen, die der erwerbswirtschaftlichen Tätigkeit der Gemeinden Grenzen setzen (zB Art 87 BayGO; § 107 NWGO), lauterkeitsrechtlich irrelevant, selbst wenn er bewusst, planmäßig oder hartnäckig erfolgt (BGH aaO). Auch die Frage, ob eine Körperschaft des öffentlichen Rechts Software vertreiben darf, ist der lauterkeitsrechtlichen Überprüfung entzogen (OLG Düsseldorf BeckRS 2010, 24897). Dasselbe sollte für den Grundsatz der Staatsferne der Presse gelten: Zwar regelt er das konkrete redaktionelle Verhalten eines von der öffentlichen Hand herausgegebenen Mediums, doch steht im Vordergrund, dass er den betreffenden Markt für öffentliche Unternehmen ganz oder teilweise sperrt (s § 4 Rn 11/12, 11/20; aA BGH GRUR 12, 728 Rn 11 – *Einkauf Aktuell*). Es ist wünschenswert, dass das öffentliche Recht auf die Zurücknahme des Wettbewerbsrechts mit der Stärkung des Individualrechtsschutzes gegen unerlaubte wirtschaftliche Betätigungen der Gemeinden reagiert (vgl zu § 107 I NWGO OVG Münster NVwZ 03, 1520; *Tilmann,* FS Schricker, 2005,

D. Das UWG im deutschen Rechtssystem **Einf D UWG**

763, 771 f; *Poppen* S 199 ff, 217; vgl auch *Ennuschat* WRP 08, 883, 884 ff). Nimmt allerdings eine Gemeinde unter Verstoß gegen kommunalrechtliche Bestimmungen am Wettbewerb teil, so ist sorgfältig zu prüfen, ob sich die Unlauterkeit nicht aus anderen Gründen, etwa aus einem Autoritätsmissbrauch oder dem Missbrauch amtlicher Informationen oder Einrichtungen ergibt. Führt etwa eine Stadtwerke-GmbH Elektroarbeiten auf Volksfesten durch, so ist denkbar, dass die Auftraggeber vom Vertragsschluss mit anderen Anbietern nur absehen, um ihre Zulassung zum Fest für die Zukunft nicht zu gefährden. Auch ein Missbrauch amtlicher Informationen kommt in Betracht (beide Vorwürfe mangels hinreichenden Tatsachenvortrags in BGH GRUR 02, 825, 826 f – *Elektroarbeiten* zurückgewiesen). Außerhalb des Anwendungsbereichs spezieller Verbote ist eine erwerbswirtschaftliche Tätigkeit weder grundsätzlich verwehrt noch nur dann erlaubt, wenn eine ausdrückliche Rechtsgrundlage vorliegt (BGH GRUR 87, 116, 118 – *Kommunaler Bestattungswirtschaftsbetrieb I;* bestätigt in BGH GRUR 05, 960, 961 – *Friedhofsruhe; Piper* GRUR 86, 574, 575; *Köhler*/Bornkamm § 4 Rn 13.6).

cc) Allgemeine Marktverhaltensregeln. Aus dem Grundsatz der Gleichbe- 52
handlung (s Rn 33) ergibt sich, dass die öffentliche Hand an allgemeine Marktverhaltensvorschriften ebenso gebunden ist wie private Unternehmer (*Köhler*/Bornkamm § 4 Rn 13.61). Erlässt eine Gemeinde eine Friedhofssatzung, so ist ein gemeindlicher Bestattungs- oder Grabpflegedienst an diese Satzung ebenso gebunden wie seine Mitbewerber (BGH GRUR 05, 960, 961 – *Friedhofsruhe*) und darf beispielsweise keine Grabpflegearbeiten außerhalb der hierfür bestimmten Zeiten vornehmen (insoweit zutreffend OLG Celle GRUR-RR 04, 374 – *Grabpflegearbeiten,* s aber Rn 43).

dd) Medienrechtliche Vorschriften. Verstößt eine Rundfunkanstalt gegen 53
eine Bestimmung des öffentlichen Medienrechts, so ist entscheidend, ob die Vorschrift lediglich dem Schutz der Rundfunkfreiheit (Art 5 I 2 GG) oder auch dem Schutz von Mitbewerbern und Verbrauchern dient. Die Bestimmungen über die Trennung von Werbung und Programm (vgl § 7 III RStV) dienen zumindest auch dem Schutz der Verbraucher davor, unterschwellig der Werbung ausgesetzt zu sein (vgl auch § 4 Nr 3 und, zur Vereinbarkeit des presserechtlichen Trennungsgebots mit der UGP-RL, das Vorabentscheidungsersuchen BGH GRUR 12, 1056 – *GOOD NEWS*) und stellen daher Marktverhaltensregeln iSd § 4 Nr 11 dar (*Köhler*/Bornkamm § 4 Rn 13.57; ebenso, wenn auch mit aus heutiger Sicht überschießender Begründung, BGH GRUR 90, 611, 615 – *Werbung im Programm*). Zum Grundsatz der Staatsferne der Presse s Rn 51.

ee) Haushaltsrechtliche Vorschriften. Haushaltsrecht ist Innenrecht (*Kirchhof* 54
NVwZ 83, 505, 507 f). Vorschriften des Haushaltsrechts dienen nicht dem Schutz individueller Marktteilnehmer, Verstöße begründen daher keine wettbewerbsrechtlichen Ansprüche (*Köhler*/Bornkamm § 4 Rn 13.55; *H Schricker* S 158 f).

ff) Sozialrechtliche Vorschriften. Die Rechtsbeziehungen zwischen Kranken- 55
kassen und Leistungserbringern werden durch das SGB V abschließend geregelt (§ 69 SGB V; BGH GRUR 06, 517, Rn 22 – *Blutdruckmessungen;* vgl aber Rn 23 a). Daher löst etwa ein Verstoß gegen § 126 I SGB V, dem zufolge Hilfsmittel an Versicherte nur von zugelassenen Leistungserbringern abgegeben werden dürfen, keine wettbewerbsrechtlichen Abwehransprüche einer Handwerksinnung aus (BGH GRUR 04, 247, 249 – *Krankenkassenzulassung*). Auch im Übrigen ist zu prüfen, ob die betreffende Norm eine Regelung des Marktverhaltens bezweckt oder lediglich den Marktzugang regelt. Beispielsweise ist § 30 SGB IV, der den Tätigkeitsbereich der Krankenkassen begrenzt, eine reine Marktzutrittsregelung, deren Verletzung nicht zu wettbewerbsrechtlichen Ansprüchen führt (*Köhler*/Bornkamm § 4 Rn 13.58; aA, aber in Anbetracht des § 4 Nr 11 wohl überholt BGH GRUR 96, 213, 216 – *Sterbegeldversicherung*).

Ohly 135

III. UWG und Bürgerliches Recht

Literatur: *Alexander,* Vertrag und unlauterer Wettbewerb, 2002; *ders,* Vertragsrecht und Lauterkeitsrecht unter dem Einfluss der Richtlinie 2005/29/EG über unlautere Geschäftspraktiken, WRP 2012, 515; *Augenhofer,* Individualrechtliche Ansprüche des Verbrauchers bei unlauterem Wettbewerbsverhalten des Unternehmers, WRP 2006, 169; *Bernreuther,* Sachmangelhaftung durch Werbung, WRP 2003, 368; *De Christofaro,* Die zivilrechtlichen Folgen des Verstoßes gegen das Verbot unlauterer Geschäftspraktiken: eine vergleichende Analyse der Lösungen der EU-Mitgliedstaaten, GRUR Int 2010, 1017; *Fezer,* Das wettbewerbsrechtliche Vertragsauflösungsrecht in der UWG-Reform, WRP 2003, 127; *ders,* Bestätigungslösung eines telefonischen Vertragsschlusses als Königsweg effektiven Verbraucherschutzes im Telefonmarketing, GRUR-Prax 2011, 361; *Goldhammer,* Lauterkeitsrecht und Leistungsstörungsrecht, 2011 *Harrer,* Die Aktivlegitimation des Verbrauchers im Lauterkeitsrecht, ÖBl 2012, 100; *Köhler,* UWG-Reform und Verbraucherschutz, GRUR 2003, 265; *ders,* Unzulässige geschäftliche Handlungen bei Abschluss und Durchführung eines Vertrags, WRP 2009, 898; *ders,* Die Verwendung unwirksamer Vertragsklauseln: ein Fall für das UWG, GRUR 2010, 1047; *Leistner,* Richtiger Vertrag und lauterer Wettbewerb, 2007; *Ohly,* Gegen die Bestätigungslösung bei Folgeverträgen unzulässiger Telefonwerbung, GRUR-Prax 2011, 366; *Reichold,* Lauterkeitsrecht als Sonderdeliktsrecht, AcP 193 (1993) 204; *Sack,* Folgeverträge unlauteren Wettbewerbs, GRUR 2004, 625; *ders,* Das Recht am Gewerbebetrieb, 2007; *Scherer,* Lauterkeitsrecht und Leistungsstörungsrecht – Veränderung des Verhältnisses durch § 2 I Nr 1 UWG?, WRP 2009, 761; *Schmidt,* Die Annäherung von Lauterkeitsrecht und Verbraucherprivatrecht, JZ 2007, 78; *Weiler,* Ein lauterkeitsrechtliches Vertragslösungsrecht des Verbrauchers?, WRP 2003, 423.

56 **1. Deliktsrecht. a) Grundsatz.** Das Lauterkeitsrecht ist **Sonderdeliktsrecht** (BGHZ 40, 394 = GRUR 64, 316, 318 – *Stahlexport;* BGH GRUR 82, 495, 497 – *Domgarten-Brand; Reichold* AcP 193 (1993) 204 ff; *Leistner* S 229 ff; *Köhler*/Bornkamm Einf UWG Rn 7.2). Es stellt privatrechtliche Verhaltensnormen auf, die innerhalb ihres durch §§ 2 Nr 1; 3 begrenzten Anwendungsbereichs zwischen allen Marktteilnehmern auf außervertraglicher Grundlage gelten und zumindest auch dem Individualschutz dienen. In den ersten Jahrzehnten nach Inkrafttreten des UWG war diese systematische Einordnung zweifelsfrei: Der Wortlaut der Generalklausel der „guten Sitten" (§ 1 aF) lehnte sich eng an § 826 BGB an, und nach ursprünglicher Auffassung diente das UWG ausschließlich dem Schutz der Mitbewerber (Einf A Rn 31 ff). Seit allerdings anerkannt ist, dass zu den Schutzzwecken außerdem der Schutz der Verbraucher und der Allgemeinheit gehören (§ 1), handelt es sich bei den Vorschriften des UWG wegen ihres kollektivrechtlichen Charakters jedenfalls **nicht** mehr **um typische Deliktsrechtsnormen.** Allerdings verliert eine Norm dadurch, dass ihr Schutzzweck um eine sozial- oder kollektivrechtliche Dimension ergänzt wird, nicht ihren deliktsrechtlichen Charakter. Die Schutzzwecktrias des § 1 steht einer Qualifikation der UWG-Normen als Sonderdeliktsrecht also nicht entgegen.

57 Daher sind die **allgemeinen deliktsrechtlichen Vorschriften unmittelbar anwendbar,** sofern das UWG **keine abschließenden Sonderregelungen** trifft (BGH GRUR 02, 618, 619 – *Meißner Dekor; Köhler*/Bornkamm Einf UWG Rn 7.2). Zur Anwendung kommen insbesondere die Bestimmungen zur Zurechnungsfähigkeit (§§ 827 f BGB), zur Täterschaft (§ 830 BGB; vgl BGH GRUR 02, 618, 619 – *Meißner Dekor;* BGH GRUR 11, 152 Rn 30 – *Kinderhochstühle im Internet*), zur Haftung für Gehilfen (§ 831 BGB; vgl BGH GRUR 12, 1279 Rn 42 ff – *DAS GROßE RÄTSELHEFT*) und zur Herausgabe einer ungerechtfertigten Bereicherung nach Eintritt der Verjährung (§ 852 BGB; vgl BGH GRUR 99, 751, 754 – *Güllepumpen*). Die wesentlichen Unterschiede zum allgemeinen Deliktsrecht betreffen die Aktiv- und Passivlegitimation bei Unterlassungsansprüchen, den Haftungsmaßstab bei Presseerzeugnissen (§ 9 S 2) die Verjährung (§ 11) und verfahrensrechtliche Besonderheiten (§§ 12 ff).

D. Das UWG im deutschen Rechtssystem **Einf D UWG**

b) Konkurrenzen. aa) Begriffe. Lauterkeitsrechtliche Sachverhalte können sowohl UWG-Tatbestände als auch Tatbestände des allgemeinen Deliktsrechts (§§ 823 ff BGB) erfüllen, so dass ein Konkurrenzverhältnis besteht. Sofern die UWG-Norm die deliktsrechtliche Norm verdrängt, spricht man von **Gesetzeskonkurrenz** oder normverdrängender Konkurrenz (*Wolf/Neuner* BGB AT, § 21 Rn 4). Demgegenüber liegt **Anspruchs(normen)konkurrenz** vor, wenn beide Normen parallel anwendbar sind und jede für sich zur Begründung des Anspruchs herangezogen werden kann (*Wolf/Neuner* aaO Rn 5). 58

bb) Recht am eingerichteten und ausgeübten Gewerbebetrieb. Das Recht am eingerichteten und ausgeübten Gewerbebetrieb wurde zur Lösung eines typisch wettbewerbsrechtlichen Konflikts vom RG zu einem Zeitpunkt entwickelt, als im UWG noch eine große Generalklausel fehlte (RGZ 58, 24 – *Jutepluüsch* für die unberechtigte Schutzrechtsverwarnung, näher hierzu § 4 Rn 10/35); das Nebeneinander des bürgerlich-rechtlichen und wettbewerbsrechtlichen Unternehmensschutzes ist daher im Wesentlichen auf eine rechtsgeschichtliche Zufälligkeit zurückzuführen (*Beater* Rn 85). Im Rahmen des § 823 I BGB stellt der Unternehmensschutz einen Fremdkörper dar, weil er bei Licht betrachtet kein absolutes Recht schützt, sondern eine generalklauselartige Grundlage für die Entwicklung eines Bündels von Verhaltensnormen bildet (*Larenz/Canaris* SchR II/2 § 81 II 2 S 545). In seiner mittlerweile hundertjährigen Geschichte ist es der Rechtsprechung nicht gelungen, den Schutzbereich des Rechts am Unternehmen nach allgemeinen Kriterien abzugrenzen. Formeln wie diejenige von der Unmittelbarkeit und Betriebsbezogenheit des Eingriffs (BGHZ 29, 65, 74 = NJW 1959, 479; BGH NJW 03, 1040, 1041; MüKo/*Wagner* § 823 Rn 185) helfen kaum weiter. In der Literatur wird daher mit guten Gründen die Forderung erhoben, das Recht am eingerichteten und ausgeübten Gewerbebetrieb völlig aufzugeben, da sich sämtliche Anwendungsfälle auf der Grundlage des UWG, des § 826 BGB und des § 823 II BGB überzeugender lösen lassen (*Larenz/Canaris* SchR II/2 § 81 IV S 560 ff; *Sack,* Das Recht am Gewerbebetrieb, S 139 ff, 176 ff; aA MüKo/*Wagner* § 823 Rn 182), oder zumindest nach Möglichkeit sämtliche wettbewerbsrechtlichen Konflikte auf der Grundlage des UWG zu lösen (*Beater* Rn 84; *Köhler*/Bornkamm Einl Rn 7.17). 59

Jedenfalls handelt es sich nach allgemeiner Ansicht um einen **Auffangtatbestand** mit **lückenfüllender Funktion** (Staudinger/*Hager* § 823 Rn D 20 f; MüKo/*Wagner* § 823 Rn 188; *Köhler*/Bornkamm Einl Rn 7.27). Sofern die Voraussetzungen der §§ 3 oder 7 vorliegen, treten Ansprüche aus § 823 I BGB wegen der Verletzung des Rechts am eingerichteten und ausgeübten Gewerbebetrieb aus § 823 I BGB daher als subsidiär zurück (BGHZ 36, 252 = GRUR 62, 310, 314 – *Gründerbildnis;* BGH GRUR 72, 189, 191 – *Wandsteckdose II;* GRUR 83, 467, 468 – *Photokina;* MüKo/*Wagner* aaO). Eine Ausnahme bildet die unberechtigte Schutzrechtsverwarnung, die von der bisherigen Rechtsprechung trotz des regelmäßigen Vorliegens einer Wettbewerbshandlung nicht nach § 1 aF beurteilt, sondern als Verletzung des Rechts am Unternehmen angesehen wurde. Zu Recht vertrat der I. Zivilsenat in seinem Vorlagebeschluss an den Großen Senat für Zivilsachen mit Zustimmung der Literatur die Ansicht, dass auch die unberechtigte Schutzrechtsverwarnung zukünftig am Maßstab der §§ 3; 4 Nr 1, 8, 10 zu messen ist (BGH GRUR 04, 958 – *Verwarnung aus Kennzeichenrecht;* s im Einzelnen § 4 Rn 10/36). Zwar sah der GSZ keine Veranlassung, von der bisherigen Rechtsprechung abzuweichen (GRUR 05, 882 ff – *Unberechtigte Schutzrechtsverwarnung*), doch geht die Entscheidung nicht auf die Frage nach der richtigen Anspruchsgrundlage ein und schließt daher eine Fortführung der bisherigen Rechtsprechung auf der Grundlage der §§ 3, 4 Nr 10 nicht aus (näher hierzu § 4 Rn 10/39). Fehlt es hingegen an einer geschäftlichen Handlung oder an einem Wettbewerbsverhältnis zwischen Anspruchsteller und Anspruchsgegner, so kann der Unternehmensschutz gem § 823 I BGB nach hM eingreifen. Allerdings lassen sich die 60

Ohly

UWG Einf D Gesetz gegen den unlauteren Wettbewerb

wesentlichen Fallgruppen, in denen das der Fall sein soll, anders überzeugender lösen (*Larenz/Canaris* SchR II/2 § 81 III S 546 ff). Geschäftsschädigende Äußerungen fallen, sofern es sich um Tatsachenbehauptungen handelt, in den Anwendungsbereich des § 824 BGB. Kritische Wertungen finden in Anbetracht der Meinungsfreiheit (Art 5 I 1 GG) ihre Grenze im Wesentlichen erst dort, wo es sich um Formalbeleidigungen und Schmähkritik handelt (s § 4 Rn 7/17, 20), die sich durch § 823 II BGB iVm §§ 185 ff StGB und § 826 BGB erfassen lassen. Der Boykottaufruf stellt stets eine vorsätzliche Schädigung iSd § 826 BGB dar; die erforderliche Interessenabwägung lässt sich bei der Prüfung des Verstoßes gegen die guten Sitten durchführen (s § 4 Rn 10/87). Ob die unerlaubte Telefon-, Telefax- und E-Mail-Werbung gegenüber Gewerbetreibenden wirklich die für einen Eingriff in den eingerichteten und ausgeübten Gewerbebetrieb erforderliche Eingriffsintensität erreicht, wie die Rechtsprechung annimmt, erscheint zweifelhaft (s § 7 Rn 22).

61   **cc) § 823 I BGB im Übrigen.** Erfüllt eine unlautere Wettbewerbshandlung den Tatbestand des § 823 I BGB unter einem anderen Gesichtspunkt, so besteht Anspruchskonkurrenz, weil § 3 den Unwertgehalt der Handlung in diesem Fall nicht abschließend erfasst. Beispiele sind die Beschädigung von Einrichtungen eines konkurrierenden Geschäftsbetriebs (Eigentumsverletzung und § 4 Nr 10) und die persönliche Beleidigung eines Konkurrenten (Persönlichkeitsrechtsverletzung und § 4 Nr 7). Liegen die Voraussetzungen einer unlauteren Wettbewerbshandlung vor, so kann der Geschädigte sowohl nach §§ 3; 8 ff als auch nach § 823 I BGB bzw § 1004 BGB in analoger Anwendung vorgehen, zur Verjährung s Rn 64. Bedeutung hat § 823 I BGB aber vor allem für die Fälle, in denen es an einer geschäftlichen Handlung (§ 2 I Nr 1) oder an einem Wettbewerbsverhältnis zwischen Anspruchsteller und Anspruchsgegner fehlt, etwa bei individuellen Ansprüchen einzelner Verbraucher gegen unerlaubte belästigende Werbung (vgl § 7 Rn 18 ff).

62   **dd) § 823 II BGB.** § 823 II BGB ist neben § 3 anwendbar, sofern es sich um ein außerwettbewerbsrechtliches Schutzgesetz handelt (*Köhler*/Bornkamm Einf Rn 7.5; zur Anspruchskonkurrenz von § 823 II und §§ 4 Nr 11; 3 s § 4 Rn 11/403). Bedeutung kommt § 823 II BGB vor allem bei Straftaten zu; so kann eine irreführende Werbung Ansprüche aus § 823 II BGB iVm § 263 StGB auslösen. Auch die wettbewerbsrechtlichen Straftatbestände der §§ 17 ff sind Schutzgesetze iSd § 823 II, da sie die zivilrechtlichen Rechtsfolgen nicht regeln (sa § 4 Rn 11/86). Umstritten ist hingegen, ob § 3 als Schutzgesetz angesehen werden kann. Sicherlich dienen die Generalklausel und die folgenden Spezialtatbestände dem Schutz bestimmter Personenkreise, nämlich der Mitbewerber, der Verbraucher und der sonstigen Marktteilnehmer (§ 1), was für die Anwendung des § 823 II BGB spricht (so *Emmerich* UWG § 14 Rn 74; *Fezer*/ *Fezer* Einl E Rn 388; *Lehmann,* FS Schricker, 2005, S 77, 80; *Sack* GRUR 04, 625, 629 f; *Säcker* WRP 04, 1199, 1219 f; *Wimmer-Leonhardt* GRUR 04, 12, 20; ebenso ÖOGH WRP 98, 789, 790 – *1. Hauptpreis*; für Übertragung ins deutsche Recht *Augenhofer* WRP 06, 169, 176 f). Andererseits regeln die §§ 8 ff die Rechtsfolgen von Wettbewerbsverstößen abschließend. Insbesondere hat sich der Gesetzgeber bewusst dagegen entschieden, dem durch unlauteren Wettbewerb geschädigten Verbraucher einen lauterkeitsrechtlichen Schadensersatzanspruch einzuräumen (RegBegr BT-Drucks 15/1487, S 22, in Anknüpfung an die Rechtsprechung zu §§ 1; 3 aF, s BGH GRUR 75, 150 – *Prüfzeichen;* BGH NJW 83, 2493, 2494). Genau auf einen solchen Anspruch würde aber die Anwendung des § 823 II BGB hinauslaufen. Mit der Richtlinie über unlautere Geschäftspraktiken ist dieser Ansatz vereinbar (vgl Egrd 9; *Alexander* GRUR Int 05, 809, 813). Daher ist § 3 kein Schutzgesetz im Sinne dieser Bestimmung (ebenso *Köhler*/Bornkamm Einf § 7.5; *Schmidt* JZ 07, 78, 83).

63   **ee) §§ 824, 826 BGB.** Auch zwischen Ansprüchen aus **§§ 824, 826 BGB** und solchen aus § 3 UWG besteht Anspruchskonkurrenz. Beide Anspruchsgrundlagen

D. Das UWG im deutschen Rechtssystem **Einf D UWG**

weisen gegenüber den entsprechenden UWG-Bestimmungen **strengere Anspruchsvoraussetzungen,** aber eine längere Verjährungsfrist (§§ 195, 199 BGB) auf. Insbesondere bestehen zwischen den Begriffen der „Unlauterkeit" (§ 3 I) und der „Sittenwidrigkeit" (§ 826 BGB) zwar gewisse Parallelen, Abweichungen können sich aber aus den unterschiedlichen Funktionen beider Normen ergeben. Während § 3 I Grundlage eines Marktverhaltensrechts ist, das die Interessen sämtlicher Marktbeteiligter und der Allgemeinheit schützt (§ 1), besteht die Funktion des § 826 BGB darin, reine Vermögensschäden selektiv in den Schutzbereich des Deliktsrechts einzubeziehen (MüKo/*Wagner* § 826 Rn 11). Zudem knüpft § 826 BGB die Haftung an vorsätzlich-sittenwidriges Verhalten, während die Unlauterkeit im UWG rein objektiv zu beurteilen ist. Nur Schadensansprüche sind verschuldensabhängig (§ 9), der Gewinnabschöpfungsanspruch setzt eine vorsätzliche Handlung voraus (§ 10). – Da es sich bei Verstoß gegen § 824 oder § 826 BGB um schwerwiegende Rechtsverletzungen handelt, erscheint es nicht gerechtfertigt, den Verletzer hinsichtlich der **Verjährungsfrist** zu privilegieren, wenn er zusätzlich gegen § 3 verstößt. Fehlt es an einer geschäftlichen Handlung (§ 2 I Nr 1) oder an einem Wettbewerbsverhältnis zwischen Anspruchsteller und Anspruchsgegner, so steht einer Anwendung der §§ 824, 826 BGB ohnehin nichts im Wege.

ff) Verjährung. Treffen Ansprüche aus §§ 3; 8 ff mit Ansprüchen aus §§ 823 ff **64** BGB zusammen, so ist die Beurteilung des Konkurrenzverhältnisses in erster Linie für die Verjährung relevant. Lauterkeitsrechtliche Ansprüche verjähren in sechs Monaten (§ 11 I); für die Verjährung deliktsrechtlicher Ansprüche gilt die regelmäßige Verjährungsfrist von 3 Jahren (§§ 195, 199 BGB). Die Rechtsprechung lehnt eine generelle Lösung ab und beurteilt die Verjährungsfrist gesondert für jeden einzelnen Deliktstatbestand (BGHZ 36, 252 = GRUR 62, 310, 314 – *Gründerbildnis*). Sollten trotz ihrer grundsätzlichen Subsidiarität Ansprüche wegen einer Verletzung des Rechts am eingerichteten und ausgeübten Gewerbebetrieb mit Ansprüchen aus § 3 konkurrieren, so gilt die kurze Verjährungsfrist des § 11 (BGH aaO). Dasselbe gilt für Ansprüche aus § 823 II BGB, sofern das Schutzgesetz (ausnahmsweise, s Rn 62) dem UWG entstammt (BGH GRUR 74, 99, 100 – *Brünova*). Hingegen richtet sich die Verjährung von Ansprüchen aus §§ 824, 826 BGB auch dann nach §§ 195, 199 BGB, wenn sie mit Ansprüchen aus § 3 zusammentreffen (BGH aaO; BGH GRUR 99, 751, 754 – *Güllepumpen*). Grund dafür ist, dass der Verletzer nicht privilegiert werden soll, wenn er zusätzlich zu den außerwettbewerbsrechtlichen Tatbeständen auch noch gegen das Lauterkeitsrecht verstößt. Dasselbe muss für eine Verletzung des § 823 I BGB unter einem anderen Gesichtspunkt als demjenigen des eingerichteten und ausgeübten Gewerbebetriebs gelten.

2. Vertragsrecht. a) Ausgangspunkt. Vertragsrecht und Lauterkeitsrecht laufen **65** parallel, ohne sich gegenseitig zwangsläufig zu beeinflussen (*Alexander* S 275). Auch die UGP-RL lässt das Vertragsrecht unberührt (Art 3 II). Allerdings ist, soweit angesichts der Funktionsunterschiede zwischen beiden Rechtsgebieten möglich, ein Gleichlauf der Wertungen anzustreben (*Leistner* S 1084 und passim). Zwischen vertragsrechtlichen und lauterkeitsrechtlichen Ansprüchen herrscht **Anspruchskonkurrenz.** Eine Vertragsverletzung stellt für sich genommen noch keine unlautere geschäftliche Handlung dar (Rn 66f). Umgekehrt führt ein Wettbewerbsverstoß nicht automatisch zur Nichtigkeit eines infolge des Verstoßes abgeschlossenen Vertrages (Rn 67 ff).

b) Unlauterkeit wegen Vertragsverletzung? aa) Grundsatz. Die bloße **66 Schlechterfüllung eines Vertrags** stellt **keine unlautere Handlung** dar. Darüber herrscht im Ergebnis Einigkeit (BGH GRUR 13, 945 Rn 36 – *Standardisierte Mandatsbearbeitung;* ebenso zum UWG von 1909 BGH GRUR 83, 451, 452 – *Ausschank unter Eichstrich I;* BGH GRUR 02, 1093, 1094 – *Kontostandsauskunft*). Vor der UWG-Reform konnte dieses Ergebnis damit begründet werden, dass das UWG nur den Wettbewerb um den Kunden bis zum Vertragsschluss, nicht aber die Vertragsabwicklung erfasste. Vertragsverletzungen konnten daher nur dann die Unlauterkeit begründen, wenn der Unternehmer das unlautere Verhalten zum Mittel seines Wettbewerbs machte, um sich durch gezielte und planmäßig wiederholte Kundentäuschung Vorteile im Wettbewerb zu verschaffen (BGH GRUR 87, 180, 181 – *Ausschank unter Eichstrich II;* BGH GRUR 94, 640, 641 – *Ziegelvorhangfassade*) oder wenn die Vertragsverletzung zugleich der Anbahnung neuer Verträge diente (BGH GRUR 02, 1093, 1094 – *Kontostandsauskunft;* BGH WRP 07, 1085 – *irreführender Kontoauszug*). Seit Umsetzung der UGP-RL kann aber auch ein Verhalten nach Vertragsschluss geschäftliche Handlung sein (§ 2 I Nr 1), so dass der Schlechtleistung zugleich eine Täuschung (§ 5 I) über die ordnungsgemäße Leistung oder eine Irreführung durch Unterlassen (§ 5a II) innewohnen könnte. Daher ist die auf den ersten Blick einleuchtende Abgrenzung nicht ganz leicht zu begründen.

66a bb) **Begründung.** In Rspr und Literatur werden im Wesentlichen drei Begründungsansätze vertreten (Überbl bei *Goldhammer* S 167 ff). **(1)** Nach Ansicht des BGH (GRUR 13, 945 Rn 36 – *Standardisierte Mandatsbearbeitung* im Anschluss an *Köhler/ Bornkamm* § 2 Rn 48 und *Köhler* WRP 09, 898, 902; ähnl *Leistner* S 598 f) liegt gem § 2 I Nr 1, ausgelegt im Licht von Art 2 lit d und Egrd 7 UGP-RL schon keine geschäftliche Handlung vor, wenn die Handlung nicht **bei objektiver Betrachtung darauf gerichtet** ist, **durch Beeinflussung der geschäftlichen Entscheidung der Verbraucher** oder sonstigen Marktteilnehmer den Absatz oder Bezug von Waren oder Dienstleistungen des eigenen oder eines fremden Unternehmens zu fördern. Daran fehle es bei einer bloßen Schlechterfüllung. In dieselbe Richtung geht der Vorschlag, den Tatbestand des § 2 I Nr 1 durch ein ungeschriebenes Merkmal der „Verbraucherrelevanz" zu ergänzen, das nur erfüllt ist, wenn das Verhalten des Unternehmers über die Schlechterfüllung hinaus auf eine zusätzliche Verbraucherentscheidung gerichtet ist (*Scherer* WRP 09, 761, 767). **(2)** Eine in der Literatur verbreitete Auffassung verlangt für das Vorliegen einer geschäftlichen Handlung einen Marktbezug, der nur vorliegen soll, wenn die geschäftliche Handlung **zumindest potentiell weitere Vertragsverhältnisse** betreffen kann (*Glöckner,* WRP 09, 1175, 1181 f; Harte/Henning/*Ahrens* Einl G Rn 164; Harte/Henning/*Keller* § 2 Rn 35, 41; *Goldhammer* S 191, 196 ff). **(3)** Schließlich wird vertreten, dass auch jede Schlechterfüllung objektiv mit der Durchführung eines Vertrages zusammenhängt, so dass **jedenfalls eine geschäftliche Handlung (§ 2 I Nr 1) vorliegt** (§ 2 Rn 23; *Sosnitza* WRP 08, 1014, 1017). **Unlauter** kann eine Handlung gegenüber Verbrauchern aber nur sein, wenn sie den Verbraucher zu einer geschäftlichen Entscheidung veranlasst (§ 3 II). Die bloße Vertragsverletzung ist demnach noch nicht unlauter, erforderlich ist eine weitere Einwirkung auf den Verbraucher, insbesondere eine Irreführung oder unsachliche Beeinflussung mit dem Ziel, ihn von der Geltendmachung seiner vertraglichen Rechte abzuhalten (insofern iE wie *Scherer* WRP 09, 761, 767, allerdings nicht zu § 2 I Nr 1). **Stellungnahme:** Gegen die Ansicht des BGH spricht, dass die „objektive Zielrichtung" einen Widerspruch in sich darstellt und letztlich doch stark an das subjektive Erfordernis der Wettbewerbsabsicht erinnert, das unstreitig unter dem UWG 2008 nicht mehr gilt. Zudem ist die Beeinflussung der Verbraucher ein Tatbestandsmerkmal des § 3 II und sollte daher nicht bereits beim Anwendungsbereich des UWG geprüft werden. Ansicht 2 verkennt, dass schon eine einzelne Handlung unlauter sein kann, wie für den Sonderfall der Belästigung § 7 II ausdrücklich bestimmt. Eine Breitenwirkung ist nicht erforderlich und würde praktisch zu Beweisproblemen führen. Zutreffend erscheint daher Ansicht 3. Sie erlaubt es, zwischen reinen Vertragsverletzungen und weitergehenden unlauteren Einwirkungen auf die andere Vertragspartei abzugrenzen. Allerdings wird die Frage letztlich der EuGH entscheiden müssen, da sie unionsrechtlich offen ist und bisher nicht entschieden wurde (aA BGH GRUR

D. Das UWG im deutschen Rechtssystem   **Einf D UWG**

13, 945 Rn 18 – *Standardisierte Mandatsbearbeitung:* kein vernünftiger Auslegungszweifel).

cc) Abgrenzung. Keine unlautere geschäftliche Handlung stellen demnach   **66b**
eine bloße mangelhafte Leistung, auch in der Form der Lieferung einer zu geringen Menge, eine sonstige Schlechterfüllung oder eine reine Nichterfüllung dar. **Unlauter** ist es hingegen, wenn der Unternehmer in weitergehendem Maße auf die andere Vertragspartei einwirkt, etwa indem er den Verbraucher über seine Rechte täuscht (§ 5 I 2 Nr 7), den Verbraucher durch Verzögerungstaktiken (oder auch nur durch schlechtes Vertragsmanagement: Harte/Henning/*Keller* § 2 Rn 46) von der Durchsetzung seiner Rechte abhält (Anh Nr 27 zu § 3 III, der über Versicherungsverträge hinaus einen verallgemeinerungsfähigen Gedanken enthält), den Verbraucher durch Drohungen zur Zahlung einer nicht bestehenden Forderung veranlasst (OLG München GRUR-RR 10, 50 – *Besuch durch Inkasso-Team*) bzw von der Geltendmachung vertraglicher Rechte abhält oder meinen ein Anbieter Abnehmer systematisch und fortlaufend über die Vertragsgemäßheit der Leistung täuscht (vgl zu § 1 aF BGH GRUR 94, 126, 127 – *Folgeverträge I;* GRUR 95, 358, 360 – *Folgeverträge II;* GRUR 98, 415, 416 – *Wirtschaftsregister*). Auch irreführende oder aggressive Handlungen, die den Verbraucher zu Folgeverträgen veranlassen sollen, sind unlauter. Nach herrschender, aber nicht überzeugender Ansicht stellt die Verwendung unwirksamer AGB einen Verstoß gegen §§ 3, 4 Nr 11 dar (s § 4 Rn 11/78). **Ungeklärt** ist hingegen bisher, in welchem Maße die gutgläubige Geltendmachung eigener vermeintlicher Rechte oder die gutgläubige Rechtsverteidigung unlauter sein kann. Beispiele sind das Stellen einer fahrlässig falsch kalkulierten Rechnung, das Berufen auf unwirksame AGB, die Mahnung einer nicht bestehenden Forderung oder das fahrlässig unzutreffende Bestreiten bestehender Verbraucherrechte. Der BGH sieht unter § 4 Nr 10 nur bewusste Vertragsverletzungen, nicht hingegen bloß versehentliche als unlauter an (BGH GRUR 07, 987 Rn 24 f – *Änderung der Voreinstellung I;* BGH GRUR 09, 876 Rn 27 – *Änderung der Voreinstellung II,* dazu § 4 Rn 10/11). Da aber die Unlauterkeit unter § 3 rein objektiv zu bestimmen ist, ist diese Rspr allenfalls für den Tatbestand der gezielten Behinderung vertretbar. Eine andere Möglichkeit bestehe darin, die Unlauterkeit gem § 3 I, II iVm §§ 5 I oder 4 Nr 1 zu bejahen, anschließend aber in diesem Fall eine Ausnahme von der Vermutung der Wiederholungsgefahr zuzulassen und daher einen Unterlassungsanspruch zu verneinen (*Köhler* WRP 09, 898, 903).

c) Nichtigkeit von Verträgen wegen Unlauterkeit. aa) § 134 BGB. Nach § 3   **67**
I ist die *Art und Weise* eines geschäftlichen Verhaltens zu beurteilen, nach § 134 der *Inhalt* des Vertrags. Auch wenn die Vertragsanbahnung durch unlautere Handlungen geschieht, ist deswegen der Inhalt des abgeschlossenen Vertrags regelmäßig nicht zu beanstanden. Da auch der getäuschte oder unsachlich beeinflusste Vertragspartner gute Gründe haben mag, am Vertrag festzuhalten, wäre eine solche Rechtsfolge unangemessen. Sie stünde zudem im Gegensatz zur Systematik des BGB, nach der auch das Opfer einer Täuschung oder Drohung selbst die Initiative zur Vernichtung des Vertrags ergreifen muss (§§ 123, 142 bzw 311 II BGB). Soweit es sich um unlautere Handlungen von Unternehmern gegenüber Verbrauchern handelt, lässt die UGP-RL gem Art 3 II die Wirksamkeit eines Vertrages unberührt (EuGH GRUR 12, 639 Rn 45 – *Perenicová u. Perenic/SOS*). Daher sind **Folgeverträge unlauteren geschäftlichen Handelns** nicht allein wegen des Verstoßes gegen § 3 I gem § 134 BGB nichtig (BGHZ 110, 156 = BGH GRUR 90, 522, 528 – *HBV-Familien- und Wohnungsrechtsschutz;* BGH GRUR 98, 945, 947 – *Co-Verlagsvereinbarung; Alexander* S 92 ff; *Augenhofer* WRP 06, 169, 173; Harte/Henning/*Ahrens* Einl F Rn 157; *Leistner* S 527 ff; *Sack* GRUR 04, 625, 626; aA *Reich* JZ 75, 550, 553). Bezieht sich die Täuschung auf AGB, so gehört sie zu den Umständen, die gem § 310 III Nr 3 bei der Beurteilung der unangemessenen Benachteiligung (§ 307 I, II) zu berücksichtigen ist, aber die Irreführung führt nicht automatisch dazu, dass der gesamte Vertrag als

nichtig anzusehen ist (EuGH GRUR 12, 639 Rn 43f – *Perenicová u. Perenic/SOS*). Von Folgeverträgen unlauteren Handelns sind Verträge zu unterscheiden, die selbst zur Begehung eines Wettbewerbsverstoßes verpflichten (sog. **Basisverträge**). Sie sind regelmäßig gem § 134 BGB nichtig, da hier der rechtsgeschäftlichen Verpflichtung selbst das wettbewerbswidrige Verhalten innewohnt (BGH aaO; BGH GRUR 09, 606 Rn 13 – *Buchgeschenk vom Standesamt; Leistner* S 535 ff; *Sack* GRUR 04, 625, 626; für Anwendung des § 311a BGB *Köhler* JZ 10, 767, 769 f). Beispiele sind Verträge über die Produktion redaktionell aufgemachter Werbefilme (§ 4 Nr 3) oder über verbotenes (s aber Einf C Rn 32) Product Placement (OLG München AfP 95, 655 f; LG München NJW-RR 97, 1544 f).

67a **bb) § 138 BGB.** Ein unlauteres geschäftliches Verhalten ist nicht mit einem Verstoß gegen die „guten Sitten" in § 138 BGB gleichzusetzen (BGHZ 110, 156 = BGH GRUR 90, 522, 528 – *HBV-Familien- und Wohnungsrechtsschutz;* BGH GRUR 98, 945, 946 – *Co-Verlagsvereinbarung; Alexander,* S 97 ff; *Leistner* S 527 ff; *Köhler*/Bornkamm Einf Rn 7.8). Die Tatbestände der § 3 I und § 138 BGB unterscheiden sich seit der UWG-Reform 2004 schon begrifflich, und der jeweils heranzuziehende Maßstab ist unterschiedlich (*Leistner* S 893; Harte/Henning/*Ahrens* Einl G Rn 143). Für die Beurteilung als sittenwidrig im Sinne des § 138 I BGB ist entscheidend, ob das Rechtsgeschäft seinem Inhalt nach mit den grundlegenden Werten der Rechts- oder Sittenordnung unvereinbar ist und alle Beteiligten sittenwidrig handeln, das heißt die Tatsachen kennen oder sich zumindest ihrer Kenntnis grob fahrlässig verschließen, welche die Sittenwidrigkeit des Rechtsgeschäfts begründen (BGH NJW 90, 567, 568), doch nicht jeder wettbewerbsrechtliche Grundsatz gehört zu den tragenden Werten der Rechts- und Sittenordnung (BGH GRUR 98, 945, 946 – *Co-Verlagsvereinbarung*). Allerdings können die **Umstände des Vertragsschlusses ausnahmsweise** dann zur Nichtigkeit des Rechtsgeschäfts führen, wenn sie dem Rechtsgeschäft trotz indifferenten Inhalts ein **sittenwidriges Gesamtgepräge** geben (RGZ 150, 1, 5; BGHZ 53, 369, 376 = NJW 70, 1273; BGH NJW 03; 3692, 3693; *Sack* GRUR 04, 625, 627). So kann ein Schuldanerkenntnis gem § 138 I BGB nichtig sein, das eine ältere Dame nach falscher, mit einer Gegenleistungspflicht gekoppelter Gewinnzusage auf massiven Druck des Anbieters hin unterschreibt (BGH NJW 05, 2991, 2992 f; dazu *Schmidt* JZ 07, 78, 83 f).

68 **d) Vertragsauflösungsrecht der Verbraucher. aa) UWG.** Das UWG dient nicht zuletzt dem Verbraucherschutz (§ 1). **Individuelle Schadensersatzansprüche oder Gestaltungsrechte** gesteht das Gesetz den Verbrauchern aber **nicht** zu, sondern räumt lediglich Verbraucherverbänden die Verbandsklagebefugnis (§ 8 III Nr 3) ein. § 13a aF, der Verbrauchern unter engen Voraussetzungen ein Vertragsauflösungsrecht gab, war praktisch von geringer Bedeutung und wurde im Zuge der UWG-Reform 2004 gestrichen. Respektiert man diese gesetzgeberische Weichenstellung, so kann § 3 auch nicht als Schutzgesetz iSd § 823 II BGB als Grundlage individueller Schadensersatzansprüche der Verbraucher dienen (s Rn 62). Rechtspolitisch wird diese Entscheidung des Gesetzgebers in der Literatur kritisiert (*Fezer* WRP 03, 127; *Lehmann,* FS Schricker, 2005, S 77, 80): Angesichts des Fehlens individueller Ansprüche sei das Bekenntnis zum Verbraucherschutz in § 1 „inhaltsleere Gesetzeslyrik" (*Säcker* WRP 04, 1199, 1219). Allerdings schützt schon nach bestehender Rechtslage das BGB die Interessen der Verbraucher umfassend (Überblick bei *Alexander* S 85 ff; *Köhler* GRUR 03, 265 ff; *Leistner* S 615 ff; *Sack* GRUR 04, 625 ff), insbesondere durch die Vorschriften über die Anfechtung (§§ 119 ff BGB), die culpa in contrahendo (§§ 311 II, 280 I, 249 I BGB) die Sachmängelhaftung beim Verbrauchsgüterkauf (§§ 434 ff, 474 ff BGB, dazu *Bernreuther* WRP 03, 368 ff) und die Informationspflichten und Widerrufsrechte bei Haustürgeschäften, im Fernabsatz und im elektronischen Geschäftsverkehr (§§ 312 ff, 355 ff BGB). Gegen zusätzliche individuelle Rechtsbehelfe auf lauterkeitsrechtlicher Grundlage spricht, dass Lücken im

D. Das UWG im deutschen Rechtssystem **Einf D UWG**

System des BGB kaum ersichtlich sind (*Köhler* GRUR 03, 265 ff; aA *Fezer* WRP 03, 127, 129 ff; *Augenhofer* WRP 06, 169, 175 f), dass eine Parallelität bürgerlich-rechtlicher und lauterkeitsrechtlicher Ansprüche aber zu schwierigen Konkurrenzfragen, zu einer Aufweichung des Grundsatzes „pacta sunt servanda" und zu Widersprüchen zum sorgfältig austarierten Instrumentarium des bürgerlichen Rechts (etwa zu den in §§ 119, 123, 355 BGB festgesetzten Fristen) führen würde. Jeder Jurastudent würde sich schon im Grundstudium gute Kenntnisse des UWG aneignen müssen, um künftig schuldrechtlichen Klausuren bestehen zu können. Aus denselben Gründen sind rechtspolitische Bestrebungen (vgl die Stellungnahme des Bundesrats zu Sanktionen bei unerlaubter Telefonwerbung, BT-Drucks 16/10 734 S 20; *Fezer* GRUR-Prax 11, 361 ff) abzulehnen, die auf eine Sanktionierung des Verbots der Telefonwerbung ohne Einwilligung (§ 7 II Nr 2) durch eine absolute oder schwebende Nichtigkeit telefonisch abgeschlossener Verträge zielen (*Köhler* WRP 07, 866 ff; *Ohly* GRUR-Prax 11, 366 ff). Ein solcher Eingriff in der Freiheit zum formfreien Abschluss von Verträgen wäre zum Schutz der Verbraucher schon nicht geeignet, weil der Verbraucher möglicherweise am Vertrag interessiert ist und mit der Notwendigkeit einer späteren Bestätigung nicht rechnet. Zudem würde jedenfalls eine gesetzlich vorgesehene schwebende Unwirksamkeit Folgeanrufe zur Einholung der Bestätigung geradezu herausfordern. Die Unwirksamkeit stellt auch keine geeignete und angemessene Sanktion für den unerlaubten Eingriff in die Privatsphäre des Angerufenen dar (aA *Fezer* WRP 07, 855, 861), weil der Schutz der Privatsphäre und die Freiheit von ungewollten vertraglichen Bindungen unterschiedliche Rechtsgüter darstellen, die nicht miteinander verquickt werden sollten.

bb) BGB. Ein Recht zur Vertragsauflösung kann sich für den Verbraucher auf- **69** grund eines **Anfechtungsrechts** (§§ 119, 123 BGB, Beispiel: vorsätzliche irreführende Werbung), aus den Vorschriften über die **vertragliche Gewährleistung** (insbesondere aus Sachmängelhaftung, §§ 434, 437 Nr 2, 440, 323 BGB, Beispiel: unzutreffende Angabe in der Produktwerbung, vgl § 434 I 3 BGB), aus den Grundsätzen der **culpa in contrahendo** (§§ 280 I, 311 II BGB) und bei **Haustür- und Fernabsatzgeschäften** aus §§ 312 I, 312d I, 355 BGB (Beispiel: Vertragsschluss nach unerlaubtem Vertreterbesuch oder Tele-Marketing) ergeben. Im Fall der Gesetzes- und Sittenwidrigkeit folgt die Nichtigkeit aus §§ 134, 138 BGB, vor allem kann bei Ausnutzung einer Zwangslage § 138 II BGB eingreifen. Vertragliche **Schadensersatzansprüche** ergeben sich aus § 280 I BGB iVm Gewährleistungsrecht (zB §§ 434, 437 Nr 3 BGB) oder den Grundsätzen der culpa in contrahendo (§ 311 II BGB). Daneben können sich gesetzliche Ansprüche vor allem aus § 823 I BGB unter dem Gesichtspunkt der Verletzung der Persönlichkeitsrechte (Beispiel: belästigende Werbung) und aus § 823 II iVm § 263 StGB (Betrug) ergeben. Ein Schadensersatzanspruch auf Beseitigung eines ungewollten Vertrags unter dem Gesichtspunkt der Naturalrestitution (§ 249 I BGB) besteht freilich nur, wenn der Schaden gerade in der ungewollten vertraglichen Bindung besteht. Das ist bei der Täuschung (§ 311 II BGB bzw §§ 823 II, 826 BGB) der Fall, nicht jedoch bei Verletzungen der Privatsphäre (§ 823 I BGB).

IV. UWG und Kartellrecht

Literatur: *Baudenbacher*, Machtbedingte Wettbewerbsstörungen als Unlauterkeitstatbestände – Zugleich Beitrag zum Verhältnis von UWG und GWB, GRUR 1981, 19; *Fikentscher*, Das Verhältnis von Kartellrecht und Recht des unlauteren Wettbewerbs, GRUR Int. 1966, 181; *Hefermehl*, Grenzen des Lauterkeitsschutzes, GRUR Int. 1983, 507; *Köhler*, Zur Konkurrenz lauterkeitsrechtlicher und kartellrechtlicher Normen, WRP 2005, 645; *ders*, Zur Kontrolle der Nachfragemacht nach dem neuen GWB und dem neuen UWG, WRP 2006, 139; *ders*, Schutzlücken bei der Verbandsklagebefugnis im Kartell- und Wettbewerbsrecht – eine Aufgabe für den

Gesetzgeber, WRP 2007, 602; *Knöpfle,* Die marktbezogene Unlauterkeit, 1983; *Koppensteiner,* Marktbezogene Unlauterkeit und Missbrauch von Marktmacht, WRP 2007, 475; *Lettl,* Kartell- und wettbewerbsrechtliche Schranken für Angebote unter Einstandspreis, JZ 2003, 662; *Mestmäcker,* Der verwaltete Wettbewerb, 1984; *Pichler,* Das Verhältnis von Kartell- und Lauterkeitsrecht, 2009; *Podszun,* Der „more economic approach" im Lauterkeitsrecht, WRP 2009, 509; *Scherer,* Wechselwirkungen zwischen Kartellrecht und UWG, WRP 1996, 174; *P. Ulmer,* Der Begriff „Leistungswettbewerb" und seine Bedeutung für die Anwendung von GWB und UWG-Tatbeständen, GRUR 1977, 565; *Wolf,* Das Recht gegen Wettbewerbsbeschränkungen (GWB) und das Recht gegen unlauteren Wettbewerb (UWG) – ein Vergleich, WRP 1995, 543; *Wrage,* UWG-Sanktionen bei GWB-Verstößen, 1984.

70 **1. Allgemeines. a) Begriffe.** Das Wettbewerbsrecht im weiteren Sinne besteht aus dem Lauterkeitsrecht und dem Kartellrecht. Während im deutschen Recht häufig „Lauterkeitsrecht" und „Wettbewerbsrecht" gleichgesetzt werden, bezeichnet im Unionsrecht (Art 101 ff AEUV) und in ausländischen Rechtsordnungen der Begriff „Wettbewerbsrecht" das Kartellrecht, dessen Anwendungsbereich in der Tat keineswegs auf das Kartellverbot (§ 1 GWB; Art 101 AEUV) beschränkt ist. Das **deutsche Kartellrecht** ist im Gesetz gegen Wettbewerbsbeschränkungen (GWB) geregelt. Es wurde durch die 7. GWB-Novelle an das EG-Wettbewerbsrecht angepasst (BGBl I 2005, S 2114) und zuletzt durch die **8. GWB-Novelle** geändert (BGBl I 2013, S 1738, vgl den Überbl über die Änderungen bei *Gronemeyer/Slobodenjuk* WRP 13, 1279; *Podszun* GWR 13, 329) und gilt in der Neubekanntmachung vom 26.7.2013 (BGBl I 2013, S 1750). Das **EU-Wettbewerbsrecht** findet seine Grundlage in **Art 101 ff AEUV,** die durch zahlreiche Bestimmungen des Sekundärrechts, vor allem die VO Nr 1/2003 (ABl EG Nr L 1/1 v 4.1.2003), ergänzt werden. Während in Deutschland das UWG eine über hundertjährige Tradition hat, entstand das moderne Kartellrecht erst nach dem 2. Weltkrieg (vgl *Bechthold* GWB Einf Rn 1 ff). Vor allem im anglo-amerikanischen Recht war das Kartellrecht hingegen der Vorläufer während sich das Lauterkeitsrecht in den USA erst später entwickelte und Großbritannien nach wie vor nicht über ein Lauterkeitsrecht im kontinentaleuropäischen Sinne verfügt.

71 **b) Schutzzweck.** Lauterkeitsrecht und Kartellrecht dienen einem **gemeinsamen Zweck,** der in der **Sicherung eines freien, unverfälschten Wettbewerbs** besteht (*Beater* Rn 2263; *Emmerich* UWG § 5 Rn 33; *Fezer/Osterrieth* § 4-S 1 Rn 41 ff; *Harte/Henning/Brüning* Einl G Rn 110; *Köhler* WRP 05, 645, 646). Hierüber besteht mittlerweile Einigkeit. Allerdings schützen beide Rechtsmaterien den Wettbewerb unter unterschiedlichen Gesichtspunkten. Das **Lauterkeitsrecht** bezweckt auf der Mikroebene den Schutz des **fairen Wettbewerbs,** es dient der **Kontrolle des Marktverhaltens.** Das **Kartellrecht** bezweckt auf der Makroebene den Schutz des **freien Wettbewerbs,** es dient der **Marktstrukturkontrolle** (*Köhler/ Bornkamm* § 4 Rn 12.2; *Gloy/Loschelder/Erdmann/Holtorf* § 16 Rn 1; *Harte/Henning/Brüning* Einl G Rn 110). Zieht man mit *Lobe* (GRUR 1910, 1, 5 f) die Parallele zum Sport, so entspricht das Lauterkeitsrecht den Spielregeln, die vom Schiedsrichter überwacht werden, während das Kartellrecht denjenigen Regeln entspricht, die sicherstellen, dass das Ergebnis des Wettkampfs vom Ausgang des Spiels und nicht von einer vorherigen Absprache abhängt (vgl *Fezer/Fezer* Einl E Rn 215). Dementsprechend weist das rechtliche Instrumentarium zur Durchsetzung der lauterkeits- bzw kartellrechtlichen Normen Überschneidungen, aber auch Unterschiede auf. Im UWG ist (im Gegensatz zu ausländischen Regelungsmodellen) eine behördliche Aufsicht nicht vorgesehen. Die lauterkeitsrechtlichen Ge- und Verbote werden auf dem Zivilrechtsweg von Mitbewerbern und den in § 8 III genannten Verbänden durchgesetzt. Demgegenüber weisen das GWB und der AEUV den jeweiligen Kartellbehörden Aufsichtsbefugnisse zu. Daneben besteht eine zivilrechtliche Klagemöglichkeit, die früher auf individuell Betroffene und gewerbliche Verbände beschränkt war, mit der 8. GWB-Novelle aber auf Verbraucherverbände ausgedehnt wurde (§ 33 II Nr 2 GWB).

D. Das UWG im deutschen Rechtssystem

2. Konkurrenzverhältnis. Das Lauterkeitsrecht und das Kartellrecht verhalten 72
sich zueinander wie zwei sich schneidende Kreise (aA *Köhler* WRP 05, 645, 647:
zwei sich überlagernde Kreise, wobei der durch das Lauterkeitsrecht gebildete Kreis
der größere ist). Außerhalb des Überschneidungsbereichs liegen einerseits diejenigen
Vorschriften des UWG, die auf die Marktstruktur keinerlei Einfluss haben, etwa im
Regelfall die Verbote der irreführenden und belästigenden Werbung (§§ 5; 7), andererseits diejenigen kartellrechtlichen Bestimmungen, die nicht an das Verhalten der
betreffenden Unternehmen anknüpfen, etwa die Fusionskontrolle. Zu einer Überschneidung kommt es vor allem im Bereich der Behinderung (§ 4 Nr 10 einerseits,
§§ 19 II Nr 1, 20 III GWB andererseits) und insbesondere des Boykotts (§ 4 Nr 10 einerseits, § 21 GWB andererseits). Innerhalb dieses Überschneidungsbereichs bedarf
das Konkurrenzverhältnis zwischen UWG- und GWB-Vorschriften bzw den
Art 101 f AEUV der Bestimmung im Einzelfall. Weder besteht eine absolute gegenseitige Sperrwirkung, noch sind beide Regelungsmaterien unverbunden nebeneinander anwendbar. Vielmehr ist bei der Auslegung beider Normenkomplexe die **gemeinsame Zielsetzung zu berücksichtigen, Wertungswidersprüche** sind **zu
vermeiden** (BGH GRUR 04, 602, 604 – *20 Minuten Köln; Köhler/Bornkamm* Einf
Rn 6.11ff; *Fezer/Fezer* Einl E Rn 217; *Fezer/Osterrieth* § 4-S 1 Rn 164ff; *Harte/
Henning/Ahrens* Einl G 112; *Scherer* WRP 96, 174, 179).

Soweit ein Verhalten **zugleich die Voraussetzungen eines UWG- und eines** 73
GWB-Tatbestands erfüllt, sind beide Gesetze nebeneinander anwendbar, es besteht
Anspruchskonkurrenz. So wird ein Aufruf zum Boykott eines Unternehmens, der
zu Wettbewerbszwecken erfolgt, regelmäßig sowohl als Behinderung (§ 4 Nr 10) anzusehen sein als auch den Tatbestand des § 21 GWB erfüllen. Auch im Übrigen werden individuelle Behinderungen häufig sowohl die Voraussetzungen der §§ 19 I Nr 2
oder § 20 III GWB als auch des § 4 Nr 10 erfüllen. Die Verjährung der kartellrechtlichen Ansprüche richtet sich auch bei Anspruchskonkurrenz mit UWG-Bestimmungen nach §§ 195; 199 BGB (*Köhler/Bornkamm* Einf Rn 6.19).

Soweit hingegen eine bestimmte Verhaltensweise im **GWB** nur unter **einschrän-** 74
kenden Voraussetzungen verboten ist, ist bei der Auslegung des UWG die Zielsetzung des Kartellrechts zu berücksichtigen und zu beachten, dass die Eingriffsvoraussetzungen des GWB nicht unterlaufen werden (BGH aaO; *Harte/Henning/Ahrens*
Einl G Rn 112). Fällt ein Verhalten in den Anwendungsbereich eines GWB-Verbots
und fehlte der dort genannten Voraussetzung (insb diejenige der marktbeherrschenden Stellung), so
kann es nur dann auf der Grundlage der §§ 3; 4 UWG untersagt werden, wenn zusätzliche unlauterkeitsbegründende Umstände vorliegen, deren Berücksichtigung im
Tatbestand der kartellrechtlichen Norm nicht erfolgt, aber auch nicht ausgeschlossen
ist (*Köhler* WRP 05, 645, 647; ebenso BGH GRUR 95, 690, 692f – *Hitlisten-Platten*;
Harte/Henning/Ahrens Einl G Rn 112). Die „Vorfeldthese", die ein Eingreifen des
UWG im Vorfeld der GWB-Tatbestände befürwortete, um so der Gefahr einer Ausschaltung des Leistungswettbewerbs frühzeitig zu begegnen (grundlegend *P. Ulmer*
GRUR 77, 565, 580; vgl auch *Baudenbacher* GRUR 81, 19, 26f; *Koppensteiner* WRP
07, 475ff; dagegen *Emmerich* UWG § 5 Rn 35; *Gloy/Loschelder/Erdmann/Holtorf*
§ 16 Rn 6) konnte sich zu Recht nicht durchsetzen.

Nach bisher hM soll § 3 in der Fallgruppe der **„allgemeinen Marktstörung"** (s 75
§ 4 Rn 10/95ff) auch dann eingreifen, wenn ein Wettbewerbsverhalten zwar für sich
genommen die Interessen individueller Mitbewerber nicht beeinträchtigt, aber allein
oder in Verbindung mit zu erwartenden gleichartigen Maßnahmen von Mitbewerbern die ernstliche Gefahr begründet, der auf der unternehmerischen Leistung beruhende Wettbewerb werde in erheblichem Maße eingeschränkt (BGHZ 114, 82 =
GRUR 91, 616, 617 – *Motorboot-Fachzeitschrift;* BGH GRUR 04, 602, 603 – *20 Minuten Köln;* BGH GRUR 10, 455 Rn 20 – *Stumme Verkäufer II; Köhler/Bornkamm*
§ 4 Rn 12.3; *Fezer/Osterrieth* § 4-S 1 Rn 2). Damit wird praktisch die Marktstrukturkontrolle des GWB um einen wenig konturierten Auffangtatbestand ergänzt, obwohl

sich das kartellrechtliche Verfahren besser zur Feststellung der Marktverhältnisse eignet. Die Fallgruppe hat ihre Wurzeln in der Rechtsprechung des RG, also in einer Zeit vor der Einführung des modernen Kartellrechts in Deutschland. Der Beweis dafür, warum das Kartellrecht dieser Ergänzung bedarf, konnte bisher nicht schlüssig geführt werden, zumal die Hauptanwendungsfälle der „allgemeinen Marktstörung", nämlich die Verbote des kostenlosen Verteilens von Originalware und des Vertriebs anzeigenfinanzierter Zeitungen, mittlerweile ihre Berechtigung verloren haben. Die Fallgruppe der „allgemeinen Marktstörung" sollte daher aufgegeben werden (s im einzelnen § 4 Rn 10/97).

76 Verstöße gegen das GWB sind nicht zugleich gem §§ 4 Nr 11; 3 I als unlautere geschäftliche Handlungen anzusehen, da ansonsten die differenzierten kartellrechtlichen Regelungen über die Anspruchsberechtigung (§§ 33, 34a GWB) und über die zivilrechtliche Durchsetzbarkeit von Kartellrechtsverstößen unterlaufen würden (BGH GRUR 07, 773 Rn 13 ff – *Probeabonnement;* OLG Frankfurt MMR 08, 679, 680; einschränkend *Bechtold* WRP 06, 1162). Etwas anderes gilt für das Kartellvergaberecht (GWB, 4. Teil): § 104 II GWB schließt eine Anspruchskonkurrenz zwischen kartellvergaberechtlichen und lauterkeitsrechtlichen Ansprüchen nicht aus, und § 104 II 1 GWB lässt ausdrücklich „sonstige Ansprüche" zu (BGH GRUR 08, 810, Rn 11 – *Kommunalversicherer,* sa § 4 Rn 11/10).

V. UWG und geistiges Eigentum

Literatur: *Bärenfänger,* Das Spannungsfeld von Lauterkeitsrecht und Markenrecht unter dem neuen UWG, 2010; *ders,* Symbiotische Theorie zum Kennzeichen- und Lauterkeitsrecht, WRP 2011, 16 und 160; *Bartenbach/Fock,* Das neue nicht eingetragene Geschmacksmuster – Ende des ergänzenden wettbewerbsrechtlichen Leistungsschutzes im Geschmacksmusterrecht oder dessen Verstärkung?, WRP 2002, 1119; *Beater,* Nachahmen im Wettbewerb, 1995; *Beyerlein,* Ergänzender Leistungsschutz gemäß § 4 Nr 9 UWG als „geistiges Eigentum" nach der Enforcement-Richtlinie (2004/48/EG)?, WRP 2005, 1354; *Bornkamm,* Markenrecht und wettbewerbsrechtlicher Kennzeichenschutz, GRUR 2005, 97; *ders,* Der lauterkeitsrechtliche Schutz vor Verwechslungen: Ein Kuckucksei im Nest des UWG?, FS Loschelder, 2010, 31; *ders,* Die Schnittstelle zwischen gewerblichem Rechtsschutz und UWG, GRUR 2011, 1; *Böxler,* Der Vorrang des Markenrechts, ZGE 2009, 357; *Bunnenberg,* Das Markenrecht als abschließendes Regelungssystem?, MarkenR 2008, 148; *Büscher,* Schnittstellen zwischen Markenrecht und Wettbewerbsrecht, GRUR 2009, 230; *Fezer,* Normenkonkurrenz zwischen Kennzeichenrecht und Lauterkeitsrecht, WRP 2008, 1; *ders,* Imitationsmarketing als irreführende Produktvermarktung, GRUR 2009, 451; *Ingerl,* Der wettbewerbsrechtliche Kennzeichenschutz und sein Verhältnis zum MarkenG in der neueren Rechtsprechung des BGH und in der UWG-Reform, WRP 2004, 809; *Keller,* Der wettbewerbsrechtliche Leistungsschutz – Vom Handlungsschutz zur Immaterialgüterrechtsähnlichkeit, FS Erdmann, 2002, 595; *Köhler,* Das Verhältnis des Wettbewerbsrechts zum Recht des geistigen Eigentums – Zur Notwendigkeit einer Neubestimmung auf Grund der Richtlinie über unlautere Geschäftspraktiken, GRUR 2007, 548; *ders,* Der Schutz vor Produktnachahmung im Markenrecht, Geschmacksmusterrecht und neuen Lauterkeitsrecht, GRUR 2009, 445; *ders,* Das Verhältnis des Rechts des geistigen Eigentums zum Lauterkeitsrecht im Lichte der Richtlinie über unlautere Geschäftspraktiken, in: Lange/Klippel/Ohly, Geistiges Eigentum und Wettbewerb, 2009, S 89; *Körner,* Das allgemeine Wettbewerbsrecht des UWG als Auffangtatbestand für fehlgeschlagenen oder abgelaufenen Sonderrechtsschutz, FS Ullmann, 2006, 701; *Kur,* Der wettbewerbsrechtliche Leistungsschutz, GRUR 1990, 1; *dies,* Ansätze zur Harmonisierung des Lauterkeitsrechts im Bereich des wettbewerbsrechtlichen Lauterkeitsschutzes, GRUR Int 1998, 771; *dies,* (No) Freedom to Copy? Protection of Technical Features under Unfair Competition Law, FS Straus, 2008, 521; *Lubberger,* Grundsatz der Nachahmungsfreiheit?, FS Ullmann, 2006, 737; *Maierhöfer,* Geschmacksmusterschutz und UWG-Leistungsschutz, 2006; *Nemeczek,* Gibt es einen unmittelbaren Leistungsschutz im Lauterkeitsrecht?, WRP 2010, 1204; *ders,* Wettbewerbliche Eigenart und die Dichotomie des unmittelbaren Leistungsschutzes, WRP 2010, 1315; *Ohly,* Gibt es

D. Das UWG im deutschen Rechtssystem **Einf D UWG**

einen Numerus clausus der Immaterialgüterrechte?, FS Schricker, 2005, 105; *ders,* Klemmbausteine im Wandel der Zeit – ein Plädoyer für eine strikte Subsidiarität des UWG-Nachahmungsschutzes, FS Ullmann, 2006, 795; *ders,* Designschutz im Spannungsfeld von Geschmacksmuster-, Kennzeichen- und Lauterkeitsrecht, GRUR 2007, 731; *ders,* Nachahmungsschutz versus Wettbewerbsfreiheit, in: Lange/Klippel/Ohly, Geistiges Eigentum und Wettbewerb, 2009, S 99; *ders,* Hartplatzhelden.de oder: Wohin mit dem unmittelbaren Leistungsschutz?, GRUR 2010, 487; *Osterrieth,* Der Nachahmungsschutz beim nicht eingetragenen Geschmacksmuster und beim ergänzenden Leistungsschutz, FS Tilmann, 2003, 221; *Peukert,* Güterzuordnung als Rechtsprinzip, 2008; *ders,* hartplatzhelden.de – Eine Nagelprobe für den wettbewerbsrechtlichen Leistungsschutz, WRP 2010, 316; *Sack,* Markenschutz und UWG, WRP 2004, 1405; *Sambuc,* Der UWG-Nachahmungsschutz, 1996; *Schreiber,* Wettbewerbsrechtliche Kennzeichenrechte?, GRUR 2009, 113; *Schröer,* Der unmittelbare Leistungsschutz, 2010; *Steinbeck,* Zur These vom Vorrang des Markenrechts, FS Ullmann, 2006, 409; *Stieper,* Das Verhältnis von Immaterialgüterrechtsschutz und Nachahmungsschutz nach neuem UWG, WRP 2006, 291; *Weihrauch,* Der unmittelbare Leistungsschutz im UWG, 2001; *Wiebe,* Unmittelbare Leistungsübernahme im neuen Wettbewerbsrecht, FS Schricker, 2005, 773. S auch die Nachw zu § 4 Nr 9.

1. Begriff und Rechtsquellen. Die Immaterialgüterrechte, im Anschluss an die international übliche Terminologie auch zunehmend als **Rechte des geistigen Eigentums** bezeichnet (zur Berechtigung dieses Begriffs *Ohly* JZ 03, 545; *Götting* GRUR 06, 353, 358; HK/*Klippel* E 2 Rn 13; aA *Rehbinder,* Urheberrecht, 15. Aufl 2008, Rn 97), sind subjektive absolute Rechte, die ihrem Inhaber die ausschließliche Nutzungsbefugnis an einem immateriellen Gegenstand zuweisen. Traditionell wird zwischen dem gewerblichen Rechtsschutz und dem Urheberrecht unterschieden. Zu den **gewerblichen Schutzrechten** zählen vor allem das Patent, das Gebrauchsmuster, das Design und die Kennzeichenrechte. Das **Patent,** das durch das Deutsche Patent- und Markenamt oder das Europäische Patentamt erteilt wird, schützt Erfindungen, die neu sind, auf erfinderischer Tätigkeit beruhen und gewerblich anwendbar sind (§ 1 I PatG, Art 52 I EPÜ). Das **Gebrauchsmuster** ist ein „ungeprüftes Patent", das unter ähnlichen Voraussetzungen, aber ohne Prüfung der materiellen Schutzvoraussetzungen erteilt wird. Das **Designrecht** fließt aus zwei Quellen. Das deutsche Design wird vom Deutschen Patent- und Markenamt aufgrund des 2004 in Umsetzung der EG-Geschmacksmusterrichtlinie (Richtlinie 98/71/EG des Europäischen Parlaments und des Rates vom 13. 10. 1998 über den rechtlichen Schutz von Mustern und Modellen, ABl L 289 v 28. 10. 1998, S 28 = GRUR Int 98, 959) reformierten DesignG (bis 31. 12. 2013 GeschmacksmusterG) erteilt. Das durch die Gemeinschaftsgeschmacksmusterverordnung (Verordnung (EG) Nr 6/2002 des Rates vom 12. 12. 2001 über das Gemeinschaftsgeschmacksmuster, ABl Nr L 3 v 5. 1. 2002, S 1 = GRUR Int 02, 221) eingetragene Gemeinschaftsgeschmacksmuster wird beim Harmonisierungsamt für den Binnenmarkt (HABM) angemeldet und hat wie das nationale Design eine Schutzdauer von 25 Jahren. Daneben sieht die Verordnung ein nicht eingetragenes Gemeinschaftsgeschmacksmuster mit dreijähriger Schutzfrist vor (Art 11). Das deutsche **Kennzeichenrecht** wird umfassend im MarkenG geregelt, das die EG-Markenrechtsrichtlinie (2008/95/EG, ABl L 299 v 8. 11. 2008, S 25) umsetzt. Es schützt neben eingetragenen und nicht eingetragenen Marken (§§ 4, 14 MarkenG) Unternehmenskennzeichen (§§ 5 II; 15 MarkenG), Werktitel (§§ 5 III; 15 MarkenG) und geographische Herkunftsangaben (§§ 126 ff MarkenG). EU-weiten Schutz gewährt die Gemeinschaftsmarke, die vom Harmonisierungsamt für den Binnenmarkt auf der Grundlage der Gemeinschaftsmarkenverordnung (Nr 207/2009, ABl L 78 v 24. 3. 2009, S 1) eingetragen wird. Das **Urheberrecht** betrifft Werke der Literatur, Wissenschaft und Kunst (§ 1 UrhG), wobei unter Werken persönliche geistige Schöpfungen verstanden werden (§ 2 II UrhG). Im Gegensatz zu den rein wirtschaftsrechtlichen gewerblichen Schutzrechten (vgl aber §§ 6, 63 PatG) schützt das Urheberrecht nicht nur die vermögensrechtlichen, sondern auch die geistigen und persönlichen Beziehungen

77

des Urhebers zu seinem Werk (§ 11 UrhG). Neben dem eigentlichen Urheberrecht sieht das UrhG auch **verwandte Schutzrechte** vor, die teils ebenfalls einen persönlichkeitsrechtlichen Einschlag aufweisen (Beispiel: Rechte der ausübenden Künstler, §§ 73ff UrhG), teilweise aber reine Investitionsschutzrechte sind (Beispiele: Schutz des Konzertveranstalters, des Sendeunternehmens und des Datenbankherstellers, §§ 81; 87; 87a ff UrhG).

78 **2. Abgrenzung und Konkurrenzen. a) Grundsatz.** Auf den ersten Blick scheint die Abgrenzung zwischen geistigem Eigentum und Lauterkeitsrecht einfach. Während die Rechte des geistigen Eigentums subjektive Ausschließlichkeitsrechte sind, verbietet das **UWG unlautere Verhaltensweisen, ohne den Marktteilnehmern zugleich absolute Rechte zuzuweisen** (s § 4 Rn 9/3). Gleichwohl gibt es zwischen Lauterkeits- und Immaterialgüterrecht einen von der hM nicht hinreichend gewürdigten **Überschneidungsbereich** (s Rn 80ff). Einen zumindest immaterialgüterrechtsähnlichen Schutz gewähren die Vorschriften über die Nachahmung von Produkten (§ 4 Nr 9, vgl *Keller,* FS Erdmann, 2002, 595ff; *Ohly,* FS Schricker, 2005, 105, 110ff; *Beyerlein* WRP 05, 1354ff; Harte/Henning/*Sambuc* § 4 Nr 9 Rn 26ff) und über Betriebs- und Geschäftsgeheimnisse (§§ 17ff, vgl Vor § 17 Rn 4). Zudem ergänzen § 6 II Nr 3 und 4; § 4 Nr 7 und bestimmte Fallgruppen des § 4 Nr 10 den kennzeichenrechtlichen Schutz. Schließlich kann eine unlautere Produktnachahmung nach verbreiteter Ansicht in bestimmten Fällen auch außerhalb der Voraussetzungen des § 4 Nr 9 auf der Grundlage der Generalklausel (§ 3 I) unterbunden werden (s § 4 Rn 9/3). Damit bestehen zwei verwandte Konkurrenzprobleme: (1) Löst die Verletzung von Rechten des geistigen Eigentums zugleich lauterkeitsrechtliche Ansprüche aus? (2) In welchem Maße ist das UWG zu einer Ergänzung des immaterialgüterrechtlichen Schutzes berufen?

79 **b) Vorrang des geistigen Eigentums bei Vorliegen einer Rechtsverletzung.** Werden **Rechte des geistigen Eigentums** verletzt, so sind die im jeweiligen Schutzgesetz vorgesehenen Ansprüche grundsätzlich **vorrangig.** Obwohl die immaterialgüterrechtlichen Gesetze der Regelung des Marktverhaltens dienen, stellt eine Rechtsverletzung keinen Wettbewerbsverstoß unter dem Gesichtspunkt des Rechtsbruchs (§ 4 Nr 11) oder in unmittelbarer Anwendung des § 3 I dar, da das Immaterialgüterrecht ein grundsätzlich abschließendes Instrumentarium von Verletzungsfolgen vorsieht. Insbesondere muss dem Rechtsinhaber die Entscheidungshoheit darüber verbleiben, ob und mit welchen Mitteln er gegen die Rechtsverletzung vorgeht; die Möglichkeit der Verbandsklage (§ 8 III) erscheint daher in diesem Bereich unangemessen (BGHZ 140, 183 = GRUR 99, 325, 326 – *Elektronische Pressearchive;* vgl auch BGH GRUR 92, 697, 699 – *ALF;* BGH GRUR 94, 630, 632 – *Cartier-Armreif;* krit *Köhler*/Bornkamm § 4 Rn 9.6f; *Schricker* JZ 99, 635f). Sofern eine Verletzung von Rechten des geistigen Eigentums möglich erscheint, ist sie daher vorrangig zu prüfen. Etwas anderes gilt nur, wenn das Lauterkeitsrecht Interessen schützt, die im Recht des geistigen Eigentums unberücksichtigt bleiben. Das gilt insbesondere für den Verbraucherschutz vor irreführenden geschäftlichen Handlungen. § 5 I ist daher unabhängig davon anwendbar, ob eine Schutzrechtsverletzung vorliegt oder nicht (näher hierzu § 4 Rn 9/19, 22).

80 **c) Ergänzender UWG-Nachahmungsschutz. aa) Problematik.** Schutzvoraussetzungen und Schranken der Rechte des geistigen Eigentums beruhen auf einer differenzierten gesetzgeberischen Interessenabwägung. Sie darf nicht dadurch unterlaufen werden, dass auf der Grundlage des UWG zusätzlicher Nachahmungsschutz gewährt wird (BGHZ 161, 204 = GRUR 05, 349, 352 – *Klemmbausteine III*). Daher gilt nach hM der **Grundsatz der Nachahmungsfreiheit,** der auch § 4 Nr 9 zugrunde liegt: Die Nachahmung nicht sondergesetzlich geschützter Produkte ist erlaubt, sofern nicht zusätzliche unlauterkeitsbegründende Umstände vorliegen (s § 4 Rn 9/2f). Die

D. Das UWG im deutschen Rechtssystem

wichtigsten Unlauterkeitsmerkmale wurden in der nicht abschließenden Aufzählung des § 4 Nr 9 kodifiziert. Allerdings können Ansprüche aus ergänzendem wettbewerblichen Leistungsschutz unabhängig von Ansprüchen wegen Verletzung der Rechte des geistigen Eigentums gegeben sein, wenn besondere Begleitumstände vorliegen, die außerhalb des sondergesetzlichen Tatbestands liegen (BGH GRUR 10, 80 Rn 17 – *LIKEaBIKE;* BGH GRUR 12, 58 Rn 41 – *Seilzirkus*). Da § 4 Nr 9 ähnliche Interessen wie das Kennzeichen- und Geschmacksmusterrecht schützt, da der UWG-Nachmungsschutz von der Rspr in einigen Punkten immaterialgüterrechtsähnlich ausgestaltet wurde und da der Grundsatz der Nachahmungsfreiheit in der Praxis nicht strikt durchgehalten wird (s im Einzelnen § 4 Rn 9/12), wird die Theorie vom Wesensunterschied zwischen Immaterialgüterrecht und UWG-Nachahmungsschutz durch die Praxis in Frage gestellt.

bb) Wertungseinheit von Immaterialgüter- und Lauterkeitsrecht. Der angebliche Wesensunterschied zwischen Immaterialgüterrecht und Lauterkeitsrecht verstellt den Blick dafür, dass beide Bereiche ineinander übergehen. Da der UWG-Leistungsschutz das Potential hat, vom Immaterialgüterrecht bewusst offengehaltene Freiräume einzuschränken, ist **Wertungseinheit von geistigem Eigentum und Lauterkeitsrecht** anzustreben (ähnl *Beater* Rn 1964 ff). Dieser Grundsatz ist in der Rechtsprechung der Tendenz nach anerkannt, er lässt sich aber in konsequenterer Form in folgende drei Regeln fassen (*Ohly,* FS Schricker, 2005, 105, 115 ff). 81

– *Erstens* sind die einschlägigen Sondergesetze daraufhin zu prüfen, ob sie dem Rechtsinhaber im konkreten Fall mindestens einen ebenso umfassenden Schutz wie das UWG gewähren. Ist dies der Fall, so schützen sie die Interessen des Rechtsinhabers abschließend, während der Verbraucherschutz gegen Irreführung (§ 5) unberührt bleibt. Die Gewährung wettbewerbsrechtlichen Nachahmungsschutzes ohne vorherige Prüfung der Schutzrechtslage ist unstatthaft.

– Gewährt das Immaterialgüterrecht keine oder weniger umfassende Ansprüche, so ist *zweitens* zu ermitteln, ob die Versagung des Schutzes Ergebnis einer gesetzgeberischen Interessenabwägung ist, die einem ergänzenden lauterkeitsrechtlichen Schutz entgegensteht. Das ist sowohl bei den inhaltlichen und zeitlichen Schranken als auch bei den Schutzvoraussetzungen des Immaterialgüterrechts regelmäßig der Fall. Im Übrigen kommt im Anwendungsbereich der Gesetze zum Schutz des geistigen Eigentums ein ergänzender Schutz auf UWG-Grundlage nur in Betracht, wenn zusätzlich zur bloßen Nachahmung besondere Unlauterkeitsmerkmale vorliegen, die nicht schon im Immaterialgüterrecht, insbesondere dem Marken- und Designrecht, abschließend berücksichtigt werden. Diese Merkmale bedürfen der konkreten Darlegung und Begründung anhand der Umstände des Einzelfalls.

– Wenn *drittens* der Gesetzgeber den betreffenden Bereich bisher nicht geregelt hat (etwa weil er mit der technologischen oder wirtschaftlichen Entwicklung nicht Schritt gehalten hat) oder seine Ausgestaltung der Rechtsprechung und Wissenschaft überlassen hat, so kommt ein ergänzender Schutz der Leistung als solcher in unmittelbarer Anwendung des § 3 I in Betracht.

3. Einzelne Schutzrechte. a) Kennzeichenrecht. Das Kennzeichenrecht zählt zum Wettbewerbsrecht im weiteren Sinne. Es schützt in seinem Kernbereich vor Verwechslungsgefahr und verfolgt damit ein wettbewerbsrechtliches Anliegen (vgl Art 10bis III Nr 1 PVÜ). Vor Erlass des UWG von 1896 nahm das RG an, die Regelung des Firmen- und Markenrechts im AdHGB und im Markenschutzgesetz von 1874 sei erschöpfend und schließe daher einen Schutz gegen unlauteren Wettbewerb nach dem Vorbild des französischen Rechts aus (s Einf A Rn 4 und RGZ 3, 67, 69 – *Apollinaris; v Stechow,* Das Gesetz zur Bekämpfung des unlauteren Wettbewerbs vom 27. Mai 1896, 2002, S 67 ff; *Sack* WRP 04, 1405, 1414). Seit seiner gesetzlichen Regelung in den Jahren 1896 und 1909 hat das Wettbewerbsrecht das Warenzeichenrecht 82

jedoch in vielfältiger Weise ergänzt. § 16 aF regelte den Schutz geschäftlicher Bezeichnungen (heute § 5 MarkenG). Zudem ergänzte die Rechtsprechung auf der Grundlage des § 1 aF und des § 823 I BGB den Kennzeichenschutz nach dem früheren Warenzeichengesetz, insbesondere indem sie berühmte bzw bekannte Marken gegen Rufausbeutung, Verunglimpfung und Verwässerung schützte. Mit dem Inkrafttreten des MarkenG am 1.1.1995 ist an die Stelle verschiedener kennzeichenrechtlicher Regelungen, die früher im Warenzeichengesetz oder im UWG enthalten waren oder den Generalklauseln des UWG oder des § 823 I BGB entnommen wurden, eine umfassende, in sich geschlossene kennzeichenrechtliche Regelung getreten. Daher ging die Rspr nach der Markenrechtsreform von 1995 zunächst von der **Vorrangthese** aus, der zufolge das Markenrecht im Allgemeinen den aus den Generalklauseln hergeleiteten Schutz verdrängt (BGHZ 138, 349 = GRUR 99, 161, 162 – *MAC Dog;* bestätigt in *BGH* GRUR 02, 167, 171 – *Bit/Bud;* BGHZ 139, 138 = GRUR 99, 252 – *Warsteiner II;* BGHZ 149, 191 = GRUR 02, 622, 623 – *shell.de; Bornkamm* GRUR 05, 97, 98; *Ingerl* WRP 04, 809, 810). Allerdings wurde die Vorrangthese schon immer kritisiert, zumal § 2 MarkenG die Anwendung anderer Vorschriften zum Kennzeichenschutz erlaubt (*Fezer* Markenrecht § 2 Rn 1, 4, 16; *Sack* WRP 04, 1405, 1414). Seit das Lauterkeitsrecht in zunehmendem Maße auf EU-Ebene harmonisiert wurde, ist in Teilbereichen, etwa bei unlauterer vergleichender Werbung oder beim Verbraucherschutz gegen Verwechslungsgefahr, die parallele Anwendung von Lauterkeits- und Markenrecht zwingend vorgegeben (*Büscher* GRUR 09, 230, 234 ff). Die Vorrangthese hat zwar den richtigen Kern, dass markenrechtliche Wertungen nicht auf Grundlage des UWG unterlaufen werden dürfen, sie unterliegt aber mittlerweile so vielen Ausnahmen, dass sie der BGH jedenfalls für das Verhältnis zum lauterkeitsrechtlichen Irreführungs- und Verwechslungsschutz zu Recht aufgegeben hat (BGH GRUR 2013, 1161 Rn 60 – *Hard Rock Cafe*). An die Stelle der Vorrangthese tritt der Grundsatz der Wertungseinheit von Marken- und Lauterkeitsrecht (ähnl *Bornkamm* GRUR 11, 1 ff). Das bedeutet im Einzelnen:
– Bei **Irreführungen** über die betriebliche oder geographische Herkunft wurden vor Umsetzung der Richtlinie 2005/29/EG über unlautere Geschäftspraktiken die Vorschriften des MarkenG als grundsätzlich vorrangig angesehen. Diese Rechtsprechung steht nicht mit Art 6 II lit a der UGP-RL in Einklang und bedarf daher der Neuausrichtung (s § 5 Rn 416). Das **Hervorrufen von Verwechslungsgefahr** kann **parallel marken- und lauterkeitsrechtliche Ansprüche** auslösen (BGH aaO – *Hard Rock Cafe*). Doch sind bei der Anwendung des § 5 I 2 Nr 1, II die Wertungen des Markenrechts zu berücksichtigen (*Bornkamm* GRUR 11, 1 ff).
– Das Verhältnis zwischen dem Markenrecht und § 4 Nr 9 ist problematisch und bisher nicht abschließend geklärt. Da der **UWG-Nachahmungsschutz** unmittelbar nur die Interessen des Kennzeicheninhabers schützt, deren Schutz Aufgabe des insofern erheblich ausdifferenzierteren Markenrechts ist, hat hier der Grundsatz vom Vorrang des Markenrechts nach wie vor seine Berechtigung. Im Bereich von Wort- und Bildmarken gilt der Vorrang des Markenrechts uneingeschränkt, auch ein ergänzender Schutz bekannter Marken gem § 4 Nr 9b kommt in Betracht (insofern nach wie vor zutreffend BGHZ 138, 349 = GRUR 99, 161, 162 – *MAC Dog*). Lediglich beim Schutz von Warenformen gegen Nachahmung sind das Markenrecht und § 4 Nr 9 parallel anwendbar. S im Einzelnen § 4 Rn 9/19.
– Der Schutz von Kennzeichen gegen **unlautere Werbevergleiche** richtet sich parallel nach §§ 6 II; 3 und nach §§ 14, 15 MarkenG. Ein Vorrang des Markenrechts kann in diesem Bereich nicht gelten, weil § 6 II den Ausgleich zwischen den Interessen des Werbenden, des identifizierten Markeninhabers und der Verbraucher erheblich detaillierter als das Markenrecht vornimmt. Umgekehrt sperrt die Richtlinie 2006/114/EG über irreführende und vergleichende Werbung nicht den Rückgriff auf das Markenrecht (s § 6 Rn 19).

D. Das UWG im deutschen Rechtssystem **Einf D UWG**

- Während das MarkenG den Schutz gegen Rufausbeutung, Rufschädigung und Verwässerung ausdrücklich auf bekannte Marken beschränkt, erfasst § 4 **Nr 7** jede Herabsetzung oder Verunglimpfung eines Kennzeichens. Da aber § 4 Nr 7 den unionsrechtlichen Vorschriften über vergleichende Werbung nachgebildet ist, die unabhängig von den Schutzschwellen des Markenrechts eingreifen, genießt der Schutz bekannter Kennzeichen keinen Vorrang gegenüber § 4 Nr 7 (s § 4 Rn 7/ 8, anders *Vorauf*).
- Die Zeit vor Entstehung des markenrechtlichen Schutzes durch Eintragung oder Erwerb von Verkehrsgeltung lässt sich nicht durch ergänzenden wettbewerbsrechtlichen Schutz überbrücken. Die **„Markenanwartschaft"** ist grundsätzlich nicht auf UWG-Grundlage geschützt (BGH GRUR 94, 905, 908 – *Schwarzwald-Sprudel;* OLG Hamburg GRUR-RR 02, 356, 357 – *Marzipanherzen; Sack* WRP 04, 1405, 1422; *Ingerl/Rohnke* MarkenG § 14 Rn 1307; einschränkend aber BGH GRUR 97, 754, 755 f – *grau/magenta*).
- Ein Wettbewerbsverstoß unter dem Gesichtspunkt der **Behinderung (§ 4 Nr 10)** kann vorliegen, wenn sich der Unlauterkeitsvorwurf nicht in der Benutzung oder Rufschädigung eines fremden Zeichens erschöpft. Insbesondere kommt § 4 Nr 10 bei der Beseitigung fremder Kennzeichen und Kontrollcodes und der bösgläubigen Anmeldung von Sperrzeichen und Spekulationsmarken zur Anwendung (s § 4 Rn 10/78 ff).

b) Designrecht. Unter § 1 aF stellte der Schutz ästhetischer Produktgestaltungen 83 einen wesentlichen Anwendungsbereich des UWG-Nachahmungsschutzes dar (vgl BGH GRUR 73, 478 – *Modeneuheit;* BGH GRUR 94, 630 – *Cartier-Armreif;* BGH GRUR 91, 223 – *Finnischer Schmuck*). Auch wenn die Rechtsprechung stets am Grundsatz der Nachahmungsfreiheit festhielt, unterschied sich vor allem der Schutz für Modeneuheiten kaum von einem immaterialgüterrechtlichen Nachahmungsschutz, da besondere Unlauterkeitsmerkmale oft kaum auszumachen waren (*Kur* GRUR 90, 1 ff; Harte/Henning/*Sambuc* § 4 Nr 9 Rn 35 ff). Der Sache nach wurde so eine Lücke im System des Immaterialgüterrechts geschlossen, die durch das Fehlen eines formlosen geschmacksmusterrechtlichen Schutzes entstand. Mittlerweile steht neben dem eingetragenen Design das nicht eingetragene Gemeinschaftsgeschmacksmuster zur Verfügung, das Produktgestaltungen für einen Zeitraum von drei Jahren gegen Nachahmung schützt (Art 11 GGVO). Während die Rspr dem Designrecht keine Sperrwirkung gegenüber dem UWG beimisst (BGH GRUR 10, 80 Rn 88 – LIKEaBIKE; GRUR 12, 58 Rn 35 – *Seilzirkus*), sollte die unionsrechtliche Abstufung zwischen kurzfristigem formlosem Schutz auch bei der Gewährung lauterkeitsrechtlichen Nachahmungsschutzes stärker berücksichtigt werden (s im Einzelnen § 4 Rn 9/18), denn die attraktive Kraft einer Produktgestaltung soll nach dem Willen des Gemeinschaftsgesetzgebers nach Ablauf dieser Frist nur noch bei Eintragung geschützt sein. Auch kann ein Modulsystem, dessen Schutz das Designrecht ausdrücklich vorsieht (§ 3 II DesignG) nach Ablauf der Schutzdauer von 25 Jahren für eingetragene Geschmacksmuster nicht mehr unter dem Gesichtspunkt des „Einschiebens in eine fremde Serie" auf der Grundlage des § 3 geschützt werden (BGHZ 161, 204 = GRUR 05, 349, 353 – *Klemmbausteine III*).

c) Patent- und Gebrauchsmusterrecht. Ein formloser UWG-Nachahmungs- 84 schutz für Erfindungen könnte die strengen formellen und materiellen Voraussetzungen des Patent- und Gebrauchsmusterrechts und seine zeitlichen Grenzen unterlaufen. Daher kann ergänzender lauterkeitsrechtlicher Schutz technischer Merkmale nur unter eingeschränkten Voraussetzungen gewährt werden (s im Einzelnen § 4 Rn 9/16, 41).

d) Urheberrecht und verwandte Schutzrechte. Das Urheberrecht schützt den 85 Urheber in seinen geistigen und persönlichen Beziehungen zum Werk (§ 11 UrhG).

Es wird durch verwandte Schutzrechte ergänzt, die teilweise mit der Vermittlung von Werken zusammenhängen, teilweise aber auch reinen Investitionsschutz bieten. Soweit das Urheberrecht und die verwandten Schutzrechte Schutz gewähren, bleibt für Ansprüche aus §§ 3; 8 ff kein Raum (s § 4 Rn 9/17). Bestehen keine Ansprüche gem § 97 UrhG, so ist ein ergänzender UWG-Schutz zwar nicht kategorisch ausgeschlossen, er darf aber die Schranken und die zeitliche Begrenzung des Urheberrechts nicht unterlaufen (s im Einzelnen § 4 Rn 9/17).

Kapitel 1. Allgemeine Bestimmungen

§ 1 Zweck des Gesetzes

¹Dieses Gesetz dient dem Schutz der Mitbewerber, der Verbraucherinnen und Verbraucher sowie der sonstigen Marktteilnehmer vor unlauteren geschäftlichen Handlungen. ²Es schützt zugleich das Interesse der Allgemeinheit an einem unverfälschten Wettbewerb.

Inhaltsübersicht

	Rn
I. Schutzzweck des Wettbewerbsrechts	1
1. Grundlagen	1
2. Die gesetzliche Regelung	9
3. Umsetzung der Richtlinie über unlautere Geschäftspraktiken	13
II. Schutzsubjekte	14
1. Mitbewerber	14
a) Interessenschutz im Horizontal- und Vertikalverhältnis	14
b) Schutzumfang	15
c) Beurteilungssicht	16
d) Beschränkung des Schutzes	17
e) Sanktionen, Individual- und Kollektivrechtsschutz	18
2. Verbraucher	19
a) Ausgangspunkt	19
b) Schutz der Entscheidungsfreiheit	20
c) Informationspflichten des Unternehmers	22
d) Schutz der Privatsphäre	23
e) Interessenabwägung	24
f) Unionsrecht	25
g) Sanktionen, Kollektivrechtsschutz	26
3. Sonstige Marktteilnehmer	27
4. Interesse der Allgemeinheit	30
a) Marktbezogenheit des Interessenschutzes	30
b) Institutionsschutz	31

Literatur: *Augenhofer,* Individualrechtliche Ansprüche des Verbrauchers bei unlauterem Wettbewerbsverhalten des Unternehmers, WRP 2006, 169; *Beater,* Schutzzweckdenken im Recht gegen den unlauteren Wettbewerb, JZ 1997, 916; *ders,* Verbraucherschutz und Schutzzweckdenken im Wettbewerbsrecht, 2000; *Berlit,* Das neue Gesetz gegen den unlauteren Wettbewerb – Von den guten Sitten zum unlauteren Verfälschen, WRP 2003, 563; *Ernst,* Abmahnungen auf Grund von Normen außerhalb des UWG, WRP 2004, 1133; *Engels/Salomon,* Vom Lauterkeitsrecht zum Verbraucherschutz, WRP 2004, 32; *Fezer,* Modernisierung des deutschen Rechts gegen den unlauteren Wettbewerb auf der Grundlage einer Europäisierung des Wettbewerbsrechts, WRP 2001, 989; *Hefermehl,* Verbraucherschutz und Wettbewerbsrecht, FS Kastner, 1972, S 183; *Henning-Bodewig,* Das neue Gesetz gegen den unlauteren Wettbewerb, GRUR 2004, 713; *Kalski,* Individualansprüche des Verbrauchers bei Lauterkeitsverstößen, 2009; *Kamlah,* Zum Konkurrenzverhältnis des UWG zum UKlaG, WRP 2006, 33; *Keßler,* UWG und Verbraucherschutz – Wege und Umwege zum Recht der Marktkommunikation, WRP 2005, 264; *Kisseler,* Wettbewerbsrecht und Verbraucherschutz, WRP 1972, 557; *Köhler,* UWG-Reform und Verbraucherschutz, GRUR 2003, 265; *Köhler/Bornkamm/Henning-Bodewig,* Vorschlag für eine Richtlinie zum Lauterkeitsrecht und eine UWG-Reform, WRP 2002, 1317; *Kraft,* Die Berücksichtigung wirtschaftspolitischer und gesellschaftspolitischer Belange im Rahmen des § 1 UWG, FS Bartholomeyczik, 1973, S 223; *Lettl,* Der Schutz der Verbraucher nach der UWG-Reform, GRUR 2004, 449; *Micklitz/Keßler,* Funktionswandel des UWG, WRP 2003, 919; *Niederleithinger,* Die vernachlässigte Einheit der Rechtsordnung im Wettbewerbsrecht, GRUR Int 1996, 467; *Ohly,* Richterrecht und Generalklausel im Recht des unlauteren Wettbewerbs, 1997; *Pause,* Die Berücksichtigung der Allgemeinheit bei der Beurteilung wettbewerblichen Handelns, 1984; *Raiser,* Marktbezogene Unlauterkeit, GRUR Int 1973, 443; *Reichhold,* Lauterkeitsrecht als Sonderdeliktsrecht, AcP 193 (1993), S 204; *Sack,* Deliktsrechtlicher Verbraucherschutz, NJW 1975, 1303; *ders,* Der Schutzzweck des UWG und die Klagebefugnis des unmittelbar Verletzten, FS v. Gamm, 1990, S 161; *ders,* Folgeverträge unlauteren Wettbewerbs, GRUR 2004, 625; *ders,* Gesetzwidrige Wettbewerbshandlungen nach der UWG-Novelle, WRP 2004, 1307; *Säcker,* Das UWG zwischen den Mühlsteinen europäischer Harmonisierung und grundrechtsgebotener Liberalisierung, WRP 2004, 1199; *Schricker,* Wettbewerbsrecht und Verbraucherschutz, RabelsZ 36, 315; *ders,* Entwicklungstendenzen im Recht des unlauteren Wettbewerbs, GRUR 1974, 579; *ders,* Möglichkeiten zur Verbesserung des Schutzes der Verbraucher und des funktionsfähigen Wettbewerbs im Recht des unlauteren Wettbewerbs, ZHR 139 (1975), S 208; *ders,* Wettbewerbsrechtliche Aspekte des Verbraucherschutzes, RabelsZ 76, 535; *Szabó,* Ergänzender Verbraucherschutz im Lauterkeitsrecht, 2010; *P. Ulmer,* Der Begriff „Leistungswettbewerb" und seine Bedeutung für die Anwendung von GWB- und UWG-Tatbeständen, GRUR 1977, 565; *Weiler,* Ein lauterkeitsrechtliches Vertragslösungsrecht der Verbraucher?, WRP 2003, 423; *Wuttke,* Die Bedeutung der Schutzzwecke für ein liberales Wettbewerbsrecht (UWG), WRP 2007, 119.

I. Schutzzweck des Wettbewerbsrechts

1   **1. Grundlagen.** Die Frage nach dem Schutzzweck des Wettbewerbsrechts betrifft eine der **Grundfragen** des Rechts gegen den unlauteren Wettbewerb. Sie ist entscheidend für Verständnis und Auslegung der lauterkeitsrechtlichen Vorschriften des UWG. Ihre Beantwortung **konkretisiert** maßgeblich den **unbestimmten Rechtsbegriff der Unlauterkeit** bei der wettbewerbsrechtlichen Beurteilung eines marktgerichteten Verhaltens (vgl § 3 Rn 18). Sie ist damit von großer praktischer Tragweite auch für die wettbewerbsrechtliche Rechtsanwendung im Einzelfall.

2   Die Frage nach dem Schutzzweck des Wettbewerbsrechts kann als Frage nach dem **Schutzsubjekt** (*wen* schützt das Wettbewerbsrecht?) und nach dem **Schutzobjekt** (*was* schützt das Wettbewerbsrecht?) des Rechts gegen den unlauteren Wettbewerb gestellt werden. Die erste Frage zielt auf die Bestimmung des Kreises der Personen, deren Schutz das Wettbewerbsrecht bezweckt, die zweite Frage auf die Bestimmung dessen, was Gegenstand dieses Schutzes ist (**Schutzgut** des Wettbewerbsrechts, geschützte Interessen). Beide Fragen sind sachlich miteinander verknüpft und inhaltlich voneinander abhängig: Je nachdem, wie weit der Kreis der geschützten Interessen (des Schutzgutes) zu ziehen ist, wird der Kreis der Schutzsubjekte bestimmt.

3   **Schutzsubjekt** sind nach heutigem, durch § 1 UWG nunmehr gesetzlich fixiertem Verständnis (Rn 31) nicht nur die **Mitbewerber,** sondern – gegenüber der Auffassung zurzeit des Inkrafttretens der Gesetze gegen den unlauteren Wettbewerb von 1896 und 1909 (Einf A Rn 31) – auch die **Verbraucher, die sonstigen Marktteilnehmer** (ds die auf der Marktgegenseite in einem Austauschverhältnis mit dem Wettbewerber stehenden gewerblichen Abnehmer und Anbieter, § 2 Rn 51) und die **Allgemeinheit** (Rn 30).

4   Die Frage nach dem **Schutzobjekt (Schutzgut)** war von Anfang an heftig umstritten und beruhte auf der damals vorherrschenden Auffassung, dass den wettbewerbsrechtlichen Ansprüchen ein subjektives Ausschließlichkeitsrecht als Substrat zugrunde liegen müsse. Dieser frühere Meinungsstreit über einen persönlichkeitsrechtlichen Wettbewerbsschutz, einen Unternehmensschutz, einen Schutz der Freiheit der wirtschaftlichen Betätigung oder der Stellung im Wettbewerb als Gegenstand der geschützten Interessen (*Baumbach/Hefermehl,* 22. Aufl, Einf Rn 44 ff; GK[1]/*Schünemann* Rn C 9 ff) hat sich im Wesentlichen erledigt (MüKoUWG/*Sosnitza* § 1 Rn 3 ff).

Zweck des Gesetzes **§ 1 UWG**

Der Blick auf den **Wandel der Funktion des Wettbewerbsrechts** und der von ihm geschützten Interessen macht das deutlich. Denn der ursprünglich als reiner Mitbewerberschutz konzipierte Schutz gegen unlauteren Wettbewerb hatte schon längst einem Verständnis Platz gemacht, dass die Bekämpfung unlauteren Wettbewerbs im privaten Konkurrenteninteresse *und* im öffentlichen Interesse liegt und dass der Schutz der Mitbewerber durch ein **sozialrechtliches Verständnis des UWG** zu ergänzen ist, das den Interessenschutz der Verbraucher und der Allgemeinheit ebenso einschließt wie den der Mitbewerber (vgl zB BGHZ 23, 365, 371 = GRUR 57, 365, 367 – *Suwa;* BGHZ 43, 278, 282 = GRUR 65, 489, 491 – *Kleenex;* BGHZ 54, 188, 190 = GRUR 70, 523, 524 – *Telefonwerbung I;* BGHZ 82, 375, 396f = GRUR 82, 425, 430f – *Brillen-Selbstabgabestellen;* BGHZ 114, 82, 84 = GRUR 91, 616, 617 – *Motorbuch-Fachzeitschrift;* GRUR 01, 354, 356 – *Verbandsklage gegen Vielfachabmahner*). Seinen positiv-rechtlichen Niederschlag hat dies in der Einführung der Klagebefugnis der Industrie- und Handelskammern sowie der Verbraucherverbände gefunden (§ 13 II Nr 3, 4 UWG a.F), die – ebenso wie die Klagebefugnis der nicht unmittelbar verletzten Mitbewerber nach § 13 II Nr 1 UWG aF und die Verbandsklagebefugnis nach § 13 II Nr 2 – unabhängig von einem Eingriff in den individuellen Interessenbereich eines bestimmten Mitbewerbers gewährt wurde (Einf A Rn 33, 37).

Zum Teil wurde neben den Mitbewerbern, den Verbrauchern, den sonstigen 5 Marktteilnehmern und der Allgemeinheit darüber hinaus auch der sogenannte „Leistungswettbewerb" als eigenständiges Schutzgut des UWG postuliert (vgl BVerfGE 32, 311, 316f = GRUR 72, 358, 359f – *Grabsteinwerbung;* BVerfGE 51, 193, 214 = GRUR 79, 773, 777 – *Weinbergsrolle;* BVerfGE 102, 347, 360, 364 = GRUR 01, 170, 173 – *Schockwerbung/Benetton I;* BVerfG GRUR 01, 1058, 1060 – *Therapeutische Äquivalenz;* BVerfG NJW 02, 1187, 1188 – *Tier- und Artenschutz;* BVerfG WRP 03, 69, 70 – *Juve-Handbuch;* BGHZ 140, 134, 138 = GRUR 99, 1128, 1129 – *Hormonpräparate;* BGHZ 149, 247, 257, 272 = GRUR 02, 360, 362, 367 – *H. I. V. Positive II*). Allerdings ist die jüngere Rechtsprechung des BGH zu Recht noch vor der UWG-Novelle von 2004 von dem Begriff des „Leistungswettbewerbs" wieder abgerückt (vgl zur Problematik dieses Begriffs auch Einf A Rn 23; MüKoUWG/*Sosnitza* Grundl Rn 15ff).

Im Kern hat sich damit im deutschen Recht eine sogenannte **Schutzzwecktrias** 6 etabliert, unter der man üblicherweise den Schutz der Mitbewerber, der Verbraucher (oder genauer der übrigen Marktbeteiligten) sowie der Allgemeinheit versteht (vgl. unten Rn 10).

In sachlicher Übereinstimmung mit den Schutzzwecken des UWG stand die **Irre-** 7 **führungsrichtlinie** 84/450/EWG von 1984 und die Richtlinie 97/55/EG von 1997 zur Änderung der Irreführungsrichtlinie von 1984 zwecks Einbeziehung der vergleichenden Werbung (Einf A Rn 40). Nach Art 1 war Zweck der Richtlinie der Schutz der Verbraucher, der Gewerbetreibenden und der Allgemeinheit, und Art 4 legte den Mitgliedstaaten die Verpflichtung auf, im **Interesse aller Marktbeteiligten** – der Verbraucher, der Mitbewerber *und* der Allgemeinheit – für die Bekämpfung unlauteren Wettbewerbs zu sorgen. Zwar wird über Art 14 der UGP-RL der Anwendungsbereich der Irreführungsrichtlinie 84/450/EWG (als neu kodifizierte Richtlinie 2006/114/EG) auf das Verhältnis zwischen Unternehmen (b2b) beschränkt, während das Verhältnis von Unternehmen zu Verbrauchern (b2c) von der UGP-RL abgedeckt wird. Jedoch werden die mittelbar berührten Interessen der rechtmäßig handelnden Unternehmen in den Erwägungsgründen 6 und 8 der UGP-RL ausdrücklich berücksichtigt, während die Interessen der Verbraucher auch in Erwägungsgrund 4 der Richtlinie 2006/114/EG verankert sind. Es ist daher auch im europäischen Lauterkeitsrecht von einem Schutz der Interessen der Mitbewerber, der Verbraucher wie auch der Allgemeinheit auszugehen (MüKoUWG/*Sosnitza* § 1 Rn 17ff). Gemeinschaftsrecht und nationales Recht weisen daher im Ergebnis keine Unterschiede auf.

8 Der **Lauterkeitsschutz,** den das UWG gewährt, berührt den **Schutzzweck des GWB,** wenn es darum geht, den **Wettbewerb als solchen (als Institution)** zu schützen (BVerfG GRUR 02, 455 – *Tier- und Artenschutz;* Einf D Rn 71 ff). Insoweit besteht eine inhaltliche **Wechselwirkung zwischen UWG und GWB.** Denn während der Lauterkeitsschutz des UWG auch im allgemeinen Interesse liegt, dient der dem GWB innewohnende Institutionsschutz auch der Wettbewerbsfreiheit des einzelnen. Dabei ist jedoch zu berücksichtigen, dass dem UWG – anders als dem GWB – eine (unmittelbare) wirtschafts- und wettbewerbspolitische Zweckbezogenheit fehlt und dass es deshalb bei einer Beurteilung im Rahmen des UWG immer nur um eine lauterkeitsrechtliche Wertung und Abwägung nach Anlass, Zweck, Begleitumständen und Auswirkungen gehen kann, nicht um eine wirtschafts- und wettbewerbspolitische Zielsetzung und Zweckverfolgung (Einf D Rn 72 aE), insbesondere kein irgendwie gearteter Mittelstandsschutz (BGHZ 43, 278, 283 = GRUR 65, 489, 491 – *Kleenex;* MüKoUWG/*Sosnitza*, § 1 Rn 34, § 3 Rn 59 mwN).

9 2. **Die gesetzliche Regelung.** § 1 UWG 2004 schützt die Marktbeteiligten vor *unlauterem* Wettbewerb (§ 1 Satz 1; jetzt: unlautere geschäftliche Handlungen, vgl Rn 14), die Allgemeinheit vor *unverfälschtem* Wettbewerb (§ 1 Satz 2). Erstmals in einer Kodifikation des Rechts gegen den unlauteren Wettbewerb werden damit die **Schutzzwecke des Lauterkeitsrechts** nach Schutzsubjekten – Mitbewerber, Verbraucher, sonstige Marktbeteiligte – und Schutzgut – der lautere, unverfälschte Wettbewerb – **gesetzlich statuiert.** „Lauter" und „unverfälscht" sind kein Gegensatzpaar, sondern synonym zu verstehende Begriffe. Jedoch unterstreicht die besondere Ausformulierung des Satzes 2 gegenüber der des Satzes 1, dass auch das Allgemeininteresse wettbewerblichen Schutz nur insoweit genießt, als es um **marktbezogene Handlungen** geht. Der Schutz sonstiger Allgemeininteressen, wie er von § 1 aF beispielsweise unter dem Gesichtspunkt des Schutzes besonders wichtiger Gemeinschaftsgüter gewährt worden war (vgl 3.Aufl § 1 Rn 749), wird nicht mehr als Aufgabe des Lauterkeitsrechts erkannt (BegrRegEntw B, zu § 1, BT-Drucks 15/1487, S 14, 15).

10 Die Schutzzweckregelung des § 1 greift zurück auf Art 1 der Irreführungsrichtlinie (Rn 7), hinsichtlich des Begriffs *unverfälscht* in Satz 2 auf die den Schutz des Wettbewerbs vor *Verfälschungen* betreffende Regelung des früheren Art 3 I Buchst g EG (vgl unten Rn 25). § 1 normiert damit in Übereinstimmung mit dem Gemeinschaftsrecht und der Rechtsprechung des EuGH (Slg 1999, I-431, Rn 26 – *Unilever;* Slg 2000, I-117, Rn 25 – *Lifting-Creme*) die sog **Schutzzwecktrias.** Das Gesetz geht mit dieser Regelung „von einem integrierten Modell eines gleichberechtigten Schutzes der Mitbewerber, der Verbraucher und der Allgemeinheit aus" (BegrRegEntw, B zu § 1, BT-Drucks 15/1487, S 15. Die Erwähnung der *Verbraucherinnen* in § 1 Satz 1 ist eine überflüssige pseudofeministische Duplizierung des Begriffs des Verbrauchers, die den Gesetzestext unnötig belastet und sachlich ohne Bedeutung ist). Es handelt sich dabei aber nur um einen Gesetz gewordenen Rechtszustand, wie er auch schon bislang in der wettbewerbsrechtlichen Rechtsprechung seit Jahrzehnten anerkannt war (Rn 4; Einf A Rn 33). Allerdings setzt die Festschreibung der wettbewerbsrechtlichen Schutzzwecke in § 1 nunmehr gesetzlich verbindliche Maßstäbe für die Rechtsanwendung, insbesondere bei der Auslegung der materiell-rechtlichen Lauterkeitsnormen der §§ 3 ff UWG. Die prinzipielle **Gleichrangigkeit** der Interessen der Mitbewerber, der Verbraucher und der sonstigen Marktteilnehmer vor unlauterem Wettbewerb schließt allerdings nicht aus, dass bei der Beurteilung eines wettbewerblichen Verhaltens im Einzelfall die Interessen der Mitbewerber denen der Verbraucher und sonstigen Marktbeteiligten bzw die der Verbraucher und sonstigen Marktbeteiligten denen der Mitbewerber vorgehen. Auch ist die Berücksichtigung weiterer Auslegungskriterien wie Sinn, Zweck und Entstehungsgeschichte der jeweiligen Einzelregelung sowie unions- und verfassungsrechtliche Gesichtspunkte neben dem in § 1 normierten Schutzzweck des Gesetzes selbstverständlich nicht ausgeschlossen.

Zweck des Gesetzes **§ 1 UWG**

Mit der Kodifizierung der Schutzzwecktrias (Rn 6, 10) und der damit einhergehenden Anerkennung der Gleichwertigkeit der Interessen der Mitbewerber, Verbraucher und sonstigen Marktbeteiligten war es dem UWG-Reformgesetzgeber ein Hauptanliegen, die Bedeutung hervorzuheben, die dem Verbraucher im Rahmen des Lauterkeitsrechts zukommt (s BegrRegEntw, A IV 1, 3, BT-Drucks 15/1487, S 12, 13). Gleichwohl kann vom UWG **nicht** als von einem **Verbraucherschutzgesetz** gesprochen werden. Das UWG gewährt lediglich einen mittelbar-kollektiven (Rn 26), keinen originär-individuellen Verbraucherschutz. Ein Vertragsauflösungsrecht der Abnehmer ist im Gesetz nicht vorgesehen, das Rücktrittsrecht des § 13a UWG aF bei strafbarer irreführender Werbung ist mit dem UWG 2004 entfallen (vgl § 22 Satz 2) und nach der Begründung zum Regierungsentwurf (zu § 8, BT-Drucks 15/1487, S 22) sollen ungeachtet der Kodifizierung der Schutzzwecktrias die gerade auch den Schutz der Verbraucher bezweckenden Normen der §§ 3, 4 Nr 1, 2, 6, 9 Buchst a, § 7 II Nr 2 (abgesehen von den Straftatbeständen der §§ 16–19 UWG nF) **nicht als Schutzgesetz iS des § 823 II BGB anerkannt** werden. Begründet wird das mit dem hohen wettbewerbsrechtlichen Schutzniveau, das zugunsten der Verbraucher dem Wettbewerb der Unternehmer bereits Grenzen setze, und der Besorgnis einer bei Anerkennung individueller Rechte der Verbraucher zu erwartenden Vielzahl von Klagen gegen die anbietenden Unternehmer und den damit verbundenen Lasten für die Wirtschaft, denen nur durch eine das Prozessrisiko mindernde Absenkung des Schutzniveaus gesteuert werden könne (BegrRegEntw, B zu § 8, BT-Drucks 15/1487, S 22; zust. *Köhler/Bornkamm*, § 1 Rn 39 unter Hinweis auf den lediglich kollektivrechtlichen Schutz der Verbraucher durch das UWG und deren individual-rechtlichen Schutz durch Vertrags- und allgemeines Deliktsrecht; *Köhler/Bornkamm* § 5 Rn 1.11; *Harte/Henning/Dreyer* § 5 A Rn 50f; *Köhler*, GRUR 03, 265; ebenso *Lettl*, UWG, Rn 59; *Sosnitza*, GRUR 03, 739, 745; MüKoUWG/*ders*. § 1 Rn 12; *Weiler*, WRP 03, 423, 424ff; *Engels/Salomon*, WRP 04, 32, 33; *Kalski*, S 77ff; aA *Fezer/Fezer*, E Rn 383ff, 387 mit Fn 95; *Fezer/Koos*, § 9 Rn 3; *Szabó*, S 312ff; krit. auch *Sack*, BB 03, 1073, 1080; *Wimmer-Leonhardt*, GRUR 04, 12ff; *Säcker*, WRP 04, 1199, 1219; zur aktuellen Diskussion in Österreich vgl *Rüffler*, wbl 11, 531ff; *Harrer*, ÖBl 12, 100ff). **11**

Die §§ 1 und 3 nF haben an die Stelle des unbestimmten Rechtsbegriffs der guten Sitten, wie er in § 1 aF normiert war, den der Lauterkeit gesetzt. Eine **sachlich-inhaltliche Änderung** ergibt sich daraus **nicht**. Schon während der Zeit der Geltung des UWG 1909 war der Begriff der guten Sitten **synonym** mit dem der Lauterkeit verwendet worden (vgl 3. Aufl Einf Rn 259). Daran knüpft die Gesetzesbegründung an, wenn sie als unlauter Handlungen ansieht, die den anständigen Gepflogenheiten in Handel, Gewerbe, Handwerk oder selbstständiger beruflicher Tätigkeiten zuwiderlaufen (BegrRegEntw, B zu § 1, BT-Drucks 15/1487, S 16). Die sprachliche Änderung beruht ausschließlich auf der Erwägung, dass der Gebrauch des Begriffs der Sittenwidrigkeit im Bereich des Wettbewerbsrechts nicht mehr zeitgerecht sei und seine Ersetzung durch den der Unlauterkeit die Kompatibilität des nationalen Lauterkeitsrechts mit dem Gemeinschaftsrecht verbessere (BegrRegEntw, aaO). **12**

3. Umsetzung der Richtlinie über unlautere Geschäftspraktiken. Durch die UWG-Novelle von 2008 (BGBl I, S 2949) wurde in Umsetzung der UGP-RL in § 1 S 1 der Begriff „Wettbewerbshandlungen" durch „geschäftliche Handlungen" ersetzt. Es handelt sich dabei lediglich um eine terminologische Anpassung ohne inhaltliche Änderung, die durch die entsprechende Änderung von § 2 Abs 1 Nr 1 veranlasst ist (BR-Dr 345/08, S 17; § 2 Rn 4). **13**

II. Schutzsubjekte

14 1. **Mitbewerber. a) Interessenschutz im Horizontal- und Vertikalverhältnis.** Mitbewerber ist jeder Marktteilnehmer, der als Unternehmer mit anderen Unternehmern in einem konkreten Wettbewerbsverhältnis steht (§ 2 I Nr 3). Der wettbewerbsrechtliche Schutz, den ihm das UWG gewährt (vgl die unmittelbar mitbewerberschützenden Regelungen des § 4 Nr 7–10 und des § 6 II Nr 3–6), betrifft in erster Linie das sog **Horizontalverhältnis**, also das Konkurrenzverhältnis, in dem der Mitbewerber in seiner Eigenschaft als Unternehmer zu anderen Unternehmern steht (b2b). Weiteren Schutz erfährt der Mitbewerber mittelbar aus den verbraucherschützenden Normen des UWG, die das **Vertikalverhältnis** (b2c) zwischen Unternehmern und Verbrauchern betreffen (vgl § 4 Nr 1–6, 11; §§ 5, 6 II Nr 1, 2; § 7), so wie sich auch umgekehrt aus den Mitbewerberklagen im Horizontalverhältnis indirekt Schutzwirkungen zugunsten der Verbraucher ergeben.

15 b) **Schutzumfang.** Geschützt wird der Mitbewerber – im Rahmen der Wettbewerbsfreiheit (Einf A Rn 22) – in der Möglichkeit zu voller Entfaltung seiner wettbewerblichen Absichten und Tätigkeiten. Das betrifft nicht allein die Werbefreiheit und die freie Entscheidung über das Waren- und Dienstleistungsangebot. Erfasst wird der **gesamte** unternehmerische Wirkungskreis im weitesten Sinne, also auch die autonome Entscheidung über die Unternehmensstruktur und -strategie und über die Art und Weise des Auftretens auf dem Markt. Geschützt ist auch das Unternehmen als Vermögensrecht und die Persönlichkeitsrechte seines Inhabers (*Köhler*/Bornkamm § 1 Rn 10). Allerdings bestehen insoweit allein wettbewerbsrechtliche (schuldrechtliche) Ansprüche des verletzten Mitbewerbers gegen den Verletzer. Ausschließlichkeitsrechte mit dinglicher Wirkung, wie sie ua das Markengesetz und die sonstigen Kennzeichenrechte gewähren (vgl Einf A Rn 3), begründet das UWG nicht.

16 c) **Beurteilungssicht.** Schutz erfährt der Mitbewerber gegenüber dem Wettbewerbsverhalten der mit ihm konkurrierenden Wettbewerber im Rahmen des Gesetzes und dessen Schutzzwecke. Im Allgemeinen kommt es dabei – beispielsweise in den Fällen des § 4 Nr 1 oder der §§ 5 und 7 – für das Ob und Wie des zu gewährenden Schutzes auf die **Sicht der Marktgegenseite** an, dh regelmäßig auf die Sicht des Verbrauchers, nicht auf die des betroffenen Mitbewerbers. **Anders** liegt es, wenn Konkurrenten den Mitbewerber in der Gestaltung seines betrieblichen Ablaufs beeinträchtigen, zB durch Schutzrechtsverwarnungen (Einf D 59f; § 4 Rn 10/33ff, 10/38; § 5 Rn 580f), durch Testkäufe (§ 4 Rn 10/20f) oder bei der Abwerbung von Kunden (§ 4 Rn 10/54) oder Mitarbeitern (§ 4 Rn 10/22ff), beim Verleiten zum Bruch rechtlicher Vertriebsbindungen durch Außenseiter (§ 4 Rn 10/76f) oder beim Schleichbezug (§ 4 Rn 10/76), beim Verrat von Geschäftsgeheimnissen (§ 3 iVm § 4 Nr 11, § 17) oder im Falle der Bestechung (§ 4 Nr 11 iV mit § 299 StGB). In diesen Fällen richtet sich die Beurteilung nach der Sicht des betroffenen Wettbewerbers. Auf die Auffassung der – hier nicht beteiligten – Marktgegenseite kann es insoweit nicht ankommen.

17 d) **Beschränkung des Schutzes.** Kein Wettbewerber hat Anspruch auf Schutz vor dem (lauteren) Wettbewerb seiner Mitbewerber, auf Erhaltung des Kundenstamms, auf Schutz vor Kritik oder vergleichender Inbezugnahme seines Angebots. Selbst die Verdrängung des Mitbewerbers vom Markt ist wettbewerbseigen, wenn sie mit leistungsgerechten Mitteln betrieben wird. Welchen Abstand ein Nachahmer einzuhalten hat, muss im Streitfall eine **Interessenabwägung** ergeben, die das Interesse des Verletzten an der Unterbindung der Nachahmung, das des Verletzers an freier Benutzung einer nicht oder nicht mehr unter Sonderschutz stehenden Leistung und ferner das Interesse der Allgemeinheit berücksichtigt, einerseits vor einer Herkunftstäuschung, andererseits vor einer ungerechtfertigten Monopolisierung eines

Zweck des Gesetzes **§ 1 UWG**

sondergesetzlich nicht geschützten Leistungsergebnisses bewahrt zu werden. Auf eigene Bemühungen des Herstellers des Originalerzeugnisses, Herkunftstäuschungen zu vermeiden, kann sich der nachahmende Verletzer, der die Gefahr der betrieblichen Herkunftsverwechslung begründet hat, nicht berufen (BGH GRUR 02, 275, 277 – *Noppenbahnen*). Bei Produkten des täglichen Bedarfs, die sich nach ihrer äußeren Erscheinungsform und Verpackung von zahlreichen Produkten gleicher Art kaum unterscheiden, kann die Gefahr einer betrieblichen Herkunftstäuschung entfallen.

e) Sanktionen, Individual- und Kollektivrechtsschutz. Gegen unlauteren Wettbewerb eines Konkurrenten kann der unmittelbar verletzte Mitbewerber mit den jeweiligen Abwehransprüchen aus § 8 I, III Nr 1 vorgehen, ggf. Schadensersatz verlangen, § 9. Das Gesetz gewährt dem Verletzten insoweit **Individualrechtsschutz.** Dieser setzt voraus, dass zwischen Verletztem und Verletzer ein *konkretes* Wettbewerbsverhältnis besteht (§ 2 I Nr 3). Auf ein *abstraktes* Wettbewerbsverhältnis, das nach früherem Recht (§ 13 II Nr 1 UWG 1909) unter bestimmten Voraussetzungen auch solche Wettbewerber zur Klage legitimierte, die nicht selbst verletzt waren, also nicht in einem konkreten Wettbewerbsverhältnis zum Verletzer standen (s 3. Aufl Einf Rn 243), kann sich der Kläger nicht mehr stützen. Dieses ist mit der Aufhebung des alten UWG entfallen (§ 2 Rn 63). **Kollektivrechtlicher Mitbewerberschutz** besteht aber nach wie vor auch in diesen Fällen über § 8 III Nr 2–4. 18

2. Verbraucher. a) Ausgangspunkt. Der Normzweck des UWG, neben dem Mitbewerberschutz gleichwertig und gleichrangig auch auf den **Verbraucherschutz** gerichtet (Rn 3 ff, 10), stärkt im Vertikalverhältnis (Rn 14) zwischen Wettbewerber (Unternehmer) und Verbraucher (Nachfrager, Abnehmer) deren Stellung und Bedeutung als Marktteilnehmer im Wettbewerb (vgl §§ 1, 3, 4 Nr 1, 2, 6, § 7). Das UWG ist zwar kein Verbraucherschutzgesetz (Rn 11). Auch kommt seinen verbraucherschützenden Normen keine Schutzgesetzqualität zu (vgl Rn 10). Gleichwohl entfaltet die Schutzzweckregelung des § 1 Satz 1 unter anderen Gesichtspunkten ihre verbraucherschützende Funktion. Zum kollektivrechtlichen Schutz der Verbraucher s Rn 11, 26. 19

b) Schutz der Entscheidungsfreiheit. Geschützt wird im Rahmen der Wettbewerbsfreiheit (Einf A Rn 20) nicht nur das Interesse des Wettbewerbers an freier Entfaltung seiner unternehmerischen Tätigkeiten (Rn 15), sondern auch die Entscheidung des Konsumenten (Nachfragers) sich frei zwischen den Angeboten verschiedener Unternehmen zu entscheiden (vgl BegrRegEntw, A IV 3, BT-Drucks 15/1487, S 13). Im Rahmen dieser Freiheit (**Konsumentensouveränität**) fungiert der Verbraucher als „Schiedsrichter" im Markt über Erfolg und Misserfolg des Angebots bzw des Unternehmers. 20

Voraussetzung dafür ist, dass der Verbraucher in seiner rechtsgeschäftlichen Entscheidungsfreiheit **nicht** in unzulässiger (unlauterer) Weise **beeinflusst** wird. Insoweit bedarf es im Einzelfall der Prüfung, ob und inwieweit die Werbefreiheit des Unternehmers (Rn 15) diesem dazu gedient hat, auf die Entscheidung des potentiellen Vertragspartners Einfluss zu nehmen und wie dieses Vorgehen lauterkeitsrechtlich zu beurteilen ist. Nicht jede werbliche Beeinflussung des Kunden ist schon unzulässig, mag auch die im Einzelfall in Rede stehende Werbung mehr überredend als informativ sein. Sogar rein unsachliche Beeinflussung des Verbrauchers ist daher nicht per se unlauter (vgl BegrRegEntw, B zu § 4 Nr 1, BT-Drucks 15/1487, S 17). Die Grenze zur Unlauterkeit ist erst überschritten, wenn die **Rationalität der Kaufentscheidung** des Kunden verdrängt wird, dh wenn dem Kunden nach Sachlage eine sachgerechte Willensbildung nicht mehr möglich ist (BGHZ 164, 153, 157 = GRUR 06, 75 Rn 17 – *Artenschutz*; BGH GRUR 06, 161 Rn 17 – *Zeitschrift mit Sonnenbrille*; GRUR 06, 511 Rn 21 – *Umsatzsteuer-Erstattungsmodell*; OLG Nürnberg GRUR-RR 12, 14 Rn 46). 21

22 **c) Informationspflichten des Unternehmers.** Insoweit kommt besondere Bedeutung der Frage zu, ob der Unternehmer dem **Informationsinteresse des Verbrauchers** genügt hat. Nur der zutreffend informierte Verbraucher kann sich sachgerecht entscheiden. Es hängt vom Einzelfall ab, ob der Unternehmer das berechtigte Informationsinteresse des Umworbenen unlauter vernachlässigt hat. Im Allgemeinen kann der Unternehmer davon ausgehen, dass der Verbraucher kraft Lebenserfahrung oder selber eingeholter Information über eine ausreichende Entscheidungsgrundlage verfügt oder verfügen kann und eine Offenlegung aller, auch der weniger vorteilhaften Eigenschaften eines Angebots nicht generell erwartet. Unternehmerseits bestehen Informationspflichten daher nicht schlechthin, sind so im Gesetz auch nicht vorgesehen (vgl BegrRegEntw, B zu § 5 Abs 2, BT-Drucks 15/1487, S 19). Erst wenn ohne Unterrichtung und Aufklärung des Kunden über relevante Punkte des Angebots eine dem Verbraucherinteresse gerecht werdende Entschließung des Abnehmers nicht mehr möglich ist, bestehen besondere Aufklärungspflichten, deren Verletzung wettbewerbsrechtlich sanktioniert wird wie beispielsweise in den Fällen des § 4 Nr 4 und 5, § 5 II 2 oder auch des § 4 Nr 11, wenn Informationspflichten in außerwettbewerbsrechtlichen Vorschriften normiert sind.

23 **d) Schutz der Privatsphäre.** Schutz der Interessen des Verbrauchers bedeutet nicht allein Schutz der Konsumentensouveränität. Im Normzweck des UWG (§ 1 Satz 1) liegt es auch, die **Privatsphäre** des Verbrauchers vor belästigenden Eingriffen (vgl § 7 I, II) sowie seine **allgemeinen Persönlichkeitsrechte** und seine **sonstigen Rechtsgüter** wie Eigentum, Besitz und Vermögen zu schützen (*Köhler/Bornkamm* § 1 Rn 20; *Lettl,* UWG, Rn 43).

24 **e) Interessenabwägung.** Das Interesse des Kaufmanns, beim Vertragsschluss mit dem Kunden ein günstiges Geschäftsergebnis zu erzielen, kollidiert regelmäßig mit den entsprechend gegenläufigen Interessen des Vertragspartners. Dieser Interessengegensatz bedarf der Auflösung im Rahmen einer **Abwägung der beiderseitigen Interessenlage,** um entscheiden zu können, wie weit das den Unternehmer treffende Gebot der Rücksichtnahme auf die Verbraucherinteressen reicht, wie weit Informationen erforderlich sind oder ein Zuviel an Werbung dem Kunden nachteilig ist. Die Grenze zur Unzulässigkeit wird überschritten, sobald das Vorgehen des Werbenden für den Verbraucher unzumutbar wird (vgl § 7 I Satz 1). Entscheidend insoweit sind die den Lebenssachverhalt in seiner Gesamtheit prägenden Umstände des Einzelfalls. Zugrunde zu legen ist dabei das **Verbraucherleitbild** eines durchschnittlich informierten und verständigen Verbrauchers, der das Werbeverhalten mit situationsadäquater Aufmerksamkeit zur Kenntnis nimmt (§ 2 Rn 34 ff, 97, 100 ff).

25 **f) Unionsrecht.** Der Schutz der Verbraucherinteressen im UWG steht in Einklang mit den Forderungen, die das primäre und sekundäre Unionsrecht zur Stärkung der Stellung des Verbrauchers im Markt und zur Verbesserung seiner Entschließungsfreiheit durch ein Mehr an Information aufstellt (vgl EuGH GRUR 93, 747 = GRUR Int 93, 763 – *Yves Rocher;* GRUR Int 95, 804 = WRP 95, 677 – *Mars;* GRUR Int 00, 354 = WRP 00, 289 – *Lifting Creme*). Der frühere **Art 3 I Buchst g EG,** der den Schutz des Wettbewerbs innerhalb des Binnenmarktes als Aufgabe der Gemeinschaft statuiert, hat für den Verbraucherschutz seine Konkretisierung in **Art 169 AEUV** gefunden, dessen erklärter Zweck es ua ist, die ökonomischen Interessen der Verbraucher zu fördern, deren Informationsrechte zu sichern und ein hohes Verbraucherschutzniveau zu gewährleisten. Der Umstand, dass die Regelung des Art 3 I Buchst g EG in das Protokoll Nr 27 zum Vertrag von Lissabon ausgelagert wurde, ändert nichts an der normativen Ausrichtung des Unionsrechts an einer marktwirtschaftlichen Ordnung mit einem System des unverfälschten Wettbewerbs (vgl EuGH GRUR Int 11, 413 Rn 20 – *Telia Sonera;* MüKoUWG/*Sosnitza* Grundl

Rn 24 f). Auf dieser Grundlage werden Verbraucherinteressen in vielfältiger Weise durch das **sekundäre Unionsrecht** geschützt (vgl Einf C Rn 26 ff).

g) Sanktionen, Kollektivrechtsschutz. Einen individualrechtlichen Schutz **26** von Verbraucherinteressen sieht das UWG nicht vor. Verbraucherschutz wird lediglich kollektivrechtlich gewährt (Rn 11). Die Geltendmachung von Abwehr- (Unterlassungs-, Beseitigungs-) Ansprüchen (§ 8 I) und Ansprüchen auf Gewinnabschöpfung (§ 10) zum Schutz von Verbraucherinteressen liegt in den Händen der Verbraucherverbände und (§ 8 III Nr 3) und der in § 8 III Nr 4 genannten Kammern, nicht des betroffenen Verbrauchers. Voraussetzung für ein Eingreifen der Verbraucherverbände ist stets, dass Verbraucherbelange berührt sind und das inkriminierte Wettbewerbshandeln nicht lediglich ein Bagatellverstoß iS des § 3 ist (BegrRegEntw, B zu § 8 Nr 3, BT-Drucks 15/1487, S 23). Ein – allerdings nur mittelbar wirkender – Verbraucherschutz ergibt sich üü aus den Mitbewerberklagen und dem Vorgehen der Gewerbeverbände (§ 8 III Nr 1, 2). Zur Geltendmachung von Schadensersatzansprüchen *aus dem UWG* sind weder die betroffenen Verbraucher selbst (vgl § 9) noch für diese die Gewerbe- und Verbraucherverbände befugt (vgl § 8 III Nr 2, 3 iVm §§ 8 I, 9). Die Regelung der Sachbefugnis in § 8 ist abschließend.

3. Sonstige Marktteilnehmer. Marktteilnehmer sind nicht nur Mitbewerber **27** und Verbraucher, sondern auch alle sonstigen Personen, die als **Anbieter oder Nachfrager** von Waren oder Dienstleistungen am Marktgeschehen teilhaben (§ 1 Satz 1, § 2 I Nr 2), dh alle Personen, die weder Mitbewerber iS des § 2 I Nr 3 noch Verbraucher iS des § 2 II iVm § 13 BGB sind. **Sonstige Marktteilnehmer** sind Unternehmer, die öffentliche Hand, Kirchen und alle sonstigen privat- und öffentlichrechtlichen Institutionen und Einrichtungen, die – wie die Verbraucher – den Mitbewerbern (§ 2 I Nr 3) auf der Ebene des Vertikalverhältnisses (Rn 14) begegnen, dh ohne zu diesen auf einer anderen Wirtschaftsstufe Tätigen in einem konkreten Wettbewerbsverhältnis zu stehen (Hersteller, Händler, Lieferanten, Abnehmer). Sonstige Marktteilnehmer sind sie aber nur im Rahmen ihrer gewerblichen Betätigung. Handeln sie als Privatperson, zB beim Kauf einer Ware für die private Nutzung, sind sie Verbraucher (sa § 2 Rn 51).

Der **Schutz der Interessen** der sonstigen Marktteilnehmer ist gleichgerichtet **28** dem der Verbraucher (Schutz der Entscheidungsfreiheit, Rn 20, 21; des Informationsinteresses, Rn 22; des sonstigen Interessenschutzes im geschäftlichen – nicht im privaten – Bereich, Rn 23). Bei der Abwägung kollidierender Interessen (Rn 24) kommt der Schutzwürdigkeit des Unternehmers als sonstiger Marktteilnehmer im Vergleich zu der des Verbrauchers uU ein geringerer Stellenwert zu, so wenn ihn die eigene Markterfahrung und berufliche Tätigkeit zu einer dem privaten Verbraucher überlegenen Prüfung der Sachlage befähigt. Jedoch kann dabei die Eigenschaft als Unternehmer nicht ohne weiteres entscheidend sein. Es kommt darauf an, ob der Unternehmer beim Handeln als sonstiger Marktteilnehmer zu sachgerechter Beurteilung tatsächlich imstande ist.

Für das der Beurteilung zugrunde zu legende **Leitbild** gilt für den sonstigen **29** Marktteilnehmer das des Verbrauchers (§ 2 Rn 94 ff) entsprechend. Der Schutz der Interessen des Unternehmers als sonstiger Marktteilnehmer ist wie der der Verbraucher (Rn 26) nur kollektivrechtlich gestaltet, insoweit also allein über die Klagebefugnis der Verbände nach § 8 III Nr 2 in Anspruch zu nehmen.

4. Interesse der Allgemeinheit. a) Marktbezogenheit des Interessenschut- **30** **zes.** § 1 Satz 2 schützt das Interesse der Allgemeinheit an einem unverfälschten Wettbewerb. Dieser Schutz steht nach der Vorstellung des Reformgesetzgebers neben dem der Mitbewerber, der Verbraucher und der sonstigen Marktbeteiligten, erstreckt sich aber nicht auf andere Interessen als die an einem unverfälschten Wettbewerb, erfasst mithin allein **marktbezogene Wettbewerbshandlungen** (Rn 9, 10). Handlungen, die außerhalb des Marktgeschehens gegen außerwettbewerbsrechtliche Normen mit anderen Schutzzwecken als denen des UWG verstoßen, zB gegen Bestimmungen zum Schutz der Arbeitnehmer, zum Schutz der Rechtspflege, zum Jugendschutz oder zum Tierschutz berühren das Allgemeininteresse iS des § 1 Satz 2 nicht. Auch die nicht marktbezogene Verletzung verfassungsrechtlich geschützter Rechtsgüter ist insoweit nicht sanktioniert (vgl zur früheren Rechtslage 3. Aufl § 1 Rn 727, 749 ff).

31 **b) Institutionsschutz.** Aus der besonderen Regelung des § 1 Satz 2 gegenüber § 1 Satz 1 ergibt sich, dass sich der Schutzzweck der Norm insoweit nicht im Interesse der Marktbeteiligten am Schutz vor unlauterem Wettbewerb (§ 1 Satz 1) erschöpft. Der Schutz der Allgemeinheit vor unverfälschtem Wettbewerb richtet sich weitergehend vielmehr auf den **Schutz des Wettbewerbs als Institution** (vor Verfälschung). Das bedeutet Schutz vor Verzerrungen durch unlauteres, den freien Wettbewerb in seiner Entfaltung und Funktionsfähigkeit hinderndes Wettbewerbsverhalten (Begr-RegEntw, B zu § 1, BT-Drucks 15/1487, S 15; *Baumbach/Hefermehl,* 22. Aufl, Allg Rn 88, Einf Rn 51, 52; *Köhler*/Bornkamm, § 1 Rn 42ff; *Fezer/Fezer,* § 1 Rn 85ff, 91; MüKoUWG/*Sosnitza* § 1 Rn 36; *Lettl,* UWG, Rn 64). Damit tritt das Gesetz der ernstlichen Gefahr einer Ausschaltung des Wettbewerbs auf dem in Rede stehenden Markt entgegen. Erfasst wird insoweit die vom Gesetz sonst nicht geregelte **Fallgruppe der Allgemeinen Marktbehinderung** oder – synonym – **der Marktstörung** (BGHZ 114, 82, 84 = GRUR 91, 616, 617 – *Motorboot-Fachzeitschrift;* BGH GRUR 01, 80, 81 – *ad-hoc-Meldung;* GRUR 01, 752, 753 – *Eröffnungswerbung; Köhler*/Bornkamm § 1 Rn 49; vgl aber zur Problematik dieser Fallgruppe § 4 Rn 10/95 ff.).

32 Ein unlauteres Wettbewerbshandeln wird nicht selten **mehreren oder allen Schutzzwecken des § 1** zuwiderlaufen. Ist das nicht der Fall, weil beispielsweise bei der Unterbietung von Preisen der Mitbewerber zwar deren Interessen, nicht aber die der Verbraucher berührt sind, steht das einer wettbewerbsrechtlichen Beurteilung nicht entgegen: Gleichrangigkeit der Schutzzwecke (Rn 10) bedeutet auch, dass es auf ein **kumulatives Vorliegen nicht** ankommt. Kollidieren die verschiedenen Schutzzwecke, bedarf es zur Lösung des Interessengegensatzes einer Abwägung der Bedeutung der im Einzelfall berührten Interessen (*Köhler*/Bornkamm § 1 Rn 47, 51; MüKoUWG/*Sosnitza* § 1 Rn 39 f).

§ 2 Definitionen

(1) **Im Sinne dieses Gesetzes bedeutet**
1. „geschäftliche Handlung" jedes Verhalten einer Person zugunsten des eigenen oder eines fremden Unternehmens vor, bei oder nach einem Geschäftsabschluss, das mit der Förderung des Absatzes oder des Bezugs von Waren oder Dienstleistungen oder mit dem Abschluss oder der Durchführung eines Vertrags über Waren oder Dienstleistungen objektiv zusammenhängt; als Waren gelten auch Grundstücke, als Dienstleistungen auch Rechte und Verpflichtungen;
2. „Marktteilnehmer" neben Mitbewerbern und Verbrauchern alle Personen, die als Anbieter oder Nachfrager von Waren oder Dienstleistungen tätig sind;
3. „Mitbewerber" jeder Unternehmer, der mit einem oder mehreren Unternehmern als Anbieter oder Nachfrager von Waren oder Dienstleistungen in einem konkreten Wettbewerbsverhältnis steht;
4. „Nachricht" jede Information, die zwischen einer endlichen Zahl von Beteiligten über einen öffentlich zugänglichen elektronischen Kommunikationsdienst ausgetauscht oder weitergeleitet wird; dies schließt nicht

Informationen ein, die als Teil eines Rundfunkdienstes über ein elektronisches Kommunikationsnetz an die Öffentlichkeit weitergeleitet werden, soweit die Informationen nicht mit dem identifizierbaren Teilnehmer oder Nutzer, der sie erhält, in Verbindung gebracht werden können;
5. „Verhaltenskodex" Vereinbarungen oder Vorschriften über das Verhalten von Unternehmern, zu welchem diese sich in Bezug auf Wirtschaftszweige oder einzelne geschäftliche Handlungen verpflichtet haben, ohne dass sich solche Verpflichtungen aus Gesetzes- oder Verwaltungsvorschriften ergeben;
6. „Unternehmer" jede natürliche oder juristische Person, die geschäftliche Handlungen im Rahmen ihrer gewerblichen, handwerklichen oder beruflichen Tätigkeit vornimmt, und jede Person, die im Namen oder Auftrag einer solchen Person handelt;
7. „fachliche Sorgfalt" der Standard an Fachkenntnissen und Sorgfalt, von dem billigerweise angenommen werden kann, dass ein Unternehmer ihn in seinem Tätigkeitsbereich gegenüber Verbrauchern nach Treu und Glauben unter Berücksichtigung der Marktgepflogenheiten einhält.

(2) Für den Verbraucherbegriff gilt § 13 des Bürgerlichen Gesetzbuchs entsprechend.

Inhaltsübersicht

	Rn
A. Inhalt und Normzweck	1
B. Geschäftliche Handlung (§ 2 I Nr 1)	4
I. Grundlagen	4
II. Tatbestandsmerkmale	7
1. Geschäftlicher Verkehr	7
2. Verhalten	21
3. Vor, bei oder nach Geschäftsabschluss	22
4. Förderung des Wettbewerbs	25
a) Absatzförderung	25
b) Objektiver Zusammenhang	26
c) Einzelfragen	28
5. Unternehmensbezogenheit der geschäftlichen Handlung	45
6. Absatz und Bezug von Waren oder Dienstleistungen	46
7. Abschluss und Durchführung eines Vertrages	49
C. Marktteilnehmer (§ 2 I Nr 2)	50
I. Begriff des Marktteilnehmers	50
II. Sonstige Marktteilnehmer	51
III. Preisangabenverordnung, frühere Rechtslage	52
IV. Kollektivrechtlicher Schutz	53
V. Anbieter und Nachfrager, Waren und Dienstleistungen	54
D. Mitbewerber (§ 2 I Nr 3)	55
I. Ausgangspunkt	55
II. Konkretes Wettbewerbsverhältnis	57
1. Entwicklungsgeschichte	57
2. Voraussetzungen	58
a) Gleicher Kundenkreis	58
b) Derselbe Markt. Wirtschaftliche Betrachtungsweise	59
c) Sachlicher Markt	60
aa) Verschiedene Vertriebsebenen	61
bb) Mittelbares Wettbewerbsverhältnis	62
cc) Substituierbarkeit der Waren	63

			Rn
	d)	Räumlicher (regionaler, örtlicher) Markt	64
	e)	Verletzung von Kennzeichenrechten	65
	f)	Ausnutzung fremden Rufs	66
	g)	Abstraktes Wettbewerbsverhältnis	67
III.	Anbieter und Nachfrager		68
	1.	Anbieter	68
	2.	Nachfrager	74
IV.	Waren- und Dienstleistungen		75
V.	Rechtsschutz		76
E. Nachricht (§ 2 I Nr 4)			77
F. Verhaltenskodex (§ 2 I Nr 5 UWG)			82
G. Unternehmer (§ 2 I Nr 6 UWG)			88
H. Fachliche Sorgfalt (§ 2 I Nr 7 UWG)			92
I. Verbraucher (§ 2 II iVm § 13 BGB)			94
I. Begriff des Verbrauchers			94
	1.	Definition	94
	2.	Natürliche Person	100
II.	Schutz des Verbrauchers		103
III.	Verbraucherleitbild		104
	1.	Ausgangspunkt	104
	2.	Entwicklung des Verbraucherleitbilds in der Rechtsprechung	105
		a) Verbraucherleitbild der früheren Rechtsprechung	105
		b) Verbraucherleitbild des EuGH	106
		c) Verbraucherleitbild des BGH	107
	3.	Normative Verankerung des Verbraucherleitbildes	108
	4.	Kriterien des Verbraucherleitbilds	110
		a) Adressatenkreis	110
		b) Durchschnittlich informiert	112
		c) Situationsadäquat durchschnittlich aufmerksam	113
		d) Durchschnittlich verständig	115

Literatur: *Armgardt,* Verbraucherschutz und Wettbewerbsrecht: unwirksame AGB-Klauseln im Licht der neueren Rechtsprechung zum UWG und zur UGP-Richtlinie, WRP 2009, 122; *Bauer,* Handeln zu Zwecken des Wettbewerbsrechts, 1991; *Birk,* Corporate Responsibility, unternehmerische Selbstverpflichtungen und unlauterer Wettbewerb, GRUR 2011, 196; *Bornkamm,* Das Wettbewerbsverhältnis und die Sachbefugnis des Mitbewerbers, GRUR 1996, 927; *ders,* Verhaltenskodizes und Kartellverbot – Gibt es eine Renaissance der Wettbewerbsregeln?, FS Canenbley, 2012, S 67; *Dohrn,* Die Generalklausel der Richtlinie über unlautere Geschäftspraktiken – ihre Interpretation und Umsetzung, 2008; *Dreyer,* Verhaltenskodizes im Referentenentwurf eines Ersten Gesetzes zur Änderung des Gesetzes gegen unlauteren Wettbewerb, WRP 2007, 1294; *Emmerich,* Die Auswirkungen der UWG-Reform auf die Banken, FS Reuter, 2010, S 957; *Engels/Salomon,* Vom Lauterkeitsrecht zum Verbraucherschutz: UWG-Reform 2003, WRP 2004, 32; *Frisinger/Summerer,* Doping als unlauterer Wettbewerb im Profibereich – Eigene Ansprüche der Mitbewerber gegen den Dopingsünder aus UWG, GRUR 2007, 554; *Gomille,* Äußerungsfreiheit und geschäftliche Handlung, WRP 2009, 525; *Henning-Bodewig,* Das neue Gesetz gegen den unlauteren Wettbewerb, GRUR 2004, 713; *dies,* Richtlinienvorschlag über unlautere Geschäftspraktiken und UWG-Reform, GRUR Int 2004, 183; *Hirtz,* Die Bedeutung des Wettbewerbsverhältnisses für die Anwendung des UWG, GRUR 1988, 173; *Isele,* Von der „Wettbewerbshandlung" zur „geschäftlichen Handlung": Hat die „Änderung der Voreinstellung" ausgedient?, GRUR 2009, 727; *Köhler,* „Wettbewerbshandlung" und „Geschäftspraktiken" – Zur richtlinienkonformen Auslegung des Begriffs der Wettbewerbshandlung und seiner Definition im künftigen UWG, WRP 2007, 1393; *ders,* Spendenwerbung und Wettbewerbsrecht, GRUR 2008, 281; *ders,* Unrichtige Arztabrechnungen: ein Fall fürs UWG, FS Doepner, 2008,

Definitionen **§ 2 UWG**

S 31; *ders,* Unzulässige geschäftliche Handlungen bei Abschluss und Durchführung eines Vertrags, WRP 2009, 898; *ders,* Der „Unternehmer" im Lauterkeitsrecht, FS Hopt, 2010, S 2825; *Köhler/ Bornkamm/Henning-Bodewig,* Vorschlag für eine Richtlinie zum Lauterkeitsrecht und eine UWG-Reform, WRP 2002, 1317; *Korn,* Die berufliche Sorgfalt im Wettbewerbsrecht, ÖBl 2008, 169; *Kulka,* Der Entwurf eines „Ersten Gesetzes zur Änderung des Gesetzes gegen den unlauteren Wettbewerb", DB 2008, 1548; *Lamberti/Wendel,* Verkäufe außerhalb von Vertriebsbindungssystemen, WRP 2009, 1479; *Lettl,* Der Schutz der Verbraucher nach der UWG-Reform, GRUR 2004, 449; *Lindacher,* Grundfragen des Wettbewerbsrechts, BB 1975, 1311; *Nägele,* Das konkrete Wettbewerbsverhältnis – Entwicklungen und Ausblick, WRP 1996, 997; *Peifer,* Schutz ethischer Werte im Europäischen Lauterkeitsrecht oder rein wirtschaftliche Betrachtungsweise? in: Hilty/ Henning-Bodewig (Hrsg.), Lauterkeitsrecht und Acquis Communautaire, 2009, S 125; *Scherer,* Lauterkeitsrecht und Leistungsstörungsrecht – Veränderung des Verhältnisses durch § 2 I Nr 1 UWG?, WRP 2009, 761; *Schmidhuber,* Verhaltenskodizes im neuen UWG, WRP 2010, 593; *Schmidtke,* Unlautere geschäftliche Handlungen bei und nach Vertragsschluss, 2011; *Schopper,* Die Verwendung unzulässiger Allgemeiner Geschäftsbedingungen als Wettbewerbsverstoß, ecolex 2010, 684; *Schünemann,* „Unlauterkeit" in den Generalklauseln und Interessenabwägung nach neuem UWG, WRP 2004, 925; *Sosnitza,* Wettbewerbsregeln nach §§ 24ff GWB im Lichte der 7. GWB-Novelle und des neuen Lauterkeitsrechts, FS Bechtold, 2006, S 515; *ders;* Der Gesetzentwurf zur Umsetzung der Richtlinie über unlautere Geschäftspraktiken, WRP 2008, 1014; *Tüngler/Ruess,* In welchem Verhältnis stehen die Schutzvorschriften des AGB-Rechts zu den Bestimmungen des UWG?, WRP 2009, 1336; *Veelken,* Kundenfang gegenüber den Verbrauchern, WRP 2004, 1; *Voigt,* Spendenwerbung – ein Fall für das Lauterkeitsrecht?, GRUR 2006, 486; *Wilhelm,* Unlauterer Wettbewerb und Wettbewerbsverhältnis, ZIP 1992, 1139.

A. Inhalt und Normzweck

Mit § 2 I stellt das UWG seinen Regelungen in Anlehnung an die im europäischen 1 Richtlinienrecht übliche Gesetzestechnik (vgl zB Art 2 der UGP-RL) einen **Definitionskatalog** bestimmter Begriffe voraus. Definiert werden allerdings nur einige Begriffe (geschäftliche Handlung, Marktteilnehmer, Mitbewerber, Nachricht, Verhaltenskodex, Unternehmer, fachliche Sorgfalt), während der Verbraucherbegriff in § 2 II durch Verweisung auf das BGB lediglich in Bezug genommen wird. Völlig abgesehen hat der Gesetzgeber von der Definition zentraler Begriffe des Wettbewerbsrechts wie der der Unlauterkeit oder der Werbung. Sie sind nach wie vor der Auslegung durch die wettbewerbsrechtliche Praxis anheimgegeben, wobei vor allem die Vorgaben der UGP-RL zu beachten sind.

Zweck des Definitionskatalogs ist die **Schaffung einer verbindlichen Grund-** 2 **lage** für eine möglichst einheitliche Auslegung und Anwendung des UWG (vgl *Köhler*/Bornkamm, § 2 Rn 2).

Die **UWG-Novelle von 2008** zur Umsetzung der UGP-RL (BGBl I S 2949) hat 3 vier Änderungen des bisherigen § 2 gebracht: Zum einen trat der Begriff der geschäftlichen Handlung an die Stelle des Begriffs der Wettbewerbshandlung, zum anderen wurden drei neue Begriffe in den Definitionskatalog aufgenommen, nämlich der „Verhaltenskodex", der „Unternehmer" sowie die „fachliche Sorgfalt".

B. Geschäftliche Handlung (§ 2 I Nr 1)

I. Grundlagen

Der Begriff der geschäftlichen Handlung ist, ebenso wie sein Vorgänger, der Betriff 4 der Wettbewerbshandlung, ein **Schlüsselbegriff** des Wettbewerbsrechts. Er ist Voraussetzung für die Anwendung des UWG und grenzt zugleich den Geltungsbereich der sonderdeliktsrechtlichen Normen des Gesetzes von denen des allgemeinen Deliktsrechts ab. Fehlt es an einer Wettbewerbshandlung, die Tatbestandsmerkmal des § 3 ist, kann das UWG nicht eingreifen (BGH GRUR 06, 428 Rn 12 – *Abschleppkosten-Inkasso*). Übrig bleibt dann nur die Möglichkeit einer Beurteilung nach den §§ 823ff, 1004 BGB, die das Vorliegen einer Wettbewerbshandlung nicht zur Voraussetzung haben.

5   Das UWG 2004 hat den **Begriff des Handelns zu Zwecken des Wettbewerbs,** der in zahlreichen Bestimmungen **des alten UWG** geschriebenes oder ungeschriebenes Tatbestandsmerkmal war (vgl §§ 1, 3, 6b, 14, 17, 18, 20; §§ 4, 6, 6a, 6c, 7, 8, 15) und ebenfalls als Wettbewerbshandlung bezeichnet wurde, *nicht* übernommen. Beide Begriffe sind auch **nicht identisch.** Anders als nach früherem Recht (s 3. Aufl Einf Rn 210, 236) ist für den Begriff der Wettbewerbshandlung iS des § 2 I Nr 1 aF wie auch für den Begriff der geschäftlichen Handlung nach § 2 I Nr 1 nF weder Voraussetzung, dass sich das Ziel der Förderung von Absatz oder Bezug eines Unternehmens zugleich auf die Benachteiligung des Wettbewerbs eines anderen Unternehmens richtet, noch dass (deshalb) ein konkretes Wettbewerbsverhältnis zwischen beiden besteht (su Rn 57 ff). Ein konkretes Wettbewerbsverhältnis ist nach neuem Recht nur noch für den Begriff des Mitbewerbers (§ 2 I Nr 3) und dessen Aktivlegitimation (§ 8 III Nr 1) von Bedeutung. Monopolunternehmen, die mangels eines Wettbewerbers und (damit) mangels eines konkreten Wettbewerbsverhältnisses lauterkeitsrechtlich früher nicht in Anspruch genommen werden konnten, werden deshalb nunmehr über die Regelung des § 2 I Nr 1 vom Wettbewerbsrecht erfasst. Ein weiterer Unterschied zum früheren Recht besteht darin, dass der Begriff der Wettbewerbshandlung jetzt **ausschließlich objektiv** zu interpretieren ist, so dass es auf eine das objektive Geschehen begleitende Absicht anders als nach dem alten UWG nicht mehr ankommt (Rn 23 ff).

6   Die **Richtlinie 2005/29/EG über unlautere Geschäftspraktiken** geht vom Begriff der „Geschäftspraktiken" aus, der in Art 2 lit d definiert wird als „jede Handlung, Unterlassung, Verhaltensweise oder Erklärung, kommerzielle Mitteilung einschließlich Werbung und Marketing eines Gewerbetreibenden, die unmittelbar der Absatzförderung, dem Verkauf oder der Lieferung eines Produkts an Verbraucher zusammenhängt". Vor diesem Hintergrund hat die UWG-Novelle von 2008 den Begriff der geschäftlichen Handlung in § 2 I Nr 1 definiert. Inhaltlich sind mit dieser Neufassung drei verschiedene Änderungen bezweckt (BT-Dr 16/10 145, S 20f): (1) Um zum Ausdruck zu bringen, dass als Wettbewerbshandlung nicht nur positives Tun, sondern auch ein Unterlassen in Betracht kommt, wird sie nicht mehr als „Handlung", sondern als „Verhalten" qualifiziert. (2) Statt des bisher maßgeblichen subjektiven Merkmals des Handelns zu Zwecken des Wettbewerbs („Ziel" der Absatzförderung) soll es jetzt nur noch auf einen objektiven Zusammenhang zwischen dem Verhalten und der Absatzförderung bzw dem Abschluss oder der Durchführung des Vertrages ankommen. (3) Schließlich sollen künftig auch Wettbewerbshandlungen *nach Vertragsschluss* erfasst sein. Der Begriff der geschäftlichen Handlung ist nicht enger als der der Wettbewerbshandlung iSd § 2 I Nr 1 UWG 2004 (BGH GRUR 09, 881 Rn 11 – *Überregionaler Krankentransport;* GRUR 10, 1142 Rn 11 – *Holzhocker;* GRUR 11, 166 Rn 12 – *Rote Briefkästen;* GRUR 11, 638 Rn 17 – *Werbung mit Garantie;* GRUR 13, 301, Rn 22 – *Solarinitiative*).

II. Tatbestandsmerkmale

7   **1. Geschäftlicher Verkehr.** Das UWG erwähnt ein „*Handeln im geschäftlichen Verkehr*" ausdrücklich nur in § 6 II Nr 3, § 16 II und § 18 I. Es ist aber **auch sonst** in allen einschlägigen Bestimmungen des Gesetzes – ungeschriebenes – **Tatbestandsmerkmal** (*Emmerich,* UWG, § 4 Rn 6; Fezer/*Fezer,* § 2 Nr 1 B Rn 48 ff; § 3 Rn 5, 6). Geschäftliche Handlungen iS des UWG sind immer auch Handlungen im geschäftlichen Verkehr. Fehlt es an einem Handeln im geschäftlichen Verkehr, fehlt es

Definitionen **§ 2 UWG**

somit auch an einer geschäftlichen Handlung iS des § 2 I Nr 1 und damit an der Voraussetzung für die Anwendbarkeit der §§ 3ff (vgl Rn 4).

Der Begriff des geschäftlichen Verkehrs bedeutet, dass der wettbewerbsrechtlichen 8
Beurteilung allein der **geschäftliche (wirtschaftliche, marktgerichtete) Wettbewerb** unterliegt. Der Begriff ist weit auszulegen. Er erfasst alle Maßnahmen (positives Tun, konkludentes Handeln, Unterlassen, soweit eine Verpflichtung zum Tätigwerden besteht, vgl Rn 6, 20), die auf die Förderung eines beliebigen – auch fremden – Geschäftszwecks gerichtet sind, dh jede selbstständige, der Verfolgung eines wirtschaftlichen Geschäftszwecks dienende Maßnahme, mit der eine marktgerichtetes Tätigkeitwerden irgendwie zum Ausdruck gelangt (BGH GRUR 53, 293, 294 – *Fleischbezug;* BGHZ 19, 299, 303 = GRUR 56, 216, 217 – *Staatliche Kurverwaltung/Bad Ems;* GRUR 60, 384, 386 – *Mampe Halb und Halb I;* GRUR 64, 208, 209 – *Fernsehinterview;* GRUR 93, 761, 762 – *Makler-Privatangebot;* GRUR 93, 917, 919 – *Abrechnungssoftware für Zahnärzte;* BGHZ 144, 255, 262 = GRUR 00, 1076, 1077 – *Abgasemissionen,* stRspr). Einzubeziehen in den Begriff des geschäftlichen Verkehrs sind daher auch alle einem Geschäftszweck dienenden *freiberuflichen* Tätigkeiten, so die der Ärzte, Rechtsanwälte, Steuerberater, Wirtschaftsprüfer, Architekten, Ingenieure, Wissenschaftler, Künstler usw (Rn 45), ebenso wie beispielsweise ein auf die Verwertung urheberrechtlicher Nutzungsrechte gerichtetes Tätigkeitwerden (BGHZ 26, 52, 58 = GRUR 58, 354, 356 – *Sherlock Holmes*). Auch Profisportler handeln als Unternehmer im geschäftlichen Verkehr, soweit sie selbständig sind (vgl *Frisinger/Summerer,* GRUR 07, 554, 555f). Maßnahmen, die wie die Image- und Aufmerksamkeitswerbung der Steigerung der Verkehrsbekanntheit dienen, sind ebenfalls Handeln im geschäftlichen Verkehr, auch wenn mit ihnen nicht für bestimmte Waren oder Leistungen geworben wird (BGH GRUR 95, 595, 596 – *Kinderarbeit;* BGHZ 130, 196, 199 = GRUR 95, 598, 599 – *Ölverschmutzte Ente*).

Problematisch ist die Abgrenzung privaten Handelns von geschäftlicher Tätigkeit 9
bei Verkäufen über Online-Plattformen wie **eBay.** Maßgeblich sind vor allem Umfang, Dauer, Anlass und Beweggrund des Verkaufs sowie die Art der angebotenen Ware (vgl *Lehmler,* § 2 Rn 24; *Leible/Sosnitza,* CR 2002, 372, 373; *Fischer,* WRP 2008, 193). Wer als sog „PowerSeller" auftritt, wird im Allgemeinen geschäftlich handeln (OLG Frankfurt, MMR 07, 378; OLG Karlsruhe WRP 06, 1038; OLG Koblenz, NJW 06, 1438), auch den Umschlag von Neuware über den eigenen Bedarf hinaus spricht gegen privates Handeln. Eine höhere Anzahl von Käuferreaktionen nach früheren Auktionen dieses Anbieters (sog „Feedbacks") oder Bewertungen deuten ebenso auf eine geschäftliche Tätigkeit hin (BGHZ 158, 236, 249 = GRUR 04, 860, 863 – *Internet-Versteigerung I*: 59 Feedbacks), wie die Tatsache, dass der Anbieter ansonsten gewerblich tätig ist (BGHZ 172, 119 Rn 23 = GRUR 07, 708 – *Internet-Versteigerung II;* BGH GRUR 08, 702 Rn 43 – *Internet-Versteigerung III*). Die Anzahl von 51 angebotenen Artikeln innerhalb eines Monats und weiterer 40 Angebote innerhalb einer Woche vier Monate später ist ebenfalls ein Indiz für geschäftliches Handeln (BGH GRUR 09, 871 Rn 25 – *Ohrclips*).

Die geschäftliche Handlung des § 2 I Nr 1 bezieht sich (ausschließlich) auf die För- 10
derung des Wettbewerbs **eines Unternehmens,** sei es des eigenen, sei es eines fremden. Damit ist klargestellt, dass das UWG **allein** den Wettbewerb von im geschäftlichen Verkehr handelnden Unternehmen erfasst, also **nur unternehmerische Tätigkeiten** im Rahmen des geschäftlichen Verkehrs.

Der Handelnde muss nicht selbst Unternehmer oder Inhaber eines Unternehmens 11
sein. Unerheblich ist, ob ein Kaufmann oder eine Privatperson handelt, da das Gesetz mit dem Begriff des geschäftlichen Verkehrs nicht auf die Person des Handelnden abstellt, sondern auf dessen Tätigkeit und deren Zuordnung zum geschäftlichen Verkehr. Unerheblich ist, ob ein **Erwerbszweck** verfolgt und ein **Gewinn** erzielt wird oder Gewinnerzielung überhaupt beabsichtigt ist (BGH GRUR 62, 254, 255 – *Fußball-Programmheft;* BGHZ 82, 375, 395 = GRUR 82, 425, 430 – *Brillen-Selbstabgabestellen*).

Deshalb können auch gemeinnützige oder einem wohltätigen Zweck dienende Unternehmen im geschäftlichen Verkehr handeln (BGH aaO – *Fußball-Programmheft*), ebenso Idealvereine (§ 21 BGB), wenn sie mit ihren Mitgliedern oder Dritten in geschäftlichem Verkehr stehen (BGH GRUR 53, 446, 447 – *Verein der Steuerberater*). **Verbände von Gewerbetreibenden** (Wirtschaftsverbände), deren satzungsgemäße Aufgabe es ist, die wirtschaftlichen Interessen ihrer Mitglieder zu fördern, handeln bei Wahrnehmung dieser Aufgabe im geschäftlichen Verkehr, gleichviel ob sie als privatrechtlich organisierte Vereine tätig werden (Mitgliedsverbände, Spitzen- und Dachverbände: BGH GRUR 90, 617, 618f – *Metro III;* GRUR 92, 175 – *Ausübung der Heilkunde;* Fachverbände: BGH GRUR 89, 432 – *Kachelofenbauer;* Handwerksvereinigung: GRUR 91, 93 – *Kreishandwerkerschaft I;* Anwaltsverein: WRP 92, 706, 707 – *Haftungsbeschränkung bei Anwälten*) oder als öffentlich-rechtliche Berufsvertretungen (Steuerberaterkammer: BGHZ 79, 390, 392 = GRUR 81, 596, 597 – *Apotheken-Steuerberatungsgesellschaft;* Ärztekammer: GRUR 89, 758, 759 – *Gruppenprofil;* Anwaltskammer: WRP 90, 282, 283 – *Anwaltswahl durch Mieterverein*). Es genügt ein Handeln des Verbandes für seine im geschäftlichen Verkehr tätigen Mitglieder.

12 Die **öffentliche Hand** (Einf D Rn 20ff; § 5 Rn 81) nimmt in vielfältiger Weise zur Erreichung ihrer politischen und wirtschaftlichen Ziele am Wirtschaftsleben und am Wettbewerb teil, sei es unmittelbar durch unselbstständige Regiebetriebe (zB Verkehrs-, Versorgungseinrichtungen), sei es durch rechtlich selbstständige Leistungsträger (zB öffentlich-rechtliche Krankenkassen) oder in sonstiger Weise durch Handelsgesellschaften des Privatrechts (zB öffentliche Kreditinstitute, Einrichtungen der Bahn, der Post, des Fernmeldewesens). In allen diesen Fällen geht die **bisherige deutsche Praxis** davon aus, dass die öffentliche Hand im geschäftlichen Verkehr handelt. Beispiele: Öffentlich-rechtliche Krankenkassen, die Heil- und Hilfsmittel von privaten Lieferanten beziehen (BGHZ 36, 91, 101 = GRUR 62, 263, 267 – *Gummistrümpfe*) oder an ihre Versicherten abgeben (BGHZ 82, 375, 395 = GRUR 82, 425, 430 – *Brillen-Selbstabgabebestellen*); Wahrnehmung der wirtschaftlichen Interessen eines Staatsbades (BGHZ 19, 299, 303 = GRUR 56, 216, 217 – *Staatliche Kurverwaltung/Bad Ems*), eines städtischen Reisebüros (BGH GRUR 56, 227, 228 – *Reisebüro*). Inzwischen hat der BGH dem **EuGH** allerdings die **Frage vorgelegt,** ob gesetzliche Krankenkassen als „Gewerbetreibende" iSd Art 2 lit b der UGP-RL anzusehen sind und damit eine „Geschäftspraktik" iSd Art 2 lit d der UGP-RL vorliegt, wenn diese Kassen gegenüber ihren Mitgliedern (irreführende) Angaben darüber machen, welche Nachteile den Mitgliedern im Falle eines Wechsels zu einer anderen gesetzlichen Krankenkasse entstehen (BGH GRUR 12, 288 – *Betriebskrankenkasse;* vgl auch unten Rn 88ff).

13 Es ist kein Handeln im geschäftlichen Verkehr, wenn ein öffentlicher Rentenversicherungsträger von ihm selber entwickelte Software zur Bearbeitung von Rentenanträgen unentgeltlich an Verwaltungsbehörden weitergibt, die nach den sozialgesetzlichen Vorschriften mit der Entgegennahme solcher Anträge beauftragt sind (OLG Karlsruhe NJWE-WettbR 00, 6, 7). Ebenso handelt nicht im geschäftlichen Verkehr, wer als Abschleppunternehmer verbotswidrig abgestellte Kraftfahrzeuge kraft hoheitlicher Weisung der Polizeibehörde abschleppt und – als verlängerter Arm der Polizeibehörde – an der Einziehung der für den Abschleppvorgang angefallenen Kosten mitwirkt. Unterlassungsansprüche des Betroffenen entfallen daher bereits mangels eines Handelns im geschäftlichen Verkehr und damit einer geschäftlichen Handlung iS des § 2 I Nr 1 (BGH GRUR 06, 428 Rn 14f – *Abschleppkosten-Inkasso*). Demgegenüber können private Krankentransportunternehmer nicht als verlängerter Arm der für den Rettungsdienst zuständigen Behörden angesehen werden, sodass die Durchführung von Krankentransporten eine geschäftliche Handlung darstellt (BGH GRUR 09, 881 Rn 10f – *Überregionaler Krankentransport*).

14 Nicht in den Bereich des geschäftlichen Verkehrs fallen alle **rein privaten** und alle **rein betriebsintern** bleibenden Handlungen sowie alle **dienstlichen** (amtlich-hoheitlichen) Handlungen, die für einen aktuellen oder potentiellen Wettbewerb keine

Definitionen **§ 2 UWG**

Marktwirkung entfalten sollen. Privat ist, was außerhalb des wirtschaftlichen Erwerbs liegt, zB die private Bedarfsdeckung auf Seiten des letzten Verbrauchers. Maßgebend sind die Einzelumstände. Der allgemeine Charakter eines Gesprächs als das einer privaten Unterhaltung schließt nicht aus, dass das Gespräch eine geschäftliche Wendung nimmt. Jedoch wird der Bereich des privaten Handelns erst verlassen, wenn zum geschäftlichen Tätigwerden ein hinreichender Bezug hergestellt wird. Es ist kein geschäftlicher Verkehr, wenn ein Immobilienmakler ein Grundstück aus seinem Privatbesitz in Zeitungsanzeigen zum Verkauf anbietet. Dass der Erlös dem Geschäftsbetrieb zugute kommen kann, reicht für die Annahme eines Handelns im geschäftlichen Verkehr im Zeitpunkt der Schaltung der Verkaufsofferte nicht aus (BGH GRUR 93, 761, 762 – *Makler-Privatangebot*).

Das Betreiben eines Unternehmens zur **Herstellung von Waren** ist *für sich betrach-* **15** *tet* ein rein betriebsinterner Vorgang. Die bloße Vorbereitung eines späteren Warenvertriebs durch Produktionsmaßnahmen, die (noch) keine Wirkung nach außen entfalten, ist kein Handeln im geschäftlichen Verkehr (BGHZ 144, 255, 262 = GRUR 00, 1076, 1077 – *Abgasemissionen*). Bleibt es aber nicht bei der bloßen Warenproduktion, sondern werden die hergestellten Waren auch vertrieben, sind Herstellung und Vertrieb zusammen in aller Regel (unselbstständige) Teilakte eines der lauterkeitsrechtlichen Wertung unterliegenden Handelns im geschäftlichen Verkehr.

Nicht mehr rein privat und damit Handeln im geschäftlichen Verkehr ist das **Zei-** **16** **tungsinterview eines Unternehmers** (Geschäftsführers eines Meinungsforschungsinstituts) zu gesellschaftspolitischen Fragen, das die wettbewerblichen Interessen von Mitbewerberinstituten nicht völlig unberührt lässt (vgl aber OLG Düsseldorf WRP 98, 421, 426). Gleiches gilt für einen **Diskussionsbeitrag auf Wikipedia,** den der Äußernde erkennbar als Geschäftsführer eines Unternehmens und nicht unter seinem bürgerlichen Namen verfasst (OLG München WRP 12, 1145 Rn 8). An einer geschäftlichen Handlung fehlt es dagegen, wenn ein Apotheker in einem **Leserbrief** einer Apotheken-Zeitung zu einer gesundheitspolitisch bedeutsamen Frage ohne weitere Werbung für seine Apotheke Stellung nimmt (KG AfP 10, 480).

Betriebsinterne Vorgänge, die wie rein private Handlungen (Rn 14) einer Anwen- **17** dung des UWG entzogen sind, sind Maßnahmen, die ausschließlich **innerhalb eines Unternehmens** anfallen (BGH GRUR 71, 119, 120 – *Branchenverzeichnis;* GRUR 74, 666, 667 f – *Reparaturversicherung*). Anweisungen, die nicht nach draußen dringen bzw nicht nach draußen zu dringen bestimmt sind, sind grundsätzlich keine Handlungen im geschäftlichen Verkehr. Sollen sie Außenwirkung entfalten, kann auch schon vor ihrem Hinausdringen nach draußen unter dem Gesichtspunkt der Erstbegehungsgefahr die vorbeugende Unterlassungsklage gegeben sein.

Die bloße **Mitgliederwerbung** von Verbänden, Vereinen und Vereinigungen mit **18** sozialer, unterhaltender, sportlicher oder politischer Zielsetzung (nichtwirtschaftliche Vereine, Idealvereine) ist ebenso wie die Betreuung solcher Verbands- oder Vereinsmitglieder – ungeachtet der Erhebung von Mitgliedsbeiträgen – kein geschäftlicher Verkehr im Sinne des UWG (BGH GRUR 68, 205, 207 – *Teppichreinigung;* NJW 70, 378, 380 – *Sportkommission;* GRUR 72, 427, 428 – *Mitgliederwerbung;* GRUR 97, 907, 908 – *Emil-Grünbär-Klub:* Allgemein zu gemeinnützigen Einrichtungen). Dementsprechend sind die zum sozialpolitischen Bereich gehörenden Tätigkeiten der **Gewerkschaften** und **Arbeitgeberverbände** im Rahmen der Mitgliederwerbung und -betreuung dem Begriff des geschäftlichen Verkehrs entzogen (BGHZ 42, 210, 218 = NJW 65, 29, 36 – *Gewerkschaft ÖTV;* BAGE 21, 206 f = NJW 1969, 861, 862; BGH GRUR 80, 309 – *Straßen- und Autolobby;* BAG NJW 05, 3019, 3020; BAG GRUR 06, 244, 245 f). Dasselbe gilt für Mietervereine mit der satzungsgemäßen Aufgabe, die Interessen von Mietern zu fördern (OLG Nürnberg NJWE-WettbR 98, 178, 179), ebenso für karitative und wissenschaftlich-künstlerische Tätigkeiten, für Verbraucherinformationen durch Verbraucherverbände und für die Mitgliederwerbung und -betreuung der Sportvereine und -verbände.

19 Verfolgen solche Vereinigungen **über ihre eigentliche Zielsetzung** hinaus Erwerbszwecke, handeln sie im **geschäftlichen Verkehr** (Rn 8; OLG Stuttgart NJWE-WettbR 96, 197, 198: Dienstleistungsangebot an die Vereinsmitglieder). Insoweit unterliegen dann auch sie den Bestimmungen des UWG. Scheidet aber mangels einer erwerbswirtschaftlichen Tätigkeit ein Handeln im geschäftlichen Verkehr aus, kann Rechtsschutz gegen ein rechtswidriges Verhalten von Idealvereinen (Rn 18) nicht unter wettbewerbsrechtlichen Gesichtspunkten, sondern allein unter den Voraussetzungen des § 823 I und II, §§ 824, 826 BGB oder – bei Unterlassungsansprüchen – analog § 1004 BGB in Anspruch genommen werden (BGHZ 42, 210, 218 = NJW 65, 29, 36 – *Gewerkschaft ÖTV;* BGH GRUR 68, 205, 207 – *Teppichreinigung;* BAGE 21, 201, 207ff, 209 = NJW 69, 861, 862; OLG Nürnberg, NJWE-WettbR 98, 178, 179).

20 Bei Unternehmen, die im Rahmen ihres Geschäftsbetriebs tätig werden, spricht für ein Handeln im geschäftlichen Verkehr eine **tatsächliche,** aus der Lebenserfahrung gewonnene **Vermutung** (BGH GRUR 62, 34, 36 – *Torsana;* GRUR 62, 45, 47 – *Betonzusatzmittel;* BGHZ 110, 156, 159f = GRUR 90, 522, 524 – *HBV-Familien- und Wohnungsrechtsschutz; v. Gamm* Kap 17 Rn 19 aE). Die Vermutung ist **widerlegbar.** Sie ist widerlegt, wenn sie durch ausreichende Umstände, die für ein rein privates (unternehmensinternes, dienstliches) Handeln sprechen, nicht mehr gerechtfertigt erscheint (BGH GRUR 93, 761, 762 – *Makler-Privatangebot*).

21 **2. Verhalten.** Um zum Ausdruck zu bringen, dass als geschäftliche Handlung gleichermaßen ein positives Tun wie auch ein Unterlassen in Betracht kommen, wurde durch die UWG-Novelle von 2008 die umfassendere Formulierung „Verhalten" eingeführt, ohne dass sich daraus aber inhaltlich eine Änderung ergibt (vgl BT-Dr 16/10 145, S 20). Schon bisher konnte ein Handeln im geschäftlichen Verkehr in einem **positiven Tun** oder auch in einem **Unterlassen** bestehen. Voraussetzung dafür ist allerdings, dass den Handelnden zur Beseitigung eines wettbewerbswidrigen Zustands oder zur Unterbindung des wettbewerbswidrigen Verhaltens eines anderen eine **Erfolgsabwendungspflicht** trifft. Diese kann sich aus Gesetz, vorangegangenem gefährdenden Verhalten, dienstlicher Verpflichtung oder Vertrag ergeben (BGH GRUR 01, 82, 83 – *Neu in Bielefeld I; Köhler/Bornkamm* § 2 Rn 12). Ob das der Fall ist, beantwortet sich nach Art und Umfang der jeweiligen Verpflichtung. Eine allgemeine Rechtspflicht, wettbewerbswidriges Verhalten eines **Vertragspartners** abzuwenden, besteht jedoch nicht (BGH aaO – *Neu in Bielefeld I:* Keine Erfolgsabwendungspflicht des Franchisegebers gegenüber dem Franchisenehmer bei Überlassung des good will).

22 **3. Vor, bei oder nach Geschäftsabschluss.** Nach **bisheriger Rechtslage** ging die ganz überwiegende Auffassung davon aus, dass aus dem Merkmal der „Absatzförderung" zu schließen ist, dass eine Wettbewerbshandlung in der Regel mit dem Vertragsschluss beendet ist. Ein Verhalten nach Vertragsschluss, das allein noch der **Erfüllung und Durchsetzung individueller vertraglicher Pflichten** oder der Abwehr von Gewährleistungsansprüchen oder Reklamationen dient, wurde nicht vom UWG erfasst (BGH GRUR 87, 180, 181 – *Ausschank unter Eichstrich II*). Ein wettbewerblich relevantes Verhalten wurde allerdings ausnahmsweise dann angenommen, wenn der Kaufmann vor oder bei Vertragsschluss die **Kundentäuschung zum Mittel des Wettbewerbs** macht, insbesondere wenn sich der Handelnde bei der **Vertragsabwicklung** oder bei der **Geltendmachung vertraglicher Ansprüche** die vorausgegangene Täuschung zu nutze macht, indem er diese aufrecht erhält und die Rechtsunkenntnis des Kunden ausnutzt (BGH GRUR 83, 451, 452 – *Ausschank unter Eichstrich I;* GRUR 86, 816, 818f – *Widerrufsbelehrung bei Teilzahlungskauf;* GRUR 87, 180, 181 – *Ausschank unter Eichstrich II;* BGHZ 123, 330, 333 = GRUR 94, 126, 127 – *Folgeverträge I;* GRUR 95, 358, 360 – *Folgeverträge II;* GRUR 02, 1093, 1094 –

Kontostandsauskunft; BGHZ 147, 296, 302f = GRUR 01, 1178, 1180 – *Gewinn-Zertifikat;* OLG Frankfurt GRUR 02, 727, 728).

Diese Unterscheidung ist seit der **UWG-Novelle von 2008** hinfällig, da § 2 I Nr 1 in Übereinstimmung mit Art 3 I UGP-RL jedes Verhalten vor, bei oder nach einem Geschäftsabschluss erfasst. Somit kann nunmehr auch grundsätzlich jedes unternehmerische Verhalten **nach Vertragsschluss** eine geschäftliche Handlung darstellen, wie zB irreführende Aussagen bei der Geltendmachung von Zahlungsansprüchen, irreführende Angaben in Gebrauchsanweisungen (vgl OGH wbl 07, 296m Anm *Schumacher*), unrichtige Arztabrechnungen (dazu *Köhler,* FS Doepner, 2008, S 31ff) oder eine telefonische Kundenzufriedenheitsabfrage (OLG Köln WRP 12, 725 Rn 11). In Fällen der **bloßen Nicht- oder Schlechterfüllung** vertraglicher Pflichten ging die Rechtsprechung bisher nur dann von einer Wettbewerbshandlung aus, wenn diese in Umfang und Ausmaß ein besonderes Gewicht haben, etwa bei Kontoauszügen oder –auskünften, die nicht zwischen gutgeschriebenen und wertgestellten Beträgen unterscheiden und dadurch Kunden zu vorschnellen Abhebungen veranlassen können (BGH GRUR 02, 1093, 1094 – *Kontostandsauskunft;* GRUR 07, 805 Rn 8 – *Irreführender Kontoauszug*) oder bei der bewussten (BGH GRUR 09, 876 Rn 18f – *Änderung der Voreinstellung II*), nicht aber bei nur versehentlicher Nichtausführung eines Auftrags zur Telefonanschlussumstellung (BGH GRUR 07, 987 Rn 33 – *Änderung der Voreinstellung*). Eine derartige Differenzierung ist auf der Grundlage des neuen Rechts nicht mehr möglich, da generell alle unmittelbar mit der Leistungserbringung zusammenhängende Verhaltensweisen erfasst sind (*Sosnitza* WRP 08, 1014, 1017; *Gomille* WRP 09, 525, 532; aA *Glöckner/Henning-Bodewig* WRP 05, 1311, 1326; *Isele* GRUR 09, 727, 729). Die Rspr versteht das Merkmal des „objektiven Zusammenhangs" zwischen dem Verhalten und der Absatzförderung funktional und setzt daher schon beim Begriff der geschäftlichen Handlung voraus, dass die Handlung bei objektiver Betrachtung darauf gerichtet ist, die geschäftliche Entscheidung des Verbrauchers zu beeinflussen; da diese Funktionalität einer mangelhaften oder sonst nicht vertragsgemäßen Leistung fehlt, liegt nach dieser Auffassung schon keine geschäftliche Handlung vor (BGH GRUR 13, 945 Rn 17, 24 – *Standardisierte Mandatsbearbeitung;* ebenso *Köhler*/Bornkamm § 2 Rn 48; Harte/Henning/*Keller* § 2 Rn 52). Diese Einschränkung steht jedoch mit der Systematik der Richtlinie nicht in Einklang, da das Kriterium der Beeinflussung der wirtschaftlichen Entscheidung des Verbrauchers Bestandteil der Definition der „wesentlichen Beeinflussung" nach Art 2 lit e und zugleich Voraussetzung der Unlauterkeit nach Art 5 II lit b der Richtlinie ist, während der Begriff der Geschäftspraktiken nach Art 2 lit d dem vorgelagert und damit weiter ist (ebenso *Dohrn,* Rn 179; *Scherer* WRP 09, 761, 766; aA *Schmidtke* S 62f). Etwas Anderes ergibt sich auch nicht aus Erwägungsgrund 7 der UGP-RL (aA BGH GRUR 13, 945 Rn 18 – *Standardisierte Mandatsbearbeitung*), wonach sich die Richtlinie auf Geschäftspraktiken bezieht, die in unmittelbarem Zusammenhang mit der Beeinflussung der geschäftlichen Entscheidungen des Verbrauchers in Bezug auf Produkte stehen und sie sich nicht auf Geschäftspraktiken bezieht, die vorrangig anderen Zielen dienen, wie etwa bei kommerziellen, für Investoren gedachten Mitteilungen, wie Jahresberichten und Unternehmensprospekten. Der Erwägungsgrund verdeutlicht lediglich, dass bestimmte Handlungen nicht von der Richtlinie erfasst werden sollen, trifft aber keine Aussage darüber, ob dies auf der Ebene der geschäftlichen Handlung oder auf der Ebene der wesentlichen Beeinflussung stattfinden soll, sodass sich an der Systematik der Art 2 lit d, lit e, Art 5 II lit b UGP-RL nichts ändert. Die unterschiedlichen Ansätze werden allerdings regelmäßig zum selben Ergebnis kommen, da die bloße Nicht- oder Schlechtleistung für sich genommen nicht darauf gerichtet ist, die wirtschaftliche Entscheidung der Verbraucher zu beeinflussen; so ist das unzutreffende Leugnen von Urheberrechtsverstößen eines Mandanten durch seinen Rechtsanwalt nicht darauf gerichtet, Mandate zu aquirieren (BGH GRUR 13, 945 Rn 24 – *Standardisierte Mandatsbearbeitung*).

24 Auch die Verwendung einer Gewährleistungsausschlussklausel, die gegen § 475 I 1 BGB verstößt, stellt eine geschäftliche Handlung iSd § 2 I Nr 1 dar (BGH GRUR 10, 1117 Rn 18 – *Gewährleistungsausschluss im Internet;* GRUR 10, 1120 Rn 21 – *Vollmachtsnachweis;* GRUR 13, 945 Rn 26 – *Standardisierte Mandatsbearbeitung;* ebenso für eine gegen § 475 I 1 BGB verstoßende Rügepflicht OLG Hamm K&R 12, 618, 619), sodass nunmehr auch eine eigenständige **lauterkeitsrechtliche AGB-Kontrolle** über § 4 Nr 11 (vgl dort Rn 11/78 ff) möglich ist (für unwirksame Lieferungs- und Vorleistungsklauseln zuvor schon KG GRUR-RR 08, 308, 309 f; OLG Frankfurt K&R 09, 197, 200; ebenso OGH ecolex 10, 166 – *Deinstallationsentgelt;* dazu *Schopper* ecolex 10, 864; krit *Ahrens* ZGE 12, 242, 244; *Armgardt* WRP 09, 122, 127; *Tüngler/ Ruess* WRP 09, 1336, 1342 f). Der BGH begründet die Eigenschaft als geschäftliche Handlung damit, dass der Klauselverwender mit dem Ziel handele, zu Gunsten seines Unternehmens den Absatz von Waren zu fördern, ohne dass es darauf ankommt, ob sich dieses Verhalten vor, bei oder nach Geschäftsabschluss auswirkt (BGH GRUR 10, 1117 Rn 18 – *Gewährleistungsausschluss im Internet;* GRUR 11, 638 Rn 21 – *Werbung mit Garantie*). Die Vereinbarung eines Gewährleistungsausschlusses ist geeignet, dem Unternehmer Kosten zu ersparen, indem er Verbraucher durch einen – wenn auch nicht durchsetzbaren – Gewährleistungsausschluss davon abhält, seine Gewährleistungsansprüche geltend zu machen; der Unternehmer kann dadurch in die Lage versetzt werden, günstigere Preise zu kalkulieren, sodass die Klausel geeignet ist, den Absatz zu fördern (BGH GRUR 10, 1117 Rn 18 – *Gewährleistungsausschluss im Internet;* GRUR 10, 1120 Rn 21 – *Vollmachtsnachweis*). Zusätzlich ließe sich der Gedanke der Hinderung des Verbrauchers an der Ausübung seiner vertraglichen Rechte, wie er in Art 9 lit d UGP-RL zum Ausdruck kommt, anführen. Auch die Gewährung einer Garantie ist zur Absatzförderung geeignet, da sie das Vertrauen des Verbrauchers in die Qualität des Produkts erhöht (BGH GRUR 11, 638 Rn 21 – *Werbung mit Garantie*).

25 **4. Förderung des Wettbewerbs. a) Absatzförderung.** Die geschäftliche Handlung setzt nach § 2 I Nr 1 ein Verhalten voraus, das mit der **Förderung des Absatzes** oder des Bezugs (dazu unten Rn 46 ff) von Waren oder Dienstleistungen oder mit dem Abschluss oder der Durchführung eines Vertrags (dazu unten Rn 49) objektiv zusammenhängt. Art 2 lit d UGP-RL spricht insoweit von „unmittelbar mit der Absatzförderung" zusammenhängenden Handlungen, wobei beispielhaft „kommerzielle Mitteilung(en) einschließlich Werbung und Marketing" genannt werden. Der Begriff wird damit denkbar **weit definiert**, worunter beispielsweise klassische Werbemaßnahmen wie Inserate oder Plakatständer (EuGH GRUR 13, 297 Rn 27 – *Köck*) sowie Kopplungsangebote (EuGH GRUR 09, 599 Rn 50 – *VTB/Total Belgium*), die Kopplung von Warenabsatz und Gewinnspiele oder Preisausschreiben (EuGH GRUR 10, 244 Rn 37 – *Plus;* GRUR 11, 76 Rn 18 – *Mediaprint*) und die Ankündigung von Preisermäßigungen (EuGH GRUR Int 11, 853 Rn 31 – *Wamo*) fallen, da sie sich „eindeutig in den Rahmen der Geschäftsstrategie eines Gewerbetreibenden einfügen" und „Verbraucher in die Geschäftsräume eines Händlers gelockt werden sollen" (EuGH aaO).

26 **b) Objektiver Zusammenhang.** Nach der Rechtsprechung von RG und BGH zum **UWG 1909**, insbesondere zu den §§ 1 und 3, war von einem Handeln zu Zwecken des Wettbewerbs, dh von einem Wettbewerbshandeln iS des früheren Rechts auszugehen, wenn **in objektiver Hinsicht** ein Verhalten vorlag, das geeignet war, den Absatz oder Bezug einer Person zum Nachteil einer anderen zu begünstigen, und wenn ferner **in subjektiver Hinsicht** der Handelnde von einer das objektive Geschehen begleitenden Absicht bestimmt ist, dh von der Absicht, den eigenen – oder einen fremden – Wettbewerb zum Nachteil des Wettbewerbs des anderen zu fördern, sofern diese Absicht nicht völlig hinter sonstige Beweggründe zurücktrat (st Rspr, RG MuW XXV, 115, 117 = JW 26, 564 – *Kettenhandel;* RGZ 128, 330, 331 = GRUR 30, 813, 817 – *Graf Zeppelin;* BGHZ 3, 270, 277 = GRUR 52, 410, 413 –

Definitionen **§ 2 UWG**

Constanze I; GRUR 90, 611, 613 – *Werbung im Programm;* GRUR 92, 450, 452 – *Beitragsrechnung;* GRUR 93, 125, 126 – *EWG-Baumusterprüfung;* WRP 96, 1099, 1100 – *Testfotos II;* GRUR 97, 473, 474 – *Versierter Ansprechpartner;* BGH GRUR 97, 761, 764 – *Politikerschelte;* BGHZ 136, 111, 117 = GRUR 97, 916, 918 – *Kaffeebohne;* BGHZ 149, 191, 197 = GRUR 02, 622, 624 – *shell.de).* Aus dieser Wechselbeziehung zwischen der Förderung des eigenen (oder eines fremden) Wettbewerbs und der Beeinträchtigung des Wettbewerbs eines anderen leiteten RG und BGH her, dass sich das vom Gesetz verlangte Merkmal eines Handelns zu Zwecken des Wettbewerbs allein auf Mitbewerber, dh auf miteinander konkurrierende Wettbewerber, bezog, sei es, dass der eigene Wettbewerb, sei es dass ein fremder Wettbewerb zu Lasten eines anderen gefördert werden sollte. Wettbewerber, die sich im Markt nicht begegneten, oder Monopolunternehmen, die keinen Mitbewerber hatten, konnten untereinander nicht zu Zwecken des Wettbewerbs handeln. Das bedeutete, dass das Tatbestandsmerkmal des Handelns zu Zwecken des Wettbewerbs das Bestehen eines konkreten Wettbewerbsverhältnisses als eines weiteren – ungeschriebenen – Tatbestandsmerkmals voraussetzte (RGSt 32, 27, 28 – *Drucktuch* [zum UWG von 1896]; 45, 254, 257 f – *Reissstärke* [zum UWG von 1909]; RGZ 118, 133, 136, 137 – *Getreidegeschäfte;* BGH GRUR 51, 283, 284 – *Möbelbezugsstoffe;* GRUR 72, 535 – *Statt Blumen ONKO-Kaffee;* GRUR 97, 907, 908 – *Emil-Grünbär-Klub;* GRUR 97, 909, 910 – *Branchenbuch-Nomenklatur;* GRUR 99, 1122, 1123 – *EG-Neuwagen I;* GRUR 00, 344, 347 – *Beteiligungsverbot für Schilderpräger;* GRUR 01, 258 – *Immobilienpreisangaben).*

Das **UWG 2004** verstand unter dem Begriff der Wettbewerbshandlung nach § 2 I **27** Nr 1 „jede Handlung einer Person mit dem *Ziel,* den eigenen oder einen fremden Wettbewerb zu fördern". Ob danach immer noch eine subjektive Wettbewerbsabsicht erforderlich war oder bereits eine bloße objektive Zielsetzung ausreicht, war streitig (vgl 4. Aufl § 2 Rn 22 ff mwN). Da in Art 2 lit d der UGP-RL jedoch kein subjektives Element enthalten ist und stattdessen nur an einen unmittelbaren Zusammenhang angeknüpft wird, wollte der Gesetzgeber durch die **Novelle von 2008** diesen Streit beenden. Allerdings stellt § 2 I Nr 1 nicht wie die Richtlinie auf einen unmittelbaren, sondern auf einen **objektiven Zusammenhang** ab. Darin liegt keine inhaltliche Abweichung von der Richtlinie, vielmehr soll mit dieser Formulierung dem Umstand Rechnung getragen werden, dass das UWG nach wie vor nicht das Verhältnis von Unternehmen zu Verbrauchern, sondern auch das Verhältnis der Unternehmen untereinander erfasst. Namentlich in Fällen der horizontalen Behinderung (zB Absatz- und Werbebehinderungen, Betriebsstörungen sowie Betriebsspionage, unberechtigte Abmahnungen) ist nach der Gesetzesbegründung kein unmittelbarer, sondern nur ein objektiver Zusammenhang gegeben, da derartige Verhaltensweisen in der Regel keine unmittelbaren Auswirkungen auf den Absatz oder auf den Bezug von Waren oder Dienstleistungen hätten (BT-Dr 16/10 145, S 21). Der Begriff der geschäftlichen Handlung nach § 2 I Nr 1 setzt daher weder eine subjektive Wettbewerbsabsicht noch ein Handeln mit dem Ziel der Beeinträchtigung fremden Wettbewerbs voraus und erfordert auch kein konkretes Wettbewerbsverhältnis zwischen dem Handelnden und dem Beeinträchtigten (ebenso OGH wbl 09, 99, 101 – *Unseriöse Anbieter).*

c) Einzelfragen. Begünstigter einer geschäftlichen Handlung kann das Un- **28** ternehmen des Handelnden sein („zugunsten des eigenen") oder ein anderes Unternehmen („oder eines fremden"). Es genügt, dass das Wettbewerbshandeln *objektiv* (Rn 26 f) geeignet ist, einen wirtschaftlichen Vorteil irgendwie herbeizuführen (BGH GRUR 95, 270, 272 – *Dubioses Geschäftsgebaren).* Dass dies auf Kosten eines Mitbewerbers geschieht, ist nicht erforderlich (Rn 26 f). Auf das Vorliegen einer Gewinnabsicht kommt es nicht an (Rn 11). Die die Differenzierung nach dem Begünstigten klarstellende Formulierung **„zugunsten des eigenen oder eines fremden**

Unternehmens" wurde im UWG 2004 aufgenommen, findet sich aber nicht in Art 2 lit d UGP-RL. Gleichwohl steht das Unionsrecht dem nicht entgegen, da die Förderung fremden Wettbewerbs außerhalb der Richtlinie liegt (BGH GRUR 09, 878 Rn 11 – *Fräsautomat*).

29 **Beispielsfälle.** Das eigene Unternehmen begünstigen (bzw synonym: den eigenen Wettbewerb fördern) **herabsetzende Äußerungen** über konkurrierende Wettbewerber vor der Presse, auch vor eigenen Mitarbeitern, wenn es sich nach Sachlage nicht nur um einen betriebsinternen Vorgang handelt. Inkassounternehmen, die sich mit der **Einziehung von Drittforderungen** befassen, handeln nicht allein in Erfüllung des ihnen erteilten Auftrags, sondern auch zwecks Förderung eigenen Wettbewerbs (OLG Koblenz WRP 85, 657, 658). Die **Übersendung gerichtlicher Entscheidungen** an Kunden mit für Mitbewerber nachteiligem Inhalt zielt auf Förderung eigenen Wettbewerbs (vgl BGH GRUR 95, 424, 425 – *Abnehmerverwarnung*). Ein Tankstellenhalter fördert seinen Wettbewerb durch **Hinweise auf die Benzinqualität** (BGH GRUR 88, 832, 834 – *Benzinwerbung*). Ein Online-Reiseportal fördert den Absatz seiner Dienstleistungen durch das Bereithalten einer **Bewertungsfunktion** (LG Hamburg WRP 12, 94 Rn 34ff). Eine Reparaturwerkstatt fördert ihren Absatz auch durch eine **telefonische Kundenzufriedenheitsabfrage** (OLG Köln WRP 12, 725 Rn 11).

30 Der mit einer geschäftlichen Handlung erstrebte Vorteil kann in der **Steigerung des Absatzes,** aber auch in der **Verminderung von Umsatzeinbußen** liegen. Es reicht aus, dass eine Tätigkeit auf die **Erhaltung** des eigenen (oder fremden) Kundenstamms abzielt (BGH GRUR 70, 465, 467 – *Prämixe*). Der Wettbewerb konkurrierender Anbieter um Endverbraucher wird nicht allein durch **unmittelbare** Einflussnahme auf *deren* Kaufentscheidung geführt, sondern auch durch **mittelbare** Beeinflussung der Auswahlentscheidung der nachfragenden Wiederverkäufer (BGH GRUR 96, 798, 799 – *Lohnentwesungen*). Maßnahmen, die eine **Abwanderung von Kunden** verhindern sollen, dienen der Förderung des Wettbewerbs, etwa wenn Kunden davon abgehalten werden sollen, Vergleichsangebote anderer Anbieter einzuholen (BGH GRUR 92, 450, 452 – *Beitragsrechnung;* GRUR 94, 126, 127 – *Folgeverträge I*) oder die Erteilung einer unzureichenden Widerrufsbelehrung (OLG Frankfurt, GRUR-RR 07, 56). Auch Handlungen, die auf die **Vorbereitung** oder Förderung eines **künftigen** Wettbewerbs gerichtet sind, sind geschäftliche Handlungen in diesem Sinne (BGH GRUR 84, 823, 824 – *Charterfluggesellschaften;* WRP 93, 396, 397 – *Maschinenbeseitigung*). Positive **Ad hoc-Mitteilungen** nach § 15 I 1 WpHG können geschäftliche Handlungen sein (OLG Hamburg, GRUR-RR 06, 377; *Emmerich,* FS Reuter, 2010, S 957, 962; *Lettl,* ZGR 03, 853, 859f; aA *Klöhn,* ZHR 172 [2008], 388, 402ff). Hat ein Werk **Kunstwerkeigenschaft** iS des Art 5 III GG, steht das weder seiner objektiven Eignung entgegen, Gegenstand einer geschäftlichen Handlung zu sein, noch einer entsprechenden Förderung des Wettbewerbs des Vermarkters (BGHZ 130, 205, 213 = GRUR 95, 744, 747 – *Feuer, Eis* & 38; *Dynamit I*).

31 Zwecks Förderung des Wettbewerbs eines Unternehmens kann auch ein **Dritter** handeln, der **außerhalb des Wettbewerbs** steht, in den er sich einschaltet (s zB die Fallgestaltungen in BGH GRUR 97, 912 – *Die Besten I;* GRUR 97, 914 – *Die Besten II;* OLG Köln 95, 433; 00, 75, 99). Wettbewerber braucht der Dritte also nicht zu sein. Dritter ist, wer in Ausübung oder im Rahmen oder im Zusammenhang mit einer *eigenen* unternehmerischen Tätigkeit (eines Handels, Gewerbes, Handwerks oder freien Berufs) zugunsten eines Wettbewerbers werbend vorgeht, ferner wer ohne eigene unternehmerische Tätigkeit mit der Wahrnehmung der Interessen des von ihm begünstigten Unternehmens betraut ist (vgl Art 2 lit d der Irreführungsrichtlinie 2006/114/EG und zu deren Heranziehung § 5 Rn 47), zB Unternehmensangestellte und -beauftragte oder Dachverbände, die die Interessen der ihr angeschlossenen Unternehmen wahrnehmen, oder die Kammern freier Berufe, die zugunsten ihrer Mitglieder handeln (sa Rn 11). Dritter ist aber nicht mehr, wer nicht selbst zu-

Definitionen **§ 2 UWG**

mindest im Rahmen oder im Zusammenhang mit einer eigenen unternehmerischen Tätigkeit für einen anderen wirbt oder von dem durch seine Werbung begünstigten Unternehmen mit der Wahrnehmung der Interessen diese Unternehmens betraut ist (vgl Art 2 lit a der Irreführungsrichtlinie: „... *bei* der Ausübung eines Handels ..."; vgl auch *Köhler*/Bornkamm § 2 Rn 64). Die private Äußerung eines Mitarbeiters in einem Internet-Blog kann eine geschäftliche Handlung zugunsten des Unternehmens sein (OLG Hamm, MMR 08, 757).

Fachverbände, die satzungsgemäß die wirtschaftlichen Interessen ihrer Mitglieder verfolgen, handeln bei einer dem Satzungszweck entsprechenden Tätigkeit zwecks Förderung des Wettbewerbs der Verbandsmitglieder (BGH GRUR 62, 45, 47 – *Betonzusatzmittel;* GRUR 73, 371, 372 – *Gesamtverband;* GRUR 92, 707, 708 – *Erdgassteuer;* GRUR 09, 878 Rn 11 – *Fräsautomat*). Das gilt auch bei der außergerichtlichen Vertretung eines Mitgliedsunternehmens (BGH GRUR 12, 79 Rn 13 – *Rechtsberatung durch Einzelhandelsverband*). **Gewerbeverbände (§ 8 III Nr 2)** handeln im Allgemeinen ebenfalls mit dem Ziel, den Wettbewerb derjenigen ihrer Mitgliedsunternehmen zu fördern, die Mitbewerber des Verletzers sind (BGH WRP 96, 1099, 1100 – *Testfotos II*). Gleiches gilt auch für **nichtwirtschaftliche Vereine** (Idealvereine) und **Verbände,** soweit sie erwerbswirtschaftlich tätig werden, sei es im Rahmen des Nebenzweckprivilegs, sei es darüber hinaus (BGH GRUR 72, 40, 42 – *Feld und Wald I;* GRUR 83, 120, 125 – *ADAC – Verkehrsrechtsschutz*). **Testkäufe** und sonstige Kontrollmaßnahmen (Testfahrten, Testfotos), die der Überprüfung des Wettbewerbsverhaltens von Mitbewerbern dienen, bzw Hausverbote, die Testmaßnahmen unterbinden sollen (§ 4 Rn 10/20 f), sind geschäftliche Handlungen iS des § 2 I Nr 1. Auch die Anprangerung politischer Missstände ist eine Wettbewerbsförderungshandlung, wenn ersichtlich ist, dass damit (zugleich) Wettbewerbszwecke verfolgt werden (BGH GRUR 97, 761, 764 – *Politikerschelte*). 32

Auch die **typisch wettbewerbsfördernden Tätigkeiten der Medien** (Presse, Hörfunk, Fernsehen, Film) – dh das Handeln der Medien *außerhalb* des verfassungsrechtlich geschützten Funktionsbereichs der Meinungs- und Pressefreiheit (Rn 39 f) – erfüllt die Voraussetzungen des § 2 I Nr 1. Typisch wettbewerbsfördernd in diesem Sinne ist das **Anzeigengeschäft,** durch das der eigene Wettbewerb der Medien, regelmäßig aber auch der Wettbewerb der Anzeigenkunden gefördert werden soll. Die Redaktion handelt daher bei der Veröffentlichung von Werbeanzeigen, wenn keine Tatsachen ersichtlich sind, die ausnahmsweise eine andere Beurteilung erfordern, immer auch mit dem Ziel, den Wettbewerb des Verlages, der Medienanstalt usw zu fördern (BGH GRUR 73, 203, 204 – *Badische Rundschau;* GRUR 90, 1012, 1013 – *Pressehaftung I;* GRUR 93, 53, 54 – *Ausländischer Inserent;* GRUR 94, 841, 842 f – *Suchwort;* GRUR 95, 595, 597 – *Kinderarbeit;* GRUR 95, 600, 601 – *H. I. V. POSITIVE;* GRUR 97, 909, 910 – *Branchenbuch-Nomenklatur;* vgl auch OLG Köln GRUR-RR 08, 404 – *TV-Premiere*). Typisch wettbewerbsfördernd sind ferner die **Kundenakquisition** einschließlich der **Abonnentenwerbung** und das sonstige der Absatzförderung dienende **Werbegeschäft** (BGH GRUR 71, 259, 269 – *W. A. Z.:* Abwerbung von Zeitungsabonnenten zum Nachteil eines konkurrierenden Presseunternehmens). 33

Erwerbswirtschaftliche **Maßnahmen der öffentlichen Hand,** sind ebenfalls geschäftliche Handlungen. Das trifft immer dann zu, wenn die öffentliche Hand in *privatrechtlicher Form* als Handelsgesellschaft oder als *Regiebetrieb* (nicht als Hoheitsträger) am Wettbewerb teilnimmt (vgl BGH GRUR 09, 606 Rn 12 – *Buchgeschenk vom Standesbeamten*). Dem steht nicht entgegen, dass die – als solche rein erwerbswirtschaftlich-marktgerichteten – Tätigkeiten letztlich allgemeinen, sozialen, kulturellen oder gemeinnützigen Aufgaben zugute kommen oder sonst der Daseinsvorsorge dienen sollen (BGH GRUR 65, 373, 375 – *Blockeis I;* GRUR 81, 823, 825 – *Ecclesia-Versicherungsdienst;* GRUR 87, 116, 118 – *Kommunaler Bestattungswirtschaftsbetrieb I;*). 34

35 Wird die öffentliche Hand außerhalb des rein erwerbswirtschaftlichen Tätigkeitsbereichs (Rn 34) **hoheitlich** oder auch nur **schlicht verwaltend** tätig, kommt die Annahme eines geschäftlichen Handelns nicht in Betracht (BGHZ 66, 229, 237f = GRUR 76, 658, 660 – *Studentenversicherung:* Werbung einer gesetzlichen Krankenkasse mit nicht kostendeckenden Beitragssätzen; BGHZ 82, 375, 395 = GRUR 82, 425, 430 – *Brillen-Selbstabgabestellen:* Erfüllung der Sachleistungspflicht durch AOK; GRUR 85, 1063, 1064 – *Landesinnungsmeister:* Verfolgung berufspolitischer Ziele durch Organ der Handwerksinnung; GRUR 90, 463, 464 – *Firmenrufnummer:* Kommunalbehördlicher Hinweis auf Wahrnehmung öffentlicher Aufgaben durch einen Wettbewerber; GRUR 93, 125, 126 – *EWG-Baumusterprüfung:* Wahrnehmung von Aufgaben des Arbeits- und Unfallschutzes). Schreibt eine Behörde in einer öffentlichen Ausschreibung für Dienstbekleidung (Feuerwehrjacken) die Verwendung bestimmter Materialien vor, rechtfertigt das für sich allein ebenso wenig die Annahme der Förderung fremden Wettbewerbs (OLG Hamm NJWE-WettbR 00, 69) wie der bloße Hinweis auf Fördermöglichkeiten von Solaranlagen in gemeintlichen Nachrichten (BGH GRUR 13, 301 Rn 20 – *Solarinitiative*).

36 Wettbewerbsfördernde **Auswirkungen,** die sich lediglich **als Nebenfolge** (Reflex) einer Handlung einstellen, die von einer anderen als der objektiven Zielsetzung getragen ist, den Absatz oder Bezug von Waren oder Dienstleistungen eines Unternehmens zu begünstigen wie beispielsweise bei den Tätigkeiten der Medien, der Parteien, der Gewerkschaften, der Kirchen usw *im Rahmen ihres Funktionsbereichs* (Rn 39, 42), erfüllen den Handlungsbegriff des § 2 I Nr 1 nicht.

37 Handelt ein **Rechtsanwalt** im Rahmen seiner beruflichen Tätigkeit (Beratung, Prozessvertretung), stellt das im Allgemeinen keine geschäftliche Handlung zur Förderung der wettbewerblichen Interessen seines Mandanten dar. Der Rechtsanwalt berät zwar in Wahrnehmung seiner eigenen beruflichen Aufgabenkreises die Partei über die Rechtslage und besorgt deren Rechtsangelegenheiten, begünstigt aber weitergehend nicht auch deren wirtschaftliche Ziele (BGH GRUR 67, 428, 429 – *Anwaltsberatung*). Soweit dem Mandanten aus der Tätigkeit seines Anwalts wettbewerbliche Vorteile erwachsen, ist das lediglich zwangsläufige Folge der anwaltlichen Tätigkeit und erlaubt nicht den Schluss auf Handeln zur Förderung fremden Wettbewerbs.

38 **Während eines schwebenden** – gerichtlichen oder behördlichen – **Verfahrens** besteht für den von Maßnahmen des Anwalts des Mitbewerbers betroffenen Konkurrenten keine Möglichkeit, dagegen mit der negatorischen (Unterlassungs-)Klage oder Widerklage vorzugehen, und zwar weder gegen den Rechtsanwalt, noch gegen dessen Auftraggeber (die Partei, den Mitbewerber), noch gegen von diesem benannte Zeugen. Äußerungen, die der Rechtsverfolgung oder Rechtsverteidigung in einem gerichtlichen oder verwaltungsbehördlichen Verfahren oder dessen konkreter Vorbereitung dienen, können nicht mit Klagen in einem anderen Prozess abgewehrt werden. Das Verfahren, in dem die streitigen Äußerungen gefallen sind, darf nicht durch Beschneidung der Äußerungsfreiheit der daran Beteiligten beeinträchtigt werden (näher dazu s § 8 Rn 170ff). Deshalb ist allein in diesem Verfahren zu prüfen, ob das angegriffene Vorbringen zutrifft und erheblich ist. **Auf die Frage der geschäftlichen Handlung** kommt es daher in solchen Fällen *nicht* an, da Klage oder Widerklage einen unzulässigen Eingriff in das anhängige Verfahren bedeuten würde und deshalb mangels Rechtsschutzbedürfnisses bereits der Abweisung als unzulässig verfiele (BGH GRUR 87, 568, 569 – *Gegenangriff;* VersR 92, 443 – *Abwehranspruch;* VersR 95, 176, 177 – *Ehrenschutzklage;* WRP 05, 236, 237 – *Bauernfängerei;* vgl auch BGHZ 121, 242, 245 = GRUR 93, 556, 558 – *TRIANGLE;* GRUR 98, 587, 589f – *Bilanzanalyse Pro 7*). Ein anderes käme nur in Betracht, wenn die in Rede stehenden Maßnahmen keinen irgendwie gearteten sachlichen Zusammenhang mit der Rechtsverfolgung oder -verteidigung aufwiesen (BGH aaO – *Gegenangriff,* S 568) oder wenn eine Behauptung als ohne weiteres bewusst unwahr oder unhaltbar angesehen werden

Definitionen **§ 2 UWG**

kann (*Teplitzky*, Kap 19 Rn 16). **Materiell-rechtlich** kann allerdings auch in Erklärungen, die im Rahmen der Rechtsverteidigung in einem gerichtlichen Verfahren abgegeben werden, uU eine zu einem bestimmten Verhalten berechtigende Rechtsberühmung liegen, aus der die unmittelbar oder in naher Zukunft ernsthaft drohende Gefahr einer Erstbegehung abzuleiten ist (BGH GRUR 99, 418, 420 – *Möbelklassiker;* GRUR 01, 1174, 1175 – *Berühmungsaufgabe*). Jedoch stellt eine allein im Zuge der Rechtsverteidigung geäußerte Auffassung, zu dem fraglichen Verhalten berechtigt zu sein, keine die Erstbegehungsgefahr begründende Berührung (Wettbewerbshandlung) dar (BGH aaO – *Berühmungsaufgabe*).

Handeln die **Medien** im Rahmen ihres medialen Funktionsbereichs – geht es also **39** nicht um wettbewerbsfördernde Maßnahmen (Rn 33) – kann darin ein geschäftliches Handeln nicht erblickt werden. Aufgabe der Medien ist es, zur Meinungsbildung, Information und Unterhaltung beizutragen (Art 5 I GG). Hält sich das Vorgehen der Medien im Rahmen dieser Aufgaben, schließt das die Annahme einer geschäftlichen Handlung aus (BGH GRUR 86, 812, 813 – *Gastrokritiker;* GRUR 95, 270, 272 – *Dubioses Geschäftsgebaren;* GRUR 97, 473, 475 – *Versierter Ansprechpartner;* GRUR 98, 947, 948 – *AZUBI ,94;* GRUR 00, 703, 706 – *Mattscheibe;* GRUR 06, 875 Rn 23 – *Rechtsanwalts-Ranglisten;* stRspr). Wettbewerbliche Auswirkungen des Medienhandelns sind vielmehr unvermeidbare Folge der Erfüllung der journalistischen Aufgabe (Rn 36). Das gilt auch bei polemisch überspitzten, subjektiv einseitigen oder sogar gewollt herabsetzenden Äußerungen (BGH GRUR 95, 270, 272 – *Dubioses Geschäftsgebaren;* GRUR 97, 912, 913 – *Die Besten I*). Auseinandersetzungen dieser Art finden regelmäßig im Interesse der Meinungsbildung statt, nicht zu Wettbewerbszwecken. Der verfassungsrechtliche Schutz der Meinungs- und Informationsfreiheit darf nicht durch ein zu weit gestecktes Verständnis des Begriffs des geschäftlichen Handelns beeinträchtigt werden (BGH GRUR 82, 234, 235 – *Großbanken-Restquoten:* Pressekritik an Konkurrenzblatt; GRUR 84, 461, 462 – *Kundenboykott:* Stellungnahme eines Brancheninformationsdienstes zugunsten von Uhrenfachhändlern in deren Wettbewerb mit Kaffeefilialisten, die Uhren im Beisortiment vertreiben; GRUR 86, 812, 813 – *Gastrokritiker:* Pressekritik an Weinlokal durch Kritiker mit wirtschaftlichen Interessen an einer Weinkellerei; GRUR 86, 898, 899 – *Frank der Tat:* Redaktioneller Pressebericht über Rechtsanwälte; GRUR 88, 38, 39 – *Leichenaufbewahrung:* Auftragserteilung durch Wohlfahrtseinrichtung; GRUR 89, 772, 773 – *Mitarbeitervertretung:* Maßnahmen sozialer Fürsorge; GRUR 90, 373, 374 – *Schönheits-Chirurgie:* Redaktioneller Illustriertenbericht über ein chirurgisches Verfahren; GRUR 95, 270, 272 – *Dubioses Geschäftsgebaren:* Kritik in Pressebeitrag an konkurrierendem Fortbildungsveranstalter; GRUR 97, 473, 475 – *Versierter Ansprechpartner:* Pressebericht über steuerliche Vorteile von Kapitalanlagen mit dem Hinweis auf die Möglichkeit der Benennung eines Ansprechpartners für die Rechts- und Steuerberatung; GRUR 97, 909, 910 – *Branchenbuch-Nomenklatur:* Übernahme von Pflicht- und Zusatzeintragungen in Branchen-Fernsprechbuch/Gelbe Seiten, durch die auf die jeweiligen Tätigkeitsbereiche der Fernsprechanschlussinhaber hingewiesen wird; GRUR 98, 167, 168 – *Restaurantführer:* Negativer Testbericht über Restaurant; GRUR 98, 489, 492 – *Unbestimmter Unterlassungsantrag III:* Redaktioneller Pressebericht über Richtfest einer Wohnanlage; GRUR 06, 875 Rn 23 – *Rechtsanwalts-Ranglisten:* Nach Regionen und Rechtsgebieten untergliederte Ranglisten von Anwaltskanzleien).

Ist bei einem Medienhandeln, das für sich betrachtet in den medialen Funktions- **40** bereich fällt, gleichwohl die objektive Zielsetzung zu erkennen, wettbewerbsfördernde Wirkung nur als Nebenfolge (Rn 36) zu entfalten, ist bei der Beurteilung der Frage der Unlauterkeit die **wertsetzende Bedeutung des Grundrechts** der Meinungs- und Pressefreiheit (Art 5 I GG) mit dem Gewicht des verletzten **lauterkeitsrechtlichen Schutzguts** (Art 5 II GG, §§ 3ff UWG) **abzuwägen** (§ 3 Rn 30; BVerfGE 7, 198, 208, 212, 215 = NJW 58, 257, 258 – *Lüth;* BVerfGE 60, 234, 240f = GRUR 82, 498, 499 – *Kredithaie;* BVerfG GRUR 84, 357, 359f –

markt-intern; BGH GRUR 80, 242, 244 – *Denkzettel-Aktion;* GRUR 82, 234, 236 – *Großbanken-Restquoten;* GRUR 83, 379, 382 – *Geldmafiosi;* GRUR 84, 461, 463 – *Kundenboykott;* GRUR 84, 214, 215 – *Copy-Charge;* GRUR 97, 912 – *Die Besten* I; GRUR 97, 914 – *Die Besten* II; BGHZ 136, 111, 121 ff = GRUR 97, 916, 919 – *Kaffeebohne; Piper* in FS Vieregge S 729; *Gomille* WRP 09, 525, 527). Kritik der Medien an Vorgängen, die für die Öffentlichkeit von Interesse sind, werden regelmäßig von Art 5 I GG gedeckt, auch wenn der kritisierte Vorgang oder eine kritisierte Person dabei subjektiv einseitig und gewollt herabgesetzt werden (Rn 39; BGH GRUR 00, 703, 706 – *Mattscheibe*). Gleiches gilt – bei *fehlender* Wettbewerbsförderung – für die Prüfung der Rechtswidrigkeit des Medienhandelns im Rahmen der §§ 823 I, II, 826 BGB und § 1004 BGB analog. **Anders** liegt es bei Förderung fremden Wettbewerbs durch Schleichwerbung im Programmteil eines Rundfunksenders (KG GRUR-RR 05, 320, 321 f). Auch in Fällen, in denen stark tendenziös und einseitig zu Lasten einer Person oder eines Unternehmens Stellung bezogen wird, kann im Einzelfall eine geschäftliche Handlung vorliegen, wenn die tendenziöse Stellungnahme im Rahmen einer Gesamtschau aller Umstände nicht mehr von dem Bestreben geleitet ist, das Publikum sachbezogen zu unterrichten und es am öffentlichen Meinungsbildungsprozess teilhaben zu lassen (vgl BGH GRUR 82, 234, 235 – *Großbanken-Restquoten;* OLG Hamburg AfP 09, 497).

41 **Wissenschaftliche Tätigkeiten,** Veröffentlichungen von Forschungsergebnissen, Aufsätze in Fachzeitschriften usw sind als solche keine geschäftlichen Handlungen, auch wenn sie sich auf den Wettbewerb auswirken und Mitbewerber begünstigen. Die Wissenschaft steht in ihrer verfassungsrechtlich vorbehaltlos geschützten Freiheit (Art 5 III 1 GG) grundsätzlich außerhalb des Wettbewerbs. Fachlichen Erörterungen kann nicht ohne weiteres unterstellt werden, dass sie sich auf die Verfolgung geschäftlicher Interessen richten (RG GRUR 32, 85, 86 = JW 32, 870, 871 = *Eviunis/Vitophos;* BGH GRUR 57, 360, 361 – *Phylax-Apparate;* GRUR 64, 389, 391 – *Fußbekleidung; v. Gamm* Kap 17 Rn 53). Auch wissenschaftliche Auftragsarbeiten rechtfertigen eine dahingehende Annahme grundsätzlich nicht. Die soziale Abhängigkeit des Angestellten lässt für sich allein nicht auf ein wettbewerbsförderndes Handeln schließen (BGH GRUR 62, 45, 48 – *Betonzusatzmittel*). Gleiches gilt für die Erstattung von Gutachten – auch von Privatgutachten – im Rahmen oder aus Anlass von Gerichtsverfahren. Die Umstände des Einzelfalls (wirtschaftliche Interessen des Gutachters, herabsetzende Kritik an Hersteller und dessen Produkte, Kritik außerhalb der Grenzen einer objektiv-neutralen wissenschaftlichen Darstellung) können eine andere Beurteilung zulassen. Entscheidend kommt es dabei darauf an, ob die in Rede stehende fachliche Arbeit oder Untersuchung wissenschaftlichen Anforderungen genügt (BGH GRUR 02, 633, 634 – *Hormonersatztherapie*). Wer im Wettbewerb Gutachten verwendet oder sich auf fachliche Stellungnahmen beruft, macht sich diese zwecks Förderung seines Wettbewerbs zu eigen und muss deshalb – ungeachtet des wissenschaftlichen Charakters solcher Arbeiten – deren Inhalt wettbewerbsrechtlich wie eigene Äußerungen vertreten (RGZ 163, 164, 167 = GRUR 40, 301, 303 – *Cormed/Coramin;* BGH GRUR 71, 153, 155 – *Tampax;* GRUR 91, 848, 849 – *Rheumalind II;* KG NJW 95, 1364, 1366).

42 Die Betätigung der **politischen Parteien,** der **Kirchen,** der **Gewerkschaften,** der **Unternehmensvereinigungen,** der **Meinungsforschungsinstitute** und **vergleichbarer Körperschaften, Verbände und Vereine** im Rahmen der Erfüllung ihrer sozialpolitischen und gesellschafts- und gemeinnützigen Aufgaben sind grundsätzlich nicht wettbewerbsgerichtet, auch wenn dadurch objektiv uU massiv in den Wettbewerb eingegriffen wird (Rn 36; BGH GRUR 81, 823, 825 – *Ecclesia-Versicherungsdienst;* BGHZ 110, 156, 160 = GRUR 90, 522, 524 – *HBV – Familien- und Wohnungsrechtsschutz;* OLG Düsseldorf WRP 98, 421, 426 f). Rundschreiben einer Kammer an ihre Mitglieder und verbandsinterne Mitteilungen haben keinen Marktbezug und stellen daher keine geschäftliche Handlung dar (OLG Brandenburg GRUR 08,

Definitionen § 2 UWG

356; GRUR-RR 06, 199, 200). Allerdings konkurrieren gemeinnützige und mildtätige Organisationen auf dem **Spendenmarkt,** da die Verteilung der gesammelten Spenden eine Dienstleistung darstellt, die auch gegen Entgelt erfolgt, soweit ein Verwaltungskostenanteil enthalten ist (*Köhler*/Bornkamm, § 2 Rn 41; *ders,* GRUR 08, 281, 283; *Voigt,* GRUR 06, 466, 469; aA LG Köln GRUR-RR 08, 198, 199; *Peifer* in: Hilty/Henning-Bodewig, Lauterkeitsrecht und Acquis Communautaire, 2009, S 125, 144).

Weltanschauliche, wissenschaftliche, redaktionelle oder verbraucherpolitische Äußerungen von Unternehmen oder anderen Personen unterfallen auch nach der Novelle von 2008 **nicht** dem UWG, soweit sie in **keinem objektiven Zusammenhang** mit dem Absatz oder Bezug von Waren oder Dienstleistungen stehen (BT-Dr 16/10 145, S 21). Das gilt etwa für redaktionelle Äußerungen oder eine Reichweitenforschung (Forschung über Medienkontakte). Dienen sie nur der Information der Leserschaft oder der die Anonymität der befragten Personen wahrenden Markt- und Meinungsforschung, fehlt es an einem objektiven Zusammenhang zum Warenabsatz, sodass eine geschäftliche Handlung nicht vorliegt. Davon kann allerdings nicht ausgegangen werden, wenn sich zB ein Unternehmen in einem selbst veröffentlichten Newsletter als besonders fachkundigen und wissenschaftlichem Arbeiten verpflichteten und damit seriösen Anbieter darstellt (BGH GRUR 12, 74 Rn 15f – *Coaching Newsletter*). **Sponsoring** und **Imagewerbung** können nach wie vor in den Anwendungsbereich des UWG fallen. Dies wird durch die Erwähnung des Sponsorings in § 5 I 2 Nr 4 verdeutlicht. Image-Werbung soll eine geschäftliche Handlung sein können, sofern sie objektiv geeignet ist, eine geschäftliche Entscheidung des Verbrauchers zu beeinflussen (BT-Dr 16/10 145, S 21); diese Einschränkung erscheint indessen unnötig und nicht der Systematik der UGP-RL entsprechend, da das Kriterium der Beeinflussung Bestandteil der Definition der „wesentlichen Beeinflussung" nach Art 2 lit e und zugleich Voraussetzung der Unlauterkeit nach Art 5 II lit b der Richtlinie ist, während der Begriff der Geschäftspraktiken nach Art 2 lit d dem vorgelagert und damit weiter ist (vgl auch Rn 23). Eine geschäftliche Handlung liegt auch vor, wenn sich jemand erkennbar **fremder Meinungsäußerungen bedient,** etwa wenn eine Anwaltskanzlei auf ihrer Website Kommentare eines Internetnutzers in Form eines Blogs verwendet (OLG Hamm GRUR-RR 12, 279, 280 – *Doppelmoral*). 43

Die Frage der **objektiven Geeignetheit eines Handelns,** eigenen oder fremden Wettbewerb zu fördern, ist **keine** ggf durch Beweiserhebung zu klärende **Tatfrage,** sondern eine **Rechtsfrage,** die als solche dem Beweis entzogen ist. Zur *Tatfrage* gehört der von den Prozessparteien vorzutragende, in seinem Ablauf ggf. streitige Lebenssachverhalt, dessen tatrichterliche Feststellung die Grundlage für die Prüfung der *Rechts*frage bildet, ob das Vorgehen des Handelnden zur Förderung des Wettbewerbs objektiv geeignet war. Über diese Frage kann ebenso wenig Beweis erhoben werden wie über die der Unlauterkeit oder der Irreführung. 44

5. Unternehmensbezogenheit der geschäftlichen Handlung. Geschäftliche Handlungen sind auf die Förderung des Wettbewerbs eines Unternehmens gerichtet (des eigenen oder eines fremden). Geschäftliche Handlungen sind also **unternehmensbezogen.** Der insoweit maßgebende Unternehmensbegriff umfasst in einem weiten Sinne jede selbstständige und auf Dauer zielende Beteiligung am wirtschaftlichen Verkehr, die auf den entgeltlichen Absatz oder Bezug von Waren oder Dienstleistungen gerichtet ist und sich nicht bloß auf die private Bedarfsdeckung beschränkt. **Selbstständig** ist die in eigener Verantwortung ausgeübte Tätigkeit. Auf die Rechtsform (ob AG, GmbH, Idealverein usw) kommt es nicht an. Der Begriff der **Entgeltlichkeit** setzt die Absicht der Gewinnerzielung nicht voraus (BGH GRUR 74, 733, 734 – *Schilderverkauf;* GRUR 81, 823, 825 – *Ecclesia-Versicherungsdienst;* BGHZ 82, 375, 395 – *Brillen-Selbstabgabestellen*), wohl aber die der Erlangung einer **Gegenleistung.** Diese kann wie bei Vereinen auch in Mitgliedsbeiträgen beste- 45

Sosnitza 179

hen, so dass auch eine mit den Beiträgen finanzierte Tätigkeit gegenüber Dritten vom Unternehmensbegriff erfasst wird (*Köhler*/Bornkamm § 2 Rn 24). Auch gemeinnützige Tätigkeiten können, wenn die sonstigen Voraussetzungen erfüllt sind, dem **Unternehmensbegriff genügen**. Dieser erfasst alle Gewerbetreibenden, aber auch die Freiberufler, die im Rechtssinne kein Gewerbe ausüben (Ärzte, Rechtsanwälte, Notare, Steuerberater, Architekten, Ingenieure, Künstler usw) (BGH GRUR 72, 709 – *Patentmark;* GRUR 87, 241 – *Arztinterview;* GRUR 93, 675, 676 – *Kooperationspartner*). Das UWG unterscheidet „Unternehmen" und „Unternehmer" (§ 2 I Nr 1, 3, II; § 4 Nr 8; § 8 II, III Nr 2; § 15 II; § 17 I, II). **Unternehmen** ist der Betrieb, **Unternehmer** der Betriebsinhaber (Unternehmensträger), der eine natürliche oder juristische Person oder eine rechtsfähige Personengesellschaft sein kann. Zum Begriff des Unternehmers s Rn 88 ff.

46   **6. Absatz und Bezug von Waren oder Dienstleistungen.** § 2 I Nr 1 bezieht in den Kreis der geschäftlichen Handlungen sowohl den Anbieterwettbewerb („Absatz") als auch den Nachfragewettbewerb („Bezug") ein. Dass der Nachfragewettbewerb lauterkeitsrechtlichen Schutz ebenso genießt wie der Angebotswettbewerb entsprach noch nicht der Auffassung zZt des Inkrafttretens des UWG von 1909. Der seinerzeit zunächst nur als Konkurrentenschutz verstandene Schutzzweck des UWG richtete sich vorerst nur auf den Absatz von Waren und Dienstleistungen (Fezer/*Fezer* § 2 Nr 3 D Rn 23). Erst fünfzig Jahre später wurde auch der Wettbewerb von Nachfragern um Belieferung mit Waren oder Erbringung von Dienstleistungen als ein dem Angebotswettbewerb paralleles lauterkeitsrechtliches Phänomen erkannt und das Handeln zu Zwecken des Wettbewerbs als ein Verhalten verstanden, das sowohl auf den Absatz als auch auf den Bezug von Waren (Dienstleistungen) gerichtet sein kann (vgl 3. Aufl Einf Rn 210). Mit der Definition in § 2 I Nr 1 ist diese Rechtslage nunmehr auch gesetzlich umschrieben. Sowohl Art 2 lit a der Irreführungsrichtlinie 2006/114/EG als auch Art 2 lit d der UGP-RL haben zwar vorrangig nur den Anbieterwettbewerb im Blick, doch erfassen sie wertungsmäßig in gleicher Weise **auch** den **Nachfragewettbewerb** (aA *Köhler*/Bornkamm § 2 Rn 38), sodass der Sache nach keine Diskrepanz zu § 2 I Nr 1 besteht (vgl BGH GRUR 08, 923 Rn 6, 12 – *Faxanfrage im Autohandel;* GRUR 08, 925 Rn 12 ff – *FC Troschenreuth;* jeweils zu § 7).

47   **Waren iS des § 2 I Nr 1** sind alle wirtschaftlichen Güter, die Gegenstand eines Handelns im geschäftlichen Verkehr sein können. Dazu zählen körperliche und unkörperliche Gegenstände wie auch Rechte. Vom Warenbegriff erfasst werden daher alle beweglichen Sachen, landwirtschaftliche, forstwirtschaftliche, bergbauliche Erzeugnisse, sonstige Gegenstände der Urproduktion, Grundstücke, andere Immobilien, Immaterialgüterrechte, Wertpapiere, Filme, Kunstwerke, Computerprogramme, Betriebsgeheimnisse, Know-how, Elektrizität usw. Maßgebend ist der weite Begriff des Wettbewerbsrechts, nicht der engere des Handelsrechts. Zum Warenbegriff des Warenzeichengesetzes, der Markenrechtsrichtlinie und des Markengesetzes s BGH GRUR 01, 732, 733 – *Baumeister-Haus*, sa *Fezer,* MarkenG § 3 Rn 248 ff; *Ingerl/Rohnke* § 3 Rn 19. Die Begriffe „Waren" und „Dienstleistungen" (zu letzteren s Rn 48) in § 2 I Nr 1, 2 und 3 sind identisch.

48   **Dienstleistungen** sind alle geldwerten unkörperlichen Leistungen, dh alle wirtschaftlichen Werte solcher Art, die im geschäftlichen Verkehr erbracht werden können. Dazu gehören die Leistungen der gewerblichen Wirtschaft, aber auch die der freien Berufe, so die Leistungen der Ärzte, Rechtsanwälte, Handelsvertreter, der Vermietungs- und Wartungsdienste, der Finanzierungs- und Versicherungsleistungen usw). Abhängig beschäftigte Arbeitnehmer erbringen keine Dienstleistungen iS des § 2 I Nr 1, wohl aber unterfällt der Nachfragewettbewerb der Arbeitgeber auf dem Arbeitsmarkt um den Bezug von Dienstleistungen dem Handlungsbegriff dieser Bestimmung (ebenso *Köhler* WRP 09, 898, 900).

Definitionen § 2 UWG

7. Abschluss und Durchführung eines Vertrages. Neben der Förderung des 49
Absatzes oder des Bezugs von Waren oder Dienstleistungen nennt § 2 I Nr 1 alternativ den Abschluss oder die Durchführung eines Vertrages, mit dem das Verhalten objektiv zusammenhängen muss, um eine geschäftliche Handlung zu sein. Dies ist die Konsequenz aus der Ausdehnung des Lauterkeitsrechts auf das gesamte unternehmerische Verhalten vor, bei und nach Vertragsschluss (vgl Art 3 I UGP-RL und oben Rn 22) und beruht auf Art 2 lit d UGP-RL, der von der „Absatzförderung, dem Verkauf oder der Lieferung eines Produkts" spricht.

C. Marktteilnehmer (§ 2 I Nr 2)

I. Begriff des Marktteilnehmers

Marktteilnehmer (vgl §§ 1, 3, 4 Nr 1 und 11, § 7 I) sind die Schutzsubjekte des 50
UWG (§ 1 Rn 3), nämlich Mitbewerber, Verbraucher und alle sonstigen Marktteilnehmer (Marktbeteiligten), die, ohne Mitbewerber oder Verbraucher zu sein, am Marktgeschehen als Anbieter oder Nachfrager von Waren oder Dienstleistungen teilhaben (§ 2 I Nr 2). Wer Mitbewerber ist, definiert § 2 I Nr 3 (Rn 55 ff). Wegen des Verbraucher- und des Unternehmerbegriffs s § 2 II (Rn 94 ff, 88 ff). Kunden iS des § 7 III Nr 3 und 4 sind Verbraucher und sonstige Marktteilnehmer.

II. Sonstige Marktteilnehmer

Sonstige Marktteilnehmer stehen – anders als Mitbewerber untereinander (Kon- 51
kurrenzverhältnis, horizontales Marktverhältnis, s § 1 Rn 14, 27 ff) – ebenso wie Verbraucher in einem Austauschverhältnis (einem *vertikalen* Marktverhältnis) mit den ihnen gegenüberstehenden Wettbewerbern (Mitbewerbern). Zu den sonstigen Marktteilnehmern zählen Unternehmer (natürliche Personen und Personengesellschaften) und alle juristischen Personen, Verbände, Stiftungen, Kirchen und sonstige Zusammenschlüsse des privaten und öffentlichen Rechts, die unternehmerisch tätig sind. Die sonstigen Marktbeteiligten stehen wie Verbraucher auf einer anderen Wirtschaftsstufe als die Wettbewerber, sei es als Lieferanten (Hersteller, Großhändler) gegenüber dem Abnehmer (Händler, Einzelhändler) sei es umgekehrt, sind aber keine Verbraucher iS der gesetzlichen Regelung (§ 2 II iVm § 13 BGB), sondern Unternehmer (§ 2 I Nr 6). Handeln sie nicht im Rahmen ihrer gewerblichen oder selbstständigen beruflichen Tätigkeit, zB ein Baustoffhändler beim Bezug von Baustoffen für die Errichtung eines privaten Wohnhauses oder beim Erwerb eines PKW für den privaten Gebrauch, ist ihre Tätigkeit insoweit ihrer Privatsphäre zuzuordnen. Sie sind dann Verbraucher. Dient das Rechtsgeschäft – wie bei den sog dual use-Geschäften – sowohl gewerblichen und beruflichen als auch privaten Zwecken (der PKW soll im geschäftlichen *und* im privaten Bereich Verwendung finden), kommt es auf die überwiegende Zweckbestimmung an (hM vgl MüKoUWG/*Veil/Müller* § 2 Rn 242 mwN; su Rn 101).

III. Preisangabenverordnung, frühere Rechtslage

Diese Rechtslage (Rn 51) gilt – abgesehen von der Ausnahmeregelung des § 9 I 52
Nr 1, 2. Alt PAngV, für bestimmte Handelsbetriebe – auch im Anwendungsbereich der PAngV (PAngV Einf Rn 13 f; § 1 Rn 11). Sie stimmt auch mit der früheren des alten UWG überein. Danach waren Letztverbraucher (= Verbraucher iS des UWG 2004) solche Unternehmer, die im Rahmen ihrer Privatsphäre Waren erwarben oder veräußerten (s 3. Aufl § 6a Rn 13 ff, 17 ff; *Baumbach/Hefermehl*, 22. Aufl, § 6a Rn 9 ff; *v. Gamm* Kap 41 Rn 6). Anders war die Rechtslage nach § 1 II des aufgehobenen Ra-

battG, nach dem letzter Verbraucher auch war, wer eine Ware oder Leistung als Wiederverkäufer, gewerblicher Verbraucher, Großabnehmer (Großverbraucher) zur Verwendung oder zum Verbrauch im eigenen Unternehmen ohne den Willen zur Weiterveräußerung erwarb.

IV. Kollektivrechtlicher Schutz

53 Betätigen sich Unternehmer nicht als Mitbewerber, sondern als sonstige Marktteilnehmer, werden sie – weil in einem Vertikalverhältnis zum Wettbewerber stehend (Rn 51) – wie Verbraucher gegen unlauteren Wettbewerb geschützt. Wie für Verbraucher sieht das Gesetz auch für sie keinen (nur Mitbewerbern eingeräumten, § 8 III Nr 1) Individualschutz vor. Ihre Interessen sind – parallel zum Schutz der Verbraucher (§ 8 III Nr 3, 4) – allein kollektivrechtlich geschützt (§ 8 III Nr 2, 4). Das Leitbild des Unternehmers als sonstigen Marktbeteiligten entspricht dem des Verbrauchers (Rn 104 ff).

V. Anbieter und Nachfrager, Waren und Dienstleistungen

54 Die Begriffe der Anbieter und Nachfrager sowie der Waren und Dienstleistungen in § 2 I Nr 2 sind identisch mit den in § 2 I Nr 1 und Nr 3 genannten (vgl Rn 46 ff).

D. Mitbewerber (§ 2 I Nr 3)

Literatur: *Bauer,* Handeln zu Zwecken des Wettbewerbs, 1991; *Beater,* Zur Deregulierung des Wettbewerbsrechts, ZHR 159 (1995), 217; *ders,* Mitbewerber und sonstige unternehmerische Marktteilnehmer, WRP 2009, 768; *Blankenburg,* Gespaltenes Verständnis des Mitbewerberbegriffs im UWG?, WRP 2008, 186; *Borck,* Aktivlegitimation und Prozeßführungsbefugnis beim wettbewerbsrechtlichen Unterlassungsanspruch, WRP 1988, 707; *Bornkamm,* Das Wettbewerbsverhältnis und die Sachbefugnis des Mitbewerbers, GRUR 1996, 527; *Büchler,* Handeln zu Zwecken des Wettbewerbs und Wettbewerbsverhältnis im UWG, Diss. jur. Heidelberg, 1981; *Diemer,* Meinungsfreiheit und Wettbewerbsrecht, FS Klaka, 1987, S 44; *Dieselhorst,* Der „unmittelbar Verletzte" im Wettbewerbsrecht nach der UWG-Novelle, WRP 1995, 1; *Dreyer,* Konvergenz oder Divergenz – Der deutsche und der europäische Mitbewerberbegriff im Wettbewerbsrecht, GRUR 2008, 123; *Federer,* Das Wettbewerbsverhältnis im Gesetz gegen den unlauteren Wettbewerb, 1989; *Friedrich,* Die rechtliche Struktur des Wettbewerbsverhältnisses iS des UWG, WRP 1976, 439; *v Gierke,* Grenzen der wettbewerbsrechtlichen Störerhaftung, WRP 1997, 892; *Hadding,* Die Klagebefugnis der Mitbewerber und Verbände nach § 13 Abs 1 UWG im System des Zivilprozeßrechts, JZ 1970, 305; *Hefermehl,* Der Anwendungsbereich des Wettbewerbsrechts, FS Nipperdey, 1955, S 283; *ders,* Entwicklungen im Recht gegen unlauteren Wettbewerb, FS Robert Fischer, 1979, S 197; *ders,* Das Prokrustesbett „Wettbewerbsverhältnis", FS Max Kummer, 1980, S 345; *ders,* Grenzen der Klagebefugnis der Gewerbetreibenden und Verbände im Recht gegen den unlauteren Wettbewerb; *Hemmerich,* Möglichkeiten und Grenzen wirtschaftlicher Betätigung von Idealvereinen, Diss jur Heidelberg, 1982; *Hirtz,* Die Bedeutung des Wettbewerbsverhältnisses für die Anwendung des UWG, GRUR 1988, 173; *Knöpfle,* Zum Erfordernis eines Wettbewerbsverhältnisses bei der Anwendung des UWG, Ufita Bd 93, 1982, S 25; *Köhler,* Grenzen der Mehrfachklage und Mehrfachvollstreckung im Wettbewerbsrecht, WRP 1992, 359; *ders,* Die Beteiligung an fremden Wettbewerbsverstößen, WRP 1997, 897; *ders,* Der „Mitbewerber" – Vom schwierigen Umgang mit einer Legaldefinition, WRP 2009, 499; *Kort,* Wettbewerbsrechtliche Fragen bei Arbeitgeberäußerungen zum Krankenkassenwechsel von Arbeitnehmern, WRP 2001, 453; *Lindacher,* Grundfragen des Wettbewerbsrechts, BB 1975, 1311; *Nägele,* Das konkrete Wettbewerbsverhältnis – Entwicklungen und Ausblick, WRP 1996, 977; *Piper,* Zur wettbewerbsrechtlichen Beurteilung von Werbeanzeigen und redaktionellen Beiträgen werbenden Inhalts insbesondere in der Rechtsprechung des Bundesgerichtshofs, FS Vieregge, 1995, S 715;

Definitionen § 2 UWG

ders, Neuere Rechtsprechung des Bundesgerichtshofs zum Wettbewerbsrecht, GRUR 1996, 147; *v Randow,* Rating und Wettbewerb, ZBB 1996, 85; *Sack,* Die Durchsetzung unlauter zustande gebrachter Verträge als unlauterer Wettbewerb?, WRP 02, 396; *ders,* Der Mitbewerberbegriff des § 6 UWG, WRP 2008, 1141; *ders,* Individualschutz gegen unlauteren Wettbewerb, WRP 2009, 1330; *ders,* Neuere Entwicklungen der Individualklagebefugnis im Wettbewerbsrecht, GRUR 2011, 953; *Samwer,* Die Störerhaftung und die Haftung für fremdes Handeln im wettbewerblichen Unterlassungsrecht, WRP 1999, 67; *Schricker,* Entwicklungstendenzen im Recht des unlauteren Wettbewerbs, GRUR 1974, 579; *Schünemann,* Die wettbewerbsrechtliche „Störer-Haftung", WRP 1998, 120; *Wiegand,* Die Passivlegitimation bei wettbewerbsrechtlichen Abwehransprüchen, 1997; *Wilhelm,* Unlauterer Wettbewerb und Wettbewerbsverhältnis, ZIP 1992, 1139.

I. Ausgangspunkt

2 I Nr 3 definiert den „Mitbewerber" als einen Unternehmer, der mit einem oder 55 mehreren anderen Unternehmern als Anbieter oder Nachfrager von Waren oder Dienstleistungen in einem konkreten Wettbewerbsverhältnis steht. Für den Begriff des Mitbewerbers folgt daraus dreierlei: *Erstens,* dass der Mitbewerber immer Unternehmer ist (zum Begriff des Unternehmers s § 2 I Nr 6, su. Rn 88 ff), *zweitens,* dass sich der Wettbewerb des Unternehmers auf Absatz und Bezug (vgl Rn 46) bezieht, *drittens,* dass Voraussetzung für den Begriff des Mitbewerbers das Bestehen eines konkreten Wettbewerbsverhältnisses zwischen zwei oder mehr Unternehmen im Anbieter- oder Nachfragewettbewerb ist. Für die Eigenschaft als Mitbewerber kommt es allein darauf an, ob ein solches Wettbewerbsverhältnis begründet ist (vgl BGH GRUR 76, 370, 371 – *Lohnsteuerhilfevereine I*). Unerheblich ist, ob die Tätigkeit, die das Wettbewerbsverhältnis begründet, gesetzwidrig oder wettbewerbswidrig ist (BGHZ 162, 246, 251 f = GRUR 05, 519, 520 – *Vitamin-Zell-Komplex*).

Die **UGP-RL** enthält keinerlei Definition des Begriffs des Mitbewerbers, da sie 56 sich nur auf das Verhältnis b2c bezieht. Allerdings wird der Begriff (neben den Erwägungsgründen 6 und 8) in Art 6 II lit a UGP-RL verwendet. Der **EuGH** hat sich mit dem Begriff des Mitbewerbers auseinandergesetzt (EuGH, GRUR 07, 511 – *De Landtsheer/CIVC*), allerdings im Zusammenhang mit vergleichender Werbung. Der Gerichtshof setzt für das Bestehen eines Wettbewerbsverhältnisses iSd Art 2 Nr 2a der Richtlinie 84/450/EWG zwischen dem Werbenden und dem in der Werbeaussage erkennbar gemachten Unternehmen die Feststellung voraus, dass die von ihnen angebotenen Waren in gewissem Grad substituierbar sind, wobei sich dies anhand (1) des augenblicklichen Zustands des Marktes und der Verbrauchergewohnheiten bzw ihrer Entwicklungsmöglichkeiten, (2) des Teils des Gemeinschaftsgebiets, in dem die Werbung verbreitet wird und (3) der besonderen Merkmale der Ware und des Images, das der Werbende ihnen geben wolle, beurteilt. Folglich handelt es sich beim Mitbewerber in der vergleichenden Werbung und im Rahmen der Irreführung um einen harmonisierten Begriff (vgl auch § 6 Rn 26 und § 5 Rn 12), während der allgemeine Mitbewerberbegriff des § 2 I Nr 3 national geprägt ist. Es ist daher von einem **gespaltenen Begriff** des Mitbewerbers in dem Sinne auszugehen, dass § 2 I Nr 3 weiter ist als § 5 II und § 6 I (ebenso *Blankenburg,* WRP 08, 186, 191; *Köhler,* WRP 09, 499; *Sack,* WRP 08, 1141; anders *Dreyer,* GRUR 08, 123).

II. Konkretes Wettbewerbsverhältnis

1. Entwicklungsgeschichte. Nach der früheren Rechtslage war Handeln zu 57 Zwecken des Wettbewerbs als marktbezogen-zweckgerichtetes Verhalten auf die Förderung des eigenen oder eines fremden Wettbewerbs zum Nachteil des Wettbewerbs eines anderen gerichtet (Rn 26). Das bedeutete, dass sich das vom Gesetz verlangte Merkmal eines Handelns zu Zwecken des Wettbewerbs allein auf Mitbewerber, dh auf miteinander konkurrierende Wettbewerber, bezog, sei es, dass der eigene Wettbewerb, sei es dass ein fremder Wettbewerb zu Lasten eines anderen gefördert werden sollte. Wettbewerber, die sich im Markt nicht begegneten, konnten untereinander nicht zu Zwecken des Wettbewerbs handeln. Auf Grund dieser ungeschriebenen, aber aus dem Merkmal des Handelns zu Zwecken des Wettbewerbs herzuleitenden **Wechselbeziehung** zwischen *Mit*bewerbern haben daher **Reichsgericht** (RGSt 32, 27, 28 – *Drucktuch* [zum UWG von 1896]; 45, 254, 257 f – *Reisstärke* [zum UWG von 1909]; RGZ 118, 133, 136, 137 – *Getreidegeschäfte*) **und Bundesgerichtshof** (BGH GRUR 51, 283, 284 – *Möbelbezugsstoffe;* GRUR 72, 535 – *Statt Blumen ONKO-Kaffee;* GRUR 97, 907, 908 – *Emil-Grünbär-Klub;* GRUR 97, 909, 910 – *Branchenbuch-Nomenklatur;* GRUR 99, 1122, 1123 – *EG-Neuwagen I;* GRUR 00, 344, 347 – *Beteiligungsverbot für Schilderpräger;* GRUR 01, 258 – *Immobilienpreisangaben;* GRUR 02, 902, 903 – *Vanity-Nummer;* GRUR 04, 877, 878 – *Werbeblocker*) das Gegebensein eines konkreten Wettbewerbsverhältnisses als materiell-rechtliche Voraussetzung für die Anwendung des UWG und für die Klagebefugnis angesehen. Letztere konnte nur dem mit dem Verletzer durch eine solche Wechselbeziehung – dh durch ein tatsächlich bestehendes konkretes Wettbewerbsverhältnis – verbundenen Wettbewerber zustehen, so dass sich die Klagebefugnis – abgesehen von den Fallgestaltungen des § 13 II Nr 1 aF (vgl Rn 67) – auf den Kreis der durch einen **Wettbewerbsverstoß unmittelbar Verletzten** beschränkte, was aber im Gesetz nicht ausdrücklich geregelt war. Das bedeutete zugleich, dass die Klagebefugnis in diesen Fällen **unmittelbar aus der Norm** folgte, der der Verletzer zuwidergehandelt hatte (BGH GRUR 00, 907, 909 – *Filialleiterfehler;* BGH aaO – *Werbeblocker*). An diesem Erfordernis eines konkreten Wettbewerbsverhältnisses hat der Reformgesetzgeber des Jahres 2004 mit der Regelung der Klagebefugnis in § 8 III Nr 1, § 9 und mit der Ausgestaltung der materiell-rechtlichen Verbotsvoraussetzungen der §§ 3, 4 Nr 7–11, § 6 I, II Nr 3–5 durch Rückgriff auf den Begriff des Mitbewerbers (§ 2 I Nr 3) bzw den des Marktteilnehmers (§ 2 I Nr 2) festgehalten. Dabei kommt es jedoch nach der UWG-Reform nicht mehr auf eine subjektive Wettbewerbsabsicht an (vgl Rn 26f), die nach der früheren Rechtslage für den Begriff des Handelns zu Zwecken des Wettbewerbs, aus dem die Rechtsprechung zum alten UWG die Rechtsfigur des konkreten Wettbewerbsverhältnisses abgeleitet hatte, Voraussetzung gewesen war (Rn 26).

58 **2. Voraussetzungen. a) Gleicher Kundenkreis.** Mitbewerber stehen – wie auch schon vor Inkrafttreten des UWG 2004 (Rn 55) – in einem **konkreten Wettbewerbsverhältnis** zueinander, wenn sie den **gleichen Kundenkreis** haben und sich deshalb mit ihren Angeboten gegenseitig behindern können, so wenn Wettbewerber gleichartige Waren oder Dienstleistungen innerhalb desselben Endverbraucherkreises abzusetzen suchen (BGH GRUR 99, 69, 70 – *Preisvergleichsliste II;* GRUR 00, 907, 909 – *Filialleiterfehler;* GRUR 01, 258 – *Immobilienpreisangaben;* GRUR 01, 260 – *Vielfachabmahner;* GRUR 02, 902, 903 – *Vanity-Nummer;* GRUR 04, 877, 878 – *Werbeblocker;* GRUR 07, 978 Rn 16 – *Rechtsberatung durch Haftpflichtversicherer;* GRUR 09, 845 Rn 40 – *Internet-Videorecorder;* GRUR 09, 980 Rn 9 – *E-Mail-Werbung II;* GRUR 11, 82 Rn 19 – *Preiswerbung ohne Umsatzsteuer;* GRUR 12, 201 Rn 19 f – *Poker im Internet*). Potentieller Wettbewerb ist ausreichend (BGH GRUR 84, 823 f – *Chartergesellschaften;* WRP 93, 396, 397 – *Maschinenbeseitigung;* KG GRUR 07, 254). Rechtsanwälte verbindet als Anbieter von (Rechtsberatungs-)Dienstleistungen ein konkretes Wettbewerbsverhältnis (BGH GRUR 05, 433, 434 – *Telekanzlei*). Für das Wettbewerbsverhältnis kommt es nicht darauf an, welche Absicht mit dem Angebot von Waren oder Dienstleistungen verbunden ist, sodass etwa für die von den Ländern veranstalteten Glücksspiele keine Besonderheiten gelten (BGH GRUR 12, 201 Rn 21 – *Poker im Internet;* GRUR 12, 193 Rn 18 – *Sportwetten im Internet II*).

59 **b) Derselbe Markt. Wirtschaftliche Betrachtungsweise.** Diese Wechselbeziehung der Mitbewerber untereinander erfordert ein Konkurrieren der Beteiligten

Definitionen § 2 **UWG**

auf demselben sachlichen, räumlichen (regionalen, örtlichen) und zeitlich relevanten Markt (BGH GRUR 01, 78 – *Falsche Herstellerpreisempfehlung;* GRUR 07, 1079 Rn 18 – *Bundesdruckerei*). Maßgebend insoweit ist eine **wirtschaftliche Betrachtungsweise** (BGHZ 13, 244, 249 = GRUR 55, 37, 39 – *Cupresa/Kunstseide;* GRUR 66, 445, 446 – *Glutamal;* BGHZ 93, 96, 97 f = GRUR 85, 550, 552 – *DIMPLE;* GRUR 01, 78 – *Falsche Herstellerpreisempfehlung*). Unerheblich ist, ob Kundenkreis, Waren- und Leistungsangebote völlig übereinstimmen. An das Bestehen eines konkreten Wettbewerbsverhältnisses sind im Interesse eines wirksamen wettbewerbsrechtlichen Schutzes **keine hohen Anforderungen** zu richten (BGH aaO – *DIMPLE;* GRUR 04, 877, 878 – *Werbeblocker*), so dass die Wettbewerber trotz fehlender Branchengleichheit in einem konkreten Wettbewerbsverhältnis zueinander stehen können (Rn 63; BGH aaO – *Werbeblocker*). Allerdings hat der BGH im Falle einer unverlangt zugesandten E-Mail ein Wettbewerbsverhältnis zwischen einer Anwaltskanzlei und einem Versender von Newslettern mit Informationen für Kapitalanleger verneint (BGH GRUR 09, 980 Rn 9 – *E-Mail-Werbung II*); dass darin eine grundlegende Einschränkung der bisherigen Rechtsprechung liegt (so *Sack,* WRP 09, 1330; *ders,* GRUR 11, 953; *Emmerich* § 22 Rn 9) erscheint zweifelhaft.

c) Sachlicher Markt. Ein Wettbewerb auf dem sachlichen Markt findet statt, **60** wenn sich die beiderseits angebotenen Waren (Dienstleistungen) nach Eigenschaft und bestimmungsgemäßem Zweck so nahe stehen, dass sie sich – aus der Sicht des Verkehrs – im Absatz behindern können und deshalb **austauschbar** erscheinen (BGH GRUR 02, 828, 829 – *Lottoschein*). Unter diesem Gesichtspunkt ist ein **konkretes Wettbewerbsverhältnis bejaht** worden (beispielsweise) **zwischen** Tageszeitung und Anzeigenblatt mit redaktionellem Text (BGHZ 19, 392, 394 = GRUR 56, 223, 224 – *Freiburger Wochenbericht*), **zwischen** Fernsehanstalt und Filmunternehmen (BGHZ 37, 1, 13 – GRUR 62, 470, 474 ff – *AKI*), **zwischen** Werbeagenturen mit gleichem Aufgabenkreis (BGH GRUR 72, 428, 429 – *Bilderpunkte*), **zwischen** Rentenberater und Rentenberechnungen anbietender Zeitschrift (BGH GRUR 87, 373 – *Rentenberechnungsaktion*), **zwischen** Hersteller und Händler (BGH GRUR 88, 826, 827 – *Entfernung von Kontrollnummern II*), **zwischen** Steuerberater und Steuersparmodelle anbietendem Immobilienkaufmann (BGH GRUR 90, 375, 376 – *Steuersparmodell*), zwischen Franchisegeber/Mutterunternehmen auf der Großhandelsstufe einerseits und Einzelhandelstochter andererseits (BGH GRUR 93, 563, 564 – *Neu nach Umbau*), **zwischen** Fernsehanstalten im Wettbewerb um Zuschauer (BGH GRUR 00, 703, 706 – *Mattscheibe*), **zwischen** Prostituierten und dem Betreiber einer Bar, in der sexuelle Kontakte ermöglicht werden (BGH GRUR 06, 1042 Rn 14 – *Kontaktanzeigen*) und **zwischen** Lotterien und Sportwetten einerseits und Poker sowie Black Jack andererseits (BGH GRUR 12, 201 Rn 20 – *Poker im Internet*). Ein **konkretes Wettbewerbsverhältnis** ist **verneint** worden zwischen einer Diskothek und einer Unterhaltungsmusik ausstrahlenden Rundfunkanstalt (BGH GRUR 82, 431, 433 – *POINT*).

aa) Verschiedene Vertriebsebenen. Ein konkretes Wettbewerbsverhältnis **61** scheitert nicht daran, dass die beiderseitigen gleichartigen Angebote sich an dieselben Abnehmerkreise auf **verschiedenen Vertriebsebenen** richten (zB an Hersteller und Händler). **Gleichheit der Wirtschafts-, Handels- oder Absatzstufen ist nicht vorausgesetzt** (ganz hM, vgl BGH GRUR 99, 1122, 1123 – *EG-Neuwagen I;* GRUR 01, 448 – *Kontrollnummernbeseitigung; Köhler*/Bornkamm § 2 Rn 96 d; aA *Beater,* WRP 09, 768, 777 f). Entscheidend ist allein, dass identische Waren innerhalb derselben Abnehmer-/Endverbraucherstufe abgesetzt werden (BGH GRUR 01, 448 – *Kontrollnummernbeseitigung II*). Ein konkretes Wettbewerbsverhältnis besteht deshalb (vgl Rn 60) **zwischen** Hersteller und Händler (GRUR 88, 826, 827 – *Entfernung von Kontrollnummern II;* GRUR 99, 1122, 1123 – *EG-Neuwagen I*), **zwischen** Groß- und Einzelhändler (BGH GRUR 86, 618, 620 – *Vorsatz-Fensterflügel;* GRUR 93,

563, 564 – *Neu nach Umbau;* GRUR 11, 82 Rn 19 – *Preiswerbung ohne Umsatzsteuer*), **zwischen** Alleinimporteur und Einzelhandelsunternehmen BGH aaO – *Kontrollnummernbeseitigung* II), **zwischen** Rentenberater und Rentenberechnungen anbietender Zeitschrift (BGH GRUR 87, 373 – *Rentenberechnungsaktion*), **zwischen** Steuerberater und Steuermodell anbietendem Immobilienkaufmann (GRUR 90, 375, 376 – *Steuersparmodell*), **zwischen** Warenproduzenten und dem den Vertrieb von Waren gleicher Art vermittelnden Unternehmen (OLG Zweibrücken GRUR 97, 77), **zwischen** einer Verbundgruppe von Sportfachgeschäften und einem Warenhaus (BGH GRUR 12, 1053 Rn 12 – *Marktführer Sport*), **zwischen** einem Produzenten von Fernsehsendungen und einem Fernsehsender, der mit der Sendeanstalt, die die Fernsehsendungen des Produzenten erwirbt, im Wettbewerb um Zuschauer steht (BGH GRUR 00, 703, 706 – *Mattscheibe*), **zwischen** Verkäufer und selbständigem Handelsvertreter (OLG Karlsruhe GRUR-RR 10, 51, 52 – *Direktmarketing*) und **zwischen** einem Hotel und einem Online-Reiseportal, das Hotelübernachtungen vermittelt (LG Hamburg WRP 12, 94, Rn 25). Unterschiedliche Wirtschaftsstufen sprechen nur dann gegen ein konkretes Wettbewerbsverhältnis, wenn eine wechselseitige Behinderung im Absatz und eine Beeinträchtigung der geschäftlichen Interessen von vornherein ausgeschlossen ist (BGH GRUR 65, 612, 615 – *Warnschild;* GRUR 11, 82 Rn 19 – *Preiswerbung ohne Umsatzsteuer*). **Kein** konkretes Wettbewerbsverhältnis besteht daher zwischen einem Hersteller von Luxuskosmetika und dem Betreiber eines Online-Marktplatzes (OLG Koblenz, GRUR-RR 06, 380).

62 **bb) Mittelbares Wettbewerbsverhältnis.** Unlauteres Wettbewerbsverhalten des Mitbewerbers eines vom Hersteller belieferten Einzelhändlers berührt auch den Wettbewerb des Herstellers. Für die Annahme eines konkreten Wettbewerbsverhältnisses genügt deshalb auch das in solchen Fällen bestehende **mittelbare Wettbewerbsverhältnis** (BGH GRUR 83, 582, 583 – *Tonbandgerät* mwN; GRUR 99, 69, 70 – *Preisvergleichsliste II,* st Rspr).

63 **cc) Substituierbarkeit der Waren.** Der Gesichtspunkt der Austauschbarkeit (Rn 60) lässt ein konkretes Wettbewerbsverhältnis im Allgemeinen entfallen, wenn die Unternehmen verschiedenen Branchen zuzuordnen sind, weil sich die beiderseitigen Angebote dann nicht behindern können. Es kann aber auch in diesen Fällen ein konkretes Wettbewerbsverhältnis dadurch begründet werden, dass die dafür erforderliche **Wechselbeziehung** der Mitbewerber untereinander durch eine konkrete Wettbewerbshandlung **geschaffen** wird. So kann es genügen, dass sich der Verletzer durch ein marktgerichtetes Vorgehen in Wettbewerb zu dem Betroffenen stellt, auch wenn die beiderseitigen Unternehmen **verschiedenen Branchen** angehören, so trotz fehlender Substituierbarkeit der Waren durch die Art und Weise der Werbung (BGH GRUR 72, 553 – *Statt Blumen ONKO-Kaffee*), durch Ausnutzung von Besonderheiten des beiderseitigen Waren- oder Dienstleistungsangebots (BGH GRUR 04, 877, 878 – *Werbeblocker*: Konkretes Wettbewerbsverhältnis zwischen werbefinanziertem Fernsehsender und Hersteller/Vertreiber von Werbeausstrahlungen blockierendem Vorschaltgerät; vgl auch BGH GRUR 88, 453, 454 – *Ein Champagner unter den Mineralwässern;* GRUR 90, 375, 376 – *Steuersparmodell*) oder durch Anmeldung einer Tippfehler-Domain (OLG Köln WRP 12, 989 Rn 6). Das konkrete Wettbewerbsverhältnis wird hier durch den (Behinderungs-)Wettbewerb des Handelnden (erst) begründet. Wird *fremder* Wettbewerb gefördert, muss das konkrete Wettbewerbsverhältnis zwischen dem geförderten und dem durch das Vorgehen des Fördernden verletzten Wettbewerber bestehen (BGH GRUR 97, 907, 908 – *Emil-Grünbär-Klub*).

64 **d) Räumlicher (regionaler, örtlicher) Markt.** Der räumliche Markt ist betroffen, wenn sich der Wettbewerb um die beiderseits umworbenen Kunden in demselben für die Geschäftstätigkeit der Mitbewerber in Betracht kommenden Gebiet abspielt. Das kann örtlich beschränkt, aber auch bundesweit der Fall sein. Es genügt,

Definitionen § 2 UWG

wenn sich die Gebiete der jeweiligen Geschäftsbereiche überschneiden. (vgl BGH GRUR 96, 804, 805 – *Preisrätselgewinnauslobung III;* GRUR 97, 479, 480 – *Münzangebot;* GRUR 00, 438, 440 – *Gesetzeswiederholende Unterlassungsanträge;* GRUR 01, 78 – *Falsche Herstellerpreisempfehlung*). Die Wechselbeziehung zwischen den Wettbewerbern (das konkrete Wettbewerbsverhältnis) besteht, wenn sich die Wettbewerbshandlung auf den Wettbewerb des Konkurrenten auswirkt. Schließt aber die räumliche Entfernung ein Konkurrieren der Angebote aus, besteht auf dem Immobilienmarkt auch zwischen bundesweit tätigen Anbietern von Immobilien regelmäßig kein konkretes Wettbewerbsverhältnis, weil im Allgemeinen angesichts der Größe des Immobilienmarktes sowohl nach der Zahl der Anbieter als auch nach der Zahl der angebotenen Objekte eine Beeinträchtigung der Angebote der Mitbewerber ausscheidet (BGH GRUR 01, 258, 259 – *Immobilienpreisangaben;* BGH GRUR 01, 260 – *Vielfachabmahner*). Der Wettbewerb mit Angeboten zur Deckung des täglichen Bedarfs hat im Allgemeinen nur örtliche Bedeutung (vgl BGH GRUR 98, 1039, 1040 – *Fotovergrößerungen;* BGH aaO – *Falsche Herstellerpreisempfehlung*). Im KFZ-Handel können Größe, Angebotsvielfalt und Preisgünstigkeit der Angebote bei entsprechender Erstreckung der Werbung ein Wettbewerbsverhältnis nur regional, uU aber auch bundesweit begründen. Kunden nehmen bei Gebrauchtwagen, die mehr als 10 000 Euro kosten, auch Entfernungen von mehreren hundert Kilometern zum Händler in Kauf (BGH GRUR 11, 82 Rn 20 – *Preiswerbung ohne Umsatzsteuer*). Gold wird typischerweise nicht auf dem Postweg an Ankaufstellen versandt, sodass ein Wettbewerbsverhältnis zwischen Ankäufern in Baden-Württemberg und in Niedersachsen auch dann nicht besteht, wenn einer von ihnen im Internet damit wirbt, dass Gold auch auf dem Postweg angekauft wird (OLG Celle WRP 12, 743, Rn 8; WRP 12, 1427 Rn 8 ff).

e) Verletzung von Kennzeichenrechten. In den Fällen der Verletzung fremder **65** Kennzeichenrechte hatte der BGH vor Inkrafttreten des MarkenG ein konkretes Wettbewerbsverhältnis zwischen Verletzer und Rechtsinhaber auch bei Branchenverschiedenheit bejaht, wenn sich der Verletzer dadurch in Konkurrenz zu dem Betroffenen stellte, dass er dessen Lizenzgeschäft beeinträchtigte (BGHZ 86, 90, 96 = GRUR 83, 247, 249 – *Rolls Royce;* BGHZ 93, 96, 99 = GRUR 85, 550, 552 – *DIMPLE;* GRUR 88, 453, 454 – *Ein Champagner unter den Mineralwässern;* BGHZ 113, 82, 84 f = GRUR 91, 465, 466 – *Salomon;* BGHZ 125, 91, 98 = GRUR 94, 808, 810 – *Markenverunglimpfung I;* KG GRUR 97, 295, 297). Auf diese Rechtsprechung kann nicht mehr abgestellt werden. Entscheidungsgrundlage insoweit bilden jetzt § 14 II Nr 3, § 15 III MarkenG. Über § 2 MarkenG kann das UWG nicht herangezogen werden (vgl § 4 Rn 9/17, 9/19).

f) Ausnutzung fremden Rufs. Anders liegt es, wenn sich der Handelnde *ohne* **66** eine Kennzeichenverletzung unter wirtschaftlicher Ausnutzung fremden Rufs und Ansehens durch eine Gleichstellungsbehauptung an die Bekanntheit einer wegen ihrer anerkannten Qualität oder Exklusivität besonders geschätzten fremden Ware anhängt und dies für den Absatz seiner **nicht** konkurrierenden Waren unter gleichzeitiger Beeinträchtigung des **Lizenzgeschäfts** des Herstellers oder durch eine vergleichbare wirtschaftliche Verwertung des fremden Rufs ausnutzt (BGHZ 86, 90, 96 = GRUR 83, 247, 249 – *Rolls Royce*). Durch die wirtschaftliche Verwertung des Rufs und des Ansehens tritt der Verletzer ungeachtet der Branchenverschiedenheit der Beteiligten faktisch in Konkurrenz zu dem Betroffenen und damit in ein Wettbewerbsverhältnis zu diesem.

g) Abstraktes Wettbewerbsverhältnis. Über den Kreis der im Rahmen eines **67** konkreten Wettbewerbsverhältnisses betroffenen Mitbewerber hinaus, deren Klagebefugnis nach altem Recht unmittelbar aus der verletzten Norm folgte (Rn 57), gewährte § 13 II Nr 1 UWG 1909 die Klagebefugnis (Aktivlegitimation) unter bestimmten Voraussetzungen auch solchen Gewerbetreibenden, die Waren oder gewerbliche Leistungen gleicher oder verwandter Art wie der Verletzer vertrieben, die aber in ihren wettbewerblichen Interessen nicht selbst verletzt oder gefährdet waren und keinen konkreten Nachteil zu besorgen hatten oder nachweisen konnten, also nicht in einem konkreten Wettbewerbsverhältnis zum Verletzer standen und nicht unmittelbar aus der verletzten Norm selbst klagen konnten. (Hinsichtlich der Fälle des ergänzenden wettbewerbsrechtlichen Leistungsschutzes s § 4 Rn 9/4). Das UWG abstrahierte hier – im Allgemeininteresse (BGH GRUR 56, 279, 280 – *Olivin;* GRUR 60, 379, 381 – *Zentrale;* GRUR 64, 397, 398 – *Damenmäntel*) – **die Wettbewerbsbeziehung** zwischen den in § 13 II Nr 1 aF Genannten, so dass es auf ein *konkretes* Wettbewerbsverhältnis insoweit nicht ankam. Für das Merkmal des Handelns zu Zwecken des Wettbewerbs war daher in diesen Fällen allein auf ein **abstraktes** Wettbewerbsverhältnis zwischen dem Verletzer und dem nach § 13 II Nr 1 aF klagebefugten Gewerbetreibenden abzustellen. Für dieses abstrakte Wettbewerbsverhältnis reichte die Möglichkeit einer nicht gänzlich unbedeutenden (potentiellen) Beeinträchtigung des klagebefugten Wettbewerbers aus, wenn diese mit einer gewissen, sei es auch nur geringen, praktischen Wahrscheinlichkeit in Betracht gezogen werden konnte (BGH GRUR 97, 479, 480 – *Münzangebot;* GRUR 98, 489, 491 – *Unbestimmter Unterlassungsantrag III;* BGH GRUR 00, 438, 440 – *Gesetzeswiederholende Unterlassungsanträge,* je mwN). Jedenfalls ein *abstraktes* Wettbewerbsverhältnis bestand daher immer dann, wenn Wettbewerber Waren oder gewerbliche Leistungen auf demselben Markt vertrieben (vgl BGH GRUR 97, 313, 314 ff – *Architektenwettbewerb;* GRUR 97, 914, 915 – *Die Besten II;* GRUR 01, 529, 531 – *Herz-Kreislauf-Studie*). Seit der UWG-Novelle von 1994 war allerdings Voraussetzung für die Klagebefugnis im Rahmen eines abstrakten Wettbewerbsverhältnisses, dass der Wettbewerbsverstoß geeignet erschien, den Wettbewerb auf dem einschlägigen räumlichen und sachlichen Markt wesentlich zu beeinträchtigen, § 13 II Nr 1 (BGH GRUR 01, 258, 259 – *Immobilienpreisangaben,* mwN). Das **UWG 2004** hat auf die abstrakte Klagebefugnis des nicht unmittelbar selbst betroffenen Mitbewerbers verzichtet, weil solche Mitbewerber „kein schutzwürdiges Eigeninteresse an der Geltendmachung von Abwehransprüchen haben, da ihnen die Möglichkeit offensteht, einen anspruchsberechtigten Wirtschafts- oder Verbraucherverband zur Bekämpfung des Wettbewerbsverstoßes einzuschalten" (BegrRegEntw, B zu § 8 Abs 3 Nr 1, BT-Drucks 15/1487, S 22).

III. Anbieter und Nachfrager

68 **1. Anbieter.** Beim Anbieterwettbewerb konkurrieren zwei oder mehr Mitbewerber um den **Absatz von Waren** oder **von Dienstleistungen** bei Dritten. Der Begriff des Absatzes von Waren (des Erbringens von Dienstleistungen), die dem Kunden zum Erwerb angeboten, zugeführt oder gegen Entgelt überlassen werden sollen, umfasst die **Werbung,** das **Anbieten** und das **Inverkehrbringen** des beworbenen Produkts.

69 **Werbung** in diesem Sinne (s allg zum Begriff der Werbung § 6 Rn 22 ff) betrifft alle Formen der Wirtschaftswerbung, die Produktwerbung und die bloße Sympathiewerbung (Imagewerbung). Sie kann sich an die Öffentlichkeit, aber auch nur an bestimmte einzelne Personen wenden. In der Form (mündlich, schriftlich usw) ist sie beliebig. Ihren stärksten Ausdruck findet sie im Verkaufsangebot. Werbung iSd RL 2006/114/EG umfasst auch die Nutzung eines Domainnamens sowie die Nutzung von Metatags, nicht aber die Eintragung eines Domainnamens als solche (EuGH GRUR 13, 1049 – *BEST/Visys*).

70 Ebenso wie nach der PreisangabenV (§ 1 PAngV Rn 15) umfasst auch der Begriff des **Anbietens** iS des § 2 I Nr 3 UWG nicht nur Verkaufsangebote iS des § 145 BGB, sondern auch **alle sonstigen Erklärungen** eines Kaufmanns, die vom Verkehr in einem rein tatsächlichen Sinne üblicherweise als Angebot aufgefasst werden. Es ge-

Definitionen § 2 UWG

nügt, dass der Kunde, wenn auch rechtlich noch unverbindlich, **tatsächlich** aber schon **gezielt** auf die Anbahnung geschäftlicher Beziehungen, dh auf den Kauf einer Ware oder die Abnahme einer Leistung angesprochen wird, beispielsweise durch die Auszeichnung von Waren im Schaufenster, im Geschäft oder im Warenkatalog, überhaupt immer dann, wenn die Werbung so gestaltet ist, dass aus der Sicht des Kunden der Abschluss des Geschäfts ohne weiteres möglich ist.

Inverkehrbringen (Inverkehrsetzen, Verbreiten) ist jede Tätigkeit, die die Ware 71 dem Verkehr zuführt, dh zum Gegenstand von Rechtsbeziehungen außerhalb des inverkehrbringenden Unternehmens macht (BGH GRUR 69, 479, 480 – *Colle de Cologne*). Die Anwendung von Arzneimitteln am Patienten ist kein Inverkehrbringen (OVG Münster NJW 1998, 847). Auch die Gewinnung von Frischzellenpräparaten durch Ärzte allein für die Behandlung eigener Patienten und die Anwendung dieser Präparate ist kein Inverkehrbringen von Arzneimitteln. Zum Begriff des Inverkehrbringens von Arzneimitteln sa OLG Frankfurt GRUR 97, 484. Das Feilhalten, das äußerlich erkennbare Bereitstellen und Zugänglichmachen von Waren zur sofortigen Abgabe an jedermann, vor allem das Vorzeigen oder Anbieten zum Erwerb, zB das Anbieten zum Kauf durch das Auslegen von Waren im Schaufenster, ist Inverkehrbringen (OLG Hamburg GRUR 1995, 823). Anders als das Feilbieten, dh die direkte Aufforderung zum Abschluss eines Kaufvertrages, bedeutet *Feilhalten* nicht die *ausdrückliche* Aufforderung zum Kauf (OLG Hamburg aaO). Zum Begriff des Inverkehrbringens gehört auch das Veräußern von Ware in jeder Form (Verkaufen, Verschenken). Veräußerung in diesem Sinne ist auch die Eingehung einer schuldrechtlichen Verpflichtung. Auf deren Erfüllung kommt es nicht an. Rein betriebsinterne Warenbewegungen oder solche, die ohne Wirkung nach außen auf konzernangehörige Firmen beschränkt bleiben, genügen dem Begriff des Inverkehrbringens nicht. Erforderlich ist, dass die Ware dem Verkehr zugänglich gemacht wird, zB durch ein erkennbares Bereitstellen zum Verkauf (BGH aaO – *Colle de Cologne*).

Vom Begriff des Inverkehrbringens ist der der **Herstellung** (vgl § 5 II Nr 1) zu unter- 72 scheiden. Herstellung ist jede Erzeugung, Veränderung oder Bearbeitung von Naturprodukten oder Waren, wenn der Verkehr das so geschaffene oder gestaltete Produkt gegenüber dem ursprünglichen für eine neue Ware hält. Im Rahmen des ergänzenden wettbewerbsrechtlichen Leistungsschutzes – bei dem es nicht um den Schutz der fremden Leistung als solcher, sondern allein um die unlautere Art und Weise der Benutzung geht – kann **lediglich das Verbreiten, nicht dagegen die Herstellung** untersagt werden (§ 4 Rn 9/50, 9/86, 9/87; BGHZ 50, 125, 129 = GRUR 68, 591 – *Pulverbehälter;* BGH GRUR 96, 210, 212 – *Vakuumpumpen;* GRUR 99, 923, 927 – *Tele-Info-CD* mwN). Dagegen gewährt das UWG (§§ 3, 4 Nr 11, § 17) bei unbefugter Verwendung von Betriebsgeheimnissen auch den Anspruch auf Unterlassung der Herstellung eines Erzeugnisses (§ 17 Rn 52; BGH GRUR 02, 91, 94 – *Spritzgießwerkzeuge* mwN).

Die **Herstellung von Waren** ist für sich betrachtet zunächst nur ein rein betriebs- 73 interner Vorgang. Warenproduktion als Vorbereitungshandlung eines späteren Warenvertriebs, die noch keine Wirkung nach außen entfaltet, kann als solche dem Begriff des Inverkehrbringens nicht zugeordnet werden. Werden aber zum Zweck der Teilnahme am Wettbewerb die hergestellten Produkte auf dem Markt vertrieben, ist die Produktion lediglich ein Teilakt des Inverkehrbringens und des Handelns im geschäftlichen Verkehr (Rn 15).

2. Nachfrager. Beim **Nachfragerwettbewerb** konkurrieren zwei oder mehr 74 Mitbewerber um den **Bezug** von (die Belieferung mit) Waren von Seiten eines Dritten (des Lieferanten). Die Nachfrager sind Mitbewerber unabhängig davon, ob sie auch im Absatzwettbewerb in einem konkreten Wettbewerbsverhältnis zueinander stehen. Maßgebend ist – entsprechend dem Anbieterwettbewerb (Rn 58) – die Nachfrage nach gleichen oder gleichartigen Waren in demselben Lieferantenkreis

Sosnitza

bzw auf demselben Markt. Für den Anbieterwettbewerb kommt es auf die Gewinnung von Käufern bzw Bestellern an, für den Nachfragewettbewerb auf die Gewinnung von Verkäufern bzw Leistungserbringern. Die Abwerbung von Mitarbeitern des Konkurrenten ist Nachfragewettbewerb, die Abwerbung von Kunden Anbieterwettbewerb. Zur Entstehungsgeschichte der Figur des Nachfragerwettbewerbs s Rn 46).

IV. Waren- und Dienstleistungen

75 Der Waren- und Dienstleistungsbegriff des § 2 I Nr 3 entspricht dem des § 2 I Nr 1 und 2. Zu Bedeutung und Einzelheiten der Begriffe s Rn 47, 48.

V. Rechtsschutz

76 Mitbewerber können, sofern sie zum Verletzer in einem konkreten Wettbewerbsverhältnis stehen und unmittelbar verletzt sind, individualrechtlichen Schutz nach § 8 I, III Nr 1, ggf auch nach § 9 in Anspruch nehmen. Daneben kommt ihnen in den Fällen des § 8 I hinsichtlich der Verfolgung von Abwehransprüchen (nicht von Schadensersatzansprüchen, vgl § 9) – ebenso wie lediglich abstrakt betroffenen Wettbewerbern – unter den Voraussetzungen des § 8 Nr 2–4 kollektivrechtlicher Schutz zu, wenn die insoweit Klagebefugten gegen den Verletzer einschreiten.

E. Nachricht (§ 2 I Nr 4)

77 Mit der **Definition** der in ihrer Abstraktion aus sich heraus nur schwer verständlichen Erläuterung des Begriffs „Nachricht" hat der Reformgesetzgeber Art 2 lit d der Datenschutzrichtlinie 2002/58/EG v 12.7.2002 (Einf C Rn 41; ABl EG Nr L 201, S 37) wortgleich in deutsches Recht umgesetzt. Die Bedeutung der Definition erklärt sich mit Blick auf die Regelungen des § 7 II Nr 2–4, III (unzumutbare Belästigungen), die dem insoweit ebenfalls umgesetzten Art 13 der Richtlinie entsprechen (unerbetene Nachrichten).

78 **Normzweck** der Bestimmungen des § 2 I Nr 4, § 7 II, III ist der Schutz der Privatsphäre vor unerwünschter Werbung.

79 **Nachrichten** iS des § 2 I Nr 4 sind Informationen, die von *elektronischen* Kommunikationsdiensten (zum Begriff s Rn 81) übermittelt werden. Sie fließen zwischen einer endlichen Zahl von Beteiligten über einen öffentlich zugänglichen elektronischen Kommunikationsdienst, sei es unmittelbar zwischen zwei Geräten, sei es über einen Server (Informationen, „die ... ausgetauscht oder weitergeleitet" werden, § 2 I Nr 4). **Öffentliche Zugänglichkeit** des Kommunikationsdienstes bedeutet Möglichkeit der (kostenlosen oder entgeltlichen) Inanspruchnahme für jedermann (vgl § 3 Nr 17 TKG).

80 Der **Nachrichtenbegriff** iS des § 2 I Nr 4 erstreckt sich nur auf elektronische Kommunikationsdienste, nicht auf die traditionellen Formen der Nachrichtenübermittlung mittels Printmedien, mit Zeitungs- und Zeitschriftenbeilagen, Handzetteln, auf Plakaten oder an der Haustür oder sonst in der Öffentlichkeit. Erfasst werden von ihm Informationen für *bestimmte* identifizierbare Kommunikationsdiensteteilnehmer oder Nutzer, nicht aber Informationen, die der elektronische Kommunikationsdienst der Öffentlichkeit als einem unbestimmten Empfängerkreis zuleitet (§ 2 I Nr 4, 2. Halbs). Dies betrifft die Fälle der Übermittlung von Nachrichten durch Fernsehen und Hörfunk an eine Vielzahl von im Einzelnen nicht identifizierbaren Personen. Bestehen aber individuelle Kontakte zwischen Absender und Empfänger, erfolgt der Austausch oder die Weiterleitung von Informationen zwischen einer – wie es im Gesetz heißt – „endlichen Zahl von Beteiligten", mag auch auf Seiten von Absender oder

Definitionen **§ 2 UWG**

Empfänger eine Vielzahl (bestimmbarer) Personen beteiligt sein (Übermittlung von Nachrichten – zB von Werbe-E-Mails – an eine Vielzahl bestimmbarer Empfänger).

Der Begriff des **elektronischen Kommunikationsdienstes** ist definiert in Art 2 Buchst c der Rahmenrichtlinie 2002/21/EG v 7.3.2002 über einen gemeinsamen Rechtsrahmen für elektronische Kommunikationsnetze und Dienste (ABl EG Nr L 108, S 39), dem der Begriff der **Telekommunikationsdienste** in § 3 Nr 24 TKG für den Bereich der gewerblichen Leistungserbringung entspricht. Ihm unterfallen die gewöhnlich gegen Entgelt erbrachten Dienste, die ganz oder überwiegend in der Übertragung von Signalen über elektronische Kommunikationsnetze bestehen, einschließlich Telekommunikations- und Übertragungsdienste in Rundfunknetzen. Zum elektronischen Kommunikationsdienst zählen danach im (wesentlichen) **Sprachtelefonie, Telefaxdienste,** und **elektronische Post** (ds E-Mails, SMS, MMS, § 2 I Nr 4, 1. Halbs; vgl BegrRegEntw, B zu Abs 2 Nr 4, BT-Drucks 15/1487, S 16). 81

F. Verhaltenskodex (§ 2 I Nr 5 UWG)

Nach Art 2 lit f UGP-RL ist „Verhaltenskodex" eine „Vereinbarung oder Vorschriftenkatalog, die bzw der nicht durch die Rechts- und Verwaltungsvorschriften eines Mitgliedstaates vorgeschrieben ist und das Verhalten der Gewerbetreibenden definiert, die sich in Bezug auf eine oder mehrere spezielle Geschäftspraktiken oder Wirtschaftszweige an diesen Kodex verpflichten". In Anlehnung daran definiert § 2 I Nr 5 UWG den Begriff des „Verhaltenskodex" als „Vereinbarungen oder Vorschriften über das Verhalten von Unternehmern, zu welchem diese sich in Bezug auf Wirtschaftszweige oder einzelne geschäftliche Handlungen verpflichtet haben, ohne dass sich solche Verpflichtungen aus Gesetzes- oder Verwaltungsvorschriften ergeben", um ein richtlinienkonformes Verständnis der neuen Regelung des § 5 I S 2 Nr 6 UWG sicherzustellen (BR-Dr 345/08, S 41). Darüber hinaus knüpfen die Ziff. 1 und 3 des Anhangs zu § 3 III an Verhaltenskodizes an. 82

Im Anwendungsbereich der UGP-RL ist der Begriff des Verhaltenskodexes richtlinienkonform auszulegen. Die Richtlinie ist ersichtlich von den Modellen der freiwilligen Selbstverpflichtung in den skandinavischen Ländern und in Großbritannien („Advertising Standard Authority", www.asa.org.uk) beeinflusst. Mit dem **Begriff** des Verhaltenskodexes sind vor allem die von Wirtschaftsverbänden initiierten Werbe- und Wettbewerbsrichtlinien gemeint, die es in allen möglichen Branchen gibt (vgl MüKoUWG/*Sosnitza* Grundl Rn 44 ff und Anh §§ 1–7 I Rn 1 ff; *ders* FS Bechtold 2006, S 515, 522 mwN). Für die Qualifikation als Verhaltenskodex ist die **Bezeichnung** solcher Regelwerke (zB als „Werberegeln", „Wettbewerbsregeln", „Werberichtlinien", „Verhaltensregeln", „Duldungskatalog", „Code of Conduct", „(Ehren-)Kodex" etc **unerheblich.** Letztlich geht es stets darum, dass private Organisationen für ihren Tätigkeitsbereich Tatbestände formulieren wollen, die als unlautere geschäftliche Handlungen angesehen werden (MüKoUWG/*Sosnitza* Anh §§ 1–7 I Rn 1). Dafür spricht auch Egrd 20 der UGP-RL, wonach Verhaltenskodizes es „Gewerbetreibenden ermöglichen", die Grundsätze dieser Richtlinie in spezifischen Wirtschaftsbranchen wirksam anzuwenden". Typische **Beispiele** sind die „Verhaltensregeln" des Zentralverbandes der Werbewirtschaft (ZAW, vgl www.werberat.de), der „Kodex Deutschland für Telekommunikation und Medien" (www.dvtm.net), die Verhaltensempfehlungen („Code of Conduct") der Organisation der Werbungtreibenden im Markenverband (OWM, vgl www.owm.de) sowie der „FS Arzneimittelindustrie-Kodex" des Verbandes forschender Arzneimittelhersteller (vgl BGH GRUR 11, 431 – *FSA-Kodex*). 83

Nicht unter den Begriff des Verhaltenskodexes fallen dagegen – trotz des weiten Wortlauts von Art 2 lit f UGP-RL bzw § 2 I Nr 5 UWG – vertragliche Vereinbarun- 84

UWG § 2 Gesetz gegen den unlauteren Wettbewerb

gen zwischen zwei Unternehmen, wie namentlich **selektive Vertriebssysteme** (ebenso *Köhler*/Bornkamm § 2 Rn 113; *Birk* GRUR 11, 196, 199; *Schmidthuber* WRP 10, 593, 597f; aA *Lamberti/Wendel* WRP 09, 1479, 1481); hierfür spricht neben dem traditionellen Verständnis von Verhaltenskodizes in der Europäischen Union auch die Herausnahme des Vertragsrechts aus dem Anwendungsbereich der UGP-RL nach Art 3 II (*Schmidthuber* WRP 10, 593, 597f). Ebenso wenig stellt der **Deutsche Corporate Governance Kodex** (DCGK, www.corporate-governance-code.de) einen Verhaltenskodex im lauterkeitsrechtlichen Sinne dar (ebenso Köhler/*Bornkamm* § 5 Rn 5.163; *Birk* GRUR 11, 196, 199; aA Götting/*Nordemann* § 5 Rn 6.8); das folgt zum einen daraus, dass der DCGK nicht auf einer Vereinbarung von Unternehmen beruht, sondern von einer Regierungskommission erarbeitet wurde und zum anderen daraus, dass es hier inhaltlich um Regeln interner Unternehmensführung geht, nicht aber um das nach außen gerichtete Marktverhalten (vgl Egrd 20 UGP-RL, oben Rn 83). Ebenso wenig beruhen **DIN-Normen** auf einer Vereinbarung von Unternehmen, sodass sie keine Verhaltenskodizes darstellen (aA *Busch* NJW 10, 3061, 3065).

85 Dagegen können schlicht einseitige Absichtserklärungen von einzelnen Unternehmen, wie etwa **Selbstverpflichtungen** zur Einhaltung von ethischen Standards, durchaus **Verhaltenskodizes** iSv Art 2 lit f UGP-RL, § 2 I Nr 6 UWG darstellen. Nach Art 2 lit g kann auch ein einzelner Gewerbetreibender Urheber eines Kodexes sein. Außerdem differenziert Art 6 II lit b UGP-RL zwischen einseitigen Absichtserklärungen und auf Einhaltung nachprüfbarer Verpflichtungen; Art 6 II lit b i) UGP-RL wäre überflüssig, wenn schon der vorgelagerte, allgemeine Begriff des Verhaltenskodexes nur rechtlich bindende Vereinbarungen mehrerer Unternehmer erfasste (ebenso *Dreyer* WRP 07, 1294, 1297; *Birk* GRUR 11, 196, 198).

86 **Berufsständische** Verhaltenskodizes, wie etwa Standesregeln der freien Berufe, sind zwar ebenfalls Verhaltenskodizes iSd Art 2 lit f UGP-RL, aber nach Art 3 VIII UGP-RL für reglementierte Berufe (Art 2 lit l UGP-RL) ausgenommen, damit die strengen Integritätsstandards, die die Mitgliedstaaten den in dem Beruf tätigen Personen nach Maßgabe des Unionsrechts auferlegen können, gewährleistet bleiben.

87 Die **Relevanz** von Verhaltenskodizes als Form von „soft law" oder Co-Regulierung im weiteren Sinne ist begrenzt. Zwar können derartige Regelungen die Grenzen formellen Gesetzesrechts nicht verschieben, aber doch eine **präventive Verhaltenssteuerung** der organisierten Marktteilnehmer bewirken. Damit können sie zugleich kartellrechtlich nach Art 101 AEUV bzw § 1 GWB unzulässig sein (näher MüKoUWG/*Sosnitza* Anh §§ 1–7 I Rn 3 ff; *Bornkamm* FS Canenbley, 2012, S 67 ff). Verhaltenskodizes sind auch nicht deckungsgleich mit Wettbewerbsregeln nach §§ 24 ff GWB (aA Köhler/*Bornkamm* § 5 Rn 5.163), da der Begriff in Art 2 lit f UGP-RL, § 2 I Nr 6 UWG weiter ist und auch einseitige Selbstverpflichtungen erfasst (oben Rn 85). Auch bei der Heranziehung von Verhaltenskodizes zur Konkretisierung des Begriffs der Unlauterkeit nach § 3 I ist größte Zurückhaltung geboten (vgl § 3 Rn 29). Derartige Verbandsregelungen können allenfalls ein erstes Indiz für die lauterkeitsrechtliche Beurteilung einer geschäftlichen Handlung sein (BGH GRUR 06, 773 Rn 19 – *Probeabonnement*). Selbst die Annahme einer bloß indiziellen Bedeutung eines Verstoßes gegen Verbandsregeln kommt nur dann in Betracht, wenn sich die aus dem festgestellten Kodexverstoß abgeleitete Regelwidrigkeit des betreffenden Verhaltens gerade auch als eine wettbewerbsbezogene, dh von den Schutzzwecken des UWG erfasste Unzulässigkeit erweist (BGH GRUR 11, 431, Rn 14 – *FSA-Kodex*).

Definitionen　　　　　　　　　　　　　　　　　　　　　　　　　　**§ 2 UWG**

G. Unternehmer (§ 2 I Nr 6 UWG)

Statt des bisherigen Verweises in § 2 II auf § 14 BGB definiert nun § 2 I Nr 6 **88**
UWG den Begriff des „Unternehmers" als jede natürliche oder juristische Person,
die geschäftliche Handlungen im Rahmen ihrer gewerblichen, handwerklichen oder
beruflichen Tätigkeit vornimmt und jede Person, die im Namen oder im Auftrag
einer solchen Person handelt. Diese Definition sah der Gesetzgeber im Hinblick auf
auf Art 2 lit b der UGP-RL als notwendig an (BT-Dr 16/10 145, S 21). Unternehmer
ist beispielsweise auch ein selbständiger Handelsvertreter im Rahmen eines Strukturvertriebs (OLG Karlsruhe GRUR-RR 10, 51, 52 – *Direktmarketing*).

Die Vorschrift stellt nur noch auf **natürliche** oder **juristische Personen** ab, so- **89**
dass anders als nach § 14 BGB die der Rechtsfähigkeit nur angenäherten Personengesellschaften (OHG, KG, §§ 105, 124, 161 HGB) dem Wortlaut nach nicht erfasst
wären (vgl *Sosnitza*, WRP 08, 1014, 1015). Diese Gesellschaften sind jedoch in gemeinschaftsrechtlicher Auslegung des Art 2 lit b der Richtlinie unter einen weiter
verstandenen Begriff der juristischen Person zu subsumieren, auch wenn dies mit der
bisherigen Systematik des deutschen Rechts nur schwer zusammenpasst.

Ob **gesetzliche Krankenkassen** als „Gewerbetreibende" iSd Art 2 lit b der **90**
UGP-RL anzusehen sind, wenn sie gegenüber ihren Mitgliedern (irreführende) Angaben darüber machen, welche Nachteile den Mitgliedern im Falle eines Wechsels zu
einer anderen gesetzlichen Krankenkasse entstehen, ist gegenwärtig Gegenstand einer
Vorlage des BGH an den EuGH (BGH GRUR 12, 288 – *Betriebskrankenkasse;* vgl
oben Rn 12).

§ 2 I Nr 6 UWG bezieht auch Personen, die **im Namen oder Auftrag** eines Un- **91**
ternehmers handeln, mit ein. Diese Ausdehnung des Unternehmerbegriffs auch auf
Hilfspersonen (zB Mitarbeiter) ist problematisch und ebenfalls nicht mit dem Unternehmerbegriff im sonstigen Zivilrecht zu vereinbaren (vgl *Sosnitza*, WRP 08, 1014,
1015 f). Die Einbeziehung dieses Personenkreises in die entsprechende Definition in
Art 2 lit b der UGP-RL hat erkennbar die Funktion einer Zurechnungsregelung, die
im deutschen Recht allerdings bereits über § 8 II verwirklicht wird (*Sosnitza* aaO; iE
ebenso *Kulka*, DB 08, 1548, 1553). Eine Ausweitung der lauterkeitsrechtlichen Haftung von Mitarbeitern ist damit freilich nicht verbunden (aA *Köhler*, FS Hopt, 2010,
S 2825, 2833). Die Einbeziehung von Mitarbeitern in den lauterkeitsrechtlichen Unternehmerbegriff macht es allerdings erforderlich, bei jeder Regelung nach Sinn und
Zweck der Vorschrift zu ermitteln, ob der Begriff des Unternehmers nur den Inhaber
(so bei §§ 2 I Nr 3, 4 Nr 8, 5 I S 2 Nr 4, Nr 6, 7 III, 8 III Nr 2, 15 II, XI sowie Anhang zu § 3 III Ziff 1, 4, 5, 6, 8, 11, 15) oder auch Mitarbeiter (so bei §§ 2 I Nr 7, 3 II,
5 I S 2 Nr 3 sowie Anhang zu § 3 III Ziff 23 und 30) meint.

H. Fachliche Sorgfalt (§ 2 I Nr 7 UWG)

§ 2 I Nr 7 UWG definiert den Begriff der „fachlichen Sorgfalt" als den „Standard **92**
an Fachkenntnissen und Sorgfalt, von dem billigerweise angenommen werden kann,
dass ein Unternehmer ihn in seinem Tätigkeitsbereich gegenüber Verbrauchern nach
Treu und Glauben unter Berücksichtigung der Marktgepflogenheiten einhält". Diese
Umschreibung lehnt sich an die Definition der „beruflichen Sorgfalt" nach Art 2
lit h der Richtlinie an. Allerdings wurde der Begriff „berufliche Sorgfalt" durch
„fachliche Sorgfalt" ersetzt, da ein Beruf nach den Begriffsbestimmungen des deutschen Rechts nur von einer natürlichen Person ausübt werden kann, die Sorgfaltspflichten iS der Richtlinien aber auch juristische Personen treffen sollen. Im Interesse
einer einheitlichen Begriffsbildung im Zivil- und Handelsrecht werden daher die in

der englischen („professional diligence") und französischen („diligence professionelle") Sprachfassungen verwendeten Begriffe als „fachliche Sorgfalt" übersetzt (BT-Dr 16/10 145, S 21 f).

93 Inhaltlich bleibt die Anknüpfung an den **Standard an Fachkenntnissen und Sorgfalt** eines Unternehmers vage (krit *Glöckner,* Europäisches Lauterkeitsrecht, 2006, S 74f; *Sosnitza,* WRP 08, 1014, 1018; vgl § 3 Rn 26, 71). Das Gebot der fachlichen Sorgfalt wird ua auch durch die Richtlinie 93/13/EWG über missbräuchliche Klauseln in Verbraucherverträgen konkretisiert (EuGH GRUR 12, 636 Rn 37ff – *Pereničová und Perenič/SOS*). Darunter fallen außerdem gesetzliche Regelungen für das Verhalten des Unternehmers gegenüber Verbrauchern, wie etwa Belehrungs- und Informationspflichten (zB §§ 312 II, 312c I, II, 355 II BGB). Ob man den unzulässigen Eingriff in das Recht am eigenen Bild als Verstoß gegen die berufliche Sorgfalt begreifen kann mit der Folge, dass einen darauf gestützten Lauterkeitsverstoß nicht nur der Abgebildete, sondern auch Mitbewerber des Verletzers oder Verbände geltend machen können (so wohl *Korn,* ÖBl 08, 169), erscheint zweifelhaft.

I. Verbraucher (§ 2 II iVm § 13 BGB)

Literatur: *Ackermann,* Die deutsche Umweltrechtsprechung auf dem weg zum Leitbild des verständigen Verbrauchers?, WRP 1996, 502; *Beater,* Verbraucherschutz und Schutzzweckdenken im Wettbewerbsrecht, 2000; *ders,* Verbraucherverhalten und Wettbewerbsrecht, FS Tilmann, 2003, S 87; *Bornkamm,* Wettbewerbs- und Kartellrechtsprechung zwischen nationalem und europäischem Recht, FS 50 Jahre BGH, 2000; *Bülow/Artz,* Fernabsatzverträge und Strukturen eines Verbraucherprivatrechts im BGB, NJW 2000, 2049; *Damm,* Privatautonomie und Verbraucherschutz, VersR 1999, 129; *Dauses,* Die Rechtsprechung des EuGH zum Verbraucherschutz und zur Werbefreiheit im Binnenmarkt, EuZW 1995, 425; *Diekmann,* Das Verbraucherleitbild im Lichte besonderer Produktgruppen, 2012; *Drexl,* Die wirtschaftliche Selbstbestimmung des Verbrauchers, 1998, 1; *Kisseler,* Das deutsche Wettbewerbsrecht im Binnenmarkt, 1994, 1; *Köhler,* UWG-Reform und Verbraucherschutz, GRUR 1993, 265; *Lederer,* Das Verbraucherleitbild im Internet, NJW 2011, 3274 = NJOZ 2011, 1833; *Lettl,* Der Schutz der Verbraucher nach der UWG-Reform, 2004, 449; *ders,* Der lauterkeitsrechtliche Schutz vor irreführender Werbung in Europa, GRUR Int 04, 85; *Mees,* Der Patient als Verbraucher – Ein neuer Topos des wettbewerbsrechtlichen Verbraucherschutzes?, FS Ullmann, 2006, S 755; *Micklitz/Keßler,* Funktionswandel des UWG, WRP 2003, 919; *Sack,* Regierungsentwurf einer UWG-Novelle – ausgewählte Probleme, BB 2003, 1073; *ders,* Die relevante Irreführung im Wettbewerbsrecht, WRP 2004, 521; *Schloßer,* Unlautere Werbung durch Stellenanzeigen.

I. Begriff des Verbrauchers

94 **1. Definition.** Das **UWG verzichtet auf** eine **eigene Definition** des Begriffs des Verbrauchers. Es verweist auf eine **entsprechende Anwendung des § 13 BGB.** „Entsprechend" bedeutet, dass die Definition der zivilrechtlichen Norm nicht unmittelbar in das Lauterkeitsrecht übernommen werden kann, sondern nur unter Berücksichtigung des Schutzzwecks und des Anwendungsbereichs des UWG herangezogen werden darf.

95 Nach **§ 13 BGB** ist Verbraucher „jede natürliche Person, die ein Rechtsgeschäft zu einem Zwecke abschließt, der weder ihrer gewerblichen noch ihrer selbstständigen beruflichen Tätigkeit zugerechnet werden kann". Die Anwendung dieser Bestimmung auf den mit einem *Rechtsgeschäft* verfolgten Zweck passt nicht auf das Lauterkeitsrecht, das seine verbraucherschützende Funktion schon im Vorfeld von Vertragsanbahnungen und auch in solchen Fällen entfaltet, bei denen – wie zB bei der bloßen Sympathiewerbung (Imagewerbung) eines Unternehmens – nicht einmal Vertragsanbahnungen in Rede stehen. **Lauterkeitsrechtlich** ist für den **Verbraucherbegriff**

Definitionen **§ 2 UWG**

allein der *Zweck* des zu beurteilenden Handelns maßgebend. Bei *entsprechender* Anwendung des § 13 BGB ist deshalb Verbraucher jede natürliche Person, deren Handeln von einem Zweck bestimmt ist, der weder ihrer gewerblichen noch ihrer selbstständigen beruflichen Tätigkeit zugerechnet werden kann (allgM, vgl *Köhler/Bornkamm* § 2 Rn 134; *Fezer/Fezer* § 2 I Rn 19 ff; *Lettl* UWG, Rn 34). Wer nicht zu privaten Zwecken handelt, kann nicht Verbraucher, sondern nur Unternehmer sein.

Verbraucher ist danach, wer zu **privaten** (nicht gewerblichen, nicht selbstständig-beruflichen) Zwecken handelt. **Privat** ist alles, was dem privaten Konsum und der sonstigen individuellen Bedarfsdeckung und persönlichen Daseinsvorsorge dient, zB der Freizeitgestaltung, der Gesundheits- und Altersvorsorge (Kranken- und Lebensversicherung), der privaten Verwaltung und Anlage von Vermögen usw (*Palandt/Ellenberger* § 13 Rn 3). Auch in ihrer Eigenschaft als Patient ist die natürliche Person Verbraucher (vgl *Mees*, FS Ullmann, S 755). **Gewerblich** ist eine planmäßig und auf Dauer angelegte wirtschaftlich selbstständige Tätigkeit unter Teilnahme am Wettbewerb (BGHZ 149, 80, 86 = NJW 02, 368, 369 [zu § 1 I, VI 2 VerbrKG]). Eine selbstständige berufliche Tätigkeit üben die nicht in einem Abhängigkeitsverhältnis stehenden Freiberufler aus. Aber auch der gewerblich oder selbstständig freiberuflich Tätige ist dann Verbraucher, wenn seine Tätigkeit privatbezogen ist (su Rn 101). 96

Der Verbraucherbegriff ist **objektiv** zu verstehen. Maßgebend insoweit ist der unter Berücksichtigung der Verkehrsauffassung und des Gesamtverhaltens des Handelnden zu bestimmende Geschäftszweck (Rn 101), den dieser mit seinem Handeln verfolgt (*Köhler*/Bornkamm § 2 Rn 138). Bei einem Vertragsschluss mit einer natürlichen Person ist grundsätzlich von Verbraucherhandeln auszugehen, es sei denn dass Umstände vorliegen, nach denen das Handeln aus der Sicht des anderen Teils eindeutig und zweifelsfrei einer gewerblichen oder selbständigen beruflichen Tätigkeit zuzurechnen ist (BGH WRP 10, 103 Rn 11). 97

Verbraucher ist, wer Waren (Dienstleistungen) für seine **private Bedarfsdeckung** nachfragt (bezieht). Verbraucher ist aber auch, wer im privaten Bereich als **Anbieter** auftritt, zB seinen privaten Gebrauchtwagen einem KFZ-Händler zum Kauf oder zum Zwecke der Inzahlungnahme anbietet (*Köhler*/Bornkamm § 2 Rn 139; *Lettl* UWG, Rn 39). 98

Der Verbraucherbegriff des § 13 BGB findet sein Vorbild im **Unionsrecht (**vgl zB *Palandt/Ellenberger* § 13 Rn 1). Nach Art 2 Abs 2 der Fernabsatzrichtlinie 97/7/EG, auf die er zurückgeht und deshalb richtlinienkonform auszulegen ist, ist Verbraucher **jede natürliche Person,** die beim Abschluss von Verträgen zu Zwecken handelt, die nicht ihrer gewerblichen oder beruflichen Tätigkeit zugerechnet werden können. Ganz ähnlich bestimmen die E-Commerce-Richtlinie 2000/31/EG („Jede natürliche Person, die zu Zwecken handelt, die nicht zu ihren gewerblichen, geschäftlichen oder beruflichen Tätigkeiten gehören", Art 2 e) und die UGP-RL („jede natürliche Person, die ... zu Zwecken handelt, die nicht ihrer gewerblichen, handwerklichen oder beruflichen Tätigkeiten zugerechnet werden können, Art 2 lit a) den Verbraucherbegriff. Weitergehend als diese Regelungen lässt allerdings § 13 BGB für die Verneinung des Verbraucherbegriffs allein die *selbstständige* berufliche Tätigkeit genügen. Ein Widerspruch zum Gemeinschaftsrecht liegt darin aber nicht, da auch die UGP-RL es nicht verbietet, den lauterkeitsrechtlichen Schutz auch für Personen außerhalb des Anwendungsbereichs der Richtlinie beizubehalten (vgl BD-Drucks 16/10145, S 11 f). 99

2. Natürliche Person. Nach § 2 II UWG, § 13 BGB sind **Verbraucher** ausschließlich **natürliche Personen** (vgl EuGH Slg 2001, I 9049 = NJW 02, 205 [Nr 16] – Idealservice). Juristische Personen des privaten und öffentlichen Rechts (Kapital- und Personengesellschaften des Handelsrecht, Vereine Stiftungen, Kirchen) sind keine Verbraucher. **Gesellschaften des bürgerlichen Rechts (GbR)** können Verbraucher sein, da auch hier, wenn auch gesellschaftsrechtlich verbunden, natürli- 100 che Personen handeln (vgl BGHZ 149, 80, 86f = NJW 02, 368, 369; *Köhler*/Bornkamm § 2 Rn 135; *Palandt/Ellenberger* § 13 Rn 2; str, vgl Fezer/*Fezer* § 2 I Rn 18). **Existenzgründer** sind nicht Verbraucher, sondern Unternehmer, wie sich im Gegenschluss aus den Spezialregelungen der §§ 507, 655e II BGB ergibt (BGHZ 162, 253, 256 = NJW 05, 1273, 1274; MüKoUWG/*Veil/Müller* § 2 Rn 243; Fezer/*Fezer* § 2 I Rn 25; *Köhler*/Bornkamm § 2 Rn 137; aA *Palandt/Ellenberger* § 13 Rn 3); anders dagegen bei Handlungen, die die Gründungsentscheidung erst vorbereiten (BGH WRP 08, 111 – *Existenzgründungsbericht*). **Arbeitnehmer** sind bei der privaten Bedarfsdeckung, auch soweit sich diese auf ihr Arbeitsverhältnis bezieht, zB beim Erwerb von Arbeitskleidung, Verbraucher, nicht aber in ihrer arbeitsrechtlichen Beziehung zum Arbeitgeber, zB bei der Anbahnung, Ausgestaltung oder Beendigung des Arbeitsverhältnisses (vgl § 7 Rn 46). Hinsichtlich seiner Arbeitskraft ist der Arbeitnehmer Leistungserbringer (sonstiger Marktteilnehmer iS des § 2 I Nr 2), nicht Verbraucher (*Palandt/Ellenberger* aaO Rn 3; *Köhler*/Bornkamm § 2 Rn 140; aA BAG NJW 05, 3305).

101 Maßgebend für den Verbraucherbegriff ist der **Zweck des Handelns** (Rn 95f). Auch Unternehmer können daher Verbraucher sein, wenn ihr Handeln nicht gewerblichen oder freiberuflichen, sondern privaten Zwecken dient. Dem entsprach schon der Letztverbraucherbegriff des alten UWG (Rn 52). Dient ein Handeln sowohl gewerblichen oder beruflichen als auch privaten Zwecken, zB beim Erwerb von Gegenständen, die beruflichen *und* privaten Zwecken dienen sollen (sog **dual use-Geschäfte**), kommt es für die Frage, ob Verbraucher oder Gewerbetreibender (Freiberufler) auf die überwiegende Zweckbestimmung an (sa Rn 51).

102 Bleibt die Frage des Handelns als Verbraucher oder als Gewerbetreibender offen, trägt die **Beweislast**, wer sich – etwa zur Qualifizierung unlauteren Handelns oder zur Begründung der Klagebefugnis (§ 8 III Nr 1) – auf die Verbrauchereigenschaft des Handelnden beruft (*Palandt/Ellenberger* § 13 Rn 3; *Köhler*/Bornkamm § 2 Rn 144).

II. Schutz des Verbrauchers

103 Der Verbraucher zählt zu den Schutzsubjekten des Wettbewerbsrechts (§ 1 Rn 3, 19). Das bedeutet Schutz seiner marktbezogen-rechtsgeschäftlichen Entscheidungsfreiheit vor unangemessener, unlauterer Beeinflussung durch die Marktgegenseite (Schutz der Konsumentensouveränität, § 1 Rn 19ff). Geschützt wird der Verbraucher zugleich in seiner Privatsphäre, seinem Persönlichkeitsrecht und seinen sonstigen schützenswerten Rechtsgütern (§ 1 Rn 23). Verbraucherschutzgesetz ist das UWG aber nicht (§ 1 Rn 11).

III. Verbraucherleitbild

104 **1. Ausgangspunkt.** Die lauterkeitsrechtliche Bewertung einer Wettbewerbshandlung, zB einer Werbeaussage, hängt davon ab, wie die Handlung von dem angesprochenen Verkehrskreis, der sie rezipiert, wird, aufgefasst wird. **Funktion des Verbraucherleitbilds** ist es, für dieses Verkehrsverständnis die Beurteilungsgrundlage an Hand von Umständen zu liefern, die – wie beispielsweise Erfahrungswissen, Kenntnisstand, Aufmerksamkeit und Urteilsvermögen – bei der Betrachtung einer Werbeaussage oder sonstigen Wettbewerbshandlung durch den Verkehr und den von diesem daraus zu ziehenden Schlussfolgerungen Bedeutung gewinnen. Jedoch ist damit noch nicht entschieden, ob bei der wettbewerbsrechtlichen Beurteilung an diese Betrachtung der Maßstab eines *tatsächlichen* Verständnisses des angesprochenen Verkehrs anzulegen ist oder der Maßstab eines vom Verkehr zu *erwartenden,* zu *fordernden,* bei ihm *vorauszusetzenden* Verständnisses. Ersterenfalls käme es für das Verbraucherverständnis auf das an, was *ist,* letzterenfalls auf das, was sein *sollte,* also auf eine *normative* Erfassung des Verkehrsauffassung. Je nach dem insoweit anzulegenden Beurteilungsmaßstab

Definitionen § 2 UWG

kann die Beantwortung der Frage, wie der Verkehr eine Werbeaussage versteht, ganz verschieden ausfallen.

2. Entwicklung des Verbraucherleitbilds in der Rechtsprechung. a) Verbraucherleitbild der früheren Rechtsprechung. Reichsgericht und Bundesgerichtshof (dieser bis etwa gegen Ende der 90er Jahre) sind in ständiger Rechtsprechung davon ausgegangen, dass es für die Ermittlung der Verkehrsauffassung auf das *tatsächliche* **Verständnis des Werbeadressaten** ankommt, der nach Maßgabe seiner Erfahrung und Sachkunde insbesondere einer Publikumswerbung oder einer Produktaufmachung, dh einer Absatzwerbung, die Güter des täglichen Bedarfs betrifft, nicht mit besonderer Aufmerksamkeit, sondern *ungezwungen und flüchtig* gegenübertritt. Diese Betrachtungsweise beruhte auf dem Empirem, dass an das breite Publikum gerichtete Werbeaussagen oft nur gewohnheitsmäßig und oberflächlich, nicht genau, nicht vollständig und nicht mit kritischer Würdigung zur Kenntnis genommen werden, so dass mit einer unkritischen, flüchtigen Betrachtungsweise zu rechnen ist (s zB BGH GRUR 59, 365, 366 – *Englisch Lavendel;* GRUR 82, 564, 566 – *Elsässer Nudeln;* GRUR 84, 741, 742 – *patented;* GRUR 92, 450, 452 f – *Beitragsrechnung;* WRP 96, 1097, 1098 – *Preistest; Baumbach/Hefermehl* 22. Aufl, § 3 Rn 33; *v. Gamm* Kap 36, Rn 33; GK[1]/*Lindacher* § 3 Rn 150). Jedoch wurde dabei nicht vernachlässigt, dass je nach der Art der Werbung, den Besonderheiten von Angebot und Ware, den Eigenschaften des Werbeadressaten und sonstigen Umständen auch ein gesteigerterer Grad an Aufmerksamkeit und Sachkunde in Betracht zu ziehen war als bei einem nur flüchtigen Betrachter. Lag es so, kam es auf dessen Verständnis nicht an. Es galt der Grundsatz der *verkehrseigenen* Betrachtungsweise. Immer war freilich das Verkehrsverständnis in einem rein tatsächlichen Sinne zu verstehen, dh als ein deskriptiver, dem Beweis zugänglicher Umstand, der ggf. auch sozialempirisch durch Verbraucherumfragen zu ermitteln war (vgl 3. Aufl § 3 Rn 50 ff, 54 ff, 126 ff).

105

b) Verbraucherleitbild des EuGH. Von seinem Verbraucherleitbild, das sich an einer in einem tatsächlichen Sinne zu verstehenden Verkehrsauffassung orientierte, ist der BGH seit Ende der 90er Jahre unter dem Einfluss des Unionsrechts und der Rechtsprechung des EuGH abgerückt, der das Verbraucherleitbild an einem vom Wettbewerbsrichter im Rahmen einer wertenden Beurteilung *selber* anzulegenden *normativen* Maßstab misst. Seit dem Urteil *Gut Springenheide* vom 16.7.1998 (GRUR Int 98, 795, 797) hat der EuGH in einer Vielzahl von Entscheidungen ausdrücklich auf dieses (normative) Leitbild eines durchschnittlich informierten, aufmerksamen und verständigen Durchschnittsverbrauchers abgestellt (vgl GRUR Int 99, 345, 348 Rn 36 – *Sektkellerei Kessler;* GRUR Int 00, 354, 356 Rn 30 – *Lifting-Creme;* GRUR Int 00, 756, 757 Rn 20 – *d'arbo naturrein;* GRUR 03, 533 Rn 55 – *Pippig Augenoptik;* der Sache nach zuvor auch schon EuGH GRUR 94, 303 – *Clinique;* GRUR Int 95, 804 – *Mars;* zum Markenrecht vgl EuGH GRUR Int 99, 734, 736 – *Lloyd*. Später hat der Gerichtshof dies umformuliert und spricht nunmehr vom **„normal informierten und angemessen aufmerksamen und verständigen Durchschnittsverbraucher"** (EuGH GRUR 07, 69 Rn 78 – *Lidl Belgium;* GRUR 11, 159 Rn 47 – *Lidl/Vierzon;* GRUR 11, 930 Rn 23 – *Ving Sverige AB;* zum Markenrecht EuGH GRUR 04, 943 Rn 24 – *SAT.2;* GRUR Int 05, 823 Rn 31 – *Eurocermex;* GRUR 06, 1022 Rn 25 – *Wicklerform;* GRUR 07, 318 Rn 23 – *Opel/Autec;* GRUR 08, 608 Rn 67 – *EUROHYPO*). Diese Formel hat der EuGH dahin präzisiert, dass es nicht ohne weiteres auf das Durchschnittsverständnis der gesamten Verbraucherschaft ankommt, sondern ggf. auf die Besonderheiten der als Adressaten angesprochenen Verkehrskreise, dh auf deren soziale, kulturelle und sprachliche Eigenheiten (GRUR Int 00, 354, 356 Rn 29 – *Lifting-Creme*), ebenso auf Art und Bedeutung des beworbenen Produkts für den angesprochenen Verkehr (GRUR Int 99, 734, 736 Rn 26 – *Lloyd;* GRUR 07, 69 Rn 78 – *Lidl Belgium;* GRUR 11, 159 Rn 48 – *Lidl/Vierzon*) oder auf die Umstände, die die geschäftliche Handlung begleiten (vgl *Bornkamm* aaO S 359 ff).

106

Sosnitza

Diese Rechtsprechung bestimmt entsprechend der Kompetenz des EuGH die lauterkeitsrechtliche Beurteilung auch der Gerichte der Mitgliedstaaten der Union bei Verboten, die den Handel zwischen den Mitgliedstaaten beeinträchtigen (Art 34 AEUV)) oder auf harmonisiertem Recht beruhen (vgl § 5 III 1. Alt, § 6 UWG bzw Art 4 der Irreführungsrichtlinie 2006/114/EG und Art 6 der UGP-RL; vgl zur normativen Verankerung oben Rn 108).

107 c) **Verbraucherleitbild des BGH.** Das Verbraucherleitbild des EuGH hat in die Rechtsprechung des BGH auch im autonomen, nicht harmonisierten Bereich des Lauterkeitsrechts Eingang gefunden. Maßgebend ist nach ständiger Rechtsprechung des BGH für den gesamten Anwendungsbereich des UWG das Leitbild des „durchschnittlich informierten, situationsadäquat aufmerksamen und verständigen Verbrauchers", eine Formulierung, die mit der des EuGH im Wortlaut nahezu übereinstimmt und inhaltlich identisch ist (vgl BGH GRUR 00, 619, 621 − *Orient-Teppichmuster;* GRUR 00, 820, 821 − *Space Fidelity Peep-Show;* BGHZ 148, 1, 7 = GRUR 01, 1061, 1063 − *Mitwohnzentrale.de;* GRUR 01, 1166, 1168f − *Fernflugpreise;* GRUR 02, 81, 83 − *Anwalts- und Steuerkanzlei;* GRUR 02, 160, 162 − *Warsteiner III;* GRUR 02, 182, 183 − *Das Beste jeden Morgen;* GRUR 02, 550, 552 − *Elternbriefe;* GRUR 03, 626, 627 − *Umgekehrte Versteigerung II;* GRUR 03, 247, 248 − *Thermal Bad;* GRUR 04, 162, 163 − *Mindestverzinsung;* BGHZ 156, 250, 252f = GRUR 04, 244, 245 − *Marktführerschaft;* GRUR 04, 786, 787f − *Größter Online-Dienst;* GRUR 05, 438, 440 − *Epson-Tinte;* GRUR 05, 877, 879 − *Werbung mit Testergebnis;* GRUR 06, 776 Rn 19 − *Werbung für Klingeltöne;* GRUR 08, 183 Rn 17 − *Tony Taler;* GRUR 09, 1064 Rn 37 − *Geld-Zurück-Garantie II;* GRUR 10, 161 Rn 20 − *Gib mal Zeitung;* GRUR 11, 1050 Rn 24 − *Ford-Vertragspartner;* GRUR 12, 184 Rn 19 − *Branchenbuch Berg;* GRUR 12, 215 Rn 14 − *Zertifizierter Testamentsvollstrecker;* GRUR 12, 645 Rn 13 − *Mietwagenwerbung;* GRUR 12, 1053 Rn 19 − *Marktführer Sport*). Dieselbe Formulierung wird auch im Arznei- und Lebensmittelrecht verwendet (BGH GRUR 02, 528, 529 − *L-Carnitin;* GRUR 10, 359 Rn 14 − *Vorbeugen mit Coffein!*), während der BGH im Markenrecht inzwischen ausdrücklich die Definition des EuGH übernommen hat (BGH GRUR 09, 411 Rn 8 − *STREETBALL;* GRUR 12, 270 Rn 8 − *Link economy;* GRUR 12, 1044 Rn 9 − *Neuschwanstein*), ohne dass ein sachlicher Grund für diese Differenzierung erkennbar ist.

108 3. **Normative Verankerung des Verbraucherleitbildes.** Im Gesetz selbst hatte dieses Leitbild des „Durchschnittsverbrauchers" zunächst keinen unmittelbaren Ausdruck gefunden. Mit § 2 II beschränkt sich das UWG auf eine Inbezugnahme der Definition des Verbraucherbegriffs in § 13 BGB. Jedoch ging der Gesetzgeber bereits bei der Aufhebung von RabattG und ZugabeVO von einem entsprechenden, europäisch geprägten Verbraucherleitbild aus (BT-Drucks 14/5441, S 7; BGH GRUR 06, 949 Rn 16 − *Kunden werben Kunden*). Schließlich hat der Reformgesetzgeber das in der Rechtsprechung des EuGH entwickelte, vom BGH übernommene Verbraucherleitbild dem UWG 2004 zugrunde gelegt (vgl BegrRegEntw, B, zu § 5, BT-Drucks 15/1487, S 19; vgl auch BVerfG NJW 03, 1307: „durchschnittliches Leseverständnis"). Mit der ausdrücklichen Bezugnahme auf den Durchschnittsverbraucher in Art 5 II Nr 2 lit b, III und Erwägungsgrund 18 der **UGP-RL** ist dieses Verbraucherleitbild nun endgültig normativ verankert. Dementsprechend wurde durch die Novelle von 2008 in § 3 II S 2 1. Hs ebenfalls eine ausdrückliche Orientierung am Durchschnittsverbraucher gesetzlich festgelegt. Dies gilt jeweils auch für die bereits bisher praktizierte Orientierung an bestimmten Verbrauchergruppen (vgl oben Rn 106).

109 Als Ergebnis dieser Entwicklung lässt sich festhalten, dass das dem Lauterkeitsrecht zugrunde liegende Verbraucherleitbild **normativ** geprägt ist (vgl Rn 94). Dies schließt nicht aus, dass das Gericht Sachverständigengutachten in Form von Meinungsumfragen einholt, denn dadurch wird besondere Sachkunde für die auf Erfahrungswissen gestützte Prognoseentscheidung des Gerichts bereit gestellt (vgl BGH

Definitionen § 2 UWG

GRUR 04, 244, 245 – *Marktführerschaft;* Köhler/Bornkamm § 5 Rn 3.10ff; krit *Emmerich* UWG § 14 Rn 31; *Ulbrich,* WRP 05, 940).

4. Kriterien des Verbraucherleitbilds. a) Adressatenkreis. Je nachdem, an 110 wen sich eine Wettbewerbshandlung wendet, kann das Leitbild des durchschnittlich informierten, aufmerksamen und verständigen Verbrauchers unterschiedlich ausgestaltet sein. Art 5 II lit b der **UGP-RL** stellt auf den Durchschnittsverbraucher oder das durchschnittliche **Mitglied einer Gruppe** von Verbrauchern ab, wenn sich eine Geschäftspraxis an eine bestimmte Gruppe von Verbrauchern wendet. Art 5 III der Richtlinie konkretisiert dies für Geschäftspraktiken, die sich an eine eindeutig identifizierbare Gruppe von Verbrauchern richten, die aufgrund von geistigen oder körperlichen Gebrechen, Alter oder Leichtgläubigkeit besonders schutzbedürftig sind und stellt klar, dass derartige Geschäftspraktiken aus der Perspektive eines durchschnittlichen Mitglieds dieser Gruppe beurteilt werden. Durch die Novelle von 2008 wurde dieser Grundsatz ausdrücklich in § 3 II S 2 2. Hs aufgenommen.

Diese Vorgaben entsprechen auch der schon bisher geltenden Rechtslage (BGH 111 GRUR 86, 318, 320 – *Verkaufsfahrten I:* Hausfrauen und ältere Menschen bei sog Kaffeefahrten; GRUR 03, 800, 802 – *Schachcomputerkatalog:* mit Schachspiel vertraute Verbraucher; GRUR 05, 877, 879 – *Werbung mit Testergebnissen:* Verbraucher mit lohnsteuerrechtlichem Beratungsbedarf; GRUR 06, 776 Rn 19 – *Werbung für Klingeltöne;* GRUR 09, 71 Rn 14 – *Sammelaktion für Schoko-Riegel:* Kinder und Jugendliche; BVerfG NJW 03, 719, 720 – *JUVE-Handbuch:* juristische Fachkreise; BGH GRUR 12, 184 Rn 19 – *Branchenbuch Berg:* Gewerbetreibende und Freiberufler; vgl MüKoUWG/*Veil/Müller* § 2 Rn 207ff).

b) Durchschnittlich informiert. Maßgebend ist der Kenntnisstand, den der 112 Werbende bei den von ihm angesprochenen Werbeadressaten zugrunde zu legen hat. Das Informationsniveau insoweit ist ein anderes bei der an jedermann gerichteten (Publikums-) Werbung als bei der Werbung gegenüber bestimmten Gruppen der Bevölkerung (Frauen, Kinder, Kranke usw, vgl BGH GRUR 06, 776 Rn 19 – *Werbung für Klingeltöne:* Werbung gegenüber Jugendlichen) oder gegenüber Fachleuten (Industriebetriebe, Techniker, Händler, Anwälte usw). Auch vom Gegenstand der Werbung her (zB Massenartikel des täglichen Bedarfs, höherwertige Sachgüter) kann der Wissensstand des Werbeempfängers ganz unterschiedlich einzuschätzen sein. Was für den Fachmann selbstverständlich ist, kann dem Laien unbekannt sein. Die Verwendung von Fachausdrücken oder fremdsprachlichen Bezeichnungen setzt auf der Verbraucherseite einen gehobeneren Kenntnisstand voraus. Sachkundiges Wissen (technisches, rechtliches Verständnis) kann bei kaufmännischen Abteilungen auch größerer Industriebetriebe nicht ohne weiteres vorausgesetzt werden (vgl BGH GRUR 61, 241, 242 – *Socsil;* GRUR 64, 144, 145 – *Sintex;* GRUR 69, 422, 423 – *Kaltverzinkung).* Jedoch können **Elementarkenntnisse** bei einer Publikumswerbung im Allgemeinen als gegeben zugrunde gelegt werden (vgl BGH GRUR 68, 433, 436 – *Westfalenblatt II).* So ist der Verbraucher etwa daran gewöhnt, dass Verkaufsförderungsmaßnahmen zeitlich begrenzt sind (BGH GRUR 09, 1064 Rn 41 – *Geld-Zurück-Garantie II).* Der Durchschnittsverbraucher ist außerdem zunehmend an pointierte Aussagen in der Werbung gewöhnt und empfindet sie als Ausdruck lebhaften Wettbewerbs (BGH GRUR 10, 161 Rn 20 – *Gib mal Zeitung).* Er weiß außerdem, dass am Sonntag regelmäßig nicht geliefert wird und dass ein 24-Stunden-Lieferservice im Allgemeinen nicht einschränkungslos gewährleistet wird (BGH GRUR 12, 81 Rn 13 – *Innerhalb 24 Stunden).* Dagegen bleiben Personen mit besonderer Erfahrung und Sachkunde ebenso außer Betracht wie Personen mit Hilfsschulniveau. Bei einer Werbung gegenüber **Kindern** und **Jugendlichen** ist der Grad an abrufbarem Wissen und Kenntnissen **generell geringer** (vgl BGH GRUR 06, 776 Rn 19 – *Werbung für Klingeltöne).* Auch bei Erwachsenen kann dies situativ bedingt der Fall sein (vgl BGH GRUR 83, 254, 255 – *Nachhilfeunterricht).*

113 c) **Situationsadäquat durchschnittlich aufmerksam.** Der Aufmerksamkeitsgrad des umworbenen Verbrauchers gegenüber Werbung und Angebot ist nicht stets der gleiche, sondern wird maßgeblich vom Gegenstand der Betrachtung bestimmt. Je nach den Umständen des Einzelfalls ist er höher oder geringer. Höher ist er etwa in den Fällen der **Einzelwerbung,** im individuellen Verkaufsgespräch, bei einer plakativen, kurzen Gestaltung oder Inhalt besonders ansprechenden Werbung, geringer beispielsweise bei einer eher beiläufigen Betrachtung einer Zeitungs- oder Fernsehwerbung (BGH GRUR. 04, 605, 606 – *Dauertiefpreise;* BGHZ 156, 250, 252f = GRUR 04, 244, 245 – *Marktführerschaft;* OLG Frankfurt GRUR-RR 05, 128, 129). Beeinflusst wird der Grad an Aufmerksamkeit auch von **Art, Bedeutung und Preis** des beworbenen Produkts, wenn höherwertigere und teurere Waren oder Dienstleistungen Gegenstand der Werbung sind. In diesen Fällen wird die Werbung von vornherein auf ein größeres als nur ein flüchtiges Interesse stoßen und die Aufmerksamkeit von Anfang an gesteigert sein (vgl BGH GRUR 00, 619, 621 – *Orient-Teppichmuster:* Orientteppich; GRUR 02, 81, 83 – *Anwalts- und Steuerkanzlei:* Anwaltliche Dienstleistungen; GRUR 03, 249 – *Preis ohne Monitor:* PC; GRUR 03, 626, 627 – *Umgekehrte Versteigerung II;* GRUR 11, 1050 Rn 24 – *Ford-Vertragspartner;* GRUR 12, 286 Rn 20 – *Falsche Suchrubrik:* Pkw; GRUR 04, 162, 163 – *Mindestverzinsung:* Kapitalanlage; BGHZ 156, 250, 252f = GRUR 04, 244, 245 – *Marktführerschaft:* Zeitungsanzeige; GRUR 04, 435, 436 – *FühlingsgeFlüge:* Flugreise; GRUR 12, 402 Rn 34 – *Treppenlift:* Treppenliftanlage; GRUR 05, 438, 440 – *Epson-Tinte:* Internet-Werbung für Tintenpatronen für Tintenstrahldrucker). Daher liest eine ein situationsadäquat aufmerksamer Durchschnittsverbraucher, der sich für den Erwerb eines Pkws interessiert, alle auf einem im Wageninneren angebrachten Datenblatt enthaltenen Informationen zu dem angebotenen Fahrzeug (BGH GRUR 11, 1050 Rn 24 – *Ford-Vertragspartner*). Anders beim Erwerb geringerwertigerer Güter des täglichen Bedarfs, die der Verbraucher erfahrungsgemäß eher flüchtig betrachtet (vgl BGH aaO – *Orient-Teppichmuster*). Allerdings erkennt der Verbraucher zB bei einer Mietwagenanzeige in einem Branchentelefonbuch trotz Abdruck unter dem Buchstaben „T" schon aufgrund der Überschrift „Mietwagen Müller", dass es sich nicht um ein Taxiunternehmen handelt (BGH GRUR 12, 645 Rn 13 – *Mietwagen-Werbung*). Andererseits nehmen Gewerbetreibende und deren Angestellte wegen Zeitdrucks den Inhalt von formularmäßig aufgemachten Angebotsschreiben von Branchenbuchverlagen selbst dann nicht aufmerksam zur Kenntnis, wenn sie zu einer Unterschrift aufgefordert werden (BGH GRUR 12, 184 Rn 22 – *Branchenbuch Berg*).

114 Die gleichen Grundsätze gelten auch bei Werbung im **Internet.** Die Besonderheit des elektronischen Geschäftsverkehrs, dass es sich beim Internet um eine passive Darstellungsplattform handelt, bei der die angebotenen Informationen vom Nutzer „aktiv" abgerufen werden müssen, rechtfertigt als solche nicht die Zugrundelegung eines anderen Verbraucherleitbildes (BGH GRUR 05, 438, 440 – *Epson-Tinte;* Lederer NJW 2011, 3274). Vom Internet-Nutzer kann nicht erwartet werden, dass er bei der Information über die wesentlichen Merkmale eines ihn interessierenden Kaufgegenstandes immer die gesamten Internet-Seiten des anbietenden Unternehmers zur Kenntnis nimmt; er wird vielmehr erfahrungsgemäß nur diejenigen Seiten aufrufen, die er zur Information über die von ihm ins Auge gefasste Ware benötigt oder zu denen er durch Links aufgrund einfacher elektronischer Verknüpfung oder durch klare und unmissverständliche Hinweise auf dem Weg bis hin zum Vertragsschluss geführt wird (BGH GRUR 03, 889, 890 – *Internet-Reservierungssystem;* GRUR 05, 438, 441 – *Epson-Tinte*). Auf einer Internethandelsplattform für gebrauchte Kraftfahrzeuge erkennt der situationsadäquat aufmerksame Durchschnittsverbraucher sofort den Widerspruch zwischen der Einordnung eines Pkw in die Suchrubrik „bis 5000 km" und dem angebotenen Fahrzeug mit einer Gesamtlaufleistung von 112970 km und betrachtet die Einstellung in diese Rubrik daher als Versehen oder als nur in Bezug auf den Austauschmotor zutreffend (BGH GRUR 12, 286 Rn 20 – *Falsche Suchrub-*

rik). Der Nutzer eines Preisvergleichsportals verbindet mit den ihm dort präsentierten Informationsangeboten normalerweise die Erwartung einer höchst möglichen Aktualität (BGH GRUR 10, 936 Rn 10 – *Espressomaschine*)

d) Durchschnittlich verständig. Die Sichtweise des Werbeadressaten wird maßgeblich geprägt durch sein Beurteilungsvermögen. Dieses hängt ab von Vorbildung, Erfahrung und Kenntnis der Verhältnisse. Umstände dieser Art sind es, die eine kritische Prüfung von Werbung und Angebot erst ermöglichen oder erleichtern. Die Befähigung dazu kann der Werbende je nach Werbeadressat oder beworbenem Produkt nur in unterschiedlichem Maß voraussetzen. Sie ist abhängig von den verschiedensten Faktoren, beispielsweise von Alter (Erwachsene, Jugendliche, Kinder), Lebenslage (Beruf, Gesundheitszustand), Fachwissen (Fachleute, Laien), Ausbildung und Bildungsstand, auch von Eigenschaften der Ware oder Dienstleistung (Bekanntheit, Vertrautheit im Umgang damit). Es geht dabei um das Maß an Urteilsvermögen, das der Werbende vom Umworbenen normaler- und vernünftigerweise erwarten kann, wenn er sich vorhersehbar an eine bestimmte Gruppe von Verbrauchern wendet, vgl § 3 II S 3. Im Heilmittelwerbebereich ist der Grad des Urteilsvermögens im Allgemeinen als eher gering einzustufen. Erfahrungsgemäß ist die Kritikfähigkeit von Kranken gegenüber Werbeaussagen, die Heilung oder Linderung versprechen, herabgesetzt. Derartige Werbeankündigungen *wollen* geglaubt werden. Das muss der Werbende voraussetzen. Auch von Kindern und Jugendlichen, uU auch von Erwachsenen (Aussiedlern, Ausländern), kann ebenfalls nur ein geringerer Grad an Verständigkeit erwartet werden. Maßgebend für den „durchschnittlich verständigen Verbraucher" ist immer das Beurteilungsvermögen der dem angesprochenen Verkehrskreis zuzurechnenden Personen, vgl Art 5 II lit b, III der UGP-RL und § 3 II S 2 2. Hs (oben Rn 98). **115**

Das Abstellen auf einen durchschnittlich verständigen Verbraucher schließt nicht aus, Vorstellungen ohne Realitätsgehalt wettbewerbliche Relevanz zuzusprechen (vgl auch BGH, GRUR 03, 628 – *Klosterbrauerei*), sodass zB auch im Zusammenhang mit Wahrsagung oder Esoterik grundsätzlich irreführende Aussagen unlauter sein können (OLG Düsseldorf, GRUR-RR 09, 72 – *Macht über die Karten*). **116**

§ 3 Verbot unlauterer geschäftlicher Handlungen

(1) **Unlautere geschäftliche Handlungen sind unzulässig, wenn sie geeignet sind, die Interessen von Mitbewerbern, Verbrauchern oder sonstigen Marktteilnehmern spürbar zu beeinträchtigen.**

(2) **¹Geschäftliche Handlungen gegenüber Verbrauchern sind jedenfalls dann unzulässig, wenn sie nicht der für den Unternehmer geltenden fachlichen Sorgfalt entsprechen und dazu geeignet sind, die Fähigkeit des Verbrauchers, sich auf Grund von Informationen zu entscheiden, spürbar zu beeinträchtigen und ihn damit zu einer geschäftlichen Entscheidung zu veranlassen, die er andernfalls nicht getroffen hätte. ²Dabei ist auf den durchschnittlichen Verbraucher oder, wenn sich die geschäftliche Handlung an eine bestimmte Gruppe von Verbrauchern wendet, auf ein durchschnittliches Mitglied dieser Gruppe abzustellen. ³Auf die Sicht eines durchschnittlichen Mitglieds einer auf Grund von geistigen oder körperlichen Gebrechen, Alter oder Leichtgläubigkeit besonders schutzbedürftigen und eindeutig identifizierbaren Gruppe von Verbrauchern ist abzustellen, wenn für den Unternehmer vorhersehbar ist, dass seine geschäftliche Handlung nur diese Gruppe betrifft.**

(3) **Die im Anhang dieses Gesetzes aufgeführten geschäftlichen Handlungen gegenüber Verbrauchern sind stets unzulässig.**

Inhaltsübersicht

	Rn
A. Allgemeines	1
I. Aufbau	1
II. Generalklausel	4
1. Normkonkretisierungs- und Rechtsfortbildungsauftrag	4
2. Auffangtatbestand	7
3. Verbotsnorm	9
B. Allgemeine Generalklausel, § 3 I	10
I. Unlauterkeit	10
1. Unbestimmter Rechtsbegriff	10
2. Konkretisierung des unbestimmten Rechtsbegriffs	18
a) Maßstäbe	18
b) Schutzzwecke nach § 1 UWG	21
c) Gemeinschaftsrecht	22
aa) Primärrecht	23
bb) Sekundärrecht, insbes „berufliche Sorgfalt"	24
cc) Grundrechte	27
dd) „Anstandsgefühl der verständigen Durchschnittsgewerbetreibenden oder Missbilligung durch die Allgemeinheit"	28
ee) Private Selbst- oder Co-Regulierungen	29
ff) Kartellrechtliche Wettbewerbswidrigkeit	30
d) Güter- und Interessenabwägung	33
aa) Rückschau	36
bb) Folgenerwägungen	37
cc) Subjektive Elemente	39
3. Beweis- und Verfahrensfragen	43
4. Gerichtliche Hinweispflichten	44
II. Eignung der geschäftlichen Handlung zur Beeinträchtigung der Interessen von Mitbewerbern, Verbrauchern oder sonstigen Marktbeteiligen	45
1. Interessenbeeinträchtigung	45
2. Eignung	47
III. Spürbarkeit (Bagatellklausel)	48
1. Inhalt und Normzweck	48
2. Vereinbarkeit mit dem Gemeinschaftsrecht	53
3. Gesamtwürdigung	55
a) Grundsatz	55
b) Verhältnis zu anderen Tatbeständen	56
c) Kriterien	57
d) Beispielsfälle	62
aa) Spürbarkeit des Wettbewerbsverstoßes	62
bb) Bagatellfälle	63
e) Beweis- und Verfahrensfragen	64
C. Verbrauchergeneralklausel, § 3 II	65
I. Unlautere Handlungen gegenüber Verbrauchern, § 3 II S 1	65
1. Allgemeines	65
2. Verhältnis von § 3 I zu § 3 II	67
3. Fachliche Sorgfalt	71
4. Beeinträchtigung der Entscheidungsfähigkeit	74
II. Bestimmte Verbrauchergruppe, § 3 II S 2, S 3	79
D. Eigener Anwendungsbereich der Generalklausel	81
I. Allgemeines	81

Verbot unlauterer geschäftlicher Handlungen **§ 3 UWG**

Rn
- II. Fallgruppen 82
  1. Allgemeine Marktstörung 82
  2. Unmittelbarer Leistungsschutz 83
  3. Pauschale Herabsetzung 84
  4. Rufausbeutung 85
  5. Vertriebsbindungssysteme 86
  6. Unbegründete Schutzrechtsverwarnungen 89
  7. Verletzung einer wettbewerbsrechtlichen Verkehrspflicht 92
  8. Verharmlosung von Gesundheitsgefahren 95
  9. Gefährdung von Drittinteressen 96
  10. Pflicht zur neutralen und objektiven Amtsführung 97
- III. Einzelfälle 98
- E. Anhang, § 3 III 99

Literatur: *Ahrens,* Benetton und Busengrapscher – ein Test für die wettbewerbsrechtliche Sittenwidrigkeitsklausel und die Meinungsfreiheit, JZ 1995, 1096; *Alexander,* Vertragsrecht und Lauterkeitsrecht unter dem Einfluss der Richtlinie 2005/29/EG über unlautere Geschäftspraktiken, WRP 2012, 515; *Baudenbacher,* Machtbedingte Wettbewerbsstörungen als Unlauterkeitstatbestände, GRUR 1981, 19; *Berlit,* Das neue Gesetz gegen den unlauteren Wettbewerb: Von den guten Sitten zum unlauteren Verfälschen, WRP 2003, 563; *Bornkamm,* Wettbewerbs- und Kartellrechtsprechung zwischen nationalem und europäischem Recht, FS aus Anlaß des 50 jährigen Bestehens von Bundesgerichtshof, Bundesanwaltschaft und Rechtsanwaltschaft beim Bundesgerichtshof, 2000, S 343; *Brechmann,* Die richtlinienkonforme Auslegung, 1994; *Burmann,* Zum Problem der Sittenwidrigkeit im Wettbewerbsrecht, WRP 1972, 511; *Dohrn,* Die Generalklausel der Richtlinie über unlautere Geschäftspraktiken – ihre Interpretation und Umsetzung, 2008; *Drews,* Die Erheblichkeitsschwelle des § 3 UWG, 2010; *Dröge,* Lauterkeitsrechtliche Generalklauseln im Vergleich – Art 5 der Richtlinie gegen unlautere Geschäftspraktiken im Vergleich zu § 3 UWG und der Umsetzungsbedarf für den deutschen Gesetzgeber, 2007; *Emmerich,* Wettbewerbsbeschränkungen durch die Rechtsprechung, FS Gernhuber 1993, 857; *Engels/Salomon,* Vom Lauterkeitsrecht zum Verbraucherschutz: UWG-Reform 2003, WRP 2004, 32; *Fezer,* Modernisierung des deutschen Rechts gegen den unlauteren Wettbewerb auf der Grundlage einer Europäisierung des Wettbewerbsrechts, WRP 2001, 989; *ders,* Das wettbewerbsrechtliche Vertragsauflösungsrecht in der UWG-Reform, WRP 2003, 127; *ders,* Eine Replik: Die Auslegung der UGP-RL vom UWG aus? WRP 2010, 677; *Fischer,* Politische Aussagen in der kommerziellen Werbung, GRUR 1995, 641; *Glöckner,* Richtlinienvorschlag über unlautere Geschäftspraktiken, deutsches UWG oder die schwierige Umsetzung von europarechtlichen Generalklauseln, WRP 2004, 936; *Gröning,* Notwendigkeit und Spielräume einer Reform von § 1 UWG, WRP 1996, 1135; *Groner,* Der Rückgriff auf die Generalklausel des § 3 UWG zur Bestimmung der Unlauterkeit einer Wettbewerbshandlung, 2008; *Haberstumpf,* Die Formel vom Anstandsgefühl aller billig und gerecht Denkender in der Rechtsprechung des BGH, 1979; *Heermann,* Die Erheblichkeitsschwelle iSd § 3 UWG-E, GRUR 2004, 94; *Hefermehl,* Die Konkretisierung der wettbewerbsrechtlichen Generalklausel durch Rechtsprechung und Lehre, FS Gewerblicher Rechtsschutz und Urheberrecht in Deutschland, 1991, S 897; *Helm,* Die Bagatellklausel im neuen UWG, FS Bechtold, 2006, S 155; *Henning-Bodewig,* Neue Aufgaben für die Generalklausel des UWG? – Von Benetton bis Busengrapscher, GRUR 1997, 180; *dies,* Richtlinienvorschlag über unlautere Geschäftspraktiken und UWG-Reform, GRUR Int 2004, 183; *dies,* Das neue Gesetz gegen den unlauteren Wettbewerb, GRUR 2004, 713, *dies,* Das neue UWG – von Brüsseler Gnaden FS Schricker 2005, 705; *dies,* Der „ehrbare Kaufmann", Corporate Social Responsibility und das Lauterkeitsrecht, WRP 2011, 1014; *Hirtz,* Der Rechtsbegriff „Gute Sitten" im § 1 UWG, GRUR 1986, 110; *Hösch,* Meinungsfreiheit und Wettbewerbsrecht am Bespiel der Schockwerbung, WRP 2003, 936; *Hösl,* Interessenabwägung und rechtliche Erheblichkeit bei § 3 UWG, 1986; *Kaplan,* Das Interesse der Allgemeinheit bei der Konkretisierung der Generalklausel des § 3 UWG, 2008; *Keller,* Tradition und Moderne, WRP 2005, 68; *Köhler,* Wettbewerbs- und kartellrechtliche Kontrolle der Nachfragemacht, 1979; *ders,* Wettbewerbsverstoß durch rechtswidrigen Marktzutritt?, GRUR 2001, 777; *ders,* Zur Konkurrenz lauterkeitsrechtlicher und kartellrechtlicher Normen, WRP 2005, 645; *ders,* Zur richtlinienkonformen Auslegung und Neuregelung der „Bagatellklausel" in § 3 UWG, WRP 2008, 10; *ders,* Grenzstreitigkeiten im UWG, WRP 2010, 1293; *ders,* „Fachliche Sorgfalt – Der weiße Fleck auf der Landkarte des UWG, WRP 2012, 22; *ders,* Richtlinienkonforme Gesetzgebung statt richtlinienkonforme Auslegung: Plädoyer für eine weitere UWG-Novelle, WRP 2012, 251; *Köhler/Bornkamm/Henning-Bodewig,* Vorschlag für eine Richtlinie zum Lauterkeitsrecht und eine UWG-Reform, WRP 2002, 1317; *Köhler/Lettl,* Das geltende europäische Lauterkeitsrecht, der Vorschlag für eine EG-Richtlinie über unlautere Geschäftspraktiken und die UWG-Reform, WRP 2003, 1019; *Koos,* Europäischer Lauterkeitsmaßstab und globale Integration 1996; *ders,* Vergleichende Werbung und die Fesseln der Harmonisierung WRP 2005, 1096; *Koppensteiner,* Sittenwidrigkeit und Wettbewerbswidrigkeit, WBl 95, 1; *Kort,* Wettbewerbsrechtliche Fragen bei Arbeitgeberäußerungen zum Krankenkassenwechsel von Arbeitnehmern, WRP 2001, 453; *Kraft,* Interessenabwägung und gute Sitten im Wettbewerbsrecht, 1963, S 101; *Leible/Sosnitza,* Richtlinienkonforme Auslegung vor Ablauf der Umsetzungsfrist und vergleichende Werbung, NJW 1998, 2507; *Leistner,* Richtiger Vertrag und lauterer Wettbewerb – Eine grundlagenorientierte Studie unter besonderer Berücksichtigung der europäischen Perspektive, 2007; *Leistner/Stang,* Die Neuerung der wettbewerbsrechtlichen Verkehrspflichten – Ein Siegeszug der Prüfungspflichten?, WRP 2008, 533; *Mankowski,* Ist die Bagatellklausel des § 3 UWG bei belästigender Werbung (§ 7 UWG) zu beachten?, WRP 2008, 15; *Mayer-Maly,* Was leisten die guten Sitten?, AcP 194 (1994) S 105; *Mees,* Normwidrigkeit und § 1 UWG, WRP 1985, 373; *Meyer-Cording,* Gute Sitten und ethischer Gehalt des Wettbewerbsrechts, JZ 1965, 273, 310; *Micklitz/Keßler,* Funktionswandel des UWG, WRP 2003, 919; *Möschl,* Pressekonzentration und Wettbewerbsgesetz, 1978, S 130; *Münker/Kaestner,* Das reformierte UWG im Überblick – Die Sicht der Praxis, BB 2004, 1689; *Nastelski,* Schutz der Allgemeinheit im Wettbewerbsrecht, GRUR 1969, 322; *Nemeczek,* Gibt es einen unmittelbaren Leistungsschutz im Lauterkeitsrecht?, WRP 2010, 1204; *ders,* Rechtsübertragung und Lizenzen beim wettbewerbsrechtlichen Leistungsschutz, GRUR 2011, 292; *Nordemann,* Der verständige Durchschnittsgewerbetreibende – Zum Begriff der „guten Sitten" in § 1 UWG, GRUR 1975, 625; *Ohly,* Richterrecht und Generalklausel im Recht des unlauteren Wettbewerbs, 1997; *ders,* Gibt es einen Numerus clausus der Immaterialgüterrechte?, FS Schricker, 2005, S 105; *Reichold,* Lauterkeitsrecht als Sonderdeliktsrecht, AcP Bd 193 (1993) S 204; *Sack,* Sittenwidrigkeit, Sozialwidrigkeit und Interessenabwägung, GRUR 1970, 493; *ders,* Die lückenfüllende Funktion der Sittenwidrigkeitsklauseln, WRP 1985, 1; *ders,* Das Anstandsgefühl aller billig und gerecht Denkenden und die Moral als Bestimmungsfaktoren der guten Sitten, NJW 1985, 761; *ders,* Die Berücksichtigung der Richtlinie 97/55/EG über irreführende und vergleichende Werbung bei der Anwendung der §§ 1 und 3 UWG, WRP 1998, 241; *ders,* Regierungsentwurf einer UWG-Novelle – ausgewählte Probleme, BB 2003, 1073; *ders,* Gesetzeswidrige Wettbewerbshandlungen nach der UWG Novelle WRP 2004, 1307; *ders,* Die lückenfüllende Funktion der Generalklausel, WRP 2005, 531; *Säcker,* Das UWG zwischen den Mühlsteinen europäischer Harmonisierung und grundrechtsgebotener Liberalisierung, WRP 2004, 1199; *Schachtschneider,* Das Sittengesetz und die guten Sitten, FS W. Thieme, 1993, S 195; *Scherer,* Ende der Werbung in Massenmedien? Überlegungen zu Art 5 Abs 3 RLUnlGP/§ 3 Abs 1 Satz 2 UWG-RefE, WRP 2008, 563; *dies,* Die „wesentliche Beeinflussung" nach der Richtlinie über unlautere Geschäftspraktiken, WRP 2008, 708; *dies,* Die „Verbrauchergeneralklausel" des § 3 II 1 UWG – eine überflüssige Norm, WRP 2010, 586; *Schöttle,* Aus eins mach zwei – die neuen Generalklauseln im Lauterkeitsrecht, GRUR 2009, 546; *Schricker,* Gesetzesverletzung und Sittenverstoß, 1970; *ders,* Deregulierung im Recht des unlauteren Wettbewerbs, GRUR 1994, 586; *Schricker/Henning-Bodewig;* Elemente einer Harmonisierung des Rechts des unlauteren Wettbewerbs in der europäischen Union, WRP 2001, 1367; *Schröer,* Der unmittelbare Leistungsschutz, 2010; *Schünemann,* „Unlauterkeit" in den Generalklauseln und Interessenabwägung nach neuem UWG, WRP 2004, 925; *ders,* Generalklausel und Regelbeispiele, JZ 2005, 271; *ders,* Dogmatik und Hermeneutik der Regelbeispiele, FS Georgiades, 2006, S 1087; *Sosnitza,* Der Gesetzentwurf zur Umsetzung der Richtlinie über unlautere Geschäftspraktiken, WRP 2008, 1014; *Steinbeck,* Der Atemtest und seine Auswirkungen, WRP 2005, 1351; *Tilmann*, Gesetzesverstoß und § 1 UWG, WRP 1987, 293; *ders*, Das UWG und seine Generalklausel, GRUR 1991, 796; *Torka*, Die Pkw-Energieverbrauchskennzeichnungsverordnung: Rechtsprechung und Reform, WRP 2012, 419; *Ullmann*, Der Verbraucher – ein Hermaphrodit, GRUR 1991, 789; *ders*, Einige Bemerkungen zur Meinungsfreiheit in der Wirtschaftswerbung, GRUR 1996, 948; *ders*, Das Koordinatensystem des Rechts des unlauteren Wettbewerbs im Spannungsfeld von Europa und Deutschland, GRUR 2003, 817; *P. Ulmer*, Der Begriff „Leistungswettbewerb" und seine Bedeutung für die Anwendung von GWB- und UWG-Tatbeständen, GRUR 1977, 565; *Weber*, Einige Gedanken zur Konkretisierung von Generalklauseln durch Fallgruppen, AcP 192 (1992), 516; *Wiebe*, Die „guten Sitten" im Wettbewerb – eine europäische Regelungsaufgabe?, WRP 2002, 283.

A. Allgemeines

I. Aufbau

Das UWG kennt seit 1909 eine **Generalklausel** (bis 2004 in § 1, bis 2008 in § 3). **1**
Das Konzept der Generalklausel hat auch die UGP-RL übernommen (vgl näher Einf C Rn 43ff; MüKoUWG/*Sosnitza* § 3 Rn 18ff jeweils mwN). Da die Richtlinie nur das Verhältnis von Unternehmen zu Verbrauchern (b2c) regelt, der deutsche Gesetzgeber aber mit Recht an der Regelung auch des Verhältnisses der Unternehmen untereinander (b2b) festhält, wurde die ehemals einheitliche Generalklausel durch die **Novelle von 2008** in eine „allgemeine" Generalklausel nach § 3 I und eine „Verbrauchergeneralklausel" in § 3 II aufgespalten (weiteren Reformbedarf diskutierend *Köhler* WRP 12, 251, 252ff). Die Generalklauseln verbieten über die Beispielsfälle des § 4 Nr 1–11 und die Spezialtatbestände der §§ 5–7 hinaus generell jedes unlautere wettbewerbliche Verhalten. Das Verbot setzt ein Vierfaches voraus: Erstens das Vorliegen einer **geschäftlichen Handlung** (§ 2 Rn 4ff), zweitens die **Unlauterkeit** der geschäftlichen Handlung (bzw der Verstoß gegen die fachliche Sorgfalt), drittens die **Eignung** der geschäftlichen Handlung **zur Beeinträchtigung der Interessen** von Mitbewerbern, Verbrauchern oder sonstigen Marktbeteiligten (bzw Eignung zur Beeinträchtigung der Entscheidungsfreiheit), viertens das **Überschreiten der Unerheblichkeitsschwelle (Bagatellklausel)**: *„spürbar* zu beeinträchtigen"). Methodisch ist bei der Prüfung der Tatbestandsvoraussetzungen des § 3 die Feststellung der Unlauterkeit der Frage der Spürbarkeit vorgeschaltet. Letztere kann sinnvollerweise erst beantwortet werden, wenn Unlauterkeit und damit deren Bedeutung und Gewicht für das Marktgeschehen feststehen.

Anhang I der UGP-RL enthält eine Liste von Geschäftspraktiken, die nach Art 5 V **2**
„unter allen Umständen" als unlauter anzusehen sind. Zur Umsetzung dieser Vorgaben hat die Novelle von 2008 dem UWG ebenfalls einen **Anhang** beigefügt. Die dort aufgeführten geschäftlichen Handlungen sind nach § 3 III stets unzulässig. Daraus ergibt sich für Lauterkeitsverstöße folgende **Prüfungsreihenfolge:** zunächst ist festzustellen, ob die betreffende geschäftliche Handlung einen der Tatbestände des Anhangs erfüllt, da dies ohne Weiteres, insbesondere ohne Spürbarkeitsprüfung, nach § 3 III zur Unzulässigkeit führt. Ist dies nicht der Fall, sind die Beispielstatbestände nach § 4 Nr 1–11 und die Spezialtatbestände der §§ 5–7 zu prüfen. Nur wenn diese nicht eingreifen, kommt ein Rückgriff auf die Generalklauseln nach § 3 I, II in Betracht.

Seit der UWG-Reform von 2004 waren alle Einzeltatbestände nach §§ 4–7 ihrer- **3**
seits auf die Generalklausel ausdrücklich **rückgekoppelt,** da stets iSd § 3 unlauter handelte, wer den konkreten Einzeltatbestand verwirklicht. Die Regelbeispiele des § 4 waren damit ebenso wie die Fälle der irreführenden Werbung nach § 5, der unzulässigen vergleichenden Werbung nach § 6 und der belästigenden Werbung nach § 7 spezialgesetzliche Ausprägungen einer unlauteren Wettbewerbshandlung nach § 3.

Diese Rückbindung ist durch die Novelle von 2008 formal dadurch **beseitigt** worden, dass es in den §§ 4, 5 und 6 nur noch heißt „unlauter handelt, wer ..." und in § 7 I S 1 die Unzulässigkeit unmittelbar angeordnet wird. Die Begründung, dass die Angabe „im Sinne von § 3" den unzutreffenden Eindruck erwecke, § 3 definiere den Begriff der Unlauterkeit, während dort tatsächlich nur die Voraussetzungen geregelt seien, bei deren Vorliegen eine unlautere Handlung unzulässig ist (BT-Dr 16/10 145, S 22), vermag angesichts der inzwischen einhundertjährigen Geschichte der lauterkeitsrechtlichen Generalklausel nicht zu überzeugen (vgl *Sosnitza* WRP 08, 1014, 1019). Jedenfalls bleibt es ungeachtet der Änderung dabei, dass alle Tatbestände der §§ 4 bis 7 unlautere Verhaltensweisen enthalten (BT-Dr 16/10 145, S 22; *Sosnitza* WRP 08, 1014, 1019f; ebenso Harte/Henning/*Schünemann* 2. Aufl § 3 Rn 57).

II. Generalklausel

4   **1. Normkonkretisierungs- und Rechtsfortbildungsauftrag.** Seit der Aufnahme der (großen) Generalklausel in § 1 des UWG von 1909 hat sich die Erkenntnis durchgesetzt, dass das Wettbewerbsgeschehen zu dynamisch und vielfältig ist, als dass alle Missbrauchsformen in angemessener Weise durch Einzeltatbestände erfasst werden könnten.

5   Vor diesem Hintergrund kommt es, wie auch nach bisherigem Recht, vorrangig der Rechtsprechung zu, im Einzelnen zu konkretisieren, welche Handlungen als unlauter anzusehen sind (BT-Drucks 15/1487 S 16). Die lauterkeitsrechtliche Generalklausel enthält danach einen **Normkonkretisierungsauftrag** an die Gerichte. Wesentlich erleichtert wird dies gegenüber der früheren Rechtslage dadurch, dass in § 4 die Generalklausel durch einen Beispielskatalog präzisiert wird. Soweit im Einzelnen das Gericht zu der Auffassung gelangt, dass keiner der Beispielstatbestände nach § 4 auf den konkreten Fall anwendbar ist, ist es aber nicht ausgeschlossen, dass gleichwohl auf die Generalklausel des § 3 zurückgegriffen wird (vgl Rn 7). Insoweit enthält § 3 auch einen **Rechtsfortbildungsauftrag** und erfüllt damit eine **Delegationsfunktion** (*Ohly* S 247 ff; *Teubner* S 60, 106 ff). Das UWG in seiner heutigen Fassung enthält allerdings wesentlich präzisere Strukturvorgaben als das alte Recht, aus denen sich ein deutlich eingeschränkter Gestaltungsspielraum für die Gerichte bei der Normkonkretisierung und Rechtsfortbildung ergibt. Dazu gehören zum einen die explizite Festlegung des Schutzzwecks nach § 1 mit der Beschränkung auf die Verhinderung von Wettbewerbsverfälschungen und zum anderen die schärfer konturierten Einzeltatbestände der §§ 4 ff die ihrerseits in ihrer Begrenzungsfunktion auf die Generalklausel zurückwirken (vgl Rn 81). Vor diesem Hintergrund hat die große Generalklausel des Lauterkeitsrechts gegenüber der früheren Rechtslage ihren Charakter insofern verändert, als dass heute nicht mehr von einer – inhaltlich mehr oder weniger unausgefüllten – „Delegationsnorm" oder „Blankettnorm" gesprochen werden kann (*Schünemann* JZ 2005, 271, 723 f).

6   Die lauterkeitsrechtliche Generalklausel ist auch mit dem **Verfassungsrecht**, insbesondere mit dem Bestimmtheitsgrundsatz, vereinbar (BVerfGE 32, 311, 317 = GRUR 72, 358, 360 – *Grabsteinwerbung;* BVerfGE 102, 347, 360 f = GRUR 01, 170, 173 – *Benetton-Werbung;* BVerfG GRUR 01, 1058, 1059 – *Therapeutische Äquivalenz*). Das Regelungsziel, unzulässige Praktiken im Wettbewerb zu verhindern und bei Eintritt eines Schadens dessen Ausgleich zu ermöglichen, befindet sich mit der Wertordnung des Grundgesetzes in Einklang (BVerfG GRUR 01, 1058, 1059 – *Therapeutische Äquivalenz*). Dies gilt umso mehr, da der Gesetzgeber nunmehr in § 1 sogar ausdrücklich den Gesetzeszweck festgelegt und im Anhang zu § 3 Abs 3 sowie in den §§ 4–7 deutlich weiter gehend Einzeltatbestände unlauteren Verhaltens konkretisiert hat (ebenso Harte/Henning/*Schünemann* 2. Aufl § 3 Rn 47 f).

Verbot unlauterer geschäftlicher Handlungen **§ 3 UWG**

2. Auffangtatbestand. Die Generalklauseln des § 3 I, II übernehmen nach der strukturellen Neukonzeption des Lauterkeitsrechts (Rn 1) die Funktion eines subsidiären **Auffangtatbestandes** (*Schünemann* JZ 05, 271, 272 f mwN; zum Verhältnis der Generalklausel zu den Regelbeispielen des § 4 näher *Schünemann* FS Georgiades, 06, S 1087 ff). Die Prüfung eines Lauterkeitsverstoßes muss sich vorrangig daran orientieren, ob ein Regelbeispiel nach § 4 oder einer der Spezialtatbesetände nach §§ 5–7 gegeben ist. Soweit dies nicht der Fall ist, kommt grundsätzlich ein Rückgriff auf die großen Generalklauseln des § 3 in Betracht. In seiner neueren Rechtsprechung deutet der BGH freilich ein anderes methodisches Verständnis an. Bei der telefonischen Abwerbung von Mitarbeitern greift die Rechtsprechung unmittelbar auf § 3 UWG zurück statt vorrangig § 4 Nr 10 bzw § 7 II Nr 2 zu prüfen (BGH GRUR 04, 696 – *Direktansprache am Arbeitsplatz;* GRUR 06, 426 Rn 16 – *Direktansprache am Arbeitsplatz II;* GRUR 08, 262 Rn 9 – *Direktansprache am Arbeitsplatz III;* krit dazu *Sosnitza/Kostuch* WRP 08, 166); bei fehlerhaften Auskünften eines Hoheitsträgers über Konkurrenzangebote prüft der BGH ebenfalls unmittelbar § 3 I ohne § 5 oder § 4 Nr 1 in Erwägung zu ziehen (BGH GRUR 09, 1080 Rn 11 ff – *Auskunft der IHK*). Die Begründung, dass die Tatbestände der §§ 4 bis 7 zwar bestimmte Gesichtspunkte der lauterkeitsrechtlichen Beurteilung erfassten, aber keine umfassende Bewertung der Interessen der durch das Wettbewerbsverhältnis betroffenen Marktteilnehmer ermöglichten (BGH GRUR 06, 426 Rn 16 – *Direktansprache am Arbeitsplatz II;* GRUR 09, 1080 Rn 13 – *Auskunft der IHK;* GRUR 13, 301 Rn 26 – *Solarinitiative*), überzeugt jedoch nicht, da die Entscheidung über die Unlauterkeit einer geschäftlichen Handlung stets im Rahmen einer umfassenden Interessenabwägung zu treffen ist, bei der immer auch die nach § 1 geschützten Interessen der Mitbewerber, der Verbraucher wie auch der sonstigen Marktteilnehmer und der Allgemeinheit einzubeziehen sind (vgl. unten Rn 33 ff).

Allerdings muss stets sorgfältig geprüft werden, ob nicht durch die Anwendung der Generalklausel unter Umständen eine bewusste Tatbestandsbegrenzung der Einzelregelungen als konkretisierte Unlauterkeitsformen überspielt wird (ebenso *Köhler/ Bornkamm* § 3 Rn 68; *Keller* WRP 05, 68, 71; *Münker/Kaestner* BB 04, 1689, 1691 f; *Schünemann* WRP 04, 925, 927. In gleicher Weise zum österreichischen Recht *Koppensteiner* § 32 Rn 14 mwN, vgl zum Konkurrenzverhältnis im Einzelnen Rn 81 ff). Bei dieser Prüfung ist in besonderem Maße auf die wettbewerbsfunktionale Auslegung des Begriffs der Unlauterkeit sowie auf die in der UWG-Reform von 2004 zum Ausdruck kommende, grundlegende Liberalisierung des Lauterkeitsrechts Rücksicht zu nehmen (dazu näher Einf A Rn 47). Zudem müssen Wettbewerbshandlungen, die nach § 3 verboten werden sollen, in ihrem **Gewicht** zumindest den Tatbeständen der §§ 4 ff **gleichkommen** (BGH GRUR 06, 1042, Rn 29 – *Kontaktanzeigen;* GRUR 09, 1080 Rn 13 – *Auskunft der IHK;* GRUR 11, 431 Rn 11 – *FSA-Kodex;* GRUR 13, 301 Rn 26 – *Solarinitiative; Keller* WRP 05, 68, 71; *Groner,* S 72 ff), auch wenn dies wegen der Heterogenität der Einzeltatbestände kein Kriterium der Feinsteuerung sein kann. Der Rückgriff auf die Generalklausel darf daher nicht dazu führen, flächendeckend um die Spezialtatbestände herum, alle möglichen geschäftlichen Handlungen, die vielleicht nur neu oder auch unbequem sind, zu unterbinden, wie dies die Rechtsprechung vor ihrer grundsätzlichen Trendwende gegen Ende der 1990er Jahre vielfach praktiziert hat (vgl *Emmerich,* FS Gernhuber 1993, S 857 ff; *Schricker,* GRUR 94, 587 ff; *ders,* GRUR Int 94, 586, 589; *Sosnitza,* passim; ebenso *Schünemann,* WRP 04, 925, 926).

3. Verbotsnorm. § 3 erklärt unlautere geschäftliche Handlungen, soweit die weiteren Voraussetzungen erfüllt sind, für **unzulässig.** Die Vorschrift enthält folglich ein Verbot unlauterer Wettbewerbshandlungen. Dies wird zugleich durch die Überschrift des § 3 bestätigt, die explizit von einem Verbot spricht. Diese Einordnung als lauterkeitsrechtliche Verbotsnorm sagt allerdings noch nichts über die bürgerlich-rechtlichen Konsequenzen (§§ 134, 138 BGB) für Rechtsgeschäfte aus, die unter dem Einfluss oder mit dem Ziel unlauterer Wettbewerbshandlungen geschlossen werden. Zu derartigen **Folgeverträgen** und **Basisverträgen** vgl Einl D Rn 67.

B. Allgemeine Generalklausel, § 3 I

I. Unlauterkeit

10 1. **Unbestimmter Rechtsbegriff.** Bestimmend für die Generalklausel des § 3 I ist der die Norm ausfüllende unbestimmte Rechtsbegriff der Unlauterkeit. Als **unlauter** bezeichnet die an Art 10bis II PVÜ anknüpfende amtliche Begründung alle Handlungen, die den anständigen Gepflogenheiten in Handel, Gewerbe, Handwerk oder selbstständiger beruflicher Tätigkeit zuwiderlaufen (BegrRegEntw, B zu § 1, BT-Drucks 15/1487, S 16). Von einer weitergehenden Definition des Unlauterkeitsbegriffs hat der Reformgesetzgeber abgesehen und es der Rechtsprechung überlassen, näher zu konkretisieren, was (welches wettbewerbliche Verhalten) als unlauter anzusehen ist (vgl BegrRegEntw aaO).

11 Das Tatbestandsmerkmal der Sittenwidrigkeit (des Verstoßes gegen die guten Sitten) iS des § 1 aF ist in § 3 durch den **Begriff der Unlauterkeit** ersetzt worden. Es handelt sich dabei aber nur um eine rein terminologische, **nicht** um eine **sachliche Änderung** gegenüber der früheren Rechtslage (§ 1 Rn 13). Der Reformgesetzgeber hat den Maßstab der guten Sitten terminologisch nicht mehr für zeitgemäß gehalten und wollte außerdem durch die Normierung des Begriffs der „Unlauterkeit" der Kompatibilität des UWG mit dem Gemeinschaftsrecht, das diesen Begriff in zahlreichen Vorschriften verwendet, verbessern (BegrRegEntw, B zu § 1, BT-Drucks 15/1487, S 16, krit dazu *Sack* BB 03, 1073; vgl auch MüKoUWG/*Sosnitza* § 3 Rn 54).

12 Daher ist im Ausgangspunkt von **materiell-rechtlicher Kontinuität** des Beurteilungsmaßstabes auszugehen (*Henning-Bodewig* GRUR Int 04, 183, 185; *Köhler* NJW 04, 2121, 2122; *Sack* BB 03, 1073; *Schünemann* WRP 04, 925, 926, 929f).

13 Dies schließt freilich nicht aus, dass die Reform in Einzelfragen gleichwohl zu einer anderen Beurteilung führt. Hier ist von besonderer Bedeutung, dass der Gesetzgeber mit der Reform von 2004 den bereits mit der Abschaffung der ZugabeVO und des RabattG im Jahre 2001 eingeschlagenen Weg der **Liberalisierung** des Lauterkeitsrechts ausdrücklich weitergehen und den Handlungsrahmen für alle Beteiligten vergrößern wollte. Dies drückt sich vor allem im Wegfall des Rechts der Sonderveranstaltungen nach §§ 7 und 8 aF sowie in der ersatzlosen Streichung der explizit als „überflüssig" bezeichneten Vorschriften der §§ 6, 6a und 6b aF aus (BT-Drucks 15/1487 S 12, 14, 15). Auch die Aufnahme einer generellen Bagatellklausel in § 3 ist Ausdruck einer bewussten materiell-rechtlichen Rückführung des Lauterkeitsrechts, da der Verbotstatbestand des § 3 insgesamt eingeschränkt wird (*Schünemann* WRP 04, 925, 926). Schließlich zeigt auch die Festlegung des Gesetzeszwecks in § 1, den Wettbewerb (lediglich) vor Verfälschungen zu schützen (vgl dazu § 1 Rn 31), dass sich das Lauterkeitsrecht im Vergleich zur früheren, nachgerade hypertrophen Anwendung deutlich zurücknehmen will. Dieser bewusst erweiterte Gestaltungsspielraum für die Marktakteure darf nicht durch eine unbesehene Anwendung der Generalklausel wieder eingeschränkt werden. Die Generalklausel des § 3 ist daher **tendenziell enger** als § 1 aF auszulegen, die **Schwelle der Unlauterkeit** liegt nicht **höher** als bisher (*Emmerich* UWG § 5 Rn 27; *Henning-Bodewig* GRUR 04, 713, 716; MüKoUWG/*Sosnitza* § 3 Rn 56).

14 Mit dem Rechtsbegriff der Unlauterkeit stellt § 3 I auf eine Beurteilungsgrundlage ab, die ein *marktgerichtetes, wettbewerblichen* Zwecken dienendes Vorgehen am **Wertgehalt der Lauterkeit** misst, dh am Maßstab des lauteren Wettbewerbs, nicht an denen des *allgemeinen* Sittengesetzes. Dementsprechend hat die Rechtsprechung schon vor der Reform von 2004 betont, dass die zu treffende Wertungsentscheidung wettbe-

werbsbezogen ist (BGHZ 140, 134, 138f = GRUR 99, 1128, 1129 – *Hormonpräparate;* BGH GRUR 00, 237, 238 – *Giftnotruf-Box;* GRUR 01, 354, 356 – *Verbandsklage gegen Vielfachabmahner*). Die frühere Anstandsformel, wonach maßgeblich auf das Anstandsgefühl des verständigen Durchschnittsgewerbetreibenden abzustellen ist, hat die Rechtsprechung inzwischen ausdrücklich aufgegeben (BGHZ 166, 154, 161 = GRUR 06, 773, 774 – *Probeabonnement*) und statt dessen eine funktionelle, dh am Schutzzweck des UWG (§ 1) ausgerichtete Betrachtung gefordert (BGHZ 171, 73, 80f = GRUR 07, 800, 801 – *Außendienstmitarbeiter*). Damit befindet sich die Rechtsprechung inzwischen auf einer Linie mit der im Schrifttum zuletzt ganz überwiegenden Auffassung eines **funktionalen Verständnisses des UWG** (vgl nur *Emmerich* UWG § 5 Rn 22f; *ders.* FG 50 Jahre BGH, 2000, S 627, 631ff; *Schünemann* WRP 04, 925, 926, 931; MüKoUWG/*Sosnitza* § 3 Rn 51; *Ullmann* GRUR 03, 817, 820). Danach kann es Aufgabe des Wettbewerbsrechts nur sein, die Funktionsfähigkeit des wirtschaftlichen Wettbewerbs als grundlegendes Ordnungsinstrument der Marktwirtschaft zu sichern. Daher muss sich auch die Auslegung des Sittenwidrigkeitsbegriffs nach § 1 aF an einem Referenzsystem hinreichend freien und fairen Wettbewerbs in der Ausprägung orientieren, die dieses System durch die geltende Rechts- und Wirtschaftsordnung erhalten hat.

Was lauter bzw unlauter ist, ist dem UWG, das den Begriff der Unlauterkeit ja nicht näher definiert (Rn 10), nicht direkt zu entnehmen. Die Frage beantwortet sich im zu entscheidenden Einzelfall nur über die **Konkretisierung der Generalklausel** anhand der Beispielstatbestände des § 4 Nr 1–11 und der Regelungen der §§ 5–7 und – sofern deren Anwendungsbereich nicht gegeben ist – unmittelbar aus § 3 (Rn 18ff). 15

Eine iS des § 3 unlautere oder – synonym – wettbewerbswidrige Wettbewerbshandlung ist stets auch rechtswidrig. Der Begriff der **Rechtswidrigkeit** findet in § 3 seine Entsprechung in dem der Unlauterkeit. Umgekehrt gilt jedoch *nicht* der Satz, dass unlauter ist, was rechtswidrig ist. Der Begriff der Unlauterkeit ist der engere, der der Rechtswidrigkeit der weitere. So wird der rechtswidrige Verstoß gegen außerwettbewerbsrechtliche Normen im Rahmen einer Wettbewerbshandlung immer erst durch das Hinzutreten zusätzlicher, die Unlauterkeit begründender Umstände zum Verstoß gegen § 3 (vgl § 4 Nr 11). 16

Der Unlauterkeitsbegriff ist ein unbestimmter Rechtsbegriff, dh die lauterkeitsrechtliche Wertung ist eine **Rechtsfrage,** die eines Beweises nicht zugänglich ist und in der Revisionsinstanz in vollem Umfang zur Nachprüfung gestellt werden kann. 17

2. Konkretisierung des unbestimmten Rechtsbegriffs. a) Maßstäbe. Damit fällt Rechtsprechung und Lehre die Aufgabe zu, den Begriff der Unlauterkeit näher zu konkretisieren. Der Gesetzgeber selbst hat dazu nur einen Ausgangspunkt geliefert: Unlauter sollen alle Handlungen sein, die den anständigen Gepflogenheiten in Handel, Gewerbe, Handwerk oder selbstständiger beruflicher Tätigkeit zuwiderlaufen (BT-DruckS 15/1487 S 16). Mit dieser Formulierung wird an Art 10 bis PVÜ angeknüpft, wonach unlauterer Wettbewerb jede Wettbewerbshandlung ist, die den anständigen Gepflogenheiten in Gewerbe oder Handel zuwiderläuft. Der Begriff der Unlauterkeit muss folglich konkretisiert werden, wie dies im Ausgangspunkt auch schon unter der Geltung des § 1 aF der Fall war. Zentrales Mittel der Konkretisierung sind die von Rechtsprechung und Literatur in jahrzehntelanger Arbeit herausgebildeten **Fallgruppen,** die ihrerseits geronnenes Lauterkeitsrecht darstellen. 18

Im Anwendungsbereich der UGP-Richtlinie hat der EuGH allerdings jüngst in mehreren Entscheidungen nationale Verbote für nicht mit der Richtlinie vereinbar erklärt, denen gemeinsam ist, dass sie ein Verhalten untersagen, das nicht unter die *black list* des Anhangs I der Richtlinie fällt und auch nicht ohne Weiteres eine irreführende Handlung nach Art 6, 7 oder eine aggressive Handlung nach Art 8, 9 der UGP-Richtlinie darstellt. Dabei ging es um das deutsche Kopplungsverbot nach § 4 Nr 6 UWG (EuGH GRUR 10, 244 – *Plus Warenhandelsgesellschaft*), um das österreichische 19

Zugabenverbot nach § 9a I Ziff 1 östUWG (EuGH GRUR 11, 76 – *Mediaprint*), um das belgische Verbot von Ankündigungen von Preisermäßigungen vor Schlussverkaufszeiten nach Art 53 des Gesetzes über Handelspraktiken (EuGH GRUR Int 11, 853 – *Wamo*) sowie schließlich um das ebenfalls belgische allgemeine Kopplungsverbot nach Art 54 des gleichen Gesetzes (EuGH GRUR 09, 599 – *VTB/Total Belgium*). In allen Entscheidungen betont der Gerichtshof, dass derartige Handlungen **nicht allgemein verboten** werden dürfen, ohne dass anhand des tatsächlichen Kontextes des **Einzelfalls** geprüft wird, ob die fragliche geschäftliche Handlung im Licht der in den Art 5 bis 9 der UGP-Richtlinie aufgestellten Kriterien „unlauter" ist (EuGH GRUR Int 11, 853 Rn 38 *Wamo;* GRUR 11, 76 Rn 35 – *Mediaprint;* GRUR 10, 244 Rn 48f – *Plus Warenhandelsgesellschaft;* GRUR 09, 599 Rn 65 – *VTB/Total Belgium*). Damit ist freilich offenkundig nicht gemeint, dass sich der EuGH methodisch gegen Fallgruppenbildung als solche richtet, vielmehr geht es dem Gerichtshof zu Recht darum, **abstrakte (Irreführungs-)Verbote** außerhalb des Anhangs I der Richtlinie soweit als möglich zurückzudrängen und sie auch nicht – obwohl methodisch grundsätzlich denkbar – als Fallgruppe im Rahmen der allgemeinen Generalklausel des Art 5 I, II der UGP-Richtlinie aufrecht zu erhalten.

20 Folglich dürfen die gewohnten Fallgruppen nicht unbesehen auch unter dem neuen UWG angewandt werden. Dies ergibt sich schon daraus, dass die nun gesetzlich ausformulierten Einzeltatbestände der §§ 4 ff der Generalklausel vorgehen und zunächst aus sich heraus autonom auszulegen sind. Darüber hinaus muss jede Fallgruppe im Hinblick auf das funktionale Wettbewerbsverständnis (Rn 14) und vor dem Hintergrund der mit der UWG-Reform von 2004 beabsichtigten Liberalisierungstendenz (Einf A Rn 47) daraufhin überprüft werden, ob die ihr zugrunde liegenden Annahmen und Wertungen nach wie vor zutreffen und gerechtfertigt sind. Zu diesem Zweck muss, wo immer möglich, auf verfügbare und vorgegebene **Maßstäbe** zurückgegriffen werden.

21 **b) Schutzzwecke nach § 1 UWG.** Bereits unter der Geltung des § 1 1909 hatte die Rechtsprechung zuletzt auch den Grundsatz geprägt, dass die Beurteilungen der Lauterkeit eines Wettbewerbsverhaltens nach dem Schutzzweck des Gesetzes zu bestimmen ist (BGHZ 158, 174, 179 = GRUR 04, 696 – *Direktansprache am Arbeitsplatz;* BGHZ 147, 296, 303 = GRUR 01, 1178 – *Gewinnzertifikat;* BGHZ 144, 255, 266 = GRUR 00, 1076, 1078 – *Abgasemissionen;* BGH GRUR 01, 1181, 1182 – *Telefonwerbung für Blindenwaren*). Dies gilt erst recht, nachdem die Schutzzwecke ausdrücklich in § 1 aufgenommen worden sind (BGHZ 171, 73, 80 f = GRUR 07, 800, 801 – *Außendienstmitarbeiter*). Allerdings ergibt sich eine Einschränkung insoweit, als gemäß § 1 S 2 Allgemeininteressen nur noch insoweit maßgeblich sind, als sie zugleich auch die Interessen der Mitbewerber, der Verbraucher oder sonstiger Marktteilnehmer im Zusammenhang mit dem Marktverhalten berühren (vgl Rn 46, 60). Daher kann das Unlauterkeitsurteil nicht allein auf die Beeinträchtigung (beliebiger) sonstiger Allgemeininteressen, wie etwa die Volksgesundheit, den Kinder-, Umwelt- oder Arbeitnehmerschutz gestützt werden (ebenso *Köhler/Bornkamm* § 3 Rn 97; aA *Kaplan* S 111 ff, 206 ff). So ist es beispielsweise nicht zulässig, die Verbesserung der „allgemeinen sozialen Situation" von Blinden in die Bewertung mit einfließen zu lassen (so aber noch BGH GRUR 01, 1181, 1183 – *Telefonwerbung für Blindenwaren*).

22 **c) Gemeinschaftsrecht.** Gemeinschaftsrecht hat Vorrang vor entgegenstehendem nationalem Recht. Außerdem ist nationales Recht richtlinienkonform auszulegen (vgl Einf C Rn 27). Als europäische Rechtsquellen kommen vor allem das Primärrecht und das Sekundärrecht in Betracht.

23 **aa) Primärrecht.** Auf der Ebene des Primärrechts sind in erster Linie die Grundfreiheiten aus Art 28 und 49 EGV (Art 34 und 56 AEUV) sowie die Wettbewerbsregeln der Art 81 ff EGV (Art 101 ff AEUV) für das Lauterkeitsrecht einschlägig (vgl dazu *Koos*

Verbot unlauterer geschäftlicher Handlungen **§ 3 UWG**

S 52 ff). Ausstrahlungswirkung hat das Referenzsystem des unverfälschten Wettbewerbs gemäß Art 3 I lit g EG, wie es nun auch in § 1 S 2 zum Ausdruck kommt. Vor allem die Reichweite der Warenverkehrsfreiheit in ihrer Konkretisierung durch die Rechtsprechung des *EuGH* prägt bei grenzüberschreitenden Sachverhalten die lauterkeitsrechtliche Beurteilung nach nationalem Wettbewerbsrecht (vgl Einf C Rn 9 ff).

bb) Sekundärrecht, insbes „berufliche Sorgfalt". Auf der Ebene des gemein- 24 schaftlichen Sekundärrechts kommt der aus Art 249 Abs 3 EGV (Art 288 AEUV) folgenden Pflicht zur **richtlinienkonformen Auslegung** nationalen Rechts besondere Bedeutung zu. Danach muss ein nationales Gericht seine Auslegung so weit wie möglich am Wortlaut und Zweck der Richtlinie ausrichten, um das mit der Richtlinie verfolgte Ziel zu erreichen (EuGH Slg 84, 1891, 1909 Rn 26 – *v. Colson und Kamann;* Slg 90, I-4135, 4159 Rn 8 – *Marleasing;* Slg 94, I-3325, 3357 Rn 25 – *Faccini Dori*). So ist beispielsweise der Begriff der „irreführenden Werbung" grundsätzlich in Übereinstimmung mit dem gleichen Begriff in Art 2 Nr 2 der Irreführungsrichtlinie 84/450/EWG (heute Art 2 lit b der Richtlinie 2006/114/EG bzw Art 6 der UGP-RL) in seiner Auslegung durch den europäischen Gerichtshof zu bestimmen (vgl EuGH Slg 92, I-131, 150 Rn 17 – *Nissan*).

Das Sekundärrecht kann dabei sogar bereits vor Ablauf der Umsetzungsfrist für die 25 betreffende Richtlinie Wirkungen für das nationale Recht entfalten. So ist es den nationalen Gerichten nicht versagt, im Vorgriff auf eine umzusetzende Richtlinie bereits autonom die bisherigen Lauterkeitsmaßstäbe zu überprüfen und gegebenenfalls anzupassen (vgl EuGH Slg 97, I-7411, 7449 Rn 45 – *Inter-Environnement Wallonie; Leible/Sosnitza* NJW 98, 2507, 2508; aA *Sack* WRP 98, 241, 243 f). In diesem Sinne hat beispielsweise der *BGH* in seiner *Testpreis-Angebot*-Entscheidung noch vor Umsetzung der Richtlinie 97/55/EG über vergleichende Werbung seine bisherige Position zur grundsätzlichen Unzulässigkeit vergleichender Werbung überdacht (BGH GRUR 1998, 824, 827; vgl *Eck/Ikas* WRP 99, 251; *Leible/Sosnitza* NJW 98, 2507; *Menke* WRP 98, 811).

Die **Richtlinie 2005/29/EG über unlautere Geschäftspraktiken** enthält in 26 Art 5 ebenfalls eine Generalklausel (vgl Rn 1). Gemäß Art 5 I sind unlautere Geschäftspraktiken verboten. Eine Geschäftspraxis ist nach Art 5 II unlauter, wenn sie den Erfordernissen der beruflichen Sorgfalt widerspricht und das wirtschaftliche Verhalten des Durchschnittsverbrauchers wesentlich zu beeinflussen geeignet ist. Die **berufliche Sorgfalt** wird dabei nach Art 2 lit h definiert als „der Standard an Fachkenntnissen und Sorgfalt, bei denen billigerweise davon ausgegangen werden kann, dass der Gewerbetreibende sie gegenüber dem Verbraucher gemäß den anständigen Marktgepflogenheiten und/oder dem allgemeinen Grundsatz von Treu und Glauben in seinem Tätigkeitsbereich anwendet". Diese Definition wird zu Recht als „nicht operational" (Harte/Henning/*Schünemann* 2. Aufl § 3 Rn 190) bzw „wortreich wie letztlich beliebig" (*Henning/Bodewig* WRP 11, 1014, 1017) kritisiert. Die Anknüpfung an die Sorgfalt ist für das deutsche Rechtsverständnis wegen der terminologischen Nähe zu § 276 BGB ungewohnt, zumal es lauterkeitsrechtlich gerade nicht auf ein Verschulden ankommt. Ob es dabei hilft, Begriff und Definition der beruflichen Sorgfalt im Sinne einer „unternehmerischen Sorgfalt" zu lesen als „das Mindestmaß an besonderen Kenntnissen und Fähigkeiten und an Rücksichtnahmen, bei den billigerweise davon ausgegangen werden kann, dass der Unternehmer es gegenüber dem Verbraucher gemäß den anständigen Marktgepflogenheiten und/oder dem Grundsatz von Treu und Glauben in seinem Tätigkeitsbereich anwendet" (so der Vorschlag von *Köhler* WRP 12, 22, 24), erscheint zweifelhaft, da es an Maßstäben für die Festlegung derartiger „Kenntnisse, Fähigkeiten und Rücksichtnahmen" fehlt, sodass das Problem nur auf eine andere Ebene verschoben wird. Man fühlt sich hier unwillkürlich und nicht von ungefähr an die ebenso ausufernde wie fruchtlose Diskussion um die Konkretisierung des lauterkeitsrechtlichen Sittenwidrigkeitsbegriffs der vergange-

Sosnitza

nen Jahrzehnte erinnert (vgl dazu oben Rn 11 ff). Aus all dem kann im Grunde nur der Schluss gezogen werden, dass der Begriff der beruflichen Sorgfalt im Kern **normativ geprägt** ist („billigerweise „„ „anständige Marktgepflogenheiten", „Grundsatz von Treu und Glauben") und dadurch **seinerseits funktional** auszulegen ist (*Emmerich* UWG § 5 Rn 29 ff; *Dohrn,* Rn 320). In dieses funktionale Verständnis gehen dann auch wettbewerbliche Leitbilder, wie das Verbraucherleitbild, Autonomie des Verbrauchers und Transparenz, konstitutiv wie begrenzend ein (*Dohrn,* Rn 379 f). All dies führt zu einer weitgehenden **Konvergenz** des Maßstabs der beruflichen Sorgfalt mit dem Begriff der Unlauterkeit nach § 3 I (ebenso KG WRP 10, 142, 147 f – *Lotto-Trainer; Henning-Bodewig* FS Schricker, 2005, S 705, 711; MüKoUWG/ *Sosnitza* § 3 Rn 23; vgl auch *Köhler/Bornkamm* § 3 Rn 36 ff).

27 **cc) Grundrechte.** Konkretisierungsmaßstab zur Bestimmung der Lauterkeit können im Einzelfall auch die Grundrechte sein. Die allgemeinen Gesetze, und damit auch das Lauterkeitsrecht, sind so auszulegen und in ihrer das Grundrecht beschränkenden Wirkung selbst wieder so einzuschränken, dass der besondere Gehalt des jeweiligen Grundrechts dabei zur Geltung kommt (stRspr. vgl BVerfGE 7, 198, 206 ff = NJW 58, 257; BVerfGE 61, 1, 10 f = NJW 83, 1415; BVerfGE 102, 347, 362 = GRUR 01, 170 – *Benetton-Werbung*). Daraus folgt insbesondere, dass die tatbestandsmäßige Erfüllung der etablierten wettbewerbsrechtlichen Fallgruppen nur ein Indiz für die Unlauterkeit darstellt und die Gerichte nicht von der Prüfung einer Gefährdung des Wettbewerbs im Einzelfall gerade auch unter Einbeziehung der Grundrechte entbindet (BGH GRUR 02, 455, 456 – *Tier- und Artenschutz*). Dies zu gewährleisten, ist in erster Linie Aufgabe der Zivilgerichte. Das BVerfG greift demgegenüber nur ein, wenn Fehler erkennbar werden, die auf einer grundsätzlich unrichtigen Anschauung von der Bedeutung eines Grundrechts, namentlich vom Umfang seines Schutzbereichs, beruhen und in ihrer materiellen Bedeutung für den konkreten Rechtsfall von einigem Gewicht sind (BVerfGE 18, 85, 92 f = NJW 64, 1715; BVerfGE 102, 347, 362 = GRUR 01, 170 – *Benetton-Werbung;* BVerfG GRUR 01, 1058, 1059 – *Therapeutische Äquivalenz;* GRUR 02, 455 – *Tier- und Artenschutz;* WRP 05, 83, 85 – *Werbung von Steuerberatungsgesellschaften*). Zu den einzelnen Grundrechten vgl EinfD Rn 9 ff.

28 **dd) „Anstandsgefühl der verständigen Durchschnittsgewerbetreibenden oder Missbilligung durch die Allgemeinheit".** Die Rechtsprechung ging bis etwa 2001 von einem Wettbewerbsverstoß aus, wenn die Wettbewerbshandlung dem Anstandsgefühl eines verständigen Durchschnittsgewerbetreibenden widerspricht oder von der Allgemeinheit missbilligt und für untragbar gehalten wird (BGHZ 15, 356, 365, 369 f – *Progressive Kundenwerbung;* BGHZ 19, 392, 396 – *Anzeigenblatt;* BGHZ 23, 365, 371 – *SUWA;* BGHZ 54, 188, 190 f – *Fernsprechwerbung;* BGHZ 81, 291, 295 f = GRUR 82, 53 – *Bäckerfachzeitschrift;* BGH GRUR 94, 220, 222 – *PS-Werbung II;* GRUR 01, 1181, 1182 – *Telefonwerbung für Blindenwaren*). Eine Fortführung dieser – in der Literatur stets kritisierten – Grundsätze kommt unter der Geltung des neuen UWG nicht in Betracht (vgl oben Rn 5). Dies gilt schon deswegen, weil die besagte Anstandsformel der Rechtsprechung von jeher schwerwiegenden Bedenken ausgesetzt war, die nie ausgeräumt werden konnten. Kern der **Kritik** war stets, dass die Anstandsformel selbst keinerlei Maßstäbe zur Abgrenzung des erlaubten vom verbotenen Wettbewerbsverhalten bietet. Weder das „Gefühl" von „Denkenden" noch der Rückgriff auf Sozialethik- oder Konventionalnormen konnten dazu konkret fassbare Kriterien liefern, sondern haben ihrerseits nur die Frage nach dem Maßstab für sittenwidriges Verhalten auf eine andere Ebene verlagert. Nüchtern betrachtet war das viel beschworene Anstandsgefühl daher im Grunde nichts anderes als dasjenige des zur Entscheidung des konkreten Falles berufenen Richters (ebenso *Köhler*/Bornkamm § 3 Rn 100). Ein derartiges „Gefühlsmonopol" der für Wettbewerbssachen zuständigen Gerichte ist heute weniger denn je gerechtfertigt. In einer freiheitlichen Gesellschaftsordnung, die zunehmend unterschiedliche Lebensentwürfe und individuelle Verhaltensspielräume akzeptiert, muss zwangsläufig der Grundkonsens über zu missbilligende Verhaltensweisen gerade bei wettbewerbsrechtlichen Grenzfällen schwinden. Nichts anderes gilt für das unternehmerische Verhalten in einem Umfeld, das von zunehmender Ausweitung des geschäftlichen Gestaltungsspielraums geprägt ist. Vor diesem Hintergrund ist heute kein Platz mehr für eine Anstandsformel, die rationale Erwägungen mehr verschleiert als fördert und die gefundenen Ergebnisse nicht transparent macht. Stattdessen müssen die Maßstäbe zur Konkretisierung der Unlauterkeit vorrangig den **Schutzzwecken** und anderen **rechtlichen Vorgaben** (vgl oben Rn 18ff) entnommen werden. Dadurch wird eine Offenlegung der maßgeblichen Wertungen im Einzelfalle und damit ein rationaler Diskurs ermöglicht (*Köhler*/Bornkamm § 3 Rn 100; MüKoUWG/*Sosnitza* § 3 Rn 80).

ee) Private Selbst- oder Co-Regulierungen. Bei der Heranziehung aller 29 möglichen privaten Verbandsregelungen zur Konkretisierung des Begriffs der Unlauterkeit ist **größte Zurückhaltung** geboten. Nicht selten handelt es sich bei derartigen verbandsmäßig festgelegten Selbstregulierungen um mehr oder weniger offene Versuche zur gezielten Einflussnahme auf die lauterkeitsrechtliche Rechtsprechung, die zudem oftmals kartellrechtlich höchst bedenklich sind (vgl ausführlich MüKoUWG/*Sosnitza* Grundl Rn 42ff). Derartige Verbandsregelungen können **allenfalls** ein erstes **Indiz** für die lauterkeitsrechtliche Beurteilung einer Werbemaßnahme sein (BGH GRUR 91, 462, 463 – *Wettbewerbsrichtlinie der Privatwirtschaft;* GRUR 02, 548, 550 – *Mietwagenkostenersatz;* GRUR 06, 953 Rn 17 – *Warnhinweis II;* GRUR 06, 773 Rn 19 – *Probeabonnement;* GRUR 11, 431 Rn 13 – *FSA-Kodex*). Selbst die Annahme einer bloß indiziellen Bedeutung eines Verstoßes gegen Verbandsregeln kommt nur dann in Betracht, wenn sich die aus dem festgestellten Kodexverstoß abgeleitete Regelwidrigkeit des betreffenden Verhaltens gerade auch als eine wettbewerbsbezogene, dh von den Schutzzwecken des UWG erfasste Unzulässigkeit erweist (BGH GRUR 11, 431 Rn 14 – *FSA-Kodex*). Die Gerichte sind daher nie davon entbunden, unabhängig von der jeweiligen Verhaltensregel das konkrete Marktverhalten autonom und vor allem auch unter Einbeziehung der Interessen der sonstigen Marktteilnehmer und der Allgemeinheit (§ 1) auf seine Zulässigkeit hin zu untersuchen.

ff) Kartellrechtliche Wettbewerbswidrigkeit. Kartellrecht und Lauterkeits- 30 recht stehen weder getrennt nebeneinander noch sind sie deckungs- oder zielrichtungsidentisch. Tatsächlich bestehen vielfältige Berührungspunkte und Überschneidungen, die zu vielschichtigen Wechselwirkungen führen (vgl Einf A Rn 2). Inwieweit Verstöße gegen bestimmte Kartellrechtsvorschriften zugleich einen Rechtsbruch nach § 4 Nr 11 darstellen, ist umstritten (dafür Harte/Henning/*v. Jagow* § Nr 11 Rn 129; aA *Köhler*/Bornkamm § 4 Rn 11.12), vgl dazu § 4 Rn 11/10. Verstöße gegen §§ 19 IV, 20 GWB können darüber hinaus zugleich eine gezielte Behinderung der Mitbewerber nach § 4 Nr 10 begründen (§ 4 Nr 10 Rn 15).

Andererseits dürfen die durch das GWB vorgegebenen Grenzen nicht durch die 31 Anwendung der lauterkeitsrechtlichen Generalklausel des § 3 überspielt werden. Daher hat sich die so genannte **Vorfeldthese**, nach über das Lauterkeitsrecht ein zusätzlicher Schutz des Wettbewerbs auch und gerade gegenüber solchen Maßnahmen von Unternehmen gewährt wird, die erst im Vorfeld eines kartellrechtswidrigen Verhaltens liegen und bei denen das GWB daher noch nicht eingreift (*P. Ulmer* AfP 75, 870, 885f; *ders* GRUR 77, 565, 577; *Baudenbacher* GRUR 81, 19, 26f; *L. Raiser* GRUR Int 73, 443, 445f; *Tilmann* GRUR 79, 825, 831ff), zu Recht nicht durchgesetzt (*Köhler*/Bornkamm Einl Rn 6.17; *Emmerich* UWG § 5 Rn 35; *Hirtz* GRUR 80, 96; *Merz* (passim); MüKoUWG/*Sosnitza* § 3 Rn 83).

Darüber hinaus folgt weder aus dem Kartellrecht noch originär aus dem Lauter- 32 keitsrecht eine Prägung des UWG im Sinne eines Vorrangs bestimmter Unternehmensstrukturen, insbesondere **kein** irgendwie gearteter **Mittelstandsschutz** (vgl schon BGHZ 43, 278, 283 = GRUR 65, 489, 491 – *Kleenex;* MüKoUWG/*Sosnitza*

§ 3 Rn 84 mwN). Dies muss lauterkeitsrechtlich umso mehr gelten, seitdem die rein mittelstandsmotivierten Verbote der Werbung mit mengenmäßigen Beschränkungen (§ 6 d aF) und der Werbung mit Eigenpreisvergleichen (§ 6 e aF) 1994 ersatzlos gestrichen worden sind. Es ist nicht Aufgabe des Wettbewerbsrechts, den Bestand bestehender wettbewerblicher Strukturen zu bewahren und wirtschaftlichen Entwicklungen entgegenzusteuern, in denen die bisherigen Marktteilnehmer mit Recht eine Bedrohung ihres Kundenstammes erblicken; denn es ist gerade Sinn der Wettbewerbsrechtsordnung, dem freien Spiel der Kräfte des Marktes im Rahmen der gesetzten Rechtsordnung Raum zu gewähren (BGH GRUR 04, 602, 604 – *20 Minuten Köln;* GRUR 10, 455 Rn 21 – *Stumme Verkäufer II*).

33   **d) Güter- und Interessenabwägung.** Die Feststellung der Unlauterkeit im konkreten Fall erfordert nach ganz herrschender Auffassung in Rechtsprechung (BGH GRUR 11, 436 Rn 25 – *Hartplatzhelden.de;* BGHZ 158, 174, 179 ff = GRUR 04, 696 – *Direktansprache am Arbeitsplatz;* BGHZ 148, 1 = GRUR 01, 1062 – *mitwohnzentrale.de;* BGH GRUR 01, 1181, 1182 – *Telefonwerbung für Blindenwaren;* BGH GRUR 94, 220, 222 – *PS-Werbung II;* BGHZ 82, 138 = GRUR 82, 118 – *Kippdeckeldose*) und Literatur (*Köhler/*Bornkamm § 3 Rn 102; *Beater* § 12 Rn 981 ff; *Kraft* S 101 ff, 119 ff; *Schünemann* WRP 04, 925, 931 ff; MüKoUWG/*Sosnitza* § 3 Rn 85) eine **Interessenabwägung** als „methodisches Hilfsmittel" (*Schricker* S 238; Harte/Henning/*Schünemann* 2. Aufl § 3 Rn 280). Dieser Prozess setzt zunächst die Feststellung der im konkreten Fall berührten Interessen voraus. Daran anschließend ist eine Bewertung vorzunehmen, inwieweit diese Interessen lauterkeitsrechtlich schutzwürdig sind oder nicht. Im Falle einer Kollision mehrerer schutzwürdiger Interessen miteinander sind diese gegeneinander abzuwägen, wobei die oben (Rn 18 ff) im Einzelnen dargestellten Konkretisierungsmaßstäbe einzubeziehen sind.

34   Die bisherige Rechtsprechung zu § 1 aF ist freilich davon ausgegangen, dass im Rahmen (oder auch an Stelle) der Interessenabwägung eine **Gesamtwürdigung aller Umstände** vorzunehmen ist. Danach soll das beanstandete Wettbewerbsverhalten nach seinem konkreten Anlass, den eingesetzten Mitteln, seinem Zweck, seinen Begleitumständen und Auswirkungen zu betrachten sein (BGH GRUR 01, 354, 356 – *Verbandsklage gegen Vielfachabmahner;* BGHZ 144, 255, 266 = GRUR 00, 1076 – *Abgasemissionen,* BGH GRUR 99, 1128 f – *Hormonpräparate;* BGH GRUR 95, 817, 818 – *Legehennenhaltung;* GRUR 94, 126 – *Folgeverträge I;* GRUR 93, 980, 982 – *Tariflohnunterschreitung;* GRUR 90, 371, 372 – *Preiskampf;* GRUR 83, 120, 126 f – *ADAC-Verkehrsrechtsschutz;* GRUR 77, 668, 670 – *WAZ-Anzeiger;* GRUR 67, 256 f – *Stern,* GRUR 61, 588, 593 – *Ein-Pfennig-Süßwaren;* RGZ 80, 219, 221). Eine solche Gesamtbetrachtung kann zur Folge haben, dass ein an sich wettbewerbswidriges Verhalten ausnahmsweise als zulässig anzusehen ist, etwa bei einem geringfügigen Verstoß gegen arzneimittelrechtliche Vorschriften im Rahmen eines Forschungsprojekts (BGH GRUR 00, 237, 239 – *Giftnotruf-Box*) oder bei einem Verstoß gegen heilmittelwerberechtliche Vorschriften in Wahrnehmung berechtigter Interessen (BGHZ 140, 134, 139, 142 = GRUR 99, 1128, 1130 f – *Hormonpräparate*). Die Rechtsprechung ist durch eine solche Gesamtwürdigung umgekehrt aber auch immer wieder zur Unlauterkeit von Wettbewerbshandlungen gelangt, bei denen das Verhalten des Täters „als solches" nicht ohne weiteres zu beanstanden war, bei dem jedoch häufig die Gefahr der Nachahmung durch Mitbewerber zu einem insgesamt bedenklichen Verhalten führen soll (dazu im Einzelnen unten Rn 58). Die überwiegende Literatur ist dem gefolgt (Baumbach/*Hefermehl* 22. Aufl, Einl Rn 106; Köhler/*Piper* 3. Aufl Einf Rn 264, 272; *v. Gramm* WettbR Kap 18 Rn 16, Kap 19 Rn 2 jeweils mwN). Diese lauterkeitsrechtliche „Gesamtbetrachtung" ist freilich zu recht aus rechtsstaatlichen Gründen kritisiert worden (*Beater* § 12 Rn 815; *Ullmann* GRUR 03, 817, 820; Harte/Henning/*Schünemann* 2. Aufl § 3 Rn 321), da nicht ex ante bestimmt werden kann, wie die Gewichtung der einzelnen Elemente zu erfolgen hat.

Soweit mit der Forderung nach einer Gesamtwürdigung aller Umstände lediglich 35 gemeint ist, dass alle relevanten tatsächlichen Umstände des konkreten Falles in die Interessenabwägung einzustellen sind, ist dem zwar zuzustimmen, doch handelt es sich dabei im Grunde um einen Allgemeinplatz (*Ullmann* GRUR 03, 817, 820). In diesem Sinne sprechen auch die Materialien zum neuen UWG von 2004 von einer „Berücksichtigung aller Umstände", wenn auch vorrangig in Bezug auf die in § 3 enthaltene Bagatellklausel (vgl BT-Drucks 15/1487 S 17). Problematisch ist dagegen, in welchem Umfang bestimmten Einzelelementen im Rahmen einer solchen „Gesamtbetrachtung" besonderes Gewicht bei der Beurteilung eines konkreten Wettbewerbsverhaltens eingeräumt werden darf. Hierbei geht es im Wesentlichen um drei Bestandteile, nämlich um eine Rückschau, um die Einbeziehung von Folgenerwägungen sowie schließlich um subjektive Elemente, auf die im Folgenden näher einzugehen ist.

aa) Rückschau. Zu der von der bisherigen Rechtsprechung und herrschenden 36 Literatur geforderten Gesamtwürdigung aller Umstände (Rn 55 ff) gehörte es unter anderem auch, zu dem betreffenden Gesamttatbestand immer auch diejenigen Umstände hinzuzurechnen, die der (äußeren) eigentlichen Wettbewerbshandlung vorausgehen, so dass auch frühere Handlungen im Sinne eines „**Gesamtverhaltens**" des Wettbewerbers betrachtet wurden (vgl insbesondere 4. Aufl § 3 Rn 12 ff mwN). Jedenfalls unter der Geltung des neuen UWG von 2004, das nicht mehr an die Sittenwidrigkeit, sondern nur noch an die marktverhaltensbezogene Unlauterkeit anknüpft, **muss** eine solche dem eigentlichen Verhalten vorgelagerte Betrachtungsweise **ausscheiden** (Harte/Henning/*Schünemann* 2. Aufl § 3 Rn 326; MüKoUWG/*Sosnitza* § 3 Rn 89). In dieselbe Richtung tendiert offenbar auch die neuere Rechtsprechung. So hatte der BGH noch unter der Geltung des § 1 aF festgestellt, dass rein betriebsinterne Vorgänge, wie etwa der Verstoß gegen Immissionsschutzvorschriften, nicht zur Unlauterkeit des Vertriebs der auf diese Weise produzierten Waren führen, wenn der Vorschrift, gegen die bei der Produktion verstoßen worden ist, nicht zumindest ein sekundärer Marktbezug in Bezug auf das Absatzverhalten zukommt (BGHZ 144, 255, 267 ff = BGH GRUR 00, 1076, 1079 – *Abgasemissionen*).

bb) Folgenerwägungen. Die Rechtsprechung hat von jeher bei der Prüfung der 37 Sittenwidrigkeit nach § 1 aF auch die Folgen eines Marktverhaltens einbezogen. Insbesondere der Gesichtspunkt der **Nachahmungsgefahr** hat häufig mit zum Sittenwidrigkeitsurteil geführt. Dabei geht es um ganz unterschiedliche Fallgestaltungen wie etwa das Verschenken von Waren oder Warenproben (BGHZ 23, 365 = GRUR 57, 365 – *SUWA;* BGHZ 43, 278 = NJW 65, 1325 – *Kleenex*), die unentgeltliche Verteilung von Presseerzeugnissen (BGHZ 51, 236 = GRUR 69, 287 – *Stuttgarter Wochenblatt*), bestimmte Formen der Belästigung wie Hausbesuche im Bestattungswesen (BGH GRUR 55, 541 – *Bestattungswerbung;* BGHZ 56, 18 = NJW 71, 1216 – *Grabsteinwerbungen II*), das Ansprechen von Passanten auf der Straße (BGH GRUR 60, 431 – *Kraftfahrzeugnummernschilder*), die Zusendung unbestellter Waren (BGH GRUR 60, 382 – *Verbandstoffe*), sowie Telefon- (BGHZ 54, 188 = GRUR 70, 523 – *Telefonwerbung;* BGH GRUR 04, 520 – *Telefonwerbung für Zusatzeintrag*), Telex- (BGHZ 59, 317 = GRUR 73, 210 – *Telex-Werbung*), und BTX-Werbung (BGHZ 103, 203 = GRUR 88, 614 – *BTX-Werbung*) gegenüber Verbrauchern. Unter dem Gesichtspunkt der Nachahmungsgefahr wurden außerdem zB unentgeltliche Kundenbeförderungen (BGH GRUR 72, 367 – *Besichtigungsreisen;* GRUR 72, 364 – *Mehrwert-Fahrten;* GRUR 72, 603 – *Kunden-Einzelbeförderung;* GRUR 84, 463 – *Mitmacher-Tour*) und einige Arten von Gewinnspielen (BGH GRUR 73, 593 – *Schatzjagd;* GRUR 81, 746 – *Ein-Groschen-Werbeaktion*) oder auch die Einschaltung von Laien für die Werbung (BGH GRUR 59, 285 – *Bienenhonig;* GRUR 81, 655 – *Laienwerbung für Maklaufträge;* GRUR 91, 150 – *Laienwerbung für Kreditkarten;* GRUR 92, 622 – *Verdeckte Laienwerbung*) untersagt (zu weiteren Fallgestaltungen *Sosnitza* S 58 f mwN). Eine Wettbewerbsmethode sei unlauter, wenn sie „den Keim zu einem immer weiteren Umsichgreifen in sich trägt und damit zu einer Verwilderung der allgemeinen Wettbewerbssitten" führt, weil die Mitbewerber aus Wettbewerbsgründen gezwungen wären, diese Werbemethode nachzuahmen (BGH GRUR 67, 430, 431 − *Grabsteinaufträge I;* BGHZ 154, 188, 192 = GRUR 70, 523, 524 − *Telefonwerbung;* BGH GRUR 72, 364, 366 − *Mehrwert-Fahrten;* GRUR 72, 603 − *Kunden-Einzelbeförderung;* GRUR 81, 746, 748 − *Ein-Groschen-Werbeaktion;* GRUR 94 220, 222 − *PS-Werbung II;* GRUR 96, 208, 209 − *Telefax-Werbung;* GRUR 04, 517, 518f − *E-Mail-Werbung*). In der jüngeren Rechtsprechung wurde die Nachahmungsgefahr häufig auch im Zusammenhang mit der Bagatellklausel des § 13 Abs 2 Nr 2 UWG aF erörtert (BGHZ 149, 247 = GRUR 02, 360, 367 − *H. I. V. POSITIVE II;* BGH GRUR 01, 1166, 1168 f − *Fernflugpreise;* GRUR 98, 835, 837 f − *Zweigstellenverbot;* GRUR 96, 208, 209 − *Telefax-Werbung;* GRUR 95, 122, 123 f − *Laienwerbung für Augenoptiker*). Zwar lässt sich an manchen Urteilen in der neueren Zeit eine gewisse Zurückhaltung des BGH bei der Annahme einer die Unlauterkeit begründenden Nachahmungsgefahr ausmachen (vgl BGH GRUR 93, 774 − *Hotelgutschein;* GRUR 94, 220 − *PS-Werbung II;* GRUR 00, 237 − *Giftnotruf-Box;* GRUR 04, 520, 522 − *Telefonwerbung für Zusatzeintrag*), gleichwohl stellt die Rechtsprechung bis heute weitgehende Folgenerwägungen an und untersagt nach wie vor auch unter dem Aspekt der Nachahmungsgefahr bestimmte Wettbewerbsmaßnahmen (BGH GRUR 05, 443, 445 − *Ansprechen in der Öffentlichkeit II;* GRUR 04, 699 − *Ansprechen in der Öffentlichkeit I;* GRUR 99, 762 − *Herabgesetzte Schlussverkaufspreise;* GRUR 99, 1011 − *Werbebeilage;* GRUR 96, 778 − *Stumme Verkäufer*).

38 Sowohl der methodische Ansatz als auch die konkrete Handhabung dieser Rechtsprechung ist in der Literatur immer wieder auf **Kritik** gestoßen (*Borck* WRP 89, 145, 150; *Hösch* S 84; *Köhler* S 27 f; *M. Lehmann* S 169 ff; *Schütz* WRP 93, 168; Harte/Henning/*Schünemann* 2. Aufl § 3 Rn 329 ff; *Sosnitza* S 62 ff, 74 mwN). Die auch sprachlich zum Ausdruck kommende intuitive Vorverurteilung der Nachahmung als wettbewerbswidriges Verhalten verkennt, dass Nachahmung wettbewerbstheoretisch ganz im Gegenteil sogar wettbewerbsimmanent ist und daher grundsätzlich zulässig sein muss (näher *Sosnitza* S 65; MüKoUWG/*Sosnitza* § 3 Rn 91). Damit kann aber die Tatsache, dass andere Marktteilnehmer eine bestimmte Werbemaßnahme übernehmen werden, alleine noch nichts über ihre Unlauterkeit aussagen. Darüber hinaus arbeitet die Rechtsprechung bei der Beurteilung einer etwaigen Nachahmungsgefahr regelmäßig mit völlig ungesicherten bis zweifelhaften Prognosen über die Entwicklung von Marktstrukturen und das Verhalten der Marktbeteiligten. Schließlich kann nicht begründet werden, warum dem vorstoßenden Marktteilnehmer das im Rahmen der Folgenerwägung einbezogene Verhalten nachstoßender Dritter zuzurechnen ist (*Knöpfle* S 58 f; *Sosnitza* S 69 ff; Harte/Henning/*Schünemann* 2. Aufl § 3 Rn 343). Die inzwischen überwiegende Auffassung in der **neueren Literatur** spricht sich daher **gegen** eine **Berücksichtigung der sog Nachahmungsgefahr** aus (Harte/Henning/*Podszun* § 3 Rn 117; *Köhler*/Bornkamm § 3 Rn 131; MüKoUWG/*Sosnitza* § 3 Rn 91 ff; jurisPK-UWG/*Ullmann* § 3 Rn 28; so jetzt auch OLG Koblenz GRUR-RR 07, 23, 24).

39 cc) **Subjektive Elemente.** Unter der Geltung des § 1 aF gingen Rechtsprechung und herrschende Lehre davon aus, dass der Täter zwar nicht das Bewusstsein der Sittenwidrigkeit haben müsse (stRspr. RGZ (GS) 150, 1, 5 f; BGHZ 8, 387, 393 = GRUR 53, 290 − *Fernsprechnummer;* BGH GRUR 54, 274 − *Goldwell;* GRUR 55, 411 − *Zahl 55;* BGHZ 23, 184, 193 f = GRUR 57, 355 − *Spalt-Tabletten;* BGHZ 27, 264, 273 = GRUR 58, 549 − *Programmheft;* GRUR 60, 200 f − *Abitz II;* GRUR 89, 673 − *Zahnpasta;* BGHZ 117, 115, 117 f = GRUR 92, 448 − *Pullovermuster;* Baumbach/*Hefermehl*, 22. Aufl, Einl Rn 125; *v. Gamm* WettbR Kap 18 Rn 36; *Köhler*/Piper 3. Aufl, Einf Rn 293 ff), jedoch müsse er in Kenntnis sämtlicher die Sittenwidrigkeit begründenden Tatumstände gehandelt haben (BGH GRUR 54, 274 − *Goldwell;* BGHZ 34, 264, 271 f

= GRUR 61, 588 – *Ein-Pfenning-Süßwaren;* BGH GRUR 67, 256, 257 – *Stern;* GRUR 73, 203f – *Badische Rundschau;* GRUR 79, 553f – *Luxus-Ferienhäuser;* GRUR 83, 587f – *Letzte Auftragsbestätigung;* GRUR 91, 914, 917 – *Kastanienmuster;* BGHZ 117, 115, 117 = GRUR 92, 448, 449 – *Pullovermuster;* BGH GRUR 95, 693, 695 – *Indizienkette; v. Gamm* WettbR Kap 18, Rn 7, 38; *Köhler/Piper* 3. Aufl, Einf Rn 294). Die Gegenauffassung berief sich darauf, dass die lauterkeitsrechtlich ganz im Vordergrund stehenden Unterlassungsansprüche verschuldensunabhängig sind und es darüber hinaus bei funktionaler Betrachtung der Generalklausel nur auf ein objektiv wettbewerbswidriges Verhalten ankommen könne (*Beater* 1. Aufl § 12 Rn 89; *Emmerich* UWG, 6. Aufl 02, § 5, 9; *Sack* WRP 85, 1, 12ff; *ders* NJW 85, 761, 768f; *Schricker* GRUR 74, 579, 582; *ders* GRUR 80, 194, 197; GK[1]/*Schünemann* Einl Rn D 134ff).

Nach der Novellierung des UWG von 2004 muss endgültig auf das **Erfordernis** **40** **der Kenntnis** von den Tatumständen **verzichtet** werden. Dafür spricht neben den bereits genannten Argumenten vor allem die Abkehr des UWG vom Begriff der Sittenwidrigkeit und die nun auch im Wortlaut des § 1 S 2 zum Ausdruck kommende Ausrichtung an einem System des unverfälschten Wettbewerbs. Da der Begriff der Unlauterkeit nunmehr an einer objektiven Beeinträchtigung des Wettbewerbsgeschehens anknüpft, kann es nicht mehr auf die Gesinnung oder subjektive Kenntnis der Marktakteure ankommen. Diese Auffassung hat sich unter der Geltung des neuen § 3 durchgesetzt (*Köhler*/Bornkamm § 3 Rn 105f; *Emmerich* UWG § 5 Rn 37f; Fezer/*Fezer* § 3 Rn 203; Groner, S 82ff; *Henning-Bodewig* GRUR 04, 713, 716; MüKoUWG/*Sosnitza* § 3 Rn 95; *Steinbeck* WRP 03, 1351ff; aA Ekey/Plaß § 3 Rn 49ff; vgl auch Einf D Rn 24), zumal inzwischen auch die Rechtsprechung nur noch auf **objektive** Umstände abstellt (BGHZ 163, 265 = GRUR 05, 778 – *Atemtest;* BGHZ 171, 73, 80f = GRUR 07, 800, 801f – *Außendienstmitarbeiter;* GRUR 09, 1080 Rn 21 – *Auskunft der IHK;* OLG Hamburg VuR 06, 455).

Die **Konsequenzen** einer solchen Neuausrichtung dürften allerdings nicht allzu **41** groß sein. Am augenfälligsten sind sie im Falle einer Abmahnung, wenn der Täter in Unkenntnis oder im Irrtum über die Tatumstände war. Nach bisher herrschender Auffassung lag in derartigen Fällen kein Wettbewerbsverstoß vor (vgl BGHZ 117, 115, 118 = GRUR 92, 448, 449 – *Pullovermuster;* BGH GRUR 77, 614 – *Gebäudefassade;* GRUR 67, 596, 597 – *Kuppelmuffenverbindung;* GRUR 60, 200, 201 – *Abitz II),* so dass die Abmahnung unberechtigt war. Nach neuem Recht ist dagegen von einem (objektiven) Wettbewerbsverstoß auszugehen, so dass auch bei Unkenntnis bzw. Irrtum der Täter und Abgemahnte Aufwendungsersatz nach § 12 I 2 zu leisten hat. Unabhängig davon hat der Täter in jedem Falle spätestens durch die Abmahnung positive Kenntnis von allen Tatumständen. Darüber hinaus gelten für die vorstehenden Grundsätze allein für die verschuldensunabhängigen Ansprüche auf Unterlassung und Beseitigung nach § 8 I, während die Ansprüche auf Schadensersatz (§ 9) und Gewinnabschöpfung (§ 10) verschuldensabhängig sind.

Die „Verobjektivierung" des Tatbestandes der Unlauterkeit nach § 3 schließt an- **42** dererseits nicht aus, dass in bestimmten Fallgruppen subjektive Elemente durchaus eine Rolle spielen können. Dies gilt etwa für das Ausnutzen der geschäftlichen Unerfahrenheit (§ 4 Rn 2/4), für die gezielte Behinderung von Mitbewerbern (§ 4 Rn 10/11) oder auch für die Fallgruppe des Verleitens zum Vertragsbruch, das notwendigerweise die Kenntnis von einer vertraglichen Bindung des Verleiteten voraussetzt (§ 4 Rn 10/28).

3. Beweis- und Verfahrensfragen. Beweisbelastet für die das Unlauterkeitsur- **43** teil tragenden tatsächlichen Umstände ist grundsätzlich der klagende **Verletzte.** Dabei können ihm Beweiserleichterungen auf Grund von Erfahrungssätzen oder gesetzliche Beweisregeln zugute kommen (zu einem Sonderfall der Irreführung s § 5 IV). Die lauterkeitsrechtliche **Wertung** eines wettbewerblichen Verhaltens ist eine **Rechtsfrage,** die der Revision unterliegt und über die als solche kein Beweis erhoben werden kann. Bei ihr geht es nicht um die bloße Feststellung, wie der Verkehr das Wettbewerbshandeln versteht – dies ist Tatfrage und der Beweiserhebung zugänglich –, sondern um die rechtliche Bewertung eines wettbewerblichen Verhaltens, für die das Verkehrsverständnis lediglich die Grundlage bildet (vgl BGH GRUR 72, 553 – *Statt Blumen ONKO-Kaffee:* Beurteilung der lauterkeitsrechtlichen Wertung des Berufungsgerichts durch den BGH als *rechts*irrig). Diese Prüfung erschöpft sich nicht in der Feststellung dessen was *ist,* sondern in der Findung des Urteils darüber, was sein *soll.* Über diese Frage kann kein Beweis erhoben werden, ebenso wenig wie etwa über die der Irreführung, der Rechtswidrigkeit oder der Verwechslungsgefahr.

44   **4. Gerichtliche Hinweispflichten.** Ist in Betracht zu ziehen, dass sich die auf die §§ 3, 8 I gestützte Unterlassungsklage aus anderen als den behaupteten Umständen als begründet erweisen kann, ist der Wettbewerbsrichter zu einem Hinweis darauf nach den §§ 139 I, 278 III ZPO **grundsätzlich nicht verpflichtet.** Es ist in solchen Fällen nicht Sache des unparteiischen Gerichts zu Lasten des Beklagten auf weiteren schlüssigen Vortrag hinzuwirken oder durch Fragen oder Hinweise neue Anspruchsgrundlagen in den Rechtsstreit einzuführen, die im Vortrag der Parteien nicht zumindest andeutungsweise eine Grundlage finden (BGH GRUR 01, 352, 354 – *Kompressionsstrümpfe* mwN).

II. Eignung der geschäftlichen Handlung zur Beeinträchtigung der Interessen von Mitbewerbern, Verbrauchern oder sonstigen Marktbeteilgen

45   **1. Interessenbeeinträchtigung. Bis** zur Novelle von **2008** verlangte § 3, dass die unlautere Wettbewerbshandlung geeignet war, **den Wettbewerb zu beeinträchtigen.** Das Tatbestandsmerkmal der Wettbewerbsbeeinträchtigung knüpfte an die Regelungen des § 13 II Nr 1 und 2 aF an, die seit dem UWGÄndG v 25.7.1994 (Einf A Rn 37) für den sog abstrakten Mitbewerber (§ 13 II Nr 1; vgl § 2 Rn 67) und für die Wirtschaftsverbände des § 13 II Nr 2 bestimmten, dass der verfolgte Anspruch eine Handlung betreffen musste, die geeignet war, den Wettbewerb wesentlich zu beeinträchtigen. Bei diesen Regelungen handelte es sich nicht um eine die Prozessführungsbefugnis betreffende Prozessvoraussetzung, sondern als Regelung der **Aktivlegitimation** um eine **materiell-rechtliche Begründetheitsvoraussetzung** (vgl Begr zum UWGÄndG, Abschn. B I 4 = BT-Drucks 12/7345, S 12 = WRP 94, 369, 377, 378). Dies gilt nunmehr auch für § 3. Als Begründetheitsmerkmal ist es Sache des Verletzten, die Beeinträchtigung des Wettbewerbs darzulegen und zu beweisen.

46   **Seit** der Novelle von **2008** stellt die Generalklausel des § 3 I nicht mehr auf eine Beeinträchtigung des Wettbewerbs zum Nachteil von Marktteilnehmern ab, sondern auf eine **Beeinträchtigung ihrer Interessen.** Nach der Gesetzesbegründung soll das Merkmal der Beeinträchtigung des Wettbewerbs unklar sein, außerdem wird mit der Neufassung ein sachlicher und sprachlicher Gleichklang zu den Regelungen in § 1 S 2, § 4 Nr 11 und § 8 III Nr 2 angestrebt (BT-Dr 16/10 145, S 22). Zu beachten ist, dass mit dem Abstellen auf eine Beeinträchtigung der Interessen der Marktbeteiligten keine Ausweitung der berücksichtigungsfähigen Interessen iSv § 1 verbunden ist, sodass für einen Wettbewerbsvertoß stets nur lauterkeitsrechtlich relevante Interessen abgestellt werden kann, die ihrerseits einen *Wettbewerbsbezug* aufweisen müssen (*Sosnitza* WRP 08, 1014, 1019; § 1 Rn 8). Zum Begriff der Mitbewerber, der Verbraucher und der sonstigen Marktteilnehmer s § 2 Rn 55ff, 94ff, 51.

47   **2. Eignung.** Entsprechend dem Schutzweck des § 1, die Marktbeteiligten und die Allgemeinheit vor unlauteren geschäftlichen Handlungen zu schützen, und in sachlicher Übereinstimmung mit § 8 I 2, der die (vorbeugende) Unterlassungsklage schon für den Fall vorsieht, dass eine Zuwiderhandlung lediglich droht, untersagt § 3

I unlautere geschäftliche Handlungen bereits dann, wenn sie zu einer (spürbaren) **Beeinträchtigung der Interessen** – lediglich – **geeignet** sind (BGH GRUR 05, 443, 444 – *Ansprechen in der Öffentlichkeit II*). Das entspricht Art 2 Nr 2 der Irreführungsrichtlinie 84/450/EWG bzw. Art 2 lit b der neu gefassten Irreführungsrichtlinie 2006/114/EG sowie Art 6 I der UGP-RL, die in Übereinstimmung mit § 3 I ebenfalls die Eignung – hier zur Irreführung – genügen lassen. Auf eine **tatsächliche, effektive Beeinträchtigung** kommt es also nicht an (BGH aaO – *Ansprechen in der Öffentlichkeit II*). Jedoch müssen konkrete Umstände gegeben sein, die die Eignung der geschäftlichen Handlung zur Beeinträchtigung der Interessen belegen. Eine bloß abstrakte, theoretisch denkbare Beeinträchtigung genügt dem Begriff der Eignung iS des § 3 nicht. Darlegungs- und beweisbelastet insoweit ist auch hier der Verletzte als Anspruchsteller.

III. Spürbarkeit (Bagatellklausel)

1. Inhalt und Normzweck. Das Verbot unlauteren Wettbewerbs gilt nur für solche (unlauteren) Wettbewerbshandlungen, die zu einer **spürbaren** Marktbeeinflussung geeignet sind. § 3 idF des UWG 2004 sprach noch von der Eignung, den Wettbewerb „nicht nur unerheblich" zu beeinträchtigen. „Nicht nur unerheblich" bedeutet weniger als das in § 13 II Nr 1, und 2 aF verwendete Merkmal „wesentlich", aber mehr als nur gänzlich unbedeutend, verlangt also eine gewisse Spürbarkeit des wettbewerblichen Vorgehens, das von einem nicht nur als belanglos einzustufenden Gewicht für das Wettbewerbsgeschehen und die Interessen der betroffenen, von § 1 geschützten Personenkreise sein muss (BegrRegEntw, B zu § 3, BT-Drucks 15/1487, S 17). 48

Die Neufassung des § 3 I durch die **Novelle von 2008** ersetzt das als sperrig empfundene Tatbestandsmerkmal der „nicht nur unerheblichen" Beeinträchtigung durch das Merkmal „Spürbarkeit", das auch in der Definition der wesentlichen Beeinflussung des Verbraucherverhaltens in Art 2 lit e der UGP-RL enthalten ist (BT-Dr 16/10 145, S 22; *Köhler* WRP 08, 10, 14). Eine inhaltliche Änderung, also Anhebung oder Absenkung der Bagatellschwelle (vgl Rn 69), ist damit nicht verbunden (ebenso *Drews* S 139; aA *Helm* FS Bechtold S 155, 168 f). Auch die inhaltliche Anknüpfung an eine spürbare Beeinträchtigung der *Interessen* von Mitbewerbern, Verbrauchern oder sonstiger Marktteilnehmer ändert nichts daran, dass es sich um **wettbewerbliche Interessen** handeln muss, sodass beliebige andere Interessen nicht zu berücksichtigen sind (*Emmerich* UWG § 5 Rn 45; *Sosnitza* WRP 08, 1014, 1019). 49

Normzweck der Regelung ist der Ausschluss solcher Verletzungshandlungen aus dem Verbotsbereich, die sich auf das Marktgeschehen **praktisch nicht auswirken**. Bagatellfälle unlauteren Wettbewerbshandelns sollen nicht mehr verfolgt werden. Der Reformgesetzgeber hat damit eine allgemeine Eingriffsvoraussetzung für das Verbot unlauteren Wettbewerbs statuiert, die als solche dem UWG bis 2004 fremd war. Es handelt sich dabei um eine **materiell-rechtliche (Begründetheits-) Regelung**, insoweit vergleichbar den Regelungen in § 13 II Nr 1 und 2 aF, aber hinsichtlich des Adressatenkreises weiterreichender als diese, weil sie nicht nur den abstrakten Mitbewerber und Wirtschaftsverbände betrifft, sondern jeden Anspruch aus § 3 erfasst, gleichviel wer ihn geltend macht. 50

Der **Anwendungsbereich** der Bagatellklausel nach § 3 I (ebenso wie § 3 II S 1) beschränkt sich auf die Fälle der §§ 4–6 sowie die Generalklausel des § 3 I als Auffangtatbestand (Rn 7). Nicht zu prüfen ist die Spürbarkeit dagegen bei den Tatbeständen des Anhangs nach § 3 III und bei § 7 (s dort Rn 26). 51

Die **Bagatellklausel** des § 3 entlässt zwar aus dem Verbotsbereich geschäftliche Handlungen, die unlauter sind, dies aber nur deshalb, weil sie für das Marktgeschehen keine messbare Bedeutung haben. Die Eingriffsschranke des § 3 führt also nicht dazu, dass für den Wettbewerb beachtliche unlautere Handlungen legalisiert werden. Von 52 der Zielsetzung des Gesetzgebers her ist deshalb an die Aussiebung der unbeachtlichen Wettbewerbsverstöße ein engmaschiges Raster anzulegen (BegrRegEntw, B zu § 3, BT-Drucks 15/1487, S 17: „Dementsprechend ist die Schwelle auch nicht zu hoch anzusetzen").

53 **2. Vereinbarkeit mit dem Gemeinschaftsrecht.** Die Bagatellklausel gilt auch für Fälle der vergleichenden Werbung nach § 6 und für die Fälle der belästigenden Werbung nach § 7 (egal ob man auch insoweit § 3 anwendet oder ob man diese im Rahmen der Unzumutbarkeit nach § 7 I 1 ansiedelt). Die Richtlinie 97/55/EG über vergleichende Werbung enthält jedoch genauso wenig eine ausdrückliche Erheblichkeitsschwelle, wie die durch diese Richtlinie geänderte Richtlinie 84/450/EWG (jetzt 2006/114/EG) über irreführende Werbung. Im Hinblick auf Art 7 II der letztgenannten Richtlinie wird das Recht der vergleichenden Werbung auch als vollharmonisiert angesehen. Die gleiche Situation ergibt sich in Bezug auf die belästigende Werbung nach § 7 I, da die dort zugrunde liegende Datenschutzrichtlinie für elektronische Kommunikation 2002/58/EG ebenfalls keine Bagatellklausel vorsieht und eine Vollharmonisierung enthält (§ 7 Rn 14, 62).

54 Vor diesem Hintergrund ist die **Frage** aufgetaucht, ob die in § 3 enthaltene Bagatellklausel **europarechtswidrig** ist. Der deutsche Gesetzgeber hat dieses Problem anlässlich der UWG-Novelle von 2004 nur in Bezug auf § 7 erörtert und im Ergebnis einen Europarechtsverstoß verneint, wobei er sich auf drei Argumente stützt (BT Drucks 15/1487 S 21). Zum einen werde insbesondere mit Blick auf die Nachahmungsgefahr bei solchen Werbeformen in der Regel ohnehin nicht nur eine unerhebliche Verfälschung des Wettbewerbs vorliegen, so dass die Bagatellklausel nicht greife. Zum anderen könne in solchen Fällen für den Verbraucher unabhängig von einer nicht unerheblichen Wettbewerbsverfälschung ein Unterlassungsanspruch ohnehin gemäß § 823 I und § 1004 BGB bestehen. Soweit danach überhaupt noch Bagatellfälle denkbar seien, müssten diese schließlich aus Gründen der Verhältnismäßigkeit von der Rechtsverfolgung ausgenommen werden. Zumindest der letztgenannte **Grundsatz der Verhältnismäßigkeit** lässt sich ohne weiteres auch auf andere Lauterkeitsverstöße übertragen und hat dazu geführt, dass in der Literatur bisher nahezu einhellig von der Europarechtskompatibilität der Bagatellklausel ausgegangen wird (Fezer/*Koos* § 6 Rn 36; *ders* WRP 05, 1096, 1099ff; HK-UWG/*Plaß* § 3 Rn 59; aA *Ohly* GRUR 04, 889, 895f). Zusätzlich bestätigt wird diese Sichtweise durch die UGP-RL. Art 5 Abs 2 der Richtlinie erklärt nämlich nur solche Geschäftspraktiken für unlauter, die den Erfordernissen der beruflichen Sorgfaltspflicht widersprechen und zumindest geeignet sind, das wirtschaftliche Verhalten des Durchschnittsverbrauchers „*wesentlich* zu beeinflussen". Im 6. Erwägungsgrund heißt es dazu, dass die Richtlinie im Einklang mit dem Verhältnismäßigkeitsprinzip die Verbraucher vor den Auswirkungen unlauterer Geschäftspraktiken schütze, soweit sie als wesentlich anzusehen sind, berücksichtige jedoch, dass die Auswirkungen für den Verbraucher in manchen Fällen unerheblichen sein könnten. Damit enthält auch diese Richtlinie, ganz in Übereinstimmung mit § 3 I, eine generelle Bagatellklausel.

55 **3. Gesamtwürdigung. a) Grundsatz.** Für die Feststellung der **Eignung zur spürbaren Beeinträchtigung der Interessen** kommt es auf eine Gesamtschau aller für die zu treffende Entscheidung einschlägigen tatsächlichen Umstände an. Abzustellen ist dabei auf den konkreten Einzelfall, nicht abstrakt auf den Schutz vor unlauterem Wettbewerb als solchem. In diese Wertung sind ausgehend vom Schutzzweck des § 1 die Interessen der Marktbeteiligten und der Allgemeinheit mit Blick auf Art und Schwere des Verstoßes, seiner Auswirkungen und der Betroffenheit der beteiligten Interessen einzubeziehen (vgl BegrRegEntw, B zu § 3, BT-Drucks 15/1487, S 17). Allerdings ist es wenig befriedigend, neben der Gesamtwürdigung bei der Frage der Unlauterkeit (Rn 34) auch bei der Bagatellklausel eine Gesamtschau und damit letztlich eine „Verdopplung" der Gesamtwürdigung zu fordern (MüKoUWG/*Sosnitza*

§ 3 Rn 114). Schon die klare **Unterscheidung von Unlauterkeit** der Wettbewerbshandlung einerseits **und** erst sich daran anschließende Prüfung der **Bagatellklausel** andererseits zeigt, dass eine erneute Gesamtwürdigung aller relevanten Umstände auf der Ebene der Bagatellklausel kaum sinnvoll sein kann. Hinzu kommt, dass auch in den Gesetzesmaterialien die Akzentsetzung durchaus anders gewählt wird. So heißt es in der Gesetzesbegründung, dass die Wettbewerbsmaßnahme „von einem gewissen Gewicht für das Wettbewerbsgeschehen und die Interessen der geschützten Personenkreise" sein müsse (BT Drucks 15/1487 S 17). All dies legt viel eher das Verständnis nahe, dass es bei der Bagatellklausel des § 3 I im Grunde nur um **quantitative Kriterien** gehen kann, die geeignet sein können, Auswirkungen auf den Wettbewerbsprozess und die nach § 1 S 1 geschützten Interessen zu haben (Harte/Henning/ *Podszun* § 3 Rn 139; aA *Köhler*/Bornkamm § 3 Rn 131).

b) Verhältnis zu anderen Tatbeständen. Zum Teil wird angenommen, dass die 56 Erheblichkeit bei verschiedenen Spezialregelungen bereits als Tatbestandsmerkmal enthalten sei, wie etwa beim unangemessenen unsachlichen Einfluss nach § 4 Nr 1 oder bei der unzumutbaren Belästigung nach § 7, sodass in diesen Fällen eine gesonderte Erheblichkeitsprüfung entbehrlich sei (*Köhler*/Bornkamm § 3 Rn 136 ff). Der BGH ist dem für die unzumutbare Belästigung nach § 7 gefolgt (BGH GRUR 07, 607, 609 f – *Telefonwerbung für Individualverträge;* zust *Mankowski* WRP 08, 15), und mit der gleichen Erwägung hat der Gesetzgeber durch die Novelle von 2008 die Rückbindung von § 7 an § 3 beseitigt (BT-Dr 16/10 145, S 28). Dagegen spricht jedoch, dass die sich gegenüberstehenden Tatbestandsmerkmale inhaltlich unterschiedlich ausgerichtet und daher nicht deckungsgleich sind. So stellt die Zumutbarkeitsprüfung nach § 7 I auf den Belästigungsgrad für den einzelnen Verbraucher ab, während die Bagatellklausel die Beeinträchtigung der Interessen der Marktteilnehmer in den Blick nimmt (ebenso *Leistner* S 669 ff). Es sind auch durchaus Fälle denkbar, die den Spezialtatbestand erfüllen, aber an der Bagatellklausel scheitern, etwa bei Ausreißern (Rn 61). Zwar wird regelmäßig sowohl der Einzeltatbestand gegeben und auch die Bagatellgrenze überschritten sein, sodass die Prüfung der Erheblichkeit aufgrund der **Indizwirkung** der Erfüllung des Einzeltatbestandes für die Spürbarkeit (ebenso für die Irreführung nach § 5 BGH GRUR 08, 186 Rn 26 – *Telefonaktion;* GRUR 09, 788 Rn 23 – *20% auf alles;* strikter dagegen BGH GRUR 09, 888 Rn 18 – *Thermoroll;* Beispiel für die Widerlegung dieser Indizwirkung OLG Nürnberg NJW-RR 11, 1186, 1188 – *Oberpfälzer Bierkönigin;* vgl auch OGH GRURInt. 09, 342, 346 – *Stadtrundfahrten;* ÖJZ 07, 419 – *CD-ROM Steuerrecht)* kurz ausfallen kann. Völlig entbehrlich ist sie deswegen aber nicht.

c) Kriterien. Als **Kriterien** kommen danach namentlich in Betracht: Die **An-** 57 **zahl** der in ihren schutzwürdigen Interessen nachteilig berührten **Marktteilnehmer** (BGH GRUR 96, 786, 788 – *Blumenverkauf an Tankstellen;* GRUR 96, 213, 215 – *Sterbegeldversicherung;* OLG Hamburg WRP 96, 314, 318), die **Größe** des erzielten **Wettbewerbsvorteils** (BGH GRUR 97, 927, 929 – *Selbsthilfeeinrichtung der Beamten;* GRUR 99, 1119, 1121 – *RUMMS;* GRUR 01, 285, 286 – *Immobilienpreisangaben;* GRUR 01, 1166, 1169 – *Fernflugpreise,* die **Marktstärke** eines Unternehmens (ebenso Harte/Henning/*Schünemann* 2. Aufl § 3 Rn 407); dagegen kann umgekehrt nicht die Möglichkeit der **behördlichen Verfolgung** des Wettbewerbsverstoßes gegen das Überschreiten der Bagatellklausel sprechen (so aber BGH GRUR 01, 1166, 1169 – *Fernflugpreise;* GRUR 01, 258, 259 – *Immobilienpreisangaben),* da behördliche Verfahren Zeit kosten und die Wettbewerbsgerichte eine eigenständige Rolle neben den Verwaltungsbehörden spielen (*Köhler*/Bornkamm § 3 Rn 132; *Heermann* GRUR 04, 94, 96). Die **Häufigkeit und Dauer** einer unlauteren Handlung kann deren Spürbarkeit erhöhen, doch bedeutet dies nicht umgekehrt, dass eine unlautere Handlung schon deshalb nicht spürbar ist, weil sie nur einmal oder nur für kurze Zeit vorgenommen worden ist (BGH GRUR 11, 842 Rn 21 – *RC-Netzmittel).*

58 Nach bisher hM (vgl BT-Drucks 15/1487 S 17; *Bernreuther* WRP 95, 452, 457; *Heermann* GRUR 04, 94, 97) soll auch eine ernsthaft zu besorgende **Nachahmungsgefahr** geeignet sein, das Überschreiten der Bagatellklausel zu begründen (vgl aus der Rspr zu § 13 Abs 2 UWG aF: BGH GRUR 95, 122, 123 – *Laienwerbung für Augenoptiker;* GRUR 95, 760, 761 – *Frischkäsezubereitung;* GRUR 96, 208, 210 – *Telefax-Werbung;* GRUR 98, 835, 837f – *Zweigstellenverbot;* GRUR 01, 1166, 1169 – *Fernflugpreise;* BGHZ 149, 247, 271f = GRUR 02, 360, 366f – *H. I. V. POSITIVE II;* GRUR 04, 253, 254 – *Rechtsberatung durch Automobilclub;* zu § 3 UWG BGH GRUR 06, 426 Rn 21 – *Direktansprache am Arbeitsplatz II;* KG GRUR-RR 07, 328 – *Identitätsangabe im Internet;* ähnlich *Drews* S 157ff). Dagegen sprechen jedoch die gleichen Argumente, wie bei der Berücksichtigung der Nachahmungsgefahr auf der Ebene der Unlauterkeitsprüfung (oben Rn 38): Zum einen erscheinen die prognostizierten Auswirkungen häufig recht spekulativ, zum anderen ist nicht begründbar, warum sich der Handelnde das Verhalten seiner Konkurrenten zurechnen lassen muss (*Köhler/ Bornkamm* § 3 Rn 131; OLG Koblenz GRUR-RR 06, 23, 24 – *Grundpreisangabe*).

59 Umstritten ist, inwieweit der **Verschuldensgrad** des Verletzers für die Beurteilung der Bagatellklausel relevant sein kann (dafür Fezer/*Fezer* § 3 Rn 95; zweifelnd *Köhler/ Bornkamm* § 3 Rn 124; aA Harte/Henning/*Schünemann* 2. Aufl § 3 Rn 412). Da es für die Beurteilung der Bagatellklausel auf die quantitativen Auswirkungen auf das Wettbewerbsgeschehen ankommt (oben Rn 48, 55), müsste der Verschuldensgrad Einfluss darauf haben, in welchem Maße die geschützten Interessen der Marktbeteiligten beeinträchtigt werden. Gerade dies wird man allerdings im Regelfall kaum annehmen können. Ob eine unlautere geschäftliche Handlung nur versehentlich oder sogar gezielt vorgenommen worden ist, ist aus der Sicht der betroffenen Marktbeteiligten letztlich unerheblich.

60 Des Weiteren kommt es für die Bagatellklausel des § 3 **auch nicht** darauf an, ob durch den Wettbewerbsverstoß besonders **"hochrangige" Rechtsgüter**, wie Volksgesundheit oder Umweltschutz oder ähnliches berührt sein (Harte/Henning/ *Schünemann* 2. Aufl § 3 Rn 414; aA BGH GRUR 13, 857 Rn 19 – *Voltaren;* Fezer/ *Fezer* § 3 Rn 96). Dies ergibt sich bereits aus dem Umstand, dass im Rahmen der Bagatellklausel auf die Interessen der Mitbewerber, der Verbraucher oder der sonstigen Marktteilnehmer abgestellt wird, während die Interessen der Allgemeinheit nach § 1 S 2 gerade nicht ausdrücklich genannt sind (Rn 21).

61 In so genannten **"Ausreißer"-Fällen** kann ebenfalls nur eine Bagatelle iSd § 3 zu sehen sein (ebenso Harte/Henning/*Schünemann* 2. Aufl § 3 Rn 392f; *Helm* FS Bechtold, S 155, 161f; *Koch* jurisPK-UWG § 7 Rn 27; *Drews* S 161; *Torka* WRP 12, 419, 423; aA *Köhler* GRUR 05, 1, 6; *Mankowski* WRP 08, 15, 19 zu § 7). Lässt beispielsweise ein Handelsunternehmen durch Verteilerunternehmen seine Prospekte an Haushalte verbreiten und wird dabei die strikte Anweisung an die Verteiler erteilt, eventuelle Sperrvermerke auf den Briefkästen zu beachten und wird dies auch durch hinreichende Stichproben in der Praxis kontrolliert, so können einzelne "Ausreißer" durchaus in einem quantitativen Sinne als Bagatellfälle angesehen werden (vgl BGH GRUR 92, 617, 618 – *Briefkastenwerbung:* Verneinung der Sittenwidrigkeit nach § 1 aF angesichts von nur 19 Fällen in zwei Jahren bei wöchentlich mehreren hunderttausend verteilten Prospekten). Dass der lauterkeitsrechtliche Unterlassungsanspruch verschuldensunabhängig ist und das Berufen auf einzelne Sonderfälle auch die grundsätzlich zu vermutende Wiederholungsgefahr nicht ausräumt, steht der Bejahung eines Bagatellfalls im Rahmen des § 3 nicht entgegen (aA *Köhler* GRUR 05, 1, 6), da es hier allein auf eine quantitative Betrachtung der Auswirkungen auf das Marktgeschehen ankommt. Freilich werden in diesen Fällen strenge Anforderungen an die Darlegungs- und Beweislast des Verletzers für die besonderen Umstände des Falles zu stellen sein (Rn 64).

Verbot unlauterer geschäftlicher Handlungen **§ 3 UWG**

d) Beispielsfälle. aa) Spürbarkeit des Wettbewerbsverstoßes. (1) **Vielzahl** 62 **betroffener Marktteilnehmer:** BGH GRUR 13, 301 Rn 34 – *Solarinitiative;* GRUR 95, 760 – *Frischkäsezubereitung,* auch bei nur geringen Auswirkungen auf den Wettbewerb: Vgl BegrRegEntw, B zu § 3, BT-Drucks 15/1487, S 17; KG GRUR-RR 07, 328 – *Identitätsangabe im Internet;* AfP 05, 400, 401; CR 05, 255, 256; LG Dresden GRUR-RR 07, 25 – *EU-GmbH;* (2) **Schädigungsabsicht:** BGH GRUR 95, 358, 360 – *Folgeverträge II;* WRP 95, 591, 592 – *Gewinnspiel II;* OLG Köln WRP 07, 680, 682 – *Pkw-Verkauf nach Tageszulassung;* (3) **Besondere Anreiz- oder Anlockwirkung:** BGH GRUR 97, 927, 929 – *Selbsthilfeeinrichtung der Beamten;* WRP 99, 509, 512 – *Handy für 1 DM;* GRUR 99, 1119, 1121 – *Rumms!;* WRP 05, 474, 476 – *Direkt ab Werk;* GRUR 09, 788 Rn 24 – *20% auf alles;* GRUR 10, 649 Rn 30 – *Preisnachlass für Vorratsware;* OLG Hamm WRP 05, 1570; OLG Naumburg GRUR-RR 07, 159, 160f – *Kaffeezuckertütchen;* OLG Saarbrücken GRUR-RR 07, 161, 162 – *20% auf alles;* OLG Stuttgart WRP 07, 1115, 1118 – *Abholpreise;* (4) **Besondere Risiken:** BGH GRUR 09, 886 Rn 28 – *Die clevere Alternative;* (5) **Nachahmungsgefahr:** BGH GRUR 95, 122, 124 – *Laienwerbung für Augenoptiker;* BGH GRUR 95, 760 – *Frischkäsezubereitung;* GRUR 97, 767, 769 – *Brillenpreise II;* GRUR 99, 762, 763 – *Herabgesetzte Schlussverkaufspreise;* GRUR 01, 1166, 1169 – *Fernflugpreise;* GRUR 04, 253, 254 – *Rechtsberatung durch Automobilclub;* OLG Frankfurt WRP 04, 1188 – *Berliner Anwaltsspiegel;* GRUR 05, 964, 965 – *Telefonisches Versicherungsangebot;* OLG Hamburg GRUR-RR 02, 232, 234 – *Umgekehrte Internet-Auktion;* OLG Köln WRP 08, 679; KG GRUR-RR 07, 326 – *link „mich";* OLG Saarbrücken NJW-RR 05, 550; OLG Zweibrücken MMR 08, 257; (6) **Sogwirkung des Verstoßes auf Mitbewerber:** BGH GRUR 01, 1166, 1169 – *Fernflugpreise;* (7) **Gesundheitsgefährdung:** BGH GRUR 95, 419, 422 – *Knoblauchkapseln;* GRUR 98, 487, 488 – *Professorenbezeichnung in der Arztwerbung III;* GRUR 98, 498, 500 – *Fachliche Empfehlung III;* GRUR 97, 537, 539 – *Lifting-Creme;* WRP 98, 181, 184 – *Warentest für Arzneimittel;* GRUR 98, 961, 963 – *Lebertran I;* GRUR 01, 176, 178 – *Myalgien;* GRUR 01, 450, 453 – *Franzbranntwein-Gel;* GRUR 05, 778, 780 – *Atemtest;* GRUR 06, 953, 954 – *Warnhinweis II;* GRUR 08, 625, 626 – *Fruchtextrakt;* GRUR 13, 857 Rn 19 – *Voltaren;* OLG Köln GRUR 05, 962, 964 – *Pflanzenschutzmittelimport aus Drittland;* (8) **Gefahren für die Durchsetzung von Ansprüchen:** BGH GRUR 10, 1117 Rn 34 – *Gewährleistungsausschluss im Internet;* (9) **Unzulässige Rechtsberatung:** BGH GRUR 04, 253, 254 – *Rechtsberatung durch Automobilclub;* OLG Frankfurt WRP 05, 370, 376; OLG Karlsruhe GRUR-RR 07, 51, 53 – *Rechtsberatung durch Bank;* (10) **Fehlende oder gesetzwidrige Widerrufsbelehrung:** BGH GRUR 02, 1085, 1088 – *Belehrungszusatz;* OLG Hamburg GRUR-RR 02, 232, 234 – *Umgekehrte Internet-Auktion;* WRP 07, 1498, 1501 – *Ungeöffnete Original-Umverpackung;* (11) **Erschwerung von Preisvergleichen:** BGH GRUR 95, 760 – *Frischkäsezubereitung;* GRUR 01, 1166, 1169 – *Fernflugpreise;* OLG Frankfurt ZUM 05, 658, 660 – *Na, auch T-Aktionär?;* OLG Köln MMR 05, 111, 112; (12) **Jugendschutz:** BGH GRUR 07, 890, 892f – *Jugendgefährdende Medien bei eBay;* WRP 08, 771, 776 – *ueber18.de;* OLG Hamm ZLR 07, 223, 227 – *Alcopops in Pulverform;* (13) Verstoß gegen **wesentliche Informationspflichten nach Gemeinschaftsrecht:** BGH GRUR 10, 852 Rn 21 – *Gallardo Spyder;* OLG Hamm MMR 08, 469; K&R 12, 618, 619.

bb) Bagatellfälle. (1) **Geringer Wettbewerbsvorsprung, geringes Verschul-** 63 **den:** BGH GRUR 01, 1166, 1169 – *Fernflugpreise;* OLG Dresden WRP 05, 249 – *Rabatte durch Reisebüros;* OLG Hamm MMR 08, 176 – *Fristbeginn bei Widerrufsrecht;* OLG Saarbrücken OLGReport 06, 1088 – *Baumarkt-Rabattaktion;* (2) **Geringfügige Verstöße (insb gegen die PangV), Verstöße mit geringem Unrechtsgehalt:** BGH GRUR 98, 955, 956 – *Flaschenpfand II;* GRUR 01, 258, 259 – *Immobilienpreisangaben;* GRUR 04, 435, 436 – *FrühlingsgeFlüge;* BGH Report 04, 676, 677 – *Flughafenabgaben;*

GRUR 08, 448 Rn 15 – *Fehlerhafte Preisauszeichnung;* GRUR 09, 881 Rn 17 – *Überregionaler Krankentransport;* GRUR 10, 1133 Rn 20–22 – *Bonuspunkte* (Werbegaben im Wert von 1,– Euro nach § 7 I 1 Nr 1 HWG); OLG Brandenburg BB 07, 1749 – *Fehlende Pflichtangaben;* OLG Hamburg GRUR-RR 07, 167, 169 – *Sofort kaufen;* MMR 07, 723, 724 f – *Hinweis Umsatzsteuer;* KG GRUR-RR 08, 131, 133 – *Widerrufsfolgenbelehrung;* MMR 08, 541, 542 f – *Bagatellverstoß im Onlinehandel;* NJW-RR 08, 352, 353 – *Versand nach Europa;* GRUR 07, 515 – *Tragstuhlwagentransporte;* GRUR-RR 07, 326, 327 – *Umsatzsteuer;* MMR 07, 532 – *Fehlende Versandkostenabgabe auf fremder TLD;* ZLR 05, 475, 477 – *China-Imbiss;* OLG Koblenz GRUR 07, 23, 24 – *Grundpreisangabe;* OLG Odenburg WRP 08, 138, 142 f – *Weihnachtsartikel;* OLG Saarbrücken GRUR-RR 08, 176 – *Zugelassen am OLG und LG;* OLG Thüringen WRP 12, 838 Rn 7; (3) **Möglichkeit behördlicher Maßnahmen:** BGH GRUR 01, 258, 259 – *Immobilienpreisangaben;* BGH GRUR 01, 1166, 1169 – *Fernflugpreise;* (4) **Überforderung durch lückenlose Aufklärung:** KG GRUR-RR 08, 131, 133 – *Eigentümergebrauch;* GRUR-RR 08, 352 – *Eigentümergebrauch II.*

64 **e) Beweis- und Verfahrensfragen.** Im Rechtsstreit **obliegt es dem Kläger als Verletztem** (OLG Brandenburg NJW-RR 08, 714, 715 – *Fehlende Angabe auf Geschäftsbriefbogen;* OLG Saarbrücken OLG Report 06, 1088, 1089 – *Baumarkt-Rabattaktion;* Heermann GRUR 04, 94; *Köhler/Bornkamm* § 3 Rn 134; MüKoUWG/*Sosnitza* § 3 Rn 124f), die Tatsachen für einen nicht nur unerheblichen Verstoß, dh die für das Nichtvorliegen der Bagatellklausel sprechenden Umstände darzutun und zu beweisen. Beruft sich allerdings der Verletzer ausnahmsweise auf das Vorliegen eines „Ausreißers" (Rn 61), so hat er dies darzutun und zu beweisen, einschließlich des Nachweises ausreichender und zumutbarer Vorkehrungen, um derartige Wettbewerbsverstöße zu verhindern. Ob der Tatrichter die Gesamtwürdigung (Rn 55 ff) im erforderlichen Umfang vorgenommen hat und eine Überschreitung der Bagatellschwelle bejahen oder verneinen durfte, ist eine Rechtsfrage, die als solche der revisionsrechtlichen Nachprüfung zugänglich ist. Soweit es dabei auf die dieser Prüfung zugrunde liegenden tatsächlichen Feststellungen des Tatrichters ankommt, überprüft das Revisionsgericht diese grundsätzlich der Tatsacheninstanz vorbehaltenen Feststellungen (nur) darauf, ob der **Prozessstoff** vollständig berücksichtigt worden ist, ob gesetzliche oder allgemein anerkannte **Auslegungsregeln,** die **Denkgesetze** oder allgemeine **Erfahrungssätze** (die Grundsätze der Lebenserfahrung) verletzt sind oder ob die tatrichterlichen Feststellungen auf von der Revision gerügten **Verfahrensfehlern** beruhen.

C. Verbrauchergeneralklausel, § 3 II

I. Unlautere Handlungen gegenüber Verbrauchern, § 3 II S 1

65 **1. Allgemeines.** In Umsetzung von Art 5 II und III der UGP-RL sieht § 3 II eine eigenständige Konkretisierung für unlautere geschäftliche Handlungen gegenüber Verbrauchern vor, die auch den in der Richtlinie enthaltenen Maßstab der „beruflichen Sorgfalt" in Form der „fachlichen Sorgfalt" (vgl § 2 Rn 82) aufgreift. Dies dient der Klarstellung gegenüber Marktteilnehmern aus anderen Mitgliedstaaten, womit jedoch keine wesentliche Änderung gegenüber der bisherigen Rechtslage verbunden ist (BT-Dr 16/10 145, S 15).

66 Der Begriff der beruflichen bzw fachlichen Sorgfalt dürfte letztlich deckungsgleich mit dem Unterlauterkeitsbegriff des § 3 sein. Dies zeigt insbesondere der Verweis auf die „anständigen Marktgepflogenheiten" und auf den „allgemeinen Grundsatz von Treu und Glauben" in Art 2 lit h der Richtlinie, da all diese Begriffe funktional betrachtet weithin austauschbar sind (*Henning-Bodewig* FS Schricker 2005, S 705, 711; MüKoUWG/*Sosnitza* § 3 Rn 23; *Emmerich* UWG, § 5 Rn 29 ff; vgl oben Rn 26).

2. Verhältnis von § 3 I zu § 3 II. Das Verhältnis von Abs I zu Abs II S 1 ist noch 67 unklar und umstritten. Der These, dass § 3 II S 1 überflüssig und daher zu ignorieren sei (*Scherer* WRP 10, 586, 592), ist schon deshalb nicht zu folgen, weil die Norm zum einen positivrechtlich besteht (ebenso *Fezer* WRP 10, 677 ff; *Köhler* WRP 10, 1293, 1296) und sie zum anderen in Umsetzung von Art 5 II UGP-Richtlinie die allgemeine Generalklausel des § 3 I UWG konkretisiert. Nach anderer Auffassung soll auf geschäftliche Handlungen gegenüber Verbrauchern ausschließlich § 3 II anwendbar sein, sodass daneben nicht auf § 3 I zurückgegriffen werden kann (Fezer/*Fezer* § 3 Rn 31 ff; *ders* WRP 10, 677, 683; ebenso *Schöttle* GRUR 09, 546, 550 f, für § 3 II als originären Anfangstatbestand); ein derart strikter Vorrang wird indessen durch Art 5 II UGP-Richtlinie nicht vorgegeben. Ein weiterer Vorschlag geht dahin, § 3 II S 1 nur auf solche geschäftliche Handlungen anzuwenden, die weder zu den irreführenden noch zu den aggressiven Geschäftspraktiken iSd Art 5 IV, 6–9 UGP-Richtlinie gehören (*Köhler*/Bornkamm § 3 Rn 8 f; *ders* WRP 10, 1293, 1297 ff; ebenso OLG Frankfurt ZLR 10, 458 Rn 21); dies führt freilich zu komplexen Differenzierungen, deren praktische Unterschiede (jedenfalls noch) nicht ohne Weiteres erkennbar sind.

Sachgerechter ist es, von der kumulativen Anwendbarkeit von Abs I und Abs 2 S 1 68 auszugehen (ganz ähnlich der Gedanke, § 3 II S 1 konkretisiere § 3 I, vgl *Beater* Rn 1118; *Schöttle* GRUR 09, 546, 550; *Ullmann* jurisPK-UWG § 3 Rn 19). In diese Richtung tendiert nunmehr auch der BGH, der § 3 I und II nebeneinander nennt (BGH GRUR 11, 163 Rn 21 – *Flappe;* GRUR 10, 852 Rn 20 – *Gallardo Spyder;* GRUR 10, 251 Rn 18 – *Versandkosten bei Froogle I;* vgl auch BGH GRUR 10, 248 – *Kamerakauf im Internet*).

Aus dem Wort „jedenfalls" in Abs II lässt sich aber schließen, dass die „Verbrau- 69 chergeneralklausel" **unabhängig** von Abs I, und damit vor allem wohl auch dann eingreifen soll, wenn die „allgemeine" Generalklausel des Abs I (noch) nicht erfüllt ist (*Sosnitza*, WRP 08, 1014, 1018; aA *Köhler* WRP 10, 1293, 1298, der in dem Wort „jedenfalls" einen Bezug zu den Spezialtatbeständen des UWG sieht). Darauf deutet auch die Bemerkung in der Entwurfsbegründung hin, wonach nicht auszuschließen ist, dass mit der Festlegung der Schwelle durch die Definition der „wesentlichen Beeinflussung des wirtschaftlichen Verhaltens des Verbrauchers" eine inhaltliche Abweichung gegenüber der bisherigen Erheblichkeitsschwelle verbunden sein könnte (BT-Dr 16/10 145, S 12).

In der Regel wird die allgemeine Generalklausel des § 3 I im Verhältnis von Unter- 70 nehmen untereinander (b2b) eingreifen, während die Verbrauchergeneralklausel im Verhältnis von Unternehmen zu Verbrauchern (b2c) heranzuziehen ist. Da § 3 I aber auch an die Beeinträchtigung von Verbraucherinteressen anknüpft, können beide Klauseln eingreifen, wenn sich die Beeinträchtigung von Verbraucherinteressen zugleich auf die Fähigkeit des Verbrauchers, eine informierte Entscheidung zu treffen, auswirkt und ihn zu einer geschäftlichen Entscheidung veranlasst, die er andernfalls nicht getroffen hätte. Schließlich ist, wenn auch wohl eher in seltenen Fällen, denkbar, dass durch eine geschäftliche Handlung zwar die Fähigkeit des Verbrauchers, eine informierte Entscheidung zu treffen nicht tangiert wird, aber gleichwohl (andere) Verbraucherinteressen berührt werden, sodass nur § 3 I eingreift. Freilich muss in diesen Fällen wegen der grundsätzlichen Vollharmonisierung der UGP-Richtlinie (EuGH GRUR Int 11, 853 Rn 33 – *Wamo;* GRUR 10, 244 Rn 41 – *Plus Warenhandelsgesellschaft;* GRUR 09, 599 Rn 52 – *VTB/Total Belgium*) in deren Anwendungsbereich durch richtlinienkonforme Auslegung eine zu strenge Handhabung der Generalklausel verhindert werden.

3. Fachliche Sorgfalt. Ein Verstoß gegen die Verbrauchergeneralklausel des § 3 71 II S 1 setzt zunächst eine geschäftliche Handlung voraus, die **nicht der für den Unternehmer geltenden fachlichen Sorgfalt entspricht.** Fachliche Sorgfalt ist nach § 2 I Nr 7 der Standard an Fachkenntnissen und Sorgfalt, von dem billigerweise angenommen werden kann, dass ein Unternehmer ihn in seinem Tätigkeitsbereich gegenüber Verbrauchern nach Treu und Glauben unter Berücksichtigung der Marktgepflogenheiten einhält. Mit diesen Formulierungen setzt das UWG die Vorgaben der UGP-Richtlinie aus Art 5 II und Art 2 lit h um, wo ohne inhaltliche Abweichung von „beruflicher Sorgfalt" die Rede ist. Der Begriff der beruflichen bzw fachlichen Sorgfalt ist deckungsgleich mit dem der Unlauterkeit nach § 3 I (vgl oben Rn 66).

72 Es ist ein Gebot der fachlichen Sorgfalt mit Testergebnissen nur zu werben, wenn dem Verbraucher dabei die Fundstelle eindeutig und leicht zugänglich angegeben und ihm so eine einfache Möglichkeit eröffnet wird, den Test selbst zur Kenntnis zu nehmen (BGH GRUR 10, 248 Rn 31 – *Kamerakauf im Internet*); gleiches gilt bei nicht ausreichend deutlich lesbarer Fundstellenangabe (KG WRP 11, 497). Das Gebot der fachlichen Sorgfalt wird ua auch durch die Richtlinie 93/12/EWG über missbräuchliche Klauseln in Verbraucherverträgen konkretisiert (vgl EuGH GRUR 12, 636 Rn 37ff – *Pereničová und Perenič/SOS*), sodass Verstöße gegen §§ 307ff BGB oder § 475 BGB, wie überhaupt die Verwendung unwirksamer AGB, regelmäßig als eine Verletzung der fachlichen Sorgfalt nach § 3 II 1 einzuordnen sind (BGH GRUR 10, 1117 Rn 17 – *Gewährleistungsausschluss im Internet;* GRUR 12, 949 Rn 46 – *Missbräuchliche Vertragsstrafe; Alexander* WRP 12, 515, 521).

73 Nicht zulässig ist es allerdings, über den Umweg der „fachlichen Sorgfalt" nach § 3 II den abschließenden Charakter der UGP-RL zu konterkarieren. So regelt die UGP-RL abschließend die gegenüber Verbrauchern bestehenden Informationspflichten, sodass ein Verstoß gegen eine nationales Informationsgebot nur dann einen Verstoß gegen § 4 Nr 11 darstellen kann, wenn die nationale Informationspflicht eine Grundlage im Unionsrecht hat (Egrd 15 der UGP-RL, BGH GRUR 11, 82 Rn 17 – *Preiswerbung ohne Mehrwertsteuer*). Haben aber spezielle deutsche Informationspflichten, wie zB die Pflicht zum Ausweis von Fahrschulpreisen bezogen auf 45 Minuten nach § 19 I 3 Nr 2 FahrlG oder die Pflicht zur Angabe des Mobilfunkhöchstpreises neben dem Festnetzpreis nach § 66a S 6 TKG, keine Grundlage im Unionsrecht, darf nicht allein aus eben diesen speziellen nationalen Vorschriften ein Gebot der fachlichen Sorgfalt abgeleitet werden (so aber LG Frankfurt WRP 12, 869 Rn 15ff; WRP 12, 871 Rn 17).

74 **4. Beeinträchtigung der Entscheidungsfähigkeit.** Die nicht der fachlichen Sorgfalt entsprechende geschäftliche Handlung muss geeignet sein, die Fähigkeit des Verbrauchers, sich aufgrund von Informationen zu entscheiden, spürbar zu beeinträchtigen und ihn damit zu einer geschäftlichen Entscheidung zu veranlassen, die er andernfalls nicht getroffen hätte. Abzustellen ist dabei auf die Interessen jedes einzelnen Verbrauchers, sodass die Gefährdung der geschützten Interessen eines Verbrauchers genügt (OLG Frankfurt K&R 09, 204, 205).

75 Eine wesentliche Beeinflussung des wirtschaftlichen Verhaltens des Verbrauchers erfordert nach Art 2 lit e der UGP-Richtlinie, dass die Fähigkeit des Verbrauchers, eine informierte Entscheidung zu treffen, spürbar beeinträchtigt und damit der Verbraucher zu einer geschäftlichen Entscheidung veranlasst wird, die er andernfalls nicht getroffen hätte; eine geschäftliche Entscheidung ist nach Art 2 lit k der UGP-Richtlinie jede Entscheidung eines Verbrauchers darüber, ob, wie und unter welchen Bedingungen er einen Kauf tätigen, eine Zahlung insgesamt oder teilweise leisten, ein Produkt behalten oder abgeben oder ein vertragliches Recht im Zusammenhang mit dem Produkt ausüben will, unabhängig davon, ob der Verbraucher beschließt, tätig zu werden oder eine Tätigkeit zu unterlassen. Das wirtschaftliche Verbraucherverhalten wird grundsätzlich dann nicht beeinflusst, wenn die geschäftliche Handlung nicht geeignet ist, **geldwerte Veränderungen im Vermögen** eines Verbrauchers herbeizuführen (OGH wbl 09, 254, 255 – *Online-Fernsehen*). Bei einem kostenlosen Online-Angebot ist daher der Verstoß gegen gesetzliche Pflichtangaben im Impressum nicht zur Beeinflussung der geschäftlichen Entscheidung des Verbrauchers geeignet

(OGH aaO); anders ist dies bei Handelsplattformen (OLG Hamm MMR 10, 29). Bei einem Online-Spiel, das sich zu Werbezwecken an Kinder ab sieben Jahre wendet, kann eine geschäftliche Entscheidung nicht allein schon darin gesehen werden, dass die Kinder sich durch das Spiel näher mit der Werbung befassen, die Werbebotschaft (unbewusst) zu ihren Eltern transportieren und diese dann ggf das beworbene Produkt kaufen (so aber OLG Köln WRP 13, 638 Rn 3 – *Klick und wirf zurück*), denn eine Werbung für Produkte die üblicherweise von Erwachsenen erworben werden, ist nicht allein deswegen unlauter, weil sie bei Kindern und Jugendlichen Kaufwünsche weckt und darauf abzielt, dass diese ihre Eltern zu einer entsprechenden Kaufentscheidung veranlassen (BGH GRUR 08, 183 Rn 17 – *Tony Taler;* vgl § 4 Rn 1/32, 3/63).

Fälle der bloßen **Nicht- oder Schlechtleistung** fallen wegen der Weite der Definition der geschäftlichen Handlung nach § 2 I Nr 1 bzw der Geschäftspraktiken nach Art 2 lit d der Richtlinie 2005/21/EG grundsätzlich in den Anwendungsbereich der Richtlinie wie auch des UWG (vgl § 2 Rn 23). Damit ist aber noch nicht gesagt, dass auch ein unlauteres Verhalten vorliegt. Insbesondere die Umstände „ein Produkt behalten" und „ein vertragliches Recht ausüben" in Art 2 lit k der UGP-Richtlinie deuten zwar darauf hin, dass auch die bloße Nicht- oder Schlechtleistung erfasst sein könnte. Jedoch wird die Nicht- oder Schlechtleistung alleine regelmäßig nicht die Fähigkeit des Verbrauchers, eine informierte Entscheidung zu treffen, nämlich über die Ausübung seiner Rechte (Erfüllung, Gewährleistung), beeinträchtigen, vielmehr ist die Nicht- bzw Schlechterfüllung erst die Voraussetzung für die Ausübung der Rechte des Verbrauchers. Außerdem meint die Formulierung von der Veranlassung des Verbrauchers zu einer geschäftlichen Entscheidung, die er andernfalls nicht getroffen hätte, eine solche, die für den Verbraucher *nachteilig* ist, wie zB die Nichtausübung ihm eigentlich zustehender Rechte. Das Erfüllungsverlangen und die Geltendmachung von Gewährleistungsrechten ist aber für den Verbraucher nicht nachteilig. Daraus folgt, dass bloße Schlecht- oder Nichtleistung grundsätzlich **nicht unlauter** sind. **Dagegen** fallen **zusätzliche Handlungen** im Zusammenhang mit der Vertragsdurchführung durchaus unter § 3 II, wenn sie geeignet sind, den Verbraucher zB von der Ausübung bestehender Rechte abzuhalten, etwa wenn der Unternehmer fälschlich behauptet, es bestünden keine Gewährleistungsrechte. 76

Der gleiche Gedanke gilt bei der Verwendung unwirksamer **AGB.** So sind etwa auch Verstöße gegen §§ 307, 308 Nr 1, 309 Nr 7 a BGB geeignet, die wirtschaftlichen Interessen des Durchschnittsverbrauchers spürbar zu beeinflussen, da unwirksame Klauseln den Verbraucher davon abhalten können, berechtigte Ansprüche gegen den Verwender geltend zu machen (BGH GRUR 12, 949 Rn 46 – *Missbräuchliche Vertragsstrafe*). 77

Zum Begriff der **Spürbarkeit** gelten die Ausführungen zu § 3 I entsprechend (Rn 48 ff). 78

II. Bestimmte Verbrauchergruppe, § 3 II S 2, S 3

Die in § 3 II S 2 und S 3 aufgenommene Regelungen dienen lediglich der Klarstellung. Schon bisher war anerkannt, dass grundsätzlich auf das Verbraucherleitbild des informierten, verständigen und angemessen aufmerksamen Durchschnittsverbrauchers abzustellen ist und dass bei Handlungen, die sich an eine bestimmte Verbrauchergruppe wenden, auf ein durchschnittliches Mitglied dieser Gruppe abzustellen ist (§ 2 Rn 110). Für den Unternehmer muss **vorhersehbar** sein, dass seine geschäftliche Handlung **nur diese Gruppe betrifft.** Mit dieser Formulierung wird Art 5 III S 1 der UGP-RL umgesetzt. Eine solche Vorhersehbarkeit ist nicht schon dann gegeben, wenn absehbar ist, dass unter anderem auch Verbraucher mit körperlichen Gebrechen (zB Seh- oder Hörbehinderung) die Werbung unvollständig oder sonstwie falsch verstehen könnten, da dies sonst Werbung in den *Massenmedien* im 79

Grunde unmöglich machen würde. Dass dies auch von der Richtlinie nicht gewollt sein kann, belegt bereits die Einschränkung in Art 5 III S 2. § 3 II S 3 ist daher **eng** in dem Sinne auszulegen, dass dieser eingeengte Maßstab nur dann eingreift, wenn sich die Werbung **objektiv gezielt** an die besonders schutzbedürftigen Verbrauchergruppen wendet (*Emmerich* UWG § 5 Rn 47; *Scherer* WRP 08, 563, 570 f; ebenso der Sache nach BGH GRUR 09, 418, 420 – *Fußpilz:* schriftlicher Hinweis in Fernsehsendung nicht allein deshalb unbeachtlich, weil von nur zuhörenden Fernsehteilnehmern nicht wahrgenommen).

80   Zu den Begriffen „geistige oder körperliche Gebrechen" (§ 4 Rn 2/7), „Alter" (§ 4 Rn 2/8) und „Leichtgläubigkeit" (§ 4 Rn 2/23).

D. Eigener Anwendungsbereich der Generalklausel

I. Allgemeines

81   Da es sich bei § 3 I um einen **Anfangstatbestand** (Rn 7) handelt, kann grundsätzlich bei Nichteingreifen eines Einzeltatbestandes dennoch eine Unlauterkeit unmittelbar nach § 3 I in Betracht kommen. Allerdings finden sich nach der UWG-Novelle von 2004 in den Regelbeispielen des § 4 sowie in dem ausgebauten Tatbestand der Irreführung nach § 5, mit der übernommenen Regelung zur vergleichenden Werbung in § 6 und der Regelung der belästigenden Werbung in § 7 die wichtigsten, bisher durch die Rechtsprechung herausgearbeiteten Fallgruppen nunmehr auch ausdrücklich abgedeckt. Welcher Anwendungsbereich hier tatsächlich noch der Generalklausel des § 3 verbleibt, ist bisher nicht geklärt. Während manche davon ausgehen, dass sich an dem grundsätzlichen Verhältnis zwischen Spezialtatbestand und Generalklausel nichts geändert hat (Fezer/*Fezer* § 3 Rn 173), nehmen andere an, dass § 3 I letztlich nur noch für Evidenz- und Extremfälle wettbewerbsdysfunktionalen, die Handlungs- und Entscheidungsfreiheit der Marktteilnehmer einschränkenden Wettbewerbshandelns zur Verfügung stehe (*Schünemann* GRUR 04, 925, 927 f). Wie weit diese Auffassungen im Einzelfall tatsächlich auseinander liegen, wird vor allem auch davon abhängen, was man letztlich unter „Evidenz"- oder „Extremfällen" versteht. Jedenfalls lässt sich festhalten, dass die **Generalklausel nicht bedenkenlos und unbegrenzt** im gleichen Umfang neben den Spezialtatbeständen **herangezogen werden kann,** wie dies auf der Grundlage des alten UWG praktiziert worden ist. Dies ergibt sich nicht nur aus der Begrenzungsfunktion der Einzeltatbestände, die ihrerseits durch den wettbewerbsfunktionalen Ansatz des Lauterkeitsrechts geprägt sind (Rn 5), sondern auch aus dem erklärten Ziel der Liberalisierung des Lauterkeitsrechts mit der Reform von 2004 (Rn 8, 20; MüKoUWG/*Sosnitza* § 3 Rn 130). Tendenziell müssen geschäftliche Handlungen, die direkt durch § 3 erfasst werden sollen, einen **den §§ 4 ff entsprechenden Unwertgehalt** aufweisen (Rn 7).

II. Fallgruppen

82   **1. Allgemeine Marktstörung.** Der Gesetzgeber geht selbst davon aus, dass die – freilich überaus problematische – Fallgruppe der **allgemeinen Marktbehinderung** bzw. so genannten **Marktstörung** (vgl im Einzelnen § 4 Rn 10/95 ff) unter die Generalklausel des § 3 fallen kann (BT-Drucks 15/1487 S 19). Dem ist die Rechtsprechung im Grundsatz gefolgt (BGH GRUR 06, 596 Rn 13 ff – *10% billiger;* GRUR 09, 416, Rn 24 f – *Küchentiefstpreis-Garantie;* GRUR 10, 455 Rn 20 – *Stumme Verkäufer II;* OLG Hamm WRP 11, 498).

83   **2. Unmittelbarer Leistungsschutz.** Anders als die frühere Rechtsprechung (vgl BGHZ 33, 20 = GRUR 60, 614, 617 – *Figaros Hochzeit;* BGH GRUR 63, 575 f – *Vortragsabend*) ist der BGH heute – zu Recht – äußerst zurückhaltend mit der An-

nahme eines unmittelbaren Leistungsschutzes nach § 3 I. Es ist grundsätzlich nicht unzulässig, sich Leistungen Dritter, die erfahrungsgemäß nur gegen eine angemessene Vergütung zur Verfügung gestellt werden, ohne Erlaubnis anzueignen und kostenlos zur Förderung des eigenen gewerblichen Gewinnstrebens auszunutzen (BGH GRUR 11, 436 Rn 27 – *Hartplatzhelden.de*). Ein unmittelbarer Leistungsschutz ist wegen der damit verbundenen Einschränkung der Wettbewerbsfreiheit nur bei einem überwiegenden Interesse des Betroffenen gerechtfertigt; ein solches überwiegendes Interesse verneinte der BGH im konkreten Fall, da der begehrte Rechtsschutz insbesondere nicht erforderlich sei, um ein Leistungsergebnis zu schützen, für das erhebliche Investitionen getätigt wurden und dessen Erbringung und Bestand ohne diesen Rechtsschutz ernstlich in Gefahr geriete (BGH, aaO Rn 25 – *Hartplatzhelden.de*). Ein ergänzender Schutz über § 3 I kommt somit unter strikter Beachtung der Subsidiarität gegenüber den Immaterialgüterrechten allenfalls in engen Ausnahmefällen in Betracht (ebenso *Beater* Rn 1965, *Leistner* FS Pfennig, 2012, 41, 61 f; *Ohly* FS Schricker, 2005, S 105, 119 ff; umfassend zuletzt *Schröer* S 11 ff, 33 ff mwN; vgl auch § 4 Rn 9/77 ff).

3. Pauschale Herabsetzung. Ob Gleiches für die Fallgruppe der so genannten **84** „**pauschalen Herabsetzung**" (§ 4 Rn 7/10) gilt, ist umstritten. Während manche auch insoweit auf § 4 Nr 7 abstellen (*Köhler*/Bornkamm § 4 Rn 7.19; Harte/Henning/*Omsels* § 4 Nr 7 Rn 5 aE; *Schlieper* S 132 f), wollen andere dies unter § 3 fassen (HK-UWG/*Plaß* § 3 Rn 9, § 4 Rn 598). Soweit es um Äußerungen in Bezug auf nicht individualisierte Mitbewerber, also vor allem um Aussagen über alle oder einen Großteil der Konkurrenten geht, kann ein Rückgriff auf die Generalklausel des § 3 I eröffnet sein, soweit man für § 4 Nr 7 eine konkrete Bezugnahme verlangt. In jedem Fall darf eine pauschale Herabsetzung nicht vorschnell angenommen werden (vgl auch § 4 Rn 7/10). Die Verbraucher sind heute nach dem gewandelten Leitbild (vgl § 2 Rn 105 ff) nicht mehr so empfindsam, wie dies früher angenommen wurde. Humor und Ironie sind heute weit mehr gesellschaftlich und geschäftlich akzeptiert als früher, so dass gerade bei unspezifischen Äußerungen in der Nähe zu allgemeinen Werbeanpreisungen nicht alles auf die Goldwaage gelegt werden kann. Daher sind auch nicht alle Urteile zum früheren Recht ohne weiteres übertragbar. Aussagen wie „Man geht nicht zum Friseur, man geht zu Meister L." (OLG Hamm GRUR 77, 547), „Lieber zu Sixt als zu teuer" (OLG Hamburg GRUR 92, 531; aA OLG Oldenburg WRP 93, 128: „Lieber zu W als zu teuer" zulässig) oder die Underberg-Werbung (vgl BGH GRUR 73, 270, 271 – Der sanfte Bitter) sind nach heute gewandeltem Verständnis nicht mehr generell unzulässig (aA *Sack* WRP 05, 531, 535).

4. Rufausbeutung. Fälle der **Rufausbeutung** können als unlauter nach § 3 I **85** beurteilt werden, soweit keine markenrechtlichen (§ 14 III 3 Nr 3 MarkenG) oder lauterkeitsrechtlichen (§§ 4 Nr 9 lit b, 6 II Nr 4 UWG; vgl *Sack* WRP 08, 301, 305) Sondertatbestände vorgehen (vgl auch § 4 Rn 9/64 ff). Allerdings muss auch hier darauf geachtet werden, dass nicht unter dem Schlagwort der Rufausnutzung oder Anlehnung vorschnell geschäftliche Handlungen unterbunden werden und damit wettbewerbliche Verhaltensspielräume unnötig eingeengt werden. So kann beispielsweise die herausgehobene Abbildung einer bekannten Drittmarke in einer Werbeanzeige eine unzulässige Rufausbeutung darstellen, etwa wenn in einer Whisky-Werbung im Hintergrund deutlich herausgehoben ein Rolls-Royce gezeigt wird (vgl BGHZ 86, 90 = GRUR 83, 247 – *Rolls-Royce*). Da der erweiterte markenrechtliche Schutztatbestand nach § 14 II Nr 3 ebenfalls eine markenmäßige Benutzung voraussetzt (BGH GRUR 05, 583, 584 – *Lila-Postkarte*; aA Ströbele/Hacker § 14 Rn 96; *Sosnitza* WRP 03, 1186, 1189), ist ein Rückgriff auf das Lauterkeitsrecht nicht ausgeschlossen. Allerdings sind Abbildungen fremder Erzeugnisse ohne Werbevergleich jedenfalls dann unbedenklich, wenn die Darstellung nur beiläufig und ohne sich aufdrängende Beziehung zur Werbeaussage verwendet wird (BGHZ 86, 90, 95 = GRUR 83, 247,

248 – *Rolls-Royce*). Weiter kommt eine unzulässige Rufausbeutung bei der Verwendung fremder ungeschützter Marken in Betracht (*Sack* WRP 04, 1405, 1423), wenn die Anlehnung ohne hinreichenden Grund in der Absicht vorgenommen wird, Verwechslungen herbeizuführen oder den Ruf des anderen zu beeinträchtigen oder auszunutzen (BGH GRUR 97, 754, 755 – *grau/magenta*). Gleiches gilt bei Hyperlinks zu fremden Internet-Angeboten als Vorspann zur Förderung des eigenen Absatzes, insbesondere wenn nicht bestehende Geschäftsbeziehungen durch Rubriken wie „Referenzen", „Partner" oder „powered by" vorgetäuscht werden (*Gabel* WRP 05, 1102, 1111; *Sosnitza* CR 01, 693, 704).

86 5. **Vertriebsbindungssysteme.** Nach ständiger Rechtsprechung des *BGH* sollen Vertriebsbindungssysteme grundsätzlich auch lauterkeitsrechtlich Schutz genießen, wenn sie kartellrechtlich zulässig sind (vgl Art 81 EG, § 16 GWB aF, § 2 GWB nF iVm VO Nr 2790/1999, s. auch § 4 Rn 10/67 ff) und nicht missbräuchlich gehandhabt werden. Seit 1999 verlangt die Rechtsprechung dafür nur noch die gedankliche, nicht aber mehr die praktische Lückenlosigkeit des Vertriebssystems (BGHZ 142, 192, 198 ff = GRUR 99, 1109, 1111 f – *Entfernung der Herstellungsnummer I;* BGH GRUR 99, 1113, 1114 – *Außenseiteranspruch;* WRP 99, 1035 – *Kontrollnummernbeseitigung I;* GRUR 01, 448 – *Kontrollnummernbeseitigung II;* GRUR 02, 709, 711 – *Entfernung der Herstellungsnummer III;* OLG Frankfurt GRUR 01, 532, 533; OLG Köln NJW-RR 01, 690, 692). Der Vertrieb von derart systemgebundener Ware durch Außenseiter wird grundsätzlich nur noch in zwei Fällen als unlauter angesehen, nämlich bei **Schleichbezug** (BGHZ 40, 135, 138 = GRUR 64, 154 – *Trockenrasierer II;* BGH GRUR 88, 916, 917 – *Pkw-Schleichbezug;* GRUR 92, 171, 173 – *Vorgetäuschter Vermittlungsauftrag;* GRUR 94, 827 – *Tageszulassungen*) und bei **Verleiten zum Vertragsbruch** (BGH GRUR 99, 1113, 1114 – *Außenseiteranspruch*). Die Fallgruppe des bloßen Ausnutzens fremden Vertragsbruchs hat die Rechtsprechung dagegen im Anschluss an vielfältige Kritik im Schrifttum (Langen/Bunte/*Klosterfelder*/*Metzlaff* KartR, 8. Aufl 98, § 16 GWB Rn 122; *Möschel* Recht der Wettbewerbsbeschränkungen, 83, Rn 401; *Emmerich* UWG, 4. Aufl 95, § 6, 5 mwN) aufgegeben (BGH GRUR 99, 1113, 1115 f – *Außenseiteranspruch;* GRUR 00, 724, 726 – *Außenseiteranspruch II;* GRUR 01, 448, 449 – *Kontrollnummernbeseitigung II;* GRUR 02, 709, 710 – *Entfernung der Herstellungsnummer III*). Im Gegenzug geht die Rechtsprechung nunmehr davon aus, dass es eine unlautere Behinderung des vertriebsbindenden Herstellers darstelle, wenn der Außenseiter **Kontrollnummern** des Herstellers, mit denen dieser die Einhaltung des vorgegebenen Vertriebsweges überwachen will, **beseitigt** oder solcher Art veränderte Ware weitervertreibt (BGH GRUR 99, 1113, 1116 – *Außenseiteranspruch;* BGHZ 142, 192, 201 = GRUR 99, 1109, 1112 – *Entfernung der Herstellungsnummer I*).

87 Wie die Rechtsprechung diese Grundsätze im System des neuen UWG einordnet, ist mangels neuerer Urteile noch unklar. In der Literatur wird eine gezielte Behinderung iSd § 4 Nr 10 verneint, da Hersteller und Außenseiter zum einen keine Mitbewerber nach § 2 I Nr 3 seien (*Omsels* WRP 04, 136, 141; aA *Köhler*/Bornkamm § 4 Rn 10.64; *Schlieper* S 138; vgl § 4 Rn 10/67 ff) und der Außenseiter zum anderen nicht gezielt im Sinne einer vorrangigen Schädigungsabsicht handle (MüKoUWG/*Jänich* § 4 Nr 10 Rn 45). Lehnt man diesen Beispielstatbestand ab, so lassen sich vor allem der **Schleichbezug** und das aktive **Verleiten zum Vertragsbruch** unter die Generalklausel des **§ 3 I** fassen.

88 Gegen die Absicherung von Kontrollnummernsystemen über das Lauterkeitsrecht bestehen demegenüber gravierende Bedenken (*Emmerich* FS Erdmann, 02, S 561 ff; *Teplitzky* WRP 03, 173, 179 f). Diese beruhen nicht so sehr auf dem Umstand, dass der *BGH* früher selbst keine sittenwidrige Behinderung in der bloßen Entfernung von Hersteller- oder Kontrollnummern des Vertriebsbinders gesehen hat (BGHZ 104, 185, 191 ff = GRUR 88, 823 – *Entfernung von Kontrollnummern I;* BGH GRUR

92, 406 – *Beschädigte Verpackung;* vgl *Emmerich* UWG 8. Aufl § 6 VI 3), denn diese Entscheidungen betrafen praktisch lückenhafte Vertriebssysteme, die somit nicht als schutzwürdig angesehen wurden (vgl auch BGH GRUR 99, 1113, 1116 – *Außenseiteranspruch*). Entscheidend ist vielmehr, dass über diese „Konstruktion" den vertraglichen Vertriebssystemen mit Hilfe des Lauterkeitsrechts gerade wiederum jene quasidingliche Wirkung gegenüber unbeteiligten Dritten verliehen wird, die Hauptkritikpunkt bei der früheren Fallgruppe des bloßen Ausnutzens fremden Vertragsbruchs war und dort zu Recht zur Aufgabe der bisherigen Rechtsprechung geführt hat. Führt die Beseitigung von Kontrollnummern, zB durch Ausschneiden aus der Verpackung, im Einzelfall zu Beeinträchtigungen der Marke (§ 24 II MarkenG), können markenrechtliche Ansprüche gegeben sein (BGH GRUR 01, 448 – *Kontrollnummernbeseitigung II;* zu weitgehend dagegen BGH GRUR 02, 709 – *Entfernung der Herstellungsnummer III:* auch ohne sichtbare Beschädigung von Ware oder Verpackung). Solange aber nicht derartige berechtigte Interessen des Vertriebsbinders oder solche der Verbraucher beeinträchtigt sind, kann ein Kontrollsystem Dritte nicht binden, so dass auch die Entfernung solcher Kennzeichnungen nicht unlauter sein kann. Zum Teil kombinieren die Hersteller ihre Kontrollnummern mit gesetzlich vorgeschriebenen Chargennummern (vgl § 4 I KosmetikVO), so dass die Gerichte bei deren Entfernung durch Außenseiter auch einen Lauterkeitsverstoß annehmen (BGHZ 142, 192 = GRUR 99, 1109 – *Entfernung der Herstellungsnummer I;* BGHZ 148, 26 = GRUR 01, 841 – *Entfernung der Herstellungsnummer II;* BGH GRUR 02, 709 – *Entfernung der Herstellungsnummer III*). Jedoch kann auch diese Praxis keine Billigung finden, weil auf diesem Wege gesetzliche Kennzeichnungspflichten, die im öffentlichen Interesse bestehen, offensichtlich missbräuchlich zur Durchsetzung und Absicherung privater Kontrollinstrumente eingesetzt werden.

6. Unbegründete Schutzrechtsverwarnungen. Bei der wettbewerbsrechtlichen Beurteilung unbegründeter Schutzrechtsverwarnungen (vgl dazu ausführlich § 4 Rn 10/33 ff) ist zunächst nach dem Adressatenkreis zu unterscheiden. Bei Verwarnungen gegenüber dem vermeintlichen Verletzer (sog. **Herstellerverwarnung**) ist in aller Regel von einer Wettbewerbshandlung nach § 2 I Nr 1 auszugehen (vgl BGH GRUR 05, 882 – *Unberechtigte Schutzrechtsverwarnung;* GRUR 04, 958, 960 – *Verwarnung aus Kennzeichenrecht;* Harte/Henning/*Omsels* § 4 Nr 10 Rn 169; *Sack* WRP 05, 531, 542; aA *Emmerich* UWG § 9 Rn 18). § 4 Nr 8 greift nicht ein, da es sich nicht um eine Äußerung gegenüber Dritten handelt (Harte/Henning/*Omsels* § 4 Nr 10 Rn 172; vgl auch § 4 Rn 10/39), während eine gezielte Behinderung nach § 4 Nr 10 nach ganz überwiegender Auffassung nur bei positiver Kenntnis des Verwarnenden von der Unberechtigtheit angenommen wird (Harte/Henning/*Omsels* § 4 Nr 10 Rn 169; *Peukert* Mitt. 05, 73, 74; *Sack* WRP 05, 531, 542). Damit kann jenseits positiver Kenntnis eine Anwendung von § 3 I in Betracht kommen, wenn auch nur ausnahmsweise bei Vorliegen besonderer Umstände (Harte/Henning/*Omsels* § 4 Nr 10 Rn 170; wesentlich weiter gehend *Sack* WRP 05, 253, 257; *ders.* WRP 05, 531, 542). Dies ergibt sich aus der allgemeinen Überlegung, dass die Inanspruchnahme staatlicher Rechtsschutzmöglichkeiten – und damit auch vorgelagerter Instrumente wie einer Abmahnung, vgl § 12 I 1 – grundsätzlich auch dann nicht vorwerfbar sein kann, wenn sich das Begehren später als unberechtigt herausstellt (vgl BGH GRUR 04, 958, 959).

Danach kommt insbesondere ein Verstoß gegen § 3 I in Betracht, wenn sich der Verwarnende bewusst der besseren Kenntnis verschließt, dass seine Verwarnung unberechtigt ist (Harte/Henning/*Omsels* § 4 Nr 10 Rn 170), nicht aber bei schlicht fahrlässiger Unkenntnis. Darüber hinaus ist auch hier die Verwarnung vom bloßen vorbereitenden Meinungsaustausch zu unterscheiden (BGH GRUR 97, 896, 897 – *Mecki-Igel III;* OLG Karlsruhe GRUR 84, 143, 144). In der Praxis wendet sich der vermeintlich Verletzte häufig derart an den Gegner, dass unter Verweis auf das eigene

Recht etwa nach der Berechtigung des gegnerischen Handelns gefragt und um Stellungnahme gebeten wird. Darin liegt noch keinesfalls ein unlauteres Verhalten.

91 Bei Verwarnungen gegenüber Dritten, die darauf hingewiesen werden, dass die Ware, die sie von dem angeblichen Verletzer beziehen, Schutzrechte des Verwarnenden verletzen (sog **Abnehmerverwarnung**), ist das Vorliegen einer Anschwärzung nach § 4 Nr 8 in Streit. Überwiegend wird die der Verwarnung zugrunde liegende Subsumtion einer Schutzrechtsverletzung nicht als Tatsachenbehauptung, sondern als Werturteil qualifiziert (BGH GRUR 79, 332, 333 – *Brombeerleuchte*; GRUR 95, 424, 425 – *Abnehmerverwarnung*; OLG Dresden NJWE-WettbR 99, 49, 50 f; OLG Hamburg GRUR-RR 02, 145; Harte/Henning/*Omsels* § 4 Nr 10 Rn 172; § 4 Nr 10 Rn 125; *Köhler*/Bornkamm § 4 Rn 10. 178), doch überzeugt dies nicht, da die Verletzung objektiv nachprüfbar ist (OGH GRUR Int 00, 558, 559 – *Abnehmerverwarnung*; *Emmerich* UWG § 9 Rn 18; MüKoUWG/*Sosnitza* § 3 Rn 140). Danach bleibt bei der Abnehmerverwarnung kein Anwendungsbereich für § 3 I (ebenso *Schlieper* S 82 f).

92 **7. Verletzung einer wettbewerbsrechtlichen Verkehrspflicht.** Derjenige, der durch sein Handeln im geschäftlichen Verkehr in einer ihm zurechenbaren Weise die Gefahr eröffnet, dass Dritte Interessen von Marktteilnehmern verletzen, die durch das Wettbewerbsrecht geschützt sind, kann eine unlautere geschäftliche Handlung begehen, wenn er diese Gefahr nicht im Rahmen des Möglichen und Zumutbaren begrenzt (BGH GRUR 07, 890, 892 – *Jugendgefährdende Schriften bei eBay*; GRUR 13, 301 Rn 51 – *Solarinitiative*; *Leistner*/*Stang* WRP 08, 533). Mit dieser Figur einer wettbewerbsrechtlichen Verkehrspflicht bemüht sich die Rspr um eine Neuausrichtung der lange als zu weit kritisierten Störerhaftung (vgl § 8 Rn 121). Anders als bei der Störerhaftung, die an den Wettbewerbsverstoß eines Dritten anknüpft, ist der Verletzer einer wettbewerbsrechtlichen Verkehrspflicht selbst **Täter** eines Wettbewerbsverstoßes.

93 Eine wettbewerbsrechtliche Verkehrspflicht verletzt zB derjenige, der eine Internetplattform bereitstellt, auf der Dritte mühelos Angebote veröffentlichen können, die gegen das Jugendschutzrecht verstoßen (BGH GRUR 07, 890, 892 – *Jugendgefährdende Schriften bei eBay*). Gleiches kann für ein Unternehmen gelten, dass im Rahmen eines Affiliate-Programms im Internet werben will, wenn klar erkennbar ist, dass Inhalte der für seine Werbung vorgesehenen Internetseiten dauerhaft und in erheblichem Ausmaß jugendgefährdend sind (OLG München WRP 08, 1471, 1473 f). Dagegen müssen private Unternehmen, die mit einer Gemeinde im Rahmen einer „Solarinitiative" kooperieren, nicht prüfen, ob die öffentlich-rechtliche Körperschaft die ihr obliegenden Grenzen der Betätigung einhält (BGH GRUR 13, 301 Rn 52 – *Solarinitiative*).

94 Noch einen Schritt weiter geht der BGH in der **Halzband-Entscheidung** (BGH GRUR 09, 597 – *Halzband*). Hier hatte die Ehefrau eines Inhabers eines eBay-Mitgliedkontos über dieses Konto rechtsverletzende Ware angeboten. Der BGH postuliert hier eine Haftung des Kontoinhabers als Täter (unter anderem) eines Wettbewerbsverstoßes, weil dieser nicht hinreichend dafür gesorgt hat, dass seine Ehefrau keinen Zugriff auf die Kontrolldaten und das Kennwort dieses Mitgliedkontos erlangte, sodass sich der Kontoinhaber so behandeln lassen müsse, wie wenn er selbst gehandelt hätte; dies stelle einen **selbständigen Zurechnungsgrund** dar (BGH GRUR 09, 597 Rn 16 – *Halzband*). Diese Konstruktion ist allerdings abzulehnen, weil sie die Zurechnungsnorm des § 8 II UWG umgeht und dazu führt, dass rein privates Handeln (das Unterhalten eines Mitgliedskonto) durch Drittverhalten in ein Handeln im geschäftlichen Verkehr umqualifiziert wird. Im Rahmen des § 8 II UWG ist eine solche Zurechnung gerechtfertigt, weil das Unternehmen stets im geschäftlichen Verkehr agiert; bei Privatpersonen bedeutet diese Rechtsprechung indessen eine bedenkliche Ausdehnung des Lauterkeitsrechts in den privaten Lebensbereich.

Verbot unlauterer geschäftlicher Handlungen §3 UWG

8. Verharmlosung von Gesundheitsgefahren. Nach bisheriger Praxis soll es 95 nach § 4 Nr 1 unzulässig sein, wenn bestehende Gesundheits- oder Sicherheitsrisiken verharmlost werden oder wenn der unzutreffende Eindruck der gesundheitlichen Unbedenklichkeit des Produkts erweckt wird oder ein gebotener Warnhinweis unterbleibt (BGH GRUR 06, 953, 954 – *Warnhinweis II*). Allerdings ist diese Einordnung deshalb zweifelhaft, weil entweder in derartigen Fällen bereits eine Irreführung nach §§ 5, 5a vorliegt oder aber die Entscheidungsfreiheit iSd § 4 Nr 1 nicht beeinträchtigt wird (vgl § 4 Nr 1 Rn 138), sodass es systematisch überzeugender wäre, diese Fallgestaltungen allenfalls unter § 3 zu fassen. Kein Bedürfnis für § 3 sieht Harte/Henning/*Podszun* § 3 Rn 92.

9. Gefährdung von Drittinteressen. Die gleichen systematischen Zweifel wie 96 bei der Verharmlosung von Gesundheitsgefahren (Rn 95) bestehen auch bei der Fallgruppe der Gefährdung von Drittinteressen, die die bisher hM unter § 4 Nr 1 (dort Rn 148 ff) einordnet. Eine Beeinträchtigung der Entscheidungsfreiheit des zur Wahrung von Drittinteressen Verpflichteten ist hier im Grunde nicht gegeben (§ 4 Rn 1/151). Diese Fälle sollten daher unter § 3 gefasst werden.

10. Pflicht zur neutralen und objektiven Amtsführung. Die Rspr nimmt 97 auch einen Verstoß gegen § 3 I an, wenn eine öffentlich-rechtliche Körperschaft gegen die Pflicht zur neutralen und objektiven Amtsführung verstößt, etwa wenn Auskünfte und Empfehlungen nicht objektiv und sachgerecht erteilt werden (BGH GRUR 13, 301 Rn 29 – *Solarinitiative*).

III. Einzelfälle

Nach der Rechtsprechung **sind bisher folgende Fallgestaltungen** unmittelbar 98 **auf** der Grundlage von § 3 für unzulässig erklärt worden: Anrufen von Mitarbeitern anderer Unternehmen zu Abwerbungszwecken, bei denen innerbetriebliche Telefoneinrichtungen benutzt werden, wenn das Gespräch über eine erste Kontaktaufnahme hinausgeht (BGH GRUR 06, 426, 427 – *Direktansprache am Arbeitsplatz II*; GRUR 08, 262 – *Direktansprache am Arbeitsplatz III*; krit dazu *Sosnitza/Kostuch* WRP 08, 166; vgl oben Rn 7); ein Hoheitsträger handelt unlauter, wenn er fehlerhafte Auskünfte über Konkurrenzangebote erteilt (BGH GRUR 09, 1080 Rn 11 ff – *Auskunft der IHK*; ähnlich OLG Stuttgart WRP 11, 1207; vgl oben Rn 7 f); eine Kommune handelt sich unlauter, wenn sie über ihre Friedhofsverwaltung den Hinterbliebenen Grabpflegearbeiten anbietet, obwohl die Hinterbliebenen die Verwaltung aus ganz anderen Gründen aufgesucht haben, da sich die Kommune durch die fehlende räumliche Trennung einen nicht gerechtfertigten Wettbewerbsvorteil verschafft (OLG Celle GRUR-RR 04, 374 – *Grabpflegearbeiten*); des Weiteren soll ein Verstoß gegen die vertragliche Verpflichtung des Handels, Zeitschriften nicht vor dem vom Verlag festgelegten Erstverkaufstag zu verkaufen, zugleich einen Verstoß gegen § 3 darstellen (OLG Hamburg AfP 04, 561 = AfP 05, 288 – *Erstverkaufstag*; das Angebot von Chipkarten-Lese- und/oder Schreibgeräten verstößt gegen § 3, wenn der Eindruck erweckt wird, dass durch diese Geräte Zugangskontrollen zu verschlüsselten Fernsehprogrammen umgangen werden können (LG Hamburg MMR 05, 719, 720); gewährt eine Apotheke ihren Kunden so genannte „Hibo-Taler" sowie mit Kundenkarte ermäßigte Preise auf Heilmittel, so liegt darin ein Verstoß gegen § 7 I HWG, worin (ohne Rückgriff auf § 4 Nr 11) zugleich ein Verstoß gegen § 3 liegen soll (LG Frankfurt NJW-RR 05, 405, 407 – *Hibo-Taler*); die völlige oder teilweise Übernahme des Selbstbehalts eines Reparaturbetriebs, wenn dies zur Täuschung und Schädigung von Versicherungsgesellschaften beitragen kann (OLG Frankfurt GRUR-RR 06, 414 – *Selbstbehalt*; LG Essen WRP 05, 523, 524 – *Windschutzscheiben-Austausch*); ebenso bei der Umstellung eines Telefonanschlusses auf eine neue Verbindungsnetzbetreiberkennzahl ohne vorherigen Auftrag des Verbrauchers (LG Frankfurt WRP

07, 1513, 1515); Spamming soll – neben einem Verstoß gegen § 7 II Nr 3 – auch unmittelbare Ansprüche des Service-Providers aus § 3 begründen, der den unmittelbaren Spam-Adressaten die E-Mail-Adresse zur Verfügung stellt (OLG Hamburg AfP 05, 366 ff). Keinesfalls genügt für eine unlautere Wettbewerbshandlung iSd § 3 ein „Verstoß" gegen das (angebliche) „Prinzip der Preislistentreue", wonach es Presseunternehmen ganz generell untersagt sein soll, im Anzeigengeschäft von ihren Preislisten „willkürlich" abzuweichen (so auch OLG Karlsruhe WRP 88, 620; Gloy/Loschelder/Erdmann/*Ahrens* § 70 Rn 109, der zutreffend darauf hinweist, dass die abweichende frühere Rechtsprechung des BGH, GRUR 58, 487, 489 – *Antibiotika*, insoweit kartellrechtlich überholt ist; aA OLG München WRP 92, 199, 201 f; *Bodendorf/Nill* AfP 05, 251, 253 f). Ein solcher Verstoß lässt sich auch nicht mit „Besonderheiten des Anzeigengeschäfts" im Lichte des Schutzes des Pressemarktes nach Art 5 I S 2 GG begründen (aA *Bodendorf/Nill* AfP 05, 251, 253), zumal selbst der BGH mittlerweile beim Gratisvertrieb von Presseerzeugnissen keinen Grund mehr sieht, aus diesem speziellen Schutz wettbewerbsrechtliche Sonderregeln abzuleiten (BGH GRUR 04, 602 – *20 Minuten Köln;* WRP 04, 746 – *Zeitung zum Sonntag;* GRUR 10, 455 – *Stumme Verkäufer II;* vgl auch § 4 Rn 10/97 ff). Es stellt auch keinen Wettbewerbsverstoß nach § 3 dar, wenn ein Möbelhaus damit wirbt, dass jedes Mitbewerberangebot zum Küchenkauf um 13 % unterboten werde (BGH GRUR 09, 416 Rn 20 – *Küchentiefstpreis-Garantie;* vgl MüKoUWG/*Sosnitza* § 3 Rn 154). Eine Anwendung von § 3 wurde darüber hinaus zu Recht verneint, wenn sämtliche Umstände, die geeignet sein könnten, die Unlauterkeit zu begründen, bereits bei der Subsumtion der Tatbestände des § 4 berücksichtigungsfähig sind (OLG Frankfurt GRUR 05, 1064, 1066 – *Los-Sammelaktion*). Außerhalb von § 4 Nr 9 kann die Unlauterkeit nicht nach § 3 allein darauf gestützt werden, dass kein genügender Abstand zu einem bereits am Markt befindlichen Produkt eingehalten wurde, da es keine generelle Pflicht zur Abstandswahrung gibt (BGH GRUR 08, 1115 Rn 33 – *ICON*). Bei einem Verstoß gegen gesetzliche Vorschriften, die – wie etwa Steuergesetze – keine Marktverhaltensregulierungen iSd § 4 Nr 11 darstellen, kann auch nicht unter Zuhilfenahme des Vorsprungsgedankens auf § 3 I zurückgegriffen werden (BGH GRUR 10, 654 Rn 19, 25 – *Zweckbetrieb*). Ebenso wenig ergibt sich ein allgemeines Verbot der Ankündigung von Jackpotausspielungen ab 10 Millionen Euro aus einer unmittelbaren Anwendung von § 3 (BGH GRUR 11, 440 Rn 18 – *Spiel mit*).

E. Anhang, § 3 III

99 In Umsetzung der UGP-RL wurde dem UWG durch die Novelle von 2008 ein Anhang mit einer **Liste von geschäftlichen Handlungen** hinzugefügt wird, die ohne Rücksicht auf die nach der lauterkeitsrechtlichen Generalklausel sonst maßgebliche Erheblichkeitsschwelle **stets unzulässig** sind (Verbote ohne Wertungsvorbehalte, sog *black list*), wenn sie Verbrauchern gegenüber vorgenommen werden, § 3 III. Dabei handelt es sich um eine Ausnahme von dem sonst geltenden Grundsatz der einheitlichen Anwendung des Gesetzes auf Mitbewerber, Verbraucher und sonstige Marktteilnehmer. Diese Ausnahme ist gerechtfertigt, weil die auf Art 5 V der Richtlinie in Verbindung mit deren Anhang I zurückgehende Regelung aus Gründen des Verbraucherschutzes besonders streng ausgefallen ist, es aber zu weit ginge, auch den kaufmännischen Verkehr mit einer derart rigiden Regelung zu belasten (BT-Dr 16/10 145, S 22). Wegen der Einzelheiten vgl Anhang § 3 Rn 1.

Anhang (zu § 3 Absatz 3)

Unzulässige geschäftliche Handlungen im Sinne des § 3 Absatz 3 sind
1. die unwahre Angabe eines Unternehmers, zu den Unterzeichnern eines Verhaltenskodexes zu gehören;
2. die Verwendung von Gütezeichen, Qualitätskennzeichen oder Ähnlichem ohne die erforderliche Genehmigung;
3. die unwahre Angabe, ein Verhaltenskodex sei von einer öffentlichen oder anderen Stelle gebilligt;
4. die unwahre Angabe, ein Unternehmer, eine von ihm vorgenommene geschäftliche Handlung oder eine Ware oder Dienstleistung sei von einer öffentlichen oder privaten Stelle bestätigt, gebilligt oder genehmigt worden, oder die unwahre Angabe, den Bedingungen für die Bestätigung, Billigung oder Genehmigung werde entsprochen;
5. Waren- oder Dienstleistungsangebote im Sinne des § 5a Abs. 3 zu einem bestimmten Preis, wenn der Unternehmer nicht darüber aufklärt, dass er hinreichende Gründe für die Annahme hat, er werde nicht in der Lage sein, diese oder gleichartige Waren oder Dienstleistungen für einen angemessenen Zeitraum in angemessener Menge zum genannten Preis bereitzustellen oder bereitstellen zu lassen (Lockangebote). Ist die Bevorratung kürzer als zwei Tage, obliegt es dem Unternehmer, die Angemessenheit nachzuweisen;
6. Waren- oder Dienstleistungsangebote im Sinne des § 5a Abs. 3 zu einem bestimmten Preis, wenn der Unternehmer sodann in der Absicht, stattdessen eine andere Ware oder Dienstleistung abzusetzen, eine fehlerhafte Ausführung der Ware oder Dienstleistung vorführt oder sich weigert zu zeigen, was er beworben hat, oder sich weigert, Bestellungen dafür anzunehmen oder die beworbene Leistung innerhalb einer vertretbaren Zeit zu erbringen;
7. die unwahre Angabe, bestimmte Waren oder Dienstleistungen seien allgemein oder zu bestimmten Bedingungen nur für einen sehr begrenzten Zeitraum verfügbar, um den Verbraucher zu einer sofortigen geschäftlichen Entscheidung zu veranlassen, ohne dass dieser Zeit und Gelegenheit hat, sich auf Grund von Informationen zu entscheiden;
8. Kundendienstleistungen in einer anderen Sprache als derjenigen, in der die Verhandlungen vor dem Abschluss des Geschäfts geführt worden sind, wenn die ursprünglich verwendete Sprache nicht Amtssprache des Mitgliedstaats ist, in dem der Unternehmer niedergelassen ist; dies gilt nicht, soweit Verbraucher vor dem Abschluss des Geschäfts darüber aufgeklärt werden, dass diese Leistungen in einer anderen als der ursprünglich verwendeten Sprache erbracht werden;
9. die unwahre Angabe oder das Erwecken des unzutreffenden Eindrucks, eine Ware oder Dienstleistung sei verkehrsfähig;
10. die unwahre Angabe oder das Erwecken des unzutreffenden Eindrucks, gesetzlich bestehende Rechte stellten eine Besonderheit des Angebots dar;
11. der vom Unternehmer finanzierte Einsatz redaktioneller Inhalte zu Zwecken der Verkaufsförderung, ohne dass sich dieser Zusammenhang aus dem Inhalt oder aus der Art der optischen oder akustischen Darstellung eindeutig ergibt (als Information getarnte Werbung);
12. unwahre Angaben über Art und Ausmaß einer Gefahr für die persönliche Sicherheit des Verbrauchers oder seiner Familie für den Fall, dass

er die angebotene Ware nicht erwirbt oder die angebotene Dienstleistung nicht in Anspruch nimmt;
13. Werbung für eine Ware oder Dienstleistung, die der Ware oder Dienstleistung eines Mitbewerbers ähnlich ist, wenn dies in der Absicht geschieht, über die betriebliche Herkunft der beworbenen Ware oder Dienstleistung zu täuschen;
14. die Einführung, der Betrieb oder die Förderung eines Systems zur Verkaufsförderung, das den Eindruck vermittelt, allein oder hauptsächlich durch die Einführung weiterer Teilnehmer in das System könne eine Vergütung erlangt werden (Schneeball- oder Pyramidensystem);
15. die unwahre Angabe, der Unternehmer werde demnächst sein Geschäft aufgeben oder seine Geschäftsräume verlegen;
16. die Angabe, durch eine bestimmte Ware oder Dienstleistung ließen sich die Gewinnchancen bei einem Glücksspiel erhöhen;
17. die unwahre Angabe oder das Erwecken des unzutreffenden Eindrucks, der Verbraucher habe bereits einen Preis gewonnen oder werde ihn gewinnen oder werde durch eine bestimmte Handlung einen Preis gewinnen oder einen sonstigen Vorteil erlangen, wenn es einen solchen Preis oder Vorteil tatsächlich nicht gibt, oder wenn jedenfalls die Möglichkeit, einen Preis oder sonstigen Vorteil zu erlangen, von der Zahlung eines Geldbetrags oder der Übernahme von Kosten abhängig gemacht wird;
18. die unwahre Angabe, eine Ware oder Dienstleistung könne Krankheiten, Funktionsstörungen oder Missbildungen heilen;
19. eine unwahre Angabe über die Marktbedingungen oder Bezugsquellen, um den Verbraucher dazu zu bewegen, eine Ware oder Dienstleistung zu weniger günstigen Bedingungen als den allgemeinen Marktbedingungen abzunehmen oder in Anspruch zu nehmen;
20. das Angebot eines Wettbewerbs oder Preisausschreibens, wenn weder die in Aussicht gestellten Preise noch ein angemessenes Äquivalent vergeben werden;
21. das Angebot einer Ware oder Dienstleistung als „gratis", „umsonst", „kostenfrei" oder dergleichen, wenn hierfür gleichwohl Kosten zu tragen sind; dies gilt nicht für Kosten, die im Zusammenhang mit dem Eingehen auf das Waren- oder Dienstleistungsangebot oder für die Abholung oder Lieferung der Ware oder die Inanspruchnahme der Dienstleistung unvermeidbar sind;
22. die Übermittlung von Werbematerial unter Beifügung einer Zahlungsaufforderung, wenn damit der unzutreffende Eindruck vermittelt wird, die beworbene Ware oder Dienstleistung sei bereits bestellt;
23. die unwahre Angabe oder das Erwecken des unzutreffenden Eindrucks, der Unternehmer sei Verbraucher oder nicht für Zwecke seines Geschäfts, Handels, Gewerbes oder Berufs tätig;
24. die unwahre Angabe oder das Erwecken des unzutreffenden Eindrucks, es sei im Zusammenhang mit Waren oder Dienstleistungen in einem anderen Mitgliedstaat der Europäischen Union als dem des Warenverkaufs oder der Dienstleistung ein Kundendienst verfügbar;
25. das Erwecken des Eindrucks, der Verbraucher könne bestimmte Räumlichkeiten nicht ohne vorherigen Vertragsabschluss verlassen;
26. bei persönlichem Aufsuchen in der Wohnung die Nichtbeachtung einer Aufforderung des Besuchten, diese zu verlassen oder nicht zu ihr zurückzukehren, es sei denn, der Besuch ist zur rechtmäßigen Durchsetzung einer vertraglichen Verpflichtung gerechtfertigt;
27. Maßnahmen, durch die der Verbraucher von der Durchsetzung seiner vertraglichen Rechte aus einem Versicherungsverhältnis dadurch abge-

halten werden soll, dass von ihm bei der Geltendmachung seines Anspruchs die Vorlage von Unterlagen verlangt wird, die zum Nachweis dieses Anspruchs nicht erforderlich sind, oder dass Schreiben zur Geltendmachung eines solchen Anspruchs systematisch nicht beantwortet werden;
28. die in eine Werbung einbezogene unmittelbare Aufforderung an Kinder, selbst die beworbene Ware zu erwerben oder die beworbene Dienstleistung in Anspruch zu nehmen oder ihre Eltern oder andere Erwachsene dazu zu veranlassen;
29. die Aufforderung zur Bezahlung nicht bestellter Waren oder Dienstleistungen oder eine Aufforderung zur Rücksendung oder Aufbewahrung nicht bestellter Sachen, sofern es sich nicht um eine nach den Vorschriften über Vertragsabschlüsse im Fernabsatz zulässige Ersatzlieferung handelt, und
30. die ausdrückliche Angabe, dass der Arbeitsplatz oder Lebensunterhalt des Unternehmers gefährdet sei, wenn der Verbraucher die Ware oder Dienstleistung nicht abnehme.

Inhaltsübersicht

	Rn
A. Allgemeines	1
I. Zweck	1
II. Auslegung	5
B. Die einzelnen Tatbestände	7
1. Verhaltenskodex unterzeichnet	7
2. Verwendung von Zeichen ohne Genehmigung	8
3. Billigung eines Verhaltenskodexes	10
4. Bestätigung, Billigung oder Genehmigung	12
5. Lockangebote	15
6. „Bait-and-Switch"	20
7. Begrenzte Verfügbarkeit	22
8. Sprachenwechsel	26
9. Verkehrsfähigkeit	28
10. Verbraucherrechte als Besonderheit	30
11. Als Information getarnte Werbung	31
12. Gefahrenangabe	36
13. Absichtliche betriebliche Herkunftstäuschung	39
14. Schneeball- oder Pyramidensystem	42
15. Geschäftsaufgabe	43
16. Gewinnchancenerhöhung	45
17. Gewinnmitteilungen	48
18. Heilungsangaben	51
19. Marktbedingungen oder Bezugsquellen	53
20. Nichtgewährung ausgelobter Preise	56
21. Kostenpflichtige Gratisleistungen	58
22. Täuschung über abgegebene Bestellungen	61
23. Täuschung über Unternehmerhandeln	64
24. Täuschung über Kundendienst	66
25. Räumliches Festhalten	67
26. Nichtverlassen der Wohnung	68
27. Abhalten von der Durchsetzung vertraglicher Rechte	69
28. Kaufappelle an Kinder	70
29. Unbestellte Waren	74
30. Gefährdeter Arbeitsplatz oder Lebensunterhalt	78

UWG Anhang zu § 3 Abs 3

Literatur: *Alexander,* Die „Schwarze Liste" der UGP-Richtlinie und ihre Umsetzung in Deutschland und Österreich, GRUR Int 2010, 1025; *Apetz,* Das Verbot aggressiver Geschäftspraktiken 2011; *Baukelmann,* Jugendschutz und Lauterkeitsrecht – Neue europäische Gesichtspunkte?, FS Ullmann, 2006, S 587; *Böhler,* Wettbewerbsrechtliche Schranken für Werbemaßnahmen gegenüber Minderjährigen, WRP 2011, 827; *Büllesbach,* Auslegung der irreführenden Geschäftspraktiken des Anhangs I der Richtlinie 2005/29/EG über unlautere Geschäftspraktiken, 2008; *Dembowski,* Kinder und Jugendliche als Werbeadressaten, FS Ullmann, 2006, S 599; *Dreyer,* Verhaltenskodizes im Referentenentwurf eines Ersten Gesetzes zur Änderung des Gesetzes gegen den unlauteren Wettbewerb, WRP 2007, 1294; *Fezer,* Plädoyer für eine offensive Umsetzung der Richtlinie über unlautere Geschäftspraktiken in das deutsche UWG, WRP 2006, 781; *Fuchs,* Wettbewerbsrechtliche Schranken bei der Werbung gegenüber Minderjährigen, WRP 2009, 255; *Gamerith,* Der Richtlinienvorschlag über unlautere Geschäftspraktiken – Möglichkeiten einer harmonischen Umsetzung, WRP 2005, 391; *ders,* Die „Schwarze Liste" und das nationale Zugabeverbot, FS Griss, 2011, S 161; *Glöckner/Henning-Bodewig,* EG-Richtlinie über unlautere Geschäftspraktiken: Was wird aus dem neuen UWG?, WRP 2005, 1311; *Harte-Bavendamm,* Wettbewerbsrechtlicher Verbraucherschutz in der Welt der „look-alikes", FS Loschelder, 2010, S 111; *Hecker,* Die Richtlinie über unlautere Geschäftspraktiken: Einige Gedanken zu den „aggressiven Geschäftspraktiken" – Umsetzung in das deutsche Recht, WRP 2006, 640; *Henning-Bodewig,* Die Richtlinie 2005/29/EG über unlautere Geschäftspraktiken, GRUR Int 2005, 629; *J. Hesse,* Der „Schoko-Riegel-Fall" – Nahrung für die „Black List"? – Werbung gegenüber Kindern in wettbewerbsrechtlicher Sicht, FS Stauder, 2011, S 96; *Hoeren,* Das neue UWG – der Regierungsentwurf im Überblick, BB 2008, 1182; *v. Jagow,* Auswirkungen der UWG-Reform 2008 auf die Durchsetzung wettbewerbsrechtlicher Ansprüche im Gesundheitsbereich, GRUR 2010, 190; *Kaumanns/Wießner,* Vermarktung durch den fingierten Konsumenten – geniale Marketingstrategie oder wettbewerbsrechtlicher Verstoß?, K&R 2013, 145; *E. Koch,* Die Richtlinie gegen unlautere Geschäftspraktiken, 2006; *Köhler,* Zur Umsetzung der Richtlinie über unlautere Geschäftspraktiken, GRUR 2005, 793; *ders,* Minderjährigenschutz im Lauterkeitsrecht, FS Ullmann 2006, S 685; *ders,* Werbung gegenüber Kindern: Welche Grenzen zieht die Richtlinie über unlautere Geschäftspraktiken?, WRP 2008, 700; *ders,* Unbestellte Waren und Dienstleistungen – neue Normen, neue Fragen, GRUR 2012, 217; *ders,* „Gratuliere, Sie haben gewonnen!" – neue Kontrollmaßstäbe für Gewinnmitteilungen, GRUR 2012, 1211; *Köhler/Lettl,* Das geltende europäische Lauterkeitsrecht, der Vorschlag für eine Richtlinie über unlauere Geschäftspraktiken und die UWG-Reform, WRP 2003, 1019; *Körber/Mann,* Werbefreiheit und Sponsoring – Möglichkeiten und Grenzen von Ambush Marketing unter besonderer Berücksichtigung des neuen UWG, GRUR 2008, 737; *Krieg/Roggenkamp,* Astroturfing – rechtliche Probleme bei gefälschten Kundenbewertungen im Internet, K&R 2010, 689; *Leible,* Auswirkungen der UWG-Reform 2008 auf die Durchsetzung wettbewerbsrechtlicher Ansprüche im Gesundheitsbereich, GRUR 2010, 183; *Lettl,* Irreführung durch Lock(vogel)angebote im derzeitigen und künftigen UWG, WRP 2008, 155; *Lindacher,* Geltungsweiteprobleme bei Black List-Irreführungsverboten, WRP 2012, 40; *Loschelder,* Werbung mit Werturteilen Dritter – Vertraute Irreführungsfälle im neuen Prüfungsraster, 100 Jahre Wettbewerbszentrale, 2012, S 169; *Mankowski,* Wer ist ein „Kind"? – Zum Begriff des Kindes in der deutschen und der europäischen black list, WRP 2007, 1398; *ders,* Was ist eine „direkte Aufforderung zum Kauf" an Kinder? – Zur Auslegung der Nr 28 der deutschen und der europäischen black list, WRP 2008, 421; *ders,* „Hol es dir und zeig es deinen Freunden" – Der Schutz von Kindern und Jugendlichen im Werberecht, in: Bork/Repgen (Hrsg), Das Kind im Recht, 2009, S 51; *Namyslowska,* Trifft die Schwarze Liste der unlauteren Geschäftspraktiken ins Schwarze? Bewertung im Lichte der EuGH-Rechtsprechung, GRUR Int 2010, 1033; *Prunbauer-Glaser,* Kinder, Kinder! – Zum „Kind" in der Werbung nach der UWG-Novelle 2007, ÖBl 2008, 164; *Scherer,* Kinder als Konsumenten und Kaufmotivatoren, WRP 2008, 430; *dies,* „Case Law" in Gesetzesform – Die „Schwarze Liste" als neuer UWG-Anhang, NJW 2009, 324; *dies,* Was bringt die „Schwarze Liste" tatsächlich? – Bestandsaufnahme und Konsequenzen, WRP 2011, 393; *dies,* Zum Anwendungsbereich von Nr 29 des UWG-Anhangs („Schwarze Liste"), WRP 2012, 139; *dies,* Massiver Irrtum bei Nr 17 der „Schwarzen Liste" des UWG-Anhangs?, WRP 2013, 143; *Schöttle,* Die Schwarze Liste – Übersicht über die neuen Spe-

Anhang (zu § 3 Absatz 3) **Anhang zu § 3 Abs 3 UWG**

zialtatbestände des Anhangs zu § 3 Abs 3 UWG, WRP 2009, 673; *Seichter,* Der Umsetzungsbedarf der Richtlinie über unlautere Geschäftspraktiken, WRP 2005, 1087; *Sosnitza,* Wettbewerbsregeln nach §§ 24 ff GWB im Lichte der 7. GWB-Novelle und des neuen Lauterkeitsrechts, FS Bechtold, 2006, S 515; *ders,* Der Gesetzentwurf zur Umsetzung der Richtlinie über unlautere Geschäftspraktiken, WRP 2008, 1014; *Steinbeck,* Richtlinie über unlautere Geschäftspraktiken: Irreführende Geschäftspraktiken – Umsetzung in das deutsche Recht, WRP 2006, 632; *dies,* Die Zukunft der aggressiven Geschäftspraktiken, WRP 2008, 865; *Veelken,* Kundenfang gegenüber dem Verbraucher – Bemerkungen zum EG-Richtlinienentwurf über unlauere Geschäftspraktiken, WRP 2004, 1; *Wiltschek,* „Gratis, umsonst, kostenfrei oder ähnlich" – Z 20 des Anhangs zum UWG, FS Griss 2011, S 755.

A. Allgemeines

I. Zweck

Die **UGP-RL** enthält als Anhang I eine abschließende (EuGH GRUR 11, 76 **1** Rn 34 – *Mediaprint;* GRUR 10, 244 Rn 45 – *Plus Warenhandelsgesellschaft;* GRUR 09, 599 Rn 56 – *VTB*) Liste von Geschäftspraktiken, die gemäß Art 5 Abs 5 der Richtlinie unter allen Umständen als unlauter anzusehen sind; diese Liste gilt einheitlich in allen Mitgliedstaaten und kann nur durch eine Änderung der Richtlinie abgeändert werden. **Zweck** dieses Anhangs ist es, Geschäftspraktiken festzulegen, die ohne eine Beurteilung des Einzelfalls anhand der Bestimmungen der Art 5 bis 9 der Richtlinie als unlauter anzusehen sind, um dadurch die **Rechtssicherheit** zu erhöhen, vgl Erwägungsgrund 17 der Richtlinie (krit dazu *Namyslowska* GRUR Int 10, 1033, 1037 ff).

Die **UWG-Novelle von 2008** hat zur Umsetzung der Richtlinie ebenfalls einen **2** Anhang mit unzulässigen geschäftlichen Handlungen nach § 3 III stets unzulässig. Damit liegt eine Ausnahme von dem sonst geltenden Grundsatz der einheitlichen Anwendung des Gesetzes auf Mitbewerber, Verbraucher und sonstige Marktteilnehmer vor, da es nicht als gerechtfertigt angesehen wird, auch den kaufmännischen Verkehr mit einer derart rigiden Regelung zu belasten (anders in Österreich, vgl OGH ÖBl 09, 116, 119 – *Medium T*). Das UWG übernimmt den Anhang I der Richtlinie jedoch nicht wortwörtlich, sondern mit folgender **Modifikationen:** (1) **Ziff 31** des Anhangs I der Richtlinie wird als Ziff 17 des UWG-Anhangs eingeordnet, weil die dort geregelten Gewinnzusagen entgegen der Richtlinie nicht als aggressive, sondern als irreführende Geschäftspraktiken angesehen werden (ebenso *Gamerith* FS Griss, S 161, 172); diese Sichtweise hat der EuGH allerdings inzwischen verworfen (GRUR 12, 1269 Rn 28, 37 – *Purely Creative;* vgl unten Rn 48). (2) Das in **Ziff 26** des Anhangs I der Richtlinie geregelte hartnäckige und unerwünschte Ansprechen über Telefon, Fax, E-Mail etc wird bereits regelmäßig über § 7 II Nr 2 und Nr 3 erfasst. Jedoch gehen § 7 II Nr 2 und Nr 3 insoweit über Ziff 26 der Anlage I der Richtlinie hinaus, als schon die erste unerwünschte Kontaktaufnahme unlauter ist. Dies ist zulässig, da die bereits bestehende Regelung im UWG auf Art 13 III der Datenschutzrichtlinie für elektronische Kommunikation 2002/58/EG beruht und diese Bestimmung nach S 2 der Ziff 26 des Anhangs I der Richtlinie unberührt bleibt. Daher wird im Anhang zu § 3 III keine Ziff 26 des Anhangs I der Richtlinie entsprechende Regelung aufgenommen. Statt dessen wird Ziff 26 in § 7 II Nr 1 umgesetzt (vgl § 7 Rn 11). (3) Schließlich weichen einzelne **Formulierungen** im Anhang des UWG von der deutschen Sprachfassung der Richtlinie ab. Diese Anpassungen sind durch die Definitionen in § 2, durch die Terminologie des Lauterkeitsrechts und durch allgemeine sprachliche Anforderungen bedingt. Da sich dadurch inhaltlich keine Abweichungen ergeben sollen, wird davon ausgegangen, dass eine solche Umsetzung den Anforderungen nach Art 288 AEUV genügt.

UWG Anhang zu § 3 Abs 3

3 Die **Bedeutung** des Anhangs liegt darin, dass bei Vorliegen eines Tatbestandes vor allem **keine weitere Relevanzprüfung** erfolgt. Daraus folgt, dass eine Unlauterkeit insbesondere auch unterhalb der Erheblichkeitsschwelle des § 3 II vorliegt. Die Gesetzesbegründung betont allerdings, dass auch hier stets der allgemeine Grundsatz der Verhältnismäßigkeit gelte, weshalb es auch zukünftig Fallgestaltungen geben könne, bei denen ein nach § 3 III unlauteres Verhalten gleichwohl keine wettbewerbsrechtlichen Sanktionen auslöse (BT-Dr 16/10 145, S 30). Dies erscheint allerdings fraglich (*Sosnitza* WRP 08, 1014, 1020 f). Zum einen erfordert der Verweis auf das Verhältnismäßigkeitsprinzip doch wieder eine weitergehende Prüfung des Einzelfalls, obwohl dies nach Art 5 Abs 5 der Richtlinie bzw. § 3 III gerade ausgeschlossen sein soll. Zum anderen wirft der Hinweis auf das Verhältnismäßigkeitsprinzip die Frage auf, ob die Maßstäbe identisch sind oder ob Fallgestaltungen denkbar sind, bei denen zwar die Spürbarkeitsschwelle des § 3 II überschritten, die Annahme eines Lauterkeitsverstoßes aber gleichwohl unverhältnismäßig ist.

4 Aus der Systematik der UGP-RL folgt außerdem, dass in ihrem Anwendungsbereich eine **Geschäftspraxis, die nicht unter den Anhang fällt, nur** dann für **unlauter** erklärt werden darf, wenn sie anhand der Kriterien der Art 5 bis 9 UGP-RL auf ihre Unlauterkeit **geprüft** wurde (EuGH GRUR 13, 297 Rn 35 – *Köck;* GRUR 11, 76 Rn 30–34 – *Mediaprint;* GRUR 10, 244 Rn 41–45 – *Plus*). Daher sind nationale Regelungen, die über den Anh I der Richtlinie hinaus abstrakte Verbote enthalten, richtlinienwidrig, wie zB das Verbot der Kopplung von Warenabsatz und Gewinnspiel in § 4 Nr 6 (EuGH GRUR 10, 244 – *Plus*), ein generelles Zugabeverbot (EuGH GRUR 11, 76 – *Mediaprint*), ein allgemeines Verbot von Ankündigungen von Preisermäßigungen im Winter- und Sommerschlussverkauf (EuGH GRUR Int 11, 853 Rn 38 ff – *Wamo*) oder ein allgemeines Ausverkaufsverbot ohne vorherige behördliche Genehmigung (EuGH GRUR 13, 297 – *Köck*).

II. Auslegung

5 Seit Ablauf der Frist zur Umsetzung der UGP-RL am 12.6.2007 (Art 19 Abs 1) sind die Tatbestände des Anhangs zu § 3 III wie auch das gesamte UWG **richtlinienkonform auszulegen.** Zweifelsfragen sind dem EuGH im Vorabentscheidungsverfahren nach Art 267 AEUV vorzulegen. Bei der Interpretation des Anhangs I der Richtlinie sind die allgemein anerkannten Auslegungsmethoden heranzuziehen, wobei die fortschreitende Integration als Ziel der Gemeinschaften zu einer besonderen Gewichtung der systematischen und teleologischen Methode führt (*Streinz* Europarecht, 8. Aufl Rn 570). Zu berücksichtigen sind dabei gegebenenfalls auch die verschiedenen Sprachfassungen der Richtlinie. Die Tatbestände des Anhangs sind sehr spezifisch und mit Blick auf besondere Fallgestaltungen formuliert. Hinzu kommt, dass Erwägungsgrund 17 der Richtlinie den Anhang I als „umfassende Liste" bezeichnet, sodass er als abschließend zu verstehen ist (*Büllesbach* S 36). Daher kommt **eine analoge Anwendung** grundsätzlich **nicht** in Betracht (OLG Köln GRUR-RR 11, 275, 276; OLG Nürnberg GRUR-RR 12, 14; *Köhler/Bornkamm* Anh § 3 III Rn 0.8; *Scherer* WRP 11, 393, 398 f; bedenklich daher BGH GRUR 12, 82 Rn 12 – *Auftragsbestätigung;* vgl unten Rn 74). Ob die Einzeltatbestände dagegen eng oder weit auszulegen sind, ist nicht generell vorgegeben, sondern bei jedem Tatbestand nach Systematik und Regelungszweck zu entscheiden. Ist einer der Tatbestände des Anhangs nicht erfüllt, so ergibt sich daraus keinerlei Indizwirkung für die Prüfung anhand der Art 5 bis 9 der Richtlinie bzw der §§ 3, 4 ff (ebenso *Apetz* S 543 ff; Harte/Henning/*Henning-Bodewig* Anh § 3 Abs 3 Vorb Rn 16; anders *E. Koch* S 96: prima facie zulässig); es kann gleichwohl eine unlautere Geschäftspraxis bzw geschäftliche Handlung angenommen werden, doch muss dann insbesondere geprüft werden, ob die Handlung geeignet ist, das wirtschaftliche Verhalten des Durchschnittsverbrauchers wesentlich zu beeinflussen bzw ob die Bagatellklausel des § 3 II eingreift.

Der Anhang I der Richtlinie unterscheidet in den einzelnen Tatbeständen zT zwi- **6** schen „Behauptung" (Nr 1, 3, 4, 7, 12, 17) und „Erwecken des fälschlichen (bzw unzutreffenden) Eindrucks" (Nr 9, 22, 23, 31). Daraus zu schließen, dass immer dann, wenn ein Tatbestand nur von „Behauptung" spricht, eine ausdrückliche Äußerung gemeint ist (so Köhler/*Bornkamm* Anh § 3 III Rn 1.4, 3.3, 7.2, 18.3; ebenso Harte/Henning/*Dreyer* Anh § 3 Abs 3 Nr 1 Rn 8; *Körber/Mann* GRUR 08, 737, 739), überbewertet allerdings den Wortlaut der Richtlinie, der ohnehin nicht konsistent erscheint. So unterscheidet der Anhang I auch zwischen „Behauptung ... obgleich dies nicht der Fall ist" (Nr 1, 3, 4), „falsche Behauptung" (Nr 7, 17) und „sachlich falsche Behauptung" (Nr 12), ohne dass ein Unterschied in der Bedeutung erkennbar wäre. Vor allem aber wird in einigen Tatbeständen die Behauptung neben dem Erwecken des Eindrucks genannt (Nr 9, 22), in anderen nicht (Nr 21, 23, 24, 31). Es wäre aber ebenso wenig überzeugend, aus diesem Unterschied zu schließen, dass bei fehlender Erwähnung der Behauptung eine ausdrückliche Äußerung nicht erfasst wäre. Dem Richtlinienzweck (Art 1) entspricht es eher, **ausdrückliche und konkludente Äußerungen gleich zu behandeln,** zumal eine Abgrenzung ohnehin kaum möglich sein wird, will man den Anwendungsbereich des Anhangs nicht auf den exakten Wortlaut begrenzen und dadurch dem Missbrauch Tür und Tor öffnen. Die vorstehenden Überlegungen gelten in gleicher Weise für den Anhang zum UWG, der entsprechend zwischen „unwahren Angaben" und „Erwecken des unzutreffenden Eindrucks" unterscheidet (ebenso *Büllesbach* S 42; *Lindacher* WRP 12, 40; *Loschelder* 100 Jahre Wettbewerbszentrale, S 169, 180).

B. Die einzelnen Tatbestände

1. Verhaltenskodex unterzeichnet

Anhang UWG: „1. die unwahre Angabe eines Unternehmers, zu den Unterzeichnern eines Verhaltenskodexes zu gehören;"

RL Anhang I: „1. Die Behauptung eines Gewerbetreibenden, zu den Unterzeichnern eines Verhaltenskodex zu gehören, obgleich dies nicht der Fall ist."

Ein **Verhaltenskodex** ist eine Vereinbarung oder eine Vorschrift über das Verhal- **7** ten von Unternehmern, zu welchem sich diese in Bezug auf Wirtschaftszweige oder einzelne geschäftliche Handlungen verpflichtet haben, ohne dass sich solche Verpflichtungen aus Gesetzes- oder Verwaltungsvorschriften ergeben (§ 2 I Nr 5, Art 2 lit f UGP-RL, vgl § 2 Rn 82ff). Gemeint sind vor allem die von Wirtschaftsverbänden initiierten Werbe- und Wettbewerbsrichtlinien, die es in allen möglichen Branchen gibt (vgl MüKoUWG/*Sosnitza* Grundl Rn 42 ff; *ders*, FS Bechtold 2006, S 515, 522 mwN). Ziff 1 und Ziff 3 zeigen, dass auch die UGP-RL nicht jeden Verstoß gegen einen Verhaltenskodex bereits für sich als unlauter ansieht (BGH GRUR 11, 431 Rn 15 – *FSA-Kodex;* vgl § 3 Rn 29). **Unwahr** ist die Angabe, wenn der Unternehmer objektiv nicht zu den Unterzeichnern eines Verhaltenskodexes gehört. Auf die Bösgläubigkeit des Unternehmers kommt es nicht an, sodass auch irrtümlich unwahre Angaben erfasst werden (*Büllesbach* S 42). Es muss dabei nicht ausdrücklich behauptet werden, dass die dort verankerten Standards eingehalten würden (dazu Art 6 II lit b UGP-RL und § 5 I 2 Nr 6), denn dies erwartet der Verkehr – wie bei der Werbung mit bestimmten Normen (BGH GRUR 92, 117 – IEC-Publikation; GRUR 85, 973, 974 – DIN 2093; MüKoUWG/*Busche* § 5 Rn 368) – auch schon aufgrund der bloßen Bezugnahme auf die Unterzeichnereigenschaft (BR-Dr 345/08, S 61). Der Tatbestand ist erfüllt, wenn überhaupt keine Verpflichtungserklärung abgegeben wurde. Nicht erfasst ist dagegen der Fall, dass sich der Unternehmer zwar zur Einhaltung des Kodexes verpflichtet hat, das Regelwerk aber aus irgendwelchen Gründen unwirksam ist (ebenso *Schöttle* WRP 09, 673, 674; aA *Dreyer* WRP 07, 1294, 1299; *Scherer* NJW 09, 324, 326), da anderenfalls das Gericht inzident unter Umständen komplexe (kartellrechtliche) Prüfungen der Wirksamkeit des Kodexes vorzunehmen hätte, wodurch das Ziel der Rechtssicherheit (Erwägungsgrund 17 der Richtlinie) beeinträchtigt würde. Unwahre Angaben über den Inhalt eines Kodexes fallen ebenfalls nicht unter Ziff 1 (*Dreyer* WRP 07, 1294, 1299).

2. Verwendung von Zeichen ohne Genehmigung

Anhang UWG: „2. die Verwendung von Gütezeichen, Qualitätskennzeichen oder Ähnlichem ohne die erforderliche Genehmigung;"

RL Anhang I: Identischer Wortlaut

8   Unerheblich ist, ob die beworbenen Waren die durch das Zeichen verbürgte Qualität aufweisen, da sich der Vorwurf auf die unzutreffende Behauptung, zu den autorisierten Zeichennehmern zu gehören, bezieht (BT-Dr 16/10 145, S 31). Es kommt daher nur darauf an, ob eine formal erforderliche **Genehmigung** nicht vorliegt. Ob die Genehmigung öffentlich-rechtlich oder zivilrechtlich, zB als Lizenz erfolgt, ist unerheblich (Köhler/*Bornkamm* Anh § 3 III Rn 2.4).

9   Zu den **Gütezeichen und Qualitätskennzeichen** gehören insbesondere Zertifikate, die in sog Zertifizierungsverfahren erteilt werden (§ 5 Rn 259f), wie zB das „GS"-Zeichen („Geprüfte Sicherheit", § 7 I 2 GPSG), TÜV, DEKRA (vgl OLG Hamm GRUR-RR 12, 285), VDE und CMA (OLG Köln GRUR-RR 11, 275, 276). Bei der CE-Kennzeichnung (vgl zB § 6 GPSG, § 9 MPG) kommt es darauf an, ob eine Prüfung durch eine behördlich anerkannte Stelle vorausgesetzt wird; bestätigt der Hersteller lediglich selbst die Konformität des Produkts mit EG-Bestimmungen, so ist keine Genehmigung erforderlich, so dass auch eine Einordnung als ähnliches Zeichen nicht möglich ist (ebenso LG Darmstadt MMR 09, 277 – *BVDVA-geprüft*). Gleiches gilt für selbst erfundene Zeichen (OLG Köln GRUR-RR 11, 275, 276). Weiter fallen unter Ziff 2 Umweltzeichen nach der VO Nr 1980/2000 (ABl L 237/1 v 21.9.2000) sowie das EU-Gemeinschaftsemblem für ökologischen Landbau nach der EG-Ökoverordnung Nr 2092/91 (ABl L 198/1 v 22.7.1991). Gleiches gilt für das 4-Sterne-Kennzeichen der Gütegemeinschaft Buskomfort eV für Reisebusse (LG Saarbrücken WRP 05, 386; LG Oldenburg WRP 07, 474) und das „Trusted-Shops"-Siegel, das die Einhaltung bestimmter Datensicherheitsstandards im Online-Handel zertifiziert (*Büllesbach* S 48). **Nicht** unter Ziff 2 fallen Testsiegel (zB Stiftung Warentest), da sie auf wertenden Vergleichstests beruhen, aber nicht dazu dienen, bestimmte Unternehmens- oder Produkteigenschaften auf einen Blick erkennbar zu machen (OGH wbl 10, 483, 484 – *Sanovit Mystic;* OLG Köln GRUR-RR 11, 275, 276; *Koppe/Zagouras,* WRP 08, 1035, 1045). Ebenso wenig werden Angaben erfasst, die nicht unternehmens- oder produktbezogen sind, wie etwa Orts- oder Regionalbezeichnungen iVm dem Titel einer Bierkönigin (OLG Nürnberg GRUR-RR 12, 14 – *Oberpfälzer Bierkönigin*).

3. Billigung eines Verhaltenskodexes

Anhang UWG: „**3. die unwahre Angabe, ein Verhaltenskodex sei von einer öffentlichen oder anderen Stelle gebilligt;**"

RL Anhang I: „3. Die Behauptung, ein Verhaltenskodex sei von einer öffentlichen oder anderen Stelle gebilligt, obgleich dies nicht der Fall ist."

10   Wie bei Ziff 1 (Rn 6) liegt eine unwahre Angabe auch bei einer irrtümlich unzutreffenden Aussage vor. Ein Beispiel für die Billigung eines Verhaltenskodexes durch eine öffentliche Stelle ist die Anerkennung von Wettbewerbsregeln durch das BKartA nach §§ 24 III, 26 GWB (vgl § 4 Rn 11/13; *Sosnitza* FS Bechtold, S 515). Ob die Be-

Anhang (zu § 3 Absatz 3) **Anhang zu § 3 Abs 3 UWG**

hauptung ausdrücklich oder konkludent erfolgt, ist unerheblich (Rn 6). Inhaltlich macht es keinen Unterschied, ob ein bestehendes Billigungsverfahren nicht durchlaufen wurde oder ob es das behauptete Verfahren gar nicht gibt.

Öffentliche Stellen sind Ministerien oder sonstige Behörden. **Andere Stellen** 11 sind nur solche, die im Verhältnis zu öffentlichen Stellen einen vergleichbaren Glaubwürdigungsstatus besitzen, wie zB Industrie- und Handelskammern, Wirtschafts- und Verbraucherverbände (*Büllesbach* S 52f).

4. Bestätigung, Billigung oder Genehmigung

> Anhang UWG: „4. **die unwahre Angabe, ein Unternehmer, eine von ihm vorgenommene geschäftliche Handlung oder eine Ware oder Dienstleistung sei von einer öffentlichen oder privaten Stelle bestätigt, gebilligt oder genehmigt worden, oder die unwahre Angabe, den Bedingungen für die Bestätigung, Billigung oder Genehmigung werde entsprochen;"**

RL Anhang I: „4. Die Behauptung, dass ein Gewerbetreibender (einschließlich seiner Geschäftspraktiken) oder ein Produkt von einer öffentlichen oder privaten Stelle bestätigt, gebilligt oder genehmigt worden sei, obwohl dies nicht der Fall ist, oder die Aufstellung einer solchen Behauptung, ohne dass den Bedingungen für die Bestätigung, Billigung oder Genehmigung entsprochen wird."

Ziff 4 enthält kein generelles Verbot von Geschäftspraktiken, die nicht von einer 12 zuständigen Stelle genehmigt wurden und deckt daher auch nicht ein Verbot von Ausverkäufen ohne vorherige behördliche Genehmigung (EuGH GRUR 13, 297 Rn 38f – *Köck*). Erfasst werden vielmehr spezifische Fälle, in denen bestimmte Anforderungen insbesondere an die Qualität eines Gewerbetreibenden oder seiner Waren gestellt werden (EuGH GRUR 13, 297 Rn 39 – *Köck*).

In der *ersten Alternative* wird über das Vorliegen einer Bestätigung, Billigung oder 13 Genehmigung irregeführt. Während eine „Bestätigung" und „Genehmigung" eine besondere Form der Anerkennung oder Erlaubnis voraussetzen, liegt in einer „Billigung" eher eine informelle Art des Gutheißens (OLG Köln GRUR-RR 11, 275, 277; *Büllesbach* S 54). Beispiele sind etwa die falsche Behauptung, die Verlosung erfolge unter Aufsicht eines Notars oder die Verwendung eines Stempels durch Sachverständigen erweckt den Eindruck, er sei öffentlich bestellt. Es bestehen Überschneidungen mit Ziff 2 und Ziff 3; wie bei Ziff 2 geht es um die Bewertung eines Produkts anhand objektiver Kriterien durch eine mit gewisser Autorität ausgestattete „erteilende Stelle", worunter die Stiftung Warentest nicht fällt, da Testurteile dem Nutzer nur nützliche Informationen ohne empfehlenden Charakter bieten sollen (OLG Köln GRUR-RR 11, 275, 277). Unter Ziff 4 fällt dagegen die Angabe, „Sponsor" eines (sportlichen) Großereignisses zu sein, obwohl keine Zulassung durch den Veranstalter vorliegt, nicht aber die bloße Verwendung offizieller Kennzeichen oder Symbole eines solchen Ereignisses (*Körber/Mann* GRUR 08, 737, 739).

In der *zweiten Alternative* liegt zwar eine Bestätigung, Billigung oder Genehmigung 14 vor, doch werden die Bedingungen dafür nicht oder nicht mehr eingehalten, etwa wegen Änderung des Produkts (OLG Köln GRUR-RR 11, 275, 277). Problematisch ist der Fall, dass eine Bestätigung, Billigung oder Genehmigung **zu Unrecht** erteilt wurde. Hier wird man differenzieren müssen. Geht die erteilende Stelle irrtümlich von *falschen* Voraussetzungen aus und werden diese erfüllt (Behörde geht von zu niedrigem Grenzwert aus), ist Ziff 4 nicht gegeben (Köhler/*Bornkamm* Anh § 3 III Rn 4.5); geht die Stelle dagegen von den richtigen Voraussetzungen aus, nimmt aber irrtümlich an, diese würden erfüllt (Behörde geht von richtigem Grenzwert aus, misst diesen aber falsch), ist Ziff 4 anwendbar. In jedem Fall kann daneben § 5 eingreifen (BGH GRUR 98, 1043, 1044 – *GS-Zeichen*). Ob die Behauptung jeweils ausdrücklich oder konkludent erfolgt, ist unerheblich (Rn 6; ebenso *Loschelder* 100 Jahre Wettbewerbszentrale, S 169, 180).

5. Lockangebote

Anhang UWG: „5. Waren- oder Dienstleistungsangebote im Sinne des § 5a Abs 3 zu einem bestimmten Preis, wenn der Unternehmer nicht darüber aufklärt, dass er hinreichende Gründe für die Annahme hat, er werde nicht in der Lage sein, diese oder gleichartige Waren oder Dienstleistungen für einen angemessenen Zeitraum in angemessener Menge zum genannten Preis bereitzustellen oder bereitstellen zu lassen (Lockangebote). Ist die Bevorratung kürzer als zwei Tage, obliegt es dem Unternehmer, die Angemessenheit nachzuweisen."

RL Anhang I: „5. Aufforderung zum Kauf von Produkten zu einem bestimmten Preis, ohne dass darüber aufgeklärt wird, dass der Gewerbetreibende hinreichende Gründe für die Annahme hat, dass er nicht in der Lage sein wird, dieses oder ein gleichwertiges Produkt zu dem genannten Preis für einen Zeitraum und in einer Menge zur Lieferung bereitzustellen oder durch einen anderen Gewerbetreibenden bereitstellen zu lassen, wie es in Bezug auf das Produkt, den Umfang der für das Produkt eingesetzten Werbung und den Angebotspreis angemessen wäre (Lockangebote)."

15 Der Tatbestand soll den Fall der mangelnden Vorratshaltung erfassen (vgl § 5 Rn 240 ff), auch wenn der Vorwurf nicht in der unzulänglichen Bevorratung, sondern in der unzureichenden Aufklärung über eine unzulängliche Bevorratung liegt (BGH GRUR 11, 340 Rn 18 – *Irische Butter*). Er fügt sich allerdings insofern nur schwer in den Katalog des Anhangs ein, als er durch eine Vielzahl unbestimmter Rechtsbegriffe geprägt ist („hinreichende Gründe", „gleichwertiges Produkt", „angemessen") und dadurch Wertungen erfordert, die nach dem Anhang eigentlich gerade ausgeschlossen sein sollen (krit auch Köhler/*Bornkamm* Anh § 3 III Rn 5.1).

16 Der RefE sah noch vor, dass § 5 V bestehen bleibt, sodass fraglich war, ob § 5 V neben Ziff 5 des Anhangs noch ein eigenständiger Anwendungsbereich verbleibt. Die Entwurfsbegründung betonte, dass die Tatbestände an unterschiedliche Vorwürfe anknüpften; während § 5 V auf die nicht ausreichende Bevorratung als solche abstelle, beziehe sich Ziff 5 des Anhangs allein auf die fehlende Aufklärung, so dass § 5 V ein eigener Anwendungsbereich in den Fällen verbleibe, in denen der Adressat das Lockangebot trotz – oder gerade wegen – des Hinweises wahrnehmen möchte, die Ware werde voraussichtlich nicht für alle Interessenten ausreichen (RefE, S 54). Häufig wird aber durch einen solchen aufklärenden Hinweis (vgl unten Rn 19) gerade auch § 5 V ausgeschlossen sein (*Lettl* WRP 08, 155, 164 f). Die Novelle von 2008 löste die Konkurrenzfrage in der Weise, dass § 5 V aF aufgehoben und dafür in Ziff 5 S 2 des Anhangs die bisher in § 5 V 2 enthaltene Zwei-Tages-Frist aufgenommen wurde. Die Vorgaben der Richtlinie und das Prinzip der Vollharmonisierung fordern eine Aufgabe der als Darlegungs- und Beweislastregel verstandenen Zwei-Tages-Frist nicht, da die Frage der Beweislast nach Erwägungsgrund 21 der Richtlinie vom innerstaatlichen Recht bestimmt wird (BT-Dr 16/10 145, S 31). Ein kommentarloses Internetangebot wird dahin verstanden, dass die beworbene Ware unverzüglich versandt werden kann, sodass bei fehlender Fähigkeit in näherer Zukunft liefern zu können, Ziff 5 erfüllt ist (OLG Hamm MMR 10, 697).

17 Der **Zeitraum,** innerhalb dessen der Werbende die beworbene Ware zur Vermeidung einer Irreführung vorhalten muss (Mindestdauer der Verfügbarkeit), lässt sich nicht generell festlegen. Die Dauer dieses Zeitraums entzieht sich einer schematischen Betrachtung. Ziff 5 S 2 begründet deshalb auch nur die **widerlegliche Vermutung,** dass ein Warenvorrat nicht angemessen ist, wenn er nicht ausreicht, die Nachfrage für *zwei Tage* zu decken (vgl BegrRegEntw, B zu § 5, BT-Drucks 15/1487, S 20). Reicht

Anhang (zu § 3 Absatz 3) **Anhang zu § 3 Abs 3 UWG**

der Warenvorrat nicht für zwei Tage, ist es Sache des Beklagten (des Werbenden), den Nachweis für die eine geringere Vorratshaltung rechtfertigenden Gründe zu führen, etwa für unvorhersehbare Lieferschwierigkeiten, unverschuldeten vorzeitigen Ausverkauf, höhere Gewalt (zB Brand oder Diebstahl) oder sonstige Umstände, die den Werbenden entlasten (BGH GRUR 82, 681, 682 – *Skistiefel;* GRUR 83, 582, 583 – *Tonbandgerät;* GRUR 83, 650 – *Kamera;* GRUR 85, 980, 981 – *Tennisschuhe;* GRUR 87, 52, 53 – *Tomatenmark;* GRUR 87, 371, 372 – *Kabinettwein;* GRUR 89, 609, 610 – *Fotoapparate;* GRUR 02, 187, 188 f – *Lieferstörung,* stRspr). Aber auch einzelne verschuldete Fehlleistungen sind nicht stets ein Grund, die Werbung als irreführend anzusehen. Bei Unternehmen, die (wie Lebensmittelmärkte ua) eine Vielzahl einzelner Artikel und Warengattungen führen und bewerben, stellt der Verkehr einen gelegentlichen Ausreißer beim Einkauf oder bei der Disposition in Rechnung (BGH aaO – *Tomatenmark).* Ein anderes gilt bei einer besonderen (zB blickfangartigen) Ankündigung gerade des fehlenden Artikels. Der Verkehr erwartet bei einer einschränkungslos angebotenen Ware regelmäßig, dass sie **in allen Filialen** des Unternehmens in ausreichender Menge erworben werden kann (BGH GRUR 11, 340 Rn 23 – *Irische Butter).*

In Abgrenzung zur folgenden Ziff 6 des Anhangs („bait-and-switch"-Technik) **18** hebt die Entwurfsbegründung zudem hervor, dass der Begriff **„gleichartige Waren oder Dienstleistungen"** eng auszulegen sein soll. Eine Vergleichbarkeit liegt danach nur vor, wenn die Waren oder Dienstleistungen tatsächlich gleichwertig und aus Sicht der Verbraucher austauschbar sind, wobei auch subjektive Gesichtspunkte, wie etwa der Wunsch nach Erwerb eines bestimmten Markenprodukts, eine Rolle spielen kann (BT-Dr 16/10 145, S 31). Daher ist ein unter einer Handelsmarke vertriebenes Produkt nicht mit einem beworbenen Markenprodukt gleichartig, selbst wenn es objektiv gleichwertig ist (BGH GRUR 11, 340 Rn 25 – *Irische Butter).*

Ziff 5 wird durch einen **aufklärenden Hinweis** ausgeschlossen. Ein solcher Hin- **19** weis muss bereits in der werblichen Ankündigung (nicht erst im Geschäft) erfolgen und hinreichend **klar formuliert, leicht lesbar** und **gut erkennbar** sein (BGH GRUR 11, 340 Rn 23 – *Irische Butter).* Inhaltlich genügen etwa die Angabe der konkreten Warenmenge (vgl BGH GRUR 11, 340 Rn 18 – *Irische Butter)* oder Formulierungen wie „Keine Mitnahmegarantie. Sofern nicht vorhanden, gleich bestellen. Wir liefern umgehend" (vgl BGH GRUR 03, 163, 164 – *Computerwerbung II)* oder „Abgabe nur in haushaltsüblichen Mengen, solange der Vorrat reicht" (vgl BGH GRUR 04, 343, 344 – *Playstation);* der Hinweis „Dieser Artikel kann aufgrund begrenzter Vorratsmenge bereits am ersten Angebotstag ausverkauft sein" korrigiert allerdings nicht die berechtigte Erwartungshaltung, dass der Artikel zumindest am ersten Tag bei Ladenöffnung vorhanden ist (vgl BGH GRUR 11, 340 Rn 13 – *Irische Butter).*

6. „Bait-and-Switch"

Anhang UWG: „6. Waren- oder Dienstleistungsangebote im Sinne des § 5 a Abs 3 zu einem bestimmten Preis, wenn der Unternehmer sodann in der Absicht, stattdessen eine andere Ware oder Dienstleistung abzusetzen, eine fehlerhafte Ausführung der Ware oder Dienstleistung vorführt oder sich weigert zu zeigen, was er beworben hat, oder sich weigert, Bestellungen dafür aufzunehmen oder die beworbene Leistung innerhalb einer vertretbaren Zeit zu erbringen;"

RL Anhang I: „6. Aufforderung zum Kauf von Produkten zu einem bestimmten Preis und dann
a) Weigerung, dem Verbraucher den beworbenen Artikel zu zeigen, oder
b) Weigerung, Bestellungen dafür anzunehmen oder innerhalb einer vertretbaren Zeit zu liefern,

Sosnitza

oder

c) Vorführung eines fehlerhaften Exemplars in der Absicht, stattdessen ein anderes Produkt abzusetzen („bait-and-switch"-Technik)."

20 Vor allem diesem Tatbestand dürfte in Deutschland keine allzu große praktische Bedeutung zukommen. Er setzt ein zielgerichtetes Vorgehen des Unternehmers voraus („in der Absicht"), das vom Anspruchsberechtigten gegebenenfalls zu beweisen ist; insofern wird es nicht zulässig sein, die Beweislast – entsprechend Ziff 5 des Anhangs und § 5 V aF – umzukehren, da dem Unternehmer der negative Beweis kaum möglich wäre. Ebenso problematisch ist es, von objektiven Umständen auf einen entsprechenden Vorsatz des Unternehmens zu schließen (so aber Köhler/Bornkamm Anh § 3 III Rn 6.5; *Lettl* WRP 08, 155, 161), denn auch bei besonders beworbenen Produkten kann sich ein Vorführmodell immer einmal als defekt erweisen, zumal die Regelung nach der Entwurfsbegründung nicht auf Sonderangebote begrenzt sein soll (BT-Dr 16/10 145, S 31).

21 Der Schutzzweck der Regelung gebietet, unabhängig vom Vorsatz, schon auf der objektiven Tatbestandsebene eine teleologische Reduktion dahingehend, dass ein Lauterkeitsverstoß ausscheidet, soweit für die Weigerung des Unternehmers sachliche Gründe, zB zweifelhafte Bonität des Verbrauchers, unvorhersehbare Lieferschwierigkeiten oder höhere Gewalt, bestehen (*Lettl* WRP 08, 155, 160; aA *Schöttle* WRP 09, 673, 676).

7. Begrenzte Verfügbarkeit

Anhang UWG: „7. die unwahre Angabe, bestimmte Waren oder Dienstleistungen seien allgemein oder zu bestimmten Bedingungen nur für einen sehr begrenzten Zeitraum verfügbar, um den Verbraucher zu einer sofortigen geschäftlichen Entscheidung zu veranlassen, ohne dass dieser Zeit und Gelegenheit hat, sich auf Grund von Informationen zu entscheiden;"

RL Anhang I: „7. Falsche Behauptung, dass das Produkt nur eine sehr begrenzte Zeit oder nur eine sehr begrenzte Zeit zu bestimmten Bedingungen verfügbar sein werde, um so den Verbraucher zu einer sofortigen Entscheidung zu verleiten, so dass er weder Zeit noch Gelegenheit hat, eine informierte Entscheidung zu treffen."

22 Nach der Gesetzesbegründung soll es sich um „Fälle der Ausübung psychologischen Kaufzwangs durch übertriebenes Anlocken" handeln (BT-Dr 16/10 145, S 31). Dies ist insofern unzutreffend, als es tatsächlich um einen Fall der Irreführung geht, der mit den Kategorien des „psychologischen Kaufzwangs" und des „übertriebenen Anlockens" iSd § 4 Nr 1 (vgl § 4 Rn 1/80f) nichts zu tun haben muss. Um so bedenklicher ist es, diese Topoi in eine Gesetzesbegründung aufzunehmen, zumal diese Fallgruppen im Zuge der Liberalisierung des Lauterkeitsrechts mehr denn je im Streit stehen (*Sosnitza* WRP 08, 1014, 1022; vgl § 4 Rn 1/80 aE mwN). Daher sind Sonderangebote, mögen sie auch nur für einen sehr kurzen Zeitraum gewährt werden, nicht von Ziff 7 erfasst, da es sich nicht um unwahre Angaben handelt. Ebenso wenig fällt darunter die Ankündigung eines Ausverkaufs ohne vorherige behördliche Genehmigung (EuGH GRUR 13, 297 Rn 40 – *Köck*).

23 Tatsächlich meint Ziff 7 Fälle, in denen **irreführend** behauptet wird, dass eine Ware aufgrund äußerer Umstände nur noch kurz erhältlich sei (Händler weist zB auf angeblichen Produktions- oder Lieferstopp des Herstellers in). Die unwahre Angabe kann sich aber auch auf Umstände des erklärenden Unternehmers selbst beziehen, etwa wenn ein Angestellter im Verkaufsgespräch behauptet, die Rabattaktion werde morgen beendet, obwohl die Geschäftsleitung dies überhaupt nicht vor hat. Von einer unwahren Angabe ist auch auszugehen, wenn der Unternehmer ein zeitlich begrenztes Sonderangebot von vornherein in der Absicht ankündigt, es nach Ablauf des angekündigten Zeitraums in gleicher Form fortzusetzen. Dagegen muss es der unternehmerischen Entscheidung freistehen, auf veränderte Marktverhältnisse zu reagieren und getroffene Entscheidungen auch zu korrigieren, so dass es zulässig ist, dass ein Unternehmer sich entschließt, ein ursprünglich begrenztes Sonderangebot später auszuweiten oder fortzusetzen (ebenso Köhler/*Bornkamm* Anh § 3 III Rn 7.4; Harte/Henning/*Weidert* Anh § 3 Abs 3 Nr 7 Rn 16). Kündigt er dies umgehend an, so wird sein bis dahin begrenztes Angebot nicht zu einer unwahren Angabe.

Die Unwahrheit der Angabe über die begrenzte Verfügbarkeit alleine genügt **24** nicht, da noch hinzu kommen muss, dass der Verbraucher keine Zeit und Gelegenheit hat, sich aufgrund von Informationen zu entscheiden, ihm also die Möglichkeit genommen wird, sich vor einem Geschäftsabschluss über andere Angebote zu informieren. Erfasst werden daher nur ganz besondere Fallkonstellationen mit sehr engem Zeitfenster. Zu berücksichtigen sind dabei alle dem Verbraucher vernünftigerweise in der konkreten Situation zur Verfügung stehenden Informationsquellen (zB auch Internet), sodass selbst Angebote, die auf einen Tag begrenzt sind, noch genügend Zeit lassen können, um sich anderweitig zu informieren.

Ob die Behauptung ausdrücklich oder konkludent erfolgt, ist unerheblich (Rn 6). **25**

8. Sprachenwechsel

Anhang UWG: „8. Kundendienstleistungen in einer anderen Sprache als derjenigen, in der die Vertragsverhandlungen vor dem Abschluss des Geschäfts geführt worden sind, wenn die ursprünglich verwendete Sprache nicht Amtssprache des Mitgliedstaats ist, in dem der Unternehmer niedergelassen ist; dies gilt nicht, soweit Verbraucher vor dem Abschluss des Geschäfts darüber aufgeklärt werden, dass diese Leistungen in einer anderen als der ursprünglich verwendeten Sprache erbracht werden;"

RL Anhang I: „8. Verbrauchern, mit denen der Gewerbetreibende vor Abschluss des Geschäfts in einer Sprache kommuniziert hat, bei der es sich nicht um eine Amtssprache des Mitgliedstaats handelt, in dem der Gewerbetreibende niedergelassen ist, wird eine nach Abschluss des Geschäfts zu erbringende Leistung zugesichert, diese Leistung wird anschließend aber nur in einer anderen Sprache erbracht, ohne dass der Verbraucher eindeutig hierüber aufgeklärt wird, bevor er das Geschäft tätigt."

Hier besteht die Irreführung in der enttäuschten Erwartung des Verbrauchers, **26** auch die Kundendienstleistungen würden in der von der Landessprache des Unternehmers abweichenden, vor Vertragsschluss verwendeten Sprache erbracht. Demgegenüber nicht erfasst ist der Fall, dass der Vertrag in der Landessprache des Unternehmers angebahnt worden ist, dann aber in einer anderen Sprache abgewickelt wird. Da hier danach zu unterscheiden ist, ob die Leistung in einer dem Verbraucher geläufigen oder in einer dritten Sprache erbracht wird, ist für ein Verbot ohne Wertungsvorbehalt kein Raum (BT-DR 16/10 145, S 32).

Die Gesetzesbegründung stellt ausdrücklich klar, dass **ausschließlich Kunden-** **27** **dienstleistungen** gemeint sind, wie sich aus der englischen („after-sales service") und aus der französischen Textfassung („service après-vente") der Richtlinie ergibt. Daher greift die Regelung nicht ein, wenn die vertragliche Hauptleistung in einer anderen Sprache erbracht wird. Der letzte Halbsatz der Ziff 8 stellt außerdem klar, dass der Unternehmer dem Verbot entgehen kann, wenn der Verbraucher vor Geschäftsabschluss entsprechend aufgeklärt wird.

9. Verkehrsfähigkeit

Anhang UWG: „9. die unwahre Angabe oder das Erwecken des unzutreffenden Eindrucks, eine Ware oder Dienstleistung sei verkehrsfähig;"

UWG Anhang zu § 3 Abs 3

RL Anhang I: „9. Behauptung oder anderweitige Herbeiführung des Eindrucks, ein Produkt könne rechtmäßig verkauft werden, obgleich dies nicht der Fall ist."

28 Dieses Verbot betrifft vor allem Waren oder Dienstleistungen, deren Besitz, bestimmungsgemäße Benutzung oder Entgegennahme gegen ein gesetzliches Verbot verstößt, zB beim Fehlen der Betriebserlaubnis für ein technisches Gerät (BT-Dr 16/10 145, S 32). Zu beachten ist, dass sich Ziff 9 **nur** auf **produktbezogene** Verkehrsverbote bezieht und daher nicht eingreift, wenn ein an sich verkehrsfähiges Produkt nur unter unerlaubten Umständen (irreführende sonstige Bewerbung, Verkauf außerhalb der Ladenöffnungszeiten) abgesetzt wird (ebenso *Büllesbach* S 74; *Köhler/Bornkamm* Anh § 3 III Rn 9.4). Produktbezogene Verkehrsverbote ergeben sich vor allem aus öffentlich-rechtlichen Beschränkungen. Beispiele sind die gesetzlichen Verkaufsverbote für jugendgefährdende Schriften, für Drogen oder Waffen sowie für menschliche Organe. Nach § 11 I 1 LFGB (ab dem 13.12.2014 Art 7 LMIV 1169/2011) ist es verboten, Lebensmittel unter irreführender Bezeichnung, Angabe oder Aufmachung gewerbsmäßig in den Verkehr zu bringen. Somit besteht für irreführend etikettierte Lebensmittel ein Verkehrsverbot, sodass das Anbieten und Bewerben derartiger Lebensmittel unter Ziff 9 fällt. Es ist kein Grund ersichtlich, den Begriff der fehlenden Verkehrsfähigkeit auf Fälle der potenziellen Gefährlichkeit des Produkts zu beschränken (ebenso *Köhler/Bornkamm* Anh § 3 III Rn 9.6; aA *Leible* GRUR 10, 183, 187 ff). Auch der Verstoß gegen das Sichtfeldgebot, wonach Verkehrsbezeichnung, Mindesthaltbarkeitsdatum und Füllmengenangabe bei Lebensmitteln in einem Sichtfeld erscheinen müssen, führt nach § 3 III LMKV zum Verkehrsverbot und damit zur Anwendung von Ziff 9 (aA *v Jagow* GRUR 10, 190, 192). Dagegen führt **nicht** schon jeder Verstoß gegen **subjektive Rechte Dritter** zu einem Verkehrsverbot für das Produkt als solches. Insbesondere Eingriffe in **geistige Eigentumsrechte** (Patente, Urheberrechte, Markenrechte etc) gewähren nur subjektive Abwehrrechte des Inhabers, lassen aber die Verkehrsfähigkeit des Produkts als solches unberührt (aA jurisPK-UWG/*Link* Anh § 3 III Nr 9 Rn 6).

29 Ob die Behauptung ausdrücklich oder konkludent erfolgt, ist unerheblich (Rn 6). In der Regel wird der Eindruck der Verkehrsfähigkeit schon dadurch erweckt, dass das Produkt zum Verkauf angeboten bzw beworben wird.

10. Verbraucherrechte als Besonderheit

Anhang UWG: „10. die unwahre Angabe oder das Erwecken des unzutreffenden Eindrucks, gesetzlich bestehende Rechte stellten eine Besonderheit des Angebots dar;"

RL Anhang I: „10. Den Verbrauchern gesetzlich zugestandene Rechte werden als Besonderheit des Angebots des Gewerbetreibenden präsentiert."

30 Es handelt sich um einen typischen Fall der Werbung mit Selbstverständlichkeiten (§ 5 Rn 192 ff). Im RefE wurde noch darauf hingewiesen, dass diese Ziffer vor allem Verbraucherrechte betreffe, da der Anhang nur für Wettbewerbshandlungen gilt, die Verbrauchern gegenüber vorgenommen werden. In der Gesetzesbegründung findet sich dieser Hinweis nicht mehr (BT-Dr 16/10 145, S 32), doch ergibt sich das Gleiche durch richtlinienkonforme Auslegung. Die Rechte müssen **als Besonderheit** dargestellt, also besonders herausgehoben werden. Dafür genügt noch nicht der Hinweis auf bestehende Rechte, zumal der Unternehmer dazu verpflichtet sein kann, vgl §§ 312 II, 312c BGB.

11. Als Information getarnte Werbung

Anhang UWG: „11. der vom Unternehmer finanzierte Einsatz redaktioneller Inhalte zu Zwecken der Verkaufsförderung, ohne dass sich dieser Zu-

Anhang (zu § 3 Absatz 3) **Anhang zu § 3 Abs 3 UWG**

sammenhang aus dem Inhalt oder aus der Art der optischen oder akustischen Darstellung eindeutig ergibt (als Information getarnte Werbung);"

RL Anhang I: „11. Es werden redaktionelle Inhalte in Medien zu Zwecken der Verkaufsförderung eingesetzt und der Gewerbetreibende hat diese Verkaufsförderung bezahlt, ohne dass dies aus dem Inhalt oder aus für den Verbraucher klar erkennbaren Bildern und Tönen eindeutig hervorgehen würde (als Information getarnte Werbung). Die Richtlinie 89/552/EWG[1] bleibt davon unberührt."

Die Regelung entspricht dem presserechtlichen Gebot der Trennung von Werbung und redaktionellem Teil (vgl § 4 Rn 3/8ff). Sie gilt für alle Medien (Presse, Film, Rundfunk, Fernsehen, Tele- und Mediendienste und auch redaktionelle Beiträge im Internet) und soll auch Product-Placement erfassen (BT-Dr 16/10 145, S 32). Letzteres ist zweifelhaft, weil in der Produktplatzierung als solcher sicher keine redaktionelle Aussage liegt, sodass es keine „*als Information* getarnte Werbung" ist (*Büllesbach* S 80).   31

Ein Beitrag hat einen **redaktionellen Inhalt,** wenn er aus der Sicht eines Durchschnittsadressaten als objektive neutrale Berichterstattung durch das Medienunternehmen selbst erscheint (OLG Hamburg WRP 12, 476 Rn 11; OLG Karlsruhe WRP 12, 1131 Rn 32; *Köhler*/Bornkamm Anh § 3 III Rn 11.2). Dies ist nicht der Fall bei Bewertungen durch Verbraucher auf Meinungsportalen (*Kaumanns/Wießner* K&R 13, 145, 147), sodass gekaufte Bewertungen nicht unter Ziff 11, aber unter § 4 Nr 3 fallen (vgl § 4 Rn 3/46).   32

Ziff 11 setzt zwingend voraus, dass der Unternehmer die getarnte Werbung **bezahlt** hat, wofür allerdings jede Gegenleistung, auch Anzeigenaufträge, in Betracht kommt (OLG Düsseldorf WRP 11, 1085 Rn 30; OLG Hamburg WRP 10, 1183 Rn 8; *Köhler*/Bornkamm Anh § 3 III Rn 11.4). Für die Bezahlung ist der die Unterlauterkeit geltend machende Kläger darlegungs- und beweispflichtig. Gelingt dies nicht, kann immer noch § 4 Nr 3 eingreifen, der nicht auf eine Gegenleistung abstellt. Der Einsatz redaktioneller Inhalte muss **zu Zwecken der Verkaufsförderung** erfolgen. Der Begriff der Verkaufsförderung ist weit auszulegen, sodass alle Maßnahmen, die unmittelbar oder mittelbar der Absatzförderung dienen, einschließlich der Aufmerksamkeitswerbung und der Produktplatzierung (dazu aber oben Rn 31), umfasst sind (BGH GRUR 11, 163 Rn 18 – *Flappe;* BT-Dr 16/10145, S 32). An einem solchen Verkaufsförderungszweck fehlt es zB, wenn auf einem halbseitigen Vorschaltblatt („Flappe") über Titel- und Rückseite einer Zeitschrift auf der Vorderseite zwar der Eindruck eines redaktionellen Beitrags erweckt wird, aber ein beworbenes Unternehmen oder Produkt nicht erkennbar ist und bei Wahrnehmung der Gesamtaufmachung der Werbecharakter unverkennbar ist (BGH GRUR 11, 163 Rn 15, 18 – *Flappe;* vgl aber auch OLG Hamburg WRP 12, 1287 Rn 8–11). Ob landespresserechtliche Regelungen, die keinen Zweck der Verkaufsförderung erfordern, mit der UGP-RL vereinbar sind, ist Gegenstand eines Vorabentscheidungsverfahrens (BGH GRUR 12, 1056 Rn 14 – *GOOD NEWS*).   33

Nach S 2 der Ziff 11 des Anhangs I der Richtlinie bleibt die Fernseh-Richtlinie 89/552/EWG unberührt, obwohl sich dies bereits aus Art 3 IV der UGP-RL ergibt. Daher braucht S 2 der Ziff 11 des Anhangs I der Richtlinie auch nicht in das deutsche Recht umgesetzt zu werden (BT-Dr 16/10 145, S 32). Die Richtlinie 89/552/EWG wurde durch die Richtlinie 2010/13/EU über audiovisuelle Mediendienste ersetzt; nach Art 19 I 1 der Richtlinie 2010/13/EU muss Fernsehwerbung als   34

---

[1] Amtl Anm: Richtlinie 89/552/EWG des Rates vom 3. Oktober 1989 zur Koordinierung bestimmter Rechts- und Verwaltungsvorschriften der Mitgliedstaaten über die Ausübung der Fernsehtätigkeit (ABl L 298 vom 17.10.1989, S 23). Geändert durch die Richtlinie 97/36/EG des Europäischen Parlaments und des Rates (ABl L 202 vom 30.7.1997, S 60).

solche leicht erkennbar und vom redaktionellen Inhalt unterscheidbar sein; vgl auch Art 6e E-Commerce-RL.

35 Der Tatbestand ist nicht erfüllt, wenn sich aus dem Inhalt oder aus der Art der optischen oder akustischen Darstellung der **Werbecharakter eindeutig ergibt,** etwa durch eine Kennzeichnung als „Anzeige" (vgl § 4 Rn 3/24). Für die Erkennbarkeit als Werbung genügt allerdings nicht allein schon die Möglichkeit, dass der Verbraucher beim Lesen des redaktionellen Artikels den Zusammenhang mit einer beigestellten Anzeige erkennen kann (OLG Hamburg WRP 12, 476 Rn 13 ff). Ausreichend ist dagegen der Hinweis, dass ein Unternehmen den Gewinn eines Preisrätsels in einer Zeitschrift unentgeltlich zur Verfügung gestellt hat (OLG Karlsruhe WRP 12, 991 Rn 12, 14). Erkennbar muss darüber hinaus **auch** sein, dass es sich um **finanzierte** Werbung handelt (OLG Karlsruhe WRP 12, 1131 Rn 38).

12. Gefahrenangabe

Anhang UWG: „12. unwahre Angaben über Art und Ausmaß einer Gefahr für die persönliche Sicherheit des Verbrauchers oder seiner Familie für den Fall, dass er die angebotene Ware nicht erwirbt oder die angebotene Dienstleistung nicht in Anspruch nimmt;"

RL Anhang I: „12. Aufstellen einer sachlich falschen Behauptung über die Art und das Ausmaß der Gefahr für die persönliche Sicherheit des Verbrauchers oder seiner Familie für den Fall, dass er das Produkt nicht kauft."

36 Wie sich aus dem Begriff der **Gefahr für die persönliche Sicherheit** ergibt, muss es sich um erhebliche Risiken für die körperliche Integrität oder gar das Leben des Verbrauchers oder seiner Familie handeln, etwa durch Krankheit, Unfall oder Straftaten Dritter. Nicht darunter fallen dagegen rein materielle Nachteile, etwa im Hinblick auf das Vermögen oder den Arbeitsplatz (ebenso Köhler/*Bornkamm* Anh § 3 III Rn 12.3; aA *Büllesbach* S 90 f: auch wirtschaftliche Sicherheit, zB private Altersvorsorge).

37 **Produkt** ist nach Art 2 lit c der Richtlinie grundsätzlich jede Ware oder Dienstleistung. Allerdings fallen Versicherungen nicht unter Ziff 12, da sie nicht unmittelbar der persönlichen Sicherheit (Rn 36) dienen (zutr Köhler/*Bornkamm* Anh § 3 III Rn 12.4).

38 Ob die Behauptung ausdrücklich oder konkludent erfolgt, ist unerheblich (Rn 6).

13. Absichtliche betriebliche Herkunftstäuschung

Anhang UWG: „13. Werbung für eine Ware oder Dienstleistung, die der Ware oder Dienstleistung eines Mitbewerbers ähnlich ist, wenn dies in der Absicht geschieht, über die betriebliche Herkunft der beworbenen Ware oder Dienstleistung zu täuschen;"

RL Anhang I: „13. Werbung für ein Produkt, das einem Produkt eines bestimmten Herstellers ähnlich ist, in einer Weise, die den Verbraucher absichtlich dazu verleitet, zu glauben, das Produkt sei von jenem Hersteller hergestellt worden, obwohl dies nicht der Fall ist."

39 Diese Ziffer weicht insofern vom Anhang I der Richtlinie ab, als auf den Mitbewerber statt auf den Hersteller abgestellt wird. Soweit der Hersteller nicht zugleich Mitbewerber ist, muss er dennoch im Wege der richtlinienkonformen Auslegung einbezogen werden (ebenso *Alexander* GRUR Int 10, 1025, 1031).

40 Die Regelung steht neben § 4 Nr 9 a und den Irreführungstatbeständen des § 5 I 2 Nr 1, II. Anknüpfungspunkt ist ausschließlich die Ähnlichkeit der Ware oder Dienstleistung, so dass die Regelung nicht die Irreführung durch Verwendung verwechslungsfähiger Kennzeichen erfasst oder voraussetzt (BT-Dr 16/10 145, S 32; BGH

Anhang (zu § 3 Absatz 3)

GRUR 13, 631 Rn 77 – *AMARULA/Marulablu*). Die Täuschung muss sich auf das Produkt eines bestimmten Herstellers beziehen, sodass ohne hinreichenden Bezug der Tatbestand nicht erfüllt ist (BGH GRUR 13, 631 Rn 78 – *AMARULA/Marulablu*).

Der Tatbestand der Ziff 13 erfordert **Absicht.** Daher scheidet (auch grobe) Fahrlässigkeit aus. Demgegenüber bedingten Vorsatz (dolus eventualis) ausreichen zu lassen (so *Harte-Bavendamm* FS Loschelder, S 111, 116; *Köhler*/Bornkamm Anh § 3 III Rn 13.7; jurisPK-UWG/*Ullmann* Anh § 3 III Nr 13 Rn 14; unklar Fezer/*Peifer* Anh UWG Nr 13 Rn 14), erscheint angesichts der anderen Sprachfassungen der UGP-RL (englisch: „deliberately", französisch: „délibérément" bedenklich. Absicht bedeutet (als dolus directus 2. Grades) zumindest, dass der Unternehmer die Täuschung durch die Aufmachung für sicher halten muss. Das wird man, auch wenn man von den äußeren Umständen (Marktsituation, Grad der Ähnlichkeit der Produkte) auf die innere Vorstellung des Unternehmers schließt, eher selten annehmen können. Die Täuschungsabsicht ist von dem nachzuweisen, der sich auf sie beruft. Aus dem Handeln im Wettbewerb um die Gunst des Verbrauchers und aus der Ähnlichkeit der Produkte allein kann auf eine absichtliche Täuschung nicht geschlossen werden (jurisPK-UWG/*Ullmann* Anh § 3 III Nr 13 Rn 14).

41

Anhang zu § 3 Abs 3 UWG

14. Schneeball- oder Pyramidensystem

Anhang UWG: „14. die Einführung, der Betrieb oder die Förderung eines Systems zur Verkaufsförderung, das den Eindurck vermittelt, allein oder hauptsächlich durch die Einführung weiterer Teilnehmer in das System könne eine Vergütung erlangt werden (Schneeball- oder Pyramidensystem);"

RL Anhang I: „14. Einführung, Betrieb oder Förderung eines Schneeballsystems zur Verkaufsförderung, bei dem der Verbraucher die Möglichkeit vor Augen hat, eine Vergütung zu erzielen, die hauptsächlich durch die Einführung neuer Verbraucher in ein solches System und weniger durch den Verkauf oder Verbrauch von Produkten zu erzielen ist."

Bei derartigen Verkaufsförderungsmaßnahmen schließt der Veranstalter zunächst mit einem von ihm unmittelbar geworbenen Erstkunden und dann mit den durch dessen Vermittlung geworbenen weiteren Kunden Verträge ab (Schneeballsystem). Außerdem sollen Systeme erfasst werden, bei denen der unmittelbar vom Veranstalter geworbene Erstkunde selbst gleichlautende Verträge mit anderen Verbrauchern schließt (Pyramidensystem). Dass von Ziff 14 des Anhangs I der Richtlinie anders als nach der deutschen Textfassung der Richtlinie nicht nur Schneeball-, sondern auch Pyramidensysteme erfasst sind, folgt aus anderen Sprachfassungen („a pyramid promotional scheme", „une systeme de promotion pyramidale", BT-Dr 16/10 145, S 32). Derartige Wettbewerbssysteme sind schon nach bisherigem Recht regelmäßig gemäß § 4 Nr 2 oder auch § 5 unlauter, wobei zusätzlich der Straftatbestand des § 16 II (zivilrechtlich auch iVm § 4 Nr 11) eingreifen kann.

42

15. Geschäftsaufgabe

Anhang UWG: „15. die unwahre Angabe, der Unternehmer werde demnächst sein Geschäft aufgeben oder seine Geschäftsräume verlegen;"

RL Anhang I: „15. Behauptung, der Gewerbetreibende werde demnächst sein Geschäft aufgeben oder seine Geschäftsräume verlegen, obwohl er dies keineswegs beabsichtigt."

Mit Angaben über die Geschäftsaufgabe oder -verlegung ist nicht selten die irrige Vorstellung der Verbraucher verbunden, die Warenbestände würden zu besonders günstigen Konditionen abgegeben. Gleichwohl kommt es nach der Regelung nicht

43

Sosnitza 251

darauf an, ob der Unternehmer tatsächlich mit besonders günstigen Angeboten geworben hat. Ziff 15 ist richtlinienkonform dahin auszulegen, dass zu der **unrichtigen Angabe** über die Geschäftsaufgabe als zweites Element hinzu kommen muss, dass der Unternehmer die Geschäftsaufgabe auch **nicht beabsichtigt** (vgl OLG Köln GRUR-RR 10, 250 Rn 21). Ob der Unternehmer eine Aussage dahingehend trifft, dass er sein Geschäft **demnächst** aufgebe, beurteilt sich nach den konkreten Umständen des Einzelfalles. Wird nur mit „Geschäftsaufgabe" oder „Geschäftsverlegung" ohne konkrete Zeitangabe geworben, liegt darin allerdings eine Ankündigung für „demnächst", da der Verkehr dies regelmäßig nicht auf längere Zeiträume beziehen wird (*Büllesbach* S 109). Ziff 15 erfasst nicht Ankündigungen eines Ausverkaufs, der im vorhinein nicht durch eine Behörde genehmigt wurde (EuGH GRUR 13, 297 Rn 41 – *Köck*).

44 Ob die Behauptung ausdrücklich oder konkludent erfolgt, ist unerheblich (Rn 6). Der die Unlauterkeit geltend machende Kläger trägt auch die **Darlegungs- und Beweislast** für die **fehlende Absicht** der Geschäftsaufgabe. Eine geänderte Meinung wird im Rahmen des unternehmerischen Ermessens allerdings kaum überprüfbar sein (*Köhler/Bornkamm* Anh § 3 III Rn 15.3).

16. Gewinnchancenerhöhung

Anhang UWG: „16. die Angabe, durch eine bestimmte Ware oder Dienstleistung ließen sich die Gewinnchancen bei einem Glücksspiel erhöhen;"

RL Anhang I: „16. Behauptung, Produkte könnten die Gewinnchancen bei Glücksspielen erhöhen."

45 **Produkt** ist nach Art 2c der Richtlinie jede Ware oder Dienstleistung, einschließlich Immobilien, Rechte und Verpflichtungen. Für den gemeinschaftsrechtlich auszulegenden Begriff des Glücksspiels ergibt sich ein Hinweis aus Art 1 V d 3. Spiegelstrich der E-Commerce-Richtlinie 2000/31/EG. Glücksspiele sind danach besondere Formen von Gewinnspielen, bei denen ein geldwerter Einsatz erbracht wird (§ 4 Rn 1/106 ff), insbesondere Lotterien und Wetten (BT-Dr 16/10 145, S 33). Der Wortlaut der Richtlinie spricht zwar nur allgemein von einer „Behauptung", gleichwohl muss es sich um eine unzutreffende Behauptung handeln, da Ziff 16 zu den irreführenden Geschäftspraktiken gehört (iE ebenso *Büllesbach* S 120; aA *Köhler*/Bornkamm Anh § 3 III Rn 16.3).

46 Typische Fälle der Irreführung über die Erhöhung der Gewinnchancen durch ein Produkt sind Angebote von Computerprogrammen, die angeblich die „richtigen" Lottozahlen oder die „richtige" Zahl beim Roulette ermitteln können (*Köhler*/Bornkamm Anh § 3 III Rn 16.5; KG GRUR 88, 223; OLG Stuttgart NJW-RR 98, 934). **Nicht** erfasst sind dagegen Produkte, mit Hilfe derer ein Glücksspiel manipuliert werden kann („gezinkte" Karten oder Würfel), da der Verbraucher als Käufer insoweit nicht schutzwürdig ist (zutr *Köhler*/Bornkamm Anh § 3 III Rn 16.6; die aA *Sosnitza*, WRP 08, 1014, 1024 wird aufgegeben) bzw schon gar kein Glücksspiel mehr gegeben ist (*Schöttle* WRP 09, 673, 678 f).

47 Der RefE war gegenüber der Richtlinie insofern missverständlich formuliert, als dort nicht auf „Produkte", sondern allgemein auf den Erwerb einer Ware abgestellt wurde, sodass auch alle Fallgestaltungen der Kopplung von Warenabsatz und Gewinnspiel nach § 4 Nr 6 erfasst worden wäre; die Warenkopplung ist für sich genommen jedoch grundsätzlich weder irreführend noch sonst unlauter (§ 4 Rn 1/90; § 4 Rn 6/2), zudem fehlt bei der reinen Warenkopplung ein darüber hinausgehender geldwerter Einsatz, sodass kein Glücksspiel (Rn 45) vorliegt. Der Gesetzentwurf formuliert demgegenüber eindeutig durch die Betonung einer bestimmten Ware oder Dienstleistung, sodass die Kopplung von Warenabsatz und Gewinnspiel nicht unter Ziff 16 fällt.

Anhang (zu § 3 Absatz 3)

Anhang zu § 3 Abs 3 UWG

17. Gewinnmitteilungen

Anhang UWG: „17. die unwahre Angabe oder das Erwecken des unzutreffenden Eindrucks, der Verbraucher habe bereits einen Preis gewonnen oder werde ihn gewinnen oder werde durch eine bestimmte Handlung einen Preis gewinnen oder einen sonstigen Vorteil erlangen, wenn es einen solchen Preis oder Vorteil tatsächlich nicht gibt, oder wenn jedenfalls die Möglichkeit, einen Preis oder sonstigen Vorteil zu erlangen, von der Zahlung eines Geldbetrags oder der Übernahme von Kosten abhängig gemacht wird;"

RL Anhang I: „31. Erwecken des fälschlichen Eindrucks, der Verbraucher habe bereits einen Preis gewonnen, werde einen Preis gewinnen oder werde durch eine bestimmte Handlung einen Preis oder einen sonstigen Vorteil gewinnen, obwohl:
– es in Wirklichkeit keinen Preis oder sonstigen Vorteil gibt,
oder
– die Möglichkeit des Verbrauchers, Handlungen in Bezug auf die Inanspruchnahme des Preises oder eines sonstigen Vorteils vorzunehmen, in Wirklichkeit von der Zahlung eines Betrags oder der Übernahme von Kosten durch den Verbraucher abhängig gemacht wird."

Der deutsche Gesetzgeber hat Ziff 31 des Anhangs I der Richtlinie als einen Fall der Irreführung betrachtet („Erwecken des fälschlichen Eindrucks") und den Tatbestand daher als Ziff 17 im Anhang zu § 3 III eingeordnet (oben Rn 2). Diesem Verständnis hat der EuGH jedoch ausdrücklich widersprochen und betont, dass es sich um eine **aggressive Geschäftspraktik** handelt (GRUR 12, 1269 Rn 28, 37, 49 – *Purely Creative*). Das Kriterium des „fälschlichen Eindrucks" ist danach kein Merkmal, das gegenüber den beiden Spiegelstrichen der Ziff 31 des Anhangs I der Richtlinie (kein Preis bzw Inanspruchnahme kostenabhängig) eigenständig ist, da letztere den ersten Teil der Ziffer konkretisieren (EuGH aaO Rn 26, 28); zudem betont der Gerichtshof die systematische Stellung unter der Überschrift „Aggressive Geschäftspraktiken", sodass ein irreführender Charakter irrelevant ist (EuGH aaO Rn 37). Folglich wird der Tatbestand nicht dadurch ausgeschlossen, dass der Verbraucher über die erhobenen Kosten aufgeklärt oder dass der Unternehmer dem Verbraucher für die Inanspruchnahme des Preises verschiedene Vorgehensweisen anbietet, von denen zumindest eine gratis ist (EuGH aaO Rn 27, 50). Nach Auffassung des Gerichtshofs wird mit der unter den zweiten Spiegelstrich fallenden Geschäftspraktik die durch die Gewinnmitteilung ausgelöste psychologische Wirkung ausgenutzt, um den Verbraucher zu einer Entscheidung zu veranlassen, die „nicht immer rational" sei, zB eine Mehrwertnummer anzurufen, um die Art des Preises zu erfahren, eine aufwendige Fahrt zu unternehmen, um ein billiges Geschirr abzuholen, oder Versandkosten für ein Buch zu zahlen, das er bereits besitzt (EuGH aaO Rn 38, 49). **48**

In der Gesetzesbegründung wird darauf hingewiesen, dass der Unterschied zwischen Ziff 17 und Ziff 20 (Nichtgewährung ausgelobter Preise) darin besteht, dass dem Verbraucher im ersten Fall der Eindruck vermittelt wird, dass ihm ein Gewinn schon sicher sei, während ihm in den Fällen der Ziff 20 eine Gewinnchance vorgetäuscht wird. Problematisch ist die weitergehende Feststellung, dass der Unternehmer durch derartige Verhaltensweisen zugleich auch gegen § 4 Nr 6 verstoße und daher auch das Kopplungsverbot neben dem Anhang zu § 3 III beibehalten werden könne, weil die Kopplung von Gewinnen mit dem Waren- oder Dienstleistungsabsatz den nach der Richtlinie zu beachtenden Erfordernissen der fachlichen Sorgfalt widerspräche (BT-Dr 16/10 145, S 33). Soweit die Gesetzesbegründung davon ausgeht, dass in den Fällen der Ziff 17 bzw 20 regelmäßig zugleich eine Kopplung iSv § 4 Nr 6 gegeben sei, ist dies schon deshalb unzutreffend, weil die Tatbestände des Anhangs eindeutig Irreführungsfälle sind, während § 4 Nr 6 unabhängig von jeglicher Irreführung allein auf die Bedingung des Warenerwerbs für die Gewinnspielteilnahme abstellt. Es ist **49**

Sosnitza

auch nicht zulässig, Ziff 31 des Anhangs I der Richtlinie bzw Ziff 17 des UWG-Anhangs so weit auszulegen, dass darunter der Normalfall der schlichten Kopplung nach § 4 Nr 6 fällt (vgl im Einzelnen *Sosnitza* WRP 08, 1014, 1024). Dementsprechend hat auch der EuGH die unter § 4 Nr 6 fallenden **Kopplungen nicht** als von Anhang I der Richtlinie **erfasst** angesehen (EuGH GRUR 10, 244 Rn 49 – *Plus Warenhandelsgesellschaft*). Zudem differenziert der Gerichtshof zwischen Handlungen, die zum Gewinn eines Preises führen und solchen Handlungen, die der Inanspruchnahme eines bereits gewonnenen Preises dienen (EuGH GRUR 12, 1269 Rn 33 – *Purely Creative*), sodass die bloße Kopplung von Umsatzgeschäft und Gewinnspiel nicht unter Ziff 31 des Anhangs I der Richtlinie bzw. Ziff 17 UWG-Anhang fällt (ebenso *Köhler* GRUR 12, 1211, 1214).

50   Da Ziff 17 (wie Ziff 31 des Anhangs I der Richtlinie) ganz generell von der **Übernahme von Kosten** spricht, ist es nicht zulässig dem Verbraucher auch noch so geringe Kosten aufzuerlegen, gleich, ob es sich um Kosten handelt, die im Verhältnis zum Wert des Preises geringfügig sind, oder um Kosten, die dem Unternehmer keinerlei Vorteil bringen, wie die Kosten einer Briefmarke (EuGH GRUR 12, 1269 Rn 30 – *Purely Creative*). Dies folgt auch aus einem Vergleich mit Ziff 21 (Ziff 20 des Anhangs I der Richtlinie), da anders als dort bei Ziff 17 keine Ausnahme für unvermeidbare Kosten besteht (EuGH aaO Rn 42). Wichtig ist die **Abgrenzung von Preis und Kosten der Inanspruchnahme:** Während der Unternehmer lauterkeitsrechtlich grundsätzlich frei ist, den Umfang des zu gewinnenden Preises festzulegen, verbietet Ziff 17 jegliche Kostenpflicht für die Inanspruchnahme des so definierten Preises; so umfasst ein als „Eintrittskarte" für ein bestimmtes Fußballspiel definierter Preis nicht die Fahrt des Verbrauchers von seinem Wohnort zu dem Fußballstadion, besteht der Preis jedoch ohne nähere Angabe im „Besuch" dieses Spiels, hat der Unternehmer die Fahrtkosten des Verbrauchers zu tragen (EuGH GRUR 12, 1269 Rn 51 f – *Purely Creative*). Diese Abgrenzung obliegt den nationalen Gerichten anhand der Umstände des konkreten Falles, wie etwa Verfügbarkeit der Information, Informationsträger, Lesbarkeit, Klarheit und Verständlichkeit (EuGH aaO Rn 55).

18. Heilungsangaben

Anhang UWG: „18. die unwahre Angabe, eine Ware oder Dienstleistung könne Krankheiten, Funktionsstörungen oder Missbildungen heilen;"

RL Anhang I: „17. Falsche Behauptung, ein Produkt könne Krankheiten, Funktionsstörungen oder Missbildungen heilen."

51   Zur Bestimmung des Begriffs der **Krankheiten** bietet es sich an, auf das Lebensmittelrecht zurückzugreifen (§ 12 LFGB), das seinerseits europarechtlich geprägt ist (Art 2 I lit b der Richtlinie 2000/13/EG). Danach ist unter Krankheit jede, auch geringfügige oder vorübergehende Störung der normalen Beschaffenheit oder der normalen Tätigkeit des Körpers zu verstehen; nicht erfasst sind demgegenüber normal verlaufende Erscheinungen oder Schwankungen der Funktionen, denen jeder Körper ausgesetzt ist, die seiner Natur oder dem natürlichen Auf und Ab seiner Leistungsfähigkeit entsprechen, wie etwa die Menstruation, die Schwangerschaft, das Greisenalter, Ermüdungserscheinungen oder Hunger (Meyer/Streinz/*Sosnitza* LFGB-BasisVO, 2007, § 12 Rn 27 mwN). Aufgrund dieses weiten Krankheitsbegriffs werden auch die in Ziff 18 gesondert genannten Funktionsstörungen und Missbildungen umfasst, sodass ihre Aufzählung nur klarstellenden Charakter hat.

52   Das von Ziff 18 erfasste Verhalten fällt zugleich unter den Tatbestand des § 5 II Nr 1, wonach ua auch unwahre Angaben über die Zwecktauglichkeit einer Ware oder Dienstleistung irreführend sind (BT-Dr 16/10 145, S 33). Daneben können **Sondertatbestände** für bestimmte Produktkategorien eingreifen, etwa für Lebensmittel (§ 11 I LFGB), für Heilmittel (§ 3 Nr 2a HWG) und für Arzneimittel (§ 8 I

Anhang (zu § 3 Absatz 3) **Anhang zu § 3 Abs 3 UWG**

Nr 2a AMG). Ob eine Behauptung ausdrücklich oder konkludent erfolgt, ist unerheblich (Rn 6).

19. Marktbedingungen oder Bezugsquellen

Anhang UWG: „19. eine unwahre Angabe über die Marktbedingungen oder Bezugsquellen, um den Verbraucher dazu zu bewegen, eine Ware oder Dienstleistung zu weniger günstigen Bedingungen als den allgemeinen Marktbedingungen abzunehmen oder in Anspruch zu nehmen;"

RL Anhang I: „18. Erteilung sachlich falscher Informationen über die Marktbedingungen oder die Möglichkeit, das Produkt zu finden, mit dem Ziel, den Verbraucher dazu zu bewegen, das Produkt zu weniger günstigen Bedingungen als den normalen Marktbedingungen zu kaufen."

Ziff 19 regelt einen Sonderfall der Irreführung über die Preiswürdigkeit eines Angebots im Hinblick auf die Verfügbarkeit des Produkts, vgl § 5 Abs 2 Nr 1. 53

Marktbedingungen sind Umstände, die sich auf das Produkt (Art 2 lit c der 54 UGP-RL), seinen Preis oder sonstige Vertragsbedingungen beziehen. Die Möglichkeit, das Produkt zu finden, verweist auf die **Bezugsquellen.**

Beispielsfälle sind unzutreffende Hinweise auf eine angeblich gestiegene Nach- 55 frage, gestiegene Produktionskosten wegen eines Preisanstiegs bei Rohstoffen oder vermeintliche Zollerhöhungen (*Büllesbach* S 126 f).

20. Nichtgewährung ausgelobter Preise

Anhang UWG: „20. das Angebot eines Wettbewerbs oder Preisausschreibens, wenn weder die in Aussicht gestellten Preise noch ein angemessenes Äquivalent vergeben werden;"

RL Anhang I: „19. Es werden Wettbewerbe und Preisausschreiben angeboten, ohne dass die beschriebenen Preise oder ein angemessenes Äquivalent vergeben werden."

Auch diese Regelung enthält einen eindeutigen Irreführungsfall. **Preisausschrei-** 56 **ben** ermöglichen den Gewinn aufgrund besonderer Fertigkeiten oder Kenntnisse des Teilnehmers (§ 4 Rn 1/106). Der Begriff des **Wettbewerbs** („competition", „concours") dürfte in diesem Zusammenhang dem Gewinnspiel entsprechen, bei dem der Gewinn auf einem Zufallselement beruht. Eine exakte Abgrenzung ist nicht erforderlich (§ 4 Rn 5/4). An die „beschriebenen Preise" dürften keine allzu großen Anforderungen zu stellen sein, so dass auch schon die Aussage „Tolle Preise zu gewinnen" genügt (aA *Köhler*/Bornkamm Anh § 3 III Rn 20.3).

Durch derartige Verhaltensweisen verstößt der Unternehmer zugleich gegen das 57 nach § 4 Nr 5 bestehende Gebot, die Teilnahmebedingungen von Preisausschreiben und Gewinnspielen klar und eindeutig anzugeben. Dieses Transparenzgebot kann aber neben dem Anhang zu § 3 III beibehalten werden, da mangelnde Transparenz von Teilnahmebedingungen den nach der Richtlinie zu beachtenden Erfordernissen der fachlichen Sorgfalt widerspricht und darüber hinaus geeignet ist, das wirtschaftliche Verhalten der Verbraucher wesentlich zu beeinflussen (BT-Dr 16/10 145, S 33).

21. Kostenpflichtige Gratisleistungen

Anhang UWG: „21. das Angebot einer Ware oder Dienstleistung als „gratis", „umsonst", „kostenfrei" oder dergleichen, wenn hierfür gleichwohl Kosten zu tragen sind; dies gilt nicht für Kosten, die im Zusammenhang mit dem Eingehen auf das Waren- oder Dienstleistungsangebot oder für die

Sosnitza 255

Abholung oder Lieferung der Ware oder die Inanspruchnahme der Dienstleistung unvermeidbar sind;"

RL Anhang: „20. Ein Produkt wird als „gratis", „umsonst", „kostenfrei" oder Ähnliches beschrieben, obwohl der Verbraucher weitere Kosten als die Kosten zu tragen hat, die im Rahmen des Eingehens auf die Geschäftspraktik und für die Abholung oder Lieferung der Ware unvermeidbar sind."

58 Die Regelung betrifft einen Sonderfall der Irreführung über die Berechnung des Preises iSd § 5 Abs 1 S 2 Nr 2 (BT-Dr 16/10 145, S 33), für den der **Gesamteindruck** maßgeblich ist (*Wiltschek* FS Griss, S 755, 761). Daher greift der Tatbestand nicht ein, wenn nach den Grundsätzen der Blickfangwerbung (§ 5 Rn 132f) hinreichend deutlich auf zusätzlich anfallende Kosten hingewiesen wird, so dass eine Irreführung ausgeschlossen ist (ebenso *Wiltschek* FS Griss, S 755, 762; aA *Köhler*/Bornkamm Anh § 3 III Rn 21.5).

59 Da die Richtlinie **nicht** das Ziel verfolgt, Zugaben als solche zu verbieten, kommt es nicht auf Kosten der Hauptware an (ebenso *Büllesbach* S 132f mwN); daher fällt das Angebot eines „Winter-Check für 15,– €" mit der Zugabe eines Gutscheins für einen kostenlosen Winter-Check für ein weiteres Auto nicht unter Ziff 21 (OLG Köln GRUR 09, 608). Ebenso wenig sind Hinweise auf Mehrlieferungen oder Mengenrabatte (zB „+ 25% gratis" oder „2+1 gratis") erfasst (*Wiltschek* FS Griss S 755, 760).

60 **Unvermeidbare Kosten** sind solche, die bei entsprechenden Verträgen zwingend anfallen oder die in ihrer Entstehung dem Einfluss der Vertragsparteien entzogen sind (*Harte/Henning/Völker* Anh § 3 III Rn 10; *Wiltschek* FS Griss, S 755, 763). Dazu gehören etwa gesetzlich vorgeschriebene Gebühren oder auch übliche Kommunikationskosten, um mit dem Unternehmer in Kontakt zu treten (Telefongebühren zum Normaltarif, Basisentgelt für Datenleistungen, Portokosten etc). Nicht unvermeidbar sind dagegen in der Disposition des Unternehmers stehende Kosten wie Verwaltungs-, Bearbeitungs- oder Stornogebühren, Kosten einer Mehrwertnummer oder Provisionszahlungen (*Fezer/Peifer* Anh Nr 21 Rn 13; *Wiltschek* FS Griss, S 755, 763).

22. Täuschung über abgegebene Bestellungen

Anhang UWG: „22. die Übermittlung von Werbematerial unter Beifügung einer Zahlungsaufforderung, wenn damit der unzutreffende Eindruck vermittelt wird, die beworbene Ware oder Dienstleistung sei bereits bestellt;"

RL Anhang I: „21. Werbematerialien wird eine Rechnung oder ein ähnliches Dokument mit einer Zahlungsaufforderung beigefügt, die dem Verbraucher den Eindruck vermitteln, dass er das beworbene Produkt bereits bestellt hat, obwohl dies nicht der Fall ist."

61 Durch das von der Regelung erfasste Verhalten wird mittelbar das Bestehen eines Vertragsverhältnisses und eine daraus folgende Zahlungspflicht vorgetäuscht. Darunter fallen auch rechnungsähnlich aufgemachte Angebotsschreiben (vgl BGH GRUR 12, 184 Rn 29 – *Branchenbuch Berg*), die darüber hinaus nach § 4 Nr 3 unlauter sein können (§ 4 Rn 3/50); der Anhang ist allerdings insoweit weiter gefasst, als es – anders als nach der bisherigen Rechtsprechung (vgl BGH GRUR 95, 358, 360 – *Folgeverträge II*) – nicht darauf ankommt, ob der Handelnde ein von Anfang an auf Täuschung angelegtes Gesamtkonzept verfolgt, um von Folgeverträgen zu profitieren (BT-Dr 16/10 145, S 33f). Ist Ziff 22 nicht erfüllt, folgt daraus – wie auch sonst – nicht im Umkehrschluss, dass das betreffende Verhalten hinzunehmen ist, vielmehr bleibt eine Prüfung nach allgemeinen lauterkeitsrechtlichen Bestimmungen vorbehalten (BGH GRUR 12, 184 Rn 29 – *Branchenbuch Berg*).

62 **Werbematerialien** sind Werbemittel im weitesten Sinne, etwa Broschüren, Flugblätter, Kataloge, Prospekte oder Werbegaben. Da die Art der Übermittlung nicht eingegrenzt ist, können auch E-Mails und sonstige elektronische Zuwendungen erfasst sein. Dagegen erstreckt sich der Begriff der Werbematerialien **nicht** auf die beworbene Ware oder Dienstleistung selbst, wie sich aus der Differenzierung zwischen Werbematerial und beworbenem Produkt in Ziff 22 (bzw Ziff 21 Anh I der Richtlinie) ergibt (ebenso *Köhler* GRUR 12, 217, 221); insoweit kann jedoch Ziff 29 eingreifen. Ebenso wenig stellt eine unrichtige Auftragsbestätigung für sich alleine Werbematerial dar, weil ihr keine Werbefunktion (mehr) zukommt (*Köhler* GRUR 12, 217, 221).

Das **Beifügen** einer Rechnung oder eines ähnlichen Dokuments mit Zahlungsaufforderung setzt eine räumlich-inhaltliche Beziehung zum Werbematerial voraus, zB Prospekt und Rechnung im gleichen Schreiben. Die Zahlungsaufforderung kann auch im Werbematerial selbst enthalten sein. Dagegen reicht es für ein „Beifügen" nicht, dass im Begleittext die gesonderte Übersendung einer Rechnung nur angekündigt wird (aA *Köhler* GRUR 12, 217, 221 f), denn dies würde – wie bei der bloßen Ankündigung der Zuwendung unbestellter Ware nach Ziff 29, vgl unten Rn 74 ff – auf eine unzulässige (oben Rn 5) Analogie hinauslaufen. **63**

23. Täuschung über Unternehmerhandeln

Anhang UWG: „23. die unwahre Angabe oder das Erwecken des unzutreffenden Eindrucks, der Unternehmer sei Verbraucher oder nicht für Zwecke seines Geschäfts, Handels, Gewerbes oder Berufs tätig;"

RL Anhang I: „22. Fälschliche Behauptung oder Erweckung des Eindrucks, dass der Händler nicht für die Zwecke seines Handels, Geschäfts, Gewerbes oder Berufs handelt, oder fälschliches Auftreten als Verbraucher."

Der Tatbestand erfasst die Verschleierung unternehmerischen Handelns, die zB auch in Betracht kommt, wenn wahrheitswidrig behauptet wird, der Vertrieb einer Ware oder einer angebotenen Dienstleistung diene sozialen oder humanitären Zwecken (BT-Dr 16/10 145, S 34). Nicht erfasst wird hingegen zB falsche Angaben über Vertragshändler, Vertragswerkstatt und Kundendienst (*Hoeren* BB 08, 1182, 1190). Zweck der Ziff 23 ist der Schutz vor der Irreführung über den gewerblichen Charakter eines *Angebots;* daher fallen von Unternehmern gefälschte Kundenbewertungen im Internet („Astroturfing") nicht unter diesen Tatbestand (*Krieg/Roggenkamp* K&R 10, 689, 691; *Kaumanns/Wießner* K&R 13, 145, 146; aA *A. Ahrens/Richter* WRP 11, 814, 816), doch kann insoweit Ziff 11 oder § 4 Nr 3 erfüllt sein. **64**

Die UGP-RL stellt in Art 2 lit d dem Wortlaut nach zwar nur auf Absatzgeschäfte eines Unternehmers ab, doch besteht wertungsmäßig insoweit kein Unterschied zum Nachfragewettbewerb, sodass davon auszugehen ist, dass die Richtlinie **auch** auf **Nachfragehandlungen** Anwendung findet (§ 2 Rn 46; aA *Alexander* GRUR Int 10, 1025, 1030). Daher erfasst Ziff 22 des Anhangs I der Richtlinie auch irreführende Handlungen des Unternehmers als Nachfrager (aA *Büllesbach* S 139 f). Erst recht gilt dies für Ziff 23 des Anhangs zu § 3 III, da § 2 I Nr 1 ausdrücklich den Bezug von Waren oder Dienstleistungen nennt. **65**

24. Täuschung über Kundendienst

Anhang UWG: „24. die unwahre Angabe oder das Erwecken des unzutreffenden Eindrucks, es sei im Zusammenhang mit Waren oder Dienstleistungen in einem anderen Mitgliedstaat der Europäischen Union als dem des Warenverkaufs oder der Dienstleistung ein Kundendienst verfügbar;"

RL Anhang I: „23. Erwecken des fälschlichen Eindrucks, dass der Kundendienst im Zusammenhang mit einem Produkt in einem anderen Mitgliedstaat verfügbar sei als demjenigen, in dem das Produkt verkauft wird."

66 Dieser Tatbestand betrifft vor allem Irreführungen im grenzüberschreitenden Verkehr (BT-Dr 16/10 145, S 34). Aus den verschiedenen Sprachfassungen der Richtlinie („after-sales service", „service après-vente") erhellt, dass unter **Kundendienst** nur nachvertragliche Serviceleistungen fallen, wie zB Installation, Wartung, Reparatur, Ersatzteillieferung oder ein Umtauschrecht (*Büllesbach* S 142).

25. Räumliches Festhalten

Anhang UWG: „25. das Erwecken des Eindrucks, der Verbraucher könne bestimmte Räumlichkeiten nicht ohne vorherigen Vertragsabschluss verlassen;"

RL Anhang I: „24. Erwecken des Eindrucks, der Verbraucher könne die Räumlichkeiten ohne Vertragsabschluss nicht verlassen."

67 Nach dieser Regelung ist es unzulässig, den Eindruck zu erwecken, bestimmte Räumlichkeiten könnten ohne den vorherigen Abschluss eines Vertrages nicht verlassen werden. Da es sich hier um eine aggressive Geschäftspraktik handelt, ist es unerheblich, ob der **Eindruck** falsch oder gar zutreffend ist (*Apetz* S 560 mwN). Es kommt auch nicht darauf an, ob sich der Unternehmer zugleich wegen Nötigung (§ 240 StGB) strafbar macht (BT-Dr 16/10 145, S 34). Nicht erfasst ist das Aufstellen von Geldtellern am Eingang öffentlicher Toiletten (aA wohl *Hoeren* BB 08, 1182, 1190). Der Tatbestand setzt **„Räumlichkeiten"** iS geschlossener Räume voraus und erfasst daher keine Konstellationen im Freien (*Apetz* S 563f).

26. Nichtverlassen der Wohnung

Anhang UWG: „26. bei persönlichem Aufsuchen in der Wohnung die Nichtbeachtung einer Aufforderung des Besuchten, diese zu verlassen oder nicht zu ihr zurückzukehren, es sei denn, der Besuch ist zur rechtmäßigen Durchsetzung einer vertraglichen Verpflichtung gerechtfertigt;"

RL Anhang I: „25. Nichtbeachtung der Aufforderung des Verbrauchers bei persönlichen Besuchen in dessen Wohnung, diese zu verlassen bzw. nicht zurückzukehren, außer in Fällen und in den Grenzen, in denen dies nach dem nationalen Recht gerechtfertigt ist, um eine vertragliche Verpflichtung durchzusetzen."

68 Das erfasste Verhalten fällt regelmäßig zugleich unter § 4 Nr 1 und Nr 11 iVm §§ 123, 240 StGB, doch ist Strafbarkeit keine Voraussetzung für die Unlauterkeit. Ein **persönliches Aufsuchen** (persönlicher Besuch) muss als Geschäftspraktik geschäftlichen Zwecken dienen, sodass rein private Besuche nicht erfasst sind. Ob der Unternehmer selbst oder ein Mitarbeiter in die Wohnung kommt, ist unerheblich, vgl § 2 Nr 6, Art 2 lit b UGP-RL. Auf die Eigentumsverhältnisse an der Wohnung kommt es nicht an, es genügt, dass der Besuchte (Mit-)Besitzer (zB Mieter) der Räumlichkeiten ist (ebenso *Apetz* S 574f). Der Besuch muss **in der Wohnung** stattgefunden haben, sodass bloßes Aufsuchen an der Tür, ohne die Wohnung zu betreten, nicht ausreicht (aA *Apetz* S 577f). Die **Aufforderung,** die Wohnung zu verlassen oder nicht zurückzukehren, kann ausdrücklich oder auch nur konkludent, etwa durch eine Geste, erfolgen. Der Verbotstatbestand macht eine **Ausnahme** für Handlungen, die zur **Durchsetzung vertraglicher Verpflichtungen** gerechtfertigt sind. Dies können zB vertragliche Herausgabe- oder Zahlungsansprüche sein, die in den engen Grenzen der Selbsthilfe, §§ 229ff BGB, durchsetzbar sind (*Köhler*/Bornkamm Anh § 3 III Rn 26.2). Die Gesetzesbegründung spricht auch vertragliche Mitwirkungspflichten des Verbrauchers an (BT-Dr 16/10 145, S 34), doch wird man auch insoweit die Voraussetzungen der Selbsthilfe verlangen müssen (*Köhler*/Bornkamm aaO; *Apetz* S 582).

Anhang (zu § 3 Absatz 3) **Anhang zu § 3 Abs 3 UWG**

27. Abhalten von der Durchsetzung vertraglicher Rechte

Anhang UWG: „27. Maßnahmen, durch die der Verbraucher von der Durchsetzung seiner vertraglichen Rechte aus einem Versicherungsverhältnis dadurch abgehalten werden soll, dass von ihm bei der Geltendmachung seines Anspruchs die Vorlage von Unterlagen verlangt wird, die zum Nachweis dieses Anspruchs nicht erforderlich sind, oder dass Schreiben zur Geltendmachung eines solchen Anspruchs systematisch nicht beantwortet werden;"

RL Anhang I: „27. Aufforderung eines Verbrauchers, der eine Versicherungspolice in Anspruch nehmen möchte, Dokumente vorzulegen, die vernünftigerweise nicht als relevant für die Gültigkeit des Anspruchs anzusehen sind, oder systematische Nichtbeantwortung einschlägiger Schreiben, um so den Verbraucher von der Ausübung seiner vertraglichen Rechte abzuhalten."

Da es sich um nachvertragliches Verhalten handelt, waren Leistungsverweigerungen dieser Art vom UWG bisher nicht erfasst (vgl § 2 Rn 22). Der Tatbestand ist auf die **Versicherungsbranche** begrenzt und kann nicht auf andere Branchen angewandt werden (*Apetz* S 623 ff). Die Relevanz der angeforderten Dokumente ist **vernünftigerweise**, dh aus der Sicht eines objektiven Dritten zu beurteilen. Eine **systematische** Nichtbeantwortung erfordert mehrfaches Ignorieren. **Schreiben** sind Briefe, Faxe und E-Mails. Da eine analoge Anwendung des Anhangs nicht in Betracht kommt (Rn 5), kann Ziff 27 jedoch nicht auf das systematische Nichtannehmen von Telefonanrufen und die mehrfache Abweisung des persönlich erscheinenden Verbrauchers erstreckt werden (*Apetz* S 631; *Köhler*/Bornkamm Anh § 3 III Rn 27.3). **69**

28. Kaufappelle an Kinder

Anhang UWG: „28. die in eine Werbung einbezogene unmittelbare Aufforderung an Kinder, selbst die beworbene Ware zu erwerben oder die beworbene Dienstleistung in Anspruch zu nehmen oder ihre Eltern oder andere Erwachsene dazu zu veranlassen;"

RL Anhang I: „28. Einbeziehung einer direkten Aufforderung an Kinder in eine Werbung, die beworbenen Produkte zu kaufen oder ihre Eltern oder andere Erwachsene zu überreden, die beworbenen Produkte für sie zu kaufen. Diese Bestimmung gilt unbeschadet des Artikels 16 der Richtlinie 89/552/EWG über die Ausübung der Fernsehtätigkeit."

Kinder sind Personen, die noch nicht 14 Jahre alt sind. Dies ergibt sich zwar nicht aus § 1 Abs 1 Nr 1 JuSchG, da der Begriff gemeinschaftsrechtlich autonom auszulegen ist (BT-Dr 16/10 145, S 34). Jedoch folgt dies im Umkehrschluss aus Art 27, 9 I g der Richtlinie 2010/13/EU über audiovisuelle Mediendienste (die an die Stelle der Richtlinie 89/552/EWG getreten ist), die im Gegensatz dazu von „Minderjährigen" spricht, sowie aus dem (inzwischen zurückgezogenen) Vorschlag einer Verordnung über Verkaufsförderung, wo in Art 2 lit j ein Kind als „Person unter 14 Jahren" definiert wird (*Köhler*/Bornkamm Anh § 3 III Rn 28.5; *ders* FS Ullmann, S 685, 698; *J. Hesse* FS Stauder, S 96, 101; *Scherer,* NJW 09, 324, 330; *Steinbeck,* WRP 08, 865, 868; *Fuchs,* WRP 09, 255, 263; *Böhler* WRP 11, 827, 829; *Apetz* S 660; aA *Mankowski,* WRP 07 1398, 1403; *ders,* Das Kind im Recht, S 66 ff: bis 18 Jahre; *Prunbauer-Glaser,* ÖBl 08, 164, 167: bis 16 Jahre; gegen eine starre Grenze *Tönninger* ecolex 13, 49). **70**

Der Anwendungsbereich des Anhangs ist weiter als § 4 Nr 2, weil es hier nicht darauf ankommt, ob der Unternehmer die geschäftliche Unerfahrenheit der Kinder ausnutzt (BT-Dr 16/10 145, S 34). Gleichwohl zeigt auch Ziff 28, dass an Kinder gerichtete Werbung nicht generell, sondern nur unter bestimmten, eingrenzenden Voraussetzungen unzulässig ist (OGH wbl 08, 605, 607 – *PonyClub*). **71**

UWG Anhang zu § 3 Abs 3

72 Eine **Aufforderung zum Kauf** ist nach Art 2 lit i der Richtlinie jede kommerzielle Kommunikation, die die Merkmale des Produkts und den Preis in einer Weise angibt, die den Mitteln der verwendeten kommerziellen Kommunikation angemessen ist und den Verbraucher dadurch in die Lage versetzt, einen Kauf zu tätigen. Dafür genügt grundsätzlich jede Information über eine Kaufmöglichkeit, nicht aber die bloße Aufforderung, die Ware zu besichtigen, Adressen anzugeben oder Informationen über das Internet abzurufen (*Köhler*/Bornkamm Anh § 3 III Rn 28.8). Angesichts der Weite von Art 2 lit i der Richtlinie wird man Werbung in Massenmedien nicht vom Anwendungsbereich ausnehmen können (aA *Steinbeck* WRP 08, 865, 868). Eine **direkte** bzw **unmittelbare** Kaufaufforderung erfordert einen Bezug zu einem konkreten Produkt, so dass zB das Klingeln des mobilen Eisverkäufers oder sonstige allgemeine Anpreisungen nicht ausreichen. Die gezielte persönliche Ansprache Einzelner, etwa bei einer Veranstaltung, fällt unter den Tatbestand, ebenso wie imperative Werbeformulierungen („Hol' sie Dir", „Jetzt zugreifen", „Sammelt mit" und „Sammelt jetzt gemeinsam", vgl BGH GRUR 08, 183 Rn 15 – *Tony Taler;* OGH ecolex 13, 48 – *Stickeralbum*). Dagegen genügt die Ansprache in der zweiten Person („du" oder „ihr") unabhängig vom Kontext nicht (aA *Mankowski,* WRP 08, 421, 424), aber kann in Kombination mit sonstiger kindgerechter Aufmachung eine unmittelbare Aufforderung darstellen (vgl BGH GRUR 09, 71 Rn 12 – *Sammelaktion für Schoko-Riegel:* durchgängige Anrede mit „Du", „Computer-Männchen" auf der Verpackung und Aufforderung „N-Screens sammeln und ... abkassieren"). Nicht ausreichend ist das bloße Zeigen von Kindern in der Werbung, die sich das beworbene Produkt kaufen oder die ihre Eltern zum Kauf auffordern (OLG Köln WRP 13, 92, 93; *Apetz* S 679; *Böhler* WRP 11, 827, 831). Erst recht stellt die bloße Platzierung von Waren in Regalen in einer Weise, dass Kinder leicht zugreifen können („Quengelware"), für sich genommen keine direkte Kaufaufforderung dar, egal ob an der Kasse (*Dembowski* FS Ullmann, S 599, 604f; aA *Mankowski* WRP 08, 421, 424) oder anderswo (ebenso *Apetz* S 679f).

73 Nach S 2 der Richtlinie gilt Ziff 28 unbeschadet des Art 16 der Fernseh-Richtlinie 89/552/EWG. Diese Richtlinie ist durch die Richtlinie 2010/13/EU über audiovisuelle Mediendienste ersetzt worden, inhaltlich findet sich die bisherige Regelung in Art 9 I g der Richtlinie 2010/13/EU wieder. Ziff 28 S 2 des Anhangs I der Richtlinie braucht nicht in deutsches Recht umgesetzt zu werden, weil ohne Weiteres der allgemeine Rechtsgrundsatz gilt, dass speziellere Regelungen den allgemeinen vorgehen (lex specialis derogat legi generali; BT-Dr 16/10 145, S 34), vgl Art 3 IV UGP-RL.

29. Unbestellte Waren

Anhang UWG: „29. die Aufforderung zur Bezahlung nicht bestellter Waren oder Dienstleistungen oder eine Aufforderung zur Rücksendung oder Aufbewahrung nicht bestellter Sachen, sofern es sich nicht um eine nach den Vorschriften über Vertragsabschlüsse im Fernabsatz zulässige Ersatzlieferung handelt und;"

RL Anhang I: „29. Aufforderung des Verbrauchers zur sofortigen oder späteren Bezahlung oder zur Rücksendung oder Verwahrung von Produkten, die der Gewerbetreibende geliefert, der Verbraucher aber nicht bestellt hat (unbestellte Waren oder Dienstleistungen); ausgenommen hiervon sind Produkte, bei denen es sich um Ersatzlieferungen gemäß Artikel 7 Absatz 3 der Richtlinie 97/7/EG handelt."

74 Die Unlauterkeit ergibt sich zum einen daraus, dass der Eindruck erweckt wird, es bestünden bereits vertragliche Beziehungen, zum anderen wird der Umstand ausgenutzt, dass es einem Verbraucher unangenehm oder lästig sein kann, einmal erhaltene Waren zurückzugeben (BT-Dr 16/10 145, S 34f). Ob der Unternehmer irrtümlich von einer Bestellung des Verbrauchers ausgeht, ist für Ziff 29 unerheblich, da der Lau-

terkeitsverstoß objektiv zu beurteilen ist (vgl § 3 Rn 39 ff) und die Drucksituation für den Empfänger davon nicht abhängt (ebenso im Grundsatz *Apetz* S 707 ff; offen gelassen in BGH GRUR 12, 82 Rn 12 – *Auftragsbestätigung*; aA jurisPK-UWG/*Koch* Anh § 3 III Nr 29 Rn 4; *Köhler*/Bornkamm Anh § 3 III Rn 29.8; *Scherer* WRP 12, 139, 140). Insoweit ergibt auch nichts Anderes als Art 9 lit c UGP-RL („... worüber sich der Gewerbetreibende bewusst ist"; aA *Köhler*/Bornkamm Anh § 3 III Rn 29.8), denn dieses Beispiel betrifft nur besonders gravierende Umstände (Unglückssituation, Beeinträchtigung des Urteilsvermögens) und bedeutet daher nicht, dass auch sonst stets ein subjektives Element gegeben sein muss. Nicht erfasst wird der Fall, dass der Unternehmer beispielsweise im Begleitschreiben zur übersandten Ware klarstellt, dass noch kein Vertrag geschlossen wurde und dass den Verbraucher auch keine Verpflichtung treffe, die Ware zurückzusenden oder aufzubewahren, aber gleichwohl darum gebeten wird, bei Gefallen der Ware den vom Unternehmer verlangten Kaufpreis zu bezahlen. Ein solches Vorgehen erweckt nämlich nicht den Eindruck eines bereits geschlossenen Vertrages und steht auch im Einklang mit der gesetzlichen Lage gemäß § 241a BGB. Selbst wenn der Wortlaut der ersten Alternative der Ziff 29 auch hier erfüllt ist, da eine Aufforderung zur Bezahlung vorliegt, kann der Verbotstatbestand nicht bejaht werden, da keinerlei Druck auf den Verbraucher ausgeübt wird, sodass auch nicht von einer aggressiven Geschäftspraktik ausgegangen werden kann (*Sosnitza* WRP 08, 1014, 1026).

Die richtlinienkonforme Auslegung ergibt, dass Ziff 29 nur dann anwendbar ist, **75** wenn der Unternehmer tatsächlich bereits eine Ware geliefert bzw eine Dienstleistung erbracht hat (Ziff 29 Anh I der Richtlinie: „... geliefert ... hat"; ebenso Fezer/ *Mankowski* Anh UWG Nr 29 Rn 5), sodass **bloße Ankündigungen** der Zusendung unbestellter Waren **nicht** erfasst werden. Demgegeüber hat der BGH Ziff 29 auch auf die bloße Ankündigung einer fortlaufenden Lieferung von Zeitschriften angewandt, obwohl noch kein Heft ausgeliefert worden war, da dies den Verbraucher mindestens ebenso verunsichere wie die mit einer Zahlungsaufforderung verbundene Übersendung selbst (BGH GRUR 12, 82 Rn 12 – *Auftragsbestätigung*); dies überzeugt jedoch nicht, weil dies angesichts des Wortlauts auf eine unzulässige (vgl oben Rn 5) Analogie hinausläuft, die zudem fraglich ist, weil die Drucksituation bei bloßer Ankündigung weit geringer ist (ebenso *Köhler* GRUR 12, 217, 219); es besteht auch keine Schutzlücke, weil ergänzend Ziff 22 sowie §§ 5 I, 7 I 1 eingreifen können.

Von dem Verbotstatbestand ausgenommen sind „nach den Vorschriften über Ver- **76** tragsabschlüsse im Fernabsatz zulässige Ersatzlieferungen". Grundlage dafür ist Art 7 III Satz 2 der Fernabsatzrichtlinie 97/7/EG. Da allerdings Ersatzlieferungsklauseln zu Lasten von Verbrauchern in allgemeinen Geschäftsbedingungen in der Regel unwirksam sind (*Wilmer/Hahn*, Fernabsatzrecht, 2002, S 460), dürfte die Ausnahme kaum praktische Bedeutung haben (BT-Dr 16/10145, S 35).

Die spezielle Regelung der Ziff 29 verdrängt in ihrem Anwendungsbereich nicht **77** das generelle Verbot unzumutbarer Belästigungen nach § 7 I 1 (BGH GRUR 12, 82 Rn 16 – *Auftragsbestätigung*).

30. Gefährdeter Arbeitsplatz oder Lebensunterhalt

Anhang UWG: „30. die ausdrückliche Angabe, dass der Arbeitsplatz oder Lebensunterhalt des Unternehmers gefährdet sei, wenn der Verbraucher die Ware oder Dienstleistung nicht abnehme."

RL Anhang I: „30. Ausdrücklicher Hinweis gegenüber dem Verbraucher, dass Arbeitsplatz oder Lebensunterhalt des Gewerbetreibenden gefährdet sind, falls der Verbraucher das Produkt oder die Dienstleistung nicht erwirbt."

Die Regelung passt insofern nicht in den Anhang, als sich der durchschnittlich auf- **78** merksame und verständige Verbraucher kaum von angeblichen Gefährdungen des

Gewerbetreibenden zu einer Kaufentscheidung bestimmen lassen wird. Der Tatbestand muss daher **eng** ausgelegt werden (*Sosnitza* WRP 08, 1014, 1027; *Scherer* NJW 09, 324, 331), sodass er im Grunde nur Extremfälle erfasst, bei denen zugleich oft eine Irreführung nach § 5 gegeben sein wird. Keinesfalls stellt Ziff 30 die grundsätzliche Zulässigkeit der gefühlsbetonten Werbung (§ 4 Rn 1/125 ff) in Frage. Ebenso wenig bietet die verunglückte Vorschrift der Ziff 30 eine Existenzberechtigung für die problematische Fallgruppe des sog psychischen Kaufzwangs (vgl § 4 Rn 1/21 ff; aA *Steinbeck* WRP 08, 865, 870). Die Angabe muss sich gerade auf die Gefährdung des Arbeitsplatzes oder des Lebensunterhalts des Unternehmers, einschließlich der für ihn handelnden Personen (Art 2 lit b der Richtlinie) beziehen. Die Regelung verbietet auch nicht generell Insolvenzverkäufe oder Räumungsverkäufe (ebenso *Apetz* S 735 f; *Scherer* NJW 09, 324, 331; *Schöttle* WRP 09, 673, 683; aA *Hoeren* BB 08, 1182, 1191), da für den Verbraucher nicht ohne Weiteres ein Zusammenhang zwischen dem Verkaufserfolg und der Gefährdung des Lebensunterhalts des Gewerbetreibenden besteht.

§ 4 Beispiele unlauterer geschäftlicher Handlungen

Unlauter handelt insbesondere, wer
1. **geschäftliche Handlungen vornimmt, die geeignet sind, die Entscheidungsfreiheit der Verbraucher oder sonstiger Marktteilnehmer durch Ausübung von Druck, in menschenverachtender Weise oder durch sonstigen unangemessenen unsachlichen Einfluss zu beeinträchtigen;**
2. **geschäftliche Handlungen vornimmt, die geeignet sind, geistige oder körperliche Gebrechen, das Alter, die geschäftliche Unerfahrenheit, die Leichtgläubigkeit, die Angst oder die Zwangslage von Verbrauchern auszunutzen;**
3. **den Werbecharakter von geschäftlichen Handlungen verschleiert;**
4. **bei Verkaufsförderungsmaßnahmen wie Preisnachlässen, Zugaben oder Geschenken die Bedingungen für ihre Inanspruchnahme nicht klar und eindeutig angibt;**
5. **bei Preisausschreiben oder Gewinnspielen mit Werbecharakter die Teilnahmebedingungen nicht klar und eindeutig angibt;**
6. **die Teilnahme von Verbrauchern an einem Preisausschreiben oder Gewinnspiel von dem Erwerb einer Ware oder der Inanspruchnahme einer Dienstleistung abhängig macht, es sei denn, das Preisausschreiben oder Gewinnspiel ist naturgemäß mit der Ware oder der Dienstleistung verbunden;**
7. **die Kennzeichen, Waren, Dienstleistungen, Tätigkeiten oder persönlichen oder geschäftlichen Verhältnisse eines Mitbewerbers herabsetzt oder verunglimpft;**
8. **über die Waren, Dienstleistungen oder das Unternehmen eines Mitbewerbers oder über den Unternehmer oder ein Mitglied der Unternehmensleitung Tatsachen behauptet oder verbreitet, die geeignet sind, den Betrieb des Unternehmens oder den Kredit des Unternehmers zu schädigen, sofern die Tatsachen nicht erweislich wahr sind; handelt es sich um vertrauliche Mitteilungen und hat der Mitteilende oder der Empfänger der Mitteilung an ihr ein berechtigtes Interesse, so ist die Handlung nur dann unlauter, wenn die Tatsachen der Wahrheit zuwider behauptet oder verbreitet wurden;**
9. **Waren oder Dienstleistungen anbietet, die eine Nachahmung der Waren oder Dienstleistungen eines Mitbewerbers sind, wenn er**

Beispiele unlauterer geschäftlicher Handlungen **§ 4 UWG**

    a) eine vermeidbare Täuschung der Abnehmer über die betriebliche Herkunft herbeiführt,
    b) die Wertschätzung der nachgeahmten Ware oder Dienstleistung unangemessen ausnutzt oder beeinträchtigt oder
    c) die für die Nachahmung erforderlichen Kenntnisse oder Unterlagen unredlich erlangt hat;
10. **Mitbewerber gezielt behindert;**
11. **einer gesetzlichen Vorschrift zuwiderhandelt, die auch dazu bestimmt ist, im Interesse der Marktteilnehmer das Marktverhalten zu regeln.**

Gesamtübersicht

Rn

Unzulässige Beeinträchtigung der Entscheidungsfreiheit

A. Allgemeines	1/1
I. Normzweck und Bedeutung der Regelung	1/1
II. Unionsrecht	1/2
III. Verhältnis zu anderen Vorschriften	1/3
IV. Tatbestandliche Voraussetzungen	1/4
1. Geschäftliche Handlungen	1/4
2. Eignung zur Beeinträchtigung der Entscheidungsfreiheit	1/5
a) Entscheidungsfreiheit	1/5
b) Beeinträchtigung	1/6
c) Eignung	1/7
3. Geschützter Personenkreis	1/8
4. Beeinträchtigungsmittel	1/9
a) Druck	1/10
b) Menschenverachtung	1/11
c) Sonstiges unangemessenes unsachliches Handeln	1/13
5. Verbraucherleitbild	1/14
6. Verbotsvoraussetzungen des § 3	1/15
B. Fallgruppen	1/16
I. Ausübung von Druck (§ 4 Nr 1, 1. Alt)	1/16
1. Rechtlicher Ansatz	1/16
2. Einzelne Druckmittel	1/18
a) Physischer Druck	1/18
b) Drohung	1/19
c) Psychische Zwänge	1/21
d) Psychischer (psychologischer, moralischer) Kaufzwang	1/22
aa) Bisherige Praxis	1/22
bb) Stellungnahme	1/27
e) Unentgeltliche Kundenbeförderungen	1/28
f) Werbe- und Verkaufsfahrten	1/30
g) Rechtlicher Kaufzwang	1/31
h) Moralischer Zwang	1/32
i) Wirtschaftliche, soziale und autoritäre Zwänge	1/33
j) Überrumpelung	1/36
II. Handeln in menschenverachtender Weise (§ 4 Nr 1, 2. Alt)	1/38
1. Rechtlicher Ausgangspunkt	1/38
2. Einzelne Fallgestaltungen	1/41
a) Körperliche Gewalt und Drohung	1/41
b) Unterschwellige (subliminale) Werbung	1/42
c) Schockierende, diskriminierende Werbung	1/43
d) Geschmacklose Werbung	1/45
e) Beeinträchtigung der Entscheidungsfreiheit	1/47

				Rn
III.	Sonstiger unangemessener unsachlicher Einfluss (§ 4 Nr 1, 3. Alt)			1/49
	1.	Ausgangspunkt		1/49
		a) Bedeutung der Regelung		1/49
		b) Regelung unangemessener Einflussnahme in anderen Tatbeständen		1/51
	2.	Verkaufsförderungsmaßnahmen (Wertreklame, Sales Promotion-Aktionen)		1/52
		a) Grundlagen		1/52
			aa) Begriff und Bedeutung	1/52
			bb) Erscheinungsformen der Wertreklame	1/53
			cc) Beurteilung der Wertreklame	1/54
			(1) Entwicklung	1/54
			(2) Einordnung unter der UGP-RL	1/55
			dd) Verhältnis zu anderen Tatbeständen	1/56
		b) Einzelne Fallgestaltungen		1/57
			aa) Werbegeschenke und andere geldwerte Zuwendungen	1/57
			(1) Begriff	1/57
			(2) Wettbewerbsrechtliche Beurteilung	1/58
			(3) Verschenken von Originalware, von Warenproben	1/61
			(4) Presseerzeugnisse	1/63
			bb) Rabatte	1/66
			(1) Begriff	1/66
			(2) Verkehrsauffassung	1/68
			(3) Lauterkeitsrechtliche Beurteilung	1/76
			(4) Einzelfragen	1/80
			(a) „Übertriebenes Anlocken"	1/80
			(b) Zinsvorteile bei Kaufpreisstundung	1/82
			(c) Verkäufe unter Einstandspreis	1/83
			(d) Irreführung	1/84
			(5) Gesetzliche Rabattverbote	1/85
			(6) Unterwerfungsverträge und prozessuale Fragen nach Aufhebung des RabattG	1/86
			(a) Grundsätzliche Fortgeltung von Unterwerfungsverträgen	1/86
			(b) §§ 767, 927 ZPO	1/87
			cc) Kopplungsangebote und Zugaben	1/88
			(1) Begriff und Bedeutung	1/88
			(2) Lauterkeitsrechtliche Beurteilung	1/90
			(3) Einzelfragen	1/93
			(a) Zugaben	1/93
			(b) Warenproben	1/94
			(c) Finanzierungsgeschäfte	1/95
			(d) Redaktionelle Unterstützung	1/96
			(e) Garantien	1/97
			(f) Fahrtkostenerstattungen	1/102
			(g) Kundenbeförderung	1/103
			dd) Kundenbindung	1/104
			ee) Aleatorische Veranstaltungen	1/106
			(1) Ausnutzung der Risikobereitschaft und der Neigung zum Spiel	1/106
			(a) Begriffliches	1/106

			Rn
		(b) Sonderregelungen	1/107
		(c) Lauterkeitsrechtliche Beurteilung	1/108
		(2) Auktionen und Versteigerungen	1/111
	ff)	Powershopping	1/113
		(1) Beschreibung	1/113
		(2) Beurteilung	1/114
	gg)	Progressive Kundenwerbung	1/117
3.	Aufmerksamkeitswerbung		1/120
4.	Gefühlsbetonte Werbung		1/125
	a)	Appell an soziale Verantwortung, Hilfsbereitschaft, Mitleid	1/125
		aa) Begriff und Bedeutung	1/125
		bb) Die BGH-Rechtsprechung zum UWG 1909	1/126
		cc) Wandel der Rechtsprechung	1/127
		dd) Beurteilungskriterien	1/128
		ee) Besondere Fallgestaltungen	1/129
		(1) Werbung für Schwerbeschädigtenware	1/129
		(2) Werbung für Blindenware	1/130
		(3) Hausier- und Straßenhandel	1/131
	b)	Umweltbezogene Werbung	1/132
		aa) Bedeutung, Umweltbezug	1/132
		bb) Werbung mit der Umweltfreundlichkeit	1/133
		cc) Umweltzeichen	1/135
		dd) Beurteilung	1/136
	c)	Gesundheitsbezogene Werbung	1/137
		aa) Bedeutung	1/137
		bb) Beachtung des Transparenzgebots, Zigarettenwerbung	1/138
		cc) Fachliche Aussagen	1/140
		dd) Spezialregelungen (HWG, LFGB ua)	1/141
		ee) Schockierende Werbung. Unterschwellige Werbung. Angstwerbung	1/142
5.	Ausnutzung von Vertrauen und Autorität		1/143
6.	Gefährdung von Drittinteressen		1/148
7.	Verleitung zum Vertrags- oder Rechtsbruch?		1/153
8.	Laienwerbung		1/154
	a)	Begriff und Bedeutung	1/154
	b)	Wettbewerbsrechtliche Beurteilung (§ 4 Nr 1, 3. Alt)	1/155
	c)	Einzelne Beurteilungskriterien	1/158
	d)	Wettbewerbsrechtliche Haftung von Laienwerber und Unternehmer	1/162

Ausnutzung von Gebrechen, Alter, Unerfahrenheit, Leichtgläubigkeit, Angst oder Zwangslagen

A.	Allgemeines		2/1
	I. Normzweck und Bedeutung der Regelung		2/1
	II. Unionsrecht		2/4
	III. Verhältnis zu anderen Vorschriften		2/5
B.	Tatbestandliche Voraussetzungen		2/6
	I. Ausnutzung		2/6
	II. Einzelne Fallgestaltungen		2/7
	1. Ausnutzung geistiger oder körperlicher Gebrechen		2/7

	Rn
2. Ausnutzung des Alters	2/8
3. Ausnutzung geschäftlicher Unerfahrenheit	2/9
a) Geschäftliche Unerfahrenheit	2/9
b) Kinder und Jugendliche	2/10
c) Erwachsene	2/13
d) Rechtsunkenntnis	2/14
e) Datenerfassung	2/22
4. Ausnutzung von Leichtgläubigkeit	2/23
5. Ausnutzung von Angst	2/24
6. Ausnutzen einer Zwangslage	2/28
C. Weitere Verbotsvoraussetzungen (§ 3)	2/30

Schleichwerbung

A. Allgemeines	3/1
I. Normzweck und Bedeutung der Regelung	3/1
II. Unionsrecht	3/2
III. Verhältnis zu anderen Vorschriften	3/4
B. Tatbestandliche Voraussetzungen	3/5
C. Fallgruppen	3/6
I. Schleichwerbung	3/6
1. Begriff und Bedeutung	3/6
2. Tarnung mit Gutachten	3/7
3. Redaktionelle Werbung	3/8
a) Trennungsgrundsatz	3/8
b) Haftungsgrundlagen	3/11
c) Werbungtreibende Unternehmen und Medien	3/13
d) Verantwortlichkeit der Werbungtreibenden	3/14
e) Verantwortlichkeit der Medien	3/19
aa) Voraussetzungen	3/19
bb) Unlauterkeit	3/20
cc) Preisrätselgewinnauslobung	3/26
dd) Redaktionelle Zugaben	3/29
ee) Erscheinungsformen redaktioneller Werbung	3/32
(1) Elektronische Medien	3/33
(a) Sponsoring	3/34
(b) Product Placement	3/35
(c) Internet-, E-Mail-Werbung	3/41
(2) Kinospielfilme	3/43
ff) Feststellung der Unlauterkeit	3/45
4. Passivlegitimation	3/49
5. Prozessuale Fragen	3/53
II. Weitere Erscheinungsformen verschleiernder Werbung	3/54
1. Verschleierung von Werbeveranstaltungen	3/54
2. Verschleierung von Vertragsangeboten	3/55
a) Rechnungsähnlich aufgemachte Formularschreiben	3/55
b) Prämienrechnung als Vertragsangebote	3/56
c) Gutschein als Bestellschein	3/57
d) Vertreterbesuche	3/58
e) Vortäuschung von Verdienstmöglichkeiten zwecks Warenabsatzes	3/59
3. Beschaffung von Adressenmaterial	3/60

Beispiele unlauterer geschäftlicher Handlungen §4 UWG

	Rn
4. Verschleierung des Werbecharakters von Werbematerial	3/61
5. Vortäuschung von Privatangebot	3/62
III. Weitere Verbotsvoraussetzungen (§ 3)	3/63

Transparenzgebot bei Verkaufsförderungsmaßnahmen

A. Allgemeines	4/1
I. Normzweck und Bedeutung der Regelung	4/1
II. Unionsrecht	4/2
III. Verhältnis zu anderen Vorschriften	4/3
B. Tatbestandliche Voraussetzungen	4/4
I. Verkaufsförderungsmaßnahmen	4/4
II. Bedingungen für die Inanspruchnahme	4/5
III. Klare und eindeutige Angaben	4/8
IV. Zeitpunkt und Modalität der Information	4/11

Transparenzgebot bei Preisausschreiben und Gewinnspielen

A. Allgemeines	5/1
I. Normzweck und Bedeutung der Regelung	5/1
II. Unionsrecht	5/2
III. Verhältnis zu anderen Vorschriften	5/3
B. Tatbestandliche Voraussetzungen	5/4
I. Preisausschreiben und Gewinnspiele mit Werbecharakter	5/4
II. Teilnahmebedingungen	5/5
III. Klare und eindeutige Angaben	5/6
IV. Zeitpunkt und Modalität der Information	5/8

Koppelungsverbot von Gewinnspielteilnahme und Warenabsatz

A. Allgemeines	6/1
I. Normzweck und Bedeutung der Regelung	6/1
II. Unionsrecht	6/2
III. Verhältnis zu anderen Vorschriften	6/3
B. Tatbestandliche Voraussetzungen	6/5
I. Verbraucher	6/5
II. Preisausschreiben und Gewinnspiele	6/6
III. Waren und Dienstleistungen	6/7
IV. Gewinnspielteilnahme und Warenerwerb (§ 4 Nr 6 Halbs 1)	6/8
1. Rechtlicher Kaufzwang	6/8
2. Psychischer Kaufzwang	6/11
3. Weitere (tatsächliche) Abhängigkeiten	6/12
V. Ausnahmeregelung (§ 4 Nr 6 Halbs 2)	6/13

Herabsetzung eines Mitbewerbers

I. Allgemeines	7/1
1. Normzweck und Interessenlage	7/1
2. Unionsrechtliche Vorgaben	7/2
3. Verhältnis zu anderen Vorschriften	7/3
a) § 4 Nr 8	7/3
b) § 4 Nr 10	7/4
c) § 5	7/5

	Rn
d) § 6 II Nr 4 und 5	7/6
e) §§ 823 ff BGB	7/7
f) §§ 14 II Nr 3; 15 III MarkenG	7/8
II. Voraussetzungen	7/9
1. Voraussetzungen des § 3 I	7/9
2. Mitbewerber	7/10
3. Kennzeichen, Waren, Dienstleistungen, Tätigkeiten, Verhältnisse	7/11
4. Herabsetzung oder Verunglimpfung	7/12
a) Überblick	7/12
b) Begriff und Erscheinungsformen	7/13
c) Unlauterkeit	7/16
aa) Schmähkritik und Formalbeleidigungen	7/17
bb) Interessenabwägung	7/18
cc) Beispiele: Tatsachenbehauptungen	7/19
dd) Beispiele: Werturteile	7/20
III. Rechtsfolgen	7/21

Anschwärzung

I. Allgemeines	8/1
1. Normzweck und Interessenlage	8/1
2. Entstehungsgeschichte	8/2
3. Unionsrechtliche Vorgaben	8/3
4. Verhältnis zu anderen Vorschriften	8/4
a) § 4 Nr 7	8/4
b) § 4 Nr 10	8/5
c) § 5	8/6
d) § 6 II Nr 5	8/7
e) §§ 823 ff BGB	8/8
II. Voraussetzungen	8/9
1. Voraussetzungen des § 3 I	8/9
2. Mitbewerber	8/10
3. Waren, Dienstleistungen, Unternehmen, Unternehmensleitung	8/11
4. Behaupten oder Verbreiten einer Tatsache	8/12
a) Tatsache	8/12
aa) Grundsatz	8/12
bb) Einzelfragen	8/13
b) Behaupten oder Verbreiten	8/14
c) Schädigungseignung	8/15
5. Wahrheit	8/16
a) Nichterweislichkeit (1. Halbsatz)	8/16
b) Vertrauliche Mitteilungen (2. Halbsatz)	8/17
III. Rechtsfolgen	8/18
1. Unterlassung und Beseitigung	8/18
2. Schadensersatz	8/19

Unlautere Nachahmung

A. Allgemeines	9/1
I. Normzweck	9/1
1. Regelungsgegenstand	9/1

				Rn
	2.		Nachahmungsfreiheit und Unlauterkeit	9/2
		a)	Der Grundsatz der Nachahmungsfreiheit	9/2
		b)	Unlauterkeit der Nachahmung	9/3
	3.		Geschützte Interessen	9/4
II.			Entstehungsgeschichte	9/5
III.			Unionsrechtliche Vorgaben	9/7
	1.		Überblick	9/7
	2.		Grundfreiheiten	9/8
	3.		Sekundärrecht	9/9
		a)	Geistiges Eigentum	9/9
		b)	UGP-Richtline	9/10
		c)	Werberichtlinie	9/11
IV.			Verhältnis zu anderen Vorschriften	9/12
	1.		Geistiges Eigentum: Abgrenzung	9/12
		a)	Problematik	9/12
		b)	Rechtsprechung	9/13
		c)	Literatur	9/14
		d)	Stellungnahme	9/15
	2.		Geistiges Eigentum: Einzelne Schutzrechte	9/16
		a)	Technische Schutzrechte	9/16
		b)	Urheberrecht und verwandte Schutzrechte	9/17
		c)	Designrecht	9/18
		d)	Kennzeichenrecht	9/19
	3.		UWG	9/20
		a)	Ziff 13 Anh zu § 3 III	9/20
		b)	§ 4 Nr 10	9/21
		c)	§ 5	9/22
		d)	§ 6	9/23
		e)	§§ 17, 18	9/24

B. Voraussetzungen 9/25

				Rn
I.			Grundlagen	9/25
	1.		Systematik der Voraussetzungen	9/25
	2.		Wechselwirkung	9/26
II.			Waren oder Dienstleistungen eines Mitbewerbers	9/27
	1.		Waren oder Dienstleistungen	9/27
		a)	Waren	9/27
		b)	Dienstleistungen	9/28
		c)	Unerhebliche Umstände	9/29
		d)	Kein Ideenschutz	9/30
	2.		Eines Mitbewerbers	9/31
III.			Wettbewerbliche Eigenart	9/32
	1.		Begriff, Bedeutung und Bewertung	9/32
		a)	Begriff und Bedeutung	9/32
		b)	Kritik	9/33
	2.		Entstehung und Erlöschen	9/34
		a)	Entstehung	9/34
		b)	Erlöschen	9/35
	3.		Kriterien	9/36
		a)	Abgrenzung von immaterialgüterrechtlichen Schutzvoraussetzungen	9/36
		b)	Herkunftshinweis nach hM nicht erforderlich	9/37
		c)	Kombinationen von Gestaltungsmerkmalen oder Produkten	9/38

	Rn
d) Übernahme von Teilen	9/39
4. Erscheinungsformen	9/40
a) Äußere Gestaltung	9/40
b) Technische Merkmale	9/41
c) Kennzeichen	9/42
d) Datenbanken	9/43
5. Feststellung	9/44
IV. Angebot nachgeahmter Produkte	9/45
1. Nachahmung	9/45
a) Abgrenzung	9/45
b) Subjektive Elemente?	9/46
c) Stufenleiter der Nachahmungen	9/47
aa) Bedeutung	9/47
bb) Unmittelbare Übernahme und fast identische Nachbildung	9/48
cc) Nachschaffende Übernahme	9/49
2. Angebot	9/50
V. Unlauterkeitsmerkmale	9/51
1. Überblick	9/51
2. Vermeidbare Herkunftstäuschung (§ 4 Nr 9a)	9/52
a) Ausgangspunkt	9/52
b) Arten der Herkunftstäuschung	9/53
c) Kriterien	9/54
aa) Maßgebliche Verkehrsauffassung	9/54
bb) Zeitpunkt	9/55
cc) Gewisse Bekanntheit	9/56
dd) Gesamteindruck	9/57
ee) Umfassende Würdigung des Einzelfalls	9/58
ff) Sonstige Gesichtspunkte	9/59
d) Vermeidbarkeit	9/60
aa) Grundsatz	9/60
bb) Ausreichen einer Herstellerkennzeichnung	9/61
cc) Änderung technischer Merkmale	9/62
dd) Kompatible Produkte	9/63
3. Rufausbeutung und -schädigung (§ 4 Nr 9b)	9/64
a) Allgemeines	9/64
aa) Voraussetzungen	9/64
bb) Schutzzweck	9/65
b) Wertschätzung	9/66
c) Unangemessene Ausnutzung	9/67
aa) Ausnutzung	9/67
bb) Unangemessenheit	9/68
cc) Beispiele	9/69
d) Rufschädigung	9/70
4. Unredliche Erlangung von Kenntnissen (§ 4 Nr 9c)	9/71
a) Schutzzweck	9/71
b) Voraussetzungen	9/72
aa) Erforderliche Kenntnisse und Unterlagen	9/72
bb) Unredlich erlangt	9/73
5. Weitere Unlauterkeitsmerkmale	9/74
a) Behinderung	9/74
b) Einschieben in eine fremde Serie	9/75
c) Saisonschutz von Modeneuheiten	9/76

	Rn
6. Unmittelbarer Nachahmungsschutz?	9/77
a) Entwicklung	9/77
b) Meinungsstand und Stellungnahme	9/78
c) Kriterien	9/79
d) Insbesondere: Sportübertragungsrechte	9/80
VI. Schutzdauer	9/81
1. Grundsatz	9/81
2. Sonderfälle: Rufausnutzung und unmittelbarer Leistungsschutz	9/82
C. Rechtsfolgen	9/83
I. Abwehransprüche	9/83
1. Gläubiger und Schuldner	9/83
a) Gläubiger	9/83
aa) Hersteller, Lizenznehmer	9/83
bb) Sonstige Mitbewerber, Verbände	9/84
b) Schuldner	9/85
2. Anspruchsinhalt	9/86
a) Unterlassungsanspruch	9/86
b) Beseitigungsanspruch	9/87
II. Schadensersatzanspruch	9/88
III. Bereicherungsanspruch	9/89
IV. Prozessuale Fragen	9/90
1. Klageantrag	9/90
a) Streitgegenstand	9/90
b) Bestimmtheit	9/91
2. Beweislast	9/92

Gezielte Behinderung

I. Allgemeines	10/1
1. Normzweck und Systematik	10/1
2. Entstehungsgeschichte	10/4
3. Unionsrechtliche Vorgaben	10/5
4. Allgemeine Voraussetzungen der gezielten Behinderung	10/6
a) Geschäftliche Handlung (§ 2 I Nr 1)	10/6
b) Mitbewerber (§ 2 I Nr 3)	10/7
c) Behinderung	10/8
d) Gezielt	10/9
e) Objektive Unlauterkeitskriterien	10/10
f) Subjektive Unlauterkeitskriterien	10/11
g) Fallgruppen	10/12
5. Verhältnis zu anderen Vorschriften	10/13
a) UWG	10/13
aa) Unlautere Einwirkung auf Abnehmer	10/13
bb) Rufschädigung	10/14
cc) Rufausbeutung	10/14a
b) Kartellrecht	10/15
aa) Grundsatz	10/15
bb) Missbrauch von Nachfragemacht	10/16
cc) Diskriminierung	10/17
c) Bürgerliches Recht	10/18
II. Betriebsstörung	10/19
1. Allgemeines	10/19

			Rn
2.		Testmaßnahmen	10/20
	a)	Grundsatz: Zulässigkeit	10/20
	b)	Ausnahme: Unlauterkeitskriterien	10/21
3.		Abwerben von Mitarbeitern	10/22
	a)	Grundsatz	10/22
	b)	Unlauterer Zweck	10/23
		aa) Grundsatz	10/23
		bb) Anzahl und Stellung der abgeworbenen Mitarbeiter	10/24
		cc) Wirtschaftliche Gefährdung	10/25
		dd) Keine Einsatzmöglichkeit	10/26
		ee) Aneignung von Betriebsgeheimnissen	10/27
	c)	Unlauteres Mittel	10/28
		aa) Verleitung zum Vertragsbruch	10/28
		bb) Ausnutzen eines Vertragsbruchs	10/29
		cc) Beeinträchtigung der Entscheidungsfreiheit	10/30
		dd) Ansprechen am Arbeitsplatz	10/31
	d)	Rechtsfolgen	10/32
4.		Unberechtigte Schutzrechtsverwarnung und Abmahnung	10/33
	a)	Unberechtigte Schutzrechtsverwarnung	10/33
		aa) Begriff	10/33
		bb) Interessenlage	10/34
		cc) Entwicklung der Rechtsprechung	10/35
		(1) Rechtslage bis zur UWG-Reform	10/35
		(2) Kritik und Vorlagebeschluss des I. Zivilsenats	10/36
		(3) Der Beschluss des Großen Senats für Zivilsachen	10/37
		(4) Stellungnahme	10/38
		dd) Einzelheiten	10/39
		(1) Anspruchsgrundlage	10/39
		(2) Verwarnung und Klageerhebung	10/40
		(3) Schadensersatzanspruch	10/41
		(4) Unterlassungsanspruch	10/42
	b)	Unberechtigte Abmahnung wegen unlauterer geschäftlicher Handlungen	10/43
III. Absatz- und Bezugsstörung			10/44
1.		Unlauteres Abfangen und Abwerben von Kunden	10/44
	a)	Grundsatz	10/44
	b)	Abfangen	10/45
		aa) Irreführung, Belästigung, unsachlicher Einfluss, Erlangung vertraulicher Unterlagen	10/46
		bb) Werbung in räumlicher Nähe zum Mitbewerber	10/47
		cc) Unterschieben von Waren oder Dienstleistungen, Preselection	10/50
		dd) Ausnutzung fremder Einrichtungen?	10/50a
		ee) Abfangen von Korrespondenz, Nutzung von verwechslungsfähigen Telefonnummern und Domainnamen	10/51
		ff) Nutzung von beschreibenden Second-Level-Domains und Vanity-Rufnummern	10/52
		gg) Suchmaschinenoptimierung, Metatagging	10/53
		hh) Keyword Advertising, Paid Listing	10/53b
	c)	Abwerben von Kunden	10/54
		aa) Irreführung, Beeinträchtigung der Entscheidungsfreiheit, Herabsetzung	10/55

	Rn
bb) Verleitung zum Vertragsbruch	10/56
cc) Abwerbung durch ehemalige Mitarbeiter	10/57
dd) Verletzung vertraglicher Pflichten, Abwerbung durch Verletzung von Standesregeln und Wettbewerbsrichtlinien	10/58
2. Produktbezogene Behinderung	10/59
a) Veränderung von Produkten	10/59
b) Entfernung von Kennzeichen	10/60
c) Vertrieb technischer Mittel zur Ausbeutung fremder Leistungen	10/61
d) Ankauf fremder Ware	10/62
3. Werbebehinderung	10/63
a) Grundsatz und Abgrenzungen	10/63
b) Werbeblocker	10/64
c) Suchmaschinen, Deep Links, Screen-Scraping	10/65
d) Werbung im Umfeld sportlicher oder kultureller Ereignisse („Ambush Marketing")	10/66
4. Selektive Vertriebssysteme und Beseitigung von Kontrollnummern	10/67
a) Allgemeines	10/67
aa) Begriff und Interessenlage	10/67
bb) Rechtliche Regelungen: Überblick	10/68
cc) Entwicklung der lauterkeitsrechtlichen Rechtsprechung	10/69
b) Behinderung durch Kontrollnummernbeseitigung	10/71
aa) Tatbestand des § 4 Nr 10	10/71
bb) Kartellrechtliche Zulässigkeit	10/72
cc) Rechtsbruch bei Entfernung gesetzlich vorgeschriebener Kennzeichnungen	10/73
dd) Irreführung	10/74
ee) Markenverletzung	10/75
c) Schleichbezug	10/76
d) Verleitung zum Vertragsbruch	10/77
5. Behinderung durch Kennzeichen und Domainnamen	10/78
a) Missbräuchliche Markenanmeldung: Grundsätze und Verhältnis zum Markenrecht	10/78
aa) Sperrung bei Vorbenutzung der Marke im In- oder Ausland	10/79
bb) Spekulationsmarke	10/81
cc) Monopolisierung und Verwässerung geographischer Herkunftsangaben	10/82
dd) Rechtsfolgen	10/83
b) Behinderung durch Registrierung und Nutzung von Domainnamen	10/84
aa) Grundsatz: keine Behinderung bei Registrierung durch Dritten	10/84
bb) Ausnahme: Behinderung bei Sperrungsabsicht	10/85
6. Boykott	10/86
a) Begriff und Grundsatz	10/86
b) Verhältnis zu anderen Bestimmungen	10/87
c) Lauterkeitsrechtliche Beurteilung	10/88
aa) Geschäftliche Handlung (§ 2 I Nr 1)	10/88
bb) Boykottaufruf	10/89

	Rn
cc) Fehlen einer Rechtfertigung	10/90
7. Preisunterbietung	10/91
a) Grundsatz	10/91
b) Kartellrechtliche Schranken	10/92
c) Allgemeine lauterkeits- und kennzeichenrechtliche Schranken	10/93
d) Preisunterbietung in Verdrängungsabsicht	10/94
IV. Anhang: Allgemeine Marktstörung	10/95
1. Grundsatz und Kritik	10/95
a) Grundsatz	10/95
b) Verhältnis zum Kartellrecht	10/96
c) Kritik	10/97
2. Allgemeine Voraussetzungen	10/98
3. Fallgruppen	10/99
a) Kostenlose Verteilung von Originalware	10/99
aa) Grundsatz	10/99
bb) Abgabe zu Erprobungszwecken	10/100
cc) Fehlen des Erprobungszwecks	10/101
b) Gratisverteilung von Presseerzeugnissen	10/102
aa) Frühere Rechtsprechung	10/102
bb) Liberalisierung	10/103
c) Preisunterbietung	10/104
d) Weitere Fälle	10/105

Rechtsbruch

A. Allgemeines	11/1
I. Normzweck und Systematik	11/1
1. Normzweck	11/1
2. Systematik	11/2
II. Entstehungsgeschichte	11/3
1. Frühere Rechtsprechung	11/3
2. Die Neuausrichtung durch Abgasemissionen	11/4
3. Das UWG 2004/2008	11/5
III. Unionsrechtlicher Rahmen	11/6
1. Primärrecht	11/6
2. Sekundärrecht	11/7
a) Überblick	11/7
b) Richtlinie über unlautere Geschäftspraktiken	11/7a
IV. Verhältnis zu anderen Vorschriften	11/8
1. § 3	11/8
2. § 5a	11/8a
3. Verhältnis zur Primärnorm	11/9
a) Grundsatz	11/9
b) Abschließende Regelungen	11/10
c) UWG und Verwaltungsrecht	11/11
B. Voraussetzungen	11/12
I. Gesetzliche Vorschrift	11/12
1. Begriff	11/12
2. Abgrenzungen	11/13
II. Regelung des Marktverhaltens im Interesse der Marktteilnehmer	11/14
1. Marktverhaltensregelung	11/14
a) Grundsatz	11/14

		Rn
	b) Begriff	11/15
	c) Abgrenzung 1: Vorfeld des Marktverhaltens	11/16
	aa) Grundsatz	11/16
	bb) Beispiele	11/17
	d) Abgrenzung 2: Marktzutrittsregelungen	11/18
	aa) Grundsatz	11/18
	bb) Doppelfunktion	11/19
	cc) Beispiele	11/20
2.	Im Interesse der Marktteilnehmer	11/21
	a) Grundsatz	11/21
	b) Interessen der Mitbewerber	11/22
	c) Interessen der Marktgegenseite	11/23
	aa) Entscheidungsfreiheit	11/23
	bb) Allgemeiner Rechtsgüterschutz	11/24
	cc) Kritik	11/25
III.	Zuwiderhandlung	11/26
1.	Geschäftliche Handlung	11/26
2.	Verwirklichung sämtlicher Tatbestandsmerkmale	11/27
3.	Keine zusätzlichen subjektiven Erfordernisse	11/28
4.	Täterschaft und Teilnahme	11/29
IV.	Spürbarkeit der Beeinträchtigung	11/30
C. Einzelne Regelungen		11/31
I.	Berufsspezifische Vorschriften	11/31
1.	Allgemeines	11/31
2.	Rechtsanwälte, Notare	11/32
	a) Zugangsregeln	11/32
	aa) Rechtsgrundlage	11/32
	bb) Verfassungs- und unionsrechtliche Beurteilung	11/33
	cc) Marktverhaltensregelung	11/34
	dd) Rechtsdienstleistung	11/35
	ee) Einzelfälle	11/36
	b) Berufsausübungsregeln	11/38
	c) Werberegeln	11/39
	aa) Entwicklung, Rechtsgrundlagen	11/39
	bb) Marktverhaltensregeln	11/40
	cc) Gebot der Berufsbezogenheit	11/41
	dd) Sachlichkeitsgebot	11/42
	(1) Grundsatz	11/42
	(2) Der Form nach unsachliche Werbung	11/43
	(3) Dem Inhalt nach unsachliche Werbung	11/44
	ee) Verbot der Mandatswerbung im Einzelfall	11/45
	ff) Spezialvorschriften	11/46
	gg) Notare	11/47
3.	Steuerberatung	11/48
	a) Zugangsregelungen	11/48
	b) Berufsausübungsregeln	11/49
	c) Werberegeln	11/50
4.	Wirtschaftsprüfer	11/51
5.	Heilberufe	11/52
	a) Zugangsregeln	11/52
	b) Berufsausübungsregeln	11/53
	c) Werberegeln	11/54
	aa) Grundsatz	11/54

	Rn
bb) Sachlichkeitsgebot	11/55
cc) Irreführende und vergleichende Werbung	11/56
dd) Klinikprivileg	11/57
6. Architekten, gewerbliche Berufe, Personenbeförderung	11/58
II. Produktspezifische Vorschriften	11/59
1. Absatzverbote und -beschränkungen	11/59
a) Marktverhaltensregelungen	11/59
b) Arzneimittelrecht	11/60
c) Lebensmittelrecht	11/61
d) Sonstige Bestimmungen	11/62
2. Kennzeichnungs- und Informationspflichten	11/63
a) Kennzeichnungspflichten und andere Pflichten zur Information vor Vertragsschluss	11/63
b) Information über sachgerechte Nutzung von Produkten	11/65
3. Produktspezifisches Werberecht	11/66
a) Allgemeines	11/66
b) Heilmittelwerberecht	11/67
aa) Marktverhaltensregelung	11/67
bb) Verfassungs- und unionsrechtliche Aspekte	11/68
cc) Anwendungsbereich	11/69
dd) Einzelne Bestimmungen	11/70
(1) Überblick	11/70
(2) Irreführende Heilmittelwerbung (§ 3 HWG)	11/70a
(3) Werbung für nicht zugelassene Arzneimittel (§ 3a HWG)	11/70b
(4) Pflichtangaben (§ 4 HWG)	11/70c
(5) Beschränkung bestimmter Werbeformen (§§ 4a, 5, 7–9 HWG)	11/70d
(6) Sachliche Beschränkungen der Publikumswerbung (§§ 10, 12 HWG)	11/70e
(7) Inhaltliche Beschränkungen der Publikumswerbung (§ 11 HWG)	11/70f
c) Lebensmittelrecht	11/71
III. Vertriebsbezogene Vorschriften	11/72
1. Preisvorschriften	11/72
2. Vorschriften über Preisangaben	11/73
3. Vorschriften über Geschäftszeiten	11/74
4. Informationspflichten	11/75
a) Allgemeines	11/75
b) Information über Unternehmensidentität	11/76
c) Informationspflichten bei Vertragsschluss	11/77
5. Sonstige zivilrechtliche Vorschriften	11/78
a) AGB-Kontrolle	11/78
b) Datenschutzrecht	11/79
c) Allgemeines Gleichbehandlungsgesetz (AGG)	11/80
6. Jugendschutz	11/81
7. Glücksspiele	11/82
a) Strafrechtlicher Rahmen	11/82
b) Staatliches Glücksspielmonopol: Verfassungs- und unionsrechtliche Aspekte	11/83
c) Glücksspielstaatsvertrag	11/84
d) Lauterkeitsrechtliche Beurteilung	11/85

	Rn
8. Sonstige Strafvorschriften	11/86
a) §§ 16–19 UWG	11/86
b) Straftaten gegen die öffentliche Ordnung und die sexuelle Selbstbestimmung	11/87
c) Eigentums- und Vermögensdelikte	11/88
d) Straftaten gegen den Wettbewerb	11/89
e) Bestechlichkeit und Bestechung, Vorteilsannahme und Vorteilsgewährung	11/90
9. Beihilfen- und Vergaberecht	11/91

Vorbemerkung

Im UWG 1909 war dessen § 1 die grundlegende wettbewerbsrechtliche Ordnungsnorm. Der mit ihm statuierte Rechtsbegriff der guten Sitten war für das gesamte Recht gegen den unlauteren Wettbewerb von konstituierender Bedeutung. An die Stelle des § 1 aF ist im neuen UWG § 3 getreten, der – ergänzt durch den Anhang und die Beispiels- und Spezialtatbestände des § 4 Nr 1–11 und der §§ 5–7 – nunmehr das **Herzstück der Bekämpfung unlauteren Wettbewerbs** bildet. 1

Mit den §§ 4–7 hat der Reformgesetzgeber bestimmte zu § 1 aF entwickelte Fallgruppen aus den Bereichen der unlauteren Kundenwerbung (§ 4 Nr 1–6, § 7), der Behinderung (§ 4 Nr 7, 8, 10), der Ausbeutung (§ 4 Nr 9) und des Rechtsbruchs (§ 4 Nr 11), die die Generalklausel bislang allein richterrechtlich konkretisierten, zum Gegenstand gesetzlicher Regelung gemacht. Im Anwendungsbereich der §§ 4–7 **präzisiert das Gesetz jetzt selbst,** was unlauter ist, und entlastet damit den Richter insoweit von der Konkretisierung der Generalklausel. 2

Die §§ 4–7 regeln **nicht alle Fälle** unlauteren Handelns. Für die allgemeine Marktbehinderung wird dies in den Materialien auch ausdrücklich hervorgehoben (BegrRegEntw, B zu § 4 Nr 10, BT-Drucks 15/1487, S 19). Die Lücke, die sich daraus für den Unlauterkeitsschutz ergibt, schließt § 3. **Sein Verbot gilt umfassend.** Der Normzweck des Gesetzes, Mitbewerber, Verbraucher und die sonstigen Marktbeteiligten sowie die Allgemeinheit vor unlauterem Wettbewerb zu schützen, würde andernfalls verfehlt. 3

Die Konkretisierung der unmittelbar aus § 3 folgenden Unlauterkeit einer geschäftlichen Handlung und der in § 4 Nr 1–11, §§ 5–7 enthaltenen unbestimmten Rechtsbegriffe (vgl § 3 Rn 15, 81) ist **Aufgabe des Richters.** Das Gesetz ermächtigt ihn nach wie vor zur Findung eins normativen Rechtssatzes, dh zur Setzung von Richterrecht. 4

Eine unlautere geschäftliche Handlung kann den Unlauterkeitsbegriff mehrerer Tatbestände des § 4 Nr 1–11 und der §§ 5–7 zugleich erfüllen. Das führt **nicht** zu einer **Anspruchs- oder Gesetzeskonkurrenz.** Es kommt allein auf die Unlauterkeit der *einen* zur Beurteilung stehenden geschäftlichen Handlung an. Die Tatbestände der §§ 4ff sind lediglich unterschiedliche Gesichtspunkte bei der Feststellung ein und derselben Unlauterkeit. 5

Ist ein geschäftliches Handeln unlauter iS der §§ 4ff, greift das Verbot des § 3 allein deshalb noch nicht. Erfüllt ist insoweit lediglich das Kriterium der Unlauterkeit. **Verboten** aber ist die Handlung **erst,** wenn sie auch zu einer spürbaren Beeinträchtigung nach § 3 I oder II geeignet ist. Ebenso wie die richterrechtlichen Fallgruppen alten Rechts in ihrem Verhältnis zum unbestimmten Rechtsbegriff der guten Sitten sind auch die gesetzlichen Tatbestände der §§ 4ff lediglich Unterfälle des diese dominierenden Unlauterkeitsbegriffs, aber keine eigenständigen Verbotsregelungen. 6

7 **Auslegung und Anwendung** der §§ 3, 4ff müssen dem **Schutzzweck** des UWG, die Lauterkeit des Wettbewerbs im Interesse der Marktbeteiligten und der Allgemeinheit zu gewährleisten, Rechnung tragen. Das erfordert im Einzelfall anhand des Schutzzwecks eine **Güter- und Interessenabwägung**, die einerseits die wertsetzende Bedeutung der Grundrechte, die Gesetzeslage und das Unionsrecht, insbesondere die UGP-RL, andererseits das Prinzip der Marktfreiheit, Waren und Leistungen frei und ungehindert anbieten und nachfragen zu können, angemessen berücksichtigt. Lässt sich ein Sachverhalt durch Auslegung oder Analogie keinem der Beispiels- und Sondertatbestände der §§ 4ff zuordnen, ist für die Lauterkeitswertung unmittelbar auf § 3 abzustellen (Rn 3).

8 Die Regelungen der §§ 3, 4ff, auf die – sofern nicht ein vorrangiger sondergesetzlicher Schutz aus dem Kennzeichen-, Patent-, Muster- oder Urheberrecht eingreift – bei der lauterkeitsrechtlichen Beurteilung einer geschäftlichen Handlung abzustellen ist, sind gegenüber den allgemeinen Vorschriften des BGB die spezielleren (vgl. Einf D Rn 56ff).

9 Typisch für das UWG 2004 war es, dass alle Einzeltatbestände der §§ 4–7 UWG durch die Formulierung „unlauter iSv § 3 handelt" an die Generalklausel des § 3 UWG gekoppelt sind (vgl § 3 Rn 3). Die **Novelle von 2008 zur Umsetzung** der UGP-RL hat diese Anbindung formal beseitigt (vgl § 3 Rn 3). Inhaltlich hat sich durch die Neuformulierung des Gesetzes gleichwohl nichts geändert, sodass nach wie vor die weiteren Voraussetzungen des § 3 zu prüfen sind, insbesondere grundsätzlich die Bagatellklausel, soweit nicht ein Tatbestand des Anhangs nach § 3 Abs 3 eingreift.

Unzulässige Beeinträchtigung der Entscheidungsfreiheit

§ 4 Beispiele unlauterer geschäftlicher Handlungen

Unlauter handelt insbesondere, wer
1. **geschäftliche Handlungen vornimmt, die geeignet sind, die Entscheidungsfreiheit der Verbraucher oder sonstiger Marktteilnehmer durch Ausübung von Druck, in menschenverachtender Weise oder durch sonstigen unangemessenen unsachlichen Einfluss zu beeinträchtigen;**

...

Inhaltsübersicht

	Rn
A. Allgemeines	1/1
I. Normzweck und Bedeutung der Regelung	1/1
II. Unionsrecht	1/2
III. Verhältnis zu anderen Vorschriften	1/3
IV. Tatbestandliche Voraussetzungen	1/4
1. Geschäftliche Handlungen	1/4
2. Eignung zur Beeinträchtigung der Entscheidungsfreiheit	1/5
a) Entscheidungsfreiheit	1/5
b) Beeinträchtigung	1/6
c) Eignung	1/7
3. Geschützter Personenkreis	1/8
4. Beeinträchtigungsmittel	1/9
a) Druck	1/10
b) Menschenverachtung	1/11
c) Sonstiges unangemessenes unsachliches Handeln	1/13

	Rn
5. Verbraucherleitbild	1/14
6. Verbotsvoraussetzungen des § 3	1/15
B. Fallgruppen	1/16
I. Ausübung von Druck (§ 4 Nr 1, 1. Alt)	1/16
1. Rechtlicher Ansatz	1/16
2. Einzelne Druckmittel	1/18
a) Physischer Druck	1/18
b) Drohung	1/19
c) Psychische Zwänge	1/21
d) Psychischer (psychologischer, moralischer) Kaufzwang	1/22
aa) Bisherige Praxis	1/22
bb) Stellungnahme	1/27
e) Unentgeltliche Kundenbeförderungen	1/28
f) Werbe- und Verkaufsfahrten	1/30
g) Rechtlicher Kaufzwang	1/31
h) Moralischer Zwang	1/32
i) Wirtschaftliche, soziale und autoritäre Zwänge	1/33
j) Überrumpelung	1/36
II. Handeln in menschenverachtender Weise (§ 4 Nr 1, 2. Alt)	1/38
1. Rechtlicher Ausgangspunkt	1/38
2. Einzelne Fallgestaltungen	1/41
a) Körperliche Gewalt und Drohung	1/41
b) Unterschwellige (subliminale) Werbung	1/42
c) Schockierende, diskriminierende Werbung	1/43
d) Geschmacklose Werbung	1/45
e) Beeinträchtigung der Entscheidungsfreiheit	1/47
III. Sonstiger unangemessener unsachlicher Einfluss (§ 4 Nr 1, 3. Alt)	1/49
1. Ausgangspunkt	1/49
a) Bedeutung der Regelung	1/49
b) Regelung unangemessener Einflussnahme in anderen Tatbeständen	1/51
2. Verkaufsförderungsmaßnahmen (Wertreklame, Sales Promotion-Aktionen)	1/52
a) Grundlagen	1/52
aa) Begriff und Bedeutung	1/52
bb) Erscheinungsformen der Wertreklame	1/53
cc) Beurteilung der Wertreklame	1/54
(1) Entwicklung	1/54
(2) Einordnung unter der UGP-RL	1/55
dd) Verhältnis zu anderen Tatbeständen	1/56
b) Einzelne Fallgestaltungen	1/57
aa) Werbegeschenke und andere geldwerte Zuwendungen	1/57
(1) Begriff	1/57
(2) Wettbewerbsrechtliche Beurteilung	1/58
(3) Verschenken von Originalware, von Warenproben	1/61
(4) Presseerzeugnisse	1/63
bb) Rabatte	1/66
(1) Begriff	1/66
(2) Verkehrsauffassung	1/68
(3) Lauterkeitsrechtliche Beurteilung	1/76
(4) Einzelfragen	1/80
(a) „Übertriebenes Anlocken"	1/80

				Rn
		(b)	Zinsvorteile bei Kaufpreisstundung	1/82
		(c)	Verkäufe unter Einstandspreis	1/83
		(d)	Irreführung	1/84
	(5)	Gesetzliche Rabattverbote		1/85
	(6)	Unterwerfungsverträge und prozessuale Fragen nach Aufhebung des RabattG		1/86
		(a)	Grundsätzliche Fortgeltung von Unterwerfungsverträgen	1/86
		(b)	§§ 767, 927 ZPO	1/87

- cc) Kopplungsangebote und Zugaben 1/88
  - (1) Begriff und Bedeutung 1/88
  - (2) Lauterkeitsrechtliche Beurteilung 1/90
  - (3) Einzelfragen 1/93
    - (a) Zugaben 1/93
    - (b) Warenproben.................. 1/94
    - (c) Finanzierungsgeschäfte 1/95
    - (d) Redaktionelle Unterstützung 1/96
    - (e) Garantien 1/97
    - (f) Fahrtkostenerstattungen 1/102
    - (g) Kundenbeförderung 1/103
- dd) Kundenbindung 1/104
- ee) Aleatorische Veranstaltungen 1/106
  - (1) Ausnutzung der Risikobereitschaft und der Neigung zum Spiel 1/106
    - (a) Begriffliches 1/106
    - (b) Sonderregelungen 1/107
    - (c) Lauterkeitsrechtliche Beurteilung 1/108
  - (2) Auktionen und Versteigerungen 1/111
- ff) Powershopping 1/113
  - (1) Beschreibung 1/113
  - (2) Beurteilung 1/114
- gg) Progressive Kundenwerbung 1/117

3. Aufmerksamkeitswerbung 1/120
4. Gefühlsbetonte Werbung 1/125
   a) Appell an soziale Verantwortung, Hilfsbereitschaft, Mitleid 1/125
      aa) Begriff und Bedeutung 1/125
      bb) Die BGH-Rechtsprechung zum UWG 1909 ..... 1/126
      cc) Wandel der Rechtsprechung 1/127
      dd) Beurteilungskriterien 1/128
      ee) Besondere Fallgestaltungen 1/129
         (1) Werbung für Schwerbeschädigtenware 1/129
         (2) Werbung für Blindenware 1/130
         (3) Hausier- und Straßenhandel 1/131
   b) Umweltbezogene Werbung 1/132
      aa) Bedeutung, Umweltbezug 1/132
      bb) Werbung mit der Umweltfreundlichkeit 1/133
      cc) Umweltzeichen...................... 1/135
      dd) Beurteilung 1/136
   c) Gesundheitsbezogene Werbung 1/137
      aa) Bedeutung....................... 1/137
      bb) Beachtung des Transparenzgebots, Zigarettenwerbung 1/138

		Rn
	cc) Fachliche Aussagen	1/140
	dd) Spezialregelungen (HWG, LFGB ua)	1/141
	ee) Schockierende Werbung. Unterschwellige Werbung. Angstwerbung	1/142
5.	Ausnutzung von Vertrauen und Autorität	1/143
6.	Gefährdung von Drittinteressen	1/148
7.	Verleitung zum Vertrags- oder Rechtsbruch?	1/153
8.	Laienwerbung	1/154
	a) Begriff und Bedeutung	1/154
	b) Wettbewerbsrechtliche Beurteilung (§ 4 Nr 1, 3. Alt)	1/155
	c) Einzelne Beurteilungskriterien	1/158
	d) Wettbewerbsrechtliche Haftung von Laienwerber und Unternehmer	1/162

A. Allgemeines

I. Normzweck und Bedeutung der Regelung

Wie alle Beispielstatbestände des § 4 regelt auch der Tatbestand des § 4 Nr 1 bestimmte **typische Unlauterkeitshandlungen** mit dem Ziel, die Generalklausel des § 3 zu **präzisieren** und dadurch eine größere **Transparenz** zu erreichen. Mit ihm sollen alle wettbewerblichen Maßnahmen erfasst werden, die geeignet sind, die Entschließungsfreiheit der Verbraucher und der sonstigen Marktteilnehmer durch unangemessene unsachliche Beeinflussung zu beinträchtigen. **Normzweck der Regelung** ist es also, die **Rationalität** der Anbieter- oder Nachfragerentscheidung auf der Marktgegenseite zu schützen, auch wenn sie auf einer anderen Wirtschaftsstufe als der Marktpartner stehen (BegrRegEntw, B zu § 4 Nr 1, BT-Drucks 15/1487, S 17). § 4 Nr 1 *schützt* mithin den *Verbraucher* und den *sonstigen Marktteilnehmer,* dagegen liegt sein Normzweck *nicht* im Schutz der Mitbewerber.

1/1

II. Unionsrecht

Soweit es um geschäftliche Handlungen gegenüber **Verbrauchern** geht, setzt § 4 Nr 1 die Vorgaben der UGP-RL in Bezug auf **aggressive Geschäftspraktiken** nach Art 8, 9 um. Nach Art 8 UGP-RL gilt eine Geschäftspraxis als aggressiv, wenn sie die Entscheidungs- oder Verhaltensfreiheit des Durchschnittsverbrauchers insbesondere durch Nötigung oder durch unzulässige Beeinflussung tatsächlich oder voraussichtlich erheblich beeinträchtigt. Eine **unzulässige Beeinflussung** ist nach Art 2 lit j UGP-RL die Ausnutzung einer Machtposition gegenüber dem Verbraucher zur Ausübung von Druck, auch ohne die Anwendung oder Androhung von körperlicher Gewalt, in einer Weise, die die Fähigkeit des Verbrauchers zu einer informierten Entscheidung wesentlich einschränkt. Art 9 UGP-RL beschreibt zur Konkretisierung bestimmte Umstände, die dafür relevant sein können, ohne abschließend zu sein.

1/2

III. Verhältnis zu anderen Vorschriften

Die Regelung des § 4 Nr 1 entspricht bestimmten **Fallgruppen** der unsachlichen Beeinflussung von Kunden, wie sie zum **UWG 1909** unter dem Gesichtspunkt der unlauteren Kundenwerbung (Kundenfang) entwickelt worden waren, erfasst diese aber nicht in vollem Umfang. Weitere Fälle unsachlicher Kundenbeeinflussung regeln die Tatbestände der **Nr 4** und **Nr 5** (Verletzung des Transparenzgebots [„klar und eindeutig"] bei Verkaufsförderungsmaßnahmen wie Preisnachlässen, Zugaben

1/3

oder Geschenken bzw bei Preisausschreiben oder Gewinnspielen) und der **Nr 6** (Kopplungsgeschäfte im Zusammenhang mit Preisausschreiben oder Gewinnspielen). Diese sind gegenüber § 4 Nr 1, dem sie vorgehen, die spezielleren Regelungen. Die weiteren Bestimmungen des § 4 schützen auch (Nr 2, 3 und 11) oder primär (Nr 7–10) die Mitbewerber, die durch § 4 Nr 1 nicht geschützt werden (Rn 1/1). *Belästigende* geschäftliche Handlungen, die (auch) auf eine unsachliche Beeinflussung des Kunden zielen, fallen *nicht* unter den Tatbestand der Nr 1. Sie haben in § 7 eine besondere Regelung gefunden (aA GK/*Pahlow* § 4 Nr 1 Rn 22).

IV. Tatbestandliche Voraussetzungen

1/4 **1. Geschäftliche Handlungen.** § 4 Nr 1 setzt für sein Vorliegen eine geschäftliche Handlung, dh ein **unternehmerisch-marktbezogenes Tätigwerden**, voraus. Bei diesem muss es sich um Maßnahmen handeln, die der Förderung eigenen oder fremden Wettbewerbs dienen, sei es beim **Absatz** (Verkauf), sei es beim **Bezug** (Ankauf) von Waren oder Dienstleistungen. Zum Begriff der geschäftlichen Handlung im Einzelnen s § 2 I Nr 1.

1/5 **2. Eignung zur Beeinträchtigung der Entscheidungsfreiheit. a) Entscheidungsfreiheit.** Gegenstand des Schutzes des § 4 Nr 1 ist die Entscheidungsfreiheit der den Wettbewerbern auf der Marktgegenseite gegenüberstehenden Marktteilnehmer (Verbraucher und sonstige Marktteilnehmer). Das bedeutet Schutz der marktbezogen-rechtsgeschäftlichen Freiheit, sich zwischen den Angeboten verschiedener Unternehmen entscheiden zu können, *ohne* dabei einer unsachlich-unlauteren Beeinflussung von Seiten der Anbieter bzw Nachfrager ausgesetzt zu sein (Schutz der **Konsumentensouveränität**, vgl BegrRegEntw, A IV 3, BT-Drucks 15/1487, S 13; sa § 1 Rn 20; § 2 Rn 102). Nur unter dieser Voraussetzung kann der Verbraucher bzw der sonstige Marktteilnehmer in seiner Rolle als „Schiedsrichter" im Markt über Erfolg oder Misserfolg der Wettbewerber entscheiden (§ 1 Rn 20).

1/6 **b) Beeinträchtigung.** Das Merkmal der Beeinträchtigung erfordert *nicht* die Aufhebung oder *vollständige* Einschränkung (Beseitigung) der Entscheidungsfreiheit. Dass dafür Einwirkungshandlungen genügen, die den Umworbenen zu einer Entschließung drängen, die er ohne sie *nicht* oder *so nicht* getroffen hätte (so 4. Aufl Rn 1/5), ist zu weit formuliert, da dies auch auf Zugaben, Rabatte und andere Vergünstigungen zutreffen würde, die aber heute grundsätzlich unbedenklich sind. Vorliegen muss vielmehr eine nicht hinnehmbare Einwirkung entweder auf die *Entscheidungsgrundlage* oder auf den *Entscheidungsprozess*. Die bloße Entscheidung des Marktteilnehmers für dasjenige Angebot, von dem er sich den größten eigenen Nutzen erwartet, genügt dafür noch nicht (*Schwippert* FS Samwer, 2008, S 197, 199). Ein solches Verständnis von § 4 Nr 1 muss zu Einschränkungen bei einigen Fallgruppen der bisherigen Praxis führen, etwa bei der Verharmlosung von Gesundheitsrisiken (Rn 1/139) oder bei der Gefährdung von Drittinteressen (Rn 1/148 ff).

1/7 **c) Eignung.** Auf eine tatsächliche, effektive Beeinträchtigung der Entscheidungsfreiheit kommt es nicht an. Es reicht aus, dass die geschäftliche Handlung zur Beeinträchtigung der Entscheidungsfreiheit *geeignet* ist (vgl § 3 Rn 74). Des Nachweises einer *eingetretenen* Beeinträchtigung bedarf es also nicht.

1/8 **3. Geschützter Personenkreis.** Schutzsubjekte sind die **Verbraucher** (§ 2 II iVm § 13 BGB; zum Begriff des Verbrauchers s § 2 Rn 94 ff) und die **sonstigen Marktteilnehmer** (§ 2 I Nr 2; zum Begriff s § 2 Rn 51 ff; ebenso GK/*Pahlow* § 4 Nr 1 Rn 32; aA *Köhler*/Bornkamm § 4 Rn 1.104). Sonstige Marktteilnehmer sind Unternehmer, keine Verbraucher, stehen aber wie diese zu den Wettbewerbern in einem **Austauschverhältnis** (sog **vertikales Marktverhältnis**), s § 2 Rn 51. Die Interessen der Verbraucher und der sonstigen Marktteilnehmer werden vom Gesetz (nicht anders als die der Wettbewerber) *gleichrangig* und *gleichwertig* geschützt (vgl § 1 Rn 10, 19). Allerdings schließt das nicht aus, dass im Einzelfall bei der Beurteilung der Frage der Unangemessenheit (Rn 1/48f) die Geeignetheit zur Beeinträchtigung der Entscheidungsfreiheit bei Verbrauchern uU eher zu bejahen sein kann als bei Unternehmern, etwa dann, wenn diese kraft eigener Sachkenntnis und geschäftlicher Erfahrung werblicher Beeinflussung weniger erliegen als Verbraucher.

4. Beeinträchtigungsmittel. Als Mittel der Beeinträchtigung der Entschei- 1/9 dungsfreiheit nennt das Gesetz Ausübung von Druck, menschenverachtendes Vorgehen und sonstigen unangemessenen unsachlichen Einfluss. **Übergeordnetes Merkmal** ist die **Unsachlichkeit** der Einflussnahme. Druck und Menschenverachtung als Mittel des Wettbewerbs sind – wie aus der Gesetzesfassung folgt („Beeinträchtigung der Entscheidungsfreiheit durch *sonstigen* unangemessenen unsachlichen Einfluss") – *immer* unangemessen. Bei einem „lediglich" unsachlichen Handeln ist das nicht ausnahmslos der Fall. Ein gewisses Maß an unsachlicher Beeinflussung ist der Werbung nicht fremd und deshalb auch nicht per se unlauter (BegrRegEntw, B zu § 4 Nr 1, BT-Drucks 15/1487, S 17). Bedenklich ist erst dann, wenn sie mit Mitteln arbeitet, die geeignet sind, die **freie Willensentschließung** des Umworbenen zu beeinträchtigen dh auf diesen in einem intensiv-manipulierenden Sinne dahin einzuwirken, dass die Rationalität der Entschließung des Kunden in Frage gestellt wird (vgl § 1 Rn 21; § 4 Rn 1/13, 1/54). Das meint § 4 Nr 1, wenn er für das Unlauterkeitsurteil – neben den sonstigen Voraussetzungen – außer der Unsachlichkeit des Vorgehens auch dessen Unangemessenheit verlangt (BGH GRUR 06, 161 Rn 17 – *Zeitschrift mit Sonnenbrille;* BGHZ 164, 153, 157 = GRUR 06, 75 Rn 17 – *Artenschutz;* BGH GRUR 06, 511 Rn 21 – *Umsatzsteuer-Erstattungsmodell*).

a) Druck. Die unsachliche Beeinflussung des Kunden durch Druck geschieht 1/10 durch Inaussichtstellung oder Zufügung von Nachteilen, vgl Art 2 lit j UGP-RL. **Druckmittel** sind insoweit physischer, psychischer, moralischer Druck, Druck, der mit strafbaren Handlungen (Nötigung, Drohung, Erpressung) einhergeht oder mit der Androhung anderer Übel, der Einsatz von sozialem und wirtschaftlichem Druck, von autoritärem Zwang oder von Druck, der – etwa im Rahmen einer Laienwerbung – auf Freunde oder Bekannte ausgeübt wird. Ein Wettbewerb, der auf solche Werbemethoden zurückgreift, ist stets unsachlich und unangemessen. Er muss aber, um unlauter zu sein, sich immer auch zur Beeinträchtigung der Entscheidungsfreiheit des Kunden eignen, was bei nur geringfügigen Verstößen, die die Rationalität der Entscheidung des Umworbenen nicht gänzlich aufheben, verneint werden muss. Unlauter wird der ausgeübte Druck erst, wenn er dazu führt oder zu führen droht, dass der Verbraucher (oder der sonstige Marktteilnehmer) zu einer Entscheidung veranlasst wird, der er sonst nicht so nahe getreten wäre, vgl Art 8 UGP-RL.

b) Menschenverachtung. Mit der zweiten Tatbestandsvariante des § 4 Nr 1, die 1/11 im ursprünglichen Gesetzentwurf der Bundesregierung zunächst nicht vorgesehen war und erst auf Grund der Beschlussempfehlung des Rechtsausschusses vom 24.3.2004 (BT-Drucks 15/2795, S 6) in das Gesetz Eingang gefunden hat, soll dem hohen Rang der menschlichen Würde (Art 1 GG) und der Meinungsäußerungsfreiheit (Art 5 I GG) auch wettbewerbsrechtlich ausdrücklich Geltung verschafft werden. Statuiert ist insoweit der Schutz vor geschäftlichen Handlungen, die in Erniedrigung, Brandmarkung, Verfolgung, Ächtung oder vergleichbare Verhaltensweisen ausarten und dem Betroffenen den Achtungsanspruch als Mensch absprechen (Beschlussempf Rechtsausschuss zu § 4 Nr 1, BT-Drucks aaO, S 43, 44). Da aber die Grundrechte insgesamt Konkretisierungen des Prinzips der Menschenwürde sind, bedarf es stets einer sorgfältigen Begründung, wenn angenommen werden soll, dass der Gebrauch eines Grundrechts die unantastbare Menschenwürde verletzt; allein der Umstand, dass eine

Aufmerksamkeitswerbung Menschen in Not und Elend thematisiert, genügt dafür noch nicht (BVerfG GRUR 03, 442, 443 – *Benetton-Werbung II*).

1/12 Der Gesetzgeber hat die **zweite Tatbestandsalternative** des § 4 Nr 1 in einen Kontext gestellt, nach dem menschenverachtendes Handeln nicht schon per se als unlauter zu beurteilen ist, sondern erst dann, wenn dadurch die Entscheidungsfreiheit des Betroffenen beeinträchtigt wird bzw beeinträchtigt zu werden droht (*Köhler/Bornkamm* § 4 Rn 1.38; *Lehmler* § 4 Nr 1 Rn 14). Bei Werbemaßnahmen, die die Menschenwürde Dritter berühren, die Entscheidungsfreiheit der Marktgegenseite dagegen nicht beeinträchtigen, kann im Einzelfall auf § 3 zurückgegriffen werden (*Ahrens*, FS Schricker, 2005, S 619, 627; *Köhler/*Bornkamm § 3 Rn 74, 77; MüKoUWG/*Sosnitza* § 3 Rn 65).

1/13 **c) Sonstiges unangemessenes unsachliches Handeln.** Die dritte Alternative des § 4 Nr 1 umschreibt mit ihren unbestimmten Rechtsbegriffen der Unangemessenheit und Unsachlichkeit **generalklauselartig** einen Tatbestand von unbestimmter Weite. Zugerechnet werden diesem Tatbestand geschäftliche Handlungen aus dem Bereich der Wertreklame (BegrRegEntw, B zu § 4 Nr 1, BT-Drucks S 17), der Aufmerksamkeitswerbung, der Imagepflege, des Sponsoring, der Werbung mit aleatorischen Reizen, der Laienwerbung oder einer emotionsbetonten Werbung, die sich beispielsweise an die soziale Verantwortung oder an das Umweltbewusstsein wendet oder politische Fragen thematisiert. Unter welchen Voraussetzungen geschäftliche Handlungen unangemessen und unsachlich sind, ist dem Gesetz selbst nicht unmittelbar zu entnehmen. Die wettbewerbsrechtliche Beurteilung erfordert daher im Streitfall eine **richterliche Präzisierung** (Konkretisierung) dieses Tatbestandsmerkmals. Die Schwelle zur wettbewerbsrechtlichen Unlauterkeit ist nur überschritten, wenn die geschäftliche Handlung geeignet ist, in der Weise unangemessen unsachlichen Einfluss auszuüben, dass die **freie Entscheidung** des Verbrauchers **beeinträchtigt** zu werden droht (vgl BGHZ 164, 154, 157 = GRUR 06, 75 Rn 17 – *Artenschutz*; GRUR 09, 875 Rn 12 – *Jeder 100. Einkauf gratis*; GRUR 10, 1022 Rn 16 – *Ohne 19% Mehrwertsteuer*). Die Rechtsprechung hat hierfür zunächst darauf abgestellt, ob die Beeinflussung des Kunden so nachhaltig ist, dass dieser bei Anlegung eines objektiven Maßstabs nicht mehr imstande ist, Vor- und Nachteile eines Angebots ausreichend kritisch zu würdigen, mit anderen Worten, ob die **Rationalität der Verbraucherentscheidung** (vgl § 1 Rn 21; § 4 Rn 1/9, 1/54) vollständig in den Hintergrund tritt. In Anlehnung an Art 8, 9 UGP-RL formuliert der BGH nunmehr in allgemeiner Form, dass eine **unzulässige Beeinflussung** iSd Art 2 lit j UGP-RL vorliegen muss (BGH GRUR 10, 1022 Rn 16 – *Ohne 19% Mehrwertsteuer*; GRUR 11, 747 Rn 26 – *Kreditkartenübersendung*) ohne dass sich dadurch in der Sache etwas geändert hat. Für die Vernunftgemäßheit dieser Entscheidung sind Kriterien wie Qualität, Preiswürdigkeit, Service, Konditionen usw oft von wesentlicher Bedeutung, aber keineswegs immer allein entscheidend. Auch andere Faktoren können – selbst ohne sachlichen Bezug zum Inhalt des Angebots – maßgebend sein, zB Gesichtspunkte des Umweltschutzes. Welche Umstände seine Kaufentschließung beeinflussen, bestimmt allein der Verbraucher. Erforderlich ist nur, dass die Rationalität seiner Entschließung nicht ausgeschaltet ist. Bei dieser Beurteilung kann unter Berücksichtigung der neueren Rechtsprechung des BGH zum **Verbraucherleitbild** auf die Fallgruppen und Untergruppen zu § 1 UWG 1909 zurückgegriffen werden (s zB BGH GRUR 89, 366 – *Wirtschaftsmagazin*; GRUR 02, 966 – *Kopplungsangebot I*; GRUR 02, 979 – *Kopplungsangebot II*; GRUR 03, 626 – *Umgekehrte Versteigerung*). Das Unlauterkeitsurteil kann aber erst gefällt werden, wenn gerade durch das unangemessene unsachliche Vorgehen die Gefahr besteht, dass die kritische, rationale Verbraucherentscheidung ausgeschaltet wird. Eine unsachliche Einflussnahme ist nicht notwendigerweise zugleich auch unangemessen. Für sich allein rechtfertigt sie das lauterkeitsrechtliche Unwerturteil noch nicht (Rn 1/9).

Unzulässige Beeinträchtigung der Entscheidungsfreiheit **§ 4.1 UWG**

5. Verbraucherleitbild. Ob eine Wettbewerbshandlung geeignet ist, das **ratio-** 1/14
nal-kritische Urteilsvermögen des Verbrauchers bzw. des sonstigen Marktteilnehmers zu überlagern, hängt mit davon ab, wie Druckausübung oder eine sonstige unangemessene unsachliche Beeinflussung auf den Werbeadressaten wirken, inwieweit der Umworbene durch Beeinträchtigungsmittel dieser Art in seinen Entscheidungen **beeinflusst** werden kann. Maßgebend kommt es insoweit nach der neueren Rechtsprechung des BGH auf ein Verbraucherleitbild bzw auf ein Unternehmerleitbild an, das auf einen durchschnittlich informierten, situationsadäquat durchschnittlich aufmerksamen und durchschnittlich verständigen Verbraucher oder sonstigen Marktteilnehmer des jeweiligen Verkehrskreises abstellt (§ 2 Rn 107, 110ff). Zu berücksichtigen sind dabei ua Informations- und Kenntnisstand des Angesprochenen, der Gegenstand der Werbung, das Interesse, das diese auslöst und das Urteilsvermögen des Werbeadressaten. Für die Beurteilung der unsachlichen Einflussnahme bedarf es daher immer auch der Prüfung, ob die geschäftliche Handlung die Eignung zur unsachlichen Beeinflussung eines Durchschnittsverbrauchers (sonstigen Marktteilnehmers) in diesem Sinne aufweist.

6. Verbotsvoraussetzungen des § 3. Aus der Erfüllung der tatbestandlichen 1/15
Voraussetzungen des § 4 Nr 1 (wie auch des § 4 Nr 2–11 und der §§ 5–7) folgt zwar die **Unlauterkeit** der in Rede stehenden geschäftlichen Handlung, aber noch *nicht* deren **Verbot.** Ein selbständiges Verbot ist insoweit nicht normiert. Dieses erfordert auch die Erfüllung der Tatbestandsvoraussetzungen des § 3, dh – neben den von § 4 Nr 1 vorausgesetzten Merkmalen der geschäftlichen Handlung und der Unlauterkeit – auch die Eignung der geschäftlichen Handlung zur Beeinträchtigung der Interessen (§ 3 I) bzw der Entscheidungsfähigkeit (§ 3 II) und den Ausschluss der Bagatellklausel. Erstere wird im Allgemeinen bei Bejahung der Eignung zur Beeinflussung der Entscheidungsfreiheit iS des § 4 Nr 1 mitbeantwortet sein, letztere in aller Regel dann, wenn das Merkmal der Unangemessenheit iS des § 4 Nr 1 gegeben ist. Beide Voraussetzungen sind aber auseinanderzuhalten und können im Einzelfall unterschiedlich zu beantworten sein.

B. Fallgruppen

I. Ausübung von Druck (§ 4 Nr 1, 1. Alt)

1. Rechtlicher Ansatz. Die **Wettbewerbswidrigkeit der Druckausübung** 1/16
setzt voraus, dass die in Aussicht stehenden Nachteile stark genug sind, den Kunden gefügig zu machen und den Wettbewerb zu verfälschen oder auszuschalten. Bloße Hinweise oder Empfehlungen, die lediglich die wirtschaftliche Vorteilhaftigkeit eines Angebots verdeutlichen, reichen dafür nicht aus. Durch sie wird der Kunde nicht unsachlich beeinflusst. Die werbende Bestimmung zum Kauf liegt im Wesen des Wettbewerbs. Unzulässig wird die Beeinflussung erst, wenn der Werbung den Kunden in einer Art und Weise anspricht, die als **unangemessene unsachliche Druckausübung** erscheint und deshalb die Schwelle zur Unlauterkeit überschreitet. Dies bedarf der Abwägung im Einzelfall (GK/*Pahlow* § 4 Nr 1 Rn 41; Fezer/*Steinbeck* § 4–1 Rn 101). Wirkt Marktmacht auf die Entscheidung des Umworbenen ein, ist im Rahmen der wettbewerbsrechtlichen Beurteilung die Wertung des GWB mit einzubeziehen.

Unlauterer Druck gelangt in **vielfältiger Weise** zum Ausdruck, als Ausübung 1/17
physischen Zwangs, als Drohung mit Nachteilen, als Herbeiführung psychischer und moralischer Zwangslagen oder als Ausübung wirtschaftlichen, sozialen oder autoritären Drucks. Immer sind es Vorgehensweisen, die durch **Unterdrucksetzen** des Betroffenen dem Handelnden zu einem wirtschaftlichen Erfolg verhelfen sollen, den er

sonst nicht oder nicht in dieser Weise erlangt hätte. Die Formen der verschiedenen Begehungsarten sind fließend und gehen ineinander über oder überlagern sich mit anderen Tatbeständen der §§ 4–7. Eine exakte Abgrenzung ist meist nicht möglich, wohl aber eine schwerpunktmäßige Erfassung der einzelnen Tathandlungen.

1/18 **2. Einzelne Druckmittel. a) Physischer Druck.** Physischer Druck äußert sich in physischer Nötigung (Gewaltanwendung, körperlichem Zwang). Er ist, da er darauf zielt und geeignet ist, die freie Willensentschließung des Betroffenen auszuschalten, **stets unlauter** (vgl Rn 1/9f, Anh § 3 Ziff 25, 26). Führen Tathandlungen zur Erniedrigung und Verletzung der menschlichen Würde (Rn 1/11 f, 38 ff), ist auch die zweite Tatbestandsalternative des § 4 Nr 1 anwendbar.

1/19 **b) Drohung.** Mit der Drohung als Mittel der Druckausübung werden dem Betroffenen nachteilige Konsequenzen für den Fall des Nichteingehens auf die wirtschaftlichen oder rechtsgeschäftlichen Vorstellungen des Drohenden angekündigt. Die Herbeiführung einer solchen Zwangslage ist **unlauter,** wenn sie dazu führen kann, dass sich der Bedrohte zwecks Vermeidung der ihm angedrohten Nachteile der Drohung beugt. Auf das Vorliegen von **Straftatbeständen** wie der Nötigung oder der Erpressung (§§ 240, 253 StGB) kommt es *nicht* entscheidend an. Wohl aber erfüllen solche strafbaren Handlungen immer auch die Voraussetzung der Druckausübung iS von § 4 Nr 1.

1/20 Da der Begriff der geschäftlichen Handlung auch Maßnahmen bei und nach Vertragsschluss umfasst (§ 2 I Nr 1, § 2 Rn 22), stellt sich hier verstärkt die Frage, wann Handlungen des Vertragspartners bei der **Vertragsdurchführung und -abwicklung** unlauter sind. Die bloße Zahlungsaufforderung, auch unter Mahnung und Androhung gerichtlicher Schritte ist gewiss keine unlautere Drohung. Die Grenze zur Unlauterkeit wird aber überschritten, wenn zusätzliche Umstände zu einer Belästigung, Nötigung oder unzulässigen Beeinflussung iSd Art 8, 9 der UGP-RL hinzutreten, etwa bei beleidigenden Formulierungen oder Verhaltensweisen (Art 9 lit b der Richtlinie). Wurden Kundenbeschwerden abgewimmelt, Telefonate nicht entgegengenommen oder schriftliche Anfragen ignoriert, können dies belastende oder unverhältnismäßige Hindernisse iSd Art 9 lit d der Richtlinie sein, mit denen der Unternehmer den Verbraucher an der Ausübung seiner vertraglichen Rechte zu hindern versucht (*Köhler* GRUR 08, 841, 843 f), vgl auch Ziff 27 des Anhangs zu § 3 III.

c) Psychische Zwänge

Literatur: *Böttner,* 80 Jahre „Gute Sitten" – Zum 80. Geburtstag des UWG, WRP 1989, 433; *Bottenschein,* Restriktionen der Wertreklame, 2001; *Bottenschein,* „Regenwald Projekt" und der Kaufzwang bei der akzessorischen Werbung, WRP 2002, 1107; *Bülow,* Psychologischer Kaufzwang – Ein Schlagwort?, GRUR 1971, 64; *ders,* Kein Abschied vom psychischen Kaufzwang, WRP 2005, 954; *Gaedertz,* Psychologischer Kaufzwang, WRP 1970, 287; *Gleißner,* Psychischer Kaufzwang im Lauterkeitsrecht – Notwendiger Verbraucherschutz oder unnötige Einschränkung der Werbung?, 2008; *Leistner,* Behavioral Economics und Lauterkeitsrecht, ZGE 2009, 3; *Paefgen,* Psychologischer Kaufzwang – A quo venis et quo vadis?, WRP 1990, 85; *Paul,* Lockvogel-Werbung und moralischer Kaufzwang, WRP 1968, 170; *Scherer,* Abschied vom „psychischen Kaufzwang" – Paradigmenwechsel im neuen Lauterkeitsrecht, WRP 2005, 672; *Schuhlert,* Auswirkungen der Aufhebung von ZugabeVO und RabattG, 2003; *Sosnitza,* Wettbewerbsbeschränkungen durch die Rechtsprechung, 1995; *Steinbeck,* Die Zukunft der aggressiven Geschäftspraktiken, WRP 2008, 865; *Weiler,* Psychischer Kaufzwang – Ein Abschiedplädoyer, WRP 2002, 871.

1/21 Wie physischer Druck (Rn 1/18) ist auch die Herbeiführung einer **psychischen Zwangslage** (psychischen Nötigung) unlauter, wenn sich der Umworbene unter dem Eindruck drohender Nachteile zu einem Kaufentschluss veranlasst sieht, den er sonst nicht gefasst hätte, wenn er also *mittelbar* durch Beeinflussung seines Willens mit Mitteln, die ihn *psychisch* unter Druck setzen, zu einem bestimmten Kaufentschluss gezwungen wird. Das ist typischerweise dann der Fall, wenn sich der Umworbene hauptsächlich wegen des Drucks, der auf ihn ausgeübt wird, aber *gegen* oder *ohne* seinen eigentlichen Willen zur Annahme des Angebots des Nötigenden entschließt. Der Kunde steht in solchen Fällen in einer Ausnahmesituation, aus der er sich nur dadurch befreien zu können glaubt, dass er auf das Ansinnen des Werbenden eingeht. Die Herbeiführung einer solchen Zwangslage ist mit den Geboten eines lauteren Wettbewerbs unvereinbar. In diesem Sinne ist es **Ausübung unlauteren psychischen Drucks** und zugleich eine Verletzung des **Persönlichkeitsrechts** (Art 2 I GG) des Betroffenen, wenn im Auftrag von Gläubigern ein Dienstleistungsunternehmen – im Wettbewerb mit Rechtsanwälten und anderen Unternehmen, die sich mit der Durchsetzung von Zahlungsansprüchen befassen – Schuldnern der Gläubiger **„Schwarze Schatten"** in aller Öffentlichkeit folgen lässt, um sie so zur Bezahlung ihrer Schulden zu nötigen. Die damit verbundene Bloßstellung in der Öffentlichkeit macht – schon um die Verfolger abzuschütteln – die Schuldner ohne weiteres willfährig zur Schuldentilgung. Ein Wettbewerber, der es unternimmt, Forderungen in dieser Weise durch Erzeugung psychischen Drucks einzutreiben, handelt unlauter (LG Leipzig NJW 95, 3190, 3191 f – *Schwarze Schatten;* vgl auch LG Bonn NJW-RR 95, 1515, 1516 – *Schwarze Männer*).

d) Psychischer (psychologischer, moralischer) Kaufzwang. aa) Bisherige Praxis. Beim psychischen Kaufzwang geht es um die Beeinflussung der Willensentschließung des Umworbenen mit Mitteln, unter Umständen und mit Auswirkungen in einem solchen Ausmaß, dass der Umworbene nicht umhin kann, auf das Angebot einzugehen (BGH GRUR 71, 322 – *Lichdi-Center* GRUR 89, 757, 758 – *McBacon;* BGH GRUR 00, 820, 821 f – *Space Fidelity Peep-Show*). **Unentgeltliche Zuwendungen,** vor allem solche, die *innerhalb* des Geschäftslokals getätigt werden, führen den Kunden häufig in eine Situation, in der er meint, einem an sich nicht beabsichtigten Kauf nicht ausweichen zu können, weil er andernfalls die Wertschätzung, die ihm als Kaufinteressent entgegengebracht wird, verlieren würde, wenn er lediglich eine Gratisleistung wünschte (BGH GRUR 77, 727, 728 – *Kaffee-Verlosung I;* GRUR 87, 243, 244 – *Alles frisch;* aaO – *McBacon;* aaO – *Space Fidelity Peep-Show*). Regelmäßig geht es dabei darum, dass sich der Kunde mit Blick auf die empfangene Vergünstigung anstandshalber zu einem sonst nicht getätigten Kauf entschließt, weil es ihm peinlich ist, die Geschäftsräume ohne Ware oder Bestellung zu verlassen (BGH GRUR 72, 603, 604 – *Kunden-Einzelbeförderung;* GRUR 98, 475, 476 f – *Erstcoloration;* GRUR 98, 735, 736 – *Rubbelaktion;* aaO – *Space Fidelity Peep-Show;* GRUR 02, 1000, 1002 – *Testbestellung;* GRUR 03, 804, 805 – *Foto-Aktion*). Ebenso kann eine empfangene Zuwendung den Kunden aus einem Gefühl der Dankbarkeit heraus so unter Druck setzen, dass er sich, um sich erkenntlich zu zeigen, unter Zurückstellung sachlicher Bedenken zum Kauf entschließt (BGH GRUR 73, 591, 593 – *Schatzjagd*), vor allem dann, wenn der Umworbene dem Werbenden bekannt ist, mit ihm in persönlichem Kontakt steht oder sonst ihm oder dessen Angestellten gegenüber aus der Anonymität heraustritt (BGH GRUR 87, 243, 244 – *Alles frisch;* aaO – *McBacon;* aaO – *Space Fidelity Peep-Show;* aaO – *Foto-Aktion*).

Als anstößig wird es angesehen, beim (potenziellen) Kunden durch die **Gewährung von Vergünstigungen** eine konkrete Erwartungshaltung hervorzurufen, die den Umworbenen zur Annahme des Angebots **ohne** sachgemäße Prüfung veranlasst. Eine **psychische Zwangslage** soll bestehen, wenn Kunden von dem Angebot des Herstellers eines Haartönungsmittels Gebrauch machen, sich nach namentlicher Anmeldung einer unentgeltlichen Haartönung durch einen Friseur zu unterziehen, bei der sie zwangsläufig Werbeeinflüssen zum Zwecke des Erwerbs kosmetischer Artikel oder der Inanspruchnahme von Dienstleistungen ausgesetzt sind, dem sich die aus ihrer Anonymität herausgetretenen Kunden regelmäßig nicht entziehen können (BGH GRUR 98, 475, 476 f – *Erstcoloration*).

1/24 **Suggestive Beeinflussungen** des Kunden, zB bei Verkaufsfahrten oder Werbeveranstaltungen sollen die Gefahr eines psychischen Kaufzwangs nahe legen, besonders bei (ganz oder teilweise) freier Bewirtung oder Fahrt. Als wettbewerbswidrig wurde die Veranstaltung eines vorweihnachtlichen Gewinnspiels für Kinder unter zwölf Jahren angesehen, die sich die später auszulosenden etwaigen Gewinne im Wert bis zu 100 DM in der Spielwarenabteilung des Unternehmens selbst aussuchen und auf ausliegende Weihnachtswunschzettel schreiben können, die im Eingangsbereich des Einkaufszentrums an einem Weihnachtsbaum aufgehängt werden (OLG München WRP 00, 1321, 1322 – *Kinder-Gewinnspiel*).

1/25 Ob eine psychische Zwangslage besteht, ist **Frage des Einzelfalls**. Entscheidend ist die **Intensität der Einwirkung** auf die Willensentschließung des Umworbenen. Wesentlich insoweit sind Art und Weise der Zuwendung, Anlass und Üblichkeit, Branchengewohnheiten, die Person des Werbenden, Anonymität oder Bekanntheit des Kunden, das etwaige Bestehen persönlicher Kontakte oder von Geschäftsbeziehungen (BGH GRUR 98, 1037, 1038 – *Schmuck-Set*; GRUR 02, 1000, 1002 – *Testbestellung*). Ein psychischer Kaufzwang ist **keinesfalls immer schon dann** gegeben, wenn ein Kunde, nachdem er eine Vergünstigung oder ein Geschenk erhalten hat, einen Einkauf tätigt. Letzteres mag ohnehin in seiner Absicht gelegen haben oder bei Gelegenheit des Besuchs des Geschäfts oder aus Bequemlichkeit geschehen sein, aber unbeeindruckt von der gewährten Vergünstigung. Bei der Teilnahme an einem Gewinnspiel liegt die Annahme eines psychischen Kaufzwangs fern, wenn an dessen Durchführung das Verkaufspersonal nicht mitwirkt (BGH GRUR 98, 735, 736 – *Rubbelaktion*: Kein psychologischer Kaufzwang bei unbeobachteter und anonymer Teilnahme an einem Gewinnspiel). Geringwertige Geschenke sind im Allgemeinen nicht geeignet, den Kunden unter Druck zu setzen (BGHZ 43, 278, 281 = GRUR 65, 489, 491 – *Kleenex*). Anders bei Waren oder Dienstleistungen von erheblichem Wert (vgl BGH GRUR 71, 162, 163 – *Diagnose-Zentrum*: Kostenlose *Fahrzeugüberprüfung*).

1/26 Generell wird eine **psychische Zwangslage** *nicht* entstehen, solange kein persönlicher Kontakt besteht, der Kunde das Geschäft noch nicht betreten hat oder sonst die Einflussnahme nur **gering** ist (BGH GRUR 94, 639, 640 – *Pinguin-Apotheke*; GRUR 98, 735, 735 – *Rubbelaktion*; GRUR 00, 820, 821 – *Spice-Fiedelity-Peep-Show*; GRUR 02, 1000, 1002 – *Testbestellung*). Der psychische Kaufzwang entfällt in der Regel, wenn der Inhaber eines Gutscheins das zur Einlösung bestimmte Geschäft nicht aufzusuchen braucht (BGH aaO – *Kleenex*: Ausgabe von Gutscheinen zum Bezug einer Probeware, die in allen einschlägigen Geschäften eingelöst werden können), ebenso bei einer Eröffnungs- oder Einführungswerbung, wenn alle Kunden mehr oder weniger unverbindlich in den Genuss der Vergünstigung gelangen (BGH GRUR 73, 418 – *Das goldene A*). Nicht um einen psychischen Kaufzwang im eigentlichen Sinne, sondern um ein **wettbewerbswidriges Anreißen** handelt es sich, wenn der Kunde kauft, um weiteren **Belästigungen** zu entgehen (vgl § 7 Rn 15, 69 ff). Beide Gesichtspunkte greifen allerdings häufig nebeneinander ein.

1/27 **bb) Stellungnahme.** Die Fallgruppe des psychischen Kaufzwangs wird in der Literatur schon seit langem kritisiert (*Sosnitza* S 39 f mwN; vgl auch *Leistner* ZGE 09, 3, 24 ff). Die Annahme, dass Empfänger einer Zuwendung sich moralisch verpflichtet sähen, einen Anstandskauf zu tätigen, dürfte **weder** dem heutigen **realen Geschäftsgebahren, noch** dem **Leitbild** des durchschnittlich verständigen Verbrauchers (§ 2 Rn 107, 110 ff) entsprechen. Zudem erscheint es sehr fraglich, ob in den einschlägigen Fallkonstellationen bei der gebotenen richtlinienkonformen Auslegung (vgl § 2 Rn 99) von einer unlauteren Geschäftspraxis nach Art 5 der UGP-RL ausgegangen werden kann, zumal ein „psychischer Kaufzwang" als Unlauterkeitsvorwurf in den meisten europäischen Ländern nicht existiert. Auch aus der unglücklichen Regelung der Ziff 30 des Anhangs I der Richtlinie folgt keine Legitimation dieser Fallgruppe (vgl Anh § 3 Rn 78; aA *Steinbeck* WRP 08, 865, 870). Zur Klärung der Frage sollten deutsche Gerichte bei passender Gelegenheit dem EuGH nach Art 267 AEUV vorlegen. Bis dahin sollte die Fallgruppe des psychischen Kaufzwangs wenn schon nicht aufgegeben, so doch zumindest äußerst **zurückhaltend gehandhabt** werden (ebenso GK/*Pahlow* § 4 Nr 1 Rn 53).

e) Unentgeltliche Kundenbeförderungen. Unentgeltliche Kundenbeförderungen wurden früher sehr kritisch beurteilt. Eine psychische Zwangslage wurde nur verneint bei einer – wenn auch unentgeltlichen oder verbilligten – Beförderung einer unbestimmten Vielzahl von Fahrgästen durch vom Unternehmer angemietete Omnibusse, wenn die Beförderung dem Ausgleich von **Standortnachteilen** des Unternehmens dient und der Kunde – anders als bei Einzelbeförderungen – einen Einkauf nicht als Voraussetzung für die Beförderung ansieht, seine Anonymität gewahrt bleibt, Verkaufsberatung während der Fahrt unterbleibt, der Wert der kostenlosen Beförderung gering ist und die Gefahr einer unsachlichen Beeinflussung des Kunden damit praktisch entfällt (BGH GRUR 71, 322, 323 – *Lichdi-Center;* GRUR 72, 364, 365f – *Mehrwert-Fahrten;* GRUR 84, 463, 464 – *Mitmacher-Tour; v. Gamm* Kap 26 Rn 46; *Piper,* GRUR 93, 276, 281). Unlauter war die Beförderung, wenn aus Sicht der Gerichte anzunehmen war, dass der Kunde glaube, aus einem Gefühl der Verpflichtung heraus **(„anstandshalber")** bei dem die kostenlose Beförderung gewährenden Unternehmen kaufen zu müssen. Darüber hinaus konnte der umworbene Verbraucher durch die Zurverfügungstellung **unentgeltlicher Beförderungsleistungen** wegen übertriebenen Anlockens unter dem Gesichtspunkt der **Wertreklame** (Rn 1/52 ff) in seiner Entschließung unsachlich beeinflusst werden. Diese Praxis ist seit Aufhebung von ZugabeVO und RabattG **überholt** und mit dem neuen Verbraucherleitbild (§ 2 Rn 104 ff) nicht vereinbar. Der durchschnittlich aufmerksame und verständige Kunde betrachtet eine unentgeltlich Beförderung – egal ob einzeln oder linienförmig – als zusätzliches Serviceangebot, ohne sich dadurch zu irgendwelchen Vertragsabschlüssen verpflichtet zu fühlen. Die Unlauterkeit kann daher nur aus sonstigen Umständen folgen, etwa bei echter Nötigung (vgl Rn 1/9 f, 1/17; UGP-RL Anhang I Nr 24, dazu Anhang § 3 Rn 67 [Ziff 25]) oder Irreführung nach § 5.

Die Kostenübernahme, -erstattung oder -ermäßigung für **Besichtigungsreisen,** 1/29 die erforderlich sind, um Kaufinteressenten die notwendigen Informationen über das Kaufobjekt zu verschaffen, setzt den Kunden im Allgemeinen keiner psychischen Drucksituation aus. Werbliche Maßnahmen dieser Art sind nicht ohne weiteres unsachlich (BGH GRUR 72, 367, 368 – *Besichtigungsreisen I*). Dabei ist zu berücksichtigen, dass im Hinblick einerseits auf den Wert des Kaufpreises und die Finanzkraft des Käufers, andererseits unter Berücksichtigung der Höhe solcher Kosten, die im Allgemeinen in die Kalkulation des Verkäufers einbezogen sind, normalerweise nicht von einer Beeinträchtigung der Kundenentschließung ausgegangen werden kann. Möglich ist aber nach Lage des Einzelfalls ein unzulässiges **Kopplungsangebot** (Rn 1/88 ff). Allein aus dem Gesichtspunkt der **Nachahmungsgefahr** lässt sich die Unlauterkeit heute **nicht** mehr rechtfertigen (vgl § 3 Rn 38; aA noch BGH GRUR 72, 367, 368 – *Besichtigungsreisen I*).

f) Werbe- und Verkaufsfahrten

Literatur: *Beckers,* Werbefahrten im Spiegel der Rechtsprechung, WRP 1981, 397; *Pluskat,* Die Tücken von „Kaffeefahrten", WRP 2003, 18; *Walter,* Omnibusfahrten und Werbeveranstaltungen, WRP 1970, 293; *Wedemeyer,* Wettbewerbswidrige Kaffeefahrten – Nichtige Kaufverträge, WRP 1972, 117; *Zuck,* Die rechtliche Problematik der Werbefahrten, BB 1971, 1389.

Werbe- und Verkaufsfahrten, die dem Warenabsatz im Rahmen von unterwegs 1/30 stattfindenden Verkaufsveranstaltungen dienen, sind lauterkeitsrechtlich grundsätzlich nicht zu beanstanden. Heute kann ein psychischer Kaufzwang (Rn 1/22 ff) nicht mehr alleine damit begründet werden, mit Blick auf die ermäßigte Höhe des Kaufpreises oder mit Blick auf während der Fahrt gewährte Vergünstigungen (Bewirtung, Zahlung von Eintrittspreisen ua durch den Veranstalter) entstehe für den Teilnehmer der Eindruck, sich durch Annahme der den Teilnehmern unterbreiteten Angebote erkenntlich zeigen zu müssen. Allerdings gehen **Täuschungsgefahren** von derartigen Veranstaltungen nicht selten aus. Über den **Charakter solcher Fahrten** muss mit der Ankündigung unzweideutig unterrichtet werden (BGH GRUR 62, 461, 464 f – *Werbeveranstaltung mit Filmvorführung*; GRUR 86, 318, 320 – *Verkaufsfahrten I*; GRUR 88, 130, 131 f – *Verkaufsreisen*; GRUR 88, 820, 830 – *Verkaufsfahrten II*; GRUR 90, 1020, 1021 f – *Freizeitveranstaltung*). Der Eindruck einer preisgünstigen *Ausflugs*fahrt darf nicht entstehen, wenn es in Wirklichkeit um den Besuch einer *Verkaufs*veranstaltung geht (OLG Celle WRP 82, 329). Ein leicht zu übersehender Hinweis in der Ankündigung der Veranstaltung nimmt der Werbung und der Durchführung der Aktion nicht den Charakter der Unlauterkeit. Einer blickfangmäßigen Herausstellung von Vorteilen der Fahrt muss eine entsprechende Verdeutlichung des Charakters der Veranstaltung als einer Verkaufsfahrt entsprechen (BGH GRUR aaO – *Verkaufsfahrten I*). Der Hinweis „Werbefahrt" verdeutlicht diesen Charakter nicht hinreichend (BGH aaO – *Verkaufsfahrten II*). Die Notwendigkeit eindeutiger Hinweise besteht insbesondere auch für mehrtägige **Auslandsreisen** (BGH aaO – *Verkaufsreisen*). Ist dem Teilnehmer auf Grund eindeutiger Aufklärung der Charakter der Verkaufsfahrt bekannt, ist im Hinblick auf die Freiwilligkeit der Teilnahme eine während der Fahrt durchgeführte Verkaufsaktion nicht schon deshalb unlauter, weil sich die Teilnehmer dabei einem gewissen Druck zum Erwerb von Seiten des Veranstalters ausgesetzt sehen.

1/31 **g) Rechtlicher Kaufzwang.** Abzugrenzen vom psychischen ist der rechtliche Kaufzwang. Bei letzterem ist – wie zB beim Kopplungsgeschäft oder sonst bei der Gewährung von Zugaben – der **Abschluss des Kaufvertrages Voraussetzung** für die Erlangung der Vergünstigung. Diese erhält der Kunde also nur dann, wenn das Geschäft, auf dessen Zustandekommen der werbende Unternehmer wert legt (das Hauptgeschäft), auch tatsächlich getätigt wird. An dieser **rechtlichen Verknüpfung** von Vertragsabschluss und Zuwendung **fehlt es** in den Fällen des psychischen Kaufzwangs, in denen die Zuwendung unabhängig und häufig schon vor Abschluss des beworbenen Geschäfts gewährt wird. Seit der ersatzlosen Streichung der ZugabeVO im Jahre 2001 ist die rechtliche Verknüpfung einer Zuwendung mit einem Vertragsschluss grundsätzlich zulässig. Zu den Grenzen für Kopplungsangebote vgl Rn 1/91 f).

1/32 **h) Moralischer Zwang.** Anders als bei den psychischen Zwangslagen kommt es beim **moralischen Zwang** für den vom Werbenden angestrebten Vertragsschluss weniger auf das Anstands- oder Dankbarkeitsgefühl des Umworbenen an als darauf, sich durch Eingehen auf das angesonnene Geschäft des Vorwurfs mangelnder Hilfsbereitschaft oder mangelnder Solidarität entziehen zu können. Eine mit bloßen Aufrufen für die Unterstützung guter Zwecke verbundene Werbung (zB für Blindenwaren, für Tierheime oder für Umweltmaßnahmen) ist aber unbedenklich. Es muss schon ein Druck sein, der den Umworbenen zu dem vom Werbenden gewünschten Verhalten gewissermaßen *zwingt*. Dafür genügt nicht schon die unaufgeforderte Übersendung einer bereits auf den Namen des Empfängers ausgestellten Kreditkarte, wenn für diesen klar erkennbar ist, dass er die Karte ohne Rechtsnachteile entsorgen kann (BGH GRUR 11, 747 Rn 27 – *Kreditkartenübersendung*). Auf **Eltern** darf unter Einschaltung von Schulen (von Lehrern) oder von Kindergärten (von Kindergärtnerinnen) kein moralischer Druck zur Teilnahme ihrer Kinder an Veranstaltungen ausgeübt werden, die im wettbewerblichen Interesse des Werbenden liegen und auf dessen Veranlassung hin stattfinden, wenn sie sich im Falle einer ablehnenden Haltung des Vorwurfs der Unsolidarität aussetzten (BGH GRUR 79, 157, 158 – *Kindergarten-Malwettbewerb*; GRUR 08, 183 Rn 22 – *Tony Taler*). Eine Werbung für Produkte, die üblicherweise von Erwachsenen erworben werden, ist zwar nicht deswegen unlauter, weil sie bei Kindern und Jugendlichen Kaufwünsche weckt und darauf abzielt, dass diese ihre Eltern zu einer entsprechenden Kaufentscheidung veranlassen (vgl auch § 4 Rn 2/11). Die alleine hier berührte Willensentschließungsfreiheit der Eltern als potenzielle Käufer ist im Allgemeinen noch nicht beeinträchtigt, weil von einem vernünftigen Erziehungsberechtigten erwartet werden kann, Kindern verständlich zu machen, dass nicht alle Wünsche erfüllt werden können; eine unangemessene unsachliche Einflussnahme auf die Entscheidungsfreiheit der Eltern und Erziehungsberechtigten kann aber darin liegen, dass Kinder und Jugendliche im Rahmen einer den **Gruppenzwang** innerhalb einer Schulklasse ausnutzenden Werbeaktion gezielt als so genannte Kaufmotivatoren eingesetzt werden (BGH GRUR 08, 183 Rn 21 – *Tony Taler;* vgl auch Anhang § 3 Rn 59ff [Ziff 28]).

i) Wirtschaftliche, soziale und autoritäre Zwänge. Die Herbeiführung einer Zwangslage durch Druck vermöge einer wirtschaftlichen oder sozialen Machtstellung kann nach Lage des Einzelfalls ebenfalls ein unlauteres Mittel zur Herbeiführung eines geschäftlichen Erfolgs des Handelnden sein. Betroffene sind Verbraucher – auch im Rahmen von Vertragsbeziehungen und als Vereins- (Verbands-)Mitglieder – und sonstige Marktteilnehmer (Hersteller, Lieferanten, Händler im vertikalen Marktverhältnis, s § 2 Rn 51). 1/33

Der Einsatz von Druckmitteln zur **Eingehung** (Änderung, Aufhebung) **rechts- 1/34 geschäftlicher Beziehungen** ist unlauter, wenn der verfolgte Zweck unangemessen ist. Eine wettbewerbswidrige Androhung kann mit dem Hinweis auf Folgen verbunden sein, die der androhende zu Lasten des Umworbenen an sich rechtmäßig herbeiführen kann, zB die Herbeiführung einer Zwangslage durch Kündigung eines Darlehens bei Unterbleiben eines für den Umworbenen wirtschaftlich nicht sinnvollen Angebots. Grundsätzlich ist jedoch das Verlangen nach ordnungsgemäßer Vertragsänderung oder -auflösung nicht zu beanstanden, solange nicht **Unlauterkeitsumstände** hinzutreten, die das Vorgehen unredlich erscheinen lassen. So ist es grundsätzlich nicht unlauter, wenn der Verpächter eines Lokals das Pachtverhältnis fristlos kündigt, um den Pächter zum Abschluss eines neuen Pachtvertrages zu veranlassen, in welchem ihm das alleinige Recht zur Automatenaufstellung eingeräumt wird mit der zwangsläufigen Folge, dass ein ohne seine Beteiligung vom Pächter mit einem Dritten abgeschlossener Automatenaufstellvertrag mit längerer Laufzeit nicht fortgesetzt werden kann (BGH GRUR 97, 920, 921 – *Automatenaufsteller*).

Die automatische Verknüpfung von **Gewerkschaftsmitgliedschaft** und Versicherungsschutz allein auf Grund der Satzung der Gewerkschaft ist mit dem Wesen des Leistungswettbewerbs nicht vereinbar, da der (entgeltliche) Erwerb des Versicherungsschutzes sachfremd überlagert und erzwungen wird von der sozialpolitischen Entscheidung, Mitglied der Gewerkschaft zu sein (BGHZ 110, 156, 162ff = GRUR 90, 522, 527 – *HBV-Familien- und Wohnungsrechtsschutz*). **Mietervereine,** die satzungsgemäß Wohnungsrechtsschutz gewähren, verletzen das Persönlichkeitsrecht des Mitglieds in unlauterer Weise, wenn sie sich das Recht vorbehalten, im Streitfall den Anwalt auch gegen den Willen des Mitglieds selber auswählen zu können (BGHZ 109, 153, 162 = WRP 90, 282, 285 – *Anwaltswahl durch Mieterverein*). Wettbewerbswidrig ist das Einspannen des **Betriebsrats** für die eigenen kommerziellen Interessen, zB zum Zweck der Werbung, zur Entgegennahme von Sammelbestellungen, zum Einkassieren des Kaufpreises usw (OLG Frankfurt WRP 71, 379, 380; DB 78, 535). 1/35

j) Überrumpelung. In der **Überrumpelung** eines potentiellen Vertragspartners, der sich in einer seelischen, geistigen oder körperlichen **Ausnahmesituation** befindet, liegt regelmäßig eine unlautere psychische Druckausübung. Dafür genügt noch nicht ein Überrumpeln im Sinne einer Konfrontation des Verbrauchers mit Offerten in Situationen, in denen er mit geschäftlichen Angeboten nicht rechnet, da er insoweit durch Widerrufsrechte (§ 312 BGB) hinreichend geschützt ist. Es geht hier 1/36

UWG § 4.1 Gesetz gegen den unlauteren Wettbewerb

vielmehr um die Fälle der Herbeiführung oder Ausnutzung einer konkreten Situation – zB eines seelischen Schocks oder einer sonst für den Betroffenen hilflosen Situation oder Zwangslage – der der Angesprochene mehr oder weniger hilflos gegenübersteht und in der er zu einer rationalen Entschließung nicht in der Lage ist (vgl Art 9 lit c der UGP-RL). Es ist eine unangemessene unsachliche Druckausübung iS des § 4 Nr 1, Angehörige eines Verstorbenen unaufgefordert zu Hause aufzusuchen, um **Bestattungsaufträge** oder Aufträge für die Fertigung von Grabsteinen zu erlangen, da der Umworbene in der Situation eines Sterbefalls wegen seiner seelischen Verfassung dem Drängen des Werbenden häufig ohne nähere Angebotsprüfung nachgeben wird (RGZ 145, 396, 402 – *Bestattungsfirma;* BGH GRUR 67, 430, 431 – *Grabsteinaufträge I;* BGHZ 56, 18, 19f = GRUR 71, 317, 318 – *Grabsteinaufträge II;* BVerfGE 32, 311, 316 = GRUR 72, 358, 359f – *Grabsteinwerbung*). Unzulässig ist auch eine Vereinbarung zwischen einem Bestattungsunternehmen und einem Alten- oder Pflegeheim, nach der Verstorbene bereits nach zwei Stunden ohne Wissen der Angehörigen abgeholt und in Kühlräume überführt werden (LG Berlin WRP 10, 955).

1/37 Ebenso ist es unzulässig, an **Unfallbeteiligte** noch am **Unfallort** unaufgefordert zwecks Abschlusses von Abschlepp-, Reparatur- oder Kfz-Mietverträgen heranzutreten, ohne dass dies durch eine Notlage bedingt ist (BGH GRUR 75, 264, 265 – *Werbung am Unfallort I;* GRUR 75, 266, 267 – *Werbung am Unfallort II;* GRUR 80, 790, 791 – *Werbung am Unfallort III;* GRUR 00, 235, 236 – *Werbung am Unfallort IV*). Hier besteht die Gefahr, dass Unfallbeteiligte noch unter dem Schock des Unfalls in ihren Entschließungen **überrumpelt** werden.

II. Handeln in menschenverachtender Weise (§ 4 Nr 1, 2. Alt)

1/38 **1. Rechtlicher Ausgangspunkt.** Mit der zweiten Tatbestandsalternative des § 4 Nr 1 verschafft das Gesetz dem hohen Rang der menschlichen Würde, wie er in Art 1 I GG statuiert ist, auch im Wettbewerbsrecht Geltung. Nach Art 1 I GG ist es Aufgabe aller staatlichen Gewalt, die **Würde des Menschen** zu achten und vor Verletzungen zu schützen (Rn 1/11). Solche Verletzungen können in Erniedrigung, Brandmarkung, Verfolgung, Ächtung und anderen Verhaltensweisen (zB in ethnischer, religiöser oder nationaler Diskriminierung) bestehen, die dem Betroffenen seinen Achtungsanspruch als Mensch absprechen (Beschlussempf Rechtsausschuss zu § 4 Nr 1, BT-Drucks 15/2795, S 43, 44; BVerfGE 1, 97, 104 = NJW 52, 297; BVerfGE 102, 347, 366 = GRUR 01, 170, 174 – *Benneton-Werbung I;* BVerfGE 107, 275 = GRUR 03, 442, 443 – *Benneton-Werbung II*). Der **Schutz der Menschenwürde** gilt **absolut** (vgl Rn 1/12, 1/47). Das Grundrecht aus Art 1 I ist nicht abwägungsfähig. Wird die Menschenwürde verletzt, tritt auch Art 5 I GG wie alle anderen Einzelgrundrechte hinter Art 1 I GG zurück. Auf den Schutz seiner Freiheitsgrundrechte kann sich der Werbende dann nicht berufen (BVerfG aaO – *Benneton-Werbung I und Benetton-Werbung II*).

1/39 Allerdings ist bei dieser Fallgruppe **Zurückhaltung geboten.** Gerade weil der Schutz der Menschenwürde einen so hohen Rang und Stellenwert hat, muss man sich andererseits aber auch davor hüten, bei der Anwendung des einfachen (Lauterkeits-)Rechts vorschnell in allem und jedem einen Verstoß gegen die Menschenwürde zu sehen (MüKoUWG/*Sosnitza* § 3 Rn 65; GK/*Pahlow* § 4 Nr 1 Rn 69). Zu weit geht es zB, einen Verstoß gegen die Menschenwürde bei einem Radiogewinnspiel anzunehmen, bei dem derjenige einen Luxuswagen gewinnt, der unter mehreren Mitspielern am längsten in diesem Wagen ausharrt (KG Urt v 5.11.1996, Az 5 U 8611/95; KGR Berlin 1997, 114). Insbesondere darf nicht schon jede geschmacklose Werbung als Verstoß gegen die Menschenwürde qualifiziert werden (Rn 1/45). Darüber hinaus setzt § 4 Nr 1 selbst bei Vorliegen eines Handelns in menschenverachtender Weise voraus, dass dadurch die Entscheidungsfreiheit der Verbraucher beeinträchtigt wird (Rn 1/47).

Dem Schutz der Menschenwürde dienen auch **medienspezifische Sonderregelungen,** wie zB § 4 JMStV oder §§ 130 I Nr 2, 131 I, II StGB, die als Marktverhaltensregelungen über § 4 Nr 11 eingreifen können (§ 4 Rn 2/11). Nach Art 9 I c i) ii) der AVMD-RL 2010/13/EU darf audiovisuelle kommerzielle Kommunikation weder die Menschenwürde verletzen noch Diskriminierungen beinhalten oder fördern. 1/40

2. Einzelne Fallgestaltungen. a) Körperliche Gewalt und Drohung. Nach der Rechtsprechung des BVerfG können gegen das Gebot der Achtung der Menschenwürde Handlungen verstoßen, die den Betroffenen durch Anwendung körperlicher Gewalt oder durch Drohung (vgl Rn 1/16ff) gefügig zu machen suchen, wenn der Angegriffene bzw Bedrohte lediglich Mittel zum Zweck ist und zum bloßen Objekt herabgewürdigt wird (*Maunz/Dürig/Herdegen* GG Art 1 I Rn 36, 95; *Münch/Kunig* GG Art 1 Rn 22; *Sachs/Höfling,* GG Art 1 Rn 16; *Jarass/Pieroth* GG Art 1 Rn 11). In Fällen dieser Art wird sich die Missachtung des Achtungsanspruchs des Betroffenen in aller Regel bereits unmittelbar aus dem äußeren Geschehensablauf und den insoweit maßgebenden Umständen herleiten lassen. 1/41

b) Unterschwellige (subliminale) Werbung. Werbung wendet sich an Bewusstsein *und* Unterbewusstsein des Umworbenen. Das ist wettbewerbsrechtlich grundsätzlich nicht zu beanstanden, auch soweit die Werbeaussage nicht rational erfasst und reflektiert wird (BVerwG NJW 59, 1194). Voraussetzung dafür ist jedoch, dass der Umworbene überhaupt die **Möglichkeit** hat, sich die Werbebotschaft **bewusst** zu machen. Kann diese *nicht* bewusst wahrgenommen werden, weil sie nur im Bruchteil einer Sekunde, mithin nur in extrem kurzer Zeit und versteckt erfolgt, vom Unterbewusstsein aber wahrgenommen wird und zur Beeinflussung der Kaufentscheidung führt, ist die Möglichkeit zu bewusstseinskontrollierter Entscheidung nicht mehr gegeben. Eine solche Vorgehensweise, die das Handeln des Umworbenen fremdbestimmt macht, verstößt nicht nur gegen dessen allgemeine Handlungsfreiheit und sein allgemeines Persönlichkeitsrecht aus Art 2 I GG, sondern auch den Anspruch auf Achtung aus Art 1 I GG. Zum Verbot der unterschwelligen Werbung im Fernsehen s § 13 I 2 MDStV. Zum gemeinschaftsrechtlichen Verbot der subliminalen Werbung s Art 9 I b der AVMD-RL 2010/13/EU und Art 6 I a der ECRL 2000/13/EG (s Einf C Rn 40, 71 ff), nach dem kommerzielle Kommunikation klar zu erkennen sein muss (vgl auch *Henning-Bodewig,* GRUR Int 91, 858, 859; *Schricker/Henning-Bodewig,* WRP 91, 1367, 1386; *Sack,* ZUM 87, 103, 124 f; AfP 91, 704). 1/42

c) Schockierende, diskriminierende Werbung

Literatur: *Ahrens,* Benetton und Busengrapscher – ein Test für die wettbewerbsrechtliche Sittenwidrigkeitsklausel und die Meinungsfreiheit, JZ 1995, 1069; *S. Ahrens,* Schockwerbung – Wo liegen die Grenzen des Erträglichen?, IPRB 2012, 181; *Bamberger,* Mitleid zu Zwecken des Eigennutzes? FS Piper, 1996, S 41; *Brandner,* Imagewerbung mit dem World Trade Center?, FS Erdmann, 2002, S 533; *Fezer,* Diskriminierende Werbung – Das Menschenbild der Verfassung im Wettbewerbsrecht, JZ 1998, 265; *ders,* Imagewerbung mit gesellschaftskritischen Themen im Schutzbereich der Meinungs- und Pressefreiheit, NJW 2001, 580; *Gaedertz/Steinbeck,* Diskriminierende und obszöne Werbung, WRP 1996, 978; *Gärtner,* Zum Einfluß der Meinungsfreiheit auf § 1 UWG am Beispiel der Problemwerbung, 1998; *Hartwig,* Über das Verhältnis von informativer und suggestiver Werbung – Anmerkungen zur „Benetton-Werbung", WRP 1997, 825; *ders,* Zulässigkeit und Grenzen der Imagewerbung – das Beispiel Benetton, BB 1999, 1775; *ders,* H. I. V. Positive II – zugleich Abschied vom Verbot „gefühlsbetonter Werbung"?, WRP 2003, 582; *Henning-Bodewig,* Schockierende Werbung, WRP 1992, 533; *dies,* „Werbung mit der Realität" oder wettbewerbswidrige Schockwerbung?, GRUR 1993, 950; *dies,* Neue Aufgaben für die Generalklausel des § 1? – Von „Benetton" zu „Busengrapscher", GRUR 1997, 180; *Hösch,* Meinungsfreiheit und Wettbewerbsrecht am Beispiel der „Schockwerbung", WRP 2003, 936; *Hoffmann-Riem,* Kommunikationsfreiheit für Werbung, ZUM 1996, 1; *Kassebom,* Grenzen schockierender Werbung, 1995; *Keßler,* Wettbewerbsrechtliche Grenzen sozial orientierter Absatzsysteme,

WRP 1999, 146, 150; *Kisseler,* Das Bild der Frau in der Werbung, FS Gaedertz, 1992, S 283; *Kort,* Zur wettbewerbsrechtlichen Beurteilung gefühlsbetonter Werbung, WRP 1997, 526; *Kur, A.,* Die „geschlechtsdiskriminierende Werbung" im Recht der nordischen Länder, WRP 1995, 790; *Löffler,* Verstößt die „Benetton-Werbung" gegen die guten Sitten in § 1 UWG?, AfP 1993, 536; *v. Münch,* Benetton: bene oder male?, NJW 1999, 2413; *Reichold,* Unlautere Werbung mit der Realität, WRP 1994, 219; *Ruess/Voigt,* Wettbewerbsrechtliche Regelung von diskriminierenden Werbeaussagen – Notwendigkeit oder abzulehnende Geschmackszensur?, WRP 2002, 171; *Sevecke,* Wettbewerbsrecht und Kommunikationsgrundrechte, 1997; *Sosnitza,* Werbung mit der Realität, GRUR 1993, 540.

1/43 Unter den Gesichtspunkten der **schockierenden** und **diskriminierenden Werbung** ist eine geschäftliche Handlung **menschenverachtend,** wenn der Werbeadressat auf Grund seines Geschlechts, seiner Abstammung, Sprache, Heimat und Herkunft, seines Glaubens oder seiner religiösen oder politischen Anschauungen (vgl Art 3 III GG) verächtlich gemacht wird. Auch in gewaltverherrlichenden Darstellungen kann eine Verletzung der Menschenwürde liegen. Für die Beurteilung dieser Frage gilt freilich ein **strenger Maßstab.** Das Grundrecht der Meinungsäußerungsfreiheit (Art 5 I GG) erfasst auch die Wirtschaftswerbung mit meinungsbildendem Inhalt (Einf D Rn 9). Es bedarf deshalb einer **sorgfältigen Prüfung,** wenn angenommen werden soll, dass dieses Grundrecht zurücktritt, weil sein Gebrauch die unantastbare Menschenwürde verletzt (BVerfGE 107, 275 = GRUR 03, 442, 443 – *Benetton-Werbung II*). Im Benetton-Werbefall *H. I. V. Positive,* in dem der BGH von einem Verstoß gegen das Gebot der Achtung der Menschenwürde ausgegangen war (GRUR 95, 600 – *H. I. V. Positive I;* GRUR 02, 360 – *H. I. V. Positive II*), hat das BVerfG im Gegensatz zum BGH entschieden, dass die Werbung (lediglich) eine sozialkritische Botschaft übermittle, dass sie sich als solche nicht gegen die Menschenwürde richte und ein Verstoß gegen sie auch nicht daraus hergeleitet werden könne, dass mit ihr zugleich ein kommerzielles Interesse verfolgt werde (BVerfG aaO – *Benetton-Werbung II*). Unter dem Aspekt der Menschenwürde spielt es wettbewerbsrechtlich danach keine Rolle, dass – wie in den Benetton-Werbefällen – mit der sozialkritischen Anprangerung von Missständen oder der Darstellung von Leid und Krankheit ein wirtschaftliches Gewinnstreben verbunden wird. Die Rechtsprechung des BGH, die diese Frage anders beurteilt hatte (aaO – *H. I. V. Positive I* und *H. I. V. Positive II*), hat sich damit erledigt.

1/44 Soweit **Übertreibungen der Werbung** mit anzüglich-obszönen Themen das sittliche Empfinden des angesprochenen Verkehrs durch menschenverachtende Darstellungen oder Aussagen verletzen (vgl Beschlussempf Rechtsausschuss zu § 4 Nr 1, BT-Drucks 15/2795, S 44) erfordert der hohe Rang der menschlichen Würde deren Achtung und Wahrung auch im Wettbewerb. Dagegen verstößt beim Vertrieb in allgemeinen Verkaufsstätten (anders kann es liegen beim Sex-Shop-Handel) das Angebot von Spirituosen mit Etikettierungen, die sexuell anzügliche Bezeichnungen und Bilddarstellungen von Frauen zeigen und den diskriminierenden und die Würde der Frau verletzenden Eindruck ihrer sexuellen Verfügbarkeit als mögliche Folge des Genusses des beworbenen alkoholischen Getränks vermitteln (BGHZ 130, 5, 8 = GRUR 95, 592, 594 – *Busengrapscher*).

d) Geschmacklose Werbung

Literatur: *Ahrens,* Benetton und Busengrapscher – ein Test für die wettbewerbsrechtliche Sittenwidrigkeitsklausel und die Meinungsfreiheit, JZ 1995, 1096; *S. Ahrens,* Schockwerbung – Wo liegen die Grenzen des Erträglichen?, IPRB 2012, 181; *Fezer,* Diskriminierende Werbung – Das Menschenbild der Verfassung im Wettbewerbsrecht, JZ 1998, 265; *Fischer,* Politische Aussagen in der kommerziellen Produktwerbung, GRUR 1995, 641; *Gaedertz/Steinbeck,* Diskriminierende und obszöne Werbung, WRP 1996, 978; *Groner,* Der Rückgriff auf die Generalklausel des § 3 UWG zur Bestimmung der Unlauterkeit einer Wettbewerbshandlung, 2008; *Henning-Bodewig,*

Neue Aufgaben für die Generalklausel des § 1? – Von „Benetton" bis „Busengrapscher", GRUR 1997, 180; *Kisseler,* Das Bild der Frau in der Werbung, FS Gaedertz, 1992, S 283; *Kur, A,* Die „geschlechtsdiskriminierende Werbung" im Recht der nordischen Länder, WRP 1995, 790; *Ruess/ Voigt,* Wettbewerbsrechtliche Regelung von diskriminierenden Werbeaussagen – Notwendigkeit oder abzulehnende Geschmackszensur?, WRP 2002, 171.

Eine bloß geschmacklose Werbung, die – auch ohne Sachbezug auf das beworbene Angebot – menschliches Leid (vgl zB den dem BGH-Urteil GRUR 95, 595 – *Kinderarbeit* zugrunde liegenden Sachverhalt), sexuelle Thematisierungen (BGH GRUR 70, 557 – *Erotik in der Ehe*), Persönlichkeiten aus Wirtschaft oder Politik (BGH GRUR 97, 761 – *Politikerschelte*) oder vergleichbare Aussagen in einen kommerziellen Kontext stellt, berührt als solche den Achtungsanspruch aus Art 1 I GG nicht. Eine solche Werbung mag befremdlich erscheinen oder als ungehörig empfunden werden, gegen die Menschenwürde verstößt sie nicht (BVerfGE 107, 275 = GRUR 03, 442, 443 – *Benetton-Werbung II*). Über das Wettbewerbsrecht kann **keine Geschmackszensur** ausgeübt werden (BGH aaO – *Erotik in der Ehe*; BGHZ 130, 5, 8 = GRUR 95, 592, 594 – *Busengrapscher*). Auch die zunehmende Werbung mit sexuellen Motiven kann im Allgemeinen, wenn sie nicht im Einzelfall gegen Art 1 I GG verstößt (vgl Rn 1/ 43), nicht als wettbewerbswidrig angesehen werden. Angesichts der Enttabuisierung, die das Sexualleben seit langem erfahren hat, und angesichts der damit einhergehenden Erörterung von Fragen der Sexualität in aller Offenheit in den Print- und elektronischen Medien empfindet die große Masse des Publikums die Darstellung solcher Themen in Wort und Bild nicht mehr als anstößig, mag sie auch noch von Teilen der Bevölkerung für geschmacklos gehalten werden. 1/45

Eine über die Beurteilung als bloß geschmacklos hinausgehende, als unsachlich einzustufende Werbung vermag allerdings das **Unlauterkeitsurteil** dann zu begründen, wenn eine konkrete Würdigung des Einzelfalls unter Berücksichtigung der grundrechtlichen Freiheiten des Werbenden, insbesondere seiner Meinungsfreiheit aus Art 5 I GG, eine dahingehende Wertung zulässt, **beispielsweise** in Fällen einer **Ekel erregenden, Furcht einflößenden, jugendgefährdenden oder gewaltverherrlichenden Werbung** (vgl BVerfGE 102, 347, 366 = GRUR 01, 170, 174 – *Benetton-Werbung I*). Diese könnte sich zwar nicht auf die hier nicht in Betracht kommende zweite Tatbestandsalternative des § 4 Nr 1 stützen. Herangezogen werden könnte aber entweder einer der anderen Tatbestande der §§ 4–7 iVm § 3 oder § 3 unmittelbar. 1/46

e) Beeinträchtigung der Entscheidungsfreiheit. Nach der Formulierung des § 4 Nr 1 ist ein Handeln in menschenverachtender Weise (2. Alt) – ebenso wie die Ausübung von Druck und eine sonstige unangemessene unsachliche Beeinflussung (1. und 3. Alt) – erst dann unlauter, wenn durch das Handeln die Entscheidungsfreiheit des Werbeadressaten beeinträchtigt wird. Zwar hat das BVerfG darauf hingewiesen, dass der Schutz der Menschenwürde im Rahmen des § 1 UWG 1909 unabhängig vom Nachweis einer Gefährdung des Leistungswettbewerbs ein Werbeverbot rechtfertigt, wenn die Werbung wegen ihres Inhalts auf die absolute Grenze der Menschenwürde stößt (BVerfG GRUR 03, 422, 443 – *Benetton-Werbung II*). Diese Aussage lässt sich indessen nicht auf die spezielle Regelung des erst seit 2004 geltenden § 4 Nr 1 in der Form übertragen, dass es nicht mehr auf eine Beeinträchtigung der Entscheidungsfreiheit ankomme (ebenso *Köhler/Bornkamm* § 3 Rn 78, § 4 Rn 1.38; *Scherer* WRP 07, 594, 595). Schutzlücken entstehen dadurch nicht, da bei fehlender Beeinträchtigung der Entscheidungsfreiheit ggf auf § 3 I zurückgegriffen werden kann (*Ahrens* FS Schricker, 2005, S 619, 627; MüKoUWG/*Sosnitza* § 3 Rn 65; *Groner* S 228f). 1/47

Zweifelhaft ist die Beeinträchtigung der Entscheidungsfreiheit, wenn gerade die Menschenwürde des Werbeadressaten berührt ist, da derartige geschäftliche Handlungen den durchschnittlich informierten, aufmerksamen und verständigen Verbrau- 1/48 cher eher vom Kauf abhalten werden (*Köhler*/Bornkamm § 4 Rn 1.38; *Scherer* WRP 07, 594, 596 f).

III. Sonstiger unangemessener unsachlicher Einfluss (§ 4 Nr 1, 3. Alt)

1/49 **1. Ausgangspunkt. a) Bedeutung der Regelung.** Außer durch Druck (Rn 1/10, 16 ff) und in menschenverachtender Weise (Rn 1, 10 f, 37) kann der Verbraucher (der sonstige Marktteilnehmer) durch anderen unangemessenen unsachlichen Einfluss in seiner Entscheidungsfreiheit beeinträchtigt werden. Das Merkmal „unangemessen" bedeutet, dass eine bloß unsachliche Einflussnahme auf die Entscheidungsfreiheit des Werbeadressaten die geschäftliche Handlung noch nicht unlauter macht. Hinzutreten muss die **Unangemessenheit** des Vorgehens. Damit berücksichtigt das Gesetz, dass die Motivierung des Verbrauchers zum Kauf durch werbende Einflussnahme im Wesen des Wettbewerbs liegt und der Werbung eine gewisse Unsachlichkeit nicht fremd und diese allein deshalb auch nicht unlauter ist (Rn 1/9; BegrRegEntw, B zu § 4 Nr 1 BT-Drucks 15/1487, S 17). Das wird sie erst, wenn auch die Unangemessenheit des Handelns bejaht werden kann. Die Konkretisierung dessen muss sich im Einzelfall am Ausmaß der werblichen Einwirkung auf den Werbeempfänger orientieren, dh von der Frage ausgehen, ob und in welchem Umfang die zu kritisch-rationalen Überlegungen befähigende Urteilskraft des Verbrauchers durch ein Fremdbestimmtwerden von Seiten des Wettbewerbers überlagert wird, ob aus der Sicht eines verständigen Durchschnittsverbrauchers (s § 2 Rn 107, 110 ff) die Intensität der Beeinflussung so stark ist, dass sachliche Gesichtspunkte wie Güte und Preis des Angebots gänzlich in den Hintergrund treten. Art und Bedeutung des Angebots sind dabei von maßgeblicher Bedeutung. Langlebige, hochpreisige Güter werden den Umworbenen im Allgemeinen weniger von sachlicher Prüfung abhalten als geringerwertige Waren oder Artikel des täglichen Bedarfs. Der Unterscheidung von „sachlichen" und „unsachlichen" Einflüssen kommt keine Bedeutung mehr zu (*Scherer* WRP 07, 723; vgl zur früheren Abgrenzung *Sosnitza* S 86 ff).

1/50 Die Unangemessenheit der Beeinflussung kann sich in verschiedenen Formen wettbewerblichen Handelns ausdrücken, die die Rechtsprechung zum UWG 1909 in bestimmten **Fallgruppen** erfasst hatte und auch im Rahmen des UWG nF zur **Konkretisierung** herangezogen werden können, freilich nur unter Berücksichtigung des geänderten Verbraucherleitbilds und mit Blick auf den vom Gesetzgeber – ua schon mit der Aufhebung von RabattG und ZugabeVO – und von der Rechtsprechung eingeschlagenen Weg der *Modernisierung* und *Liberalisierung* des Lauterkeitsrechts (BegrRegEntw, zu A und A I, BT-Drucks 15/1487, S 12). Zu diesen Fallgruppen zählen neben den Fallgestaltungen der ersten und zweiten Tatbestandsalternativen des § 4 Nr 1 in erster Linie Maßnahmen der Verkaufsförderung (Wertreklame, Rn 1/52 ff), der Imagepflege (Rn 1/120), der sog gefühlsbetonten Werbung (Rn 1/125 ff) und der Laienwerbung (Ausnutzung von Vertrauen und privaten Beziehungen, Rn 1/154 ff).

1/51 **b) Regelung unangemessener Einflussnahme in anderen Tatbeständen.** § 4 Nr 1 erfasst die Fallgestaltungen einer unangemessenen unsachlichen Einflussnahme nicht erschöpfend. Weitere einschlägige Sachverhalte haben ihre Regelung in § 4 Nr 2, 4, 5 und 6 sowie in § 4 Nr 10 gefunden. Ausnahmslos unangemessen und unsachlich sind des weiteren Verstöße gegen die Wahrheitspflicht (Irreführung). Bestimmung insoweit trifft vor allem § 5, aber auch § 4 Nr 3 und § 4 Nr 9 Buchst a sind Unterfälle irreführenden Wettbewerbs.

2. Verkaufsförderungsmaßnahmen (Wertreklame, Sales Promotion-Aktionen)

Literatur: *Apetz,* Das Verbot aggressiver Geschäftspraktiken, 2011; *Berlit,* Auswirkungen der Aufhebung des Rabattgesetzes und der Zugabeverordnung auf die Auslegung von § 1 UWG und § 3 UWG, WRP 2001, 349; *Berneke,* Zum Lauterkeitsrecht nach einer Aufhebung von Zugabeverordnung und Rabattgesetz, WRP 2001, 615; *Cordes,* Die Gewährung von Zugaben und Rabatten und deren wettbewerbsrechtliche Grenzen nach Aufhebung von Zugabeverordnung und Rabattgesetz, WRP 2001, 867; *Emmerich,* Übertriebenes Anlocken – Was ist das eigentlich?, FS Piper 1996, S 171; *Eppe,* Der lauterkeitsrechtliche Tatbestand des übertriebenen Anlockens im Wandel – am Beispiel der Wertreklame, WRP 2004, 153; *Fezer,* Modernisierung des deutschen Rechts gegen den unlauteren Wettbewerb auf der Grundlage einer Europäisierung des Wettbewerbsrechts, WRP 2001, 989; *Haberkamm,* Wirklich nichts Neues? Das EuGH-Urteil Mediaprint und seine Implikationen für die UGP-Richtlinie, WRP 2011, 296; *Heermann,* Rabattgesetz und Zugabeverordnung ade, WRP 2001, 855; *ders,* Prämien, Preise, Provisionen, WRP 2006, 8; *Heermann/Ruess,* Verbraucherschutz nach Rabattgesetz und Zugabeverordnung – Schutzlücke oder Freiheitsgewinn?, WRP 2001, 883; *Henning-Bodewig,* Neuorientierung von § 4 Nr 1 und 2 UWG?, WRP 2006, 621; *V. Huber,* Die Fallfigur des übertriebenen Anlockens – Angestaubtes Relikt oder unentbehrlicher Auffangtatbestand?, 2007; *Kappes,* Gutschein- und Bonussysteme im Apothekenwesen, WRP 2009, 250; *Kisseler,* Die Verantwortung der Rechtsprechung für den lauteren Wettbewerb, WRP 1999, 274; *ders,* Handy für 0,00 DM, WRP 1999, 580; *Kleinmann,* Rabattgestaltung durch marktbeherrschende Unternehmen, EWS, 2002, 466; *Köhler,* Rabattgesetz und Zugabeverordnung: Ersatzlose Streichung oder Gewährleistung eines Mindestschutzes für Verbraucher und Wettbewerber?, BB 2001, 265; *ders,* Zum Anwendungsbereich der §§ 1 und 3 UWG nach Aufhebung von RabattG und ZugabeVO, GRUR 2001, 1067; *ders,* Die Unlauterkeitstatbestände des § 4 UWG und ihre Auslegung im Lichte der Richtlinie über unlautere Geschäftspraktiken, GRUR 2008, 841; *ders,* Neujustierung des UWG am Beispiel der Verkaufsförderungsmaßnahmen, GRUR 2010, 767; *Lange/Spätgens,* Rabatte und Zugaben im Wettbewerbsrecht, 2001; *Meyer,* Rabatt- und Zugabe-Regulierung auf dem Prüfstand, GRUR 01, 98; *Micklitz/Schirmbacher,* Distanzkommunikation im europäische Lauterkeitsrecht, WRP 2006, 148; *Möller,* Neue Erscheinungsformen von Rabattwerbung und „Rabatte" zu Lasten Dritter, GRUR 2006, 292; *Nordemann, Jan Bernd,* Wegfall von Zugabeverordnung und Rabattgesetz, NJW 2001, 2505; *Ohly,* Die wettbewerbsrechtliche Beurteilung von Gesamtpreisangeboten, NJW 2003, 2135; *Peters,* Zur wettbewerbsrechtlichen Zulässigkeit sog „Kundenkarten", WRP 1998, 576; *Piper,* Fahrpreiserstattung und Kundenbeförderung als Werbemittel, GRUR 1993, 276; *Reichelt,* Die Unternehmenswerbung der Apotheke, WRP 1993, 448; *Scherer,* Das Ende des Verdikts der „gefühlsbetonten" Werbung – Aufgabe der Sachlichkeits-Doktrin?, GRUR 2008, 490; *Schuhlert,* Auswirkungen der Aufhebung von ZugabeVO und RabattG, 2003; *Schwippert,* Vom Elend eines Tatbestandsmerkmals – Zur „Entscheidungsfreiheit" im Sinne des § 4 Nr 1 UWG, FS Samwer, 2008, S 197; *Seichter,* „20% auf alles – nur heute!" – Zur wettbewerbsrechtlichen Beurteilung von kurzfristigen Rabattaktionen, WRP 2006, 628; *Sosnitza,* Wettbewerbsbeschränkungen durch die Rechtsprechung, 1995; *ders,* Zulässigkeit und Grenzen der sogenannten Image-Werbung, WRP 1995, 786; *Splittgerber/Zscherpe/Goldmann,* Werbe-E-Mails – Zulässigkeit und Verantwortlichkeit, WRP 2006, 178; *Teplitzky,* Zur Frage der wettbewerbsrechtlichen Zulässigkeit des (ständigen) Gratisvertriebs einer ausschließlich durch Anzeigen finanzierten Zeitung, GRUR 1999, 108; *Teworte-Vey,* Lauterkeitsgrenzen bei Verkaufsförderungsmaßnahmen, 2012; *Ullmann,* Das Koordinatensystem des Rechts des unlauteren Wettbewerbs im Spannungsfeld von Europa und Deutschland, GRUR 2003, 817.

a) Grundlagen. aa) Begriff und Bedeutung. Wertreklame als Mittel der Verkaufsförderung ist Werbung mit dem Wert einer Ware oder Leistung, die dem Kunden im Zusammenhang mit dem Abschluss eines Geschäfts über eine *andere* Ware oder Leistung verbilligt oder ganz unentgeltlich überlassen wird. Im Unterschied zur Bild- und Wortwerbung wird dem Umworbenen zu Werbezwecken eine Vergünstigung **schenkweise** gewährt (BGH GRUR 98, 1037, 1038 – *Schmuck-Set;* GRUR 99, 755, 756 – *Altkleider-Wertgutscheine*). Daraus folgt für den **Begriff der Wertre-**

1/52

klame, dass der Unternehmer hauptsächlich mit Werten, nicht mit Worten wirbt. Kennzeichnend für diese Art der Werbung ist es also, dass für die angebotene Ware nicht oder nur eingeschränkt mit deren Eigenschaften (Qualität, Preis) geworben wird, sondern vorwiegend mit **geldwerten Vergünstigungen** verschiedenster Art, die mit dem Waren- oder Leistungsangebot sachlich meist nichts zu tun haben, aber den Kunden zu Kauf oder Bestellung veranlassen sollen (BGHZ 157, 55, 59 = GRUR 04, 602, 603 – *20 Minuten Köln;* WRP 04, 746, 747 – *Zeitung zum Sonntag,* je mwN). Zweck solcher Werbemaßnahmen ist es, Verkauf (Absatz) oder Ankauf (Bezug) einer entgeltlichen Leistung zu fördern. Fehlt es daran, scheidet die Beurteilung einer Wettbewerbshandlung unter dem Gesichtspunkt der Wertreklame aus (BGH aaO – *Zeitung zum Sonntag:* Dauernd unentgeltliche Abgabe von Zeitungen durch allein über Anzeigen finanzierten Zeitungsvertrieb).

1/53   bb) **Erscheinungsformen der Wertreklame.** Verkaufsförderungsmaßnahmen dieser Art sind aus dem Marketing der Unternehmen nicht mehr wegzudenken und dementsprechend außerordentlich vielgestaltig. Häufigste Erscheinungsformen sind **(1)** Geschenke und andere geldwerte Zuwendungen (Werbegeschenke, Abgabe von Gutscheinen zum Bezug von Waren, Gratisverteilung von Presseerzeugnissen und anderen Originalwaren, unentgeltliche Kundenbeförderung, kostenlose Besichtigungsreisen), **(2)** Rabatte (Sonderpreise, Geldgutscheine), **(3)** Kopplungsangebote und Zugaben (Werbe- und Verkaufsfahrten, Fahrtkostenerstattung, Einräumung bestimmter Rückgabe- und Umtauschrechte, Garantien), **(4)** Maßnahmen der Kundenbindung, **(5)** Veranstaltungen aleatorischer Art (Preisausschreiben, Gewinnspiele, Glücksspiele, Lotterien, Ausspielungen, Verlosungen, Auktionen, Versteigerungen), **(6)** das Powershopping, **(7)** die progressive Kundenwerbung. Die Grenzen von Verkaufsförderungsmaßnahmen dieser Art sind fließend, überlappen sich und gehen häufig einher mit gefühlsbetonter Werbung (Rn 1/125ff) und mit Wettbewerbshandlungen, die Vertrauen in Anspruch nehmen (Rn 1/143ff) oder private Beziehungen nutzen (Laienwerbung, Rn 1/154ff) oder auch unter dem Aspekt des psychischen Kaufzwangs (Rn 1/22ff), der Belästigung (§ 7) oder der individuellen (§ 4 Nr 10) oder allgemeinen Marktbehinderung (§ 4 Rn 10/95ff) von Bedeutung sind.

1/54   cc) **Beurteilung der Wertreklame. (1) Entwicklung.** Bestimmte Erscheinungsformen der Wertreklame waren nach der ZugabeVO und dem RabattG grundsätzlich unzulässig. Nach den Bestimmungen der ZugabeVO war – von bestimmten Ausnahmen abgesehen – die Gewährung von Zugaben verboten, das Rabattgesetz beschränkte die Gewährung von Preisnachlässen. Für ein Verbot nach diesen Bestimmungen war es unerheblich, ob die Werbemaßnahme iS des UWG 1909 auch sittenwidrig war. Auf diese Rechtslage kommt es im Rahmen des § 4 Nr 1 nach Aufhebung von ZugabeVO und RabattG im Jahr 2001 nicht mehr an. Die Streichung dieser Vorschriften und die Änderung des Verbraucherleitbilds in der Rechtsprechung (§ 2 Rn 104ff) haben entsprechend dem mit der Aufhebung von ZugabeVO und RabattG verfolgten gesetzgeberischen Zweck (s dazu 3. Aufl § 1 Rn 239ff, 242ff) in der Rechtsprechung (BGHZ 151, 84, 87ff = GRUR 02, 976, 977f – *Kopplungsangebot I;* GRUR 02, 979, 980f – *Kopplungsangebot II*) zu einer wesentlich umfangreicheren Freistellung der Wertreklame vom Vorwurf der Unlauterkeit geführt, als dies früher der Fall war (zur früheren Rechtspr s zB BGH GRUR 74, 345, 346 – *Geballtes Bunt;* GRUR 89, 366, 367 – *Wirtschaftsmagazin*). Zwar wurde auch vor der Novellierung des UWG die Wertreklame nicht ohne weiteres als unlauter beurteilt. Dafür bedurfte es auch früher weiterer Umstände, die – über die angebotene Vergünstigung hinaus – belegten, dass es nicht mehr nur um eine **Aufmerksamkeitswerbung** ging (BGH GRUR 90, 44, 45 – *Annoncen-Avis;* GRUR 91, 616, 617 – *Motorboot-Fachzeitschrift;* GRUR 93, 483, 484 – *Unentgeltliche Partnervermittlung*). Maßgebend insoweit waren vor allem Intensität und Werbewirkung der Vergünstigung (BGH GRUR 86, 820, 821 – *Probejahrbuch;* GRUR 93, 774, 776 – *Hotelgutschein;* GRUR 98, 1037, 1038 –

Schmuck-Set). Jedoch unterlag die Zulässigkeit der Wertreklame strengen Anforderungen, weil es als unlauter angesehen wurde, wenn der Kunde seinen Kaufentschluss unter Vernachlässigung von Qualität und Preis des Angebots fasste in dem Bestreben, in den Genuss der in Aussicht gestellten Vergünstigung zu gelangen (s 3. Aufl § 1 Rn 194 ff, 196 ff; zur Kritik *Sosnitza*, S 42 ff, 86 ff mwN). **Heute** ist die Wertreklame **nur noch ausnahmsweise als unlauter** anzusehen. Selbst besonders vorteilhafte Vergünstigungen und wertvolle Zuwendungen führen nicht ohne weiteres zu einem als wettbewerbswidrig zu bewertenden Angebot. Entscheidend ist, ob die Werbung bei einem verständigen Durchschnittsverbraucher (§ 2 Rn 107, 110 ff) die **Rationalität** seiner Entschließung (BGH GRUR 10, 1022 Rn 16 – *Ohne 19% Mehrwertsteuer;* GRUR 11, 747 Rn 26 – *Kreditkartenübersendung;* GRUR 13, 301 Rn 40 – *Solarinitiative*) **vollständig in den Hintergrund** treten lässt bzw die **Entscheidungsfreiheit durch Belästigung oder durch unzulässige Beeinflussung** iSd Art 2 lit j UGP-RL **erheblich beeinträchtigt** wird (vgl § 1 Rn 21; § 4 Rn 1/9, 1/13), was **nur ausnahmsweise** und in eng begrenzten Einzelfällen in Betracht gezogen werden kann, so wenn von der Vergünstigung eine derart starke Anlockwirkung ausgeht, dass der Kunde davon abgehalten wird, sich mit den Angeboten von Mitbewerbern zu befassen (BGH GRUR 01, 752, 754 – *Eröffnungswerbung;* BGH aaO – *Kopplungsangebot I* und *II;* GRUR 03, 1057 – *Einkaufsgutschein;* BGHZ 157, 55, 59 = GRUR 04, 602, 603 – *20 Minuten Köln;* WRP 04, 746, 747 – *Zeitung zum Sonntag;* GRUR 06, 511 Rn 21 – *Umsatzsteuer-Erstattungsmodell;* GRUR 08, 530 Rn 13 – *Nachlass bei der Selbstbeteiligung;* GRUR 09, 875 Rn 12 – *Jeder 100. Einkauf gratis;* vgl auch BegrRegEntw, B zu § 4 Nr 1, BT-Drucks 15/1487, S 17). Erfordert die geschäftliche Entscheidung Investitionen in einer Größenordnung, bei der der Verbraucher sich nach der allgemeinen Lebenserfahrung erst nach reiflicher Überlegung entscheiden wird, spricht dies regelmäßig gegen ein Zurücktreten der Rationalität (BGH GRUR 13, 301 Rn 41 – *Solarinitiative;* GRUR 12, 402 Rn 34 – *Treppenlift*).

(2) Einordnung unter der UGP-RL. § 4 Nr 1 dient der Umsetzung der Regelungen über aggressive Geschäftspraktiken in Art 8, 9 UGP-RL (vgl oben Rn 1/2). Gleichwohl (oder gerade deshalb) ist **streitig** geworden, ob Verkaufsförderungsmaßnahmen noch unter § 4 Nr 1 fallen. Ausgangspunkt ist der Umstand, dass Art 8 UGP-RL auf eine Belästigung, Nötigung oder unzulässige Beeinflussung abstellt und eine unzulässige Beeinflussung nach Art 2 lit j UGP-RL die Ausnutzung einer Machtposition gegenüber dem Verbraucher zur Ausübung von Druck erfordert. Daraus wird zum Teil geschlossen, dass ausschließlich den Verbraucher belastende Umstände erfasst sein könnten, während Verkaufsförderungsmaßnahmen für den Verbraucher dagegen von Vorteil sind, sodass Verkaufsförderungsmaßnahmen von vornherein nicht in den Anwendungsbereich des Art 8 UGP-RL fielen und daher nur noch anhand von § 3 II 1 zu messen seien (*Köhler* GRUR 10, 767, 772; *Haberkamm* WRP 11, 296, 299). Daran ist richtig, dass Verkaufsförderungsmaßnahmen in aller Regel nicht die Qualität einer aggressiven Geschäftspraktik erreichen, doch ist es nach dem Wortlaut der Richtlinie jedenfalls nicht von vornherein ausgeschlossen, die Wertreklame dort zu verorten, wie sich etwa in den möglicherweise problematischen Konstellationen der besonderen zeitlichen Befristung zeigen kann, die einen Anknüpfungspunkt in Art 9 lit a UGP-RL haben (Zeitpunkt, Art und Dauer) und dadurch auch im weiten Sinne eine Machtpostion iSd Art 2 lit j UGP-RL begründen können (MüKoUWG/*Heermann* § 4 Nr 1 Rn 139). Es spricht daher mehr dafür, an der bisherigen Einordnung von Verkaufsförderungsmaßnahmen bei § 4 Nr 1 festzuhalten (ebenso BGH GRUR 10, 1022 Rn 16 – *Ohne 19% Mehrwertsteuer;* GRUR 11, 747 Rn 26 – *Kreditkartenübersendung; Emmerich* UWG, § 12 Rn 5 f; MüKoUWG/*Heermann* § 4 Nr 1 Rn 139 f; *Apetz* S 767 f; *Teworte-Vey* Rn 179 f), zumal sich bei der gebotenen einschränkenden Auslegung im Ergebnis ohnehin kein Unterschied zur alternativen Behandlung nach § 3 II 1 ergeben dürfte.

1/55

1/56 **dd) Verhältnis zu anderen Tatbeständen.** Über den die unangemessene Einflussnahme auf den Verbraucher regelnden Tatbestand des § 4 Nr 1, 3. Alt, hinaus trifft § 4 in Nr 4, 5 und 6 zu bestimmten Teilaspekten der Wertreklame besondere Bestimmung (Transparenzgebot bei Preisnachlässen, Zugaben und Geschenken [Nr 4] sowie bei Preisausschreiben und Gewinnspielen mit Werbecharakter hinsichtlich der Teilnahmebedingungen [Nr 5]; Kopplungsangebote bei Preisausschreiben und Gewinnspiel [Nr 6]). Greifen diese Bestimmungen ein, gehen sie als die spezielleren dem § 4 Nr 1 vor. Innerhalb des Tatbestandes des § 4 Nr 1 können sich ebenfalls Überschneidungen mit der ersten und zweiten Tatbestandsvariante ergeben, insbesondere bei der Ausübung unangemessenen Drucks (psychischer Kaufzwang). Zu einer rechtlich unterschiedlichen Bewertung führt das jedoch nicht.

1/57 **b) Einzelne Fallgestaltungen. aa) Werbegeschenke und andere geldwerte Zuwendungen. (1) Begriff.** Geschenke (andere geldwerte Zuwendungen) sind für den Unternehmer wichtige Mittel zur Förderung seines Warenabsatzes (-bezugs). Kennzeichnend für diese Art der Werbung ist es, dass die Zuwendung unentgeltlich und unabhängig davon gewährt wird, ob das (entgeltliche) Geschäft, dessen Abschluss mit dem Geschenk gefördert werden soll, tatsächlich zustande kommt, und dass ein Rechtsanspruch auf Gewährung der Zuwendung nicht besteht. Sie sind keine Rabatte, da sie den Preis der beworbenen Ware unberührt lassen, und auch keine Zugaben, da ihre Erlangung mit dem Erwerb der angebotenen Ware nicht verknüpft ist.

1/58 **(2) Wettbewerbsrechtliche Beurteilung.** Die Werbung mit Geschenken kann – anders als noch vor der Aufhebung von ZugabeVO und RabattG (vgl Rn 1/54) – nicht mehr als grundsätzlich bedenklich angesehen werden. Sie ist heute – wie sich auch aus dem Umkehrschluss aus § 4 Nr 4 herleiten lässt – grundsätzlich zulässig, wenn nicht besondere Umstände die Werbung mit Geschenken als unangemessen erscheinen lassen oder spezielle Werbeverbote bestehen (vgl § 7 HWG). Ob solche besonderen Umstände die Gewährung von Geschenken als Werbemittel anstößig machen, ist eine Frage des Einzelfalls. Soweit Preisverschleierungen, fehlerhafte oder unzureichende Informationen (mangelnde Transparenz des Angebots), Irreführung, individuelle Behinderung von Mitbewerbern oder eine allgemeine Marktbehinderung (BGHZ 157, 55, 59 ff = GRUR 04, 602, 603 – *20 Minuten Köln;* BGH GRUR 04, 746, 747 – *Zeitung zum Sonntag*) in Betracht kommen, werden Verkaufsförderungsmaßnahmen dieser Art in der Regel nicht von § 4 Nr 1, 3. Alt, sondern von anderen Vorschriften erfasst (§ 4 Nr 3, 4 und 10, § 5), ein psychischer Kaufzwang von der spezielleren ersten Tatbestandsalternative des § 4 Nr 1 (Rn 1/22 ff). Verschenken von Ware zu Wohltätigkeitszwecken ist lauterkeitsrechtlich grundsätzlich unbedenklich, auch wenn damit ein gewisser Werbeeffekt verbunden sein sollte.

1/59 Die Unzulässigkeit der von einem Werbegeschenk ausgehenden Anlockwirkung setzt die Ausschaltung der **Rationalität der Nachfrageentscheidung** des Umworbenen voraus (Rn 1/54). Die Beurteilung dessen erfordert eine **Gesamtwürdigung** aller wesentlichen Umstände des Einzelfalls, in die insbesondere Anlass der Zuwendung, deren Wert und Gegenstand (**Geldgeschenke** üben erfahrungsgemäß eine starke Anlockwirkung aus), die Art des Vertriebs, Besonderheiten des Geschäfts, die Person von Geber und Empfänger und die begleitende Werbung einzubeziehen sind (BGH GRUR 98, 475, 476 – *Erstcoloration;* GRUR 98, 1037, 1038 – *Schmuck-Set;* GRUR 02, 1000, 1002 – *Testbestellung;* GRUR 03, 804, 805 – *Foto-Aktion*). Der Wert der Zuwendung ist dabei ein Umstand von Gewicht, führt aber für sich allein – auch bei wertvollen Zuwendungen (vgl BGHZ 151, 84, 90 = GRUR 02, 976, 978 – *Kopplungsangebot I;* GRUR 02, 979, 981 – *Kopplungsangebot II*) – im Allgemeinen noch nicht zu einem irrationalen Verhalten.

1/60 **Einzelfälle.** Wird die von einem Kfz-Versicherer ausgehende Aufforderung, das bestehende Versicherungsverhältnis mit einem anderen Versicherungsunternehmen ordnungsgemäß zu beenden, mit dem Angebot verbunden, bei einem Übertritt zum werbenden Unternehmen im ersten Versicherungsjahr bei einem Kaskoschaden die **Kosten** für ein Mietfahrzeug der Mittelklasse bis zur Dauer von sieben Tagen zu **erstatten**, liegt darin kein unlauteres Anlocken, sondern ein günstiges Angebot, das als solches nicht sittenwidrig ist, weil die in Aussicht gestellten Vorteile nicht geeignet sind, den Kunden in seiner Entschließungsfreiheit *unsachlich* zu beeinflussen (BGH GRUR 02, 548, 549 – *Mietwagenkostenersatz*). Das Angebot **kostenloser Telefongespräche,** die dadurch finanziert werden, dass sie alle 90 Sekunden für 20 Sekunden durch Werbung unterbrochen werden, ist kein übertriebenes Anlocken (und auch nicht als unzulässige Telefon- oder Laienwerbung zu beanstanden (BGH WRP 02, 637, 638 f – *Werbefinanzierte Telefongespräche*). Unter dem Gesichtspunkt der Wertreklame nicht zu beanstanden ist das Anlocken von Kunden mit der Werbung für **kostenlose Farbbild-Abzüge** einschließlich der Negativentwicklung (BGH GRUR 03, 804, 805 – *Foto-Aktion*). Als unbedenklich gelten Werbegeschenke aus **Anlass der Geschäftseröffnung,** zu besonderen Festtagen oder Anlässen (Hochzeit, Geburt). Darauf, dass sich solche Zuwendungen im Rahmen des Üblichen halten, angemessen sind und eine unsachliche Beeinflussung des Kunden deshalb nicht zu erwarten ist (BGH GRUR 57, 600, 601 – *Westfalenblatt I*: Gratislieferung einer Zeitung an Neuvermählte), kommt es heute nicht mehr an. Kein übertriebenes Anlocken liegt im Gratisangebot eines Schmuck-Sets in einem Versandhandelskatalog, wenn das Set auch ohne Warenbestellung – sei es für diesen Fall auch mit einer gewissen zeitlichen Verzögerung – bezogen werden kann (BGH GRUR 98, 1037, 1038 – *Schmuck-Set*). Dagegen soll das Versprechen einer Apotheke, für jedes zuzahlungsfreie Generikum, das auf Kassenrezept eingereicht wird, einen Bonus von 2,50 Euro zu gewähren, unzulässig sein, weil dies die Patienten motivieren könne, unabhängig von der medizinischen Notwendigkeit möglichst viele Arzneimittel zu bestellen (OLG München GRUR-RR 07, 297, zw; krit auch *Kappes*, WRP 09, 250, 253 f).

(3) Verschenken von Originalware, von Warenproben. Ist Gegenstand der Zuwendung eine **Originalware** besteht dagegen kein grundsätzliches lauterkeitsrechtliches Bedenken, wenn es sich um **Warenproben** handelt, mit deren Abgabe der Zweck verfolgt wird, Kaufinteressenten mit Eigenschaften und Beschaffenheit der Ware bekannt zu machen, um neue Käuferschichten zu gewinnen oder alte zurückzugewinnen oder zu halten. Das gilt auch für Ware, die eigens zu **Probezwecken** hergestellt wurde, ferner für Originalware, wenn nach der Art und Weise der Abgabe für den Verbraucher über den Probezweck kein Zweifel besteht (BGHZ 43, 278, 285 = GRUR 65, 489, 491 – *Kleenex;* BGH GRUR 69, 295, 296 – *Goldener Oktober;* GRUR 75, 26, 29 – *Colgate*), ohne Unterschied, ob es sich um bereits am Markt eingeführte Waren handelt oder um neue Angebote (BGH aaO – *Kleenex*). Werden Gebrauchsgegenstände unentgeltlich zum Gebrauch überlassen, ist auch das zulässig, jedenfalls dann, wenn dies im Rahmen und unter Beachtung des Probezwecks geschieht (BGH GRUR 68, 649, 651 – *Rocroni-Aschenbecher*).

1/61

Das **Verschenken von Originalware** wurde früher unter dem Gesichtspunkt der unangemessenen Beeinflussung der Entscheidungsfreiheit des Verbrauchers, uU auch unter dem der allgemeinen Marktbehinderung (Marktverstopfung, vgl § 4 10/101) lauterkeitsrechtlich dann als problematisch angesehen, wenn die Abgabe von Ware zu Probezwecken zur **Bedarfsdeckung** mutiert oder nur vorgeschoben wird, so bei der Verteilung großer für den Erprobungszweck nicht erforderlicher Mengen oder bei der Abgabe an Personenkreise in einem für den Testzweck nicht gebotenen Umfang. Durch Abgabe kostenloser Werbegeschenke (Originalware) dürfe kein unangemessener Einfluss auf die Nachfrageentscheidung des Verbrauchers genommen werden. Wann von einem Probezweck nicht mehr gesprochen werden kann, war Tatfrage. In die **Abwägung** wurden alle Umstände des Einzelfalls einbezogen (Marktverhältnisse, Warenart, Anlass und Umfang der Abgabe, Frage der Bedarfsde-

1/62

ckung). Für die Unangemessenheit der Werbung sollte eine etwaige Betonung der Unentgeltlichkeit oder eine Gebrauchsüberlassung auf unbegrenzte Zeit sprechen (BGH GRUR 68, 649, 651 – *Rocroni-Aschenbecher;* GRUR 86, 820, 821 – *Probe-Jahrbuch*). Diese Grundsätze sind auf der Grundlage des modernen Verbraucherleitbildes (§ 2 Rn 104 ff) und nach Aufhebung von ZugabeVO und RabattG **überholt**. Auch ein Verschenken von Originalware über den Erprobungszweck hinaus führt grundsätzlich nicht zu einer unangemessenen unsachlichen Beeinflussung der Entscheidungsfreiheit der Verbraucher und ist daher im Allgemeinen **zulässig** (Harte/Henning/*Stuckel* § 4 Nr 1 Rn 111; MüKoUWG/*Heermann*, § 4 Nr 1 Rn 462).

(4) Presseerzeugnisse

Literatur: *Ahrens,* „Kostenloser" Vertrieb meinungsbildender Tagespresse, WRP 1999, 123; *Assmann/Brinkmann,* Die Gratisverteilung anzeigenfinanzierter Fachzeitschriften, NJW 1982, 312; 3; *Brandner,* Der stumme Zeitungsverkäufer am Laternenmast, GRUR 1996, 531; *Engels,* Der zulässige redaktionelle Teil am Gesamtumfang eines kostenlos verteilten Anzeigenblatts, WRP 1985, 193; *Freytag/Gerlinger,* Kombinationsangebote im Pressemarkt, WRP 2004, 537; *Gesellensetter,* Rechtliche Probleme der unentgeltlichen Verteilung meinungsbildender Tagespresse, GRUR 2001, 707; *Gloy,* Neuere Rechtsprechung zu unlauteren Vertriebsmethoden auf dem Pressemarkt, GRUR 1996, 585; *Köhler,* Wettbewerbs- und verfassungsrechtliche Fragen der Verteilung unentgeltlicher Zeitungen, WRP 1998, 455; *Lehmann,* kostenlose Anzeigenblätter und unlautere Werbung, GRUR 1977, 21; *Mann,* „Kostenloser" Vertrieb von Presse – eine Gefährdung der Pressefreiheit?, WRP 1999, 740; *Mann/Smid,* Preisunterbietung von Presseprodukten, WRP 1997, 139; *Schricker,* Die wettbewerbsrechtliche Beurteilung der Gratisverteilung von Fachzeitschriften, GRUR 1980, 194; *ders,* Gratisverteilung von Zeitungen und das UWG, AfP 2000, 101; *Teplitzky,* Zur Frage der wettbewerbsrechtlichen Zulässigkeit des (ständigen) Gratisvertriebs einer ausschließlich durch Anzeigen finanzierten Zeitung, GRUR 1999, 108.

1/63 Ein Sonderfall der unentgeltlichen Abgabe von Originalware ist die **kostenlose Abgabe von Presseerzeugnissen.** Nach der Rechtsprechung zum UWG 1909 war die weit verbreitete kostenlose Abgabe **reiner Anzeigenblätter** (Anzeigenblätter ohne redaktionellen Teil), mit denen Werbeanzeigen Dritter verbreitet wurden grundsätzlich zulässig. Dies galt auch für die kostenlose Verteilung von Anzeigenblättern **mit redaktionellem Teil** (trotz des damit gegebenen Verschenkens einer journalistischen Leistung), wenn dieser wegen seines Umfangs oder seiner Erscheinungsweise (wöchentlich, monatlich) **kein Ersatz** war für eine Tages- oder Wochenzeitung oder Zeitschrift (BGH GRUR 71, 477, 478 – *Stuttgarter Wochenblatt II*). Es galt der Grundsatz, dass die kostenlose Abgabe umso weniger zu beanstanden war je geringere Bedeutung der redaktionelle Teil für den Leser hatte (BGHZ 81, 291, 298 = GRUR 82, 53, 56 – *Bäckerfachzeitschrift*). Als **wettbewerbsrechtlich bedenklich** wurde dagegen **früher** unter besonderen Umständen die Gratisverteilung von Blättern mit normalem redaktionellen Teil beurteilt, wenn diese dem Verkehr als Ersatz für eine gewöhnliche, normal vertriebene Zeitung erschien und der Bestand der Tagespresse als Institution in ihrem verfassungsrechtlich geschützten Bestand als gefährdet angesehen wurde (BGHZ 19, 392, 399 = GRUR 56, 223, 225 – *Freiburger Wochenbericht;* BGHZ 51, 236, 242 ff = GRUR 69, 287, 289 f – *Stuttgarter Wochenblatt I;* GRUR 85, 881, 882 – *Bliestal-Spiegel*). Der BGH hat zuletzt entschieden, dass bei einem ausschließlich über Anzeigen finanzierten, auf Dauer angelegten unentgeltlichen Vertrieb von Zeitungen mit einem redaktionellen Teil von zwei Dritteln ihres Inhalts eine auf den Erwerb einer entgeltlichen Leistung gerichtete unsachliche Beeinflussung der Empfänger ausscheidet, weil diese nicht für ein Umsatzgeschäft gewonnen werden sollen. Ebenso wenig liegt eine unzulässige Beeinflussung der Entscheidungsfreiheit bei der Abgabe von Zeitungen über ungesicherte Verkaufshilfen vor (BGH GRUR 10, 455 Rn 18 – *Stumme Verkäufer II*). Auch als Marktstörung hat der BGH den Gratisvertrieb von Zeitungen in diesem Fall nicht beanstandet (BGHZ

Unzulässige Beeinträchtigung der Entscheidungsfreiheit § 4.1 UWG

157, 55, 61 ff = GRUR 04, 602, 604 – *20 Minuten Köln*). Damit gelten **heute** in Bezug auf § 4 Nr 1 (zur allgemeinen Marktbehinderung vgl § 4 10/95 ff) für Presseerzeugnisse keine anderen Maßstäbe als für andere Produkte, sodass die kostenlose Abgabe **grundsätzlich zulässig** ist.

Zur unentgeltlichen **Kundenbeförderung**, zur Übernahme der Kosten von **Besichtigungsreisen** und zu kostenlosen **Werbe- und Verkaufsfahrten** s Rn 1/28 ff, 1/32 ff. 1/64

Gutscheine sind **Rabatt** (Rn 1/66 ff), wenn sie bei einem Einkauf als Zahlungsmittel dienen, **Zugabe**, wenn sie für den Fall des Kaufs einer (Haupt-)Ware als Sachgutschein für den Erwerb einer Nebenware ausgegeben werden, und **reines Werbegeschenk**, wenn der Empfänger mit dem Gutschein – unabhängig vom Erwerb einer Ware – das Anrecht auf eine Geld- oder geldwerte Leistung erhält. 1/65

bb) Rabatte. (1) Begriff. Der Begriff ist im UWG nicht definiert. § 4 Nr 4, der – synonym – von Preisnachlässen spricht, setzt ihn voraus. Rabatte sind Preisnachlässe, die sich aus der Gegenüberstellung des vom Unternehmer angekündigten und des im konkreten Verkaufsfall tatsächlich berechneten Preises ergeben. Die Differenz zwischen den Preisen ist der Rabatt. Dieser wird häufig mit einem Prozentsatz angegeben, kann aber auch aus einem festen Betrag bestehen. Sonderpreise, die den Kunden wegen der Zugehörigkeit zu bestimmten Verbraucherkreisen eingeräumt werden, sind Rabatte (Sondernachlässe). Mengenrabatt ist der wegen eines quantitativ größeren Einkaufs auf den angekündigten Preis eingeräumte Preisnachlass. Warenrabatt ist ein Mengenrabatt, der nicht durch einen Preisabschlag, sondern durch eine Mehrlieferung von Waren gewährt wird. Gutscheine (Geldgutscheine, Rabattsparmarken uä) sind Rabatte, wenn sie ohne Gegenleistung gewährt werden (vgl BGH GRUR 99, 755, 756 – *Altkleider-Wertgutschein:* Kein Rabatt bei Gewährung eines Gutscheins für den Ankauf von Altkleidern) und bei einem späteren Einkauf als Zahlungsmittel Verwendung finden (sog kleine Inhaberpapiere, § 807 BGB, BVerwG WRP 60, 186, 188). 1/66

Durch die Aufhebung des RabattG hat der Begriff des Rabatts seine *gesetzliche* Fixierung verloren. Für die Beurteilung der Rabattwerbung ist das aber unerheblich, weil der Begriff des Rabatts als Ermäßigung eines höheren Anfangspreises *tatsächlich* vorgegeben ist (Rn 1/66). 1/67

(2) Verkehrsauffassung. Ob ein Rabatt eingeräumt oder eine Zugabe gewährt wird, ist eine tatsächliche Frage, die sich **allein nach der Verkehrsauffassung** richtet. Maßgebend insoweit ist das Verbraucherleitbild eines verständigen Durchschnittsverbrauchers (§ 2 Rn 104 ff, 107, 110) auf der Grundlage einer wirtschaftlichen Betrachtungsweise. Entscheidend sind die Gesamtumstände, deren Beurteilung von Fall zu Fall verschieden sein kann. Gestattet es ein Unternehmer des öffentlichen Personennahverkehrs einem anderen Unternehmer, an dessen Kunden Fahrscheine zum halben Normalpreis abzugeben, liegt in der Differenz zum vollen Preis ein **Preisnachlass** (BGH GRUR 95, 354, 355 – *Super-Spar-Fahrkarten*). 1/68

Dagegen erweckt das mit dem „Senioren-Pass" der Bahn verbundene Angebot besonders preisgünstiger Farbfilme, deren Preise vom allgemeinen Preisniveau abweichen, *nicht* den Eindruck eines Preisnachlasses, da die Bahn, wie der Verkehr weiß, nicht mit Farbfilmen handelt und keine anderen als die beworbenen Preise ankündigt (BGH GRUR 82, 688, 689 – *Senioren-Pass*). Nicht um die Ankündigung eines Preisnachlasses handelt es sich, wenn für Brillengestelle in der Weise geworben wird, dass neben dem Selbstzahlerpreis (Normalpreis) der – niedrigere – Zuzahlungsbetrag für Kassenmitglieder genannt wird. Die Kassenmitglieder nehmen keinen Preisnachlass an, sondern gehen davon aus, dass die Differenz zum Normalpreis von der Kasse getragen wird (BGH NJW-RR 89, 101, 102 – *Brillenpreise I*). 1/69

Fahrtkostenerstattungen(-zuschüsse) fasst der Verkehr ungeachtet des darin liegenden wirtschaftlichen Vorteils regelmäßig nicht als Änderung der Preisstellung 1/70

Sosnitza

des Unternehmers auf. Sie sind **Zugaben,** nicht Preisnachlässe (BGH GRUR 91, 542 – *Biowerbung mit Fahrpreiserstattung;* BGH, GRUR 95, 163, 164 – *Fahrtkostenerstattung*).

1/71 Begleicht der Kunde beim Kauf von Kleidung den Kaufpreis teilweise mit **Gutscheinen,** die ihm ein mit dem Bekleidungsgeschäft kooperierendes selbstständiges Drittunternehmen als Gegenleistung für den Ankauf gebrauchter, aber noch tragfähiger Kleidung überlassen hat, wird dem Kunden in Höhe des Gutscheinbetrages **kein Preisnachlass** eingeräumt. Für die maßgebliche wirtschaftliche Betrachtungsweise des Verkehrs stellt es sich in solchen Fällen so dar, dass der Kunde den vollen Kaufpreis teils in bar, teils durch Gutscheinhingabe begleicht. Auf die Ausgestaltung der Zusammenarbeit von Bekleidungsgeschäft und Drittunternehmen kommt es für die Verkehrsauffassung nicht an (BGH GRUR 99, 755, 757 – *Altkleider-Wertgutscheine*).

1/72 **Inzahlungnahmen.** Zugrunde zu legen ist bei der Inzahlungnahme der **Verkehrswert der Altware,** der nach sachlichen Gesichtspunkten (Alter, Abnutzungsgrad usw) zu schätzen ist. Wird dieser unterschritten, bildet die Differenz den **Preisnachlass** (BGH GRUR 60, 558, 562 – *Eintritt in Kundenbestellung;* OLG Frankfurt WRP 83, 33, 34).

1/73 **Stundung, Teilzahlungskauf.** Stundung eines Kaufpreises kann Preisnachlass sein. Der Verbraucher ist daran gewöhnt, dass bei einer Stundung oder – was dem wirtschaftlich gleichsteht – einer Kreditierung des Kaufpreises Zinsen und Kosten zu zahlen sind, und erkennt den wirtschaftlichen Vorteil (die Ersparnis), die in der Einräumung einer zins- und kostenlosen Stundung oder Kreditierung liegt. Preisnachlass ist in solchen Fällen der Vermögensvorteil, der sich aus einer zinsbringenden oder schuldzinssparenden Verwendung der Kaufpreissumme während des Stundungszeitraums ergibt (BGH GRUR 59, 329, 331 – *Teilzahlungskauf I;* GRUR 89, 855, 858 – *Teilzahlungskauf II;* GRUR 92, 552, 553 – *Stundung ohne Aufpreis;* WRP 93, 243, 244 – *Versandhandelspreis I;* vgl auch BGHZ 108, 39, 41 = GRUR 89, 762, 763 – *Stundungsangebote*).

1/74 **Vorauszahlungen.** Vorleistungen des Kunden bedeuten für den Unternehmer Kredit. Deshalb ist es kein Rabatt, wenn die Zinsersparnis und die Verbesserung der Liquiditätslage des Unternehmers durch eine **Ermäßigung des Kaufpreises** ausgeglichen werden. Die Höhe der Ermäßigung muss sich am Zeitpunkt des Liefertermins orientieren und in Relation zum Vorteil des Unternehmers stehen, wenn es sich nicht, wie zB bei der Ankündigung „Bei Vorkasse 10% Rabatt", um einen Preisnachlass handeln soll. **Skonto** für den Fall sofortiger Zahlung ist bei handelsüblich längerem Zahlungsziel Vergütung für vorzeitige Zahlung, nicht Preisnachlass (vgl *Baumbach/Hefermehl* 22. Aufl, § 1 RabattG Rn 38; *v. Gamm* Kap 60 Rn 30; 3. Aufl § 1 Rn 263).

1/75 **Umsonstlieferungen.** Eine Umsonstlieferung ist Schenkung (kostenlose Lieferung von an sich entgeltlichen Leistungen). Solche Vergünstigungen sind Preis*erlass,* kein Preisnachlass. Preisnachlässe können begrifflich nur bei entgeltlichen Geschäften gegeben sein. Schon aus Rechtsgründen kann daher von einem Preisnachlass nicht gesprochen werden, wenn eine Ware oder Leistung umsonst angeboten wird (BGH GRUR 65, 489 – *Kleenex;* GRUR 78, 182, 184 – *Kinder-Freifahrt;* GRUR 93, 774, 775 – *Hotelgutschein; v. Gamm* Kap 60 Rn 18). Die unentgeltliche Beförderung von Kindern als Bahn-, Schiffs- oder Flugreisende, die sich in Begleitung ihrer den allgemeinen Beförderungstarif bezahlenden Eltern befinden, ist Umsonstleistung, kein Preisnachlass.

1/76 **(3) Lauterkeitsrechtliche Beurteilung.** Seit der Aufhebung des RabattG unterliegt die Preisnachlasswerbung keinen grundsätzlichen Beschränkungen mehr (vgl BegrRegEntw, zu A und A I, BT-Drucks 15/1487, S 12). Rabatte sind nicht mehr nur bei Vorliegen bestimmter Ausnahmetatbestände erlaubt, generell aber verboten (vgl § 1 I Halbs 2 RabattG; § 1 I, III ZugabeVO), sondern – umgekehrt – **grund-**

sätzlich erlaubt und nur *bei Vorliegen besonderer die Wettbewerbswidrigkeit begründender Umstände* **unlauter.** Der Unternehmer ist also in seiner Preisgestaltungsfreiheit nunmehr (grundsätzlich) unbeschränkt. Er kann seine Preise allgemein oder individuell – auch für befristete Zeiträume und für bestimmte Personen oder Personengruppen – senken oder erhöhen, ohne an einen Markt- oder Durchschnittspreis oder an dem von ihm selbst angekündigten Preis gebunden zu sein.

Bei der Rabattwerbung kann es mithin nicht mehr beanstandet werden, wenn die **Höhe des Rabatts** das bis zur Aufhebung des RabattG zulässige Limit von 3% (§ 2 RabattG) übersteigt. Unerheblich ist die **Art, wie Rabatt gewährt** wird, ob in bar, durch Gutscheine, Werbesendungen oder auf sonstige Weise. Ebenso ist es zulässig, beliebig viele Rabattarten (Barzahlungs-, Mengenrabatte) miteinander zu kombinieren. Höchstgrenzen bestehen nicht, Sonderpreise, die nur bestimmten Abnehmergruppen (zB nur Angehörigen bestimmter Vereine, Berufsgruppen, Gesellschaften, Inhabern von Kundenkarten usw) gewährt werden, unterliegen keinen Beschränkungen mehr. Dem Unternehmer steht es frei, bestimmte Kunden vor anderen durch Einräumung von Rabatten zu bevorzugen. Die darin liegende Diskriminierung der benachteiligten Verbraucher ist hinzunehmen, wenn nicht besondere Umstände hinzutreten, die die Ungleichbehandlung als wettbewerbswidrig erscheinen lassen, beispielsweise bei einem Verstoß gegen die sog kategorischen Differenzierungsverbote des Art 3 GG, gegen kartellrechtliche Missbrauchs- und Diskriminierungsverbote (vgl Art 102 AEUV, §§ 19, 20 GWB) oder gegen Vorschriften, die zur Beachtung des Kontrahierungszwangs verpflichten. 1/77

Lauterkeitsrechtlich unterliegt die Preisnachlasswerbung danach **nur noch dann einem Verbot,** wenn besondere Umstände vorliegen, die das Unlauterkeitsurteil rechtfertigen. Ob es so liegt, wird im Einzelfall je nach den gegebenen Umständen zu prüfen sein, wobei die Übergänge dieser Werbeformen fließen, diese ineinandergreifen und häufig mit Befristungen („happy-hour-Aktionen" uä, vgl BGH GRUR 10, 1022 Rn 17 – *Ohne 19% Mehrwertsteuer*), dh mit der Ausübung zeitlichen Drucks auf die Kundenentschließung, mit belästigenden Umständen (§ 7) mit aleatorischen Reizen (§ 4 Nr 1, 3. Alt, Rn 1/106 ff) und/oder mit gefühlsausnutzenden Werbemaßnahmen (§ 4 Nr 1 Rn 1/125 ff) einhergehen können. Entscheidend ist dabei entgegen früher verbreiteter Meinung nicht, ob die Inaussichtstellung des Rabatts geeignet ist, „den Kunden in seiner Entschließung so intensiv zu beeinflussen, dass nicht mehr Qualität und Preis, sondern – sachfremd – die Vergünstigung für die Kaufentschließung bestimmend wird". Denn ein Preisnachlass ist, wie jede andere Vergünstigung auch, ebenfalls Bestandteil der unternehmerischen Leistung, sodass es nicht sachfremd sein kann, wenn dieser Vorteil für die Kaufentscheidung bestimmend wird (*Sosnitza*, S 47, 79, 97). Die damit verbundene Anlockwirkung ist nicht wettbewerbswidrig, sondern gewollte Folge des Wettbewerbs (BGH GRUR 10, 1022 Rn 15 – *19% Mehrwertsteuer*). Zentrales Kriterium ist vielmehr – bei der Rabattwerbung ebenso wie allgemein in den Fällen der Wertreklame – die Frage, ob die **Rationalität der Nachfrageentscheidung** verdrängt bzw eine **unzulässige Beeinflussung der Entscheidungsfreiheit** eines verständigen Durchschnittsverbrauchers (§ 2 Rn 104ff, 107, 110ff) vorgenommen wird (st Rspr, vgl zB BGH GRUR 01, 752, 754 – *Eröffnungswerbung;* sa oben Rn 1/54). 1/78

Die Annahme besonderer Unlauterkeitsumstände durch **zeitliche Begrenzungen** kommt nur in Betracht, wenn dem Verbraucher eine unangemessene kurze Überlegungszeit zusteht; ob dies der Fall ist, beurteilt sich auch nach den Möglichkeiten zum Preisvergleich im **Internet** und nach den Anschaffungskosten (BGH GRUR 10, 1022 Rn 19 – *Ohne 19% Mehrwertsteuer*). 1/79

(4) Einzelfragen. (a) „Übertriebenes Anlocken". Die Anlockwirkung, die von einem günstigen Angebot ausgeht, ist als solche nicht unsachlich, sondern erwünschte Folge des Wettbewerbs (BGH GRUR 02, 548, 549 – *Mietwagenkostenersatz;* GRUR 02, 979, 980 – *Kopplungsangebot II;* GRUR 03, 1057 – *Einkaufsgutschein,* st 1/80

Rspr). Die frühere Rechtsprechung war im Rahmen der Fallgruppe des sog „übertriebenen Anlockens" überaus kritisch gegenüber jeglichen Formen von Vergünstigungen wie überhaupt gegenüber der Wertreklame (zB BGH GRUR 73, 474 – *Preisausschreiben;* GRUR 81, 746 – *Ein-Groschen-Werbeaktion;* GRUR 89, 757 – *McBacon;* GRUR 92, 621 – *Glücksball-Festival;* GRUR 93, 774 – *Hotelgutschein*). In der Literatur ist diese Fallgruppe immer wieder kritisiert worden, vor allem weil der dieser Rechtsprechung zugrundeliegende Leistungsbegriff zu eng gefasst ist und zum anderen keine klaren Maßstäbe zur Abgrenzung der Fallgruppe existieren (*Emmerich,* FS Piper 1996, S 171; *Sosnitza,* S 42ff mwN). Die neuere Rechtsprechung hat diese Fallgruppe der Sache nach **aufgegeben** (ebenso *Schwippert,* FS Samwer, 2008, 197, 200), da heute nur noch dann ein Lauterkeitsverstoß angenommen wird, wenn durch die Vergünstigung die Rationalität der Nachfrageentscheidung beim verständigen Verbraucher vollständig in den Hintergrund tritt (Rn 1/54). Um deutlich zu machen, dass die früheren, restriktiven Grundsätze nicht mehr gelten, sollte auf den Begriff des „übertriebenen Anlockens" verzichtet werden und stattdessen nur noch auf die Rationalität der Nachfrageentscheidung abgestellt werden (*Köhler,* GRUR 03, 729, 736; *Ohly,* GRUR 04, 889, 897; jurisPK-UWG/*Seichter,* § 4 Nr 1 Rn 56; GK/*Pahlow* § 4 Nr 1 Rn 91).

1/81 Bei der Gewährung von Rabatten kann im Allgemeinen nicht davon ausgegangen werden, dass die Rationalität der Verbraucherentscheidung vollständig in den Hintergrund tritt. Dies ergibt sich bereits daraus, dass selbst das Verschenken der (Original-)Ware in aller Regel nicht zu einer Beeinträchtigung der Nachfrageentscheidung führt (Rn 1/62f), sodass dies erst recht bei entgeltlichen Angeboten gelten muss, auch wenn dabei uU hohe Rabatte eingeräumt werden. Eine andere Beurteilung kann im Einzelfall möglich sein, wenn besondere Preisnachlässe nur für so *kurze Zeiträume* gewährt werden, dass keine zumutbare Prüfung von Konkurrenzangeboten mehr möglich ist. Dies hängt in erster Linie von Zeit und Ort des Angebots und Art der Ware ab und kann nur in extremen Ausnahmefällen angenommen werden (ebenso *Seichter,* WRP 06, 628). Da Marktinformationen auch über das Internet zur Verfügung stehen, sind selbst auf einen Tag begrenzte Rabattaktionen oder Sonntagsangebote im Allgemeinen zulässig.

1/82 **(b) Zinsvorteile bei Kaufpreisstundung.** In der unentgeltlichen (zins- und kostenlosen) Stundung einer Geldschuld liegt regelmäßig die **Einräumung eines Rabatts** (Rn 1/73). Ausnahme: Kurzfristige Kaufpreisstundung vor allem bei Geschäften des täglichen Lebens als eine vom Verkäufer eingeräumte kundenfreundliche Zahlungsmodalität (vgl BGH GRUR 91, 936, 937f – *Goldene Kundenkarte*). Handelt es sich nicht um eine solche Ausnahme, erfordert die Beurteilung der wettbewerbsrechtlichen Zulässigkeit der Rabattgewährung die Ermittlung der dem Kunden durch die Stundung erwachsenen wirtschaftlichen Vorteile. Diese muss ansetzen bei den Zinsen, die der Kunde für einen Kredit in Höhe des gestundeten Kapitals hätte aufbringen müssen. Soweit es dabei auf variable Faktoren ankommt (zB die Kreditwürdigkeit des Kunden), sind diese nach Maßgabe der im Einzelfall gegebenen Umstände, ggf nach einem zu schätzenden (Mittel-)Wert zugrunde zu legen (sa *Heermann,* WRP 01, 855, 862). In aller Regel wird eine Stundung jedoch noch nicht die Rationalität der Verbraucherentscheidung in den Hintergrund treten lassen (ebenso GK/*Pahlow* § 4 Nr 1 Rn 119; vgl Rn 1/73).

1/83 **(c) Verkäufe unter Einstandspreis.** Der Grundsatz der Preisgestaltungsfreiheit (Rn 1/83) erlaubt es dem Unternehmer seine Preise so festzusetzen, wie ihm das sinnvoll erscheint. Zu beachten hat er dabei allein gesetzliche und wirksam eingegangene vertragliche (Preis-)Bindungen. Fehlen die, darf er die Preise von Mitbewerbern auch durch Einräumung von Preisnachlässen grundsätzlich sanktionslos auch dann unterbieten, wenn er damit unter Einstandspreis verkauft (BGHZ 111, 188, 190f = GRUR 90, 685, 686 – *Anzeigenpreis I;* GRUR 90, 687, 688 – *Anzeigenpreis II*). Es gibt dafür gute, kaufmännisch vertretbare Gründe (vgl BGH aaO – *Anzeigenpreis I*). Unlauter ist aber eine gezielte und auf längere Sicht angelegte **Kampfpreisunterbietung**, die von der **Verdrängungs- und Vernichtungsabsicht** des Untereinstandspreis-Verkäufers getragen wird (s dazu im Einzelnen § 4 Rn 10/91 ff, 94). Die grundsätzliche Zulässigkeit von Untereinstandspreisangeboten hat sich in solchen Fällen zu einem nicht hinnehmbaren Missbrauch von Marktmacht und Wettbewerbsfreiheit gewandelt (RGZ 134, 342, 351 ff – *Benrather Tankstelle/Benzinpreiskampf;* BGH aaO – *Anzeigenpreis I* und *Anzeigenpreis II;* GRUR 90, 371, 372 – *Preiskampf.* Zur kartellrechtlichen Beurteilung der Kampfpreisunterbietung durch marktbeherrschende und marktstarke Unternehmen und durch Unternehmen mit gegenüber kleinen und mittleren Wettbewerbern überlegener Markmacht s § 20 I, II, IV GWB).

(d) Irreführung. Unlauter ist jedes Verhalten, das die Gefahr einer Täuschung 1/84 begründet. Der Wahrheitsgrundsatz beherrscht das gesamte Wettbewerbsrecht. Eine wahrheitsgemäße Werbung mit Preisnachlässen ist daher grundsätzlich nicht zu beanstanden. Irreführend ist es aber, einzelne Waren unter Bewerbung mit Preisnachlässen in einer Weise zum Kauf zu stellen, die – insoweit unzutreffend – den Eindruck der Preisgünstigkeit des gesamten Angebots erweckt (Lockvogelwerbung, § 5 Rn 456). Ebenso unzulässig ist das systematische Herauf- und Heruntersetzen von Preisen zur Verdeckung von Mondpreisen (Preisschaukelei, § 5 Rn 453). Bei der Werbung mit Rabatten darf ein höherer Altpreis nicht vorgetäuscht werden. Ein grober Verstoß ist es, Preise für kurze Zeit bewusst überhöht anzusetzen, um sich damit den Vorwand für eine Preisnachlasswerbung zu verschaffen (BGH GRUR 99, 507, 508 – *Teppichpreiswerbung;* GRUR 00, 337, 338 – *Preisknaller,* je mwN). Irreführend ist eine Gutscheinwerbung, wenn die darin verbrieften Preisnachlässe nicht nur den Gutscheininhabern, sondern allen Kunden gewährt werden (OLG Schleswig WRP 01, 322, 323; sa *Heermann,* WRP 01, 855, 861). Ob eine Werbung irreführend ist, in der die herausgestellten Preise als *feste* Preise bezeichnet werden, obwohl der Werbende zur Gewährung von Preisnachlässen bereit ist und diese auch einräumt, hängt vom Verkehrsverständnis ab. Irreführend ist es, wenn der Verkehr in solchen Fällen der Werbeaussage entnimmt, dass ein Rabatt nicht gewährt wird (vgl *Köhler* GRUR 01, 1067, 1078).

(5) Gesetzliche Rabattverbote. Unberührt von der Aufhebung des RabattG 1/85 besteht eine Reihe besonderer gesetzlicher Regelungen, die die Gewährung von Preisnachlässen untersagen. Zu nennen sind hier etwa das Gesetz über die Preisbindung für Bücher (BuchPrG); die für bestimmte Berufe geltenden Gebühren- oder Honorarordnungen, nach denen die Leistungsentgelte festliegen bzw nicht unterschritten werden dürfen, wie die Gebührenordnung für Ärzte (GOÄ), § 49b I 1 BRAO für gerichtliche Angelegenheiten von Rechtsanwälten oder die Honorarordnung für Architekten und Ingenieure (HOAI); das Zugabeverbot nach § 7 I HWG; das Verbot der Unterschreitung von Beförderungsentgelten bei Straßenbahnen (§ 39 III PBefG), Obussen (§ 41 III PBefG), im Personennahverkehr mit Kraftfahrzeugen (§ 45 II PBefG) und bei Taxen (§ 51 V PBefG); die Festsetzung der Preise für Arzneimittel nach § 78 AMG iVm der Arzneimittelpreisverordnung (AMPreisV); nach § 26 Tabaksteuergesetz (TabStG) ist es dem Händler verboten, Tabakwaren unter Packungspreis an Verbraucher (auch an gewerbliche Verbraucher, BayObLG GRUR 88, 235 ff – *Tabakwarenverkauf)* abzugeben und Rabatte gleich welcher Art auf Umsatzbasis zu gewähren (vgl OLG Frankfurt GRUR-RR 04, 255). Der **Verstoß** gegen solche Verbote kann das Unlauterkeitsurteil unter dem Gesichtspunkt des Rechtsbruchs nach § 4 Nr 11 begründen, vgl dazu näher § 4 Rn 11/72.

(6) Unterwerfungsverträge und prozessuale Fragen nach Aufhebung des 1/86 **RabattG. (a) Grundsätzliche Fortgeltung von Unterwerfungsverträgen.** Hatte sich ein **Unterlassungsschuldner** vor der Aufhebung des RabattG vertraglich dazu verpflichtet, vom RabattG verbotene Rabatte nicht (mehr) zu gewähren, stellt sich die Frage, welche Bedeutung dem **Wegfall des RabattG,** dessen Verbote Grundlage der Verpflichtungserklärung des Schuldners waren, für den **Fortbestand der Vereinbarung** zukommt. Folgt ein Unterlassungsgebot nicht aus einem gerichtlichen Titel, sondern – wie in den hier zu erörternden Fällen – aus einem Unterwerfungsvertrag, führt der Wegfall des Gesetzes **nicht ipso iure** auch zum Wegfall des Vertrages und der aus ihm folgenden Verpflichtungen – es sei denn, dass die Unterwerfungserklärung – wie praktisch nie – mit einer entsprechenden auflösenden Bedingung verknüpft ist. Jedoch ist es **rechtsmissbräuchlich,** dh mit Treu und Glauben (§ 242 BGB) unvereinbar, wenn der Gläubiger den Schuldner an einer Unterlassungsverpflichtung festhält, die einen gesetzlichen Unterlassungsanspruch sichern sollen, der aber auf Grund der geänderten Gesetzeslage **unzweifelhaft** und ohne weiteres erkennbar nicht mehr besteht (BGHZ 133, 316, 329 = GRUR 97, 382, 386 – *Altunterwerfung I*). In diesen Fällen bleibt dem Schuldner die exceptio doli auch dann, wenn er es unterlässt, den Unterwerfungsvertrag aus wichtigem Grund (Wegfall des Gesetzes) zu kündigen. Anders ist es, wenn die Rechtslage **nicht als eindeutig** und zweifelsfrei iS der Rechtsprechung des BGH angesehen werden kann, beispielsweise dann, wenn das den Gegenstand der Unterlassungsvereinbarung bildende Verhalten des Schuldners ungeachtet der rabattrechtlichen Legalisierung **auch lauterkeitsrechtlich angreifbar** war und ist. In diesen Fällen bedarf es innerhalb einer angemessen-großzügigen, nach Monaten zu bemessenden Frist (BGHZ 133, 331, 335 = GRUR 97, 386, 390 – *Altunterwerfung II*) einer – in die Zukunft wirkenden – Kündigung aus wichtigem Grund, weil ohne sie die Berufung des Gläubigers auf die Unterwerfungserklärung nach der Rechtsprechung des BGH nur ganz ausnahmsweise als eine nach Treu und Glauben unzulässige Rechtsausübung angesehen werden kann (BGHZ aaO – *Altunterwerfung I*; BGH GRUR 98, 953, 954 – *Altunterwerfung III*; BGH GRUR 01, 85, 86 – *Altunterwerfung IV*).

1/87 **(b) §§ 767, 927 ZPO.** War im Zeitpunkt der Aufhebung des RabattG der Rechtsstreit bereits rechtskräftig entschieden, entfällt das Unterlassungsurteil und die Vollstreckbarkeit des Titels **nicht eo ipso** mit der Änderung der Gesetzeslage. Der Titelschuldner ist daher – wenn das Urteil allein auf einer Verurteilung nach dem RabattG beruht und nicht auch auf anderen Vorschriften (zB auf § 1 UWG 1909) beruhen kann – darauf angewiesen, Vollstreckungsgegenklage zu erheben (§ 767 ZPO) oder – bei einer einstweiligen Verfügung – den Weg des § 927 ZPO zu beschreiten.

cc) Kopplungsangebote und Zugaben

Literatur: *Borck,* Branchenfremde Vorspannangebote, WRP 1975, 1; *Borck,* Über das Verwerfliche von Vorspannangeboten, WRP 1975, 75; *Droste,* Zum Verkauf „branchenfremder" Artikel, GRUR 76, 466; *Fezer,* Unlauterer Wettbewerb durch Werbung mit Vorspannangeboten, BB 1975, 1500; *Freytag/Gerlinger,* Kombinationsangebote im Pressemarkt, WRP 2004, 537; *Gaedertz,* Lockvogelangebote unter Berücksichtigung von § 1 UWG, GRUR 1980, 613; *Gerstenberg,* Die sichtbaren Verführer – Verpackung, Vorspann- und Animierangebote, GRUR 1980, 618; *Hahn,* Vorspannwerbung ohne rechtliche Kopplung und ihre Bedeutung nach § 1 UWG, WRP 1984, 59; *Hefermehl,* Werbung mit Vorspannangeboten, GRUR 1974, 542; *Hoth,* Kopplungs- und Vorspannangebot, GRUR 1976, 219; *Hoth,* Übertriebenes Anlocken durch preisgünstige Zweitangebote?, GRUR 1978, 147; *Köhler,* Kopplungsangebote (einschließlich Zugaben) im geltenden und zukünftigen Wettbewerbsrecht, GRUR 2003, 729; *Kisseler,* Ruinöser Wettbewerb durch branchenfremde Angebote, WRP 1978, 181; *Kügele,* Wettbewerbsrechtliche Beurteilung von Kopplungsangeboten, GRUR 2006, 105; *Lange,* Wettbewerbliche Grenzen gekoppelter Stromverträge, WRP 2002, 20; *Menke,* Die Voraussetzungen der ausnahmslosen Zulässigkeit von Vorspannangeboten nach § 1 UWG, WRP 1997, 532; *Ohly,* Die wettbewerbsrechtliche Beurteilung von Gesamtpreisangeboten, NJW, 2003, 2135; *Pauli,* Direktmarketing und die Gewinnung von Kundendaten: Ist die Veranstaltung eines Gewinnspiels ein geeigneter Weg?, WRP 2009, 245; *Pluskat,* Das kombinierte Warenangebot als zulässiges verdecktes Kopplungsgeschäft, WRP

2001, 1262; *Pluskat,* Zur Zulässigkeit von Kopplungsgeschäften, WRP 2002, 1381; *Pluskat,* Kopplungsangebote und kein Ende, WRP 2004, 282; *Sack,* Zur Zulässigkeit von Vorspannangeboten, WRP 1975, 65; *Schmeding,* Kopplungsangebote als Mittel der Wertreklame, WRP 1974, 305; *Weiland,* Vorspannangebote im Kaffeehandel, BB 1978, 382.

(1) Begriff und Bedeutung. Kopplung mehrerer Waren oder Dienstleistungen zu einem **Gesamtangebot und Gesamtpreis** bedeutet Zusammenfassung zweier oder mehrerer Waren (Dienstleistungen) zu einem einheitlichen Angebot. Unerheblich für den Begriff des Kopplungsangebots ist es, ob zwei (oder mehr) je gegen Entgelt abzugebende Waren Gegenstand der Kopplung sind (Hauptwaren) oder ob einer Hauptware eine Nebenware als Zugabe hinzugefügt wird, die dem Kunden im Rahmen des einheitlichen Kopplungsangebots zusätzlich zur Hauptware ohne Berechnung (kostenlos) überlassen wird, jedoch nur – hierin liegt die Warenkopplung – bei einem (entgeltlichen) Erwerb der Hauptware. 1/88

Bei der Waren- oder Leistungskopplung kann es sich um **gleiche Waren** (Mehrfachpackungen), um funktionell aufeinander abgestimmte oder **gebrauchsnahe Produkte** (zB Teetasse und Tee, BGH GRUR 62, 415 – *Glockenpackung I;* Zahnbürste und Zahnpasta, BGH GRUR 68, 53 – *Probetube*) oder um im Kombinationsangebot **verschiedener Artikel oder Leistungen** handeln (zB Kaffee und Tischdecke, BGH GRUR 71, 582 – *Kopplung im Kaffeehandel;* Fahrpreisermäßigung der Bundesbahn und Farbfilm, BGH GRUR 82, 688 – *Seniorenpass;* Tiefkühltruhe und Schweinehälfte, BGH GRUR 96, 363 – *Saustarke Angebote*). Um eine Warenkopplung in diesem Sinne handelt es sich aber immer nur dann, wenn *mehrere Einzel*waren zu einem Gesamtangebot verbunden werden. Bei einem vom Verkehr als **Einheit** verstandenen Angebot scheidet eine Warenkopplung aus, mag sich auch das Angebot – wie beispielsweise bei der Werbung für Sehhilfen – auf mehrere Gegenstände (Brillenfassung und -gläser) beziehen (BGH GRUR 00, 918, 919 – *Null-Tarif).* **Offene Kopplungen** sind solche, bei denen der Verbraucher Gesamtpreis *und* Einzelpreise kennt, bei **verdeckten Kopplungen** sind die Einzelpreise nicht bekannt, so dass die Einzelwaren demgemäß nicht auch einzeln zu erwerben sind. **Vorspannangebote** sind dadurch gekennzeichnet, dass neben einer marktüblich angebotenen Hauptware eine andere Ware, die meist betriebs- oder branchenfremd ist, zu einem besonders günstig erscheinenden Preis angeboten wird, jedoch nicht ohne die Hauptware erworben werden kann (BGHZ 65, 68, 69 = GRUR 76, 248, 249 – *Vorspannangebot;* BGH GRUR 76, 637, 638 – *Rustikale Brettchen;* GRUR 77, 110, 111 – *Kochbuch;* GRUR 99, 755, 756 f – *Altkleider-Wertgutscheine*). Diese verschiedenen Erscheinungsformen von Kopplungsangeboten haben nach Aufhebung der ZugabeVO im Jahre 2001 nur noch eine rein *tatsächliche* Bedeutung für die *Bezeichnung* des wettbewerblichen Vorgehens. Unterschiedliche *Rechtsfolgen* ergeben sich daraus nicht mehr. Vielmehr unterliegen Kopplungsangebote sämtlich einer an *einheitlichen Maßstäben* ausgerichteten lauterkeitsrechtlichen Beurteilung (BGHZ 151, 84, 88 f = GRUR 02, 976, 978 – *Kopplungsangebot I;* GRUR 02, 979, 981 – *Kopplungsangebot II*). 1/89

(2) Lauterkeitsrechtliche Beurteilung. Kopplungsangebote sind lauterkeitsrechtlich **grundsätzlich erlaubt** (vgl EuGH GRUR 09, 599 Rn 59 ff – *VTB/Total Belgium;* zu Zugaben EuGH GRUR 11, 76 Rn 38 ff – *Mediaprint*). Die Möglichkeit, Waren und Leistungen zu Gesamtangeboten zusammenzustellen und dafür zu werben, gehört zur **Freiheit des Wettbewerbs**, die nur zur Unterbindung unlauteren Wettbewerbs und des Missbrauchs von Marktmacht beschränkt werden kann. Es ist daher allein Sache des Unternehmers, wie er sein Angebot zusammenstellt. Unbedenklich kann ein Gesamtangebot aus Waren (Leistungen) der verschiedensten Art zusammengestellt werden, um damit die Qualität und Preiswürdigkeit von Einzelwaren durch die Attraktivität eines Kombinationsangebots zu ergänzen. Auch *verdeckte* Kopplungen (Rn 1/89), bei denen die Bezifferung der Einzelpreise oder die Angabe des Werts einer der Waren fehlt, sind erlaubt (BGHZ 154, 105, 108 = GRUR 03, 1/90

538, 539 – *Gesamtpreisangebot*). Dies auch dann, wenn ein Teil des gekoppelten Angebots ohne gesondertes Entgelt abgegeben wird oder wenn sich das Kopplungsangebot für den Kunden als besonders günstig darstellt. Eine solche Anlockwirkung ist nicht wettbewerbswidrig, sondern gewollte Folge des Leistungswettbewerbs (s zum Ganzen: BGHZ 151, 84 = GRUR 02, 976 – *Kopplungsangebot I:* Kopplung von Stromliefervertrag und Videorekorder; GRUR 02, 979 – *Kopplungsangebot II:* Kopplung von Stromliefervertrag und Fernsehgerät; BGH aaO – *Gesamtpreisangebot:* Kopplung von Pauschalreise und Skiausrüstung).

1/91 **Besondere Umstände** können allerdings die **Wettbewerbswidrigkeit von Kopplungsangeboten** begründen, so wenn das Angebot den Verbraucher über den tatsächlichen Wert des Angebots zu täuschen droht oder wenn es nur unzureichend informiert. Im Hinblick auf die Zusammenstellung mehrerer auch verschiedener Waren zu einem einheitlichen Angebot und Preis bergen Kopplungsangebote ein gewisses **Irreführungs- und Preisverschleierungspotential** in sich, was im Einzelfall zur Erschwerung von Preisvergleichen und zur Irreführung des Verbrauchers führen kann (§ 5 Rn 459). Auch kann von Kopplungsangeboten eine Anlockwirkung ausgehen, die so stark ist, dass auch bei verständigen Verbrauchern die Rationalität der Nachfrageentscheidung vollständig in den Hintergrund tritt (Rn 1/54; BGHZ 151, 84, 89 = GRUR 02, 976, 978 – *Kopplungsangebot I;* GRUR 02, 979, 981 – *Kopplungsangebot II;* BGHZ 156, 379, 392 = GRUR 04, 255, 259 – *Strom und Telefon I*).

1/92 Der Unternehmer muss daher zur Vermeidung der Unlauterkeit sein **Angebot** hinreichend (preis-) **transparent** machen (sa § 4 Nr 4), damit der Verbraucher für seinen Kaufentschluss eine sachgerechte Grundlage hat. Wettbewerbswidrig ist es, mit der Unentgeltlichkeit von **Teilleistungen** oder mit Hinweisen auf die Preisgünstigkeit von Teilleistungen zu werben, **ohne zugleich** klar und deutlich auf das Entgelt hinzuweisen, das für den anderen Teil des Kopplungsangebots verlangt wird. Gegenüber den Hinweisen auf eine günstige Teilleistung dürfen die den Verbraucher wirtschaftlich belastenden Angaben nicht unerwähnt bleiben (BGHZ 151, 84, 89 = GRUR 02, 976, 978 – *Kopplungsangebot I*). Ein anderes wäre irreführend. Ob die **Rationalität bzw Freiheit der Entscheidung** des Verbrauchers durch Verlockungen zum Kauf beeinträchtigt wird, entscheiden die Umstände des Einzelfalls. Von einem Kopplungsangebot – insbesondere wenn ein Teil des Angebots unentgeltlich gewährt werden soll – kann eine so starke Anlockwirkung ausgehen, dass auch bei einem verständigen Verbraucher die Rationalität der Nachfrageentscheidung vollständig in den Hintergrund tritt (BGH GRUR 03, 890, 891 – *Buchclub-Kopplungsangebot,* mwN). Es bestehen insoweit aber keine festen Wertgrenzen, jenseits derer die Vergünstigung stets wettbewerbswidrig wäre. Die Unlauterkeit kann jedoch in solchen Fällen bei Hinzutreten weiterer Umstände gegeben sein, zB bei einer unangemessen kurzen Befristung des Angebots, wenn dadurch die Entschließungsfreiheit des Verbrauchers in der konkreten Situation unsachlich beeinträchtigt wird (vgl aber BGH GRUR 04, 343, 344 – *Playstation:* Keine Wettbewerbswidrigkeit bei Hinweis auf beschränkte Vorratsmenge „Abgabe nur in haushaltsüblichen Mengen, solange der Vorrat reicht").

1/93 **(3) Einzelfragen. (a) Zugaben.** Eine Zugabe ist Nebenleistung. Daran fehlt es bei einer **wirtschaftlich einheitlichen** Leistung (BGH GRUR 98, 500, 501 – *Skibindungsmontage*), ferner, wenn eine Zusatzleistung lediglich **unselbstständiger** Teil der Hauptleistung ist (BGH GRUR 96, 789, 791 – *Laborbotendienst*). Ob Nebenleistung oder nicht, entscheidet die **Verkehrsauffassung** (BGH GRUR 94, 230, 232 – *Eurocheck-Differenzzahlung;* WRP 99, 505, 506 – *Nur 1 Pfennig;* GRUR 00, 918, 919, st. Rspr.). Diese orientiert sich an den Umständen des Einzelfalls, insbesondere am Gesamteindruck der Werbung und an der Verkehrsübung, also an dem, was dem Verkehr bekannt ist und ihm tatsächlich begegnet (BGH aaO – *Eurocheck-Differenzzahlung*). Entscheidend ist, ob der Verkehr die zusätzliche Leistung als sachliche Verbesserung der nach dem Vertrage geschuldeten Hauptleistung empfindet oder als

Unzulässige Beeinträchtigung der Entscheidungsfreiheit **§ 4.1 UWG**

Nebenleistung (BGH GRUR 94, 743, 744 – *Zinsgünstige Kfz-Finanzierung durch Herstellerbank;* GRUR aaO – *Skibindungsmontage;* GRUR 99, 515, 517 – *Bonusmeilen*). Ob die Gewährung der Nebenleistung vom Erwerb der Hauptware abhängig ist, beantwortet sich ebenfalls aus der Sicht der angesprochenen Verkehrskreise (*Köhler/Piper,* UWG, 2. Aufl, ZugabeVO § 1 Rn 5f, 6). **Spezialgesetzliche Verbote** von Zugaben bestehen nach § 7 HWG und § 56a II 2 GewO.

(b) Warenproben. Sie sind Zugaben, wenn der Erprobungszweck nach den 1/94 Umständen des Falles ausscheidet, zB bei Bedarfsdeckung (*Köhler/Piper,* UWG, 2. Aufl, ZugabeVO § 1 Rn 15). Zu Warenproben sa Rn 1/61 f.

(c) Finanzierungsgeschäfte. Angebote auf Kreditgewährung können Zugabe 1/95 sein, wenn sie zusätzlich und ohne besondere Berechnung angeboten werden. Entscheidend ist, wie der Verkehr das Angebot auffasst (BGH GRUR 79, 482, 484 – *Briefmarken-Auktion;* GRUR 94, 743, 744 – *Zinsgünstige Kfz-Finanzierung durch Herstellerbank*).

(d) Redaktionelle Unterstützung. Zugabe kann nach st Rspr auch die redak- 1/96 tionelle Unterstützung der Anzeige eines Anzeigenkunden durch Beistellung eines Artikels der Redaktion in unmittelbarer Nähe der Anzeige sein, wenn sich der Beitrag gezielt und positiv mit dem Gegenstand der Anzeige befasst (BGH GRUR 94, 441, 443 – *Kosmetikstudio*). Zu weiteren Einzelfällen s *Köhler/Piper,* UWG, 2. Aufl, ZugabeVO § 1 Rn 3–7, 14–21.

(e) Garantien. Garantien (Preis- und Qualitätsgarantien, Umtauschgarantien, 1/97 Rückgabegarantien, Erfolgsgarantien) sind Zugaben, wenn der Verkehr sie nicht mehr als Teil der Hauptleistung ansieht, sondern als eine zusätzliche Leistung, die über das üblicherweise Gewünschte und Erwartete hinausgeht und durch die vereinbarte Gegenleistung nicht abgedeckt wird (*Köhler/Piper,* UWG, 2. Aufl, ZugabeVO § 1 Rn 14). Bei **Gebrauchtwagen** kommt es darauf an, ob das Umtausch- oder Rückgaberecht zeitlich noch vom Erprobungszweck gedeckt ist. Bei einem auf 5–7 Tage befristeten Umtausch- oder Rückgaberecht kann das ohne weiteres bejaht werden (BGH GRUR 99, 270, 272 – *Umtauschrecht II*). Zur Garantiewerbung unter dem Gesichtspunkt der Irreführung s § 5 Rn 279f (zu Qualitätsgarantien) und § 5 Rn 479f (zu Preisgarantien).

Die Werbung mit Garantien ist wettbewerbsrechtlich grundsätzlich nicht zu bean- 1/98 standen. Das gilt auch für die Werbung mit Rücktrittsrechten. Die Einräumung eines **Rücktrittsrechts** unter der Bedingung, dass der Käufer innerhalb bestimmter Frist ein billigeres Konkurrenzangebot für den gekauften Artikel bei gleicher Leistung nachweist, ist grundsätzlich weder unter dem Gesichtspunkt der Wertreklame (§ 4 Nr 1, 3. Alt) noch unter dem der anreißerischen Belästigung (§ 7) oder der Irreführung (§ 5) zu beanstanden (BGH GRUR 75, 553, 554 – *Preisgarantie I;* GRUR 91, 468, 469 = WRP 91, 564, 566 – *Preisgarantie II*). Die Aussage enthält die Behauptung, regelmäßig so preisgünstig zu sein wie die Konkurrenz, und fordert den Kunden zu Preisvergleichen auf. Das entspricht den Anforderungen des Wettbewerbs, wenn eine echte **Preisvergleichsmöglichkeit** tatsächlich gegeben ist. Das hat der BGH bejaht für den Fall, dass die beworbenen Artikel in gleicher Ausführung und Qualität von Mitbewerbern geführt, von den Kunden – wenn auch erst nach einigem Suchen – ausfindig gemacht werden und Vergleichsangebote eingeholt werden können. Nicht erforderlich ist, dass dies bei nahegelegenen Konkurrenzunternehmen möglich ist.

Unzulässig, weil irreführend, ist die **Geld-zurück-Garantie-Werbung,** wenn 1/99 für Waren geworben wird, die nur vom Werbenden geführt werden oder wenn der Kunde Vergleichsobjekte nur zufällig oder nur ausnahmsweise wiederfinden kann (BGH GRUR 94, 57, 58 – *Geld-zurück-Garantie*). Die Einräumung von **Umtauschgarantien** (sog Gefälltnichtgarantien) sind generell nach § 4 Nr 1, 3. Alt, nicht zu beanstanden. Ob sich die Garantie aus der „Natur der Vertragsleistung" des Werbenden

Sosnitza

ergibt und ob sie sich nach Art, Umfang und Zeitdauer „im Rehmen des beworbenen Geschäfts" hält (vgl BGH GRUR 00, 1106, 1107 – *Möbel-Umtauschrecht*), ist unerheblich. Weist der Kunde ein dem Kaufobjekt entsprechendes Konkurrenzangebot nach, besteht das **Rücktrittsrecht** aus der Preisgarantiezusage schon dann, wenn das Konkurrenzangebot auch nur in einem nicht ganz unwesentlichen Punkt günstiger ist (BGH aaO – *Geld-zurück-Garantie*).

1/100 Zur Frage, inwieweit **Erfolgsgarantie** und **unbefristete Garantiezusagen** irreführend sind, vgl. § 5 Rn 279f, 557.

1/101 **Befristete Garantiezusagen.** Die Werbung mit zeitlich befristeten Rückgaberechten ist grundsätzlich nicht wettbewerbswidrig (Rn 1/98). Zulässig ist daher die Einräumung eines Umtausch- oder Rückgaberechts bis zu fünftägiger Nutzung des Gebrauchtfahrzeugs (BGH GRUR 99, 270, 272 – *Umtauschrecht II*). Bei längerfristigen Rückgaberechten war die frühere Praxis noch sehr zurückhaltend (vgl BGH GRUR 01, 851, 852f – *Rückgaberecht II* [noch zur ZugabeVO]; 4. Aufl Rn 1/127). Eine Beurteilung als wettbewerbswidrig sollte dann ausscheiden, wenn das Rückgaberecht nur im Rahmen einer relativ kurzen Zeitspanne gewährt wird, keine Bedarfsdeckung erfolgt und – entsprechend der Verkehrserwartung – die Ausübung des Rücktrittsrechts nur unter Vorlage des Kassenzettels und in der Originalverpackung möglich ist und die Ware keine Beschädigungen oder Gebrauchsspuren aufweist (vgl BGH GRUR 01, 358, 359f – *Rückgaberecht I*: zu Fotoartikeln, Geräten der Unterhaltungselektronik und elektrischen Haushaltsgegenständen). Diese Rechtsgrundsätze gelten **heute** vor dem Hintergrund des gewandelten Verbraucherleitbildes (vgl. § 2 Rn 104ff) **nicht** mehr. Auch längerfristige Garantiezusagen sind erst dann als unangemessener unsachlicher Einfluss nach § 4 Nr 1, 3. Art anzusehen, wenn ernsthaft zu befürchten ist, dass die Rationalität der Verbraucherentscheidung vollständig in den Hintergrund tritt (Rn 1/54). Das ist auch bei der Einräumung eines Umtauschrechts für den Käufer eines Gebrauchtwagens, das die Nutzung des Fahrzeugs für 30 Tage bis zu einer Fahrleistung von 2000 km erlaubt, nicht anzunehmen (anders noch BGH GRUR 98, 502, 503 – *Umtauschrecht I*).

1/102 **(f) Fahrtkostenerstattungen.** Eine angemessene vollständige oder teilweise Erstattung, Verrechnung oder Übernahme von Fahrtkosten für Verkehrsmittel, die der Kunde im Zusammenhang mit der Tätigkeit eines Einkaufs aufgewendet hatte, war schon nach der Neufassung des § 1 II Buchst d der ZugabeVO durch Gesetz v 25.7.1994 zugaberechtlich als handelsüblich freigestellt worden. Die Gewährung solcher Vergünstigungen kann (nach Streichung der ZugabeVO 2001) auch nach § 4 Nr 1 nicht als unangemessen angesehen werden.

1/103 **(g) Kundenbeförderung.** Zur unentgeltlichen **Kundenbeförderung,** zur Übernahme der Kosten von **Besichtigungsreisen** und zu kostenlosen **Werbe- und Verkaufsfahrten** s Rn 1/28, 30ff.

1/104 **dd) Kundenbindung.** Die Aufhebung von RabattG und ZugabeVO im Jahr 2001 hat dem Unternehmer einen von Gesetzes wegen bislang verschlossenen **Freiraum für neue Formen der Kundenwerbung** und des Warenabsatzes eröffnet. Das gilt besonders für Marktstrategien, die offline und online mit Rabatten, Bonuspunkten, Zugaben, Gutscheinen, Pay-back-Modellen (Ausschüttung von Geldbeträgen bei Erreichung einer bestimmten Einkaufsmenge) uam auf eine möglichst langfristige und enge Bindung des Kunden an den Anbieter zielen **(Kundenbindungssysteme, Treueprogramme).** Es handelt sich dabei um eine besondere Spielart des Kopplungsangebots, bei der die Gewährung bestimmter Einkaufsvorteile an ein dauerhaftes Zugreifen des Kunden auf das Angebot des Werbenden geknüpft ist. Wettbewerbsrechtlich ist dagegen grundsätzlich nichts einzuwenden, wenn der Verbraucher nicht getäuscht wird, das System hinreichend transparent ist (sa die Sonderregelung in § 4 Nr 4) und die Voraussetzungen für die Zulässigkeit einer Werbung mit Rabatten und Kopplungsangeboten gewahrt sind. Allerdings geht mit Kundenbindungssystemen eine unterschiedliche Behandlung des Publikums insofern einher, als die in das Kundenbindungssystem integrierten Verbraucher privilegiert, die nicht integrierten aber diskriminiert werden. Mit der Aufhebung von ZugabeVO und RabattG hat der Gesetzgeber das aber in Kauf genommen. Der Gesichtspunkt der **Diskriminierung** kann daher neu sich bildenden Absatzstrategien der vorerörterten Art *nicht* entgegengesetzt werden.

Kundenbindungen mittels Rabatten und Zugaben sind nicht mehr nur die – wettbewerbsrechtlich im Allgemeinen unbedenklichen – **traditionellen Mittel** der Ausgabe von Rabattmarken, Kundenkarten oder Bonuspunkten. Auch die **moderneren Formen** der Karten- und Prämiensysteme (zB Bonusmeilen-Sammelsysteme, Miles & More-Programme ua, OLG Köln WRP 01, 721, 725 – *Miles & More-Card;* GRUR 02, 02, 115, 116 – *Miles & More-Werbung;* OLG Nürnberg WRP 01, 302, 303 – *Miles & More*) sind dazu – auch im Massengeschäft, in dem der Spielraum für individuelle Rabatte und Zugaben stark eingeschränkt ist – hervorragend geeignet, vor allem bei Einkaufsgemeinschaften und/oder einer Vernetzung von Kundenbindungsprogrammen verschiedener Anbieter **(Shopnetzwerke),** die es dem Kunden ermöglichen, **branchenübergreifend** seinen gesamten Konsumbedarf zu befriedigen und damit schneller Rabattvorteile erlangen und nutzen zu können. Kundenbindungssysteme dieser Art können lauterkeitsrechtlich ebenfalls nicht verworfen werden. Bedenklich werden sie erst, wenn die **Rationalität der Nachfrageentscheidung** des Verbrauchers und die Freiheit der Konsumentenentscheidung, sich anderen Anbietern zuzuwenden, vollständig in den Hintergrund rückt (vgl Rn 1/54). Abgesehen davon wird sich aber der Kunde durch die sich für ihn aus Kundenbindungssystemen ergebenden Vorteile nicht von der Wahrnehmung von Konkurrenzangeboten abhalten lassen.

1/105

ee) Aleatorische Veranstaltungen. (1) Ausnutzung der Risikobereitschaft und der Neigung zum Spiel. (a) Begriffliches. *Gewinnspiele* sind Spiele, bei denen die Entscheidung über Gewinn und Verlust von Zufall abhängt. Beim *Glücksspiel,* einer Unterart des Gewinnspiels, spielt wie bei diesem der Zufall die maßgebliche Rolle, aber anders als bei ihm verlangt die Teilnahme am Spiel einen Einsatz. *Lotterie* und *Ausspielung,* Unterfälle des Glücksspiels, unterscheiden sich voneinander dadurch, dass bei der Lotterie Geldgewinne, bei der Ausspielung Sachgewinne ausgesetzt werden. Oddset-Wetten (Wetten zu festen Gewinnquoten, vgl BGH [4. Strafsenat] DVBl 03, 669; BayObLG NJW 04, 1057, 1058; sa BVerfG WRP 06, 562 – *Staatliches Sportwettenmonopol; Dietlein/Hecker,* WRP 03, 1175; *Janz,* NJW 03, 1694; *Horn,* NJW 04, 2047; *Diegmann/Hoffmann,* NJW 04, 2642) sind – jedenfalls wettbewerbsrechtlich – Lotterien, ebenso die Veranstaltungen des Zahlen-Lotto und des Sport-Toto (Fußball-Toto) sowie Pferdewetten. Verlangt wird ein Einsatz. Ob ein Gewinn erzielt wird, entscheidet im Wesentlichen der Zufall, da das Maß der Beeinflussbarkeit durch den Teilnehmer gering erscheint (vgl BGHSt 2, 139 – *Schneeballsystem). Verlosungen,* für die ein Einsatz zu leisten ist, sind je nach der Art des angekündigten (Geld- oder Sach-)Gewinns Lotterie oder Ausspielung. *Preisausschreiben* – auf die vertragsrechtlichen Regelungen der §§ 661, 661a BGB kommt es für die lauterkeitsrechtliche Beurteilung nicht an – und *Preisrätsel* (Unterfall des Preisausschreibens) sind Wettbewerbe, bei denen für Gewinn und Verlust die Kenntnisse und Fähigkeiten der Teilnehmer entscheidend sind.

1/106

(b) Sonderregelungen. Sonderregelungen für Preisausschreiben und Gewinnspiele enthalten die Vorschriften des **§ 4 Nr 5 und 6.** Diese treffen Bestimmungen aber nur für eng umschriebene Sachverhalte, so dass sie die lauterkeitsrechtliche Wertung derartiger aleatorischer Veranstaltungen nach § 4 Nr 1, 3. Alt, nicht ausschließen (ebenso OLG Köln GRUR-RR 05, 194, 195 – *REWE-Haushaltskarte;* sa Stellungnahme des BRats zu § 4 Nr 6 und Gegenäußerung der BReg zu § 4 Nr 6, BT-Drucks 15/1487, S 30, 41).

1/107

1/108 **(c) Lauterkeitsrechtliche Beurteilung.** Die Kundenwerbung mit aleatorischen Mitteln ist **grundsätzlich zulässig.** Die Ausnutzung von Risikobereitschaft und Spielfreude macht als solche das Wettbewerbshandeln noch nicht unlauter, wie sich das für Preisausschreiben und Gewinnspiele auch aus dem Umkehrschluss aus § 4 Nr 5 und 6 ergibt. Es müssen **besondere Umstände** hinzukommen, die wegen sachwidriger Beeinflussung der Entscheidungsfreiheit des Verbrauchers (zB durch Ausschalten der Rationalität der Verbraucherentscheidung, § 4 Nr 1, 3. Alt, vgl Rn 1/54), wegen unsachlicher Druckausübung (zB durch „psychischen Kaufzwang", § 4 Nr 1, 1. Alt, vgl Rn 1/22ff) oder wegen Behinderung von Mitbewerbern (§ 4 Nr 10) oder Irreführung des Verbrauchers (§ 5) die Annahme eines Wettbewerbsverstoßes rechtfertigen. Solche Umstände liegen nicht schon in der Attraktivität der Gewinnchancen (BGH GRUR 09, 875 Rn 12 – *Jeder 100. Einkauf gratis*; GRUR 00, 820, 821 – *Space Fidelity Peep-Show*; OLG Köln GRUR-RR 05, 195, 195 – *REWE-Haushaltskarte*). Erforderlich ist vielmehr eine so nachhaltige Beeinflussung eines verständigen Verbrauchers aus dem umworbenen Verkehrskreis (§ 2 Rn 104ff, 107, 110ff), dass sich dessen Entschließung nicht mehr nach sachlichen, rationalen Erwägungen richtet, sondern maßgeblich durch das **Streben nach der in Aussicht gestellten Gewinnchance** bestimmt wird (BGH GRUR 89, 757 – *McBacon*; GRUR 98, 735, 736 – *Rubbelaktion*; aaO – *Space Fidelity Peep-Show*; GRUR 04, 249, 251 – *Umgekehrte Versteigerung im Internet*; GRUR 09, 875 Rn 12 – *Jeder 100. Einkauf gratis*; OLG Köln aaO – *REWE-Haushaltskarte*). Die **jüngere Rechtsprechung** ist bei dieser Beurteilung allerdings zu recht **deutlich zurückhaltender** als früher. So rechtfertigt etwa der Umstand, dass Kunden aufgrund der Ankündigung eines Gewinnspiels ein Ladengeschäft aufsuchen und dort einen Gelegenheits- oder Verlegenheitskauf tätigen, für sich genommen noch nicht, das Gewinnspiel als unlauter anzusehen, selbst wenn die Kunden die Ware anderswo bequemer hätten erwerben können (BGH GRUR 00, 820, 821 – *Space-Fidelity Peep-Show*); allein der Anreiz, bei einer sog umgekehrten Versteigerung durch Zuwarten einen höheren „Gewinn" erzielen zu können, da weniger bezahlt werden muss, führt beim durchschnittlich informierten, aufmerksamen und verständigen Verbraucher nicht dazu, von einer Prüfung der Preiswürdigkeit des Angebots abzusehen und sich zu einem Erwerb vorrangig wegen des „Spiels" verleiten zu lassen (BGH GRUR 04, 249, 251 – *Umgekehrte Versteigerung im Internet*). Ein Verstoß gegen die Strafvorschriften der §§ 284, 285, 287 StGB ist für das Unlauterkeitsurteil nicht vorausgesetzt, wohl aber ist ein tatbestandliches Verhalten im Sinne dieser Strafvorschriften in aller Regel auch wettbewerbswidrig (§ 4 Nr 11, ggf auch nach § 4 Nr 1), da es mit den Geboten eines lauteren Wettbewerbs regelmäßig nicht vereinbar ist, ein Wettbewerbshandeln auf kriminell-strafbarem Tun aufzubauen (BGH GRUR 02, 269, 270 – *Sportwetten-Genehmigung*; sa BVerwG NJW 01, 2648 zum Strafandrohungszweck des § 284 StGB, durch staatliche Kontrolle einen ordnungsgemäßen Spielablauf zu gewährleisten und eine Ausnutzung des natürlichen Spieltriebs zu privaten und gewerblichen Gewinnzwecken entgegenzuwirken). Die ungenehmigte Veranstaltung von Glücksspielen ist strafbar, § 284 StGB. Der Verstoß gegen diese Vorschrift – eine wettbewerbsbezogene Norm – macht das Handeln per se unlauter (BGH aaO – *Sportwetten-Genehmigung*; GRUR 02, 636, 637 – *Sportwetten*). Unerheblich ist, ob die behördliche Genehmigung zur Glücksspielveranstaltung zu Unrecht versagt worden ist. Auch dann unterliegt der Glücksspielveranstalter (zB von Sportwetten) den Sanktionen des § 284 StGB und des UWG (BGH aaO – *Sportwetten*).

1/109 **Aleatorische Veranstaltungen ohne Einsatz** sind regelmäßig überhaupt nicht zu beanstanden (vgl BGH GRUR 59, 138, 139 – *Italienische Note*; GRUR 59, 544, 546 – *Modenschau*; GRUR 62, 461, 465 – *Werbeveranstaltung*; BGH GRUR 02, 269, 270 – *Space Fidelity Peep-Show*; OLG Stuttgart NJWE-WettbR 99, 127, 128: Teilnahme an einer Verlosung als Belohnung für die Mitwirkung an einer Verbraucherbefragung durch ein Marktforschungsunternehmen). Unter besonderen, seltenen Umständen können allerdings auch Gratisverlosungen ebenso wie eine kostenlose Teilnahme an Gewinnspielen wettbewerbswidrig sein, das jedoch nur, wenn die aleatorischen Anlockeffekte so stark sind, dass ein verständiger Verbraucher von kritischer Prüfung des Angebots auf Güte und Preiswürdigkeit abgelenkt und seine Entscheidung maßgeblich von der Erwägung bestimmt wird, den in Aussicht gestellten Gewinn oder sonstigen Vorteil zu erlangen (Rn 1/108; BGH aaO – *Space Fidelity Peep-Show*). Wird im Internet die Teilnahme an einer Verlosung offeriert, dem Interessenten aber erst auf einer nachfolgenden Seite verdeutlicht, dass die Teilnahme an die Zustimmung zur Weitergabe von Vertragsdaten bzw zur Übersendung von Werbesendungen gekoppelt ist, soll dies bereits eine unangemessene unsachliche Beeinflussung der Entscheidungsfreiheit sein (OLG Köln WRP 08, 261, 263 – *Verlosung von WM-Tickets;* sehr zw; krit auch *Pauli* WRP 09, 245).

Zum **heilmittelwerberechtlichen Verbot** der Werbung mit aleatorischen Reizen (Preisausschreiben, Verlosungen und anderen Veranstaltungen, deren Ergebnis vom Zufall abhängig ist) s die spezialgesetzliche Regelung des **§ 11 I Nr 13 HWG**. 1/110

(2) Auktionen und Versteigerungen. Auktionen sind private Versteigerungen. Wie den ihnen entsprechenden öffentlichen Hoheitsakten (öffentliche Versteigerungen; vgl §§ 383f, 966 II, 979 BGB, § 373 HGB, § 814 ZPO) wohnt auch ihnen ein starkes aleatorisches Element inne. Sie erwecken außerdem den Eindruck außergewöhnlich günstiger Kaufgelegenheiten. Bei Versteigerungsverkäufen, bei denen der Auktionatoren bzw die Gerichtsvollzieher die zur Versteigerung stehenden Waren losschlagen *müssen,* rechnet das Publikum angesichts dieser Verkaufs-Zwangslage mit Preisvorteilen beim Erwerb der im Allgemeinen ohnehin unter Marktwert zum Verkauf stehenden Waren. Da sie gesetzlich zugelassen sind, sind sie auch wettbewerbsrechtlich zulässig. Besondere Umstände können aber auch sie lauterkeitsrechtlich unzulässig machen, wenn der Verbraucher in seiner Entschließung unzulässig beeinflusst zu werden droht (§ 4 Nr 1, 3. Alt). Unlauter ist es, potentiellen Bietern eine Verkaufs-*Zwangslage* durch täuschende Ankündigung einer öffentlichen Versteigerung vorzuspiegeln (BGH GRUR 88, 838, 840 – *Kfz-Versteigerung*). Unzulässig, weil zur Irreführung geeignet, ist der Warenverkauf im Anschluss an eine wettbewerbswidrige Werbung für eine nicht durchgeführte Warenversteigerung (BGH GRUR 99, 177, 178 – *Umgelenkte Auktionskunden*: Verkauf von Orientteppichen unter Ausnutzung der wettbewerbswidrig erzeugten Anlockwirkung einer anderen – unzulässigen – Verkaufsveranstaltung). Unlauter ist aber nicht die Versteigerung von Sicherungsgut mit eigenem Personal und Erwähnung des Verwertungszwecks, wenn auch unter zeitlicher Befristung (anders noch BGH GRUR 85, 975, 976 – *Sparkassenverkaufsaktion;* vgl *Köhler*/Bornkamm § 4 Rn 1.264 ff). **Internet**-Verkäufe gegen Höchstgebot, die ohne zu täuschen als Auktion oder Versteigerung bezeichnet werden, aber keine Versteigerungen iS des § 34b GewO sind, sind deshalb allein noch nicht unlauter (OLG Frankfurt GRUR-RR 01, 317). 1/111

Bei **umgekehrten Versteigerungen** sinkt der Kaufpreis in zuvor bestimmten zeitlichen Abständen um einen ebenfalls vorher bestimmten Betrag und der Zuschlag wird dem erteilt, der zuerst den aktuellen Preis akzeptiert. Da der Anreiz zur Befassung mit dem Angebot von Zeitintervall zu Zeitintervall immer stärker wird, nahm die ältere Rechtsprechung an, dass die Gefahr bestehen könne, dass der Kaufschluss nicht mehr um des Erwerbs der Kaufsache willen gefasst wird, sondern zwecks Mitnahme der in Aussicht stehenden Vergünstigung (vgl BGH GRUR 86, 622 – *Umgekehrte Versteigerung I*). Nach der jüngeren Rechtsprechung des BGH genügt das jedoch für die Annahme einer unangemessenen Verbraucherbeeinflussung noch nicht, jedenfalls nicht bei einem Erwerb, der mit erheblichen Anschaffungskosten verbunden ist. Allein der Anreiz, dass durch Zuwarten mit der Kaufentscheidung ein noch größerer Vorteil erzielt werden könne, weil weniger gezahlt werden müsse, führt bei einem verständigen Verbraucher nicht dazu, von einer Prüfung der Preiswürdigkeit 1/112 des Angebots abzusehen und sich zu einem Erwerb vorrangig wegen des „Spiels" verleiten zu lassen, insbesondere bei einem Kauf, der erhebliche Investitionen erfordert und deshalb erfahrungsgemäß erst nach reiflicher Überlegung und Prüfung von Vergleichsangeboten geschlossen wird (BGH GRUR 03, 626, 627 – *Umgekehrte Versteigerung II;* GRUR 04, 249, 250 – *Umgekehrte Versteigerung im Internet,* je mwN). Ist die Veranstaltung wegen einer unangemessenen Beeinflussung des Kaufentschlusses wettbewerbswidrig, ist sowohl deren **Ankündigung** als auch die **Durchführung** unzulässig (BGH GRUR 00, 820, 821 – *Space Fidelity Peep-Show*). Im Zusammenhang mit der Aktion geschlossene **Verträge** sind grundsätzlich wirksam, aber anfechtbar (vgl Einf D Rn 67 Folgeverträge).

ff) Powershopping

Literatur: *Berlit,* Auswirkungen der Aufhebung des Rabattgesetzes und der Zugabeverordnung auf die Auslegung von § 1 UWG und § 3 UWG, WRP 2001, 349; *Ernst,* Rechtliche Zulässigkeit von Preisnachlässen an virtuelle Kaufgemeinschaften im Internet, CR 2000, 239; *Heermann,* Rabattgesetz und Zugabeverordnung ade!, WRP 2001, 855; *Hoffmann,* Entwicklung des Internet-Rechts, Beilage zu NJW Heft 14/2001; *Huppertz, S.,* Rechtliche Probleme von Online-Auktionen, MMR 2000, 65; *Huppertz, P.,* Wettbewerbsrechtliche Zulässigkeit von Verbraucher-Einkaufsgemeinschaften im Web, MMR 2000, 329; *Lange,* Steht das Powershopping in Deutschland vor dem Aus?, WRP 2001, 888; *Lange/Spätgens,* Rabatte und Zugaben im Wettbewerb, 2001; *Leible/Sosnitza,* Virtuelle Einkaufsgemeinschaften, ZIP 2000, 732; *Lindacher,* Powershopping in der Form sich schließender Preisstufen ist wettbewerbswidrig iS von § 1 UWG, Anm. zu OLG Köln ZIP 2001, 1214, EWiR 2001, 831; *Menke,* Community Shopping und Wettbewerbsrecht, WRP 2000, 337; *Nordemann, J. B.,* Wegfall von Zugabeverordnung und Rabattgesetz, NJW 2001, 2505.

1/113 **(1) Beschreibung.** Beim Powershopping (auch Community-Shopping) beteiligen sich im Interesse der Erzielung eines für die Teilnehmer möglichst günstigen Kaufpreises mehrere Kaufinteressenten an der **Internet-Kaufveranstaltung** eines Powershopping-Anbieters, bei der die Kaufinteressenten in bestimmten Preisgruppen mit einer Mindeststückzahl von einem Kaufangebot Gebrauch machen können, das zeitlich und der Stückzahl nach begrenzt ist: Der Anbieter offeriert dem Kunden innerhalb eines bestimmten Zeitraums eine bestimmte Ware mit einer bestimmte Stückzahl zum Kauf mit der Maßgabe, dass dem als (Ausgangs-)Preis genannten (Normal-)Grundpreis (zB 2000 €) je nach der Anzahl der sich einfindenden Warenkäufer (je 10, 20, 30 usw bis 60 Käufer) Abschläge in einer bestimmten angegebenen Höhe (100, 200, 300 usw bis 600 €) gewährt werden, so dass sich der günstigste Preis auf 1400 € stellt (sa die im Urteil OLG Hamburg WRP 00, 412 wiedergegebene „Anleitung"). Das Powershopping tritt in verschiedenen Formen und mit unterschiedlichen inhaltlichen Ausgestaltungen auf. In seiner **Grundform** sind die einzelnen Preisstufen durchlässig. Wer eine Preisstufe gewählt hat, für die sich nicht genügend Käufer gefunden haben, kann (innerhalb des für die Veranstaltung vorgegebenen Zeitraums) immer noch für die nächstgünstigere Preisstufe optieren, für die sich genügend Käufer gefunden haben. Andererseits braucht der Käufer, der die oberste Preisstufe gewählt hat, nur den Preis der niedrigeren Preisstufe zu zahlen, wenn sich für diese eine ausreichende Anzahl von Interessenten entschieden hat. Mehr als den für die gewählte Preisstufe festgesetzten Preis, ist in keinem Fall zu entrichten. Bei diesem Verkaufssystem begegnet sich das Interesse des Verkäufers an Steigerung des Warenabsatzes mit dem des Kunden an möglichst niedrigen Preisen, die der Powershopping-Anbieter gewähren kann, weil er auf Grund der durch die Nachfragebündelung erreichten Absatzsteigerung bei seinem Lieferanten Mengennachlässe erzielt, die eine Verbilligung der Ware je nach Beteiligung der Kaufinteressenten am Powershopping ermöglichen. Typisch für das Powershopping ist deshalb die stufenweise Bildung von Preisen je nach der Anzahl der Käufer, begrenzt durch Stückzahl und Dauer der Veranstaltung (vgl *P. Huppertz* MMR 00, 329, 330; *Leible/Sosnitza* ZIP 00, 732, 733).

(2) Beurteilung. Bis zur Aufhebung des RabattG im Jahr 2001 war die rechtliche 1/114 Beurteilung des Powershopping str; zT wurde ein rabattrechtswidriger Preisnachlass angenommen (vgl OLG Hamburg WRP 00, 412; *Köhler/Piper,* UWG, 2. Aufl, RabattG § 1 Rn 60), zT wurde darin ein unbedenkliches Preisbildungsverfahren erkannt (*Leible/Sosnitza,* ZIP 00, 732, 734 f). Seit Aufhebung des RabattG ist Powershopping grds als lauterkeitsrechtlich **unbedenklich** anzusehen. Nach den der Aufhebung des RabattG zugrunde liegenden Gesetzeszwecken sollte der Bündelung privater Nachfrage durch die Zulassung des Powershopping gerade der Weg geebnet werden (Gesetzesbegründung zu A III 4, BT-Drucks 14/5441, S 7). Auch die bei ihm möglichen Preisnachlässe von 40 oder 50% machen das Vertriebssystem nicht per se unzulässig. Denn es gilt auch hier – wie im gesamten Bereich der Wertreklame – der Satz, dass die von einem preisgünstigen oder auch besonders preisgünstigen Angebot ausgehende Anlockwirkung für sich allein keineswegs wettbewerbswidrig, sondern gewollte Folge des Leistungswettbewerbs ist (BGH GRUR 94, 743, 745 – *Zinsgünstige Kfz-Finanzierung durch Herstellerbank;* BGHZ 154, 105, 110 = GRUR 03, 538, 540 – *Gesamtpreisangebot* mwN, stRspr).

Die Annahme, dass durch die Begrenzung der Dauer der Veranstaltung, der Stück- 1/115 zahl und der Anzahl der Teilnehmer in den einzelnen Preisstufen Kaufinteressenten psychisch in eine Situation gedrängt würden, in der die Kaufentschließung nicht mehr von einer sachlichen Abwägung abhängt, den Käufer vielmehr unter einen unzulässigen Zeitdruck und Entscheidungszwang setzten und/oder dessen Spiellust ausnutzten (OLG Köln GRUR-RR 02, 40, 41 f; OLG Köln WRP 01, 1095, 1097 f = ZIP 01, 1214, 1216 m Anm *Lindacher,* EWiR 01, 831, 832, und Vorinstanz LG Köln MMR 01, 54 f; LG Köln, K & K 00, 137 f; LG Nürnberg-Fürth MMR 00, 640 L), ist vor dem Hintergrund des gewandelten Verbraucherleitbildes (§ 2 Rn 104 ff) nicht überzeugend (vgl *Leible/Sosnitza* ZIP 00, 732, 736), zumal die Rspr bei den ähnlich gelagerten umgekehrten Versteigerungen den vom normalen Ablauf ausgehenden Anreiz bzw Druck nunmehr ebenfalls für unbedenklich hält (BGH GRUR 04, 249, 251 – *Umgekehrte Versteigerung im Internet;* vgl Rn 1/112).

Auch **preisangabenrechtlich** bestehen insoweit keine Bedenken. Das Angebot 1/116 enthält sowohl den Ausgangspreis als auch die – unter der aufschiebenden Bedingung des Erreichens der vorgegebenen Einkaufsgruppengrößen stehenden – etwaigen weiteren Preise. Um die Angabe unzulässiger Preismargen – zwischen denen die jeweiligen Preise schwanken – handelt es sich dabei nicht. Es geht vielmehr um die Angabe fester Preise und der Voraussetzungen, unter denen diese gelten. Der Normzweck der PreisangabenV, der Verbraucherinformation durch Preistransparenz, Preisklarheit und Preiswahrheit zu dienen und zu verhindern, dass sich der Verbraucher seine Preisvorstellungen anhand von untereinander nicht vergleichbaren Preisen bildet, wird dadurch nicht beeinträchtigt.

gg) Progressive Kundenwerbung

Literatur: *Brammsen/Leible,* Multi-Level-Marketing im System des deutschen Lauterkeitsrechts, BB 1997, Heft 32, Beil 10; *Bruns,* Neue Gesichtspunkte in der strafrechtlichen Beurteilung der modernen progressiven Kundenwerbung, in Gedächtnisschrift für Schröder, 1978, S 273; *Granderath,* Das Zweite Gesetz zur Bekämpfung der Wirtschaftskriminalität, DB 1986, Beilage Nr 18 S 7; *Granderath,* Strafbarkeit von Kettenbriefaktionen, wistra 1988, 173; *Grebing,* Die Strafbarkeit der progressiven Kundenwerbung und der Wirtschaftsspionage im Entwurf zur Änderung des UWG, wistra 1984, 169; *Hartlage,* Progressive Kundenwerbung – immer wettbewerbswidrig?, WRP 1997, 1; *Joecks,* Anleger- und Verbraucherschutz durch das 2. WiKG, wistra 1986, 142, 149; *Lampe,* Soll ein Straf- oder Bußgeldtatbestand gegen die progressive Kundenwerbung für Waren oder Leistungen geschaffen werden?, Tagungsberichte der Sachverständigenkommission zur Bekämpfung der Wirtschaftskriminalität – Reform des Wirtschaftsstrafrechts – Band XI, 1976, Anl 2; *Lampe,* Strafrechtliche Probleme der „progressiven Kundenwerbung", GA 1977, 33; *Leible,* Multi-Level-Marketing ist nicht wettbewerbswidrig, WRP 1998, 18; *Meyer/Möhrenschlager,* Möglichkeiten des Straf- und Ordnungswidrigkeitsrechts zu Bekämpfung unlauteren Wettbewerbs, WiVerw 1982, 21; *Möhrenschlager,* Urteilsanmerkung zu LG Fulda, wistra 1984, 188, wistra 1984, 191; *Otto,* Die Reform des strafrechtlichen Schutzes gegen irreführende Werbung, GRUR 1982, 274; *Otto,* „Geldgewinnspiele" und verbotene Schneeballsysteme nach § 6 c UWG, wistra 1997, 81; *Otto/Brammsen,* WiB 1996, 281; *Richter,* Kettenbriefe und Schneeballsysteme, WIK 1983, 177, 196; 1984, 12; *Richter,* Wettbewerbsstrafrecht und Anlegerschutz, WIK 1986, 157; *Richter,* Strafloses Betreiben eines Kettenbriefsystems?, wistra 1987, 276; *Richter,* Kettenbriefe doch straflos?, wistra 1990, 216; *Schlüchter,* Zweites Gesetz zur Bekämpfung der Wirtschaftskriminalität, 1987; *Thume,* Multi-Level-Marketing, ein stets sittenwidriges Vertriebssystem?, WRP 1999, 280; *Wegner,* Reform der Progressiven Kundenwerbung (§ 6 c), wistra 2001, 171; *Willingmann,* Systemspielverträge im Spannungsfeld zwischen Zivilrechtsdogmatik, Verbraucherschutz und Wettbewerbsrecht, VuR 1997, 299.

Materialien: BT-Drucks 9/1701, S 14; BT-Drucks 10/5058, S 38; BT-Drucks 14/2959; BT-Drucks 14/3418; Begründung z RegEntwurf eines Gesetzes zur vergleichenden Werbung und zur Änderung wettbewerbsrechtlicher Vorschriften v 23.2.2000, WRP 00, 555, 561.

1/117 Regelmäßig unlauter ist das nach § 16 II strafbare System der progressiven Kundenwerbung, das in den verschiedensten Erscheinungsformen (Schneeball-, Pyramiden-, Kettenbriefsysteme) verbreitet ist. Bei ihm wird der Angesprochene in die Vertriebsorganisation des werbenden Unternehmens in der Weise eingespannt, dass ihm bei Anwerbung weiterer Kunden zu den gleichen Bedingungen wie bei ihm besondere Vorteile (Preisnachlässe, Schuldtilgungen, Provisionen, Warenbehalt usw) in Aussicht gestellt werden. Die Wettbewerbswidrigkeit liegt in der Art dieses Systems begründet, das darauf abzielt, den Kundenkreis lawinenartig bis hin zur Marktverstopfung unter starker Willensbeeinflussung und Vermögensgefährdung des Teilnehmers anschwellen zu lassen (§ 16 Rn 33).

1/118 § 16 II enthält einen speziellen Straftatbestand, bei dessen Verletzung die §§ 3, 4 Nr 11 immer auch zivilrechtlichen Schutz gewähren. Aber auch bei Nichtvorliegen der besonderen Voraussetzungen des § 16 II bestehen die Ansprüche aus den §§ 3, 4 Nr 1 (unangemessen unsachliche Beeinflussung), §§ 3, 4 Nr 2 (Ausnutzung der geschäftlichen Unerfahrenheit und der Leichtgläubigkeit) und – sofern der Teilnehmer das Risiko nicht kennt und eine Täuschung über den Gewinncharakter deshalb gegeben ist – auch aus §§ 3, 5. Die zivilrechtlichen Abreden zwischen Veranstalter und Teilnehmer sowie zwischen diesem und weiteren Teilnehmern sind **nichtig,** §§ 134, 138 BGB (vgl BGHZ 71, 358, 366 = NJW 78, 1970, 1972 – *Golden Products;* BGH WRP 06, 112, 113 – *Schenkkreis;* OLG München NJW 86, 1880, 1881). Ansprüche des Veranstalters auf Rückforderung des als besonderen Vorteil Geleisteten sind ausgeschlossen (§ 817 Satz 2 BGB). Zu Rückforderungsansprüchen des Teilnehmers hinsichtlich des von ihm geleisteten Einsatzes s § 16 Rn 55.

1/119 **Multi-Level-Marketing-** (MLM-)Vertriebssysteme (Strukturvertriebssysteme) können Schneeball- bzw Pyramidensystemen oder vergleichbaren Systemen *nicht ohne weiteres* gleichgestellt werden. Anders als diese arbeiten MLM-Systeme, *nicht* mit dem Versprechen der Gewährung besonderer Vorteile für den Fall der Akquirierung weiterer Abnehmer und des Abschlusses weiterer gleichartiger Geschäfte. Beim MLM-Vertrieb kommt es dem Kunden in erster Linie auf den Erwerb der Ware für den eigenen Bedarf an, nicht auf die Inaussichtstellung und Erlangung von Vorteile wie in den Fällen der progressiven Kundenwerbung (Rn 1/117). Allerdings ist es auch bei den MLM-Unternehmen so, dass erwerbswillige Endabnehmer, Verbraucher ua nach Erwerb der Ware die Möglichkeit haben, ihrerseits – Absatzmittlern, Beratern oder Laienwerbern vergleichbar – weitere Kunden in gleicher Weise zu werben, in der sie selbst geworben worden sind, um sich auf diese Weise eine Provision oder andere wirtschaftliche Vorteile oder auch Aufstiegsmöglichkeiten im System zu verdienen. Insoweit sind Ähnlichkeiten mit dem Schneeball- und Pyramidensystemen nicht zu verkennen. Jedoch liegt die Zielsetzung beim MLM-Vertrieb in erster Linie im Warenverkauf, und die Mitarbeiter (Laienwerber) sind nicht gezwungen, mehr Ware zu erwerben, als sie für den eigenen Bedarf benötigen. Sie müssen auch nicht den Kaufpreis oder eine andere Vergütung vorab entrichten und von ihnen erworbene Ware an weitere Kunden weiterveräußern. Liegt es so, entfällt die (wettbewerbs- und straf-)rechtswidrige Verknüpfung von progressiver Kundenbeeinflussung und Ausnutzung der aleatorischen Risikobereitschaft potentieller Kunden, wie sie für Schneeball- und Pyramidensysteme typisch sind, bei denen der Kunde die Ware erwirbt, ohne einen eigenen Verwendungszweck zu haben, und auf Weiterveräußerung angewiesen ist, bei denen es also nicht um den Warenabsatz als solchen geht, sondern um die Erlangung möglichst hoher finanzieller Vorteile (des Veranstalters und der ersten Mitspieler), wobei der Warenabsatz nur Mittel zum Zweck ist. Allerdings kann die Ausgestaltung des Strukturvertriebs von Unternehmen zu Unternehmen ganz **unterschiedlich** sein. Der Variantenreichtum der Erscheinungsformen und fließende Übergänge zwischen den Systemen müssen es deshalb einer **Einzelfallprüfung** überlassen, über die Anwendung der §§ 3, 4 Nr 1, 11, § 16 II auf ein Strukturvertriebssystem zu entscheiden (vgl LG Offenburg WRP 98, 85, 86; *Leible* WRP 98, 18ff; *Thume* WRP 99, 280ff).

3. Aufmerksamkeitswerbung. Geschäftliche Handlungen sind regelmäßig **angebotsorientiert,** dh produkt- oder leistungsbezogen. Aber auch eine bloße **Aufmerksamkeitswerbung** (Imagewerbung), die das Waren- oder Leistungsangebot nicht direkt anspricht, aber geeignet ist, den Namen des werbenden Unternehmens im Verkehr bekannt zu machen oder dessen Verkehrsbekanntheit zu steigern, ist ein marktgerichtetes Handeln im geschäftlichen Verkehr, das dem Begriff der geschäftlichen Handlung iS des § 2 I Nr 1 entspricht (§ 2 Rn 4ff; BGH GRUR 95, 595, 596 – *Kinderarbeit;* BGHZ 130, 196, 199 = GRUR 95, 598, 599 – *Ölverschmutzte Ente;* GRUR 97, 761, 763 – *Politikerschelte).* Solche geschäftlichen Handlungen haben zwar keinen unmittelbaren Bezug zu einem konkreten Waren- oder Dienstleistungsangebot, zeigen oder erwähnen ein solches auch nicht, beschränken sich vielmehr darauf, die Aufmerksamkeit des Publikums lediglich allgemein auf das werbende Unternehmen zwecks gedanklicher Assoziation mit dessen Angeboten im Hinblick auf eine spätere Kaufentscheidung zu lenken. Da aber die Verkehrsbekanntheit von Namen und Firma eines Unternehmens für dessen Werbewert von herausragender Bedeutung ist – erfahrungsgemäß schenkt der Verbraucher den Produkten eines Unternehmens, deren Hersteller er kennt, eher Beachtung, jedenfalls die er nicht zuordnen kann – sind auch solche Maßnahmen, die allein oder hauptsächlich der Pflege des Namens eines Unternehmens gelten, wettbewerbliche Handlungen, die der Lauterkeitsprüfung nach dem UWG unterliegen (BGH aaO – *Kinderarbeit;* aaO – *Ölverschmutzte Ente;* aaO – *Politikerschelte;* BGH GRUR 03, 540, 541 – *Stellenanzeige).* 1/120

Wettbewerbliche Maßnahmen, die der Verbreitung der Bekanntheit eines Unternehmens und damit der **Pflege dessen Image** gelten, sind lauterkeitsrechtlich im Allgemeinen **nicht zu beanstanden,** da sie mangels eines konkreten Produktbezugs regelmäßig nicht geeignet sind, den Verbraucher unangemessen zu beeinflussen und die Rationalität seiner Entschließung zu trüben. Insbesondere kann eine Aufmerksamkeits- (Image-) Werbung nicht allein schon deshalb als unlauter beurteilt werden, weil sie sich auf das Waren- oder Dienstleistungsangebot der werbenden Unternehmens nicht unmittelbar bezieht und keinen konkreten Sachzusammenhang mit dessen Angebotspalette aufweist. Die Zulässigkeit der Aufmerksamkeitswerbung ist nicht davon abhängig, dass leistungsbezogen geworben wird (BGH GRUR 95, 595, 596 – *Kinderarbeit;* BGHZ 130, 196, 200 = GRUR 95, 598, 599 – *Ölverschmutzte Ente;* GRUR 95, 600, 601 – *H. I. V. Positive I;* GRUR 97, 761, 764 – *Politikerschelte).* 1/121

UWG § 4.1   Gesetz gegen den unlauteren Wettbewerb

1/122   In den **Benetton-Werbefällen** *Kinderarbeit, Ölverschmutzte Ente* und *H. I. V. Positive I* hat der BGH eine Aufmerksamkeitswerbung mit Abbildungen beanstandet, die geeignet erschienen, auf den Betrachter in hohem Grade schockierend zu wirken. Das wettbewerbsrechtlich Anstößige hat der **BGH** darin erblickt, dass eine solche Werbung, die durch Anprangerung von Elend und Missständen Solidaritätsgefühle im Publikum mit dem werbenden Unternehmen auslöse, das Mitempfinden der Verbraucher mit der Verfolgung eigener kommerzieller Interessen des Werbenden verknüpfe und damit zwecks Steigerung von Absatz und Gewinn ausnutze. Diese Beurteilung ist durch die Rechtsprechung des **BVerfG** überholt, nach der die Benetton-Werbung weder gegen die Grundsätze des Leistungswettbewerbs noch gegen Gemeinwohlbelange oder Interessen Dritter verstoße und das vom BGH ausgesprochene Verbot deshalb das Grundrecht der Meinungs- und Pressefreiheit verletze. Die Werbung sei als ein Beitrag zur geistigen Auseinandersetzung zu verstehen, unabhängig davon, ob dieser rational oder emotional, begründet oder grundlos, nützlich oder schädlich, wertvoll oder wertlos sei. Dass die Anzeigen der Firma Benetton in einen wettbewerblichen Kontext gestellt seien, mache die grundrechtlich geschützte Thematisierung der gesellschaftskritischen Aussagen nicht unzulässig (BVerfG GRUR 01, 170, 173f – *Benetton-Werbung I*).

1/123   **Unlauter** kann eine **Aufmerksamkeitswerbung** freilich dann sein, wenn – anders als in den Benetton-Werbefällen (Rn 1/122) – die Werbung sich ihrem Inhalt nach als menschenverachtend darstellt (Rn 1/11, 1/38ff) oder wenn sonst im Rahmen der konkreten Gestaltung des Einzelfalls das Unlauterkeitsurteil gerechtfertigt ist (vgl BGH GRUR 97, 761, 765 – *Politikerschelte;* GRUR 03, 540, 541 – *Stellenanzeige*). Pauschale Herabsetzung von Mitbewerbern (§ 4 Nr 7), Irreführung des Verkehrs (§ 5) oder eine sonstige unangemessene unsachliche Beeinflussung eines verständigen Verbrauchers, die geeignet ist, die Rationalität seiner Entschließung zu beeinträchtigen (§ 4 Nr 1) sind weitere Beispielsfälle, die insoweit in Betracht zu ziehen sind.

1/124   Eine besondere Erscheinungsform der Aufmerksamkeitswerbung (Imagewerbung) ist das **Sponsoring.** Es ist vor allem im Bereich der (elektronischen) Medien im Rahmen der redaktionellen Werbung von Bedeutung (§ 4 Rn 3/34), gesponsert werden aber auch (beispielsweise) sportliche oder kulturelle Veranstaltungen. Der Unternehmer (Sponsor) gewährt finanzielle Mittel zB für Rundfunksendungen in Hörfunk oder Fernsehen, um dafür im Zusammenhang mit der Sendung oder Veranstaltung vom Gesponserten mit Namen, Firma, Marke, Unternehmensemblem, Label usw genannt bzw bekannt gemacht zu werden („Gesponsert von ..."). Das Sponsoring muss, wie jede andere Aufmerksamkeitswerbung auch, den entsprechenden wettbewerbsrechtlichen Anforderungen genügen (vgl auch § 5 I 2 Nr 4; § 5 Rn 696). Besondere Regelungen gelten für die Zulässigkeit des Sponsoring im Rundfunkbereich (s § 2 II Nr 7, § 8 Rundfunkstaatsvertrag vom 31.8.1991 mit nachfolg Änd, vgl zB GBl BW 07, 111). Rechtsanwälten ist das Sponsoring berufsrechtlich (§ 43b BRAO, § 6 I BORA) und damit auch wettbewerbsrechtlich grundsätzlich nicht untersagt (BVerfG NJW 00, 3195, 3196: Sponsern kultureller Veranstaltungen durch Anwaltskanzlei; vgl auch *Steinbeck,* NJW 03, 1481, 1483).

4. Gefühlsbetonte Werbung

Literatur: *Bamberger,* Mitleid zu Zwecken des Eigennutzes?, FS Piper, 1996, S 41; *Baudenbacher,* Suggestivwerbung und Lauterkeitsrecht, 1978; *Birk,* Corporate Responsibility, Unternehmerische Selbstverpflichtungen und unlauterer Wettbewerb, GRUR 2011, 196; *Fischer,* Politische Aussagen in der kommerziellen Produktwerbung, GRUR 1995, 641; *v. Gierke,* Wettbewerbsrechtlicher Schutz der Persönlichkeitssphäre, insbesondere im Bereich der gefühlsbetonten Werbung, FS Piper, 1996, S 243; *Hartwig,* Der BGH und das Ende des Verbots „gefühlsbetonter Werbung", NJW 2006, 1326; *Hoffrichter-Daunicht,* Unlauterer Wettbewerb auf dem Spendenmarkt, FS v. Gamm, 1990, S 39; *Kort,* Zur wettbewerbsrechtlichen Beurteilung gefühlsbetonter Werbung, WRP 1997, 526; *Lange,* Verhindern die Zivilgerichte das soziale Engagement von Unternehmen?, WRP 1999, 893; *Lindacher,* Gefühlsbetonte Werbung nach BVerfG GRUR 2002, 455 – Tier- und Artenschutz, FS Tilmann, 2003, 195; *Menke,* Zur Fallgruppe „Gefühlsbetonte Werbung", GRUR 1995, 534; *Menke,* Zur Fallgruppe „Gefühlsbetonte Werbung", GRUR 1995, 534; *Meydam,* Sozialrechtliche Tatbestände und Wettbewerbsrecht, GRUR 1970, 399; *Nordemann/Dustmann,* Gefühlsbetonte Werbung – Quo vadis?, FS Tilmann, 2003, S 207; *Reichardt,* Gestattet § 1 UWG gefühlsansprechende, unsachliche Werbung, WRP 1995, 796; *Rödding,* DB 1969, 1879; *Schramm,* Die gefühlsbetonte Werbung, GRUR 1976, 689; *Seichter,* Das Regenwaldprojekt – Zum Abschied von der Fallgruppe der gefühlsbetonten Werbung, WRP 2007, 230; *Sosnitza,* Ethik, Nachhaltigkeit und Corporate Social Responsibility im Lebensmittelrecht, in: Leible (Hrsg.), Lebensmittel zwischen Illusion und Wirklichkeit, 2014, S 87; *Teichmann/van Krüchten,* Kriterien gefühlsbetonter Werbung, WRP 1994, 704; *Ullmann,* Das Koordinatensystem des Rechts des unlauteren Wettbewerbs im Spannungsfeld von Europa und Deutschland, GRUR 2003, 817; *Wiebe,* Zur ökologischen Relevanz des Wettbewerbsrechts, WRP 1993, 798.

a) Appell an soziale Verantwortung, Hilfsbereitschaft, Mitleid. aa) Begriff und Bedeutung. Neben Werbung mit leistungseigenen Mitteln (Qualität und Preis) und Maßnahmen der Verkaufsförderung (Wertreklame) ist auch das Ansprechen und Ausnutzen von Gefühlen ein wirksames Mittel, die Aufmerksamkeit des Verbrauchers auf das Waren- oder Leistungsangebot des Kaufmanns zu lenken. Dahingehende Werbemaßnahmen sind in hohem Maße geeignet, den Umworbenen zu einer vorwiegend emotional motivierten Kaufentscheidung zu veranlassen. Es geht bei dieser Werbung darum, emotionale Bereiche und immaterielle Wertvorstellungen des umworbenen Verbrauchers zu erreichen und zur Förderung der kommerziellen Interessen des Werbenden zu nutzen, so durch Ansprechen von Verantwortungsgefühl, zB im Bereich von Karitas, Nächstenhilfe oder Umwelt, durch Hervorrufen von Mitleid, durch Eingehen auf religiöse Überzeugungen und Bindungen, durch Erwecken von Patriotismus und Heimatgefühl, zB bei der Werbung für heimische Waren, überhaupt durch Solidaritätsappelle (vgl zB BGH GRUR 76, 308 – *UNICEF-Grußkarten;* GRUR 87, 534 – *McHappy-Tag;* BGHZ 105, 277 = GRUR 91, 548 – *Umweltengel;* GRUR 91, 545 – *Tageseinnahme für Mitarbeiter;* GRUR 95, 742 – *Arbeitsplätze bei uns;* GRUR 96, 290 *Umweltfreundliches Bauen;* GRUR 97, 666 – *Umweltfreundliche Reinigungsmittel;* GRUR 99, 1100 – *Generika-Werbung*). In den letzten Jahren hat die Unternehmenskommunikation vor allem unter den Schlagworten der **Ethik, Nachhaltigkeit und Corporate Social Responsibility (CSR)** an erheblicher praktischer Bedeutung gewonnen (vgl dazu *Birk* GRUR 11, 196; *Sosnitza,* S 87 ff). 1/125

bb) Die BGH-Rechtsprechung zum UWG 1909. Die gefühlsbetonte Werbung ist seit langem ein fester Bestandteil im Marketing-Mix der werbenden Wirtschaft. Aber auch die Marktgegenseite (Verbraucher und sonstige Marktteilnehmer) ist mit den Erscheinungsformen der gefühlsbetonten Werbung vertraut, ohne diese als prinzipiell anstößig zu empfinden. Die Rechtsprechung des BGH zum UWG 1909 hat deshalb die auf Ausnutzung von Emotionen des Werbeempfängers gerichtete Werbung auch keineswegs für grundsätzlich wettbewerbswidrig gehalten (BGH GRUR 76, 308, 309 – *UNICEF-Grußkarten;* GRUR 91, 545 – *Tageseinnahme für Mitarbeiter;* GRUR 95, 742 – *Arbeitsplätze bei uns;* GRUR 99, 1100 – *Generika-Werbung*). Auch eine bloß emotional-geschmacklose Werbung galt nicht als wettbewerbswidrig (BGH GRUR 1970, 557, 558 – *Erotik in der Ehe;* BGHZ 130, 5, 8 = GRUR 95, 592, 594 – *Busengrapscher;* sa Rn 1/45). Die Werbung mit sexuellen Motiven wurde – abgesehen von die menschliche Würde verletzenden Übertreibungen mit anzüglich-obszönen Themen oder Darstellungen (BGH aaO – *Busengrapscher*) – angesichts der Enttabuisierung, die das Sexualleben in den letzten Jahren erfahren hat, und der damit einhergehenden Erörterung von Fragen der Sexualität in aller Offenheit in den Print- und elektronischen Medien ebenfalls nicht ohne weiteres als wettbewerbswidrig angesehen. Dagegen wurden Werbemaßnahmen dann als unlauter beurteilt, wenn ein 1/126 sachlicher Zusammenhang zwischen dem in der Werbung hergestellten sozialen Engagement und der beworbenen Ware oder Leistung nicht bestand. Lag es so, war die Grenze zur wettbewerbsrechtlichen Unzulässigkeit überschritten, wenn die Werbung geeignet war, den Verbraucher zu veranlassen, unter Vernachlässigung der Prüfung von Qualität und Preis der Angebote der Mitbewerber beim Werbenden gerade wegen der von diesem betonten sozialen Gesichtspunkte zu kaufen (BGH GRUR 65, 485, 487 – *Versehrten-Betrieb;* aaO – *UNICEF-Grußkarten;* GRUR 76, 699, 701 – *Die 10 Gebote heute;* GRUR 87, 534, 535 – *McHappy-Tag;* BGHZ 112, 311, 314 = GRUR 91, 542, 543 – *Biowerbung mit Fahrpreiserstattung;* aaO – *Tageseinnahme für Mitarbeiter;* aaO – *Arbeitsplätze bei uns;* aaO – *Generika-Werbung*). Missbilligt wurde dabei nicht das soziale Engagement, wohl aber dessen Ausnutzung im Wettbewerb als insoweit unsachlicher, mit Güte und Preis der Ware in keinerlei Zusammenhang stehender Vorspann für die Verfolgung privater kommerzieller Interessen (BGH aaO – *Generika-Werbung*).

1/127 cc) **Wandel der Rechtsprechung.** Die vorerörterte Beurteilung der gefühlsbetonten Werbung kann aus heutiger Sicht mit Blick auf das gewandelte Verbraucherleitbild (§ 2 Rn 104ff) und die Rechtsprechung des BVerfG *nicht mehr* uneingeschränkt zugrunde gelegt werden. Ebenso wie andere Meinungsäußerungen mit wertendem Inhalt unterliegt auch die Wirtschaftswerbung dem grundrechtlichen Schutz der Meinungsfreiheit (Art 5 I 1 GG). Durch das UWG als einem allgemeinen Gesetz kann sie zwar beschränkt werden, jedoch ist dafür eine **konkrete Beeinträchtigung des (Leistungs-)Wettbewerbs** als des Schutzguts des UWG Voraussetzung. Denn das UWG schützt die Lauterkeit eines marktgerichteten Vorgehens nicht als solche, sondern immer nur als Grundlage für die Funktionsfähigkeit des Wettbewerbs (BVerfGE 102, 347, = GRUR 01, 170, 172ff – *Benetton-Werbung I;* GRUR 01, 1058, 1059f – *Therapeutische Äquivalenz;* GRUR 02, 455, 456f – *Tier- und Artenschutz;* NJW 03, 277, 278 –*Juve-Handbuch*). Diese wird aber – so das BVerfG (aaO – *Tier- und Artenschutz*) und jetzt auch der BGH (BGHZ 164, 153, 157 = GRUR 06, 75 Rn 16ff – *Artenschutz*) – nicht gefährdet, wenn sich eine Werbung nicht allein auf leistungseigene Merkmale wie Qualität und Preis bezieht, sondern (auch) durch andere Gesichtspunkte zum Kauf anregen will. Ein Sachzusammenhang zwischen Werbung und Angebot ist daher kein ausreichendes Kriterium mehr für die Abgrenzung der lauteren von der unlauteren gefühlsbetonten Werbung, so dass auch das Ansprechen sozialen Engagements *ohne* inhaltlichen Bezug zum beworbenen Angebot lauterkeitsrechtlich grundsätzlich zulässig ist (BGH GRUR 07, 247 Rn 19 – *Regenwaldprojekt I;* GRUR 07, 251 Rn 16 – *Regenwaldprojekt II*). Es ist dem **Verbraucher überlassen** zu entscheiden, durch **welche Motive** er sich zum Kauf anregen lassen will (vgl OLG Hamburg GRUR-RR 03, 51, 52 – *Bringt die Kinder durch den Winter*). Entscheidend ist allein, ob die Werbung geeignet ist, einen unangemessenen unsachlichen Einfluss auf den umworbenen Kunden auszuüben und die **Rationalität der Verbraucherentscheidung** aufzuheben (BGH aaO – *Artenschutz*). Das ist nicht der Fall, wenn sich der Umworbene beim Erwerb der Ware in Kenntnis der leistungseigenen Angebotsmerkmale dazu entschließt, den gefühlsbetonten Gesichtspunkten der Werbung den Vorrang einzuräumen. Anders liegt es, wenn die Werbung auch einen verständigen Verbraucher (§ 2 Rn 104ff) von einer sachgerechten Prüfung des Angebots auf Qualität und Preiswürdigkeit und der Prüfung von Mitbewerberangeboten abzuhalten droht. Eine solche Werbung, die die Entscheidungsfreiheit des Verbrauchers (des sonstigen Marktteilnehmers) zu beeinträchtigen sucht, richtet sich gegen den Normzweck des UWG und rechtfertigt im Rahmen der Sanktionen des Gesetzes den Eingriff in die grundrechtlich geschützte Werbefreiheit (Art 5 II GG).

1/128 dd) **Beurteilungskriterien.** Ob eine gefühlsbetonte Werbung durch unangemessene Beeinflussung zur Ausschaltung der vernunftgemäßen Entschließung eines verständigen Durchschnittsverbrauchers des angesprochenen Verkehrskreises geeignet ist, lässt sich nur anhand der Umstände des Einzelfalls beantworten. Da für das Unlauterkeitsurteil auf das **Fehlen eines Sachzusammenhangs** *nicht mehr* zurückgegriffen werden kann (vgl Rn 1/126f), kommt der Rechtsprechung des BGH zum UWG 1909 insoweit nur noch eingeschränkte Bedeutung zu. Ebenso wie es dem Unternehmer im Rahmen der Wertreklame frei steht, die Abgabe von zwei keine Funktionseinheit bildenden Produkten zu verbinden (Rn 1/89), kann der Unternehmer den Produktabsatz auch mit der Förderung sozialer, sportlicher, kultureller oder ökologischer Belange (so genanntes **Sponsoring**) koppeln (BGH GRUR 07, 247 Rn 21 – *Regenwaldprojekt I*; GRUR 07, 251 Rn 18 – *Regenwaldprojekt II*), auch im Gesundheitswesen (LG Ulm GRUR-RR 07, 300, 301 – *World In Balance*). Die freie Entscheidung des Verbrauchers wird regelmäßig nicht dadurch gefährdet, dass seine Kaufentscheidung nicht auf ausschließlich wirtschaftlichen Überlegungen, sondern auch auf der Möglichkeit beruht, sich durch die vom Unternehmer versprochene Förderung eines Dritten mittelbar für das damit verbundene Ziel zu engagieren. Die **Schwelle** zur Unterlauterkeit wird **erst** überschritten, wenn der Einfluss ein solches Ausmaß erreicht, dass er die **freie Entscheidung** des Verbrauchers **zu beeinträchtigen** vermag (BGH aaO; GRUR 06, 511 Rn 16 – *Umsatzsteuererstattungs-Modell;* GRUR 06, 949 Rn 14 – *Kunden werben Kunden*). Dabei trifft den Unternehmer auch **keine allgemeine Verpflichtung,** über die Art und Weise der Unterstützung oder die Höhe bzw den Wert der Zuwendung an Dritte **aufzuklären** (BGH GRUR 07, 247 Rn 22 – *Regenwaldprojekt I;* GRUR 07, 251 Rn 19ff – *Regenwaldprojekt II*). Eine unsachliche Beeinflussung kann sich auch aus der **besonderen Schutzwürdigkeit** oder Schutzbedürftigkeit des umworbenen Personenkreises (zB von Kindern, Jugendlichen, Behinderten, Aussiedlern, Asylbewerbern ua, vgl § 4 Nr 2), aus der Ausnutzung von Zeitdruck oder von besonderen Situationen (Werbung in Todesfällen, Werbung am Unfallort), aus der Ausnutzung von Vertrauen oder aus dem Verstoß gegen gesetzliche Vorschriften (§ 4 Nr 11) ergeben, insbesondere auch im Zusammenhang mit der Intensität, in der das gefühlsmäßige Moment der Werbeaussage dem Umworbenen nahegelegt wird. Werbende Hinweise karitativer Organisationen auf den gemeinnützigen Charakter ihrer Tätigkeit hat der BGH für zulässig gehalten (BGH GRUR 76, 308, 310 – *UNICEF-Grußkarten:* Weihnachtskartenverkauf des UNICEF-Kinderhilfswerks), ebenso Hinweise auf die Herkunft von Waren aus den neuen Bundesländern (BGH GRUR 95, 742, 743f – *Arbeitsplätze bei uns*) und auf die Unterstützung der Arzneimittelforschung (BGH GRUR 99, 1100, 1111f – *Generika-Werbung;* vgl auch BVerfGE 24, 236 = GRUR 69, 137, 140 – *Aktion Rumpelkammer:* Altkleidersammlung der kath. Landjugend).

ee) Besondere Fallgestaltungen. (1) Werbung für Schwerbeschädigtenware. Während der Geltung des SchwerbehindertenG (vgl § 9 IV, §§ 52ff des Ges idF der Bek v 26.8.1986, aufgehoben durch Art 63 des SGB IX vom 19.6.2001) durfte Schwerbeschädigtenware im Vertrieb an gewerbliche Abnehmer und Behörden mit der Herstellerangabe „Schwerbeschädigtenhilfe eV" bezeichnet werden (BGH GRUR 80, 800, 801 – *Schwerbeschädigtenhilfe eV*), aber nicht im Vertrieb an Letztverbraucher, weil das Schwerbehindertengesetz insoweit eine Ausnahme vom Verbot der Ausnutzung der sozialen Hilfsbereitschaft zu kommerziellen Zwecken nicht vorsah (BGH aaO – *Schwerbeschädigtenhilfe eV*). Auf diese Rechtsprechung kommt es nicht mehr an, da für den Vertrieb von Schwerbeschädigtenware an die Stelle der aufgehobenen Vorschriften des SchwerbehindertenG keine neuen Bestimmungen getreten sind. Für die Werbung für Schwerbeschädigtenware gelten daher die allgemeinen Grundsätze der gefühlsbetonten Werbung, die ihre lauterkeitsrechtliche Beschränkung erst in der Beeinträchtigung der Rationalität der Verbraucherentschließung findet (Rn 1/127f). 1/129

(2) Werbung für Blindenware. Nach dem BlindenwarenvertriebsG (BliwaG v 9.4.1965 [BGBl I S 311], inzwischen zum 14.9.2007 außer Kraft getreten [BGBl I 1/130

07, 2246, 2262]) durfte bei bestimmten Blindenwaren auf die Eigenschaft als Blindenware hingewiesen werden. Zu diesen Waren zählten ua Bürsten, Besen, Strickwaren, Töpferwaren, aber nicht Blindenseife, wenn diese maschinell und nicht in Handarbeit hergestellt wird (BGH GRUR 59, 143, 144f – *Blindenseife; Baumbach/Hefermehl*, 22. Aufl, § 1 Rn 188). Das BliwaG regelte aber nur die gewerberechtliche Seite des Vertriebs von Blindenwaren, nicht die wettbewerbsrechtliche Zulässigkeit bestimmter Werbemethoden. Aus ihm ließ sich daher zur Frage der Zulässigkeit bestimmter Formen der Werbung wie beispielsweise der Telefonwerbung (s allg zur Telefonwerbung § 7 Rn 41 ff) weder positiv noch negativ Rückschlüsse ziehen (BGH GRUR 01, 1181, 1183 – *Telefonwerbung für Blindenwaren*). Seit der Aufhebung des BliwaG gelten ohnehin nur noch die allgemeinen lauterkeitsrechtlichen Grenzen.

1/131 (3) **Hausier- und Straßenhandel.** Der überkommene übliche **Hausier- und Straßenhandel** ist wegen der Gewöhnung des Verkehrs an diese Form des Vertriebs geringwertiger Verbrauchsgüter des täglichen Bedarfs und wegen dessen geringer Bedeutung für den Wettbewerb regelmäßig nicht sittenwidrig (*Baumbach/Hefermehl*, 22. Aufl § 1 Rn 186).

b) Umweltbezogene Werbung

Literatur: *Ackermann*, Die deutsche Umweltrechtsprechung auf dem Weg zum Leitbild des verständigen Verbrauchers?, WRP 1996, 502; *Bottenschein*; „Regenwald Projekt" und der Kaufzwang bei der akzessorischen Werbung, WRP 2002, 1107; *Brandner*, Beiträge des Wettbewerbsrechts zum Schutz der Umwelt, FS v. Gamm, 1990, S 27; *Brandner/Michael*, Wettbewerbsrechtliche Verfolgung von Umweltrechtsverstößen, NJW 1992, 278; *Cordes*, „Umweltwerbung" – Wettbewerbsrechtliche Grenzen der Werbung mit Umweltschutzargumenten, 1994; *Faylor*, Irreführung und Beweislast bei umweltbezogener Werbung, WRP 1990, 725; *Federhoff-Rink*, Social Sponsoring in der Werbung – Zur rechtlichen Akzessorietät mit Umweltsponsoring, GRUR 1992, 643; *Federhoff-Rink*, Anm zu OLG Stuttgart WRP 1993, 628, 631; *Federhoff-Rink*, Umweltschutz und Wettbewerbsrecht, 1994; *Fezer*, Umweltwerbung mit unternehmerischen Investitionen in den Nahverkehr, JZ 1992, 443; *Friedrich*, Umweltschutz und Wettbewerbsrecht, WRP 1988, 645; *Friedrich*, Umweltschutz durch Wettbewerbsrecht, WRP 1996, 1; *Füger*, Umweltbezogene Werbung, 1993; *v. Gamm*, Wettbewerbs- und kartellrechtliche Fragen im Bereich der Abfallwirtschaft, FS Traub, 1994, S 133; *Keßler*, Die umweltbezogene Aussage in der Produktwerbung – Dogmatische und wettbewerbstheoretische Aspekte des Irreführungsverbots, WRP 1988, 714; *Kiefer*, Das deutsche Umweltzeichen aus wettbewerbsrechtlicher Sicht, Diss jur Gießen, 2001; *Kisseler*, Wettbewerbsrecht und Umweltschutz, WRP 1994, 149; *Klindt*, Die Umweltzeichen „Blauer Engel" und „Europäische Blume" zwischen produktbezogenem Umweltschutz und Wettbewerbsrecht, BB 1998, 545; *Kloepfer*, Umweltrecht 1989; *Köhler*, Die wettbewerbsrechtlichen Grenzen der umweltbezogenen Produktwerbung, Jahrbuch des Umwelt- und Technikrechts, Bd 12, 1990, S 344; *Köhler*, Der gerupfte Engel und die wettbewerbsrechtlichen Grenzen der umweltbezogenen Produktwerbung, 1990; *Kort*, Zur wettbewerbsrechtlichen Beurteilung gefühlsbetonter Werbung, WRP 1997, 526, 528 ff; *Lambsdorff/Jäger*, Die individuelle Verantwortlichkeit in der umweltbezogenen Werbung, BB 1992, 2297; *Lambsdorff*, Anm zu OLG Köln, WRP 1993, 191, 196; *Lambsdorff*, Werbung mit Umweltschutz, in Rechtsfragen in Wettbewerb und Werbung (RWW) Kap 3.9; *Lappe*, Lauterkeitsrechtliche Aspekte der Kennzeichnung von Produkten mit Hilfe des „Grünen Punktes", BB 1992, 1661; *Lappe*, Zur ökologischen Instrumentalisierbarkeit des Wettbewerbsrechts, WRP 1995, 170; *Leible/Sosnitza*, § 17 LMBG nach „Darbo", WRP 2000, 610; *Michalski/Riemenschneider*, Irreführende Werbung mit der Umweltfreundlichkeit von Produkten, BB 94, 1157; *Paulus*, Umweltwerbung – Nationale Maßstäbe und europäische Regelungen, WRP 1990, 739; *Rohnke*, Werbung mit Umweltschutz, GRUR 1988, 667; *Spätgens*, Umwelt und Wettbewerb – Stand der Dinge, FS Vieregge, 1995, S 813; *Wiebe*, Zur ökologischen Relevanz des Wettbewerbsrechts, WRP 1993, 798; *ders*, Super-Spar-Fahrkarten für Versicherungskunden im Dienste des Umweltschutzes aus wettbewerbsrechtlicher Sicht, WRP 1995, 445.

Unzulässige Beeinträchtigung der Entscheidungsfreiheit **§ 4.1 UWG**

aa) Bedeutung, Umweltbezug. Mit der Anerkennung der **Umwelt** als eines 1/132 wertvollen, schutzbedürftigen und erhaltungswürdigen Gutes hat sich in jüngerer Zeit ein verstärktes **Umweltbewusstsein** entwickelt, das dazu geführt hat, dass der Verkehr vielfach Waren und Leistungen bevorzugt, auf deren besondere Umweltverträglichkeit hingewiesen wird. Gefördert wird ein solches Kaufverhalten durch den Umstand, dass sich **Werbemaßnahmen, die an den Umweltschutz anknüpfen,** als besonders geeignet erweisen, emotionale Bereiche im Menschen anzusprechen, die von der Besorgnis um die eigene Gesundheit bis hin zum Verantwortungsgefühl für spätere Generationen reichen (BGHZ 105, 277, 280 f = GRUR 91, 548, 549 – *Umweltengel;* BGHZ 112, 311, 314 = GRUR 91, 542, 543 – *Biowerbung mit Fahrpreiserstattung;* GRUR 91, 546, 547 –*... aus Altpapier*). Hinweise auf die Umweltfreundlichkeit eines Produkts oder auf die Herstellungsart („umweltfreundlich", „umweltgerecht", „umweltschonend", „umweltschützend", „bio-" oder „öko-") haben daher eine starke suggestive Anziehungskraft auf den Verbraucher. Meist wird der Verkehr aus solchen Hinweisen auf Angaben über bestimmte Eigenschaften oder die Beschaffenheit einer Ware schließen, so dass es für die wettbewerbsrechtliche Beurteilung in erster Linie auf § 5 ankommt (§ 5 Rn 301 ff). § 4 Nr 1 bleibt aber daneben anwendbar, insbesondere für die Fälle, in denen es an einer Angabe iS des § 5 fehlt oder diese den Tatsachen entspricht.

bb) Werbung mit der Umweltfreundlichkeit. Bei **Hinweisen auf die Um-** 1/133 **weltfreundlichkeit** einer Ware erwartet der Verkehr Eigenschaften, die sich von anderen, nicht als umweltfreundlich bezeichneten Waren entsprechend ihrer Charakterisierung positiv unterscheiden. Eine solche Werbung unterliegt im Hinblick auf deren starke emotionale Werbewirksamkeit und im Hinblick auf die Komplexität von Fragen des Umweltschutzes zum Schutz des Verbrauchers strengen Anforderungen und Aufklärungspflichten BGHZ 105, 277, 289 f = GRUR 91, 548, 549 – *Umweltengel;* GRUR 91, 546, 547 –*... aus Altpapier;* BGH GRUR 94, 828, 829 – *Unipor-Ziegel*). Der Umfang der **Aufklärungspflicht** ist abhängig von Art und Anpreisung des Produkts und dessen Auswirkungen auf die Umwelt (BGH aaO – *Umweltengel*). Begriffe wie „umweltfreundlich" sind zwar nicht per se unzulässig, aber mehrdeutig. Sie können einerseits als *uneingeschränkt* umweltfreundlich, andererseits aber auch lediglich als *geringer umweltbelastend* verstanden werden. Erforderlich ist deshalb – wenn nicht die Einzelfallumstände dies erübrigen (vgl dazu die allerdings problematische Entscheidung OLG Stuttgart WRP 93, 628, 630 mit krit Anm *Federhoff-Rink*) – die Angabe, dass, warum und/oder inwieweit das Produkt „umweltfreundlich", „biologisch" oder „naturgemäß" ist (BGH GRUR 96, 367, 368 – *Umweltfreundliches Bauen;* OLG Frankfurt GRUR 89, 358; OLG Nürnberg GRUR 89, 686 f). Dabei ist allerdings zu berücksichtigen, dass der **Begriff der Umweltfreundlichkeit** nicht absolut, sondern relativ zu verstehen ist. Eine absolute Umweltverträglichkeit gibt es nicht (BGH GRUR 97, 666, 667 – *Umweltfreundliche Reinigungsmittel*). Vielmehr ist eine gewisse generelle Belastung der Umwelt mit Schadstoffen und Chemikalien in Rechnung zu stellen, so dass auch der Verbraucher nicht von einer völlig schadstofffreien Umwelt ausgeht. Auch bei weitgehender Berücksichtigung der Anforderungen des Umweltschutzes bei der Herstellung oder der Verwendung von Gütern oder bei der Entsorgung verbleiben Restbelastungen der Umwelt, die unvermeidbar sind. Geringstmengen von Schadstoffen (zB Blei, Cadmium, Pestizide), die weit unterhalb der gesetzlich zulässigen Höchstmengen liegen, hindern daher nicht, eine Marmelade, die auf Grund der allgemeinen Umweltkontamination in vernachlässigbarem Umfang mit Schadstoffen belastet ist, als „naturrein" zu bezeichnen (EuGH GRUR Int 00, 756, 758 = WRP 00, 489, 492 – *d'arbo naturrein* [Nr 26 ff der Gründe] und *Leible/Sosnitza* WRP 00, 610 zu Art 2 I Buchst a Ziff i der Richtlinie 79/112/EWG des Rates v 18.12.1978 zur Angleichung der Rechtsvorschriften der Mitgliedstaaten über die Etikettierung und Aufmachung von für den Endverbraucher bestimmten

Lebensmitteln sowie die Werbung hierfür; vgl auch BGH GRUR 97, 306, 307f – *Naturkind*). Das mit umweltfreundlichen Begriffen beworbene Produkt muss sich also nicht schlechthin und in jeder Hinsicht als umweltfreundlich erweisen. Geht es aber nicht um die Umweltfreundlichkeit eines Produkts als solche, sondern um dessen umweltfreundliche Verwendung, bedarf es eindeutiger, Unklarheiten vermeidender Werbeformulierungen. Eine Aufklärung über allgemein bekannte und vom Verkehr als selbstverständlich vorausgesetzte Gegebenheiten ist aber auch bei umweltbezogenen Werbeaussagen regelmäßig entbehrlich (BGH aaO – *Unipor-Ziegel*: Angaben zur Umweltverträglichkeit ohne Hinweis auf die mit der Rohstoffgewinnung verbundenen Eingriffe in die Natur).

1/134 **Inhalt und Umfang der gebotenen Aufklärung** richten sich nach den Anforderungen des Einzelfalls (BGH GRUR 96, 367, 368 – *Umweltfreundliches Bauen*; GRUR 97, 666, 667f – *Umweltfreundliche Reinigungsmittel*). Verboten wurde die Werbung für ein Altpapierprodukt, das lediglich zu 80% aus Altpapier hergestellt war und nicht, wie vom Verkehr erwartet, zu 100% (BGH GRUR 91, 546, 547f – *... aus Altpapier*), ferner die Werbung mit dem Umweltzeichen, für dessen Verwendung der Grund nicht ersichtlich ist (BGHZ 105, 277, 282 = GRUR 91, 548, 549 – *Umweltengel*). Die werbende Verwendung des Umweltzeichens enthält die Behauptung einer generellen Umweltverträglichkeit des beworbenen Produkts dahin, dass sich dieses nach Eigenschaften und Beschaffenheit von einem gleichartigen, aber nicht als umweltfreundlich eingestuften Angebot abhebt (BGH aaO – *Umweltengel*; GRUR 94, 523, 524 – *Ölbrennermodelle*). Solche Umstände müssen **konkret** feststellbar sein. Die Werbeangabe „Schützt unsere Umwelt wie wir" ist unzulässig, weil zu pauschal (KG WRP 91, 30). Darüber hinaus muss die behauptete Tatsache in jedem Falle zutreffen. Die betont herausgestellte Angabe „umweltbewusst" für ein Kfz-Pflegemittel verlangt ein besonderes Maß an Umweltfreundlichkeit hinsichtlich der Wirkstoffe, der Verpackung und der Verwendungsart (OLG Stuttgart NJW-RR 89, 556, 557).

1/135 cc) **Umweltzeichen.** Ist die Erlaubnis zur **Führung des Umweltzeichens** ordnungsgemäß erteilt worden, darf auf die „Auszeichnung" mit dem „Blauen Engel" hingewiesen werden, wenn der Eindruck einer unzulässigen Alleinstellungsbehauptung oder einer sonst wettbewerbswidrigen Werbung vermieden wird (BGH GRUR 94, 523, 524 – *Ölbrennermodelle*). Vorausgesetzt ist, dass die Angaben, die der Gestattung der Verwendung des Umweltzeichens zugrunde liegen, zutreffen. Nicht zu beanstanden ist der Hinweis „Ausgezeichnet mit dem ‚Blauen Engel'", wenn dem (entgeltlichen) Zeichenbenutzungsvertrag des Herstellers mit dem deutschen Institut für Gütesicherung und Kennzeichnung (RAL) eine sachliche Prüfung durch eine unabhängige, qualifiziert besetzte Prüfungskommission vorausgeht (BGH GRUR 91, 550, 552 – *Zaunlasur*). Nicht beanstandet wurde die umweltschutzbezogene Werbung für ein Produkt ohne Hinweis darauf, dass die Gewinnung der für das Produkt benötigten Rohstoffe Eingriffe in die Natur erfordert (zB beim Abbau von Bodenbestandteilen), wenn dies dem Verkehr nach der Art der beworbenen Ware bekannt ist (BGH GRUR 94, 828, 829 – *Unipor-Ziegel*). Zum EG-Umweltzeichen „Europäische Blume" s VO (EWG) Nr 880/92 v 23.3.1992 (ABl Nr L 99 v 11.4.1992), durch die ein gemeinschaftsrechtliches System der Vergabe eines EG-Umweltzeichens geschaffen worden ist. Zur Werbung mit Güte-, Qualitäts- und ähnlichen Zeichen vgl auch Ziff 2 des Anhangs I der UGP-RL, s Anhang § 3 Rn 8 f [Ziff 2].

1/136 dd) **Beurteilung.** Für die lauterkeitsrechtliche Wertung einer umweltbezogenen Werbung kommt es – wie auch sonst bei der Beurteilung einer gefühlsbetonten Werbung – darauf an, ob von ihr eine konkrete Gefährdung des Wettbewerbs ausgeht. Entscheidend ist nicht, dass ein Sachzusammenhang zwischen dem in der Werbung herausgestellten Umweltgesichtspunkt und dem beworbenen Angebot besteht. Unlauter wird die Werbung erst, wenn die Rationalität der Kundenentschließung dahin beeinträchtigt wird, dass eine sachgerechte Prüfung des Angebots nicht mehr stattfin-

Unzulässige Beeinträchtigung der Entscheidungsfreiheit § 4.1 UWG

det (§ 4 Nr 1, 3. Alt). Eine **wahrheitsgemäße Anknüpfung** der Werbung an Belange des Umweltschutzes ist regelmäßig nicht wettbewerbswidrig (vgl BGH GRUR 96, 985, 987 f – *PVC-frei*). Verstöße gegen das Transparenzgebot bei unzureichender Aufklärung des Umworbenen können je nach Lage des Einzelfalls den Unlauterkeitsvorwurf unter dem Gesichtspunkt der Irreführung auch nach § 5 (s dort Rn 301 ff) rechtfertigen.

c) Gesundheitsbezogene Werbung

Literatur: *Baudenbacher,* Zur gesundheitsbezogenen Werbung, WRP 1980, 471; *Bülow,* Das Heilmittelwerbegesetz im Wettbewerbsprozeß, WRP 1995, 897; *Gerstenberg,* Neue Rechtsprechung zur Gesundheitswerbung, WRP 1979, 173; *Kiethe/Groeschke,* Das europäische Lebensmittelrecht und der Irreführungsschutz, WRP 2001, 1035; *Kisseler,* Schlankheitswerbung im Zwielicht, FS Vieregge, 1995, 401; *Müller,* Gesundheitswerbung für Lebens- und Genußmittel, WRP 1971, 295; *Schwippert,* Vom Elend eines Tatbestandsmerkmals – Zur „Entscheidungsfreiheit" im Sinne des § 4 Nr 1 UWG, FS Samwer, 2008, S 197; *Teplitzky,* Der (besondere) Rechtsschutz gegen Gefährdungen durch gesundheitsbezogene Werbung und Warenkennzeichnung, GRUR 1980, 478.

aa) Bedeutung. Für die Zulässigkeit einer gesundheitsbezogenen Werbung gelten wegen der besonderen Schutzwürdigkeit der menschlichen Gesundheit strenge Anforderungen an Richtigkeit, Eindeutigkeit und Klarheit (BGHZ 47, 259, 261 = GRUR 67, 592, 593 – *Gesunder Genuss;* GRUR 73, 429, 431 – *Idee-Kaffee I;* GRUR 75, 664, 665 – *Idee-Kaffee III;* GRUR 80, 797, 799 – *Töpfit-Boonekamp;* GRUR 91, 848, 850 – *Rheumalind II;* GRUR 93, 756, 757 – *Mild-Abkommen;* GRUR 02, 182, 185 – *Das Beste jeden Morgen;* GRUR 13, 649 Rn 15 – *Basisinsulin mit Gewichtsvorteil*). Mit Rücksicht auf Gewicht und Bedeutung der Volksgesundheit als eines überragenden Gemeinschaftsguts tritt bei der Beurteilung der gesundheitsbezogenen Werbung der grundgesetzliche Schutz der Meinungsäußerungsfreiheit (Art 5 I 1 GG) eher als sonst im Bereich der gefühlsbetonten Werbung zurück (Art 5 II GG). Grund dafür ist die starke Werbewirksamkeit einer gesundheitsbezogenen Reklame, die, besonders wenn sie irreführend ist, erhebliche Gefahren für die Gesundheit des einzelnen Kunden, aber auch für die Volksgesundheit mit sich bringen können (BGH aaO – *Das Beste jeden Morgen*). Das gilt insbesondere für die **Werbung für Genussmittel,** vor allem **für Spirituosen** und **Zigaretten.** Eine Gesundheitswerbung, die pauschal auf geschmacksfördernde und gesundheitlich unbedenkliche Wirkungen solcher Genussmittel hinweist, ist wettbewerbswidrig. Jedoch gilt auch hier, dass der Verkehr eine umfassende Aufklärung über die weniger vorteilhaften Seiten des Produkts durch den Werbenden nicht erwartet. Eine Verpflichtung, negative Eigenschaften des eigenen Angebots in der Werbung zu offenbaren, besteht nur insoweit, als das gesetzlich vorgeschrieben oder zum Schutz des Verbrauchers auch unter Berücksichtigung der berechtigten Interessen des Werbenden unerlässlich ist (BGH GRUR 99, 1122, 1123 – *EG-Neuwagen I;* GRUR 99, 1125, 1126 – *EG-Neuwagen II;* BGH aaO – *Das Beste jeden Morgen*). Eine lauterkeitsrechtliche Beschränkung kommt aber auch bei der gesundheitsbezogenen Werbung erst in Betracht, wenn mit ihr eine konkrete Gefährdung des Leistungswettbewerbs verbunden ist (Rn 1/127 f).

1/137

bb) Beachtung des Transparenzgebots, Zigarettenwerbung. Unzulässig sind im Interesse des Gesundheitsschutzes der Bevölkerung **mehrdeutige Werbeaussagen** (BGH GRUR 73, 429, 431 – *Idee-Kaffee I;* GRUR 78, 252, 253 – *Kaffee-Hörfunk-Werbung*). Die Werbung muss klar und eindeutig sein. Das Publikum darf nicht auf Eigenschaften schließen können, die der beworbenen Ware nicht zukommen (BGH GRUR 73, 538, 539 – *Idee-Kaffee II*). Eine andere Beurteilung würde vernachlässigen, dass sich Werbemaßnahmen, die an die Gesundheit als einem besonders wertvollen und schützenswerten Gut anknüpfen, als besonders werbewirksam erweisen, ferner, dass unzutreffende oder missverständlich-verallgemeinernde Werbeäußerun-

1/138

Sosnitza

gen gerade in diesem Bereich geeignet sind, sich besonders nachteilig auszuwirken. Unzulässig sind daher Werbeaussagen, die die negativen Wirkungen vernachlässigen oder verschweigen oder positive Wirkungen verallgemeinern (BGHZ 47, 259, 261 – *Gesunder Genuss:* Werbung für 32%ige Kräuterspirituose; BGH GRUR 80, 797, 799 – *Topfit Boonekamp:* Werbung für 40%igen Magenbitter).

1/139 Wettbewerbswidrig ist eine **Zigarettenwerbung**, die nicht durch Warnhinweise darauf hinweist, dass Rauchen die Gesundheit gefährdet (BGH GRUR 94, 219, 220 – *Warnhinweis*), oder die durch die Verwendung des Wortes „mild" die vom Rauchen ausgehenden Gefahren der Gesundheitsschädigung verharmlost (BGH GRUR 93, 756, 757 – *Mild-Abkommen*) oder die in Jugendzeitschriften veröffentlicht wird (BGH GRUR 94, 304, 305 f – *Zigarettenwerbung in Jugendzeitschriften*). Ganz **generell** kann beim **Inverkehrbringen frei verkäuflicher Produkte**, deren Ge- oder Verbrauch mit Risiken für die Sicherheit oder Gesundheit verbunden ist, eine Beeinträchtigung der Verbraucherentscheidung gegeben sein, wenn **bestehende Sicherheits- oder Gesundheitsrisiken verharmlost** werden oder wenn der unzutreffende **Eindruck der gesundheitlichen Unbedenklichkeit** des Produkts **erweckt** wird oder ein **gebotener Warnhinweis unterbleibt** (BGH GRUR 96, 793, 795 – *Fertiglesebrillen;* GRUR 06, 953 Rn 16 – *Warnhinweis II*). Die geschilderte Praxis ist allerdings systematischen Einwänden ausgesetzt. Wird der Eindruck einer gesundheitlichen Unbedenklichkeit erweckt, dann liegt eine Irreführung nach § 5 vor. Jenseits eines solchen Eindrucks wird aber die Entscheidungsfreiheit iSd § 4 Nr 1 im Grunde nicht beeinträchtigt (oben Rn 1/5). Moralisch (vielleicht) richtige, volkspädagogisch erwünschte und gesundheitspolitisch angestrebte Entscheidungen sollten nicht über § 4 Nr 1 erzwungen werden (*Schwippert* FS Samwer, 2008, 197, 203). Systematisch besser wäre es, diese Fälle über § 3 zu erfassen (§ 3 Rn 95).

1/140 cc) **Fachliche Aussagen.** Im Interesse des Gesundheitsschutzes der Bevölkerung gilt für Werbeangaben mit fachlichen Aussagen auf dem Gebiet der **gesundheitsbezogenen Werbung** generell, dass die Werbung nur zulässig ist, wenn sie **gesicherter wissenschaftlicher Erkenntnis** entspricht (BGH GRUR 71, 153, 155 – *Tampax;* GRUR 91, 848, 850 – *Rheumalind II;* GRUR 13, 649 Rn 16 – *Basisinsulin mit Gewichtsvorteil*). Diese Voraussetzung ist nicht gegeben, wenn dem Werbenden jegliche wissenschaftlich gesicherten Erkenntnisse fehlen (BGH GRUR 13, 649 Rn 16 – *Basisinsulin mit Gewichtsvorteil*). Fachlich umstrittene Aussagen berechtigen nicht zu uneingeschränkter Verwendung in der Werbung (BGH GRUR 02, 273, 274 – *Eusovit;* GRUR 13, 649 Rn 16 – *Basisinsulin mit Gewichtsvorteil*). Gegenüber der substantiierten Behauptung des Klägers, dass der Werbebehauptung des Beklagten die wissenschaftliche Grundlage fehle, ist es Sache des Beklagten, die wissenschaftliche Absicherung der umstrittenen Werbeaussage nachzuweisen (BGH aaO – *Rheumalind II;* GRUR 13, 649 Rn 32 – *Basisinsulin mit Gewichtsvorteil*).

1/141 dd) **Spezialregelungen (HWG, LFGB ua).** Im Bereich des Heil- und Gesundheitswesen enthält das **Heilmittelwerbegesetz** (HWG) eine Reihe von Werbebeschränkungen, und im Bereich der Lebensmittelwerbung trifft das **Lebensmittel- und Futtermittelgesetzbuch** (LFGB) bestimmte Herstellungs- und Behandlungsverbote. Weitere Sonderregelungen enthalten die **Nährwert-Kennzeichnungsverordnung** (vgl dazu BGH GRUR 92, 70, 71 – *40% weniger Fett;* GRUR 94, 387, 388 – *Back-Frites*), die DiätVO, das **Weingesetz,** die **TafelwässerVO** ua. § 4 Nr 1, 11 wird ebenso wie § 5 durch Spezialvorschriften dieser Art im Allgemeinen nicht ausgeschlossen, da diese für gewöhnlich lediglich Ausprägungen des auch den §§ 4 Nr 1, 11 und § 5 zugrunde liegenden Rechtsgedankens sind (BGHZ 106, 101, 103 = GRUR 89, 440, 441 – *Dresdner Stollen I:* BGH aaO – *40% weniger Fett*). Nur wenn eine Sonderregelung einen bestimmten Lebenssachverhalt erschöpfend erfasst, steht dies der Heranziehung der Vorschriften des UWG im Einzelfall entgegen. So enthielt § 22 II Nr 1a LMBG für die Beurteilung der Tabakwerbung eine abschließende Regelung, die die Anwendung der UWG-Vorschriften erst bei Vorliegen zusätzlicher, die Unlauterkeit begründender Umstände zuließ (BGH WRP 88, 237, 239 – *In unserem Haus muss alles schmecken;* sa § 5 Rn 23).

ee) Schockierende Werbung. Unterschwellige Werbung. Angstwerbung. 1/142
Zur schockierenden Werbung s Rn 1/43 ff, zur unterschwelligen (subliminalen) Werbung s Rn 1/42, zur Angstwerbung § 4 Rn 2/24).

5. Ausnutzung von Vertrauen und Autorität. Unsachlich iS des § 4 Nr 1, 3. 1/143
Alt, handelt, wer im Wettbewerb das Vertrauen missbraucht, das der Umworbene dem Werbenden oder einem Dritten entgegenbringt (zur Fallgruppe der Ausnutzung von Vertrauen und Autorität als Tatbestandsvariante des § 4 Nr 1, 3. Alt, s OLG Saarbrücken GRUR-RR 05, 283). Das Bedenkliche eines solchen Vorgehens liegt darin, dass der Werbende umso weniger mit seinem Angebot zu überzeugen braucht, je größer das Vertrauen ist, das ihm der Umworbene entgegenbringt. Der Missbrauch dieses Vertrauens führt zur Gefährdung des Wettbewerbs dann, wenn die Angaben des Werbenden so gestaltet sind, dass der Werbeadressat glaubt, sich darauf ohne weiteres verlassen zu können. Werden im Rahmen von **Vertrauensverhältnissen** – sei es im privaten, (arbeits-)vertraglichen oder öffentlichen Bereich – interessenorientierte Empfehlungen zu Zwecken des Wettbewerbs ausgesprochen, die der Adressat für eine unabhängige neutrale und objektive Stellungnahme hält, enttäuscht der Empfehlende das ihm entgegengebrachte Vertrauen in wettbewerbswidriger Weise. Das Empfehlen von Leistungen privater Unternehmen durch staatliche Stellen verstößt gegen § 4 Nr 1, 3. Alt, wenn damit das der öffentlichen Verwaltung entgegengebrachte Vertrauen in Objektivität und Neutralität der Amtsführung missbraucht wird, so wenn die Empfehlung anstelle einer sachlichen und unparteiischen Wertung von geschäftlichen Interessen bestimmt wird und die Chancengleichheit der Mitbewerber beeinträchtigt (BGH WRP 02, 527, 528 – *Elternbriefe,* mwN). In diesen Fällen besteht die Gefahr, dass der Verbraucher seine Kaufentscheidung im Vertrauen auf ein vermeintlich neutrales, sachgerechtes Urteil fasst und er deshalb von einer näheren Prüfung des Angebots absieht. Unlauter ist es, wenn die **Medien** Werbung in die Form einer redaktionellen Berichterstattung kleiden (§ 4 Rn 3/8 ff, 17 ff).

Das Vertrauen des Verbrauchers knüpft vielfach an das Ansehen des Werbenden 1/144
selbst oder auch an fremdes Ansehen an, wenn Werbender oder Dritter für den Umworbenen – ob zu Recht oder zu Unrecht – über eine besondere berufliche, gesellschaftliche, politische, soziale, geschäftliche oder wirtschaftliche Kompetenz verfügen, wie es bei Autoritätspersonen, zB bei Vorgesetzten, Lehrern, Ärzten, Geistlichen oder der öffentlichen Hand oder bei bestimmten als besonders vertrauenswürdig gehaltenen Berufsgruppen wie Polizei oder Feuerwehr (OLG Saarbrücken GRUR-RR 05, 283, 284 f – *Brandschutzwerbung*) häufig der Fall ist. Die unsachliche Beeinflussung des Verbrauchers durch den Einsatz solcher Kompetenz im Wettbewerb kann sich auf verschiedene Weise äußern, um auf eine bestimmte Entschließung des Verbrauchers hinzuwirken, in der Herbeiführung einer psychischen Zwangslage (vgl Rn 1/21 ff) durch sachwidrige Druckausübung (Rn 1/33 ff), durch geschäftliche Handlungen iS des § 4 Nr 2, insbesondere gegenüber unerfahrenen oder leichtgläubigen Werbeempfängern, oder auch einfach dadurch, dass die Annahme der von kompetenter Seite unterstützten oder für gut geheißenen Angebote Vorteile, eine Nichtannahme dagegen Nachteile verspricht, auch ohne dass der Umworbene dabei durch Drohung (Rn 1/19) zu seiner Haltung bestimmt worden wäre wie beispielsweise bei der Empfehlung von Krankenversicherungen für den Abschluss weiterer Versicherungsverträge oder von Lehrern gegenüber Schülern für die Anschaffung von Unterrichtsmaterialien. Es kommt aber auch in diesen Fällen immer darauf an, ob die Rationalität der Kaufentschließung des Verbrauchers durch die Ausnutzung von Vertrauen oder Autorität ausgeschaltet wird (Rn 1/1, 9, 13; allerdings sehr zw im Fall OLG Saarbrücken aaO – *Brandschutzwerbung*).

UWG § 4.1 — Gesetz gegen den unlauteren Wettbewerb

1/145 Schalten Gewerbetreibende **Autoritätspersonen** in ihren Wettbewerb ein, handeln sie unlauter, wenn dadurch der Warenabsatz nicht mehr in erster Linie durch Qualität und Preiswürdigkeit des Angebots gefördert wird, sondern durch das der Vertrauensperson, zB durch das dem Betriebsrat entgegengebrachte Vertrauen (OLG Frankfurt WRP 71, 379, 381; DB 78, 535, 536). Gegen § 4 Nr 1 verstößt, wer amtlich erlangte Informationen dazu verwendet, eigenen oder fremden Wettbewerb unter Ausnutzung amtlicher Autorität zu fördern und dadurch die Entschließungsfreiheit des Umworbenen ausschaltet (vgl BGH GRUR 73, 530, 531 – *Crailsheimer Stadtblatt;* GRUR 79, 157, 158 – *Kindergarten-Malwettbewerb;* GRUR 02, 550, 553 – *Elternbriefe:* Versendung von Briefen einer staatlichen Stelle an Eltern zusammen mit Werbematerial einer Bausparkasse gegen Übernahme der von dieser getragenen Portokosten; anders dagegen, wenn die Behörde nur in ihrer Eigenschaft als Arbeitgeber handelt, OLG Brandenburg GRUR-RR 09, 239 – *Werbeflyer mit Gehaltsabrechnung*). Unlauter ist es ferner, Dritte planmäßig zu Verstößen gegen für diese bindendes Recht aufzufordern, um sich durch entsprechende Gesetzesverstöße der Angesprochenen Vorteile im Wettbewerb gegenüber Mitbewerbern zu verschaffen, die die Rechtsverbindlichkeit der betreffenden Regelung beachten (BGH GRUR 91, 540, 542 – *Gebührenausschreibung;* GRUR 01, 255, 256 – *Augenarztanschreiben*). Allgemeine Werbeschreiben an Ärzte, die ohne Inaussichtstellung von Vorteilen für den Arzt und ohne Aufforderung zu einem bestimmten Handeln lediglich mit Eigenschaften und Preiswürdigkeit bestimmter Produkte bekannt machen, sind aber nicht wettbewerbswidrig, insbesondere auch nicht geeignet, den ärztlichen Adressaten unter Verstoß gegen ärztliches Berufsrecht (vgl § 34 V MBO-Ä 2000, DÄBl 00, A 2730) zu veranlassen, Patienten an die Absender der Werbeschreiben zur Bedarfsdeckung bei diesen zu verweisen (BGH aaO – *Augenarztanschreiben*).

1/146 Wettbewerbswidrig kann nicht nur der Gewerbetreibende, sondern auch die Vertrauens- oder Autoritätsperson handeln, insbesondere dann, wenn sie für ihre Empfehlung bezahlt wird oder sonstige Vergütungen (Spenden, Zuschüsse oä) erhält. Entsprechend zu beurteilen sind Empfehlungen von Lehrern gegenüber Schülern oder Eltern (vgl BGH GRUR 84, 665, 666 f – *Werbung in Schulen*) oder von Dienstvorgesetzten gegenüber Untergebenen. Berufs- und wettbewerbswidrig handelt der Arzt, der ohne hinreichenden sachlichen Grund Patienten an bestimmte Anbieter (zB Optiker, orthopädische Schuhmacher usw) verweist (sa Rn 1/145).

1/147 Die **öffentliche Hand** (dazu im Einzelnen Einf D Rn 20 ff) darf den ihr entgegengebrachten Vertrauensvorschuss nicht auf unsachliche Weise dazu ausnutzen, sich Vorteile im Wettbewerb zu verschaffen (RGZ 116, 28, 31 f – *Feuerversicherungsanstalt;* BGHZ 19, 299, 304 = GRUR 56, 216, 217 – *Staatliche Kurverwaltung/Bad Ems;* BGH GRUR 09, 1080 Rn 13 – *Auskunft der IHK:* Hinweispflicht eines Hoheitsträgers auf Angebote privater Mitbewerber; OLG Köln GRUR 95, 433, 435: Werbung einer Körperschaft des öffentlichen Rechts gegenüber ihren Mitgliedern für die wirtschaftlichen Belange einer Bausparkasse; OLG Frankfurt NJWE-WettbR 98, 58: Krankenkassenempfehlung zugunsten eines bestimmten Hilfsmittelanbieters; OLG Frankfurt NJWE-WettbR 99, 22: Werbende Maßnahmen einer gesetzlichen Krankenkasse zugunsten eines Optikerbetriebs. Entscheidend sind die Umstände des Einzelfalls. Hat die für die öffentliche Hand handelnde Vertrauensperson gerade die Aufgabe zu beraten, und fehlt es im Übrigen an Umständen, die für ein wettbewerbswidriges Ausnutzen von Vertrauen sprechen, wird die Beratungstätigkeit des Empfehlenden regelmäßig nicht zu beanstanden sein. Legt aber ein Unternehmen seinen Mitarbeitern nahe, aus der bisherigen Krankenkasse in die eigene Betriebskrankenkasse zu wechseln, kann darin ein Missbrauch der Autorität des Arbeitgebers liegen (OLG Düsseldorf WRP 02, 479, 481 f). Nicht ohne weiteres gegen § 4 Nr 1 verstößt es, wenn sich bekannte Personen aus dem öffentlichen Leben, zB aus dem Medienbereich, in der Fernseh-*Werbung* für ein bestimmtes Unternehmen einsetzen, weil der Verkehr in solchen Fällen den Werbecharakter der Stellungnahme erkennt und von einer sachwidrigen Inanspruchnahme von Vertrauen oder Tarnung von Werbung keine Rede sein kann (OLG Hamburg NJW-RR 94, 110, 111).

6. Gefährdung von Drittinteressen. Die Inaussichtstellung oder Gewährung einer Vergünstigung kann nach bisheriger Praxis zu einer unangemessenen unsachlichen Beeinflussung führen, wenn die Gefahr besteht, dass der Empfänger Interessen Dritter vernachlässigt, um die Vergünstigung zu erhalten. Voraussetzung dafür ist allerdings, dass der Umworbene von Gesetzes wegen, kraft Vertrages oder aufgrund berechtigter Erwartung in besonderer Weise gehalten ist, Interessen Dritter zu wahren (vgl. *Köhler/Bornkamm* § 4 Rn 1.188; MüKoUWG/*Heermann* § 4 Nr 1 Rn 197ff; jurisPK-UWG/*Seichter* § 4 Nr 1 Rn 71). Im Kern ist dieser Grundsatz im Verbot der Bestechung nach § 299 StGB enthalten, das über § 4 Nr 11 zur Unlauterkeit führt. Aber auch über die engen Schranken der strafrechtlichen Bestechung hinaus wird eine unangemessene unsachliche Beeinflussung nach § 4 Nr 1 angenommen, wenn eine besondere Pflicht zur Interessenwahrnehmung gegenüber Dritten besteht. 1/148

So sind etwa **Ärzte, Steuerberater, Wirtschaftsprüfer, Notare und Rechtsanwälte** nach ihren *Berufsordnungen* in besonderer Weise zur objektiven und neutralen Beratung verpflichtet; im Rahmen des § 4 Nr 1 kommt es allerdings nicht darauf an, ob das betreffende Verhalten auch gegen berufsrechtliche Regelungen verstößt (BGH GRUR 09, 969 Rn 15 – *Winteraktion*). Zur Sicherung dieser Neutralität besteht gegenüber Ärzten zB das Verbot der Werbegaben nach § 7 I HWG (vgl BGH GRUR 09, 1082 – *DeguSmile & more;* GRUR 12, 1050 Rn 24 – *Dentallaborleistungen*). Aber auch jenseits dieser Sonderregelung kann § 4 Nr 1 eingreifen, etwa wenn Zahnärzten beim Kauf bestimmter Fertigarzneimittel ein Kleidersack zu einem besonders günstigen Preis angeboten wird (BGH GRUR 03, 624, 626 – *Kleidersack*), wenn Ärzten finanzielle Vorteile dafür gewährt oder in Aussicht gestellt werden, dass sie Patienten an bestimmte Anbieter gesundheitlicher Leistungen verweisen (BGH GRUR 10, 850 Rn 17ff – *Brillenversorgung II*) oder ihnen für ihre Praxen von Pharmaunternehmen Wasserspender zu erheblich vergünstigten Preisen überlassen werden (LG München MD 08, 412). Gleiches gilt, wenn Zahnärzte an einem Dentallabor beteiligt sind, mit dem sie exklusiv zusammenarbeiten (BGH GRUR 12, 1050 Rn 26ff – *Dentallaborleistungen*) oder wenn Rechtsanwälten, Steuerberatern und Wirtschaftsprüfern die Teilnahme an einem Gewinnspiel für die Vermittlung von Vorratsgesellschaften angetragen wird (BGH GRUR 09, 969 Rn 10, 12 – *Winteraktion*). Ebenso hat der BGH für den Fall entschieden, dass Laborärzte niedergelassenen Ärzten durch Subventionen ermöglichen, bestimmte Untersuchungen zu Preisen unterhalb der gesetzlich festgelegten Honorarärzte anzubieten, um dadurch die Nachfrage nach Leistungen ihrer eigenen Facharztpraxis zu erhöhen (BGH GRUR 05, 1059, 1060 – *Quersubventionierung von Laborgemeinschaften;* zu recht kritisch MüKoUWG/*Heermann* § 4 Nr 1 Rn 221). 1/149

Eine Pflicht zur Interessenwahrnehmung kann sich aber auch aus *Vertrag* ergeben. So sind Kraftfahrzeughalter als **Versicherungsnehmer** gegenüber ihrem Versicherer verpflichtet, Reparaturkosten niedrig zu halten und zutreffende Angaben zu den Kosten zu machen, sodass Angebote von Reparaturbetrieben, die dem Kunden Rabatte in Aussicht stellen, die die versicherungsvertraglich vorgesehene Selbstbeteiligung ganz oder zum Teil ausgleichen sollen, ohne dies dem Versicherer offenzulegen, nach § 4 Nr 1 unzulässig sind (BGH GRUR 08, 530 Rn 8 – *Nachlass bei Selbstbeteiligung;* WRP 08, 780, 781 – *Hagelschaden*). 1/150

Schließlich kann sich eine Pflicht zur Wahrung von Drittinteressen (in engen Grenzen) aus einer *berechtigten Erwartung* der Marktgegenseite ergeben. Dabei ist zu differenzieren, wer der Empfänger der Vergünstigung ist. Gewährt der Hersteller dem **Händler** Vorteile, wie zB Beratungs- oder Verkaufsprämien (vgl aus der älteren, noch kritischeren Rspr BGH GRUR 74, 384, 395 – *Verschlusskapsel-Prämie;* OLG Köln WuW 83, 615 – *Beratungsprämien-Aktion*), so ist dies heute nicht mehr ohne 1/151

Weiteres nach § 4 Nr 1 unzulässig; der durchschnittlich informierte und verständige Verbraucher erwartet auch von einem Fachhändler keine uneingeschränkte Objektivität und stellt Eigeninteressen des Verkäufers bei dessen Einkaufspolitik in Rechnung (ebenso MüKoUWG/*Heermann* § 4 Nr 1 Rn 219ff; weitergehend OLG Frankfurt WRP 10, 563 Rn 23: „Buchungswettbewerb" ggü Reisebüros unzulässig). Aus den gleichen Gründen ist es nicht zu beanstanden, wenn der Hersteller Vergünstigungen an Angestellte und Verkäufer des Händlers mit dessen Einverständnis gewährt (kritisch aber OLG Hamm NJW-RR 86, 1235). Eine unangemessene unsachliche Einflussnahme liegt aber vor, wenn **Angestellten** des Händlers ohne dessen Wissen Vorteile eingeräumt werden. Zum einen erwartet der Verkehr derartige Sonderinteressen des Mitarbeiters nicht, zum anderen können dessen Interessen an der Erlangung des Vorteils vom Interesse des Händlers abweichen. Daher ist es nach § 4 Nr 1 unlauter, wenn ein Autovermieter Mitarbeitern eines Reisebüros Prämien für die Buchung von Mietwaren offeriert (OLG Hamburg GRUR-RR 04, 117 – *sixperts*).

1/152   **Kritik** lässt sich aus systematischen Erwägungen an der Verortung der Fallgruppe der Gefährdung von Drittinteressen bei § 4 Nr 1 insofern üben, als im Grunde die Entscheidungsfreiheit des zur Wahrung von Drittinteressen Verpflichteten durch die in Rede stehenden Praktiken nicht beeinträchtigt wird (*Köhler*/Bornkamm § 4 Rn 1/189; *Schwippert*, FS Samwer, 2008, S 197, 199; vgl oben Rn 1/6, 1/139). Besser wäre es, diese Fallgruppe bei § 3 anzusiedeln, sofern nicht vorrangig § 4 Nr 11 eingreift (dazu *John* WRP 11, 147, 152f).

1/153   **7. Verleitung zum Vertrags- oder Rechtsbruch?** Zum Teil wird eine unangemessene unsachliche Beeinflussung auch angenommen, wenn die Rationalität der Entscheidung des Verbrauchers über das Für und Wider eines Vertragsbruchs beeinträchtigt sei (so noch *Köhler*/Bornkamm, 28. Aufl § 4 Rn 1.39a). Dies wird freilich nicht allzu häufig vorkommen, da auch derjenige, der einen Vertrags- oder Gesetzesbruch begeht, grundsätzlich in seiner Entscheidung frei ist. Soweit auf den Vertragsbruch durch Täuschung Einfluss genommen wird, greift vorrangig § 5, bei Gesetzesverstößen § 4 Nr 11. Beispiel hierfür ist die Werbung von Reparaturwerkstätten gegenüber voll- oder teilkaskoversicherten Kunden mit Zuwendungen, die in der Rechnung nicht ausgewiesen werden, wodurch sich die Kunden auf Kosten ihrer Versicherung den Selbstbehalt ersparen. Unabhängig von einer Irreführung und einem Gesetzesverstoß kann zwar eine unangemessene unsachliche Beeinflussung vorliegen, weil der Kunde als Versicherungsnehmer zugleich auch die Interessen der Versicherung zu wahren hat (BGH GRUR 08, 530 Rn 8 – *Nachlass bei Selbstbeteiligung;* WRP 08, 780, 781 – *Hagelschaden;* vgl oben Rn 1/150), die Rationalität der Entscheidung des Kunden ist dadurch aber nicht beeinträchtigt. Genauso wenig ist dies der Fall, wenn Tageszeitungen über ungesicherte Verkaufshilfen (sog „stumme Verkäufer") vertrieben werden (BGH GRUR 10, 455 Rn 18 – *Stumme Verkäufer II*).

8. Laienwerbung

Literatur: *Bühring,* Der Einsatz von Laien als Werber unter Gewährung von Prämien, WRP 1958, 321, 369 und WRP 1959, 13; *Fountoulakis,* Tupperware-Parties und Co. – die wettbewerbsrechtliche Beurteilung des Vertriebs unter Einsatz von Laien, GRURInt 2009, 979; *Hartlage,* Progressive Kundenwerbung – immer wettbewerbswidrig? WRP 1997, 1; *Isele,* Die Haftung des Unternehmers für wettbewerbswidriges Verhalten von Laienwerbern, WRP 2010, 1215; *Köhler,* Wettbewerbsrechtliche Grenzen des Mitgliederwettbewerbs der gesetzlichen Krankenkassen, WRP 1997, 373; *M. Möller,* Laienwerbung, WRP 2007, 6; *Ulrich,* Die Laienwerbung, FS Piper, 1996, 495.

1/154   **a) Begriff und Bedeutung.** Laienwerbung ist die Nutzbarmachung privater oder persönlicher Beziehungen eines nicht professionell tätigen Absatzvermittlers (des Laienwerbers) durch den Unternehmer. Der Laienwerber wirbt bei Verwandten, Freunden, Mitarbeitern, Nachbarn oder sonstigen Bekannten und Personen für den

Absatz von Waren oder Dienstleistungen des Unternehmers gegen ein Entgelt, das meist in einer Provision oder Prämie besteht (vgl BGH GRUR 95, 122, 123 – *Laienwerbung für Augenoptiker*). Nebenberuflich tätige Kundenwerber können Laienwerber sein, ebenso Sammelbesteller, die für Versandhäuser Kundenakquisition und die Abwicklung der Kundenbestellungen betreiben (vgl BGH GRUR 63, 578, 585 – *Sammelbesteller*). Handelsvertreter (§§ 84ff HGB) sind keine Laienwerber. Nicht um Laienwerbung handelt es sich ferner bei Werbeauftritten bekannter Persönlichkeiten in Funk oder Fernsehen (*Köhler*/Bornkamm § 4 Rn 1.61: „Starwerbung"), da es sich hier nicht um die Anbahnung oder Herstellung konkreter Vertragsbeziehungen zwischen Unternehmer und Verbraucher geht. Mit dem Einsatz von Laienwerbern erspart sich der Unternehmer nicht nur die Kosten eines von ihm sonst zu organisierenden Außendienstes, er erreicht auch die potentiellen Kunden direkter, schneller und intensiver, als es ihm mit einer anderen Art der Werbung möglich wäre. Das erklärt die weite Verbreitung dieser Vertriebsform, vor allem im Versicherungsbereich, beim Vertrieb von Automobilen, von Immobilien, von Haushaltswaren, von kosmetischen Erzeugnissen und von Zeitungen und Zeitschriften (vgl BGH GRUR 74, 341 – *Campagne*: Kosmetische Erzeugnisse; GRUR 81, 655, 656 – *Laienwerbung für Makleraufträge*: Immobilien und Wohnungen; GRUR 91, 150, 151 – *Laienwerbung für Kreditkarten*: Bausparverträge und Kredite; GRUR 92, 622 – *Verdeckte Laienwerbung*: Automobile; GRUR 94, 443 – *Versicherungsvermittlung im öffentlichen Dienst*: Versicherungen; GRUR 95, 122 – *Laienwerbung für Augenoptiker*: Brillen; OLG Karlsruhe WRP 95, 960: Zeitungen; OLG Frankfurt NJWE-WettbR 96, 109: Verkaufsfahrten; OLG München NJWE-WettbR 97, 1: Reisen).

b) Wettbewerbsrechtliche Beurteilung (§ 4 Nr 1, 3. Alt). Der Vertrieb von 1/155 Waren und Leistungen unter Heranziehung von Laienwerbern ist **lauterkeitsrechtlich grundsätzlich nicht zu beanstanden** (BGH GRUR 59, 285, 286f – *Bienenhonig;* GRUR 81, 655, 656 – *Laienwerbung für Makleraufträge;* GRUR 91, 150, 151 – *Laienwerbung für Kreditkarten;* GRUR 95, 122, 123 – *Laienwerbung für Augenoptiker;* GRUR 02, 637, 639 – *Werbefinanzierte Telefongespräche;* GRUR 06, 949 Rn 13 – *Kunden werben Kunden; Köhler*/Bornkamm § 4 Rn 1.201; Fezer/*Steinbeck* § 4–1 Rn 412, st Rspr und allg M). Die Ausnutzung von privaten und persönlichen Beziehungen zwecks Steigerung des Warenabsatzes ist zwar nicht leistungseigen, aber auch nicht generell dazu angetan, einen verständigen Verbraucher in seinen Entschließungen unsachlich zu beeinflussen. Eine andere Betrachtung würde bedeuten, die unternehmerische Wettbewerbsfreiheit zu beschränken, was aber eine konkrete Gefährdung des Wettbewerbs voraussetzte (Harte/Henning/*Stuckel* § 4 Nr 1 Rn 163). Davon kann jedoch bei der Laienwerbung nicht ohne weiteres ausgegangen werden. **Lauterkeitsrechtliche Bedenken** gegen den Vertrieb von Waren und Leistungen mit Hilfe von Laienwerbern bestehen aber dann, wenn die Kundenwerbung mit Mitteln und Methoden betrieben wird, die die Gefahr begründen, dass der Umworbene – ein durchschnittlich verständiger, informierter und aufmerksamer Verbraucher des in Betracht kommenden Verkehrskreises (zum Verbraucherleitbild s § 2 Rn 104ff) – in seiner Entschließungsfreiheit **unangemessen beeinträchtigt** wird.

Trotz dieses Ausgangspunktes war die bisherige Rechtsprechung und herrschende 1/156 Lehre bei der Beurteilung der Laienwerbung **überaus streng.** Da der Laienwerber dem umworbenen Kunden vielfach als Verwandter, Freund oder Bekannter gegenübertrete, werde sich der Umworbene häufig scheuen, ein ihm unterbreitetes Angebot abzulehnen und den Werber wie einem ihm unbekannten Vertreter abzuweisen, so dass die Gefahr bestehe, dass ein Kaufentschluss gefasst werde, der sonst nicht gefasst worden wäre (vgl BGH GRUR 81, 655, 656 – *Laienwerbung für Makleraufträge*). Diese Gefahr verstärke sich, wenn sich der Werber als solcher zu erkennen gebe, weil sich der Umworbene jetzt, in Kenntnis dieser Tatsache, sagen müsse, dass er bei Zurückweisung des Angebots den ihm nahe stehenden oder bekannten Werber um Pro-

Sosnitza

vision oder Prämien bringen würde. Aber auch wenn der Werber seine werblichen Absichten verdeckt, sich also nicht als Werber offenbart und sein Provisionsinteresse verheimlicht, sollte die Annahme einer unsachlichen Beeinflussung des Kunden naheliegen, da dann zu befürchten sei, dass der Angesprochene den Erklärungen des Werbers unkritischer gegenüberstehe als bei einem Angebot des Unternehmers selbst und dass er im Vertrauen auf den vermeintlich nur freundschaftlichen und uneigennützigen Rat des Werbers auf das Kaufangebot ohne Weiteres und ohne Prüfung von Vergleichsangeboten eingehe (vgl BGH GRUR 59, 285, 286 – *Bienenhonig;* aaO – *Laienwerbung für Maklerauftträge*). Des Weiteren wurde maßgeblich auf die Anreizwirkung der Provision oder Prämie abgestellt, die dem Werber für seine Vermittlungstätigkeit winkt (BGH GRUR 92, 622, 624 – *Verdeckte Laienwerbung*). Je höher und attraktiver die Vergütung für das Zustandebringen eines Geschäfts ist, desto intensiver falle das Bemühen des Werbers aus, den Umworbenen doch noch zum Geschäftsabschluss zu bringen (BGH GRUR 81, 555, 556 – *Laienwerbung für Maklerauftträge;* OLG München GRUR 89, 354, 355 – *Kunden-Vermittlungsaktion*). Daher wurde vorrangig auf das Verhältnis des Werts der Prämie zum abzuschließenden Geschäft abgestellt (BGH aaO – *Laienwerbung für Maklerauftträge;* GRUR 91, 150, 151 – *Laienwerbung für Kreditkarten;* GRUR 95, 122, 123 – *Laienwerbung für Augenoptiker;* OLG Düsseldorf GRUR-RR 01, 171, 172 – *Laienwerbung für Zeitschriften*). Des Weiteren sollte die Gefahr einer unsachlichen Beeinflussung auch aus Umständen in der Person des Werbers herrühren können, wie etwa mangelnde Eignung oder Schulung (BGH GRUR 91, 150, 151 – *Laienwerbung für Kreditkarten;* GRUR 59, 285, 287 – *Bienenhonig;* OLG München WRP 96, 42, 44 – *Vertriebssystem*).

1/157 Nach der grundlegenden Liberalisierung des UWG sowie nach Aufhebung der ZugabeVO und des RabattG im Jahr 2001 und insbesondere vor dem Hintergrund des gewandelten Verbraucherleitbilds (§ 2 Rn 104 ff) kann an dieser strengen Beurteilung der Laienwerbung **heute nicht mehr** festgehalten werden (BGH GRUR 06, 949 Rn 16 – *Kunden werben Kunden; Fountoulakis* GRURInt 09, 979, 982 ff). Insbesondere kann nicht schon aus der Gewährung nicht unerheblicher Werbeprämien die Wettbewerbswidrigkeit des Einsatzes von Laien zur Werbung von Kunden angenommen werden (dazu sogleich Rn 1/158), vielmehr müssen sonstige die Unlauterkeit begründende Umstände vorliegen (dazu sogleich unter Rn 1/159). Soweit **Wettbewerbsregeln** (zB Ziff 3 der Wettbewerbsregeln des Bundesverbandes deutscher Zeitungsverleger vom 10.1.2002) mehr oder weniger formale Grenzen für die Einschaltung von Laien in der Werbung vorsehen, sind diese im Zweifel kartellrechtswidrig (Art 101 AEUV, § 1 GWB) und daher nicht geeignet, die wettbewerbsrechtliche Beurteilung zu beeinflussen (zur Problematik derartiger Wettbewerbsregeln MüKoUWG/*Sosnitza* Anh §§ 1–7 I).

1/158 **c) Einzelne Beurteilungskriterien.** Entgegen der früher herrschenden Auffassung (oben Rn 1/157) kann der **Wert der Werbeprämie** für sich alleine die Wettbewerbswidrigkeit der Laienwerbung **nicht** mehr begründen. Die Anreizwirkung, die von einer nicht unerheblichen Prämie ausgeht, kann als solche die Wettbewerbswidrigkeit der Laienwerbung nicht begründen. Ebenso wenig ist Laienwerbung schon deshalb wettbewerbsrechtlich bedenklich, weil die Entscheidung des geworbenen Kunden dadurch beeinflusst sein kann, dass für den Laienwerber eine nicht unerhebliche Prämie ausgesetzt ist und zwischen der beworbenen Ware und der angebotenen Werbeprämie ein sachlicher Zusammenhang nicht gegeben ist (BGH GRUR 06, 949 Rn 15 – *Kunden werben Kunden*). Werbung durch Einsatz von Laien ist somit nur unzulässig, wenn **andere Umstände** als die ausgesetzte Prämie als solche die Unlauterkeit begründen. Dabei ist danach zu differenzieren, ob schon die Konzeption des vom Unternehmer gewählten Systems der Laienwerbung unlautere Umstände aufweist oder ob die gewählte Konzeption für sich genommen neutral ist und hierzu ein eigenmächtiges Handeln des Laienwerbers hinzutritt, aus

Unzulässige Beeinträchtigung der Entscheidungsfreiheit **§ 4.1 UWG**

dem sich unlautere Umstände ergeben (im Ausgangspunkt ebenso *Köhler*/Bornkamm § 4 Rn 1.203 ff).

Die Laienwerbung ist dann unlauter, wenn sie nach ihrer **Konzeption** von 1/159 vornherein wettbewerbswidrige Umstände aufweist. Dies kann einmal dann der Fall sein, wenn der Unternehmer den Laien unzutreffende Informationen zum Produkt zur Verfügung stellt (*Köhler*/Bornkamm § 4 Rn 1.210) oder gegenüber den Umworbenen den unzutreffenden Eindruck einer „Empfehlung" durch den Laien hervorruft (vgl OLG Karlsruhe WRP 95, 960, 961). Unlauter kann es auch sein, das System auf die **Verschleierung** als Werbung anzulegen, etwa durch Empfehlung an die Laien, Freunde oder Bekannte zu privaten Treffen oder Feiern einzuladen (OLG München WRP 96, 42, 44), wodurch zugleich § 4 Nr 3 erfüllt sein kann. Bei der sog **verdeckten Laienwerbung** wird der Laienwerber aufgefordert, gegen Zahlung einer Prämie dem Unternehmen Adressen potentieller Kunden ohne deren Einverständnis und Wissen zu übermitteln (BGH GRUR 92, 622 – *Verdeckte Laienwerbung*); dies ist indes kein Fall des § 4 Nr 1, sondern fällt unter § 4 Nr 11 iVm § 28 BDSG (ebenso *Köhler*/Bornkamm § 4 Rn 1.213). Eine unlautere Laienwerbung kann auch durch Ausnutzung **autoritären Drucks** gekennzeichnet sein, etwa durch den gezielten Einsatz von Arbeitgebern, Betriebsräten (OLG Zweibrücken NJWE-WettbR 00, 40), Lehrer, Feuerwehr (OLG Saarbrücken WRP 05, 759) oder auch Geistliche (OLG München NJWE-WettbR 97, 1, 2). Allerdings kommt es hier in besonderer Weise auf die Umstände des Einzelfalls an. Informiert etwa die Feuerwehr produktneutral über Brandgefahren, so ist es nicht unlauter, wenn der die Veranstaltung organisierende Verbrauchermarkt flankierend dazu Brandschutzutensilien offeriert (aA OLG Saarbrücken WRP 05, 759). Dagegen darf ein unangemessener unsachlicher Einfluss durch **Ausnutzen privater Beziehungen nicht** vorschnell angenommen werden. Der Umstand, dass der Laienwerber veranlasst werden soll, sein berufliches oder privates Umfeld auf das Angebot des Unternehmers anzusprechen, begründet noch keinen unlauteren Wettbewerb und daher noch kein unangemessener unsachlicher Einfluss iSv § 4 Nr 1. Die früher häufig beschworene „Kommerzialisierung der Privatsphäre" ist angesichts des gewandelten Verbraucherleitbilds keine hinreichende Begründung für die Unlauterkeit, da durchschnittlich verständige Verwandte, Nachbarn, Freunde und Berufskollegen durchaus in der Lage sind, Verkaufsofferten auch im privaten Bereich zurückzuweisen (ebenso *Fountoulakis* GRURInt 09, 979, 982 f).

Die Konzeption einer Laienwerbung ist auch dann unlauter angelegt, wenn sie 1/160 von vornherein **auf** eine **unzumutbare Belästigung** der Umworbenen **abzielt** (BGH GRUR 06, 949 Rn 17 – *Kunden werben Kunden*), etwa wenn die Laien von vornherein gezielt instruiert werden, ihr Umfeld mittels Telefon, Fax oder E-Mail ohne vorheriges Einverständnis (§ 7 II Nr 2 und Nr 3) anzusprechen (OLG München WRP 96, 42, 44). Dagegen dürfte ein unangemeldeter Hausbesuch des Laien bei dem Umworbenen für sich genommen heute wohl nicht mehr als unzumutbare Belästigung iSv § 7 I anzusehen sein (aA OLG München WRP 96, 42, 44; *Köhler*/Bornkamm § 4 Rn 1.203). **Sonstige Umstände,** die die Unlauterkeit der Laienwerbung begründen können, können etwa darin liegen, dass sich die Werbung auf Heilmittel bezieht, für die das Verbot der Werbung mit Werbegaben nach § 7 Abs 1 Satz 1 HWG gilt (BGH GRUR 06, 949 Rn 22, 24 – *Kunden werben Kunden*).

Ist dagegen die Konzeption der Laienwerbung als solche neutral gewählt, setzt aber 1/161 der einzelne Laienwerber Mittel ein, die ihrerseits wettbewerbsrechtlich bedenklich sind (Irreführung, Verschleierung, Druckausübung, unzumutbare Belästigung usw), so stellt sich die Sachlage anders dar. Hier ist insbesondere genau zu untersuchen, ob der Laienwerber überhaupt im geschäftlichen Verkehr iSd § 2 I Nr 1 handelt (s § 2 Rn 4 ff). Wer einmalig oder nur gelegentlich einmal in seinem Freundes- oder Bekanntenkreis für eine Ware oder Dienstleistung wirbt, verlässt dadurch regelmäßig noch nicht den privaten Bereich. Anders wird dies dann zu beurteilen sein, wenn der

Sosnitza

einzelne Laienwerber in größerem Umfang und systematisch die Ware oder Dienstleistung des Unternehmers anpreist.

1/162 **d) Wettbewerbsrechtliche Haftung von Laienwerber und Unternehmer.** Ist das konkrete Vertriebssystem als solches (insgesamt) lauterkeitsrechtlich unzulässig (Rn 1/159), haftet dafür der Unternehmer und neben ihm der Laienwerber, der mit seinem Vorgehen den Absatz des Unternehmers fördert (§ 2 Nr 1), soweit der Laienwerber nicht nur privat, sonde
rn im geschäftlichen Verkehr handelt (Rn 1/161). Im Übrigen haftet der Laienwerber für sein eigenes – geschäftliches – wettbewerbswidriges Verhalten gegenüber dem Umworbenen (§§ 3, 8 I) und neben ihm der Unternehmer für das des Laienwerbers, der als sein Beauftragter für ihn tätig wird, § 8 II (*Köhler*/Bornkamm § 4 Rn 1.206; Fezer/*Steinbeck* § 4–1 Rn 432; *Isele* WRP 10, 1215).

Ausnutzung von Gebrechen, Alter, Unerfahrenheit, Leichtgläubigkeit, Angst oder Zwangslagen

§ 4 Beispiele unlauterer geschäftlicher Handlungen

Unlauter handelt insbesondere, wer

...

2. geschäftliche Handlungen vornimmt, die geeignet sind, geistige oder körperliche Gebrechen, das Alter, die geschäftliche Unerfahrenheit, die Leichtgläubigkeit, die Angst oder die Zwangslage von Verbrauchern auszunutzen;

...

Inhaltsübersicht

	Rn
A. Allgemeines	2/1
I. Normzweck und Bedeutung der Regelung	2/1
II. Unionsrecht	2/4
III. Verhältnis zu anderen Vorschriften	2/5
B. Tatbestandliche Voraussetzungen	2/6
I. Ausnutzung	2/6
II. Einzelne Fallgestaltungen	2/7
1. Ausnutzung geistiger oder körperlicher Gebrechen	2/7
2. Ausnutzung des Alters	2/8
3. Ausnutzung geschäftlicher Unerfahrenheit	2/9
a) Geschäftliche Unerfahrenheit	2/9
b) Kinder und Jugendliche	2/10
c) Erwachsene	2/13
d) Rechtsunkenntnis	2/14
e) Datenerfassung	2/22
4. Ausnutzung von Leichtgläubigkeit	2/23
5. Ausnutzung von Angst	2/24
6. Ausnutzen einer Zwangslage	2/28
C. Weitere Verbotsvoraussetzungen (§ 3)	2/30

Literatur: *Albert,* Die wettbewerbsrechtliche Beurteilung der werblichen Beeinflussung von Kindern, 2001; *Albrecht,* Die Mitwirkung von Kindern bei Werbeveranstaltungen und bei der Herstellung von Werbemitteln nach dem neuen Jugendarbeitsschutzgesetz, WRP 1976, 592; *Baukelmann,* Jugendschutz und Lauterkeitsrecht – neue europäische Gesichtspunkte?, FS Ull-

Ausnutzung von Gebrechen, Alter, Unerfahrenheit usw. **§ 4.2 UWG**

mann, 2006, S 587; *Beater,* Verbraucherverhalten und Wettbewerbsrecht, FS Tilmann, 2003, S 87; *Benz,* Kinderwerbung und Lauterkeitsrecht, 2002; *Benz,* Werbung vor Kindern unter Lauterkeitsgesichtspunkten, WRP 2003, 1160; *Böhler,* Wettbewerbsrechtliche Schranken für Werbemaßnahmen gegenüber Minderjährigen, WRP 2011, 1028; *Brändel,* Jugendschutz im Wettbewerbsrecht, FS v. Gamm, 1990, S 9; *Bülow,* Die wettbewerbsrechtliche Bewertung der Werbung gegenüber Kindern, BB 1974, 768; *ders,* Werbung gegenüber Kindern und Jugendlichen – Nationales und europäisches Recht, FS Piper, 1996, S 121; *Charlton/Neumann/Braun/Aufenanger/ Hoffmann-Riem,* Fernsehwerbung und Kinder, 1995; *Dembowski,* Kinder und Jugendliche als Werbeadressaten, FS Ullmann, 2006, 599; *Eisenhardt,* Werbung gegenüber Kindern, WRP 1997, 283; *Engels,* Wettbewerbsrechtliche Grenzen der Fernsehwerbung für Kinder, WRP 1997, 6; *Fuchs,* Wettbewerbsrechtliche Schranken bei der Werbung gegenüber Minderjährigen, WRP 2009, 255; *Girth/Sack,* Die Werbung mit der Inflation WRP 1974, 181; *Groner,* Der Rückgriff auf die Generalklausel des § 3 UWG zur Bestimmung der Unlauterkeit einer Wettbewerbshandlung, 2008; *Heermann,* Ausnutzen der geschäftlichen Unerfahrenheit von Kindern und Jugendlichen in der Werbung, FS Raiser, 2005, S 681; *ders,* Richtlinienkonforme Auslegung und Anwendung von § 4 Nr 2 UWG, GRUR 2011, 781; *Henning-Bodewig,* Neuorientierung von § 4 Nr 1 und 2 UWG?, WRP 2006, 621; *Köhler,* Kopplungsangebote (einschließlich Zugaben) im geltenden und künftigen Wettbewerbsrecht, GRUR 2003, 729, 737; *ders,* Minderjährigenschutz im Lauterkeitsrecht, FS Ullmann, 2006, 685; *ders,* Werbung gegenüber Kindern: Welche Grenzen zieht die Richtlinie über unlautere Geschäftspraktiken?, WRP 2008, 700; *ders,* Dogmatik des Beispielskatalogs des § 4 UWG, WRP 2012, 638; *Mankowski,* Klingeltöne auf dem wettbewerbsrechtlichen Prüfstand, GRUR 2007, 1013; *ders,* „Hol es dir und zeig es deinen Freunden" – Der Schutz von Kindern und Jugendlichen im Werberecht, in: Bork/Repgen (Hrsg), Das Kind im Recht, 2009, S 51; *Peterek,* Ausnutzen der Rechtsunkenntnis – Anwendungsfall des § 4 Nr 2 UWG?, WRP 2008, 714; *Scherer,* Schutz „leichtgläubiger" und „geschäftlich unerfahrener" Verbraucher in § 4 Nr 2 UWG nF – Wiederkehr des alten Verbraucherleitbildes „durch die Hintertür", WRP 2004, 1355; *dies,* Die Werbung zur Ausnutzung der Angst von Verbrauchern nach § 4 Nr 2 nF – Neukonzeption eines altvertrauten Tatbestandes, WRP 2004, 1426; *Schnorbus,* Werbung mit der Angst, GRUR 1994, 15; *Tetzner,* Ist Werbung mit der Angst unlauter?, MDR 1975, 281; *Yankova/Hören,* Besondere Schutzbedürftigkeit von Senioren nach dem UWG?, WRP 2011, 1236; *Zagouras,* Werbung für Mobilfunkmehrwertdienste und die Ausnutzung der geschäftlichen Unerfahrenheit von Kindern und Jugendlichen nach § 4 Nr 2 UWG, GRUR 2006, 731.

A. Allgemeines

I. Normzweck und Bedeutung der Regelung

§ 4 Nr 2 bezweckt den **Schutz von Verbrauchern** in bestimmten **Ausnahmesituationen.** Als solche nennt das Gesetz geistige oder körperliche Gebrechen, das Alter, die geschäftliche Unerfahrenheit, Leichtfertigkeit, Angst oder Zwangslage. Mit dieser Vorschrift greift das Gesetz auf Fallgruppen zurück, wie sie die Rechtsprechung zu § 1 UWG aF entwickelt hatte. **Schutzsubjekt** sind – abweichend vom Leitbild des erwachsenen Durchschnittsverbrauchers (§ 2 Rn 104ff, 107, 110) – besonders schutzbedürftige Verbraucherkreise (BGH GRUR 11, 747 Rn 30 – *Kreditkartenübersendung;* GRUR 06, 776 Rn 19 – *Werbung für Klingeltöne*), die sich in einer der vom Gesetz umschriebenen schutzwürdigen Situationen befinden, also in der Rationalität ihrer Nachfrageentscheidung bestimmten Einschränkungen unterliegen. In Betracht kommen insoweit besonders schutzwürdige Verbraucherkreise wie beispielsweise Kinder und Jugendliche, aber auch sprach- und geschäftsungewandte, körperlich oder geistig behinderte, uU auch ältere Personen (BegrRegEntw, B zu § 4 Nr 2, BT-Drucks 15/1487, S 17). Geschützt von § 4 Nr 2 werden jedoch nicht solche Verbraucher, die es lediglich aus Bequemlichkeit, Nachlässigkeit oder Gleichgültigkeit

2/1

unterlassen, auf die Angebote der Unternehmer kritisch einzugehen. § 4 Nr 2 schützt (nur) *Verbraucher,* nicht sonstige Marktteilnehmer (zum Begriff § 1 Rn 27 ff). Jedoch ist es nicht ausgeschlossen, ausnahmsweise auch *sonstige Marktteilnehmer,* deren Rationalität der Nachfrageentscheidung aus bestimmten Gründen eingeschränkt ist, unmittelbar über § 3 I zu schützen, auch wenn derartige Fälle nur sehr selten vorkommen dürften. Umstritten ist die davon zu unterscheidende Frage, inwieweit *Verbraucher* aus anderen als in § 4 Nr 2 genannten Gründen besonders schutzwürdig erscheinen können, sodass zusätzlicher Schutz über § 3 I, II nötig ist (dafür 4. Aufl Rn 2/1; aA *Groner* S 232). Nach der Aufnahme auch der geistigen oder körperlichen Gebrechen sowie des Alters in § 4 Nr 2 (Rn 2/7 f) dürfte indes kaum noch ein Bedürfnis für den Rückgriff auf die Generalklausel bestehen.

2/3 Zur Umsetzung der UGP-RL ist § 4 Nr 2 durch die **Novelle von 2008** in zweifacher Hinsicht geändert worden. Zum einen wurden die Wörter „insbesondere von Kindern und Jugendlichen" gestrichen. Dies geschah ausschließlich, um eine gemeinschaftskonforme Auslegung des UWG zu erleichtern, da der Begriff des Kindes in Ziff 28 des Anhangs zu § 3 Abs 3 UWG-E in Übereinstimmung mit Ziff 28 des Anhangs I der Richtlinie auftaucht und dementsprechend gemeinschaftsrechtlicher Natur ist (BT-Dr 16/10145, S 22f). Zum anderen wurden die Worte „geistige oder körperliche Gebrechen" sowie „das Alter" aufgenommen, da diese Begriffe auch ausdrücklich in Art 5 III der Richtlinie genannt werden. Die ausdrückliche Erwähnung besonders schutzbedürftiger Gruppen verdeutlicht, dass deren Schutz vor unlauteren geschäftlichen Handlungen ein besonderes Anliegen der Richtlinie ist. Daher soll dieser Schutz ausdrücklich normiert werden (BT-Dr 16/10 145, S 22). Die erforderliche Eingrenzung des Tatbestandes erfolgt nach wie vor über eine sachgerechte Auslegung des Begriffs des „Ausnutzens" (Rn 2/7).

II. Unionsrecht

2/4 Die in § 4 Nr 2 enthaltenen Handlungen sind nichts anderes als Erscheinungsformen **aggressiver Geschäftspraktiken** nach Art 8 UGP-RL. Die geistigen und körperlichen **Gebrechen,** das **Alter** und die **Leichtgläubigkeit** sind in Art 5 III UGP-RL ausdrücklich angesprochen, auch wenn diese Regelung nur den Maßstab des Adressatenkreises betrifft und keinen eigenständigen Unlauterkeitstatbestand darstellt. Die **Angst** und die **Zwangslage** sind situationsbezogene Umstände, die auf Art 9 lit c UGP-RL zurückgeführt werden können. Die **geschäftliche Unerfahrenheit** wird als solche zwar in der Richtlinie nicht ausdrücklich erwähnt, doch können auf sie abzielende Geschäftspraktiken zum einen ohne Weiteres nach Art 8 bzw Art 5 II UGP-RL (ebenso jurisPK-UWG/*Seichter* § 4 Nr 2 Rn 11) oder zumindest teilweise den Kategorien des Alters bzw der Leichtgläubigkeit zuordnen (ebenso *Köhler* WRP 12, 638, 641 f). Auch das Tatbestandsmerkmal des **Ausnutzens** führt nicht dazu, dass § 4 Nr 2 hinter der UGP-RL zurückbleibt (aA *Heermann* GRUR 11, 781, 782; *Böhler* WRP 11, 1028, 1029; GK/*Pahlow* § 4 Nr 2 Rn 12); hier aus der Formulierung in Art 5 III „vernünftigerweise vorhersehbar" einen Gegensatz zu konstruieren, überzeugt schon deswegen nicht, weil die UGP-RL in Egrd 18 und in Art 9 lit c ebenfalls von einem „Ausnutzen" spricht. § 4 Nr 2 ist daher ohne Weiteres als **europarechtskonform** anzusehen und unterliegt selbstverständlich einer richtlinienkonformen Auslegung, insbesondere beim Begriff des Ausnutzens (vgl Rn 2/7).

III. Verhältnis zu anderen Vorschriften

2/5 § 4 Nr 2 überschneidet sich vielfach mit den Tatbestandsalternativen des § 4 Nr 1, so wenn die Ausübung von Druck mit der Ausnutzung der dadurch geschaffenen Zwangslage einhergeht oder wenn eine unangemessene unsachliche Beeinflussung mit Mitteln der Wertreklame oder mit aleatorischen Reizen (§ 4 Nr 1, 3. Alt,

Nr 4–6) die Unerfahrenheit von Verbrauchern, insbesondere von Kindern und Jugendlichen ausnutzt. Zusammentreffen kann § 4 Nr 2 des Weiteren mit der Verschleierung von Werbemaßnahmen (§ 4 Nr 3), mit Verstößen gegen marktverhaltensregelnde Normen (§ 4 Nr 11), mit irreführenden (§ 5) und belästigenden Wettbewerbshandlungen (§ 7). Alle diese Regelungen sind nebeneinander anwendbar, keine ist lex specialis (BGH GRUR 06, 161 Rn 21 – *Zeitschrift mit Sonnenbrille*). Auf eine trennscharfe Abgrenzung kommt es aber auch nicht an, da sich die Verbotsfolge des unlauteren Vorgehens ohnehin nur einheitlich über § 3 ergibt. Dagegen kommt ein unmittelbarer Rückgriff auf § 3 bei § 4 Nr 2 nur ähnlichen Situationen idR nicht in Betracht (*Groner* S 232). Zu Spezialregelungen in anderen Gesetzen Rn 26.

B. Tatbestandliche Voraussetzungen

I. Ausnutzung

Die geschäftliche Handlung (§ 2 I Nr 1), die § 4 Nr 2 voraussetzt, besteht im **Ausnutzen einer besonderen (Ausnahme-)Situation** des Verbrauchers. Ausnutzen umfasst eine objektive *und* subjektive Komponente. Ausnutzen ist Handeln **in Kenntnis** der Ausnahmesituation des Umworbenen und *gezieltes* Gebrauchmachen von dieser Kenntnis, um den vom Werbenden angestrebten wirtschaftlichen Erfolg, zB das Zustandekommen des Absatzgeschäfts, zu erreichen. Für den Begriff der Ausnutzung kommt es daher darauf an, dass sich der Werbende die eingeschränkte Rationalität der Nachfrageentscheidung des Umworbenen bei der Verfolgung seiner kommerziellen Interessen absichtlich zunutze macht (aA *Baukelmann* FS Ullmann, S 587, 594). Dass er damit Erfolg hat, ist nicht vorausgesetzt. Es genügt, dass die Handlung zur Ausnutzung der Ausnahmesituation *geeignet* ist. Das ist die dann, wenn die Gefahr besteht, dass der Verbraucher zu rationaler Entscheidung auf Grund eines der in § 4 Nr 2 genannten besonderen Umstände nicht mehr imstande ist. Abzustellen ist insoweit auf das Verständnis des Durchschnitts des von der Werbung ausgesprochenen Verkehrskreises. Werbung gegenüber einer bestimmten Bevölkerungsgruppe, zB gegenüber Kindern oder Jugendlichen, muss auf den durchschnittlich informierten, aufmerksamen und verständigen Angehörigen dieser Gruppe abstellen, § 3 II (vgl auch BGH GRUR 09, 71 Rn 14 – *Sammelaktion für Schoko-Riegel*). Eine Werbung, die gegenüber einer nicht besonders schutzwürdigen Gruppe noch zulässig ist, kann daher gegenüber geschäftlich unerfahrenen Personen unzulässig sein (BGH GRUR 06, 776 Rn 19 – *Werbung für Klingeltöne* mwN). 2/6

II. Einzelne Fallgestaltungen

1. Ausnutzung geistiger oder körperlicher Gebrechen. Der Begriff der geistigen oder körperlichen Gebrechen ist durch die Novelle von 2008 eingefügt worden und geht zurück auf Art 5 III der UGP-RL. Darunter fallen grundsätzlich alle Schäden oder Behinderungen an Geist oder Körper, wie zB Blindheit, Taubheit, Down-Syndrom, Katatonie oder Demenz. 2/7

2. Ausnutzung des Alters. Die Tathandlung des Ausnutzens des Alters ist durch die Novelle von 2008 aufgenommen worden, da das Alter auch in Art 5 III der UGP-RL genannt wird. Das Ausnutzen des Alters kann in zwei Richtungen in Betracht kommen. Wendet sich eine geschäftliche Handlung an **sehr junge** Adressaten, kann vorrangig Ziff 28 des Anhangs nach § 3 III eingreifen; außerdem können Überschneidungen mit dem Ausnutzen der geschäftlichen Unerfahrenheit (Rn 2/9 ff) wie auch der Leichtgläubigkeit (Rn 2/23) nach § 4 Nr 2 auftreten. Zielt das geschäftliche Handeln dagegen auf **besonders alte Verbraucher,** werden regelmäßig zugleich auch 2/8 geistige oder körperliche Gebrechen ausgenutzt. In diesem Schnittfeld kann es zB gegen § 4 Nr 2 verstoßen, wenn Senioren zu Pflegeheimverträgen veranlasst werden, indem gezielt ihre Angst angesprochen wird, in einer privaten Wohnung könne jederzeit etwas passieren, während nur in einem Pflegeheim sofort schnelle Hilfe bereit stehe (*Burmeister/Alexander* WRP 09, 159, 167), vgl auch Ziff 12 des Anhangs zu § 3 III. Allerdings besteht keine besondere Schutzbedürftigkeit von Senioren alleine wegen fortgeschrittenen Alters (vgl *Yankova/Hören* WRP 11, 1236 ff).

2/9 **3. Ausnutzung geschäftlicher Unerfahrenheit. a) Geschäftliche Unerfahrenheit.** Geschäftliche Unerfahrenheit ist **Mangel an Lebenserfahrung** und das **Unvermögen**, Bedeutung und wirtschaftliche Auswirkungen eines rechtsgeschäftlichen Handelns sachgerecht so einschätzen zu können, wie das einem verständigen Durchschnittsverbraucher (§ 2 Rn 104 ff, 107, 110 ff) des angesprochenen Verkehrskreises möglich ist. Jedoch ist **nicht jedes wettbewerbliche Vorgehen** gegenüber solchen Personen – die ja ungeachtet ihrer geschäftlichen Unerfahrenheit am Geschäftsleben teilhaben – **unlauter**. Das wird es erst, wenn gerade die geschäftliche Unerfahrenheit vom Werbenden *gezielt* ausgenutzt wird (Rn 2/6). Maßgebend für die Beurteilung dieser Frage ist die konkrete Lebenssituation, in der der Verbraucher steht, wenn ihn die Werbung erreicht. Bei Geschäften des täglichen Lebens kann regelmäßig ein Weniger an Unerfahrenheit vorausgesetzt werden als beispielsweise bei Immobilien-, Bank- oder Versicherungsgeschäften oder bei gesundheitsbezogenen Angeboten. Entscheidend sind die Umstände des Einzelfalls, die persönlichen Eigenschaften des potentiellen Kunden und Besonderheiten des Verkehrskreises, dem er angehört, oder die Art der angebotenen Waren oder Dienstleistungen.

2/10 **b) Kinder und Jugendliche.** Auch gegenüber Minderjährigen ist **Werbung** zwar **grundsätzlich zulässig** (OGH wbl 08, 605, 607 – *PonyClub;* vgl Anh § 3 Rn 59 ff [Ziff 28]). § 4 Nr 2 stellt aber strengere Anforderungen als sie sonst angebracht sind (BGH GRUR 06, 776 Rn 21 – *Werbung für Klingeltöne*), weil Kinder und Jugendliche im Alter bis zu 14 bzw 18 Jahren **regelmäßig geschäftlich unerfahren** und daher besonders schutzbedürftig sind. Für diese Annahme spricht eine aus der Lebenserfahrung folgende, keines weiteren Nachweises bedürfende – im Einzelfall allerdings widerlegbare – **Vermutung** (ebenso *Böhler* WRP 11, 1028, 1030). Kinder und Jugendliche sind altersbedingt im Allgemeinen zu kritisch-rationaler Abschätzung der wirtschaftlich-finanziellen Bedeutung und Tragweite geschäftlicher Entschließungen nicht imstande und unterliegen den Risiken und Verlockungen der Werbung eher als Erwachsene (vgl OLG Nürnberg GRUR-RR 03, 315, 316 – *Werbeschreiben an Kunden;* OLG Hamburg GRUR-RR 03, 317, 318 = WRP 03, 1003, 1005 f – *BRAVO-Girl*). Allerdings kann bei der Beurteilung des konkreten Einzelfalls auch der mit dem Alter zunehmende Reifeprozess bei Minderjährigen berücksichtigt werden (OLG Hamm WRP 13, 375 Rn 31; *Mankowski* in: Bork/Repgen, S 51, 59 f). Gefährdet sind sie vor allem dann, wenn sie mit Zugaben oder mit aleatorischen Reizen wie Gewinnspielen uä (§ 4 Rn 1/106 ff) umworben werden. Aber auch ohne solche Besonderheiten ist die Ausnutzung der geschäftlichen Unerfahrenheit von Kindern und Jugendlichen **stets unlauter**. So ist es wettbewerbswidrig, Kinder im Grundschulalter in Jugendzeitschriften aufzufordern, durch (gebührenpflichtige) Telefonanrufe beim Hersteller oder Händler Neuerscheinungen von Spielzeugen abzufragen (OLG Frankfurt GRUR 94, 522, 523 – *LEGO-Hotline*) oder in der Werbung für Klingeltöne, Logos, SMS-Bilder uä gegenüber Jugendlichen nur den Minutenpreis die Telefongesprächs anzugeben und nicht die voraussichtlich entstehenden höheren Kosten anzugeben (BGH aaO – *Werbung für Klingeltöne* [Tz 24]). Nicht weniger problematisch sind die heute üblichen Klingelton-Abonnements („Sparabo"), bei denen die Minderjährigen häufig genug nicht die sich summierenden Kosten abschätzen können (vgl. *Mankowski* GRUR 07, 1013, 1017 ff; *Zagouras* GRUR 06, 731). Dagegen liegt **kein** Ausnutzen der geschäftlichen Unerfahrenheit von Kunden und Jugendlichen vor, wenn von einer ausreichenden Kenntnis des Marktes und der Werthaltigkeit der Angebote ausgegangen werden kann und keine nennenswerten wirtschaftlichen Belastungen mit dem Kauf verbunden sind, wie zB bei dem Angebot einer Jugendzeitschrift mit einer Sonnenbrille (BGH GRUR 06, 161 Rn 19 – *Zeitschrift mit Sonnenbrille*) oder bei einer Sammelaktion, bei der innerhalb von acht Monaten Schoko-Riegel im Gesamtwert von 10 € gekauft werden müssen, um an einen Gutschein im Wert von 5 € zu kommen (BGH GRUR 09, 71 Rn 9 – *Sammelaktion für Schoko-Riegel*). Gerade bei Sammel- und Treueaktionen ist auch zu berücksichtigen, dass derartige Maßnahmen dazu beitragen, Kinder und Jugendliche auf das alltägliche Marktgeschehen in der Welt der Erwachsenen vorzubereiten (BGH GRUR 09, 71 Rn 15 – *Sammelaktion für Schoko-Riegel*).

Nicht unter § 4 Nr 2 fällt es, wenn Werbemaßnahmen Kinder und Jugendliche ansprechen, das Produkt typischerweise nicht selbst erwerben, sondern als sog **Kaufmotivatoren** die Eltern, Verwandte, Erziehungsberechtigte oder sonstige Dritte zum Kauf zu bewegen versuchen. In derartigen Fällen ist auf die Willensentschließungsfreiheit der *Eltern* ua als potentielle Käufer abzustellen, die aber auch im Sinne des § 4 Nr 1 regelmäßig nicht beeinträchtigt ist, da vernünftige Erziehungsberechtigte im Allgemeinen in der Lage sind, Kaufwünschen der Kinder ablehnend zu begegnen (BGH GRUR 08, 183 Rn 17 – *Tony Taler;* Rn 1/31). Daher ist auch das Aufstellen sog Quengelware im Kassenbereich von Supermärkten für sich genommen nicht unzulässig (str vgl Anh § 3 Rn 72 [Ziff 28]). 2/11

Die besondere **Schutzbedürftigkeit von Kindern und Jugendlichen** hat neben § 4 Nr 2 in einer ganzen Reihe weiterer Regelungen Ausdruck gefunden, deren Verletzung als wettbewerbsbezogener Marktverhaltensregelungen unter den Voraussetzungen des § 4 Nr 11 das Unlauterkeitsurteil begründen kann. Dahingehende Werbeverbote enthalten der Rundfunkstaatsvertrag (RStV, § 44 I), der Jugendmedienschutz-Staatsvertrag (JMStV, § 6), das Heilmittelwerbegesetz (HWG, § 11 Nr 12) und das Gesetz über die Verbreitung jugendgefährdender Schriften und Medieninhalte (GjS, § 5 I). Es handelt sich um Spezialregelungen, die § 4 Nr 2, der neben ihnen anwendbar bleibt, nicht ausschließen (aA MüKoUWG/*Heermann* § 4 Nr 2 Rn 32; vgl auch unten Rn 2/26, 2/5). Etwaige private Verhaltensregeln, wie zB die Werberegeln der ZAW sind rechtlich nicht verbindlich und können auch nicht zur Konkretisierung von § 4 Nr 2 herangezogen werden (ebenso *Köhler*/Bornkamm § 4 Rn 2.12; aA MüKoUWG/*Heermann* § 4 Nr 2 Rn 32; vgl allgemein MüKoUWG/*Sosnitza* Anh §§ 1–7 I Rn 7). Vorrang vor § 4 Nr 2 hat **Ziff 28 des Anhangs** zu § 3 III, der sich teilweise mit § 4 Nr 2 überschneidet (vgl Anh § 3 Rn 71 [Ziff 28]). 2/12

c) **Erwachsene.** Anders als bei Kindern und Jugendlichen (Rn 2/10) kann bei Erwachsenen **geschäftliche Unerfahrenheit** nicht ohne weiteres vorausgesetzt werden. Bei ihnen bedarf sie besonderer Feststellung. Anders kann es liegen bei betagten oder kranken Personen (Heiminsassen) oder solchen, die wie zB Aussiedler mit den Lebensverhältnissen ihrer neuen Umgebung (noch) nicht vertraut sind (vgl BGH GRUR 98, 1041, 1042 – *Verkaufsveranstaltung in Aussiedlerwohnheim*). Steht die geschäftliche Unerfahrenheit fest, sei es, dass sie vermutet werden kann, sei es, dass sie nachgewiesen ist, ist die gezielte Ausnutzung dessen unlauter. Auf das Vorliegen einer Täuschung (§ 5) oder des Einsatzes anderer unsachlicher Mittel wie Zugaben oder aleatorischer Reize, die die Unlauterkeit des Vorgehens verstärken können, kommt es dann nicht entscheidend an. 2/13

d) **Rechtsunkenntnis.** Ausnutzung geschäftlicher Unerfahrenheit ist auch das **Ausnutzen von Rechtsunkenntnis.** Darum geht es bei der Verletzung gesetzlicher Informationspflichten, die zum Schutz der Rechte des Verbrauchers Belehrungspflichten vorschreiben, sowie bei bewusst unrichtigen Angaben des Werbenden über die dem Kunden zur Verfügung stehenden rechtlichen Möglichkeiten, zB durch Verwendung unwirksamer AGB oder durch andere Maßnahmen, die geeignet sind, den 2/14

Kunden von der Ausübung seiner Rechte abzuhalten. Auszugehen ist bei der Beurteilung von den Rechtskenntnissen eines verständigen Durchschnittsverbrauchers (Rn 2/1). Fehlt es daran, befindet sich der Verbraucher in der von § 4 Nr 2 vorausgesetzten Ausnahmesituation.

2/15 So ist es unlauter, Vertragsformulare zu verwenden, die entgegen den gesetzlichen Vorschriften den Vertragspartner über Widerrufs-, Rücktritts- und Rückgaberechte bei Kredit-, Abzahlungs-, Haustür- und Versicherungsgeschäften **nicht, unvollständig oder falsch** belehren (vgl §§ 355 II, 358 V BGB; § 8 I, II VVG) und deshalb geeignet sind, den die Rechtslage nicht überblickenden Vertragspartner von der Ausübung seiner Widerrufsrechte usw abzuhalten (BGH GRUR 86, 816, 818 – *Widerrufsbelehrung bei Teilzahlungskauf;* GRUR 90, 1020, 1022 – *Freizeitveranstaltung;* GRUR 94, 59, 60 – *Empfangsbestätigung;* GRUR 95, 68, 70 – *Schlüssel-Funddienst;* sa § 4 11/299f; aA *Peterek* WRP 08, 714, 721f: nur § 4 Nr 11). Dagegen stellt die bloße Verwendung sonstiger, unwirksamer AGB ohne Hinzutreten besonderer Umstände keinen Verstoß gegen § 4 Nr 2 dar (OLG Köln WRP 07, 1111 – *Marktverhaltensregeln*).

2/16 Unlauter ist auch die gezielte Ausnutzung der Rechtsunkenntnis durch Verletzung von Vorschriften, die die Rechtsbelehrung **sicherstellen** sollen (BGH GRUR 86, 819, 820 – *Zeitungsbestellkarte:* Verwendung von Abonnements-Bestellkarten, die nur die Möglichkeit einer Unterschrift für den Besteller vorsehen; GRUR 90, 534 – *Abruf-Coupon:* Fehlende Belehrung darüber, dass zur Fristwahrung die rechtzeitige Absendung des Widerrufs genügt; GRUR 90, 1015, 1016 – *Order-Karte:* Bestellkarte ohne ordnungsgemäße Belehrung trotz Einräumung eines jederzeitigen Kündigungsrechts; GRUR 90, 1016, 1017 – *Sprachkurs:* Bestellcoupon für Sprachkurs in Teillieferungen ohne Widerrufsbelehrung).

2/17 Eine gesetzlich angeordnete Belehrung muss aus wettbewerbsrechtlicher Sicht, damit sie ihren Zweck erreichen kann, **inhaltlich zutreffend, vollständig** und **unmissverständlich** sein. Sie muss dem Aufklärungsziel Rechnung tragen und das Wissen vermitteln, auf das die Belehrung abzielt (BGH WRP 96, 202, 203 – *Widerrufsbelehrung II;* WRP 96, 204, 205f – *Widerrufsbelehrung III*). Mit der Widerrufsbelehrung dürfen andere Erklärungen, sofern sie nicht den Sinn der Widerrufsbelehrung ausschließlich verdeutlichen, nicht verbunden werden. Unzulässig ist daher die Beifügung von Erklärungen, die einen eigenen Inhalt haben und weder für das Verständnis noch für die Wirksamkeit der Widerrufsbelehrung von Bedeutung sind und deshalb von dieser ablenken, zB die Beifügung vorgedruckter, vom Kunden zu unterschreibender Empfangsbestätigungen (BGH GRUR 94, 59, 60 – *Empfangsbestätigung*). Eine ordnungsgemäße Widerrufsbelehrung setzt voraus, dass der Verbraucher nicht nur über den Ablauf, sondern auch über den **Beginn der Widerrufsfrist** unterrichtet wird, vgl § 355 II BGB nF (BGHZ 121, 52, 54ff = WRP 93, 392, 393f – *Widerrufsbelehrung I*).

2/18 Aber auch unabhängig von der Verletzung von Belehrungspflichten kann aus der **Rechtsunkenntnis des Vertragspartners** in unlauterer Weise Nutzen gezogen werden. Ein Reiseveranstalter (s Art 2 Nr 2 der Pauschalreise-Richtlinie des Rates 90/314/EWG v 13.6.1990 [ABl EG Nr L 158/59], umgesetzt durch Gesetz v 24.6.1994 [BGBl I S 1322]), der als Vertragspartei des Reisekunden die Reiseleistungen einer Pauschalreise (Art 2 Nr 1 der Pauschalreise-Richtlinie) erbringt – sei es in eigener Regie, sei es unter Einschaltung eines anderen Unternehmens-, nutzt die Rechtsunkenntnis seiner Kunden unlauter aus, wenn er ohne Übergabe eines **Sicherungsscheins** (§ 651k IV BGB) bzw ohne Nachweis sonstiger Sicherungsleistungen (§ 651k V BGB) und ohne Hinweis auf die Gesetzeslage insoweit von seinen die Rechtslage nicht überschauenden Vertragspartnern Zahlungen auf den Reisepreis fordert oder annimmt. Die im Interesse eines effektiven Verbraucherschutzes zwingend ausgestalteten gesetzlichen Bestimmungen schaffen gleiche Wettbewerbsbedingungen unter allen Reiseveranstaltern, auch wenn durch § 651k BGB unmittelbar

Ausnutzung von Gebrechen, Alter, Unerfahrenheit usw. **§ 4.2 UWG**

nur die Leistungsbeziehungen zwischen den Reisevertragspartnern geregelt werden (BGH GRUR 00, 731, 733 – *Sicherungsschein*). In gleicher Weise wettbewerbswidrig handelt ein Reiseveranstalter, der – ohne nach dem Vertrag dazu berechtigt zu sein – von seinen Reisekunden wechselkursbedingte Verluste nachfordert, wenn er ohne Hinweis darauf, dass die Nachzahlung freiwillig ist, den Eindruck erweckt, die Nachforderungen seien vertraglich geschuldet (LG Heidelberg NJWE-WettbR 99, 222, 223 – *Einseitige Preiserhöhung durch Reiseveranstalter*).

Ein Dienstleistungsangebot, das als Vergütung eine Einmalzahlung oder – entsprechend den geleisteten Diensten – Zahlung in Raten vorsieht, verstößt nicht gegen das UWG. Ein solches Angebot ist **kein Kreditangebot** iS des § 491 I nF BGB oder des § 6 I PAngV und verpflichtet nicht zur Widerrufsbelehrung. Ob der *Verkehr* von einem Kredit insoweit ausgeht, ist *unerheblich*. Ob ein Kredit iS dieser Bestimmungen gewährt wird, hängt nicht vom Verständnis des Verbrauchers, sondern von **objektiven Gegebenheiten** ab, insbesondere von der Frage, ob dem Verbraucher finanzielle Mittel zur Verfügung gestellt werden, über die er ohne die Kreditabsprache nicht verfügte (BGH WRP 96, 292, 294 – *Ausbildungsverträge*). Wettbewerbswidrig ist eine nicht zutreffende Unterrichtung des Kunden über Teilzahlungspreis und effektiven Jahreszins, die über die Berechtigung zur Geltendmachung tatsächlich nicht zustehender Rechte täuschen kann (BGH GRUR 89, 669, 672 – *Zahl nach Wahl*). 2/19

Außerhalb der gesetzlich geregelten Fälle besteht **keine allgemeine Verpflichtung,** den Vertragspartner über Widerrufsrechte oder andere Rechte zu belehren. Es besteht auch (außerhalb von § 5a) keine allgemeine Hinweispflicht auf Umstände, die für die Willensbildung des anderen Teils von Bedeutung sein könnten. Die fehlende Kenntnis der Rechtsprechung zur Erstattung von Sachverständigenkosten macht einen Unfallgeschädigten nicht zu einer geschäftlich unerfahrenen Person (BGH GRUR 07, 978 Rn 27 – *Rechtsberatung durch Haftpflichtversicherer*; *Peterek* WRP 08, 714, 721 f). Das Hinzutreten besonderer Umstände kann allerdings Hinweis- und Belehrungspflichten auslösen, wenn das Handeln andernfalls unlauter sein würde. Behält sich der Unternehmer in einem Werbeprospekt im Zusammenhang mit Maßangaben Irrtümer vor, liegt darin im Allgemeinen kein derartiges Unlauterkeitsmerkmal (BGH GRUR 97, 472, 473 – *Irrtum vorbehalten*). 2/20

Verträge, die zustande gekommen sind unter Verstoß gegen § 4 Nr 2, sind uU anfechtbar (§§ 119, 123 BGB), aber nicht ohne Weiteres nichtig (Folgeverträge, Einf D Rn 67). 2/21

e) Datenerfassung. Nach der Begründung des Regierungsentwurfs zu § 4 Nr 2 (BT-Drucks 15/1487, S 17) sollen von dieser Vorschrift auch Fälle im Vorfeld von konkreten Verkaufsförderungsmaßnahmen erfasst werden, beispielsweise dann, wenn **Daten** von Kindern oder Jugendlichen **zu Werbezwecken** erhoben werden. Jedoch geht es dabei nicht um *jede* Datenerfassung (vgl OLG Hamm WRP 13, 375 Rn 37). Gemeint ist ein Vorgehen, durch das sich der Handelnde die Angabe von Daten unter Ausnutzung der geschäftlichen Unerfahrenheit der Befragten etwa durch unzutreffende Angaben über den Erhebungszweck, durch Gewährung eines „Entgelts" – zB Teilnahme an einem Gewinnspiel oder Werbegeschenk (OLG Hamm WRP 13, 375 Rn 42) – oder durch ein anderes unzulässiges Handeln erschleicht (*Köhler*/Bornkamm § 4 Rn 2.41). 2/22

4. Ausnutzung von Leichtgläubigkeit. Leichtgläubig ist der Verbraucher, der die Angebote und Erklärungen des Werbenden ohne weiteres hinnimmt und sich aufdrängende Fragen nicht stellt, weil er mehr oder weniger blind auf die Richtigkeit der ihm gemachten Angaben vertraut, so dass sein **Urteilsvermögen eingeschränkt** und eine rationale Entschließung nicht mehr möglich ist. Beurteilungsmaßstab ist der verständige Durchschnittsverbraucher des umworbenen Verkehrskreises, der Vor- und Nachteile des Angebots prüft und bei Zweifelsfragen, denen er kraft eigenen Urteilsvermögens nicht gewachsen ist, sich der Hilfe sachkundiger Berater bedient. Gemes- 2/23 sen am verständigen Durchschnittsverbraucher (§ 2 Rn 104ff, 107, 110ff) wird Leichtgläubigkeit eines erwachsenen Verbrauchers nur in den seltensten Fällen gegeben sein, anders bei Kindern und Jugendlichen oder solchen Verbrauchern, die sich wegen ihrer besonderen Lebensumstände oder persönlichen Eigenschaften relevante Informationen nicht verschaffen können und darauf angewiesen sind, auf Angebot und Informationen der Werbenden zu vertrauen, besonders dann, wenn es sich bei diesen um Personen handelt, die wie Ärzte, Anwälte, Geistliche landläufig Vertrauen verdienen. In diesen Fällen kann die Wettbewerbshandlung auch unter dem Gesichtspunkt des Vertrauensmissbrauchs (§ 4 Rn 1/143ff) oder der Laienwerbung (§ 4 Rn 1/154ff) zu beanstanden sein. Trifft Leichtgläubigkeit mit geschäftlicher Unerfahrenheit zusammen, hat die Ausnutzung ersterer für die Begründung des Unlauterkeitsurteils keine eigenständige Bedeutung, kann aber das Gewicht der Unlauterkeit des Vorgehens verstärken. Die bloße Verwendung unwirksamer AGB stellt ohne Hinzutreten besonderer Umstände kein Ausnutzen der Leichtgläubigkeit von Verbrauchern dar (OLG Köln WRP 07, 1111 – *Markverhaltensregeln*).

2/24 **5. Ausnutzung von Angst.** Angst ist die **Bedrängnis**, die angesichts einer wirklichen oder vermeintlichen Gefahrenlage empfunden wird, die die persönlichen oder allgemeinen **Lebensverhältnisse** des Umworbenen zu **bedrohen** scheint, zB Gefahren für Gesundheit, Vermögen, Geldstabilität, Warenangebot, Beschäftigung, Umwelt, Frieden, Gefahren durch Terrorismus usw. Es muss sich dabei aber um **erhebliche**, ernst zu nehmende Angstgefühle handeln, kleinere Ängstlichkeiten und allgemeine Besorgnisse reichen nicht aus. Auch die Art der beworbenen Mittel kann geeignet sein, eine in der Formulierung der Werbeaussage zum Ausdruck kommenden Bedrohlichkeit die Wettbewerbswidrigkeit zu nehmen (BGH GRUR 86, 902, 903 – *Angstwerbung*: Werbung für ein Hausmittel mit der Angabe „Erkältung und grippale Infekte überrollen Berlin, sofort besorgen"; anders die Vorinstanz KG WRP 84, 686, 687). Führt Angst dazu, dass die Rationalität der Nachfrageentscheidung des Verbrauchers aufgehoben und dieser zu verstandesgemäßer Kontrolle seiner wirtschaftlichen Entschließung nicht mehr imstande ist, ist die Ausnutzung dieser Situation (Schüren von Angst) unlauter. Um eine gezielte Ausnutzung in diesem Sinne handelt es sich aber nicht, wenn wahrheitsgemäß mit bevorstehenden Preiserhöhungen (zB für Kraftstoffe), mit Steuererhöhungen (zB für Zigaretten) oä geworben wird. Sachliche Hinweise auf die Markt-, Geldwert- oder Kaufkraftentwicklung oder auf die **allgemeine wirtschaftliche Lage** sind (auch) wettbewerbsrechtlich ohne weiteres zulässig (vgl OLG Hamburg GRUR 84, 744 – *Preis-Countdown*). Eine derartige Werbung ist informativ und beeinträchtigt die Rationalität der Kaufentschließung nicht. Die Grenze verläuft dort, wo die sachliche Unterrichtung zurücktritt und die **Suggestivkraft von Angstgefühlen** die Sach- und Bedarfsprüfung in den Hintergrund drängt. Dabei sind Form und Inhalt der Aussage, die Situation, vor der gewarnt wird, und die Funktion der Ware (zB bei Alarmanlagen oder Sicherheitsvorkehrungen) einzubeziehen.

2/25 Ob Angst dazu führt, das kritisch-rationale Urteilsvermögen des Verbrauchers zu beeinträchtigen, hängt von der **Intensität der Werbung** und der **Person des Werbeadressaten** und dessen Beeinflussbarkeit ab. Ein Verbraucher, der durchschnittlich informiert, verständig und angemessen aufmerksam ist (§ 2 Rn 107, 110ff), wird einer solchen Werbung im Allgemeinen nicht erliegen. Anders kann es bei der Werbung gegenüber Kindern und Jugendlichen sein oder auch auf besonders sensiblen Gebieten – etwa im Bereich der Gesundheit, der Ernährung, der Umwelt – oder in Zeiten der Verknappung oder in Notzeiten. Das Herbeiführen von **Kaufpsychosen** (Panikkäufen) in solchen Fällen durch Schüren von Angstvorstellungen zum Zweck der Absatzsteigerung mit Hinweisen darauf, dass das beworbene Angebot zur Abwehr der Gefahr dienlich sei, ist unlauter.

2/26 **Spezielle Werbeverbote** bestehen nach § 11 Nr 7 HWG und nach § 12 I Nr 6 LFGB (gleich lautende Verbote von Werbeaussagen, die geeignet sind, Angstgefühle

Schleichwerbung **§ 4.2 UWG**

hervorzurufen oder auszunutzen). § 4 Nr 2 ist neben diesen Vorschriften anwendbar und greift auch dann ein, wenn die engeren Voraussetzungen dieser Regelungen nicht erfüllt sind (BGH GRUR 86, 902, 903 – *Angstwerbung;* GRUR 99, 1007, 1008 – *Vitalkost;* vgl auch § 17 HWG).

Einzelfälle der Ausnutzung von Angst: **Inflationswerbung:** LG Frankfurt WRP 71, 86, 87 – *Brillanten contra Inflation;* LG Frankfurt WRP 80, 456, 457 – *Geldkauf;* OLG Frankfurt WRP 75, 363, 365 – *Sie sollten Ihr Geld retten;* vgl auch OLG Hamm GRUR 75, 318 – *Mensch sei Fuchs* [Unlauterkeit verneint]. – **Umweltwerbung:** OLG Saarbrücken WRP 92, 510, 511 – *Damit Mensch und Natur eine Chance haben* [Werbung für Reinigungs- und Pflegemittel; zw]. – **Warnung vor Steuererhöhungen:** OLG Hamburg NJW-RR 94, 110, 111. – **Warnung vor wirtschaftlichem Misserfolg:** OLG Köln WRP 97, 801 – *Werbung für Unternehmerhandbuch.* – **Gesundheitsbezogene Werbung:** BGH GRUR 86, 902, 903 – *Angstwerbung* [Unlauterkeit verneint]. – **Lebensmittelwerbung:** BGH GRUR 99, 1007, 1008 – [Unlauterkeit verneint]). 2/27

6. Ausnutzen einer Zwangslage. Von einer Zwangslage iS des § 4 Nr 2 ist auszugehen, wenn sich der Verbraucher in einer Situation befindet, in der er dem Angebot des Werbenden **nicht mehr ausweichen** zu können glaubt. Er sieht sich zur Annahme des Angebots ohne weitere Prüfung wohl oder übel gezwungen, wenn er nicht bereit ist, erhebliche Weiterungen insbesondere wirtschaftlicher Art in Kauf zu nehmen. In einer solchen Zwangslage kommt eine kritisch-rationale Abwägung von Vor- und Nachteilen des Geschäfts regelmäßig nicht mehr in Betracht. Die Gründe dafür können sich aus der wirtschaftlichen Situation des betroffenen Verbrauchers ergeben, aber auch in dessen physischem oder psychischem Befinden oder in sonstigen Umständen zu suchen sein. Diese müssen aber immer **in der Person des Verbrauchers** begründet sein. Allgemeine (wirtschaftliche) Zwangslagen reichen für § 4 Nr 2 nicht aus. Die Zwangslage muss objektiv bestehen. Ob der Betroffene sie verschuldet hat, ist unerheblich. 2/28

Maßgebend für die Beurteilung ist das Leitbild des verständigen Durchschnittsverbrauchers (§ 2 Rn 107, 110ff). Ist dessen **Entscheidungsrationalität** ausgeschaltet, ist die Ausnutzung der Zwangslage unlauter. Beispiele dafür bilden Vorgehensweisen wie die Werbung am Unfallort, die Bestatterwerbung und andere überrumpelnde Wettbewerbshandlungen, die – insoweit in Überschneidung mit § 4 Nr 2 – auch als **unlautere Druckausübung** in der ersten Tatbestandsalternative des § 4 Nr 1 erfasst werden (s im Einzelnen § 4 Rn 1/16ff). Weitere Fälle der unlauteren Ausnutzung einer Zwangslage können sich aus der Ausnutzung von **Zeitdruck** ergeben, unter dem der Umworbene steht, oder aus der **Drohung,** die Belieferung mit Waren, auf die der Kunde dringend angewiesen ist, einzustellen, wenn er sich nicht zur Bestellung auch anderer Waren entschließt. 2/29

C. Weitere Verbotsvoraussetzungen (§ 3)

Erfüllt die Wettbewerbshandlung die tatbestandlichen Voraussetzungen des § 4 Nr 2, steht damit deren Unlauterkeit fest. Für das Verbot aus § 3 genügt das allein aber noch nicht. Erforderlich ist weiter, dass das unlautere Vorgehen auch geeignet ist, die Interessen der Marktbeteiligten (§ 3 I) oder die Fähigkeit des Verbrauchers, sich auf Grund von Informationen zu entscheiden (§ 3 II), zu beinträchtigen – eine Voraussetzung, die allerdings bei einer Eignung der geschäftlichen Handlung zur Ausnutzung einer der Ausnahmesituationen des § 4 Nr 2 im Allgemeinen zu bejahen sein dürfte –, ferner dass die Bagatellschwelle des § 3 I, II erreicht ist (vgl BegrRegEntw zu § 4, BT-Drucks 15/1487, S 17). 2/30

Schleichwerbung

§ 4 Beispiele unlauterer geschäftlicher Handlungen
Unlauter handelt insbesondere, wer
...
3. den Werbecharakter von geschäftlichen Handlungen verschleiert;
...

Inhaltsübersicht

		Rn
A.	Allgemeines	3/1
	I. Normzweck und Bedeutung der Regelung	3/1
	II. Unionsrecht	3/2
	III. Verhältnis zu anderen Vorschriften	3/4
B.	Tatbestandliche Voraussetzungen	3/5
C.	Fallgruppen	3/6
	I. Schleichwerbung	3/6
	1. Begriff und Bedeutung	3/6
	2. Tarnung mit Gutachten	3/7
	3. Redaktionelle Werbung	3/8
	a) Trennungsgrundsatz	3/8
	b) Haftungsgrundlagen	3/11
	c) Werbungtreibende Unternehmen und Medien	3/13
	d) Verantwortlichkeit der Werbungtreibenden	3/14
	e) Verantwortlichkeit der Medien	3/19
	aa) Voraussetzungen	3/19
	bb) Unlauterkeit	3/20
	cc) Preisrätselgewinnauslobung	3/26
	dd) Redaktionelle Zugaben	3/29
	ee) Erscheinungsformen redaktioneller Werbung	3/32
	(1) Elektronische Medien	3/33
	(a) Sponsoring	3/34
	(b) Product Placement	3/35
	(c) Internet-, E-Mail-Werbung	3/41
	(2) Kinospielfilme	3/43
	ff) Feststellung der Unlauterkeit	3/45
	4. Passivlegitimation	3/49
	5. Prozessuale Fragen	3/53
	II. Weitere Erscheinungsformen verschleiernder Werbung	3/54
	1. Verschleierung von Werbeveranstaltungen	3/54
	2. Verschleierung von Vertragsangeboten	3/55
	a) Rechnungsähnlich aufgemachte Formularschreiben	3/55
	b) Prämienrechnung als Vertragsangebote	3/56
	c) Gutschein als Bestellschein	3/57
	d) Vertreterbesuche	3/58
	e) Vortäuschung von Verdienstmöglichkeiten zwecks Warenabsatzes	3/59
	3. Beschaffung von Adressenmaterial	3/60
	4. Verschleierung des Werbecharakters von Werbematerial	3/61
	5. Vortäuschung von Privatangebot	3/62
	III. Weitere Verbotsvoraussetzungen (§ 3)	3/63

Schleichwerbung **§ 4.3 UWG**

Literatur: *Ahrens,* Redaktionelle Werbung – Korruption im Journalismus, GRUR 1995, 307; *A. Ahrens/Richter,* Fingierte Belobigungen im Internet, WRP 2011, 814; *S. Ahrens,* Produktplatzierung – Effektive Werbung oder Täuschung des Verbrauchers?, IPRB 2012, 234; *Becker,* Anruf in Abwesenheit!? Der Ping-Anruf – Ein „Klassiker" neu aufgelegt, WRP 2011, 808; *Bülow,* Product-Placement und Freiheit der Kunst, WRP 1991, 9; *Busche,* Restriktion des rundfunkrechtlichen Trennungsgrundsatzes im Unterhaltungsbereich, MMR 2003, 714; *Dörfler,* Product Placement im Fernsehen, 1993; *Eckert/Freudenberg,* Schleichwerbung mit Fantasieprodukten, GRUR 2012, 343; *Ernst/Seichter,* "Heimliche" Online-Werbeformen, CR 2011, 62; *Federhoff-Rink,* Social Sponsoring in der Werbung – Zur rechtlichen Akzessorietät der Werbung mit Umweltsponsoring, GRUR 1992, 643; *Fuchs,* Die wettbewerbsrechtliche Beurteilung redaktioneller Werbung in Presseerzeugnissen unter besonderer Berücksichtigung der Kopplung von entgeltlicher Anzeige und redaktioneller Berichterstattung, GRUR 1988, 736; *Glockzin,* „Product Placement" im Fernsehen – Abschied vom strikten Trennungsgebot zwischen redaktionellem Inhalt und Werbung, MMR 2010, 161; *Gröning,* Hintertüren für redaktionelle Werbung?, WRP 1993, 685; *Härting/Schätzle,* Zulässige Platzierung von Produkten nach dem neuen Rundfunkänderungsstaatsvertrag, IPRB 2010, 19; *Hartwig,* Zur Zulässigkeit produktbezogener Sonsoring-Werbung, WRP 1999, 744; *Henning-Bodewig,* Product Placement im Kino, ZUM 1988, 263; *dies,* Product Placement und Sponsoring, GRUR 1988, 867; *dies,* Die Tarnung von Werbung, GRUR Int 1991, 858; *dies,* Werbung im Kinospielfilm – Die Situation nach „Feuer, Eis & Dynamit", GRUR 1996, 321; *John,* Das rundfunkrechtliche Trennungsgebot im Lauterkeitsrecht unter Geltung der UGP-Richtlinie, WRP 2011, 1357; *ders,* Lauterkeitsrechtliche Grenzen kommunikativer Sponsoringmaßnahmen im Sport, 2013; *Kaumanns/Wießner,* Vermarktung durch den fingierten Konsumenten – geniale Marketingstrategie oder wettbewerbsrechtlicher Verstoß?, K&R 2013, 145; *Kilian,* Die Neuregelung des Product Placement, WRP 2010, 826; *Köhler,* Redaktionelle Werbung, WRP 1998, 349; *Kulka,* Das Fingieren von (größerer) Beliebtheit eines Unternehmens im Wettbewerbsrecht, ecolex 2012, 148; *Ladeur,* Neue Werbeformen und der Grundsatz der Trennung von Werbung und Programm, ZUM 1999, 672; *Leitgeb,* Virales Marketing – Rechtliches Umfeld für Werbefilme auf Internetportalen wie YouTube, ZUM 2009, 39; *Leupold/Bräutigam/Pfeiffer,* Von der Werbung zur kommerziellen Kommunikation: Die Vermarktung von Waren und Dienstleistungen im Internet, WRP 2000, 575; *Lichtnecker,* Die Werbung in sozialen Netzwerken und mögliche hierbei auftretende Probleme, GRUR 2013, 135; *Lindacher,* Zur wettbewerbsrechtlichen Unterlassungshaftung der Presse im Anzeigengeschäft, WRP 1987, 585; *Lorenz,* Redaktionelle Werbung in Anzeigenblättern, WRP 2008, 1494; *Müller-Rüster,* Product Placement im Fernsehen, 2010; *Piper,* Zur wettbewerbsrechtlichen Beurteilung von Werbeanzeigen und redaktionellen Beiträgen werbenden Inhalts insbesondere in der Rechtsprechung des Bundesgerichtshofs, FS Vieregge 1995, S 715; *Pluskat,* Die Tücken von „Kaffeefahrten", WRP 2003, 18; *Puff,* Product Placement, 2009; *Rüggeberg,* Product Placement und Sponsorship, GRUR 1988, 873; *Sack,* Wer erschoß Boro?, WRP 1990, 791; *ders,* Neue Werbeformen im Fernsehen – Rundfunk- und wettbewerbsrechtliche Grenzen, AfP 1991, 704; *ders,* Die Durchsetzung unlauter zustande gebrachter Verträge als unlauterer Wettbewerb?, WRP 2002, 396; *Scheuch,* Eigenproduktionen der Filmwirtschaft und Product placement – Schranken wettbewerbsrechtlicher Kontrolle. Anmerkungen zu BGH I ZR 58/93 und I ZR 2/94 „Feuer, Eis & Dynamit", FS Piper, 1996, S 439; *Schwarz,* Entgeltliches Product Placement in Kinofilmen: Umfang der Hinweispflicht für Produzenten, Verleiher und Kinotheaterbesitzer, AfP 1996, 31; *Splittgerber/Zscherpe/Goldmann,* Werbe-E-Mails – Zulässigkeit und Verantwortlichkeit, WRP 2006, 178; *Ukena/Opfermann,* Werbung und Sponsoring von Tabakerzeugnissen, WRP 1999, 141; *Ullmann,* Spenden – Sponsern – Werben, FS Traub, 1994, S 411; *v Ungern-Sternberg,* Kundenfang durch rechnungsähnlich aufgemachte Angebotsschreiben, WRP 2002, 396; *Völkel,* Product Placement aus der Sicht der Werbebranche und seine rechtliche Einordnung, ZUM 1992, 55; *Weiand,* Kultur- und Sportsponsoring, 1993; *ders,* Rechtliche Aspekte des Sponsoring, NJW 1994, 227.

A. Allgemeines

I. Normzweck und Bedeutung der Regelung

3/1 Zweck des § 4 Nr 3 ist der Schutz der Verbraucher, der Mitbewerber und der sonstigen Marktbeteiligten sowie des Interesses der Allgemeinheit an einem unverfälschten Wettbewerb gegen geschäftliche Handlungen, die ihren werblich-kommerziellen Charakter gegenüber dem umworbenen Verbraucher verschweigen. § 4 Nr 3 enthält damit – als ein Unterfall des allgemeinen Irreführungsverbots aus § 5 (aA GK/*Pahlow* § 4 Nr 3 Rn 25: Sonderfall des § 5a) – eine gesetzliche Ausprägung des das gesamte Wettbewerbsrecht beherrschenden Wahrheitsgrundsatzes (BGHZ 130, 205, 214 = GRUR 95, 744, 745 – *Feuer, Eis & Dynamit I*). Dessen Anforderungen handelt zuwider, wer den werblichen Charakter seines Vorgehens verschleiert. Wer Wirtschaftswerbung in einer Weise betreibt, dass geschäftliches Handeln nicht mehr als solches erkennbar ist, nutzt den Umstand aus, dass der Verkehr der Information eines am Wettbewerb selbst nicht Beteiligten eher Glauben schenkt und weniger kritisch beurteilt, mithin größere Bedeutung und Beachtung beilegt als entsprechenden, ohne weiteres als Werbung erkennbaren Angaben des Werbenden selbst (BGH GRUR 13, 644 Rn 15 – *Preisrätselgewinnauslobung V*; GRUR 95, 744, 745 – *Feuer, Eis & Dynamit I*). Dem trägt § 4 Nr 3 mit der Normierung der zu § 1 aF entwickelten Fallgruppe der wettbewerbswidrigen Irreführung (vgl 3. Aufl § 1 Rn 12ff) in allen ihren Erscheinungsformen Rechnung (BegrRegEntw, B zu § 4 Nr 3, BT-Drucks 15/1487, S 17). Private Verbandsregelungen, wie etwa die ZAW-Richtlinien für redaktionell gestaltete Anzeigen vom Januar 2003 oder die Richtlinien der Verlegerorganisationen für redaktionelle Hinweise, haben keine rechtliche Verbindlichkeit und können auch nicht zur Auslegung von § 4 Nr 3 herangezogen werden (vgl allgemein MüKoUWG/*Sosnitza* Anh §§ 1–7 I Rn 2, 7).

II. Unionsrecht

3/2 Nach Art 7 II UGP-RL gilt es als irreführende Unterlassung ua auch, wenn der Gewerbetreibende den **kommerziellen Zweck der Geschäftspraxis nicht kenntlich macht,** sofern er sich nicht unmittelbar aus den Umständen ergibt, und dies einen Durchschnittsverbraucher zu einer geschäftlichen Entscheidung zu veranlassen geeignet ist, die er ansonsten nicht getroffen hätte. Darüber hinaus erfasst **Anhang I** der UGP-RL einige spezielle Erscheinungsformen der Schleichwerbung, etwa bezahlte redaktionelle Inhalte in Medien (Nr 11), Vermitteln des Eindrucks eines bereits bestellten Produkts (Nr 21) und Auftreten als Verbraucher (Nr 22).

3/3 Für den Bereich der elektronischen bzw audiovisuellen Medien (Rn 3/33ff) bestehen mit der **AVMD-RL 2010/13/EU** und mit der **ECRL** spezielles Sekundärrecht, das ebenfalls dem Verbot der Schleichwerbung dient (Art 9 I lit a AVMD-RL, Art 6 lit a ECRL, umgesetzt durch § 7 III, VII RStV, § 6 I, II TMG). Soweit diese speziellen Regelungen mit Vorgaben der UGP-RL kollidieren, tritt die UGP-RL nach Art 3 IV zurück (vgl *John* WRP 11, 1357, 1361).

III. Verhältnis zu anderen Vorschriften

3/4 Soweit spezielle Ausprägungen der Schleichwerbung im **Anhang zu § 3 III** als Information getarnte Werbung nach Nr 11, Täuschung über abgegebene Bestellungen nach Nr 22 und Täuschung über Unternehmerhandeln nach Nr 23 eingreifen, gehen diese Tatbestände § 4 Nr 3 vor. § 4 Nr 3 ist seinerseits ggü den Irreführungstatbeständen des **§ 5 I 2 Nr 2** (vgl BGH GRUR 12, 184 Rn 30 – *Branchenbuch Berg*) und des § 5a (vgl Art 7 II UGP-RL) die speziellere Norm. Soweit Schleichwerbung

Marktverhaltensregelungen, wie § 7 III, VII RStV oder § 6 I, II TMG (Rn 3/3) verletzt, greift neben § 4 Nr 3 auch **§ 4 Nr 11**.

B. Tatbestandliche Voraussetzungen

Tathandlung ist die **Verschleierung des Werbecharakters** der geschäftlichen 3/5 Handlung (§ 2 I Nr 1), deren sich der Handelnde zur Förderung des eigenen oder eines fremden Wettbewerbs bedient. Verschweigt er diesen Handlungszweck, verschweigt er dessen werblichen Charakter. Eine Verschleierung liegt vor, wenn das äußere **Erscheinungsbild** einer geschäftlichen Handlung so gestaltet wird, dass die Marktteilnehmer den **geschäftlichen Charakter nicht klar und eindeutig** erkennen (BGH GRUR 12, 184 Rn 18 – *Branchenbuch Berg*). Eine Erkennbarkeit erst nach analysierender Lektüre genügt nicht (BGH GRUR 13, 644 Rn 21 – *Preisrätselgewinnauslobung V*). Es widerspricht aber dem Gebot lauteren Wettbewerbs, sich durch Täuschung im Markt Vorteile zu verschaffen, dh durch das Hervorrufen eines unrichtigen, mit der Wirklichkeit nicht übereinstimmenden Eindrucks, unter dem der Getäuschte in (unbewusster) Unkenntnis vom wirklichen Sachverhalt seine Kaufentscheidung trifft (BGHZ 13, 244, 253 = GRUR 55, 37, 40 – *Cupresa;* GRUR 66, 445, 447 – *Glutamal;* GRUR 83, 512, 513 – *Heilpraktikerkolleg;* GRUR 91, 852, 854 – *Aquavit,* stRspr). Eine auf Täuschung angelegte Werbung ist – anders als eine sonstige unsachliche Werbung, die nicht stets und zwingend auch unlauter sein muss – in aller Regel wettbewerbswidrig. Der Wahrheitsgrundsatz **beherrscht das gesamte Wettbewerbsrecht** (BGHZ 130, 205, 214 = GRUR 95, 744, 747 – *Feuer, Eis & Dynamit I*). Beurteilungsmaßstab ist dabei stets die Sicht des verständigen Durchschnittsverbrauchers (§ 2 Rn 107, 110ff) des angesprochenen Verkehrskreises. Entscheidend für die lauterkeitsrechtliche Wertung ist es also, ob auch ihm der Werbecharakter des Vorgehens des Handelnden verborgen bleibt. Richtet sich die geschäftliche Handlung an Gewerbetreibende oder Freiberufler, so ist das durchschnittliche Verständnis der Mitglieder dieser Gruppe maßgebend, vgl auch § 3 II 2, das auch hier ausnahmsweise vom flüchtigen Leser bestimmt sein kann, wenn die Gestaltung gerade auf den flüchtigen Adressaten angelegt ist (BGH GRUR 12, 184 Rn 25 – *Branchenbuch Berg*).

C. Fallgruppen

I. Schleichwerbung

1. Begriff und Bedeutung. Schleichwerbung ist die **Tarnung einer Werbe-** 3/6 **aussage** durch Vorspiegeln oder Verschweigen von Umständen insbesondere in der Weise, dass der Verkehr ein bestimmtes geschäftliches Handeln nicht mehr als solches erkennen kann, sondern für eine neutrale und objektive Information eines Dritten hält. Das Anstößige des Vorgehens liegt in der **Täuschung über das Vorliegen von Werbung**. Der Werbende kleidet sein wettbewerbliches Vorgehen in eine Form, die der Verkehr als eine von Werbung freie unabhängige redaktionelle, publizistische, wissenschaftliche oder persönlich-private Aussage auffasst. Der so vorgehende Gewerbetreibende macht sich die Erfahrungstatsache zunutze, dass neutrale, objektive Stellungnahmen Dritter auf den Verkehr überzeugungskräftiger und glaubwürdiger wirken als die eigene Werbung (Rn 3/1). **Nicht** unter § 4 Nr 3 fallen allerdings sog Ping-Anrufe, die massenhaft durch Computer getätigt werden und bei denen nur kurz geklingelt wird, um einen Rückruf zu provozieren, der den Rückrufer dann mit Werbung konfrontiert; das bloße Hinterlassen einer Telefonnummer verschleiert noch nicht den Werbecharakter, da der Anrufer vor Annahme des Gesprächs keine

Möglichkeit hat, auf den kommerziellen Zweck hinzuweisen (aA *Becker* WRP 11, 808, 812). In derartigen Fällen wird aber regelmäßig § 7 II Nr 2, Nr 3 eingreifen.

3/7 **2. Tarnung mit Gutachten.** Bei fachlichen Erörterungen Dritter, Veröffentlichungen von Forschungsergebnissen, bei Aufsätzen in Fachzeitschriften ua geht der Verkehr regelmäßig **nicht** davon aus, dass Darstellungen dieser Art auf die **Verfolgung wirtschaftlicher Interessen** gerichtet sind. Zur Vermeidung einer für die Kaufentschließung des Publikums relevanten Täuschung darf daher eine Werbung nicht den Anschein eines neutralen fachkundigen Urteils erwecken, auf das ohne weiteres vertraut werden könne (BGH GRUR 61, 189, 191 – *Rippenstreckmetall*). Wettbewerbswidrig ist es, zu Zwecken des Wettbewerbs **parteiische Gutachten** als **neutrale Stellungnahmen** von Sachverständigen auszugeben oder bei der Verwendung wissenschaftlicher Gutachten in der Werbung einen der Gutachtenerstattung zugrunde liegenden Auftrag nicht hinreichend erkennbar zu machen oder durch irreführende Angaben über die Person des Gutachters oder durch Übergehen wesentlicher abweichender Ansichten dem Gutachten einen ihm nicht zukommenden wissenschaftlichen Rang beizulegen (BGH aaO – *Rippenstreckmetall*). Überhaupt handelt unlauter, wer bei der werbenden Verwendung von Aufsätzen oder Abhandlungen den **Werbecharakter nicht erkennbar** werden lässt, ggf Abhängigkeitsverhältnisse nicht deutlich macht und nicht klarstellt, dass der Verfasser der Abhandlung kein unabhängiger Wissenschaftler ist (BGH GRUR 62, 45, 49 – *Betonzusatzmittel*). Aber auch ohne eine solche Täuschung kann der Vorwurf der Unlauterkeit nach § 4 Nr 3 oder nach § 5 gerechtfertigt sein, wenn das verwendete Gutachten wissenschaftlichen Anforderungen nicht entspricht, so wenn Umstände unberücksichtigt geblieben sind, die nach wissenschaftlichen Maßstäben in das Gutachten hätten einfließen müssen (BGH WRP 02, 828, 830 f – *Hormonersatztherapie*). Zu **Meinungsumfragen**, die über das tatsächliche Ziel der Kundengewinnung täuschen, s Rn 3/60. Zulässig sind solche Umfragen dann, wenn der Befragte erkennt, dass es sich nicht um eine seine Anonymität wahrende Sammlung von Daten und Meinungen zur wissenschaftlichen Auswertung handelt, sondern um eine Werbemaßnahme, mit der er als Kunde des Werbenden geworben werden soll (BGH GRUR 73, 268, 269 – *Verbraucher-Briefumfrage*).

3/8 **3. Redaktionelle Werbung. a) Trennungsgrundsatz.** Veröffentlichungen zu Zwecken des Wettbewerbs in Presse, Fernsehen, Rundfunk, Internet und – mit Einschränkungen (Rn 3/43) – im Kinospielfilm müssen ihren werbenden Charakter **eindeutig erkennen** lassen. Es gilt der Grundsatz der Trennung von Werbung und redaktionellem Text. Die Verletzung dieses Grundsatzes macht die Veröffentlichung wettbewerbsrechtlich unzulässig, weil der Verkehr einem redaktionellen Beitrag als der Information eines am Wettbewerb nicht beteiligten Dritten regelmäßig **größere Bedeutung und Beachtung** beilegt als entsprechenden, als Werbung gekennzeichneten oder als Werbung erkennbaren Angaben des Werbenden selbst (Rn 3/1). Es muss daher, um das Trennungsgebot nicht zu verletzen und den Eindruck einer getarnten redaktionellen Werbung zu vermeiden, deutlich und unübersehbar zB durch den Zusatz „Anzeige" zum Ausdruck gebracht werden, dass es sich um Werbung und nicht um eine Stellungnahme der Redaktion handelt (BGH GRUR 96, 791, 792 – *Editorial II*; GRUR 96, 804, 806 – *Preisrätselgewinnauslobung III*). Das gilt bei unentgeltlichen Anzeigenblättern mit redaktionellem Teil ebenso wie bei entgeltlich vertriebenen Tageszeitungen (OLG Hamm AfP 08, 513, 514). Ebenso wie derjenige, der sich mit parteiischen wissenschaftlichen Gutachten den Anschein der Neutralität verleiht (Rn 3/7), handelt wettbewerbswidrig, wer Wirtschaftswerbung unter journalistischer Tarnkappe betreibt. In der Sache geht es dem Trennungsgebot damit um den **Schutz der Leserschaft,** des Radiohörers, des Fernseh- und Kinofilmzuschauers sowie des Internetnutzers vor Täuschung über den werbenden Charakter von Programmteilen (stRspr und allgM, vgl BVerfG WRP 03, 69, 71 – *Anwalts-Ranglisten*;

BGH GRUR 68, 382, 384 – *Favorit II;* GRUR 75, 75, 77 – *Wirtschaftsanzeigen – public relations;* BGHZ 81, 247, 250f = GRUR 81, 835, 836 – *Getarnte Werbung I;* BGHZ 110, 278, 291 = GRUR 90, 611, 615 – *Werbung im Programm;* GRUR 93, 561, 562 – *Produktinformation I;* GRUR 94, 441, 442 – *Kosmetikstudio;* GRUR 94, 819, 820 – *Produktinformation II;* GRUR 94, 821, 822 – *Preisrätselgewinnauslobung I;* GRUR 94, 823, 824 – *Preisrätselgewinnauslobung II;* BGHZ 130, 205, 214 = GRUR 95, 744, 747 – *Feuer, Eis & Dynamit I;* GRUR 96, 71, 72f – *Produktinformation III;* GRUR 97, 139, 140 – *Orangenhaut;* GRUR 97, 541, 543 – *Produkt-Interview;* GRUR 97, 907, 909 – *Emil-Grünbär-Klub:* Frage des Verkehrsverständnisses bei redaktioneller Werbung für gemeinnützigen Verein; GRUR 97, 912, 913 – *Die Besten I;* GRUR 97, 914, 915 – *Die Besten II;* GRUR 98, 471, 473, 475 – *Modenschau im Salvatorkeller;* GRUR 98, 489, 493 – *Unbestimmter Unterlassungsantrag III; Fuchs* GRUR 88, 736, 738ff; *Ahrens* GRUR 95, 307ff, 309; *Köhler* WRP 98, 349ff, 353ff; *Piper* FS Vieregge, 1995, 715ff, 723f; *Lorenz* WRP 08, 1494ff).

Darüber hinaus dient das **Trennungsgebot** der Abwehr von Eingriffen in die **Unabhängigkeit der Medien** und in die ungehinderte Erfüllung ihrer publizistischen Aufgabe. Die Inaussichtstellung von Anzeigenaufträgen, (Schmiergeld-)Zahlungen oder die Gewährung anderer geldwerter Vorteile, sind geeignet, die unternehmerischen Entscheidungen der Medien zu beeinflussen und Abhängigkeiten des Medienorgans vom Werbungtreibenden zu begründen (vgl BGHZ 110, 278, 288f = GRUR 90, 611, 614f – *Werbung im Programm*). 3/9

Das Trennungsgebot findet seine rechtliche Grundlage nicht allein im Lauterkeitsrecht. Es hat auch in allen **Landespressegesetzen** seinen Niederschlag gefunden. In sämtlichen landesrechtlichen Regelungen ist die Kennzeichnung einer entgeltlichen Veröffentlichung in periodischen Druckschriften als Anzeige vorgeschrieben, wenn sie nicht schon durch die näheren Umstände ihrer Anordnung und Gestaltung als Anzeige zu erkennen ist (§ 10 LPG, in Hessen § 8, in Bayern Art 9 und in Berlin § 9; vgl *Löffler/Wenzel/Sedelmaier* Presserecht, 5. Aufl 2006, § 10 LPG Rn 13, 23ff, 26; *Ricker/Weberling* Handbuch des Presserechts, 6. Aufl 2012, 14. Kap Rn 1ff, 75. Kap Rn 24). Das Lauterkeitsrecht (§ 4 Nr 3 und Nr 11) ist teils weiter und teils enger als die Landespressegesetze. Weiter ist es insofern, als es unabhängig davon eingreift, ob ein Entgelt gewährt wird, ob die Veröffentlichung als Anzeige zu erkennen ist und ob die Zuwiderhandlung in der periodischen Presse erfolgt; enger ist das Lauterkeitsrecht dagegen, da es eine geschäftliche Handlung sowie die Eignung zur Verleitung zu einer geschäftlichen Entscheidung voraussetzt. Aus diesem Grund hat der BGH dem **EuGH** die Frage **vorgelegt,** ob die UGP-RL der **Anwendung der Landespressegesetze** entgegensteht, soweit deren Regelungen über den Schutz der Verbraucher vor Irreführungen hinausgehen und auch den Schutz der Unabhängigkeit der Presse bezwecken (BGH GRUR 12, 1056 – *GOOD NEWS*). 3/10

b) Haftungsgrundlagen. Die lauterkeitsrechtliche Verantwortlichkeit der werbungtreibenden Unternehmen, der Verlage, der Hörfunk- und Fernsehanstalten und deren Redakteure für Verstöße gegen den Trennungsgrundsatz findet ihre geschäftlichen Handlungen ihre Grundlage in erster Linie in § 4 Nr 3. Auf die **räumliche Erstreckung** des geschäftlichen Handelns kommt es nicht an. Ein Presseerzeugnis mit nur örtlicher oder regionaler Bedeutung hat sich redaktioneller Werbung ebenso zu enthalten wie jedes andere Medienunternehmen (OLG Köln GRUR 95, 520 – *Regionale Verbreitung*). Es ist immer unlauter, Wirtschaftswerbung zu tarnen, unabhängig davon, ob das **entgeltlich** (vgl insoweit den vorrangigen Nr 11 Anhang zu § 3 III) **oder unentgeltlich** geschieht. Darüber hinaus ist getarnte Werbung irreführend iS von § 5, da in redaktionell aufgemachten Werbeanzeigen oder in Werbehinweisen regelmäßig zugleich die täuschende und relevante Angabe liegt, dass es sich um eine objektive Information und nicht lediglich um die parteiische Aussage eines Werbungtreibenden handelt (vgl BGH GRUR 93, 565, 566 – *Faltenglätter;* GRUR 94, 454, 3/11

455 – *Schlankheitswerbung; Henning-Bodewig* GRUR 85, 258, 262; *Fuchs* GRUR 88, 736, 740). Der Heranziehung des § 5 bedarf es aber nicht, wenn sich die Unlauterkeit der Werbeaktion bereits aus § 4 Nr 3 ergibt (vgl BGH GRUR 75, 75, 77 *Wirtschaftsanzeigen – public relations*). In der Beistellung eines Artikels der Redaktion in unmittelbarer Nähe der Werbeanzeige eines Anzeigenkunden kann eine unzulässige Zugabe in Form einer redaktionellen Unterstützung des Anzeigenkunden liegen, die mit dem Trennungsgrundsatz (Rn 3/8) nicht vereinbar ist. Als Verbotsgrundlage kommt in solchen Fällen nach Aufhebung der ZugabeVO diese zwar nicht mehr in Betracht, wohl aber § 4 Nr 3 und § 5. **Verfassungsrechtlich** verlangt ein Verbot der redaktionellen Werbung immer die Feststellung, dass der Wettbewerb durch das Vorgehen des Handelnden im zu entscheidenden Fall konkret beeinträchtigt oder gefährdet worden ist (§ 5 I 1, II GG iV mit §§ 3, 4 Nr 3, vgl BVerfG WRP 03, 69, 71 – *Anwalts-Ranglisten;* NJW 05, 3201 Rn 12 ff – *Getarnte Werbung*).

3/12 Verstoßen die **elektronischen Medien** gegen den Grundsatz der Trennung von Werbung und redaktionellem Teil, folgt die Wettbewerbswidrigkeit des Vorgehens bereits aus der Verletzung der diesen Grundsatz normierenden Vorschriften des **Rundfunkstaatsvertrages der Länder** (Staatsvertrag über den Rundfunk im vereinten Deutschland v 31.8.1991 idF des am 1.4.2010 in Kraft getretenen 13. Rundfunkänderungsstaatsvertrages. Nach deren Regelungen ist Wirtschaftswerbung vom übrigen Programm deutlich zu trennen, als solche zu kennzeichnen und darf das übrige Rundfunkprogramm inhaltlich nicht beeinflussen (Art 7 II, III, VII RStV). Entsprechende Bestimmungen enthält die **AVMD-RL 2010/13/EU** (Art 9 I lit a, 19, 20; vormals Art 10, 11 Fernseh-RL 89/552/EWG; vgl Einf C Rn 31) und das **Telemediengesetz** (§ 6 I Nr 1). Nach diesen Bestimmungen besteht für den Programmteil ein grundsätzliches Verbot jeglicher medialer Wirtschaftswerbung. Sinn der Regelungen ist es, die **Unabhängigkeit der Programmgestaltung** und die Einhaltung der **Neutralität** der Rundfunkanstalt gegenüber dem Wettbewerb **im Markt** zu wahren. Grundsätzlich untersagt ist damit auch die gezielte Beeinflussung der Kaufentscheidung des Fernsehzuschauers durch Product Placement (näher Rn 3/32 ff); Sponsoring ist dagegen bei Einhaltung gewisser Kautelen grundsätzlich zulässig (Rn 3/31). Der Verstoß dagegen ist ohne weiteres wettbewerbswidrig (§ 4 Nr 3 und Nr 11), weil er den Trennungsgrundsatz und zugleich Normen missachtet, die der Rundfunkfreiheit aus Art 5 I 2 GG als einem wichtigen Gemeinschaftsgut dienen und von unmittelbar wettbewerbsregelnder Bedeutung sind (BGHZ 110, 278, 291 f = GRUR 90, 611, 615 – *Werbung im Programm;* BGHZ 117, 353, 362 = GRUR 92, 518, 521 – *Ereignis-Sponsorwerbung*).

3/13 c) **Werbungtreibende Unternehmen und Medien.** Die rechtliche Beurteilung eines Verstoßes gegen den Grundsatz der Trennung von Werbung und redaktioneller Berichterstattung kann verschieden sein, je nachdem ob Handelnder der Werbungtreibende ist (Hersteller, Händler, Vertreiber) oder das Medienunternehmen, das einen redaktionellen Beitrag veröffentlicht. Das beruht auf der Unterschiedlichkeit der jeweils maßgebenden lauterkeitsrechtlichen Anforderungen und den tatsächlichen Verschiedenheiten des jeweiligen Vorgehens. Ein wettbewerbswidriger redaktioneller Hinweis des Presseunternehmens zieht die Sanktionen des § 4 Nr 3 gegen den Hersteller des werblich herausgestellten Produkts nicht allein schon deshalb nach sich, weil dieser die Presse über das Produkt informiert hat (BGH GRUR 93, 561, 562 – *Produktinformation I;* GRUR 94, 445, 446 – *Beipackzettel;* GRUR 94, 819, 820 f – *Produktinformation II*). Aber auch umgekehrt kann sich ein unlauteres Vorgehen des Informanten in einem redaktionellen Bericht niederschlagen, ohne dass ein Unterlassungsanspruch gegen das Presseunternehmen besteht, weil dessen Handeln nach anderen Maßstäben zu beurteilen ist (Rn 3/18; BGH GRUR 64, 392 ff – *Weizenkeimöl;* BGHZ 81, 247, 249 = GRUR 81, 835, 836 – *Getarnte Werbung I;* GRUR 90, 373, 374 – *Schönheits-Chirurgie*).

Schleichwerbung **§ 4.3 UWG**

d) Verantwortlichkeit der Werbungtreibenden. Für täuschende oder sonst 3/14
sachlich unrichtige Presseberichte über ein Produkt oder dessen Hersteller haftet der
Werbungtreibende (Hersteller, Vertreiber) als Informant, wenn Täuschung oder Unrichtigkeit auf seine Information zurückzuführen ist (BGH GRUR 64, 392, 395 – *Weizenkeimöl;* GRUR 67, 362, 365 – *Spezialsalz I;* GRUR 93, 561, 562 – *Produktinformation I;* GRUR 94, 819, 820 – *Produktinformation II;* GRUR 96, 502, 506 – *Energiekosten-Preisvergleich I*). Ist eine geschäftliche Handlung bereits unter einem anderen Gesichtspunkt als dem des Verstoßes gegen das Trennungsgebot unlauter, zB nach § 4 Nr 11 oder § 5, verstärkt dessen Verletzung die Intensität des wettbewerbswidrigen Vorgehens und erübrigt im Einzelfall die tatsächliche Feststellung, ob der Inhalt der Information für sich allein lauterkeitsrechtlich zu beanstanden ist.

Dagegen sind **wahre und sachlich gehaltene Informationen** des werbungt- 3/15
reibenden Unternehmens, die sich darauf beschränken, die Medien ausschließlich für die Zwecke einer journalistischen Berichterstattung zu unterrichten und dem Redakteur Anschauungsmaterial dafür zur Verfügung zu stellen, lauterkeitsrechtlich generell nicht zu beanstanden (BGH GRUR 93, 561 – *Produktinformation I;* GRUR 94, 445, 446 – *Beipackzettel;* GRUR 94, 819, 820 – GRUR 96, 71, 72 – *Produktinformation III;* GRUR 96, 292, 293 – *Aknemittel;* GRUR 96, 502, 506 – *Energiekosten-Preisvergleich I;* GRUR 97, 139, 140 – *Orangenhaut*). Eine Verantwortlichkeit des Herstellerunternehmens als Medieninformant besteht in diesen Fällen nicht allein schon deshalb, weil die Berichterstattung auf eine (zutreffende) Herstellerinformation zurückgeht. Zwar handelt der Hersteller in aller Regel bei der Erteilung von Informationen zur Förderung seines Wettbewerbs. Das indiziert aber die Wettbewerbswidrigkeit seines Vorgehens noch nicht. Werbende Maßnahmen, die sachlich zutreffen, darf der Wettbewerber im Rahmen seiner Werbe- und Meinungsäußerungsfreiheit den Medien unbeschränkt zu Gehör bringen, Art 5 I 1 GG (BGH aaO – *Orangenhaut*).

Der Informationsfluss zwischen Hersteller und Medien, der die Interessen der Ver- 3/16
braucher und der Mitbewerber nicht verletzt und dem Medium die **freie und unbeeinflusste Entscheidung** über Nachprüfung und Verwertung der Information überlässt, ist nach § 4 Nr 3 nicht zu beanstanden. Verwertet ein Presseorgan bei seiner Berichterstattung die ihm erteilten Informationen unter Verletzung des Gebots der sachlichen Berichterstattung, ist der Hersteller lauterkeitsrechtlich dafür nicht verantwortlich (BGH GRUR 93, 561 – *Produktinformation I;* GRUR 94, 445, 446 – *Beipackzettel;* GRUR 94, 819, 820 – *Produktinformation II;* GRUR 96, 292, 293 – *Aknemittel*). Der Informant ist lauterkeitsrechtlich grundsätzlich auch *nicht* gehalten, bei der Erteilung von Informationen **sicherzustellen,** dass diese nicht für eine wettbewerbswidrige Berichterstattung benutzt werden (OLG Hamburg GRUR 89, 138, 139 – *Arzneimittel-Zeitungswerbung*). Es liegt im **Verantwortungsbereich der Medien,** wie diese ihre redaktionelle Berichterstattung unter Verwendung der ihnen zulässigerweise erteilten Informationen gestalten. Die bloße Informationserteilung begründet keine lauterkeitsrechtliche Haftung zu Lasten des Informanten (BGH aaO – *Beipackzettel* und *Produktinformation II;* GRUR 97, 541, 543 – *Produkt-Interview;* GRUR 97, 139, 141 – *Orangenhaut*).

Dagegen verstößt der Hersteller gegen § 4 Nr 3, wenn die **Information unsach-** 3/17
lich, fehlerhaft oder unzureichend ist, wenn der Informant das Medium in Wettbewerbsförderungsabsicht informiert, obwohl er anhand *konkreter* Umstände **damit rechnen muss,** dass seine – an sich zutreffende – Information in lauterkeitsrechtlich unzulässiger Weise – zB in Form einer getarnten Werbung – verwertet wird oder wenn Pressebeiträge auf Mitteilungen beruhen, die der Hersteller nicht lediglich zu Informationszwecken erteilt, sondern **gezielt dazu einsetzt,** dass über sein Unternehmen oder sein Leistungsangebot in redaktionell getarnter Werbung berichtet wird. In diesen Fällen geht es nicht mehr um Informationen zum Zwecke sachgerechter journalistischer Berichterstattung, sondern um die Tarnung der Werbung im

UWG § 4.3   Gesetz gegen den unlauteren Wettbewerb

Gewand redaktioneller Darstellung (BGHZ 81, 247, 249 = GRUR 81, 835, 836 – *Getarnte Werbung I;* GRUR 94, 445, 447 – *Beipackzettel;* GRUR 97, 139, 140 – *Orangenhaut*). Unlauter ist es, Werbung nicht in die Form einer Anzeige zu kleiden, der jedermann den Werbecharakter ansieht, sondern in die eines redaktionellen Beitrags und diesen der Redaktion gegen Bezahlung oder Inaussichtstellung der Erteilung von Werbeaufträgen zur Veröffentlichung zu übergeben (BGH aaO – *Getarnte Werbung I*). Der Leser der Veröffentlichung glaubt irrig, die Meinung der Redaktion zu erfahren, erfährt in Wirklichkeit aber nur die des Werbenden. Für die lauterkeitsrechtliche Beurteilung kommt es dabei auch nicht darauf an, ob die Werbung zulässig wäre, wenn der Hersteller selber erkennbar als Werbender aufträte. Unlauter ist die Tarnung der Werbung.

3/18   Den durch einen Bericht begünstigten Produkthersteller trifft keine lauterkeitsrechtliche Verantwortung dafür, dass das **Medium** bei der Übernahme der Information im Rahmen eines in eigener Verantwortung gestalteten Beitrags das Gebot sachlicher Berichterstattung verletzt und das Produkt **im Übermaß werbend** herausstellt (Rn 3/22). Eine Vermutung, dass das von der redaktionellen Berichterstattung begünstigte Unternehmen an dessen Erscheinen mitgewirkt hat, besteht nicht (BGH GRUR 94, 445, 446 – *Beipackzettel*). Zu beanstanden sind Medieninformationen zum Zwecke publizistischer Berichterstattung auch dann nicht, wenn dies gegenüber zahlreichen Informationsempfängern geschieht. Eine Verpflichtung des Informanten, sich die Überprüfung des Berichts vor der Veröffentlichung vorzubehalten, besteht nicht generell. Nur wenn *konkrete* Anhaltspunkte die Annahme nahelegen, dass auf Grund der Information in redaktionell getarnter Werbung berichtet wird, können **Kontrollpflichten** bestehen (BGH GRUR 94, 392, 395 – *Weizenkeimöl;* GRUR 67, 362, 365 – *Spezialsalz I;* GRUR 87, 241, 243 – *Arztinteview;* GRUR 97, 541, 543 – *Produkt-Interview;* GRUR 97, 139. 140 – *Orangenhaut;* OLG Zweibrücken NJWE-WettbR 00, 89, 90 – *Ballonfahrt als Geschenkidee;* sa BVerfGE 85, 248, 259 ff = GRUR 92, 866, 869f – *Hackethal;* BVerfG NJW 94, 123, 124 – *Mietrechtsspezialist; Gröning* WRP 93, 685, 693). Ihre Grenze finden Überprüfungspflichten dann, wenn sie nach den Umständen unverhältnismäßig oder für den Informanten unzumutbar sind (BVerfG aaO – *Hackethal*).

3/19   **e) Verantwortlichkeit der Medien. aa) Voraussetzungen.** Der Verstoß gegen § 4 Nr 3 setzt eine geschäftliche Handlung, dh ein Handeln im geschäftlichen Verkehr voraus. Beim Handeln der Medien kann das für die typisch wettbewerbsfördernde Tätigkeit der Anzeigenakquisition, der Kundenwerbung und des allgemeinen Werbegeschäfts vermutet werden (§ 2 Rn 20, 33), aber nicht für das Handeln im eigentlichen medialen Funktionsbereich (vgl Einf D Rn 11; § 4 Rn 7/9; § 4 Rn 8/9). In letzteren Fällen bedarf daher das Handeln des Mediums im geschäftlichen Verkehr positiver Feststellung.

3/20   **bb) Unlauterkeit.** Berichten die Medien in Wahrnehmung ihrer publizistischen Informationsaufgabe unentgeltlich über bestimmte Unternehmen oder Produkte, ist das Gebot der Trennung von Werbung und redaktionellem Text *nicht* verletzt, wenn die **sachliche Unterrichtung** des Publikums im Vordergrund steht und werbliche Auswirkungen **lediglich zwangsläufige Folge** der Berichterstattung sind. Es ist nicht zu beanstanden, wenn sich die Medien in solchen Fällen auf die Produktinformation des Herstellers stützen, ohne diese in ihrer Berichterstattung als solche zu kennzeichnen (BGH GRUR 93, 565, 566 – *Faltenglätter*). Mit der Wiedergabe eines sog Editorials in den Kundenzeitschriften der Apotheken verstößt das Verlagsunternehmen (unter dem Gesichtspunkt der Ausnutzung einer unzulässigen Werbung der Apotheken) nicht gegen § 4 Nr 3, auch wenn das Editorial nicht vom Apotheker stammt, von diesem aber autorisiert worden ist (BGH GRUR 95, 125, 126 – *Editorial I*).

3/21   Hält sich die Berichterstattung im Rahmen einer gewissenhaft recherchierten, sachlich gehaltenen journalistischen Darstellung, verstößt auch eine **namentliche**

Schleichwerbung **§ 4.3 UWG**

Erwähnung des Herstellers des Produkts, der Bezugsquelle und des Preises nicht gegen das Trennungsgebot. Vielfach sind solche Angaben für eine sachliche Unterrichtung des Publikums unverzichtbar. Selbst eine wortgleiche Übernahme von Informationen kann, wenn sie ohne Hinweis auf den Urheber erfolgt, einer zulässigen journalistischen Berichterstattung zugeordnet werden (BGH GRUR 93, 565, 566 – *Faltenglätter;* GRUR 98, 481, 482 – *Auto '94*). Es ist Frage des Einzelfalls, ob eine unzulässige redaktionelle Werbung zugunsten eines Unternehmens angenommen werden kann, das in derselben Publikation eine Anzeige geschaltet hat (OLG Nürnberg GRUR 95, 279, 283 – *Bauträgerwerbung* [bejahend]; OLG Köln WRP 96, 459, 460 – *Werbehilfe* [verneinend]). Eine generelle Verpflichtung der Medien, Produktinformationen des Herstellers, die Eingang in redaktionelle Beiträge gefunden haben, als solche zu kennzeichnen, besteht nicht (BGH GRUR 93, 561, 562 – *Produktinformation I;* GRUR 94, 819, 821 – *Produktinformation II;* GRUR 96, 292, 293 – *Aknemittel;* GRUR 97, 541, 543 – *Produkt-Interview*).

Der Bereich der sachlichen Unterrichtung wird aber verlassen, wenn Name, Firma, Ware und/oder Marke des Herstellers **übermäßig herausgestellt** werden (BGH GRUR 94, 821, 822 – *Preisrätselgewinnauslobung I*), obwohl es der Erwähnung dessen zur Erfüllung der Informationsaufgabe nicht bedarf, oder wenn die gleichzeitige Erwähnung anderer Hersteller mit entsprechenden Produkten angezeigt ist, aber unterbleibt. Ob es sich so verhält, kann nur von Fall zu Fall entschieden werden. Dabei bedarf es der Berücksichtigung aller Umstände des Einzelfalls, insbesondere des Inhalts des Berichts, dessen Anlasses und Aufmachung sowie die Gestaltung und Zielsetzung des Presseorgans (BGH GRUR 13, 644 Rn 16 – *Preisrätselgewinnauslobung V*). Die namentliche Nennung des begünstigten Unternehmens oder die bildliche Darstellung der von ihm vertriebenen Waren können im Gesamtzusammenhang auf die Überschreitung des Funktionsbereichs des Mediums schließen lassen. Auch hier gilt der Grundsatz, dass der Verkehr der Information seitens eines am Wettbewerb nicht beteiligten Dritten größere Bedeutung beilegt und mehr Beachtung schenkt als der Werbung des Herstellers selbst (Rn 3/1; BGH aaO – *Faltenglätter;* GRUR 94, 445, 446 – *Beipackzettel*). 3/22

Unlauter sind insbesondere redaktionelle Beiträge, die über das durch eine sachliche Information des Publikums **gebotene Maß hinaus** Leistungsangebote werbend darstellen, indem zB trotz Vorhandenseins einer Vielzahl vergleichbarer Angebote nur über ein einzelnes berichtet, dieses einseitig gelobt oder herabgesetzt wird, bewusst unwahre Behauptungen aufgestellt (BGH WRP 94, 862, 864 – *Bio-Tabletten*) oder Herstellerangaben mit übermäßig werbendem Gehalt (BGH GRUR 98, 481, 482 – *Auto '94*) unkritisch wörtlich übernommen werden (BGH GRUR 93, 561, 562 – *Produktinformation I;* GRUR 93, 565, 566 – *Faltenglätter;* GRUR 94, 441, 442 – *Kosmetikstudio;* GRUR 94, 445, 446 – *Beipackzettel;* GRUR 94, 819, 820 – *Produktinformation II;* GRUR 94, 821, 823 – *Preisrätselgewinnauslobung I;* GRUR 97, 139, 140 – *Orangenhaut;* GRUR 98, 489, 493 – *Unbestimmter Unterlassungsantrag III;* GRUR 98, 947, 948 – *AZUBI '94:* Klassischer Fall unzulässiger redaktioneller Werbung zugunsten inserierender Unternehmen, den Lauterkeitsverstoß unter Verweis auf das Interesse an der Schaffung von Ausbildungsstellen und der Verminderung der Jugendarbeitslosigkeit vom BGH gleichwohl verneint, zw; KG GRUR-RR 05, 320, 322 – *Schleichwerbung im Rundfunk*). Die lauterkeitsrechtliche Verantwortlichkeit der Medien liegt in diesen Fällen in der Täuschung des Publikums darüber, journalistisch einwandfrei recherchiert zu haben, obschon lediglich anpreisende Informationen oder Äußerungen Dritter ungeprüft oder ohne genügende kritische Distanz in den redaktionellen Artikel übernommen worden sind (BGH GRUR 97, 912, 913 – *Die Besten I;* GRUR 97, 914, 916 – *Die Besten II*). 3/23

Unlauter ist aus gleichgelagerten Gründen auch die Veröffentlichung (bezahlter) **Anzeigen** des werbungtreibenden Unternehmens durch die Redaktion in der **äußeren Form eines redaktionellen Beitrags.** Der Verkehr kann den werbenden Cha- 3/24 rakter der Veröffentlichung ohne Kennzeichnung als „Anzeige" nicht erkennen, wird also in unlauterer Weise getäuscht.

3/25 Auf das **Grundrecht der Presse- oder Rundfunkfreiheit** (Art 5 I 2 GG) kann sich das Medienunternehmen bei solchen Fallgestaltungen nicht berufen. Das Grundrecht findet seine Schranken in den Vorschriften der allgemeinen Gesetze (Art 5 II GG), hier in § 4 Nr 3. Zwar sind die allgemeinen Gesetze nach der Rechtsprechung des Bundesverfassungsgerichts ihrerseits aus der Erkenntnis der wertsetzenden Bedeutung des Grundrechts der Presse- und Rundfunkfreiheit heraus auszulegen und müssen deshalb in ihrer das Grundrecht beschränkenden Wirkung selbst wieder eingeschränkt werden (Einf D Rn 13). Aber auch eine verfassungskonforme Auslegung des § 4 Nr 3 in diesem Sinne lässt die wettbewerbsrechtliche Unzulässigkeit getarnter Werbung in Fallgestaltungen wie hier unberührt (BGH GRUR 97, 912, 914 – *Die Besten I;* GRUR 97, 914, 916 – *Die Besten II;* GRUR 98, 471, 473 – *Modenschau im Salvatorkeller;* GRUR 98, 947, 948 – *AZUBI '94;* KG GRUR-RR 05, 320, 321 f – *Schleichwerbung im Rundfunk).*

3/26 cc) **Preisrätselgewinnauslobung.** Gewinnspiele oder Kreuzworträtsel mit ausgesetzten Preisen für die richtige Lösung gehören *in einem weiteren Sinne* **zum redaktionellen Teil** einer Zeitung oder Zeitschrift (BGH GRUR 94, 821, 823 – *Preisrätselgewinnauslobung I;* GRUR 94, 823, 824 – *Preisrätselgewinnauslobung II;* GRUR 97, 145, 147 – *Preisrätselgewinnauslobung IV;* GRUR 13, 644 Rn 17 – *Preisrätselgewinnauslobung V).* Die Bedeutung solcher redaktioneller Beiträge liegt einmal in der Werbung für die Teilnahme am Rätsel und in der Werbung für das eigene Blatt. Darüber hinaus betrifft sie aber auch die qualitative Wertschätzung, die der Verkehr den ausgelobten Preisen entgegenbringt (aA OLG Stuttgart WRP 92, 513, 517 – *Zeitschrift „7 Tage").* Wie bei anderen redaktionellen Beiträgen ist auch bei der Gewinnspiel- und Preisrätselwerbung in Betracht zu ziehen, dass der Leser die Auswahl, Besprechung und rühmende Herausstellung der ausgelobten Ware einer objektiven, gewissenhaften **Recherche der Redaktion** zuschreibt (BGH aaO – *Preisrätselgewinnauslobung II* und *IV).* Das heißt, dass sich die Wirkung der redaktionellen Herausstellung auch auf die als Preis ausgesetzte Ware erstreckt, dass also die Preisrätselgewinnauslobung den Grundsätzen der redaktionellen Werbung ebenfalls unterliegt.

3/27 Ungeachtet der grundsätzlichen Geltung des Verbots der redaktionellen Werbung auch für Gewinn- und Rätselspiele sind jedoch nach der Rechtsprechung des BGH an die lauterkeitsrechtliche Beurteilung solcher Fallgestaltungen **weniger strenge Anforderungen** zu stellen als in den sonstigen Fällen redaktioneller Werbung. Anders als beispielsweise bei Leitartikeln, Berichten oder Meldungen, die der Meinungsbildung oder der Information dienen, erwartet der Leser bei Preisrätseln spielerische Unterhaltung und Gewinnchancen und damit auch eine werbende Selbstdarstellung der Zeitung. In den Grenzen des „Normalen und seriöserweise Üblichen" soll deshalb nach der Rechtsprechung des BGH die Preisrätselwerbung **auch bei namentlicher Nennung** des Herstellers für sich allein **noch nicht anstößig** sein, weil – so der BGH – der Verkehr in solchen Fällen erkenne, dass eine positive Vorstellung der ausgelobten Preise nicht ohne weiteres Werbung für den Hersteller sei, sondern eher Anreiz für die Beteiligung am Rätsel und an der Absatzwerbung für die Zeitschrift (BGH GRUR 94, 821, 823 – *Preisrätselgewinnauslobung I;* GRUR 94, 823, 824 – *Preisrätselgewinnauslobung II;* GRUR 13, 644 Rn 17 – *Preisrätselgewinnauslobung V;* krit *Gröning* WRP 95, 181 ff; *Ahrens* GRUR 95, 307, 312 f; *Köhler* WRP 98, 349, 355). Auch bei Abbildung des ausgelobten Gewinns und mehrfacher Erwähnung des Herstellernamens hat daher der BGH eine Preisrätselwerbung *mit* Hinweisen auf die Unentgeltlichkeit der Zurverfügungstellung der Preise durch den Hersteller nicht als eine unzulässige getarnte redaktionelle Werbung beanstandet (BGH GRUR 96, 804, 806 – *Preisrätselgewinnauslobung III).* Gleiches hat der BGH gelten lassen, wenn Abbildung und (wiederholtes) Benennen des Produkts und Erwähnung des Herstellers bei im Übrigen nicht übermäßiger werblicher Herausstellung zur Darstellung des ausgesetzten Warenpreises gehören (BGH GRUR 97, 145, 147 – *Preisrätselgewinnauslobung IV*).

Preisrätsel werden den lauterkeitsrechtlichen Anforderungen aber dann nicht gerecht, wenn durch die **Art und Weise der Präsentation** des Produkts die Grenzen des „Normalen und seriöserweise Üblichen" (Rn 3/30) überschritten werden und der Charakter der Preisrätselwerbung als Eigenwerbung des Blattes zugunsten der Werbung für die ausgelobte Ware und deren Hersteller zurücktritt. Unter solchen Umständen ist es wettbewerbswidrig, durch lobende Herausstellung des Warenpreises nach Bild und Beschreibung den Eindruck der objektiven Auswahl eines Produkts von außerordentlich guter Qualität zu erwecken (BGH GRUR 94, 821, 823 – *Preisrätselgewinnauslobung I;* GRUR 96, 804, 806 – *Preisrätselgewinnauslobung III;* GRUR 13, 644 Rn 17 – *Preisrätselgewinnauslobung V; Köhler*/Bornkamm § 4 Rn 3.26). Ebenso liegt es, wenn die Aussetzung der Preise nicht auf einer Auswahlentscheidung der Zeitung, sondern auf der **unentgeltlichen Zurverfügungstellung** des Warenpreises durch den Hersteller beruht *und* der Leser durch *Verschweigen* dieses Umstandes getäuscht wird (BGH GRUR 94, 823, 824 – *Preisrätselgewinnauslobung II;* GRUR 97, 145, 147 – *Preisrätselgewinnauslobung IV*). 3/28

dd) Redaktionelle Zugaben. Von redaktionellen Zugaben spricht man, wenn die Medienunternehmen mit der **Beistellung redaktioneller Textbeiträge zu bezahlten Inseraten** dem Inserenten publizistische Schützenhilfe leisten. Die Initiative dazu kann sowohl vom Medienunternehmen (Verleger, Redakteur) ausgehen, das damit den Kreis seiner Anzeigenkunden zu erhalten oder zu erweitern sucht, als auch vom werbungtreibenden Unternehmen, das zusätzlich zur Schaltung einer vom ihm zum Anzeigentarif bezahlten Werbeanzeige oder einer entgeltlichen redaktionell gestalteten Werbung vom Medienunternehmen einen redaktionellen Hinweis auf seine Ware oder sein Unternehmen verlangt. Mit solchen Kopplungsgeschäften kann ein Verstoß gegen den Trennungsgrundsatz (Rn 3/8 ff) und damit gegen § 4 Nr 3 verbunden sein (vgl Rn 3/11 ff). 3/29

Gekennzeichnet sind Fälle dieser Art dadurch, dass sich das Medium im Rahmen einer redaktionellen Berichterstattung **hervorgehoben und gezielt** mit den Angeboten des Inserenten in *daneben plazierten* Anzeigen als zusätzliche kostenlose Nebenleistung befasst (BGH 94, 441, 442 – *Kosmetikstudio*; GRUR 98, 489, 493 – *Unbestimmter Unterlassungsantrag III;* GRUR 98, 471, 475 – *Modenschau im Salvatorkeller;* GRUR 98, 947, 949 – *AZUBI ‚94: Zugabewidrige Beistellung* mit zw. Begr. verneint, vgl Rn 3/23; OLG Nürnberg GRUR 95, 279, 283 – *Bauträgerwerbung;* LG Karlsruhe WRP 00, 251 L). 3/30

Anders liegt es, wenn der redaktionelle Beitrag lediglich allgemein gehalten ist und nicht unmittelbar auf die mit der Anzeige beworbenen Produkte Bezug nimmt, so dass es an einem erkennbaren Zusammenhang zwischen Anzeigenwerbung und redaktionellem Text fehlt und letzterer auch sonst objektiv gehalten ist (BGH GRUR 92, 463, 465 – *Anzeigenplazierung;* GRUR 94, 441, 443 – *Kosmetikstudio*). 3/31

ee) Erscheinungsformen redaktioneller Werbung. Die Anwendung der Grundsätze zur getarnten redaktionellen Werbung, die sich dem Werbeadressaten fälschlich als Aussage eines Dritten darstellt, sind nicht auf die eigentlichen **Printmedien** wie Zeitungen und Zeitschriften einschließlich der Anzeigenblätter, Kundenzeitungen und -magazine beschränkt. Das Trennungsgebot gilt auch für den allgemeinen Buchhandel, für Schulbücher und andere Druckerzeugnisse, für allgemeine Anzeigen und Plakate, für **Hörfunk, Fernsehen** und **Internet** (elektronische Medien), dort auch in der Form des Sponsoring (Rn 3/34) und Product Placement (Rn 3/35 ff) und im Kino (Rn 3/38 f; BGHZ 110, 205, 214 = GRUR 95, 744, 745 – *Feuer, Eis & Dynamit I*). Im Rahmen der gebotenen Gesamtbetrachtung der Einzelumstände des Falles, der Intensität der konkreten werblichen Wirkung und der Besonderheit des jeweiligen Mediums können aber für die lauterkeitsrechtliche Beurtei- 3/32 lung mit Blick auf die Beachtung und Bedeutung, die der Verkehr werbenden Angaben Dritter beilegt, und mit Blick auf eine unterschiedliche Verkehrserwartung – zB bei der Werbung in Kinofilmen oder bei Veröffentlichungen in Anzeigenblättern und Kundenzeitschriften etwa im Vergleich zu überregional verbreiteten Tageszeitungen und Zeitschriften – **unterschiedliche Maßstäbe** gelten (BGH aaO – *Feuer, Eis & Dynamit I*). Maßgebend für die elektronischen Medien sind auch die Rundfunkstaatsverträge und die auf Grund der Staatsverträge in den einzelnen Anstalten geltenden Richtlinien sowie das Unionsrecht, insbesondere die AVMD-RL 2010/13/EU (vgl Rn 3/12).

3/33 **(1) Elektronische Medien.** Der Grundsatz der Trennung von Werbung und redaktionellem Text gilt auch für die Werbemaßnahmen im redaktionellen Programmteil des Hörfunks und Fernsehens (Rn 3/12). **Schleichwerbung** ist nach § 2 II Nr 8 RStV, Art 1 I lit j AVMD-RL 2010/13/EU die **Erwähnung oder Darstellung** von Waren, Dienstleistungen, Namen, Marken oder Tätigkeiten eines Herstellers von Waren oder eines Erbringers von Dienstleistungen in Sendungen, wenn sie vom Veranstalter absichtlich zu Werbezwecken vorgesehen ist und mangels Kennzeichnung die Allgemeinheit hinsichtlich des eigentlichen Zwecks dieser Erwähnung oder Darstellung irreführen kann. Eine Erwähnung oder Darstellung des Produkts liegt nicht nur vor, wenn das Originalprodukt gezeigt wird, sondern auch, wenn *Fantasieprodukte* erkennbar sind, die verwechslungsfähig sind, wofür auf die Maßstäbe nach § 14 II Nr 2 MarkenG zurückgegriffen werden kann (vgl *Eckert/Freudenberg* GRUR 12, 343). Eine Erwähnung oder Darstellung gilt insbesondere dann als zu Werbezwecken beabsichtigt, wenn sie gegen Entgelt oder eine ähnliche Gegenleistung erfolgt. Die Existenz eines Entgelts oder einer ähnlichen Gegenleistung ist allerdings keine notwendige Voraussetzung für das Vorliegen von Schleichwerbung (EuGH GRUR Int 11, 733 Rn 31, 34 – *ALTER CANNEL*). Nach dem Rundfunkstaatsvertrag der Länder (§ 7 III) sowie nach der AVMD-RL (Art 19 I) muss Fernsehwerbung als solche leicht erkennbar und vom redaktionellen Inhalt unterscheidbar sein. Für den Programmteil besteht daher ein grundsätzliches Verbot der Wirtschaftswerbung, um die Unabhängigkeit der Programmgestaltung und die Neutralität der Rundfunkanstalt gegenüber dem Wettbewerb im Markt zu wahren. Dieses Verbot gilt nicht nur für direkte Werbeaussagen, sondern prinzipiell auch für alle indirekten wie zB (unzulässiges) Sponsoring und Product Placement.

3/34 **(a) Sponsoring. Sponsoring** ist jeder **Beitrag eines Dritten,** der an Rundfunktätigkeiten oder an der Produktion audiovisueller Werke nicht beteiligt ist, **zur Finanzierung einer Sendung, um den Namen,** die Marke, das Erscheinungsbild des Dritten, seine Tätigkeit oder Leistungen **zu fördern** (§ 2 II Nr 9 RStV; Art 1 I lit k AVMD-RL 2010/13/EU). Bei gesponserten Sendungen muss zu Beginn, während oder zum Ende der Sendung eindeutig auf die Finanzierung hingewiesen werden (§ 8 I RStV, Art 10 I lit c AVMD-RL); Inhalt und Programmplatz der Sendung dürfen grundsätzlich nicht vom Sponsor beeinflusst werden (§ 8 II RStV; Art 10 I lit a AVMD-RL) und gesponserte Sendungen dürfen nicht zum Verkauf, zum Kauf oder zur Miete oder Pacht von Erzeugnissen oder Dienstleistungen des Sponsors anregen (§ 8 III RStV; Art 10 I lit b AVMD-RL). Der Hinweis, mit dem der Name des Sponsors genannt werden darf, hat werbenden Charakter (vgl *Ullmann* FS Traub, 1994, 411, 414 ff), ist aber im Interesse des Aufklärungsbedürfnisses der Allgemeinheit hinsichtlich des Sponsorings von Sendungen ausnahmsweise zulässig, jedoch nur, wenn es um die gesponserte Sendung geht. Der BGH nahm früher an, dass im Gegensatz zum Sponsoring von Sendungen das **Ereignissponsoring** – Sponsern des gesendeten Ereignisses – nicht zulässig sei (BGHZ 117, 353, 362 = GRUR 92, 518, 521 – *Ereignis-Sponsorwerbung*). Dies wird man heute nicht mehr annehmen können. Da Ereignissponsoring rundfunkrechtlich nicht speziell geregelt ist, kommt es allein darauf an, ob Schleichwerbung gem Art 1 I lit j AVMD-RL, § 2 II Nr 8 RStV vorliegt; bei Einblendung

Schleichwerbung **§ 4.3 UWG**

eines Hinweises auf den Sponsor der übertragenen Veranstaltung wird der Verkehr aber nicht über den kommerziellen Charakter getäuscht (*John* S 234f).

(b) Product Placement. Product Placement (Produktplazierung) ist die **Er-** 3/35 **wähnung oder Darstellung** von Waren, Dienstleistungen, Namen, Marken, Tätigkeiten eines Herstellers von Waren oder eines Erbringens von Dienstleistungen in Sendungen **gegen Entgelt** oder eine ähnliche Gegenleistung mit dem **Ziel der Absatzförderung** (§ 2 II Nr 11 RStV; Art 1 I lit m AVMD-RL); die **kostenlose Bereitstellung** von Waren oder Dienstleistungen ist Produktplatzierung, sofern die betreffende Ware oder Dienstleistung **von bedeutendem Wert** ist (§ 2 II Nr 11 S 2 RStV). Wie die redaktionelle Werbung ist auch die Produktplatzierung eine **verdeckte Produktwerbung,** die nach wie vor **grundsätzlich unzulässig** ist (§ 7 VII 1 RStV; Art 11 II AVMD). Wie für die redaktionelle Werbung gilt auch für Produktplatzierung das Gebot der Trennung von redaktionellem Teil (redaktioneller Darstellung) und Werbung (Trennungsgrundsatz, Rn 3/8).

Allerdings sind durch die RL 2007/65/EG v 11.12.2007 (ABl 332/27) und den 3/36 13. Rundfunkänderungsstaatsvertrag (Rn 3/12) **erhebliche Ausnahmen** eingeführt worden, die sich nun in §§ 15, 44 RStV, Art 11 AVMD-RL finden (dazu iE *Härting/ Schätzle* IPRB 10, 19; *Glockzin* MMR 10, 161; *S. Ahrens* IPRB 12, 234; *Kilian* WRP 10, 826; *Müller-Rüster* S 85ff; *Puff* S 37ff). Im öffentlich-rechtlichen Rundfunk ist Produktplatzierung gemäß § 15 RStV zulässig (1) in Kinofilmen, Filmen und Serien, Sportsendungen und Sendungen der leichten Unterhaltung, die nicht vom Veranstalter selbst oder von einem mit dem Veranstalter verbundenen Unternehmen produziert oder in Auftrag gegeben wurden, sofern es sich nicht um Sendungen für Kinder handelt, oder (2) wenn kein Entgelt geleistet wird, sondern lediglich bestimmte Waren oder Dienstleistungen, wie Produktionshilfen und Preise, im Hinblick auf ihre Einbeziehung in eine Sendung kostenlos bereitgestellt werden, sofern es sich nicht um Nachrichten, Sendungen zum politischen Zeitgeschehen, Ratgeber- und Verbrauchersendungen, Sendungen für Kinder oder Übertragungen von Gottesdiensten handelt. Eine vergleichbare Regelung gilt nach § 44 RStV für den privaten Rundfunk, ohne dass hier allerdings zwischen Eigen- und Fremdproduktionen unterschieden wird. Soweit nach diesen Regelungen Produktplatzierungen ausnahmsweise zulässig sind, müssen sie gemäß § 7 VII RStV (Art 11 III Unterabs 3 lit a bis d AVMD-RL) zusätzliche Voraussetzungen erfüllen, namentlich (1) die redaktionelle Verantwortung und Unabhängigkeit unbeeinträchtigt lassen, (2) nicht unmittelbar zu Kauf, Miete oder Pacht von Waren oder Dienstleistungen auffordern und (3) das Produkt nicht zu stark herausstellen. Zudem muss die Produktplatzierung zu Beginn und zum Ende einer Sendung sowie bei deren Fortsetzung nach einer Werbeunterbrechung angemessen gekennzeichnet werden. Soweit diese Voraussetzungen eingehalten werden, ist Produktplatzierung zulässig und damit auch kein Verstoß gegen § 4 Nr 3. Die nachfolgenden Ausführungen (Rn 3/37 bis 3/40) gelten daher nur, soweit die rundfunkrechtlichen Ausnahmebestimmungen nicht eingreifen.

Der Unterschied zwischen **Product Placement und redaktioneller Werbung** 3/37 liegt in der tatsächlichen Verschiedenheit der Werbemittel, nicht im Rechtlichen. Während der Verkehr bei der redaktionellen Werbung die Darstellung für eine objektiv-neutrale Äußerung der Redaktion hält (Rn 3/8), geht es bei der Produktplazierung um die **Verwertung insbesondere von Produktnamen** und Markenwaren, die in Fernsehsendungen und -filmen scheinbar zufällig, in Wirklichkeit aber gezielt und planmäßig als Requisiten auftauchen, *ohne* aber programm- oder inhaltsbedingt zu sein. In beiden Fällen liegt das Anstößige in der Täuschung über den (zielgerichtet verfolgten) Werbezweck und den Werbecharakter der jeweiligen Maßnahme (BGHZ 110, 278, 286 = GRUR 90, 611, 614 – *Werbung im Programm*).

Product Placement begegnet wettbewerbsrechtlichen Bedenken nicht allein 3/38 wegen der **Täuschung des Publikums,** sondern auch mit Blick auf die Gefahren,

Sosnitza 359

die bei der Produktplazierung – vor allem wenn dies gegen Entgelt geschieht – der **Rundfunkfreiheit und der Unabhängigkeit** der Programmgestaltung durch Eingriffe der Werbung treibenden Wirtschaft in das Programm drohen. Product Placement verstößt daher nicht nur gegen § 4 Nr 3, sondern unter dem Gesichtspunkt der Missachtung der Rundfunkfreiheit als eines wichtigen Gemeinschaftsgutes (Art 5 I 2 GG) auch gegen die insoweit gleichgerichteten Verbote der Rundfunkstaatsverträge, durch Werbung auf die inhaltliche und redaktionelle Programmgestaltung Einfluss zu nehmen (§ 4 Rn 3/12).

3/39 Ob eine Produktplazierung § 4 Nr 3 unterfällt, richtet sich wie immer nach der Gesamtlage des Einzelfalls. **Zahlung eines Entgelts** spricht für eine Wettbewerbsförderungsabsicht der Rundfunkanstalt und belegt im Allgemeinen auch den Vorwurf unlauteren Handelns. Jedoch kann auch die unentgeltliche Produktplazierung gegen § 4 Nr 3 verstoßen. Die **Art und Weise der Herausstellung,** die Vermeidbarkeit der Plazierung, das Fehlen eines redaktionellen, künstlerischen oder dramaturgischen Zwecks insoweit sind Umstände, die gegen die Zulässigkeit des Product Placement sprechen.

3/40 Werbliche Auswirkungen der Gestaltung von Fernsehsendungen und -filmen verletzen das Gebot der Trennung von Werbung und Programm nicht in jedem Fall. Die Erfüllung des Programmauftrags darf nicht über Gebühr durch ein **zu weit gestecktes Verständnis** des Trennungsgebots eingeschränkt werden. Darstellungen, die geeignet sind, als Bestandteil der realen Umwelt werbliche Wirkung zu entfalten, dürfen nicht künstlich ausgespart werden (BGHZ 110, 278, 286 = GRUR 90, 611, 614 – *Werbung im Programm*). Beispielsweise ist die Mitübertragung einer Bandenwerbung bei der Übertragung von Sportveranstaltungen praktisch unvermeidbar. Auch in sonstigen Fällen kann die werbende Wirkung verwendeter Requisiten **zwangsläufige Folge der Erfüllung des Programmauftrags** sein und muss dann hingenommen werden. Ebenso wenn werbliche Auswirkungen redaktionell veranlasst sind. Es verstößt nicht gegen § 4 Nr 3, wenn bei der Erörterung von Sachthemen, in Ratgeber- oder Sprachsendungen auf die Anschaffung von Lehrbüchern oder anderer Produkte verwiesen wird.

3/41 **(c) Internet-, E-Mail-Werbung.** Für die Werbung im **Internet** und für die E-Mail-Werbung gilt **ebenfalls der Trennungsgrundsatz** (Rn 3/8; sa § 6 I Nr 1, II TMG und Art 6 Buchst a der E-Commerce-Richtlinie). Auch insoweit muss für den Empfänger Werbung eindeutig erkennbar und von anderem Text unterscheidbar sein (vgl § 6 I TMG). Daher muss etwa ein Link, der aus einem redaktionellen Zusammenhang im Internet auf eine Werbeseite führt, so gestaltet sein, dass dem Nutzer erkennbar ist, dass auf eine Werbeseite verwiesen wird (KG GRUR 07, 254, 255 – *Getarnte Link-Werbung;* OLG München WRP 10, 671 – *Adetorials*). Wird in einem für Kinder ab sieben Jahren konzipierten Internetportal für ein Produkt mit einem Spiel geworben, muss dies im Hinblick auf die schwächere Aufmerksamkeit und den stärkeren Spieltrieb bei Kindern wesentlich deutlicher als Werbung gekennzeichnet werden, als gegenüber Erwachsenen (KG WRP 13, 638 Rn 5 – *Klick und wirf zurück;* LG Berlin GRUR-RR 11, 332, 333). Auch bei Werbung in **sozialen Netzwerken** (social media, zB Facebook, Twitter, Google +, LinkedIn, Xing) gelten die allgemeinen Grundsätze. Unzulässig ist es daher zB gefälschte Nutzerprofile („Fake-Accounts") einzurichten, um über diese positive Äußerungen zu Produkten zu veröffentlichen oder Unternehmen gegen Entgelt als „Freunde" anzubieten (*Kulka* ecolex 12, 148; *Lichtnecker* GRUR 13, 135, 139); gleiches gilt für bezahlte „Like"- oder „Follower"-Einträge oder allgemein gefälschte Bewertungen (sog „Astroturfing") in sozialen Netzwerken oder Blogs oder auch auf Handelsplattformen, zB eBay (*Lichtnecker* GRUR 13, 135, 139; *Ernst/Seichter* CR 11, 62, 67f; *Kaumanns/Wießner* K&R 13, 145, 148; *A. Ahrens/Richter* WRP 11, 814, 816f). Auch speziell für das Internet produzierte (kurze) Imagefilme, die sich über soziale Netzwerke ausbreiten sollen (vgl *vi-*

rales Marketing, vgl *Leitgeb,* ZUM 09, 39, 45, auch *Guerilla-Marketing* genannt, vgl *Lichtnecker* GRUR 13, 135, 139), müssen – notfalls über eine entsprechende Kennzeichnung – als Werbung erkennbar sein. Des Weiteren kann ein Eintrag bei **Wikipedia** eine getarnte Werbung darstellen; dass der Werbecharakter aus den zugehörigen Diskussionsbeiträgen ersichtlich ist, ändert daran nichts, zumal diese regelmäßig erst zeitversetzt online gestellt werden (OLG München WRP 12, 1145 Rn 12).

Bei **E-Mail-Werbung** darf in der Kopf- und Betreffzeile weder der Absender noch der kommerzielle Charakter der Nachricht verschleiert oder verheimlicht werden (§ 6 II 1 TMG). Die Zusendung von E-Mail-Werbung, mit der sich der private Empfänger zuvor nicht ausdrücklich oder konkludent einverstanden erklärt hat, verstößt gegen § 7 II Nr 3. Zur Zulässigkeit der E-Mail-Werbung im geschäftlichen Bereich s § 7 III. Die Grundsätze zur (Un-)Zulässigkeit der Telefon- und Telefax-Werbung gelten auch hier, vgl § 7 Rn 41 ff, 61 ff. Verantwortlich ist der Werbende, ein dazwischengeschalteter Dienstleister nur, wenn er unzulässige Werbung zumutbarerweise verhindern kann, vgl iE § 8 Rn 127, 135, 137. 3/42

(2) Kinospielfilme. Über den Bereich der Print- und elektronischen Medien hinaus gilt das Verbot der getarnten Werbung *grundsätzlich* **auch für Kinospielfilme.** Einschränkend ist insoweit allerdings zu berücksichtigen, dass der Verkehr den Beiträgen der als neutral angesehenen Redaktionen von Presse, Hörfunk und Fernsehen regelmäßig einen höheren Grad an Objektivität beimisst als den Aussagen und Angaben in einem privat hergestellten Spielfilm. Jedoch hat es der BGH nicht für zulässig gehalten, wenn ein dem Verkehr nicht bekanntes und von ihm auch nicht erwartetes **Zusammenwirken** von Spielfilmhersteller und Werbendem dazu führt, dass auf Grund von Zahlungen oder anderen geldwerten Leistungen die Namen der werbenden Unternehmen oder deren Produkte im Spielfilm werbend in Erscheinung treten (BGHZ 130, 205, 213 ff = GRUR 95, 744, 748 – *Feuer, Eis & Dynamit I*). 3/43

Erfüllt ein Kinospielfilm die Voraussetzungen des verfassungsrechtlichen Kunstbegriffs (Art 5 III GG), kann ein umfassendes, einschränkungsloses Verbot nicht begehrt werden. Art 5 III GG steht anders als Art 5 I GG nicht unter einem Gesetzesvorbehalt, der die Anwendung des § 4 Nr 3 rechtfertige. Möglich ist aber die Verurteilung unter **Auflagen,** die die Täuschung des Publikums beseitigen, und die Untersagung von Vertriebsmodalitäten, die den Film als Kunstwerk und die Gestaltungsmöglichkeiten des Künstlers unberührt lassen (BGHZ 130, 205, 213 ff = GRUR 95, 744, 748 – *Feuer, Eis & Dynamit I;* GRUR 95, 750, 751 – *Feuer, Eis & Dynamit II*). 3/44

ff) Feststellung der Unlauterkeit. Eine unzulässige redaktionell gestaltete Werbeanzeige oder sonstige redaktionelle Werbung ist häufig nicht ohne weiteres von einer zulässigen journalistischen Berichterstattung zu unterscheiden. In der Entscheidung *Spezialsalz I* (GRUR 67, 362, 365) hat der BGH angenommen, es entspreche einem Erfahrungssatz, dass Presseveröffentlichungen, in denen eine bestimmte Ware eines namentlich genannten Unternehmens in besonderer Weise herausgestellt wird, auf eine entsprechende Information des Unternehmens zurückgehen. Die dahingehende Vermutung rechtfertigt aber nicht die Annahme, dass ein vom Presseunternehmen redaktionell gestalteter Beitrag vom Informanten so wie veröffentlicht veranlasst worden ist. Ob es sich bei einem solchen Beitrag tatsächlich um Werbung für einen Dritten handelt und/oder von diesem verlangt worden ist, ist eine Frage der Einzelfallbeurteilung (BGH GRUR 75, 75, 77 – *Wirtschaftsanzeigen – public relations;* GRUR 93, 565, 566 – *Faltenglätter;* GRUR 97, 541, 543 – *Produkt-Interview*). 3/45

Maßgebend für die Feststellung der Tatbestandsmerkmale des § 4 Nr 3 sind in erster Linie **Inhalt und Aufmachung** des redaktionellen Berichts (BGH GRUR 75, 77 – *Wirtschaftsanzeigen – public relations;* GRUR 90, 1012, 1014 – *Pressehaftung I*) sowie **Art und Maß der Herausstellung** des im Beitrag besprochenen Produkts oder seines Herstellers (BGH GRUR 97, 139, 140 – *Orangenhaut*) und **Vergleiche** mit Text und Inhalt einer etwa erteilten Herstellerinformation. Von Bedeutung ist ferner, ob 3/46

UWG § 4.3   Gesetz gegen den unlauteren Wettbewerb

für die Darstellung in der konkreten Form ein **publizistischer Anlass** bestanden hat, inwieweit ein sachliches **Informationsbedürfnis des Publikums** anzunehmen ist und ob **anerkennenswerte Gründe** für die Nennung von Namen, Produkt und/oder Marke des Hersteller-(Vertreiber-)Unternehmens sprechen (BGH GRUR 98, 489, 493 – *Unbestimmter Unterlassungsantrag III*).

3/47   Für die lauterkeitsrechtliche Unzulässigkeit eines Beitrags spricht regelmäßig die Zahlung eines **Entgelts** durch das Herstellerunternehmen an das Presseorgan, ebenso die Inaussichtstellung von **Anzeigenaufträgen** für die Veröffentlichung seitens des Werbungtreibenden oder die Absicht des Presseunternehmens, solche Aufträge zu erlangen (BGHZ 81, 247, 251 = GRUR 81, 835, 836 – *Getarnte Werbung I*) oder die Erlangung **sonstiger wirtschaftlicher Vorteile,** wie sie in der Zurverfügungstellung von Preisen für im redaktionellen Teil veröffentlichte Gewinnspiele oder Preisrätsel liegen können (BGH GRUR 94, 823, 824 – *Preisrätselgewinnauslobung II*). Auch unkritisch lobende, anreißerisch übertreibende, sonstige **reklameartige Anpreisungen** oder **Kooperationsvereinbarungen** zwischen Medium und werbungtreibendem Unternehmen (BGHZ 110, 278, 288f = GRUR 90, 610, 614f – *Werbung im Programm;* WRP 94, 862, 864 – *Bio-Tabletten*) sind für getarnte Werbung von indizieller Bedeutung, vor allem dann, wenn das besprochene Produkt als eines von mehreren vorhandenen allein herausgestellt und zum Erwerb empfohlen wird (BGH WRP aaO – *Bio-Tabletten;* GRUR 94, 445, 446 – *Beipackzettel;* GRUR 94, 819, 820 – *Produktinformation II;* GRUR 97, 541, 542 – *Produkt-Interview*). Dem sind redaktionelle Berichte gleichzusetzen, die das erwähnte Produkt pauschal, aber **gezielt** loben, zur Inanspruchnahme des Unternehmensangebots **auffordern,** eine typisch **werbende Sprache** und Ausdrucksform verwenden („Attraktive Möglichkeiten", „Bestens geeignet für ...", „Besonders günstig") oder **bewusst falsche Behauptungen** aufstellen (BGH WRP aaO – *Bio-Tabletten*). Umgekehrt spricht das Fehlen solcher Umstände für die Annahme, dass der Rahmen einer sachlich-publizistischen Berichterstattung nicht überschritten worden ist.

3/48   Aus der objektiv-wettbewerbsfördernden Wirkung einer Werbeaussage allein kann aber nicht auf eine unzulässig tarnende redaktionelle Werbung geschlossen werden. Auch eine sachliche journalistische Information kann Werbewirkung entfalten, die als **Nebenfolge** der journalistischen Tätigkeit hinzunehmen ist und als solche noch nicht die Wettbewerbswidrigkeit des journalistischen Artikels belegt (Rn 3/20f; BGH WRP 94, 862, 864 – *Bio-Tabletten;* GRUR 94, 441, 442 – *Kosmetikstudio*). Anders, wenn die Werbewirkung über das durch die sachliche Information **zwangsläufig bedingte Maß** hinausgeht (BGH GRUR 93, 565, 566 – *Faltenglätter;* GRUR 94, 819, 820 – *Produktinformation II*).

3/49   **4. Passivlegitimation.** Für Presseberichte über ein Produkt oder dessen Hersteller, die täuschend oder sonst sachlich unrichtig sind, haftet der **Informant,** wenn Täuschung oder Unrichtigkeit auf seine Angaben zurückzuführen sind (BGH GRUR 64, 392, 395 – *Weizenkeimöl;* GRUR 67, 362, 365 – *Spezialsalz I;* GRUR 93, 561, 563 – *Produktinformation I;* GRUR 94, 819, 820 – *Produktinformation II;* GRUR 96, 502, 506 – *Energiekosten-Preisvergleich I*). Ohne weiteres verantwortlich ist der Informant für die Veröffentlichung und den Inhalt **bezahlter Anzeigen,** die in die Form eines redaktionellen Beitrags gekleidet sind und den Werbecharakter nicht erkennen lassen (Rn 3/14), ebenso für eine von ihm angeregte und **bezahlte redaktionelle Werbung** des Verlages (Rn 3/17). Aber auch für subtilere Formen geschäftlichen Handelns ist der Informant (Hersteller, Groß-/Einzelhändler, Importeur, Vermittler) verantwortlich. Dazu zählen (beispielsweise) die Versendung **druckfertiger Artikel** an Zeitungsverlage, mit denen der Werbende als Abonnementskunde oder als Auftraggeber von Werbeanzeigen in geschäftlicher Verbindung steht, was nach Sachlage eine unveränderte Veröffentlichung der Artikel erwarten lassen kann, oder die Überlassung fertiger Textvordrucke an lokale Medien mit kleinerem Mitarbeiterstab, bei denen der

Schleichwerbung **§ 4.3 UWG**

Werbende ebenfalls mit einer unbesehenen unrecherchierten Übernahme rechnen kann (*Ahrens* GRUR 95, 307, 317). Die **Überlassung von Produktabbildungen oder von Waren** – zB als auszusetzende Gewinne für Preisrätsel – zielt häufig ebenfalls darauf, die Redaktion zur werbenden Berichterstattung über den Hersteller und dessen Produkt anzuhalten (BGH aaO – *Produktinformation I* und *II*).

Die **bloße Information,** die sachlich richtig und nicht darauf angelegt ist, das 3/50 Medium zu einer redaktionellen Werbung des Wettbewerbers zu veranlassen, begründet **keine Verantwortlichkeit** (Rn 3/15f). Der Verstoß gegen § 4 Nr 3 kann grundsätzlich auch nicht daraus hergeleitet werden, dass es der das Medium informierende Wettbewerber unterlassen hat, sich die Überprüfung eines auf die Information zurückgehenden redaktionellen Berichts vorzubehalten. **Kontrollpflichten** insoweit bestehen nur ausnahmsweise, so wenn *konkrete* Umstände die Erwartung einer wettbewerbswidrig-täuschenden Berichterstattung nahelegen (Rn 3/18).

Ist der Zeitungsbericht trotz sachlich zutreffender Information von Seiten des 3/51 Wettbewerbers *von der Redaktion* täuschend gestaltet worden, ist der durch den Bericht Begünstigte nicht der richtige Beklagte. Gegenüber dem auf eine redaktionell-wettbewerbswidrige Presseveröffentlichung gestützten Unterlassungsantrag sind **passivlegitimiert** der **Verleger** der Zeitung oder Zeitschrift, in der die zu beanstandende Veröffentlichung erschienen ist, daneben die eigenverantwortlich handelnden **Anzeigen- und Abteilungsleiter** bzw **Redakteure** in den Zeitungsverlagen (BGHZ 39, 124, 129 = GRUR 63, 490, 492 – *Fernsehansagerin;* GRUR 75, 208 – *Deutschland-Stiftung;* GRUR 94, 441, 443 – *Kosmetikstudio;* GRUR 98, 471, 472 – *Modenschau im Salvatorkeller;* OLG München GRUR 94, 835, 836).

Eine Verantwortlichkeit sonstiger **Dritter** (zB Werbeagentur, PR-Berater) wird 3/52 nur selten in Betracht kommen. Nachdem der BGH die Störerhaftung bei Lauterkeitsverstößen aufgegeben hat (BGH GRUR 11, 152 Rn 48 – *Kinderhochstühle im Internet;* vgl § 8 Rn 123), genügt die willentliche und adäquat kausale Mitwirkung am Lauterkeitsverstoß eines anderen nicht mehr. Die Haftung als Teilnehmer nach § 830 II BGB verlangt Vorsatz. Eine täterschaftliche Haftung kommt nur dann in Betracht, wenn derartige Dritte durch ihr Handeln im geschäftlichen Verkehr in einer ihnen zurechenbaren Weise die Gefahr eröffnen, dass ein anderer (Unternehmer als Kunde oder Auftraggeber) Interessen von Marktteilnehmern verletzt, wenn sie diese Gefahr nicht im Rahmen des Möglichen und Zumutbaren begrenzen (BGH GRUR 07, 890 Rn 22ff – *Jugendgefährdende Medien bei eBay;* vgl § 8 Rn 127ff).

5. Prozessuale Fragen. Die **Darlegungs- und Beweislast** zur Frage des Ver- 3/53 stoßes gegen den **Trennungsgrundsatz** trägt der Kläger sowohl hinsichtlich der lauterkeitsrechtlichen Anforderungen an das Vorgehen des Herstellers (Händlers, Importeurs) als auch des Medienunternehmens, das einen redaktionellen Beitrag veröffentlicht. Wegen der jeweils unterschiedlichen Haftungsvoraussetzungen insoweit s Rn 3/45ff. Für die lauterkeitsrechtliche Haftung des Herstellers als Informanten gilt der Grundsatz, dass die bloße (zutreffende) Information der Presse keine Sanktionen nach sich zieht, wenn das in eigener Verantwortlichkeit handelnde Presseunternehmen das Gebot sachlicher Berichterstattung verletzt (BGH GRUR 93, 561, 563 – *Produktinformation I;* GRUR 94, 445, 446 – *Beipackzettel;* GRUR 94, 819, 820 – *Produktinformation II;* GRUR 96, 292, 293 – *Aknemittel*). Für Behauptungen, die diesen Grundsatz in Frage stellen, aber nicht bewiesen werden, trägt das non liquet der Kläger. Der Informant muss nicht sicherstellen, etwa durch den Vorbehalt der Genehmigung für die Veröffentlichung eines Interviews, dass das Medium zutreffend berichtet (BGH aaO – *Beipackzettel* und *Produktinformation II;* GRUR 97, 541, 543 – *Produkt-Interview;* GRUR 97, 139, 141 – *Orangenhaut*). Anders, wenn – vom Kläger zu beweisen – konkreter Anlass für die Notwendigkeit von Vorbehalten besteht, beispielsweise bei unzutreffenden Veröffentlichungen in früheren Fällen (BGH aaO – *Beipackzettel;* BGH aaO – *Produktinformation II;* BGH aaO – *Aknemittel*).

Sosnitza

UWG § 4.3

II. Weitere Erscheinungsformen verschleiernder Werbung

3/54 **1. Verschleierung von Werbeveranstaltungen.** Veranstaltungen wie **Ausflugs- und Kaffeefahrten,** Filmvorführungen oder Freizeitgestaltungen bei denen der werbliche Charakter erst während der Veranstaltung hervortritt, sind unlauter, wenn der Verkehr sie nicht als Werbeveranstaltung erkennt (BGH GRUR 62, 461, 464f – *Werbeveranstaltung mit Filmvorführung;* GRUR 86, 318, 320 – *Verkaufsfahrten I;* GRUR 88, 130, 131f – *Verkaufsreisen;* GRUR 88, 829, 830 – *Verkaufsfahrten II;* GRUR 90, 1020, 1021f – *Freizeitveranstaltung;* WRP 02, 1432 – *Strafbare Werbung für Kaffeefahrten; Pluskat* WRP 03, 18: zu Kaffeefahrten). Die Werbung für derartige Veranstaltungen ist nur dann nicht zu beanstanden, wenn auf den werblichen Charakter **unmissverständlich und unübersehbar** hingewiesen und klargestellt wird, dass die Teilnahme an der Veranstaltung **freiwillig** ist. Blickfangartige Herausstellung des Unterhaltungswerts der Veranstaltung erfordert auch blickfangartige Hinweise auf den Werbecharakter (BGH aaO – *Verkaufsfahrten I*). Die schlichte Bezeichnung als Werbefahrt genügt den Anforderungen an die Klarheit von Hinweisen auf den werblichen Charakter wegen der Mehrdeutigkeit des Begriffs „Werbefahrt" regelmäßig nicht (BGH aaO – *Verkaufsreisen* und *Verkaufsfahrten II*). Das Unlauterkeitsurteil kann sich in solchen Fällen außer aus § 4 Nr 3 auch aus § 4 Nr 1 (Druck und unsachliche Beeinflussung, vgl § 4 Rn 1/30), ggf auch aus § 5 ergeben.

3/55 **2. Verschleierung von Vertragsangeboten. a) Rechnungsähnlich aufgemachte Formularschreiben.** Es ist unlauter (auch) iS von § 4 Nr 3 (vgl die vorrangige Spezialregelung in Nr 22 Anhang zu § 3 III), Kunden mit irreführenden Angaben zur Abgabe rechtsgeschäftlich bindender Erklärungen zu veranlassen, zB durch zu Täuschungszwecken **rechnungsähnlich aufgemachte Formularschreiben,** die den Eindruck einer Rechnungstellung in Auftrag gegebener Leistungen erwecken, tatsächlich aber nur ein Angebot auf Abschluss eines Vertrages sind (BGHZ 123, 330, 334 = GRUR 94, 126, 127 – *Folgeverträge I;* GRUR 95, 358, 360 – *Folgeverträge II;* GRUR 98, 415, 416 – *Wirtschaftsregister;* GRUR 12, 184 Rn 18ff – *Branchenbuch Berg;* OLG Düsseldorf WRP 12, 731 Rn 22). Typisch dafür ist der **Adressbuchschwindel,** bei dem der Verletzer zwecks Täuschung der Adressaten mit rechnungsähnlich gestalteten Formularschreiben (zB bei Fehlen von Anrede und Grußformel, bei Hervorhebung einer individuellen Rechnungsnummer, bei Herausstellung einer Zahlungsfrist und Beifügung eines ausgefüllten Überweisungsträgers) einer Vielzahl von Empfängern Rechnungstellung für angeblich bereits erbrachte Leistungen vortäuscht, während es sich in Wirklichkeit lediglich um Vertragsangebote handelt, die mit Zahlung auf die vermeintliche Rechnung – nach der Ausgestaltung der Vertragsangebote auch mit Wirkung für Folgeauflagen des Adressbuchs – angenommen werden sollen (sa § 5 Rn 16; BGH GRUR 12, 184 Rn 18ff – *Branchenbuch Berg;* BGHSt 47, 1, 2ff = NJW 01, 2187 – *Betrügerische Insertionsofferten*). Ob der unzutreffende Eindruck vermittelt wird, die beworbene Ware oder Dienstleistung sei bereits bestellt, kann sich auch bei Gewerbetreibenden oder Freiberuflern als Adressaten am Maßstab eines flüchtigen Lesers beurteilen, wenn die Gestaltung gerade auf diesen angelegt ist (BGH GRUR 12, 184 Rn 18f, 25 – *Branchenbuch Berg;* oben Rn 3/5). In gleicher Weise unzulässig sind beispielsweise formularmäßige Angebote für teils kostenfreie, teils kostenpflichtige Eintragungen in eine Formulardatenbank ohne ausreichenden Hinweis auf den kostenpflichtigen Teil (LG Hamburg NJW-CoR 96, 256). Zu Umfang und Bedeutung des Vortäuschens von Zahlungsverpflichtungen durch Versenden vertragsähnlich aufgemachter Angebotsformulare im Jahre 2002 s Deutscher Schutzverband gegen Wirtschaftskriminalität (DSW), WRP 03, 546f.

3/56 **b) Prämienrechnung als Vertragsangebote.** Ebenfalls unlauter ist das Angebot auf Abschluss einer (Höher-, Zusatz-)Versicherung in Form einer mit diesem Angebot verwechselbaren Aufforderung zur laufenden Beitragszahlung (BGH GRUR 92,

Schleichwerbung **§ 4.3 UWG**

450, 452 – *Beitragsrechnung*). Der verschleiernde Charakter eines solchen Vorgehens liegt darin, dass der angeschriebene Kunde den Angebotscharakter des Schreibens erst bei intensiver Betrachtung erkennen kann, wozu es aber mit Blick auf die Sicht des eine Prämienrechnung erwartenden Kunden vielfach nicht kommt.

c) Gutschein als Bestellschein. Ist ein Bestellschein so gestaltet, dass er für den Verbraucher ausschließlich die Zusage einer unentgeltlichen Leistung enthält, während er in Wirklichkeit auf den **entgeltlichen Bezug** einer Ware oder Leistung abzielt, liegt in der Irreführung darüber auch die unlautere Verschleierung einer Werbemaßnahme iS des § 4 Nr 3 (vgl OLG Karlsruhe WRP 88, 322, 324 – *Geschenkgutschein als Anforderungsscheck:* Tarnung eines Bestellscheins als Geschenkgutschein in Form eines Anforderungsschreibens). 3/57

d) Vertreterbesuche. Unlauter ist die Ausgabe von „Gutscheinen", mit denen zur unverbindlichen und kostenlosen **Anforderung** von Waren- oder Dienstleistungsangeboten aufgefordert wird, wenn dem darauf antwortenden Kunden das Angebot nicht zugesandt, sondern **durch Vertreter im Hausbesuch** vorgelegt wird, um auf diesem Wege zum Vertragsabschluss zu gelangen. In solchen Fällen verschleiert der Handelnde unter Verstoß gegen § 4 Nr 3 den werblichen Charakter des Gutscheins als Mittel der unmittelbaren Kontaktaufnahme mit dem Kunden (vgl BGH GRUR 68, 648, 649 – *Farbbildangebot*). 3/58

e) Vortäuschung von Verdienstmöglichkeiten zwecks Warenabsatzes. Des Weiteren verstößt gegen § 4 Nr 3, wer den Anschein erweckt, er werbe für Tätigkeiten mit (hohen) Verdienstmöglichkeiten, dies tatsächlich aber nur als Vorwand dient, die Angeschriebenen zu Warenbestellungen zu veranlassen, zB mit der Begründung, dass diese für die angegebene Tätigkeit benötigt würden (LG Frankfurt BB 63, 1312; Köhler/Bornkamm § 4 Rn 3.17). Unter der Rubrik „Stellenangebote" ist für eine Werbung für Fortbildungsveranstaltungen kein Raum, wenn der Verkehr über den Charakter der beworbenen Leistung durch die Ausgestaltung oder die Anordnung des Inserats im Anzeigenteil irregeführt wird (BGH GRUR 91, 772, 773 – *Anzeigenrubrik I;* GRUR 91, 774, 775 – *Anzeigenrubrik II*). 3/59

3. Beschaffung von Adressenmaterial. § 4 Nr 3 erfasst auch die Gewinnung von Adressen unter Verschweigen damit verfolgter kommerzieller Interessen (s BegrRegEntw, B zu § 4 Nr 3, BT-Drucks 15/1487, S 17). Unlauter ist es, wenn sich der Handelnde durch eine **als Meinungsumfrage getarnte Aktion** Angaben verschafft, die anschließend für gezielte geschäftliche Angebote gegenüber den Befragten verwendet werden. Ein solches Vorgehen missbraucht die unter anderen Voraussetzungen gewährte Auskunftsbereitschaft der Umworbenen (KG GRUR 72, 192 – *Umfragewerbung;* OLG Frankfurt GRUR 89, 845 – *Adressenbeschaffung:* Vorspiegelung einer anonymen Marktumfrage zwecks Beschaffung von Adressenmaterial für die Anbahnung von Vertragsbeziehungen; LG Köln VuR 97, 228; LG Berlin NJW-RR 97, 747; LG Frankfurt WRP 00, 1195, 1196 – *Meinungsumfrage als getarnte Werbung;* Gutachterausschuss für Wettbewerbsfragen, Gutachten 3/70 = WRP 81, 238). Briefumfragen, die den Eindruck erwecken, einer wissenschaftlich fundierten Markt- und Meinungsanalyse zu dienen, obwohl es dabei nicht wie angegeben um eine generelle Auswertung geht, sondern darum, die Wünsche von Verbrauchern zu erfahren, um diese dann individuell und gezielt bewerben zu können, sind wettbewerbsrechtlich unzulässig. Anders liegt es dann, wenn die von Briefumfragen Angeschriebenen über die werbliche Betätigung des Handelnden und dessen Warenangebote unterrichtet sind, Hausbesuchen von Vertretern zugestimmt haben und ihnen bekannt ist, dass es nicht um eine Datensammlung zum Zwecke wissenschaftlicher Auswertung geht, sondern um Kundenwerbung (BGH GRUR 73, 268, 269 – *Verbraucher-Briefumfrage*). 3/60

3/61 **4. Verschleierung des Werbecharakters von Werbematerial.** Unlauter iS des § 4 Nr 3 ist die Täuschung über den Charakter von Werbebroschüren, so wenn eine solche als unabhängiges **Zeitschriftenmagazin** hingestellt wird. Zeitschriften, die dazu eingesetzt werden, den wettbewerblichen Interessen des Handelnden zu dienen, müssen diese Zielsetzung eindeutig erkennbar machen, wenn nicht der angesprochene Verkehr davon ausgehen soll, eine unabhängige Verbraucherzeitung vor sich zu haben, deren Zweck in sachlicher und unbeeinflusster Unterrichtung des Lesers besteht. Fehlt es daran, wird auch ein verständiger Durchschnittsverbraucher einer Fehleinschätzung des Magazins unterliegen (BGH GRUR 68, 382, 384 – *Favorit II;* GRUR 89, 516, 518 – *Vermögensberater*). Ebenso ist es unlauter, wenn ein Werbemittel den **Anschein von Privatpost** erweckt, etwa bei einer Postwurfsendung in Form einer Postkarte mit handschriftlichem Text einschließlich persönlicher Anrede und Grußformel (OGH MR 05, 392). Dagegen reicht es bei einem **Kochbuch,** das durch gewerbliche Anzeigen finanziert wird, und das vom Standesamt an Heiratswillige bei der Anmeldung zur Eheschließung verteilt wird, noch nicht für eine Verschleierung des Werbecharakters aus, dass bei der Entgegennahme die Eigenschaft als Werbepublikation nicht ohne Weiteres erkennbar ist (BGH GRUR 09, 606 Rn 17 – *Buchgeschenk vom Standesamt*). Auch die **unaufgeforderte Übersendung einer Kreditkarte** stellt als solches noch keine Verschleierung des Werbecharaktkers dar (BGH GRUR 11, 747 Rn 31 – *Kreditkartenübersendung*).

3/62 **5. Vortäuschung von Privatangebot.** Angebote geschäftlicher Art oder Werbeanzeigen von Gewerbetreibenden bedürfen zur Vermeidung einer Irreführung (§ 5) potentieller Kunden regelmäßig des **Hinweises auf den geschäftlichen Charakter** des Angebots. Unterbleiben solche Hinweise, verschleiert der Handelnde den werblichen Charakter seines Angebots und verstößt gegen § 4 Nr 3. Sonderformen solchen Verhaltens regelt die vorrangige Nr 23 des Anhangs zu § 3 III. Bei gewerblichen Angeboten rechnet der Interessent mit anderen Bedingungen als bei einem Erwerb von Privat, zB hinsichtlich der Provisionspflicht bei Leistungen gewerblicher Vermittler (BGH GRUR 87, 748, 749 – *Getarnte Werbung II;* GRUR 90, 377 – *RDM;* GRUR 94, 760 – *Provisionsfreies Maklerangebot*). Es ist jedoch regelmäßig *nicht* wettbewerbswidrig, wenn Gewerbetreibende in Zeitungsanzeigen *Privat*besitz (provisionsfrei) zum Verkauf stellen, ohne dabei auf ihre berufliche Stellung und Tätigkeit zB als Makler hinzuweisen (BGH GRUR 93, 761, 762 – *Makler-Privatangebot*).

III. Weitere Verbotsvoraussetzungen (§ 3)

3/63 Das Verbot von geschäftlichen Handlungen, die deren Wettbewerbscharakter verschleiern, verlangt neben der Erfüllung der Unlauterkeitsvoraussetzungen des § 4 Nr 3 auch das Gegebensein der weiteren Tatbestandsmerkmale des § 3. Die Unlauterkeit allein macht das wettbewerbliche Vorgehen noch nicht unzulässig. Dafür kommt es außerdem noch auf die **Eignung** der geschäftlichen Handlung **zur Beeinträchtigung** des Wettbewerbs zum Nachteil der Mitbewerber, der Verbraucher oder der sonstigen Marktbeteiligten sowie darauf an, dass die **Unerheblichkeitsschwelle** des § 3 I überschritten ist. Ist die Handlung unlauter, wird sie allerdings zu einer nicht nur unerheblichen Beeinträchtigung des Wettbewerbs in aller Regel auch geeignet sein. Bei geschäftlichen Handlungen gegenüber Verbrauchern müssen diese geschäftliche Relevanz nach § 3 II 1 aufweisen. Bei einem Online-Spiel, das sich zu Werbezwecken an Kinder ab sieben Jahre wendet, kann eine geschäftliche Entscheidung nicht allein schon darin gesehen werden, dass die Kinder sich durch das Spiel näher mit der Werbung befassen, die Werbebotschaft (unbewusst) zu ihren Eltern transportieren und diese dann ggf das beworbene Produkt kaufen (so aber KG WRP 13, 638 Rn 3 – *Klick und wirf zurück*), denn eine Werbung für Produkte, die üblicherweise von Erwachsenen erworben werden, ist nicht allein deswegen unlauter, weil sie bei Kindern und Jugendlichen Kaufwünsche weckt und darauf abzielt, dass diese ihre Eltern zu einer entsprechenden Kaufentscheidung veranlassen (BGH GRUR 08, 183 Rn 17 – *Tony Taler;* vgl Rn 1/32).

Transparenzgebot bei Verkaufsförderungsmaßnahmen

§ 4 Beispiele unlauterer geschäftlicher Handlungen

Unlauter handelt insbesondere, wer

...

4. bei Verkaufsförderungsmaßnahmen wie Preisnachlässen, Zugaben oder Geschenken die Bedingungen für ihre Inanspruchnahme nicht klar und eindeutig angibt;

...

Inhaltsübersicht

	Rn
A. Allgemeines	4/1
I. Normzweck und Bedeutung der Regelung	4/1
II. Unionsrecht	4/2
III. Verhältnis zu anderen Vorschriften	4/3
B. Tatbestandliche Voraussetzungen	4/4
I. Verkaufsförderungsmaßnahmen	4/4
II. Bedingungen für die Inanspruchnahme	4/5
III. Klare und eindeutige Angaben	4/8
IV. Zeitpunkt und Modalität der Information	4/11

Literatur: *Heermann,* Lauterkeitsrechtliche Informationspflichten bei Verkaufsförderungsmaßnahmen, WRP 2005, 141; *ders,* Aktuelle Anwendungsfragen und -probleme zu § 4 Nr 4 UWG, WRP 2011, 688; *Henning-Bodewig,* Das neue Gesetz gegen den unlauteren Wettbewerb, GRUR 2004, 713; *Köhler,* Zur richtlinienkonformen Auslegung der Transparenzgebote des § 4 Nr 4 und 5, WRP 2011, 1023; *Ohly,* Das neue UWG – Mehr Freiheit für den Wettbewerb?, GRUR 2004, 889; *Steinbeck,* Rabatte, Zugaben und andere Werbeaktionen: Welche Angaben sind notwendig?, WRP 2008, 1046; *Steingass/Teworte,* Stellung und Reichweite des Transparenzgebots im neuen UWG, WRP 2005, 676; *R. Wagner,* Die Entwicklung des Transparenzgebotes im Lauterkeitsrecht, 2007.

A. Allgemeines

I. Normzweck und Bedeutung der Regelung

§ 4 Nr 4 normiert ein **Transparenzgebot** für die Werbung mit Preisnachlässen, Zugaben, Geschenken und vergleichbaren Zuwendungen. Er ist ein Unterfall der Wertreklame (§ 4 Rn 1/52ff) und des Tatbestands der Irreführung (§ 5). Er konkretisiert für seinen Geltungsbereich den unbestimmten Rechtsbegriff der Unlauterkeit und den des sonstigen unangemessenen unsachlichen Einflusses der dritten Tatbestandsalternative des § 4 Nr 1. Sein **Normzweck** ist es, dem besonderen **Informationsbedürfnis** der Abnehmer (Verbraucher und sonstige Marktteilnehmer) bei der Werbung mit Verkaufsförderungsmaßnahmen Rechnung zu tragen (so auch schon die Rechtsprechung zu § 1 Uwg 1909, vgl zB BGH GRUR 89, 434, 436f – *Gewinnspiel*). Preisnachlässe, Zugaben und Werbegeschenke sind attraktive, auf die Beeinflussung der Nachfrageentscheidung des Verbrauchers zielende Werbemittel, die aber

4/1

gerade wegen ihrer auf den Kunden ausgeübten Anziehungskraft auch **Missbrauchsgefahren** begründen und nicht selten – wie beispielsweise bei Kundenbindungssystemen (vgl § 4 Rn 1/104f) – nur schwer zu überschauende Voraussetzungen für die Inanspruchnahme der vom Werbenden in Aussicht gestellten Vergünstigungen aufweisen (BegrRegEntw, B zu § 4 Nr 4, BT-Drucks 15/1487, S 17; BGH GRUR 09, 1064 Rn 27 – *Geld-zurück-Garantie II;* GRUR 09, 1183 Rn 9 aE – *Räumungsverkauf wegen Umbau;* GRUR 12, 402 Rn 20 – *Treppenlift).* § 4 Nr 4 erlegt deshalb dem mit Preisnachlässen, Zugaben oder Geschenken Werbenden die Verpflichtung auf, dem Werbeempfänger transparent darzutun, unter welchen Bedingungen die beworbenen Vorteile erlangt werden können. **Schutzsubjekt** sind als Werbeadressaten Verbraucher (§ 1 Rn 19ff, § 2 Rn 94ff) und sonstige Marktteilnehmer (§ 1 Rn 27ff). Dagegen ist es *nicht* Zweck der Norm, dem Verbraucher über die allgemeinen Preisinformationspflichten hinaus eine Preisvergleichsmöglichkeit zu bieten oder die besondere Anlockwirkung der Verkaufsförderungsmaßnahme zu verhindern (BGH GRUR 12, 402 Rn 23, 26 – *Treppenlift).*

II. Unionsrecht

4/2 § 4 Nr 4 erfasst für das Lauterkeitsrecht über die für den elektronischen Geschäftsverkehr geltenden Regelungen des Art 6 lit d ECRL 2000/31/EG (Einf C Rn 40, 71 ff) und des § 6 Satz 1 Nr 3 TMG hinaus **auch** den sonstigen **(Offline-)Geschäftsverkehr,** da dem Gesetzgeber eine auf den elektronischen Geschäftsverkehr beschränkte Regelung unzweckmäßig erschien (vgl BegrRegEntw aaO). Für die Anwendung der Vorschrift bedeutet das, dass eine richtlinienkonforme Auslegung, die streng genommen allein für den elektronischen Geschäftsverkehr angezeigt ist, sich zwecks Vermeidung unterschiedlicher Beurteilungsmaßstäbe praktisch immer auch auf den traditionellen Geschäftsverkehr erstrecken muss. Auch die UGP-RL steht der Anwendung von § 4 Nr 4 auf den Offline-Bereich nicht entgegen (aA *Köhler/ Bornkamm* § 4 Rn 4.5), da nichts daran hindert, die Bedingungen der Inanspruchnahme iSd § 4 Nr 4 als wesentliche Informationen einzuordnen, die auch nach Art 7 I der Richtlinie nicht vorenthalten werden dürfen (ebenso BGH GRUR 09, 1064 Rn 19 – *Geld-zurück-Garantie II;* GRUR 12, 402 Rn 13 – *Treppenlift).* Danach werden nur solche Bedingungen für die Inanspruchnahme erfasst, die für die Entscheidung des Verbrauchers, ob er sich um den im Rahmen der Verkaufsförderungsmaßnahme ausgelobten Vorteil bemühen will, wesentlich sind, sodass § 4 Nr 4 nicht als richtlinienwidriges Per-se-Verbot ausgestaltet ist (BGH GRUR 09, 1064 Rn 20 – *Geld-zurück-Garantie II).* Die Eignung zur spürbaren Beeinträchtigung von Verbraucherinteressen (§ 3 I) ist schon dann gegeben, wenn die Entscheidung, eine Verkaufsförderungsmaßnahme in Anspruch zu nehmen, beeinflusst wird (ebenso *Köhler* WRP 11, 1023, 1027).

III. Verhältnis zu anderen Vorschriften

4/3 Die Regelungen des Anhangs zu § 3 III gehen § 4 Nr 4 (wie auch alle anderen Tatbeständen) vor; in Betracht kommt insbesondere Ziff 21 (kostenpflichtige Gegenleistungen). Konkurrieren wird § 4 Nr 4 häufig mit § 4 Nr 1, 3. Alt, (vgl Rn 4/1 und § 4 Rn 1/56), aber auch mit den weiteren Beispielstatbeständen des § 4 Nr 2 und Nr 5 (Werbung mit Verkaufsförderungsmaßnahmen wie Preisausschreiben oder Gewinnspielen) sowie Nr 6 und 11 (bei einem Verstoß etwa gegen § 6 I Nr 3 TMG). Mit § 5 können sich ebenfalls Konkurrenzen ergeben. In aller Regel wird neben § 4 Nr 4 auch § 5a II erfüllt sein, da die Bedingungen für die Inanspruchnahme von Verkaufsförderungsmaßnahmen wesentliche Informationen sind. Alle diese Regelungen schließen einander nicht aus, sondern sind nebeneinander anwendbar, was aber wegen der in allen Fällen aus § 3 folgenden Sanktion keine weitere Bedeutung hat.

B. Tatbestandliche Voraussetzungen

I. Verkaufsförderungsmaßnahmen

§ 4 Nr 4 bezieht sich auf Verkaufsförderungsmaßnahmen wie **Preisnachlässe** (§ 4 Rn 1/66ff), **Zugaben** (§ 4 Rn 1/88ff, 1/93) oder **Geschenke** (§ 4 Rn 1/57ff). Die Aufzählung ist, wie die Gesetzesfassung ergibt („Verkaufsförderungsmaßnahmen wie ... oder ... ") **nicht abschließend** (BGH GRUR 09, 1183 Rn 7 – *Räumungsverkauf wegen Umbau*). Die Verwendung des Wortes „wie" weist allerdings darauf hin, dass nicht jegliche Verkaufsförderungsmaßnahmen erfasst werden, sondern nur solche, die zu den genannten Preisnachlässen, Zugaben und Geschenke vergleichbar attraktiv und zur Beeinflussung der Adressaten geeignet sind (BGH GRUR 09, 1183 Rn 7 – *Räumungsverkauf wegen Umbau;* GRUR 09, 1064 Rn 22 – *Geld-zurück-Garantie II*). Ein Räumungsverkauf mit Preisherabsetzungen gehört dazu (BGH GRUR 09, 1183 Rn 7 – *Räumungsverkauf wegen Umbau*), ebenso wie eine „Geld-zurück-Garantie" (BGH GRUR 09, 1064 Rn 23 – *Geld-zurück-Garantie II*), ein „Wertgutschein" (BGH GRUR 12, 402 Rn 14f – *Treppenlift*), eine „Tiefpreisgarantie", mit der ein Preisnachlass in Höhe der doppelten Differenz zwischen dem mit dem Kunden ursprünglich vereinbarten Tarif und dem bei einem Wettbewerber vorgefundenen niedrigeren Tarif ausgelobt wird (OLG Köln GRUR-RR 10, 293) oder geldwerte Vergünstigungen im Rahmen von Kundenbindungsprogrammen (vgl § 4 Rn 1/52ff).

II. Bedingungen für die Inanspruchnahme

Aus der Werbung mit Verkaufsförderungsmaßnahmen müssen die **Bedingungen** hervorgehen, die erfüllt sein müssen, damit der Werbeadressat die Vergünstigung in Anspruch nehmen kann. Der Begriff der Bedingung ist hier weit auszulegen und erfasst alle aus der Sicht des Verbrauchers nicht ohne Weiteres zu erwartende Umstände, die die Möglichkeit einschränken, in den Genuss der Vergünstigung zu gelangen (BGH GRUR 10, 247 Rn 13 – *Solange der Vorrat reicht*); dazu zählen zB nicht die Öffnungszeiten des Geschäftslokals, da der Verbraucher diese Einschränkung in Rechnung stellt (BGH aaO – *Solange der Vorrat reicht*). Anzugeben sind sowohl Bedingungen hinsichtlich des zugelassenen Personenkreises (persönlicher Anwendungsbereich), als auch Modalitäten der Inanspruchnahme (sachlicher Anwendungsbereich), BGH GRUR 10, 649 Rn 18 – *Preisnachlass für Vorratsware*. Bei einem **Preisnachlass** muss darüber informiert werden, dass der Nachlass nur für bestimmte Waren oder Produktgruppen, zB bei kurzfristigen Rabattaktionen nur für im Geschäft vorrätige Waren, gilt (BGH GRUR 10, 649 Rn 18 – *Preisnachlass für Vorratsware*), nicht aber über den Preis der Ware oder Dienstleistung (BGH GRUR 12, 402 Rn 23 – *Treppenlift;* Fezer/ *Steinbeck* § 4–1 Rn 268; aA *Heermann* WRP 11, 688, 692; GK/*Obergfell* § 4 Nr 4 Rn 60). Bei einem „Wertgutschein" muss der Werbende angeben, welchen Einlösewert der Gutschein hat, auf welche Waren- und Dienstleistungskäufe er sich bezieht und in welchem Zeitraum der Gutschein eingelöst werden muss (BGH GRUR 12, 402 Rn 23 – *Treppenlift*). Bei einer „Tiefpreisgarantie" ist eine Begrenzung der garantierten Erstattung auf einen Höchstbetrag anzugeben (aA OLG Köln GRUR-RR 10, 293, 295). Bei **Zugaben** muss angegeben werden, mit welchem Geschäft diese verknüpft sind, bei Bonuspunkten und Gutscheinen, welchen Anspruch sie verbriefen, den Einlösungszeitraum und den Einkaufswert. Es genügt regelmäßig der auf die Zugabe bezogene Hinweis „Solange der Vorrat reicht", um den Verbraucher darüber zu informieren, dass die Zugabe nicht im selben Umfang vorrätig ist wie die Hauptware; der Hinweis kann jedoch im Einzelfall irreführend sein, wenn die bereitgehaltene Menge an Zugaben in keinem Verhältnis zur erwarteten Nachfrage steht (BGH

UWG § 4.4 Gesetz gegen den unlauteren Wettbewerb

GRUR 10, 247 Rn 15f – *Solange der Vorrat reicht*). Die Angabe des Werts einer Zugabe oder eines Geschenks ist dagegen keine Bedingung für deren Inanspruchnahme, sondern Kennzeichnung des Gegenstandes der Verkaufsförderungsmaßnahme, deren Einschätzung dem Werbeadressaten überlassen ist, muss also nach § 4 Nr 4 aus der Werbung nicht notwendigerweise hervorgehen (vergl BGH GRUR 09, 1185 Rn 14 – *Totalausverkauf*; BGHZ 151, 84, 90 = GRUR 02, 976, 978 – *Kopplungsangebot I*; GK/*Obergfell* § 4 Nr 4 Rn 69). Täuschungen über den Wert einer Zugabe oder eines Geschenks sind aber im Rahmen des § 5 selbstverständlich relevant. Bei **Rabatten** gehört weder die Höhe des Rabatts (Fezer/*Steinbeck* § 4–4 Rn 16; *dies* WRP 08, 1046, 1047; aA OLG Köln GRUR-RR 08, 250, 251; Harte/Henning/*Bruhn* § 4 Nr 4 Rn 47; *Köhler*/Bornkamm § 4 Rn 4.11) noch der bisherige Normalpreis (MüKoUWG/*Heermann* § 4 Nr 4 Rn 37; aA Harte/Henning/*Bruhn* aaO) zu den Bedingungen der Inanspruchnahme. Das Fehlen derartiger Angaben kann aber je nach Umständen des Falls eine Irreführungsgefahr nach § 5 begründen. Dagegen ist die Begrenzung des Preisnachlasses auf bestimmte Waren oder Produktgruppen, zB auf vorrätige Waren (OLG Stuttgart GRUR-RR 07, 361 – *Abholpreise*), eine mitzuteilende Bedingung der Verkaufsförderungsmaßnahme. Bei Gutscheinen einer Apotheke, die auf Kaffeezuckertütchen in Krankenhäusern verteilt werden, muss angegeben werden, dass der Preisnachlass nur beim Erwerb nicht rezeptpflichtiger Arzeimittel und Produkte gewährt wird (OLG Naumburg GRUR-RR 07, 159, 160 – *Kaffeezuckertütchen*). Die Bitte um eine Spende in Höhe von 0,50 Euro im Zusammenhang mit dem Angebot eines Apothekers, ein altes Blutzuckermessgerät kostenlos gegen ein neues umzutauschen, stellt keine Bedingung für die Inanspruchnahme dar (OLG Naumburg GRUR-RR 07, 157).

4/6 Das Transparenzgebot des § 4 Nr 4 zwingt den Kaufmann nicht von vornherein zu einer bestimmten **zeitlichen Gestattung.** Insbesondere besteht keine Verpflichtung eine durchgeführte Verkaufsförderungsmaßnahme zeitlich zu begrenzen; vielmehr verpflichtet die Vorschrift den Gewerbetreibenden lediglich dazu, auf eine bestehende zeitliche Begrenzung hinzuweisen (BGH GRUR 08, 1114 Rn 13 – *Räumungsfinale;* 09, 1185 Rn 13 – *Totalausverkauf;* GRUR 09, 1183 Rn 11 – *Räumungsverkauf wegen Umbau*). Auf den Anfangstermin einer Verkaufsförderungsmaßnahme muss nur dann hingewiesen werden, wenn dieser Zeitpunkt in der Zukunft liegt, nicht dagegen dann, wenn die Maßnahme bereits begonnen hat (BGH GRUR 09, 1185 Rn 11 – *Totalausverkauf*). Wer sein Lager im Wege des *Räumungsverkaufs* leeren will, ist nicht gehalten, sich vorhinein auf einen zeitlichen Rahmen festzulegen (BGH GRUR 08, 1114 Rn 13 – *Räumungsfinale;* GRUR 09, 1183 Rn 11 – *Räumungsverkauf wegen Umbau*). Er kann daher auch zunächst offenlassen, ob er den Räumungsverkauf zeitlich befristet oder bis zum (mehr oder weniger vollständigen) Abverkauf der Ware durchführt und muss auch nicht darauf hinweisen, dass diese Entscheidung noch offen ist (BGH GRUR 09, 1185 Rn 15 – *Totalausverkauf*). Dagegen ist es bei einem Sonderverkauf aus Anlass der *Eröffnung eines Geschäfts* oder der *Einführung eines neuen Produkts* zumindest erforderlich, in der Werbung mitzuteilen, dass die Verkaufsaktion weder auf einen bereits festgelegten Zeitraum beschränkt noch auf einen bestimmten Warenvorrat bezogen ist, sondern dann beendet wird, wenn der Marktzutritt aus Sicht des Unternehmers gelungen ist (BGH GRUR 11, 934 Rn 22 – *Original Kanchipur*).

4/7 Zeitlichen Begrenzungen stehen **gegenständliche Limitierungen** von Verkaufsförderungsmaßnahmen gleich, sodass zB bei einer begrenzten Menge an Zugabegegenständen deutlicher auf der Vorratsmenge eingegangen werden muss als durch den Hinweis „Solange der Vorrat reicht" (OLG Köln GRUR-RR 06, 57); anders dagegen bei einer begrenzten Menge an Geschenken, die unabhängig vom Kauf einer Hauptware abgegeben werden (OLG Köln GRUR-RR 08, 360). § 4 Nr 4 übernimmt insoweit eine mit § 5 V vergleichbare Funktion, sodass nähere Angaben jedenfalls dann erforderlich sind, wenn weit weniger Zugaben, Geschenke oder sonstige

Gegenstände der Verkaufsförderung vorgehalten werden, als der Verkehr üblicherweise erwarten darf.

III. Klare und eindeutige Angaben

Die Werbung mit Verkaufsförderungsmaßnahmen erfordert eine **klare und eindeutige Information** des Verbrauchers über die Bedingungen für deren Inanspruchnahme. Fehlt es daran, ist die Werbung unlauter. Aus der Sicht des verständigen Durchschnittsverbrauchers (§ 2 Rn 107, 110ff) muss unzweifelhaft ersichtlich sein, unter welchen Voraussetzungen der Werbende für den Fall des Zustandekommens des beworbenen Geschäfts die Vergünstigung gewähren will. Angaben im sog Kleingedruckten oder an Stellen, an denen der Leser sie nicht vermutet, sind damit unvereinbar. Insoweit sind die Grundsätze zur Blickfangwerbung (§ 5 Rn 132f, 205f) zu berücksichtigen (OLG Stuttgart GRUR-RR 07, 361 – *Abholpreise*). 4/8

Nach § 6 I Nr 3 TMG müssen Angebote zur Verkaufsförderung – *außer* der klaren und unzweideutigen Angabe der Bedingungen für ihre Inanspruchnahme – **auch klar als solche erkennbar** und die Bedingungen der Inanspruchnahme **leicht zugänglich** sein. § 4 Nr 4 enthält seinem Wortlaut nach die beiden letztgenannten Voraussetzungen nicht, ist aber der Sache nach dahin auszulegen, dass er auch diese umfasst. Das ergibt sich **inhaltlich** aus der Erwägung, dass die klare und eindeutige Unterrichtung des Werbeadressaten über die Bedingungen der Inanspruchnahme der zugesagten Vergünstigungen die klare und eindeutige Erkennbarkeit des Angebots als ein solches auf Gewährung von Preisnachlässen, Zugaben oder Geschenken voraussetzt und ohne eine leichte Zugänglichkeit der Bedingungen (äußere Wahrnehmbarkeit der Bedingungen ohne besonderen Aufwand) die klare und eindeutige Angabe nicht gewährleistet wäre. Schon deshalb ist § 4 Nr 4 gegenüber den entsprechenden Bestimmungen des TMG hinsichtlich der tatbestandlichen Anwendungsvoraussetzungen **nicht** in einem eingeschränkteren Sinne zu verstehen als diese. In dieselbe Richtung weist die **gesetzgeberische Intention,** die maßgebend davon bestimmt war, für das UWG, eine mit dem TMG übereinstimmende Regelung herbeizuführen (BegrRegEntw, B zu § 4 Nr 4, BT-Drucks 15/1487, S 17). Auch dazu würde es im Widerspruch stehen, die Regelungen insoweit von Voraussetzungen abhängig zu machen, die mit denen des § 4 Nr 4 nicht voll übereinstimmen (so auch *Heermann* WRP 05, 141, 149; abw. *Köhler*/Bornkamm § 4 Rn 4.1). 4/9

Aus der Bewerbung eines Preisnachlasses mit „Nur heute 3.1." ergibt sich ebenso wenig eine Begrenzung nur auf vorrätige Ware wie aus dem Zusatz „Alle Preise sind Abholpreise" (OLG Stuttgart GRUR-RR 07, 361, 362 – *Abholpreise;* aA OLG Karlsruhe GRUR-RR 07, 363 – *Rabatt an einem Tag*). Auch **Einschränkungen** müssen hinreichend klar und eindeutig sein. Daran fehlt es bei Hinweisen wie „ausgenommen Werbeware" (OLG Köln GRUR-RR 06, 196 – *Urlaubsgewinnspiel*) oder der Ausnahme von „in Anzeigen und Prospekten beworbene Waren" (OLG Brandenburg WRP 08, 1601, 1603; OLG Karlsruhe WRP 08, 271, 273; OLG Stuttgart WRP 09, 236; LG Potsdam WRP 08, 147). Bei einer **Werbung im Internet** können die erforderlichen Informationen auch über **Links** zur Verfügung gestellt werden, vorausgesetzt dem Nutzer wird durch verständliche Bezeichnungen der Weg gewiesen (OLG Stuttgart MMR 07, 385, 386; OLG Dresden WRP 08, 1389, 1390; vgl auch BGH GRUR 05, 438, 441 – *Epson-Tinte;* GRUR 07, 159 Rn 19 – *Anbieterkennzeichnung im Internet*). 4/10

IV. Zeitpunkt und Modalität der Information

Sind die Verbraucher nach § 4 Nr 4 über die Bedingungen für die Inanspruchnahme einer Verkaufsförderungsmaßnahme zu informieren, müssen ihnen diese Informationen grundsätzlich **schon im Rahmen der Werbung** zur Verfügung stehen 4/11

UWG § 4.4

(BGH GRUR 08, 724 Rn 9ff – *Urlaubsgewinnspiel;* GRUR 09, 1064 Rn 33 – *Geldzurück-Garantie II*). Generell ist für die Informationspflicht der Zeitpunkt maßgeblich, zu dem die Maßnahme den Umworbenen in seiner Kaufentscheidung beeinflussen kann, wobei dies grundsätzlich bereits der Zeitpunkt der Werbung ist (BGH GRUR 09, 1183 Rn 9 – *Räumungsverkauf wegen Umbau*). Erfolgt die Werbung außerhalb der Verkaufsstelle, reicht es nicht aus, wenn die Aufklärung erst im Ladenlokal erfolgt, denn die Werbung erzielt bereits die Anlockwirkung beim Verbraucher (BGH GRUR 09, 1064 Rn 33 – *Geld-zurück-Garantie II*).

4/12 Kann der Verbraucher aufgrund einer **Anzeigenwerbung noch nicht** ohne Weiteres – etwa mittels einer angegebenen Rufnummer – die beworbene Preisvergünstigung **in Anspruch nehmen,** benötigt er allerdings noch keine umfassenden Informationen zu den Voraussetzungen für die Inanspruchnahme der Verkaufsförderungsmaßnahme (BGH GRUR 12, 402 Rn 18 – *Treppenlift;* GRUR 10, 649 Rn 23 – *Preisnachlass für Vorratsware;* GRUR 08, 724 Rn 11 – *Urlaubsgewinnspiel*). Unter Berücksichtigung der räumlichen und zeitlichen Beschränkungen des verwendeten Werbemediums (vgl Art 7 III, IV lit a UGP-RL; EuGH GRUR 11, 930 Rn 54f – *Ving*) reicht es in solchen Fällen aus, dem Verbraucher diejenigen Informationen zu geben, für die bei ihm nach den Besonderheiten des Einzelfalls schon zum Zeitpunkt der Werbung ein **aktuelles Aufklärungsbedürfnis** besteht (BGH GRUR 12, 402 Rn 18 aE – *Treppenlift;* GRUR 10, 649 Rn 23 aE – *Preisnachlass für Vorratsware*).

4/13 Bestimmte Werbemedien wie das **Fernsehen** sind für ausführliche Informationen über Teilnahmebedingungen für Verkaufsförderungsmaßnahmen aus medienimmanenten Gründen nicht geeignet; fordert die Werbung in derartigen Medien den Kunden nicht unmittelbar zur Inanspruchnahme der Verkaufsförderungsmaßnahme auf, sondern beschränkt sich auf eine Ankündigung ohne gleichzeitige Möglichkeit der Inanspruchnahme, kann es nach den konkreten Umständen des Falles ausreichen, auf **weiterführende Hinweise** zu den Teilnahmebedingungen **in leicht zugänglichen Quellen** zu verweisen (BGH GRUR 09, 1064 Rn 37 – *Geld-zurück-Garantie II*). Ob derartige Verweise ausreichend sind, beurteilt sich ua nach der Art des beworbenen Produkts, nach der Art der Verkaufsförderungsmaßnahme und nach dem Umfang der Bedingungen; komplexe Teilnahmebedingungen, wie bei Kundenbindungssystemen, legen eine Verweisung nahe (BGH GRUR 09, 1064 Rn 38 – *Geld-zurück-Garantie II*). Bei einem Alltagsprodukt wie einem Joghurt kann ein Verweis auf das Internet zulässig sein (BGH GRUR 09, 1064 Rn 41 – *Geld-zurück-Garantie II*).

4/14 **Unerwartete** Beschränkungen oder sonstige **überraschende** Teilnahmebedingungen müssen allerdings **stets unmittelbar in der Werbung** offenbart werden (BGH GRUR 09, 1064 Rn 39 – *Geld-zurück-Garantie II;* GRUR 08, 724 Rn 13 – *Urlaubsgewinnspiel*). Zeitliche Begrenzungen sind allerdings nicht überraschend; bei einer „Geld-zurück-Garantie" rechnet der Verbraucher auch damit, dass er den Erwerb des Produkts belegen muss, dass die Garantie auf eine bestimmte Anzahl von Produkten beschränkt ist und dass er die Inanspruchnahme der Garantie kurz schriftlich – ohne inhaltliche Anforderungen – begründen muss (BGH GRUR 09, 1064 Rn 41 – *Geld-zurück-Garantie II*).

4/15 Dagegen reicht es für die Erfüllung des Transparenzgebots des § 4 Nr 4 **nicht** aus, die Bedingungen der Inanspruchnahme erst auf der **Innenseite der Verpackung** anzugeben. Auch ein **Verweis** auf weiterführende Informationen im Internet **auf der Verpackung** genügt nicht, da der Kunde im Geschäft regelmäßig keine Möglichkeit hat, die Internetseite aufzurufen, sodass die wesentlichen Informationen bereits auf der äußeren Verpackung des Produkts oder jedenfalls an geeigneter Stelle unmittelbar am Verkaufsort (Regal, Sonderverkaufsfläche etc) mitzuteilen sind (BGH GRUR 09, 1064 Rn 30f – *Geld-zurück-Garantie II*). Diese Beurteilung ist gegenwärtig noch gerechtfertigt; mit zunehmender Verbreitung von Smartphones und dadurch mobilem Internetzugang wird hier jedoch in absehbarer Zeit eine andere Einschätzung erforderlich werden.

Transparenzgebot bei Preisausschreiben und Gewinnspielen

§ 4 Beispiele unlauterer geschäftlicher Handlungen
Unlauter handelt insbesondere, wer
...
5. **bei Preisausschreiben oder Gewinnspielen mit Werbecharakter die Teilnahmebedingungen nicht klar und eindeutig angibt;**
...

Inhaltsübersicht

	Rn
A. Allgemeines	5/1
I. Normzweck und Bedeutung der Regelung	5/1
II. Unionsrecht	5/2
III. Verhältnis zu anderen Vorschriften	5/3
B. Tatbestandliche Voraussetzungen	5/4
I. Preisausschreiben und Gewinnspiele mit Werbecharakter	5/4
II. Teilnahmebedingungen	5/5
III. Klare und eindeutige Angaben	5/6
IV. Zeitpunkt und Modalität der Information	5/8

Literatur: *Bahr,* 0190-Telefonnummern und Gewinnspiele – Ein Verstoß gegen § 1 UWG?, WRP 2002, 501; *Berlit,* Das „Traumcabrio": Preisausschreiben und Gewinnspiel im Lauterkeitsrecht, WRP 2005, 1213; *Fezer,* Das wettbewerbliche Vertragsauflösungsrecht in der UWG-Reform, WRP 2003, 127; *Fritzemeyer/Rinderle,* Das Glücksspiel im Internet, CR 2003, 599; *Köhler,* UWG-Reform und Verbraucherschutz, GRUR 2003, 265; *ders,* Zur richtlinienkonformen Auslegung der Transparenzgebote des § 4 Nr 4 und 5 UWG, WRP 2011, 1023; *Ohly,* Das neue UWG – Mehr Freiheit für den Wettbewerb?, GRUR 2004, 889; *Schmits,* „Übertriebenes Anlocken" und psychologischer Kaufzwang durch Gewinnspiele?, NJW 2003, 3034; *Sosnitza,* Das Koordinatensystem des Rechts des unlauteren Wettbewerbs im Spannungsfeld zwischen Europa und Deutschland, GRUR 2003, 817; *Steingass/Teworte,* Stellung und Reichweite des Transparenzgebots im neuen UWG, WRP 2005, 676; *Ullmann,* Das Koordinatensystem des Rechts des unlauteren Wettbewerbs im Spannungsfeld zwischen Europa und Deutschland, GRUR 2003, 817; *R. Wagner,* Die Entwicklung des Transparenzgebotes im Lauterkeitsrecht, 2007.

A. Allgemeines

I. Normzweck und Bedeutung der Regelung

§ 4 Nr 5 enthält eine **Parallelregelung** zu § 4 Nr 4. Dessen **Transparenzgebot** wird durch § 4 Nr 5 für die Werbung mit Preisausschreiben und Gewinnspielen mit Werbecharakter **ergänzt**. Ebenso wie § 4 Nr 4 ist auch § 4 Nr 5 ein Unterfall der Wertreklame (§ 4 Rn 1/52ff) und der Irreführung (§ 5). Sein Tatbestand **konkretisiert** den unbestimmten Rechtsbegriff der Unlauterkeit und den des sonstigen unangemessenen unsachlichen Einflusses der dritten Tatbestandsalternative des § 4 Nr 1 für die von ihm erfassten Werbefälle. Sein **Normzweck** ist der Schutz der Teilnehmer an Preisausschreiben und Gewinnspiel mit Werbecharakter vor dem Fehlen zureichender Informationen parallel zur Regelung des § 4 Nr 4, da insoweit – bei § 4 Nr 5 wegen der von aleatorischen Reizen ausgehenden Gefahr der Usurpation der Verbraucherentschließung – ein vergleichbar großes Missbrauchspotential besteht (BegrRegEntw, B zu § 4 Nr 5, BT-Drucks 15/1487, S 18). Dagegen bezweckt die Rege- 5/1 lung *nicht* allgemein einer den Produktabsatz fördernden Gewinnspielwerbung entgegenzuwirken (BGH GRUR 10, 158 Rn 21 – *FIFA-WM-Gewinnspielwerbung*).

II. Unionsrecht

5/2 § 4 Nr 5 entspricht den **für elektronische Medien** geltenden Bestimmungen des Art 6 lit d der ECRL 2000/31/EG (Einf C Rn 40, 71 ff) und des § 6 I Nr 4 TMG, erfasst aber für das Lauterkeitsrecht über den elektronischen Geschäftsverkehr hinaus auch den **traditionellen** (offline-)Geschäftsverkehr. Die **Auslegung** der Vorschrift hat im Interesse der Vermeidung einer Heranziehung unterschiedlicher Beurteilungsmaßstäbe insgesamt richtlinienkonform zu erfolgen, auch soweit es um eine Anwendung der Bestimmung auf die Formen traditioneller Werbung geht (vgl § 4 Rn 4/2). Die Anwendung von § 4 Nr 5 auch im Offline-Bereich ist nicht durch die UGP-RL ausgeschlossen (aA *Köhler*/*Bornkamm* § 4 Rn 5.5), da sich die Teilnahmebedingungen iSd § 4 Nr 5 als wesentliche Informationen nach Art 7 I der UGP-RL einordnen lassen (ebenso BGH GRUR 10, 158 Rn 11 – *FIFA-WM-Gewinnspiel;* GRUR 11, 629 Rn 14 – *Einwilligungserklärung für Werbeanrufe;* vgl auch § 4 Rn 4/2). Danach werden nur solche Teilnahmebedingungen erfasst, die für die Entscheidung des Verbrauchers, ob er sich um die Teilnahme an dem Gewinnspiel bemühen will, wesentlich sind, sodass § 4 Nr 5 nicht als richtlinienwidriges Pers-se-Verbot ausgestaltet ist (BGH GRUR 10, 158 Rn 11 – *FIFA-WM-Gewinnspiel*). Die Eignung zur spürbaren Beeinträchtigung von Verbraucherinteressen (§ 3 I) ist schon dann gegeben, wenn die Entscheidung, an dem Gewinnspiel teilzunehmen, beeinflusst wird (vgl BGH GRUR 11, 629 Rn 18 – *Einwilligungserklärung für Werbeanrufe; Köhler* WRP 11, 1023, 1027).

III. Verhältnis zu anderen Vorschriften

5/3 Die Regelungen des Anhangs zu § 3 III gehen § 4 Nr 5 (wie auch allen anderen Tatbeständen, vgl Anhang zu § 3 III Rn ...) vor; in Betracht kommen insbesondere Ziff 17 (Gewinnmitteilungen) und Ziff 20 (Nichtgewährung ausgelobter Preise). Im Übrigen können Überschneidungen mit § 4 Nr 1, Nr 2, Nr 4 und Nr 6 sowie § 5 (zB in den Fällen der Täuschung über die Höhe von Gewinnen oder über die Gewinnchancen) bestehen s § 4 Rn 4/12 und § 4 Rn 1/56. In aller Regel wird neben § 4 Nr 5 auch § 5a II erfüllt sein, da die Bedingungen für eine Teilnahme an Gewinnspielen und Preisausschreiben wesentliche Informationen sind (vgl oben Rn 5/2).

B. Tatbestandliche Voraussetzungen

I. Preisausschreiben und Gewinnspiele mit Werbecharakter

5/4 § 4 Nr 5 betrifft **allein Maßnahmen der Verkaufsförderung mit** „Preisausschreiben" und „Gewinnspielen mit Werbecharakter". Zu Begriff und lauterkeitsrechtlicher Bedeutung von Preisausschreiben und Gewinnspielen allgemein s § 4 Rn 1/106 ff. Das Merkmal „Werbecharakter" bedeutet, dass die Veranstaltung des Preisausschreibens bzw des Gewinnspiels nicht allein der Unterhaltung des Teilnehmers dient, sondern in einem weitest zu verstehenden Sinne werbende Wirkung für den Veranstalter und/oder dessen Angebot entfaltet. Veranstaltungsteilnehmer sind Verbraucher (§ 1 Rn 19 ff, § 2 Rn 94 ff) und sonstige Marktteilnehmer (§ 1 Rn 27 ff).

II. Teilnahmebedingungen

5/5 Der Begriff der Teilnahmebedingungen bezeichnet die Voraussetzungen, die der Interessent erfüllen muss, um an dem beworbenen Gewinnspiel teilnehmen zu können. Der Begriff ist **weit** auszulegen und bezieht sich nicht nur auf die Teilnahmeberechtigung, sondern auch auf die **Modalitäten** der Teilnahme (BGH GRUR 11, 629 Rn 18 – *Einwilligungserklärung für Werbeanrufe;* GRUR 05, 1061, 1064 – *Telefonische Gewinnauskunft*). Zu diesen Modalitäten zählen alle Angaben, die der Interessent benötigt, um eine informierte Entscheidung (Art 7 I, II UGP-RL) über die Teilnahme treffen zu können, etwa die Bewerbungsfrist, den Zeitpunkt der Veranstaltung, die Art und Weise der Ermittlung des Gewinns (zB durch Losentscheid), dessen Bekanntgabe und Aushändigung und über die mit einer Teilnahme für den Teilnehmer etwa verbundenen Kosten (vgl BGH GRUR 11, 629 Rn 18 aE – *Einwilligungserklärung für Werbeanrufe;* Fezer/*Hecker* § 4–5 Rn 144 ff). Dazu gehört auch die Angabe einer Telefonnummer, über die eine Gewinnbenachrichtigung erfolgen soll; das gilt selbst dann, wenn diese Angabe als „freiwillig" gekennzeichnet ist, solange dem Interessent nur der Eindruck vermittelt wird, dass es günstiger sein kann, die Telefonnummer mitzuteilen (BGH GRUR 11, 629 Rn 19 – *Einwilligungserklärung für Werbeanrufe*). Ohne eine **Angabe des Gewinns** oder jedenfalls dessen allgemeiner Beschreibung wird die Werbung mit Preisausschreiben und Gewinnspiel im Allgemeinen kaum attraktiv sein. Jedoch wird eine Kennzeichnung des Gewinns, der Ergebnis, nicht Bedingung der Teilnahme ist, vom Transparenzgebot des § 4 Nr 5 **nicht** verlangt, ebenso wenig die Angabe der Gewinnchance, da die Ungewissheit insoweit nicht zu den Teilnahmebedingungen gehört, sondern einem Preisausschreiben oder Gewinnspiel regelmäßig innewohnt und eine Angabe darüber mit Blick auf die unbestimmte Anzahl der Teilnehmer auch gar nicht möglich ist (BegrRegEntw, B zu § 4 Nr 5, BT-Drucks 15/1487, S 18).

III. Klare und eindeutige Angaben

Erforderlich ist eine **unmissverständliche, unzweideutige Unterrichtung** der Verbraucher über die **Teilnahmebedingungen.** Klar und eindeutig sind die Angaben nur, wenn sie nicht im sog Kleingedruckten stehen oder sonst versteckt sind und sich dem Blick und Verständnis des Werbeadressaten unschwer und unmittelbar erschließen. Beurteilungsmaßstab ist der Empfängerhorizont eines verständigen Durchschnittsverbrauchers (BGH GRUR 10, 158 Rn 17 – *FIFA-WM-Gewinnspiel;* GRUR 11, 629 Rn 21 – *Einwilligungserklärung für Werbeanrufe;* § 2 Rn 104 ff, 107, 110 ff). Klare Erkennbarkeit der beworbenen Veranstaltung als Preisausschreiben oder Gewinnspiel und leichte Zugänglichkeit der Teilnahmebedingungen (vgl § 6 I Nr 4 TMG) sind auch bei § 4 Nr 5 aus den Begriffen „klar" und „eindeutig" herzuleitende (ungeschriebene) Tatbestandsmerkmale (vgl § 4 Rn 4/9). 5/6

Unklar sind vor allem **mehrdeutige** Aussagen und Begriffe. Dies gilt etwa für die auf einer Teilnahmekarte unter der Rubrik „Telefonnummer" enthaltene Angabe „Zur Gewinnbenachrichtigung und für weitere interessante telefonische Angebote der ... GmbH aus dem Abonnementbereich, freiwillige Angabe, das Einverständnis kann jederzeit widerrufen werden", da hier unklar bleibt, worauf sich die Freiwilligkeit bezieht, ob Streichungen zulässig sind und für welche Angebote die Einwilligung erteilt wird (BGH GRUR 11, 629 Rn 22 – *Einwilligungserklärung für Werbeanrufe*). 5/7

IV. Zeitpunkt und Modalität der Information

Grundsätzlich erfasst § 4 Nr 5 auch schon die Werbung für ein Gewinnspiel (BGH GRUR 10, 158 Rn 13 – *FIFA-WM-Gewinnspiel;* GRUR 08, 724 Rn 10 – *Urlaubsgewinnspiel*). Wie bei § 4 Nr 4 (näher Rn 4/11) **hängen** auch bei § 4 Nr 5 **Zeitpunkt und Modalität** der Information miteinander **zusammen** und sind abhängig von der Art der Werbung, der Komplexität der Information und dem berechtigten Informationsbedürfnis des Werbeadressaten. Kann der Verbraucher aufgrund einer Anzeigenwerbung noch nicht ohne Weiteres – etwa mittels einer angegebenen Rufnummer oder einer beigefügten Teilnahmekarte – an dem Gewinnspiel teilnehmen, benötigt 5/8 er noch keine umfassenden Informationen über die Teilnahmebedingungen. Es reicht dann aus, unter Berücksichtigung der räumlichen und zeitlichen Beschränkungen des verwendeten Werbemediums dem Verbraucher diejenigen Informationen zu geben, für die bei ihm nach den Besonderheiten des Einzelfalls schon zum Zeitpunkt der Werbung ein **aktuelles Aufklärungsbedürfnis** besteht (BGH GRUR 08, 724 Rn 11 – *Urlaubsgewinnspiel*). Weist die Teilnahme am Gewinnspiel aus der Sicht des mündigen Verbrauchers keine unerwarteten Beschränkungen auf, so reicht es bei einer Anzeigenwerbung grundsätzlich aus, wenn mitgeteilt wird, bis wann teilgenommen werden kann und wie die Gewinner ermittelt werden; gegebenenfalls ist auf besondere Beschränkungen des Teilnehmerkreises hinzuweisen, etwa auf einen Ausschluss Minderjähriger (BGH aaO – *Urlaubsgewinnspiel*).

5/9 Bestimmte Werbemedien wie das **Fernsehen** (oder der Hörfunk) sind für ausführliche Informationen über Teilnahmebedingungen von Gewinnspielen aus medienimmanenten Gründen nicht geeignet. Dies hat Einfluss auf den Umfang der Informationspflicht, vgl auch Art 7 III, IV lit a UGP-RL. In deutlich höherem Maße als Printmedien ist das Fernsehen ein „flüchtiges" Medium, bei dem die erhebliche Gefahr besteht, dass Informationen nicht oder nur unzureichend wahrgenommen werden. Ein **Hinweis auf andere Informationsquellen** kann dann notwendig, aber auch ausreichend sein (BGH GRUR 10, 158 Rn 15 – *FIFA-WM-Gewinnspiel*). Ist die Teilnahme aufgrund der Fernsehwerbung noch nicht ohne Weiteres – etwa aufgrund der Angabe einer Rufnummer – möglich, kann es genügen, auf weiterführende Hinweise in **leicht zugänglichen Quellen** zu verweisen, etwa auf eine **Internetseite** oder **im Handel erhältliche Teilnahmekarten** (BGH GRUR 10, 158 Rn 15 aE – *FIFA-WM-Gewinnspiel*).

5/10 Dagegen müssen **unerwartete** Beschränkungen oder sonstige **überraschende** Teilnahmebedingungen **unmittelbar in der Werbung** offenbart werden (BGH GRUR 10, 158 Rn 17 – *FIFA-WM-Gewinnspiel;* GRUR 08, 724 Rn 13 – *Urlaubsgewinnspiel*). Dass ein Gewinnspiel zeitlich begrenzt ist und die Teilnahme überhaupt an Bedingungen geknüpft ist, wird vom Verkehr allerdings in Rechnung gestellt (BGH GRUR 10, 158 Rn 19 – *FIFA-WM-Gewinnspiel*).

Koppelungsverbot von Gewinnspielteilnahme und Warenabsatz

§ 4 Beispiele unlauterer geschäftlicher Handlungen

Unlauter handelt insbesondere, wer

...

6. **die Teilnahme von Verbrauchern an einem Preisausschreiben oder Gewinnspiel von dem Erwerb einer Ware oder der Inanspruchnahme einer Dienstleistung abhängig macht, es sei denn, das Preisausschreiben oder Gewinnspiel ist naturgemäß mit der Ware oder der Dienstleistung verbunden;**

...

Inhaltsübersicht

	Rn
A. Allgemeines	6/1
I. Normzweck und Bedeutung der Regelung	6/1
II. Unionsrecht	6/2
III. Verhältnis zu anderen Vorschriften	6/3
B. Tatbestandliche Voraussetzungen	6/5
I. Verbraucher	6/5

Koppelungsverbot von Gewinnspielteilnahme und Warenabsatz **§ 4.6 UWG**

  II. Preisausschreiben und Gewinnspiele 6/6
  III. Waren und Dienstleistungen 6/7
  IV. Gewinnspielteilnahme und Warenerwerb (§ 4 Nr 6 Halbs 1) . . . 6/8
   1. Rechtlicher Kaufzwang 6/8
   2. Psychischer Kaufzwang 6/11
   3. Weitere (tatsächliche) Abhängigkeiten 6/12
  V. Ausnahmeregelung (§ 4 Nr 6 Halbs 2) 6/13

Literatur: *Bahr,* 0190-Telefonnummern und Gewinnspiele – Ein Verstoß gegen § 1 UWG?, WRP 2002, 501; *Berlit,* Das „Traumcabrio": Preisausschreiben und Gewinnspiel im Lauterkeitsrecht, WRP 2005, 1213; *Boesche,* Über die Folgen der Vollharmonisierung und die vergebliche Rettung der Zugabeverbote, WRP 2009, 661; *dies,* Drum kopple, was sich (nicht) ewig bindet, WRP 2011, 1345; *Fezer,* Das wettbewerbliche Vertragsauflösungsrecht in der UWG-Reform, WRP 2003, 127; *Th. Fischer,* Kopplungsgeschäfte im Europäischen und deutschen Wettbewerbsrecht, 2008; *Haberkamm/Kühne,* Ist Glück (im Spiel) nun käuflich? Zur Zulässigkeit der Kopplung von Warenabsatz und Gewinnspiel – „Plus", EWS 2010, 417; *Jänich,* Das Ende abstrakter Gefährdungstatbestände im Lauterkeitsrecht?, GPR 2010, 149; *Köhler,* UWG-Reform und Verbraucherschutz, GRUR 2003, 265; *ders,* Ist der Unlauterkeitstatbestand des § 4 Nr 6 mit der Richtlinie über unlautere Geschäftspraktiken vereinbar?, GRUR 2009, 626; *ders,* Kopplungsangebote neu bewertet, GRUR 2010, 177; *ders,* Dogmatik des Beispielskatalogs des § 4 UWG, WRP 2012, 638; *Peifer,* Aufräumen im UWG – Was bleibt nach der Kodifikation zum irreführenden Unterlassen für § 4 Nr 1, 4, 5 und 6 UWG?, WRP 2010, 1432; *Chr. Schmidt,* Unlauter und darüber hinaus …, GRUR 09, 353; *Schmits,* „Übertriebenes Anlocken" und psychologischer Kaufzwang durch Gewinnspiele?, NJW 2003, 3034; *Sosnitza,* Das Koordinatensystem des Rechts des unlauteren Wettbewerbs im Spannungsfeld zwischen Europa und Deutschland, GRUR 2003, 739; *ders,* Der Gesetzentwurf zur Umsetzung der Richtlinie über unlautere Geschäftspraktiken, WRP 2008, 1014; *Ullmann,* Das Koordinatensystem des Rechts des unlauteren Wettbewerbs im Spannungsfeld von Europa und Deutschland, GRUR 2003, 817.

A. Allgemeines

I. Normzweck und Bedeutung der Regelung

Nach der Rechtsprechung des BGH zu § 1 UWG 1909 war es wettbewerbswidrig, **6/1** die Teilnahme an Preisausschreiben oder Gewinnspiel vom Kauf einer Ware oder der Bestellung einer Dienstleistung abhängig zu machen (BGH GRUR 73, 474, 476 – *Preisausschreiben;* WRP 76, 100, 101 – *Mars;* WRP 76, 172, 173 f – *Versandhandelspreisausschreiben;* GRUR 98, 735, 736 – *Rubbelaktion;* GRUR 00, 820, 821 – *Space Fidelity Peep-Show;* GRUR 01, 1178, 1179 f – *Gewinn-Zertifikat;* GRUR 02, 1003, 1004 – *Gewinnspiel im Radio;* BGHZ 151, 84, 88 = GRUR 02, 976, 978 – *Kopplungsangebot I*). An diese Rechtsprechung knüpft § 4 Nr 6 an. Sein **Zweck** ist es, den **Verbraucher** davor zu schützen, durch **Ausnutzung der Spiellust** in seiner Entscheidungsfreiheit unangemessen beeinträchtigt zu werden (BGH GRUR 07, 981 Rn 26, 31 – *150% Zinsbonus*). Durch die **Kopplung von Gewinnspielteilnahme und Warenabsatz** soll auch ein verständiger Durchschnittsverbraucher (§ 2 Rn 104ff, 107, 110ff) in seiner Kaufentscheidung so nachhaltig beeinflusst werden können, dass sich diese nicht mehr nach rationalen Erwägungen richtet, sondern durch das Streben nach dem ausgelobten Gewinn bestimmt wird (BegrRegEntw, B zu § 4 Nr 6, BT-Drucks 15/1487, S 18). Infolgedessen hält auch das UWG 2008 mit § 4 Nr 6 daran fest, dass es unlauter ist, die Teilnahme an Preisausschreiben oder Gewinnspiel vom Erwerb einer Ware oder Dienstleistung abhängig zu machen. Der Regelung unterfällt sowohl die Werbung für die Veranstaltung als auch deren Durchführung.

UWG § 4.6 Gesetz gegen den unlauteren Wettbewerb

II. Unionsrecht

6/2 Allerdings hat § 4 Nr 6 im Umfeld eines grundlegend liberalisierten Lauterkeitsrechts (Einf A Rn 40f, § 3 Rn 13) **keinerlei Existenzberechtigung** mehr. Preisausschreiben und Gewinnspiele haben bei ihrer Kopplung an den Warenabsatz Zugabe-Charakter. Derjenige, der die betreffende Ware erwirbt, erhält die Chance auf einen Gewinn dazugegeben. Nach Aufhebung der ZugabeVO und angesichts eines gewandelten Verbraucherleitbildes (§ 2 Rn 104 ff) kann heute nicht mehr generell angenommen werden, dass durch eine solche Kopplung die Entscheidungsfreiheit des Verbrauchers unangemessen beeinträchtigt wird. Hinzu kommt, dass § 4 Nr 6 **mit Unionsrecht unvereinbar** ist. Im Verordnungsvorschlag über die Verkaufsförderung im Binnenmarkt (Einf C Rn 63) sahen die Definitionen des Preisausschreibens (Art 2 lit h) und des Gewinnspiels (Art 2 lit i) ausdrücklich vor, dass beide Maßnahmen an die Verpflichtung zum vorherigen Kauf einer Ware gebunden sein können. Auch die UGP-RL sieht kein Kopplungsverbot vor, während das dort verankerte Verbraucherleitbild (vgl § 2 Rn 99, 110) gerade gegen die Zulässigkeit eines generellen Verbots spricht (ebenso *Köhler* GRUR 08, 841, 845). Dementsprechend hat der EuGH festgestellt, dass § 4 Nr 6 mit der UGP-RL unvereinbar ist, weil die Norm ein Verbot einer Geschäftspraktik ohne eine Beurteilung des Einzelfalls aufstellt, obwohl eine solche Regelung weder im Anhang I noch in den Art 5 bis 9 der Richtlinie vorgesehen ist (EuGH GRUR 10, 244 Rn 45, 48 ff – *Plus Warenhandelsgesellschaft;* vgl auch Anhang zu § 3 III Rn 49). Vor diesem Hintergrund sollte der deutsche Gesetzgeber endlich die längst gebotene Konsequenz ziehen und § 4 Nr 6 **ersatzlos streichen,** wie das schon lange gefordert wird (vgl *Seichter* BB 05, 1087, 1095; *Sosnitza* GRUR 03, 739, 741; *ders* WRP 08, 1014, 1024; ebenso jetzt *Boesche* WRP 09, 661 ff; *dies* WRP 11, 1345, 1349; *Jänich* GPR 10, 149, 151; *Köhler* WRP 12, 638, 644; *Leible* EuZW 10, 186, 187; *Haberkamm/Kühne* EWS 10, 417, 418; *Peifer* WRP 10, 1432, 1438 f; ähnlich *Th. Fischer* S 193; zurückhaltend dagegen *Köhler* GRUR 10, 177, 183). **Bis dahin** bleibt nur eine **richtlinienkonforme Auslegung,** die aber in aller Regel zum Ergebnis führt, dass die bloße Kopplung von Gewinnspiel und Umsatzgeschäft weder irreführend ist, noch einen Verstoß gegen die berufliche Sorgfalt nach § 3 II 1 lit a iVm Art 2 lit h UGP-RL darstellt (BGH GRUR 11, 532 Rn 23, 25 – *Millionen-Chance II; Boesche* WRP 09, 661, 666 ff). Insbesondere kann nicht angenommen werden, dass die Kopplung generell einen Verstoß gegen die berufliche Sorgfalt iSd Art 5 II lit a UGP-RL darstellt (so aber *Köhler* GRUR 09, 626, 631); allein der Umstand, dass der Verbraucher ein Produkt erwirbt, um die Gewinnchance zu erhalten, kann schon deshalb keine Rolle spielen, weil man damit jede Zugabe in Frage stellen könnte, es aber grundsätzlich Sache des Nachfragers ist, was Motivation seiner Kaufentscheidung ist (vgl BVerfG GRUR 02, 455, 457 – *Tier- und Artenschutz*). Ebenso wenig ist es zulässig, das Kopplungsverbot unter dem Gesichtspunkt eines speziellen Verbraucherschutzes gegen Suchtgefährdung zu legitimieren (so aber *Krüger* GRUR-Prax 12, 129, 131), denn dies sind Schutzwecke außerhalb des UWG, die grundsätzlich nicht berücksichtigungsfähig sind. Bei der Kopplung des Einkaufs von Lakritz und Fruchtgummi mit einem Gewinnspiel, bei dem man Goldbarren gewinnen konnte, wurde ein Verstoß gegen die fachliche Sorgfalt nach § 3 II 1 angenommen (OLG Köln GRUR-RR 13, 168 Rn 11, 23 – *Fruchtgummi-Glückswochen*), doch ist dies zumindest insofern nicht überzeugend, weil im konkreten Fall im Kern der Vorwurf einer Irreführung der Minderjährigen (§ 3 II 2) über die Korrelation von Mehreinkauf und Gewinnchance im Raum stand, sodass dies ein Fall des § 5 war.

Koppelungsverbot von Gewinnspielteilnahme und Warenabsatz **§ 4.6 UWG**

III. Verhältnis zu anderen Vorschriften

§ 4 Nr 6 normiert selbst **keinen Verbotstatbestand,** sondern verweist insoweit 6/3
auf § 3. Verboten werden können daher Kopplungsgeschäfte im Zusammenhang mit
Preisausschreiben (Preisrätseln) und Gewinnspielen nur unter den Vorausetzungen
dieser Vorschrift, dh die nach § 4 Nr 6 Halbs 1 unlautere geschäftliche Handlung
muss **geeignet** sein, die Interessen der Marktbeteiligten (§ 3 I) oder die Fähigkeit des
Verbrauchers, sich auf Grund von Informationen zu entscheiden (§ 3 II), **zu beeinträchtigen** und insoweit **spürbar** sein.

Die Regelungen des **Anhangs** zu § 3 III gehen § 4 Nr 6 (wie auch allen anderen 6/4
Tatbeständen) vor; in Betracht kommt insbesondere Ziff 16, wonach unlauter in jedem Fall die Angabe ist, durch eine bestimmte Ware oder Dienstleistung ließen sich
die Gewinnchancen bei einem Glückspiel erhöhen. Darunter fällt jedoch die bloße
Kopplung von Warenabsatz und Gewinnspielteilnahme schon deshalb nicht, weil es
sich insoweit nicht um ein Glückspiel im Sinne eines Gewinnspiels mit geldwertem
Einsatz handelt (Anhang § 3 III Rn 45, 47). § 4 Nr 6 regelt nur **einen Teilaspekt**
der lauterkeitsrechtlichen Anforderungen an Verkaufsförderungsmaßnahmen. Enthält eine nach dieser Bestimmung unlautere Werbung weitere nach § 4 Nr 1, Nr 2,
Nr 4 oder Nr 5 relevante Unlauterkeitsmerkmale, greifen **neben § 4 Nr 6** kumulativ
auch diese Vorschriften ein, ebenso wie in Täuschungsfällen § 5.

B. Tatbestandliche Voraussetzungen

I. Verbraucher

§ 4 Nr 6 schützt (nur) den **Verbraucher** (§ 1 Rn 19 ff, § 2 Rn 94 ff), *nicht* die sons- 6/5
tigen Marktteilnehmer (§ 1 Rn 27 ff). Letztere zählen nicht zu den Schutzsubjekten
der Vorschrift, weil sie dem Gesetzgeber wegen ihrer Erfahrungen im Geschäftsverkehr in geringerem Maße schutzwürdig erschienen als Verbraucher (BegrRegEntw,
B zu § 4 Nr 6, BT-Drucks 15/1487, S 18). Der Schutz sonstiger Marktteilnehmer
gegen unlautere Kopplungsgeschäfte richtet sich daher allein nach § 4 Nr 1, 1. und 3.
Alt, Nr 2 und in Täuschungsfällen nach § 5.

II. Preisausschreiben und Gewinnspiele

Zu den **Verkaufsförderungsmaßnahmen** des § 4 Nr 6 zählen allein Preisaus- 6/6
schreiben und Gewinnspiele (zum Begriff s § 4 Rn 1/106). Die Regelung ist insoweit
abschließend. Sie kann durch Auslegung oder entsprechende Anwendung *nicht* auf
Werbegeschenke, Rabatte oder Zugaben erstreckt werden, weil Verkaufsförderungsmaßnahmen dieser Art von anderer (geringerer) werblicher Intensität sein können als
die von § 4 Nr 6 erfassten. Kopplungsgeschäfte mit Zugaben oder Geschenken sind
daher anders als die mit Preisausschreiben (Preisrätseln) und Gewinnspielen grundsätzlich nicht unlauter, jedoch darf auch in diesen Fällen die Entscheidungsfreiheit
des Verbrauchers nicht unsachlich beeinträchtigt (§ 4 Nr 1, 3. Alt) und das Transparenzgebot des § 4 Nr 4 nicht missachtet werden.

III. Waren und Dienstleistungen

§ 4 Nr 6 gilt für **Waren** (§ 2 Rn 47) und für **Dienstleistungen** (§ 2 Rn 48) **jeder** 6/7
Art, soweit nicht die Ausnahmeregelung des § 4 Nr 6 Halbs. 2 eingreift (Rn 6/10).
Der Begriff der Dienstleistung ist weit zu verstehen und erfasst jede geldwerte unkörperliche Leistung unabhängig von der rechtlichen Qualifikation des zugrundeliegenden Vertrages, sodass auch die Überlassung von Kapital gegen Entgelt darunter fällt
(BGH GRUR 07, 981 Rn 27 – *150% Zinsbonus*). Es muss sich aber um Waren oder

UWG § 4.6 Gesetz gegen den unlauteren Wettbewerb

Dienstleistungen handeln, deren Absatz *für den Veranstalter* vorteilhaft ist, dh der Veranstalter muss der Begünstigte des Kopplungsgeschäfts sein. Die Einbeziehung fremder Waren oder Dienstleistungen in das Kopplungsgeschäft, an deren Absatz der Veranstalter nicht partizipiert, sind *keine* Waren und Dienstleistungen iS des § 4 Nr 6 (aA OLG Celle GRUR-RR 08, 349). Deshalb ist die Dienstleistung mit der die Teilnahmeerklärung des Verbrauchers an den Veranstalter übermittelt wird und mit der allein die Post oder ein anderer Telekommunikationsdienstleister Einnahmen erzielt, keine Dienstleistung iS des § 4 Nr 6 (BegrRegEntw, B zu § 4 Nr 6, BT-Drucks 15/1487, S 18). Anders, wenn für die Übermittlung der Teilnahmeerklärung eine Mehrwertdiensterufnummer benutzt werden muss, da in diesem Falle eine über den Basistarif für die Übermittlung hinausgehende Zahlung zu leisten ist, an der der Veranstalter verdient (su, Rn 6/9; sa BegrRegEntw aaO).

IV. Gewinnspielteilnahme und Warenerwerb (§ 4 Nr 6 Halbs 1)

6/8   **1. Rechtlicher Kaufzwang.** Ist der Verbraucher, um am Preisausschreiben oder am Gewinnspiel teilnehmen zu können, gezwungen, eine Ware zu kaufen oder eine Dienstleistung in Anspruch zu nehmen, ist die von § 4 Nr 6 vorausgesetzte **Abhängigkeit** gegeben, weil eine Teilnahme an Preisausschreiben oder Gewinnspiel **ohne Kauf rechtlich nicht möglich** ist. Es handelt sich hierbei um Fälle des rechtlichen Kaufzwangs (§ 4 Rn 1/31), so wenn mit der Teilnahmeerklärung das Waren- oder Verpackungsetikett einzusenden ist, was einen vorausgehenden Warenerwerb erfordert (vgl OLG Düsseldorf GRUR 51, 461, 463 – *Warenetikett*), oder wenn der Teilnahmeschein zugleich den Vordruck für eine Warenbestellung enthält (BGH GRUR 73, 474, 476 – *Preisausschreiben*).

6/9   Um einen Fall des rechtlichen Kaufzwangs handelt es sich auch, wenn der Verbraucher, um an Preisausschreiben oder Gewinnspiel teilnehmen zu können, gezwungen ist, eine **Mehrwertdiensterufnummer** anzurufen, da in diesem Falle regelmäßig eine Zahlung zu leisten ist, die den Basistarif überschreitet und im Umfang des überschreitenden Teils (ganz oder teilweise) dem Veranstalter zufließt. Eine andere Beurteilung kann aber nach Sinn und Zweck der Regelung dann in Betracht kommen, wenn die Kosten für die Mehrwertdiensterufnummer die üblichen Übermittlungskosten nicht übersteigen. Außerdem wird eine nach § 4 Nr 6 unzulässige Leistungskopplung ebenfalls dann nicht anzunehmen sein, wenn alternativ und für den Kunden ohne weiteres ersichtlich eine gleichwertige Möglichkeit der Teilnahme besteht, ohne dass eine Ware gekauft oder eine Dienstleistung in Anspruch genommen werden muss (vgl BegrRegEntw, B zu § 4 Nr 6, BT-Drucks 15/1487, S 18).

6/10   Das Abhängigmachen setzt aber ein **vom Umsatzgeschäft getrenntes** Gewinnspiel voraus, während Spielelemente, die die im Rahmen des Umsatzgeschäfts zu erbringende Leistung bestimmen, nicht von § 4 Nr 6 erfasst werden (BGH GRUR 07, 981 Rn 26 – *150% Zinsbonus;* GRUR 09, 875 Rn 9 – *Jeder 100. Einkauf gratis*). Dies folgt aus der Überlegung, dass § 4 Nr 6 – soweit man die Vorschrift nach richtlinienkonformer Auslegung nicht für unanwendbar hält, Rn 6/2 – als Ausnahmeregelung gegenüber § 4 Nr 1 grundsätzlich *eng auszulegen* ist (BGH aaO – *150% Zinsbonus;* GRUR 09, 875 Rn 9 – *Jeder 100. Einkauf gratis*). Daher ist es nicht nur zulässig, die Höhe der Verzinsung einer Festgeldanlage vom Abschneiden der Fußballmannschaft bei der Europameisterschaft abhängig zu machen (BGH aaO – *150% Zinsbonus*) oder anzukündigen, dass jeder 100. Kunde seinen Einkauf gratis erhalte (BGH GRUR 09, 875 – *Jeder 100. Einkauf gratis*), sondern auch den Kunden an der Kasse um die Höhe eines Rabatts würfeln zu lassen (anders noch OLG Hamburg GRUR-RR 07, 364 – *Das Große Rabatt-Würfeln*) oder anzukündigen, dass jeder 20. Käufer Flugtickets gewinnt (anders noch OLG Hamburg GRUR-RR 07, 46 – *Jeder 20. Käufer gewinnt*) oder damit zu werben, dass der komplette Kaufpreis für Möbel zurückgezahlt wird, falls die deutsche Fußballnationalmannschaft Europameister wird (OLG Hamm GRUR-RR 09, 313).

2. Psychischer Kaufzwang. Ist die Teilnahme an der Veranstaltung mit dem Warenerwerb **nicht rechtlich verknüpft,** soll sie **gleichwohl aus tatsächlichen Gründen** vom Abschluss eines Absatzgeschäfts des Werbenden abhängig sein können, wenn auf die Willensentschließung des Kunden in einer Art und Weise eingewirkt wird, dass dieser glaubt, nicht umhin kommen zu können, sich zum Kauf zu entschließen (so 4. Aufl Rn 6/7, vgl dazu die Kommentierung zu § 4 Rn 1/21 ff). Ob eine **psychische Zwangslage** besteht ist aber Frage des Einzelfalls. Von entscheidender Bedeutung ist die Intensität der Einwirkung auf den Umworbenen (§ 4 Rn 1/25). Ausdrückliche, nicht zu übersehende Hinweise darauf, dass ein Kaufzwang nicht besteht, eine Teilnahme also auch ohne Warenkauf oder -bestellung möglich ist, lässt aber die Kopplung entfallen. Maßgeblich kommt es darauf an, ob auch ein verständiger Durchschnittsverbraucher unter Hintanstellung einer sachlichen Prüfung sich zum Kauf entschließt, die Rationalität der Nachfrageentscheidung also aufgehoben bzw eine unzulässige Beeinflussung (vgl Art 7 I UGP-RL) gegeben ist. Dies wird nur in seltenen Ausnahmesituationen angenommen werden können.

6/11

3. Weitere (tatsächliche) Abhängigkeiten. Eine unzulässige Kopplung liegt nach der Rechtsprechung nicht nur vor, wenn eine rechtliche Verknüpfung des Warenabsatzes mit der Teilnahme an einem Gewinnspiel erfolgt, sondern **auch,** wenn eine **tatsächliche Abhängigkeit** zwischen dem Warenabsatz und der Gewinnspielteilnahme oder den Gewinnchancen anzunehmen ist (BGH GRUR 08, 807 Rn 14 – *Millionen-Chance;* GRUR 05, 599, 600 – *Traumcabrio;* GRUR 89, 434, 436 – *Gewinnspiel I*). Dabei soll schon die einheitliche Gestaltung des Bestellscheins mit dem Teilnahme-Coupon für das Gewinnspiel regelmäßig bei den angesprochenen Verbrauchern den Eindruck einer Abhängigkeit hervorrufen (BGH GRUR 73, 474, 475 f – *Preisausschreiben*). Dieser Eindruck einer Verbindung von Warenbestellung und Gewinnspielteilnahme bzw Gewinnchance kann jedoch auf Grund der Ausgestaltung und des Inhalts des Bestellscheins *entfallen,* etwa durch einen optisch hervorgehobenen Hinweis auf die fehlende Abhängigkeit (BGH GRUR 05, 599, 600 – *Traumcabrio*). Eine tatsächliche Abhängigkeit ist auch angenommen worden, wenn für eine erfolgreiche Beteiligung am Gewinnspiel der (dem Verbraucher freistehende) Erwerb einer Ware des Veranstalters unbedingt zweckmäßig erscheint (vgl. BGHZ 110, 278, 293 = GRUR 90, 611, 616 – *Werbung im Programm:* Empfehlung für den Kauf eines Buches als hilfreich für die Lösung des Gewinnspiels mit Gewinnen von 10 000 DM).

6/12

V. Ausnahmeregelung (§ 4 Nr 6 Halbs 2)

Unlauter sind nach der Ausnahmeregelung des § 4 Nr 6 Halbs 2 nicht solche Kopplungen, bei denen Preisausschreiben und Gewinnspiel *naturgemäß* **mit der Ware oder Dienstleistung verbunden** sind. Gemeint sind Fallgestaltungen, die die Besonderheit aufweisen, dass ein Preisausschreiben oder ein Gewinnspiel **ohne den Erwerb** einer Ware oder die Inanspruchnahme einer Dienstleistung nicht veranstaltet werden kann, zB beim Abdruck von Preisrätseln in einer Zeitschrift oder bei der Veranstaltung eines Gewinnspiels in Hörfunk oder Fernsehen (BegrRegEntw, B zu § 4 Nr 6, BT-Drucks 15/1487, S 18). Ein Kauf der Zeitschrift oder eine Inanspruchnahme der Dienste des Mediums ist zwar in solchen Fällen Voraussetzung für die Gewinnspielteilnahme, ist aber gleichwohl nicht als unlauter zu qualifizieren. Dem liegt die gesetzgeberische Erwägung zu Grunde, dass diese Form der Wertreklame schon seit langem im Markt eingeführt ist (BegrRegEntw aaO) und der werbende, dem Ziel der Absatzförderung dienende Zweck hinter den der Unterhaltung zurücktritt (vgl dazu auch § 4 Rn 3/23 ff). Als redaktioneller Beitrag zur Unterhaltung des Lesers, Radiohörers oder Fernsehzuschauers stehen Preisausschreiben (Preisrätsel) und Ge-

6/13

winnspiele dann nicht mehr in Widerspruch zum Normzweck der Regelung, die Ausnutzung der Spiellust des Werbeadressaten zu unterbinden, sondern unter dem Schutz der durch **Art 5 I GG** gewährleisteten Presse- und Rundfunkfreiheit (BGH GRUR 02, 1003, 1004 – *Gewinnspiel im Radio*).

6/14 § 4 Nr 6 Halbs 2 privilegiert aber nur in den Fällen der *naturgemäßen* Kopplung von Gewinnspielteilnahme und Warenerwerb. § 4 Nr 6 Halbs 2 gilt auch in diesen Fällen selbstverständlich nicht, wenn die Gewinnspielteilnahme von einem weiteren Warenerwerb (zB dem Kauf eines Buches, einer Zeitschrift, eines Haushaltsgegenstandes usw) oder der Inanspruchnahme einer weiteren Dienstleistung (zB der Teilnahme über eine Mehrwertdiensterufnummer) abhängig ist, gleichviel ob die Redaktion selbst oder ein Dritter das Preisausschreiben oder Gewinnspiel veranstaltet.

6/15 Eine naturgemäße Verbindung im Sinne des § 4 Nr 6 Halbs 2 kann auch bei anderen Gestaltungen angenommen werden, etwa wenn aleatorische Elemente Bestandteil des Produkts sind. Das gilt zB für sog „Überraschungseier", die aus Schokolade und darin enthaltenem Plastikbehälter mit verschiedenen Spielzeugen bestehen, wenn nur in jedem siebten Ei eine besonders begehrte Figur zu finden ist.

Herabsetzung eines Mitbewerbers

§ 4 Beispiele unlauterer geschäftlicher Handlungen

Unlauter handelt insbesondere, wer

...

7. die Kennzeichen, Waren, Dienstleistungen, Tätigkeiten oder persönlichen oder geschäftlichen Verhältnisse eines Mitbewerbers herabsetzt oder verunglimpft;

...

Inhaltsübersicht

	Rn
I. Allgemeines	7/1
1. Normzweck und Interessenlage	7/1
2. Unionsrechtliche Vorgaben	7/2
3. Verhältnis zu anderen Vorschriften	7/3
a) § 4 Nr 8	7/3
b) § 4 Nr 10	7/4
c) § 5	7/5
d) § 6 II Nr 4 und 5	7/6
e) §§ 823 ff BGB	7/7
f) §§ 14 II Nr 3; 15 III MarkenG	7/8
II. Voraussetzungen	7/9
1. Voraussetzungen des § 3 I	7/9
2. Mitbewerber	7/10
3. Kennzeichen, Waren, Dienstleistungen, Tätigkeiten, Verhältnisse	7/11
4. Herabsetzung oder Verunglimpfung	7/12
a) Überblick	7/12
b) Begriff und Erscheinungsformen	7/13
c) Unlauterkeit	7/16
aa) Schmähkritik und Formalbeleidigungen	7/17
bb) Interessenabwägung	7/18

cc) Beispiele: Tatsachenbehauptungen 7/19
dd) Beispiele: Werturteile 7/20
III. Rechtsfolgen 7/21

Literatur: *Bärenfänger,* Das Spannungsfeld von Lauterkeitsrecht und Markenrecht unter dem neuen UWG, 2010; *ders,* Symbiotische Theorie zum Kennzeichen- und Lauterkeitsrecht, WRP 2011, 16 und 160; *Beater,* Allgemeininteressen und UWG, WRP 2012, 6; *Bernreuther,* Zur Interessenabwägung bei anonymen Meinungsäußerungen im Internet, AfP 2011, 218; *Born,* Gen-Milch und Goodwill – Äußerungsrechtlicher Schutz durch das Unternehmenspersönlichkeitsrecht, AfP 2005, 110; *Cornelius-Schwartz,* Rufschädigung und Kritik im Wettbewerb, 2013; *Gomille,* Standardisierte Leistungsbewertungen, 2009; *Köhler,* Dogmatik des Beispielskatalogs des § 4 UWG, WRP 2012, 638; *Lichtnecker,* Die Werbung in sozialen Netzwerken und mögliche hierbei auftretende Probleme, GRUR 2013, 135; *Ohly,* Schadensersatzansprüche wegen Rufschädigung und Verwässerung im Marken- und Lauterkeitsrecht, GRUR 2007, 926; *ders,* Blaue Kürbiskerne aus der Steiermark – Die Interessenabwägung beim Schutz bekannter Marken gegen die Ausnutzung von Ruf und Unterscheidungskraft, FS Griss, 2011, 521; *Rühl,* Tatsachenbehauptungen und Wertungen, AfP 2000, 17; *Schaub,* Äußerungsfreiheit und Haftung, JZ 2007, 548; *Vonhoff,* Negative Äußerungen auf Unternehmensbewertungsportalen MMR 2012, 571. Vgl. auch die Nachweise zu § 4 Nr 8 und § 6.

I. Allgemeines

1. Normzweck und Interessenlage. Diese Vorschrift schützt Gewerbetrei- **7/1** bende in erster Linie vor der Beeinträchtigung ihrer wirtschaftlichen Interessen durch herabsetzende Meinungsäußerungen und regelt damit eine Fallgruppe, die unter § 1 aF häufig mit dem Begriff der **Geschäftsehrverletzung** bezeichnet wurde (zur Geschichte GK/*Toussaint* § 4 Nr 7 Rn 1 ff). § 4 Nr 7 erfasst vor allem Fälle der Schmähkritik, in denen der Mitbewerber pauschal und ohne erkennbaren sachlichen Bezug abgewertet wird (Begr RegE 2004 BT-Drucks 15/1487 S 18), daneben aber auch die Herabsetzung durch die Verbreitung wahrer Tatsachen (*Köhler*/Bornkamm § 4 Rn 7.1, 7.5; Harte/Henning/*Omsels* § 4 Nr 7 Rn 1). Gemeinsam mit § 4 Nr 8, der die Behauptung und Verbreitung unwahrer Tatsachen verbietet, und dem Verbot herabsetzender Werbevergleiche (§ 6 II Nr 4, 5) dient die Vorschrift in erster Linie dem **Individualinteresse** der Gewerbetreibenden am **Schutz ihres guten Geschäftsrufs (Goodwill)** (OLG Hamm GRUR-RR 07, 282, 283 – *Google-Spamfilter;* der Umstand, dass der Tatbestand den Nachweis eines guten Rufs nicht voraussetzt, s *Köhler*/Bornkamm § 4 Rn 8.2, ändert an diesem Schutzzweck nichts). Zum Verhältnis zum Verbraucherschutz s Rn 7/2. Die geschäftliche Wertschätzung ist ein wesentlicher Faktor für den wirtschaftlichen Erfolg, ihre Beeinträchtigung setzt daher die Wettbewerbschancen des betroffenen Unternehmers herab (*Beater* Rn 2016; *Köhler*/Bornkamm § 4 Rn 7.2). Allerdings ist dieser Schutz nicht grenzenlos. Vor allem ist die Vorschrift im Licht des **Art 5 I GG** auszulegen, der auch kommerzielle Meinungsäußerungen sowie reine Wirtschaftswerbung mit wertendem, meinungsbildendem Inhalt schützt (Beg RegE aaO; BGH GRUR 12, 74 Rn 27 – *Coaching-Newsletter*). Auch andere Grundrechte, etwa die Kunstfreiheit (Art 5 III GG), können zu berücksichtigen sein (so für die Markenparodie BGH GRUR 05, 583, 585 – *Lila-Postkarte*). Art 11 EU-GRCh ist nicht anzuwenden, weil die EU-Grundrechte nur bei der Auslegung harmonisierten Rechts zu beachten sind (Einf D Rn 4). Erforderlich ist eine **Interessenabwägung** (s Rn 7/18), in deren Rahmen dem Interesse der Abnehmer oft die ausschlaggebende Bedeutung zukommen wird. Während wahrheitsgemäße Information und sachliche Werturteile die Markttransparenz erhöhen und damit dem Verbraucherinteresse dienen, können pauschale Herabsetzungen das Entscheidungsverhalten der Abnehmer unsachlich beeinflussen und damit den Prozess wettbewerbskonformer Auswahl stören (*Beater* Rn 2025).

7/2 **2. Unionsrechtliche Vorgaben.** Der Wortlaut des § 4 Nr 7 lehnt sich an das Verbot herabsetzender vergleichender Werbung (§ 6 II Nr 5) an (*Köhler/Bornkamm/ Henning-Bodewig* WRP 02, 1317, 1319), das wiederum auf Art 4 lit d der **Richtlinie über irreführende und vergleichende Werbung (WerbeRL)** beruht (s § 6 Rn 8). Außerhalb des durch die Richtlinie und dementsprechend durch § 6 I definierten Bereichs der vergleichenden Werbung besteht aber kein unionsrechtliches Verbot der Herabsetzung eines Mitbewerbers und mithin auch keine Verpflichtung zur richtlinienkonformen Auslegung des § 4 Nr 7 (vgl Streinz/*Schroeder* Art 288 AEUV Rn 131). Gleichwohl bietet die Rechtsprechung des EuGH zur WerbeRL und der deutschen Gerichte zu § 6 II Nr 5 eine wichtige Richtschnur für die Auslegung, da die vom Gesetzgeber bewusst gleich gewählten Begriffe in beiden Bestimmungen gerade in Anbetracht des identischen Schutzzwecks im Zweifel gleich ausgelegt werden sollten (*Köhler/Bornkamm* § 4 Rn 7.12; *Harte/Henning/Omsels* § 4 Nr 7 Rn 7; aA MüKo/*Jänich* § 4 Nr 7 Rn 6). Die Interessenlage ist vergleichbar, da ein Gewerbetreibender in beiden Fällen herabsetzende Äußerungen eines Mitbewerbers nur hinzunehmen hat, wenn diese im Interesse der Markttransparenz gerechtfertigt erscheinen und dem Gebot der Verhältnismäßigkeit genügen. Die **Richtlinie über unlautere Geschäftspraktiken (UGP-RL)** dient nur dem Verbraucherschutz. § 4 Nr 7 erfasst zwar auch und gerade geschäftliche Handlungen gegenüber Verbrauchern (aA wohl GK/*Toussaint* § 4 Nr 7 Rn 13), bezweckt aber nur den Schutz des betroffenen Mitbewerbers (BGH GRUR 12, 74 Rn 28 – *Coaching-Newsletter*). Sofern die herabsetzende Äußerung allerdings zugleich Verbraucher irreführt oder deren Entscheidungsfreiheit beeinträchtigt, ist der Anwendungsbereich der UGP-RL eröffnet, so dass die §§ 4 Nr 1 und 5 in richtlinienkonformer Auslegung zur Anwendung kommen (*Köhler* WRP 12, 638, 644; *Götting/Nordemann/Späth* § 4 Rn 7.4). Insbesondere fallen irreführende Äußerungen über Mitbewerber unter Art 6 I UGP-RL, auch wenn die Beispiele der lit a-g auf Äußerungen des Unternehmers über seine eigenen Produkte zugeschnitten sind. Zur Beziehung des § 4 Nr 7 zum (unionsrechtlich angeglichenen) Markenrecht s Rn 7/8.

7/3 **3. Verhältnis zu anderen Vorschriften. a) § 4 Nr 8.** § 4 Nr 8 verbietet unzutreffende oder jedenfalls nicht beweisbare Tatsachenbehauptungen und ist in diesem Bereich vorrangig. § 4 Nr 7 betrifft dagegen in erster Linie Wertungen, daneben auch die Behauptung wahrer Tatsachen. Wird ein Werturteil auf tatsächlicher Basis abgegeben, so ist die Tatsachenbehauptung nach Nr 8, die Wertung nach Nr 7 zu beurteilen (*Fezer/Nordemann* § 4–7 Rn 22; *Gomille* S 46; näher hierzu § 4 Rn 8/12).

7/4 **b) § 4 Nr 10.** Die Herabsetzung eines Mitbewerbers ist ein Spezialfall der gezielten Behinderung (BGH GRUR 10, 349 Rn 38 – *EKW-Steuerberater; Emmerich* UWG § 9 Rn 1; *Köhler* GRUR 07, 548, 553; MüKo/*Jänich* § 4 Nr 7 Rn 9). Daher verdrängt § 4 Nr 7 als speziellere Norm die Vorschrift des § 4 Nr 10 (so für § 4 Nr 8 BGH GRUR 09, 1186 Rn 25 – *Mecklenburger Obstbrände,* anders aber wohl BGH GRUR 10, 349 Rn 38 – *EKW-Steuerberater*). Da allerdings sowohl unter § 4 Nr 7 als auch unter § 4 Nr 10 in aller Regel eine Interessenabwägung stattfinden muss (vgl Rn 10/ 10) ist eine parallele Anwendung zwar entbehrlich, aber auch unschädlich (BGH aaO; *Harte/Henning/Omsels* § 4 Nr 7 Rn 4; *Köhler/Bornkamm* § 4 Rn 7.6). Ein Überschneidungsbereich besteht allerdings, wenn sich die Herabsetzung nur mittelbar aus Wettbewerbshandlungen ergibt, die vorwiegend anderen Zwecken dienen. Ein Beispiel ist die Entfernung von Warenkodierungen, die im Fall zulässigen selektiven Vertriebs regelmäßig eine Behinderung darstellt (s § 4 Rn 10/59, 10/67 ff), aber ausnahmsweise auch die Wertschätzung der betreffenden Waren beeinträchtigen kann. Da sich das Unlauterkeitsurteil in diesem Fall aus zwei unterschiedlichen Gesichtspunkten ergibt, sind § 4 Nr 7 und Nr 10 nebeneinander anwendbar.

Herabsetzung eines Mitbewerbers   **§ 4.7 UWG**

c) § 5. Der Schwerpunkt des § 4 Nr 7 liegt auf der Beurteilung von Werturteilen, 7/5
während Angaben iSd § 5 II, III nur nachprüfbare Aussagen sind. Berührungspunkte
bestehen in zweierlei Hinsicht. Werden Werturteile auf tatsächlicher Grundlage abgegeben, so verstoßen die Tatsachenbehauptungen gegen § 5, falls sie irreführend sind
(zu Art 6 UGP-RL s Rn 7/2). Irreführend ist es auch, ein (herabsetzendes) Werturteil
auf eine unsichere Tatsachengrundlage zu stützen, dabei aber den Eindruck der absoluten Gewissheit zu erwecken (OLG Hamburg GRUR-RR 04, 49, 50 – *Motorradreiniger*). Die Behauptung wahrer Tatsachen fällt nicht unter § 4 Nr 8, sie kann aber
gleichwohl irreführend iSd § 5 sein. Ist die Behauptung zugleich herabsetzend, können § 4 Nr 7 und § 5 nebeneinander zur Anwendung kommen.

d) § 6 II Nr 4 und 5. § 6 II Nr 4 und 5 enthalten Spezialregelungen, die für den 7/6
Fall der vergleichenden Werbung (definiert durch § 6 I) dem § 4 Nr 7 vorgehen (§ 6
Rn 17 und BGH GRUR 12, 74 Rn 17 – *Coaching-Newsletter;* Harte/Henning/*Sack*
§ 6 Rn 185). Die WerbeRL, zu deren Umsetzung § 6 ergangen ist, bezweckt eine abschließende Harmonisierung (s § 6 Rn 8). Ist daher ein Werbevergleich nach den Kriterien des § 6 II zulässig, so darf er nicht auf der Grundlage des § 4 Nr 7 verboten werden. Da § 4 Nr 7 ebenso wie § 6 nur eingreift, wenn ein Mitbewerber zumindest
mittelbar erkennbar gemacht wird (s Rn 7/10), hat die Vorschrift neben § 6 nur einen
engen Anwendungsbereich. Sie erfasst vor allem Fälle, in denen sich eine herabsetzende Äußerung auf einen Mitbewerber, nicht aber auf das eigene Unternehmen
oder seine Produkte bezieht, so dass es an einem Vergleich fehlt (BGH GRUR 12,
74 Rn 18f – *Coaching-Newsletter*). Verzichtet man bei der Auslegung des § 6 im Gegensatz zur hM (§ 6 Rn 36) auf das Vergleichserfordernis und wendet die Vorschrift
in jedem Fall der Bezugnahme auf einen Konkurrenten an, so läuft § 4 Nr 7 leer.

e) §§ 823 ff BGB. Die Herabsetzung eines Mitbewerbers kann in dessen allgemei- 7/7
nes Persönlichkeitsrecht oder sein Recht am eingerichteten und ausgeübten Gewerbebetrieb eingreifen und unter diesem Gesichtspunkt gegen § 823 I BGB verstoßen
(vgl den Überblick über das Äußerungsrecht bei *Schaub* JZ 07, 548 ff). Sofern die Geschäftsehrverletzung zugleich die strafrechtlichen Tatbestände des Ehrenschutzes
(§§ 185 ff StGB) verletzt, bestehen Schadensersatzansprüche aus § 823 II BGB. § 824
BGB regelt entsprechend § 4 Nr 8 den Fall der Behauptung unwahrer Tatsachen und
überschneidet sich daher nicht mit § 4 Nr 7. Hingegen kommen Schadensersatzansprüche aus § 826 BGB in Betracht. Abwehransprüche ergeben sich aus § 1004 BGB
in analoger Anwendung. Bedeutung kommt den bürgerlich-rechtlichen Bestimmungen vor allem zu, wenn es an einer geschäftlichen Handlung (§ 2 I Nr 1) oder einem
Wettbewerbsverhältnis (§ 2 I Nr 3) zum Anspruchsteller fehlt (Harte/Henning/*Omsels* § 4 Nr 7 Rn 3; Beispiel: BGHZ 166, 84 – *Kirch/Deutsche Bank, Breuer*). Beides ist
etwa bei der Kampagne einer Umweltschutzorganisation gegen die Verwendung genetisch veränderter Tiernahrung der Fall, so dass sich deren Zulässigkeit nur nach
§§ 823 I, 1004 I BGB unter dem Gesichtspunkt der Verletzung des Unternehmenspersönlichkeitsrechts bzw des Rechts am eingerichteten und ausgeübten Gewerbebetrieb richtet (BGH NJW 08, 2110, 2112 – *Gen-Milch;* dazu *Gostomzyk* NJW 08,
2082 ff). Sind hingegen die Voraussetzungen des § 2 I, 3 erfüllt, so besteht zwischen
den bürgerlich-rechtlichen und den lauterkeitsrechtlichen Ansprüchen Anspruchskonkurrenz, lediglich der Schutz des eingerichteten und ausgeübten Gewerbebetriebs ist gegenüber dem UWG subsidiär (s Einf D Rn 60). Soweit demnach bürgerlich-rechtliche Ansprüche bestehen, richtet sich ihre Verjährung nach § 195 BGB
(BGH GRUR 62, 310, 314 – *Gründerbildnis;* zu § 4 Nr 8 Köhler/Bornkamm § 4
Rn 8.9; Harte/Henning/*Bruhn* § 4 Nr 8 Rn 6). Verbreitet wird angenommen, die
Verhaltensanforderungen des UWG seien strenger als diejenigen des bürgerlichen
Rechts (so OLG Hamm MMR 08, 757; *Beater* WRP 09, 768, 775; Köhler/Bornkamm § 4 Rn 7.8; Harte/Henning/*Ahrens* Einl G Rn 74 ff). Dem ist zuzustimmen,
soweit der Gesetzgeber strengere Maßstäbe angeordnet hat (Beweislastumkehr gem

§ 4 Nr 8 im Vergleich zu § 824 BGB) oder soweit im Rahmen der erforderlichen Interessenabwägung der Schutz werblicher Aussagen durch Art 5 I GG geringer ins Gewicht fällt als der grundrechtliche Schutz der politischen Meinungsäußerung (s Einf D Rn 9). Andererseits kann sich ein Unternehmer gegenüber der Kritik von Mitbewerbern nicht auf die strengeren Grundsätze berufen, die unter § 823 I BGB für den Schutz der Persönlichkeit gelten. Das gilt insbesondere für die Verbreitung wahrer Tatsachenbehauptungen (vgl BGHZ 36, 77 = GRUR 62, 108, 109 – *Waffenhandel;* OLG SH OLGR Schleswig 08, 287).

7/8 **f) §§ 14 II Nr 3; 15 III MarkenG.** §§ 14 II Nr 3, 15 III MarkenG schützen die Wertschätzung und Unterscheidungskraft bekannter Marken und bekannter geschäftliche Bezeichnungen gegen Beeinträchtigungen. Ein Bezug auf einen Mitbewerber wird anders als unter § 4 Nr 7 nicht vorausgesetzt. Hingegen ist nach der Rspr des EuGH der markenrechtliche Begriff „Beeinträchtigung der Wertschätzung" als „Verunglimpfung oder Herabsetzung" und daher ebenso wie unter § 4 Nr 7 zu verstehen (EuGH GRUR 09, 756 Rn 40 – *L'Oréal/Bellure; Köhler*/Bornkamm § 4 Rn 7.9b; aA *Bärenfänger* WRP 11, 160, 168; Götting/Nordemann/*Späth* § 4 Rn 7.10). Bei konsequenter Anwendung der Vorrangthese (s dazu Einf D Rn 82) würden die §§ 14 II Nr 3, 15 III MarkenG in ihrem Anwendungsbereich den Rückgriff auf § 4 Nr 7 sperren (BGHZ 138, 349, 351 = BGH GRUR 99, 161, 162 – *MacDog*, BGH GRUR 05, 583, 585 – *Lila-Postkarte*). Da aber das EU-Recht zunehmend zu einer parallelen Anwendung von Marken- und Lauterkeitsrecht verpflichtet (vgl für den Fall des herabsetzenden Werbevergleichs BGH GRUR 10, 161 Rn 35 – *Gib mal Zeitung*), kann die Vorrangthese nicht aufrechterhalten werden (Einf D Rn 82). § 4 Nr 7 lehnt sich an § 6 II Nr 5 und damit mittelbar an die WerbeRL an, daher sollten beide Vorschriften nach Möglichkeit gleich ausgelegt werden (Rn 2). Da aber die Vorschriften der Richtlinie in vollem Umfang neben dem Markenrecht angewandt werden können, sollte dasselbe für § 4 Nr 7 gelten (*Bärenfänger* WRP 11, 160, 168; *Köhler*/Bornkamm § 4 Rn 7.9b; *Ingerl/Rohnke* § 2 Rn 11; einschränkend noch *Vorauß* und *Bornkamm* GRUR 05, 97, 100f). Dadurch wird zwar die Schutzschwelle der §§ 14 II Nr 3; 15 II MarkenG insoweit zum Teil unterlaufen, als auch unbekannte Marken gegen Rufschädigung geschützt werden. Dieser Wertungswiderspruch ist aber im EU-Recht angelegt und daher hinzunehmen. Die praktischen Auswirkungen der Frage dürfen nicht überschätzt werden, weil zum einen § 4 Nr 7 anders als das Markenrecht einen Bezug auf Mitbewerber voraussetzt und weil zum anderen bei Anwendung sowohl der markenrechtlichen Bestimmungen als auch des § 4 Nr 7 eine umfassende Interessenabwägung stattfinden muss, in deren Rahmen die Meinungs- und Kunstfreiheit (s Rn 7/16) zu berücksichtigen sind (*Ohly*, FS Griss S 521, 528ff). Das bedeutet für die **Markenparodie** (Beispiel: BGH GRUR 05, 583 – *Lila Postkarte*), dass § 4 Nr 7 neben den markenrechtlichen Bestimmungen anwendbar ist, sofern zwischen dem Markeninhaber und dem Parodisten ein Wettbewerbsverhältnis (§ 2 I Nr 3) besteht. Für die Abwägung zwischen dem Schutz des Rufs und der Meinungs- und Kunstfreiheit gelten sodann im Marken- und Lauterkeitsrecht gleiche Maßstäbe (*Ingerl/Rohnke* § 2 Rn 11).

II. Voraussetzungen

7/9 **1. Voraussetzungen des § 3 I.** § 4 Nr 7 benennt ein Beispiel einer unlauteren geschäftlichen Handlung iSd § 3 I. Ein Anspruch aus §§ 8ff; 3 I; 4 Nr 7 besteht daher nur, wenn die übrigen Voraussetzungen der Generalklausel erfüllt sind. **(1)** Es muss eine **geschäftliche Handlung** vorliegen (BGH GRUR 12, 74 Rn 14f – *Coaching-Newsletter*), auf die Kommentierung des § 2 I Nr 1 kann insoweit verwiesen werden. Vor allem ist zu beachten, dass es bei redaktionellen Beiträgen in den **Medien** wegen des Presse- und Rundfunkprivilegs gem Art 5 I GG grundsätzlich an einer geschäftlichen Handlung fehlt (BGH GRUR 95, 270, 272 – *Dubioses Geschäftsgebaren;* BGH

Herabsetzung eines Mitbewerbers § 4.7 UWG

GRUR 02, 987, 993 – *Wir Schuldenmacher;* s im Einzelnen § 2 Rn 39). Kritische Äußerungen über Gewerbetreibende in Presse, Rundfunk und Fernsehen fallen daher weitgehend aus dem Anwendungsbereich des § 4 Nr 7 heraus und sind nach §§ 823ff BGB zu beurteilen (Beispiel: Restaurantkritiken, BGH GRUR 86, 812, 813 – *Gastrokritiker;* BGH GRUR 98, 167, 168 – *Restaurantführer*). Äußerungen in privaten Blogs können unter § 4 Nr 7 fallen, wenn die Äußerung auch der Förderung des Unternehmens dient, bei dem der Blogger tätig ist (OLG Hamm MMR 08, 757; s im Übrigen zur Beurteilung von Bewertungsportalen und Blogs Rn 8/14a). **(2)** Die Herabsetzung muss geeignet sein, die Interessen von Mitbewerbern, Verbrauchern oder sonstigen Marktteilnehmern spürbar zu beeinträchtigen. Allerdings kommt der **Spürbarkeitsschwelle** im Rahmen des § 4 Nr 7 kaum selbstständige Bedeutung zu, weil schon eine Herabsetzung nur auf Grund einer Interessenabwägung im Lichte des Art 5 I GG festgestellt werden kann. Erweist sich die beanstandete Äußerung auf dieser Grundlage als unlauter, so ist damit eine nicht unerhebliche Beeinträchtigung der Interessen des betroffenen Mitbewerbers präjudiziert (*Köhler* GRUR 05, 1, 7; *Fezer/ Nordemann* § 4–7 Rn 94).

2. Mitbewerber. Mitbewerber ist, wer zum Handelnden in einem konkreten Wettbewerbsverhältnis steht (§ 2 I Nr 3). Die Herabsetzung bezieht sich jedenfalls dann auf einen Mitbewerber, wenn dieser namentlich oder durch Abbildung **unmittelbar** identifiziert wird. Zur Mitbewerbereigenschaft bei Internet-Foren und -Plattformen s Rn 8/14a. Auch die **mittelbare Bezugnahme** nach den unter § 6 I geltenden Grundsätzen (s § 6 Rn 33) ist ausreichend. Daher kann § 4 Nr 7 anwendbar sein, wenn auf einen Mitbewerber angespielt wird (etwa durch Anspielung auf seinen Geschäftssitz oder seine Werbeslogans). Dasselbe gilt, wenn zwar auf sämtliche Konkurrenten Bezug genommen wird, aber für die Adressaten der Äußerung gleichwohl der Schluss auf bestimmte Mitbewerber naheliegt. Entscheidende Bedeutung kommt dabei der Marktstruktur zu. Gibt es wenige Mitbewerber oder einzelne marktbeherrschende Konkurrenten, so liegt es nahe, dass auf diese Bezug genommen wird. Umstritten ist allerdings, ob auch die **pauschale Herabsetzung aller Konkurrenten** oder einer abstrakt umschriebenen Gruppe von Konkurrenten unter § 4 Nr 7 fällt, wenn damit nicht mittelbar konkrete Mitbewerber identifiziert werden. Beispiele sind Äußerungen über sämtliche anderen Autovermietungen („Lieber zu Sixt als zu teuer", vgl OLG Hamburg GRUR 92, 531; vergleichende Werbung nimmt in einem ähnlichen Fall aber KG WRP 99, 339, 340 an), über sämtliche anderen Hersteller von Zahnpasta („Dagegen ist alles andere nur Zahnpasta", vgl OLG Frankfurt WRP 72, 91) oder über alle anderen Gebrauchtwagenhändler in Berlin. Logisch wäre es möglich, die Herabsetzung aller Mitbewerber zugleich als Herabsetzung „eines Mitbewerbers" anzusehen. Dementsprechend wird in der Literatur die frühere Fallgruppe der „pauschalen Herabsetzung" verbreitet unter § 4 Nr 7 subsumiert (OLG Hamburg WRP 10, 156; *Harte/Henning/Omsels* § 4 Nr 7 Rn 26; *Köhler/*Bornkamm § 4 Rn 7.11; *Gloy/Loschelder/Erdmann/Hasselblatt* § 54 Rn 32; *MüKo/Jänich* § 4 Nr 7 Rn 15; aA *Sack* WRP 05, 531, 535; *Fezer/Nordemann* § 4–7 Rn 33; differenzierend *GK/Toussaint* § 4 Nr 7 Rn 46). Dagegen spricht aber erstens, dass die Interessen eines Mitbewerbers erheblich schwerwiegender beeinträchtigt werden, wenn er durch die Herabsetzung individuell identifiziert wird. Pauschale Abwertungen sämtlicher Konkurrenten werden hingegen vom durchschnittlich aufmerksamen und informierten Verbraucher jedenfalls dann weniger ernst genommen, wenn es sich um allgemeine Wertungen ohne Tatsachenkern handelt. Zweitens sollte § 4 Nr 7 nach Möglichkeit ebenso ausgelegt werden wie § 6 II Nr 5, an den sich der Wortlaut des § 4 Nr 7 anlehnt. Drittens dient § 4 Nr 7 letztlich dem Schutz des Unternehmenspersönlichkeitsrechts, so dass ebenso wie im Persönlichkeitsrecht die Erkennbarkeit des betroffenen Individuums Schutzvoraussetzung sein sollte (*Fezer/Nordemann* § 4–7 Rn 33). Die strengen Grundsätze, denen kritische Äußerungen über Mitbewerber im Rahmen

7/10

der §§ 6 II Nr 5; 4 Nr 7 unterworfen sind, entbehren in diesen Fällen der Rechtfertigung. Insbesondere können das Sachlichkeitsgebot und das Verhältnismäßigkeitsprinzip keine Geltung beanspruchen. Die früher sehr strenge, teilweise sogar kleinliche Beurteilung der pauschalen Herabsetzung durch die Rechtsprechung entbehrt mittlerweile der Grundlage (s § 6 Rn 81). Wenn die kollektive ebenso wie die individuelle Herabsetzung unter § 4 Nr 7 subsumiert wird, besteht die Gefahr, dass die Unterschiedlichkeit der Beurteilungsmaßstäbe verdeckt wird. Bezieht sich daher aus der Sicht der angesprochenen Verkehrskreise die Herabsetzung nicht auf einen oder mehrere individuelle Mitbewerber, sondern auf alle Konkurrenten oder eine abstrakt umschriebene Gruppe, so greift nicht § 4 Nr 7, sondern allenfalls § 3 I ein. Da derartige pauschale Herabsetzungen meist in einem Atemzug mit positiven Äußerungen über eigene Produkte erfolgen, wird diese Fallgruppe im Anschluss an die Erläuterungen zur vergleichenden Werbung kommentiert (§ 6 Rn 79 ff).

7/11 **3. Kennzeichen, Waren, Dienstleistungen, Tätigkeiten, Verhältnisse.** Bezugspunkt der Herabsetzung sind die Kennzeichen, Waren, Dienstleistungen, Tätigkeiten oder persönlichen oder geschäftlichen Verhältnisse eines Mitbewerbers. Diese Formulierung entspricht weitgehend **§ 6 II Nr 5** und wurde lediglich um die in § 6 II Nr 4 geschützten Kennzeichen ergänzt; sie sollte **wie dort ausgelegt** werden (s § 6 Rn 61, 67). Die Aufzählung erfasst die Herabsetzung umfassend. Sollte ausnahmsweise eine Herabsetzung vorliegen, die einen anderen Aspekt der Geschäftstätigkeit eines Mitbewerbers betrifft, so kann § 3 ergänzend herangezogen werden. Der Subsumtion unter die einzelnen Bezugspunkte kommt daher keine erhebliche Bedeutung zu. Der Begriff des **Kennzeichens** umfasst nach der Definition des § 1 MarkenG Marken, geschäftliche Bezeichnungen und geographische Angaben. Ähnlich wie in § 6 II Nr 4 kann er jedoch auf Unterscheidungszeichen ausgedehnt werden, die nicht die Voraussetzungen des markenrechtlichen Kennzeichenschutzes erfüllen, sofern der Verkehr sie gleichwohl als Hinweise auf einen bestimmten Gewerbetreibenden versteht (s § 6 Rn 61). Zum Verhältnis zu §§ 14 II Nr 3; 15 III MarkenG s Rn 7/8. Der Begriff der **Waren und Dienstleistungen** ist ebenso wie in § 2 I Nr 1 im weitesten Sinne zu verstehen, auf die Kommentierung dieser Vorschrift kann verwiesen werden (§ 2 Rn 47 f). Insbesondere wird sich die Herabsetzung häufig auf die schlechte Qualität oder die überhöhten Preise von Konkurrenzprodukten beziehen. Auch herabsetzende Äußerungen über unseriöse Bezugsquellen können unter Nr 7 fallen (Fezer/*Nordemann* § 4–7 Rn 35). Mit „**Tätigkeiten**" sind nicht nur unternehmerische Aktivitäten eines Mitbewerbers gemeint, wie sich aus einer Zusammenschau mit dem folgenden Merkmal „**persönliche und geschäftliche Verhältnisse**" ergibt. Vor allem kann § 4 Nr 7 bei Vorliegen der übrigen Voraussetzungen auch die Offenlegung von Informationen über höchstpersönliche Aktivitäten erfassen. Auch das Merkmal „persönliche und geschäftliche Verhältnisse" ist im weitesten Sinne zu verstehen, eine trennscharfe Abgrenzung zu den „Tätigkeiten" ist nicht möglich. Beispiele sind herabsetzende Hinweise auf Staatsangehörigkeit, Rasse, politische Ausrichtung, Religion, sektenähnliche Organisation (BGH GRUR 12, 74 Rn 15 – *Coaching-Newsletter*) oder auf die finanziellen Verhältnisse eines Konkurrenten. Allerdings ist die zutreffende Information über die persönlichen Verhältnisse eines Mitbewerbers noch nicht per se herabsetzend. Will ein Unternehmer mit dem wahren Hinweis auf die Rasse, religiöse Ausrichtung oder Homosexualität eines Mitbewerbers „Stimmung machen", so sollte dieser Fall mangels Herabsetzung nicht nach § 4 Nr 7, sondern nach § 4 Nr 10 oder § 3 I beurteilt werden (*Beater* WRP 12, 6, 13).

7/12 **4. Herabsetzung oder Verunglimpfung. a) Überblick.** Nicht jede Äußerung, die einen Mitbewerber in einem schlechten Licht erscheinen lässt, ist zwangsläufig eine unlautere Herabsetzung. Ob in einer Werbeaussage eine Herabsetzung von Mitbewerbern zu sehen ist, bestimmt sich auf Grund einer Gesamtwürdigung, entscheidend ist dabei das Verständnis der angesprochenen Verkehrskreise (s Rn 7/

Herabsetzung eines Mitbewerbers **§ 4.7 UWG**

14). Erforderlich ist eine **zweistufige Prüfung,** auch wenn beide Stufen dieses Tests in der Rechtsprechung oft vermischt werden. **Erstens** muss die betreffende Handlung überhaupt **geeignet** sein, die **Wertschätzung** des betroffenen Mitbewerbers in den Augen der angesprochenen Verkehrskreise zu verringern. **Zweitens** muss die Handlung die Interessen des Mitbewerbers in **unverhältnismäßiger Weise beeinträchtigen,** wobei das Informationsinteresse der Verbraucher und die Wertungen der Grundrechte zu berücksichtigen sind.

b) Begriff und Erscheinungsformen. Herabsetzung bedeutet – ebenso wie in § 6 II Nr 5 – eine Verringerung der Wertschätzung in den Augen der angesprochenen Verkehrskreise (*Köhler*/Bornkamm § 4 Rn 7.12). Die **Verunglimpfung** ist eine gesteigerte Form der Herabsetzung in Gestalt einer abfälligen Behauptung oder eines abfälligen Werturteils ohne sachliche Grundlage (*Köhler*/Bornkamm aaO). Die schwierige Differenzierung zwischen beiden Begriffen ist entbehrlich, da § 4 Nr 7 die Herabsetzung und die Verunglimpfung gleichstellt. Setzt ein Unternehmer im Internet ein **Link** auf eine Website, die herabsetzende Äußerungen über einen Mitbewerber enthält, so haftet der Unternehmer als Täter, wenn er sich die Äußerungen zu eigen macht und die fremden Informationen zum Bestandteil der eigenen Stellungnahme macht (BGH GRUR 12,74 Rn 23f – *Coaching-Newsletter*), ansonsten nach den Grundsätzen über die Verletzung lauterkeitsrechtlicher Verkehrspflichten (§ 8 Rn 120ff, s a Rn 8/14a). Ungeklärt ist, ob die Äußerung **mindestens einer dritten Person** zur Kenntnis gelangen muss oder ob auch Beleidigungen in der persönlichen Korrespondenz zwischen zwei Mitbewerbern unter § 4 Nr 7 fallen. Da Beleidigungen im Zweipersonenverhältnis den Geschäftsruf des Betroffenen auf dem Markt nicht beeinträchtigen, spricht einiges dagegen, in diesem Fall eine Herabsetzung anzunehmen. Rein **unternehmensinterne Mitteilungen** fallen nur dann unter § 4 Nr 7, wenn sie eine Wettbewerbshandlung mit Außenwirkung (§ 2 I Nr 1) darstellen. Das ist der Fall, wenn die Mitteilung unbeabsichtigt doch an die Öffentlichkeit gelangt oder wenn sie dazu dient, die eigenen Mitarbeiter vom Wechsel zur Konkurrenz abzuhalten (vgl OLG Stuttgart WRP 83, 446; *Köhler*/Bornkamm § 2 Rn 36). Hingegen fällt eine herabsetzende Äußerung über einen Mitbewerber im Schriftverkehr oder Gespräch mit einem Dritten in den Anwendungsbereich des § 4 Nr 7 (OLG Nürnberg WRP 07, 202 – *Kfz-Sachverständiger;* OLG Frankfurt OLGR Frankfurt 07, 30).

Ob in einer Werbeaussage eine Herabsetzung von Mitbewerbern zu sehen ist, bestimmt sich auf Grund einer **Gesamtwürdigung,** bei der die Umstände des Einzelfalls, insbesondere Inhalt und Form der Äußerung, ihr Anlass und der gesamte Sachzusammenhang sowie die Verständnismöglichkeit der angesprochenen Verkehrskreise, zu berücksichtigen sind. Maßgeblich ist das **Verständnis des durchschnittlich informierten und verständigen Adressaten der Äußerung** (BGH GRUR 02, 982, 984 – *Die „Steinzeit" ist vorbei!;* bestätigt in BGH GRUR 05, 609, 610 – *Sparberaterin II;* BGH GRUR 12, 74 Rn 22 – *Coaching-Newsletter; Köhler*/Bornkamm § 4 Rn 7.13). Dabei ist zu berücksichtigen, dass nicht jede negative Äußerung über einen Mitbewerber zwangsläufig dessen Wertschätzung beeinträchtigt. Erstens lebt Werbung zu einem nicht unerheblichen Teil von **Humor** und **Ironie.** Solange der Werbende mit ironischen Anklängen nur Aufmerksamkeit und Schmunzeln erzielt, mit ihnen aber – weil der Verkehr die Aussage nicht wörtlich und damit ernst nimmt – keine Abwertung des konkurrierenden Angebots verbunden ist, liegt darin noch keine unzulässige Herabsetzung oder Verunglimpfung (BGH GRUR 02, 828, 830 – *Lottoschein;* BGH GRUR 02, 982, 984 – *Die „Steinzeit" ist vorbei!;* vgl auch zu § 6 BGH GRUR 10, 161 Rn 20 – *Gib mal Zeitung;* zu § 14 II Nr 3 MarkenG BGH GRUR 05, 583, 585 – *Lila-Postkarte; Ohly* GRUR 10, 166; Harte/Henning/*Omsels* § 4 Nr 7 Rn 18). Zweitens sind Verbraucher und andere Marktteilnehmer an ein gewisses Maß von **Marktschreierei** gewöhnt und nehmen daher nicht jede übertriebene oder pointiert formulierte Äuße-

7/13

7/14

rung für bare Münze. Zu berücksichtigen ist drittens der **Anlass** für die Äußerung und die **Situation,** in der sie erfolgt ist. Einzelne Begriffe in mündlichen Erklärungen eines Verkäufers gegenüber einem Testkäufer dürfen nicht auf die Goldwaage gelegt werden (bedenklich OLG Karlsruhe GRUR 94, 130, 131 – *Testpatient*), entscheidend ist der Gesamtgehalt der Äußerung.

7/15 Die Herabsetzung kann in Form negativer Tatsachenbehauptungen oder Werturteile geschehen (s Rn 7/19f) und vielfältige Formen annehmen (*Köhler*/Bornkamm § 4 Rn 7.14; Harte/Henning/*Omsels* § 4 Nr 7 Rn 17). Den Regelfall stellen negative Äußerungen in der Werbung gegenüber der Öffentlichkeit oder einzelnen Abnehmern dar. Auch Abbildungen können einen herabsetzenden Gehalt haben, Beispiele sind Bilder beschädigter oder verschmutzter Konkurrenzprodukte (OLG Hamburg WRP 99, 355, 357), enttäuschter Kunden oder verzweifelter Mitarbeiter des Konkurrenzunternehmens (OLG Köln NJWE-WettbR 99, 277). Bei der Beschädigung von Konkurrenzprodukten überschneidet sich der Anwendungsbereich des § 4 Nr 7 und Nr 10. Regelmäßig steht in diesen Fällen die Behinderung im Vordergrund (s § 4 Nr 10 Rn 10/59). Nur wenn besondere Umstände dafür sprechen, dass die Beschädigung zugleich die Wertschätzung der Produkte in den Augen der angesprochenen Verkehrskreise beeinträchtigt, kommt zugleich § 4 Nr 7 zur Anwendung. Große Zurückhaltung ist bei der Annahme geboten, das Angebot von Markenartikeln zum „Ramschpreis" könne herabsetzend sein (so Harte/Henning/*Omsels* § 4 Rn 17). Auch der Verkäufer von Luxusartikeln kann seine Preise frei kalkulieren, eine Preisbindung für Markenartikel darf nicht durch die Hintertür eingeführt werden (BGH GRUR 84, 204, 206f – *Verkauf unter Einstandspreis II*). Eine Herabsetzung kommt allenfalls in Betracht, wenn durch zusätzliche Umstände der Eindruck erweckt wird, das angebotene Produkt sei minderwertig. Zur unberechtigten Schutzrechtsverwarnung s § 4 Nr 10 Rn 10/33ff; zur Entfernung von Warenkodierungen s Rn 7/4 und § 4 Rn 10/67ff.

7/16 **c) Unlauterkeit.** § 4 Nr 7 hebt nicht eigens hervor, dass die Herabsetzung unlauter sein muss. Gleichwohl genügt es nicht, den rufschädigenden Effekt der beanstandeten Handlung festzustellen, da sich diese als gerechtfertigt erweisen kann. Von besonderer Bedeutung sind dabei die Ausstrahlungen der **Grundrechte.** Der **Handelnde** kann sich neben Art 12 GG regelmäßig auch auf **Art 5 I GG** berufen, der auch kommerzielle Meinungsäußerungen sowie reine Wirtschaftswerbung mit wertendem, meinungsbildendem Inhalt schützt (Einf D Rn 9; BGH GRUR 12, 74 Rn 28 – *Coaching-Newsletter*). Auch die Behauptung wahrer Tatsachen fällt in den Schutzbereich des Art 5 I GG, weil und soweit sie Voraussetzung der Bildung von Meinungen ist (BVerfG NJW 92, 1439, 1440). Schließlich kann die **Kunstfreiheit (Art 5 III GG)** einschlägig sein; in ihren Schutzbereich fallen vor allem parodistische und satirische Darstellungen (BGH GRUR 05, 583, 584f – *Lila-Postkarte;* OLG Hamburg GRUR-RR 06, 231, 232 – *Bildmarke AOL*). Andererseits findet das Grundrecht des Art 5 I GG seine Schranke in den allgemeinen Gesetzen. Auch der Schutz des guten Geschäftsrufs ist verfassungsrechtlich geboten (Art 12; 2 I iVm 1 I GG; BGH GRUR 12, 74 Rn 31 – *Coaching-Newsletter*). Stets unzulässig sind Formalbeleidigungen und reine Schmähkritik (aa). Im Übrigen ist eine Interessenabwägung erforderlich (bb).

7/17 **aa) Schmähkritik und Formalbeleidigungen.** Schmähkritik und Formalbeleidigungen sind stets unzulässig und nicht durch Art 5 I GG gerechtfertigt (BVerfG NJW 92, 2073; BGH WRP 02, 447, 448; BGH WRP 09, 1540, 1542; BGH GRUR 12, 74 Rn 33 – *Coaching-Newsletter;* OLG Karlsruhe GRUR-RR 03, 61, 62 – *Scharlatan; Köhler*/Bornkamm § 4 Rn 7.19). **Schmähkritik** wird dadurch gekennzeichnet, dass nicht mehr die Auseinandersetzung in der Sache, sondern die Diffamierung der Person im Vordergrund steht (BVerfG NJW 91, 95, 96). Allerdings ist der Begriff der Schmähkritik wegen seiner Art 5 I GG beschränkenden Tendenz eng auszulegen (BVerfG aaO; BGH WRP 02, 447, 448; BGH WRP 09, 631, 633 – *Fraport-Manila-Skandal*), zumal sich der Verkehr mittlerweile an raue Umgangsformen auf

Herabsetzung eines Mitbewerbers **§ 4.7 UWG**

dem Markt gewöhnt hat. Unzulässig sind Angriffe auf Mitbewerber, die deren Menschenwürde (Art 1 I GG) verletzen (BVerfG NJW 92, 2073, 2074: Bezeichnung eines Behinderten als „Krüppel") oder ohne sachlichen Grund dessen Geschlecht, Abstammung, Rasse, Sprache, Heimat und Herkunft, Glauben, religiöse oder politische Anschauungen (vgl Art 3 III GG) verächtlich machen (s aber Rn 7/11 aE). Für eine **Formalbeleidigung** sprechen die Verwendung von Schimpfwörtern (Corte Costituzionale (Italien) GRUR Int 90, 326: Bezeichnung eines Konkurrenzerzeugnisses als „merda in tubetto"; OLG München WRP 96, 925: „Scheiß des Monats"; OLG Köln WRP 85, 233: Fonds-Anteile eines Konkurrenten als „Mist"; OLG Hamburg NJW 96, 1002: Konkurrenzsender als „Schmuddelsender"; Grenzfall: BGH GRUR 77, 801, 803 – *Halsabschneider*) oder beleidigende Vergleiche (hier allerdings Vorrang des § 6; Beispiel, OGH ÖBl 91, 64, 66 – *Kronenzeitung*: die Zeitung eines Konkurrenten tauge nur als Toilettenpapier). Die bloße Verwendung abwertender Ausdrücke ist noch keine Schmähkritik, wenn ihnen eine Sachaussage zugrunde liegt. Wird etwa ein Konkurrent als „Betrüger" (BGH WRP 02, 447, anders aber BGH GRUR 77, 801, 803 – *Halsabschneider*) oder ein Wissenschaftler als „Scharlatan und Pfuscher" (OLG Karlsruhe GRUR-RR 03, 61 – *Scharlatan*) bezeichnet, so muss gefragt werden, ob die Äußerung im Rahmen einer Auseinandersetzung um die Sache erfolgt und daher durch Art 5 I GG gerechtfertigt sein kann. Auch der Vorwurf, ein Konkurrent verlange „horrende Preise" (OLG Karlsruhe GRUR 94, 130, § 131) oder seine Produkte seien „übertreuert", ist nicht zwangsläufig ungerechtfertigt. Die bloße pauschale und unsachliche Herabsetzung kann nicht ohne weitere Prüfung stets als unzulässig angesehen werden (aA *Köhler*/Bornkamm § 4 Rn 7.20; GK/*Toussaint* § 4 Nr 7 Rn 60), doch wird die erforderliche Interessenabwägung regelmäßig zur Unzulässigkeit führen, sofern konkrete Mitbewerber identifiziert werden und die herabsetzende Äußerung nicht durch entsprechende Tatsachen substantiiert wird (s Rn 7/18).

bb) Interessenabwägung. Im Übrigen ist eine **Interessenabwägung** unter Gesamtwürdigung aller Umstände erforderlich (BGH GRUR 12, 74 Rn 31 – *Coaching-Newsletter;* OLG München GRUR-RR 06, 268, 277 – *Trivial-Patente;* OLG Hamm GRUR-RR 12, 279, 281 – *Doppelmoral;* Harte/Henning/*Omsels* § 4 Nr 7 Rn 11; *Köhler*/Bornkamm § 4 Rn 7.21; Gloy/Loschelder/*Hasselblatt* § 46 Rn 39 ff), in die neben den verfassungsrechtlich geschützten Interessen des Handelnden und des Betroffenen auch die Interessen der Verbraucher und übrigen Marktteilnehmer einbezogen werden. Dabei gilt der Grundsatz der **Verhältnismäßigkeit.** Kritische Äußerungen sind zulässig, wenn sie **(1)** Verbrauchern oder anderen Marktteilnehmern für ihre Nachfrageentscheidung **nützliche Informationen** bieten und **(2)** den guten Ruf des betroffenen Mitbewerbers **nicht stärker beeinträchtigen als zur Information der Marktteilnehmer erforderlich.** Damit folgt die Beurteilung den Grundsätzen, die für den (häufig wegen des Vorliegens vergleichender Werbung ohnehin vorrangigen) § 6 II Nr 5 gelten. Im gleichen Sinne erkannte auch die frühere Rechtsprechung zur kritisierenden vergleichenden Werbung ein Recht zu kritischer Befassung mit der Ware oder Leistung des Mitbewerbers dann an, wenn der Werbende **hinreichenden Anlass** zu solcher Befassung hatte und seine Kritik sich nach Art und Maß im Rahmen des Erforderlichen hielt (BGH GRUR 62, 45, 48 – *Betonzusatzmittel;* BGH GRUR 86, 618, 620 – *Vorsatz-Fensterflügel;* BGH GRUR 89, 668, 669 – *Generikum-Preisvergleich;* BGH GRUR 96, 502, 506 – *Energiekosten-Preisvergleich I;* krit MüKo/*Jänich* § 4 Nr 7 Rn 39), war aber allzu schnell bereit, das Bestehen eines hinreichenden Anlasses und die Erforderlichkeit zu verneinen. Entscheidende Kriterien sind demnach die Nützlichkeit der Information aus Abnehmersicht und das Maß der Herabsetzung, die ein „bewegliches System" bilden: Je nützlicher die Information, je sachlicher ihre Präsentation, je geringer das Maß der Herabsetzung, desto eher ist die kritische Äußerung zulässig. **Pauschale abwertende Meinungsäußerungen** sind regelmäßig dann unlauter, wenn sie vage bleiben, nicht durch Tatsachen unterstützt werden und es den

7/18

Adressaten nicht ermöglichen, die Kritik inhaltlich nachzuvollziehen (BGH GRUR 12, 74 Rn 34 – *Coaching-Newsletter;* OLG Frankfurt GRUR-RR 12, 392, 394 – *Screen-Scraping;* OLG Köln GRUR-RR 11, 325, 326 – *Abmahnende Anwälte*). Das **Vorverhalten** des betroffenen Mitbewerbers kann in die Abwägung einfließen und eine großzügigere Beurteilung rechtfertigen, eines Rückgriffs auf die allgemeinen Rechtfertigungsgründe der Notwehr (§ 227 BGB) oder der Wahrnehmung berechtigter Interessen (§ 193 StGB) bedarf es insoweit nicht (aA *Köhler/*Bornkamm § 4 Rn 7.22; Harte/Henning/*Omsels* § 4 Nr 7 Rn 39).

7/19 **cc) Beispiele: Tatsachenbehauptungen.** Tatsachenbehauptungen sind dem Beweis zugänglich, lassen sich also in die Kategorien „wahr" und „unwahr" einteilen (s zur Abgrenzung im Übrigen § 4 Rn 8/12; krit zu dieser Unterscheidung MüKo/*Jänich* § 4 Nr 7 Rn 29). Unwahre oder jedenfalls nicht erweislich wahre Tatsachenbehauptungen sind nach § 4 Nr 8 zu beurteilen, Nr 7 erfasst hingegen die Herabsetzung durch die Verbreitung wahrer Tatsachen. Sie ist nach dem Grundsatz der Verhältnismäßigkeit grundsätzlich zulässig, wenn sie in objektiver und sachlicher Art erfolgt und die Tatsachen den Marktteilnehmern nützliche Informationen für ihre Nachfrageentscheidung bieten. Demnach ist der zutreffende Hinweis auf Mängel oder Nachteile eines Konkurrenzprodukts regelmäßig **zulässig** (vgl auch § 6 II Nr 2), sofern er in angemessener Form erfolgt (*Kießling/Kling* WRP 02, 615, 627; *Köhler/*Bornkamm § 4 Rn 7.16). Ein Generikahersteller darf Ärzte in sachlicher Form darauf hinweisen, dass er im Gegensatz zur Konkurrenz die Arzneimittelforschung unterstützt (BGH GRUR 99, 1100, 1101 – *Generika-Werbung*). Mitarbeiter oder potentielle künftige Arbeitnehmer können auf nachteilige Arbeitsbedingungen bei einem Konkurrenzunternehmen hingewiesen werden (OLG München WRP 71, 280; *Köhler* aaO). Regelmäßig **unzulässig** ist hingegen die Verbreitung wahrer Tatsachen aus der Intim- und Privatsphäre eines Konkurrenten (RG GRUR 33, 504, 505; Harte/Henning/*Omsels* § 4 Nr 7 Rn 21). Der Hinweis auf vom Mitbewerber begangene **Straftaten** oder Vertragsverletzungen kann je nach Informationsinteresse der Marktteilnehmer zulässig (zB Verurteilung eines Anlageberaters wegen Untreue; vgl auch BGH GRUR 70, 465, 466 – *Prämixe*) oder unzulässig sein (zB Hinweis auf weit zurückliegende Verurteilung, Grenzfall: BGH GRUR 90, 1012, 1014 – *Pressehaftung I,* Hinweis auf soeben erfolgten Verkauf gefälschter Ware mangels Wiederholungsgefahr unerlaubt; vgl auch die persönlichkeitsrechtliche Rspr zur namentlichen Nennung von Straftätern im Internet, zB BGH GRUR 13, 94 – *Gazprom-Manager;* BGH GRUR 13, 200 – *Apollonia Prozess* mwN). Wird ein Mitbewerber wegen eines UWG-Verstoßes verurteilt, so ist die **Veröffentlichung dieses Urteils** auch ohne gerichtlich zugesprochene Befugnis (§ 12 III) zulässig, wenn an der Veröffentlichung ein berechtigtes Interesse des Veröffentlichenden oder der Allgemeinheit besteht (OLG Schleswig-Holstein OLGR Schleswig 2008, 287; ähnl, wenn auch ausgehend von grundsätzlicher Unzulässigkeit, OLG Hamm MMR 08, 750f; vgl auch § 12 Rn 222; *Köhler/*Bornkamm § 12 Rn 4.20; Götting/Nordemann/*Späth* § 4 Rn 7.23). Auch ob ein Hinweis auf die fehlende Zahlungsfähigkeit oder die Eröffnung eines Insolvenzverfahrens zulässig ist, hängt von den Umständen des Einzelfalls ab (vgl BGHZ 36, 18, 23 = NJW 61, 2254, 2256; OLG Koblenz GRUR 88, 43, 44). Zur unberechtigten Schutzrechtsverwarnung s § 4 Nr 10 Rn 10/33 ff. Nach § 5 ist eine Wertung als unlauter zu beurteilen, die sich auf eine unsichere Tatsachen- oder Rechtsgrundlage stützt, den Adressaten gegenüber aber den Eindruck der absoluten Gewissheit erweckt (OLG Hamburg GRUR-RR 04, 49, 50 – *Motorradreiniger*).

7/20 **dd) Beispiele: Werturteile.** Werturteile sind umso eher zulässig, je breiter ihre tatsächliche Grundlage ist, je sachlicher sie präsentiert werden und je eher sie geeignet sind, Verbraucher und andere Marktteilnehmer zu informieren. Kritik an den gewerblichen Leistungen eines Mitbewerbers, die sich auf Tatsachen stützen kann, darf auch scharf und pointiert erfolgen (GK/*Toussaint* § 4 Nr 7 Rn 61). Auch Werturteile mit geringem Informationswert können dann zulässig sein, wenn sie von den angesprochenen Verkehrskreisen als humorvolle Anspielung oder harmlose Marktschreierei verstanden werden und daher den guten Ruf des betroffenen Mitbewerbers nur unwesentlich beeinträchtigen. In diesen Fällen fehlt es allerdings meist schon an einer Beeinträchtigung des guten Rufs (s Rn 7/13f). **Zulässig** ist der Hinweis auf eine Schutzlücke im Urheberrecht, die ein Konkurrent zum Angebot von CDs zu „Schleuderpreisen" nutze (BGHZ 136, 111 = GRUR 97, 916, 919 – *Kaffeebohne*), das durch Tatsachen belegte Urteil, der Anbieter eines Präparats gaukle die Heilwirkung nur vor (OLG München WRP 96, 925, 928), der durch Tatsachen gestützte Vorwurf der Doppelmoral an einen Rechtsanwalt (OLG Hamm GRUR-RR 279, 281), die nachvollziehbare Behauptung, Streitwerte in urheberrechtlichen Verletzungsverfahren seien „horrend" (OLG Köln GRUR-RR 11, 325, 326 – *Abmahnende Anwälte*). **Unzulässig** sind die Abbildung eines Konkurrenzerzeugnisses in stark verschmutztem Zustand (OLG Hamburg WRP 99, 355, 357), die öffentliche Bezeichnung der Schutzrechte eines Konkurrenten als „Trivialpatente" ohne hinreichende sachliche Grundlage (OLG München GRUR-RR 06, 268 – *Trivial-Patente*), die ungerechtfertigte Bezeichnung eines Kfz-Gutachters als nicht objektiv (OLG Nürnberg WRP 07, 202, 203) oder die Behauptung gegenüber einem Arbeitnehmer in einem Abwerbegespräch, der bisherige Arbeitgeber sei eine „tickende Zeitbombe" (OLG Frankfurt OLGR Frankfurt 07, 30). Wird ein Konkurrent als „unseriös" oder „weniger leistungsfähig" dargestellt, so hängt die Beurteilung davon ab, ob dieses Urteil durch Tatsachen substantiiert wird oder ob es ohne erkennbaren sachlichen Bezug pauschal ausgesprochen wird (dann unzulässig: BGH GRUR 82, 234, 236 – *Großbanken-Restquote;* OLG München GRUR 01, 762 – *AOK Bayern*).

III. Rechtsfolgen

Da § 4 Nr 7 auf § 3 I verweist (s Rn 7/9), ergeben sich die Rechtsfolgen eines Verstoßes aus §§ 8 ff. Weil in erster Linie individuelle Interessen des Mitbewerbers verletzt werden und ihm die Entscheidung über die Geltendmachung von Ansprüchen vorbehalten bleiben sollte, ist die Anspruchsberechtigung gegenüber § 8 III eingeschränkt. Anspruchsberechtigt sind nur die von der Herabsetzung betroffene Mitbewerber, nicht hingegen die übrigen Mitbewerber und die in § 8 III Nr 2–4 genannten Verbände (*Köhler*/Bornkamm § 4 Rn 7.27; *Ohly* GRUR 07, 926, 928; aA Harte/Henning/*Bruhn* § 4 Nr 8 Rn 10; MüKo/*Jänich* § 4 Nr 7 Rn 42). Für diese Einschränkung spricht, dass es sich bei dem § 4 Nr 7 geschützten Goodwill um ein seinem Inhaber individuell zugewiesenes Rechtsgut und eine Ausprägung des Unternehmenspersönlichkeitsrchts handelt. Der Betroffene sollte autonom über die gerichtliche Geltendmachung von Ansprüchen gem §§ 4 Nr 7; 3 I; 8 entscheiden können, da sie dazu führen kann, dass die Herabsetzung erst richtig publik wird. Etwas anderes gilt, sofern auch Verbraucherinteressen betroffen sind (s Rn 7/2, 7/5). Der Schadensersatzanspruch beschränkt sich auf den Ersatz von Vermögensschäden. Die Möglichkeit der dreifachen Schadensberechnung steht nicht zur Verfügung, weil § 4 Nr 7 gerade den nicht kommerzialisierbaren Teil des guten Rufes schützt (*Teplitzky* GRUR 87, 215, 216; *Köhler*/Bornkamm § 4 Rn 7.28; Aufgabe von *Ohly* GRUR 07, 926, 928). Der Ausgleich immaterieller Schäden kann nur auf der Grundlage des § 823 I in Verbindung mit dem allgemeinen Persönlichkeitsrecht oder besonderen Persönlichkeitsrechten (§§ 12 BGB, 22 KUG) verlangt werden (*Köhler*/Bornkamm § 4 Rn 7.28).

7/21

Anschwärzung

§ 4 Beispiele unlauterer geschäftlicher Handlungen
Unlauter handelt insbesondere, wer
...
8. über die Waren, Dienstleistungen oder das Unternehmen eines Mitbewerbers oder über den Unternehmer oder ein Mitglied der Unternehmensleitung Tatsachen behauptet oder verbreitet, die geeignet sind, den Betrieb des Unternehmens oder den Kredit des Unternehmers zu schädigen, sofern die Tatsachen nicht erweislich wahr sind; handelt es sich um vertrauliche Mitteilungen und hat der Mitteilende oder der Empfänger der Mitteilung an ihr ein berechtigtes Interesse, so ist die Handlung nur dann unlauter, wenn die Tatsachen der Wahrheit zuwider behauptet oder verbreitet wurden;
...

Inhaltsübersicht

	Rn
I. Allgemeines	8/1
1. Normzweck und Interessenlage	8/1
2. Entstehungsgeschichte	8/2
3. Unionsrechtliche Vorgaben	8/3
4. Verhältnis zu anderen Vorschriften	8/4
a) § 4 Nr 7	8/4
b) § 4 Nr 10	8/5
c) § 5	8/6
d) § 6 II Nr 5	8/7
e) §§ 823 ff BGB	8/8
II. Voraussetzungen	8/9
1. Voraussetzungen des § 3 I	8/9
2. Mitbewerber	8/10
3. Waren, Dienstleistungen, Unternehmen, Unternehmensleitung	8/11
4. Behaupten oder Verbreiten einer Tatsache	8/12
a) Tatsache	8/12
aa) Grundsatz	8/12
bb) Einzelfragen	8/13
b) Behaupten oder Verbreiten	8/14
c) Schädigungseignung	8/15
5. Wahrheit	8/16
a) Nichterweislichkeit (1. Halbsatz)	8/16
b) Vertrauliche Mitteilungen (2. Halbsatz)	8/17
III. Rechtsfolgen	8/18
1. Unterlassung und Beseitigung	8/18
2. Schadensersatz	8/19

Literatur: *Bernreuther,* Zur Interessenabwägung bei anonymen Meinungsäußerungen im Internet, AfP 2011, 218; Born, Gen-Milch und Goodwill – Äußerungsrechtlicher Schutz durch das Unternehmenspersönlichkeitsrecht, AfP 2005, 110; *Brammsen/Apel,* Die „Anschwärzung", § 4 Nr 8 UWG, WRP 2009, 1464; *Cornelius-Schwartz,* Rufschädigung und Kritik im Wettbewerb, 2013; *Gomille,* Standardisierte Leistungsbewertungen, 2009; *Köhler,* Dogmatik des Beispielskata-

Anschwärzung **§ 4.8 UWG**

logs des § 4 UWG, WRP 2012, 638; *Lichtnecker,* Die Werbung in sozialen Netzwerken und mögliche hierbei auftretende Probleme, GRUR 2013, 135; *Ohly,* Schadensersatzansprüche wegen Rufschädigung und Verwässerung im Marken- und Lauterkeitsrecht, GRUR 2007, 926; *Rühl,* Tatsachenbehauptungen und Wertungen, AfP 2000, 17; *Schilling,* Haftung für geschäftsschädigende Äußerungen Dritter: Abgrenzung zwischen Meinungsforen und kombinierten Buchungs- und Bewertungsportalen, GRUR-Prax 2012, 105; Zur unberechtigten Schutzrechtsverwarnung vgl die Nachweise vor Rn 10/33.

I. Allgemeines

1. Normzweck und Interessenlage. Diese Vorschrift schützt Gewerbetreibende vor der Beeinträchtigung ihrer wirtschaftlichen Interessen durch die Behauptung oder Verbreitung unwahrer oder jedenfalls nicht erweislich wahrer Tatsachen **(Anschwärzung).** Gemeinsam mit § 4 Nr 7, der in erster Linie herabsetzende Werturteile verbietet, und dem Verbot herabsetzender Werbevergleiche (§ 6 II 4, 5) dient die Vorschrift in erster Linie dem **Individualinteresse** Gewerbetreibender am **Schutz ihres guten Geschäftsrufs (Goodwill).** Hingegen wird das Verbraucherinteresse an zutreffender Information durch § 5 geschützt (s Rn 8/6). Die Vorschrift ist im Licht des Art 5 I GG auszulegen, der Tatsachenbehauptungen jedenfalls dann schützt, wenn sie Voraussetzung für die Bildung von Meinungen sind (BVerfGE 94, 1, 7; 61, 1, 8f; 65, 1, 41). Allerdings fällt die Behauptung unwahrer Tatsachen aus dem Schutzbereich der Meinungsfreiheit heraus (BVerfGE 54, 208, 219; 90, 241, 249ff; 99, 185, 197). Daher kommt regelmäßig der Interessenabwägung zwischen Ehrenschutz und Äußerungsfreiheit geringere Bedeutung zu als im Rahmen des § 4 Nr 7. Allerdings wirken sich die Wertungen des Art 5 I, III GG auf die Abgrenzung zwischen Tatsachenbehauptung und Werturteil ebenso aus wie auf die Frage, ob eine geschäftliche Handlung vorliegt (MüKo/*Brammsen/Doehner* § 4 Nr 8 Rn 10).

8/1

2. Entstehungsgeschichte. Die Formulierung der Norm entspricht weitgehend § 14 UWG 1909 (Beg RegE UWG 2004 BT-Drucks 15/1487 S 18; Fezer/*Nordemann* § 4–8 Rn 8ff; ausf zur Entstehungsgeschichte GK/*Toussaint* § 4 Nr 8 Rn 1ff). Während aber § 14 aF die Anspruchsberechtigung auf den betroffenen Gewerbetreibenden beschränkte und einen verschuldensunabhängigen Schadensersatzanspruch vorsah, wurde die Anschwärzung in § 4 Nr 7 in den Katalog der Beispiele unlauteren Wettbewerbs iSd § 3 eingeordnet. Daher gelten die allgemeinen Vorschriften über die Rechtsfolgen von Wettbewerbsverstößen (§§ 8ff), wobei allerdings § 8 III für diesen Fall einzuschränken ist (Rn 8/18).

8/2

3. Unionsrechtliche Vorgaben. Abgesehen von herabsetzenden Äußerungen im Rahmen der vergleichenden Werbung (s § 6 Rn 65ff) besteht kein unionsrechtliches Verbot der Anschwärzung (s aber Art 10bis III Nr 2 PVÜ). Die **Richtlinie über unlautere Geschäftspraktiken (UGP-RL)** dient nur dem Verbraucherschutz, verbietet die Herabsetzung von Mitbewerbern also nicht unmittelbar. Sofern die unwahre Tatsachenbehauptung allerdings zugleich Verbraucher irreführt oder deren Entscheidungsfreiheit beeinträchtigt, ist der Anwendungsbereich der Richtlinie eröffnet. Die §§ 5, 5a kommen in richtlinienkonformer Auslegung neben § 4 Nr 8 zur Anwendung. Da in diesem Fall durch die unwahre Behauptung nicht lediglich die wirtschaftlichen Interessen der Mitbewerber, sondern auch Verbraucherinteressen betroffen sind, spricht einiges dafür, dass der Grundsatz der Vollharmonisierung eingreift, so dass auch § 4 Nr 8 richtlinienkonform auszulegen ist (EuGH GRUR 11, 76 Rn 21 – *Mediaprint; Köhler* WRP 12, 638, 645; aA Götting/Nordemann/*Späth* § 4 Rn 8.5f). Als nicht erweislich wahre Tatsachenbehauptungen sind dementsprechend auch objektiv zutreffende, aber irreführende Angaben anzusehen, was schon der bisherigen Rspr zu § 4 Nr 8 entspricht (s Rn 8/16). Allerdings ist ungeklärt, ob der betroffene Unternehmer die Behauptung nicht erweislich wahrer Tatsachen auch dann

8/3

verbieten kann, wenn sie ausnahmsweise nicht geeignet ist, das Entscheidungsverhalten der Verbraucher zu beeinflussen. Die Beweislastumkehr des § 4 Nr 8 ist von Art 12 UGP-RL gedeckt.

8/4 **4. Verhältnis zu anderen Vorschriften. a) § 4 Nr 7.** § 4 Nr 7 betrifft in erster Linie Wertungen (zur Abgrenzung s Rn 8/12), daneben auch die Behauptung wahrer Tatsachen, während § 4 Nr 8 nur die Behauptung unwahrer oder jedenfalls nicht erweislich wahrer Tatsachen verbietet. Wird ein Werturteil auf tatsächlicher Basis abgegeben, so ist die Tatsachenbehauptung nach Nr 8, die Wertung nach Nr 7 zu beurteilen (Rn 8/12).

8/5 **b) § 4 Nr 10.** Die Herabsetzung eines Mitbewerbers ist ein Spezialfall der gezielten Behinderung (BGH GRUR 09, 1186 Rn 25 – *Mecklenburger Obstbrände; Emmerich* UWG § 9 Rn 1; *Köhler* GRUR 07, 548, 553; MüKo/*Brammsen/Doehner* § 4 Nr 8 Rn 14). Daher verdrängt § 4 Nr 8 als speziellere Norm die Vorschrift des § 4 Nr 10, eine parallele Anwendung zwar entbehrlich, aber auch unschädlich, insofern gilt dasselbe wie unter § 4 Nr 7 (s Rn 7/4). Ein Überschneidungsbereich besteht bei der Beurteilung der unberechtigten Schutzrechtsverwarnung (Rn 8/13).

8/6 **c) § 5.** Der Schwerpunkt des § 5 liegt auf der Beurteilung irreführender Angaben des Werbenden über sein eigenes Angebot, während § 4 Nr 8 Äußerungen über einen Mitbewerber oder seine Produkte betrifft. Allerdings ist in diesem Fall regelmäßig auch der Tatbestand des § 5 erfüllt. Zwar gilt unter § 5 nicht die Beweislastumkehr des § 4 Nr 8, andererseits besteht unter § 5 keine Einschränkung der Anspruchsberechtigung auf den Mitbewerber. Da beide Vorschriften unterschiedliche Voraussetzungen aufweisen, sind sie nebeneinander anwendbar (*Köhler*/Bornkamm § 4 Rn 8.8; aA Harte/Henning/*Bruhn* § 4 Nr 8 Rn 8). Zu den Auswirkungen der Richtlinie über unlautere Geschäftspraktiken s Rn 8/3.

8/7 **d) § 6 II Nr 5.** Die Tatbestände der Anschwärzung und der herabsetzenden vergleichenden Werbung (§ 6 II Nr 5) überschneiden sich teilweise. Dennoch wird § 4 Nr 8 auch im Anwendungsbereich des § 6 nicht verdrängt, da es sich bei der Anschwärzung immer um die Behauptung unwahrer oder nicht erweislich wahrer Tatsachen handelt. Das Verbot der Anschwärzung fällt also unter das Verbot der irreführenden vergleichenden Werbung in Art 4 lit a WerbeRL (s § 6 Rn 8, 18), die Beweislastumkehr ist durch Art 7 der Richtlinie gedeckt. Beide Vorschriften sind nebeneinander anwendbar (BGH GRUR 02, 633, 635 – *Hormonersatztherapie; Köhler*/Bornkamm § 6 Rn 29; *Sack* GRUR 04, 89, 93). Während § 6 II Nr 5 auch wahre Tatsachenbehauptungen oder Werturteile erfassen kann (vgl § 6 Rn 65) und nicht den Nachweis einer Schädigungseignung erfordert, bietet die Beweislastumkehr in § 4 Nr 8 dem Kläger Vorteile.

8/8 **e) §§ 823 ff BGB.** Die Formulierung des § 4 Nr 8 entspricht teilweise derjenigen des § 824 BGB, der jedoch keine Beweislastumkehr vorsieht. Der Anspruch aus § 824 BGB setzt keine geschäftliche Handlung voraus und ist daher insbesondere bei falschen Tatsachenbehauptungen in den Medien von Bedeutung. Im Übrigen kommen Schadensersatzansprüche aus § 823 I unter dem Gesichtspunkt der Verletzung des Rechts am eingerichteten und ausgeübten Gewerbebetrieb oder der Persönlichkeitsrechte und Ansprüche aus §§ 823 II iVm §§ 185 ff StGB (insb §§ 186, 187 StGB) sowie aus § 826 BGB in Betracht. Abwehransprüche ergeben sich aus § 1004 BGB in analoger Anwendung. Stellt die Äußerung eine geschäftliche Handlung (§ 2 Nr 1) dar, so sind §§ 4 Nr 8; 3 und §§ 823 ff BGB nebeneinander anwendbar, lediglich der Schutz des eingerichteten und ausgeübten Gewerbebetriebs tritt gegenüber den lauterkeitsrechtlichen Ansprüchen zurück (s EinfD Rn 60). Soweit demnach bürgerlich-rechtliche Ansprüche bestehen, richtet sich ihre Verjährung nach § 195 BGB (BGH GRUR 62, 310,

Anschwärzung **§ 4.8 UWG**

314 – *Gründerbildnis; Köhler*/Bornkamm § 4 Rn 8.9; Harte/Henning/*Bruhn* § 4 Nr 8 Rn 6).

II. Voraussetzungen

1. Voraussetzungen des § 3 I. § 4 Nr 8 benennt ein Beispiel einer unlauteren 8/9 geschäftlichen Handlung iSd § 3 I. Ein Anspruch aus §§ 3; 4 Nr 8 besteht daher nur, wenn die übrigen Voraussetzungen der Generalklausel erfüllt sind. **(1)** Es muss eine **geschäftliche Handlung** vorliegen, auf die Kommentierung des § 2 I Nr 1 kann insoweit verwiesen werden. Vor allem ist zu beachten, dass redaktionelle Beiträge in den **Medien** wegen des Presse- und Rundfunkprivilegs gem Art 5 I GG grundsätzlich nicht als geschäftliche Handlungen gelten (BGH GRUR 95, 270, 272 – *Dubioses Geschäftsgebaren;* BGH GRUR 02, 987, 993 – *Wir Schuldenmacher; Köhler*/Bornkamm § 4 Rn 8.11; aA Götting/Nordemann/*Späth* § 4 Rn 8.17f; s a § 2 Rn 39). Unwahre Tatsachenbehauptungen über Gewerbetreibende in Presse, Rundfunk und Fernsehen fallen daher weitgehend aus dem Anwendungsbereich des § 4 Nr 8 heraus und sind nach §§ 823 ff BGB zu beurteilen. Negative Äußerungen enttäuschter Kunden im Internet fallen nicht unter § 4 Nr 8, doch handelt ein Unternehmer, der ein Bewertungsportal im Rahmen seiner geschäftlichen Tätigkeit betreibt, geschäftlich (näher zur Haftung von Portalbetreibern Rn 8/14a). **(2)** Die Herabsetzung muss geeignet sein, die Interessen von Mitbewerbern, Verbrauchern oder sonstigen Marktteilnehmern spürbar zu beeinträchtigen. Allerdings werden die Interessen des Mitbewerbers durch die Behauptung oder Verbreitung unwahrer Tatsachen regelmäßig so schwerwiegend betroffen, dass der **Spürbarkeitsschwelle** im Rahmen des § 4 Nr 8 kaum selbstständige Bedeutung zukommt (vgl *Köhler* GRUR 05, 1, 7; Fezer/*Nordemann* § 4–8 Rn 53).

2. Mitbewerber. Mitbewerber ist, wer zum Handelnden in einem konkreten 8/10 Wettbewerbsverhältnis steht (§ 2 I Nr 3). Der Mitbewerber muss unmittelbar oder zumindest mittelbar identifiziert werden können (*Köhler*/Bornkamm § 4 Rn 8.12), insoweit gilt dasselbe wie unter § 4 Nr 7 (s dort Rn 7/10) und § 6 I (s dort Rn 33). Insbesondere fallen Tatsachenbehauptungen über sämtliche Mitbewerber, wie sie vor allem im Rahmen allgemein gehaltener Werbevergleiche vorkommen, nur dann unter § 4 Nr 8, wenn die Adressaten die Äußerung wegen besonderer Umstände des Falls auf individuelle Mitbewerber beziehen (vgl Fezer/*Nordemann* § 4–8 Rn 25). Betrifft die Tatsache die Produkte eines Mitbewerbers, so ist es nicht erforderlich, dass die Adressaten der Äußerung das Herstellerunternehmen genau identifizieren können. Es muss lediglich erkennbar sein, dass sich die Äußerung auf Produkte konkreter Hersteller bezieht. Anspruchsberechtigt ist derjenige Unternehmer, dem das Produkt im Geschäftsleben zugeordnet wird (BGH GRUR 89, 222, 224 – *Filmbesprechung*). Das kann anstelle des Herstellers der Importeur oder der Inhaber eines Alleinvertriebsrechts im Inland sein (vgl BGH aaO). Betreiber von Internet-Bewertungsplattformen stehen auch dann nicht im Wettbewerb zu den bewerteten Unternehmen, wenn die betreffenden Produkte oder Dienstleistungen auch über das Portal bezogen werden können (aA KG WRP 13, 1242, 1243). Ähnlich wie Verkäufer in einem Geschäft, das Produkte verschiedener Hersteller führt, tritt das Portal den Nutzern als neutrale Instanz gegenüber, bezieht sogar aus der Neutralität seinen Informationswert (s § 6 Rn 75).

3. Waren, Dienstleistungen, Unternehmen, Unternehmensleitung. Die 8/11 behaupteten Tatsachen müssen sich auf den Mitbewerber selbst oder auf seine Produkte beziehen. Bezugspunkt der Äußerung können damit zunächst das Unternehmen oder der Unternehmer selbst sein. Zur Unternehmensleitung gehören die Personen, die nach Gesetz oder Satzung zu ihrer Vertretung berufen sind, etwa Vorstandmitglieder einer AG, Geschäftsführer einer GmbH oder geschäftsführende Gesellschafter bei Personengesellschaften (*Köhler*/Bornkamm § 4 Rn 8.17). Äußerungen über die übrigen Mitarbeiter eines Konkurrenzunternehmens oder über den Aufsichtsrat werden davon nicht erfasst, sie werden aber häufig mittelbar auch als Äußerungen über das Unternehmen anzusehen sein. Zum Begriff der Waren und Dienstleistungen s § 4 Nr 7 Rn 7/11. Anders als in § 4 Nr 7 nicht erwähnt werden Kennzeichen eines Konkurrenzunternehmens. Allerdings sind falsche Tatsachenbehauptungen über Kennzeichen praktisch kaum denkbar. Liegen sie ausnahmsweise vor, so handelt es sich meist zugleich um Äußerungen über das Unternehmen selbst. Wer etwa unzutreffend behauptet, ein Konkurrent werbe mit einer eingetragenen Marke, die er aber in Wirklichkeit niemals angemeldet habe, behauptet damit gleichzeitig einen Umstand, der das Unternehmen in schlechtem Licht erscheinen lässt.

8/12 **4. Behaupten oder Verbreiten einer Tatsache. a) Tatsache. aa) Grundsatz.** Die Abgrenzung der Tatsache vom Werturteil ist von weichenstellender Bedeutung (BVerfG WRP 03, 69, 70 – *JUVE-Handbuch*), sowohl aus verfassungs- als auch aus lauterkeitsrechtlicher Sicht. Werturteile genießen in vollem Maße den Schutz des Art 5 I GG, während bewusst unwahre Tatsachenäußerungen nicht von der Meinungsfreiheit gedeckt werden (BVerfG aaO und NJW 80, 2072, 2073). Im Lauterkeitsrecht erfasst § 4 Nr 8 Tatsachenbehauptungen, § 4 Nr 7 hingegen Werturteile. Die Unterscheidung ist theoretisch klar, praktisch aber häufig schwierig. Eine **Tatsache ist dem Beweis zugänglich** (BGH GRUR 97, 396, 398 – *Polizeichef*; BGH GRUR 09, 1186 Rn 15 – *Mecklenburger Obstbrände*; OLG Hamm GRUR-RR 07, 282, 283 – *Google-Spamfilter*) und lässt sich in die Kategorien „wahr" und „unwahr" einteilen (Harte/Henning/*Bruhn* § 4 Nr 7 Rn 16). Ein **Werturteil** hingegen ist durch **Elemente der Stellungnahme und des Dafürhaltens geprägt** (BVerfG 92, 1439, 1440; BVerfG WRP 03, 69, 70 – *JUVE-Handbuch*; *Gomille* S 21 ff) und kann nur „vertretbar" oder „unvertretbar" sein. Entscheidend ist das Verständnis der angesprochenen Verkehrskreise, nicht die Auffassung des Äußernden (BGH NJW 97, 2225, 2226; BGH GRUR 88, 402, 403 – *Mit Verlogenheit zum Geld;* OLG Stuttgart NJWE-WettbR 97, 271; *Köhler*/Bornkamm § 4 Rn 8.13; MüKo/Brammsen/Doehner § 4 Nr 8 Rn 35). Häufig besteht eine Äußerung aus einer tatsächlichen Grundlage und einer darauf aufbauenden Wertung. In diesem Fall ist die **Zulässigkeit der Tatsachenbehauptung nach § 4 Nr 8, diejenige der Wertung hingegen nach § 4 Nr 7 zu beurteilen** (*Köhler*/Bornkamm aaO; Fezer/Nordemann § 4–8 Rn 42; *Gomille* S 46). Soweit die Rechtsprechung bisweilen auf den Schwerpunkt der Aussage abgestellt hat (so etwa BGH WRP 02, 447, 448; OLG Stuttgart NJWE-WettbR 97, 271), lässt sich dieser Ansatz angesichts der klaren Unterscheidung zwischen Nr 7 und Nr 8 im Lauterkeitsrecht nur aufrechterhalten, wenn eine Trennung zwischen Tatsachenkern und Wertung ausnahmsweise unmöglich ist (*Köhler*/Bornkamm aaO; vgl auch, zu § 824 BGB, BGHZ 166, 84, Rn 70 – *Kirch/Deutsche Bank, Breuer*). So ist bei einem Plagiatsvorwurf der Hinweis auf die Nachahmung Tatsachenbehauptung, das Verdikt der Unlauterkeit hingegen Wertung (undifferenziert für Annahme einer Tatsachenbehauptung aber OLG Stuttgart NJWE-WettbR 97, 271; vgl auch BGH GRUR 60, 500, 503 – *Plagiatsvorwurf I;* BGH GRUR 92, 527, 529 – *Plagiatsvorwurf II*). Die Behauptung, einem Lehrer fehle die notwendige Erfahrung, kann die Tatsachenbehauptung enthalten, es gebe eine staatlich anerkannte Ausbildung für die betreffende Tätigkeit und der Lehrer habe sie nicht absolviert (BGH GRUR 03, 436, 438 – *Feldenkrais*). Die Kennzeichnung von Internet-Seiten als „Spam" ist Tatsachenbehauptung, sofern damit behauptet wird, der Betreiber habe Suchmaschinen manipuliert (OLG Hamm GRUR-RR 07, 282, 283 f – *Google-Spamfilter*), hingegen Wertung, wenn damit ein Verstoß gegen lauterkeitsrechtliche Vorschriften (zB § 4 Nr 3, Nr 10 oder § 7 II Nr 3) behauptet wird.

8/13 **bb) Einzelfragen.** Eine **rechtliche Subsumtion** ist grundsätzlich keine Tatsachenbehauptung, sondern eine Wertung, da sie nicht der Beweiserhebung zugänglich ist und nicht in die Kategorien „wahr" und „unwahr" eingeteilt werden, sondern nur

Anschwärzung **§ 4.8 UWG**

als "vertretbar" oder "unvertretbar" angesehen werden kann. Dieses begriffliche Argument lässt sich durch die teleologische Erwägung untermauern, dass die für den Äußernden sehr strikte Beweislastumkehr des § 4 Nr 8 für den Vorwurf rechtswidrigen Verhaltens regelmäßig unangemessen ist. Hingegen fällt die Behauptung von Tatsachen, die unter das Gesetz subsumiert werden, unter § 4 Nr 8. Das gilt insbesondere für den **Vorwurf rechtswidrigen oder unmoralischen Verhaltens:** Er ist hinsichtlich der Bewertung des tatsächlichen Verhaltens grundsätzlich nicht nach § 4 Nr 8 zu beurteilen (BGH WRP 02, 447; BGH WRP 09, 631, 633 – *Fraport-Manila-Skandal; Köhler*/Bornkamm § 4 Rn 8.16; Harte/Henning/*Bruhn* § 4 Nr 7 Rn 17). **Beispiele:** Die Vernichtung von 500 Mio US-Dollar in einem gescheiterten Flughafenprojekt ist Tatsachenbehauptung, der darauf gestützte Vorwurf der Korruption ist Wertung (BGH WRP 09, 631, 633 – *Fraport-Manila-Skandal*). Die Angabe, ein Unternehmer habe ohne die erforderlichen Papiere mit Fellen gehandelt, ist Tatsachenbehauptung, die Folgerung, es liege ein Verstoß gegen das Washingtoner Artenschutz-Abkommen vor, ist Wertung (BGH GRUR 93, 409, 410 – *Illegaler Fellhandel;* vgl auch BGH GRUR 82, 631, 632 – *Klinikdirektoren;* BGH GRUR 93, 412, 413 – *Ketten-Mafia*). Die Angabe, einem Mitarbeiter sei außerordentlich gekündigt worden, ist eine nach § 4 Nr 8 zu beurteilende Tatsachenbehauptung, die Frage, ob ein entsprechender Kündigungsgrund vorlag, ist eine Wertung (ohne Differenzierung OLG Köln WRP 13, 938, 939 – *sofortige Kündigung*). Ob ein Anwalt Erfolgshonorare vereinbart hat, ist Tatsachenfrage, die berufsrechtliche Beurteilung ist Wertung (OLG Köln GRUR-RR 11, 325, 327 – *Abmahnende Anwälte*). Nimmt die Äußerung auf die Entscheidungen von Gerichten oder Verwaltungsbehörden Bezug, so ist zu unterscheiden: Dass überhaupt entschieden wurde und zu wessen Gunsten die Entscheidung ausgefallen ist, ist eine Tatsache (Beispiele: Verurteilung eines Unternehmers wegen Betrugs, Erteilung eines Patents), die Auslegung der Entscheidung hingegen ist Wertung. Das gilt auch für die **unberechtigte Schutzrechtsverwarnung** (näher hierzu § 4 Rn 10/33): § 4 Nr 8 scheitert bei der Herstellerverwarnung schon an der fehlenden Drittbezogenheit, kommt aber auch bei der Abnehmerverwarnung nur zur Anwendung, sofern die Verwarnung Tatsachenbehauptungen enthält, beispielsweise die unzutreffende Behauptung einer Schutzrechtserteilung (*Ullmann* GRUR 01, 1027, 1030; *Köhler*/Bornkamm § 4 Rn 10.178). Fehler bei der Subsumtion unter die Gesetze zum Schutz des geistigen Eigentums sind hingegen keine Tatsachenbehauptungen, sondern Wertungen. § 4 Nr 8 greift in diesem Fall nicht ein, zumal die Beweislastumkehr in dieser Situation unangemessen wäre (*Ullmann, Köhler* aaO; *Teplitzky* GRUR 05, 9, 13; aA ÖstOGH GRUR Int 00, 558, 559 f – *Abnehmerverwarnung; Emmerich* UWG § 9 Rn 18; *Wagner*/Thole NJW 05, 3470, 3471; unklar insoweit BGH GRUR 06, 433 Rn 16 – *Unbegründete Abnehmerverwarnung*). **Wissenschaftliche Äußerungen, Äußerungen von Sachverständigen und neutrale Warentests** sind regelmäßig keine geschäftlichen Handlungen iSd § 2 I Nr 1 (s § 2 Rn 42). Etwas anderes gilt, wenn die Äußerung ausnahmsweise der Auseinandersetzung mit einem Mitbewerber dient (vgl BGH GRUR 02, 633, 635 – *Hormonersatztherapie; Köhler*/Bornkamm § 4 Rn 8.15; GK/*Toussaint* § 4 Nr 8 Rn 30). In diesem Fall ist zwischen der tatsächlichen Bestandsaufnahme (Beispiel: Ergebnisse einer chemischen Versuchsreihe oder eines Crash-Tests) und dem Werturteil (Beispiel: Warnung vor einem gefährlichen Produkt) zu unterscheiden (BGH GRUR 78, 258, 259 – *Schriftsachverständiger;* Harte/Henning/*Bruhn* § 4 Nr 8 Rn 21). Eine Tatsachenbehauptung kann allerdings auch in der unzutreffenden Angabe liegen, es sei überhaupt eine sachkundige und methodisch vertretbare Untersuchung durchgeführt worden (vgl BGH aaO).

b) Behaupten oder Verbreiten. Eine Tatsache behauptet, wer sie selbst als wahr 8/14 hinstellt. Wer eine fremde Tatsachenbehauptung weitergibt, verbreitet die Tatsache, wenn er sie sich zueigen macht, etwa indem er sie in eine eigene Äußerung aufnimmt, indem er zu erkennen gibt, dass die betreffenden Vorwürfe berechtigt sein könnten, oder indem er die Ansicht nach inhaltlicher Prüfung und redaktioneller Kontrolle verbreitet. Nicht ausreichend ist hingegen eine reine Dokumentation des Meinungsstandes, in der Äußerungen und Stellungnahmen verschiedener Seiten gesammelt werden (GK/*Toussaint* § 4 Nr 8 Rn 58). Macht sich der Verbreiter die Ansicht nicht zueigen, so haftet er nur als Gehilfe (§ 830 II BGB) oder nach den Grundsätzen über die Verletzung von Verkehrspflichten (s § 8 Rn 120 ff). Seine Sorgfaltspflicht verletzt, wer ohne rechtfertigenden Grund und ausreichende Prüfung Dritten die Möglichkeit verschafft, den Inhalt eines Dokuments, das schädigende Äußerungen über einen Mitbewerber enthält, zur Kenntnis zu nehmen (so im Ergebnis, wenn auch auf der Grundlage der Haftung als unmittelbarer Täter, BGH GRUR 95, 427, 428 – *Schwarze Liste; Köhler*/Bornkamm § 4 Rn 8.17). Eine Andeutung oder das Äußern eines Verdachts können genügen (BGH GRUR 75, 89, 91 – *Brüning-Memoiren I; Köhler*/Bornkamm § 4 Rn 8.18; Fezer/*Nordemann* § 4–8 Rn 28).

8/14a Demnach haften **Telemedienanbieter**, beispielsweise **Betreiber von Internet-Bewertungsplattformen**, nur dann eine Behauptung zueigen machen (KG WRP 13, 1242, 1244; *Vonhoff* MMR 12, 571, 572; weitergehend – Freigabe ausreichend – LG Hamburg WRP 12, 94; *Köhler*/Bornkamm § 4 Rn 8.18). Entscheidend ist, ob der Betreiber den zurechenbaren Anschein erweckt, er identifiziere sich mit den Inhalten (so zum Urheberrecht BGH GRUR 10, 616 Rn 27 – *marions-koch buch.de*). Die bloße statistische Auswertung reicht hierfür noch nicht, weil es sich nach dem Gesamteindruck dennoch um individuelle Nutzerbewertungen handelt (aA *Gomille* S 257 ff). Im Gegenteil dokumentiert eine Bewertungsplattform das Meinungsspektrum. Gegen ein Zueigenmachen spricht, dass der Wert der Plattform mit ihrer Unparteilichkeit steht und fällt. Im Übrigen haftet der Betreiber regelmäßig nur für eine Verletzung von Verkehrspflichten nach den Grundsätzen der mittelbaren Verletzung (KG aaO, s hierzu § 8 Rn 135a, dort auch zur Privilegierung gem §§ 7–10 TMG), haftet also nicht automatisch für individuelle Bewertungen, die nicht erweislich wahr sind.

8/14b Behaupten und Verbreiten müssen gegenüber mindestens einem Dritten erfolgen (OLG Düsseldorf NJW-RR 97, 490, 491; *Köhler*/Bornkamm § 4 Rn 8.18). Das ist bei einer Weitergabe von Tatsachen innerhalb der Unternehmensleitung oder gegenüber dem Aufsichtsrat nicht der Fall (OLG Düsseldorf aaO). Die Weitergabe an Mitarbeiter soll hingegen nach verbreiteter Ansicht ausreichen (*Köhler*/Bornkamm aaO; Harte/Henning/*Bruhn* § 4 Nr 8 Rn 29; aA Fezer/*Nordemann* § 4–8 Rn 47). Allerdings wird es sich in diesem Fall dann um ein reines Betriebsinternum handeln, das nicht als geschäftliche Handlung anzusehen (§ 2 I Nr 1) ist, wenn die Mitteilung selbst noch nicht der Auseinandersetzung mit dem Mitbewerber dient, sondern im Vorfeld der eigentlichen Wettbewerbshandlung erfolgt (vgl auch § 4 Rn 7/13). Zudem werden in diesem Fall häufig die Voraussetzungen des HS 2 vorliegen, so dass die Beweislastumkehr nicht eingreift. Die Anzahl möglicher Adressaten ist unerheblich (Beispiel, OLG Hamburg NJW-RR 04, 199, 201: passwortgeschütztes Internet-Forum). Tatsachenbehauptungen im Rahmen gerichtlicher oder behördlicher Verfahren fallen grundsätzlich unter § 4 Nr 8 (aA *Brammsen/Apel* WRP 09, 1464, 1465), doch fehlt einer Klage auf Unterlassung der Behauptungen im Rahmen des betreffenden Verfahrens regelmäßig das Rechtsschutzbedürfnis (BGH GRUR 10, 235 Rn 14 – *Fischdosendeckel*, näher hierzu Rn 8/18).

8/15 **c) Schädigungseignung.** Die Behauptung oder Verbreitung der Tatsache muss geeignet sein, den Betrieb des Unternehmens oder den Kredit des Unternehmers zu schädigen. Geschützt ist also allein das wirtschaftliche Interesse, die persönliche Ehre wird durch § 823 I BGB unter dem Gesichtspunkt der Verletzung des allgemeinen Persönlichkeitsrechts und durch § 823 II iVm §§ 185 ff StGB (insb §§ 186, 187 StGB) geschützt. Ehrenrührigkeit der Tatsache ist nicht erforderlich, wohl aber eine Beeinträchtigung der wirtschaftlichen Wertschätzung (vgl BGH NJW 65, 36, 37; BGH GRUR

02, 633, 635 – *Hormonersatztherapie; Köhler*/Bornkamm § 4 Rn 8.19). Beispiele sind die Behauptung fehlender Bonität (BGH GRUR 95, 427, 428 – *Schwarze Liste*), fehlender Lieferfähigkeit (BGH GRUR 93, 572, 573 – *Fehlende Lieferfähigkeit*) oder von Nachteilen eines Arzneimittels (BGH GRUR 02, 633, 635 – *Hormonersatztherapie*). Maßgeblich ist dabei das Verständnis der angesprochenen Verkehrskreise, wobei vor allem zwischen Äußerungen gegenüber Fachkreisen einerseits und gegenüber der Allgemeinheit andererseits zu differenzieren ist (Fezer/*Nordemann* § 4–8 Rn 49).

5. Wahrheit. a) Nichterweislichkeit (1. Halbsatz). Abweichend von § 824 BGB obliegt es nicht dem Anspruchsteller, die Unwahrheit der Tatsache zu beweisen. Die besondere Bedeutung des § 4 Nr 8 besteht darin, dass die Vorschrift eine **Beweislastumkehr** anordnet: Der Äußernde muss darlegen und gegebenenfalls beweisen, dass die Behauptung wahr ist. Besteht die Behauptung in einer negativen Aussage (Beispiel: „Mitbewerber X ist nicht lieferfähig"), so können die Grundsätze über die Beweiserleichterung beim Beweis negativer Tatsachen anwendbar sein, wenn der Behauptende nach den gegebenen Umständen berechtigten Anlass hatte, seine Behauptung gerade in negativer Form zu formulieren (BGH GRUR 93, 572, 573f – *Fehlende Lieferfähigkeit*). In diesem Fall trifft den Anspruchsteller eine sekundäre Darlegungs- und Beweislast: Er kann sich nicht mit dem bloßen Bestreiten begnügen, sondern muss darlegen, welche tatsächlichen Umstände für das Vorliegen des Positiven sprechen. Der Beweispflichtige genügt dann der ihm obliegenden Beweispflicht, wenn er die gegnerische Tatsachenbehauptung widerlegt oder ernsthaft in Frage stellt. Unwahr kann eine Behauptung auch sein, wenn sie zwar objektiv zutrifft, von den Adressaten aber missverstanden wird (BGH GRUR 66, 452, 454 – *Luxemburger Wort*; Harte/Henning/*Bruhn* § 4 Nr 8 Rn 33, s a zur Bedeutung der UGP-RL Rn 8/3). Eine Behauptung über die Nichterfüllung von DIN-Normen ist nicht erweislich wahr, soweit sie nur auf der Prüfung einer Einzelpackung beruht, die betreffenden DIN-Normen aber auch mehrere Ausreißer gestatten (OLG Hamburg WRP 07, 443 – *Spielzeugautorennbahn*).

8/16

b) Vertrauliche Mitteilungen (2. Halbsatz). Die Beweislastumkehr des § 4 Nr 8 wird unter den kumulativ geltenden (BGH GRUR 92, 860, 861 – *Bauausschreibungen;* BGH GRUR 93, 572, 573 – *Fehlende Lieferfähigkeit*) Voraussetzungen wieder aufgehoben, dass es sich **(1)** um **vertrauliche Mitteilungen** handelt und **(2)** der Mitteilende oder der Empfänger der Mitteilung an ihr ein **berechtigtes Interesse** hat. In diesem Fall muss der **Anspruchsteller** die **Unwahrheit der Behauptung beweisen.** Eine Mitteilung ist vertraulich, wenn der Mitteilende davon ausgeht und den Umständen nach davon ausgehen kann, dass keine Weiterleitung an Dritte erfolgt (*Köhler*/Bornkamm § 4 Rn 8.22). Ein Indiz für die Vertraulichkeit kann darin bestehen, dass der Mitteilende den Empfänger ausdrücklich auf sie verpflichtet. Allerdings ist eine solche Verpflichtung weder erforderlich noch ausreichend (BGH GRUR 60, 135, 136 – *Druckaufträge; Köhler*/Bornkamm aaO), entscheidend sind vielmehr die Umstände des Einzelfalls. Je größer der Adressatenkreis und je weniger nachdrücklich der Hinweis auf die Vertraulichkeit, desto weniger ist Vertraulichkeit anzunehmen (*Köhler*/Bornkamm aaO; BGH GRUR 93, 572, 573 – *Fehlende Lieferfähigkeit*). Das berechtigte Interesse des Mitteilenden oder des Empfängers muss objektiv bestehen. Über den insoweit zu engen Wortlaut der Vorschrift hinaus genügt bei einer Mitteilung durch Mitarbeiter ein berechtigtes Interesse des Geschäftsinhabers (*Köhler*/Bornkamm § 4 Rn 8.27; nur auf den Betriebsinhaber stellen ab MüKo/*Brammsen/Doehner* § 4 Nr 8 Rn 71). Erforderlich ist eine Interessenabwägung, die sich am Verhältnismäßigkeitsgrundsatz orientiert (Hefermehl/*Köhler*/Bornkamm § 4 Rn 8.23; Harte/Henning/*Bruhn* § 4 Nr 8 Rn 43): Gerade die Mitteilung muss geeignet und erforderlich sein, das Interesse zu fördern. Allerdings darf dabei kein allzu strenger Maßstab angelegt werden, da es dem Anspruchsteller möglich bleibt, die Unwahrheit der Behauptung seinerseits zu beweisen (HK/*Kotthoff* § 4 Rn 370).

8/17

UWG § 4.9

III. Rechtsfolgen

8/18   **1. Unterlassung und Beseitigung.** Da § 4 Nr 8 auf § 3 I verweist (s Rn 8/9), ergeben sich die Rechtsfolgen eines Verstoßes aus §§ 8ff. Neben einem Unterlassungsanspruch kann ein Anspruch auf Beseitigung der falschen Behauptung in Form des Widerrufs bestehen (s § 8 Rn 68, 73f; *Brammsen/Apel* WRP 09, 1461, 1471), etwa bei einer Bezugnahme auf medial präsente Ereignisse (OLG Koblenz GRUR-Prax 12, 420). Weil in erster Linie individuelle Interessen des Mitbewerbers verletzt werden und ihm die Entscheidung über die Geltendmachung von Ansprüchen vorbehalten bleiben sollte, ist die Anspruchsberechtigung gegenüber § 8 III eingeschränkt. Hierfür spricht auch, dass § 4 Nr 8 nach der Intention des Gesetzgebers § 14 aF entsprechen soll, der eine solche Einschränkung vorsah. Anspruchsberechtigt sind daher nur die von der Herabsetzung betroffene Mitbewerber, nicht hingegen die übrigen Mitbewerber und die in § 8 III Nr 2–4 genannten Verbände (*Köhler*/Bornkamm § 4 Rn 8.24; *Brammsen/Apel* WRP 09, 1464, 1471; MüKo/*Brammsen/Doehner* § 4 Rn 60; aA Götting/Nordemann/*Späth* § 4 Rn 8.35; Harte/Henning/*Bruhn* § 4 Nr 8 Rn 10). Etwas anderes gilt, sofern ausnahmsweise auch Verbraucherinteressen betroffen sind (s Rn 8/3, 8/6). Die Wahrheit oder Unwahrheit der behaupteten Tatsache gehört unabhängig von der Beweislastverteilung des § 4 Nr 8 zu den anspruchsbegründenden Umständen iSd § 11 II Nr 2, von deren Kenntnis oder grob fahrlässiger Unkenntnis der Beginn der Verjährungsfrist abhängt (BGH GRUR 09, 1186 Rn 21 – *Mecklenburger Obstbrände*). Einer Klage auf Unterlassung oder Beseitigung von Äußerungen im Rahmen **gerichtlicher oder behördlicher Verfahren** fehlt das Rechtsschutzbedürfnis (s § 8 Rn 170).

8/19   **2. Schadensersatz.** Der Schadensersatzanspruch ergibt sich aus § 9 und setzt demnach grundsätzlich Verschulden voraus. Unklar ist allerdings, ob sich Vorsatz oder Fahrlässigkeit auch auf die Nichterweislichkeit der Tatsache beziehen müssen (so, allerdings mit Verschuldensvermutung, Harte/Henning/*Bruhn* § 4 Nr 8 Rn 38) oder ob der Äußernde insoweit auf eigenes Risiko handelt (so *Köhler*/Bornkamm § 4 Rn 8.26). Für letzteres sprechen die Absicht des Gesetzgebers, der insoweit keine Änderungen gegenüber § 14 aF beabsichtigte (Begr RegE UWG 2004 BT-Drucks 15/1487 S 18), und die Parallele zu § 186 StGB, dessen subjektiver Tatbestand sich bei entsprechender Formulierung ebenfalls nicht auf die Erweislichkeit der Tatsache zu erstrecken braucht (Schönke/Schröder/*Lenckner/Eisele* StGB § 186 Rn 11). Für den Ausgleich immaterieller Schäden und die dreifache Schadensberechnung gilt dasselbe wie unter § 4 Nr 7 (s dort Rn 21).

Unlautere Nachahmung

§ 4   **Beispiele unlauterer geschäftlicher Handlungen**

Unlauter handelt insbesondere, wer

...

9. Waren oder Dienstleistungen anbietet, die eine Nachahmung der Waren oder Dienstleistungen eines Mitbewerbers sind, wenn er
   a) eine vermeidbare Täuschung der Abnehmer über die betriebliche Herkunft herbeiführt,
   b) die Wertschätzung der nachgeahmten Ware oder Dienstleistung unangemessen ausnutzt oder beeinträchtigt oder
   c) die für die Nachahmung erforderlichen Kenntnisse oder Unterlagen unredlich erlangt hat;

...

Unlautere Nachahmung §4.9 UWG

Inhaltsübersicht

	Rn
A. Allgemeines	9/1
I. Normzweck	9/1
1. Regelungsgegenstand	9/1
2. Nachahmungsfreiheit und Unlauterkeit	9/2
a) Der Grundsatz der Nachahmungsfreiheit	9/2
b) Unlauterkeit der Nachahmung	9/3
3. Geschützte Interessen	9/4
II. Entstehungsgeschichte	9/5
III. Unionsrechtliche Vorgaben	9/7
1. Überblick	9/7
2. Grundfreiheiten	9/8
3. Sekundärrecht	9/9
a) Geistiges Eigentum	9/9
b) UGP-Richtlinie	9/10
c) Werberichtlinie	9/11
IV. Verhältnis zu anderen Vorschriften	9/12
1. Geistiges Eigentum: Abgrenzung	9/12
a) Problematik	9/12
b) Rechtsprechung	9/13
c) Literatur	9/14
d) Stellungnahme	9/15
2. Geistiges Eigentum: Einzelne Schutzrechte	9/16
a) Technische Schutzrechte	9/16
b) Urheberrecht und verwandte Schutzrechte	9/17
c) Designrecht	9/18
d) Kennzeichenrecht	9/19
3. UWG	9/20
a) Ziff 13 Anh zu § 3 III	9/20
b) § 4 Nr 10	9/21
c) § 5	9/22
d) § 6	9/23
e) §§ 17, 18	9/24
B. Voraussetzungen	9/25
I. Grundlagen	9/25
1. Systematik der Voraussetzungen	9/25
2. Wechselwirkung	9/26
II. Waren oder Dienstleistungen eines Mitbewerbers	9/27
1. Waren oder Dienstleistungen	9/27
a) Waren	9/27
b) Dienstleistungen	9/28
c) Unerhebliche Umstände	9/29
d) Kein Ideenschutz	9/30
2. Eines Mitbewerbers	9/31
III. Wettbewerbliche Eigenart	9/32
1. Begriff, Bedeutung und Bewertung	9/32
a) Begriff und Bedeutung	9/32
b) Kritik	9/33
2. Entstehung und Erlöschen	9/34
a) Entstehung	9/34
b) Erlöschen	9/35
3. Kriterien	9/36

			Rn
	a)	Abgrenzung von immaterialgüterrechtlichen Schutzvoraussetzungen	9/36
	b)	Herkunftshinweis nach hM nicht erforderlich	9/37
	c)	Kombinationen von Gestaltungsmerkmalen oder Produkten	9/38
	d)	Übernahme von Teilen	9/39
4.		Erscheinungsformen	9/40
	a)	Äußere Gestaltung	9/40
	b)	Technische Merkmale	9/41
	c)	Kennzeichen	9/42
	d)	Datenbanken	9/43
5.		Feststellung	9/44

IV. Angebot nachgeahmter Produkte ... 9/45
   1. Nachahmung ... 9/45
      a) Abgrenzung ... 9/45
      b) Subjektive Elemente? ... 9/46
      c) Stufenleiter der Nachahmungen ... 9/47
         aa) Bedeutung ... 9/47
         bb) Unmittelbare Übernahme und fast identische Nachbildung ... 9/48
         cc) Nachschaffende Übernahme ... 9/49
   2. Angebot ... 9/50

V. Unlauterkeitsmerkmale ... 9/51
   1. Überblick ... 9/51
   2. Vermeidbare Herkunftstäuschung (§ 4 Nr 9a) ... 9/52
      a) Ausgangspunkt ... 9/52
      b) Arten der Herkunftstäuschung ... 9/53
      c) Kriterien ... 9/54
         aa) Maßgebliche Verkehrsauffassung ... 9/54
         bb) Zeitpunkt ... 9/55
         cc) Gewisse Bekanntheit ... 9/56
         dd) Gesamteindruck ... 9/57
         ee) Umfassende Würdigung des Einzelfalls ... 9/58
         ff) Sonstige Gesichtspunkte ... 9/59
      d) Vermeidbarkeit ... 9/60
         aa) Grundsatz ... 9/60
         bb) Ausreichen einer Herstellerkennzeichnung ... 9/61
         cc) Änderung technischer Merkmale ... 9/62
         dd) Kompatible Produkte ... 9/63
   3. Rufausbeutung und -schädigung (§ 4 Nr 9b) ... 9/64
      a) Allgemeines ... 9/64
         aa) Voraussetzungen ... 9/64
         bb) Schutzzweck ... 9/65
      b) Wertschätzung ... 9/66
      c) Unangemessene Ausnutzung ... 9/67
         aa) Ausnutzung ... 9/67
         bb) Unangemessenheit ... 9/68
         cc) Beispiele ... 9/69
      d) Rufschädigung ... 9/70
   4. Unredliche Erlangung von Kenntnissen (§ 4 Nr 9c) ... 9/71
      a) Schutzzweck ... 9/71
      b) Voraussetzungen ... 9/72
         aa) Erforderliche Kenntnisse und Unterlagen ... 9/72

				bb) Unredlich erlangt	9/73
		5.	\multicolumn{2}{l}{Weitere Unlauterkeitsmerkmale}	9/74
			a)	Behinderung	9/74
			b)	Einschieben in eine fremde Serie	9/75
			c)	Saisonschutz von Modeneuheiten	9/76
		6.	\multicolumn{2}{l}{Unmittelbarer Nachahmungsschutz?}	9/77
			a)	Entwicklung	9/77
			b)	Meinungsstand und Stellungnahme	9/78
			c)	Kriterien	9/79
			d)	Insbesondere: Sportübertragungsrechte	9/80

(Darstellung als Gliederung:)

  bb) Unredlich erlangt 9/73
  5. Weitere Unlauterkeitsmerkmale 9/74
    a) Behinderung 9/74
    b) Einschieben in eine fremde Serie 9/75
    c) Saisonschutz von Modeneuheiten 9/76
  6. Unmittelbarer Nachahmungsschutz? 9/77
    a) Entwicklung 9/77
    b) Meinungsstand und Stellungnahme 9/78
    c) Kriterien 9/79
    d) Insbesondere: Sportübertragungsrechte 9/80
 VI. Schutzdauer 9/81
  1. Grundsatz 9/81
  2. Sonderfälle: Rufausnutzung und unmittelbarer Leistungs-
     schutz............................... 9/82
C. Rechtsfolgen 9/83
 I. Abwehransprüche........................... 9/83
  1. Gläubiger und Schuldner 9/83
    a) Gläubiger 9/83
      aa) Hersteller, Lizenznehmer 9/83
      bb) Sonstige Mitbewerber, Verbände 9/84
    b) Schuldner 9/85
  2. Anspruchsinhalt 9/86
    a) Unterlassungsanspruch 9/86
    b) Beseitigungsanspruch 9/87
 II. Schadensersatzanspruch 9/88
III. Bereicherungsanspruch 9/89
IV. Prozessuale Fragen 9/90
  1. Klageantrag 9/90
    a) Streitgegenstand 9/90
    b) Bestimmtheit......................... 9/91
  2. Beweislast 9/92

Literatur: *Abel,* Zur Drittwirkung der Anlehnungswerbung auf nichttechnische gewerbliche Schutzrechte, WRP 2006, 510; *Aigner/Müller-Broich,* Der Schutz von Prestige-Produkten gem. § 4 Nr 9b) UWG, WRP 2008, 438; *Assaf,* Image in der Werbung, 2007; *Bärenfänger,* Das Spannungsfeld von Lauterkeitsrecht und Markenrecht unter dem neuen UWG, 2010; *ders,* Symbiotische Theorie zum Kennzeichen- und Lauterkeitsrecht, WRP 2011, 16 und 160; *Bartenbach/Fock,* Das neue nicht eingetragene Geschmacksmuster – Ende des ergänzenden wettbewerbsrechtlichen Leistungsschutzes im Geschmacksmusterrecht oder dessen Verstärkung?, WRP 2002, 1119; *Beater,* Nachahmen im Wettbewerb, 1995; *Beyerlein,* Ergänzender Leistungsschutz gemäß § 4 Nr 9 UWG als „geistiges Eigentum" nach der Enforcement-Richtlinie (2004/48/EG)?, WRP 2005, 1354; *Bornkamm,* Markenrecht und wettbewerbsrechtlicher Kennzeichenschutz, GRUR 2005, 97; *ders,* Kennzeichenrecht und Irreführungsverbot – Zur wettbewerbsrechtlichen Beurteilung der irreführenden Kennzeichenbenutzung, FS Mühlendahl, 2006, 9; *ders,* Der lauterkeitsrechtliche Schutz vor Verwechslungen: Ein Kuckucksei im Nest des UWG?, FS Loschelder, 2010, 31; *ders,* Die Schnittstelle zwischen gewerblichem Rechtsschutz und UWG, GRUR 2011, 1; *Böxler,* Der Vorrang des Markenrechts, ZGE 2009, 357; *Bunnenberg,* Das Markenrecht als abschließendes Regelungssystem?, MarkenR 2008, 148; *Büscher,* Schnittstellen zwischen Markenrecht und Wettbewerbsrecht, GRUR 2009, 230; *Erdmann,* Die zeitliche Begrenzung des ergänzenden wettbewerbsrechtlichen Leistungsschutzes, FS Vieregge, 1995, 197; *Fezer,* Normenkonkurrenz zwischen Kennzeichenrecht und Lauterkeitsrecht, WRP 2008, 1; *ders,* Imitationsmarketing als irreführende Produktvermarktung, GRUR 2009, 451; *ders,* Immaterialgüterrechtlicher und lauterkeitsrechtlicher Veranstaltungsschutz, WRP 2012, 1173, 1321; *Fiebig,* Wohin mit dem Lookalike?, WRP 2007, 1316; *Frank/Wehner,* Design von Tablet Computern – Klonkriege oder die dunkle Seite der Macht?, CR 2012, 209; *Götting,* Ergänzender wettbewerbsrechtlicher Leistungsschutz – Ein Überblick, Mitt 2005, 15; *ders/Hetmank,* Unmittelbare Leistungsübernahme durch Mitarbeiterabwerbung, WRP 2013, 421; *Gottschalk,* Der Schutz des Designs nach deutschem und europäischem Recht, 2005; *Heermann,* Ambush Marketing durch Gewinnspiele?, WRP 2012, 1035; ders, Ergänzender wettbewerbsrechtlicher Leistungsschutz iS von § 4 Nr 9 UWG zu Gunsten von Sportveranstaltern?, SpuRt 2013, 56; *Henning-Bodewig,* Relevanz der Irreführung, UWG-Nachahmungsschutz und die Abgrenzung Lauterkeitsrecht/IP-Rechte, GRUR Int 2007, 986; *Heyers,* Wettbewerbsrechtlicher Schutz gegen das Einschieben in fremde Serien, GRUR 2006, 23; *Hilty,* „Leistungsschutz" made in Switzerland? – Klärung eines Missverständnisses und Fragen zum allgemeinen Schutz von Investitionen, FS Ullmann, 2006, 643; *Ingerl,* Der wettbewerbsrechtliche Kennzeichenschutz und sein Verhältnis zum MarkenG in der neueren Rechtsprechung des BGH und in der UWG-Reform, WRP 2004, 809; *Jacobs,* Von Pumpen, Noppenbahnen und Laubheftern – Zum wettbewerbsrechtlichen Leistungsschutz bei technischen Erzeugnissen, FS Helm, 2002, 71; *Jänich,* Automobilplagiate – Zum Schutz des Designs von Kraftfahrzeugen vor Nachahmung, GRUR 2008, 873; *Kaulmann,* Der Schutz des Werbeslogans vor Nachahmungen, GRUR 2008, 854; *Keller,* Der wettbewerbsrechtliche Leistungsschutz – Vom Handlungsschutz zur Immaterialgüterrechtsähnlichkeit, FS Erdmann, 2002, 595; *Kiethe/Groeschke,* „Jeans" – Verteidigung wettbewerblicher Eigenart von Modeneuheiten, WRP 2006, 794; *dies,* Erweiterung des Markenschutzes vor Verwechselungen durch das neue Lauterkeitsrecht, WRP 2009, 1343; *Köhler,* Das Verhältnis des Wettbewerbsrechts zum Recht des geistigen Eigentums – Zur Notwendigkeit einer Neubestimmung auf Grund der Richtlinie über unlautere Geschäftspraktiken, GRUR 2007, 548; *ders,* Die Unlauterkeitstatbestände des § 4 UWG und ihre Auslegung im Lichte der Richtlinie über unlautere Geschäftspraktiken, GRUR 2008, 841; *ders,* Der Schutz vor Produktnachahmung im Markenrecht, Geschmacksmusterrecht und neuen Lauterkeitsrecht, GRUR 2009, 445; *ders,* Das Verhältnis des Rechts des geistigen Eigentums zum Lauterkeitsrecht im Lichte der Richtlinie über unlautere Geschäftspraktiken, in: Lange/Klippel/Ohly, Geistiges Eigentum und Wettbewerb, 2009, S 89; *Körber/Ess,* Hartplatzhelden und der ergänzende Leistungsschutz im Web 2.0, WRP 2011, 697; *Körner,* Das allgemeine Wettbewerbsrecht des UWG als Auffangtatbestand für fehlgeschlagenen oder abgelaufenen Sonderrechtsschutz, FS Ullmann, 2006, 701; *Kothes,* Der Schutz von Werbeslogans im Lichte von Urheber-, Marken- und Wettbewerbsrecht, 2006; *Krüger,* Der Schutz kurzlebiger Produkte gegen Nachahmungen (Nichttechnischer Bereich), GRUR 1986, 115; *Krüger/E-I v Gamm,* Die „Noppenbahnen-Doktrin" – Ein Irrweg?, WRP 2004, 978; *Kur,* Der wettbewerbsrechtliche Leistungsschutz, GRUR 1990, 1; *dies,* Ansätze zur Harmonisierung des Lauterkeitsrechts im Bereich des wettbewerbsrechtlichen Lauterkeitsschutzes, GRUR Int 1998, 771; *dies,* Nachahmungsschutz und Freiheit des Warenverkehrs – der wettbewerbsrechtliche Leistungsschutz aus der Perspektive des Gemeinschaftsrechts, FS Ullmann, 2006, 717; *dies,* (No) Freedom to Copy? Protection of Technical Features under Unfair Competition Law, FS Straus, 2008, 521; *Loschelder,* Der Schutz technischer Entwicklungen und praktischer Gestaltungen durch das Marken- und Lauterkeitsrecht, GRUR Int 2004, 767; *Lubberger,* Grundsatz der Nachahmungsfreiheit?, FS Ullmann, 2006, 737; *ders,* Alter Wein in neuen Schläuchen – Gedankenspiele zum Nachahmungsschutz, WRP 2007, 873; *ders,* Wettbewerbsrechtlicher Nachahmungsschutz, in Eichmann/Kur, Designrecht, 2009, § 6; *Maierhöfer,* Geschmacksmusterschutz und UWG-Leistungsschutz, 2006; *Messer,* Der Werbespruch als geeigneter Gegenstand wettbewerbsrechtlichen Leistungsschutzes, FS Erdmann, 2002, 669; *Müller-Laube,* Wettbewerbsrechtlicher Schutz gegen Nachahmung und Nachbildung gewerblicher Erzeugnisse – Entwurf eines dogmatischen Ordnungskonzepts, ZHR (156) 1992, 480; *Münker,* Verbandsklagen im sogenannten wettbewerbsrechtlichen Leistungsschutz, FS Ullmann, 2006, 781; *Nemeczek,* Gibt es einen unmittelbaren Leistungsschutz im Lauterkeitsrecht?, WRP 2010, 1204; *ders,* Wettbewerbliche Eigenart und die Dichotomie des unmittelbaren Leistungsschutzes, WRP 2010, 1315; *ders,* Rechtsübertragungen und Lizenzen beim wettbewerbsrechtlichen Leistungsschutz, GRUR 2011, 292; *ders,* Wettbewerbsfunktionalität und unangemessene Rufausbeutung, WRP 2012, 1025; *Nirk/Rörig,* Nicht eingetragenes EG-Geschmacksmuster und ergänzender Leistungsschutz, FS Mailänder, 2006, 161; *Ohly,* Gibt es einen Numerus clausus der Immaterialgüterrechte?, FS Schricker, 2005, 105; *ders,* Klemmbausteine im Wandel der Zeit – ein

Plädoyer für eine strikte Subsidiarität des UWG-Nachahmungsschutzes, FS Ullmann, 2006, 795; *ders,* Designschutz im Spannungsfeld von Geschmacksmuster-, Kennzeichen- und Lauterkeitsrecht, GRUR 2007, 731; *ders,* Nachahmungsschutz versus Wettbewerbsfreiheit, in: Lange/Klippel/Ohly, Geistiges Eigentum und Wettbewerb, 2009, S 99; *ders,* Hartplatzhelden.de oder: Wohin mit dem unmittelbaren Leistungsschutz?, GRUR 2010, 487; *ders,* The Freedom of Imitation and Its Limits – A European Perspective, IIC 2010, 506; *Ortner,* Zum gewerblichen Rechtsschutz bei Nachahmung von Modeerzeugnissen, WRP 2006, 189; *Osterrieth,* Der Nachahmungsschutz beim nicht eingetragenen Geschmacksmuster und beim ergänzenden Leistungsschutz, FS Tilmann, 2003, 221; *Petry,* „Nachwirkender" UWG-Nachahmungsschutz, WRP 2007, 1045; *Peukert,* Güterzuordnung als Rechtsprinzip, 2008; *ders,* hartplatzhelden.de – Eine Nagelprobe für den wettbewerblichen Leistungsschutz?, WRP 2010, 316; *Rauda,* Abschied des BGH vom „Einschieben in eine fremde Serie"?, GRUR 2002, 38; *Riesenhuber,* Lego-Stein des Anstoßes, WRP 2005, 1118; *Rohnke,* Schutz der Produktgestaltung durch Formmarken und wettbewerbsrechtlicher Leistungsschutz, FS Erdmann, 2002, 455; *Sack,* Nachahmen im Wettbewerb, ZHR 160 (1996) 493; *ders,* Das Einschieben in eine fremde Serie: Sonderfall oder Normalfall des ergänzenden wettbewerbsrechtlichen Leistungsschutzes?, FS Erdmann, 2002, 697; *ders,* Markenschutz und UWG, WRP 2004, 1405; *Ruess/Slopek,* Zum unmittelbaren wettbewerbsrechtlichen Leistungsschutz nach hartplatzhelden.de, WRP 2011, 834; *Sambuc,* Die Eigenart der „wettbewerblichen Eigenart" – Bemerkungen zum Nachahmungsschutz von Arbeitsergebnissen durch § 1 UWG, GRUR 1986, 130; *ders,* Der UWG-Nachahmungsschutz, 1996; *Scherer,* Das Verhältnis des lauterkeitsrechtlichen Nachahmungsschutzes nach § 4 Nr 9 UWG zur europarechtlichen Vollharmonisierung der irreführenden oder vergleichenden Werbung, WRP 2009, 1446; *Schrader,* Begrenzung des ergänzenden wettbewerbsrechtlichen Leistungsschutzes, WRP 2005, 562; *Schreiber,* Wettbewerbsrechtliche Kennzeichenrechte?, GRUR 2009, 113; *Schröer,* Der unmittelbare Leistungsschutz, 2010; *Spätgens,* Gedanken zur Klageberechtigung und zum Herstellerbegriff beim ergänzenden Leistungsschutz, FS Erdmann, 2002, 727; *Stieper,* Das Verhältnis von Immaterialgüterrechtsschutz und Nachahmungsschutz nach neuem UWG, WRP 2006, 291; *ders,* Dreifache Schadensberechnung nach der Durchsetzungsrichtlinie 2004/48/EG im Immaterialgüter- und Wettbewerbsrecht, WRP 2010, 624; *Thress,* Die irreführende Produktvermarktung, 2011; *Wahl,* Das Einschieben in eine fremde Serie, 2008; *Walch,* Ergänzender Leistungsschutz nach § 1 UWG, 1991; *Weihrauch,* Der unmittelbare Leistungsschutz im UWG, 2001; *Wiebe,* Unmittelbare Leistungsübernahme im neuen Wettbewerbsrecht, FS Schricker, 2005, 773.

A. Allgemeines

I. Normzweck

1. Regelungsgegenstand. Diese Vorschrift kodifiziert die vom RG zu § 1 aF entwickelten (Rn 9/5) und vom BGH fortgeführten Grundsätze zum **UWG-Nachahmungsschutz,** der oft auch als **ergänzender wettbewerbsrechtlicher Leistungsschutz** bezeichnet wird (zB BGH GRUR 07, 339 – *Stufenleitern;* BGH GRUR 07, 795 – *Handtaschen;* BGH GRUR 12, 1155 Rn 14ff – *Sandmalkasten;* krit zu diesem Begriff *Köhler* GRUR 07, 548, 549; *Münker,* FS Ullmann, 2006, 781, 785). Da in erster Linie die technischen Schutzrechte (Patent, Gebrauchsmuster), das Urheberrecht mit verwandten Schutzrechten und das Designrecht Leistungsergebnisse gegen Nachahmung schützen und es Aufgabe des Kennzeichenrechts ist, Herkunftstäuschungen zu verhindern, steht der lauterkeitsrechtliche Nachahmungsschutz in einem **Spannungsverhältnis** zum **Recht des geistigen Eigentums.** 9/1

2. Nachahmungsfreiheit und Unlauterkeit. a) Der Grundsatz der Nachahmungsfreiheit. Auch wenn sich jeder Nachahmer fremde Leistungen zunutze macht, handelt er deswegen aus zwei Gründen noch nicht ohne weiteres unlauter. Erstens schützen verschiedene Rechte des geistigen Eigentums (s Rn 9/1) Leistungserge- 9/2 nisse, indem sie dem Rechtsinhaber unter bestimmten formalen und materiellen Voraussetzungen ein zeitlich begrenztes Ausschließlichkeitsrecht zuordnen. Daraus folgt e contrario, dass **die wirtschaftliche Betätigung des Einzelnen außerhalb der geschützten Sonderbereiche grundsätzlich frei sein soll** (Begr RegE UWG 2004, BT-Drucks 15/1487 S 18). Ein sachlich und zeitlich unbeschränkter UWG-Nachahmungsschutz würde diese **vom Gesetzgeber bewusst gezogenen Grenzen unterlaufen** (vgl BGHZ 161, 204 = BGH GRUR 05, 349, 352 – *Klemmbausteine III*) und in letzter Konsequenz das Immaterialgüterrecht überflüssig machen. Zweitens ist die **Wettbewerbsfreiheit** Funktionsbedingung der Marktwirtschaft (jurisPK-UWG/ *Ullmann* § 4 Nr 9 Rn 31; *Ohly* GRUR 07, 731, 735; aus Sicht der ökonomischen Analyse GK/*Leistner* § 4 Nr 9 Rn 6). Der **Innovationswettbewerb** würde ohne nachhaltig behindert, wenn sich Unternehmer nicht an den bereits auf dem Markt vorhandenen Produkten orientieren dürften, denn ebenso wie nach *Newton* Wissenschaftler als Zwerge auf den Schultern von Riesen stehen, steht jeder Werkschöpfer, nach einer klassischen Formulierung *Hefermehls*, auf den Schultern seiner Vorgänger (*Baumbach/ Hefermehl*, Einf Rn 163, § 1 Rn 438). Selbst der reine **Imitationswettbewerb** hat in der Marktwirtschaft seine Bedeutung, weil er zu einem aus Verbrauchersicht grundsätzlich willkommenen Preiswettbewerb führt (GK/*Leistner* § 4 Nr 9 Rn 26; Harte/ Henning/*Sambuc* § 4 Nr 9 Rn 20; *Ohly* in Lange/Kippel/Ohly S 99 ff). Im Spannungsfeld zwischen dem Interesse des Originalherstellers an möglichst ausgedehntem Schutz seiner Leistungen und dem Interesse des Nachahmers an Imitationsfreiheit vermittelt also das Allgemeininteresse, das außerhalb der Rechte des geistigen Eigentums für die Nachahmungsfreiheit streitet (s aber Rn 9/4). Daraus ergibt sich der **Grundsatz der Nachahmungsfreiheit,** der seit der Zeit des RG in ständiger Rechtsprechung anerkannt ist und der auch § 4 Nr 9 zugrunde liegt: Die Nachahmung nicht sondergesetzlich geschützter Produkte ist erlaubt, sofern nicht besondere unlauterkeitsbegründende Begleitumstände vorliegen, die außerhalb der sondergesetzlichen Tatbestands liegen (RGZ 73, 294, 297 – *Schallplatten;* BGHZ 5, 1 = GRUR 52, 516, 520 – *Hummelfiguren;* BGH GRUR 00, 521, 523 – *Modulgerüst I;* BGH GRUR 10, 80 Rn 19 – *LIKEaBIKE;* BGH GRUR 12, 58 Rn 41 – *Seilzirkus;* BGH GRUR 13, 951 Rn 20 – *Regalsystem;* Götting/*Nordemann* § 4 Nr 9 Rn 9.3; MüKo/*Wiebe* § 4 Nr 9 Rn 15 ff; krit *Fezer* WRP 01, 989, 1007; *Glöckner,* Europäisches Lauterkeitsrecht, 2006, 595; *Lubberger,* FS Ullmann, 2006, 737 ff.). § 4 Nr 9 kodifiziert die wesentlichen, vor 2004 bereits in der Rspr anerkannten Unlauterkeitsmerkmale: vermeidbare Herkunftstäuschung (§ 4 Nr 9a), Rufausbeutung und -schädigung (§ 4 Nr 9b), Erschleichung von Vorlagen (§ 4 Nr 9c).

9/3 **b) Unlauterkeit der Nachahmung.** § 4 Nr 9 knüpft das Unlauterkeitsurteil nicht an die Nachahmung als solche („Ob" der Nachahmung), sondern an die Umstände, unter denen die Nachahmung erfolgt oder das nachgeahmte Produkt angeboten wird („Wie" der Nachahmung). Der UWG-Nachahmungsschutz liegt daher nach hM auf einer anderen Ebene als der Sonderrechtsschutz, weil § 4 Nr 9 kein Immaterialgüterrecht schafft, sondern **unlautere Verhaltensweisen verbietet, ohne den Marktteilnehmern zugleich absolute Rechte zuzuweisen** (BGH GRUR 10, 80 Rn 19 – *LIKEaBIKE;* BGH GRUR 12, 58 Rn 41 – *Seilzirkus; Köhler*/Bornkamm § 4 Rn 9.4). Dennoch ist nicht zu verkennen, dass der UWG-Nachahmungsschutz mittelbar auch das Leistungsergebnis als solches schützt **(mittelbarer Leistungsschutz),** der in der Praxis an die Immaterialgüterrechte angenähert wurde und daher **immaterialgüterrechtsähnlichen** Charakter aufweist (Harte/Henning/ *Sambuc* § 4 Nr 9 Rn 13 ff, 26 ff; *Keller,* FS Erdmann, 2002, 595 ff; *Schröer* S 66 ff, 127). Sein Verhältnis zum Recht des geistigen Eigentums ist nach wie vor umstritten (s Rn 9/12 ff). Nicht abschließend geklärt ist ebenfalls, ob neben dem mittelbaren Leistungsschutz des § 4 Nr 9 in Ausnahmefällen auch ein **unmittelbarer Leistungsschutz,** der keine besonderen Unlauterkeitsmerkmale voraussetzt (s Rn 9/77 ff), auf

Unlautere Nachahmung § 4.9 UWG

der Grundlage des § 4 Nr 9 oder des § 3 I in unmittelbarer Anwendung gewährt werden kann.

3. Geschützte Interessen. § 4 Nr 9 schützt in erster Linie die **Individualinte-** 9/4
ressen des durch **die Nachahmung Verletzten** (BGH GRUR 07, 984 Rn 23 – *Gartenliege;* BGH GRUR 10, 80 Rn 17 – *LIKEaBIKE;* GK/*Leistner* § 4 Nr 9 Rn 20; MüKo/*Wiebe* § 4 Nr 9 Rn 273). Folge ist, dass die Anspruchsberechtigung grundsätzlich auf den Hersteller des Originals beschränkt ist (s im Einzelnen Rn 9/83f).
§ **4 Nr 9a** bietet außerdem **Verwechslungsschutz** und ergänzt so das Kennzeichenrecht und das Irreführungsverbot (*Ohly* in Lange/Kippel/Ohly S 99, 109 ff; *Schröer* S 68 ff). Vor der Umsetzung der UGP-RL wurde daher teilweise für eine stärker verbraucherschützende Auslegung des § 4 Nr 9a plädiert (*Köhler* GRUR 07, 548 Rn 30; *Münker,* FS Ullmann, 2006, 781, 786 ff). In der Tat verpflichtet Art 6 II lit a UGP-RL (vgl auch Anh II, Ziff 13) die Mitgliedstaaten der EU dazu, Verbraucher vor Verwechslungsgefahr durch „Imitationsmarketing" zu schützen (*Fezer* GRUR 09, 451 ff). Im Zuge der UWG-Reform von 2008 hat sich der deutsche Gesetzgeber aber dafür entschieden, die bisherige Konzeption beizubehalten und den Verbraucherschutz vor Verwechslungsgefahr ausschließlich in § 5 II zu verorten (Begr RegE UWG 2008 BT-Drucks 16/10 145 S 17). Das ändert allerdings nichts daran, dass § 4 Nr 9a praktisch auch im Verbraucherinteresse die Ursprungsidentität garantiert (Götting/*Nordemann* § 4 Nr 9 Rn 9.2; *Köhler/*Bornkamm § 4 Rn 9.2), selbst wenn es sich nach der Intention des Gesetzgebers nur um einen Schutzreflex handelt. Daneben schützt § 4 Nr 9 das **Allgemeininteresse am unverfälschten Wettbewerb** (BGH GRUR 05, 519, 520 – *Vitamin-Zell-Komplex;* BGH GRUR 07, 984 Rn 23 – *Gartenliege*), indem er Zuordnungsschutz bietet und den Innovationswettbewerb fördert (GK/*Leistner* § 4 Nr 9 Rn 21 f).

II. Entstehungsgeschichte

Schon in seinen ersten Urteilen zum UWG-Nachahmungsschutz betonte das RG, 9/5
dass die Nachahmung eines sondergesetzlich nicht geschützten Produkts als solche nicht wettbewerbswidrig sei (RGZ 73, 294, 297 – *Schallplatten;* RGZ 115, 180, 183 – *Puppenjunge; Sambuc* Rn 73 ff; GK/*Leistner* § 4 Nr 9 Rn 1). Während das RG aber anfangs noch die mit einer unmittelbaren Leistungsübernahme verbundene Ausbeutung von Mühe und Kosten des Originalherstellers als unlauter ansah (RG aaO), betonte es später, dass fremde Leistungsergebnisse durchaus ausgenutzt werden dürften: Der Handel der Gegenwart beruhe auf den Leistungen der Vergangenheit und niemand brauche das Erreichte unbeachtet zu lassen (RG GRUR 29, 483 – *Spielzeugsignalscheibe;* RGZ 135, 385, 394 – *Künstliche Blumen; Nerreter* GRUR 57, 408, 411). Für die Beurteilung der besonderen wettbewerblichen Umstände bildete die Rechtsprechung zu § 1 aF Fallgruppen, deren wichtigste in § 4 Nr 9 übernommen wurden. Praktisch im Vordergrund stand die Fallgruppe der vermeidbaren Herkunftstäuschung (mittlerweile § 4 Nr 9a). Dabei differenzierte die Rechtsprechung zwischen der Nachahmung technischer Erzeugnisse, bei der grundsätzlich die Unlauterkeit durch eine abweichende Kennzeichnung vermieden werden konnte, und nichttechnischen Gestaltungen, bei denen ein Ausweichen der Mitbewerber auf andere Gestaltungen oft als zumutbar angesehen wurde (RGZ 120, 94, 98 – *Huthaken; Nerreter* GRUR 57, 408 ff, 525 ff). In den 1960er Jahren bildete sich das „Wechselwirkungsprinzip" heraus (dazu Rn 9/26), dem zufolge bei einem hohen Grad an wettbewerblicher Eigenart und enger Nachahmung an die zusätzlichen Unlauterkeitsmerkmale nur geringe Anforderungen zu stellen sind (vgl BGH GRUR 60, 244, 246 – *Simili-Schmuck;* BGH GRUR 62, 144, 150 – *Buntstreifensatin*). Auf dieser Grundlage wurde in einigen Urteilen mehr oder weniger offen doch Schutz gegen Nachahmungen als solche gewährt (vgl BGHZ 60, 168 = GRUR 73, 478, 480 – *Modeneuheit;* BGHZ 51,

41 = GRUR 69, 186, 188 – *Reprint;* BGHZ 141, 329 = GRUR 99, 923, 924f – *Tele-Info-CD).* Diese Abweichung vom eigenen Grundsatz und die daraus folgende Rechtsunsicherheit wurde im Schrifttum zu § 1 aF verbreitet kritisiert (vgl *Müller-Laube* ZHR (156) 92, 480ff; *Kur,* GRUR Int 90, 1ff; *Sambuc* Rn 35ff), teilweise wurde für eine gesetzliche Regelung des Nachahmungsschutzes plädiert (*Köhler* WRP 99, 1075ff; *Fezer* WRP 01, 989, 1004ff).

9/6 Im Zuge der Reform des UWG von 2004 wurde der UWG-Nachahmungsschutzes nicht neu geordnet, der Gesetzgeber kodifizierte lediglich die bisherige Rspr (Begr RegE UWG 2004, BT-Drucks 15/1487 S 18), insbesondere drei schon bisher anerkannte Fallgruppen der Unlauterkeit (§ 4 Nr 9 lit a–c). Daher gelten die Grundsätze der Rspr zu § 1 aF fort (BGH GRUR 08, 1115 Rn 17 – *ICON;* BGH GRUR 09, 79 Rn 25 – *Gebäckpresse;* BGH GRUR 10, 1125 Rn 18 – *Femur-Teil;* BGH GRUR 13, 951 Rn 14 – *Regalsystem).* Trotz des scheinbar enumerativen Charakters der Aufzählung handelt es sich dabei aber nur um eine beispielhafte, keine abschließende Regelung (Begr RegE UWG 2004, BT-Drucks 15/1487 S 18). Bei der UWG-Reform von 2008 blieb § 4 Nr 9 unverändert, der Umsetzung des Art 6 II lit a UGP-RL dient nach der Konzeption des Gesetzgebers einzig § 5 (Begr RegE UWG 2008, BT-Drucks 16/10 145 S 17, s a Rn 9/4).

III. Unionsrechtliche Vorgaben

9/7 **1. Überblick.** Während das Recht des geistigen Eigentums auf EU-Ebene in weiten Teilen harmonisiert wurde, war die Produktnachahmung außerhalb des Immaterialgüterrechts bisher nicht Gegenstand unionsrechtlicher Rechtsakte. Im Gegenteil bestehen in dieser Hinsicht zwischen den europäischen Rechtsordnungen noch erhebliche Unterschiede (GK/*Leistner* § 4 Nr 9 Rn 11ff; *Ohly* IIC 10, 506). So ist nach englischem Recht der Vertrieb nicht sondergesetzlich geschützter Produkte erlaubt, sofern nicht die Voraussetzungen des *passing off*-Anspruchs vorliegen (Einf B Rn 41), der eine Verwechslungsgefahr voraussetzt. Hingegen ist nach französischem Recht die Rufausbeutung durch das Angebot nachgeahmter Produkte als Fall des „parasitären Wettbewerbs" unlauter (Einf B Rn 39), auch die Gerichte der Niederlande gewähren einen vergleichsweise weitgehenden Schutz gegen sklavische Nachahmung (Einf B Rn 49).

9/8 **2. Grundfreiheiten.** Der UWG-Nachahmungsschutz beschränkt regelmäßig als produktbezogene Regelung den **freien Warenverkehr** innerhalb der EU und unterliegt daher der Prüfung am Maßstab des **Art 34 AEUV** (vgl Einf C Rn 12ff). Auch eine Beeinträchtigung des freien Dienstleistungsverkehrs (Art 56 AEUV) ist denkbar. Vor Beginn der Harmonisierung weiter Teile des Immaterialgüterrechts sah der EuGH in einem Fall der Herkunftstäuschung diese Beschränkung noch zur Gewährleistung der Lauterkeit des Handelsverkehrs als gerechtfertigt an (EuGH GRUR Int 82, 439 – *BV Industrie Diensten/Beele – Multi Cable Transit).* Außerhalb des Bereichs der vermeidbaren Herkunftstäuschung ist diese Rechtfertigung mittlerweile angesichts der weitgehenden Harmonisierung im gemeinschaftsrechtlichen Recht des geistigen Eigentums (Rn 9/9) zweifelhaft geworden (*Kur,* FS Ullmann, 2006, 717, 721ff; GK/*Leistner* § 4 Nr 9 Rn 7; *Götting/Nordemann* § 4 Rn 9.15; aA OLG München GRUR-RR 04, 85 – *Stricktop).* Ähnlich wie im Verhältnis zum nationalen Immaterialgüterrecht gilt auch im Verhältnis zum unionsrechtlichen Urheber-, Marken- und Musterrecht, dass dessen Grenzen durch die Gewährung von Nachahmungsschutz auf der Basis des nationalen Rechts nicht unterlaufen werden dürfen.

9/9 **3. Sekundärrecht. a) Geistiges Eigentum.** Einige Fallgruppen, die im **früheren deutschen Recht** nach dem **UWG** beurteilt wurden, haben auf **EU-Ebene** Eingang in das **Recht des geistigen Eigentums** gefunden. So gewährt das nicht eingetragene Gemeinschaftsgeschmacksmuster (Art 11 I GGVO) **formlosen Schutz**

Unlautere Nachahmung § 4.9 UWG

für Designs, der zuvor im deutschen Recht nur nach § 1 aF zur Verfügung stand (vgl BGHZ 60, 168 = GRUR 73, 478 – *Modeneuheit*). Der Schutz **bekannter Marken** gegen Rufausbeutung und -schädigung, der im früheren deutschen Recht auf § 1 aF gestützt wurde (vgl BGHZ 93, 96 = GRUR 85, 550 – *Dimple*) wird mittlerweile markenrechtlich gewährleistet (Art 5 II MRRL = § 14 II Nr 3 MarkenG). **Computerprogramme** genießen nach der EG-RL über den Schutz von Computerprogrammen von 2001/2009, umgesetzt in §§ 69a ff UrhG, auch bei geringer Gestaltungshöhe urheberrechtlichen Schutz, während nach früherer Rechtslage in diesem Fall § 1 aF zur Anwendung kommen konnte (OLG Frankfurt GRUR 83, 757, 758 – *Donkey Kong Junior I*). **Leistungsschutz** für **Konzertveranstalter** und für **Verleger,** mittlerweile geregelt in §§ 81 und 87f UrhG, konnte grundsätzlich gem § 1 aF gewährt werden (BGH GRUR 63, 575 – *Vortragsabend;* BGH GRUR 69, 186 – *Reprint).* Das **Sui-generis-Recht des Datenbankherstellers,** das in Umsetzung der EG-Datenbankrichtlinie von 1996 in §§ 87a ff UrhG eingeführt wurde, bietet Schutz gegen die Übernahme von Datensätzen, der zuvor auf lauterkeitsrechtlicher Grundlage gewährt wurde (BGHZ 141, 329 = GRUR 99, 923 – *Tele-Info-CD*). Auch wenn sowohl das Design- als auch das Markenrecht ausdrücklich einen ergänzenden Schutz nicht ausschließen (§§ 50 DesignG; 2 MarkenG), sind die Wertungen dieser Rechtsgebiete doch bei der Auslegung des § 4 Nr 9 zu berücksichtigen. Trifft das harmonisierte Immaterialgüterrecht mit Vorschriften zusammen, die auf der UGP-RL beruhen, so handelt es sich um gleichwertiges Unionsrecht, das zu einer „praktischen Konkordanz" *(Konrad Hesse)* zu bringen ist. Gegenüber nicht harmonisiertem nationalem Recht ist das Unionsrecht in seinem Anwendungsbereich vorrangig, doch auch außerhalb seines Regelungsbereichs sind seine Wertungen bei der systematischen Auslegung heranzuziehen (s a Rn 9/15).

b) UGP-Richtline. Die **Richtlinie über unlautere Geschäftspraktiken** 9/10 **(UGP-RL,** näher hierzu Einf C Rn 43 ff) verpflichtet die Mitgliedstaaten dazu, Verbraucher wirksam gegen unlautere Geschäftspraktiken zu schützen (Art 11 UGP-RL). Als unlauter gelten insbesondere irreführende und aggressive Praktiken (Art 5 IV UGP-RL). Die Richtlinie differenziert nicht zwischen Irreführungs- und Verwechslungsgefahr, sondern nennt die **Produktvermarktung, die eine Verwechslungsgefahr begründet,** als Beispiel einer irreführenden geschäftlichen Handlung **(Art 6 II lit a UGP-RL)** (vgl dazu *Fezer* GRUR 09, 451, 452 ff). Als besondere Ausprägung dieser Bestimmung verbietet **Ziff 13** die **absichtliche Täuschung durch Werbung für nachgeahmte Produkte.** Zugleich betont aber Egrd 14, die Richtlinie beabsichtige nicht, die Wahl der Verbraucher durch ein Verbot der Werbung für ähnliche Produkte einzuschränken, sofern keine Verwechslungsgefahr hervorgerufen wird. Während im Schrifttum für die Einführung eines neuen Tatbestandes der irreführenden Produktvermarktung (*Fezer* MarkenR 06, 511, 512) oder eine verbraucherschutzrechtliche Auslegung des § 4 Nr 9a (*Köhler* GRUR 07, 548, Rn 30; *Münker,* FS Ullmann, 2006, 781, 786 ff) plädiert wurde, hat der deutsche Gesetzgeber § 4 Nr 9 bei Umsetzung der UGP-RL nicht geändert, sondern lediglich die „schwarze Liste" in den Anhang zum UWG übernommen und ist im Übrigen davon ausgegangen, dass Art 6 II lit a UGP-RL durch § 5 II Nr 1 umgesetzt wird und dass § 4 Nr 9 folglich außerhalb des Anwendungsbereichs der Richtlinie liegt (Begr RegE UWG 2008, BT-Drucks 16/10 145 S 17; BGH GRUR 10, 80, Rn 17 – *LIKEaBIKE*). In der Tat spricht für die Intention des Gesetzgebers, dass sich den Vorgaben des Art 6 II lit a UGP-RL besser durch eine entsprechende Auslegung des § 5 II Nr 1 Rechnung tragen lässt. Allerdings ist die Reichweite der UGP-RL **autonom unionsrechtlich** zu bestimmen. Der EuGH hat entschieden, dass Vorschriften, die sowohl Mitbewerber- als auch Verbraucherinteressen schützen, unter die Richtlinie fallen. Nur Bestimmungen, die „lediglich" die Interessen der Mitbewerber schützen, sind vom Anwendungsbereich ausgenommen (EuGH GRUR 11, 76 Rn 21 – *Mediaprint*). Während § 4 Nr 9b und c nicht durch Ver-

Ohly 411

braucherinteressen motiviert sind, dient § 4 Nr 9a zumindest reflexartig auch dem Informationsinteresse der Verbraucher (Rn 9/2). Der nationale Gesetzgeber hat nicht die Möglichkeit, das unionsrechtliche Prinzip der Vollharmonisierung dadurch zu umgehen, dass er die Regelung eines einheitlichen Sachverhalts (Täuschung der Verbraucher über die betriebliche Herkunft) in zwei Normen aufspaltet, von denen nur eine dem Verbraucherschutz dient. Daher **fällt § 4 Nr 9a in den Anwendungsbereich der UGP-RL und ist richtlinienkonform auszulegen** (*Köhler*/Bornkamm § 4 Rn 9.16; aA BGH GRUR 10, 80, Rn 17 – *LIKEaBIKE*; BGH GRUR 12, 1155 Rn 15 – *Sandmalkasten; Götting/Nordemann* § 4 Rn 9.10). Einerseits dürfen Verbraucher also nicht stärker gegen Verwechslungen geschützt werden als durch die Richtlinie vorgegeben, insbesondere ist die vermeidbare Herkunftstäuschung aus der Perspektive des angemessen aufmerksamen und informierten Durchschnittsverbrauchers zu bestimmen. Fälle, in denen bisher die Wechselwirkungslehre (Rn 9/26) zu einer Vermutung der Herkunftstäuschung bei praktisch identischer Übernahme geführt hat (BGH GRUR 04, 941, 943 – *Metallbett;* BGH GRUR 07, 984 Rn 36 – *Gartenliege*), erscheinen daher unter Geltung der UGP-RL zweifelhaft (Rn 9/52). Andererseits ist im EU-Recht bisher nicht geklärt, in welchem Maße eine unvermeidbare Herkunftstäuschung aus Gründen von Mitbewerber- oder Allgemeininteressen (etwa dem Interesse an Freihaltung des Standes der sondergesetzlich nicht geschützten Technik) hinzunehmen sein kann. Da auch unter der UGP-RL die Wertungen des Immaterialgüterrechts gelten, ist auch bei richtlinienkonformer Auslegung des § 4 Nr 9 der Grundsatz zu berücksichtigen, dass der Stand der Technik vorbehaltlich des Patent- und Gebrauchsmusterschutzes frei ist (*Bornkamm* GRUR 11, 1 7).

9/11 c) **Werberichtlinie.** Die Werbung für nachgeahmte Produkte stellt **vergleichende Werbung** iSd Art 2 lit c der Richtlinie über irreführende und vergleichende Werbung (WerbeRL) und des § 6 I dar, wenn zugleich der Originalhersteller oder seine Produkte kenntlich gemacht werden. Dafür ist aber eine zusätzliche werbliche Bezugnahme auf das Originalprodukt erforderlich, die bloße Imitation erfüllt für sich genommen noch nicht die Voraussetzungen des § 6 I (BGH GRUR 08, 628 Rn 20 – *Imitationswerbung,* näher hierzu § 6 Rn 33c; aA *Scherer* WRP 09, 1446, 1451). Art 4 lit e WerbeRL = § 6 II Nr 6 verbietet Werbevergleiche, die ein Produkt als Imitation oder Nachahmung eines Produkts mit geschützter Marke oder geschütztem Handelsnamen darstellen; s dazu Rn 9/23.

IV. Verhältnis zu anderen Vorschriften

9/12 **1. Geistiges Eigentum: Abgrenzung. a) Problematik. Theoretisch** fällt die Abgrenzung zwischen den Rechten des geistigen Eigentums und dem UWG-Nachahmungsschutz leicht, denn das UWG verbietet die **Art und Weise der Nachahmung (Verhaltensunrecht)**, ohne Ausschließlichkeitsrechte zu schaffen (*Köhler*/ Bornkamm § 4 Rn 9.4). **Praktisch überlagern sich beide Rechtsgebiete** aber aus verschiedenen Gründen (*Schröer* S 66ff). Erstens schützt § 4 Nr 9 Interessen, deren Schutz auch Rechte des geistigen Eigentums dienen: Das Markenrecht schützt vor Herkunftstäuschung, Rufausbeutung und -schädigung (§§ 14 II, 15 II, III MarkenG), das Designrecht schützt Produktgestaltungen gegen Nachahmung. Zweitens führt die Wechselwirkungslehre dazu, dass den zusätzlichen unlauterkeitsbegründenden Umständen bei der identischen oder fast identischen Nachahmung von Produkten mit hoher wettbewerblicher Eigenart nur geringes Gewicht zukommt, dass das Vorliegen dieser Umstände oft unabhängig von den Wertungen der einschlägigen Schutzgesetze geprüft und daher teilweise vorschnell angenommen wird (vgl *Beater* Rn 1935ff; Harte/Henning/*Sambuc* § 4 Nr 9 Rn 63f; *Kur* GRUR 90, 1; *Wiebe,* FS Schricker, 2005, 773, 774). Drittens wurden die Rechtsfolgen des UWG-Nachahmungsschutzes teilweise an die des Immaterialgüterrechts angeglichen, insbesondere durch Beschränkung der Aktivlegitimation (Rn 9/83), Zulassung der dreifachen Schadensberechnung (Rn 9/88) und Gewährung von Bereicherungsansprüchen (Rn 9/89) (vgl Harte/Henning/*Sambuc* § 4 Nr 9 Rn 26ff; *Keller,* FS Erdmann, 2002, S 595, 607ff). Viertens hat die Rspr in bestimmten Fallgruppen Lücken im immaterialgüterrechtlichen Schutz geschlossen und der Sache nach reinen Nachahmungsschutz gewährt, ohne dass zusätzliche unlauterkeitsbegründende Umstände ersichtlich waren (vgl *Keller,* FS Erdmann, 2002, 595, 601ff; *Köhler* WRP 99, 1075, 1077; *Kur* GRUR 90, 1ff; Harte/Henning/*Sambuc* § 4 Nr 9 Rn 53ff; *Wiebe,* FS Schricker, 2005, 773, 774f). So wurden etwa Modeneuheiten (BGH GRUR 73, 478 – *Modeneuheit;* BGH GRUR 84, 453 – *Hemdblusenkleid*), Computerprogramme (OLG Frankfurt GRUR 83, 757 – *Donkey Kong Junior I*) oder Datenbanken (BGH GRUR 99, 923, 926 – *Tele-Info-CD*) gegen Nachahmung geschützt, bevor der Gesetzgeber einen geeigneten immaterialgüterrechtlichen Schutz einführte. Die wettbewerbsrechtliche Generalklausel erfüllte insoweit eine „Schrittmacherfunktion" (*Ulmer,* Urheber- und Verlagsrecht, 3. Aufl, 1980, S 40). Praktisch hat der UWG-Nachahmungsschutz jedenfalls unter § 1 aF immer wieder als Auffangtatbestand für abgelaufenen oder fehlgeschlagenen Sonderrechtsschutz gedient (*Körner,* FS Ullmann, 2006, 701ff). Die Theorie vom Wesensunterschied zwischen Immaterialgüterrecht und UWG-Nachahmungsschutz wird durch die Praxis also in Frage gestellt.

b) Rechtsprechung. Die Rechtsprechung geht vom Grundsatz der Nachahmungsfreiheit aus (Rn 9/2). Lauterkeitsrechtlicher Schutz kommt demnach nur in Betracht, wenn zur Leistungsübernahme Umstände hinzutreten, die als unlauter zu qualifizieren sind. Diese Umstände müssen außerhalb des Sonderrechtsschutztatbestandes liegen (BGH GRUR 10, 80 Rn 19 – *LIKEaBIKE;* BGH GRUR 12, 58 Rn 41 – *Seilzirkus;* BGH GRUR 13, 951 Rn 20 – *Regalsystem,* so bereits BGHZ 44, 288, 295f = GRUR 66, 503, 506 – *Apfel-Madonna*). Werden durch die Nachahmung **Rechte des geistigen Eigentums verletzt**, so sind die im jeweiligen Schutzgesetz vorgesehenen Ansprüche nach stRspr **vorrangig** (BGHZ 140, 183 = GRUR 99, 325, 326 – *Elektronische Pressearchive;* vgl auch BGH GRUR 92, 697, 699 – *ALF;* BGH GRUR 94, 630, 632 – *Cartier-Armreif;* s im Einzelnen EinfD Rn 79). Bestehen hingegen **keine immaterialgüterrechtlichen Ansprüche**, so kann Nachahmungsschutz auf der Grundlage des § 4 Nr 9 gewährt werden, wenn zusätzliche unlauterkeitsbegründende Merkmale vorliegen. Während der BGH in einigen Urteilen Wert darauf legt, die sachlichen, formalen und zeitlichen Grenzen des Immaterialgüterrechts in die lauterkeitsrechtliche Wertung einzubeziehen (BGH GRUR 05, 349, 352 – *Klemmbausteine III;* BGH GRUR 11, 436 Rn 21 – *hartplatzhelden.de*), betont er in anderen Entscheidungen die Eigenständigkeit des wettbewerblichen Leistungsschutzes und schützt vor allem das Erscheinungsbild von Produkten, ohne sich näher mit den Wertungen des Geschmacksmusterrechts auseinanderzusetzen (BGH GRUR 07, 984 Rn 36 – *Gartenliege;* BGH GRUR 10, 80 Rn 18 – *LIKEaBIKE*).

9/13

c) Literatur. In der Literatur lassen sich im Wesentlichen drei Auffassungen unterscheiden.
– Eine verbreitete Ansicht hält den Grundsatz der Nachahmungsfreiheit für richtig, fordert aber wegen der Ähnlichkeit zwischen geistigem Eigentum und UWG-Nachahmungsschutz eine **verstärkte Berücksichtigung immaterialgüterrechtlicher Wertungen** bei der Auslegung des § 4 Nr 9 (vgl *Kur* GRUR Int 98, 771, 776ff; Götting/*Nordemann* § 4 Rn 9.21f; Harte/Henning/*Sambuc* § 4 Nr 9 Rn 5, 20; *Ohly,* FS Ullmann, 2006, 795ff und GRUR 10, 487, 494; *Wiebe,* FS Schricker, 2005, 773ff). UWG-Nachahmungsschutz kann demnach nur aus Gründen gewährt werden, die im Recht des geistigen Eigentums nicht abschließend berücksichtigt wurden, und darf insbesondere nicht die Grenzen der Immaterialgüterrechte unterlaufen.

9/14

- Die Gegenansicht hält den Grundsatz der Nachahmungsfreiheit für verfehlt und fordert ein **freies Nebeneinander von immaterialgüterrechtlichem und lauterkeitsrechtlichem Nachahmungsschutz** (*Fezer* WRP 08, 1, 9 f; *Glöckner,* Europäisches Lauterkeitsrecht, 595 f; *Götting/Hetmank* WRP 13, 421, 425; *Lubberger,* FS Ullmann, 2006, 737 ff). Im Interesse eines wirksamen Innovationsschutzes könne die Nachahmung auch als solche unlauter sein, wenn eine Abwägung zwischen dem Imitationsinteresse des Nachahmers und dem Allgemeininteresse an Aufholwettbewerb einerseits und den Schutzinteressen des Originalherstellers und dem Allgemeininteresses an Innovationsförderung andererseits für den Nachahmungsschutz spricht. Das sei etwa typischerweise bei der identischen Übernahme eines fertigen Arbeitsergebnisses mit technischen Mitteln der Fall (so der Wortlaut des Art 5 lit c UWG CH, zu dessen zurückhaltender Anwendung in der Praxis aber *Hilty,* FS Ullmann, 2006, 643 ff), weil hier der Nachahmer Entwicklungskosten spare und sich an die Leistung des Originalherstellers anhänge.
- Im neueren Schrifttum wird verstärkt nach **eigenständigen lauterkeitsrechtlichen Lösungen** gesucht. Der UWG-Nachahmungsschutz sei kein „ergänzender Leistungsschutz", sondern beruhe auf eigenständigen Wertungen und könne daher unabhängig von den Rechten des geistigen Eigentums gewährt werden (*Köhler* GRUR 07, 548 ff; *Köhler*/Bornkamm § 4 Rn 9.4; *Glöckner,* in: Geistiges Eigentum und Gemeinfreiheit, S 162 ff; *Nemeczek* GRUR 11, 292 ff; *Peukert* WRP 10, 316, 319; mit Modifikationen auch *Fezer* MarkenR 06, 511, 512 f). Der Schutz gegen Irreführung und Behinderung ist demnach ein eigenständiges lauterkeitsrechtliches Anliegen, das vom Immaterialgüterrecht nicht berührt wird. Das Lauterkeitsrecht umschreibe Verhaltensunrecht, immaterialgüterrechtliche Elemente wie die Voraussetzung der wettbewerblichen Eigenart oder die Gewährung der dreifachen Schadensberechnung seien Fremdkörper im UWG.

9/15   **d) Stellungnahme.** Am **Grundsatz der Nachahmungsfreiheit** ist aus einem systematischen und einem teleologischen Grund **festzuhalten.** Der **systematische** Gesichtspunkt besteht darin, dass die **gesetzgeberische Interessenabwägung** zwischen Leistungsschutz und Gemeinfreiheit, die in den Gesetzen des geistigen Eigentums Ausdruck gefunden hat, auch bei der Gewährung von UWG-Nachahmungsschutz respektiert werden muss. **Teleologisch** beruht der Grundsatz der Nachahmungsfreiheit auf dem **für die Marktwirtschaft zentralen Gedanken** der **Wettbewerbsfreiheit.** Zur Förderung des Innovationswettbewerbs können zeitlich begrenzte Ausschließlichkeitsrechte gewährt werden, sie sind aber Ausnahmen vom Grundsatz der Wettbewerbsfreiheit, nicht die Regel. Daraus folgt, dass **§ 4 Nr 9 kein Auffangtatbestand** ist, der (als „Rettungsboot") beim Versagen immaterialgüterrechtlicher Ansprüche ergänzend eingreift. UWG-Nachahmungsschutz sollte nur aus Gründen gewährt werden, die der Gesetzgeber beim Erlass der Gesetze des geistigen Eigentums nicht abschließend berücksichtigt hat. Daraus ergeben sich folgende Regeln (ähnl GK/*Leistner* § 4 Nr 9 Rn 40 ff; *Beater* Rn 1964 ff):
- Die in § 4 Nr 9 a–c umschriebenen unlauteren Verhaltensweisen werden in dieser Form vom Recht des geistigen Eigentums nicht vollständig erfasst, auch wenn vor allem zwischen dem Markenrecht und § 4 Nr 9 a, b deutliche Überschneidungen bestehen. Insoweit besteht Anspruchskonkurrenz. § 4 Nr 9 a–c ist nicht gegenüber dem Immaterialgüterrecht subsidiär.
- Allerdings kann das nur gelten, wenn die Unlauterkeitsmerkmale wirklich vorliegen. Insbesondere darf die Wechselwirkungslehre (Rn 9/26) nicht dazu führen, dass bei identischer Nachahmung eines Produkts mit hoher wettbewerblicher Eigenart die besonderen unlauterkeitsbegründenden Umstände praktisch keine Rolle spielen. Die Herkunftstäuschung ist unter § 4 Nr 9 a aus der Perspektive des angemessen aufmerksamen und informierten Durchschnittsverbrauchers zu bestimmen.

Unlautere Nachahmung **§ 4.9 UWG**

- Bei der Auslegung des § 4 Nr 9 sind die Wertungen des geistigen Eigentums zu berücksichtigen. Insbesondere sind unter § 4 Nr 9a das Merkmal der „Vermeidbarkeit" und unter § 4 Nr 9b das Kriterium der „Unangemessenheit" Einfallstore für immaterialgüterrechtliche Wertungen (näher Rn 9/60ff, 68).
- Auf der Grundlage des § 3 I kann „unmittelbarer Leistungsschutz" gewährt werden, der über die Nachahmung hinaus kein unlauteres Verhalten voraussetzt (s Rn 9/79). Er ist aber gegenüber dem geistigen Eigentum subsidiär, kommt also nur in Bereichen in Betracht, die im Recht des geistigen Eigentums nicht abschließend geregelt wurden. Daher hat beispielsweise der unmittelbare Nachahmungsschutz für kurzlebige Modeerzeugnisse, den die Rspr unter § 1 aF gewährte, durch die Einführung des nicht eingetragenen Gemeinschaftsgeschmacksmusters seine Berechtigung verloren (s Rn 9/76).

2. Geistiges Eigentum: Einzelne Schutzrechte. a) Technische Schutz- 9/16
rechte. Das Patent und das Gebrauchsmuster sind formale Rechte, deren Wirkungen erst mit ihrer Erteilung (§§ 49; 58 PatG) bzw Eintragung (§ 11 GebrMG) eintreten und die engen zeitlichen Grenzen unterliegen. Da ein formloser UWG-Nachahmungsschutz für Erfindungen die formellen und materiellen Voraussetzungen des Patent- und Gebrauchsmusterrechts und seine zeitlichen Grenzen unterlaufen könnte, kann er allenfalls ausnahmsweise dann in Betracht kommen, wenn zusätzliche unlauterkeitsbegründende Umstände besonders ins Gewicht fallen, insbesondere wenn durch die äußere Gestaltung des Produkts eine vermeidbare Herkunftstäuschung hervorgerufen wird. Die Rechtsprechung ist daher beim Schutz technischer Gestaltungen auf Grundlage des UWG aus gutem Grund sehr zurückhaltend. Technisch notwendige Merkmale können keine wettbewerbliche Eigenart begründen (s Rn 9/41). Ist die wettbewerbliche Eigenart gegeben, so kann dem Nachahmer dennoch die Übernahme von Merkmalen nicht verwehrt werden, mit denen eine angemessene technische Lösung realisiert wird (s Rn 9/62). Jedenfalls darf die Schutzdauer des Patents oder Gebrauchsmusters nicht systemwidrig auf der Grundlage des UWG verlängert werden (vgl BGH GRUR 90, 528, 530 – *Rollen-Clips;* BGH GRUR 00, 521, 526 – *Modulgerüst I;* vgl. auch BGH GRUR 05, 349, 352f – *Klemmbausteine III;* BGH GRUR 10, 1125 Rn 42 – *Femur-Teil;* Köhler/Bornkamm § 4 Rn 9.77). Einiges spricht dafür, die Wertungen der technischen Schutzrechte und der Vorschriften des Marken- und Geschmacksmusterrechts, die technisch bedingte Gestaltungen vom Schutz ausnehmen (§§ 3 II Nr 2 MarkenG, 3 I Nr 1 DesignG), unter § 4 Nr 9 noch stärker zu berücksichtigen (s a Rn 9/62): Der Nachahmer darf eine technisch bedingte Gestaltung als solche frei übernehmen, muss aber alles Erforderliche tun, um eine Herkunftstäuschung (§ 4 Nr 9a) und eine Anlehnung an das Originalprodukt (§ 4 Nr 9b) zu vermeiden. Eine dennoch verbleibende Herkunftstäuschung ist hinzunehmen (ähnl GK/*Leistner* § 4 Nr 9 Rn 102).

b) Urheberrecht und verwandte Schutzrechte. Das Urheberrecht schützt 9/17
Werke der Literatur, Wissenschaft und Kunst (§ 1 UrhG), zu denen auch Computerprogramme (§ 2 I Nr 1; 69a UrhG) und Datenbankwerke (§ 4 II UrhG) gehören. Der Urheberrechtsschutz wird durch verwandte Schutzrechte ergänzt, die vorwiegend Investitionsschutz bieten; dazu zählt das verwandte Schutzrecht des Datenbankherstellers (§§ 87a ff UrhG). Soweit das Urheberrecht und die verwandten Schutzrechte Schutz gewähren, bleibt für Ansprüche aus §§ 3; 8 ff kein Raum (BGHZ 140, 183 = GRUR 99, 325, 326 – *Elektronische Pressearchive;* aA ÖOGH GRUR Int 07, 167, 170 – *Werbefotos;* sa Rn 9/13). Bestehen keine Ansprüche gem § 97 UrhG, so ist zu differenzieren.
- UWG-Nachahmungsschutz kann gewährt werden, wenn zusätzliche unlauterkeitsbegründende Umstände gem § 4 Nr 9a–c vorliegen (BGH GRUR 06, 493 Rn 28 – *Michel-Nummern;* BGH GRUR 11, 134 Rn 56 – *Perlentaucher;* BGH GRUR 12, 58 Rn 41 – *Seilzirkus*). Dabei ist allerdings die Wechselwirkungslehre (s Rn 9/26) einzuschränken: Da das Urheberrecht mit der Schutzschwelle der per-

sönlichen geistigen Schöpfung (§ 2 II UrhG) und dem Vervielfältigungsrecht (§ 16 UrhG) die identische Übernahme von Werken mit hoher Eigenart abschließend regelt, dürfen die Anforderungen an die besonderen unlauterkeitsbegründenden Umstände in diesem Fall nicht abgesenkt werden. Die Nachahmung als solche ist nicht verboten, die Voraussetzungen des § 4 Nr 9a–c müssen in ausgeprägter Form vorliegen (Götting/*Nordemann* § 4 Rn 9.23f). Auch ergibt sich die wettbewerbliche Eigenart nicht schon automatisch aus der literarischen oder künstlerischen Qualität des Werks (BGH GRUR 11, 134 Rn 67 – *Perlentaucher*).

– Während das Verbot der vermeidbaren Herkunftstäuschung im Verhältnis zum Urheberrecht uneingeschränkt gilt, liegt eine Rufausbeutung nicht schon dann vor, wenn ein Werk nachgeahmt wird, das sich besonderer Wertschätzung erfreut, weil ansonsten unmittelbarer Leistungsschutz gewährt würde.

– § 4 Nr 9 schützt Urheber und Verwerter nicht gegen die Nachahmung eines Werks als solchem (BGH GRUR 11, 436 Rn 17 – *hartplatzhelden.de;* Götting/ *Nordemann* § 4 Rn 9.24). Die ältere Rspr, nach der die Aneignung eines fremden Arbeitsergebnisses zum Schaden dessen, dem „billigerweise die Früchte daran zukommen müssten" unlauter gem § 1 aF sein konnte (BGHZ 51, 41 = GRUR 69, 186, 188 – *Reprint*), ist mit § 4 Nr 9 nicht vereinbar, weil es bei der Übernahme an einem Unlauterkeitsmerkmal fehlt, das über die bloße Vervielfältigung oder öffentliche Wiedergabe hinausgeht.

– Unter § 3 I kann zwar in Ausnahmefällen unmittelbarer Leistungsschutz gewährt werden, der keine besonderen Unlauterkeitsmerkmale voraussetzt (s Rn 9/79, sehr str). Dies kommt aber nur in Betracht, wenn der Gesetzgeber den Schutz der betreffenden Leistung nicht im Einzelnen ausgestaltet hat. Das UrhG regelt aber den Schutz des Urhebers gegen unerlaubte Vervielfältigung, Verbreitung und öffentliche Wiedergabe grundsätzlich abschließend. Insbesondere dürfen die Schranken und die zeitliche Begrenzung des Urheberrechts und der verwandten Schutzrechte nicht durch einen ergänzenden UWG-Nachahmungsschutz unterlaufen werden. Beispiel (BGH GRUR 86, 895, 896 – *Notenstichbilder*): Der fotomechanische Nachdruck von Noten eines gemeinfreien Musikwerks ist grundsätzlich erlaubt. Das gilt auch für Leistungen, die der Verwertung und Vermittlung von Werken dienen. Während vor der Urheberrechtsreform von 1965 das UWG in diesem Bereich ergänzend herangezogen wurde (s Rn 9/12), hat der Gesetzgeber inzwischen im UrhG die einzelnen verwandten Schutzrechte enumerativ aufgezählt. Da diese Rechte u a die Investitionsleistung des Verwerters schützen, sind ihre sachlichen und zeitlichen Grenzen auch im UWG zu beachten (GK/*Leistner* § 4 Nr 9 Rn 84).

9/18 **c) Designrecht.** Unter § 1 aF stellte der Schutz ästhetischer Produktgestaltungen einen wesentlichen Anwendungsbereich des UWG-Nachahmungsschutzes dar (vgl BGHZ 60, 168 = GRUR 73, 478 – *Modeneuheit;* BGH GRUR 94, 630 – *Cartier-Armreif;* BGH GRUR 91, 223 – *Finnischer Schmuck*). Auch wenn die Rechtsprechung stets am Grundsatz der Nachahmungsfreiheit festhielt, unterschied sich vor allem der Schutz für Modeneuheiten kaum von einem immaterialgüterrechtlichen Nachahmungsschutz, da besondere Unlauterkeitsmerkmale oft kaum auszumachen waren (*Kur* GRUR 90, 1 ff; Harte/Henning/*Sambuc* § 4 Nr 9 Rn 15; *Schröer* S 86 ff). Der Sache nach wurde so eine Lücke im System des geistigen Eigentums geschlossen, die durch das Fehlen eines formlosen geschmacksmusterrechtlichen Schutzes entstand. Mittlerweile steht neben dem eingetragenen Design das nicht eingetragene Gemeinschaftsgeschmacksmuster zur Verfügung, das Produktgestaltungen für einen Zeitraum von drei Jahren gegen Nachahmung schützt (Art 11 Verordnung (EG) Nr 6/2002 des Rates vom 12.12.2001 über das Gemeinschaftsgeschmacksmuster, ABl Nr L 3 v 5.1.2002, S 1 = GRUR Int 02, 221). Sofern die Voraussetzungen dieses Schutzes vorliegen, scheidet ein Nachahmungsschutz auf Grundlage des UWG zwar nicht völlig

Unlautere Nachahmung **§ 4.9 UWG**

aus (BGH GRUR 06, 79 Rn 18 – *Jeans I;* BGH GRUR 09, 79 Rn 26 – *Gebäckpresse;* BGH GRUR 10, 80 Rn 18 – *LIKEaBIKE; Bartenbach/Fock* WRP 02, 1119, 1123; *Büscher,* GRUR 09, 230, 232 f; *Köhler*/Bornkamm § 4 Rn 9.8; vgl auch Art 96 I GemGeschmVO), wird aber in seiner Bedeutung erheblich zurückgedrängt (vgl *Kur* GRUR 02, 661, 665; *Ohly* GRUR 07, 731, 739; ZEuP 04, 296, 311; Harte/Henning/*Sambuc* § 4 Nr 9 69). Insbesondere die in § 4 Nr 9 genannten Kriterien bedürfen dabei einer strengen Prüfung, in deren Rahmen die Wertungen des Designrechts, insbesondere die differenzierten Schutzfristen, zu berücksichtigen sind (OLG Hamburg GRUR-Prax 12, 460). So kann ein Modulsystem, dessen Schutz das Designrecht ausdrücklich vorsieht (§ 3 II DesignG), nach Ablauf der Schutzdauer von 25 Jahren für eingetragene Designs nicht mehr unter dem Gesichtspunkt des „Einschiebens in eine fremde Serie" auf der Grundlage des § 3 geschützt werden (BGHZ 161, 204 = GRUR 05, 349, 353 – *Klemmbausteine III*). Auch der dreijährigen Schutzdauer für nicht eingetragene Gemeinschaftsgeschmacksmuster kommt eine Indizwirkung zu (*Auteri* GRUR Int 98, 360, 367; *Kur* GRUR Int 98, 771, 780; *Ohly* GRUR 07, 731, 739; aA *Bartenbach/Fock* WRP 02, 1119, 1124; *Rahlf/Gottschalk* GRUR Int 04, 821, 826). Die attraktive Kraft einer Produktgestaltung soll nach dem Willen des Gemeinschaftsgesetzgebers nach Ablauf dieser Frist nur noch bei Eintragung geschützt sein. Ein Schutz vor vermeidbarer Herkunftstäuschung (§ 4 Nr 9a) bleibt möglich (BGH aaO – *Jeans I; LIKEaBIKE*), sollte aber nur gewährt werden, wenn im konkreten Fall eine Täuschung des angemessen gut unterrichteten und aufmerksamen Abnehmers droht. Auch muss der Gewöhnungseffekt, der während der Schutzdauer des Designs bei den maßgeblichen Verkehrskreisen eingetreten ist, bei der Feststellung der Herkunftstäuschung außer Betracht bleiben.

d) Kennzeichenrecht. Während unter Geltung des WZG wesentliche Teile des Kennzeichenschutzes auf der Grundlage des UWG erfolgten, wurde mit dem MarkenG eine umfassende, in sich geschlossene Regelung des Kennzeichenrechts vorgenommen. Nach der These vom „Vorrang des Markenrechts" verdrängte sie den Kennzeichenschutz auf der Grundlage des UWG (BGHZ 138, 349 = GRUR 99, 161, 162 – *MAC Dog;* BGHZ 149, 191 = GRUR 02, 622, 623 – *shell.de;* BGH GRUR 06, 329 Rn 36 – *Gewinnfahrzeug mit Fremdemblem; Bornkamm* GRUR 05, 97, 98; *Ingerl* WRP 04, 809, 810; *Götting/Nordemann* § 4 Rn 9.26; s a Einf D Rn 82). Allerdings wurde die Vorrangthese regelmäßig dadurch umgangen, dass § 4 Nr 9 zur Anwendung kam, wenn der Anspruchsteller trotz bestehender Eintragungsmöglichkeit über keine Marke verfügte (so wohl BGH GRUR 03, 973, 974 – *Tupperwareparty*) oder wenn er nicht den Schutz einer Kennzeichnung, sondern Schutz eines „konkreten Leistungsergebnisses" begehrte (BGH GRUR 03, 332, 335 f – *Abschlussstück;* BGH GRUR 07, 339 Rn 23 – *Stufenleitern;* BGH GRUR 08, 793 Rn 26 – *Rillenkoffer*). Mittlerweile wurde das Lauterkeitsrecht auf EU-Ebene in weiten Teilen harmonisiert. Daher kann das Markenrecht jedenfalls gegenüber dem lauterkeitsrechtlichen Verbraucherschutz und den Regelungen über vergleichende Werbung keinen Vorrang mehr beanspruchen. Da die Vorrangthese somit in Zentralbereichen durchlöchert ist, sollte sie aufgegeben werden (s Einl D Rn 82 und BGH GRUR 2013, 1161 Rn 60 – *Hard Rock Cafe*). Das ändert aber nichts an der Notwendigkeit, die Wertungen des Markenrechts bei der Auslegung der UWG-Normen zu berücksichtigen (*Bornkamm* GRUR 11, 1 ff). Auch sollte das Markenrecht nach wie vor in dem Umfang Vorrang genießen, in dem das Interesse des Rechtsinhabers am Schutz seiner Kennzeichen im MarkenG abschließend ausgestaltet wurde. Daher ist zu differenzieren.

– Sofern nach dem unionsrechtlichen Verbraucherleitbild die Gefahr einer **Täuschung von Verbrauchern über die betriebliche Herkunft** droht, kommen Ansprüche aus §§ 5 I, II; 3 I; 8/10 in Betracht. Ein Vorrang des Markenrechts besteht insoweit nicht (BGH aaO – *Hard Rock Cafe; Köhler* GRUR 08, 841, 846), weil das Markenrecht ebenso wie § 4 Nr 9 das Individualinteresse des Rechtsinha-

9/19

bers schützt, während unter § 5 der zusätzliche Gesichtspunkt des Verbraucherschutzes zu berücksichtigen ist. Doch sind die Wertungen des Markenrechts im Rahmen des § 5 zu berücksichtigen (hierzu im Einzelnen § 5 Rn 707ff).
– Im Übrigen gilt im Bereich von **Wort- und Bildmarken** der Vorrang des Markenrechts uneingeschränkt. Würden lauterkeitsrechtliche Ansprüche gegen die Nachahmung von Kennzeichen (ohne Nachahmung des Produkts) gewährt, so würde § 4 MarkenG unterlaufen, der die Entstehung des Markenschutzes an eine Eintragung, die Entstehung von Verkehrsgeltung oder die notorische Bekanntheit knüpft (*Ingerl* WRP 04, 809ff, *Rohnke*, FS Erdmann, 2002, 455, 462ff; *Köhler/* Bornkamm § 4 Rn 9.11; vgl auch OLG Köln GRUR-RR 07, 388, 390 – *Ohne Dich ist alles doof*). Daher kommt weder ein Schutz einer Wort- oder Bildmarke gem § 4 Nr 9a in Betracht, wenn sie weder eingetragen wurde noch Verkehrsgeltung erlangt hat (aA BGH aaO – *Tupperwareparty*), noch ein Schutz gem § 4 Nr 9b neben § 14 II Nr 3 MarkenG (*Köhler*/Bornkamm § 4 Rn 9.11).
– Am wenigsten geklärt ist das Verhältnis des § 4 Nr 9 zum **Schutz der Formmarke.** De facto schützt die Rspr dreidimensionale Marken ohne das Erfordernis der Eintragung oder Verkehrsgeltung, gewährt aber – insbesondere wegen des Erfordernisses einer vermeidbaren Herkunftstäuschung im konkreten Fall – einen geringeren Schutz. Angesichts der zu Recht strengen Voraussetzungen für den Schutz dreidimensionaler Marken ist ein Bedürfnis für einen formlosen Schutz der „kleinen Münze der Formmarke" unterhalb des Markenrechts nicht völlig von der Hand zu weisen (ähnl *Bornkamm* GRUR 05, 97, 102; Harte/Henning/ *Sambuc* § 4 Nr 9 Rn 12). Allerdings sind auch bei der Auslegung des § 4 Nr 9a die Wertungen des Markenrechts zu berücksichtigen.

9/20 **3. UWG. a) Ziff 13 Anh zu § 3 III.** Nach Ziff 13 der „Schwarzen Liste" ist die Werbung für ein Produkt (Ware oder Dienstleistung), das einem Produkt eines anderen Herstellers ähnlich ist, die den Verbraucher absichtlich dazu verleitet, zu glauben, es handle sich um ein Produkt des Originalherstellers, unter allen Umständen als unlauter anzusehen (hierzu im Einzelnen Anh zu § 3 III Rn 39ff). Da Ziff 13 eine Ausprägung des Art 6 II lit a UGP-RL darstellt (s Rn 9/10), dient die Bestimmung in erster Linie dem Verbraucherschutz und konkretisiert daher § 5 II Nr 1 (*Köhler*/Bornkamm § 3 Rn 13.1). Abgesehen vom unterschiedlichen Schutzzweck weist Ziff 13 im Vergleich zu § 4 Nr 9a drei Einschränkungen auf: Erstens ist die Vorschrift nur auf Handlungen gegenüber Verbrauchern anwendbar. Zweitens wird nur die Nachahmung von Waren oder Dienstleistungen, nicht jedoch die Verwendung verwechslungsfähiger Kennzeichen erfasst (Begr RegE UWG 2008 BT-Drucks 16/10 145 S 32, vgl auch BGH GRUR 13, 631 Rn 77 – AMARULA/Marulablu, s aber zur Überschneidung bei dreidimensionalen Kennzeichen Rn 9/19). Drittens verbietet Ziff 13 nur die **absichtliche Täuschung** der Verbraucher. Lässt sich die Absicht nicht nachweisen, so kann auf § 5 zurückgegriffen werden, da auch Art 6 II lit a UGP-RL keine derartige Beschränkung innewohnt.

9/21 **b) § 4 Nr 10.** Da die Liste der Unlauterkeitsmerkmale in § 4 Nr 9a–c nicht abschließend ist, kann das Angebot nachgeahmter Produkte auch unter dem Gesichtspunkt der Behinderung unlauter sein (BGH GRUR 07, 795 Rn 50 – *Handtaschen;* Köhler/Bornkamm § 4 Rn 9.63; zweifelnd jurisPK-UWG/*Ullmann* § 4 Nr 9 Rn 30). Auch in diesem Fall erscheinen die übrigen Voraussetzungen des § 4 Nr 9 und seine besonderen Rechtsfolgen sachgerecht, so dass für die zusätzliche Anwendung des § 4 Nr 10 kein Raum bleibt (BGH aaO; s aber BGH GRUR 11, 134 Rn 68 – *Perlentaucher;* aA *Nemeczek* WRP 10, 1204, 1212f). Insbesondere liegt nicht allein deshalb eine gezielte Behinderung iSd § 4 Nr 10 vor, weil der Nachahmer fremde Arbeitsergebnisse ausnutzt oder die Preise des Originalherstellers unterbietet, da ansonsten die Nachahmung selbst unabhängig von besonderen Unlauterkeitskriterien untersagt wäre (s Rn 10/14b). Die Abwerbung von Arbeitnehmern eines Konkurrenten ist auch dann

Unlautere Nachahmung §4.9 UWG

nach § 4 Nr 10 zu beurteilen, wenn sie dazu dient, Zugang zu dessen Know-how zu erlangen (s Rn 10/27; aA *Götting/Hetmank* WRP 13, 421, 424).

c) § 5. Ebenso wie Art 6 II lit a UGP-RL (Rn 9/10) nennt § 5 II Nr 1 die Täu- 9/22 schung über die betriebliche Herkunft als Fall der unlauteren Irreführung. Während vor 2008 § 5 für diesen Fall eng ausgelegt wurde, erfasst die Vorschrift seit Umsetzung der UGP-RL jede Irreführung von Verbrauchern über die Herkunft von Produkten (§ 5 Rn 415ff). Da § 4 Nr 9a hingegen (s Rn 9/4), sind § 4 Nr 9 und § 5 parallel anwendbar. Soweit allerdings Wertungen des geistigen Eigentums dazu führen, dass die Herkunftstäuschung unvermeidbar ist, sind diese Wertungen auch unter § 5 zu berücksichtigen (s Rn 9/19).

d) § 6. Die Werbung für nachgeahmte Produkte stellt vergleichende Werbung iSd 9/23 § 6 I dar, wenn zugleich der Originalhersteller oder seine Produkte kenntlich gemacht werden. Das ist sicherlich der Fall, wenn das nachgeahmte Produkt ausdrücklich mit dem Original verglichen wird, wie es zB bei der Gegenüberstellung von Parfums in Konkordanzlisten geschieht (EuGH GRUR 09, 756 – *L'Oréal/Bellure*). Selbst das bloße Angebot einer Nachahmung ohne Nennung des Originals fällt unter den Wortlaut des § 6 I, sofern die angesprochenen Verkehrskreise das Original identifizieren, etwa indem die Bezeichnung des nachgeahmten Produkts im Sinne eines „Übersetzungscode" oder einer „Eselsbrücke" auf das Original verweist (BGH GRUR 08, 628 Rn 21 – *Imitationswerbung*). Dagegen fehlt es an einer vergleichenden Werbung, wenn der Verkehr die Verbindung nur aufgrund der Produktähnlichkeit, etwa aufgrund der Aufmachung des nachgeahmten Produkts, herstellt (s § 6 Rn 37). Liegt demnach vergleichende Werbung vor, so ist § 6 als Umsetzung unionsrechtlicher Normen vorrangig anwendbar. Eine gegenüberstellende Werbung, die nach § 6 II erlaubt ist, kann nicht gem § 4 Nr 9 verboten werden (ähnl für das Verhältnis zum MarkenR Egrd 15 WerbeRL). Umgekehrt können sich aber die Vorgaben des § 6 II als strenger als diejenigen des § 4 Nr 9 erweisen (*Köhler* GRUR 08, 632, 633; ähnl bereits *Ohly/Spence* GRUR Int 99, 681, 695). Der Vergleich zwischen Nachahmung und Original muss dem Objektivitätsgebot des § 6 II Nr 2 genügen. Zu Wertungswidersprüchen kann vor allem § 6 II Nr 6 führen, der die Darstellung eines Produkts als Imitation oder Nachahmung eines anderen unabhängig vom Vorliegen zusätzlicher Unlauterkeitskriterien verbietet und damit dem Grundsatz der Nachahmungsfreiheit zuwiderläuft (näher hierzu § 6 Rn 70).

e) §§ 17, 18. Die Fallgruppe der unredlichen Erlangung von Kenntnissen (§ 4 9/24 Nr 9c) überlagert sich weitgehend mit der Verletzung von Unternehmensgeheimnissen (§ 17) und der Vorlagenfreibeuterei (§ 18). Die Vorschriften sind parallel anwendbar (BGH GRUR 08, 727 Rn 20 – *Schweißmodulgenerator; Köhler*/Bornkamm § 4 Rn 9.60), da § 4 Nr 9c auf die besondere Situation der Produktnachahmung zugeschnitten ist und da §§ 17, 18 als Strafnormen ohnehin der Ergänzung durch die zivilrechtlichen Vorschriften der §§ 3, 4 bedürfen (s a § 17 Rn 44; zur Abwerbung von Arbeitnehmern mit dem Ziel der Erlangung von Geheimnissen s Rn 9/21).

B. Voraussetzungen

I. Grundlagen

1. Systematik der Voraussetzungen. § 4 Nr 9 setzt voraus, dass **(1) Waren** 9/25 **oder Dienstleistungen eines Mitbewerbers**, die **(2) wettbewerbliche Eigenart** aufweisen, **(3) nachgeahmt** und **angeboten** werden und dass **(4) zusätzliche unlauterkeitsbegründende Umstände** vorliegen, deren wichtigste in der nicht ab-

Ohly 419

schließenden Liste des § 4 Nr 9 aufgeführt sind. Zudem müssen die Voraussetzungen des § 3 I vorliegen. Subjektive Erfordernisse bestehen nicht, doch setzt der Begriff der Nachahmung voraus, dass der Nachahmer das Original kennt (Rn 9/46).

9/26 **2. Wechselwirkung.** Zwischen dem **Grad der wettbewerblichen Eigenart**, der Art und Weise und der **Intensität der Übernahme** sowie den **besonderen wettbewerblichen Umständen** besteht eine **Wechselwirkung.** Je größer die wettbewerbliche Eigenart und je größer der Grad der Übernahme sind, desto geringere Anforderungen sind an die besonderen Umstände zu stellen, die die Wettbewerbswidrigkeit der Nachahmung begründen (BGH GRUR 08, 793 Rn 27 – *Rillenkoffer;* BGH GRUR 08, 1115 Rn 18 – *ICON;* BGH GRUR 12, 58 Rn 42 – *Seilzirkus;* BGH GRUR 13, 951 Rn 14 – *Regalsystem*). Die unmittelbare Leistungsübernahme (früher oft als „sklavische Nachahmung" bezeichnet), etwa die Kopie mit Hilfe technischer Mittel, ist nicht als solche unlauter, doch sind im Fall einer identischen Kopie die Anforderungen an die wettbewerbliche Eigenart und die Unlauterkeitsmerkmale geringer (Rn 9/48). Allerdings darf die Wechselwirkungslehre nicht dazu führen, dass die Unlauterkeitsmerkmale bei der nahezu identischen Nachahmung von Produkten mit hoher Eigenart praktisch keine Rolle mehr spielen, da so die Grenzen des Immaterialgüterrechts, insb des Designrechts unterlaufen würden.

II. Waren oder Dienstleistungen eines Mitbewerbers

9/27 **1. Waren oder Dienstleistungen. a) Waren.** Waren sind alle Güter, die Gegenstände des geschäftlichen Verkehrs sein können. Darunter fallen in erster Linie **Sachen** wie Kleidungsstücke (BGH GRUR 06, 79 – *Jeans I*) und Accessoires (BGH GRUR 07, 795 – *Handtaschen*), Möbelstücke (BGH GRUR 07, 984 – *Gartenliege;* BGH GRUR 08, 1115 – *ICON;* BGH GRUR 13, 951 – *Regalsystem*), Spielzeug (BGH GRUR 05, 166 – *Puppenausstattungen;* BGH GRUR 12, 1155 – *Sandmalkasten*), Sportgeräte (BGH GRUR 10, 80 – *LIKEaBIKE*), Produktaufmachungen und Verpackungen (BGH GRUR 09, 1069 – *Knoblauchwürste;* BGH GRUR 10, 343 – *Oracle*), Sachgesamtheiten (BGH GRUR 12, 1155 Rn 19 – *Sandmalkasten,* näher hierzu Rn 9/38) oder technische Erzeugnisse (BGH GRUR 07, 339 – *Stufenleitern;* BGH GRUR 08, 790 – *Baugruppe;* BGH GRUR 10, 1125 – *Femur-Teil*). Auch **unkörperliche Gegenstände** können als Waren anzusehen sein (*Büscher* GRUR 09, 230, 233), doch ist hier ein möglicher **Vorrang der Wertungen des geistigen Eigentums** zu beachten (s Rn 9/12 ff). Beispiele sind Bildmotive (OLG Köln GRUR-RR 07, 388, 390 – *Ohne Dich ist alles doof;* OLG Köln WRP 12, 1128 – *Die Blaue Couch; Götting/Nordemann* § 4 Rn 9.39), Abbildungen (OLG Dresden WRP 98, 415, 417 – *Metall-Fördergurte*), Telefonbücher (BGHZ 141, 329 = GRUR 99, 923, 924 – *Tele-Info-CD*), Bildschirmmasken und Web-Layouts (OLG Karlsruhe GRUR-RR 10, 234, 236 – *Reisebürosoftware*), ein Nummernsystem für Briefmarkensammlungen (BGH GRUR 11, 79 Rn 27 – *Markenheftchen*), Formate von Fernsehsendungen (*Eickmeier/Fischer-Zernin* GRUR 08, 755, 760 ff; *Krämer,* Schutzmöglichkeiten für TV-Formate, 2006, S 175 f; offengelassen in BGHZ 155, 257, 265 = GRUR 03, 876, 878 – *Sendeformat;* aA OLG München NJW-RR 93, 619 – *Jux und Dallerei*) und fiktive Figuren, die im Wege des Character merchandising genutzt werden (*Kur* GRUR 90, 1, 10 f; vgl auch BGH v 17.7.2013, Az I ZR 52/12 – *Pippi Langstrumpf*). Werbeideen als solche sind nicht geschützt, wohl aber, bei Vorliegen der übrigen Voraussetzungen und vorbehaltlich eines vorrangigen geistigen Eigentums, verkörperte Werbemittel (BGH GRUR 61, 85, 89 – *Pfiffikus-Dose*) wie Anzeigen, Preislisten, Kataloge, Prospekte, Muster und Plakate. Auch **Werbeslogans** sind nach hM gem § 4 Nr 9 schutzfähig (BGH GRUR 97, 308, 309 – *Wärme fürs Leben;* OLG Frankfurt GRUR-RR 12, 75, 76 – *Schönheit von innen; Bornkamm* GRUR 05, 97, 102; *Kaulmann* GRUR 08, 854, 859 ff; aA *Sambuc* Rn 704 ff), dasselbe soll für **Kennzeichen** im Allgemeinen gelten (BGH GRUR 03, 973, 974 – *Tupperwareparty;* GRUR 97, 754, 756 –

Unlautere Nachahmung §4.9 UWG

grau/magenta). Diese Ansicht erscheint aus zwei Gründen als **zweifelhaft**. Zum einen lassen sich Kennzeichen und Slogans schon schwerlich als „Waren" oder „Dienstleistungen" ansehen (so nunmehr zu Ziff 13 Anh zu § 3 III Begr RegE UWG 2008 BT-Drucks 16/10 145 S 32), weil sie (abgesehen vom hier nicht einschlägigen Fall der Markenübertragung gem § 27 MarkenG) dem Verkehr nicht als Ware, sondern als davon unterscheidbarer Herkunftshinweis gegenübertreten (*Erdmann* GRUR 07, 130, 131; *Kaulmann* GRUR 08, 854, 859). Zweitens birgt ein UWG-Nachahmungsschutz die Gefahr, dass die Grenzen des im MarkenG unterlaufen werden (s Rn 9/19). Auch wenn ein allgemeiner „Vorrang des Markenrechts" nicht anzuerkennen ist, sind Kennzeichen oder Werbeslogans dennoch nach den Wertungen des Markenrechts gemeinfrei, sofern sie nicht nach dem MarkenG geschützt sind (einschränkend *Köhler*/Bornkamm § 4 Rn 9.22, für unmittelbare Anwendung des § 3 I *Erdmann* und *Kaulmann* aaO). Eine Täuschung der Abnehmer über die betriebliche Herkunft ist in diesem Fall einzig nach § 5 zu beurteilen (s Rn 9/22). Etwas anderes kann allenfalls im Fall einer Behinderung durch systematische Übernahme mehrerer Elemente der Werbekampagne eines Mitbewerbers gelten (s Rn 9/74).

b) Dienstleistungen. Beispiele für **Dienstleistungen** sind die Erstellung eines Aktienindex (BGH GRUR 09, 1162 Rn 40 – *DAX*), die Zusammenstellung eines Investmentfonds, Börseninformationen (aufschlussreich dazu das Urteil des US Court of Appeals for the 2nd Circuit *Barclays Capital Inc v Theflyonthewall.com*, 650 F.3d 876) oder eine Versicherung. Allerdings wird Nachahmungsschutz hier regelmäßig nur nach § 4 Nr 9c in Betracht kommen, da die Dienstleistung selbst (im Gegensatz zur Marke oder Unternehmensbezeichnung, unter der sie angeboten wird) weder eine Herkunftsvorstellung vermittelt noch Träger eines guten Rufs ist (Harte/Henning/ *Sambuc* § 4 Nr 9 Rn 43; vgl auch BGH aaO Rn 44). 9/28

c) Unerhebliche Umstände. Ansprüche aus UWG-Nachahmungsschutz können auch dann bestehen, wenn der Vertrieb des nachgehenden Produkts gegen ein gesetzliches Verbot verstößt oder selbst wettbewerbswidrig ist (BGH GRUR 05, 519, 520 – *Vitamin-Zell-Komplex*). Auf die Sonderrechtsschutzfähigkeit eines Erzeugnisses kommt es für die Gewährung wettbewerbsrechtlichen Leistungsschutzes nicht an (BGH GRUR 10, 80 Rn 18 – *LIKEaBIKE*; BGH GRUR 12, 58 Rn 41 – *Seilzirkus*; BGH GRUR-RR 12, 47 – *Elektrische Gebäckpresse*). Zum Verhältnis zwischen § 4 Nr 9 und dem Recht des geistigen Eigentums s Rn 9/12ff. 9/29

d) Kein Ideenschutz. UWG-Nachahmungsschutz kommt immer nur für die **konkrete Ausformung** einer Leistung in Betracht. Ebenso wie im Urheberrecht zwischen der geschützten Ausdrucksform und der gemeinfreien Idee zu unterscheiden ist (BGH GRUR 79, 119, 120 – *Modeschmuck*; BGH GRUR 87, 704, 706 – *Warenzeichenlexika*; BGH GRUR 03, 231, 233 – *Staatsbibliothek*; Schricker/*Loewenheim* UrhG § 2 Rn 50 mwN), sind **abstrakte Ideen,** die in der konkreten Formgestaltung keinen Niederschlag gefunden haben, lauterkeitsrechtlich nicht gegen Nachahmung geschützt (BGH GRUR 05, 166, 168ff – *Puppenausstattungen;* BGH GRUR 09, 1069 Rn 21 – *Knoblauchwürste;* BGH GRUR 12, 1155 Rn 19 – *Sandmalkasten; Leistner* GRUR 11, 761, 767; MüKo/*Wiebe* § 4 Nr 9 Rn 59). Sie sind gemeinfrei und können nicht zugunsten eines einzelnen monopolisiert werden (vgl BGH GRUR 03, 359, 361 – *Pflegebett*). Maßgebend ist allein die praktische Durchführung der Idee, also ihre Verkörperung im Produkt (BGHZ 18, 175, 183 = GRUR 55, 598, 600f – *Werbeidee;* BGH GRUR 09, 1069 Rn 22 – *Knoblauchwürste*). Keinen UWG-Nachahmungsschutz genießen daher Werbeideen (BGH aaO – *Werbeidee;* BGH GRUR 79, 705, 706 – *Notizklötze*), Geschäftsmethoden (aA *Jänich* GRUR 03, 483, 487), Konstruktionsprinzipien (BGH GRUR 03, 359, 361 – *Pflegebett*); allgemeine Stil- und Gestaltungsmittel (BGH GRUR 02, 629, 633 – *Blendsegel*; BGH GRUR 09, 1069 Rn 21 – *Knoblauchwürste*); Ideen für Spielzeugausstattungen (BGH GRUR 05, 166, 168ff – *Puppenausstattungen;* 9/30

Ohly

BGH GRUR 12, 1155 Rn 19 – *Sandmalkasten*) oder Gesellschaftsspiele (LG Mannheim ZUM-RD 09, 96, 101).

9/31 **2. Eines Mitbewerbers.** Schutzgegenstände sind die Waren oder Dienstleistungen eines Mitbewerbers. Voraussetzung für die Anwendbarkeit von § 4 Nr 9 ist also das **Bestehen eines (konkreten) Wettbewerbsverhältnisses** (§ 2 I Nr 3) zwischen dem Anbieter des nachgeahmten Produkts und dem Hersteller bzw Anbieter des Originals (vgl *Beater* WRP 09, 768, 776 ff; *Köhler*/Bornkamm § 2 Rn 110 ff). Daran fehlt es, wenn beide Unternehmen unterschiedliche Produkte auf unterschiedlichen Märkten absetzen (vgl BGH GRUR 07, 884 Rn 35 – *Cambridge Institute*). Die Rechtsprechung zu § 1 aF, nach der die bloße Rufausnutzung das Wettbewerbsverhältnis begründete (BGH GRUR 85, 550, 552 – *Dimple*), ist unter § 2 I Nr 3 überholt (s § 2 Rn 65, weiter aber Rn 66). **Mitbewerber sind** die Anbieter von Luxusartikeln und billigen Imitaten (*Beater, Köhler* aaO, in BGH GRUR 07, 795 – Handtaschen offengelassen) oder die Anbieter von Produktteilen bzw Vorprodukten und nachgeahmter zusammengesetzter Produkte (BGH GRUR 05, 163, 165 – *Aluminiumräder*), nicht jedoch Rolls Royce und ein Anbieter von Whisky, selbst wenn in der Whiskywerbung der Kühlergrill des Rolls Royce abgebildet wird (aA BGH GRUR 83, 247, 249 – *Rolls-Royce* (zu § 1 aF); *Köhler*/Bornkamm § 4 Rn 9.19). Ein potentieller Wettbewerb genügt (§ 2 Rn 58; BGH GRUR 02, 828, 829 – *Lottoschein*), nicht hingegen eine bloß abstrakte Möglichkeit des Marktzugangs (*Köhler*/Bornkamm § 2 Rn 96 f). Sofern der Mitbewerber überhaupt noch auf dem Markt tätig ist, entfällt das Wettbewerbsverhältnis nicht dadurch, dass er das nachgeahmte Produkt nicht mehr anbietet (OLG Frankfurt WRP 07, 1108 – *Hängender Panther; Köhler*/Bornkamm § 4 Rn 9.19). Doch kann die wettbewerbliche Eigenart entfallen (s Rn 9/35).

III. Wettbewerbliche Eigenart

9/32 **1. Begriff, Bedeutung und Bewertung. a) Begriff und Bedeutung.** Wettbewerbliche Eigenart setzt voraus, dass die **konkrete Ausgestaltung oder bestimmte Merkmale** eines Erzeugnisses geeignet sind, die angesprochenen Verkehrskreise auf die **betriebliche Herkunft** *oder* die **Besonderheiten** des Erzeugnisses hinzuweisen (st Rspr; BGH GRUR 08, 1115 Rn 20 – *ICON;* BGH GRUR 10, 80 Rn 22 – *LIKEaBIKE;* BGH GRUR 10, 1125 Rn 22 – *Femur-Teil;* BGH GRUR 11, 134 Rn 67 – *Perlentaucher;* BGH GRUR 13, 951 Rn 19 – *Regalsystem*). Die wettbewerbliche Eigenart hat eine den Schutzvoraussetzungen des geistigen Eigentums vergleichbare Funktion (GK/*Leistner* § 4 Nr 9 Rn 123; MüKo/*Wiebe* § 4 Nr 9 Rn 77): Lauterkeitsrechtlichen wie immaterialgüterrechtlichen Schutz verdienen nur Produkte, die eine gewisse Eigenart aufweisen, nicht hingegen „Allerweltserzeugnisse" oder „Dutzendware", deren Herkunft und Besonderheiten den interessierten Verkehrskreisen gleichgültig sind (vgl BGH GRUR 07, 339 Rn 26 – *Stufenleitern*). Entscheidende Frage ist also, ob die Merkmale des Produkts einzeln oder in Kombination geeignet sind, das Produkt **individualisierend herauszustellen**. Die Eignung, herkunftshinweisend zu wirken oder Besonderheiten des Erzeugnisses deutlich zu machen, fehlt solchen Merkmalen, die allgemein üblich sind oder von Mitbewerbern in gleicher oder ähnlicher Form oder Funktion verwendet werden und deshalb für den Verkehr keine Hinweiswirkung haben. Ein Beispiel ist die übliche Form eines Goldbarrens als Verpackung für Schokolade (BGH GRUR 03, 712, 713 f – *Goldbarren*); allenfalls über geringe Eigenart verfügen Spielszenen eines Amateur-Fußballspiels (*Maume* MMR 08, 797, 799; aA OLG Stuttgart MMR 09, 395, 396 – *hartplatzhelden.de,* offengelassen in BGH GRUR 11, 436 – *hartplatzhelden.de*). Die literarische oder journalistische Qualität eines Textes verleiht diesem noch keine wettbewerbliche Eigenart, da sie weder die Herkunft des Textes aus einem bestimmten Verlag erken-

Unlautere Nachahmung § 4.9 UWG

nen lässt noch ein Unterscheidungsmerkmal zu anderen qualitativ vergleichbaren Texten darstellt (vgl BGH GRUR 11, 134 Rn 67 – *Perlentaucher*).

b) Kritik. Der Begriff der wettbewerblichen Eigenart ist **unbestimmt,** insbesondere weil er das markenrechtliche Kriterium der Unterscheidungskraft und den designrechtlichen Begriff der Eigenart zu einem Begriff vereint, der durch diese Kombination seine Trennschärfe einbüßt (vgl *Kur* GRUR 90, 1, 7 f; *Sambuc* GRUR 86, 130, 138 f; *Ohly,* FS Ullmann, 2006, 795, 797; vgl auch MüKo/*Wiebe* § 4 Nr 9 Rn 79). Für die Fallgruppe der **vermeidbaren Herkunftstäuschung** (§ 4 Nr 9a) kann es, anders als die hM annimmt, lediglich auf die Eignung des betreffenden Merkmals als **Herkunftshinweis** ankommen (OLG Hamburg GRUR-RR 06, 94, 96 – *Gipürespitze;* ähnl MüKo/*Wiebe* § 4 Nr 9 Rn 114; aA BGH GRUR 84, 453, 454 – *Hemdblusenkleid;* BGH GRUR 07, 984 Rn 24 – *Gartenliege*). Dabei ist zu berücksichtigen, dass Abnehmer regelmäßig nicht vom Erscheinungsbild eines Produkts auf seine betriebliche Herkunft schließen (BGH GRUR 01, 443, 446 – *Viennetta;* BGH GRUR 03, 712, 714 – *Goldbarren;* im Kennzeichenrecht st Rspr, vgl EuGH GRUR 03, 514 Rn 48 – *Linde, Winward, Rado;* BGH GRUR 03, 332, 334 – *Abschlussstück;* BGH GRUR 06, 679 Rn 16 – *Porsche Boxster*). Lässt man hingegen mit der hM die bloße originelle Gestaltung eines Produkts für die wettbewerbliche Eigenart genügen (s Rn 9/37) und stellt wegen der Wechselwirkung zwischen Eigenart und Unlauterkeitsmerkmalen nur geringe Anforderungen an die Herkunftstäuschung, so besteht die Gefahr, dass die Nachahmung origineller Produkte letztlich doch als solche die Unlauterkeit begründet (Grenzfälle dieser Art: BGH GRUR 06, 79 – *Jeans I;* BGH GRUR 07, 984 – *Gartenliege*) und dass im Gewand der vermeidbaren Herkunftstäuschung in systemwidriger Weise unmittelbarer Leistungsschutz gewährt wird (deutlich *Kiethe*/*Groeschke* WRP 06, 794, 800: „effektive Ahndung" von Plagiaten). Auch für die Fallgruppe der **Rufausbeutung und -schädigung** ist die wettbewerbliche Eigenart kaum von eigenständiger Bedeutung, da schon die Voraussetzungen des guten Rufs (Rn 9/66) und des Imagetransfers (Rn 9/67) den Schutz von Allerweltsware ausschließen. Im Fall der **unredlichen Erlangung von Vorlagen** (§ 4 Nr 9c) hingegen ist die Beschränkung auf Produkte mit wettbewerblicher Eigenart Bedenken ausgesetzt (s Rn 9/72).

2. Entstehung und Erlöschen. a) Entstehung. Wettbewerbliche Eigenart entsteht, sobald die Merkmale eines Produkts geeignet sind, herkunftshinweisend zu wirken oder seine Besonderheiten erkennen zu lassen. Ob das betreffende Erzeugnis bekannt ist, spielt für die Beurteilung der wettbewerblichen Eigenart keine Rolle (BGH GRUR 05, 600, 602 – *Handtuchklemmen;* BGH GRUR 07, 984 Rn 28 – *Gartenliege;* BGH GRUR 09, 79 Rn 35 – *Gebäckpresse*), doch setzt die Rechtsprechung für die Annahme einer Herkunftstäuschung eine „gewisse Bekanntheit" des Produkts voraus (Rn 9/56). Der Grad der wettbewerblichen Eigenart eines Erzeugnisses kann durch seine tatsächliche Bekanntheit im Verkehr verstärkt werden (BGH GRUR 01, 251, 253 – *Messerkennzeichnung;* BGH aaO – *Handtuchklemmen;* BGH GRUR 10, 80 Rn 37 – *LIKEaBIKE*), Indizien hierfür können die Höhe der erzielten Umsätze und der Umfang der Werbeaufwendungen sein.

b) Erlöschen. Die wettbewerbliche Eigenart muss zu dem Zeitpunkt noch bestehen, an dem das nachgeahmte Produkt auf dem Markt angeboten wird, auf den Zeitpunkt der Nachahmung kommt es nicht an (BGH GRUR 85, 876, 878 – *Tchibo/Rolex I;* Köhler/Bornkamm § 4 Rn 9.26). Sie erlischt, wenn die konkrete Ausgestaltung des Produkts oder seiner Merkmale auf Grund der Entwicklung der Verhältnisse auf dem Markt nicht mehr geeignet sind, die angesprochenen Verkehrskreise auf seine betriebliche Herkunft oder seine Besonderheiten hinzuweisen (BGH GRUR 07, 984, Rn 25 – *Gartenliege*). Das ist nicht schon dann der Fall, wenn das Original vom Markt genommen wird (OLG Frankfurt WRP 07, 1108, 1110; *Petry* WRP 07, 1045), son-

Ohly

dern erst dann, wenn Mitglieder der angesprochenen Verkehrskreise das Original nicht mehr kennen. Die wettbewerbliche Eigenart kann auch erlöschen, wenn die Gestaltungsmerkmale üblich werden (BGH GRUR 98, 477, 479 – *Trachtenjanker*) oder wenn der Hersteller seine Erzeugnisse (insbesondere als No-name-Artikel) an verschiedene Unternehmen liefert, die sie unter eigener Kennzeichnung vertreiben (BGH GRUR 07, 984 Rn 26 – *Gartenliege*). Handelt es sich bei der eigenen Kennzeichnung aber um eine Handelsmarke, so soll dem Verkehr bewusst sein, dass die Waren von verschiedenen, nicht namentlich genannten Herstellern stammen (BGH aaO, Rn 26, zweifelhaft). Der **Vertrieb von Nachbildungen** lässt die wettbewerbliche Eigenart des Originals **nicht** entfallen, solange der Verkehr zwischen Original und Kopie unterscheidet. (BGHZ 138, 143, 149 = GRUR 98, 830, 833 – *Les-Paul-Gitarren;* BGH GRUR 07, 795 Rn 28 – *Handtaschen*). Dem Betroffenen darf durch mehrere etwa gleichzeitige Nachahmungshandlungen nicht die Möglichkeit zur Gegenwehr genommen werden (BGH GRUR 85, 876, 878 – *Tchibo/Rolex I;* krit MüKo/*Wiebe* § 4 Nr 9 Rn 93).

9/36 **3. Kriterien. a) Abgrenzung von immaterialgüterrechtlichen Schutzvoraussetzungen.** Wettbewerbliche Eigenart ist nicht gleichbedeutend mit der markenrechtlichen Verkehrsgeltung (BGH GRUR 02, 275, 277 – *Noppenbahnen;* BGH GRUR 05, 166, 167 – *Puppenausstattungen;* BGH GRUR 06, 79 Rn 35 – *Jeans I;* BGH GRUR 07, 339 Rn 39 – *Stufenleitern*). Zur designrechtlichen Eigenart bestehen zwar Parallelen (*Kur* GRUR 02, 661, 665; *Wandtke/Ohst* GRUR Int 05, 91, 93), doch decken sich beide Begriffe nicht, zumal es sich bei letzterer, anders als bei der wettbewerblichen Eigenart, um einen Begriff des Unionsrechts handelt. Die Schwelle für das Vorliegen der wettbewerblichen Eigenart ist nicht generell niedriger als diejenige, die bei Feststellung der Eigenart im Designrecht (§ 2 III DesignMG, Art 6 I GGV) gilt (BGH GRUR-RR 12, 47 – *Elektrische Gebäckpresse*). Auch die Neuheit des Produktes im patent- oder musterrechtlichen Sinn ist unerheblich (BGH GRUR 73, 478, 480 – *Modeneuheit;* BGH GRUR 85, 876, 877 – *Tchibo/Rolex I*), auch wenn sie ein Indiz für das Vorliegen der wettbewerblichen Eigenart darstellen kann.

9/37 **b) Herkunftshinweis nach hM nicht erforderlich.** Aus der Gestaltung folgende Hinweise auf Besonderheiten genügen. Weist ein Produkt durch seine ästhetisch-künstlerische oder technische Gestaltung für den Verkehr Besonderheiten auf, kommt es nach ganz hM für die wettbewerbliche Eigenart nicht auch noch auf die Eignung an, herkunftshinweisend zu wirken (BGH GRUR 84, 453, 454 – *Hemdblusenkleid;* BGH GRUR 07, 984 Rn 24 – *Gartenliege*). Diese Rspr ist für die Fallgruppe der vermeidbaren Herkunftstäuschung **abzulehnen** (s Rn 9/33). Hier kommt es entscheidend darauf an, dass der Verkehr aus der Gestaltung des Produkts auf dessen Herkunft schließt.

9/38 **c) Kombinationen von Gestaltungsmerkmalen oder Produkten.** Die wettbewerbliche Eigenart kommt nicht nur Einzelgegenständen zu, die eine schutzwürdige Leistung aufweisen, sondern kann auch in der Kombination von Gestaltungsmerkmalen (BGH GRUR 02, 629, 632 – *Blendsegel;* BGH GRUR 13, 1052 Rn 19 – *Einkaufswagen III*), in einer Sachgesamtheit (BGH GRUR 12, 1155 Rn 19 – *Sandmalkasten*) oder in der Zusammenstellung einzelner Gegenstände zu einer Kollektion liegen (BGH GRUR 82, 305, 307 – *Büromöbelprogramm;* BGH GRUR 86, 673, 675 – *Beschlagprogramm;* BGH GRUR 91, 223, 224 – *Finnischer Schmuck*). Erst eine neu empfundene Kombination bekannter Gestaltungsmerkmale kann wettbewerbliche Eigenart begründen (BGH GRUR 06, 79 Rn 26 – *Jeans I;* BGH GRUR 08, 1115 Rn 17 – *ICON*). Das gilt auch für das Zusammenwirken mehrerer Elemente, die für sich genommen nicht originell sind und die Annahme der wettbewerblichen Eigenart noch nicht rechtfertigen würden (BGH GRUR 10, 80 Rn 34 – *LIKEaBIKE;* BGH aaO Rn 31, 34 – *Sandmalkasten;* BGH aaO Rn 19 – *Einkaufswagen III*). Ob mehrere Gegenstände als Sachgesamtheit begriffen werden, bestimmt sich nach der Verkehrsauffassung (BGH aaO Rn 19 – *Sandmalkasten*). Es ist nicht zwingend erforderlich, dass der Originalhersteller gerade diese Kombination als zusammenhängend bewirbt, sofern sie im Sinne eines inhaltlichen Konzepts funktional zusammenwirken kann (BGH aaO Rn 21 ff – *Sandmalkasten*). Programme als Gesamtheit von Erzeugnissen mit Gemeinsamkeiten in der Formgestaltung und Zweckbestimmung können von wettbewerblicher Eigenart sein, wenn sich diese aus den Merkmalen der einzelnen Teile oder aus der Kombination der Einzelteile ergibt. Voraussetzung ist dabei nicht, dass jedes einzelne Teil für sich genommen wettbewerbliche Eigenart aufweist. Diese kann sich auch aus einer wiederkehrenden Formgestaltung der einzelnen Teile mit charakteristischen Besonderheiten ergeben, die die zum Programm gehörenden Gegenstände für den Verkehr von Waren anderer Hersteller unterscheiden (BGH GRUR 08, 793 Rn 29 – *Rillenkoffer*). Machen allerdings die den Seriencharakter begründenden Merkmale bei den Einzelprodukten nur einen untergeordneten Teil des Gesamteindrucks aus, ist die wettbewerbliche Eigenart der Serie gering (OLG Köln GRUR-RR 13, 24).

d) Übernahme von Teilen. Wird ein Erzeugnis nicht mit allen Gestaltungsmerkmalen, sondern nur teilweise übernommen, kommt es maßgeblich darauf an, ob die wettbewerbliche Eigenart gerade auf den übernommenen Merkmalen beruht, ob es also gerade diese Merkmale sind, die geeignet sind, auf die betriebliche Herkunft oder auf Besonderheiten des Erzeugnisses hinzuweisen (BGHZ 141, 329 = GRUR 99, 923, 926 – *Tele-Info-CD;* BGH GRUR 01, 251, 253 – *Messerkennzeichnung*). Grundsätzlich muss es sich dabei um für den Verkehr äußerlich sichtbare Gestaltungsmerkmale handeln, weil regelmäßig nur durch solche Merkmale die wettbewerbliche Eigenart eines Erzeugnisses begründet wird (BGH GRUR 99, 751, 752 – *Güllepumpen;* BGH GRUR 02, 820, 822 – *Bremszangen*). Allerdings ist auch bei einem Gerät, das nach dem Kauf bestimmungsgemäß in ein Gesamtprodukt eingefügt wird, das Erscheinungsbild des gesamten Geräts, nicht nur sein nach Einbau noch sichtbarer Teil, zu berücksichtigen (BGH GRUR 08, 790 Rn 37 – *Baugruppe*). Umgekehrt wird die Nachahmung nicht dadurch ausgeschlossen, dass das übernommene Produkt in einen größeren Gegenstand eingefügt wird, sofern es weiterhin als eigenes Teilprodukt wahrgenommen wird (Beispiel: Autohersteller übernimmt Gestaltung einer Felge). 9/39

4. Erscheinungsformen. a) Äußere Gestaltung. Wettbewerbliche Eigenart zeigt sich vielfach in der vom Alltäglichen abweichenden äußeren (insb ästhetisch-künstlerischen) Gestaltung des Produkts (BGH GRUR 85, 876, 877 – *Tchibo/Rolex I;* BGH GRUR 87, 903, 905 – *Le Corbusier-Möbel;* BGH GRUR 07, 795 Rn 26 – *Handtaschen;* so bereits RGZ 111, 254, 256 – *Käthe-Kruse-Puppen;* BGHZ 35, 341 = GRUR 62, 144, 149 – *Buntstreifensatin I*). Beispiele sind die besonders originelle Gestaltung von Kleidungsstücken und anderen Modeerzeugnissen (BGH GRUR 98, 477, 478 – *Trachtenjanker;* BGH GRUR 06, 79 Rn 24 – *Jeans I*), das Design einer Luxusuhr (BGH GRUR 85, 876, 878 – *Tchibo/Rolex I*), die wellenartige Blättereisstruktur von Speiseeis (BGH GRUR 01, 443, 444 – *Viennetta*) oder die charakteristische, mit einem Designpreis ausgezeichnete Gestaltung eines Möbelstücks (OLG Köln GRUR-RR 08, 166, 168 – *Bigfoot*). 9/40

b) Technische Merkmale. Die wettbewerbliche Eigenart kann sich auch aus den technischen Merkmalen eines Produkts ergeben (BGH GRUR 09, 1073 Rn 10 – *Ausbeinmesser;* BGH GRUR 10, 80 Rn 23 – *LIKEaBIKE;* BGH GRUR 10, 1125 Rn 22 – *Femur-Teil;* BGH GRUR 12, 58 Rn 43 – *Seilzirkus;* BGH GRUR 13, 1052 Rn 18 – *Einkaufswagen III*). Allerdings dürfen die Wertungen der technischen Schutzrechte nicht unterlaufen werden. Daher wird der ergänzende Leistungsschutz technischer Erzeugnisse dadurch eingeschränkt, dass die **technische Lehre** und der **Stand der Technik frei** sind. Mithin ist wettbewerbliche Eigenart immer dann zu verneinen, wenn sich eine gemeinfreie technische Lösung in einer technisch notwendigen 9/41

Gestaltung verwirklicht, also das Erreichen eines bestimmten technischen Erfolgs die Verwendung bestimmter Gestaltungselemente zwingend voraussetzt (BGH aaO; so bereits BGHZ 50, 125, 128f = GRUR 68, 591, 592 – *Pulverbehälter*). War das Originalerzeugnis früher patentgeschützt, so können nur Merkmale die wettbewerbliche Eigenart begründen, die sich nicht in der früher patentierten technischen Lehre erschöpfen (OLG Frankfurt GRUR-RR 13, 394 – *Steckdübel*). Dagegen können Merkmale, die zwar technisch bedingt, aber frei austauschbar sind, eine wettbewerbliche Eigenart (mit)begründen, sofern der Verkehr im Hinblick auf sie auf die Herkunft der Erzeugnisse aus einem bestimmten Betrieb Wert legt oder mit ihnen gewisse Qualitätserwartungen verbindet (BGH aaO; krit GK/*Leistner* § 4 Nr 9 Rn 130). Allerdings kann eine verbleibende Herkunftstäuschung im Fall der Übernahme technischer Merkmale unvermeidbar sein, wenn die Merkmale zur angemessenen Lösung einer technischen Aufgabe dienen und der Nachahmer durch eine angemessene Kennzeichnung einer Verwechslungsgefahr entgegenwirkt (s Rn 9/62). Zur Sichtbarkeit der eigenartsbegründenden Merkmale von außen s Rn 9/39. Nicht erforderlich ist es, dass die Verbraucher die Besonderheiten, die eine Gestaltung gerade auch im Gebrauch aufweist, bereits auf den ersten Blick erkennen (BGH GRUR 07, 984, Rn 21 – *Gartenliege*). **Vorbekanntheit** der formgebenden technischen Merkmale kann die wettbewerbliche Eigenart entfallen lassen.

9/42 **c) Kennzeichen.** Die wettbewerbliche Eigenart soll sich auch aus der Warenkennzeichnung ergeben können (BGH GRUR 56, 553, 557 – *Coswig;* BGH GRUR 63, 423, 428 – *coffeinfrei;* GRUR 01, 251, 253 – *Messerkennzeichnung;* BGH GRUR 09, 1162 Rn 40 – *DAX*). Sofern es sich dabei nicht zugleich um äußere Erscheinungsmerkmale des Produktes (zB Farbe und Form) handelt, die nach allgemeinen Grundsätzen (Rn 9/40) die wettbewerbliche Eigenart begründen, ist diese Rspr wegen der *insoweit* abschließenden Regelung des Kennzeichenschutzes im MarkenG (s Rn 9/19) erheblichen Zweifeln ausgesetzt. Ein ergänzender Kennzeichenschutz unabhängig von den Schutzvoraussetzungen des Markenrechts (Eintragung, Verkehrsgeltung oder notorische Bekanntheit, §§ 4, 5 MarkenG) und dem dort definierten Schutzumfang (§§ 14; 15; 23; 24 MarkenG) würde dessen Begrenzungen unterlaufen.

9/43 **d) Datenbanken.** Verschiedentlich hat die Rechtsprechung Datenbanken wettbewerbliche Eigenart beigemessen. So soll es bei Telefonverzeichnissen für die Annahme der wettbewerblichen Eigenart ausreichen, wenn der Verkehr mit den Teilnehmereintragungen besondere Gütevorstellungen mit Blick auf die Vollständigkeit der Einträge im Original verbindet (BGHZ 141, 329, 340f = GRUR 99, 923, 926f – *Tele-Info-CD;* ähnl BGH GRUR 11, 79 Rn 25 – *Markenheftchen*). Diese Rechtsprechung erscheint aus zwei Gründen **zweifelhaft** (ähnl für § 4 Nr 9b GK/*Leistner* § 4 Nr 9 Rn 191). Erstens vermitteln Datenbanken selbst (im Gegensatz zu ihrer Bezeichnung, zB „DAX") weder eine Herkunftsvorstellung, noch sind sie Träger eines guten Rufs (aA BGH GRUR 11, 79 Rn 25 – *Markenheftchen;* zweifelnd OLG Frankfurt GRUR-RR 07, 104, 105 – *DAX-Optionsscheine,* die Ausnutzung der Wertschätzung ablehnend BGH GRUR 09, 1162 Rn 44 – *DAX*). Zweitens wird der Leistungsschutz des Datenbankherstellers seit Einführung des Sui-generis-Schutzrechts in §§ 87a ff UrhG nach unionsrechtlichen Kriterien umfassend geregelt, für einen ergänzenden UWG-Schutz bleibt daher kein Raum. Demgegenüber bejaht der BGH die wettbewerbliche Eigenart von Nummernsystemen, lehnt aber bei deren Übernahme durch einen Mitbewerber unter zutreffender Anbieterkennzeichnung das Vorliegen einer Herkunftstäuschung oder unlauteren Rufausnutzung ab (BGH GRUR 06, 493 Rn 28 – *Michel-Nummern;* BGH GRUR 11, 79 Rn 32 – *Markenheftchen*).

9/44 **5. Feststellung.** Ob wettbewerbliche Eigenart vorliegt, ist nach der Verkehrsauffassung zu beurteilen (BGH GRUR 12, 1155 Rn 19 – *Sandmalkasten*). Das Gericht kann die Eigenart regelmäßig aus eigener Sachkunde feststellen, sei es weil die Richter

Unlautere Nachahmung **§ 4.9 UWG**

zu den angesprochenen Verkehrskreisen gehören (OLG Hamburg GRUR-RR 06, 94, 96 – *Gipürespitze:* hochwertige Damen-Dessous), sei es weil sie durch ständige Befassung mit Wettbewerbssachen über die nötige Sachkunde verfügen (BGH GRUR 06, 79 Rn 27 – *Jeans I;* BGH GRUR 13, 1052 Rn 29 – *Einkaufswagen III; Bornkamm* WRP 00, 830, 832). Etwas anderes gilt, wenn spezielles Erfahrungswissen einer bestimmten Branche erforderlich ist (so für eine Hüftprothese BGH GRUR 10, 1125 Rn 50 – *Femur-Teil*). Ob die Verkehrsauffassung aufgrund eigener richterlicher Sachkunde festgestellt werden kann, ist im Wesentlichen Tatfrage (BGH aaO – *Einkaufswagen III*). Indizien für das Vorliegen wettbewerblicher Eigenart können Neuheit, Gestaltungshöhe, Verkehrsbekanntheit (BGH GRUR 10, 80 Rn 37 – *LIKEaBIKE*), Absatzzahlen (BGH GRUR 07, 339 Rn 32 – *Stufenleitern*), Lizenzierungserfordernisse (BGH GRUR 63, 152, 156 – *Rotaprint*) und webliche Präsenz (BGH aaO – *LIKEaBIKE*) sein.

IV. Angebot nachgeahmter Produkte

1. Nachahmung. a) Abgrenzung. Ebenso wie das Urheberrecht und das nicht **9/45** eingetragene Gemeinschaftsgeschmacksmuster schützt § 4 Nr 9 nur gegen Nachahmungen. Die unabhängige Parallelschöpfung unterliegt keinen lauterkeitsrechtlichen Begrenzungen. Insbesondere trifft einen Unternehmer, der selbständig ein Produkt entwickelt, keine allgemeine Pflicht, einen Abstand vom bestehenden Formenschatz zu wahren (BGH GRUR 08, 1115 Rn 33 – *ICON*). Auch umfasst § 4 Nr 9 nur einen Teilbereich der unter § 1 aF anerkannten Fallgruppe der „Ausbeutung". Eine Nachahmung setzt voraus, dass die **fremde Leistung** ganz oder teilweise **als eigene angeboten** wird (*Köhler*/Bornkamm § 4 Rn 9.38). **Keine Nachahmungen** sind
- die **Erleichterung des Zugangs** zu anderen Angeboten, etwa das Setzen von Hyperlinks durch einen Internet-Suchdienst auf Zeitungsartikel, die Dritte in das Internet gestellt haben (BGHZ 156, 1, 18 = GRUR 03, 958, 963 – *Paperboy*) oder das Angebot einer Set-Top-Box, die eine gleichzeitige Nutzung von Fernsehen und Internet erlaubt (OLG Köln GRUR-RR 05, 228 – *Set-Top-Box*), hingegen liegt beim Framing dann eine Nachahmung (und eine Herkunftstäuschung) vor, wenn aus der Sicht des Internet-Nutzers nicht deutlich wird, dass ein fremder Inhalt in die eigene Seite eingebunden wird (GK/*Leistner* § 4 Nr 9 Rn 145), allg zur Abgrenzung zwischen unmittelbarer Täterschaft und Haftung wegen der Verletzung von Verkehrspflichten § 8 Rn 115a;
- die Bereitstellung der Möglichkeit, eine Konkordanzliste mit dem Briefmarken-Nummerierungssystem eines Mitbewerbers zu erstellen (BGH GRUR 06, 493 Rn 28 – *Michel-Nummern*);
- die **Nutzung fremder Leistungen** als **Vorspann für eigene, andersartige Angebote,** etwa die Ausnutzung des guten Rufs sportlicher Großereignisse durch Nicht-Sponsoren („Ambush-Marketing", dazu *Heermann* GRUR 06, 359, 362f; *Körber/Mann* GRUR 08, 737, 741) und die mittelbare Ausnutzung organisatorischer Vorarbeiten eines Fußballverbands durch Bereitstellung einer Internet-Plattform, auf der Privatpersonen von ihnen angefertigte Filmsequenzen der Spiele bereitstellen können (BGH GRUR 11, 436 Rn 16 – *hartplatzhelden.de; Feldmann/ Höppner* K&R 08, 421, 424; *Hoeren/Schröder* MMR 08, 553, 554; *Maume* MMR 08, 797, 799; *Ohly* GRUR 10, 487, 492; zu Sportübertragungen im Übrigen s Rn 9/80);
- die **eigene Leistung,** die lediglich an ein fremdes Leistungsergebnis anknüpft (BGH GRUR 11, 436 Rn 16 – *hartplatzhelden.de*), wobei allerdings zu berücksichtigen ist, dass bei der nicht-identischen Übernahme von Merkmalen fremder Waren oder Dienstleistungen der Übergang zwischen Nachahmung und eigener Leistung fließend sein kann (Rn 9/49). Da die Abgrenzung zwischen der Bearbeitung und der freien Benutzung im Urheberrecht (§§ 23, 24 UrhG) ähnliche Pro-

bleme aufwirft, kann in Anlehnung an die urheberrechtlichen Grundsätze angenommen werden, dass keine Nachahmung vorliegt, wenn die wettbewerblich eigenartigen Gestaltungselemente des Originalprodukts beim nachgeahmten Erzeugnis so verblassen, dass sie nicht mehr in lauterkeitsrechtlich relevanter Weise durchschimmern (Götting/*Nordemann* § 4 Rn 9.47; vgl auch GK/*Leistner* § 4 Nr 9 Rn 138).

9/46 **b) Subjektive Elemente?** Der Begriff der Nachahmung setzt voraus, dass es ein Original gibt und dass der Nachahmer **in Kenntnis dieses Originals** gehandelt hat (BGH GRUR 08, 1115 Rn 24 – *ICON; Sambuc* Rn 739; jurisPK-UWG/*Ullmann* § 4 Nr 9 Rn 46). Fahrlässigkeit genügt nicht. Jedenfalls bei weitgehender Übereinstimmung des nachgeahmten Produkts mit dem Original spricht aber ein Anscheinsbeweis für die Kenntnis (BGH GRUR 91, 914, 916 – *Kastanienmuster;* BGH GRUR 98, 477, 480 – *Trachtenjanker; Sambuc* Rn 743; im Urheberrecht st Rspr: BGH GRUR 88, 812, 814 – *Ein bisschen Frieden;* Schricker/*Loewenheim,* UrhG, § 23 Rn 28). Die unbewusste Doppelschöpfung ist nicht unlauter. **Weitere subjektive Merkmale** bestehen **nicht.** Es bleibt bei dem Grundsatz, dass die Unlauterkeit rein objektiv zu bestimmen ist (§ 3 Rn 37) und dass Vorsatz und Fahrlässigkeit nur im Rahmen des Schadensersatz- und Gewinnherausgabeanspruchs (§§ 9, 10) von Bedeutung sind. Insbesondere braucht der Anbietende keine Kenntnis vom Vorliegen einer Nachahmung zu haben. Hat also der Händler das nachgeahmte Produkt nicht selbst hergestellt, so ist sein Wissensstand unerheblich (*Köhler*/Bornkamm § 9 Rn 9.68; anders aufgrund der früheren Rechtslage noch BGH GRUR 91, 914, 915 – *Kastanienmuster*).

9/47 **c) Stufenleiter der Nachahmungen. aa) Bedeutung.** Von der unmittelbaren Leistungsübernahme, insbesondere der identischen Kopie mit technischen Mitteln, über die nachschaffende Übernahme bis zur bloßen Orientierung an einem Vorbild erstreckt sich eine Stufenleiter der Nachahmungen, die nach oben hin an Intensität abnehmen. Auch wenn, anders als nach früherer Rechtsprechung, die unmittelbare Leistungsübernahme nicht ohne weiteres unlauter ist (BGHZ 51, 41 = GRUR 69, 186, 188 – *Reprint;* MüKo/*Wiebe* § 4 Nr 9 Rn 70), bleibt diese Abstufung doch wegen der Wechselwirkung zwischen dem Grad der Nachahmung, der Höhe der wettbewerblichen Eigenart und der Intensität der Unlauterkeitskriterien (Rn 9/26) von erheblicher praktischer Bedeutung (vgl BGH GRUR 10, 80 Rn 38 – *LIKEaBIKE*).

9/48 **bb) Unmittelbare Übernahme und fast identische Nachbildung.** Bei der unmittelbaren Übernahme wird das Original unverändert und ohne nennenswerten eigenen Aufwand des Anspruchsgegners übernommen, regelmäßig durch technische Reproduktionsverfahren (BGHZ 28, 387 = GRUR 59, 240, 242 – *Nelkenstecklinge;* BGHZ 51, 41, 45 = GRUR 69, 186, 187f = *Reprint;* BGHZ 141, 329 = GRUR 99, 923, 927 – *Tele-Info-CD;* vgl auch Art 5 lit c UWG CH; ÖOGH GRUR Int 07, 167, 170). In diesem Fall sind an die besonderen unlauterkeitsbegründenden Umstände regelmäßig geringere Anforderungen zu stellen als bei der lediglich nachschaffenden Übernahme (BGH GRUR 60, 244, 246 – *Simili-Schmuck;* BGH GRUR 96, 210, 211 – *Vakuumpumpen;* BGH GRUR 99, 923, 927 – *Tele-Info-CD;* BGH GRUR 07, 984 Rn 36 – *Gartenliege*). Erweckt das nachgeahmte Produkt trotz geringfügiger Abweichungen den gleichen Gesamteindruck wie das Original, so handelt es sich um eine fast identische Nachbildung (BGH GRUR 00, 521, 524 – *Modulgerüst I*), für deren Zulässigkeit die gleichen strengen Anforderungen gelten wie bei der unmittelbaren Übernahme (BGH GRUR 99, 751, 753 – *Güllepumpen;* GRUR 99, 1106, 1108 – *Rollstuhlnachbau;* BGH GRUR 10, 1125 Rn 25 – *Femur-Teil*).

9/49 **cc) Nachschaffende Übernahme.** Bei der nachschaffenden Übernahme bildet das Original das Vorbild für eine mehr oder weniger angelehnte eigene Leistung des Übernehmers (BGH GRUR 58, 97, 98 – *Gartensessel;* GRUR 92, 523, 524 – *Betonsteinelemente;* BGH GRUR 07, 795 Rn 29, 36 – *Handtaschen*). Dafür genügt die

Unlautere Nachahmung § 4.9 UWG

Nachahmung wesentlicher Elemente des Originals, die das Vorbild (noch) erkennen lassen (BGH GRUR 63, 152, 155 – *Rotaprint*). Die nachschaffende Übernahme ist nur dann gem § 4 Nr 9 unzulässig, wenn zusätzliche Unlauterkeitsmerkmale in ausgeprägter Form vorliegen. Die Rspr hat diese Grundsätze auch auf die Nachahmung von Kennzeichen angewandt (BGH GRUR 65, 601, 605 – *roter Punkt;* BGH GRUR 03, 973, 974 – *Tupperwareparty;* vgl auch *Fiebig* WRP 07, 1316, 1320). Auch wenn kein allgemeiner Vorrang des Markenrechts besteht, besteht kein Anlass, den durch Gesetzgebung und Rspr im Einzelnen ausgestalteten Schutz des Markeninhabers vor Verwechslungsgefahr und Ausnutzung im Fall von Wort- und Bildmarken durch einen UWG-Schutz nach unbestimmteren Kriterien zu ergänzen (s Rn 9/19).

2. Angebot. Die **Nachbildung allein** ist lauterkeitsrechtlich im Rahmen des ergänzenden Leistungsschutzes noch **nicht relevant.** Hierin besteht ein wesentlicher Unterschied zwischen dem UWG-Nachahmungsschutz und denjenigen Rechten des geistigen Eigentums, die, wie etwa das Patent, bereits die Herstellung geschützter Produkte erfassen. Das nachgeahmte Produkt muss der Öffentlichkeit angeboten werden. Das Angebot muss sich als geschäftliche Handlung darstellen (§§ 3; 2 I Nr 1), also zugunsten des eigenen oder eines fremden Unternehmens, **nicht** hingegen zu **rein privaten Zwecken** erfolgen. Zudem muss das Angebot geeignet sein, die Interessen von Mitbewerbern, Verbrauchern oder sonstigen Marktteilnehmern spürbar zu beeinträchtigen, was aber bei Verwirklichung der Voraussetzungen des § 4 Nr 9 regelmäßig der Fall ist (*Köhler* GRUR 05, 1, 7). 9/50

V. Unlauterkeitsmerkmale

1. Überblick. Die Nachahmung nicht sondergesetzlich geschützter Produkte ist erlaubt, sofern nicht zusätzliche unlauterkeitsbegründende Umstände vorliegen (Rn 9/2). Zwischen dem Grad der wettbewerblichen Eigenart, der Nähe der Nachahmung und der Intensität der Unlauterkeitsmerkmale besteht eine Wechselwirkung (Rn 9/26). Die wichtigsten Fallgruppen wurden im Rahmen der UWG-Reform 2004 in § 4 Nr 9 kodifiziert: die vermeidbare Herkunftstäuschung, die Rufausbeutung und -schädigung und die unlautere Erlangung von Vorlagen („Erschleichung"). Die Liste des § 4 Nr 9 a–c ist nicht abschließend (Begr RegE UWG 2004, BT-Drucks 15/1478, S 18; BGH GRUR 04, 941, 943 – *Metallbett;* BGH GRUR 07, 795 Rn 50 – *Handtaschen*), vor allem die Fallgruppe der Behinderung durch Angebot von Nachahmungen hat eigenständige Bedeutung (näher hierzu Rn 9/74). Umstritten ist, ob neben dem mittelbaren Leistungsschutz des § 4 Nr 9 auch unmittelbarer Leistungsschutz auf der Grundlage des § 3 gewährt werden kann, der keinerlei zusätzliche unlauterkeitsbegründende Umstände voraussetzt (Rn 9/78). 9/51

2. Vermeidbare Herkunftstäuschung (§ 4 Nr 9 a). a) Ausgangspunkt. Das Angebot nachgeahmter Produkte ist unlauter, wenn es eine vermeidbare Täuschung der Abnehmer über die betriebliche Herkunft herbeiführt. Eine solche Täuschung verletzt nicht nur die Interessen des Originalherstellers, sondern betrifft auch das Verbraucherinteresse an einer zutreffenden Informationsgrundlage der Nachfrageentscheidung, das durch § 4 Nr 9a allerdings nur mittelbar geschützt wird (str, s Rn 9/4, zur insoweit vorrangigen Anwendung des § 5 s Rn 9/4, 22), und das Allgemeininteresse an Markttransparenz. § 4 Nr 9a ist daher eine Ausprägung des allgemeinen lauterkeitsrechtlichen Schutzes vor Verwechslungen (vgl Art 10bis III Nr 1 PVÜ). Allerdings muss § 4 Nr 9a konsequent im Hinblick auf die Herkunftstäuschung ausgelegt werden. Daher kommen für die Begründung der – vorrangig zu prüfenden – wettbewerblichen Eigenart nach hier vertretener Ansicht nur solche Merkmale des Produkts in Betracht, die aus Sicht der angesprochenen Verkehrskreise eine Herkunftsvorstellung vermitteln (sehr str, s Rn 9/33, 37). Zudem gilt das unionsrechtliche Verbraucherleitbild. Nach hier vertretener Ansicht ist § 4 Nr 9a richtlinienkonform auszulegen 9/52

(Rn 9/10). Selbst wenn man dies anders sieht, besteht kein Anlass, die Täuschung der Abnehmer unter § 4 Nr 9a nach anderen Kriterien zu beurteilen als im Bereich der irreführenden Handlungen (§ 5) oder des Markenrechts. Entscheidend ist daher, ob ein **angemessen aufmerksames und informiertes Mitglied der angesprochenen Verkehrskreise** (vgl Egrd 18 UGP-RL) über die **betriebliche Herkunft** des Produkts **getäuscht** wird (BGHZ 161, 204 = GRUR 05, 349, 352 – *Klemmbausteine III;* GK/*Leistner* § 4 Nr 9 Rn 148; MüKo/*Wiebe* § 4 Nr 9 Rn 115 ff). Zudem kann auf die kennzeichenrechtlichen Grundsätze zur Verwechslungsgefahr zurückgegriffen werden (BGH GRUR 01, 251, 253 – *Messerkennzeichnung;* BGH GRUR 03, 712, 714 – *Goldbarren*). Dabei ist zu berücksichtigen, dass der Verkehr **allein in der Form der Ware oder deren Verpackung** regelmäßig noch **keinen Herkunftshinweis** erblickt (BGH GRUR 01, 443, 446 – *Viennetta;* BGH GRUR 03, 713, 715 – *Goldbarren;* im Kennzeichenrecht st Rspr, vgl EuGH GRUR 03, 514 Rn 48 – *Linde, Winward, Rado;* BGH GRUR 03, 332, 334 – *Abschlussstück;* BGH GRUR 06, 679 Rn 16 – *Porsche Boxster*), sondern sich im Zweifel an der Kennzeichnung des Produkts orientiert.

9/53 **b) Arten der Herkunftstäuschung.** Ähnlich wie im Markenrecht (vgl *Ingerl/Rohnke,* MarkenR, § 14 Rn 391) kann auch unter § 4 Nr 9a zwischen der **unmittelbaren** Herkunftstäuschung (der Verkehr verwechselt die Produkte), der **mittelbaren** Herkunftstäuschung (der Verkehr unterscheidet die Produkte, ordnet sie aber insgesamt dem Originalhersteller zu) und der Herkunftstäuschung **im weiteren Sinne** (der Verkehr geht von einer organisatorischen oder (lizenz-)vertraglichen Beziehung beider Hersteller aus) unterschieden werden (BGH GRUR 01, 251, 254 – *Messerkennzeichnung;* BGH GRUR 01, 443, 445 – *Viennetta; Köhler*/Bornkamm § 4 Rn 9.42, 9.44).

9/54 **c) Kriterien. aa) Maßgebliche Verkehrsauffassung.** Maßgeblich ist das Verständnis des durchschnittlichen Mitglieds der **angesprochenen Verkehrskreise** (vgl § 3 II 2) in der **Situation der Kaufentscheidung** (s auch Rn 9/52 und, zur Verwechslungsgefahr nach Vertragsschluss, Rn 9/55). Wird das Produkt ausschließlich von Fachleuten erworben, so ist deren Sicht maßgeblich (BGH GRUR 10, 1125 Rn 30 – *Femur-Teil;* BGH GRUR 12, 58 Rn 49 – *Seilzirkus*). Sie betrachten die Produkte in der Regel mit größerem Sachverstand und legen mehr Wert auf die Identität des Herstellers (BGH GRUR 96, 210, 212 – *Vakuumpumpen;* vgl auch BGH GRUR 99, 1106, 1108 – *Rollstuhlnachbau;* BGH GRUR 03, 359, 361 – *Pflegebett*). Handelt es sich beim maßgeblichen Abnehmerkreis umgekehrt um eine besonders schutzwürdige Gruppe (Jugendliche, Senioren, Migranten), so ist auf ein durchschnittliches Mitglied dieser Gruppe abzustellen (vgl § 3 II 3; MüKo/*Wiebe* § 4 Nr 9 Rn 115). Die Aufmerksamkeit, mit der Abnehmer der Produktwerbung begegnen, kann sich je nach Produktkategorie und Kaufsituation unterscheiden. So wendet etwa der Käufer einer Brille auf die Auswahl üblicherweise Zeit und Mühe auf und achtet daher auch auf kleine Kennzeichnungen (OLG Köln GRUR-RR 03, 183, 186 – *Designerbrille*). Auch wenn Produkte vor dem Kauf gründlich besichtigt werden, kann aber eine Täuschung über vertragliche Beziehungen (Herkunftstäuschung im weiteren Sinne, s Rn 9/53) in Betracht kommen (OLG Köln GRUR-RR 08, 166, 169 – *Bigfoot*).

9/55 **bb) Zeitpunkt.** Da das Unlauterkeitsurteil an das Marktverhalten anknüpft, ist grundsätzlich der **Zeitraum bis zur Kaufentscheidung** maßgeblich (BGHZ 161, 204 = GRUR 05, 349, 352 – *Klemmbausteine III;* GRUR 08, 790 Rn 37 – *Baugruppe; Köhler*/Bornkamm § 4 Rn 9.41). Auch ein Verhalten, das dem Geschäftsabschluss **nachgelagert** ist, kann ausnahmsweise gem § 2 I Nr 1 eine unlautere geschäftliche Handlung darstellen und daher grundsätzlich unter § 4 Nr 9a fallen (*Köhler*/Bornkamm § 4 Rn 9.41; offengelassen in BGH GRUR 10, 1125 Rn 35 – *Femur-Teil*). Erforderlich hierfür sind aber erstens ein objektiver Zusammenhang mit der Durchführung des Vertrags, zweitens eine Beeinflussung der Verbraucherentscheidung (§ 3 II), beispielsweise der Entscheidung über die Geltendmachung von Gewährleistungsansprüchen, die über die bloße Lieferung des gekauften Produkts hinausgeht (s Einf D Rn 66a). Schon am objektiven Zusammenhang fehlt es, wenn Personen über die Herkunft getäuscht werden, die auf die Durchführung des Vertrages und die Geltendmachung von Mängelrechten keinen Einfluss haben. § 4 Nr 9a greift daher nicht ein, wenn ein nicht mit der Beschaffung von Medizinprodukten befasster Arzt bei der Operation eine nachgeahmte Prothese für das Originalprodukt hält (offengelassen, aber aufgrund der sorgfältigen Vorbereitung der Operation Täuschung verneint in BGH GRUR 10, 1125 Rn 35 – *Femur-Teil*) oder wenn Kinder die beim Verkauf hinreichend gekennzeichneten nachgeahmten Klemmbausteine in unverpackter Form für Originalprodukte halten (vgl BGH aaO – *Klemmbausteine III*). **Außer Acht** bleibt insbesondere auch die **spätere Täuschung Dritter ("post-sale confusion")**, die unabhängig von einer Kaufsituation den Käufer fälschlich für den Eigentümer eines Luxusprodukts halten. Während sie im Markenrecht beachtlich sein kann (vgl EuGH GRUR 03, 55 Rn 57 – *Arsenal*), fehlt ihr im UWG die Eignung, die Entscheidungsfreiheit potentieller Kunden zu beeinträchtigen. Bei Licht betrachtet geht es nicht um Täuschung, sondern um Rufausbeutung, die ausschließlich nach § 4 Nr 9b zu beurteilen ist (BGH GRUR 07, 795 Rn 41 – *Handtaschen*, GK/*Leistner* § 4 Nr 9 Rn 152; näher hierzu Rn 9/67).

cc) Gewisse Bekanntheit. Die Herkunftstäuschung setzt nicht voraus, dass die unterscheidungskräftigen Merkmale des nachgeahmten Produkts Verkehrsgeltung erlangt haben (Rn 9/36). Sofern aber nicht Original und Nachahmung nebeneinander vertrieben werden und der Verkehr damit beide unmittelbar miteinander vergleichen kann, ist Voraussetzung, dass das nachgeahmte Erzeugnis eine **gewisse Bekanntheit** erlangt hat. Dem Verkehr muss zumindest bekannt sein, dass es ein Original gibt, ansonsten ist eine Herkunftstäuschung in aller Regel schon begrifflich nicht möglich. (BGH GRUR 05, 166, 167 – *Puppenausstattungen;* BGH GRUR 05, 600, 602 – *Handtuchklemmen;* BGH GRUR 07, 984 Rn 34 – *Gartenliege;* BGH GRUR 10, 80 Rn 36 – *LIKEaBIKE;* aA *Krüger/v. Gamm,* WRP 04, 978, 984; Götting/Nordemann § 4 Rn 9.58, anders für den Sonderfall eines Werbeslogans auch BGH GRUR 97, 308, 310 – *Wärme fürs Leben*). Ließe man die reine Markteinführung, etwa die Vorstellung auf einer Messe, genügen (hierfür Götting/Nordemann aaO), so würde man designähnlichen unmittelbaren Leistungsschutz gewähren. Bloße Bekanntheit im Ausland genügt trotz des Grundsatzes der Inländergleichbehandlung (Art 1 II, 2 I PVÜ) nicht, da der Anspruchsteller die Voraussetzungen des am Marktort geltenden Rechts nachweisen muss (BGH GRUR 09, 79 Rn 35 – *Gebäckpresse*). Hingegen ist nicht erforderlich, dass der Verkehr das Unternehmen, dem er die ihm bekannte Leistung zuschreibt, namentlich kennt. Vielmehr genügt die Vorstellung, dass das fragliche Erzeugnis von einem bestimmten Hersteller, wie auch immer dieser heißen mag, in den Verkehr gebracht wurde (BGH GRUR 06, 79 Rn 36 – *Jeans I;* BGH GRUR 07, 339 Rn 40 – *Stufenleitern;* BGH GRUR 09, 79 Rn 31 – *Gebäckpresse*). **Maßgeblicher Zeitpunkt** für die Beurteilung der Bekanntheit soll die Markteinführung der Nachahmung sein (BGH GRUR 07, 339 Rn 40 – *Stufenleitern;* BGH aaO Rn 35 – *Gebäckpresse; Köhler/*Bornkamm § 4 Rn 9.41a). Zutreffender erscheint es, auf den Zeitpunkt des konkreten Angebots der Nachahmung abzustellen: Wird das nachgeahmte Produkt über einen längeren Zeitraum angeboten und erlangt das Original inzwischen die erforderliche Bekanntheit, so gewährt die hM dem Nachahmer eine Art „Vorbenutzungsrecht" (GK/*Leistner* § 4 Nr 9 Rn 156), obwohl eine Täuschungsgefahr besteht. Ist im Einzelfall eine solche normative Korrektur zugunsten des Nachahmers geboten, sollte sie im Rahmen der Vermeidbarkeit vorgenommen zu werden. Auch braucht das Originalprodukt noch nicht auf dem Markt erhältlich zu sein. Wettbewerbliche Eigenart kann bereits vor dem Verkaufsbeginn entstehen, wenn die betreffenden Merkmale durch Werbung hinlänglich bekannt gemacht werden.

9/57 **dd) Gesamteindruck.** Bei der Beurteilung der Ähnlichkeit kommt es auf die Gesamtwirkung der sich gegenüberstehenden Produkte an, denn der Verkehr nimmt das Produkt in seiner Gesamtheit wahr, ohne es einer analysierenden Betrachtung zu unterziehen (BGH GRUR 05, 166, 168 – *Puppenausstattungen;* BGH GRUR 07, 795 Rn 32 – *Handtaschen;* BGH GRUR 07, 795 Rn 32 – *Handtaschen;* BGH GRUR 10, 80 Rn 39 – *LIKEaBIKE;* BGH GRUR 12, 1155 Rn 31 – *Sandmalkasten*). Dabei ist zu prüfen, ob gerade die übernommenen Gestaltungsmittel diejenigen sind, die die wettbewerbliche Eigenart des Produkts ausmachen, für das Schutz beansprucht wird (BGHZ 141, 329 = GRUR 99, 923 – *Tele-Info-CD;* BGH aaO – *Handtaschen*). Erkennen Abnehmer die Unterschiede zwischen beiden Produkten schon bei geringer Aufmerksamkeit, so scheidet eine Herkunftstäuschung aus (BGH GRUR 07, 795 Rn 41 – *Handtaschen*). Geringfügige oder nicht ohne weiteres erkennbare Abweichungen der Nachbildung vom Original sind hingegen im Allgemeinen nicht geeignet, Fehlvorstellungen des Verkehrs zu beseitigen, vor allem dann nicht, wenn augenfällige Übereinstimmungen der Gestaltungselemente bestehen (BGH GRUR 00, 521, 524 – *Modulgerüst I*). Unterscheiden sich Produkte des täglichen Bedarfs in Erscheinungsform und Aufmachung (Verpackung) nur wenig von konkurrierenden Erzeugnissen, so kommt es bei der Beurteilung der Herkunftstäuschung auf die für den Verkehr in solchen Fällen in erster Linie maßgebende Bezeichnung von Produkt und Hersteller an und nicht allein auf die äußere Gestaltung der Ware oder der Verpackung. Bei identischer Übernahme kann allerdings eine Herkunftstäuschung auch bei unterschiedlichen Produkt- und/oder Herstellerbezeichnungen in Betracht kommen (BGH GRUR 01, 443, 445 f – *Viennetta*).

9/58 **ee) Umfassende Würdigung des Einzelfalls.** Geboten ist eine umfassende tatrichterliche Gesamtschau aller herkunftsbezogenen Umstände des Einzelfalls (BGH GRUR 99, 751, 753 – *Güllepumpen;* BGH GRUR 01, 251, 253 – *Messerkennzeichnung*). Das gilt **auch** für den Fall der **identischen Übernahme.** Hier soll allerdings der interessierte Betrachter „zwangsläufig davon ausgehen, die beiden identischen Produkte stammten von demselben Hersteller" (BGH GRUR 99, 751, 753 – *Güllepumpen,* bestätigt in BGH GRUR 04, 941, 943 – *Metallbett;* BGH GRUR 07, 984 Rn 36 – *Gartenliege;* BGH GRUR 09, 1073 Rn 15 – *Ausbeinmesser*). Diese Annahme, die auf eine Vermutung der Herkunftstäuschung bei identischer Nachahmung hinausläuft, bedarf im Licht des unionsrechtlichen Irreführungsmaßstabs der kritischen Überprüfung (vgl auch *Kur,* FS Straus, 2008, 521, 527). Der angemessen gut informierte Verbraucher rechnet damit, dass identische Produkte von unterschiedlichen Herstellern angeboten werden können, und misst daher der Kennzeichnung regelmäßig entscheidende Bedeutung bei. Die Annahme der Rspr steht im diametralen Gegensatz zum kennzeichenrechtlichen Erfahrungssatz, dass der Verkehr allein in der Form der Ware oder deren Verpackung regelmäßig noch keinen Herkunftshinweis erblickt (s Rn 9/52). Entgegen der Rspr ist die Gefahr der Herkunftstäuschung **auch bei identischer Übernahme** und erheblicher wettbewerblicher Eigenart des Produkts konkret darzulegen.

9/59 **ff) Sonstige Gesichtspunkte.** Der Annahme einer Herkunftstäuschung kann der Umstand entgegenstehen, dass dem Verkehr das Nebeneinander von Originalen und Nachbauten bekannt ist und er deshalb davon ausgeht, dass er sich anhand bestimmter Merkmale zunächst Klarheit darüber verschaffen muss, wer das jeweilige Produkt hergestellt hat (BGH GRUR 85, 876, 878 – *Tchibo/Rolex;* BGHZ 138, 143 = GRUR 98, 830 – *Les-Paul-Gitarren;* BGH GRUR 07, 795 Rn 39 – *Handtaschen*). Auch bei unterschiedlichen Vertriebswegen (Markenboutique versus Souvenirladen oder Weihnachtsmarkt) kann die Annahme einer Herkunftstäuschung fernliegen (BGH GRUR 03, 973, 975 – *Tupperwareparty;* BGH aaO, Rn 40 – *Handtaschen*).

d) Vermeidbarkeit. aa) Grundsatz. Eine Herkunftstäuschung ist vermeidbar, 9/60 wenn sie durch **geeignete** und **zumutbare Maßnahmen** verhindert werden kann (BGH GRUR 00, 521, 525 – *Modulgerüst I;* BGH GRUR 01, 443, 445 – *Viennetta;* BGH GRUR 07, 339 Rn 43 – *Stufenleitern;* BGH GRUR 09, 1069 Rn 12 – *Knoblauchwürste;* BGH GRUR 13, 951 Rn 35 – *Regalsystem*). Die Palette denkbarer Maßnahmen reicht von Kennzeichnungen, insbesondere durch die eigene Marke oder das eigene Unternehmenskennzeichen des Nachahmers, über abweichende Verpackungen bis hin zu einer abweichenden Gestaltung des Produkts. Die Beurteilung der Frage, welche dieser Maßnahmen erforderlich ist, kann sich an **zwei Regeln** orientieren (jurisPK-UWG/*Ullmann* § 4 Nr 9 Rn 113): **(1)** Je größer die Übereinstimmung und je größer damit die Gefahr der Herkunftstäuschung, desto höher die Anforderungen an die Maßnahmen zur Vermeidung der Täuschung. **(2)** Bei der Nachahmung ästhetischer Gestaltungen ist ein Ausweichen auf andere Formgestaltungen eher zumutbar als bei der Übernahme technischer Gestaltungen. Bei der somit erforderlichen **Abwägung** sind unter anderem das Interesse des Herstellers des Originalerzeugnisses an der Vermeidung einer Herkunftstäuschung, das Interesse der Wettbewerber an der Nutzung nicht unter Sonderrechtsschutz stehender Gestaltungselemente sowie das Interesse der Abnehmer an einem Preis- und Leistungswettbewerb zwischen unterschiedlichen Anbietern zu berücksichtigen (BGH aaO Rn 36 – *Regalsystem*).

bb) Ausreichen einer Herstellerkennzeichnung. Ob eine Kennzeichnung 9/61 ausreicht, um die Gefahr einer Herkunftsverwechslung in ausreichendem Maße einzudämmen, hängt von den Umständen des Einzelfalls ab (BGH GRUR 01, 443, 445f – *Viennetta;* BGH GRUR 05, 166, 170 – *Puppenausstattungen*). Sofern sich die maßgeblichen Verkehrskreise bei ihrer Kaufentscheidung üblicherweise an der Kennzeichnung orientieren, reicht ein deutlicher Hinweis auf die (abweichende) Herkunft des nachgeahmten Produkts aus. Ob dies der Fall ist, ist aus der Perspektive des angemessen aufmerksamen und informierten durchschnittlichen Mitglieds der angesprochenen Verkehrskreise zu beurteilen. Je eher im betreffenden Warensegment starke und bekannte Marken bestehen, an denen Abnehmer sich orientieren, je eher das Produkt erst nach eingehender Prüfung und Überlegung gekauft wird und je stärker dem Abnehmer bewusst ist, dass mehrere ähnlich gestaltete Erzeugnisse miteinander konkurrieren, desto eher genügt eine deutliche Kennzeichnung, um die Herkunftstäuschung auszuräumen. Beispiele sind technische Geräte (BGH GRUR 99, 751, 753 – *Güllepumpen;* BGH GRUR 02, 820, 822 – *Bremszangen*), teure und anspruchsvolle Erzeugnisse (OLG Düsseldorf GRUR-RR 12, 200, 208 für Tablet-PCs), verpackte Lebensmittel (BGH GRUR 01, 443, 445f – *Viennetta;* BGH GRUR 09, 1069 Rn 16 – *Knoblauchwürste*) oder verpacktes Spielzeug (BGH GRUR 2005, 166, 170 – *Puppenausstattungen;* BGHZ 161, 204 = GRUR 05, 349, 353 – *Klemmbausteine III*). Wird ein Produkt nicht von Verbrauchern, sondern von Fachleuten erworben, ist die Gefahr einer Herkunftstäuschung bei angemessener Kennzeichnung meist unerheblich (BGH GRUR 10, 1125 Rn 28 – *Femur-Teil;* BGH GRUR 12, Rn 49 – *Seilzirkus;* OLG Köln WRP 11, 109, 111 – *Joghurtbecher*). Der teilweise von der Rechtsprechung herangezogene Erfahrungssatz, dass bei identischer Übernahme der Verkehr das nachgeahmte Produkt regelmäßig dem Originalhersteller zuordnet, ist abzulehnen (Rn 9/58). Die Kennzeichnung muss hinreichend deutlich sichtbar und dauerhaft an der Ware angebracht werden (BGH GRUR 00, 521, 524f – *Modulgerüst I;* BGH GRUR 06, 79 Rn 33 – *Jeans I;* jurisPK-UWG/*Ullmann* § 4 Nr 9 Rn 98). Die Kennzeichnung einer nachgeahmten Jeans durch ein Pappschild und eine Verpackung mit Herstellerangabe soll unzureichend sein, weil nicht gewährleistet sei, dass beides zum Zeitpunkt des Verkaufs noch vorhanden sei (so BGH aaO – *Jeans I*). Das erscheint gerade angesichts der besonderen Bedeutung, die jugendliche Jeanskäufer der Marke beimessen, zweifelhaft. Für die angesprochenen Verkehrskreise muss sich aus der Kennzeichnung mit hinreichender Deutlichkeit ergeben, dass es sich beim Originalhersteller und beim Anbieter des nachgeahmten Produkts um unterschiedliche und unverbundene Unternehmen handelt. Das ist nicht der Fall, wenn die Kennzeichnung aufgrund einer klanglichen, bildlichen oder semantischen Ähnlichkeit mit der Kennzeichnung des Originalprodukts verwechselt werden kann (BGH GRUR 10, 80 Rn 43 – *LIKEaBIKE*). Die Verwendung einer Handelsmarke soll zur Vermeidung der Herkunftstäuschung nicht ausreichen, weil der Verkehr ihr keinen Hinweis auf den Hersteller entnimmt und daher annehmen kann, es handle sich um das Originalprodukt unter anderer Marke (BGH GRUR 07, 987 Rn 32 – *Gartenliege;* BGH GRUR 09, 1069 Rn 16 – *Knoblauchwürste*). Das erscheint zweifelhaft: Vertreibt der Originalhersteller wirklich sein Produkt unter zwei Marken, so muss er eine gewisse Marktverwirrung hinnehmen. Betreibt er keine solche Vertriebsstrategie, so hat der durchschnittlich aufmerksame und informierte Abnehmer keinen Anlass, das nachgeahmte Produkt dem Originalhersteller zuzurechnen (Götting/*Nordemann* § 4 Rn 9.53).

9/62 **cc) Änderung technischer Merkmale.** Am Stand der Technik besteht ein Freihaltebedürfnis, das sich aus den Wertungen der technischen Schutzrechte ergibt. Auch das Interesse der Abnehmer an der freien Auswahl zwischen mehreren Konkurrenzprodukten ein nach Preis und Leistung geeignetes Erzeugnis auszuwählen, verdient Berücksichtigung (BGH GRUR 13, 951 Rn 36 – *Regalsystem*). Technisch notwendige Merkmale können daher schon keine wettbewerbliche Eigenart begründen (Rn 9/41). Selbst wenn die wettbewerbliche Eigenart zu bejahen ist, kann es unzumutbar sein, den Nachahmer auf eine andere Produktgestaltung zu verweisen, wenn unter Berücksichtigung des Freihaltebedürfnisses der Mitbewerber am Stand der Technik, des Gebrauchszwecks, der Verkäuflichkeit der Ware und der Verbrauchererwartung die Annahme gerechtfertigt ist, dass in diesen Merkmalen die angemessene Verwirklichung einer technischen Aufgabe liegt. (BGH GRUR 05, 600, 603 – *Handtuchklemmen;* BGH GRUR 10, 80 Rn 27 – *LIKEaBIKE;* BGH GRUR 12, 58 Rn 46 – *Seilzirkus;* so bereits BGHZ 50, 125, 129, 131 f = GRUR 68, 591, 593 – *Pulverbehälter*). In diesem Fall ist dem Nachahmer zuzumuten, der Gefahr der Herkunftstäuschung durch eine angemessene Kennzeichnung seiner Produkte entgegenzuwirken. Eine verbleibende Herkunftstäuschung muss grundsätzlich hingenommen werden (BGH GRUR 02, 275, 277 – *Noppenbahnen;* BGH GRUR 07, 339 Rn 44 – *Stufenleitern;* BGH GRUR 12, 58 Rn 46 – *Seilzirkus; Kur,* FS Straus, 2008, 521, 529). Selbst bei einer identischen Übernahme ist es nicht ausgeschlossen, dass sich der Nachahmer mit Erfolg auf diese Grundsätze berufen kann (aA wohl BGH GRUR 09, 1073 Rn 15 – *Ausbeinmesser*). Hingegen kann der Vertrieb eines nachgebauten Erzeugnisses unlauter sein, wenn es sich – trotz hinreichend großer Gestaltungsspielräume für Abweichungen – um den identischen oder fast identischen Nachbau (Rn 9/48) einer aus einer Vielzahl von technisch-funktionalen Gestaltungselementen bestehenden Gesamtkombination oder eines komplexen technischen Gerätes handelt (BGH GRUR 99, 1106, 1108 – *Rollstuhlnachbau;* BGH GRUR 02, 86, 90 – *Laubhefter;* BGH GRUR 07, 984 Rn 14 – *Gartenliege;* BGH GRUR 10, Rn 29 ff – *LIKEaBIKE*). Je komplexer in diesem Fall das nachgebaute Gerät ist, desto weniger ist ein identischer Nachbau hinnehmbar (BGH aaO – *Laubhefter, Gartenliege; Köhler*/Bornkamm § 4 Rn 9.49). Über die genannten Grundsätze der Rspr hinaus sprechen die Wertungen der technischen Schutzrechte und die entsprechenden Schutzausschlussgründe des Marken- und Geschmacksmusterrechts (§ 3 II Nr 2 MarkenG; § 3 I Nr 1 DesignG) für eine weitergehende Gemeinfreiheit nicht sonderrechtlich geschützter technisch bedingter Merkmale. Ihre Übernahme sollte stets als zulässig angesehen werden, sofern der Nachahmer durch eine hinreichende Kennzeichnung der Gefahr einer Herkunftstäuschung entgegenwirkt (ebenso GK/*Leistner* § 4 Nr 9 Rn 170).

Unlautere Nachahmung §4.9 UWG

dd) Kompatible Produkte. Die Übernahme technischer Merkmale kann vor allem erforderlich sein, um Kompatibilität herzustellen, insbesondere in den Fällen der Standardisierung oder beim Angebot von Teilen modularer Systeme, von Zubehör- oder Ersatzteilen oder von Verbrauchsmaterialien. Würde hier der Hersteller des Produkts auf eine andere Gestaltung verwiesen, so käme es zur Monopolisierung des Sekundärmarkts für Zubehörteile durch den Hersteller des Primärprodukts (dazu Bechtold, Die Kontrolle von Sekundärmärkten, 2007, S 96ff). Da ein solcher Ausschluss von Wettbewerb weder im Verbraucher- noch im Allgemeininteresse liegt, enthält sogar das Recht des geistigen Eigentums Schutzschranken, die Herstellung und Angebot kompatibler Produkte ermöglichen (vgl §§ 2 I Nr 2 DesignG; 69e UrhG; 23 Nr 3 MarkenG). Diese Wertung ist auch für das UWG maßgeblich (vgl BGH GRUR 00, 521, 525 – *Modulgerüst I*; BGH GRUR 13, 951 Rn 36 – *Regalsystem*; MüKo/*Wiebe* § 4 Nr 9 Rn 141ff). Die Befriedigung eines Ersatz- oder Ergänzungsbedarfs durch den Vertrieb von Erzeugnissen, die mit den nicht unter Sonderrechtsschutz stehenden Konkurrenzprodukten eines Mitbewerbers uneingeschränkt verbaubar und gegen diese austauschbar sind, ist lauterkeitsrechtlich als solche grundsätzlich unbedenklich (BGH GRUR 68, 698, 701 – *Rekordspritzen*; BGH GRUR 90, 528, 530 – *Rollen-Clips*; BGH GRUR 96, 781, 782 – *Verbrauchsmaterialien*; BGH aaO – *Modulgerüst I, Regalsystem*). Auch Herkunftstäuschungen sind dort, wo sie auf Gestaltungsmerkmalen beruhen, die zur Herstellung von Kompatibilität erforderlich sind, grundsätzlich als unvermeidbar anzusehen. Das gilt nicht nur, wenn das Kompatibilitätsinteresse technisch („must fit"), sondern auch, wenn es ästhetisch („must match") bedingt ist. Beispielsweise darf ein Nachahmer Bauteile, die mit dem Regalsystem eines anderen Herstellers kompatibel sind, nicht nur technisch (etwa hinsichtlich der Verbindungselemente), sondern auch optisch an das Original anpassen (BGH aaO, Rn 38 – *Regalsystem*). Dasselbe gilt, wenn auf dem Markt ein Bedürfnis nach einer Ergänzung des vorhandenen Bestands durch optisch kompatible Produkte besteht (BGH GRUR 13, 1052 Rn 42 – *Einkaufswagen III*). Allerdings muss der Nachahmer, soweit möglich, durch andere geeignete und ihm zumutbare Maßnahmen dafür Sorge tragen, dass es nicht zu Herkunftsverwechslungen kommt (BGH GRUR 00, 521, 526 – *Modulgerüst I*; BGH aaO Rn 37 – *Regalsystem*; BGH aaO Rn 42 – *Einkaufswagen III*).

3. Rufausbeutung und -schädigung (§ 4 Nr 9b). a) Allgemeines. aa) Voraussetzungen. § 4 Nr 9b betrifft nur das Angebot nachgeahmter Waren oder Dienstleistungen, regelt also nur einen Ausschnitt der unter § 1 aF anerkannten Fallgruppe der Rufausbeutung. Vor allem die Ausbeutung der Wertschätzung eines Kennzeichens richtet sich, abgesehen vom Fall der vergleichenden Werbung (§ 6 II Nr 4), ausschließlich nach den Vorschriften des MarkenG (s Rn 9/19). § 4 Nr 9b setzt voraus, dass die nachgeahmten Produkte im Verkehr Wertschätzung genießen (Rn 9/66), die ausgenutzt (Rn 9/67) oder beeinträchtigt (Rn 9/70) wird. Allerdings ist die Rufausbeutung und -schädigung nicht als solche unlauter; § 4 Nr 9b verbietet nur die **unangemessene** Ausnutzung oder Beeinträchtigung (Rn 9/68).

bb) Schutzzweck. Der Schutzzweck des § 4 Nr 9b ist bisher noch nicht abschließend geklärt. Oft wird eine Rufausbeutung oder -schädigung mit einer vermeidbaren Herkunftstäuschung zusammenfallen; in diesem Fall kann § 4 Nr 9b zwar parallel angewandt werden, hat aber keine eigenständige Bedeutung. § 4 Nr 9b setzt indes keine Herkunftstäuschung voraus (Rn 9/67). Fehlt es an einer solchen, so werden weder Verbraucherinteressen noch das Allgemeininteresse an Markttransparenz betroffen. § 4 Nr 9b dient also vorrangig dem **Individualschutz des Originalherstellers,** genauer: dem Schutz seines Goodwills, also des guten Rufs oder Images der Originalprodukte. Damit ergänzt § 4 Nr 9b die in ihrem Anwendungsbereich **vorrangigen** (Rn 9/23) Bestimmungen zum Schutz des guten Rufs im Rahmen **vergleichender Werbung** (§ 6 II Nr 4) und im **Markenrecht** (§§ 14 II Nr 3; 15 III;

9/63

9/64

9/65

Ohly

127 III MarkenG). Das Produktimage ist das Ergebnis von Investitionen in Qualität und Werbung, § 4 Nr 9b **schützt** daher ein **Leistungsergebnis** und bietet so einen das Kennzeichen- und Designrecht ergänzenden **lauterkeitsrechtlichen Leistungsschutz** (vgl MüKo/*Wiebe* § 4 Nr 9 Rn 160; aA *Köhler* GRUR 07, 548, 552). Als Ausprägung des Behinderungsverbots (§ 4 Nr 10) lässt sich die Vorschrift nur hinsichtlich der Rufschädigung begreifen (*Sambuc* Rn 679; weitergehend *Köhler* aaO). Bei der Rufausbeutung hingegen steht nicht die Störung des Originalherstellers, sondern die Ausbeutung seiner Geschäftswerte, also das „Pflügen mit fremdem Kalbe" (*Lobe* MuW XVI (1916/17) 129) im Vordergrund. Ob ein Schutz des guten Rufs außerhalb der Immaterialgüterrechte überhaupt erforderlich und gerechtfertigt ist (krit *Assaf*, Image in der Werbung, 2007, S 55ff), ist bisher nicht abschließend geklärt. Den Interessen des Originalherstellers an einem möglichst weitgehenden Schutz seines Goodwills steht das Interesse anderer Marktteilnehmer gegenüber, attraktive Produktgestaltungen nutzen zu können. Mit Allgemeininteressen lässt sich der Ausbeutungsschutz nur schwer begründen, weil erstens die Schaffung von Produktimages nicht notwendigerweise im Allgemeininteresse liegt (*Assaf* aaO), weil zweitens das Verbot der Rufausbeutung die Wahlfreiheit der Abnehmer beschränkt (vgl Egrd 14 UGP-RL) und weil drittens ein gleichwohl erforderlicher Investitionsschutz bereits weitgehend durch das zeitlich begrenzte Geschmacksmusterrecht und das sachlich begrenzte Markenrecht gewährleistet wird.

9/66 **b) Wertschätzung.** Die Wertschätzung eines Produkts ist gleichbedeutend mit seinem guten Ruf (Harte/Henning/*Sambuc* § 4 Nr 9 Rn 132; *Köhler*/Bornkamm § 4 Rn 9.52), in § 6 II Nr 4 wurde der Begriff „Wertschätzung" bei der Änderung des UWG von 2008 durch „Ruf" ersetzt, ohne dass sich dadurch eine Änderung in der Sache ergeben hätte. Die Wertschätzung setzt eine gewisse Bekanntheit voraus (*Köhler*/Bornkamm § 4 Rn 9.52; *Rohnke* GRUR 91, 284, 291), die umso höher sein muss, je größer die Unterschiede zwischen dem Original und dem nachgeahmten Produkt sind. Sie umfasst jede positive Assoziation, die der Verkehr mit dem Produkt verbindet (*Sambuc* aaO), insbesondere eine Qualitätsvorstellung (Beispiel: BGH GRUR 98, 830, 833 – *Les-Paul-Gitarren*: Musikinstrumente mit besonderer Technik und besonderem Klang), ein Luxus- oder Exklusivitätsprestige (Beispiel: BGH GRUR 85, 876, 878 – *Tchibo/Rolex I*), ein „Kultstatus" (Beispiel: OLG Düsseldorf GRUR-RR 12, 200, 210 – *Tablet PC I*) oder ein anderweitig positives Image (Sportlichkeit, Modernität, erotische Anziehungskraft, etc). Entscheidend ist nach dem Wortlaut des § 4 Nr 9b nur die Wertschätzung des Produkts, nicht jedoch diejenige des dahinterstehenden Unternehmens. Allerdings strahlt der Ruf des Herstellers regelmäßig auf seine Produkte aus. Ergibt sich der gute Ruf eines Produkts in erster Linie daraus, dass der Hersteller ein besonderes Ansehen genießt, kann sich die Rufausbeutung durch eine deutlich sichtbare Herstellerkennzeichnung des Nachahmers ausschließen lassen.

9/67 **c) Unangemessene Ausnutzung. aa) Ausnutzung.** Eine Ausnutzung der Wertschätzung liegt vor, wenn die angesprochenen Verkehrskreise den guten Ruf des Originalprodukts auf die Nachahmung übertragen (**Imagetransfer**, s BGHZ 161, 204 = GRUR 05, 349, 353 – *Klemmbausteine III*; BGH GRUR 09, 500 Rn 22 – *Beta Layout*; Köhler/Bornkamm § 4 Rn 9.53). Die vom Originalprodukt übertragenen positiven Assoziationen müssen also dem nachgeahmten Produkt aus Abnehmersicht zusätzliche Attraktivität verleihen. Eine Herkunftstäuschung kann mit der Rufausnutzung zusammenfallen, ist hierfür aber nicht erforderlich (BGH GRUR 85, 876, 878 – *Tchibo/Rolex I*; BGHZ 161, 204 = GRUR 05, 349, 352 – *Klemmbausteine III*; BGH GRUR 07, 795 Rn 44 – *Handtaschen*; BGH GRUR 13, 1052 Rn 37 – *Einkaufswagen III*), eine Anlehnung an das fremde Produkt durch Annäherung an seine verkehrsbekannten Merkmale genügt (BGHZ 141, 329 = GRUR 99, 923, 927 – *Tele-Info-CD*; BGH GRUR 05, 163, 165 – *Aluminiumräder*; BGH aaO – *Klemmbausteine III*; *Abel* WRP 06, 510, 512f; *Köhler*/Bornkamm § 4 Rn 9.53ff; Harte/Henning/*Sambuc* § 4

Nr 9, Rn 117; MüKo/*Wiebe* § 4 Nr 9 Rn 166). Im Gegensatz zu § 14 II Nr 3 MarkenG ist eine bloße Ausnutzung der Unterscheidungskraft aber nicht ausreichend. Es genügt daher nicht, dass lediglich eine Assoziation zum Originalprodukt hervorgerufen und so die Aufmerksamkeit der Abnehmer geweckt wird (BGH GRUR 03, 973, 975 – *Tupperwareparty;* BGHZ 161, 204 = GRUR 05, 349, 353 – *Klemmbausteine III;* BGH GRUR 07, 795 Rn 44 – *Handtaschen;* BGH aaO Rn 28 – *Einkaufswagen III*). Die Anlehnung an das Original setzt zwar nicht die namentliche Benennung oder Bezeichnung seines Herstellers voraus, erfordert aber immerhin eine aus der Sicht der angesprochenen Verkehrskreise erkennbare Bezugnahme auf den Mitbewerber oder seine Produkte (BGH aaO S 353 – *Klemmbausteine III*). Ein Imagetransfer liegt umso näher, je enger sich die Nachahmung an das Original anlehnt (vgl BGH aaO – *Tchibo/Rolex I*) und je eher Dritte die Nachahmung mit dem Original verwechseln („Post-sale confusion"). Gegen einen Imagetransfer sprechen hingegen deutlich sichtbare Unterschiede zwischen der Nachahmung und dem Original (BGH aaO Rn 44 – *Handtaschen*) oder ein ähnliches Preis- und Prestigeniveau beider Produkte, verbunden mit einer für den Abnehmer klaren Herstellerkennzeichnung (aA OLG Düsseldorf GRUR-RR 12, 200, 210 – *Tablet PC I*). Die Gefahr einer Rufausnutzung kann vor allem dann durch einen geeigneten Hinweis auf den Unterschied zwischen Nachahmung und Original ausgeräumt werden, wenn dadurch die Gefahr eingedämmt wird, dass Dritte die Produkte miteinander verwechseln (OLG Düsseldorf GRUR-RR 12, 352, 356 – *Tablet PC II*). Dies gilt vor allem, wenn die Assoziation mit dem Original (wie im Fall der LEGO®-Bausteine) die typische und nahezu zwangsläufige Folge eines zuvor gewährten monopolartigen Schutzes darstellt (BGH aaO S 353 – *Klemmbausteine III*) oder wenn der Nachahmende nach Ablauf des Patentschutzes in den Markt eindringt und Abnehmer durch eine unmissverständliche Kennzeichnung über die Abweichung vom Original informiert (BGH GRUR 10, 1125 Rn 42 – *Femur-Teil;* BGH aaO Rn 38 – *Einkaufswagen III*).

bb) Unangemessenheit. § 4 Nr 9b verbietet nicht die Ausnutzung der Wertschätzung per se, sondern nur die *unangemessene* Ausnutzung (so bereits zu § 1 aF BGHZ 126, 208 = GRUR 94, 732, 734f – *McLaren;* BGH GRUR 97, 311, 313 – *Yellow Phone*). Die Unangemessenheit ist im Wege einer Gesamtbetrachtung zu beantworten, bei der alle Umstände des Einzelfalls wie insbesondere der Grad der Anlehnung sowie die Stärke des Rufs zu berücksichtigen sind, der von dem Produkt ausgeht (BGHZ 161, 204 = GRUR 05, 349, 353 – *Klemmbausteine III;* BGH GRUR 10, 1125 Rn 42 – *Femur-Teil; Nemeczek* GRUR-RR 12, 211, 212). Je größer der Ruf, je näher und je vermeidbarer die Anlehnung, je größer das Missverhältnis zwischen Entwicklungskosten des Originals und Kosten der Nachahmung, desto eher ist von Unangemessenheit auszugehen (*Köhler*/Bornkamm § 4 Rn 9.51). Andererseits kann die Anlehnung gerechtfertigt sein, wenn sie nach Ablauf einschlägiger Schutzrechte die einzige Möglichkeit des Zutritts auf einen bestimmten Markt darstellt (vgl BGH aaO – *Klemmbausteine;* BGH GRUR 10, 1125 Rn 42 – *Femur-Teil*), wenn eine Nachbildung wegen des besonderen Charakters der angebotenen Produkte erforderlich ist (Beispiel: Nachbildung des Originals als Spielzeugauto, BGH aaO – *McLaren;* ähnlich zum MarkenG EuGH GRUR 07, 318 – *Opel/Autec;* OLG Nürnberg GRUR 08, 393, 397 – *Modellauto*), wenn die Nachahmung der Herstellung technischer und optischer Kompatibilität dient (BGH GRUR 13, 1052 Rn 42 – *Einkaufswagen III*) oder wenn die nachgeahmte Produktgestaltung eine angemessene Lösung eines technischen oder praktischen Problems darstellt (s Rn 9/62). Geht die Produktnachahmung mit einer vergleichenden Gegenüberstellung zwischen Nachahmung und Original einher, so sind auch §§ 6 II Nr 4 und 6 zu beachten (s Rn 9/23 und § 6 Rn 60ff, 69f).

cc) Beispiele. Das Angebot nachgeahmter Luxushandtaschen stellt keine Rufausbeutung dar, wenn die Unterschiede zwischen Original und Nachahmung deutlich ins Auge fallen (BGH GRUR 07, 795 Rn 44 – *Handtaschen;* s aber OLG Frankfurt GRUR-RR 12, 213, 215 – *Cabat-Tasche*); hingegen liegt die Rufausbeutung bei einer fast identischen Übernahme näher (BGH GRUR 85, 876, 878 – *Tchibo/Rolex I*). Bei der Nachahmung eines Tablet-PCs durch einen konkurrierenden Hersteller, dessen Geräte eine ähnliche Qualität aufweisen und zu einem vergleichbaren Preis wie das Original angeboten werden, liegt ein Imagetransfer fern (*Nemeczek* GRUR-RR 12, 211, 212; aA OLG Düsseldorf GRUR-RR 12, 200, 210 – *Tablet PC I*) und kann jedenfalls durch eine abweichende Herstellerkennzeichnung ausgeräumt werden (OLG Düsseldorf GRUR-RR 12, 352, 356 – *Tablet PC II*). Werden Klemmbausteine angeboten, die mit LEGO®-Steinen kompatibel sind, so genügt angesichts der jahrzehntelangen Monopolstellung des Originalherstellers ein deutlicher Verpackungshinweis auf den Unterschied zum Original (BGHZ 161, 204 = GRUR 05, 349, 353 – *Klemmbausteine III*, zum „Einschieben in eine fremde Serie" s Rn 9/75). Die Nutzung fremder Kennzeichen als **Keywords** für Internet-Suchmaschinen (näher hierzu Rn 10/53b) stellt schon keine Nachahmung von Waren oder Dienstleistungen (BGH GRUR 11, 828 Rn 33 – *Bananabay II*), erst recht aber keine Rufausbeutung dar: Zwar wird die Aufmerksamkeitswirkung des bekannten Kennzeichens genutzt, die angesprochenen Internetnutzer haben aber keinen Anlass, das Image des gekennzeichneten Produkts auf die am Bildschirmrand beworbenen Produkte zu übertragen (BGH GRUR 09, 500 Rn 22 – *Beta Layout* (zu § 4 Nr 10); *Hüsch* MMR 06, 357, 359; *Ullmann* GRUR 07, 633, 638; *Ohly* GRUR 09, 709, 716).

9/70 **d) Rufschädigung.** Eine Beeinträchtigung der Wertschätzung liegt vor, wenn die Qualitätsvorstellung oder das Luxusimage, das die angesprochenen Verkehrskreise mit dem Originalprodukt verbinden, durch den Vertrieb nachgeahmter Produkte beeinträchtigt wird. Während sich die Unlauterkeit bei der Rufausbeutung aus dem Gesichtspunkt der Ausnutzung fremder Leistungen ergibt, wird bei der Rufschädigung der Goodwill eines Konkurrenten geschädigt; es handelt sich also um einen Sonderfall der Behinderung. Beide Alternativen des § 4 Nr 9b stehen unabhängig nebeneinander. Die **Qualitätsvorstellung** leidet vor allem durch den Vertrieb nachgeahmter, aber minderwertiger Produkte (BGH GRUR 87, 903, 905 – *Le-Corbusier-Möbel;* GRUR 00, 521, 527 – *Modulgerüst I*). Verbindet beispielsweise der Verkehr mit dem Original hohe Qualitäts- und Sicherheitsstandards, so kann die Wertschätzung des Originals geschädigt werden, wenn wegen des Angebots weniger sicherer Nachahmerprodukte das Vertrauen in das Original verringert wird. Eine Übertragung von Gütevorstellungen soll bei einem fast identischen Nachbau zwangsläufig stattfinden (BGH GRUR 10, 1125 Rn 49 – *Femur-Teil*). Diese Annahme ist zu undifferenziert. Erkennt der Verkehr, dass es sich nicht um das Originalprodukt, sondern um eine (möglicherweise preisgünstigere) Nachahmung handelt, so kann ihm je nach Lage des Einzelfalls die Möglichkeit von Qualitätsunterschieden durchaus bewusst sein. Das gilt vor allem, wenn es sich bei den Abnehmern um Fachleute handelt (GK/*Leistner* § 4 Nr 9 Rn 197; aA offenbar BGH aaO). Der **Prestigewert** von Luxusprodukten kann beeinträchtigt werden, wenn durch den massenhaften Vertrieb billiger Imitate die Exklusivität des Originals verlorengeht (vgl BGH GRUR 85, 876, 878 – *Tchibo/Rolex I;* jurisPK-UWG/*Ullmann* § 4 Nr 9 Rn 139). Der bloße Vertrieb nachgeahmter Produkte zu einem niedrigeren Preis reicht allerdings noch nicht aus (*Köhler*/Bornkamm § 4 Rn 9.59), da ansonsten wegen der fast immer geringeren Kosten des Nachahmers § 4 Nr 9b auf einen unmittelbaren Nachahmungsschutz hinausliefe. Eine Herkunftstäuschung ist nicht erforderlich (BGHZ 161, 204 = GRUR 05, 349, 352f – *Klemmbausteine III*), doch scheidet eine Beeinträchtigung der Wertschätzung aus, wenn auf Grund eines hinreichenden Abstands nicht nur bei den Kaufinteressenten, sondern auch beim allgemeinen Publikum, das die Produkte bei Dritten sieht, keine Gefahr einer Herkunftstäuschung besteht (BGHZ 138, 143 = GRUR 98, 830, 833 – *Les-Paul-Gitarren;* BGH GRUR 07, 795 Rn 48 – *Handtaschen*).

Unlautere Nachahmung **§ 4.9 UWG**

4. Unredliche Erlangung von Kenntnissen (§ 4 Nr 9 c). a) Schutzzweck. 9/71
§ 4 Nr 9 c verbietet die Verwertung unredlich erlangten Know-hows (unter § 1 aF oft als „Erschleichen" bezeichnet) durch das Angebot nachgeahmter Produkte und weist daher erhebliche Parallelen zur „Vorlagenfreibeuterei" (§ 18) auf. Auch mit dem Schutz von Unternehmensgeheimnissen (§ 17) gibt es Überschneidungen. Allerdings betrifft § 17 die Erlangung der Kenntnisse selbst, während § 4 Nr 9 c als „Fruchtziehungsverbot" (*Köhler/*Bornkamm § 4 Rn 9.60) deren Verwertung verbietet. § 4 Nr 9 c ist selbständig neben §§ 17, 18 anwendbar und hat eigenständige Bedeutung, wenn der subjektive Tatbestand der strafrechtlichen Bestimmungen (Vorsatz und zusätzliche Absichten, s § 17 Rn 24 f) nicht erfüllt ist. Adressat des § 4 Nr 9 c ist der Anbieter des Produkts, unabhängig davon, ob er sich die Kenntnisse selbst unlauter verschafft hat oder ob er die Produkte vom Nachahmer bezogen hat (jurisPK-UWG/ *Ullmann* § 4 Nr 9 Rn 149).

b) Voraussetzungen. aa) Erforderliche Kenntnisse und Unterlagen. Die 9/72
Vorschrift erfasst die Erlangung von Know-how im weitesten Sinne (jurisPK-UWG/*Ullmann* § 4 Nr 9 Rn 144), also sämtlicher Informationen, die Voraussetzung für die Nachahmung sind. Beispiele sind Konstruktionszeichnungen, Designlayouts, Organisationspläne oder Messdaten. Die Informationen müssen notwendige Bedingung der Nachahmung selbst gewesen sein, eine Nützlichkeit allein für den Vertrieb (Beispiel: Kundenlisten) reicht nicht aus. Die Information braucht nicht geheim, darf aber nicht offenkundig sein (BGH GRUR 64, 31, 32 – *Petromax II*), denn was jedermann bekannt ist, kann nicht „erschlichen" werden (*Sambuc* Rn 267). Nach der Systematik der Vorschrift setzt auch § 4 Nr 9 **wettbewerbliche Eigenart** der Ware oder Dienstleistung voraus (OLG Jena GRUR-Prax 13, 210; *Nemeczek* WRP 12, 1025, 1026; Köhler/Bornkamm § 4 Rn 9.61; GK/*Leistner* § 4 Nr 9 Rn 127), obwohl diese Voraussetzung hier schlecht passt (*Eickmeier/Fischer-Zernin* GRUR 08, 755, 761 f; Ann/Loschelder/*Grosch* Kap 6 Rn 42), weil der Unlauterkeitsvorwurf von den Herkunfts- und Gütevorstellungen der Abnehmer unabhängig ist.

bb) Unredlich erlangt. Die Beurteilung der Unredlichkeit kann sich an §§ 17, 18 9/73
orientieren, auch wenn nicht ausgeschlossen ist, dass in Ausnahmefällen § 4 Nr 9 c einen weiteren Anwendungsbereich aufweist. Unredlich erlangt sind daher Informationen, die von Mitarbeitern des Originalherstellers unter Verstoß gegen § 17 I weitergegeben, durch Spionage, durch Diebstahl oder unerlaubte Datensicherung (§ 17 II Nr 1) erlangt wurden. Unter § 4 Nr 9 c fällt auch der Bruch eines vertraglichen oder vorvertraglichen **Vertrauensverhältnisses** (BGH GRUR 03, 356, 357 – *Präzisionsmessgeräte;* BGH GRUR 10, 536 Nr 55 – *Modulgerüst II; Erdmann,* FS Vieregge, 1995, S 197 ff, 214; *Köhler/*Bornkamm § 4 Rn 9.62; vgl auch § 18 Rn 6), obwohl die Unterlagen streng genommen in diesem Fall nicht unredlich *erlangt* wurden. Beispiele sind die Verwendung von im Rahmen gescheiterter Vertragsverhandlungen überlassener Unterlagen oder Muster (BGH GRUR 83, 377 – *Brombeermuster;* BGH GRUR 09, 416 Rn 18 – *Küchentiefstpreis-Garantie*), die Weiterverwendung von Unterlagen nach nichtiger Betriebsveräußerung (BGH GRUR 56, 284, 286 – *Rheinmetall-Borsig II*), die Benutzung technischer Zeichnungen des Auftraggebers nach Ende des Auftragsverhältnisses (BGH GRUR 64, 31, 33 – *Petromax II*) oder der Diebstahl von Plänen durch Angestellte (BGH aaO – *Präzisionsmessgeräte;* vgl auch BGH GRUR 08, 727 Rn 20 – *Schweißmodulgenerator*). Allerdings bedarf das Bestehen eines Vertrauensverhältnisses der besonderen Darlegung. Überlässt ein Unternehmer einem Kunden bei der Unterbreitung eines Angebots Unterlagen, so ist der Kunde bei Fehlen einer ausdrücklichen oder konkludenten Vereinbarung nicht ohne weiteres zur Vertraulichkeit verpflichtet (Beispiel: Unterlagen für die Planung einer Küche, BGH GRUR 09, 416 Rn 19 – *Küchentiefstpreis-Garantie*). Außerdem ist zu beachten, dass Arbeitnehmer nach dem Ausscheiden aus einem Arbeitsverhältnis berechtigt sind, ihre redlich erworbenen Kenntnisse und Fähigkeiten für eigene Zwecke zu nutzen, sofern kein vertragliches

Wettbewerbsverbot vereinbart wurde (BGH aaO, s auch § 17 Rn 38 ff). Die Rückwärtsanalyse *(reverse engineering)* redlich erworbener, immaterialgüterrechtlich gemeinfreier Produkte ist als solche nicht unlauter (s im Einzelnen § 17 Rn 26 a). Das gilt selbst dann, wenn eine komplexe Maschine zerlegt und in allen Einzelteilen identisch nachgebaut wird (aA RGZ 149, 329 = GRUR 36, 183, 187 – *Stiefeleisenpresse*).

9/74 **5. Weitere Unlauterkeitsmerkmale. a) Behinderung.** Auch die Behinderung von Mitbewerbern kann die Unlauterkeit im Rahmen des § 4 Nr 9 begründen (*Köhler*/Bornkamm § 4 Rn 9.63; zweifelnd jurisPK-UWG/*Ullmann*, § 4 Nr 9 Rn 30). Die Liste der Unlauterkeitsmerkmale im Text der Vorschrift ist nicht abschließend (Begr RegE UWG 2004, BT-Drucks 15/1487 S 18), und eine Anwendung des § 4 Nr 9 ist wegen seiner speziellen Voraussetzungen und Rechtsfolgen einer Anwendung des § 4 Nr 10 vorzuziehen. Allerdings darf die Fallgruppe der Behinderung keineswegs als „Sammelbecken für Missbilligungen verschiedenster Art" einen allgemeinen Auffangtatbestand für Nachahmungsfälle darstellen, die sich nicht unter die präziseren Tatbestände des § 4 Nr 9 a–c subsumieren lassen (Harte/Henning/*Sambuc* § 4 Nr 9 Rn 174). Insbesondere begründet das Angebot nachgeahmter Produkte für sich genommen noch nicht den Vorwurf der unlauteren Behinderung, selbst wenn es intensiv beworben wird oder in großem Stil erfolgt. Zwar stellt jede Nachahmung für den Originalhersteller eine Behinderung dar, doch ist das Angebot von Imitaten außerhalb des Schutzbereichs der Rechte des geistigen Eigentums wettbewerbskonform und daher hinzunehmen. Auch die bloße Ausnutzung von Mühen und Kosten des Originalherstellers ist als solche keine Behinderung (aA BGHZ 60, 168 = GRUR 73, 478, 480 – *Modeneuheit*), da das Recht des geistigen Eigentums technische und gestalterische Innovationen nur unter bestimmten Voraussetzungen und innerhalb gesetzlich bestimmten sachlicher und zeitlicher Grenzen schützt. Aus demselben Grund ist es auch wettbewerbskonform, die nachgeahmten Produkte zu einem niedrigeren Preis anzubieten (BGH GRUR 03, 359, 361 – *Pflegebett*). Das gilt selbst dann, wenn die Entwicklungskosten des Originals erheblich waren und die Nachahmung nach kurzer Zeit zu einem deutlich niedrigeren Preis auf den Markt gebracht wird (aA BGH GRUR 66, 617, 620 – *Saxophon*; BGH GRUR 96, 210, 213 – *Vakuumpumpen*; *Köhler*/Bornkamm § 4 Rn 9.65). Das Angebot nachgeahmter Produkte kann daher nur in Ausnahmefällen als unlautere Behinderung anzusehen sein (BGH GRUR 07, 795 Rn 51 – *Handtaschen*). Die Rechtsprechung zu § 1 aF nahm eine Behinderung insbesondere im Fall des systematischen Nachbaus einer Vielzahl eigenartiger Erzeugnisse eines Mitbewerbers an (BGH GRUR 60, 244, 246 – *Simili-Schmuck*; bestätigt in BGH GRUR 96, 210, 212 – *Vakuumpumpen;* BGHZ 141, 329 = GRUR 99, 923, 927 – *Tele-Info-CD*; *Köhler*/Bornkamm § 4 Rn 9.66; MüKo/*Wiebe* § 4 Nr 9 Rn 211 ff mwN). Hinzukommen muss unter § 4 Nr 9 aber, dass der Originalhersteller wegen der fortgesetzten und systematischen Nachahmung sein eigenes Angebot nicht mehr in angemessener Weise zur Geltung bringen kann (vgl Rn 10/9).

9/75 **b) Einschieben in eine fremde Serie.** Die Rechtsprechung zu § 1 aF hielt das Angebot kompatibler Erzeugnisse unter dem Gesichtspunkt des „Einschiebens in eine fremde Serie" für unlauter, wenn das nachgeahmte Erzeugnis von vornherein auf einen fortgesetzten Bedarf gleichartiger Erzeugnisse zugeschnitten und ein Bedürfnis nach Erweiterung und Vervollständigung durch Ergänzungspackungen von Produkten derselben Art in sich trägt (BGHZ 41, 55 = GRUR 64, 621, 624 – *Klemmbausteine I;* BGH GRUR 92, 619, 620 – *Klemmbausteine II;* BGH GRUR 00, 521, 525 – *Modulgerüst I*). Diese Rechtsprechung gewährte einen auf die LEGO®-Bausteine zugeschnittenen, nicht näher begründeten Investitionsschutz für Marktpioniere und wurde daher in der Literatur verbreitet kritisiert (vgl die Nachw in BGHZ 161, 204 = GRUR 05, 349, 352 – *Klemmbausteine III*). In seinem Urteil *Klemmbausteine III* hat der BGH diese Rechtsprechung für ihren wichtigsten Anwendungsfall, die LEGO®-Bausteine, mit der zutreffenden Begründung aufgegeben, der lauterkeitsrechtliche

Nachahmungsschutz müsse sich an den sondergesetzlichen Schutzfristen orientieren und komme daher 45 Jahre nach der Markteinführung eines Systems nicht mehr in Betracht. Auch über diesen Sonderfall hinaus ist die Rechtsprechung zum „Einschieben in eine fremde Serie" abzulehnen (ebenso *Heyers* GRUR 06, 23, 25 ff; *Götting/ Nordemann* § 4 Rn 9.78 ff; *Köhler*/Bornkamm § 4 Rn 9.58; MüKo/*Wiebe* § 4 Nr 9 Rn 209; *Riesenhuber* WRP 05, 1118 ff), denn das Angebot kompatibler Produkte fördert den Wettbewerb und ist daher, sofern nicht Rechte des geistigen Eigentums eingreifen oder andere besondere Unlauterkeitsmerkmale vorliegen, nicht zu beanstanden.

c) Saisonschutz von Modeneuheiten. Unter § 1 aF gewährte die Rechtsprechung einen zeitlich regelmäßig begrenzten Nachahmungsschutz für kurzlebige Modeartikel (BGHZ 60, 168 = GRUR 73, 478 – *Modeneuheit;* BGH GRUR 84, 453 – *Hemdblusenkleid;* BGH GRUR 98, 477 – *Trachtenjanker*). In der Leitentscheidung *Modeneuheit* wird dieser Schutz nicht einer bestimmten Fallgruppe der Unlauterkeit zugeordnet, sondern offen mit der Unzulänglichkeit des seinerzeit bestehenden Geschmacksmusterschutzes begründet (BGH GRUR 73, 478, 480). Nachahmungsschutz konnte demnach auch gewährt werden, wenn weder eine vermeidbare Herkunftstäuschung noch eine Rufausbeutung vorlag. Als entscheidend wurde angesehen, dass der Originalanbieter seinen unter Mühe und Kosten aufgebauten Wettbewerbsvorteil wegen des Angebots von Nachahmungen nicht mehr realisieren könne (BGH aaO). Der Sache nach handelte es sich hier um unmittelbaren Nachahmungsschutz. Dem Originalhersteller wurde zum Schutz seiner Investition ein zeitlich begrenztes Ausschließlichkeitsrecht eingeräumt. Unter § 4 Nr 9 UWG kann diese Rechtsprechung nicht fortgeführt werden (*Körner,* FS Ullmann, 2006, S 701, 707; *Ohly* GRUR 07, 731, 739; *Götting/Nordemann* § 4 Rn 9.84; MüKo/*Wiebe* § 4 Nr 9 Rn 225; *Ruhl,* GGV, Art 96 Rn 13; aA *Kiethe/Groeschke* WRP 06, 794, 798; *Köhler* GRUR 07, 548 Rn 41; *Ortner* WRP 06, 189, 193). Zwar schließt § 4 Nr 9 die Gewährung eines unmittelbaren Nachahmungsschutzes nicht kategorisch aus (Rn 9/79), doch ist der UWG-Nachahmungsschutz jedenfalls insoweit gegenüber dem Recht des geistigen Eigentums subsidiär, als neben der Nachahmung als solcher keine weiteren Unlauterkeitsmerkmale vorausgesetzt werden (Rn 9/13, 15). Mit dem nicht eingetragenen Gemeinschaftsgeschmacksmuster steht mittlerweile ein Schutzrecht zur Verfügung, das der Kurzlebigkeit von Modeerzeugnissen durch Verzicht auf das Eintragungserfordernis Rechnung trägt und das nicht zuletzt im Hinblick auf den Schutz von Modeerzeugnissen geschaffen wurde (*Kur* GRUR Int 98, 353, 359; *Ritscher* GRUR Int 90, 559, 560, 562). Die gesetzgeberische Differenzierung zwischen einem dreijährigen Nachahmungsschutz für nicht eingetragene Gemeinschaftsgeschmacksmuster und einem bis zu 25 jährigen Schutz bei Eintragung darf durch das UWG nicht unterlaufen werden. Eigenständig lauterkeitsrechtliche Gesichtspunkte für den Schutz von Modeerzeugnissen sind nicht ersichtlich, sofern nicht im Einzelfall einer der in § 4 Nr 9 a–c genannten Fälle vorliegt. Das Verbot der Behinderung kann einen UWG-Nachahmungsschutz von Modeneuheiten nicht generell rechtfertigen, denn die Gesichtspunkte der Behinderung durch Nachahmungswettbewerb und der Ausbeutung fremder Investitionen werden durch das Immaterialgüterrecht, insbesondere das Geschmacksmusterrecht, abschließend geregelt.

6. Unmittelbarer Nachahmungsschutz? a) Entwicklung. Mit § 4 Nr 9 hat der Gesetzgeber die Rechtsprechung zum mittelbaren UWG-Nachahmungsschutz kodifiziert: Nicht die Nachahmung selbst ist demnach verboten, die Unlauterkeit folgt erst aus weiteren Umständen, deren wichtigste in § 4 Nr 9 a–c aufgeführt sind (s Rn 9/2). Offen bleibt damit die Frage, ob auf der Grundlage des § 3 I in besonderen Fällen unmittelbarer Nachahmungsschutz, also Schutz gegen das Angebot nachgeahmter Produkte ohne das Erfordernis weiterer Unlauterkeitsmerkmale, gewähr werden kann (vgl dazu *Sack* WRP 05, 531, 537; *Schröer,* Der unmittelbare Leistungsschutz, 2010; *Wiebe,* FS Schricker, 2005, 773 ff). In seiner Rechtsprechung zu § 1 aF hat der BGH immer wieder Produkte in Fällen gegen Nachahmung geschützt, in denen das Recht des geistigen Eigentums kein geeignetes Schutzrecht bereithielt. Paradebeispiel ist neben dem Schutz von Erfindungen in der patentamtslosen Zeit (BGHZ 3, 365 = GRUR 52, 562 – *Schuhsohle*) und den „Leistungsschutzurteilen" (BGH GRUR 60, 614 – *Figaros Hochzeit;* BGH GRUR 62, 470 – *AKI;* BGH GRUR 63, 575 – *Vortragsabend*) der Saisonschutz für kurzlebige Modeerzeugnisse (s Rn 9/76). Er wurde von der Rspr nicht einer der bekannten Fallgruppen des ergänzenden Leistungsschutzes zugeordnet, sondern mit den Unzulänglichkeiten des damaligen Geschmacksmusterrechts begründet. Andere Fälle wurden zwar unter die anerkannten Unlauterkeitskriterien subsumiert, boten praktisch aber Nachahmungsschutz für sonderrechtlich nicht schutzfähige Erzeugnisse. Das UWG erfüllte so eine „Schrittmacherfunktion" (*Ulmer,* Urheber- und Verlagsrecht, 3. Aufl, 1980, S 40), denn der Gesetzgeber hat meist reagiert und das Recht des geistigen Eigentums entsprechend ergänzt.

9/78 **b) Meinungsstand und Stellungnahme.** Der BGH unterscheidet in seinem Urteil *Klemmbausteine III* zwischen den Fällen des § 4 Nr 9 a–c und dem „Schutz einer Leistung als solcher" (BGHZ 161, 204 = GRUR 05, 349, 352), lehnt Letzteren aber aufgrund der Umstände des Einzelfalls ab. Demnach scheidet ein unmittelbarer Nachahmungsschutz nicht per se aus, kommt aber nur in außergewöhnlichen und atypischen Fällen zur Geltung. Im Urteil *hartplatzhelden.de* (GRUR 11, 436 m Anm *Ohly*) lehnt der BGH einen Schutz der Leistung des Sportveranstalters auf der Grundlage des § 4 Nr 9 ab (anders noch OLG Stuttgart MMR 09, 395 – *hartplatzhelden.de*) und prüft anschließend, ob auf der Grundlage des § 3 I unmittelbarer Leistungsschutz zu gewähren ist. Diese Frage lässt der BGH zwar offen (aaO Rn 19), begründet aber ausgiebig, warum im konkreten Fall ein solcher Schutz nicht in Betracht kommt: Der Kläger sei durch das Hausrecht hinreichend geschützt, auch eine Interessenabwägung, in die auch die Meinungs- und Informationsfreiheit der Öffentlichkeit einfließt, spreche gegen den Schutz.

9/78a In der Literatur ist die Frage umstritten. Teils wird ein unmittelbarer Nachahmungsschutz mit den Argumenten abgelehnt, (1) § 4 Nr 9 schreibe den Grundsatz der Nachahmungsfreiheit fest und schließe damit unmittelbaren Nachahmungsschutz aus, (2) das UWG könne keine Quasi-Immaterialgüterrechte schaffen, denn es verbiete Handlungsunrecht, und der Kreis der Rechte des geistigen Eigentums sei im Sinne eines „Numerus clausus" gesetzlich beschränkt, (3) angesichts des umfangreichen Schutzes durch das Recht des geistigen Eigentums bestehe heute nach ergänzendem Schutz kein Bedarf mehr und (4) ein unmittelbarer Leistungsschutz gefährde die Wettbewerbsfreiheit (so *Köhler*/Bornkamm § 4 Rn 9.5 c; *Nemeczek* WRP 10, 1204 und GRUR 11, 292; MüKo/*Wiebe* § 4 Nr 9 Rn 23 ff mit Einschränkungen auch *Peukert,* WRP 10, 316). Die Gegenansicht (*Fezer* WRP 08, 1, 9; Harte/Henning/*Sambuc* § 4 Nr 9 Rn 53 ff; *Sack* WRP 05, 531, 536 f; *Ohly* GRUR 10, 487, 490 ff; eingehend *Schröer* S 185 ff) bestreitet, dass § 4 Nr 9 den Rückgriff auf die Generalklausel ausschließt und hält dem „Kodifikationseinwand" entgegen, aus den einzelnen Rechten des geistigen Eigentums lasse sich nicht auf einen Gesamtplan des Gesetzgebers zur Regelung sämtlicher immaterialgüterrechtlicher Fragen schließen. Innerhalb dieser Ansicht befürworten einige Autoren (*Fezer, Sack* aaO) ein freies Nebeneinander (kumulative Anspruchskonkurrenz) von Immaterialgüterrecht und UWG, während andere (*Sambuc, Ohly, Schröer* aaO) Leistungsschutz nur unter Berücksichtigung der Wertungen der Sonderschutzrechte zulassen wollen.

9/78b Grundsätzlich sind die Rechte des geistigen Eigentums dazu berufen, kreative Leistungen im technischen und ästhetischen Bereich und die hierzu erforderlichen Investitionen zu schützen. Der UWG-Nachahmungsschutz ist jenseits der in § 4 Nr 9 a–c geregelten Fallgruppen subsidiär und kommt nur in Betracht, wenn der betreffende Interessenkonflikt im Recht des geistigen Eigentums nicht abschließend geregelt wurde. Angesichts der heutigen Ausdehnung des geistigen Eigentums sind Schutzlücken nicht mehr ohne weiteres ersichtlich. Allerdings lehrt die Geschichte des UWG-Nachahmungsschutzes, dass derartige Schutzlücken für die Zukunft nicht ausgeschlossen sind. Durch neue technische und wirtschaftliche Entwicklungen kann ein Bedürfnis danach entstehen, Leistungen, die der Markt aus eigener Kraft nicht hervorbringt und nach denen ein gesellschaftliches Bedürfnis besteht, zu schützen. Ein solcher Schutz kann auf der Grundlage des § 3 I gewährt werden, wenn auch nur unter Wahrung strikter Subsidiarität gegenüber dem geistigen Eigentum. Zwischen UWG-Nachahmungsschutz und Immaterialgüterrecht besteht keine scharfe Grenze, und ein Numerus clausus der Immaterialgüterrechte ist nicht anzuerkennen (dazu näher *Ohly*, FS Schricker, 2005, S 105, 115 ff). Würde dagegen die Möglichkeit des unmittelbaren UWG-Nachahmungsschutzes völlig ausgeschlossen, so stünde die Praxis in Fällen, die im Recht des geistigen Eigentums bisher nicht geregelt wurden, vor der Alternative, entweder gerechtfertigten Schutz bis zum Eingreifen des Gesetzgebers zu verweigern oder die Konturen der Unlauterkeitsmerkmale zu verwässern. Unter § 1 aF hat die Rspr häufig dazu geneigt, unmittelbaren Nachahmungsschutz im Gewand der vermeidbaren Herkunftstäuschung oder Rufausbeutung zu gewähren. Demgegenüber wäre eine offene Erörterung der Argumente für und wider Nachahmungsschutz im Einzelfall methodenehrlicher. Allerdings kann ergänzender (unmittelbarer) Leistungsschutz nur im Ausnahmefall und unter einschränkenden Voraussetzungen gewährt werden. Die reine Ausnutzung eines fremden Arbeitsergebnisses zur Förderung des eigenen Gewinnstrebens begründet nicht bereits als solche die Unlauterkeit (BGH GRUR 11, 436 Rn 27 – *hartplatzhelden.de*). Eines Rückgriffs auf § 823 I unter dem Gesichtspunkt des Eingriffs in den eingerichteten und ausgeübten Gewerbebetrieb bedarf es daneben nicht, denn die problematischen Fälle zeichnen sich gerade dadurch aus, dass die betreffende Leistung vom Gesetzgeber nicht zum Gegenstand eines absoluten Rechts gemacht wurde (vgl BGH GRUR 11, 436 Rn 28, 32 – *hartplatzhelden.de*).

c) Kriterien. Auch wenn der BGH die Möglichkeit des unmittelbaren Leistungsschutzes auf der Grundlage des § 3 I offenlässt, lässt seine Rechtsprechung doch Kriterien erkennen, nach denen über die Gewährung dieses Schutzes entschieden werden kann. **(1)** Der betreffende **Interessenkonflikt** darf **nicht bereits anderweitig,** insbesondere im Recht des geistigen Eigentums oder im Sacheigentum, **erschöpfend geregelt** sein. So steht es dem UWG-Leistungsschutz entgegen, wenn die Interessen eines Sportveranstalters bereits hinreichend durch das Hausrecht geschützt werden (BGH GRUR 11, 436 Rn 27 – *hartplatzhelden.de*) oder wenn das Erscheinungsbild von Modeneuheiten als nicht eingetragenes Gemeinschaftsgeschmacksmuster befristeten immaterialgüterrechtlichen Nachahmungsschutz genießt (Rn 9/76). **(2)** Leistungsschutz ist nicht schon dann berechtigt, wenn die Interessen des Originalherstellers es nahelegen. Es ist weder wettbewerbsrechtlich noch zum Schutz des Rechts am eingerichteten und ausgeübten Gewerbebetrieb geboten, denjenigen, der eine Leistung erbringt, grundsätzlich auch an allen späteren Auswertungsarten seiner Leistung zu beteiligen (BGH aaO Rn 28). Erforderlich ist vielmehr eine **umfassende, an § 1 orientierte Interessenabwägung,** in die neben den Interessen des Originalherstellers und des Nachahmers auch die Interessen der Allgemeinheit an Wettbewerbs-, Meinungs- und Informationsfreiheit (BGH GRUR 11, 436 Rn 25, 27 – *hartplatzhelden.de*), aber auch an der Förderung der Innovation einzustellen sind. Für die Gewährung von Leistungsschutz spricht insbesondere die Gefahr eines Marktversagens, die zu bejahen ist, wenn (a) die Herstellung des Originalprodukts wesentliche Investitionen erfordert, (b) das Produkt durch technische Mittel zu minimalen Kosten vervielfältigt werden kann, (c) der Originalhersteller weder die Leistungsübernahme rechtlich oder faktisch verhindern noch seine Kosten anderweitig amortisieren kann und

(d) dadurch die Gefahr entsteht, dass weder der Originalhersteller noch Konkurrenten in diesen Markt investieren (*Peukert* WRP 10, 316, 320).

9/80 **d) Insbesondere: Sportübertragungsrechte.** Die Rechte des Sportveranstalters sind derzeit sondergesetzlich nicht geregelt. Insbesondere schützt § 81 UrhG nur den Veranstalter von Darbietungen ausübender Künstler; die Vorschrift ist auf Sportveranstaltungen weder direkt noch analog anwendbar (BGH GRUR 90, 702, 705 – *Sportübertragungen;* OLG Hamburg ZUM-RD 07, 238, 242; *Dreier*/Schulze, UrhG, § 81 Rn 3). Derzeit behilft sich die hM mit den Vorschriften zum Schutz des Hausrechts (§§ 823 I; 1004; 862 BGB) (BGH GRUR 90, 702, 705 – *Sportübertragungen;* BGH GRUR 11, 436 Rn 22 – *hartplatzhelden.de;* OLG Hamburg, NJW-RR 03, 1485, 1486; *Haas/Reimann* SpuRt 99, 182, 185; vgl. zum Schutzbereich des Hausrechts im Fall unerlaubter Fotografien auch BGH GRUR 11, 321; 13, 623 – *Preußische Schlösser und Gartenanlagen I* und *II*) und hält daher auch einen UWG-Leistungsschutz für entbehrlich (so für den Amateursport BGH aaO – *hartplatzhelden.de*). Allerdings stellt das Hausrecht kein angemessenes Instrument zum Schutz des Sportveranstalters dar. Es erlaubt zwar dem Veranstalter, das Betreten einer Sportstätte an Bedingungen (etwa ein Entgelt für Bild- und Tonaufnahmen) zu knüpfen, gewährt aber keine Ansprüche gegen Verwertungshandlungen nach Verlassen der Sportstätte oder gegen Verwertungshandlungen Dritter. Andererseits geht der Schutz des Hausrechts zu weit, weil er keine geeignete Grundlage für Schranken des Rechts im Allgemeininteresse (etwa zur Kurzberichterstattung im Fernsehen) bietet. Eine gesetzliche Regelung, die neben dem Inhalt auch die Schranken (Berichterstattung über Sportereignisse) regelt, wäre wünschenswert (hierzu *Hilty/Henning-Bodewig,* Leistungsschutzrechte für Sportveranstalter?, 2007; *Fezer* WRP 12, 1173ff, 1321ff; *Heermann* GRUR 12, 791ff; für eine Anerkennung eines Veranstalterrechts im Wege richterlicher Rechtsfortbildung *Krebs/Becker/Dück* GRUR 11, 391). Solange eine gesetzliche Regelung fehlt, kommen Ansprüche auf der Grundlage des § 3 I nach den in Rn 9/79 genannten Kriterien grundsätzlich in Betracht (ebenso *Lochmann,* Die Einräumung von Fernsehübertragungsrechten an Sportveranstaltungen, 2005, 182ff; *Laier,* Die Berichterstattung über Sportereignisse, 2007, 169ff; aA *Peukert* S 817ff). Dabei sind allerdings die Rechte des Sportveranstalters gegen die Meinungs- und Berufsfreiheit des Übertragenden (Art 5 I, 12 I GG) und das Informationsinteresse der Öffentlichkeit (Art 5 I GG) abzuwägen. Auch nach diesen Kriterien ist die Bereitstellung ausgewählter Videosequenzen von Amateurfußballspielen nicht unlauter (ebenso *Ehmann,* GRUR Int 09, 568; *Nemeczek* WRP 10, 1204; *Ohly* GRUR 10, 487; *Peukert* WRP 10, 316, alle mwN), weil zum einen kein Anhaltspunkt für ein Marktversagen bei Fehlen von Leistungsschutz besteht und weil zum anderen im Amateurbereich das Informationsinteresse der Allgemeinheit angesichts der Vielzahl von Spielen durch die Medien nicht befriedigt wird (BGH aaO – *hartplatzhelden.de*).

VI. Schutzdauer

9/81 **1. Grundsatz.** Grundsätzlich sind lauterkeitsrechtliche Unterlassungsansprüche einer Befristung nicht zugänglich, solange der wettbewerbswidrige Zustand mit seinen materiell-rechtlichen Voraussetzungen einschließlich der Wiederholungsgefahr anhält. Der UWG-Nachahmungsschutz entfällt daher nach allgemeinen Grundsätzen, wenn die **Anspruchsvoraussetzungen nicht mehr vorliegen** (*Köhler*/Bornkamm § 4 Rn 9.71ff). Das gilt etwa für den Wegfall der wettbewerblichen Eigenart (Rn 9/35) oder ihre Schwächung mit der Folge, dass die Schwäche anderer Voraussetzungen im Rahmen der Wechselwirkung (Rn 9/26) nicht mehr kompensiert werden kann (*Erdmann,* FS Vieregge, 1995, 207ff). Der Schutz vor **vermeidbaren Herkunftstäuschungen (§ 4 Nr 9a)** entfällt, wenn der Verkehr wegen neuer Kennzeichnungen oder wegen eines Wandels der Verkehrsauffassung nicht mehr getäuscht wird. Ansonsten wird der Schutz gewährt, so lange die Täuschungsgefahr besteht. Ein Konflikt mit den Wertungen des zeitlich ebenfalls unbegrenzten Kennzeichenrechts besteht nicht. Das Verbot der **Rufausbeutung und -schädigung (§ 4 Nr 9b)** besteht grundsätzlich fort, solange der gute Ruf andauert und die Voraussetzungen der unlauteren Ausnutzung oder Schädigung fortbestehen. Da es sich bei § 4 Nr 9b allerdings um Leistungs- (Investitions-)schutz handelt, sind Wertungswidersprüche mit dem Recht des geistigen Eigentums zu vermeiden, das geistige Schöpfungen nur für typisierte Amortisationszeiträume schützt (s im Einzelnen Rn 9/82). Der Schutz gegen die **unlautere Erlangung von Informationen (§ 4 Nr 9c)** ist parallel zu §§ 17, 18 zu beurteilen und dauert damit an, solange die Informationen nicht offenkundig geworden sind.

2. Sonderfälle: Rufausnutzung und unmittelbarer Leistungsschutz. Schützt 9/82
das UWG aber ausnahmsweise eine Leistung als solche, so gebieten die Wertungen des geistigen Eigentums eine zeitliche Begrenzung. Abgesehen von den Fällen des § 4 Nr 9a und c kann Nachahmungsschutz nicht mehr gewährt werden, wenn die Schutzfristen vergleichbarer Rechte des geistigen Eigentums abgelaufen wären (BGHZ 161, 204 = GRUR 05, 349, 352 – *Klemmbausteine III*). Gründet sich die wettbewerbliche Eigenart lediglich auf die technische Gestaltung eines Produkts, so kommt UWG-Nachahmungsschutz nach Ablauf der patentrechtlichen Schutzfrist von 20 Jahren grundsätzlich nicht mehr in Betracht (vgl BGH GRUR 90, 528, 530 – *Rollen-Clips*). Ähnliches gilt für das Verhältnis zum Urheberrecht im Fall des Nachdrucks von Noten (BGH GRUR 86, 895, 896 – *Notenstichbilder*). Auch bei der Nachahmung ästhetischer Gestaltungen sollte der Schutz vor Rufausbeutung auf die Schutzdauer des Geschmacksmusterrechts begrenzt werden. Ein weitergehender Schutz unter markenrechtlichen Gesichtspunkten (§ 14 II Nr 3 MarkenG) bleibt davon unberührt. Vor allem zur Dauer des unmittelbaren Leistungsschutzes von **Modeneuheiten** hat sich unter § 1 aF UWG eine umfangreiche Rechtsprechung entwickelt (vgl *Schulze* GRUR 86, 896ff und die Nachw bei *Köhler*/Bornkamm § 4 Rn 9.75ff). Der Schutz von Modeerzeugnissen wurde grundsätzlich auf eine Saison beschränkt (BGH GRUR 84, 453, 454 – *Hemdblusenkleid*), konnte aber bei zeitlosen Gestaltungselementen länger währen (BGH GRUR 98, 477, 479 – *Trachtenjanker*). Praktisch setzte die Rspr damit unter § 1 aF ergänzendes Immaterialgüterrecht. Da die Modeneuheit-Rechtsprechung angesichts der Reform des Geschmacksmusterrechts ihre Berechtigung verloren hat (Rn 9/76), kann auf eine Kommentierung der Einzelheiten verzichtet werden. Hält man die Modeneuheiten-Rechtsprechung indes noch für anwendbar, so muss sein Leistungsschutz nach der vom Geschmacksmusterrecht gezogenen Grenze von drei Jahren ausscheiden, sofern nicht eine vermeidbare Herkunftstäuschung vorliegt (*Köhler*/Bornkamm § 4 Rn 9.76; *Keller,* FS Erdmann, 2002, 595, 611). Kommt nach den oben (Rn 9/79) dargestellten Grundsätzen ausnahmsweise ein unmittelbarer Nachahmungsschutz in Betracht, so ist die Schutzdauer im Einzelfall auf der Grundlage einer Interessenabwägung unter Beachtung des Grundsatzes der Verhältnismäßigkeit zu entscheiden (BGH GRUR 03, 356, 358 – *Präzisionsmessgeräte*).

C. Rechtsfolgen

I. Abwehransprüche

1. Gläubiger und Schuldner. a) Gläubiger. aa) Hersteller, Lizenznehmer. 9/83
Aktivlegitimiert ist der **Hersteller** des Originals oder ein **ausschließlich Vertriebsberechtigter** (BGH GRUR 94, 630, 634 – *Cartier-Armreif;* GRUR 04, 941, 943 – *Metallbett;* BGHZ 162, 246, 252 = GRUR 05, 519, 520 – *Vitamin-Zell-Komplex* mwN). Davon abgesehen ist bisher ungeklärt, ob die durch § 4 Nr 9 vermittelte

Rechtsposition auch ohne Veräußerung des Geschäftsbetriebs **übertragbar** ist oder ob eine **ausschließliche Lizenz** mit der Folge einer eigenen Anspruchsberechtigung des Lizenznehmers erteilt werden kann. Vom Standpunkt der hM aus ist es konsequent, beides abzulehnen, da § 4 Nr 9 kein Ausschlussrecht entstehen lässt (*Nemeczek* GRUR 11, 292, 293 f; GK/*Leistner* § 4 Nr 9 Rn 244). Möglich ist damit nur eine gewillkürte Prozessstandschaft. Angesichts der immaterialgüterrechtsähnlichen Natur des UWG-Nachahmungsschutzes ist diese Lösung unpraktisch (*Schröer* S 274 ff). Jedenfalls wenn an dem geschützten Produkt zugleich Immaterialgüterrechte bestehen, muss eine Übertragung und Lizenzerteilung möglich sein, da der Lizenznehmer in der Lage sein muss, das Produkt selbst herzustellen und gegen Rechtsverletzungen vorzugehen. Ein **Händler** ist grundsätzlich nicht anspruchsberechtigt, es sei denn, er hätte durch Auswahl oder Zusammenstellung der Kollektion selbst eine besondere schutzwürdige Leistung erbracht (BGH aaO S 224 – *Finnischer Schmuck*).

9/84 **bb) Sonstige Mitbewerber, Verbände.** Die Rspr hält zwar unter § 4 Nr 9a auch eine Beeinträchtigung von Verbraucher- und Allgemeininteressen für möglich (BGH GRUR 88, 620, 621 – *Vespa-Roller;* BGH GRUR 94, 630, 634 – *Cartier-Armreif*), hat aber, soweit ersichtlich, bisher Klagen von Mitbewerbern und Verbänden nicht zugelassen. An dieser Rspr ist auch im Lichte der UGP-RL festzuhalten, da der Verbraucherschutz gegen Verwechslungsgefahr durch § 5 I, II Nr 1 in richtlinienkonformer Weise gewährleistet wird, bei dem sich die Anspruchsberechtigung ohne Einschränkung nach § 8 III richtet (*Köhler*/Bornkamm § 4 Rn 9.86; aA Harte/Henning/ *Bergmann*/*Goldmann* § 8 Rn 327; *Münker*, FS Ullmann, 2006, 781, 786 ff). Die übrigen Fallgruppen des § 4 Nr 9 schützen ohne Zweifel in erster Linie die Interessen des Originalherstellers. Seine Dispositionsfreiheit würde ohne hinreichenden Anlass eingeschränkt, wenn andere Mitbewerber und Verbände gegen die Nachahmung vorgehen könnten. Daher sind in Abweichung von § 8 III weder sonstige Mitbewerber noch die Kammern und Verbände aktivlegitimiert (BGH GRUR 09, 416 Rn 23 – *Küchentiefstpreis-Garantie,* ebenso für urheberrechtlich geschützte Werke BGHZ 140, 183 = GRUR 99, 325, 326 – *Elektronische Pressearchive; Köhler*/Bornkamm aaO; aA *Mees* WRP 99, 62; *Münker*, FS Ullmann, 2006, 781, 788 f).

9/85 **b) Schuldner.** Passivlegitimiert ist jeder, der das nachgeahmte Produkt anbietet, also regelmäßig der Hersteller der Nachahmung, daneben auch der Importeur (BGH GRUR 81, 517, 520 – *Rollhocker*) oder der Händler, der die Nachahmung vertreibt (BGH GRUR 04, 941, 943 – *Metallbett*). Auch im Fall der unlauteren Erlangung von Kenntnissen (§ 4 Nr 9c) richtet sich der Anspruch in erster Linie gegen denjenigen, der das Produkt anbietet (aA *Köhler*/Bornkamm § 4 Rn 9.87: Inanspruchnahme des Händlers ggf als Teilnehmer, § 830 II). Daneben kommt die Haftung wegen der Verletzung lauterkeitsrechtlicher Verkehrspflichten in Betracht (näher hierzu § 8 Rn 120 ff). Sie kann beispielsweise den Betreiber einer Internet-Auktionsplattform oder, im Fall des § 4 Nr 9c, denjenigen treffen, der die Information in unlauterer Weise beschafft hat.

9/86 **2. Anspruchsinhalt. a) Unterlassungsanspruch.** Da § 4 Nr 9 tatbestandlich das Angebot des nachgeahmten Produkts voraussetzt, steht dem Verletzten der Unterlassungsanspruch nur gegen den Vertrieb des Produkts zu (BGH GRUR 96, 210, 212 – *Vakuumpumpen;* BGHZ 141, 329 = GRUR 99, 923, 927 – *Tele-Info-CD*). Hier zeigt sich ein wesentlicher Unterschied zwischen dem UWG-Nachahmungsschutz und den Rechten des geistigen Eigentums, die dem Rechtsinhaber regelmäßig auch die Herstellung des Produkts vorbehalten.

9/87 **b) Beseitigungsanspruch.** Entsprechend richtet sich der Beseitigungsanspruch nur auf die Entfernung der nachgeahmten Produkte vom Markt, nicht hingegen auf Vernichtung (BGH GRUR 88, 690, 693 – *Kristallfiguren;* BGHZ 141, 329 = GRUR 99, 923, 927 – *Tele-Info-CD;* BGH GRUR 12, 1155 Rn 36 – *Sandmalkasten*).

II. Schadensersatzanspruch

Der Schadensersatzanspruch setzt Verschulden voraus (§ 9). Nach immaterialgü- 9/88
terrechtlichem Vorbild gelten die Grundsätze der **dreifachen Schadensberechnung** (BGH GRUR 07, 431 Rn 21 – *Steckverbindergehäuse*). Der Verletzte kann also wählen zwischen (1) der **konkreten Schadensberechnung,** (2) der Zahlung einer **angemessenen Lizenzgebühr** und (3) der **Abschöpfung des Verletzergewinns** (näher hierzu § 9 Rn 14ff). Allerdings ist ein tatsächlich zu erwartender Gewinn dann nicht ersatzfähig, wenn er nur durch Verletzung eines gesetzlichen Verbots oder mit rechtswidrigen Mitteln hätte erzielt werden können (BGH GRUR 05, 519, 520 – *Vitamin-Zell-Komplex*). Grenzt man aber entgegen der hier vertretenen Ansicht (Rn 9/15) den UWG-Nachahmungsschutz als reines Marktverhaltensrecht vom Immaterialgüterrecht ab, so bestehen erhebliche Zweifel daran, ob die Möglichkeit der dreifachen Schadensberechnung unter § 4 Nr 9 gerechtfertigt werden kann (*Stieper* WRP 10, 624, 629; vgl auch *Köhler* GRUR 07, 548 Rn 52).

III. Bereicherungsanspruch

Alternativ zum Schadensersatzanspruch besteht bei Verletzung der §§ 4 Nr 9; 3 ein 9/89
verschuldensunabhängiger Bereicherungsanspruch gem § 812 I 1, 2. Alt (Eingriffskondiktion) (*Köhler*/Bornkamm § 4 Rn 9.84). Die Nähe des UWG-Nachahmungsschutzes zum Immaterialgüterrecht zeigt sich hier besonders deutlich, da die Eingriffskondiktion einen vermögensrechtlichen Zuweisungsgehalt voraussetzt.

IV. Prozessuale Fragen

1. Klageantrag. a) Streitgegenstand. Die Tatbestände des § 4 Nr 9a und b bil- 9/90
den einen einheitlichen Streitgegenstand. Der Kläger braucht daher nicht anzugeben, in welcher Reihenfolge er die Klageanträge auf eine vermeidbare Herkunftstäuschung, eine Rufausbeutung oder –schädigung stützt (BGH GRUR 13, 951 Rn 10 – *Regalsystem*). Hingegen handelt es sich bei den Ansprüchen wegen Schutzrechtsverletzung einerseits und unlauterer Nachahmung andererseits um unterschiedliche Streitgegenstände (BGH GRUR 09, 783 Rn 17 – *UHU;* BGH GRUR 13, 285 Rn 19 – *Kinderwagen II; v Ungern-Sternberg* GRUR 11, 468, 494; krit *Stieper* GRUR 12, 5, 15). Behauptet der Kläger, dass der Beklagte ein ihm zustehendes Recht des geistigen Eigentums verletzt habe, kann das Urteil auf § 4 Nr 9 nur gestützt werden, wenn der Kläger kumulativ oder alternativ einen Lebenssachverhalt vorgetragen hat, der den Tatbestand der wettbewerbswidrigen Nachahmung eines Erzeugnisses von wettbewerblicher Eigenart ausfüllt. Ist dagegen der Klagevortrag nicht auf die Darlegung einer wettbewerbswidrigen Nachahmung gerichtet, sondern allein auf die Verletzung eines Schutzrechts, muss diese im Klagevorbringen sichtbar gewordene Beschränkung beachtet werden, soll nicht dem Kläger mit einer Verurteilung des Beklagten nach § 4 Nr 9 etwas zugesprochen werden, was er selber nicht begehrt hat, § 308 I ZPO (BGH GRUR 01, 755, 756f – *Telefonkarte*).

b) Bestimmtheit. Der Klageantrag muss, um den Bestimmtheitsanforderungen 9/91
des § 253 II Nr 2 ZPO zu genügen, zumindest unter Heranziehung des Klagevortrags unzweideutig erkennen lassen, in welchen Merkmalen des angegriffenen Erzeugnisses die Grundlage und der Anknüpfungspunkt des Wettbewerbsverstoßes und damit des Unterlassungsgebots liegen sollen (BGH GRUR 02, 86, 88 – *Laubhefter;* BGH GRUR 07, 795 Rn 18 – *Handtaschen*). Aus dem Antrag muss mit hinreichender Bestimmtheit hervorgehen, welche Gestaltungsmerkmale des eigenen Produkts die wettbewerbliche Eigenart begründen und in der Übernahme welcher Merkmale die unlautere Nachahmung besteht. Klageanträge, die auslegungsbedürftige Formulierungen enthalten wie „oder andere verwechslungsfähige Bezeichnungen", „mit einem äußeren Erschei-

nungsbild, das sich von demjenigen des Originals nicht deutlich unterscheidet" oder „ähnlich wie", sind in der Regel unbestimmt und damit unzulässig (BGH GRUR 02, 86, 88 – *Laubhefter*). Der Umfang des Verbotsausspruchs kann sich mit hinreichender Bestimmtheit aus einer bildlichen Wiedergabe der konkreten Verletzungsform ergeben (*BGH*, GRUR 05, 600 – *Handtuchklemmen;* BGH GRUR 06, 79 – *Jeans I;* BGH GRUR 07, 795 Rn 18 – *Handtaschen*). Kommt nur ein zeitlich begrenzter Nachahmungsschutz in Betracht (vgl Rn 9/82), so ist der Unterlassungsantrag entsprechend zu beschränken (*Köhler*/Bornkamm § 4 Rn 9.89).

9/92 **2. Beweislast.** Die Beweislast für das Vorliegen der klagebegründenden Tatbestandsmerkmale liegt beim Kläger. Auch im Fall der unmittelbaren Leistungsübernahme spricht keine Vermutung für das Vorliegen von Unlauterkeitsmerkmalen (aA BGH GRUR 69, 618, 620 – *Kunststoffzähne*), doch spricht ein Anscheinsbeweis für die Kenntnis des Nachahmers von Original, wenn sich beide Produkte weitgehend gleichen (s Rn 9/46). Es ist Sache des Klägers, die Merkmale aufzuzeigen, die die wettbewerbliche Eigenart begründen. Dafür wird vielfach bereits die Vorlage des Produkts ausreichen. Ist das nicht der Fall, gehört es zur Schlüssigkeit der Klagebegründung, den Abstand zu Vorerzeugnissen und zu den Produkten der Mitbewerber aufzuzeigen. Sodann ist es Sache des Beklagten, darzutun und ggf zu beweisen, dass die prägenden Merkmale des Klagemodells auf Vorbekanntes zurückgreifen, dass die Verwertung entsprechender Produkte allgemein üblich geworden ist oder dass später auf den Markt gekommene Erzeugnisse mit ähnlichen Merkmalen eine zunächst vorhandene Eigenart des Klagemodells geschwächt oder beseitigt haben (BGH GRUR 98, 477, 479 – *Trachtenjanker;* sa, zum Geschmacksmusterrecht, BGH GRUR 80, 235, 236 – *Play-family*). Insoweit können die zum Urheberrecht entwickelten Rechtsprechungsgrundsätze zur Verteilung der Darlegungs- und Beweislast (BGH GRUR 81, 820, 822 – *Stahlrohrstuhl II;* BGHZ 112, 264, 273 = GRUR 91, 449, 451 – *Betriebssystem*) auf den ergänzenden wettbewerbsrechtlichen Leistungsschutz übertragen werden (BGH aaO – *Trachtenjanker*).

Gezielte Behinderung

§ 4 Beispiele unlauterer geschäftlicher Handlungen

Unlauter handelt insbesondere, wer

...

10. Mitbewerber gezielt behindert;

...

Inhaltsübersicht

	Rn
I. Allgemeines	10/1
1. Normzweck und Systematik	10/1
2. Entstehungsgeschichte	10/4
3. Unionsrechtliche Vorgaben	10/5
4. Allgemeine Voraussetzungen der gezielten Behinderung	10/6
a) Geschäftliche Handlung (§ 2 I Nr 1)	10/6
b) Mitbewerber (§ 2 I Nr 3)	10/7
c) Behinderung	10/8
d) Gezielt	10/9
e) Objektive Unlauterkeitskriterien	10/10
f) Subjektive Unlauterkeitskriterien	10/11
g) Fallgruppen	10/12

	Rn
5. Verhältnis zu anderen Vorschriften	10/13
a) UWG	10/13
aa) Unlautere Einwirkung auf Abnehmer	10/13
bb) Rufschädigung	10/14
cc) Rufausbeutung	10/14a
b) Kartellrecht	10/15
aa) Grundsatz	10/15
bb) Missbrauch von Nachfragemacht	10/16
cc) Diskriminierung	10/17
c) Bürgerliches Recht	10/18
II. Betriebsstörung	10/19
1. Allgemeines	10/19
2. Testmaßnahmen	10/20
a) Grundsatz: Zulässigkeit	10/20
b) Ausnahme: Unlauterkeitskriterien	10/21
3. Abwerben von Mitarbeitern	10/22
a) Grundsatz	10/22
b) Unlauterer Zweck	10/23
aa) Grundsatz	10/23
bb) Anzahl und Stellung der abgeworbenen Mitarbeiter	10/24
cc) Wirtschaftliche Gefährdung	10/25
dd) Keine Einsatzmöglichkeit	10/26
ee) Aneignung von Betriebsgeheimnissen	10/27
c) Unlauteres Mittel	10/28
aa) Verleitung zum Vertragsbruch	10/28
bb) Ausnutzen eines Vertragsbruchs	10/29
cc) Beeinträchtigung der Entscheidungsfreiheit	10/30
dd) Ansprechen am Arbeitsplatz	10/31
d) Rechtsfolgen	10/32
4. Unberechtigte Schutzrechtsverwarnung und Abmahnung	10/33
a) Unberechtigte Schutzrechtsverwarnung	10/33
aa) Begriff	10/33
bb) Interessenlage	10/34
cc) Entwicklung der Rechtsprechung	10/35
(1) Rechtslage bis zur UWG-Reform	10/35
(2) Kritik und Vorlagebeschluss des I. Zivilsenats	10/36
(3) Der Beschluss des Großen Senats für Zivilsachen	10/37
(4) Stellungnahme	10/38
dd) Einzelheiten	10/39
(1) Anspruchsgrundlage	10/39
(2) Verwarnung und Klageerhebung	10/40
(3) Schadensersatzanspruch	10/41
(4) Unterlassungsanspruch	10/42
b) Unberechtigte Abmahnung wegen unlauterer geschäftlicher Handlungen	10/43
III. Absatz- und Bezugsstörung	10/44
1. Unlauteres Abfangen und Abwerben von Kunden	10/44
a) Grundsatz	10/44
b) Abfangen	10/45
aa) Irreführung, Belästigung, unsachlicher Einfluss, Erlangung vertraulicher Unterlagen	10/46
bb) Werbung in räumlicher Nähe zum Mitbewerber	10/47

	Rn
cc) Unterschieben von Waren oder Dienstleistungen, Preselection	10/50
dd) Ausnutzung fremder Einrichtungen?	10/50a
ee) Abfangen von Korrespondenz, Nutzung von verwechslungsfähigen Telefonnummern und Domainnamen	10/51
ff) Nutzung von beschreibenden Second-Level-Domains und Vanity-Rufnummern	10/52
gg) Suchmaschinenoptimierung, Metatagging	10/53
hh) Keyword Advertising, Paid Listing	10/53b
c) Abwerben von Kunden	10/54
aa) Irreführung, Beeinträchtigung der Entscheidungsfreiheit, Herabsetzung	10/55
bb) Verleitung zum Vertragsbruch	10/56
cc) Abwerbung durch ehemalige Mitarbeiter	10/57
dd) Verletzung vertraglicher Pflichten, Abwerbung durch Verletzung von Standesregeln und Wettbewerbsrichtlinien	10/58
2. Produktbezogene Behinderung	10/59
a) Veränderung von Produkten	10/59
b) Entfernung von Kennzeichen	10/60
c) Vertrieb technischer Mittel zur Ausbeutung fremder Leistungen	10/61
d) Ankauf fremder Ware	10/62
3. Werbebehinderung	10/63
a) Grundsatz und Abgrenzungen	10/63
b) Werbeblocker	10/64
c) Suchmaschinen, Deep Links, Screen-Scraping	10/65
d) Werbung im Umfeld sportlicher oder kultureller Ereignisse („Ambush Marketing")	10/66
4. Selektive Vertriebssysteme und Beseitigung von Kontrollnummern	10/67
a) Allgemeines	10/67
aa) Begriff und Interessenlage	10/67
bb) Rechtliche Regelungen: Überblick	10/68
cc) Entwicklung der lauterkeitsrechtlichen Rechtsprechung	10/69
b) Behinderung durch Kontrollnummernbeseitigung	10/71
aa) Tatbestand des § 4 Nr 10	10/71
bb) Kartellrechtliche Zulässigkeit	10/72
cc) Rechtsbruch bei Entfernung gesetzlich vorgeschriebener Kennzeichnungen	10/73
dd) Irreführung	10/74
ee) Markenverletzung	10/75
c) Schleichbezug	10/76
d) Verleitung zum Vertragsbruch	10/77
5. Behinderung durch Kennzeichen und Domainnamen	10/78
a) Missbräuchliche Markenanmeldung: Grundsätze und Verhältnis zum Markenrecht	10/78
aa) Sperrung bei Vorbenutzung der Marke im In- oder Ausland	10/79
bb) Spekulationsmarke	10/81

			Rn
	cc)	Monopolisierung und Verwässerung geographischer Herkunftsangaben	10/82
	dd)	Rechtsfolgen	10/83
b)	Behinderung durch Registrierung und Nutzung von Domainnamen		10/84
	aa)	Grundsatz: keine Behinderung bei Registrierung durch Dritten	10/84
	bb)	Ausnahme: Behinderung bei Sperrungsabsicht	10/85
6. Boykott			10/86
a)	Begriff und Grundsatz		10/86
b)	Verhältnis zu anderen Bestimmungen		10/87
c)	Lauterkeitsrechtliche Beurteilung		10/88
	aa)	Geschäftliche Handlung (§ 2 I Nr 1)	10/88
	bb)	Boykottaufruf	10/89
	cc)	Fehlen einer Rechtfertigung	10/90
7. Preisunterbietung			10/91
a)	Grundsatz		10/91
b)	Kartellrechtliche Schranken		10/92
c)	Allgemeine lauterkeits- und kennzeichenrechtliche Schranken		10/93
d)	Preisunterbietung in Verdrängungsabsicht		10/94
IV. Anhang: Allgemeine Marktstörung			10/95
1. Grundsatz und Kritik			10/95
a)	Grundsatz		10/95
b)	Verhältnis zum Kartellrecht		10/96
c)	Kritik		10/97
2. Allgemeine Voraussetzungen			10/98
3. Fallgruppen			10/99
a)	Kostenlose Verteilung von Originalware		10/99
	aa)	Grundsatz	10/99
	bb)	Abgabe zu Erprobungszwecken	10/100
	cc)	Fehlen des Erprobungszwecks	10/101
b)	Gratisverteilung von Presseerzeugnissen		10/102
	aa)	Frühere Rechtsprechung	10/102
	bb)	Liberalisierung	10/103
c)	Preisunterbietung		10/104
d)	Weitere Fälle		10/105

I. Allgemeines

Literatur: *Beater,* Das gezielte Behindern im Sinne von § 4 Nr 10 UWG, WRP 2011, 7; *ders,* Allgemeininteressen und UWG, WRP 2012, 6; *Berneke,* Absicht und Versehen bei Massengeschäften, FS Doepner, 2008, 3; *Köhler,* Dogmatik des Beispielskatalogs des § 4 UWG, WRP 2012, 638; *Omsels,* Zur Unlauterkeit der gezielten Behinderung von Mitbewerbern, § 4 Nr 10 UWG, WRP 2004, 136; *Pichler,* Das Verhältnis von Kartell- und Lauterkeitsrecht, 2009. S auch die Nachw bei den einzelnen Fallgruppen.

1. Normzweck und Systematik. Die Unterscheidung zwischen **Leistungswettbewerb** und **Behinderungswettbewerb** hat im Lauterkeitsrecht eine lange Tradition. Grundlegend stellte 1930 *Nipperdey* (Wettbewerb und Existenzvernichtung, 1930, S 26ff) in seinem Gutachten zum *Benrather Tankstellenfall* (RGZ 134, 342) dem positiven Leistungswettbewerb, der in der Förderung des eigenen Absatzes mit Mitteln der eigenen Leistung bestehe, den negativen Behinderungswettbewerb gegenüber, dessen Wesen in der Absatzförderung durch Behinderung des Konkurrenten liege. Das RG übernahm die Unterscheidung, gelangte auf dieser Grundlage aber zu einem der Ansicht *Nipperdeys* entgegengesetzten Ergebnis (RGZ 134, 342, 353). § 4 Nr 10 knüpft an die Fallgruppe der „individuellen Behinderung" an, die seit langem unter § 1 aF anerkannt war. Praktisch ist eine klare Abgrenzung zwischen Leistung und Behinderung allerdings häufig unmöglich, denn oft bewirkt gerade die Leistung des einen die Behinderung des anderen. Wer die Preise seines Konkurrenten unterbietet, dessen Kunden oder Mitarbeiter abwirbt, behindert seinen Mitbewerber, handelt aber keineswegs allein deshalb schon unlauter. Die **Behinderung** eines Mitbewerbers **als solche ist lauterkeitsrechtlich noch nicht zu beanstanden**, im Zweifel gebührt der **Wettbewerbsfreiheit** der Vorrang. § 4 Nr 10 UWG dient erst dem Schutz vor solchen Behinderungen, die nicht im Bemühen des Handelnden um Förderung des eigenen Absatzes ihre Rechtfertigung finden.

10/2 § 4 Nr 10 UWG ist eine „**kleine Generalklausel**" (*Beater* WRP 11, 7). Der Wortlaut bietet für die erforderliche Abgrenzung zwischen Wettbewerbsfreiheit und unlauterer Behinderung kaum Anhaltspunkte. Vor allem gibt das Merkmal der „gezielten" Behinderung für diese Beurteilung wenig her (Rn 10/9). Auch eine **gezielte Behinderung** ist **nicht per se unlauter** (str, s Rn 10/9): Preise der Konkurrenz dürfen gezielt unterboten, Mitarbeiter gezielt abgeworben werden. Erforderlich ist in jedem Fall eine **umfassende Interessenabwägung** (näher Rn 10/10). Abwägungskriterien sind der Zweck der Wettbewerbshandlung, die Zulässigkeit der eingesetzten Mittel und die Zweck-Mittel-Relation. Besondere Bedeutung kommt dabei den Wertungen des Kartellrechts zu, das bestimmte Behinderungen nur unter eingeschränkten Voraussetzungen verbietet (näher Rn 10/15).

10/3 Die Fallgruppe der Behinderung ist sehr disparat (*Omsels* WRP 04, 136, 137), ihre **vielfältigen Erscheinungsformen** lassen sich kaum auf einen allgemeinen Nenner bringen. Dementsprechend fehlt eine allgemein anerkannte Systematik der Unterfälle der Behinderung. Grundsätzlich lässt sich zwischen Handlungen unterscheiden, die in den Bestand des Konkurrenzbetriebs selbst eingreifen – hierzu zählen die Abwerbung von Mitarbeitern, die Beeinträchtigung betrieblicher Abläufe und die Beeinträchtigung des Geschäftsrufs – und solchen Verhaltensweisen, die lediglich Absatz oder Bezug beeinträchtigen, etwa das Abfangen von Kunden, die Einwirkung auf Waren einschließlich der Beseitigung von Kontrollnummern, die Werbebehinderung, der Boykott oder die Preisunterbietung. Diese Einteilung liegt den folgenden Teilen der Kommentierung zugrunde.

10/4 **2. Entstehungsgeschichte.** Die Formulierung des § 4 Nr 10 beruht auf dem von *Köhler, Bornkamm* und *Henning-Bodewig* unterbreiteten Gesetzgebungsvorschlag (WRP 02, 1317, § 5 Nr 3 und Rn 19), der insoweit seinerseits an die unter § 1 aF anerkannte Fallgruppe der individuellen Behinderung anknüpft (vgl *Köhler*/Bornkamm § 4 Rn 10.1; *Emmerich* UWG § 6 Rn 2). Nach der Intention des Gesetzgebers (BegrRegE UWG 2004 BT-Drucks 15/1487, S 19) soll die generalklauselartige Fassung sicherstellen, dass **alle Erscheinungsformen des Behinderungswettbewerbs** einbezogen werden. Die Begründung hebt den Boykott, den Vernichtungswettbewerb und den Missbrauch von Nachfragemacht zur Ausschaltung von Mitbewerbern hervor und nimmt im Übrigen auf die unter § 1 aF UWG von der Rechtsprechung herausgearbeiteten typischen Fälle der Behinderung Bezug. Der Bundesrat konnte sich mit seiner Anregung, die Preisunterbietung durch Verkauf unter Einstandspreis ausdrücklich gesetzlich zu regeln (BT-Drucks 15/1487 S 30), nicht durchsetzen. Die Bundesregierung verwies zu Recht auf die Schwierigkeit, den vielfältigen Fällen der Behinderung durch eine vollständige Normierung gerecht zu werden (aaO S 41; *Omsels* WRP 04, 136, 137). Der BGH knüpft bei der Anwendung des § 4 Nr 10 an die Grundsätze des früheren Rechts an (BGH GRUR 04, 1039, 1041 – *SB-Beschriftung;* BGH GRUR 05, 581, 582 – *The Colour of Elég-*

ance; BGHZ 171, 73 = GRUR 07, 800 Rn 12 – *Außendienstmitarbeiter*). Bei der UWG-Reform 2008 blieb die Vorschrift unverändert.

3. Unionsrechtliche Vorgaben. Verbote der individuellen Behinderung, die sich auf den grenzüberschreitenden Handel auswirken, unterliegen der **primärrechtlichen Kontrolle** am Maßstab der Art 34, 56 AEUV; s Einf C Rn 9 ff), auch ist das europäische Kartellrecht (Art 101 f AEUV) zu beachten. Was das **Sekundärrecht** anbetrifft, so ist die individuelle Behinderung von Mitbewerbern als solche bisher **nicht Gegenstand der unionsrechtlichen Rechtsangleichung,** sieht man von der herabsetzenden vergleichenden Werbung (s § 6 Rn 65) ab, die sich als Behinderung im weitesten Sinne verstehen ließe. Nicht völlig geklärt ist allerdings das Verhältnis der individuellen Behinderung zur **Richtlinie über unlautere Geschäftspraktiken (UGP-RL)** (näher hierzu Einf C Rn 43 ff). Diese Richtlinie bewirkt zwar eine abschließende Harmonisierung des verbraucherschützenden Lauterkeitsrechts, lässt aber die Regelung von Geschäftspraktiken unberührt, die lediglich die wirtschaftlichen Interessen von Mitbewerbern schädigen. Die Mitgliedstaaten können solche Verhaltensweisen im Rahmen des allgemeinen Unionsrechts autonom regeln (Egrde 6, 8; EuGH GRUR 11, 76 Rn 21 – *Mediaprint*). Allerdings geht der EuGH davon aus, dass Vorschriften, die sowohl Verbraucherinteressen als auch Interessen anderer Marktbeteiligter schützen („doppelrelevante Handlungen"), in den Anwendungsbereich der Richtlinie fallen (EuGH aaO Rn 26). Daher ist zu **differenzieren. (1)** Viele Verhaltensweisen, die als Behinderung zu qualifizieren sind, richten sich an Verbraucher (Beispiele: Verleitung zum Vertragsbruch, Boykottaufruf, Preisunterbietung in Verdrängungsabsicht), ohne zugleich deren Entscheidungsverhalten unlauter zu beeinträchtigen. Da § 4 Nr 10 lediglich Mitbewerber schützt und (anders als § 4 Nr 9 a, s Rn 9/4) keinen einmal einen sekundären verbraucherschützenden Zweck aufweist, bleibt der Tatbestand der gezielten Behinderung insoweit von der UGP-RL unberührt (BGH GRUR 09, 1075 Rn 15 – *Betriebsbeobachtung;* BGH GRUR 10, 346 Rn 10 – *Rufumleitung; Köhler/Bornkamm* § 4 Rn 10.3a). **(2)** Ist die Behinderung deswegen zu beanstanden, weil unlauter auf Verbraucher eingewirkt wird (Beispiele: die in Ziff 6 Anh zu § 3 III genannte „Bait and Switch"-Methode, bei der zugleich Verbraucher irregeführt und Mitbewerber behindert werden, oder die Ausübung von Druck auf potentielle Kunden eines Mitbewerbers mit dem Ziel, sie zum eigenen Geschäft umzulenken), so fällt die Praxis in den Anwendungsbereich der UGP-RL und sollte daher ein Rechtsverbot vorrangig nach den richtlinienkonform auszulegenden §§ 4 Nr 1, 2 und 5, 5 a beurteilt werden. Eine parallele Anwendung des § 4 Nr 10 ist unschädlich, sie darf aber nicht über das Schutzniveau der UGP-RL hinausgehen. **(3)** Problematisch sind vor allem Fälle der Behinderung, in denen Verbraucher zwar nicht irregeführt oder unsachlich beeinflusst werden, in denen aber eine Beeinträchtigung von Verbraucherinteressen dennoch denkbar ist (Beispiel: Verleitung zum Vertragsbruch ohne Irreführung oder Druck, durch die der Verbraucher immerhin Ansprüchen des bisherigen Vertragspartners ausgesetzt ist, näher hierzu Rn 10/56). Hier bleibt aus Gründen des Mitbewerberschutzes ein Verbot möglich (ebenso GK/*Peifer* § 4 Nr 10 Rn 24; aA *Köhler* GRUR 08, 841, 846), da die UGP-RL zwar den lauterkeitsrechtlichen Verbraucherschutz harmonisiert, nicht aber zugleich eine Verkürzung des Mitbewerberschutzes beabsichtigt.

4. Allgemeine Voraussetzungen der gezielten Behinderung. a) Geschäftliche Handlung (§ 2 I Nr 1). § 4 Nr 10 ist ein Beispiel einer unlauteren geschäftlichen Handlung iSd § 3 I, dessen allgemeine Voraussetzungen mithin Anwendung finden. Insbesondere muss die beanstandete Handlung die in § 2 I Nr 1 normierten Voraussetzungen für eine geschäftliche Handlung erfüllen. Der erforderliche Marktbezug soll fehlen, wenn die Behinderung lediglich Folge einer technischen Störung oder eines Ausfalls von Personal ist, selbst wenn sich beides bei gebotener Sorgfalt hätte vermeiden lassen (BGH GRUR 07, 987 Rn 22, 24 – *Änderung der Voreinstellung I;* ebenso wohl BGH GRUR 09, 876 Rn 27 – *Änderung der Voreinstellung II;* OLG

Köln GRUR-RR 10, 297 – *Einrichtung der Rufnummernanzeige;* zust *Isele* GRUR 09, 727, 729 f). Da es für eine unlautere geschäftliche Handlung aber auf subjektive Tatbestandsmerkmale nicht ankommt, weckt diese Rechtsprechung Bedenken (*Berneke,* FS Doepner, 2008, 3, 11 ff; *Schulze zur Wiesche* MMR 07, 707, 708), doch kann es bei bloßen Versehen an der „Gezieltheit" der Behinderung fehlen (Rn 10/11). Einer besonderen Prüfung bedarf der Marktbezug vor allem in Fällen des Boykottaufrufs, der häufig nicht im Zusammenhang mit der Förderung des Absatzes von Produkten steht (näher hierzu Rn 10/88).

10/7 **b) Mitbewerber (§ 2 I Nr 3).** Die Behinderung muss einen Mitbewerber iSd § 2 Nr 3 betreffen, zwischen dem Handelnden und dem Betroffenen muss also ein konkretes Wettbewerbsverhältnis bestehen. § 4 Nr 10 erfasst nur die **individuelle Behinderung,** nicht hingegen die allgemeine Marktbehinderung (OLG Hamm MMR 12, 32, 33; *Köhler/Bornkamm* § 4 Rn 10.12; näher hierzu Rn 10/95 ff). Allerdings wird nicht vorausgesetzt, dass sich die Maßnahme nur gegen einen einzelnen Wettbewerber richtet, sofern die betroffenen Mitbewerber individuell erkennbar sind (OLG Köln GRUR-RR 05, 168, 169 – *Glow by J. Lo.;* OLG Köln GRUR-RR 11, 98, 99 – *Markenbeschwerde*). Es braucht sich nicht um den Wettbewerb auf dem Absatzmarkt zu handeln; es genügt, wenn die Konkurrenten im Wettbewerb um den Bezug einer Dienstleistung stehen. Daher stellt insbesondere das Abwerben eines Arbeitnehmers eine Handlung im Wettbewerb mit dessen Arbeitskraft dar, unabhängig davon, ob beide Betriebe beim Absatz ihrer Produkte im Wettbewerb stehen (BGHZ 158, 174 = GRUR 04, 696, 697 – *Direktansprache am Arbeitsplatz I; Piper* GRUR 90, 643, 644; *Trube* WRP 01, 97, 99). Auch Handlungen im Verhältnis zwischen Unternehmen verschiedener Wirtschaftsstufen werden nach Maßgabe des § 2 I Nr 3 erfasst (Begr RegE UWG 2004, BT-Drucks 15/1487 S 19; OLG Köln GRUR-RR 11, 98, 99 – *Markenbeschwerde*). Aus diesem Grund scheitert die Beurteilung der Kontrollnummernbeseitigung nicht am Tatbestandsmerkmal der Mitbewerberbehinderung (*Köhler/Bornkamm* § 4 Rn 10.64; *Emmerich* UWG § 6 Rn 6; aA *Omsels* WRP 04, 136, 141: unmittelbare Anwendung des § 3).

10/8 **c) Behinderung.** Behinderung ist jede **Beeinträchtigung der wettbewerblichen Entfaltungsmöglichkeiten** der Mitbewerber (BGH 148, 1, 5 = GRUR 01, 1061, 1062 – *mitwohnzentrale.de,* bestätigt in BGH GRUR 02, 902, 905 – *Vanity-Nummer;* BGH GRUR 04, 877, 879 – *Werbeblocker*). Für dieses weite Verständnis spricht zum einen die Gesetzesbegründung, der zufolge alle Erscheinungsformen des Behinderungswettbewerbs unter § 4 Nr 10 fallen sollen (Rn 10/4), zum anderen die Parallele zu den kartellrechtlichen Behinderungstatbeständen der §§ 19 II Nr 1; 20 III GWB. Allerdings indiziert das Vorliegen einer Behinderung noch nicht deren Unlauterkeit (Rn 10/1, 9).

10/9 **d) Gezielt.** Da die Behinderung oft gerade Ausdruck des erfolgreichen Leistungswettbewerbs ist, kann sie erst bei Vorliegen weiterer Merkmale als unlauter angesehen werden (BGHZ 171, 73 = GRUR 07, 800 Rn 21 – *Außendienstmitarbeiter;* BGH GRUR 05, 581, 882 – *The Colour of Elégance; Köhler/Bornkamm* § 4 Rn 10.7). Nach dem Wortlaut des § 4 Nr 10 scheint es entscheidend auf die Absicht des Handelnden anzukommen (so *Omsels* WRP 04, 136, 139 f; *Sack* WRP 05, 531, 534 f; Fezer/*Götting* § 4–10 Rn 21; MüKo/*Jänich* § 4 Nr 10 Rn 13). Diesen subjektiven Ansatz hat der BGH mittlerweile verworfen und sich in Anknüpfung an die Rechtsprechung zu § 1 aF für eine **objektiv-funktionale,** am **Schutzzweck des Lauterkeitsrechts** ausgerichtete Betrachtung entschieden (BGHZ 171, 73 = GRUR 07, 800 Rn 21 – *Außendienstmitarbeiter*). Entscheidend ist demnach, ob die Handlung bei objektiver Betrachtung nachteilige Auswirkungen auf das Wettbewerbsgeschehen hat, die so erheblich sind, dass sie unter Berücksichtigung des in § 1 geregelten Schutzzwecks vom betroffenen Mitbewerber nicht hingenommen werden müssen. Ist dies der Fall, so sind die

Gezielte Behinderung **§ 4.10 UWG**

subjektiven Kenntnisse und Vorstellungen des Handelnden ohne Bedeutung. Ist dies aber nicht der Fall, so ist die Handlung unabhängig davon zulässig, ob der Handelnde von der Beeinträchtigung der Mitbewerber wusste, davon wissen musste oder sie billigend in Kauf nahm. Diese Auslegung des § 4 Nr 10 steht zwar im Spannungsverhältnis zu dem (insoweit unglücklichen) Wortlaut der Vorschrift (ebenso *Steinbeck* GRUR 08, 848, 850; Fezer/*Götting* § 4–10 Rn 20), für sie sprechen aber historische und systematische Argumente. Die **Entstehungsgeschichte** des § 4 Nr 10 zeigt, dass der Gesetzgeber an die frühere Rechtsprechung zur individuellen Behinderung unter § 1 aF anzuknüpfen beabsichtigte (BegrRegE UWG 2004, BT-Drucks 15/1487 S 19; vgl auch *Köhler/Bornkamm/Henning-Bodewig* WRP 02, 1317 Rn 19). Demnach liegt eine unlautere Behinderung vor, wenn **(1)** das betreffende Verhalten bei objektiver Würdigung der Umstände **in erster Linie auf die Beeinträchtigung** der wettbewerblichen Entfaltung des Mitbewerbers und nicht auf die Förderung des eigenen Wettbewerbs gerichtet ist oder wenn **(2)** die Behinderung derart ist, dass der beeinträchtigte Mitbewerber **seine Leistung am Markt durch eigene Anstrengung nicht mehr in angemessener Weise zur Geltung** bringen kann (BGHZ 171, 73 = GRUR 07, 800 Rn 23 – *Außendienstmitarbeiter;* BGH GRUR 08, 621 Rn 32 – *AKADEMIKS;* BGH GRUR 09, 878 Rn 13 – *Fräsautomat;* BGH GRUR 10, 642 Rn 53 – *WM-Marken*). Auch die **Systematik** des § 4 spricht für dieses weite Verständnis: Die Liste von Regelbeispielen dient der Ordnung des zu § 1 aF entwickelten Richterrechts, eine Aufspaltung in eine „absichtliche" und eine „sonstige Behinderung" liefe dieser Intention zuwider und würde zu einer unübersichtlichen Aufteilung führen. Da die von der Rechtsprechung gebildeten Kategorien ineinander übergehen und da vor allem die Behinderungsabsicht in der Praxis regelmäßig aus objektiven Indizien hergeleitet wurde, wäre eine klare Abgrenzung ohnehin häufig nicht möglich.

e) Objektive Unlauterkeitskriterien. Die Unlauterkeit der Behinderung ergibt sich also aus **drei Kriterien. (1)** Die Handlung muss **nachteilige Auswirkungen auf das Wettbewerbsgeschehen** haben. Das ist insbesondere der Fall, wenn ein Unternehmer künstliche Markzutritts- oder Marktverhaltensschranken für aktuelle oder potentielle Mitbewerber errichtet. Hingegen sind marktkonforme Verhaltensweisen wie die Preisunterbietung, das Abwerben von Kunden oder Mitarbeitern oder die Nachahmung von Produkten, die weder Schutzrechte verletzt noch von besonderen Unlauterkeitsmerkmalen begleitet wird (vgl § 4 Nr 9), als solche grundsätzlich hinzunehmen. **(2)** Die **Auswirkungen** auf das Marktgeschehen müssen **erheblich** sein, also die Interessen des betroffenen Mitbewerbers, der Abnehmer oder der Allgemeinheit spürbar beeinträchtigen. Die **Spürbarkeitsschwelle des § 3 I** ist also in § 4 Nr 10 schon Teil des Tatbestands. Ihr kommt keine selbständige Bedeutung zu (*Köhler* GRUR 05, 1, 7). Eine einfache Vertragsverletzung ist daher jedenfalls dann noch nicht als gezielte Behinderung anzusehen, wenn sie versehentlich erfolgt (BGH GRUR 07, 987 Rn 24f – *Änderung der Voreinstellung I; Schulze zur Wiesche* MMR 07, 707, 708f). **(3)** Die Beeinträchtigung braucht vom betroffenen Mitbewerber **nicht hingenommen zu werden.** Dieses Kriterium ist äußerst unbestimmt, es kann nur durch eine Gesamtwürdigung aller Umstände des Einzelfalls und einer umfassenden Abwägung der betroffenen Interessen der Mitbewerber, der Verbraucher, der sonstigen Marktteilnehmer und der Allgemeinheit ausgefüllt werden (vgl BGH GRUR 04, 877, 879 – *Werbeblocker;* BGH GRUR 10, 346 Rn 12 – *Rufumleitung;* BGH GRUR 11, 1018 Rn 65 – *Automobil-Onlinebörse; Beater* WRP 11, 7ff; *Köhler*/Bornkamm § 4 Rn 10.8, 11). Eine gezielte Behinderung ist anzunehmen, wenn die Folgen des beanstandeten Verhaltens über das hinausgehen, was dem normalen wettbewerblichen Verdrängungsprozess immanent ist (*Beater* WRP 11, 7, 13). Häufig wird der **Zweck-Mittel-Relation** erhebliche Bedeutung zukommen. Dient die Handlung vorwiegend dem Zweck, in die Geschäftstätigkeit eines Mitbewerbers behindernd einzugreifen, so spricht dies für die Unlauterkeit der Behinderung, geht es hingegen in erster Linie um die Förderung des eigenen Absatzes, so ist die Handlung im Zweifel zulässig. Auch die Unzulässigkeit des eingesetzten Mittels kann die Unlauterkeit begründen. So ist das Abwerben von Kunden oder Mitarbeitern eines Konkurrenten grundsätzlich erlaubt. Es ist aber als unlauter zu beurteilen, wenn unerlaubte Mittel wie die Verleitung zum Vertragsbruch oder die Ausübung von Druck eingesetzt werden.

10/11 **f) Subjektive Unlauterkeitskriterien.** Subjektive Unlauterkeitskriterien, insbesondere eine Behinderungsabsicht des Handelnden, sind **nicht ausschlaggebend.** Insbesondere wird eine wettbewerbskonforme Handlung nicht dadurch unlauter, dass der Handelnde die negativen Auswirkungen auf seine Mitbewerber voraussieht oder billigend in Kauf nimmt (BGHZ 171, 73 = GRUR 07, 800 Rn 22 – *Außendienstmitarbeiter;* aA *Sack* WRP 05, 531, 534). Lässt sich eine Behinderungsabsicht allerdings nachweisen, so kann ihr für die Unlauterkeit indizielle Bedeutung zukommen (*Köhler*/Bornkamm § 4 Rn 10.9), auch wenn sie für sich genommen den Verstoß gegen § 4 Nr 10 noch nicht begründen kann. In der früheren Rechtsprechung wurde allerdings häufig aus objektiven Umständen auf die Behinderungsabsicht geschlossen. Angesichts der rein objektiven Konzeption des modernen Lauterkeitsrechts erscheint eine solche Fiktion subjektiver Merkmale entbehrlich. Bei **fahrlässigem Verhalten** kann es nach der Rechtsprechung bereits an einer geschäftlichen Handlung fehlen (s Rn 10/6). Im Übrigen ist zu differenzieren. Eine zielgerichtet vorgenommene Handlung kann auch dann gem § 4 Nr 10 unlauter sein, wenn sich der Handelnde fahrlässig über Tatsachen irrt, die der Unlauterkeitsbewertung zugrunde liegen (Beispiel: fahrlässig unbegründete Schutzrechtsverwarnung vgl Rn 10/33ff, 41; aA *Beater* WRP 11, 7, 12: Kenntnis der tatsächlichen Umstände erforderlich). War hingegen schon das Tun oder Unterlassen selbst nicht beabsichtigt, so fällt es schwer, das Verhalten als „gezielt" anzusehen (Beispiel: BGH GRUR 07, 987 Rn 25 – *Änderung der Voreinstellung I,* unbeabsichtigte Nichtausführung von Preselection-Aufträgen; ebenso iE *Isele* GRUR 09, 727, 730; aA *Berneke,* FS Doepner, 2008, 3, 16f).

10/12 **g) Fallgruppen.** Bei der Feststellung einer gezielten Behinderung bieten die von der Rechtsprechung zu § 1 aF entwickelten Fallgruppen Orientierung (BGHZ 148, 1, 5 = GRUR 01, 1061, 1062 – *mitwohnzentrale.de,* bestätigt in BGH GRUR 02, 902, 905 – *Vanity-Nummer;* BGH GRUR 04, 877, 879 – *Werbeblocker;* BGH GRUR 10, 346 Rn 12 – *Rufumleitung*). Da § 4 Nr 10 bewusst an die bisherige Rechtsprechung anknüpft (vgl BegrRegE UWG 2004, BT-Drucks 15/1487 S 19), behalten die zu § 1 aF entwickelten Grundsätze ihre Bedeutung. Dabei muss allerdings berücksichtigt werden, dass die Entwicklung der Rechtsprechung in den Jahren vor der UWG-Reform von einer **Liberalisierung** geprägt war, von der auch die Fallgruppen der individuellen Behinderung (vgl die soeben genannten Urteile, insb BGH 148, 1, 5 = GRUR 01, 1061, 1062 – *mitwohnzentrale.de*) und der allgemeinen Marktstörung (vgl BGH GRUR 04, 602 – *20 Minuten Köln*) erfasst wurden. Die **strenge Beurteilung** einiger Fälle der Behinderung durch die **ältere Rechtsprechung** kann daher im Einzelfall **ihre Aktualität verloren** haben.

10/13 **5. Verhältnis zu anderen Vorschriften. a) UWG. aa) Unlautere Einwirkung auf Abnehmer.** Wer Kunden oder andere potentielle Geschäftspartner durch **Täuschung, Belästigung** oder **unsachlichen Einfluss** zu sich umleitet, behindert damit mittelbar auch die betroffenen Konkurrenten, denen aus diesem Grund gem §§ 8ff Abwehr- und Schadensersatzansprüche zustehen. Sofern sich die Behinderung ausschließlich aus dem Einsatz der gem §§ 7; 5; 4 Nr 1, 2 verpönten Mittel ergibt, tritt die Beurteilung nach § 4 Nr 10 als subsidiär zurück. Wirbt etwa ein Unternehmer Kunden eines Konkurrenten durch irreführende Werbeaussagen ab, so ist nur zu prüfen, ob es sich um irreführende Werbung nach dem insoweit spezielleren Maßstab des

Gezielte Behinderung § 4.10 UWG

§ 5 handelt. Da die Verbote irreführender und aggressiver Praktiken richtlinienkonform auszulegen sind (Rn 10/5), wäre ein über § 4 Nr 10 gewährter weitergehender Schutz unionsrechtswidrig. § 4 Nr 10 kommt nur dann zur Anwendung, wenn die Behinderung sich nicht in der Einwirkung auf Abnehmer durch unlautere Mittel erschöpft.

bb) Rufschädigung. Die Rufschädigung stellt einen Sonderfall der Behinderung dar. Dem Geschädigten stehen in erster Linie kennzeichenrechtliche Ansprüche (§§ 14 II Nr 3, 15 III MarkenG) und lauterkeitsrechtliche Ansprüche unter dem Gesichtspunkt der unlauteren vergleichenden Werbung (§ 6 II Nr 4, 5), der Herabsetzung (§ 4 Nr 7) und der Anschwärzung (§ 4 Nr 8) zur Verfügung. Diese Vorschriften sind innerhalb ihres Anwendungsbereichs vorrangig. § 4 Nr 10 kann aber eine Auffangfunktion zukommen, sofern zusätzliche Fallumstände eine Bewertung des Verhaltens als gezielte Behinderung rechtfertigen. So ist § 4 Nr 10 anwendbar, wenn zur Herabsetzung oder Anschwärzung ein weiteres Element der Behinderung hinzutritt. Wird etwa ein Boykottaufruf mit unzutreffenden Behauptungen über den Geschäftsbetrieb eines Konkurrenten verbunden, so verstößt dies zugleich gegen § 4 Nr 8 und gegen § 4 Nr 10 (nur § 4 Nr 10 anwendend allerdings OLG Frankfurt GRUR-RR 05, 197, 198 – *Vertragshändlernetz*: boykottähnlicher Aufruf eines Generalimporteurs mit der unzutreffenden Begründung, der Kunde erleide bei Nicht-Vertragshändler Nachteile bei der Abwicklung von Gewährleistungsansprüchen). 10/14

cc) Rufausbeutung. Unter § 1 aF stellte die Rufausbeutung im Besonderen und die Ausbeutung fremder Leistungen im Allgemeinen eine eigenständige Fallgruppe dar (BGHZ 86, 90 = GRUR 83, 247, 248 – *Rolls Royce;* BGHZ 93, 96 = GRUR 550, 553 – *DIMPLE;* Baumbach/*Hefermehl*, § 1 Rn 438, 541 ff). Diese Fallgruppe knüpfte an die intuitive, rational aber schwer zu begründende Überzeugung von der Unlauterkeit des „Pflügens mit fremdem Kalbe" (*Lobe* MuW XVI (1916–17) 129) an. Bei der UWG-Reform 2004 hat der Gesetzgeber von der Normierung eines allgemeinen Ausbeutungstatbestandes abgesehen. Der mit einem Kennzeichen verbundene gute Ruf wird mittlerweile in erster Linie durch §§ 14 II Nr 3; 15 III MarkenG geschützt, die Wertungen dieser Vorschriften sind auch im UWG zu beachten (BGHZ 138, 349 = GRUR 99, 161, 162 – *MAC Dog*, näher hierzu Rn 9/19 und EinfD Rn 82). Die frühere Rechtsprechung zur Rufausbeutung unter § 1 aF ist damit weitgehend obsolet geworden (*Köhler*/Bornkamm § 4 Rn 10.13; vgl aber Rn 10.82). Allerdings sind die auf Unionsrecht beruhenden Vorschriften über die Rufausbeutung in vergleichender Werbung (§ 6 II 4, 6) selbständig neben dem Markenrecht anwendbar (BGH GRUR 08, 628 Rn 15 – *Imitationswerbung*). Gegen die Rufausbeutung durch das Angebot nachgeahmter Produkte schützt § 4 Nr 9b. Eine ergänzende Anwendung des § 4 Nr 10 kommt jedenfalls nur dann in Betracht, wenn zur bloßen Anlehnung oder Nachahmung besondere Umstände hinzukommen (vgl BGH GRUR 05, 163, 165 – *Aluminiumräder*; *Köhler*/Bornkamm § 4 Rn 10.13). 10/14a

Verbreitet werden aber unter dem UWG von 2004 § 4 Nr 10 und die Behinderung durch das Angebot nachgeahmter Produkte (§ 4 Nr 9) als Auffangtatbestände der Rufausbeutung und des Leistungsschutzes herangezogen (*Kiethe/Groeschke* WRP 06, 794, 798; *Lubberger* WRP 07, 873, 879; *Ortner* WRP 06, 189, 193; vgl auch BGH GRUR 09, 500 Rn 22 – *Beta Layout;* BGH GRUR 11, 134 Rn 68 – *Perlentaucher;* LG Stuttgart MMR 08, 551, 553). Dem ist mit einem systematischen und ein teleologischen Argument zu widersprechen **Systematisch** handelt es sich bei der **Rufausbeutung** (anders als bei der Rufschädigung) **nicht um einen Unterfall der Behinderung** (vgl Baumbach/*Hefermehl*, § 1 Rn 208; aA *Köhler* GRUR 07, 548, 552; *Lubberger* WRP 07, 873, 874). Die Geschäftswerte des betroffenen Konkurrenten werden nicht notwendigerweise beeinträchtigt, vielmehr verschafft sich der Mitbewerber lediglich einen Vorteil. Eine Behinderung ergibt sich nur mittelbar daraus, dass jeder Wettbewerb den eigenen Absatzbemühungen hinderlich ist. Erlaubter und 10/14b

Ohly 457

unerlaubter Nachahmungswettbewerb sind aber gleichermaßen lästig, zur Abgrenzung zwischen beiden trägt das Behinderungsverbot nichts bei. **Teleologisch** suggeriert das Etikett „Behinderung" besondere Unlauterkeitsmerkmale, obwohl es beim Schutz gegen Ausbeutung in Wirklichkeit um Leistungsschutz geht (*Müller-Laube* ZHR 156 (1992) 480, 491; Harte/Henning/*Sambuc* § 4 Nr 9 Rn 173f). Es ist aber festzuhalten, dass außerhalb des Immaterialgüterrechts und der in §§ 6 II Nr 4; 4 Nr 9b geregelten Fälle die **Übernahme fremder Leistungen und die Anlehnung an fremden guten Ruf grundsätzlich zulässig** sind. Zwar kann in Ausnahmefällen ein unmittelbarer Leistungsschutz auf § 3 I gestützt werden, sofern die Wertungen des Immaterialgüterrechts dies zulassen (s Rn 9/79). Da aber die Nachahmungsfreiheit die Regel ist, bedarf die Gewährung eines solchen Leistungsschutzes der besonderen Begründung, für die das Behinderungsverbot keine Kriterien zu liefern vermag.

10/15 **b) Kartellrecht. aa) Grundsatz.** Auch das Kartellrecht enthält spezielle Behinderungsverbote. Insbesondere liegt ein Missbrauch einer marktbeherrschenden Stellung vor, wenn ein marktbeherrschendes Unternehmen ein anderes Unternehmen unmittelbar oder mittelbar unbillig behindert (§ 19 II Nr 1 GWB); § 20 III GWB verbietet Unternehmen mit relativer Marktmacht behindernde Praktiken. Der Boykottaufruf durch ein Unternehmen fällt sowohl in den Anwendungsbereich des § 21 GWB als auch des § 4 Nr 10. Grundsätzlich ist § 4 Nr 10 UWG neben den Bestimmungen des Kartellrechts anwendbar (s Einf D Rn 73) und kann vor allem auch das Verhalten nicht marktbeherrschender Unternehmen erfassen. Häufig erfolgt die Feststellung des Kartellrechtsverstoßes und des Unlauterkeit aber nach den gleichen Kriterien (BGH GRUR 87, 397, 399 – *Abwehrblatt II*; *Köhler*/Bornkamm Einl Rn 6.17). Insbesondere sind die **Wertungen des Kartellrechts** bei der **Auslegung des § 4 Nr 10** zu berücksichtigen (*Emmerich* § 6 Rn 3; Fezer/*Götting* §§ 4–10 Rn 15; Harte/Henning/*Ahrens* Einf F Rn 114; *Köhler*/Bornkamm § 4 Rn 10.18; vgl auch Einf D Rn 74). Fällt ein Verhalten in den Anwendungsbereich eines GWB-Verbots und fehlt eine Voraussetzung (insb diejenige der Marktmacht), so kann es nur dann auf der Grundlage der §§ 3 I; 4 UWG untersagt werden, wenn zusätzliche unlauterkeitsbegründende Umstände vorliegen, deren Berücksichtigung im Tatbestand der kartellrechtlichen Norm nicht erfolgt, aber auch nicht ausgeschlossen ist (*Köhler* WRP 05, 645, 647; ebenso BGH GRUR 95, 690, 692f – *Hitlisten-Platten*). Zudem ist ein Verhalten, für das aus kartellrechtlicher Sicht ein sachlich gerechtfertigter Grund iSd § 19 II Nr 1 GWB vorliegt oder das nicht unbillig iSd §§ 19 II Nr 1; 20 III GWB ist, regelmäßig nicht als unlauter gem § 4 Nr 10 zu bewerten.

10/16 **bb) Missbrauch von Nachfragemacht.** Insbesondere verbieten der durch die 8. GWB-Novelle neu gefasste **§ 19 II Nr 5 GWB** marktbeherrschenden Unternehmen und §§ 19 II Nr 5, 20 II GWB Unternehmen mit relativer Marktmacht die Ausnutzung ihrer Stellung zum Zweck, ein anderes Unternehmen dazu aufzufordern oder zu veranlassen, ihnen ohne sachlich gerechtfertigten Grund Vorteile zu gewähren. Diese oft als **„Anzapfen"** bezeichnete Praxis wurde früher wegen ihrer angeblichen Unvereinbarkeit mit der „Funktion des Einzelhandels" für unlauter gem § 1 aF unter dem Gesichtspunkt der individuellen Behinderung von Mitbewerbern gehalten (BGH GRUR 77, 257 – *Schaufensteraktion*; BGH GRUR 77, 619, 621 – *Eintrittsgeld*; davon abrückend bereits BGH GRUR 82, 737, 738 – *Eröffnungsrabatt*; vgl auch OLG Hamm GRUR-RR 03, 288 – *Sortimentsoptimierung*). Diese Einschätzung erscheint mittlerweile zweifelhaft (vgl *Emmerich* UWG § 8 Rn 19ff; *Köhler*/Bornkamm § 4 Rn 10.136; Harte/Henning/*Omsels/Stuckel* § 4 Nr 1 Rn 124; *Siebeneck* DB 79, 1475, 1476; *Sosnitza*, Wettbewerbsbeschränkungen durch die Rechtsprechung, 1995, S 105ff). Zwar ist die Anwendung des § 4 Nr 10 neben § 19 II Nr 5 GWB, Art 102 AEUV nicht ausgeschlossen (so ausdrücklich BegrRegE UWG 2004, BT-Drucks 15/1487 S 19), sie muss sich aber an den Kriterien des Kartellrechts orientie-

Gezielte Behinderung **§ 4.10 UWG**

ren (*Emmerich* aaO; *Köhler* WRP 06, 139, 145; aA *Wirtz* GRUR 85, 15, 22). Außerhalb der kartellrechtlichen Tatbestände ist das Aushandeln von Vorzugsbedingungen grundsätzlich eine nicht zu beanstandende Form des Wettbewerbs, mit der sich weniger leistungsfähige Mitbewerber abzufinden haben (vgl *Sosnitza* aaO). Sofern Anbieter im Ausnahmefall unter Druck gesetzt werden, kann § 4 Nr 1 eingreifen, doch ist das bloße Androhen eines Abbruchs der Geschäftsbeziehungen für den Fall, dass eine Partei ihre Vorstellungen bei Vertragsverhandlungen nicht durchsetzen kann, ohne weiteres von der Vertragsfreiheit umfasst und daher als solches nicht als unlauter zu bewerten (BGH GRUR 82, 737, 738 – *Eröffnungsrabatt*). Ein eigenständiger Anwendungsbereich für § 4 Nr 10 ist daneben kaum zu erkennen (ebenso MüKo/*Jänich* § 4 Nr 10 Rn 138). Das spricht dafür, das „Anzapfen" als Fallgruppe der Behinderung aufzugeben (GK/*Peifer* § 4 Nr 10 Rn 177).

cc) **Diskriminierung.** Weder das Kartell- noch das Lauterkeitsrecht sehen ein 10/17 allgemeines Verbot der Ungleichbehandlung anderer Marktteilnehmer im geschäftlichen Verkehr (Diskriminierung) vor (*Köhler*/Bornkamm § 4 Rn 10.210f; zum Allgemeinen Gleichbehandlungsgesetz s Rn 11/80). Gleichbehandlung ist kein Wettbewerbsprinzip (*Bechtold* GWB § 20 Rn 4). Im Gegenteil ist es wesentliche Ausprägung der Vertragsfreiheit, dass ein Unternehmer verschiedenen Kunden unterschiedliche Preise oder Konditionen anbieten kann. Grenzen setzen in erster Linie das europäische (Art 102 II lit c AEUV) und das deutsche Kartellrecht. Insbesondere verbietet § 19 II Nr 1 GWB marktbeherrschenden Unternehmen, andere Unternehmen ohne sachlich gerechtfertigten Grund unterschiedlich zu behandeln, § 20 GWB dehnt dieses Verbot auf den Fall relativer und überlegener Marktmacht aus. Die kartellrechtliche Differenzierung anhand der Marktmacht des diskriminierenden Unternehmens ist auch für die Anwendung des UWG zu beachten (*Köhler*/Bornkamm § 4 Rn 10.211). Insbesondere kann aus §§ 3; 4 Nr 10 kein generelles Verbot der preislich differenzierenden Behandlung der Abnehmer der gleichen Wirtschaftsstufe hergeleitet werden (BGH GRUR 58, 487, 489 – *Antibiotica*). Wettbewerbswidrigkeit kann nur ausnahmsweise in Betracht kommen, wenn erschwerende Umstände hinzukommen (BGH aaO), was etwa bei einer Preisdiskriminierung in Verdrängungsabsicht der Fall sein kann (*Köhler*/Bornkamm § 4 Rn 10.213, zu den Kriterien s Rn 10/94 ff).

c) **Bürgerliches Recht.** Eine gezielte Behinderung kann zugleich Ansprüche 10/18 wegen eines Eingriffs in den eingerichteten und ausgeübten Gewerbebetrieb (§§ 823 I; 1004 I analog BGB) auslösen (OLG Stuttgart GRUR 00, 1096, 1097 – *Headhunter*). Allerdings geht § 4 Nr 10 in seinem Anwendungsbereich vor, das gilt entgegen der Rechtsprechung insbesondere für die Beurteilung der unberechtigten Schutzrechtsverwarnung, die sich im Anwendungsbereich des § 3 ausschließlich nach den Vorschriften des UWG richten sollte (str, näher Rn 10/39). Nicht verdrängt wird hingegen der Anspruch wegen vorsätzlicher sittenwidriger Schädigung (§ 826 BGB). Im Übrigen kommen die Vorschriften des bürgerlichen Rechts zur Anwendung, wenn es an einer Wettbewerbshandlung (§ 2 Nr 1) fehlt, wie es etwa regelmäßig bei einem Boykottaufruf zu politischen Zwecken der Fall ist (näher Rn 10/87).

II. Betriebsstörung

1. **Allgemeines.** Betriebsstörung ist der Eingriff in die betriebliche Integrität und 10/19 die Störung betrieblicher Abläufe. Sie ist unlauter, sofern sie lediglich der Behinderung des betroffenen Mitbewerbers, nicht hingegen der Förderung des eigenen Betriebs dient. Steht letztere im Vordergrund, so kann die Unlauterkeit nur auf Grund einer umfassenden Interessenabwägung festgestellt werden. Die grobschlächtigste Form der Störung ist die **Zerstörung** oder **Beschädigung** von **Gebäuden, Sachmitteln** (Fahrzeuge, Geräte, Unterlagen), die Löschung elektronisch gespeicherter **Daten** (etwa durch Einsatz von Hackern) und die Blockade des Betriebsgeländes

eines Konkurrenten. Derartige Handlungen sind als absichtliche und gezielte Behinderungen stets unlauter (*Köhler*/Bornkamm § 4 Rn 10.160; Harte/Henning/*Omsels* § 4 Nr 10 Rn 50), sofern nicht ausnahmsweise Rechtfertigungsgründe eingreifen (Beispiel: Die Löschung von Daten, die ein Konkurrent durch eine Betriebsspionage erlangt hat, durch den Betroffenen wäre durch Notwehr gerechtfertigt). Auch die störende Einwirkung auf die Mitarbeiter eines Konkurrenzunternehmens ist Betriebsstörung, etwa die Aufforderung zu einem rechtswidrigen Streik (allerdings ist der Streikaufruf einer Gewerkschaft im Zweifel keine geschäftliche Handlung). Sonderfall ist die Abwerbung von Mitarbeitern, die allerdings regelmäßig nicht in erster Linie zur Behinderung des Konkurrenten, sondern zur Stärkung des eigenen Unternehmens erfolgt und daher nur bei Vorliegen besonderer Umstände als unlauter zu beurteilen ist (s Rn 10/22). Die Schädigung des Geschäftsrufs (Goodwill) ist ebenfalls eine Form der Betriebsstörung, doch greift § 4 Nr 10 nur ein, wenn nicht die Sondervorschriften des Kennzeichenrechts und der §§ 6 II; 4 Nr 7, 8 vorrangig sind (s Rn 10/14). Hingegen ist die bloße Ausbeutung der immateriellen Werte eines Konkurrenten keine Behinderung (s Rn 10/14b). Sie ist nach den Vorschriften des Immaterialgüterrechts, nach §§ 4 Nr 9; 6 II Nr 4, 6 und gegebenenfalls nach § 3 I in unmittelbarer Anwendung zu beurteilen.

10/19a Die **Betriebsspionage** ist nach Maßgabe der §§ 17–19 verboten, ergänzend auch gem § 3 I unlauter (§ 17 Rn 45; RG GRUR 37, 559, 561; BGH GRUR 73, 483, 485 – *Betriebsspionage*). Zudem soll sie nach hM eine Behinderung darstellen (BGH GRUR 09, 1075 Rn 22 – *Betriebsbeobachtung; Köhler*/Bornkamm § 4 Rn 10.164; GK/*Peifer* § 4 Nr 10 Rn 232). Das erscheint zweifelhaft, denn der Schwerpunkt der Unlauterkeit besteht nicht in der Störung betrieblicher Abläufe, sondern in der unlauteren Aneignung nicht offenkundiger Informationen. Allerdings führen die Beurteilung anhand des § 4 Nr 10 und die hier befürwortete unmittelbaren Anwendung des § 3 I soweit ersichtlich zum selben Ergebnis. Jedenfalls sind die Wertungen der §§ 17, 18 zu berücksichtigen. Insbesondere darf ein Unternehmer sich aus allgemein zugänglichen Quellen über seine Konkurrenten informieren, beispielsweise von einer öffentlichen Straße aus beobachten, welche Kunden den Betrieb eines Mitbewerbers aufsuchen (BGH GRUR 09, 1075 Rn 20 – *Betriebsbeobachtung*).

2. Testmaßnahmen

Literatur: *Friedrich,* Der perfide Testkauf, FS Sandrock, 1995, 323; *Hagenkötter,* Die Unlauterkeit von Testfotos, WRP 2008, 39; *Isele,* Die wettbewerbsrechtliche Zulässigkeit von Hausverboten gegenüber Konkurrenten, GRUR 2008, 1064; *Mayer,* Zutritt für Tester verboten? Zur Verhinderung von Testmaßnahmen des Konkurrenten, GRUR-Prax 2011, 545; *Rojahn,* Testkäufe – Rechtliche Würdigung einer ungeliebten Kundschaft, WRP 1984, 241.

10/20 **a) Grundsatz: Zulässigkeit.** Testmaßnahmen dienen oft der Beweissicherung bei der Verfolgung von Verletzungen der Rechte des geistigen Eigentums, von Wettbewerbsverstößen und Vertragsverletzungen. Zudem können sie einem Unternehmer in legitimer Weise Informationen über die Qualität von Konkurrenzprodukten verschaffen und ihn so möglicherweise erst in die Lage versetzen, einen gem § 6 zulässigen Werbevergleich durchführen zu können (vgl EuGH GRUR 03, 533 Rn 70 – *Pippig Augenoptik/Hartlauer; Ohly* GRUR 03, 641, 645f; *Köhler*/Bornkamm § 4 Rn 10.161; gegen die Zulässigkeit des Testkaufs in diesem Fall aber OLG Saarbrücken GRUR 01, 175, 176 – *Testkauf zum Preisvergleich*). Derartige Maßnahmen bezwecken nicht in erster Linie die Behinderung eines Mitbewerbers, sondern dienen dem berechtigten Interesse des testenden Unternehmers an der Verbesserung des eigenen Informationsstandes oder der eigenen Beweisposition. Testmaßnahmen sind daher **zulässig,** solange sich der Tester **wie ein normaler Kunde** verhält, und nur bei Vorliegen besonderer Umstände unzulässig (BGHZ 43, 349 = GRUR 65, 612, 614 – *Warnschild*; BGH GRUR 65, 607, 609 – *Funkmietwagen;* bestätigt in BGH GRUR 66, 564, 565 – *Hausverbot I;*

Gezielte Behinderung **§ 4.10 UWG**

BGH GRUR 79, 859, 860 – *Hausverbot II;* BGH GRUR 81, 827, 828 – *Vertragswidriger Testkauf;* BGH GRUR 91, 843, 844 – *Testfotos I; Köhler*/Bornkamm § 4 Rn 10.161; Fezer/*Götting* § 4–10 Rn 60; GK/*Peifer* § 4 Nr 10 Rn 215; Harte/Henning/*Omsels* § 4 Nr 10 Rn 52). Für eine Behinderung (§ 4 Nr 10) fehlt es in diesem Fall schon an der zentralen Voraussetzung einer Störung der betrieblichen Abläufe. Der Umstand, dass der Testcharakter verborgen bleibt, führt nicht zur Unlauterkeit, weil die Testmaßnahme ansonsten von vornherein zum Scheitern verurteilt wäre (BGHZ 43, 349 = GRUR 65, 612, 614 – *Warnschild; Köhler*/Bornkamm § 4 Rn 10.162). Auch das **Hausrecht** bietet dem betroffenen Unternehmer in diesem Fall keine Handhabe zur Verhinderung der Testmaßnahme: Wenn er seine Produkte der Allgemeinheit oder einem bestimmten Personenkreis anbietet, dem die Testperson angehört (Beispiel: Warenangebot im Supermarkt, Gegenbeispiel: männlicher Tester im Frauencafé, Harte/Henning/*Omsels* § 4 Nr 10 Rn 54), so kann er seine Einwilligung zum Betreten seiner Räumlichkeiten nicht willkürlich beschränken. Ein Hausverbot gegen Testkäufer ist nicht nur unwirksam, sondern seinerseits unlauter (BGH GRUR 66, 564, 566 – *Hausverbot I;* BGH GRUR 79, 859, 860 – *Hausverbot II),* das gilt auch für eine Kunden durch AGB auferlegte Unterlassungspflicht (BGH GRUR 81, 827, 829 – *Vertragswidriger Testkauf;* Harte/Henning/*Omsels* § 4 Nr 10 Rn 46). Auch ein **„virtuelles Hausverbot",** also die Sperrung einer IP-Nummer mit der Folge, dass deren Inhaber eine Website nicht mehr aufrufen kann, ist unlauter, wenn sich der Inhaber so verhält wie ein anderer Nachfrager (LG Hamburg GRUR-RR 07, 94; mit beachtlichen Gründen ganz gegen die Existenz eines „virtuellen Hausrechts" OLG Frankfurt MMR 09, 400; sa Rn 10/65), nicht jedoch, wenn er durch eine übermäßige Anzahl von Seitenaufrufen eine Betriebsstörung herbeiführt (OLG Hamm MMR 08, 175). Allerdings unterliegt der Unternehmer keinem Kontrahierungszwang, kann sich also weigern, mit dem Tester einen Vertrag zu schließen (BGH GRUR 87, 835, 837 f – *Lieferbereitschaft).* Die **Kosten** des Testkaufs können gem § 12 I 2 oder § 91 I ZPO erstattungsfähig sein (OLG München NJOZ 04, 2699, 2700; OLG Karlsruhe WRP 88, 381; Harte/Henning/*Omsels* § 4 Nr 10 Rn 62f; s auch § 12 Rn 101).

b) Ausnahme: Unlauterkeitskriterien. Die Unlauterkeit einer Testmaßnahme **10/21** kann sich aus ihrem Zweck oder aus dem eingesetzten Mittel ergeben. Besteht der **Zweck** des Tests darin, öffentlich zugängliche Informationen (Beispiel: Beschaffenheit einer frei verkäuflichen Ware) zu erlangen, so ist dies legitim. Geht es dem Tester aber darum, Unternehmensgeheimnisse auszukundschaften, so greifen die §§ 17–19, ergänzend auch § 3 in direkter Anwendung ein (*Braundau/Gal* GRUR 09, 118, 119 f; zur Abgrenzung der Betriebsspionage von der Behinderung s Rn 10/19).

Die Testperson setzt **unlautere Mittel** ein, wenn sie versucht, den Betroffenen **10/21a** durch Tricks und **Täuschung** hereinzulegen oder wenn sie durch Drohung auf den Vertragsschluss hinwirkt. Auch darf der Tester nicht als „agent provocateur" durch Einsatz zusätzlicher Mittel, die über den bloßen Vertragsschluss hinausgehen, den Unternehmer zu einem Wettbewerbsverstoß anstiften (BGHZ 43, 349 = GRUR 65, 612 – *Warnschild;* BGH GRUR 92, 612, 614 – *Nicola;* Beispiel, BGH GRUR 89, 113, 114 – *Mietwagen-Testfahrt:* Testperson überredet widerwilligen Taxifahrer unter Hinweis auf angeblichen Notfall zu unzulässiger Personenbeförderung). Eine unlautere Behinderung liegt dann vor, wenn sich der Tester nicht mehr wie ein normaler Kunde verhält, sondern den **Betriebsablauf stört,** etwa indem er durch sein Verhalten das Personal von seiner Beschäftigung abhält oder andere Kunden abschreckt (*Köhler*/Bornkamm § 4 Rn 10.163).

Das **Fotografieren in Geschäftsräumen** galt in der früheren Rechtsprechung **10/21b** wegen der abstrakten Gefahr von Betriebsstörungen als unlauter (BGH GRUR 91, 843, 844 – *Testfotos I;* BGH WRP 96, 1099, 1101 – *Testfotos II).* An diesem generellen Verbot hält der BGH aber nicht mehr fest, sondern lässt nunmehr eine Interessenabwägung entscheiden. Abzuwägen ist das Interesse des Geschäftsinhabers an der Vermeidung von Beeinträchtigen des Geschäftsablaufs und des guten Rufs gegen das Interesse des Fotografen oder seines Auftraggebers an der Dokumentation und dem Beweis von Schutzrechtsverletzungen oder unlauteren Handlungen. Kann der Beweis einer Rechtsverletzung nur mit Hilfe der Fotografien geführt werden und fehlt es (etwa wegen der Benutzung moderner und unauffälliger Aufnahmegeräte) an der konkreten Gefahr einer erheblichen Betriebsstörung, so überwiegt das Beweisinteresse und die Fotografie ist zulässig (BGH GRUR 07, 802 Rn 27 f – *Testfotos III;* jurisPK-UWG/*Ullmann* § 4 Nr 10 Rn 126; *Hagenkötter* WRP 08, 41 ff). Grenzen ergeben sich außerdem aus den Persönlichkeitsrechten abgebildeter Personen und dem Schutz von Unternehmensgeheimnissen (§ 17 II Nr 1) (*Hagenkötter* WRP 08, 39, 41 f).

10/21c Befinden sich ein Geschäft oder ein Messestand aber an einem **öffentlich zugänglichen Ort** und werden sie von **außerhalb der Geschäftsräume** überwacht oder fotografiert, so ist zu differenzieren. Grundsätzlich steht es jedermann frei, Gebäude von allgemein zugänglichen Orten zu beobachten (vgl BGH GRUR 09, 1075 Rn 21 – *Betriebsbeobachtung*) oder aufzunehmen (vgl § 59 I UrhG; BGH NJW 89, 2251 – *Friesenhaus;* HK/*Plaß* § 4 Rn 484; jurisPK-UWG/*Ullmann* § 4 Nr 10 Rn 127; einschränkend für die Aufnahme von Designs und Stoffmustern auf Messen *Brandau/Gal* GRUR 09, 118, 120). Diese Freiheit kann nur dann lauterkeitsrechtlich beschränkt werden, wenn die Gefahr einer Störung der Betriebsabläufe besteht. Das ist regelmäßig nicht der Fall, weil weder das Geschäftspersonal noch die im Geschäft anwesenden Kunden dem Fotografen größere Beachtung schenken werden (*Köhler*/Bornkamm § 4 Rn 10.163; Harte/Henning/*Omsels* § 4 Nr 10 Rn 59). Etwas anderes kann im Einzelfall bei besonders aufdringlichen Fotografien oder einer ständigen und systematischen Überwachung gelten (*Köhler*/Bornkamm aaO; HK/*Plaß* § 4 Rn 481; offengelassen in BGH GRUR 09, 1075 Rn 22 – *Betriebsbeobachtung*). Jedenfalls muss eine Abwägung zwischen dem Interesse des Fotografierten an der Vermeidung einer möglicherweise nur geringfügigen Betriebsstörung und dem Interesse des Fotografen (oder seines Auftraggebers) an der Verfolgung von Wettbewerbs- und Schutzrechtsverletzungen stattfinden (*Krings* GRUR 91, 844, 845).

10/21d Ein allgemeines zivilprozessuales **Beweisverwertungsverbot** für Beweise, die durch unlautere Testmaßnahmen erlangt wurden, besteht nicht. Wurde jedoch der Getestete erst durch den Tester zum Rechtsverstoß angestiftet, so kann dem wettbewerbs- oder immaterialgüterrechtlichen Anspruch, der durch den Testkauf gestützt werden sollte, der **Einwand des Rechtsmissbrauchs (§ 242 BGB)** entgegengehalten werden (BGH GRUR 85, 447, 450 – *Provisionsweitergabe durch Lebensversicherungsmakler;* Harte/Henning/*Omsels* § 4 Nr 10 Rn 61).

3. Abwerben von Mitarbeitern

Literatur: *Götting/Hetmank,* Unmittelbare Leistungsübernahme durch Mitarbeiterabwerbung, WRP 2013, 421; *Günther,* Ja wo laufen sie denn? – Sanktionsmöglichkeiten des Arbeitgebers gegen unlauteres Abwerben von Arbeitnehmern, WRP 2007, 240; *Kicker,* Problematik des Beschäftigungsverbots als Nachlese zum „López-Szenario", FS Piper, 1996, 273; *Klein/Insam,* Telefonische Abwerbung von Mitarbeitern am Arbeitsplatz und im Privatbereich nach neuem UWG, GRUR 2006, 379; *Köhler,* Zur wettbewerbsrechtlichen Zulässigkeit der telefonischen Ansprache von Beschäftigten am Arbeitsplatz zum Zwecke der Abwerbung, WRP 2002, 1; *ders,* Die „Beteiligung am Vertragsbruch" – eine unerlaubte Handlung?, FS Canaris, 2007, 591; ders, Zur Abwerbung von Mitarbeitern, FS Buchner, 2009, S 452; *Lindacher,* Headhunting am Arbeitsplatz, FS Erdmann, 2002, 647; *Ohly,* Die Verleitung zum Vertragsbruch im englischen und deutschen Recht: Zukunfts- oder Auslaufmodell?, FS Spellenberg, 2010, 617; *Piper,* Zur Wettbewerbswidrigkeit des Einbrechens in fremde Vertragsbeziehungen durch Abwerben von Kunden und Mitarbeitern, GRUR 1990, 643; *Riha,* Anmerkungen zur Headhunter-Entscheidung des BGH aus ökonomischer Sicht, WRP 2004, 1250; *Salger/Breitfeld,* Regelungen zum Schutz von betrieblichem Know-how – die Abwerbung von Mitarbeitern, BB 2004, 2574; *Scherer,* Verleiten zum Vertragsbruch – Neukonzeption aufgrund § 4 Nr 10 UWG und der RL-UGP, WRP 2009,

518; *Schmeding*, Wettbewerbsrechtliche Grenzen der Abwerbung von Arbeitskräften, 2006; *Sosnitza*, Verleiten zum Vertragsbruch – Berechtigte Fallgruppe oder alter Zopf? WRP 2009, 373; *Sosnitza/Kostuch*, Telefonische Mitarbeiterabwerbung am Arbeitsplatz, WRP 2008, 166.

a) Grundsatz. Das Abwerben fremder Mitarbeiter ist als Teil des freien Wettbewerbs **grundsätzlich erlaubt.** Es ist nur dann unlauter iSd §§ 4 Nr 10; 3, wenn wettbewerbsrechtlich unlautere Begleitumstände hinzukommen, insbesondere **unlautere Zwecke** verfolgt oder **unlautere Mittel** eingesetzt werden (BGHZ 158, 174 = GRUR 04, 696, 697 – *Direktansprache am Arbeitsplatz;* BGHZ 171, 73 = GRUR 07, 800 Rn 14 – *Außendienstmitarbeiter;* OLG Oldenburg WRP 07, 460, 462; *Köhler/ Bornkamm* § 4 Rn 10.103; GK/*Peifer* § 4 Nr 10 Rn 340; Harte/Henning/*Omsels* § 4 Nr 10 Rn 24). Das gilt auch dann, wenn die Abwerbung bewusst, planmäßig und gezielt, etwa durch einen beauftragten Personalberater (Headhunter), erfolgt (BGH aaO; BGH GRUR 66, 263, 266 – *Bau-Chemie;* Köhler/Bornkamm § 4 Rn 10.103, 10 105). Nicht jede gezielte Abwerbung ist also zugleich eine unlautere „gezielte Behinderung" iSd § 4 Nr 10. Die grundsätzliche Zulässigkeit folgt aus der Freiheit des Wettbewerbs um Ressourcen und der durch Art 12 GG geschützten Berufsfreiheit der umworbenen Mitarbeiter, die Beschränkung ist Ausdruck des Rechts auf wirtschaftliche Betätigungsfreiheit des bisherigen Arbeitgebers, das den Schutz der Art 2 I, 12 I GG genießt (BGH GRUR 04, 696, 698 – *Direktansprache am Arbeitsplatz I;* Fezer/*Götting* § 4–10 Rn 47). 10/22

b) Unlauterer Zweck. aa) Grundsatz. Unzulässig ist das Abwerben von Arbeitskräften, wenn es vorrangig der **gezielten Behinderung** des betroffenen Mitbewerbers dient (BGH GRUR 66, 263, 266 – *Bau-Chemie;* Köhler/Bornkamm § 4 Rn 10.105; Harte/Henning/*Omsels* § 4 Nr 10 Rn 27). Regelmäßig zielt die Abwerbung aber darauf, die Leistungsfähigkeit des abwerbenden Unternehmens zu steigern. Eine Behinderungsabsicht kann nur auf Grund besonderer Umstände des Einzelfalls angenommen werden. 10/23

bb) Anzahl und Stellung der abgeworbenen Mitarbeiter. Die Abwerbung einer großen Zahl von Mitarbeitern oder von mehreren Mitarbeitern in Schlüsselstellungen erlaubt für sich genommen noch nicht den Schluss auf eine Behinderungsabsicht (OLG Brandenburg GRUR-RR 08, 14, 15 – *Q-Team).* Auch planmäßiges Vorgehen des Abwerbenden ändert daran nichts (OLG Brandenburg aaO; *Köhler/* Bornkamm § 4 Rn 10.105; MüKo/*Jänich* § 4 Nr 10 Rn 100). Zwar findet sich in der älteren Rechtsprechung der Hinweis, es sei unlauter, in einer groß angelegten Aktion auf den Übertritt vieler, nicht nur in untergeordneter Stellung arbeitender Personen hinzuwirken (BGH GRUR 66, 263, 266 – *Bau-Chemie; Klaka* GRUR 66, 266, 267), doch rechtfertigen die entschiedenen Fälle diese Aussage in ihrer Allgemeinheit nicht. Im Kern ging es stets um Konstellationen, in denen der Abwerbende mit der Abwerbung zahlreicher Mitarbeiter zugleich beabsichtigte, ohne Vorwarnung den im Wesentlichen kompletten Kundenstamm mit zu übernehmen (vgl RGZ 149, 114, 118; BGH aaO – *Bau-Chemie;* BGH GRUR 64, 215 – *Milchfahrer;* BGH GRUR 71, 358 – *Textilspitzen).* 10/24

cc) Wirtschaftliche Gefährdung. Allenfalls ein schwaches Indiz für die Behinderungsabsicht stellt es dar, wenn der Abwerbende erhebliche wirtschaftliche Schwierigkeiten oder gar die Existenzgefährdung seines Konkurrenten in Kauf nimmt (Fezer/*Götting* § 4–10 Rn 56; aA BGH GRUR 66, 263, 266 – *Bau-Chemie* m zust Anm *Klaka).* Es ist Ausprägung der Wettbewerbsfreiheit, dass der eigene Vorteil auch um den Preis der wirtschaftlichen Gefährdung eines Konkurrenten gesucht werden darf. Anders fällt die Beurteilung nur aus, wenn konkrete Anhaltspunkte für die Absicht des Abwerbenden sprechen, seinen Konkurrenten zu vernichten. 10/25

10/26 dd) Keine Einsatzmöglichkeit. Ein Indiz für die Behinderungsabsicht kann darin bestehen, dass der abgeworbene Arbeitnehmer im Unternehmen des Abwerbenden nicht seinen Fähigkeiten und Kenntnissen entsprechend eingesetzt wird oder dass er nicht benötigt wird (*Köhler*/Bornkamm § 4, Rn 10.105; MüKo/*Jänich* § 4 Nr 10 Rn 100).

10/27 ee) Aneignung von Betriebsgeheimnissen. In der älteren Rechtsprechung wurde die Abwerbung von Mitarbeitern teilweise als unlauter angesehen, wenn sie dem Abwerbenden dazu diente, sich Kenntnisse des Mitbewerbers anzueignen oder in dessen Kundenstamm einzudringen (BGH GRUR 66, 263, 266 – *Bau-Chemie;* BGH GRUR 71, 358 – *Textilspitzen*). Das ist sicherlich dann zutreffend, wenn die Abwerbung für den neuen Arbeitgeber ein Mittel darstellt, um sich fremde Unternehmensgeheimnisse zu verschaffen (Beispiel: Konstruktionszeichnungen oder Kundenlisten) und sie zu verwerten (zur Abgrenzung zwischen Unternehmensgeheimnissen und Erfahrungswissen s § 17 Rn 40 ff). Sofern sich in diesem Fall die Haftung nicht schon aus § 17 II Nr 2 iVm § 4 Nr 11 oder aus § 4 Nr 9c ergibt, kommt eine Haftung des Unternehmers aus §§ 4 Nr 10; 3 I oder aus § 3 I in unmittelbarer Anwendung in Betracht. Veranlasst der Unternehmer den Arbeitnehmer, seine vertraglichen oder nachvertraglichen Pflichten gegenüber seinem bisherigen Arbeitnehmer (s dazu § 17 Rn 37 ff) zu verletzen, so stellt sein Verhalten als Verleitung zum Vertragsbruch eine unlautere Behinderung dar. Handelt es sich bei der betreffenden Information jedoch nicht um Unternehmensgeheimnisse, sondern um Kenntnisse und Beziehungen, die der Arbeitnehmer auch nach Beendigung des bisherigen Arbeitsverhältnisses weiterhin nutzen darf (zu Kriterien und Fallgruppen s § 17 Rn 40a; vgl auch BGH GRUR 02, 91, 92 – Spritzgießwerkzeuge), so ist die Abwerbung zu dem Zweck, dieses Wissen zu verwerten, Ausdruck eines erlaubten Wettbewerbs um Ressourcen und daher lauterkeitsrechtlich nicht zu beanstanden (*Köhler*/Bornkamm § 4 Rn 10.106; GK/*Peifer* § 4 Nr 10 Rn 346; Harte/Henning/*Omsels* § 4 Nr 10 Rn 29; MüKo/*Jänich* § 4 Nr 10 Rn 101). Ebenso ist es grundsätzlich erlaubt, nach Beendigung des früheren Arbeitsverhältnisses mit den in der früheren Tätigkeit gesammelten Erfahrungen zu werben oder frühere Kunden gezielt anzusprechen (s Rn 10/57). Die Abwerbung von Mitarbeitern kann auch nicht mit der Begründung als unlautere Leistungsübernahme (§ 3 I) angesehen werden, der Abwerber beute die Investitionen des bisherigen Arbeitnehmers in unlauterer Weise aus (so aber *Götting/Hetmank* WRP 13, 421 ff), denn das UWG bietet keinen allgemeinen Investitionsschutz und es besteht bei Fehlen sonderrechtlichen Schutzes kein Ausschließlichkeitsrecht des Arbeitgebers am Knowhow von Mitarbeitern.

10/28 c) Unlauteres Mittel. aa) Verleitung zum Vertragsbruch. Nach hM ist es unlauter, Mitarbeiter eines Konkurrenten unter Verleitung zum Vertragsbruch abzuwerben (BGH GRUR 61, 482, 483 – *Spritzgussmaschine;* BGH GRUR 94, 447, 448 – *Sistierung von Aufträgen;* BGHZ 171, 73 = GRUR 07, 800 Rn 14 – *Außendienstmitarbeiter;* OLG Hamm GRUR-RR 04, 27 – *AVAD;* Harte/Henning/*Omsels* § 4 Nr 10 Rn 36; MüKo/*Jänich* § 4 Nr 10 Rn 89; *Piper* GRUR 90, 643, 647; zur Gegenansicht Rn 10/29). Als **Vertrag** kommt dabei ein Arbeitsvertrag, aber auch ein Geschäftsbesorgungs-, insb ein Handelsvertretervertrag in Betracht (OLG Hamm GRUR-RR 04, 27 – *AVAD*). **Vertragsbruch** ist die Verletzung wesentlicher, noch wirksamer Vertragsverpflichtungen, vor allem der Pflicht zur Arbeitsleistung durch Verweigerung der Arbeitsleistung, unberechtigte Kündigung oder Provokation einer fristlosen Kündigung, aber auch einer Ausschließlichkeitsbindung oder eines Wettbewerbsverbots. **Verleiten** ist jedes bewusste Hinwirken (BGH GRUR 76, 372, 374 – *Möbelentwürfe;* OLG Hamm GRUR-RR 04, 27, 28 – *AVAD*). Schon die Handlung selbst ist wettbewerbswidrig, der Erfolg braucht nicht eingetreten zu sein. Beispiele sind das Angebot einer Bezahlung während des noch laufenden früheren Vertrags, die unrichtige Auskunft, die Aufnahme des neuen Vertrags sei trotz fortbestehender früherer Bindung zulässig

Gezielte Behinderung **§ 4.10 UWG**

oder die Übernahme einer durch Verstoß gegen ein Wettbewerbsverbot verwirkten Vertragsstrafe (vgl *Piper* GRUR 90, 643, 647), nicht jedoch das bloße Angebot eines neuen Arbeitsvertrags. Der Abwerbende muss **Kenntnis** von der vertraglichen Bindung des Abgeworbenen haben **oder damit rechnen** (BGH GRUR 76, 372, 374 – *Möbelentwürfe*). Fahrlässige Unkenntnis ist nicht ausreichend, sofern sich der Abgeworbene nicht bewusst den Tatsachen verschließt (BGH GRUR 75, 555, 557 – *Speiseeis*). Doch wird häufig die Annahme einer noch bestehenden vertraglichen Bindung des Arbeitnehmers nahe liegen.

Allerdings ist diese Auffassung nicht mehr unangefochten. Kritiker verweisen darauf, dass die Ausnahme von Grundsatz der Relativität vertraglicher Verhältnisse dogmatisch nicht haltbar sei und zu wenig die Prinzipien der Wettbewerbsfreiheit und der Privatautonomie berücksichtige (*Köhler*/Bornkamm § 4 Rn 108ff; *Köhler*, FS Canaris, 2007, 591, 593ff (zu § 826 BGB); *Scherer* WRP 09, 518, 522; *Sosnitza* WRP 09, 373ff; GK/*Peifer* § 4 Nr 10 Rn 317, 347; Harte/Henning/*Omsels* § 4 Nr 10 Rn 35). Entgegen der bisherigen Rspr soll nur noch das unerlaubte Einwirken auf den Arbeitnehmer durch Druck, unangemessenen Einfluss oder Irreführung (s dazu Rn 10/30) die Unlauterkeit begründen (OLG Oldenburg WRP 07, 460, 463; *Köhler*/Bornkamm § 4 Rn 108b). Der Kritik ist zuzugeben, dass das Argument einer Verdinglichung schuldrechtlicher Beziehungen, das gegen die Unlauterkeit des Ausnutzens von Vertragsverletzungen ins Feld geführt wird, die Verleitung zum Vertragsbruch in gleicher Weise betrifft. Eine überzeugende dogmatische Begründung für die hM fehlt bisher. Andererseits werden die vertragsrechtlichen Ansprüche des Arbeitgebers gegen den vertragsbrüchigen Arbeitnehmer praktisch oft keine hinreichende Präventionswirkung entfalten und daher zur effektiven Durchsetzung des Verbots nicht ausreichen (*Ohly*, FS Spellenberg, 2010, 617, 628; *Leistner*, Richtiger Vertrag und lauterer Wettbewerb, 2007, S 1047ff). Zwar steht jedem Arbeitnehmer die Kündigung frei, doch der Unternehmer hat ein rechtlich geschütztes Vertrauen auf Fortbestand der Arbeitsverhältnisse während deren Laufzeit. Es ist legitime Aufgabe des Lauterkeitsrechts, das Interesse des betroffenen Arbeitgebers und das Allgemeininteresse an Vertragstreue in Arbeitsverhältnissen durch deliktsrechtliche Sanktionen repressiv und präventiv abzusichern, sofern das vertragsrechtliche Instrumentarium hierfür nicht ausreicht. Die UGP-RL greift mangels Verbrauchereigenschaft des Arbeitnehmers nicht ein (str, s § 2 Rn 90), lässt die Anwendung des § 4 Nr 10 aber ohnehin unberührt (Rn 10/5). Zudem zeigt der Rechtsvergleich, dass die Verleitung zum Vertragsbruch auch in anderen europäischen Rechtsordnungen eine unerlaubte Handlung darstellt und sich daher als gemeinsamer Nenner für eine künftige Harmonisierung des Deliktsrechts eignet (Art VI – 2 211 des Draft Common Frame of Reference; *Ohly* aaO S 618ff). Daher sollte an der hM festgehalten werden, doch die Kritik bedarf sicherlich weiterer Diskussion.

10/28a

bb) Ausnutzen eines Vertragsbruchs. Die Ausnutzung eines Vertragsbruchs ist hingegen nach heute allgemeiner Ansicht nicht wettbewerbswidrig (BGH GRUR 56, 273 – *Drahtverschluss;* BGH GRUR 57, 219 – *Bierbezugsvertrag;* BGHZ 171, 73 = GRUR 07, 800 Rn 15f – *Außendienstmitarbeiter; Köhler*/Bornkamm § 4 Rn 10.109; Harte/Henning/*Omsels* § 4 Nr 10 Rn 37), selbst wenn der Abwerbende von der vertraglichen Bindung des Umworbenen weiß (BGHZ 171, 73 = GRUR 07, 800 Rn 18 – *Außendienstmitarbeiter;* OLG Hamm GRUR-RR 04, 27, 28 – *AVAD;* einschränkend *Piper* GRUR 90, 643, 647; *v Maltzahn* GRUR 81, 788, 790). Dem liegt der Gedanke zugrunde, dass vertragliche Bindungen nur für die Vertragsparteien rechtliche Bindung entfalten und dass es ansonsten zu einer systemwidrigen Verdinglichung schuldrechtlicher Verpflichtungen käme (BGHZ 171, 73 = GRUR 07, 800 Rn 15 – *Außendienstmitarbeiter* mwN). Auch Wettbewerbsverbote entfalten nur Wirkung zwischen den Parteien, nicht aber gegenüber einem Mitarbeiter, der den vertragsbrüchigen Arbeitnehmer oder Handelsvertreter anstellt (BGH aaO Rn 16). Die

10/29

bloße Beschäftigung eines vertraglich noch gebundenen Arbeitnehmers, etwa im Fall einer unberechtigten Kündigung, ist noch nicht wettbewerbswidrig, selbst wenn dies den Arbeitnehmer in seinem Entschluss zum Vertragsbruch bestärken kann (BGHZ 171, 73 = GRUR 07, 800 Rn 24 – *Außendienstmitarbeiter*). Die Grenze zur Unlauterkeit ist überschritten, wenn der neue Arbeitgeber auf den Arbeitnehmer einwirkt, seine bisherige Arbeit pflichtwidrig nicht mehr aufzunehmen (*Köhler*/Bornkamm aaO; Harte/Henning/*Omsels* aaO). Unzulässig ist auch die Verwertung von Betriebs- und Geschäftsgeheimnissen des ersten Arbeitgebers, die allerdings nicht vermutet werden kann, sondern des Nachweises bedarf (enger BGH GRUR 80, 296, 297 – *Konfektions-Stylist;* vgl auch BGHZ 171, 73 = GRUR 07, 800 Rn 17 – *Außendienstmitarbeiter; Köhler*/Bornkamm § 4 Rn 10.111).

10/30 **cc) Beeinträchtigung der Entscheidungsfreiheit.** Unlauter ist die Täuschung des Umworbenen oder die Beeinträchtigung seiner Entscheidungsfreiheit durch die Ausübung von Druck oder unsachlichem Einfluss iSd § 4 Nr 1 oder durch Täuschung. Beispiele sind irreführende Angaben über den bisherigen Arbeitgeber, die neue Beschäftigung oder die Folgen des Wechsels, eine gem § 4 Nr 7, 8 unlautere Herabsetzung des bisherigen Arbeitgebers oder eine Überrumpelung (*Köhler*/Bornkamm § 4 Rn 10.108b). Allerdings begründet die attraktive Wirkung, die von einem guten Angebot ausgeht, noch nicht die Unlauterkeit. Zulässig ist daher insbesondere das Versprechen von Prämien, Incentives oder Rabatten zum Zweck der Abwerbung (aA auf der Grundlage des aufgehobenen Rabattgesetzes BGH GRUR 84, 129, 130 – *Shop-in-the-Shop*). Gerade angesichts des Umstands, dass der Wechsel des Arbeitsplatzes eine schwerwiegende und sorgfältig zu überlegende Entscheidung darstellt, ist auch das Versprechen unüblicher Vorteile in aller Regel zulässig. Zulässig ist es, dem Arbeitnehmer bei der rechtmäßigen Kündigung Hilfe zu leisten (Harte/Henning/*Omsels* § 4 Nr 10 Rn 33; aA OLG Celle WRP 71, 377, 378; *Piper* GRUR 90, 643, 647; ebenso zur Kündigungshilfe bei vertraglich gebundenen Kunden BGH GRUR 05, 603, 604 – *Kündigungshilfe*); ihm die Übermittlung des Kündigungsschreibens abzunehmen (aA LG Mannheim WRP 55, 210) oder ihm für den Fall der rechtmäßigen Kündigung eine besondere Prämie in Aussicht zu stellen. Auch der Einsatz ehemaliger Kollegen des Umworbenen ist wettbewerbsrechtlich nicht zu beanstanden (Harte/Henning/*Omsels* § 4 Nr 10 Rn 35; aA RGZ 149, 114, 118). Die Herabsetzung des Mitbewerbers zum Zwecke der Abwerbung ist nach den allgemeinen Grundsätzen über die Rufschädigung (§ 4 Nr 7, 8, s auch Rn 10/14) zu beurteilen.

10/31 **dd) Ansprechen am Arbeitsplatz.** Der Einsatz gewerbsmäßiger Personalberater (Headhunter) ist erlaubt. Sie dürfen Arbeitnehmer auch per Festnetz- oder Mobiltelefon am Arbeitsplatz ansprechen, aber nur zu einer ersten Kontaktaufnahme (BGHZ 158, 174 = GRUR 04, 696, 697, 699 – *Direktansprache am Arbeitsplatz I;* BGH GRUR 06, 426 – *Direktansprache am Arbeitsplatz II;* BGH GRUR 08, 262 – *Direktansprache am Arbeitsplatz III;* zum früheren Meinungsstreit vgl die Nachw in BGH GRUR 04, 697). Der Personalberater darf sich vorstellen, die offene Stelle knapp beschreiben, das Interesse des Angerufenen erkunden und gegebenenfalls eine Kontaktmöglichkeit außerhalb des Arbeitsplatzes verabreden. Je weniger der erste Telefonanruf am Arbeitsplatz aber auf das zur ersten Kontaktaufnahme Notwendige beschränkt wird, desto mehr werden die schutzwürdigen Interessen des Arbeitgebers und gegebenenfalls auch die Interessen eines Mitarbeiters, der einen solchen Anruf als belästigend ansieht, beeinträchtigt (BGH aaO). Die Grenzen der Zulässigkeit sind überschritten, wenn der Berater das Gespräch bei fehlendem Interesse des Arbeitnehmers nicht sofort beendet, wenn das Telefongespräch über eine erste Kontaktaufnahme hinausgeht (BGH aaO, S 698f), wenn der Personalberater den Arbeitnehmer ausführlich mit Daten aus dessen Lebenslauf konfrontiert (BGH GRUR 08, 262 Rn 12 – *Direktansprache am Arbeitsplatz III*) oder wenn der Berater es zur Ausforschung nach potentiellen Abwerbekandidaten nutzt (vgl *Lindacher,* FS Erdmann, S 647, 655; *Wulf*

Gezielte Behinderung § 4.10 UWG

NJW 04, 2424, 2425). Der BGH stützt die Unlauterkeit auf § 3 I in direkter Anwendung (BGH GRUR 06, 426 Rn 16), doch hätte sich der Unlauterkeitsgehalt durch eine Anwendung des § 4 Nr 10 und des § 7 (vgl § 7 Rn 56) präziser erfassen lassen (ebenso *Sosnitza/Kostuch* WRP 08, 166, 168). Unzulässig ist ein persönlicher Besuch des Personalberaters am Arbeitsplatz des Umworbenen, da in diesem Fall die Beeinträchtigung der Betriebsabläufe ein unverhältnismäßiges Ausmaß annähme (*Köhler/ Bornkamm* § 4 Rn 10.112). Eine erste Kontaktaufnahme per E-Mail berührt die betrieblichen Abläufe weniger als ein Telefonanruf, doch ist ihre Zulässigkeit angesichts des (unnötig rigiden) Einwilligungserfordernisses des § 7 II Nr 3 problematisch, sofern man nicht das Vorliegen von „Werbung" verneint (s § 7 Rn 56). Sofern der Personalberater den Umworbenen in seiner Privatwohnung anruft oder persönlich aufsucht, richtet sich die Beurteilung ausschließlich nach § 7 (s § 7 Rn 56). Die Interessen des Arbeitgebers werden in diesem Fall über den als solchen zulässigen Versuch der Abwerbung hinaus nicht beeinträchtigt.

d) Rechtsfolgen. Neben einem Unterlassungs-, Beseitigungs- und Schadensersatzanspruch gegen den Abwerbenden nach allgemeinen Grundsätzen (§§ 8; 9) kommt ein **sachlich und zeitlich begrenztes Beschäftigungsverbot** unter dem Gesichtspunkt des Schadensersatzes in Form der Naturalrestitution (§ 249 I BGB) in Betracht (BGH GRUR 61, 482, 483 – *Spritzgussmaschine;* BGH GRUR 71, 358, 360 – *Textilspitzen;* BGH GRUR 76, 306, 307 – *Baumaschinen; Ahrens/Jestaedt* Rn 56/11; *Köhler/*Bornkamm § 4 Rn 10.113; *Günther* WRP 07, 240, 242ff *Kicker,* FS Piper, S 273; *Piper* GRUR 90, 643, 650). Das Verbot ist nur gerechtfertigt, soweit es zur Beseitigung der Rechtsverletzung geeignet, erforderlich und verhältnismäßig ist (*Köhler* GRUR 96, 82, 83). Es ist ungeeignet, wenn die Rechtsverletzung nicht mehr beseitigt werden kann, und unverhältnismäßig, wenn Interessen Dritter beeinträchtigt werden oder der Arbeitnehmer ein schutzwürdiges Interesse an der Beschäftigung hat (*Köhler/*Bornkamm § 4 Rn 10.113). Ein unbefristetes Beschäftigungsverbot kommt entgegen BGH GRUR 64, 215, 216 – *Milchfahrer* auch in Fällen gesteigerter Unlauterkeit nicht in Betracht (*Bußmann* GRUR 70, 184, 185). Das Beschäftigungsverbot beginnt mit der vorläufigen Vollstreckbarkeit der Entscheidung (BGH 61, 482, 483 – *Spritzgussmaschine*) oder mit Rechtskraft des Urteils (BGH GRUR 71, 358 – *Textilspitzen*), jeweils aber nur, sofern die Beseitigung der Beeinträchtigung noch möglich ist (*Köhler/*Bornkamm aaO). Das Beschäftigungsverbot kann im **Wege der einstweiligen Verfügung** durchgesetzt werden, da bei Verweis auf das Hauptsacheverfahren ein effektiver Rechtsschutz nicht gewährleistet wäre (OLG Jena WRP 97, 362, 365 – *Abwerben von Arbeitnehmern;* OLG Oldenburg WRP 96, 612, 615f – *Abwerbung von Arbeitskräften; Ahrens/Jestaedt* Rn 56/11; Harte/Henning/*Omsels* § 4 Nr 10 Rn 47; enger *Köhler/*Bornkamm aaO). Die unlautere Abwerbung führt nur dann zur **zivilrechtlichen Nichtigkeit (§ 138 I BGB)** des neuen Arbeitsvertrags, wenn Arbeitnehmer und neuer Arbeitgeber zur Schädigung des bisherigen Arbeitgebers kollusiv zusammengewirkt haben (BGH GRUR 71, 358, 359 – *Textilspitzen*). Dem bisherigen Arbeitgeber können gegen den Arbeitnehmer Schadensersatzansprüche wegen Vertragsverletzung (§§ 280ff BGB) und aus Delikt (§ 826 BGB) zustehen.

10/32

4. Unberechtigte Schutzrechtsverwarnung und Abmahnung

Literatur: *Deutsch,* Der BGH-Beschluss zur unberechtigten Schutzrechtsverwarnung und seine Foglen für die Praxis, GRUR 2006, 374; *Gerstenberg,* Zur (Gegen-)Abmahnung als Retourkutsche, WRP 2011, 1116; *Goldbeck,* Der „umgekehrte" Wettbewerbsprozess, 2008; *Hösl,* Kostenerstattung bei außerprozessualer Verteidigung gegen unberechtigten Rechtsverfolgung, 2004; *Kunath,* Kostenerstattung bei ungerechtfertigter Verwarnung, WRP 2000, 1074; *Lindacher,* Die Haftung wegen unberechtigter Schutzrechtsverwarnung oder Schutzrechtsklage, ZHR 144 (1980) 350; *Meier-Beck,* Die Verwarnung aus Schutzrechten – mehr als eine Meinungsäußerung!

GRUR 2005, 535; *ders,* Die unberechtigte Schutzrechtsverwarnung als Eingriff in das Recht am Gewerbebetrieb, WRP 2006, 790; *Peukert,* Änderung der Rechtsprechung zur unberechtigten Schutzrechtsverwarnung?, Mitt 2005, 73; *Sack,* Die Haftung für unbegründete Schutzrechtsverwarnungen, WRP 2005, 253; *ders,* Unbegründete Schutzrechtsverwarnungen, 2006; *ders,* Notwendige Differenzierungen bei unbegründeten Abnehmerverwarnungen, WRP 2007, 708; *Sessinghaus,* Abschied von der unberechtigten Schutzrechtsverwarnung – auf Wiedersehen im UWG?, WRP 2005, 823; *Teplitzky,* Zur Frage der Rechtmäßigkeit unbegründeter Schutzrechtsverwarnungen – Zugleich eine Besprechung von BGH „Verwarnung aus Kennzeichenrecht", GRUR 2005, 9; *ders,* Die prozessualen Folgen der Entscheidung des Großen Senats für Zivilsachen zur unberechtigten Schutzrechtsverwarnung, WRP 2005, 1433; *Ullmann,* Die Verwarnung aus Schutzrechten – mehr als eine Meinungsäußerung?, GRUR 2001, 1027; *Wagner,* Abschied von der unberechtigten Schutzrechtsverwarnung? ZIP 2005, 49; *Wagner/Thole,* Kein Abschied von der unberechtigten Schutzrechtsverwarnung, NJW 2005, 3470; *Zimmermann,* Die unberechtigte Schutzrechtsverwarnung, 2008.

10/33 **a) Unberechtigte Schutzrechtsverwarnung. aa) Begriff. Schutzrechte** sind alle **Rechte des geistigen Eigentums,** also die gewerblichen Schutzrechte (insb Patent, Gebrauchsmuster, Design, Kennzeichenrechte) und das Urheberrecht mit verwandten Schutzrechten, daneben auch immaterialgüterrechtsähnliche Rechtspositionen wie die vermögenswerten Bestandteile des Persönlichkeitsrechts und durch den UWG-Nachahmungsschutz (§ 4 Nr 9) geschützte Positionen (OLG Frankfurt GRUR 90, 642; OLG Stuttgart GRUR-Prax 09, 66; GK/*Leistner* § 4 Nr 9 Rn 278). Kennzeichnend für die **Verwarnung** oder Abmahnung ist das in ihr ausgesprochene ernsthafte und endgültige Unterlassungsbegehren. Das Verlangen, eine strafbewehrte Unterlassungserklärung abzugeben, ist jedenfalls vor einem konkreten Verletzungsvorwurf nicht erforderlich (BGH GRUR 11, 995 Rn 30f – *Besonderer Mechanismus*). Keine Verwarnung ist die bloße **Berechtigungsanfrage,** die lediglich dazu dient, einen der Rechtswahrung dienenden Meinungsaustausch über die Rechtewahrnehmung einzuleiten (BGH GRUR 97, 896, 897 – *Mecki-Igel III;* BGH GRUR 09, 878 Rn 22 – *Fräsautomat;* krit zu dieser Unterscheidung *Ullmann* GRUR 01, 1027f; *Sack* WRP 05, 253, 256; zur irreführenden Berechtigungsanfrage vgl OLG Karlsruhe GRUR-RR 07, 197). Die **Herstellerverwarnung** richtet sich an den Mitbewerber, der die behauptete Verletzungshandlung begangen hat, die **Abnehmerverwarnung** richtet sich an dessen tatsächliche oder potentielle Abnehmer. Hat der Hersteller seinen Sitz außerhalb der EU bzw des EWR, so sollte der Herstellerverwarnung die **Verwarnung des Importeurs** gleichstehen, die Interessenlage ist insoweit mit derjenigen bei der Verantwortlichkeit für fehlerhafte Produkte vergleichbar (vgl § 4 ProdHaftG). Die Verwarnung ist **unberechtigt,** wenn der Abwehranspruch, aus welchen Gründen auch immer (etwa: Fehlen des Schutzrechts, Nichtigerklärung mit ex tunc-Wirkung, vgl BGH GRUR 06, 219 Rn 16 – *Detektionseinrichtung II:* angebliche Verletzungshandlung nicht vom Schutzbereich erfasst, Eingreifen von Schranken; OLG Düsseldorf MMR 08, 625: keine Verletzung von Prüfungspflichten durch angeblichen Störer) nicht besteht.

10/34 **bb) Interessenlage.** Für den **Rechtsinhaber** steht und fällt der Wert seines Schutzrechts mit der Möglichkeit, Unterlassungs- und Schadensersatzansprüche geltend machen zu können. Die Verwarnung ist daher Vorstufe der Inanspruchnahme gerichtlicher Verfahren zur Verteidigung eigener Rechte, die prozessökonomisch und wirtschaftlich vernünftig ist (BGH GRUR 04, 958, 959 – *Verwarnung aus Kennzeichenrecht I; Ullmann* GRUR 01, 1027ff; *Wagner* ZIP 05, 49ff). Den **Betroffenen** stellt die Verwarnung hingegen vor das Dilemma, entweder die behauptete Verletzungshandlung einzustellen, was gerade im Bereich der technischen Schutzrechte zur Einstellung ganzer Produktionszweige führen kann, oder seine Handlung auf die Gefahr hin fortzusetzen, der strengen Schadensersatzhaftung des Immaterialgüterrechts ausgesetzt zu sein (BGH (GSZ) GRUR 05, 882, 885 – *Unberechtigte Schutzrechtsverwarnung;* Köhler/

Bornkamm § 4 Rn 10.171; Fezer/Götting § 4–10 Rn 73; Meier-Beck GRUR 05, 535 ff). Daher stellt die Haftung wegen unbegründeter Schutzrechtsverwarnung ein Korrelat des mit Schutzrechten verbundenen Drohpotentials dar. Unter diesem Gesichtspunkt ist sie in anderen Rechtsordnungen in den jeweiligen Schutzgesetzen geregelt (vgl zum englischen Recht Sec 70 Patents Act und *Nettleton/Cordery* (2005) 1 JIPLP 51 ff). Während sich die **Herstellerverwarnung** innerhalb eines Zweipersonenverhältnisses abspielt, handelt es sich bei der **Abnehmerverwarnung** um eine **Dreieckskonstellation.** Der Abnehmer verfügt über weniger Informationen zur Schutzrechtslage als der Hersteller, hat aber im Gegensatz zum Hersteller regelmäßig eine weitere Reaktionsmöglichkeit, nämlich den Wechsel der Bezugsquelle. Für den Hersteller ist die Abnehmerverwarnung mit weitergehenden Risiken verbunden, weil er möglicherweise nicht sofort davon erfährt, weil sein guter Ruf geschädigt werden kann und weil es gerade für große, marktstarke Abnehmer ein Leichtes sein kann, den Lieferanten zu wechseln.

cc) Entwicklung der Rechtsprechung. (1) Rechtslage bis zur UWG-Reform. Nach einer bereits vom RG begründeten Rechtsprechung (RGZ 58, 24, 29 – *Jutepluesch;* zum rechtshistorischen Hintergrund *Wagner* ZIP 05, 49, 50) stellt die unberechtigte Schutzrechtsverwarnung einen **rechtswidrigen Eingriff in das Recht am eingerichteten und ausgeübten Gewerbebetrieb dar** und löst daher Unterlassungsansprüche (§ 1004 BGB analog) und bei vorsätzlicher oder fahrlässiger Unkenntnis der fehlenden Berechtigung Schadensersatzansprüche gem § 823 I BGB aus (BGHZ 38, 200 = GRUR 63, 255, 257 ff – *Kindernähmaschinen;* BGHZ 62, 29 = GRUR 74, 290, 291 – *Maschenfester Strumpf;* bestätigt in BGH GRUR 97, 741, 742 – *Chinaherde;* weitere Nachw in BGH GRUR 04, 958 – *Verwarnung aus Kennzeichenrecht I;* und bei Gloy/Loschelder/Erdmann/*Hasselblatt*, § 57 Rn 158 ff; *Ohl* GRUR 66, 172, 179; *Sack* S 12 ff, 113 ff). Begründet wird diese Rechtsprechung vor allem mit der Erwägung, dass derjenige, der durch die Ausübung eines in Wirklichkeit sachlich nicht gerechtfertigten Monopolrechts eine Vermögensschädigung des Verwarnten verursacht, für diesen Schaden jedenfalls dann einzustehen hat, wenn er bei gehöriger Prüfung hätte erkennen können, dass seine vermeintliche Monopolstellung rechtlich keinen Bestand haben werde (so schon RGZ 58, 24, 30 – *Jutepluesch,* bestätigt in BGH GRUR 74, 290, 291 – *Maschenfester Strumpf;* BGH (GSZ) GRUR 05, 882, 883 ff – *Unberechtigte Schutzrechtsverwarnung;* zust *Meier-Beck* GRUR 05, 535, 540; *Peukert* Mitt 05, 73, 74 ff).

(2) Kritik und Vorlagebeschluss des I. Zivilsenats. Diese Rechtsprechung war erheblicher Kritik in der Literatur ausgesetzt (*Kunath* WRP 00, 1074, 1075; *Sack* S 16 ff, 197 ff; *Ullmann* GRUR 01, 1027 ff; *Wagner* ZIP 05, 49 ff und die Nachw in BGH GRUR 04, 958 – *Verwarnung aus Kennzeichenrecht I*), der sich vor dem Beschluss des Großen Senats für Zivilsachen auch Teile der Rechtsprechung angeschlossen hatten (OLG Düsseldorf GRUR 03, 814, 815 f – *Unberechtigte Abnehmerverwarnung*). Die Kritik stützt sich im Wesentlichen auf zwei Gesichtspunkte. Erstens überzeugt nach Ansicht der Kritiker die Anwendung des § 823 I BGB nicht, da zum einen die allgemeinen Voraussetzungen des Anspruchs wegen einer Verletzung des Rechts am eingerichteten und ausgeübten Gewerbebetrieb nicht ohne weiteres gegeben sind und da dieser Anspruch zum anderen gegenüber wettbewerbsrechtlichen Ansprüchen subsidiär ist (*Beater* Rn 1791; *Deutsch* WRP 99, 25, 28; *Larenz/Canaris,* Lehrbuch des Schuldrechts II/2, § 81 III 4 e; *Quiring* WRP 83, 317, 322; *Sack* WRP 05, 253, 257; *Wagner* ZIP 05, 49, 51 aA GK/*Peifer* § 4 Nr 10 Rn 277 ff; *Sessinghaus* WRP 05, 823, 825; *Teplitzky* GRUR 05, 9, 14). Da mittlerweile der Tatbestand des § 3 ein subjektives Unlauterkeitselement nicht mehr voraussetze, bestehe die früher von der Rechtsprechung konstatierte Schutzlücke nicht mehr. Zweitens berücksichtige die Rechtsprechung nicht hinreichend, dass sich die Erhebung der Verletzungsklage als legitime und grundrechtlich (Art 2 I iVm 20 I GG; 5 I GG) geschützte Inanspruchnahme gerichtlicher Verfahren darstelle. Für die vorprozessuale Abmahnung, die sinnvoll und zur Vermeidung der Kostenfolge des § 93 ZPO geboten sein könne, gelte nichts anderes (*Ullmann* aaO). Insoweit stelle sich die Lage nicht anders dar als bei der Verteidigung anderer absoluter Rechte oder der Geltendmachung von Forderungen. Wolle sich der Verwarnte zur Wehr setzen, so stehe ihm die negative Feststellungsklage zur Verfügung. Unter dem Eindruck dieser Kritik bekundete der **I. Zivilsenat des BGH** die Absicht, seine bisherige Rechtsprechung zur Schutzrechtsverwarnung zu ändern, und legte daher dem **Großen Senat für Zivilsachen** die **Rechtsfrage vor,** ob eine unbegründete Verwarnung aus einem Kennzeichenrecht bei schuldhaftem Handeln als rechtswidriger Eingriff in den eingerichteten und ausgeübten Gewerbebetrieb gem § 823 I BGB zum Schadensersatz verpflichten kann oder ob sich, falls nicht § 826 BGB eingreift, eine Schadensersatzpflicht nur aus dem Recht des unlauteren Wettbewerbs (§§ 3; 4 Nrn 1, 8 und 10; 9 UWG) ergeben kann (BGH GRUR 04, 958 – *Verwarnung aus Kennzeichenrecht*). Der Senat verwies zur Begründung darauf, dass die Abmahnung eine berechtigte Insnspruchnahme eines gerichtlichen Verfahrens darstelle und dass kein Grund dafür bestehe, das Schadensrisiko bei Zweifeln an der Rechtslage dem Schutzrechtsinhaber aufzubürden. Im Schrifttum blieb die Ansicht des I. Senats nicht ohne Widerspruch. Mit unterschiedlichen Modifikationen wurde teils für eine Beibehaltung der bisherigen Rechtsprechung (*Teplitzky* GRUR 05, 9 ff; *Meier-Beck* GRUR 05, 535 ff; *Sessinghaus* WRP 05, 823, 825), teils für ihre Fortführung auf lauterkeitsrechtlicher Grundlage (*Peukert* Mitt 05, 73 ff; *Sack* WRP 05, 253, 259, 262) plädiert.

10/37 **(3) Der Beschluss des Großen Senats für Zivilsachen.** Der Große Senat sah keine Veranlassung, von der bisherigen Rechtsprechung abzuweichen (BGHZ 164, 1 = GRUR 05, 882, 883 ff – *Unberechtigte Schutzrechtsverwarnung,* zust *Teplitzky* WRP 05, 1433 f; krit *Deutsch* GRUR 06, 474, 375; *Wagner/Thole* NJW 05, 3470; *Köhler*/Bornkamm § 4 Rn 10.176). Auch künftig soll die unbegründete Verwarnung aus einem Kennzeichenrecht nach den für alle Immaterialgüterrechte einheitlich geltenden Grundsätzen bei schuldhaftem Handeln als rechtswidriger Eingriff in den eingerichteten und ausgeübten Gewerbebetrieb zum Schadensersatz gem § 823 I BGB verpflichten. Zutreffend sei schon das RG davon ausgegangen, dass die wettbewerbsbeschränkende Wirkung eines Schutzrechts (mittlerweile garantiert durch Art 14 GG) nach einem Korrelat verlange, das sicherstelle, dass die Wettbewerbsfreiheit (geschützt durch Art 2 I GG) nicht über die objektiven Grenzen des Schutzrechts hinaus eingeschränkt werde. Das gelte besonders für die Abnehmerverwarnung, die zu einer erheblichen Störung der Kundenbeziehungen führen könne. Die Klageerhebung sei privilegierte Inanspruchnahme staatlicher Verfahren, dies gelte aber für die Abmahnung nicht in gleichem Maße. Während dem Kläger bei Klageabweisung prozessrechtliche Kostenfolgen drohten, seien die Interessen des Abgemahnten ohne eine Schadensersatzpflicht aus unerlaubter Handlung insbesondere im Fall der Abnehmerverwarnung nicht hinreichend geschützt. Im Fall der Abnehmerverwarnung habe der Abmahnende bei der Beurteilung der Schutzrechtslage einen Informationsvorsprung. Wenn das bei der Herstellerverwarnung im Einzelfall nicht so sei, lasse sich diesem Umstand bei der Prüfung des Mitverschuldens (§ 254 I BGB) in flexibler Weise Rechnung tragen. Jedenfalls sei es angemessen, den Rechtsinhaber das Risiko einer Fehlbeurteilung der Schutzrechtslage tragen zu lassen.

10/38 **(4) Stellungnahme.** Nach dem Beschluss des Großen Senats **bleibt** für die Beurteilung der unbegründeten Schutzrechtsverwarnung in der Praxis **alles beim Alten** (*Ullmann* WRP 06, 1070: „Roma locuta"). Die bisherige Rechtsprechung behält ihre Bedeutung (so mittlerweile auch der I. Zivilsenat, BGH GRUR 06, 432, Rn 20 – *Verwarnung aus Kennzeichenrecht II;* BGH GRUR 06, 433 Rn 17 – *Unbegründete Abnehmerverwarnung* und der X. Zivilsenat, BGH GRUR 06, 219 Rn 13 f – *Detektionseinrichtung II*). Damit ließ der Große Senat die Gelegenheit ungenutzt, die Rechtslage

Gezielte Behinderung **§ 4.10 UWG**

in zweierlei Hinsicht fortzuentwickeln. **Erstens** setzt sich der Große Senat nicht mit der Frage nach der **Anspruchsgrundlage** auseinander (krit *Wagner/Thole* NJW 05, 3470, 3471; *Köhler*/Bornkamm § 4 Rn 10.176; *Sack* S 16ff, 197ff). Allerdings zeichnet sich in der Rspr des I. Zivilsenats die Tendenz ab, die unberechtigte Schutzrechtsverwarnung verstärkt nach dem UWG zu beurteilen (BGH GRUR 09, 878 – *Fräsautomat*). In der Tat erscheint die **Beurteilung der Schutzrechtsverwarnung nach den Maßstäben des UWG** bei Vorliegen einer Wettbewerbshandlung (§ 2 Nr 1) und eines Wettbewerbsverhältnisses (§ 2 Nr 3) **als nahezu zwingend** (s a die Nachw Rn 10/36). **Zweitens** beziehen sich die tragenden Argumente des Beschlusses auf die **Abnehmerverwarnung**. Da der Hersteller von ihr möglicherweise zu spät erfährt, da sie seinen guten Ruf schädigt und in seine Kundenbeziehungen eingreift und da in diesem Fall ein Informationsgefälle zwischen Abmahner und Abgemahntem in aller Regel vorliegt, bejaht der Große Senat **im Ergebnis** (wenn auch nicht hinsichtlich der Anspruchsgrundlage) **zu Recht** einen Schadensersatzanspruch bei fahrlässig unbegründeter Abnehmerverwarnung. Allerdings sollte auch in diesem Fall die Rechtswidrigkeit erst auf der Grundlage einer Interessenabwägung angenommen werden (*Sack* WRP 05, 253, 257; *Teplitzky* GRUR 05, 9, 14; vgl auch BGH GRUR 06, 433 Rn 20 – *Unbegründete Abnehmerverwarnung;* BGH GRUR 09, 878 Rn 17 – *Fräsautomat*). Für die **Herstellerverwarnung**, deren Besonderheiten der Große Senat ebenso stiefmütterlich behandelt wie zuvor der I. Zivilsenat diejenigen der Abnehmerverwarnung, gelten die in der Begründung angeführten Argumente aber nur in sehr eingeschränktem Maße. Sie ist eine sinnvolle vorprozessuale Handlung (vgl *Wagner/Thole* NJW 05, 3470, 3472) im Rahmen einer Auseinandersetzung zwischen zwei Parteien, unter denen weitgehende Waffengleichheit besteht. Der Verwarnte kann sich prozessual durch Erhebung einer negativen Feststellungsklage zur Wehr setzen, im Übrigen fällt die Entscheidung über die Reaktion auf die Verwarnung in seine Risikosphäre. Da der Große Senat die Klageerhebung selbst als privilegiert ansieht, behandelt er den vermeintlichen Verletzer, der trotz Abmahnung sein Verhalten fortsetzt, besser als denjenigen, der ohne vorherige Abmahnung verklagt wird und zwingt den Rechtsinhaber zugleich zur unmittelbaren Klageerhebung ohne vorherige Abmahnung (*Deutsch* GRUR 06, 376, 376; *Köhler*/Bornkamm § 4 Rn 10.176). Diese Differenzierung leuchtet nicht ein. Zudem fehlt es im Fall der Herstellerverwarnung regelmäßig an einem Informationsgefälle zwischen beiden Parteien. Im Kennzeichenrecht sind Rechtsinhaber und Verwarnter meist gleichermaßen in der Lage, die Zeichenkollision zu beurteilen. Im Bereich der technischen Schutzrechte kann zwar der Rechtsinhaber Stärken und Schwächen des eigenen Rechts besser einschätzen als der Verwarnte, andererseits kennt dieser die angeblich rechtsverletzende Ausführungsform. Die Beurteilung der unbegründeten Herstellerverwarnung durch den Großen Senat überzeugt daher nicht. Jedenfalls sollte auch hier die Rechtswidrigkeit erst auf Grund einer Interessen- und Güterabwägung angenommen werden (BGH GRUR 06, 432 Rn 24 – *Verwarnung aus Kennzeichenrecht II*).

dd) Einzelheiten. (1) Anspruchsgrundlage. Nach der Rechtsprechung des 10/39 RG, die vom BGH weitergeführt (s Rn 10/35) und von Großen Senat für Zivilsachen bestätigt wurde (BGHZ 164, 1 = GRUR 05, 882, 883ff – *Unberechtigte Schutzrechtsverwarnung*), ergibt sich der Schadensersatzanspruch wegen unberechtigter Schutzrechtsverwarnung **aus § 823 I BGB unter dem Gesichtspunkt einer Verletzung des Rechts am eingerichteten und ausgeübten Geschäftsbetrieb,** der Unterlassungsanspruch aus § 1004 BGB analog. Daneben kommen Ansprüche aus §§ 824, 826 BGB in Betracht. Das überzeugt nicht (s vorige Rn). Es erscheint ohne weiteres möglich, die Grundsätze der bisherigen Rechtsprechung auf der Grundlage der §§ 3, 4, 8f UWG fortzuentwickeln (vgl BGH GRUR 09, 878 Rn 10ff – *Fräsautomat;* ebenso *Peukert* Mitt 05, 73ff; *Sack* WRP 05, 253, 259, 262; *Köhler*/Bornkamm § 4 Rn 10.176a; *Meier-Beck* WRP 06, 790, 792), was insbesondere für die Verjährung Konsequenzen hätte (Anwendbarkeit der §§ 11–14, für kurze Verjährung auf Grundlage des § 823 I aber auch BGH GRUR 62, 310, 314 – *Gründerbildnis; Köhler*/Bornkamm § 4 Rn 10.176a). Dabei ist zwischen der Hersteller- und der Abnehmerverwarnung zu differenzieren. Der **Herstellerverwarnung** fehlt der für § 4 Nr 7 und 8 erforderliche Drittbezug; sie ist daher ausschließlich nach § 4 Nr 10 zu beurteilen (*Köhler*/Bornkamm § 4 Rn 10.177; Gloy/Loschelder/Erdmann/*Hasselblatt* § 57 Rn 167, 169; für unmittelbaren Rückgriff auf § 3 aber *Sack* WRP 05, 253, 257), sofern die Voraussetzungen des § 3 im Übrigen vorliegen. Die **Abnehmerverwarnung** fällt, sofern es nicht am Vorliegen eines Wettbewerbsverhältnisses fehlt, unter § 4 Nr 8, soweit sie falsche Tatsachenbehauptungen enthält (BGH GRUR 06, 433 Rn 16 – *Unbegründete Abnehmerverwarnung; Ullmann* GRUR 01, 1027, 1030; *Köhler*/Bornkamm § 4 Rn 10.178; Beispiel: wahrheitswidrige Behauptung, es sei ein Patent erteilt worden oder die Schutzfrist sei noch nicht abgelaufen; für generelle Anwendung des § 4 Nr 8 *Sack* S 152ff und WRP 07, 708, 712). Fehler bei der Subsumtion unter die Gesetze zum Schutz des geistigen Eigentums sind hingegen keine Tatsachenbehauptungen, sondern Wertungen (s § 4 Rn 8/13). In diesem Fall greift lediglich § 4 Nr 7 ein, nicht hingegen § 4 Nr 8, zumal die Beweislastumkehr in dieser Situation unangemessen wäre (*Ullmann, Köhler* aaO; *Teplitzky* GRUR 05, 9, 13; aA ÖOGH GRUR Int 00, 558, 559f – *Abnehmerverwarnung; Sack* WRP 07, 708, 712; *Wagner/Thole* NJW 05, 3470, 3471).

10/40   (2) **Verwarnung und Klageerhebung.** Nach dem Beschluss des Großen Senats für Zivilsachen sind **Hersteller- und Abnehmerverwarnung** grundsätzlich **gleich zu behandeln.** Auch zwischen der Verwarnung aus Kennzeichenrechten und derjenigen aus anderen Immaterialgüterrechten besteht kein Unterschied. Allerdings ist eine Abnehmerverwarnung erst zulässig, wenn die Herstellerverwarnung erfolglos geblieben oder unzumutbar ist (BGH GRUR 79, 332, 336 – *Brombeerleuchte;* Gloy/Loschelder/Erdmann/*Hasselblatt* § 57 Rn 170). Einer Verwarnung soll es entsprechen, wenn der Schutzrechtsinhaber Abnehmer in irreführender Weise über den Stand eines Verletzungsverfahrens informiert, insbesondere, wenn er seinen rechtlichen Standpunkt durch die Mitteilung eines Urteils untermauert, ohne deutlich zu machen, dass das Urteil noch nicht rechtskräftig ist (BGH GRUR 95, 424, 426 – *Abnehmerverwarnung*). Allerdings sind in diesem Punkt Verallgemeinerungen gefährlich. Entscheidend ist, dass sich vom Empfängerhorizont der Hinweis des Rechtsinhabers nicht nur als bloße Information, sondern als ernsthaftes Unterlassungsbegehren darstellt. Das ist nicht der Fall, wenn ein Urteil wie ein reines Rechtsprechungszitat angeführt wird (KG GRUR-RR 04, 258 – *Rechtsprechungszitat*). Nach der älteren Rechtsprechung stand der unberechtigten vorprozessualen Verwarnung die unberechtigte **Klageerhebung** gleich (so BGHZ 38, 200 = GRUR 63, 255, 258 – *Kindernähmaschinen;* OLG Düsseldorf GRUR 03, 814, 815f – *Unberechtigte Abnehmerverwarnung*). Diesen Grundsatz hat der Große Senat für Zivilsachen modifiziert: Bei einer nur fahrlässigen Fehleinschätzung der Rechtslage haftet der ein solches Verfahren betreibende Schutzrechtsinhaber wie jeder andere Kläger außerhalb der schon im Verfahrensrecht vorgesehenen Sanktionen grundsätzlich nicht nach dem Recht der unerlaubten Handlung. Die **Klage** ist **verfahrensrechtlich privilegiert** (zu den prozessualen Folgen *Deutsch* GRUR 06, 374, 377ff; *Teplitzky* WRP 05, 1433ff). Der Schutz des Prozessgegners wird regelmäßig durch das gerichtliche Verfahren nach Maßgabe seiner gesetzlichen Ausgestaltung gewährleistet (BGHZ 164, 1 = GRUR 05, 882, 884 – *Unberechtigte Schutzrechtsverwarnung*). Das gilt allerdings nur, sofern der Geschädigte selbst als Partei am Verfahren beteiligt ist. Insbesondere ist der Schadensersatzanspruch des geschädigten Herstellers wegen unberechtigter Schutzrechtsverwarnung nicht ausgeschlossen, sofern nur Abnehmer verklagt werden (BGH GRUR 06, 219 Rn 14 – *Detektionseinrichtung II*).

10/41   (3) **Schadensersatzanspruch.** Der Schadensersatzanspruch setzt Verschulden (§ 276 BGB) voraus, unabhängig davon, ob er auf § 823 I BGB oder auf §§ 9; 3; 4 Nr 7,

8, 10 gestützt wird. Dabei ist zu berücksichtigen, dass es sich nicht um eine Gefährdungshaftung handelt (*Sack* WRP 05, 253, 254; *Wagner* ZIP 05, 49, 52 f) und dass daher der Fahrlässigkeitsmaßstab nicht überspannt werden darf (BGH GRUR 74, 290, 292 – *Maschenfester Strumpf*). So trifft den Verwarnenden kein Verschulden, wenn er unter Ausschöpfung aller ihm zur Verfügung stehenden Erkenntnismittel irrig von einer Rechtsverletzung ausgeht (BGH GRUR 96, 812, 814 – *Unterlassungsurteil gegen Sicherheitsleistung;* Gloy/Loschelder/Erdmann/*Hasselblatt*, § 57 Rn 169). Auch kann sich der Rechtsinhaber grundsätzlich auf den Bestand eines geprüften Schutzrechts verlassen (BGH GRUR 76, 715, 717 – *Spritzgießmaschine*) und bei eingetragenen Marken vom Fehlen absoluter Schutzhindernisse ausgehen (BGH GRUR 06, 432 Rn 25 – *Verwarnung aus Kennzeichenrecht II;* BGH GRUR-RR 2013, 360 – *XIII PLUS*). Etwas anderes kann aber gelten, wenn ein Patentinhaber weitergehende Kenntnisse als die Erteilungsbehörden über den Stand der Technik hat (BGH GRUR 06, 219, Rn 18 – *Detektionseinrichtung II*). Strengere Maßstäbe gelten bei ungeprüften Schutzrechten wie dem Gebrauchsmuster (BGH GRUR 97, 741, 742 – *Chinaherde*) und bei der Abnehmerverwarnung, die erst zulässig ist, wenn die Herstellerverwarnung erfolglos geblieben oder unzumutbar ist (BGH GRUR 79, 332, 336 – *Brombeerleuchte*). Zu ersetzen ist der gesamte durch die Abmahnung hervorgerufene Schaden, insb der entgangene Gewinn (§ 252 BGB). Der Anspruch steht nur dem Hersteller des vermeintlich schutzrechtsverletzenden Erzeugnisses, nicht aber dessen Lieferanten zu. Das gilt im Fall der Patentverletzung auch dann, wenn der Zulieferer bei begründeter Abmahnung als mittelbarer Verletzer (§ 11 PatG) in Betracht käme (BGH GRUR 77, 805, 807 – *Klarsichtverpackung;* BGH GRUR 07, 313 – *Funkuhr II;* Sack WRP 07, 708, 710). Trifft den zu Unrecht Abgemahnten der Vorwurf, er habe das beanstandete Verhalten voreilig aufgegeben, ohne die Berechtigung der Abmahnung mit der gebotenen Sorgfalt geprüft zu haben, so wird der Schadensersatzanspruch gem § 254 I BGB gekürzt (BGHZ 38, 200 = GRUR 63, 255, 260 – *Kindernähmaschinen;* BGH GRUR 79, 332, 337 – *Brombeerleuchte;* BGHZ 164, 1 = GRUR 05, 882, 885 – *Unberechtigte Schutzrechtsverwarnung;* Gloy/Loschelder/Erdmann/*Hasselblatt* § 57 Rn 179; *Sack* WRP 05, 253, 260). – Wer zu Unrecht abgemahnt wird, kann zudem gem § 678 BGB Erstattung der Kosten für eine Gegenabmahnung verlangen, wenn den Abmahnenden ein Übernahmeverschulden trifft (OLG München GRUR-RR 08, 461).

(4) Unterlassungsanspruch. Neben dem Schadensersatz steht dem Verwarnten **10/42** nach der Rechtsprechung auch ein Unterlassungsanspruch gem § 1004 I BGB in analoger Anwendung zu (BGHZ 38, 200 = GRUR 63, 255, 258 – *Kindernähmaschinen;* BGHZ 131, 233 = GRUR 96, 812, 813 – *Unterlassungsurteil gegen Sicherheitsleistung; Teplitzky* WRP 05, 1433, 1435 f; aA noch OLG Düsseldorf GRUR 03, 814, 815 f – *Unberechtigte Abnehmerverwarnung; Deutsch* WRP 99, 25, 28 ff). Allerdings kann nicht die Unterlassung der gerichtlichen Geltendmachung von Verletzungsansprüchen begehrt werden, da die gerichtliche Prüfung eines auch nur vermeintlich bestehenden Anspruchs nicht unterbunden werden darf (BGHZ 164, 1 = GRUR 05, 882, 884 f – *Unberechtigte Schutzrechtsverwarnung; Teplitzky* WRP 05, 1433, 1435). Dieses prozessuale Privileg erfasst aber nur die gerichtliche Geltendmachung, nicht die außer- oder vorgerichtliche Verwarnung (BGH GRUR 06, 433 Rn 17 – *Unbegründete Abnehmerverwarnung).* Der Unterlassungsanspruch setzt lediglich die Rechtswidrigkeit voraus, die sich bereits aus der fehlenden Berechtigung der Verwarnung ergibt. Ob der Verwarnende die fehlende Berechtigung erkennen konnte, ist für diesen in die Zukunft gerichteten Anspruch nach bisheriger Rechtsprechung unerheblich (BGH aaO; differenzierend *Deutsch* GRUR 06, 374, 377).

b) Unberechtigte Abmahnung wegen unlauterer geschäftlicher Handlun- **10/43** **gen.** Die Grundsätze zur unberechtigten Schutzrechtsverwarnung sind **nicht** auf Abmahnung wegen unlauterer geschäftlicher Handlungen übertragbar (BGH GRUR 11, 152 Rn 63 – *Kinderhochstühle im Internet;* BGH GRUR-RR 11, 343). Hier bestehen weder Anhaltspunkte für einen Informationsvorsprung des Abmahnenden, noch ist das Schadensersatzrisiko für den Abgemahnten grundsätzlich höher als in anderen deliktsrechtlichen Streitigkeiten. Schließlich ist auch die wettbewerbsrechtliche Abmahnung eine legitime (vgl § 12) Verfahrenshandlung. Es steht dem Abgemahnten frei, die Abmahnung nicht zu beachten oder sich mit Hilfe einer negativen Feststellungsklage zur Wehr zu setzen. Eine wettbewerbsrechtliche Abmahnung ist daher selbst dann, wenn das beanstandete Verhalten rechtmäßig ist, nur ausnahmsweise unlauter (BGH WRP 65, 97, 99 – *Kaugummikugeln,* bestätigt in BGH GRUR 85, 571, 573 – *Feststellungsinteresse;* BGH GRUR 01, 354, 355 – *Verbandsklage gegen Vielfachabmahner;* BGH GRUR 11, 152 Rn 63 – *Kinderhochstühle im Internet; Köhler*/Bornkamm § 4 Rn 10.167; Harte/Henning/*Omsels* § 4 Rn 174; differenzierend *Goldbeck* S 160ff; GK/*Peifer* § 4 Rn 10 Rn 295ff). Eine **unlautere Herabsetzung (§ 4 Nr 7)** oder eine nach **§ 4 Nr 10 unlautere gezielte Behinderung** liegen nur vor, wenn der Abmahnende von der fehlenden Berechtigung der Abmahnung Kenntnis hat oder sich ihr bewusst verschließt; Fahrlässigkeit ist nicht hinreichend (LG Bremen WRP 99, 570, 571; *Köhler*/Bornkamm § 4 Rn 10.167). Zudem muss die Abmahnung geeignet sein, das wettbewerbliche Verhalten des Mitbewerbers zu beeinflussen. Daneben kann **§ 4 Nr 8** eingreifen, wenn die Abmahnung auf **falschen Tatsachenbehauptungen** beruht, nicht hingegen, wenn eine fehlerhafte Subsumtion vorliegt (s Rn § 4 Rn 8/13). Fehlt es, wie regelmäßig bei Abmahnungen durch die gem § 8 III Nr 2–4 anspruchsberechtigten Organisationen, am Vorliegen einer geschäftlichen Handlung (§ 2 I Nr 1), so kommt eine Haftung nach § 826 BGB, nicht jedoch eine Fahrlässigkeitshaftung wegen Verletzung des Rechts am Unternehmen aus § 823 I BGB in Betracht (ähnl *Köhler*/Bornkamm § 4 Rn 10.168; Harte/Henning/*Omsels* § 4 Nr 10 Rn 174). Schadensersatzansprüche des zu Unrecht Abgemahnten bestehen daher nur ausnahmsweise gem § 9 oder § 826 BGB. Ob daneben ein Rückgriff auf § 678 BGB möglich ist (so für das Markenrecht OLG München GRUR-RR 08, 461, ebenso *Goldbeck* S 232f; Harte/Henning/*Omsels* § 4 Nr 10 Rn 179; *Köhler*/Bornkamm § 4 Rn 10.168), erscheint zweifelhaft.

III. Absatz- und Bezugsstörung

1. Unlauteres Abfangen und Abwerben von Kunden

Literatur: *Beater,* Internet-Domains, Marktzugang und Monopolisierung geschäftlicher Kommunikationsmöglichkeiten, JZ 2002, 275; *Fischer,* Zur Lauterkeit der Kündigungshilfe durch Vorlage vorgefertigter Kündigungsschreiben, WRP 2005, 1230; *Geiseler-Bonse,* Internet-Suchmaschinen als rechtliches Problemfeld – Die rechtliche Beurteilung von Metatags, Keyword Advertisement und Paid Listings, Frankfurt a. M. 2003; *Hackbarth,* Erste Anmerkungen zu „Bananabay II" – Gelöste Probleme und offene Fragen, WRP 2011, 1124; *Heim,* Die Einflussnahme auf Trefferlisten von Internet-Suchdiensten aus marken- und wettbewerbsrechtlicher Sicht, 2004; *Hüsch,* Keyword Advertising-Rechtmäßigkeit suchwortabhängiger Werbebanner in der aktuellen Rechtsprechung, MMR 2006, 357; *Köhler,* Die „Beteiligung am Vertragsbruch" – eine unerlaubte Handlung?, FS Canaris, 2007, 591; *Kotthoff,* Fremde Kennzeichen in Metatags, Keyword und Wettbewerbsrecht, K&R 1999, 157; *Ohly,* Keyword-Advertising auf dem Weg von Karlsruhe nach Luxemburg, GRUR 2009, 709; *ders,* Keyword Advertising auf dem Weg zurück von Luxemburg nach Paris, Wien, Karlsruhe und Den Haag, GRUR 2010, 776; *ders,* Die Verleitung zum Vertragsbruch im englischen und deutschen Recht: Zukunfts- oder Auslaufmodell?, FS Spellenberg, 2010, 617; *Piper,* Zur Wettbewerbswidrigkeit des Einbrechens in fremde Vertragsbeziehungen durch Abwerben von Kunden und Mitarbeitern, GRUR 1990, 643; *Rath,* Das Recht der Internet-Suchmaschinen 2005; *ders,* Suchmaschinen sind auch nicht mehr das, was sie einmal waren, WRP 2005, 826; *Renner,* Metatags und Keyword Advertising mit fremden Kennzeichen im Marken- und Wettbewerbsrecht, WRP 2007, 49; *Rinken,* Onlinewerbung und Lauterkeitsrecht, MMR 2009 Beil Nr 6, S 15; *Scherer,* Verleiten zum Vertragsbruch – Neukonzeption aufgrund § 4

Gezielte Behinderung **§ 4.10 UWG**

Nr 10 UWG und der RL-VGP, WRP 2009, 518; *Schmidt-Bogatzky,* Die Verwendung von Gattungsbegriffen als Internetdomains – Zur *„Mitwohnzentrale.de" –* Entscheidung des BGH, GRUR 2002, 941; *Schultz/Störing,* Die wetttbewerbsrechtliche Beurteilung von Keyword-Advertising mit fremdem Marken, WRP 2008, 741; *Sosnitza,* Gattungsbegriffe als Domain-Namen im Internet, K&R 2000, 209.

a) Grundsatz. Die Konkurrenz um Kunden ist Wesensmerkmal des Wettbewerbs. Der Kundenkreis ist faktischer Geschäftswert, aber kein geschütztes Rechtsgut (BGH GRUR 02, 548, 549 – *Mietwagenkostenersatz;* BGH GRUR 07, 987 Rn 25 – *Änderung der Voreinstellung; Köhler*/Bornkamm § 4 Rn 10.24). Wirbt ein Unternehmer Kunden an, die zum Geschäftsabschluss mit einem Konkurrenten neigen oder zu diesem sogar bereits in vertraglichen Beziehungen stehen, so ist dies grundsätzlich nicht unlauter, mag es den Konkurrenten auch behindern. Eine gem § 4 Nr 10 wettbewerbswidrige gezielte Behinderung liegt nur vor, wenn **zusätzliche unlauterkeitsbegründende Merkmale** vorliegen. Ähnlich wie beim Abwerben von Mitarbeitern kommt dabei der Mittel-Zweck-Relation entscheidende Bedeutung zu. Maßnahmen, die dem Anlocken von Kunden dienen, sind demnach unlauter, wenn sie auf die Verdrängung des Mitbewerbers abzielen oder wettbewerbswidrige Mittel einsetzen, insbesondere potentielle oder aktuelle Kunden unzumutbar belästigen oder unangemessen unsachlich beeinflussen (BGH GRUR 07, 987 Rn 25 – *Änderung der Voreinstellung I;* BGH GRUR 09, 416 Rn 16 – *Küchentiefstpreis-Garantie*). Üblicherweise wird zwischen dem Abfangen und dem Abwerben von Kunden unterschieden. Kennzeichnend für das **Abfangen** ist, dass ein Unternehmer Kunden von der Konkurrenz zu sich umleitet, indem er sich „gewissermaßen zwischen den Kaufinteressenten und den Mitbewerber schiebt" (s folgende Rn). Beim **Abwerben** hingegen wird auf Kunden eingewirkt, die bereits in einer vertraglichen Beziehung zu einem Mitbewerber stehen. Die Unterscheidung hat keine praktische Bedeutung. Vor allem darf der emotional aufgeladene Begriff des „Abfangens" nicht darüber hinwegtäuschen, dass es nur ausnahmsweise verboten ist, Kunden vom Konkurrenten zum eigenen Geschäft umzuleiten. **10/44**

b) Abfangen. Es kann einem Anbieter nicht zum Vorwurf gemacht werden, dass er sich auch um potenzielle Kunden seines Mitbewerbers bemüht. Ein unlauteres Abfangen von Kunden liegt daher nur dann vor, wenn sich der Werbende gewissermaßen zwischen den Mitbewerber und dessen Kunden stellt, um diesem eine Änderung des Kaufentschlusses aufzudrängen (BGH GRUR 63, 197, 200f – *Zahnprothesen-Pflegemittel,* bestätigt in BGH GRUR 07, 987 Rn 25 – *Änderung der Voreinstellung;* BGH GRUR 09, 500 Rn 23 – *Beta Layout;* BGH GRUR 12, 649 Rn 17 – *Mietwagenwerbung; Köhler*/Bornkamm § 4 Rn 10.25). Entscheidend ist dabei, dass die Einflussnahme auf den Kunden mit **unlauteren Mitteln** erfolgt. **10/45**

aa) Irreführung, Belästigung, unsachlicher Einfluss, Erlangung vertraulicher Unterlagen. Das UWG verbietet in verschiedenen Spezialbestimmungen Wettbewerbsverhalten, das in unlauterer Weise auf Kunden einwirkt, insbesondere irreführende geschäftliche Handlungen (§§ 5, 5a), unzumutbare Belästigungen (§ 7) und die Ausübung von Druck und unsachlichem Einfluss (§ 4 Nr 1). Das Abfangen von Kunden durch Einsatz dieser Mittel ist unlauter, doch bedarf es für diese Beurteilung des Rückgriffs auf § 4 Nr 10 nicht (aA *Köhler*/Bornkamm § 4 Rn 10.26f). Die genannten Bestimmungen umschreiben das unlautere Verhalten präziser und sind daher spezieller. Handelt es sich bei den Kunden um Verbraucher, so wäre ein nicht nach §§ 4 Nr 1, 2 und 5, 5a begründetes Verbot als Verstoß gegen die UGP-RL unionsrechtswidrig. Zwar erlaubt die UGP-RL einen zusätzlichen Konkurrentenschutz, wenn die Interessen des Mitbewerbers aus Gründen beeinträchtigt werden, die in der UGP-RL nicht berücksichtigt werden (s Rn 10/5). Die mittelbare Schädigung von Mitbewerbern ist aber regelmäßige Folge der irreführenden und aggressiven Ein- **10/46**

Ohly 475

wirkung auf Kunden (vgl Egrd 8). Die UGP-RL berücksichtigt dies, indem sie den Mitgliedstaaten erlaubt, Mitbewerbern eine Anspruchsberechtigung einzuräumen (Art 11 I). Dementsprechend gewährleistet die bei jeder Verletzung des § 3 gegebene Anspruchsberechtigung (§§ 8 III Nr 1; 9), dass auch bei einer Verletzung primär verbraucherschützender Vorschriften zugleich die Interessen der zugleich mittelbar betroffenen Mitbewerber geschützt werden. Werden Kunden eines Mitbewerbers angelockt, nachdem sie von diesem vertrauliche Unterlagen überlassen bekommen haben, so ist die Handlung in erster Linie nach §§ 18 I, 19 I, 4 Nr 11 zu beurteilen, zudem nach § 4 Nr 9c, wenn diese Unterlagen zur Herstellung nahgeahmter Produkte genutzt werden (nur §§ 4 Nr 10, 9c prüfend aber BGH GRUR 09, 416 Rn 17ff – *Küchentiefstpreis-Garantie*). Allerdings fehlt es bei der Überlassung von Angebotsunterlagen im Rahmen alltäglicher Austauschgeschäfte regelmäßig an einem Vertrauensverhältnis (BGH aaO Rn 18).

10/47 **bb) Werbung in räumlicher Nähe zum Mitbewerber.** Vor allem die ältere Rechtsprechung zu § 1 aF beurteilte die Werbung durch Handzettel, Plakate oder persönlichen Ansprechen in enger räumlicher Nähe zum Geschäftsbetrieb eines Mitbewerbers als unlauter (vgl zur Handzettelwerbung BGH GRUR 63, 197, 200f – *Zahnprothesen-Pflegemittel;* KG GRUR 84, 601, 602 – *Handzettel-Verteilung;* zum persönlichen Ansprechen BGH GRUR 60, 431, 433 – *Kraftfahrzeugnummernschilder*). Allerdings wurden bei der rechtlichen Beurteilung bisweilen zwei Aspekte miteinander verquickt: die **Beeinträchtigung der Entscheidungsfreiheit** der angesprochenen Passanten und der **Schutz einer wettbewerbsfreien Zone** um den Geschäftsbetrieb des Betroffenen. Die neuere Rechtsprechung macht die Beurteilung stärker von der Art und Intensität abhängig, mit der auf den Kunden eingewirkt wird. So ist es nicht unlauter, wenn sich ein Unternehmer bei der Wahl des Ortes seiner Werbung Werbeaufwendungen seines Konkurrenten zunutze macht, sofern den angesprochenen Kunden die Möglichkeit einer **ruhigen, von jeder Übereilung freien vergleichenden Prüfung** der beiden Leistungsangebote bleibt (BGH GRUR 86, 547, 548 – *Handzettelwerbung; Schultz/Störing* WRP 08, 741, 742f). Seit 2004 zwingt das UWG zu einer stärkeren gedanklichen Unterscheidung beider Unlauterkeitsaspekte. **(1)** Sofern Kunden durch Werbung in räumlicher Nähe zu einem Konkurrenzbetrieb an ihrer Bewegungsfreiheit (etwa am Betreten eines Geschäfts) oder am **unbefangenen Vergleich** beider Angebote **psychisch oder physisch gehindert werden**, liegt ein nach **§ 4 Nr 1** unlauteres Wettbewerbsverhalten vor (ebenso zu § 1 aF BGH GRUR 63, 197, 200f – *Zahnprothesen-Pflegemittel;* BGH GRUR 86, 547, 548 – *Handzettelwerbung*), häufig verbunden mit einer unzumutbaren Belästigung (**§ 7 I**, ebenso zu § 1 aF BGH GRUR 60, 431, 433 – *Kraftfahrzeugnummernschilder*). Entscheidend ist dabei, ob sich ein durchschnittlich robuster und verständiger Verbraucher durch die beanstandete Praxis in seiner Kaufentscheidung beeinflussen lassen würde bzw ob er das Verhalten als belästigend empfindet. Die parallele Anwendung des § 4 Nr 10 in diesen Fällen ist unschädlich, ändert aber an den entscheidenden Beurteilungskriterien nichts. **(2)** Darüber hinaus kann **kein Unternehmer** eine **wettbewerbsfreie Sphäre** im Umfeld seines Betriebs für sich beanspruchen (ähnl *Köhler/Bornkamm* § 4 Rn 10.29a; MüKo/*Jänich* § 4 Nr 10 Rn 25). Gegen eine solche „Bannmeile" spricht erstens die Parallele zur grundsätzlichen Zulässigkeit der vergleichenden Werbung (§ 6 II): Kein Unternehmer kann sich gegen eine gedankliche Verbindung wehren, die ein Konkurrent zu seinen Produkten oder seinem Geschäftsbetrieb herstellt. Sofern der Hinweis auf ein Konkurrenzangebot den Kunden nicht unsachlich beeinflusst oder belästigt, verschafft er den Kunden möglicherweise willkommene Informationen beim Produktvergleich. Zweitens führt die ältere Rechtsprechung zu einer schwer zu rechtfertigenden Beschränkung des Gemeingebrauchs an öffentlichen Straßen und Wegen oder der Nutzung des Grundeigentums. Insbesondere darf vorbehaltlich abweichender vertraglicher Vereinbarungen oder eingetra-

Gezielte Behinderung **§ 4.10 UWG**

gener Dienstbarkeiten auf einem Nachbargrundstück sogar ein Konkurrenzunternehmen eröffnet werden, so dass die bloße Werbung dort erst recht frei möglich sein muss. Drittens lässt sich die unmittelbare räumliche Sphäre eines Geschäftsbetriebs kaum in vorhersehbarer Weise abgrenzen. So lässt sich zwischen dem „vorübergehenden Verteilen von Handzetteln in einer geschäftsreichen Großstadtstraße in der Nähe eines Konkurrenzgeschäftes" und dem „gezielten Einkreisen des Geschäftes eines Konkurrenten" (so die Abgrenzung in KG GRUR 84, 601, 602 – *Handzettel-Verteilung*) kaum mit der für ein Unterlassungsgebot nötigen Genauigkeit unterscheiden.

Beispiele: Als **erlaubt** wurden die Verteilung von Handzetteln in unmittelbarer 10/48 räumlicher Nähe eines Automarkts mit dem Ziel, für einen an anderem Ort zu anderer Zeit abgehaltenen Automarkt zu werben (BGH GRUR 86, 547, 548 – *Handzettelwerbung*) und das Parken eines Fahrzeugs mit Werbung vor dem Konkurrenzbetrieb (OLG Düsseldorf WRP 85, 217, allerdings mit der Besonderheit, dass beide Betriebe benachbart waren) angesehen. Das Fehlen einer straßenrechtlichen Erlaubnis begründet für sich genommen nicht die Unlauterkeit (so zu § 4 Nr 11 iVm Straßen- und Wegerecht BGH GRUR 06, 872 Rn 16 – *Kraftfahrzeuganhänger mit Werbeschildern*). Zulässig sind auch das vorübergehende Verteilen von Handzetteln in einer geschäftsreichen Großstadtstraße in der Nähe eines Konkurrenzgeschäftes (OLG Hamburg GRUR 54, 409; Harte/Henning/*Omsels* § 4 Nr 10 Rn 80; enger KG GRUR 84, 601, 602 – *Handzettel-Verteilung,* s vorige Rn) und die Plakatwerbung, die gezielt am Anfahrtsweg zum Unternehmen eines Wettbewerbers angebracht wird (aA LG Siegen v 23.6.2005, unveröff, becklink 150 892). Als **unlauter** ist hingegen Werbung auf dem Grundstück oder in den Geschäftsräumen des betroffenen Mitbewerbers zu beurteilen (OLG Brandenburg NJW-RR 96, 1514), in diesem Fall stehen dem Betroffenen zusätzlich Ansprüche aus §§ 823 I; 1004; 862 BGB unter dem Aspekt der Eigentumsverletzung oder Besitzstörung zu.

Auch im Übrigen ist die Werbung **im sachlichen oder zeitlichen Kontext mit** 10/49 **der Werbung eines Konkurrenten**, etwa in den gleichen Medien, nicht zu beanstanden (Harte/Henning/*Omsels* § 4 Rn 81), was sich erneut mit der Parallele zur grundsätzlichen Zulässigkeit der vergleichenden Werbung untermauern lässt. Zulässig sind etwa die drucktechnisch hervorgehobene Werbung für das eigene Unternehmen in einem Branchenverzeichnis unter dem Anfangsbuchstaben einer konkurrierenden Sparte (BGH GRUR 12, 645 Rn 17f – *Mietwagenwerbung*: Werbung für Mietwagen unter „T" wie Taxi) und die bezahlte Bannerwerbung, die bei der Eingabe des Namens eines Konkurrenten in eine Internet-Suchmaschine ausgelöst wird (Rn 10/53).

cc) Unterschieben von Waren oder Dienstleistungen, Preselection. Ver- 10/50 kauft ein Händler einem Kunden andere als die bestellte Ware, ohne dass dieser Umstand für den Kunden erkennbar ist, so liegt in erster Linie eine Irreführung (§ 5 I) vor (§ 5 I, vgl auch Nr 6 Anh zu § 3 III). Rspr und hM wenden daneben § 4 Nr 10 an, was unschädlich ist, solange auf Verhaltensweisen gegenüber Verbrauchern die Wertungen der UGP-RL beachtet werden. So ist es unlauter, wenn der Betreiber eines Parkplatz-Service an einem Flughafen Personen, die bei einem Mitbewerber einen Parkplatz gebucht haben, unter Täuschung über die eigene Identität auf den eigenen Parkplatz lotst und das Parkentgelt kassiert (BGH GRUR-RR 12, 312 – *Parkplatz-Service*), oder wenn ein Hersteller vertraglich gebundene Händler anweist, anstelle bestellter Produkte eines Mitbewerbers sein eigenes Erzeugnis zu liefern (BGH GRUR 63, 218, 222 – *Mampe Halb und Halb II* m zust Anm *Heydt*: Ausschank von Schinkenhäger anstelle des bestellten Steinhäger; *Köhler/Bornkamm* § 4 Rn 10.53). Ebenso ist es als Behinderung anzusehen, wenn durch technische Mittel das bestellte Produkt automatisch durch ein Konkurrenzprodukt ausgetauscht wird, etwa indem ein Computerprogramm für Arztpraxen anstelle des eingegebenen Original-Arzneimittels automatisch das Generikum anzeigt (OLG Hamburg GRUR 02, 278, 279 – *AKUmed*), anders wäre der Fall zu beurteilen, wenn lediglich beide Medikamente parallel angezeigt würden. Unlauter ist daher auch die bewusste Nichtausführung der **Umstellung von Telefonanschlüssen** durch die Deutsche Telekom nach Preselection-Anträgen (BGH GRUR 07, 987 Rn 32 – *Änderung der Voreinstellung I;* BGH GRUR 09, 876 – *Änderung der Voreinstellung II;* zur unbefugten Preselection durch Reseller BGH GRUR 11, 543 – *Änderung der Voreinstellung III*). Der unangemessenen Einwirkung auf Kunden steht es gleich, wenn die Entscheidung des Kunden missachtet wird, um ihn zum eigenen Unternehmen umzulenken. Insbesondere handelt es sich nicht nur um eine lauterkeitsrechtlich unbeachtliche Vertragsverletzung (BGH GRUR 09, 876 Rn 13 ff – *Änderung der Voreinstellung II*). Das lediglich fahrlässige Unterlassen der Umstellung soll hingegen nicht gem § 4 Nr 10 unlauter sein (s dazu Rn 10/6, 10/11).

10/50a **dd) Ausnutzung fremder Einrichtungen?** Nicht nach den in Rn 10/50 genannten Grundsätzen zu beanstanden ist jedoch die Erbringung einer Leistung anstelle derjenigen eines Mitbewerbers dann, wenn der Kunde darüber wahrheitsgemäß informiert wurde und einverstanden ist. Allerdings soll es unter dem Gesichtspunkt der „Ausnutzung fremder Einrichtungen" unlauter sein, wenn ein Telekommunikationsanbieter Anrufe aus dem Festnetz in das Mobilfunknetz eines Mitbewerbers in sein eigenes Festnetz umleitet (BGH GRUR 10, 346 Rn 18 ff – *Rufumleitung*). Daran ist zutreffend, dass die Ausnutzung fremder Einrichtungen eine Eigentumsverletzung (so im Beispiel von *Köhler/Bornkamm* § 4 Rn 10.27b: Nutzung der privaten Kundenparkplätze eines Mitbewerbers), eine Verletzung von Immaterialgüterrechten (etwa bei einer Verletzung des Datenbankrechts, § 87b UrhG) oder, bei Bestehen einer Ausschließlichkeitsbindung (vgl zu diesem Aspekt OLG Düsseldorf GRUR-RR 06, 100, 101 – *Switch & Profit*), eine unlautere Verleitung zum Vertragsbruch darstellen kann. Ob aber darüber hinaus die Ausnutzung fremder Einrichtungen allgemein die Unlauterkeit begründet, erscheint zweifelhaft (aA *Köhler/Bornkamm* § 4 Rn 10.27b). Das Angebot gewerblicher Leistungen, die auf Arbeitsergebnissen von Mitbewerbern aufbauen, ist grundsätzlich lauterkeitsrechtlich nicht zu beanstanden (BGH GRUR 11, 439 Rn 28 – *hartplatzhelden.de*). Ob das Verhalten eines ehemaligen Monopolisten gegenüber seinen Wettbewerbern regulierungs- oder kartellrechtlich zu beanstanden ist, steht auf einem anderen Blatt.

10/51 **ee) Abfangen von Korrespondenz, Nutzung von verwechslungsfähigen Telefonnummern und Domainnamen.** Unlauter ist es, geschäftliche Korrespondenz abzufangen oder fehlgeleitete Briefe, Telefonate oder E-Mails zum eigenen Geschäftsabschluss auszunutzen (BGH GRUR 87, 532, 533 – *Zollabfertigung; Köhler/Bornkamm* § 4 Rn 10.27). Unlauter ist auch das Hervorrufen einer Verwechslungsgefahr durch Nutzung täuschend ähnlicher Telefonnummern (OLG Hamburg GRUR-RR 04, 151, 152 – *Telefonauskunft 11 881;* LG Leipzig GRUR-RR 03, 224 – *0800-Einwahl*) oder von Internet-Domains, die sich von der Domain eines Konkurrenten nur durch typische Tippfehler unterscheiden („Tippfehlerdomain" oder "Typosquatting"; vgl OOGH MMR 05, 750f; OLG Köln GRUR-Prax 12, 243), sofern der Nutzer nicht unübersehbar darauf hingewiesen wird, dass er sich nicht auf der eingegebenen Seite befindet (BGH v 22.1.2014, Az I ZR 164/12 – *wetteronline.de*). Wenn das Typosquatting zugleich ein Kennzeichenrecht verletzt, kommen daneben Ansprüche aus dem MarkenG in Betracht. Auch § 5 kann eingreifen. Ist der kennzeichnende Teil der Domain des Mitbewerbers ein Gattungsbegriff, so ist die Registrierung eines ähnlichen Begriffs grundsätzlich nicht zu beanstanden (Beispiel, OLG Köln GRUR-RR 06, 19f – *schlüsselbänder.de:* Registrierung einer Internetdomain mit Umlauten, die einer wortgleichen Domain mit den Buchstaben „ae" und „ue" entspricht, ebenso für das Markenrecht LG Frankenthal GRUR-RR 06, 13f), sofern nicht auf Grund der Fallumstände eine gezielte Anlehnung an die Domain eines Konkurrenten nahe liegt (OLG Jena MMR 05, 776, 777f – *deutsche-anwalthotline.de*).

Gezielte Behinderung **§ 4.10 UWG**

ff) Nutzung von beschreibenden Second-Level-Domains und Vanity- 10/52
Rufnummern. Internet-Domainnamen bestehen (mindestens) aus einer Top-Level-Domain, die länderbezogen (.de, .at, .ch) oder generisch (.com, .info) ausgestaltet sein kann, und einer Second-Level-Domain, die den eigentlich kennzeichnenden Teil bildet (zB der Begriff „Mitwohnzentrale" im Domainnamen www.mitwohnzentrale.de). **Beschreibende Second-Level-Domains** führen zu einer gewissen Kanalisierung von Kundenströmen, weil zahlreiche Internet-Nutzer dazu neigen, den generischen Begriff versuchsweise als Domainnamen einzugeben. Die Nutzung derartiger beschreibender Begriffe ist aber nicht unter dem Gesichtspunkt der Behinderung unlauter, denn das beanstandete Verhalten ist allein auf den eigenen Vorteil gerichtet, ohne dass auf bereits dem Wettbewerber zuzurechnende Kunden in unlauterer Weise eingewirkt würde (BGHZ 148, 1 = GRUR 01, 1061, 1063f – *mitwohnzentrale.de; Sosnitza* K&R 00, 209, 214 und K&R 01, 111, 111; *Schmidt/Bogatzky* GRUR 02, 941, 950f; *Köhler*/Bornkamm § 4 Rn 10.95; MüKo/*Jänich* § 4 Nr 10 Rn 66). Es geht nicht um ein Ablenken, sondern um ein Hinlenken von Kunden (BGH aaO mit Bezug auf LG Hamburg CR 99, 617, 618; krit *Fezer/Mankowski* § 4-S 12 Rn 53). Der Nutzer des generischen Begriffs hat sich durch dessen Registrierung keinen unlauteren Wettbewerbsvorteil verschafft, sondern lediglich in wettbewerbskonformer Weise schneller gehandelt als seine Konkurrenten. Auch für eine analoge Anwendung der markenrechtlichen Regelung des Freihaltebedürfnisses (§ 8 II Nr 2 MarkenG) besteht angesichts der Unterschiede zwischen Marke und Domain kein Anlass. Allerdings kann die Nutzung generischer Second-Level-Domains als unzulässige Alleinstellungsbehauptung (§ 5 I) anzusehen sein, wenn bei den angesprochenen Verkehrskreisen der unzutreffende Eindruck entsteht, es handle sich beim Nutzer des Domainnamens um den einzigen oder größten Anbieter (BGH aaO; OLG Hamburg GRUR 03, 1058 – *Mitwohnzentrale II; Sosnitza,* K&R 00, 209, 215; *Ubber* WRP 97, 497, 510; *Kur* CR 96, 325, 329f; *Fezer/Mankowski* § 4-S 12 Rn 48ff). Dieser Eindruck kann jedoch durch entsprechende Hinweise auf der aufgerufenen Website ausgeräumt werden (*Schmidt/Bogatzky* GRUR 02, 941, 951; *Köhler*/Bornkamm § 4 Rn 10.95). Darüber hinaus kann sich die Registrierung eines Gattungsbegriffs als Domainname dann als missbräuchlich erweisen, wenn der Anmelder die Verwendung des fraglichen Begriffs durch Dritte dadurch blockiert, dass er gleichzeitig andere Schreibweisen des registrierten Begriffs unter derselben Top-Level-Domain oder dieselbe Bezeichnung unter anderen Top-Level-Domains für sich registrieren lässt (BGH aaO; BGH GRUR 05, 517, 518 – *Literaturhaus*). Da von diesen Sonderfällen abgesehen die Nutzung beschreibender Second-Level-Domains wettbewerbsrechtlich nicht untersagt werden kann, besteht auch kein außervertraglicher Anspruch auf Zustimmung zu einem „Domain-Name-Sharing" (BGH aaO; hierfür plädierend *Viefhues* MMR 00, 334ff). Ähnliche Kriterien gelten für die Nutzung einer **Vanity-Rufnummer,** (zB 0-800-RECHTS-ANWALT) deren Ziffernkombination, übersetzt mit Hilfe der Buchstaben auf der Tastatur des Telefons, einen beschreibenden Begriff ergeben. Die Gefahr einer Kanalisierung von Kundenströmen ist wegen der eingeschränkten Aussagekraft der Vanity-Nummer noch geringer als bei beschreibenden Domainnamen. Aus dem Umstand, dass ersichtlich nur ein konkreter Anbieter Inhaber einer Vanity-Nummer ist, folgt, dass ein Anruf unter dieser Nummer den Blick in ein Branchenverzeichnis oder ein vergleichbares Informationsmedium für denjenigen nicht ersetzen kann, der sich einen Überblick über alle Anbieter einer bestimmten Ware oder Dienstleistung erschließen will (BGH GRUR 02, 902, 905 – *Vanity-Nummer*). Daher greifen regelmäßig weder § 4 Nr 10 noch § 5 ein.

gg) Suchmaschinenoptimierung, Metatagging. Suchmaschinen lassen sich 10/53
auf vielfältige Weise beeinflussen (Überblick bei *Fezer/Mankowski* § 4-S 12 Rn 76ff), auch wenn die Suchmaschinenbetreiber hierauf durch ständige Verbesserung ihrer Algorithmen reagieren und Suchmaschinen daher heutzutage für Manipulationen

weniger anfällig sind als noch zu den Pionierzeiten des Internet. Der Nutzer einer Suchmaschine erhält auf diese Weise ein Ergebnis, das nicht auf der objektiven Relevanz der Website beruht. Da erfahrungsgemäß häufig nur die ersten 10–20 Treffer aufgerufen werden („Primacy-Effekt", vgl *Rath* S 74 ff), behindert diese Praxis den „zurückgesetzten" Konkurrenten. Allerdings ist diese Behinderung grundsätzlich als Auswirkung des erlaubten Wettbewerbs um Aufmerksamkeit im Internet hinzunehmen, sofern keine besonderen Unlauterkeitsaspekte, insbesondere eine Täuschung von Internet-Nutzern über das Vorliegen einer Beeinflussung (§§ 4 Nr 3; 5) oder eine Belästigung vorliegen (s § 7 Rn 94) vorliegen.

10/53a   Die Verwendung von **Metatags**, also von Begriffen auf Websites, die dem Betrachter verborgen bleiben, wirkt sich mittlerweile auf Suchmaschinen kaum mehr aus, weil die meisten Suchmaschinenbetreiber auf diese Praxis reagiert haben. Obwohl Metatags für den Nutzer unsichtbar sind, kann ihre Verwendung als geschäftliche Handlung (§ 2 I Nr 1) und als Werbung iSd Art 2 lit a WerbeRL (2006/114/EG) (EuGH GRUR 13, 1049 Rn 57 f – *BEST/Visys*) anzusehen sein. Im Übrigen ist für die rechtliche Beurteilung zwischen der Nutzung beschreibender Begriffe und der Verwendung fremder Kennzeichen zu differenzieren. **(1)** Die Nutzung **beschreibender Metatags** ist lauterkeitsrechtlich selbst dann nicht zu beanstanden, wenn sachfremde Metatags eingesetzt werden (OLG Düsseldorf GRUR-RR 03, 48; *Köhler*/Bornkamm § 7 Rn 10.31; *Fezer/Mankowski* § 4-S 12 Rn 90 ff; aA *Rössel* CR 03, 349, 352; *Pohle* MMR 03, 408, 410). Ein unlauteres „Abfangen" von Kunden läge nur vor, wenn dem Nutzer die Möglichkeit eines sachlichen Leistungsvergleichs genommen würde. Der Internet-Nutzer ist aber daran gewöhnt, dass Suchergebnisse eine zufällige Auswahl darstellen (OLG Düsseldorf aaO: keine „Rubrikenreinheit" im Internet), und muss daher seinerseits die Auswahl zwischen den angezeigten Websites treffen. Die Schwelle zur Unlauterkeit ist allenfalls überschritten, wenn ein Unternehmer Metatags oder Schlüsselwörter im Text so massiv einsetzt, dass Suchmaschinen überflutet werden und auf den ersten Plätzen nur noch Links anzeigen, die auf die Website des Unternehmers verweisen (**„Index-Spamming"**, vgl LG Frankfurt GRUR-RR 02, 81, 82 – *Wobenzym; Fezer/Mankowski* § 4-S 12 Rn 98; *Heim* S 224). **(2)** Die Verwendung **fremder Kennzeichen** als Metatags ohne Zustimmung des Zeicheninhabers stellt eine Kennzeichenbenutzung im markenrechtlichen Sinne dar und verletzt regelmäßig unter dem Gesichtspunkt der Verwechslungsgefahr (§§ 14 II Nr 2, 15 II MarkenF) das betreffende Kennzeichenrecht (BGH GRUR 07, 65 Rn 15 ff, 19 – *Impuls;* offengelassen in EuGH GRUR 13, 1049 – *BEST/Visys*), sofern nicht Schranken wie der Grundsatz der Erschöpfung (§ 24 MarkenG) eingreifen (BGH GRUR 07, 784 Rn 20 f – *AIDOL*). Der Unwert der unerlaubten Kennzeichenverwendung wird aber durch das Markenrecht, durch die Irreführungstatbestände (insb § 5) und das Verbot unlauterer vergleichender Werbung (§ 6 II) erschöpfend erfasst. Für eine Anwendung des § 4 Nr 10 ist daneben kein Raum (aA Fezer/*Mankowski* § 4-S 12 Rn 87 f; *Varadinek* GRUR 00, 279, 284). Für die Behinderung gelten dieselben Grundsätze wie bei der Benutzung beschreibender Metatags. Insbesondere besteht kein wettbewerbsrechtlich schutzwürdiger Anspruch auf eine der tatsächlichen Relevanz entsprechenden Platzierung in der Ergebnisliste einer Suchmaschine, eine solche wird vom Nutzer auch nicht erwartet.

10/53b   **hh) Keyword Advertising, Paid Listing.** Die großen Suchmaschinen finanzieren sich zu einem wesentlichen Anteil durch Systeme von Werbebannern, die bei Eingabe bestimmter Suchwörter in optisch deutlich von der Trefferliste abgesetzter Form auf dem Bildschirm erscheinen (**Keyword-Advertising**). War die marken- und lauterkeitsrechtliche Beurteilung noch bis vor einigen Jahren heftig umstritten (Überbl bei *Ohly* GRUR 09, 709 ff; *Ott* MMR 09 351, 355 ff), haben mittlerweile einige Urteile des EuGH und des BGH die Rechtslage weitgehend geklärt. Auch hier ist zwischen generischen Keywords und der Verwendung fremder Kennzeichen zu unterscheiden. **(1)** Werden **beschreibende Begriffe** als Keywords registriert, so scheiden kennzeichenmäßige Ansprüche wegen Fehlens einer kennzeichenmäßigen Benutzung und wegen der Privilegierung beschreibender Kennzeichennutzungen in § 23 Nr 2 MarkenG aus, selbst wenn der Begriff als Kennzeichen geschützt sein sollte (BGH GRUR 09, 502 Rn 25 – *pcb;* zu Schwächen in der Begründung aber *Ohly* GRUR 09, 709, 713f). Auch eine unlautere Behinderung (§ 4 Nr 10) liegt nicht vor. Die Werbung wirkt sich nicht auf das Suchergebnis aus, daher wird kein Konkurrent „zurückgesetzt". Zudem können beschreibende Begriffe von mehreren Unternehmen parallel als Keywords genutzt werden, so dass es – anders als bei der Registrierung generischer Domainnamen (s Rn 10/52) nicht einmal zu einer „Kanalisierung" von Kundenströmen kommt. **(2)** Die **Nutzung fremder Kennzeichen** (insb Marken und Unternehmensbezeichnungen) als Keywords stellt in erster Linie ein Problem des **Markenrechts** dar (näher hierzu *Ekey/Jansen* MarkenR 13, 93ff; *Ohly* GRUR 10, 776ff; *Schubert/Ott* MMR 10, 755ff). Nach der Rspr des EuGH benutzt der Werbende eine fremde Marke für seine eigenen Waren und Dienstleistungen, wenn er sie als Keyword anmeldet, während der Suchmaschinenbetreiber die Marke selbst nicht benutzt, sondern nur unter dem Aspekt der Störerhaftung verantwortlich ist (EuGH GRUR 10, 445 Rn 50ff – *Google France;* BGH GRUR 11, 828 Rn 20 – *Bananabay II*). Vertreibt der Werbende die gleichen Waren wie der Markeninhaber, so ist die Registrierung des Keywords nach § 14 II Nr 1 MarkenG zu beurteilen. Neben der Verwendung einer identischen Marke für identische Produkte verlangt der EuGH in st Rspr, dass durch die Benutzung eine der geschützten Markenfunktionen beeinträchtigt wird (EuGH GRUR 09, 756 Rn 58 – *L'Oréal/Bellure;* EuGH aaO Rn 75). Die Herkunftsfunktion wird beeinträchtigt, wenn die durch das Keyword ausgelöste Werbung fälschlich eine geschäftliche Verbindung zwischen dem Werbenden und dem Markeninhaber suggeriert oder so unklar gehalten ist, dass Nutzer nicht erkennen können, ob eine solche Verbindung besteht (EuGH aaO Rn 89f – *Google France;* EuGH GRUR 10, 451 Rn 36 – *BergSpechte*). Nach Ansicht des BGH scheidet eine Beeinträchtigung der Herkunftsfunktion regelmäßig aus, wenn die Werbung, wie bei den führenden Suchmaschinenanbietern der Fall, klar als solche gekennzeichnet ist (BGH GRUR 11, 828 Rn 22ff – *Bananabay II;* BGH GRUR 13, 290 Rn 26 – *MOST-Pralinen;* BGH GRUR 13, 1046 Rn 14 – *Beate Uhse;* anders aber ÖOGH GRUR Int 11, 173 – *BergSpechte* und die französische Rspr, dazu *Henning-Bodewig* GRUR Int 11, 592, 594ff). Eine Beeinträchtigung der Werbe- und Investitionsfunktion scheidet in aller Regel aus (EuGH aaO Rn 91ff – *Google France;* EuGH GRUR 11, 1124 Rn 54ff, 60ff – *Interflora;* BGH GRUR 11, 828 Rn 30f – *Bananabay II*). Eine Markenverletzung unter dem Aspekt des erweiterten Schutzes bekannter Marken gegen die Ausnutzung von Wertschätzung und Unterscheidungskraft (§ 14 II Nr 2 MarkenG) kommt dann nicht in Betracht, wenn die durch das Keyword ausgelöste Werbung in erster Linie dazu dient, eine Alternative zum Angebot des Markeninhabers aufzuzeigen (EuGH GRUR 11, 1124 Rn 91 – *Interflora,* dazu *Ohly* GRUR 11, 1131f; BGH GRUR 13, 1046 Rn 23 – *Beate Uhse*). **Lauterkeitsrechtlich** entfaltet das Unionsrecht zwar keine Sperrwirkung (EuGH GRUR 10, 445 Rn 87 – *Google France*), doch ist das Keyword-Advertising auch unter diesem Gesichtspunkt grundsätzlich nicht zu beanstanden. An einer **Irreführung (§ 5)** oder einer **verdeckten Werbung (§ 4 Nr 3)** fehlt es, wenn der Werbecharakter der Banner für den durchschnittlichen Nutzer deutlich erkennbar ist; insofern gilt dasselbe wie für die markenrechtliche Frage einer Beeinträchtigung der Herkunftsfunktion (BGH GRUR 09, 502 Rn 23 – *pcb;* BGH GRUR 11, 828 Rn 27f – *Bananabay II*). Beim Schutz vor **Rufausbeutung** sprechen nach wie vor die besseren Gründe dafür, die §§ 14 II Nr 3, 15 III MarkenG in ihrem Anwendungsbereich als abschließend anzusehen (s Rn 9/19). Jedenfalls fehlt es an dem für eine Rufausbeutung kennzeichnenden Imagetransfer (BGH GRUR 09, 500 Rn 16 – *Beta Layout;* BGH GRUR 11, 828 Rn 34 – *Bananabay II; Schultz/Störing* WRP 08, 741, 748), es handelt sich lediglich

UWG § 4.10 Gesetz gegen den unlauteren Wettbewerb

um eine durch das UWG nicht erfasste Aufmerksamkeitsausbeutung (§ 14 II Nr 3 MarkenG e contrario). Auch eine **unlautere Behinderung** unter dem Aspekt des Kundenfangs scheidet aus (BGH aaO Rn 23 – *Beta Layout;* BGH aaO Rn 35 – *Bananabay II;* KG GRUR-RR 09, 61, 64; aA OLG Köln K&R 06, 240, 241; Fezer/*Mankowski* § 4-S 12 Rn 103), da Internetnutzer frei darüber entscheiden können, ob sie die Werbeanzeige oder die Website des Kennzeicheninhabers benutzen, und da auch im Internet kein Anspruch auf eine „Bannmeile" rund um das eigene geschäfliche Angebot besteht (vgl Rn 10/47). Zudem erhöht das Keyword-Advertising jedenfalls bis zur Schwelle der Belästigung (vgl § 7 Rn 94) die Markttransparenz, weil Verbraucher auf Alternativen zum Angebot des Markeninhabers hingewiesen werden (vgl EuGH GRUR 11, 1124 Rn 91 – *Interflora*). Im Interessenkonflikt zwischen Kennzeicheninhaber und Mitbewerber gibt das Verbraucherinteresse den Ausschlag für die Zulässigkeit. Zur Beurteilung unter dem Gesichtspunkt der vergleichenden Werbung s § 6 Rn 37. Verhindert ein Unternehmer durch eine **unberechtigte Markenbeschwerde** beim Suchmaschinenbetreiber, dass ein Mitbewerber in zulässiger Weise ein Keyword registriert, so liegt darin eine unlautere Behinderung (OLG Köln GRUR-RR 11, 98, 100 – *Markenbeschwerde*).

10/53c Neben dem Keyword Advertising, bei dem die Eingabe des Schlüsselworts Werbebanner am Rand des Suchergebnisses auslöst, ermöglichen die meisten Suchmaschinenanbieter auch den Kauf von Listenplätzen (**Paid Listings** oder **gesponsorte Links**). Der Link auf die Website des Werbenden wird in diesem Fall vor den „natürlichen" Suchergebnissen eingeblendet und als Werbung kenntlich gemacht. Nach den in Rn 10/53b dargestellten Grundsätzen liegt auch in diesem Fall keine gezielte Behinderung vor (*Köhler*/Bornkamm § 4 Rn 10.31; aA *Ernst* WRP 04, 278, 279; *Heim* S 224). Auch hier wird der durchschnittlich aufmerksame Nutzer, vom extremen Fall des „Index-Spamming" abgesehen, nicht schon durch die bloße schlechtere Platzierung auf der Ergebnisliste vom Angebot des betreffenden Anbieters abgelenkt. Auch die Möglichkeit der sachlichen Prüfung sämtlicher Angebote wird ihm nicht genommen. Wird allerdings der Umstand, dass für die Platzierung ein Entgelt bezahlt wurde, nicht kenntlich gemacht, so kann es sich um eine verdeckte (§ 4 Nr 3) oder irreführende Praxis (§ 5 I) handeln. Das hängt davon ab, ob der durchschnittlich informierte und verständige Internet-Nutzer auch ohne ausdrückliche Kennzeichnung weiß, dass Suchmaschinen regelmäßig manipuliert werden (dafür *Hoeren* MMR 04, 643, 646; dagegen *Rath* WRP 05, 826, 831; Fezer/*Mankowski* § 4-S 12 Rn 111).

10/54 c) **Abwerben von Kunden.** Auch die Abwerbung von vertraglich bereits gebundenen Kunden ist **grundsätzlich nicht unlauter.** Es gehört zum Wesen des Wettbewerbs, dass Kunden abgeworben werden. Im Wettbewerb hat niemand Anspruch auf Erhaltung seines Kundenstamms (BGH GRUR 04, 704, 705 – *Verabschiedungsschreiben;* BGH GRUR 05, 603, 604 – *Kündigungshilfe*). Es ist grundsätzlich wettbewerbskonform, Kunden zur ordnungsgemäßen Vertragsauflösung unter Beachtung der gesetzlichen oder vertraglichen Kündigungsfristen zu veranlassen. Insbesondere dürfen Kunden auf alternative und möglicherweise günstigere Angebote hingewiesen werden. So ist ein Unfallhaftpflichtversicherer nicht daran gehindert, einen Unfallgegner, der ein Ersatzfahrzeug bei einem örtlichen Autovermieter angemietet hat oder anmieten möchte, auf das preisgünstigere Angebot eines mit ihm zusammenarbeitenden überörtlich tätigen Autovermieters hinzuweisen (BGH GRUR 12, 1153 – *Unfallersatzgeschäft*). Unlauter wird ein Einbrechen in fremde Vertragsbeziehungen erst dann, wenn besondere Unlauterkeitsumstände hinzutreten (BGH GRUR 66, 263, 264 – *Bau-Chemie,* bestätigt in BGHZ 110, 156 = GRUR 90, 522, 527 – *HBV-Familien- und Wohnungsrechtsschutz;* BGH GRUR 02, 548, 549 – *Mietwagenkostenersatz;* BGH GRUR 05, 603, 604 – *Kündigungshilfe; Köhler*/Bornkamm § 4 Rn 10.24). Das ist der Fall, wenn die Abwerbung durch **unlautere Mittel** geschieht.

aa) Irreführung, Beeinträchtigung der Entscheidungsfreiheit, Herabsetzung. Sofern die Einwirkung auf den Kunden den Tatbestand eines der in §§ 5–7 geregelten Unlauterkeitstatbestände oder eines der übrigen in § 4 aufgeführten Beispiele erfüllt, ist sie unlauter iSd § 3. Eines Rückgriffs auf § 4 Nr 10 bedarf es nicht (vgl Rn 10/13). Die Abwerbung mit Hilfe irreführender Angaben ist daher ausschließlich nach § 5 zu beurteilen, der Umstand, dass mit der Irreführung eine Abwerbung verbunden ist, rechtfertigt insbesondere nicht die Anwendung strengerer Maßstäbe. Sollte von einem Angebot ausnahmsweise eine so starke Anlockwirkung ausgehen, dass die Entscheidungsfreiheit des Kunden beeinträchtigt ist, so ist § 4 Nr 1 einschlägig. Die Anlockwirkung, die von einem guten Angebot ausgeht, ist aber in aller Regel wettbewerbskonform (BGHZ 139, 368 = GRUR 99, 264, 266 – *Handy für 0,00 DM*; BGH GRUR 03, 538, 540 – *Gesamtpreisangebot*). Auch die Herabsetzung eines Mitbewerbers zu dem Zweck, dessen Kunden abzuwerben, sollte nach den einschlägigen Spezialnormen (§§ 4 Nr 7, 8; 6 II Nr 5) beurteilt werden (aA *Köhler*/Bornkamm § 4 Rn 10.37). Es ist geradezu typisch für die in den genannten Normen geregelte Herabsetzung, dass sie nicht um ihrer selbst willen, sondern zum Zweck der Abwerbung von Kunden erfolgt.

10/55

bb) Verleitung zum Vertragsbruch. Die Verleitung eines Kunden zum Vertragsbruch ist grundsätzlich unlauter (BGH GRUR 56, 273, 275 – *Drahtverschluss*; bestätigt in BGH GRUR 69, 474, 475 – *Bierbezug I*; BGH GRUR 94, 447, 448 – *Sistierung von Aufträgen*; *Piper* GRUR 90, 643, 644; MüKo/*Jänich* § 4 Nr 10 Rn 21). Eine Beeinträchtigung der Entscheidungsfreiheit des umworbenen Kunden wird dabei nach hM nicht vorausgesetzt, kann aber zusätzlich die Unlauterkeit nach § 4 Nr 1 begründen. Ebenso wie im Zusammenhang mit der Abwerbung von Mitarbeitern (s o Rn 10/28a) stößt dieser Grundsatz aber zunehmend auf **Kritik.** Nach der Gegenansicht ist nur die Einwirkung auf Kunden mit unlauteren Mitteln (Täuschung, Druck, unsachlicher Einfluss) unlauter (*Beater* Rn 1170; *Köhler*/Bornkamm § 4 Rn 10.36; *Scherer* WRP 09, 518, 520 ff; *Sosnitza* WRP 09, 373 ff). Auch wenn die dogmatischen Zweifel der Kritiker nicht von der Hand zu weisen sind, ist doch an der hM festzuhalten. Zum einen sind die Grundsätze über die Verleitung von Kunden zum Vertragsbruch durchaus mit dem Unionsrecht vereinbar (s Rn 10/5; aA *Köhler*/Bornkamm Rn 10.36a); zum anderen reichen die vertragsrechtlichen Sanktionen zum Schutz des betroffenen Unternehmers und zu einer effektiven Prävention gegen den Vertragsbruch nicht aus, ihre Verstärkung ist legitime Aufgabe des Lauterkeitsrechts (s Rn 10/28a; ähnl MüKo/*Jänich* § 4 Nr 10 Rn 21). – Die Voraussetzungen einer Verleitung zum Vertragsbruch entsprechen weitgehend denjenigen, die für die Abwerbung von Mitarbeitern gelten (Rn 10/28). **Vertragsbruch** ist die bewusste Verletzung vertraglicher Hauptpflichten, insbesondere durch Nichterfüllung oder durch unberechtigte Kündigung. **Verleiten** ist das bewusste Hinwirken auf den Vertragsbruch; die Abgabe eines Angebots, das der Kunde nur unter Bruch seines bisherigen Vertrages annehmen kann, reicht hierfür aber noch nicht aus (*Köhler*/Bornkamm § 4 Nr 10 Rn 10.36; aA *Lubberger* WRP 00, 139, 142; *Sack* WRP 00, 447, 452). Die bloße **Ausnutzung eines Vertragsbruchs** ist nicht per se unlauter. Auch die **Hilfestellung** bei einer zulässigen **Kündigung** oder einem zulässigen Widerruf oder Rücktritt, etwa durch Vorformulierung und Weiterleitung eines Kündigungsschreibens, ist nicht zu beanstanden, sofern nicht auf den Kunden Druck oder anderer unsachlicher Einfluss iSd § 4 Nr 1 ausgeübt oder irreführend geworben (§ 5 I) wird (BGH GRUR 05, 603, 604 – *Kündigungshilfe* mwN zum Meinungsstand; *Sasse/Thiemann* GRUR 03, 921; *Köhler*/Bornkamm § 4 Rn 10.39; aA OLG Köln GRUR 90, 536; OLG München GRUR 94, 136, 137 – *Fachbuchhandlung*; OLG Nürnberg NJW-RR 91, 233; *Piper* GRUR 90, 643, 645). Auch dürfen dem abgeworbenen Kunden die mit dem Wechsel des Vertragspartners verbundenen wirtschaftlichen Nachteile ersetzt werden (*Köhler*/Bornkamm § 4 Rn 10.43; aA OLG Celle GRUR 62, 528; OLG Celle NJW-RR 99, 551).

10/56

10/57 **cc) Abwerbung durch ehemalige Mitarbeiter.** Umwirbt ein ehemaliger Mitarbeiter Kunden seines früheren Arbeitgebers, so ist dies nicht per se unlauter (RG GRUR 39, 728, 730 – *Versicherungsmakler;* BGH GRUR 64, 215, 216 – *Milchfahrer;* OLG Hamm BB 89, 1221; *Piper* GRUR 90, 643, 646; *Köhler*/Bornkamm § 4 Rn 10.44). Das Handelsrecht regelt, unter welchen Voraussetzungen der bisherige Arbeitgeber gegen Zahlung einer Karenzentschädigung die Möglichkeit hat, sich durch ein Wettbewerbsverbot zu schützen (§§ 74 ff; 90 a HGB). Diese Regelung darf nicht durch das Lauterkeitsrecht unterlaufen werden. Unerheblich ist dabei die Anzahl der nach Vertragsende abgeworbenen Kunden (aA BGH GRUR 64, 215, 216 – *Milchfahrer* für die Übernahme nahezu des gesamten Kundenkreises). Auch der Umstand, dass die Kündigung plötzlich und ohne Vorwarnung erfolgt, ist vertragsrechtlich zu beurteilen und begründet nicht die Wettbewerbswidrigkeit (aA BGH GRUR 70, 182, 183 – *Bierfahrer*). Unlauter soll ein Mitarbeiter handeln, der sich noch während der Laufzeit des Arbeitsverhältnisses in einem **Verabschiedungsschreiben** an seine Kunden wendet und darin auf seine künftige Tätigkeit als Wettbewerber oder für einen Wettbewerber hinweist (RG GRUR 39, 728, 731 – *Versicherungsmakler;* BGH GRUR 04, 704, 705 – *Verabschiedungsschreiben; Piper* GRUR 90, 643, 646). Gegen diese Rechtsprechung spricht, dass die Vorbereitung des nachvertraglichen Wettbewerbs als solche schon arbeits- und handelsrechtlich nicht zu beanstanden ist (vgl für den Handelsvertreter *Baumbach*/*Hopt* HGB § 86 Rn 26) und dass der Hinweis auf die künftige Tätigkeit möglicherweise einem berechtigten Informationsinteresse der angesprochenen Kundschaft dient (*Köhler*/Bornkamm § 4 Rn 10.44). Verwendet der Arbeitnehmer für die Abwerbung **Informationen seines bisherigen Arbeitnehmers**, so hängt die Unlauterkeit davon ab, ob es sich um Unternehmensgeheimnisse oder um eigene Kenntnisse des Arbeitnehmers handelt, deren Verwendung ihm nicht untersagt werden kann (BGH GRUR 63, 197, 201 – *Zahnprothesen-Pflegemittel;* BGH GRUR 99, 934, 936 – *Weinberater;* ohne deutliche Differenzierung insoweit BGH GRUR 04, 704, 705 – *Verabschiedungsschreiben*). Die Beurteilung richtet sich in diesem Fall nach §§ 17 ff, ergänzt durch § 3 (näher hierzu § 17 Rn 40). Die Verwertung von Kundenlisten und -dateien des bisherigen Arbeitnehmers verstößt regelmäßig gegen § 17 II Nr 1 oder 2 (s § 17 Rn 19, 21).

10/58 **dd) Verletzung vertraglicher Pflichten, Abwerbung durch Verletzung von Standesregeln und Wettbewerbsrichtlinien.** Die Abwerbung kann nicht schon deshalb als unlauter beurteilt werden, weil sie gegen Bestimmungen eines Vertrages zwischen beiden Unternehmen, gegen Standesrecht oder gegen Wettbewerbsrichtlinien des betreffenden Wirtschaftszweiges verstößt. Verletzt die Handlung einen **Vertrag** zwischen dem werbenden Unternehmer und seinem Konkurrenten, so begründet diese Vertragsverletzung als solche nicht die Unlauterkeit der Abwerbung. Dem betroffenen Unternehmen stehen vertragliche Ansprüche zur Verfügung, über deren Geltendmachung es allein entscheiden sollte, für eine Verbandsklage (§ 8 III Nr 2–4) ist kein Raum (*Köhler*/Bornkamm § 4 Rn 10.42). **Wettbewerbsrichtlinien** der Privatwirtschaft können ein Indiz dafür darstellen, welches Verhalten nach Auffassung der beteiligten Verkehrskreise als unlauter anzusehen ist, erübrigen aber nicht die Prüfung im Einzelfall (BGH GRUR 91, 462, 463 – *Wettbewerbsrichtlinie der Privatwirtschaft;* bestätigt in BGH GRUR 02, 548, 550 – *Mietwagenkostenersatz;* näher hierzu § 4 Rn 11/13). Insbesondere bedarf der sorgfältigen Prüfung, ob die genannten Richtlinien nicht möglicherweise zu einer Wettbewerbsbeschränkung führen, die das Allgemeininteresse an einem unverfälschten Wettbewerb (§ 1 S 2) verletzt. So ist etwa die Abwerbung von Versicherungsnehmern unter Verwendung vorgedruckter Kündigungsschreiben nicht schon deswegen unlauter, weil sie gegen Nr 43, 48 oder 65 der Wettbewerbsrichtlinien der Versicherungswirtschaft (im Internet abrufbar unter http://www.versicherungsgesetze.de/wettbewerbsrichtlinien/) verstößt (BGH aaO; *Köhler*/Bornkamm § 4 Rn 10.46). Ähnliche Grundsätze gelten für eine Abwerbung

Gezielte Behinderung § 4.10 UWG

von Kunden unter Verstoß gegen Standesregeln. Der Verstoß hat allenfalls indizielle Wirkung, begründet für sich genommen aber noch nicht die Unlauterkeit (näher hierzu § 4 Rn 11/57).

2. Produktbezogene Behinderung. a) Veränderung von Produkten. Der 10/59 Weitervertrieb veränderter Produkte eines anderen Herstellers kann eine Kennzeichenverletzung darstellen; insbesondere greift der markenrechtliche Erschöpfungsgrundsatz in diesem Fall in der Regel nicht ein (§ 24 II MarkenG). Lauterkeitsrechtlich ist die Veränderung oder Zerstörung fremder Waren, die vom Hersteller oder mit seiner Zustimmung auf den Markt gebracht wurden, unter dem Gesichtspunkt der Behinderung nur zu beanstanden, wenn **zusätzliche unlauterkeitsbegründende Umstände** vorliegen (GK/*Peifer* § 4 Nr 10 Rn 383; für grundsätzliche Unlauterkeit wohl BGH GRUR 04, 877, 879 – *Werbeblocker; Köhler*/Bornkamm § 4 Rn 10.48). Das ist insbesondere der Fall, wenn durch den Weitervertrieb der betreffenden Produkte der Ruf des Herstellers beeinträchtigt zu werden droht (Beispiel, OLG Düsseldorf NJW-RR 89, 240: Weitervertrieb nach Entfernung des TÜV-Prüfzeichens) oder wenn die Gefahr besteht, dass der Hersteller wegen der Verschlechterung Produkthaftungsansprüchen der Endabnehmer ausgesetzt ist. Zwar sind diese Ansprüche gegen den Hersteller unbegründet, wenn der Fehler auf die Manipulation eines Zwischenhändlers zurückzuführen ist (vgl § 1 II Nr 2 ProdHaftG), doch trägt der Hersteller hierfür die Beweislast.

b) Entfernung von Kennzeichen. Die Entfernung von Marken oder von Un- 10/60 ternehmenskennzeichen (Kennzeichenbruch) ist mangels Benutzung des Zeichens keine Kennzeichenverletzung, kann jedoch unter dem Gesichtspunkt der Behinderung unlauter sein (BGH GRUR 04, 1039, 1041 f – *SB-Beschriftung; Ingerl* WRP 04, 809, 816; für Markenverletzung *Fezer* MarkenR § 14 Rn 840, 842). Allerdings sind weder die Entfernung des Kennzeichens noch der Vertrieb der veränderten Ware als solche wettbewerbswidrig; ob eine Behinderung vorliegt, hängt vielmehr von den **Umständen des Einzelfalls** ab (BGH aaO; strenger *Köhler*/Bornkamm § 4 Rn 10.48).

– Ein Kriterium ist das Ausmaß, in dem durch die Entfernung des Kennzeichens die **Werbung des Herstellers beeinträchtigt** wird. Für das Vorliegen einer Behinderung spricht es, wenn das Kennzeichen auch bei Nutzung durch den Endabnehmer dauerhaft an der Ware verbleibt und eine nachhaltige Werbewirkung entfaltet, die durch Beseitigung der Kennzeichen entfällt (BGH GRUR 72, 558, 559 – *Teerspritzmaschinen*).

– Auch kann eine Werbebehinderung vorliegen, wenn der Alleinvertriebshändler die Kennzeichen entfernt, so dass nur noch ungekennzeichnete Ware zum Endverbraucher gelangt (vgl BGH GRUR 04, 1039, 1042 – *SB-Beschriftung*), oder wenn systematisch die Produkte eines anderen Herstellers als anonyme Dutzendware verkauft werden (Gloy/Loschelder/Erdmann/*Hasselblatt* § 57 Rn 139). Sind die betreffenden Kennzeichnungen hingegen ohnehin dazu bestimmt, vom Endabnehmer beseitigt zu werden, so dürfen sie auch schon vor dem Verkauf beseitigt werden, wenn der Herkunftshinweis in anderer Form erfolgt (BGH GRUR 04, 1039, 1041 f – *SB-Beschriftung*).

– Ein weiteres Unlauterkeitskriterium ist das Hervorrufen einer **Verwechslungsgefahr**, zu der es vor allem kommen kann, wenn der Unternehmer nach Entfernung des Herstellerkennzeichens sein eigenes Kennzeichen auf der Ware anbringt (BGH GRUR 72, 558, 559 – *Teerspritzmaschinen*; zur kennzeichenrechtlichen Beurteilung von Produktveränderung und Reparatur vgl *Ingerl/Rohnke* § 24 Rn 60 ff). Die Anbringung des neuen Kennzeichens löst im Gegensatz zur Entfernung des Herstellerkennzeichens regelmäßig auch markenrechtliche Ansprüche aus. Werden Behälter bestimmungsgemäß wieder aufgefüllt, so hängt die markenrechtliche Beurteilung davon ab, ob der Verkehr die auf dem Behälter angebrachte Kenn-

zeichnung als zutreffenden Hinweis auf den Inhalt des Behälters versteht (vgl einerseits BGH GRUR 05, 162, 163 – *SodaStream;* andererseits OLG Frankfurt GRUR 00, 1062 – *Wiederbefüllte Toner-Kartusche;* OLG Zweibrücken GRUR 00, 511 – *Nachfüllen von Brunneneinheitsflaschen*). Da das mögliche Unlauterkeitsmoment im Hervorrufen einer Verwechslungsgefahr besteht, richtet sich in diesem Fall die Beurteilung nach § 5 und nach Kennzeichenrecht.
– Sonderfall der Entfernung von Kennzeichnungen ist die Beseitigung von Warenkodierungen, s dazu Rn 10/72.

10/61   **c) Vertrieb technischer Mittel zur Ausbeutung fremder Leistungen.** Der Vertrieb von Hilfsmitteln zur Verletzung von Rechten des geistigen Eigentums (zB „Hacker tools") kann eine mittelbare Verletzung des betreffenden Immaterialgüterrechts darstellen (vgl §§ 10 PatG; 14 IV MarkenG) oder als Teilnahme an einer Schutzrechtsverletzung zu werten sein bzw die Störerhaftung auszulösen (BGH GRUR 09, 841 – *Cybersky; Spindler/Leistner* GRUR Int 05, 773ff). § 95a III UrhG verbietet die Herstellung, die Einfuhr, die Verbreitung, den Verkauf, die Vermietung, den Besitz und die Werbung für Vorrichtungen, die der Umgehung technischer Schutzmaßnahmen dienen, ordnet aber keine zivilrechtlichen Abwehransprüche an. § 3 ZKDSG regelt ein vergleichbares Verbot für Vorrichtungen, die eine Umgehung von Zugangskontrolldiensten ermöglichen. Neben § 823 II BGB oder § 97 UrhG in analoger Anwendung können hier die §§ 3; 4 Nr 10 und 11 eingreifen (OLG Frankfurt GRUR-RR 03, 287 – *Magic Modul; Arlt* MMR 05, 148, 153; *Harte/Henning/ Omsels* § 4 Nr 10 Rn 105), da die fehlende Normierung spezifisch urheberrechtlicher Ansprüche (vgl § 97 UrhG) nicht als bewusster Ausschluss zivilrechtlicher Unterlassungs- und Schadensersatzansprüche durch den Gesetzgeber angesehen werden kann. Auch im Übrigen kann eine mittelbare Einwirkung auf die Produkte eines Mitbewerbers unlauter sein (BGH GRUR 04, 877, 879 – *Werbeblocker; Köhler*/Bornkamm § 4 Rn 10.48; *Harte/Henning/Omsels* § 4 Nr 10 Rn 105; s aber Rn 10/64; aA GK/ *Peifer* § 4 Nr 10 Rn 383). Unzulässig nach §§ 3 I; 4 Nr 10 ist etwa das Angebot von „Piratenkarten", mit deren Hilfe Pay-TV-Programme kostenlos entschlüsselt werden können (OLG Frankfurt NJW 96, 264, vgl auch LG Hamburg GRUR-RR 06, 27, 28), oder andersartiger Mitteln zur Umgehung legitimer technischer Schutzmaßnahmen.

10/62   **d) Ankauf fremder Ware.** Der Ankauf fremder Ware ist grundsätzlich unabhängig vom Willen des Herstellers **zulässig** (BGH GRUR 88, 619, 620 – *Lieferantenwechsel; Köhler*/Bornkamm § 4 Rn 10.49). Ebenso wie im Recht des geistigen Eigentums der Erschöpfungsgrundsatz besagt, dass der Rechtsinhaber nur den Erstverkauf, nicht aber den weiteren Vertriebsweg kontrollieren kann, hat der Hersteller außerhalb wirksamer Vertriebsbindungen keine wettbewerbsrechtliche Handhabe, um den weiteren Warenverkauf zu steuern. Auch die Inzahlungnahme gebrauchter Ware ist selbstverständlich nicht zu beanstanden; auch dann nicht, wenn sich der Händler planmäßig und unaufgefordert an Kunden der Konkurrenz wendet (aA insoweit Gloy/Loschelder/Erdmann/*Hasselblatt* § 57 Rn 59). Eine gezielte Behinderung kommt nur in extremen Ausnahmefällen in Betracht. Eine **Behinderung des Herstellers** kann vorliegen, wenn dessen Produkte systematisch aufgekauft werden, um sie dem Zugriff möglicher Kunden zu entziehen (Gloy/Loschelder/*Hasselblatt* § 45 Rn 57). Eine **Händlerbehinderung** stellt es dar, wenn ein Unternehmer Ware, die von einem Konkurrenten zu einem Sonderpreis angeboten wird, gezielt in großer Menge aufkauft, um damit den Eindruck zu erwecken, der Konkurrent verstoße gegen Nr 5 Anh zu § 3 III (so zu §§ 1, 3 aF BGH GRUR 87, 835, 837 – *Lieferbereitschaft; Köhler*/ Bornkamm § 4 Rn 10.50). Eine **Nachfragebehinderung** kann vorliegen, wenn Wirtschaftsgüter gezielt aufgekauft werden, um sie einem Konkurrenten zu entziehen (*Köhler*/Bornkamm § 4 Rn 10.69). Allerdings reicht es nicht aus, dass ein Unternehmer sich beim Wettbewerb um Ressourcen als leistungsfähiger erweist. Es müssen zu-

Gezielte Behinderung § 4.10 UWG

sätzliche Anhaltspunkte für eine Sperr- oder Verdrängungsabsicht vorliegen (vgl auch §§ 19 II, 20 II, III GWB).

3. Werbebehinderung

Literatur: *Broemel,* Hybrid-TV als Regelungsproblem?, ZUM 2012, 866; *Furth,* Ambush Marketing, 2009; *Heermann,* Ambush-Marketing anlässlich Sportgroßveranstaltungen, GRUR 2006, 359; *ders,* Ambush Marketing durch Gewinnspiele? WRP 2012, 1035; *Hoeren,* Keine wettbewerbsrechtlichen Bedenken mehr gegen Hyperlinks? – Anmerkung zum BGH-Urteil „Paperboy", GRUR 2004, 1; *Körber/Mann,* Werbefreiheit und Sponsoring – Möglichkeiten und Grenzen von Ambush Marketing unter besonderer Berücksichtigung des neuen UWG, GRUR 2008, 737; *Ladeur,* Der rechtliche Schutz der Fernsehwerbung gegen technische Blockierung durch die „Fernsehfee" – Zur Einwirkung der Rundfunkfreiheit auf das Lauterkeitsrecht, GRUR 2005, 559; *Melwitz,* Der Schutz von Sportgroßveranstaltungen gegen Ambush Marketing, 2007; *Ott,* Urheber- und wettbewerbsrechtliche Probleme von Linking und Framing, 2004; *Plaß,* Hyperlinks im Spannungsfeld von Urheber-, Wettbewerbs- und Haftungsrecht, WRP 2000, 599; *Sosnitza,* Das Internet im Gravitationsfeld des Rechts: Zur Beurteilung so genannter Deep Links, CR 2001, 693; *Wittneben/Soldner,* Der Schutz von Veranstaltern und Sponsoren vor Ambush Marketing bei Sportgroßveranstaltungen, WRP 2006, 1175.

a) Grundsatz und Abgrenzungen. Die gezielte Behinderung der Werbung eines bestimmten Mitbewerbers, etwa durch Überkleben von Plakaten, Beseitigen von Werbeprospekten oder gezielte Störung einer fremden Internet-Homepage, ist unlauter (vgl BGH GRUR 04, 877, 879 – *Werbeblocker;* OLG Karlsruhe GRUR-RR 08, 350; *Köhler*/Bornkamm § 4 Rn 10.71; Gloy/Loschelder/Erdmann/*Hasselblatt* § 57 Rn 125; MüKo/*Jänich* § 4 Nr 10 Rn 29), sofern keine Rechtfertigungsgründe vorliegen (Beispiel: OLG Stuttgart NJW-RR 96, 1515: Selbsthilfe durch Überkleben von unzulässig geklebten Plakaten; dagegen aber OLG Karlsruhe aaO). Abzugrenzen von der gezielten Werbebehinderung ist die grundsätzlich hinzunehmende Behinderung als Nebenfolge der eigenen Werbung, etwa durch Werbung im räumlichen Umfeld eines Konkurrenzunternehmens (s Rn 10/47), durch Keyword-Advertising (s Rn 10/53) oder durch Aufstellen einer Plakatwand auf dem eigenen Grundstück, die die Sicht auf die Werbung des Konkurrenten behindert. Auch die **Nachahmung** fremder Werbung oder die **Ausbeutung** fremder Werbeleistungen ist regelmäßig keine Behinderung, kann aber eine Urheber- oder Kennzeichenrechtsverletzung darstellen oder gem §§ 4 Nr 9, 3 I oder gem § 3 I in unmittelbarer Anwendung als unlauter zu beurteilen sein (s Rn 10/14a). Eine Behinderung liegt nur ausnahmsweise vor, wenn der betroffene Unternehmer nicht lediglich dadurch behindert wird, dass die Wirksamkeit seiner Werbung durch die Nachahmung beeinträchtigt wird. Das kann etwa der Fall sein, wenn der betroffene Unternehmer zur Umstellung seiner eigenen Werbung gezwungen ist oder eine Nachahmung ein solches Ausmaß erreicht, dass die angesprochenen Verkehrskreise die Werbung des angesprochenen Unternehmers nicht mehr zur Kenntnis nehmen. 10/63

b) Werbeblocker. Zulässig ist der Vertrieb von Vorrichtungen, die es den Käufern erlauben, sich selbst nach eigener Wahl der Werbung eines Konkurrenten (zur nicht ganz einfachen Begründung des Wettbewerbsverhältnisses s BGH GRUR 04, 877, 878f – *Werbeblocker*) zu entziehen. Insbesondere ist das Angebot von Fernseh-Werbeblockern nicht zu beanstanden, die automatisch bei Beginn des Werbeblocks auf ein anderes Programm um- und bei dessen Ende wieder zurückschalten (BGH GRUR 04, 877, 879 – *Werbeblocker;* zust *Ernst* ZUM 04, 755; *Funk/Zeifang* MMR 04, 665, 666; *Köhler*/Bornkamm § 4 Rn 10.73; aA *Apel,* FS Hertin S 337, 349ff; *Ladeur* GRUR 05, 559, 562). Dasselbe gilt für Pop-up-Blocker, die es dem Internet-Nutzer ermöglichen, Banner- oder Pop-up-Werbung auszuschalten (*Köhler*/Bornkamm § 4 Rn 10.73). Auch wenn ein Internet-Diensteanbieter seinen Kunden die Möglichkeit bietet, Internet und Fernsehen gleichzeitig zu nutzen und so die Fern- 10/64 sehwerbung zu umgehen, ist das nicht zu beanstanden (OLG Köln GRUR-RR 05, 228, 229 – *Set-Top-Box;* umfassend zur Beurteilung des Hybrid-TV *Broemel* ZUM 12, 866ff). Nach den gleichen Grundsätzen ist die Verteilung von Aufklebern mit der Aufschrift „Keine Werbung einwerfen" in Verbindung mit dem Werbeslogan „Fällt die Tür zu, kommen wir im Nu" durch einen Schlüsseldienst nicht zu beanstanden, da er nur dem Inhaber des Briefkastens ein Hilfsmittel zur Verfügung stellt (aA OLG Stuttgart NJW-RR 93, 1455).

10/65 c) **Suchmaschinen, Deep Links, Screen-Scraping.** Suchmaschinen stellen im Internet eine unverzichtbare Navigationshilfe dar. Ihr Betrieb ist daher lauterkeitsrechtlich nicht zu beanstanden, sofern sie Nutzern lediglich den Zugang zu öffentlich zugänglich gemachten Daten erleichtern, keine technischen Schutzmaßnahmen umgehen und nicht zu einer Irreführung der Nutzer über den Anbieter des betreffenden Angebots führen (BGH GRUR 03, 958, 963 – *Paperboy;* BGH GRUR 11, 1018 Rn 69 – *Automobil-Onlinebörse;* s a § 8 Rn 139). Auch das Setzen eines Deep Link, der den Nutzer an der mit Werbung versehenen Startseite der Website eines Konkurrenten vorbeiführt, ist nicht schon wegen der damit verbundenen Werbebehinderung unlauter (BGH GRUR 03, 958, 963 – *Paperboy; Hoeren* GRUR 04, 1, 3ff; *Plaß* WRP 00, 599, 607; *Sosnitza* CR 01, 693, 702f; aA *Wiebe* LMK 03, 211). Wer die Vorteile des vernetzten World Wide Web nutzt, kann es nicht als unlautere Behinderung beanstanden, wenn andere die Hyperlinktechnik zur Erschließung des eigenen Webangebots für die Öffentlichkeit nutzen. Zudem kann sich der Betreiber der Website selbst helfen, indem er die Werbung auf die tiefer liegenden Seiten verlagert oder den unmittelbaren Zugriff mit technischen Mitteln sperrt (BGH aaO). Auch das Inverkehrbringen und der Betrieb einer Software, die Informationen von fremden Websites gezielt ausliest, um dem Benutzer einen direkten Zugriff auf das dort beworbene Angebot zu ermöglichen (Screen-Scraping), ist nicht unlauter (BGH GRUR 11, 1018 Rn 70, 72 – *Automobil-Onlinebörse;* OLG Frankfurt MMR 09, 400). Allerdings kommt eine Verletzung des Rechts an Datenbanken in Betracht (EuGH GRUR 2014, 166 – *Innoweb/Wegener*).

10/66 d) **Werbung im Umfeld sportlicher oder kultureller Ereignisse („Ambush Marketing").** Sportliche und kulturelle Großereignisse werden häufig wesentlich durch Sponsoren mitfinanziert, die im Gegenzug vom Veranstalter das Recht eingeräumt bekommen, im Zusammenhang mit der Veranstaltung zu werben. Je stärker die Veranstaltung aber im Mittelpunkt des öffentlichen Interesses steht, desto eher sind auch andere Unternehmer daran interessiert, in ihrer Werbung auf das Ereignis Bezug zu nehmen. Geschieht dies durch Werbung im räumlichen Umfeld des Ereignisses (Beispiel: Plakat- oder Handzettelwerbung am Weg zum oder Werbung auf einem Luftschiff über dem Fußballstadion) oder in den Medien im zeitlichen Zusammenhang (Beispiel: verstärkte Fernsehwerbung in den Werbepausen einer Sportübertragung), so ist teilweise im Anschluss an das US-Recht von **Ambush Marketing** die Rede (vgl *Heermann* GRUR 06, 356; *Körber/Mann* GRUR 08, 737; *Reinholz* WRP 05, 1485, 1491f; *Wittneben/Soldner* WRP 06, 1175). Diese Bezeichnung (zu übersetzen etwa mit „Werbung aus dem Hinterhalt") nimmt aber die rechtliche Beurteilung vorweg und verleitet zu einer undifferenzierten Beurteilung. Unter dem Gesichtspunkt der **Behinderung** ist die Werbung im räumlichen Umfeld eines Konkurrenten als solche nicht zu beanstanden (s Rn 10/47). Das gilt auch für die Werbung eines Nicht-Sponsors im räumlichen Umfeld des Ereignisses (*Heermann* GRUR 06, 359, 364; *Körber/Mann* GRUR 08, 737, 741; *Melwitz* S 153). Auch der Umstand, dass der Werbende die Leistung des Veranstalters ausnutzt, macht die Werbung nicht unlauter (BGH GRUR 11, 436 Rn 28 – *hartplatzhelden.de*). Erweckt der Werbende allerdings bei den angesprochenen Verkehrskreisen den unzutreffenden Eindruck, er sei offizieller Sponsor, so wirbt er **irreführend** (§ 5 I; vgl dazu *Heermann* WRP 12, 1040, 1041ff). Im Übrigen kann eine Verletzung des Hausrechts vorliegen, wenn die Wer-

Gezielte Behinderung **§ 4.10 UWG**

bung auf dem Grundstück des Konkurrenten oder seiner Vertragspartner stattfindet (*Reinholz* WRP 05, 1485, 1492; *Köhler*/Bornkamm § 4 Rn 10.74). Auch kann die Bezugnahme auf ein Sportereignis die Markenrechte des Veranstalters verletzen (zur Eintragungsfähigkeit der „Eventmarke" vgl BGHZ 167, 278 = GRUR 06, 850 – *FUSSBALL WM 2006; Fezer,* FS Tilmann, S 321 ff; *Heermann* GRUR 06, 359, 360), zudem kann für die Bezeichnung einer Veranstaltung Werktitelschutz bestehen (BGH GRUR 10, 642 Rn 33 – *WM-Marken*). Die Anmeldung von Marken, die auf das Sportereignis anspielen, ohne Zustimmung des Veranstalters stellt dann keine unlautere Behinderung dar, wenn der Veranstalter selbst über eine Vielzahl von Marken verfügt und durch den Schutz der Marken des Anmelders nicht nennenswert in seinen Vermarktungsmöglichkeiten eingeschränkt wird (BGH aaO Rn 53 – *WM-Marken*).

4. Selektive Vertriebssysteme und Beseitigung von Kontrollnummern

Literatur: *Bayreuther,* Rechtsprobleme im Zusammenhang mit dem Schutz von Vertriebsbindungen nach Markenrecht, WRP 2000, 349; *Emmerich,* Der böse Außenseiter, FS Erdmann, 2002, 561; *Harte-Bavendamm,* Günstige Winde für den selektiven Vertrieb, FS Erdmann, 2002, 571; *Harte-Bavendamm/Kreutzmann,* Neue Entwicklungen in der Beurteilung selektiver Vertriebssysteme, WRP 2003, 682; *Haslinger,* Wie weit ist der Ausschluss moderner Vertriebsformen beim selektiven Vertrieb möglich?, WRP 2009, 279; *Laas,* Entfernung von Herstellungsnummern – Ein Vergleich der Rechtsprechung in Deutschland und den USA am Beispiel der Entfernung von Produktionsnummern von kosmetischen Artikeln, GRUR Int 2002, 829; *Lamberti/Wendel,* Verkäufe außerhalb von Vertriebsbindungssystemen, WRP 2009, 1479; *Lubberger,* Die neue Rechtsprechung des Bundesgerichtshofs zum Vertriebsbindungsschutz – praktische Konsequenzen, WRP 2000, 139; *ders,* Neue Koordinaten des Vertriebsbindungsschutzes, NJW-Sonderheft „Marken im Wettbewerb", 2003, 49; *Pischel,* Kartellrechtliche Aspekte des Selektivvertriebs über das Internet, GRUR 2008, 1066; *Sack,* Vertriebsbindungen und Außenseiter, WRP 2000, 447; *Schaffert,* Die Ansprüche auf Drittauskunft und Schadensersatz im Fall der Beeinträchtigung schutzwürdiger Kontrollnummernsysteme durch Entfernen oder Unkenntlichmachen der Kontrollnummern, FS Erdmann, 2002, 719; *Tiemann,* Das Ende der Unlauterkeit des „Verleitens zum Vertragsbruch" bei selektiven Vertriebsbindungen?, WRP 2004, 289.

a) Allgemeines. aa) Begriff und Interessenlage. Ein **selektives Vertriebssys-** **10/67** **tem** wird dadurch gekennzeichnet, dass ein Hersteller den Vertrieb nur über ausgewählte, vertraglich gebundene Absatzmittler zulässt. Die Auswahl kann sich an qualitativen Kriterien (fachliche Qualifikation des Händlers und Verkaufspersonals, Beschaffenheit der Verkaufsfläche) oder an quantitativen Gesichtspunkten (beschränkte Zahl von Absatzmittlern pro Gebiet, Mindestumsatz) orientieren. Den gebundenen Händlern wird regelmäßig auferlegt, ein bestimmtes Präsentations- und Serviceniveau aufrechtzuerhalten. Der selektive Vertrieb ist vor allem bei Luxusartikeln, Parfums und Kraftfahrzeugen in Deutschland und international gang und gäbe. Die **ökonomische Beurteilung** fällt ambivalent aus (hierzu umfassend Fezer/*Simon* § 4-S 9 Rn 25 ff). Einerseits beschränken selektive Vertriebssysteme den Wettbewerb zwischen den Absatzmittlern des betreffenden Produkts **(intra-brand competition).** Der Verbraucher zahlt daher für die Produkte regelmäßig einen höheren Preis als in einer Situation des freien Händlerwettbewerbs. Andererseits dienen dem Hersteller selektive Vertriebssysteme als Imageträger, indem sie den Eindruck von Qualität und Exklusivität der vertriebenen Produkte sichern. Durch die Schärfung des Produktimage wird der Wettbewerb zwischen den Marken **(interbrand-competition)** gefördert. Auch Verbraucherinteressen können durchaus für die Schutzwürdigkeit selektiver Vertriebssysteme sprechen. Zum einen sind auch die Käufer von Luxusartikeln am Schutz des Images interessiert, zum anderen garantieren selektive Vertriebssysteme einen gewissen Standard von Beratung und Kundendienst.

bb) Rechtliche Regelungen: Überblick. Da der selektive Vertrieb zu erhöhten **10/68** Marktpreisen führt, schafft er zugleich einen Anreiz für **nicht gebundene Händler**

(**Außenseiter**), sich aus undichten Stellen des Systems Originalware zu verschaffen und zu günstigeren Preisen anzubieten. Das gilt vor allem, wenn im grenzüberschreitenden Handel Preisunterschiede zwischen den verschiedenen nationalen Märkten durch Parallelimporte ausgenutzt werden können. Selektive Vertriebssysteme funktionieren daher nur dann effektiv, wenn der Hersteller die Möglichkeit hat, sowohl gegen vertragsbrüchige gebundene Händler als auch gegen Außenseiter vorzugehen. Innerhalb des Vertriebssystems stehen dem Hersteller **vertragliche Ansprüche** zur Verfügung. Verkauft ein gebundener Händler Ware an Außenseiter, so verletzt er eine vertragliche Pflicht, was Schadensersatzansprüche (§ 280 I BGB) des Herstellers begründen und diesen zur Kündigung berechtigen kann. Gegenüber Außenseitern können hingegen keine vertraglichen Ansprüche, sondern nur lauterkeitsrechtliche Ansprüche unter den Gesichtspunkten der Behinderung (§ 4 Nr 10) und der Irreführung (§ 5), wegen Markenverletzung (§ 14 II Nr 1, III MarkenG) oder gem § 823 I wegen Verletzung des Rechts am eingerichteten und ausgeübten Gewerbebetrieb bestehen. Umgekehrt kann die mit einem selektiven Vertriebssystem einhergehende Wettbewerbsbeschränkung gegen das Kartellrecht verstoßen und ihrerseits als unlauterer Wettbewerb anzusehen sein.

10/69 cc) **Entwicklung der lauterkeitsrechtlichen Rechtsprechung.** Die **frühere Rechtsprechung** gewährte sowohl gebundenen Händlern als auch dem Vertriebsbinder einen Anspruch gegen Außenseiter aus § 1 aF unter dem Gesichtspunkt des Schleichbezugs, der Verleitung zum Vertragsbruch oder der Verschaffung eines Wettbewerbsvorsprungs durch Ausnutzung eines fremden Vertragsbruchs, wenn das Vertriebssystem **gedanklich und praktisch lückenlos** und kartellrechtlich zulässig war (BGHZ 40, 135, 138 = GRUR 64, 154, 157 – *Trockenrasierer II;* BGH GRUR 68, 272, 275 – *Trockenrasierer III;* BGH GRUR 92, 627, 629 – *Pajero; Busche* WRP 99, 1231, 1233f; *Schricker* GRUR 76, 528ff). Dieser Grundsatz wurde aus zwei Gründen kritisiert. Zum einen wurde eingewandt, die Fallgruppe der Ausnutzung eines fremden Vertragsbruchs führe zu einer unzulässigen Verdinglichung vertraglicher Beziehungen (*Busche* WRP 99, 1231, 1237). Zum anderen erwies sich die Voraussetzung der praktischen Lückenlosigkeit allein angesichts zunehmender Möglichkeiten des Parallelimports von Originalware aus dem Ausland als zu streng (vgl *Beier* GRUR 87, 131, 137ff; *Pauly/Roth* GRUR 97, 431, 434f).

10/70 Unter dem Eindruck dieser Kritik **änderte der BGH** im Jahre 1999 seine **Rechtsprechung** und gab sowohl das Erfordernis der praktischen Lückenlosigkeit als auch den Schutz gegen die Ausnutzung fremden Vertragsbruchs auf (BGH GRUR 99, 1113 – *Außenseiteranspruch I;* BGHZ 142, 192, 201ff = GRUR 99, 1109, 1112f – *Entfernung der Herstellungsnummer I;* BGHZ 143, 232 = GRUR 00, 724 – *Außenseiteranspruch II*). Seitdem bestehen lauterkeitsrechtliche Ansprüche wegen gezielter Behinderung gegen den Außenseiter nur noch bei **(1) Beseitigung von Kontrollnummern, (2) Schleichbezug** und **(3) Verleitung zum Vertragsbruch. Praktische Lückenlosigkeit** wird hingegen nicht mehr vorausgesetzt. Diese Lösung überzeugt, da sie der Legitimität des Vertriebssystems entscheidende Bedeutung beimisst und den Unlauterkeitsvorwurf an den Außenseiter überzeugender als die frühere Rechtsprechung bestimmt.

10/71 b) **Behinderung durch Kontrollnummernbeseitigung. aa) Tatbestand des § 4 Nr 10.** Die **Entfernung dieser Kontrollnummern** erfüllt den Tatbestand der **gezielten Behinderung (§ 4 Nr 10)**, wenn das Vertriebssystem kartellrechtlich zulässig ist, insbesondere einem berechtigten Interesse des Herstellers dient und diskriminierungsfrei gehandhabt wird (BGHZ 142, 192, 201ff = GRUR 99, 1109, 1112f – *Entfernung der Herstellungsnummer I;* BGHZ 143, 232 = GRUR 00, 724, 727 – *Außenseiteranspruch II*). Die allgemeinen Voraussetzungen der §§ 3; 4 Nr 10 liegen regelmäßig vor. Die Entfernung der Kontrollnummern und der anschließende Vertrieb der veränderten Ware geschieht zur Förderung des eigenen Absatzes (§ 2 I Nr 1).

Auch zwischen Hersteller und Außenseiter besteht ein Wettbewerbsverhältnis (§ 2 I Nr 3), da eine Tätigkeit auf gleicher Wirtschaftsstufe nicht vorausgesetzt wird (*Köhler*/Bornkamm § 4 Rn 10.64; aA *Omsels* WRP 04, 136, 141: direkte Anwendung des § 3 I). Fehlt ein Wettbewerbsverhältnis, so kommt ein Anspruch aus § 823 I BGB wegen einer Verletzung des Rechts am eingerichteten und ausgeübten Gewerbebetrieb in Betracht (BGH GRUR 78, 364, 367 – *Golfrasenmäher;* Harte/Henning/*Omsels* § 4 Nr 10 Rn 127).

bb) Kartellrechtliche Zulässigkeit. Allerdings wird dem Vertriebssystem nur **10/72** dann Schutz gegen die Kontrollnummernbeseitigung zuteil, wenn es nicht gegen europäisches und deutsches Kartellrecht verstößt (BGHZ 142, 192, 201ff = GRUR 99, 1109, 1112f – *Entfernung der Herstellungsnummer I; Köhler*/Bornkamm § 4 Rn 10.65, näher zur kartellrechtlichen Bewertung selektiver Vertriebssysteme Fezer/*Simon* § 4-S 9 Rn 53ff; IM/*Zimmer* GWB § 1 Rn 351ff; IM/*Zimmer* EU-WettbR Art 101 Abs 1 Rn 299ff). Die Wertungen des Kartell- und des Lauterkeitsrechts beeinflussen sich gegenseitig. Nicht jedes kartellrechtlich zulässige Vertriebssystem ist zwangsläufig auf der Grundlage der §§ 4 Nr 10; 3 geschützt, doch umgekehrt kann ein Vertriebssystem nur dann lauterkeitsrechtlich geschützt werden, wenn es kartellrechtlich nicht zu beanstanden ist. Erweist sich hingegen das selektive Vertriebssystem als kartellrechtswidrig oder aus anderen Gründen als nicht schutzwürdig, so ist eine Entfernung der Herstellungsnummern nicht zu beanstanden (*Köhler*/Bornkamm aaO). Zudem stehen dem nicht gebundenen Händler seinerseits Ansprüche gem §§ 4 Nr 10; 3; 8f und ggf gem § 33 GWB iVm Art 101 AEUV zu. Im **europäischen Kartellrecht,** das bei einer spürbaren Beeinträchtigung des innergemeinschaftlichen Handels zur Anwendung kommt, fallen auch wettbewerbsbeschränkende Vertikalvereinbarungen unter das grundsätzliche Verbot des Art 101 I AEUV. Selektive Vertriebssysteme sind jedoch von diesem Verbot ausgenommen, sofern **(1)** die Eigenschaften der fraglichen Produkte einen selektiven Vertrieb erfordern, **(2)** die Auswahl der Wiederverkäufer anhand objektiver Gesichtspunkte qualitativer Art erfolgt, die einheitlich für alle in Betracht kommenden Wiederverkäufer festgelegt und ohne Diskriminierung angewendet werden und **(3)** die festgelegten Kriterien schließlich nicht über das erforderliche Maß hinausgehen (vgl EuGH GRUR Int 78, 254, Rn 20 – *Metro I;* EuGH GRUR Int 81, 315, 316 Rn 15 – *L'Oréal;* EuGH GRUR 12, 844 Rn 41 – *Pierre Fabre;* referiert in den Leitlinien der Kommission für vertikale Beschränkungen, ABl Nr C 130/1 v 19.5.2010, Rn 175). Das Ziel, den Prestigecharakter der vertriebenen Produkte zu schützen, soll jedoch kein legitimes Ziel zur Wettbewerbsbeschränkung sein (EuGH aaO Rn 46 – *Pierre Fabre;* zweifelhaft, vgl *Franck* WuW 10, 772, 777ff). Erfolgt die Auswahl der Absatzmittler hingegen nach quantitativen Kriterien oder nach qualitativen Gesichtspunkten, die über das zum sachgerechten Vertrieb der betreffenden Produkte erforderliche Maß hinausgehen, so fällt das selektive Vertriebssystem unter das Verbot des Art 101 I AEUV. Allerdings kommt eine Freistellung nach Art 101 III AEUV im Einzelfall oder auf Grund der Gruppenfreistellungsverordnung Nr 330/2010 v 20.4.2010 über Vertikalvereinbarungen (ABl Nr L 102/1 v 23.4.2010 = GRUR Int 00, 425, vgl dazu *Lettl* WRP 10, 807; *Pischel* GRUR 10, 972) in Betracht. Letztere gilt allgemein für vertikale Vereinbarungen (Art 2 I), sofern der Marktanteil des Anbieters und des Abnehmers jeweils unter 30% liegt (Art 3 I) und sofern der Vertrag keine der in Art 4 aufgeführten „schwarzen Klauseln" enthält. Auf die Lückenlosigkeit des Vertriebssystems kommt es für die Beurteilung nach Art 101 AEUV nicht an (EuGH GRUR 94, 300, Rn 28 – *Metro/Cartier*). Nach **§ 1 GWB** gelten seit der Angleichung an Art 101 durch die 7. GWB-Novelle entsprechende Grundsätze. Die Gruppenfreistellungsverordnung Nr 330/2010 findet über § 2 II GWB Anwendung. Wird das selektive Vertriebssystem durch ein marktmächtiges Unternehmen praktiziert, so kommt zudem ein Verstoß gegen § 19 II Nr 1 GWB in Betracht (so zu § 20 I, II GWB aF OLG München GRUR-RR 02, 207, 208 – *Depositär*).

10/73 **cc) Rechtsbruch bei Entfernung gesetzlich vorgeschriebener Kennzeichnungen.** Ist die Anbringung von Kontrollnummern gesetzlich vorgeschrieben (Beispiel: Art 19 I lit e der EU-Kosmetikverordnung 1223/2009), so ist ihre Beseitigung unter dem Gesichtspunkt des Rechtsbruchs (§ 4 Nr 11) unlauter, weil die Kennzeichnungspflicht zumindest auch dem Verbraucherschutz dient. Voraussetzung ist aber auch in diesem Fall, dass das Kontrollnummernsystem der Überwachung eines auf rechtswirksamen Verträgen beruhenden, rechtlich nicht missbilligten Vertriebsbindungssystems dient. (so, wenn auch noch auf der Basis des früheren Rechtsbruchstatbestands, BGHZ 142, 192 = GRUR 99, 1109 – *Entfernung der Herstellungsnummer I,* bestätigt in BGHZ 148, 26 = BGH GRUR 01, 841 – *Entfernung der Herstellungsnummer II;* BGH GRUR 02, 709, 711 – *Entfernung der Herstellungsnummer III;* zu § 4 Nr 11 *Köhler*/Bornkamm § 4 Rn 10.67).

10/74 **dd) Irreführung.** Zudem kann der Verkauf einer Ware, bei der die Kontrollnummern beseitigt wurden, irreführend (§ 5) sein, wenn dem Händler gegenüber dem Kunden eine Aufklärungspflicht obliegt. Dies ist allerdings nur der Fall, wenn die Warenkodierungen ausnahmsweise für den Endabnehmer von Bedeutung sind, etwa für die Geltendmachung von Garantieleistungen (BGH GRUR 99, 1017, 1019 – *Kontrollnummernbeseitigung I, Köhler*/Bornkamm § 4 Rn 10.66). Eine Irreführung kann sich auch daraus ergeben, dass der Verkäufer den unzutreffenden Eindruck erweckt, er gehöre einem selektiven Vertriebssystem an. Das folgt aus § 3 III iVm Ziff 1 der „schwarzen Liste", wenn man selektive Vertriebssysteme als Verhaltenskodices (§ 2 I Nr 5) ansieht (*Lamberti/Wendel* WRP 09, 1479, 1482), ansonsten aus § 5 I 2 Nr 3.

10/75 **ee) Markenverletzung.** Werden Produkte unter der Originalmarke nach Entfernung der Kontrollnummern vertrieben, so stellt dieser Vertrieb unter den genannten Voraussetzungen zugleich eine Markenverletzung (§ 14 II Nr 1, III MarkenG) dar, da es wegen der Kontrollnummernbeseitigung nicht zur Erschöpfung des Markenrechts (§ 24 II MarkenG) kommt (BGHZ 143, 232 = GRUR 00, 724, 727 – *Außenseiteranspruch II;* BGH GRUR 02, 709, 711 – *Entfernung der Herstellungsnummer III;* Bayreuther WRP 00, 349 ff; *Ingerl*/Rohnke § 24 Rn 86; krit *Emmerich,* FS Erdmann S 561, 570; *Laas* GRUR Int 02, 829, 835).

10/76 **c) Schleichbezug.** Unabhängig davon, ob Kontrollnummern vorhanden sind und beseitigt werden, liegt eine unlautere Behinderung vor, wenn der Außenseiter gegenüber einem gebundenen Händler seine Bezugsberechtigung vortäuscht oder einen Strohmann vorschickt **(Schleichbezug)** (BGHZ 178, 63 = GRUR 09, 175 Rn 22 – *bundesligakarten.de; Heermann* GRUR 09, 177, 178; *Köhler*/Bornkamm § 4 Rn 10.63; so bereits zu § 1 aF RGZ 136, 65, 73; BGHZ 40, 135 = GRUR 64, 154, 157 – *Trockenrasierer II;* BGH GRUR 88, 916, 917 f – *PKW-Schleichbezug*). Obwohl in diesem Fall auch § 4 Nr 3 und § 5 I betroffen sind (*Köhler*/Bornkamm § 4 Rn 3.51), liegt der Schwerpunkt des Unlauterkeitsvorwurfs auf der Behinderung des Vertriebssystems, daher gilt die frühere Rspr zu § 1 aF unter § 4 Nr 10 fort (BGH GRUR 09, 175 Rn 22 – *bundesligakarten.de;* jurisPK-UWG/*Müller-Bidinger*/*Seichter* § 4 Rn 88). Der Schutz vor Schleichbezug wird **sowohl selektiven Vertriebssystemen** als auch **Direktvertriebssystemen** gewährt (BGH GRUR 91, 614, 615 – *Eigenvertriebssystem;* BGH aaO Rn 27 – *bundesligakarten.de*). Beispiel: Ein gewerblicher Weiterverkäufer gibt sich beim Kauf von Bundesligatickets als privater Käufer aus. Allerdings muss das Vertriebssystem einem legitimen Zweck dienen (BGH aaO Rn 26 – *bundesligakarten.de*) und kartellrechtlich zulässig sein. Der Schleichbezug setzt eine aktive Täuschung voraus. Sie kann sich daraus ergeben, dass ein gewerblicher Weiterverkäufer eine AGB-Klausel des Verkäufers akzeptiert, in der ausschließlich eine private Nutzung zugelassen wird (BGH GRUR 09, 175 Rn 23 – *bundesligakarten.de;* zur Wirksamkeit derartiger Klauseln vgl *Ensthaler*/*Zech* NJW 05, 3389 ff), oder dass sich der Wiederverkäufer wahrheitswidrig als Mittelsmann eines Endabnahmers ausgibt

Gezielte Behinderung **§ 4.10 UWG**

(BGH GRUR 94, 827, 828 – *Tageszulassungen*). Hingegen ist ein Wiederverkäufer grundsätzlich nicht verpflichtet, von selbst seine Wiederverkaufsabsicht zu offenbaren, selbst wenn er weiß, dass der Händler nur an Endabnehmer oder autorisierte Vertragshändler verkaufen darf (BGHZ 117, 180, 186 = NJW 92, 1222). Auch wer bei gebundenen Händlern handelsübliche Warenmengen ohne Offenlegung der Weiterverkaufsabsicht bezieht, handelt nicht unlauter (*Köhler*/Bornkamm § 4 Rn 10.63; aA *Lubberger* NJW-Sonderheft 03, 49, 57).

d) Verleitung zum Vertragsbruch. Unlauter handelt auch, wer gebundene **10/77** Händler bei Vorliegen eines kartellrechtlich zulässigen Vertriebssystems zum Verkauf unter Vertragsbruch verleitet (BGH GRUR 68, 272, 274 f – *Trockenrasierer III;* BGH GRUR 99, 1113, 1114 – *Außenseiteranspruch I;* BGHZ 178, 63 = GRUR 09, 175 Rn 31 – *bundesligakarten.de; Köhler*/Bornkamm § 4 Rn 10.63). Dabei gelten die gleichen Grundsätze wie beim Abwerben von Arbeitnehmern (Rn 10/28). Ein unlauteres Verleiten zum Vertragsbruch liegt nur vor, wenn gezielt und bewusst darauf hingewirkt wird, dass ein anderer eine ihm obliegende Vertragspflicht verletzt (BGHZ 171, 73 = GRUR 07, 800 Rn 14 – *Außendienstmitarbeiter;* BGHZ 178, 63 = GRUR 09, 175 Rn 31 – *bundesligakarten.de*). Zum Meinungsstreit über die Frage, ob die Verleitung durch eine unlautere Einwirkung auf die gebundene Vertragspartei erfolgen muss, s Rn 10/28 a. An die Allgemeinheit gerichtete Kaufangebote sind noch nicht als Verleitung zum Vertragsbruch anzusehen (BGH aaO Rn 32 – *bundesligakarten.de;* BGH v 24.5.2007, Az I ZR 150/06), das gilt auch für individuelle Lieferanfragen oder (reine) Kaufangebote (OLG Düsseldorf GRUR-RR 03, 89 f; *Köhler*/Bornkamm aaO; aA *Lubberger* WRP 00, 139, 142; *Sack* WRP 00, 447, 452; *Tiemann* WRP 04, 289). Die bloße Ausnutzung des vom gebundenen Händler begangenen Vertragsbruchs begründet nicht Unlauterkeit, da vertragliche Bindungen nur für die Vertragsparteien rechtliche Bindung entfalten und da es ansonsten zu einer systemwidrigen Verdinglichung schuldrechtlicher Verpflichtungen käme (BGHZ 143, 232 = GRUR 00, 724, 726 – *Außenseiteranspruch II;* bestätigt in BGHZ 171, 73 = GRUR 07, 800 Rn 15 – *Außendienstmitarbeiter;* BGH GRUR 09, 175 Rn 35 – *bundesligakarten.de; Heermann* GRUR 09, 177, 178 f). Das gilt auch dann, wenn der Käufer fremde Vertragsverletzungen systematisch ausnutzt oder wenn er von der vertraglichen Bindung des Verkäufers weiß oder wissen müsste (BGH aaO Rn 37 f – *bundesligakarten.de*). Beispiel (BGH aaO): Ein gewerblicher Wiederverkäufer darf ein öffentliches Kaufangebot für Bundesligakarten abgeben, obwohl Karteninhabern der Weiterverkauf an gewerbliche Händler durch AGB untersagt ist.

5. Behinderung durch Kennzeichen und Domainnamen

Literatur: *Füllkrug*, Spekulationsmarken. Eröffnet der Wegfall des Geschäftsbetriebes die Möglichkeit, Formalrechte zu missbrauchen?, GRUR 1994, 679; *Helm*, Die bösgläubige Markenanmeldung, GRUR 1996, 593; *Ingerl*, Der wettbewerbsrechtliche Kennzeichenschutz und sein Verhältnis zum MarkenG in der neuren Rechtsprechung des BGH und in der UWG-Reform, WRP 2004, 809; *Jänich*, Vorbenutzungsrechte im Markenrecht?, MarkenR 2009, 469; *Kiethe/Groeschke*, Die sittenwidrige Markenanmeldung und die Rechtsschutzmöglichkeiten des § 1 UWG, WRP 1997, 269; *Schafft*, Die systematische Registrierung von Domain-Varianten, CR 2002, 434; *Steinberg*, Wann kann bei Vorliegen eines Motivbündels von einem unlauteren Einsatz der Sperrwirkung der Marke iSv §§ 3, 4 Nr 10 UWG ausgegangen werden?, MarkenR 2008, 482; *Steinberg/Jaeckel*, Rechtsschutz gegenüber Verwarnungen aus bösgläubig registrierten Markenrechten, MarkenR 2008, 296, 365; *Ullmann*, Die bösgläubige Markenanmeldung und die Marke des Agenten – überschneidende Kreise, GRUR 2009, 364.

a) Missbräuchliche Markenanmeldung: Grundsätze und Verhältnis zum 10/78 Markenrecht. Die Voraussetzungen für die Entstehung und den Schutz von Marken und anderen Kennzeichenrechten werden umfassend im MarkenG geregelt. Nach **§ 8 Nr 10 MarkenG** besteht ein von Amts wegen im Anmeldeverfahren zu beachtendes

absolutes Schutzhindernis für Marken, die **bösgläubig** angemeldet worden sind (vgl dazu BGH GRUR 09, 780 – *Ivadal; Grabrucker* Mitt 08, 532; *Steinberg/Jaeckel* MarkenR 08, 296ff; *Ullmann* GRUR 09, 364, 365ff). § 8 Nr 10 MarkenG beruht auf Art 3 II lit d der Markenrechtsrichtlinie und ist daher unionsrechtskonform auszulegen (vgl dazu EuGH GRUR 09, 763 – *Lindt & Sprüngli*). Wird die Marke dennoch eingetragen, so kann sie auch nach der Eintragung gem §§ 50, 54 MarkenG im Löschungsverfahren vor dem DPMA gelöscht werden. Die §§ 8 Nr 10; 50; 54 MarkenG stellen aber **keine abschließende Regelung** dar und schließen daher lauterkeitsrechtliche Ansprüche nicht aus. Der Wettbewerbsprozess ist besser als das Amtsermittlungsverfahren beim DPMA auf die Entscheidung der hier in Rede stehenden häufig streitigen und komplexen Sachverhalte zugeschnitten und dient in vielen Fällen der Verfahrensvereinheitlichung (BGH GRUR 00, 1032, 1034 – *EQUI 2000;* BGH GRUR 01, 242, 244 – *Classe E; v. Linstow* MarkenR 99, 81, 83; *Helm* GRUR 96, 593, 600; *Ingerl/Rohnke* vor §§ 14–19 Rn 164; *Fezer* MarkenR § 8 Rn 665). Die Anmeldung und Nutzung eines Kennzeichens kann daher **ausnahmsweise** dann eine **unlautere Behinderung** darstellen, wenn sie in erster Linie dazu dient, den Kennzeichengebrauch eines anderen Unternehmers zu sperren oder zu stören. Allerdings sind bei der Anwendung des § 4 Nr 10 die Grundsätze des Markenrechts zu berücksichtigen. Insbesondere liegt es nahe, bei der Anwendung des § 8 Nr 10 MarkenG und des § 4 Nr 10 nach gleichen Grundsätzen zu werten (*Ullmann* GRUR 09, 364, 369).

10/79 **aa) Sperrung bei Vorbenutzung der Marke im In- oder Ausland.** Der Markenschutz entsteht gem § 4 MarkenG durch Eintragung der Marke (Nr 1), durch Benutzung der Marke und Erwerb von Verkehrsgeltung (Nr 2) oder durch notorische Bekanntheit einer Marke (Nr 3 iVm Art 6bis PVÜ). Die Vorbenutzung einer Marke, die nicht diese Voraussetzungen erfüllt, gewährt kein Anwartschaftsrecht auf den Erwerb des Markenrechts (vgl BGH GRUR 98, 412, 414 – *Analgin; Helm* GRUR 96, 593, 597; *Ingerl* WRP 04, 809, 814). Insbesondere folgt aus dem Territorialitätsprinzip, dass die ausländische Benutzung auch dann keinen inländischen Schutz begründet, wenn das Zeichen im Ausland Verkehrsgeltung erlangt. Daher ist die bloße Anmeldung einer Marke in Kenntnis der Vorbenutzung des Zeichens durch einen Konkurrenten im In- oder Ausland für sich noch nicht unlauter, vielmehr müssen weitere Umstände hinzukommen, die auf eine Behinderungsabsicht schließen lassen (BGH GRUR 98, 1034, 1037 – *Makalu;* bestätigt in BGH GRUR 05, 581, 582 – *The Colour of Elégance;* BGHZ 173, 230 = GRUR 08, 160 Rn 18 – *CORDARONE;* BGH GRUR 08, 621 Rn 21 – *AKADEMIKS,* BGH GRUR 08, 917, 20 – *EROS;* BGH GRUR 10, 642 Rn 52 – *WM-Marken* vgl auch *Köhler/Bornkamm* § 4 Rn 10.84; *Gloy/Loschelder/Erdmann/Hasselblatt,* § 57 Rn 147ff; *Steinberg/Jaeckel* MarkenR 08, 296, 301ff und die Kommentierungen zum MarkenG, insb *Ingerl/Rohnke* § 8 Rn 306ff; *Fezer* MarkenR § 50 Rn 23ff). Die Rechtsprechung nimmt solche Umstände in folgenden Konstellationen an:
– Der Anmelder meldet in Kenntnis des schutzwürdigen Besitzstandes des Vorbenutzers ein identisches oder ähnliches Zeichen für identische oder ähnliche Waren mit dem Ziel an, den Besitzstand des Vorbenutzers zu stören oder für diesen den Gebrauch der Bezeichnung zu sperren **(Sperrzeichen).**
– Der Anmelder setzt die mit der Eintragung jeder Marke entstehende Sperrwirkung zweckfremd als Mittel des Wettbewerbskampfs ein. Die Absicht, die Marke zweckfremd als Mittel des Wettbewerbskampfes einzusetzen, braucht dabei nicht der einzige Beweggrund zu sein; vielmehr reicht es aus, wenn diese Absicht das wesentliche Motiv war.

10/80 Diese Grundsätze helfen praktisch allerdings wegen ihrer allgemeinen Formulierung bei der Lösung konkreter Fälle kaum weiter. Erforderlich ist eine Gesamtabwägung aller Umstände des Einzelfalls (BGH GRUR 08, 621 Rn 32 – *AKADEMIKS;*

Gezielte Behinderung § 4.10 UWG

BGH GRUR 08, 917 Rn 23 – *EROS*). Immerhin lassen sich folgende **Kriterien** zur Feststellung der Behinderungsabsicht aus der Rechtsprechung ableiten.
- Je größer und schutzwürdiger der Besitzstand des Vorbenutzers ist, desto eher ist eine Behinderungsabsicht anzunehmen, wenn ein anderer Unternehmer das Zeichen für sich anmeldet. Das gilt insbesondere bei einer im Ausland bekannten Marke (Beispiele: BGH GRUR 67, 298, 301 – *Modess:* überragende Verkehrsgeltung im Ausland; BGH GRUR 98, 1034, 1037 – *Makalu:* weltweiter Vertrieb durch Vorbenutzer). Das Bestehen eines schutzwürdigen Besitzstandes ist nicht in allen Fällen als zwingend erforderlich angesehen worden (BGH GRUR 80, 110, 112 – *Torch;* BGH GRUR 98, 412, 414 – *Analgin; Helm* GRUR 96, 593, 597; vgl auch ÖOGH GRUR Int 00, 560, 561 f – *Pinkplus*). Auch bei einem erheblichen Besitzstand bleibt allerdings eine Gesamtwürdigung aller Umstände erforderlich. So stellt die Anmeldung einer Marke, die sich auf eine bekannte Sportveranstaltung bezieht, ohne Zustimmung des Veranstalters nicht ohne weiteres eine unlautere Behinderung dar (vgl BGH GRUR 10, 642 Rn 53 – *WM-Marken*).
- Je eher bei Vorbenutzung im Ausland mit einer Nutzung des Zeichens im Inland zu rechnen ist, desto eher liegt Behinderungsabsicht vor (BGH GRUR 87, 292, 294 – *KLINT;* BGH GRUR 08, 621 Rn 26 – *AKADEMIKS*). Beispiele: BGH GRUR 67, 304 – *Siroset:* inländische Verwertung durch Lizenzerteilung bereits in Vorbereitung; BGH GRUR 08, 621 – *AKADEMIKS:* bevorstehende Nutzung der Marke im Inland durch ausländischen Markeninhaber drängt sich angesichts der Marktverhältnisse auf; Gegenbeispiele: BGHZ 173, 230 = GRUR 08, 160 Rn 18 – *COR-DARONE,* OLG Frankfurt GRUR-RR 05, 184 – *Depo-Provera:* ausländischer Markeninhaber beabsichtigt wegen „Zwei-Marken-Strategie" die Einführung der Bezeichnung im Inland derzeit nicht; OLG Hamburg GRUR 03, 307, 308 f – *Gezuckerte Kondensmilch:* keine Behinderungsabsicht, wenn Import der Ware zum Erliegen gekommen ist und mit Nutzung der Bezeichnung in Zukunft nicht mehr zu rechnen ist. Insbesondere liegt eine gezielte Behinderung vor, wenn der Anmelder weiß, dass das Zeichen für identische oder ähnliche Produkte benutzt wird, und wenn er weiß oder wissen muss, dass der ausländische Inhaber das Zeichen in absehbarer Zeit im Inland zu benutzen beabsichtigt (BGH GRUR 08, 621 Rn 26 – *AKADEMIKS*).
- Je eher der Anmelder die Marke sinnvoll für seine eigenen Produkte verwenden kann, desto weniger kommt eine Sperrabsicht in Betracht. Beispiele: BGH GRUR 05, 581, 582 – *The Colour of Elégance:* Fortschreibung der eigenen Markenfamilie; BGHZ 173, 230 = GRUR 08, 160 Rn 22 – *CORDARONE:* Nutzung der Marke für zulässigerweise parallel importierte Originalware; OLG Karlsruhe GRUR-RR 04, 73, 74 – *Flixotide:* mögliche sinnvolle Nutzung durch Lizenzierung oder Veräußerung; LG Braunschweig NJOZ 04, 3564, 3569: Nutzung der Marke „Interflug" für „Retro"-T-Shirts nicht zu beanstanden, wenn sich T-Shirts mit diesem Aufdruck nahtlos in die Produktpalette einreihen; Gegenbeispiele: BGH GRUR 00, 1032, 1034 – *EQUI 2000:* geringe eigene Umsätze unter der Marke sprechen für Behinderungsabsicht; BGH GRUR 08, 621 Rn 34 – *AKADEMIKS:* Absicht des Anmelders, selbst nachgeahmte Produkte des ausländischen Markeninhabers im Inland zu vertreiben und dessen eigenen Vertrieb zu sperren, schließt Unlauterkeit nicht aus.
- Je eher der Anspruchsteller selbst über eine Anzahl geeigneter Marken verfügt und daher weder in der Werbung für eigene Produkte noch im Lizenzgeschäft auf die Marken des Anmelders angewiesen ist, desto weniger ist eine gezielte Behinderung anzunehmen (BGH GRUR 10, 642 Rn 52 f – *WM-Marken*).
- Ist der Anmelder früherer Lizenznehmer des Vorbenutzers und meldet dessen im Inland nicht geschütztes Zeichen nach Ende der Lizenzbeziehung ohne Zustimmung des ausländischen Markeninhabers an, so kann die Absicht, das Markenrecht auch gegen den ehemaligen Lizenzgeber geltend zu machen, als Behinderungsab-

sicht zu werten sein (BGH GRUR 98, 1034, 1037 – *Makalu*). Daneben kann der Markeninhaber unter den Voraussetzungen der §§ 11, 17 MarkenG die Löschung oder Übertragung der Marke verlangen. Auch wenn nach jahrelanger Zusammenarbeit bei Entwicklung und Vertrieb eines Produktes einer der beteiligten Unternehmer ohne Kenntnis des anderen die Produktbezeichnung als Marke anmeldet, kann von einer unlauteren Behinderung auszugehen sein (BGH GRUR 08, 917 Rn 26 – *EROS*).

– Als unlautere Behinderung kann es auch anzusehen sein, wenn einer von mehreren lizenzvertraglich nicht gebundenen Importeuren eines ausländischen Erzeugnisses die ausländische Marke im Inland anmeldet (BGH GRUR 80, 110, 112 – *Torch*). Dasselbe gilt, wenn die Bezeichnung eines im Ausland verbreiteten traditionellen Produkts, das bereits von anderen Unternehmern ins Inland importiert wurde, von einem Importeur als Marke angemeldet wird (BGH GRUR 05, 414, 417 – *Russisches Schaumgebäck*).

10/81 **bb) Spekulationsmarke.** Seit Aufhebung der früheren Bindung zwischen Warenzeichen und Geschäftsbetrieb ist es nicht mehr Voraussetzung der Markenanmeldung, dass der Anmelder selbst ein Unternehmen betreibt. Auch die Anmeldung einer Marke in der Absicht, sie anderen Unternehmern zum Kauf anzubieten, ist nicht per se unlauter. Geschieht aber ausnahmsweise die Markenanmeldung lediglich zu Spekulationszwecken, so stellt sie sich als rechtsmissbräuchlich (§ 242 BGB) und als wettbewerbswidrige Behinderung dar, wenn folgende Voraussetzungen erfüllt sind (BGH GRUR 01, 242, 244 – *Classe E*; OLG Frankfurt GRUR-RR 05, 184, 185 – *Depo-Provera; Helm* GRUR 96, 593, 599f):

– Es wurde eine Vielzahl von Marken für unterschiedliche Waren oder Dienstleistungen angemeldet.
– Der Markeninhaber hat hinsichtlich der in Rede stehenden Marken keinen ernsthaften Benutzungswillen, weder zur Benutzung im eigenen Geschäftsbetrieb noch für dritte Unternehmen auf Grund eines bestehenden oder potenziellen konkreten Beratungskonzepts.
– Die Marken werden im Wesentlichen als „Hinterhaltsmarken" zu dem Zweck gehortet, Dritte, die identische oder ähnliche Bezeichnungen verwenden, mit Unterlassungs- und Schadensersatzansprüchen zu überziehen.

10/82 **cc) Monopolisierung und Verwässerung geografischer Herkunftsangaben.** An geografischen Herkunftsangaben besteht insoweit ein Freihaltebedürfnis, als allen Berechtigten die Möglichkeit zu ihrer Nutzung bleiben muss. Die Nutzung einer geografischen Herkunftsangabe als Unternehmenskennzeichen oder ihre Anmeldung als Marke (der allerdings regelmäßig das absolute Eintragungshindernis des § 8 II Nr 2 im Wege steht) bewirken eine ungerechtfertigte Monopolisierung und können zudem zu einer Verwässerung der Herkunftsangabe führen. Sie ist daher unter dem Gesichtspunkt der individuellen Behinderung unlauter (BGH GRUR 01, 73, 77 – *Stich den Buben*).

10/83 **dd) Rechtsfolgen.** Erweist sich die Markenanmeldung nach diesen Grundsätzen als Behinderung, so besteht unabhängig von möglichen markenrechtlichen Rechtsbehelfen (hierzu BGH GRUR 09, 780 Rn 10 – *Ivadal*) ein außermarkenrechtlicher Löschungsanspruch gem §§ 4 Nr 10; 3; 8 I oder, bei Fehlen eines Wettbewerbsverhältnisses, gem § 826 BGB. Der Löschungsanspruch kann auch einer Verletzungsklage einredeweise entgegengehalten werden (BGH GRUR 98, 1034, 1037 – *Makalu*), auch kann sich der als Verletzer in Anspruch genommene Unternehmer mit der Einrede des Rechtsmissbrauchs (§ 242 BGB) zur Wehr setzen und diese Einrede durch Erhebung einer negativen Feststellungsklage geltend machen (BGH GRUR 01, 242, 243f – *Classe E; Köhler/Bornkamm* § 4 Rn 10.86).

Gezielte Behinderung **§ 4.10 UWG**

b) Behinderung durch Registrierung und Nutzung von Domainnamen. 10/84
aa) Grundsatz: keine Behinderung bei Registrierung durch Dritten. Der Umstand, dass die Registrierung eines Domainnamens für ein Unternehmen sämtliche Mitbewerber daran hindert, denselben Domainnamen zu nutzen, ist Folge des bei der Vergabe von Domainnamen geltenden Prioritätsprinzips und begründet daher als solcher nicht den Vorwurf der Behinderung (BGH GRUR 09, 685 Rn 42 – *ahd.de*). Der unberechtigte Gebrauch eines Internet-Domainnamens, der einen fremden Namen, eine fremde Unternehmensbezeichnung oder eine fremde Marke enthält, stellt hingegen regelmäßig eine Verletzung des betreffenden Kennzeichenrechts dar (vgl BGHZ 149, 191 = GRUR 02, 622 – *shell.de*; BGHZ 155, 273 = GRUR 03, 897, 898 – *maxem.de*; BGH aaO Rn 14ff – *ahd.de*). Für eine Darstellung der mittlerweile weit ausdifferenzierten Grundsätze zur Kennzeichenverletzung durch Domainnamen sei auf die einschlägigen markenrechtlichen Kommentierungen verwiesen (vgl etwa Handbuch des Domainrechts/*Bettinger* Rn DE 109ff; *Ingerl/Rohnke* nach § 15 Rn 29ff; *Fezer* MarkenR Einl G). Auch wenn kein allgemeiner Vorrang des Markenrechts besteht (s Einf D Rn 83), ist für die Anwendung des § 4 Nr 10 nur Raum, wenn das als unlauter beanstandete Verhalten nicht bereits Gegenstand der kennzeichenrechtlichen Regelung ist (BGH GRUR 09, 685 Rn 38 – *ahd.de*). Eine Anwendung des UWG kommt daher nur ausnahmsweise in Betracht.

bb) Ausnahme: Behinderung bei Sperrungsabsicht. Entsprechend den 10/85
Grundsätzen zur Behinderung durch Kennzeichenanmeldung und -nutzung kommt eine gezielte Behinderung daneben nur in Betracht, wenn die Registrierung des Domainnamens vorrangig dazu dient, den betreffenden Domainnamen für einen Mitbewerber zu sperren oder diesem gegen ein „Lösegeld" zum Kauf anzubieten (BGH GRUR 08, 1099 Rn 33 – *afilias.de*; BGH GRUR 09, 685 Rn 43 – *ahd.de*). Das ist insbesondere beim **Domain-Grabbing**, also der gezielten Registrierung von Domainnamen zu Spekulationszwecken der Fall (*Köhler*/Bornkamm § 4 Rn 10.94; *Fezer*/*Mankowski* § 4-S 12 Rn 41; *Völler/Weidert* WRP 97, 652, 659f). Indiz hierfür ist vor allem die Reservierung einer Vielzahl von Domainnamen, die fremde Namen, Geschäftsbezeichnungen oder Marken enthalten, ohne einen Bezug zum eigenen Unternehmen aufzuweisen (OLG Frankfurt WRP 00, 645, 647 – *weideglueck.de*; OLG Frankfurt NJW-RR 01, 264, 265 – *weltonline.de*; einschränkend, allerdings ohne Bezug zu §§ 3, 4 Nr 10, BGH GRUR 05, 687, 688 – *weltonline.de*). Auch die Anmeldung mehrerer Domainnamen, die die Geschäftsbezeichnung eines Mitbewerbers in verschiedenen Schreibweisen enthalten, kann unter dem Gesichtspunkt des Domain-Grabbings eine unlautere Behinderung darstellen (OLG Hamburg GRUR-RR 06, 193). Schließlich kann die **Registrierung einer Vielzahl von generischen Domainnamen** in Sperrungsabsicht unlauter sein (BGHZ 148, 1 = GRUR 01, 1061, 1063f – *mitwohnzentrale.de*; BGH GRUR 05, 517, 518 – *Literaturhaus*; krit *Schaffi* CR 02, 434, 437). Allerdings müssen die unlauterkeitsbegründenden Umstände im Einzelfall nachgewiesen werden. Weder die Reservierung einer Domain ohne Benutzungsabsicht noch die Absicht, Domainnamen weiterzuveräußern, sind per se zu beanstanden (BGH GRUR 05, 687, 688 – *weltonline.de*; BGH aaO Rn 45 – *ahd.de*; OLG Frankfurt WRP 02, 1452, 1455 – *drogerie.de*). Eine geschäftliche Handlung (§ 2 I Nr 1) besteht hier schon darin, dass die Reservierung zum Zweck des Weiterverkaufs erfolgt. Für das Wettbewerbsverhältnis (§ 2 I Nr 3) kommt es nicht darauf an, welche Produkte die Beteiligten im Übrigen anbieten, denn es besteht Wettbewerb um die Domain selbst (BGH aaO Rn 40 – *ahd.de*; LG Düsseldorf GRUR 98, 159, 164 – *epson*; *Ingerl/Rohnke* nach § 15 Rn 170). Insbesondere setzt der lauterkeitsrechtliche Anspruch im Gegensatz zum Anspruch wegen der Verletzung einer Marke oder einer geschäftlichen Bezeichnung nicht voraus, dass der Domainname selbst bereits im geschäftlichen Verkehr gebraucht wird. Ein Rückgriff auf §§ 826, 226 BGB ist daher regelmäßig entbehrlich (so aber OLG Frankfurt WRP 00, 645, 647 – *weide-*

glueck.de; OLG Frankfurt NJW-RR 01, 264, 265 – *weltonline.de*). Zur wettbewerbsrechtlichen Beurteilung von beschreibenden Domainnamen (Beispiel: www.mitwohnzentrale.de) und Tippfehlerdomains s Rn 10/51 f.

6. Boykott

Literatur: *Baudenbacher,* Machtbedingte Wettbewerbsstörungen als Unlauterkeitstatbestände – Zugleich Beitrag zum Verhältnis von UWG und GWB, GRUR 1981, 19; *Bauer/Wrage-Molkenthin,* Aufforderung zu Liefer- oder Bezugssperren, BB 1989, 1459; *Berghoff,* Nötigung durch Boykott, 1998; *Markert,* Aufforderung zu Liefer- oder Bezugssperren, BB 1989, 921; *Möllers,* Zur Zulässigkeit des Verbraucherboykotts – Brent Spar und Mururoa, NJW 1996, 1374; *Möschel,* Zum Boykott-Tatbestand des § 26 Abs 1 GWB, FS Benisch, 1989, 339; *Werner,* Wettbewerbsrecht und Boykott, 2008.

10/86 **a) Begriff und Grundsatz.** Ein Boykott ist die Aufforderung zum Abbruch der geschäftlichen Beziehungen mit einem Dritten. Beteiligt sind also (mindestens) drei Personen: der Auffordernde (Boykottierer, Verrufer), der Adressat (Ausführer) und der Boykottierte (Verrufener) (BGHZ 19, 72 = GRUR 56, 118, 121 – *Gesangbuch;* bestätigt in BGH GRUR 65, 440, 442 – *Milchboykott;* BGH GRUR 90, 474, 475 – *Neugeborenentransporte;* BGH GRUR 00, 344, 346 – *Beteiligungsverbot für Schilderpräger; Köhler*/Bornkamm § 4 Rn 10.117; Harte/Henning/*Omsels* § 4 Rn 10 Rn 223). Anders als für das kartellrechtliche Boykottverbot (§ 21 GWB) wird für die Unlauterkeit des Boykotts gem § 4 Nr 10 nicht vorausgesetzt, dass es sich bei Boykottierer und Adressaten um Unternehmen oder Unternehmensvereinigungen handelt. Adressat und Ausführender müssen nicht identisch sein; auch die Aufforderung dazu, Dritte zu einer Sperre zu veranlassen, ist ein Boykott (BGH GRUR 80, 242, 243 – *Denkzettelaktion;* BGH GRUR 84, 461, 462 – *Kundenboykott*). Hingegen vollzieht sich die Liefer- oder Bezugssperre lediglich im Zweipersonenverhältnis zwischen Ausführer und Betroffenem. Der Boykottaufruf dient der gezielten Behinderung des Boykottierten und stellt daher nach der Regierungsbegründung einen typischen Fall des § 4 Nr 10 dar (Begr RegE UWG 2004, BT-Drucks 15/1487, S 19). Erfolgt der Boykottaufruf zu Wettbewerbszwecken, so ist er daher regelmäßig als unlautere Behinderung anzusehen und kann nur ausnahmsweise durch die Meinungsfreiheit (Art 5 I GG) oder als Abwehrmaßnahme gerechtfertigt sein.

10/87 **b) Verhältnis zu anderen Bestimmungen.** Ein **Werbevergleich** mit der Aufforderung, das Produkt nicht beim Mitbewerber, sondern beim Werbenden zu kaufen, ist nur nach **§ 6** zu beurteilen. Die auf Unionsrecht beruhende Bestimmung ist insoweit abschließend. Das **kartellrechtliche Boykottverbot (§ 21 I GWB)** überschneidet sich weitgehend mit dem lauterkeitsrechtlichen Boykottatbestand, der allerdings im Gegensatz zu § 21 I GWB nicht voraussetzt, dass es sich beim Boykottierer und beim Adressaten um Unternehmer handelt. Im Übrigen fällt der von § 21 I GWB erfasste Boykottaufruf auch unter § 4 Nr 10 und umgekehrt. Zwischen beiden Tatbeständen besteht Anspruchskonkurrenz (BGH GRUR 00, 344, 347 – *Beteiligungsverbot für Schilderpräger; Köhler*/Bornkamm § 4 Rn 10.127). Die Beurteilung der vom Adressaten verhängten Sperre richtet sich nach §§ 19, 20 I, II GWB. Die neuere Rechtsprechung zum Boykottaufruf betrifft schwerpunktmäßig das kartellrechtliche Verbot. Erfolgt der Boykottaufruf durch **Presseorgane, politische Organisationen, Gewerkschaften, Kirchen oder Verbraucherorganisationen,** so fehlt es regelmäßig an einer geschäftlichen Handlung (s Rn 10/6), so dass nur ein außerwettbewerbsrechtlicher Anspruch gem **§ 826 BGB** in Betracht kommt. Allerdings kann sich der Boykottierer regelmäßig auf die Meinungs- und Pressefreiheit (Art 5 I GG) berufen, wenn der Boykott als Mittel des geistigen Meinungskampfes eingesetzt und kein physischer, wirtschaftlicher oder vergleichbarer Druck zur Verstärkung der geäußerten Meinung eingesetzt wird (BVerfGE 7, 198, 212 – *Lüth;* BVerfG NJW 89, 381, 382). So kann die Aktion einer Umweltorganisation, die Kühlregale in einem Supermarkt mit Klebeband zuklebt, durch die Sorge um den Umweltschutz gerechtfertigt sein (OLG Stuttgart GRUR-RR 06, 20, 22 – *Absperrband-Aktion*). Eines Rückgriffs auf eine Verletzung des Rechts am Unternehmen (§ 823 I BGB), den die Rechtsprechung befürwortet (BGH GRUR 65, 440, 442 – *Milchboykott;* BGH GRUR 85, 470 – *Mietboykott*), bedarf es daneben nicht (*Larenz/Canaris* SchR II/1 § 81 III 3; *Köhler/* Bornkamm § 4 Rn 10.128; aA *Wagner* ZIP 05, 49, 52): Der Boykottaufruf stellt eine vorsätzliche Schädigung dar, die entscheidende Abwägung zwischen den geschäftlichen Interessen des Boykottierten und der Meinungsfreiheit des Boykottierers kann bei der Beurteilung der Sittenwidrigkeit im Rahmen des § 826 BGB erfolgen.

c) Lauterkeitsrechtliche Beurteilung. aa) Geschäftliche Handlung (§ 2 I Nr 1). Der Boykottaufruf muss eine geschäftliche Handlung (§ 2 I Nr 1) darstellen. Bei Aufrufen durch politische, religiöse oder gesellschaftliche Organisationen ist das regelmäßig nicht der Fall (Beispiel, OLG Stuttgart GRUR-RR 06, 20, 21: Greenpeace-Aktion). Ausreichend ist ein Zusammenhang mit der Förderung fremder Absatz- oder Bezugsbemühungen, wie sie etwa bei einem Brancheninformationsdienst vorliegen kann (BGH GRUR 84, 461, 462 – *Kundenboykott*). Erfolgt der Aufruf durch ein Unternehmen oder eine Unternehmensvereinigung, so wird das Vorliegen einer geschäftlichen Handlung vermutet (BGH aaO). Für Boykottaufrufe durch Presseunternehmen gilt diese Vermutung hingegen nicht. Hier bedarf der objektive Zusammenhang mit der Förderung des eigenen oder fremden Absatzes oder Bezugs von Produkten der positiven Begründung. Er kann vorliegen, wenn sich der betreffende Artikel nicht auf die Überzeugungskraft von Argumenten beschränkt, sondern sich von den Interessen einer Branche leiten lässt und sich diese zu eigen macht (BGH GRUR 85, 468, 469 – *Ideal-Standard; Köhler*/Bornkamm § 4 Rn 10.118; Harte/ Henning/*Omsels* § 4 Nr 10 Rn 231), die sachlichen und organisatorischen Maßnahmen zur Vorbereitung des Boykotts trifft (BGH GRUR 80, 242, 244 – *Denkzettel-Aktion*) oder die Adressaten unter Druck setzt (BVerfG GRUR 84, 357, 360 – *markt-intern*). **10/88**

bb) Boykottaufruf. Boykottaufruf ist jeder Versuch, die freie Willensentscheidung des Adressaten dahingehend zu beeinflussen, dass er bestimmte Geschäftsbeziehungen mit Dritten nicht eingeht oder nicht aufrechterhält (BGH GRUR 90, 474, 475 – *Neugeborenentransporte;* BGH GRUR 99, 1031, 1033 – *Sitzender Krankentransport; Emmerich* UnlWettb § 6 Rn 19; Harte/Henning/*Omsels* § 4 Nr 10 Rn 232). **10/89**
– Der Adressat muss über **Entscheidungsfreiheit** verfügen. Daran fehlt es bei der Weisung an abhängige Unternehmen, Unternehmensteile oder Personen zum Abbruch der geschäftlichen Beziehungen gegenüber einem Dritten. Weisungsgebunden ist etwa das Tochterunternehmen gegenüber der Konzernspitze, nicht jedoch das Krankenhaus gegenüber der Krankenkasse (BGH GRUR 90, 474, 475 – *Neugeborenentransporte*). An Entscheidungsfreiheit fehlt es auch, wenn der Adressat zum entsprechenden Verhalten gesetzlich oder vertraglich verpflichtet ist (OLG Stuttgart v 21.1.2010, Az 2 U 8/09, juris-Rn 122).
– Der Boykottaufruf ist als Beeinflussung von der **bloßen Information oder der unverbindlichen Anregung abzugrenzen** (BGH GRUR 85, 468, 469 – *Ideal-Standard;* BGH GRUR 99, 1031, 1033 – *Sitzender Krankentransport; Köhler*/Bornkamm § 4 Rn 10.119c; Beispiele bei Harte/Henning/ *Omsels* § 4 Nr 10 Rn 236f). Entscheidend ist dabei nicht der Wortlaut, sondern das Verständnis des Adressaten, so dass sich auch eine „Bitte" oder „Erwartung" als Boykottaufruf darstellen kann (vgl BGH aaO – *Sitzender Krankentransport*). Die Ausübung von Druck ist nicht erforderlich (BGH GRUR 85, 468, 469 – *Ideal-Standard*), doch ist die ausdrückliche oder unterschwellige Androhung von Nachteilen für den Fall der Nichtbefolgung ein starkes Indiz für einen Boykottaufruf. Wird allerdings lediglich über mögliche Nachteile des Geschäftsverkehrs mit einem Konkurrenten informiert, ohne dass der Boykottierer auf diese Nachteile Einfluss zu haben vorgibt, so fehlt es an einem

Boykottaufruf und die Beurteilung richtet sich nur nach § 4 Nr 7, 8 (unklar insoweit OLG Frankfurt GRUR-RR 05, 197, 198 – *Vertragshändlernetz*). Ebenso ist die bloße Information über günstigere Anbieter und das Angebot, deren Adressen mitzuteilen, noch kein Boykottaufruf (*Köhler*/Bornkamm § 4 Rn 10.119e). Jedenfalls ist eine derartige Information, die der Markttransparenz dient, mittlerweile angesichts der Wertung des § 6 nicht mehr als unlauter zu beurteilen (aA BGH GRUR 84, 214, 215 – *Copy-Charge*).

– Der Aufruf muss **geeignet** sein, die Entscheidung des Adressaten zu beeinflussen (BGH GRUR 84, 214, 215 – *Copy-Charge; Köhler*/Bornkamm § 4 Rn 10.119d). Eine Abhängigkeit des Adressaten oder eine marktbeherrschende Stellung des Boykottierers ist hierfür allerdings nicht erforderlich (BGH GRUR 85, 468, 469 – *Ideal-Standard*).

– **Adressat** und **Boykottierter** müssen bestimmt sein (BGH GRUR 02, 340, 342 f – *Kartenlesegerät; Köhler*/Bornkamm § 4 Rn 10.120; Harte/Henning/*Omsels* § 4 Nr 10 Rn 226). Insbesondere reicht die Werbung eines Unternehmers für das eigene Angebot nicht aus (BGH aaO), auch wenn damit der Aufruf verbunden wird, den Kauf bis zur bevorstehenden Eröffnung des eigenen Geschäfts zurückzustellen (BGH GRUR 01, 752, 753 – *Eröffnungswerbung*). Eine namentliche Nennung ist nicht notwendig, die Erkennbarkeit auf Grund abstrakter Merkmale (Beispiel: Gesamtheit der Elektrofachhändler, BGH GRUR 80, 242, 244 – *Denkzettelaktion*) soll ausreichen.

– Inhalt des Aufrufs ist die Aufforderung, die geschäftlichen Beziehungen zum Boykottierten abzubrechen, insbesondere eine **Liefer- oder Bezugssperre** zu verhängen (vgl § 21 GWB). Eine Liefersperre verhängt, wer bestimmte Unternehmen nicht beliefert, sie kann sich auf Waren oder Dienstleistungen beziehen. Für die Bezugssperre gilt Entsprechendes. Zielt die Aufforderung nicht auf eine Sperre, sondern eine anderweitige nachteilige Handlung im Verhältnis zu dritten Unternehmen (Beispiel: mengenmäßige Beschränkung, OLG Frankfurt WRP 98, 98, 99), so liegt eine boykottähnliche Maßnahme vor. Sie ist nach den gleichen Grundsätzen zu beurteilen (*Köhler*/Bornkamm § 4 Rn 10.121a; Harte/Henning/ *Omsels* § 4 Nr 10 Rn 244), allerdings kann bei Maßnahmen mit nur geringfügigen Auswirkungen eine Rechtfertigung eher nahe liegen.

10/90 cc) **Fehlen einer Rechtfertigung.** Ein Boykottaufruf zu Wettbewerbszwecken ist **grundsätzlich unlauter** (BGH GRUR 80, 242, 244 – *Denkzettelaktion;* OLG Köln GRUR-RR 13, 257, 258 – *Sofortige Kündigung;* Fezer/*Götting* § 4–10, Rn 33; *Köhler*/Bornkamm § 4 Rn 10.122, vgl auch die Beispiele unter Rn 10.125), er ist das Musterbeispiel einer gezielten Behinderung. Unlauter ist bereits der Aufruf, auf den Erfolg kommt es nicht an. Hingegen ist die vom Adressaten verhängte Sperre nicht per se zu beanstanden, da die Wettbewerbsfreiheit die Freiheit der Wahl des Geschäftspartners umfasst. Die Sperre kann lediglich unter den Voraussetzungen der §§ 19; 20 I, III GWB gegen das Kartellrecht verstoßen. **Ausnahmsweise** kann sich der Boykottierer zur Rechtfertigung auf die Meinungsfreiheit (Art 5 I GG) berufen, die auch kommerzielle Meinungsäußerungen sowie reine Wirtschaftswerbung mit wertendem, meinungsbildendem Inhalt umfasst (BVerfG GRUR 01, 170, 172 – *Benetton-Schockwerbung I* und Einf D Rn 9 ff; vgl auch zum Boykottaufruf EGMR EuGRZ 96, 302 Rn 26 – *markt-intern/Deutschland*). Die Meinungsfreiheit findet ihre Schranke in § 3 I, der ein allgemeines Gesetz iSd Art 5 II GG darstellt, seinerseits aber im Licht der Meinungsfreiheit auszulegen ist. Aufgrund dieser Abwägung hält das BVerfG den **Boykottaufruf im Licht von Art 5 I GG für gerechtfertigt,** wenn er **(1)** nicht eigenen Interessen wirtschaftlicher Art, sondern der **Sorge um politische, wirtschaftliche, soziale oder kulturelle Belange der Allgemeinheit** dient, **(2)** das Maß der nach den Umständen **notwendigen und angemessenen Beeinträchtigung** des Angegriffenen oder des Betroffenen nicht überschreitet und **(3)** sich auf Mittel beschränkt,

Gezielte Behinderung   § 4.10 UWG

die den geistigen Kampf der Meinungen gewährleisten, und **Ausübung wirtschaftlichen Drucks vermeidet** (BVerfG GRUR 84, 357, 359f – *markt-intern;* BVerfG NJW 89, 381, 382; *Köhler*/Bornkamm § 4 Rn 10.123; vgl auch EGMR aaO Rn 34ff). Fast alle Boykottaufrufe, die von der Rechtsprechung für zulässig gehalten wurden, dienten außerwettbewerblichen Zwecken (vgl aber LG Köln GRUR 94, 741: dringendes Anraten einer Konzertagentur an eine andere, eine rechtsradikale Band nicht auftreten zu lassen). Außerdem kann der Boykott als Abwehrmaßnahme gerechtfertigt sein, wenn er erstens zur Abwehr eines rechtswidrigen Angriffs erforderlich ist, zweitens keine milderen zumutbaren Abwehrmittel bestehen und drittens die Interessen unbeteiligter Dritter nicht beeinträchtigt werden (vgl BGH GRUR 59, 244, 247 – *Versandbuchhandlung;* BGH GRUR 84, 461, 463 – *Kundenboykott; Köhler/* Bornkamm § 4 Rn 10.124).

7. Preisunterbietung

Literatur: *Gloy,* Zur Beurteilung gezielter Kampfpreise nach Kartell- und Wettbewerbsrecht, FS Gaedertz, 1992, 209; *Köhler,* Der Markenartikel und sein Preis, NJW-Sonderheft 2003, 28; *ders,* Zur Konkurrenz lauterkeitsrechtlicher und kartellrechtlicher Normen, WRP 2005, 645; *Lettl,* Kartell- und wettbewerbsrechtliche Schranken für Angebote unter Einstandspreis, JZ 2003, 662; *Mann/Smid,* Preisunterbietung bei Presseprodukten, WM 1997, 139; *Waberbeck,* Verkäufe unter Einstandspreis – Gelöste und ungelöste Auslegungsprobleme des § 20 Abs 4 S 2 GWB, WRP 2006, 991.

a) Grundsatz. Die **Preisgestaltungsfreiheit** ist ein **Eckpfeiler der Marktwirtschaft** (*Lehmann* GRUR 84, 313; Harte/Henning/*Omsels* § 4 Nr 10 Rn 145). Wer die Preise eines Konkurrenten unterbietet, behindert diesen zwar, handelt dabei aber nicht unlauter, sondern zeigt seine Leistungsfähigkeit (vgl BGH GRUR 79, 321, 323 – *Verkauf unter Einstandspreis I;* BGH GRUR 86, 397, 399 – *Abwehrblatt II;* BGH GRUR 06, 596, Rn 13 – *10% billiger*). Das UWG gewährt **keinen Schutz gegen die aggressive Preisgestaltung** eines Mitbewerbers (Harte/Henning/*Omsels* § 4 Nr 10 Rn 145). Auch der **Verkauf unter Einstandspreis** (= Einkaufspreis minus Nachlässe plus Bezugskosten) oder unter **Selbstkosten** (= Einstandspreis plus Gemeinkosten) ist, vorbehaltlich kartellrechtlicher Schranken (vgl § 20 III Nr 1, 2 GWB, dazu Rn 10/92) grundsätzlich nicht zu beanstanden (BGH GRUR 79, 321, 322 – *Verkauf unter Einstandspreis I;* BGH GRUR 84, 204, 206 – *Verkauf unter Einstandspreis II;* BGH GRUR 05, 1059, 1060 – *Quersubventionierung von Laborgemeinschaften;* BGH GRUR 06, 596, Rn 13–10% *billiger;* GRUR 09, 416, 13 Rn 13 – *Küchentiefstpreis-Garantie; Köhler/* Bornkamm § 4 Rn 10.187; *Beater* Rn 1152; Fezer/*Götting* § 4–10 Rn 37; aA *P. Ulmer* GRUR 77, 565, 572; *Sack* WRP 83, 63, 71) und bedarf nicht der Rechtfertigung durch vernünftige betriebswirtschaftliche Gründe (aA Gloy/Loschelder/Erdmann/ *Hasselblatt* § 57 Rn 105). Der Bundesrat konnte sich im Gesetzgebungsverfahren mit seinem Vorschlag, die Preisunterbietung durch Verkauf unter Einstandspreis durch eine spezielle lauterkeitsrechtliche Bestimmung zu regeln (BT-Drucks 15/1487 S 30, vgl auch Art 3f schweiz UWG), nicht durchsetzen. Auch die kostenlose Abgabe von Waren oder Dienstleistungen ist grundsätzlich zulässig (BGH GRUR 01, 80f – *Ad-hoc-Meldung*), gerade im Internet haben sich zahlreiche Geschäftsmodelle entwicklelt, die sich durch Werbung finanzieren und für den Nutzer kostenfrei sind.   10/91

b) Kartellrechtliche Schranken. Vereinbaren mehrere Unternehmen, den Preis eines Konkurrenten zu unterbieten, so liegt eine nach 101 I AEUV, § 1 GWB unzulässige wettbewerbsbeschränkende Vereinbarung vor. Die abgesprochene Preisunterbietung durch mehrere Tankstellenbetreiber zur Verdrängung einer freien Tankstelle im *Benrather Tankstellenfall* (RGZ 134, 342), die zur Entstehung der Fallgruppe der Behinderung Anlass gegeben hat, wäre nach heutiger Rechtslage schon aus diesem Grund verboten (vgl *Fikentscher,* Wirtschaftsrecht II, S 179: „geradezu klassischer Kartellfall"). Unterbietet ein **marktmächtiges Unternehmen** die Preise der Kon-   10/92 kurrenz, so kann ein Verstoß gegen das Missbrauchsverbot des Art 102 AEUV oder das Missbrauchs- und Behinderunsgsverbot der §§ 19, 20 GWB vorliegen. **§ 20 III 2 GWB** nennt in Nr 1 den Verkauf von Lebensmitteln unter Einstandspreis und in Nr 2 das nicht nur gelegentliche Angebot anderer Waren unter Einstandspreis ohne sachliche Rechtfertigung als Regelbeispiel einer unbilligen Behinderung (vgl zu dieser Bestimmung BGH GRUR 03, 363 – *Wal*Mart; Köhler* BB 99, 697; *Lettl* JZ 03, 662; *Wackerbeck* WRP 06, 991). Eine Verdrängungsabsicht oder eine Wettbewerbsgefährdung setzt diese Bestimmung nicht voraus (anders zum früheren Recht BGHZ 129, 203 = GRUR 95, 690, 692 – *Hitlisten-Platten*) und geht insoweit über das lauterkeitsrechtliche Verbot der Preisunterbietung in Verdrängungsabsicht (dazu Rn 10/94) hinaus.

10/93 **c) Allgemeine lauterkeits- und kennzeichenrechtliche Schranken.** Die Preisgestaltung unterliegt den allgemeinen lauterkeitsrechtlichen Schranken.
– Zugaben, Rabatte und Kopplungsangebote sind nach Aufhebung der ZugabeVO und des RabattG grundsätzlich zulässig, unterliegen aber dem Transparenzgebot (konkrete Ausprägungen für Zugaben und Rabatte in § 4 Nr 4 und 5) und dürfen die Entscheidungsfreiheit der Abnehmer nicht durch unsachlichen Einfluss beeinträchtigen (§ 4 Nr 1) (näher hierzu § 4 Rn 1/67 ff, 1/88 ff). Allerdings ist die Anlockwirkung, die von einem besonders günstigen Angebot ausgeht als solche gewollte Folge des Leistungswettbewerbs und daher nicht wettbewerbswidrig (BGHZ 151, 84 = GRUR 02, 976, 977 – *Kopplungsangebot I;* BGH GRUR 03, 538, 540 – *Gesamtpreisangebot*). Das Angebot eines Produkts unter Selbstkosten- oder Einstandspreis kann daher nur in Ausnahmefällen unter dem Gesichtspunkt des unsachlichen Einflusses auf Nachfrager (§ 4 Nr 1) unlauter sein (Beispiel, GRUR 05, 1059, 1060 f – *Quersubventionierung von Laborgemeinschaften:* Angebot von Laborleistungen unter Selbstkosten an einen Arzt bringt die Gefahr, dass er seine ärztliche Entscheidung nicht mehr allein am Patientenwohl ausgerichtet).
– Speziell auf die Preisgestaltung bezogene Ausprägungen des allgemeinen Verbots irreführender Werbung enthalten Nr 5 Anh zu § 3 III (Lockangebote), § 5 IV (vorgetäuschte Preissenkung) und die Vorschriften der PAngV.
– Nachgeahmte Produkte dürfen zu einem niedrigeren Preis als das Originalprodukt angeboten werden, sofern die Nachahmung selbst keine Schutzrechte verletzt oder gegen § 4 Nr 9 verstößt (s aber § 6 II Nr 6).
– Wird die Preisunterbietung durch einen Gesetzesverstoß ermöglicht, so hängt die Unlauterkeit gem § 4 Nr 11 davon ab, ob die übertretene Norm dazu bestimmt ist, das Marktverhalten zu regeln. Das ist bei den Gebührenordnungen der freien Berufe der Fall (BGH GRUR 91, 769, 771 – *Honoraranfrage;* vgl auch GRUR 05, 1059, 1060 f – *Quersubventionierung von Laborgemeinschaften;* näher hierzu § 4 Rn 11/72). Liegt der Verstoß hingegen im Vorfeld des Marktverhaltens (Beispiele: Produktion unter Verstoß gegen Umweltrecht, Steuerhinterziehung, Tariflohnunterschreitung), so ist er wettbewerbsrechtlich irrelevant (vgl BGHZ 144, 255 = GRUR 00, 1076, 1078 – *Abgasemissionen;* BGHZ 120, 320 = GRUR 93, 980 – *Tariflohnunterschreitung*).
– Ob das Angebot von **Markenartikeln zu Billigpreisen** eine Markenschädigung darstellt, ist in erster Linie nach den Spezialbestimmungen des MarkenG (§ 14 II Nr 3) und nach §§ 6 II Nr 4; 4 Nr 7 zu beurteilen. Eine nach diesen Bestimmungen unlautere Ausbeutung oder Schädigung des guten Rufs der Marke liegt allerdings regelmäßig nicht vor, da der Verbraucher an Sonderangebote von Markenartikeln gewöhnt ist (vgl BGH GRUR 84, 204, 206 f – *Verkauf unter Einstandspreis II;* Harte/Henning/*Omsels* § 4 Nr 10 Rn 169; aA *Klette* GRUR 84, 207, 209 f; *P. Ulmer* WRP 87, 299 ff). Das gilt insbesondere für niedrige Startangebote im Rahmen von Internet-Auktionen (aA OLG Hamburg GRUR-RR 02, 39, 40 – *Philips Design Line*).

Gezielte Behinderung § 4.10 UWG

d) **Preisunterbietung in Verdrängungsabsicht.** Nach hM ist eine Preisunter- 10/94
bietung unlauter gem § 4 Nr 10, wenn eine nicht kostendeckende Preiskalkulation
auf Dauer angelegt ist und dazu dient, den Mitbewerber vom Markt zu verdrängen
(RGZ 134, 342, 354f – *Benrather Tankstellenfall,* bestätigt in BGH GRUR 79, 321,
322 – *Verkauf unter Einstandspreis I;* BGH GRUR 01, 80, 81 – *Ad-hoc-Meldung;* BGH
GRUR 90, 685, 686 – *Anzeigenpreis I; Köhler*/Bornkamm § 4 Rn 10.189). Jedoch ist
nicht jeder gezielte Angriff auf die Preise eines Mitbewerbers ohne weiteres unlauter
(strenger Harte/Henning/*Omsels* § 4 Nr 10 Rn 157). Vielmehr muss erstens der angebotene **Preis unter den Selbstkosten** (= Einstandspreis plus Gemeinkosten) liegen; die bloße abstrakte Gefahr eines Verkaufs unter Einstandspreis genügt noch
(BGH GRUR 06, 596, Rn 16 – *10% billiger;* BGH GRUR 09, 416 Rn 14 – *Küchentiefstpreis-Garantie*). Zweitens muss das Angebot objektiv geeignet sein, den Mitbewerber vom Markt zu verdrängen, was eine gewisse **Marktmacht** voraussetzt (BGH
GRUR 90, 685, 686 – *Anzeigenpreis; Köhler*/Bornkamm § 4 Rn 10.191; Harte/Hen-
ning/*Omsels* § 4 Nr 10 Rn 160). Drittens muss der Zweck der Preisunterbietung darin bestehen, den Mitbewerber **vom Markt zu verdrängen.** Der Nachweis dieser
Verdrängungsabsicht wird meist Schwierigkeiten bereiten, zumal der Kläger die volle
Darlegungs- und Beweislast trägt. Insbesondere ist der Beklagte nicht gehalten, seine
Kosten- und Kalkulationsstruktur offen zu legen (BGH GRUR 92, 191, 193f – *Amtsanzeiger;* Gloy/Loschelder/Erdmann/*Hasselblatt* § 57 Rn 108; Harte/Henning/*Omsels* § 4 Nr 10 Rn 166). **Indizien** können die Dauer und Intensität der Preisunterbietung (BGH GRUR 90, 685, 686 – *Anzeigenpreis*), ihr Abstand vom Selbstkostenpreis,
fehlende betriebswirtschaftliche Gründe, sofortige Reaktion auf das Erscheinen von
Konkurrenzprodukten verbunden mit örtlichen Preisdifferenzierungen (OLG Stuttgart NJWE-WettbR 99, 200, 201) oder Hinweise in der Werbung auf bestimmte
Mitbewerber sein. Letztlich stellt diese Fallgruppe das lauterkeitsrechtliche Gegenstück des § 20 III 2 GWB dar, ist nur unter den dort aufgestellten engen Voraussetzungen akzeptabel und darf keinesfalls auf eine allgemeine „richterliche Kalkulations-
kontrolle" hinauslaufen (Fezer/*Götting* § 4–10 Rn 39). Preisunterbietungen, die den
Wettbewerb **in seinem Bestand gefährden,** können nach hM unter dem Gesichtspunkt der **allgemeinen Marktstörung** gem § 3 I unlauter sein (s folgende Rn).

IV. Anhang: Allgemeine Marktstörung

Literatur: *Ahrens,* Kostenloser Vertrieb meinungsbildender Tagespresse, WRP 1999, 123; *Baudenbacher,* Machtbedingte Wettbewerbsstörungen als Unlauterkeitstatbestände – Zugleich Beitrag
zum Verhältnis von UWG und GWB, GRUR 1981, 19; *ders,* Marktstörung durch Ausnutzen fremden Vertragsbruchs zu Lasten selektiver Vertriebssysteme, FS Gaedertz 1992, 19; *Berst,* Anzeigenblätter und Lesezeitungen zwischen Wettbewerbsrecht und Pressefreiheit, AfP 1999, 425; *Bott,* Die Gratiszeitung im Spiegel von Wettbewerbs- und Verfassungsrecht, 2003; *Gesellensetter,* Rechtliche
Probleme der unentgeltlichen Verteilung meinungsbildender Tagespresse, GRUR 2001, 707; *Köhler,*
Wettbewerbs- und verlagsrechtliche Fragen der Verteilung unentgeltlicher Zeitungen, WRP 1998,
455; *ders,* Zur Konkurrenz lauterkeitsrechtlicher und kartellrechtlicher Normen, WRP 2005, 645;
Knöpfle, Die marktbezogene Unlauterkeit, 1983; *Koppensteiner,* Marktbezogene Unlauterkeit und
Missbrauch von Marktmacht, WRP 2007, 475; *Lahusen,* Die wettbewerbs- und verfassungsrechtli-
che Beurteilung des Gratisvertriebs meinungsbildender Tagespresse – Anmerkung zum Urteil des
BGH „20 Minuten Köln", GRUR 2005, 221; *Lettl,* Kartell- und wettbewerbsrechtliche Schranken
für Angebote unter Einstandspreis, JZ 2003, 662; *Lindow,* Marktstörung als UWG-Tatbestand, 1995;
Lux, Der Tatbestand der „allgemeinen Marktbehinderung" im Recht gegen den unlauteren Wettbewerb, 2006; *Mann,* „Kostenloser" Vertrieb von Presse – eine Gefährdung der Pressefreiheit?, WRP
1999, 740; *Ruess/Tellmann,* „Umsonst ist der Tod allein"? – Neues zur Werbung mit Gratiszeitungen,
WRP 2004, 665; *Teplitzky,* Zur Frage der wettbewerbsrechtlichen Zulässigkeit des (ständigen) Gratisvertriebs einer ausschließlich durch Anzeigen finanzierten Zeitung, GRUR 1999, 108; *von Danwitz,* Der Gratisvertrieb anzeigenfinanzierter Zeitungen im Wettbewerb der Presseorgane, 2002.

10/95 **1. Grundsatz und Kritik. a) Grundsatz.** Eine allgemeine Marktstörung oder Marktbehinderung ist nach der Rechtsprechung des BGH dann gegeben, wenn ein für sich genommen zwar nicht unlauteres, aber immerhin bedenkliches Wettbewerbsverhalten allein oder in Verbindung mit zu erwartenden gleichartigen Maßnahmen von Mitbewerbern die ernstliche Gefahr begründet, der auf der unternehmerischen Leistung beruhende Wettbewerb werde in erheblichem Maße eingeschränkt (BGHZ 114, 82 = GRUR 91, 616, 617 – *Motorboot-Fachzeitschrift;* BGH GRUR 01, 80, 81 – *ad-hoc-Meldung;* BGH GRUR 04, 602, 603 – *20 Minuten Köln;* BGH GRUR 10, 455 Rn 20 – *Stumme Verkäufer II; Köhler*/Bornkamm § 4 Rn 12.3; Fezer/*Osterrieth* § 4-S 1 Rn 2; MüKo/*Heermann* Anh B zu §§ 1–7 Rn 4). Damit soll im Interesse der betroffenen Wettbewerber, in dem sich das Interesse der Allgemeinheit am Bestand des Wettbewerbs widerspiegelt, auch in Fällen, in denen eine gezielte Verdrängungsabsicht nicht vorliegt, verhindert werden, dass der Wettbewerbsbestand gefährdet wird (vgl BGH GRUR 90, 371, 372 – *Preiskampf*). Die wesentlichen Anwendungsfälle waren bisher das **Verschenken von Originalware**, das **kostenlose Verteilen von Presseerzeugnissen** und der wettbewerbsschädigende **Verkauf unter Einstandspreis.** Da eine gezielte Behinderung individueller Mitbewerber insoweit nicht vorausgesetzt wird, fällt die allgemeine Marktstörung nicht unter § 4 Nr 10. Nach Aussage der Regierungsbegründung zum UWG 2004 soll die bisherige Rechtsprechung jedoch unter § 3 fortgelten (Begr RegE UWG 2004 BT-Drucks 15/1487, S 19). Da die Fallgruppe nicht auf eine Beeinflussung von Verbrauchern abstellt, ist der Anwendungsbereich der UGP-RL nicht eröffnet (BGH GRUR 10, 455 Rn 20 – *Stumme Verkäufer II*). Auch wenn die Voraussetzungen des § 4 Nr 10 nicht vorliegen, bestehen doch deutliche Parallelen zur individuellen Behinderung durch Preisunterbietung in Verdrängungsabsicht, insbesondere im Fall des Verkaufs unter Einstandspreis sind die Übergänge fließend. Daher erscheint es gerechtfertigt, die allgemeine Marktstörung im Anhang zu § 4 Nr 10 zu kommentieren.

10/96 **b) Verhältnis zum Kartellrecht.** Während die **Marktverhaltenskontrolle** dem Lauterkeitsrecht obliegt, ist die Marktstrukturkontrolle grundsätzlich Aufgabe des Kartellrechts (s Einf D Rn 71). Im Fall der allgemeinen Marktstörung sollen sich jedoch beide Aufgabenbereiche überschneiden. Die Marktverhaltenskontrolle läuft in diesem Fall – ähnlich wie bei den die Kontrolle von Marktmacht betreffenden Bestimmungen der §§ 19 und 20 GWB, den den Wettbewerb als Institution zu schützen bestimmt sind – gleichzeitig auf eine **Marktstrukturkontrolle** hinaus (BGH GRUR 04, 602, 603 – *20 Minuten Köln;* Harte/Henning/*Omsels* § 4 Nr 10 Rn 245). § 3 I und die §§ 19, 20 GWB sind nach hM parallel anwendbar (*Köhler* GRUR 01, 1067, 1077 und WRP 05, 645, 653). Bei der lauterkeitsrechtlichen Beurteilung ist dabei die Zielsetzung des GWB zu berücksichtigen (BGH aaO; *Köhler* WRP 05, 645, 651f; Fezer/*Osterrieth* § 4-S 1 Rn 8, 114; MüKo/*Heermann* Anh B zu §§ 1–7 Rn 9; vgl auch BegrRegE UWG 2004, BT-Drucks 15/1487, S 19). Insbesondere betont die neuere Rechtsprechung, dass dem lauterkeitsrechtlichen Verbot **nicht die Wirkung zukommen darf,** ohnehin **bestehende Marktzutrittsschranken zu erhöhen** und damit zu einer **Marktabschottung** beizutragen (BGH aaO; *Köhler*/Bornkamm § 4 Rn 12.2; jurisPK-UWG/*Ullmann* § 3 Rn 29).

10/97 **c) Kritik.** Im Schrifttum werden seit langem begründete Zweifel an der Berechtigung dieser Fallgruppe geäußert (grundlegend *Lux* S 237, 372ff und passim; vgl auch *Emmerich* UWG § 19 Rn 3, 7; jurisPK-UWG/*Ullmann* § 3 Rn 28; MüKo/ *Heermann* Anh B zu §§ 1–7 Rn 74f; *Schricker* AfP 01, 101, 103, 106; *Steinbeck* GRUR 08, 848, 852; aA *Köhler* WRP 05, 645, 651f; *Koppensteiner* WRP 07, 475ff). Zwar hält der BGH an der Fallgruppe fest (zuletzt BGH GRUR 10, 455 Rn 20 – *Stumme Verkäufer II*), hat aber seit Inkrafttreten des UWG 2004, soweit ersichtlich, in keinem Fall einen Anspruch wegen unlauteren Wettbewerbs aus dem Gesichtspunkt der allgemeinen Marktstörung als begründet angesehen (jurisPK-UWG/*Ullmann* aaO; im Einzelfall abgelehnt in BGH GRUR 05, 1059 – *Quersubventionierung von Laborgemeinschaften;* BGH GRUR 09, 416 Rn 25 – *Küchentiefstpreis-Garantie;* BGH GRUR 10, 455 Rn 21 – *Stumme Verkäufer II;* s aber OLG Hamburg WRP 07, 210 = AfP 07, 223). Gewichtige Argumente sprechen dafür, die **praktisch weitgehend bedeutungslose Fallgruppe** auch **theoretisch abzuschaffen.** Systematisch handelt es sich nicht mehr um eine Marktverhaltenskontrolle. Die Marktstörung ist regelmäßig nicht deshalb zu beanstanden, weil sich der betreffende Unternehmer unlauter verhält – die Wendung „nicht unlauteres, aber bedenkliches" Verhalten (zB BGH aaO Rn 20 – *Stumme Verkäufer II)* ist von bezeichnender Ungenauigkeit –, sondern weil sein Verhalten zu einer Wettbewerbsbeschränkung bis hin zur Monopolstellung führen kann. Damit ist jedoch der Aufgabenbereich der Marktstrukturkontrolle eröffnet (s Rn 10/98), die durch das Kartellrecht bewirkt wird. Das kartellrechtliche Verfahren eignet sich besser zur Feststellung der Marktverhältnisse (vgl *Podszun* WRP 09, 509, 517). Zwar ist die Sicherung des Wettbewerbsbestandes in der Marktwirtschaft sicherlich ein zentrales Anliegen, und Lauterkeitsrecht und Kartellrecht dienen dem gemeinsamen Zweck, die Funktionsfähigkeit der Wettbewerbsordnung zu sichern (s Einf D Rn 70). Doch wird jedenfalls bei einer Analyse der bisherigen Rechtsprechung nicht deutlich, in welchen Konstellationen das Kartellrecht beim Schutz des Wettbewerbsbestands versagt hätte und der Unterstützung durch das UWG bedürfte. Im Gegenteil hat es den Anschein, als seien die vom RG im *Benrather Tankstellenfall* (RGZ 134, 342, 350ff) aufgestellten Grundsätze nach Erlass des GWB nicht grundlegend auf ihre Berechtigung überprüft worden (vgl etwa BGHZ 23, 365 = GRUR 57, 365, 366 – *SUWA,* wo ohne grundsätzliche Auseinandersetzung an die Rechtsprechung des RG angeknüpft wird). Vor allem wird das lauterkeitsrechtliche Verbot der allgemeinen Marktstörung mittlerweile dadurch diskreditiert, dass mit der Liberalisierung seine wesentlichen Anwendungsfälle zweifelhaft geworden sind. Die kostenlose Verteilung von Originalware ist grundsätzlich nicht zu beanstanden, sofern sie nicht als Missbrauch von Marktmacht gegen die §§ 19, 20 GWB verstößt. Die frühere strenge Beurteilung dieser Praxis war, ausgesprochen oder unterschwellig, von den Wertungen der ZugabeVO und des RabattG beeinflusst und hat daher nach deren Aufhebung eine wesentliche Rechtfertigung verloren. Gerade im Internet werden zahlreiche Dienstleistungen zum Nutzen der Verbraucher kostenfrei angeboten, in diesem Bereich haben sich neuartige Grundsätze der kaufmännischen Kalkulation herausgebildet. Vor allem die kostenlose Verteilung von Presseerzeugnissen, die früher von der Rechtsprechung weitgehend unterbunden wurde, erfährt mittlerweile zu Recht eine liberalere Beurteilung (s Rn 10/103). Bei der lauterkeitsrechtlichen Verurteilung von Preiskämpfen ist aus den oben genannten Gründen (Rn 10/94) größte Zurückhaltung geboten, und in den wirklich schwerwiegenden Fällen wird regelmäßig auch eine individuelle Behinderung des betroffenen Mitbewerbers (denkbar etwa in dem von *Köhler* WRP 05, 645, 653 zur Rechtfertigung der Fallgruppe genannten Beispiel des Preiskampfs zwischen zwei gleichstarken Unternehmen), meist auch ein kartellrechtlich relevanter Missbrauch einer marktbeherrschenden Stellung vorliegen. Aus diesen Gründen **sollte** die **Fallgruppe der allgemeinen Marktstörung aufgegeben** werden. Der Hinweis des Gesetzgebers auf deren Fortgeltung ist lediglich ein Bekenntnis zur kontinuierlichen Fortentwicklung des Wettbewerbsrechts, darf aber in diesem Punkt nicht zu einer Erstarrung der Rechtsprechung auf dem Stand des Jahres 2004 führen und steht daher einer weiteren Liberalisierung nicht im Wege. Nur unter diesem Vorbehalt werden im folgenden Text die bisherigen Grundsätze erläutert.

2. Allgemeine Voraussetzungen. Zentrale Voraussetzung einer allgemeinen Marktstörung ist die **Gefährdung des Wettbewerbsbestands** (BGHZ 114, 82, 84 = GRUR 91, 616, 617 – *Motorboot-Fachzeitschrift;* BGH GRUR 01, 80, 81 – *ad-hoc-Meldung;* BGH GRUR 04, 602, 603 – *20 Minuten Köln;* BGH GRUR 10, 455 Rn 20

– *Stumme Verkäufer II; Köhler*/Bornkamm § 4 Rn 12.4; MüKo/*Heermann* Anh B zu §§ 1–7 Rn 11 ff).
– Ihre Feststellung setzt zunächst voraus, dass der **relevante Markt** abgegrenzt wird. Hierfür können die im Kartellrecht entwickelten Grundsätze, insbesondere das Bedarfsmarktkonzept (hierzu BGH GRUR 86, 180 – *Edelstahlbestecke;* BGH GRUR 88, 323, 324 – *Gruner + Jahr/Zeit II*), entsprechend herangezogen werden (*Köhler*/ Bornkamm aaO; Fezer/*Osterrieth* § 4 S 1 Rn 105 ff; Harte/Henning/*Omsels* § 4 Nr 10 Rn 250; MüKo/*Heermann* Anh B zu §§ 1–7 Rn 11).
– Der Wettbewerbsbestand ist nicht schon gefährdet, wenn überkommene Wettbewerbsstrukturen durch die betreffende Wettbewerbshandlung in Frage gestellt werden. Nicht ausreichend ist beispielsweise die Gewährung besonders wertvoller Zugaben (OLG Köln GRUR-RR 05, 168, 169 – *Glow by J. Lo; Köhler* GRUR 01, 1067, 1077). Vielmehr muss die **Gefahr drohen,** dass der **Wettbewerb selbst wesentlich eingeschränkt** wird, sei es durch Monopolisierung, sei es durch die Verdrängung mehrerer kleinerer Wettbewerber (BGH GRUR 79, 321, 322 – *Verkauf unter Einstandspreis I;* BGH GRUR 90, 371, 372 – *Preiskampf; Köhler* WRP 05, 645, 652). Ob das der Fall ist, kann nur auf der Grundlage einer nicht ganz einfachen Prognose über die Marktentwicklung und einer Gesamtwürdigung aller Fallumstände angenommen werden (vgl *Ahrens* WRP 99, 123, 124 f; Fezer/*Osterrieth* § 4-S 1 Rn 109 ff; *Köhler*/Bornkamm § 4 Rn 12.12a; MüKo/*Heermann* Anh B zu §§ 1–7 Rn 15). Die Gefährdung muss anhand konkreter Umstände, etwa der Gefahr von Umsatzeinbußen, dargetan werden.
– Die Wettbewerbshandlung muss für die Wettbewerbsgefährdung ursächlich sein, was regelmäßig nur bei Handlungen marktstarker Unternehmen in Betracht kommt. Allerdings ist nach der Rechtsprechung auch eine mögliche Nachahmungsgefahr zu berücksichtigen (BGHZ 23, 365 = GRUR 57, 365, 367 – *SUWA;* BGHZ 43, 278 = GRUR 65, 489, 491 – *Kleenex;* BGH GRUR 90, 371, 372 – *Preiskampf;* aA *Köhler* WRP 05, 645, 652; krit auch MüKo/*Heermann* Anh B zu §§ 1–7 Rn 19).
– Schließlich kann eine Gefährdung des Wettbewerbsbestands auch Ausdruck einer **erwünschten Fortentwicklung** des Marktes sein (vgl BGH GRUR 04, 602, 604 f – *20 Minuten Köln; Köhler*/Bornkamm § 4 Rn 12.12; Fezer/*Osterrieth* § 4-S 1 Rn 142). Die Feststellung der Gefährdung allein reicht also zur Begründung der Unlauterkeit noch nicht hin. Vielmehr muss eine **umfassende Interessenabwägung** erfolgen (*Köhler* aaO; *Emmerich* UnlWettb § 19 Rn 7), bei der insbesondere den Wertungen der Verfassung Bedeutung zukommt (zum Einfluss des Art 5 I GG auf die Rechtsprechung zur Gratisverteilung von Presseerzeugnissen s Rn 10/ 102 f).

10/99 **3. Fallgruppen. a) Kostenlose Verteilung von Originalware. aa) Grundsatz.** Die kostenlose Abgabe von Waren oder Erbringung von Dienstleistungen ist grundsätzlich nicht unlauter, soweit sie sich innerhalb der allgemeinen Schranken des Lauterkeitsrechts (vgl insb § 4 Nr 1, 4, 5; § 5) und des Kartellrechts (vgl Art 102 AEUV; §§ 19, 20 GWB) bewegt. Seit der Abschaffung von ZugabeVO und RabattG steht es jedem Unternehmer in diesem Rahmen frei, Wertreklame zur Absatzförderung einzusetzen oder seine Produkte auf andere Weise als durch ein Entgelt des Kunden zu finanzieren. Gerade das Internet hat eine Fülle werbefinanzierter und für den Nutzer unentgeltlicher Angebote hervorgebracht und damit zu einer Intensivierung des Wettbewerbs zum Nutzen der Verbraucher beigetragen. Die Rechtsprechung zu § 1 aF, deren Leitentscheidungen allerdings durchweg älteren Datums sind (s aber OLG Hamburg WRP 07, 210), erlaubte die kostenlose Abgabe von Originalware zu Erprobungszwecken, beurteilte sie aber im Übrigen unter den Gesichtspunkten der Marktverstopfung und des Gewöhnungseffekts sehr streng (s folgende Rn). Im Schrifttum hat diese Rechtsprechung verbreitete Kritik hervorgerufen (vgl *Leh*-

Gezielte Behinderung § 4.10 UWG

mann, Die Werbung mit Geschenken, 144ff., 166, 198ff; *Knöpfle,* Die marktbezogene Unlauterkeit, S 78ff; *Köhler*/Bornkamm § 4 Rn 12.19; *Emmerich* UWG § 19 Rn 13f; Fezer/*Osterrieth* § 4-S 1 Rn 186ff; MüKo/*Heermann* Anh B zu §§ 1–7 Rn 30). Eine **Liberalisierung** durch den BGH wäre **wünschenswert** und käme **nicht unerwartet**.

bb) Abgabe zu Erprobungszwecken. Die unentgeltliche Abgabe von Waren ist 10/100 jedenfalls dann lauterkeitsrechtlich nicht zu beanstanden, wenn sie der Einführung eines neuen Produkts dient und vom Erprobungszweck gedeckt wird (BGHZ 43, 278 = GRUR 65, 489, 491 – *Kleenex;* bestätigt in BGH GRUR 69, 295, 297 – *Goldener Oktober;* BGH GRUR 75, 26, 27f – *Colgate* m zust Anm *Klaka;* enger zuvor BGHZ 23, 365 – *SUWA;* vgl auch *Köhler*/Bornkamm § 4 Rn 12.18; Harte/Henning/*Omsels* § 4 Nr 10 Rn 262; Fezer/*Osterrieth* § 4-S 1 Rn 180ff). Zur Frage, wie weit die Rechtfertigung durch den Erprobungszweck reicht, hat sich eine ausdifferenzierte Spruchpraxis entwickelt, die allerdings wegen ihrer Kleinlichkeit kritisiert wird (vgl Harte/Henning/*Omsels* aaO) und deren Aktualität unter Geltung des neuen UWG höchst fraglich ist. Beurteilungskriterien sind demnach die Menge der abgegebenen Ware, die Zumutbarkeit des Ausweichens auf Probepackungen und die Notwendigkeit der kostenlosen Abgabe zur Überwindung von Vorurteilen und zur Erschließung neuer Abnehmerkreise (vgl *Köhler, Omsels, Osterrieth* aaO).

cc) Fehlen des Erprobungszwecks. Im Übrigen kommt es darauf an, ob durch 10/101 die Gewährung der kostenlosen Leistung die ernsthafte Gefahr begründet wird, dass der Leistungswettbewerb auf einem bestimmten Markt in nicht unerheblichem Maße eingeschränkt wird (BGHZ 114, 82 = GRUR 91, 616 – *Motorboot-Fachzeitschrift;* BGH GRUR 01, 80, 81 – *ad-hoc-Meldung; Köhler*/Bornkamm § 4 Rn 12.19; Fezer/*Osterrieth* § 4-S 1 Rn 183). Ob dies der Fall ist, hängt von den oben genannten Voraussetzungen, insbesondere der Beschaffenheit des Marktes und dem Umfang der Aktion ab. Vor allem die ältere Rechtsprechung neigte dazu, eine Marktstörung unter den Gesichtspunkten des Gewöhnungseffekts und der Marktverstopfung zu bejahen. Von einem **Gewöhnungseffekt** soll auszugehen sein, wenn der Kunde sich an das Produkt so sehr gewöhnt, dass er auch nach Beendigung der unentgeltlichen Verteilung davon absieht, die Angebote der Mitbewerber unbeeinflusst auf ihre Güte und Preiswürdigkeit zu überprüfen, sie mit den Angeboten der Mitbewerber zu vergleichen und danach seine Wahl zu treffen (BGH GRUR 65, 489, 491 – *Kleenex*). Mit dem modernen Verbraucherleitbild ist dieser Ansatz nur noch schwer zu vereinbaren (Fezer/*Osterrieth* § 4-S 1 Rn 191). Eine **Marktverstopfung** soll vorliegen, wenn Mitbewerbern für einen längeren Zeitraum die Möglichkeit genommen wird, ihre entgeltlichen Produkte abzusetzen (BGH GRUR 75, 26, 29 – *Colgate*). Dabei soll die Gefahr der Nachahmung durch andere Mitbewerber zu berücksichtigen sein. Unter Anwendung dieser Grundsätze erklärte der BGH die Abgabe von entgeltlichen Tageszeitungen über ungesicherte „stumme Verkäufer" ebenso für unzulässig (BGH GRUR 96, 778, 780 – *Stumme Verkäufer I,* s zur heutigen Rechtslage Rn 10/103) wie den kostenlosen Abdruck privater Anzeigen in einer Fachzeitschrift (BGH GRUR 91, 616, 617 – *Motorboot-Fachzeitschrift;* OLG Hamburg WRP 07, 210 = AfP 07, 223, zur Kritik s Rn 10/103). Zulässig soll hingegen der kostenlose Abdruck von Privatanzeigen in Annoncenblättern ohne redaktionellen Teil sein (BGH GRUR 90, 44, 45 – *Annoncen-Avis* für ein entgeltliches Blatt; OLG Hamm WRP 77, 271 für ein unentgeltliches Blatt; *Köhler*/Bornkamm § 4 Rn 12.28). Zu Recht sind **neuere Urteile** bei der Annahme einer Marktstörung **wesentlich zurückhaltender**. Sie fehlt etwa beim Angebot einer für Damen kostenlosen Partnervermittlung (BGH GRUR 93, 483, 484 – *Unentgeltliche Partnervermittlung),* der kostenlosen Registrierung einer „„de"-Domain (KG GRUR-RR 01, 279, 280 – *„de"-Adresse)* oder einer Aktion, bei dem sämtliche Mobilfunkkunden an einem Tag kostenlos telefonieren können (OLG Düsseldorf WRP 99, 865, 868).

10/102 **b) Gratisverteilung von Presseerzeugnissen. aa) Frühere Rechtsprechung.** Die frühere Rechtsprechung stand der kostenlosen Verteilung von Presseerzeugnissen, insbesondere von anzeigenfinanzierten Zeitungen mit redaktionellem Teil, kritisch gegenüber. Ein Verstoß gegen § 1 aF sollte demnach insbesondere dann vorliegen, wenn der redaktionelle Teil des Anzeigenblattes geeignet ist, für einen nicht unerheblichen Teil des Publikums eine Tageszeitung zu ersetzen, und wenn die ernstliche Gefahr besteht, dass deshalb die Tagespresse als Institution in ihrem durch Art 5 I 2 GG verfassungsrechtlich garantierten Bestand bedroht ist (vgl BGHZ 19, 393 = GRUR 56, 223, 225 – *Freiburger Wochenbericht*; BGHZ 51, 236 = GRUR 69, 287, 290 – *Stuttgarter Wochenblatt I* m Anm *Hefermehl* und die Nachw in BGH GRUR 85, 881, 882f – *Bliestal-Spiegel*; BGH GRUR 04, 602, 604 – *20 Minuten Köln; Teplitzky* GRUR 99, 108). Auch der **kostenlose Abdruck von Anzeigen** in einer Zeitschrift sollte als allgemeine Marktstörung unlauter sein (BGH GRUR 91, 616, 617 – *Motorboot-Fachzeitschrift* m abl Anm *Rohnke*; ebenso noch OLG Hamburg WRP 07, 210 = AfP 07, 223 – *Fliegerzeitschrift*; zur Kritik s Rn 10/103). Ein allmählicher Wandel in der Beurteilung zeichnete sich ab, als der BGH die Gratisverteilung eines anzeigenfinanzierten lokalen Wochenblatts mit der Begründung zuließ, eine Gefährdung der Tagespresse sei nicht ersichtlich (BGH GRUR 85, 881, 882f – *Bliestal-Spiegel* m zust Anm *Hefermehl*), und auch bei der kostenlosen Verteilung von Fachzeitschriften dazu überging, das Vorliegen einer ernsthaften Gefahr für den Wettbewerbsbestand im Einzelfall zu prüfen (BGHZ 81, 391 = GRUR 82, 53, 54 – *Bäckerfachzeitschrift*; strenger zuvor BGH GRUR 77, 608 – *Feld und Wald II*).

10/103 **bb) Liberalisierung.** In seinem Urteil *20 Minuten Köln* ist der BGH deutlich von seiner früheren Rechtsprechung abgerückt (BGH GRUR 04, 602, ebenso die weitgehend inhaltsgleiche Parallelentscheidung *Freiburger Zeitung zum Sonntag*; zuvor bereits OLG Karlsruhe WRP 98, 525 und OGH ÖBl 03, 130, 132 – *Lesezirkel*). Demnach ist der unentgeltliche Vertrieb einer anzeigenfinanzierten Tageszeitung auch dann nicht wettbewerbswidrig, wenn er zu Absatzeinbußen der bestehenden Kauf- und Abonnementszeitungen führt. Bei der verfassungsrechtlichen Beurteilung genießt die traditionelle Presse gegenüber anzeigenfinanzierten Blättern keinen Vorrang. Auch wenn die Gefahr der Einflussnahme der Werbetreibenden auf die Arbeit, Ausrichtung und personelle Besetzung der Redaktion nicht von der Hand zu weisen ist, rechtfertigt diese abstrakte Gefahr kein präventives Verbot. Da der Wettbewerb auf dem Zeitungsmarkt in vielen Regionen ohnehin zum Erliegen gekommen ist, stellt die Gratisverteilung anzeigenfinanzierter Zeitungen nach Ansicht des BGH häufig die einzige Möglichkeit dar, den etablierten Zeitungen Konkurrenz zu machen. Diesen aufkeimenden Wettbewerb mit Hilfe des Lauterkeitsrechts zu verbieten und sich zur Rechtfertigung auf den Schutz des Wettbewerbs zu berufen, hieße, die Dinge auf den Kopf zu stellen. Im Schrifttum ist diese Entwicklung größtenteils auf Zustimmung gestoßen (*Berst* AfP 99, 425ff; *Fezer/Osterrieth* § 4-S 1 Rn 241; *Köhler* WRP 98, 455; *Lahusen*, GRUR 05, 221, 224f; *Mann* WRP 99, 740; MüKo/*Heermann* Anh B zu §§ 1–7 Rn 50f; *Ruess/Tellmann* WRP 04, 665; ebenso zuvor bereits *Schricker* GRUR 80, 194 und AfP 01, 101 aA *Ahrens* WRP 99, 123). Die **frühere Rechtsprechung** dürfte damit **weitgehend gegenstandslos** geworden sein (vgl Harte/Henning/*Omsels* § 4 Nr 10 Rn 256). Erst recht sind „stumme Verkäufer", also ungesicherte Verkaufshilfen für Zeitungen, zulässig: Wenn schon die Gratisabgabe von Zeitungen erlaubt ist, dann erst Recht der Verkauf, bei dem die Erbringung der Gegenleistung nicht überwacht und so eine erhebliche „Schwundquote" in Kauf genommen wird (BGH GRUR 10, 455 Rn 22 – *Stumme Verkäufer II* unter Aufgabe von BGH GRUR 96, 778 – *Stumme Verkäufer I*, allerdings mit dem Vorbehalt, es dürfe nicht durch eine dauerhafte Abgabe unter Selbstkosten zu einer Gefährdung des Wettbewerbs kommen). Auch der **kostenlose Abdruck privater Anzeigen,** der in der neueren Rechtsprechung noch als allgemeine Marktstörung angesehen wurde

Gezielte Behinderung **§ 4.10 UWG**

(OLG Hamburg WRP 07, 210 = AfP 07, 223, vgl aber BGH GRUR 90, 44, 45 – *Annoncen-Avis*), ist aus den gleichen Gründen nicht zu beanstanden (ebenso Fezer/ Osterrieth § 4-S 1 Rn 227; *Köhler*/Bornkamm § 4 Rn 12.28; MüKo/*Heermann* Anh B zu §§ 1–7 Rn 48; *Rohnke* GRUR 91, 767; *Wenzel* AfP 92, 44). Das Angebot von Presseerzeugnissen, deren Finanzierung neuen Modellen folgt, belebt den Wettbewerb, ihr Verbot erhöht bestehende Marktzutrittsschranken.

c) Preisunterbietung. Die Preisunterbietung ist eine Erscheinungsform des Leistungswettbewerbs und daher an sich **selbstverständlich zulässig** (s Rn 10/91). Die Rechtsprechung sieht den Verkauf unter Einstandspreis (zum Begriff Rn 10/91) nur ausnahmsweise in zwei Fallgestaltungen als unlauter an. Erstens liegt ein Fall der gezielten Behinderung (§ 4 Nr 10) vor, wenn die Preisunterbietung dazu dient, einen bestimmten Mitbewerber vom Markt zu verdrängen (s dazu Rn 10/94). Zweitens soll die Preisunterbietung unter dem Gesichtspunkt der allgemeinen Marktstörung unlauter sein, wenn sie sachlich nicht gerechtfertigt ist und dazu führen kann, dass der Wettbewerb auf diesem Markt nahezu oder völlig aufgehoben wird (RGZ 134, 342, 350 ff – *Benrather Tankstellenfall;* bestätigt in BGH 79, 321, 323 – *Verkauf unter Einstandspreis I;* BGH GRUR 90, 371, 372 – *Preiskampf;* GRUR 90, 685, 687 – *Anzeigenpreis I;* BGH GRUR 09, 416 Rn 25 – *Küchentiefstpreis-Garantie; Köhler*/Bornkamm § 4 Rn 12.14; Fezer/*Osterrieth* § 4-S 1 Rn 267 ff). Ob das der Fall ist, kann nur auf der Grundlage einer nicht ganz einfachen Prognose über die Marktentwicklung und einer Gesamtwürdigung aller Fallumstände angenommen werden (vgl BGH GRUR 09, 416 Rn 25 – *Küchentiefstpreis-Garantie*). Bejaht wurde eine Marktstörung durch Preisunterbietung im Fall eines Preiskampfs zweier marktstarker Schallplattenunternehmen, der nach tatrichterlicher Prognose die Verdrängung kleinerer Unternehmen zur Folge gehabt hätte (BGH GRUR 90, 371, 372 – *Preiskampf;* ähnl OLG Karlsruhe WRP 02, 750, 751 – *Preisunterbietung*). Insgesamt hat die Fallgruppe seit Einführung des modernen Kartellrechts nur **geringe praktische Bedeutung** erlangt, sofern man sie vom kostenlosen Angebot von Produkten abgrenzt. Es sind kaum Fälle ersichtlich, die nicht auf der Grundlage der gezielten Behinderung (§ 4 Nr 10) oder der kartellrechtlichen Missbrauchstatbestände (§§ 19, 20 GWB) überzeugender hätten gelöst werden können (ähnlich *Köhler*/Bornkamm § 4 Rn 12.16). 10/104

d) Weitere Fälle. Die allgemeine Marktstörung ist zwar grundsätzlich nicht auf die Fallgruppen des Angebots kostenloser Produkte und der Preisunterbietung beschränkt, hat im Übrigen aber kaum Bedeutung erlangt. Keine Marktstörung wird verursacht durch Werbeblocker, die zu Beginn einer Werbeinsel auf ein anderes Fernsehprogramm und zu deren Ende wieder zurückschalten (BGH GRUR 04, 877, 880 – *Werbeblocker*), durch Sniper-Software, die für den Nutzer die Ersteigerung eines Produkts bei Online-Versteigerungen übernimmt (Harte/Henning/*Omsels* § 4 Nr 10 Rn 272), durch kostenlose bzw weit unter Einstandspreis liegende Angebote (KG GRUR-RR 01, 279, 280; OLG Düsseldorf WRP 99, 865, 868; OLG Frankfurt NJW-RR 05, 1202, 1204) oder durch die werbliche Aufforderung, bestimmte Anschaffungen bis zur Eröffnung eines neuen Geschäfts zurückzustellen (BGH GRUR 01, 752, 753 f – *Eröffnungswerbung*). 10/105

UWG § 4.11

Rechtsbruch

§ 4 Beispiele unlauterer geschäftlicher Handlungen
Unlauter handelt insbesondere, wer

...

11. einer gesetzlichen Vorschrift zuwiderhandelt, die auch dazu bestimmt ist, im Interesse der Marktteilnehmer das Marktverhalten zu regeln.

Inhaltsübersicht

	Rn
A. Allgemeines	11/1
I. Normzweck und Systematik	11/1
1. Normzweck	11/1
2. Systematik	11/2
II. Entstehungsgeschichte	11/3
1. Frühere Rechtsprechung	11/3
2. Die Neuausrichtung durch Abgasemissionen	11/4
3. Das UWG 2004/2008	11/5
III. Unionsrechtlicher Rahmen	11/6
1. Primärrecht	11/6
2. Sekundärrecht	11/7
a) Überblick	11/7
b) Richtlinie über unlautere Geschäftspraktiken	11/7a
IV. Verhältnis zu anderen Vorschriften	11/8
1. § 3	11/8
2. § 5a	11/8a
3. Verhältnis zur Primärnorm	11/9
a) Grundsatz	11/9
b) Abschließende Regelungen	11/10
c) UWG und Verwaltungsrecht	11/11
B. Voraussetzungen	11/12
I. Gesetzliche Vorschrift	11/12
1. Begriff	11/12
2. Abgrenzungen	11/13
II. Regelung des Marktverhaltens im Interesse der Marktteilnehmer	11/14
1. Marktverhaltensregelung	11/14
a) Grundsatz	11/14
b) Begriff	11/15
c) Abgrenzung 1: Vorfeld des Marktverhaltens	11/16
aa) Grundsatz	11/16
bb) Beispiele	11/17
d) Abgrenzung 2: Marktzutrittsregelungen	11/18
aa) Grundsatz	11/18
bb) Doppelfunktion	11/19
cc) Beispiele	11/20
2. Im Interesse der Marktteilnehmer	11/21
a) Grundsatz	11/21
b) Interessen der Mitbewerber	11/22
c) Interessen der Marktgegenseite	11/23
aa) Entscheidungsfreiheit	11/23

	Rn
bb) Allgemeiner Rechtsgüterschutz	11/24
cc) Kritik	11/25
III. Zuwiderhandlung	11/26
1. Geschäftliche Handlung	11/26
2. Verwirklichung sämtlicher Tatbestandsmerkmale	11/27
3. Keine zusätzlichen subjektiven Erfordernisse	11/28
4. Täterschaft und Teilnahme	11/29
IV. Spürbarkeit der Beeinträchtigung	11/30
C. Einzelne Regelungen	11/31
I. Berufsspezifische Vorschriften	11/31
1. Allgemeines	11/31
2. Rechtsanwälte, Notare	11/32
a) Zugangsregeln	11/32
aa) Rechtsgrundlage	11/32
bb) Verfassungs- und unionsrechtliche Beurteilung	11/33
cc) Marktverhaltensregelung	11/34
dd) Rechtsdienstleistung	11/35
ee) Einzelfälle	11/36
b) Berufsausübungsregeln	11/38
c) Werberegeln	11/39
aa) Entwicklung, Rechtsgrundlagen	11/39
bb) Marktverhaltensregeln	11/40
cc) Gebot der Berufsbezogenheit	11/41
dd) Sachlichkeitsgebot	11/42
(1) Grundsatz	11/42
(2) Der Form nach unsachliche Werbung	11/43
(3) Dem Inhalt nach unsachliche Werbung	11/44
ee) Verbot der Mandatswerbung im Einzelfall	11/45
ff) Spezialvorschriften	11/46
gg) Notare	11/47
3. Steuerberatung	11/48
a) Zugangsregelungen	11/48
b) Berufsausübungsregeln	11/49
c) Werberegeln	11/50
4. Wirtschaftsprüfer	11/51
5. Heilberufe	11/52
a) Zugangsregeln	11/52
b) Berufsausübungsregeln	11/53
c) Werberegeln	11/54
aa) Grundsatz	11/54
bb) Sachlichkeitsgebot	11/55
cc) Irreführende und vergleichende Werbung	11/56
dd) Kilinikprivileg	11/57
6. Architekten, gewerbliche Berufe, Personenbeförderung	11/58
II. Produktspezifische Vorschriften	11/59
1. Absatzverbote und -beschränkungen	11/59
a) Marktverhaltensregelungen	11/59
b) Arzneimittelrecht	11/60
c) Lebensmittelrecht	11/61
d) Sonstige Bestimmungen	11/62
2. Kennzeichnungs- und Informationspflichten	11/63
a) Kennzeichnungspflichten und andere Pflichten zur Information vor Vertragsschluss	11/63

       b) Information über sachgerechte Nutzung von Produkten   11/65
   3. Produktspezifisches Werberecht 11/66
       a) Allgemeines 11/66
       b) Heilmittelwerberecht. 11/67
           aa) Marktverhaltensregelung 11/67
           bb) Verfassungs- und unionsrechtliche Aspekte 11/68
           cc) Anwendungsbereich 11/69
           dd) Einzelne Bestimmungen 11/70
               (1) Überblick 11/70
               (2) Irreführende Heilmittelwerbung (§ 3 HWG) . .   11/70a
               (3) Werbung für nicht zugelassene Arzneimittel
                   (§ 3a HWG) 11/70b
               (4) Pflichtangaben (§ 4 HWG) 11/70c
               (5) Beschränkung bestimmter Werbeformen
                   (§§ 4a, 5, 7–9 HWG) 11/70d
               (6) Sachliche Beschränkungen der Publikums-
                   werbung (§§ 10, 12 HWG) 11/70e
               (7) Inhaltliche Beschränkungen der Publikums-
                   werbung (§ 11 HWG) 11/70f
       c) Lebensmittelrecht 11/71
   III. Vertriebsbezogene Vorschriften 11/72
       1. Preisvorschriften 11/72
       2. Vorschriften über Preisangaben 11/73
       3. Vorschriften über Geschäftszeiten 11/74
       4. Informationspflichten 11/75
           a) Allgemeines 11/75
           b) Information über Unternehmensidentität 11/76
           c) Informationspflichten bei Vertragsschluss 11/77
       5. Sonstige zivilrechtliche Vorschriften 11/78
           a) AGB-Kontrolle 11/78
           b) Datenschutzrecht 11/79
           c) Allgemeines Gleichbehandlungsgesetz (AGG) 11/80
       6. Jugendschutz 11/81
       7. Glücksspiele 11/82
           a) Strafrechtlicher Rahmen 11/82
           b) Staatliches Glücksspielmonopol: Verfassungs- und uni-
              onsrechtliche Aspekte 11/83
           c) Glücksspielstaatsvertrag 11/84
           d) Lauterkeitsrechtliche Beurteilung 11/85
       8. Sonstige Strafvorschriften 11/86
           a) §§ 16–19 UWG 11/86
           b) Straftaten gegen die öffentliche Ordnung und die se-
              xuelle Selbstbestimmung 11/87
           c) Eigentums- und Vermögensdelikte 11/88
           d) Straftaten gegen den Wettbewerb 11/89
           e) Bestechlichkeit und Bestechung, Vorteilsannahme und
              Vorteilsgewährung 11/90
       9. Beihilfen- und Vergaberecht 11/91

Literatur: *Beater,* Rechtsvergleichende und europarechtliche Bemerkungen zum neuen § 4 Nr 11 UWG, FS Schricker, 2005, 629; *ders,* Allgemeininteressen und UWG, WRP 2012, 6; *Büttner,* Sittenwidrige Wettbewerbshandlung durch Gesetzesverstoß in der neuen Rechtsprechung des BGH, FS Erdmann, 2002, S 545; *Dettmar,* Unlauterer Wettbewerb durch Rechtsbruch nach Maßgabe des § 4 Nr 11 UWG nF, 2007; *Doepner,* Unlauterer Wettbewerb durch Rechtsbruch –

Rechtsbruch **§ 4.11 UWG**

Quo vadis?, GRUR 2003, 825; *ders,* Unlauterer Wettbewerb durch Verletzung von Marktzutrittsregelungen?, WRP 2003, 1292; *Elskamp,* Gesetzesverstoß und Wettbewerbsrecht, 2008; *Ernst,* Abmahnung auf Grund von Normen außerhalb des UWG, WRP 2004, 1133; *Fezer,* Lebensmittelimitate, gentechnisch veränderte Produkte und CSR-Standards als Gegenstand des Informationsgebots im Sinne des Art 7 UGP-RL – Lauterkeitsrechtliche Informationspflichten nach § 5a UWG zum Schutz vor irreführender Lebensmittelvermarktung, WRP 2010, 577; *Frenzel,* Neukonzeption des Rechtsbruchtatbestandes ist abgeschlossen, WRP 2004, 1137; *Frey-Gruber,* Der Rechtsbruchtatbestand im UWG, 2010; *Gärtner/Heil,* Kodifizierter Rechtsbruchtatbestand und Generalklausel, WRP 2005, 20; *Glöckner,* Rechtsbruchtatbestand oder ... The Saga Continues!, GRUR 2013, 568; *Götting,* Der Rechtsbruchtatbestand, FS Schricker, 2005, 689; *Gröning,* Kommunalrechtliche Grenzen der wirtschaftlichen Betätigung der Gemeinden und Drittschutz auf dem ordentlichen Rechtsweg, WRP 2002, 17; *Haslinger,* Schutzlos gegen rechtswidrigen Marktzutritt der öffentlichen Hand – „Erwünschte Belebung des Wettbewerbs"?, WRP 2002, 1023; *Höffinghoff,* Vorsprung durch Rechtsbruch in Deutschland und Spanien, 2004; *Jennert,* Rechtsschutz bei rechtswidrig unterlassener Ausschreibung, WRP 2002, 507; *Köhler,* Wettbewerbsverstoß durch rechtswidrigen Marktzutritt?, GRUR 2001, 777; *ders,* Der Rechtsbruchtatbestand im neuen UWG, GRUR 2004, 381; *ders,* Dogmatik des Beispielskatalogs des § 4 UWG, WRP 2012, 638; *Lettl,* Der unlautere Wettbewerb durch Rechtsbruch in der instanzgerichtlichen Rechtsprechung, GRUR-RR 2004, 225; *Mees,* Einheitliche Beurteilung der Sittenwidrigkeit im Sinne des § 1 UWG bei Verstößen gegen wertbezogene und wertneutrale Normen, GRUR 1996, 644; *Omsels,* Die Auswirkungen einer Verletzung richtlinienwidriger Marktverhaltensregeln auf § 4 Nr 11 UWG, WRP 2013, 1286; *Piper,* Warenproduktion und Lauterkeitsrecht, WRP 2002, 1197; *Sack,* Gesetzwidrige Wettbewerbshandlungen nach der UWG-Novelle, WRP 2004, 1307; *ders,* Die lückenfüllende Funktion der Generalklausel des § 3 UWG, WRP 2005, 531; *Schaffert,* Der durch § 4 Nr 11 UWG bewirkte Schutz der Mitbewerber, FS Ullmann, 2006, 845; *Scherer,* Marktverhaltensregeln im Interesse der Marktbeteiligten – Funktionsorientierte Ausrichtung des neuen Rechtsbruchtatbestandes in § 4 Nr 11 UWG, WRP 2006, 401; *Schricker,* Gesetzesverletzung und Sittenverstoß, 1970; *Tilmann,* Privatwirtschaftliche Tätigkeit der Kommunen, FS Schricker, 2005, 763; *Ullmann,* Das Koordinatensystem des Rechts des unlauteren Wettbewerbs im Spannungsfeld von Europa und Deutschland, GRUR 2003, 817; *v. Walter,* Rechtsbruch als unlauteres Marktverhalten, 2007; *Weber,* Unlauterer Wettbewerb und Vertrauensschutz – *causa finita?,* FS Doepner, 2008, 69. S auch die Literaturhinweise vor C I, II und III.

A. Allgemeines

I. Normzweck und Systematik

1. Normzweck. Diese Vorschrift kodifiziert die Fallgruppe des Rechtsbruchs, **11/1** die bereits unter § 1 aF anerkannt war (s Rn 11/3f). § 4 Nr 11 stellt Voraussetzungen auf, unter denen der Verstoß gegen eine gesetzliche Vorschrift außerhalb der §§ 3–7 als unlautere geschäftliche Handlung zu beurteilen ist, und verschafft daher als **Transformationsnorm** außerwettbewerbsrechtlichen Vorschriften lauterkeitsrechtliche Wirkung. Die Vorschrift erfüllt damit innerhalb des UWG eine **ähnliche Funktion wie § 823 II BGB** im bürgerlichen Recht. Praktisch bewirkt § 4 Nr 11, dass zahlreiche Normen des Berufsrechts und des Verwaltungsrechts, soweit sie eine Regelung des Marktverhaltens bezwecken, unabhängig vom Bestehen eines öffentlich-rechtlichen Drittschutzes auf dem Zivilrechtsweg schnell und effektiv durchgesetzt werden können (*Doepner* GRUR 03, 825, 826; GK/*Metzger* § 4 Nr 11 Rn 24f mit ökonomischer Analyse). Praktisch hat § 4 Nr 11 daher erhebliche Bedeutung. Allerdings birgt die nahezu unbegrenzte Anspruchsberechtigung von Mitbewerbern gegen Rechtsverstöße von Unternehmern auch Missbrauchsgefahren (GK/*Metzger* aaO Rn 27): Anders als Verbraucherverbände sind Mitbewerber nicht dem Verbraucher- und Allgemeininteresse verpflichtet, sondern setzen Unterlassungsansprüche strategisch ein. Zudem steht die strikte Rechtmäßigkeitskontrolle des Marktverhaltens, die auf der Grundlage des § 4 Nr 11 stattfindet (s Rn 11/4 aE) im Spannungsverhältnis zu dem im Verwaltungsrecht herrschenden Opportunitätsprinzip (Rn 11/11).

2. Systematik. Ebenso wie unter § 823 II BGB erfolgt die Prüfung des § 4 Nr 11 im Wesentlichen in **zwei logischen Schritten** (*Doepner* GRUR 03, 825, 830): **(1)** Wurde gegen die – regelmäßig außerwettbewerbsrechtliche – **Primärnorm** verstoßen? **(2)** Sind die Voraussetzungen der **Transformationsnorm** (§§ 4 Nr 11; 3 I) erfüllt? Handelt es sich also um eine gesetzliche Vorschrift, die auch dazu bestimmt ist, im Interesse der Marktteilnehmer das Marktverhalten zu regeln, und werden die Interessen der übrigen Marktteilnehmer nicht nur unwesentlich beeinträchtigt? Wenn beide Fragen zu bejahen sind, dann liegt eine unlautere Wettbewerbshandlung vor und es bestehen Ansprüche gem §§ 8 ff.

II. Entstehungsgeschichte

1. Frühere Rechtsprechung. Bis zum Inkrafttreten des UWG nF existierte für die Fallgruppe des Rechtsbruchs keine besondere gesetzliche Regelung. Die Rspr zu § 1 aF unterschied zwischen **„wertbezogenen"** und **„wertneutralen"** Normen (zur Entwicklung vgl *Glöckner* GRUR 13, 568, 569; GK/*Metzger* § 4 Nr 11 Rn 1 ff; *Götting* FS Schricker, 2005, 689, 690 ff; Harte/Henning/*v Jagow* § 4 Nr 11 Rn 3 ff; *v Walter* S 9 ff). Als wertbezogen galten Normen, die sittlich fundiert waren, und Normen, die unmittelbare Wettbewerbsbezogenheit aufwiesen oder besonders wichtige Gemeinschaftsgüter schützten wie zB die Volksgesundheit, die Rechtspflege, die Umwelt oder den Wettbewerb als Institution. Der Verstoß gegen solche Normen rechtfertigte grundsätzlich per se das Unlauterkeitsurteil. Als wertneutral wurden hingegen Normen angesehen, die lediglich Ausdruck ordnender Zweckmäßigkeit waren. Ihre Verletzung galt grundsätzlich erst dann als wettbewerbswidrig, wenn der Handelnde den Gesetzesverstoß bewusst und planmäßig verwirklichte, obwohl für ihn erkennbar war, dass er dadurch einen sachlich ungerechtfertigten Vorsprung vor gesetzestreuen Mitbewerbern erlangen konnte **(Vorsprungsgedanke).** An dieser Rechtsprechung wurde im Schrifttum zunehmend Kritik geübt. Beanstandet wurden eine zu extensive Anwendung der Fallgruppe, Mängel in der dogmatischen Absicherung, Rechtsunsicherheit sowie eine Kompetenzüberschreitung durch die Wettbewerbsgerichte bei der Beurteilung außerwettbewerbsrechtlicher, insbesondere öffentlich-rechtlicher Normen (*Beater,* Schutzzweckdenken im Wettbewerbsrecht, 2000, S 35 ff; *Doepner* WRP 03, 1292 ff; *Emmerich* JuS 00, 191, 192; *Quack,* FS Trinkner, 1995, 265 ff; *Sack* WRP 98, 683 ff; *Schricker,* Gesetzesverletzung und Sittenverstoß, 1970, S 34 ff, 41, 239; *Stolterfoth,* FS Rittner, 1991, 695, 703 f; *Tettinger* NJW 98, 3473, 3476; *Tilmann* WRP 87, 293, 297 f; GK[1]/*Teplitzky* § 1 G Rn 7 ff, 260 ff).

2. Die Neuausrichtung durch *Abgasemissionen*. Unter dem Eindruck dieser Kritik relativierte der BGH seit Ende der 1990er Jahre den Grundsatz, dass die Verletzung wertbezogener Normen per se das Unlauterkeitsurteil nach sich zieht (BGH GRUR 98, 407, 411 – *Tiapridal;* BGHZ 140, 134, 138 f = GRUR 99, 1128, 1129 – *Hormonpräparate;* GRUR 00, 237, 238 – *Giftnotrufbox*). Mit dem Urteil *Abgasemissionen* (BGHZ 144, 255 = GRUR 00, 1076) wandte sich der BGH offen von der Unterscheidung zwischen wertbezogenen und wertneutralen Vorschriften ab. Seither bejaht der BGH Unlauterkeit in diesen Fällen nur noch unter der Voraussetzung, dass die verletzte Norm eine **zumindest sekundäre wettbewerbsbezogene,** dh eine auf die Lauterkeit bezogene **Schutzfunktion** aufweist (BGH GRUR 01, 354, 356 – *Verbandsklage gegen Vielfachabmahner;* BGHZ 150, 323, 347 f = GRUR 02, 825, 826 – *Elektroarbeiten;* GRUR 03, 164, 165 – *Altautoverwertung;* zust *Köhler* NJW 02, 2761, 2762 f; *Ullmann* GRUR 03, 817, 820 ff; *v. Ungern-Sternberg,* FS Erdmann, 2002,

Rechtsbruch **§ 4.11 UWG**

741 ff; krit *Dettmar* S 103 ff; *Doepner* WRP 03, 1292, 1296 ff; *Götting,* FS Schricker, 2005, 689, 699 ff; *Piper* WRP 02, 1197, 1199).

3. Das UWG 2004/2008. Die Begründung des Regierungsentwurfs zu § 4 Nr 11 knüpft ausdrücklich an das Urteil BGHZ 150, 323, 347 f = GRUR 02, 825, 826 – *Elektroarbeiten* an: „Es ist (…) mit Blick auf den Schutzzweck nicht Aufgabe des Wettbewerbsrechts, Gesetzesverstöße generell zu sanktionieren. Daher ist die Vorschrift so gefasst, dass nicht jede Wettbewerbshandlung, die auf dem Verstoß gegen eine gesetzliche Vorschrift beruht, wettbewerbswidrig ist. Vielmehr wurde eine Beschränkung danach vorgenommen, dass der verletzten Norm zumindest eine sekundäre Schutzfunktion zu Gunsten des Wettbewerbs zukommen muss. Es wird dementsprechend nur ein Verstoß gegen solche Normen erfasst, die zumindest auch das Marktverhalten im Interesse der Marktbeteiligten regeln" (BT-Drucks 15/1487 S 19). Im Gesetzgebungsverfahren regten die Ausschüsse Recht, Landwirtschaft und Wirtschaft die Erstreckung des § 4 Nr 11 auf Marktzutrittsregelungen an, der Bundesrat machte sich diese Position zu eigen (aaO S 31). Die Bundesregierung verwarf diese Anregung aber unter Hinweis auf die fehlende strukturpolitische Zielsetzung des UWG. Insbesondere sei es sachgerechter, die Begrenzung der erwerbswirtschaftlichen Tätigkeit der öffentlichen Hand dem öffentlichen Recht zu überlassen (aaO S 41). Dem ist der Bundestag gefolgt. Der frühere Meinungsstreit (s Rn 11/4) hat sich damit erledigt. In der UWG-Novelle von 2008 blieb § 4 Nr 11 unverändert. In der Rechtsprechung seit 2004 wurde allerdings das Kriterium der wettbewerbsbezogenen Schutzfunktion verwässert, es hat seine Abgrenzungsfunktion weitgehend verloren (*Glöckner* GRUR 13, 568, 570, 572). Stellt eine Norm überhaupt eine Marktverhaltensregelung dar (im Gegensatz zur Marktzutrittsregulierung oder einer Regelung, die nur im Vorfeld des Marktgeschehens eingreift), so wird in aller Regel ohne eingehende Prüfung des Schutzzwecks § 4 Nr 11 angewandt. So bewirkt § 4 Nr 11 praktisch, ähnlich wie vor 2000, eine allgemeine Rechtmäßigkeitskontrolle des Marktverhaltens. **11/5**

III. Unionsrechtlicher Rahmen

1. Primärrecht. Soweit die Vorschriften, denen durch § 4 Nr 11 lauterkeitsrechtliche Wirkung verliehen wird, den Warenverkehr oder die Dienstleistungsfreiheit innerhalb der Gemeinschaft beschränken können, unterliegen sie der **Kontrolle** am Maßstab der **Warenverkehrs- und Dienstleistungsfreiheit (Art 34, 56 AEUV)**. Vorschriften des nationalen Rechts, die mit dem **Primärrecht nicht in Einklang stehen,** dürfen im Rahmen des § 4 Nr 11 **nicht angewandt** werden (s Rn 11/12). Beispielsweise ist das Verbot des Versandhandels (§ 8 I HWG aF) mit apothekenpflichtigen Arzneimitteln (§ 43 I AMG) durch Art 36 AEUV gerechtfertigt, soweit es sich um verschreibungspflichtige Arzneimittel handelt, verstößt im Übrigen aber gegen das Unionsrecht (EuGH GRUR 04, 174 Rn 106 ff, 112 ff, 140 ff – *Doc Morris,* dazu *Mand* MMR 04, 155; *Lenz* NJW 04, 332; *Koch* EuZW 04, 50; *Meier* EuZW 04, 225; vgl auch EuGH NJW 09, 2112 – *Apothekerkammer des Saarlandes/Saarland*). Nationale Werbeverbote für zulassungspflichtige, aber nicht zugelassene Arzneimittel (§ 3 a HWG) und für zugelassene, aber verschreibungspflichtige Arzneimittel (§ 10 HWG) stehen mit dem Unionsrecht in Einklang (EuGH aaO Rn 139 – *DocMorris;* vgl auch BGHZ 167, 91 = GRUR 06, 513 Rn 39 ff – *Arzneimittelwerbung im Internet*). Das Verbot des Vertriebs nicht zugelassener Lebensmittelzusatzstoffe (§ 6 I LMFG) verstößt gegen Art 34 AEUV, weil es an einem geeigneten Verfahren fehlt, mit dem der Anbieter die Aufnahme des Stoffes in die Liste der zugelassenen Substanzen erreichen kann (BGH GRUR 11, 355 Rn 15 ff – *Gelenknahrung II*). **11/6**

2. Sekundärrecht. a) Überblick. Die über § 4 Nr 11 ins Lauterkeitsrecht transformierten Normen müssen zudem mit dem Sekundärrecht der EU in Einklang ste- **11/7**

hen. Die lauterkeitsrechtlichen Folgen eines Verstoßes gegen außerwettbewerbsrechtliche Normen sind bisher unionsrechtlich nicht geregelt, es gibt deutliche Unterschiede zwischen den Rechtsordnungen der Mitgliedstaaten (vgl GK/*Metzger* § 4 Nr 11 Rn 194 ff).

11/7a b) Richtlinie über unlautere Geschäftspraktiken. Die Richtlinie über unlautere Geschäftspraktiken (UGP-RL, näher hierzu Einf C Rn 74 ff) bezweckt eine vollständige Harmonisierung des verbraucherschützenden Lauterkeitsrechts, beurteilt aber nur Geschäftspraktiken als unlauter, die geeignet sind, sich auf das wirtschaftliche Verhalten der Verbraucher auszuwirken (Art 5 II lit b). Die Durchsetzung von Informationspflichten, die das Unionsrecht vorsieht, gestattet Art 7 V UGP-RL (umgesetzt in § 5a IV), ausdrücklich, Anh II enthält eine nicht erschöpfende Liste derartiger Pflichten. Da die UGP-RL das verbraucherschützende Lauterkeitsrecht vollständig harmonisiert, kann im Anwendungsbereich der Richtlinie nur noch eine Verletzung solcher Informationspflichten die Unlauterkeit begründen, die ihre Grundlage im Unionsrecht haben (BGH GRUR 09, 1180 Rn 24 – *0,00 Grundgebühr;* BGH GRUR 10, 852 Rn 15 – *Gallardo Spyder;* BGH GRUR 12, 842 Rn 15 – *Neue Personenkraftwagen;* BGH GRUR 12, 1159 Rn 9 – *Preisverzeichnis bei Mietwagenangebot*). Dem deutschen Gesetzgeber ist die Reglung eigener Informationspflichten im Anwendungsbereich der UGP-RL verwehrt (Beispiel, OLG Frankfurt GRUR-Prax 12, 17: kein Unterlassungsanspruch gem §§ 8, 3 I, 4 Nr 11 iVm § 42 EnWG, weil die Vorschrift über Art 3 VI der EU-ElektrizitätsbinnenmarktRL 2003/54/EG hinausgeht). Nicht abschließend geklärt ist bisher, was gilt, wenn das deutsche Recht Informationspflichten aufstellt, die zwar über den EU-Standard hinausgehen, die aber (wie zB einige Vorschriften der PAngV) auf speziellen Richtlinien mit Mindestklauseln beruhen. Einerseits tritt die UGP-RL gem Art 3 IV gegenüber anderen Bestimmungen des Unionsrechts zurück, die besondere Aspekte unlauterer Geschäftspraktiken regeln. Das spricht dafür, dass sich auch die Mindesklauseln dieser Richtlinien gegenüber der UGP-RL durchsetzen und strengere nationale Informationsanforderungen zulässig bleiben (*Glöckner* GRUR 13, 568, 575). Andererseits erlaubt Art 3 V UGP-RL die Beibehaltung strengerer nationaler Vorschriften, die auf EU-Richtlinen mit Mindestklauseln beruhen, nur während einer inzwischen abgelaufenen Übergangszeit (zu den Auswirkungen auf die PAngV). Da diese Vorschrift leerliefe, wenn sich Richtlinien mit Mindestklauseln insgesamt gegenüber der UGP-RL durchsetzten, und da Art 7 V UGP-RL spezielle Informationspflichten für wesentlich erklärt und damit in die UGP-RL inkorporiert, sprechen – vorbehaltlich einer künftigen abweichenden Entscheidung des EuGH – die besseren Gründe dafür, dass sämtliche Informationspflichten des deutschen Rechts im Anwendungsbereich der UGP-RL genau dem europäischen Standard entsprechen müssen (*Köhler* aaO Rn 6; *v Oelffen,* § 5a UWG – irreführende Werbung durch Unterlassen – Ein neuer Tatbestand im UWG, 2012, Rn 790 f). Daher ist insbesondere die Vereinbarkeit zahlreicher Vorschriften der PAngV mit Unionsrecht und damit deren Anwendbarkeit unter § 4 Nr 11 zweifelhaft (PAngV EinfRn 13; *Köhler* WRP 13, 723 ff; *Omsels* WRP 13, 1286 ff). Zum Verhältnis zwischen § 4 Nr 11 und § 5a bei Informationspflichten s Rn 11/8a.

11/7b Die deutsche Rspr zu § 4 Nr 11 geht insofern über den Schutzstandard der UGP-RL hinaus, als sie auch außerwettbewerbsrechtliche Vorschriften lauterkeitsrechtlich sanktioniert, die Verbraucherinteressen wie Sicherheit, Gesundheit, Qualität einer Dienstleistung oder Jugendschutz auch im Fall einer informierten und freien Kaufentscheidung schützen (s Rn 11/24). Da die UGP-RL aber das Vertragsrecht (Art 3 II), nationale Regelungen zum Sicherheits- und Gesundheitsschutz (Art 3 III UGP-RL), spezifische Regelungen für reglementierte Berufe (Art 3 VIII UGP-RL), gesetzliche Anforderungen in Fragen der guten Sitten und des Anstands (Egrd 7) und die Regelung des Glücksspielwesens (Egrd 9) unberührt lässt, sind kaum Konfliktfälle denkbar (*Köhler*/Bornkamm § 4 Rn 11.6p; *v Walter* S 182 ff). Vorschriften, die sich

Rechtsbruch **§ 4.11 UWG**

nur auf den Geschäftsverkehr zwischen Unternehmern auswirken, bleiben von der UGP-RL von vornherein unberührt (Beispiel: die landesrechtlichen Regelungen über Ladenöffnungszeiten, OLG Hamm GRUR-RR 13, 297 f – *Weihnachtstassen*).

Viele der Vorschriften, die über § 4 Nr 11 ins UWG rezipiert werden, beruhen auf unionsrechtlichen Normen, die besondere Aspekte unlauterer Geschäftspraktiken regeln und daher der UGP-RL gem deren Art 3 IV vorgehen. Vorschriften des nationalen Rechts, die Richtlinien umsetzen, bedürfen der unionsrechtskonformen Auslegung und dürfen nicht über § 4 Nr 11 angewandt werden, wenn sie gegen EU-Recht verstoßen (s Rn 11/12, zu strengeren nationalen Informationsgeboten aufgrund von Richtlinien mit Mindestklauseln s Rn 11/7a). So beruhen zahlreiche Bestimmungen des Arzneimittelrechts und des Heilmittelwerberechts auf dem **Gemeinschaftskodex für Humanarzneimittel** (Richtlinie 2001/83/EG, ABl L 311 v 28.11.2001, S 67, in der durch Richtlinie 2004/27/EG geänderten Fassung, ABl L 136 v 30.4.2004, S 34, zuletzt geändert durch Richtlinie 2011/62/EU, ABl L 174 v 1.7.2011, S 74). Der Kodex bewirkt dort, wo er den Mitgliedstaaten nicht ausdrücklich einen Spielraum lässt, eine Vollharmonisierung (EuGH GRUR 08, 267 Rn 20, 39 – *Gintec;* GRUR 09, 509 Rn 13 – *Schoenenberger Artischockensaft*), so dass die Werbeverbote des HWG nicht über diejenigen des Kodex hinausgehen dürfen. Einige Vorschriften des HWG in seiner bis 2012 geltenden Fassung waren daher unionsrechtswidrig (s Rn 11/68). **11/7c**

IV. Verhältnis zu anderen Vorschriften

1. § 3. Obwohl der Beispielskatalog des § 4 seit der UWG-Novelle von 2008 nicht mehr ausdrücklich auf § 3 verweist, müssen nach wie vor sämtliche Voraussetzungen der Generalklausel für einen Anspruch aus §§ 4 Nr 11; 3 I; 8 ff vorliegen (s § 3 Rn 3). Insbesondere erfasst § 4 Nr 11 nur geschäftliche Handlungen, und das Verbot steht unter dem Vorbehalt der Bagatellklausel (Rn 11/30). Da das geschützte Verbraucherinteresse nunmehr in § 3 I näher als das Interesse an einer informierten und freien Marktentscheidung bestimmt wird, erscheint der Schutz sämtlicher Verbraucherinteressen (zB Produktqualität und -sicherheit, gute Rechtsberatung und ärztliche Behandlung, Jugendschutz) unter § 4 Nr 11 durch die hM mittlerweile als nicht mehr gerechtfertigt (näher hierzu Rn 11/25). Auf **die Generalklausel** des § 3 I **kann nicht zurückgegriffen werden,** um Gesetzesverstöße lauterkeitsrechtlich zu sanktionieren, die **nicht den Voraussetzungen des § 4 Nr 11** genügen. Der Beispielskatalog des § 4 erlaubt eine ergänzende Anwendung der Generalklausel nur dort, wo den Voraussetzungen des jeweiligen Beispielstatbestandes keine Begrenzungsfunktion innewohnt. Nach dem erklärten Willen des Gesetzgebers (s Rn 11/5) sollen Gesetzesverstöße aber nur dann als unlauter zu beurteilen sein, wenn die betreffende Norm eine Marktverhaltensregel darstellt. Die allgemeine Unlauterkeit von Gesetzesverstößen, die dem Verletzer einen Vorsprung gegenüber seinen Konkurrenten verschaffen, würde die vom Gesetzgeber in Anschluss an das Urteil *Abgasemissionen* beabsichtigte Eingrenzung der Fallgruppe des Rechtsbruchs unterlaufen. Vor allem die Einbeziehung von Marktzutrittsregeln wurde im Gesetzgebungsverfahren erwogen, letztlich aber abgelehnt. Daher kommt eine ergänzende Anwendung des § 3 I auf Marktzutrittsregelungen oder auf Gesetzesverstöße im Vorfeld des Marktgeschehens nicht in Betracht (BGH GRUR 10, 657 Rn 25 – *Zweckbetrieb;* BGH GRUR 11, 431 Rn 11 – *FSA-Kodex Köhler*/Bornkamm § 3 Rn 65; GK/*Metzger* § 4 Nr 11 Rn 16; *Nemeczek* GRUR 10, 658, 658; *Schaffert* FS Ullmann, 2006, 845, 849; aA *Elskamp* S 223 ff; *Sack* WRP 04, 1307, 1315; de lege ferenda für eine Wiederbelebung des Vorsprungsgedankens *Glöckner* GRUR 13, 568, 576). **11/8**

2. § 5a. Vor der Umsetzung der UGP-Richtlinie durch das UWG 2008 stellten außerwettbewerbsrechtliche Informationspflichten einen wesentlichen Anwendungsfall des § 4 Nr 11 dar. Mittlerweile besteht aber mit **§ 5a II, IV** eine Spezialregelung, **11/8a**

UWG § 4.11 Gesetz gegen den unlauteren Wettbewerb

die auf der UGP-RL beruht. Im Verhältnis zwischen Unternehmern und Verbrauchern gelten im Anwendunsgbereich der UGP-RL alle Informationsanforderungen, die sich aus dem EU-Recht ergeben, als wesentlich (Art 7 V UGP-RL, § 5a IV). Bisher wendet die Rspr bei Verletzung außerwettbewerbsrechtlicher Informationspflichten § 5a und § 4 Nr 11 oft parallel an (GRUR 10, 248 Rn 16f – *Kamerakauf im Internet;* BGH GRUR 11, 82 Rn 17, 32 – *Preiswerbung ohne Umsatzsteuer;* BGH GRUR 12, 842 Rn 17 – *Neue Personenkraftwagen*). Das ist problematisch, denn wegen des Grundsatzes der Vollharmonisierung darf das deutsche Recht keine Informationspflichten aufstellen, die über den Standard der Richtlinie hinausgehen (s Rn 11/7a). Außerdem ist der Verstoß gegen eine Informationspflicht mit unionsrechtlicher Grundlage nur eine notwendige, nicht aber eine hinreichende Bedingung der Unlauterkeit: Zusätzlich muss der Verbraucher zu einer Entscheidung veranlasst werden, die er ansonsten nicht getroffen hätte (Art 7 I, II UGP-RL). Zwar ist auch § 4 Nr 11 der richtlinienkonformen Auslegung zugänglich (*v Oelffen,* § 5a UWG – irreführende Werbung durch Unterlassen – Ein neuer Tatbestand im UWG, 2012, Rn 780f), enthält aber nicht die maßgeblichen Vorgaben der Richtlinie und erfüllt daher nicht die unionsrechtlichen Anforderungen an eine Klarheit der nationalen Richtlinienumsetzung. Daher sollte jedenfalls im Anwendungsbereich der UGP-RL die Verletzung von Informationspflichten ausschließlich nach § 5a beurteilt werden (ebenso *Fezer* WRP 10, 577, 582; *Köhler*/Bornkamm § 4 Rn 11.6c; s a § 5 Rn 47). Auch darüber hinaus wird der Unwert einer unzureichenden Information präziser durch § 5a erfasst. Das spricht auch außerhalb des Anwendungsbereichs der UGP-RL für einen Vorrang des § 5a gegenüber § 4 Nr 11. Hingegen begründet nach hM der Verstoß gegen Informationspflichten unter § 4 Nr 11 (abweichend von § 5a I, II und § 3 II) per se die Unlauterkeit, ohne dass es auf eine Beeinflussung des Entscheidungsverhaltens potentieller Abnehmer ankäme. In der vorliegenden Kommentierung werden nunmehr Informationspflichten, die in den Anwendungsbereich der UGP-RL fallen und die ihre Grundlage im Unionsrecht haben, in der Kommentierung zu § 5a behandelt (s § 5a Rn 48f). Sämtliche anderen Informationspflichten bleiben vorläufig, im Einklang mit der hM, dem § 4 Nr 11 zugeordnet.

11/9 **3. Verhältnis zur Primärnorm. a) Grundsatz.** Zur Durchsetzung der außerwettbewerbsrechtlichen Normen, bei deren Verletzung §§ 4 Nr 11; 3 I lauterkeitsrechtliche Ansprüche begründen, sieht regelmäßig das Rechtsgebiet, dem die Norm entstammt, spezifische Verfahren und Sanktionen vor. Die Mehrzahl der unter § 4 Nr 11 rezipierten Normen entstammen dem Verwaltungsrecht. Für ihre Durchsetzung sind also primär Verwaltungsbehörden zuständig, dabei gilt außerhalb des Strafrechts das Opportunitätsprinzip. Private können gegen die Verletzung der jeweiligen Norm nur vorgehen, wenn diese nach öffentlich-rechtlichen Grundsätzen als drittschützend anzusehen ist. In dieses Instrumentarium greift § 4 Nr 11 ein. Damit besteht die Gefahr der „Sanktionenerschleichung" (*Köhler* GRUR 01, 777, 782): Der an schnellen Rechtsschutz gewöhnte Lauterkeitsrechtler stützt sich auf das UWG, um tatsächlichen oder vermeintlichen Rechtsschutzdefiziten des öffentlichen Rechts abzuhelfen. Gleichwohl schließt das Bestehen spezifischer Sanktionen die lauterkeitsrechtliche Beurteilung nach hM nicht aus, weil ihr Anknüpfungspunkt nicht das Verbot als solches, sondern die Auswirkung des verbotenen Verhaltens auf den Markt ist. Das gilt allerdings nur, wenn das betreffende Gesetz die Möglichkeit und den Umfang zivilrechtlicher Ansprüche von Mitbewerbern und Verbänden nicht abschließend regelt (vgl BGHZ 166, 154 = GRUR 06, 773, 774 Rn 13 – *Probeabonnement; Ullmann* GRUR 03, 817, 823; *Köhler*/Bornkamm § 4 Rn 11.8f). Die gegenwärtige Praxis ist nicht Bedenken ausgesetzt, weil das deutsche Lauterkeitsrecht im Gegensatz zur Mehrzahl der übrigen europäischen Rechtsordnungen im Bereich der Verfolgung außerwettbewerbsrechtlicher Normen ausufert und oft wenig Respekt für die Wertungen der angrenzenden Rechtsgebiete zeigt.

Rechtsbruch **§ 4.11 UWG**

b) Abschließende Regelungen. Folgende Rechtsgebiete regeln die zivilrechtliche Anspruchsberechtigung von Mitbewerbern und Verbänden abschließend:
- **Kartellrecht.** § 33 GWB wurde zwar durch die 8. GWB-Novelle an § 8 III angenähert, dennoch decken sich die Anspruchsberechtigung im Kartell- und im Lauterkeitsrecht nicht völlig. Zudem unterscheidet das GWB zwischen kartellrechtlichen Verboten, die zivilrechtlich durchgesetzt werden können, und Missbrauchstatbeständen, die lediglich ein Eingreifen der Kartellbehörde ermöglichen. Diese differenzierten Regelungen würden konterkariert, wenn jeder Kartellverstoß lauterkeitsrechtliche Ansprüche unter dem Gesichtspunkt des Rechtsbruchs auslösen würde (BGHZ 166, 154 = GRUR 06, 773, 774 Rn 13ff – *Probeabonnement*). Etwas anderes gilt für das **Kartellvergaberecht** (GWB, 4. Teil): § 104 II GWB bewirkt eine Zuständigkeitskonzentration, schließt aber eine Anspruchskonkurrenz zwischen kartellvergaberechtlichen und lauterkeitsrechtlichen Ansprüchen nicht aus, und § 104 II 1 GWB lässt ausdrücklich „sonstige Ansprüche" zu (BGH GRUR 08, 810, 811 Rn 11– *Kommunalversicherer*; *Alexander* WRP 04, 700, 706 ff; *Ullmann* GRUR 03, 817, 823 Fn 59). Zu Verstößen gegen das **Beihilfeverbot** gem Art 107 ff AEUV s Einf D Rn 30. Darüber hinaus sind Ansprüche nach UWG nicht ausgeschlossen, wenn sie sich auf eine eigene lauterkeitsrechtliche Beurteilung (regelmäßig gem § 4 Nr 10, s Rn 10/15) des betreffenden Wettbewerbsverhaltens stützen (BGH aaO Rn 17).
- **Recht des geistigen Eigentums, absolute Rechte im Übrigen.** Die Vorschriften des Patent-, Urheber-, Muster- und Markenrechts lassen sich zwar durchaus als Marktverhaltensregeln ansehen, da sie das Angebot geschützter Gegenstände aufgrund einer Abwägung zwischen dem Schutzinteresse des Rechtsinhabers und den Zugangsinteressen der Allgemeinheit Beschränkungen unterwerfen (Fezer/*Götting* § 4–11 Rn 77; *Sack* WRP 04, 1307, 1318; aA BGHZ 140, 183 = GRUR 99, 325, 326 – *Elektronische Pressearchive* (zu § 1 aF); ebenso *Köhler*/Bornkamm § 4 Rn 11.40), sie regeln aber die zivilrechtlichen Ansprüche im Fall einer Rechtsverletzung umfassend und abschließend. Eine Zulassung von Ansprüchen der Verbände (§§ 4 Nr 11; 3; 8 III) würde die Autonomie des Rechtsinhabers beschränken, die auch die Entscheidung über das Ob und Wie einer Verletzungsklage umfasst (vgl BGH aaO – *Elektronische Pressearchive;* vgl auch BGHZ 118, 394 = GRUR 92, 697, 699 – *ALF;* BGHZ 125, 322 = GRUR 94, 630, 632 – *Cartier-Armreif;* ÖOGH GRUR Int 07, 167, 170 – *Werbefotos; Beater* Rn 2554; *Götting* aaO; aA *Schricker* JZ 99, 635 f). Dasselbe gilt für sämtliche anderen absoluten subjektiven Rechte, etwa das allgemeine Persönlichkeitsrecht. Auch hier regeln §§ 823 I; 1004 I analog BGB den Individualrechtsschutz hinreichend, für eine Verbands- oder Konkurrentenklage besteht kein Raum. Zu §§ 17ff s Rn 11/86.
- **Sozialrecht.** § 69 SGB V legt fest, nach welchen Bestimmungen die Handlungen der Krankenkassen zu beurteilen sind, durch die sie – mittels ihrer Rechtsbeziehungen zu den Leistungserbringern – ihren öffentlich-rechtlichen Versorgungsauftrag erfüllen, den Versicherten die im SGB V geregelten Leistungen in Natur zur Verfügung zu stellen. Diese Vorschrift schließt eine lauterkeitsrechtliche Beurteilung der Handlungen der Krankenkassen und der von ihnen eingeschalteten Leistungserbringer bei Erfüllung ihres öffentlich-rechtlichen Versorgungsauftrags aus (BGH GRUR 04, 247, 249 – *Krankenkassenzulassung;* BGH GRUR 06, 517, 518 Rn 20 ff – *Blutdruckmessungen*).
- **Buchpreisbindungsgesetz.** § 9 BuchpreisbindungsG stellt ebenfalls eine abschließende Regelung dar (BGHZ 155, 189 = GRUR 03, 807, 808 – *Buchpreisbindung*).
- **Telekommunikationsgesetz.** Die Folgen von Verstößen gegen das **TKG** werden abschließend durch §§ 44, 44a TKG geregelt (*Elskamp* S 274; *Köhler*/Bornkamm § 4 Rn 11.14a).

UWG § 4.11 Gesetz gegen den unlauteren Wettbewerb

11/11   c) **UWG und Verwaltungsrecht.** Ein Verstoß gegen marktverhaltensregelnde Vorschriften des Verwaltungsrechts kann lauterkeitsrechtliche Ansprüche auslösen. Wenn ein Wettbewerbsgericht verwaltungsrechtliche Normen anwendet, kann seine Auslegung von derjenigen der Verwaltungsgerichte abweichen (*Doepner* GRUR 03, 825, 830 ff; *Weber,* FS Doepner, 2008, 69, 76). Auch führt das UWG-Verfahren zu einer strikten Rechtsdurchsetzung, während für die Durchsetzung verwaltungsrechtlicher Pflichten das Opportunitätsprinzip und der Verhältnismäßigkeitsgrundsatz gelten und Konflikte durch informelles Verwaltungshandeln beigelegt werden können (*Quack,* FS Trinkner, 1995, 265, 273 ff). Zur Lösung dieses Spannungsverhältnisses haben sich folgende Regeln herausgebildet:
- Die **Rechtsauffassung einer Verwaltungsbehörde** ist für die lauterkeitsrechtliche Beurteilung **nicht bindend** (BGHZ 163, 265 = GRUR 05, 778, 779 – *Atemtest;* BGH GRUR 06, 82, 84 Rn 21 – *Betonstahl*). Allerdings verdient eine gefestigte verwaltungsrechtliche Rechtsprechung Respekt. Es ist nicht Aufgabe des Lauterkeitsrechts, Streitfragen des öffentlichen Rechts nach einem allgemeinen Strengeprinzip zu klären (*Doepner* GRUR 03, 825, 830; *Stolterfoht,* FS Rittner, 1991, 695, 709; GK/*Metzger* § 4 Nr 11 Rn 20; *Weber,* FS Doepner, 2008, 69, 76).
- Hingegen ist der Tatbestand des § 4 Nr 11 nicht erfüllt, wenn ein Marktverhalten **durch einen Verwaltungsakt** ausdrücklich **erlaubt** worden ist und der Verwaltungsakt nicht nichtig (sondern rechtmäßig oder lediglich anfechtbar) ist (BGH GRUR 02, 269, 270 – *Sportwetten-Genehmigung;* BGH aaO – *Atemtest;* OLG Saarbrücken GRUR 07, 344, 345 – *Apothekenbetriebserlaubnis; Sack* WRP 04, 1307, 1310; *Köhler*/Bornkamm, § 4 Rn 11.20).
- **Vertrauensschutz** ist nicht schon dann veranlasst, wenn eine Behörde das Verhalten geduldet hat. Allerdings kann die Duldung ein Indiz für das Eingreifen der Bagatellklausel (§ 3 I) sein (Rn 11/30). Hingegen kann sich der Unternehmer auf eine ausdrückliche Billigung der zuständigen Behörde (anders bei Unzuständigkeit: BGH GRUR 03, 162, 163 – *Progona*) ebenso wie auf eine zuvor existente, nicht offenkundig kontroverse Rechtsprechung verlassen. Es würde eine Überspannung der lauterkeitsrechtlichen Pflichten und einen unzulässigen Eingriff in die Wettbewerbsfreiheit bedeuten, von einem Gewerbetreibenden zu verlangen, sich vorsichtshalber auch dann nach der strengsten Gesetzesauslegung und Einzelfallbeurteilung zu richten, wenn die zuständigen Behörden und Gerichte sein Verhalten ausdrücklich als rechtlich zulässig bewerten (BGH GRUR 02, 269, 270 – *Sportwetten-Genehmigung;* BGH aaO – *Progona; Doepner* GRUR 03, 825, 831). Die Rspr zum UWG 2004/2008 differenziert hingegen aufgrund eines **strikt objektiven Verständnisses** der Unlauterkeit zwischen Unterlassungs- und Schadensersatzansprüchen: Der Unterlassungsanspruch soll schon begründet sein, wenn das beanstandete Verhalten objektiv rechtswidrig ist (BGHZ 163, 265 = GRUR 05, 778, 779 – *Atemtest;* ebenso *Köhler*/Bornkamm § 4 Rn 11.18; GK/*Metzger* § 4 Nr 11 Rn 21; MüKo/*Schaffert* § 4 Nr 11 Rn 39). Die Auffassung der zuständigen Behörde soll dabei nicht maßgeblich sein (BGH GRUR 06, 82, 84 Rn 21 – *Betonstahl*), jedoch könne unter Umständen die Wiederholungsgefahr entfallen oder die Bagatellklausel eingreifen (*Köhler* aaO). Dagegen spricht, dass aus dem rechtsstaatlichen Prinzip des Vertrauensschutzes eine gewisse Planungssicherheit für Unternehmen folgen muss. Dieses Anliegen wird durch den Verzicht auf subjektive Tatbestandsmerkmale der Unlauterkeit (§ 3 I) nicht berührt (ähnl *Weber,* FS Doepner, 2008, 69, 76, 78 f). Ist Vertrauensschutz zu gewähren, so ist auch eine Abmahnung unberechtigt, während nach hM eine Abmahnung auch dann berechtigt ist, wenn sich der Unternehmer auf die Entscheidung einer Behörde verlässt, deren Einschätzung das Wettbewerbsgericht nicht teilt (*Köhler*/Bornkamm § 4 Rn 11.18).

B. Voraussetzungen

I. Gesetzliche Vorschrift

1. Begriff. Gesetzliche Vorschrift ist **jede geltende innerstaatliche Rechts-** 11/12
norm (vgl Art 2 EGBGB). Dazu zählen nicht nur formelle Bundes- und Landesgesetze, sondern auch Rechtsverordnungen (BGHZ 93, 177, 179 = GRUR 85, 447, 448 – *Provisionsweitergabe durch Lebensversicherungsmakler*), kommunale Satzungen (BGH GRUR 05, 960, 961 – *Friedhofsruhe*, s aber §§ 545 I, 560 ZPO: keine Revisibilität von Ortsrecht), Kammersatzungen (BGH GRUR 05, 520, 521 – *Optimale Interessenvertretung;* OLG Stuttgart GRUR-RR 08, 177 – *Spezialist für Mietrecht*), Gewohnheitsrecht, für allgemeinverbindlich erklärte Tarifverträge (BGHZ 120, 320, 324 = GRUR 93, 980, 982 – *Tariflohnunterschreitung*), in innerstaatliches Recht umgesetzte völkerrechtliche Verträge (vgl BGH GRUR 87, 532, 534 f – *Zollabfertigung;* BGH GRUR 80, 858, 860 – *Asbestimporte*) und die unmittelbar verbindlichen Normen des europäischen Rechts (primäres und sekundäres Unionsrecht mit unmittelbarer Bindungswirkung im Inland). **Grundrechte** sind zweifellos Rechtsnormen, doch begründen sie in aller Regel nicht unmittelbar für Marktbeteiligte Handlungs- oder Unterlassungspflichten, so dass ihre Wertungen im Rahmen der Auslegung des einfachen Gesetzesrechts oder unmittelbar über § 3 I zur Anwendung kommen (aA für das aus Art 5 I 2 GG abgeleitete Gebot der Staatsferne der Presse BGH GRUR 12, 728 Rn 9 ff – *Einkauf Aktuell,* s dazu auch Rn 11/20). Die Vorschrift muss **in Kraft** getreten sein und **noch gelten.** Der Verstoß gegen eine gesetzliche Vorschrift, die gegen Grundrechte oder das Unionsrecht verstößt und sich nicht grundrechts- und unionsrechtskonform auslegen lässt, ist nicht gem § 4 Nr 11 unlauter (BGHZ 175, 238 = GRUR 08, 438, 439 Rn 16 – *ODDSET;* BGH GRUR 11, 355 Rn 12 – *Gelenknahrung II;* vgl auch BGH GRUR 09, 509 Rn 11 ff – *Schoenenberger Artischockensaft; Omsels* WRP 13, 1286, 1289; jurisPK-UWG/*Link*, § 4 Nr 11 Rn 35 ff).

2. Abgrenzungen. Keine gesetzlichen Vorschriften iSd § 4 Nr 11 sind: 11/13
– **Ausländische Rechtsnormen.** Allerdings kann ein Anspruch aus § 4 Nr 11 ausscheiden, wenn sich ein ausländisches Unternehmen im Anwendungsbereich des Herkunftslandprinzips (§ 3 II TMG) auf sein weniger strenges Heimatrecht berufen kann (Einf C Rn 73, 80).
– **Gerichtsentscheidungen.** Sie entfalten Verbindlichkeit allein zwischen den am Rechtsstreit Beteiligten (vgl § 325 ZPO), nicht im Verhältnis zu Dritten. Da zudem das Verfahrensrecht hinreichende Sanktionen bereitstellt, sind Entscheidungen Gesetzen auch nicht gleichzustellen (OLG Stuttgart GRUR-RR 08, 17, 18 – *DVD-Automat; Köhler*/Bornkamm § 4 Rn 11.26; MüKo/*Schaffert* § 4 Nr 11 Rn 52; aA OLG München WRP 96, 933, 835) Entscheidungen des BVerfG erlangen zwar in bestimmten Fällen Gesetzeskraft (§ 31 II BVerfGG), begründen aber keine unmittelbaren Pflichten für Privatpersonen und fallen daher nicht unter § 4 Nr 11 (aA *v Walter* S 62 f).
– **Verwaltungsakte.** Verwaltungsakte sind keine gesetzlichen Vorschriften (OLG Stuttgart GRUR-RR 08, 17, 18 – *DVD-Automat*). Soweit sie Ge- oder Verbote aussprechen, kann aber der Verstoß gegen das dem Verwaltungshandeln zugrunde liegende Gesetz den Unlauterkeitsvorwurf begründen (*Köhler*/Bornkamm § 4 Rn 11.28; Fezer/*Götting* § 4–11 Rn 53).
– **Verwaltungsrichtlinien, VOB.** Verwaltungsrichtlinien entfalten Bindungswirkung nur im innerbehördlichen Bereich und sind daher für die Wettbewerber ohne Bedeutung (BGH GRUR 84, 665, 667 – *Werbung in Schulen*). Dasselbe gilt für die Vergabe- und Vertragsordnung für Bauleistungen (VOB). Sie enthält die für die Vergabe öffentlicher Aufträge maßgebenden Verwaltungsvorschriften

und allgemeinen Vertragsbedingungen, die innerdienstlich verpflichten und Außenwirkung erst durch Vereinbarung im Rahmen privatrechtlicher Verträge erhalten.
- **Technische Regeln und DIN-Normen** fallen nicht unmittelbar unter § 4 Nr 11 (BGH GRUR 94, 640, 641 – *Ziegelvorhangfassade*) und können allenfalls mittelbar Bedeutung gewinnen, wenn eine gesetzliche Norm auf sie Bezug nimmt. Auch kommt eine Irreführung in Betracht, wenn der Verkehr die Einhaltung der technischen Regel erwartet (BGH GRUR 85, 555, 556 – *Abschleppseile*).
- **Verträge, AGB.** Privatautonome Regelungen sind keine gesetzlichen Bestimmungen. Das gilt auch für allgemeine Geschäftsbedingungen (AGB). Eine andere Frage ist, ob die bürgerlich-rechtlichen Vorschriften zur AGB-Kontrolle (§§ 307 ff BGB) als Marktverhaltensregelungen anzusehen sind (dazu Rn 11/78). Eine Vertragsverletzung fällt daher als solche nicht unter § 4 Nr 11, doch kann eine Handlung, die einer Vertragspflicht zuwiderläuft, unter Umständen zugleich den Tatbestand eines UWG-Verbots erfüllen (s Einf D Rn 66). Das Verleiten zum Vertragsbruch ist nach herrschender, aber zunehmender Kritik ausgesetzter Ansicht regelmäßig unter dem Gesichtspunkt der gezielten Behinderung (§ 4 Nr 10) unlauter (s Rn 10/28, 56, 77 a).
- **Handelsbräuche (§ 346 HGB), Verkehrssitten (§ 157 BGB) und Berufsanschauungen** fallen nicht unter § 4 Nr 11, sondern können sich allenfalls unter dem Gesichtspunkt eines Verstoßes gegen die fachliche Sorgfalt (§ 3 II) auf die Auslegung der Generalklausel auswirken (vgl zu § 1 aF BGH GRUR 69, 474, 476 – *Bierbezug;* Fezer/*Götting* § 4–11 Rn 54). Dabei ist aber zu bedenken, dass der Wettbewerb in bedenklicher Weise beschränkt würde, wenn das Übliche zur Norm erhoben würde (BGH GRUR 06, 773, 774 Rn 19 – *Probeabonnement;* vgl auch § 3 Rn 29).
- **Wettbewerbsregeln** (zB die Richtlinien des Zentralverbandes der deutschen Werbewirtschaft, des Verbands deutscher Zeitschriftenverleger oder die Wettbewerbsrichtlinien der Versicherungswirtschaft) sind keine Rechtsnormen. Das gilt auch im Falle ihrer Anerkennung durch die Kartellbehörde gem §§ 24 III, 26 I GWB (BGH GRUR 06, 773, 775 Rn 20 – *Probeabonnement*). Für die Beurteilung der Unlauterkeit haben sie daher allenfalls indizielle Bedeutung, zumal derartige Regeln oft den Wettbewerb beschränken (BGH aaO Rn 19 – *Probeabonnement; Köhler*/Bornkamm § 4 Rn 11.30; Harte/Henning/*Podszun* § 3 Rn 100 ff; aA Fezer/*Fezer* § 3 Rn 191). Selbst indizielle Bedeutung kann nur Richtlinien zukommen, die nicht kartellrechtswidrig und im Übrigen auf dem neuesten Stand der Gesetzgebung und Rspr sind (Köhler aaO; *Sosnitza,* FS Bechtold, 2006, 515, 522 mit Beispielen überholter Wettbewerbsregeln).
- **Verhaltenskodizes** (§ 2 I Nr 5) wie **Corporate Social Responsibility-Standards,** haben ebenfalls keine Gesetzeskraft und fallen daher nicht unter § 4 Nr 11 (BGH GRUR 11, 431 Rn 11 – *FSA-Kodex; Birk* GRUR 11, 196, 198; *Henning-Bodewig* WRP 10, 1094, 1103; *v Walter* S 167; zur Bedeutung für die Auslegung der Generalklausel s § 3 Rn 29). Bei der Frage, ob ein Verstoß gegen derartige Kodizes als unlauter anzusehen ist, ist zu differenzieren. Wirbt ein Unternehmen fälschlich damit, es gehöre zu den Unterzeichnern eines Kodex, der Kodex sei von einer staatlichen Stelle gebilligt, oder behauptet das Unternehmen unzutreffenderweise, es halte den Kodex ein, so handelt es sich nach den Spezialvorschriften der Nr 1, 3 Anh III zu § 3; § 5 I 2 Nr 6 oder nach § 5 I 2 Nr 1, 2 um eine unlautere Irreführung, während eine allgemeine Informationspflicht über CSR-Maßnahmen nicht besteht (*Birk* GRUR 11, 196, 201 ff; strenger *Fezer* WRP 10, 577, 584 f). Der Verstoß als solcher kann regelmäßig nicht über § 3 I geahndet werden, weil privatautonome Regelwerke vor allem im Verhältnis zu Außenseitern die Unlauterkeit nicht ausfüllen können (BGH aaO Rn 14; weitergehend aber *Henning-Bodewig* WRP 10, 1094, 1100 ff) und weil andernfalls nicht von § 1

erfasste Allgemeininteressen durch die Hintertür geschützt würden (vgl den Überblick bei *Henning-Bodewig/Liebenau* GRUR Int 13, 753, 756).

II. Regelung des Marktverhaltens im Interesse der Marktteilnehmer

1. Marktverhaltensregelung. a) Grundsatz. Unlauter sind nur Verstöße gegen 11/14 Gesetze, die eine zumindest sekundäre wettbewerbsbezogen*e Schutz*funktion aufweisen (s Rn 11/4). § 4 Nr 11 konkretisiert diese Vorgabe dahingehend, dass das Gesetz dazu bestimmt sein muss, zumindest auch das Marktverhalten zu regeln. Damit werden insbesondere **Marktzutrittsregeln** und Vorschriften aus dem Anwendungsbereich der Vorschrift **ausgeschlossen,** die **Verhalten im Vorfeld des Marktgeschehens** betreffen.

b) Begriff. Zum Marktverhalten zählen das Angebot von und die Nachfrage 11/15 nach Waren und Dienstleistungen, aber auch das Anbahnen von Geschäften durch Werbung sowie – in Anbetracht der Neufassung des § 2 I Nr 1 – der Abschluss und die Durchführung von Verträgen (*Köhler*/Bornkamm § 4 Rn 11.34). Eine gesetzliche Vorschrift regelt das Marktverhalten, wenn sie die genannten Verhaltensweisen Handlungs- oder Unterlassungspflichten unterwirft. Beispiele sind Werberegelungen, Informations- und Kennzeichnungspflichten oder die Regelung von Öffnungszeiten.

c) Abgrenzung 1: Vorfeld des Marktverhaltens. aa) Grundsatz. Im Gegen- 11/16 satz zur früheren Rspr nimmt § 4 Nr 11 Vorschriften vom Anwendungsbereich des Rechtsbruchtatbestands aus, die wirtschaftliches Verhalten im Vor- und Umfeld des eigentlichen Marktgeschehens regeln. Zwar spart in vielen dieser Fälle (Beispiele: Steuerhinterziehung, Verstoß gegen Umweltschutzbestimmungen) der rechtswidrig handelnde Unternehmer Kosten und verschafft sich so einen Vorsprung gegenüber seinen gesetzestreuen Konkurrenten („Vorsprungsgedanke", s Rn 11/3), dieser Umstand vermag aber weder unter § 4 Nr 11 noch in unmittelbarer Anwendung des § 3 I (Rn 11/8) die Unlauterkeit zu begründen.

bb) Beispiele. Der unmittelbare Marktbezug fehlt folgenden Regelungskomple- 11/17 xen:
– **Steuerrecht.** Das Steuerrecht dient nicht der Regelung des Marktverhaltens, sondern der Finanzierung der öffentlichen Hand (BGHZ 144, 255 = GRUR 00, 1076, 1079 – *Abgasemissionen;* BGH GRUR 10, 656 Rn 19 – *Zweckbetrieb;* MüKo/*Schaffert* § 4 Nr 11 Rn 63; *v Walter* S 200). Das gilt auch für Lenkungssteuern, da sie zwar das Wirtschaftsverhalten beeinflussen, aber keine Verhaltenspflichten für die Marktteilnehmer aufstellen (OLG Oldenburg OLGR 07, 567; *Köhler*/Bornkamm § 4 Rn 11.39). Wer Steuern hinterzieht, verschafft sich zwar einen rechtswidrigen Vorsprung gegenüber gesetzestreuen Mitbewerbern, dieser Gesetzesverstoß wirkt sich aber nicht unmittelbar auf die Anbahnung und Durchführung von Verträgen aus.
– **Umweltrecht.** Vorschriften zum Umweltschutz und zum Tierschutz regeln nicht das Wettbewerbsgeschehen auf einem bestimmten Markt, sondern schützen in erster Linie Interessen der Allgemeinheit und der Nachbarn (BGHZ 144, 255 = GRUR 00, 1076, 1079 – *Abgasemissionen;* vgl auch BGHZ 130, 182 = GRUR 95, 817 – *Legehennenhaltung*).
– **Arbeitnehmerschutz.** Vorschriften, die dem Schutz von Gesundheit und Sicherheit am Arbeitsplatz dienen, fehlt ebenfalls der Marktbezug, sofern sie nicht ausnahmsweise auch die Wettbewerbsbedingungen auf einem bestimmten Markt regeln (Beispiel: die landesrechtlichen Vorschriften über den Ladenschluss, dazu Rn 11/74). Hingegen fallen gesetzliche Mindestlohnbestimmungen und für allgemeinverbindlich erklärte Tarifverträge unter § 4 Nr 11, weil sie das Verhalten auf dem Beschaffungsmarkt für Arbeitsleistungen regeln (*Köhler*/Bornkamm § 4 Rn 11.38).

UWG § 4.11

– **Straßenverkehrsrecht.** Die Vorschriften des Straßenverkehrsrechts (insbes der StVO) und des Straßen- und Wegerechts dienen der Sicherheit und Leichtigkeit des Verkehrs im Interesse der Verkehrsteilnehmer. Die Regelung des Marktverhaltens ist nicht ihre Aufgabe, daher sind beispielsweise die Vorschriften über das Abstellen von Kraftfahrzeugen mit Werbeschildern nicht lauterkeitsrechtlich durchsetzbar (Vgl für § 16 I 1 HessStrG BGH GRUR 06, 872, 872 Rn 14ff – *Kraftfahrzeuganhänger mit Werbeschildern*).
– **Geistiges Eigentum.** Schutzrechtsverletzungen begründen keine lauterkeitsrechtlichen Ansprüche unter dem Gesichtspunkt des Rechtsbruchs. Während nach hM auch dem Recht des geistigen Eigentums (Patentrecht, Urheberrecht, Kennzeichenrecht) der Marktbezug fehlt (*Köhler*/Bornkamm § 4 Rn 11.40; wohl auch BGHZ 140, 183 = GRUR 99, 325, 326 – *Elektronische Pressearchive*), scheitert nach hier vertretener Ansicht die Anwendung des § 4 Nr 11 auf dieses Rechtsgebiet an seinem abschließenden Charakter (Rn 11/10).

11/18 **d) Abgrenzung 2: Marktzutrittsregelungen. aa) Grundsatz.** Von den Marktverhaltensregeln sind Marktzutrittsregelungen abzugrenzen. Diese Begrenzung des Rechtsbruchtatbestands wurde nach dem Grundsatzurteil *Elektroarbeiten* (BGHZ 150, 343 = GRUR 02, 825, 826) in der Literatur teilweise heftig kritisiert (s Rn 11/4), mit der Neufassung des UWG von 2004 hat sich dieser Streit aber erledigt. Zwar ergibt sich die Ausklammerung der Marktzutrittsregelungen nicht eindeutig aus dem Wortlaut des § 4 Nr 11, wohl aber aus ihrer Entstehungsgeschichte (Rn 11/5). Daher kommt auch ein unmittelbarer Rückgriff auf § 3 I nicht in Betracht (Rn 11/8). Das Verhalten des unzulässigerweise auf dem Markt tätigen Unternehmens oder der öffentlichen Hand unterliegt aber in vollem Umfang dem Lauterkeitsrecht. Beispiel (BGH aaO – *Elektroarbeiten*): Wenn eine Stadtwerke-GmbH durch die Übernahme von Elektroarbeiten auf einem Volksfest gegen die kommunalrechtlichen Bestimmungen zur erwerbswirtschaftlichen Tätigkeit von Gemeinden verstößt, greift § 4 Nr 11 nicht ein. Missbraucht die Gemeinde aber gegenüber Nachfragern ihre Autorität, so handelt sie unlauter gem §§ 4 Nr 1; 3 I.

11/19 **bb) Doppelfunktion.** Zudem können Marktzutrittsregelungen eine Doppelfunktion aufweisen und zugleich das Marktverhalten regeln. Die Rspr nimmt das vor allem an, wenn die betreffende Norm im Interesse der Abnehmer Qualitäts- oder Sicherheitsstandards vorsehen oder als Voraussetzung für die Ausübung bestimmter Tätigkeiten – etwa ärztlicher Behandlungen – im Interesse des Schutzes der Allgemeinheit den Nachweis besonderer fachlicher Fähigkeiten fordern (BGH GRUR 02, 825, 826 – *Elektroarbeiten; Köhler*/Bornkamm § 4 Rn 11.49; näher hierzu Rn 11/34, 11/59).

11/20 **cc) Beispiele.** (Reine) Marktzutrittsregelungen sind insbesondere folgende Vorschriften:
– **Kommunalrechtliche Vorschriften über die erwerbswirtschaftliche Tätigkeit von Gemeinden** (zB Art 87 BayGO; § 107 NRWGO). Sie regeln lediglich die Voraussetzungen, unter denen Gemeinden Waren und Dienstleistungen zu Erwerbszwecken anbieten dürfen („Ob"), enthalten hingegen keine Regeln für die Art und Weise dieser Erwerbstätigkeit („Wie") (s a Rn 11/18). Der Umstand, dass diese Vorschriften auch den Zweck verfolgen, die Privatwirtschaft vor dem Marktzutritt der Gemeinden zu schützen, ändert nichts daran, dass privatrechtliche Ansprüche weder unter dem Gesichtspunkt des Rechtsbruchs (§ 4 Nr 11) noch gem § 823 II bestehen (BGHZ 150, 343 = GRUR 02, 825, 826f – *Elektroarbeiten*, bestätigt in BGH GRUR 03, 164, 165f – *Altautoverwertung*; BGH GRUR 04, 255, 258f, 262 – *Strom und Telefon I* und *II; Köhler* GRUR 01, 777, 780ff und GRUR 04, 381, 385; *Ullmann* GRUR 03, 817, 823f; differenzierend *Poppen,* Der Wettbewerb der öffentlichen Hand, 2007, S 253ff). Näher hierzu Einf D Rn 51.

Rechtsbruch § 4.11 UWG

- Nach Ansicht des BGH stellt das aus Art 5 I 2 GG folgende **Gebot der Staatsferne der Presse** eine Marktverhaltensregelung dar (BGH GRUR 12, 728 Rn 9 ff – *Einkauf Aktuell*). Dagegen spricht, dass dem Staat, soweit das Gebot reicht, eine Betätigung auf dem Gebiet der Presse völlig untersagt ist, so dass es sich um eine Marktzutrittsregelung, vergleichbar dem kommunalrechtlichen Verbot der erwerbswirtschaftlichen Tätigkeit, handelt. Hier wie dort ist denkbar, dass dem Staat die betreffende Tätigkeit nur teilweise oder innerhalb bestimmter Grenzen erlaubt ist. Auch bei Überschreitung der Grenzen ist aber nicht Art und Weise des Marktverhaltens, sondern das Marktverhalten als solches zu beanstanden.
- **Die Wettbewerbsverbote des HGB (§§ 60, 112 HGB) und des AktG (§ 88 AktG).** Sie betreffen das Marktverhalten der betreffenden Personen nicht und sind im Übrigen ausreichend durch die Vorschriften des Handels- und Gesellschaftsrechts sanktioniert (*Köhler*/Bornkamm § 4 Rn 11.46).
- Die **vereinsrechtlichen Vorschriften der §§ 21 ff BGB** regeln nicht das Marktverhalten, sondern grenzen im Interesse der Gläubiger die Organisationsformen des Vereins und der Handelsgesellschaften voneinander ab (BGH GRUR 86, 823, 824 f – *Fernsehzuschauerforschung*). Auch eine Überschreitung der Grenzen des vereinsrechtlichen Nebenzweckprivilegs fällt nicht unter § 4 Nr 11 (*Köhler*/Bornkamm § 4 Rn 11.45 mwN; der Tendenz nach aA zu § 1 aF BGHZ 85, 84 = GRUR 83, 120, 123 – *ADAC-Verkehrsrechtsschutz*).

2. Im Interesse der Marktteilnehmer. a) Grundsatz. Es genügt nicht, dass die 11/21 verletzte Vorschrift eine Marktverhaltensregelung darstellt. Sie muss auch das Interesse der Marktteilnehmer, also der Mitbewerber oder der Verbraucher und sonstigen Abnehmer (§ 1) schützen. Der bloße Schutz von Allgemeininteressen (Beispiel: Umweltschutz) genügt nicht (BGH GRUR 07, 162 Rn 12 – *Mengenausgleich in Selbstentsorgergemeinschaft; Köhler*/Bornkamm § 4 Rn 11.35b; Fezer/*Götting* § 4–11 Rn 63, anders in der Tendenz aber Rn 60, 68). Die Norm muss gerade dem Schutz der *marktbezogenen* Interessen der Marktteilnehmer dienen. Insbesondere ist das Verbraucherinteresse nicht schon deshalb betroffen, weil (nahezu) jede Person immer irgendwann auch Verbraucher ist. Der Verbraucher muss gerade aufgrund seiner Marktteilnahme in seinen Interessen betroffen sein (*Köhler*/Bornkamm § 4 Rn 11.35 d; GK/*Metzger* § 4 Nr 11 Rn 38). Da die hM aber jedes Verbraucherinteresse genügen lässt (Rn 11/24) und da letztlich jede Verletzung einer marktverhaltensregelnden Vorschrift die Gleichheit der Verhältnisse auf dem Markt beeinträchtigt (Rn 11/22), kommt den Interessen der Marktbeteiligten in der Praxis keine Bedeutung als einschränkendes Kriterium zu.

b) Interessen der Mitbewerber. Zu den geschützten Mitbewerberinteressen 11/22 (dazu im Einzelnen *Schaffert*, FS Ullmann, 2006, 845, 849 ff) zählen das Interesse am Schutz des Geschäftsrufs vor Beeinträchtigung und Ausbeutung (vgl §§ 6; 4 Nr 7, 8), am Schutz der übrigen immateriellen Geschäftswerte (vgl §§ 4 Nr 9; 17; 18) und am Schutz vor Behinderung (§ 4 Nr 10). Daneben soll nach hM das Interesse der Mitbewerber an der Gleichheit der Verhältnisse bei einem bestimmten Markt durch § 4 Nr 11 geschützt sein (vgl BGH GRUR 07, 162 Rn 12 – *Mengenausgleich in Selbstentsorgergemeinschaft; Gärtner*/Heil WRP 05, 20, 21; MüKo/*Schaffert* § 4 Nr 11 Rn 57). Dieses Kriterium ist problematisch, weil es auf dem Vorsprungsgedanken der älteren Rspr beruht (vgl BGH GRUR 70, 179, 181 – *Lohnsteuerzahler*; GRUR 89, 838, 839 – *Lohnsteuerhilfeverein III*; GRUR 97, 909, 911 – *Branchenbuch-Nomenklatur*; GRUR 00, 613, 615, 616 – *Klinik Sanssouci*), der jedenfalls in seiner allgemeinen Form unter § 4 Nr 11 nicht mehr gilt (s Rn 11/4 f). Es besteht die Gefahr, dass auf dieser Grundlage Vorschriften, die in erster Linie Allgemeininteressen dienen, zu konkurrentenschützenden Bestimmungen umgedeutet werden (so zu Art 12 GG BVerfG GRUR 96, 899, 904 – *Werbeverbot für Apotheker*; vgl auch *Schaffert*, FS Ullmann, 2006, 845, 854 f). Die betreffende Norm muss demnach unmittelbar die unternehmerische Betätigung von Unternehmern, nicht lediglich reflexartig ihr Interesse an allgemeiner Gesetzestreue schützen. Nicht rechtlich geschützt ist außerdem das Interesse am Ausbleiben von Konkurrenz (BVerfGE aaO – *Werbeverbot für Apotheker*).

11/23 **c) Interessen der Marktgegenseite. aa) Entscheidungsfreiheit.** Zu den durch § 4 Nr 11 geschützten **Verbraucherinteressen** (und den Interessen sonstiger Abnehmer) gehört unstreitig der Schutz der Entscheidungsfreiheit (vgl § 3 II), also das Interesse an zutreffender Information und das Interesse an Freiheit vor unsachlichem Einfluss. Diesen dienen sämtliche Spezialvorschriften, die das Irreführungsverbot (§ 5 I), das Verbot der Irreführung durch Unterlassen (§ 5a, zum Vorrang gegenüber § 4 Nr 11 s Rn 11/8a) und die Verbote aggressiver Geschäftspraktiken (§ 4 Nr 1, 2) konkretisieren.

11/24 **bb) Allgemeiner Rechtsgüterschutz.** Nach Rspr und hM sollen aber auch Vorschriften unter § 4 Nr 11 fallen, die dem Schutz der Rechte und Rechtsgüter der Verbraucher dienen (BGH GRUR 10, 754 Rn 21 – *Golly Telly; Köhler*/Bornkamm § 4 Rn 11.35d; *Elskamp* S 149f; *v Walter* S 97). Zu den geschützten Interessen der Verbraucher sollen etwa die Interessen an Sicherheit, Gesundheit, fachkundiger Rechtsberatung und kunstgerechter ärztlicher Behandlung („Schutz vor Quacksalbern", *Römermann* NJW 08, 1249, 1250) und sogar der Jugendschutz gehören. Es soll genügen, dass diese Interessen durch den Konsum der erworbenen Ware oder durch die Inanspruchnahme der bestellten Dienstleistungen gefährdet werden (*Köhler*/Bornkamm § 4 Rn 11.35d; GK/*Metzger* § 4 Nr 11 Rn 38 *v. Walter* S 97).

11/25 **cc) Kritik.** Wenn es nach zutreffender und ganz herrschender Ansicht nicht Aufgabe des UWG ist, Gesetzesverstöße generell zu sanktionieren, können nur Normen ins UWG transformiert werden, die eine **spezifisch wettbewerbsbezogene Schutzfunktion** aufweisen. Die Beschränkung auf Marktverhaltensregeln stellt insoweit eine notwendige, aber keine hinreichende Eingrenzung der Fallgruppe des Rechtsbruchs dar. Von wesentlicher Bedeutung ist daneben die Bestimmung der durch § 4 Nr 11 geschützten Interessen. Sie wird von der hM vernachlässigt, dadurch verliert das in der UWG-Reform betonte Kriterium der wettbewerbsbezogenen Schutzfunktion seine abgrenzende Bedeutung (*Glöckner* GRUR 13, 568, 571). Vorzugswürdig erscheint ein *funktionsbezogenes* Verständnis des Verbraucherinteresses. Das Lauterkeitsrecht schützt den Verbraucher nicht in jeglicher Hinsicht, sondern gerade in seiner „Schiedsrichterfunktion", also bei seiner Konsumentscheidung („als Verbraucher, nicht als Mensch": *Gärtner/Heil* WRP 05, 20, 22; ähnl *Scherer* WRP 06, 401; *Dettmar* S 165f; *Gärtner/Heil* WRP 05, 20, 22; *Wuttke* WRP 07, 119, 123, 125). Im Anwendungsbereich der UGP-RL ist das zwingend, doch auch darüber hinaus spricht die Systematik des UWG (§§ 1; 3 II; 4 Nr 1–5) für ein einheitliches Verständnis des Verbraucherschutzzwecks und gegen eine Spaltung in einen engen, EU-rechtlichen und einen weiten nationalen Verbraucherschutzbegriff. Neben dieses systematische Argument tritt ein teleologisches: Die weite Anwendung des § 4 Nr 11 führt dazu, dass Unternehmen gegen nahezu jedes rechtswidrige Verhalten eines Mitbewerbers auf dem Markt mit einer Wettbewerbsklage vorgehen können und vereitelt damit teilweise die Ziele der liberalisierenden Rechtsprechung und der Reform von 2004 (Rn 11/4f). Die Zulassung einer allgemeinen Konkurrentenklage gegen rechtswidriges Marktverhalten birgt Missbrauchsgefahren. Ob sie wegen der Vorzüge effektiver Rechtsdurchsetzung in Kauf zu nehmen sind, ist eine rechtspolitische Frage, die der Gesetzgeber entscheiden sollte. Daher ist zu differenzieren. **(1)** Vorschriften, die unmittelbar der Verbraucherinformation dienen oder ihre Entscheidungsfreiheit schützen, fallen ohne weiteres unter § 4 Nr 11 (s Rn 11/23). **(2)** Normen, die den Marktzutritt für Waren und Dienstleistungen regeln (Beispiele: Verbot des Vertriebs nicht zugelassener Arzneimittel, Approbation als Voraussetzung für die Ausübung der ärztlichen Tätigkeit) dienen unmittelbar der Gesundheit und Produktsicherheit, schützen aber immerhin mittelbar die Erwartung des Verbrauchers, Waren und Dienstleistungen zu erhalten, die den gesetzlichen Vorgaben entsprechen (BGH GRUR 10, 754 Rn 21 – *Golly Telly;* MüKo/*Schaffert* § 4 Nr 11 Rn 58). Insofern erscheint die Anwendung des § 4 Nr 11 auch nach dem hier entwickelten Ansatz vertretbar. Allerdings lässt sich dieser Aspekt präziser nach §§ 5, 5a beurteilen. Insbesondere kann bei Abweichung eines Produkts von einem gesetzlich vorgeschriebenen Standard die Vorstellung des Verbrauchers, dass das Produkt dem Standard entspricht, auch dann relevant sein, wenn der Verbraucher weder die einzelnen Bestandteile noch den Standard genau kennt (Köhler/*Bornkamm* § 5 Rn 4.32 für Lebensmittelbezeichnungen), so dass es auch in diesem Fall regelmäßig nicht an einer Grundlage für gem § 5 relevante Fehlvorstellungen fehlen wird (aA BGH aaO Rn 23 – *Golly Telly*). **(3)** Jedenfalls ist es nach hier vertretener Ansicht nicht Aufgabe des UWG, Verbraucher vor Gefahren zu schützen, die im Anschluss an das eigentliche Marktgeschehen der Gebrauch von Produkten oder die Nutzung von Dienstleistungen mit sich bringt. Ein Beispiel ist der Jugendschutz: Anders als etwa in § 4 Nr 2 geht es nicht um den Schutz des Jugendlichen in seiner Rolle als noch unerfahrener Verbraucher, sondern um seine Entwicklung „als Mensch". Die Rspr zu § 4 Nr 11 schließt durch die Transformation jugendschutzrechtlicher Vorschriften ins UWG über § 4 Nr 11 ein wirkliches oder vermeintliches Durchsetzungsdefizit im Ordnungsrecht. **(4)** Die Entscheidung über die Durchsetzung subjektiver absoluter Rechte (Beispiel: Recht auf informationelle Selbstbestimmung, s Rn 11/79) sollte dem Rechtsinhaber vorbehalten bleiben, die Anspruchsberechtigung gem § 8 III erscheint hier unpassend.

III. Zuwiderhandlung

1. Geschäftliche Handlung. Die Zuwiderhandlung muss eine geschäftliche Handlung (§ 2 I Nr 1) darstellen. Der Begriff der „geschäftlichen Handlung" ist insofern weiter als die frühere Voraussetzung der „Wettbewerbshandlung", als auch Handlungen nach Vertragsschluss erfasst werden. Außerdem kommt es nicht mehr auf die Wettbewerbsabsicht des Handelnden, sondern nur noch auf den objektiven Zusammenhang mit der Förderung des Absatzes oder Bezugs von Produkten an (§ 2 Rn 24).

2. Verwirklichung sämtlicher Tatbestandsmerkmale. Einer gesetzlichen Vorschrift handelt nur zuwider, wer sämtliche Tatbestandsmerkmale verwirklicht (BGH GRUR 08, 530, 531 Rn 11 – *Nachlass bei der Selbstbeteiligung;* Köhler/Bornkamm § 4 Rn 11.50; Fezer/*Götting* § 4–11 Rn 49; MüKo/*Schaffert* § 4 Nr 11 Rn 81). Das gilt für den objektiven Tatbestand, für subjektive Tatbestandsmerkmale, sofern von der Vorschrift vorausgesetzt, und für das Fehlen von Rechtfertigungsgründen.

3. Keine zusätzlichen subjektiven Erfordernisse. Nach der früheren Rechtslage konnte ein Gesetzesverstoß nur dann als unlauter beurteilt werden, wenn er bewusst vorgenommen wurde (BGH GRUR 88, 382, 383 – *Schelmenmarkt;* BGH GRUR 96, 786, 788 – *Blumenverkauf an Tankstellen*). Unter §§ 4 Nr 11; 3 I gilt hingegen ein rein objektiver Begriff der Unlauterkeit (BGHZ 163, 265 = GRUR 05, 778, 779 – *Atemtest;* Köhler/Bornkamm § 4 Rn 11.52; MüKo/*Schaffert* § 4 Nr 11 Rn 82, 86; *Weber,* FS Doepner, 2008, 69, 77). Subjektive Merkmale sind nur noch zu prüfen, wenn die Primärnorm sie voraussetzt. Ist das nicht der Fall, so handelt unlauter, wer objektiv gegen die Vorschrift verstößt (BGH aaO). Ob der Handelnde einem Tatbestands- oder Rechtsirrtum unterliegt, ist unerheblich. Auf ein Verschulden kommt es nur für die Ansprüche auf Schadensersatz (§ 9) und Gewinnabschöpfung (§ 10) an. Diese strikte Haftung kann dann zu unbilligen Ergebnissen führen, wenn der Handelnde aus gutem Grund auf eine ihm günstige Rechtslage vertraut hat (s Rn 11/11).

UWG § 4.11 Gesetz gegen den unlauteren Wettbewerb

11/29 **4. Täterschaft und Teilnahme.** Gegen die gesetzliche Vorschrift verstoßen Täter und Teilnehmer gleichermaßen (§ 830 II BGB; vgl BGH GRUR 08, 810 Rn 14 – *Kommunalversicherer;* BGH GRUR 12, 1279 Rn 37 ff – *DAS GROSSE RÄTSELHEFT; Köhler*/Bornkamm § 4 Rn 11.22). Die Haftung des Teilnehmers setzt nach allgemeinen Grundsätzen voraus, dass eine teilnahmefähige Haupttat vorliegt. Zudem muss nach hM im Straf- und Zivilrecht der Teilnehmer vorsätzlich hinsichtlich der Haupttat und hinsichtlich seines eigenen Tatbeitrags handeln (näher hierzu § 8 Rn 119).

IV. Spürbarkeit der Beeinträchtigung

11/30 Ein Anspruch gem §§ 4 Nr 11; 3 I; 8 ff setzt voraus, dass der Gesetzesverstoß die Interessen von Mitbewerbern, Verbrauchern oder sonstigen Marktteilnehmern spürbar beeinträchtigt. Zwar ist die mögliche Beeinträchtigung der Interessen anderer Marktteilnehmer schon Tatbestandsmerkmal des § 4 Nr 11 (Rn 11/21), doch ist die Spürbarkeit gesondert zu prüfen. Nicht zuletzt die Erfahrung mit der früheren Fallgruppe des Rechtsbruchs unter § 1 aF war Anlass für die Einführung der Bagatellklausel. Es gelten die oben zu § 3 erläuterten Kriterien (§ 3 Rn 45 ff vgl auch *Elskamp* S 262 ff; Harte/Henning/*v Jagow* § 4 Nr 11 Rn 49 ff). Regelmäßig zu bejahen sein soll die Spürbarkeit bei Verstößen gegen Vorschriften zum Schutz der Sicherheit und Gesundheit von Verbrauchern (BGHZ 163, 265 = GRUR 05, 778, 780 – *Atemtest*), gegen das HWG (s Rn 11/67), gegen das RDG (BGH GRUR 04, 253, 254 – *Rechtsberatung durch Automobilclub,* zum früheren RBerG) oder gegen die Vorschriften zur Belehrung von Verbrauchern über ihr Widerrufsrecht (OLG Hamburg GRUR 02, 232, 234). Die Spürbarkeit kann vor allem bei Verstößen gegen Vorschriften des Verwaltungsrechts fehlen, wenn die zuständige Behörde das Verhalten geduldet hat (s Rn 11/11).

C. Einzelne Regelungen

I. Berufsspezifische Vorschriften

Literatur: *Bieber,* Die Kontrolle des Berufsrechts der Freiberufler – insbesondere der Rechtsanwälte – mit Hilfe von § 4 Nr 11 UWG, WRP 2008, 723; *Henssler/Deckenbrock,* Neue Regeln für den deutschen Rechtsberatungsmarkt, DB 2008, 41; *Huff,* Die zielgruppenorientierte Werbung von Rechtsanwälten – ein zulässiges Werbeinstrument, NJW 2003, 3525; *Jänich,* Das geplante Rechtsdienstleistungsgesetz und seine Auswirkungen auf die Rechtsberatung auf dem Gebiet des Geistigen Eigentums, Mitt. 2007, 365; *Kleine-Cosack,* Das Werberecht der rechts- und steuerberatenden Berufe, 2. Aufl, 2004; *Möllers/Mederle,* Werbung von Rechtsanwälten, WRP 2008, 871; *Römermann,* RDG – zwei Schritte vor, einen zurück, NJW 2008, 1249 ff; *Rumetsch,* Ärztliche und zahnärztliche Werbung mit Gebiets- oder Zusatzbezeichnungen, WRP 2010, 691; *Steinbeck,* Werbung von Rechtsanwälten im Internet, NJW 2003, 1481; *Wüstenberg,* Anwaltliche Grundpflichten und ihr Bezug zum Wettbewerbsrecht, WRP 2003, 956.

11/31 **1. Allgemeines.** Die Tätigkeit im Bereich der freien Berufe (zB Rechtsanwälte, Ärzte, Apotheker) ist in dreifacher Hinsicht reglementiert. **(1)** Der **Zugang** hängt von einer Erlaubnis (Zulassung zum Rechtsanwalt, Approbation) ab. **(2)** Die **Tätigkeit** ist rechtlichen Regeln unterworfen. **(3)** Insbesondere unterliegt die **Werbung** rechtlichen Grenzen. Die folgende Darstellung folgt diesem Schema. Da diese Bestimmungen unter anderem dem Schutz der Leistungsempfänger (zB Rechtsuchende, Patienten) dienen, kommt ihnen nach hM in weitem Umfang der Charakter von Marktverhaltensregeln zu (zur Kritik s Rn 11/25). Verfassungsrechtlich unterliegen diese Beschränkungen der grundrechtlichen Kontrolle am Maßstab der Art 12; 3; 2 GG. Für die Vereinbarkeit der Bestimmungen mit Art 12 gilt die „Dreistufenlehre" des BVerfG (BVerfGE 25, 1, 11 f). Demnach werden Berufsausübungsregeln wie etwa

Werbebeschränkungen durch jede vernünftige Erwägung des Gemeinwohls gerechtfertigt (BVerfGE 70, 1, 28; 103, 1, 10); subjektive Berufswahlbeschränkungen wie das Erfordernis der Anwaltszulassung oder Approbation sind nur zum Schutz überragender Gemeinschaftsgüter zulässig (BVerfGE 69, 209, 218; 103, 172, 183; BVerfGE 97, 12 = GRUR 98, 556, 559 – *Patentgebührenüberwachung*); objektive Berufswahlbeschränkungen hingegen sind nur legitim, wenn sie zur Abwehr nachweisbarer oder höchst wahrscheinlicher schwerer Gefahren für ein überragend wichtiges Gemeinschaftsgut zwingend geboten sind (BVerfGE 102, 197, 214).

2. Rechtsanwälte, Notare. a) Zugangsregeln. aa) Rechtsgrundlage. Das **11/32** Rechtsdienstleistungsgesetz (RDG, BGBl I S 2840 v 17.12.2007) unterwirft die **Erbringung außergerichtlicher Rechtsdienstleistungen** einem **Erlaubnisvorbehalt:** Die selbständige Erbringung außergerichtlicher Rechtsdienstleistungen ist nur in dem Umfang zulässig, in dem sie durch das RDG oder ein anderes Gesetz (insbes § 3 BRAO) erlaubt wird. Das RDG hat mit Wirkung vom 1.7.2008 das bisherige Rechtsberatungsgesetz (RBerG) abgelöst.

bb) Verfassungs- und unionsrechtliche Beurteilung. Der Erlaubnisvorbehalt **11/33** für die Erbringung rechtlicher Dienstleistungen ist verfassungsgemäß, da es sich beim Schutz der Rechtssuchenden und dem Interesse einer reibungslosen Abwicklung des Rechtsverkehrs um Belange des Gemeinwohls handelt (so zu Art 1 § 1 RBerG BVerfGE 41, 378, 390 =NJW 1976, 1349; BVerfGE 97, 12 = GRUR 98, 556, 559 – *Patentgebührenüberwachung;* BVerfG NJW 07, 2389, 2390). Allerdings hat das BVerfG zu Art 1 § 1 RBerG die Fachgerichte verschiedentlich gemahnt, bei der Auslegung des generalklauselartigen Begriffs „Rechtsberatung" einerseits die durch das Gesetz geschützten Belange und andererseits die Freiheitsrechte des Einzelnen zu berücksichtigen und dabei auch den Veränderungen der Lebenswirklichkeit Rechnung zu tragen (BVerfGE 97, 12, 26f = GRUR 98, 556, 559 – *Patentgebührenüberwachung;* BVerfG NJW 02, 3531; BVerfG NJW 07, 2389, 2390; vgl auch BGH GRUR 05, 355, 356 – *Testamentsvollstreckung durch Steuerberater*). Diese Rspr ist auf den Begriff der „Rechtsdienstleistung" (§ 2 RDG) übertragbar (vgl *Römermann* NJW 08, 1249, 1251). Auch mit der Dienstleistungsfreiheit (Art 56 AEUV) ist der Erlaubnisvorbehalt vereinbar, sofern die Regelung nicht die geschäftsmäßige Ausübung einer Tätigkeit von beruflichen Qualifikationen abhängig macht, die zu den Bedürfnissen der Empfänger der Dienstleistung außer Verhältnis stehen (EuGH NJW 91, 2693, Rn 16f – *Saeger/Dennemeyer & Co Ltd*).

cc) Marktverhaltensregelung. Das RDG dient dazu, die Rechtsuchenden, den **11/34** Rechtsverkehr und die Rechtsordnung vor unqualifizierten Rechtsdienstleistungen zu schützen (§ 1 I 2 RDG). Es handelt sich also nicht nur um eine Marktzutrittsregelung, sondern auch um eine Marktverhaltensregelung (Doppelfunktion, vgl Rn 11/4), die nach hM auch das Interesse der Verbraucher schützt (so zum RBerG BGH GRUR 05, 355, 356 – *Testamentsvollstreckung durch Steuerberater;* BGH GRUR 07, 245, 246 Rn 15 – *Schulden Hulp;* BGH GRUR 07, 978, 979 Rn 19 – *Rechtsberatung durch Haftpflichtversicherer; Bieber* WRP 08, 723, 724; *Köhler*/Bornkamm § 4 Rn 11.63). Das gilt freilich nur, wenn entgegen der hier vertretenen Ansicht (Rn 11/25) das Verbraucherinteresse an qualifizierter Rechtsberatung in den Schutzbereich des § 4 Nr 11 fällt (s Rn 11/24). Folgt man der hM, so begründet der Verstoß gegen § 3 RDG sowohl lauterkeitsrechtliche Ansprüche nach den §§ 4 Nr 11; 3 I; 8 ff als auch deliktische nach § 823 II BGB, da § 3 RDG, wie sich aus der Zweckbestimmung in § 1 I 2 RDG ergibt, Schutzgesetz iS dieser Bestimmung ist (ebenso zu Art 1 § 1 RBerG BGH GRUR 07, 978, 979 Rn 19 – *Rechtsberatung durch Haftpflichtversicherer*). Unter beiden Gesichtspunkten ist bereits das unerlaubte Anbieten der Rechtsdienstleistung unzulässig, nicht erst deren Erbringung (BGH GRUR 02, 985, 986 – *WISO*).

UWG § 4.11

11/35 **dd) Rechtsdienstleistung.** Rechtsdienstleistung ist jede Tätigkeit in konkreten fremden Angelegenheiten, sobald sie eine rechtliche Prüfung des Einzelfalls erfordert (§ 2 I RDG). Ausdrücklich den Rechtsdienstleistungen zugeordnet wird die Inkassotätigkeit (§ 2 II RDG), die allerdings registrierte Personen aufgrund besonderer Sachkunde ausüben dürfen (§ 10 I Nr 1 RDG). § 2 III RDG regelt Ausnahmen, unter anderem für die Tätigkeit als Gutachter und Schiedsrichter. Im Mittelpunkt der Begriffsdefinition des § 2 I RDG steht das Merkmal der **rechtlichen Prüfung des Einzelfalls**. Anders als nach dem bisherigen RBerG bezieht sich der Prüfungsmaßstab nicht auf eine berufliche Tätigkeit in ihrer gesamten Breite, sondern auf die einzelne Dienstleistung, die im Rahmen einer beruflichen Tätigkeit zu erbringen ist (BegrRegE RDG BT-Drucks 16/3655 S 46). Ob es sich um eine zulässige Nebenleistung im Zusammenhang mit einer anderen Haupttätigkeit handelt, regelt § 5 RDG. Dieser Erlaubnistatbestand setzt nicht voraus, dass die sachgerechte Erfüllung der Hauptleistung beeinträchtigt wird, wenn nicht auch die Nebenleistung in Form der Rechtsdienstleistung erbracht wird. (BGH GRUR 11, 539 – *Rechtsberatung durch Lebensmittelchemiker;* vgl auch BGH GRUR 12, 405 – *Kreditkontrolle*). Tätigkeiten, die objektiv nicht über eine bloß schematische rechtliche Prüfung hinausgehen (zB Geltendmachung unstreitiger Ansprüche, Mitwirkung bei einem Vertragsschluss oder einer Vertragskündigung) fallen nur dann unter § 2 I RDG, wenn der Rechtssuchende im konkreten Fall eine eingehende Beratung erwartet (BegrRegE aaO, S 46, krit zu den Beispielen *Römermann* NJW 08, 1249, 1251 unter Hinweis auf die andere Textfassung des RegE).

11/36 **ee) Einzelfälle.** Rechtsdienstleistungen sind:
- Das **Inkasso** (§ 2 II 1 RDG, s dazu § 10 I Nr 1 RDG; zur Abgrenzung zwischen eigenständigem Geschäft und Nebenleistung BGH NJW 12, 1005; BGH NJW 13, 59; BGH NJW 13, 62).
- Die **Regulierung dem Grunde nach streitiger Schadensfälle,** sie ist auch nicht als Nebenleistung einer Kfz-Reparatur, der Vermietung eines Ersatzfahrzeugs oder der Erstellung eines Schadensgutachtens gem § 5 I RDG zulässig (BegrRegE BT-Drucks 16/3655 S 47). Keine Rechtsdienstleistung ist hingegen die Reservierung eines Unfall-Ersatzfahrzeugs, die Einholung eines Unfallschadensgutachtens und die direkte Weiterleitung des Gutachtens an den Haftpflichtversicherer des Unfallgegners, ohne dass damit Haftpflichtansprüche des Geschädigten gegen den Versicherer verfolgt werden, durch eine Kfz-Werkstatt (BGH GRUR 00, 729, 730 – *Sachverständigenbeauftragung*).
- Ob die Tätigkeit des **Erbenermittlers** schwerpunktmäßig auf genealogischen und detektivischem oder auf rechtlichem Gebiet liegt, ist für jeden Einzelfall gesondert zu prüfen (BegrRegE aaO, S 53; ähnl bisher bereits BGH GRUR 03, 886, 889 – *Erbenermittler*).

11/37 Keine Rechtsdienstleistungen oder aufgrund der Ausnahmetatbestände erlaubnisfrei zulässige Rechtsdienstleistungen sind:
- **Formalisierte Tätigkeiten** wie die Überwachung von Fristen anhand eindeutiger Kriterien (BVerfGE 97, 12 = GRUR 98, 556, 560 – *Patentgebührenüberwachung*) oder die Schaltung von Titelschutzanzeigen für Dritte (BGH GRUR 98, 956, 957 – *Titelschutzanzeige für Dritte*).
- Die bloße **Ermittlung von Informationen** und Tatsachen, die für die Durchsetzung von Ansprüchen erforderlich sind (BVerfG NJW 02, 3531, 3532).
- Die Erteilung rechtlicher Hinweise durch den Kfz-Haftpflichtversicherer des Schädigers an den Geschädigten, da sie keine fremden, sondern eigene Angelegenheiten betrifft (so zu Art 1 § 1 RBerG BGH GRUR 07, 978, 980 Rn 23 – *Rechtsberatung durch Haftpflichtversicherer*).
- Die Erörterung und Darstellung von Rechtsfragen und Rechtsfällen **in den Medien** (§ 2 III Nr 5 RDG, ebenso bisher bereits BGH GRUR 02, 985 – *WISO*;

GRUR 02, 987 – *Wir Schuldenmacher*), etwas anderes gilt aber für die Erteilung von individuellem Rechtsrat außerhalb der Sendung (BegrRegR aaO S 50, ebenso bisher BGH aaO – *Wir Schuldenmacher;* s auch BVerfG NJW 04, 1855 – *Rechtsberatung in den Medien*).
- Rechtsdienstleitungen im Zusammenhang mit der **Testamentsvollstreckung,** der **Haus- und Wohnungsverwaltung** oder der **Fördermittelberatung** (§ 5 II RDG, ähnl bisher bereits BGH GRUR 05, 353, 354 – *Testamentsvollstreckung durch Banken;* BGH GRUR 05, 355, 356 – *Testamentsvollstreckung durch Steuerberater;* BGH GRUR 05, 604, 606 – *Fördermittelberatung*).
- Die Rechtsberatung durch **Berufs- und Interessenvereinigungen** wie Einzelhandelsverbände (BGH GRUR 12, 79 – *Rechtsberatung durch Einzelhandelsverband*), Mietervereine und Automobilclubs ist eine gem § 7 I Nr 1 erlaubnisfrei zulässige Rechtsdienstleistung (Begr RegE zum RDG, BT-Drucks 16/3655 S 60).
- **Unentgeltliche Rechtsdienstleistungen** (§ 6 I RDG); allerdings muss bei einer Beratung außerhalb enger persönlicher Beziehungen (zB Familie, Nachbarschaft) sichergestellt werden, dass die Dienstleistung durch bestimmte qualifizierte Personen erbracht oder angeleitet wird (s im Einzelnen § 6 II RDG).

b) Berufsausübungsregeln. Marktverhaltensregeln sind (nach den Kriterien der hM, zur Kritik s Rn 11/25) sämtliche Vorschriften der BRAO, die nicht nur der Wahrung einer geordneten Rechtspflege und der Integrität der Anwaltschaft dienen, sondern auch das individuelle Interesse der Mandanten an der Qualität der Rechtsdienstleistung schützen (*Ullmann* GRUR 03, 817, 823; *Köhler*/Bornkamm § 4 Rn 11.60). **Marktverhaltensregeln** sind demnach:
- **§§ 27; 59i BRAO (Kanzleipflicht, Zweigstellen)** (*Köhler*/Bornkamm § 4 Rn 11.60; MüKo/*Schaffert* § 4 Nr 11 Rn 90; aA *Ullmann* GRUR 03, 817, 822): Die Vorschriften dienen dem Interesse des Mandanten an der Erreichbarkeit des Anwalts.
- **§§ 43a II; 49b IV BRAO (Verschwiegenheitspflicht, unzulässige Abtretung)** (*Köhler* aaO; *Schaffert* aaO; aA OLG Köln GRUR-RR 06, 166, 167): Die Verschwiegenheitspflicht dient auch dem Interesse des Mandanten an Vertraulichkeit. Die Abtretung von Honorarforderungen ist anders als im früheren Recht inzwischen grundsätzlich erlaubt (§ 49b IV, dazu BGHZ 171, 252 = NJW 07, 1196), Verstöße gegen die verbleibenden Pflichten (zB Abtretung an Nicht-Anwalt ohne Einwilligung des Mandanten) verletzen das Interesse des Mandanten an Vertraulichkeit und fallen daher unter § 4 Nr 11.
- **§§ 43a IV; 45 BRAO (widerstreitende Interessen, Tätigkeitsverbote)** (BVerfG NJW 03, 2520, 2521; vgl auch BGHZ 152, 153 = GRUR 03, 349, 352f – *Anwaltshotline; Köhler* aaO; *Schaffert* aaO): Interessenkollisionen gefährden das Interesse des Mandanten an Unvoreingenommenheit der Beratung.
- **§§ 49b I BRAO; 4, 5 RVG (Mindestvergütung)** (BGH GRUR 06, 955, 955 Rn 11 – *Gebührenvereinbarung II;* vgl auch BGH GRUR 03, 969, 970 – *Ausschreibung von Vermessungsleistungen;* BGH GRUR 05, 433, 435 – *Telekanzlei; Köhler* aaO; *Schaffert* aaO; *Büttner*, FS Erdmann, 2002, 545, 556; weitergehend OLG Hamm MMR 12, 602: sämtliche Vergütungsregeln sind Marktverhaltensregeln): Diese Vorschriften sollen einen ruinösen Preiswettbewerb verhindern und gleiche Voraussetzungen für alle Teilnehmer auf einem bestimmten Markt schaffen.
- § 49b III 1 BRAO **(entgeltliche Mandatsvermittlung):** Die Vorschrift regelt die Bedingungen auf dem Markt für Rechtsdienstleistungen, allerdings verbietet sie nicht ein Internetportal, das Terminvertreter vermittelt (OLG Karlsruhe GRUR-RR 13, 338).

Keine Marktverhaltensregeln sind hingegen:
- § 49b II BRAO **(eingeschränkte Zulässigkeit von Erfolgshonoraren)** (*Schaffert* aaO; aA OLG Hamm MMR 12, 602; *Köhler* aaO): Die Vorschrift dient lediglich der Unabhängigkeit des Anwalts.

UWG § 4.11   Gesetz gegen den unlauteren Wettbewerb

– **Vorschriften zur Organisation der beruflichen Zusammenarbeit (zB §§ 59a, 59c ff BRAO)**, etwas anderes gilt allerdings für Regelungen, die das Auftreten der Zusammenschlüsse nach außen betreffen: Sie dienen auch dem Schutz vor Irreführung (GRUR 04, 346 – *Rechtsanwaltsgesellschaft; Köhler* aaO; *Schaffert* aaO).
– **§ 12 BORA (Verbot der unmittelbaren Kontaktaufnahme mit der Gegenpartei)** (OLG Nürnberg NJW 05, 158, 159; *Köhler* aaO): Die Norm dient lediglich der Funktionsfähigkeit der Rechtspflege.

11/39 c) **Werberegeln. aa) Entwicklung, Rechtsgrundlagen.** Wie insgesamt die Werbung der freien Berufe galt auch die Anwaltswerbung früher als grundsätzlich verboten. Ein solches Werbeverbot lässt sich hingegen mit den Grundrechten auf Berufsfreiheit (Art 12 GG) und Meinungsfreiheit (Art 5 I GG, Art 10 I EMRK) nur schwer vereinbaren und beeinträchtigt zudem das Informationsinteresse der Rechtssuchenden. Durch die Änderung des anwaltlichen Berufsbildes und teilweise eingefordert durch die Rspr des BVerfG zu Art 12 GG (BVerfGE 85, 248, 256 = GRUR 92, 866, 869 – *Hackethal;* BVerfG 94, 372, 389 = GRUR 96, 899, 902 – *Werbeverbot für Apotheker;* BVerfG WRP 00, 720, 721 – *Anwaltssponsoring*) ist es mittlerweile zu einer Liberalisierung gekommen. Anwaltswerbung ist demnach nicht grundsätzlich verboten, sondern erlaubt, mithin bedarf nicht die Gestattung der Anwaltswerbung der Rechtfertigung, sondern deren Einschränkung (BGHZ 147, 71, 74 = GRUR 02, 84f – *Anwaltswerbung II;* BGH NJW 01, 2886, 2887 – *Anwaltsrundschreiben;* zur Vereinbarkeit nationaler Beschränkungen der Anwaltswerbung mit der Dienstleistungsfreiheit (Art 56 AEUV) vgl EuGH GRUR Int 02, 581 – *Wouters; Möllers/Mederle* WRP 08, 872, 873; zur Vereinbarkeit mit Art 10 EMRK EGMR GRUR-RR 09, 173 – *Brzank/Deutschland*). Trotz ihrer grundsätzlichen Zulässigkeit unterliegt die Anwaltswerbung nach wie vor berufsrechtlichen Schranken. Gem **§ 43b BRAO** ist Anwaltswerbung nur erlaubt, soweit sie über die berufliche Tätigkeit in Form und Inhalt sachlich unterrichtet und nicht auf Erteilung eines Auftrags im Einzelfall gerichtet ist. Diese Vorschrift wird durch §§ 6–10 der Berufsordnung für Rechtsanwälte (BORA) konkretisiert, die als Satzung auf der Grundlage des § 59b BRAO erlassen wurde.

11/40 bb) **Marktverhaltensregeln.** Nach **hM** sind die genannten Normen **Marktverhaltensregeln iSd § 4 Nr 11.** Auch die Bestimmungen der als Satzung ergangenen BORA sind gesetzliche Bestimmungen, sie regeln das Marktverhalten der Anwälte und dienen nach Ansicht des BGH dem Interesse der Marktteilnehmer, insbesondere der Verbraucher (BGH GRUR 05, 520, 521 – *Optimale Interessenvertretung; Köhler/* Bornkamm § 4 Rn 11.85). Dem kann **in dieser Allgemeinheit nicht zugestimmt werden.** Sofern die Vorschriften der BORA oder die aus § 43b BRAO abgeleiteten Verhaltenspflichten irreführende Angaben verbieten oder Informationen vorschreiben (so zB §§ 7–10 BORA) dienen sie dem Informationsinteresse der Verbraucher. Das **Sachlichkeitsgebot** (§§ 43b BRAO, 6 I BORA) hingegen dient, sofern es sich angesichts des gewandelten Berufsbilds des Anwalts im Lichte der Art 12; 5 I GG; 10 EMRK überhaupt rechtfertigen lässt, in erster Linie dem Allgemeininteresse an der Integrität des Anwalts als Organ der Rechtspflege (§ 1 BRAO) (BVerfG GRUR 03, 965, 966 – *Interessenschwerpunkt „Sportrecht"*). Ein angemessen aufmerksamer und informierter Durchschnittsverbraucher wird durch unsachliche Anwaltswerbung in seiner Entscheidungsfreiheit nicht beeinträchtigt, sofern nicht ausnahmsweise ein unangemessener unsachlicher Einfluss (§ 4 Nr 1) ausgeübt wird (vgl dazu OLG Naumburg NJW 03, 3566, 3567). Im Gegenteil kann das Sachlichkeitsgebot dazu führen, dass dem Rechtssuchenden Informationen vorenthalten werden (Beispiel: das Verbot der Angabe von Erfolgs- oder Umsatzzahlen in § 6 II BORA, vgl *Möllers/Mederle* WRP 08, 871, 875). Den Interessen der Abnehmer dienen damit nur Irreführungsverbote und Informationspflichten. Allerdings dienen jedenfalls Verbote, die den guten Ruf eines Anwalts gegen Angriffe eines Konkurrenten schützen, dem Mitbewerberschutz. Hält man darüber hinaus das Interesse aller Mitbewerber an gleichen Gegebenheiten auf einem bestimmten Markt für durch § 4 Nr 11 geschützt (s Rn 11/22), so stellt das Sachlichkeitsgebot unter diesem Gesichtspunkt eine mitbewerberschützende Marktverhaltensregel dar (*Schaffert*, FS Ullmann, 2006, 845, 851).

cc) Gebot der Berufsbezogenheit. Die Anwaltswerbung muss über die berufliche Tätigkeit des Anwalts unterrichten (§§ 43b BRAO; 6 I BORA). Dazu gehört der Hinweis auf eigene Qualifikationen, Kenntnisse und Fähigkeiten (BVerfG GRUR 03, 965, 966 – *Interessenschwerpunkt „Sportrecht"; Köhler*/Bornkamm § 4 Rn 11.87; MüKo/*Ernst* Anh H zu §§ 1–7 Rn 2). Im Lichte des Art 12 GG darf der Zusammenhang der Werbung mit der anwaltlichen Tätigkeit nicht zu engherzig beurteilt werden. So ist eine Imagewerbung zulässig, sofern sie sich auf eine wahrheitsgemäße Selbstdarstellung beschränkt und weder irreführt noch ein sensationelles Sich-Herausstellen zum Gegenstand hat (BVerfG aaO: Werbung einer auf Sportrecht spezialisierten Anwältin mit eigenen sportlichen Erfolgen). Die Werbung braucht sich nicht auf die Mitteilung nüchterner Fakten zu beschränken (BGH GRUR 05, 520, 521 – *Optimale Interessenvertretung*), muss aber einen zutreffenden Eindruck vom Tätigkeitsschwerpunkt des Anwalts vermitteln (s Rn 11/44). 11/41

dd) Sachlichkeitsgebot. (1) Grundsatz. Die Anwaltswerbung muss über Beruf und Tätigkeit in Form und Inhalt sachlich unterrichten (§ 43b BRAO). Dabei ist die ältere Rspr, die unüblichen und publikumswirksamen Werbeformen kritisch gegenüberstand, seit der Liberalisierung des Werberechts und im Lichte von Art 12 I; 5 I GG; 10 EMRK nur noch von begrenzter Aussagekraft (vgl BGHZ 147, 71 = GRUR 02, 84, 85 – *Anwaltswerbung II*). 11/42

(2) Der Form nach unsachliche Werbung. Eine der Form nach unsachliche Werbung soll insbesondere dann anzunehmen sein, wenn ihr Erscheinungsbild derart im Vordergrund steht, dass ihr Inhalt weit dahinter zurückbleibt (BGHZ 147, 71 = GRUR 02, 84, 85 – *Anwaltswerbung II;* BGH GRUR 02, 902, 905 – *Vanity-Nummer*), doch erscheinen inzwischen viele Urteile, in denen die Rspr eine Unsachlichkeit aus formalen Gründen bejaht hat, mittlerweile als überholt (vgl die Nachw bei *Köhler*/Bornkamm § 4 Rn 11.90f, 11.94f; MüKo/*Ernst* Anh H zu §§ 1–7 Rn 8 ff). So ist selbstverständlich der Anwalt bei der Wahl des Werbeträgers frei (BGH aaO – *Vanity-Nummer*) und kann daher etwa im Internet werben (BVerfG GRUR 03, 966, 967 – *Internetwerbung von Zahnärzten*). Auch die Größe einer Anzeige oder die (Un-)Üblichkeit einer Werbung sind keine tauglichen Beurteilungskriterien (BVerfG NJW 00, 3195 – *Sponsoring; Köhler*/Bornkamm § 4 Rn 11.90; aA noch OLG Frankfurt NJW 96, 1065). 11/43

(3) Dem Inhalt nach unsachliche Werbung. Inhaltlich verstoßen zutreffende berufsbezogene Tatsachenbehauptungen, deren Richtigkeit überprüft werden kann, grundsätzlich nicht gegen das Sachlichkeitsgebot. Hingegen sind Werturteile über die eigene Dienstleistung, deren Berechtigung nicht beurteilt werden kann, weil sie weitgehend von subjektiven Einschätzungen abhängen, regelmäßig nicht mit dem Sachlichkeitsgebot vereinbar (BGH aaO – *Anwaltswerbung II*). Verboten ist insbesondere Werbung, die **über die tatsächlichen Verhältnisse und Qualifikationen des Anwalts irreführt**. Dabei gelten die Kriterien des § 5 (BGHZ 153, 61 = NJW 03, 662 – *presserecht.de*). Beispiele: Der Verkehr erwartet von einem Rechtsanwalt, der sich als „zertifizierter Testamentsvollstrecker" bezeichnet, dass er nicht nur über besondere Kenntnisse, sondern auch über praktische Erfahrungen auf dem Gebiet der Testamentsvollstreckung verfügt (BGH GRUR 12, 215 – *Zertifizierter Testamentsvollstrecker*). Die Verwendung der Bezeichnung „Sozietät" durch einen Zusammenschluss von Rechtsanwälten, die keine Sozietät in der Form einer Gesellschaft bürgerlichen Rechts bilden, ist keine unzulässige Irreführung, wenn die Beauftragung der zusammengeschlossenen Rechtsanwälte dem Rechtsverkehr im Wesentlichen die gleichen 11/44

Vorteile bietet wie die Mandatierung einer Anwaltssozietät (BGH NJW 12, 3102). Ein Rechtsanwalt, der schwerpunktmäßig in Steuersachen berät, darf seine Kanzlei auch dann als „Steuerbüro" bezeichnen, wenn ein Teil der Verbraucher daraus fälschlich auf die Anwesenheit eines Steuerberaters oder Fachanwalts für Steuerrecht schließt (BGH GRUR 13, 409 – *Steuerbüro*). Hingegen soll die Bezeichnung „Spezialist für Familienrecht" unzulässig sein, weil sie eine Verwechslungsgefahr mit der entsprechenden Fachanwaltsbezeichnung begründet (OLG Karlsruhe GRUR-RR 13, 171). Die Werbung darf auch nicht zu einer **Herabsetzung oder Behinderung** von Mitbewerbern führen (BGH aaO – *Vanity-Nummer; Köhler*/Bornkamm § 4 Rn 11.92; vgl auch § 4 Nr 7 und 10). Beispiel (OLG Frankfurt NJW 05, 1283): Rechtsanwalt S gehe nie zu mündlichen Verhandlungen und werde von Richtern daher als „Phantom" bezeichnet. Darüber hinaus sollen auch **allgemeine Anpreisungen, die nicht hinreichend durch Tatsachen belegt sind,** untersagt sein. Beispiel (OLG Frankfurt aaO): Der Satz „Wir werden als adäquate Gesprächspartner auch von den Richtern geschätzt" suggeriert, dass neben der fachlichen Qualifikation auch die persönliche Bekanntschaft mit der Richterschaft zum Erfolg verhelfen kann. Allerdings verbietet sich in letzterer Fallgruppe im Lichte des Art 12 GG eine übermäßig strenge Beurteilung. So sind Werturteile, die sich auf einen zutreffenden Tatsachenkern stützen und keine übermäßige reklamehafte Anpreisung darstellen, zulässig (BGH GRUR 05, 520, 521: Zulässigkeit des Slogans „optimale Interessenvertretung"). Nicht zu beanstanden sind etwa die Einladung zu einer mehrstündigen Informationsveranstaltung mit kostenlosem Mittagsimbiss (BGHZ 147, 71 = GRUR 02, 84 – *Anwaltswerbung II*), die Werbung mit einer Vanity-Rufnummer, die den Buchstaben des Wortes „Rechtsanwalt" entspricht (BGH GRUR 02, 902, 905 – *Vanity-Nummer*), das Sponsoring, sofern es nicht geeignet ist, das Vertrauen der Rechtsuchenden zu beeinträchtigen, der Anwalt werde nicht aus Gewinnstreben zu Prozessen raten oder die Sachbehandlung an Gebühreninteressen ausrichten (BVerfG NJW 00, 3195 – *Sponsoring*), oder die Werbung einer auf Sportrecht spezialisierten Anwaltin mit eigenen sportlichen Erfolgen (BVerfG GRUR 03, 965, 966 – *Interessenschwerpunkt „Sportrecht"*).

11/45 **ee) Verbot der Mandatswerbung im Einzelfall.** Schließlich verbietet § 43b BRAO Werbung, die auf die Erteilung eines Auftrags im Einzelfall gerichtet ist. Das ist der Fall, wenn der Umworbene in einem konkreten Einzelfall der Beratung oder der Vertretung bedarf und der Werbende dies in Kenntnis der Umstände zum Anlass für seine Werbung nimmt. Davon abzugrenzen ist die erlaubte allgemeine Werbung um Mandanten, die darauf gerichtet ist, die Umworbenen dafür zu gewinnen, die Leistungen des Werbenden in Anspruch zu nehmen (BGHZ 147, 71 = GRUR 02, 82, 86 – *Anwaltswerbung II*). Daher darf zwar Werbung an eine abgegrenzte Zielgruppe gerichtet werden (OLG Düsseldorf NJW 03, 362; OLG Braunschweig NJW-RR 03, 686; *Huff* NJW 03, 3525 ff), die Grenze ist aber überschritten, wenn bei Mitgliedern dieser Gruppe Beratungsbedarf in einem konkreten Fall besteht (OLG München GRUR-RR 06, 201, 202 – *Werbeflyer; Köhler*/Bornkamm § 4 Rn 11.96).

11/46 **ff) Spezialvorschriften.** BRAO und BORA enthalten folgende Spezialregelungen für Einzelfragen der Anwaltswerbung:
– Die Werbung mit **Fachanwaltsbezeichnungen** wird durch § 43c BRAO iVm der FachanwaltsO geregelt.
– Davon abgesehen darf **Teilbereiche seiner Berufstätigkeit** gem § 7 BORA nur benennen, wer seinen Angaben entsprechende Kenntnisse nachweisen kann, die in der Ausbildung, durch Berufstätigkeit, Veröffentlichungen oder in sonstiger Weise erworben wurden. Wer qualifizierende Zusätze („Spezialist für", „Interessenschwerpunkt") verwendet, muss zusätzlich über entsprechende theoretische Kenntnisse verfügen und auf dem benannten Gebiet in erheblichem Umfang tätig gewesen sein.

- Als **Mediator** darf sich nur bezeichnen, wer durch geeignete Ausbildung nachweisen kann, dass er die Grundsätze des Mediationsverfahrens beherrscht (§ 7a BORA).
- Auf eine **berufliche Zusammenarbeit** darf nur hingewiesen werden, wenn sie innerhalb einer Sozietät oder dauerhaft und in verfestigter Form erfolgt (s im Einzelnen § 8 BORA).
- Bei gemeinschaftlicher Berufsausübung darf eine Kurzbezeichnung geführt werden (§ 9 BORA). Verwendet eine **Sozietät** in ihrer Kurzbezeichnung eine auf eine Zusatzqualifikation hinweisende Bezeichnung, muss sie dort, wo die Mitglieder der Sozietät namentlich aufgeführt sind, die **(Zusatz-)Qualifikation jedes einzelnen Sozietätsmitglieds** konkret und eindeutig benennen. Der Kanzleiauftritt darf keinen Zweifel an der jeweiligen Qualifikation der einzelnen benannten Berufsträger aufkommen lassen (BGH GRUR 07, 807, 809 Rn 14 – *Fachanwälte*).
- Vorgaben zur Angabe der Namen von Gesellschaftern, Angestellten und Mitarbeitern auf **Briefköpfen** enthält § 10 BORA. Ist ein ausgeschiedener Sozius noch anderweitig als Anwalt tätig, so muss auf diesen Umstand hingewiesen werden, falls sein Name noch aufgeführt wird (BGH GRUR 97, 925 – *Ausgeschiedener Sozius*). Weder aus § 10 BORA noch aus § 5a II ergibt sich für einen Anwalt die Verpflichtung, auf seinen Briefköpfen sämtliche Standorte seiner Niederlassungen zu nennen (BGH GRUR 12, 1275 – *Zweigstellenbriefbogen*.

gg) Notare. Notare haben jedes gewerbliche Verhalten, insbesondere eine dem öffentlichen Amt widersprechende Werbung zu unterlassen (§ 29 I BNotO, zur Vereinbarkeit mit Art 12 GG s BVerfG GRUR 88, 71, 72f – *Notarwerbung*; BVerfGE 73, 280, 292 = NJW 05, 1483). So darf der Notar beim Anbringen von Namensschildern nicht durch deren Anzahl (drei Schilder anstellen von einem) oder Größe (mannshoch) den Eindruck erwecken, seine Unparteilichkeit und Unabhängigkeit werde durch ein gewerbliches, gewinnorientiertes Marktverhalten beeinflusst (BGH NJW-RR 02, 58). Ein Anwaltsnotar darf Werbung, die ihm als Notar erlaubt ist, nicht auf seine Tätigkeit als Notar erstrecken (§ 8 II BNotO) und darf in seiner Internetadresse nicht die Bezeichnung „Notariat" führen (BGH NJW 05, 2693). Hingegen ist die Domain www.rechtsanwaelte-notar.de auch dann zulässig, wenn von zwei Anwälten einer Sozietät nur einer Notar ist (BGH NJW 03, 504). **11/47**

3. Steuerberatung. a) Zugangsregelungen. Zur Hilfeleistung in Steuersachen (§ 1 I, II StBerG) sind nur die in §§ 3 und 4 StBerG genannten Personen befugt (§ 5 StBerG). Diese Vorschriften sind nach den Grundsätzen der hM Marktverhaltensregeln (BGH GRUR 07, 994, 994 Rn 13 – *Gefälligkeit*). Unlauter handelt daher ein **Lohnsteuerhilfeverein**, wenn er über seine Befugnis aus § 4 Nr 11 StBerG hinaus Mitgliedern Hilfe in Steuersachen leistet, die auch Einkünfte aus Gewerbebetrieb haben (BGH aaO), oder eine zur Hilfeleistung in Steuersachen nicht befugte **Unternehmensberatungsgesellschaft**, die beauftragte Steuerberater als ihre Erfüllungsgehilfen einsetzt (BGHZ 98, 330 = GRUR 87, 172, 175 – *Unternehmensberatungsgesellschaft I*). **11/48**

b) Berufsausübungsregeln. Aus dem StBerG ergeben sich verschiedene Beschränkungen der beruflichen Tätigkeit. Die Beurteilung ihres Charakters als Marktverhaltensregelungen folgt den oben dargestellten Grundsätzen. Eine Marktverhaltensregel ist das Verbot von Zweigstellen, die nicht durch einen Steuerberater oder -bevollmächtigten geleitet werden (§ 34 II 2 StBerG, Grund: Erreichbarkeit für Mandanten, BGH GRUR 01, 348 – *Beratungsstelle im Nahbereich*; Köhler/Bornkamm § 4 Rn 11.71; MüKo/*Schaffert* § 4 Nr 11 Rn 118; aA *Ullmann* GRUR 03, 817, 822). Auch die Verschwiegenheitspflicht (§ 57 I StBerG) ist eine Marktverhaltensregel, nicht hingegen das aus § 57 I StBerG abgeleitete Verbot, Hilfe in Steuersachen zu leis- **11/49**

ten, wenn die Gebühren nicht der Beratene, sondern eine Unternehmensberatung bezahlt, die sich dem Beratenen und dem Steuerberater gegenüber vertraglich zur Übernahme der Gebühren verpflichtet hat (zur Begründung dieses Verbots s BGH GRUR 87, 176, 178 – *Unternehmensberatungsgesellschaft II*). Dieses Verbot dient lediglich dem Allgemeininteresse an der Integrität der Steuerrechtspflege (vgl BGH aaO zur „Wertbezogenheit" nach altem Recht; aA *Köhler* aaO; *Schaffert* aaO).

11/50 c) **Werberegeln.** Die Werbung für Beratungsdienstleistungen unterliegt ähnlichen Beschränkungen wie die Anwaltswerbung, **§ 57a StBerG** entspricht § 43b BRAO. Die Werbung muss also über die berufliche Tätigkeit in Form und Inhalt sachlich unterrichten und darf nicht auf die Erteilung eines Auftrags im Einzelfall gerichtet sein. Diese Bestimmung ist verfassungsgemäß, muss aber im Licht des Art 12 I GG und unter Beachtung des Verhältnismäßigkeitsprinzips ausgelegt werden (BVerfG NJW 04, 3765: Verfassungswidrigkeit eines Verbots sachlicher Werbung auf einem Straßenbahnwagen). Personen, die gem § 6 Nr 3 und 4 zur Übernahme bestimmter Hilfsleistungen in Steuersachen befugt sind, dürfen nur dann mit den Begriffen „Buchführung" oder „Buchführungsbüro" werben, wenn im unmittelbaren räumlichen Zusammenhang (vgl § 8 IV 3 StBerG) mit diesen Angaben darauf hingewiesen wird, dass mit diesen Begriffen nur die in §§ 6 Nr 3 und 4 aufgeführten Tätigkeiten gemeint sind. (BGH GRUR 08, 815, 816 Rn 18– *Buchführungsbüro*). Die Verwendung des Domainnamens „www.steuerberater-suedniedersachsen.de" ist nicht zu beanstanden, da sich der Verwender damit weder einer Sonder- noch einer Alleinstellung berühmt (BGH GRUR-RR 11, 7 – *steuerberater-suedniedersachsen.de*). Die Grenzen sachbezogener Werbung sind überschritten, wenn die Leistungen von Wettbewerbern in pauschaler Weise herabgesetzt werden (BGH GRUR 10, 349 – *EKW-Steuerberater*). Der Zusatz „Vorsitzender Richter a. D." ist neben der Berufsbezeichnung „Steuerberater" unzulässig (OLG Karlsruhe NJW-RR 12, 1406).

11/51 **4. Wirtschaftsprüfer.** Regeln für die berufliche Tätigkeit des Wirtschaftsprüfers ergeben sich aus §§ 43ff der Wirtschaftsprüferordnung (WiPrO). Zur Führung der Bezeichnungen „Wirtschaftsprüfer" und „Wirtschaftsprüfungsgesellschaft" vgl §§ 18, 31, 133 WiPrO. Diese Bezeichnungsregeln sind Marktverhaltensregelungen iSd § 4 Nr 11. Zur Werbung der Wirtschaftsprüfer bestimmt § 52 WiPrO lapidar: „Werbung ist zulässig, es sei denn, sie ist unlauter." Die Grundsätze zur Anwaltswerbung sind auch auf diesen Berufsstand übertragbar (*Köhler*/Bornkamm § 4 Rn 11.104).

11/52 **5. Heilberufe. a) Zugangsregeln.** Die Ausübung der ärztlichen Tätigkeit setzt eine Approbation voraus, die Tätigkeit in sonstigen Heilberufen unterliegt einer Erlaubnispflicht. Diese Bestimmungen schützen die Gesundheit der Patienten und sind daher nach den Kriterien der hM (zur Kritik s Rn 11/25) Marktverhaltensregelungen iSd § 4 Nr 11 (*Köhler*/Bornkamm § 4 Rn 11.73; MüKo/*Schaffert* § 4 Nr 11 Rn 122). Im Einzelnen gelten folgende Bestimmungen:
– Der Zugang zur **ärztlichen Tätigkeit** setzt die Approbation als Arzt voraus (§ 2 I Bundesärzteordnung – BÄO).
– Die Ausübung der Zahnheilkunde ist nach § 1 des Gesetzes zur Ausübung der Zahnheilkunde (ZHG) durch andere Personen als **Zahnärzte** unzulässig, was allerdings dem Angebot einer GmbH, Zahnbehandlungen als eigene vertragliche Leistungen zu erbringen, nicht grundsätzlich entgegensteht (BGHZ 124, 224 = WRP 94, 172 – *GmbH-Zahnbehandlungsangebot*).
– Voraussetzung für die Tätigkeit als **Tierarzt** ist die Approbation (§ 2 I Bundestierärzteordnung – BTÄO, Ausnahme: § 11 BTÄO). Diese Vorschrift schützt die Qualitätserwartung der Tierhalter und stellt damit nach den Kriterien der hM ebenfalls eine Marktverhaltensregelung dar.

- Die Ausübung der Heilkunde ist nach § 1 I des **Heilpraktikergesetzes** (HPG) ohne Erlaubnis verboten (zur Auslegung vgl BGH GRUR 01, 1170, 1171 – *Optometrische Leistungen II*).
- Voraussetzung für die Führung der Berufsbezeichnung „**Podologe**" und „**medizinischer Fußpfleger**" ist eine Erlaubnis (§ 1 PodG). § 1 PodG ist eine Marktverhaltensregelung, verbietet aber bei Fehlen der Erlaubnis nur die Führung der Bezeichnung, nicht hingegen die Ausübung der Tätigkeit (BGH GRUR 13, 1252 Rn 18 – *Medizinische Fußpflege*).
- Voraussetzung für den Betrieb einer **Apotheke** ist die Erteilung einer Erlaubnis (Konzession) durch die zuständige Landesbehörde (§ 1 II Apothekengesetz – ApoG), die nur einem approbierten Apotheker erteilt werden darf (§ 2 I Nr 3 ApoG; § 2 I BundesapothekerO – BApO, zu Apothekern aus anderen EU-Mitgliedstaaten vgl § 2 II a BApO).

b) Berufsausübungsregeln. Die Vorschriften zur Berufsausübung der **Ärzte** sind in den Berufsordnungen der Landesärztekammern geregelt. Sie sind Gesetze im materiellen Sinne (Rn 11/12; BVerfGE 33, 125, 155 ff = NJW 72, 1504, 1505; *Piper*, FS Brandner, 1996, 449, 451) und orientieren sich an der (Muster-) Berufsordnung des Deutschen Ärztetages (MBO), die ihrerseits allerdings keine Rechtsnormqualität aufweist (BGH GRUR 00, 1080, 1082 – *Verkürzter Versorgungsweg*; BGH GRUR 01, 255, 256 – *Augenarztanschreiben*; vgl dazu Harte/Henning/*v Jagow* § 4 Nr 11 Rn 67 ff). Ob die einzelnen Regelungen Marktverhaltensregeln iSd § 4 Nr 11 sind, ist im Einzelfall durch Auslegung zu ermitteln und nach den Kriterien der hM zu bejahen, wenn sie die Gesundheit der Patienten schützen. Das ist grundsätzlich bei sämtlichen Pflichten gegenüber den Patienten (§§ 7–12) und den Vorschriften über das berufliche Verhalten (§§ 17–35 MBO) der Fall (*Köhler/Bornkamm* § 4 Rn 11.74; MüKo/*Schaffert* § 4 Nr 10 Rn 123, beide mwN), insbesondere bei folgenden Vorschriften: **§ 3 II MBO** (Verbot der Abgabe von Waren oder der Erbringung von Dienstleistungen außerhalb der Therapie, vgl BGH GRUR 05, 875, 876 – *Diabetesstreifen*; zur Zulässigkeit einer gewerblichen Ernährungsberatung, in zeitlicher, organisatorischer, wirtschaftlicher und rechtlicher Hinsicht von der ärztlichen Tätigkeit getrennt ist vgl BGH GRUR 08, 816 – *Ernährungsberatung*); **§ 32 MBO** (Verbot der Annahme von Geschenken und anderen Vorteilen, vgl OLG Schleswig GRUR 04, 171); **§ 34 V MBO** (Verbot des Verweises an bestimmte Apotheken, Geschäfte oder Anbieter, vgl BGH GRUR 00, 1080, 1082 – *Verkürzter Versorgungsweg*; BGH GRUR 01, 255, 256 – *Augenarztschreiben*; BGH GRUR 09, 977 – *Brillenversorgung I*; BGH GRUR 10, 850 – *Brillenversorgung II*). Die Berufspflichten der **Zahnärzte** werden durch die Berufsordnungen der Landeszahnärztekammern, diejenigen der **Tierärzte** durch die Berufsordnungen der Tierärztekammern der Länder geregelt. Für die Berufsausübung der **Apotheker** sind neben den Berufsordnungen der Landesapothekerkammern die Vorschriften des ApoG und des AMG über den Vertrieb von Arzneimitteln zu beachten (s Rn 11/60, 67).

c) Werberegeln. aa) Grundsatz. Ähnlich wie die Anwaltswerbung galt die Werbung für Ärzte früher als grundsätzlich verboten. Da aber auch Ärzte Unternehmer sind und um Patienten werben müssen, ließ sich dieses Verbot nicht mit Art 12 GG vereinbaren (BVerfG NJW 01, 2788, 2789; BVerfG GRUR 06, 425 f – *Informationen über Behandlungsmethoden*; BGH GRUR 04, 164, 165 – *Arztwerbung im Internet*), auch die Meinungsfreiheit (Art 5 I) ist zu berücksichtigen (BVerfGE 71, 162 = GRUR 86, 382, 385 – *Arztwerbung*). Mittlerweile ist sachliche berufsbezogene Information erlaubt (§ 27 II MBO). Hingegen verbietet § 27 III 1 MBO berufswidrige Werbung, insbesondere anpreisende, irreführende oder vergleichende Werbung. § 27 III 2 MBO enthält ein Umgehungsverbot: Ärzte dürfen eine solche Werbung durch andere weder veranlassen noch dulden (vgl dazu BGH GRUR 99, 1009 – *Notfalldienst für Privatpatienten*; BGH GRUR 99, 1102, 1104 – *Privatärztlicher Bereitschaftsdienst*; BGH GRUR 99,

UWG § 4.11

1104, 1106 – *Ärztlicher Hotelservice;* BGH GRUR 00, 613, 615 – *Klinik Sanssouci).* § 27 IV MBO regelt die Führung zusätzlicher Bezeichnungen (dazu BGH GRUR 10, 1024 – *Master of Science Kieferorthopädie:* Führung des genannten, von einer österreichischen Universität erlangten akademischen Grades weder gem § 4 Nr 11 iVm §§ 33, 35 HeilberG NW noch gem § 5 I 2 Nr 2, 3 unlauter). Nach hM handelt es sich bei den § 27 MBO entsprechenden (zur fehlenden Rechtsnormqualität der MBO s Rn 11/53) Vorschriften der Landesärztekammern zur ärztlichen Werbung um **Marktverhaltensregeln** iSd § 4 Nr 11 (so für § 27 IV MBO BGH GRUR 10, 1024 Rn 17 – *Master of Science Kieferorthopädie; Köhler*/Bornkamm § 4 Rn 11.106). Ähnlich wie bei der Anwaltswerbung überzeugt diese Ansicht aber nur, soweit die betreffenden Werbeverbote Patienten vor Irreführung und unsachlichem Einfluss schützen. Soweit als Schutzzweck das Allgemeininteresse an der Gesundheit der Bevölkerung und an der Integrität des ärztlichen Berufsbildes im Vordergrund stehen (vgl BGH aaO – *Arztwerbung im Internet),* fehlt es an dem von § 4 Nr 11 vorausgesetzten Schutz von Individualinteressen (zweifelhaft daher die Begründung mit Allgemeininteressen in BGH GRUR 08, 816, 817 f Rn 19 – *Ernährungsberatung).*

11/55 bb) **Sachlichkeitsgebot.** Die ärztliche Berufsausübung soll sich nicht an ökonomischen Erfolgskriterien, sondern an medizinischen Notwendigkeiten orientieren (BGH GRUR 04, 164, 165 – *Arztwerbung im Internet;* BGH GRUR 08, 816, 817f Rn 19 – *Ernährungsberatung).* Die Werbung muss daher in sachlicher Weise informieren und darf nicht anpreisend sein (§ 27 III 1 MBO). Gerade letztere Voraussetzung darf aber im Licht des Art 12 GG nicht zu streng ausgelegt werden. Aus der Werbewirksamkeit eines Textes folgt noch nicht, dass dieser als „anreißerisch" zu qualifizieren ist. Ein Arzt muss grundsätzlich sein Bild in der Öffentlichkeit positiv zeichnen dürfen (BVerfG GRUR 06, 425, 426 – *Informationen über Behandlungsmethoden).* Zur (zulässigen) Information über Praxisschwerpunkte vgl BVerfG NJW 02, 1331; BGH GRUR 04, 164, 165 – *Arztwerbung im Internet;* über Behandlungsgebiete und -methoden vgl BGH GRUR 03, 966, 968 – *Internetwerbung von Zahnärzten;* BVerfG GRUR 06, 425, 426 – *Informationen über Behandlungsmethoden;* über Volkstümlichkeit und angenehme Behandlungsatmosphäre vgl BVerfG GRUR 04, 68, 69 – *Werbung einer Zahnarzt-GmbH.*

11/56 cc) **Irreführende und vergleichende Werbung.** Das Irreführungsverbot des § 27 III 1 MBO tritt neben § 5, dessen Beurteilungskriterien auch für die ärztliche Werbung gelten. Die Angabe von Praxisschwerpunkten beispielsweise ist nur erlaubt, sofern der Arzt auf diesen Gebieten nachhaltig tätig ist und über Erfahrung verfügt (BGH GRUR 04, 164, 165 – *Arztwerbung im Internet).* Hingegen verdrängt das **Verbot der vergleichenden Werbung** in § 27 III 1 MBO die Vorschrift des § 6, der Werbevergleiche unter den Voraussetzungen des § 6 II erlaubt. Die Abgabe eines Gegenangebots zum Kostenvoranschlag eines anonym bleibenden Arztes ist aber weder unter dem Gesichtspunkt der vergleichenden Werbung noch als unlauterer Verdrängungswettbewerb (§ 29 II MBO) zu beanstanden (BGH GRUR 11, 343 – *Zweite Zahnarztmeinung).*

11/57 dd) **Kilinikprivileg.** Großzügigere Maßstäbe gelten für Kliniken, denn ihre Inhaber werden infolge des höheren sachlichen und personellen Aufwands und der laufenden Betriebskosten durch Werbebeschränkungen typischerweise stärker belastet als die Gruppe niedergelassener Ärzte (BVerfGE 71, 183, 194 ff; BVerfG NJW 03, 2818).

11/58 **6. Architekten, gewerbliche Berufe, Personenbeförderung.** Folgende weitere Regelungen des Berufszugangs werden von der hM zugleich als Marktverhaltensregelungen angesehen *(Köhler*/Bornkamm § 4 Rn 11.79 ff), da sie die Qualität und Sicherheit der betreffenden Waren oder Dienstleitungen im Interesse der Abnehmer gewährleisten:

Rechtsbruch **§ 4.11 UWG**

- die landesrechtlichen Vorschriften über die Erlaubnis zur Führung der Berufsbezeichnung **Architekt** (zB Art 2 BayArchitektenG; § 2 NW BaukammernG, dazu BVerfG GRUR 08, 806 – *Architektur*);
- die Vorschriften der **HandwO** (insb §§ 1, 7 HandwO), die eine bestimmte Qualität oder Sicherheit der angebotenen Waren gewährleisten sollen (BGH GRUR 13, 1056 Rn 15 – *Meisterpräsenz*);
- § 1 I 1 **FahrlehrerG** (Erfordernis einer Fahrerlaubnis für Fahrlehrer); § 19 FahrlG (Angabe der Unterrichtsentgelte, vgl dazu OLG Celle GRUR-RR 13, 224);
- §§ 30, 33 a, c, d, i, 34, 34 a, b, c **GewO** (Erlaubnispflicht und Berufsausübungsregeln für die Ausübung bestimmter gewerblicher Tätigkeiten, vgl zu § 34 IV GewO BGH GRUR 09, 886 – *Die clevere Alternative*);
- § 47 II 1, 2 **PBefG** (Einsatz von Taxen nur am Ort der Niederlassung oder auf Bestellung, vgl dazu BGH GRUR 13, 412 – *Taxibestellung*), § 49 IV **PBefG** (Rückkehrgebot, vgl dazu BVerfG GRUR 90, 199 – *Rückkehrgebot;* BGH NJW 90, 1366 – *Rückkehrpflicht IV* mwN);
- §§ 18 ff **RettG NRW** (Verbot, Notfallrettung oder Krankentransporte ohne Genehmigung zu betreiben, vgl dazu BGH GRUR 2009, 881 – *Überregionaler Krankentransport*).

II. Produktspezifische Vorschriften

Literatur: *Burk,* Die neuen Publikumswerbeverbote des § 11 HWG auf dem Prüfstand von Verfassungs- und Europarecht, GRUR 2012, 1097; *Buß,* Irreführende Heilmittelwerbung, 2012; *Fezer,* Lebensmittelimitate, gentechnisch veränderte Produkte und CSR-Standards als Gegenstand des Informationsgebots im Sinne des Art 7 UGP-RL – Lauterkeitsrechtliche Informationspflichten nach § 5 a UWG zum Schutz vor irreführender Lebensmittelvermarktung, WRP 2010, 577; *Gothe,* Die Auslegung des Begriffs „Werbung" im Heilmittelwerbegesetz, WRP 2013, 1290; *Günes,* Produktsicherheit und UWG, WRP 2008, 731; *v Jagow,* Sind Verstöße gegen lebensmittelrechtliche Vorschriften lauterkeitsrechtlich immer relevant?, FS Doepner, 2008, 21; *Jung,* Gesundheitsbezogene Werbung im Umbruch – Die Auswirkungen der neuen Health-Claims-Verordnung auf nährwert- und gesundheitsbezogene Angaben bei Lebensmitteln, Mitt. 2007, 453; *Kappes,* Gutschein- und Bonussysteme im Apothekenwesen, WRP 2009, 250; *Leible,* Auswirkungen der UWG-Reform 2008 auf die Durchsetzung wettbewerbsrechtlicher Ansprüche im Gesundheitsbereich, GRUR 2010, 183; *Mand,* Rabatte und Zugaben durch Apotheken, NJW 2010, 3681; *Meyer,* Europäischer Binnenmarkt und produktspezifisches Werberecht, GRUR Int. 1996, 697; *ders,* Produktspezifische Werberegelungen in Deutschland und der Europäischen Gemeinschaft, 1998; *Nawroth/Sandrock,* Publikumswirkung für Arzneimittel nach der Gintec-Entscheidung des EuGH, FS Doepner, 2008, 279; *Reese,* Neue Regelungen für die Publikumswerbung nach § 11 HWG, WRP 2013, 283; *Sachs,* Werbung für kosmetische Mittel mit Studien- und Fachveröffentlichungen, WRP 2010, 26; *Schabenberger/Amschewitz,* (Keine) Pflicht zur Angabe von Kraftstoffverbrauchs- und CO^2-Werten in Werbeschriften für Automarken und Baureihen, WRP 2012, 669; *Torka,* Die PKW-Energieverbrauchskennzeichnungsverordnung: Rechtsprechung und Reform, WRP 2012, 419.

1. Absatzverbote und -beschränkungen. a) Marktverhaltensregulierungen. **11/59**
Produktbezogene Absatzverbote oder -beschränkungen sind nach den Kriterien der hM (Rn 11/24) als Marktverhaltensregelungen anzusehen, sofern sie (wie regelmäßig) dem Schutz der Sicherheit und Gesundheit der Verbraucher dienen. Nach der hier vertretenen Ansicht (Rn 11/25) werden diese Verbraucherinteressen hingegen durch das UWG nicht geschützt. Zwar wird der Verbraucher regelmäßig erwarten, dass die angebotenen Produkte zugelassen sind und den gesetzlichen Vorschriften entsprechen (MüKo/*Schaffert* § 4 Nr 11 Rn 58), und er ist nicht in der Lage, die Produktsicherheit selbständig zu prüfen (*Günes* WRP 08, 731, 738). Die daher mit dem

Vertrieb nicht zugelassener Produkte je nach Einzelfall einhergehende Irreführungsgefahr lässt sich aber präziser nach den Kriterien der §§ 5, 5a beurteilen.

11/60 **b) Arzneimittelrecht.** Arzneimittel bedürfen der Zulassung, ihr Vertrieb ist gewissen Beschränkungen unterworfen. Da EG-RL 2001/83/EG zur Schaffung eines **Gemeinschaftskodex für Humanarzneimittel** (Rn 11/6) eine Vollharmonisierung bewirkt, sind die entsprechenden nationalen Vorschriften richtlinienkonform auszulegen. Insbesondere besteht ein einheitlicher EU-Arzneimittelbegriff (BGH GRUR 06, 513 Rn 33 ff – *Arzneimittelwerbung im Internet;* Fezer/*Meyer/Reinhart* § 4 S–4 Rn 9).

11/60a Das **Inverkehrbringen nicht zugelassener Arzneimittel** entgegen **§ 21 AMG** ist nach hM (zur Kritik s Rn 11/23) unlauter (BGHZ 163, 265 = GRUR 05, 778, 780 – *Atemtest;* BGH GRUR 06, 513 Rn 33 – *Arzneimittelwerbung im Internet;* BGH GRUR 10, 754 Rn 19 ff – *Golly Telly; Köhler*/Bornkamm § 4 Rn 11.147; Fezer/*Götting* § 4–11 Rn 83). Zum Arzneimittelbegriff (§ 2 AMG) hat sich eine umfangreiche Rechtsprechung entwickelt, die hier nicht im Einzelnen wiedergegeben werden kann (vgl den Überblick bei Fezer/*Meyer/Reinhart* § 4–S 4 Rn 7 ff; MüKo/*Köber* Anh §§ 1–7 D Rn 2 ff; *Gröning* WRP 05, 709).
- Zum Begriff des Funktionsarzneimittels vgl EuGH GRUR 09, 790 – *BIOS Naturprodukte/Saarland;* BGH GRUR 10, 942 – *Ginkgo-Extrakt;* BGH GRUR 10, 1140 – *Mundspüllösung;* BGH GRUR-RR 13, 272 – *Funktionsarzneimittel;*
- zum Begriff des Defekturarzneimittels (§ 21 II Nr 1 AMG) vgl BGH GRUR 11, 453 – *Handlanger;*
- zur Abgrenzung Arzneimittel/Lebensmittel vgl BGH GRUR 04, 1037, 1038 – *Johanniskraut;* BGH GRUR 06, 513, 516 f Rn 33 ff – *Arzneimittelwerbung im Internet;* BGH GRUR 08, 830 – *L-Carnitin II;* BGH GRUR 08, 834 – *HMB-Kapseln;* BGH GRUR 10, 259 – *Zimtkapseln;* BGH GRUR 10, 942 – *Ginkgo-Extrakt;*
- zur Abgrenzung Arzneimittel/Kosmetikum vgl BGH GRUR 01, 450 – *Franzbranntwein-Gel;* BGH GRUR 10, 1140 – *Mundspüllösung;* Müller PharmR 11, 381;
- zur Abgrenzung Arzneimittel/Medizinprodukt vgl BGH GRUR 10, 169 – *CE-Kennzeichnung;* BGH GRUR 10, 754 – *Golly Telly;* BGH GRUR 10, 1026 – *Photodynamische Therapie*
- zur arzneimittelrechtlichen Beurteilung von E-Zigaretten vgl Müller PharmR 12, 137; *Volkmer* PharmR 12, 11.

11/60b Ebenfalls verbraucherschützende Marktverhaltensregeln stellen nach hM folgende Vorschriften über den Verkauf und Vertrieb von Arzneimitteln dar:
- die Vorschriften über die **Apothekenpflicht (§ 43 AMG;** zu Einschränkungen des § 43 V beim Versand apothekenpflichtiger Tierarzneimittel BGH GRUR 10, 542 – *Tierarzneimittelversand*);
- das **Verbot ausschließlicher Vertriebsverpflichtungen** für Apotheken **(§ 10 ApoG,** vgl dazu KG GRUR-RR 13, 78 – *aut-idem-Substitution*);
- die **Erlaubnispflicht beim Versand** von apothekenpflichtigen Arzneimitteln **(§ 11a ApoG,** vgl dazu BGH GRUR 11, 1165 – *Injektionslösung*);
- das **Verbringungsverbot (§ 73 AMG,** vgl dazu BGHZ 151, 286 = GRUR 02, 910, 914 – *Muskelaufbaupräparate;* BGH GRUR 12, 954 – *Europa-Apotheke Budapest*);
- die Vorschriften über den Abgabepreis für verschreibungspflichtige Arzneimittel (§ 78 II 1, 2, III 1 AMG iVm AMPreisV, vgl dazu BGH GRUR 10, 1136 – *UNSER DANKESCHÖN FÜR SIE*); sie gelten nach einem Beschluss des GmS der obersten Gerichtshöfe des Bundes auch für Arzneimittel, die Apotheken mit Sitz in einem anderen EU-Mitgliedstaat in Deutschland an Endverbraucher abgeben (GmS-OGB GRUR 13, 417 – *Medikamentenkauf im Versandhandel*).

11/60c Der Vertrieb sicherheitsgefährdender **Medizinprodukte** ist verboten **(§ 4 I MPG).** Werden Medizinprodukte entgegen **§ 6 I MPG** in Verkehr gebracht, ohne

Rechtsbruch **§ 4.11 UWG**

über eine CE-Kennzeichnung zu verfügen oder mit einer überprüften Gebrauchsanweisung und Ettikettierung in deutscher Sprache versehen zu sein, so ist dieses Verhalten unlauter gem § 4 Nr 11 (BGH GRUR 10, 169 Rn 13 – *CE-Kennzeichnung;* BGH GRUR 10, 756 Rn 9 – *One Touch Ultra,* zu Ausnahmen im Fall des Exports BGH GRUR 08, 922, 923 Rn 6f. – *In-vitro-Diagnostika*).

c) Lebensmittelrecht. Nach verschiedenen Bestimmungen des Unionsrechts, **11/61** des Lebens- und Futtermittelgesetzbuchs (LFGB) und verwandter Gesetze sind die Herstellung, die Behandlung und der Vertrieb bestimmter Produkte verboten oder zulassungspflichtig. Ein Verstoß gegen folgende Vorschriften ist nach hM gem § 4 Nr 11 unlauter (*v Jagow,* FS Doepner, 2008, 21, 23; ausführl Darstellung bei Fezer/ *Meyer/Reinhart* § 4–S 4 Rn 32ff; MüKo/*Hagenmeyer/Oelrichs* Anh §§ 1–7 F §§ 1–6 LFGB):

- **§§ 5–10 LFGB; Art 14 EG-VO 178/2002** (Verbot der Herstellung, der Behandlung und des Vertriebs bestimmter Lebensmittel), vgl dazu EuGH WRP 05, 863 – *HLH Warenvertrieb;* BGH GRUR 04, 1037, 1038 – *Johanniskraut;* zum Verstoß des § 6 I LFGB gegen Unionsrecht BGH GRUR 11, 355 Rn 15ff – *Gelenknahrung II;*
- **Art 4 EG-VO über genetisch veränderte Lebens- und Futtermittel** (Zulassungspflicht für genetisch veränderte Lebens- und Futtermittel);
- **Art 3 II, 4 EG-VO 258/97 (Novel-Food-Verordnung)** (Genehmigungserfordernis für das Inverkehrbringen von Lebensmitteln und Lebensmittelzutaten iSd Art 1 II, die bisher in der EU nicht in nennenswertem Umfang für den menschlichen Verzehr verwendet wurden); vgl dazu BGH GRUR 08, 625, 626 Rn 11 – *Fruchtextrakt;* OLG Hamm LMR 07, 28; Harte/Henning/*v Jagow,* § 4 Nr 11 Rn 102;
- **§ 17 LFGB; Art 14 EG-VO 178/2002** (Verbot der Herstellung, der Behandlung und des Vertriebs bestimmter Futtermittel);
- **§§ 26, 30 LFGB** (Verbot der Herstellung, der Behandlung und des Vertriebs bestimmter kosmetischer Mittel und Bedarfsgegenstände);
- **Art 14 EG-KosmetikVO 1223/2009** (Verbot bestimmter Stoffe in Kosmetika);
- **Art 28 EG-PflanzenschutzmittelVO 1107/2009; § 28 PflSchG** (Verbot des Vertriebs nicht zugelassener Pflanzenschutzmittel, vgl, noch zu § 11 PflSchG aF, BGH GRUR 13, 414 – *Flonicamid*).

d) Sonstige Bestimmungen. Folgende Bestimmungen, die die Sicherheit und **11/62** Qualität von Produkten oder Dienstleistungen regeln, sind nach hM ebenfalls Marktverhaltensregelungen iSd § 4 Nr 11 (vgl *Köhler*/Bornkamm § 4 Rn 11.149 a f; 11 154 ff):

- **§ 3 ProSG:** Das Inverkehrbringen von Produkten ist nur erlaubt, wenn sie den durch Verordnung aufgrund § 8 ProSG geregelten Sicherheitsstandards genügen (vgl zu § 4 des früheren GPSG BGH GRUR 10, 1122 – *Gas-Heizkessel; Günes* WRP 08, 731ff);
- **Zulassungspflichten für Bauprodukte,** die sich aus dem Bauordnungen der Länder ergeben (vgl zu § 28 NiedersächsBauO BGH GRUR 06, 82, 84 Rn 22 – *Betonstahl*);
- **Verpackungsverordnung:** Sie regelt die Pflicht zur Rücknahme und Verwertung von Verpackungen auch im Interesse der Mitbewerber (BGH GRUR 07, 162, 163 Rn 12 – *Mengenausgleich in Selbstentsorgergemeinschaft*);
- **§ 5 I PostG** (Erlaubnispflicht für die gewerbsmäßige Beförderung von Briefsendungen, deren Einzelgewicht nicht mehr als 1 000 Gramm beträgt) stellt in erster Linie eine Marktzutrittsschranke dar, soll aber zusätzlich auch der Qualitätssicherung im Interesse der Kunden dienen (*Köhler*/Bornkamm § 4 Rn 11.150). Das erscheint auch nach den Kriterien der hM **zweifelhaft,** weil die Vorschrift ganz vorrangig dem Allgemeininteresse an universeller Briefzustellung dient (so zu § 1 aF BGH GRUR 03, 250, 251 – *Massenbriefsendungen aus dem Ausland*).

11/63 **2. Kennzeichnungs- und Informationspflichten. a) Kennzeichnungspflichten und andere Pflichten zur Information vor Vertragsschluss.** Zahlreiche Bestimmungen des Unionsrechts und des nationalen Rechts verpflichten die Anbieter bestimmter Produkte, Abnehmer vor Vertragsschluss über die Eigenschaften und Gefahren der Produkte zu informieren. Regelmäßig handelt es sich um Kennzeichnungspflichten. Derartige Pflichten konkretisieren **die allgemeinen Verbote der Irreführung** durch aktives Tun **(§ 5)** oder Unterlassen **(§ 5a II, IV).** Da sie daher der Sicherung einer rationalen Verbraucherentscheidung dienen, stellen sie Marktverhaltensregeln dar, sowohl nach hM als auch nach der hier vertretenen Ansicht (s Rn 11/23). Zum Verhältnis zu § 5a s Rn 11/8a. Gerade bei geringfügigen Verstößen bedarf allerdings die **Bagatellklausel** (§ 3 I) der gesonderten Prüfung (*v Jagow,* FS Doepner, 2008, 21, 24ff). Die Menge der Kennzeichnungspflichten, die sich aus dem Unionsrecht und dem deutschen Recht ergeben, ist kaum überschaubar. Eine vollständige Darstellung kann in einem Kurzkommentar nicht geleistet werden. Für weitere Nachweise sei auf die Kommentierungen bei Fezer/*Meyer/Reinhart* § 4–S 4 und MüKo/*Köber* Anh D zu §§ 1–7 (Arzneimittelrecht) und MüKo/*Hagenmeyer/ Oelrichs* Anh F zu §§ 1–7 (Lebensmittelrecht) verwiesen, vgl auch den Überblick bei *Köhler*/Bornkamm § 4 Rn 11.118ff; MüKo/*Schaffert* § 4 Nr 11 Rn 185ff.

11/64 **Die Verletzung** der folgenden Kennzeichnungs- und Informationspflichten ist grundsätzlich als unlauter zu beurteilen:
- **§ 10 AMG** (Kennzeichnungspflichten bei Arzneimitteln, vgl dazu BGH GRUR 08, 1014 – *Amlodipin;* BGH GRUR 09, 990 – *Metropolol;* BGH GRUR 13, 857 – *Voltaren*);
- **§ 6 MPG** (Kennzeichnungspflicht bei Medizinprodukten, s Rn 11/60c);
- **§ 13 Chemikaliengesetz (ChemG):** Kennzeichnungspflichten bei chemischen Stoffen;
- **§ 7 II EichG** (Verbot von „Mogelpackungen");
- **Art 8ff Health-Claims-VO (VO EG Nr 1294/2006)** (Grenzen der Verwendung von nährwert- und gesundheitsbezogene Angaben bei Lebensmitteln, dazu *Jung* Mitt 07, 453ff);
- **Art 19 EG-KosmetikVO 1223/2009** (Pflichtangaben beim Vertrieb von Kosmetika, zur Entfernung von Kontrollnummern beim Parallelimport s Rn 10/72ff);
- **Lebensmittelrechtliche Kennzeichnungsbestimmungen** ergeben sich insbesondere aus der **Lebensmittel-Kennzeichnungsverordnung (LMKV)** (dazu BGH GRUR 13, 739 – *Barilla*), der FertigverpackungsVO, der Nährwert-KennzeichnungsVO, der Los-KennzeichnungsVO, der DiätVO und dem Öko-KennzeichenG mit Öko-KennzeichenVO. Zu den zahlreichen unionsschaftsrechtlichen Kennzeichnungspflichten für Lebensmittel vgl MüKo/*Micklitz* EG K Rn 42–51;
- **§ 1 Gesetz über die Einheit im Messwesen (MessEinhG):** Verwendung nur der gesetzlich vorgesehenen Maßeinheiten;
- **Pkw-EnVKV (VO über Verbrauchsinformationen zu Kraftstoffverbrauch und CO2-Emissionen neuer Personenkraftwagen),** dazu BGH GRUR 10, 852 – *Gallardo Spyder; Goldmann* WRP 07, 38; *Helm,* FS Bechtold, 2006, 155, 165f;
- **Art 65 EG-PflanzenschutzVO 1107/2009; 31 PflSchG** (Kennzeichnung von Pflanzenschutzmitteln);
- **§§ 1, 3ff TextilkennzeichnungsG:** Angabe über Art und Gewichtsanteil der verwendeten Textilrohstoffe beim Verkauf von Textilien;
- **§§ 6, 7 TabakproduktVO:** Warnhinweise auf Tabakverpackungen.

11/65 **b) Information über sachgerechte Nutzung von Produkten.** Davon abzugrenzen sind Informationspflichten, die **nicht das Marktverhalten der Verbraucher,** sondern **ihren Umgang mit den erworbenen Produkten betreffen.** Bei-

Rechtsbruch **§ 4.11 UWG**

spiele sind die Vorschriften über den notwendigen Inhalt von Beipackzetteln beim Verkauf von Arzneimitteln (§ 11 AMG). Sie dienen der Sicherheit und Gesundheit der Verbraucher und sind daher lediglich nach den Kriterien der hM Marktverhaltensregeln (MüKo/*Schaffert* § 4 Nr 11 Rn 189, 198), während sie nach hier vertretener Ansicht dem allgemeinen Gesundheitsschutz zuzuordnen sind und ihre Verletzung daher nur Ansprüche aus Vertrag und nach allgemeinem Deliktsrecht (§§ 823 I, II BGB, ProdHaftG) auslöst. Abgesehen von derartigen Spezialvorschriften können sich Informationspflichten auch aus § 823 I BGB unter dem Gesichtspunkt der Verkehrspflichten ergeben. Vom Standpunkt der hM aus erscheint es konsequent, diese Informationspflichten als Marktverhaltensregelungen iSd § 4 Nr 11 anzusehen (so *Köhler*/Bornkamm § 4 Rn 11.117), während nach hier vertretener Ansicht das allgemeine Zivilrecht zum Individualschutz hinreicht und eine Verbandsklage durch den Gesetzgeber des Deliktsrechts vorgesehen werden müsste.

3. Produktspezifisches Werberecht. a) Allgemeines. Die Werbung für Pro- **11/66** duktkategorien, die in besonderem Maße die Gesundheit der Abnehmer berühren, ist speziellen Irreführungsverboten und -beschränkungen unterworfen. Sie sind in aller Regel als Marktverhaltensregelungen iSd § 4 Nr 11 anzusehen, weil sie den Verbraucher gerade in seiner Rolle als Marktteilnehmer vor Irreführung und unlauterer Beeinflussung schützen (vgl *Ullmann* GRUR 03, 817, 823; *Köhler*/Bornkamm § 4 Rn 11.132; *Fezer/Götting* § 4–11 Rn 138). Beispiele sind das Heilmittelwerberecht (Rn 11/67), webebezogene Vorschriften des Lebensmittelrechts (Rn 11/71) und die Werberegelungen des Glücksspielstaatsvertrags, die hier im Zusammenhang mit dem übrigen Glücksspielrecht kommentiert werden (Rn 11/84).

b) Heilmittelwerberecht. aa) Marktverhaltensregelung. Das **Heilmittel-** **11/67** **werbegesetz (HWG)** legt die Grenzen zulässiger Werbung für Arzneimittel und andere Mittel zur Behandlung von Krankheiten fest. Es schützt Verbraucher vor Irreführung und unsachlicher Beeinflussung in einer Situation besonderer Schutzbedürftigkeit, da gerade kranke und ältere Menschen der Heilmittelwerbung nicht mit der Skepsis begegnen, die ein Durchschnittsverbraucher der Werbung für andere Produkte üblicherweise entgegenbringt. Daher handelt es sich um Marktverhaltensregelungen iSd § 4 Nr 11 (BGH GRUR 09, 1082 Rn 22 – *DeguSmiles & more;* BGH GRUR 12, 647 Rn 10 – *INJECTIO;* BGH GRUR 12, 1279 Rn 18 – *DAS GROSSE RÄTSELHEFT; Bülow*/Ring/Artz/Brixius Einf Rn 40). Auf den Schutz der gesundheitlichen Interessen der Verbraucher, den die Rspr ergänzend heranzieht (BGH GRUR 09, 509, Rn 24 – *Schoeneberger Artischockensaft*), kommt es daher nicht entscheidend an. Regelmäßig überschreitet ein Verstoß gegen die Vorschriften des HWG die Spürbarkeitsgrenze des § 3 I (vgl OLG Oldenburg GRUR-RR 06, 243, 244; *Köhler*/Bornkamm § 4 Rn 11.134a), doch kann sich aus den Umständen des Einzelfalls (etwa aus einer geringen Beeinträchtigung der durch §§ 3 I, 4 Nr 11 geschützten Interessen und einem Handeln in Wahrnehmung berechtigter Interessen) ergeben, dass ausnahmsweise ein Bagatellfall vorliegt (zu § 1 aF BGHZ 140, 134 = GRUR 99, 1128, 1129 – *Hormonpräparate*).

bb) Verfassungs- und unionsrechtliche Aspekte. Die Werbebeschränkungen **11/68** des HWG greifen in die Berufsausübungsfreiheit **(Art 12 I 2 GG; Art 15 I EUGRCh)** ein, sind aber durch ausreichende Gründe des Gemeinwohls gerechtfertigt (BVerfG GRUR 07, 720, 721 – *Geistheiler*). Jedoch ist das HWG verfassungskonform auszulegen. Führt eine Werbung nicht zu einer zumindest mittelbaren Gesundheitsgefährdung, scheidet ein Verbot nach dem HWG aus (BGH GRUR 04, 799, 800 – *Lebertrankapseln*). Soweit die Vorschriften des HWG auf der Richtlinie 2001/83/EG v 6.11.2001 zur Schaffung eines **Gemeinschaftskodex für Humanarzneimittel** (ABl L 311 v 28.11.2001, S 67, in der durch Richtlinie 2004/27/EG geänderten Fassung, ABl L 136 v 30.4.2004, S 34, zuletzt geändert durch Richtlinie 2011/62/EU,

UWG § 4.11 Gesetz gegen den unlauteren Wettbewerb

ABl L 174 v 1.7.2011, S 74) beruhen, sind sie unionsrechtskonform und im Lichte der EU-Grundrechte auszulegen (vgl BGH GRUR 06, 513, 516 f Rn 33 – *Arzneimittelwerbung im Internet*). Da der Gemeinschaftskodex abschließend ist, sofern er den Mitgliedstaaten nicht ausdrücklich Gestaltungsspielräume eröffnet (vgl hierzu BGH GRUR 09, 509 Rn 13 – *Schoenenberger Artischockensaft*), sind Werbebeschränkungen des HWG, die im Kodex nicht vorgesehen sind, gemeinschaftsrechtswidrig (EuGH GRUR 08, 267 Rn 20, 39 – *Gintec;* dazu *Nawroth/Sandrock,* FS Doepner, 2008, 279 ff).

11/69   **cc) Anwendungsbereich.** Die Verbote des HWG richten sich an jeden, der auf dem Gebiet des Heilmittelwesens Werbung treibt. Das sind die Hersteller von Arzneimitteln (§ 1 I Nr 1 HWG), von Medizinprodukten (§ 1 Nr 1a HWG) und von anderen Mitteln oder Gegenständen iS des § 1 I Nr 2 HWG einschließlich bestimmter kosmetischer Mittel und Gegenstände der Körperpflege (§ 1 II HWG). Verbotsadressaten sind ferner alle Personen, die auf dem Gebiet des Heilmittelwesens Handel treiben (Apotheker, Pharmagrossisten) oder als Angehörige der Heilberufe oder des Heilgewerbes tätig sind (Ärzte, Zahnärzte, aber auch Physiotherapeuten, Krankengymnastiker, Heilpraktiker ua), vgl § 2 HWG. Zur **Werbung** gehören alle **produkt- oder leistungsbezogenen Aussagen,** die darauf angelegt sind, den Absatz des beworbenen Arzneimittels zu fördern, auch wenn zugleich ein gesundheitspolitisches Ziel verfolgt wird, **nicht** hingegen die **Imagewerbung** (allgemeine Firmenwerbung, Unternehmenswerbung), die ohne Bezugnahme auf bestimmte Präparate allgemein für Ansehen und Leistungsvielfalt des Unternehmens wirbt (BGH GRUR 09, 984 Rn 13 – *Festbetragsfestsetzung;* BGH GRUR 09, 1082 Rn 15 – *DeguSmiles & more; Zimmermann,* HWG, 2012, § 1 Rn 3; krit *Gothe* WRP 13, 1292).

11/70   **dd) Einzelne Bestimmungen. (1) Überblick.** Die folgenden Bestimmungen schützen neben der Gesundheit der Verbraucher auch deren Entscheidungsfreiheit und sind daher als Marktverhaltensregeln iSd § 4 Nr 11 anzusehen (s Rn 11/67). Für eine ausführliche Kommentierung des HWG sei auf die einschlägigen Kommentare (*Bülow/Ring/Artz/Brixius,* 4. Aufl 2011; *Doepner,* 2. Aufl, 2000; *Gröning/Weihe-Gröning,* Loseblattslg, 2011, *Zimmermann,* 2012, und die Kommentierung bei *Fezer/Reinhardt* § 4–S 4 Rn 407 ff bei MüKo/*Köber* Anh E zu §§ 1–7) verwiesen.

11/70a   **(2) Irreführende Heilmittelwerbung (§ 3 HWG).** § 3 HWG, der auf Art 87 III Gemeinschaftskodex (Rn 11/68) beruht, verbietet irreführende Heilmittelwerbung und gestaltet insoweit das allgemeine Irreführungsverbot des § 5 näher aus. Auch wenn Art 6 I UGP-RL nicht direkt anwendbar ist, gilt der allgemeine Irreführungsbegriff, dabei ist nach dem Adressatenkreis (Öffentlichkeit oder Fachkreise) zu differenzieren (*Bülow/Ring/Artz/Brixius,* § 3 HWG Rn 4, 23). Wegen der hohen Gefahren irreführender gesundheitsbezogener Angaben gelten aber besonders strenge Anforderungen an die Richtigkeit, Eindeutigkeit und Klarheit der Werbeaussage (BGH GRUR 13, 649 Rn 16 – *Basisinsulin mit Gewichtsvorteil*). Insbesondere liegt eine Irreführung vor bei unzutreffender Behauptung einer therapeutischen Wirkung (Nr 1), bei fälschlicher Behauptung eines sicheren Heilerfolgs, des Fehlens von Nebenwirkungen oder bei Verschleierung des Werbezwecks (Nr 2) bei Täuschung über die Zusammensetzung der Produkte oder der an Entwicklung und Herstellung Beteiligten (Nr 3). Die Werbung muss wissenschaftlicher Erkenntnis entsprechen und kann irreführend sein, wenn sie auf Studien gestützt wird, die die Werbeaussage nicht tragen (BGH aaO Rn 16 f; vgl auch OLG Hamm GRUR-RR 09, 186 – *Heilstollen*). Bereits die Überschrift „Wichtige Information für Arthrose-Patienten" kann irreführend sein, wenn die Wirksamkeit des anschließend beworbenen Arzneimittels nicht erwiesen ist (BGH GRUR 02, 273, 274 – *Eusovit*). § 3 HWG kann naben § 4 Nr 9a anwendbar sein, doch ist bei der Beurteilung einer Irreführung über die betriebliche Herkunft zu berücksichtigen, ob das Produkt von Verbrauchern oder Fachleuten gekauft wird (vgl BGH GRUR 10, 1125 Rn 12, 35 – *Femur-Teil*).

(3) Werbung für nicht zugelassene Arzneimittel (§ 3a HWG). Das Verbot der Werbung für nicht zugelassene Arzneimittel (§ 3a HWG) beruht auf Art 87 Gemeinschaftskodex (Rn 11/68). Es tritt neben das Verbot des Inverkehrbringens nicht zugelassener Arzneimittel gem §§ 21 I; 4 Nr 17 AMG. Inhaltlich handelt es sich um einen Sonderfall der Irreführung, deren Nachweis § 3a als abstraktes Gefährdungsdelikt aber nicht voraussetzt (Bülow/Ring/Artz/*Brixius* § 3a Rn 1). Zum Arzneimittelbegriff s § 2 AMG, und die Nachw in Rn 11/60a. § 3a HWG umfasst die Werbung für nicht von der Zulassung umfasste Anwendungsgebiete (BGH GRUR 08, 1014 – *Amlodipin*).

(4) Pflichtangaben (§ 4 HWG). Die Arzneimittelwerbung muss bestimmte **Pflichtangaben** enthalten (§ 4 HWG). Die Vorschrift beruht teilweise auf Art 89, 91 Gemeinschaftskodex (Rn 11/68). Soweit demnach dem deutschen Gesetzgeber eigener Regelungsspielraum verbleibt, darf er in Einklang mit Art 34, 36 AEUV weitere Angaben verlangen (BGH GRUR 09, 509 Rn 13 – GRUR 09, 509 – *Schoenenberger Artischockensaft*, zu § 4 III HWG). § 4 HWG gilt für jede Werbeform (Bülow/Ring/Artz/*Brixius* § 4 Rn 10). Doch sind bei der Erinnerungswerbung, die ausschließlich aus der Bezeichnung des Arzneimittels und dem Kennzeichen des Unternehmens besteht, die meisten Angaben entbehrlich (§ 4 VI HWG). Ähnliches gilt für Werbung in audiovisuellen Medien (§ 4 V HWG), aber nur, wenn die Werbung in bewegten Bildern erfolgt, nicht wenn sie in stehenden Bildern präsentiert wird (BGH GRUR 10, 749 Rn 40 – *Erinnerungswerbung im Internet*). Der Pflichthinweistext gem § 4 III HWG ist auch dann erforderlich, wenn ausnahmsweise für ein verschreibungspflichtiges Arzneimittel geworben werden darf (BGH GRUR 09, 984 Rn 29 – *Festbestragsfestsetzung*, dort auch zur Abwägung mit der Meinungsfreiheit im Fall gesundheitspolitischer Äußerungen).

(5) Beschränkung bestimmter Werbeformen (§§ 4a, 5, 7–9 HWG). Das Heilmittelwerberecht verbietet oder beschränkt bestimmte Werbeformen.
- Die **Packungsbeilage** darf keine Werbung enthalten **(§ 4a HWG).**
- Für **homöopathische Arzneimittel** darf nicht mit Angabe von Anwendungsgebieten geworben werden **(§ 5 HWG),** das gilt unabhängig davon, ob die konkrete Werbeaussage zu einer Gesundheitsgefährdung der Verbraucher führt (BGH GRUR 12, 647 Rn 19ff – *INJECTIO*).
- **§ 7 I HWG** stellt ein auf Art 94–96 Gemeinschaftskodex (Rn 11/68) beruhendes **weitgehendes Verbot der Wertreklame** auf, das der abstrakten Gefahr einer unsachlichen Beeinflussung begegnen soll (BGH GRUR 03, 624, 625 – *Kleidersack;* BGH GRUR 12, 1279 Rn 24 – *DAS GROSSE RÄTSELHEFT*). Da allerdings Art 94ff Gemeinschaftskodex die Öffentlichkeitswerbung nicht umfassen, ist fraglich, ob das Verbot der Wertreklame gegenüber der Öffentlichkeit (außerhalb von § 10 HWG, s Rn 11/70e) eine ausreichende unionsrechtliche Grundlage hat (Bülow/Ring/Artz/*Brixius* § 7 Rn 52). **Werbegaben** sind alle tatsächlich oder vorgeblich gewährten geldwerten Vergünstigungen, die akzessorisch oder abstrakt zum Zweck der Absatzförderung von Heilmitteln gewährt werden (*Doepner* § 7 HWG Rn 22). Zwar ist der Begriff der Werbegabe weit auszulegen, doch werden nur unentgeltliche Zuwendungen erfasst (BGH aaO). Unzulässig ist demnach ein Prämienprogramm unabhängig davon, ob es für bestimmte Produkte oder das gesamte, auch nicht-medizinische Waren umfassende Sortiment ausgelobt wird (BGH GRUR 09, 1082 – *DeguSmiles & more*). § 7 I Nr 1–5 HWG sieht bestimmte **Ausnahmen** vor. Zulässig sind geringwertige produktbezogene Zuwendungen (§ 7 I Nr 1 HWG), etwa Bonuspunkte im Wert von einem Euro (BGH GRUR 10, 1133 Rn 22 – *Bonuspunkte*), und Zuwendungen wie eine kostenlose Informationsdatenbank, die vom Empfänger nicht als Werbegeschenk angesehen werden (BGH GRUR 11, 1163 Rn 14ff – *Arzneimitteldatenbank*). Eine Werbehilfe kann eine Werbegabe sein, wenn der

Zwischenhändler sie an Endkunden weitergibt und dadurch einen Zweitnutzen erlangt. Für die Wertbemessung kommt es auf den Gesamtwert der dem Zwischenhändler gewährten Zuwendung an, beispielsweise bei der Abgabe von Rätselheften auf sämtliche Hefte, nicht auf ein einzelnes Exemplar (BGH GRUR 12, 1279 Rn 24ff – *DAS GROSSE RÄTSELHEFT*).
- § 7 III HWG verbietet die Werbung mit **finanziellen Zuwendungen für Blut-, Plasma- und Gewebespenden.** Zulässig ist aber der Hinweis auf eine aufwandsorientierte und daher gem § 10 S 2 TransfusionsG erlaubte Aufwandsentschädigung (BGH GRUR 09, 1189 – *Blutspendedienst*).
- Verboten ist die Werbung für den Arzneimittelbezug durch Teleshopping und durch Einzeleinfuhr aus dem Ausland (§ 8 HWG), die Einschränkung in S 2 dient der Konformität mit Art 34 AEUV (vgl EuGH GRUR 08, 264 – *Ludwigs-Apotheke/Juers Pharma*).
- Auch die Werbung für Fernbehandlungen ist verboten (§ 9 HWG).

11/70e **(6) Sachliche Beschränkungen der Publikumswerbung (§§ 10, 12 HWG).** Die **Publikumswerbung** für **verschreibungspflichtige Arzneimittel** und Psychopharmaka ist **verboten (§ 10 HWG).** Die Vorschrift beruht auf Art 88 I Gemeinschaftskodex (Rn 11/68). Der EuGH legt die Richtlinienbestimmung allerdings einschränkend aus: im Internet ist die Wiedergabe der Umhüllung des Arzneimittels und die wörtliche Wiedergabe der Packungsbeilage auf Abruf erlaubt, nicht jedoch Informationen, die der Hersteller ausgewählt hat (EuGH GRUR 11, 1160 – *MSD/Merckle;* BGH GRUR-RR 12, 259 – *Arzneimittelpräsentation im Internet II*). Ausnahmsweise kann eine Publikumswerbung entgegen § 10 I HWG durch Art 11 EUGRCh, 10 EMRK, die bei Anwendung harmonisierten Rechts Vorrang gegenüber Art 5 GG haben, gerechtfertigt sein, wenn eine grundrechtlich geschützte Meinungsäußerung nur unter Nennung des Arzneimittels erfolgen kann (BGH GRUR 09, 984 Rn 19ff – *Festbetragsfestsetzung;* OLG München WRP 03, 543, 545 – *Botox;* jeweils zu Art 5 GG). § 12 I, II 1 HWG verbietet die Publikumswerbung in Bezug auf **bestimmte** in der Anl genannte **Krankheiten** (zur teilweisen Ausnahme für Heilbäder, Kurorte und Sanatorien vgl BGH GRUR 03, 353 – *Klinik mit Belegärzten*).

11/70f **(7) Inhaltliche Beschränkungen der Publikumswerbung (§ 11 HWG).** § 11 HWG enthält inhaltliche Beschränkungen für die Heilmittelwerbung gegenüber der Öffentlichkeit. Werbung gegenüber Fachkreisen wird nicht erfasst. Da § 11 aF HWG teilweise gegen Unionsrecht verstieß (EuGH GRUR 08, 267 – *Gintec;* BGH GRUR 09, 179 – *Konsumentenbefragung II; Nawroth/Sandrock* FS Doepner, 2008, 279ff), wurde die Vorschrift durch Gesetz von 2012 (BGBl I 2192) geändert (Überbl bei *Reese* WRP 13, 283). Insbesondere wurden einige zuvor geltende abstrakte Verbote durch Einfügung konkreter Gefährdungsindizien eingeschränkt. Dadurch wurden wesentliche Teile der früheren Rechtsprechung gegenstandslos. Nach wie vor weicht § 11 HWG von Art 90 des Gemeinschaftskodexes für Humanarzneimittel ab, so dass gute Gründe für einen weitergehenden Anpassungsbedarf sprechen (*Burk* GRUR 12, 1097ff). § 11 I verbietet die Werbung
- mit ärztlichen Empfehlungen (Nr 2), hierfür soll der nicht näher individualisierte Begug auf „die moderne Medizin" ausreichen (BGH GRUR 12, 1058 Rn 17 – *Euminz*);
- mit der Wiedergabe von Krankengeschichten (Nr 3), allerdings nicht wie nach früherem Recht allgemein, sondern nur, wenn sie in missbräuchlicher, abstoßender oder irreführender Weise erfolgt oder zur Selbstdiagnose veranlassen kann (vgl zu letzterem Aspekt BGH GRUR 04, 799 – *Lebertrankapseln*);
- mit einer bildlichen Darstellung von Körperveränderungen durch Krankheit (Nr 5), auch dieses Verbot wurde ähnlich wie Nr 3 eingeschränkt (vgl zu § 11 Nr 5 aF BGH GRUR 03, 255, 256 – *Anlagebedingter Haarausfall*);

Rechtsbruch **§ 4.11 UWG**

- mit Werbeaussagen, die nahelegen, dass die Gesundheit durch die Nichtverwendung des Arzneimittels beeinträchtigt oder durch die Verwendung verbessert werden könnte (Nr 7);
- durch Werbevorträge, mit denen ein Feilbieten oder eine Entgegennahme von Anschriften verbunden ist (Nr 8);
- mit Veröffentlichungen, deren Werbezweck missverständlich oder nicht deutlich erkennbar ist (Nr 9, die § 4 Nr 3 konkretisiert);
- mit Äußerungen Dritter (Nr 11), allerdings nicht mehr wie im früheren Recht allgemein, sondern nur, wenn diese in missbräuchlicher, abstoßender oder irreführender Weise erfolgen (zur unionsrechtskonformen Auslegung des § 11 Nr 11 aF HWG BGH GRUR 09, 179 – *Konsumentenbefragung II*);
- mit Werbemaßnahmen, die sich ausschließlich oder überwiegend an Kinder unter 14 Jahren richten (Nr 12);
- mit Preisausschreiben und Verlosungen (Nr 13), allerdings nicht mehr allgemein, sondern nur sofern einer unzweckmäßigen oder übermäßigen Verwendung von Arzneimitteln Vorschub geleistet wird (zur Vereinbarkeit der früheren Fassung mit Unionsrecht BGH GRUR 05, 1067 – *Konsumentenbefragung I*; EuGH GRUR 08, 267 – *Gintec*).
- durch die Abgabe von Arzneimitteln, Mustern oder Proben für Arzneimittel (Nr 14) oder andere Mittel (Nr 15)
- mit vergleichenden Angaben (§ 11 II HWG, s hierzu § 6 Rn 12).

c) Lebensmittelrecht. Folgende Bestimmungen des Lebensmittel- und Tabakrechts sind als Marktverhaltensregeln iSd § 4 Nr 11 anzusehen. Für eine ausführliche Kommentierung des LFGB einschließlich der zahlreichen gemeinschaftsrechtlichen Bestimmungen sei auf die einschlägigen Kommentare (Lebensmittelrechts-Handbuch, Loseblattslg, 2013; *Zipfel/Rathke,* Lebensmittelrecht, Loseblattslg, 2013; und die Kommentierungen bei Fezer/Meyer/Reinhardt § 4–S 4 Rn 123ff und bei MüKo/ *Hagenmeyer/Oelrichs* Anh F zu §§ 1–7) verwiesen.

11/71

- **§§ 11, 19 LFGB:** Verbot der irreführenden Werbung (vgl BGH GRUR 08, 1118 – *MobilPlus-Kapseln;* BGH GRUR 09, 75 – *Priorin;* BGH GRUR 09, 413 – *Erfokol-Kapseln;* BGH GRUR 12, 1164 – *ARTROSTAR*);
- **§§ 12, 20 LFGB:** Verbot der krankheitsbezogenen Werbung (vgl zu § 18 LMBG aF BGH GRUR 98, 493, 494 – *Gelenk-Nahrung;* BGH GRUR 99, 1007, 1008 – *Vitalkost*);
- **§ 27 LFGB:** Verbot der irreführenden Werbung für Kosmetika (vgl dazu BGH GRUR 10, 359 – *Vorbeugen mit Coffein!*);
- **§ 17 I Nr 5 Vorläufiges Tabakgesetz:** Verbot der irreführenden Werbung für Tabakerzeugnisse;
- **§§ 21a, 22 Vorläufiges Tabakgesetz:** Werbe- und Sponsoringverbote für Tabakerzeugnisse (vgl zum früheren Recht BGH GRUR 94, 304, 305 – *Zigarettenwerbung in Jugendzeitschriften;* BGH GRUR 93, 756, 757 – *Mild-Abkommen* und BGHZ 124, 230 = GRUR 94, 219, 220 – *Warnhinweis;* BGH GRUR 11, 631 – *Unser wichtigstes Cigarettenpapier;* BGH GRUR 11, 633 – *Bio-Tabak*), Einordnung als Marktverhaltensregelung nach hier vertretener Ansicht zweifelhaft, da es um die Bekämpfung des Tabakkonsums aus allgemein-gesundheitspolitischen Erwägungen, nicht um Verbraucherinformation geht;
- **§§ 25, 26 WeinG:** Verbot von irreführenden Bezeichnungen, Schutz vor verwechslungsfähigen Bezeichnungen; daneben bestehen zahlreiche Vorschriften zur Bezeichnung von Wein, anderen alkoholischen (vgl die Verordnung über bestimmte alkoholhaltige Getränke, AgeV) und nicht-alkoholischen Getränken (vgl etwa die Mineral- und TafelwasserV – MTVO).
- **Bezeichnungsvorschriften der EG-WeinmarktVO 479/2008** und der zugehörigen Durchführungsbestimmungen (BGH GRUR 09, 972 – *Lorch Premium II*).

III. Vertriebsbezogene Vorschriften

Literatur: *Lorenz,* Die Anbieterkennzeichnung im Internet, 2007; *ders,* Die Wettbewerbswidrigkeit einer mangelhaften Anbieterkennzeichnung, WRP 2010, 1224; *Pfuhl,* Von erlaubter Verkaufsförderung und strafbarer Korruption, 2010; *Wallerath,* Ladenschluss und Konkurrentenschutz, NJW 2001, 781; s a die Nachw zu C III 5 und 7.

11/72 **1. Preisvorschriften.** In den Bereich des (materiellen) Preisrechts fallen Preisvorschriften zu **Fest-, Höchst- und Mindestpreisen.** Beispiele für Mindestpreisvorschriften sind § 7 HOAI (Mindesthonorare für Architekten und Ingenieure, dazu *Kniffka,* FS Ullmann, 2006, 669) und § 49b I iVm § 5 RVG (Verbot der Gebührenunterschreitung für Anwälte), vergleichbare Bestimmungen bestehen für andere freie Berufe (Ärzte, Zahnärzte, Tierärzte, Rechtsanwälte, Steuerberater) nach den jeweiligen Gebührenordnungen und landesrechtlichen Gebührenregelungen. Mindestpreisvorschriften (§ 7 HOAI, § 49b BRAO) sind zwar verfassungsrechtlich im Lichte von Art 12 GG nicht unbedenklich (*Köhler/*Bornkamm § 4 Rn 11.139), dienen aber der Verhinderung eines ruinösen Preiswettbewerbs unter Schaffung gleicher wettbewerblicher Ausgangsbedingungen auf dem jeweiligen Markt. Verstöße gegen Mindestpreisvorschriften sind daher unlautere geschäftliche Handlungen gem § 4 Nr 11 (vgl BGH GRUR 91, 769 – *Honoraranfrage;* BGH GRUR 97, 313, 315 – *Architektenwettbewerb;* BGH GRUR 01, 256, 257 – *Gebührenvereinbarung;* BGH GRUR 03, 969, 970 – *Ausschreibung von Vermessungsleistungen;* BGHZ 152, 153 = GRUR 03, 349, 352 – *Anwaltshotline;* krit dazu *Krüger* WRP 03, 603, 605). Die **Gebührenüberhebung** ist gem § 352 StGB strafbar, auch diese Vorschrift ist eine Marktverhaltensregelung gem § 4 Nr 11 (BGHZ 152, 153 = GRUR 03, 349, 352 – *Anwaltshotline;* BGH GRUR 05, 433, 435 – *Telekanzlei*).

11/73 **2. Vorschriften über Preisangaben.** Die Preisangabenverordnung (PAngV) regelt allein formelles Preisrecht (Preisordnungsrecht). Materielle Preisbildungspflichten begründet sie nicht. Die Vorschriften der PAngV dienen der Information der Abnehmer und sind daher typische Marktverhaltensregelungen iSd § 4 Nr 11 (BGHZ 155, 301 = GRUR 03, 971, 975 – *Telefonischer Auskunftsdienst;* BGH GRUR 04, 435, 436 – *FrühlingsgeFlüge;* BGH GRUR 08, 84, 86 Rn 25 – *Versandkosten;* BGH GRUR 08, 532, 533 Rn 21 – *Umsatzsteuerhinweis;* BGH GRUR 09, 73 Rn 15 – *Telefonieren für 0 Cent!*), während sie nach früherem Recht lediglich als Ausdruck ordnender Zweckmäßigkeit und damit als wertneutrale Normen galten. Allerdings ist seit Ablauf der Übergangsfrist des Art 3 IV UGP-RL die Vereinbarkeit der PAngV mit Unionsrecht und damit die Anwendbarkeit der PAngV über § 4 Nr 11 zweifelhaft (s Rn 11/7a; PAngV Einf Rn 13). Jedenfalls bedarf die Spürbarkeitsgrenze (§ 3 I) besonderer Aufmerksamkeit, weil geringfügige Verstöße möglicherweise die Interessen der Verbraucher nicht beeinträchtigen (BGH GRUR 08, 442, 443 Rn 15 – *Fehlerhafte Preisauszeichnung*). Zu den Bestimmungen im Einzelnen vgl die gesonderte Kommentierung der PAngV.

11/74 **3. Vorschriften über Geschäftszeiten.** Das **Arbeitszeitgesetz (ArbZG)** hat eine sozialpolitische, keine lauterkeitsrechtliche Zielsetzung. Verstöße gegen das Arbeitszeitrecht werden daher vom UWG nicht erfasst. Das gilt auch dann, wenn sich ein Arbeitgeber durch einen Verstoß gegen das ArbZG einen Vorsprung gegenüber seinen Konkurrenten verschafft, wenn etwa ein Bäcker gegen die Vorschriften zur Nachtarbeit verstößt (*Köhler/*Bornkamm § 4 Rn 11.145; aA *Ullmann* GRUR 03, 817, 822 Fn 51; *Fezer/Götting* § 4 Nr 11 Rn 153, und – zu § 1 aF und zum früheren, 1996 aufgehobenen Bäckerei-ArbeitszeitG – BGH GRUR 89, 116 – *Nachtbackverbot*). Dagegen findet § 4 Nr 11 bei Verstößen gegen die **landesrechtlichen Vorschriften über den Ladenschluss** (zB LadenöffnungsG NW, früher LadenschlussG) Anwendung. Sie dienen zwar in erster Linie dem Arbeitszeitschutz der Arbeitnehmer, weisen

Rechtsbruch § 4.11 UWG

aber zugleich eine wettbewerbsregelnde Komponente insofern auf, als es für Wettbewerbsneutralität zwischen den Wettbewerbern sorgt. Bei des Gesetzen über Ladenöffnungszeiten handelt es sich daher *auch* um Marktverhaltensregelungen iS des § 4 Nr 11 (BGHZ 144, 255 = GRUR 00, 1076, 1079 – *Abgasemissionen;* OLG Hamm GRUR-RR 13, 297 – *Weihnachtstassen; Ullmann* GRUR 03, 817, 822; *Scherer* WRP 06, 401; *Köhler* aaO Rn 11.144; Fezer/*Götting* § 4–11 Rn 151; Harte/Henning/*v Jagow* § 4 Nr 11 Rn 98; aA *Sack* WRP 04, 1307, 1310). Entsprechendes gilt für die Feiertagsgesetze der Länder.

4. Informationspflichten. a) Allgemeines. Informationspflichten ermöglichen eine rationale, „informierte" Verbraucherentscheidung und entlasten den Abnehmer von den Kosten der eigenen Informationsbeschaffung (*Köhler*/Bornkamm § 4 Rn 11.157 a). Es handelt sich daher um typische Marktverhaltensregeln. Zugleich kann ein Verstoß gegen gesetzliche Informationsbestimmungen unter § 5 a fallen; im Anwendungsbereich der UGP-RL ist § 5 a II, IV vorrangig (Rn 11/8 a). Jeweils bedarf aber die Bagatellklausel (§ 3 I) einer besonderen Prüfung: Bei geringfügigen Verstößen, die Abnehmerinteressen nicht beeinträchtigen, kann es an der Spürbarkeit fehlen. Welche Informationen bereitzustellen sind, ergibt sich aus der jeweiligen Norm. Abzugrenzen von verbraucherschützenden Informationspflichten sind Angabepflichten, die nur der staatlichen Kontrolle dienen (so zur presserechtlichen Impressumspflicht BGH GRUR 89, 830, 832 – *Impressumspflicht*). Zu berufsrechtlichen und produktbezogenen Informationspflichten s oben, 11/54 ff, 63 ff. 11/75

b) Information über Unternehmensidentität. Bei folgenden Vorschriften des Wirtschaftsrechts, die dem Rechtsverkehr die Identifizierung eines Unternehmens und seiner Verhältnisse ermöglichen, handelt es sich um Marktverhaltensregelungen: 11/76
– **§§ 80 AktG; 25 a GenG; 15 b GewO; 35 a GmbHG; 37 a, 125 a; 161; 177 a HGB:** Angaben über Rechtsform und bestimmte Verhältnisse juristischer Personen und anderer Gewerbetreibender auf Geschäftsbriefen (einschließlich elektronischer Post, s *Hoeren*/*Pfaff* MMR 07, 207; *Köhler*/Bornkamm § 4 Rn 11.164 f);
– **§ 312 c I Nr 1 BGB iVm § 1 BGB-InfoV; 312 e I Nr 2 BGB iVm § 3 BGB-InfoV; §§ 5 f TMG:** Informationspflichten des Anbieters bei Fernabsatzgeschäften (vgl dazu BGHZ 155, 301 = GRUR 03, 971, 972 – *Telefonischer Auskunftsdienst;* OLG Düsseldorf v 18.6.2013, I-20 U 145/12), im elektronischen Geschäftsverkehr (vgl dazu BGH GRUR 07, 159 – *Anbieterkennzeichnung im Internet;* OLG Jena GRUR-RR 06, 283, 284) und beim Angebot von Telediensten;
– **§ 25 a GenG:** Angaben über Rechtsform und bestimmte Verhältnisse bei Genossenschaften.

c) Informationspflichten bei Vertragsschluss. Verschiedene Vorschriften des Verbraucherschutzrechts verpflichten den Unternehmer, vor Vertragsschluss den Verbraucher über seine Rechte oder andere wesentliche Umstände zu informieren. Dabei handelt es sich um Marktverhaltenspflichten, die der Sicherung einer rationalen Nachfrageentscheidung dienen und daher nach hM in den Anwendungsbereich des § 4 Nr 11 fallen (OLG Frankfurt GRUR-RR 07, 56, 57 – *sprechender Link;* ebenso zu § 1 aF BGHZ 109, 127 = GRUR 90, 46 – *Heizgeräte-Vertrieb;* BGH GRUR 00, 731, 733 – *Sicherungsschein; Köhler*/Bornkamm § 4 Rn 11.170). Da diese Vorschriften in den Anwendungsbereich der UGP-RL fallen, sofern nicht (wie etwa im Fall des Glücksspielwesens) eine Ausnahme vom Anwendungsbereich eingreift, ist nach hier vertretener Ansicht § 5 a II, IV gegenüber § 4 Nr 11 vorrangig (Rn 11/8 a). Daher werden die verbraucherschutzrechtlichen Informationspflichten unter § 5 a (Rn 48 f) kommentiert. 11/77

Ohly 549

5. Sonstige zivilrechtliche Vorschriften

Literatur: *Alexander,* Vertragsrecht und Lauterkeitsrecht unter dem Einfluss der Richtlinie 2005/29/EG über unlautere Geschäftspraktiken, WRP 2012, 515; *Armgardt,* Verbraucherschutz und Wettbewerbsrecht: unwirksame AGB-Klauseln im Licht der neueren Rechtsprechung zum UWG und zur UGP-RL, WRP 2009, 122; *Holtz,* Die AGB-Kontrolle im Wettbewerbsrecht, 2010; *Köhler,* Die Verwendung unwirksamer Vertragsklauseln: ein Fall für das UWG, GRUR 2010, 1047; *ders,* Zur Mitbewerberklage gegen die Verwendung unwirksamer AGB, WRP 2012, 1475; *Linsenbarth/Schiller,* Datenschutz und Lauterkeitsrecht – Ergänzender Schutz bei Verstößen gegen das Datenschutzrecht durch das UWG?, WRP 2013, 576; *Mann,* Die wettbewerbsrechtliche Beurteilung von unwirksamen Allgemeinen Geschäftsbedingungen, WRP 2007, 1035.

11/78 **a) AGB-Kontrolle.** Vorschriften, die Haftungsausschlüsse im Verbraucherinteresse für unwirksam erklären (zB § 475 I BGB), sind nach Ansicht des BGH Marktverhaltensregelungen iSd § 4 Nr 11 (BGH GRUR 10, 1117 Rn 24 ff – *Gewährleistungsausschluss im Internet*). Dasselbe soll für die Vorschriften über die AGB-Kontrolle gelten (BGH GRUR 12, 949 Rn 45 ff – *Missbräuchliche Vertragsstrafe*). Zwar hat sich der BGH bisher nur zu §§ 307, 308 Nr 1, 309 Nr 7a BGB geäußert, da aber sämtliche Klauselverbote den Verbraucher schützen, kann für die übrigen Fälle der §§ 308, 309 BGB nichts anderes gelten. Zur Begründung verweist der BGH darauf, dass (1) die betreffenden Vorschriften ihre Grundlage im Unionsrecht haben, das daher der Anwendung des § 4 Nr 11 nicht entgegenstehe, (2) die Verwendung eine unwirksamen Haftungsausschlusses als geschäftliche Handlung anzusehen sei, (3) dies den Verbraucher von der Geltendmachung seiner Ansprüche abhalten könne, dass (4) die Anwendung des § 4 Nr 11 nicht durch einen Vorrang der §§ 1, 3 UKlaG ausgeschlossen sei und dass (5) der Verwender im Vergleich zu seinen lauteren Mitbewerbern Kosten spare. Damit hat sich der frühere Meinungsstreit (für Anwendung des § 4 Nr 11 KG MMR 05, 466; *Köhler* NJW 08, 177 ff; *Mann* WRP 07, 1035 ff; dagegen *Voraufl;* OLG Köln GRUR-RR 07, 285 – *Schriftformklauseln;* OLG Köln MMR 08, 540; OLG Hamburg GRUR-RR 07, 287, 288) für die Praxis weitgehend erledigt.

11/78a Allerdings überzeugt die Begründung für die Anwendung des § 4 Nr 11 nicht. Erstens berücksichtigen die Erwägungen zur richtlinienkonformen Auslegung nicht hinreichend, dass die UGP-RL die Verwendung unwirksamer AGB nicht verbietet, sondern in Art 7 IV lit d lediglich eine Informationspflicht statuiert. Die Klauselrichtlinie (93/13/EWG), die als Rechtsgrundlage ebenfalls in Betracht kommt (*Köhler* WRP 12, 1475, 1476), verpflichtet die Mitgliedstaaten nur dazu, eine Anspruchsberechtigung für Verbraucherverbände vorzusehen. Zwar setzt die Klauselrichtlinie nur einen Mindeststandard, doch der deutsche Gesetzgeber hat bei ihrer Umsetzung davon abgesehen, in § 3 UKlaG eine Klagebefugnis für Konkurrenten zu regeln. Das spricht, zweitens, gegen die vom BGH nicht begründete Ansicht, §§ 1, 3 UKlaG seien nicht gegenüber § 4 Nr 11 vorrangig. Das UKlaG enthält eine in sich geschlossene Regelung darüber, wer zusätzlich zu den Vertragsparteien gegen die Verwendung unwirksamer Klauseln vorgehen kann. Eine „Konkurrentenklage" sieht das UKlaG gerade nicht vor. Hinter dieser systematischen Frage steckt ein rechtspolitisches Problem: So berechtigt das Ziel eines effektiven Verbraucherschutzes ist, so wenig darf übersehen werden, dass eine Beschränkung auf die im UKlaG vorgesehene Verbandsklage eine sinnvolle Filterfunktion gehabt hätte (ähnl *Armgardt,* WRP 09, 122, 127; *Tüngler/Ruess,* WRP 09, 1336, 1343).

11/79 **b) Datenschutzrecht.** Ob die Vorschriften des Datenschutzrechts als verbraucher- und konkurrentenschützende Marktverhaltensregeln anzusehen sind, ist in der obergerichtlichen Rechtsprechung und der Literatur umstritten. Dabei sind drei Aspekte zu unterscheiden. **Erstens** setzt das BDSG die EG-Datenschutzrichtlinie (95/46/EG) um, die als Rechtsschutzmöglichkeiten ein verwaltungsrechtliches Beschwer-

Rechtsbruch **§ 4.11 UWG**

deverfahren und individuelle Auskunfts-, Löschungs- und Schadensersatzansprüche vor. Ansprüche von Verbänden und Konkurrenten darf der nationale Gesetzgeber darüber hinaus nur vorsehen, wenn die Richtlinie insoweit keine **vollständige Harmonisierung** vornimmt. Die Voraussetzungen für die Verarbeitung personenbezogener Daten regelt die Richtlinie abschließend (EuGH EuZW 04, 245 Rn 95ff – *Lindquist;* EuGH EuZW 12, 37 Rn 30 – *ASNEF/FECEMD*), doch hat der EuGH bisher nicht entschieden, ob dasselbe für die Rechtsfolgen gilt. Dagegen spricht, dass die Richtlinie ein hohes Datenschutzniveau anstrebt (EuGH aaO Rn 96 – *Lindquist*) und dass zusätzliche Rechtsschutzmöglichkeiten den Datenschutz verstärken (BGH GRUR 13, 1170 Rn 12ff – *Telefonwerbung für DSL-Produkte*); aA *Köhler* WRP 13, 567, 569, beide zum parallelen Problem bei § 7, s dazu § 7 Rn 9), doch letztlich wird die Frage der EuGH entscheiden müssen. **Zweitens** muss es sich um **Marktverhaltensregeln** handeln. Dieser Marktbezug fehlt Vorschriften, die lediglich das innerbetriebliche Speichern von Daten betreffen (KG GRUR-RR 12, 19, 21 – *Gefällt-mir-Button; Köhler*/Bornkamm § 4 Rn 11.42; *Linsenbarth/Schiller,* WRP 13, 578, 579; aA *Ernst* WRP 04, 1133, 1137), während er zu bejahen ist, sofern es um die Verwendung von Daten zu kommerziellen Zwecken, insb zu Werbezwecken geht (Beispiel: §§ 28, 29 BDSG). **Drittens** müsste das Datenschutzrecht gerade marktbezogene Verbraucherinteressen regeln. Da die Daten im Zusammenhang mit der Anbahnung, dem Abschluss und der Durchführung von Verträgen erhoben werden, ist das nach der hM der Fall (OLG Hamburg WRP 13, 1203; OLG Köln GRUR-RR 10, 34, 35; OLG Karlsruhe GRUR-RR 12, 396, 399; *Linsenbarth/Schiller,* WRP 13, 578, 580; *Köhler*/Bornkamm § 4 Rn 11.42). Ergänzend wird auf ein Sanktionsdefizit des Datenschutzrechts verwiesen, das die Anwendung des UWG erfordere (*Linsenbarth/Schiller* aaO). Nach der hier vertretenen Ansicht fällt das Datenschutzrecht hingegen nicht unter § 4 Nr 11, weil es nicht wirtschaftliche, sondern persönliche Interessen schützt. Es geht also um den Schutz des Verbrauchers „als Mensch" (ebenso OLG München GRUR-RR 12, 395, 396; *Gärtner/Heil* WRP 05, 20, 22). Außerdem handelt es sich beim Recht auf informationelle Selbstbestimmung um ein subjektives absolutes Recht, dessen Durchsetzung der betroffenen Person, abgesehen vom europarechtlich vorgeschriebenen Verwaltungsverfahren, selbst überlassen werden sollte. Die Anwendung des § 4 Nr 11 lässt sich auch nicht mit dem Argument begründen, das Datenschutzrecht solle gleiche Wettbewerbsbedingungen schaffen (so aber OLG Hamburg WRP 13, 1203, 1206), da sich der Gesetzgeber gegen die Fortgeltung des allgemeinen Vorsprungsgedankens ausgesprochen hat.

c) Allgemeines Gleichbehandlungsgesetz (AGG). Das AGG verbietet Benachteiligungen aus Gründen der Rasse oder wegen der ethnischen Herkunft, des Geschlechts, der Religion oder Weltanschauung, einer Behinderung, des Alters oder der sexuellen Identität (§ 1 AGG). Gem § 19 AGG gilt auch ein zivilrechtliches Benachteiligungsverbot (Ausnahmen: § 20 AGG), dessen Verletzung Abwehr- und Schadensersatzansprüche auslösen kann (§ 21 AGG). § 19 AGG ist eine Marktverhaltensregelung, die das Interesse der Marktteilnehmer an gleicher Behandlung schützt und damit § 4 Nr 11 unterfällt (Begr RegE zum AGG, BT-Drucks 16/1780 v 8.6.2006, S 49; *Köhler*/Bornkamm § 4 Rn 11.157). 11/80

6. Jugendschutz. Die Vorschriften des **Jugendschutzgesetzes (JuSchG)** und des **Jugendmedienschutz-Staatsvertrags (JMStV)** stellen nach hM **Marktverhaltensregelungen** iSd § 4 Nr 11 dar, weil sie die Jugendlichen als Verbraucher schützen (BGHZ 173, 188 = GRUR 07, 890 Rn 35 – *Jugendgefährdende Medien bei eBay;* BGH GRUR 08, 534 Rn 49f – *ueber18.de;* OLG Dresden CR 07, 662, 665f; *Köhler*/Bornkamm § 4 Rn 11.180; MüKo/*Schaffert* § 4 Nr 11 Rn 182; GK/*Metzger* § 4 Nr 11 Rn 185, 193). Dasselbe soll für das **Verbot der Verbreitung pornographischer Schriften (§ 184 StGB)** und die Verbote der **Werbung für sexuelle Handlungen** in §§ **119, 120 OWiG** gelten (BGHZ 168, 314 = GRUR 06, 1042 11/81

Rn 18 – *Kontaktanzeigen*). Diese Rspr ist **abzulehnen** (s Rn 11/25; ebenso *Scherer* WRP 06, 401, 405f; *Steinbeck* GRUR 08, 848, 852), auch wenn sie wegen der „Sitten- und Anstandsklausel" (Egrd 7 S 3) mit der UGP-RL vereinbar ist (*Köhler* aaO). Die genannten Bestimmungen schützen Jugendliche nicht in ihrer Rolle als Verbraucher, sondern sollen sie im Gegenteil von dem betreffenden Markt fernhalten. Das Interesse der Jugendlichen, das geschützt wird, ist nicht marktbezogen, auch wenn es fraglos von erheblicher Bedeutung ist. Die Entwicklung Jugendlicher wird in gleicher Weise durch gewerbsmäßige jugendgefährdende Angebote wie durch sonstige im Internet verfügbare Pornographie beeinträchtigt. Die Rechtsprechung schließt durch die Anwendung des UWG ein tatsächliches oder vermeintliches Vollzugsdefizit des Ordnungsrechts.

7. Glücksspiele

Literatur: *Fried,* Die neue Werberichtlinie zum Glücksspielstaatsvertrag, MMR 2013, 483; *Hecker,* Quo vadis Glücksspielstaatsvertrag, WRP 2012, 523; *Hecker/Ruttig,* Zur Unlauterkeit der Veranstaltung von Sportwetten ohne Erlaubnis einer deutschen Behörde, WRP 2006, 307; *Heermann,* Werbebeschränkungen für öffentliches Glücksspiel nach dem Glücksspielvertrag, WRP 2008, 479; *Leupold/Walsh,* Rien ne va plus? – Die Entwicklung des deutschen Sportwettenmarktes nach dem Urteil des BVerfG vom 28.3.2006, Az. 1 BvR 1054/01 WRP 2006, 973; *Pagenkopf,* Der neue Glücksspielstaatsvertrag – Neue Ufer, alte Gewässer, NJW 2012, 2918; *Ruttig,* Gewinnspiel oder Glücksspiel – Machen 50 Cent den Unterschied?, WRP 2011, 174.

11/82 **a) Strafrechtlicher Rahmen.** Glücksspiele, Lotterien und Ausspielungen unterliegen einer Genehmigungspflicht, ihre ungenehmigte Veranstaltung und die Werbung dafür ist strafbar (§§ 284, 287 StGB). Ein **Glücksspiel** liegt vor, wenn im Rahmen eines Spiels für den Erwerb einer Gewinnchance ein Entgelt verlangt wird und die Entscheidung über den Gewinn ganz oder überwiegend vom Zufall abhängt (§ 3 I 1 GlüStV; BGH GRUR 02, 636 – *Sportwetten;* BGH GRUR 12, 201 Rn 63ff – *Poker im Internet;* vgl auch Schönke-Schröder/*Heine* StGB, § 284 Rn 5 mwN). **Sportwetten** sind Glücksspiele (BGH GRUR 02, 636 – *Sportwetten;* zum staatlichen Glücksspielmonopol s Rn 11/83). § 284 StGB greift auch ein, wenn die Erlaubnis rechtswidrig versagt wurde oder wenn der Veranstalter lediglich über eine Erlaubnis seines Heimatstaats verfügt (BGH aaO S 637 – *Sportwetten*). Lotterien und Ausspielungen sind Formen des Glücksspiels, so dass auch für diese Spiele das Ergebnis hauptsächlich vom Zufall abhängen muss (Schönke/Schröder/*Heine* aaO). **Lotterie** ist ein Unternehmen, bei dem einer Mehrzahl von Personen die Möglichkeit eröffnet wird, nach einem bestimmten Plan gegen einen bestimmten Einsatz ein vom Eintritt eines zufälligen Ereignisses abhängiges Recht auf einen bestimmten Geldgewinn zu erwerben (OLG Köln GRUR 00, 535; Schönke-Schröder/*Heine* StGB, § 287 Rn 2). Bei der **Ausspielung** besteht der Gewinn nicht in Geld, sondern in anderen Sachen.

11/83 **b) Staatliches Glücksspielmonopol: Verfassungs- und unionsrechtliche Aspekte.** Die Länder haben im Anschluss an §§ 284, 287 StGB auf landesgesetzlicher Grundlage die Veranstaltung von Lotterien und Wetten durch den Staat oder staatlich beherrschte privatrechtliche Unternehmen erlaubt. Dieses staatliche Monopol ist verfassungsrechtlich als Einschränkung der **Berufsfreiheit (Art 12 GG)** und unionsrechtlich als Einschränkung der **Niederlassungs- und Dienstleistungsfreiheit (Art 49, 56 AEUV)** problematisch. Das BVerfG hat mit Urteil von 2006 das bayerische staatliche Wettmonopol für mit Art 12 GG unvereinbar erklärt (BVerfGE 115, 276 = GRUR 06, 688, dazu *Leupold/Walsh* WRP 06, 973ff; *Schmidt* WRP 05, 721ff). Zwar diene das staatliche Wettmonopol legitimen Zielen des Gemeinwohls, insbesondere der Bekämpfung der Spiel- und Wettsucht, aber auch dem Verbraucherschutz gegen irreführende Werbung (aaO Rn 98ff, 103ff), es sei aber nach damaliger Ausgestaltung nicht konsequent an diesen Zielen ausgerichtet gewesen (aaO Rn 119ff). Fiskalische Interessen reichten als solche zur Rechtfertigung nicht aus (aaO Rn 107).

Auch der **EuGH** hält Staatsmonopole unionsrechtlich nur für zulässig, wenn sie tatsächlich durch anerkannte sozialpolitische Ziele wie die Eindämmung der Spielsucht, die Bekämpfung der Kriminalität und den Verbraucherschutz gerechtfertigt sind, zur Erreichung dieser Ziele verhältnismäßig sind und die Finanzierung sozialer Aktivitäten mit Hilfe einer Abgabe auf die Einnahmen aus genehmigten Spielen nur eine nützliche Nebenfolge, nicht aber der eigentliche Grund der betriebenen restriktiven Politik ist (EuGH EuZW 04, 115 Rn 69 – *Gambelli*; EuGH EuZW 00, 151 Rn 38 – *Zenatti*; EuGH EuZW 09, 689 Rn 60 f – *Liga Portuguesa de Futebol*; EuGH EuZW 11, 674 – *Zeturf*; zur besonderen Rechtslage in Deutschland nach Auslaufen des GlüStV von 2008 s den Vorlagebeschluss BGH GRUR 13, 527 – *Digibet* und Rn 11/84). Insbesondere ist die Schaffung eines Monopols nur vertretbar, wenn der Inhaber tatsächlich in der Lage sein wird, die festgelegten Ziele mit einem Angebot, das nach Maßgabe dieses Ziels quantitativ bemessen und qualitativ ausgestaltet ist und einer strikten behördlichen Kontrolle unterliegt, in **kohärenter und systematischer Weise** zu verfolgen (EuGH MMR 10, 844 Rn 83 – *Stoß*). Das Internetverbot des § 4 IV GlüStV hat der BGH als mit dem Unionsrecht vereinbar angesehen (BGH GRUR 12, 193 – *Sportwetten im Internet II*; BGH GRUR 12, 201 Rn 30 ff – *Poker im Internet*). Das **Herkunftslandprinzip** (dazu Einf C Rn 65 ff) findet gem § 3 IV Nr 4 TMG keine Anwendung auf Glücksspiele, Lotterien und Wetten. Daher können sich ausländische Anbieter lediglich auf Art 49, 56 AEUV, nicht jedoch auf ein weniger strenges Heimatrecht berufen (so zu Art 1 V lit d der E-Commerce-RL BGHZ 158, 343 = GRUR 04, 693, 695 – *Schöner Wetten*).

c) Glücksspielstaatsvertrag. Die Bundesländer haben auf das Urteil des BVerfG **11/84** durch den Abschluss des Staatsvertrags zum Glücksspielwesen in Deutschland (GlüStV, in Kraft vom 1.1.2008 bis 30.6.2012) reagiert, der mittlerweile in der Fassung des Ersten Staatsvertrags zur Änderung des Staatsvertrags zum Glücksspielwesen in Deutschland (GlüÄndStV, in Kraft seit 1.7.2012) gilt (dazu *Hecker* WRP 12, 523 ff). Schleswig-Holstein hatte zwischenzeitlich Glücksspiele durch private Veranstalter weitergehend zugelassen, ist inzwischen aber dem GlüStV beigetreten (s das Ausführungsgesetz v 1.2.2013, GVOBl SH S 64). Der BGH hat dem EuGH die Frage vorgelegt, ob die Beschränkung des Glücksspielwesens in Deutschland inkohärent ist und damit eine unzulässige Beschränkung der Dienstleistungsfreiheit (Art 56 AEUV) darstellt, weil zwischenzeitlich in Schleswig-Holstein Konzessionen erteilt wurden und weil die großzügigeren Regelungen nach den Übergangsbestimmungen des Landesrechts noch für Jahre fortgelten (BGH GRUR 13, 527 – *Digibet*). Öffentliche Glücksspiele sind nur mit Konzession erlaubt (§ 4 I), die Teilnahme von Minderjährigen ist unzulässig (§ 4 III 2), das Veranstalten und das Vermitteln öffentlicher Glücksspiele im Internet ist verboten (§ 4 IV). **Werbung** ist an den Zielen des § 1 GlüStV auszurichten (§ 5 I): Bekämpfung der Spielsucht, Kanalisierung des Spieltriebs durch begrenztes Glücksspielangebot, Jugend- und Spielerschutz, Schutz vor betrügerischen und kriminellen Machenschaften, Schutz der Integrität sportlicher Wettbewerbe. Damit verpflichtet § 5 I GlüStV 2012 die Werbung weniger streng als die frühere Fassung der Vorschrift auf reine Information, auch Werbung mit Aufforderungscharakter ist nicht mehr ausdrücklich verboten (zu § 5 aF BGH GRUR 11, 440 – *Spiel mit*; KG GRUR-RR 10, 22 und GRUR-RR 10, 31; OLG Koblenz GRUR-RR 10, 16; *Heermann* WRP 08, 479 ff). Die Werbung darf sich nicht an Minderjährige oder vergleichbar gefährdete Zielgruppen richten (§ 5 II 1). Das ist nur der Fall, wenn die Werbung erkennbar zumindest auch auf diese Gruppe ausgerichtet ist (BGH GRUR 13, 956 Rn 18 – *Glückspäckchen im Osternest*). Zudem besteht ein Irreführungsverbot (§ 5 II 2). Fernsehwerbung ist grundsätzlich verboten, doch können die Länder die Werbung für Lotterien und Sport- und Pferdewetten im Internet und im Fernsehen unter bestimmten Umständen erlauben (§ 5 III). Auf der Grundlage des § 5 IV haben die Länder eine gemeinsame Werberichtlinie erlassen, die die Grundsätze des § 5 GlüStV

UWG § 4.11   Gesetz gegen den unlauteren Wettbewerb

konkretisiert (dazu *Fried* MMR 13, 483). § 7 enthält bestimmte Informationspflichten. Ob die Werberegelungen des neuen GlüStV der Überprüfung anhand des Verfassungs- und Unionsrechts standhalten, bleibt abzuwarten (zum möglichen Verstoß des § 5 III aF GlüStV gegen das unionsrechtliche Kohärenzgebot VGH München GRUR-Prax 12, 492).

11/85 **d) Lauterkeitsrechtliche Beurteilung.** Die Verbote der §§ 284, 287 StGB und des § 4 GlüStV sind nach hM (zur Kritik s Rn 11/25) keine reinen Marktzutrittsregelungen, sondern auch, für sämtliche Anbieter, Marktverhaltensregeln (BGH GRUR 12, 193 Rn 21 – *Sportwetten im Internet II; Köhler*/Bornkamm § 4 Rn 11.137c; ebenso zu § 21 V GlüStV OLG Köln GRURPrax 11, 88). Sie schützen nicht nur die Allgemeinheit vor den Folgen der Spiel- und Wettsucht, sondern auch Verbraucher vor irreführender Werbung und unsachlicher Beeinflussung (so zu § 284 StGB BVerfG GRUR 06, 688 Rn 103ff; BGHZ 158, 343 = GRUR 04, 693, 695 – *Schöner Wetten;* BGH GRUR 08, 438 Rn 18 – *ODDSET*). Die Vorschriften über Werbung für Glücksspiele (**§ 5 GlüStV**) fallen nach allgA unter § 4 Nr 11 (OLG München GRUR-RR 08, 310, 311 – *Jackpot-Werbung;* OLG Hamburg GRUR-RR 12, 21, 25 – *LOTTO Guter Tipp*). Die UGP-RL nimmt Glücksspiele von ihrem Anwendungsbereich aus (Egrd 9; BGH GRUR 11, 169 Rn 19 – *Lotterien und Kasinospiele*), so dass als unionsrechtlicher Aspekt lediglich die Vereinbarkeit der betreffenden Vorschriften mit dem Primärrecht zu berücksichtigen ist (s Rn 11/83). Sollten sich einzelne Vorschriften als mit dem Verfassungs- oder Unionsrecht unvereinbar erweisen, stellt ein Verstoß keine unlautere geschäftliche Handlung dar (Rn 11/12). Für die Beurteilung kommt es auf den Zeitpunkt der Entscheidung, wenn der Unterlassungsanspruch auf Wiederholungs- oder Erstbegehungsgefahr gestützt wird zusätzlich auf den Zeitpunkt der Begehung an (BGH aaO Rn 14 – *ODDSET;* BGH GRUR 11, 169 Rn 18 – *Lotterien und Kasinospiele;* BGH GRUR 12, 201 Rn 16 – *Poker im Internet;* BGH GRUR 13, 956 Rn 14 – *Glückspäckchen im Osternest*). Zur Rechtslage vor Inkrafttreten des GlüStV 2008 ist insoweit eine unfangreiche Rechtsprechung ergangen, die mittlerweile nur noch für Altfälle Bedeutung hat (BGH aaO – *ODDSET;* BGH GRUR-RR 10, 359 – *Sportwetten im Internet I;* BGH GRUR 11, 169 – *Lotterien und Kasinospiele* und die in GRUR 11, 119 abgedruckten Leitsätze).

11/86 **8. Sonstige Strafvorschriften. a) §§ 16–19 UWG.** Die strafrechtlichen Bestimmungen des UWG stellen Marktverhaltensregeln dar (Begr RegE UWG 2004, BT-Drucks 15/1487, S 26; Harte/Henning/*v Jagow* § 4 Nr 11 Rn 125; *Köhler*/Bornkamm § 4 Rn 11.173). Das gilt auch für die Vorschriften zum Schutz von Unternehmensgeheimnissen und Vorlagen (§§ 17–19 UWG) (s § 17 Rn 44; BGH GRUR 06, 1044, 1045f Rn 17 – *Kundendatenprogramm;* aA MüKo/*Schaffert* § 4 Nr 11 Rn 342). Zwar dienen Geheimnisverrat und Spionage oft erst der Vorbereitung eines marktfertigen Produkts. Dennoch regeln §§ 17 I, II, 18 auch in diesem Fall bereits Marktverhalten, weil es um Verhalten auf dem Informationsmarkt geht. Auch beim Schutz individueller Rechtspositionen (Beispiel: Immaterialgüterrechte) kann es sich nach hier vertretener Ansicht um Marktverhaltensregeln handeln; anders als bei der Verletzung von Immaterialgüterrechten (Rn 11/10, 11/17) fehlt in §§ 17, 18 eine abschließende Regelung der zivilrechtlichen Rechtsfolgen. Da allerdings §§ 17–19 UWG ausschließlich das Individualinteresse des dispositionsberechtigten Unternehmers schützen, sind die §§ 8–10 ebenso wie im Bereich des § 4 Nr 4–9 teleologisch dahingehend zu reduzieren, dass nur der betreffende Unternehmer anspruchsberechtigt ist (*Elskamp* S 184; iE ebenso *Schaffert* aaO).

11/87 **b) Straftaten gegen die öffentliche Ordnung und die sexuelle Selbstbestimmung.** Die strafrechtlichen Verbote der **Volksverhetzung (§ 130 StGB)** und der **Gewaltdarstellung (§ 131 StGB)** schützen den öffentlichen Frieden im Allgemeininteresse (Schönke-Schröder/*Lenckner*/Sternberg-Lieben, StGB, § 130 Rn 1a,

§ 131 Rn 1) fallen daher nicht unter § 4 Nr 11 (*Köhler*/Bornkamm § 4 Rn 11.179; mangels Verstoßes offengelassen in BGHZ 173, 188 = GRUR 07, 890, 892f Rn 28 – *Jugendgefährdende Medien bei eBay*). Zu § 184 StGB (Verbreitung pornographischer Schriften) und §§ 119, 120 OWiG (Werbung für sexuelle Handlungen) s o Rn 11/81.

c) Eigentums- und Vermögensdelikte. § 259 StGB (Hehlerei) betrifft nicht 11/88 das Marktverhalten, sondern richtet sich gegen die Perpetuierung der durch die Vortat geschaffenen rechtswidrigen Vermögenslage (Schönke/Schröder/*Stree/Hecker*, StGB, § 259 Rn 1). Es handelt sich daher nicht um eine Marktverhaltensregelung (GK/*Metzger* § 4 Nr 11 Rn 191; aA *Köhler*/Bornkamm § 4 Rn 11.179). Hingegen stellt der **Betrug (§ 263 StGB)** eine Einwirkung auf die Entscheidungsfreiheit des Opfers dar, daher ist § 263 StGB als Marktverhaltensregelung anzusehen (vgl BGH WRP 08, 780, 780f Rn 10; OLG Frankfurt GRUR-RR 06, 141; *Köhler*/Bornkamm § 4 Rn 11.179).

d) Straftaten gegen den Wettbewerb. § 298 StGB **(wettbewerbsbeschrän-** 11/89 **kende Absprachen bei Ausschreibungen)** regelt das Marktverhalten im Interesse des Nachfragers (Veranstalter der Ausschreibung) (*Köhler*/Bornkamm § 4 Rn 11.174; MüKo/*Schaffert* § 4 Nr 11 Rn 343). Bei **§ 299 StGB (Bestechlichkeit, Bestechung)** handelt es sich um eine originär wettbewerbsrechtliche Vorschrift, die bis 1997 als § 12 im UWG angesiedelt war. § 299 StGB schützt neben dem Allgemeininteresse an lauteren Wettbewerbsbedingungen auch die Vermögensinteressen der Mitbewerber und des Geschäftsherren (MüKo/*Schaffert* § 4 Nr 11 Rn 343).

e) Bestechlichkeit und Bestechung, Vorteilsannahme und Vorteilsgewäh- 11/90 **rung.** §§ 331 ff schützen als Amtsdelikte in erster Linie die Funktionsfähigkeit des Amtsapparats (Schönke-Schröder/*Heine*, StGB § 331 Rn 3) und damit ein nicht von § 4 Nr 11 geschütztes Allgemeininteresse. Gleichwohl soll es sich um Marktverhaltensregeln handeln (BGH GRUR 06, 77, 78f Rn 28 – *Schulfotoaktion*; MüKo/*Schaffert* § 4 Nr 11 Rn 343; aA *Köhler*/Bornkamm § 4 Nr 11.179), da mittelbar auch die Interessen der redlichen Unternehmer geschützt werden. Diese Auffassung läuft auf eine Anwendung des allgemeinen Vorsprungsgedankens hinaus, der unter § 4 Nr 11 gerade nicht mehr gilt. Sie erscheint daher als zweifelhaft.

9. Beihilfen- und Vergaberecht. Noch nicht abschließend geklärt ist, inwieweit 11/91 die Vorschriften des EU-Rechts und des nationalen Rechts über die **Gewährung von Subventionen** unter § 4 Nr 11 fallen. Der BGH hat diese Frage für das beihilferechtliche Durchführungsverbot (Art 108 III 3 AEUV) bejaht (BGH GRUR 11, Rn 53 – *Flughafen Frankfurt-Hahn*; BGH GRUR-RR 12, 157 Rn 35 – *Flughafen Berlin-Schönefeld*), doch diese Rechtsprechung überzeugt nicht. Zwar beeinflussen Subventionen fraglos den Wettbewerb und greifen wesensnotwendig in die Gleichheit der Wettbewerbsbedingungen ein. Doch beteiligt sich der Staat in diesem Fall nicht am Wettbewerb, sondern handelt in Ausübung seiner Hoheitsbefugnis (s Einf D Rn 30).

Auch die Vorschriften des **Kartellvergaberechts (§§ 97 ff GWB)** sollen Markt- 11/92 verhaltensregelungen darstellen (BGH GRUR 08, 810 Rn 9ff – *Kommunalversicherer*). Das Kartellrecht regelt diesen Bereich nicht abschließend (s Rn 11/10), und ein Verstoß gegen Vergaberecht verzerrt den Wettbewerb auf dem betreffenden Markt. Immerhin nimmt der öffentliche Auftraggeber – anders als bei der Gewährung von Beihilfen – als Nachfrager am Marktgeschehen teil (GK/*Metzger* § 4 Nr 11 Rn 186), auch wenn die Vorschriften des Vergaberechts ihre Begründung nicht in der Bekämpfung unlauteren Verhaltens, sondern in der herausgehobenen Marktstellung der öffentlichen Hand finden. Ein Unternehmen, das die öffentliche Hand zur Erteilung eines Auftrags ohne die erforderliche Ausschreibung auffordert, ist zwar nicht selbst Adressat des Vergaberechts, kann aber als Teilnehmer haften (BGH aaO Rn 14).

§ 5 Irreführende geschäftliche Handlungen

(1) ¹Unlauter handelt, wer eine irreführende geschäftliche Handlung vornimmt. ²Eine geschäftliche Handlung ist irreführend, wenn sie unwahre Angaben enthält oder sonstige zur Täuschung geeignete Angaben über folgende Umstände enthält:
1. die wesentlichen Merkmale der Ware oder Dienstleistung wie Verfügbarkeit, Art, Ausführung, Vorteile, Risiken, Zusammensetzung, Zubehör, Verfahren oder Zeitpunkt der Herstellung, Lieferung oder Erbringung, Zwecktauglichkeit, Verwendungsmöglichkeit, Menge, Beschaffenheit, Kundendienst und Beschwerdeverfahren, geographische oder betriebliche Herkunft, von der Verwendung zu erwartende Ergebnisse oder die Ergebnisse oder wesentlichen Bestandteile von Tests der Waren oder Dienstleistungen;
2. den Anlass des Verkaufs wie das Vorhandensein eines besonderen Preisvorteils, den Preis oder die Art und Weise, in der er berechnet wird, oder die Bedingungen, unter denen die Ware geliefert oder die Dienstleistung erbracht wird;
3. die Person, Eigenschaften oder Rechte des Unternehmers wie Identität, Vermögen einschließlich der Rechte des geistigen Eigentums, den Umfang von Verpflichtungen, Befähigung, Status, Zulassung, Mitgliedschaften oder Beziehungen, Auszeichnungen oder Ehrungen, Beweggründe für die geschäftliche Handlung oder die Art des Vertriebs;
4. Aussagen oder Symbole, die im Zusammenhang mit direktem oder indirektem Sponsoring stehen oder sich auf eine Zulassung des Unternehmers oder der Waren oder Dienstleistungen beziehen;
5. die Notwendigkeit einer Leistung, eines Ersatzteils, eines Austauschs oder einer Reparatur;
6. die Einhaltung eines Verhaltenskodexes, auf den sich der Unternehmer verbindlich verpflichtet hat, wenn er auf diese Bindung hinweist, oder
7. Rechte des Verbrauchers, insbesondere solche auf Grund von Garantieversprechen oder Gewährleistungsrechte bei Leistungsstörungen.

(2) Eine geschäftliche Handlung ist auch irreführend, wenn sie im Zusammenhang mit der Vermarktung von Waren oder Dienstleistungen einschließlich vergleichender Werbung eine Verwechslungsgefahr mit einer anderen Ware oder Dienstleistung oder mit der Marke oder einem anderen Kennzeichen eines Mitbewerbers hervorruft.

(3) Angaben im Sinne von Absatz 1 Satz 2 sind auch Angaben im Rahmen vergleichender Werbung sowie bildliche Darstellungen und sonstige Veranstaltungen, die darauf zielen und geeignet sind, solche Angaben zu ersetzen.

(4) ¹Es wird vermutet, dass es irreführend ist, mit der Herabsetzung eines Preises zu werben, sofern der Preis nur für eine unangemessen kurze Zeit gefordert worden ist. ²Ist streitig, ob und in welchem Zeitraum der Preis gefordert worden ist, so trifft die Beweislast denjenigen, der mit der Preisherabsetzung geworben hat.

Inhaltsübersicht

	Rn
A. Grundlagen	1
I. Entstehungsgeschichte der Norm	1
1. UWG 1896	1
2. UWG 1909, ÄndG 1969	2
3. Irreführungsrichtlinie 1984	3

Irreführende geschäftliche Handlungen § 5 UWG

Rn

    4. Richtlinie über irreführende und vergleichende Werbung,
UWG-ÄndG 2000 4
    5. UWG 2004 5
    6. UWG-Novelle 2008 6
II. Regelungsinhalt 8
III. Normzweck 12
    1. Mitbewerber- und Verbraucherschutz 12
    2. Irreführungsgefahr 13
    3. Schutzzweckcharakter? 14
    4. Leistungsstörungen 15
IV. Verhältnis zu anderen Vorschriften 16
    1. UWG 16
        a) § 4 Nr 1–11 16
        b) § 16 I 17
    2. Irreführungsverbote außerhalb des UWG 18
        a) Spezialvorschriften 18
        b) Anspruchskonkurrenz 22
        c) Verkehrsauffassung 27
        d) Zugelassene und vorgeschriebene Bezeichnungen ... 28
    3. Sonderschutzrechtliche Regelungen 29
        a) MarkenG, § 12 BGB 29
        b) Geographische Herkunftsangaben 30
    4. § 826 BGB 31
V. Irreführungsverbot und Grundrechte 32
    1. Grundrechte 32
    2. Generalklausel 36
VI. Bedeutung des Unionsrechts 37
    1. Vorrang des Unionsrechts 37
    2. Anwendung des UWG 43
    3. Irreführungsrichtlinie 45
        a) Grundlagen 45
        b) Verhältnis zum UWG 46
        c) UWG-Reform 2004 47
        d) Verbraucherleitbild 48
        e) Irreführungsquote 49
    4. Richtlinie über unlautere Geschäftspraktiken 51
    5. Art 34 AEUV 54
        a) Freier Warenverkehr 54
        b) § 5 UWG (Einzelfälle) 58
        c) Verkaufsmodalitäten und Produktcharakteristika .. 62
    6. Art 35 AEUV 67
    7. Art 56 AEUV 69
    8. Werbung mit elektronischen Medien 73
B. Allgemeine tatbestandliche Voraussetzungen 75
  I. Geschäftliche Handlung 75
  II. Normadressat 80
  III. Werbeempfänger 82
C. Angaben und Meinungsäußerungen 84
  I. Angaben iS von § 5 84
  II. Begriffsinhalt 85
    1. Tatsachenbehauptungen 85
    2. Meinungsäußerungen 87
    3. Abgrenzung 88

Sosnitza

	Rn
4. Allgemein gehaltene Aussagen	89
5. Einzelfälle	90
III. Aussageformen	94
IV. Angaben im Rahmen vergleichender Werbung (§ 5 III 1. Alt)	99
D. Irreführende Angaben	103
I. Begriff und Bedeutung	103
1. Begriff der Irreführung	103
2. Gegenstand der Irreführung	107
3. Anforderungen an Richtigkeit	109
4. Darlegungs- und Beweislast	110
II. Verkehrsauffassung	112
1. Grundlagen. Verbraucherleitbild	112
2. Beteiligte Verkehrskreise	115
a) Angesprochener Verkehr	115
b) Werbeadressaten	117
aa) Publikumswerbung	117
bb) Einzelwerbung	118
cc) Fachkreise	119
dd) Durchschnittsmaßstab	122
c) Mehrere Verkehrskreise	123
d) Regionale Verkehrsauffassung	124
3. Kriterien der Verkehrsauffassung	125
a) Gesamteindruck	125
b) Objektiver Eindruck	129
c) Blickfang	132
4. Feststellung der Verkehrsauffassung	134
a) Faktische oder norminative Verkehrsauffassung	134
b) Richterliche Sachkunde	135
c) Beweiserhebung	141
d) Maßgebender Zeitpunkt	145
5. Irreführungsquote	147
III. Erscheinungsformen irreführender Angaben	155
1. Objektiv falsche Angaben	155
2. Unklare, allgemein gehaltene Angaben	160
3. Verschleiernde Angaben	163
a) Unterschieben von Waren und Leistungen	163
b) Verschleierndes Wettbewerbshandeln	164
c) Auktionsverkäufe	168
4. Tarnende Angaben	169
a) Einordnung	169
b) Tarnung von Zweck und Anlass der Werbung	170
c) Tarnung des Charakters einer Werbemaßnahme	171
d) Tarnung der Person des Anbieters	173
e) Tarnung von Art und Inhalt des Angebots	175
f) Tarnung mit Gutachten	176
5. Unvollständige Angaben	178
6. Mehrdeutige, missverständliche Angaben	181
7. Verunsichernde Angaben	183
8. Übertreibende Angaben	185
9. Objektiv richtige Angaben	189
a) Irreführende Wirkung	189
b) Werbung mit Selbstverständlichkeiten	192
c) Objektiv richtige Angaben, die nicht geglaubt werden	197

	Rn
10. Gesetzlich vorgeschriebene Angaben	198
11. Gesetzlich zugelassene Angaben, Behördensprachgebrauch, branchenübliche Bezeichnungen	200
12. Fortwirkung der Irreführung	202
13. Nachträgliche Unrichtigkeit	204
14. Nachfolgende Klarstellung	205
15. Äußerungen Dritter	207
E. Eignung zur Beeinflussung des Kaufentschlusses (wettbewerbsrechtliche Relevanz)	208
F. Interessenabwägung	218
G. Irreführende Umstände (§ 5 I 2)	228
I. Vorbemerkung	228
1. Allgemeines	228
2. Regelungskatalog	233
II. Irreführende Angaben über Merkmale von Waren und Dienstleistungen (§ 5 I 2 Nr 1)	236
1. Wesentliche Merkmale	236
2. Verfügbarkeit und Warenmenge	237
a) Verfügbarkeit	237
b) Warenmenge	239
c) Lockvogelangebote	240
aa) Allgemeines	240
bb) Verkehrsauffassung, Irreführung	242
cc) Angemessenheit des Warenvorrats	243
dd) Relevanz	245
ee) Irreführende Werbung für Dienstleistungen	246
3. Beschaffenheit (Art, Ausführung, Zusammensetzung, Qualität und Güte)	247
a) Begriff der Beschaffenheit	247
aa) Bedeutung	247
bb) Bedeutungswandel	249
cc) Aufklärende und denaturierende Zusätze	251
b) Gesetzliche Vorschriften	253
aa) Irreführung durch Nichtbeachtung	253
bb) Gesetzlich vorgeschriebene und erlaubte Angaben	255
(1) Verwendung solcher Angaben	255
(2) Einzelfälle	256
cc) DIN-Normen, Gütezeichen, Prüfzeichen	258
(1) DIN, Norm, genormt	258
(2) Gütezeichen	259
(3) Prüfzeichen	260
c) Irreführung über die Zusammensetzung (stoffliche Beschaffenheit)	261
d) Irreführung über die Qualität	266
aa) Bedeutung des Merkmals	266
bb) Produktbezogene Alleinstellungs- und Spitzenstellungswerbung	267
cc) Originalware	274
dd) Neuheits- und Alterswerbung	275
ee) Qualitätsgarantien	279
ff) Vortäuschen von Markenware	281
gg) Vortäuschen amtlicher Prüfung	282
hh) Mindesthaltbarkeitsdatum bei Lebensmitteln	283

	Rn
4. Verfahren und Zeitpunkt der Herstellung oder Erbringung	288
a) Handwerkliche Fertigung	288
b) Fertigungsverfahren und Kontrolle	290
c) Eigene Herstellung	291
d) Unerheblichkeit der Fehlvorstellung	292
5. Zwecktauglichkeit, Verwendungsmöglichkeit und -ergebnisse (Wirkungsweise)	293
a) Allgemein	293
b) Gesundheitsbezogene Werbung (Gesundheitsfördernde Wirkungen)	294
c) Diätwerbung	298
d) Schlankheitswerbung	299
e) Werbung für kosmetische Mittel	300
f) Umweltbezogene Werbung	301
6. Vorteile, Risiken, Zubehör, Kundendienst und Beschwerdeverfahren	309
7. Geographische Herkunft	310
a) Bedeutung	310
b) Erscheinungsformen geographischer Herkunftsangaben	311
c) Unionsrecht	312
aa) Sekundärrecht	314
bb) VO 1151/2012	315
cc) Verhältnis zum nationalen Recht	319
d) Markengesetz	325
e) Arten der geographischen Herkunftsangaben	337
aa) Ausgangapunkt	337
bb) Unmittelbare geographische Herkunftsangaben	338
cc) Mittelbare geographische Herkunftsangaben	339
dd) Ursprungsangaben	343
f) Verkehrsauffassung	346
aa) Maßgeblichkeit	346
bb) Abzugrenzende Bezeichnungen	347
(1) Ortsangaben	347
(2) Pseudo-Herkunftsangaben	348
(3) Keine geographischen Herkunftsangaben	349
(4) Personengebundene Herkunftsangaben	350
(5) Betriebsverlagerungen	351
(6) Betriebliche Herkunftsangaben	352
cc) Wandel der Verkehrsauffassung	353
dd) Zusätze	357
(1) Entlokalisierung	357
(2) Relokalisierung	361
(3) Aufklärende (klarstellende) Zusätze	362
ee) Beispiele für Herkunfts- und Beschaffenheitsangaben	364
(1) Backwaren	364
(2) Bier	365
(3) Fischwaren	366
(4) Fleisch- und Wurstwaren	367
(5) Hopfen	368
(6) Käse	369
(7) Kohle	371
(8) Mineralwässer	372
(9) Parfümeriewaren	373

			Rn
	(10)	Porzellan- und Keramikwaren	374
	(11)	Spirituosen	375
	(12)	Stahlwaren	376
	(13)	Tabakwaren	377
	(14)	Textilien	378
	(15)	Wein	379

- g) Irreführung 380
  - aa) Ortsangabe 380
  - bb) Relevanz 383
  - cc) Interessenabwägung 385
    - (1) Mehrdeutigkeit 387
    - (2) Gleichnamigkeit 388
    - (3) Konzernverbundenheit 389
    - (4) Bedeutungswandel 390
  - dd) Wechselwirkung 391
- h) Anforderungen an Irreführungsschutz 392
- i) Weitere innerstaatliche Regelungen 393
- j) Einigungs- und Erstreckungsgesetz 397
- k) Inlandsschutz für Ausländer 399
- l) Völkerrechtliche Verträge 400
  - aa) Ausgangspunkt 400
  - bb) Bilaterale Abkommen 401
  - cc) Multilaterale Abkommen 409
    - (1) Pariser Verbandsübereinkunft (PVÜ) zum Schutz des gewerbl. Eigentums 409
    - (2) Madrider Herkunftsabkommen (MHA) 410
    - (3) TRIPS-Abkommen 411
    - (4) Lissaboner Abkommen über den Schutz von Ursprungsbezeichnungen und ihre internationale Registrierung (LUA) 413

8. Betriebliche Herkunft 415
9. Tests und Testergebnisse 418
   - a) Vortäuschen amtlicher Prüfung 418
   - b) Prüfzeichen 419
   - c) Warentests, Werbung mit Testergebnissen 420

III. Irreführende Angaben über den Anlass des Verkaufs, den Preis, die Preisbemessung und die Vertragsbedingungen (§ 5 I 2 Nr 2) 422
1. Vorbemerkung 422
2. Anlass des Verkaufs 424
   - a) Allgemein 424
   - b) Insolvenzwarenverkäufe 425
   - c) Verkäufe im Rahmen von Sonderveranstaltungen 428
   - d) Räumungsverkäufe 430
   - e) Weitere Fälle der Irreführung über den Anlass des Verkaufs 432
     - aa) Notverkäufe 432
     - bb) Gelegenheitsverkäufe 433
     - cc) Verkäufe umständehalber 434
     - dd) Versteigerungen 435
     - ee) Eröffnungsangebote, Eröffnungspreise 436
     - ff) Einführungspreise 437
3. Preiswerbung 438
   - a) Preis und Preisbemessung 438
     - aa) Bedeutung 438

	Rn
bb) Grundsatz der Preiswahrheit	439
cc) PreisangabenV	440
dd) Grundsatz der Preisgestaltungsfreiheit, Werbung mit Preisnachlässen	441
ee) Verkehrsauffassung	442
b) Irreführende Preisangaben	443
aa) Unvollständige Angaben	443
(1) Endpreis	444
(2) Inklusivpreis, Komplettpreis	446
(3) Festpreis	447
(4) Teilzahlungspreis	448
bb) Unbestimmte Preisangaben	449
(1) Normalpreis	450
(2) Statt-Preis	451
(3) Ca.-Preis	452
cc) Dauer von Preisnachlässen (Rabattaktionen)	453
dd) Preisspaltung, Preisschaukelei	454
ee) Preisverschleierung	455
ff) Preisgünstige Gesamtangebote (Lockvogelwerbung)	457
gg) Sonderangebote	458
hh) Kopplungsangebote	459
ii) Margenpreise	461
jj) Preisvergleiche	462
(1) Allgemein	462
(2) Preisherabsetzungswerbung	463
(a) Grundsätzliches	463
(b) § 5 Abs 4	466
(3) Vergleiche mit Konkurrenzpreisen	469
(4) Preisempfehlungen des Herstellers	471
kk) Listenpreise	477
ll) Abholpreise	478
mm) Preisgarantien	479
nn) Preisangaben bei Kreditgeschäften	481
oo) Preisgünstige Einkaufsmöglichkeiten	484
(1) Allgemein	484
(2) Irreführung über den gewerblichen Charakter der Werbung	485
(3) Werbung zum Einkaufs-, Einstands- und Selbstkostenpreis	486
(a) Einkaufspreis	486
(b) Einstandspreis	487
(c) Selbstkostenpreis	488
(d) Verkäufe unter Einkaufs-, Einstands- oder Selbstkostenpreis	489
(4) Discountpreis	490
c) Preiswerbungsschlagworte	491
4. Vertragsbedingungen	546
a) Vorbemerkung	546
b) Täuschung über die Angebotsbedingungen	547
aa) Vortäuschen von Privatangebot	547
bb) Täuschen über den Werbecharakter	548
cc) Verschleierndes Wettbewerbshandeln	549

	Rn
dd) Übervorteilen	551
ee) Ausnutzung von Rechtsunkenntnis	552
ff) Garantiewerbung	554
gg) Allgemeine Geschäftsbedingungen	563
c) Täuschung über die Lieferbedingungen	564
IV. Irreführung über die geschäftlichen Verhältnisse (§ 5 I 2 Nr 3)	566
1. Vorbemerkung	566
2. Art, Eigenschaften, Rechte des Werbenden	568
a) Unternehmensidentität	568
b) Vermögen des Werbenden	571
c) Geistige Eigentumsrechte	572
aa) Allgemein	572
bb) Schutzrechtsanmaßung	573
(1) Werbung mit Schutzrechtshinweisen	573
(2) Schutzrechtsverwarnung (Hersteller- und Abnehmerverwarnung)	580
d) Befähigung (Qualifikation)	582
aa) Allgemein	582
bb) Doktor-Titel	583
cc) Diplom-Ingenieur, Ingenieur	585
dd) Professorentitel	586
ee) Architekt	588
ff) Bilanz- und Lohnbuchhalter, Lohnsteuerhilfevereine	589
gg) Meister	590
hh) Sachverständiger	591
ii) Gesetzlich besonders geschützte Berufsbezeichnungen	592
jj) Zertifikate	593
e) Auszeichnungen, Ehrungen	594
3. Sonstige geschäftliche Verhältnisse	599
a) Bedeutung des Unternehmens	599
aa) Allgemein	599
bb) Einzelne Fallgestaltungen	602
b) Unternehmensbezogene Allein- oder Spitzenstellungsbehauptung	636
aa) Bedeutung der Werbung	636
bb) Aussageformen	640
cc) Zulässigkeit	646
dd) Spitzengruppenwerbung	652
ee) Beweislast	653
c) Alterswerbung (Traditionswerbung)	654
d) Bezugsart, Bezugsquelle	663
e) Mitarbeiter	668
aa) Irreführung über den Mitarbeiterstamm	668
bb) Irreführung über Fachkenntnisse von Mitarbeitern	670
cc) Irreführung über die Verwendung von Fremdpersonal und Subunternehmern	671
f) Irreführung über gewerbliche Leistungen, Einzelfälle	673
V. Irreführung über Sponsoring oder Zulassung (§ 5 I 2 Nr 4)	695
1. Allgemeines	695
2. Sponsoring	696
3. Zulassung	700
VI. Irreführung über die Notwendigkeit einer Leistung, eines Ersatzteils, eines Austauschs oder einer Reparatur (§ 5 I 2 Nr 5)	701

	Rn
VII. Irreführung über die Einhaltung eines Verhaltenskodexes (§ 5 I 2 Nr 6)	702
VIII. Irreführung über Rechte des Verbrauchers (§ 5 I 2 Nr 7)	703
IX. Verwechslungsgefahr mit einem anderen Produkt oder Kennzeichen (§ 5 II)	705
1. Allgemeines	705
2. Verhältnis zum MarkenG	707
a) Grundsatz: Vorrang markenrechtlicher Wertungen	707
b) Lauterkeitsrechtliche Ansprüche des Kennzeicheninhabers	712
c) Lauterkeitsrechtliche Ansprüche Dritter	714
3. Verwechslungsgefahr	717
4. Zusammenhang mit der Vermarktung	719

A. Grundlagen

I. Entstehungsgeschichte der Norm

1 **1. UWG 1896.** Vorläufer des § 3 UWG 1909 und des § 5 UWG 2004/2008 war **§ 1 des Gesetzes gegen den unlauteren Wettbewerb v 27.5.1896** (RGBl S 145). Er verbot die irreführende Publikumswerbung. Das betraf unrichtige Angaben in öffentlichen Bekanntmachungen und Mitteilungen, die an einen größeren Kreis von Personen gerichtet wurden und den Anschein eines besonders günstigen Angebots hervorriefen.

2 **2. UWG 1909, ÄndG 1969.** An die Stelle des UWG 1896 trat bis zum Inkrafttreten des UWG 2004 das **Gesetz gegen den unlauteren Wettbewerb v 7.6.1909** (RGBl S 499), das mit der Einführung der *großen* Generalklausel des § 1 den **Irreführungstatbestand in § 3** neu normiert hat (*kleine* Generalklausel). § 3 galt in dieser Form unverändert bis zur Novelle vom 26.6.1969 (Gesetz zur Änderung des Gesetzes gegen den unlauteren Wettbewerb, BGBl I S 633), durch die über die öffentliche Werbung hinaus auch die *Einzel*werbung (zB mündliche Angaben gegenüber einem einzelnen Kunden) in den Geltungsbereich des § 3 einbezogen wurde. Die weitere Textänderung der Novellierung von 1969 („irreführende Angaben" statt „unrichtige Angaben ..., die geeignet sind, den Anschein eines besonders günstigen Angebots hervorzurufen") hat klargestellt, dass *jede* den Kaufentschluss beeinflussende irreführende Angabe von § 3 erfasst werden sollte, hat iÜ aber **keine sachliche Änderung** des Gesetzes mit sich gebracht (BGH GRUR 70, 467, 468 – *Vertragswerkstatt; v Gamm* Kap 36 Rn 2, 38). Denn schon immer war in der wettbewerbsrechtlichen Rechtsprechung und im Schrifttum anerkannt, dass es für die Beurteilung einer Werbeangabe nicht auf die objektive (Un-)Richtigkeit ankam, sondern allein auf die Verkehrsauffassung (vgl *Baumbach,* Komm z Wettbewerbsrecht, 1929, Kap XII 13 C). Sachlich unerheblich war die Erstreckung des Wortlauts des § 3 auf „einzelne Waren oder gewerbliche Leistungen oder des gesamten Angebots" (anstelle der bisherigen Formulierung „Waren oder gewerbliche Leistungen") sowie die Ergänzung des Beispielkatalogs der Norm durch Einfügung des Merkmals der Preislisten.

3 **3. Irreführungsrichtlinie 1984.** Die Irreführungsrichtlinie von 1984 (Richtlinie 84/450/EWG des Rates zur Angleichung der Rechts- und Verwaltungsvorschriften der Mitgliedstaaten über irreführende Werbung v 10.9.1984, ABl L 250 v 19.9.1984, S 17 = GRUR Int 84, 688) führte zu einer **Teilharmonisierung** der nationalen Rechte gegen den unlauteren Wettbewerb, hatte aber für § 3 keine weiterreichende Bedeutung. Zur Erreichung des Ziels, Verbrauchern, Wettbewerbern und der Allgemeinheit Schutz vor Irreführung zu gewähren, normierte die Richtlinie bestimmte **Mindestanforderungen,** denen die Vorschrift gerecht wurde. Einer formellen Umsetzung in deutsches Recht bedurfte es daher nicht. Das entsprach seinerzeit (1984) allgemeiner Meinung. Der dahingehenden Auffassung des BMJ (veröffentlicht in DB 84, 1666, 1667) war weder von der Kommission noch sonst widersprochen worden. Art 7 I (früher Art 7) der Richtlinie, der über das Schutzniveau der Richtlinie hinausreichende nationale Regelungen ausdrücklich zuließ, deckte § 3 seinem vollen Inhalt nach gemeinschaftsrechtlich ab, auch und gerade insoweit, als der sachlich-rechtliche Schutzstandard des § 3 über den der Richtlinie hinausreichte (BGH GRUR 94, 519, 520 – *Grand Marnier,* stRspr; *Baumbach/Hefermehl,* 22. Aufl, Einf Rn 612; *Schricker,* GRUR Int 90, 771f; GRUR Int 94, 586, 592; *Piper,* WRP 92, 685, 691; *Deutsch,* GRUR 96, 541, 542ff; *Tilmann,* FS Piper, 1996, S 481, 486ff; *Doepner,* WRP 97, 999; *Sack,* WRP 98, 241f; GRUR 98, 871, 881; GRUR Int 98, 263, 265f). Auch die amtliche Begründung zum Entwurf eines Gesetzes zur vergleichenden Werbung und zur Änderung wettbewerbsrechtlicher Vorschriften – Regierungsentwurf v 23.2.2000 – betonte verschiedentlich, dass die Irreführungsrichtlinie von 1984 lediglich Mindestanforderungen aufgestellt habe, über die § 3 hinausging (WRP 00, 555, 556 [zu „II. Erforderlichkeit einer Umsetzung durch Gesetz"]).

4. Richtlinie über irreführende und vergleichende Werbung, UWG-ÄndG 2000. Letztmals geändert wurde § 3 durch Art 1 Nr 2 des Gesetzes zur vergleichenden Werbung und zur Änderung wettbewerbsrechtlicher Vorschriften v 1.9.2000 (BGBl I S 1374), der an § 3 Satz 2 anfügte. Mit dieser Regelung wurde Art 3a I Buchst a der **Richtlinie 97/55/EG v 6.10.1997** zur Änderung der Richtlinie 84/450/EWG über irreführende Werbung zwecks Einbeziehung der vergleichenden Werbung (ABl EG Nr L 290, S 18) in das deutsche Recht umgesetzt. Sie stellte klar, dass der irreführende Vergleich ausschließlich nach § 3 Satz 1 aF zu beurteilen war, nicht nach § 1 aF, und dass ebenso wie der auf unwahre oder nicht erweislich wahre Tatsachen gestützte geschäfts- oder kreditschädigende Vergleich *nicht* von der an sich abschließenden Regelung der vergleichenden Werbung in § 2 II aF erfasst werden sollte (BGH WRP 02, 828, 831 – *Hormonersatztherapie; Nordmann,* GRUR Int 02, 297, 303). Mit § 5 III Halbs 1 wurde diese Regelung in das UWG 2004 übernommen.

5. UWG 2004. Die **UWG-Novelle 2004** hat das Irreführungsverbot des § 3 aF unter Angleichung an die Irreführungsrichtlinie neu gefasst. Im Gegensatz zu § 3 aF enthält aber § 5 nF keinen selbstständigen Verbotstatbestand mehr, sondern konkretisiert als **Unterfall der Fundamentalnorm** des § 3 nF „lediglich" den unbestimmten Rechtsbegriff der Unlauterkeit für den Bereich der irreführenden Werbung. Im Übrigen entspricht die Neuregelung weitgehend dem bisherigen Irreführungsverbot. § 5 II 1 übernimmt nahezu wortgleich Art 3 der Irreführungsrichtlinie. Ausdrücklich geregelt wurden unter Anknüpfung an die Rechtsprechung zu § 3 aF die Fälle der Irreführung durch Unterlassen (Verschweigen von Tatsachen, § 5 II 2 aF), die Preisherabsetzungswerbung und die Beweislastverteilung insoweit (§ 5 IV) sowie die Fälle der Irreführung über die Vorratsmenge (§ 5 V aF). Angesichts der inhaltlichen Übereinstimmung der Neuregelung mit § 3 aF kann auf **die bisherige Rechtsprechung** zur irreführenden Werbung auch nach der Novellierung 2004 **zurückgegriffen** werden. Dabei ist jedoch zu beachten, dass der Gesetzgeber der Regelung des § 5 nF – entsprechend der neueren Rechtsprechung von BGH und EuGH – ein **Verbraucherleitbild** zugrunde gelegt hat, das dem Leitbild eines durchschnittlich informierten und verständigen Verbrauchers entspricht, der das Werbeverhalten mit einer der Situation angemessenen Aufmerksamkeit verfolgt (Einf A Rn 40, 48; § 2 Rn 104ff, 107, 110; BegrRegEntw, B zu § 5, BT-Drucks 15/1487, S 19).

6. UWG-Novelle 2008

Literatur: *Dreyer,* Verhaltenskodizes im Referentenentwurf eines Ersten Gesetzes zur Änderung des Gesetzes gegen unlauteren Wettbewerb, WRP 2007, 1294; *Fezer,* Das Informationsgebot der Lauterkeitsrichtlinie als subjektives Verbraucherrecht, WRP 2007, 1021; *Köhler,* Die UWG-Novelle 2008, WRP 2009, 109; *Lettl,* Irreführung durch Lockvogelangebote im derzeitigen und künftigen UWG, WRP 2008, 155; *Peifer,* Die Zukunft der irreführenden Geschäftspraktiken, WRP 2008, 556; *Sosnitza,* Der Gesetzentwurf zur Umsetzung der Richtlinie über unlautere Geschäftspraktiken, WRP 2008, 1014.

6 Die **Richtlinie 2005/29/EG** über unlautere Geschäftspraktiken sieht in Art 6 und 7 umfangreiche Regelungen über irreführende Geschäftspraktiken vor, und zwar einerseits durch irreführende Handlungen (Art 6) und andererseits durch irreführende Unterlassungen (Art 7). Die UWG-Novelle von 2008 zur Umsetzung dieser Richtlinie hat dementsprechend zum einen die irreführenden geschäftlichen Handlungen in § 5 vertieft und zum anderen in einem neuen § 5a eine weitaus detailliertere Regelung der Irreführung durch Unterlassen aufgenommen. Zudem wurde die gerade erst 2004 in das UWG aufgenommene Regelung über Lockvogelangebote nach § 5 V gestrichen. Insoweit besteht eine weitgehende Überschneidung mit Ziff 5 des Anhangs I der Richtlinie bzw Ziff 5 des Anhangs zu § 3 III (vgl Anh zu § 3, Rn 15 ff), sodass eine Beibehaltung des § 5 V dem Richtliniengebot der Vollharmonisierung widerspräche und zudem Abgrenzungsschwierigkeiten und Rechtsunsicherheit hervorrufen könnte (BT-Dr 16/10 145, S 24f).

7 Die Neuregelung knüpft an den Begriff der geschäftlichen Handlung nach § 2 I Nr 1 an (vgl § 2 Rn 4ff) und erfasst daher nicht nur Werbung, sondern jegliche irreführende geschäftliche Handlung. Es wird nicht zwischen geschäftlichen Handlungen zum Nachteil der Verbraucher und solchen zum Nachteil von Mitbewerbern oder sonstigen Marktteilnehmern unterschieden. Die Erheblichkeitsschwelle bei geschäftlichen Handlungen zum Nachteil der Verbraucher nach § 3 II gilt mit der Maßgabe, dass es für die spürbare Beeinträchtigung von Verbraucherinteressen darauf ankommt, ob die Irreführung einen Durchschnittsverbraucher zu einer geschäftlichen Entscheidung veranlassen kann, die er ansonsten nicht getroffen hätte (BR-Dr 345/08, S 44; *Sosnitza,* WRP 08, 1014, 1028).

II. Regelungsinhalt

Literatur: *Beater,* Schutzzweckdenken im Recht gegen den unlauteren Wettbewerb, JZ 1997, 916; *Borck,* Die Interessenabwägung bei irreführender Werbung, WRP 1985, 63; *Harmsen,* § 3 UWG als Generalklausel und seine neuen Irreführungstatbestände, WRP 1969, 357; *Hefermehl,* Die Konkretisierung der wettbewerbsrechtlichen Generalklausel durch Rechtsprechung und Lehre, FS Gewerblicher Rechtsschutz und Urheberrecht in Deutschland, 1991, S 897; *Henning-Bodewig,* Neue Aufgaben für die Generalklausel des UWG? Von „Benetton" zu „Busengrapscher", GRUR 1997, 180.

8 § 5 I 1 fasst den Irreführungstatbestand in dem Satz zusammen, dass unlauter handelt, wer eine irreführende geschäftliche Handlung vornimmt. Die Regelung richtet sich in Form einer **Generalklausel** allgemein gegen *jede* irreführende Handlung. Das Gesetz statuiert damit – wie auch zuvor schon die §§ 1 und 3 UWG aF – den das gesamte Wettbewerbsrecht beherrschenden **Wahrheitsgrundsatz** (vgl zB BGHZ 130, 205, 214 = GRUR 95, 744, 747 – *Feuer, Eis & Dynamit I; Baumbach/Hefermehl,* 22. Aufl, § 1 Rn 5; vgl auch EGMR NJW 03, 497, 498 [Nr 39 der Gründe] – *Werbeverbot für Ärzte/Stambuk*). Es widerspricht lauterem Verhalten schlechthin, sich Wettbewerbsvorteile durch Täuschung zu verschaffen, dh durch das Hervorrufen eines unrichtigen, der Wirklichkeit nicht entsprechenden Eindrucks, unter dem der Getäuschte seine Entscheidung in (unbewusster) Unkenntnis vom wahren Sachverhalt

Irreführende geschäftliche Handlungen **§ 5 UWG**

trifft (BGHZ 13, 244, 253 = GRUR 55, 37, 40 – *Cupresa;* GRUR 66, 445, 447 – *Glutamal;* GRUR 83, 512, 513 – *Heilpraktikerkolleg;* GRUR 91, 852, 854 – *Aquavit;* GRUR 05, 877, 879f – *Werbung mit Testergebnis,* stRspr; *v Gamm* Kap 36 Rn 26). Eine auf Täuschung angelegte Werbung ist – anders als eine sonstige unsachliche Werbung, die nicht stets und zwingend auch unlauter sein muss – in aller Regel wettbewerbswidrig. Das steht in Übereinstimmung sowohl mit der **Richtlinie 2005/29/EG über unlautere Geschäftspraktiken v 11.5.2005** (ABl L 149 v 11.6.2005, S 22, abgedr. GRUR Int. 05, 539), die irreführendes wettbewerbliches Verhalten gegenüber Verbrauchern schlechthin verbieten (Art 5–7, Anh I Nr 1–23) als auch mit der **Irreführungsrichtlinie 2006/114/EG** (vormals 84/450/EWG), die inhaltlich das Gleiche im Verhältnis der Unternehmen untereinander (b2b) regelt.

Der Regelungsinhalt von § 5 hat sich durch die **Novelle von 2008** allerdings insoweit erweitert, als in Umsetzung der UGP-RL nun nicht mehr nur auf „Werbung" bzw „Angaben" abgestellt wird, sondern **jede geschäftliche Handlung** iSd § 2 I Nr 1 und damit insbesondere auch Handlungen *nach* Vertragsschluss Anknüpfungspunkt einer unlauteren Irreführung sein können (vgl Rn 22 sowie § 2 Rn 81). Es wird nicht zwischen geschäftlichen Handlungen zum Nachteil der Verbraucher und solchen zum Nachteil von Mitbewerbern oder sonstigen Marktteilnehmern unterschieden.   9

§ 5 normiert selbst **keinen Verbotstatbestand,** sondern knüpft insoweit an § 3 an. Verboten werden können irreführende geschäftliche Handlungen daher nur unter den Voraussetzungen dieser Vorschrift, dh die Irreführung muss **geeignet** sein, die Interessen der Marktbeteiligten (§ 3 I) oder die Fähigkeit des Verbrauchers, sich auf Grund von Informationen zu entscheiden (§ 3 II), **spürbar zu beeinträchtigen.** Die Spürbarkeitsschwelle bei geschäftlichen Handlungen zum Nachteil der Verbraucher gemäß § 3 II gilt dabei mit der Maßgabe, dass die Irreführung geeignet sein muss, den Durchschnittsverbraucher zu einer geschäftlichen Entscheidung zu veranlassen, die er ansonsten nicht getroffen hätte (BT-Dr 16/10 145, S 23; *Sosnitza,* WRP 08, 1014, 1028).   10

Normadressat des § 5 sind alle natürlichen oder juristischen Personen einschließlich der Personenhandelsgesellschaften (OHG, KG) und der öffentlich-rechtlichen Körperschaften und Anstalten, wenn diese in Wettbewerb zu privaten Mitbewerbern treten (vgl § 2 Rn 12).   11

III. Normzweck

Literatur: *Ahrens,* Wettbewerbshandlungen von Testinstituten – Irreführungsgefahr und maßgebliche Verkehrsauffassung, WRP 1977, 14; *Aicher,* Verkehrsauffassung und Unklarheitenregel im Wettbewerbsrecht, DB 1970, 2009; *Assmann,* Verkehrsauffassung und Verbrauchererwartungen beim Warenkauf, 1970; *Bauer,* Zur Bedeutung der Verkehrsauffassung bei der Auslegung des § 3 UWG, GRUR 1968, 248; *Beater,* Verbraucherschutz und Schutzzweckgedanken im Wettbewerbsrecht, 2000; *Brandner,* Bedeutungsgehalt und Bedeutungswandel bei Bezeichnungen im geschäftlichen Verkehr, FS Piper, 1996, S 95; *Bungeroth,* Zur Feststellung des irreführenden Charakters einer Angabe iS von § 3 UWG, GRUR 1971, 93; *Lindacher,* Grundfragen des Wettbewerbsrechts BB 1975, 1311; *Möhring,* Die Umwandlung einer Beschaffenheitsangabe zum betrieblichen Herkunftshinweis, GRUR 1974, 565; *Schramm,* Der Richter als Verkehrsbeteiligter, GRUR 1953, 453; *Spliethoff,* Verkehrsauffassung und Wettbewerbsrecht, 1992; *vom Stein,* Zur Beurteilung irreführender Werbung ohne demoskopische Gutachten, WRP 1970, 332; *Tilmann,* Die Verkehrsauffassung im Wettbewerbs- und Warenzeichenrecht, GRUR 1984, 716.

1. Mitbewerber- und Verbraucherschutz. § 5 schützt im Rahmen des **Schutzzwecks** des UWG (§ 1) und des Art 1 der Irreführungsrichtlinie 2006/114/EG bzw Art 1 der UGP-RL die Marktteilnehmer sowie die Allgemeinheit vor irreführenden geschäftlichen Handlungen, dh gegen eine lauterkeitswidrige Missachtung des Wahrheitsgrundsatzes im Wettbewerb (Rn 8). Zur **Entwicklung** des Schutzes   12 vom ursprünglich alleinigen Schutz der Mitbewerber zum Schutz auch der Marktgegenseite (der Verbraucher und sonstigen Marktteilnehmer) und der Allgemeinheit (Schutzzwecktrias) s § 1 Rn 1 ff, 9 ff. Mitbewerbern gewährt das UWG individual- und kollektivrechtlichen Schutz (§ 1 Rn 18), Verbrauchern und sonstigen Marktteilnehmern auf der Marktgegenseite sowie der Allgemeinheit (lediglich) kollektivrechtlichen Schutz (§ 1 Rn 11, 26).

13 **2. Irreführungsgefahr.** Entsprechend seinem Schutzzweck (Rn 10) greift § 5 – wie auch schon § 3 UWG 1909 – nicht nur in Fällen ein, in denen sich in der Person des Getäuschten eine Irreführung *tatsächlich* vollzieht. § 5 untersagt auch solche geschäftlichen Handlungen, die zur Irreführung (nur) *geeignet* sind. Das entspricht Art 2 lit b der Irreführungsrichtlinie 2006/114/EG sowie Art 6 I der Richtlinie 2005/29/EG, die ebenfalls die *Eignung zur Irreführung* – neben der weiterhin erforderlichen Relevanz der Täuschung (Rn 208 ff) – genügen lassen. Für ein tatbestandsmäßiges Handeln iS von § 5 genügt also die *Gefahr* einer Irreführung. Jedoch muss diese Gefahr *konkret* gegeben sein **(konkreter Gefährdungstatbestand).** Eine bloß *abstrakte* Irreführungsgefahr, wie sie im Rahmen der früheren durch die Novelle 2004 aufgehobenen Gefährdungstatbestände der §§ 6, 6a, 6b ausreichte, genügt für § 5 nicht.

14 **3. Schutzzweckcharakter?** Nach der Rechtsprechung des BGH war § 3 UWG 1909 **kein Schutzgesetz** iS des § 823 II BGB zugunsten der Verbraucher und gewerblichen Abnehmer (BGH GRUR 75, 150, 151 – *Prüfzeichen; Baumbach/Hefermehl,* 22. Aufl, § 3 Rn 440; MünchKomm/*Mertens* § 823 Rn 174; *Canaris,* FS Larenz, 1983, S 68 f; aM *Schricker* GRUR 75, 111, 120; *Sack* BB 74, 1369, 1371, NJW 75, 1303 ff; *Lindacher* BB 75, 1311 f). Ihnen gewährte das UWG – so die Rechtsprechung zu § 3 UWG 1909 – Kollektivschutz, aber keinen Individualschutz (vgl Rn 12 aE; § 1 Rn 11, 26). An dieser Rechtsprechung hat der Gesetzgeber mit der Novellierung des UWG 2004 **festgehalten** und die Regelung der aus der Verletzung lauterkeitsrechtlicher Normen herzuleitenden Ansprüche (§ 8) für abschließend erklärt. Die Regierungsbegründung rechtfertigt dies mit dem hohen wettbewerbsrechtlichen Schutzniveau, das zugunsten der Verbraucher dem Wettbewerb der Unternehmer bereits Grenzen setze, und der Besorgnis einer – bei Anerkennung individueller Rechte der Verbraucher zu erwartenden – Vielzahl von Klagen gegen die anbietenden Unternehmer und den damit verbundenen Lasten für die Wirtschaft, denen nur durch eine das Prozessrisiko mindernde Absenkung des Schutzniveaus gesteuert werden könne (BegrRegEntw, B zu § 8, BT-Drucks 15/1487, S 22; zust. Köhler/*Bornkamm* § 5 Rn 1.11; Harte/Henning/*Dreyer* § 5 A Rn 50 f; *Köhler,* GRUR 03, 265; ebenso *Lettl,* UWG, Rn 59; *Weiler,* WRP 03, 423, 424 ff; *Engels/Salomon,* WRP 04, 32, 33; *Sosnitza,* GRUR 03, 739, 744 f. Dagegen Fezer/*Fezer,* E Rn 383 ff, 388 mit Fn 406; Fezer/*Koos,* § 9 Rn 3; krit auch *Sack,* BB 03, 1073, 1080; *Wimmer-Leonhardt,* GRUR 04, 12 ff; *Säcker,* WRP 04, 1199, 1219; vgl auch § 1 Rn 11).

15 **4. Leistungsstörungen.** Mit § 5 lassen sich nicht die Fälle **vertragswidriger Minder- oder Schlechterfüllung** erfassen. Eine Werbung unterfällt dem wettbewerbsrechtlichen Verbot der Irreführung nicht ohne weiteres und nicht allein schon deshalb, weil der Ware oder Leistung eine nach der Werbeankündigung vom Verkehr vorausgesetzte Eigenschaft fehlt. Der Ausgleich von Leistungsstörungen zwischen Vertragspartnern ist *nicht Funktion des Wettbewerbsrechts* (BGH GRUR 83, 451, 452 – *Ausschank unter Eichstrich I*). In dieselbe Richtung weist auch Art 3 II der UGP-RL, wonach die Richtlinie über unlautere Geschäftspraktiken das Vertragsrecht unberührt lässt. Zwar können wegen des erweiterten Begriffs der geschäftlichen Handlung nach § 2 I Nr 1 auch Handlungen *nach* Vertragsschluss in den Anwendungsbereich des Lauterkeitsrechts fallen (§ 2 Rn 23), doch fehlt der schlichten Nicht- oder Schlechterfüllung regelmäßig die Eignung, den Abnehmer zu einer für ihn nachteiligen geschäft-

Irreführende geschäftliche Handlungen **§ 5 UWG**

lichen Entscheidung zu veranlassen (§ 3 Rn 76). Anders liegt es, wenn die Nicht- oder Schlechterfüllung *planmäßig* im Wege der Kundentäuschung zum Mittel des Wettbewerbs gemacht wird (Einf D Rn 66 b; BGH GRUR 86, 816, 819 – *Widerrufsbelehrung bei Teilzahlungskauf;* 87, 180, 181 – *Ausschank unter Eichstrich II;* GRUR 94, 640, 641 – *Ziegelvorhangfassade;* GRUR 13, 945 Rn 37 – *Standardisierte Mandatsbearbeitung*).

IV. Verhältnis zu anderen Vorschriften

1. UWG. a) § 4 Nr 1–11. In einer Vielzahl von Fällen kann eine irreführende ge- 16 schäftliche Handlung iS des § 5 **zugleich** den Unlauterkeitsbegriff eines der Tatbestände des **§ 4 Nr 1–11** erfüllen, beispielsweise in den Fällen der Preisnachlass- und Lockvogelwerbung, der Werbung mit Kopplungsangeboten (etwa bei mangelnder Preistransparenz), der Garantiewerbung und der Laienwerbung (vgl § 4 Rn 1/52 ff, 88 ff, 97 ff, 154 ff), der Ausnutzung von Rechtsunkenntnis (§ 4 Rn 2/14 ff), des Adressbuchschwindels und der redaktionellen Werbung (§ 4 Rn 3/6), des Verstoßes gegen das Gebot klarer und eindeutiger Information des Verbrauchers (§ 4 Rn 4/8, 5/6 f), der Täuschung über die Höhe eines in Aussicht gestellten Gewinns oder über die Gewinnchancen (§ 4 Rn 5/6 f, 6/1 ff), der betrieblichen Herkunftstäuschung (§ 4 Rn 9/52 ff) oder der Irreführung über relevante Umstände einer gesetzlichen Vorschrift iS des Rechtsbruchstatbestandes (§ 4 Rn 11/46: Täuschung über das Vorliegen beruflicher Qualifikationsmerkmale; Rn 11/75: Verletzung informationsrechtlicher Verpflichtungen). In allen diesen Fällen begründet das Nebeneinander des Irreführungstatbestandes mit einem der Beispielsfälle des § 4 Nr 1–11 **keine Anspruchskonkurrenz**, da es sich insoweit lediglich um § 3 konkretisierende Unlauterkeitstatbestände handelt, so dass von einer Abgrenzung dieser Vorschriften voneinander kein Bedürfnis besteht. Grundsätzlich kann daher die Unlauterkeit einer irreführenden geschäftlichen Handlung sowohl aus § 5 als auch aus einem der Tatbestände des § 4 hergeleitet werden, aber auch aus einer dieser Vorschriften allein, was aus prüfungsökonomischen Gründen häufig zweckmäßig sein kann. Jedoch ist dabei zu beachten, dass in den Fällen des § 4 Nr 9 Buchst a die Unlauterkeit trotz Vorliegens einer Herkunftstäuschung zu verneinen ist, wenn sich andernfalls der ergänzende Leistungsschutz nicht mehr auf den Schutz des konkreten wettbewerblich eigenartigen Erzeugnisses beschränken würde, sondern auf einen bloßen Ideenschutz (§ 4 Rn 9/30) hinausliefe (BGH GRUR 02, 629, 633 – *Blendsegel*). In diesen Fällen kann das Unlauterkeitsurteil auch nicht auf § 5 gestützt werden, weil sonst der im Rahmen des § 4 Nr 9 zu berücksichtigende Gesichtspunkt der Nachahmungsfreiheit entgegen der gesetzgeberischen Wertung unbeachtet bliebe (BGH aaO – Blendsegel; sa § 4 Rn 9/30).

b) § 16 I. Neben die zivilrechtliche Norm des § 5 tritt – diese ergänzend – § 16 I 17 als **besondere strafrechtliche Ausprägung** des Verbots irreführender Werbung. Der Verstoß gegen diese Norm zieht das Unlauterkeitsurteil aus § 5 ohne weiteres nach sich, ebenso wie das aus § 4 Nr 11 (vgl BegrRegEntw, B zu § 16, BT-Drucks 15/1487, S 26). Voraussetzung für § 16 I ist das Vorliegen einer geschäftlichen Handlung (§ 2 I Nr 1). Anders als § 5 erfasst § 16 I aber nur die öffentliche Werbung (die Publikumswerbung), nicht das Kunden-Einzelgespräch. Der subjektive Tatbestand setzt Vorsatz und die Absicht voraus, den Anschein eines besonders günstigen Angebots hervorzurufen. Unwahre Angaben iS des § 16 I sind *objektiv* unwahre Angaben. Objektiv richtige, wenn auch irreführende Angaben zählen dazu nicht.

2. Irreführungsverbote außerhalb des UWG. a) Spezialvorschriften. Spe- 18 zialgesetzliche Regelungen enthalten zahlreiche **konkrete** oder **abstrakte Irreführungstatbestände** sowie Normen, die zum Erlass von Rechtsverordnungen zum Schutz vor Täuschung ermächtigen. Hierher gehören vor allem Vorschriften des Lebensmittelrechts (§§ 11, 12, 19, 20 LFGB; zu den früheren Regelungen des LMBG s

UWG § 5   Gesetz gegen den unlauteren Wettbewerb

§§ 17, 18, 22, 24, 27; s ferner, § 25 WeinG (idF der Bek v 16.5.2001, BGBl I S 985, zul. geänd. durch d Bek v 10.1.2008, BGBl I S 27). Diese Vorschriften schützen primär die Verbraucher gegen Irreführung, daneben aber auch die Gewerbetreibenden gegen eine Missachtung durch Mitbewerber. Zivilrechtliche (wettbewerbsrechtliche) Ansprüche können aus diesen Bestimmungen nicht unmittelbar hergeleitet werden (BGH GRUR 64, 269, 271 – *Grobdesin;* GRUR 71, 313, 314 – *Bocksbeutelflasche;* GRUR 00, 727, 728 – *Lorch Premium I;* GRUR 09, 972 Rn 14 – *Lorch Premium II;* Rn 26). § 5 ist aber grundsätzlich neben diesen Vorschriften anwendbar (ebenso § 4 Nr 11). Auch kann bei irreführend etikettierten Lebensmitteln Ziff 9 des Anhangs zu § 3 III eingreifen (vgl dort Rn 28). Der in den spezialgesetzlichen Regelungen des LFGB (früher LMBG) und des WeinG verwendete Begriff der Irreführung entspricht dem des § 5. Die Bezeichnungsvorschriften dieser Gesetze prägen in aller Regel auch die für die Frage der Irreführung der Verbraucher maßgebende Verkehrsauffassung (vgl Rn 198). Ob die werbende Verwendung des Begriffs „Lifting" in der Produktbezeichnung für eine kosmetische Gesichtscreme irreführend ist, da der Begriff des Lifting Assoziationen an die Wirkungen eines operativen Liftings (hautstraffende, hautglättende Wirkungen von gewisser Dauer) zu Unrecht nahelegt (BGH GRUR 97, 537, 538 – *Lifting-Creme:* Zu § 27 I Nr 1 LMBG), erscheint sehr zweifelhaft (EuGH GRUR Int 00, 354, 356 – *Lifting-Creme*).

19   Ergänzt werden die Regelungen von LFGB und WeinG durch **lebensmittelrechtliche Kennzeichnungsvorschriften** wie die Lebensmittel-Kennzeichnungsverordnung, die Nährwert-KennzeichnungsVO, die Mineral- und TafelwasserVO, die Verordnung über diätische Lebensmittel, die WeinbezeichnungsVO uam (sa Rn 253).

20   Von erheblicher Bedeutung für die lauterkeitsrechtliche Beurteilung unter dem Gesichtspunkt des § 5 sind ferner die dem **Schutz der Volksgesundheit** dienenden Irreführungsverbote des **Heilmittelwerbegesetzes** (§§ 3 ff, § 12 iVm der Anl A) und des **Arzneimittelgesetzes** (§ 8, vgl zB BGH GRUR 98, 498, 500 – *Fachliche Empfehlung III:* Werbung für Medikament unter Hinweis auf Wirkungen, die es nicht hat; BGH, Urt v 21.7.2005, I ZR 94/02 – *Ginseng-Präparat:* Irreführende Werbung für Arzneimittel mit dem Anwendungsbereich „Krebs" und „Herzinfarkt").

21   Weitere für die wettbewerbsrechtliche Praxis bedeutsame Vorschriften enthalten das **Eichgesetz** (§ 7 II EichG: Verbot von Mogelpackungen) und das **Markengesetz** (§ 8 II Nr 4 MarkenG: Eintragungsverbot für Zeichen, die die Gefahr einer Täuschung begründen). Zahlreiche für § 5 relevante Regelungen zum Schutz vor Irreführung sind ferner in einer Vielzahl spezialgesetzlicher Bezeichnungs- und Werberegelungen in **Verordnungen und Richtlinien des Gemeinschaftsrechts** enthalten (s Rn 42).

22   **b) Anspruchskonkurrenz.** Die Anwendbarkeit des § 5 wird durch **Spezialvorschriften** (Rn 18 ff) im Allgemeinen nicht ausgeschlossen. Irreführungsnormen anderer Gesetze sind nach ihrer Zielsetzung für gewöhnlich keine § 5 ausschließende Bestimmungen, sondern lediglich Ausprägungen des in der Grundnorm dieser Vorschrift zum Ausdruck kommenden Rechtsgedankens (BGHZ 106, 101, 103 = GRUR 89, 440, 441 – *Dresdner Stollen I;* BGH GRUR 92, 69, 71 – *40% weniger Fett*). Die zu § 5 UWG entwickelten Rechtsprechungsgrundsätze sind regelmäßig auch bei ihnen anwendbar. Über § 8 III Nr 1 bis 4 haben Mitbewerber und Verbände im Rahmen der Geltendmachung von Ansprüchen nach dem UWG die Möglichkeit, auch gegen die Verletzung solcher Bestimmungen vorzugehen.

23   **Ausnahmsweise** können allerdings Inhalt und Ausgestaltung der Sonderregelungen, sofern sie einen bestimmten Lebenssachverhalt erschöpfend erfassen, der Heranziehung der Vorschriften des UWG im Einzelfall **entgegenstehen.** § 11 I LFGB, der es verbietet, Lebensmittel unter irreführender Bezeichnung, Angabe oder Aufmachung in den Verkehr zu bringen, ist gegenüber § 5 lex specialis (*Meyer*/Streinz § 11

Irreführende geschäftliche Handlungen **§ 5 UWG**

LFGB Rn 15). Durch seine Vorgängerregelung (§ 17 I Nr 5 LMBG) war Art 2 der Lebensmittelrichtlinie (Etikettierungsrichtlinie) 79/112/EWG v 18.12.1978 (Rn 41, 308) in das deutsche Recht umgesetzt worden. Als harmonisiertes Recht ist daher § 11 I LFGB ebenso wie früher § 17 I Nr 5 LMBG auch bei reinen Inlandssachverhalten nach gemeinschaftsrechtlichen Maßstäben zu beurteilen (OLG Frankfurt WRP 01, 558, 560; sa *Ullmann*, JZ 94, 930, 931). Für die Beurteilung der Tabakwerbung enthält § 22 II des Vorläufigen Tabakgesetzes (Vorl TabakG, zuvor § 22 I LMBG) ebenfalls eine abschließende Regelung, die die Anwendung des § 5 erst bei Vorliegen weiterer, zusätzlicher Umstände zulässt, die die Irreführungsgefahr begründen (BGH WRP 88, 237, 239 – *In unserem Haus muss alles schmecken*). Fällt ein bestimmtes Verhalten in den Anwendungsbereich von Irreführungstatbeständen außerhalb des UWG (zB §§ 11, 19 LFGB), ohne dass deren tatbestandliche Voraussetzungen erfüllt sind, schließt die spezialgesetzliche Regelung die Anwendbarkeit des § 5 UWG aus (ebenso GK/*Lindacher* § 5 Rn 148; Fezer/*Peifer* § 5 Rn 39). Insoweit besteht **Gesetzeskonkurrenz.** Das gilt auch für die gemeinschaftsrechtliche Kennzeichnungsregelung der SchaumweinVO (EWG-VO 2333/92, ABl EG v 13.8.1992 Nr L 231, S 9; aufgehoben durch VO Nr 1493/1999), der als Spezialgesetz sachlicher Vorrang vor dem allgemeinen wettbewerbsrechtlichen Irreführungsverbot des § 5 zukommt (vgl BGH GRUR 82, 423, 424 – *Schloßdoktor/Klosterdoktor*; GRUR 97, 756, 757 – *Kessler Hochgewächs*; *v Gamm*, GRUR 84, 165, 167).

Unmittelbar ergeben sich aus den spezialgesetzlichen Irreführungsverboten im **24** Allgemeinen **keine wettbewerbsrechtlichen Ansprüche** (BGH GRUR 71, 313, 314 – *Bocksbeutelflasche*), auch nicht in Verbindung mit § 823 II BGB. Solche Verbote dienen zwar generell dem Schutz der Verbraucher, sind aber regelmäßig keine Schutzgesetze iS des § 823 II BGB, auch nicht zugunsten der Mitbewerber (BGH aaO – *Bocksbeutelflasche; Baumbach/Hefermehl*, 22. Aufl, § 3 Anh 1, Übers vor LMBG Rn 2; *v Gamm* Kap 36 Rn 3). Für die Durchsetzung wettbewerbsrechtlicher Ansprüche bedarf es daher auch in diesen Fällen des **Rückgriffs auf das UWG**, im Rahmen des § 4 Nr 11 UWG bei Vorliegen der Voraussetzungen des Rechtsbruchtatbestandes, im Rahmen des § 5 bei Vorliegen einer Irreführungsgefahr.

Im Rahmen des § 5 können spezialgesetzliche Bestimmungen, insbesondere le- **25** bensmittelrechtliche Vorschriften, vor allem durch ihre **Auswirkungen auf die Verkehrsauffassung** Bedeutung erlangen (Rn 254; BGH GRUR 58, 492, 496 – *Eispralinen;* GRUR 64, 269, 271 – *Grobdesin*). Die Auswirkungen der lebensmittelrechtlichen Bezeichnungsregelungen auf die Verkehrsauffassung beruhen darauf, dass sich auf Grund der Gesetzesregelung eine entsprechende Warendeklaration und -bezeichnung im Geschäftsverkehr allgemein durchsetzt, dem Verbraucher geläufig wird und dadurch dessen Vorstellungen von der Beschaffenheit der so bezeichneten und deklarierten Ware beeinflusst. Die gesetzliche Festlegung einer bestimmten Kennzeichnungspflicht ist vor allem deshalb von Bedeutung, weil bei deren Bestehen grundsätzlich auch von ihrer Befolgung, dh einer entsprechenden Handhabung im Geschäftsverkehr ausgegangen werden kann, so dass – ohne eine andernfalls notwendige Beweiserhebung – bereits hieraus auf eine entsprechend beeinflusste Verkehrsauffassung geschlossen werden kann (Rn 129, 198, 200).

Soweit die **besonderen Weinbezeichnungsregelungen** des Weingesetzes **26** (Rn 18) und des Gemeinschaftsrechts – Verordnung (EG) Nr 1234/2007 über eine gemeinsame Organisation der Agrarmärkte (ABl EU Nr L 299, S 1), GMO – den Gebrauch bestimmter Angaben zulassen, kommt ein Irreführungsverbot aus § 5 nicht in Betracht. Was das Weinbezeichnungsrecht erlaubt, ist wettbewerbsrechtlich grundsätzlich nicht zu beanstanden (BGH GRUR 01, 73, 75 – *Stich den Buben*). Im Übrigen ist aber § 5 neben diesen Regelungen nicht ausgeschlossen. Soweit die gegenüber § 5 spezielleren Bestimmungen des Weinbezeichnungsrechts nationale oder gemeinschaftsrechtliche Irreführungsverbote enthalten (§ 25 WeinG 1994, Art 113d I GMO), sind diese zivilrechtlich nicht sanktioniert und stellen keine strengeren Anforderungen auf

Sosnitza

als § 5 (vgl BGH aaO S 76 – *Stich den Buben*). Die VO (EU) Nr 1151/2012 vom 21.11.2012 über Qualitätsregelungen für Agrarerzeugnisse und Lebensmittel (ABl Nr L 343 S 1; bisher VO 510/2006) findet auf Weinbauerzeugnisse keine Anwendung, Art 1 2 der VO, sa Rn 314.

27 **c) Verkehrsauffassung.** Die sachliche Bedeutung der besonderen Irreführungstatbestände zeigt sich in ihren Auswirkungen auf die **Verkehrsauffassung,** die von der gesetzlichen Regelung entscheidend mitgeprägt wird (Rn 25). Der Verstoß gegen spezialgesetzliche Irreführungsverbote führt daher in aller Regel auch zum Verstoß gegen § 5. Verbote dieser Art enthalten eine nähere **Konkretisierung** des dem § 5 zugrunde liegenden Rechtsgedankens, für die generell keine anderen Grundsätze gelten als für § 5 (stRspr, zB BGH GRUR 89, 440, 441 – *Dresdner Stollen I*).

28 **d) Zugelassene und vorgeschriebene Bezeichnungen.** Werden in der Werbung **gesetzlich zugelassene** oder **vorgeschriebene Bezeichnungen** verwendet, bedarf es im Allgemeinen keiner Aufklärung über deren Bedeutung (Rn 199). Der Werbende kann vielmehr regelmäßig von einer entsprechenden Kenntnis und Gewöhnung der Verbraucher an diese Bezeichnungen ausgehen (*Baumbach/Hefermehl*, 22. Aufl, § 3 Anh 1, Übers vor LMBG Rn 2; *v Gamm* Kap 29 Rn 10, 12). Vorgeschrieben sind gemeinschaftsrechtlich zahlreiche Bezeichnungen, beispielsweise in der Kosmetikverordnung 1223/2009 v 30.11.2009, in der Etikettierungsrichtlinie 2000/13/EG v 20.3.2000 (s Rn 314; zukünftig LMIV 1169/2011), oder in der Tabak-Richtlinie 2001/37/EG v 5.6.2001. Werden solche Bezeichnungen verwendet, ist ihr Gebrauch nicht irreführend. Jedoch wird auch in diesen Fällen die Anwendung des § 5 dann nicht grundsätzlich ausgeschlossen, wenn trotz Beachtung der einschlägigen Vorschriften die Gefahr einer Irreführung des Verkehrs besteht (BGH GRUR 83, 651, 653 – *Feingoldgehalt;* GRUR 92, 70, 71 – *40% weniger Fett;* Rn 201 aE). Die Beachtung lebensmittelkennzeichnungsrechtlicher Vorschriften (Rn 19) schließt ein auf die Bestimmungen des LFGB zum Schutz des Verkehrs vor Täuschung gestütztes Verbot ebenfalls nicht aus (OLG Köln GRUR-RR 05, 94, 95 – *Lakritz für Erwachsene:* Irreführung durch Ausstattung). In solchen Fällen bedarf es zur Vermeidung einer Täuschung des Umworbenen eines klarstellenden Zusatzes.

29 **3. Sonderschutzrechtliche Regelungen. a) MarkenG, § 12 BGB. Marken** (§§ 3, 4 MarkenG) und **geschäftliche Bezeichnungen** (Unternehmenskennzeichen, Werktitel, § 5 MarkenG) weisen entsprechend ihrer Funktion als **Individualisierungsmittel** auf ein bestimmtes Unternehmen hin. Ausschließlichkeitsrechte (Immaterialgüterrechte), die insoweit bestehen, gewähren ihrem Inhaber (Individual-)Rechtsschutz aus §§ 14, 15 MarkenG, § 12 BGB. Ein **Schutz aus § 5** vor der Gefahr einer Verwechslung mit dem Kennzeichen eines besser Berechtigten ist damit *nicht ohne weiteres* verbunden, wird vielmehr durch den kennzeichenrechtlichen Schutz, den das Markenrecht gewährt, grundsätzlich **verdrängt** (dazu näher unten Rn 707 ff). Die Gefahr einer Irreführung des Verkehrs über die betriebliche Herkunft oder über Unternehmenszusammenhänge wird mithin vom Irreführungsverbot des § 5 im Allgemeinen nicht erfasst (Rn 415 ff; BGHZ 138, 349, 351 f = GRUR 99, 161, 162 – *MAC Dog;* GRUR 00, 608, 610 – *ARD-1;* GRUR 02, 167, 171 – *Bit/Bud;* GRUR 08, 628 Rn 14 – *Imitationswerbung*). Eine Angabe iS dieser Bestimmung und damit eine Anwendbarkeit des § 5 kommt erst dann in Betracht, wenn – über die Beeinträchtigung der Identifizierungsfunktion der Kennzeichnung hinaus – **inhaltlich täuschende Angaben** (zB) über die Unternehmensverhältnisse (BGHZ 53, 339, 343 f = GRUR 70, 461, 463 – *Euro-Spirituosen;* BGH GRUR 79, 716, 718 – *Kontinent-Möbel*) oder über die Qualität oder den Preis von Waren (BGH GRUR 66, 267, 270 – *White Horse;* GRUR 90, 68, 69 – *VOGUE-Ski;* GRUR 11, 85 Rn 18 – *Praxis Aktuell*) gemacht werden (Rn 415 ff;).

Irreführende geschäftliche Handlungen §5 UWG

b) Geographische Herkunftsangaben. Wie die §§ 14, 15 MarkenG sind auch 30 die §§ 126–129 MarkenG, die seit dem Inkrafttreten des MarkenG auf geographische Herkunftsangaben anzuwenden sind (BGH GRUR 02, 160, 161 – *Warsteiner III; Fezer,* MarkenG § 152 Rn 5), **leges speciales** gegenüber § 5 (vgl BGHZ 139, 138, 139 = GRUR 99, 252, 253 – *Warsteiner II;* BGH aaO – *Warsteiner III;* GRUR 01, 73, 76 – *Stich den Buben; Köhler/Bornkamm* § 5 Rn 4.203; *Ingerl/Rohnke* Vor §§ 126 – 136 Rn 8; *Erdmann* GRUR 01, 609, 610 f; *Helm,* GRUR 01, 291 f, 294; aA – Anspruchskonkurrenz –: *Fezer,* MarkenG § 2 Rn 3f, 26ff, § 14 Rn 745, § 126 Rn 3 und WRP 00, 863, 865; *Deutsch/Mittag,* Titelschutz, 1999, Rn 157; *Deutsch,* WRP 00, 854, 856). § 5 ist aber *ergänzend* anwendbar, soweit die Vorschriften des MarkenG dafür Raum lassen. In Betracht kommen insoweit die den Regelungen der §§ 126ff vorgelagerten oder von diesen nicht erfassten Fälle des Irreführungsschutzes (BGH GRUR 95, 354, 356 – *Rügenwalder Teewurst II;* GRUR 02, 340, 342 – *Fabergé;* GRUR 04, 235, 238 – *Davidoff II* mwN; sa *Knaak,* GRUR 95, 103, 105; Gloy/Loschelder/Erdmann/*Helm* § 73 Rn 4: Fiktive geographische Herkunftsangaben; Herkunftsangaben, die von den dazu berechtigten Gewerbetreibenden nicht verwendet werden (str vgl *Sosnitza,* FS Doepner, 2008, S 63ff); Nichtvorhandensein eines entsprechenden Gewerbes am Ort der Herkunftsangabe). § 2 MarkenG stellt ausdrücklich klar, dass der Schutz geographischer Herkunftsangaben nach dem MarkenG die Anwendung anderer Vorschriften zum Schutz solcher Kennzeichen nicht ausschließt.

4. § 826 BGB. § 826 BGB stellt auf eine **vorsätzlich sittenwidrige Schädi-** 31 **gung** ab, verlangt also außer dem Merkmal der Sittenwidrigkeit vorsätzliches Handeln hinsichtlich aller maßgeblichen Tatumstände und der Schadenszufügung. Liegen diese Voraussetzungen vor, können über § 826 BGB nicht nur irreführende Angaben zu Zwecken des Wettbewerbs angegriffen werden, sondern auch **Meinungsäußerungen** und sonstige werbliche Verhaltensweisen. Was **irreführend** ist iS von § 5, ist in aller Regel auch unlauter iS von § 3 und sittenwidrig iS von **§ 826 BGB.**

V. Irreführungsverbot und Grundrechte

Literatur: *Brandner,* Image-Werbung mit dem World-Trade-Center, FS Erdmann, 2002, S 533; *Drettmann,* Wirtschaftswerbung und Meinungsfreiheit, 1984; *Eicke,* Meinungsfreiheit für die Werbung?, WRP 1988, 645; *Drexl,* Die Einwirkungen der Grundrechte auf die Auslegung der Generalklauseln des UWG, in: *Schricker/Henning-Bodewig* (Hrsg.), Neuordnung des Wettbewerbsrechts, 2003; *Fezer,* Imagewerbung mit gesellschaftskritischen Themen im Schutzbereich der Meinungs- und Pressefreiheit, NJW 2001, 580; *Kloepfer/Michael,* Vergleichende Werbung und Verfassung – Meinungsgrundrechte als Grenze von Werbebeschränkungen, GRUR 1991, 170; *Kresse,* Wirtschaftswerbung und Art 5 GG, WRP 1985, 536; *Lerche,* Werbung und Verfassung, 1967; *Paulus,* Wirtschaftswerbung und Meinungsfreiheit – Inhalt und Schranken von Art 5 Abs 1 Satz 1 GG, WRP 1990, 22; *Ullmann,* Einige Bemerkungen zur Meinungsfreiheit in der Wirtschaftswerbung, GRUR 1996, 948; *Weides,* Wirtschaftswerbung und Grundrechte, WRP 1976, 585.

1. Grundrechte. Die Anwendung des UWG muss sich an den **Wertvorstellun-** 32 **gen des Grundgesetzes,** insbesondere den Grundrechten, orientieren (vgl BVerfGE 18, 85, 92 = NJW 64, 1715, 1716 – *Grundgesetzlicher Wertmaßstab*). Der verfassungskonformen Wertung kommt daher für die Konkretisierung des unbestimmten Rechtsbegriffs der Irreführung entscheidende Bedeutung zu (§ 3 Rn 27). Verfassungsrechtlicher Prüfungsmaßstab bei der Beurteilung wettbewerblichen Verhaltens – auch juristischer Personen (Art 19 III GG) – sind vor allem die Grund- und Freiheitsrechte der Art 5 I (Meinungsäußerungsfreiheit), Art 12 I 2 (Berufsausübungsfreiheit) und Art 14 I 1 GG (Eigentumsgarantie) im Rahmen der Geltung des allgemeinen Gleichheitsgrundsatzes (Art 3 GG). Auch soweit diese Rechte unter dem Vorbehalt näherer Ausgestaltung oder Begrenzung durch die allgemeinen Gesetze stehen (vgl Art 2 I, Art 5 II, Art 12 I 2, Art 14 I 2 GG), dürfen sie in ihrem Wesensgehalt nicht angetastet werden (Art 19 II GG). Bei der Anwendung des UWG, das dem freien Wettbewerb im Rahmen dieser Gesetzesvorbehalte Grenzen setzt, bedarf es deshalb mit Blick auf die wertsetzende Bedeutung der Grundrechte **verfassungskonformer Auslegung** (BVerfGE 7, 198, 208 ff = NJW 58, 257, 258 – *Lüth;* 18, 85, 92 = NJW 64, 1715, 1716 – *Grundgesetzlicher Wertmaßstab*), die das Bundesverfassungsgericht – abgesehen von Verstößen gegen das Willkürverbot – auf Auslegungsfehler überprüft, die die Bedeutung des Grundrechts vernachlässigen, insbesondere den Umfang seines Schutzbereichs verkennen (BVerfGE 85, 248, 257 f = GRUR 92, 866, 868 – *Ärztliches Werbeverbot/Hackethal*). Dagegen soll die Frage der Richtigkeit der Beurteilung des (einfachen) Gesetzesrechts nicht Gegenstand verfassungsgerichtlicher Nachprüfung sein (BVerfGE 18, 85, 92 f = GRUR 64, 554, 556 – *Künstliche Bräunung*). Neben dem Grundgesetz kommt als Schranke des Irreführungsverbots auch die **EMRK,** namentlich die Freiheit der Meiungsäußerung nach Art 10 EMRK, in Betracht (vgl. EGMR GRUR-RR 09, 173 – *Gebührenhöchstbetrag;* GRUR 09, 175 – *Verkehrsspezialist*).

33   Für die an der Verfassung orientierte Auslegung besteht ein **Beurteilungsspielraum.** Dessen Ausfüllung muss die *Tragweite des Grundrechts* berücksichtigen und darf, wenn ein (wettbewerbsrechtliches) Verbot in eine grundrechtlich geschützte Position eingreift, nicht zu einer unverhältnismäßigen Beschränkung der grundgesetzlich geschützten Freiheiten führen (Rn 32; BVerfGE 85, 248, 257 f = GRUR 92, 866, 868 – *Ärztliches Werbeverbot/Hackethal;* BVerfGE 97, 12, 32 ff = GRUR 98, 556, 559 f – *Patentgebührenüberwachung;* BVerfG GRUR 02, 455, 456 – *Tier- und Artenschutz;* WRP 03, 69, 71 – *JUVE-Handbuch;* BGH GRUR 03, 628, 630 – *Klosterbrauerei;* 03, 886, 888 – *Erbenermittler;* GRUR 04, 162, 163 – *Mindestverzinsung;* entsprechend zur EMRK vgl EGMR GRUR-RR 09, 173, 174 – *Gebührenhöchstbetrag;* GRUR-RR 09, 175, 176 – *Verkehrsspezialist*).

34   Aus der Sicht des Grundgesetzes (Art 12 I) enthält § 5 – wie das UWG überhaupt – eine unbedenkliche Regelung der freien Berufsausübung (BVerfGE 32, 311, 317 = GRUR 72, 358, 359 f – *Grabsteinwerbung;* BVerfG GRUR 96, 899, 902 – *Werbeverbot für Apotheker*). Das Verbot irreführender Werbung ist deshalb **verfassungsrechtlich nicht zu beanstanden** (BVerfG NJW 93, 1969, 1970 – *Metro*). Das bedeutet insbesondere, dass das Grundrecht auf Berufsausübungsfreiheit aus Art 12 I GG, in dessen Schutzbereich die Werbung und die sonstige berufliche Außendarstellung einschließlich der Führung von Berufsbezeichnungen des Grundrechtsträgers fällt (BVerfGE 76, 196, 207 f = NJW 88, 194, 195 f – *Anwaltliches Werbeverbot;* 82, 18, 26 f = NJW 90, 2122, 2123 – *Berufsbezeichnung;* 85, 97, 104 = NJW 92, 550, 551 – *Lohnsteuerhilfevereine*), **nur erlaubte** wirtschaftliche und berufliche Tätigkeiten schützt. Unlauterer (irreführender) Wettbewerb kann den Schutz des Grundgesetzes nicht in Anspruch nehmen (BVerfG aaO – *Grabsteinwerbung;* BGH GRUR 91, 554, 555 – *Bilanzbuchhalter*). Täuschende Berufsangaben genießen keinen verfassungsrechtlichen Schutz (BGH NJW-RR 90, 678, 679 – *Buchführungshelfer;* GRUR 97, 758, 759 – *Selbsternannter Sachverständiger;* vgl auch BGH GRUR 02, 77, 80 – *Rechenzentrum:* Führung von Bezeichnungen, die Steuerberatern vorbehalten sind, durch Nichtberechtigte). Ebenso entfällt bei **täuschenden oder unwahren Tatsachenbehauptungen** eine Berufung auf Art 5 I GG (BVerfGE 61, 1, 7 f = NJW 83, 1415, 1416 – *Wahlkampf;* BGH WRP 94, 862, 864 – *Bio-Tabletten*). Unlauterer Wettbewerb vermag auch keinen objektiven, anerkennenswerten Besitzstand als Eigentum iS des Art 14 GG zu begründen (BVerfGE aaO – *Grabsteinwerbung*).

35   Allgemein zur **Bedeutung des Grundgesetzes** für das Lauterkeitsrecht s Einf D Rn 8.

36   **2. Generalklausel.** Die generalklauselartige Weite des Begriffs der Irreführung bzw. der Unlauterkeit (§§ 3, 5) begegnet **keinen verfassungsrechtlichen Bedenken.** Zu den §§ 1 und 3 UWG 1909 war anerkannt, dass der Rechtssicherheit und

der Berechenbarkeit gerichtlicher Entscheidungen mit Blick auf die Kasuistik der Rechtsprechung und die von ihr entwickelten **Fallgruppen** hinreichend Rechnung getragen war (BVerfGE 32, 311, 316 = GRUR 72, 358, 360 – *Grabsteinwerbung*). Für die §§ 3 und 5 gilt – zumal angesichts der konkretisierenden Regelungen der Absätze 2–5 des § 5 – nichts anderes. Zu Bedeutung und Inhalt des Begriffs der Generalklausel im Einzelnen s § 3 Rn 4 ff.

VI. Bedeutung des Unionsrechts

Literatur: *Ackermann,* Die deutsche Umweltrechtsprechung auf dem Weg zum Leitbild des verständigen Verbrauchers?, WRP 1996, 502; *H.-J. Ahrens,* Verwirrtheiten juristischer Verkehrskreise – Zum Verbraucherleitbild einer „normativen" Verkehrsauffassung, WRP 2000, 812; *S. Ahrens,* Der Irreführungsbegriff im deutschen Wettbewerbsrecht, WRP 1999, 389; *Albrecht,* Europäisches Wettbewerbsrecht und seine Auswirkungen auf das deutsche Wettbewerbsrecht, WRP 1997, 926; *Apel/Grappenhaus,* Das Offline-Online-Chaos oder wie die Europäische Kommission den grenzüberschreitenden Werbemarkt zu harmonisieren droht, WRP 1999, 1247; *Bernreuther,* Werbefreiheit und zur Ökonomisierung des Rechtsbegriffs, WRP 1999, 792; *Bornkamm,* Die Feststellung der Verkehrsauffassung im Wettbewerbsprozeß, WRP 2000, 830; *ders,* Wettbewerbs- und Kartellrechtsprechung zwischen nationalem und europäischem Recht, FS aus Anlaß des fünfzigjährigen Bestehens von Bundesgerichtshof, Bundesanwaltschaft und Rechtsanwaltschaft am Bundesgerichtshof, S 343; *Deutsch,* Der Einfluß des europäischen Rechts auf den Irreführungstatbestand des § 3 UWG, GRUR 1996, 541; *ders,* Das Verbraucherleitbild des EuGH und das „Nissan"-Urteil, GRUR 1997, 44; *Doepner,* Verbraucherleitbilder zur Auslegung des wettbewerbsrechtlichen Irreführungsverbots – Anmerkungen zum Diskussionsstand, FS Lieberknecht, 1997, S 165; *ders,* Verbraucherleitbilder zur Auslegung des wettbewerbsrechtlichen Irreführungsverbots, partiell überarbeiteter Zweitdruck, WRP 97, 999; *Fezer,* Das wettbewerbsrechtliche Irreführungsverbot als normatives Modell des verständigen Verbrauchers im Europäischen Unionsrecht, WRP 1995, 671; *ders,* Modernisierung des deutschen Rechts gegen den unlauteren Wettbewerb auf der Grundlage einer Europäisierung des Wettbewerbsrechts, WRP 2001, 989; *Funke,* Das deutsche Wettbewerbsrecht im europäischen Binnenmarkt, WRP 1991, 550; *Glöckner,* Europäisches Lauterkeitsrecht, 2006; *Groeschke/Kiethe,* Die Ubiquität des europäischen Verbraucherleitbildes – Der europäische Paß des informierten und verständigen Verbrauchers, WRP 2001, 230; *Gundel,* Zur Unanwendbarkeit richtlinienwidriger nationaler Verbotsgesetze im Konflikt unter Privaten, EuZW 2001, 143; *Heermann,* Das deutsche Wettbewerbsrecht und die „Keck"-Rechtsprechung des EuGH, WRP 1999, 381; *ders,* Artikel 30 EGV im Lichte der „Keck"-Rechtsprechung: Anerkennung sonstiger Verkaufsmodalitäten und Einführung eines einheitlichen Rechtfertigungstatbestands?, GRUR Int 99, 579; *Henning-Bodewig,* Das Europäische Wettbewerbsrecht – eine Zwischenbilanz, GRUR Int. 2002, 389; *dies,* Das Europäische Lauterkeitsrecht, B2C, B2B oder doch beides?, FS Tilmann, 2003, S 149; *Hohmann,* Einwirkungen des Gemeinschaftsrechts auf die Auslegung von § 3 UWG unter besonderer Berücksichtigung des „becel"-Urteils des BVerwG, WRP 1993, 225; *Kemper/Rosenow,* Der Irreführungsbegriff auf dem Weg nach Europa, WRP 2001, 370; *Keßler,* Wettbewerbsrechtliches Irreführungsverbot und Freiheit des Warenverkehrs, EuZW 1991, 107; *ders,* Wettbewerbsrechtliches Irreführungsverbot und Verbraucherinformation – erste Anmerkungen zur „Yves Rocher"- Entscheidung des EuGH, WRP 1993, 571; *Kiethe/Groeschke,* Das europäische Lebensmittelrecht und der Irreführungsschutz, WRP 2001, 1035; *Kisseler,* Das deutsche Wettbewerbsrecht im Binnenmarkt, WRP 1994, 1; *Lettl,* Der lauterkeitsrechtliche Schutz vor irreführender Werbung in Europa, 2004; *ders,* Der lauterkeitsrechtliche Schutz vor irreführender Werbung in Europa, GRUR Int. 2004, 85; *Meier, G.,* Einschränkung des deutschen Wettbewerbsrechts durch das Europäische Gemeinschaftsrecht, GRUR Int 1990, 817; *Meyer, A. H.,* Das Verbraucherbild des Europäischen Gerichtshofs, WRP 1993, 215; *Nicolaysen/Nowak,* Teilrückzug des BVerfG aus der Kontrolle der Rechtmäßigkeit gemeinschaftlicher Rechtsakte: Neuere Entwicklungen und Perspektiven, NJW 2001, 1233; *Niemöller,* Das Verbraucherleitbild in der deutschen und europäischen Rechtsprechung, Diss. jur. Augsburg 1999, Europäisches Wirtschaftsrecht Bd. 18; *Ohly,* Irreführende vergleichende Werbung, GRUR 2003, 641; *Oppenhoff,* Im Spannungsfeld zwischen Gemeinschaftsrecht und deutschem Wettbewerbsrecht, Festschrift *v Gamm,* 1990, S 117; *Piper,* Zu den Auswirkungen des EG-Binnenmarkts auf das deutsche Recht gegen den unlauteren Wettbewerb, WRP 1992, 685; *Reese,* Das „6-Korn-Eier"-Urteil des EuGH – Leitentscheidung für ein Leitbild?, WRP 1998, 1035; *Reich/Micklitz,* Europäisches Verbraucherrecht, 4. Aufl, 2003; *Reuthal,* Verstößt das deutsche Irreführungsverbot gegen Art 30 EGV?, WRP 1997, 1154; *Sack,* Staatliche Werbebeschränkungen und die Art 30 und 59 EG-Vertrag, WRP 1998, 103; *ders,* Die Bedeutung der EG-Richtlinien 84/450/EWG und 97/55/EG über irreführende und vergleichende Werbung für das deutsche Wettbewerbsrecht, GRUR Int 1998, 263; *ders,* Die Berücksichtigung der Richtlinie 97/55/EG über irreführende und vergleichende Werbung bei der Anwendung der §§ 1 und 3 UWG, WRP 1998, 241; *ders,* Das Verbraucherleitbild und das Unternehmerleitbild im europäischen und deutschen Wettbewerbsrecht, WRP 1998, 264; *ders,* Auswirkungen der Art 30, 36 und 59 ff EG-Vertrag auf das Recht gegen den unlauteren Wettbewerb, GRUR 1998, 871; *ders,* Die Präzisierung des Verbraucherleitbildes durch den EuGH, WRP 1999, 399; *ders,* Die Beurteilung irreführender Werbung für Importfahrzeuge aus EG-Staaten nach EG-Recht, WRP 2000, 23; *Schweizer,* Die „normative" Verkehrsauffassung – ein doppeltes Mißverständnis, GRUR 2000, 923; *Schricker,* Werbeverbote in der EG, GRUR Int 1991, 185; *Scherer,* Divergenz und Kongruenz der Rechtsprechung des EuGH und des BGH, WRP 1999, 991; *Sensburg,* Die Vorlagepflicht an den EuGH: Eine einheitliche Rechtsprechung des BVerfG, NJW 2001, 1259; *Spätgens,* Zum Problem der sogenannten Inländerdiskriminierung nach dem EWG-Vertrag, FS v Gamm, 1990, S 201; *Stuyck,* Das Recht des unlauteren Wettbewerbs und der freie Waren- und Dienstleistungsverkehr in der Europäischen Union, WRP 1994, 578; *Tilmann,* Irreführende Werbung in Europa – Möglichkeiten und Grenzen der Rechtsentwicklung, GRUR 1990, 87; *ders,* EG-Schutz für geographische Herkunftsangaben, GRUR 1992, 829; *ders,* Der „verständige Verbraucher", FS Piper, 1996, S 481; *Trägner,* Das Verbot irreführender Werbung nach § 3 im Europäischen Binnenmarkt, Diss. jur. Konstanz, 1993; *Wiebe,* EG-rechtliche Grenzen des deutschen Wettbewerbsrechts am Beispiel der Umweltwerbung, EuZW 1994, 41.

37 **1. Vorrang des Unionsrechts.** Aus dem Sinnzusammenhang und bestimmten Einzelregelungen des AEUV (vglArt 288) zur allgemeinen und unmittelbaren Verbindlichkeit von Verordnungen) folgt der **Vorrang des Unionsrechts vor kollidierenden nationalen Normen** (EuGH Slg 1964, 1251, 1270 = NJW 64, 2371, 2372 – *Costa/ENEL;* Slg 1978, 629 = NJW 78, 1741 – *Simmenthal;* Slg 1987, 2345 = GRUR Int 87, 585 – *Berlin-Butter II;* GRUR 94, 303 = GRUR Int 94, 231 – *Clinique:* Vorrang sekundären Gemeinschaftsrechts; Streinz/*Schroeder,* EUV/EGV, Art 249 Rn 40 ff; *Köhler*/Bornkamm Einl 3.1 ff). Das Ziel des AEUV, den freien Warenverkehr innerhalb der Gemeinschaft zu sichern (vgl Art 34, 36 AEUV), wäre andernfalls nicht erreichbar. Das gilt grundsätzlich auch für das Verfassungsrecht, wenn und solange der Grundrechtsschutz durch den EuGH gewährleistet wird (Rn 38).

38 Der **EuGH** ist nach der Rechtsprechung des BVerfG **gesetzlicher Richter** iS des Art 101 I 2 GG (BVerfGE 73, 339, 366 ff = NJW 87, 577, 578 – *Solange II;* BVerfGE 80, 74 = NJW 90, 974, 975; NJW 02, 1486, 1487 – *biobronch;* NJW 07, 1521 – *Vermittlung von Sportwetten;* BverfG GRUR 11, 225 Rn 16). Er gewährleistet die Einheitlichkeit der Rechtsordnung der Gemeinschaft durch eine die Mitgliedstaaten bindende Auslegung des Unionsrechts. Dem entspricht die Vorabentscheidungskompetenz des EuGH aus Art 267 AEUV. Diese ist verfassungsrechtlich *zwingend* zu beachten. Das BVerfG überprüft die Rüge einer Verletzung von Art 267 AEUV allerdings nur insoweit, als die Zuständigkeitsregel dieser Vorschrift in offensichtlich unhaltbarer Weise gehandhabt worden ist, so wenn das letztinstanzliche Gericht seine Vorlageverpflichtung nach Art 267 III AEUV grundsätzlich verkannt hat oder wenn eine entscheidungserhebliche Frage des Unionsrechts vom EuGH noch nicht entschieden oder möglicherweise noch nicht erschöpfend beantwortet ist (BVerfG aaO – *biobronch*). Das bedeutet für die nationalen Gerichte **Vorlagepflicht** unter den Voraussetzungen des

Art 267 AEUV (BVerfG NJW 94, 2017, 2018). Es ist ein Entzug des gesetzlichen Richters, wenn ein nationales Gericht seiner Pflicht zur Anrufung des EuGH im Wege des Vorabentscheidungsersuchens nicht nachkommt (BVerfG NJW 01, 1267, 1268). Vorzulegen ist dem EuGH insbesondere dann, wenn eine einschlägige Rechtsprechung des Gerichtshofs zu einer entscheidungserheblichen Frage diese möglicherweise noch nicht erschöpfend beantwortet hat, uU auch dann, wenn eine Fortentwicklung der EuGH-Rechtsprechung nicht nur eine entfernte Möglichkeit ist (vgl BVerfG NJW 01, 1267, 1268). In den Fällen der Irreführung (§ 5) besteht aber eine Vorlagenotwendigkeit nicht ohne weiteres, wenn die Relevanz der Irreführung gänzlich ungeklärt und deshalb zweifelhaft ist, ob ein Handelshemmnis iS des Art 34 AEUV überhaupt in Betracht kommt (BGH GRUR 94, 519, 520 – *Grand Marnier*). Keine Vorlagepflicht, wenn Auslegungszweifel nicht bestehen (BGH GRUR 02, 77, 80 – Rechenzentrum; sa BFHE 175, 192, 198 = BStBl II 1994, 875, 878 mwN).

Das **BVerfG** übt seine Rechtsprechung nach Art eines Kooperationsverhältnisses **39** mit dem EuGH aus und beschränkt sich deshalb auf die generelle Gewährleistung der unabdingbaren Grundrechtsstandards. Insoweit ist aber ein Schutz der Grundrechte für die Einwohner Deutschlands durch das Bundesverfassungsgericht im Konfliktsfall auch gegenüber der Hoheitsgewalt der Gemeinschaften generell sichergestellt (BVerfGE 89, 155 = NJW 93, 3047, 3049 – *Europäische Union und Grundgesetz;* sa *Kirchhof*, NJW 96, 147, 1501). Wird mit Verfassungsbeschwerden oder in Vorlagen von Gerichten die Nichtbeachtung von Grundrechten durch den EuGH geltend gemacht, gehört zu deren Begründung die Darlegung, dass die europäische Rechtsentwicklung den gebotenen Grundrechtsstandard nicht mehr sicherstellt. Fehlt es daran, ist die Verfassungsbeschwerde bzw die Vorlage unzulässig (BVerfG, NJW 00, 3124, 3125 – auf Vorlage des VerwG Frankfurt/M zur Frage der Verfassungskonformität der Bananenmarktordnung).

Die vom Rat und der Kommission erlassenen **Verordnungen** sind in jedem Mit- **40** gliedstaat der Union unmittelbar geltendes Recht. **Richtlinien** erlangen Geltung grundsätzlich erst durch Umsetzung in nationales Recht, da sie sich nur an die Mitgliedstaaten als solche, nicht an den einzelnen Bürger richten. Die Umsetzung der Richtlinie erfolgt im Allgemeinen durch einen ausdrücklichen besonderen (nationalen) Rechtsetzungsakt, der die gemeinschaftsrechtliche Regelung auch für die Angehörigen des Mitgliedstaats verbindlich macht. Ausnahmslos gilt das aber nicht. Die Umsetzung einer Richtlinie verlangt nicht immer ein Tätigwerden des mitgliedstaatlichen Gesetzgebers (s Rn 46: Zur Frage der Umsetzung durch § 3 UWG 1909). Jedoch ist es unerlässlich, dass die Anwendung der Richtlinie uneingeschränkt gewährleistet und die nationale Regelung bestimmt und klar ist und Begünstigte in der Lage sind, von ihren Rechten Kenntnis zu nehmen und vor Gerichten geltend zu machen (EuGH ZIP 01, 1373, 1374 – *Kommission/Niederlande* [Rn 17], stRspr des EuGH).

Ist die **Umsetzungsfrist** abgelaufen, ohne dass die Richtlinie in nationales Recht **41** umgesetzt worden ist, kann sich der Einzelne gegenüber dem Staat und anderen öffentlich-rechtlichen Einrichtungen auf die Richtlinie berufen, wenn die in Betracht zu ziehenden Bestimmungen der nicht umgesetzten Richtlinie inhaltlich hinreichend bestimmt und unbedingt gefasst sind (sog vertikale Direktwirkung; EuGH EuZW 97, 625, 628 – *Dorsch Consult* [Rn 44]; EuZW 98, 48, 50 – *Klattner* [Rn 32]; EuZW 98, 88, 90 – *Kampelmann/Landschaftsverband* [Rn 40]; EuZW 01, 61, 62 – *Collino/Telecom Italia* [Rn 19ff]; NVwZ 04, 593, 596 – *Wells/Secretary of State* [Rn 56], stRspr; vgl auch BGH GRUR 93, 825, 826 – *Dos:* Zur Berufung auf eine noch nicht umgesetzte Richtlinie in einem Rechtsbeschwerdeverfahren gegen eine Entscheidung des Deutschen Patentamts). Umgekehrt ist es allerdings dem mit der Umsetzung in Verzug geratenen Staat gegenüber dem Einzelnen verwehrt, die Beachtung der Richtlinie einzufordern (Ausschluss der sog umgekehrten vertikalen Direktwirkung, EuGH EuZW 97, 318, 320 – *Luciano Arcaro* [Rn 38]). Auch im Rechtsstreit unter Privaten scheidet eine Berufung auf die nicht umgesetzte Richtlinie aus (Ausschluss der horizontalen

Direktwirkung nicht umgesetzter Richtlinien, EuGH EuZW 94, 498, 499f = NJW 94, 2473, 2474 – *Faccini Dori* [Rn 20, 24, 25]; EuZW 96, 532, 534 – *Eurim Pharm* [Rn 26]; EuZW 98, 563, 565 – *Silhouette/Hartlauer* [Rn 36, 37]; NJW 00, 3267, 3268 = EuZW 00, 671, 672 – *Centrosteel* [Rn 15]; EuZW 01, 153, 156 – *Unilever* [Rn 50, 1. Hs]; EuZW 05, 248, 249 – *QDQ Media SA/Alejandro Omedas Lecha* [Rn 16], stRspr). In diesen Fällen hat das nationale Gericht sein Recht so weit wie möglich richtlinienkonform unter Heranziehung von Wortlaut und Zweck der Richtlinie anzuwenden (stRspr, s zB EuGH aaO – *Faccini Dori* [Rn 26]; EuGH aaO – *Eurim Pharm* [Rn 26]). Zu besonders gelagerten Fallgestaltungen, bei denen der EuGH auch im Rechtsstreit unter Privaten die Möglichkeit einer Berufung auf die nicht umgesetzte Richtlinie anerkannt hat, s EuGH EuZW 96, 379, 383 – *CIA Security International* [Rn 54, 55]; EuZW 01, 153, 156 – *Unilever* [Rn 49, 50]; *Gundel,* EuZW 01, 143 ff. Ist die **Umsetzungsfrist noch nicht abgelaufen,** kann schon vor der Umsetzung ein Verhalten, das den unionsrechtlichen Bestimmungen entspricht, grundsätzlich nicht als wettbewerbswidrig beanstandet werden. Den Umsetzungsfristen kommt insoweit keine Bedeutung zu (BGHZ 138, 55, 59 ff = GRUR 98, 824, 825 f – *Testpreis-Angebot;* vgl *Leible/Sosnitza,* NJW 98, 2507).

42 Neben dem **AEUV** sind für das Wettbewerbsrecht in erster Linie die **Richtlinie 2006/114/EG über irreführende und vergleichende Werbung** und die **Richtlinie 2005/29/EG über unlautere Geschäftspraktiken** (Rn 45 ff, 51 ff) maßgebend. Darüber hinaus enthalten zahlreiche Verordnungen und Richtlinien für § 5 relevante wettbewerbsrechtliche Regelungen, so die **Kosmetikverordnung** 1223/2009 v 30.11.2009, die **Etikettierungsrichtlinie** 2000/13/EG v 20.3.2000 (zukünftig LMIV 1169/2011; früher [vgl Rn 313] Richtlinie 79/112/EWG v 18.12.1978; dazu EuGH GRUR Int 01, 55, 56 = EuZW 01, 16, 17 – *heffroy/Casino France* [Rn 17 ff]: zum Schutz des Verbrauchers vor Irreführung im Zusammenhang mit der Etikettierung von Lebensmitteln), die VO 1234/2007 v 22.10.2007 über eine **gemeinsame Organisation der Agrarmärkte,** die **AVMD-RL** 2010/13/EU v 10.3.2010 (früher 89/552/EWG), die Richtlinie 2001/37/EG v 5.6.2001 über die Herstellung, die Aufmachung und den Verkauf von **Tabakerzeugnissen** 1551/2012 v 21.11.2012 über Qualitätsregelungen für Agrarerzeugnisse und Lebensmittel (bisher VO 510/2006 zum Schutz von geografischen Angaben und Ursprungsbezeichnungen sowie VO 509/2006 über die garantiert traditionellen Spezialitäten) und die Richtlinie 2001/83/EG v 6.11.2001 zur Schaffung eines Gemeinschaftskodexes für **Humanarzeimittel.**

43 **2. Anwendung des UWG.** Der **Vorrang des Unionsrechts** verlangt Beachtung bei der Anwendung des UWG und damit auch bei der Auslegung des Verbots der irreführenden geschäftlichen Handlung (§ 5). Die Anwendung des § 5 kann daher an Art 34 AEUV scheitern, wenn ein auf § 5 gestütztes Verbot zu einem Hemmnis für den Handel zwischen den Mitgliedstaaten führt und nicht in einem angemessenen Verhältnis zu den Zwecken des Verbraucherschutzes und der Lauterkeit des Handelsverkehrs steht (Rn 54 ff; EuGH Slg 1990, I-4844 = GRUR Int 91, 215, 216 = WRP 91, 562, 563 – *Pall/Dahlhausen;* Slg 95, I-1923 = GRUR Int 95, 804, 805 = WRP 95, 677, 678 = NJW 95, 3243, 3244 – *Mars;* BGH GRUR 94, 519, 520 – *Grand Marnier*).

44 Vorrang des Unionsrechts bedeutet auch **gemeinschaftsrechtskonforme Auslegung des harmonisierten nationalen Rechts,** dh Auslegung entsprechend den der Harmonisierung zugrunde liegenden Bestimmungen und Erwägungen nach Maßgabe der Rechtsprechung des EuGH. Dem Bundesverwaltungsgericht ist daher darin zuzustimmen, dass der Begriff der Irreführung im Sinne des § 17 I Nr 5 Satz 1 und 2 LMBG (s jetzt § 11 I LFGB) anhand der Etikettierungsrichtlinie 79/112/EWG des Rates (jetzt der Richtlinie 2000/13/EG v 20.3.2000, Rn 314) auszulegen ist (BVerwGE 89, 320, 323 f = WRP 93, 16, 20 – *becel-Diätwurst* m Anm *G. Meier;* vgl

Irreführende geschäftliche Handlungen §5 UWG

auch *Zipfel,* ZLR 92, 539 ff; *Horst,* EuR 92, 305 ff; *Hohmann,* WRP 93, 225 ff). Das bedeutet, dass die lebensmittelrechtlichen Verbotstatbestände nur nach Maßgabe des Unionsrechts und der Rechtsprechung des EuGH Anwendung finden können, wobei zu berücksichtigen ist, dass nach dieser Rechtsprechung die erforderliche Verbraucheraufklärung durch eine angemessene Etikettierung hinsichtlich der Art oder der Herkunft des verkauften Erzeugnisses gewährleistet werden kann (EuGH Slg 1984, 1299 = GRUR Int 84, 291, 300 – *Bocksbeutelflasche;* Slg 1987, 1227 = GRUR Int 87, 404, 412: Zum deutschen Reinheitsgebot für Bier; Slg 1988, 4285 = NJW 88, 2169, 2170: Zum italienischen Reinheitsgebot für Teigwaren). Ist danach der Gebrauch einer Bezeichnung zulässig, kommt ein Verbot aus § 11 I LFGB nicht in Betracht.

3. Irreführungsrichtlinie. a) Grundlagen. Die **Irreführungsrichtlinie von** 45 **1984** (Richtlinie 84/450/EWG des Rates zur Angleichung der Rechts- und Verwaltungsvorschriften der Mitgliedstaaten über irreführende Werbung v 10.9.1984, ABl L 250 v 19.9.1984, S 17 = GRUR Int 84, 688) ist durch die **Richtlinie von 1997 zwecks Einbeziehung der vergleichenden Werbung** (Richtlinie 97/55/EG des Europäischen Parlaments und des Rates v 6.10.1997 zur Änderung der Richtlinie 84/ 450 EWG über irreführende Werbung zwecks Einbeziehung der vergleichenden Werbung, ABl Nr L 290 v 23.10.1997, S 18 = GRUR Int 97, 985 = WRP 98, 798) ergänzt und geändert worden. Durch die **Richtlinie 2006/114/EG** des Europäischen Parlaments und des Rates **über irreführende und vergleichende Werbung** vom 12.12.2006 (ABl Nr L 376 S 21) wurde sie neu kodifiziert und auf das Verhältnis zwischen Gewerbetreibende (b2b) beschränkt (Art 1), da der Verbraucherschutz durch die UGP-RL übernommen wird. Sie enthält Definitionen zum Begriff der Werbung, der irreführenden Werbung und der vergleichenden Werbung (Art 2 lit a, b, c), materiell-rechtliche Bestimmungen zur Beurteilung irreführender und vergleichender Werbung (Art 3, 4), eine grundsätzliche Beweislastüberbürdung auf den Werbenden Art 7 lit a) und eine den Mindeststandard der Richtlinie statuierende Öffnungsklausel (Teilharmonisierung) zugunsten weiterreichender nationaler Schutzstandards (Art 8 I 1), die aber nur hinsichtlich der irreführenden Werbung gilt, nicht hinsichtlich der vergleichenden Werbung (Art 8 I 2), und zwar auch nicht insoweit, als es um die irreführende vergleichende Werbung geht (Art 4 lit a). Insoweit setzt die Richtlinie nicht nur einen Mindest-, sondern auch einen Höchststandard (EuGH Slg 2003, I-3095 = GRUR 03, 533, 536 [Rn 44] – *Pippig Augenoptik/Hartlauer*). Die Richtlinie gilt – soweit hinsichtlich der irreführenden Werbung die Teilharmonisierung reicht – für den grenzüberschreitenden Handel und auch für reine Inlandssachverhalte.

b) Verhältnis zum UWG. Einer formellen Umsetzung der Richtlinie in das 46 deutsche Recht hatte es nicht bedurft. Das entsprach seinerzeit (1984) allgemeiner Meinung (Rn 3). Eine gegenteilige Ansicht, die davon ausging, dass sich der Vorbehalt des Art 7 I allein auf die Rechtsfolgen (Sanktionen) beziehe, die an ein irreführendes Wettbewerbsverhalten geknüpft sind, *nicht* auf den materiellen Irreführungstatbestand (*Baumbach/Hefermehl,* 22. Aufl, Einf Rn 650, 652; § 3 Rn 896; *Teplitzky* Kap 21 Rn 34; *Everling,* Irreführende Werbung in Europa – Maßstäbe und Perspektiven, Edition ZAW, 1990, S 43, 51 f; *Köhler,* GRUR Int 94, 396 ff; *Fezer,* WRP 95, 671, 676), hat sich nicht durchgesetzt (EuGH Slg 1990, I-4827 = GRUR Int 91, 215 [Rn 22] – *Pall/Dahlhausen;* Slg 1994, I-317 = 94, 303 [Rn 10] – *VSW/Clinique;* Slg 2003, I-3095 = GRUR 03, 533 [Rn 40] – *Pippig Augenoptik/Hartlauer*: auf objektiven Mindestkriterien beschränkte Teilharmonisierung der nationalen Rechtsvorschriften; sa 3. Aufl § 3 Rn 434 ff; *Köhler/Bornkamm* § 5 Rn 1.14). Seit der Novellierung des UWG 2004 ist die Frage im Übrigen nicht mehr von praktischer Relevanz (vgl Rn 47).

UWG § 5   Gesetz gegen den unlauteren Wettbewerb

47   **c) UWG-Reform 2004.** Mit der Novellierung des UWG im Jahre 2004 hat der Gesetzgeber den Wortlaut des Irreführungstatbestandes neu gefasst und das Irreführungsverbot zugleich an die **Irreführungsrichtlinie** angepasst. Zwar hat § 5 die Definitionen der Richtlinie (Art 2 Nr 1 und 2) zum Begriff der Werbung und zu dem der Bürgerlichen Gesetzbuchs entsprechend irreführenden Werbung – wie sie noch im Vorschlag von *Köhler/Bornkamm/Henning-Bodewig* enthalten waren (WRP 02, 1317, 1318 [§ 2 Nr 6 und 8]) – nicht übernommen, wohl aber in § 5 II die für die Beurteilung der Irreführung maßgebenden materiell-rechtlichen Regelungen des Art 3 der Richtlinie. Dem kann – auch mit Blick auf das dem § 5 zugrunde gelegte Verbraucherleitbild des EuGH – entnommen werden, dass der deutsche Gesetzgeber, auch wenn sich die Begründung des Gesetzentwurfs dazu ausschweigt, mit der Neufassung des § 5 wie des UWG überhaupt nicht mehr nur den von der Richtlinie geforderten Mindeststandard als einzuhalten vorgeschrieben hat, sondern zugleich davon abgesehen hat, für das nationale Wettbewerbsrecht strengere Maßstäbe zu setzen, als die Richtlinie vorsieht. Es dürfte deshalb davon auszugehen sein, dass der **Verbotsstandard** des § 5 sowohl dem Mindest- als auch dem Höchststandard der Richtlinie entspricht (vgl auch Köhler/*Bornkamm* § 5 Rn 1.14).

48   **d) Verbraucherleitbild.** Die Beurteilung eines täuschenden Marktverhaltens hängt entscheidend von der Konkretisierung des unbestimmten Rechtsbegriffs der Irreführung anhand des Verbraucherleitbilds ab. Die dogmatischen Divergenzen, die sich bei dessen Bestimmung zwischen der Rechtsprechung des EuGH und der früheren, auf einen ungezwungen-flüchtigen Betrachter abstellenden Rechtsprechung des BGH ergeben hatten (vgl § 2 Rn 104ff), bestehen nicht mehr. Seit etwa Ende der 90er Jahre gelten für das Verbraucherverständnis auch nach der Rechtsprechung des BGH die vom EuGH dafür entwickelten Maßstäbe (grundlegend EuGH GRUR Int 98, 795, 797 = WRP 98, 848, 850f [Rn 31 u. 37]; GRUR Int 99, 345, 348 = WRP 99, 307, 311 – *Sektkellerei Kessler* [Rn 36]; GRUR Int 99, 734, 736 = WRP 99, 806, 809 – *Lloyd* [Rn 26]; GRUR Int 00, 354, 356 = WRP 00, 289, 292 – *Lifting-Creme* [Rn 30]; GRUR Int 00, 756, 757 = WRP 00, 489, 491 = EuZW 00, 508, 510 – *d'arbo naturrein* [Rn 20]). Zugrunde zu legen ist daher nunmehr das vom BGH für die nationale Rechtsprechung übernommene Leitbild des durchschnittlich informierten, situationsbedingt aufmerksamen und verständigen Verbrauchers (s dazu und zum Verbraucherleitbild im Einzelnen § 2 Rn 104ff, 110).

49   **e) Irreführungsquote.** Ob eine Irreführungsgefahr bejaht werden kann, hängt nicht davon ab, dass die Gesamtheit des Verkehrs oder jedenfalls der überwiegende Teil irregeführt wird (Rn 147). Die Festlegung der Aufgriffsschwelle (des Quorums) erfordert eine **Interessenabwägung,** die einerseits dem Interesse der Verbraucher am Schutz vor Irreführung, andererseits dem des kundigen Verkehrs an Information und dem der Allgemeinheit an Bewahrung und Förderung eines funktionsfähigen Wettbewerbs gerecht wird (Rn 150). Diese Interessenabwägung ist eine rechtliche Wertung anhand aller Umstände des Einzelfalls. Gemeinschaftsrechtlich besteht keine insoweit zu beachtende Regelung. Der **EuGH** betrachtet es als **Sache des nationalen Gerichts,** den Prozentsatz der durch eine Werbeaussage getäuschten Verbraucher, der ein Verbot der Werbung rechtfertigt, nach seinem nationalen Recht (vgl Rn 147ff) zu bestimmen (EuGH GRUR Int 98, 795, 797 = WRP 98, 848, 851 – *Gut Springenheide* [Rn 36]). Auf ein etwa abweichendes Verständnis der *Nissan*-Entscheidung des EuGH (WRP 93, 233, 234 [s Rn 16]; vgl *Baumbach/Hefermehl,* 22. Aufl, EinfRn 648, 649; § 3 Rn 27; *A. H. Mayer,* GRUR Int 96, 98, 101; *Büttner,* GRUR 96, 533, 538; *Deutsch,* GRUR 96, 541, 546 und GRUR 97, 44, 45; *Reese,* WRP 98, 1035; 1040; *Sack,* GRUR Int 98, 263, 264 und GRUR 98, 871, 880) kommt es danach nicht mehr an.

50   In seiner früheren Rechtsprechung ist der BGH von einer Irreführungsquote ausgegangen, die sich in einem Rahmen von etwa 10–15% des in Betracht kommenden

Verkehrs bewegte (vgl 3. Aufl § 3 Rn 149). Davon wird nach der neueren Rechtsprechung angesichts des jetzigen Leitbilds eines durchschnittlich informierten und verständigen Verbrauchers, der der Werbung die der Situation angepasste Aufmerksamkeit entgegenbringt, als zu niedrig nicht mehr ausgegangen werden können, weil der BGH das Schutzbedürfnis des Verkehrs bei Zugrundelegung der Wertungskriterien dieses Leitbilds niedriger ansetzt als früher (s Rn 147). Maßgebend für die Bemessung der Quote sind die Umstände des konkreten Falls, wobei ebenso wie früher die Intensität der Irreführung eine maßgebliche Rolle spielt. Eine lediglich auf dem unrichtigen Verständnis einer objektiv richtigen Information beruhende Irreführung bedarf für die Bejahung der Unlauterkeit regelmäßig einer höheren Quote Irregeführter als bei einer Täuschung auf Grund falscher Angaben.

4. Richtlinie über unlautere Geschäftspraktiken. Die **Richtlinie 2005/29/ 51 EG** des Europäischen Parlaments und des Rates über unlautere Geschäftspraktiken v 11.5.2005 (ABl L 149/22) tritt ergänzend neben die Irreführungsrichtlinie (Rn 46ff). Während Letztere nur auf das Verhältnis der Unternehmen untereinander (b2b) Anwendung findet, erfasst Erstere unlautere Geschäftspraktiken im Verhältnis von Unternehmen gegenüber Verbrauchern **(b2c)**; vgl allgemein zur UGP-RL Einf C Rn 43ff.

Unlautere Geschäftspraktiken im Sinne der Generalklausel des Art 5 I, II sind ge- 52 mäß Art 5 IV lit a insbesondere **irreführende Handlungen** nach Art 6 und **irreführende Unterlassungen** nach Art 7. Hinzu treten die **Ziff 1–23 des Anhangs I** der Richtlinie, die einzelne irreführende Geschäftspraktiken auflisten, die nach Art 5 V unter allen Umständen, also ohne jegliche weitere Relevanzprüfung, als unlauter anzusehen sind (sog *black list*).

§ 5 und § 5a sind, soweit es um irreführende Handlungen gegenüber Verbrau- 53 chern geht, im Lichte der UGP-RL auszulegen. Dabei ist grundsätzlich von einer **Vollharmonisierung** durch die Richtlinie auszugehen (Einf C Rn 45), sodass das UWG nicht nur nicht hinter der Richtlinie zurückbleiben, sondern auch nicht strenger als die Richtlinie sein darf. Bei Unklarheiten sind Auslegungsfragen dem EuGH nach Art 267 AEUV vorzulegen.

5. Art 34 AEUV. a) Freier Warenverkehr. Angesichts des weitgehenden Feh- 54 lens einer Harmonisierung der Lauterkeitsrechte der Mitgliederstaaten ist für die Auslegung des § 5 die Regelung des Art 34 AEUV von erheblicher Bedeutung. Diese verbietet zum Schutz des freien Warenverkehrs innerhalb der Gemeinschaft alle **mengenmäßigen Einfuhrbestimmungen** und **Maßnahmen gleicher Wirkung.** Dazu zählen alle Handelsregelungen, die geeignet sind, den innergemeinschaftlichen Handel unmittelbar oder mittelbar, tatsächlich oder potentiell zu behindern (EuGH Slg 1974, 837 = NJW 75, 515 – *Dassonville*).

Art 34 AEUV schützt nur den innergemeinschaftlichen Handel. Nationale Rege- 55 lungen, die nicht geeignet sind, die Einfuhr zu behindern oder den Absatz eingeführter Ware zu erschweren und sich allein im Gebiet des Mitgliedstaates auswirken, der sie erlassen hat, unterfallen nicht dem Verbot dieses Artikels (EuGH Slg 1987, 809 – *Mathot* [Rn 7, 8]; EuGH GRUR Int 01, 451, 452 = EuZW 01, 158, 159 – *Emmentaler* [Rn 15]). Jedoch ist dabei zu berücksichtigen, dass auch nur mittelbare oder potentielle Behinderungen mit Art 34 unvereinbar sind. Deshalb können auch innerstaatlichen Regelungen oder Maßnahmen uU Wirkungen entfalten, die den innergemeinschaftlichen Handel behindern, und zwar auch dann, wenn ein Erzeugnis lediglich im Gebiet eines Mitgliedstaats hergestellt und vertrieben wird. Die Anwendung des Art 34 AEUV scheidet nicht schon deshalb aus, weil der Sachverhalt, über den das nationale Gericht zu entscheiden hat, über die Grenzen eines einzelnen Mitgliedstaats *tatsächlich* nicht hinausreicht (EuGH, Slg 1997, I-2343 – *Pistre* [Rn 44]).

Nationale Hemmnisse für den freien Binnenhandel können in Ermangelung einer 56 gemeinschaftsrechtlichen Regelung der Vermarktung der betroffenen Erzeugnisse (nur) dann hingenommen werden, wenn die nationale Regelung für einheimische und eingeführte Erzeugnisse **unterschiedslos** gilt und **notwendig** ist, um zwingenden Erfordernissen der **Lauterkeit des Handelsverkehrs** und des **Verbraucherschutzes** – oder anderen zwingenden Erfordernissen wie beispielsweise der steuerlichen Kontrolle, der Kulturpolitik oder dem Umweltschutz, EuGH GRUR Int 86, 114, 116 = NJW 86, 1421, 1423 [Rn 22–24] – *Cinéthèque;* NJW 89, 3084 LS = NVwZ 89, 849 – *Pfandflaschen* – gerecht zu werden. Außerdem muss die nationale Regelung in einem angemessenen Verhältnis zum verfolgten Zweck stehen. Sie ist also am **Grundsatz der Verhältnismäßigkeit** zu messen. Hat ein Mitgliedstaat die Wahl zwischen verschiedenen Möglichkeiten, die der Erreichung desselben Ziels dienen, muss er die Maßnahme ergreifen, die den innergemeinschaftlichen Handel am wenigsten beschränkt (Ergänzung der Dassonville-Formel; stRspr, EuGH Slg 1979, 649 = GRUR Int 79, 468 – *Cassis de Dijon;* Slg 1990, 4827 = GRUR Int 91, 215, 216 – *Pall/Dahlhausen;* Slg 1990, 667 = GRUR Int 90, 955 – *GB-Inno;* Slg 1991, I-3069 = NVwZ 92, 157 – *Denkavit* [Rn 18]; GRUR 93, 747 – *Yves Rocher* m Anm *Bornkamm* = GRUR Int 93, 763 m Anm *Lehmann* = WRP 93, 615 m Anm *Schricker;* GRUR 94, 303, 304 – *Clinique;* Slg 95, I-1923 = GRUR Int 95, 804, 805 = WRP 95, 677, 678 = NJW 95, 3243, 3244 – *Mars* [Rn 15]; EuGH Slg 1997, I-3689 = EuZW 97, 470 – *Familiapress* [Rn 14]). Ob für ein Verbot nach dem nationalen Recht eines Mitgliedstaats zwingende Gründe der Lauterkeit des Handelsverkehrs oder des Verbraucherschutzes sprechen, ist grundsätzlich von den **Gerichten der Mitgliedstaaten** zu entscheiden (EuGH GRUR Int 97, 913, 917 = WRP 98, 145, 149 – *De Agostini/Grenzüberschreitende Fernsehwerbung* [Rn 52]).

57 Bei der **Abwägung der Belange des freien Warenverkehrs** innerhalb der Gemeinschaft mit dem Interesse der Verbraucher, Mitbewerber und der Allgemeinheit an der Bekämpfung unlauteren Wettbewerbs kommt es darauf an, ob die Irreführungsgefahr so schwer wiegt, dass sie den Grundsatz des freien Handels ausnahmsweise durchbrechen kann (EuGH GRUR Int 95, 900, 903 = WRP 95, 801, 804 – *Alpine Investments* [Rn 45]; EuGH RIW 96, 245 – *Sauce Hollandaise* [Rn 34]; EuGH GRUR Int 97, 546, 548 = WRP 97, 546, 548 – *Graffione/Fransa* [Rn 24 mwN]). Dabei ist aus dem Umstand, dass in einem Mitgliedstaat weniger strenge Vorschriften gelten als in einem anderen, nicht ohne weiteres herzuleiten, dass dessen Vorschriften unverhältnismäßig und deshalb mit dem Unionsrecht unvereinbar seien (EuGH aaO – *Alpine Investments;* sa *Sack,* GRUR 98, 871, 882).

58 **b) § 5 UWG (Einzelfälle).** Kann dem Schutz des Verbrauchers vor Irreführung und der Lauterkeit des Handelsverkehrs durch ausreichende *Etikettierung* Rechnung getragen werden, scheitern weitergehende Anforderungen – auch soweit sie aus dem Irreführungsverbot des § 5 herzuleiten sind – an Art 34 AEUV (EuGH Slg 1984, 1299 = GRUR Int 84, 291, 300 – *Bocksbeutelflasche:* Flaschenform als mittelbare geographische Herkunftsangabe; Slg 1986, 3879 = GRUR Int 87, 414, 417 – *pétillant de raisin:* Zur Verwendung der Schaumweinflaschenform für Traubensaft; Slg 1987, 1227 = GRUR Int 87, 404, 412 = NJW 87, 1133, 1134, 1136: zum deutschen *Reinheitsgebot für Bier,* Rn 28, 53; Slg 1988, 4285 = NJW 88, 2169, 2170 – zum italienischen *Reinheitsgebot für Teigwaren;* BGH GRUR 94, 519, 520 – *Grand Marnier; Piper,* GRUR 96, 147, 149; sa Rn 44). Voraussetzung für eine Heranziehung des § 5 im Rahmen einer Abwägung der Irreführungsgefahr mit dem Grundsatz der Freiheit des innergemeinschaftlichen Warenverkehrs ist stets, dass der Täuschung Bedeutung für das wirtschaftliche Entschließung des Kunden beigelegt werden kann (Relevanz der Irreführung, Rn 208 ff; sa *Sack,* GRUR 98, 871, 882 f). Die Angabe „+ 10%" auf Eiskremriegel führt nicht zu einer Irreführung des Verbrauchers hinsichtlich Preis und/oder Menge (EuGH GRUR Int 95, 804, 805 = WRP 95, 677, 678 = NJW 95, 3243, 3244 – *Mars*). Vereinbar mit Art 34 AEUV sind dagegen nationale Regelungen, die es zum Schutz des Verbrauchers vor Irreführung verbieten, den Eindruck zu erwecken, ein Markenerzeugnis besitze *besondere* Eigenschaften, obwohl alle gleichartigen Erzeugnisse *dieselben* Eigenschaften aufweisen (EuGH WRP 01, 525, 527 – *Bellamy* [Rn 22]: Zur Werbung mit der Angabe, Milch enthalte weder Zusatz- noch Konservierungsstoffe).

Art 34 ist verletzt, wenn sich die **Anwendung des § 5** ausschließlich gegen den 59 Vertrieb eingeführter Erzeugnisse richtet, also nicht mehr unterschiedslos für einheimische und importierte Waren gilt (EuGH Slg 1984, 3651 = GRUR Int 85, 110 – „r + r"; vgl auch EuGH Slg 1990, 4827 = GRUR Int 91, 215, 216 – *Pall/Dahlhausen*: Zur irreführenden Verwendung des Buchstabens „R" im Kreis hinsichtlich eines im Inland bestehenden Markenschutzes).

Die Vermarktung eines in einem Mitgliedstaat rechtmäßig hergestellten und unter 60 einer bestimmten Bezeichnung vertriebenen Lebensmittels (zB „Cider" für Apfelwein) unter derselben oder einer ähnlichen Bezeichnung („Cidre") in einem anderen Mitgliedstaat, dessen Herstellungsvorschriften für das Lebensmittel nicht mit denen des Staates übereinstimmen, in denen das Lebensmittel hergestellt wird, kann nicht mit der Begründung verboten werden, dass es durch die Verwendung derselben oder einer ähnlichen Bezeichnung für das unter unterschiedlichen Bedingungen hergestellte Lebensmittel zu einer Irreführung des Verbrauchers (§ 5) kommen könne (EuGH Slg 1998 I-6197 – *Kommission/Frankreich* [Rn 24 ff] für eine Stopfleberzubereitung; EuGH GRUR Int 01, 55, 56 = EuZW 01, 16, 17 – *Geffroy/Casino France* [Rn 21 ff] für Cider/Cidre). In Betracht kommt in diesen Fällen statt eines Verbots eine Verpflichtung zur Änderung der Bezeichnung oder eine angemessen-klarstellende Etikettierung (EuGH aaO – *Geffroy/Casino France;* EuGH EuZW 01, 158, 160 – *Guimont* [Rn 30, 31]). Ebenfalls in Widerspruch zu Art 34 AEUV steht es, wenn das Verbot eines Mitgliedstaates, Brotwaren mit einem Salzgehalt, der eine bestimmte Höchstmenge überschreitet, in den Verkehr zu bringen, auf Erzeugnisse angewandt wird, die in einem anderen Mitgliedstaat rechtmäßig hergestellt und vertrieben werden (Maßnahme gleicher Wirkung). Der Gesichtspunkt des Gesundheitsschutzes (Art 36 AEUV) trägt das Verbot nicht (EuGH WRP 01, 525, 526 – *Bellamy* [Rn 12]).

Auf die **Bestimmungen des Art 36 AEUV** kann die Anwendung des § 3 nicht 61 gestützt werden, da diese nur in den engen Grenzen der dort vorgesehenen Ausnahmen eingreifen, wozu der Verbraucherschutz und die Lauterkeit des Handelsverkehrs *nicht* zählen (EuGH, Slg 1981, 1625 = GRUR Int 82, 117 – *Irische Souvenirs;* Slg 1984, 3651 = GRUR Int 85, 110 – „r + r").

c) Verkaufsmodalitäten und Produktcharakteristika. Wettbewerbsverboten 62 auf der Grundlage *abstrakter* Irreführungstatbestände (vgl Rn 13) hatte der EuGH in der Vergangenheit wiederholt der Anerkennung versagt, weil solche Vorschriften in den seinerzeit entschiedenen Fällen (auch) eine Werbung mit wahren Angaben untersagten und damit nach damaliger Beurteilung **Verbraucherinformation** und **Verbraucherschutz** verkürzten (EuGH Slg 1990, 667 = GRUR Int 90, 955 – *GB-Inno*, zu den den früheren §§ 6e und 7 im Wesentlichen entsprechenden Regelungen des luxemburgischen Rechts; GRUR 93, 747 – *Yves Rocher;* vgl auch BGH GRUR Int 1991, 556 – *Yves Rocher* [Vorlagebeschluss]). Diese Rechtsprechung des EuGH ist – in dieser Allgemeinheit – überholt. Der EuGH sieht die Beschränkung oder das Verbot bestimmter *Verkaufsmodalitäten* durch das nationale Recht nicht mehr als Behinderung des Handels zwischen den Mitgliedstaaten an, wenn diese Regelungen des nationalen Rechts für alle Wirtschaftsteilnehmer gelten, die ihre Tätigkeit im Inland ausüben, und sofern sie den Absatz der inländischen Erzeugnisse und der Erzeugnisse aus anderen Mitgliedstaaten rechtlich wie tatsächlich in der gleichen Weise berühren (EuGH GRUR 94, 296 – *Keck und Mithoúard* m Anm *Bornkamm* = GRUR Int 94, 56 = NJW 94, 121; GRUR 94, 299 = GRUR Int 94, 170 = NJW 94, 781 m Anm *Möschel* – *Hünermund/Landesapothekerkammer;* sa *Joliet*, GRUR Int 94, 979; *Petschke*, EuZW 94, 107; *Remien*, JZ 94, 349; *Sack*, EWS 94, 37).

63 Nationale Bestimmungen, die bestimmte Verkaufsmodalitäten beschränken oder verbieten, fallen daher (nur) dann nicht in den Anwendungsbereich des Art 34 AEUV, wenn sie nicht geeignet sind, den Marktzugang für Erzeugnisse aus einem anderen Mitgliedstaat zu versperren oder stärker zu behindern, als dies bei inländischen Erzeugnisse der Fall ist (EuGH GRUR 94, 296 – *Keck und Mithouard;* EuZW 01, 251, 252 – *Alkoholwerbeverbot* [Rn 18]). Sind sie aber geeignet, den Marktzugang für Erzeugnisse aus anderen Mitgliedstaaten stärker zu beeinträchtigen als für inländische Erzeugnisse – was bei einem vollständigen Verbot einer bestimmten Werbeform (EuGH EuZW 97, 654 – *De Agostini/Grenzüberschreitende Fernsehwerbung*) oder bei Werbeverboten schlechthin (EuGH aaO – *Alkoholwerbeverbot* [Rn 20, 21]) der Fall ist –, ist Art 34 verletzt. Allerdings können solche Hemmnisse des Handelsverkehrs zwischen den Mitgliedstaaten aus Gründen des Allgemeininteresses gerechtfertigt sein, wenn das Verbot Waren aus einem anderen Mitgliedstaat nicht diskriminiert, wenn es keine verschleierte Beschränkung des innergemeinschaftlichen Handels bezweckt und wenn – unter dem Gesichtspunkt der Verhältnismäßigkeit – weniger umfangreiche oder den Handel zwischen den Mitgliedstaaten weniger beeinträchtigende Verbote nicht ausreichen, das angestrebte Ziel zu erreichen (EuGH aaO – *Alkoholwerbeverbot* [Rn 26ff]: Zur Zulässigkeit eines Werbeverbots aus Gründen des Gesundheitsschutzes der Verbraucher).

64 Als **Verkaufsmodalitäten** iS der Rechtsprechung des EuGH, deren Verbot nach § 5 zu Art 34 AEUV nicht in Widerspruch steht, können danach beispielsweise angesehen werden: Die Werbung für Sonderangebote mit Hinweisen auf Dauer und früher geltende Warenpreise, für blickfangmäßige Preisgegenüberstellungen, die Telefonwerbung für Waren und Leistungen.

65 **Mit Art 34 AEUV** nach wie vor **unvereinbar** sind aber Hemmnisse für den freien Warenverkehr auf Grund von Vorschriften, die **Produkt*charakteristika*** (zB Bezeichnung, Form, Abmessung, Gewicht, Zusammensetzung, Aufmachung, Etikettierung, Verpackung der Ware) betreffen, und zwar auch dann, wenn die Vorschriften unterschiedslos für alle in Betracht kommenden Waren gelten, sofern sich die Anwendung dieser Vorschriften nicht durch einen Zweck rechtfertigen lässt, der im Allgemeininteresse liegt und den Erfordernissen des freien Warenverkehrs vorgeht oder sonst nach Art 36 AEUV gerechtfertigt ist (EuGH aaO Rn 68 – *Keck und Mithouard;* GRUR 94, 303 = GRUR Int 94, 231 – *Clinique* [Rn 13]; GRUR Int 95, 804, 805 = WRP 95, 677, 678 = NJW 95, 3243, 3244 – *Mars* [Rn 12]; WRP 01, 525, 527 – *Bellamy* [Rn 18 mwN], stRspr.

66 **Ebenfalls unvereinbar** mit Art 34 AEUV sind nationale Regelungen, die die Verwendung einer bestimmten Sprache für die Etikettierung von Lebensmitteln vorschreiben, ohne die Möglichkeit vorzusehen, eine andere für den Käufer leicht verständliche Sprache zu verwenden oder die Unterrichtung des Käufers durch andere Maßnahmen zu gewährleisten, EuGH GRUR Int 01, 55, 57 = EuZW 01, 16, 18 – *Geffroy/Casino France* [Rn 28]: Zur Unvereinbarkeit von Gemeinschaftsrecht und französischen Verbraucherschutzvorschriften, die verbieten, Lebensmittel (in Flaschen abgefüllte Getränke) in einer anderen als der französischen Sprache zu etikettieren. **Unvereinbar** mit Art 34 AEUV sind ferner nationale Etikettierungsvorschriften, die zur Folge haben, dass der Importeur der Ware umetikettieren muss (EuGH EuZW 01, 157, 158 [Rn 29]).

67 **6. Art 35 AEUV.** Parallel zum Verbot mengenmäßiger *Einfuhr*beschränkungen sowie allen Maßnahmen gleicher Wirkung iS des Art 34 AEUV (s Rn 54) untersagt Art 35 AEUV mengenmäßige *Ausfuhr*beschränkungen sowie alle Maßnahmen gleicher Wirkung zwischen den Mitgliedstaaten. Im Hinblick auf den grundsätzlichen Vorrang des Gemeinschaftsrechts vor kollidierenden nationalen Normen können im Rahmen des Art 35 AEUV – ebenso wie bei der Anwendung des Art 34 AEUV (Rn 54ff) – lauterkeitsrechtliche Verbote nur in engen Grenzen und unter bestimmten Voraussetzungen (Rn 56) Geltung beanspruchen. Nach Art 36 AEUV steht aller-

dings Art 35 AEUV ua Ausfuhrbeschränkungen nicht entgegen, die – neben anderen Ausnahmen – zum Schutz des gewerblichen und kommerziellen Eigentums gerechtfertigt sind. Dem Begriff des gewerblichen und kommerziellen Eigentums unterfallen jedoch die dem Verbraucherschutz und der Lauterkeit des Handelsverkehrs dienenden Regelungen insbesondere der §§ 3–5 nicht. Auf Art 36 AEUV kann daher die Anwendung lauterkeitsrechtlicher Vorschriften gegenüber der Regelung des Art 35 AEUV ebenso wenig gestützt werden wie gegenüber der des Art 34 AEUV (Rn 61).

Eine nationale Regelung, die die Verwendung einer Ursprungsbezeichnung **68** (Rn 315, 343) für Wein nur unter der Bedingung erlaubt, dass der Wein im Erzeugungsgebiet abgefüllt wird, ist eine Maßnahme gleicher Wirkung iS des Art 35 AEUV (EuGH GRUR Int 00, 750, 753 = EuZW 00, 633, 636 – *Rioja-Wein* [Rn 41, 42]). Sie kann aber trotz ihrer beschränkenden Auswirkungen auf den freien Warenverkehr im Interesse des Schutzes des **gewerblichen Eigentums** gerechtfertigt und dann auch EG-vertragskonform sein. Voraussetzung dafür ist, dass die nationale Regelung ein erforderliches und angemessenes Mittel darstellt, um das hohe Ansehen und die Wertschätzung zu gewährleisten, die der Verbraucher der Ursprungsbezeichnung, einem gewerblichen Schutzrecht, und dem unter ihr vertriebenen Qualitätserzeugnis entgegenbringt, und keine anderen weniger restriktiven Maßnahmen zur Verfügung stehen (EuGH aaO – *Rioja-Wein* [Rn 53 ff, 59 ff, 75 ff]).

7. Art 56 AEUV. Dienstleistungen iS des Art 56 AEUV sind die in Art 57 II **69** AEUV genannten gewerblichen, kaufmännischen, handwerklichen und freiberuflichen Tätigkeiten, soweit sie nicht den Vorschriften über den freien Waren-, Kapital- und Dienstleistungsverkehr auf dem Gebiet des Verkehrs und über die Freizügigkeit der Personen unterliegen (Art 57, 58 AEUV). Mit Art 56 AEUV gewährleistet das Gemeinschaftsrecht den freien Dienstleistungsverkehr. Beschränkungen des **freien Dienstleistungsverkehrs** innerhalb der Gemeinschaft für Leistungserbringer, die in einem anderen Mitgliedstaat als demjenigen des Leistungsempfängers ansässig sind, sind unzulässig (Art 56 AEUV). Grundsätzlich sind daher alle in nationalen Vorschriften enthaltenen Beschränkungen gegenstandslos, die für den Leistungserbringer – sei es aus Gründen der Staatsangehörigkeit, sei es deshalb, weil er in einem anderen Staat als dem Empfängerstaat ansässig ist – nach innerstaatlichen Vorschriften gelten (EuGH, Urt v 3.12.1974 – Rs 33/744, Slg 1974, 1299 ff [Rn 26]). Das bedeutet, dass Art 56 AEUV zugunsten eines Dienstleistungserbringers *auch* gegenüber dem Staat eingreift, in dem dieser ansässig ist, sofern der Leistungsempfänger in einem anderen Mitgliedstaat seinen Sitz hat (EuGH WRP 99, 640, 641 [Rn 11] – *Ciola*; GRUR Int 01, 553, 555 [Rn 37] – *Gourmet International Products;* BGH GRUR 02, 77, 80 – *Rechenzentrum*). Zur Zulässigkeit von Beschränkungen des freien Dienstleistungsverkehrs (Art 56 AEUV) aus im Allgemeininteresse liegenden Gründen (Art 62 AEUV iVm Art 52 AEUV) s EuGH EuZW 01, 251, 252 – *Alkoholwerbeverbot* [Rn 40]: Gesundheitsschutz der Verbraucher.

Ein auf § 5 gestütztes Verbot kann daher an Art 56 AEUV scheitern, wenn es sich **70** um Beschränkungen des freien Dienstleistungsverkehrs **innerhalb der Gemeinschaft** handelt. Geht es nach Angebot und Vertragsabwicklung um eine reine Inlandstätigkeit, weil sowohl Leistungserbringer als auch -empfänger in ein und demselben EU-Land ansässig sind, greift Art 56 AEUV *nicht* ein (BGH GRUR 02, 77, 80 – *Rechenzentrum*). Im *grenzüberschreitenden* Verkehr zwischen Angehörigen von Mitgliedstaaten können dagegen nationale Vorschriften, die die Ausübung der Tätigkeit an die Erfüllung bestimmter Voraussetzungen und die Erteilung einer Erlaubnis knüpfen, eine unzulässige Beschränkung der Dienstleistungsfreiheit darstellen, Rn 69 (EuGH, Urt v 25.7.1991 – Rs C-76/90, Slg I-4221 [Rn 14, 15]). Beschränkungen, die sich aus dem Erfordernis einer bestimmten beruflichen Qualifikation ergeben, sind aber mit Art 56 AEUV vereinbar, wenn sie mit Blick auf die Besonderheiten bestimmter Dienstleistungen durch zwingende Gründe des Allgemeinwohls gerechtfertigt sind, für alle im Empfängerstaat tätigen Personen und Unternehmen gleichermaßen gelten und sachlich geboten sind, um die Einhaltung der beruflichen Regelungen und den Schutz der Verbraucher (der Empfänger der Dienstleistungen) zu gewährleisten (EuGH, Urt v 25.7.1991, aaO [Rn 17]; EuGH, Urt v 20.5.1992 – Rs C-106/91, Slg I – 3351 [Rn 29 ff].). Mit dieser Rechtsprechung des EuGH stehen die Vorschriften des StBerG, die für die Erbringung von Hilfe in Steuersachen eine bestimmte berufliche Qualifikation erfordern, in Einklang (BFHE 175, 192, 194 f = BStBl 1994 II S 875, 876).

71 Art 56 AEUV erfasst – entsprechend den Regelungen des Art 34 AEUV und Art 35 AEUV – **„Einfuhr"- und „Ausfuhr"-Dienstleistungen.** Unter sein Verbot fallen auch staatliche Werbebeschränkungen, die eine Werbung für ausländische Dienstleistungen im Inland untersagen, und zwar auch dann, wenn diese Werbebeschränkungen unterschiedslos sowohl für EG-Inländer als auch für EG-Ausländer gelten (vgl EuGH NJW 94, 2013, 2016 = ZIP 94, 557, 561 – *Lotterien* [Rn 62]; GRUR Int 95, 900, 902 = WRP 95, 801, 803 – *Alpine Investments* [Rn 23 ff]; GRUR Int 97, 913, 917 = WRP 98, 145, 149 – *De Agostini/Grenzüberschreitende Fernsehwerbung* [Rn 48 ff]). Noch nicht entschieden ist, ob die Rechtsprechungsgrundsätze der *Keck*-Rechtsprechung zu Art 34 AEUV auf Art 56 AEUV zu übertragen sind, also in Fällen Anwendung finden, in denen es um Werbebeschränkungen für Dienstleistungen durch das Land des Empfängers einer Dienstleistung („Einfuhrland") geht.

72 Grundsätzlich sind danach **Beschränkungen des freien Dienstleistungsverkehrs** auch **durch lauterkeitsrechtliche Verbote** unzulässig. Aber ebenso wie in den Fällen der Art 34 und Art 36 AEUV können im Rahmen des Art 56 AEUV Werbeverbote im vorrangigen Interesse der Allgemeinheit – dh in den Erfordernissen des Lauterkeits- und Verbraucherschutzes sowie des Gesundheits-, Umwelts- und Arbeitnehmerschutzes – ihre Rechtfertigung finden, wenn die Verbote nicht diskriminierend angewendet werden, geeignet und erforderlich sind und dem Grundsatz der Verhältnismäßigkeit Rechnung tragen (EuGH NJW 94, 2013, 2016 = ZIP 94, 557, 561 – *Schindler/Lotterien* [Rn 58–63]: Rechtfertigung von Lotterieverboten unter dem Gesichtspunkt der Sozialpolitik und Verbrechensbekämpfung; sa EuGH WRP 99, 1272, 1273, 1275 – *Zenatti* [Rn 15 und 33]; EuGH, Urt v 12.12.96 – Rs C-3/95, EWiR 97, 453 [Anm *Deckert*]: Rechtfertigung von Inkassoverboten des Art 1 § 1 Satz 2 Nr 5 RBerG durch zwingende Gründe des Allgemeininteresses; EuGH GRUR Int 97, 913, 917 = WRP 98, 145, 149 – *De Agostini/Grenzüberschreitende Fernsehwerbung* [Rn 52–54]).

73 **8. Werbung mit elektronischen Medien.** Bei der Internet- und E-Mail-Werbung sind die Bestimmungen der durch das Telemediengesetz (TMG, Art 1 EGVG v 26.2.2007, BGBl I S 179; bisher Teledienstegesetz – TDG) in das deutsche Recht umgesetzten E-Commerce-Richtlinie 2000/31/EG (ECRL) mit dem in Art 3 II ECRL, § 3 II TMG normierten **Herkunftslandprinzip** zu beachten (vgl Einf C 76 ff).

74 Die E-Commerce-Richtlinie betrifft **nur Online-, nicht Offline-Werbung** (s Rn 21 ECRL; BGH GRUR 06, 513 Rn 28 – *Arzneimittelwerbung im Internet*). Ausgenommen vom Anwendungsbereich der E-Commerce-Richtlinie sind alle Tätigkeiten, die außerhalb elektronischer Datennetze erbracht werden, so ua die *Auslieferung* von Waren, die beispielsweise im Versandhandel online angeboten und bestellt werden (BGH aaO – *Arzneimittelwerbung im Internet*).

Irreführende geschäftliche Handlungen §5 UWG

B. Allgemeine tatbestandliche Voraussetzungen

I. Geschäftliche Handlung

Irreführend is des § 5 kann – wie sich aus dem Wortlaut von § 5 I 1 ergibt – immer nur eine **geschäftliche Handlung** iS des § 2 I Nr 1 sein. Allein ein Handeln, das diesem Begriff entspricht, ist der Beurteilung des UWG und damit auch des § 5 unterworfen (§ 2 Rn 4). 75

Geschäftliches Handeln in diesem Sinne ist **Handeln im geschäftlichen Verkehr.** Ausdrücklich erwähnt wird das Erfordernis eines Handelns im geschäftlichen Verkehr zwar nur in § 6 II Nr 3, § 16 II und § 18 I, ist aber auch für § 5 – ungeschriebenes – Tatbestandsmerkmal. Das bedeutet, dass der Kontrolle des § 5 allein der geschäftliche (wirtschaftliche, marktgerichtete) Wettbewerb unterliegt. In einem weit zu verstehenden Sinne gehören dazu alle Verhaltensweisen (positives Tun, konkludentes Handeln, Unterlassen, sofern eine Erfolgsabwendungspflicht besteht), die auf die Förderung eigenen oder fremden Wettbewerbs einschließlich des Wettbewerbs der freien Berufe (Ärzte, Rechtsanwälte ua) und der wettbewerblichen Betätigung der öffentlichen Hand gerichtet sind (§ 2 Rn 7 ff). 76

Marktbezogenheit fehlt allen Handlungen, die nicht auf Außenwirkung gerichtet sind. Auch alle rein privaten oder betriebsinternen Handlungen sind mangels eines auf Außenwirkung gerichteten geschäftlichen Verkehrs keine Wettbewerbshandlungen (§ 2 Rn 14). 77

Geschäftliche Handlungen zielen auf **Förderung des eigenen oder fremden Unternehmens.** Diese Zielsetzung ist ein *ausschließlich objektiv* zu verstehendes Tatbestandsmerkmal des § 2 I Nr 1. Anders als zB nach den §§ 1 und 3 UWG 1909 kommt es nach der UWG-Reform 2004 für die Unlauterkeitstatbestände des UWG nF und damit auch für § 5 nicht mehr auf die – in einem *subjektiven* Sinne zu verstehende – Absicht an, eigenen (oder fremden) Wettbewerb zum Nachteil eines anderen zu fördern (s dazu im Einzelnen § 2 Rn 26 ff). 78

Bis zur Novelle von 2008 knüpfte § 5 I an den Begriff der **Werbung** an: „Unlauter ... handelt, wer irreführend *wirbt*" (vgl 4. Aufl § 5 Rn 77 ff). In Umsetzung der UGP-RL wurde dieser Begriff durch den wesentlich weiteren Terminus der geschäftlichen Handlung ersetzt, der insbesondere auch Handlungen *nach* Vertragsschluss erfasst (§ 2 Rn 23). Ungeachtet dessen setzt eine Irreführung nach § 5 immer noch eine *Angabe* im Sinne einer Tatsachenbehauptung voraus (unten Rn 85 f). 79

II. Normadressat

Dem Tatbestand des § 5 unterfallen alle am geschäftlichen Verkehr mit wettbewerblicher Zielsetzung teilnehmenden **natürlichen und juristischen Personen,** ferner die **Personenhandelsgesellschaften** (OHG, KG sowie bei Außengesellschaften bürgerlichen Rechts). Erfasst wird *jede erwerbsgerichtete selbständige Tätigkeit,* auch die der Angehörigen der freien Berufe, die kein Gewerbe im Rechtssinne ausüben wie Rechtsanwälte, Patentanwälte, Notare (die Amtsträger, keine Beamte sind), Steuerberater, Ärzte, Apotheker, Architekten usw (BGH GRUR 72, 709 – *Patentmark;* GRUR 87, 241 – *Arztinterview;* GRUR 93, 675, 676 – *Kooperationspartner*). Keine Gewerbetreibenden sind Beamte in Ausübung ihres Dienstes und – als solche – die Vorstandsmitglieder von Vereinen, Aktiengesellschaften usw. 80

Auch die **öffentlich-rechtlichen Körperschaften und Anstalten** unterliegen dem Irreführungsverbot, soweit sie in Wettbewerb zu privaten Mitbewerbern treten. Betätigt sich die öffentliche Hand im Rahmen von öffentlich-rechtlichen Leistungsbeziehungen (zB als Träger der gesetzlichen Krankenversicherung gegenüber ihren derzeitigen oder potentiellen Mitgliedern), hindert das die wettbewerbsrechtliche 81

Beurteilung der Auswirkungen ihres Handelns auf private Leistungserbringer (zB auf Privatkrankenkassen) nicht. Ein und dieselbe Handlung kann, je nach der Beziehung, in der sie steht, und je nach der Wirkung, die sie äußert, einmal als öffentlich-rechtlich, ein andermal als privatrechtlich zu qualifizieren sein, Doppelnatur des Verwaltungshandelns öffentlich-rechtlicher Körperschaften (vgl Einf D Rn 20 ff; GmS OGB BGHZ 102, 280, 285 ff = NJW 88, 2295, 2296 – *Rollstühle;* BGHZ 82, 375, 382 ff = GRUR 82, 425, 427 – *Brillen-Selbstabgabestellen;* BGH ZIP 88, 867 – *AOK-Mitgliederwerbung;* WRP 93, 394, 395 f – *Rechtswegprüfung II;* GRUR 00, 340, 342 – *Kartenlesegerät*).

III. Werbeempfänger

82 **§ 5 erfasst** unter dem weiten Begriff der geschäftlichen Handlung (Rn 75 ff) nicht nur die öffentliche (Publikums-)Werbung, sondern seit der Novelle von 1969 auch die irreführende Einzelwerbung von Kunden (Rn 2, anders die Strafvorschrift des § 16 I). Verboten sind also nach den §§ 3, 5 **irreführende Angaben schlechthin,** sei es gegenüber der Allgemeinheit, sei es gegenüber Einzelpersonen (zB bei Verkaufsgesprächen zwischen Kunden und Händler) oder gegenüber Personengruppen, gleichviel ob die Mitteilung zur Weiterverbreitung bestimmt ist oder nicht. Reine Privatgespräche sind aber, weil nicht marktgerichtet, ausgenommen.

83 **Öffentliche Werbung** (Publikumswerbung) richtet sich an eine unbestimmte Vielzahl von Personen (Anzeigenwerbung, Reklameanschläge, Prospekte, Werbefunk und -fernsehen, Internet), **Einzelwerbung** an Einzelpersonen oder geschlossene Personenkreise (Vereins-, Verbandsmitglieder). Ob von der Werbung tatsächlich Kenntnis genommen wird, ist unerheblich. Werbeadressaten sind im Allgemeinen die beteiligten Verkehrskreise, auf deren Auffassung es für die Beurteilung einer Werbeaussage maßgeblich ankommt.

C. Angaben und Meinungsäußerungen

I. Angaben iS von § 5

84 Bis 2004 war es nach § 3 UWG 1909 verboten, mit irreführenden *Angaben* zu werben. Demgegenüber richtete sich § 5 aF des UWG von 2004 seinem Wortlaut nach gegen irreführende *Werbung* (§ 5 I aF: „wer irreführend *wirbt*"). Seit der Novelle von 2008 spricht § 5 I 1 ganz allgemein von irreführenden *geschäftlichen Handlungen*. Inhaltlich hat sich trotz dieses mehrfachen Wechsels (abgesehen von der Einbeziehung auch von Handlungen nach Vertragsschluss, Rn 79) insofern nichts geändert, als stets eine irreführende **Angabe** vorausgesetzt wird, wie sich auch aus der Inbezugnahme des Angabenbegriffs in § 5 I 2 ergibt. Der Begriff der Angabe ist weiter als der Begriff der Werbung, wie er beispielsweise § 10 HWG zugrunde liegt (vgl EuGH GRUR 11, 1160 Rn 31 f – *MSD/Merckle; Brugger* ÖBl 12, 52 f; *Doepner* HWG, 2. Aufl, § 10 Rn 15).

II. Begriffsinhalt

85 **1. Tatsachenbehauptungen.** Angaben iS des § 5 sind **Tatsachenangaben** (Tatsachenbehauptungen, Informationen tatsächlicher Art), dh inhaltlich **nachprüfbare** Aussagen über geschäftliche Verhältnisse. Für die Einstufung einer Äußerung als Tatsachenbehauptung in diesem Sinne kommt es darauf an, dass die Aussage einer inhaltlichen Überprüfung auf Richtigkeit mit den Mitteln des **Beweises** zugänglich ist, was bei Meinungsäußerungen ausscheidet, weil diese durch die subjektive Beziehung des sich Äußernden zum Inhalt seiner Aussage geprägt sowie durch das Element der Stel-

lungnahme und des Dafürhaltens gekennzeichnet werden und sich deshalb nicht als wahr oder unwahr erweisen lassen (BVerfGE 90, 241, 247 = NJW 94, 1779, 1780 – *Versammlungsgesetz;* BGHZ 3, 270, 273 = GRUR 54, 410, 411 – *Constanze I;* BGH GRUR 92, 66, 67 – *Königl.-Bayerische Weisse;* BGHZ 132, 13, 21 = NJW 96, 1131, 1133 – *Lohnkiller;* GRUR 97, 233, 235 – *Gynäkologe;* BGHZ 19, 95, 102 = NJW 98, 3047, 3048 – *Güterabwägung;* NJW 99, 2736 – *Verdachtsdiagnose;* GRUR 02, 182, 183 – *Das Beste jeden Morgen;* NJW 04, 579, 580 f – *Klinik Monopoly*). Allerdings können auch Äußerungen, die auf Werturteilen beruhen, Tatsachenbehauptungen sein, wenn sie beim Werbeadressaten den Eindruck **konkreter,** in eine Wertung eingekleideter **Vorgänge** hervorrufen (BGH aaO – *Lohnkiller* mwN). Entscheidend insoweit ist die Verkehrsauffassung, dh die nach der neueren Rechtsprechung zum Verbraucherleitbild (§ 2 Rn 104 ff, 107, 110) maßgebende Sicht eines **verständigen Durchschnittsverbrauchers.** Vielfach erschließt sich auch der Aussagegehalt bereits aus der Angabe selbst, ohne dass es einer Beweiserhebung bedarf (vgl zB BGH GRUR 97, 927, 928 – *Selbsthilfeeinrichtung der Beamten;* GRUR 97, 758, 759 f – *Selbsternannter Sachverständiger;* GRUR 97, 929, 930 – *Herstellergarantie*).

Der **Begriff der Angabe** ist weit zu ziehen (BGH GRUR 63, 482, 483 – *Hollywood-Duftschaumbad*). Er umfasst alle Aussagen, die nach der Verkehrsauffassung für den Kaufentschluss der potentiellen Kunden wesentlich sind. Nichtssagende Anpreisungen, die dem Umworbenen keine sachliche Information vermitteln, bloße Kaufappelle ohne eigenen Aussagegehalt oder nichts sagende Phantasieangaben ohne konkrete Information sind keine Angaben iS von § 5 (Rn 89; BGH GRUR 64, 33, 35 – *Bodenbeläge;* BGHZ 43, 140, 142 = GRUR 65, 365, 367 – *Lavamat II:* „den und keinen anderen"). Gleiches gilt für nicht nachprüfbare Werbeaussagen und allgemeine Redensarten (Rn 89). Humoristisch gefasste oder satirisch gestaltete Aussagen können aber durchaus eine auf das beworbene Angebot bezogene Sachaussage enthalten (BGH GRUR 97, 227, 228 – *Aussehen mit Brille:* „Lieber besser aussehen als viel bezahlen"). Maßgebend für die Berücksichtigung des Sinngehalts einer Werbeanzeige ist deren Gesamtinhalt, wie er sich unter Berücksichtigung des werblichen Umfelds aus der Sicht des angesprochenen Verkehrs darstellt. Reklamehafte Übertreibungen schließen nicht aus, dass die Werbeadressaten der Werbung sachliche Hinweise auf Eigenschaften oder Beschaffenheit des angesprochenen Produkts entnehmen. **86**

2. Meinungsäußerungen. Keine Angaben iS des § 5 sind **Meinungsäußerungen (Werturteile),** deren Wahrheitsgehalt objektiver Nachprüfung *nicht* zugänglich ist (vgl Rn 85). Meinungsäußerungen sind durch die subjektive Beziehung des sich Äußernden zum Inhalt seiner Äußerung, dh durch das Element der Stellungnahme, des Dafürhaltens oder Meinens geprägt und lassen sich deshalb nicht als wahr oder unwahr erweisen (BVerfGE 61, 1, 9 = NJW 83, 1415, 1416; BVerfGE 85, 1, 14 = NJW 92, 1439, 1440; BVerfGE 90, 241, 247 = NJW 94, 1779 – *Versammlungsgesetz;* BVerfG GRUR 01, 1058, 1059 – *Therapeutische Äquivalenz;* BGH NJW 99, 2736 – *Verdachtsdiagnose*). Häufig vermischen sich allerdings Tatsachenbehauptung und Wertung. Für die Frage, ob es sich um eine tatsächliche Angabe oder um eine Meinungsäußerung handelt, kommt es darauf an, ob die Grenze zwischen einer Aussage mit **nachprüfbarem Tatsachenkern** und einer bloßen Meinungsäußerung gezogen werden kann (Rn 88). Eine allein auf persönlicher Meinungsbildung beruhende Wertung ohne sachlichen Informationsgehalt ist eine Meinungsäußerung ohne Tatsachenkern, die sich der Beurteilung nach objektiven Kriterien entzieht. **87**

3. Abgrenzung. Die Grenzen zwischen Tatsachenbehauptungen und Meinungsäußerungen fließen (Rn 87). Reine Werturteile sind relativ selten. Vielfach enthalten Meinungsäußerungen einen objektiv nachprüfbaren **Tatsachenkern.** Dann ist dieser die Angabe, auf die § 5 abstellt. Auch allgemein gehaltene Meinungsäußerungen können im Kern als von konkreten und nachprüfbaren Tatsachen getragen verstanden werden. Maßgebend insoweit ist die Bedeutung, die der Verkehr der Aussage in un- **88**

gezwungener Betrachtung beilegt (BGH GRUR 63, 482, 483f – *Hollywood-Duftschaumbad*). Dabei kommt es nicht allein auf den Wortlaut und die äußere Form an, in die die Aussage gekleidet ist, sondern – vor allem – auf ihren Inhalt, wie er sich nach dem Gesamtzusammenhang der Aussage, in dem diese steht, den angesprochenen Verkehrskreisen darstellt, ohne aus seinem Kontext gelöst und isolierter Betrachtung zugeführt zu werden (BGH GRUR 72, 435, 439 – *Grundstücksgesellschaft*; GRUR 80, 309, 310 – *Straßen- und Autolobby*; GRUR 88, 402, 403 – *Mit Verlogenheit zum Geld*; BGHZ 132, 13, 20 f = NJW 96, 1131, 1133 – *Lohnkiller*). So kann auch in einer als **Werturteil erscheinenden Aussage** oder in einer **verallgemeinernden Schlussfolgerung** eine auf ihre Richtigkeit überprüfbare Tatsachenbehauptung liegen (BGH GRUR 73, 594, 595 – *Ski-Sicherheitsbindung*: „Deutsches Spitzenerzeugnis" als Werturteil mit Tatsachenkern; GRUR 75, 141, 142 – *Unschlagbar*: Inanspruchnahme der technischen und wirtschaftlichen Alleinstellung für ein technisches Erzeugnis; GRUR 79, 781, 782 – *Radikal gesenkte Preise*: Besonders günstige Preisangabe; GRUR 88, 402, 403 – *Mit Verlogenheit zum Geld*: Schlussfolgerung aus Einzelumständen und deren Würdigung).

89   **4. Allgemein gehaltene Aussagen. Allgemeine Redewendungen** ohne informativen Gehalt, **nichts sagende Anpreisungen, bloße Kaufappelle** und **reklamehafte Übertreibungen**, die der Verkehr als solche erkennt und nicht als ernst zu nehmende tatsächliche Aussagen über geschäftliche Verhältnisse auffasst, sowie rein subjektive Werturteile sind **keine Angaben** iS des § 5 (Rn 86; BGH GRUR 64, 33, 35 – *Bodenbeläge*; GRUR 65, 365, 367 – *Lavamat II*; GRUR 81, 656 – *Schlangenzeichen*; GRUR 02, 182, 183 ff – *Das Beste jeden Morgen*). Jedoch bedarf es im Einzelfall differenzierender Betrachtung. Werbeaussagen zur Qualität, Preis oder Vorratsmenge oder Äußerungen von bekannten, seriösen Unternehmen wird im Allgemeinen ein sachlicher Gehalt beigelegt (BGH GRUR 63, 34, 35 – *Werkstatt und Betrieb* GRUR 81, 910, 911 – *Der größte Biermarkt der Welt*; GRUR 97, 227, 228 – *Aussehen mit Brille*). Es ist eine Frage des Einzelfalls, ob der Verkehr generalisierenden Erklärungen (noch) einen sachlichen Aussagewert beimißt (vgl BGH GRUR 70, 425, 426 – *Melitta-Kaffee*: „Es gibt keinen besseren"; OLG Hamm WRP 80, 500, 501: „Absolut an der Spitze"; OLG Köln WRP 83, 174, 175: „Das beste Bier"; OLG München GRUR-RR 11, 475, 477: „clearly the best way to brew coffee"). Auch unbestimmte, nicht näher konkretisierte Äußerungen, die zu unklaren Vorstellungen des Verkehrs führen, können § 5 unterfallen (Rn 103 ff). Immer muss es sich aber um *Angaben* mit einem nachprüfbarem Kern tatsächlicher Art handeln. Daran fehlt es regelmäßig auch bei Werbemaßnahmen im Umfeld von Sportgroßveranstaltungen durch Nicht-Sponsoren, meist diffamierend als *Ambush Marketing* bezeichnet (*Heermann*, GRUR 06, 359, 364f; *Melwitz*, Der Schutz von Sportveranstaltungen gegen Ambush Marketing, 2008, S 126 ff; *Wittneben/Soldner*, WRP 06, 1175, 1179f, vgl auch Rn 697 ff).

90   **5. Einzelfälle. Kennzeichnung von Arzneimitteln** durch bildliche Darstellung eines Schlangensymbols: BGH GRUR 81, 656, 657 – *Schlangenzeichen*.

91   **Firmen-, Vereins-** und **Verbandsbezeichnungen** mit Aussagen zu Bedeutung, Größe und Betätigung: BGH GRUR 73, 534, 535 – *Mehrwert II*; GRUR 73, 371, 372 – *Gesamtverband*; GRUR 83, 512, 513 – *Heilpraktikerkolleg*; GRUR 83, 779, 780 – *Schuhmarkt*; GRUR 84, 457, 460 *Deutsche Heilpraktikerschaft*; GRUR 90, 604, 605 – *Dr. S.-Arzneimittel*. Zu **Verfahrensbezeichnungen** s BGH GRUR 69, 422, 423 – *Kaltverzinkung*.

92   **Warenbezeichnungen, Warenzeichen, Ausstattung, Marken:** s BGH GRUR 55, 251, 252 – *Silberal*; GRUR 73, 532, 533 – *Millionen trinken*; GRUR 75, 658, 660 – *Sonnenhof*; GRUR 81, 910, 911 – *Der größte Biermarkt der Welt*.

93   **Verpackung und Aufmachung:** s BGH GRUR 79, 415, 416 – *Cantil-Flasche*; GRUR 82, 111, 113 f – *Original-Maraschino*; KG GRUR 83, 591, 592 – *Pralinenpackung*.

III. Aussageformen

Angaben iS des § 5 sind (tatsächliche) Erklärungen (Rn 85) **gleich welcher Ausdrucksform**. Möglich sind schriftliche, mündliche, akustische, bildliche, unmittelbare, mittelbare, konkludente Informationen vgl § 5 III, 2. Alt (BGH GRUR 61, 544 – *Hühnergegacker*: Hinweis auf Verwendung von Frischei bei der Teigwarenherstellung in Hörfunk-Werbesendung; GRUR 97, 380, 381 – *Füllanzeigen*: Abdruck unbestellter Anzeigen in einer Zeitung als Angabe zum Umfang bezahlten Anzeigenvolumens und der Werbewirksamkeit der Zeitung; BGHZ 139, 368, 374 = GRUR 99, 264, 266 – *Handy für 0,00 DM*: Hinweise auf Kostenlosigkeit bzw günstige Preisstellung der für einen Teil der Gesamtleistung behaupten Preisgünstigkeit für die Gesamtleistung und besonderen Leistungsfähigkeit; vgl auch BGH WRP 99, 512, 515 – *Aktivierungskosten*; GRUR 12, 286 Rn 21 – *Falsche Suchrubrik*: Angebot eines Pkw in der unrichtigen Rubrik als unwahre Angabe über dessen Laufleistung). Auch in Form eines Fragesatzes kann eine Behauptung tatsächlicher Art aufgestellt werden, wenn Kontext und Umstände eine dahingehende Feststellung zulassen (BGH NJW 04, 1034, 1035 – *Schlagzeile*). 94

Auch die **Art und Weise der Darstellung** der Ware selbst oder ihrer Verpackung kann eine Angabe sein (BGHZ 82, 138, 142 f = GRUR 82, 118, 119 f – *Kippdeckeldose*: Mengenangabe durch Überdimensionierung der Verpackung; BGH GRUR 71, 313, 315 – *Bocksbeutelflasche*: Mittelbare geografische Herkunftsangabe für Frankenwein; BGH GRUR 81, 666, 667 – *Ungarische Salami I*: Flaggenartige Verwendung der Farbkombination Rot-Weiß-Grün als Hinweis auf die geografische Herkunft der Ware aus Ungarn oder Italien, vgl auch BGH GRUR 82, 685, 686 – *Ungarische Salami II*; OLG Frankfurt GRUR 91, 778, 779 – *Wellmann-Poller*: Formgebung von Straßenabsperrpfosten als betriebliche Herkunftsangabe). 95

Angaben, die sich (nur) **konkludent** aus der Werbung ergeben, verschweigen weder etwas (§ 5a Rn 1) noch sind sie unvollständig (Rn 178 ff). Wer eine Ware als neu verkauft, bringt nach dem maßgebenden Verständnis des Erklärungsempfängers (Rn 125 ff) zugleich zum Ausdruck, dass die Ware *fabrikneu* ist (Rn 277). Eine Irreführung des Verkehrs über die Fabrikneuheit beruht dann nicht auf einem verschwiegenen Umstand oder einer unvollständigen Angabe, sondern auf einer **konkludenten positiven Aussage** über die Beschaffenheit der Ware (BGH GRUR 95, 610, 611 – *Neues Informationssystem*). In den Aussagegehalt einer späteren Angabe können auch frühere Informationen einzubeziehen sein, die im **Erinnerungsbild** des Adressatenkreises wachgerufen werden (OLG München GRUR-RR 12, 289, 291 – *Die faire Milch*). Nimmt der Verkehr auf Grund der Angaben über die Preisgünstigkeit eines fortlaufend zu ergänzenden Nachschlage-Grundwerks eine entsprechende Preisgünstigkeit auch für die Nachlieferungen an, ist die Irreführung über die Preisgestaltung der Nachlieferungen nicht Folge einer unvollständigen Angabe, sondern Folge der gesamten Aufmachung des Bestellformulars und damit Folge einer positiven Aussage (BGH VuR 98, 285, 288 – *Beraterhandbuch*). 96

Zu Angaben über **Größe und Bedeutung eines Unternehmens** s Rn 599 ff. Die Verwendung des Zusatzes „Euro" in der Firma eines Unternehmens enthält in der Regel die Angabe, das Unternehmen sei nach Größe und Marktstellung den Anforderungen des europäischen Marktes gewachsen (BGH GRUR 97, 669 – *Euromint*). 97

Zur **Irreführung durch Unterlassen** bzw Verschweigen von Tatsachen vgl § 5a Rn 1 ff. 98

IV. Angaben im Rahmen vergleichender Werbung (§ 5 III 1. Alt)

§ 5 III 1. Alt entspricht § 3 Satz 2 UWG 1909, der durch das Gesetz zur vergleichenden Werbung und zur Änderung wettbewerbsrechtlicher Vorschriften v 99

100 Wie § 3 Satz 2 UWG 1909 beruht auch § 5 III 1. Alt auf Art 1 Nr 4 der **Richtlinie 97/55/EG,** nach dem vergleichende Werbung ua dann zulässig sein soll, wenn sie iS der Irreführungsrichtlinie 84/55/EWG (Art 2 Nr 2, Art 3) nicht irreführend ist (Art 3a I Buchst a). Mit der Umsetzung dieser Bestimmung wurde klargestellt, dass der irreführende Werbevergleich – was früher unterschiedlich beurteilt worden war (vgl RegBegr zu § 3 Satz 2, WRP 00, 555, 557 [zu Art 3a I Buchst a, 4. Abs]) – **ausschließlich anhand des Irreführungstatbestandes** zu beurteilen ist und ebenso wie der auf unwahre oder nicht erweislich wahre Tatsachen gestützte geschäfts- oder kreditschädigende Vergleich (§ 4 Nr 8 UWG 1909, § 14 UWG 1909) *nicht* von der an sich abschließenden Regelung der vergleichenden Werbung in § 6 II = § 2 II UWG 1909 erfasst wird (BGH WRP 02, 828, 831 – *Hormonersatztherapie; Nordmann,* GRUR Int 02, 297, 303). Auch ein sachlich zutreffender Vergleich kann irreführend sein (BGH GRUR 13, 1058 Rn 16 – *Kostenvergleich bei Honorarfactoring*).

101 Anders als die Irreführungsrichtlinie von 1984 (Art 7 I) beschränkt sich die Richtlinie 97/55/EG nicht auf eine Teilharmonisierung auf Mindestniveau, sondern schreibt die **Anwendung** seiner Bestimmungen **zwingend** vor (Art 7 II der konsolidierten Fassung der RL 84/450/EWG; Rn 45). Das gilt auch für den irreführenden Werbevergleich iS des § 5 III 1. Alt (BGH GRUR 05, 172, 175 – *Stresstest*). Die Frage war früher streitig (vgl 3. Aufl § 3 Rn 199), ist aber vom EuGH dahin entschieden worden, dass auch der irreführende Werbevergleich allein nach den Bestimmungen der Richtlinie zu beurteilen ist, nicht nach strengeren nationalen Maßstäben (EuGH GRUR 03, 533, 536 [Rn 44] – *Pippig Augenoptik/Hartlauer;* sa *Ohly,* GRUR 2003, 641; *Sack,* GRUR 04, 89, 91 f). Sie hat sich iÜ jetzt auch dadurch erledigt, dass seit der Novellierung des UWG 2004 für das deutsche Wettbewerbsrecht keine strengeren Regelungen mehr gelten, als sie nach der Irreführungsrichtlinie maßgeben sind (vgl Rn 47).

102 Das Irreführungsverbot des § 5 III 1. Alt erfasst sowohl Angaben, die **den Werbenden selbst** betreffen, als auch solche über **den Mitbewerber** und über das **Ergebnis des Werbevergleichs.** Ob eine Angabe vorliegt und wie sie zu verstehen ist, richtet sich nach der Verkehrsauffassung, die sich am Gesamtbild der Werbeaussage orientiert. Irreführend kann ein Werbevergleich auch dann sein, wenn die Angaben als solche wahr sind, aber durch deren Auswahl oder die Art der Darstellung ein unzutreffender Eindruck vermittelt wird (Rn 189 ff, 212 ff; vgl auch RegBegr zum ÄndG 2000, WRP 00, 561, zu § 3 Satz 2; *Sack,* GRUR 04, 89, 90 f). Dem Durchschnittsverbraucher ist klar, dass vergleichende Werbung dazu dient, die Vorteile der Erzeugnisse des Werbenden herauszustellen, weshalb er in Rechnung stellt, dass der Werbevergleich nicht wie ein von einem unabhängigen Testveranstalter vorgenommener Vergleich auf einer neutral durchgeführten Untersuchung beruht; die Grenze zur Irreführung wird aber überschritten, wenn der falsche Eindruck erweckt wird, es seien im Wesentlichen alle relevanten Eigenschaften in den Vergleich einbezogen, zB wenn sich die für den Preis maßgeblichen Konditionen der Wettbewerber nicht unwesentlich unterscheiden (BGH GRUR 10, 658 Rn 15 f – *Paketpreisvergleich*).

D. Irreführende Angaben

I. Begriff und Bedeutung

1. Begriff der Irreführung. Eine geschäftliche Handlung ist nach § 5 I 2 irreführend, wenn sie **unwahre Angaben oder sonstige zur Täuschung geeignete Angaben** enthält. **103**

Die UGP-RL unterscheidet bei der Definition der irreführenden Geschäftspraxis in Art 6 I zwischen falschen bzw unwahren Angaben einerseits und täuschenden bzw täuschungsgeeigneten Angaben andererseits. Daraus folgt allerdings nicht, dass falsche bzw unwahre Angaben auch ohne jegliche Täuschungseignung unlauter sind. Dies ergibt sich schon aus dem systematischen Zusammenhang mit der Irreführungsrichtlinie 2006/114/EG, die in Art 2 lit b stets zumindest eine Täuschungseignung voraussetzt (vgl *Sosnitza,* GRUR 07, 462, 466; *ders,* WRP 08, 1014, 1028). Dementsprechend gestaltet auch § 5 I 2 die unwahre Angabe nicht als eigenständigen Irreführungsfall aus, sondern behandelt sie als bloßen Unterfall der täuschenden Angabe („… unwahre Angaben … oder sonstige zur Täuschung geeignete Angaben …"), sodass **stets** die **Täuschungseignung zu prüfen** ist. **104**

Eine Angabe ist irreführend iS von § 5, wenn sie die **Wirkung einer unzutreffenden Angabe** erzeugt, dh den von ihr angesprochenen Verkehrskreisen einen unrichtigen Eindruck vermittelt (BGHZ 13, 244, 253 = GRUR 55, 37, 40 – *Cupresa;* GRUR 66, 445, 447 – *Glutamal;* GRUR 83, 512, 513 – *Heilpraktikerkolleg;* GRUR 91, 852, 854 – *Aquavit;* GRUR 95, 612, 613 f – *Sauerstoff-Mehrschritt-Therapie;* GRUR 00, 911, 913 – *Computerwerbung I;* GRUR 05, 442, 443 – *Direkt ab Werk;* stRspr; *v Gamm* Kap 36, Rn 26). Für diesen Begriff der Irreführung ist es erforderlich, reicht andererseits aber auch aus, dass die Angabe zur Täuschung des Verkehrs und zur Beeinflussung seiner Entschließung geeignet ist (Rn 13, 208; BGH GRUR 55, 409, 411 – *Vampyrette/AEG;* GRUR 91, 852, 854 – *Aquavit;* GRUR 92, 70, 72 – *40% weniger Fett;* GRUR 95, 610, 611 f – *Neues Informationssystem,* stRspr und allgM). Nicht erforderlich ist, dass jemand tatsächlich irregeführt wird, dh dass sich eine Irreführung in der Person eines Werbeadressaten auch tatsächlich verwirklicht (Art 2 Nr 2 der Irreführungsrichtlinie 84/450/EWG). Das dem erscheinend entgegenstehende *Nissan*-Urteil des EuGH (GRUR Int 93, 952, 953 [Rn 15, 16]) ist vereinzelt geblieben. Der EuGH ist darauf nicht wieder zurückgekommen. Für die Verwirklichung des Irreführungstatbestandes genügt also die Herbeiführung der *Gefahr* einer Täuschung (Köhler/Bornkamm § 5 Rn 2.65; sa *Sack,* WRP 04, 821, 822). **105**

Für die Irreführung (Irreführungsgefahr) reicht es aus, dass sich der angesprochene Verkehr auf Grund der irreführenden Angaben überhaupt erst oder näher mit dem Angebot befasst (BGH GRUR 88, 829 – *Verkaufsfahrten II;* GRUR 89, 855, 856 – *Teilzahlungskauf II;* GRUR 91, 554, 555 – *Bilanzbuchhalter;* GRUR 91, 772, 773 – *Anzeigenrubrik I;* GRUR 91, 774, 775 – *Anzeigenrubrik II;* GRUR 95, 610, 611 – *Neues Informationssystem;* VuR 98, 285, 288 – *Beraterhandbuch;* GRUR 00, 239, 241 – *Last-Minute-Reisen;* Rn 210, 218). Auf eine **nachträgliche Aufklärung** kommt es bei einer solchen Sachlage **nicht** an (Rn 133, 205). Eine Angabe ist regelmäßig auch dann als irreführend iS des § 5 – ebenso wie nach der Irreführungsrichtlinie (Rn 45 ff) – zu beanstanden, wenn der angesprochene Verkehr im Zeitpunkt seiner Kaufentschließung nicht mehr in einem Irrtum befangen ist, die betreffende Angabe aber geeignet war, ihn anzulocken und dem Angebot näherzutreten, als er sonst nicht oder nicht in dieser Weise beachtet hätte (stRspr, BGH aaO – *Neues Informationssystem;* BGH aaO – *Beraterhandbuch*). Grundsätzlich ist bereits in der Handzettel-, Zeitungs- und Plakatwerbung und nicht erst im Verkaufsgespräch auf die Umstände hinzuweisen, in denen das mit der Werbung herausgestellte Produkt hinter der Verkehrserwartung zurückbleibt (BGH GRUR 99, 1125, 1126 – *EG-Neuwagen II,* auch zur Ausnahme von diesem **106**

Grundsatz). Mit irreführenden Angaben darf deshalb auch dann nicht geworben werden, wenn eine Ware den vom Verkehr erwarteten Vorteil aufweist (st Rspr, BGH GRUR 91, 852, 855 – *Aquavit*).

107 **2. Gegenstand der Irreführung.** Als irreführend iS des § 3 aF kamen allein Angaben in Betracht, die Aussagen über (irgendwelche) **geschäftliche Verhältnisse** machten (BGH GRUR 92, 66, 67 – *Königl.-Bayerische Weisse*). Dazu gehörten nicht nur die in § 3 UWG 1909 („insbesondere") angeführten geschäftsbezogenen Umstände, sondern auch alle sonstigen geschäftlichen Tätigkeiten, die mit der gewerblichen Tätigkeit **des Werbenden** irgendwie in Beziehung standen, zB Umsatzangaben oder Firmen- bzw Kanzleiangaben im Briefkopf (BGH GRUR 97, 925, 926 – *Ausgeschiedener Sozius*). Auf diesen Begriff der geschäftlichen Verhältnisse stellt die Formulierung des neuen Irreführungstatbestands, der irreführende Werbung generell erfasst (§ 5 I 1: „irreführende geschäftliche Handlung"), nicht mehr ab. Seit der Novellierung des UWG von 2004 werden daher geschäftliche Handlungen, die – wie beispielsweise die redaktionelle Werbung – früher unter dem Gesichtspunkt der wettbewerbswidrigen Irreführung nach § 1 aF beurteilt wurden (s dazu 3. Aufl § 1 Rn 12 ff), nunmehr dem **umfassender ausformulierten Irreführungstatbestand** des § 5 zugeordnet, auch wenn insoweit – wie zB § 4 Nr 3 für die redaktionelle Werbung als verschleierndes Wettbewerbshandeln – noch weitere Regelungen eingreifen können (Köhler/Bornkamm § 5 Rn 2.22).

108 § 5 erfasst Angebote über bestimmte **einzelne Waren und Leistungen,** auch in Form von gekoppelten Warenangeboten zu Set-Preisen (BGH GRUR 96, 796 – *Setpreis*), aber auch Angaben, die das **gesamte Angebot** des Werbenden betreffen (BGH GRUR 75, 553 – *Preisgarantie*: Geld-zurück-Garantie für das gesamte Angebot; ebenso BGH GRUR 91, 468 – *Preisgarantie II;* GRUR 83, 257 – *Bis zu 40%:* Preiswerbung für das gesamte Sortiment). Wird mit Preisen geworben, müssen diese für den Werbeadressaten hinreichend deutlich erkennbar und verständlich sein (BGH WRP 99, 512, 515 – *Aktivierungskosten*). Zu den Anforderungen der PAngV insoweit s PAngV § 1 Rn 23, 25). Der **Begriff der Waren und Leistungen** iS des UWG ist weit zu ziehen. Erfasst werden alle Waren des Handels- und Geschäftsverkehrs und alle Leistungen geistiger und körperlicher Art im geschäftlichen Verkehr (§ 2 Rn 47 f).

109 **3. Anforderungen an Richtigkeit.** § 5 dient dem Schutz der Marktteilnehmer und der Allgemeinheit vor einem irreführenden Wettbewerb. Diese Zielsetzung verlangt, dass an die Richtigkeit und Wahrheit der Werbung **strenge Anforderungen** gestellt werden. Das gilt vor allem im **Gesundheitsbereich** bei Angaben über gesundheitsfördernde Eigenschaften (BGH GRUR 75, 664, 665 – *Idee-Kaffee III;* GRUR 78, 252, 253 – *Kaffee-Hörfunk-Werbung;* GRUR 80, 797, 799 – *Topfit-Boonekamp*), aber auch bei **geographischen Herkunftsangaben** (BGH GRUR 81, 71, 72 f – *Lübecker Marzipan;* GRUR 82, 564, 565 – *Elsässer Nudeln;* GRUR 87, 535, 537 – *Wodka Woronoff*) und bei Hinweisen auf eine **Beteiligung der öffentlichen Hand** auf Seiten des Werbenden (BGH GRUR 83, 512, 513 f – *Heilpraktikerkolleg;* GRUR 86, 316, 318 – *Urselters*).

110 **4. Darlegungs- und Beweislast.** Grundsätzlich hat der **Kläger** die anspruchsbegründenden Tatsachen darzutun und zu beweisen. Dies gilt auch für die Voraussetzungen der Annahme einer Irreführung (BGH GRUR 63, 270, 271 – *Bärenfang;* GRUR 85, 140, 142 – *Größtes Teppichhaus der Welt;* GRUR 07, 247 Rn 33 – *Regenwaldprojekt I*). Jedoch kann den **Beklagten** nach dem auch im Prozessrecht geltenden Grundsatz von Treu und Glauben (§ 242 BGB) eine prozessuale Erklärungspflicht treffen, wenn der Kläger – insbesondere bei betriebsinternen Umständen des Beklagten – keine Möglichkeit hat, den Sachverhalt von sich aus aufzuklären, während der Beklagte über diese Kenntnis verfügt und die Aufklärung ohne Weiteres leisten kann (BGH GRUR 00, 820, 822 – *Space Fidelity Peep-Show;* GRUR 04, 246, 247 – *Mondpreise*).

Irreführende geschäftliche Handlungen §5 UWG

Dies setzt aber voraus, dass der Kläger über bloße Verdachtsmomente hinaus die für die Irreführung sprechenden Tatsachen vorgetragen und unter Beweis gestellt hat (BGH GRUR 97, 229, 230 – *Beratungskompetenz;* GRUR 07, 247 Rn 33 – *Regenwaldprojekt I*). Im Bereich der gesundheitsbezogenen Werbung kann es dem Werbenden obliegen, die wissenschaftliche Absicherung seiner Behauptung nachzuweisen (vgl Rn 295). Bei standardisierten Dienstleistungen (zB typische Handwerkerleistungen, Massen-Finanzprodukte, Freiberufler-Factoring) ist regelmäßig davon auszugehen, dass die Angebote preislich gleich gestaltet werden; es ist daher Sache des sich auf Irreführung berufenden Dienstleisters darzulegen und zu beweisen, dass er tatsächlich günstigere Preise als die im Rahmen eines Vergleichs eines Dritten angegebenen angeboten oder berechnet hat, wofür die Offenlegung repräsentativer Beispiele genügt (BGH GRUR 13, 1058 Rn 26, 30 f – *Kostenvergleich bei Honorarfactoring*).

Diese Praxis steht im Einklang mit den **europarechtlichen Vorgaben.** Nach **111** Art 7 lit a der Irreführungsrichtlinie 2006/114/EG (zuvor Art 6 lit a der Irreführungsrichtlinie 84/450/EWG) übertragen die Mitgliedstaaten den Gerichten Befugnisse, die sie ermächtigen, vom Werbenden Beweise für die Richtigkeit von Werbeangaben zu verlangen, soweit dies angemessen erscheint (vgl BGH GRUR 13, 1058 Rn 22 – *Kostenvergleich bei Honorarfactoring*). In gleicher Weise wird in Rn 21 S 2 der UGP-RL darauf hingewiesen, dass zwar die Beweislast vom nationalen Recht bestimmt wird, die Gerichte aber in die Lage versetzt werden sollten, von Gewerbetreibenden zu verlangen, dass sie den Beweis für die Richtigkeit der von ihnen behaupteten Tatsachen erbringen.

II. Verkehrsauffassung

Literatur: *Ahrens,* Wettbewerbshandlungen von Testinstituten – Irreführungsgefahr und maßgebliche Verkehrsauffassung, WRP 1977, 14; *Aicher,* Verkehrsauffassung und Unklarheitenregel im Wettbewerbsrecht, DB 1970, 2009; *Assmann,* Verkehrsauffassung und Verbrauchererwartungen beim Warenkauf, 1970; *Bauer,* Zur Bedeutung der Verkehrsauffassung bei der Auslegung des § 3 UWG, GRUR 1968, 248; *Brandner,* Bedeutungsgehalt und Bedeutungswandel bei Bezeichnungen im geschäftlichen Verkehr, FS Piper, 1996, S 95; *Bungeroth,* Zur Feststellung des irreführenden Charakters einer Angabe iS von § 3 UWG, GRUR 1971, 93; *Möhring,* Die Umwandlung einer Beschaffenheitsangabe zum betrieblichen Herkunftshinweis, GRUR 1974, 565; *Schramm,* Der Richter als Verkehrsbeteiligter, GRUR 1953, 453; *Spliethoff,* Verkehrsauffassung und Wettbewerbsrecht, 1992; *vom Stein,* Zur Beurteilung irreführender Werbung ohne demoskopische Gutachten, WRP 1970, 332; *Tilmann,* Die Verkehrsauffassung im Wettbewerbs- und Warenzeichenrecht, GRUR 1984, 716.

1. Grundlagen. Verbraucherleitbild. Maßgeblich für die Beurteilung der **112** Frage, ob eine Angabe irreführend ist, ist in aller Regel – wenn nicht das Gesetz den Gebrauch einer Bezeichnung oder sonst einer Angabe zwingend vorschreibt (Rn 198) – die **Auffassung der Verkehrskreise** (das Verkehrsverständnis), an die sich die Werbung richtet (Empfängerhorizont) und deren Entschließung sie beeinflussen soll (BGHZ 13, 244, 253 = GRUR 1955, 38, 40 – *Cupresa;* BGH GRUR 1973, 534, 535 – *Mehrwert II;* GRUR 1983, 651, 653 – *Feingoldgehalt;* GRUR 99, 1122, 1123 – *EG-Neuwagen I,* stRspr). Die Verkehrsauffassung entscheidet darüber, ob eine *Angabe* iS des § 5 vorliegt, welcher *Sinn* der Angabe zukommt, ob sie die *Gefahr einer Irreführung* begründet und *relevant* ist, dh den Kaufentschluss der potentiellen Kunden zu beeinflussen geeignet ist. Die *Abgrenzung der beteiligten Verkehrskreise* vom unbeteiligten Teil des Publikums ist dabei von grundlegender Bedeutung (Rn 115, 125). Was für den Laien irreführend ist, kann für den Fachmann selbstverständlich sein. Zur Verkehrsauffassung im Einzelnen s Rn 127 ff.

Nach § 5 kann eine Angabe nicht allein schon deshalb unbeanstandet bleiben, weil **113** sie wörtlich betrachtet oder für sich genommen – abstrakt – zutrifft. Auf die grammatikalisch-philologische Bedeutung der Angabe kommt es nicht an (BGH GRUR 57, 128, 130 – *Steinhäger;* GRUR 82, 111, 113 – *Original-Maraschino*). Für die Beurteilung als **irreführend ist allein entscheidend,** welche Vorstellung die Angabe hervorruft und ob dieser Eindruck mit der Wirklichkeit übereinstimmt. Unerheblich ist das nicht zum Ausdruck gelangte Verständnis des Werbenden selbst, welchen Eindruck mit der Werbung zu erzielen er beabsichtigt. Die Absicht, dem Verkehr eine bestimmte Vorstellung zu vermitteln, trägt für sich allein nicht die Feststellung, dass eine solche Verkehrsvorstellung auch tatsächlich erweckt worden ist (BGH GRUR 61, 193, 196 – *Medaillenwerbung;* GRUR 67, 308, 310 – *Backhilfsmittel;* GRUR 01, 73, 75 – *Stich den Buben*). Richtig iS des § 5 ist eine Angabe nur dann, wenn sie aus der **Sicht eines durchschnittlich informierten und verständigen, situationsbedingt aufmerksamen Verbrauchers** mit dem übereinstimmt, was die umworbenen Verkehrskreise ihr entnehmen (stRspr seit dem *Orient-Teppichmuster*-Urteil des BGH GRUR 00, 619, 621; BGHZ 156, 250, 252f = GRUR 04, 244, 245 – *Marktführerschaft;* GRUR 05, 877, 879 – *Werbung mit Testergebnis;* GRUR 05, 438, 440 – *Epson-Tinte;* GRUR 07, 805 Rn 19 – *Irreführender Kontoauszug;* GRUR 10, 936 Rn 10 – *Espressomaschine;* sa Rn 48; § 2 Rn 104, 110 ff). Geprägt wird diese Sicht vor allem durch den **Gesamteindruck,** den die Angabe nach dem (Text- oder graphischen) **Zusammenhang,** in den sie gestellt ist, vermittelt (Rn 125 ff).

114 Da allein die **Wirkung der Ankündigung** auf die angesprochenen Verkehrskreise maßgebend ist, kommt es nicht darauf an, ob bereits die Angabe, weil schon als solche unrichtig, die Gefahr der Irreführung begründet oder ob sie zwar als solche objektiv richtig, nach dem maßgebenden Gesamteindruck (Rn 125 ff) aber gleichwohl zu einer Irreführung führt (BGH GRUR 1983, 651, 653 – *Feingoldgehalt*). Auch ist nicht entscheidend, wie der Werbende seine Ankündigung versteht oder verstanden wissen will. Abzustellen ist auch nicht auf den Sinn, den der Werbeempfänger der Ankündigung nach Treu und Glauben beilegen müsste. Entscheidend für die Beurteilung einer Angabe ist ausschließlich der einem verständigen Durchschnittsverbraucher (Rn 118) durch die Werbung vermittelte Eindruck.

115 **2. Beteiligte Verkehrskreise. a) Angesprochener Verkehr.** Beteiligte Verkehrskreise, auf deren Auffassung es für die Beurteilung einer Werbeangabe als irreführend ankommt, sind die **von der geschäftlichen Handlung** – nicht nur die vom Werbenden – angesprochenen Verbraucher und sonstigen Marktbeteiligten (BGH GRUR 97, 925, 926 – *Ausgeschiedener Sozius*), regelmäßig die jeweils betroffenen – privaten und gewerblichen – Letztverbraucher (BGH GRUR 60, 130, 132 – *Sunpearl II;* GRUR 81, 666, 667 – *Ungarische Salami I*). **Allein sie** entscheiden über Sinn und Bedeutung einer Werbeaussage. Unerheblich ist, wen der Werbende ansprechen will. Auf die Gesamtbevölkerung (deren Durchschnitt) kommt es nicht ohne weiteres an, anders bei der an jedermann gerichteten **Publikumswerbung** (Rn 117). Den beteiligten Verkehrskreisen zuzurechnen sind sowohl die Letztverbraucher, die bereits Kunden sind, als auch die (potentiellen, zukünftigen) Kunden, die erst noch geworben werden sollen (BGH GRUR 71, 305, 307 – *Konservenzeichen II*).

116 Die **zutreffende Bestimmung** der beteiligten Verkehrskreise ist für die Frage der Richtigkeit oder Unrichtigkeit einer Werbebehauptung von zentraler Bedeutung (vgl zB BGH GRUR 90, 377, 378 – *RDM*). Je nach Vorbildung und Fachkenntnis kann das Verständnis für eine Werbeaussage in den einzelnen Bevölkerungskreisen völlig verschieden sein. Was Fachleuten selbstverständlich ist, kann bei anderen Teilen der Bevölkerung auf eine Fehleinschätzung hinauslaufen (vgl Rn 118 ff; BGH VuR 98, 285, 287 – *Beraterhandbuch*).

117 **b) Werbeadressaten. aa) Publikumswerbung.** Bei **Massenartikeln** und anderen **Waren des täglichen Bedarfs** sind regelmäßig alle Bevölkerungskreise betroffen. Angebote hochpreisiger Güter oder von Qualitätswaren oder Luxusartikeln können sich aber auch je nach Wortlaut, Inhalt und Einzelumständen der Werbung nur an Teile der Bevölkerung wenden (BGH GRUR 82, 672, 674 – *Aufmachung von Qualitätsseifen;* GRUR 90, 377, 378 – *RDM*). Zu den Anforderungen an die Richtigkeit einer allgemeinen Publikumswerbung und an die Aufklärungspflicht des Werbenden insoweit s BGH GRUR 99, 1125, 1126 – *EG-Neuwagen II.*

bb) Einzelwerbung. Auch im **individuellen Verkaufsgespräch** kommt es für 118 die Beurteilung der Angaben des Werbenden grundsätzlich auf die Sicht eines **verständigen Durchschnittsverbrauchers** an. Jedoch muss der Werbende einem Verständnis, das diesem Niveau erkennbar nicht entspricht, Rechnung tragen. Insoweit gilt daher ein anderer Verständnismaßstab. Entsprechendes gilt für den umgekehrten Fall, dass der Kunde, auch wenn er nicht Fachmann ist (Rn 119), über Kenntnisse verfügt, die über die Sichtweise eines verständigen Durchschnittsverbrauchers hinausreichen. Der Grad an Aufmerksamkeit eines verständigen Durchschnittsverbrauchers kann auch sonst nach den Einzelfallumständen gesteigert sein, so wenn höherwertige Produkte oder Dienstleistungen Gegenstand der Werbung sind. In solchen Fällen ist in Betracht zu ziehen, dass sich der Umworbene von Anfang an der Werbung mit gesteigerter Aufmerksamkeit zuwendet (GRUR 00, 619, 621 – *Orient-Teppichmuster;* GRUR 02, 81, 83 – *Anwalts- und Steuerkanzlei*).

cc) Fachkreise. Bei der an Fachkreise (Industriebetriebe, Dienstleistungsunter- 119 nehmen, Behörden, Krankenhäuser, Ärzte, Anwälte, Techniker, Händler usw) gerichteten Werbung bilden diese den angesprochenen Verkehr (vgl etwa BGH GRUR 10, 352 Rn 11 – *Hier spiegelt sich Erfahrung;* GRUR 12, 184 Rn 19 – *Branchenbuch Berg*). Darüber hinaus zählen zum maßgeblichen Verkehr auch die Personen, die *im Vorfeld der Kaufentscheidung* mit dem Angebot befasst werden (Einkaufspersonal) und den Fachmann überhaupt erst veranlassen, sich damit näher zu beschäftigen (BGH GRUR 88, 700, 702 – *Messpuffer*).

Gegenüber Fachkreisen mit höherem Bildungsgrad und Fachkunde kann im Allge- 120 meinen ein **höherer Grad an Aufmerksamkeit und Beurteilungsvermögen** zu Grunde gelegt werden, weil Vorbildung, Erfahrung und Kenntnis der Verhältnisse eine kritische Prüfung ermöglichen oder erleichtern (BGH GRUR 66, 445, 447 – *Glutamal;* GRUR 84, 376, 377 – *Johannisbeerkonzentrat;* vgl auch BGH GRUR 07, 605 Rn 11 – *Umsatzzuwachs*). Jedoch ist auch bei ihnen ein nur durchschnittliches Verkehrsverständnis nicht ausgeschlossen (Rn 118). Sachkundiges (technisches, rechtliches) Verständnis kann nicht ohne weiteres bei den kaufmännischen Abteilungen auch größerer Industriebetriebe vorausgesetzt werden (BGH GRUR 61, 241, 242 – *Socsil;* GRUR 64, 144, 145 – *Sintex;* GRUR 69, 422, 423 – *Kaltverzinkung*). Insbesondere muss auch damit gerechnet werden, dass im **Vorfeld der Kaufentschließung** mit der Werbung und dem Angebot Personen befasst werden, die mit den damit zusammenhängenden Sachfragen nicht näher vertraut sind und deshalb nicht mit fachmännischem Sachverstand an die Sache herangehen. Im Übrigen können auch Gewerbetreibende und deren Mitarbeiter in bestimmten Situationen **nur flüchtig** Informationen wahrnehmen, etwa wenn formularmäßig aufgemachte Angebotsschreiben unter Zeitdruck nur oberflächlich gelesen werden (BGH GRUR 12, 184 Rn 22, 28 – *Branchenbuch Berg*).

Vielfach lässt sich eine **an Fachkreise gerichtete Werbung** nicht auf diese Kreise 121 beschränken. Soweit in Betracht kommt, dass Werbeaussagen (Kataloge, Prospekte usw) an **Letztverbraucher** *weitergegeben* oder diesen gegenüber – zB in der Werbung oder im Verkaufsgespräch – *verwendet* werden, zählen auch die insoweit in Betracht kommenden Letztverbraucher zum angesprochenen Verkehr (BGH GRUR 57, 339, 340 – *Venostasin/Topostasin;* Werbung für Arzneimittel, auch soweit rezeptpflichtig; vgl auch BGHZ 50, 77, 81 = GRUR 68, 550, 552 – *Poropan;* BGH GRUR 68, 200, 201 – *Acrylglas:* Katalog-/Prospektangaben; GRUR 83, 256 – *Sauerteig:* Herstellerwerbung für Backhilfsmittel). Sind aber Werbeankündigungen oder Angebote ausschließlich für Fachkreise bestimmt und geeignet, kommen auch nur sie als beteiligte Verkehrskreise in Betracht (BGH GRUR 57, 435, 437 – *Eucerin/Estarin;* GRUR 84, 376, 377 – *Johannisbeerkonzentrat*).

122 **dd) Durchschnittsmaßstab.** Innerhalb des jeweils angesprochenen Verkehrskreises ist ein **Durchschnittsmaßstab an das Beurteilungsvermögen** anzulegen, vgl § 3 II 2. Maßgebend ist der Kenntnis- und **Erfahrungsstand eines verständigen Durchschnittsbetrachters. Elementarkenntnisse** können bei einer Publikumswerbung (Rn 82 f, 117) im Allgemeinen vorausgesetzt werden (BGH GRUR 68, 433, 436 – *Westfalenblatt II*). Bei einer Werbung gegenüber **Kindern** und **Jugendlichen** ist der Grad an Sorgfalt und Beurteilungsvermögen **generell geringer.** Auch bei Erwachsenen kann dies situativ bedingt der Fall sein (BGH GRUR 83, 254, 255 – *Nachhilfeunterricht*). Ebenso ist die Kritikfähigkeit von **Kranken** gegenüber Werbeaussagen, die Heilung oder Linderung versprechen, erfahrungsgemäß stark herabgesetzt. Derartige Werbeankündigungen *wollen* von den Werbeadressaten geglaubt werden, so dass im Heilmittelwerbebereich der Grad des Urteilsvermögens als eher gering einzustufen ist.

123 **c) Mehrere Verkehrskreise.** Richtet sich die Werbung sowohl an Fachkreise als auch an andere Verkehrskreise (zB bei der Herstellerwerbung gegenüber Handel und Letztverbraucher), ist die Auffassung sämtlicher beteiligter Verkehrskreise zu berücksichtigen. Für die Bejahung der Irreführung genügt dann die Täuschung (eines nicht unerheblichen Teils der Angehörigen) eines dieser Verkehrskreise (BGH GRUR 61, 545, 547 – *Plastic-Folien;* GRUR 68, 200, 201 – *Acrylglas; Ulmer/Reimer* Bd III Rn 529; GK/*Lindacher* § 5 Rn 79), vgl § 3 II S 3.

124 **d) Regionale Verkehrsauffassung.** Eine regional begrenzte Werbung richtet sich nur an den Verkehr in dem betroffenen Bereich. Maßgeblich kommt es dann auf die Auffassung der Verbraucher des **gesamten** Bereichs an, der von der Werbemaßnahme berührt wird (BGH GRUR 83, 32, 33 f – *Stangenglas I*). Wird eine überregionale Werbung nur in einem Teilgebiet falsch verstanden, kommt ein auf **diese Region beschränktes** Unterlassungsgebot in Betracht (BGH aaO – *Stangenglas I* S 34). Eine **Interessenabwägung** (Rn 218 ff) kann jedoch in solchen Fällen einem Verbot entgegenstehen, wenn die Belange der Allgemeinheit nicht in erheblichem Maße in Mitleidenschaft gezogen werden und die Irreführungsgefahr insgesamt nur als gering einzuschätzen ist (BGH aaO – *Stangenglas I;* GK/*Lindacher* § 5 Rn 83 f).

125 **3. Kriterien der Verkehrsauffassung. a) Gesamteindruck.** Maßgebend für die Bestimmung des Inhalts einer Werbung ist die **Auffassung des Verkehrs,** für den die Werbeaussage bestimmt ist und von dem der Werbende verstanden werden will (Rn 112 ff) Allein sie entscheidet darüber, ob eine **Angabe** iS des § 5 UWG vorliegt, was diese **aussagt,** ob sie die Gefahr einer **Irreführung** begründet und ob ihr wettbewerbliche **Relevanz** zukommt, dh den Kaufentschluss des umworbenen Kunden (irgendwie) zu beeinflussen geeignet ist (Rn 212; BGH GRUR 89, 609, 610 – *Fotoapparate;* GRUR 98, 949, 950 – *D-Netz-Handtelefon;* GRUR 98, 951, 953 – *Die große deutsche Tages- und Wirtschaftszeitung;* WRP 99 517, 518 – *Orbital-Handy;* GRUR 00, 337, 338 – *Preisknaller;* GRUR 01, 73, 75 – *Stich den Buben;* GRUR 03, 631, 632 f – *L. Glutamin;* GRUR 05, 438, 440 – *Epson-Tinte;* GRUR 05, 442, 443 – *Direkt ab Werk*). Unerheblich ist das nicht zum Ausdruck gelangte Verständnis des Werbenden selbst. Auf dessen *Absicht,* dem Verkehr eine bestimmte Sicht zu vermitteln, kommt es nicht an. Für die Beurteilung der Verkehrsauffassung bedarf es der Feststellung, an *welche Verkehrskreise* sich die Werbung wendet, wie ein verständiger Durchschnittsbetrachter dieses Verkehrskreises die Werbung versteht und ob dieses Verständnis der *Wirklichkeit* entspricht (vgl BGH GRUR 79, 716, 718 – *Kontinent Möbel;* GRUR 81, 666, 667 – *Ungarische Salami I*). Anknüpfungspunkt dieser Prüfung ist die Werbeverlautbarung, die anhand ihres Wortlauts und Inhalts sowie der konkreten Begleitumstände und der vom Verkehr vorausgesetzten Erfahrungstatsachen auszulegen ist. Dabei ist davon auszugehen, dass Teile des angesprochenen Verkehrs die Werbung entsprechend ihrem Wortsinn verstehen. Jedoch kommt es immer auch darauf an, ob nicht der eigentliche Wortsinn durch einen reklamehaft übertriebenen Aussagegehalt, durch wertende Angaben oder Begleitumstände beeinflusst oder überlagert wird (BGH GRUR 02, 182, 184 – *Das Beste jeden Morgen:* Werbung für ein Frühstücksprodukt aus Getreide).

Bei der Beurteilung, ob eine Werbung irreführend ist, sind alle ihre Bestandteile **126** einschließlich der **Besonderheiten des verwendeten Kommunikationsmediums** zu berücksichtigen, Art 7 I, III der UGP-RL; daher ist bei einer Fernsehwerbung ein schriftlich eingeblendeter aufklärender Hinweis nicht bereits deshalb unbeachtlich, weil er von nur zuhörenden Fernsehteilnehmern nicht wahrgenommen wird (BGH GRUR 09, 418 Rn 17 – *Fußpilz*).

Entscheidend ist die **Gesamtwirkung der Werbung,** auf die der Verkehr bei sei- **127** ner Betrachtung abstellt und die deshalb wahr sein muss (BGH GRUR 03, 361, 362 – *Sparvorwahl;* GRUR 10, 352 Rn 11 – *Hier spiegelt sich Erfahrung;* GRUR 12, 942 Rn 16 – *Neurologisch/Vaskuläres Zentrum*). Eine zergliedernde Betrachtungsweise, die die Werbeaussage in ihre einzelnen Teile zerlegt, ist unzulässig. **Unselbstständige** Bestandteile einer Werbeaussage – zu selbstständigen Bestandteilen s Rn 128 – dürfen nicht aus ihrem Zusammenhang gelöst und gesondert geprüft werden. Vermittelt die Werbung einen zutreffenden Eindruck, kann sie nicht deshalb nach §5 untersagt werden, weil einzelne Stellen, isoliert betrachtet, täuschend wirken könnten (BGH GRUR 68, 382, 385 – *Favorit II;* GRUR 70, 425, 426 – *Melitta-Kaffee*).

Selbstständige Teile einer Werbung – etwa Druckschriften, umfangreichere **128** Werbeankündigungen, blickfangmäßig oder sonst verselbstständigt herausgestellte Beschreibungen oder Bezeichnungen wie Marke, Firmenname oder Titel – müssen aber **als solche** wahr sein (BGH GRUR 58, 294, 296 – *Essenzlimonaden;* GRUR 83, 654, 655 – *Kofferschaden*). Auch ist im Einzelfall damit zu rechnen, dass der Verkehr bei einer umfangreicheren Werbung diese nicht vollständig und gründlich liest (RG GRUR 34, 616, 619 – *Zwillingsheizzüge;* GRUR 39, 741, 744 – *Fassadenreinigung*). Eine Werbung in aufeinander folgenden Abschnitten muss in ihren Einzelteilen *und* insgesamt zutreffen (RG GRUR 31, 1156, 1157 – *Sprachfernkurs;* BGH aaO – *Essenzlimonaden*). Die Angabe einer zu hohen Herstellerpreisempfehlung in einer Werbeanzeige ist irreführend, auch wenn es sich nur um einen klein gedruckten Hinweis handelt und aus anderen in der Anzeige mitgeteilten Umständen – zB aus der Preisangabe und der Herausstellung der Preisdifferenz zwischen Preisangabe und Preisempfehlung des Herstellers – aus der Unrichtigkeit der Preisempfehlung geschlossen werden kann (BGH GRUR 01, 78, 79 – *Falsche Herstellerpreisempfehlung*).

b) Objektiver Eindruck. Entscheidend für die Bildung der Verkehrsauffassung **129** ist der erfahrungsgemäß am Wortsinn anknüpfende (Rn 112) **objektive Eindruck** der Werbung auf den Empfängerkreis (Rn 125). Die Werbung muss so abgefasst sein, dass der Leser, der sich auf sie verlässt, nicht getäuscht wird (BGH GRUR 83, 654, 656 – *Kofferschaden*). Sie muss deshalb auch die **Begleitumstände** in Rechnung stellen, unter denen der Empfänger angesprochen wird (*v Gamm* Kap 36 Rn 16; *Ulmer/Reimer* Bd III Nr 528, 529, 533; GRUR 01, 256, 257 – *Gebührenvereinbarung*). Prägend für dessen Verständnis ist regelmäßig der **allgemeine Sprachgebrauch,** wenn es sich um eine Werbung für Massenartikel oder Gegenstände des täglichen Gebrauchs oder sonst um Publikumswerbung handelt. Ist nur ein begrenzter Abnehmerkreis angesprochen, kommt nicht der allgemeine, sondern der auf dem betreffenden **(Fach)- Gebiet** übliche Sprachgebrauch in Betracht (BGHZ 27, 1, 12 = GRUR 58, 444, 447 – *Emaillelack*). Zu berücksichtigen sind ggf auch Veröffentlichungen in Fachzeitschriften, Fachbüchern und Lexika (BGHZ 106, 101, 105f = GRUR 89, 440, 441f – *Dresdner Stollen I*), ebenso der **behördliche Sprachgebrauch** (BGHZ 42, 134, 139

= GRUR 65, 96, 98 – *20% unter empfohlenem Richtpreis;* BGH GRUR 83, 245, 247 – *Naturrot),* die Rechtsprechung der Gerichte (BGH GRUR 58, 492, 496 – *Eis-Pralinen;* GRUR 63, 36, 38 – *Fichtennadel-Extrakt*), DIN-Normen, Richtlinien, Begriffsbestimmungen und Definitionen der beteiligten Industriekreise und Verbände (BGH GRUR 91, 462, 463 – *Wettbewerbsrichtlinie der Privatwirtschaft;* Piper GRUR 90, 643, 648f). Erfahrungsgemäß neigt der Verkehr dazu, sich solchen Begriffen anzupassen (BGH aaO – *20% unter empfohlenem Richtpreis;* GRUR 80, 108, 109 – *Unter empf. Preis*). Sie sind von fachkundiger Hand erarbeitet und bieten sich auch dem allgemeinen Verkehr zur Verwendung an. Im Einzelfall bedarf es aber der Prüfung, ob dieser **Erfahrungssatz** zutrifft und die in Betracht kommenden Richtlinien und Definitionen den Anschauungen der jeweils beteiligten (Berufs-)Kreise entsprechen (BGH aaO – *Naturrot;* BGH aaO – *Wettbewerbsrichtlinie der Privatwirtschaft*). So kam der sozialversicherungsrechtlichen Leistungsregelung für Sehhilfen, die nach Brillenfassungen und -gläsern differenziert (§ 33 I, IV SGB V idF v 1.1.1997), für die Auffassung des Verkehrs von der *einheitlichen* Ware „Brille" keine prägende Bedeutung zu (BGH GRUR 00, 918, 919 – *Null-Tarif*). Die Verkehrsauffassung kann auch durch **gesetzliche Vorschriften** „geläutert", dh beeinflusst werden, etwa in dem Sinne, dass sie den bestehenden Normen entspricht (BGH GRUR 09, 970 Rn 25 – *Versicherungsberater;* vgl auch Rn 25, 28).

130 Zu berücksichtigen sind alle für das Angebot wesentlichen **Umstände des konkreten Falles** (vgl BGH GRUR 86, 322, 323 – *Modemacher;* Keine Inanspruchnahme eines eigenen, richtungweisenden Modestils bei Verwendung des Wortes „Mode" durch ein Versandhaus, sondern Hinweis auf das am jeweiligen Modetrend orientierte Angebot), **Eigenschaften** des werbenden Unternehmens wie Alter, Größe, Seriosität; ferner, für welche Ware, bei welcher Gelegenheit und in welchem räumlichen Bereich geworben wird. Die Verkehrsauffassung kann **regional verschieden** sein (Rn 124; RG GRUR 32, 191, 193 – *Nährbier*). Bei inländischem Vertrieb kommt es auf die inländischen Verkehrskreise, bei Exportwaren auf das Verkehrsverständnis des Außenhandels an (RGZ 99, 131, 135 = GRUR 20, 99, 101 – *Sardinen*).

131 **Maßgebender Zeitpunkt** für die Frage, ob eine **geschäftliche Handlung irreführend** ist, ist der *Zeitpunkt der Vornahme der Handlung, zB der Werbung,* in dem sich die Verkehrsauffassung bildet. Für dessen **Feststellung** kommt es auf den *Zeitpunkt der letzten mündlichen Verhandlung in der Tatsacheninstanz* an. Eine ursprünglich zutreffende Aussage kann irreführend werden und verstößt dann gegen § 5, wenn der Werbende sie nicht ändert. An einer irreführenden Angabe besteht **kein schutzwürdiger Besitzstand** (BGHZ 10, 196, 202 = GRUR 54, 271, 273 – *Dun-Europa;* GRUR 58, 30, 31 – *Außenleuchte*). Eine Firmenkennzeichnung, darf nicht mehr verwendet werden, wenn infolge einer Änderung der tatsächlichen Verhältnisse die angesprochenen Verkehrskreise getäuscht werden, auch wenn sie jahrelang rechtmäßig und ungehindert benutzt worden ist. Lediglich unter dem Gesichtspunkt der **Interessenabwägung** (Rn 218ff) kann eine andere Beurteilung ausnahmsweise dann gerechtfertigt sein, wenn die Irreführungsgefahr gering ist und die Allgemeinheit und Mitbewerber nicht ernstlich gefährdet werden (BGH GRUR 66, 445, 450 – *Glutamal*).

c) Blickfang

Literatur: *Michel,* Ungleichgewicht einzelner Angaben bei der Blickfangwerbung am Beispiel der Entscheidungen „Einzelteil-Räumung"/„Orient-Teppichmuster" kontra „Computerwerbung" – Auswirkung des europäischen Verbraucherleitbildes auf die Grundsätze zur Blickfangwerbung, WRP 2002, 389; *Vogel,* Blickfangwerbung, GRUR 1979, 511.

132 Von maßgeblicher Bedeutung für die **Gesamtwirkung** einer Werbeaussage auf den Verkehr (Rn 125ff) sind solche Teile einer Ankündigung, die bildlich, farblich,

Irreführende geschäftliche Handlungen § 5 UWG

graphisch oder sonst drucktechnisch **besonders herausgestellt** sind und durch ihre Betonung das Interesse des Publikums auf sich ziehen (Blickfang). Ob das der Fall ist oder lediglich eine wettbewerbsrechtlich zulässige Aufmerksamkeitswerbung vorliegt, ist Tatfrage und bedarf im Einzelfall unter Berücksichtigung des Gesamterscheinungsbildes der Werbung und der etwaigen Sach- und Fachkunde der angesprochenen Verkehrskreise (Rn 115 ff) der Feststellung. **Blickfangmäßige Herausstellungen,** die als solche **substanzarm** sind und ihren Aussagegehalt erst im Zusammenhang mit dem sonstigen klein gedruckten Inhalt der Werbeanzeige erkennen lassen, können für sich allein mangels eigener Aussagekraft nicht als irreführend beanstandet werden (BGH GRUR 00, 1106, 1107 – *Möbel-Umtauschrecht:* Zur blickfangmäßig allein herausgestellten „Gefälltnichtgarantie" – Erklärung eines Möbelhändlers). **Blickfangmäßige Herausstellungen,** die nach der konkreten Gestaltung der Werbung beim Verbraucher den Eindruck erwecken, dass sie das **Angebot** verlässlich beschreiben und alles wesentliche damit gesagt sei, **müssen** bereits **als solche wahr sein,** weil sie vom sonstigen Inhalt der Werbung losgelöst wahrgenommen werden (Rn 125, 127), ihre Wirkung bereits als solche entfalten und damit eine Anlockwirkung ausüben, die allein schon den Leser veranlasst, dem Angebot näher zu treten. Für § 5 genügt die (konkrete) *Gefahr* einer Irreführung (Rn 13, 103 ff). Ist der Blickfang unwahr, verstößt daher die Werbung gegen § 5, der bereits das Anlocken durch Irreführung verbietet (Rn 104; BGH GRUR 75, 658, 660 – *Sonnenhof;* GRUR 90, 282, 286 – *Wettbewerbsverein IV;* GRUR 91, 554, 555 – *Bilanzbuchhalter;* GRUR 91, 772, 773 – *Anzeigenrubrik I;* GRUR 92, 618 – *Pressehaftung II;* GRUR, 911, 913 f – *Computerwerbung I;* OLG Celle GRUR 05, 250, 251 – *Preis-Skandal*). Wird nur ein Teil eines einheitlichen Gesamtangebots (zB eines Kopplungsangebots) durch die blickfangmäßige Angabe des allein auf diesen Teil bezogenen Preises besonders herausgestellt, ist die Werbung unvollständig und irreführend, wenn nicht auch die Preise für die übrigen Teile eindeutig und leicht erkennbar und deutlich lesbar dem blickfangmäßig herausgestellten Teil des Gesamtangebots zugeordnet werden (BGHZ 139, 368, 376 = GRUR 99, 264, 267 – *Handy für 0,00 DM;* BGHZ 151, 84, 91 = GRUR 02, 976, 979 – *Kopplungsangebot I;* GRUR 03, 249, 250 – *Preis ohne Monitor;* GRUR 03, 538, 539 – *Gesamtpreisangebot;* GRUR 03, 890, 891 – *Buchclub-Kopplungsangebot;* GRUR 04, 343, 344 – *Playstation*). Zur Beurteilung einer blickfangmäßig herausgestellten Werbeaussage als irreführend, wenn aus anderen in der Werbung mitgeteilten Umständen auf die Unrichtigkeit der Werbeaussage geschlossen werden kann, s Rn 206.

Spätere Richtigstellungen oder Klarstellungen im weiteren Text der Werbung oder aufklärende Zusätze **ändern** an der wettbewerbsrechtlichen Beurteilung eines täuschenden Blickfangs als irreführend normalerweise **nichts** (Rn 106, 207; BGH GRUR 68, 433, 437 – *Westfalenblatt II;* GRUR 74, 729, 731 – *Sweepstake;* GRUR 74, 563, 564 – *Betonklinker;* GRUR 85, 58, 60 – *Mischverband II*). So begründet die blickfangmäßige Herausstellung eines Warenangebots in der Zeitungswerbung schon für sich allein regelmäßig die Annahme des Vorhandenseins und der sofortigen Lieferbarkeit der Waren. Enthält der Blickfang selbst keine Einschränkung, sind richtig stellende Hinweise im Kleingedruckten, die leicht zu übersehen sind oder vom Verkehr auf andere Waren des Angebots bezogen werden können, nicht geeignet, die Verkehrsauffassung zu beeinflussen und die durch die blickfangmäßige Herausstellung begründete Irreführungsgefahr zu beseitigen (BGH GRUR 00, 911, 913 – *Computerwerbung I*). **Anders** liegt es dann, wenn der Blickfang selbst durch **Sternchenhinweis** oder sonst durch eine Anmerkung auf nicht zu übersehende Einschränkungen aufmerksam macht. In solchen Fällen (Tatfrage) geht der verständige Durchschnittsverbraucher (§ 2 Rn 107, 110 ff), auf den es auch in diesem Zusammenhang ankommt, davon aus, dass die in Bezug genommenen weiteren Angaben Teil des Blickfangs sind und ohne sie ein zutreffendes Verständnis der Werbung nicht gewonnen werden kann. Verhält es sich so, greift § 5 nicht ein, weil der Werbende die vom Blickfang ausgehende Irreführungsgefahr ausreichend entschärft hat (vgl BGH

133

Sosnitza

GRUR 83, 658, 661 – *Hersteller-Preisempfehlung in Kfz-Händlerwerbung;* GRUR 83, 661, 663 – *Sie sparen 4000,– DM;* GRUR 03, 249, 250 – *Preis ohne Monitor;* GRUR 07, 981 Rn 23 – *150% Zinsbonus;* GRUR 10, 744 Rn 43 – *Sondernewsletter;* GRUR 11, 742 Rn 34 – *Leistungspakete im Preisvergleich*). Dabei unterscheidet die **neuere Rechtsprechung** allerdings tendenziell nach der Art der Unrichtigkeit für die Anforderungen an die Klarstellung (vgl Köhler/*Bornkamm* § 5 Rn 2.96 ff). Während objektive Unrichtigkeiten auch durch einen Sternchenhinweis nicht korrigierbar sein sollen (vgl BGH GRUR 01, 78 – *Falsche Herstellerpreisempfehlung;* OLG Hamburg GRUR-RR 07, 244, 246 – *Neuwahlen*), können bloß indirekte Aussagen des Blickfangs uU auch durch allgemeine Klauseln, die dem Blickfang nicht unmittelbar zugeordnet sind, klargestellt werden (BGH GRUR 00, 911, 913 f – *Computerwerbung I;* GRUR 03, 163, 164 – *Computerwerbung II;* GRUR 03, 249 – *Preis ohne Monitor*).

4. Feststellung der Verkehrsauffassung

Literatur: *Böhm, E.*, Demoskopische Gutachten als Beweismittel in Wettbewerbsprozessen, 1985; *ders,* Die Beweiswürdigung demoskopischer Gutachten im Rahmen von § 3 UWG, GRUR 1986, 290; *Bornkamm,* Die Feststellung der Verkehrsauffassung im Wettbewerbsprozeß, WRP 2000, 830; *Brandner,* Bedeutungsgehalt und Bedeutungswandel bei Bezeichnungen im geschäftlichen Verkehr, FS Piper, 1996, S 95; *Bungeroth,* Zur Feststellung des irreführenden Charakters einer Angabe iS von § 3 UWG, GRUR 1971, 93; *Gloy,* Verkehrsauffassung – Rechts- oder Tatfrage, FS Erdmann, 2002, S 811; *Knaak,* Demoskopische Umfragen in der Praxis des Wettbewerbs- und Warenzeichenrechts, 1986; *Lindacher,* Beweisrisiko und Aufklärungslast der nicht risikobelasteten Partei in Wettbewerbssachen, WRP 2000, 950; *ders,* Das lauterkeitsrechtliche Irreführungsverbot – Tatbestandsprägung durch empirische und normative Elemente, FS Roth, 2011, S 461; *Müller, Th.*, Die demoskopische Ermittlung der Verkehrsauffassung im Rahmen des § 3 UWG, 1987; *ders,* Demoskopie und Verkehrsauffassung im Wettbewerbsrecht, insbesondere im Rahmen des § 3 UWG, WRP 1989, 783; *Ohde,* Zur demoskopischen Ermittlung der Verkehrsauffassung von geographischen Herkunftsangaben, GRUR 1989, 88; *Spätgens,* Voraussetzungen, Möglichkeiten und Grenzen demoskopischer Umfragen, FS Traub, 1994, S 375; *vom Stein,* Zur Beurteilung irreführender Werbung ohne demoskopische Gutachten, WRP 1970, 332; *Teplitzky,* Zu Anforderungen an Meinungsforschungsgutachten, WRP 1990, 145; *Tilmann,* Die Verkehrsauffassung im Wettbewerbs- und Warenzeichenrecht – Möglichkeiten und Grenzen der demoskopischen Wahrheitsfindung im Prozeß, GRUR 1984, 716; *Ulbrich,* Der BGH auf dem Weg zum normativen Verbraucherleitbild?, WRP 2005, 940; *Westermann,* Bekämpfung irreführender Werbung ohne demoskopische Gutachten, GRUR 2002, 403.

134 **a) Faktische oder norminative Verkehrsauffassung.** Die bisherige Praxis verstand die Verkehrsauffassung als faktisch geprägt, die notfalls empirisch zu ermitteln ist (unten Rn 141 ff). Andererseits liegt dem heutigen UWG das auch von der Rechtsprechung übernommene normative Leitbild des Durchschnittsverbrauchers zugrunde (§ 2 Rn 108 f). Der zum Teil in der Literatur geforderte Übergang zur normativen Ermittlung der Verkehrsauffassung durch den entscheidenden Richter (*Emmerich* UWG § 14 Rn 26; Harte/Henning/*Dreyer* § 5 B Rn 9 f; *Fezer* WRP 95, 671, 675 f; *Ulbrich,* WRP 05, 940; dagegen *Lindacher* FS Roth, 2011, S 461, 465 f) hat die Rechtsprechung bisher nicht vollzogen. Statt dessen wird in neuerer Zeit ein mittlerer Weg eingeschlagen: Die Ermittlung des Verkehrsverständnisses durch den Richter aufgrund eigener Sachkunde ist keine Tatsachenfeststellung, sondern Anwendung eines speziellen Erfahrungswissens, bei dessen Fehlen im Einzelfall auch Beweis erhoben werden kann (BGHZ 156, 250, 254 f = GRUR 04, 244 – *Marktführerschaft;* unten Rn 141).

135 **b) Richterliche Sachkunde.** Die Ermittlung der Anschauungen der beteiligten Verkehrskreise (Rn 115 ff), die auch innerhalb ein und desselben Verkehrskreises divergieren können, ist Sache des Tatrichters. Inwieweit sich dieser dabei seiner eigenen

Irreführende geschäftliche Handlungen §5 UWG

Sachkunde und Lebenserfahrung bedienen und von der Erhebung von Beweisen absehen kann, wird von der neueren BGH-Judikatur anders beurteilt als früher.

Nach ständiger Rechtsprechung bis etwa 2000/2001 konnte sich der Richter auf **136** seine **eigene Sachkunde und Lebenserfahrung** stützen und **ohne Beweiserhebung** entscheiden, wenn es um die Ermittlung der Auffassung von Verkehrskreisen ging, denen der Richter selber angehörte, wenn sich die Werbung auf Waren oder Leistungen des täglichen oder allgemeinen Bedarfs bezog, wenn es sich bei dem in der Werbung verwendeten Begriff um einen solchen handelte, dessen Verständnis in einem bestimmten Sinn einfach und nahe liegend war, und wenn keine Gründe vorlagen, die Zweifel an dem vom Gericht angenommenen Verkehrsverständnis wecken konnten (stRspr und allgM, BGH GRUR 61, 193, 195 – *Medaillenwerbung;* GRUR 61, 538, 540 – *Feldstecher;* GRUR 63, 270, 272f – *Bärenfang;* GRUR 84, 467, 468 – *Das unmögliche Möbelhaus;* GRUR 92, 406, 407 – *Beschädigte Verpackung I;* GRUR 95, 354, 357 – *Rügenwalder Teewurst II;* GRUR 97, 229, 230 – *Beratungskompetenz;* GRUR 00, 239, 240 – *Last-Minute-Reise;* GRUR 00, 911, 914 – *Computerwerbung;* GRUR 01, 73, 75 – *Stich den Buben;* GRUR 02, 77, 79 – *Rechenzentrum; Baumbach/Hefermehl,* 22. Aufl, § 3 Rn 112; GK[1]/*Lindacher* § 3 Rn 984; *Teplitzky* Kap 47 Rn 6ff).

Gehörte der Richter den beteiligten Verkehrskreisen an, war daher eine Beweis- **137** erhebung regelmäßig entbehrlich, wenn es bei der **Bejahung der Irreführungsgefahr** (der Eignung zur Täuschung und/oder der wettbewerblichen Relevanz) lediglich auf die Vorstellung eines nicht ganz unerheblichen Teils des Verkehrs ankam. Denn war der Richter der Gefahr der Irreführung ausgesetzt, sprach die Lebenserfahrung dafür, dass das nicht allein auf ihn zutraf, sondern zumindest auch auf einen nicht unerheblichen Teil des in Betracht kommenden Verkehrs (BGH GRUR 90, 1024, 1025 – *Lohnsteuerhilfeverein IV;* GRUR 92, 406, 407 – *Beschädigte Verpackung;* GRUR 92, 450, 452 – *Beitragsrechnung;* GRUR 97, 929, 930 – *Herstellergarantie;* GRUR 01, 420, 421 – *SPA; Baumbach/Hefermehl,* 22. Aufl, § 3 Rn 113; *v Gamm* Kap 7 Rn 13).

Eine **Verneinung der Irreführungsgefahr** auf Grund eigener Sachkunde des **138** Richters war demgegenüber zwar nicht grundsätzlich und generell ausgeschlossen (BGH GRUR 64, 397, 399 – *Damenmäntel;* GRUR 92, 707, 709 – *Erdgassteuer;* GRUR 02, 182, 184 – *Das Beste jeden Morgen*), jedoch bedurfte es dafür der Feststellung, dass kein rechtlich in Betracht kommender Teil des Verkehrs irregeführt wurde (BGH aaO – *Das Beste jeden Morgen*). Diese Feststellung konnte der Richter, was häufig eine Beweiserhebung erforderlich machte, dann nicht ohne weiteres aus eigener Sachkunde treffen, wenn er selbst den angesprochenen Verkehrskreisen nicht angehörte, da ihm in diesem Fall die Kenntnis der Anschauungen aller in Betracht kommenden und nach Fachkunde und Branchenzugehörigkeit uU sehr verschiedenen Werbeadressaten regelmäßig nicht zur Verfügung stand (BGH GRUR 63, 270, 273 – *Bärenfang;* GRUR 87, 444, 446 – *Laufende Buchführung;* GRUR 92, 406, 407 – *Beschädigte Verpackung I*).

Nach heutiger Rechtsprechung kann der Wettbewerbsrichter die Irreführungs- **139** gefahr **sowohl bejahen als auch verneinen** und **ohne Beweisaufnahme** entscheiden, vorausgesetzt dass seine Sachkunde dafür ausreicht (BGH GRUR 02, 550, 552 – *Elternbriefe;* GRUR 03, 247, 248 – *THERMAL BAD;* GRUR 04, 244, 245 – *Marktführerschaft;* GRUR 12, 215 Rn 14 – *Zertifizierter Testamentsvollstrecker*). Worauf die eigene Sachkunde gründet, bleibt gleich. Sie kann aus der allgemeinen Lebenserfahrung des Richters folgen oder aus der besonderen Erfahrung im Umgang mit (Wettbewerbs-)Streitsachen, aber auch aus dem Sachvortrag der Parteien oder den von ihnen vorgelegten (Privat-) Gutachten (vgl Köhler/*Bornkamm* § 5 Rn 3.11ff).

Stellt der Tatrichter die Verkehrsauffassung kraft eigener Sachkunde fest, muss er **140** die **Gründe dafür** im Urteil **darlegen,** weil seine Entscheidung in einem zentralen Punkt sonst nicht nachprüfbar wäre und offen bliebe, ob nicht aus rechtsfehlerhafter (erfahrungswidriger) Annahme die Erhebung von Beweisen, beispielsweise die Einholung eines Meinungsforschungsgutachtens, unterblieben ist (Köhler/*Bornkamm* § 5 Rn 3.13, 3.15). Auf eine Revision, die einen solchen Begründungsmangel, die Nichterhebung von Beweisen oder die Verwertung von der Lebenserfahrung widerstreitenden Umständen rügt, stellt (uU) auch das Revisionsgericht die Verkehrsauffassung fest, wenn der Tatrichter seine Würdigung an den – in der Revisionsinstanz uneingeschränkt überprüfbaren – Grundsätzen der Lebenserfahrung festgemacht hatte (BGH GRUR 02, 182, 184 – *Das Beste jeden Morgen*).

141 **c) Beweiserhebung.** Die Ermittlung des Verkehrsverständnisses durch den Richter aufgrund eigener Sachkunde ist keine Tatsachenfeststellung, sondern Anwendung eines speziellen Erfahrungswissens; dieses Erfahrungswissen kann das Gericht grundsätzlich auch dann haben, wenn die entscheidenden Richter nicht zu den angesprochenen Verkehrskreisen zählen (BGHZ 156, 250, 254f = GRUR 04, 244 – *Marktführerschaft;* GRUR 07, 1079 Rn 36 – *Bundesdruckerei;* OLG Hamburg NJOZ 07, 5153, 5157). Findet der Richter, dass er auf Grund eigener Sachkunde die Auffassung des Verkehrs (des verständigen Durchschnittsverbrauchers, vgl Rn 48, 114ff, § 2 Rn 107, 124ff) nicht ermitteln kann, muss er Beweis erheben. Eine Beweisaufnahme ist auch dann erforderlich, wenn sich dem Gericht trotz eigener Sachkunde Zweifel am Ergebnis aufdrängen, nicht aber schon deshalb, weil das Berufungsgericht die Sache anders beurteilen möchte als die erste Instanz (BGH GRUR 13, 401 Rn 43 – *Biomineralwasser*). Die Feststellung, in welchem Sinne Begriffe von den Fachkreisen verstanden und verwendet werden, erfordert nicht grundsätzlich die Einholung eines Sachverständigengutachtens, sondern kann auch im Wege der Auswertung von Fachliteratur getroffen werden (BGH GRUR 09, 418 Rn 23 – *Fußpilz*). Wichtigstes Beweismittel zur Feststellung der Verkehrsauffassung sind neben den sonstigen Beweismitteln der ZPO demoskopische **Gutachten** eines Meinungsforschungsinstituts. In geeigneten Fällen – insbesondere wenn es um die Ermittlung des Verständnisses angesprochener Fachkreise geht – kann auch die Auskunft eines Fach- oder Berufsverbandes ausreichen (BGH GRUR 63, 270, 273 – *Bärenfang;* GRUR 92, 203, 207 – *Roter mit Genever;* GRUR 97, 669, 670 – *Euromint;* GRUR 00, 239, 240f – *Last-Minute-Reise;* vgl auch Köhler/*Bornkamm* § 5 Rn 3.17; GK/*Lindacher* § 5 Rn 1100; krit Gloy/Loschelder/Erdmann/*Pflüger* § 42 Rn 154). In Betracht kommt auch der Weg einer vom DIHT oder von einer anderen Spitzenorganisation der Wirtschaft (IHK, Handwerkskammern, Berufs-, Wirtschafts-, Fachverbände) veranstalteten schriftlichen Umfrage, die unter Einschaltung der Mitgliedskammern oder -verbände durchgeführt und nach § 377 III ZPO als Auskunft in das Verfahren eingeführt werden kann (BGH GRUR 66, 150, 151 – *Kim I;* GRUR 73, 361, 362 – *sanRemo;* GRUR 97, 669, 670 – *Euromint;* OLG Düsseldorf GRUR-RR 12, 218, 220; GK[1]/*Jacobs* vor § 13 Rn D 373; *Teplitzky* Kap 47 Rn 13ff).

142 Meinungsforschungsgutachten auf der Grundlage demoskopischer Umfrageergebnisse erbringen **Sachverständigenbeweis**, §§ 402ff ZPO (Gloy/Loschelder/Erdmann/*Lubberger* § 41 Rn 29; *Teplitzky* Kap 47 Rn 16; *Tilmann/Ohde*, GRUR 89, 229, 236). Ihre prozessuale Zulässigkeit ist seit Jahrzehnten anerkannt (BGHZ 21, 182, 195 = GRUR 57, 88, 92 – *Ihr Funkberater;* GRUR 59, 365, 366 – *Englisch Lavendel;* GRUR 63, 270, 273 – *Bärenfang;* GK/*Lindacher* § 5 Rn 1102ff). Zur gemeinschaftsrechtlichen Zulässigkeit s EuGH GRUR Int 98, 795, 797 (Rn 37). Ihre Tauglichkeit als Beweismittel hängt von den Besonderheiten des Einzelfalles ab. Ihrer Verwertbarkeit sind Grenzen gesetzt (vgl BGH GRUR 68, 371, 376 – *Maggi;* Gloy/Loschelder/Erdmann/*Pflüger* § 42 Rn 154). Bedeutung haben Meinungsumfragen vor allem bei der Feststellung präsenter Kenntnisse und Vorstellungen, die spontaner Darlegung zugänglich sind. Entscheidend ist die **Ermittlung des Eigenverständnisses** des Befragten (OLG Köln GRUR 91, 387, 389). Dieser darf durch die Art und Weise der Befragung nicht „fremdbestimmt" werden. Weder darf die Fragestellung so allgemein gehalten sein, dass sie den Befragten raten lässt, noch darf sie durch die Suggestionskraft der Frage eine nicht vorhandene Meinung erst vermitteln. Un-

§ 5 UWG

zulässig sind Fragen, die lediglich zu Mutmaßungen auffordern (BGH GRUR 89, 440, 442 – *Dresdner Stollen I;* GRUR 90, 461, 462 – *Dresdner Stollen II).* Zur Methodik der Erarbeitung der Fragestellung: Gloy/Loschelder/Erdmann/*Lubberger* § 41 Rn 27 ff; Gloy/Loschelder/Erdmann/*Pflüger* § 42 Rn 45 ff; *Teplitzky* Kap 47 Rn 20–22; *Ullmann* GRUR 91, 789, 795. In aller Regel ist die Fragestellung vom Gericht in enger Zusammenarbeit mit den Parteien und dem Sachverständigen zu erarbeiten und gegebenenfalls in einem Einweisungstermin (§ 404 a V 2 ZPO) festzulegen (*Teplitzky* aaO).

Hauptfehlerquellen demoskopischer Erhebungen sind nicht methodengerecht 143 ermittelte Umfrageergebnisse auf Grund unzutreffender **offener/geschlossener Fragestellungen** (zum Begriff: Gloy/Loschelder/Erdmann/*Pflüger* § 42 Rn 62 ff; GK[1]/*Jacobs* Vor § 13 D Rn 382) und das Fehlen oder Mängel nachfassender Fragen (BGH GRUR 87, 171, 172 – *Schlussverkaufswerbung;* GRUR 87, 535, 537 – *Wodka Woronoff;* GRUR 95, 354, 357 – *Rügenwalder Teewurst II; Teplitzky* WRP 90, 145, 146). Bei der Ermittlung konkreter Verkehrsvorstellungen mit offenen – dh nicht in eine bestimmte Richtung zielenden – Fragen sind dem Erkenntniswert von Antworten mit Blick auf die Breite der Antwortmöglichkeiten und den Schwierigkeiten spontaner Antwortfindung und -formulierung auf Seiten der Befragten naturgemäß Grenzen gesetzt. Erfahrungsgemäß kann allein mit offenen Fragen die Verkehrsvorstellung nicht genügend zuverlässig ermittelt werden, so dass nachfassende geschlossene (geführte, durch Antwortvorgaben gestützte) Fragen geboten sein können und regelmäßig auch geboten sein werden. Dabei ist jedoch zu berücksichtigen, dass die Antworten auf gestützte Fragestellungen, weil diese die Verbrauchervorstellung zwangsläufig in gewisser Weise leiten, nur mit Vorsicht gewichtet werden dürfen. Auf die Formulierung der Fragestellung ist auch deshalb besondere Sorgfalt zu verwenden. Wird in einer Meinungsumfrage eine durch bestimmte Antwortvorgaben gestützte Frage gestellt, ist die Fragestellung fehlerhaft, wenn sie nicht **sämtliche nach Sachlage in Betracht zu ziehende Antwortvorgaben** enthält und dadurch ein relevanter Teil der Befragten gehindert wird, einen für ihn nahe liegenden Sinngehalt zum Ausdruck zu bringen (BGH GRUR 92, 66, 69 – *Königl.-Bayerische Weisse;* GRUR 92, 70, 71 – *40% weniger Fett;* GRUR 93, 920, 922 – *Emilio Adani II).*

Der mit der Einholung eines Meinungsforschungsgutachtens betraute **Sachver-** 144 **ständige** hat dem Gericht nicht etwa das von ihm ermittelte Zahlenmaterial und die dem zugrunde liegenden Einzelantworten und Prozentwerte zu überlassen, sondern hat – entsprechend den an ein Sachverständigengutachten zu stellenden Anforderungen – seine Erhebungen im Einzelnen zu erläutern, die Umfrageergebnisse zu interpretieren und zu gewichten und zu etwaigen Fehlerquellen und Zweifelsfragen Stellung zu nehmen (*Teplitzky* WRP 90, 145, 147). Auf dieser Grundlage muss das Gericht das Beweisergebnis frei würdigen (§ 286 ZPO). Auf die Auffassung der Parteien kommt es dabei ebenso wenig an wie auf deren Erklärungen bei Formulierung des Beweisthemas und der Fragestellung (BGH GRUR 68, 581, 583 – *Blunazit;* GRUR 87, 535, 538 – *Wodka Woronoff).* Das Gericht muss vielmehr das **Umfrageergebnis selbstständig prüfen** und unabhängig von der Beurteilung der Beweisfrage durch die Parteien entscheiden, ob es dem Urteil zugrunde gelegt werden kann. Zeigt sich dabei, dass das Beweisergebnis zu den Grundsätzen der Lebenserfahrung im Widerspruch steht oder ergeben sich wesentliche Abweichungen von den Umfrageergebnissen sachgerecht durchgeführter demoskopischer Erhebungen im Auftrag einer Partei, besteht Anlass zu besonders kritischer Überprüfung der gerichtlicherseits eingeholten Gutachtens (BGH GRUR 87, 171, 172 – *Schlussverkaufswerbung;* GRUR 90, 461, 462 – *Dresdner Stollen II;* GRUR 92, 48, 51 – *frei öl).* Von diesem darf das Gericht ohne weitere sachkundige Beratung nur abweichen, wenn es seinen abweichenden Standpunkt sachlich begründen kann und seine Ausführungen erkennen lassen, dass seine Beurteilung des Gutachtens nicht von einem Mangel an Sachkunde beeinflusst ist (vgl BGH NJW 89, 2948, 2950).

145 **d) Maßgebender Zeitpunkt.** Ob eine Werbeaussage irreführend ist, richtet sich nach der Verkehrserwartung im Zeitpunkt der Werbung (Rn 131). Maßgebender Zeitpunkt für die dahingehende tatrichterliche Feststellung ist der **Zeitpunkt der letzten mündlichen Verhandlung** in der Tatsacheninstanz.

146 Die Feststellungen zur Verkehrsauffassung sind im Wesentlichen **tatsächlicher Natur.** In der Revisionsinstanz können sie nur in *eingeschränktem Umfang* darauf überprüft werden, ob sie gegen die Grundsätze der Lebenserfahrung, gegen Denkgesetze oder Verfahrensrecht (§ 286 ZPO) verstoßen (BGH GRUR 60, 567, 570 – *Kunstglas;* GRUR 67, 600, 603 – *Rhenodur I;* GRUR 76, 195, 196 – *Treffpunkt Mocca Press;* GRUR 93, 563, 564 – *Neu nach Umbau*).

5. Irreführungsquote

Literatur: *Büttner,* Die Irreführungsquote im Wandel, GRUR 1996, 533; *Klette,* Zur sogenannten Additionsmethode bei Mehrfach-Irreführungen, GRUR 1983, 414; *Lindacher* Das lauterkeitsrechtliche Irreführungsverbot – Tatbestandsprägung durch empirische und normative Elemente, FS Roth, 2011, S 461; *Tilmann/Ohde,* Die Mindestirreführungsquote im Wettbewerbsrecht und im Gesundheitsrecht, GRUR 1989, 229, 301.

147 § 5 setzt nicht voraus, dass die Gesamtheit des Verkehrs oder jedenfalls der überwiegende Teil des Publikums irregeführt wird. Es genügt, dass die Irreführungsgefahr **bei einem Teil** der von der Werbeaussage angesprochenen Verkehrskreise eintritt. Die *frühere* Rechtsprechung ging davon aus, dass es für das Eingreifen des Irreführungsverbots ausreichte, wenn ein nicht völlig unerheblicher Teil des Verkehrs der Gefahr einer Irreführung erliegen konnte. Insoweit wurde eine Irreführungsquote (Quorum, Eingriffsschwelle, Konfusionsrate) ab etwa 10% in Betracht gezogen (s dazu im einzelnen 3. Aufl § 3 Rn 149).

148 Auf diese Beurteilung stellt der BGH angesichts eines **geänderten Verbraucherleitbilds,** das an die Stelle der Sichtweise eines ungezwungenen, flüchtigen Betrachters die eines verständigen (ergo weniger leicht zu täuschenden) **Durchschnittsverbrauchers** gesetzt hat (vgl § 2 Rn 107, 110), heute nicht mehr ab (vgl BGH GRUR 02, 550, 552 – *Elternbriefe;* GRUR 03, 247, 248 – *THERMAL-BAD;* GRUR 04, 162, 163 – *Mindestverzinsung;* GRUR 12, 1053 Rn 19 – *Marktführer Sport;* krit – wegen der damit verbundenen Absenkung des Schutzniveaus – *Sack,* WRP 04, 521, 527). Maßgeblich ist nunmehr ein **erheblicher Teil,** für den allerdings keine festen Prozentsätze gelten (BGH GRUR 12, 1053 Rn 19f – *Marktführer Sport*). Im Urteil *Mindestverzinsung* hat der BGH in einem Fall, der eine Werbung für Kapitalanlagen betraf, einen Anteil von 15–20% aller Anlageinteressenten *nicht* als erheblich angesehen hat. *Bornkamm* geht für den Regelfall davon aus, dass erst eine Irreführungsquote, die bei einem Viertel bis zu einem Drittel des von der Werbung betroffenen Verkehrs liegt, wettbewerbsrechtliche Relevanz entfaltet (Köhler/*Bornkamm* § 5 Rn 2.106; vgl dazu *Lindacher* FS Roth, 2011, S 461, 469ff).

149 Ob im konkreten Fall eine Irreführungsquote erheblich ist, hängt von den jeweils maßgebenden **Umständen** ab und lässt sich nicht generell zahlenmäßig festlegen. Von Bedeutung sind Art und Besonderheiten der Ware oder Leistung, Art und Ausmaß der Werbung, die Intensität der Irreführung, deren Gefährlichkeit für die Allgemeinheit (etwa im Bereich der Heilmittel- und Lebensmittelwerbung) und der Grad der Betroffenheit der Mitbewerber und Verbraucher (BGH GRUR 66, 445, 449 – *Glutamal;* GRUR 71, 313, 315 – *Bocksbeutelflasche*).

150 Die Festlegung der Irreführungsquote erfordert eine **Abwägung** zwischen dem Interesse der getäuschten Verbraucher am **Schutz vor Irreführung,** dem der kundigen Verkehrsteile an **Information** und dem der Allgemeinheit an **Erhaltung und Förderung eines funktionsfähigen Wettbewerbs** (Rn 218f; BGH GRUR 94, 519, 521 – *Grand Marnier* mwN; GRUR 96, 910, 913 – *Der meistverkaufte Europas;* GRUR 13, 401 Rn 46 – *Biomineralwasser;* GRUR 13, 409 Rn 29 – *Steuerbüro; Tep-*

litzky Kap 47, Rn 27; *Schricker* ZHR 139, 208, 224f). Im Allgemeinen ist dabei das Schutzbedürfnis des Verkehrs dann als geringer anzusehen, wenn die Täuschung lediglich auf dem unrichtigen Verständnis einer objektiv richtigen Angabe beruht. In diesen Fällen bedarf es für die Anwendung des Irreführungsverbots regelmäßig eines höheren Prozentsatzes Irregeführter als bei einer Irreführung auf Grund tatsächlich unrichtiger Angaben (stRspr, BGH GRUR 87, 171, 172 – *Schlussverkaufswerbung;* GRUR 92, 66, 68 – *Königl.-Bayerische Weisse;* GRUR 93, 239 – *Sofortige Beziehbarkeit;* GRUR 95, 60, 62 – *Napoléon IV;* BGH aaO – *Der meistverkaufte Europas;* GRUR 96, 985, 986 – *PVC-frei;* WRP 96, 1102, 1104 – *Großimporteur;* GRUR 00, 73, 75 – *Tierheilpraktiker*). Nicht jede auf Unkenntnis beruhende Fehlvorstellung ist schutzwürdig. Es ist deshalb geboten, in die für die Festlegung der Irreführungsquote maßgebliche Interessenabwägung auch die **Auswirkungen** eines Verbots miteinzubeziehen, wenn eine objektiv richtige Angabe vom Verkehr falsch verstanden werden kann (BGH GRUR 90, 1028, 1029 – *Incl MwSt II*).

Wirkt sich eine irreführende Werbeangabe bei verschiedenen Verkehrskreisen unterschiedlich aus **(Mehrfachfehlvorstellungen),** erfordert der Schutz des Verkehrs grundsätzlich die Berücksichtigung sämtlicher Fehlvorstellungen bei der Ermittlung der Irreführungsquote, so dass die Prozentsätze der unterschiedlichen Auffassungen im Einzelfall addiert werden können (BGH GRUR 79, 716, 718 – *Kontinent Möbel;* GRUR 81, 666, 667 – *Ungarische Salami I*). **151**

Bei **Mehrdeutigkeit** einer Werbeangabe ist diese nur dann nicht zu beanstanden, wenn hinsichtlich *jedes* in Betracht kommenden Einzelverständnisses kein relevanter Teil des Verkehrs einer Täuschung unterliegt. Wird dagegen eine Werbung wegen Mehrdeutigkeit unterschiedlich verstanden, ist sie irreführend, wenn sie von einem erheblichen Teil des Verkehrs in einem unrichtigen Sinne verstanden wird (Rn 185f; BGH GRUR 60, 563, 564 – *Sektwerbung;* GRUR 63, 539, 541 – *Echt skai;* GRUR 82, 563, 564 – *Betonklinker*). **152**

Die **Höhe des Prozentsatzes** Irregeführter hat in der Regel Bedeutung auch für die *wettbewerbliche Relevanz* der Irreführung, da das Ausmaß der Täuschung auch deren **Eignung für den Kaufentschluss** der Abnehmer beeinflusst (Rn 215f; BGH GRUR 81, 71, 73 – *Lübecker Marzipan;* GRUR 91, 215 – *Emilio Adani I;* GRUR 93, 920, 922 – *Emilio Adani II*). Je geringer die Irreführungsquote ist, umso eher ist die wettbewerbliche Relevanz einer täuschenden Werbeangabe in Zweifel zu ziehen (Rn 216). **153**

Unionsrechtlich bestehen für die Festlegung der Irreführungsquote keine Besonderheiten. Der EuGH betrachtet es als eine **Angelegenheit der Gerichte der Mitgliedstaaten,** nach ihrem jeweiligen nationalen Recht den Prozentsatz der durch eine Werbeaussage getäuschten Verbraucher zu ermitteln (Rn 49). **154**

III. Erscheinungsformen irreführender Angaben

Literatur: *Assmann/Kübler,* Testhaftung und Testwerbung, ZHR 142 (1978), 413; *Brinkmann,* Die wettbewerbs- und deliktsrechtliche Bedeutung des Ranges in Warentests und Preisvergleichen, BB 1983, 91; *ders,* Zur Problematik der Werbung mit Testergebnissen, BB 1978, 1285; *Burmann,* Mehrdeutige Werbung, DB 1967, 935; *ders,* Wettbewerbsrechtliche Probleme bei unvollständigen Werbeangaben, DB 1967, 1358; *Fezer,* Testwerbung, GRUR 1976, 472; *v Godin,* Die unrichtige, objektiv richtige Werbeangabe, NJW 1965, 1008; *Hart/Silberer,* Werbung mit Testergebnissen der Stiftung Warentest, GRUR 1983, 691; *Hart,* Warentest, Preisvergleich und Testwerbung, WRP 1986, 515; *Hoffrichter-Daunicke,* Die „halbe Wahrheit" – Irreführung durch lückenhafte Werbung, Diss jur Frankfurt, 1984; *Karpf,* Werbung mit Testergebnissen, 1983; *Keyßner,* Täuschung durch Unterlassen – Informationspflichten in der Werbung, 1986; *Löwenheim,* Aufklärungspflichten in der Werbung, GRUR 1980, 16; *Michalski,* Das Verbot der Werbung mit Selbstverständlichkeiten, BB 1992, 40; *Sack,* Irreführende Werbung mit wahren Angaben, GRUR 1996, 461.

UWG § 5 Gesetz gegen den unlauteren Wettbewerb

155 **1. Objektiv falsche Angaben.** Wer die **Wahrheitspflicht** als **oberstes Gebot im Wettbewerb** verletzt, verstößt in aller Regel gegen § 5 (Rn 8). Irreführend ist also eine Werbeangabe für gewöhnlich dann, wenn mit ihr – gleich in welcher Ausdrucksform und Modifikation (Rn 94 ff) – sachlich etwas Unrichtiges behauptet wird. Objektiv falsch ist die Werbebehauptung „aus Altpapier", wenn das konkrete Produkt nur überwiegend und nicht vollständig aus Altpapier besteht (BGH GRUR 91, 546, 547 – „... *aus Altpapier*"). In gleicher Weise irreführend ist die Überdimensionierung der Verpackung zur Vortäuschung einer größeren Füllmenge, „Mogelpackung" (BGHZ 82, 138, 142 ff = GRUR 82, 118, 120 – *Kippdeckeldose*); die Führung des Doktor-Titels im Firmennamen, ohne dass ein promovierter Akademiker die Belange des Unternehmens maßgeblich mitbestimmt (BGH GRUR 92, 121 – *Dr. Stein ... GmbH*); die Vorspiegelung einer nicht vorhandenen PKW-Ausstattung (BGH GRUR 92, 171, 172 – *Vorgetäuschter Vermittlungsauftrag*); die Inanspruchnahme einer nicht lege artis erworbenen beruflichen Qualifikation (BGH GRUR 93, 397, 398 – *Trockenbau*); eine Werbung für Computerzubehör unter Abbildung eines mehr als doppelt so teureren Geräts des konkurrierenden Marktführers (BGH GRUR 02, 715, 716 – *Scanner-Werbung*); das Angebot von Superbenzin, das den Anforderungen der einschlägigen DIN-Normen nicht entspricht (OLG Düsseldorf NJW-RR 87, 993); die Werbung für ein Hautöl als „natürlich", das überwiegend aus synthetisch hergestellten Wirkstoffen besteht (OLG Nürnberg GRUR 89, 128 – *Hautöl;* sa KG GRUR 83, 591, 592 – *Pralinenpackung;* OLG Hamburg GRUR-RR 04, 263, 264 – *Kaffeepads*).

156 Der Abdruck **unbestellter Werbeanzeigen** im Anzeigenteil einer Zeitung behauptet wahrheitswidrig einen größeren Kreis von Anzeigenkunden als tatsächlich vorhanden (vgl BGH GRUR 97, 380, 381 – *Füllanzeigen*). Wer als Anbieter einer von dritter Seite (zB von Krankenkassen) im Verkaufsfall bezuschussten Ware unzutreffend behauptet, dass der Zuschuss *nur* beim Erwerb *vom Werbenden* gewährt werde, handelt irreführend (BGH GRUR 00, 340, 344 – *Kartenlesegerät*). Die Behauptung „Jetzt nur je 5,– DM Preisknaller" ist irreführend, wenn höhere Preise vorher nicht verlangt worden waren (BGH GRUR 00, 337 – *Preisknaller*). Die Werbeangabe „Die Sparwahl" einer privaten Telefongesellschaft ist falsch, wenn im Vergleich zu konkurrierenden Telekommunikationsdiensten keine Einsparungen geboten werden (OLG Köln NJWE-WettbR 99, 103, 104).

157 Bei den **Angeboten von** (Elektro-, Möbel-, Bau- usw) **Fachmärkten** geht der Verkehr auf Grund langjähriger Gewöhnung durchweg *nicht* davon aus, dass die Preise für die angebotenen Produkte, auch wenn es sich um Großgeräte handelt, die **Lieferkosten** einschließen. Preise, die nicht als Abholpreise bezeichnet sind, und die Lieferkosten für den Fall einer vom Kunden gewünschten Anlieferung nicht gesondert ausweisen, sind daher für den Verkehr nicht irreführend (Rn 478; aA GA-Ausschuss Nr 3/97, WRP 98, 531, 533).

158 Objektiv unrichtige Angaben verstoßen jedoch nicht stets gegen § 5. Der Sache nach unzutreffende Werbeaussagen, die der maßgebliche Verkehr (Rn 115 ff) – bis auf einen nicht erheblichen Teil (Rn 148) – **trotz ihrer Unrichtigkeit richtig auffasst,** sind mangels irreführender Wirkung nicht nach § 5 nicht zu beanstanden (BGH GRUR 57, 285, 286 – *Erstes Kulmbacher;* BGHZ 27, 1, 10 = GRUR 58, 444, 446 f – *Emaillelack;* OLG Hamburg WRP 84, 334; OLG Karlsruhe WRP 92, 257). Dies ist seit der Novelle von 2008 auch in § 5 I 2 klargestellt („unwahre Angaben ... oder sonstige zur Täuschung geeignete Angaben"; vgl *Sosnitza,* WRP 08, 1014, 1028). Ist eine nach strengem wörtlichen Verständnis unrichtige Aussage in ihrem unrichtigen Sinnverständnis allgemein üblich und damit – entgegen der eigentlichen Bedeutung des Wortlauts – richtig, fehlt es an einer Irreführung (BGH GRUR 63, 36, 39 – *Fichtennadelextrakt;* GRUR 83, 245, 246 – *Naturrot;* v *Gamm* Kap 36 Rn 28). Bloßer behördlicher Sprachgebrauch allein kann aber einer nach allgemeinem Verständnis unrichtigen Aussage nicht ihren irreführenden Charakter nehmen (BGH aaO – *Naturrot*). Auf das, was der Werbende sagen will, kommt es nicht an. Selbst wenn er Unzutreffendes behaupten will, ist das unerheblich, wenn der Verkehr der Werbung nichts Unzutreffendes entnimmt.

Zur Unrichtigkeit einer Werbeaussage durch **Verschweigen** s § 5a Rn 1 ff.   **159**

2. Unklare, allgemein gehaltene Angaben. Hat der Verkehr **keine klare Vor-** **160** **stellung** von Sinn und Bedeutung einer Werbeaussage oder eines darin verwendeten Begriffs, ist die Werbung irreführend, wenn die angesprochenen Verkehrskreise mit dem beworbenen Angebot nicht nur allgemeine Erwartungen verbinden, sondern Eigenschaften voraussetzen, die die angebotene Ware oder Leistung tatsächlich nicht aufweist (BGHZ 28, 1, 7, 9 = GRUR 59, 38, 42f – *Buchgemeinschaft II;* GRUR 61, 361, 363 – *Hautleim;* GRUR 63, 36, 39 – *Fichtennadelextrakt).* Auf eine genaue Vorstellung des Verkehrs von solchen Eigenschaften und Merkmalen kommt es dabei nicht an. Auch unter nicht näher konkretisierte Erwartungen qualitativer Art oder unpräzise Vorstellungen über die Wirkungen einer Ware – etwa die allgemeine Vorstellung, dass das beworbenen Produkt gesundheitsfördernd sei – unterfallen dem Schutz des § 5 (BGH GRUR 67, 362, 369 – *Spezialsalz I; v Gamm* Kap 36 Rn 18, 35).

Vage, verschwommene Vorstellungen oder bloß allgemein gehaltene Aussa- **161** gen, die lediglich Gedankenassoziationen an bestimmte Begriffe wie Gesundheit, Kosmetik, Medizin usw hervorrufen, reichen aber für die Annahme einer irreführenden Angabe nicht aus (vgl BGH GRUR 69, 546, 547 – *med;* GRUR 03, 247, 248f – *THERMAL-BAD).* Sie gewinnen erst dann Bedeutung, wenn sie zu unzutreffenden, die Kaufentschließung des Verbrauchers beeinflussenden Vorstellungen führen (BGH GRUR 81, 656, 658 – *Schlangenzeichen).* Der in einem Werbeprospekt für Möbel zu Maßangaben und Liefermöglichkeiten enthaltene Hinweis „Irrtum vorbehalten" ist zu vage, um den Verkehr annehmen zu lassen, dass der Werbende damit Gewährleistungsansprüche ausgeschlossen und nicht nur auf die Möglichkeit von Druckfehlern hingewiesen habe.

Durch Werbeangaben hervorgerufene **unklare Vorstellungen des Verkehrs** **162** gehen zu Lasten des Werbenden (BGH GRUR 69, 546, 548 – *med),* vorausgesetzt, dass dem Verkehr die Unklarheit *nicht* bewusst ist **(verdeckte Unklarheit).** Ist sie ihm *bewusst,* ohne dass Anlass besteht, daraus in irgendeiner Richtung relevante Schlüsse zu ziehen, die mit den Tatsachen nicht übereinstimmen **(offene Unklarheit),** ist eine Irreführung nicht gegeben (BGH GRUR 89, 754, 755 – *Markenqualität).* § 5 schützt die *unbewusste* Unkenntnis vom wirklichen Sachverhalt, nicht die *bewusste* Unkenntnis, die zu Fehldeutungen auf Grund der Werbung keinen Anlass gibt (Rn 8; BGH GRUR 93, 679, 680 – *PS-Werbung;* GRUR 94, 523, 524 – *Ölbrennermodelle;* GRUR 97, 672, 673 – *Sonderpostenhändler;* OLG München NJWE-WettbR 99, 254, 255). Anders, wenn sich zwar der Verkehr seiner Unkenntnis bewusst ist, aber nach der Werbeaussage irrig annimmt, dass die beworbene Ware so hergestellt und beschaffen ist, wie es die Fachkreise für richtig und geboten halten (sa BGH GRUR 67, 30, 32 – *Rum-Verschnitt;* BGHZ 51, 295, 299 = GRUR 69, 280, 282 – *Scotch Whisky).*

3. Verschleiernde Angaben. a) Unterschieben von Waren und Leistungen. **163** Beliefert der Unternehmer den Kunden mit **einer anderen als der gewünschten Ware** ohne Hinweis darauf in der stillschweigenden Erwartung, der Kunde werde den Unterschied nicht bemerken und akzeptieren, um sich angesichts der ihm aufgedrängten Situation Unannehmlichkeiten zu ersparen, unterschiebt er ihm Ware. Das verstößt gegen § 5, auch wenn die gelieferte Ware der gewünschten gleichwertig oder sogar überlegen ist (BGH GRUR 70, 510, 512 – *Fußstützen;* OGH wbl 09, 151 – *Red Bull/Wodka).* Der Unternehmer setzt sich damit nicht nur über den Kaufwunsch des Kunden hinweg. Benachteiligt wird auch der Mitbewerber, an den sich der Kunde bei entsprechender Aufklärung zur Erfüllung seines Kaufwunschs möglicherweise gewandt hätte (BGH GRUR 66, 546, 565 – *Hausverbot I).* Gleiches gilt für das Unterschieben anderer als bestellter *Leistungen* (BGH GRUR 65, 361, 362 – *Taxi-Bestellung:* GRUR 65, 607, 608 – *Funkmietwagen*). Nachträgliche Aufklärung lässt den Wettbewerbsverstoß nicht entfallen.

164 **b) Verschleierndes Wettbewerbshandeln.** Verschleiernde Werbe- und Verkaufsmaßnahmen verstoßen grundsätzlich gegen das **wettbewerbsrechtliche Wahrheitsgebot.** Verschweigt ein Großhändler, der auch an Letztverbraucher verkauft, gegenüber den von ihm beliefertenen Einzelhändlern seine Doppelfunktion, verstößt er gegen § 5, wenn er besondere Vorkehrungen zur Verheimlichung der Direktverkäufe trifft und die Einzelhändler bei Kenntnis dieser Verkäufe die Geschäftsbeziehungen zu ihm abgebrochen hätten (BGHZ 24, 54, 67 = GRUR 58, 557, 560 – *Direktabsatz*). In gleicher Weise wettbewerbswidrig ist das **Verheimlichen von Direktgeschäften** mit Letztverbrauchern gegenüber dem Hersteller, wenn damit Einkaufsvorteile erschlichen werden, die der Hersteller bei Offenlegung der Direktgeschäfte nicht gewährt hätte und dem Großhändler zur Unterbietung seiner Einzelhändler-Abnehmer dienen (BGHZ 24, 54, 67 = GRUR 58, 557, 560 – *Direktbezug*).

165 Ebenfalls irreführend ist es, wenn sich eine Organisation von Letztverbrauchern als Versandbuchhandlung bezeichnet, um mit sonst nicht zu erlangenden **Buchhändler-Gewinnspannen** und sonstigen Vorteilen bei Verlagen und Grossisten einkaufen zu können (BGH GRUR 59, 244, 246 – *Versandbuchhandlung*).

166 Auch das **Vorschieben eines Mittelmannes** als angeblichen Käufers unter Verheimlichung des wahren Abnehmers verstößt gegen § 5, wenn der Verkäufer – wie beispielsweise in den Vertriebsbindungsfällen (§ 4 Rn 10/70, 76) – bekanntermaßen an den wirklichen (gewerblichen) Abnehmer nicht verkauft hätte (BGH GRUR 88, 916, 917 – *PKW-Schleichbezug;* GRUR 91, 614, 615 – *Eigenvertriebssystem*). Auch die täuschende Angabe eines Wiederverkäufers, lediglich Vermittler zu sein, um den ausschließlich an Letztverbraucher abgebenden Verkäufer zur Lieferung zu bewegen, beeinträchtigt in wettbewerbswidriger Weise die Entschließungsfreiheit des Lieferanten mit dem unlauteren Mittel der Täuschung (BGH GRUR 92, 171, 173 – *Vorgetäuschter Vermittlungsauftrag;* GRUR 94, 827, 828 – *Tageszulassungen*).

167 Irreführend ist es, wenn sich ein Unternehmer durch eine als **Meinungsumfrage** getarnte Aktion Unterlagen verschafft, die anschließend für gezielte geschäftliche Angebote gegenüber den Befragten verwendet werden. Ein solches Vorgehen missbraucht die unter anderen Voraussetzungen gewährte Auskunftsbereitschaft der Umworbenen (*Gutachterausschuss für Wettbewerbsfragen, Gutachten 3/70* = WRP 81, 238; LG Berlin NJW-RR 97, 747; LG Köln VuR 97, 228). Zulässig sind solche Umfragen aber dann, wenn der Befragte erkennt, dass es sich nicht um eine seine Anonymität wahrende Sammlung von Daten und Meinungen zur wissenschaftlichen Auswertung handelt, sondern um eine Werbemaßnahme, mit der er als Kunde des Werbenden geworben werden soll (BGH GRUR 73, 268, 269 – *Verbraucher-Briefumfrage*).

168 **c) Auktionsverkäufe.** Bei **Versteigerungsverkäufen,** bei denen die Veranstalter die zur Versteigerung stehenden Waren losschlagen *müssen,* rechnet das Publikum angesichts einer solchen **Versteigerungszwangslage** mit Preisvorteilen. Es kann daher lauterkeitsrechtlich nicht gebilligt werden, potentiellen Erwerbern eine solche Zwangslage durch täuschende Ankündigungen vorzuspiegeln (BGH GRUR 88, 838, 839 – *Zwangsversteigerung*). Versteigerungen als Absatzform im Einzelhandel müssen daher, um zulässig zu sein, klarstellen, dass eine Versteigerungszwangslage nicht besteht. Die Grundsätze lassen sich freilich nicht ohne Weiteres auf die heute üblichen **Internet-Versteigerungen** übertragen, da der Verkehr sich an diesen Vertriebsweg gewöhnt hat und dort nicht von einer Zwangslage des Versteigerers ausgeht. Unzulässig iS von § 4 Nr 1 ist der Warenverkauf im Anschluss an eine wettbewerbswidrige Werbung für eine nicht durchgeführte Warenversteigerung (§ 4 Rn 1/111; BGH GRUR 99, 177, 178 – *Umgelenkte Auktionskunden;* Verkauf von Orientteppichen unter Ausnutzung der wettbewerbswidrig erzeugten Anlockwirkung einer anderen – unzulässigen – Verkaufsveranstaltung).

4. Tarnende Angaben. a) Einordnung. Es handelt sich um **Unterfälle der Irreführung** durch Vortäuschung falscher Tatsachen und Unterdrückung wesentlicher Umstände im Rahmen von Werbemaßnahmen, denen der Verkehr relevante Bedeutung für seine Kaufentscheidung beimisst, ohne dabei durch aufklärende Hinweise zutreffend und vollständig unterrichtet zu werden. 169

b) Tarnung von Zweck und Anlass der Werbung. Es ist irreführend, unter **Vortäuschung einer Zwangslage,** aus der das Publikum auf eine besonders günstige Preisstellung schließt, **Versteigerungen** anzukündigen, obwohl die zum Verkauf gestellten Waren im regelmäßigen Geschäftsgang angeboten und veräußert werden können (BGH GRUR 88, 838, 839 – *Kfz-Versteigerung;* vgl aber Rn 168). Aus den gleichen Gründen ist es irreführend, **auf der Grundlage fingierter Schuldtitel** öffentliche Versteigerungen im Wege der Zwangsvollstreckung zu veranstalten. 170

c) Tarnung des Charakters einer Werbemaßnahme. Werbemaßnahmen, die der Verkehr **nicht als solche erkennt,** sind regelmäßig wettbewerbswidrig iS von § 4 Nr 3, können aber auch gegen § 5 verstoßen. Hierher gehören vor allem die zahlreichen Fälle der „Wirtschaftswerbung unter journalistischer Tarnkappe" (*Hörle* AfP 73, 361), welche nach Form und Inhalt – ohne durch das Wort „Anzeige" gekennzeichnet oder vom redaktionellen Teil eines Presse- oder sonstigen Medienerzeugnisses hinreichend deutlich getrennt zu sein – einem redaktionellen Beitrag gleichen und damit dem Umworbenen zu Unrecht als eine objektive, Vertrauen verdienende Information durch eine unabhängige (Zeitungs-, Zeitschriften-, Rundfunk-, Fernseh-)Redaktion erscheinen (vgl § 4 Rn 3/8 ff). Einem **Beitrag im redaktionellen Teil** misst der Verkehr als objektiver Meinungsäußerung des Presseorgans oder als Berichterstattung einer neutralen Redaktion **größere Bedeutung** bei und steht ihm unkritischer gegenüber als den Werbeaussagen eines Wettbewerbers (§ 4 Rn 3/8 ff; BGH GRUR 75, 75, 77 – *Wirtschaftsanzeigen – public relations;* GRUR 93, 565, 566 – *Faltenglätter;* GRUR 94, 441, 443 – *Kosmetikstudio;* GRUR 97, 139, 140 – *Orangenhaut,* stRspr). Irreführende Wirkung entfaltet eine derartige Wirtschaftswerbung, wenn sie inhaltlich unrichtige Vorstellungen im Sinne des § 5 über die angesprochenen Waren hervorruft. Dies vor allem dadurch, dass **der Anbieter selbst** mittels bezahlter Auftragswerbung oder gekoppelt mit bezahlten Anzeigeaufträgen unter von ihm bestellten Gutachten, die als fachkundige Äußerungen unbeteiligter Dritter erscheinen, Werbung treibt, ferner dadurch, dass die **Redaktion in Wettbewerbsförderungsabsicht** im redaktionellen Teil für den Anbieter werbend tätig wird (BGH GRUR 61, 189, 191 – *Rippenstreckmetall;* BGHZ 81, 247, 250 f = GRUR 81, 835, 836 – *Getarnte Werbung I;* GRUR 89, 516, 518 – *Vermögensberater;* BGHZ 110, 278, 291 = GRUR 90, 611, 615 – *Werbung im Programm;* BGH aaO – *Kosmetikstudio;* aaO – *Orangenhaut*). 171

Über den Charakter einer Werbeveranstaltung wird getäuscht, wenn deren werbender Zweck für den Teilnehmer erst während der Veranstaltung hervortritt. Beispielsfälle sind die sog Kaffee- oder Ausflugsfahrten, Filmvorführungen und Freizeitveranstaltungen (BGH GRUR 62, 461, 464 f – *Werbeveranstaltung mit Filmvorführung;* GRUR 86, 318, 320 – *Verkaufsfahrten I;* GRUR 88, 130, 131 f – *Verkaufsreisen;* GRUR 88, 829, 830 – *Verkaufsfahrten II;* GRUR 90, 1020, 1021 f – *Freizeitveranstaltung;* WRP 02, 1432 – *Strafbare Werbung für Kaffeefahrten; Pluskat,* WRP 03, 18: zu Kaffeefahrten; sa § 4 Rn 3/54). 172

d) Tarnung der Person des Anbieters. In der Täuschung des Kunden über die Besorgung fremder Rechtsangelegenheiten **in eigener Person** kann eine Irreführung liegen (BGH GRUR 75, 23, 26 – *Ersatzwagenvermietung*). Unzulässig im Sinne des § 5 sind ferner geschäftliche Ankündigungen von Werbetreibenden, wenn der **geschäftliche Charakter** des Angebots nicht ersichtlich gemacht wird und dies den 173

Verkehr auf ein – regelmäßig für günstiger gehaltenes – Privatangebot schließen lässt (BGH GRUR 87, 748, 749 – *Getarnte Werbung II;* sa § 4 Rn 3/62). Es besteht aber keine allgemeine Aufklärungspflicht des Werbenden (vgl § 5a Rn 10) über seinen Beruf oder seine Berufserfahrung. Keine Irreführung ist es, wenn ein Makler, der den geschäftlichen Charakter eines provisionsfreien Angebots aus seinem eigenen Grundstücksbestand zum Ausdruck bringt, nicht auf seine Tätigkeit als Makler hinweist (BGH GRUR 93, 760, 761 – *Provisionsfreies Maklerangebot*). Ebenfalls nicht zu beanstanden ist das Angebot eines Maklers, mit dem dieser ohne Hinweis auf seinen Beruf ein zu seinem Privatvermögen zählenden Grundbesitz provisionsfrei zum Verkauf stellt (GRUR 93, 761, 762 – *Makler-Privatangebot*). Anders bei der Werbung für einen selbstständigen Friseurbetrieb in den Räumen eines Warenhauses, die den unzutreffenden Eindruck erweckt, dass der Friseurbetrieb eine unselbstständige Abteilung des Warenhauses sei (BGH GRUR 89, 211, 212 – *Shop in the Shop II*).

174 Erhebt der Einzelhändler von seinen Lieferanten (Hersteller, Großhändler, Importeur) für die Auslage von Waren eine **Regal-, Schaufenster- oder sonstige Platzmiete** oder für die Aufnahme in den Werbekatalog eine Vergütung, Provision oder Verkaufsprämie, nahm die frühere Rspr einen Lauterkeitsverstoß an, da die Gefahr bestehe, dass die Angebotsauswahl nicht von sachlichen Gesichtspunkten, sondern vom Vergütungsinteresse des Unternehmers beeinflusst werde. Der Kunde werde darüber getäuscht, dass die Auswahl der zum Verkauf stehenden Waren nicht mehr auf der sachkundigen Prüfung und der Eigenempfehlung des Unternehmers beruht, sondern auf den als solchen nicht wahrnehmbaren Werbeinteressen eines Dritten. Einzelhändler und Lieferant sollten unlauter iS von § 5 handeln, auch wenn Qualität und Preiswürdigkeit des Angebots im Einzelfall nicht zu beanstanden sein sollten (BGH GRUR 59, 138, 141 – *Italienische Note;* GRUR 77, 257, 258f – *Schaufenstermiete:* Vertragliche Zahlungszusage des Herstellers für jedes Gerät der ausgestellten Art innerhalb eines bestimmten Zeitraums eine Vergütung zu zahlen). Diese Einschätzung beruhte indessen auf dem sog Funktionsargument, wonach dem Händler vom Verbraucher die Funktion zuerkannt werde, solche Erzeugnisse zu bevorzugen, die allein nach Art, Qualität und Preis für den Verbraucher vorteilhaft sind. Inzwischen hat sich indessen die Erkenntnis durchgesetzt, dass der durchschnittlich informierte und verständige Verbraucher gerade nicht von einer solchen „neutralen" Stellung des Handels ausgeht und dass auch im Übrigen keine derartige Handelsfunktion mit normativer Verbindlichkeit festliegt (MüKoUWG/*Sosnitza* Anh §§ 1–7 C Rn 17f, 25). Regal-, Schaufenster- oder sonstige Platzmieten sind daher **nicht irreführend.** Ebenso wenig begründen diese Maßnahmen den Vorwurf der unlauteren Behinderung von Mitbewerbern unter dem Gesichtspunkt der **allgemeinen Marktbehinderung** (MüKoUWG/*Sosnitza* Anh §§ 1–7 C Rn 24; § 4 Rn 10/95ff).

175 **e) Tarnung von Art und Inhalt des Angebots.** Es ist irreführend, wenn das Angebot einer Ware oder Leistung in einer unüblichen, zur Verkehrsauffassung in Widerspruch stehenden Weise gekennzeichnet wird, etwa durch eine rechnungsähnliche Gestaltung von Angeboten in Formularschreiben (§ 4 Rn 3/55; BGH GRUR 98, 415, 416 – *Wirtschaftsregister*), durch das Angebot einer nicht mit einer Marke versehenen Ware als Markenware (vgl BGH GRUR 66, 45, 46 – *Markenware*) oder als Markenqualität (vgl BGH GRUR 89, 754, 756 – *Markenqualität*). Auch die Übersendung eines mit der laufenden Beitragszahlung verwechselbaren Angebots auf Höherversicherung seitens des Versicherers an die Versicherungsnehmer tarnt den Charakter des Angebots unter Verstoß gegen § 5 (BGH GRUR 92, 450, 452 – *Beitragsrechnung;* vgl auch § 4 Rn 3/56), ebenso die Verschleierung geschäftlicher Angebote in den Fällen des sog Adressbuchschwindels (§ 4 Rn 3/55; BGHSt 47, 1, 3, 4ff = NJW 01, 2187, 2188f).

176 **f) Tarnung mit Gutachten.** Bei fachlichen Erörterungen Dritter, Veröffentlichungen von Forschungsergebnissen, bei Aufsätzen in Fachzeitschriften uä geht der

Verkehr regelmäßig nicht davon aus, dass diese auf die Verfolgung wirtschaftlicher Interessen gerichtet sind. Zur Vermeidung einer für die Kaufentschließung des Publikums relevanten Täuschung darf daher eine Werbung nicht den Anschein eines neutralen fachkundigen Urteils erwecken, auf das ohne weiteres vertraut werden könne (BGH GRUR 61, 189, 191 – *Rippenstreckmetall*). Unlauter sowohl iS des § 4 Nr 3 als auch des § 5 ist es, zu Zwecken des Wettbewerbs **parteiische Gutachten** als **neutrale Stellungnahmen** von Sachverständigen auszugeben oder bei der Verwendung wissenschaftlicher Gutachten in der Werbung einen der Gutachtenerstattung zugrunde liegenden Auftrag nicht hinreichend erkennbar zu machen oder durch irreführende Angaben über die Person des Gutachters oder durch Übergehen wesentlicher abweichender Ansichten dem Gutachten einen ihm nicht zukommenden wissenschaftlichen Rang beizulegen (BGH aaO – *Rippenstreckmetall;* vgl auch § 4 Rn 3/7). Überhaupt handelt unlauter, wer bei der werbenden Verwendung von Aufsätzen oder Abhandlungen den Werbecharakter nicht erkennbar werden lässt, ggf Abhängigkeitsverhältnisse nicht deutlich macht und nicht klarstellt, dass der Verfasser der Abhandlung kein unabhängiger Wissenschaftler ist (BGH GRUR 62, 45, 49 – *Betonzusatzmittel*). Aber auch ohne eine solche Täuschung kann der Vorwurf irreführender Werbung (§ 5) gerechtfertigt sein, wenn das verwendete Gutachten wissenschaftlichen Anforderungen nicht entspricht, so wenn Umstände unberücksichtigt geblieben sind, die nach wissenschaftlichen Maßstäben in das Gutachten hätten einfließen müssen (BGH WRP 02, 828, 830 f – *Hormonersatztherapie*).

Zur Irreführung von Verbrauchern auf Grund von durch Täuschung beschafften Informationen über deren Bedarfslage s. o. Rn 167. **177**

5. Unvollständige Angaben. Eine unvollständige Werbung ist *nicht* **stets irreführend** (vgl BGH GRUR 52, 416, 417 – *Dauerdose*). Erkennt der Verkehr die Unvollständigkeit, wird er nicht irregeführt (BGH GRUR 97, 672, 674 – *Sonderpostenhändler*). § 5 zwingt zu richtigen, nicht unbedingt auch zu vollständigen Angaben (BGH GRUR 57, 491, 493 – *Wellaform;* GRUR 58, 30, 31 – *Außenleuchte*). Der Verkehr verlässt sich auf die Richtigkeit positiver Aussagen, erwartet aber keine vollständig neutrale Stellungnahme, die geeignet sein kann, beim Publikum Bedenken oder Vorurteile gegen die angebotene Ware oder Leistung zu begründen. Eine einseitige Betrachtungsweise stellt er in Rechnung. Das unterscheidet Werbung von einer rein objektiven Information, zB von Warentests (GK/*Lindacher* § 5 Rn 155). Unvollständigkeit einer Werbeaussage lässt sich daher nicht ohne weiteres mit Unrichtigkeit gleichsetzen (BGH aaO – *Dauerdose;* GRUR 64, 269, 271 f – *Grobdesin;* GRUR 65, 368, 371 – *Kaffee C;* WRP 93, 239 – *Sofortige Beziehbarkeit,* stRspr). So auch bei **Abkürzungen,** zB längeren Firmenkennzeichnungen, wie sie der Verkehr selber vornimmt (BGH GRUR 61, 425, 427 – *Möbelhaus des Handwerks*). Weniger vorteilhafte Eigenschaften eines Angebots, die dessen Attraktivität mindern, sind aber offenzulegen, wenn dies zum Schutz des Verbrauchers vor Irreführung geboten ist (BGH GRUR 89, 682, 683 – *Konkursvermerk;* GRUR 96, 793, 795 – *Fertiglesebrillen;* GRUR 99, 757, 758 – *Auslaufmodelle I;* GRUR 99, 760, 761 – *Auslaufmodelle II;* GRUR 99, 1122, 1123 – *EG-Neuwagen I;* GRUR 99, 1125, 1126 – *EG-Neuwagen II*). **178**

Wird in der Werbung für ein Gesamtangebot (zB Mobiltelefon und Netzkarte) die besondere Preiswürdigkeit nur eines Teils des Gesamtangebots herausgestellt (zB die des Mobiltelefons), kann dies über die Preiswürdigkeit des gesamten Angebots täuschen und den Kunden zu wirtschaftlichen Entschlüssen veranlassen, die er sonst nicht getroffen hätte (BGHZ 139, 368, 376 = GRGR 99, 264, 267 – *Handy für 0,00 DM;* GRUR 99, 261, 264 – *Handy-Endpreis;* WRP 99, 505, 508 – *Nur 1 Pfennig;* WRP 99, 509, 511 – *Kaufpreis je nur 1,– DM*). **179**

Bei der **Einbeziehung konkurrierender Angebote** in die Werbung muss diese nicht stets vollständig in dem Sinne sein, dass sie sich auf alle in Betracht zu ziehenden Umstände des eigenen oder des fremden Leistungsangebots erstreckt und jeden **180**

Nachteil der eigenen Ware oder Leistung ebenso hervorhebt wie jeden Vorteil der fremden (BGH GRUR 86, 548, 549 – *Dachsteinwerbung;* GRUR 88, 764, 767 – *Krankenkassen-Fragebogen*). Erst wenn die Unvollständigkeit ein solches Maß annimmt, dass eine Aufklärung der Verbraucher zwecks Vermeidung einer unsachlichen Beeinflussung des Kaufentschlusses geboten ist, werden unvollständige Angaben zu unrichtigen im Sinne des § 5. Bei lückenhaften Preisvergleichen, die vom Werbeadressaten auch mit einiger Mühe nicht nachvollzogen werden können, besteht die Gefahr des Missbrauchs durch eine ergebnisorientierte Auswahl der in den Vergleich einbezogenen Mitbewerber, Waren oder Leistungen. Solche Vergleiche verstoßen gegen § 5, weil sie geeignet sind, den Verbraucher zu ihm nachteiligen wirtschaftlichen Entschließungen zu veranlassen. Gleiches gilt für Preisvergleiche, deren Vollständigkeit und Richtigkeit für den Verbraucher nicht nachprüfbar ist (BGH GRUR 96, 983, 984 – *Preisvergleich II;* WRP 96, 1097, 1098 – *Preistest;* OLG Dresden NJWE-WettbR 99, 73, 74 f). In solchen Fällen handelt es sich um eine Irreführung durch Verschweigen (§ 5a Rn 1; BGH GRUR 64, 269, 271 f – *Grobdesin;* GRUR 82, 437, 438 – *Test Gut;* GRUR 92, 406, 408 – *Beschädigte Verpackung I*). Nicht um unvollständige Angaben handelt es sich, wenn sich der Inhalt einer Werbung dem Adressaten konkludent erschließt (Rn 96). Zur Frage, ob Shareware-Versionen von Anwendungsprogrammen, die als zusätzliche Leistung auf einer Datenbank-CD angeboten werden, zur Vervollständigung des Angebots als solche gekennzeichnet werden müssen, s BGH GRUR 00, 76 – *Shareware-Version*.

181 **6. Mehrdeutige, missverständliche Angaben.** Werbeaussagen, die **unterschiedlichen** Verständnismöglichkeiten der Verbraucher offen stehen, sind irreführend, wenn auch nur **einer** der in Betracht kommenden Begriffsinhalte vom maßgebenden Verkehr in einem unzutreffenden Sinne verstanden wird (vgl Rn 152). Mehrdeutigkeit stellt vom Verbot irreführender Werbung nicht frei. Jede in Betracht kommende Deutung muss richtig sein (vgl BGH GRUR 97, 665, 666 – *Schwerpunktgebiete;* GRUR 12, 1053 Rn 17 – *Marktführer Sport*). Wer mit doppeldeutigen oder vielsinnigen oder missverständlichen Angaben – bewusst oder unbewusst – wirbt, muss auch *die* Verständnismöglichkeit gegen sich gelten lassen, die die Angabe dem Verkehr als unrichtig erscheinen lässt (BGH GRUR 60, 567, 569 – *Kunstglas:* Mehrdeutig als künstlerisch gestaltetes und als künstliches (Kunststoff-)Glas; GRUR 82, 563, 564 – *Betonklinker:* Mehrdeutig als Betonstein mit (lediglich) dem Aussehen eines Klinkers und als Stein (auch) mit dessen Eigenschaften; GRUR 92, 66, 68 – *Königl.-Bayerische Weisse:* Mehrdeutig als Bier aus der Braustätte eines (früheren) Königshauses und als bloßer Hinweis auf lange zurückreichende Tradition; GRUR 00, 911, 913 – *Computerwerbung I:* Mehrdeutige Angaben bei irreführendem Blickfang; OLG Köln GRUR-RR 04, 271, 272: Lebensmittelwerbung für Fruchtaufstrich „ohne Kochen hergestellt": Mehrdeutig, ob kaltgerührt oder ohne Erreichen des Siedepunktes erwärmt).

182 Für die Irreführung ist es erforderlich, dass ein **erheblicher Teil des Verkehrs** die Angabe in einem Sinne versteht, der nicht den objektiven Gegebenheiten entspricht (Rn 103). Spätere Richtigstellungen oder Klarstellungen im weiteren Verlauf der Werbung lassen die Irreführung nicht entfallen (Rn 106, 133). Hat aber der Werbende am Gebrauch einer mehrdeutigen Bezeichnung ein **schutzwürdiges Interesse,** weil beachtliche Teile des Verkehrs eine Angabe – die von anderen relevanten Teilen des Verkehrs in einem unzutreffenden Sinne verstanden wird – richtig verstehen, ist dem Interesse der Allgemeinheit und der Mitbewerber am Schutz vor irreführendem Wettbewerb genügt, wenn mit ausreichenden Zusätzen eine Täuschung des Teils des Verkehrs, der die Werbeangabe mißversteht, vermieden werden kann (BGH aaO – *Kunstglas;* GRUR 73, 201, 202 – *Trollinger*). Meinungsumfragen müssen alle nach Lage der Sache denkbare Deutungsmöglichkeiten bei der Verkehrsbefragung berücksichtigen (BGH aaO – *Königl.-Bayerische Weisse;* GRUR 92, 70, 71 – *40% weniger Fett;* GRUR 93, 920, 922 – *Emilio Adani II;* s auch Rn 143).

Irreführende geschäftliche Handlungen **§ 5 UWG**

7. Verunsichernde Angaben. Löst eine Werbeaussage durch die Verwendung 183 **fachspezifischer Ausdrücke** oder sonst durch den Gebrauch **unbekannter Bezeichnungen** oder Beschaffenheitsangaben **unsichere Verkehrsvorstellungen** aus, lässt das eine Irreführung nicht allein schon deshalb entfallen, weil sich der angesprochene Verbraucher *des Mangels seines Kenntnisstandes* oder der *Unsicherheit seines Wissens* bewusst ist (vgl Rn 162). Keinesfalls ist die Verkehrserwartung nach § 5 unerheblich, weil sich das Publikum subjektiv unsicher ist (BGH GRUR 67, 30, 32 – *Rum Verschnitt;* sa Rn 160). Entscheidend ist, welche die Kaufentschließung beeinflussenden Eigenschaften der Ware oder Leistung der Verkehr trotz der Unsicherheit seines Urteilsvermögens erwartet und ob er in dieser Erwartung enttäuscht wird (BGH GRUR 63, 36 39 – *Fichtennadelextrakt;* BGH aaO – *Rum Verschnitt*).

Sieht der angesprochene Verkehr in solchen Fällen von einer eigenen Beurteilung 184 ab, geht er im Allgemeinen davon aus, dass die Ware oder Leistung den **Standards entspricht,** die vom Gesetz oder von den beteiligten amtlichen Stellen oder Fachkreisen aufgestellt sind, **verweisende Verkehrsvorstellung** (BGH GRUR 67, 30, 32 – *Rum Verschnitt;* GRUR 69, 280, 281 – *Scotch Whiskey;* GRUR 85, 555 – *Abschleppseile*). Das setzt allerdings voraus, dass es solche Standards (Normen, Regeln, Gepflogenheiten der Fachkreise) gibt und dass der Verkehr – ohne dass ihm Einzelheiten bekannt sein müssen – Kenntnis von ihnen hat. Denn nur dann erwartet er auch deren Einhaltung (BGH aaO – *Abschleppseile*). Fehlt es daran, ist die Werbung nur dann irreführend, wenn der Ware oder Leistung Eigenschaften fehlen, die vom Publikum nach der Verkehrsauffassung **üblicherweise** vorausgesetzt werden (BGHZ 28, 1, 7 = GRUR 59, 38, 39 – *Buchgemeinschaft II;* GRUR 67, 600, 601 – *Rhenodur I;* BGH aaO – *Abschleppseile;* OLG Hamburg WRP 89, 667, 668f: zur Bezeichnung eines Kfz-Motorenöls als synthetisch m Krit Anm *Hertin*).

8. Übertreibende Angaben. Reklamehafte Übertreibungen – häufig Aussagen 185 über Eigenschaften und Verhältnisse des werbenden Unternehmens (Größe, Bedeutung, Alter), über Qualität und Preis – verstoßen nicht ohne weiteres gegen § 5. Sie sind hinzunehmen, solange der Verkehr in seinen Kaufentschlüssen nicht durch **unzutreffende Angaben unsachlich beeinflusst** wird, und eine unlautere Belästigung iS von § 7 I ausscheidet. Erfahrungsgemäß neigt aber der Verkehr dazu, Werbeaussagen ernst zu nehmen und auch in Übertreibungen einen sachlichen Kern zu erkennen (BGH GRUR 73, 594, 595 – *Skisicherheitsbindung:* „Deutsches Spitzenerzeugnis"; GRUR 79, 781, 782 – *Radikal gesenkte Preise:* „Jetzt absolute Tiefstpreise"). Es bedarf daher im Einzelfall der Prüfung, ob der Verkehr einer Werbeaussage wegen ihres übertriebenen Charakters tatsächlich kein Gewicht beimisst. Aussagen seriöser, angesehener Unternehmen werden im Allgemeinen ernst genommen (BGH GRUR 65, 365, 367 – *Lavamat II;* GRUR 70, 425, 426 – *Melitta-Kaffee;* GRUR 81, 910, 911 – *Der größte Biermarkt der Welt*), vor allem, wenn sie konkrete Hinweise auf die Beschaffenheit einer Ware erhalten. Dagegen sind **allgemeine Redewendungen,** vollmundige Anpreisungen ohne Tatsachenkern („nicht klein zu kriegen", „riesig", „unschlagbar"), schlagwortartige Formulierungen, die sich einer objektiven Nachprüfung entziehen, und suggestive Kaufappelle, die nur unbestimmte Qualitätsvorstellungen auslösen, keine hinreichend konkreten Angaben iS von § 5 (BGH GRUR 63, 482, 484 – *Hollywood Duftschaumbad;* GRUR 65, 365, 367 – *Lavamat II;* GRUR 75, 141, 142 – *Unschlagbar*). Reklamehafte Übertreibungen, die als solche ohne weiteres erkennbar sind („Die schönsten Blumen der Welt", „Künstlerisches Erlebnis", „Den und keinen anderen", „Was das Leben wirklich besser macht", „Das Geheimnis für ein besseres Leben") werden von § 5 nicht erfasst (vgl OLG München NJWE-WettbR 99, 254, 255).

Maßgebend für die Beurteilung ist die **Auffassung eines verständigen Durch-** 186 **schnittsverbrauchers,** wie sie sich nach dem *Gesamtzusammenhang* der Werbung und den Begleitumständen bildet (Rn 125). Zu berücksichtigen sind Art und Ort der Werbung (zB Kaufhauswerbung oder Jahrmarktsangebote), die vom Verkehr in

Rechnung gestellten Gepflogenheiten der jeweiligen Branche, das Wettbewerbsverhalten der Mitbewerber und eine vergleichende Bezugnahme darauf (BGH GRUR 73, 534, 535 – *Mehrwert II:* Irreführung durch Verwendung des Firmenbestandteils „Mehrwert", wenn Warenangebot insgesamt nicht preisgünstiger ist als das der Mitbewerber).

187   **Komplexe Angaben,** die Aussagen in verschiedener Richtung entfalten (zB über Umfang, Vielfalt, Aktualität und Marktbedeutung), versteht der Verkehr in einem umfassenden Sinne dahin, dass die Werbung in jeder Beziehung richtig ist. Sie ist daher irreführend, wenn das Publikum auch nur in einer Richtung getäuscht wird (BGH GRUR 92, 404, 406 – *Systemunterschiede;* GK/*Lindacher* § 5 Rn 129).

188   **Satirische** Verfremdungen, **karikaturistische** Übertreibungen, **humoristische** Überzeichnungen, Werbeverse in Reimform uä unterliegen im Allgemeinen einer **großzügigeren Beurteilung,** da der Verkehr solche Werbeaussagen nicht wörtlich zu nehmen pflegt. Gleiches gilt für die symbolhafte Verwendung von Bezeichnungen, Namen oder bildlichen Darstellungen (BVerfG WRP 01, 1284: „So kommen Sie zu Ihrem Recht" als Wegbeschreibung zur Anwaltskanzlei; BGH GRUR 97, 227 – *Aussehen mit Brille;* GRUR 02, 982, 983 f – *Die Steinzeit ist vorbei:* Werbung für Häuser in Holzbauweise). Erkennt aber der Verkehr die Übertreibung nicht oder ist er sich dabei unsicher, ist die Werbung mit § 5 nicht zu vereinbaren.

9. Objektiv richtige Angaben

Literatur: *v Godin,* Die unrichtige, objektiv richtige Werbeangabe, NJW 1965, 1008; *Haller,* Die Werbung mit dem Zusatz „inkl. MWSt", WRP 1989, 5; *Michalski,* Das Verbot der Werbung mit Selbstverständlichkeiten, BB 1992, 440; *Sack,* Irreführende Werbung mit wahren Angaben, FS Trinkner, 1995, S 293.

189   **a) Irreführende Wirkung.** Auch eine objektiv *richtige* Angabe kann im Sinne des § 5 *irreführend* sein, wenn sie wie eine unrichtige Angabe wirkt und geeignet ist, die wirtschaftliche Entschließung der angesprochenen Verbraucherkreise zu beeinflussen (BGHZ 13, 244, 245 = GRUR 55, 37, 40 – *Cupresa;* GRUR 61, 193, 196 – *Medaillenwerbung;* GRUR 87, 171, 172 – *Schlussverkaufswerbung;* GRUR 91, 852, 854 – *Aquavit;* GRUR 91, 552, 554 – *TÜV-Prüfzeichen;* GRUR 95, 612, 614 – *Sauerstoff-Mehrschritt-Therapie;* GRUR 96, 910, 912 – *Der meistverkaufte Europas;* GRUR 98, 1043, 1044 – *GS-Zeichen;* GRUR 00, 73, 75 – *Tierheilpraktiker;* GRUR 07, 805 Rn 18 – *Irreführender Kontoauszug;* GRUR 13, 409 Rn 29 – *Steuerbüro; Sack,* GRUR 96, 461, 462). Es kommt darauf an, in welchem Sinne die Verkehrskreise, an die sich die Werbung richtet, die Angabe verstehen. Nicht die abstrakte Wahrheit ist entscheidend, sondern das, was der Verkehr nach dem Inhalt der Werbeaussage und den Gesamtumständen als richtig voraussetzt (RG GRUR 31, 875, 876 – *Antiseptische Imprägnierung;* GRUR 39, 627, 629 – *Eloxier*).

190   Unrichtig ist die objektiv zutreffende Werbung „DRP angemeldet", wenn der Verkehr daraus (zu Unrecht) auf das Bestehen eines (vorläufigen) Patentschutzes schließt (BGH GRUR 56, 276, 277 f – *Desinfektionsapparat*). Täuschend ist die an sich zutreffende Angabe „Rosenheimer Gummimäntel" für in Rosenheim hergestellte Mäntel, wenn das werbende Unternehmen diese Angabe als geographische Herkunftsangabe (Ursprungsbezeichnung) benutzt, der Verkehr sie aber auf ein bestimmtes anderes Herstellerunternehmen bezieht (BGH GRUR 58, 39, 40 – *Rosenheimer Gummimäntel*). Ebenso verstößt gegen § 5, wer eine Medaillenwerbung auf Produkte erstreckt, die nicht mit prämiiert worden sind (Rn 596; BGH GRUR 61, 193, 196 – *Medaillenwerbung*). Die objektiv zutreffende Angabe „TÜV-geprüft" für Brillenfassungen ist unrichtig, wenn die so beworbenen Brillen gegenüber qualitativ gleichwertigen Brillen anderer Hersteller vom Verkehr als von besserer Qualität angesehen werden (BGH GRUR 91, 552 – *TÜV-Prüfzeichen*). Auch die Verwendung gesetzlich zulässiger Angaben und Bezeichnungen kann zu einer Täuschung führen und Aufklärungspflichten begründen (BGH GRUR 83, 651, 653 – *Feingoldgehalt;* GRUR 98, 1043, 1044 – *GS-Zeichen:* Führung des GS-Zeichens auf Grund zu Unrecht erteilter behördlicher Genehmigung). Die für sich genommen zutreffende Aussage „bis zu 2700 mg Baldrian pro Dragee" ist irreführend, wenn der Wirkstoffgehalt des beworbenen pflanzlichen Arzneimittels zwischen 1350 mg und 2700 mg pro Dragee liegt (OLG Karlsruhe GRUR-RR 06, 241). Ein Kontoauszug, der das verfügbare Tagesguthaben zutreffend wiedergibt, kann gleichwohl irreführend sein, wenn der Eindruck erweckt wird, der Kunde könne über Gutschriften auch schon vor Wertstellung ohne Zinsbelastung verfügen (BGH GRUR 07, 805 Rn 17 – *Irreführender Kontoauszug*). Warum der Verkehr die objektiv richtige Angabe falsch versteht, ist grundsätzlich unerheblich (BGHZ 42, 134, 141 = GRUR 65, 96, 99 – *20% unter dem empfohlenen Richtpreis*).

Eine Werbung ist irreführend, wenn ein beachtlicher Teil des angesprochenen Verkehrs getäuscht wird (Rn 148). Jedoch bedarf es für die Anwendung des § 5, wenn die Täuschung lediglich auf dem unrichtigen Verständnis einer objektiv richtigen Angabe beruht, im Allgemeinen eines **höheren Prozentsatzes** Irregeführter als bei einer Täuschung auf Grund tatsächlich unrichtiger Angaben (Rn 150; BGH GRUR 92, 66, 68 – *Königl.-Bayerische Weisse;* WRP 93, 239 – *Sofortige Beziehbarkeit;* GRUR 10, 1024 Rn 25 – *Master of Science Kieferorthopädie;* WRP 12, 1523 Rn 22 – *Stadtwerke Wolfsburg*). In die in diesen Fällen regelmäßig gebotene **Interessenabwägung** (Rn 150, 218 ff) sind auch die (möglicherweise nur geringfügigen) Auswirkungen mit einzubeziehen, die von einer Werbung mit objektiv richtigen Angaben ausgehen (BGH GRUR 87, 171, 172 – *Schlussverkaufswerbung;* GRUR 91, 552 – *TÜV-Prüfzeichen;* GRUR 91, 852, 855 – *Aquavit;* GRUR 96, 910, 912 – *Der meistverkaufte Europas;* GRUR 10, 1024 Rn 25, 29 – *Master of Science Kieferorthopädie;* WRP 12, 1526 Rn 3 – *Über 400 Jahre Brautradition*). Das auf die §§ 3, 5 gestützte völlige Verbot von Hinweisen auf eine berufliche Qualifikation im Rahmen der Werbung für eine erlaubte Berufstätigkeit kann im Blick auf die Berufsausübungsfreiheit des Art 12 I 1 GG unangemessen sein, vor allem dann, wenn nur ein geringer Teil des Verkehrs der Täuschung erliegt (BGH GRUR 90, 1032, 1034 – *Krankengymnastik*). In solchen Fällen können aufklärende Zusätze aus dem Verbotskreis der §§ 3, 5 herausführen.

b) Werbung mit Selbstverständlichkeiten. Werden in der Werbung Eigenschaften einer Ware oder Leistung, die genuin **zu ihrem Wesen** gehören oder **gesetzlich** vorgeschrieben sind, besonders betont, ist die Aussage trotz ihrer objektiven Richtigkeit im Sinne des § 5 irreführend, wenn der Verkehr das Selbstverständliche der Eigenschaft nicht kennt bzw nicht erkennt und deshalb zu Unrecht von einem Vorzug der beworbenen Ware oder Leistung vor vergleichbaren anderen Angeboten ausgeht. Derartige Eigenschaften, die den entsprechenden Angeboten der Mitbewerber ebenfalls eigen sind, dürfen deshalb zur Vermeidung einer Irreführung des Verkehrs nicht als Besonderheiten des eigenen Angebots hingestellt werden. Entscheidend ist, dass der Verkehr in der herausgestellten Eigenschaft der beworbenen Ware oder Leistung irrtümlich einen Vorteil sieht, den er nicht ohne Weiteres erwarten kann (BGH WRP 09, 435 – *Edelmetallankauf;* GRUR 13, 401 Rn 29 – *Biomineralwasser*).

Beispiele für Irreführung: Betonung der Nichtverwendung chemisch behandelter Mehle, wenn Nichtverwendung selbstverständlich und kein Mitbewerber chemisch behandelte Mehle verwendet (BGH GRUR 56, 550, 553 – *Tiefenfurter Bauernbrot*). – Schlagwortartige Herausstellung der Bezeichnung „Massageborsten" für Zahnbürstenborsten als besonderer Vorzug des Produkts, wenn dieser Vorzug auch bei den Erzeugnissen aller Mitbewerber, die Zahnbürstenborsten aus gleichem Material herstellen, vorhanden ist (BGH GRUR 61, 288, 293 – *Zahnbürsten*). – Die Werbung „reiner Kaffee" und „nichts als Kaffee" für ein Kaffee-Extrakt-Produkt betont eine Selbstverständlichkeit, da jeder Kaffee-Extrakt aus gerösteten Kaffeebohnen gewonnen wird (BGH, Urt v 19.2.1971, S 22 – I ZR 44/69 – *Kaffee-Extrakt:* zur s Zt geltenden KaffeeVO). – Schlagwortartige Verwendung des Wortes „Weingeist" für eine Spirituose, weil Weingeist (Äthylalkohol) ein wesensmäßiger Bestandteil aller Spirituosen ist, in Wirklichkeit also keine Besonderheit darstellt (BGH GRUR 73, 481, 483 – *Weingeist*). – Kfz-Werbung „4 Monate Preisschutz", obwohl allen Kfz-Händlern bei Lieferfristen bis zu vier Monaten Änderungsvorbehalte bei den Preisangaben in der Werbung oder in Angeboten untersagt sind, § 4 Nr 11 iVm § 1 I 1, V (früher Abs IV) PAngV (BGH GRUR 81, 206, 207 – *4 Monate Preisschutz*). – Betonte Herausstellung der Angabe „Incl. MwSt", wenn die Herausstellung den Eindruck eines vom Werbenden gewährten Vorteils erweckt, der bei den Mitbewerbern nicht ohne weiteres zu erlangen ist, obwohl die Preisangabenverordnung (§ 1 I 1) die Angabe des Endpreises einschließlich der Mehrwertsteuer vorschreibt (BGH GRUR 90, 1028, 1029 – *Incl MwSt II*). – Bei der Werbung für Milch stellt die Angabe „ohne Zusatz- und Konservierungsstoffe", eine Selbstverständlichkeit dar, weil jede Milch frei von solchen Stoffen sein muss (EuGH WRP 01, 525, 527 f – *Bellamy* [Rn 8 und 22]). – Besondere Betonung der branchenüblichen Gebührenfreiheit des Edelmetallankaufs von Privatpersonen (BGH WRP 09, 435 – *Edelmetallankauf*). – Für Telekommunikationsdienstleistungen im Call-by-Call-Verfahren erhebt kein Anbieter eine sog Wechselgebühr. Es ist daher eine irreführende Werbung mit einer Selbstverständlichkeit, einen Call-by-Call-Service „ohne Wechselgebühr" betont herauszustellen (OLG Köln NJWE-WettbR 99, 101, 102).

194 Eine Irreführung ist dagegen **nicht** gegeben, wenn der Verkehr *mangels besonderer Betonung* eines selbstverständlichen Umstands lediglich eine die Ware **näher beschreibende** oder **erläuternde Erklärung** annimmt und nicht den Eindruck einer vom Mitbewerber nicht gebotenen Besonderheit gewinnt. Hinweise auf Eigenschaften einer Ware oder Dienstleistung, die üblicherweise auch von Mitbewerbern des Werbenden erbracht werden, stellen keine Werbung mit Selbstverständlichkeiten dar, wenn es dem Werbenden dabei nur darum geht herauszustellen, dass auch er die allgemein erwarteten, üblichen Leistungen erbringt (vgl OLG Stuttgart WRP 96, 246, 248 – Auktionshaus). Trotz Wort- oder Bildgleichheit einer Angabe kann die Wirkung auf den umworbenen Verbraucher je nach dem Gesamtbild der Werbung, dem Sinnzusammenhang und den Begleitumständen verschieden sein. Die *unauffällige* Erwähnung der Angabe „Incl. MwSt" im Fließtext, die lediglich als Preiserläuterung und *nicht* als Herausstellung einer Besonderheit wirkt, ist daher nicht als irreführend zu beanstanden (BGH GRUR 90, 1027, 1028, – *Incl MwSt I;* GRUR 90, 1029, 1030, – *Incl MwSt III;* GRUR 91, 323 – *Incl MwSt IV),* anders bei *betonter* Herausstellung (Rn 193). Eine Anwaltskanzlei, die mit Hinweisen auf die Beachtung anwaltlicher Pflichten („Sorgfältige Beratung", „Regelmäßige Weiterbildung", „Wir sorgen konsequent für Ihr Recht" als „Kanzleiphilosophie") um Mandanten wirbt, wirbt nicht mit irreführenden Selbstverständlichkeiten (BVerfG WRP 01, 1284, 1285 f = NJW 01, 3324, 3325 – *Umfassende Rechtsberatung*). Gleiches soll bei dem Hinweis eines Anwalts auf seine „Zulassung" bei allen Oberlandesgerichten gelten, da (noch) nicht allen potenziellen Mandanten bewusst ist, dass seit 2007 jeder Rechtsanwalt an allen Oberlandesgerichten postulationsfähig ist (BGH GRUR 13, 950 Rn 17 – *auch zugelassen am OLG Frankfurt;* zw.).

195 **Erkennt** der Verkehr **das Selbstverständliche** einer Werbeaussage, entfällt die Irreführung ebenfalls (vgl Rn 158, 162). Der Hinweis eines Rettungsdienstunternehmens auf „qualifizierte" Hilfeleistung unterstreicht die Qualität der eigenen Leistung, besagt aber nicht, dass andere Rettungsdienste keine qualifizierten Leistungen erbringen (OLG Koblenz GRUR 89, 129, 130).

196 Werbende Hinweise auf Leistungen, die im Geschäftsverkehr **üblicherweise von allen** Mitbewerbern erbracht werden, sind trotz ihrer allgemeinen Verbreitung **nicht ohne weiteres irreführend.** Werden solche Leistungen *freiwillig* erbracht, verstehen sie sich nicht in gleichem Maße von selbst wie Eigenschaften, die das Wesen der Ware oder Leistung ausmachen oder kraft Gesetzes vorgeschrieben sind. Hinweise auf die besondere Qualität oder Preiswürdigkeit oder auf freiwillige oder unentgeltliche Zusatzleistungen können – unter Berücksichtigung aller maßgebenden Umstände des Einzelfalls – lediglich bedeuten, dass die so beworbene Ware oder Leistung auch beim Werbenden zu haben ist und nicht, dass dieser einen Vorzug vor Mitbewerbern in Anspruch nimmt (BGH GRUR 87, 916, 917 – *Gratis-Sehtest* m Anm *Schulze zur Wiesche*). Nicht zu beanstanden sind auch Werbehinweise auf Eigenschaften, deren Vorhandensein jeder Verbraucher durch eigene Prüfung jederzeit feststellen kann oder die als allgemeine Aufforderungen zur Überprüfung der bestimmungsgemäßen Verwendbarkeit oder Qualität verstanden werden, so die Aussagen zu einem Wäschestärkemittel „Meine Hemden scheuern nicht" (BGH GRUR 63, 371, 375 – *Wäschestärkemittel*). Nicht selbstverständlich sind Werbeaussagen, die zur Information des Publikums und zur Klarstellung der Eigenschaften eines Produkts sachlich veranlasst sind (BGH aaO – *Wäschestärkemittel*).

c) Objektiv richtige Angaben, die nicht geglaubt werden. Eine **objektiv** 197 **falsche** Angabe rechtfertigt das Verbot aus den §§ 3, 5 (Rn 155), wenn nicht der Verkehr mit der Werbebehauptung trotz ihrer Unrichtigkeit ausnahmsweise eine zutreffende Vorstellung verbindet (Rn 168). Aber auch eine **objektiv richtige** Angabe kann nach § 5 unzulässig sein, wenn sie auf das Publikum die Wirkung einer unrichtigen Angabe ausübt (Rn 189). Wird aber eine **objektiv richtige** Angabe vom Verkehr **richtig verstanden,** kann die Werbung nicht deshalb nach § 5 untersagt werden, weil ein Teil der angesprochenen Verkehrskreise der Werbebehauptung **nicht glaubt** und das Angebot aus diesem Grunde für besonders günstig hält, obwohl die Angabe selbst zu diesem Irrtum keinen Anlass gibt. Die Werbung einer Fahrschule mit einem Gesamtpreis für Unterricht und Lehrmaterial verstößt daher nicht deshalb gegen § 5, weil ein Teil der Kunden das Lehrmaterial irrig für eine unentgeltlich gewährte Zugabe hält (BGH GRUR 67, 530, 532 – *Fahrschule*).

10. Gesetzlich vorgeschriebene Angaben. Bei der Anwendung des § 5 kann 198 die Verwendung vorgeschriebener Angaben oder Bezeichnungen, wie sie sich vor allem in den Vorschriften des Lebensmittel- und Gesundheits- (Heilmittel- und Arzneimittel-)rechts finden, grundsätzlich **nicht beanstandet** werden (Rn 27, 255). Was (spezial-)gesetzlich vorgeschrieben ist, muss wettbewerbsrechtlich hingenommen werden, auch wenn ein erheblicher Teil des in Frage kommenden Verkehrs die Bezeichnung anders versteht als das Gesetz. Nicht die Ist-, sondern die **Soll-Verkehrsauffassung** ist in diesen Fällen maßgebend (Fezer/Peifer § 5 Rn 241 ff; *Lettl* S 91 f).

Bei Beachtung der vorgeschriebenen Kennzeichnungspflicht bedarf es grundsätz- 199 lich keiner besonderen **Aufklärung** über Bedeutung und Inhalt dieser Bezeichnungen. Der Werbende kann davon ausgehen, dass die Verwendung gesetzlich vorgeschriebener Angaben zulässig ist, vom Verkehr in dem vom Gesetz gebrauchten Sinne verstanden wird und nicht zu Täuschungen oder Verwechslungen Anlass gibt (BGH GRUR 58, 492, 495 – *Eis-Pralinen*). **Ausnahmen** gelten in Fällen neu festgelegter Bezeichnungen, die im Verkehr noch keine Verbreitung gefunden haben (BGH GRUR 62, 249, 252 – *Schaumweinwerbung*), ferner bei einer Warenbeschaffenheit, die in der angebotenen Form dem Verkehr nicht geläufig ist (BGH GRUR 83, 651, 653 – *Feingoldgehalt:* Werbung für Goldschmuck mit einem Feingoldgehalt von $^{166}/1000$ statt des allgemein üblichen Mindestgoldgehalts von $^{333}/1000$). Durch **zusätzliche Angaben,** auch wenn diese als solche zutreffen, kann der Gebrauch der gesetzlich vorgeschriebenen Bezeichnung irreführend werden (BGH GRUR 84, 455, 456 – *Französischer Brandy:* Zusätzliche Angabe neben der weinrechtlich vorgeschriebenen Bezeichnung „Branntwein aus Wein").

11. Gesetzlich zugelassene Angaben, Behördensprachgebrauch, bran- 200 **chenübliche Bezeichnungen.** Ist eine Bezeichnung lediglich erlaubt, aber nicht vorgeschrieben, geht die **Verkehrsauffassung** vor (Rn 255; aA GK/*Lindacher* § 5 Rn 178). So ist es zwar lebensmittelrechtlich zulässig, auf die Verminderung des Nährstoffgehalts hinzuweisen, wenn die Verminderung mindestens 40% des durchschnittlichen Nährstoffgehalts vergleichbarer herkömmlicher Lebensmittel ausmacht. Fassen aber relevante Verkehrskreise einen entsprechenden Hinweis („40% weniger Fett") dahin auf, dass das so beworbene Erzeugnis nicht nur im Durchschnitt aller, sondern gegenüber jedem anderen vergleichbaren Lebensmittel im Nährstoffgehalt wie angegeben reduziert ist, stellt die gesetzliche Regelung, die keinen Bezeichnungszwang enthält, von der Verpflichtung des § 5 nicht frei (BGH GRUR 92, 70, 71 – *40% weniger Fett*).

201 Gleiches gilt für **Wettbewerbsregeln, Verbandsabreden, Handelsbrauch** oder den behördlichen **Sprachgebrauch.** Gegebenheiten dieser Art stellen von der Beachtung des § 5 ebenfalls nicht frei, so dass der Werbende zur **Aufklärung** verpflichtet ist, wenn die am allgemeinen Sprachgebrauch oder anderweitig geprägte Verkehrsauffassung von Verbandsregeln, Vereinbarungen, kaufmännischen Gepflogenheiten oder Behördensprachgebrauch abweicht (BGH GRUR 67, 30, 32 – *Rum-Verschnitt;* GRUR 77, 159, 161 – *Ostfriesische Tee Gesellschaft;* GRUR 83, 245, 246 – *Naturrot*). Eine Berufung auf behördliche Genehmigungen (Verwaltungsakte), die zu Unrecht erteilt bzw ergangen sind, kann in keinem Fall Erfolg haben (BGH GRUR 98, 1043, 1044 – *GS-Zeichen*).

202 **12. Fortwirkung der Irreführung.** Die **Abwandlung** einer irreführenden Werbung, die für sich betrachtet nicht zu beanstanden ist, aber immer noch einen mehr oder weniger starken Zusammenhang mit der ursprünglichen Werbeaussage aufweist, kann nach § 5 unter dem Gesichtspunkt der Fortwirkung der Irreführung unzulässig sein, wenn sie sich an die frühere Werbung in einer Weise **anlehnt,** die vom Verkehr im Sinne derselben unrichtigen Angabe verstanden wird, mit der der Werbende zuvor ausdrücklich geworben hat. **Beispielsfälle:** BGH GRUR 58, 86, 89 – *Ei-fein:* Irreführende Werbung für Margarine ohne wesentlichen Eigehalt mit der Angabe „*Ei-fein",* fortgesetzt mit der Angabe „*Ei-wie-fein".* – BGH GRUR 62, 97, 99, 100 – *Tafelwasser:* Irreführende Gesundheitswerbung für Tafelwasser mit dem *Herzzeichen* und der Angabe „*Heilquellen-Naturbrunnen",* fortgesetzt mit dem Herzzeichen und der Angabe „*Naturbrunnen und Limonaden".* – BGH GRUR 64, 686, 688, 689 – *Glockenpackung II:* Fortwirkung einer aufgegebenen irreführenden Werbeaussage durch Beibehaltung der als solcher nicht zu beanstandenden Aufmachung der Ware. – BGH GRUR 82, 685, 686 – *Ungarische Salami II:* Fortwirkung der Irreführung über die geographische Herkunft nach Einführung eines goldfarbenen Streifens in den weißen Mittelstreifen einer täuschend auf Ungarn oder Italien hinweisenden rot-weiß-grünen flaggenartigen Streifengebung auf Etiketten für in Deutschland hergestellt Salami.

203 Das Verbot aus § 5 kommt für die **Dauer der Fortwirkung** in Betracht. Um ihm zu entgehen, ist eine eindeutige Abstandnahme von der früheren Werbung erforderlich. Das Ausmaß des einzuhaltenden **Abstands** hängt von den Umständen des Einzelfalls ab (BGH GRUR 63, 589, 593 – *Lady Rose*). Wesentlich ist, in welchem Ausmaß sich der irreführende Eindruck der früheren Werbung verfestigt hatte, wie umfangreich und intensiv die Werbung war und ob der zeitliche Abstand ausreichend ist, im Verkehr die Erinnerung an die frühere Werbung verblassen zu lassen (BGH GRUR 71, 255, 257 – *Plym-Gin*). Unterbleibt eine Versteigerung, deren Durchführung wettbewerbswidrig gewesen wäre, ist der Einzelverkauf von Ware an die auf Grund der Werbung für die (angekündigte) Auktion erschienenen Interessenten unzulässig (BGH GRUR 99, 177, 178 – *Umgelenkte Auktionskunden*). **Grenzfälle** können nur zur **Interessenabwägung** (Rn 218 ff) zwingen, wenn einerseits die Irreführungsgefahr gering ist und die Interessen der Allgemeinheit und der Mitbewerber nicht nachhaltig betroffen sind, und andererseits der Werbende zum Verzicht etwa

auf den Gebrauch einer Firma oder einer Ausstattung gezwungen würde, der als solcher nicht unzulässig ist (GK/*Lindacher* § 5 Rn 175 ff).

13. Nachträgliche Unrichtigkeit. Wird eine **ursprünglich richtige** Werbeaussage infolge einer Änderung der tatsächlichen Verhältnisse – zB der Beschaffenheit der angebotenen Ware – irreführend, setzt das Verbot der Werbeaussage eine **Fortwirkung** der früheren, zwischenzeitlich unrichtig gewordenen Angabe voraus (BGH GRUR 58, 30, 31 – *Außenleuchte:* Fortwirkung ursprünglich richtiger Angaben in einem nicht mehr zur Ausgabe gelangenden Werbekatalog; vgl auch OLG Stuttgart WRP 80, 445, 447). – Auch bei **Unrichtigwerden** einer **Firma** oder einer **Marke** muss der Gebrauch der Kennzeichnung aufgegeben oder geändert werden, wenn andernfalls der Verkehr über die geschäftlichen Verhältnisse des werbenden Kennzeicheninhabers getäuscht werden würde (BGH GRUR 73, 532, 534 – *Millionen trinken ...*). Scheidet ein Rechtsanwalt aus einer Anwaltskanzlei aus, ist er aber weiter anwaltlich tätig, darf die Anwaltskanzlei den Namen des Ausgeschiedenen auf Briefbögen, Kanzleischild usw nur weiterführen, wenn sie zugleich kenntlich macht, dass der Ausgeschiedene weiterhin als Rechtsanwalt tätig ist (BGH GRUR 97, 925, 927 – *Ausgeschiedener Sozius;* BGH WRP 02, 700, 703 – *VOSSIUS & PARTNER*). – Die Berechtigung zur Führung einer Kennzeichnung endet, wie immer sie erworben und wie lange sie ausgeübt worden sein mag, sobald die Kennzeichnung zu einer Täuschung der angesprochenen Verkehrskreise führt (BGHZ 10, 196, 202 = GRUR 54, 271, 273 – *Dun-Europa;* GRUR 65, 610, 611 – *Diplom-Ingenieur;* GRUR 92, 121, 122 – *Dr. Stein ... GmbH*). – Besondere Umstände (zB geringe Irreführungsgefahr, schutzwürdiger Besitzstand des Kennzeicheninhabers nach langjähriger und umfangreicher unbeanstandeter Benutzung einer Kennzeichnung) können eine **Interessenabwägung** zwischen den Interessen des Kennzeicheninhabers und denen der Mitbewerber und/oder der Allgemeinheit am Schutz vor Täuschung erforderlich machen (Rn 218 ff; BGH GRUR 66, 445, 449 – *Glutamal*).

14. Nachfolgende Klarstellung. § 5 wendet sich auch gegen das *vor* Vertragsabschluss liegende Anlocken von Kunden durch Irreführung. Eine der Täuschung *nachfolgende* Klarstellung, mag sie auch vor Vertragsabschluss erklärt werden, **lässt** – was vor allem für die Blickfangwerbung von Bedeutung ist – den **Tatbestand** des § 5 **regelmäßig nicht** mehr entfallen. Blickfangmäßig betonte Angaben, zB Überschriften oder Preisangaben, aber auch sonstige Teile der Werbeaussage, dürfen – nicht anders als der Gesamtinhalt – nicht unrichtig oder missverständlich sein. Ob die **nähere Befassung** mit der Werbung die Irreführung beseitigt, ist im Allgemeinen unerheblich, da im Sinne des § 5 der Verkehr bereits dann irregeführt wird, wenn er durch eine unzutreffende Angabe veranlasst wird, sich mit dem beworbenen Angebot überhaupt erst oder näher zu befassen (Rn 106, 135; BGH GRUR 91, 554, 555 – *Bilanzbuchhalter;* GRUR 91, 772, 773 – *Anzeigenrubrik I;* GRUR 92, 618 – *Pressehaftung II;* GRUR 95, 610, 611 – *Neues Informationssystem;* GRUR 12, 208 Rn 34 – *10% Geburtstags-Rabatt*). **Anders** wird dies allerdings bei irreführenden **Gattungs-Domains** gesehen: Eine eventuelle Fehlvorstellung, die den Internetnutzer auf die betreffende Website geführt hat, kann hier noch durch Kenntnisnahme von der **Homepage** hinreichend **korrigiert** werden (BGHZ 153, 61, 68 = NJW 03, 662 – *presserecht.de;* NJW 03, 504, 505 – *rechtsanwaelte-notar.de;* GRUR-RR 11, 7 Rn 9 – *steuerberater-suedniedersachsen.de;* OLG Hamburg GRUR 03, 1058 – *mitwohnzentrale II*). Auch bei dem Angebot eines Pkw in der **falschen Suchrubrik** „bis 5000 km" einer Internethandelsplattform kann eine relevante Irreführung zu verneinen sein, wenn der Verkehr sofort anhand der Testüberschrift erkennt, dass die Werbung in eine nicht dazu passende Rubrik eingestellt wurde (BGH GRUR 12, 286 Rn 21 – *Falsche Suchrubrik*). Dagegen kann eine durch einen Briefkopf einer Anwaltssozietät hervorgerufene Fehlvorstellung nicht durch den Internetauftritt der Kanzlei korrigiert werden (OLG Köln GRUR-RR 12, 288, 289 – *Fachanwälte im Briefkopf*).

206 **Aufklärende Hinweise** im (begleitenden oder nachfolgenden) Werbetext oder im Rahmen von Vertragsverhandlungen beseitigen die durch den **Blickfang** oder sonstige Werbeaussagen einmal eingetretene Irreführung im Hinblick auf die vom Gesetz missbilligte Anlockwirkung einer täuschenden Werbung *nicht* (BGH GRUR 75, 658, 660 – *Sonnenhof;* GRUR 90, 282, 286 – *Wettbewerbsverein IV;* GRUR 91, 554, 555 – *Bilanzbuchhalter;* GRUR 95, 610, 611 – *Neues Informationssystem;* VuR 98, 285, 287 f – *Beraterhandbuch;* GRUR 00, 239, 241 – *Last-Minute-Reise;* GRUR 01, 78, 79 – *Falsche Herstellerpreisempfehlung*). § 5 bekämpft die (konkrete) Gefahr einer Irreführung des Publikums bereits im Vorfeld des Vertragsabschlusses und greift nicht erst dann ein, wenn die Täuschung zum Kauf oder zur Auftragserteilung geführt hat (Rn 106, 135, 214; BGH GRUR 60, 563, 565 – *Sektwerbung;* GRUR 81, 71, 73 – *Lübecker Marzipan;* GRUR 82, 242, 244 – *Anforderungsscheck für Barauszahlung;* GRUR 88, 700, 702 – *Messpuffer; v Gamm* Kap 36 Rn 37). In aller Regel können daher nur solche Hinweise, die wie **nicht zu übersehende** blickfangartige Hervorhebungen, Anmerkungen oder Sternchenhinweise den (potentiellen) Kunden vor Täuschung bewahren, der Anwendung des § 5 entgegenstehen (Rn 133; BGH GRUR 83, 658, 661 – *Hersteller-Preisempfehlung in Kfz-Händlerwerbung;* GRUR 83, 661, 663 – *Sie sparen 4000,– DM*).

15. Äußerungen Dritter

Literatur: *Semler,* Zur werbemäßigen Verwendung der Äußerungen Dritter, WRP 1979, 524.

207 Mit der werbenden Verwendung von Äußerungen Dritter, die irreführende Angaben über seine geschäftlichen Verhältnisse enthalten, verstößt der Werbende gegen § 5, wenn er sich die Äußerungen – worüber die Verkehrsauffassung entscheidet (Rn 125) – **zu eigen macht.** Unerheblich ist, ob sich der Dritte zu Wettbewerbszwecken oder überhaupt im geschäftlichen Verkehr geäußert hat. **Beispiele** für Äußerungen Dritter: **Dank- und Belobigungsschreiben, Zeugnisse, Empfehlungsschreiben, Anerkennungsschreiben** (vgl GA-Ausschuss 5/1953), **Presseveröffentlichungen,** insbesondere in Fachzeitschriften, **Meinungsumfragen, Gutachten** (BGH GRUR 82, 437 – *Test Gut*), **wissenschaftliche Abhandlungen** (BGH GRUR 61, 189, 190 – *Rippenstreckmetall;* GRUR 62, 45, 49 – *Betonzusatzmittel;* GRUR 66, 92, 94, – *Bleistiftabsätze;* GRUR 02, 633, 634 – *Hormonersatztherapie*). Wettbewerbsrechtlich verantwortlich für die von ihm verwendete Aussage ist **der Werbende selbst.** Er muss daher für die **Richtigkeit** der von ihm in Bezug genommenen Äußerungen, auch wissenschaftlichen Stellungnahmen, einstehen. Von der Überprüfung solcher Äußerungen durch den Werbenden geht das Publikum aus. Nicht entscheidend für die Beurteilung des Vorgehens des Werbenden nach § 5 ist die objektive Richtigkeit der Drittäußerung. Maßgebend ist der Sinn, den der Verkehr der Aussage beilegt (BGH aaO – *Rippenstreckmetall,* Rn 125 ff). Erwartet der Verkehr nach der Art der Darstellung die unabhängige Äußerung eines neutralen Dritten, verstößt deren Verwendung gegen § 5, wenn der Werbende für die Äußerung bezahlt hat oder wenn sonst **finanzielle** oder **wirtschaftliche Zusammenhänge** oder **Abhängigkeiten** zwischen ihm und dem Dritten bestehen (§ 4 Rn 3/7 ff) oder wenn die in Bezug genommene Quelle entgegen der Verkehrserwartung **nicht mehr aktuell** ist. Die Gewährung eines Einkaufrabatts für die Einstellung von Bewertungen in ein Meinungsportal ist unzulässig (OLG Hamm GRUR-RR 11, 473 – *Erkauftes Lob*). Zur redaktionellen Werbung s § 4 Rn 3/8 ff. Irreführend wirbt auch, wer im Rahmen seiner beruflichen Tätigkeit darauf hinweist, dass er von seinem Berufsverband **als Sachverständiger** oder als ein den Standard seiner Berufskollegen deutlich überragender Fachmann **anerkannt** ist, wenn der Verband nicht über die für eine solche Anerkennung erforderliche Organisation, Sachkompetenz, Unabhängigkeit oder Objektivität verfügt (BGH GRUR 78, 368, 370 – *Gemmologe DGemG;* GRUR 84, 740, 741 – *Anerkannter Kfz-Sachverständiger*). Im Bereich der **Heilmittelwerbung** unterliegt die Werbung mit Äußerungen Dritter außerhalb der Fachkreise einem generellen Verbot (§ 11 Nr 11 HWG).

E. Eignung zur Beeinflussung des Kaufentschlusses (wettbewerbsrechtliche Relevanz)

Literatur: *Gloy,* Geographische Herkunftsangaben, wettbewerbsrechtliche Relevanz und klarstellende Zusätze, FS Piper, 1996, S 543; *Hösl,* Interessenabwägung und rechtliche Erheblichkeit der Irreführung bei § 3 UWG, 1986; *Kapp/Rauhut,* Sperrung von Geldautomaten für Kreditkarten: Ein wettbewerbsrechtliches Problem?, WM 2010, 1111; *Klette,* Zur Relevanz der Herkunftstäuschung im Wettbewerbsrecht, NJW 1986, 359; *Sack,* Die relevante Irreführung im Wettbewerbsrecht, WRP 2004, 521; *Wuttke,* Neues zur wettbewerbsrechtlichen Relevanz und Interessenabwägung bei der irreführenden Werbung, WRP 2003, 839.

Wettbewerbsrechtlich relevant und damit irreführend sind unrichtige Angaben 208 erst bei ihrer **Eignung** zur Beeinflussung des Kaufentschlusses (Rn 13, 105; BGH GRUR 95, 125, 126 – *Editorial I;* GRUR 95, 610, 611 – *Neues Informationssystem;* GRUR 98, 1043, 1044 – *GS-Zeichen;* GRUR 03, 628, 630 – *Klosterbrauerei;* GRUR 04, 162, 163 – *Mindestverzinsung;* GRUR 04, 437, 438 – *Fortfall einer Herstellerpreisempfehlung;* GRUR 08, 443 Rn 29 – *Saugeinlagen;* GRUR 09, 788 Rn 23 – *20% auf alles;* GRUR 09, 888 Rn 18 – *Thermoroll;* GRUR 09, 1077 Rn 30 – *Finanz-Sanierung;* sa BegrRegEntw, B zu § 5, BT-Drucks 15/1487, S 19). Aufgabe des Wettbewerbsrechts ist es nicht, den Verbraucher vor jedweder Fehlvorstellung zu schützen. Unrichtige Angaben sind wettbewerbsrechtlich erst und nur dann von Bedeutung, wenn sie den Wettbewerb beeinflussen können. Eine Täuschung allein ist iS des § 5 noch keine Irreführung. Hinzutreten muss die wettbewerbsrechtliche Relevanz, ein ungeschriebenes Tatbestandsmerkmal sowohl des § 5 UWG 1909 als auch des § 5 (vgl Art 2 lit b der Irreführungsrichtlinie 2006/114/EG sowie Art 6 I der UGP-RL; BGH GRUR 91, 852, 855 – *Aquavit;* GRUR 95, 125, 126 – *Editorial I;* GRUR 98, 949, 951 – *D-Netz-Handtelefon;* GRUR 00, 239, 241 – *Last-Minute-Reise;* GRUR 00, 914, 915 – *Tageszulassung II*), vgl jetzt ausdrücklich § 3 II 1. Dafür ist erforderlich, dass die täuschende Werbeangabe **gerade wegen ihrer Unrichtigkeit** – in dem Punkt und in dem Umfang, in dem sie von der Wahrheit abweicht – geeignet ist, die wirtschaftliche Entschließung des Publikums zu beeinflussen (BGH GRUR 60, 563 – *Sektwerbung;* GRUR 81, 71, 73 – *Lübecker Marzipan;* GRUR 82, 564, 566 – *Elsässer Nudeln;* GRUR 87, 916, 918 – *Gratis-Sehtest;* GRUR 92, 70, 72 – *40% weniger Fett;* GRUR 00, 239, 241 – *Last-Minute-Reise;* GRUR 12, 286 Rn 23 – *Falsche Suchrubrik;* Köhler/ Bornkamm § 5 Rn 2.169 ff; Gloy/Loschelder/Erdmann/*Helm* § 59 Rn 158 ff). Auch für den Werbenden nachteilige Irreführungen können eine wettbewerbliche Relevanz haben, wenn die Irreführung geeignet ist, den Verbraucher zum Kauf eines anderen Produkts zu veranlassen (KG NJW-RR 09, 1051 – *5 Euro Startguthaben*).

Fehlt einer Werbeangabe diese Eignung, zB deshalb, weil sie nur einen für die 209 Kaufentschließung ganz nebensächlichen Punkt betrifft, scheidet ein Verstoß gegen § 5 als wettbewerbsrechtlich irrelevant aus (BGH GRUR 57, 285, 286 – *Erstes Kulmbacher;* GRUR 73, 206, 207 – *Skibindungen;* GRUR 89, 682, 683 – *Konkursvermerk;* GRUR 91, 852, 855 – *Aquavit*). Eine für die wirtschaftliche Entschließung unerhebliche Irreführung bleibt außer Betracht (BGH GRUR 70, 467, 468 – *Vertragswerkstatt;* GRUR 72, 129, 130 – *Der meistgekaufte der Welt*). Der Werbeangabe **„Tageszulassung mit 0 km"** für ein Neufahrzeug, das sechs Tage zugelassen war, im Straßenverkehr aber nicht benutzt worden ist, kommt *keine* Relevanz zu. Entscheidend für den Verkehr ist allein die Eigenschaft als Neufahrzeug, dh die Nichtbenutzung, nicht die Zulassung für einige Tage. Nachteile aus der kurzfristigen Zulassung entstehen für den Fahrzeugkäufer weder im Falle des Weiterverkaufs noch mit Blick auf die vorgeschriebene turnusmäßige Fahrzeuguntersuchung nach § 29 StVZO (BGH GRUR 00, 914, 915 – *Tageszulassung II*). Wird neben der Abbildung eines teureren Haushaltsgeräts ein billigerer Preis abgedruckt, erzeugt dies zwar eine Fehlvorstellung (vgl Rn 155), doch kann diese ausnahmsweise nicht relevant sein, wenn die Geräte nur maginale Unterschiede aufweisen und sich in der äußeren Erscheinung gleichen (OLG Hamm GRUR-RR 10, 37, 38 – *Geschirrspüler*). Entsteht durch die Verwendung des Begriffs **„Vertragspartner"** der unzutreffende Eindruck, der Werbende sei „Vertragshändler" eines Automobilherstellers, liegt darin eine wettbewerbsrechtlich relevante Irreführung, da der Verkehr insoweit ein besonders geschultes Fachpersonal, mithin eine gehobene Qualität bei der Beratung, beim Service und bei Werkstattleistungen erwartet (BGH GRUR 11, 1050 Rn 27 – *Ford-Vertragspartner*). Die Anbringung eines **VISA-Logos** an einem Geldautomaten, bei dem diese Karten jedoch gesperrt sind, begründet auch eine relevante Fehlvorstellung, da zumindest Teile der Inhaber solcher Karten alternativ mit EC-Karte oder anderer Kreditkarte Geld abheben werden (aA *Kapp/Rauhut* WM 10, 1111, 1114). Können allenfalls einzelne Verbraucher die Werbung mit dem Hinweis „Räumungsverkauf/Saisonschlussverkauf" dahin missverstehen, dass das Angebot in Anlehnung an den früheren (Winter-)Schlussverkauf nur zwei Wochen lang gelten solle, liegt darin eine irrelevante Irreführung, zumal für eine Übergangsphase geringe Fehlvorstellungen hinzunehmen sind (BGH GRUR 08, 1114 Rn 14 – *Räumungsfinale*).

210 Entscheidend ist die **Eignung**, den Verkehr in seinen wirtschaftlichen Entschließungen **irgendwie** – im Sinne einer allgemeinen Wertschätzung – **zu beeinflussen** (BGH GRUR 81, 71, 73 – *Lübecker Marzipan*; GRUR 92, 70, 72 – *40% weniger Fett*). Das setzt regelmäßig voraus, dass die Werbeangabe dem Publikum (irgendwelche) Vorteile in Aussicht stellt, zB **Preis- oder Qualitätsvorteile** (BGH GRUR 09, 788 Rn 24 – *20% auf alles*; GRUR 12, 208 Rn 33 – *10% Geburtstags-Rabatt*) oder neue oder erweiterte Anwendungsmöglichkeiten, die sich aus der Fortentwicklung des angebotenen Produkts ergeben (BGH GRUR 99, 1011, 1013 – *Werbebeilage*). Der Anschein eines besonders günstigen Angebots (so die frühere Fassung des § 3 UWG 1909, vgl Rn 2) braucht nicht hervorgerufen zu werden. Auf besondere Qualitätserwartungen kommt es nicht an (BGH GRUR 77, 159, 161 – *Ostfriesische Tee Gesellschaft*; GRUR 81, 71, 73 – *Lübecker Marzipan*; Gloy/Loschelder/Erdmann/*Helm* § 59 Rn 160). Wird der Eindruck sofortiger **Lieferbarkeit** einer Ware zu Unrecht erweckt, ist die darin liegende Täuschung relevant, wenn nach der Art der angebotenen Ware – zB bei einem Computergerät – die Möglichkeit besteht, dass der Kunde statt der als sofort lieferbar angebotenen Ware eine andere, sofort lieferbare, erwirbt (BGH GRUR 00, 911, 914 – *Computerwerbung I*). Die unrichtige Angabe eines **Rabattzeitraums** (vgl Rn 429, 454) ist ebenfalls wettbewerbsrechtlich relevant, da die zeitliche Begrenzung den Verbraucher zwingt, die Kaufentscheidung unter einem zeitlichen Druck vorzunehmen, der die Gefahr begründet, dass Angebote von Mitbewerbern nicht mehr geprüft werden (BGH GRUR 12, 208 Rn 33 – *10% Geburtstags-Rabatt*; GRUR 12, 213 Rn 25 – *Frühlings-Special*). Bei der Werbebehauptung, der Verkauf erfolge ohne Mehrwertsteuer („Ohne 19% Mehrwertsteuer.", „Wir schenken Ihnen die MWSt!"), ist der Umstand, dass der Verkäufer gleichwohl die Umsatzsteuer abführt, ohne Relevanz (*A. Scholz*; WRP 08, 571, 573f), wenn man nicht ohnehin schon eine irreführende Angabe verneint.

211 Weisen die angebotenen Waren die vom Verbraucher nach den Werbeangaben erwarteten Eigenschaften und Vorteile auf, darf der Kaufentschluss gleichwohl nicht unredlich geweckt und die Mitbewerber dadurch geschädigt werden (BGH GRUR 67, 600, 601 – *Rhenodur I*; BGHZ 51, 295, 300 = GRUR 69, 280, 282 – *Scotch Whisky*; GRUR 91, 852, 855 – *Aquavit*). Das ist jedoch nicht der Fall, wenn zwar eine Werbeangabe zu einer Fehlvorstellung führt, **schützenswerte Interessen** der Verbraucher oder Mitbewerber aber nicht betroffen sind (BGH GRUR 91, 852, 855 – *Aquavit*; GRUR 92, 525, 526 – *Professorenbezeichnung in der Arztwerbung II*). Ein sog

Editorial in Kundenzeitschriften, zB von Apotheken, das nicht von dem als Verfasser kenntlich gemachten Apotheker stammt, von diesem aber autorisiert worden ist, spielt für die Kaufentschließung des Kunden keine wesentliche Rolle, da es insoweit allein darauf ankommt, dass der Inhalt der Aussage dem als Verfasser Genannten zugerechnet werden kann (BGH GRUR 95, 125, 126 – *Editorial I*). Demgegenüber ist die wettbewerbliche Relevanz nicht schon deswegen zu verneinen, weil sich die unzutreffende Aussage auf irrationale Vorgänge, wie zB Wahrsagepraktiken, bezieht (OLG Düsseldorf NJW 09, 789 – *Macht über die Karten*).

Für die Frage der Irreführung ist es **nicht von entscheidender Bedeutung**, ob 212 die unrichtige Angabe die wirtschaftliche Entschließung des Käufers **tatsächlich beeinflusst.** Da es insoweit allein auf die **Eignung** zur Beeinflussung des Kaufentschlusses ankommt, reicht es aus, wenn der Kunde durch die unrichtige Angabe **angelockt** wird, sich mit einem Angebot näher zu befassen, das er sonst möglicherweise unbeachtet gelassen hätte. § 3 setzt nur die *Gefahr* einer Irreführung voraus (Rn 13, 105, 208). **Nachfolgende Aufklärung** oder Zusätze zur unrichtigen Werbeangabe beseitigen deshalb die Eignung der täuschenden Angabe zur Irreführung grundsätzlich nicht, Rn 106, 205 f.

Das Verschweigen einer Tatsache ist irreführend, wenn der verschwiegene Um- 213 stand geeignet ist, zu wirtschaftlichen Entscheidungen zu verleiten, und deshalb einer **Aufklärungspflicht** unterliegt (§ 5a Rn 1 ff; BGH GRUR 65, 676, 678 – *Nevada-Skibindungen;* Konstruktionsunterschiede; GRUR 82, 374, 375 – *Skiauslaufmodelle;* GRUR 83, 654, 654 – *Kofferschaden;* Eindruck der Vollständigkeit von Versicherungs-Risikoausschüssen; GRUR 92, 171, 173 – *Vorgetäuschter Vermittlungsauftrag;* Geringerwertigere Kfz-Ausstattung als bei anderen marktgängigen Fahrzeugen gleichen Typs; GRUR 94, 228, 229 – *Importwerbung;* GRUR 99, 757, 758 – *Auslaufmodelle I;* GRUR 99, 1017, 1018 – *Kontrollnummernbeseitigung I*).

Ob die irreführende Angabe im Einzelfall wettbewerbsrechtlich relevant ist, rich- 214 tet sich nach der **Verkehrsauffassung** (Rn 125 f). Anders als nach dem UWG aF genügt es aber für die Bejahung der wettbewerbsrechtlichen Relevanz nicht mehr, dass die unrichtige Angabe für den Kaufentschluss schon eines nicht ganz unerheblichen Teils des angesprochenen Verkehrs Bedeutung hat. Ebenso wie bei der Bemessung der für den getäuschten Verkehr maßgebende Irreführungsquote (Rn 147 f) ist auch bei der Prüfung der wettbewerbsrechtlichen Relevanz der **Prozentsatz** der Verbraucher, die durch die täuschende Werbeangabe in ihren Kaufentschlüssen beeinträchtigt werden (können), **wesentlich höher anzusetzen** als früher (vgl Rn 148).

Im Allgemeinen kann bei unrichtigen Werbeangaben die wettbewerbsrechtliche 215 **Relevanz aus der Täuschung selbst** gefolgert werden (BGH GRUR 00, 239, 241 – *Last-Minute-Reise;* GRUR 07, 247 Rn 33 – *Regenwaldprojekt I;* GRUR 07, 1079 Rn 26 – *Bundesdruckerei*). Wird ein beachtlicher Teil (Rn 147 f, 214) der Verbraucher getäuscht, spricht dies regelmäßig auch ohne Beweiserhebung für die wettbewerbsrechtliche Relevanz der beanstandeten Werbung (vgl zu § 3 UWG 1909 BGH GRUR 91, 852, 855 – *Aquavit;* GRUR 93, 920, 922 – *Emilio Adani II*). Für die wettbewerbliche Relevanz einer irreführenden Aussage auf einem **Preisvergleichsportal im Internet** spricht, dass bereits von der zu Unrecht erfolgten Platzierung auf dem ersten Rang eine erhebliche Werbewirkung ausgeht (BGH GRUR 10, 936 Rn 19 – *Espressomaschine*). Anders verhält es sich jedoch, wenn über Umstände getäuscht worden ist, die für das Marktverhalten der Gegenseite lediglich eine unwesentliche Bedeutung haben (BGH GRUR 07, 1079 Rn 26 – *Bundesdruckerei;* GRUR 08, 443 Rn 29 – *Saugeinlagen*).

Die **Relevanzfrage** bedarf auch dann **gesonderter Feststellung,** wenn ein ge- 216 ringerer Grad an Täuschungsintensität oder andere Gründe die Irreführung nur als gering erscheinen lassen und Zweifel an der Täuschung eines beachtlichen Teils des Verkehrs begründen. Je geringer die **Irreführungsquote** ist, umso eher bedarf die wettbewerbsrechtliche Relevanz einer besonderen Prüfung (Rn 147 ff, 153; BGH

GRUR 91, 215 – *Emilio Adani I;* GRUR 92, 406, 408 – *Beschädigte Verpackung;* GRUR 93, 920, 922 – *Emilio Adani II).* Jedoch kann auch aus der Quote eines beachtlichen Teils getäuschter Verbraucher allein auf die wettbewerbsrechtliche Relevanz der Fehlvorstellung nicht geschlossen werden, wenn begründete Zweifel am Einfluss der Fehlvorstellung des Verbrauchers auf dessen Kaufentschluss bestehen (vgl BGH aaO – *Emilio Adani II*). Beruht die Täuschung des Verkehrs lediglich auf dem **unrichtigen Verständnis einer objektiv richtigen** Angabe (Rn 189), bedarf es für die Anwendung des § 5 regelmäßig eines höheren Prozentsatzes Irregeführter als bei einer Irreführung auf Grund tatsächlich unrichtiger Angaben (Rn 150, 191; BGH GRUR 87, 171, 172 – *Schlussverkaufswerbung;* GRUR 92, 66, 68 – *Königl.-Bayerische Weisse;* WRP 93, 239 – *Sofortige Beziehbarkeit*).

217 Wird die **Relevanz** bejaht, kann zugleich **auch** in der Regel von der Überschreitung der **Bagatellklausel** des § 3 (I oder II) ausgegangen werden (BGH GRUR 08, 186 Rn 26 – *Telefonaktion;* GRUR 09, 788 Rn 23 – *20% auf alles;* GRUR 09, 888 Rn 18 – *Thermoroll;* GRUR 12, 208 Rn 31 – *10% Geburtstags-Rabatt;* GRUR 12, 286 Rn 18 – *Falsche Suchrubrik;* GRUR 12, 942 Rn 11 – *Neurologisch/Vaskuläres Zentrum;* WRP 12, 1523 Rn 25 – *Stadtwerke Wolfsburg;* ebenso OGH GRUR Int 08, 249; vgl MüKoUWG/*Sosnitza* § 3 Rn 103, 112).

F. Interessenabwägung

Literatur: *Borck,* Die Interessenabwägung bei irreführender Werbung, WRP 1985, 63; *Droste,* Irreführende Beschaffenheitsangaben und Interessenabwägung, GR 1972, 281; *Hösl,* Interessenabwägung und rechtliche Erheblichkeit der Irreführung iS § 3 UWG, 1986; *Klette,* Irreführungsschutz und Freihaltebedürfnis, GRUR 1986, 794; *Lindacher,* Funktionsfähiger Wettbewerb als Final- und Beschränkungsgrund des lauterkeitsrechtlichen Irreführungsverbots, FS Nirk, 1992, S 587; *Rohnke,* Zur Interessenabwägung bei irreführender Katalogwerbung, WRP 1992, 296; *Schünemann,* „Unlauterkeit" in den Generalklauseln und Interessenabwägung nach neuem UWG, WRP 2004, 925; *Teplitzky,* Zur Methodik der Interessenabwägung in der neueren Rechtsprechung des Bundesgerichtshofs zu § 3, FS Vieregge, 1995, S 853; *Tetzner,* Interessenabwägung bei irreführender Werbung, JZ 1965, 605; *Traub,* Probleme der Interessenabwägung bei Anwendung des § 3 UWG, FS Nirk, 1992, S 1017; *Wuttke,* Neues zur wettbewerbsrechtlichen Relevanz und Interessenabwägung bei der irreführenden Werbung, WRP 2003, 839.

218 § 5 ist eine **Schutznorm** zugunsten der Marktteilnehmer und der Allgemeinheit vor irreführendem Wettbewerb (Rn 12ff). Gleichwohl kann im Einzelfall eine auch für beachtliche Verkehrsteile relevante **Irreführungsgefahr** unter besonderen Umständen **hinzunehmen** sein (BGH GRUR 57, 285, 287 – *Erstes Kulmbacher;* GRUR 61, 361, 362 – *Hautleim;* GRUR 66, 445, 449f – *Glutamal;* GRUR 90, 1032, 1034 – *Krankengymnastik;* GRUR 92, 406, 408 – *Beschädigte Verpackung I*). Dies allerdings *nur in besonders gelagerten Fällen,* da an der Verwendung irreführender Werbeangaben grundsätzlich kein rechtlich schützenswertes Interesse besteht, und zwar regelmäßig auch dann nicht, wenn dem Werbenden durch längeren Gebrauch ein wertvoller Besitzstand erwachsen ist (BGH GRUR 60, 563, 566 – *Sektwerbung;* GRUR 81, 71, 74 – *Lübecker Marzipan;* GRUR 95, 612, 614 – *Sauerstoff-Mehrschritt-Therapie*).

219 **Besonders gelagerte Fallgestaltungen,** die im Rahmen einer **Abwägung der betroffenen Interessen** zur Verneinung der Schutzwürdigkeit irriger Verbrauchervorstellungen führen können, kommen – beispielsweise – dann in Betracht, **wenn** bei geringer Intensität der Irreführung ein besonderes Interesse an der Information besteht (BGH GRUR 95, 612, 614 – *Sauerstoff-Mehrschritt-Therapie*), **wenn** zwar die Mehrheit des Verkehrs die Angabe richtig versteht, aber eine Minderheit (oberhalb der Relevanzschwelle) einer Irreführung erliegt (Rn 149ff; BGH GRUR 96, 910, 912 – *Der meistverkaufte Europas;* GRUR 13, 401 Rn 46 – *Biomineralwasser;* GRUR

Irreführende geschäftliche Handlungen **§ 5 UWG**

13, 409 Rn 29 – *Steuerbüro*) oder **wenn** an der Weiterverwendung der Angabe oder des Begriffs ein anerkennenswertes Interesse besteht und die Belange der Allgemeinheit und der Mitbewerber nicht nachhaltig betroffen sind (BGH GRUR 96, 985, 986 – *PVC-frei;* GRUR 07, 1079 Rn 33 – *Bundesdruckerei;* WRP 12, 1526 Rn 3 – *Über 400 Jahre Brautradition*). Zu berücksichtigen sind dabei je nach Sachlage die Bedeutung, Gefährlichkeit, Intensität und Auswirkungen der Irreführung und das Gewicht der jeweiligen Interessen der Verbraucher, der Mitbewerber, der Allgemeinheit und des Werbenden selbst (BGH aaO – *PVC-frei;* GRUR 97, 304, 306 – *Energiekosten-Preisvergleich II;* GRUR 00, 73, 75 – *Tierheilpraktiker*). Auf die Interessen der Beteiligten allein kann nicht ohne weiteres abgestellt werden (BGH GRUR 97, 925, 926 – *Ausgeschiedener Sozius*). Die Güter- und Interessenabwägung kann auch zur Zuerkennung eines Verbots lediglich in eingeschränktem Umfang führen (BGH GRUR 99, 1122, 1124 – *EG-Neuwagen I*). Fehlvorstellungen des Verkehrs, die sich in einer **Übergangszeit** nach einer **Gesetzesänderung** bilden, müssen hingenommen werden, da andernfalls die alte Rechtslage mit Hilfe des Irreführungsverbots perpetuiert würde (BGH GRUR 08, 1114 Rn 14 – *Räumungsfinale;* GRUR 11, 166 Rn 23 – *Rote Briefkästen*); so kann bspw zB eine etwaige fehlerhafte Zurechnung von Briefkästen der Konkurrenz zur Deutschen Post auf dem früheren Briefmonopol und kann daher den Wettbewerbern nicht angelastet werden (BGH GRUR 11, 166 Rn 23 – *Rote Briefkästen*).

Ist der Teil des von der Werbung angesprochenen Verkehrs, der einer Täuschung **220** erliegt, so gering, dass die Irreführungsgefahr quantitativ nicht mehr ins Gewicht fällt und deshalb **als rechtlich unerheblich** vernachlässigt werden kann, entfällt der Rechtsbegriff der Irreführung bereits auf Grund einer **generalisierenden Wertung** aus Rechtsgründen und nicht erst auf Grund einer Interessenabwägung im Einzelfall, so – nach neuerer Auffassung – im Allgemeinen bei einer Irreführungsrate von weniger als 25% (Rn 148). Fallgruppenbezogene Gesichtspunkte, zB der Schutz der Gesundheit der Bevölkerung, sind – ebenfalls im Rahmen einer weitgehend abstrakt-generalisierenden Betrachtungsweise – heranzuziehen, wenn es *oberhalb* der allgemeinen Erheblichkeitsschwelle um die Bestimmung der maßgebenden Irreführungsquote geht. **Strengen** Anforderungen unterliegen insoweit im Allgemeininteresse vor allem Werbeangaben im **Gesundheitsbereich,** im Bereich der **Lebensmittelwerbung** und **geographische Herkunftsangaben** (Rn 149), **weniger strengen objektiv richtige Angaben,** bei denen die Täuschung lediglich darauf beruht, dass sie wie unrichtige Angaben wirken (Rn 150, 189 ff). Die **Umwandlung** einer geographischen Herkunftsangabe in eine Gattungsbezeichnung ist im Interesse eines möglichst wirksamen Schutzes vor Irreführung erst vollzogen, wenn nur noch ganz unbeachtliche Teile des Verkehrs von einem geographischen Herkunftshinweis ausgehen. Dagegen genügt es für den umgekehrten Fall der **(Rück-)Entwicklung** einer Gattungsbezeichnung (Beschaffenheitsangabe) zur geographischen Herkunftsangabe nicht, wenn ein nicht ganz unbeachtlicher Teil des Verkehrs wieder von einer solchen Herkunftsangabe ausgeht. Das Interesse der Allgemeinheit und der Mitbewerber am ungehinderten Gebrauch einer Gattungsbezeichnung verlangt, dass der **überwiegende** Teil (mehr als 50%) der beteiligten Verkehrskreise den Bedeutungswandel vollzieht (Rn 353 ff). Erst wenn dies der Fall ist, muss durch **klarstellende Zusätze der** nichtortsansässigen Gewerbetreibenden eine Irreführungsgefahr ausgeschlossen werden (Rn 357 ff).

Neben der in Zahlen (prozentual) ausdrückbaren Breite der Irreführungsgefahr **221** (der Irreführungsquote/Konfusionsrate, Rn 148 ff), können die **besonderen Umstände des konkreten Einzelfalls** zu einer **Interessenabwägung** Anlass geben (vgl Rn 150). Maßgebend dafür sind Art, Umfang, Schwere, Bedeutung und Begleitumstände der durch eine täuschende Angabe hervorgerufenen Fehlvorstellung, der Grad an Intensität der Irreführung und die Interessen der Allgemeinheit und der Mitbewerber (Rn 150; BGH GRUR 94, 519, 520 – *Grand Marnier;* GRUR 98, 949, 950

– *D-Netz-Handtelefon*). Eine quantitativ und qualitativ nur geringe Irreführungsgefahr kann dazu führen, dass unrichtige Verbrauchervorstellungen als ausnahmsweise nicht schutzwürdig hinter das Individualinteresse an der Erhaltung eines wertvollen **Besitzstandes** zurücktreten (Rn 223; BGH GRUR 57, 285, 287 – *Erstes Kulmbacher;* GRUR 66, 445, 449 – *Glutamal;* GRUR 71, 313, 315 – *Bocksbeutelflasche;* GRUR 00, 73, 75 – *Tierheilpraktiker*). Abzuwägen sind dabei alle in Wechselwirkung zueinander stehenden Umstände des Einzelfalls, so dass gegenüber dem Gewicht des auf dem Spiel stehenden Besitzstandes uU sogar eine quantitativ erhebliche Irreführungsgefahr hingenommen werden kann (BGH aaO – *Bocksbeutelflasche*: Herkunftsbezeichnung mit Doppelbedeutung – Irreführungsrate von 47 %).

222 Bei in **Fachkreisen** gebräuchlichen und innerhalb dieser Kreise richtig verstandenen Angaben kann mit Rücksicht auf einen wertvollen Besitzstand der **Fachwelt** und mit Blick auf die bei einer Umbenennung entstehenden Kosten sowie im Interesse der Vermeidung einer Verkehrsverwirrung der fachkundigen Abnehmer ein schutzwürdiges Interesse der Allgemeinheit an einer Unterbindung der Irreführung von Teilen des Verkehrs außerhalb der Fachkreise zu verneinen sein. (BGHZ 27, 1, 4, 14 = GRUR 58, 444, 447 – *Emaillelack;* GRUR 61, 361, 362 – *Hautleim;* GRUR 63, 36, 39 – *Fichtennadelextrakt*).

223 Ebenso sind Irreführungsgefahr und Auswirkungen eines Verbots gegeneinander abzuwägen, wenn die Vernichtung eines wertvollen Besitzstandes an einer **Individualkennzeichnung** in Rede steht und die **Irreführungsgefahr relativ gering** ist (vgl BGH GRUR 57, 285, 287 – *Erstes Kulmbacher*: Unternehmenskennzeichen und Marke; GRUR 66, 445, 449f – *Glutamal;* GRUR 77, 159, 161 – *Ostfriesische Tee Gesellschaft*). Besteht ein anerkennenswerter schutzwürdiger Besitzstand an einem Kennzeichen, das ein weithin bekanntes Unternehmenskennzeichen mit starker Kennzeichnungskraft und für die Fortentwicklung des Unternehmens von besonderer Bedeutung ist, fällt nach der Rechtsprechung des BGH die Interessenabwägung zugunsten des Kennzeicheninhabers aus, wenn zugleich Maßnahmen ergriffen werden, die zur Minderung der Irreführungsgefahr geeignet sind (entlokalisierende Zusätze bei einfachen geographischen Herkunftsangaben, BGHZ 139, 138, 145f GRUR 99, 252, 255 – *Warsteiner II;* s aber Rn 357).

224 Eine Güter- und Interessenabwägung kann auch bei der Verwendung von irreführenden **Berufsbezeichnungen** für erlaubte Berufstätigkeiten, insbesondere dann, wenn sie nur einen geringen Teil des Verkehrs täuschen oder objektiv richtig sind (Rn 189ff), dazu führen, Fehlvorstellungen des Verkehrs als nicht schützenswert anzusehen (BGH GRUR 90, 1032, 1034 – *Krankengymnastik;* NJW-RR 90, 678, 679 – *Buchführungshelfer;* GRUR 00, 73, 75 – *Tierheilpraktiker*). Angesichts einer gewissen Vielfalt und Unübersichtlichkeit von Spezialisierungen im Gesundheitswesen, kann von den angesprochenen Verkehrskreisen auch erwartet werden, dass sie sich über die Bedeutung der Bezeichnung eines **akademischen Grades** informieren, sodass das Interesse des Inhabers eines im Ausland erworbenen Grades überwiegen kann (BGH GRUR 10, 1024 Rn 28f – *Master of Science Kieferorthopädie*).

225 Bei Fehlvorstellungen über die **qualitative Beschaffenheit** sind schützenswerte Interessen der Verbraucher nicht betroffen, wenn der Begriff, der die Fehlvorstellung auslöst, branchenüblich ist und die Beschaffenheit allein durch den tatsächlichen Herstellungsvorgang gewährleistet wird (BGH GRUR 91, 852, 855 – *Aquavit*).

226 Beruht die Fehlvorstellung auf dem Fehlen von **Elementarkenntnissen,** führt dies regelmäßig zur Verneinung der Schutzwürdigkeit der Verbrauchervorstellungen (BGH GRUR 68, 433, 436 – *Westfalenblatt II*: Gleichsetzung des Gebiets Ostwestfalen-Lippe mit dem Raum Bielefeld).

227 Nicht jeder auf Unkenntnis beruhende Irrtum ist schutzwürdig. Wird eine **objektiv richtige Angabe** vom Verkehr falsch verstanden, bedarf es für § 5 wegen des geringeren Schutzbedürfnisses des Verkehrs im Allgemeinen eines höheren Prozentsatzes Irregeführter als bei unrichtigen Angaben (Rn 150, 191, 220). Darüber hinaus ist

in derartigen Fällen regelmäßig auch eine weitergehende **Interessenabwägung** anhand der Umstände des Einzelfalls unter Berücksichtigung der Auswirkungen eines Verbots erforderlich (BGH GRUR 74, 665, 666 – *Germany;* GRUR 87, 171, 172 – *Schlussverkaufswerbung;* GRUR 91, 552, 554 – *TÜV-Prüfzeichen*).

G. Irreführende Umstände (§ 5 I 2)

I. Vorbemerkung

1. Allgemeines. § 5 schützt entsprechend seinem Normzweck (Rn 12 ff) die **228** Marktbeteiligten und die Allgemeinheit vor irreführenden geschäftlichen Handlungen. **Der Schutz ist umfassend.** Er beschränkt sich nicht auf die in § 5 I 2 Nr 1–7 genannten Angaben, sondern erfasst **alle Angaben** von wettbewerblicher Relevanz, gewährt also Schutz vor Irreführung schlechthin. Dies war für § 5 II 2 UWG 2004 eindeutig („insbesondere"), gilt in gleicher Weise aber auch für den durch die Novelle von 2008 erweiterten Katalog des § 5 I 2. Dies folgt zum einen daraus, dass die UGP-RL keine Anzeichen für eine abschließende Regelung enthält und zum anderen aus dem Umstand, dass die Gesetzesbegründung zur Umsetzung der Richtlinie – anders noch als der Referentenentwurf – nicht mehr von einer abschließenden Aufzählung spricht (BT-Dr 16/10 145, S 23). **Außerhalb des Katalogs** kann daher stets **auf § 5 I 1** zurückgegriffen werden (*Sosnitza,* WRP 08, 1014, 1028 f). Damit werden von § 5 alle Angaben über Umstände erfasst, die eine gewerbliche Tätigkeit im Wettbewerb *irgendwie* zu fördern vermögen (BGH GRUR 64, 33, 36 – *Bodenbeläge*).

Angaben, die über das beworbene Angebot nur eine **mittelbare Aussage** treffen, **229** zB Angaben über die Gattung der in Rede stehenden Ware und deren Akzeptanz beim Publikum oder über den Gesamtumsatz der betreffenden Branche (BGH GRUR 64, 33, 36 – *Bodenbeläge*), sind ebenfalls Angaben iS des § 5. Aus ihnen zieht der Verkehr Schlüsse auf die geschäftlichen Verhältnisse des Werbenden (oder desjenigen, für den dieser wirbt), so dass auch sie als ein Mittel zur Herausstellung des eigenen Angebots dem § 5 unterfallen.

Die Regelungen des § 5 beziehen sich auf **Waren und Dienstleistungen,** erfas- **230** sen aber auch **alle sonstigen Güter,** die Gegenstand des geschäftlichen Verkehrs sein können, zB Werbeaussagen über den Kauf von Beteiligungen oder Anteilen. **Waren** sind alle Güter des Handelsverkehrs, also nicht nur bewegliche Sachen, sondern auch Grundstücke, Erzeugnisse der Urproduktion, Rechte, auch unkörperliche Gegenstände wie Betriebsgeheimnisse usw. Der engere handelsrechtliche Warenbegriff findet keine Anwendung (§ 2 Rn 47). **Dienstleistungen** sind alle geldwerten unkörperlichen Leistungen, die im geschäftlichen Verkehr erbracht werden können, so die der gewerblichen Unternehmen, aber auch der freien Berufe, der Ärzte, Rechtsanwälte, Architekten, Wissenschaftler, Künstler usw.

Angaben iS von § 5 sind entweder Gegenstand eines **konkreten einzelnen An- 231 gebots** oder beziehen sich auf **das gesamte Sortiment** des Werbenden. Beispiele dafür sind *generelle Preisankündigungen,* die der Verkehr auf das Gesamtangebot bezieht (BGH GRUR 79, 781, 782 – *Radikal gesenkte Preise;* GRUR 83, 257, 258 – *Bis zu 40 %*) oder *Lockvogelangebote,* die nur einzelne Waren betreffen, vom Verkehr aber als stellvertretend für die Preisgestaltung des Gesamtangebots verstanden werden (BGHZ 52, 302, 306 f = GRUR 70, 33, 34 – *Lockvogel;* GRUR 78, 649, 651 – *Elbe Markt;* GRUR 89, 609, 610 – *Fotoapparate*).

§ 5 erfasst nur Angaben im geschäftlichen Verkehr, dh nur marktgerichtet-wer- **232** bende Angaben, die auf die Förderung eines eigenen oder fremden Geschäftszwecks zielen. Angebote rein privater Art, betriebs- und dienstinterne (amtlich-hoheitliche) Äußerungen unterfallen § 5 nicht (vgl § 2 Rn 7 ff, 14).

UWG § 5   Gesetz gegen den unlauteren Wettbewerb

233   **2. Regelungskatalog.** Mit den Irreführungstatbeständen des § 5 II 1 Nr 1–3 aF hatte der Gesetzgeber Art 3 der Irreführungsrichtlinie 84/50/EWG nahezu wortgleich in das UWG von 2004 übernommen. Diesen Katalog hat der Gesetzgeber durch die Novelle von 2008 in § 5 I 2 erweitert, indem er die Tatbestände aus Art 6 I lit a-g und II der UGP-RL umgesetzt hat.

234   Die Formulierung des Gesetzes ist nicht erschöpfend (vgl Rn 267). In den Tatbeständen der Nrn 1–7 des § 5 I 2 nicht erwähnte Fallgestaltungen sind je nach Lage des Einzelfalls nach einem dieser Tatbestände zu beurteilen, zB die Allein- und Spitzenstellungswerbung nach § 5 I 2 Nr 1, soweit es um die Allein- oder Spitzenstellung eines *Produkts* geht, nach § 5 I 2 Nr 3, wenn sich eine Allein- oder Spitzenstellungswerbung auf das *Unternehmen* bezieht.

235   Angesichts der Übereinstimmung von § 3 UWG 1909 und § 5 kann bei dessen Auslegung grundsätzlich nach wie vor auf die frühere Rechtsprechung zum UWG zurückgegriffen werden. Zu beachten ist dabei aber das neue Verbraucherleitbild (§ 2 Rn 107, 110 ff), dessen Heranziehung in einer erheblichen Anzahl von Fällen zu einer von der früheren Rechtsprechung abweichenden Beurteilung führt.

II. Irreführende Angaben über Merkmale von Waren und Dienstleistungen (§ 5 I 2 Nr 1)

236   **1. Wesentliche Merkmale.** Seit der Novelle von 2008 enthält Nr 1 entsprechend Art 6 I lit b der UGP-RL den klarstellenden Hinweis, dass als Bezugspunkte der Irreführung nur **wesentliche** Merkmale der Ware oder Dienstleistung in Betracht kommen. Unwesentliche Umstände sind nur solche, die keinerlei Einfluss auf die geschäftliche Entscheidung des Adressaten haben.

237   **2. Verfügbarkeit und Warenmenge. a) Verfügbarkeit.** Verfügbarkeit bedeutet die Fähigkeit und Bereitschaft eine bestimmte Warenmenge zu liefern bzw eine bestimmte Dienstleistung zu erbringen. Es ist irreführend, für den Verkauf von Waren zu werben, die der Werbende nicht liefern kann oder will (BGH GRUR 83, 650, 651 – *Kamera;* GRUR 98, 949, 950 – *D-Netz-Handtelefon;* GRUR 99, 509, 511 – *Vorratslücken;* GRUR 00, 907, 909 – *Filialleiterfehler;* GRUR 00, 911, 912 – *Computerwerbung I;* GRUR 02, 187, 188 – *Lieferstörung;* GRUR 02, 1095, 1096 – *Telefonische Vorratsanfrage;* GRUR 03, 163, 164 – *Computerwerbung II,* stRspr; Ausnahme: Nichtabgabe an Testkäufer, BGH GRUR 87, 835, 837 – *Lieferbereitschaft*). Maßgebend für die Beurteilung der Frage der Irreführung ist die Verkehrserwartung, die sich vor allem an der Werbung, an der Art der beworbenen Produkte und den sonstigen Umständen des Einzelfalls orientiert, was eine generalisierende, über die Besonderheiten des Falles hinausgehende Betrachtungsweise ausschließt (BGH GRUR 00, 911, 912 – *Computerwerbung I*). Die Angabe „Original Druckerpatronen innerhalb 24 Stunden" in einer Adwords-Anzeige ist auch bei (über einen Link erkennbare Restriktionen) nicht irreführend, da der Verbraucher ohnehin weiß, dass ein 24-Stunden-Lieferservice im Allgemeinen nicht einschränkungslos gewährleistet wird (BGH GRUR 12, 81 Rn 13 – *Innerhalb 24 Stunden*). Handelt es sich bei einer angebotenen Dienstleistung um eine Beratungsleistung, muss während der Öffnungszeiten des Geschäftslokals grundsätzlich eine Person anwesend sein, die dazu befähigt und berechtigt ist, die Dienstleistung zu erbringen (BGH GRUR 13, 1056 Rn 12 – *Meisterpräsenz*). Allerdings stellt der Verbraucher die Art der Dienstleistung in Rechnung und insbesondere den Umstand, dass bei bestimmten Dienstleistern – zB Friseure, Ärzte, Hörgeräteakustiker – üblicherweise vorher Termine vereinbart werden (BGH GRUR 13, 1056 Rn 13 – *Meisterpräsenz*).

238   Eine blickfangmäßige Herausstellung wird der Verkehr regelmäßig als Hinweis auf eine (sofortige) uneingeschränkte Verfügbarkeit verstehen, ebenso die Ankündigung sofortiger Lieferbarkeit oder die Aufforderung zu Vorratskäufen (BGH GRUR 84,

Irreführende geschäftliche Handlungen **§ 5 UWG**

596, 597 – *Vorratskauf*). Einschränkende Hinweise erfordern eine andere Beurteilung, wenn sich die die Lieferbarkeit beschränkenden Vorbehalte unmittelbar („nur beschränkter Warenvorrat", „Restposten", „nur wenige Stücke") oder sonst ohne weiteres aus der Werbung ergeben (BGH aaO – *Vorratskauf*). Bei der Ankündigung eines Rabatts von 19% auf Kameras, beschränkt auf einen bestimmten Tag, ist kein Hinweis geboten, dass der Rabatt nur auf an diesem Tage im Ladengeschäft vorrätige Geräte gewährt wird (OLG Karlsruhe GRUR-RR 07, 363; aA OLG Stuttgart GRUR-RR 07, 361). Die Werbung für ein Hörgerät mit der Aussage „Handeln Sie jetzt, so lange die Krankenkassen noch Zuschüsse übernehmen!" ist irreführend, wenn ein Wegfall der Zuschüsse objektiv nicht unmittelbar bevorsteht (OLG Celle GRUR-RR 07, 111).

b) Warenmenge. Angaben über die Warenmenge sind Aussagen des Werbenden **239** zu Umfang (Quantität) eines Warenangebots. Irreführend sind sie dann, wenn der tatsächliche Lieferumfang hinter der Verkehrserwartung zurückbleibt, wenn also der Verbraucher nur eine geringere Warenmenge erhält als nach der Werbung zu erwarten ist (Rn 243). Hierher gehören ferner die sog **Mogelpackungsfälle,** in denen durch Überdimensionierung der Verpackung eine größere Füllmenge als tatsächlich vorhanden vorgetäuscht wird (s. o. Rn 21, 155). Kann der Verbraucher aufgrund der undurchsichtigen Verpackung die Füllmenge nicht erkennen, ist es möglich, dass der Verkehr eine größere Füllmenge annimmt (BGH GRUR 82, 118, 119 – *Kippdeckeldose:* Freiraum von mehr als 50% unzulässig; OLG Hamburg GRUR-RR 04, 263, 264 – *Kaffeepads:* Freiraum von 30% unzulässig; LG Frankfurt a. M. GRUR-RR 02, 80 – *Tipp-Ex Rapid:* Freiraum von 33% unzulässig). Ist für den Verkehr dagegen aufgrund der Art der Verpackung die Warenmenge erkennbar (zB Tasten und Schütteln bei Weichfertigpackung), kann eine Täuschung zu verneinen sein (OLG Frankfurt ZLR 09, 618, 620m krit Anm *Beyerlein*). Eine nicht erkennbare Überdimensionierung, die aus technischen oder wirtschaftlichen Gründen notwendig (und nicht nur bedingt) ist, kann ausnahmsweise zulässig sein (BGH GRUR 02, 118, 119 – *Kippdeckeldose*). Werden in solchen Fällen gesetzliche Vorschriften verletzt, die – wie zB § 7 II EichG – wettbewerbsbezogen sind, kann neben § 5 zugleich § 4 Nr 11 das Unlauterkeitsurteil begründen (vgl § 4 Rn 11/64). Dagegen kann **nicht** ohne Weiteres eine Irreführung alleine mit dem Umstand begründet werden, dass bei gleichem Preis in einer Packung anders als bisher eine geringere Warenmenge enthalten ist; hier muss die Wertung von § 2 PangV einbezogen werden, da der anzugebende Grundpreis es dem Durchschnittsverbraucher ermöglicht, Änderungen zu erkennen.

c) Lockvogelangebote

Literatur: *v Gierke,* Zur Irreführung durch Angaben über den Warenvorrat, GRUR 1996, 579; *Lettl,* Irreführung durch Lock(vogel)angebote im derzeitigen und künftigen UWG, WRP 2008, 155; *Reuthal,* Irreführung gemäß § 3 und Verschulden. Zugleich Anmerkung zu BGH GRUR 1988, 629f – „Konfitüre".

aa) Allgemeines. Wer für den Verkauf von Waren wirbt, muss zum angekündig- **240** ten oder zu dem sonst nach den Umständen zu erwartenden Verkaufszeitpunkt über einen **angemessenen Warenvorrat** verfügen, dh über eine Warenmenge, die unter Berücksichtigung der Art der Ware sowie der Gestaltung und Verbreitung der Werbung in angemessener Menge zur Befriedigung der zu erwartenden Nachfrage ausreicht. Ist das nicht der Fall, ist die Werbung (grundsätzlich) irreführend. Der Verbraucher wird getäuscht, wenn auf Grund mangelnden Warenvorrats sein Kaufwunsch nicht erfüllt wird. In derartigen Fällen besteht zudem die Gefahr, dass sich der durch die Werbung angelockte Verbraucher zum Nachteil von Mitbewerbern des Werbenden veranlasst sieht, eine andere als die beworbene, eigentlich gewünschte Ware zu erwerben. Der Verbraucher wird so in unlauterer Weise durch anstößig-täuschende Werbung zum Kauf verlockt (stRspr, BGH GRUR 82, 681, 682 – *Skistiefel;* GRUR

85, 980, 981 – *Tennisschuhe;* GRUR 87, 371, 372 – *Kabinettwein;* GRUR 92, 858, 859 – *Clementinen;* GRUR 96, 800, 801 – *EDV-Geräte;* GRUR 00, 911, 913 – *Computerwerbung I;* GRUR 02, 1095, 1096 – *Telefonische Vorratsanfrage;* GRUR 07, 991 Rn 14 – *Weltreiterspiele*). Mit der Novelle 2004 hat der Gesetzgeber auf diese Rechtsprechungsgrundsätze zurückgegriffen (vgl BegrRegEntw, B zu § 5 Abs 5, BT-Drucks 15/1487, S 20).

241 § 5 V aF traf eine Sonderregelung zum Verbot irreführender Angaben über die Verfügbarkeit von Ware, die nicht in angemessener Menge zur Befriedigung der zu erwartenden Nachfrage vorgehalten wird. Es geht in diesen Fällen um die Täuschung des Verkehrs über den Umfang des Warenvorrats des Werbenden. Die Vorschrift wurde mit der Novelle von 2008 aufgehoben, da sich ihr Regelungsgehalt weitgehend in Ziff 5 des Anhangs zu § 3 III wiederfindet (vgl dort Rn 13 ff). § 5 I 2 Nr 1 kommt als allgemeine Regelung zur Irreführung über die Verfügbarkeit einer Warenmenge nur zum Zuge, soweit Ziff 5 des Anhangs nicht eingreift.

242 **bb) Verkehrsauffassung, Irreführung.** Für die Beurteilung als irreführend kommt es darauf an, ob die Werbung beim umworbenen Verbraucher die **Erwartung des Vorhandenseins** der beworbenen Ware und deren **sofortige Lieferbarkeit** hervorruft und ob die tatsächlichen Gegebenheiten dieser Erwartung gerecht werden (BGH GRUR 00, 911, 913 – *Computerwerbung I;* GRUR 02, 1095, 1096 – *Telefonische Vorratsanfrage*). Entscheidend ist die Sicht eines verständigen Durchschnittsverbrauchers (§ 2 Rn 107, 110 ff; BGH GRUR 03, 163, 164 – *Computerwerbung II*), die sich an Wortlaut, Art und Inhalt der Werbung, der in Rede stehenden Ware und deren etwaigen Besonderheiten, der Attraktivität des Angebots und der Größe und Bedeutung des werbenden Unternehmens orientiert (OLG Hamburg GRUR-RR 05, 287, 288). Das schließt eine die Besonderheiten des Einzelfalls außer acht lassende schematische Betrachtung aus (BGH aaO – *Computerwerbung I*). Die **blickfangmäßige Heraustellung** einzelner Artikel begründet für den Verkehr regelmäßig die Annahme des Vorhandenseins und der sofortigen Lieferbarkeit der Ware; anders uU bei angekündigter „Total-Räumung wegen Umbaus" (OLG Odenburg GRUR-RR 06, 202). Enthält der Blickfang selbst keine Einschränkung, sind Hinweise an anderer Stelle, die leicht zu übersehen sind oder vom Verkehr auf andere Waren des Angebots bezogen werden, nicht geeignet, die Meinungsbildung des Käuferpublikums zu beeinflussen und die durch die blickfangmäßige Heraustellung geschaffene Irreführungsgefahr zu beseitigen (BGH aaO – *Computerwerbung I*). Bei blickfangmäßig beworbenen Waren, bei denen der Werbende wie beispielsweise bei attraktiven Einzelstücken oder Restposten mit einem schnellen Ausverkauf rechnen muss, ist daher einer Irreführung des Verkehrs durch eindeutig aufklärende Hinweise entgegenzuwirken (BGH aaO – *Computerwerbung I* und *II*). Besonderheiten der Ware, bei denen der Verkehr mit einer Auslieferung erst auf Bestellung rechnen kann, erfordern aber eine andere Beurteilung. Ist Kundenwünschen Rechnung zu tragen, die Veränderungen an der Ware betreffen, erwartet der Verkehr das Vorhandensein *veränderter* Ware nicht ohne weiteres (BGH GRUR 99, 509, 511 – *Vorratslücken*). Bei hochpreisigen und exklusiven Luxusprodukten (zB Armbanduhren) erwartet der Verkehr im Allgemeinen nicht, dass Waren in erheblichem Umfang vorgehalten werden; bei der Werbung eines Herstellers für derartige Waren geht der Verkehr mangels konkreter Hinweise auch nicht davon aus, dass Fachgeschäfte generell zumindest ein Ansichtsexemplar vorrätig halten (BGH GRUR 07, 991 Rn 21 – *Weltreiterspiele*). Unmissverständliche **Hinweise in der Werbung** selbst („Geringer Warenvorrat", „Abgabe nur, solange Vorrat reicht", „Lieferung erst auf Bestellung", „Liefermöglichkeit vorbehalten", „Verkauf nur in haushaltsüblichen Mengen") wirken einer Irreführung des Verkehrs über die Vorratsmenge entgegen (BGH aaO – *Computerwerbung II;* GRUR 04, 343, 344 – *Playstation*). Lautet der Hinweis „Solange Vorrat reicht", lässt das den Verkehr auf einen Warenvorrat jedenfalls für bemessene Zeit schließen (OLG

Irreführende geschäftliche Handlungen **§ 5 UWG**

Stuttgart WRP 84, 439). Bezieht sich der Hinweis „Solange der Vorrat reicht" auf eine **Zugabe,** ist dies ausreichend, um dem Verbraucher zu verdeutlichen, dass die Zugabe nur in geringerer Menge als die Hauptware vorhanden ist; irreführend ist der Hinweis dagegen, wenn die Menge der bereitgehaltenen Zugaben in keinem angemessenen Verhältnis zur erwarteten Nachfrage steht, sodass der Verbraucher von vornherein keine realistische Chance hat, in den Genuss der Zugabe zu gelangen (BGH GRUR 10, 247 Rn 15f – *Solange der Vorrat reicht*). Bei einem Hinweis, „möglicherweise trotz sorgfältiger Bevorratung kurzfristig ausverkauft", kann die Verfügbarkeit der so beworbenen Ware für den ersten in der Werbung angegebenen Verkaufstag erwartet werden (OLG Hamburg GRUR-RR 05, 287, 288). Eine Kfz-Werbung „Sofort lieferbar" ist irreführend, wenn das Fahrzeug erst vom Großhändler im Ausland abgeholt werden muss (OLG Hamburg WRP 78, 906, 907).

cc) **Angemessenheit des Warenvorrats.** Vorgehalten werden muss eine ausreichende Warenmenge (Rn 240). Die beworbene Ware muss – zum beworbenen Preis und zu den etwaigen weiteren in der Werbung angegebenen Bedingungen – **auf Nachfrage greifbar** sein, dh im Verkaufsraum oder im Lager des Geschäfts zur Verfügung stehen. Es ist irreführend, wenn die angebotene Ware entgegen einer durch die konkrete Werbemaßnahme begründeten Erwartung des Verkehrs zum angekündigten Zeitpunkt überhaupt nicht oder nicht in ausreichender Menge im Verkaufsraum bereit gehalten wird (BGH GRUR 83, 650, 651 – *Kamera;* GRUR 98, 949, 950 – *D-Netz-Handtelefon;* GRUR 99, 509, 511 – *Vorratslücken;* GRUR 00, 911, 912 – *Computerwerbung I,* stRspr). Die Verkehrserwartung geht bei uneingeschränkter Verkaufsankündigung auf **sofortige Liefermöglichkeit und -bereitschaft** (BGH GRUR – *EDV-Geräte*). Dies gilt vor allem bei blickfangmäßiger Herausstellung des Angebots (Rn 133; BGH aaO – *Computerwerbung I*). Zum Kauf angebotene Ware, die zum **persönlichen Gebrauch** oder Verbrauch bestimmt ist, muss entsprechend der Verbrauchererwartung zum angekündigten Zeitpunkt – normalerweise im Zeitpunkt des Erscheinens der Werbung – und in ausreichender Menge vorrätig sein und im Verkaufslokal erworben werden können (BGH GRUR aaO – *D-Netz-Handtelefon;* GRUR 99, 1011, 1012 – *Werbebeilage;* GRUR 00, 907, 909 – *Filialleiterfehler*). Ist ein späterer Verkaufszeitpunkt angekündigt oder vorbehalten, muss die Ware zu diesem Zeitpunkt in ausreichender Menge verfügbar sein (OLG Düsseldorf GRUR 79, 719, 720). Bei einer Werbung, die keine Einschränkungen enthält (Rn 133) erwartet der Verkehr jedenfalls alle gängigen Größen oder Modelle der beworbenen Ware (Warengattung). Bloße **Liefermöglichkeit** auf Bestellung oder Vorhandensein von Ware in anderen Filialen oder bei Dritten genügen – wenn nicht ausdrücklich so beworben – im Allgemeinen nicht, auch nicht bei möglicher kurzfristiger Beschaffung. Das gilt ganz allgemein für die Publikumswerbung im Einzel- und Versandhandel (BGH GRUR 88, 311, 312 – *Beilagen-Werbung*), grundsätzlich auch im **Selbstbedienungsgroßhandel** (vgl BGH GRUR 82, 681 – *Skistiefel*). Eine Publikumswerbung für Computer ist irreführend, wenn das beworbene Gerät in der angebotenen technischen Ausstattung bei Erscheinen der Werbung im Verkaufslokal nicht zur Verfügung steht (BGH GRUR 96, 800, 801 – *EDV-Geräte*). Ist aber ein Teil der Waren im Laden vorhanden, genügt es, wenn weitere Waren im Lager oder anderwärts in angemessener Zeit greifbar sind (OLG Oldenburg GRUR 78, 114 – *Autoradios*). Kann von einer Vielzahl angekündigter Artikel eines Einzelhändlers ein einzelner nicht geliefert werden, ist die Werbung nicht ohne weiteres irreführend (BGH aaO – *Tomatenmark*). Das berücksichtigt den Umstand, dass solche Geschäfte Tausende von auch geringwertigen und Pfennig-Artikeln führen. Vereinzelte Fehlleistungen stellt der Verkehr in solchen Fällen in Rechnung. Diese Rechtsgrundsätze gelten auch für die Verkehrserwartung bei Angeboten im Internet-Versandhandel. Bei solchen Angeboten erwartet der Verbraucher bei Fehlen anderer Angaben die sofortige Verfügbarkeit der angebotenen Ware. Kann der Anbieter die Nachfrage nicht tagesaktuell erfüllen, muss

243

er *in der Werbung* darauf in geeigneter Weise hinweisen. Das muss aber nicht schon auf der Eingangsseite geschehen. Es genügt, wenn der Hinweis auf einer durch Anklicken eines elektronischen Verweises (eines Links) erreichbaren anderen Seite gegeben wird (BGH GRUR 05, 690, 692 – *Internet-Versandhandel*).

244 Der **Zeitraum,** innerhalb dessen der Werbende die beworbene Ware zur Vermeidung einer Irreführung **vorhalten** muss (Mindestdauer der Verfügbarkeit), lässt sich nicht generell festlegen. Die Dauer dieses Zeitraums entzieht sich einer schematischen Betrachtung. § 5 V 2 UWG 2004 begründete deshalb auch nur für den *Regelfall* die **widerlegliche Vermutung,** dass ein Warenvorrat nicht angemessen ist, wenn er nicht ausreicht, die Nachfrage für *zwei Tage* zu decken (vgl BegrRegEntw, B zu § 5, BT-Drucks 15/1487, S 20). Diese Regelung wurde als S 2 in Ziff 5 des Anhangs zu § 3 III eingefügt (Anhang § 3 Rn 16). Die Zwei-Tages-Frist dürfte daher für den nachrangigen § 5 I 2 Nr 1 keine besondere Rolle mehr spielen. Irreführend kann die Werbung auch dann sein, wenn der Warenvorrat für *mehr* als zwei Tage ausreicht, der Verkehr aber eine längere Zeitspanne erwartet. Umgekehrt muss eine kürzere als zweitägige Verkaufsdauer vom Standpunkt eines verständigen Durchschnittsverbrauchers aus nicht ohne weiteres irreführend sein. Reicht der Warenvorrat nicht für den vom Verkehr erwarteten Zeitraum, ist es Sache des Beklagten (des Werbenden), den Nachweis für die eine geringere Vorratshaltung rechtfertigenden Gründe zu führen, etwa für unvorhersehbare Lieferschwierigkeiten, unverschuldeten vorzeitigen Ausverkauf, höhere Gewalt (zB Brand oder Diebstahl) oder sonstige Umstände, die den Werbenden entlasten (BGH GRUR 82, 681, 682 – *Skistiefel;* GRUR 83, 582, 583 – *Tonbandgerät;* GRUR 83, 650 – *Kamera;* GRUR 85, 980, 981 – *Tennisschuhe;* GRUR 87, 52, 53 – *Tomatenmark;* GRUR 87, 371, 372 – *Kabinettwein;* GRUR 89, 609, 610 – *Fotoapparate;* GRUR 02, 187, 188 f – *Lieferstörung,* stRspr). Aber auch einzelne verschuldete Fehlleistungen sind nicht stets ein Grund, die Werbung als irreführend anzusehen. Bei Unternehmen, die (wie Lebensmittelmärkte ua) eine Vielzahl einzelner Artikel und Warengattungen führen und bewerben, stellt der Verkehr einen gelegentlichen Ausreißer beim Einkauf oder bei der Disposition in Rechnung (BGH aaO – *Tomatenmark*). Ein anderes gilt bei einer besonderen (zB blickfangartigen) Ankündigung gerade des fehlenden Artikels.

245 **dd) Relevanz.** Irreführend ist die Werbung nur, wenn die Täuschung geeignet ist, den Umworbenen in seiner Kaufentschließung zu beeinflussen (Rn 208 ff). Wird dem Kaufinteressenten auf telefonische Anfrage die unzutreffende Antwort erteilt, die beworbene Ware sei noch nicht eingetroffen, obwohl sie – entsprechend der Verkehrserwartung – tatsächlich im Geschäftslokal vorrätig ist, liegt in der falschen Auskunft keine relevante Irreführung. Zwar enthält die falsche Auskunft eine unzutreffende Angabe zum Warenvorrat, entbehrt aber gleichwohl der wettbewerbsrechtlichen Relevanz. § 5 verbietet irreführende Angaben über den Warenvorrat nicht schlechthin. Nach der ratio der Vorschrift soll verhindert werden, dass der Verbraucher durch falsche Angaben angelockt, im Geschäft durch das Nichtvorhandensein der Ware enttäuscht und ggf veranlasst wird, eine andere Ware zu erwerben (Rn 240). Falsche Auskünfte wie hier locken aber den Kunden gerade nicht an, sondern halten davon ab, das Geschäftslokal aufzusuchen, und verschaffen deshalb dem Werbenden keinen wettbewerblichen Vorteil zu Lasten seiner Mitbewerber (BGH GRUR 02, 1095, 1096 – *Telefonische Vorratsanfrage*).

246 **ee) Irreführende Werbung für Dienstleistungen.** Das Verbot der Lockvogelwerbung für Waren gilt für Dienstleistungen entsprechend (vgl auch Ziff 5 des Anhangs zu § 3 III). Dem Warenvorrat entspricht das Leistungsvermögen des werbenden Dienstleisters. In Betracht kommen Dienstleistungen jeder Art, zB der Kreditinstitute, der Medien, der Beförderungs- und Reiseunternehmen, des Gaststättengewerbes, der Unterhaltungsbranche usw. Die Angemessenheit der Kapazität verfügbarer Dienstleistungen beurteilt der verständige Durchschnittsverbraucher anhand der

Werbung und den Besonderheiten der Dienstleistung, um die es im Einzelfall geht. Werden Dienstleistungen zu unterschiedlich hohen Preisen angeboten („ab ... €"), zB im Hotel- und Gaststättengewerbe, bei Flug-, Schiffs- oder Rundreisen, in Filmtheatern usw, erwartet der Verkehr, dass auch für die preiswerteren Klassen ein angemessenes Angebot zur Verfügung steht. Die Quote insoweit – mindestens 10%, je nach Werbung und Branche auch höher – bemisst sich nach der Sicht des verständigen Durchschnittsverbrauchers (vgl Köhler/*Bornkamm* § 5 Rn 8.20; Harte/Henning/ *Weidert* Anh § 3 Abs 3 Nr 5, Rn 22).

3. Beschaffenheit (Art, Ausführung, Zusammensetzung, Qualität und Güte)

Literatur: *Droste,* Irreführende Beschaffenheitsangaben und Interessenabwägung, GRUR 1972, 281, *Schünemann,* Defizitäre Garantien, NJW 1988, 1943; *Koppensteiner,* Marken- und Lauterkeitsrecht, wbl 2011, 587; *Lehmann/Dürrschmidt,* Haftung für irreführende Werbung über Garantien, GRUR 1997, 549; *Schanda,* Markenlizenz und Irreführung, ecolex 1995, 904.

a) Begriff der Beschaffenheit. aa) Bedeutung. Der **Begriff der Beschaffen-** 247 **heit ist weit zu fassen.** Er erfasst **alle Umstände,** die nach der Verkehrsauffassung für die Wertschätzung einer Ware oder Leistung von Bedeutung sein können. **Beispiele:** Natürliche Eigenschaften, stoffliche Zusammensetzung und Bezeichnungen, Qualitätsaussagen über Güte, Echtheit, Reinheit, Neuheit, Frische, Alter, Laufleistung, Angaben zum Ruf, zur Wirkungsweise (zB bei Arzneimitteln) usw Hinweise auf die Beschaffenheit geben auch Angaben, die über die Eigenschaften einer Ware oder Leistung unmittelbar zwar nichts aussagen, von denen der Verkehr aber annimmt, dass sie nur dann verwendet werden, wenn bestimmte Beschaffenheitsmerkmale vorhanden sind, die für die Wertschätzung durch den Verbraucher von Bedeutung sind (BGHZ 51, 295, 299 = GRUR 69, 280, 281 – *Scotch Whisky*). Symbole, Signets oder Kennzeichnungen können – unmittelbare oder mittelbare – Beschaffenheitshinweise enthalten, ebenso Angaben über die geographische, betriebliche oder unternehmerische Herkunft, denen in erster Linie – im Unterschied zu Beschaffenheitsangaben – Unterscheidungsfunktion zukommt. Maßgebend ist die **Verkehrsauffassung,** dh die Frage, ob das Publikum aus der Herkunft auf eine bestimmte Beschaffenheit schließt. Die Bezeichnung einer Software als „Praxis Aktuell Lohn & Gehalt" erweckt den unzutreffenden Eindruck einer Beziehung zur AOK und dass sich das Programm für die von Arbeitgebern zu übermittelnden Daten besonders eigne (BGH GRUR 11, 85 Rn 20 – *Praxis Aktuell*). Die Angabe „20 Songs gratis" erweckt den Eindruck, dass man Zugang zu einer Datenbank erhält, von den 20 Musikstücke heruntergeladen werden können, sodass die Angabe irreführt, wenn tatsächlich nur eine Software zur Suche bei Internetradiosendern erhältlich ist (OLG Düsseldorf MMR 11, 664). Die Angaben „ohne Saugkraftverlust" und „konstante Saugkraft" versteht der Verkehr dahin, dass der so beworbene Haushaltsstaubsauger nicht nur in der höchsten, sondern in allen Leistungsstufen ohne Saugkraftverlust arbeitet (OLG Köln GRUR-RR 12, 480 – *Galileo*). Wird für eine Kapitalanlage mit der Zusicherung einer **Mindestverzinsung** von 6% p.a. geworben, so ist dies irreführend, wenn die in Aussicht gestellte Sicherheit der Rendite nicht besteht (BGH GRUR 04, 162, 163 – *Mindestverzinsung; Emmerich* FS Reuter, 2010, S 957, 965).

Angaben zur Beschaffenheit eines Produkts sind **erforderlich, wenn** andernfalls 248 der Verbraucher irregeführt werden würde. Voraussetzung dafür ist aber, dass den Werbenden eine **Aufklärungspflicht** trifft (§ 5a Rn 1ff). Ob das der Fall ist, ist Frage des Einzelfalls. Der Verkehr erwartet nicht ohne weiteres die Offenlegung aller, auch der weniger vorteilhaften Eigenschaften einer Ware oder Leistung (§ 5a Rn 14). Vor allem das Erfordernis des Gesundheitsschutzes kann aufklärende Angaben zur Beschaffenheit notwendig machen (vgl BGH GRUR 96, 793, 795f) – *Fertiglesebrillen).*

Aber auch sonst bedarf es näherer Beschaffenheitsangaben, wenn davon auszugehen ist, dass der Verkehr nur bei deren Kenntnis das Angebot zutreffend beurteilen kann.

249 bb) **Bedeutungswandel.** Der Bedeutungsgehalt von Begriffen steht nicht auf Dauer fest. Bedingt durch die technische, wirtschaftliche, wissenschaftliche und soziale Entwicklung ändert sich auch die Verkehrsauffassung, die allein darüber entscheidet, welcher Sinn einer wettbewerblichen Angabe zukommt. Das kann dazu führen, dass – beispielsweise – eine ursprünglich geographische Herkunftsangabe durch Art und Umfang des Gebrauchs die Eigenschaft einbüßt, als örtlicher Herkunftshinweis verstanden zu werden, und so zur Gattungsbezeichnung wird (Rn 353ff; BGH GRUR 57, 128, 131 – *Steinhäger;* weitere Beispiele: *Eau de Cologne, Camembert, Wiener Schnitzel, Prager Schinken*) oder sich zu einer Beschaffenheitsangabe (BGH GRUR 65, 317, 318 – *Kölnisch Wasser*), einer Sortenbezeichnung (BGH GRUR 74, 337, 338 – *Stonsdorfer*), einem Warennamen (BGH GRUR 64, 458, 460 – *Düssel*) oder einer individuellen betrieblichen Herkunftsangabe (BGH GRUR 58, 39, 40 – *Rosenheimer Gummimäntel*) entwickelt. Aber auch umgekehrt ist denkbar, dass aus einer originären Gattungsbezeichnung eine Herkunftsangabe wird oder eine zur Gattungsbezeichnung gewordene ursprüngliche Herkunftsangabe sich zu einer solchen zurückentwickelt (Rn 351; BGH GRUR 81, 71, 72f – *Lübecker Marzipan;* GRUR 86, 469, 470 – *Stangenglas II;* BGHZ 106, 101, 103 = GRUR 89, 440, 441 – *Dresdner Stollen I;* GRUR 90, 461 – *Dresdner Stollen II*).

250 Führt ein Wandel der Verkehrsauffassung dazu, dass Beschaffenheitsangaben ihren ursprünglichen Sinn verlieren oder ihre Bedeutung erweitern, sich zB auf künstliche Erzeugnisse oder Ersatzprodukte erstrecken, ist die Umwandlung erst vollzogen, wenn nur noch ein ganz geringer Teil des Verkehrs von der ursprünglichen Bedeutung der Beschaffenheitsangabe ausgeht (BGHZ 13, 244, 255 = GRUR 1955, 38, 41 – *Cupresa;* BGH GRUR 1960, 567, 570 – *Kunstglas;* Rn 220). Entsprechendes gilt für die Umwandlung einer Beschaffenheitsangabe in eine Gattungsbezeichnung (vgl BGH GRUR 56, 550, 553 – *Tiefenfurter Bauernbrot*). Versteht ein nicht unbeträchtlicher Teil des Verkehrs die Bezeichnung nach wie vor in des Wortes ursprünglicher Bedeutung, ist eine dem nicht Rechnung tragende Werbung irreführend (§ 5). Die Verwendung der Bezeichnung in dem neuen Sinn kann allerdings nicht mehr schlechthin verboten werden, wenn dieser Gebrauch bereits in größerem Umfang im Verkehr Eingang gefunden hat und ihm daher nicht mehr ohne Verletzung beachtlicher Interessen wieder entzogen werden kann. Den Interessen der Mitbewerber und der Abnehmer wird in einem solchen Fall Genüge getan, wenn der Bezeichnung bei der Verwendung in dem neu aufgekommenen Bedeutung ein aufklärender Zusatz beigefügt wird (BGH GRUR 60, 567, 570f – *Kunstglas*), beispielsweise durch Zusätze wie „Kunst-" (Kunststoff, Kunstseide, Kunsthonig usw [Rn 251]. Für den umgekehrten Fall der **Entwicklung einer Gattungsbezeichnung zur Beschaffenheitsangabe,** also zu einer Angabe von engerer als der ursprünglichen Bedeutung, bedarf es jedoch eines Bedeutungswandels in der Vorstellung des überwiegenden Teils des Verkehrs (Rn 220). Versteht lediglich ein nicht unerheblicher Teil der angesprochenen Verkehrskreise die Bezeichnung bereits als Beschaffenheitsangabe, ist der Bedeutungswandel noch nicht vollzogen (BGH GRUR 86, 822, 823 – *Lakritz-Konfekt*). Verhält es sich so, ist es nicht irreführend, wenn die Bezeichnung weiterhin in ihrer ursprünglichen Bedeutung als Gattungsbezeichnung werbend verwendet wird.

251 cc) **Aufklärende und denaturierende Zusätze.** Ist die Umwandlung in der Vorstellung des Verkehrs noch nicht vollzogen oder trägt die Ware eine ihr nicht zustehende Gattungsbezeichnung, können **aufklärende Zusätze** die Gefahr einer Irreführung beseitigen. Dagegen schließen Zusätze, die die Ware außer mit der ihr nicht zustehenden Gattungsbezeichnung mit einer weiteren Bezeichnung kennzeichnen, die Irreführung regelmäßig nicht aus (BGH GRUR 58, 492, 496 – *Eis-Pralinen*). Die Irreführung entfällt jedoch, wenn sich die Bezeichnung im Verkehr eingebürgert hat (so bei der Bezeichnung „Neusilber" für nichtsilberhaltige Metalllegierungen (BGH GRUR 55, 251, 252 – *Silberal*). Der Zusatz **„Kunst-"** für Substitutionsprodukte wirkt regelmäßig denaturierend und lässt eine Täuschung über das Vorliegen eines Naturprodukts entfallen (GK/*Lindacher* § 5 Rn 364). Voraussetzung ist aber, dass die „Kunst-"Ware (zB Kunstleder, Kunstseide, Kunstdünger, Kunsthonig, Kunststoffglas) dem Originalprodukt vergleichbar oder ähnlich ist und einen gleichen Zweck wie dieses erfüllt (vgl BGH GRUR 77, 729, 730f – *Synthetik-Wildleder* m Anm *Lehmpfuhl*).

In gleicher Weise denaturierend wirken andere ihrem Sinn nach eindeutige Zusätze wie Plastik (Plastik-Leder), **Synthetik** (Synthetik-Wildleder) unter der vorgenannten Voraussetzung (BGH aaO – *Synthetik-Wildleder*), Perlon (Perlon-Pelz). Besteht die Gefahr, dass der Zusatz mehrdeutig wirkt (Kunst im Sinne einerseits von künstlerisch, andererseits von künstlich, zB „Kunstglas" für künstlerisch gestaltetes Glas und Kunststoffglas), bedarf es weiterer Klarstellung (vgl BGH GRUR 60, 567, 561 – *Kunstglas*; GRUR 72, 360, 361 – *Kunststoffglas*). Die gleichzeitige Verwendung von Bezeichnungen wie **„echt"** oder **„original"** ist geeignet, die denaturierende Wirkung der Bezeichnung „Kunst-" wieder entfallen zu lassen oder den Eindruck der Höherwertigkeit anderer Substitutionsprodukte hervorzurufen. Keine Denaturierung der Beschaffenheitsangabe „Seide" durch „Cupresa" (BGHZ 13, 244, 255 = GRUR 55, 38, 41 – *Cupresa*). 252

b) Gesetzliche Vorschriften. aa) Irreführung durch Nichtbeachtung. Zahlreiche Vorschriften des nationalen Rechts (Rn 18f) und des Gemeinschaftsrechts (Rn 42) treffen Bestimmungen über die **Bezeichnung** und die **Beschaffenheit** einer Ware, insbesondere über deren stoffliche Zusammensetzung. Gesetzliche Fixierungen dieser Art finden sich vor allem auf dem Gebiet der Lebensmittel und der Genussmittel, aber auch in anderen Bereichen. 253

Beispiele (für Regelungen gängiger Produkte in alphabetischer Reihenfolge): **Bier:** Vorläufiges Biergesetz idF der Bek v 29.7.1993 (BGBl I S 1399), zul geänd durch Art 109 der V v 29.10.2001 (BGBl I S 2785), BGH GRUR 60, 240 – *Süßbier;* außer Kraft durch Art 7 Nr 1 des Ges v 1.9.2005 (BGBl I S 2618);
Branntwein, Gesetz über das Brantweinmonopol (BranntwMonG) v 8.4.1922 (RGBl I S 335, 405); zul geänd d Art 2 G v 16.6.2011 (BGBl I S 1090);
Butter, Butterverordnung v 3.2.1997 (BGBl I S 144), zul geänd d Art 5 der V v 17.12.2010 (BGBl I S 2132);
Diätetische Lebensmittel, Diätverordnung (DiätV) idF der Bek v 28.4.2005 (BGBl I S 1161), zul geänd d Art 1d der V v 1.10.2010 (BGBl I S 1306);
Fleisch- und Fleischerzeugnisse, VO (EG) Nr 853/2004 des Europäischen Parlaments und des Rates v 29.4.2004 mit spezifischen Hygienevorschriften für Lebensmittel tierischen Ursprungs (ABl L 139 S 55 v 30.4.2004), zul geänd d VO (EU) Nr 16/2012 v 11.1.2012 (ABl L 8 S 29 v 12.1.2012);
Fruchtsaft, FruchtsaftV v 24.5.2004 (BGBl I S 1016), zul geänd d Art 1 der V v 21.5.2012 (BGBl I S 1201);
Gold- und Silberwaren, Gesetz über den Feingehalt der Gold- und Silberwaren idF v 16.7.1884 (RGBl S 120; BGBl III, 7142–1), zul geänd d Art 9 des G v 25.4.2007 (BGBl I S 594);
Honig, Honigverordnung v 16.1.2004 (BGBl I S 92), zul geänd d Art 9 der V v 8.8.2007 (BGBl I S 1816);
Käse, Käseverordnung idF der Bek v 14.4.1986 (BGBl I S 412), zul geänd d Art 4d der V v 17.12.2010 (BGBl I S 2132);
Kaffee, V über Kaffee, Kaffee- und Zichorien-Extrakte v 15.11.2001 (BGBl I S 3107), zul geänd d Art 10 der V v 22.2.2006 (BGBl I S 444);
Kakao und Kakaoerzeugnisse, V über Kakao und Schokoladenerzeugnisse v 15.12.2003 (BGBl I S 2738), zul geänd d Art 2 der V v 30.9.2008 (BGBl I S 1911);
Konfitüren und ähnliche Erzeugnisse, Konfitürenverordnung v 23.10.2003 (BGBl I S 2151), zul geänd d Art 5 der V v 30.9.2008 (BGBl I S 1911);

Lebensmittel, Lebensmittel-Kennzeichnungsverordnung idF der Bek v 15.12.1999 (BGBl I S 2464), zul geänd d Art 2 der V v 21.5.2012 (BGBl I S 1201);
Margarine, Milch- und Margarinegesetz v 25.7.1990 (BGBl I S 1471), zul geänd d Art 22 des G v 9.12.2010 (BGBl I S 1934); Margarine- und Mischfettverordnung v 31.8.1990 (BGBl I S 1989, 2259), zul geänd d Art 9 der V v 17.12.2010 (BGBl I S 2132);
Milch, Milch- und Margarinegesetz v 25.7.1990 (BGBl I S 1471), zul geänd d Art 199 der V v 31.10.2006 (BGBl I S 2407); Margarine- und Mischfettverordnung v 31.8.1990 (BGBl I S 1989, 2259), zul geänd d Art 9 der V v 17.12.2010 (BGBl I S 2132); VO (EWG) Nr 1898/87 des Rates über den Schutz der Bezeichnung der Milch und Milcherzeugnisse bei ihrer Vermarktung, aufgehoben durch und eingeführt in VO (EG) 1234/2007 v 22.10.2007 (ABl L 299 S 1);
Mineralwasser, Quellwasser und Tafelwasser, Mineral- und Tafelwasser-Verordnung v 1.8.1984 (BGBl I S 1036), zul geänd d Art 1 der V v 1.12.2006 (BGBl I S 2762);
Nährmittel, Nährwert-Kennzeichnungsverordnung v 25.11.1994 (BGBl I S 3526), zul geänd d Art 1 der V v 1.10.2009 (BGBl I S 3221);
Speiseeis, Verordnung über Speiseeis (SpEisV) v 15.7.1933 (RGBl I S 510; BGBl III, 2125-4-7), zul geänd d Art 15 der V v 29.1.1998 (BGBl I S 230); außer Kraft d Art 23 V v 8.8.2007 (BGBl I S 1816);
Spirituosen: Verordnung über bestimmte alkoholhaltige Getränke idF der Bek v 30.6.2003 (BGBl I S 1255), zul geänd d Art 2 der V v 24.3.2011 (BGBl I S 519); VO (EG) Nr 110/2008 des Europäischen Parlaments und des Rates v 15.1.2008 zur Begriffsbestimmung, Bezeichnung, Aufmachung und Etikettierung von Spirituosen sowie zum Schutz geografischer Angaben für Spirituosen und zur Aufhebung der VO (EWG) Nr 1576/89 (ABl EU Nr L 39 S 16), zul geänd d VO (EU) 164/2012 v 24.2.2012 (ABl L 53 S 1);
Süßstoff, Süßstoffgesetz aufgehoben durch Art 13 Nr 1 des G 13.5.2004 (BGBl I S 934);
Tabak (Rohtabak), Tabaksteuergesetz (TabStG) v 15.7.2009 (BGBl I 1870), zul geänd d Art 2 des G v 22.12.2011 (BGBl I S 3044); Tabaksteuerverordnung (TabakStV) v 5.10.2009 (BGBl I S 3262), zul geänd d Art 1 der V v 1.7.2011 (BGBl I S 1308); Verordnung über Tabakerzeugnisse (TabakV) v 20.12.1977 (BGBl I S 2831), zul geänd d Art 1 der V v 28.6.2010 (BGBl I S 851);
Teigwaren, Teigwarenverordnung aufgehoben durch V v 18.6.2001 (BGBl I S 1178);
Textilerzeugnisse (Baumwolle, Flachs, Haar, Hanf, Jute, Wolle, Seide, Polyester, Glasfasern), Textilkennzeichnungsgesetz idF v 14.8.1986 (BGBl I S 1285), zul geänd durch Art 1 derV v 26.8.2010 (BGBl I S 1248);
Trinkwasser, Trinkwasserverordnung idF der Bek v 28.11.2011 (BGBl I S 2370), geänd d Art 2 des G v 22.12.2011 (BGBl I S 3044); Mineral- und TafelwasserV v 1.8.1984 (BGBl I S 1036), zul geänd d Art 1 der V v 1.12.2006 (BGBl I S 2762);
Wein, Likörwein, Schaumwein, weinhaltige Getränke und Branntwein aus Wein, Weingesetz (WeinG) idF der Bek v 18.1.2011 (BGBl I S 66), zul geänd d Art 2 des G v 22.12.2011 (BGBl I S 3044); Weinverordnung idF der Bek v 21.4.2009 (BGBl I S 827), zul geänd d Art 5 der V v 29.9.2011 (BGBl I S 1996); VO (EG) Nr 1493/1999 des Rates v 17.5.1999 über die gemeinsame Marktorganisation für Wein; inzwischen aufgegangen in der GMO 1234/2007 (oben Rn 26).

254 Ob bei Verstößen gegen gesetzliche Vorschriften (vgl Rn 253) § 5 eingreift, hängt von der **Verkehrsauffassung** ab, die – strenger oder milder – von den gesetzlichen Bestimmungen abweichen kann, meist jedoch von ihnen geprägt wird und davon ausgeht, dass die Ware den vom Gesetz an ihre Beschaffenheit gestellten Anforderungen entspricht (vgl BGH GRUR 58, 492, 496 – *Eis-Pralinen;* GRUR 64, 269, 272 – *Grobdesin*). Liegt es so, wird der Verkehr durch unrichtige Angaben auch dann irregeführt, wenn er vom Inhalt der gesetzlichen Regelungen keine sichere oder ins Einzelne gehende Kenntnis hat. Es genügt, dass er von der Existenz solcher Regelungen und deren Einhaltung ausgeht, **verweisende Verkehrsvorstellung** (Rn 184; BGH GRUR 67, 30, 32 – *Rum-Verschnitt*). Das gilt auch dann, wenn die beworbene Ware qualitativ gleichwertig oder sogar besser ist. Auch für vorhandene Vorteile darf nicht in irreführender Weise geworben werden. Ist dem Verkehr das Bestehen gesetzlicher

Sonderregelungen unbekannt und wird deren Geltung von ihm auch nicht erwartet, begründet die Verletzung allein solcher Vorschriften mangels Relevanz der Irreführung (Rn 208 ff) nicht die Ansprüche aus den §§ 3, 5, 8 I.

bb) Gesetzlich vorgeschriebene und erlaubte Angaben. (1) Verwendung solcher Angaben. Die Verwendung gesetzlich vorgeschriebener Angaben und Bezeichnungen kann regelmäßig nicht beanstandet werden, und zwar auch dann nicht, wenn die Verkehrsauffassung von der gesetzlichen Regelung abweicht. Maßgebend ist in diesen Fällen nicht die Ist-, sondern die Soll-Verkehrsauffassung (Rn 198 f). Ist dagegen die Angabe lediglich gestattet, tritt der Vorrang der spezialgesetzlichen Regelung vor der (Ist-)Verkehrsauffassung zurück (Rn 200 f). 255

(2) Einzelfälle. Goldwaren und Goldschmuck werden entsprechend der allgemeinen Übung mit einem Feingehalt an Gold von $^{333}/1000$, $^{585}/1000$ und $^{750}/1000$ angeboten und entsprechend gestempelt. Nach dem **Gesetz über den Feingehalt von Gold- und Silberwaren** (Rn 253) dürfen Goldwaren mit jedem Feingehalt gestempelt werden, zB auch mit $^{166}/1000$. Ein gesetzlicher Mindestfeingehalt ist nicht vorgeschrieben. Die Grenze liegt da, wo nur noch von vergoldeten (Doublé-) oder goldähnlichen Waren gesprochen werden kann. Im Hinblick auf die Gewöhnung des Verkehrs an einen strengeren als an den *gesetzlich zulässigen* Mindeststandard – der Verkehr geht bei Goldwaren praktisch ausnahmslos von einem Feingehalt von mindestens $^{333}/1000$ aus – würde aber ein Angebot von Goldwaren mit einem Feingehalt von nur $^{166}/1000$ eine stark irreführende Wirkung entfalten. Es bedarf daher bei einem solchen, gesetzlich an sich zulässigen Angebot eines deutlichen Hinweises auf die Abweichung vom allgemeinen Verkehrsverständnis (BGH GRUR 83, 651, 652 f – *Feingoldgehalt*). 256

Lebensmittelrechtlich darf nach der Nährwert-Kennzeichnungsverordnung (Rn 253) auf die **Verminderung des Nährstoffgehalts** hingewiesen werden, wenn die Verminderung 40% und mehr im Durchschnitt aller vergleichbaren Lebensmittel ausmacht. Das schließt, auch wenn die Werbung den gesetzlichen Anforderungen entspricht, eine Beurteilung als irreführend dann nicht aus, wenn ein erheblicher Teil des angesprochenen Verkehrs der Auffassung ist, dass der Nährstoffgehalt des beworbenen Erzeugnisses gegenüber jedem vergleichbaren Lebensmittel um mindestens 40% reduziert sei, dies aber tatsächlich nicht zutrifft (BGH GRUR 92, 70, 71– *40% weniger Fett*). 257

cc) DIN-Normen, Gütezeichen, Prüfzeichen

Literatur: *Kollmann,* Technische Normen und Prüfzeichen im Wettbewerbsrecht, GRUR 2004, 6; *Marburger,* Die Regeln der Technik im Recht, 1979; *Nicklisch,* Das Gütezeichen, *Pourroy,* Die materiellen Anforderungen an die Verwendung technischer Prüfzeichen in der Werbung, 1995.

(1) DIN, Norm, genormt. Hinweise auf die Normung von Waren weisen (mit einer Nummer zur näheren Bezeichnung der Norm) auf die vom Deutschen Institut für Normung eV aufgestellten Regeln hin. Wird auf sie in der Werbung Bezug genommen, erwartet der Verkehr – auch wenn er die Norm im Einzelnen nicht kennt – einen Beschaffenheits- und Qualitätsstandard, der dem der Norm entspricht (**verweisende Verkehrsvorstellung,** Rn 254; BGH GRUR 85, 973, 974 – *DIN 2093;* GRUR 88, 832, 834 – *Benzinwerbung*). Beschreibt die Norm nicht nur den Endzustand der Ware nach Fertigstellung (Materialien, Maße, Eigenschaften usw), sondern auch die Herstellungsmethode, die zum normgerechten Endzustand führt, richtet sich die Verkehrserwartung auf die Einhaltung der Norm *auch insoweit* (BGH aaO – *DIN 2093*). Wird unter Bezugnahme auf **verschiedene Normen** geworben, sind *sämtliche* Normen einzuhalten. Das gilt auch bei einer gleichzeitigen Bezugnahme auf **deutsche und internationale Normen,** da mit der Bezugnahme auch auf letz- 258 tere besondere Beschaffenheits- und Qualitätsvorstellungen hervorgerufen werden sollen (BGH GRUR 92, 117, 119 – *IEC-Publikation*). Abweichungen von der Norm sind deutlich kenntlich zu machen (BGH aaO – *Benzinwerbung:* Notwendigkeit eines Hinweises auf „Otto-Kraftstoff 2. Wahl" bei nicht normgerechtem Benzin). Die DIN-Norm 70 030 für den Kraftstoffverbrauch enthält unter Idealbedingungen ermittelte theoretische Verbrauchswerte. In der Kraftfahrzeugwerbung dürfen diese mit dem tatsächlichen Kraftstoffverbrauch eines Fahrzeugs nicht ohne weiteres zum Vergleich herangezogen werden (KG WRP 80, 624, 626).

259 (2) **Gütezeichen.** Gütezeichen stehen für ständig geprüfte und überwachte Produktqualität. Sie sind **Qualitätsausweise** im Sinne der Grundsätze des Deutschen Instituts für Gütesicherung und Kennzeichnung eV (**RAL**) für Gütezeichen, dh Zeugnisse für eine interessenneutrale, objektive Gütesicherung, die den jeweils öffentlich festgelegten und anerkannten Bedingungen entsprechen. Die Schaffung von **RAL-Gütezeichen** setzt ein besonderes Anerkennungsverfahren unter Beteiligung der betroffenen Wirtschafts- und Verbraucherkreise und der zuständigen Behörden voraus. **DIN-Normen** und die Festlegungen, Vereinbarungen und Registrierungen des RAL sind Gütebedingungen (BGH GRUR 91, 552, 554 – *TÜV-Prüfzeichen; Marburger,* S 230ff, 372ff, 525ff). Der Hinweis auf ein RAL-Gütezeichen verlangt die Beachtung der Grundsätze des RAL. Dieser haftet aber in aller Regel nicht – auch nicht unter dem Gesichtspunkt der wettbewerbsrechtlichen Störerhaftung (§ 8 Rn 147ff) – für die irreführende Verwendung eines in seine Gütezeichenliste aufgenommenen Gütezeichens durch eine Gütegemeinschaft, die von ihm anerkannt ist (BGH GRUR 95, 62, 63 – *Betonerhaltung*). Eine **TÜV-Prüfplakette,** die für Brillenfassungen auf Grund eines entgeltlichen Einzelauftrages erteilt worden ist, erfüllt die Voraussetzungen für die Erteilung eines RAL-Gütezeichens nicht (BGH aaO – *TÜV-Prüfzeichen*). Vgl auch Anh § 3 Rn 8f [Ziff 2].

260 (3) **Prüfzeichen.** Hinweise auf die Prüfung von Erzeugnissen begründen den Eindruck einer Prüfung durch neutrale Dritte nach objektiven Prüfungsmaßstäben. Damit sind **selbstgefertigte** oder **käuflich erworbene** Prüfzeichen *nicht* vereinbar (Gloy/Loschelder/Erdmann/*Helm* § 59 Rn 319; GK/*Lindacher* § 5 Rn 442). Prüfzeichen haben Bedeutung vor allem für das Gebiet der *Sicherheitstechnik,* so das Zeichen des Verbandes Deutscher Elektrotechniker (**VDE-Zeichen**), das **TÜV-Maschinenzeichen** und das **GS-Zeichen** für geprüfte Sicherheit (vgl Rn 418). Für nicht geprüfte Geräte darf nicht mit solchen Zeichen geworben werden. Vgl auch Anh § 3 Rn 8f [Ziff 2].

261 c) **Irreführung über die Zusammensetzung (stoffliche Beschaffenheit).** Angaben über **Bestandteile** und **stoffliche Zusammensetzung** entnimmt der Verkehr Hinweise auf Beschaffenheit, Qualität, Eigenschaften und Wirkungen. Angaben dieser Art sind für die Kaufentscheidung in hohem Maße relevant.

262 **Einzelfälle:** Die Bezeichnung „Ei-fein" für eine nicht unter Verwendung von Eiern hergestellte Margarine täuscht Eigehalt vor (BGH GRUR 58, 86 – *Ei-fein*). – Unzulässig ist Hühnergegacker in Rundfunkwerbung für unter Verwendung von Trockeneimasse hergestellte Eierteigwaren, da Frischeiverwendung vortäuschend (BGH GRUR 61, 544 – *Hühnergegacker;* heute zw). – Die Bezeichnung „Spezialzucker" erweckt den Eindruck eines besonderen Zuckers, nicht eines Gemisches aus Zucker und Süßstoff, bei dem die Süßkraft zu 50% auf Süßstoff beruht (BGH GRUR 72, 132, 133 – *Spezialzucker*). – Die Bezeichnung „Praline" darf nur für ein Schokoladenerzeugnis aus Kakaobutter verwendet werden, nicht für Erzeugnisse aus Kakaopulver und Kokosfett (BGH GRUR 58, 492 – *Eispralinen*). – Aus der Firmenbezeichnung „Ostfriesische Tee Gesellschaft" schließt der Verkehr auf ein Unternehmen, bei dem ostfriesische Teemischungen einen Sortimentsschwerpunkt bilden, das der mit der Herstellung solchen Tees verknüpften Tradition verbunden ist und auf

Irreführende geschäftliche Handlungen **§ 5 UWG**

diesem Gebiet über einschlägige Erfahrungen verfügt (BGH GRUR 77, 159, 161 – *Ostfriesische Tee Gesellschaft*). – Die Bezeichnung „Orient-Teppich" für einen nicht handgeknüpften, mechanisch hergestellten Webteppich täuscht ohne aufklärenden Hinweis den Verkehr über das Vorliegen eines originalen handgeknüpften Orient-Teppichs (BGH WRP 00, 517, 520 – *Orient-Teppichmuster*). – Wird Rum, der im Wesentlichen ein Produkt aus Zuckerrohr, Zuckerrohrmelasse oder Rückständen der Zuckerrohrproduktion ist, mit sonstigem Alkohol (einfachem Branntwein) verschnitten, muss das Produkt als Rum-Verschnitt bezeichnet werden (BGH GRUR 67, 30, 32 – *Rum-Verschnitt*). – Die schlagwortartige Verwendung des Wortes „Weingeist" für eine Spirituose, bei der der zur Herstellung verwendete Alkohol nicht aus Wein oder Weintrauben gewonnen wird, ist irreführend, da der Begriff „Weingeist" nicht nur auf Weingeist im Sinne von Äthylalkohol als wesensmäßigem Bestandteil von Spirituosen hinweist, sondern den Eindruck eines Erzeugnisses hervorruft, bei dessen Herstellung Branntwein aus Wein oder Weintrauben verwendet worden ist (BGH GRUR 73, 481, 482f – *Weingeist*).

Künstliche Erzeugnisse dürfen nicht mit Angaben versehen werden, die auf 263 Naturerzeugnisse hindeuten. Kunstseide darf daher nicht als Seide bezeichnet werden (BGHZ 13, 244, 246, 258 = GRUR 55, 34, 40f – *Cupresa*). – Zusätze wie „echt" oder „original" für Kunststoffprodukte sind in aller Regel unzulässig, da der Verkehr daraus auf Naturerzeugnisse zu schließen pflegt (BGH GRUR 63, 539, 541 – *Echt skai*). – Beton und Klinker sind verschiedene, sich gegenseitig ausschließende Baustoffe. Mit dem Wort „Betonklinker" für einen Betonstein, der lediglich das Aussehen eines Klinkersteins hat, verbindet der Verkehr zu Unrecht Qualitätserwartungen, die nur bei Klinkersteinen gerechtfertigt wären (BGH GRUR 82, 563, 564 – *Betonklinker*). – Betondachsteine dürfen als Kunstprodukte nicht mit der auf Naturprodukte hinweisenden Bezeichnung „naturrot" versehen werden (OLG Köln WRP 84, 430, 431; vgl BGH GRUR 83, 245, 246 – *Naturrot*). – Die Angabe „Silberal" für nichtsilberhaltige Metalllegierungen ist irreführend, weil sie – anders als die Bezeichnung „Neusilber" – als Hinweis auf Silber verstanden werden kann (BGH GRUR 55, 251, 252 – *Silberal*). – „Echt versilbert" ist geeignet, den Verkehr auf eine besonders gute Versilberungsqualität mit hohem Silberanteil hinzuweisen (BGH GRUR 87, 124 – *Echt versilbert*). – Für auf elektrolytischem Wege vergoldeten Schmuck darf nicht mit der Karatzahl des Vergoldungsmaterials geworben werden, zB 22 Karat Goldauflage (KG GRUR 87, 448 – *Vergoldeter Schmuck*).

Auf dem Gebiet der **Lebensmittelwerbung** dürfen Erzeugnisse nur dann als **„na-** 264 **türlich", „naturrein"** oder **„frei von Rückständen oder Schadstoffen"** bezeichnet werden, wenn sie **unverändert naturbelassen** sind (vgl § 17 I Nr 4 LMBG [aufgehoben]; OLG Hamburg WRP 79, 733, 734 – zum Ausfiltern trübstoffbindender Fruchtsaftmittel). Die Werbung mit dem Begriff der Naturbelassenheit ist in hohem Maße kaufrelevant. Der Verbraucher legt auf eine derartige Eigenschaft großen Wert. Gleiches gilt für die werbende Verwendung synonymer Bezeichnungen wie „Natur", „naturrein", „natürliche Natur", „reine Natur" und von Wortbestandteilen wie „Bio-" und „Öko-". Bezeichnungen dieser Art erwecken den Eindruck chemiefreier Herstellung, zB aus ökologischem Landbau (vgl Rn 301ff). Rückstände und Zusätze bedürfen aufklärender Hinweise, auch wenn sie unvermeidbar sind (vgl aber Rn 265). Künstliches Mineralwasser oder gewöhnliches (Leitungs-)Wasser darf nicht als natürliches Mineralwasser oder als Brunnen bezeichnet werden, auch nicht bei Versetzung mit Kohlensäure (vgl §§ 2, 15 I Nr 1 MTVO; vgl BGH GRUR 13, 401 Rn 37 – *Biomineralwasser*). In die Brunneneinheitsflaschen der Genossenschaft Deutscher Brunnen darf nur Mineralwasser abgefüllt werden (OLG München WRP 81, 339, 340 – *Leihflasche Deutscher Brunnen*). Die Werbung für einen Orangensaft mit der Angabe „tagesfrisch gepresst" ist irreführend, wenn der Saft nach dem Pressen zur besseren Haltbarmachung wärmebehandelt (pasteurisiert) wird. Einen so beworbenen Saft hält der Verkehr in jeder Hinsicht für nicht verändert (LG Düsseldorf WRP 05, 766, 767f).

265 Eine absolute Naturreinheit gibt es freilich nicht. Eine gewisse Schadstoffbelastung von Produkten ist im Hinblick auf die allgemeine Kontamination der Umwelt unvermeidbar. Das weiß auch der Verbraucher (BGH GRUR 13, 401 Rn 34 – *Biomineralwasser;* Rn 301). Geringstmengen von Schadstoffen (zB von Pestiziden), die weit unterhalb der gesetzlich zulässigen Höchstmengen liegen, hindern daher nicht, eine Marmelade, die auf Grund der allgemeinen Umweltkontamination in vernachlässigbarem Umfang mit Schadstoffen belastet ist, als „naturrein" zu bezeichnen (EuGH GRUR Int 00, 756, 758 = EuZW 00, 508, 510f = WRP 00, 489, 492 – *d'arbo naturrein* [Rn 26ff], zu Art 2 I Buchst a Ziff i der Etikettierungsrichtlinie 79/112/EWG (jetzt Richtlinie 2000/13/EG v 20.3.2000, ABl EG 2000 Nr L 109, S 29, zul geänd d VO (EG) 296/2009 v 18.6.2009 (ABl L 188 S 14; zukünftig LMIV 1169/2011). Ein mit „naturrein" beworbenes Produkt muss daher nicht schlechthin frei von Schadstoffen sein (vgl BGH GRUR 97, 306, 307f – *Naturkind; Leible/Sosnitza,* WRP 00, 610). Keine Beanstandung der als Marke verwendeten Bezeichnung „Naturkind" für einen Tee aus ökologischem Anbau als irreführend trotz (geringfügiger) Schadstoffrückstände. Der Irreführungstatbestand ist aber erfüllt, wenn mit „naturrein" ohne einschränkende Hinweise für Lebensmittel geworben wird, die über die auf die allgemeine Kontamination der Umwelt zurückzuführenden Kleinstmengen hinaus erheblichere Rückstände aufweisen.

266 **d) Irreführung über die Qualität. aa) Bedeutung des Merkmals.** Qualität und Güte sind sowohl für Ruf und Wertschätzung einer Ware (und des Unternehmens, das sie herstellt oder vertreibt) als auch für den Kaufentschluss des Verbrauchers von größter Bedeutung. Neben dem Preis bilden die qualitativen Eigenschaften eines Produkts die wichtigsten Auswahlkriterien für den Erwerb einer Ware oder die Inanspruchnahme einer Dienstleistung. Die Behauptung einer nicht vorhandenen Qualität (zB der Echtheit, des Alters, der Neuheit, der Frische, der Haltbarkeit, der Gebrauchsfertigkeit) ist regelmäßig irreführend iS von § 5. Eine Werbung darf sich nur auf solche Qualitätsmerkmale und -standards beziehen, die die beworbene Ware oder Leistung tatsächlich aufweist. Ggf muss einer Irreführung des Verkehrs durch hinreichend deutliche Aufklärung vorgebeugt werden (vgl BGH WRP 00, 517, 520 – *Orient-Teppichmuster).* Die Bewerbung eines Web-Servers als „High End-Server" setzt voraus, dass sich das Gerät im oberen Leistungs- oder Preisbereich befindet (OLG Köln GRUR-RR 07, 243).

bb) Produktbezogene Alleinstellungs- und Spitzenstellungswerbung

Literatur: *Cyrus,* Die Grenzen der Zulässigkeit einer Alleinstellungswerbung, GRUR 1961, 11; *Droste,* Wann sind Alleinstellungen unzulässig?, GRUR 1953, 16; *ders,* Grenzen der Superlativwerbung, DB 1954, 736; *Esser,* Beweislastverteilung und Beweiswürdigung in der Alleinstellungswerbung, WRP 1963, 43; *Frey,* Zur Alleinstellungswerbung, WRP 1962, 65; *Höfer,* Beweislast bei Alleinstellungswerbung, GRRUR 1961, 461; *Joetze,* Die sogenannte Superlativreklame in der Dogmatik des Werberechts, 1962; *Pauly,* Zur Problematik der Alleinstellungswerbung unter besonderer Berücksichtigung von BGH WRP 96, 729 – Der meistverkaufte Europas, WRP 1997, 691; *Schmelz/Haertel,* Die Superlativreklame im UWG – Materielle und prozessuale Aspekte, WRP 2007, 127; *Spengler,* Alleinstellung in der Werbung, DB 1963, 574; *Tetzner,* Superlativreklame, JZ 1953, 205; *ders,* Superlativwerbung als vergleichende Werbung, NJW 1956, 1900.

267 Eine Alleinstellungsbehauptung kann sich auf das Unternehmen des Werbenden beziehen, zB auf dessen Größe, Marktstellung, Beschäftigtenzahl, Umsatz oder Alter (dazu s Rn 636ff). Mit einer Alleinstellungsbehauptung lassen sich aber auch Qualität und Beschaffenheit des angebotenen Produkts werbewirksam herausstellen und auch insoweit einen Vorrang vor Mitbewerbern betonen. Ob eine Werbeaussage eine dahingehende Behauptung enthält, entscheidet die Verkehrsauffassung (BGH GRUR 02, 182, 184 – *Das Beste jeden Morgen).* Ihre Zulässigkeit hängt davon ab, dass sie wahr ist, was voraussetzt, dass das Produkt des Werbenden dem der Mitbewerber qualitativ deutlich und für eine gewisse Dauer überlegen ist (BGH GRUR 91, 580, 581 – *Spielzeug-Autorennbahn;* GRUR 96, 910, 911 – *Der meistverkaufte Europas;* BGH aaO S 183 – *Das Beste jeden Morgen*).

Eine Werbeaussage unterfällt dem § 5 nur, wenn der Verkehr sie ernst nimmt. Reklamehafte, nicht ernst gemeinte **Übertreibungen,** die der Verkehr ohne weiteres als solche erkennt oder inhaltlich nicht nachprüfbar sind, werden vom Irreführungsverbot der §§ 3, 5 mangels Vorliegens einer Angabe iS des § 5 nicht erfasst (OGH Wien ÖBl 81, 119 – *Österreichs bestes Bier;* OLG Köln GRUR 83, 135, 136 – *König Pilsener: Qualität in reinster Form*). Ebenso reine Werturteile – zB in Geschmacksfragen – ohne objektiv nachprüfbaren Tatsachenkern (Rn 85 ff; BGH GRUR 65, 363, 364 – *Fertigbrei:* „Mutti gibt mir immer nur das Beste" für ein Säuglingsnährmittel; GRUR 65, 365, 366 – *Lavamat II:* „Den auch keinen anderen" für Waschautomaten; BGH, GRUR 02, 182, 183 – *Das Beste jeden Morgen:* Werbung für ein Frühstücksprodukt aus Getreide). Werbeaussagen dieser Art sind ungeachtet bestehender Möglichkeiten zur Feststellung der Qualität der in Bezug genommenen Produkte nach der maßgebenden Sicht des angesprochenen Verkehrs entscheidend durch subjektive Einschätzungen und Wertungen geprägt, die sich einer objektiven Nachprüfung weitgehend entziehen. Solche Aussagen enthalten keine Angaben im Sinne von § 5 (Rn 85 ff; vgl BGH aaO – *Fertigbrei*). Der Werbeslogan „Ich bin doch nicht blöd ..." ist eine umgangssprachlich verbreitete Redewendung, die auf die Preisgünstigkeit des Angebots aufmerksam machen soll, aber keine Spitzenstellung in Anspruch nimmt und vom Verkehr auch nicht so verstanden wird (OLG Karlsruhe WRP 97, 865, 866). Dagegen wird Werbeaussagen zu Qualität oder Preis insbesondere von bekannten seriösen Unternehmen im Allgemeinen durchaus ein sachlicher Gehalt beigelegt (BGH GRUR 63, 34, 35 – *Werkstatt und Betrieb;* GRUR 81, 910, 911 – *Der größte Biermarkt der Welt*). Dem Zusatz „forte" für ein Arzneimittel entnimmt der Verkehr keine Spitzen- oder Alleinstellungsbehauptung (OLG Hamburg GRUR-RR 06, 100).

Mit der Alleinstellungsbehauptung nimmt der Werbende (pauschal) Bezug auf **269** Angebot und Produkte seiner Mitbewerber. Ein irreführender Werbevergleich iS des § 5 III Halbs 1 (§ 3 Satz 2 aF) liegt – wenn Mitbewerber nicht erkennbar sind – darin aber nicht (s dazu die frühere Rechtsprechung zu § 1 UWG 1909, BGH GRUR 78, 249, 251 – *Kreditvermittlung; Baumbach/Hefermehl,* 22. Aufl, § 3 Rn 81 f). Anders liegt es bei Werbeaussagen, die Mitbewerber erkennbar machen (BGH GRUR 61, 85, 90 – *Pfiffikus-Dose*) oder die Konkurrenz unsachlich pauschal herabsetzen (vgl § 6 II Nr 5).

Ihren werbenden Ausdruck findet die Alleinstellungsbehauptung vielfach im Gebrauch des **Superlativs** („Der beste", „Der größte", „Der leistungsfähigste" usw; BGH GRUR 85, 140, 141 – *Größtes Teppichhaus der Welt*), aber auch des **Komparativs** (BGH GRUR 73, 78, 80 – *Verbraucherverband:* „Fa. X bietet bessere Produkte"), des **Positivs** („Das Erste", „Die Nr 1"; BGH GRUR 92, 404, 405 f – *Systemunterschiede:* „Die Nr 1 auf dem Gebiet der (Spielzeug-)Autorennbahnen") oder des **bestimmten Artikels** (BGH GRUR 71, 365, 366 – *Wörterbuch:* „Das große deutsche Wörterbuch"; GRUR 82, 111, 114 – *Original Maraschino:* „Der Original Maraska-Geist"; GRUR 83, 779, 780 – *Schuhmarkt:* „Der große Schuh-Markt Essen"; GRUR 98, 951, 952 – *Die große deutsche Tages- und Wirtschaftszeitung*). Soll der bestimmte Artikel vom Verkehr als Hinweis auf eine Spitzenstellung verstanden werden, bedarf es des Vorliegens besonderer Umstände, die erkennen lassen, dass der *Akzent* auf dem Artikel liegt. Solche Umstände können insbesondere in der Verwendung des bestimmten Artikels mit einem Adjektiv oder Substantiv von empfehlender Bedeutung liegen (BGH aaO – *Wörterbuch;* GK/*Lindacher* § 5 Rn 212).

Bei Verwendung des **negativen Komparativs** („Es gibt keinen besseren ...") **271** nimmt der Werbende nach wörtlichem Sprachverständnis keine Alleinstellung, sondern nur eine Spitzen*gruppen*stellung in Anspruch, ohne das Vorhandensein gleichwertiger Konkurrenzprodukte in Abrede zu stellen (vgl BGH GRUR 70, 425, 426 – *Melitta-Kaffee*). Der Verkehr kann eine solche Aussage aber auch als Alleinstellung auffassen, was Tatfrage ist (OLG Hamburg WRP 77, 811, 813: „Es gibt kein besseres Bier"; OLG Düsseldorf WRP 77, 26, 27: „Weit und breit nichts Besseres"; OLG Hamm GRUR 79, 556: „Wo wäre das Pelzunternehmen, das ein größeres Pelzangebot präsentiert ... Nirgends in der Welt"). Eine Alleinstellungsbehauptung kann sich ferner aus dem **Sinngehalt** der Werbung durch eine blickfangartige oder sonst besondere Herausstellung oder Betonung ergeben, durch **schlagwortartige Verwendung** einzelner Worte (BGH GRUR 75, 141, 142 – *Unschlagbar;* OLG Frankfurt GRUR 79, 325, 326 – *Der Erfolgreiche*).

272 **Einzelfälle:** Als **Spitzenerzeugnisse** bezeichnete Produkte müssen zur Spitzengruppe der Gattung der so beworbenen Ware gehören (BGH GRUR 61, 538, 540 – *Feldstecher:* Zur Bezeichnung „Deutsches Spitzenerzeugnis"). Eine bloße Durchschnittsleistung reicht nicht aus (RG GRUR 37, 221, 228 – *Mampe*). Bezeichnungen wie **„Luxusklasse"** oder **„Luxusausführung"** vermitteln den Eindruck gehobener Qualität. **„Auslese"** (in der Kaffeewerbung) wird als gehobene, erlesene Qualität verstanden (OLG Hamburg GRUR 77, 113, 114 – *Mocca-Auslese*). **„Erste Wahl"** bedeutet nicht Spitzenklasse, verlangt aber gänzliche Fehlerfreiheit (GK/*Lindacher* § 5 Rn 405). Bezeichnungen wie **„Delikateß-"** **„Extra"**, **„ff"**, **„Sonderklasse"** versprechen eine den Durchschnitt deutlich überragende Qualität, die je nach Sachlage bis an ein Spitzenerzeugnis heranreicht (OLG Frankfurt GRUR 85, 226, 227f; GK/*Lindacher* § 5 Rn 406, 420). Eine Werbung mit dem **Hinweis,** dass fünf Ölbrennermodelle mit dem Umweltzeichen **„Blauer Engel"** ausgezeichnet worden seien, enthält, wenn nicht weitere, eine andere Annahme naheliegende Umstände hinzutreten, **keine Alleinstellungsbehauptung** dahin, dass die beworbenen Modelle als beste vor allen anderen aus dem Kreis der Mitbewerber ausgezeichnet worden seien. Ein solcher Hinweis schließt keineswegs die Annahme aus, dass dieselbe Auszeichnung auch an Konkurrenzprodukte verliehen worden ist oder verliehen wird (BGH GRUR 94, 523, 524 – *Ölbrennermodelle*).

273 Bei der Verwendung von **Bezeichnungen wie „deutsch", „euro ...", „europäisch"** geht der Verkehr angesichts der Häufigkeit solcher im Wirtschaftsleben gebrauchter Bezeichnungen heute nicht mehr davon aus, dass der Werbende für seine Produkte eine Alleinstellung oder Spitzengruppenzugehörigkeit in Anspruch nimmt. Wird aber für eine Ware europaweit **Marktführerschaft** geltend gemacht, liegt darin eine Spitzenstellungsbehauptung, die einen dauerhaften mehrjährigen Vorsprung des beworbenen Erzeugnisses vor Mitbewerbern von jedenfalls 10% für Europa voraussetzt. Es ist aber nicht erforderlich, dass der Vorsprung auch im Inland besteht, wenn der inländische Marktanteil nicht unbedeutend ist (BGH GRUR 96, 910, 912 – *Der meistverkaufte Europas*). Ähnliches gilt für die Geltendmachung von Weltstellung, Weltbekanntheit oder eines Weltrufs. Dahingehende Behauptungen sind im Rahmen des § 5 nicht zu beanstanden, wenn das beworbene Produkt eine globale Wertschätzung genießt und eine weltweite Spitzenstellung von einiger Dauer vorzuweisen hat, wenn auch nicht unbedingt in *allen* Ländern der Erde.

274 **cc) Originalware.** Als **Originalware** darf nur ein mit einer solchen Ware identisches Erzeugnis bezeichnet werden (BGH GRUR 66, 211, 212f – *Ölfilter*). Lediglich qualitative Gleichwertigkeit reicht nicht (KG WRP 85, 488). **„Echt"** kann irreführend sein, wenn der Verkehr daraus schließt, dass es auch minderwertigere, „unechte", Ware gibt (BGH GRUR 63, 539, 541 – *Echt skai*). Wird auf **DIN-Normen** Bezug genommen, muss der Beschaffenheits- und Qualitätsstandard dem der Norm entsprechen (Rn 258). Auf Mängel der Ware muss hingewiesen werden. Bloße Preisgünstigkeit („Sonderangebot") lässt für sich allein nicht auf Fehler schließen. Entsprechende Hinweispflichten gelten für ausgelaufene Kollektionen oder Auslaufmodelle (BGH GRUR 82, 374, 375 – *Ski-Auslaufmodelle*).

dd) Neuheits- und Alterswerbung. Die Bewerbung einer Ware als **neu** kann je 275 nach den Umständen als Behauptung der **Marktneuheit** des herausgestellten Produkts oder als **Aktualitätshinweis** auf eine neue Auflage, ein neues Modell, eine Neubearbeitung usw verstanden werden. Die Neuheitswerbung ist irreführend, wenn die angebotene Ware von Mitbewerbern bereits vertrieben wird (BGH GRUR 61, 288, 293 – *Zahnbürsten*). Sie wird es, wenn der Verkehr die Ware nach Ablauf einer gewissen Zeit, deren Dauer von den Umständen des Einzelfalls bestimmt wird, nicht mehr als neu ansieht (Gloy/Loschelder/Erdmann/*Helm* § 59 Rn 303 ff). Das Vordatieren von **Publikationen** ist Vortäuschen einer so nicht zutreffenden Aktualität und irreführend iS von § 5.

Eine weitere Spielart der Neuheitswerbung ist die Werbung des Kaufmanns, eine 276 Ware **neu ins Sortiment eingestellt** zu haben. Sie ist als solche wettbewerbsrechtlich grundsätzlich unbedenklich. Die Werbung „Neu nach Umbau" aus Anlass der Wiedereröffnung eines Filialgeschäfts vermittelt nicht den Eindruck, dass das werbende Unternehmen ein neues Sortiment oder neue (herabgesetzte) Preise anzubieten hat (BGH GRUR 93, 563, 564 – *Neu nach Umbau*).

Werbung mit **„fabrikneu"** löst die Erwartung aus, dass die Ware unbenutzt ist, 277 durch Lagerung keinen Schaden genommen hat und in gleicher Ausführung wie vor hergestellt wird, also modellneu ist (BGH GRUR 83, 661, 663 f – *Sie sparen 4000 DM*). Ein **Kraftfahrzeug** ist fabrikneu, wenn es unbenutzt ist, wenn und solange das Modell dieses Fahrzeugs weitergebaut wird, wenn es keine durch längere Standzeit bedingte Mängel aufweist und zwischen Herstellung und Fahrzeugkauf nicht mehr als zwölf Monate liegen (BGH NJW 04, 160, 161 – *Kfz-Fabrikneuheit*). Mithin ist es unzulässig, für Kraftfahrzeuge mit „fabrikneu" zu werben, wenn das beworbene Modell im Zeitpunkt des Verkaufs nicht mehr unverändert hergestellt wird (vgl BGH NJW 03, 2824, 2825) oder wenn die Auslieferung eines bereits hergestellten, verbesserten Nachfolgemodells bevorsteht (OLG Frankfurt WRP 84, 25, 26). Jedoch fehlt es an der Fabrikneuheit eines Kraftfahrzeugs nicht schon deshalb, weil es, ohne benutzt zu worden zu sein, für einen Tag oder für wenige Tage auf den Autohändler zugelassen wurde und die Herstellergarantie sich dadurch um nicht mehr als zwei Wochen verkürzt hat (BGH NJW 05, 1422, 1423 – *Kurzzulassung*). Eine fünfwöchige Zulassung auf den Händler lässt aber die Neuwageneigenschaft des Fahrzeugs – auch bei Nichtbenutzung während dieser Zeit – entfallen (OLG Dresden NJW 99, 1036, 1037). Wer eine Ware als „neu" verkauft, erklärt damit, dass die Ware „*fabrikneu*" ist (BGH NJW 00, 2018). Beim Verkauf als neu ist die Fabrikneuheit der Ware eine zugesicherte Eigenschaft der Kaufsache (BGH aaO – *Kurzzulassung*). Ob die Verwendung gebrauchter, aber verschleißfreier und neuwertiger Einzelteile in einer im Übrigen fabrikneuen EDV-(Großrechner-)Anlage dem Begriff der Fabrikneuheit gerecht wird, hängt von der an Branchen- und Marktübung und dem Käuferverhalten orientierten Verkehrsauffassung ab (BGH GRUR 95, 610, 611 f – *Neues Informationssystem*).

Alterswerbung ist nicht nur Unternehmenswerbung im Sinne einer Herausstel- 278 lung von Tradition und Zuverlässigkeit (Rn 645 ff), sondern macht für bestimmte Warengattungen und Branchen auch eine Qualitätsaussage. Für **Antiquitäten** (zB Möbel, Porzellan, Bücher) oder für den **Jahrgang** eines Weins, Cognacs oder Whiskys sind Altersangaben von erheblicher Bedeutung für den Kaufentschluss. Irreführend ist die Ankündigung einer Versteigerung von antiken Orient-Teppichen, wenn von 475 zur Versteigerung anstehenden Teppichen allenfalls fünf ein entsprechendes Alter von mindestens 100 Jahren aufweisen (OLG Karlsruhe GRUR 96, 75, 76).

ee) Qualitätsgarantien. Qualitätsgarantien (zu *Preis*garantien s Rn 479). **Garan-** 279 **tie- (Gewährleistungs-)zusagen** sind zulässig, wenn sie inhaltlich zutreffend und für den umworbenen Kunden nicht bedeutungslos sind. Auch langjährige Garantieversprechen sind nicht zu beanstanden, wenn sich die Gewährleistung auf die Haltbarkeit eines Materials mit entsprechend langer Lebensdauer bei normaler Abnutzung bezieht und für den Kunden Wert haben (BGH GRUR 58, 455, 457 – *Federkernmatratzen,* 25 jährige Garantie; GRUR 76, 146, 147 – *Kaminisolierung,* 15 jährige Garantie). Anders, wenn die Garantiezusage angesichts der Lebensdauer der Ware praktisch wertlos ist oder wenn Beweisschwierigkeiten, zB eine Vielzahl denkbarer Schadensursachen, für die der Werbende nicht einzustehen hat, dessen Inanspruchnahme entgegenstehen (BGH aaO – *Kaminisolierung*), so bei langjährigen Garantien für Füllfederhalter oder versilberte Bestecke (*Ulmer/Reimer* Bd III Nr 592, Fn 269). Unbefristete Garantiezusagen, die über 30 Jahre hinausreichen, werden als irreführend iS von § 5 angesehen, weil solche Zusagen gegen das (zwingende) Verbot des rechtsgeschäftlichen Ausschlusses der Verjährung (§ 202 II BGB) verstießen und deshalb nicht wirksam erteilt werden könnten, dem Kunden mit einer solchen Zusage also mehr versprochen werde, als gehalten werden könne (BGH GRUR 94, 830, 831 – *Zielfernrohr*). Diese Auffassung überzeugt indessen nicht, da sie den Kunden unnötig Vorteile nimmt. Sachgerechter ist es, langfristige („lebenslange") Garantien dahingehend auszulegen, dass die Ansprüche durch den Mangeleintritt aufschiebend bedingt (§ 158 I BGB) sind (vgl auch BGH NJW 79, 645; unten Rn 554). Der Sache nach hat der BGH seine bisherige restriktive Linie aufgegeben, indem er nun langjährige Garantiezusagen als **selbständigen Garantievertrag** auslegt, der als Dauerschuldverhältnis nicht der Verjährung unterliegt (BGH GRUR 08, 915 Rn 16 – *40 Jahre Garantie*), sodass die Werbung mit einer solchen Garantie auch nicht irreführend ist. Umtausch-Garantieversprechen sind irreführend (§ 5), wenn damit nicht die Bereitschaft des Werbenden einhergeht, dem Kunden das Umtauschrecht auf Verlangen beim Vertragsschluss rechtsverbindlich auch einzuräumen. Ebenso ist es irreführend, wenn – auch ohne Vereinbarung – das berechtigte, der Garantie-Werbung entsprechende Umtauschverlangen des Kunden im Kulanzwege nicht anstandslos erfüllt wird (BGH GRUR 00, 1106, 1107 – *Möbel-Umtauschrecht*).

280 **Inhaltlich** muss eine **Garantiewerbung** halten, was sie verspricht, also von der Bezahlung späterer Reparaturen oder von Ersatzteilen freistellen und über die gesetzlichen Gewährleistungsansprüche nach den §§ 459ff BGB aF = § 437 BGB nF hinausgehen (OLG Köln WRP 80, 648, 649). Eine **Händlergarantie** darf nicht ohne weiteres den Eindruck einer (umfassenderen oder sichereren) **Herstellergarantie** erwecken. Beim Verkauf von Neuwagen bedeutet Herstellergarantie nicht ohne weiteres eine *umfassende* Einstandspflicht des garantierenden Unternehmens (BGH GRUR 97, 929, 930 – *Herstellergarantie*). Bei Fahrzeugen, die aus dem EG-Ausland nach Deutschland (parallel-)importiert und hier als EG-Neuwagen oder als EG-Neufahrzeuge angeboten werden, erwartet der Verkehr eine Hersteller-(Werks-)Garantie, wie sie für nicht parallelimportierte Neufahrzeuge ebenfalls gewährt wird (BGH GRUR 99, 1122, 1123 – *EG-Neuwagen I*). Verspricht der Händler Garantie, steht deren **Ausführung durch Dritte** oder Hersteller nicht notwendigerweise im Widerspruch zum Garantieversprechen (GK/*Lindacher* § 5 Rn 790f). Die Werbung für Nachhilfeunterricht mit der Zusage „Bei Misserfolg **Geld zurück**" ist als irreführend untersagt worden, weil ein solcher Erfolg tatsächlich nicht versprochen werden könne (BGH GRUR 83, 254, 255 – *Nachhilfeunterricht*). Dem steht das inzwischen gewandelte Verbraucherleitbild (§ 2 Rn 104ff) entgegen, da der verständige Adressat durchaus in Rechnung stellt, dass der Erfolg von individuellen Faktoren abhängt, andererseits aber auch nichts dagegen spricht, den Werbenden auf Rückzahlung haften zu lassen (ebenso Köhler/*Bornkamm,* § 5 Rn 7.147; vgl Rn 557). Unzulässig sind Erfolgsgarantien dagegen im Bereich der **Heilmittel- und Heilgerätewerbung** (BGH GRUR 72, 663, 664 – *Vibrations-Massagekissen*). Ebenso kann für den Erfolg einer Schlankheitskur zulässigerweise nicht garantiert werden (OLG Hamm GRUR 84, 140, 141f).

Irreführende geschäftliche Handlungen **§ 5 UWG**

ff) Vortäuschen von Markenware. Für die Zulässigkeit der werbenden Verwendung des Begriffs der Markenware kommt es maßgeblich auf die Vorstellung an, die der Verkehr mit dieser Bezeichnung verbindet. Entscheidend insoweit sind Verkehrsbekanntheit und eine durch gleich bleibende oder verbesserte Qualität erworbene **Verkehrsanerkennung** (BGH, Urt v 15.1.1960 – I ZR 169/58, S 14 – *Invertan-Nährpaste*). Unerheblich ist, ob es sich bei der Marke, die der Bezeichnung als Markenware zugrunde liegt, um eine Hersteller-, (Fabrik-) oder Händler- (Handels-)marke handelt. Seit langem ist der Verkehr auch an Händlermarken gewöhnt (BGH GRUR 89, 754, 756 – *Markenqualität;* OLG Düsseldorf GRUR 84, 887, 888). Händlermarken dürfen nicht den Eindruck von Herstellermarken erwecken, weil andernfalls der irreführende Eindruck eines Direktbezugs vom Hersteller entstehen könnte (vgl Rn 487). Ob der Verkehr von einer Hersteller- oder Händlermarke ausgeht, ist Frage des Einzelfalls (BGH GRUR 57, 348, 346 – *Klasen-Möbel;* GRUR 67, 100, 103 f – *Edeka-Schloss-Export; v Gamm* Kap 37 Rn 46). Lediglich die Kennzeichnung der Ware mit einer Marke (Warenzeichen, Ausstattung, Firma) berechtigt nicht zum Gebrauch der Bezeichnung **„Markenware".** Hinzu kommen müssen **Verkehrsbekanntheit und Verkehrsanerkennung** auf Grund ständig gleich bleibender oder verbesserter Qualität, auf der das **Vertrauen** des Publikums zur Markenware beruht. Für den Verkehr ist Markenware mehr als nur ein Artikel, der unter einem eigenen Warenzeichen oder einer entsprechenden Kennzeichnung in den Handel gebracht wird. Die Verwendung des Begriffs Markenware für **anonyme Ware** verstößt gegen § 5, ebenso das Bezeichnen solcher Ware als **„Markenqualität",** da damit die Werbekraft des Begriffs Markenware in täuschender Weise in Anspruch genommen wird (BGH GRUR 89, 754, 755 f – *Markenqualität;* OLG Karlsruhe WRP 85, 437, 438; aA GK/*Lindacher* § 5 Rn 435). Markenloses Benzin darf deshalb nicht als Markenbenzin angeboten werden, auch wenn es vom Hersteller eines Markenbenzins stammt und gleiche Qualität wie dieses aufweist. Mit dem Begriff der Markenware verbindet der Verkehr nicht nur Qualitätserwartungen, sondern auch die Vorstellung, dass die Ware im Gegensatz zu einem Erzeugnis ohne Herkunftshinweis durch die Kennzeichnung einer Marke ihrer Herkunft nach bestimmt ist (BGH GRUR 66, 45, 46 – *Markenbenzin;* GRUR 67, 360, 362 – *Maßkleidung;* GRUR 89, 754, 755 f – *Markenqualität*). Die **Marke** weist auf die **betriebliche Herkunft der Ware** hin, um sie von Waren aus einem anderen Geschäftsbetrieb zu unterscheiden (Unterscheidungsfunktion der Marke). Dagegen gehört es nicht zum Wesen der Marke, eine bestimmte Güte der Ware zu gewährleisten (Gütefunktion). Dem Markeninhaber steht es daher grundsätzlich frei, unter der Marke Erzeugnisse verschiedener Qualitätsstufen zu vertreiben. Zudem hat niemand Anspruch auf eine stets gleichbleibende Qualität von Produkten. Der Markeninhaber wird zwar regelmäßig schon aus Eigeninteresse bestrebt sein, die Qualität seiner Waren oder Dienstleistungen zu sichern oder zu verbessern; die bloße Tatsache, dass sich die **Qualität** der unter der Marke angebotenen Produkte – freiwillig oder unfreiwillig – **verschlechtert,** ist aber weder markenrechtlich relevant (*Sosnitza* Markenrecht, § 3 Rn 3) noch eine Irreführung (ebenso Köhler/Bornkamm § 5 Rn 1.81, 1.86; *Schanda* ecolex 95, 904, 905; aA *Koppensteiner* wbl 11, 587, 593). Die ältere Rspr hatte zwar eine Irreführung angenommen, wenn der Verkehr *mit der Marke* eine bestimmte Qualität oder Beschaffenheit verbindet, diese aber nicht (mehr) besteht (BGHZ 60, 185, 194 – *Cinzano;* BGH GRUR 65, 676, 677 – *Nevada-Skibindungen;* OLG Hamburg WRP 92, 395, 396), dem kann jedoch aus den genannten Gründen nicht zugestimmt werden (zurückhaltend auch Köhler/Bornkamm § 5 Rn 4.81). Etwas anderes gilt daher nur, wenn **zusätzliche Umstände** hinzutreten, etwa bei Verwendung einer Kollektivmarke, die für bestimmte Eigenschaften steht (§§ 97 I, 102 II Nr 5 MarkenG), aber die Bedingungen für ihre Benutzung nicht eingehalten werden (vgl BGH GRUR 84, 737, 738 – *Ziegelfertigstürze*) oder wenn der Markeninhaber etwa in der Werbung zuvor bestimmte Umstände besonders hervorgehoben und so mit der Marke verknüpft hat (zB dass „Davidoff"-Zigarren stets

281

aus Kuba kommen, so zutreffend das Beispiel von Köhler/*Bornkamm* § 5 Rn 4.82 aE in Anlehnung an OLG Hamburg WRP 92, 395).

282   gg) **Vortäuschen amtlicher Prüfung.** Angaben über **behördliche Untersuchungen, Anerkennungen oder Zulassungen** erweisen sich immer wieder als äußerst werbewirksam. Die bei amtlichen Prüfungen vorausgesetzte Objektivität und Kompetenz sind für den Verkehr ein starker Gradmesser für Qualität und Brauchbarkeit. Unzutreffende Angaben über Inhalt oder Ergebnis solcher Prüfungen oder Mitteilungen, die eine Prüfung durch Behörden oder amtlicherseits ermächtigte Dritte hinweisen, sind irreführend (BGH GRUR 75, 442, 443 – *Vaasbüttel:* Werbung mit amtlichem Zulassungsbescheid ohne Hinweis auf spätere Einschränkung; BGH GRUR 91, 552, 554 – *TÜV-Prüfzeichen:* Prüfung von Brillenfassungen durch Technischen Überwachungsverein auf Grund privaten entgeltlichen Einzelauftrags). Unerheblich ist, ob die amtliche Prüfung zum behaupteten Ergebnis geführt hätte, auch für tatsächlich gebotene Vorteile darf nicht in irreführender Weise geworben werden (Rn 208ff). Zur Verwendung von Prüfzeichen s Rn 260.

283   hh) **Mindesthaltbarkeitsdatum bei Lebensmitteln.** Das Angebot von **Lebensmitteln** mit nicht zutreffendem **Mindesthaltbarkeitsdatum** (§ 3 I Nr 4, § 7 I der Lebensmittel-Kennzeichnungsverordnung, Rn 253), das den Zeitpunkt nennt, bis zu dem das Lebensmittel unter angemessenen Aufbewahrungsbedingungen seine spezifischen Eigenschaften behält, ist grundsätzlich täuschend und für den Kaufentschluss relevant (OLG Köln WRP 89, 45, 46; OLG Hamm WRP 92, 396, 397. Zur irreführenden Werbung mit dem Mindesthaltbarkeitsdatum sa *Michalski/Riemenschneider* BB 94, 588ff).

284   Irreführend sind sowohl **Umetikettierungen** („Verlängerungen" aufgedruckter Mindesthaltbarkeitsdaten) als auch sonstige objektiv **falsche Datenangaben,** sei es, dass der Hersteller das Lebensmittel (die Fertigpackung) mit einem zu langen Haltbarkeitsdatum versehen hat, sei es, dass durch unsachgemäße Behandlung außerhalb des Verantwortungsbereichs des Herstellers die Eigenschaften des Lebensmittels vor Ablauf des Haltbarkeitsdatums beeinträchtigt worden sind, zB durch unsachgemäße Lagerung oder Kühlung, so dass die dem angegebenen Datum beigelegte Bedeutung deshalb nicht mehr zutrifft. Dass die Ware als solche möglicherweise qualitativ nicht zu beanstanden ist, ist für § 5 unerheblich.

285   Ist das **Mindesthaltbarkeitsdatum unrichtig,** befindet sich die Ware bereits aus diesem Grund nicht mehr in vertragsgemäßem Zustand und ist damit mangelhaft iS der §§ 433 I 2, 434 BGB. Dafür genügt es, dass der Verbraucher die Möglichkeit des Qualitätsverfalls der Ware nicht mit hinreichender Sicherheit ausschließen kann (GK/*Lindacher* § 5 Rn 449; *Lindacher* NJW 85, 2933f; *Köhler* DB 85, 215ff). Vereinzelte Ausreißer kalkuliert der Verkehr allerdings ein. Um den Vorwurf der Irreführung zu entgehen, muss daher der Händler seine Angebote in zumutbarem Umfang, zumindest stichprobenweise, auf die Richtigkeit der von der LMKV geforderten Angabe des Mindesthaltbarkeitsdatums überprüfen.

286   Irreführend ist ferner das Angebot von Lebensmitteln mit zwar richtigem, aber **abgelaufenem Mindesthaltbarkeitsdatum** (OLG Köln WRP 89, 45, 46; OLG Hamm WRP 92, 396, 397; GK/*Lindacher* § 5 Rn 449). Unterlässt es der Kaufmann, auf diesen Umstand hinzuweisen, geht der Verbraucher davon aus, dass das Mindesthaltbarkeitsdatum noch nicht abgelaufen ist, gleichviel ob die Ware als Normalangebot im Regal oder als Sonderangebot zu verbilligten Preisen offeriert wird. Die bloße Präsentation als Sonderangebot ist für sich allein kein ausreichender Hinweis auf den Ablauf des Mindesthaltbarkeitsdatums (differenzierend insoweit OLG Köln aaO). Den Händler entlastet nicht, dass der Hersteller kennzeichnungspflichtig ist (*Zipfel,* Lebensmittelrecht C 4, § 1 LMKV Rn 22ff). Unabhängig von der Kennzeichnungspflicht des Herstellers ist der Händler verpflichtet, darauf zu achten, dass nur solche Fertigpackungen in den Verkehr gebracht werden, die in der vorgeschriebenen Weise

richtig und vollständig gekennzeichnet sind (§ 3 I, III; § 10 LMKV). Den Händler entlastet auch nicht, dass der Verbraucher den Ablauf des Mindesthaltbarkeitsdatums anhand des Packungsaufdrucks selber prüfen kann. Der mit dem Angebot mangelhafter Ware (Rn 285) einhergehende Verstoß des Händlers gegen § 5, für den die *Gefahr* einer Irreführung genügt (Rn 13, 103, 212), entfällt nicht deshalb, weil der Verbraucher seinerseits nicht auf das Haltbarkeitsdatum achtet. Ist dagegen das Mindesthaltbarkeitsdatum noch nicht abgelaufen, mag der Ablauf auch kurz bevor stehen, entfällt mangels einer unrichtigen Angabe eine Täuschung und damit der Verstoß gegen § 5.

287 Das Angebot von Lebensmitteln (bei ordnungsgemäßer Kennzeichnung mit dem Mindesthaltbarkeitsdatum), die in Einzelfällen **qualitativ minderwertig** sind bzw deren **Verzehrtauglichkeit** beeinträchtigt ist, ist allerdings nicht ohne weiteres irreführend iS von § 5. Vereinzelte Schlechtangebote stellt der Verkehr als unvermeidbar in Rechnung, so dass es in solchen Fällen allein um vertragswidrige Leistungsstörungen geht und nicht um eine Irreführung des Verbrauchers (Rn 15). Anders liegt der eher seltene Fall, dass der Kaufmann die Täuschung seiner Kunden über die qualitative Beschaffenheit seines Angebots zum Mittel des Wettbewerbs macht (Rn 15).

4. Verfahren und Zeitpunkt der Herstellung oder Erbringung

Literatur: *Heeb,* Die Werbung mit rein handwerklichen Begriffen für Industrie-Erzeugnisse, WRP 1977, 537; *Honig,* Werbung mit dem guten Ruf des Handwerks, WRP 1995, 68.

288 **a) Handwerkliche Fertigung. Herstellungsart, -verfahren und Zeitpunkt** sind für den Entschluss des Verbrauchers zum Kauf oder zur Auftragserteilung von maßgeblicher Bedeutung. Einer Handwerksarbeit bringt der Verkehr im Allgemeinen eine höhere Wertschätzung entgegen als einem industriellen Erzeugnis. Ein fabrikmäßig gefertigtes Produkt darf daher nicht als eine Ware aus handwerklicher Fertigung (BGH GRUR 61, 425, 428 – *Möbelhaus des Handwerks*) und Konfektions- oder Maßkonfektionsware (Fertigkleidung) nicht als Maßarbeit angeboten werden (BGH GRUR 57, 274, 275 – *Nach Maß;* OLG München WRP 77, 432). „Backstube" deutet auf einen Bäckereibetrieb, nicht auf eine Brotfabrik hin (OLG Bremen WRP 79, 464), „Bäckernudeln" auf Eigenfertigung, nicht auf industriell hergestellte Teigwaren (keine Gattungsbezeichnung, OLG Stuttgart WRP 79, 578).

289 **Beispiele:** Eine Werbung für eine „Vollreinigung" von Kleidungsstücken ist irreführend, wenn eine von Hand erforderliche Fleckentfernung nicht vorgenommen wird (BGH GRUR 63, 203, 205 f – *Vollreinigung*). Dagegen ist die Bezeichnung „Spezialreinigung" für einen Reinigungsbetrieb, der Kleidungsstücke nach maschineller Reinigung von Hand nachreinigt und bügelt, nicht irreführend (BGH GRUR 68, 387, 388 – *Spezialreinigung*). Die Werbung eines Handwerksbetriebs für handwerkliche Tätigkeiten, die in den Tätigkeitsbereich verschiedener, dem Werbenden nicht sämtlich erlaubter Handwerke fallen, verstößt gegen § 5, wenn nicht darauf hingewiesen wird, dass das Angebot nur für die dem Handwerker nach der Handwerksverordnung gestatteten Tätigkeiten gilt (BGH GRUR 93, 397, 398 – *Trockenbau*).

290 **b) Fertigungsverfahren und Kontrolle.** Irreführend ist die für den Kaufentschluss relevante Behauptung **eines anderen** als des tatsächlich eingeschlagenen **Herstellungsverfahrens** (-systems, -rezepts), ferner das **Vortäuschen einer amtlichen Kontrolle** der Herstellung (GK/*Lindacher* § 5 Rn 437). Der Begriff „Hausmacherart" weist nicht auf eine Herstellung wie für den Eigengebrauch hin, sondern auf gehobene Qualität, der Begriff „Bauernbrot" nicht auf eine Herstellung vom Bauern oder nach bestimmten Bauern-)Art, sondern auf eine bestimmte Geschmacksrichtung (BGH GRUR 56, 550, 553 – *Tiefenfurter Bauernbrot*).

291 **c) Eigene Herstellung.** Irreführend ist die Bezeichnung „Weingut" für einen Kellereibetrieb, der sein Produkt nur unwesentlich aus eigenem Anbau gewinnt (BayOLG WRP 72, 158). „Aus eigener Fabrikation" verstößt gegen § 5 bei planmäßigem Zukauf von 15% des Gesamtabsatzes (RG GRUR 40, 585 – *Trockengemüse*).

Der Eindruck einer überwiegend eigenen Fertigung von Möbeln täuscht bei nur 10% eigener Produktion (BGH GRUR 57, 348 – *Klasen-Möbel*). Irreführend ist auch die Herausstellung des Begriffs „Bekleidungswerk" bei Zukauf von einem Drittel der Gesamtabsatzes (BGH GRUR 86, 676, 677 – *Bekleidungswerk*). Der Firmenzusatz „Herstellung und Vertrieb" wird vom Verkehr im Allgemeinen dahin verstanden, dass jedenfalls ein nennenswerter und nach Umsatz und Herstellung maßgeblicher Teil des Sortiments selbst hergestellt wird (BGH GRUR 76, 197, 198 – *Herstellung und Vertrieb*).

292 **d) Unerheblichkeit der Fehlvorstellung.** Führt eine an sich zutreffende Werbeangabe wegen der Unkenntnis der Verbraucher über bestimmte tatsächliche Zusammenhänge der Herstellung zu einem Irrtum über die qualitative Beschaffenheit der Ware, werden trotz dieses Irrtums **schützenswerte Verbraucherinteressen** nicht verletzt, wenn die verwendete Werbeangabe einem branchenüblichen Begriff entspricht und die durch sie geweckte Qualitätserwartung allein durch den tatsächlichen Herstellungsvorgang und nicht durch den fälschlicherweise vorgestellten anderen erfüllt werden kann. Nicht jeder auf Unkenntnis beruhende Irrtum ist auch schutzwürdig (vgl Rn 208; BGH GRUR 91, 852, 856 – *Aquavit*).

5. Zwecktauglichkeit, Verwendungsmöglichkeit und -ergebnisse (Wirkungsweise)

Literatur: *Baudenbacher,* Zur gesundheitsbezogenen Werbung, WRP 1980, 471; *Brandner,* Beiträge des Wettbewerbsrechts zum Schutz der Umwelt, Festschrift v Gamm, 1990, S 27; *Bülow,* Kennzeichnungsrecht und Produktwerbung für Lebens-, Genuß-, Arzneimittel und Kosmetika, 1990; *Cordes,* Umweltwerbung, 1994; *Faylor,* Irreführung und Beweislast bei umweltbezogener Werbung, WRP 1990, 725; *Federhoff-Rink,* Umweltschutz und Wettbewerbsrecht im europäischen Binnenmarkt, 1994; *Friedrich,* Umweltschutz und Wettbewerbsrecht, WRP 1988, 641; *ders,* Umweltschutz durch Wettbewerbsrecht, WRP 1996, 1; *Hartwig,* Die lauterkeitsrechtliche Beurteilung der Werbung mit dem „Grünen Punkt" (§ 3 UWG), GRUR 1997, 560; *Keßler,* Die umweltbezogene Aussage in der Produktwerbung, WRP 1988, 714; *Kiefer,* Das deutsche Umweltzeichen aus wettbewerbsrechtlicher Sicht, Diss. jur. Gießen, 2001; *Kiethe/Groeschke,* Das europäische Lebensmittelrecht und der Irreführungsschutz, WRP 2001, 1035; *Kisseler,* Wettbewerbsrecht und Umweltschutz, WRP 1994, 578; *Klindt,* Die Umweltzeichen „Blauer Engel" und „Europäische Blume" zwischen produktbezogenem Umweltschutz und Wettbewerbsrecht, BB 1998, 545; *Köhler,* Grüner Punkt als irreführende Werbung?, BB 1998, 2065; *Langguth,* Die EG „Bio"-Verordnung, ZLR 1991, 573; *Lappe,* Lauterkeitsrechtliche Aspekte der Kennzeichnung von Produkten mit Hilfe des Grünen Punktes, BB 1992, 1661; *Leible,* Gibt es Bio-Mineralwasser?, FS Welsch, 2010, S 327; *Leible/Sosnitza,* § 17 LMBG nach „Darbo", WRP 2000, 610; *Lindacher,* Umweltschutz in der Werbung – Lauterkeitsrechtliche Probleme, in: *Marburger/Reinhardt/Schröder* (Hrsg.), Umweltschutz und Wettbewerb, 1997; *Michalski/Riemenschneider,* Irreführende Werbung mit der Umweltfreundlichkeit von Produkten, BB 1994, 1157; *Micklitz,* Umweltwerbung im Binnenmarkt, WRP 1995, 1014; *Müller, W.,* Gesundheitswerbung für Lebens- und Genußmittel, WRP 1971, 295; *Paulus,* Umweltwerbung – Nationale Maßstäbe und europäische Regelungen, WRP 1990, 739; *Rohnke,* Werbung mit Umweltschutz, GRUR 1988, 667; *Sack,* Vergleichende Werbung nach der UWG-Novelle, WRP 2001, 327; *Sosnitza,* Gesundheitsbezogene Werbung für Lebensmittel – Paradigmenwechsel in Europa, WRP 2003, 669; *Strauch,* Zur wettbewerbsrechtlichen Zulässigkeit von sog „Bio-Werbung" gemäß § 3 UWG, WRP 1992, 540; *Wiebe,* EG-rechtliche Grenzen des deutschen Wettbewerbsrechts am Beispiel der Umweltwerbung, EuZW 1994, 41; *ders,* Umweltschutz durch Wettbewerbsrecht, NJW 1994, 289.

293 **a) Allgemein.** Aussagen über die **Wirkung** oder die **Verwendungsmöglichkeit** einer Ware oder Leistung legt der Verkehr mit Blick auf die Brauchbarkeit des Angebots für den verfolgten Zweck maßgebliche Bedeutung bei. Entscheidend ist die Verkehrsauffassung, dh die Wirkung, die der Verkehr der Werbeangabe entnimmt (BGH GRUR 97, 537, 538 – *Lifting-Creme;* GRUR 03, 631, 632 – *L-Glutamin:* für

Arzneimittel). Derartige Angaben unterliegen zum Schutz des Verbrauchers **strengen Anforderungen und Aufklärungspflichten** (BGH GRUR 80, 797, 799 – *Topfit Boonekamp;* GRUR 93, 756, 757 – *Mild-Abkommen;* GRUR 02, 182, 185 – *Das Beste jeden Morgen:* bei gesundheitsbezogener Werbung). So ist es – beispielsweise – irreführend, für den Verkauf von Autozubehör (Tuningteilen) mit einem „Materialgutachten" zu werben, dem der Verkehr die Bedeutung eines Teilegutachtens iS des § 19 III 1 Nr 4 Buchst a StVZO beilegt, das – anders als das „Materialgutachten" – ungeachtet der Abnahme der Anbauten durch einen Sachverständigen nicht zum Erlöschen der Betriebserlaubnis führt (OLG Düsseldorf WRP 05, 1309).

b) Gesundheitsbezogene Werbung (Gesundheitsfördernde Wirkungen). 294
Die strengen Anforderungen an Richtigkeit und Klarheit einer Gesundheitswerbung rechtfertigen sich in erster Linie daraus, dass gesundheitsbezogene Werbeaussagen mit Blick auf die Wertschätzung, die der eigenen Gesundheit entgegengebracht wird, erfahrungsgemäß besonders wirksam sind und eine irreführende Werbung gerade auf diesem Gebiet erhebliche Gefahren für die Gesundheit des einzelnen Kunden, aber auch der Allgemeinheit zur Folge haben können (BGH GRUR 80, 797, 799 – *Topfit Boonekamp;* GRUR 02, 182, 185 – *Das Beste jeden Morgen;* GRUR 13, 649 Rn 15 – *Basisinsulin mit Gewichtsvorteil*). Jedoch rechtfertigt nicht schon jede gesundheitlich nicht ganz unbedenkliche Wirkung des beworbenen Produkts das Verbot aus § 5 (oder – bei Verstoß gegen den Rechtsbruchtatbestand – aus § 4 Nr 11). Die Herausstellung der positiven Seiten eines unter Verwendung von Zucker hergestellten Lebensmittels führt auch unter Berücksichtigung der die Kariesbildung begünstigenden Eigenschaften von Zucker nicht dazu, dass der durch die Werbung vermittelte Gesamteindruck einer gesunden Mahlzeit unzutreffend wäre und die Werbung deshalb zu verbieten wäre (BGH aaO – *Das Beste jeden Morgen*). Die Bezeichnung eines Schieferstollens als „Heilstollen" erweckt den Eindruck, der Besuch des Stollens habe eine Heilwirkung in Bezug auf Atemwegs- und Hautkrankheiten (OLG Hamm GRUR-RR 09, 186, 188).

Die Inanspruchnahme gesundheitsfördernder Wirkungen eines Produkts steht mit 295
§ 5 in Widerspruch, wenn der Werbende die Stichhaltigkeit einer von ihm verwendeten **wissenschaftlichen Absicherung** seiner Werbeangabe nicht nachweisen kann (BGH GRUR 91, 848, 849 – *Rheumalind II;* GRUR 13, 649 Rn 16 – *Basisinsulin mit Gewichtsvorteil*) oder die behauptete gesundheitsfördernde bzw krankheitslindernde Wirkung fachlich umstritten ist (BGH GRUR 02, 273, 275 – *Eusovit;* GRUR 04, 72 – *Coenzym Q 10;* GRUR 13, 649 Rn 16 – *Basisinsulin mit Gewichtsvorteil;* OLG Dresden WRP 11, 1496, 1498 – *Nabelschnurblut*). Die Verwendung wissenschaftlich begründeter Beiträge oder Gutachten in der Werbung begegnet keinen Bedenken, wenn die Arbeit wissenschaftlichen Anforderungen genügt. Lässt sie aber Umstände unberücksichtigt, die als wissenschaftlicher Sicht in die Untersuchung hätten einfließen müssen, ist die Verwendung solcher wissenschaftlich unzulänglichen Quellen mit § 5 UWG, § 3 HWG nicht zu vereinbaren (BGH GRUR 02, 633, 634 – *Hormonersatztherapie*). Es gilt außerdem der **Grundsatz der Zitatwahrheit,** dh es ist irreführend, (1) wenn eine Werbeaussage auf Studien gestützt wird, die diese Aussage nicht tragen, (2) wenn die angeführte Studie den Anforderungen an einen hinreichenden wissenschaftlichen Beleg nicht entspricht oder (3) wenn die in Bezug genommene Studie selbst Zweifel erkennen lässt, die Werbung dies aber nicht wiedergibt (BGH GRUR 13, 649 Rn 17 – *Basisinsulin mit Gewichtsvorteil*). Ein Arzneimittel, das nur die Symptome und nicht die Ursachen einer Erkältungskrankheit bekämpft, darf nicht mit dem Angabe beworben werden, „bewährt bei Erkältungen und Grippe" (BGHZ 86, 277, 281 f = GRUR 83, 333, 334 – *Grippewerbung II*). Ob auch nicht prospektive, sondern nachträgliche Metaanalysen eine Werbeaussage tragen können, hängt von den Umständen des Einzelfalls ab (BGH GRUR 13, 649 Rn 20 – *Basisinsulin mit Gewichtsvorteil*)

296 Auch Symbole und Abkürzungen können gesundheitsbezogene Aussagen enthalten und am Maßstab des § 5 zu messen sein. Die Verwendung des Herzzeichens in der Werbung für Kaffee und Tabak vermittelt den Eindruck der Unschädlichkeit für Herz und Kreislauf, das für Tafelwasser den der Förderung der Herzfunktion (BGH GRUR 62, 97, 99 – *Tafelwasser*). Der **Wortbestandteil „med"** weist ähnlich wie „medicus" oder „medico" wegen der nahe liegenden Gedankenverbindung zu „medizinisch" auf die Verwendbarkeit der Ware zu medizinischen Zwecken und deren medizinische Eigenschaften hin (BGH GRUR 69, 546, 547 – *med*). Lediglich vage Anklänge an Gesundheit und Medizin sind jedoch keine Angaben iS des § 5 (BGH GRUR 81, 656, 658 – *Schlangenzeichen*), ebenso reklamehafte Übertreibungen oder Werturteile, die der Verkehr ohne weiteres als solche erkennt (Rn 89; BGH GRUR 02, 182, 183, 184, 186 – *Das Beste jeden Morgen*). Werbeaussagen, die geeignet sind, Gesundheitsgefahren herunterzuspielen und den Verbraucher zu Kaufentschlüssen zu veranlassen, die er sonst nicht gefasst hätte, sind unlauter iS des § 5 (BGH GRUR 67, 592, 593 – *Gesunder Genuss;* GRUR 80, 797, 799 – *Topfit Boonekamp;* GRUR 06, 953 Rn 19 – *Warnhinweis II;* vgl § 4 Rn 1/139).

297 Irreführend wirkt die **Silbe „Bio-"**, wenn sie ohne sachliche Grundlage den Eindruck einer gesundheitlich unbedenklichen Verwendung eines Bräunungsmittels vermittelt (OLG München GRUR 90, 294, 295). Kontraindikationen bei Arzneimitteln dürfen grundsätzlich nicht durch verharmlosende Zusätze („allgemein gut verträglich") relativiert werden (OLG Stuttgart PharmaR 86, 158). Entscheidend sind die Umstände des Einzelfalls (KG WRP 90, 103, 104f). Wettbewerbswidrig ist die Werbung für ein Vitaminpräparat mit dem Hinweis, das die normale Ernährung zur Deckung des in Rede stehenden Vitaminbedarfs nicht ausreiche, wenn bei normaler Ernährung alle lebenswichtigen Substanzen dem Körper in ausreichendem Maß zugeführt werden (BGH GRUR 98, 1052, 1053 – *Vitaminmangel*). Besteht die Möglichkeit, dass von einem Produkt gesundheitliche Gefahren für den Verbraucher ausgehen, trifft den Werbenden nach den Umständen des Falles die Verpflichtung zu aufklärenden Hinweisen. Kann aber eine Irreführung in solchen Fällen – auch wenn Warnhinweise unterbleiben – nicht ohne weiteres bejaht werden, besteht keine generelle Verpflichtung des Handels zu aufklärenden Hinweisen. Der Bewerbung einer antiviralen Wirkung von Papiertaschentüchern entnimmt der Verkehr kein umfassendes Wirkungsversprechen bei der Bekämpfung von Erkältungskrankheiten (OLG Hamburg WRP 08, 522 Ls). Der Namensbestandteil **„Homecare"** im Namen einer Apotheke erweckt den unzutreffenden Eindruck eines Zusammenhangs mit Einrichtungen der ambulanten Pflege, wenn tatsächlich nur eine Form des Direktvertriebs vorliegt (OLG Düsseldorf WRP 08, 1270).

298 **c) Diätwerbung.** Die Werbung für **diätetische Lebensmittel** muss die ihr durch die DiätV (Rn 253) gezogenen Grenzen beachten. Diätetische Lebensmittel dienen einem besonderen Ernährungszweck und müssen sich von anderen Lebensmitteln vergleichbarer Art durch ihre Zusammensetzung oder Eigenschaften maßgeblich unterscheiden (§ 1 DiätV). In der Werbung für Lebensmittel des allgemeinen Verzehrs darf weder das Wort „diätetisch" gebraucht noch sonst der Eindruck erweckt werden, dass es sich um ein diätetisches Lebensmittel handelt (§ 2 DiätV). Vice versa gilt, dass diätetische Lebensmittel nicht mit den allgemein gebräuchlichen Bezeichnungen für andere als diätetische Lebensmittel versehen werden dürfen, wenn andernfalls eine Irreführung des Verbrauchers die Folge wäre (BVerwG GRUR 86, 627, 628 f – *becel-Wursterzeugnisse*): für Wurstwaren mit pflanzlichem statt des vom Verkehr erwarteten tierischen Fetts).

299 **d) Schlankheitswerbung.** In der **Schlankheitswerbung** untersagt § 6 I 1 der Nährwert-KennzeichnungsV (Rn 253) die Verwendung von Bezeichnungen, Angaben oder Aufmachungen, die auf schlankmachende, schlankheitsfördernde oder gewichtsverringernde Eigenschaften hindeuten. Dem unterfallen werbende Empfehlungen wie „Schlankmacher", aber nicht wie „Du darfst" uä, wenn sich nicht eine schlankmachende Bedeutung aus den Umständen ergibt. Hinweise auf die Verminderung des Nährstoffgehalts eines Lebensmittels sind zulässig, wenn die Verminderung mindestens 40% des durchschnittlichen Nährstoffgehalts vergleichbarer Lebensmittel ausmacht. Das schließt aber § 5 nicht aus, wenn der Verkehr eine solche Werbung dahin versteht, dass das beworbene Erzeugnis nicht nur im Durchschnitt aller, sondern gegenüber jedem vergleichbaren Lebensmittel im Nährstoffgehalt wie angegeben reduziert ist (BGH GRUR 92, 70, 71 – *40% weniger Fett*). Bezeichnungen wie **„leicht"** oder **„light"** („Exquisa leicht") müssen der Verkehrserwartung absoluter Fett- bzw Kalorienarmut auch dann entsprechen, wenn die Werbeaussage „40% weniger Kalorien als das Standardprodukt" wörtlich genommen den Tatsachen entspricht, absolut gesehen im Fettgehalt aber immer noch sehr hoch liegt (OLG Hamburg WRP 92, 391, 392f). Irreführend ist eine Schlankheitswerbung, die einem Präparat bei Einnahme eine dauerhaft-anhaltende gewichtsreduzierende Wirkung beilegt, auch wenn Lebensweise und Essgewohnheiten unverändert fortgesetzt werden (BGH GRUR 06, 429 Rn 8 – *Schlank-Kapseln*). Die weitere Annahme des BGH (aaO Rn 16), dass ein Zeitungsverleger oder -redakteur dies nicht ohne weiteres erkennen könne, ist jedoch erfahrungswidrig. Es liegt auch ohne ernährungswissenschaftliches Fachwissen auf der Hand, dass die bloße Einnahme eines Schlankheitspräparats bei unveränderter Lebensführung nicht zur behaupteten Gewichtsabnahme führen kann (so zutr. BGH WRP 94, 862, 864 – *Bio-Tabletten*).

e) Werbung für kosmetische Mittel. Die Bezeichnung „Lifting Creme" für **300** eine kosmetische Hautcreme, die wie andere vergleichbare Produkte nur für die Dauer der Anwendung geeignet ist, die Tiefe von Hautfalten zu reduzieren und durch eine Verdickung der Epidermis die altersbedingte Schlappheit der Haut zu vermindern, ist als irreführend iS von § 5 angesehen worden, weil das Wort „Lifting" in der Produktbezeichnung bei relevanten Teilen der Verbraucherschaft Assoziationen an das operative Lifting erwecke und damit die unzutreffende Vorstellung bestärke, dass auch mit der angebotenen Creme ein gewisser hautglättender und hautstraffender Erfolg von einiger Dauer und nicht nur von Stunden erzielt werden kann (BGH GRUR 97, 537, 538 – *Lifting-Creme*). Diese Entscheidung ist mit dem gewandelten Leitbild eines durchschnittlich aufmerksamen und verständigen Verbrauchers (§ 2 Rn 104ff) nicht zu vereinbaren. Der EuGH hat in diesem Fall zwar nicht selbst den Irreführungsbegriff subsumiert, aber zu Recht deutlich darauf hingewiesen, dass für ein derartiges Verständnis der Verbraucher nur wenig spricht (EuGH GRUR Int 00, 354, 356 – *Lifting-Creme;* ebenfalls kritisch MüKoUWG/*Reese* § 5 Rn 81).

f) Umweltbezogene Werbung. Bei Hinweisen auf die **Umweltfreundlichkeit 301** einer Ware erwartet der Verkehr Eigenschaften und Wirkungen, die sich von anderen nicht als umweltfreundlich bezeichneten Waren entsprechend dieser Charakterisierung unterscheiden. Eine solche Werbung ist im Interesse einer Förderung des Umweltschutzes und der Information des Verbrauchers **grundsätzlich zulässig,** unterliegt aber zum Schutz des Verbrauchers einerseits mit Rücksicht auf die starke emotionale Werbewirksamkeit derartiger Werbeaussagen, andererseits im Hinblick auf die Komplexität von Fragen des Umweltschutzes und des meist nur geringen sachlichen Wissensstandes in der Bevölkerung über die naturwissenschaftlichen Zusammenhänge und Wechselwirkungen in diesem Bereich **strengen Anforderungen und Aufklärungspflichten** (BGHZ 105, 277, 280 = GRUR 91, 548, 549 – *Umweltengel;* GRUR 91, 546, 547 – „*... aus Altpapier";* GRUR 91, 550, 551 – *Zaunlasur;* GRUR 96, 986, 986 – *PVC-frei*). Allerdings ist zu beachten, dass der Verbraucher nicht von absolut schadstofffreien Umweltbedingungen in Produkten ausgeht; denn er hat Erfahrungswissen dahin gebildet, dass nahezu überall Schadstoffe anzutreffen sind und dies selbst für solche Lebensmittel gilt, die die Reinheitsbezeichnung „natürlich" oder „Bio" tragen (BGH GRUR 13, 401 Rn 34 – *Biomineralwasser;* GRUR

97, 306, 308 – *Naturkind*). Wie der EuGH zu Art 2 I Buchst z Ziff i der Etikettierungsrichtlinie 79/112/EWG entschieden hat (EuGH GRUR Int 00, 756, 758 – *d'arbo naturrein* [Rn 26ff], vgl auch der frühere § 17 I Nr 4 LMBG; BGH GRUR 97, 306, 307f – *Naturkind*), *ist es nicht irreführend*, ein Lebensmittel als „naturrein" zu bezeichnen, das weit unter den gesetzlich zulässigen Höchstwerten Geringstmengen an Schadstoffen aufweist (vgl *Leible/Sosnitza*, WRP 00, 610; sa Rn 266).

302 Die wettbewerbsrechtlichen Anforderungen an die mit Umweltappellen und -schlagworten operierende Werbung sind je nach der wettbewerblichen Intensität der Werbeaussagen verschieden. An Begriffe wie „umweltbewusst", „umweltgerecht", „umweltschonend", „umweltschützend", „umweltneutral", „frei von umweltschädlichen Einflüssen" oder „umweltfreundlich" sind, weil sie im Sinne einer **absoluten Umweltverträglichkeit** verwendet werden, strengere Beurteilungsmaßstäbe anzulegen als an Bezeichnungen wie „umweltverträglich", „Umweltbelange berücksichtigend" oder „weniger umweltbelastend", die den Umweltbezug in einem eher relativierenden Sinne herstellen. Der auf umweltbelastende Produkte bezugnehmende **Komparativ** („umweltfreundlicher") wird, wenn er den Eindruck einer relativen Umweltverträglichkeit vermittelt und in der Sache zutrifft, nach § 5 auch in dem Fall zulässig sein, dass zwar die so beworbene Ware aus dem gleichen umweltbelastenden Material hergestellt ist wie das in Bezug genommene Produkt, aber nach der Fertigungsmethode erheblich weniger Material benötigt (OLG Frankfurt NJW-RR 94, 676 = EWiR 94, 189 *[Lindacher]*).

303 Maßgebend ist die **Verkehrserwartung,** wie sie sich an Hand der Gesamtaussage der Werbung bildet, so dass es für die Beurteilung umweltbezogener Werbung stets auf die **Umstände des Einzelfalls** ankommt. Wird eine Ware, zB ein Kraftfahrzeug, generell als umweltfreundlich beworben („Entdecken Sie die Umweltfreundlichkeit des neuen Modells"), muss sich das Produkt – ausgehend von den Gegebenheiten des Marktes und dem Stand der Technik – in jeder in Betracht kommenden Hinsicht (zB hinsichtlich der Art der zur Herstellung verwendeten Materialien, deren Recyclebarkeit, des Kraftstoffverbrauchs, der Abgasbelastung der Umwelt, der sonstigen Schadstoffarmut usw) mit Blick auf die Belange der Umwelt positiv von anderen Erzeugnissen abheben. Abzustellen ist insoweit auf die bestimmungsgemäße Verwendung des Produkts. Der Gebrauch umweltbezogener Hinweise wie „Bio-" oder „Öko-" für Waren oder Leistungen („Biobrot", „Biotreibstoff", „Biobräune", „Öko-Hof") oder entsprechender Unternehmenskennzeichnungen („Bioladen") ist nicht per se unzulässig, muss aber wegen des mit solchen Bezeichnungen zum Ausdruck gebrachten Bezugs zu Natur und Gesundheit von besonderer Bedeutung für die Ware bzw die Unternehmenstätigkeit sein. Verboten wurde die Werbung für ein Produkt aus Altpapier, das lediglich zu 80% aus Altpapier hergestellt war statt zu 100%, wie vom Verkehr erwartet (BGH GRUR 91, 546, 547f – *„... aus Altpapier"*).

304 Der Begriff **„Bio"** hat je nach Produkt, für das er benutzt wird, **unterschiedliche Bedeutungen.** Für pflanzliche Lebensmittel weist „Bio" darauf hin, dass das Produkt nach den Bestimmungen der EG-Öko-Verordnung Nr 2092/91 gewonnen worden ist, während ein entsprechendes Verkehrsverständnis bei Lebensmitteln außerhalb des Anwendungsbereichs dieser Verordnung, wie etwa bei Mineralwässern, grundsätzlich nicht angenommen werden kann (BGH GRUR 13, 401 Rn 33 – *Biomineralwasser*). Auch wenn der Verbraucher in Rechnung stellt, dass nahezu überall Schadstoffe und Verunreinigungen anzutreffen sind (Rn 299), verbindet er doch mit dem Begriff „Bio" die Erwartung, dass das so bezeichnete Produkt **weitestgehend frei** von Rückständen und Schadstoffen ist und nur unvermeidbare Geringstmengen deutlich unterhalb der rechtlich zulässigen Grenzwerte enthält (BGH GRUR 13, 401 Rn 34 – *Biomineralwasser;* GRUR 11, 633 Rn 26 – *BIO TABAK*). Von einem „Biomineralwasser" erwartet der Verkehr danach, dass es nicht nur unbehandelt und frei von Zusatzstoffen ist, sondern im Hinblick auf das Vorhandensein von Rückständen und Schadstoffen auch deutlich reiner ist als herkömmliche Mineralwasser (BGH GRUR

Irreführende geschäftliche Handlungen **§ 5 UWG**

13, 401 Rn 35 – *Biomineralwasser; Leible* FS Welsch, S 327, 338); dagegen erwartet der Verbraucher bei einem solchen Produkt wegen der Angabe „Bio" nicht, dass eine staatliche Überwachung oder Lizenzierung vorliege (BGH GRUR 13, 401 Rn 45 – *Biomineralwasser*).

Auf die **Verleihung des Umweltzeichens** darf hingewiesen werden („Ausgezeichnet mit dem blauen Engel"), wenn die dafür zuständige Stelle des RAL über die Verleihung des Zeichens an den Werbenden entschieden hat (BGH GRUR 91, 550, 551 – *Zaunlasur*). In der werbenden Verwendung des Umweltzeichens liegt nicht nur die Behauptung ordnungsgemäßer Verleihung, sondern auch die Inanspruchnahme seiner inhaltlichen Aussage für die mit ihm beworbenen Waren. Unzulässig ist die **Werbung mit dem Umweltzeichen,** wenn für dessen Verwendung ein Grund nicht erkennbar gemacht wird (BGHZ 105, 277, 282 = GRUR 91, 548, 549 – *Umweltengel*). Ist der Grund ersichtlich, ist die damit einhergehende Behauptung einer generellen Umweltverträglichkeit des beworbenen Produkts nicht zu beanstanden, wenn das Erzeugnis eine bestimmte Eigenschaft oder Beschaffenheit aufweist, die sie – konkret feststellbar – von einem gleichartigen, aber nicht als umweltfreundlich eingestuften Angebot abhebt (BGH aaO – *Umweltengel;* GRUR 94, 523, 524 – *Ölbrennermodelle*). 305

Eine **pauschal umweltbezogene Werbung,** die den Umweltbezug nicht erkennen lässt, ist irreführend (OLG Düsseldorf WRP 92, 209, 210). Der jeweilige Umweltschutzgesichtspunkt bedarf zur Vermeidung einer Verwirrung und einer damit einhergehenden Irreführung des Verbrauchers im Allgemeinen der Konkretisierung (KG WRP 91, 30, 31 f; OLG München WRP 89, 763 – *Bioclean:* für Hersteller von Wasch-, Reinigungs- und Pflegemitteln). Jedoch dürfen auch dann umweltgefährdende Stoffe nicht mehr in relevantem Umfang vorhanden sein (BGH GRUR 91, 550, 551 – *Zaunlasur*). Inhalt und Umfang der gebotenen **aufklärenden Hinweise** bestimmen sich nach den **Anforderungen des Einzelfalls.** Angaben zum Umweltschutz hinsichtlich der Produktion von Fertighäusern, die inhaltlich richtig sind und dem Interessenten die jeweilige umweltschützenden Aspekte konkret darlegen, sind nicht zu beanstanden (BGH GRUR 96, 367, 368 – *Umweltfreundliches Bauen*). Zutreffende Aussagen zum Gebrauch des Begriffs „umweltfreundlich", die sich nicht in einem allgemeinen Appell ohne informativen Gehalt erschöpfen, begründen die Gefahr einer Irreführung des Verkehrs nicht (BGH GRUR 97, 666, 667 – *Umweltfreundliche Reinigungsmittel*). Ist eine auf Verpackungen aus Kunststoff angebrachte umweltbezogene Werbeaussage („PVC-frei") zutreffend, verletzt der Werbende seine in diesem Zusammenhang bestehende Informations- und Aufklärungspflicht gegenüber dem Verbraucher nicht, wenn er es unterlässt, auf andere umweltbezogene Nachteile hinzuweisen, die von der – für den Verbraucher als solchen erkennbaren – Kunststoffverpackung ausgehen können (BGH GRUR 96, 985, 986 f – *PVC-frei*). 306

Eine **Aufklärung über allgemein bekannte** und/oder vom Verkehr ohne weiteres vorausgesetzte **Gegebenheiten** ist regelmäßig **entbehrlich** (BGH GRUR 94, 828, 829 – *Unipor-Ziegel:* Zulässigkeit einer Werbung für Ziegel als umweltverträglich ohne Hinweis auf die mit der Rohstoffgewinnung verbundenen, dem Verkehr aber ohne weiteres geläufigen Eingriffe in die Natur). Ist ersichtlich, dass das beworbene Produkt (zB kosmetische Erzeugnisse, Reinigungsmittel) neben natürlichen Inhaltsstoffen auch chemische enthält, bedarf es hinsichtlich letzterer keiner weiteren aufklärenden Darlegung. Bei Ökostrom weiß der Verbraucher heute um die Gegebenheiten der Netzeinspeisung und nimmt daher nicht an, dass die von ihm dem Netz entnommene Energie unmittelbar aus einer erneuerbaren Energiequelle gewonnen wird (OLG Karlsruhe GRUR-RR 09, 144, 146 – *100% Ökostrom*). Soweit in der Werbung ein – an sich begrüßenswertes – **Engagement** für die Umwelt nur **in allgemeiner Form** ohne eine konkrete Information bekundet wird („Wir nehmen die Umwelt ernst" uä), wird es in derartigen Fällen für einen Verstoß gegen § 5 regelmäßig an einer objektiver Nachprüfung zugänglichen Angabe fehlen (Rn 85 f, 89). Je- 307 doch bedarf dies im Einzelfall differenzierender Betrachtung. Der Verkehr ist durchaus geneigt, Werbeaussagen zum Umweltschutz, die vom Werbenden mit der Beschaffenheit der Ware, mit Produktionsvorgängen, mit der Entsorgung, mit Importen (zB aus Entwicklungsländern) usw in Verbindung gebracht werden, ein sachliches Gewicht beizulegen, vor allem wenn größere, seriöse Unternehmen dahinter stehen. Irreführend kann das werbliche Abstellen auf den Umweltschutz ferner dann sein, wenn damit – weil die in Rede stehende Angabe gesetzlich vorgeschrieben ist oder zum Wesen der Ware oder Leistung gehört – eine Selbstverständlichkeit betont wird (Rn 192). Zur Beurteilung der Wettbewerbswidrigkeit umweltbezogener Werbung nach § 4 Nr 1 s dort Rn 1/132 ff.

308 Wird das Umwelt-Engagement dagegen **konkret beschrieben,** muss sich der Werbende auch daran messen lassen. Bleibt das, was der Werbende tatsächlich leistet, hinter dem zurück, was er in Werbeanzeigen und in der Fernsehwerbung verspricht und werden dadurch die berechtigten Erwartungen der Verbraucher in relevanter Weise enttäuscht, liegt ein Verstoß gegen § 5 vor (BGH GRUR 07, 251 Rn 24 – *Regenwaldprojekt II*).

309 **6. Vorteile, Risiken, Zubehör, Kundendienst und Beschwerdeverfahren.** Durch die Novelle von 2008 sind in Umsetzung von Art 6 I lit b der UGP-RL die Begriffe „Vorteile", „Risiken", „Zubehör", „Kundendienst" und „Beschwerdeverfahren" aufgenommen worden. In Abgrenzung zu den in § 5 I 2 Nr 7 geregelten Garantie- und Gewährleistungsrechten erfassen die Merkmale „Kundendienst" und „Beschwerdeverfahren" neben Angaben des Unternehmers über den klassischen Kundendienst – wie beispielsweise die Werbung mit einem Vorortservice – auch alle anderen nachvertraglichen Serviceleistungen wie beispielsweise die Kundenbetreuung über eine „Hotline" beim Vertrieb technisch komplexer Erzeugnisse (BT-Dr 16/10 145, S 24). Wird bei einem Versendungskauf hervorgehoben, dass das **Paket versichert** sei, ist dies im Hinblick auf § 474 II 2 BGB irreführend, da der Verkäufer das Versandrisiko trägt (OLG Hamm GRUR-RR 12, 282, 284 – *Volle Garantie*).

7. Geographische Herkunft

Literatur: *Ahrens,* Mozarella, Champagner und andere geographische Herkunftsangaben, Europäisierung des Rechts, 1996, S 69; *ders,* Geographische Herkunftsangaben – Tätigkeitsverbot für den BGH?, GRUR Int 1997, 508; *Beier/Knaak,* Der Schutz geographischer Herkunftsangaben in der europäischen Gemeinschaft, GRUR Int. 1992, 411; *Beier/Knaak,* Der Schutz der geographischer Herkunftsangaben in der Europäischen Gemeinschaft – Die neueste Entwicklung, GRUR Int. 1993, 602; *Büscher,* Der Schutz geographischer Herkunftsangaben und die Warsteiner-Entscheidung des EuGH, FS Erdmann, 2002, S 237; *v Danwitz,* Ende des Schutzes der geographischen Herkunftsangabe? – Verfassungsrechtliche Perspektiven –, GRUR 1997, 81; *Dörmer,* Streitbeilegung und neue Entwicklungen im Rahmen von TRIPS: Eine Zwischenbilanz nach vier Jahren, GRUR Int 1998, 919; *Engelhardt,* Die Verletzung EU-rechtlich geschützter geografischer Namen, 2011; *v Gamm,* Der Schutz geographischer Herkunftsangaben nach mehr- und zweiseitigen Staatsverträgen in der BRep Deutschland, FS Brandner, 1996, S 375; *Goebel,* Schutz geographischer Herkunftsangaben nach dem neuen Markenrecht GRUR 1995, 98; *Harte-Bavendamm,* Ende der geographischen Herkunftsbezeichnungen? – „Brüsseler Spitzen" gegen den ergänzenden nationalen Rechtsschutz, GRUR 1996, 717; *Heine,* Das neue gemeinschaftsrechtliche System zum Schutz geographischer Bezeichnungen, GRUR 1993, 96; *H. Helm,* Der Schutz geographischer Angaben nach dem Markengesetz, FS Vieregge, 1995, S 335; *M. Helm,* Zur ergänzenden Anwendung wettbewerbsrechtlicher Bestimmungen auf markenrechtliche Tatbestände, GRUR 2001, 291; *Hieronimi,* Das Weinbezeichnungsrecht im Jahr 2000, WRP 2000, 458; *Hohmann/Leible,* Probleme der Verwendung geographischer und betrieblicher Herkunftsangaben bei Lebensmitteln, ZLR 1995, 265; *Junker,* Die personengebundene Herkunftsangabe, WRP 1987, 523; *Knaak,* Der Schutz geographischer Angaben im neuen Markenrecht, GRUR 1995, 103; *ders,* Der Schutz geographischer Angaben nach dem TRIPS-Abkommen, GRUR Int 1995, 529;

ders, Die Rechtsprechung des Europäischen Gerichtshofs zum Schutz geographischer Angaben und Ursprungsbezeichnungen nach der EG-Verordnung Nr 2081/92, GRUR Int 2000, 401; *Krieger,* Zur Auslegung der zweiseitigen Abkommen über den Schutz geographischer Bezeichnungen, GRUR Int 1964, 499; *Loschelder/Loschelder,* Geographische Angaben und Ursprungsbezeichnungen, 2. Aufl, 2002; *Matthies,* Herkunftsangaben und europäisches Gemeinschaftsrecht, FS Schiedermair, 1976, S 391; *A. H. Meyer,* Verordnung (EWG) Nr 2081/92 zum Schutz von geographischen Angaben und Ursprungsbezeichnungen, WRP 1995, 783; *ders,* Anmeldung von Herkunftsangaben nach der VO (EWG) Nr 2081/92, GRUR 1997, 91; *Meier, G.,* Art 30 EWGV und bilaterale Abkommen zum Schutz geografischer Herkunftsangaben, WRP 1992, 299; *Meyer/Koch,* Rechtsschutz im Verfahren zum Schutz geografischer Angaben und Ursprungsbezeichnungen (VO 2081/92), GRUR 1999, 113; *v Mühlendahl,* Der Schutz geographischer Herkunftsangaben in der Europäischen Gemeinschaft nach der Verordnung Nr 2081/92 vom 24. Juli 1992, ZLR 1993, 187; *Obergfell,* Der Schutz geographischer Herkunftsangaben in Europa, ZEuP 97, 677; *dies,* „Warsteiner" – ein Fall für den EuGH – zugleich Anmerkung zu BGH, Beschl. vom 2. 7. 1998 – I ZR 54/96 – und BGH, Urt vom 2. 7. 1998 – I ZR 55/96, GRUR 1999, 551; *dies,* „Qualitätsneutrale" geographische Herkunftsangaben als Schutzdomäne des nationalen Rechts – Zur Entscheidung des EuGH vom 7. 11. 2000 – Rs C-312/98 (Warsteiner), GRUR 2001, 313; *Ohde,* Zur demoskopischen Ermittlung der Verkehrsauffassung von geographischen Herkunftsangaben, GRUR 1989, 88; *Omsels,* Versuch einer Neuorientierung des Schutzes der geographischen Herkunftsangaben im deutschen Recht, WRP 2006, 434; *ders,* Geografische Herkunftsangaben, 2007; *Reinhard,* Die geographische Herkunftsangabe nach dem Markengesetz unter Berücksichtigung internationaler Regelungen, 1999; *Reinhart,* Der Wandel einer geographischen Herkunftsangabe zur Gattungsbezeichnung und zurück, WRP 2003, 1313; *Scherer,* Kurskorrektur bei der Beurteilung der mittelbaren Herkunftsangaben, WRP 2000, 362; *Schricker,* Der Schutz der Ursprungsbezeichnungen und Herkunftsangaben gegen anlehnende Bezugnahme, GRUR Int. 1982, 515; *Sosnitza,* Subjektives Recht und Ausschließlichkeit – zugleich ein Beitrag zur dogmatischen Einordnung der geographischen Herkunftsangaben, MarkenR 2000, 77; *ders,* Der Einfluss des Gemeinschaftsrechts auf das nationale Recht zum Schutz geografischer Herkunftsangaben in Deutschland, GRUR 2007, 462; *ders,* Zum Benutzungserfordernis bei geographischen Herkunftsangaben, FS Doepner, 2008, S 63; *ders,* Geografische Herkunftsangaben für Lebensmittel nach American Bud II, FS Welsch, 2010, 269; *Steeger,* Die neue VO der EU zum Schutz von geographischen Herkunftsangaben und „Dresdner Stollen", WRP 1994, 584; *Streber,* Die internationalen Abkommen der Bundesrepublik Deutschland zum Schutz geographischer Herkunftsangaben, 1994; *Tilmann,* Die geographische Herkunftsangabe, 1976; *ders,* Grundlage und Reichweite des Schutzes geographischer Herkunftsangaben nach der VO/EWG 2081/92, GRUR Int 1993, 610; *ders,* Ausschließlicher Schutz für geographische Herkunftsbezeichnungen nach der EG-VO 2081/92, GRUR 1996, 959; *Ullmann,* Der Schutz der Angabe zur geographischen Herkunft – wohin? – Die geographische Herkunftsangabe im Wettbewerbsrecht und im Markenrecht –, GRUR 1999, 666.

Gesetz über den Schutz von Marken und sonstigen Kennzeichen (Markengesetz – MarkenG)

Vom 25. Oktober 1994

(BGBl I S 3082)

(Auszug)

Teil 6. Geographische Herkunftsangaben
Abschnitt 1. Schutz geographischer Herkunftsangaben

§ 126. Als geographische Herkunftsangaben geschützte Namen, Angaben oder Zeichen. (1) Geographische Herkunftsangaben im Sinne dieses Gesetzes sind die Namen von Orten, Gegenden, Gebieten oder Ländern sowie sonstige Angaben oder Zeichen, die im geschäftlichen Verkehr zur Kennzeichnung der geographischen Herkunft von Waren oder Dienstleistungen benutzt werden.

(2) ¹Dem Schutz als geographische Herkunftsangaben sind solche Namen, Angaben oder Zeichen im Sinne des Absatzes 1 nicht zugänglich, bei denen es sich um Gattungsbezeichnungen handelt. ²Als Gattungsbezeichnungen sind solche Bezeichnungen anzusehen, die zwar eine Angabe über die geographische Herkunft im Sinne des Absatzes 1 enthalten oder von einer solchen Angabe abgeleitet sind, die jedoch ihre ursprüngliche Bedeutung verloren haben und als Namen von Waren oder Dienstleistungen oder als Bezeichnungen oder Angaben der Art, der Beschaffenheit, der Sorte oder sonstiger Eigenschaften oder Merkmale von Waren oder Dienstleistungen dienen.

§ 127. Schutzinhalt. (1) Geographische Herkunftsangaben dürfen im geschäftlichen Verkehr nicht für Waren oder Dienstleistungen benutzt werden, die nicht aus dem Ort, der Gegend, dem Gebiet oder dem Land stammen, das durch die geographische Herkunftsangabe bezeichnet wird, wenn bei der Benutzung solcher Namen, Angaben oder Zeichen für Waren oder Dienstleistungen anderer Herkunft eine Gefahr der Irreführung über die geographische Herkunft besteht.

(2) Haben die durch eine geographische Herkunftsangabe gekennzeichneten Waren oder Dienstleistungen besondere Eigenschaften oder eine besondere Qualität, so darf die geographische Herkunftsangabe im geschäftlichen Verkehr für die entsprechenden Waren oder Dienstleistungen dieser Herkunft nur benutzt werden, wenn die Waren oder Dienstleistungen diese Eigenschaften oder diese Qualität aufweisen.

(3) Genießt eine geographische Herkunftsangabe einen besonderen Ruf, so darf sie im geschäftlichen Verkehr für Waren oder Dienstleistungen anderer Herkunft auch dann nicht benutzt werden, wenn eine Gefahr der Irreführung über die geographische Herkunft nicht besteht, sofern die Benutzung für Waren oder Dienstleistungen anderer Herkunft geeignet ist, den Ruf der geographischen Herkunftsangabe oder ihre Unterscheidungskraft ohne rechtfertigenden Grund in unlauterer Weise auszunutzen oder zu beeinträchtigen.

(4) Die vorstehenden Absätze finden auch dann Anwendung, wenn Namen, Angaben oder Zeichen benutzt werden, die der geschützten geographischen Herkunftsangabe ähnlich sind oder wenn die geographische Herkunftsangabe mit Zusätzen benutzt wird, sofern
1. in den Fällen des Absatzes 1 trotz der Abweichung oder der Zusätze eine Gefahr der Irreführung über die geographische Herkunft besteht oder
2. in den Fällen des Absatzes 3 trotz der Abweichung oder der Zusätze die Eignung zur unlauteren Ausnutzung oder Beeinträchtigung des Rufs oder der Unterscheidungskraft der geographischen Herkunftsangabe besteht.

§ 128. Ansprüche wegen Verletzung. (1) Wer im geschäftlichen Verkehr Namen, Angaben oder Zeichen entgegen § 127 benutzt, kann von den nach § 8 Abs 3 des Gesetzes gegen den unlauteren Wettbewerb zur Geltendmachung von Ansprüchen Berechtigten bei Wiederholungsgefahr auf Unterlassung in Anspruch genommen werden. Der Anspruch besteht auch dann, wenn eine Zuwiderhandlung droht. Die §§ 18, 19, 19a und 19c gelten entsprechend.

(2) Wer dem § 127 vorsätzlich oder fahrlässig zuwiderhandelt, ist dem berechtigten Nutzer der geographischen Herkunftsangabe zum Ersatz des durch die Zuwiderhandlung entstandenen Schadens verpflichtet. Bei der Bemessung des Schadensersatzes kann auch der Gewinn, den der Verletzer durch die Verletzung des Rechts erzielt hat, berücksichtigt werden. § 19b gilt entsprechend.

(3) § 14 Abs 7 und § 19d gelten entsprechend.

§ 129. Verjährung. Ansprüche nach § 128 verjähren gemäß § 20.

a) Bedeutung. Nach § 5 I 2 Nr 1 sind bei der Beurteilung der Frage, ob eine ge- 310
schäftliche Handlung irreführend ist, auch solche Angaben zu berücksichtigen, die die geographische Herkunft einer Ware bezeichnen. Derartige Angaben sind bedeutsame **werbliche Kennzeichnungsmittel mit** nachhaltiger Auswirkung auf die Kaufentschließung des Publikums. Für die Vermarktung der aus der bezeichneten Region oder Stadt stammenden Produkte ist sie von größter, gar nicht zu überschätzender Bedeutung (sa die Begründung des RegE zum MarkenrechtsreformG, BT-Drucks 12/6581, S 116). Wie Marke, Firma, Gütezeichen oder Sortenbezeichnung dienen sie der **Individualisierung** und Konkretisierung der Ware. Von den Marken unterscheiden sie sich dadurch, dass sie anders als jene nicht auf die betriebliche Herkunft, sondern auf die geographische Herkunft hinweisen. Häufig verbindet der Verkehr mit ihnen besondere Preis- und Gütevorstellungen (qualifizierte Herkunftsangaben, Ursprungsbezeichnungen, Rn 343). Aber auch ohne eine solche Qualifizierung gibt der Verkehr einer Ware nicht selten allein wegen ihrer geographischen Herkunft den Vorzug vor anderen. Die gesetzlichen Regelungen schützen deshalb die Mitbewerber, die Verbraucher und die Allgemeinheit gegen eine irreführende Verwendung geographischer Herkunftsangaben (BVerfGE 51, 193, 215 = GRUR 79, 773, 777 – *Weinbergsrolle;* BGH GRUR 70, 517, 519 – *Kölsch-Bier*). Geschützt wird die Verkehrsvorstellung unabhängig davon, ob sie zutrifft oder nicht. Wer eine bestimmte Ware wünscht – aus welchen Gründen immer –, braucht sich keine andere, wenn auch möglicherweise preiswertere oder qualitativ bessere, unterschieben zu lassen. Benachteiligt wäre sonst auch der Mitbewerber, dessen Erzeugnis gewünscht wird (BGH GRUR 56, 270, 272 – *Rügenwalder Teewurst I*).

b) Erscheinungsformen geographischer Herkunftsangaben. Geographi- 311
sche Herkunftsangaben treten in unterschiedlichen Erscheinungsformen auf, wobei sich nach deutschem und Unionsrecht verschiedene Begriffspaare gebildet haben, die sich inhaltlich nur teilweise überschneiden. So wird nach deutschem Verständnis zwischen unmittelbaren und mittelbaren Herkunftsangaben unterschieden. **Unmittelbare** Herkunftsangaben sind solche, die einen geographischen Bezugspunkt ausdrücklich benennen (vgl dazu Rn 338), während **mittelbare** geographische Herkunftsangaben ohne ausdrückliche Benennung aufgrund der sonstigen Umstände der Kennzeichnung auf eine bestimmte Herkunft schließen lassen (vgl Rn 339). Des Weiteren entspricht es dem deutschen Verständnis zwischen einfachen (§ 127 I MarkenG) und qualifizierten (§ 127 II MarkenG) geographischen Herkunftsangaben zu differenzieren; während **einfache** Herkunftsangaben nur die Herkunft einer Ware oder Dienstleistung aus einem bestimmten Ort bezeichnet, setzen **qualifizierte** Herkunftsangaben zusätzlich besondere Eigenschaften oder eine besondere Qualität der Ware oder Dienstleistung im Zusammenhang mit der Herkunft (vgl Rn 320). Das Unionsrecht, namentlich in Gestalt der Verordnung Nr 1151/2012 (Rn 314) differenziert demgegenüber zwischen geographischen Angaben und Ursprungsbezeichnungen; Ursprungsbezeichnungen werden für Erzeugnisse verwendet, die einen Bezug

zwischen Güte oder Eigenschaften und den geographischen Verhältnissen verdanken (vgl Rn 315), während geographische Angaben an die Qualität, das Ansehen oder eine andere Eigenschaft des Erzeugnisses anknüpfen, soweit diese Umstände wesentlich auf den geographischen Ursprung zurückzuführen sind (vgl Rn 316).

312   c) **Unionsrecht.** Die **frühere Rechtsprechung des EuGH** (GRUR Int 77, 25 – *Sekt/Weinbrand*), war vielfach dahin verstanden worden, dass die Schutzwürdigkeit geographischer Herkunftsangaben – neben dem Herkunftshinweis als solchem – besondere, auf den geographischen Ursprung zurückzuführende Eigenschaften und Charakteristika verlangte (vgl EuGH aaO, S 29, Rn 7; *Beier,* GRUR Int 77, 1 ff; *Fezer,* Markengesetz, § 126 Rn 1). Demgegenüber hat der **EuGH** im Urteil *Turrón de Alicante* (GRUR Int 93, 76) klargestellt, dass der Schutz auch *einfacher* geographischer Herkunftsangaben gegen Irreführung dem Schutz der Lauterkeit des Handelsverkehrs dient und deshalb dem gewerblichen und kommerziellen Eigentum nach Art 36 AEUV unterfällt (EuGH aaO – *Turrón de Alicante* [S 74, LS Nr 2, 3; S 78, Rn 26 bis 30] m Anm *Beier,* GRUR Int 93, 79 ff; *Beier/Knaak,* GRUR Int 93, 602, 603; *Fezer,* aaO, § 126 Rn 1). Das Unionsrecht hindert daher nicht, neben Ursprungsangaben (qualifizierten geographischen Herkunftsangaben) auch *einfache geographische Herkunftsangaben* als durch § 5 UWG, §§ 126 ff MarkenG und §§ 11 I Nr 1, 19, 27, 33 LFGB geschützt anzusehen.

313   Die von der Kommission dagegen erhobenen Bedenken, die darauf gründeten, dass die (frühere) Verordnung (EWG) Nr 2081/92 des Rates v 14.7.1992 zum Schutz von geographischen Angaben und Ursprungsbezeichnungen für Agrarerzeugnisse und Lebensmittel (jetzt VO 1151/2012, vgl Rn 314) einfache geographische Herkunftsangaben nicht erfasse, sondern dem Schutz solcher Angaben entgegenstehe (vgl *Obergfell,* GRUR 99, 551 ff), hat der EuGH nicht geteilt. Auf das Vorabentscheidungsersuchen des BGH, ob durch die Verordnung vom 14.7.1992 die Anwendung einer anderen nationalen Regelung ausgeschlossen werde, die die irreführende Verwendung einer einfachen geographischen Herkunftsangabe verbiete (BGH GRUR 99, 251, 252 – *Warsteiner I*), hat der EuGH klargestellt, dass **einfache geographische Herkunftsangaben** – also solche, bei denen kein Zusammenhang zwischen den Eigenschaften des Produkts und seiner geographischen Herkunft bestehen – dem Regelungsbereich der Verordnung Nr 2081/92 **nicht** unterfallen und deshalb im Rahmen nationaler Regelungen eines Mitgliedstaates geschützt werden können (EuGH GRUR 01, 64, 66 = GRUR Int 01, 51, 54 = WRP 00, 1389, 1393 – *Warsteiner* [Rn 43 ff]; BGH GRUR 01, 420, 421 – *SPA*).

314   aa) **Sekundärrecht.** Für die **Etikettierung** von Agrarerzeugnissen und Lebensmitteln gilt auf Gemeinschaftsebene die **Richtlinie 2000/13/EG** des Rates v 20.3.2000 zur Angleichung der Rechtsvorschriften der Mitgliedstaaten **über die Etikettierung und Aufmachung von Lebensmitteln sowie die Werbung hierfür** (ABl EG 2000 Nr L 109, geänd durch die Richtlinie 2001/101 v 26.11.2001, ABl EG Nr L 310, S 19; zukünftig LMIV 1169/2011). Diese Richtlinie wird ergänzt durch die – *nicht* für Weinbauerzeugnisse und alkoholische Getränke (Ausnahme: Bier) geltende – **Verordnung Nr 1151/2012** v 21.11.2012 **über Qualitätsregelungen für Agrarerzeugnisse und Lebensmittel** (ABl Nr L 343 v 14.12.2012, S 1), die ua die bisherige VO Nr 510/2006 v 20.3.2006 zum Schutz von geografischen Angaben und Ursprungsbezeichnungen (ABl Nr L 93 v 31.3.2006, S 12) abgelöst hat, die ihrerseits an die Stelle der früheren VO Nr 2081/92 und Nr 2082/92 (ABl Nr L 208, S 9 = GRUR Int 92, 755) getreten war. Der Durchführung der (bisherigen) VO Nr 510/2006 dienen die Regelungen der §§ 130–136 MarkenG. Zur Frage des Geltungsumfangs, der Anwendungsvoraussetzungen und der Teilnichtigkeit der Verordnungen Nr 2081/92 und Nr 2082/92 s *Beier/Knaak,* GRUR Int 93, 602; *Tilmann,* GRUR Int 93, 610 ff; *Heine,* GRUR 93, 96 ff; *Knaak,* GRUR 95, 103, 110 und GRUR Int 95, 642, 646).

bb) VO 1151/2012. Ursprungsbezeichnung is der Verordnung Nr 1151/ **315** 2012 (Rn 314) ist der Name einer Gegend oder eines Ortes (ausnahmsweise eines Landes) zur Bezeichnung von Agrarerzeugnissen oder Lebensmitteln aus diesem Raum, die ihre Güte oder Eigenschaften – insoweit übereinstimmend mit dem Lissaboner Abkommen (LUA, Rn 413) – überwiegend oder ausschließlich den geographischen Verhältnissen einschließlich der natürlichen und menschlichen Einflüsse verdanken und die ferner in dem genannten Raum erzeugt, verarbeitet und hergestellt wurden (Art 5 I). Unionsrechtlich gehören Ursprungsbezeichnungen zu den gewerblichen Schutzrechten. Die sie tragende Regelung (Art 5 I) schützt ihre Inhaber gegen eine missbräuchliche Benutzung durch Dritte, die Vorteile aus dem Ansehen und der Wertschätzung ziehen wollen, die sich die Ursprungsbezeichnungen und die unter ihnen vertriebenen Waren erworben haben. Ursprungsbezeichnungen sollen gewährleisten, dass das mit ihnen versehene Erzeugnis aus einem bestimmten geographischen Bereich stammt und bestimmte besondere Eigenschaften aufweist (EuGH Slg 1992, I-3669 – *Delhaize* [Rn 17]; EuGH GRUR Int 00, 750, 754 = EuZW 00, 633, 636 [Rn 54] – *Rioja-Wein*).

Unter der daneben geschützten **geographischen Angabe** versteht die Verord- **316** nung den Namen einer Gegend oder eines Ortes (ausnahmsweise eines Landes) zur Bezeichnung von Agrarerzeugnissen oder Lebensmitteln aus diesem Raum, bei denen sich eine bestimmte Qualität, das Ansehen oder eine andere Eigenschaft wesentlich aus diesem geographischen Ursprung ergibt und die in dem genannten Raum erzeugt, verarbeitet oder hergestellt wurden (Art 5 II). Diesem Begriff kann auch die (qualifizierte) geographische Herkunftsangabe im Sinne des § 127 II MarkenG untergeordnet werden. **Gattungsbezeichnungen,** die sich zwar auf einen Ort oder ein Gebiet beziehen, aber der gemeinhin übliche Name für ein Agrarerzeugnis oder Lebensmittel (geworden) sind, werden nicht eingetragen (Art 6 I). Geschützte Bezeichnungen können nicht zu Gattungsbezeichnungen werden (Art 13 II).

Der **Erwerb des Schutzes** nach der Verordnung geschieht durch Eintragung in **317** ein Register bei der Europäischen Kommission (Art 11 I). Förmliche Voraussetzung ist ein Eintragungsantrag (Art 8, 49), der an den Mitgliedstaat zu richten ist, in dessen Hoheitsgebiet sich das geographische Gebiet befindet (Art 49 II; § 130 I MarkenG). Der Mitgliedstaat prüft den Antrag und übermittelt ihn nach Maßgabe der Art 49 II, III, 8 II der Kommission (§ 130 VI MarkenG). Betrifft der Eintragungsantrag ein geographisches Gebiet in einem Drittland, wird der Antrag entweder direkt oder über die Behörden des betroffenen Drittlands an die Kommission gerichtet (Art 49 V). Die Kommission prüft den Antrag ihrerseits und beschließt ggf die Veröffentlichung im Amtsblatt (Art 50).Gegen die beabsichtigte Eintragung steht jedem Mitgliedsstaat oder Drittland der Einspruch zu (Art 8 II). Mit der Eintragung besteht umfassender **Schutz nach Maßgabe der Art 13 und 14** (dazu ausführlich *Engelhardt* S 75 ff, 206 ff).

Der Schutz der Verordnung 1151/2012 kann nur **Ursprungsbezeichnungen 318** (Rn 315), gewährt werden, **einfache geographische Herkunftsangaben** bleiben außer Betracht. Sie sind *keine* geographischen Angaben iS des Art 5 II der Verordnung (EuGH GRUR 01, 64, 66 – *Warsteiner;* MarkenR 04, 12, 18 – *Bud*). Soweit Schutz nach der Verordnung besteht, tritt der Grundsatz des freien Warenverkehrs (Art 34 AEUV) zurück. Es ist Sache der Mitgliedstaaten, die zum Schutz von Ursprungsbezeichnungen nach der Verordnung erforderlichen Maßnahmen zu ergreifen (Rn 317). Nach Art 13 I b der Verordnung kann die eingetragene und damit auf Unionsebene geschützte Bezeichnung „Gorgonzola" (für einen Weichkäse) gegenüber der Verwendung der auf „Gorgonzola" anspielenden Bezeichnung „Cambozola" (ebenfalls für einen Weichkäse) grundsätzlich Schutz beanspruchen, auch wenn der (wahre) Ursprung von „Cambozola" auf der Verpackung angegeben ist. Die Zulässigkeit der Weiterverwendung einer mit der Ursprungsbezeichnung kollidierenden Marke, die bereits eingetragen war, bevor der Antrag auf Eintragung der Ursprungsbezeichnung gestellt wurde, unterliegt den vom nationalen Gericht festzustellenden Voraussetzungen des Art 14 II der VO (EuGH GRUR Int 99, 443, 444 ff = EuZW 99, 284, 285 ff = WRP 99, 486, 488 ff – *Gorgonzola/Cambozola*). „Parmesan" stellt eine unzulässige Anspielung iSd Art 13 I b der Verordnung auf die geschützte Ursprungsbezeichnung „Parmigiano Reggiano" dar (EuGH MarkenR 08, 255, 258 – *Parmesan*).

319 **cc) Verhältnis zum nationalen Recht.** Das Zusammenspiel des nationalen Schutzes geografischer Herkunftsangaben und des Schutzes durch europäisches Sekundärrecht wird seit Entstehung der ursprünglichen Verordnung (EWG) Nr 2081/92 kontrovers diskutiert. Ausgangspunkt der Debatte war eine offizielle Mitteilung der Kommission (ABl C 273 v 9.10.1993 S 4), in der die Kommission erklärte, dass die Verordnung ein ausschließliches Schutzsystem für geografische Angaben sei und jeder nationale Schutz erlösche, wenn von dem gemeinschaftsrechtlichen Schutz kein Gebrauch gemacht werde, sodass die Verordnung absoluten Vorrang vor dem nationalen Recht genieße. Diese Interpretation traf auf heftigen Widerstand, da befürchtet wurde, dass dadurch der nationale Schutz vollständig verdrängt werde (*Ahrens* GRUR Int 97, 508, 511 f; *Berg* GRUR Int 96, 425; *Helm* FS Vieregge, S 335, 348; *Obergfell* GRUR 99, 551, 556; *Tilmann* GRUR 96, 959, 964; *Wichard* WRP 99, 1005, 1009).

320 Geklärt ist inzwischen, dass das jeweilige nationale Recht jedenfalls insoweit anwendbar bleibt, als der **Anwendungsbereich** der Verordnung von vornherein **nicht eröffnet** ist. So fallen etwa **einfache geografische Herkunftsangaben** – also solche, bei denen kein Zusammenhang zwischen den Eigenschaften des Produkts und seiner geografischen Herkunft bestehen – nicht in den Regelungsbereich der Verordnung und können daher im Rahmen nationaler Regelungen eines Mitgliedstaates geschützt werden (EuGH GRUR 01, 64 Rn 43 ff – *Warsteiner;* BGH GRUR 01, 420, 421 – *SPA*).

321 Handelt es sich allerdings bei dem Produkt um ein von dem **Geltungsbereich** der Verordnung umfasstes Agrarerzeugnis oder Lebensmittel und ist eine (qualifizierte) geografische Angabe für dieses Produkt nach der Verordnung **eingetragen,** ist der Schutz der Verordnung abschließend (EuGH GRUR Int 99, 433 – *Gorgonzola/Cambozola;* OLG Frankfurt GRUR Int 97, 751).

322 Des Weiteren ist die Verordnung auch insoweit abschließend, als eine geografische Herkunftsangabe zwar grundsätzlich in ihren Anwendungsbereich fällt, aber **(noch) nicht** unter dieser Verordnung **angemeldet bzw eingetragen** worden ist (EuGH GRUR 10, 143 Rn 107 ff – *American Bud II;* dazu *Sosnitza* FS Welsch, 269, 272 ff); die ältere Rspr, die hier noch Raum für die Anwendung nationaler Regelungen sah (vgl EuGH GRUR 01, 64, 66 – *Warsteiner;* BGH GRUR 99, 252, 254 – *Warsteiner II;* GRUR 99, 307, 308 – *Mozzarella I*), ist überholt. Daraus folgt nicht nur ein Verbot, im Anwendungsbereich der Verordnung nach nationalem Recht eigenständige subjektive Rechtspositionen an geografischen Herkunftsangaben einzuräumen, sondern auch einen ergänzenden lauterkeitsrechtlichen Irreführungsschutz einzuräumen. Wegen der Parallelität zum Problem des Verhältnisses zwischen Irreführungsschutz und Markenrecht (vgl dazu Rn 711 ff), bietet es sich auch hier an, wie folgt zu differenzieren: Wer zum Kreise der ortsansässigen, berechtigten Benutzer einer geografischen Herkunftsangabe, die nach der Verordnung hätte eingetragen werden können, gehört, ist – auch in seiner Eigenschaft als Mitbewerber – weder nach §§ 126 ff MarkenG noch nach § 5 befugt, eine Irreführung durch die Verwendung der Herkunftsangabe durch einen Dritten geltend zu machen; ihm steht es frei (im Zusammenwirken mit den anderen Berechtigten), die Eintragung der Herkunftsangabe nach der Verordnung zu bewirken und dann auf dieser Grundlage gegen Dritte vorzugehen. Dagegen steht es den sonstigen Aktivlegitimierten nach § 128 I MarkenG iVm § 8 III Nr 2–4, namentlich den Verbraucherverbänden, ohne Weiteres frei, eine etwaige Irreführung durch eine geographische Herkunftsangabe nach §§ 126 ff MarkenG (als lex specialis zu § 5, vgl Rn 331) zu verfolgen, zumal diese eine Eintragung der Herkunftsangabe nach der Verordnung nicht in der Hand haben.

Nach Art 2 II der VO Nr 1151/2012 gilt diese nicht für Weine und Weinbauerzeugnisse (Rn 314). Der **Schutz gegen irreführende Weinbezeichnungen** folgt daher nicht aus dieser Verordnung, sondern aus § 5. Das Irreführungsverbot des Art 113 d I GMO – Verordnung (EG) Nr 1234/2007, vgl oben Rn 26 – ist ebenso wie das des § 25 WeinG 1994 zivilrechtlich nicht sanktioniert und auch nicht weiterreichend als § 5 (BGH GRUR 01, 73, 76 – *Stich den Buben*). 323

Zum Vorrang des Unionsrechts vor den **zweiseitigen Herkunftsabkommen** zwischen den Mitgliedstaaten und zur Freistellung der Mitgliedstaaten als Vertragspartner internationaler Übereinkommen von den Bindungen des AEUV s Rn 407 f. 324

d) Markengesetz. Zivilrechtlich waren die geographischen Herkunftsangaben bis zum **Inkrafttreten des Markengesetzes** im Wesentlichen allein **nach § 3 UWG 1909** geschützt. Ergänzend galt der strafrechtliche Schutz nach § 4 UWG 1909 und nach § 26 WZG. Außerdem wurden bekannte geographische Herkunftsangaben und Ursprungsbezeichnungen (Rn 343) gegen Anlehnung und Rufausbeutung sowie gegen eine Verwässerung der Werbekraft zum Nachteil der ortsansässigen Mitbewerber lauterkeitsrechtlich nach § 1 aF geschützt (vgl 4. Aufl § 1 Rn 433 f, 715, 722 f; BGH GRUR 56, 270, 273 – *Rügenwalder Teewurst I;* GRUR 88, 453, 455 – *Ein Champagner unter den Mineralwässern;* GRUR 95, 354, 358 – *Rügenwalder Teewurst II; Baumbach/Hefermehl,* 22. Aufl, § 3 Rn 230 ff; GK[1]/*Lindacher* § 3 Rn 551, 559; *Ulmer/ Reimer/Beier* Bd III Rn 737 ff). 325

Der wettbewerbsrechtliche Schutz aus § 3 UWG 1909 gewährte jedoch keinen **Individualschutz** wie das Kennzeichenrecht. Die ortsansässigen Mitbewerber, auf deren Erzeugnisse die geographische Angabe zutrifft, wurden durch § 3 UWG 1909 lediglich mittelbar, kollektiv, geschützt. § 3 UWG 1909 begründete also – ebenso wie es heute nach § 5 der Fall ist – kein Ausschließlichkeitsrecht zugunsten der ortsansässigen Gewerbetreibenden. An geographischen Angaben, die kennzeichenrechtlich zu den freizuhaltenden Angaben iS des § 4 II Nr 1 WZG gehörten, bestand ein allgemeines **Freihaltebedürfnis** insbesondere für die Mitbewerber des Herkunftsorts. Dies stand einer Monopolisierung derartiger Angaben für ein bestimmtes Unternehmen entgegen (BVerfGE 51, 193, 215 = GRUR 79, 773, 777 – *Weinbergsrolle*). Ausnahmen galten in den Fällen der Verkehrsdurchsetzung, wenn der Verkehr die Ortsangabe als Hinweis auf einen bestimmten einzelnen Gewerbetreibenden verstand (vgl § 4 III WZG). 326

Seitdem das MarkenG neben den Marken und geschäftlichen Bezeichnungen auch die geographischen Herkunftsangaben regelt (§§ 1, 2, 126 ff MarkenG), ist die **Rechtsnatur** der geographischen Herkunftsangaben **umstritten.** Zum Teil werden geographische Herkunftsangaben als subjektive Kennzeichenrechte eingeordnet, wofür vor allem auf §§ 1 Nr 3, 13 I, II Nr 5 MarkenG verwiesen wird (*Fezer,* MarkenG, § 126 Rn 4; Gloy/Loschelder/*Erdmann/Helm,* § 73 Rn 3; *Knaak,* GRUR 95, 103, 105; Fezer/Marx, § 4-S 10 Rn 44). Andere Literaturstimmen und auch die Rspr begreifen geographische Herkunftsangaben dagegen nicht als subjektive Rechte, sondern sehen in den §§ 126 ff MarkenG im Kern nach wie vor lediglich Täuschungsschutzregelungen, die allenfalls reflexartig zu einem Schutz der berechtigten Nutzer führen (BGH GRUR Int 99, 70, 71 – *Warsteiner I;* GRUR 99, 252, 254 – *Warsteiner II,* OLG Hamburg GRUR-RR 04, 36, 37 – *Spreewälder Gurken; Bornkamm,* GRUR 05, 97; *Ingerl/Rohnke,* MarkenG, vor §§ 126–139 Rn 1; *Sosnitza,* MarkenR 00, 77, 83 ff; *ders,* FS Doepner, 2008, S 63, 66; *Hildebrandt,* Marken und andere Kennzeichen, 2006, § 23 Rn 16). Für letztere Auffassung spricht zwar nicht die Begründung des BGH, dass die durch geographische Herkunftsangaben vermittelte Rechtsposition 327 nicht nur einem, sondern mehreren Berechtigten zukommen kann (BGH GRUR Int 99, 70, 71 – *Warsteiner I;* GRUR 99, 252, 254 – *Warsteiner II*), wie schon das Miteigentum zeigt (näher *Sosnitza*, MarkenR 00, 77, 81 ff). Entscheidend für den **wettbewerblichen Charakter** der §§ 126 ff MarkenG spricht aber neben dem eindeutigen Willen des Gesetzgebers die von §§ 14, 15 MarkenG abweichende Normstruktur und insbesondere die wettbewerbsrechtlich ausgestaltete Aktivlegitimation nach § 128 I MarkenG iVm § 8 III UWG sowie die fehlende Lizenzierbarkeit (vgl dazu BGHZ 173, 57, 69 = GRUR 07, 884 Rn 31 f – *Cambridge Institute*). Etwas Anderes ergibt sich auch nicht daraus, dass geographische Herkunftsangaben in der Rspr des EuGH als gewerbliches und kommerzielles Eigentum iSd Art 36 AEUV eingeordnet (EuGH GRUR Int 93, 76, 79 – *Turrón;* GRUR 03, 609, 612 – *Grana Padano;* GRUR 03, 616, 619 – *Prosciutto di Parma*) bzw in internationalen Abkommen (Art 1 II PVÜ; Art 1 II, Teil II Art 22–24 TRIPS) als „gewerbliches" oder „geistiges Eigentum" bezeichnet werden, da diese Begriffe nicht deckungsgleich mit subjektiven Rechtspositionen iSd Art 14 GG sind (vgl *Sosnitza*, FS Doepner, 2008, S 63, 67).

328 Nach Inkrafttreten des Markengesetzes sind **Schutzvoraussetzungen und Schutzinhalt** der geographischen Herkunftsangaben in den §§ 126, 127 MarkenG, die zivilrechtlichen Rechtsfolgen in § 128, die strafrechtlichen Folgen einer widerrechtlichen Benutzung geographischer Herkunftsangaben in § 144 MarkenG und die Verjährung der Ansprüche aus § 128 in § 129 MarkenG geregelt. Die §§ 130–136 MarkenG dienen der Durchführung des Schutzes von geographischen Angaben und Ursprungsbezeichnungen gemäß der VO 1151/2012 (bisher VO 510/2006).

329 **§ 126 MarkenG** definiert in Absatz 1 den Begriff der unmittelbaren und mittelbaren geographischen Herkunftsangabe und grenzt diesen in Absatz 2 von den Gattungsbezeichnungen ab. **§ 127 I** schützt einfache geographische Herkunftsangaben (Rn 334 ff), **§ 127 II** MarkenG Ursprungsangaben (qualifizierte geographische Herkunftsangaben (Rn 339 f) vor irreführender Verwendung. **§ 127 III** gewährt geographischen Herkunftsangaben mit besonderem Ruf Schutz vor rechtswidriger unlauterer Ausnutzung oder Beeinträchtigung auch ohne Bestehen einer Irreführungsgefahr (vgl Rn 325). Der Begriff des „besonderen Rufs" ist dabei nicht gleichbedeutend mit der Bekanntheit iSv § 14 II Nr 3 MarkenG, sondern erfordert (darüber hinaus) ein besonderes Ansehen, ohne dass dies durch objektive Eigenschaften begründet sein muss; ein solches besonderes Ansehen genießt etwa „Bayerisches Bier" (OLG München GRUR Int 13, 368, 371). Der Schutz nach § 127 III setzt eine markenmäßige Verwendung der geschützten Angabe nicht voraus. Er greift auch dann ein, wenn die mit Qualitätsvorstellungen verbundene Angabe in einer Weise benutzt wird, die geeignet ist, den Ruf der Herkunftsangabe ohne rechtfertigenden Grund in unlauterer Weise auszunutzen oder zu beeinträchtigen (BGH GRUR 02, 426, 427 – *Champagner bekommen, Sekt bezahlen*). **§ 127 IV** schützt geographische Herkunftsangaben gegen ähnliche oder mit Zusätzen versehene Zeichen, sofern die Gefahr der Irreführung über die geografische Herkunft oder der Eignung zur unlauteren Ausnutzung oder Beeinträchtigung des Rufs oder der Unterscheidungskraft der geographischen Herkunftsangabe besteht; daher ändert zB der Zusatz „HOLLAND" nichts an einer unlauteren Rufausbeutung der Herkunftsangabe „Bayerisches Bier" durch die Angabe „BAVARIA HOLLAND BEER" (OLG München GRUR Int 13, 368, 372). Die §§ 127, 128 MarkenG untersagen es bereits aus Gründen des Mitbewerberschutzes, eine Ware mit einer unzutreffenden geographischen Herkunftsangabe zu versehen. Der Schutz geographischer Herkunftsangaben nach dem Markengesetz wird daher vom BGH auch schon dann gewährt, wenn die Herkunft der Ware *nicht* die für die Kaufentscheidung des Verbrauchers nach § 5 UWG erforderliche Bedeutung hat (Rn 37; BGHZ 139, 138, 140 = GRUR 99, 252, 254 – *Warsteiner II* mwN; GRUR 01, 420, 421 – *SPA; Fezer,* MarkenG § 127 Rn 3; *Helm* in FS Vieregge S 335, 349; *Ullmann* GRUR 99, 666, 667; aA Harte/Henning/*Dreyer* § 5 C. Rn 215; *Ingerl/ Rohnke* § 127 Rn 3; offengelassen in BGH GRUR 02, 160, 162 – *Warsteiner III*).

330 Der Schutz nach § 127 MarkenG setzt nicht voraus, dass die geographische Herkunftsangabe für Waren oder Dienstleistungen zumindest von einem Berechtigten bereits benutzt wird (*Sosnitza,* FS Doepner, 2008, S 63, 66; *ders,* MarkenR 00, 77, 85; *Tilmann,* WRP 00, 1039, 1040; *Ullmann,* GRUR 99, 666, 667 f; aA *Büscher,* GRUR Int 05, 801, 803; Harte/Henning/*Dreyer,* § 5 C. Rn 203; *Knaak,* GRUR 95, 103, 105).

331 Die §§ 126–129 MarkenG, die seit dem Inkrafttreten des MarkenG auf geographische Herkunftsangaben anzuwenden sind (BGH GRUR 02, 160, 161 – *Warsteiner III; Fezer,* MarkenG § 152 Rn 5 aE), sind **leges speciales** gegenüber § 5 UWG (vgl BGHZ 139, 138, 139 = GRUR 99, 252, 253 – *Warsteiner II;* BGH aaO – *Warsteiner III;* GRUR 01, 73, 76 *Stich den Buben;* Köhler/*Bornkamm* § 5 Rn 4.203; Fezer/*Marx* § 4 S-10 Rn 189ff; Gloy/Loschelder/Erdmann/*Helm* § 73 Rn 3; Ingerl/*Rohnke* § 2 Rn 8; Ströbele/*Hacker* § 126 Rn 12; *Erdmann* GRUR 01, 609, 610f; *Bornkamm,* GRUR 05, 97, 98ff; vgl auch BGHZ 138, 349, 351f = GRUR 99, 161, 162 – *MAC Dog:* Zum Schutz der bekannten Marke nach § 9 I Nr 3, § 14 II Nr 3, § 15 III MarkenG als den gegenüber § 1 UWG 1909, § 823 I BGB spezielleren Regelungen; aA – Anspruchskonkurrenz –: *Fezer,* MarkenG, § 2 Rn 3ff, § 14 Rn 745, § 126 Rn 3 und WRP 00, 863, 865; *Ekey/Klippel/Pahlow* § 5 Rn 7; nunmehr auch Harte/Henning/*Dreyer,* § 5 C. Rn 203, I. 1 ff, 14). § 5 ist aber *ergänzend* anwendbar, soweit das MarkenG dafür Raum lässt. § 2 MarkenG stellt ausdrücklich klar, dass der Schutz geographischer Herkunftsangaben nach dem MarkenG die Anwendung anderer Vorschriften zum Schutz solcher Kennzeichen nicht ausschließt.

332 Dabei geht es einmal um Fallgestaltungen, die die Besonderheit aufweisen, dass die Angabe nicht mehr als geographische, sondern als personengebundene Herkunftsangabe (Rn 350) verwendet wird, dh einen geographischen Ort als solchen nicht mehr kennzeichnet (BGH GRUR 95, 354, 356 – *Rügenwalder Teewurst II*). Ein Verbot nach § 5 setzte allerdings in diesen Fällen eine *relevante* Irreführung des Verkehrs darüber voraus, dass der Hersteller des Erzeugnisses, für das die personengebundene Herkunftsangabe verwendet wird, zu dem Personenkreis gehört, der zu Benutzung der Angabe befugt ist. Im Urteil *Rügenwalder Teewurst II* hat der BGH diese Voraussetzung verneint (bejahend noch Vorinstanz OLG Hamburg WRP 93, 333; vgl Köhler/*Bornkamm* § 5 Rn 4.205).

333 Darüber hinaus findet § 5 in Fällen Anwendung, in denen eine Angabe **nur den Anschein einer geographischen Angabe** erweckt, tatsächlich aber keine solche ist, so bei der Werbung für „Fürstenthaler"-Wein, den der Verkehr einer Weinlage zuschreibt, die in Wirklichkeit nicht existiert (vgl BGH GRUR 80, 173, 174 – *Fürstenthaler;* Köhler/*Bornkamm* § 5 Rn 4.207; Ingerl/*Rohnke* Vor §§ 126–139 Rn 9; Ströbele/*Hacker* § 126 Rn 10).

334 § 5 kommt ferner dann zum Zuge, wenn die geographische Herkunftsangabe § 127 MarkenG nicht unterfällt, weil sie nicht für Waren oder Dienstleistungen benutzt wird, sondern – beispielsweise **als Unternehmenskennzeichen oder Firmenbestandteil** (vgl BGH GRUR 01, 73, 76 – *Stich den Buben:* Irreführung verneint; Köhler/*Bornkamm* § 5 Rn 4.208; Harte/Henning/*Dreyer* § 5 C: Rn 217).

335 Bei der Anwendung der §§ 126ff MarkenG kann – bei Zugrundlegung des neuen Verbraucherleitbildes (§ 2 Rn 104, 110ff) – auf die bisherige Rechtsprechung zum Schutz geographischer Herkunftsangaben nach § 3 aF und die dazu entwickelten **Auslegungsgrundsätze uneingeschränkt zurückgegriffen** werden. Das MarkenG enthält insoweit im Wesentlichen lediglich eine Zusammenfassung und Kodifikation des bisher geltenden Rechts, aber keine sachliche Abkehr davon (Gesetzesbegründung A. IV., BT-Drucks 12/6518, S 59; *Fezer,* MarkenG Vorb § 126 Rn 2; *Knaak,* GRUR 95, 103, 104f). Zur Relevanz der Irreführung bei der Verwendung geographischer Herkunfsangaben s Rn 325 aE.

336 Wie die §§ 3–5 und 9 gewähren auch die §§ 126ff MarkenG Unterlassungs- und Schadensersatzansprüche (§ 128 MarkenG). Aus § 128 MarkenG folgt ferner – obwohl im Gesetz nicht ausdrücklich erwähnt – als Unterfall des Unterlassungsanspruchs auch der auf Beseitigung der durch die Verletzungshandlung eingetretenen *und noch andauernden* Störung gerichtete **Beseitigungsanspruch,** der wie der Unterlassungsanspruch kein Verschulden voraussetzt. Als Ergänzung und Fortführung des Unterlassungsanspruchs hat der Beseitigungsanspruch dieselbe Rechtsgrundlage wie dieser (§§ 3–5, 8 I UWG, § 128 I MarkenG). Auf eine analoge Anwendung des § 1004 BGB kommt es daher für die Heranziehung des Beseitigungsanspruchs nicht an (stRspr, BGH GRUR 01, 420, 421 – *SPA*). Zum (Beseitigungs-)Anspruch auf Rücknahme einer Markenanmeldung: BGH aaO – *SPA* mwN aus Rechtsprechung und Schrifttum). Aktivlegitimiert sind – auch in den Fällen der Anwendbarkeit des MarkenG (§ 128 I) – die nach § 8 III UWG Anspruchsberechtigten.

337 **e) Arten der geographischen Herkunftsangaben. aa) Ausgangapunkt.**
Dem Begriff der geographischen Herkunftsangabe unterfallen alle **unmittelbaren** und **mittelbaren Angaben** über die Herkunft von Waren aus einem bestimmten geographischen Bereich, einem Ort, einer Gegend, einem Land (§ 126 I MarkenG). Damit eine Bezeichnung als geographische Herkunftsangabe Schutz vor Irreführung genießt, ist es nicht erforderlich, dass der mit ihr bezeichnete Ort usw dem Verkehr bekannt ist (BGH GRUR 63, 469, 470 – *Nola;* BGHZ 139, 138, 142 = GRUR 99, 252, 254 – *Warsteiner II*). Erforderlich ist lediglich, dass der angegebene Ort nicht auf Grund seiner Eigenart oder der Besonderheit der Ware als Produktionsstätte erkennbar ausscheidet (BGH GRUR 57, 430, 431 – *Havana;* GRUR 83, 768, 769 – *Capri-Sonne;* BGH aaO – *Warsteiner II*). Unerheblich ist, ob die Ware nur und gerade an dem in Betracht kommenden Ort als eine solche von besonderer Eigenart, Eigenschaft oder Güte hergestellt werden kann (§ 127 I MarkenG; BGH GRUR 56, 270, 272 – *Rügenwalder Teewurst I*). Der durch § 127 I MarkenG statuierte Schutz der *einfachen* geographischen Herkunftsangabe (Rn 338ff) setzt – wie die Stellung der Regelung neben der des § 127 II für *qualifizierte* geographische Herkunftsangaben (Rn 343f) und der des § 127 III MarkenG für geographische Herkunftsangaben *mit besonderem Ruf* zeigt – nicht voraus, dass der Verkehr mit ihr eine besondere, gerade auf eine geographische Eigenheit zurückzuführende Qualitätsvorstellung verbindet (BGHZ 139, 138, 140 = GRUR 99, 252, 254 – *Warsteiner II;* BGH GRUR 02, 160, 161 – *Warsteiner III*). Das entspricht allgemeinem deutschen Rechtsverständnis (BGHZ 44, 16, 20 = GRUR 65, 681, 683 – *de Paris;* GRUR 94, 307, 309 – *Mozzarella I;* GRUR 95, 65, 66 – *Produktionsstätte;* BGH aaO – *Warsteiner II*) und hat auch in der *Turrón de Alicante*-Rechtsprechung des EuGH seinen Niederschlag gefunden (s Rn 312f).

338 **bb) Unmittelbare geographische Herkunftsangaben.** Unmittelbare geographische Herkunftsangaben weisen unter **adjektivischer oder substantivischer** (BGH GRUR 63, 482, 484 – *Hollywood Duftschaumbad*) **Verwendung** eines geographischen Begriffs direkt (ohne weitere Gedankenassoziationen) auf einen bestimmten Ort hin. Das können sein: Länder- und Städtenamen, Namen von Kontinenten und Großräumen, von Bergen, Wäldern, Flüssen, Seen. Die Bezeichnung kann amtlich, aber auch herkömmlich sein und braucht im amtlichen Verkehr nicht mehr verwendet zu werden. Beispiele: *„de Paris"* (BGHZ 44, 16, 20 = GRUR 65, 681, 682); *„Kölsch-Bier"* (BGH GRUR 70, 517, 518f); *„Deutscher Sekt"* (BGH GRUR 71, 29, 32); *„Germany"/„Made in Germany"* (BGH GRUR 74, 665, 666); *„Lübecker Marzipan"* (BGH GRUR 81, 71, 73); *„Elsässer Nudeln"* (BGH GRUR 82, 564, 566); *„Orientteppich"* (OLG Hamm WRP 83, 573, 574); *„Warsteiner"* für Bier (BGHZ 139, 138, 141f = GRUR 99, 252, 254 – *Warsteiner II;* BGH GRUR 02, 160, 161f – *Warsteiner III*).

339 **cc) Mittelbare geographische Herkunftsangaben.** Mittelbare Angaben über die örtliche Herkunft einer Ware geben nicht schon als solche Auskunft über deren

Provenienz, können aber den Verkehr durch Wort, Bild oder in sonstiger Weise **darauf schließen** lassen (§ 126 I MarkenG). **Beispiele:** Verwendung von **Landesfarben und -flaggen** (RG GRUR 30, 326, 327 – *USA-Flagge;* BGH GRUR 82, 685, 686 – *Ungarische Salami II:* Farbkombination Rot-Weiß-Grün auf Salami-Etikett als Hinweis auf Ungarn oder Italien; OLG Köln GRUR-RR 06, 286: Farben der Deutschlandfahne), **von** typischen **Landschaften** (RG GRUR 32, 810, 813 – *Holländische Windmühlenlandschaft*), von Volkstrachten (RG MuW XIV, 337, 338 – *Normannische Bäuerin*), von bekannten **Baudenkmälern** (RG GRUR 39, 919, 923 – *Lübecker Holstentor;* BGHZ 14, 15, 19 = GRUR 55, 91, 92 – *Frankfurter Römer;* OLG Jena GRUR 00, 433 – *Wartburg*), von **charakteristischen Warenaufmachungen** (BGH GRUR 71, 313, 314 – *Bocksbeutelflasche;* GRUR 79, 415, 416 – *Cantil-Flasche*), von **fremdsprachigen Beschriftungen und Warenbezeichnungen,** die Assoziationen an Produkte eines fremden Landes auslösen (BGH GRUR 56, 187, 188 – *English Lavender;* GRUR 58, 185, 187 – *Wyeth;* GRUR 63, 589, 591 – *Lady Rose;* GRUR 76, 587 – *Happy*), von **Namen** (BGH GRUR 87, 535, 537 – *Wodka Woronoff*), von **Firmenbezeichnungen** auf der Ware (BGH GRUR 95, 65, 66 – *Produktionsstätte*). Eine mittelbare geographische Herkunftsangabe kann auch in dem aus einer **Personenbezeichnung** bestehenden Namen einer im Verkehr bekannten Weinbergslage erblickt werden (BGH GRUR 01, 73, 75 – *Stich den Buben*). Das Fehlen der weinbezeichnungsrechtlich notwendigen Angaben des § 39 I Nr 5 WeinVO (idF v 28.8.1998, BGBl I S 2609: Hinzufügung des Gemeindenamens zum Lagenamen) schließt nicht aus, dass der Verkehr gleichwohl unter der Lagebezeichnung einen geographischen Herkunftshinweis versteht (BGH aaO – *Stich den Buben*).

Entscheidend für das Vorliegen einer mittelbaren geographischen Herkunftsangabe ist die **Verkehrsauffassung,** die sich an der **Gesamtaufmachung** bzw dem **Gesamteindruck** der Werbung orientiert, nicht an Einzelmerkmalen (Rn 125 ff, 346). Von Bedeutung sind neben der Art und Weise der Verwendung der Angabe (etwa einer blickfangmäßigen Herausstellung) die Charakteristik der Angabe, die jeweilige Branche und die Bedeutung, die dem mittelbar in Bezug genommenen Ort oder Bereich für die Ware zukommt (zB „Champagner"), andererseits aber auch Umstände, die dem Herkunftshinweischarakter entgegenstehen können, zB die *Verkehrsgewöhnung* an fremdsprachige Beschriftungen im Rahmen zunehmender Globalisierung des Handels. **340**

Das OLG Köln (ZLR 88, 667, 671 f – *Pingo-Hähnchen,* abl. dazu *G. Meier,* S 675 ff) hat in einer verfehlten und inzwischen obsoleten Entscheidung in **deutschsprachigen Ausstattungselementen** einer Importware (Geflügel aus den Niederlanden) eine irreführende **mittelbare geographische Herkunftsangabe** erblickt und der auf dem Warenetikett neben anderen Angaben vorhandenen Buchstaben-Zahlenkombination „NE 027 EEG" keinen für den Verbraucher verständlichen Herkunftshinweis entnommen. Dieser Entscheidung – die Revision wurde durch Beschluss des BGH (I ZR 163/88) nicht angenommen – ist die EG-Kommission entgegengetreten (Mitteilung an die Bundesregierung, EuZW 93, 126; aA auch zu Recht VG Nordrhein-Westfalen ZLR 92, 545 ff – *Frikifrisch,* mit zust Anm *A. H. Mayer,* S 547 ff). **341**

In ihrer **rechtlichen Bedeutung** unterscheiden sich **mittelbare und unmittelbare geographische Herkunftsbezeichnungen** nicht. Tatsächlich enthalten diese jedoch im Allgemeinen einen deutlicheren Herkunftshinweis als jene. Außerdem sind entlokalisierende Zusätze bei mittelbaren Herkunftsangaben häufig eher geeignet, über die wahre Herkunft eines Erzeugnisses aufzuklären als bei unmittelbaren (Rn 357, 392; BGH, GRUR 94, 310, 311 – *Mozzarella II*). Bei einer Irreführung des Verkehrs über die örtliche Herkunft einer Ware durch deren fremdsprachige Bezeichnung in Form einer mittelbaren Herkunftsangabe ist ein uneingeschränktes (Schlechthin-)Verbot der Verwendung der Bezeichnung *in Alleinstellung* gerechtfertigt (vgl BGH GRUR 92, 525, 526 – *Professorenbezeichnung in der Arztwerbung II*). Kann aber die Bezeichnung mit Zusätzen verwendet werden, die einer Irreführungs- **342** gefahr entgegenstehen, bedarf das Verbot einer Umschreibung anhand der konkreten Verletzungsform, wenn nicht eine beanstandungsfreie Verwendung der Bezeichnung von vornherein ausgeschlossen werden kann (BGH aaO – *Mozzarella II*).

343 **dd) Ursprungsangaben.** Ursprungsangaben (Ursprungsbezeichnungen) sind unmittelbare oder mittelbare geographische Herkunftsangaben, bei denen der Verkehr – auf dessen Auffassung es insoweit allein ankommt (Rn 125 ff, 346) – anders als bei den einfachen geographischen Herkunftsangaben (§ 127 I MarkenG) nicht lediglich auf eine geographische Herkunft schließt, sondern auf Grund dieser Herkunft (zB bei einem Weinlagennamen) gleichzeitig auf eine bestimmte **Beschaffenheit** und/oder **Qualität (§ 127 II MarkenG)**. Die geographischen Herkunftsangaben sind dann – wie häufig – zugleich Beschaffenheitsangaben oder Gattungsbezeichnungen **(qualifizierte Herkunftsangaben),** vor allem bei Verwendung ortsgebundener Rohstoffe oder bei Zugrundelegung sonstiger Naturgegebenheiten (BGH GRUR 69, 611, 614 – *Champagner-Weizenbier;* GRUR 57, 430, 432 – *Havana*). Dieser Begriff der Ursprungsangabe liegt auch der Definition des Art 2 I des **Lissaboner Abkommens** über den Schutz der Ursprungsbezeichnungen und ihre internationale Registrierung vom 31.10.1958 (LUA) zugrunde (Rn 413f; GRUR Int 1959, 153, revidiert in Stockholm am 14.7.1967 und geändert am 2.10.1979), dem Deutschland bislang nicht beigetreten ist (s Rn 413).

344 Der **Schutz nach § 127 II MarkenG (§ 5 UWG)** erstreckt sich **bei Ursprungsbezeichnungen** auch auf die Angaben zur Beschaffenheit und Qualität. Eine qualifizierte Herkunftsangabe darf daher nicht allein schon deshalb benutzt werden, weil die geographische Herkunft zutrifft. Die Verwendung der Bezeichnung „Scotch Whisky" in Deutschland für einen in Schottland hergestellten Whisky ist irreführend, wenn der Whisky den vom Verkehr erwarteten Qualitätsanforderungen des Herstellungsorts (dreijährige Mindestlagerzeit) nicht genügt (BGH GRUR 69, 280, 282 – *Scotch Whisky,* Rn 247). Ist aber die Ursprungsbezeichnung bereits hinsichtlich der geographischen Warenherkunft irreführend, kommt es für ein Verbot nach § 5 nicht darauf an, ob auch noch die besonderen Beschaffenheits- und Qualitätserwartungen des Verkehrs enttäuscht werden. An qualifizierte Herkunftsangaben sind insoweit keine strengeren Anforderungen zu stellen, als an einfache geographische Herkunftsbezeichnungen, die keine besonderen Güte- und Beschaffenheitsvorstellungen auslösen.

345 **Im Umfang des Geltungsbereichs** der Verordnung Nr 1151/2012 (Rn 314) unterliegt der Schutz qualifizierter Angaben iS des Art 5 den Vorschriften dieser Verordnung. Diese gelten auch für Bier, nicht aber für Weine sowie Weinbau- und andere alkoholische Erzeugnisse (Art 1 iVm den dort genannten Anhängen). Der auf nationalen Bestimmungen beruhende Schutz *einfacher* geographischer Herkunftsangaben (§ 127 I MarkenG) bleibt davon unberührt (Rn 313); nationaler Schutz für Ursprungsbezeichnungen, für die gemeinschaftsrechtlicher Schutz nach der Verordnung Nr 1151/2012 nicht in Anspruch genommen worden ist, kommt dagegen nach neuerer Rspr nicht mehr in Betracht (Rn 324).

346 **f) Verkehrsauffassung. aa) Maßgeblichkeit.** Die Verkehrsauffassung (Rn 130 ff) entscheidet **allein und uneingeschränkt** darüber, ob in einer Bezeichnung eine (einfache oder qualifizierte, Rn 338 ff, 343f) geographische Herkunftsangabe liegt, wie diese zu verstehen ist, welcher konkrete Aussagegehalt ihr innewohnt und ob sie die Vorstellung weckt, dass das so bezeichnete Erzeugnis aus einem bestimmten geographischen Ort oder Bereich stammt (BGH GRUR 56, 270, 272 – *Rügenwalder Teewurst;* GRUR 71, 313, 315 – *Bocksbeutelflasche;* GRUR 82, 564, 566 – *Elsässer Nudeln*). Ferner richtet sich nach der Verkehrsauffassung die **geographische Abgrenzung** des Bezirks, auf den sich die Herkunftsangabe bezieht und innerhalb dessen sich die ansässigen Unternehmen der Herkunftsangabe bedienen dürfen (BGH GRUR 70, 517, 520 – *Kölsch-Bier;* OLG Hamm GRUR-RR 11, 72, 73 – *Hi-*

Irreführende geschäftliche Handlungen **§ 5 UWG**

malaya-Salz). Maßgeblich ist vor allem die Auffassung der mit den örtlichen Gegebenheiten vertrauten Verbraucher (BGH aaO – *Kölsch-Bier*). Häufig wird sich die Verkehrsauffassung dabei an den allgemeinen politischen Grenzen des in Rede stehenden Ortes oder Raumes orientieren und auch spätere Veränderungen (Eingemeindungen) berücksichtigen, kann aber auch darüber hinausgehen und mit einer Ortsangabe die Vorstellung eines Erzeugungs- oder Wirtschaftsgebiets verbinden. So wird angenommen, dass die Bezeichnung „Lübecker Marzipan" von Herstellern in Lübeck und den angrenzenden Orten Bad Schwartau und Stockelsdorf benutzt werden darf (*Loschelder/Loschelder* S 128f). Längere Übung der beteiligten Unternehmen kann die Verkehrsauffassung beeinflussen oder prägen, ist als solche allein aber nicht maßgebend (BGH aaO – *Kölsch-Bier*). Zur Irreführung des Verkehrs über den Herkunftsort bei Waren, deren Herstellung sich in Stufen an mehreren Orten vollzieht oder die sich aus verschiedenen Stoffen zusammensetzen s Rn 381f. Zu dem im Markenrecht als harmonisiertem Recht und im Gemeinschaftsrecht nach der Rechtsprechung des EuGH maßgebenden Verbraucherleitbild s Rn 48 und § 2 Rn 104ff, 107, 110ff.

bb) Abzugrenzende Bezeichnungen. (1) Ortsangaben. Ortsangaben, die als 347 solche erkennbar sind, versteht der Verkehr regelmäßig als geographische Herkunftsangaben. Für den Charakter einer solchen spricht eine tatsächliche **Vermutung** (Beweisregel), solange nicht eine andere Bedeutung der Bezeichnung – etwa als **Phantasiebezeichnung** oder als reine Beschaffenheitsangabe – feststeht (BGH GRUR 63, 482, 484 – *Hollywood Duftschaumbad*). Als Phantasiebezeichnung wird eine geographische Bezeichnung gebraucht, wenn der angegebene Ort nach seiner Eigenart oder nach der Besonderheit der Ware als Produktionsstätte erkennbar nicht in Betracht kommt (BGH GRUR 57, 430, 431 – „*Havana*" für Rasierklingen, nicht für Zigarren; „*Capri*" für Kraftfahrzeuge); ferner, wenn die Ortsbezeichnung dem Verkehr als solche unbekannt ist oder allein dazu dient, auf eine gehobene Qualität (Exklusivität, Luxus) hinzuweisen (BGH GRUR 63, 482, 484 – *Hollywood Duftschaumbad*) oder wenn sie zu einer bloßen Modell-, Sorten- oder Kollektivbezeichnung (Modell „Hamburg", „München", „Wien" für Radios) denaturiert ist.

(2) Pseudo-Herkunftsangaben. Derartige Angaben sind ebenfalls keine geo- 348 graphischen Herkunftsbezeichnungen. Sie erwecken nur äußerlich diesen Anschein, haben tatsächlich aber einen anderen Ursprung. So weisen die Bezeichnungen „Kasseler Rippenspeer" und „Wiener Würstchen" nicht auf die Städte Kassel und Wien hin, sondern auf Schlachter mit gleichen oder ähnlichen Namen (*Baumbach/Hefermehl*, 22. Aufl, § 3 Rn 205; *v Gamm* Kap 37 Rn 248). Legt aber der Verkehr solchen Bezeichnungen Herkunftshinweisbedeutung bei, sind diese als geographische Herkunftsangaben zu behandeln (*Baumbach/Hefermehl* aaO). **Erfundene Ortsbezeichnungen** sind irreführend, wenn sie vom Verkehr als Hinweis auf eine geographische Herkunft aufgefasst werden (BGH GRUR 80, 173, 174 – *Fürstenthaler*, Rn 329).

(3) Keine geographischen Herkunftsangaben. Es handelt sich hier um Fälle, 349 in denen die ursprünglich geographischen Herkunftsangaben ihre Bedeutung als solche verloren haben und vom Verkehr nur noch als **Beschaffenheitsangaben** (Qualitätsangaben), **Gattungsbezeichnungen** (Warengattungsbezeichnungen) oder **Warennamen** verstanden werden. Beispiele: Keramik – Kerameikos (Griechenland), Fayence – Faenza (Stadt in Italien), Satin – Zeitin (China), Pfirsich – Persique (Persien/Iran).

(4) Personengebundene Herkunftsangaben. Bei ihnen tritt der geographische 350 Herkunftshinweis hinter den Hinweis auf eine **Gruppe von Herstellern** zurück, die dem in Rede stehenden Ort traditionell verbunden sind und Erzeugnisse von bestimmter Güte und Eigenart herstellen, bei denen es auf ortsgebundene Rohstoffe oder andere Naturgegebenheiten (Rn 343) nicht entscheidend ankommt. Solange solche Angaben als Hinweise auf einen bestimmten Herstellerkreis und nicht als Gat-

UWG § 5 Gesetz gegen den unlauteren Wettbewerb

tungsbezeichnung verstanden werden, kann der Verkehr bei Gebrauch solcher Angaben durch Personen, die diesem Kreis nicht angehören, in relevanter Weise getäuscht werden (vgl Rn 332). Unter diesen Voraussetzungen ist ostvertriebenen Unternehmen gestattet worden, ihre nach der Betriebsverlagerung bzw dem Wiederaufbau der Produktionsstätte in der Bundesrepublik hergestellten Erzeugnisse unter Anknüpfung an den früheren Herstellungsort ohne weiteren Zusatz zu benennen (BGH GRUR 56, 270, 272 – *Rügenwalder Teewurst I*; GRUR 95, 354, 357 – *Rügenwalder Teewurst II*; GRUR 56, 553, 555 – *Coswig*, für DDR-enteignetes Unternehmen, dessen Produktion eingestellt worden war; GRUR 58, 78, 79 – *Stolper* Jungchen; GK/*Lindacher* § 5 Rn 560; krit *Baumbach/Hefermehl*, 22. Aufl, § 3 Rn 239; *Tilmann* S 188). Herkunftsangaben, bei denen der Charakter als geographischer Herkunftshinweis hinter die Bedeutung als Hinweis auf einen bestimmten Kreis von Herstellern (Personengebundene Herkunftsangaben) zurücktritt, unterfallen auch nach Inkrafttreten des MarkenG (§§ 126 ff, Rn 325 ff) dem Schutz des § 5 (Rn 331; BGH aaO – *Rügenwalder Teewurst II*).

351 **(5) Betriebsverlagerungen.** Eine **räumliche Veränderung der Produktionsstätte** oder eine **Teilauslagerung** des Betriebs lässt grundsätzlich die Berechtigung entfallen, für die am neuen Produktionsort (unverändert) hergestellten Waren die bislang verwendeten geographischen Herkunftsangaben zu gebrauchen. Die Weiterverwendung der Ortbezeichnungen ist irreführend, da die Herkunftsbezeichnung durch die Betriebsverlagerung nicht zur Beschaffenheitsangabe ohne örtlichen Bezug wird. Maßgebend ist aber stets die **Verkehrsauffassung** (Rn 125, 346). Kommt es dem Verkehr nicht auf die Grenzen der politischen Gemeinde an, sondern auf einen über diese Grenzen hinausgehenden Wirtschaftraum, ist die Weiterverwendung der geographischen Herkunftsangabe unbedenklich, wenn sich der ausgelagerte Betrieb in diesem Raum befindet (Rn 346). Unerheblich ist die Betriebsverlagerung für die Weiterverwendung der geographischen Herkunftsbezeichnung auch dann, wenn der Verkehr die Herkunftsangabe nicht wie gewöhnlich auf den Produktionsort bezieht, sondern auf den Ort, von dem die verwendeten Rohstoffe stammen (Rn 381 f). Zur Rechtslage bei entlokalisierenden Hinweisen in Fällen von Betriebsverlagerungen und vergleichbaren Fällen s Rn 357 f.

352 **(6) Betriebliche Herkunftsangaben.** Versteht der Verkehr betriebliche Herkunftsangaben, die ihrem Wortlaut nach eine geographische Herkunftsbezeichnung enthalten, ungeachtet der in ihnen enthaltenen Ortsangabe, nicht (mehr) als Hinweis auf eine bestimmte geographische Herkunft, sondern als Hinweis auf einen bestimmten Betrieb (zum Bedeutungswandel s Rn 353 ff), sind solche Angaben – neben dem individualrechtlichen Kennzeichnungsschutz für Marke, Name, Firma und sonstige Unternehmenskennzeichen – nach § 5 UWG, §§ 127 I, II MarkenG gegen irreführende Verwendung grundsätzlich geschützt; das frühere zusätzliche Kriterium einer besonderen Gütevorstellung (sog qualifizierte betriebliche Herkunftsangabe) hat die Rspr zu Recht aufgegeben, vgl Rn 415 ff). Eine Ortsangabe, die sich auf Grund ihrer Benutzung durch einen bestimmten Betrieb für *diesen* als Herkunftshinweis durchgesetzt hat, verliert aber ihre (ursprüngliche) Eigenschaft als geographische Herkunftsangabe nicht allein schon dadurch, dass die Ortsangabe als Marke eingetragen wird und als solche auf den Warenetiketten des Unternehmens Verwendung findet. Der Schutz (einfacher) geographischer Herkunftsangaben geht nicht ohne weiteres dadurch verloren, dass die Angabe für ein Unternehmen als betrieblicher Herkunftshinweis kraft Benutzung geschützt ist. Es ist eine Frage des Einzelfalls, ob die Verwendung der Bezeichnung als geographische Herkunftsangabe den Verkehr irreführt (vgl BGH GRUR 78, 46, 47 – *Doppelkamp;* GRUR 93, 920, 921 – *Emilio Adani II*). Ist das nicht der Fall, wird die Rechtsstellung regionaler Mitbewerber lediglich dahin eingeschränkt, dass die Verwendung der Herkunftsangabe *als Unternehmenshinweis* dem besseren Recht des Markeninhabers weichen muss (BGHZ 139, 138, 142 f = GRUR 99,

252, 254 – *Warsteiner II;* vgl auch BGH GRUR 58, 39, 40 – *Rosenheimer Gummimäntel).*

cc) Wandel der Verkehrsauffassung. Der Bedeutungsgehalt einer geographi- 353 schen Herkunftsangabe liegt nicht für immer fest. Maßgebend ist die Verkehrsauffassung, die **Wandlungen** unterliegt (Rn 249ff). Ein solcher Wandel kann dazu führen, dass sich eine geografische Herkunftsangabe zu einer Gattungsbezeichnung (einem Warennamen, einer Beschaffenheitsangabe, einer Sortenbezeichnung) entwickelt, vor allem – aus welchen Gründen immer – bei geographischen Herkunftsangaben, mit denen der Verkehr besondere Gütevorstellungen verbindet (qualifizierte Herkunftsangaben, Rn 343). So sind beispielsweise die ursprünglich geographischen Herkunftsangaben „Steinhäger" (BGH GRUR 57, 128, 129), „Stonsdorfer" (BGH GRUR 74, 337, 338), „Kölnisch Wasser" (BGH GRUR 65, 317, 318), „Dresdner Stollen", letztere für das Gebiet der Bundesrepublik vor der Wiedervereinigung (BGHZ 106, 101, 103 = GRUR 89, 440, 441 – *Dresdner Stollen I;* GRUR 90, 461, 462f – *Dresdner Stollen II),* zur Gattungsbezeichnung geworden, die Bezeichnung „Pilsener" („Pilsner", „Pils") mit entlokalisierendem Zusatz (Hinweis auf deutsche Brauerei) zur Sortenbezeichnung (BGH GRUR 74, 220, 221 – *Club Pilsener),* Rn 250, 365.

Gegenüber der **Annahme eines Bedeutungswandels** ist Zurückhaltung gebo- 354 ten. Ein solcher entwickelt sich nur langsam und zögerlich. Geht es um die Umwandlung einer geographischen Herkunftsangabe in eine Gattungsbezeichnung, ist der Bedeutungswandel erst vollzogen, wenn nur noch **ganz unbeachtliche Teile** des Verkehrs in der Angabe einen geographischen Herkunftshinweis erblicken. Es handelt sich dann um Namen, die der Benennung dienen, ohne die Herkunft zu bezeichnen. Werden sie zutreffend als Gattungsbezeichnungen gebraucht, scheidet § 127 MarkenG (§ 126 II MarkenG) aus, ebenfalls § 5 UWG unter dem Gesichtspunkt der irreführenden Verwendung einer geographischen Herkunftsangabe. Solange die Umwandlung nicht feststeht, greift die **Vermutung** (Rn 347) Platz, dass Orts- (Gebiets- usw) Bezeichnungen als geographische Herkunftsangaben anzusehen sind (BGH GRUR 63, 482, 484 – *Hollywood Duftschaumbad;* GRUR 65, 681, 682 – *de Paris;* GRUR 73, 361 – *sanRemo).* Entsprechendes gilt für die Entwicklung geographischer zu *betrieblichen Herkunftsangaben.* Zum Ausschluss der Umwandlung geographischer Herkunftsangaben kraft Gesetzes s Rn 393ff; BGH aaO – *Warsteiner II.*

Ein Wandel der Verkehrsauffassung kann auch dazu führen, dass sich eine (origi- 355 näre) Gattungsbezeichnung zur **geographischen Herkunftsangabe** entwickelt oder eine zur Gattungsbezeichnung gewordene ursprüngliche Herkunftsangabe sich zu einer solchen **zurückentwickelt.** Abgeschlossen ist eine solche Umwandlung erst, wenn sich der Bedeutungswandel im Bewusstsein des *überwiegenden* Teils des Verkehrs vollzogen hat (mehr als 50%, Rn 220). Ein nicht ganz unbeachtlicher Teil des Verkehrs genügt dafür nicht (BGH GRUR 86, 469, 470 – *Stangenglas II;* BGHZ 98, 65, 68f = GRUR 86, 822, 823 – *Lakritz-Konfekt;* BGHZ 106, 101, 103 = GRUR 89, 440, 441 – *Dresdner Stollen I;* GRUR 90, 461, 462f – *Dresdner Stollen II:* Rückentwicklung verneint).

Wird eine geographische Herkunftsangabe zur Gattungs- (Beschaffenheits-, Sor- 356 ten-) Bezeichnung und entwickelt sich diese im Laufe der Zeit weiter in Richtung auf eine **betriebliche Herkunftsangabe,** sind an den Abschluss dieser Entwicklung und deren Nachweis **strengste** Anforderungen zu stellen. Das Freihaltebedürfnis der Allgemeinheit und der Mitbewerber an einem weiteren uneingeschränkten Gebrauch der Gattungsbezeichnung kann in solchen Fällen erst bei einer *nahezu einhelligen* Verkehrsdurchsetzung der Bezeichnung als betriebliche Herkunftskennzeichnung vernachlässigt werden (BGH GRUR 74, 337, 338f – *Stonsdorfer).*

dd) Zusätze. (1) Entlokalisierung. Eine Irreführung des Verkehrs kann bei (un- 357 zutreffend wirkenden) geographischen Angaben durch **entlokalisierende** und **auf-**

klärende (klarstellende) **Hinweise** vermieden werden. **Relokalisierende Zusätze** etwa zu Gattungsbezeichnungen, die aus ursprünglich geografischen Herkunftsangaben entstanden sind, begründen den Charakter als geografischer Herkunftsangabe erneut oder verstärken ihn. Unzutreffende geografische Herkunftsangaben können ihren irreführenden Charakter verlieren, wenn eindeutige entlokalisierende Zusätze über die wahre Herkunft der Ware aufklären und dadurch Fehlvorstellungen der Verbraucher vermieden werden (BGH GRUR 56, 187, 188 – *English Lavender;* GRUR 58, 185, 187 – *Wyeth;* BGHZ 44, 16, 20 ff = GRUR 65, 681, 683 ff – *de Paris;* GRUR 71, 255, 258 – *Plym Gin;* GRUR 82, 564, 569 – *Elsässer Nudeln;* vgl auch BGHZ 139, 138, 141, 145 = GRUR 99, 252, 254 f – *Warsteiner II*).

358 Nach **bisheriger Auffassung** sind an den Ausschluss der Irreführung **strengste Anforderungen** zu stellen. Ob der Zusatz die Bedeutung einer Angabe als geografischer Angabe entfallen lässt, kann nicht generell, sondern nur anhand der Gesamtumstände von Fall zu Fall entschieden werden (BGH aaO – *English Lavender;* GRUR 71, 29, 33 – *Deutscher Sekt*). Von Bedeutung ist die Art und Weise der Herkunftsangabe (zB eine blickfangartige Herausstellung), die Deutlichkeit des Zusatzes, die sonstige Gestaltung der konkreten Verletzungsform, die Gewöhnung des Publikums an die entlokalisierende Bezeichnung.

359 Bei **mittelbaren** Herkunftsangaben (Rn 339) wird der Ausschluss der Irreführung durch entlokalisierende Zusätze im Allgemeinen **eher** als möglich angesehen als bei unmittelbaren Herkunftsbezeichnungen (Rn 338). Bei geografischen Bezeichnungen, mit denen der Verkehr besondere Gütevorstellungen und Eigenschaften verbindet (Ursprungsangaben, Rn 343), lasse sich eine Irreführung nur unter besonderen Umständen ausschließen, da sich in diesen Fällen die neutralisierende Wirkung entlokalisierender Zusätze erfahrungsgemäß nur schwer durchsetze (BGH aaO – *Plym Gin;* BGH, GRUR 94, 310, 311 – *Mozzarella II*). Dagegen könne der lediglich durch den Gebrauch einer fremdsprachigen Bezeichnung entstandene Eindruck einer ausländischen Herkunft als einer nur mittelbaren Herkunftsangabe ohne besondere Gütevorstellung leichter durch klarstellende Zusätze beseitigt werden (BGH aaO – *de Paris;* BGH aaO – *Mozzarella II; Matthiolus,* S 47, 48; *Tilmann,* S 175). Die Bezeichnung „Deutscher Sekt" reiche nicht zur Entlokalisierung einer für Sekt blickfangartig herausgestellten französischen Bezeichnung aus (BGH aaO – *Deutscher Sekt*), ebenso wenig eine deutsche Firmenangabe gegenüber der unmittelbaren geografischen Herkunftsangabe „Elsässer Nudeln" (BGH aaO – *Elsässer Nudeln*). Zusätze wie „nach Art von", „wie", „à la", „Typ" ua, die nicht deutlich genug klarstellen und auch von den ortsansässigen Gewerbetreibenden verwendet werden können, haben im Allgemeinen keine ausreichende entlokalisierende Wirkung.

360 Die vorstehenden Grundsätze (strengste Anforderungen, grundsätzlich keine Entlokalisierung bei unmittelbaren Herkunftsangaben) können vor dem Hintergrund des veränderten Verbraucherleitbildes (§ 2 Rn 104 ff, 107, 110 ff) **heute so nicht mehr** gelten (näher *Sosnitza,* GRUR 07, 462, 465 f). Durch hinreichend deutlichere Aufklärung kann auch bei einer unmittelbaren Herkunftsangabe die Irreführung ausgeschlossen sein. Eine ganz andere Frage ist, ob durch eine derartige Gestattung der Ruf oder die Unterscheidungskraft der Herkunftsangabe ausgenutzt oder beeinträchtigt wird (§ 127 III MarkenG).

361 **(2) Relokalisierung.** Hat sich eine geografische Ortsangabe zur Gattungsbezeichnung (Beschaffenheitsangabe, Sortenbezeichnung) gewandelt, kann sie – ohne sich zur geografischen Angabe zurückentwickelt zu haben – durch relokalisierende Zusätze zu einer durch § 127 MarkenG, § 5 UWG geschützten Herkunftsangabe werden. Relokalisierend in diesem Sinne sind Zusätze wie „Original-", „Echt-", „Ur-", „Alt-" (BGH GRUR 57, 128, 130 – *Echter Steinhäger/Echter westfälischer Steinhäger;* GRUR 82, 111, 114 – *Original Maraschino;* GRUR 86, 316, 317 – *Urselters I;* OLG Köln GRUR-RR 06, 286), ebenso mittelbare Herkunftsangaben (fremdsprachige Beschriftung, Flaggen, Symbole, Baudenkmäler mit typischem Ortsbezug), sofern der Verkehr damit einen bestimmten geographischen Herkunftshinweis verbindet. Ist das nicht der Fall, versagt die Relokalisierung mit der Folge, dass in der Verwendung des Zusatzes durch nicht ortsansässige Gewerbetreibende keine Irreführung zu finden ist.

(3) Aufklärende (klarstellende) Zusätze. Aufklärende Zusätze zur Vermeidung 362 einer Irreführung sind insbesondere bei doppel- oder mehrdeutigen (Rn 181 ff) geographischen Herkunftsangaben geboten, so bei gleich lautenden unmittelbaren oder mittelbaren Herkunftsangaben (identische Ortsbezeichnungen; übereinstimmende Landesfarben, BGH GRUR 81, 666 – *Ungarische Salami I;* GRUR 82, 685 – *Ungarische Salami II:* Rot-Weiß-Grün für Ungarn und Grün-Weiß-Rot für Italien; gleiche Flaschenformen, BGH GRUR 71, 313 – *Bocksbeutelflasche:* für fränkischen Weißwein und für bestimmte badische Weinbauorte). **Interessenabwägung** (Rn 218 ff, 385) kann im Einzelfall zur Gestattung der Verwendung einer Herkunftsangabe mit Doppelbedeutung auch ohne aufklärenden Zusatz führen oder die Anforderungen an die Aufklärung herabsetzen (BGH aaO – *Bocksbeutelflasche;* GRUR 74, 665, 666 – *Germany;* GRUR 79, 415, 416 – *Cantil-Flasche;* vgl auch BGHZ 139, 138, 141, 145 = GRUR 99, 252, 254 f – *Warsteiner II,* s aber auch Rn 357). Rechtmäßig gebrauchte ausländische Namen oder Bezeichnungen bedürfen keiner klarstellenden Zusätze (BGH aaO – *Wyeth*).

Bei inländischer Warenherstellung auf Grund **Lizenz eines ausländischen Pro-** 363 **duzenten** darf nicht der Eindruck ausländischer Produktion erweckt werden, wenn es nicht dem Publikum im Wesentlichen allein auf die technische Verarbeitung ankommt (BGH GRUR 65, 676, 678 f – *Nevada-Skibindung*). Maßgebend ist die Verkehrsauffassung, die je nach Warenart und sonstigen Umständen verschieden sein kann. Legt der Verkehr Wert auf das ausländische Originalerzeugnis als solches, weil er etwa von einer Ware dieser Herkunft eine besondere Güte oder Beschaffenheit erwartet, unterscheidet er zwischen Original- und Lizenzware auch bei völliger Gleichwertigkeit des Produkts nach Güte und Art der Herstellung (BGHZ 44, 16, 20 ff = GRUR 65, 681, 682 ff – *de Paris:* für kosmetische Erzeugnisse aus Frankreich). In solchen Fällen muss einer Irreführung über die geographische Herkunft durch einen hinreichend deutlichen Zusatz vorgebeugt werden, zB „Hergestellt in Deutschland" (BGH aaO – *de Paris*).

ee) Beispiele für Herkunfts- und Beschaffenheitsangaben. (1) Backwaren. 364 **Geographische Herkunftsangaben:** „Aachener Printen" (*Loschelder/Loschelder* S 23); „Nürnberger Lebkuchen" (KG JW 28, 1234; *Loschelder/Loschelder* S 144); **Beschaffenheitsangaben:** „Frankfurter Kranz" (OLG Koblenz ZLR 85, 81); „Bamberger Hörnchen" (BayObLG LRE 10, 28, 34); „Tiefenfurter Bauernbrot" (BGH GRUR 56, 550, 552); „Dresdner Stollen" für das Gebiet der Bundesrepublik vor der Wiedervereinigung (BGHZ 106, 101, 104 = GRUR 89, 440, 441 – *Dresdner Stollen I;* BGH GRUR 90, 461, 462 f – *Dresdner Stollen II*). Anders die Rechtslage in den neuen Bundesländern, in denen die Bezeichnungen „Dresdner Stollen", „Dresdner Christstollen" und „Dresdner Weihnachtsstollen" nach dem DDR-Warenkennzeichengesetz (vgl *Berg,* GRUR Int. 88, 621 ff) als eingetragene Herkunftsangaben geschützt waren (*Loschelder/Loschelder* S 62 f) und die nunmehr – bei Umwandlung in ein Verbandszeichen – auch im Gebiet der Bundesrepublik nach der Wiedervereinigung nach Maßgabe der Vorschriften des Erstreckungsgesetzes (§§ 33 bis 38 ErstrG; *Loschelder/Loschelder* S 10 f) Schutz erlangt haben; sa LG Leipzig GRUR 94, 379, 380 für „Dresdner Stollen".

(2) Bier. Geographische Herkunftsangaben: „Dortmunder Bier" (RGZ 58, 365 136, 137); „Kulmbacher Bier" (RG MuW XXIII, 151, 152); „Pilsener" bzw „Pilsner" in *Alleinstellung* (RGZ 139, 363, 365, 373 = GRUR 33, 396, 397, 399 f; LG Köln

GRUR 78, 724, 725 – *Pilsener Brauerei-Abfüllung;* BGHZ 139, 138, 142 = GRUR 99, 252, 254 – *Warsteiner II;* BGH GRUR 02, 160, 161 f – *Warsteiner III;* Gloy/Loschelder/ Erdmann/*Helm* § 73 Rn 20). Dagegen **Sortenbezeichnung,** wenn „Pilsener" einem als Betriebskennzeichen wirkenden Wort nachgestellt ist oder das Zeichen aus anderen Gründen auf eine deutsche Brauerei hinweist (BGH GRUR 74, 220, 221 – *Club Pilsener*), etwa durch Bezugnahme auf einen Ort („Herrenhäuser Pilsener", RGZ 139, 363, 365 ff, 386 = GRUR 33, 396, 397, 404) oder durch Anführung eines entlokalisierenden Familiennamens („König-Pilsener", BPatG GRUR 72, 654), ebenso bei der weitgehend, aber nicht völlig zur Sortenbezeichnung denaturierten Abkürzung „Pils" („Bitburger Pils", „Einbecker Pils", „Schloss-Pils" BPatGE 8, 82, 83). Geographische Herkunftsangabe und Gattungsbezeichnung (für ein helles obergäriges Bier): „Kölsch Bier" (BGH GRUR 70, 517, 518; OLG Köln WRP 81, 160, 162). Betriebliche Herkunftsangabe: „Pilsener Urquell" (RG MuW VIII, 106).

366 **(3) Fischwaren. Geographische Herkunftsangaben:** „Echter Berliner Rollmops" (RG MuW XXXI, 367);"Flensburger Aal" (*Baumbach/Hefermehl,* 22. Aufl, § 3 Rn 245); „Husumer Krabben" (*Baumbach/Hefermehl* aaO); „Sardinen" (aus Frankreich, Spanien, Portugal, Marokko), nicht für norwegische „Sprotten" (RGZ 99, 131, 133 ff). **Beschaffenheitsangaben:** „Kieler Sprotten" (ohne relokalisierenden Zusatz; *Loschelder/Loschelder* S 113).

367 **(4) Fleisch- und Wurstwaren. Geographische Herkunftsangaben:** „Braunschweiger Wurstfabrik" (RG JW 15, 1613); „Frankfurter Würstchen" (KG MuW XXXI, 48); „Schwarzwälder Rauchfleisch" (AG Konstanz LRE 4, 353); „Straßburger Gänseleberpastete" (OLG Colmar GRUR 00, 364). **Beschaffenheitsangaben:** „Hamburger", „Wiener Würstchen" (Pseudo-Herkunftsangaben, Rn 348)

368 **(5) Hopfen.** *(entfallen)*

369 **(6) Käse. Geographische Herkunftsangaben:** „Roquefort" (RG MuW XXXV, 221; außerdem Schutz nach dem deutsch-französischen Abkommen vom 8.3.1960 (Rn 398). Schutz gegenüber nichtschweizerischen Erzeugnissen für die Gattungsbezeichnungen „Schweizer Käse" und „Emmentaler Käse" nach dem deutsch-schweizerischen Abkommen vom 7.3.1967, aber „Emmentaler" zulässig für deutschen Käse mit deutlich entlokalisierendem Zusatz (zB „Allgäu" oder „Allgäuer" und „Deutschland" oder „Deutsches Erzeugnis", *Loschelder/Loschelder* S 26). **Gattungsbezeichnung:** „Harzer", „Harzer Käse" (*Loschelder/Loschelder* S 95), „Mozzarella" (OLG Frankfurt WRP 01, 558, 561).

370 Innerstaatliche Vorschriften, die den Vertrieb eines Käses ohne Rinde unter der Bezeichnung **„Emmentaler"** verbieten, obwohl ein solcher Käse unter derselben Bezeichnung in anderen Mitgliedstaaten rechtmäßig hergestellt und vermarktet wird, sind mit Art 28 EGV (Art 34 AEUV) (früher Art 30 EGV) unvereinbar, da sie geeignet sind, den innergemeinschaftlichen Handel zu beeinträchtigen (EuGH GRUR Int 01, 451, 453 = EuZW 01, 158, 159 [Rn 32] – *Emmentaler*).

371 **(7) Kohle. Geographische Herkunftsangaben:** „Westfalenkoks" (RG GRUR 34, 59, 60). Ebenfalls: Ruhrkohle; Saarkohle.

372 **(8) Mineralwässer. Geographische Herkunftsangaben:** Natürliche Mineralwässer mit Ortsbezeichnungen; „Urselters" (BGH GRUR 86, 316, 317 – *Urselters I*). Unzulässig ist der Vertrieb von *Quell-* und *Tafel*wässern unter geographischen Bezeichnungen (§ 15 I Nr 2 MTVO, Rn 254). Unzulässig, weil mit natürlichem *Mineral*wasser verwechselbar, ist die Bezeichnung „Natürliches *Quell*wasser" (BVerwGE 89, 22, 24 ff = NJW 92, 589, 590).

373 **(9) Parfümeriewaren. Geographische Herkunftsangaben:** „English Lavender" (BGH GRUR 56, 187, 188) und „Englisch Lavendel" (BGH GRUR 59, 365,

Irreführende geschäftliche Handlungen §5 UWG

366f) für Seifen. **Beschaffenheitsangaben:** „Eau de Cologne", „Kölnisch Wasser" (BGH GRUR 65, 317, 318).

(10) Porzellan- und Keramikwaren. Geographische Herkunftsangaben: „Meißner Porzellan" (RG JW 26, 1984); „Dresdner Porzellan" (LG Frankfurt GRUR 59, 190, 191). **Beschaffenheitsangabe:** Fayence (Rn 349). **Betriebliche Herkunftsangaben:** „Berliner Porzellan"/„Königlich Preußische Porzellanmanufaktur"/„KPM"; „Fürstenberger-", „Nympenburger Porzellan"; „Karlsruher Majolika". 374

(11) Spirituosen. Geographische Herkunftsangaben: „Cognac"/„Kognak" (BGH LRE 8, 161, 165; außerdem Schutz nach dem deutsch-französischen Abkommen vom 8.3.1960, Rn 401); „Französischer Brandy": Zur Irreführung über die Beschaffenheit (Qualität) eines Branntweins mit dieser Bezeichnung: BGH GRUR 84, 455, 456. Nicht eindeutig, ob geographische Herkunftsangabe: „Schwarzwälder Kirschwasser" (vgl *Loschelder/Loschelder* S 178). **Beschaffenheitsangaben:** „Nordhäuser" (RG GRUR 34, 62, 65, keine Rückentwicklung zur geographischen Herkunftsangabe). *Anders* jedoch „Nordhäuser Korn" (geographische Herkunftsangabe als eingetragene Herkunftsangabe nach dem DDR-Warenkennzeichengesetz, vgl Rn 398); „Steinhäger" (BGH GRUR 57, 128, 131); „Whisky" und „Wodka" *in Alleinstellung,* unzulässig relokalisierende Hinweise auf Schottland bzw Rußland bei deutschen Erzeugnissen (*Baumbach/Hefermehl,* 22. Aufl, § 3 Rn 255). „Weinbrand" ist **Gattungsbezeichnung** für Branntwein aus Wein (EuGH Slg 1975, 181 = GRUR Int 77, 25, 30 – *Mittelbare Herkunftsbezeichnung*). 375

(12) Stahlwaren. Geographische Herkunftsangaben: „Solingen", „Solinger Stahl", Rn 393f. 376

(13) Tabakwaren. Geographische Herkunftsangaben: „Nordhäuser Kautabak" (RG GRUR 33, 721, 722). **Beschaffenheitsangaben:** „Bremer Zigarren", „Hamburger Zigarren" (vgl *Loschelder/Loschelder* S 93); „Virginia-", „Orienttabak": Hinweis auf Provenienz des Tabaks, nicht der Ware. 377

(14) Textilien. Geographische Herkunftsangaben: „Bielefelder Wäsche" (LG Bielefeld GRUR 51, 285, 286). „Orient-", „Perser-", „Afghan-", „Bucharateppich": Nicht lediglich Beschaffenheitshinweis auf Knüpfart und -muster, sondern auch geographische Herkunftskennzeichnung (OLG Hamm WRP 83, 573, 574). 378

(15) Wein. Geographische Herkunftsangabe: Personenbezeichnung als Name einer im Verkehr bekannten Weinbergslage (mittelbare geographische Herkunftsangabe: BGH GRUR 01, 73, 75 – *Stich den Buben,* vgl Rn 339). 379

g) Irreführung. aa) Ortsangabe. Die Verwendung einer unmittelbaren oder mittelbaren Herkunfts- (Rn 337f) oder Ursprungsangabe (Rn 343) für eine Ware, die nicht aus dem angegebenen Ort oder Gebiet stammt, ist irreführend (BGH GRUR 95, 65, 66 – *Produktionsstätte;* BGHZ 139, 138, 144 = GRUR 99, 252, 255 – *Warsteiner II*). Das ist regelmäßig der Fall, wenn der Verwender nicht zum Kreis der orts- oder gebietsansässigen Gewerbetreibenden gehört. Unerheblich ist, ob die Ware an diesem Ort (Gebiet) mit einer besonderen Eigenschaft, Eigenart oder Güte hergestellt werden kann oder ob sie gleichwertig oder besser ist als eine Ware mit zutreffendem Ortsbezug (BGH aaO – *Produktionsstätte*). Wer eine bestimmte Ware wünscht, braucht sich keine andere, auch keine preiswertere oder qualitativ bessere, unterschieben zu lassen (Rn 310; BGH GRUR 56, 270, 272 – *Rügenwalder Teewurst I*). Unerheblich ist ferner, wie die Irreführung hervorgerufen wird, ob durch unzureichende Bezeichnung der Ware, des Unternehmens oder dessen Sitz (BGH GRUR 65, 681, 682 – *de Paris*). 380

Sosnitza 675

381 Maßgebend für die **Abgrenzung des geographischen Orts** (Bezirks, Wirtschaftsraums), auf den sich die Herkunftsangabe bezieht, ist die Verkehrsauffassung (Rn 346). Nach ihr bestimmt sich auch die Feststellung des **Herkunftsorts** bei Waren, deren Herstellung sich **stufenweise** an mehreren Orten vollzieht oder die sich aus **verschiedenen Stoffen** zusammensetzen. Bei **industriellen Erzeugnissen,** für die die örtlichen Gegebenheiten der bei der Verarbeitung verwendeten Stoffe keine Rolle spielen, ist Herstellungsort (Herkunftsort) nicht der Ort, an dem die Grundstoffe gewonnen werden oder der Vertrieb des Fertigprodukts erfolgt, sondern der Ort, an dem die Ware hergestellt wird **(Produktionsort).** Hier erhält das Erzeugnis seine für die Verkehrsvorstellung maßgebende Qualität und charakteristische Eigenschaft („Made in Germany"), auch wenn Grundstoffe oder Einzelteile aus verschiedenen Orten, Regionen oder Ländern stammen. Legt der Verkehr Wert auf ausländische Originalware (zB Kosmetikprodukte aus Frankreich), muss zur Vermeidung einer Irreführung über die geographische Herkunft einer inländischen Lizenzware auf deren inländische Herkunft hingewiesen werden (Rn 363). Zur Herkunftsangabe „Solingen" bei Stahlwaren s Rn 393f.

382 Für **bearbeitete Naturerzeugnisse** ist regelmäßig der Bearbeitungsort maßgebend („Bremer Kaffee"). Bei **Bier** weisen Ortsnamen („Dortmunder Union", „Bitburger Pils", „Fürstenberger", „Warsteiner") auf den Brauort als Herkunftsort hin, nicht auf den Abfüllort (BGHZ 139, 138, 144 = GRUR 99, 252, 255 – *Warsteiner II*) oder den Herkunftsort von Hopfen, Gerste oder Wasser. Maßgebend bei **Wein** ist für den Verkehr regelmäßig der Ort der Traubenlese, nicht der der Kelterung oder der kellermäßigen Behandlung (RGSt 68, 26, 28; BGH GRUR 61, 347, 348 – *Almglocke*). Bei **Dauermilcherzeugnissen** ist es der Ort der Gewinnung der natürlichen Milch (BGH aaO – *Almglocke*). Steht für den Verkehr weniger die Verarbeitung als das **Naturprodukt** als solches im Vordergrund, ist Herkunftsort im Allgemeinen der Ort der Gewinnung des Erzeugnisses („Gerolsteiner Sprudel", „Braunschweiger Spargel", „Schwarzwaldforelle", „Ceylon-Tee", „Ruhrkohle", „Bad Reichenhaller Salz", „Chile-Salpeter").

383 **bb) Relevanz.** Der kennzeichenrechtlichen Relevanz der Gefahr einer Irreführung über die geographische Herkunft einer Ware iS der §§ 126ff MarkenG entspricht grundsätzlich die wettbewerbsrechtliche Relevanz iS des § 5. Jedoch schützt der BGH die geographische Herkunftsangabe kennzeichenrechtlich aus Gründen des Mitbewerberschutzes bereits dann, wenn die Herkunft der Ware *nicht* die für die Kaufentscheidung des Verbrauchers nach § 5 erforderliche Bedeutung hat (Rn 329 aE; BGHZ 139, 138, 140 = GRUR 99, 252, 254 – *Warsteiner II* mwN; GRUR 01, 420, 421 – *SPA*). Geht es aber um die *ergänzende* Anwendung des § 5 (Rn 331ff), kann die Verwendung geographischer Angaben erst dann als irreführend angesehen werden, wenn der Angabe über deren täuschenden Charakter hinaus **wettbewerbsrechtliche Relevanz** zukommt. Es gelten insoweit die allgemeinen Grundsätze (Rn 208ff).

384 Für die Bejahung der Relevanz ist nicht erforderlich, dass der geographischen Herkunftsangabe im Rahmen der gebotenen Gesamtbetrachtung der Werbung – etwa im Zusammenhang mit Angaben zu Preis oder Qualität – das entscheidende Gewicht zukommt. Es genügt eine (irgendeine) Mitbeeinflussung des Kaufentschlusses (BGH GRUR 81, 71, 72f – *Lübecker Marzipan;* GRUR 82, 564, 566 – *Elsässer Nudeln;* GRUR 87, 535, 537 – *Wodka Woronoff;* GRUR 95, 65, 66 – *Produktionsstätte*). Unzutreffende geographische Herkunftsangaben sind für die wirtschaftliche Entschließung des Publikums regelmäßig in relevantem Sinne irreführend, da sie für den Verkehr ein wichtiger Informationsträger sind und sich in besonderem Maße zur Individualisierung der Ware und zur Vermittlung von Güte- und Preisvorstellungen eignen (BVerfGE 51, 193, 215 = GRUR 79, 773, 777 – *Weinbergsrolle; Baumbach/Hefermehl*, 22. Aufl, § 3 Rn 216; *Tilmann* GRUR 86, 593ff). Für die wettbewerbsrechtliche Relevanz spricht deshalb sowohl bei Ursprungsangaben als auch bei einfachen (unmittelbaren und mittelbaren) Herkunftsangaben eine **tatsächliche Vermutung.** Deren Verneinung verlangt besondere Gründe für die Annahme, dass die geographische Angabe trotz ihres täuschenden Charakters für die Kauflust des Publikums irrelevant ist (BGH aaO – *Lübecker Marzipan;* aaO – *Elsässer Nudeln;* aaO – *Wodka Woronoff;* aaO – *Produktionsstätte).* Ob die mit der geographischen Herkunftsangabe verbundene Wertschätzung berechtigt ist, spielt für die Relevanzfrage keine Rolle. Entscheidend ist allein die Eignung der Angabe, den Kaufentschluss des Verkehrs irgendwie – ob zu Recht oder zu Unrecht – im Sinne einer allgemeinen Wertschätzung positiv zu beeinflussen (BGH aaO – *Lübecker Marzipan).*

cc) Interessenabwägung. An der Verwendung **unzutreffender geographischer Herkunftsangaben** besteht regelmäßig kein schutzwürdiges Interesse (vgl BGH GRUR 81, 71, 72 – *Lübecker Marzipan; Gloy* in FS Piper, S 543, 559). Sinn und Zweck der §§ 126 ff MarkenG und des § 5 UWG ist es, geographischen Herkunftsangaben einen möglichst wirksamen Schutz gegen unrichtigen Gebrauch zu gewähren, so dass im Allgemeinen kein schutzwürdiges Interesse Dritter anzuerkennen ist, unzutreffende Angaben über die Herkunft einer Ware zu verwenden (BGH aaO – *Lübecker Marzipan).* Das Allgemeininteresse am zutreffenden Gebrauch geographischer Herkunftsangaben (Rn 310, 383 f) lässt daher im Rahmen einer Interessenabwägung die Hinnahme einer auch durch Zusätze (Rn 357, 362) nicht vollständig ausräumbaren Irreführungsgefahr nur **ganz ausnahmsweise** zu, wenn gegenüber einem verbleibendem Rest an Irreführungsgefahr gewichtige schutzwürdige Interessen des Werbenden oder der betroffenen Wirtschaftskreise überwiegen. Abzustellen ist bei der Interessenabwägung auf die Umstände des Einzelfalls, insbesondere auf die Art der hervorgerufenen Fehlvorstellung und auf Gewicht und Bedeutung der betroffenen Interessen der Verbraucher, der Mitbewerber und der Allgemeinheit (BGH GRUR 81, 666, 668 – *Ungarische Salami I).* 385

Auch für die Verbote aus § 127 I, II und § 128 I MarkenG gilt der **Grundsatz der Verhältnismäßigkeit** *(Fezer,* MarkenG § 127 Rn 12, 13). Seine Heranziehung verlangt aber nicht nur die Berücksichtigung sämtlicher im Streitfall maßgebender tatsächlicher Umstände, sondern auch die Beachtung des § 127 IV Nr 1 MarkenG, der gegen § 127 I MarkenG verstoßende geographische Herkunftsangaben auch dann verbietet, wenn entlokalisierende Zusätze die Gefahr einer Irreführung nicht (vollständig) ausschließen (vgl aber BGHZ 139, 138, 145 = GRUR 99, 252, 255 – *Warsteiner II).* Nur ganz **ausnahmsweise** kann daher ein **Rest** an Irreführungsgefahr hingenommen werden, vgl BGH GRUR 02, 160, 162 f – *Warsteiner III* für den Fall, dass entlokalisierende Zusätze einer Irreführung des Verkehrs in ausreichendem Maße entgegenwirken und verbleibende Fehlvorstellungen angesichts gewichtiger Interessen an der Verwendung der unrichtigen geographischen Herkunftsangabe nicht ins Gewicht fallen. Zu Ausnahmefällen (aus der Zeit *vor* Inkrafttreten des [§ 127 IV Nr 1] MarkenG s Rn 387–390). 386

(1) Mehrdeutigkeit. Es geht um unterschiedlich deutbare mittelbare geographische Herkunftsangaben, so bei der Verwendung der Bocksbeutelflasche oder einer ähnlichen **Flaschenform** für Weine aus nichtfränkischen Anbaugebieten (bestimmte Weinbaugebiete Mittelbadens, Südtirols, Portugals) mit in langen Zeiträumen gewachsenem wertvollen Besitzstand, auch wenn eine zutreffende Etikettierung die Irreführungsgefahr nicht vollständig beseitigt (BGH GRUR 71, 313, 315 – *Bocksbeutelflasche;* GRUR 79, 415, 416 – *Cantil-Flasche;* EuGH Slg 1984, 1299 = GRUR Int 84, 291, 300 f – *Bocksbeutel).* 387

(2) Gleichnamigkeit. Ausnahmen kommen ferner in Betracht bei gleichnamigen **Gebiets- und Ortsbezeichnungen** oder bei Gleichnamigkeit von **Eigennamen und geographischen Herkunftsangaben,** wenn der aus der Gleichnamigkeit 388 folgenden Irreführungsgefahr so weit wie möglich vorgebeugt wird. Die Firmenbezeichnung „Sektkellerei Rüdesheim" für ein Unternehmen mit Sitz in Rüdesheim/ Nahe ist objektiv richtig und deshalb grundsätzlich auch zulässig, verlangt aber zur Minderung der Irreführungsgefahr eine eindeutige Klarstellung, dass der Sekt nicht aus Rüdesheim am Rhein stammt (OLG Frankfurt WRP 86, 279, 280f).

389 **(3) Konzernverbundenheit.** Zulässigkeit des Vertriebs von spanischen Wermutweinen unter der Bezeichnung „Cinzano" in Deutschland mit dem deutlichen Hinweis „Spanischer Wermut", den ein spanisches Tochterunternehmen des italienischen Stammhauses in Spanien hergestellt hat (BGHZ 60, 185, 196 = GRUR 73, 468, 471 – *Cinzano*). – Zum Erfordernis des Zusatzes „Deutsches Erzeugnis" zwecks Verhinderung einer Irreführung über die ausländische Herkunft einer mit ausländischer Etikettaufmachung angebotenen Spirituose, die in Deutschland nach ausländischer Lizenz und unter ausländischer Überwachung hergestellt worden ist s BGH GRUR 71, 255, 258 – *Plym-Gin*.

390 **(4) Bedeutungswandel.** Die Umwandlung einer geographischen Herkunftsangabe in eine Gattungsbezeichnung ist erst abgeschlossen, wenn nur noch unbeachtliche Teile des Verkehrs von einem geographischen Herkunftshinweis ausgehen. Für den umgekehrten Fall der Entwicklung (Rückentwicklung) einer Gattungsbezeichnung zur geographischen Herkunftsangabe verlangt dagegen das Interesse der Allgemeinheit und der Mitbewerber am ungehinderten Gebrauch der Gattungsbezeichnung, dass der überwiegende Teil des Verkehrs den Bedeutungswandel vollzogen hat. Dass ein geringerer Teil des Verkehrs (wieder) von einer geographischen Herkunftsangabe ausgeht, genügt nicht (Rn 220, 355).

391 **dd) Wechselwirkung.** Ist eine Interessenabwägung geboten (Rn 385), kann auch in deren Rahmen die Frage der Relevanz der Herkunft der Ware für die Kaufentscheidung des Verbrauchers entscheidende Bedeutung gewinnen. Dabei ist zu beachten, dass zwischen der Relevanz und den Anforderungen an entlokalisierende Zusätze eine Wechselwirkung in der Weise bestehen kann, dass bei *erheblicher* Relevanz regelmäßig hohe Anforderungen an Klarheit und Deutlichkeit aufklärender Hinweise zu stellen sind und umgekehrt (BGH GRUR 02, 160, 162 – *Warsteiner III*).

392 **h) Anforderungen an Irreführungsschutz.** Die besondere Bedeutung geographischer Herkunftsangaben für die Kaufentschließung des Verbrauchers (Rn 310) verlangt einen **entsprechend strengen – dh strengsten – Schutz vor Irreführung** (stRspr und allgM, BGH GRUR 70, 517, 519 – *Kölsch-Bier;* GRUR 81, 71, 73 – *Lübecker Marzipan;* GRUR 82, 564, 566 – *Elsässer Nudeln; Baumbach/Hefermehl,* 22. Aufl, § 3 Rn 187: Anlegung eines denkbar schärfsten Maßstabs). Eine Irreführung des Verkehrs kann nur in extrem gelagerten Ausnahmefällen hingenommen werden (Rn 38ff). Die **Umwandlung** einer geographischen Herkunftsangabe zu einem Warennamen oder einer Beschaffenheits-, Sorten- oder Gattungsbezeichnung kann erst bejaht werden, wenn nur noch unbeachtliche Verkehrsteile in der Angabe einen Herkunftshinweis sehen (Rn 220, 353ff; BGH GRUR 56, 270, 272 – *Rügenwalder Teewurst I*). Klarstellende (entlokalisierende) **Zusätze** müssen über die Warenherkunft eindeutig aufklären und entsprechend herausgestellt werden, um Fehlvorstellungen des Verkehrs auszuschließen (Rn 357ff, 362). Vor allem bei unmittelbaren Herkunftsangaben bedarf es der Prüfung, ob eine davon ausgehende Irreführungsgefahr wirklich ausgeräumt ist. Bei mittelbaren Herkunftsangaben lässt sich die Irreführung im Allgemeinen leichter ausschließen als bei unmittelbaren und bei Ursprungsangaben, mit denen der Verkehr besondere Gütevorstellungen verbindet (Rn 359). Zu den Anforderungen an die **Irreführungsquote** s Rn 147ff, 219ff. Für die **Relevanz** einer Irreführung genügt die Mitbeeinflussung des Kaufentschlusses. Dafür spricht eine tatsächliche Vermutung. Nicht erforderlich ist, dass der geographischen Herkunftsangabe bei der Relevanzprüfung das maßgebliche Gewicht zukommt, hinter dem andere Angaben, zB zu Preis oder Qualität, zurücktreten.

i) Weitere innerstaatliche Regelungen. Für die **Ursprungsbezeichnung** 393 **„Solingen"** besteht nach der am 1.1.1995 in Kraft getretenen Verordnung zum Schutz des Namens „Solingen" (Solingenverordnung – SolingenV) v 16.12.1994 (BGBl I S 3833) **Sonderschutz.** Der Name „Solingen" darf danach im geschäftlichen Verkehr nur für Schneidwaren iS des § 3 SolingenV benutzt werden, die in allen wesentlichen Herstellungsstufen im Herkunftsgebiet (Stadt Solingen und Stadt Haan/Kreis Mettmann, § 2 SolingenV) bearbeitet und fertiggestellt werden (Gebietsbezeichnung, vgl Rn 346) und nach Rohstoff und Bearbeitung auch geeignet sind, ihren arteigenen Verwendungszweck zu erfüllen (§ 1 SolingenV). Auf eine davon abweichende Verkehrsauffassung kommt es nicht an, ebenso wenig auf das Bestehen einer Irreführungsgefahr. Der Name Solingen ist damit eine gesetzlich festgelegte geographische Herkunftsangabe und Ursprungsbezeichnung, deren Umwandlung in eine Gattungsbezeichnung (vgl Rn 353f) gesetzlich ausgeschlossen ist. Zivil- und strafrechtlich ist der Name „Solingen" nach den §§ 126ff, 143ff MarkenG geschützt.

Vor dem Inkrafttreten der Solingenverordnung bestand für den Namen „Solin- 394 gen" Schutz nach dem durch Art 48 Nr 4, 5 des Markenrechtsreformgesetzes v 25.10.1994 (BGBl I S 3082) aufgehobenen Gesetz zum **Schutz des Namens „Solingen"** v 25.7.1938 (RGBl I S 953 idF des Art 140 EGStGB v 2.3.1974, BGBl I S 469, 574) und der DurchführungsVO v 25.7.1938 (RGBl I S 954), s LG Wuppertal WRP 77, 280, 281; OLG Düsseldorf GRUR 78, 481, 482f; WRP 83, 565, 567; *Ulmer/Reimer/Beier* Bd III Rn 780; *Weides* WRP 77, 141; 234; *Pastor* WRP 77, 772.

Nach dem **Lebensmittel- und Futtermittelgesetzbuch** besteht Schutz vor ir- 395 reführender Verwendung geographischer Herkunftsangaben im Verkehr mit Lebensmitteln und Futtermitteln (§ 11 I Nr 1, § 19 LFGB). Der Schutzbereich der Vorschriften entspricht insoweit im Wesentlichen dem des § 5 UWG.

Darüber hinaus wird § 5 ergänzt durch die Regelung des § 16 I über die **Strafbar-** 396 **keit** irreführender Werbung mit unwahren Angaben (Rn 18), ferner durch §§ 144, 145 MarkenG (strafbare bzw bußgeldbewehrte Benutzung geographischer Herkunftsangaben) und durch § 151 (Beschlagnahme bei widerrechtlicher Kennzeichnung).

j) Einigungs- und Erstreckungsgesetz

Literatur: *Gaul/Burgmer,* Das Erstreckungsgesetz für den gewerblichen Rechtsschutz, GRUR 1992, 283.

Nach **Art 8 des Einigungsvertrages** ist mit dem Wirksamwerden des Beitritts das 397 Bundesrecht grundsätzlich auch **in den neuen Bundesländern** in Kraft getreten. Es gilt also auch dort das UWG, das in der DDR formell zu keiner Zeit aufgehoben (vgl Einf A Rn 39) und zur Begründung kennzeichenrechtlicher Ansprüche aus § 16 auch ausdrücklich herangezogen worden war (*Woltz,* Die Namen der Wirtschaftseinheiten; *Göldner/Woltz,* Namens- und Registerrecht volkseigener Wirtschaftseinheiten aus innerstaatlicher und internationaler Sicht, in *Neue Justiz* 1980, 300, 301). Geographische Herkunftsangaben genießen daher in den neben den §§ 126ff MarkenG noch verbliebenen Fällen auch in den neuen Bundesländern ergänzenden Schutz nach § 5 UWG (§ 2 MarkenG, Rn 331ff).

Nach den **§§ 33 bis 38 ErstrG** v 23.4.1992 (BGBl I S 938) konnte für Herkunfts- 398 angaben, die auf Grund der §§ 19 bis 24 des Gesetzes über Warenkennzeichen vom 30.11.1984 (GBl DDR I S 397, abgedr. GRUR 1990, 945; vgl *Berg,* GRUR Int 1988, 621, 628ff) in das DDR-Register für Herkunftsangaben eingetragen worden waren, bis zum 30.4.1993 die **Umwandlung in Verbandszeichen** (§§ 17 bis 23 WZG) beantragt werden. Diese Regelung betraf ca. 150 Herkunftsangaben. Traf eine solche Herkunftsangabe nach Umwandlung in ein Verbandszeichen auf eine mit ihr übereinstimmende Bezeichnung, die im alten Bundesgebiet vor dem 1.7.1990 (rechtmäßig) als Gattungsbezeichnung benutzt worden war, so durfte diese nur noch für die Dauer von zwei Jahren ab Eintragung des Verbandszeichens mit einer Aufbrauchfrist von weiteren zwei Jahren benutzt werden (§ 38 I ErstrG). Zum Zusammentreffen von in Verbandszeichen umgewandelten Herkunftsangaben und Warenzeichen s § 36 ErstrG.

399 k) **Inlandsschutz für Ausländer.** Das MarkenG (§§ 126 ff) schützt **ausländische Herkunftsangaben** in gleicher Weise wie inländische. Auch Ausländer genießen Inlandsschutz. Die insoweit einschränkende Regelung des früheren § 28 UWG (Beachtung der Gegenseitigkeit, soweit nicht Staatsverträge ohnehin für Ausländer Inlandsschutz vorsahen) ist mit Aufhebung des § 28 durch Art 25 Nr 2 des Markenrechtsreformgesetzes v 25.10.1994 (BGBl I S 3081, 3121) entfallen.

400 l) **Völkerrechtliche Verträge. aa) Ausgangspunkt.** Der Inlandsschutz für Ausländer richtet sich nach den deutschen Vorschriften (Rn 399). Eine ausländische Bezeichnung kann daher nach dem Markengesetz bzw dem UWG geschützt sein, auch wenn sie im Ursprungsland – etwa als Gattungsbezeichnung – nicht geschützt wird, und umgekehrt findet eine im Ursprungsland als geographische Herkunftsangabe geschützte Bezeichnung in der Bundesrepublik keinen Schutz, wenn sie hier vom Verkehr als Gattungsbezeichnung oder Beschaffenheitsangabe angesehen wird. Ausnahmen von diesem (Territorialitäts-)Grundsatz, nach dem das Recht des Schutzstaates maßgebend ist, machen zahlreiche **Staatsverträge,** die das jeweilige Recht des Ursprungslandes für anwendbar erklären.

401 bb) **Bilaterale Abkommen.** Von besonderer Bedeutung für den Schutz geographischer Herkunftsangaben sind die **zweiseitigen Verträge** (abgedr. bei *Fezer,* MarkenG, CD-ROM, S 1166 ff) zwischen der Bundesrepublik und **Frankreich:** Deutsch-französisches Abkommen v 8.3.1960, BGBl 1961 II S 22; BlPMZ 1969, 171; 1970, 410; BGH GRUR 69, 615, 616 – *Champi-Krone;* GRUR 69, 611, 614 – *Champagner-Weizenbier;* GRUR 82, 564, 566 f – *Elsässer Nudeln;* GRUR 88, 453 – *Ein Champagner unter den Mineralwässern;* OLG Frankfurt GRUR 87, 380 – *Napoléon,* **Italien:** Deutsch-italienisches Abkommen v 23.7.1963, BGBl 1965 II S 156; BGH GRUR 83, 768 – *Capri-Sonne;* GRUR 94, 307, 309 – *Mozzarella I;* GRUR 94, 310, 311 – *Mozzarella II;* OLG Düsseldorf GRUR Int 83, 47 – *Parmaschinken;* OLG München GRUR 87, 182 – *Parmaschinken,* **Griechenland:** Deutsch-griechisches Abkommen v 16.4.1964, BGBl 1965 II S 176): der **Schweiz:** Deutsch-schweizerischer Vertrag v 7.3.1967, BGBl 1969 II S 138; BGH GRUR 95, 65, 66 – *Produktionsstätte; Pastor,* WRP 80, 591; *Krieger* GRUR Int 81, 543; *Schweizerisches Bundesamt für geistiges Eigentum,* Rechtsauskunft v 4.11.1982, GRUR Int 83, 882, **Spanien:** Deutsch-spanischer Vertrag v 11.9.1970, BGBl 1972 II S 109, **Österreich:** Deutsch-österreichischer Vertrag v 6.10.1981, von Österreich ratifiziert, bislang nicht von Deutschland.

402 Diese internationalen Vereinbarungen sind durch Ratifizierung **innerstaatliches Recht** geworden (BGH GRUR 69, 611, 612 – *Champagner Weizenbier;* GRUR 94, 307, 308 – *Mozzarella I*). In Struktur und Inhalt stimmen sie weitgehend überein. Auszulegen sind sie in erster Linie aus sich selbst heraus, nicht nach Grundsätzen und Begriffen des innerstaatlichen Rechts (BGH aaO – *Champagner Weizenbier*). Sie enthalten in Anlagen A und B – gegliedert nach Warengebieten (Weine, Ernährung und Landwirtschaft, gewerbliche Wirtschaft) – die im Schutzstaat den Erzeugnissen des Ursprungsstaates vorbehaltenen Bezeichnungen. Deren Benutzung im Schutzstaat ist **nur nach Maßgabe des Rechts des Ursprungslandes** zulässig (BGH aaO – *Mozzarella I*). Unerheblich ist, ob eine in den Anlagen aufgeführte Bezeichnung im Schutzstaat als Gattungsbezeichnung angesehen wird (BGH aaO – *Mozzarella I*). Das gilt im Schutzstaat auch für Waren aus Drittländern (BGH aaO – *Champagner Weizenbier*). Ferner kann im Schutzstaat – solange die fragliche Bezeichnung in der Anlage enthalten ist – nicht eingewandt werden, dass die Bezeichnung im Ursprungsland Gattungsbezeichnung sei oder zu einer solchen geworden sei (offengelassen in BGH aaO – *Mozzarella I*).

Die Herkunftsabkommen erstrecken sich auch auf den Gebrauch der Bezeichnungen als Beschaffenheitsangaben, Unternehmenskennzeichnungen oder Warenzeichen/Marken (BGH GRUR 69, 615, 616 – *Champi-Krone*). Sie gewähren Schutz gegenüber **identischen Bezeichnungen, offenen Anlehnungen** („nach Art", „Typ", „Fasson", „Stil", „Verfahren", „Nachahmung" usw) und **anderen Abwandlungen**, wenn die verwendete Bezeichnung ihrem Sinn nach denselben Eindruck wie die geschützte Bezeichnung erweckt oder die Abwandlung geeignet ist, den Werbewert der geschützten Bezeichnung zu beeinträchtigen (BGH aaO – *Champi-Krone*: für Sektmischgetränk als Verletzung der nach dem deutsch-französischen Abkommen v 8.3.1960 geschützten Bezeichnung „Champagne"). 403

Der Schutz aus den Abkommen ist **nicht auf die Warengebiete beschränkt,** denen die Bezeichnungen in den Anlagen A und B zugeordnet sind. Er besteht ohne **Rücksicht auf Warengleichartigkeit bzw -ähnlichkeit** im kennzeichenrechtlichen Sinne, gilt also im Prinzip auch für andere Warengebiete, greift aber nach Sinn und Zweck des Schutzes dann nicht ein, wenn eine Beeinträchtigung des Werbewertes der geschützten Bezeichnung ausscheidet (BGH aaO – *Champagner Weizenbier,* S 613; GRUR 83, 768, 769f – *Capri-Sonne*). 404

Dieser **Schutz wird ergänzt** durch das – den Regelungen des **§ 127 MarkenG** bzw des § 5 UWG entsprechende (BGH GRUR 82, 564, 566 – *Elsässer Nudeln*) – Verbot, für Waren (deren Aufmachung, äußere Verpackung, auf Rechnungen, Frachtbriefen usw, in der Werbung) Kennzeichnungen (Namen, Abbildungen, Aufschriften) mit falschen oder irreführenden Angaben über Herkunft, Ursprung, Natur, Sorte oder wesentliche Eigenschaften der Waren zu benutzen. 405

Die Abkommen gewähren im Verletzungsfall einen **Unterlassungsanspruch,** der neben dem aus dem innerstaatlichen Recht (§ 128 MarkenG; §§ 8 I, 3, 4 Nr 11 UWG; § 823 II BGB in Verbindung mit dem Abkommen als Schutzgesetz) steht. Die **Klagebefugnis der Mitbewerber und Verbände** folgt unmittelbar aus dem Abkommen und – da diese durch Zustimmungsgesetze innerstaatliches Recht geworden sind – auch aus § 13 II Nr 1 und 2 UWG (BGH GRUR 69, 611, 612 – *Champagner Weizenbier*; GRUR 94, 307, 308 – *Mozzarella I*). 406

EU-Recht geht den *zwischen den Mitgliedstaaten* der Gemeinschaft bestehenden zweiseitigen Herkunftsabkommen vor. Von den Bindungen des AEUV sind nur solche internationalen Übereinkommen freigestellt, die vor seinem Inkrafttreten *mit Drittstaaten* geschlossen worden sind, Art 351 AEUV. Art 34 AEUV kann deshalb der Anwendung eines *zwischen Mitgliedstaaten* geschlossenen Herkunftsabkommens entgegenstehen, wenn von diesem **handelsbeschränkende Wirkungen** ausgehen (EuGH GRUR Int 93, 79 – *Turrón de Alicante;* BGH GRUR 94, 307, 308 – *Mozzarella I*). Handelshemmnis in diesem Sinne ist jede Handelsregelung der Mitgliedstaaten, die nicht nur unmittelbar und tatsächlich, sondern auch mittelbar und potentiell den innergemeinschaftlichen Warenverkehr behindert (Rn 54ff; EuGH ZLR 90, 392, 394 – *Tiefgefrorener Joghurt;* GRUR 93, 747, 748 – *Yves Rocher;* EuGH aaO – *Turrón de Alicante*). Auf Bezeichnungen, die geographische Herkunftsangaben sind und damit dem Schutz des gewerblichen Eigentums im Sinne des Art 36 AEUV unterfallen, erstreckt sich das Verbot des Art 28 (früher Art 30 EGV) nicht. Handelt es sich aber bei der Bezeichnung um eine im Ursprungsland nicht geschützte Gattungsbezeichnung, fehlt es an einem rechtfertigenden Grund im Sinne des Art 36 AEUV Schutz aus den Herkunftsabkommen kann in diesem Falle gegenüber Art 34 AEUV nicht gewährt werden (EuGH aaO – *Turrón de Alicante* [Rn 37, 39]; BGH aaO – *Mozzarella I*). Einfachen und mittelbaren Herkunftsangaben dürfen nach bilateralen Verträgen zwischen Mitgliedstaaten und Drittstaaten ein von jeder Irreführung unabhängiger Schutz gewährt werden (EuGH GRUR Int 04, 131, 135 – *American Bud*). 407

408 An die Stelle des bilateralen Bezeichnungsschutzes und des Schutzes im nationalen Recht (Rn 400ff) tritt – im Geltungsumfang der Verordnung Nr 1151/2012 (Rn 314) bei **geographischen Angaben und Ursprungsbezeichnungen für Agrarerzeugnisse und Lebensmittel** – das Unionsrecht (Rn 318ff).

409 **cc) Multilaterale Abkommen. (1) Pariser Verbandsübereinkunft (PVÜ) zum Schutz des gewerbl. Eigentums.** Das Abkommen v 20.3.1883 (Stockholmer Fassung v 14.7.1967, BGBl 1970 II S 391 = GRUR Int 68, 418) verpflichtet in den Art 10, 10 bis zur Beschlagnahme von Waren mit irreführenden (unmittelbaren oder mittelbaren) Herkunftsangaben oder falschen Angaben über die betriebliche Herkunft, ferner zur **Bekämpfung unlauteren Wettbewerbs** im Interesse der verbandsangehörigen Länder und zur Gewährung entsprechenden Rechtsschutzes bei der Rechtsverfolgung.

410 **(2) Madrider Herkunftsabkommen (MHA).** Ähnlich wie nach der PVÜ sind auch nach dem **MHA über die Unterdrückung falscher oder irreführender Herkunftsangaben** auf Waren v 14.4.1891 (wiederholt revidiert, zuletzt in Lissabon am 31.10.1958, BGBl II S 293; abgedr bei *Fezer,* MarkenG CD-ROM, S 1089ff) Erzeugnisse mit falschen oder irreführenden Herkunftsangaben, durch die ein Mitgliedsland oder ein Ort dieses Landes unmittelbar oder mittelbar betroffen ist, bei der Einfuhr zu beschlagnahmen. Das deutsche Beitrittsgesetz enthält teilweise weitergehende Regelungen (sa Gloy/Loschelder/Erdmann/*Helm* § 73 Rn 42). Die materiellen Voraussetzungen über das Vorliegen einer Irreführungsgefahr (geographische Herkunftsangabe oder Gattungsbezeichnung) regelt das Abkommen nicht. Sie richten sich nach dem jeweils anzuwendendem Recht des Verbandsstaats.

(3) TRIPS-Abkommen

Literatur: *Dörmer,* Streitbeilegung und neue Entwicklungen im Rahmen von TRIPS: Eine Zwischenbilanz nach vier Jahren, GRUR Int 98, 919; *Dreier,* TRIPS und die Durchsetzung von Rechten des geistigen Eigentums, GRUR Int 96, 205; *Fikentscher,* Wettbewerbsrecht im TRIPS-Agreement der Welthandelsorganisation, GRUR Int 95, 529; *Groh/Wündisch,* Die Europäische Gemeinschaft und TRIPS, GRUR Int 2001, 497; *Knaak,* Der Schutz geographischer Angaben nach dem TRIPS-Abkommen, GRUR Int 95, 652.

411 Das TRIPS-Abkommen (Übereinkommen über handelsbezogene Aspekte der Rechte des geistigen Eigentums, Agreement on Trade-related Aspects of Intelectuel Property Rights – TRIPS) v 15.4.1994 (BGBl II S 1730, abgedr bei *Fezer,* MarkenG, CD-ROM, S 1115ff) ist als Anhang 1 C des Übereinkommens zur Errichtung der Welthandelsorganisation (WTO) – in welches das **GATT** einbezogen wurde – für die Bundesrepublik Deutschland und für 73 weitere Staaten, darunter sämtliche Mitgliedstaaten der EU und für die Europäischen Gemeinschaften zum 1.1.1995 in Kraft getreten (BGBl 1994 II S 1625). Zum Beitritt weiterer Staaten s Fundstellennachweis B zum Bundesgesetzblatt.

412 Das TRIPS-Abkommen (sa Einf B Rn 2) begründet – auf hohem Niveau – *Mindest*verpflichtungen zum **Schutz des geistigen Eigentums,** ohne die Vertragspartner an der Gewährung eines weiterreichenden Schutzes zu hindern (zum Anwendungsbereich des Begriffs des geistigen Eigentums iS des TRIPS-Abkommens s Art 1 II). Seine insgesamt sieben Teile gehen vom Grundsatz der Inländerbehandlung und Meistbegünstigung aus und enthalten in seinen materiell-rechtlichen Abschnitten auch Normen **zum Schutz geographischer Herkunftsangaben als eine der Formen geistigen Eigentums iS des Abkommens** (Teil II Abschn 3, Art 22–24). Seine Definition der geographischen Herkunftsangabe erstreckt sich auf unmittelbare und mittelbare **Ursprungsangaben** (qualifizierte geographische Herkunftsangaben, Rn 343), dh auf „Angaben, die eine Ware als aus dem Hoheitsgebiet eines Mitglieds oder aus einer Gegend oder aus einem Ort in diesem Gebiet stammend kennzeichnen,

Irreführende geschäftliche Handlungen **§ 5 UWG**

wenn eine bestimmte Qualität, der Ruf oder eine sonstige Eigenschaft der Ware im Wesentlichen auf ihrer geographischen Herkunft beruht" (Art 22 I). Das deckt sich mit dem Begriff der geographischen Herkunftsangaben in der Verordnung Nr 1151/2012 Art 5 II (Rn 314ff, 408). Die Regelungen des Art 22 II bis IV des TRIPS-Abkommens verpflichten die Vertragsparteien zum Schutz geographischer Angaben gegen irreführende und unlautere Werbung. Art 23 enthält Sonderregelungen zum Schutz geographischer Herkunftsangaben für Weine und Spirituosen. Über Art 2 I sind ua die Regelungen der Art 10, 10bis PVÜ zum Schutz geographischer Herkunftsangaben in das TRIPS-Abkommen inkorporiert, schreiben diese also auch für diejenigen Vertragspartner als verbindlich vor, die nicht Mitglieder der PVÜ sind. Zu Einzelheiten s *Fezer,* MarkenG, Einf in das Recht der internationalen Verträge, Rn 29. Zur Auslegung des Art 50 des TRIPS-Abk (Einstweilige Maßnahmen zum Schutz von Rechten des geistigen Eigentums) s EuGH GRUR 01, 235, 237f = GRUR Int 01, 327, 328f = WRP 01, 124, 127ff – *Dior:* Auslegungszuständigkeit des EuGH [Rn 40], Anwendbarkeit des Art 50 VI in gemeinschaftsrechtlich bzw lediglich einzelstaatlich normierten Bereichen [Rn 49] und Recht des geistigen Eigentums iS des Art 50 I [Rn 63]; sa EuGH GRUR Int 02, 41 – *Route 66:* Zu Art 50 II.

(4) Lissaboner Abkommen über den Schutz von Ursprungsbezeichnun- **413**
gen und ihre internationale Registrierung (LUA). Dem LUA v 31.10.1958 (GRUR Int 59, 153) ist die Bundesrepublik Deutschland bislang nicht beigetreten. Der Grund dafür liegt in dem im Abkommen bestimmten Erfordernis, dass Ursprungsbezeichnungen als solche in der jeweiligen Rechtsordnung der Ursprungsländer anerkannt sein müssen, eine Voraussetzung, die für die meisten deutschen geographischen Herkunftsangaben – mit Ausnahme der Ursprungsbezeichnung „Solingen" (vgl Rn 393, 372f) – nicht erfüllt ist. Ein Beitritt Deutschlands zum LUA hätte daher nur den anderen Vertragsstaaten Vorteile gebracht (*Tilmann,* Die geographische Herkunftsangabe, S 415; *Krieger* GRUR Int 69, 99; *Beier,* GRUR Int 98, 69).

Art 1 LUA sieht die **internationale Registrierung** von Ursprungsbezeichnun- **414**
gen der Verbandsstaaten vor, die im Ursprungsland anerkannt und geschützt sind. Art 2 I definiert die Ursprungsbezeichnung als geographische Benennung eines Landes, einer Gegend oder eines Ortes, die zur Kennzeichnung eines Erzeugnisses dient, das dort seinen Ursprung hat und das seine Güte oder Eigenschaften ausschließlich oder überwiegend den geographischen Verhältnissen einschließlich der natürlichen und menschlichen Einflüsse verdankt. Ob nach dem LUA eine Ursprungsbezeichnung anzunehmen ist, hängt also maßgeblich davon ab, dass der Verkehr auf Grund des örtlichen Ursprungs eine besondere Gütevorstellung mit der Ware verbindet (vgl Rn 343).

8. Betriebliche Herkunft

Literatur: *Auenwald,* Händlermarke und § 3 UWG, WRP 1955, 91; *Blau,* Der Verkauf zugekaufter Waren unter der eigenen Herstellermarke, Diss jur Frankfurt, 1984; *Bornkamm,* Kennzeichenrecht und Irreführungsverbot – Zur wettbewerbsrechtlichen Beurteilung der irreführenden Kennzeichenbenutzung, FS Mühlendahl, 2005, S 9; *Hohmann/Leible,* Probleme der Verwendung geographischer und betrieblicher Herkunftsangaben bei Lebensmitteln, ZLR 1995, 265; *Köhler,* „Grüner Punkt" als irreführende Werbung?, BB 1998, 2065; *Krink,* Firmenbezeichnung bei Inhaberwechsel, BB 1954, 276; *v Metzen,* Zeichenschutz an Beschaffenheitsangaben, GRUR 1956, 103; *Möhring,* Die Umwandlung einer Beschaffenheitsangabe zum betrieblichen Herkunftshinweis, GRUR 1974, 565; *Steinbeck,* Richtlinie über unlautere Geschäftspraktiken: Irreführende Geschäftspraktiken – Umsetzung in das deutsche Recht, WRP 2006, 632.

Betriebliche Herkunftsangaben weisen auf die Herkunft einer Ware aus einem be- **415**
stimmten Unternehmen hin. Das **Kennzeichenrecht** gewährt dem Kennzeicheninhaber einen **individualrechtlichen Schutz** gegen Verwechslung insoweit, als es für Unternehmenskennzeichen die Ansprüche nach § 12 BGB, § 15 MarkenG, und für

Marken die Ansprüche nach den Vorschriften des § 14 MarkenG zur Verfügung stellt. Auf der Grundlage der bisher strikt angewandten Vorrangthese (vgl 707 ff) sollte dieser Kennzeichenschutz aber nicht durch eine unbeschränkte Anwendung von § 5 auf alle Fälle der Irreführung über die betriebliche Herkunft Anwendung finden, sondern nur dann, wenn der Verkehr mit der betrieblichen Herkunftsangabe auch eine **inhaltliche Aussage** über geschäftliche Verhältnisse im Sinne von Gütevorstellungen (qualifizierten betrieblichen Herkunftsangaben) verbindet, insbesondere über die Beschaffenheit, Qualität und Preiswürdigkeit, über Unternehmensverhältnisse oder Geschäftstradition (BGHZ 5, 189, 196 = GRUR 52, 577, 581 – *Zwilling;* GRUR 66, 267, 270 – *White Horse;* GRUR 70, 528, 531 – *Migrol;* GRUR 90, 68, 69 – *VOGUE-Ski;* Köhler/ Bornkamm § 5 Rn 4.209ff; GK[1]/*Lindacher* § 3 Rn 637ff; GK[1]/*Teplitzky* § 16 Rn 184).

416 Die Grundsätze zum lauterkeitsrechtlichen Schutz qualifizierter betrieblicher Herkunftsangaben wurden bereits vor der Novelle von 2008 mit Recht kritisiert (*Bornkamm,* FS Mühlendahl, 2005, S 9, 14 ff; *Steinbeck,* WRP 06, 632, 638), weil ein hinreichend klarer Maßstab zur Abgrenzung der einfachen von den qualifizierten Herkunftsangaben im Grunde nicht existiert (vgl *Kur,* GRUR 89, 240, 241f) und die Lehre von den qualifizierten Herkunftsangaben zu dem paradoxen Ergebnis führt, dass gerade der Inhaber eines besonders wertvollen Kennzeichens durch die wettbewerbsrechtlichen Ansprüche in seiner Verfügungsmacht über das Kennzeichen beschränkt wird.

417 Mit der UWG-Novelle von 2008 ist § 5 II in Umsetzung von Art 6 II lit a der UGP-RL eingefügt worden, wonach es irreführend ist, eine Verwechslungsgefahr mit einer anderen Ware oder Dienstleistung oder mit der Marke oder einem anderen Kennzeichen eines Mitbewerbers hervorzurufen (Rn 705 ff). Geht man von einem grundsätzlichen Nebeneinander von Markenrecht und § 5 II unter Einbeziehung markenrechtlicher Wertungen aus (vgl Rn 707), ist es inkosequent, an der Beschränkung auf *qualifizierte* betriebliche Herkunftsangaben festzuhalten. Es ist daher zu begrüßen, dass die Rspr jedenfalls der Sache nach die Figur der qualifizierten betrieblichen Herkunftsangabe aufgegeben hat (BGH GRUR 11, 166 Rn 18 – *Rote Briefkästen*).

9. Tests und Testergebnisse

Literatur: *Ahrens,* Wettbewerbshandlungen von Testinstituten – Irreführungsgefahr und maßgebliche Verkehrsauffassung, WRP 1977, 14; *Assmann/Kübler,* Testhaftung und Testwerbung, ZHR 142 (1978), S 413; *Brinkmann,* Zur Problematik der Werbung mit Testergebnissen, BB 1978, 1285; *Fezer,* Testwerbung, GRUR 1976, 472; *Fischer,* Irreführung durch Werbung mit Prüfzeichen, Gütesiegeln und Gütezeichen, WRP 2009, 408; *Hart,* Warentest, Preisvergleich und Testwerbung, WRP 1986, 515; *Hart/Silberer,* Werbung mit Testergebnissen der Stiftung Warentest, GRUR 1983, 691; *Hefermehl,* Der Warentest in rechtlicher Hinsicht, GRUR 1962, 611; *Keßler/ Müller,* Testwerbung und Markttransparenz – Zur Werbung mit Veröffentlichungen der Stiftung Warentest, WRP 1981, 495; *Koppe/Zagouras,* Rechtsprobleme der Testwerbung, WRP 2008, 1035; *Messer,* Der unvollständige Testbericht, GRUR 1996, 647; *Will,* Warentest und Werbung, 1968.

418 **a) Vortäuschen amtlicher Prüfung.** Angaben über **behördliche Untersuchungen, Anerkennungen oder Zulassungen** sind in starkem Maße wettbewerbsrelevant. Die bei amtlichen Prüfungen vorausgesetzte Objektivität und Kompetenz sind für den Verkehr ein starker Gradmesser für Qualität und Brauchbarkeit. Unzutreffende Angaben über Inhalt oder Ergebnis solcher Prüfungen oder Mitteilungen, die auf eine Prüfung durch Behörden oder amtlicherseits ermächtigte Dritte hinweisen, sind irreführend (BGH GRUR 75, 442, 443 – *Vaasbüttel:* Werbung mit amtlichem Zulassungsbescheid ohne Hinweis auf spätere Einschränkung; BGH GRUR 91, 552, 554 – *TÜV-Prüfzeichen:* Prüfung von Brillenfassungen durch Technischen Überwachungs-

verein auf Grund privaten entgeltlichen Einzelauftrags; LG Kaiserslautern WRP 08, 527 – *TÜV empfohlen:* Verkaufsanzeige für Winterreifen mit Hinweis „TÜV empfohlen", wenn sich dies lediglich auf gleichzeitig beworbene Wintersicherheitsprüfung bezieht). Unerheblich ist, ob die amtliche Prüfung zum behaupteten Ergebnis geführt hätte, auch für tatsächlich gebotene Vorteile darf nicht in irreführender Weise geworben werden (Rn 211). **Vorrangig** können auch **Ziff 2 und Ziff 4** des **Anhangs zu § 3 III** eingreifen.

b) Prüfzeichen. Hinweise auf die Prüfung von Erzeugnissen, beispielsweise 419 durch an der Ware angebrachte Prüfplaketten oder -aufkleber sind für den Verkehr, vor allem bei Angeboten im technischen Bereich, von erheblicher kaufrelevanter Bedeutung, weil sie den Eindruck einer anhand objektiver Prüfungsmaßstäbe durchgeführten Untersuchung durch **Behörden** oder sonst **fachkundige neutrale Dritte** vermitteln und damit insbesondere für Waren- (Geräte-) Sicherheit stehen. Irreführend sind daher Prüfzeichen, die selbstgefertigt oder lediglich gekauft sind und damit den insoweit bestehenden Verkehrserwartungen nicht entsprechen (Rn 267; GK/ *Lindacher* § 5 Rn 440). Die Bezeichnung „Deutsches Institut" für einen privatwirtschaftlich tätigen Testamentsvollstrecker ist irreführend, weil der Eindruck entsteht, es handele sich um eine öffentliche oder unter öffentlicher Aufsicht stehende, der Allgemeinheit oder Wissenschaft dienende Einrichtung (OLG Brandenburg WRP 12, 1123 – *Testsiegel*). Irreführend ist auch die Werbung für nicht geprüfte Geräte unter Herausstellung etwa des **VDE-Zeichens** des Verbandes Deutscher Elektrotechniker, des **TÜV-Maschinenzeichens** und des **GS-Zeichens** für geprüfte Sicherheit. Ist die Führung eines Prüfzeichens zu Unrecht behördlich genehmigt worden, steht der Beurteilung als irreführend iS des § 5 nicht entgegen, wenn trotz erteilter behördlicher Genehmigung das Produkt nicht den Sicherheitsanforderungen entspricht, die Voraussetzung für die Erteilung des GS-Zeichens sind (BGH GRUR 98, 1043, 1044 – *GS-Zeichen*). **Vorrangig** können auch **Ziff 2 und Ziff 4** des **Anhangs zu § 3 III** eingreifen.

c) Warentests, Werbung mit Testergebnissen. Wird mit **behördlichen** Tests 420 oder Warentests **neutraler Dritter** (zB der Stiftung Warentest) geworben, darf der Werbende im Interesse einer Vermeidung der Irreführung das Testergebnis nur so verwenden, wie es ausgefallen ist und ihm keinen Sinn unterschieben, den es so nicht hat. Vorsicht ist vor allem bei der Darstellung von **Testergebnissen mit den Worten des Werbenden** geboten, weil ein solches Vorgehen nur zu leicht dazu führen kann, das Testergebnis – mit der Folge der Irreführung des Verkehrs und Schädigung der Mitbewerber – iS des Werbenden zu schönen oder sogar zu verfälschen. So ist es irreführend, mit dem Testergebnis „Test gut" zu werben, wenn unerwähnt bleibt, dass ein Großteil der Konkurrenzprodukte mit dem Testergebnis „Sehr gut" bewertet worden ist oder das beworbene Erzeugnis unter dem durchschnittlichen Bewertungsergebnis der am Test beteiligten Produkte liegt (BGH GRUR 82, 436, 437 – *Test gut*). Wer als Kabelbetreiber ein Testergebnis (zutreffend) wiedergibt, wonach die Kabelbetreiber „neben den günstigsten Preisen auch die schnellsten Leistungen" hatten, erweckt den Eindruck, auch selbst dieser Spitzengruppe anzugehören, wenn in der werblichen Darstellung das eigene getestete Produkt unmittelbar neben dem Testzitat abgebildet wird (OLG Köln GRUR-RR 10, 345, 346 – *Die Fachpresse ist begeistert*). Greift eine Werbung **Tests verschiedener Fachzeitschriften** auf, ist sie zur Irreführung geeignet, wenn sie selektiv positive Testergebnisse einer Zeitschrift in einem Einzelpunkt herausgreift, schlechte Ergebnisse in anderen Blättern aber nicht erwähnt (OLG Köln GRUR-RR 10, 345, 346 – *Die Fachpresse ist begeistert*). Auch ist es irreführend, mit Testergebnissen zu werben, die durch die technische oder wirtschaftliche Entwicklung **nicht mehr aktuell** sind, also vom Verkehr als maßgebend eingeschätzt werden (OLG Düsseldorf GRUR 81, 750, 751 – *Folienschweißgerät;* OLG Hamburg, GRUR 00, 530, 532 – *CSE-Hemmer*). Anders, wenn ältere Testergebnisse noch Geltung beanspruchen können, weil sie nach wie vor für die beworbenen Waren zutreffen und neuere Untersuchungen fehlen, sofern dem Verkehr das Alter des Tests (der Zeitpunkt seiner Veröffentlichung) erkennbar gemacht wird und die beworbenen Waren den seinerzeit geprüften gleichen (BGH GRUR 85, 932, 933 – *Veralteter Test*). Stets muss die mit einem Testergebnis beworbene Ware Gegenstand des Tests gewesen sein. Es ist ein grober Verstoß gegen das Wahrheitsgebot des § 5 eine nicht getestete Ware als getestet anzupreisen (vgl OLG Köln GRUR-RR 10, 339, 340 – *Matratzen im Härtetest*). Auf bloße Vergleichbarkeit (zB Ähnlichkeit, technische Übereinstimmungen, Verwendbarkeit, Wirkungsweise) der beworbenen (nicht getesteten) und der getesteten Ware kommt es nicht an, mag auch die in der Werbung herausgestellte Ware der getesteten gleichwertig oder sogar überlegen sein (OLG Köln GRUR-RR 04, 57 Ls – *Kinderfahrradhelm;* Köhler/Bornkamm § 5 Rn 4.256ff). Die Werbung mit dem Testergebnis darf auch nicht inhaltlich über die Reichweite des Tests irreführen, zB dass neben der Untersuchung auf gesundheitlich oder ökologisch bedenkliche Inhaltsstoffe auch eine – tatsächlich nicht erfolgte – Wirksamkeitsprüfung erfolgt sei (OLG Frankfurt GRUR-RR 07, 16). Die Verwendung des Testprädikats „1. Platz, Bestes Möbelhaus" ist irreführend, wenn lediglich die Service-Qualität getestet wurde (OLG Brandenburg WRP 12, 1123 Rn 23ff – *Testsiegel*). **Keine** Werbung mit Testergebnissen liegt dagegen vor, wenn ein Unternehmen in einer Werbeanzeige ohne Fundstellenangabe auf eigene, offenkundig von ihm selbst bezahlte Umfrage zu eigenen Produkten hinweist (OLG Bremen GRUR-RR 11, 147 – *Meine Nr 1*).

421 Werden bei einer Werbung mit Testergebnissen Vergleiche mit Konkurrenzprodukten unter Namhaftmachung oder Erkennbarkeit der Mitbewerber angestellt, handelt es sich um vergleichende Werbung iS des § 6 I. Sind die dem Werbevergleich zugrunde liegenden Angaben irreführend, unterfällt die Werbung aber nicht dem § 6, sondern – als irreführender Werbevergleich – allein dem § 5 II 1 Nr 1 (§ 5 III Halbs 1; so Rn 99ff).

III. Irreführende Angaben über den Anlass des Verkaufs, den Preis, die Preisbemessung und die Vertragsbedingungen (§ 5 I 2 Nr 2)

422 **1. Vorbemerkung.** Der Regelungsbereich des § 5 I 2 Nr 2 erfasst die sog vertrags- (verkaufs-) bezogenen Angaben. Es handelt sich dabei um Angaben, die den Abschluss eines Vertrages, die Motivation dazu, den Inhalt des Vertrages, den Preis und seine Konditionen (Lieferbedingungen, Garantien) betreffen. § 5 I 2 Nr 2 regelt damit Hauptfallgruppen der irreführenden Werbung, denen jeweils weitere Fallgruppen und Unterfallgruppen zuzuordnen sind. Grenzen und Übergänge insoweit fließen. Sie müssen im Einzelfall unter Konkretisierung des unbestimmten Rechtsbegriff der Irreführung – auch mit Blick auf die Abgrenzung zu den Regelungen in § 5 I 2 Nr 1 und 3 – durch Auslegung ermittelt werden.

423 Durch die Novelle von 2008 wurde in Nr 2 das aus Art 6 I lit d der UGP-RL stammende Merkmal **Vorhandensein eines besonderen Preisvorteils** hinzugefügt. Darunter fallen regelmäßig die Fälle der Werbung mit Scheininsolvenz- (Rn 425ff), Scheinsonder- (Rn 428f) und Scheinräumungsverkäufen (Rn 430f), sodass eine Überschneidung mit dem Merkmal des Anlasses des Verkaufs besteht. Das neue Merkmal bietet aber zusätzlich Raum auch für andere Fälle, in denen die angesprochenen Verkehrskreise etwa aus den Umständen, unter denen eine Ware oder Dienstleistung angeboten wird, berechtigterweise auf das Vorhandensein eines besonderen Preisvorteils schließen (BT-Dr 16/10 145, S 24).

424 **2. Anlass des Verkaufs. a) Allgemein.** Aus Angaben über den Anlass (Grund und Zweck) eines Verkaufs schließt der Verkehr erfahrungsgemäß auf das Vorliegen einer günstigen Einkaufsgelegenheit (BGH GRUR 00, 239, 241 – *Last-Minute-Reise*). Wegen der Attraktivität, die von Angeboten mit derartigen Angaben ausgeht, steckt

in ihnen immer auch ein erhebliches Irreführungspotential. Schon § 3 UWG 1909 hatte dem Rechnung getragen („Wer ... über den Anlass oder den Zweck des Verkaufs ... irreführende Angaben macht ..."). Darauf greift § 5 II 2 Nr 2 zurück. Sachliche Unterschiede zwischen dem UWG aF und der Neuregelung bestehen insoweit nicht. Sowohl § 3 UWG 1909 als auch § 5 I 2 Nr 2 erfassen Angaben, die (zumindest) die *konkrete* Gefahr einer Irreführung begründen. Die *abstrakten* Gefährdungstatbestände des UWG 1909 − Konkurswarenverkäufe (§ 6 aF), Sonderveranstaltungen, Saisonschluss- und Jubiläumsverkäufe (§ 7 aF) sowie Räumungsverkäufe (§ 8 aF) − die als besonders geregelte Tatbestände der Irreführung aus Anlass und Zweck des Verkaufs ein wettbewerbliches Vorgehen untersagten, das *typischerweise* zur Täuschung der Verbraucher geeignet war, auch wenn es im konkreten Fall die Gefahr einer Irreführung nicht begründete, hat das UWG 2004 nicht übernommen. Sie sind *als solche* (als abstrakte Gefährdungstatbestände) entfallen. Soweit aber im *konkreten* Fall werbliche Verhaltensweisen aus Anlass von „Insolvenzwarenverkäufen", „Sonderveranstaltungen", „Schluss-", „Jubiläums-" und „Räumungsverkäufen" ihr Irreführungspotential entfalten, greift das Irreführungsverbot (§§ 3, 5 I 2 Nr 2) nach wie vor. Allerdings enthält § 5 anders als § 7 I UWG 1909 kein von der Richtigkeit der werblichen Angabe unabhängiges Durchführungsverbot (BGH GRUR 12, 213 Rn 17 − *Frühlings-Special*).

b) Insolvenzwarenverkäufe. Es ist irreführend iS von § 5 unter Hinweis auf die **425** Herkunft aus einer Insolvenzmasse für Waren zu werben, die nicht aus einer Insolvenzmasse stammen, sei es, dass sie überhaupt nichts mit einem Insolvenzverfahren zu tun haben, sei es, dass sie der Zwangsvollstreckung entzogen sind (§ 36 InsO) oder im Vorbehaltseigentum aussonderungsberechtigter Dritter stehen (§§ 47, 48 InsO). Die Werbung muss sich also, um zutreffend zu sein, auf Waren beziehen, die aus einem Vermögen herrühren, über das das Insolvenzverfahren eröffnet worden ist (§ 35 InsO). Wird die Eröffnung des Insolvenzverfahrens mangels Masse abgelehnt (§ 26 I 1 InsO) berechtigt das nicht dazu, Gegenstände aus dem Schuldnervermögen als Insolvenzware zu bewerben und zu verkaufen. Geschieht dies dennoch, ist die Werbung irreführend (§ 5).

Ware, die ursprünglich Masseware war, aber nach Abverkäufen aus zweiter oder **426** dritter Hand angeboten wird, ist Ware, die aus einer Insolvenzmasse stammt, so dass Hinweise darauf an sich nicht falsch sind. Grundsätzlich ist es daher − anders als früher (§ 6 UWG 1909) − zulässig, auch solche Ware als aus einer Insolvenz- oder Konkursmasse stammend zu bewerben. Irreführend ist die Werbung aber dann, wenn der Werbende die Anziehungskraft, die der Verkehr der Bezeichnung „Insolvenzware" oder „Konkursware" beilegt, zu Unrecht ausnutzt, so wenn die mit dem Angebot von Insolvenzware verbundenen Preisvorteile zwar behauptet werden, tatsächlich aber nicht gewährt werden. In diesen Fällen muss der Werbende durch aufklärende Hinweise der Gefahr einer Irreführung des Verkehrs vorbeugen.

Wirbt der Insolvenzverwalter, unterliegt selbstverständlich auch er dem Irreführ- **427** ungsverbot der §§ 3, 5. Jedoch ist es wettbewerbsrechtlich grundsätzlich nicht zu beanstanden, wenn der Insolvenzverwalter, der das Unternehmen des Schuldners fortführt, in Werbeanzeigen für das laufende Geschäft nicht auf die Eröffnung des Insolvenzverfahrens hinweist. Solche Hinweise sind im Allgemeinen weder firmenrechtlich geboten, noch besteht in solchen Fällen generell eine Aufklärungspflicht (BGH GRUR 89, 682, 683 − *Konkursvermerk*).

c) Verkäufe im Rahmen von Sonderveranstaltungen. Mit der Streichung des **428** § 7 UWG 1909 sind die besonderen Reglementierungen für Verkaufsveranstaltungen im Einzelhandel die außerhalb des regelmäßigen Geschäftsverkehrs stattfanden, der Beschleunigung des Warenabsatzes dienten und den Eindruck der Gewährung besonderer Kaufvorteile hervorriefen (§ 7 I UWG 1909) entfallen einschließlich der Bestimmungen für Sommer- und Winterschlussverkäufe (§ 7 III Nr 1 UWG 1909) und für Jubiläumsverkäufe (§ 7 III Nr 2 UWG 1909). Sonderveranstaltungen sind jetzt jederzeit und uneingeschränkt zulässig. Winter- und Sommerschlussverkäufe sind an keine festen Zeitvorgaben mehr gebunden. Jubiläumsverkäufe dürfen unbeschränkt veranstaltet werden, sofern überhaupt (irgend-)ein Jubiläum nicht nur des Unternehmens und nicht nur alle 25 Jahre, sondern zB auch des Unternehmensinhabers und zu anderen beliebigen Jubiläumszeitpunkten begangen werden kann.

429 Nach wie vor unterliegt aber auch die Werbung für Sonderveranstaltungen dem Verbot der **Irreführung.** Die Preisvorteile, die dem Verkehr mit der Ankündigung von Sonderveranstaltungen in Aussicht gestellt werden, müssen halten, was sie versprechen. Dienen Ankündigungen dieser Art nur dem Zweck, das Publikum anzulocken und für Ware zu interessieren, die zu **gleichen oder höheren Preisen** als bisher losgeschlagen werden sollen, unterliegt das Vorgehen dem § 5. Auch ein Jubiläum darf nicht **erfunden** werden und nur dann zu einer Sonderveranstaltung Anlass geben, wenn es tatsächlich begangen werden kann. Irreführend ist es auch, wenn ein für einen **befristeten Zeitraum** angekündigter Sonderverkauf über die angegebene Zeit **hinaus fortgeführt** wird (BGH GRUR 12, 208 Rn 18 – *10% Geburtstags-Rabatt;* GRUR 12, 213 Rn 15 – *Frühlings-Special*). Werden in der Ankündigung der Sonderveranstaltung von vornherein feste zeitliche Grenzen angegeben, muss sich der Kaufmann hieran grundsätzlich festhalten lassen (BGH GRUR 12, 208 Rn 20 – *10% Geburtstags-Rabatt*). Irreführend ist es dabei regelmäßig, wenn der Unternehmer bereits **bei Erscheinen** der Werbung die **Absicht** hat, die Aktion zu verlängern, dies aber nicht in der Werbung hinreichend deutlich zum Ausdruck bringt, da der Verbraucher davon ausgeht, dass der Unternehmer den genannten Endtermin auch tatsächlich einhalten will (BGH GRUR 12, 208 Rn 21 – *10% Geburtstags-Rabatt*). Für den von vornherein gefassten Verlängerungsvorsatz nach allgemeinen Grundsätzen des Deliktsrechts dolus eventualis, der auch dann zu bejahen ist, wenn der Handelnde die Ausführung seines bereits gefassten Tatentschlusses von einer Bedingung abhängig macht, auf deren Eintritt er keinen Einfluss hat, zB wenn die Verlängerung von vornherein für den Fall des wirtschaftlichen Erfolges geplant ist (BGH GRUR 12, 208 Rn 28 f – *10% Geburtstags-Rabatt*). Wird die Aktion dagegen auf Grund von Umständen verlängert, die **nach dem Erscheinen** der Werbung eingetreten sind, ist danach **zu unterscheiden,** ob diese Umstände für den Unternehmer unter Berücksichtigung fachlicher Sorgfalt **voraussehbar** waren oder nicht: mit einer Verlängerung aus voraussehbaren Gründen rechnet der Verkehr nicht, sodass der Unternehmer auf solche Umstände von vornherein hinweisen muss; dagegen kommt eine Verlängerung aus nicht voraussehbaren Umständen – etwa in Fällen der vorübergehenden Schließung des Ladenlokals wegen höherer Gewalt oder von sonstigen unverschuldeten Geschehensabläufen (nicht aber der bloße wirtschaftliche Erfolg der Aktion) – ausnahmsweise in Betracht (BGH GRUR 12, 208 Rn 22 f – *10% Geburtstags-Rabatt*). Die Darlegungslast für die Unvorhersehbarkeit der Verlängerungsgründe und für die Einhaltung der fachlichen Sorgfalt trägt dabei der Werbende (BGH GRUR 02, 187, 188 f – *Lieferstörung;* GRUR 12, 208 Rn 22 aE – *10% Geburtstags-Rabatt*); für die Beweislast kann nichts anderes gelten (ebenso *Berneke* GRUR-Prax 11, 235, 237).

430 **d) Räumungsverkäufe.** Räumungsverkäufe wegen einer Räumungszwangslage (etwa infolge außergewöhnlicher Schadensereignisse wie Feuer, Wasser oder Sturm und Umbaumaßnahmen, vgl § 8 I UWG 1909 oder wegen Aufgabe des Geschäftsbetriebs, vgl § 8 II UWG 1909) locken das Publikum durch die mit Verkäufen dieser Art verbundenen Preisermäßigungen in besonderer Weise an. Die wettbewerbsrechtlichen Restriktionen, die nach § 8 aF für Räumungsverkäufe galten, sind entfallen. Räumungsverkäufe setzen heute eine Räumungszwangslage (§ 8 I UWG 1909) nicht mehr voraus. Ihre Zulässigkeit kann nicht mehr von der Aufgabe des gesamten Geschäftsbetriebs (§ 8 II UWG 1909) abhängig gemacht werden. Erlaubt sind Räumungsverkäufe auch aus anderen als den im UWG 1909 genannten Räumungsgründen (beispielsweise wegen Verlegung des Geschäftsbetriebs, Aufgabe einer Zweigniederlassung oder einer einzelnen Warengattung) und ohne zeitliche Beschränkung für Ankündigung (§ 8 III UWG 1909) und Durchführung (§ 8 I, II UWG 1909). Ungeachtet des Räumungsverkaufs kann der Geschäftsbetrieb grundsätzlich jederzeit fortgesetzt oder wiederaufgenommen werden (anders § 8 VI Nr 2, 3 UWG 1909); vgl zu den Grenzen aber Rn 429.

Einzige Schranke, die Räumungsverkäufen gesetzt ist, ist nach der Novellierung **431** des UWG allein das Wahrheitsgebot des § 5. Das heißt, dass der angegebene Räumungsgrund nicht nur behauptet werden darf, sondern tatsächlich vorliegen muss. Die Vortäuschung von Räumungsgründen ist unlauter. Besteht ein Räumungsgrund, wird der Verkehr gleichwohl irregeführt, wenn die mit der Ankündigung eines Räumungsverkaufs verbundene Erwartung einer Preisherabsetzung enttäuscht wird, wenn also die Preise im Räumungsverkauf unverändert bleiben oder höher liegen als vorher. Irreführend ist auch der Verkauf von eigens für den Räumungsverkauf beschafften Waren (Vor- und Nachschieben von Waren, vgl § 8 V Nr 2 UWG 1909). Wer solche Waren verkauft, „räumt" nicht iS eines Räumungsverkaufs, wie der Verkehr ihn versteht. Die Beweisbarkeit dessen – die Beweislast liegt beim Kläger – steht auf einem anderen Blatt.

e) Weitere Fälle der Irreführung über den Anlass des Verkaufs. aa) Not- 432 verkäufe. Die Ankündigung von Notverkäufen vermittelt dem Verkehr den Eindruck, dass für den Werbenden eine Zwangslage besteht, die ihn zum Verkauf nötigt. Hinweise auf einen Notverkauf ohne Gegebensein einer solchen Situation sind daher irreführend (Köhler/*Bornkamm* § 5 Rn 6.12 unter Bezugnahme auf OLG Hamburg WRP 72, 558: „Verkauf aus Versicherungsschäden" bei planmäßigen Zukäufen).

bb) Gelegenheitsverkäufe. Unter einem Gelegenheitsverkauf versteht der Ver- **433** braucher im Allgemeinen die sonst nicht gegebene Möglichkeit zu besonders preisgünstigem Erwerb einer Ware („Schnäppchenpreis"). Werden Verkäufe nur zum Schein als Gelegenheit bezeichnet, liegt darin eine relevante Irreführung des Verkehrs.

cc) Verkäufe umständehalber. Ankündigung und Durchführung verstoßen **434** gegen § 5, wenn die Besonderheit der damit behaupteten Situation und die mit ihr verbundenen Kaufvorteile dem Kunden nur vorgetäuscht werden; dagegen wird die Aussage als solche rein preisbezogen verstanden, sodass bei Vorliegen der Umstände keine Irreführung vorliegt (GK/*Lindacher* § 5 Rn 767). Die Ankündigung einer Preisherabsetzung wegen eines **„Sortimentwechsels"** ist irreführend, wenn sich der Austausch der Produkte über viele Monate hinweg zieht (OLG Köln GRUR-RR 10, 339 – *Matratzen*).

dd) Versteigerungen. Auch durch die Ankündigung von Versteigerungen wird **435** das Publikum irregeführt, wenn in Wirklichkeit freihändig, dh nicht zu einem vorher festgelegten Zeitpunkt an den Meistbietenden verkauft wird (Köhler/*Bornkamm* § 5 Rn 6.12). Ob dagegen eine Versteigerung im Rechtssinne (§ 156 S 1 BGB) unter Beteiligung eines gewerbsmäßigen Auktionators (§ 34b GewO) vorliegt, ist nicht entscheidend. Erst recht ist keine Irreführung gegeben, wenn sich der verständige Durchschnittsverbraucher angesichts beträchtlicher Anschaffungskosten (zB beim Gebrauchtwagenkauf) über die Situation im klaren ist (vgl BGH GRUR 03, 626, 627 – *Umgekehrte Versteigerung II;* vgl auch BGH GRUR 04, 249, 251 – *Umgekehrte Versteigerung im Internet;* GRUR 04, 251, 252 – *Hamburger Auktionatoren*). **Internet-Auktionen** sind dem Verbraucher geläufige Verkaufsveranstaltungen. In der Verwendung der Bezeichnung „Auktionen" liegt in diesen Fällen keine Irreführung, da der Teilnehmer an der Auktion nicht mit Preisvorteilen rechnet, wie sie für Versteigerungen typisch sind (so auch Harte/Henning/*Weidert* § 5 C. Rn 135).

436 **ee) Eröffnungsangebote, Eröffnungspreise.** Werbeaktionen mit Niedrigpreisen aus Anlass der **Neueröffnung** eines Geschäfts oder einer Filiale oder der **Geschäftsübernahme** sind nach § 5 grundsätzlich nicht mehr zu beanstanden, sei es, dass sie sich auf einzelne Artikel beziehen, sei es, dass eine Vielzahl von Waren oder das gesamte Sortiment beworben werden. Anders als vor der Novellierung des UWG ist es auch unschädlich, wenn dadurch der Eindruck einer Sonderveranstaltung (§ 7 I UWG 1909) hervorgerufen wird. Die Eröffnungswerbung im Falle der **Wiedereröffnung** eines Geschäfts unterliegt ebenfalls keinen Beschränkungen mehr. Der Preis von Eröffnungsangeboten muss unter dem nach Ablauf der Einführungsphase geltenden liegen, bei Neueröffnung einer Filiale unter dem der bereits bestehenden Filialen. Die Einführungspreisstellung muss zeitlich begrenzt sein, da sie sonst keine Eröffnungswerbung mehr wäre, worauf aber deren besondere Werbekraft beruht. Über die Zeitdauer, die nach Tagen, Wochen oder auch Monaten (KG GRUR 82, 620, 622 – *Synchrotronic*: Eröffnungswerbung für Haushaltsnähmaschinen) bemessen sein kann, entscheiden die Einzelumstände, insbesondere die Art der Ware. Eine Werbung „Neu nach Umbau" lässt für sich allein nicht die Annahme zu, dass die Preise günstiger als vor dem Umbau seien. „Neu" fasst der Verkehr in dem gegebenen Zusammenhang nicht als synonym mit „im Preis herabgesetzt" auf (BGH GRUR 93, 563, 564 – *Neu nach Umbau*).

437 **ff) Einführungspreise.** Für neu auf den Markt gelangte Produkte, aber auch für neu in das Sortiment aufgenommene darf – ebenfalls zeitlich befristet – mit einem gegenüber dem späteren Preis herabgesetzten **Einführungspreis** geworben werden (BGH GRUR 66, 214 – *Einführungsangebot*). Wie lange ein Einführungspreis zulässig ist, richtet sich maßgeblich nach der Art der Ware, zB nach deren Wert und Lebensdauer (KG GRUR 82, 620, 621 f – *Synchrotronic*: 6 Monate für Haushaltsnähmaschine). Unzulässig ist die Werbung mit einem bezifferten Einführungspreis, dem ohne bestimmte zeitliche Begrenzung ein *bezifferter* höherer „späterer" Preis (Preis nach Auslaufen der unbestimmten Einführungsphase) gegenübergestellt wird. In einem solchen Fall wird lediglich die Werbekraft der Aktion ausgenutzt, ohne den Verbraucher darüber zu informieren, ob und ab wann der spätere Preis tatsächlich in Kraft tritt.

3. Preiswerbung

Literatur: *Berneke,* Verlängerte Sonderveranstaltungen, GRUR-Prax 2011, 235; *Bunte,* Die Beurteilung von Lockvogel- und Sonderangeboten nach § 1 UWG, GRUR 1981, 397; *Burmann,* Leitfaden für Preisgestaltung, Preiswerbung und Preiswettbewerb, 1966; *Enßlin,* Verpflichtung zur Angabe von Preisen in der Werbung für Telefonmehrwertdienste, WRP 2001, 359; *Gaedertz,* Lockvogelangebote unter Berücksichtigung von § 1 UWG, GRUR 1980, 613; *ders,* „Lockvogel-Angebote" im Widerstreit zwischen der Rechtsprechung des BGH und der 6. Novelle zum GWB?, WRP 1999, 31; *Gloy,* Werbung mit der Preisstellung in der neueren höchstrichterlichen Rechtsprechung, GRUR 1980, 395; *Haberkorn,* Zur Zulässigkeit des Firmenzusatzes und Preiszusatzes „Discount", WRP 1966, 393; *Haller,* Die Werbung mit dem Zusatz „inkl MWSt", WRP 1989, 5; *Kisseler,* Preiswahrheit und Preisklarheit in der Werbung, FS Traub, 1994, S 163; *Kraft,* Unlauterer Wettbewerb durch Werbung mit der Preiswürdigkeit?, WRP 1975, 83; *Lehmann,* Verkauf unter Einstandspreis und Lockvogelwerbung, GRUR Int 1977, 135; *ders,* Schutz des Leistungswettbewerbs und Verkauf unter Einstandspreis, GRUR 1979, 368; *Lindacher,* Lockvogel- und Sonderangebote, 1979; *Lorenz,* Lockvogel- und Sonderangebote, GRUR 1976, 512; *Prunbauer,* Zur Berechnung des Einstandspreises, MuR 1989, 116; *Reimer,* Lockvogelwerbung und Sonderangebote, GRUR 1974, 568; *Sack,* Verkauf unter Selbstkosten im Einzelhandel, WRP 1983, 63; *A. Scholz,* Ist Werbung für den Verkauf von Waren mit der Behauptung, der Verkauf erfolge ohne Mehrwertsteuer, zulässig?, WRP 2008, 571; *Usselmann/Seichter,* „20% auf alles" – aber teurer als vergangene Woche. Zur Auslegung des Tatbestandsmerkmals der unangemessen kurzen Zeit iSv § 5 Abs 4 UWG, WRP 2007, 1291.

Irreführende geschäftliche Handlungen **§ 5 UWG**

a) Preis und Preisbemessung. aa) Bedeutung. Der Preis ist für den Marktteil- 438
nehmer neben Qualität und Beschaffenheit ein Aktionsparameter von zentraler Bedeutung (vgl zB BGH GRUR 05, 433, 436 – *Telekanzlei*). Für den Unternehmer ist der Preis das wichtigste Werbemittel, für den Verbraucher das wichtigste Auswahlkriterium beim Kauf einer Ware oder der Inanspruchnahme einer Leistung. Der Preis ist die vom Käufer oder Besteller an den Unternehmer zu erbringende Gegenleistung, Preisbemessung die Ermittlung von deren Umfang und Höhe.

bb) Grundsatz der Preiswahrheit. Entsprechend der Bedeutung des Preises 439
kommt der Beachtung der Wahrheitspflicht beim Umgang mit Preisangaben größte Bedeutung zu. Unlauter ist jedes Verhalten, das die Gefahr einer Täuschung des Verbrauchers begründet. Der Wahrheitsgrundsatz beherrscht das gesamte Wettbewerbsrecht. Im Besonderen gilt das für die werbende Herausstellung der Preisgünstigkeit eines Angebots. Unzutreffende Behauptungen insoweit sind stets irreführend (BGH GRUR 00, 340, 344 – *Kartenlesegerät;* GRUR 05, 442, 443 – *Direkt ab Werk*). Das gilt für die Bewerbung einzelner Waren oder Dienstleistungen ebenso wie für die das gesamte Sortiment einschließende Werbung. Es ist unlauter iS von § 5 einzelne Waren unter Bewerbung mit Preisnachlässen so zum Kauf zu stellen, dass der unzutreffende Eindruck der Preisgünstigkeit auch des Angebots im Übrigen erweckt wird (Lockvogelwerbung, Rn 457). In der Regel ist es irreführend, Waren *im Geschäftslokal* mit anderen (höheren) Preisen auszuzeichnen als mit den (niedrigeren) Preisen, die *in der Werbung* genannt waren (BGH GRUR 00, 907, 909 – *Filialleiterfehler*). Dies gilt allerdings dann nicht, wenn an der (elektronischen) Ladenkasse nur der beworbene niedrigere Preis verlangt wird (BGH GRUR 08, 442 Rn 11 – *Fehlerhafte Preisauszeichnung;* anders noch BGH GRUR 88, 629, 630 – *Konfitüre*).

cc) PreisangabenV. Besondere Bedeutung für die Preiswerbung kommt der 440
PreisangabenV zu (PAngV idF der Bek v 18.10.2002, BGBl I S 4197 zul geänd durch Art 1 der V v 1.8.2012, BGBl I S 1706). Nach ihr hat der Unternehmer im Angebot von Waren und Leistungen und bei der Werbung mit Preisangaben gegenüber Letztverbrauchern die Endpreise, bei Krediten den effektiven Jahreszins anzugeben (§ 1 I 1, § 6 I PAngV). Daneben ist in vielen Fällen der Grundpreis, dh der Preis je Mengeneinheit, auszuweisen (§ 2 PangV). Im Übrigen besteht keine Verpflichtung zur Angabe von Preisen. Die Regelung will durch eine sachlich zutreffende und vollständige Verbraucherinformation Preistransparenz und Preisvergleichsmöglichkeiten schaffen, den Wettbewerb durch Stärkung der Stellung des Letztverbrauchers im Markt fördern und den Grundsätzen von Preisklarheit und Preiswahrheit Geltung verschaffen (vgl § 1 VI PAngV und die amtl. Begr. zur PAngV 1985 Abschn A und zur PAngV 1973 Abschn A. Zum Normzweck siehe Einzelnes s PAngV Einf Rn 14f. Vgl auch BGH GRUR 99, 762, 763 – *Herabgesetzte Schlussverkaufspreise;* BGHZ 155, 301, 305 = GRUR 03, 971, 972 – *Telefonischer Auskunftsdienst;* GRUR 04, 435, 436 – *FrühlingsgeFlüge*). Der Verstoß gegen die PAngV ist für sich allein nicht ohne weiteres irreführend. Erheblich iS des § 5 ist der Verstoß erst, wenn der Verkehr getäuscht wird. Das ist aber nicht immer schon dann der Fall, wenn die Angabe des Endpreises oder des effektiven Jahreszinses unterbleibt. Eine Irreführung durch Verschweigen (§ 5a Rn 1 ff) liegt darin im Allgemeinen nicht (Köhler/Bornkamm § 5 Rn 7.4). Die Unlauterkeit kann sich aber in solchen Fällen unter dem Gesichtspunkt des Rechtsbruchs ergeben (§ 4 Rn 11/73). Irreführend iSd Art 6 I UGP-RL (bzw § 5 I 2 Nr 2) ist es dagegen, wenn im Kreditvertrag ein geringerer als der reale effektive Jahreszins angegeben wird (EuGH GRUR 12, 639 Rn 41 – *Perenič/SOS*).

dd) Grundsatz der Preisgestaltungsfreiheit, Werbung mit Preisnachläs- 441
sen. Bei der Festsetzung seiner Preise ist der Unternehmer grundsätzlich frei. Nach der Aufhebung von RabattG und ZugabeVO darf er die Preise von Mitbewerbern auch durch Einräumung von Preisnachlässen oder durch Gewährung von Zugaben

Sosnitza 691

sanktionslos unterbieten (vgl § 4 Rn 1/54), soweit nicht das Gesetz im Einzelfall die Zulässigkeit des wettbewerblichen Vorgehens von der Einhaltung bestimmter Vorschriften, so der für Preisbildung und Preiswerbung geltenden Regelungen des UWG (§§ 3–5), abhängig macht.

442 **ee) Verkehrsauffassung.** Ob Preisangaben zur Irreführung geeignet sind, entscheidet die Verkehrsauffassung. Es kommt nicht darauf an, was der Werbende sagen will, maßgebend ist, wie die angesprochenen Verkehrskreise die Werbung verstehen. Insoweit kommt es nach der neueren Rechtsprechung des BGH zum Verbraucherleitbild auf den verständigen Durchschnittsverbraucher an, dh auf einen durchschnittlich informierten, situationsbedingt aufmerksamen und durchschnittlich verständigen Verbraucher (so Rn 48 und § 2 Rn 104 ff, 107, 110 ff). In der Werbung für eine Brille (Fassung und Gläser) erblickt der Verkehr ein einheitliches Angebot des Optikers. Die gegenteilige Annahme – ein Angebot für die Fassung, ein zweites für die Gläser – widerspräche der Verkehrsauffassung. Die sozialversicherungsrechtliche Einstandspflicht, die sich für Gläser und Brillenfassungen unterschiedlich gestaltet, prägt die Verkehrsauffassung nicht (BGH GRUR 00, 918, 919 – *Null-Tarif*). Preisangaben in ausländischer Währung, bei denen sich der angesprochene Verkehr bewusst ist, deren Bedeutung nicht einschätzen zu können (Rn 112 ff, 162), sind nicht ohne weiteres irreführend (vgl BGH GRUR 95, 274, 275 – *Dollar-Preisangaben*), können aber uU gegen die Grundsätze von Preisklarheit und Preiswahrheit der PAngV verstoßen und unter dem Gesichtspunkt des Rechtsbruchs unlauter sein (§ 4 Rn 11/19, 284). Ob eine Werbung irreführend ist, in der die herausgestellten Preise als *feste* Preise bezeichnet werden, obwohl der Werbende zur Gewährung von Preisnachlässen bereit ist und diese auch einräumt, hängt vom Verkehrsverständnis ab. Irreführend ist es, wenn der Verkehr in solchen Fällen der Werbeaussage entnimmt, dass ein Rabatt nicht gewährt wird (vgl *Köhler*, GRUR 01, 1067, 1078). Der Verkehr versteht eine Werbung, in der das gesamte Sortiment mit Ausnahme einer Produktgruppe ab einem bestimmten Zeitpunkt zu einem um 20% reduzierten Preis angeboten wird, in der Weise, dass er beim Kauf eines beliebigen Artikels aus dem Sortiment gegenüber dem vorher geltenden Preis eine Preisersparnis in der angekündigten Höhe erzielt (BGH GRUR 09, 788 Rn 19 – *20% auf alles;* vgl Rn 463). Nach der Lebenserfahrung stellt der Verkehr zwar in Rechnung, dass ein befristeter Sonderpreis aus Gründen verlängert wird, die bei Schaltung der Werbung erkennbar nicht vorhersehbar waren, jedoch rechnet er nicht mit einer Verlängerung aus Gründen, die bei Schaltung der Anzeige bereits absehbar waren (BGH GRUR 12, 208 Rn 22 – *10% Geburtstags-Rabatt;* GRUR 12, 213 Rn 21 – *Frühlings-Special;* vgl Rn 429, 454).

443 **b) Irreführende Preisangaben. aa) Unvollständige Angaben.** Unvollständige (lückenhafte) Werbeaussagen sind irreführend, wenn die Unvollständigkeit geeignet ist, den Kunden zu wirtschaftlichen Entschließungen zu veranlassen, die er bei zutreffender, vollständiger Kenntnis nicht oder nicht so gefasst hätte. In diesen Fällen besteht eine Aufklärungspflicht des Werbenden, die sich aus § 5, darüber hinaus aber auch aus der PAngV ergibt.

444 **(1) Endpreis.** Wirbt der Unternehmer für sein Angebot mit einem Preis, den der an die Angabe von Endpreisen (§ 1 I 1 PAngV) seit langem gewöhnte Verbraucher als abschließende Preisangabe für das gesamte Angebot auffasst, verstößt die Werbung gegen § 5, wenn zu dem genannten Preis noch weitere Kosten (zB Fracht, Transportkosten) hinzutreten, mit denen nach der Werbung nicht gerechnet zu werden braucht (sa Rn 445). Anders liegt es, wenn der Verkehr bei bestimmten Angeboten die angegebenen Einzelpreise zu einem Endpreis zusammenzurechnen pflegt (vgl BGH GRUR 81, 140, 141 – *Flughafengebühr*). In diesen Fällen verstößt zwar die Werbung, die keinen Endpreis nennt, gegen § 1 I 1 PAngV, aber nicht gegen § 5. Zur Erforderlichkeit der Endpreisangabe nach der PAngV s § 1 PAngV Rn 23 ff.

Werden Endverbrauchspreise ohne Hinweis darauf beworben, dass zuzüglich zum 445 angegebenen Preis die **Mehrwertsteuer** anfällt, versteht der Verkehr den Preis als einen die Mehrwertsteuer einschließenden Inklusivpreis (vgl auch § 1 I 1 PAngV). Die Werbung ist daher irreführend, wenn die Mehrwertsteuer gleichwohl auf den Preis aufgeschlagen wird. Der Hinweis: „Preise sind Nettopreise zuzüglich MWSt" schließt die Irreführung nicht ohne weiteres aus. Entscheidend ist das Gesamtbild der Werbung, insbesondere die Art und Weise der Preisangabe (Blickfang). Auch im kaufmännischen Verkehr bedarf der Charakter eines Preises als Nettopreis der Klarstellung dahin, dass der angegebene Preis um die Mehrwertsteuer zu erhöhen ist. Zur Unzulässigkeit der Angabe **„inklusive Mehrwertsteuer"** („inkl MWSt") in der Verkaufswerbung für Kraftfahrzeuge unter dem Gesichtspunkt der Werbung mit Selbstverständlichkeiten s Rn 195. Eine lediglich erläuternde Erwähnung der Angabe im Fließtext, die nicht als Herausstellung einer Besonderheit wirkt, ist dagegen nicht zu beanstanden, Rn 196.

(2) Inklusivpreis, Komplettpreis. Wird eine Preisangabe als **„Inklusiv-"** oder 446 **„Komplettpreis"** bezeichnet, schließt der Verkehr daraus im Allgemeinen auf das Vorliegen eines Endpreises, der bei Kraftfahrzeugen die Transport- und Überführungskosten einschließt (vgl BGH GRUR 85, 606, 608 – *Unverb. Preisempfehlung;* OLG Frankfurt WRP 85, 497, 498), bei Schlafmöbeln den Lattenrost und die Matratzen, uU auch die Bettwäsche (OLG Hamm GRUR 91, 636), bei der Bestattungswerbung („Beerdigungspreis ... Euro") auch die Aufwendungen für Trauermusik und Kranztransport (jedoch nicht die Friedhofskosten und Grabgebühren, die keine Beerdigungskosten sind (OLG Hamm GRUR 87, 921). Verlangt eine Fluggesellschaft trotz des Hinweises „inkl. Steuern und Gebühren" neben dem Entgelt für die Beförderung eine Gebühr für jedes beim einchecken aufgegebene Gepäckstück, muss auf dieses zusätzliche Entgelt bereits in der Werbung hingewiesen werden (OLG Hamburg WRP 08, 149).

(3) Festpreis. Eine Festpreiswerbung vermittelt dem Verkehr den Eindruck, dass 447 der beworbene Preis ein Inklusivpreis ist und vom Anbieter nach oben nicht abgeändert wird. Gleichwohl verlangte Zuschläge machen die Werbung irreführend. Dagegen ist es keine relevante Irreführung, wenn der Kaufmann – etwa nach Verhandlungen – den Preis ermäßigt (Köhler/*Bornkamm* § 5 Rn 7.90). Die Immobilienwerbung mit **„notariellen Festpreisen"** oder „notariellen Kaufpreisen" ist unzulässig, wenn sie die (tatsächlich nicht gegebene) Mitwirkung eines Notars als eines unparteiischen Amtsträgers an der Ermittlung und Festsetzung eines (angemessenen) Preises vortäuscht (BGH GRUR 90, 532, 533 – *Notarieller Festpreis;* KG GRUR 86, 554 – *Notarieller Kaufpreis*).

(4) Teilzahlungspreis. Teilzahlungspreis ist der Endpreis iS des § 1 I 1 PAngV, der 448 sich aus der Summe von Anzahlung und den einzelnen Raten ergibt. Erweckt die Werbung den Eindruck, dass der angegebene Preis ein reiner Nettopreis sei („Kein TZ-Aufschlag"), ist sie irreführend, wenn in den Endpreis bzw in den Teilzahlungspreis und die Raten Zinsen oder Kreditierungskosten eingerechnet sind oder die Ware dem Kunden erst längere Zeit nach Leistung der Anzahlung zur Verfügung steht. Werden Zinsen erhoben („monatlicher Ratenzuschlag 0,50%"), darf die Angabe des Zinssatzes nicht geeignet sein, dem Kunden einen günstigen effektiven Jahreszins vorzutäuschen (BGH GRUR 90, 609, 611 – *Monatlicher Ratenzuschlag*). Wird ohne Nennung eines Teilzahlungspreises für einen finanzierten Kauf geworben, kann es irreführend sein, wenn der Verkehr auf Grund der Gestaltung der Angaben zum angegebenen (Abhol-)Preis und zur Anzahl und Höhe der Raten annimmt, der beworbene Preis sei der für den Finanzkauf anfallende Teilzahlungspreis (BGH GRUR 93, 127, 128 – *Teilzahlungspreis II*). Dagegen ist es, weil selbstverständlich, nicht irreführend, wenn bei der Ankündigung eines Versandhandelsunternehmens, alle Waren gegen Zahlung des Kaufpreises in Raten zu veräußern, nicht darauf hingewiesen wird, dass bei zweifelhafter Kreditwürdigkeit des Bestellers die Ware nur gegen Nachnahme geliefert wird (BGH GRUR 88, 459, 460 – *Teilzahlungsankündigung*).

449 **bb) Unbestimmte Preisangaben.** Unbestimmte Preisangaben („Reguläre Preise", „Netto-Preise", „Brutto-Preise", „Katalog-Preise", „Listenpreise"), die mehrdeutig sind und nach dem Gesamtbild der Werbebehauptung geeignet erscheinen, dem Kunden den unzutreffenden, wenn auch nur allgemeinen Eindruck der Preisgünstigkeit zu vermitteln, verstoßen gegen den Grundsatz der Preiswahrheit (BGHZ 42, 134, 135 = GRUR 65, 96, 97 – *20% unter dem empfohlenen Richtpreis;* GRUR 81, 654 – *Testpreiswerbung;* OLG Köln WRP 81, 44). Die Eignung zur Irreführung kann auch aus der Unübersichtlichkeit der Darstellung der Preisangaben folgen (vgl BGH GRUR 02, 287, 288 – *Widerruf der Erledigungserklärung:* Werbung für Handy-Kauf und Netzkartenvertrag mit zweijähriger Laufzeit des Netzkartenvertrages unter Angabe unterschiedlich hoher, teils fester, teils variabler Preise, wobei die Festpreise nicht in der insgesamt anfallenden Höhe genannt werden, sondern jeweils nur in Höhe der monatlichen Rate (= ¹/₂₄ des jeweiligen Gesamtpreises). Beim *finanzierten* Kauf muss der Teilzahlungs-(End-)Preis neben dem angegebenen Barpreis eindeutig zu ersehen sein (BGH GRUR 93, 127, 128 – *Teilzahlungspreis II*), andernfalls ist die Werbung irreführend. Ebenso ist es irreführend, wenn in einer Immobilienanzeige das Anfallen einer Maklerprovision verschwiegen wird. Der gewerbliche Charakter des Angebots reicht für die Erkennbarkeit der Provisionspflicht nicht ohne weiteres aus (BGH GRUR 90, 377 – *RDM;* GRUR 91, 324, 325 – *Finanz- und Vermögensberater*). Dagegen verstößt eine Maklerwerbung nicht allein schon deshalb gegen § 5, weil sie nicht erkennen lässt, dass der Inserent Makler ist (BGH GRUR 93, 760 – *Provisionsfreies Maklerangebot;* GRUR 93, 761, 762 – *Makler-Privatangebot*).

450 **(1) Normalpreis.** Wird in der Werbung ein Preis angekündigt, der niedriger ist als ein weiterhin angegebener (durchgestrichener) „Normalpreis", liegt darin keine unbestimmte oder mehrdeutige Preisangabe. Der Verkehr versteht den Normalpreis als den früher verlangten Preis des Werbenden, nicht – was irreführend wäre – als einen Normalpreis iS eines allgemein gültigen Marktpreises (BGH GRUR 01, 84, 85 – *Neu in Bielefeld II*). Die Werbung kann aber irreführend sein, wenn im konkreten Fall eine andere Verkehrserwartung geweckt wird, weil die Aussage vieldeutig ist, zB als Preisempfehlung des Herstellers oder als allgemein üblicher Marktpreis.

451 **(2) Statt-Preis.** Die Werbung mit Preissenkungen in der Weise, dass einem aufgehobenen früheren Preis ein neuer niedrigerer gegenübergestellt wird („statt ... Euro ... Euro") hat der BGH in der *Preisgegenüberstellung III*-Entscheidung (GRUR 80, 306, 307) für irreführend gehalten, wenn – jedenfalls bei der Werbung für Markenartikel – nicht klargestellt wird, dass die früheren Preise die eigenen aufgehobenen Preise des Werbenden sind. Ob daran bei Zugrundelegung des neuen Verbraucherleitbilds festgehalten werden kann, erscheint zweifelhaft (Köhler/*Bornkamm* § 5 Rn 7.131, 132). Der verständige Verbraucher wird wie bei der Werbung mit Normalpreisen auch hier dazu neigen, in dem aufgehobenen Statt-Preis den früheren Preis des Werbenden zu erkennen.

452 **(3) Ca.-Preis.** Ca.-Preise vermitteln regelmäßig unklare und damit irreführende Preisvorstellungen, weil sie keinen hinreichend genauen Preisvergleich erlauben. Die Endpreisangabe verlangt aber zur Vermeidung einer Irreführung grundsätzlich die Mitteilung fester Preise (BGH GRUR 81, 654, 655 – *Testpreiswerbung*). Nur ausnahmsweise kann auch eine „ca"-Preisangabe zulässig sein, so wenn der Kaufpreis eines unvermessenen Grundstücks noch nicht als Endpreis angegeben werden kann.

453 **cc) Dauer von Preisnachlässen (Rabattaktionen).** Werden Preisnachlässe in Form von Rabattaktionen (zB Frühbucherrabatte oder ein „Geburtstagsrabatt") für

Irreführende geschäftliche Handlungen §5 UWG

einen **befristeten Zeitraum** angekündigt, ist es irreführend, den Preisnachlass über die angegebene Zeit **hinaus fortzuführen** (BGH GRUR 12, 208 Rn 18 – *10% Geburtstags-Rabatt;* GRUR 12, 213 Rn 15 – *Frühlings-Special*). Hier gilt grundsätzlich nichts anderes als bei zeitlich befristeten Sonderveranstaltungen (BGH GRUR 12, 213 Rn 16 – *Frühlings-Special;* näher oben Rn 429). Allerdings bestehen insoweit Unterschiede zur Ankündigung etwa einer Jubiläumsaktion, als es aus der Sicht des Verkehrs für die Verlängerung eines Frühbucherrabatts – zB bei schleppender Nachfrage – vernünftige Gründe gibt, mit denen der Verkehr auch rechnet (BGH GRUR 12, 213 Rn 16 – *Frühlings-Special*). Irreführend ist es regelmäßig, wenn der Unternehmer bereits **bei Erscheinen** der Werbung die **Absicht** hat, die Aktion zu verlängern, dies aber nicht in der Werbung hinreichend deutlich zum Ausdruck bringt (BGH GRUR 12, 213 Rn 20 – *Frühlings-Special*). **Nach dem Erscheinen** der Werbung eintretende Umstände rechtfertigen eine Verlängerung nur, wenn sie für den Unternehmer nicht voraussehbar waren, wofür der Unternehmer darlegungspflichtig ist (BGH GRUR 02, 187, 188f – *Lieferstörung;* GRUR 12, 213 Rn 21 – *Frühlings-Special*); für die Beweislast kann nichts anderes gelten (ebenso *Berneke* GRUR-Prax 11, 235, 237). Ein absehbarer Grund kann auch vorliegen, wenn der Unternehmer mit dem Rabatt bezweckt, die ihm gewährten günstigen Einkaufspreise an seine Kunden weiterzugeben, wenn und soweit für ihn erkennbar war, dass ihm solche günstigen Einkaufspreise auch nach Ablauf der Befristung weiter gewährt werden, wofür ein Indiz sein kann, dass der Unternehmer bereits zuvor schon einmal verlängert hat (BGH GRUR 12, 213 Rn 22 – *Frühlings-Special*).

dd) Preisspaltung, Preisschaukelei. Irreführend ist eine **unterschiedliche** 454 **Preisauszeichnung** für gleiche Waren in ein und demselben Geschäft (Preisspaltung), ebenso eine Preisauszeichnung im Laden, die mit anderen (höheren) Preisen arbeitet als in der Werbung angekündigt (Rn 439; BGH GRUR 00, 907, 909 – *Filialleiterfehler*). Gleiches gilt für das systematische Herauf- und Hinuntersetzen von Preisen, zB zur Verdeckung von Mondpreisen (**Preisschaukelei**, vgl BGH GRUR 74, 341, 342f – *Campagne*), wobei freilich im Hinblick auf die Wettbewerbsfreiheit Zurückhaltung geboten ist (ebenso GK/*Lindacher* § 5 Rn 697). Unbedenklich sind Margenpreise („von ... bis ... Euro") und Mischanzeigen (für unterschiedliche Waren, Warengrößen oder Warengattungen „ab ... Euro"), sofern auch die Waren der unteren Preisklassen in ausreichendem Umfang vorhanden sind. Unzulässig ist die Angabe niedrigerer „ab"-Versandkosten auf den Internetseiten einer Preissuchmaschine als auf der Seite des Online-Anbieters (LG München GRUR-RR 06, 418). Bei **„Sommerpreisen"** erwartet der Verkehr Ware, die lediglich aus jahreszeitlichen Gründen im Preis herabgesetzt ist (zB typische Winterware, die im Sommer ohne Kaufanreize über den Preis nur schwer absetzbar ist), ohne aber qualitative Nachteile gegenüber dem Normalangebot des Werbenden aufzuweisen (BGH GRUR 87, 45, 47 – *Sommerpreiswerbung*).

ee) Preisverschleierung. Die Preiswerbung darf den Kunden über das für das 455 beworbene Angebot zu zahlende Entgelt nicht täuschen (vgl BGH GRUR 04, 961, 963 – *Grundeintrag Online:* Irreführung über die Kostenlosigkeit eines Grundeintrags in ein Firmenverzeichnis durch täuschende Gestaltung eines formularmäßigen Angebotsschreibens, sa BGH GRUR 05, 749, 751 – *Irreführendes Angebotsschreiben*).

Wettbewerbsrechtlich bedenklich sind auch unter dem Gesichtspunkt der Irrefüh- 456 rung **Kundenbindungssysteme** wie Karten- und Prämiensysteme, die den Kunden mit Rabatten und Prämien locken, sich längerfristig an das werbende Unternehmen zu binden (zB Bonusmeilen-, Miles & More-, Membership-Programme), zugleich aber eine mit dem Grundsatz von Preisklarheit und Preiswahrheit nicht zu vereinbarende Wirkung entfalten. Bei ihnen kann die Gefahr begründet sein, dass durch eine unzutreffende Einschätzung der gewährten Vorteile eine Art neue Währung im Rahmen der Geschäftsbeziehungen der Beteiligten entsteht, was wiederum die Gefahr einer Preisverschleierung und einer unsachlichen Beeinflussung des Kunden hervorruft (BGH GRUR 99, 515, 517 – *Bonusmeilen;* s aber auch OLG Köln WRP 01, 721, 723 f – *Miles & More Card;* zur Beurteilung nach § 4 Nr 1 s dort Rn 1/104f).

457 **ff) Preisgünstige Gesamtangebote (Lockvogelwerbung).** Wird für einzelne Waren in einer Weise geworben, die den Eindruck der Preisgünstigkeit des **gesamten Angebots** erweckt, wird der Verkehr irregeführt, wenn zwar die Preiserwartung des Verkehrs für die in der Werbung herausgestellten einzelnen Waren zutrifft, nicht aber die für das gesamte Sortiment (BGHZ 52, 302, 306 = GRUR 70, 33, 34 – *Lockvogel;* GRUR 74, 344, 345 – *Intermarkt;* GRUR 78, 649, 651 – *Elbe-Markt,* vgl auch Rn 488). Dem muss der Werbende durch die Anzeigengestaltung und die Betonung des Angebots als Einzelangebot vorbeugen (BGH GRUR 78, 652, 653 – *Mini-Preis;* GRUR 79, 116, 117 f – *Der Superhit).* Je deutlicher der Verkehr dabei auf den Ausnahme-(Sonderangebots-)Charakter der Ankündigung hingewiesen wird, desto geringer ist die Gefahr, dass der Kunde aus der Werbung auf die Preiswürdigkeit des gesamten Sortiments schließt (BGH aaO – *Lockvogel).*

458 **gg) Sonderangebote.** Sonderangebote sind einzelne nach Güte oder Preis gekennzeichnete Waren im Rahmen des regelmäßigen Geschäftsbetriebs des anbietenden Unternehmens (so § 7 II UWG 1909). Sonderangebote sind wettbewerbsrechtlich nicht zu beanstanden. Sie waren auch früher schon zulässig (vgl § 7 II UWG 1909). Bei einer Sonderangebotswerbung geht der Verkehr davon aus, dass die für die Sonderangebotswaren berechneten Preise unter den bislang für eine gewisse Dauer geforderten Preise liegen. Die Werbung für Sonderangebote ist daher irreführend, wenn die vom Verkehr mit dem Begriff Sonderangebot verbundenen Preisvorteile nur behauptet, tatsächlich aber nicht gewährt werden, weil die Preise für die Sonderangebotswaren auch schon vor der Werbung gefordert worden waren (BGH GRUR 79, 474, 475 – *10-Jahres-Jubiläum).*

459 **hh) Kopplungsangebote.** Kopplungsangebote, bei denen mehrere *gleichartige, gebrauchsnahe* oder *verschiedene* Waren oder Dienstleistungen zu einem **einheitlichen Angebot** mit einheitlichem Preis zusammengefasst sind, sind wettbewerbsrechtlich grundsätzlich erlaubt. In der Zusammenstellung seines Angebots und in der Preisgestaltung (Rn 441) ist der Unternehmer grundsätzlich frei (sa § 4 Rn 1/88 ff, 90). Kopplungsangebote können aber lauterkeitsrechtlich zu beanstanden sein, wenn von ihnen eine so starke Anlockwirkung ausgeht, dass auch bei einem verständigen Verbraucher die Rationalität der Nachfrageentscheidung ausgeschaltet wird (§ 4 Rn 1/91) oder wenn sie geeignet sind, den Werbeadressaten mangels ausreichender Information über den Wert des Angebots zu täuschen (§ 5; BGHZ 151, 84, 88 f = GRUR 02, 976, 978 – *Kopplungsangebot I;* GRUR 02, 979, 981 – *Kopplungsangebot II;* BGHZ 154, 105, 108 f = GRUR 03, 538, 539 – *Gesamtpreisangebot;* GRUR 04, 343, 344 – *Playstation).*

460 Der Unternehmer muss daher, um sich nicht dem Vorwurf der Irreführung auszusetzen, sein (Kopplungs-) Angebot hinreichend **transparent** machen (sa § 4 Rn 1/92). Das bedeutet allerdings nicht, dass er gehalten wäre, den Preis des Gesamtangebots durch Angabe der Einzelpreise für die jeweiligen Angebotsteile näher zu erläutern oder über den Wert einer Zugabe, die Teil des Angebots ist, zu informieren. Eine Pflicht zur umfassender Aufklärung besteht insoweit nicht (BGHZ 139, 368, 376 = GRUR 99, 264, 267 – *Handy für 0,00 DM;* GRUR 03, 538, 539 – *Gesamtpreisangebot).* Irreführend ist die Werbung auch dann nicht, wenn mangels näherer Angaben zur Preisbemessung Preisvergleiche erschwert werden (BGH aaO – *Gesamtpreisangebot).* Jedoch verstößt es gegen § 5, wenn eine besonders preisgünstige Einzelleistung aus dem Gesamtangebot **blickfangmäßig** oder in ähnlicher Weise hervorgehoben wird, während die Kosten und Folgekosten, die den Kunden mit der Annahme des Angebots treffen, in den Hintergrund treten und so die Gesamtbelastung des Kunden verschwiegen wird (BGH aaO – *Handy für 0,00 DM;* GRUR 03,

Irreführende geschäftliche Handlungen §5 UWG

249, 250 – *Preis ohne Monitor;* GRUR 03, 890, 891 – *Buchclub-Kopplungsangebot;* GRUR 10, 744 Rn 43 – *Sondernewsletter;* GRUR 11, 742 Rn 34 – *Leistungspakete im Preisvergleich;* OLG Celle WRP 05, 250, 251 – *Preis-Skandal).* Gleiches gilt auch dann, wenn über die bloße Erschwerung von Preisvergleichen hinaus mangels näherer Angaben zu den Preisen der Einzelleistungen das Gesamtangebot unzutreffende Vorstellungen über dessen Wert weckt, zB bei einer der Hauptleistung beigegebenen Zugabe. In solchen Fällen bedarf es zur Vermeidung einer Irreführung des Verkehrs aufklärender Hinweise, die dem Verbraucher eine zutreffende Einschätzung von Wert und Bedeutung des Gesamtangebots ermöglichen (Köhler/*Bornkamm* § 5 Rn 7.35 ff). Der Begriff „Startguthaben" beim Angebot eines Mobiltelefons mit Prepaid-Card macht hinreichend deutlich, dass bei weiterer aktiver Nutzung zusätzliche verbrauchsabhängige Kosten entstehen (BGH GRUR 09, 690 Rn 19 – *XtraPac).*

ii) Margenpreise. Margenpreise („von … bis"-Preise, „ab"-Preise) sind bei Angeboten in aller Regel unzulässig, da bei Angeboten der Leistungsgegenstand konkret feststeht und der Preis deshalb konkret benannt werden kann. In der Werbung bestehen aber gegen Margenpreise dann keine Bedenken, wenn lediglich auf den Umfang des durch die Werbung angekündigten Angebots hingewiesen wird (OLG Stuttgart WRP 83, 51, 52) oder wenn eine Vielzahl von Waren unterschiedlichsten Gewichts mit demgemäß unterschiedlichen Preisen (zB Geflügel) beworben wird. In solchen Fällen kann es nicht beanstandet werden, wenn der Unternehmer seiner Verpflichtung zu lauterer Preisinformation durch Hinweis auf die Marge der Preise für die einzelnen Waren mittels einer „von … bis"-Preisangabe (BGH GRUR 91, 847, 848 – *Kilopreise II)* oder einer „ab"-Preisangabe nachkommt, ggf mit einer Erläuterung, warum ein bestimmter Preis nicht genannt werden kann (BGH GRUR 01, 1166, 1168 – *Fernflugpreise).* **461**

jj) Preisvergleiche. (1) Allgemein. Preisvergleiche – mit eigenen Preisen (Preisherabsetzungswerbung), mit Preisen der Konkurrenz oder mit Herstellerpreisempfehlungen – sind ein wirksames Mittel zur Herausstellung der Preiswürdigkeit des Angebots. Sie sind grundsätzlich zulässig, wenn sie wahr sind, den aktuellen Gegebenheiten entsprechen und wenn Vergleichbares miteinander verglichen wird. Bei Eigenpreisvergleichen wirbt der Unternehmer unter Gegenüberstellung von höheren Alt- und niedrigeren Neupreisen, in den Fällen der Eröffnungswerbung auch mit später höheren Preisen (zur Zulässigkeit einer Eröffnungswerbung in diesen Fällen s Rn 436). Preisvergleiche mit den Preisen von Waren oder Dienstleistungen erkennbar gemachter Mitbewerber beurteilen sich nach § 6 (§ 6 II Nr 2), irreführende Preisvergleiche nach § 5 (§ 5 III Halbs 1; so Rn 99 ff). **462**

(2) Preisherabsetzungswerbung. (a) Grundsätzliches. Die Ankündigung von Preissenkungen übt auf den Verkehr mit Blick auf die darin liegende Behauptung einer aktuell gebotenen Preisgünstigkeit eine stark anlockende Wirkung aus. Dementsprechend steckt in der Preisherabsetzungswerbung ein erhebliches Irreführungspotential, dem der Unternehmer mit wahren, klaren und eindeutigen Angaben Rechnung tragen muss. Unbestimmte Preisherabsetzungen, die über den Umfang oder über den Gegenstand der Preisherabsetzung täuschen, sind ebenso irreführend wie Preisgegenüberstellungen, die mehrdeutig sind (BGH GRUR 11, 934 Rn 21 – *Original Kanchipur).* Insbesondere darf die Werbung mit Preissenkungen den Verkehr nicht über die behauptete Ersparnis und die zum Kauf auffordernde Vorteilhaftigkeit des Angebots täuschen. In welcher Form der Unternehmer mit Preisherabsetzungen wirbt – mit Betragsangaben (zB mit Statt-Preisen wie „statt … € – jetzt … €"), mit Prozentsätzen oder in Form von Gegenüberstellungen der neuen mit durchgestrichenen Preisen – ist, wie die Preisstellung überhaupt, ihm überlassen. Ob mit einer Preisherabsetzung geworben wird, entscheidet die Verkehrsauffassung. Die Werbeangabe „Jetzt nur 5 €" versteht der Verkehr als Preisherabsetzung im Vergleich zu vorher **463**

Sosnitza 697

verlangten Preisen (BGH GRUR 00, 337 – *Preisknaller*). Wird für eine Ware, die **Gattungsware** ist, mit einer Preisherabsetzung geworben, bezieht der Verkehr die behauptete Preissenkung nicht allein auf das konkret angebotene Einzelstück, sondern auf alle angebotenen Waren vergleichbarer Güte und Qualität (BGH GRUR 99, 507, 508 – *Teppichpreiswerbung*). Eine Werbung mit einer Preisherabsetzung liegt nicht nur dann vor, wenn mit der Herabsetzung für einzelne Preise geworben wird, sondern auch dann, wenn mit einer Reduzierung der Preise für das **gesamte Sortiment** geworben wird (BGH GRUR 09, 788 Rn 13 – *20% auf alles*). Der Verkehr versteht eine Werbung, in der das gesamte Sortiment mit Ausnahme einer Produktgruppe ab einem bestimmten Zeitpunkt zu einem um 20% reduzierten Preis angeboten wird, in der Weise, dass er beim Kauf eines beliebigen Artikels aus dem Sortiment gegenüber dem vorher geltenden Preis eine Preisersparnis in der angekündigten Höhe erzielt (BGH GRUR 09, 788 Rn 19 – *20% auf alles*). Bei einer Werbung mit einer Preisreduzierung „bis zu ..." erwartet der Kunde, dass der Höchstsatz nicht nur bei einem unbedeutenden Teil der Waren bzw Dienstleistungen erreicht wird und dass die übrigen Preisherabsetzungen nicht beträchtlich hinter dem Höchstsatz zurückbleiben (OLG Hamm MMR 08, 476).

464 Irreführend sind Preisgegenüberstellungen der früheren bzw ursprünglichen (aufgehobenen) Preise des Werbenden mit dessen jetzigen (aktuellen) Preisen, wenn der frühere Preis nicht oder nicht ernsthaft, nicht in letzter Zeit oder nur für unangemessen kurze Zeit gefordert wurde oder wenn überhöhte Preise angesetzt werden, um eine Preissenkung vortäuschen zu können, oder wenn sonst über das Ausmaß der Preissenkung irregeführt wird (BGH GRUR 68, 433, 437 – *Westfalenblatt II;* GRUR 75, 78, 79 – *Preisgegenüberstellung I;* GRUR 79, 781, 782 – *Radikal gesenkte Preise;* GRUR 84, 212, 213 – *Unechter Einzelpreis;* GRUR 99, 507, 508 – *Teppichpreiswerbung;* KG GRUR 99, 769; Köhler/Bornkamm § 5 Rn 7.71ff; *Usselmann/Seichter,* WRP 07, 1291; 1292f) oder wenn der Werbende den Preis, den er als herabgesetzt bewirbt, schon seit Wochen verlangt hat (OLG Nürnberg GRUR 79, 588). **Ursprünglicher Preis** ist der Preis, der unmittelbar vor der Ankündigung der Preissenkung verlangt wurde (BGH GRUR 09, 788 Rn 15 – *20% auf alles*). **Preisheraufsetzungen** eines aktuellen Preises, die nicht ernst gemeint nach kurzer Zeit wieder herabgesetzt werden und nur dazu dienen, Preisnachlässe anzubieten, wo Preisnachlässe in Wirklichkeit nicht eingeräumt werden können und sollen, sind irreführende **Mondpreisbildungen,** die geeignet sind, die Kaufentschließung des von einer tatsächlichen Preisherabsetzung ausgehenden Kunden positiv iS des Werbenden zu beeinflussen (BGHZ 45, 115, 128f = GRUR 66, 327, 332 – *Richtwerbung I;* GRUR 81, 137, 139 – *Tapetenpreisempfehlung*). Es ist deshalb auch irreführend, wenn die Preisreduzierung von Ware bei wirtschaftlicher Betrachtung tatsächlich nicht gegeben ist (BGH GRUR 96, 796, 798 – *Setpreis*).

465 Innerhalb welcher **Zeiträume** vor der Werbung der **als herabgesetzt** bezeichnete Preis für die Ware *nicht verlangt* worden sein darf, um als angemessen gelten zu können, ist eine Frage, die sich nicht einheitlich beantworten lässt (BGH GRUR 99, 507, 508 – *Teppichpreiswerbung;* GRUR 00, 337, 338 – *Preisknaller*). Entscheidend insoweit ist die Verkehrsauffassung, die sich an den Umständen des jeweiligen Einzelfalls orientiert, zB an der Warenart, der Marktsituation und/oder den Branchenverhältnissen. Langlebige Wirtschaftsgüter verlangen in der Regel eine längere Zeitspanne, Waren des täglichen Bedarfs uU Wochen oder Tage. Starre Fristen (zB ein Monat, drei Monate, sechs Monate) können nicht zugrunde gelegt werden (BGH GRUR 75, 78, 79 – *Preisgegenüberstellung I;* BGH aaO – *Teppichpreiswerbung*). Umgekehrt muss der *ursprüngliche Preis* (Rn 465), der unmittelbar vor der Ankündigung der Preissenkung verlangt wurde, für eine *angemessene Zeitdauer gefordert* worden sein, damit die Vermutung des § 5 IV (Rn 466) nicht eingreift. Auch diese Zeitdauer lässt sich nicht einheitlich bestimmen, sondern richtet sich nach den Umständen des Einzelfalls wie der Art der Ware oder Dienstleistung und der Marktsituation (BGH GRUR 09, 788 Rn 16 – *20% auf alles*).

Irreführende geschäftliche Handlungen §5 UWG

(b) § 5 Abs 4. § 5 IV 1 enthält eine (widerlegliche) **Vermutung,** § 5 IV 2 eine 466 Beweislastregel. Vermutet wird die Irreführung, wenn der Preis nur für eine unangemessen kurze Zeit gefordert wurde. Ob letzteres der Fall ist, muss also – als Voraussetzung für das Eingreifen der Vermutung – zunächst festgestellt werden. (s Rn 464f). Dabei hilft die – der ständigen Rechtsprechung des BGH (GRUR 75, 78, 79 – *Preisgegenüberstellung I*) entsprechende – Beweislastregel des § 5 IV 2, die im Streit über die Frage, ob der frühere Preis überhaupt und wenn ja wie lange gefordert worden war, die Beweislast zu Lasten des Werbenden umkehrt, weil nach allgemeinen Grundsätzen der Kläger die Darlegungs- und Beweislast für die klagebegründenden Tatsachen trägt, er diese aber nicht kennt und mangels eines ihm zustehenden Auskunftanspruchs (BGH GRUR 78, 54, 55 – *Preisauskunft;* vgl auch Köhler/Bornkamm § 5 Rn 7.75 ff) auch nicht in Erfahrung bringen kann, eine Beweisführung durch ihn ohne Beweislastumkehr praktisch also nur selten möglich wäre (vgl auch BegrRegEntw, B zu § 5 Abs 4, BT-Drucks 15/1487, S 20).

§ 5 IV 2 erlegt seinem Wortlaut nach dem Werbenden allein die **Beweislast** auf. 467 Soll die Regelung aber greifen, muss sie dahin verstanden werden, dass dem Werbenden **auch** die **Darlegungslast** dafür obliegt, dass er den früheren Preis ernsthaft verlangt hat (OLG Karlsruhe WRP 07, 819, 820). Denn was der Kläger nicht kennt, kann er, wenn er nicht unter Verstoß gegen § 138 I ZPO aufs Blaue hinein Tatsachen behaupten will, auch nicht vortragen. Mehr als die Darlegung einer Fallgestaltung, aus der sich der nachvollziehbare Verdacht ergibt, dass der Beklagte den früheren Preis nicht oder nur unangemessen kurze Zeit verlangt hat, bedarf es daher seitens des Klägers nicht (OLG Karlsruhe WRP 05, 637, 638).

Genügt der Beklagte seiner Darlegungs- und Beweislast aus § 5 IV 2 nicht, ist die 468 Irreführung nach § 5 IV 1 auf Grund des Eingreifens der Beweislastregel des § 5 IV 2 zu vermuten, wenn dem Beklagten die Entkräftung der Vermutung nicht gelingt. Dies dürfte ihm aber kaum jemals möglich sein, es sei denn, die Werbung entbehrt der Relevanz für die Kaufentschließung des umworbenen Verbrauchers oder der Werbende hatte in der Werbung über die Geltungsdauer des früheren Preises wahrheitsgemäß informiert (vgl Köhler/Bornkamm § 5 Rn 7.82; *Trube,* WRP 03, 1301 ff).

(3) Vergleiche mit Konkurrenzpreisen. Preisvergleiche mit den Preisen der 469 Waren von Mitbewerbern sind – gleich in welcher Form (durch Angabe eines Betrages, eines Prozentsatzes oder in Worten wie „hier nur …€", „billiger", „Ersparnis" uä) – grundsätzlich zulässig, müssen aber wahr und vollständig sein, von der gleichen Vergleichsbasis ausgehen und dürfen den Verkehr durch mehrdeutig pauschale oder unbestimmte Angaben nicht rätseln lassen. So ist beispielsweise die Preisangabe für ein Leistungspaket von Telekommunikationsdienstleistungen irreführend, wenn die Kosten des Kabelanschlusses nicht genannt werden (BGH GRUR 11, 742 Rn 35 – *Leistungspakete im Preisvergleich*). Gleiches gilt für einen Preisvergleich von Telekommunikationsdienstleistungen, wenn nicht offengelegt wird, dass der beworbene eigene Tarif für einen Vertrag mit einer doppelt so langen Mindestvertragslaufzeit gilt (OLG Köln GRUR-RR 10, 347, 348 – *Mindestvertragslaufzeit*).

Preisvergleiche mit den Preisen nicht genannter Mitbewerber für im Einzelnen 470 nicht genannte Waren, die den Eindruck einer objektiven Vergleichserhebung und Marktübersicht vermitteln, sind irreführend, weil der Verkehr mangels Kenntnis der Namen der Mitbewerber und der in den Preisvergleich einbezogenen einzelnen Waren die **Vollständigkeit und Richtigkeit** des Preisvergleichs nicht überprüfen kann. In solchen Fällen wird eine Marktübersicht dem Verkehr nur vorgespiegelt, tatsächlich aber nicht verschafft (BGH GRUR 96, 983, 985 – *Preisvergleich II/Dauertiefpreise;* WRP 96, 1097, 1098 – *Preistest*).

(4) Preisempfehlungen des Herstellers. Eine werbende Bezugnahme auf un- 471 verbindliche Preisempfehlungen des Herstellers ist lauterkeitsrechtlich grundsätzlich unbedenklich. Sie gibt dem Verkehr für seine Preiserwägungen und wirtschaftlichen

Sosnitza

Entschließungen eine wesentliche Orientierungshilfe. Nach § 23 I Nr 1 GWB aF mussten Preisempfehlungen allerdings ausdrücklich als unverbindlich bezeichnet werden. Dies hatte zur Folge, dass die Rspr auch bei der lauterkeitsrechtlichen Irreführung überaus streng war und kaum Abweichungen duldete. Mit der 7. GWB-Novelle wurden allerdings die §§ 22, 23 GWB aF ersatzlos gestrichen (vgl Neufassung des GWB idF der Bek v 15. 7. 2005, BGBl I S 2114), sodass nunmehr eine **kleinliche Beurteilung** der Frage, ob durch eine von der früher in § 23 I Nr 1 GWB aF vorgeschriebene Formulierung abweichende Wortwahl die Gefahr einer Irreführung des Verkehrs begründet wird, **nicht (mehr) angebracht** ist (BGH GRUR 07, 603 Rn 19 – *UVP*). Aus diesem Grund sind einige ältere Urteile absolet geworden.

472 Die werbende Bezugnahme auf unverbindliche Preisempfehlungen des Herstellers ist irreführend, wenn nicht klargestellt wird, dass es sich bei der Herstellerempfehlung um eine *unverbindliche* Preisempfehlung handelt, wenn diese nicht auf der Grundlage einer ernsthaften Kalkulation als angemessener Verbraucherpreis ermittelt worden ist oder wenn der vom Hersteller empfohlene Preis im Zeitpunkt der Bezugnahme nicht als Verbraucherpreis in Betracht kommt (BGH GRUR 80, 108, 109 „*... unter empf. Preis*"; GRUR 81, 137, 138 – *Tapetenpreisempfehlung;* GRUR 83, 661, 663 – *Sie sparen 4000 DM;* GRUR 87, 367, 371 – *Einrichtungs-Pass;* GRUR 00, 436, 437 – *Ehemalige Herstellerpreisempfehlung*). Für die Zulässigkeit einer Werbung mit einer unverbindlichen Herstellerempfehlung ist Voraussetzung, dass diese für den Verkehr eine **marktgerechte Orientierungshilfe** darstellt. Daran fehlt es, wenn ein Alleinvertriebsberechtigter einer nur ihm gegenüber ausgesprochenen unverbindlichen Preisempfehlung des Herstellers einen niedrigeren Preis gegenüberstellt. Werbehinweise auf eine unverbindliche Preisempfehlung vermitteln dem Verbraucher den Eindruck, der Hersteller habe sie in der Erwartung ausgesprochen, dass die Empfehlung von der Mehrzahl der Empfehlungsempfänger auch befolgt werde. Die Gegenüberstellung mit einem niedrigeren eigenen Preis des Händlers täuscht daher über die Preisgünstigkeit des Angebots im Marktvergleich, wenn es nur *einen* Alleinvertriebsberechtigten und damit weder einen Markt gibt, für den die Preisempfehlung eine Hilfe sein könnte, noch einen Marktpreis, der der Empfehlung entspricht oder nahe kommt (BGH GRUR 02, 95, 96 – *Preisempfehlung bei Alleinvertrieb*).

473 Erfolgt eine **Preisgegenüberstellung** in Form eine Vergleichs mit einer **unverbindlichen Preisempfehlung** des Herstellers, muss diese auch deshalb eindeutig als solche gekennzeichnet sein, weil andernfalls der unzutreffende Eindruck entstünde, der Werbende habe den in Bezug genommenen höheren Preis früher selbst verlangt. Preisgegenüberstellungen mit „Normalpreisen", „marktüblichen Preisen" oder „regulären Preisen", die vom Verkehr nicht nur als Herstellerempfehlungen, sondern auch als Normalpreise des Werbenden oder der Mitbewerber verstanden werden können, sind – weil mehrdeutig – irreführend (Rn 181 f). **Abkürzungen** müssen Fehlvorstellungen des Verkehrs hinsichtlich des Vorliegens einer unverbindlichen Herstellerempfehlung vermeiden, wobei heute keine strikte Orientierung an § 23 I Nr 1 GWB aF mehr zulässig ist (oben Rn 471). Zulässig sind daher Angaben wie „empfohlener Verkaufspreis", „empfohlener Verkaufspreis des Herstellers" oder auch die Abkürzung „UVP", die dem Verkehr bekannt ist (BGH GRUR 07, 603 Rn 21 – *UVP*). Gleiches gilt heute für „*... unter empf. Preis*" (aA noch BGH GRUR 80, 108, 109).

474 Wird mit **durchgestrichenen Preisen** ohne weitere Hinweise (zB „alter Preis"/ „neuer Preis") geworben, liegt die Annahme fern, der Verkehr halte den durchgestrichenen Preis für eine vom Werbenden unterschrittene unverbindliche Herstellerpreisempfehlung. Der Verkehr wird in solchen Fällen vielmehr eigene (Alt- und Neu-) Preise des Werbenden annehmen, wenn nicht weitere Umstände eine andere Annahme nahe legen (GA-Ausschuss WRP 99, 449). Die Werbung mit „Statt-Preisen" kann missverständlich sein und im Einzelfall die Deutung zulassen, dass auf eine unverbindliche Herstellerpreisempfehlung Bezug genommen wird (vgl GA-Ausschuss aaO).

Das Verbot der Gegenüberstellung einer *nicht mehr geltenden* unverbindlichen Preisempfehlung des Herstellers mit den vom Werbenden *aktuell* verlangten Preisen (vgl Rn 464) gilt nicht ausnahmslos. Eine werbende Gegenüberstellung mit **überholten Herstellerpreisempfehlungen** ist nicht ohne weiteres irreführend, wenn die unverbindliche Preisempfehlung als *ehemalige,* nicht mehr gültige Herstellerempfehlung kenntlich gemacht wird und früher tatsächlich bestanden hatte. Auch eine frühere Preisempfehlung kann dem Verbraucher eine Orientierungshilfe sein, beispielsweise beim Erwerb eines Auslaufsmodells. Anders kann es liegen, wenn die überholte Preisempfehlung längere Zeit zurückliegt und für den Verbraucher keine Rückschlüsse mehr erlaubt (BGH GRUR 00, 436, 437 f – *Ehemalige Herstellerpreisempfehlung*). 475

Die der unverbindlichen Preisempfehlung des Herstellers zugrundeliegende Preiskalkulation muss der Verkehrserwartung Rechnung tragen, dass es sich dabei um einen **angemessenen durchschnittlichen Verbraucherpreis** handelt. Phantasiepreise (Mondpreise) stehen dazu in Widerspruch (BGHZ 45, 115, 128 = GRUR 66, 327, 332 – *Richtpreiswerbung I*). Maßgebend für die Ermittlung des angemessenen durchschnittlichen Verbraucherpreises sind die Marktverhältnisse, die nach Branche, Zeitpunkt und Wettbewerbsintensität ganz verschieden sein können. Handelsspannen allein lassen noch keinen Rückschluss auf Zulässigkeit oder Unzulässigkeit der Heranziehung unverbindlicher Preisempfehlungen zum Preisvergleich zu (BGH GRUR 81, 137, 139 – *Tapetenpreisempfehlung*). Die Werbung mit einer unrichtigen, zu hoch angegebenen Herstellerpreisempfehlung ist irreführend. Ob die unzutreffende Angabe blickfangartig herausgestellt ist oder nur klein gedruckt erscheint, ist unerheblich, ebenso, ob aus dem weiteren Inhalt der Anzeige auf die Unrichtigkeit der Preisempfehlung geschlossen werden kann (BGH GRUR 01, 78, 79 – *Falsche Herstellerpreisempfehlung*). 476

kk) Listenpreise. Eine Bezugnahme auf **Listenpreise (Katalogpreise)** kann mehrdeutig sein, zB wenn offen ist, ob sie eine eigene Preisliste des Werbenden oder eine Herstellerpreisempfehlung betrifft. Existiert keine Preisliste, ist die Irreführung evident. Hat eine Preisliste bestanden, ist sie aber weggefallen, kann die Bezugnahme für eine Übergangszeit noch zulässig sein, solange die Waren noch geführt werden, auf die sich der Listenpreis bezog. Irreführend handelt, wer unter Heranziehung eines Listenpreises einen niedrigeren Preis berechnet, obwohl er generell zu diesem niedrigeren Preis bzw generell unter Listenpreis verkauft (GK/*Lindacher* § 5 Rn 737 f). 477

ll) Abholpreise. Abholpreis ist Preis der Ware bei Abholung durch den Käufer und bedeutet zugleich, dass bei Zustellung der Ware durch den Verkäufer ein Aufpreis für den mit der Anlieferung verbundenen Aufwand zu zahlen ist (BGH GRUR 93, 127 – *Teilzahlungspreis II*). Preise, die von Fachmärkten für ihre Waren verlangt werden, sind regelmäßig – auch bei Großgeräten wie Möbeln, Kühlschränken usw – Abholpreise und werden, auch wenn sie nicht als Abholpreise bezeichnet werden, von den daran gewöhnten Verbrauchern auch so verstanden (zweifelnd GK/*Lindacher* § 5 Rn 783). In der Berechnung von Zustellungskosten liegt daher in solchen Fällen trotz Nichtkennzeichnung des Preises als Abholpreis keine Irreführung (Rn 157; aA GA-Ausschuss WRP 98, 533). 478

mm) Preisgarantien. Preisgarantien (zu Qualitätsgarantien s Rn 279 f, zur Garantiewerbung allgemein auch § 4 Rn 1/97 ff) („Geld-zurück-Garantie") fasst der Verkehr nicht nur als Einräumung eines (aufschiebend bedingten) Rücktrittsrechts auf, sondern auch als Behauptung, preiswerter als jeder Mitbewerber zu sein. Sie ist zulässig, wenn den Werbenden eine allgemeine Marktbeobachtung zu der Preisberühmung berechtigt und ein echter Preisvergleich möglich ist. Letzteres setzt voraus, dass die der Preisgarantie unterfallenden Artikel in gleicher Ausführung und Qualität auch von Mitbewerbern geführt werden (BGH GRUR 75, 553, 554 – *Preisgarantie I*; GRUR 91, 468, 469 – *Preisgarantie II*). Eine Preisgarantie- (Geld-zurück-Garantie-) 479

Werbung für **Exklusivangebote** des Werbenden ist stets irreführend (BGH GRUR 94, 57, 58 – *Geld-zurück-Garantie*).

480 Für einen ausreichenden Preisvergleich ist es nicht erforderlich, dass der Kunde die Ware bei einem nahegelegenen Mitbewerber ohne weiteres wiederfinden kann. Auch längeres Suchen kann zumutbar sein (BGH GRUR 75, 553, 554 – *Preisgarantie II*; BGH GRUR 94, 57, 58 – *Geld-zurück-Garantie*). Ein preiswerteres Konkurrenzprodukt ist nicht nur dann nachgewiesen, wenn dessen Angebot insgesamt günstiger ist. Die Preisgarantie des Werbenden muss, um nicht irrezuführen, auch dann eingelöst werden, wenn die Konkurrenzware nur in einem Punkt (zB im Preis oder im Service) günstiger ist, in anderen aber nicht (BGH aaO – *Preisgarantie II*). Risikogarantien müssen halten, was sie versprechen, nämlich Übernahme des garantierten Risikos durch den Werbenden. Irreführend ist es deshalb mit einer „5-Jahre-Risiko-Garantie gegen geringen Aufpreis" zu werben, wenn auf den Kaufpreis eines Fernsehgerätes von 769,– DM ein Aufpreis von 120,– DM (mehr als 15%) verlangt wird (OLG Hamm NJW-RR 93, 173).

481 **nn) Preisangaben bei Kreditgeschäften.** Wird für Kredit- (Finanzierungs-) Geschäfte geworben, müssen die für den ausgereichten Kredit gestellten Bedingungen den beworbenen Konditionen entsprechen. Ankündigungen wie Teilzahlung ohne Teilzahlungsaufschlag müssen eingehalten werden, dh der zu entrichtende Teilzahlungspreis (der Kreditpreis, dh der Gesamtbetrag von Anzahlung, Raten, Zinsen und Kosten, vgl §§ 506 III, 507, 491a I BGB, Art 247 § 3 EGBGB) darf den bei Bar- (Kassa-) Geschäften an der Ladenkasse geforderten Barpreis nicht übersteigen. Teilzahlungs- und Barzahlungskäufer müssen in solchen Fällen, um dem Werbenden den Vorwurf der Irreführung zu ersparen, denselben Preis belegen, was nicht der Fall ist, wenn Barzahlungskäufern Skonto eingeräumt wird oder Teilzahlungskäufer zunächst mit Zinsen belastet werden, auch wenn diese bei späterer Erfüllung der Ratenzahlungsverpflichtung zurückerstattet werden (BGH GRUR 57, 280, 281 – *Kassapreis*). Überhaupt darf die Werbung keine Veranlassung zu unzutreffender Annahme hinsichtlich der Höhe des Teilzahlungspreises geben. Die Werbung „700 € – 24 Raten, eff. Jahreszins 12%" verstößt gegen § 5, weil sie geeignet ist, den Kunden glauben zu machen, dass die Zinsen in der angegebenen Belastung bereits berücksichtigt seien.

482 Weitere Beispiele aus der Rechtsprechung: Unklare Werbeaussagen im Zusammenhang mit der Finanzierung von Geschäften sind irreführend, wenn sie geeignet sind, den Umworbenen zu falschen Schlüssen über die ihn treffende Gesamtbelastung zu veranlassen. Irreführend ist die Werbung für einen finanzierten Kauf, wenn der Verkehr den Angaben zum mitgeteilten Preis, den der Werbende als Barpreis verlangt, und zur Anzahl und Höhe der Raten (15 × ... €) entnimmt, der angegebene Preis sei der (nicht angegebene) Teilzahlungspreis (BGH GRUR 93, 127, 128 – *Teilzahlungspreis II*). – Angaben zu Teilzahlungsaufschlägen (zB „Ratenzahlung 0,50% PM") sind irreführend, wenn damit der Eindruck erweckt wird, es handele sich um den (günstigeren) effektiven Jahreszins (§ 6 PAngV; BGH GRUR 90, 609, 611 – *Monatlicher Ratenzuschlag*). – Irreführend ist es, mit Angaben zum Bar- und Teilzahlungspreis den Eindruck vollständiger Information über die Gesamtbelastung zu erwecken, wenn zum Teilzahlungspreis gleichwohl weitere in der Werbung nicht genannte Finanzierungskosten gefordert werden (OLG Düsseldorf DB 65, 100). – Die uneingeschränkte Werbung für einen Finanzkauf ist irreführend, wenn die Möglichkeit eines Finanzkaufs erst ab einem bestimmten Auftragswert besteht (BGH GRUR 89, 855, 856 – *Teilzahlungskauf II*). – Die Werbung „Finanzierungskauf, keine Anzahlung, keine Zinsen, keine Gebühren" verstößt bei Einrechnung von Zinsen und Finanzierungskosten in den Teilzahlungspreis gegen § 5, weil auch ein verständiger Durchschnittsverbraucher bei einer solchen Werbung davon ausgeht, dass Zinsen und Kosten überhaupt nicht anfallen (vgl OLG Düsseldorf, WRP 86, 481, 482 – *Möbelkauf auf Ratenzahlung*).

Irreführende geschäftliche Handlungen **§ 5 UWG**

Besondere Vorsicht ist bei der Werbung mit **Prozentsätzen** angezeigt. Der Verkehr, der mit dem Erfordernis zur Angabe des Effektivzinses bei Kreditangeboten und der Werbung unter Angabe von Preisen vertraut ist (§ 6 PAngV), wird ohne aufklärende Hinweise in aller Regel darauf vertrauen, dass die Angabe des Prozentsatzes über den effektiven Jahreszins informiert, so wenn der aus dem Jahreszins und der Laufzeit des Kredits berechnete und in Form eines Prozentsatzes ausgedrückte Aufschlag auf den Kaufpreis deutlich niedriger liegt als der effektive Jahreszins (OLG Karlsruhe WRP 90, 773, 774 – *Verwöhnkredit – nur 0,95%*). Im Übrigen muss der im Kreditvertrag angegebene effektive Jahreszins selbstverständlich dem realen effektiven Jahreszins entsprechen (EuGH GRUR 12, 639 Rn 41 – *Perenič/SOS*); allerdings folgt aus einer irreführenden Angabe des effektiven Jahreszinses schon im Hinblick auf Art 3 II UGP-RL nicht ohne Weiteres, dass der Kreditvertrag insgesamt unwirksam ist (EuGH aaO, Rn 45f – *Perenič/SOS;* zur Wirksamkeit von Folgeverträgen allgemein vgl Einf D Rn 67ff). Dagegen ist es nicht irreführend, wenn eine Bank mit der Nichterhebung von Bearbeitungsgebühren für einen Kredit wirbt, später aber während der Laufzeit des Kredits angefallene allgemeine Verwaltungskosten berechnet. Zwar gehen in den effektiven Jahreszins auch die allgemeinen Verwaltungskosten ein, aber unter dem Begriff „Bearbeitungsgebühr" versteht der Verkehr nur solche Kosten, die im Zusammenhang mit der Kreditgewährung anfallen, nicht allgemeine Verwaltungskosten (BGH GRUR 89, 611, 612 – *Bearbeitungsgebühr*). 483

oo) Preisgünstige Einkaufsmöglichkeiten. (1) Allgemein. Mit der Behauptung preisgünstiger Einkaufsmöglichkeiten kann eine Irreführung in den verschiedensten Erscheinungsformen verbunden sein, so bei der Ankündigung von Insolvenzwarenverkäufen (Rn 425ff), von Sonderveranstaltungen (Rn 428f), Räumungsverkäufen (Rn 430f) und weiteren Verkäufen aus besonderen Anlässen (Rn 432ff) mit Eröffnungs- und Einführungspreisen (Rn 436f), mit Gesamtangeboten (Rn 457), mit Sonderangeboten (Rn 458), mit Preisherabsetzungen (Rn 463ff), aber auch in den Fällen der Hersteller- und Großhändlerwerbung (Rn 502, 510) und der Lockvogelwerbung (Rn 547). 484

(2) Irreführung über den gewerblichen Charakter der Werbung. Irreführend wirbt, wer über den gewerblichen Charakter des Angebots täuscht. Angebote Privater erscheinen häufig preisgünstiger oder verhandelbarer als Angebote von Gewerbetreibenden. Der Kaufmann muss deshalb den geschäftlichen Charakter einer Insertion oder sonstigen Ankündigung deutlich machen, wenn die Werbung nicht irreführen soll. Nichtssagende Namen, Chiffren oder Telefonanzeigen sprechen ohne Hinweis auf Händler- oder Maklereigenschaft für ein Privatangebot, das irreführend ist, wenn sich hinter einer Verkaufsanzeige ein gewerbliches Angebot verbirgt (BGH GRUR 87, 748, 749 – *Getarnte Werbung II;* GK/*Lindacher* § 5 Rn 777). Ob Abkürzungen hinreichend deutlich verständlich sind, ist Frage des Einzelfalls. „Fa." (= Firma) dürfte im Kontext einer Ankündigung eine Irreführung im Allgemeinen ausschließen (vgl OLG Hamm GRUR 84, 885; KG NJW-RR 88, 878). Zweifelhaft bei „Gew." (= Gewerblich) und „Hdl." (= Händler), wenn nicht die Umstände aufklären (OLG Frankfurt WRP 79, 468, 469; OLG Hamm GRUR 84, 60; OLG Stuttgart WRP 90, 847, 849). Unerheblich ist, ob sich ein Angebot aus privater Hand von dem gewerblichen Angebot sachlich unterscheidet. Wird der **gewerbliche Charakter** des Angebots deutlich gemacht, bedarf es der Firmenbezeichnung oder der Kennzeichnung der Art des Gewerbes (zB Immobilienfirma) im Einzelnen nicht (BGH GRUR 93, 760 – *Provisionsfreies Maklerangebot*). Bei Verkäufen, die mit dem Gewerbe des Verkäufers in keinem sachlichen Zusammenhang stehen, ist ein Hinweis auf dessen berufliche oder gewerbliche Tätigkeit im Allgemeinen nicht erforderlich (BGH GRUR 93, 761, 762 – *Makler-Privatangebot*). 485

UWG § 5

486 **(3) Werbung zum Einkaufs-, Einstands- und Selbstkostenpreis. (a) Einkaufspreis.** Einkaufspreis ist der nackte Warenpreis, ohne Beschaffungskosten wie Verpackung, Fracht, Versicherung, Zoll und ohne Lager-, Vertriebs- und Verwaltungskosten. Bei Warenlagern mit wechselndem Bestand ist eine Durchschnittskalkulation zulässig (GK/*Lindacher* § 5 Rn 716; Köhler/*Bornkamm* § 5 Rn 7.104). Wird mit dem Einkaufspreis geworben, darf nur dieser berechnet werden. Geschieht das nicht, ist die Werbung unlauter (§ 5).

487 **(b) Einstandspreis.** Der Einstandspreis umfasst neben dem Einkaufspreis (dem nackten Warenpreis bzw den Gestehungskosten) auch sonstige direkte Beschaffungskosten (Rn 485), aber nicht Lager-, Vertriebs- und Gemeinkosten (Gloy/Loschelder/ Erdmann/*Helm* § 59 Rn 356). Nur so darf der Werbende zur Vermeidung einer Irreführung den Einstandspreis berechnen.

488 **(c) Selbstkostenpreis.** Selbstkosten sind die durch den betrieblichen Leistungsprozess entstandenen Kosten bezogen auf die Leistungseinheit. Der Selbstkostenpreis bezieht daher Lager-, Miet-, Vertriebs- und Gemeinkosten ein, darf aber keinen kalkulatorischen Gewinnzuschlag enthalten (Gloy/Loschelder/Erdmann/*Helm* § 59 Rn 356; Köhler/*Bornkamm* § 5 Rn 7.104).

489 **(d) Verkäufe unter Einkaufs-, Einstands- oder Selbstkostenpreis.** Der Grundsatz der Wettbewerbsfreiheit erlaubt es dem Unternehmer, seine Preise frei zu gestalten (Preisgestaltungsfreiheit, Rn 441). Zu beachten hat er dabei allein gesetzliche und wirksam eingegangene vertragliche (Preis-)Bindungen. Fehlen die, darf er die Preise von Mitbewerbern auch durch Einräumung von Preisnachlässen grundsätzlich sanktionslos auch dann unterbieten, wenn er damit unter Einkaufs-, Einstands- oder Selbstkostenpreis verkauft (BGHZ 111, 188, 190 f = GRUR 90, 685, 686 – *Anzeigenpreis I;* GRUR 90, 687, 688 – *Anzeigenpreis II*). Es gibt dafür gute, kaufmännisch vertretbare Gründe (vgl BGH aaO – *Anzeigenpreis I*). Unlauter (§ 4 Nr 10) ist aber eine gezielte und auf längere Sicht angelegte Kampfpreisunterbietung, die von der Verdrängungs- und Vernichtungsabsicht des Untereinstandspreisverkäufers getragen wird. Die grundsätzliche Zulässigkeit von Untereinstandspreisangeboten wandelt sich hier zu einem nicht hinnehmbaren Missbrauch von Marktmacht und Wettbewerbsfreiheit (RGZ 134, 342, 351 ff – *Benrather Tankstelle/Benzinpreiskampf;* BGH aaO – *Anzeigenpreis I* und *II;* GRUR 90, 371, 372 – *Preiskampf*). Zur kartellrechtlichen Beurteilung der Kampfpreisunterbietung durch marktbeherrschende und marktstarke Unternehmen (§ 20 I, II GWB) und durch Unternehmen mit gegenüber kleinen und mittleren Wettbewerbern überlegener Markmacht (§ 20 IV GWB) § 4 Rn 10/91 ff.

490 **(4) Discountpreis.** Discountpreiswerbung ist Niedrigpreiswerbung. Dementsprechend erblickt der Verkehr im Discount-(Diskont-)Preis einen deutlich niedrigeren Preis (um etwa 10%) als er sonst im Handel verlangt wird (vgl BGH GRUR 71, 164, 165 f – *Discount-Geschäft;* vgl auch BGH GRUR 04, 605, 607 – *Dauertiefpreise;* GK/*Lindacher* § 5 Rn 710; Köhler/*Bornkamm* § 5 Rn 7.97). Discountpreise sind nicht Ausdruck einer besonderen Vertriebsform, sondern eine besondere Art der Preiskalkulation, die durch verbilligten Einkauf (infolge Abnahme großer Mengen), schnelleren Warenumschlag, einfacher Ausstattung und eingeschränkten Service ermöglicht wird. Discountpreise sind nicht auf Discounter beschränkt. Werben andere Einzelhandelsgeschäfte als Discounter mit Discountpreisen, muss aus der Werbung zur Vermeidung einer Irreführung der Verbraucher hervorgehen, dass nur die in der Werbung herausgestellten Waren, nicht aber das gesamte Sortiment zu Discountpreisen angeboten wird. Andernfalls würde die Werbung als Lockvogelwerbung (Rn 457) dem Irreführungsverbot zuwiderlaufen. Bei einer pauschalen Werbung mit Discountpreisen, zB von Discountern, muss das Angebot des Werbenden zumindest im Wesentlichen der Niedrigpreiserwartung des Verkehrs entsprechen. Bei nur geringfügig niedrigeren Preisen als sie sonst im Handel verlangt werden, ist die Werbung mit Discountpreisen unzulässig (§§ 3, 5 II Nr 2).

c) Preiswerbungsschlagworte. Verkehrsverständnis Abholpreis: Preis der Ware bei Abholung durch den Käufer (Rn 458). 491

Billig, Billigpreis: Preis, der das durchschnittliche Preisniveau vergleichbarer Waren spürbar unterschreitet. Irrführend bei preisgebundenen oder öffentlich-rechtlich vorgeschriebenen Preisen. 492

Bruttopreis: Preis einschließlich MwSt, uU, je nach dem Kontext der Werbung, inklusive weiterer Kostenfaktoren wie beispielsweise Fracht, Verpackung, Zoll. Verwendung der Bruttopreisangabe bei Mehrdeutigkeit irreführend (Rn 181 f). 493

Ca.-Preis: Mehrdeutig und deshalb im Allgemeinen unzulässig (Verstoß gegen den Grundsatz von Preisklarheit und Preiswahrheit, § 1 I 1 PAngV) und irreführend (Rn 452; § 1 PAngV Rn 29). 494

Dauertiefpreis: Liegt für eine gewisse (angemessene) Zeitspanne signifikant unter Marktpreis (dem durchschnittlichen Einzelhandelspreis). Bezieht der Verkehr nicht auf Ware, die wie Obst oder Gemüse innerhalb kurzer Zeit verdirbt und täglich zu wechselnden Preisen eingekauft wird (BGH GRUR 04, 605, 606 f – *Dauertiefpreise*). 495

Direkt ab Werk: Irreführend, wenn entgegen der Verkehrserwartung in die Abgabepreise des Herstellers die Gewinnspanne des Händlers eingerechnet wird (BGH GRUR 05, 442, 443 – *Direkt ab Werk*). 496

Discountpreis: Werbung mit Discountpreisen ist Ankündigung von Niedrigpreisen. Nach der Verkehrserwartung handelt es sich unter Berücksichtigung von Branche und Ware um einen das Marktpreisniveau deutlich unterschreitenden Preis (Rn 490; BGH GRUR 71, 164, 165 f – *Discount-Geschäft*). 497

Einführungspreis: Zulässig im Rahmen von zeitlich begrenzten Werbeaktionen aus Anlass der Aufnahme neuer Waren in das Sortiment. Über die Dauer der Aktion entscheiden die Umstände des Einzelfalls (Rn 437). 498

Einkaufspreis: Nackter Warenpreis ohne weitere Kostenfaktoren (Rn 486). 499

Einstandspreis: Umfasst neben dem Einkaufspreis bestimmte weitere Kostenfaktoren (Rn 487). 500

Eröffnungspreis: Zulässig bei Neueröffnung, Wiedereröffnung oder Übernahme eines Geschäfts. Werbeaktionen mit Eröffnungspreisen sind zeitlich begrenzt. Die Dauer der Aktion richtet sich je nach Branche und Ware nach den Umständen des Einzelfalls. 501

Fabrikpreis, Herstellerpreis: Preis, den der Hersteller seinen Abnehmern (Großhändlern, Einzelhändlern) abverlangt. Der Verkehr kauft in der Erwartung, die Handelsspanne zu sparen (OLG Hamm WRP 80, 568, 569 – *Angebot zu Fabrikpreisen*). 502

Fabrikverkauf, Herstellerverkauf: Verkauf unter Ausschaltung des Zwischenhandels mit entsprechender Preiserwartung des Verkehrs (Rn 502), aber nicht zwingend am Standort des Unternehmens (in der Fabrik). 503

Factory-Outlet, Designer-Outlet, Outlet: Herstellerverkauf außerhalb der eigentlichen Produktionsstätte (Factory) in Ladengeschäften (Factory-Outlet, Einzelverkaufsstellen und Handelszentren: Outlet stores, Outlet center [Zusammenschlüsse von Herstellern zum Zweck des gemeinsamen Verkaufs unter Ausschaltung des Zwischenhandels direkt an den Letztverbraucher]). Die anglisierten Begriffe für diese seit einiger Zeit im Markt anzutreffenden Verkaufsstätten sind mehrdeutig (vgl *Lindemann/Bauer*, WRP 04, 45, 51 und die dort zitierte *Emnid*-Umfrage) und bedürfen in der Rechtsprechung weiterer Präzisierung. Da sie Verkäufe vom Hersteller direkt an den Endverbraucher betreffen, liegt es nahe, dass der verständige Durchschnittsverbraucher bei Outlet-Angeboten Preise erwartet wie bei Waren, die mit Fabrikpreisen (Rn 501 f) beworben werden (vgl OLG Hamburg GRUR-RR 01, 42 f – *Designer Out-* 504

UWG § 5

let: Bedeutet Ankündigung des Verkaufs besonders preisgünstiger Markenware, irreführend bei bloßem Restpostenverkauf; LG Frankfurt/M. WRP 01, 854 Ls: Werbung für Factory Outlet-Verkäufe, irreführend wenn Werbender nicht selbst Hersteller ist und es an einem Zusammenschluss mehrerer Hersteller zum Zweck des gemeinsamen Verkaufs fehlt, *Lindemann/Bauer*, aaO S 51ff; *Schmitz-Temming,* WRP 98, 680ff).

505 **Festpreis:** Inklusivpreis („all inclusive"), nach oben nicht abänderbar, solange die Festpreiswerbung gilt. Irreführend, wenn Verkauf zum beworbenen „Festpreis" von weiteren in der Werbung nicht erwähnten Kostenfaktoren abhängig gemacht wird. Aber keine Irreführung, wenn der Werbende – etwa nach Verhandlungen – auf das Verlangen nach Preisermäßigung eingeht. Zur Werbung mit notariellem Festpreis s Rn 524.

506 **Frei Haus:** Anlieferung ohne besondere Berechnung der Kosten, ist also im Kaufpreis mitenthalten.

507 **Gelegenheit, Gelegenheitskauf, -angebot:** Angebot kehrt nicht so bald wieder, verpflichtet zu besonderer Preisgünstigkeit im Vergleich mit den Angeboten der Mitbewerber.

508 **Gering, geringer Preis:** Werbung kündigt Preis an, der – ebenso wie die Bewerbung eines Angebots als „günstig" oder „billig" (Rn 492) – das durchschnittliche Preisniveau der Konkurrenz spürbar unterschreitet.

509 **Gratis:** wird mit der Kostenlosigkeit einer (meist: Neben-)Leistung geworben – auch mit Hinweisen wie „unentgeltlich", „umsonst" usw – dürfen dem Kunden, der Unentgeltlichkeit im angekündigten Umfang erwartet, zur Vermeidung einer Irreführung Kosten zB für Verpackung oder Versand nicht berechnet werden (KG GRUR-RR 11, 15, 16; allgM). Das Versprechen der Umsonstleistung darf nicht dadurch umgangen werden, dass an anderer Stelle ein Entgelt in den vom Kunden zu zahlenden Preis miteinkalkuliert wird. Die Maklerwerbung „Keine Provision" führt irre, wenn die Provision im Kaufpreis für das zu vermittelnde Objekt enthalten ist (OLG Schleswig ZMR 81, 156). – Im Einzelfall kann aber der Verkehr den werbenden Hinweis auf die Kostenlosigkeit einer Nebenleistung auch dahin verstehen, dass der vom Kunden zu zahlende Preis die Nebenleistung mitabdeckt oder dass gewisse, auch für die Nebenleistung anfallende Grundkosten im Preis enthalten sind (vgl GK/ *Lindacher* § 5 Rn 728). Es ist nicht irreführend, einer Tageszeitung eine Beilage „ohne Preisaufschlag" beizulegen, wenn im Zeitungspreis die Kosten der Beilage berücksichtigt sind (Köhler/*Bornkamm* § 5 Rn 7.115). Der Verkehr entnimmt dem Hinweis „ohne Preisaufschlag" (lediglich), dass für die Beilage kein gesondertes Entgelt erhoben wird. – Stellt eine Bank eine von anderen Kreditinstituten erhobene Bearbeitungsgebühr nicht in Rechnung, ist der werbende Hinweis darauf nicht irreführend, auch wenn während der Laufzeit des Kredits allgemeine Verwaltungskosten für dessen Bearbeitung gefordert werden (BGH GRUR 89, 611, 612 – *Bearbeitungsgebühr;* Rn 483). – Das an Mitglieder gesetzlicher Krankenkassen gerichtete Festpreisangebot für sog Kassenbrillen mit dem Preisschlagwort „Null-Tarif" und dem Hinweis, dass die Brillenfassung bei Verordnung von zwei Brillengläsern im Festpreis mitenthalten sei, ist nicht irreführend, weil der Verkehr zutreffend erkennt, dass die Kosten für die aus dem Null-Tarif-Sortiment des Werbenden vorgehaltenen Brillenfassungen nach der Kalkulation des Optikers von der Zahlung der gesetzlichen Krankenkasse mitabgedeckt wird (BGH GRUR 00, 918, 919 – *Null-Tarif).*

510 **Großhandelspreis, Großhändler:** Großhandelspreis ist der Preis, den der Großhändler dem Einzelhändler berechnet. Wer als Großhändler wirbt, muss auch Großhändler sein (BGH WRP 96, 1102, 1104 – *Großimporteur).* Für die Eigenschaft als Großhändler sprechen Bezeichnungen und Großhändlerfirmierungen wie „Großhandel", „Großhändler", „C+C-Markt" oder „Großmarkt" (BGH GRUR 90, 617, 619 – *Metro III),* „Zentrallager" (BGH GRUR 74, 225, 226 – *Lager-Hinweiswerbung),* „Engroslager" (KG WRP 77, 640, 641), die der Verkehr als Hinweis darauf wertet, dass der Werbende als Großhändler Wiederverkäufer beliefert. Wegen der Preiserwartung des Verkehrs darf nach § 5 – in inhaltlicher Übereinstimmung mit dem durch

die UWG-Novelle 2004 aufgehobenen § 6a – mit seiner Eigenschaft als Großhändler nur werben, wer überwiegend an Wiederverkäufer oder gewerbliche Verbraucher verkauft oder an Letztverbraucher zu Großhandelspreisen, es sei denn, er weist unmissverständlich darauf hin, dass die den Letztverbrauchern berechneten Preise über seinen Großhandelspreisen liegen (vgl § 6a II aF).

Günstig, günstiger Preis: S Rn 508 (Gering, geringer Preis). **511**

Herstellerpreis: S Rn 502 (Fabrikpreis). **512**

Höchstpreis: Ob eine Werbung mit der Bereitschaft zur Zahlung von Höchst- **513** preisen, zB bei der Werbung für den Ankauf von Antiquitäten, Nachlässen, Goldwaren, Kunstwerken usw, oder bei der Inzahlungnahme gebrauchter Gegenstände irreführend ist, hängt von den Umständen des Einzelfalls ab, von der Branche, der Ware, dem Erhaltungszustand und insbesondere auch davon, ob ein Preisniveau, das mit einem Höchstpreis überboten werden kann, überhaupt feststellbar ist (wie zB auf dem Gebrauchtwagenmarkt). Im Allgemeinen wird zwar ein verständiger Verbraucher die Höchstpreiswerbung als Spitzenpreiswerbung verstehen, nicht aber dahin, dass der Werbende ankündigt, zu Preisen kaufen zu wollen, die kein Mitbewerber überbietet (OLG Düsseldorf GRUR 88, 711; OLG Nürnberg GRUR 91, 857, 858; OLG Frankfurt WRP 91, 176, 177; s aber auch OLG Köln WRP 86, 425: Irreführung bejahend).

Inklusivpreis: S Rn 505 (Festpreis). **514**

Jubiläumspreis: Das sonstige Preisniveau des Werbenden deutlich unterschrei- **515** tender Preis.

Komplettpreis: Der Verkehr schließt im Allgemeinen auf einen Endpreis, der bei **516** Kraftfahrzeugen die Transport- und Überführungskosten einschließt (vgl BGH GRUR 89, 606, 608 – *Unverb. Preisempfehlung;* OLG Frankfurt WRP 85, 497, 498), bei Schlafmöbeln den Lattenrost und die Matratzen, ggf auch die Bettwäsche (OLG Hamm GRUR 91, 636), bei der Bestattungswerbung („Beerdigungspreis … DM") auch die Aufwendungen für Trauermusik und Kranztransport (jedoch nicht die Friedhofskosten und Grabgebühren, die keine Beerdigungskosten sind, OLG Hamm GRUR 87, 921), sa Festpreis, Rn 505.

Konkurrenzlos: Alleinstellungswerbung mit Preisen, die deutlich unter dem **517** Preisniveau der Mitbewerber liegen müssen.

Kostenlos: S Rn 509 (Gratis). **518**

Lagerverkauf, Lagerpreis: Die Werbung mit dem Verkauf ab Lager ist der mit **519** dem Verkauf ab Fabrik (Rn 503) nicht ohne weiteres gleichzusetzen. Auch der Groß- und Einzelhandel unterhält Warenlager. Dementsprechend erwartet der Verkehr, wenn die Werbung keine weiteren Hinweise gibt, bei der Lagerpreiswerbung keine Fabrik-(Hersteller-)Preise, wohl aber eine Einkaufsmöglichkeit zu günstigen Preisen (in Vergleich zu entsprechenden Konkurrenzangeboten) auf Grund der besonderen Verkaufsform dieser Ware und der dadurch gegebenen Möglichkeit zu preisgünstiger Kalkulation. Werden auf Lager zurückgenommene Retouren, Restposten, Saisonware oder sogar Ladenhüter als Lagerware beworben, muss auf den besonderen Charakter dieser Ware hingewiesen werden, § 5 (vgl OLG Stuttgart WRP 96, 147, 151; sa *Lindemann/Bauer,* WRP 04, 45, 49f).

Mehrwert: Verspricht ein Angebot, das preiswerter ist als die vergleichbaren An- **520** gebote der Mitbewerber. Ist die Aussage Firmenbestandteil und nicht nur Werbung für bestimmte Artikel oder Zeiträume, bezieht sie sich auf Dauer auf das gesamte Sortiment.

Mittlerer Preis: Zur Irreführung geeignet, weil mehrdeutig. Die Preiskennzeich- **521** nung lässt unklar, wie sie zu verstehen ist, ob als Preis, der dem durchschnittlichen Preisniveau des Marktes für die beworbene Ware entspricht, ob als Durchschnittspreis des Werbenden selbst oder als sonstigen Durchschnittspreis (vgl Rn 181f, 452, 494).

Nettopreis: Die Angabe ist mehrdeutig. Sie kann vom Verkehr als Zahlbarkeit des **522** beworbenen Preises ohne Abzug (Skonto) aufgefasst oder dahin verstanden werden, dass der Werbende einen Preisnachlass (Rabatt) nicht gewähre. Unter einem Nettopreis kann der Verkehr aber auch einen gegenüber einem Bruttopreis (vgl Rn 493) günstigeren Preis verstehen, weil der Werbende bei dessen Kalkulation bestimmte bei Mitbewerbern anfallende Kostenfaktoren wie MwSt, Verpackungs- und Transportkosten außer Ansatz gelassen habe. In ihrer Unklarheit und Mehrdeutigkeit ist daher die Werbung mit dem Nettopreis irreführend, so dass es aufklärender Hinweise des Werbenden bedarf, um den Begriff des Nettopreises für den Verkehr zutreffend verständlich zu machen (OLG Köln WRP 80, 299 = WRP 81, 44, 45; Köhler/*Bornkamm* § 5 Rn 7.124; Harte/Henning/*Weidert* § 5 D. Rn 74; aA OLG Hamburg WRP 80, 298 f; OLG Koblenz WRP 82, 428, 429). Die PAngV (§ 1 I 1) verlangt überdies die Angabe des Endpreises einschließlich der MwSt. Die Werbung mit Nettopreisen, in die die MwSt nicht eingerechnet ist, vom Verkehr aber als Endpreis verstanden wird, ist daher unzulässig (Ausnahme: § 9 I Nr 1 PAngV) und auch nach § 4 Nr 11 unlauter (vgl § 4 Rn 11/272f).

523 **Normalpreis:** Im Allgemeinen – anders als bei einer Werbung mit einem Ca-Preis (Rn 494) oder einem mittleren Preis (Rn 521) – nicht irreführend.

524 **Notarieller Festpreis:** Die Immobilienwerbung mit „notarieller Festpreis" oder „notariellem Kaufpreis" ist unzulässig, wenn sie die (tatsächlich nicht gegebene) Mitwirkung eines Notars als eines unparteiischen Amtsträgers an der Ermittlung und Festsetzung eines (angemessenen) Preises vortäuscht (BGH GRUR 90, 532, 533 – *Notarieller Festpreis;* KG GRUR 86, 554 – *Notarieller Kaufpreis*). Zur Werbung mit dem Begriff „Festpreis" s Rn 505.

525 **Nulltarif:** Gleiche Bedeutung wie Werbung mit „Gratis" oder „Kostenlos" (Rn 509).

526 **Nur:** Verkehr erwartet ähnlich wie bei der Werbung mit „gering" (Rn 508) oder „günstig" (Rn 511) einen Preis unter Marktniveau.

527 **Nur noch:** Spricht für Preisherabsetzung des Werbenden. Die dahingehende Werbung – zB in Form von Preisgegenüberstellungen der Alt- und Neupreise – ist grundsätzlich zulässig. Die Werbung mit Preissenkungen oder Preisvergleichen darf den Verkehr aber nicht über die behauptete Sparwirkung und die besondere, zum Kauf auffordernde Preisgünstigkeit täuschen.

528 **Pauschalpreis:** Versteht der Verkehr als Endpreis, der – insoweit vergleichbar dem Festpreis, Endpreis oder Inklusivpreis (Rn 505) – sämtliche Leistungen des Werbenden ohne weitere Aufschlüsselung zu einem einheitlichen Preis zusammenfasst und Nachforderungen auf Grund von im Zeitpunkt der Werbung bzw des Kaufs oder der Auftragserteilung erkennbaren Umständen ausschließt.

529 **Preisknüller, Preissensation:** Werbender behauptet Preisgünstigkeit, wie sie nur von wenigen Mitbewerbern geboten wird, bedeutet also nicht konkurrenzlos günstig (Rn 517), verlangt aber bei Zugrundelegung des Marktpreisniveaus stark herabgesetzte Preise.

530 **Probierpreis:** Verkehr erwartet günstigen Preis, der deutlich niedriger ist als der für gleiche Waren üblicherweise geforderte Durchschnitts- (Markt-)Preis, aber nicht ohne weiteres eine Art Einführungspreis für neue Waren im Sortiment (Rn 498; vgl auch GK/*Lindacher* § 5 Rn 745; Köhler/*Bornkamm* § 5 Rn 7.127).

531 **Regulärer Preis:** Versteht der Verkehr heute wie eine Werbung mit „Normalpreis" Rn 450, 523), ist also im Allgemeinen nicht irreführend. Anders noch BGH GRUR 70, 609, 610 – *Regulärer Preis,* weil in einem mehrfachen Sinne deutbar, als Preis der Mitbewerber, als vom Hersteller empfohlener oder verbindlich festgesetzter Preis oder als Preis des Werbenden selbst. Bei Zugrundelegung des neuen Verbraucherleitbilds (§ 2 Rn 107, 110 ff) wird aber der verständige Verbraucher in der Bezugnahme des Werbenden auf einen regulären Preis im Allgemeinen einen Preisvergleich mit den früheren Preisen des Werbenden selbst erblicken (so auch Köhler/*Bornkamm* § 5 Rn 7.128; aA Harte/Henning/*Weidert* § 5 D. Rn 90).

Irreführende geschäftliche Handlungen §5 UWG

Schätzpreis: Bei Versteigerungen, die durch einen öffentlich bestellten und ver- 532
eidigten Auktionator durchgeführt werden, erwartet der Verkehr keine überhöhten
Preisstellungen, sondern Schätzwerte, die in etwa dem Preis entsprechen, der auf
dem Markt für gleichartige Ware zu zahlen ist (OLG Frankfurt WRP 85, 427, 428:
Schätzwertangaben für Teppiche).
Schnupperpreis: S Rn 530 (Probierpreis). 533
Selbstkostenpreis: S Rn 488. 534
Sommerpreis: Bei „**Sommerpreisen**" erwartet der Verkehr Ware, die lediglich 535
aus jahreszeitlichen Gründen im Preis herabgesetzt ist (zB typische Winterware, die
im Sommer ohne Kaufanreize über den Preis nur schwer absetzbar ist), ohne aber
qualitative Nachteile gegenüber dem Normalangebot des Werbenden aufzuweisen
(BGH GRUR 87, 45, 47 – *Sommerpreiswerbung*).
Sonderangebote: S Rn 458. 536
Sparpreis: Die Ankündigung von Sparpreisen verpflichtet ebenso wie die von Ge- 537
legenheitspreisen (Rn 507), Preisknüllern und Preissensationen (Rn 529) oder Tief-
preisen (Rn 542) zu besonderer Preisgünstigkeit im Vergleich mit den Angeboten der
Konkurrenz (BGHZ 49, 325, 327 = GRUR 68, 443, 444f – *40% können Sie sparen*).
Statt-Preis: S Rn 451. 538
Super, Supersparpreis: Ankündigung bedeutet eine für den Verbraucher noch 539
deutlich günstigere Preisstellung als bei Discount- (Rn 490, 497) oder Sparpreisen
(Rn 537). Anbieter behauptet zwar nicht, konkurrenzlos preisgünstig zu sein, wohl
aber zur Spitzengruppe weniger Wettbewerber zu gehören, die zu vergleichbar güns-
tigen Preisen anbieten.
Taxpreis: S Rn 532 (Schätzpreis). 540
Testpreis: S Rn 530 (Probierpreis). 541
Tiefpreis: Verkehr erwartet wie bei Discount- (Rn 490, 497) oder Sparpreisen 542
(Rn 537) besonders günstige Preisstellung, anders als bei der Werbung mit Dauertief-
preisen (Rn 495) aber nicht für einen (angemessenen) längeren Zeitraum.
Tiefstpreis: Bedeutet Werbung mit – im Vergleich zum Preisniveau der Mitbe- 543
werber – niedrigsten Preisen. Verkehrserwartung geht – wie bei der Werbung mit Su-
persparpreisen (Rn 539) – von Preisen am untersten Ende der Marktpreisskala aus
(vgl OLG Köln GRUR 90, 131 – *Tiefstpreise*. Strenger OLG Hamburg WRP 99,
214 für den Werbeslogan: „… kauft man am besten dort, wo die Preise am tiefsten
sind". Vgl auch GK/*Lindacher* §5 Rn 748; Köhler/*Bornkamm* §5 Rn 7.133; Harte/
Henning/*Weidert* §5 D.Rn 68). Ob die Werbung einzelne Angebote oder das gesamte Sortiment betrifft, hängt vom Inhalt der Werbeaussage im Einzelfall ab.
Traumpreis: Wie Preisknüller, Preissensation, Sparpreis, Tiefpreis, vgl Rn 529, 544
537, 542.
Umsonst, unentgeltlich: S Rn 509 (Gratis). 545

4. Vertragsbedingungen. a) Vorbemerkung. In §3 UWG 1909 war unter 546
den in dieser Norm beispielhaft angeführten irreführenden Verhaltensweisen die
Irreführung über die Vertragsbedingungen nicht erwähnt. Es war aber klar, dass
der Begriff der geschäftlichen Verhältnisse, auf den §3 UWG 1909 abstellte, auch
dieses Merkmal erfasste. Daran hat sich durch die Novellierung des UWG im Jahre
2004 nichts geändert. Die aus Art 3a der Irreführungsrichtlinie 84/450/EWG
(jetzt Art 3b 2006/114/EG) übernommene Regelung des § 5 I 2 Nr 2 (so Rn 5)
stellt jetzt sogar ausdrücklich auf „die Bedingungen (ab), unter denen die Waren
geliefert oder die Dienstleistungen erbracht werden". Aber auch insoweit bedeutet
die Erwähnung lediglich der Lieferbedingungen nicht, dass die Irreführung über
die sonstigen Vertragsbedingungen (Angebotsbedingungen) nicht erfasst würde, da
es sich auch insoweit nur um eine beispielhafte Konkretisierung des Begriffs der
Irreführung über geschäftliche Verhältnisse handelt, bei deren Beurteilung „alle
ihre Bestandteile zu berücksichtigen sind" (§5 II 1 Halbs 1 aF; der Umstand, dass

diese Formulierung in § 5 I 2 nF nicht mehr ausdrücklich auftaucht, ändert inhaltlich nichts).

547 **b) Täuschung über die Angebotsbedingungen. aa) Vortäuschen von Privatangebot.** Werbeanzeigen von Gewerbetreibenden oder sonstige Angebote geschäftlicher Art bedürfen zur Vermeidung einer Irreführung potentieller Kunden regelmäßig des **Hinweises auf den geschäftlichen Charakter** des Angebots. Bei gewerblichen Angeboten rechnet der Interessent mit anderen Bedingungen als bei einem Erwerb von Privat, zB hinsichtlich der Provisionspflicht bei Leistungen gewerblicher Vermittler (BGH GRUR 87, 748, 749 – *Getarnte Werbung II;* GRUR 90, 377 – *RDM;* GRUR 94, 760 – *Provisionsfreies Maklerangebot*). Es ist jedoch regelmäßig nicht wettbewerbswidrig, insbesondere ist es keine Ausnutzung der geschäftlichen Unerfahrenheit potentieller Kunden, wenn Gewerbetreibende in Zeitungsanzeigen Privatbesitz (provisionsfrei) zum Verkauf stellen, ohne dabei auf ihre berufliche Stellung und Tätigkeit zB als Makler hinzuweisen (BGH GRUR 93, 761, 762 – *Makler-Privatangebot*).

548 **bb) Täuschen über den Werbecharakter.** Irreführend sind Werbemaßnahmen, die die angesprochenen Verkehrskreise zunächst nicht als solche erkennen. Beispielsfälle sind die sog Kaffee- und Ausflugsfahrten oder Filmvorführungen bzw Freizeitveranstaltungen, bei denen der werbliche Charakter erst während der Veranstaltung hervortritt (BGH GRUR 62, 461, 464 f – *Werbeveranstaltung mit Filmvorführung;* GRUR 86, 318, 320 – *Verkaufsfahrten I;* GRUR 88, 130, 131 f – *Verkaufsreisen;* GRUR 88, 829, 830 – *Verkaufsfahrten II;* GRUR 90, 1020, 1021 f – *Freizeitveranstaltung;* WRP 02, 1432 – *Strafbare Werbung für Kaffeefahrten; Pluskat,* WRP 03, 18). Die Werbung für derartige Veranstaltungen ist nur zulässig, wenn auf deren werblichen Charakter **unmissverständlich und unübersehbar** hingewiesen und klargestellt wird, dass die Teilnahme an der Veranstaltung **freiwillig** ist. Blickfangartige Herausstellung des Unterhaltungswerts der Veranstaltung erfordert auch blickfangartige Hinweise auf den Werbecharakter (BGH aaO – *Verkaufsfahrten I*). Die schlichte Bezeichnung als Werbefahrt genügt den Anforderungen an die Klarheit von Hinweisen auf den werblichen Charakter wegen der Mehrdeutigkeit des Begriffs „Werbefahrt" regelmäßig nicht (BGH aaO – *Verkaufsreisen* und *Verkaufsfahrten II*).

549 **cc) Verschleierndes Wettbewerbshandeln.** Verschleiernde Werbe- und Verkaufsmaßnahmen (Rn 163 ff) verstoßen gegen das wettbewerbsrechtliche Wahrheitsgebot (Rn 8), weil der Kunde das Vertragsangebot unter anderen als ihm dargestellten Bedingungen akzeptiert (§ 5). Verschweigt ein Großhändler, der auch an Letztverbraucher verkauft, gegenüber den von ihm belieferten Einzelhändlern seine Doppelfunktion, verstößt er gegen § 5, wenn er besondere Vorkehrungen zur Verheimlichung der Direktverkäufe trifft und die Einzelhändler bei Kenntnis dieser Verkäufe die Geschäftsbeziehungen zu ihm abgebrochen hätten (BGHZ 24, 54, 67 = GRUR 58, 557, 560 – *Direktverkäufe*). In gleicher Weise wettbewerbswidrig ist das Verheimlichen von Direktgeschäften mit Letztverbrauchern gegenüber dem Hersteller, wenn damit Einkaufsvorteile erschlichen werden, die der Hersteller bei Offenlegung der Direktgeschäfte nicht gewährt hätte und dem Großhändler zur Unterbietung seiner Einzelhändler-Abnehmer dienen (BGH aaO – *Direktverkäufe*).

550 Aus den gleichen Gründen verstößt das **Vorschieben eines Mittelmannes** als angeblichen Käufers unter Verheimlichung des wahren Abnehmers gegen § 5, wenn der Verkäufer – wie beispielsweise in den Fällen des Schleichbezugs (§ 4 Rn 10/76 f) – an den wirklichen (gewerblichen) Abnehmer nicht verkauft hätte (BGH GRUR 88, 916, 917 – *PKW-Schleichbezug;* GRUR 91, 614, 615 – *Eigenvertriebssystem*). Auch die täuschende Angabe eines Wiederverkäufers, lediglich Vermittler zu sein, um den ausschließlich an Letztverbraucher abgebenden Verkäufer zur Lieferung zu bewegen, beeinträchtigt in wettbewerbswidriger Weise die Entschließungsfreiheit des Lieferan-

Irreführende geschäftliche Handlungen § 5 UWG

ten mit dem unlauteren Mittel der Täuschung (BGH GRUR 92, 171, 173 – *Vorgetäuschter Vermittlungsauftrag;* GRUR 94, 827, 828 – *Tageszulassungen*).

dd) Übervorteilen. Irreführend ist es, Werbebehauptungen aufzustellen, die 551 zum Nachteil des Umworbenen anderes in Aussicht stellen (sollen), als der Werbende tatsächlich zu leisten bereit ist und damit über Inhalt und Konditionen des beworbenen Vertragsangebots täuscht. Es verstößt gegen § 5, das Leistungsangebot im Widerspruch zur Verkehrsauffassung zu kennzeichnen, so die Bezeichnung einer nicht mit einer Marke versehenen Marke als **Markenware** (BGH GRUR 66, 45, 46 – *Markenware*) oder als **Markenqualität** (BGH GRUR 89, 754, 756 – *Markenqualität*). Irreführend ist das Anbieten einer **Höherversicherung** in Form einer mit diesem Angebot verwechselbaren Aufforderung zur laufenden Beitragszahlung (BGH GRUR 92, 450, 452 – *Beitragsrechnung*) oder die Kundenwerbung in der **vorgefassten** Absicht der Minder- oder Schlechterfüllung (BGH GRUR 83, 451, 452 – *Ausschank unter Eichstrich I;* GRUR 87, 180, 181 – *Ausschank unter Eichstrich II*) oder das zu Täuschungszwecken **rechnungsähnlich aufgemachte Formularschreiben,** das den Eindruck einer Rechnungstellung in Auftrag gegebener Leistungen erweckt, tatsächlich aber nur ein Angebot auf Abschluss eines Vertrages ist (BGHZ 123, 330, 334 = GRUR 94, 126, 127 – *Folgeverträge I;* GRUR 95, 358, 360 – *Folgeverträge II;* GRUR 98, 415, 416 – *Wirtschaftsregister;* BGH GRUR 90, 282, 286 – *Wettbewerbsverein IV;* GRUR 12, 184 Rn 30 – *Branchenbuch Berg;* OLG Karlsruhe WRP 88, 322, 323: Tarnung eines Bestellscheins als Geschenkgutschein in Form eines Anerdungsschreibens; LG Hamburg NJW-CoR 96, 256 Ls: Formularmäßige Angebote für teils kostenfreie, teils kostenpflichtige Eintragungen in eine Formulardatenbank ohne ausreichenden Hinweis auf den kostenpflichtigen Teil). Zu rechnungsähnlich aufgemachten Formularschreiben sa § 4 Rn 3/55. **Mogelpackungen** täuschen den Verbraucher durch Überdimensionierung der Verpackung über die Füllmenge. Der Verstoß gegen § 5 entfällt grundsätzlich auch nicht deshalb, weil die Überdimensionierung technisch bedingt ist (BGHZ 82, 138, 142 = GRUR 82, 118, 119 – *Kippdeckeldose*). Angebote im **„Sofort kaufen"-Format bei eBay** versteht der Verkehr als bindende Verkaufsangebote, sodass entgegenstehende AGB irreführend sind (OLG Hamburg K&R 07, 655, 656f).

ee) Ausnutzung von Rechtsunkenntnis. Irreführend ist ein Wettbewerbs- 552 handeln, das Vorteile aus der Ausnutzung der Rechtsunkenntnis der Verbraucher zu ziehen sucht. Die Verwendung von **Vertragsformularen,** die entgegen den gesetzlichen Vorschriften den Vertragspartner über **Widerrufs-, Rücktritts- und Rückgaberechte** bei Kredit-, Abzahlungs-, Haustür- und Versicherungsgeschäften **nicht, falsch oder unvollständig** belehren (vgl §§ 312, 312d, 355, 358 V, 485 BGB, §§ 3 II Nr 6, 4 FernunterrichtsschutzG, § 8 IV, V VVG) und deshalb geeignet sind, den der Rechtslage nicht durchblickenden Vertragspartner von der Ausübung seiner Widerrufsrechte usw abzuhalten, sind wettbewerbsrechtlich auch nach § 5 zu beanstanden (vgl BGH GRUR 86, 816, 818 – *Widerrufsbelehrung bei Teilzahlungskauf;* GRUR 90, 1020, 1022 – *Freizeitveranstaltung;* GRUR 94, 59, 60 – *Empfangsbestätigung;* GRUR 95, 68, 70 – *Schlüssel-Funddienst;* GRUR 00, 731, 733 – *Sicherungsschein* [zu § 651k BGB]; GRUR 02, 720, 721 – *Postfachanschrift;* GRUR 02, 1085, 1086 – *Belehrungszusatz*). Zur Ausnutzung von Rechtsunkenntnis sa § 4 Rn 2/9ff, 11/77f. Weitere Beispiele aus der Rechtsprechung zur Verletzung von Vorschriften, die der Sicherstellung der Rechtsbelehrung der Verbraucher dienen: BGH GRUR 86, 819, 820 – *Zeitungsbestellkarte:* Verwendung von Abonnements-Bestellkarten, die nur die Möglichkeit einer Unterschrift für den Besteller vorsehen; GRUR 90, 534 – *Abruf-Coupon:* Fehlende Belehrung darüber, dass zur Fristwahrung rechtzeitige Absendung des Widerrufs genügt; GRUR 90, 1015, 1016 – *Order-Karte:* Bestellkarte ohne ordnungsgemäße Belehrung trotz Einräumung eines jederzeitigen Kündigungsrechts; GRUR 90, 1016, 1017 – *Sprachkurs:* Bestellcoupon für Sprachkurs in Teillieferungen ohne

Widerrufsbelehrung; sa *Gutachterausschuss für Wettbewerbsfragen,* Gutachten 4/97 = WRP 98, 533, 534: Bestellkarten für Zeitschriftenabonnements mit Verlängerungsklausel ohne Widerrufsbelehrung. Da das UWG jedes geschäftliche Verhalten vor, bei und nach Vertragsschluss erfasst (§ 2 I Nr 1), stellt es ebenso eine Irreführung dar, wenn dem Verbraucher **bei der Vertragsdurchführung** unzutreffend erklärt wird, er habe kein Widerrufs, Rücktritts- oder Rückgaberecht (vgl *Tiller* Gewährleistung und Irreführung, 2005, S 166; sa Anh § 3 III Ziff 27).

553 Eine gesetzlich angeordnete Belehrung muss aus wettbewerbsrechtlicher Sicht, damit sie ihren Zweck erreichen kann, **inhaltlich vollständig** und **unmissverständlich** sein. Sie muss dem Aufklärungsziel Rechnung tragen und das Wissen vermitteln, auf das die Belehrung abzielt (BGH WRP 96, 202, 203 – *Widerrufsbelehrung II;* WRP 96, 204, 205 f – *Widerrufsbelehrung III*). Mit der Widerrufsbelehrung dürfen andere Erklärungen, sofern sie nicht den Sinn der Widerrufsbelehrung ausschließlich verdeutlichen, nicht verbunden werden. Unzulässig ist daher die Beifügung von Erklärungen, die einen eigenen Inhalt haben und weder für das Verständnis noch für die Wirksamkeit der Widerrufsbelehrung von Bedeutung sind und deshalb von dieser ablenken, zB die Beifügung vorgedruckter, vom Kunden zu unterschreibender Empfangsbestätigungen (BGH GRUR 94, 59, 60 – *Empfangsbestätigung*). Eine ordnungsgemäße Widerrufsbelehrung setzt voraus, dass der Verbraucher nicht nur über den Ablauf, sondern auch über den **Beginn der Widerrufsfrist** unterrichtet wird (BGHZ 121, 52, 54 ff = WRP 93, 392, 393 f – *Widerrufsbelehrung*), vgl §§ 355, 360 I 2 Nr 4 BGB. Eine **allgemeine Verpflichtung** den Vertragspartner über Widerrufsrechte oder andere Rechte **zu belehren,** besteht außerhalb der gesetzlich geregelten Fälle allerdings **nicht.** Es besteht auch keine allgemeine Hinweispflicht auf Umstände, die für die Willensbildung des anderen Teils von Bedeutung sein könnten. Das Hinzutreten besonderer die Unlauterkeit begründender Umstände kann allerdings Hinweis- und Belehrungspflichten auslösen. Behält sich der Unternehmer in einem Werbeprospekt im Zusammenhang mit Maßangaben Irrtümer vor, liegt darin im Allgemeinen kein derartiges Unlauterkeitsmerkmal (BGH GRUR 97, 472, 473 – *Irrtum vorbehalten*).

554 **ff) Garantiewerbung.** Garantiezusagen, die sich auf die Qualität (Beschaffenheit, Haltbarkeit), Funktionalität oder das Fehlen von Mängeln beziehe, sind lauterkeitsrechtlich grundsätzlich nicht zu beanstanden. Das gilt sowohl für **befristete** als auch – mit gewissen Einschränkungen – für **unbefristete Garantiezusagen** (Rn 279 § 4 Rn 1/101 f). Außer nach § 5 kann sich die Unlauterkeit des wettbewerblichen Vorgehens auch aus dem Gesichtspunkt der unzulässigen Wertreklame (§ 4 Nr 1, 3. Alt) oder der anreißerischen Belästigung (§ 7) ergeben. Vgl § 4 Rn 1/97 ff.

555 Wird mit der Einräumung eines Rücktrittsrechts unter der Bedingung geworben, dass der Käufer innerhalb bestimmter Frist ein billigeres Konkurrenzangebot für den gekauften Artikel bei gleicher Leistung nachweist, ist die Werbung nicht schon deshalb zu beanstanden, weil der Nachweis auf Schwierigkeiten stoßen kann. Die Aussage enthält die Behauptung, regelmäßig so preisgünstig zu sein wie die Konkurrenz, und fordert den Kunden zu Preisvergleichen auf. Das entspricht den Anforderungen eines lauteren Wettbewerbs, wenn eine echte **Preisvergleichsmöglichkeit** tatsächlich gegeben ist. Das hat der BGH bejaht für den Fall, dass die beworbenen Artikel in gleicher Ausführung und Qualität von Mitbewerbern geführt, von den Kunden – wenn auch erst nach einigem Suchen – ausfindig gemacht werden und Vergleichsangebote eingeholt werden können. Nicht erforderlich ist, dass dies schon bei nahegelegenen Konkurrenzunternehmen möglich ist (BGH GRUR 75, 553, 554 – *Preisgarantie I;* GRUR 91, 468, 469 – *Preisgarantie II*). Zur Frage der Irreführung mit einer „Gefällt-nicht-Garantie" s BGH GRUR 00, 1106, 1108 – *Möbel-Umtauschrecht.*

556 Irreführend ist die **Geld-zurück-Garantie-Werbung,** wenn für Waren geworben wird, die nur vom Werbenden selbst geführt werden oder wenn der Kunde Ver-

Irreführende geschäftliche Handlungen **§ 5 UWG**

gleichsangebote nur zufällig oder nur ausnahmsweise finden kann (BGH GRUR 94, 57, 58 – *Geld-zurück-Garantie:* Optiker-Werbung für Brillenfassungen, sa § 4 Rn 1/99). Weist der Kunde ein dem Kaufobjekt entsprechendes Konkurrenzangebot nach, besteht das Rücktrittsrecht aus der Preisgarantiezusage schon dann, wenn das Konkurrenzangebot nur in einem nicht ganz unwesentlichen Punkt günstiger ist (BGH aaO – *Geld-zurück-Garantie*).

Nicht generell unzulässig ist die Werbung mit **Erfolgsgarantien.** § 3 Nr 2 a **557** HWG verbietet solche Werbeaussagen nur für den Bereich der Heilmittelwerbung schlechthin als irreführend. Auch für den Erfolg einer Schlankheitskur ("Wir machen Sie schlank") kann zulässigerweise nicht garantiert werden (OLG Hamm GRUR 84, 140, 141 f). Dagegen besteht nach dem gewandelten Verbraucherleitbild kein Grund, warum nicht sog **"Geld-zurück-Garantien" zulässig** sein sollen (vgl Rn 280), und zwar auch bei Nachhilfeunterricht (ebenso GK/Lindacher § 5 Rn 793; aA BGH GRUR 83, 254, 255 – *Nachhilfeunterricht*).

Wird volle Garantie versprochen **(Vollgarantie),** bedeutet das Übernahme einer **558** umfassenden vollständigen Garantie, also ggf nicht nur Kostenlosigkeit von Reparaturen und Ersatzteilaustausch, sondern auch jedes sonstigen Aufwands (vgl KG WRP 81, 99, 100). Eine als Vollgarantie angekündigte Garantiezusage für Teppichböden hält nicht, was sie verspricht, wenn der Unternehmer sie nur für bestimmte (Wohn-, Arbeits- usw) Bereiche gewähren will (OLG Köln WRP 82, 47, 48), desgleichen bei Polstermöbeln, wenn die Garantiezusage nur im Umfang der gesetzlichen Gewährleistung eingeräumt wird und nur Mängel betrifft, die bei normalem Gebrauch und sachgemäßer Behandlung nicht auftreten dürfen (OLG Köln WR 80, 648, 649).

Garantien gibt es als **Hersteller- und Händlergarantien** (KG WRP 81, 99, 100; **559** GK/*Lindacher* § 5 Rn 790f; *Köhler/Bornkamm* § 5 Rn 7. 145f). Eine Garantiewerbung des Herstellers von Kraftfahrzeugen, die das Recht zur Nachbesserung betrifft, Wandlungs- oder Minderungsansprüche aber auch für den Fall einer fehlgeschlagenen Nachbesserung ausschließt, ist nicht ohne weiteres irreführend, so wenn der Hersteller den Kunden darauf hinweist, dass neben seiner Garantie der Händler zur Gewährleistung verpflichtet ist. Es handelt sich bei den Garantieversprechen in solchen Fällen um eine freiwillig übernommene Verpflichtung, die auf Nachbesserung oder Ersatzlieferung beschränkt werden kann, ohne Wandlung oder Minderung vorsehen zu müssen (BGH GRUR 97, 929, 930 f – *Herstellergarantie; Köhler/Bornkamm* § 5 Rn 7.146). Im Gebrauchtwarenhandel verstößt eine Händlergarantie gegen § 5, wenn in den Garantiebedingungen ein Eintreten für natürlichen Verschleiß ausgeschlossen wird (OLG Saarbrücken NJW-RR 96, 1325).

Im Kraftfahrzeughandel, auch beim Verkauf von sog EU-Neuwagen, rechnet der **560** Käufer grundsätzlich mit einer uneingeschränkten und insbesondere in zeitlicher Hinsicht **ungeschmälerten Hersteller-(Werks-)Garantie** (BGH GRUR 86, 615, 618 – *Reimportierte Kraftfahrzeuge;* GRUR 99, 1122, 1123 – *EG-Neuwagen I*). Diese Verkehrserwartung wird enttäuscht, wenn der Kunde auf das Nichtbestehen einer Werksgarantie oder auf eine Verkürzung der Garantiezeit (BGH aaO – *EG-Neuwagen I*: um mehr als zwei Wochen; vgl auch BGHZ 143, 232, 244 = GRUR 00, 724, 727 – *Außenseiteranspruch II*) – zB bei im Ausland bereits zugelassenen reimportierten Kraftfahrzeugen – beim Kauf des Fahrzeugs nicht hingewiesen wird. Dafür ist unerheblich, ob eine Händlergarantie gewährt wird. Nicht irreführend ist die Werbung mit der Angabe „Tageszulassung mit 0 km" für ein Neufahrzeug, das sechs Tage zugelassen war, im Straßenverkehr aber nicht benutzt wurde. Für den Verkehr ist nicht die Zulassung für einen Tag oder für wenige Tage relevant, sondern die Nichtbenutzung des Fahrzeugs im Straßenverkehr (BGH GRUR 00, 914, 915 – *Tageszulassung II;* vgl auch BGH aaO – *EG-Neuwagen I;* GRUR 99, 1125, 1126 – *EG-Neuwagen II;* BGH aaO – *Außenseiteranspruch II*).

Unbefristete **langjährige Garantiezusagen** (vgl Rn 556, die sachlich zutreffen, **561** rechtlich durchsetzbar und für den Kunden auch nicht wertlos, sondern von praktischer Bedeutung sind, können grundsätzlich nicht beanstandet werden (BGH GRUR 58, 455, 456 f – *Federkernmatratze*: 25 jährige Garantieübernahme hinsichtlich der Haltbarkeit des Materials bei normaler Abnutzung; GRUR 76, 146, 147 – *Kaminisolierung*: 15 jährige Garantie für Schornsteinisolierungen). Die bisher von der Rspr herangezogene Grenze von 30 Jahren, die aus §§ 195, 202 II BGB abgeleitet wurde (BGH GRUR 94, 830, 831 – *Zielfernrohr*), hat der BGH inzwischen der Sache nach aufgegeben (BGH GRUR 08, 915 Rn 16 – *40 Jahre Garantie*, vgl oben Rn 277).

562 Zur Werbung mit Qualitätsgarantien s Rn 279 f, zur Werbung mit Preisgarantien Rn 479 f.

563 **gg) Allgemeine Geschäftsbedingungen.** Lauterkeitsrechtlich unbedenklich ist es, für den Abschluss von Verträgen zu werben, denen AGB („Kleingedrucktes") zugrunde liegen. Allerdings dürfen die Werbeaussagen des Unternehmers zu seinen AGB nicht in Widerspruch stehen. Eine allgemeine Bezugnahme auf AGB (zB auf Versicherungsbedingungen) ist auch ohne Hinweis auf Haftungsausschlüsse oder sonstige Beschränkungen der Ersatzpflicht zulässig. Solche Bedingungen stellt der Verkehr in Rechnung. Wird aber auf AGB nicht nur in allgemeiner Form verwiesen, sondern mit Detailregelungen, darf damit, wenn diese nicht erschöpfend dargestellt werden, nicht der irreführende Eindruck der Vollständigkeit erweckt werden, beispielsweise in der Werbeaussage einer Versicherung, bestimmte Risiken seien gedeckt, wenn dies tatsächlich nicht der Fall ist (BGH GRUR 83, 654, 656 – *Kofferschaden*). Irreführend ist die werbende Aufforderung eines Kreditkartenunternehmens, eine Kreditkarte „ohne jedes Risiko" für drei Monate zu testen, wenn nach den AGB des Unternehmens für die Testperson ein Haftungsrisiko besteht (OLG Hamburg WRP 86, 344, 345). Dagegen sind Erklärungen, die in mehrseitigen Werbeprospekten auf die Möglichkeit von Irrtümern nur allgemein hinweisen („Irrtümer sind vorbehalten"), wettbewerbsrechtlich irrelevant (BGH GRUR 97, 472, 473 – *Irrtum vorbehalten*), ebenso allgemeine Hinweise auf die Vorteilhaftigkeit eines Versicherungsschutzes (KG WRP 85, 637: „Rundum Sorglos-Paket", „rundum sorglos reisen", kein Hinweis auf Fehlen vertraglicher Deckungsbedingungen und Klauseleinschränkungen in Reisegepäckversicherung).

564 **c) Täuschung über die Lieferbedingungen.** Von wesentlicher Bedeutung sind Lieferbedingungen für die Kostentragungspflicht bei Versand oder Anlieferung der gekauften Ware. Es ist nicht irreführend, wenn Fachmärkte ihre Preise *nicht* als Abholpreise kennzeichnen und gleichwohl die vom Kunden gewünschte Anlieferung besonders berechnen (Rn 478). Anders bei der Werbung „Frei Haus", wenn direkt oder indirekt über den reinen Kaufpreis hinaus eine weitere Vergütung, zB ein anteiliger Kostenbeitrag für Verpackung uä verlangt wird.

565 Hat der Unternehmer Kostenübernahme nicht versprochen, verstößt die Berechnung der Transportkosten zu Lasten des Kunden nicht gegen § 5 (vgl § 269 I, II, § 448 I BGB). Irreführend ist es, sofortige Leistung (zB eine Kreditgewährung) zuzusagen, deren Inanspruchnahme aber von weiteren Voraussetzungen abhängig zu machen. (BGH GRUR 82, 242, 243 f – *Anforderungsscheck für Barauszahlungen*).

IV. Irreführung über die geschäftlichen Verhältnisse (§ 5 I 2 Nr 3)

566 **1. Vorbemerkung.** Für § 3 UWG 1909 bildete der Begriff der geschäftlichen Verhältnisse den Grundbegriff für die Erfassung irreführender Werbung. Die ihn konkretisierenden weiteren Begriffe (Beschaffenheit, Ursprung, Herstellungsart usw) erläuterten den Grundbegriff nur beispielhaft. Dementsprechend erfasste § 3 aF *alle* Angaben über Umstände, die eine gewerbliche Tätigkeit im Wettbewerb irgendwie zu fördern vermochten (BGH GRUR 64, 33, 36 – *Bodenbeläge*). Diese übergeordnete Stellung des Begriffs der geschäftlichen Verhältnisse ist im Tatbestand des § 5 so nicht ausformuliert worden. Gleichwohl wird allgemein davon ausgegangen, dass die in

ihm genannten Einzelkriterien zwar signifikante, den Tatbestand der Irreführung aber nicht erschöpfende Einzelbeispiele sind. Das heißt: Ebenso wie § 3 UWG 1909 erfasst auch § 5 *jegliche* Irreführung über geschäftliche Verhältnisse, bezieht sich also auf alle und nicht nur auf die im Gesetz ausdrücklich genannten Angaben (vgl EntwRegBegr, B zu § 5, BT-Drucks 15/1487, S 19: „Verboten sind ... alle Angaben geschäftlicher Art, die zu Wettbewerbszwecken im geschäftlichen Verkehr gemacht werden"; vgl auch Harte/Henning/*Dreyer* § 5 E. Rn 1, 2 ff).

Daran hat sich durch die Novelle von 2008 nichts geändert. § 5 I 2 Nr 3 wurde **567** lediglich in Anlehnung an Art 6 I lit f der UGP-RL neu gefasst. Nur zur Klarstellung werden aus der Richtlinie die Merkmale der „Beweggründe" und der „Art des Vertriebs" übernommen (BT-Dr 16/10 145, S 24).

2. Art, Eigenschaften, Rechte des Werbenden. a) Unternehmensidenti- **568** **tät.** Über die Unternehmensidentität täuscht, wer Angaben macht, die geeignet sind, den Werbenden mit einem anderen zu verwechseln. Irreführung über die Unternehmeridentität ist Herbeiführung einer Verwechslungsgefahr in diesem Sinne. Ein rechtlich selbstständiges Unternehmen, das in den Geschäftsräumen eines anderen Unternehmens eine gewerbliche Tätigkeit entfaltet, darf nicht den Eindruck einer unselbstständigen Abteilung des anderen Unternehmens erwecken (BGH GRUR 89, 211, 212 – *Shop in the Shop II*). Die Täuschung über den Betriebsinhaber verstößt gegen § 5, vorausgesetzt sie beeinflusst die Entschließung des Umworbenen, was in den Fällen einer Täuschung über die Unternehmensidentität nicht stets der Fall ist und daher auch nicht unbesehen angenommen werden kann. Die Irreführung über die Identität des werbenden Unternehmens täuscht vielfach zugleich über dessen Bedeutung, zB über Größe, Umsatz, Kundenzahl, Marktstellung, Alter usw (dazu s Rn 599 ff), muss davon aber unterschieden werden, weil die Irreführung über die Identität eines Unternehmens mit der Täuschung über dessen Bedeutung keineswegs zwangsläufig einhergeht. Wohl aber kann, wenn es auf Grund einer Identitätstäuschung zu einer Verwechslung kommt, die Bedeutung eines Unternehmens für die Frage der Relevanz der Irreführung entscheidendes Gewicht erhalten.

Angaben, die der Werbende zur Kennzeichnung seiner Person verwendet und ge- **569** eignet sind, eine Identitätstäuschung zu begründen, sind vor allem Name, Firma, Firmenschlagwort, Marke und sonstige Unternehmenskennzeichen. Die Verwendung ist irreführend, wenn der Verbraucher aus der Angabe unzutreffende Schlüsse über die Person des Werbenden zieht (BGH GRUR 96, 802, 803 – *Klinik;* GRUR 97, 669, 670 – *Euromint;* GRUR 01, 73, 74 f – *Stich den Buben*). Namenszusätze zur näheren Bezeichnung eines Unternehmens, die ursprünglich zutreffend waren, aber nicht mehr zutreffend sind, täuschen über die Identität (RG GRUR 35, 982: Fortführung der Firma „Vereinigung Deutscher Pumpenfabriken Borsig-Hall" nach Beendigung der Beziehung zu Borsig; OLG Hamm GRUR 72, 94, 95: Weiterverwendung der Bezeichnung „Privat-Handelsschule Trelle" nach Ausscheiden des Namensträgers Trelle. Gleiches gilt für die Kennzeichnung der Rechtsform. Eine GmbH darf durch die Verwendung der Buchstaben „AG" am Ende der Firmenbezeichnung nicht den Eindruck erwecken, sie sei eine Aktiengesellschaft (BGHZ 22, 88, 89 f = GRUR 57, 195 – *INDROHAG,* vgl aber jetzt OLG Köln GRUR-RR 07, 163 – *WISAG*), eine BGB-Gesellschaft durch den Zusatz „und Partner" nicht den Eindruck, sie sei eine Personenhandelsgesellschaft (OLG Karlsruhe, WRP 85, 509, 510). Ebenso kann die Aufnahme von Weinlagenamen in die Firmenbezeichnung irreführend sein, wenn der Verkehr dadurch zu der unzutreffenden Annahme veranlasst wird, die Lage stehe im Alleinbesitz des Unternehmens, so dass Weine aus derselben Lage von anderen Unternehmen nicht vermarktet würden (BGH aaO – *Stich den Buben*).

Häufig beruhen Identitätstäuschungen auf unmittelbar oder mittelbar beschrei- **570** benden Angaben, so bei der Bezeichnung eines Privatinstituts als Akademie (öffentlich-rechtliche Bildungsstätte, vgl Rn 603), einer privaten Vereinigung als Bundeszentrale, Anstalt oder Amt (vgl Rn 607f), einer Belegarztpraxis als Klinik (OLG Frankfurt DB 74, 1905) oder wenn durch Abbildung einer Herstellungsstätte über deren Identität mit einer anderen irregeführt wird (vgl Rn 602, 632). Die Domain „deutsches-handwerk.de" für ein Internetportal, auf dem sich Handwerksbetriebe gegen Entgelt präsentieren können, erweckt den unzutreffenden Eindruck des Internetauftritts einer offiziellen und berufsständischen Organisation des Deutschen Handwerks und erfordert daher einen deutlichen Hinweis auf der Startseite (OLG Hamburg GRUR-RR 07, 93).

571 **b) Vermögen des Werbenden.** Das Tatbestandsmerkmal erfasst Angaben, die über die Vermögensverhältnisse des Werbenden Aufschluss geben und Rückschlüsse auf Finanzen und Leistungsfähigkeit zulassen. Zum Vermögen gehören neben dem Betriebs- und persönlichen Vermögen des Betriebsinhabers insbesondere Aktiva und Passiva, Grundbesitz, der Geschäftswert, das Know-how, der Kundenstamm, der Goodwill. Die Angaben zum Vermögen geben zugleich Hinweise auf Bedeutung und Marktstellung (Rn 599 ff).

572 **c) Geistige Eigentumsrechte. aa) Allgemein.** Die Irreführungsrichtlinie 84/450 EWG (jetzt 2006/114/EG) nennt in Art 3 Buchst c neben den geistigen Eigentumsrechten auch die in § 5 I 2 Nr 3 nicht erwähnten gewerblichen und kommerziellen Rechte des Werbenden; ebenso Art 6 I lit f der UGP-RL. Ein sachlicher Unterschied zu § 5 besteht insoweit aber nicht, da die gewerblichen und kommerziellen Rechte dem Begriff des geistigen Eigentums zuzurechnen sind (BT-Dr 16/10 145, S 24). Dieser umfasst Schutzrechte jeder Art, Patente, Gebrauchs- und Geschmacksmuster, Marken, Urheberrechte. Bestand und Geltung des Schutzrechts sind nicht von einer entsprechenden Kennzeichnung der Ware oder des Werks, auf das es sich bezieht, abhängig.

bb) Schutzrechtsanmaßung

(1) Werbung mit Schutzrechtshinweisen

Literatur: *Bogler,* Werbung mit Hinweisen auf zukünftigen oder bestehenden Patentschutz, DB 1992, 413; *Bornkamm,* Die Werbung mit der Patentanmeldung, GRUR 2009, 227; *Butler,* Die US-Marke, 2011; *Ebert-Weidenfeller/Schmüser,* Werbung mit Rechten des geistigen Eigentums – „ges. gesch.", „Pat." ®, ™, © & Co., GRUR-Prax 2011, 74; *Fritze,* „DBP angemeldet" nach der Änderung des Patentgesetzes vom 4. September 1967, GRUR 1968, 131; *Geißler,* Patent und § 3 UWG, GRUR 1973, 506; *Hubbuch,* Der Patenthinweis, WRP 1975, 661; *Graf Lambsdorff/ Skora,* Die Werbung mit Schutzrechtshinweisen, 1977; *Graf Lambsdorff/Hamm,* Zur wettbewerbsrechtlichen Zulässigkeit von Patent-Hinweisen, GRUR 1985, 244; *Rößler/Vierkötter,* Grenzen der Verwendung der Symbole ® und ™ IPRB 2011, 36; *Werner,* Werbemäßiger Hinweis auf nicht bekanntgemachte Patentanmeldungen, GRUR 1964, 370.

573 **Auf gewerbliche Schutzrechte** darf wahrheitsgemäß hingewiesen werden, auch mit den üblichen verkehrsbekannten Abkürzungen (DBP – Deutsches Bundespatent, DBGM – Deutsches Bundesgebrauchsmuster bzw DRP – Deutsches Reichspatent, DRGM – Deutsches Reichsgebrauchsmuster für vor dem 1.5.1945 vom Reichspatentamt erteilte Schutzrechte). Die Behauptung einer Patentierung setzt förmliche Patenterteilung voraus, ferner, dass das Patent noch nicht abgelaufen ist. Das Vorliegen der materiellen Erteilungsvoraussetzungen berechtigt für sich allein nicht zu einer Patentberühmung. Hat ein förmlicher Patentschutz niemals bestanden, darf ein solcher Schutz nicht vorgetäuscht werden, auch nicht, wenn Markenrechte bestehen.

574 Der Beifügung eines **R im Kreis** – ® – zu einem Zeichen, etwa „Thermoroll®" oder „baelz®", entnimmt der Verkehr, dass es eine eingetragene Marke genau dieses Inhalts gibt (BGH GRUR 90, 364, 366 – *Baelz;* GRUR 09, 888 Rn 15 – *Thermoroll*) und der Verwender zu deren Benutzung in der konkreten Werbung berechtigt ist (BGH GRUR 09, 888 Rn 15f – *Thermoroll*). Die frühere Rspr, wonach auf einen

Irreführende geschäftliche Handlungen **§ 5 UWG**

Ausstattungsschutz (jetzt Benutzungsmarke nach § 4 Nr 2 MarkenG) nicht mit einem Schutzhinweis verwiesen werden kann (BGH GRUR 57, 358, 360 – *Kölnisch Eis*) ist überholt (ebenso *Ingerl/Rohnke* § 2 Rn 7); die Verwendung eines ® für eine (reine) Benutzungsmarke ist zwar insofern unrichtig, als eine Registrierung eben nicht vorliegt, jedoch ist eine etwaige Fehlvorstellung des Verkehrs angesichts der Gleichwertigkeit von eingetragener und Benutzungsmarke ohne Relevanz. Bei einer Kombinationsmarke ist das ® irreführend, wenn es sich allein auf einen nicht geschützten Bestandteil bezieht (vgl BPatG GRUR 92, 704 – *Royals®; Ebert-Weidenfeller/Schmüser* GRUR-Prax 11, 74, 76). Da dem inländischen Verkehr kaum bekannt sein dürfte, dass das Zeichen ™ nach US-Markenrecht für noch nicht registrierte Zeichen verwendet wird (dazu *Butler* Rn 27; *Rößler/Vierkötter* IPRB 11, 36, 38), sind auf die Verwendung des ™ die Grundsätze zum ® anzuwenden.

Die Verwendung des **C im Kreis** – © – versteht der Verkehr regelmäßig als Aussage, dass das so Gekennzeichnete ein urheberrechtlich geschütztes Werk ist und der Verwender Urheber oder Inhaber urheberrechtlicher Nutzungsrechte ist. Ist das Werk tatsächlich nicht urheberrechtlich geschützt, ist die Verwendung irreführend (LG München I v 29. 9. 95, 7 O 1384/95, zitiert nach Dreier/*Schulze* § 2 Rn 248; zweifelnd *Ebert-Weidenfeller/Schmüser* GRUR-Prax 11, 74, 77). 575

Die Angabe „**gesetzlich geschützt**" („ges. gesch.") oder „geschützt" („gesch.") wird vom Verkehr als Hinweis auf das Bestehen von Patentschutz verstanden. Sie ist irreführend, wenn sie sich lediglich auf ein ungeprüftes Registerrecht – Gebrauchs- oder Geschmacksmuster – stützt (OLG Düsseldorf GRUR 78, 437; OLG München NJWE-WettbR 97, 37, 38). Irreführend ist die Werbung mit einem Gebrauchsmusterschutz (zB „DBGM"), wenn die technische Lehre offenkundig nicht schutzfähig ist, auch wenn für die in Rede stehende Ware ein Gebrauchsmuster eingetragen ist (OLG Düsseldorf WRP 99, 218, 220f). 576

Die Angabe „gesetzlich geschützt" ist entsprechend der Verkehrsauffassung (Rn 576) erst zulässig, wenn ein Patent erteilt ist. Ist nur ein Teil der Ware patentiert, muss dieser Teil der Gesamtware das ihm eigentümliche Gepräge geben, wenn der Verkehr den Patentschutzhinweis auf die gesamte Ware bezieht (RG GRUR 34, 192, 193 – *Saneuron;* BGH GRUR 57, 372, 373 – *2 DRP*). **Auslandspatente** rechtfertigen keinen uneingeschränkten Hinweis auf das Bestehen von Patentschutz, da sonst ein deutsches Patentrecht vorgetäuscht wird. Erforderlich ist die Angabe des Landes, in dem der Patentschutz besteht (zB „US-Patent"). Die englischsprachige Patentberühmung „patented" genügt dem nicht ohne weiteres (BGH GRUR 84, 741, 742 – *patented*). 577

Ist das Patent noch nicht erteilt, sind werbende Hinweise auf eine **Patentanmeldung** zulässig, sobald die Anmeldung nach den §§ 31 II, 32 PatG offengelegt ist, zB „Patent angemeldet", „Patent offengelegt" (OLG Hamburg GRUR 74, 398, 399; *Kraßer*, PatentR, 6. Aufl 2009, S 913). Vor der Offenlegung darf mit der Patentanmeldung nicht geworben werden, da diese noch keine Schutzwirkung entfaltet und eine Nachprüfung schwierig ist (hM *Kraßer* aaO, S 913f; *Bornkamm,* GRUR 09, 227, 230 mwN). 578

Die irreführende **Patentberühmung** begründet Unterlassungs- und – bei Verschulden – Schadensersatzansprüche (§§ 3, 5, 8 I, 9). Wird über eine **Patentanmeldung** in einer Weise getäuscht, dass die angesprochenen Verkehrskreise glauben, ein Patent sei bereits erteilt, kann der Kläger bei der Bemessung seines Schadensersatzanspruchs nur verlangen, so gestellt zu werden, wie er gestanden hätte, wenn der Beklagte nicht den Eindruck eines bereits erteilten Patents hervorgerufen, sondern lediglich auf die bekanntgemachte Patentanmeldung hingewiesen hätte. Nicht maßgebend ist der Zustand, der gegeben wäre, wenn der Beklagte überhaupt nicht geworben hätte (BGH GRUR 66, 92, 95 – *Bleistiftabsätze*). 579

(2) Schutzrechtsverwarnung (Hersteller- und Abnehmerverwarnung). 580
Der Inhaber eines Patentrechts oder eines anderen gewerblichen Schutzrechts darf

UWG § 5

den Verletzer (Hersteller) und Dritte (dessen Abnehmer), die durch die gewerbliche Nutzung ebenfalls eine Patentverletzung oder sonstige Schutzrechtsverletzung begehen können (vgl zB § 9 PatG), vor den Folgen einer Verletzung des Patents usw warnen, wenn dies den Umständen nach angemessen und zur Abwehr erforderlich ist (s dazu im Einzelnen § 4 Rn 10/33 ff).

581 Die **Schutzrechtsverwarnung** ist irreführend, wenn sie auf unzutreffenden Angaben basiert oder Schutzrechte behauptet, die nicht bestehen, auch wenn zwar die Erteilung eines Patents beantragt, dieses aber (noch) nicht erteilt ist (vgl Köhler/*Bornkamm* § 5 Rn 5.129 ff) oder wenn bei einer an einen Abnehmer gerichteten Berechtigungsanfrage nicht erwähnt wird, dass gegen die Erteilung des Patents Einspruch eingelegt wurde (OLG Karlsruhe GRUR-RR 08, 197). Subjektive Meinungsäußerungen sind keine Angaben in diesem Sinne, müssen aber zur Vermeidung einer Täuschung des Adressaten über das objektive Bestehen eines Schutzrechts als solche eindeutig erkennbar sein oder kenntlich gemacht werden. Die unberechtigte Schutzrechtsverwarnung ist nach der Rspr ein **Eingriff in das Recht am eingerichteten und ausgeübten Gewerbebetrieb (§ 823 I BGB)**, der den Verwarner bei Verschulden zum Schadensersatz verpflichtet (stRspr seit RGZ 58, 24, 30 – *Jutepliisch,* zuletzt BGH [Großer Senat für Zivilsachen] GRUR 05, 882, 883 ff – *Unberechtigte Schutzrechtsverwarnung,* auf Vorlagebeschluss [des I. Zivilsenats] GRUR 04, 958, 959 ff – *Verwarnung aus Kennzeichenrecht I;* GRUR 06, 432 Rn 27 – *Verwarnung aus Kennzeichenrecht II;* GRUR 06, 433 Rn 11, 13, 16, 20 – *Unbegründete Abnehmerverwarnung;* zur Kritik § 4 Rn 10/36 ff).

d) Befähigung (Qualifikation)

Literatur: *Bleutge,* Rundstempel-Verbot für selbsternannte Sachverständige, WRP 1979, 777; *Hönn,* Akademische Grade, Amts-, Dienst- und Berufsbezeichnungen sowie Titel (Namensattribute) in der Firma in firmen- und wettbewerbsrechtlicher Sicht, ZHR 153 (1989), 386; *Honig,* Werbung mit dem guten Ruf des Handwerks, WRP 1995, 568; *Riegger,* Der Doktor-Titel in der Firma der GmbH, DB 1984, 441; *Wessel,* Der akademische Titel in der Firma, BB 1965, 1379.

582 **aa) Allgemein.** Aus Angaben über **Befähigung und Qualifikation des Betriebsinhabers** zieht der Verkehr Rückschlüsse auf Qualität und Seriosität des Waren- oder Leistungsangebots des Unternehmers. Dies veranlasst die Werbenden zur Herausstellung entsprechender Qualifikationsmerkmale, vor allem bei Berufsbezeichnungen und Titeln, deren Führung oder Verleihung von einer bestandenen Prüfung oder Erfüllung besonderer Voraussetzungen abhängig ist und im Verkehr ein dementsprechendes Ansehen genießen.

583 **bb) Doktor-Titel.** Doktor-Titel und andere akademische Titel belegen eine abgeschlossene **Hochschulausbildung.** Ihrem Träger wird vielfach gerade deshalb – sei es zu Recht, sei es zu Unrecht – ein besonderes Vertrauen in seine Fähigkeiten, seinen Ruf und seine Zuverlässigkeit entgegengebracht (BGHZ 53, 65, 68 = GRUR 70, 320, 321 – *Doktor-Firma;* GRUR 92, 121 – *Dr. Stein ... GmbH;* OLG Düsseldorf GRUR 92, 187, 188: Blickfangartige Herausstellung des Doktor-Titels). Entsprechend stark ist die wettbewerbliche Relevanz unzutreffender Qualifikationsangaben. Es ist deshalb ein Verstoß gegen § 5, wenn der Firmenname den unzutreffenden Eindruck erweckt, dass ein promovierter Akademiker die Unternehmensbelange als Gesellschafter maßgeblich mitbestimmt (BGH GRUR 90, 604, 605 – *Dr. S.-Arzneimittel;* BGH aaO – *Dr. Stein ... GmbH*). Wird der Doktor-Titel dagegen ersichtlich nicht als akademischer Titel, sondern als Gattungsbegriff, etwa im Zusammenhang mit der Reparatur von Gegenständen verwendet (zB Computer-, Auto- oder Puppendoktor, vgl OLG Hamm GRUR-RR 09, 430, 431), so liegt keine Irreführung vor. Hinsichtlich des **Fakultätszusatzes** bei Führung des Doktortitels **im Firmennamen** kommt es entscheidend auf den Unternehmensgegenstand an. Schreibt der Verkehr dem Doktor-Titel bestimmte Spezialkenntnisse zu, die für die Güte des Angebots bedeutsam sind (zB bei

Irreführende geschäftliche Handlungen **§ 5 UWG**

der Führung des Doktor-Titels in einer Arzneimittelfirma), muss der Titel, um nicht irreführend zu wirken, auf dem entsprechenden Fachgebiet erworben worden sein. Anders in Fällen, in denen der Fakultätszusatz für den Verkehr keine Bedeutung hat (BGH GRUR 59, 375, 376 – *Doktortitel:* Führung des Doktor-Titels der Medizin ohne Fakultätsangabe im Firmennamen eines Rundfunkeinzelhandelsgeschäfts).

Scheidet der Träger des Doktor-Titels aus dem Unternehmen aus oder geht das **584** Geschäft auf einen nichtpromovierten Nachfolger über, wird der Gebrauch des den Titel enthaltenden Firmennamens ohne **Nachfolgezusatz** unzulässig. Ungeachtet der handelsrechtlichen Regelungen der §§ 22, 24 HGB entfällt die *wettbewerbsrechtliche* Befugnis zur Führung eines Firmennamens oder einer sonstigen Bezeichnung, sobald deren Gebrauch zur Täuschung des Verkehrs führt (BGHZ 10, 196, 202 = GRUR 54, 271, 273 – *DUN-Europa;* BGH aaO – *Dr. Stein ... GmbH).* In der Fortführung des unveränderten Firmennamens liegt aber keine Irreführung, wenn an die Stelle des Ausscheidenden ein anderer promovierter Gesellschafter tritt, der bestimmenden Einfluss auf die Gesellschaft hat, mag er auch einen anderen Familiennamen führen (BGH aaO – *Dr. Stein ... GmbH).* Ein Nachfolgezusatz beseitigt die Irreführung, die von einer infolge Fortführung durch einen nicht promovierten Kaufmann unrichtig gewordenen Doktor-Firma ausgeht. Das gilt auch dann, wenn der Nachfolgezusatz erst nach Jahren und durch den letzten von mehreren aufeinander folgenden nichtpromovierten Nachfolgern beigefügt wird (BGH GRUR 98, 391, 393 – *Dr. St ... Nachf).*

cc) **Diplom-Ingenieur, Ingenieur.** Gleiche Grundsätze wie für den Doktor- **585** Titel (Rn 580) gelten für den Titel „Diplom-Ingenieur", der **Verleihung** durch eine staatliche Hochschule voraussetzt (§ 1 des als *Landesrecht* fortgeltenden Gesetzes über die Führung akademischer Grade vom 7.6.1939, RGBl I S 985). Geschützt ist durch die Ingenieur-Gesetze der Länder von 1970/71 (dazu *Baumbach/Hefermehl,* 22. Aufl, § 3 Rn 324) unter den darin genannten Voraussetzungen auch die Berufsbezeichnung „Ingenieur". Ein Ingenieur-Büro darf jedoch im Geschäftsverkehr den Firmenbestandteil „Dipl.-Ing." nicht mehr führen, wenn der Titelträger verstorben ist und keiner der Inhaber des Büros zur Führung dieses Titels berechtigt ist (BGH GRUR 65, 610, 611 – *Diplom-Ingenieur).*

dd) **Professorentitel.** Professorentiteln bringt der Verkehr ebenso wie dem Dok- **586** tor-Titel oder dem des Diplom-Ingenieurs besonderes Vertrauen entgegen. Das gilt auch für **ausländische Professorentitel,** wobei sich der Verkehr von dem im deutschen Hochschulbereich maßgebenden **Berufsbild des Professors** leiten lässt (BGH GRUR 87, 839, 840 – *Professorentitel in der Arzneimittelwerbung).* Der werbende Gebrauch eines ausländischen Professorentitels, auch wenn er als im Ausland erworben oder von einer ausländischen Institution verliehen nicht erkennbar ist, ist aber nicht allein schon deshalb irreführend, weil der Verkehr einem in Deutschland erworbenen Professorentitel eine höhere Wertschätzung entgegenbringt als einem im Ausland erworbenen Titel (BGH GRUR 92, 525, 526 – *Professorenbezeichnung in der Arztwerbung II).* Entscheidend ist vielmehr, ob der ausländische Titel den sachlichen Anforderungen entspricht, die der Verkehr mit einem Professorenamt und dem Professorentitel verbindet. Dafür ist erforderlich, dass die herkömmlichen Merkmale eines Professorentitels wenigstens teilweise erfüllt sind: Eingliederung in Lehrkörper und Betrieb der ausländischen Hochschule, nennenswerte – nicht nur einmalige oder gelegentliche – Hochschultätigkeit, Verleihung des Professorentitels zwecks Übertragung und Ausübung der Aufgaben eines Professors im Bereich der Lehre, Forschung oder Wissenschaftsleitung(BGH aaO – *Professorenbezeichnung in der Arztwerbung II;* GRUR 98, 487, 488f – *Professorenbezeichnung in der Arztwerbung III:* Ausnutzung der von einem Professorentitel ausgehenden irrtümlichen Vorstellung der Patienten über die wissenschaftliche Qualifikation eines Arztes, der den Professorentitel nicht führen darf; OLG Hamm GRUR-RR 09, 430 – *Atlasprof.).*

Sosnitza

587 Die **Verwendung des Professorentitels** in der Werbung für eine medizinische Therapie ist nicht irreführend, wenn diese Therapie von einem Wissenschaftler entwickelt worden ist, dem der Professorentitel für seine Leistungen auf dem Gebiet der Physik verliehen worden ist, selber aber keine medizinische Ausbildung absolviert hat (BGH GRUR 95, 612, 614 – *Sauerstoff-Mehrschritt-Therapie*).

588 ee) **Architekt.** Die **Führung der Bezeichnung „Architekt"** ist *landesrechtlich* den in die Architektenliste der Architektenkammern **eingetragenen** Architekten vorbehalten. Der Firmenbestandteil „Architekt" im Firmennamen einer GmbH ist irreführend, wenn diese nicht in die Architektenliste eingetragen ist (OLG Nürnberg GRUR 83, 453). Den standesrechtlichen Werbeverboten der Architektengesetze unterfallen nur die eingetragenen Architekten, andere Personen (Handwerker, Unternehmen der gewerblichen Wirtschaft) auch dann nicht, wenn sie gleiche Leistungen wie die eingetragenen Architekten erbringen (BGH GRUR 82, 679, 680 – *Planungsbüro*). Die Bezeichnung „Innenarchitektur" darf im Sinne einer Berufs- und Tätigkeitsbezeichnung nur verwenden, wer in die Architektenliste eingetragen ist (BGH GRUR 80, 855, 856 f – *Innenarchitektur*).

589 ff) **Bilanz- und Lohnbuchhalter, Lohnsteuerhilfevereine.** Die werbende Verwendung der Bezeichnung „Bilanz- und Lohnbuchhalter" ist unzulässig (§ 5), wenn der Werbende nur in beschränktem Umfang zur Hilfeleistung in Steuersachen befugt ist (§ 6 Nr 4 StBerG). Dass der Werbende die Prüfung zum Bilanzbuchhalter vor einer dafür zuständigen Stelle abgelegt hat, ist insoweit unerheblich (BGH GRUR 91, 554, 555 – *Bilanzbuchhalter*; vgl auch § 4 Rn 11/48 ff). Die in § 6 Nr 4 StBerG bezeichneten Personen dürfen unter Verwendung der Begriffe „Buchführung" und/oder „Buchführungsbüro" werben, wenn sie im unmittelbaren räumlichen Zusammenhang mit diesen Angaben darauf hinweisen, dass mit diesen Begriffen nur die in § 6 Nr 4 StBerG aufgeführten Tätigkeiten gemeint sind (BGH GRUR 08, 815 Rn 18 – *Buchführungsbüro*). **Lohnsteuerhilfevereine** sind nur eingeschränkt zur Hilfeleistung in Steuersachen befugt (s § 4 Rn 11/48). Der ohne Einschränkung geführte Domain-Name „steuererklaerung.de" durch einen Lohnsteuerhilfeverein ist daher irreführend, weil dadurch der Eindruck erweckt wird, es dürften Erklärungen auch für Einkunftsarten abgegeben werden, für die der Verein in Wirklichkeit keine Befugnis besitzt (OLG Nürnberg GRUR 02, 460, 461). Andererseits muss ein Lohnsteuerhilfeverein, der in einer Werbeanzeige allein auf sein Bestehen hinweist, nicht zugleich erklären, dass eine Beratung nur im Rahmen einer Mitgliedschaft möglich ist (BGH GRUR 11, 535 Rn 12 – *Lohnsteuerhilfeverein Preußen*).

590 gg) **Meister.** Die Führung des Meistertitels setzt Qualifikation nach Maßgabe der **Handwerksordnung** voraus. Die unberechtigte Führung verstößt gegen § 5.

591 hh) **Sachverständiger.** Der Gebrauch der Bezeichnung „Sachverständiger" ist auch bei lediglich privater Anerkennung, zB durch einen Berufsverband eV nicht ohne weiteres irreführend, vorausgesetzt die Erwartung des Vorliegens der fachlichen Qualifikation, die der Verkehr mit der Bezeichnung „Sachverständiger" verbindet, wird nicht enttäuscht. Auch der selbst ernannte Sachverständige verstößt nicht notwendigerweise gegen § 5, wenn er sich als Sachverständiger bezeichnet (BGH GRUR 97, 758, 759 – *Selbsternannter Sachverständiger*), darf aber eine öffentlich-rechtliche Anerkennung oder eine solche durch einen (privaten) Berufsverband nicht vortäuschen (sa Rn 597). Die Verwendung der Bezeichnung „Bausachverständiger" ist unzulässig, wenn das Gebiet der Bestellung tatsächlich wesentlich enger ist (OLG Stuttgart WRP 08, 151).

592 ii) **Gesetzlich besonders geschützte Berufsbezeichnungen.** Die Berufsbezeichnung eines Arztes, Zahnarztes, Tierarztes, Apothekers, Rechtsanwalts, Patentanwalts, Steuerberaters, Wirtschaftsprüfers, Notars darf nur führen, wer nach den für die

Ausübung des jeweiligen Berufs geltenden Vorschriften dazu befugt ist. Zuwiderhandlungen sind unlauter nach § 5, regelmäßig auch nach § 4 Nr 11 (s dort Rn 31 ff) und strafbar (§ 132 a StGB). Die Führung eines Fachanwalts- oder einer Facharztbezeichnung ist irreführend, wenn sie nicht nach den maßgebenden Vorschriften des anwaltlichen bzw des ärztlichen Berufsrechts verliehen worden sind. Die Bezeichnung „Heilpraktiker" darf nur verwenden, wer nach dem Heilpraktikergesetz als solcher tätig sein darf. Nicht irreführend ist der Gebrauch der gesetzlich nicht geschützten Bezeichnung „Tierheilpraktiker" (vgl OLG Celle WRP 96, 1167, 1168). Eine tierärztliche Qualifikation darf aber damit nicht behauptet werden. Zur landesrechtlich geschützten Berufsbezeichnung „Architekt" s. Rn 588. Verbraucher erwarten nicht, dass in einer Rubrik der Gelben Seiten nur Fachärzte eingetragen sind, sodass im Bereich „Plastische Chirurgie" auch ein Arzt inserieren darf, der nicht über eine Facharztqualifikation verfügt (OLG Köln WRP 08, 1599; aA OLG Hamm WRP 08, 1597). Bei der Bewerbung eines „Zahnärztlichen Notdienstes" in den Rubriken „Notdienst" und „Ärztlicher Notdienst" erwartet der Verkehr einen öffentlich-rechtlichen Notfalldienst rund um die Uhr (OLG Hamm GRUR-RR 10, 61).

jj) Zertifikate. Als Zertifizierung wird ein Verfahren bezeichnet, mit dessen Hilfe 593 die Einhaltung bestimmter Anforderungen an Produkte oder Dienstleistungen einschließlich der Herstellungsverfahren nachgewiesen werden kann; Zertifizierungen werden von unabhängigen Stellen vergeben und müssen sich nach festgelegten Standards richten (BGH GRUR 12, 215 Rn 12 – *Zertifizierter Testamentsvollstrecker*). Die Bezeichnung **„Zertifizierter Testamentsvollstrecker"** weckt bei dem angesprochenen Verkehr die Vorstellung über eine besondere Qualifikation auf dem Gebiet der Testamentsvollstreckung einschließlich praktischer Erfahrungen (BGH GRUR 12, 215 Rn 13, 16 – *Zertifizierter Testamentsvollstrecker*). Die Angabe „Wir sind zertifiziert" auf einem anwaltlichen Briefbogen ist irreführend, wenn sie den Eindruck erweckt, dass nicht nur die Büroorganisation, sondern auch die Anwaltsdienstleistung geprüft sei (OLG Hamm GRUR 12, 285, 286). Ein „Deutsches Hygienezertifikat" erweckt den Eindruck, dass die so ausgewiesenen Betriebe besondere bzw erhöhte Hygieneanforderungen erfüllen und ist daher irreführend, wenn lediglich die Einhaltung gesetzlicher Mindestvorgaben geprüft wird (LG Berlin WRP 10, 672).

e) Auszeichnungen, Ehrungen. Auszeichnung im Sinne von § 5 ist alles, was 594 den Werbenden (dessen Unternehmen, dessen Ware, dessen Leistung) für das Publikum aus dem Durchschnitt heraushebt. Ihr Werbewert ist beträchtlich, ihre werbende Verwendung von erheblicher wettbewerblicher Relevanz.

Einzelfälle: Irreführend ist die Werbung mit **erdichteten Auszeichnungen,** 595 aber auch mit **Scheinauszeichnungen,** die nicht auf einer ernsthaften Prüfung der Person oder Leistung beruhen oder von privaten Stellen verliehen worden sind, die dafür keine ausreichende Zuständigkeit haben. Der Verkehr verbindet mit einer Auszeichnung (Anerkennung) die Vorstellung von fachlicher **Kompetenz und Neutralität** des Verleihenden und ein objektives, sachbezogenes Prüfungsverfahren (BGH GRUR 84, 740, 741 – *Anerkannter KFZ-Sachverständiger;* OLG Hamburg GRUR 91, 470). Unzulässig ist die Verwendung von Werbezeichen, die den unzutreffenden Eindruck einer Qualitätsprüfung durch eine dafür zuständige Stelle erwecken, ebenso der Gebrauch von Rundstempeln, die die Bestellung und Anerkennung als Sachverständiger vortäuschen (OLG München WRP 81, 483; OLG Bamberg WRP 82, 158; OLG Frankfurt NJW-RR 88, 103; *Bleutge,* WRP 79, 777). Der werbliche Hinweis auf eine Auszeichnung durch einen Berufsverband ist irreführend, wenn die Auszeichnung lediglich auf einem Jubiläum beruht (OLG Köln GRUR-RR 06, 287).

Irreführend ist auch die Werbung mit Auszeichnungen, die nicht für das bewor- 596 bene Produkt verliehen worden sind, auf das der Verkehr die Auszeichnung bezieht (BGH GRUR 61, 193, 194 – *Medaillenwerbung;* OLG München GRUR 83, 339, 340 – *Eder Alt;* GRUR 89, 123, 124 – *Premium Pils).* Die bloße **Fortentwicklung** des Produkts hindert aber die Weiterverwendung der Auszeichnung nicht (GK[1]/*Lindacher* § 3 Rn 972).

597 Irreführend wirbt ferner, wer **über die** die Auszeichnung **verleihende Stelle** täuscht, zB den Anschein einer amtlichen Auszeichnung bei privater Verleihung erweckt oder wer Fehlvorstellungen über die Bedeutung der Auszeichnung (Anerkennung) durch übertreibende Hinweise hervorruft (OLG Koblenz GRUR 84, 603 Ls = WRP 84, 503, 504).

598 Ist die Auszeichnung dem Unternehmen verliehen, verbleibt sie diesem auch bei **Wechsel des Inhabers.** Persönlich verliehene Auszeichnungen dürfen grundsätzlich nur von dem geführt werden, dem sie verliehen worden sind (Köhler/*Bornkamm* § 5 Rn 5.162).

3. Sonstige geschäftliche Verhältnisse

599 **a) Bedeutung des Unternehmens. Literatur:** *Frey,* „Lager" – als Firmenzusatz und Werbeankündigung, WRP 1971, 204; *Haberkorn,* Zur Zulässigkeit des Firmenzusatzes „Fabrik", WRP 1966, 125; *Haberkorn,* Zur Zulässigkeit des Firmenzusatzes „Haus", WRP 1966, 165; *Haberkorn,* Zur Zulässigkeit geographischer Firmenzusätze, WRP 1966, 245; *ders,* Zur Zulässigkeit des Firmenzusatzes „Zentrale", WRP 1966, 306; *ders,* Zur Abgrenzung zwischen Handwerksbetrieb und Industriebetrieb, WRP 1966, 332; *ders,* Zur Zulässigkeit des Firmenzusatzes „Werk", WRP 1966, 361; *ders,* Zur Zulässigkeit des Firmenzusatzes „Discount", WRP 1966, 393; *ders,* Zur Zulässigkeit diverser Firmenzusätze, WRP 1967, 204; *ders,* Kann die zukünftige Entwicklung des Betriebes bereits als Firmenzusatz berücksichtigt werden?, WRP 1969, 261; *Herb,* Spezialisierungshinweise und irreführende Werbung nicht markenbezogener Reparaturwerkstätten, WRP 1991, 699; *Honig,* Die Werbung für unzulässige Handwerkstätigkeit, WRP 1971, 204; *ders,* Werbung mit dem guten Ruf des Handwerks, WRP 1995, 568; *Huth,* Auffassungswandel beim Firmenzusatz „deutsch"?, GRUR 1965, 290; *Krink,* Firmenbezeichnung bei Inhaberwechsel, BB 1954, 276; *Müller,* Zur Führung des Firmenzusatzes „Deutsch", GRUR 1971, 141; *Netzband,* Angabe von Tätigkeitsschwerpunkten durch Rechtsanwälte – Irreführung der Rechtsuchenden?, NJW 1992, 811; *v Olenhusen,* Das „Institut" im Wettbewerbs-, Firmen-, Standes-, Namens- und Markenrecht, WRP 1996, 1079; *Prunbauer,* Zur Täuschungsfähigkeit des Begriffs „Markt", ÖBl 1980, 148; *Weyhenmeyer,* Fachgeschäft und Fachhandel als Begriffe des Wettbewerbsrechts, WRP 1982, 443; *Wollemann,* Werbung mit Auflagenzahlen, WRP 1980, 529.

aa) Allgemein. Neben Alleinstellung und Spitzengruppenzugehörigkeit (Rn 636 ff) sowie Alter und Geschäftstradition (Rn 645 ff) steht zur Hervorhebung der Bedeutung eines Unternehmens eine Vielzahl weiterer Werbeangaben zur Verfügung. Signifikant sind vor allem Firmennamen, Unternehmenskennzeichen, Angaben zu Größe, Umsatz, Kundenzahl und Marktverhältnissen eines Unternehmens, zu Fabrikationsmethoden und Aufgabenkreis, zur Art und Weise des Vertriebs, der Beschaffenheit und Qualität einer Ware oder deren Preis. Als äußerst werbewirksam erweisen sich erfahrungsgemäß auch Hinweise auf Art und Umfang der Geschäftsbeziehungen und die Benennung von Geschäftspartnern, um durch die Vielzahl von Geschäftsverbindungen die Bedeutung des eigenen Unternehmens im Markt zu unterstreichen (vgl zB BGH NJW 04, 1537, 1538 – „*X Associates*": Irreführung über die internationale Bedeutung), häufig aber auch deshalb, um an den Ruf und Ansehen des Geschäftspartners zu partizipieren. Hinweise auf Bedeutung, Aufgaben und Wirkungskreis geben häufig auch die in den Firmennamen aufgenommenen Bezeichnungen und dessen Gestaltung. Die Werbung mit solchen Angaben ist von erheblicher wettbewerbsrechtlicher Relevanz. Sie darf, um nicht irrezuführen, fehlende Qualifikationsmerkmale nicht, auch nicht indirekt, behaupten. Die unbefugte Verwendung von **Firma (Firmenschlagwort)** eines Dritten bei **Suchwort-Einträgen** in (Branchen-)Telefonbüchern, die den unzutreffenden Eindruck erweckt, der Verwender gehöre zum Kreis der von dem Dritten dazu autorisierten Unternehmen (zB Vertriebsunternehmen), täuscht in relevanter Weise über das Bestehen geschäftlicher Zusammenhänge und die Bedeutung des Verwenders (BGH GRUR 94, 841, 843 – *Suchwort*). Ob die Verwendung des Begriffs „Forschung" bzw „Gesundheitsforschung" im Firmennamen gegen § 5 verstößt, ist nicht an einer einzelnen Betätigung des Unternehmens zu messen, sondern hängt von einer Betrachtung der gesamten unternehmerischen Aktivitäten ab (BGH GRUR 00, 1084, 1086f – *Unternehmenskennzeichnung*; vgl auch BGH GRUR 96, 802, 803 – *Klinik*). Zur irreführenden Gestaltung des **Briefkopfs einer Anwaltskanzlei**, in dem den Namen der Sozietätsmitglieder die Berufsbezeichnungen „Rechtanwälte, Steuerberater und Patentanwalt" hinzugesetzt sind, Steuerberater und Patentanwalt aber nur zu den (am Rande des Briefkopfs aufgeführten) Kooperationspartnern gehören s BGH NJW 03, 346 – *Zusatzqualifikationen*. Irreführend ist es, wenn der Briefkopf den Eindruck erweckt, alle aufgezählten Rechsanwälte seien berechtigt, einen Fachanwaltstitel zu führen (OLG Köln GRUR-RR 12, 288, 289 – *Fachanwälte im Briefkopf*). Der Zusatz „& Associates" lässt erkennen, dass neben dem Kanzleiinhaber mindestens zwei weitere Berufsträger tätig sind (vgl BGH AnwBl 09, 451; OLG Karlsruhe GRUR-RR 12, 287 – *& Associates*).

Unzutreffende Angaben über Umsatz oder Geschäftsergebnis täuschen über **600 Größe, wirtschaftliche Bedeutung, Bonität und Leistungsfähigkeit** des Unternehmens und beeinflussen unsachlich die Wertschätzung des Angebots im Verkehr. Die Angaben darüber müssen daher in einer Weise ermittelt werden, die eine Irreführung des Verkehrs ausschließt. Jedoch genügt insoweit eine den gesetzlichen Vorschriften entsprechende ordnungsgemäße Buchführung und Ermittlung der maßgebenden Daten im Rahmen einer sorgfältigen kaufmännischen Beurteilung des Geschäftsergebnisses (BGH GRUR 64, 146, 148f – *Genossenschaftliche Rückvergütung*).

Für die Marktbedeutung von Zeitungs- und Zeitschriftenverlagen als Meinungs-, **601** Informations- und Werbeträger ist entscheidender Parameter die **Auflagenhöhe**. Sie ist eine Beschaffenheitsangabe, die Rückschlüsse auf Größe und Kompetenz der Redaktion, Arbeitsweise, Aktualität und Schnelligkeit der Berichterstattung, Wertschätzung und Kapitalausstattung zulässt (BGH GRUR 68, 433, 436 – *Westfalenblatt II*). Der Begriff der Auflage ist kein einheitlicher. **Verkaufte Auflage** sind alle Exemplare der **Druckauflage**, die an Abonnenten und im Einzel-(Kiosk-)Verkauf abgegeben werden, **verbreitete Auflage** sind alle entgeltlich und unentgeltlich abgegebenen Exemplare einschließlich der Werbeexemplare und Freistücke (vgl auch Rn 674). Die Angabe der verbreiteten Auflage hat Bedeutung und Berechtigung vor allem bei der Inserentenwerbung, da sämtliche abgegebenen Stücke, nicht nur die verkauften, als Werbeträger in Betracht kommen. Werbeangaben zur Auflagenhöhe sind irreführend, wenn sie die Zahlen der verbreiteten Auflage wiedergeben, vom Leser aber – wie regelmäßig, wenn die Angaben zur Auflage nicht näher konkretisiert werden – als Hinweis auf die verkaufte Auflage verstanden werden (OLG Hamm WRP 91, 328, 329). Richtet sich aber die Werbung ausschließlich oder jedenfalls im Wesentlichen an potentielle Inserenten, die Wert auf die Verbreitung der Auflage legen, darf mit den Zahlen der verbreiteten Auflage geworben werden (BGH GRUR 63, 34, 35 – *Werkstatt und Betrieb*). Bei der verkauften Auflage ist maßgebend die *durchschnittlich* verkaufte Auflage, nicht willkürlich herausgegriffene Spitzentage. Mehrere Ortsausgaben einer Zeitung dürfen in deren Gesamtauflage einbezogen werden (BGH aaO – *Westfalenblatt II*). Dagegen ist es irreführend, eine Zeitung als „überall" verbreitet zu bewerben, wenn deren (regionale) Verbreitung und Bedeutung weit hinter der des (einzigen) Konkurrenzblattes zurückbleibt (BGH GRUR 83, 588, 589 – *Überall Westfalenblatt*).

bb) Einzelne Fallgestaltungen. Abbildung von Gebäuden: Unzulässig bei **602** Täuschung über Größe oder Ausdehnung des Geschäfts (OLG Nürnberg WRP 61, 272, 273f; OLG Stuttgart WRP 82, 547, 548).

603 **Akademie:** Früher nur für öffentlich-rechtliche oder behördlich anerkannte Ausbildungsstätte als zulässig angesehen (OLG Bremen NJW 72, 164; OLG München WRP 85, 446, 447; vgl auch BGH GRUR 83, 512, 513 – *Heilpraktikerkolleg*), doch hat sich insofern die Verkehrsauffassung gewandelt, sodass auch private (Weiter-)Bildungseinrichtungen sich so nennen dürfen (GK/*Lindacher* § 5 Rn 998).

604 „**Anerkannt**": Verwendung bei privater Anerkennung als Sachverständiger – zB durch Berufsverband (eV) – ist nicht ohne weiteres unzulässig. Der Verkehr verbindet mit einer Anerkennung (auch durch einen privaten Verband) regelmäßig die Vorstellung von fachlicher Qualifikation und objektiver Prüfung (Rn 588, 591 dort auch zur Unzulässigkeit von Rundstempeln, die eine Anerkennung als Sachverständiger vortäuschen). Auch der Sachverständige kraft Selbstbezeichnung, der sog selbst ernannte Sachverständige, verstößt durch den Gebrauch der Bezeichnung „Sachverständiger" nicht ohne weiteres gegen § 5 (BGH GRUR 97, 758, 759 – *Selbsternannter Sachverständiger*). Eine öffentlich-rechtliche Anerkennung darf aber nicht vorgetäuscht werden. Der Gebrauch der Bezeichnung „Öffentlich bestellter und vereidigter Sachverständiger" durch einen nicht von einer IHK bestellten Sachverständigen ist irreführend (OLG Dresden WRP 96, 1168, 1170f).

605 **Arzt, Ärztehaus:** Irreführend, soweit durch Beschriftung – zB auch auf Bauschild – der unzutreffende Eindruck einer Poliklinik, Gemeinschaftspraxis oä hervorgerufen wird (BGH GRUR 88, 458, 459 – *Ärztehaus;* OLG Hamburg WRP 82, 278). Dagegen erweckt der Begriff „Zahnärztehaus" nicht den Eindruck, dass in diesem Haus mehrere Zahnärzte unabhängig voneinander ihre Praxis ausüben oder dass alle Zahnärzte des Ortes nach Art einer Poliklinik organisiert sind (BVerfG GRUR 12, 72 Rn 25, 27 – *Zahnärztehaus*). Die Bezeichnung „Männerarzt" ist irreführend, wenn der Verkehr dies für das Pendant zum Begriff „Frauenarzt" halten kann (LG Münster WRP 08, 1137).

606 **Anwalts- und Steuerkanzlei:** Als Kanzleibezeichnung irreführend, wenn der Sozietät entgegen der durch diese Kanzleibezeichnung ausgelösten Verkehrserwartung kein Steuerberater angehört und darüber nicht hinreichend aufgeklärt wird (BGH NJW 01, 3193, 3194 – *Anwalts- und Steuerkanzlei*). Keine Irreführung, wenn neben der Kanzleibezeichnung die Kanzleimitglieder und deren berufliche Qualifikation aufgeführt werden (BGH aaO – *Anwalts- und Steuerkanzlei*). Die Angabe „Steuerbüro" in einer Kanzleibezeichnung wird dahin verstanden, dass in der Kanzlei entweder ein Rechtsanwalt und ein Steuerberater oder Fachanwalt für Steuerrecht tätig sind oder dort ein Berufsträger arbeitet, der über beide Qualifikationen verfügt (BGH GRUR 13, 409 Rn 27 – *Steuerbüro*).

607 **Bundesverband:** Bundesweit tätige Organisation mit Bedeutung für die beteiligten Verkehrskreise (BGH GRUR 84, 457, 460 – *Deutsche Heilpraktikerschaft*).

608 **Bundeszentrale:** Irreführend bei Verwendung durch private Vereinigung, da die Verwendung der Bezeichnung den Eindruck behördlicher Tätigkeit erweckt (BGH GRUR 80, 794, 796 – *Bundeszentrale für Fälschungsbekämpfung*).

609 **Center:** Begriff kennzeichnet ein Geschäft, bei dem die wesentlichen Leistungen von einem einheitlichen Geschäftslokal aus durch eigene Angestellte erbracht werden (KG GRUR-RR 02, 79; sa LG Frankfurt, NJWE-WettbR 97, 20, und OLG Stuttgart WRP 86, 242).

610 **Deutsch:** Anders als früher erwartet der Verkehr heute nur noch, dass das Unternehmen nach Ausstattung und Umsatz auf den deutschen Markt als ganzen zugeschnitten ist und über eine entsprechende Größe und Ausstattung verfügt (Rn 643; BGH GRUR 82, 239, 240 – *Allgemeine deutsche Steuerberatungsgesellschaft;* OLG Düsseldorf GRUR 92, 187).

611 **Euro-, Europäisch:** Zulässig bei Unternehmen, das nach Größe, Bedeutung und Marktstellung den Anforderungen des europäischen Marktes entspricht (Rn 643; BGHZ 53, 339, 343 = GRUR 70, 461, 463 – *Euro-Spirituosen;* GRUR 78, 251, 252 – *Euro-Sport;* GRUR 94, 120, 121 – *Euro-Consult*). Zu berücksichtigen sind aber Ge-

Irreführende geschäftliche Handlungen **§ 5 UWG**

schäftsgegenstand und Gegebenheiten des jeweiligen Marktes und der Vertriebsart. Erwartungen, die der Verkehr hinsichtlich der Größe eines Unternehmens mit dem Zusatz „Euro" verbindet, können in einem überschaubaren Markt bereits von einem verhältnismäßig kleinen Unternehmen erfüllt werden, so dass auch ein solcher Wettbewerber, der seine Waren europaweit im Versandwege absetzt, auch ohne Auslandsniederlassungen den durch den Euro-Zusatz geweckten Größenerwartungen gerecht werden kann (BGH GRUR 97, 669, 670 – *Euromint*). Die Bewerbung einer „EU GmbH" ist irreführend, da es eine solche Rechtsform nicht gibt (LG Dresden GRUR-RR 07, 25).

Fabrik: Über handwerkliche Fertigung hinausgehende industrielle Produktion **612** mit arbeitsteiliger Organisation und entsprechenden Betriebsanlagen und Maschinen. Erzeugung auf Vorrat. Produktion, nicht Aufarbeitung (RG GRUR 40, 572, 573 – *Fabrik; v Gamm* Kap 37 Rn 44; *Köhler/Bornkamm* § 5 Rn 5.11).

Fachgeschäft, Fachhandel, Fachhändler, Fachexperte: Vom Fachgeschäft **613** und Fachhandel erwartet der Verbraucher ein auf bestimmte Waren oder Warengruppen ausgerichtetes Angebot mit entsprechender Spezialisierung, Auswahlmöglichkeit und fachkundiger Beratung. Der Zusatz „kompetent" ist nicht irreführend. Durch ihn wird keine Steigerung der an den Fachhändler zu stellenden Anforderungen hervorgerufen (BGH GRUR 97, 141 – *Kompetenter Fachhändler*). Die Berufsbezeichnung „Fachexperte für Psychologie" ist irreführend, wenn der Erlangung der Bezeichnung keine qualifizierten theoretischen Kenntnisse auf dem Gebiet der Psychologie zugrunde liegen, die einer akdademischen Ausbildung entsprechen (OLG Karlsruhe GRUR-RR 08, 179).

Firmenbezeichnungen, Unternehmenskennzeichen: Verwendung kann ir- **614** reführend sein, wenn ein Firmenbestandteil oder -zusatz geeignet ist, dem Verkehr unzutreffende Vorstellungen über die geschäftlichen Verhältnisse des Unternehmens zu vermitteln (vgl BGHZ 53, 339, 343 = GRUR 70, 461, 463 – *Euro-Spirituosen;* GRUR 96, 802, 803 – *Klinik;* GRUR 97, 669, 670 – *Euromint;* GRUR 01, 73, 74f – *Stich den Buben;* GRUR 07, 1079 Rn 23 – *Bundesdruckerei*). Geographischen Zusätzen in Firmennamen, denen der Verkehr neben allgemeinen Angaben zum Unternehmenssitz und zur Herkunft der angebotenen Waren auch Hinweise auf die Bedeutung des Unternehmens in dem in Bezug genommenen Bereich entnimmt, sind irreführend, wenn sie der behaupteten Bedeutung nicht entsprechen, BGH GRUR 64, 314, 315 – *Kiesbaggerei Rinteln:* Irreführung über die alleinige bzw führende Stellung vor Ort; GRUR 68, 702, 703 – *Hamburger Volksbank:* Täuschung über den Umfang der regionalen Verbreitung des Unternehmens; GRUR 72, 129, 130 – *Der meistgekaufte der Welt:* Behauptung einer weiterreichenden Spitzenstellung als tatsächlich gegeben; GRUR 76, 380, 381 – *Die Oberhessische:* Unzutreffende geographische Gebietsangabe als Firmenbestandteil einer Bank; GRUR 07, 1079 Rn 88 – *Bundesdruckerei:* Bei Verwendung des Firmenbestandteils „Bundes" erwartet der Verkehr grundsätzlich, dass die Bundesrepublik Deutschland zumindest Mehrheitsgesellschafter ist. Dem Firmenbestandteil „Stadtwerke" entnimmt der Verkehr, dass das Unternehmen mehrheitlich in kommunaler Hand ist (BGH WRP 13, 1523 Rn 16 – *Stadtwerke Wolfsburg*). S ferner Rn 643 zum Zusatz „Deutsch", „Euro-", „Europäisch", Rn 631 zu „Weinlagenamen".

Großhandel: Irreführend als Bezeichnung für Unternehmen, die überwiegend **615** zugleich Einzelhandel betreiben. Der Verbraucher geht nach wie vor von einer Aufgabenteilung zwischen Groß- und Einzelhandel aus. Grundsätzlich zulässig ist die Bezeichnung „Groß- und Einzelhandel" für einen Groß- *und* Einzelhändler (BGH GRUR 78, 477, 479 – *Groß- und Einzelhandel*). Die unzutreffende Behauptung, Großhändler zu sein (der Werbende ist in Wirklichkeit Einzelhändler) führt zur Anwendung des § 5 (BGH WRP 96, 1102, 1104 – *Großimporteur*). Ob eine Bezeichnung als Großhandelshinweis aufgefasst wird, bestimmt sich nach dem Verständnis der beteiligten Verkehrskreise. Entscheidend ist, ob die Bezeichnung dahin verstanden wird, der Werbende veräußere Waren an Zwischenhändler (Wiederverkäufer) bzw gewerbliche Verbraucher zu Großhandelspreisen, die auch beim Verkauf an Letztverbraucher verlangt würden (BGH aaO – *Großimporteur*).

616 **Großimporteur:** Marktführerschaft im Importbereich mit entsprechend großer Lagerhaltung rechtfertigt diese Bezeichnung (BGH WRP 96, 1102, 1104 – *Großimporteur*).

617 **Handwerksbetrieb:** Handwerksmäßiger Betrieb im Rahmen eines Gewerbes nach Anlage A zur Handwerksordnung (§ 1 II HandwO, zulassungspflichtige Handwerke) und nach Anlage B (§ 18 II HandwO, zulassungsfreie Handwerke und handwerksähnliche Gewerbe). Geworben werden darf nur für die dem Handwerker nach der Handwerksordnung gestatteten Tätigkeiten (BGH GRUR 93, 397, 398 – *Trockenbau*). Zu Fragen des handwerklichen Berufsbildes: BGH GRUR 89, 432 – *Kachelofenbauer I*; GRUR 92, 123 – *Kachelofenbauer II*). Die Bewerbung einer Tätigkeit im Reisegewerbe darf nicht den Eindruck eines festen stehenden Gewerbes hervorrufen (OLG Jena GRUR-RR 09, 434 – *Dacheindeckungen*).

618 **Halle:** Größeres Unternehmen mit entsprechendem Angebot („Kaufhalle"). Vergleichbar einem Supermarkt mit Selbstbedienung.

619 **Haus:** Wird – auch als Firmenbestandteil – traditionell von Unternehmen mit einer gewissen örtlichen Bedeutung gebraucht. Darin liegt darin nicht mehr durchweg die Berühmung besonderer Größe. Keine überdurchschnittliche Bedeutung bei „Reformhaus", „Schuhhaus". Anders bei „Kaufhaus", „Möbelhaus", „Warenhaus". Hier erwartet der Verkehr ein Unternehmen, das nach Sortimentsbreite, Verkaufsfläche und Umsatz über dem Durchschnitt der örtlichen Wettbewerber liegt (BGH GRUR 82, 491, 492 – *Möbel-Haus*). Zu „Winzerhaus" s Rn 634.

620 **International:** Die Bedeutung hängt regelmäßig von den Umständen des Einzelfalls ab. Der Hinweis „International" in einer Unternehmensbezeichnung deutet regelmäßig auf ein Unternehmen hin, das organisatorisch auch außerhalb der nationalen Grenzen tätig ist (OGH ÖBl 79, 155 – *Schubert international*). Der Werbezusatz „Die große internationale Marke" ist irreführend, wenn der Slogan nur als nationale Marke eingetragen ist (OLG Hamm GRUR-RR 10, 104 – *Wärmstens Empfohlen!*).

621 **Klinik:** Verkehr erwartet stationäre Aufnahme- und Behandlungsmöglichkeit auch zur Nachtzeit und in Notfällen bei ausreichender Ausstattung in personeller (Ärzte, Pflegepersonal) und sächlicher (Einrichtung, Apparaturen) Hinsicht. Die Anzahl der stationären Behandlungsfälle muss der der ambulanten nicht zwingend übersteigen (BGH GRUR 96, 802, 803 f – *Klinik*; OLG Düsseldorf WRP 09, 104). Entscheidend ist die Verkehrsauffassung.

622 **Lager:** Lässt umfangreichen, für längere Zeit vorgehaltenen Warenvorrat erwarten. „Zentrallager", „Verkaufslager" weisen auf Großhandelslager hin, „Fabriklager", „Fabrikauslieferungslager", „Auslieferungslager" auf Lager des Herstellers (BGH GRUR 74, 225, 226 – *Lager-Hinweiswerbung*).

623 **Markt:** Handelsunternehmen von erheblicher räumlicher Ausdehnung und Angebotsvielfalt (BGH GRUR 81, 910, 911 – *Der größte Biermarkt der Welt*; GRUR 83, 779, 780 – *Schuhmarkt*), zB „Supermarkt", „Großmarkt", „Verbrauchermarkt".

624 **Meister:** Verlangt Qualifikation nach Maßgabe der Handwerksordnung. Unberechtigte Führung des Meistertitels ist Verstoß gegen § 5, Rn 617. Führung der Bezeichnung „Meisterbetrieb" lässt beim Betriebsinhaber (persönlich haftender Gesellschafter der OHG oder KG, Geschäftsführer der GmbH) Meisterbrief erwarten (OLG Düsseldorf WRP 72, 437). Es kann aber auch ein Angestellter genügen, der Meister ist und bestimmenden Einfluss auf die Gesamtheit des Unternehmens hat.

625 **Optiker:** Grundsätzlich kein Verstoß gegen das HeilpraktikerG durch Ausübung der Heilkunde bei berührungsloser Augeninnendruckmessung (Tonometrie) und Prüfung des Gesichtsfeldes mittels einer Computermessung (Perimetrie, BVerfG NJW 00, 2736, 2737 – *Tonometrie und Perimetrie durch Optiker*). Den Optiker treffen aber gegenüber seinen Kunden geeignete und konkrete Aufklärungs- und Hinweis-

Irreführende geschäftliche Handlungen **§ 5 UWG**

pflichten (vgl § 5a Rn 1 ff). Keine Ausübung der Heilkunde ist die Prüfung des Dämmerungssehens und der Blendempfindlichkeit (BGH GRUR 99, 512, 513f – *Optometrische Leistungen I*).

Rechtsanwälte: Grundsätzliche Zulässigkeit überörtlicher Anwaltssozietäten 626 (BGHZ 108, 290, 293 ff = NJW 89, 2890, 2891; NJW 91, 2780, 2781; GRUR 93, 399, 400 – *Überörtliche Anwaltssozietät*). Hinweise auf überörtliche Sozietäten müssen aber den Erwartungen entsprechen, die der Verkehr mit dem Begriff der Anwaltssozietät verbindet, dh jeder Sozius muss – ebenso wie bei der örtlichen Sozietät – durch die Sozietätsvereinbarung grundsätzlich berechtigt und verpflichtet sein, den Anwaltsvertrag mit den Mandanten mit Wirkung für und gegen alle Sozien abzuschließen und deren gesamtschuldnerische Haftung zu begründen (BGHSt 37, 220, 222 = NJW 91, 49, 50; BGH aaO – *Überörtliche Anwaltssozietät*). – Hinweise in Geschäftspapieren auf Zusammenarbeit mit Anwälten im Ausland ist zulässig, wenn die Information sachlich richtig ist (BGH GRUR 93, 675, 676 – *Kooperationspartner*). Unzulässig ist Anwaltswerbung (nur noch) insoweit, als sie irreführend ist (§ 5), ferner dann, wenn sie unsachlich ist und im konkreten Einzelfall um Praxis wirbt (§ 4 Nr 11 Rn 39 ff; BGHZ 147, 71 = WRP 01, 923 = NJW 01, 2087 – *Anwaltswerbung II;* BVerfG NJW 01, 3324). Die Verwendung des Begriffs „Fachanwälte" als Zusatz zu der Kurzbezeichnung einer überörtlichen Anwaltssozietät auf einem Praxisschild oder auf dem Briefkopf setzt voraus, dass eine den Plural rechtfertigende Zahl von Sozietätsmitgliedern Fachanwälte sind, doch ist nicht erforderlich, dass an jedem Standort ein oder mehrere Fachanwälte tätig sind (BGH GRUR 07, 807 Rn 13 – *Fachanwälte*). Verwendet eine Sozietät in ihrer Kurzbezeichnung eine auf eine Zusatzqualifikation hinweisende Bezeichnung, muss sie dort, wo die Mitglieder der Sozietät namentlich aufgeführt sind, die (Zusatz-)Qualifikation jedes einzelnen Sozietätsmitglieds benennen (BGH aaO – *Fachanwälte*). Die Aussage „Erster Fachanwalt für Erbrecht" in einer bestimmten Stadt wird vom Verkehr nicht nur zeitlich, sondern auch im Sinne einer Qualitätsbehauptung verstanden (OLG Bremen GRUR-RR 07, 209). Wirbt ein Dipl.-Wirtschaftsjurist (FH) ohne solchen Zusatz mit den Bezeichnungen „Wirtschaftsjuristenkanzlei" und „Wirtschaftsjurist", liegt eine Irreführung über seine Qualifikation vor (OLG Hamm GRUR-RR 07, 294). Bei einer Selbstbewertung als „Spezialist" muss der Werbende auf seinem Gebiet über herausragende Kenntnisse und Erfahrungen verfügen (OLG Karlsruhe GRUR-RR 09, 431, 432; OLG Nürnberg GRUR-RR 07, 292; OLG Stuttgart WRP 08, 513); dagegen ist die Angabe „Spezialist" nicht allein schon deshalb unzulässig, weil es auf dem betreffenden Gebiet eine Fachanwaltsbezeichnung gibt, denn der Verkehr setzt diese Begriffe nicht gleich (BVerfG NJW 04, 2656, 2658; *Kleine*-Cosack NJW 13, 272, 275; aA OLG Nürnberg GRUR-RR 07, 292).

Sachverständiger: S Rn 591, 595. 627

Selbsthilfeeinrichtung der Beamten: Die Verwendung der Bezeichnung ist ir- 628 reführend, wenn sie von einem gewerblichen Unternehmen im geschäftlichen Verkehr zusätzlich zum Firmennamen „Beamtenwirtschaftsdienst" gebraucht wird (BGH GRUR 97, 927, 929 – *Selbsthilfeeinrichtung der Beamten*).

Taxi: Die Angabe der Telefonnummer eines Taxiunternehmens enthält für sich al- 629 leine keine Aussage dahin, dass alle darunter bestellten Taxen für den betreffenden Ort konzessioniert seien (BGH GRUR 13, 412 Rn 12 – *Taxibestellung*).

Tierheilpraktiker: Die Verwendung der gesetzlich nicht geschützten Berufsbe- 630 zeichnung „Tierheilpraktiker" durch Personen, die – ohne Tierarzt oder Amtstierarzt zu sein – bei der Behandlung von Tieren Naturheilverfahren anwenden und eine entsprechende Ausbildung abgeleistet haben, ist nicht irreführend (BGH GRUR 00, 73, 74 f – *Tierheilpraktiker;* sa Rn 592).

Weinlagenamen: Die Aufnahme von Weinlagenamen in die Firmenbezeichnung 631 eines Wein vertreibenden Unternehmens kann vom Verkehr als Hinweis auf das *gesamte* Sortiment des Unternehmens, auf eine *besondere Spezialisierung* unter Verzicht auf ein breiteres Sortiment oder auch nur als Hinweis auf einen Teil des Sortiments verstanden werden. Letzteres ist – was bei der Feststellung der Verkehrsauffassung beachtet werden muss – im Wirtschaftsleben aus historischen oder praktischen Gründen wie dem Zwang zur Diversifikation und Verbreiterung des Angebots nicht selten der Fall (vgl BGH GRUR 01, 73, 76 – *Stich den Buben* mwN). Im Allgemeinen werden besondere Gründe für die Feststellung sprechen müssen, dass die Aufnahme einer Weinlagebezeichnung in den Firmennamen den Verkehr zu der Annahme veranlasst, die Lage stehe im Alleinbesitz des Unternehmens und Weine aus derselben Lage würden von anderen Unternehmen nicht vermarktet. Auf die mit der Ausgestaltung des Firmennamens etwa verfolgte Absicht des Unternehmensinhabers kommt es für sich allein nicht an (BGH aaO – *Stich den Buben*).

632 **Werk:** Weist mit Ausnahme des Bereichs der Urproduktion („Betonwerk", „Kalksteinwerk", „Sägewerk") auf Fabrikunternehmen hin, das nach seiner Größe den Durchschnitt der Branche in dem in Betracht kommenden räumlichen Bereich überragt (OLG Stuttgart BB 81, 1669, 1670; Köhler/*Bornkamm* § 5 Rn 5.42f: „Industrieller Großbetrieb"). Der Gebrauch des Plurals „Werke" setzt die Erfüllung weitergehender Anforderungen an Kapitaleinsatz, Beschäftigtenzahl und Leistungsfähigkeit voraus (GK/*Lindacher* § 5 Rn 957). Hinweise auf Sitz oder Anschrift einer Betriebsabteilung oder Fertigungsstätte („X GmbH, Werk Langenhagen") kennzeichnen im Allgemeinen nicht eine besondere Bedeutung oder Größe des Unternehmens.

633 **Winzer, Winzergenossenschaft:** „Winzer" weist auf Weinerzeugnisse aus eigenem Anbau hin. Die Verwendung in der Namensbezeichnung einer Winzergenossenschaft ist aber nicht irreführend, wenn die Mitglieder den Weinanbau selbst betreiben (BGH GRUR 01, 73, 74 – *Stich den Buben*).

634 **Winzerhaus:** Vermittelt nicht den Eindruck eines von einer Einzelperson betriebenen privaten Weinguts. Gebräuchlich für den einzelnen Winzer ist durchweg die Bezeichnung „Winzer" (BGH GRUR 01, 73, 74 – *Stich den Buben*).

635 **Zentrale, Zentrum:** Erwartet wird vom Publikum regelmäßig ein nach Unternehmensgröße, Sortimentsbreite und Angebotsvielfalt über dem Durchschnitt der Mitbewerber liegendes Unternehmen (BGH GRUR 77, 503, 504 – *Datenzentrale;* OLG Düsseldorf WRP 82, 224, 226 – *Handelszentrum;* OLG Koblenz WRP 90, 125 – *Bildungszentrum*). Geringere Anforderungen werden uU, je nach Branche, an Dienstleistungsunternehmen gestellt („Taxizentrale", „Mitfahrerzentrale"). Auch die Bezeichnung „Center" („Garten-Center", „Küchen-Center", „Fitness-Center") setzt eine gewisse Größe und Angebotsbreite voraus (vgl Rn 605), verlangt aber weniger als „Zentrale" oder „Zentrum" (vgl BGH GRUR 86, 903, 904 – *Küchen-Center;* OLG Karlsruhe WRP 85, 60; GK/*Lindacher* § 5 Rn 960). Bei dem Begriff „Zentrum" lässt sich bisher nicht im gleichen Maße wie beim Begriff „Center" ein Bedeutungswandel feststellen (BGH GRUR 12, 942 Rn 17 – *Neurologisch/Vaskuläres Zentrum*). Richtet eine Klinik eine Unterabteilung der Fachabteilungen für innere Medizin und für Frührehabilitation ein, die als „Neurologisch/Vaskuläres Zentrum" beworben wird, nimmt der Verkehr an, dass diese Unterabteilung besondere Bedeutung und damit auch eine jedenfalls über dem Durchschnitt hinausgehende Kompetenz, Ausstattung und Erfahrung hat (BGH GRUR 12, 942 Rn 19 – *Neurologisch/Vaskuläres Zentrum*). Unter „Westdeutsches Prostatazentrum" versteht der Verkehr einen Zusammenschluss mehrerer Fachärzte, die gemeinsam auf dem aktuellen Stand der Wissenschaft das gesamte Spektrum der Diagnose und Therapie von Prostataerkrankungen abdecken, über Geräte auf dem Stand der Technik verfügen, im Bedarfsfall institutionalisiert zusammenarbeiten und regional nach Patientenzahlen führend sind (OLG Köln WRP 08, 834 Ls).

b) Unternehmensbezogene Allein- oder Spitzenstellungsbehauptung

Literatur: *Cyrus,* Die Grenzen der Zulässigkeit einer Alleinstellungswerbung, GRUR 1961, 11; *Droste,* Wann sind Alleinstellungen unzulässig?, GRUR 1953, 16; *ders,* Grenzen der Superlativwerbung, DB 1954, 736; *Esser,* Beweislastverteilung und Beweiswürdigung in der Alleinstellungswerbung, WRP 1963, 43; *Frey,* Zur Alleinstellungswerbung, WRP 1962, 65; *Höfer,* Beweislast für die Richtigkeit von Alleinstellungswerbung, GRUR 1961, 461; *Joetze,* Die sogenannte Superlativreklame in der Dogmatik des Werberechts, 1962; *Pauly,* Zur Problematik der Alleinstellungswerbung unter besonderer Berücksichtigung von BGH WRP 96, 729 – Der meistverkaufte Europas, WRP 1997, 691; *Schmelz/Haertel,* Die Superlativreklame im UWG – Materielle und prozessuale Aspekte, WRP 2007, 127; *Spengler,* Alleinstellung in der Werbung, DB 1963, 574; *Tetzner,* Superlativreklame, JZ 1953, 205; *ders,* Superlativwerbung als vergleichende Werbung, NJW 1956, 1900.

aa) Bedeutung der Werbung. Mit der Behauptung einer Alleinstellung nimmt **636** der Werbende allgemein oder auch nur in bestimmter Hinsicht einen **Vorrang, dh** eine **Spitzenstellung** vor seinen Mitbewerbern auf dem Markt in Anspruch. Die **Alleinstellungsbehauptung** kann sich auf Qualität und Beschaffenheit des Angebots beziehen (Produktbezogene Alleinstellungswerbung, Rn 267), aber auch auf das Unternehmen, zB dessen Größe, Marktstellung, Umsatz oder Alter. Entscheidend ist, dass sie in der behaupteten Hinsicht jegliche **Gleichrangigkeit** der Mitbewerber **ausschließt.** Behauptet der Werbende keine Alleinstellung, wohl aber Zugehörigkeit zu einer **Spitzengruppe,** muss er zu den nachfolgenden Mitbewerbern einen *deutlichen* Abstand aufweisen (Rn 652). Ob einer Werbeaussage die Bedeutung einer Alleinstellungs- oder Spitzengruppenbehauptung zukommt, entscheidet die **Verkehrsauffassung,** dh die Sicht eines verständigen Durchschnittsverbrauchers (vgl § 2 Rn 107, 110 ff; BGH GRUR 02, 182, 184 – *Das Beste jeden Morgen*). Die Zulässigkeit einer Alleinstellungs-(Spitzenstellungs-)Behauptung setzt nach stRspr des BGH voraus, dass die Behauptung wahr ist, der Werbende einen deutlichen Vorsprung vor seinen Mitbewerbern vorzuweisen hat und der Vorsprung die Aussicht auf eine gewisse Stetigkeit bietet (Rn 643, 646; BGH GRUR 91, 580, 581 – *Spielzeug-Autorennbahn;* GRUR 96, 910, 911 – *Der meistverkaufte Europas;* GRUR 98, 608, 609 – *Die große deutsche Tages- und Wirtschaftszeitung;* BGH aaO S 183 – *Das Beste jeden Morgen;* GRUR 03, 800, 802 – *Schachcomputerkatalog;* GRUR 04, 786, 788 – *Größter Online-Dienst*).

Reklamehafte Übertreibungen, die der Verkehr ohne weiteres als nicht ernst **637** gemeint erkennt, bloße Werbesprüche (OLG Frankfurt NJWE-WettbR 97, 2: Die Ersten sollen die Besten sein; OLG Frankfurt NJW-RR 99, 770: Radio Diehl the best deal) oder Schlagworte, die schon als solche wirken und ohne weitere Sachaussage lediglich die Aufmerksamkeit des Publikums wecken sollen („einmalig", „optimal", „super") unterfallen mangels einer objektiv nachprüfbaren Angabe dem Irreführungsverbot nicht (vgl zB OGH Wien ÖBl 81, 119 – *Österreichs bestes Bier;* OLG Köln GRUR 83, 135, 136 – *König Pilsener:* Qualität in reinster Form). Gleiches gilt für eine Werbung mit bloßen **Werturteilen** ohne Tatsachenkern, zB in **Geschmacksfragen** (BGH GRUR 65, 363, 364 – *Fertigbrei:* „Mutti gibt mir immer nur das Beste" für ein Säuglingsnährmittel; GRUR 65, 365, 366 – *Lavamat II:* „Den und keinen anderen" für Waschautomaten; BGH GRUR 02, 182, 183 – *Das Beste jeden Morgen:* Werbung für ein Frühstücksprodukt aus Getreide), oder für sonstige nur allgemein gehaltene Werbeaussagen (KG GRUR 99, 1021, 1022: Beste Auswahl, beste Lage, beste Übersicht: Werbung für Immobilienteil einer Zeitung). Werbliche Äußerungen dieser Art sind durch subjektive Einschätzungen und Wertungen geprägt, die sich einer objektiven Nachprüfung weitestgehend entziehen. Sie sind keine Angaben im Sinne von § 5 (Rn 85 ff; vgl BGH aaO – *Fertigbrei*). Der Werbeslogan „Ich bin doch nicht blöd ..." ist eine umgangssprachlich verbreitete Redewendung, die auf die Preisgünstigkeit des Angebots aufmerksam machen soll, aber keine Spitzenstellung in Anspruch nimmt und vom Verkehr auch nicht so verstanden wird. (OLG Karlsruhe WRP 97, 865, 866).

638 Hinweise auf Größe und Bedeutung eines Unternehmens nimmt der Verkehr im Allgemeinen aber durchaus ernst (BGH GRUR 69, 415, 416 – *Kaffeerösterei*). Das gilt besonders dann, wenn es sich um **bekannte und seriöse Unternehmen** handelt oder die Art der Unternehmensbetätigung für den Verkehr die Richtigkeit der Werbeaussage belegt (BGH GRUR 63, 34, 35f – *Werkstatt und Betrieb*: "Größte deutsche Fach- bzw. Spezialzeitschrift ihrer Art für Maschinenbau und Fertigung"; GRUR 81, 910, 911 – *Der größte Biermarkt der Welt*; GRUR 85, 140, 141 – *Größtes Teppichhaus der Welt*; GRUR 04, 786, 788 – *Größter Online-Dienst*). Werbeaussagen dieser Art erschöpfen sich regelmäßig nicht in subjektiven Meinungsäußerungen, die sich einer objektiven Nachprüfung entziehen. Vielmehr entnimmt ihnen der Verkehr Informationen mit sachlichem Gehalt, insbesondere Hinweise auf die Leistungsfähigkeit des Werbenden.

639 Eine **irreführende Alleinstellungs- oder Spitzengruppenwerbung** fällt nicht unter § 6, auch wenn sie Mitbewerber, zB bei einem überschaubaren Markt mit nur wenigen Unternehmern erkennbar macht (§ 5 III Halbs 1). Im Allgemeinen nimmt der Werbende mit der Alleinstellungsbehauptung aber nur pauschal auf Mitbewerber Bezug, ohne dass dabei bestimmte einzelne von ihnen erkennbar werden. Unlauter nach § 6 kann die Alleinstellungswerbung allerdings dann sein, wenn durch sie, ohne den Tatbestand des § 5 zu erfüllen, bestimmte, dem Verkehr erkennbar gemachte Mitbewerber herabgesetzt oder verunglimpft werden (vgl § 6 II Nr 5).

640 **bb) Aussageformen.** Mittel zur Behauptung der Spitzenstellung ist häufig der **Superlativ** ("Der beste", "Der größte", "Der leistungsfähigste", "Der Gründlichste" usw; BGH GRUR 85, 140, 141 – *Größtes Teppichhaus der Welt*; GRUR 04, 786, 788 – *Größter Online-Dienst;* OLG Hamburg GRUR-RR 05, 286, 287 – *Die gründlichste Rasur;* OLG Celle WRP 08, 1484), aber auch der **Komparativ,** wenn er eine Spitzenstellung zum Ausdruck bringt (BGH GRUR 73, 78, 80 – *Verbraucherverband:* "Fa. X bietet bessere Produkte"), uU auch der **Positiv** ("Das Erste", "Die Nr 1", BGH GRUR 92, 404, 405f – *Systemunterschiede:* "Die Nr 1 auf dem Gebiet der (Spielzeug-)Autorennbahnen"; OLG Celle WRP 08, 1484; dagegen mit Possessivpronomen als Werturteil, OLG Bremen GRUR-RR 11, 147 – *Meine Nr 1*) und der bestimmte Artikel (BGH GRUR 71, 365, 366 – *Wörterbuch:* "Das große deutsche Wörterbuch"; GRUR 82, 111, 114 – *Original Maraschino:* "Der Original Maraska-Geist"; GRUR 83, 779, 780 – *Schuhmarkt:* "Der große Schuh-Markt Essen"; GRUR 98, 951, 952 – *Die große deutsche Tages- und Wirtschaftszeitung*). Ausdrucksformen wie **"allein"** oder **"nur"** sind in gleicher Weise geeignet, den Eindruck einer Alleinstellung zu vermitteln (vgl BGH GRUR 05, 176, 177 – *"Nur bei Lotto":* Lottoblock als einziger Anbieter von Oddset-Wetten [mit festen Gewinnquoten]). Die jeweilige Aussageform ist aber nicht isoliert zu betrachten. Entscheidend sind **Gesamtbild und Kontext** der Werbung. So kann, wenn dem Superlativ ein Artikel nicht vorangestellt ist ("Beste Ware"), eine Alleinstellungswerbung entfallen, weil insoweit nur hervorragende Qualität, aber keine Spitzenstellung in Anspruch genommen wird. Eine für die breite Öffentlichkeit bestimmte Werbung, die nach ihrem Wortsinn eine Allein- oder Spitzenstellung beansprucht, wird gewöhnlich auch von einem erheblichen Teil der angesprochenen Verkehrskreise entsprechend diesem Wortsinn verstanden (BGH GRUR 12, 1053 Rn 22 – *Marktführer Sport*).

641 Soll **der bestimmte Artikel** vom Verkehr als Hinweis auf eine Spitzenstellung verstanden werden, bedarf es des Vorliegens besonderer Umstände, die erkennen lassen, dass der Akzent auf dem Artikel liegt. Solche Umstände können insbesondere in der Verwendung des bestimmten Artikels mit einem Adjektiv oder Substantiv von empfehlender Bedeutung liegen (BGH aaO – *Wörterbuch;* GK/*Lindacher* § 5 Rn 211). Auch **geographische Bezugsgrößen** werden zur Behauptung einer Spitzenstellung

Irreführende geschäftliche Handlungen **§ 5 UWG**

herangezogen (vgl BGH GRUR 57, 600 – *Westfalenblatt I:* „Bielefelds große Tageszeitung"; GRUR 71, 365 – *Wörterbuch:* „Das große deutsche Wörterbuch"; GRUR 83, 779 – *Schuhmarkt:* „Der große Schuhmarkt Essen"; OLG Hamm GRUR-RR 03, 289: „Tauchschule Dortmund"; OLG Stuttgart NJW 06, 2273: „Bodenseekanzlei"; zw). Entscheidend sind die Einzelumstände. Die Inanspruchnahme einer Alleinstellung kann entfallen, wenn der bestimmte Artikel klein gestaltet ist und optisch zurücktritt (OLG Stuttgart WRP 93, 535, 536 – *Der Brillenladen*).

Bei Verwendung des **negativen Komparativs** („Es gibt keinen besseren ...") **642** nimmt der Werbende nach wörtlichem Sprachverständnis keine Alleinstellung, sondern nur eine Spitzen*gruppen*stellung in Anspruch, ohne das Vorhandensein gleichwertiger Konkurrenzprodukte in Abrede zu stellen (vgl BGH GRUR 70, 425, 426 – *Melitta-Kaffee*). Der Verkehr kann eine solche Aussage aber auch als Alleinstellung auffassen, was Tatfrage ist (OLG Hamburg WRP 77, 811, 813: „Es gibt kein besseres Bier"; OLG Düsseldorf WRP 77, 26, 27: „Weit und breit nichts Besseres"; OLG Hamm GRUR 79, 556: „Wo wäre das Pelzunternehmen, das ein größeres Pelzangebot präsentiert ... Nirgends in der Welt"). Eine Alleinstellungsbehauptung kann sich ferner aus dem **Sinngehalt** der Werbung durch eine blickfangartige oder sonst besondere Herausstellung oder Betonung ergeben, durch **schlagwortartige Verwendung** einzelner Worte (BGH GRUR 75, 141, 142 – *Unschlagbar*; OLG Frankfurt GRUR 79, 325, 326 – *Der Erfolgreiche*) oder durch Herstellung eines geographischen Bezugs, der den Eindruck vermittelt, dass dem werbenden Unternehmen in dem genannten Gebiet oder Ort eine Spitzenstellung vor allen anderen Mitbewerbern zukommt (BGH GRUR 64, 314, 315 – *Kiesbaggerei Rinteln;* GRUR 68, 702, 703 – *Hamburger Volksbank;* GRUR 72, 129, 130 – *Der meistgekaufte der Welt:* Bedeutet Alleinstellung auch im Inland (aber obsolet seit BGH GRUR 96, 910 – *Der meistverkaufte Europas;* GRUR 75, 380, 381 – *Die Oberhessische*).

Bei der Verwendung von **Bezeichnungen wie „deutsch", „europäisch", 643 „euro ...",** geht der Verkehr angesichts der Häufigkeit solcher im Wirtschaftsleben gebrauchter Zusätze oder Firmenbestandteile heute nicht mehr von einer Alleinstellung oder Spitzengruppenzugehörigkeit des werbenden Unternehmens aus. Die Verkehrserwartung beschränkt sich in diesen Fällen auf ein Unternehmen, das nach **Größe, Bedeutung und Marktstellung** den Anforderungen des deutschen bzw. des europäischen Marktes entspricht (BGHZ 53, 339, 343 = GRUR 70, 461, 463 – *Euro-Spirituosen;* GRUR 78, 251, 252 – *Euro-Sport;* GRUR 82, 239, 240 – *Allgemeine Deutsche Steuerberatungsgesellschaft;* GRUR 87, 638, 639 – *Deutsche Heilpraktiker;* sa Rn 610f). Eine Spitzenstellung allein in Deutschland belegt eine Spitzenstellung in Europa nicht (BGH GRUR 04, 786, 788 – *Größter Online-Dienst*).

Die Bezeichnung als **„Marktführer"** wird vom Verkehr dahin verstanden, dass **644** das Unternehmen unter allen Marktteilnehmern den größten Marktanteil im Sinne des größten Umsatzes einnimmt (BGH GRUR 12, 1053 Rn 23 – *Marktführer Sport*). Bei dem Verständnis des für die Spitzenstellung maßgeblichen Vergleichsmarkts wird der durchschnittlich verständige Verkehrsteilnehmer erfahrungsgemäß die übrigen Marktteilnehmer nur insoweit in Betracht ziehen, als sie ihm vergleichbar erscheinen (BGH GRUR 12, 1053 Rn 25 – *Marktführerschaft Sport*). Ob ein Zusammenschluss von Einzelunternehmen vom Verkehr als wirtschaftliche Einheit angesehen wird, hängt davon ab, wie die einzelnen Unternehmen dem Verkehr auf dem Markt tatsächlich entgegengetreten (BGH GRUR 12, 1053 Rn 28ff – *Marktführer Sport*).

Die Behauptung einer **Weltstellung, Weltbekanntheit** oder eines Weltrufs setzt **645** das Bestehen einer globalen Wertschätzung und eines entsprechenden geschäftlichen Erfolgs im Sinne einer weltweiten Spitzenstellung voraus. Bekanntheit und guter Ruf in allen Ländern der Erde ist dafür nicht erforderlich. Notwendig ist aber eine die Annahme einer weltweiten Spitzenstellung rechtfertigende Geschäftstätigkeit von **längerer Dauer und Stetigkeit** in zahlreichen europäischen und außereuropäischen Ländern (BGH GRUR 72, 129, 130 – *Der meistgekaufte der Welt*, m Anm v *Falck*

GRUR 81, 910, 911 – *Der größte Biermarkt der Welt*, zu § 4 II Nr 4 WZG; OLG Karlsruhe WRP 84, 635, 636), nicht aber notwendigerweise auch auf dem Inlandsmarkt (BGH GRUR 96, 910, 912 – *Der meistverkaufte Europas*).

646 cc) **Zulässigkeit.** Eine Alleinstellungswerbung ist nach den allgemeinen Beurteilungsgrundsätzen des § 5 **zulässig, wenn sie wahr ist** und nicht die Wirkung einer unrichtigen Angabe ausübt (Rn 105; BGH GRUR 91, 850, 851 – *Spielzeug-Autorennbahn*), der Werbende einen deutlichen Vorsprung vor seinen Mitbewerbern aufweist und der Vorsprung Aussicht auf eine gewisse Stetigkeit bietet (Rn 636). Es muss sich dabei um inhaltlich nachprüfbare Aussagen über geschäftliche Verhältnisse handeln. Reklamehafte Übertreibungen und bloße Werturteile sind keine relevanten Angaben iS von § 5 (Rn 87, 636). Entscheidend ist der **Sinngehalt,** der der Werbeaussage im Einzelfall nach der Auffassung des angesprochenen Verkehrs zukommt. Für die behauptete Größe eines Unternehmens sind vielfach **mehrere Faktoren** bestimmend. In diesen Fällen ist die Werbung irreführend, wenn die Erwartung des Verkehrs insoweit auch nur teilweise enttäuscht wird. Geht es um die Größe eines Unternehmens, kommt es darauf an, dass dieses seine Mitbewerber nach Umsatz und Produktion, bei Handelsbetrieben nach Umsatz und Breite des Angebots deutlich überragt, je nach Branche nach weiteren Kriterien wie Zahl der Beschäftigten, Art und Umfang der Präsentation oder räumlicher Ausdehnung. So bemisst sich die Größe eines Online-Dienstleistungsunternehmens aus der Sicht des Verkehrs nicht allein und maßgeblich nach der Anzahl der Kunden, sondern namentlich auch nach dem Umfang der in Anspruch genommenen Dienste (BGH GRUR 04, 786, 788 – *Größter Online-Dienst*).

647 Wird eine **Alleinstellung nur in einer bestimmten Hinsicht** behauptet, ist die Werbeaussage gleichwohl irreführend, wenn die Beschränkung der Alleinstellung insoweit nicht dem Sinngehalt der Aussage entspricht, wenn sie in einem weitergehenden Sinne verstanden wird oder mehrdeutig ist (BGH GRUR 63, 34, 36 – *Werkstatt und Betrieb*; GRUR 70, 425, 426 – *Melitta-Kaffee*). Die Behauptung, in Europa Marktführer in einem bestimmten Marktsegment zu sein, ist – wenn die Aussage für Europa insgesamt zutrifft – nicht deshalb irreführend, weil die Spitzenstellung nicht zugleich auch auf dem deutschen Markt erreicht wird (BGH GRUR 96, 910, 911 – *Der meistverkaufte Europas*).

648 Die Verwendung eines beschreibenden Begriffs als **Domain-Name** ist wettbewerbsrechtlich auch unter dem Gesichtspunkt der Irreführung nicht ohne weiteres zu beanstanden (BGH GRUR 01, 1061, 1062 f – *mitwohnzentrale.de*). Entnimmt aber der Internet-Nutzer dem Domain-Namen, dass der Verwender der Einzige oder doch der größte Anbieter von Waren oder Leistungen in dem von dem beschreibenden Begriff erfassten Bereich ist, so dass sich eine Suche nach anderen Anbietern nicht lohnt, kann in der Verwendung des beschreibenden Begriffs eine nach § 5 unzulässige Behauptung einer Alleinstellung liegen (Rn 646; BGH aaO – *mitwohnzentrale.de*). Keine Alleinstellung wird mit dem Gebrauch den Internet-Domains „rechtsanwaelte-notar.de" (BGH NJW 03, 504, 505 – *rechtsanwaelte-notar.de*), „presserecht.de" (BGHZ 153, 61, 68 = NJW 03, 662) oder „steuerberater-suedniedersachsen.de" (BGH GRUR-RR 11, 7 Rn 7 – *steuerberater-suedniedersachsen.de*) in Anspruch genommen.

649 Für Größe und Marktstellung von Zeitungs- und Zeitschriftenverlagen ist die Auflagenhöhe von entscheidender Bedeutung (Rn 601). Eine Alleinstellungswerbung auf dem Anzeigenmarkt, die mit den Zahlen der Druckauflage arbeitet, ist aber irreführend, wenn die verbreitete Auflage (verkaufte Auflage zuzüglich Freistücke und Werbeexemplare), auf die es dem Anzeigenmarkt ankommt, die Alleinstellungsbehauptung nicht rechtfertigt (vgl Rn 674; OLG Hamm GRUR 73, 420, 421; WRP 91, 328, 329). Bei Fachzeitschriften ist es die Anzahl der Bezieher ein maßgebender Faktor (BGH GRUR 63, 34, 35 f – *Werkstatt und Betrieb*).

650 Der Verkehr erwartet, dass der Werbende in der Hinsicht, in der die Spitzenstellung behauptet wird, einen **deutlichen Vorsprung** gegenüber seinen Mitbewerbern

Irreführende geschäftliche Handlungen **§ 5 UWG**

vorzuweisen hat, und dass dieser Vorsprung Aussicht auf eine gewisse **Stetigkeit** bietet (Rn 636; BGH GRUR 91, 850, 851 – *Spielzeug-Autorennbahn;* GRUR 96, 910, 911 – *Der meistverkaufte Europas;* GRUR 02, 182, 184 – *Das Beste jeden Morgen;* GRUR 03, 800, 802 – *Schachcomputerkatalog;* GRUR 04, 786, 788 – *Größter Online-Dienst*). Ein nur geringfügiger Vorsprung oder ein jederzeit möglicher Wegfall der Spitzenstellung trägt die Alleinstellungsbehauptung nicht. Erforderlich ist eine nach Umfang und Dauer *erhebliche* Sonderstellung (BGH GRUR 91, 680, 681 f – *Porzellanmanufaktur;* BGH aaO – *Spielzeug-Autorennbahn,* stRspr; zw Köhler/Bornkamm § 5 Rn 5.73; GK/*Lindacher* § 5 Rn 910).

Die Inanspruchnahme einer Spitzenstellung erfordert, dass der Markt, für den die 651 Alleinstellung behauptet wird, **abgrenzbar** ist und die ihm zuzuordnenden Waren **vergleichbar** sind. **Systemunterschiede** können daher der Inanspruchnahme der Spitzenstellung entgegenstehen, sofern die beworbenen Waren systemimmanent besondere Vorzüge einer Konkurrenzware nicht aufweisen. Unerheblich sind Systemunterschiede aber dann, wenn sie dem Verkehr nicht oder nur wenig bedeutsam erscheinen und gegenüber anderen Eigenschaften oder Vorzügen der mit einer Alleinstellungsaussage beworbenen Waren zurücktreten (BGH GRUR 92, 404, 406 – *Systemunterschiede*).

dd) Spitzengruppenwerbung. Nimmt der Werbende – wie nicht selten in den 652 Fällen der negativen Komparativwerbung (Rn 642) – keine *Allein*stellung, sondern nur eine Spitzen*gruppen*stellung in Anspruch, gelten die Grundsätze für die Alleinstellungswerbung entsprechend. Erforderlich ist in diesen Fällen die Zugehörigkeit zu einer für den Verkehr erkennbaren und bestimmbaren Spitzengruppe (BGH GRUR 69, 415, 416 – *Kaffeerösterei:* „Eine der größten Kaffeeröstereien Europas"). Dafür genügt es aber nicht, zusammen mit anderen Wettbewerbern im oberen Bereich der Rangfolge hinter dem Marktführer einen Platz einzunehmen. Erforderlich ist die Zugehörigkeit zur Spitzengruppe mit deutlichem Abstand zu nachfolgenden Mitbewerbern. Eine Beschränkung der Spitzengruppe auf eine bestimmte Preisklasse ist möglich, muss aber hinreichend deutlich gemacht werden (Rn 648; BGH aaO – *Feldstecher*). Enthält eine Werbung (lediglich) die Behauptung, mit den angebotenen Produkten zur Spitzenklasse auf dem einschlägigen Warengebiet zu gehören, entfällt der Tatbestand des § 5, wenn die Waren nach Qualität und Güte zwar nicht unerreichbar sind, aber im Vergleich mit entsprechenden Produkten anderer Hersteller durchaus zu den besten ihrer Art zählen (BGH GRUR 02, 182, 184 – *Das Beste jeden Morgen*). Die Werbeaussage, in einem Test „als eines von nur drei Instituten" das Urteil „GUT" erhalten zu haben und „damit zu den Testsiegern" zu gehören, wird von dem verständigen Verbraucher nicht ohne Weiteres als Behauptung einer absoluten Spitzenstellung aufgefasst (OLG Köln GRUR-RR 09, 73).

ee) Beweislast. Die **Darlegungs- und Beweislast** dafür, dass die Alleinstel- 653 lungs-(Spitzenstellungs-)Behauptung unrichtig ist und dem Verkehrsverständnis widerspricht, trägt grundsätzlich der die Werbeangabe beanstandende **Kläger** (BGH GRUR 73, 594, 596 – *Ski-Sicherheitsbindung;* GRUR 85, 140, 142 – *Größtes Teppichhaus der Welt*). Dieser Grundsatz bedarf jedoch einer differenzierenden Betrachtung, die bis zur Beweislastumkehr führen kann, wenn einerseits der Kläger, dem die innerbetrieblichen Verhältnisse des Beklagten nicht bekannt sind, in erheblichen **Beweisschwierigkeiten** steckt und es andererseits dem Beklagten, der sich einer Spitzenstellung berühmt, nach Treu und Glauben (§ 242 BGB) **zugemutet** werden kann, die Richtigkeit seiner Behauptung darzulegen und zu beweisen. Regelmäßig dürfte in diesen Fällen die Frage der Zumutbarkeit zu Lasten des Beklagten zu beantworten sein, weil er es ist, der mit der behaupteten Alleinstellung die geschäftlichen Verhältnisse der Mitbewerber in seine Werbung einbezogen hat und ohne weiteres in der Lage erscheint, zur Aufklärung beizutragen, wenn er nicht die Alleinstellungsbehauptung ins Blaue hinein aufgestellt hat (BGH aaO – *Ski-Sicherheitsbindung;* GRUR 78,

UWG § 5 Gesetz gegen den unlauteren Wettbewerb

249, 250 – *Kreditvermittlung;* GRUR 83, 779, 780f – *Schuhmarkt;* BGH aaO – *Größtes Teppichhaus der Welt;* GRUR 10, 352 Rn 22 – *Hier spiegelt sich Erfahrung;* OLG Hamburg GRUR-RR 07, 369, 370 – *Der beste Preis der Stadt;* Köhler/Bornkamm § 5 Rn 2.155). **Anders** ist dieses allerdings zB, wenn sich eine Spitzenstellungswerbung auf die Erfahrung von Mitarbeitern bezieht, die zuvor beim Kläger beschäftigt waren, sodass es dem Kläger ohne Weiteres möglich ist, gegebenenfalls eine mangelnde fachliche Qualifikation dieser Mitarbeiter darzulegen und zu beweisen (BGH GRUR 10, 352 Rn 22 – *Hier spiegelt sich Erfahrung*).

654 **c) Alterswerbung (Traditionswerbung).** Alter und **langjährige Geschäftstradition** vermitteln dem Publikum den Eindruck von Solidität, Leistungsfähigkeit, Zuverlässigkeit, Erfahrung und Wertschätzung. Derartige Vorzüge kommen einem jüngeren Unternehmen in den Augen des Verkehrs nicht ohne weiteres zu. Angaben über Alter und Gründungsjahr sind daher in aller Regel geeignet, das so beworbene Angebot qualitativ als besonders positiv erscheinen zu lassen. Altersangaben sind deshalb für die Entschließung des Verbrauchers in aller Regel von erheblicher Relevanz (BGH GRUR 03, 628, 629 – *Klosterbrauerei;* OLG Dresden GRUR 98, 171, 172 – *Seit 1460*). Ohne Relevanz ist es dagegen, wenn in der Werbung ein geringeres als das tatsächliche Alter angegeben wird (OLG Hamm GRUR-RR 12, 293, 296 – *Geburtstags-Rabatt*). Sind die Angaben zutreffend, bestehen gegen die Zulässigkeit der Alterswerbung keine Bedenken (BGH GRUR 60, 563, 565 – *Sektwerbung;* GRUR 81, 69, 70 – *Alterswerbung für Filialen;* GRUR 91, 680, 681 f – *Porzellanmanufaktur*). Die Altersangabe bezieht sich im Allgemeinen auf das Unternehmen (dessen wirtschaftliche Fortdauer), kann aber auch im Einzelfall allein auf den Firmennamen bezogen sein. Wird zum Ausdruck gebracht, dass die spezialisierten Mitarbeiter zusammengenommen über eine Erfahrung von einhundet Jahren verfügen, muss dadurch nicht der Eindruck entstehen, dass das Unternehmen seit einhundert Jahren besteht (BGH GRUR 10, 352 Rn 13 – *Hier spiegelt sich Erfahrung*).

655 Für die Beurteilung der Alterswerbung unter dem Gesichtspunkt der Irreführung sind die Gesamtumstände maßgebend, dh der Gesamteindruck, den die Werbung vermittelt, und die Bedeutung der Altersangabe für das Publikum mit Blick auf die angebotene Ware (BGH aaO – *Sektwerbung*). Eine zulässige Werbung mit dem Gründungsjahr (dem Alter eines Unternehmens) verlangt **wirtschaftlichen Fortbestand** (Kontinuität der Unternehmensführung) während der fraglichen Zeit. Bloße Namenskontinuität reicht dafür nicht aus. Erforderlich ist vielmehr, dass das werbende Unternehmen wirtschaftlich dem Unternehmen entspricht, auf das sich das angegebene Gründungsjahr bzw das behauptete Alter bezieht (OLG Köln WRP 96, 328, 329). Erweiterungen des Geschäftsbetriebs oder Modernisierung der Produktionsvorgänge im Zuge der Entwicklung der Technik, die sich bei Wahrung des Geschäftscharakters im Rahmen einer organischen Unternehmensentwicklung halten, unterbrechen die Geschäftstradition nicht. Ist die wirtschaftliche Identität des Unternehmens die gleiche geblieben, sind Inhaberwechsel, Rechtsnachfolge, Änderungen des Firmennamens oder der Rechtsform unerheblich (OLG Dresden GRUR 98, 171, 172f – *Seit 1460;* OLG Hamm GRUR-RR 12, 293, 295 – *Geburtstagsrabatt*). Eine Buchstabenfolge als Kürzel für eine Anwaltssozietät ist allerdings irreführend, wenn die ursprüngliche Sozietät nach völligem Wechsel der Gesellschafter nicht mehr fortgesetzt wird (OLG Hamm GRUR-RR 09, 429 – *Kanzleikürzel*). Krieg, Flucht und Vertreibung berühren die Unternehmenskontinuität nicht, wenn die durch Ereignisse dieser Art unterbrochene Geschäftstätigkeit nach Beendigung der Zwangspause wieder aufgenommen wird. Nach der Flucht im April 1950 aus der DDR hat das Unternehmen Käthe Kruse seine Puppenproduktion in der Bundesrepublik Deutschland fortgesetzt, während dies bei dem in der DDR enteigneten Betrieb (bewusst) nicht der Fall war, so dass sich letzteres nach der Wiedervereinigung auf eine Käthe-Kruse-Geschäftstradition auch nicht berufen konnte (OLG München NJWE-WettbR 99, 52, 53 f).

Einzelfälle: Irreführend ist die Verwendung des (an sich zutreffenden) Gründungsjahres bei wesentlicher Produktionsveränderung (BGH GRUR 60, 563, 565 – *Sektwerbung;* GRUR 61, 485, 487 – *Fleischereimaschinen*). 656

Gegen § 5 verstößt die Verwendung von Lebensdaten und Bildnis des Unternehmensgründers in der Werbung für erst später in die Produktion aufgenommene Waren (GRUR 62, 310, 312 – *Gründerbildnis*). 657

Unzulässig (§ 5) ist eine bildlich gestaltete Alterswerbung für Bier, die den unzutreffenden Eindruck einer jahrhundertealten Brautradition erweckt (OLG Köln, WRP 79, 751 – *Kölsch*). 658

Bei späterer Übernahme einer Filialkette darf das Stammhaus für diese Filialen nicht mit seinem Gründungsjahr werben, da andernfalls die Verkehrserwartung hinsichtlich einer kontinuierlichen Entwicklung der Filialen aus dem Stammhaus enttäuscht würde (BGH GRUR 81, 69, 70 f – *Alterswerbung für Filialen:* Übernahme einer Filialkette mit über 40 Filialen mehr als 100 Jahre nach Unternehmensgründung). 659

Ist eine Braustätte erst 1954 von einem Familienmitglied des früheren Königshauses Wittelsbach erworben worden, ist die Werbung für das aus dieser Braustätte stammende Bier mit der Bezeichnung „Königl.-Bayer. Weisse" unzulässig, weil sie den Eindruck eine lange Zeit zurückreichenden Brautradition erweckt (BGH GRUR 92, 66, 67 f – *Königl.-Bayer. Weisse*). 660

Zutreffende Altersangaben rechtfertigen auch eine superlative Alterswerbung. Wird aber damit zugleich eine Spitzenstellung hinsichtlich Tradition und Erfahrung gegenüber der Konkurrenz behauptet, reicht es zur Rechtfertigung der Behauptung, die „älteste Porzellanmanufaktur" in Westdeutschland zu sein, nicht aus, dass das werbende Unternehmen im 18. Jahrhundert nur zehn Monate vor dem nächstältesten Mitbewerber gegründet wurde (BGH GRUR 91, 680, 681 f – *Porzellanmanufaktur*). 661

Eine kontinuierliche Unternehmensentwicklung rechtfertigt die Alters- und Traditionswerbung auch dann, wenn das Unternehmen um Jahrhunderte zurückreicht, sofern sich nur seine Existenz durch die Jahrhunderte auch belegen lässt (OLG Dresden GRUR 98, 171, 172 f – *Seit 1460*). 662

d) Bezugsart, Bezugsquelle

Literatur: *Gröner/Köhler,* Der SB-Großhandel zwischen Rechtszwang und Wettbewerb 1986; *Hereth,* Großhandel und Wettbewerbsrecht, WRP 1989, 352; *Lindemann/Bauer,* Fabrikverkauf, Lagerverkauf, Hersteller-Direkt-Verkauf und Factory-Outlet – Werbung am Rande der Legalität, WRP 2004, 45; *Schricker/Lehmann,* Der Selbstbedienungsgroßhandel, 2. Aufl, 1987; *Weyhenmeyer,* Der wettbewerbsrechtliche Großhandelsbegriff, WRP 1988, 141.

Mit **„Bezugsart"** ist (ua) der **Bezugsweg** gemeint, das Wie des Warenbezugs, mit **„Bezugsquelle"** die **Warenherkunft** (hier ohne die vom Gesetz besonders erfassten Fälle der geographischen und betrieblichen Herkunft). 663

Eine Irreführung über die Bezugsart kann bestehen (beispielsweise) in der Irreführung über die **Preiswürdigkeit** der Ware, über deren Frische oder über den Warenweg („Direktverkauf", „ohne Zwischenhandel", „Direktimport", „Schnelltransport", „Fabrikauslieferungslager" bei Einschaltung von Zwischenhändlern oder Vertretern; OLG Köln GRUR 62, 363; *v Gamm* Kap 37 Rn 272 ff). Irreführend ist die Bewerbung einer Ware zum Hersteller- oder Großhändlerpreis, wenn die darauf beruhende Erwartung des Verkehrs, die Ware werde zu diesem Preis auch abgegeben, enttäuscht wird. Herstellerpreis ist der Preis, den der Hersteller dem Großhändler (Wiederverkäufer) berechnet. Es ist dessen Einkaufspreis (Rn 502). **Großhandelspreis** ist der Preis, den der Großhändler dem Einzelhändler in Rechnung stellt (vgl Rn 510). Direktkäufe von Hersteller, Großhändler und Wiederverkäufer an den Letztverbraucher sind wettbewerbsrechtlich ohne weiteres zulässig. Jedoch muss dabei eine Irreführung des Letztverbrauchers vermieden werden, der die Möglichkeit eines Warenbezugs direkt vom 664

Hersteller oder Großhändler erfahrungsgemäß häufig als Chance versteht, unter Einsparung der Handelsspanne des Groß- bzw Einzelhändlers preisgünstig einkaufen zu können (BGHZ 50, 169, 172 = GRUR 68, 595, 598 – *Wiederverkäufer;* WRP 96, 1102, 1104 – *Großimporteur;* GRUR 05, 442, 443 – *Direkt ab Werk*).

665 Über die **Bezugsquelle** täuscht, wer den umworbenen Verbraucher über den **gewerblichen Charakter** des Angebots im Unklaren lässt. Angebote Privater erscheinen häufig preisgünstiger oder verhandelbarer als Angebote von Gewerbetreibenden. Der Unternehmer muss deshalb den geschäftlichen Charakter einer Insertion oder einer sonstigen Ankündigung deutlich machen, wenn die Werbung nicht irreführen soll. Nichtssagende Namen, Chiffren oder Telefonanzeigen sprechen ohne Hinweis auf Händler- oder Maklereigenschaft für ein Privatangebot (BGH GRUR 87, 748, 749 – *Getarnte Werbung II;* GK/*Lindacher* § 5 Rn 769).

666 Ob **Abkürzungen** hinreichend deutlich verständlich sind, ist Frage des Einzelfalls. „Fa." (Firma) dürfte im Kontext einer Ankündigung eine Irreführung im Allgemeinen ausschließen (vgl OLG Hamm GRUR 84, 885; KG NJW-RR 88, 878). Zweifelhaft bei „Gew." (= Gewerblich) und „Hdl." (= Händler), wenn nicht die Umstände aufklären (OLG Frankfurt WRP 79, 468, 469; OLG Hamm GRUR 84, 60; OLG Stuttgart WRP 90, 847, 849). Unerheblich ist, ob sich ein Angebot aus privater Hand von dem gewerblichen Angebot sachlich unterscheidet.

667 Wird der **gewerbliche Charakter** des Angebots deutlich gemacht, bedarf es der Firmenbezeichnung oder der Kennzeichnung der Art des Gewerbes (zB Immobilienfirma) im Einzelnen nicht (BGH GRUR 93, 760 – *Provisionsfreies Maklerangebot*). Bei Verkäufen, die mit dem Gewerbe des Verkäufers in keinem sachlichen Zusammenhang stehen, ist ein Hinweis auf dessen berufliche oder gewerbliche Tätigkeit im Allgemeinen nicht erforderlich (BGH GRUR 93, 761, 762 – *Makler-Privatangebot*).

668 **e) Mitarbeiter. aa) Irreführung über den Mitarbeiterstamm.** Irreführend sind unzutreffende Angaben über die Anzahl der Mitarbeiter. Derartige Angaben täuschen eine Bedeutung des Unternehmens vor, die diesem nicht zukommt.

669 Nichtständige Mitarbeiter dürfen nicht als ständige Mitarbeiter bezeichnet werden. Wird eine Mitarbeit von Personen werbend herausgestellt, die sich nur zu gelegentlicher Mitarbeit bereit erklärt haben und auch nur in diesem Umfang tätig sind, verstößt die Werbung gegen § 5 (BGH GRUR 61, 356, 358 – *Pressedienst*). In gleicher Weise täuschend ist die Werbung einer Anwaltskanzlei über deren Größe und Leistungsfähigkeit anlässlich der Vorstellung eines „neuen Kollegen" als Mitarbeiter, wenn dieser nicht als Sozius oder anwaltlicher Mitarbeiter in die Anwaltsgemeinschaft eingebunden ist, sondern lediglich als freier Mitarbeiter bei Bedarf von Fall zu Fall auf Anfrage für bestimmte Tätigkeiten zur Verfügung steht (BGH GRUR 91, 917, 921 – *Anwaltswerbung*).

670 **bb) Irreführung über Fachkenntnisse von Mitarbeitern.** Irreführend ist die Werbeaussage, über Facharbeiter zu verfügen, wenn es sich nur um (ungelernte) Arbeiter ohne solche Fachkenntnisse handelt. Ebenso verstößt die Werbung, die auf **besondere Fachkenntnisse**, Ausbildung, Erfahrung und Know-how von Mitarbeitern abstellt, gegen § 5, wenn der Kenntnisstand der Mitarbeiter nicht durch **Fortbildungskurse** und ähnliche Maßnahmen auf dem laufenden gehalten wird (OLG Karlsruhe WRP 80, 574, 575).

671 **cc) Irreführung über die Verwendung von Fremdpersonal und Subunternehmern.** Arbeitet ein Einzelhändler mit Fremdpersonal, das ihm von dritter Seite (zB vom Hersteller) zur Verfügung gestellt wird, kann darin nicht nur eine wettbewerbswidrige Absatzstörung zum Nachteil der Mitbewerber liegen, sondern auch eine **Irreführung der eigenen Kunden**, wenn er darauf nicht hinweist (OLG Köln BB 71, 1118, 1120; OLG Nürnberg WRP 85, 447, 448; *Baumbach/Hefermehl,* 22. Aufl, § 1 Rn 218; § 3 Rn 426).

Irreführende geschäftliche Handlungen **§ 5 UWG**

Bei der Werbung für Bauaufträge muss der beabsichtigte Einsatz von Subunternehmern als ein für die Auftragsvergabe relevanter Umstand kenntlich gemacht werden. Die Werbeangabe „Übernahme sämtlicher Handwerksleistungen – Beratung, Planung, Ausführung" ist irreführend, wenn der Werbende mangels Eingetragenseins in die Handwerksrolle Subunternehmer einschalten muss (OLG Stuttgart WRP 88, 563, 564). Spätere Aufklärung darüber beseitigt die Irreführung nicht (Rn 106, 204 f, 212). **672**

f) Irreführung über gewerbliche Leistungen, Einzelfälle

Literatur: *Ahrens,* Zur irreführenden Werbung mit Werbeträgerdaten, AfP 1973, 468; *ders,* Die Veröffentlichung vergleichender Werbeträgeranalysen, 1974; *ders,* Wettbewerbsrechtliche Aspekte der Werbung mit Werbeträgeranalysen, WRP 1974, 521; *Funck,* Nochmals: Die Werbung für die Vermittlung von Krediten, WRP 1981, 366; *Gröning,* Der hässliche Makler – ein Feindbild im Wettbewerbsrecht? Betrachtungen zur Rechtsprechung des Kammergerichts, WRP 1993, 303; *Kaligin,* Wettbewerbsrechtliche Schranken bei der Werbung für steuerbegünstigte Kapitalanlagen, WRP 1984, 189; *Ochs,* Die Werbung mit Reichweiten – Zur Anzeigenwerbung für Fachzeitschriften mit Leseranalysen, WRP 1976, 11; *Seeberger,* Die Werbung unter Verwendung des Begriffs „Steuervorteil", WRP 1983, 326; *Wingbermühle,* Der annoncierende Makler mit Doppelprovision, MDR 1993, 820; *Wissel,* Wettbewerbsrechtliche Probleme der Werbung mit Werbeträgeranalysen, WRP 1979, 690; *ders,* Die Werbung für die Vermittlung von Krediten, WRP 1980, 525; *Wollemann,* Werbung mit Auflagenzahlen; WRP 1980, 529.

Angebote: Das Angebot *kostenloser* Beratung vor Erteilung eines Auftrags zur Erbringung von Werkleistungen (zB vor Lieferung und Einbau von Fenstern und Türen) ist unter dem Gesichtspunkt der **Werbung mit Selbstverständlichkeiten** (Rn 192 ff) irreführend (OLG Düsseldorf WRP 85, 420, 421). Gleiches gilt für das Angebot der Kostenlosigkeit einer ersten, generellen Beratung eines Baubetreuungsunternehmens (OLG Frankfurt GRUR 91, 779, 780). **673**

Anzeigengeschäft: Zur Irreführung über die Werbewirksamkeit eines Printmediums als Werbeträger durch Täuschung über die Auflagenhöhe: Maßgebend für den Anzeigenmarkt ist – anders als für den Lesermarkt, für den die verkaufte Auflage maßgebend ist – die **verbreitete Auflage** (verkaufte Exemplare zuzüglich Freistücke und Werbeexemplare, vgl auch Rn 601, 649). Daher Verstoß gegen § 5 bei der Werbung von Anzeigenkunden mit den Zahlen der **Druckauflage** (OLG Hamm GRUR 73, 420, 421; WRP 91, 328, 329) oder mit den Zahlen der verbreiteten Auflage, wenn verschwiegen wird, dass diese nur gelegentlich oder an bestimmten Tagen erreicht werden oder nicht mehr gelten (GK/*Lindacher* § 5 Rn 965). – Unzulässigkeit der Werbung mit **Steigerung der Auflagenhöhe,** wenn nach Steigerung die Auflagenhöhe stagniert (OLG Frankfurt WRP 78, 552, 553). – Irreführung über die Werbewirksamkeit durch Täuschung über das Anzeigenvolumen mittels Schaltung unbestellter und unbezahlter **Füllanzeigen** (vgl BGH GRUR 97, 380, 381 – Füllanzeigen; OLG Hamm GRUR 80, 312; OLG Frankfurt GRUR 88, 847, 848). Das Verbot gilt auch für Anzeigen-Null-Nummern (KG WRP 78, 819, 820). – **Leseranalysen** müssen auf verlässlich festgestellten Leserzahlen beruhen (LG Düsseldorf WRP 71, 82). Bloße Empfängeranalysen sind keine Leseranalysen (OLG Karlsruhe WRP 68, 408). Zur Werbung mit Werbeträgeranalysen s *Ahrens,* aaO, S 175 ff und WRP 74, 521; ferner *Ochs* WRP 76, 11 und *Wissel* WRP 79, 690 ff. **674**

Baubetreuung: Zulässigkeit der Werbung „Alles in einer Hand", auch wenn dem Betreuungsunternehmen ein Architekt oder Ingenieur nicht angehört (OLG Frankfurt GRUR 91, 779: Bauberatung: Zur Hessischen Bauordnung). **675**

Baufinanzierung: Die Werbung eines Kreditvermittlers mit der Angabe „Baugeld ab 4,5 %" ist irreführend, wenn nicht darauf hingewiesen wird, dass die Gewährung des Kredits vom Abschluss eines Bausparvertrages abhängig ist (BGH GRUR 67, 664, 665 – Baugeld). – Gleichfalls irreführend ist die Werbung mit einer bestimmten monatlichen Belastung, wenn nicht darauf hingewiesen wird, dass sich unter be- **676**

stimmten Umständen die monatliche Belastung erhöht (KG WRP 82, 416, 418). – Zum Umfang der Tätigkeit eines Kreditvermittlers, der „Baufinanzierung von A-Z, auch Ablösen von Altschulden" verspricht, s OLG Hamm WRP 83, 221; vgl auch OLG Stuttgart WRP 83, 519.

677 **Bausparkassen:** Die Werbung für Bausparverträge unter Nennung von Vergünstigungen (Wohnungsbauprämie, Arbeitnehmer-Sparzulage, Guthabenzinsen) und Belastungen (Zinsen für Bauspardarlehn) darf die Bearbeitungsgebühr („2% der Darlehnssumme") nicht verschweigen (KG WRP 80, 698, 700).

678 **Buchhaltung:** Geprüfte Bilanzbuchhalter, die nicht zu den in §§ 3 und 4 StBerG genannten Personen gehören, sind zum Buchen laufender Geschäftsvorfälle, zur laufenden Lohnabrechnung und zum Fertigen von Lohnsteueranmeldungen zugelassen (§ 6 Nr 4 StBerG), darüber hinaus aber *nicht* zur geschäftsmäßigen Hilfeleistung bei der Führung von Büchern, insbesondere der Einrichtung der Buchführung, der Erstellung des betrieblichen Kontenplans und des Jahresabschlusses. Eine gleichwohl von solchen Personen auf Tätigkeiten dieser Art bezogene Werbung ist irreführend (BGH GRUR 87, 444, 446 – *Laufende Buchführung;* GRUR 91, 554, 555 – *Bilanzbuchhalter*), vgl auch Rn 591.

679 **Fahrschulwerbung:** Über die Ausbildungsdauer wird irregeführt, wenn die Werbeangabe „Ausbildung drei Wochen" in der Mehrzahl der Fälle nicht eingehalten wird (OLG Düsseldorf GRUR 84, 61, 62; vgl auch OLG Köln WRP 81, 117, 118). – Werbung mit **„Ferienintensivkursen"** lässt erwarten, dass die Prüfung zum Ende des Kurses abgelegt werden kann (OLG Stuttgart NJW-RR 91, 1326).

680 **Fortbildungsveranstaltungen:** Unzulässigkeit der Werbung für Berufsfortbildungskurse im Anzeigenteil einer Zeitung unter der Rubrik „Stellenangebote", wenn das Dienstleistungsangebot nicht auf den ersten Blick als solches erkennbar ist, sondern zunächst auch als Stellenangebot verstanden werden kann (BGH GRUR 91, 772, 773 – *Anzeigenrubrik I;* GRUR 91, 774, 775 – *Anzeigenrubrik II*). § 5 untersagt bereits das Anlocken durch Irreführung (Rn 105f, 205f, 212).

681 **Immobilien:** Der gewerbliche Charakter eines Immobilienangebots muss erkennbar sein (Rn 665; BGH GRUR 87, 748, 749 – *Getarnte Werbung II*), ebenfalls das Entstehen einer Provisionspflicht, zB bei Makleranzeigen (BGH GRUR 90, 377 – *RDM*). Ungenügend für Hinweis auf Provisionspflicht ist die Angabe „Finanz- und Vermögensberater" (BGH GRUR 91, 324, 325). – Die Immobilienofferte eines Maklers, mit der dieser ein in seinem Eigentum stehendes Grundstück unter Hinweis auf den gewerblichen Charakter des Angebots provisionsfrei zum Verkauf stellt, ist nicht deshalb irreführend, weil auf die *berufliche Tätigkeit* des Inserenten *als Makler* nicht hingewiesen wird (BGH GRUR 93, 760, 761 – *Provisionsfreies Maklerangebot*). – Ein privates provisionsfreies Verkaufsangebot eines Maklers, das ein Grundstück außerhalb des Bereichs seiner beruflichen Tätigkeit betrifft, braucht nicht mit der Berufsangabe „Makler" gekennzeichnet zu werden (BGH GRUR 93, 761, 762 – *Makler-Privatangebot*). – Maklerangebote ohne Zustimmung des Eigentümers (Verfügungsberechtigten) verstoßen gegen § 5, weil sie eine nicht vorhandene Leistungsfähigkeit vortäuschen (OLG Köln WRP 82, 356).

682 **Kraftfahrzeuge:** Irreführend ist die Werbung eines **Kfz-Händlers,** wenn diese den Eindruck einer Werbung für **Teilzahlungsverkäufe** erweckt, obwohl in Wirklichkeit für Kreditangebote einer Teilzahlungsbank geworben wird (§ 5). Aber kein Verstoß gegen § 1 I 1 PAngV, da die Verpflichtung zur Endpreisangabe nur für (objektiv) eigene Angebote gilt (BGH GRUR 92, 857, 858 – *Teilzahlungspreis I*). – Es ist eine Irreführung über den Preis, wenn der Verkehr bei einem **Finanzkauf** den angegebenen (Bar-)Preis für den Teilzahlungspreis hält (BGH GRUR 93, 127 – *Teilzahlungspreis II*).

683 **Kredite:** Wenn Kredit nur vermittelt und nicht aus Eigenmitteln des Werbenden gewährt wird, bedarf es entsprechender Aufklärung, da Vermittlung mit zusätzlichen Kosten verbunden ist (OLG Karlsruhe WRP 77, 655, 656). – Eine „Sofort-Kredit"-

Irreführende geschäftliche Handlungen **§ 5 UWG**

Werbung muss halten, was sie verspricht, dh sofortige Auszahlung des Kredits bei Erfüllung der in der Werbung genannten Voraussetzungen (OLG Hamm WRP 80, 89; vgl auch OLG Hamm WRP 78, 911, 912). – Wird mit einer scheckähnlich aufgemachten Werbekarte unter der Überschrift „Allgemeiner Kunden-Kredit – Anforderungsscheck für Barauszahlungen" zur Inanspruchnahme von Krediten aufgefordert, erwartet der Verkehr, dass der Anforderung bei positiver Beurteilung der verlangten Angaben die Barauszahlung unmittelbar folgt. Es ist daher irreführend, wenn dem Einsender der Werbekarte ein auszufüllender Auszahlungsvordruck übersandt wird, dessen Angaben erst die Grundlage der Prüfung und etwaigen Kreditgewährung bilden (BGH GRUR 82, 242, 243 – *Anforderungsscheck für Barauszahlungen*). – Irreführend ist die Werbung für Kredite zu günstigen Bedingungen, wenn die von der Werbung angesprochenen Personenkreise (Arbeitnehmer, Hausfrauen, Rentner) die **Bonitätsanforderungen** des Kreditgebers nur ausnahmsweise erfüllen können (OLG Karlsruhe WRP 79, 811). – Dagegen enthält den Hinweis in der Kreditwerbung „ohne Ehepartner bis 25 000 DM" keine Irreführung, da er nicht – was unrichtig wäre – den Eindruck hervorruft, dass für die Aufnahme von Krediten durch Verheiratete die Mitwirkung des Ehegatten erforderlich ist (BGH GRUR 83, 332, 333 – *Hausfrauenkredite*). – Die werbende Herausstellung des Hinweises auf die Nichterhebung von Bearbeitungsgebühren, die von anderen Kreditinstituten erhoben werden, ist nicht irreführend, auch wenn während der Laufzeit des Kredits für dessen Bearbeitung angefallene allgemeine Verwaltungskosten berechnet werden (Rn 483, 509; BGH GRUR 89, 611, 612 – *Bearbeitungsgebühr*). – Eine Werbung für ein „Finanz-Sanierungsmodell" erweckt den Eindruck, der Sanierer sei berechtigt und in der Lage, für seine Kunden umfassende Finanz-Sanierungen durchzuführen und ist daher unzutreffend, wenn er nicht über die erforderliche Erlaubnis nach den RDG verfügt (BGH GRUR 09, 1077 Rn 22ff, 29 – *Finanz-Sanierung*).

Lohnsteuerhilfevereine: Anzeigenwerbung ist irreführend, wenn der Hinweis unterbleibt, dass Hilfeleistung nur Mitgliedern gewährt wird, Beratung also nur bei Erwerb der vorherigen Mitgliedschaft möglich ist (BGH GRUR 90, 1024, 1025 – *Lohnsteuerhilfevereine IV*). 684

Lotto: Irreführende Werbung in breit gestreutem Anzeigenblatt mit dem Versprechen der Errechnung der persönlichen Lotto-Glückstreffertage und Lotto-Glückszahlen (KG GRUR 88, 223). – „Nur bei Lotto": Irreführende Alleinstellungswerbung eines Lotto-Unternehmens für Oddset-Wetten (BGH GRUR 05, 176, 177 – *Nur bei Lotto*). 685

Mitgliederzahl: Keine Aufrundung auf „fast 2 Millionen" bei einer Buchgemeinschaft mit weniger als 1,8 Millionen Mitgliedern (BGH GRUR 61, 284, 287 – *Werbung mit Mitgliederzahlen – Buchgemeinschaft III*). 686

Nachhilfeunterricht: Werbung „Bei Misserfolg Geld zurück" erweckt nicht den unzutreffenden Eindruck einer Erfolgsgarantie (Rn 280, 557; aA noch BGH GRUR 83, 254, 255 – *Nachhilfeunterricht*). 687

Reinigung: "Vollreinigung" und „Spezialreinigung" verlangen erforderlichenfalls spezielle Fleckenbehandlung von Hand. Eine – auch verstärkte – chemische Reinigung (doppeltes Kleiderbad) genügt nicht. Unerheblich ist, ob die Reinigungswirkung dieselbe ist. Auch für gleichwertige oder bessere Leistungen darf nicht irreführend geworben werden (BGH GRUR 63, 203, 205f – *Vollreinigung*: GRUR 68, 387, 388 – *Spezialreinigung*; vgl auch Rn 289). 688

Reisen: Die in Katalogen von Reiseveranstaltern herausgestellten Preise müssen die Nebenkosten (für Strom, Wasser, Heizung usw) mitumfassen, wenn das beworbene Ferienangebot dem Verbraucher als ein einheitliches Leistungsangebot dargestellt wird (BGH GRUR 91, 845, 846 – *Nebenkosten*, zu § 1 I 1 PAngV). – Verstoß gegen § 5 bei Abbildung anderer als der tatsächlich angebotenen Appartmentgebäude in Reisekatalog. Gleichwertigkeit der Lage und Ausstattung lässt Verstoß nicht entfallen (KG WRP 78, 720). 689

Sosnitza

690 **Sportstudio:** Die Möglichkeit, nach der Benutzung eines Sportstudios zu duschen, zählt zu den elementaren Grundleistungen einer solchen Einrichtung, die der Verkehr ohne Weiteres erwarten darf, sodass das Verlangen eines zusätzlichen Entgelts irreführend ist, wenn darauf nicht in der Werbung hingewiesen wird (OLG Karlsruhe WRP 09, 107).

691 **Stellenangebote:** Unternehmen, die sich mit gewerbsmäßiger Arbeitnehmerüberlassung befassen (§ 1 ArbeitnehmerüberlassungsG), müssen zur Vermeidung einer Täuschung über die Beschaffenheit der angebotenen gewerblichen Leistung auf ihre **Verleihereigenschaft** in der Stellenanzeige hinweisen (OLG Nürnberg GRUR 91, 390, 391).

692 **Verkaufs-und Werbefahrten:** Ausflugsfahrten, die zugleich dem Warenabsatz an die Fahrtteilnehmer dienen, müssen den Charakter der Verkaufsfahrt dem Interessenten eindeutig, unmißverständlich und unübersehbar zur Kenntnis bringen (Rn 172; BGH GRUR 86, 318, 320 – *Verkaufsfahrten;* GRUR 88, 130, 132 – *Verkaufsreisen).* Blickfangartige Herausstellung des Verkaufscharakters verlangt auch blickfangartige Betonung der Verkaufsabsicht (BGH aaO – *Verkaufsfahrten).*

693 **Vermögensberater:** Die Berufsbezeichnung „Vermögensberater" steht für eine unabhängige, in Vermögensangelegenheiten neutral beratende Geschäftstätigkeit. Verwendung durch unternehmensabhängige Versicherungsvertreter ist irreführend (vgl BGH GRUR 89, 516, 518 – *Vermögensberater).*

694 **Versicherung:** Eine lediglich allgemeine Beschreibung des versicherten Risikos enthält keine Irreführung. Der Verkehr rechnet mit Risikoausschlüssen und kann sich über deren Inhalt und Umfang anhand der Versicherungsbedingungen oder durch Anfrage beim Versicherer informieren (BGH NJW 57, 140). Wird in der Werbung für Versicherungen das versicherte Risiko mit detailliert beschriebenen Haftungsbeschränkungen und Risikoausschlüssen im Einzelnen erläutert, wird der Verkehr über den Umfang des versicherten Risikos getäuscht, wenn weitere sachlich bedeutsame Risikoausschlüsse (lediglich) durch Bezugnahme auf die AGB des Versicherers Vertragsinhalt werden (GRUR 83, 654, 656 – *Kofferschaden).* – Wird in der Werbung für eine TV- und Videogeräte-Reparaturkostenversicherung ein hundertprozentiger Ersatz für alle Reparaturen versprochen, darf, um die Werbung nicht irreführend zu machen, in den Versicherungsbedingungen das Blitzschlagrisiko nicht ausgeschlossen werden (KG GRUR 91, 787 Ls). – Im Jahr 2005 verband der Verkehr mit dem Begriff „Versicherungsberater" noch keine besonderen Eigenschaften, sodass zu dieser Zeit durch die Verwendung des Begriffs auch keine Fehlvorstellung hervorgerufen wurde (BGH GRUR 09, 970 Rn 23 – *Versicherungsberater).*

V. Irreführung über Sponsoring oder Zulassung (§ 5 I 2 Nr 4)

695 **1. Allgemeines.** Diese Regelung fasst die Verwendung von Symbolen und Aussagen zusammen, die entweder mit direktem oder indirektem Sponsoring zu tun haben oder auf eine Zulassung des Unternehmers oder seiner Waren oder Dienstleistungen hinweisen. Mit der Vorschrift wird Art 6 I lit c der UGP-RL umgesetzt (BT-Dr 16/10145, S 24).

696 **2. Sponsoring.** § 5 I 2 Nr 4 regelt in der ersten Alternative Angaben über Aussagen oder Symbole, die im Zusammenhang mit direktem oder indirektem Sponsoring stehen.

697 **Sponsoring** ist die gezielte Förderung von Personen, Organisationen oder Veranstaltungen durch Geld-, Sach- oder Dienstleistungen zum Zwecke der Eigenwerbung. Auf die Art oder Tätigkeit des Geförderten kommt es für § 5 I 2 Nr 4 nicht an, sodass zB Fälle der Umweltwerbung (BGH GRUR 07, 251 Rn 22 – *Regenwaldprojekt II;*

Rn 306), die Unterstützung von Sport(groß-)veranstaltungen oder Mannschaften, aber auch die Förderung sozialer Einrichtungen in Betracht kommt.

Voraussetzung ist stets eine **Angabe**, dh eine Tatsachenbehauptung (Rn 86 ff). **698** Daran fehlt es häufig bei Werbemaßnahmen im Umfeld von Sportgroßveranstaltungen durch Nicht-Sponsoren (vgl Rn 88) oder bei allgemeinen Angaben wie „Wir nehmen die Umwelt ernst" (vgl Rn 305). Dagegen liegt eine Angabe zB vor, wenn ein Unternehmen als Sponsor bezeichnet wird oder Aussagen zum Umfang der Sponsorleistung getroffen werden. Allerdings muss die Sponsorenstellung nicht ausdrücklich behauptet werden, vielmehr genügt es, wenn der Eindruck eines „Zusammenhangs mit Sponsoring" erweckt wird (LG Stuttgart GRUR-RR 12, 358, 360 – *Tickets EURO 2012*).

Die irreführende Angabe muss sich auf **Aussagen oder Symbole** beziehen, die **699** im Zusammenhang mit dem Sponsoring stehen. Symbole sind alle Kennzeichen, Abbildungen oder Logos, die sich auf den Geförderten oder das Sponsoring beziehen. Irreführende Aussagen im Zusammenhang mit Sponsoring liegen etwa vor, wenn ein Unternehmen durch die Bezeichnung „Sponsor", „Partner" oder „Ausrüster" wahrheitswidrig als solcher dargestellt wird (*Körber/Mann*, GRUR 08, 737, 740). Eine irreführende Angabe in Bezug auf Symbole kann darin liegen, dass zB das offizielle Sponsoren-Logo von einem Nicht-Sponsor eingesetzt wird. Soweit das Symbol markenrechtlichen Schutz genießt, ist das MarkenG allerdings gegenüber § 5 I 2 Nr 4 vorrangig (vgl unten Rn 707 ff). Besteht dagegen wegen fehlender Unterscheidungskraft oder Freihaltebedürfnisses kein markenrechtlicher Schutz (zB „WM 2006", BGH GRUR 06, 850 Rn 16 ff – *Fußball WM 2006*), muss diese Wertung auch für § 5 I 2 Nr 4 herangezogen werden, sodass eine Irreführung zu verneinen ist (*Körber/ Mann*, GRUR 08, 737, 740).

3. Zulassung. In der zweiten Alternative erfasst § 5 I 2 Nr 4 Angaben über eine **700** Zulassung des Unternehmers oder der Waren oder Dienstleistungen. Insoweit besteht eine weite Überschneidung mit § 5 I 2 Nr 3 einerseits und § 5 I 2 Nr 1 andererseits, sodass § 5 I 2 Nr 4 in diesem Punkt kaum eigenständige Bedeutung haben dürfte. Zu Befähigungen und Qualifikationen des Unternehmers vgl Rn 582 ff; zu Güte- und Prüfzeichen vgl Rn 259 f, 418 f.

VI. Irreführung über die Notwendigkeit einer Leistung, eines Ersatzteils, eines Austauschs oder einer Reparatur (§ 5 I 2 Nr 5)

In § 5 I 2 Nr 5 übernimmt der Gesetzentwurf wörtlich die Merkmale „Notwen- **701** digkeit einer Leistung, eines Ersatzteils, eines Austauschs oder einer Reparatur" aus Art 6 I lit e der UGP-RL. Hier sind Überschneidungen mit § 4 Nr 2 UWG möglich, da beide Regelungen dem Schutz vor unnötigen oder überteuerten Anschaffungen dienen, wenn auch die Irreführungsregelung für alle Adressaten gilt (BT-Dr 16/10 145, S 24). Eine eigenständige Rolle dürfte dieser Ziff kaum zukommen, da die Notwendigkeit der Leistungen wohl stets auch wesentliche Merkmale iSd Nr 1 sind (*Sosnitza*, WRP 08, 1014, 1029; aA GK/*Lindacher* § 5 Rn 1049).

VII. Irreführung über die Einhaltung eines Verhaltenskodexes (§ 5 I 2 Nr 6)

Die Regelung knüpft in Umsetzung von Art 6 II lit b der UGP-RL an die Einhal- **702** tung eines Verhaltenskodexes iSd § 2 I Nr 5 an. Voraussetzung ist dabei sowohl die Verpflichtung des Unternehmers, den Kodex einzuhalten, als auch die Berufung auf diese Bindung (BT-Dr 16/10 145, S 24), wobei es sich um einen verbindlichen Verhaltenskodex handeln muss (*Dreyer*, WRP 07, 1294, 1300). Auch hier werden in weiten Teilen Überschneidungen mit anderen Tatbeständen möglich sein, insbesondere mit § 5 I 2 Nr 3, da es um Verhältnisse des Unternehmers geht. § 5 I 2 Nr 6 wird ergänzt durch Nr 1 des Anhangs zu § 3 III. Während die Wirksamkeit des Kodexes dort aber im Interesse der Rechtssicherheit nicht zu prüfen ist (Anh § 3 UWG Rn 7), kommt es für § 5 I 2 Nr 6 auf die Verbindlichkeit des Regelwerkes an. Ist diese nicht gegeben, kann aber gleichwohl eine Irreführung nach § 5 I 1 zu bejahen sein, weil der Unternehmer wahrheitswidrig die Einhaltung einer bestimmten Regel behauptet, mag sie für ihn auch nicht verbindlich sein.

VIII. Irreführung über Rechte des Verbrauchers (§ 5 I 2 Nr 7)

703 Diese Regelung betrifft irreführende Angaben über Rechte bei Leistungsstörungen einschließlich Rechte aus Garantieversprechen und Gewährleistungsrechte und setzt Art 6 I lit g der UGP-RL um (BT-Dr 16/10 145, S 24). Zur Irreführung in Bezug auf Widerrufs-, Rücktritts- und Rückgaberechte vgl Rn 552. Zur Werbung mit Garantieversprechen vgl Rn 554 ff.

704 Eine Irreführung über Rechte des Verbrauchers liegt beispielsweise vor, wenn der Unternehmer eine ihm nachteilige höchstrichterliche Entscheidung unrichtig wiedergeibt oder wenn er durch unwahre Tatsachenbehauptungen (oben Rn 85 ff) eine ihm nachteilige gefestigte höchstrichterliche Rechtsprechung negiert (OLG Frankfurt GRUR-RR 12, 161 – *Flugverspätungsentschädigung*). Nicht zu beanstanden ist dagegen, wenn der Unternehmer einem Kunden, der sich auf eine für ihn günstige Rechtsprechung berufen hat, die Erfüllung geltend gemachter Ansprüche verweigert und dies in sachlicher Form damit erklärt, dass er diese Rechtsprechung für unzutreffend hält und daher auf eine Änderung dieser Rechtsprechung vertraut (OLG Frankfurt GRUR-RR 12, 161 – *Flugverspätungsentschädigung*). Soweit es nicht um die Wiedergabe einer bestimmten Rechtsprechung geht, sondern nur um die **Mitteilung der eigenen Rechtsansicht,** kommt im Interesse der legitimen Rechtsverteidigung eine irreführende Handlung nur in Betracht, wenn der Unternehmer die Unrichtigkeit seiner Angabe positiv kannte (*Tiller* Gewährleistung und Irreführung, 2005, S 176 ff, 183).

IX. Verwechslungsgefahr mit einem anderen Produkt oder Kennzeichen (§ 5 II)

Literatur: *Bärenfänger,* Das Spannungsfeld von Lauterkeitsrecht und Markenrecht unter dem neuen UWG, 2010; *Böxler,* Der Vorrang des Markenrechts, ZGE 2009, 357; *Bornkamm,* Die Schnittstellen zwischen gewerblichem Rechtsschutz und UWG, GRUR 2011, 1; *ders,* Der lauterkeitsrechtliche Schutz vor Verwechslungen: Ein Kuckucksei im Nest des UWG?, FS Loschelder, 2010, 31; *Bornkamm/Kochendörfer,* Verwechslungsgefahr und Irreführungsgefahr – Konvergenz der Begriffe?, FS BPatG, 2011, S 533; *Büscher,* Schnittstellen zwischen Markenrecht und Wettbewerbsrecht, GRUR 2009, 230; *Fezer,* Imitationsmarketing als irreführende Produktvermarktung, GRUR 2009, 451; *ders,* Kumulative Normenkonkurrenz zwischen Markenrecht und Lauterkeitsrecht, GRUR 2010, 953; *Goldmann,* Lauterkeitsrechtlicher Schutz gegen mittelbare Verwechslungsgefahr?, GRUR 2012, 857; *Harte-Bavendamm,* Wettbewerbsrechtlicher Verbraucherschutz in der Welt der „look-alikes", FS Loschelder, 2010, S 111; *Henn,* Markenschutz und UWG, 2009; *Horak,* Imitationsmarketing und Schutz nicht registrierter Kennzeichen, ÖBl 2012, 151; *Köhler,* Das Verhältnis des Wettbewerbsrechts zum Recht des geistigen Eigentums, GRUR 2007, 548; *Koppensteiner,* Marken- und Lauterkeitsrecht, wbl 2011, 587; *Lubberger,* Grundsatz der Nachahmungsfreiheit?, FS Ullmann, 2006, S 737; *ders,* Die Verwechslungsgefahr – Rechtsbegriff oder Tatfrage? Und wenn ja – was dann?, FS BPatG, 2011, S 687; *A. Nordemann,* Ergänzender wettbewerbsrechtlicher Leistungsschutz im Spannungsfeld zwischen geistigem Eigentum und Irreführung durch Produktverwechslung, FS Stauder, 2011, S 173; *v. Nussbaum/Ruess,* Irreführung durch Marken – Die Neuregelung der Imitationswerbung in § 5 Abs 2 UWG nF, MarkenR 2009, 233; *Ohly,* Designschutz im Spannungsfeld von Geschmacksmuster-, Kenn-

Irreführende geschäftliche Handlungen **§ 5 UWG**

zeichen- und Lauterkeitsrecht, GRUR 2007; *Sack,* Die Verwechslungsgefahr im Marken- und Wettbewerbsrecht – einheitliche Auslegung?, WRP 2013, 8; *M. Schmidt,* Verschiebung markenrechtlicher Grenzen lauterkeitsrechtlicher Ansprüche nach Umsetzung der UGP-Richtlinie, GRURPrax 2011, 159; *Schorck,* Imitationsmarketing, 2011; *Sosnitza,* Aktuelle Probleme im europäischen und deutschen Markenrecht, WRP 2003, 1186; *ders,* Markenrecht und Verbraucherschutz – Verbraucherschutz im Markenrecht, ZGE 13, 176; *Steinbeck,* Richtlinie über unlautere Geschäftspraktiken: Irreführende Geschäftspraktiken – Umsetzung in das deutsche Recht, WRP 2006, 632; *dies,* Die These vom Vorrang des Markenrechts, FS Ullmann, 2006, S 409; *Thress,* Die irreführende Produktvermarktung, 2011.

1. Allgemeines. In Umsetzung von Art 6 II lit a der UGP-RL ist nach § 5 II eine **705** geschäftliche Handlung auch dann irreführend, wenn sie im Zusammenhang mit der Vermarktung von Waren oder Dienstleistungen einschließlich vergleichender Werbung eine Verwechslungsgefahr mit einer anderen Ware oder Dienstleistung oder mit der Marke oder einem anderen Kennzeichen eines Mitbewerbers hervorruft. Leider finden sich in den Materialien keine näheren Ausführungen zu Inhalt und Reichweite der Regelung, vielmehr beschränkt sich die Entwurfsbegründung darauf, es der Rechtsprechung zu überlassen, sowohl das Verhältnis zwischen kennzeichenrechtlichen und lauterkeitsrechtlichen Ansprüchen als auch das Verhältnis von § 5 II zu § 4 Nr 9 und zu § 5 I 2 Nr 1 zu klären (BT-Dr 16/10 145, S 24).

Überschneidungen mit § 5 II ergeben sich bei **Ziff 13 des Anhangs zu § 3 III,** der **706** die absichtliche betriebliche Herkunftstäuschung bei Waren oder Dienstleistungen erfassen soll. Die Regelung des Anhangs hat Vorrang, da gemäß § 3 III stets eine unzulässige geschäftliche Handlung vorliegt, also keinerlei Relevanzprüfung erfolgt. § 5 II wird nicht selten mit der Herkunftstäuschung nach **§ 4 Nr 9 a** zusammenfallen, ohne dass die Tatbestände deckungsgleich sind (vgl § 4 Nr 9 Rn 22). Da § 4 Nr 9 außerhalb des Anwendungsbereichs der UGP-RL liegt und von diesen unberührt bleibt (BGH GRUR 10, 80 Rn 17 – *LIKEaBIKE*), tritt § 5 II nicht hinter § 4 Nr 9 zurück (ebenso *Büscher* GRUR 09, 230, 236; *Harte-Bavendamm* FS Loschelder, S 111, 117), soweit es um Ansprüche anderer als des Nachgeahmten geht. Hier wie dort werden jedoch nur *vermeidbare* Herkunftstäuschungen erfasst, da dass grundlegende Prinzip der Freihaltung der technischen Lehre und des Stands der Technik auch im Unionsrecht gilt (*Bornkamm* FS Loschelder, S 31, 45; *Harte/Henning/Dreyer* § 5 J Rn 11; *Steinbeck* WRP 06, 632, 639; aA *A. Nordemann* FS Stauder, S 173, 183). § 5 II ist im Grunde nur eine besondere Ausprägung der Irreführung über die betriebliche Herkunft nach **§ 5 I 2 Nr 1.** Vor diesem Hintergrund ist es im Ergebnis zweitrangig, ob man § 5 II nur auf geschäftliche Handlungen gegenüber Verbrauchern (so *Schork* S 116ff) oder auch auf solche gegenüber sonstigen Marktteilnehmern (so *Harte-Bavendamm* FS Loschelder, S 111, 113) anwendet, da im ersteren Fall dann zusätzlich § 5 I 2 Nr 1 eingreift.

2. Verhältnis zum MarkenG. a) Grundsatz: Vorrang markenrechtlicher **707** **Wertungen.** Im Verhältnis des Lauterkeitsrechts zum Markenrecht gilt die Vorrangthese in dem Sinne, dass eine Beschränkung des Lauterkeitsrechts dann erfolgen soll, wenn die Anwendung des UWG im Widerspruch zu markenrechtlichen Wertungen stehen würde oder sich beide Regelungen im Kern auf den gleichen Sachverhalt beziehen (BGH GRUR 05, 419, 422 – *Räucherkate;* GRUR 08, 628 Rn 14 – *Imitationswerbung;* GRUR 08, 793 Rn 26 – *Rillenkoffer; Ohly* GRUR 07, 731, 737; *Sosnitza* WRP 03, 1186, 1187; *Steinbeck* FS Ullmann, S 409, 414ff; *Henn* S 74ff; GK/*Lindacher* § 5 Rn 154; vgl § 4 Rn 9/19; aA *Köhler* GRUR 07, 548, 551; *Lubberger* FS Ullmann, 737, 745ff). Der Grund für diesen Vorrang des Markenrechts liegt in der bewussten Begrenzung des Kennzeichenschutzes durch die markenrechtlichen Schutzvoraussetzungen. Das Lauterkeitsrecht hat nicht die Aufgabe, dem Zeicheninhaber eine Schutzposition zu verschaffen, die er markenrechtlich nicht hat.

Der Markenschutz verdrängt den lauterkeitsrechtlichen Schutz lediglich im An- **708** wendungsbereich der Regelungen des MarkenG (BGHZ 149, 191 Rn 24 = GRUR

02, 622 – *shell.de;* BGH GRUR 08, 628 Rn 14 – *Imitationswerbung).* Erschöpft sich ein Verhalten dagegen nicht in Umständen, die eine markenrechtliche Verletzungshandlung begründen, sondern tritt ein von der markenrechtlichen Regelung nicht erfasster Unlauterkeitstatbestand hinzu, kann die betreffende Handlung neben einer Kennzeichenverletzung auch einen Lauterkeitsverstoß darstellen (st. Rspr, BGHZ 147, 58, 61 = GRUR 01, 1050 – *Tagesschau;* BGH GRUR 02, 167, 171 – *Bit/Bud;* GRUR 08, 628 Rn 14 – *Imitationswerbung).* Ein Vorrang des Markenrechts besteht auch dann nicht, wenn die lauterkeitsrechtliche Beurteilung zwar nicht an zusätzliche, über die Zeichenbenutzung hinausgehende Umstände anknüpft, das betreffende Geschehen jedoch unter anderen Gesichtspunkten gewürdigt wird als nach Markenrecht (BGH GRUR 05, 163, 165 – *Aluminiumräder;* GRUR 08, 628 Rn 14 – *Imitationswerbung).*

709 Von diesem Grundsatz abzugehen, besteht auch auf der Grundlage von § 5 II kein Anlass (ebenso *Böxler* ZGE 09, 357, 364f; *von Nussbaum/Ruess* MarkenR 09, 233, 236; *Koppensteiner* wbl 11, 587, 590; aA OLG Düsseldorf GRUR-Prax 11, 429; *Fezer* GRUR 10, 953; *Goldmann* GRUR 12, 857, 859). Insbesondere erfordert die UGP-RL kein anderes Verständnis des Verhältnisses von Lauterkeitsrecht und Sonderschutzrecht. Dies folgt vor allem aus der Vorrangregel des Art 3 IV der Richtlinie. Kollidieren die Bestimmungen dieser Richtlinie mit anderen Rechtsvorschriften der Gemeinschaft, die besondere Aspekte unlauterer Geschäftspraktiken regeln, so gehen nach dieser Bestimmung die Letzteren vor und sind für diese besonderen Aspekte maßgebend. Da die Verwechslungstatbestände der Markenrechtsrichtlinie und der Gemeinschaftsmarkenverordnung besondere Tatbestände unlauterer Geschäftspraktiken darstellen, tritt die UGP-RL insoweit zurück. Dafür spricht zudem Erwägungsgrund 9 der UGP-RL, wonach die gemeinschaftlichen und nationalen Vorschriften zum Schutz des geistigen Eigentums durch die Richtlinie nicht berührt werden.

710 Zwar kann nach der Rechtsprechung neben einem Kennzeichenverstoß auch ein Wettbewerbsverstoß angenommen werden, wenn sich das betreffende Verhalten nicht in Umständen erschöpft, die eine markenrechtliche Verletzungshandlung begründen, sondern ein von der markenrechtlichen Regelung nicht erfasster Unlauterkeitstatbestand hinzutritt (BGH GRUR 08, 628, 629 – *Imitationswerbung).* Ein solches zusätzliches Unlauterkeitselement kann aber nicht in der nach Art 6 II der Richtlinie bzw §§ 5 II, 3 II 1 vorausgesetzten Eignung der geschäftlichen Handlung, den Durchschnittsverbraucher zu einer geschäftlichen Entscheidung zu veranlassen, gesehen werden (so auch *Büscher,* GRUR 09, 230, 236). Zwar setzen weder § 14 II MarkenG noch Art 5 I der Markenrechts-Richtlinie 2008/95/EG (vormals 89/104/EWG) dem Wortlaut nach ausdrücklich eine Eignung der Verletzungshandlung, den Adressaten zu einem Kauf zu veranlassen, voraus. Jedoch steckt dieser Umstand denknotwendig in dem Begriff der Verwechslungsgefahr, denn wenn die angegriffene Bezeichnung keinerlei Einfluss auf einen potenziellen Kaufentschluss hat, wird man auch keine Fehlvorstellung über die betriebliche Herkunft annehmen können, mit anderen Worten: eine Täuschung über die betriebliche Herkunft ist stets potenziell geeignet, den Adressaten zu der so gekennzeichneten Ware greifen zu lassen.

711 Für die Reichweite des Grundsatzes des Vorrangs markenrechtlicher Wertungen ist danach zu differenzieren, ob der Kennzeicheninhaber (Rn 712) oder Dritte (Rn 714) lauterkeitsrechtliche Ansprüche geltend machen (vgl auch *Sosnitza* ZGE 13, 176; aA GK/*Lindacher* § 5 Rn 153); diese Differenzierung scheint nun auch der BGH zu verfolgen (BGH GRSR 13, 1161 Rn 60 – *Hard Rock Café).*

712 b) Lauterkeitsrechtliche Ansprüche des Kennzeicheninhabers. Solange sowohl die Voraussetzungen des markenrechtlichen Verwechslungsschutzes als auch des lauterkeitsrechtlichen Irreführungsschutzes gegeben sind, besteht kein Konflikt. Sind Lauterkeitsrecht und Markenrecht jedoch nicht deckungsgleich, müssen die Wertungen des Sonderrechtsschutzes Vorrang haben, da das UWG dem Zeicheninhaber

Irreführende geschäftliche Handlungen **§ 5 UWG**

keine Schutzposition einräumen darf, die ihm nach Kennzeichenrecht nicht zukommt (oben Rn 707).

Daraus folgt, dass der Verwender eines Kennzeichens, das, zB wegen fehlender **713** Unterscheidungskraft nach § 8 II Nr 1 MarkenG **nicht eintragungsfähig** ist und auch nicht verkehrsdurchgesetzt ist (§ 8 III MarkenG), nicht nach § 5 II eine Verwechslungsgefahr geltend machen kann, weil er sonst über den Umweg des UWG im Ergebnis doch Kennzeichenschutz erhielte (aA *Koppensteiner* wbl 11, 587, 591 f; *Thress* Rn 179). Gleiches gilt für **nicht registrierte, eintragungsfähige Zeichen,** die noch nicht Verkehrsgeltung nach § 4 Nr 2 MarkenG erreicht haben (aA *Thress* Rn 179). Auch wenn Markenrechtsschutz **nicht mehr** besteht, etwa mangels Verlängerung, § 47 I MarkenG, oder nach Löschung wegen Verfalls oder Nichtigkeit, §§ 49, 50, 51 MarkenG, scheidet § 5 II aus (ebenso *Bornkamm* FS Loschelder, S 31, 40; *ders* GRUR 11, 1, 6). Greifen **markenrechtliche Schranken** ein, etwa die Grundsätze zum Recht der Gleichnamigen nach § 23 Nr 1 MarkenG (BGH GRUR 13, 397 Rn 44 – *Peek & Cloppenburg III*) oder bei Beschaffenheitsangaben, § 23 Nr 2 MarkenG, oder im Falle fehlende Benutzung, § 25 I MarkenG, kann sich der Inhaber nicht auf § 5 berufen (*Bornkamm* FS Loschelder, S 31, 42; *ders* GRUR 11, 1, 6; *Büscher* GRUR 09, 230, 236; *Sosnitza* ZGE 13, 176, 187 f; *Thress* Rn 155).

c) Lauterkeitsrechtliche Ansprüche Dritter. Soweit **Dritte,** also sonstige **714** Konkurrenten (§ 8 III Nr 1), Wettbewerbsverbände (§ 8 III Nr 2), Verbraucherverbände (§ 8 III Nr 3) sowie bestimmte Kammern (§ 8 III Nr 4) eine Verwechslungsgefahr nach § 5 II geltend machen, besteht zunächst grundsätzlich nicht die die Vorrangthese begründende Gefahr der ungerechtfertigten Ausdehnung des markenrechlichen Schutzes zugunsten des Zeicheninhabers über das UWG, da dieser das lauterkeitsrechtliche Vorgehen nicht steuern kann. Es spricht daher insoweit im Ausgangspunkt nichts gegen eine Anwendung von § 5 II (so nun auch BGH GRSR 13, 1161 Rn 60 – *Hard Rock Cafe*, zu § 5 I 2 Nr 1). Wenn man akzeptiert, dass der lauterkeitsrechtliche Irreführungsschutz der Verbraucher durch die UGP-RL eine eigenständige Rolle zugewiesen bekommen hat, dann müssen die Akteure des UWG dies auch durchsetzen können, ohne dass es auf den Willen des Markeninhabers ankommt. Damit ist das Prinzip der **Dispositionsbefugnis** des Inhabers von individuellen Rechtspositionen (vgl § 4 Nr 9 Rn 84) deutlich **eingeschränkt.** Unterlassungsansprüche können daher von allen Dritten geltend gemacht werden (ebenso *Harte-Bavendamm* FS Loschelder, S 111, 121), während ein Schadensersatzanspruch von Drittkonkurrenten nach § 9 UWG auf die Geltendmachung des **konkreten Schadens** beschränkt ist, da die dreifache Schadensberechnung (vgl § 9 Rn 14 ff) dem Zeicheninhaber vorbehalten ist (*Sosnitza* ZGE 13, 176, 189).

Auch wenn bei der Geltendmachung einer Verwechslungsgefahr nach § 5 II durch **715** Dritte nicht in gleicher Weise eine ungerechtfertigte Ausdehnung der Individualposition des Zeicheninhabers droht (Rn 714), erfordern markenrechtliche Wertungen auch hier Restriktionen. Insbesondere können auch Dritte einen Lauterkeitsverstoß nicht auf **nicht eintragungsfähige Zeichen** stützen. Dies hat vor allem Auswirkungen auf **dreidimensionale Marken,** wie etwa die Ware selbst oder deren Verpackung. Derartigen Zeichen fehlt regelmäßig die notwendige Unterscheidungskraft, weil der Verkehr in der Form lediglich eine technische-funktionelle oder ästhetische Gestaltung erkennt, sodass Markenschutz nur in Betracht kommt, wenn die Gestaltung ganz ungewöhnlich ist und von den anderen Produkten am Markt deutlich abweicht (EuGH GRUR 03, 514 Rn 48 – *Linde;* GRUR 06, 1022 Rn 25 – *Wicklerform; Sosnitza* § 5 Rn 16). Diese Wertungen müssen bei der Beurteilung einer Verwechslungsgefahr nach § 5 II beachtet werden, weil sonst eine Entgrenzung des Kennzeichenschutzes droht. Dogmatischer Ansatzpunkt dafür ist der **Maßstab des** verständigen und angemessen aufmerksamen **Durchschnittsverbrauchers** (vgl oben Rn 710), der in gleicher Weise im Markenrecht gilt (EuGH GRUR 04, 934 Rn 24 – *SAT. 2;* GRUR 08,

608 Rn 67 – *EUROHYPO*). Nur was aus Sicht eines solchen Durchschnittskonsumenten hinreichend unterscheidungskräftiges Gestaltungselement ist, kann ihn zur Annahme einer bestimmten betrieblichen Herkunft verleiten (*Sosnitza* ZGE 13, 176, 191; ebenso *Harte-Bavendamm* FS Loschelder, S 111, 114). Daher dürfen im Ergebnis für das sog „**Imitationsmarketing**" keine anderen Maßstäbe als im Markenrecht gelten (aA *Harte-Bavendamm* FS Loschelder, S 111, 124; *Schork* S 168 f; *Thress* Rn 148 ff).

716 Darüber hinaus gibt es verschiedene Fallgestaltungen, in denen aus markenrechtlichen Wertungen ein gewisser **Rest an** möglicher **Verwechslungsgefahr hinzunehmen** ist. Dies gilt etwa beim **Recht der Gleichnamigen** (vgl § 23 Nr 1 MarkenG), wonach der prioritätsältere Zeicheninhaber nicht das Recht hat, einen Prioritätsjüngeren den redlichen Gebrauch eines eigenen Namens zu untersagen, wenn dieser alle Zumutbare unternommen hat, um Verwechslungen zu verhindern (BGH GRUR 13, 397 Rn 44 – *Peek & Cloppenburg III;* GRUR 08, 801 Rn 25 – *Hansen-Bau;* GRUR 93, 579 (580 f) – *Römer GmbH*); da die Erteilung von **Lizenzen** zum Vermögenswert einer Marke gehört, § 30 MarkenG, genügt allein die Verwechslung der mit der lizensierten Marke versehenen Waren mit denjenigen, die der Lizenzgeber unter derselben Marke seinerseits vertreibt, nicht (*Bornkamm* GRUR 11, 1, 4 f; *ders* FS Loschelder, S 31, 37 f; *Schork* S 337 ff; *Sosnitza* ZGE 13, 176, 193). Auch markenrechtlich und kartellrechtlich zulässige **Abgrenzungsvereinbarungen** bezwecken nicht die Irreführung der Verbraucher, sondern eine legitime Grenzziehung der Befugnisse der sich gegenüberstehenden Zeicheninhaber, sodass sie lauterkeitsrechtlich zu respektieren sind. Dasselbe gilt schließlich für gerichtlich gewährte oder im Vergleichswege eingeräumte **Aufbrauchfristen** (*Bornkamm* FS Loschelder, S 31, 39 f; *ders* GRUR 11, 1, 5; *Sosnitza* ZGE 13, 176, 194; aA *Fezer* GRUR 09, 451, 457; *M. Schmidt* GRURPrax 11, 159, 160 f).

717 **3. Verwechslungsgefahr.** Der Begriff der **Verwechslungsgefahr** meint nichts anderes als eine Irreführung über die betriebliche Herkunft (ebenso Köhler/*Bornkamm* § 5 Rn 4.215), deckt sich also grundsätzlich mit dem des Markenrechts (*Horak* ÖBl 12, 151, 158). Es muss die ernstliche Gefahr bestehen, dass erhebliche Teile des Adressatenkreises den Eindruck gewinnen könnten, dass die betreffenden Waren oder Dienstleistungen identisch sind oder zwar unterschiedlich, aber aus dem selben Betrieb stammen oder aber zwar aus verschiedenen Betrieben, zwischen denen aber irgendwelche organisatorische, rechtliche oder wirtschaftliche Beziehungen bestehen. Eine Verwechslungsgefahr scheidet daher bei bloß beschreibendem Gehalt eines Zeichenbestandteils aus (BGH GRUR 13, 631 Rn 69, 72 – *AMARULA/Marulablu*). Dennoch bestehen **Unterschiede** zwischen markenrechtlicher Verwechslungsgefahr nach § 14 II Nr 2 MarkenG und lauterkeitsrechtlicher Verwechslungsgefahr nach § 5 II. Prüfungsgegenstand sind markenrechtlich grds nur die sich gegenüber stehenden Zeichen, sodass auf außerhalb der Kennzeichnung liegende Begleitumstände wie Hinweise, Aufdrucke oder Präsentation nicht abgestellt wird (sog abstrakte Verwechslungsgefahr, BGH GRUR 09, 766 Rn 36 – *Stofffähnchen;* MarkenR 10, 47 Rn 37 ff – *Haus & Grund IV*), während bei § 5 II als Unterfall der Irreführung über die betriebliche Herkunft nach § 5 I Nr 1 im Rahmen der nötigen Gesamtbetrachtung (Rn 125, 127; BGH GRUR 02, 182, 184 – *Das Beste jeden Morgen*) auch alle Begleitumstände einzubeziehen sind (auch konkrete Verwechslungsgefahr genannt). Allerdings deutet die jüngere Rspr des EuGH darauf hin, dass auch im Markenrecht – jedenfalls im Verletzungsverfahren – eine konkrete Verwechslungsgefahr maßgeblich sein soll (EuGH GRUR 08, 698 Tz 49 – 02 (UK)/H3G; GRUR 10, 445 Tz. 83 ff – *Google France;* GRUR 12, 519 Tz 80 – *Budvar/Anheuser-Busch;* krit *Bornkamm/Kochendörfer,* FS BPatG, 2011, S 533, 546 ff; *Lubberger,* FS BPatG, S 687, 699; für konsequente einheitliche Auslegung schon *Sack* WRP 13, 8, 10 ff).

718 Ebenso wie im Markenrecht ist auch bei § 5 II Maßstab für das Vorliegen einer Verwechslungsgefahr das Verständnis des verständigen und angemessen aufmerksamen

Irreführung durch Unterlassen **§ 5a UWG**

Durchschnittsverbrauchers (vgl Rn 710). Dieser sieht insbesondere in dreidimensionalen Zeichen, wie der Ware selbst oder der Verpackung, nur ausnahmsweise einen Herkunftshinweis (vgl oben Rn 715). Es darf daher nicht allein aus einer irgendwie gearteten Ähnlichkeit der Gestaltungen, insbesondere wenn diese auf für sich genommen nicht markenschutzfähigen Elementen beruhen, auf eine unlautere Verwechslungsgefahr geschlossen werden; daher haben auch die unter dem Begriff des sog **„Imitationsmarketing"** diskutierten Fallgestaltungen keinen über das Kennzeichenrecht hinausgehenden eigenständigen Anwendungsbereich (vgl oben Rn 715).

4. Zusammenhang mit der Vermarktung. § 5 II setzt einen **Zusammenhang mit der Vermarktung** von Waren oder Dienstleistungen voraus. Ein solcher besteht bei allen Handlungen, die dem Absatz der Ware oder Dienstleistung dienen. Der notwendige Zusammenhang fehlt dagegen zB bei rein redaktionellen Berichten über die Ware oder das Kennzeichen. Auch bloße Vorbereitungshandlungen, die lediglich unternehmensinterne Vorgänge betreffen, genügen nicht (*Thress* Rn 100). Das Gleiche gilt für das schlichte Ausliefern von Produkten an Händler durch den Hersteller, wenn dieser nicht zugleich selbst für die Waren wirbt (*Thress* Rn 101 f). **719**

§ 5a Irreführung durch Unterlassen

(1) **Bei der Beurteilung, ob das Verschweigen einer Tatsache irreführend ist, sind insbesondere deren Bedeutung für die geschäftliche Entscheidung nach der Verkehrsauffassung sowie die Eignung des Verschweigens zur Beeinflussung der Entscheidung zu berücksichtigen.**

(2) **Unlauter handelt, wer die Entscheidungsfähigkeit von Verbrauchern im Sinne des § 3 Absatz 2 dadurch beeinflusst, dass er eine Information vorenthält, die im konkreten Fall unter Berücksichtigung aller Umstände einschließlich der Beschränkungen des Kommunikationsmittels wesentlich ist.**

(3) **Werden Waren oder Dienstleistungen unter Hinweis auf deren Merkmale und Preis in einer dem verwendeten Kommunikationsmittel angemessenen Weise so angeboten, dass ein durchschnittlicher Verbraucher das Geschäft abschließen kann, gelten folgende Informationen als wesentlich im Sinne des Absatzes 2, sofern sie sich nicht unmittelbar aus den Umständen ergeben:**
1. **alle wesentlichen Merkmale der Ware oder Dienstleistung in dem dieser und dem verwendeten Kommunikationsmittel angemessenen Umfang;**
2. **die Identität und Anschrift des Unternehmers, gegebenenfalls die Identität und Anschrift des Unternehmers, für den er handelt;**
3. **der Endpreis oder in Fällen, in denen ein solcher Preis auf Grund der Beschaffenheit der Ware oder Dienstleistung nicht im Voraus berechnet werden kann, die Art der Preisberechnung sowie gegebenenfalls alle zusätzlichen Fracht-, Liefer- und Zustellkosten oder in Fällen, in denen diese Kosten nicht im Voraus berechnet werden können, die Tatsache, dass solche zusätzlichen Kosten anfallen können;**
4. **Zahlungs-, Liefer- und Leistungsbedingungen sowie Verfahren zum Umgang mit Beschwerden, soweit sie von Erfordernissen der fachlichen Sorgfalt abweichen, und**
5. **das Bestehen eines Rechts zum Rücktritt oder Widerruf.**

(4) **Als wesentlich im Sinne des Absatzes 2 gelten auch Informationen, die dem Verbraucher auf Grund gemeinschaftsrechtlicher Verordnungen oder nach Rechtsvorschriften zur Umsetzung gemeinschaftsrechtlicher Richtlinien für kommerzielle Kommunikation einschließlich Werbung und Marketing nicht vorenthalten werden dürfen.**

Inhaltsübersicht

	Rn
I. Entstehungsgeschichte der Norm	1
II. Zweck und Struktur der Norm	4
III. Verhältnis zu anderen Vorschriften	7
IV. Vorenthalten einer wesentlichen Information gegenüber Verbrauchern (§ 5a II)	9
1. Vorenthalten	9
2. Wesentliche Information	10
a) Maßstab (§ 5a I)	10
b) Einzelfälle	15
aa) Telefonkosten	15
bb) Auslaufmodelle	18
cc) Konstruktionsunterschiede	20
dd) Gerätenummern, Herstellungsnummern	21
ee) Risikoausschlüsse in AGB	22
ff) Gesetzlich zugelassene oder vorgesehene Bezeichnungen	23
gg) Verwendung von Marken	24
hh) Testergebnisse	25
ii) Ärzliche Verweisung an Leistungserbringer	26
jj) Rechtsanwälte	27
kk) Preiswerbung	28
3. Beeinflussung der Entscheidungsfähigkeit	29
V. Für Verbraucher wesentliche Information (§ 5a III)	30
1. Allgemeines	30
2. Angebot	32
3. Wesentliche Warenmerkmale	33
4. Identität und Anschrift des Unternehmers	37
5. Preise und Kosten	39
6. Bedingungen und Beschwerdeverfahren	41
7. Recht zum Rücktritt und Widerruf	43
VI. Unionsrechtliche Informationsanforderungen (§ 5a IV)	45
1. Allgemeines	45
2. Informationspflichten nach Anhang II UGP-RL	48
3. Sonstige unionsrechtliche Informationspflichten	49

Literatur: *Alexander,* Die Umsetzung von Art 7 der Richtlinie 2005/29/EG über unlautere Geschäftspraktiken in Deutschland und Österreich, GRUR Int 2012, 1; *ders,* Die „Aufforderung zum Kauf" im Lauterkeitsrecht, WRP 2012, 125; *ders,* Die Informationspflichten gemäß § 40 Abs 1 und 2 EnWG und ihre Durchsetzung nach Energiewirtschafts-, Lauterkeits- und Vertragsrecht, WRP 2012, 660; *ders,* Neuregelungen zum Schutz vor Kostenfallen im Internet, NJW 2012, 1985; *Bergmann,* Richtlinienkonforme Auslegung im Unlauterkeitsrecht am Beispiel der Irreführung durch Unterlassen nach § 5a UWG, FS Krämer, 2009, S 163; *Bornkamm,* Irrungen, Wirrungen – Der Tatbestand der Irreführung durch Unterlassen, WRP 2012, 1; *Burmann,* Wettbewerbsrechtliche Probleme bei unvollständigen Werbeangaben, DB 1967, 1358; *Chr. Busch,* Informationspflichten im Wettbewerbs- und Vertragsrecht, 2008; *ders,* DIN-Normen für Dienstleistungen – Das Europäische Normungskomitee produziert Musterverträge, NJW 2010, 3061; *Hoffrichter/Daunicht,* Die „halbe Wahrheit" – Irreführung durch lückenhafte Werbung, Diss. jur. Frankfurt, 1986; *Keyßner,* Täuschung durch Unterlassen – Informationspflichten in der Werbung, 1986; *Körber/Heinlein,* Informationspflichten und neues UWG, WRP 2009, 780; *Leible/Schäfer,* Proaktive Informationspflichten aus Art 7 UGP-RL – eine wettbewerbsrechtliche Allzweckwaffe?, WRP 2012, 32; *Lindacher,* Allgemeines Irreführungsverbot und konditioniertes Informationsgebot – Doppelgleisiger lauterkeitsrechtlicher Schutz materialer Privatautonomie, FS Spellenberg, 2010, S 43; *Loewenheim,* Aufklärungspflichten in der Werbung, GRUR 1980, 14; *Lohbeck,* Neue Informationspflichten für Dienstleistungserbringer, K&R 2010, 463; *Messer,* Der unvollständige Testbericht, GRUR 1986, 647; *A. Müller,* Abenteuer online: Zur Informationspflicht des Anbieters nach § 5a Abs 3 Nr 2 UWG, GRUR-Prax 2011, 118; *v. Oelffen,* § 5a UWG – Irreführung durch Unterlassen – Ein neuer Tatbestand im UWG, 2012; *Sosnitza,* Der Gesetzentwurf zur Umsetzung der Richtlinie über unlautere Geschäftspraktiken, WRP 2008, 1014; *Steinbeck,* Irrwege bei der Irreführung durch Unterlassen, WRP 2011, 1221; *Thöni,* Zur „Aufforderung an Verbraucher zum Kauf" (§ 2 Abs 6 UWG), wbl 2009, 473; *Tilmann,* Irreführende Werbeangaben und täuschende Werbung, GRUR 1976, 544.

I. Entstehungsgeschichte der Norm

Schon lange bevor erstmals in § 5 II 2 des UWG von 2004 das Verschweigen einer Tatsache als irreführend erwähnt wurde, war allgemein anerkannt, dass eine Irreführung auch durch Unterlassen begangen werden kann, wenn eine Aufklärungspflicht besteht (BGH GRUR 52, 416, 417 – *Dauerdose;* GRUR 85, 450, 451 – *Benzinverbrauch;* GRUR 96, 793, 795 – *Fertiglesebrillen;* Baumbach/Hefermehl, 22. Aufl, § 3 Rn 48 ff). Auch der EuGH geht davon aus, dass eine Unterlassung eine Werbung irreführend machen kann, insbesondere wenn eine solche Werbung unter Berücksichtigung der Verbraucher, an die sie sich richtet, einen Umstand verdecken soll, der, wäre er bekannt gewesen, geeignet gewesen wäre, eine erhebliche Zahl von Verbrauchern von ihrer Kaufentscheidung abzuhalten (EuGH GRUR 11, 159 Rn 49 – *Lidl/Vierzon Distribution;* GRUR 07, 69 Rn 80 – *Lidl Belgium/Colruyt*). 1

Art 7 der UGP-RL sieht eine detaillierte Regelung über irreführende Unterlassungen gegenüber Verbrauchern vor. Zu deren Umsetzung ist durch die Novelle von 2008 § 5a geschaffen worden. § 5a II dient der Umsetzung von Art 7 I – III UGP-RL, während § 5a III in Übereinstimmung mit Art 7 IV UGP-RL bestimmte Informationen für wesentlich erklärt werden. § 5a IV erstreckt dies gemäß Art 7 V UGP-RL auf unionsrechtlich vorgegebene Informationspflichten. 2

§ 5a I tritt an die Stelle des bisherigen § 5 II 2 UWG 2004, dessen Wortlaut übernommen wird. Dabei wird das bisherige Merkmal der „Bedeutung für die Entscheidung zum Vertragsschluss" im Hinblick auf die Erstreckung der Regelung auf nachvertragliche geschäftliche Handlungen (vgl § 2 I Nr 1) durch das Merkmal der „Bedeutung für die geschäftliche Entscheidung" ersetzt. Auch hier bleibt das Gesetz beim Grundsatz der einheitlichen Anwendung auf Verbraucher, Mitbewerber und sonstige Marktteilnehmer (BT-Dr 16/10 145, S 25; aA *Alexander* GRUR Int 12, 1, 7: nur b2b). Demgegenüber gelten § 5a II bis IV UWG-E nur für Waren- und Dienstleistungsangebote gegenüber Verbrauchern. Diese Ausnahme ist geboten, um den kaufmännischen Verkehr nicht mit Informationsanforderungen zu belasten, die in erster Linie dem Verbraucherschutz dienen. Die zu § 5 II UWG 2004 entwickelte Rechtsprechung ist auf § 5a übertragbar (BGH GRUR 11, 846 Rn 21 – *Kein Telekom-Anschluss nötig*). 3

II. Zweck und Struktur der Norm

§ 5a schützt im Rahmen des **Schutzzwecks** des UWG (§ 1), des Art 1 der Irreführungsrichtlinie 2006/114/EG wie auch des Art 1 der UGP-RL die Marktteilnehmer sowie die Allgemeinheit vor irreführenden Unterlassungen und damit – wie § 5 – gegen eine lauterkeitswidrige Missachtung des Wahrheitsgrundsatzes im Wettbewerb (vgl § 5 Rn 8). Allerdings gehen **§ 5a II – V** in Umsetzung von Art 7 UGP-RL (Rn 2) insofern über §§ 5, 5a I hinaus, als sie **keine Fehlvorstellung** des Verbrauchers **voraussetzen** (BGH GRUR 12, 943 Rn 13 – *Call by Call; Lindacher* FS Spellenberg S 43, 46 f; Harte/Henning/*Dreyer* § 5a Rn 11); dies ergibt sich daraus, 4 dass Art 7 im Gegensatz zu Art 6 I UGP-RL keine Täuschung bzw Täuschungseignung erwähnt. Im Zentrum steht hier vielmehr das Vorenthalten einer wesentlichen Information, die geschäftliche Relevanz haben, also geeignet sein muss, dem Verbraucher zu einer Entscheidung zu veranlassen, die er sonst nicht getroffen hätte.

5 Insbesondere durch die normative Statuierung von bestimmten Informationen als wesentlich in § 5a III, Art 7 IV UGP-RL und in § 5a IV, Art 7 V UGP-RL nähert sich die Vorschrift einer Marktverhaltensregelung vergleichbar mit § 4 Nr 11 an, sodass hier auch Überschneidungen bestehen (Rn 7, 47). Der Unionsgesetzgeber hat diese Regelungen mangels eigenständiger Kategorie der Marktverhaltensregeln den Irreführungen zugeordnet (Fezer/*Peifer* § 5a Rn 4; *Bornkamm* WRP 12, 1; *Lindacher* FS Spellenberg, S 43, 47).

6 **Umstritten** ist, in welchem Maße die **geschäftliche Relevanz** in den Tatbeständen des § 5a II – V eine eigenständige Rolle spielt und zu prüfen ist. Dass im gesamten Tatbestand des Art 7 UGP-RL bereits das Unterlassen der wesentlichen Information zur Unzulässigkeit führen soll (so *Peifer* WRP 08, 556, 559) überzeugt angesichts des Wortlauts von Art 7, I, II UGP-RL nicht. Die gegenteilige Auffassung, nach der stets die geschäftliche Relevanz zu prüfen ist (Harte/Henning/*Dreyer* § 5a Rn 46; *Steinbeck* WRP 11, 1221, 1223f; *Leible/Schäfer* WRP 12, 32, 38; *v. Oelffen* Rn 461), führt bei zumindest einigen zwingend vorgeschriebenen Informationen zu erheblichen Schwierigkeiten; so dürfte etwa kaum zu begründen sein, dass der Verbraucher das Produkt nicht gekauft hätte, wenn Identität und Anschrift des Unternehmens angegeben worden wären, § 5a III Nr 2, Art 7 IV lit b UGP-RL. Es spricht daher mehr dafür, zwischen den Tatbeständen zu **differenzieren**: Soweit es um den allgemeinen Tatbestand der Vorenthaltung von wesentlichen Informationen nach **§ 5a II** bzw Art 7 I – III UGP-RL geht, ist die geschäftliche Relevanz positiv **festzustellen** bzw geht regelmäßig mit der Wesentlichkeit der Information einher, während sie bei **§ 5a III, IV** bzw Art 7 IV, V UGP-RL **unwiderleglich vermutet** wird (vgl BGH GRUR 11, 82 Rn 33 – *Preiswerbung ohne Umsatzsteuer; Bergmann* FS Krämer, S 163, 170ff; jurisPK-UWG/*Seichter* § 5a Rn 16; aA Köhler/*Bornkamm* § 5a Rn 5: durchgängige Fiktion).

III. Verhältnis zu anderen Vorschriften

7 § 5a kann wegen seiner Annäherung an eine Marktverhaltensregelung insb in IV (oben Rn 5) Überschneidungen mit **§ 4 Nr 11** vor allem aufweisen, wenn der Normverstoß in einer Nichterfüllung von Informationspflichten besteht (vgl unten Rn 47).

8 Die Abgrenzung zu **§ 5** sieht auf den ersten Blick einfach aus, da dort eine Irreführung durch eine Angabe, also durch Tun nötig ist, während § 5a gerade eine Irreführung durch Unterlassen bzw das Vorenthalten einer wesentlichen Information erfordert. Gleichwohl kann die Grenzziehung im Einzelfall schwierig sein. Zum Teil wird für strikte Alternativität plädiert (Harte/Henning/*Dreyer* § 5a Rn 21; *Steinbeck* WRP 11, 1221, 1222; vgl auch *v. Oelffen* Rn 141 ff); der in diesem Zusammenhang diskutierte Fall *Preiswerbung ohne Umsatzsteuer* (BGH GRUR 11, 82 Rn 28ff, vgl auch OLG Hamburg GRUR-RR 13, 29, 37 – *Nr 1 Hits*), in dem § 5 und § 5a nebeneinander bejaht wurden, ist freilich in keine Richtung ein überzeugendes Argument, da falsch entschieden (unten Rn 39). Jedenfalls unterscheidet sich § 5a von § 5 dadurch, dass er keine Gefahr einer entsprechenden Fehlvorstellung der Verbraucher voraussetzt (vgl BGH GRUR 12, 943 Rn 13 – *Call-by-Call;* oben Rn 4), sodass durchaus Überschneidungen möglich sind (ebenso *Bornkamm* WRP 12, 1, 3; *Lindacher* FS Spellenberg, S 43, 48; GK/*Lindacher* Vor §§ 5, 5a Rn 119, 127, 130).

Irreführung durch Unterlassen **§ 5a UWG**

IV. Vorenthalten einer wesentlichen Information gegenüber Verbrauchern (§ 5a II)

1. Vorenthalten. Nach § 5a II ist es im Kern unlauter, dem Verbraucher wesent- 9
liche Informationen vorzuenthalten. „Vorenthalten" ist als Oberbegriff für das verheimlichen einerseits und das Bereitstellen von unklaren Informationen im weitesten Sinne andererseits zu verstehen, sodass die weite Regelung des Art 7 II der Richtlinie abgedeckt ist (BT-Dr 16/10 145, S 25). Wer nach 5a II (ebenso III, IV) eine Information zu geben verpflichtet ist, muss diese **klar, eindeutig und vollständig** angeben; unklare, mehrdeutige oder unvollständige Information steht der schlichten Nichtinformation gleich (KG GRUR-RR 11, 278; *Lindacher* FS Spellenberg, § 43, 49). Vorenthalten kann man nur Informationen, in deren Besitz man bereits ist, sodass sich daraus zugleich ableiten lässt, dass den Unternehmer **keine allgemeine Beschaffungspflicht** für Informationen trifft, nach denen Verbraucher fragen (*Köhler,* WRP 09, 109, 116). Die Anforderungen an die zur Verfügung zu stellenden Informationen hängen stets auch von den Möglichkeiten und Begrenzungen des eingesetzten Kommunikationsmittels ab. Daher wird dieser Aspekt bei der Wesentlichkeit sowohl nach § 5a II als auch III ausdrücklich berücksichtigt. Wichtig ist dabei auch, ob Maßnahmen getroffen worden sind, um die Informationen anderweitig zur Verfügung zu stellen (BT-Dr 16/10 145, S 25), zB im Internet (ebenso *v. Oelffen* Rn 416ff; pauschal ablehnend dagegen OLG Hamm WRP 12, 985 Rn 31).

2. Wesentliche Information. a) Maßstab (§ 5a I). Unlauter handelt nach § 5a 10
II nur, wer eine *wesentliche* Information vorenthält. Diese Information muss der durchschnittliche Verbraucher nach Art 7 der UGP-RL benötigen, um je nach den Umständen eine informierte geschäftliche Entscheidung zu treffen. Dabei sind auch die Besonderheiten, insbesondere Beschränkungen, des verwendeten Kommunikationsmittels zu berücksichtigen (vgl BGH GRUR 09, 418 Rn 17 – *Fußpilz*). Daraus ergibt sich, dass der Unternehmer nicht über alle möglichen Umstände eines Angebots oder Geschäfts informieren muss. Ihn trifft also **keine generelle Aufklärungspflicht** (BGH GRUR 11, 638 Rn 34 – *Werbung mit Garantie;* GRUR 13, 945 Rn 34 – *Standardisierte Mandatsbearbeitung*).

Eine Aufklärungspflicht besteht, wenn das Publikum bei Unterbleiben aufklären- 11
der Hinweise in einem *wesentlichen* Punkt, der die wirtschaftliche Entschließung zu beeinflussen geeignet ist, getäuscht würde (BGH GRUR 52, 416, 417 – *Dauerdose;* GRUR 73, 206, 207 – *Skibindungen;* GRUR 89, 682, 683 – *Konkursvermerk;* GRUR 96, 793, 795 – *Fertiglesebrillen;* GRUR 99, 757, 758 – *Auslaufmodelle I;* GRUR 99, 1017, 1018 – *Kontrollnummernbeseitigung I;* GRUR 00, 76, 77 – *Shareware-Version;* GRUR 11, 846 Rn 21 – *Kein Telekom-Anschluss nötig;* GRUR 13, 945 Rn 34 – *Standardisierte Mandatsbearbeitung,* stRspr). In solchen Fällen müssen zum Schutz des Verbrauchers vor Irreführung auch negative Eigenschaften des Angebots offenbart werden (BGH GRUR 00, 616, 618 – *Auslaufmodelle III* mwN).

Bei der Beurteilung, ob eine Information wesentlich ist, sind insbesondere deren 12
Bedeutung für die geschäftliche Entscheidung nach der Verkehrsauffassung sowie die Eignung des Verschweigens zur Beeinflussung der Entscheidung zu berücksichtigen, § 5 I. Eine Information ist mit anderen Worten wesentlich, wenn eine Aufklärungspflicht besteht (BGH GRUR 11, 846 Rn 21 – *Kein Telekom-Anschluss nötig*).

Aufklärungspflichten können sich aus **Gesetz** (zB aus lebensmittelrechtlichen 13
Kennzeichnungsvorschriften, § 5 Rn 18f, 42, 253), aus **Vertrag** oder auch aus **vorangegangenem Tun** (Werbemaßnahmen) des Werbenden selbst ergeben (BGH GRUR 83, 777, 778 – *Möbel-Katalog*). Ob danach zur Vermeidung einer Irreführung eine Aufklärung geboten ist, richtet sich allein nach dem Eindruck, den die Werbung nach den Gesamtumständen vermittelt, und der danach zu beurteilenden Bedeutung der verschwiegenen Tatsache für die Entschließung des angesprochenen

Verkehrs (des verständigen Durchschnittsverbrauchers). Zur Irreführung führt die Nichterteilung von Informationen (das Verschweigen) aber immer nur dann, wenn der Verbraucher in einem *wesentlichen* relevanten Punkt getäuscht bzw der Gefahr einer Täuschung ausgesetzt wird (BGH GRUR 52, 416, 417 f – *Dauerdose;* GRUR 64, 269, 271 – *Grobdesin;* GRUR 73, 206, 207 – *Skibindungen,* GRUR 82, 374, 375 – *Ski-Auslaufmodelle;* GRUR 87, 45, 47 – *Sommerpreiswerbung;* BGHZ 104, 185, 188 = GRUR 88, 823, 824 – *Entfernung von Kontrollnummern I;* GRUR 96, 793, 795 – *Fertiglesebrillen;* GRUR 99, 1122, 1123 – *EG-Neuwagen I;* GRUR 00, 76, 77 – *Shareware-Version*). Getäuscht wird der Kunde, dem ein Kunststofferzeugnis verkauft wird, obwohl er nach den Umständen ein Naturprodukt erwarten darf. Zum Ablauf von Mindesthaltbarkeitsdaten s OLG Köln GRUR 88, 920, 922.

14 Eine **allgemeine Aufklärungspflicht** des Werbenden besteht, sofern sie nicht schon aus gesetzlicher oder vertraglicher Verpflichtung oder aus vorangegangenem Tun folgt, im Wettbewerb *nicht generell* (so Rn 10 f). Auch die von einer konkreten Irreführungsgefahr unabhängige Pflicht zur Angabe von wesentlichen Informationen begründet keine generelle Informationspflicht, sondern **nur zur Offenlegung von Informationen,** die für die geschäftliche Entscheidung es Verbrauchers **erhebliches Gewicht** haben und deren Angabe unter Berücksichtigung der beiderseitigen Interessen **vom Unternehmer erwartet werden kann** (BGH GRUR 12, 1275 Rn 36 – *Zweigstellenbriefbogen*). Eine Information ist daher nicht allein deshalb wesentlich iSd § 5a II, weil sie für die geschäftliche Entscheidung des Verbrauchers von Bedeutung sein kann; so ist es für einen Rechtsuchenden zwar möglicherweise von Interesse, ob ein Rechtsanwalt ganz oder halbtags und in welchem Büro er seine Tätigkeit ausübt und welche Examensnoten er hat, doch sind dies keine wesentlichen Informationen nach § 5a II (BGH GRUR 12, 1275 Rn 35 f – *Zweigstellenbriefbogen*). Die Offenlegung aller Eigenschaften einer beworbenen Ware oder Leistung einschließlich der weniger vorteilhaften wird vom Verkehr nicht ohne Weiteres erwartet. Eine Verpflichtung zur Aufklärung auch über negative Produkteigenschaften besteht aber immer dann, wenn dies zum Schutz des Verbrauchers unter Berücksichtigung der berechtigten Interessen des Werbenden unerlässlich ist (BGH WRP 93, 239 – *Sofortige Beziehbarkeit;* GRUR 99, 1122, 1123 – *EG-Neuwagen I;* GRUR 99, 1125, 1126 – *EG-Neuwagen II*), insbesondere wenn andernfalls die Gefahr einer unlauteren Beeinflussung der Verbraucher durch Täuschung über den tatsächlichen Wert des Angebots bzw über den Wert einer angebotenen Zusatzleistung gegeben ist (BGH GRUR 03, 538 – *Gesamtpreisangebot;* GRUR 06, 161 – *Zeitschrift mit Sonnenbrille;* GRUR 07, 251 Rn 21 – *Regenwaldprojekt II*). Im Fall der Kopplung eines Absatzgeschäfts mit einem sozialen, kulturellen, sportlichen oder ökologischen Engagement besteht keine allgemeine Verpflichtung des Unternehmens, über die Art und Weise der Unterützung oder die Höhe bzw den Wert der Zuwendung aufzuklären (BGH GRUR 07, 251 Rn 22 – *Regenwaldprojekt II*). Die äußeren Umstände einer Werbung können aufklärende Hinweise entbehrlich machen. In der gedrängten Darstellung eines Zeitungsinserats oder eines Radio-/Fernsehspots wird vom Verkehr eine umfassende Aufklärung nicht erwartet (BGH aaO – *EG-Neuwagen I und II;* BGH GRUR 02, 182, 185 – *Das Beste jeden Morgen*). Eine Aufklärungspflicht kann uU auch nur in **eingeschränktem Umfang** bestehen, wenn weitergehende Aufklärung von dem Interesse der Verbraucher und der Mitbewerber an der Unterbindung einer irreführenden Werbung nicht gefordert wird (BGH aaO – *EG-Neuwagen I*). Unvollständigkeit der Werbeangabe bedeutet deshalb keinesfalls stets Unrichtigkeit.

15 **b) Einzelfälle. aa) Telefonkosten.** Wird das Publikum in Printmedien, im Rundfunk oder im Internet dazu aufgefordert, sich unter Benutzung einer Service-Sondernummer (0180–5) über das Angebot des Werbenden zu unterrichten, muss dieser zugleich darüber aufklären, dass und in welcher Höhe **Telefongebühren** anfallen, was sich mit Blick auf die dem Verkehr als gebührenfrei bekannten, mit 0130/

Irreführung durch Unterlassen **§ 5a UWG**

800 beginnenden sog „Free-call-Nummern" nicht von selbst versteht. Schweigt sich der Werbende darüber gleichwohl aus, verletzt er in relevant irreführender Weise seine Aufklärungspflicht (OLG Stuttgart NJWE-WettbR 00, 107, 108).

Bei der Werbung für **Telefonanschlüsse** erwarten Interessenten ohne besondere 16 Hinweise, dass die Möglichkeit zum „Call-by-Call"- und „Preselection"-Verfahren besteht (BGH GRUR 11, 846 Rn 23 – *Kein Telekom-Anschluss nötig;* GRUR 12, 943 Rn 12 – *Call-by-Call*).

Ein Rechtsanwalt, der für eine **telefonische Rechtsberatung** mit einem Minu- 17 tenpreis wirbt (zB 3 € pro Beratungsminute incl. MwSt), muss darauf hinweisen, dass in die Berechnung des Minutenpreises auch Gesprächsunterbrechungen aus Anlass von Rückfragen, Recherchen uä eingehen (BGH GRUR 05, 433, 435 f – *Telekanzlei*).

bb) Auslaufmodelle. Bei Elektro-Haushaltsgroßgeräten (zB bei Kühlschränken, 18 Gefriertruhen, Waschmaschinen, Geschirrspülern) oder anderen höherwertigen Geräten, zB der Unterhaltungselektronik (Fernseher, Videorecorder), bei denen der Verkehr Wert darauf legt, dass sie nicht schon nach kurzer Zeit veraltet sind, besteht grundsätzlich eine Hinweispflicht des Handels, dass das angebotene Gerät nicht mehr produziert bzw nicht mehr geführt wird oder vom Hersteller zum **Auslaufmodell** erklärt worden ist (BGH GRUR 99, 757, 758 – *Auslaufmodelle I;* GRUR 00, 616, 618 – *Auslaufmodell III;* OLG Düsseldorf WRP 10, 1551).

In der Werbung für **Kraftfahrzeuge** besteht eine **Aufklärungspflicht** des wer- 19 benden Händlers, wenn die beworbenen Fahrzeuge gegenüber den auf dem Markt angebotenen Fahrzeugen gleichen Typs eine geringerwertige Ausrüstung aufweisen (BGH GRUR 92, 171, 173 – *Vorgetäuschter Vermittlungsauftrag*). Anders – mangels wettbewerbsrechtlicher Relevanz – bei der Werbung für ein Importfahrzeug, das bestimmungsgemäß für einen ausländischen Markt hergestellt worden ist, wenn das Fahrzeug in allen wesentlichen Punkten dem deutschen Angebot entspricht (BGH GRUR 94, 228, 229 – *Importwerbung*). **Keine Aufklärungspflicht** besteht hinsichtlich unwesentlicher Umstände und auch nicht für jede Einzelheit des Angebots, wenn nicht der Verkehr ausnahmsweise Aufklärung auch insoweit erwartet. Werden Kraftfahrzeuge angeboten, die zuvor vom Händler nur für einen Tag zugelassen worden waren (sog Tageszulassungen), erwartet der angesprochene Verkehr – ebenso wie beim Angebot von Neufahrzeugen – Fahrzeuge der aktuellen Modellreihe. Wird für Fahrzeuge einer bereits überholten Modellreihe geworben, muss der Händler deutlich machen, dass es sich bei den beworbenen Fahrzeugen nicht um die neuesten Modelle handelt (OLG Köln NJWE-WettbR 98, 221, 222). Preisreduzierungen lassen für sich allein nicht auf Auslaufmodelle schließen (BGH GRUR 82, 374, 375 – *Ski-Auslaufmodelle;* GRUR 87, 45, 47 – *Sommerpreiswerbung;* OLG Hamm WRP 89, 529, 531: Werbung für Fernseh-Auslaufmodell).

cc) Konstruktionsunterschiede. Konstruktionsunterschiede zwischen den in 20 der Werbung in Bezug genommenen und den tatsächlich angebotenen Waren, die dem Kunden unbekannt sind, bedürfen aufklärender Hinweise (BGH GRUR 65, 676, 678 – *Nevada-Skibindungen*). Wirbt ein Online-Händler für einen Durchlauferhitzer, muss er darauf hinweisen, dass für den Betrieb des Gerätes ein Starkstromanschluss notwendig ist (OLG Dresden WRP 12, 1280).

dd) Gerätenummern, Herstellungsnummern. Zur Erforderlichkeit von 21 Hinweisen auf das Fehlen oder die Beseitigung von Geräte- und Herstellungsnummern s BGH GRUR 88, 461, 462 – *Radio-Recorder;* GRUR 89, 110, 113 – *Synthsizer*.

ee) Risikoausschlüsse in AGB. Bei der Werbung für den Abschluss von Versi- 22 cherungen erwecken detaillierte Risikoausschlüsse den Eindruck der Vollständigkeit. Es bedarf daher der Aufklärung, wenn durch Bezugnahme auf AGB weitere wesentliche Haftungsausschlüsse eingreifen sollen (BGH GRUR 83, 654, 656 – *Kofferschaden*).

Sosnitza

23 ff) Gesetzlich zugelassene oder vorgesehene Bezeichnungen. Aufklärungspflichten können auch bei gesetzlich zugelassenen oder vorgesehenen Bezeichnungen bestehen, wenn andernfalls eine Irreführung des Verkehrs zu befürchten wäre (BGH GRUR 83, 651, 653 – *Feingoldgehalt*).

24 gg) Verwendung von Marken. Weist die Verwendung einer Marke den Verkehr ausnahmsweise auf bestimmte Eigenschaften der so gekennzeichneten Ware hin, etwa bei Kollektivmarken (§§ 97 I, 102 II Nr 5 MarkenG), bedarf es bei der Verwendung der Marke für Waren, denen diese Eigenschaften fehlen, aufklärender Hinweise (BGH GRUR 84, 737 – *Ziegelfertigstürze*). Im Übrigen garantiert die Marke jedoch keine Qualitätsfunktion im Rechtssinne, sodass nicht ohne Weiteres auf Qualitätsverschlechterungen hingewiesen werden muss (vgl § 5 Rn 281).

25 hh) Testergebnisse. Es ist ein Gebot der fachlichen Sorgfalt, mit Testergebnissen nur zu werben, wenn dem Verbraucher dabei die Fundstelle eindeutig und leicht zugänglich angegeben und ihm so eine einfache Möglichkeit eröffnet wird, den Test selbst zur Kenntnis zu nehmen; fehlt es daran, beeinträchtigt dies die Möglichkeit des Verbrauchers, die testbezogene Werbung zu prüfen und insbesondere in den Gesamtzusammenhang des Tests einzuordnen (BGH GRUR 10, 248 Rn 31 – *Kamerakauf im Internet*). Die Fundstellenangabe erfordert mindestens 6-Punkt-Schrift (OLG Celle GRUR-RR 11, 278; KG GRUR-RR 11, 278, 279). Sind in einem Test mehrere Konkurrenzerzeugnisse mit „sehr gut" bewertet, muss derjenige, der mit „gut" werben will, den Rang im Gesamttest deutlich machen (OLG Frankfurt GRUR-Prax 11, 127).

26 ii) Ärzliche Verweisung an Leistungserbringer. Sieht eine Berufsordnung für Ärzte (§ 34 V NdsBOÄ) vor, dass es dem Arzt nicht gestattet ist, Patienten ohne hinreichenden Grund an bestimmte Apotheken, Geschäfte oder Anbieter von gesundheitlichen Leistungen zu verweisen, ist der Verweisungsgrund vom Arzt gegenüber dem Patienten offenzulegen (vgl BGH GRUR 11, 345 Rn 59 – *Hörgeräteversorgung II*).

27 jj) Rechtsanwälte. Die Information über das Bestehen weiterer Niederlassungen eines Rechtsanwalts ist ebenso wenig wesentlich iSd § 5a II wie seine Examensnoten oder der Umfang seiner Tätigkeit ganz- oder halbtags (BGH GRUR 12, 1275 Rn 34, 36 – *Zweigstellenbriefbogen*).

28 kk) Preiswerbung. Werden bei der Werbung mit Einführungspreisen, denen bei den jeweils einzeln beworbenen Produkten durchgestrichene Preise gegenübergestellt, muss sich aus der Werbung klar und deutlich ergeben, worum es sich bei dem durchgestrichenen Preis handelt und, wenn es sich um den Normalpreis handelt, ab wann dieser Normalpreis gefordert wird (BGH GRUR 11, 934 Rn 22 – *Original Kanchipur*).

29 3. Beeinflussung der Entscheidungsfähigkeit. Das Vorenthalten einer wesentlichen Information ist nach § 5a II nur unlauter, wenn dadurch die Entscheidungsfähigkeit von Verbrauchern iSd § 3 II beeinflusst wird. Dies bedeutet im Kern nichts anderes, als dass das Verhalten geeignet sein muss, den Durchschnittsverbraucher zu einer **geschäftlichen Entscheidung zu veranlassen**, die er bei Zurverfügungstellung der Information **nicht getroffen hätte** (Art 7 I, II UGP-RL; iE ebenso *Bergmann* FS Krämer, S 163, 174; *Alexander* GRUR Int 12, 1, 5); idR wird dies mit der Prüfung der Wesentlichkeit der Information zusammenfallen (oben Rn 6). Dagegen ist im Rahmen des Verweises auf § 3 II nicht noch gesondert ein Verstoß gegen die fachliche Sorgfalt zu prüfen, wie sich aus der Systematik des Art 5 II lit a, IV iVm Art 7 UGP-RL ergibt (*Alexander* GRUR Int 12, 1, 5).

Irreführung durch Unterlassen **§ 5a UWG**

V. Für Verbraucher wesentliche Information (§ 5a III)

1. Allgemeines. § 5a III enthält zur Umsetzung von Art 7 IV und V der Richt- 30
linie eine **Liste** von Umständen, die als wesentlich iSd Abs 2 „gelten". Dabei handelt
es sich um eine unwiderlegliche Vermutung (BGH GRUR 11, 82 Rn 33 – *Preiswerbung ohne Umsatzsteuer;* vgl oben Rn 6).

Unklar und umstritten ist, inwieweit § 5a III **abschließend** ist. Hier sind ver- 31
schiedene Fragen zu unterscheiden. (1) Am deutlichsten scheint zu sein, dass die in
§ 5a III genannten Informationen nur im Falle der „Aufforderung zum Kauf" zu
geben sind, nicht aber schon in einer vorangehenden Werbung (Erwägungsgrund 14
der Richtlinie: „Solche Informationen müssen nicht notwendigerweise in jeder Werbung enthalten sein, sondern nur dann, wenn der Gewerbetreibende zum Kauf auffordert"; *Köhler* WRP 09, 109, 116). (2) Ob über den Katalog des § 5a III hinaus
keine weiteren Informationsanforderungen im Falle der „Aufforderung zum Kauf"
gestellt werden dürfen (so *Köhler* WRP 09, 109, 116 rSp), ist weit weniger klar, da
Erwägungsgrund 14 von „*Basis*informationen" spricht (iE ebenso *Bergmann* FS Krämer, S 163, 168 f; *Körber/Heinlein* WRP 09, 780, 785). (3) Demgegenüber dürften
außerhalb einer „Aufforderung zum Kauf" wohl weitere Informationspflichten auf
§ 5a II bzw Art 7 I der Richtlinie gestützt werden (so wohl auch *Köhler* WRP 09,
109, 116 lSp). Solche sonstigen wesentlichen Informationen können sich zB auf den
Zeitraum *nach* Vertragsschluss (§ 2 Rn 23) beziehen, etwa wenn Hersteller oder
Händler von ganz erheblichen Gesundheits- oder Sicherheitsmängeln der Ware erfahren (*Köhler* WRP 09, 109, 116). Insofern kann § 5a zu einer weiteren Grundlage
für Warn- und Rückrufpflichten (neben dem Produkthaftungsrecht) werden.

2. Angebot. § 5a III legt einen Katalog von Informationen fest, die als wesentlich 32
iSd Abs 2 gelten sollen, wenn Waren oder Dienstleistungen unter Hinweis auf deren
Merkmale und Preis in einer dem verwendeten Kommunikationsmittel angemessenen Weise so angeboten werden, dass ein durchschnittlicher Verbraucher das Geschäft
abschließen kann. Der Begriff des **Angebots** dient danach zur Umsetzung des in
Art 7 IV der Richtlinie verwendeten Begriffs der „Aufforderung zum Kauf". Daher
ist von einem weiten Begriff des Angebots auszugehen (EuGH GRUR 11, 930
Rn 29 – *Ving Sverige AB*). Eine **Aufforderung zum Kauf** ist nach Art 2 lit i UGP-
RL jede kommerzielle Kommunikation, die die Merkmale des Produkts und den
Preis in einer Weise angibt, die den Mitteln der verwendeten kommerziellen Kommunikation angemessen ist und den Verbraucher dadurch in die Lage versetzt, einen
Kauf zu tätigen; dies ist dann gegeben, wenn der Verbraucher hinreichend über das
beworbene Produkt und dessen Preis informiert ist, um eine geschäftliche Entscheidung treffen zu können, ohne dass die kommerzielle Kommunikation auch eine tatsächliche Möglichkeit bieten muss, das Produkt zu kaufen (EuGH GRUR 11, 930
Rn 33 – *Ving Sverige AB; Alexander* WRP 12, 125). Dem entspricht es, wenn die
deutsche Rechtsprechung darauf abstellt, dass der Verbraucher aufgrund der mitgeteilten Angaben (Preis, Waren- oder Dienstleistungsmerkmale) die Möglichkeit hat,
eine auf den Erwerb der Ware gerichtete Willenserklärung abzugeben (BGH
GRUR 11, 82 Rn 33 – *Preiswerbung ohne Umsatzsteuer*). Daher ist der Tatbestand des
§ 5a III nicht nur bei einer *invitatio ad offerendum* oder gar einem rechtlich bindenden
Vertragsangebot iSd § 145 BGB erfüllt, sondern bei jeder Erklärung des Unternehmers, aufgrund derer sich der Verbraucher zum Erwerb einer bestimmten Ware entschließen kann. Nur bei bloßer Aufmerksamkeitswerbung ist dies im Allgemeinen
noch nicht der Fall (BT-Dr 16/10 145, S 25). Der Sache nach dürfte dies im Wesentlichen deckungsgleich mit dem Begriff des „Anbietens" nach § 1 I 1 PAngV sein (vgl
dort Rn 15 ff), auch wenn natürlich dadurch keine inhaltliche Festlegung des gemeinschaftsrechtlich vorgegebenen Begriffs der „Aufforderung zum Kauf" nach
Art 7 IV der Richtlinie erfolgen kann (*Sosnitza* WRP 08, 1014, 1031 f. Eine **Angabe**

des Produktpreises iSd Art 2 lit i UGP-RL (§ 5a III: „Hinweis ... auf Preis") kann auch vorliegen, wenn in der Werbung nur ein **„ab"-Preis** bei verschiedenen Produkten oder Produktgruppen genannt wird (EuGH GRUR 11, 930 Rn 41 – *Ving Sverige AB;* OLG München WRP 12, 736 Rn 15). Eine **Angabe der Merkmale des Produkts** iSd Art 2 lit i UGP-RL (§ 5a III: „Hinweis auf deren Merkmale") ist auch erfüllt, wenn ein und dieselbe Bezugnahme auf das Produkt in Wort oder Bild verwendet wird, um Produkte in verschiedenen Ausführungen zu bezeichnen (EuGH GRUR 11, 930 Rn 49 – *Ving Sverige AB*).

33   **3. Wesentliche Warenmerkmale.** Nach § 5a III Nr 1 gelten als wesentliche Information alle wesentlichen Merkmale der Ware oder Dienstleistung. Dazu gehören bei Kraftfahrzeugen auch Informationen über Kraftstoffverbrauch und CO_2-Emissionen (BGH GRUR 10, 852 Rn 21 – *Gallardo Spyder;* GRUR 12, 842 Rn 25 – *Neue Personenkraftwagen*).

34   Anzugeben sind die wesentlichen Warenmerkmale aber **nur in dem für das Kommunikationsmittel und die Ware oder Dienstleistung angemessenen Umfang**, sodass die Informationsanforderungen insbesondere bei geringwertigen Gegenständen des täglichen Bedarfs auf ein angemessenes Maß beschränkt werden (BT-Dr 16/10 145, S 26).

Die Beschränkung in Bezug auf das eingesetzte Kommunikationsmittel ist redundant, da dies bereits in Abs 2 berücksichtigt wird (ebenso *Thöni* wbl 09, 473, 479), es sei denn man zieht unterschiedliche Grenzen für das eingesetzte Kommunikationsmittel in Bezug auf die wesentlichen Informationen iSv Abs 2 einerseits und in Bezug auf die wesentlichen Merkmale der Ware oder Dienstleistung nach Abs 3 Nr 1 andererseits. Inhaltlich wird § 5a III Nr 1 auch Auswirkungen auf die bei § 4 Nr 4 und Nr 5 geführte Diskussion haben, inwieweit Einschränkungen der dortigen Informationspflichten durch Beschränkungen des gewählten Mediums anzuerkennen sind (vgl OLG Frankfurt, WRP 07, 668; MüKoUWG/*Heermann* § 4 Nr 4 Rn 86 mwN), denn wenn dies bei der Irreführung nun ausdrücklich vorgesehen ist, kann dies bei § 4 Nr 4 und Nr 5 UWG kaum anders sein (vgl § 4 Rn 4/11, 5/8).

35   Die Verpflichtung zur Angabe nach Art 7 IV lit a UGP-RL (bzw § 5a III Nr 1) schließt es nicht aus, dass in einer Werbung nur bestimmte Merkmale des Produkts angegeben werden und im Übrigen **auf eine Website verwiesen** wird, sofern sich dort wesentliche Informationen über die maßgeblichen Merkmale des Produkts, dessen Preis und die übrigen Erfordernisse gemäß Art 7 IV UGP-RL finden (EuGH GRUR 11, 930 Rn 56 – *Ving Sverige AB*); ob dies im Einzelfall ausreicht, damit der Verbraucher in der Lage ist, eine informierte geschäftliche Entscheidung zu treffen, haben die nationalen Gerichte zu beurteilen (EuGH aaO, Rn 59).

36   **Wesentliche Warenmerkmale** sind solche, die einen Bezug zur Qualität und Brauchbarkeit des Produkts haben (vgl Rn 12ff), **nicht** aber zB die Bedingungen der Herstellung und des Vertriebs, wie etwa Arbeits- oder Umweltschutzbedingungen (*Köhler* WRP 09, 109, 116f).

37   **4. Identität und Anschrift des Unternehmers.** Nach § 5a III Nr 2 sind die Identität und Anschrift des Unternehmers, sowie ggf die Identität und Anschrift eines Unternehmers, für den er handelt, anzugeben. Neben dieser allgemeinen Regelung gibt es ähnliche Informationspflichten in speziellen Regelungen, etwa bei Fernabsatzverträgen (§§ 312c I und II BGB iVm Art 246 §§ 1, 2 EGBGB). Verstöße gegen diese marktverhaltensregelnden Normen werden schon durch § 4 Nr 11 erfasst, eine daneben bestehende allgemeine Informationspflicht erscheint aber zur vollständigen Umsetzung der Richtlinie erforderlich (BT-Dr 16/10 145, S 26).

38   Die **Identität** des Unternehmers meint seine Firma, einschließlich Rechtsformzusatz (OLG München WRP 12, 230; aA OLG Köln WRP 13, 191, wenn keine Verwechslungsgefahr). Ein Unternehmensschlagwort genügt jedenfalls dann nicht, wenn mehrere Unternehmen den Begriff verwenden (OLG Hamm GRUR-RR 13,

Irreführung durch Unterlassen **§ 5a UWG**

121, 122). Die **Anschrift** meint eine ladungsfähige Adresse des Hauptsitzes oder der Verwaltung des Unternehmens, nicht nur die Adresse irgendeiner Verkaufsstelle (OLG Hamm GRUR-RR 13, 121, 122). Zur Anschrift des Unternehmers gehört bei einem Rechtsanwalt die Kanzleianschrift, nicht aber die Angabe eventuell weiter vorhandener Kanzleistandorte (BGH GRUR 12, 1275 Rn 21, 30 – *Zweigstellenbriefbogen*). Werden in einer Prospektwerbung Identität und Anschrift des Unternehmers nicht offengelegt, genügt es auch nicht, wenn diese Informationen erst vor Ort im Geschäftslokal ersichtlich sind (OLG München WRP 11, 1213); dagegen können online zur Verfügung gestellte Informationen je nach den Umständen des Einzelfalls ausreichend sein (ebenso *v. Oelffen* Rn 430; aA OLG Hamm WRP 12, 985 Rn 31). Ein **Unternehmer, der für einen anderen Unternehmer** handelt, ist etwa der offene Stellvertreter nach §§ 164 ff BGB. Nicht darunter fällt dagegen der Fall der verdeckten Stellvertretung, bei der jemand im eigenen Namen, aber für fremde Rechnung eines anderen handelt (zB Kommissionsgeschäft), da andernfalls das legitime Interesse des Hintermannes, nicht in Erscheinung zu treten, nicht gewahrt werden könnte (*Sosnitza* WRP 08, 1014, 1032). Dem Verbraucher entsteht dadurch kein Nachteil, da Identität und Anschrift seines alleinigen Vertragspartners offenbart werden. Vermittelt ein Anbieter Gutscheine für eine Ballonfahrt in der Weise, dass der Käufer des Gutscheins unmittelbar einen Anspruch auf die Durchführung der Ballonfahrt bei dem Veranstalter der Fahrt erwirbt, so muss bereits bei der Bewerbung der Gutscheine die Identität dieses Veranstalters offenbart werden (OLG München WRP 11, 134; WRP 12, 575; *A. Müller* GRUR-Prax 11, 118).

5. Preise und Kosten. Nach § 5a III Nr 3 gelten als wesentlich auch Preisangaben, ggf mit zusätzlichen Fracht-, Liefer- oder Zustellkosten (vgl BGH GRUR 10, 1110 Rn 19 – *Versandkosten bei Froogle II;* GRUR 10, 251 Rn 17 – *Versandkosten bei Froogle I*) sowie bei Preisen, die nicht im Voraus berechnet werden können, jedenfalls die Art der Preisberechnung. Anzugeben ist der Endpreis, einschließlich Umsatzsteuer (BGH GRUR 11, 82 Rn 32 – *Preiswerbung ohne Umsatzsteuer*). Auch hierzu existieren bereits spezielle Regelungen, nämlich nach der PAngV, etwa zur Endpreisangabe (§ 1 I PAngV), zu den Liefer- und Versandkosten im Fernabsatz (§ 1 II Nr 2 PAngV) sowie zur Angabe von Verrechnungssätzen bei Leistungsangeboten (§ 1 III PAngV). Verstöße dagegen erfüllen ebenfalls den Tatbestand des § 4 Nr 11. Gleichwohl wird eine allgemeine Regelung in § 5a für gebotene gehalten, um die Bedeutung dieser Informationen hervorzuheben (BT-Dr 16/10 145, S 26). Dies hat zur Folge, dass diese Informationspflichten zukünftig gegenüber Verbrauchern parallel sowohl nach PAngV als auch nach § 5a bestehen. Demgegenüber behält die PAngV insoweit ihre eigenständige Bedeutung, als es um die Information von Gewerbetreibenden geht, die für den eigenen Bedarf kaufen. Werden auf einer Online-Plattform Gebrauchtfahrzeuge allgemein ohne Umsatzsteuer angeboten, tatsächlich aber ausschließlich an Händler verkauft, liegt allerdings kein Verstoß gegen § 5a II, III Nr 3 vor, da ein Verbraucher das Geschäft nicht iSd III „abschließen kann" (aA BGH GRUR 11, 82 Rn 32 – *Preiswerbung ohne Umsatzsteuer*), vielmehr täuscht der Werbende nach § 5 I 2 Nr 1 konkludent über seine Verkaufsbereitschaft gegenüber Endkunden. 39

Wie bei dem Merkmal der „Aufforderung zum Kauf" nach Art 2 lit i UGP-RL kann auch beim Erfordernis der Angabe des Preises nach Art 7 IV lit c UGP-RL ein **„ab"-Preis** genügen, jedoch gelten hier strengere Anforderungen: Ein solcher „ab"-Preis ist nur gerechtfertigt, wenn der genaue Endpreis insbesondere aufgrund der Beschaffenheit und der Merkmale des Produkts vernünftigerweise nicht im Voraus berechnet werden kann, zB wenn der Endpreis einer Reise von einer Reihe variabler Faktoren (Zeitpunkt der Reservierung, Reisedaten etc) abhängt (EuGH GRUR 11, 930 Rn 60f, 64 – *Ving Sverige AB*); der **Umfang** der bereits in der Werbung notwendigen Preisinformationen hängt von Beschaffenheit und Merkmalen des Produkts, von dem verwendeten Kommunikationsmittel und auch von den vom Unternehmer 40 gegebenenfalls bereitgestellten Zusatzinformationen (Internet) ab (EuGH aaO Rn 68). Die **Fracht-, Liefer- und Zustellkosten** müssen nicht in den Endpreis hineingerechnet werden, jedoch müssen sie gesondert angegeben werden (OLG München WRP 12, 736 Rn 21). Zu diesen Kosten gehören zB auch die Überführungskosten beim Kfz-Kauf (OLG München WRP 12, 736 Rn 21).

41 **6. Bedingungen und Beschwerdeverfahren.** Gemäß § 5a III Nr 4 sind wesentliche Informationen auch Zahlungs-, Liefer- und Leistungsbedingungen sowie Verfahren zum Umgang mit Beschwerden, soweit sie von Erfordernissen der fachlichen Sorgfalt abweichen. Dies setzt regelmäßig eine Abweichung vom Üblichen voraus, mit der der Verbraucher nicht ohne weiteres rechnet (BGH GRUR 11, 638 Rn 34 – *Werbung mit Garantie*). Der Beschwerdebegriff entspricht dem in § 5 II Nr 1 verwendeten Begriff des Beschwerdeverfahrens (BT-Dr 16/10 145, S 26).

42 Fraglich ist, wann derartige Bedingungen von Erfordernissen der fachlichen Sorgfalt abweichen. Der RefE stellte noch auf eine Abweichung von „wesentlichen Grundgedanken der gesetzlichen oder auf andere Weise verbindlichen Regelung" ab (RefE, S 5, 47). Bei allem Vorbehalt im Hinblick auf den gemeinschaftsrechtlichen Charakter des Begriffs der fachlichen Sorgfalt (vgl dazu § 2 Rn 92f), dürfte hier der Sache nach zumindest auch auf wesentliche Grundgedanken der gesetzlichen Regelung abgestellt werden können, sodass ein Rückgriff etwa auch auf § 307 II Nr 1 BGB möglich erscheint (*Sosnitza* WRP 08, 1014, 1032f; ebenso jurisPK-UWG/*Seichter* § 5a Rn 83). Dagegen liegt ein Abweichen von Erfordernissen der fachlichen Sorgfalt nicht allein schon deswegen vor, weil von einer DIN-Norm abgewichen wird (aA *Busch* NJW 10, 3061, 3065f: Beschwerdemanagement eines Sprachreisenanbieters).

43 **7. Recht zum Rücktritt und Widerruf.** Nach § 5a III Nr 5 gilt ein Recht zum Rücktritt oder Widerruf als wesentlich, sodass darauf hingewiesen werden muss (aA GK/*Lindacher* § 5a Rn 66; Fezer/*Peifer* § 5a Rn 64: nicht auf gesetzliche Rücktrittsrechte anwendbar). Diese Regelung dient allein der Klarstellung, da ohnehin nach § 355 BGB über ein bestehendes Widerrufsrecht belehrt werden muss und Verstöße dagegen nach § 4 Nr 11 unlauter sind (BT-Dr 16/10 145, S 26).

44 Schon nach bisherigem Recht wurde es auch als ein unlauteres Ausnutzen der Rechtsunkenntnis nach § 4 Nr 2 angesehen, wenn Vertragsformulare verwendet werden, die den Vertragspartner über Widerrufs-, Rücktritts- und Rückgaberechte nicht, unvollständig oder falsch belehren (BGH GRUR 86, 816, 818 – *Widerrufsbelehrung bei Teilzahlungskauf;* GRUR 90, 1020, 1022 – *Freizeitveranstaltung;* GRUR 94, 59, 60 – *Empfangsbestätigung;* GRUR 95, 68, 70 – *Schlüssel-Funddienst;* vgl § 4 Rn 2/20ff).

VI. Unionsrechtliche Informationsanforderungen (§ 5a IV)

45 **1. Allgemeines.** Gemäß § 5a IV gelten auch alle Informationen als wesentlich, die das Unionsrecht in Bezug auf kommerzielle Kommunikation (einschließlich Werbung und Marketing) vorsieht und daher aufgrund unmittelbar geltender Verordnungen oder aufgrund von Rechtsvorschriften zur Umsetzung von Richtlinien Verbrauchern nicht vorenthalten werden dürfen. Gemeint sind damit vor allem die im Anhang II der UPG-RL zusammengestellten gemeinschaftsrechtlichen Rechtsakte und deren Umsetzung in innerstaatliches Recht. Da dieser Anhang II jedoch nach Art 7 V der Richtlinie nicht erschöpfend ist, sondern nur einen unvollständigen Beispielskatalog darstellt, verzichtet der Gesetzentwurf auf eine ausdrückliche Aufnahme in das UWG und überlässt es der Rechtsprechung, die Informationspflichten näher zu bestimmen, die sich im Einzelfall aus den gemeinschaftsrechtlichen Rechtsquellen und den jeweils richtlinienkonform auszulegenden innerstaatlichen Umsetzungsnormen ergeben können (BT-Dr 16/10 145, S 26f).

Irreführung durch Unterlassen **§ 5a UWG**

Wichtige **Einschränkungen** ergeben sich aus **Egrd 15 UGP-RL**. Legt das 46 Unionsrecht Informationsanforderungen in Bezug auf Werbung, kommerzielle Kommunikation oder Marketing fest, so gelten diese, aber auch nur diese als wesentlich, vgl Satz 1 und Satz 4. Führen die Mitgliedstaaten auf der Grundlage von Mindestklauseln weitergehende Informationsanforderungen ein, so gelten diese Informationen nicht als wesentlich, Satz 5. Es muss daher bei der Anwendung von § 5a II, IV stets geprüft werden, ob die gesetzliche Verpflichtung zur Angabe der vorenthaltenen Information eine Grundlage im Unionsrecht hat (vgl etwa KG WRP 13, 109: Fehlender Vertretungsberechtigter im Impressum).

Soweit spezialgesetzliche Informationspflichten existieren, besteht eine **Über-** 47 **schneidung von § 5a IV und § 4 Nr 11** (oben Rn 5, 7). Ist eine Pflicht zur Information über einen bestimmten Umstand normativ vorgegeben, so liegt nicht selten eine Marktverhaltensregelung nach § 4 Nr 11 und *zugleich* eine wesentliche Informationsanforderung nach § 5a III, IV vor. Beide Tatbestände schließen sich nicht aus. Soweit es (ausnahmsweise) um Informationspflichten im **Verhältnis b2b** geht, steht die UGP-RL der Anwendung von § 4 Nr 11 nicht entgegen. Regelmäßig wird dagegen eine Pflicht des Unternehmers zur **Information von Verbrauchern (b2c)** in Frage stehen; soweit es hier an einer unionsrechtlichen Grundlage fehlt, ist § 4 Nr 11 wegen der Vollharmonisierung durch die UGP-RL nicht mehr anwendbar (BGH GRUR 12, 1159 Rn 9 – *Preisverzeichnis bei Mietwagenangebot;* GRUR 12, 842 Rn 15 – *Neue Personenkraftwagen;* GRUR 10, 744 Rn 26 – *Sondernewsletter;* GRUR 10, 652 Rn 11 – *Costa del Sol*). Existiert dagegen eine **unionsrechtliche Grundlage** der betreffenden Informationspflicht, wäre zwar § 4 Nr 11 grundsätzlich (auch) anwendbar, doch liegt es dann näher, vorrangig einen Verstoß gegen § 5a II, IV wegen Vorenthaltung wesentlicher Informationen anzunehmen. Daher werden in der vorliegenden Kommentierung Informationspflichtverstöße *ohne* unionsrechtliche Grundlage vorrangig bei § 4 Nr 11 (dort Rn 63 ff) kommentiert, während unionsrechtlich fundierte Informationspflichten hier eingeordnet und behandelt werden (vgl unten Rn 49). Die deutsche Rechtsprechung differenziert insoweit (bisher) zum Teil (vgl BGH GRUR 12, 842 Rn 15, 25 – *Neue Personenkraftwagen;* GRUR 11, 82 Rn 17, 32 – *Preiswerbung ohne Umsatzsteuer;* GRUR 10, 852 Rn 15, 18, 21 – *Gallardo Spyder*), zum Teil aber auch nicht (BGH GRUR 12, 1159 Rn 9 f – *Preisverzeichnis bei Mietwagenangebot;* GRUR 10, 652 Rn 11 f – *Costa del Sol;* GRUR 10, 1142 Rn 12 – *Holzhocker*). Systematisch ist bei unionsrechtlich fundierten Informationspflichten zwischen solchen zu differenzieren, die dem Anhang II der UGP-RL zuzuordnen sind (unten Rn 48) und solchen, die außerhalb des nicht abschließend (vgl Art 7 V UGP-RG) zu verstehenden Anhangs II liegen (unten Rn 49).

2. Informationspflichten nach Anhang II UGP-RL. Anhang II der Richtli- 48 nie enthält (nicht abschließend, vgl Art 7 V UGP-RL) folgende Regelungen:
– Art 4 (Informationspflichten vor Vertragsabschluss) und Art 5 (schriftliche Bestätigung) der **Fernabsatzrichtlinie 97/7/EG** (ABl L 144 v 4.6.1997, S 19; ersetzt durch Art 6, 8 der Richtlinie 2011/83/EU, ABl L 304 v 22.11.11, S 64); die Umsetzung ist in § 312c BGB (Unterrichtung des Verbrauchers bei Fernabsatzverträgen) iVm Art 246 §§ 1, 2 EGBGB erfolgt; vgl dazu BGH GRUR 12, 188 Rn 46 – *Computer-Bild;* GRUR 10, 1142 Rn 12 – *Holzhocker;* für den Versicherungsbereich erfolgte die Umsetzung in der Verordnung über Informationspflichten bei Versicherungsverträgen (VVG-Informationspflichtenverordnung – VVG-InfoV);
– Art 3 I (Verbot der Irreführung über Pauschalreisen, Preise und übrige Vertragsbedingungen) und Art 3 II (besondere Anforderungen für den Prospekt) der **Pauschalreiserichtlinie 90/314/EWG** (ABl L 158 v 23.6.1990, S 59); umgesetzt durch § 4 BGB-InfoV; vgl dazu EuGH GRUR 11, 930 Rn 25, 57 – *Ving Sverige AB;* BGH GRUR 10, 652 Rn 11 f – *Costa del Sol;*

UWG § 5a

- Art 3 III der **Teilzeitnutzungsrechterichtlinie 94/47/EG** (ABl L 280 v 29.10.1994, S 83; ersetzt durch Art 3 III der Richtlinie 2008/122/EG, ABl L 33 v 3.2.2009, S 10); schuldrechtsbezogene Umsetzung in § 482 BGB (Prospektpflicht bei Teilzeit-Wohnrechteverträgen) iVm Art 242 § 1 EGBGB;
- Art 3 IV (Pflicht zur Angabe des Preises je Maßeinheit bei der Werbung für bestimmte grundpreisfähige Produkte) der **Richtlinie 98/6/EG** über den Schutz der Verbraucher bei der **Angabe der Preise** der ihnen angebotenen Erzeugnisse (ABl L 80 v 18.3.1998, S 27); umgesetzt in § 2 PAngV; vgl zu dieser RL auch BGH GRUR 11, 82 Rn 17f – *Preiswerbung ohne Umsatzsteuer;* GRUR 10, 744 Rn 26 – *Sondernewsletter;* GRUR 09, 1180 Rn 24f – *0,00 Grundgebühr*);
- Art 86 bis 100 (Werbevorschriften) der **Richtlinie 2001/83/EG** zur Schaffung eines **Gemeinschaftskodexes für Humanarzneimittel** (ABl L 311 v 28.11.2001, S 67); umgesetzt durch das Heilmittelwerbegesetz (HWG; vgl § 4 Rn 11/67 ff);
- Art 5 und 6 (allgemeine und besondere Informationspflichten) der **Richtlinie 2000/31/EG** über den **elektronischen Geschäftsverkehr** (ABl L 178 v 17.7.2000, S 1); umgesetzt in §§ 5 und 6 des Telemediengesetzes (TMG); vgl dazu OLG Hamm MMR 08, 469;
- Art 1 lit d der Richtlinie 98/7/EG zur Änderung der Richtlinie 87/102/EWG zur Angleichung der Rechts- und Verwaltungsvorschriften der Mitgliedsstaaten über den **Verbraucherkredit** (ABl L 101 v 1.4.1998, S 17; inzwischen ersetzt durch Art 4 der **Richtlinie 2008/48/EG** v 7.4.2008, ABl L 133 v 22.5.2008, S 66); bisher umgesetzt in § 6 I PAngV;
- Art 3 und 4 (Anforderungen an die Unterrichtung des Verbrauchers vor Vertragsschluss) der **Richtlinie 2002/65/EG** über den **Fernabsatz von Finanzdienstleistungen** an Verbraucher (ABl L 271 v 9.10.2002, S 16); umgesetzt in § 312c I BGB iVm Art 246 §§ 1, 2 EGBGB;
- Art 1 Nr 9 (Informationspflichten gegenüber den Anlegern) der Richtlinie 2001/107/EG zur Änderung der **Richtlinie 85/611/EWG** betreffend bestimmte Organismen für gemeinsame Anlagen in **Wertpapieren (OGAW)** zwecks Festlegung von Bestimmungen für Verwaltungsgesellschaften und vereinfachte Prospekte (ABl L 41 v 13.2.2002, S 20); umgesetzt in § 42 des Investmentgesetzes (InvG);
- Art 12 und 13 (Informationspflichten) der **Richtlinie 2002/92/EG** über **Versicherungsvermittlung** (ABl L 9 v 15.1.2003, S 3); umgesetzt in §§ 60 bis 62 Versicherungsvertragsgesetz (VVG);
- Art 36 (Informationen, die dem Versicherungsnehmer vor Abschluss eines Versicherungsvertrages und während der Vertragsdauer zu erteilen sind) der **Richtlinie 2002/83/EG über Lebensversicherungen** (ABl L 345 v 19.12.2002, S 1); umgesetzt in der Verordnung über Informationspflichten bei Versicherungsverträgen (VVG-Informationspflichtenverordnung – VVG-InfoV);
- Art 19 der **Richtlinie 2004/39/EG über Märkte für Finanzinstrumente**, zur Änderung der Richtlinien 85/611/EWG und 93/6/EWG und der Richtlinie 2000/12/EG und zur Aufhebung der Richtlinie 93/22/EWG (ABl L 145 v 30.4.2004, S 1); umgesetzt in den §§ 34 und 34a des Wertpapierhandelsgesetzes;
- Art 31 und 43 (Informationen, die dem Versicherungsnehmer vor Vertragsschluss zu erteilen sind) der **Richtlinie 92/49/EWG** zur Koordinierung der Rechts- und Verwaltungsvorschriften für die **Direktversicherung** (mit Ausnahme der Lebensversicherung) sowie zur Änderung der Richtlinien 73/239/EWG und 88/357/EWG (ABl L 228 v 11.8.1992, S 1); umgesetzt in der Verordnung über Informationspflichten bei Versicherungsverträgen (VVG-Informationspflichtenverordnung – VVG-InfoV);
- Art 5, 7 und 8 der **Richtlinie 2003/71/EG** betreffend den Prospekt, der beim öffentlichen **Angebot von Wertpapieren** oder bei deren Zulassung zum Handel zu veröffentlichen ist, und zur Änderung der Richtlinie 2001/34/EG (ABl L 345 v

Irreführung durch Unterlassen   **§ 5a UWG**

31.12.2003, S 64); umgesetzt durch §§ 5 bis 8, 12 Wertpapierprospektgesetz (WpPG).

3. Sonstige unionsrechtliche Informationspflichten. Zu den sonstigen uni- 49
onsrechtlichen Informationspflichten gehören etwa:
- Art 6 II der Richtlinie 1999/44/EG zum Verbrauchsgüterkauf: Vorgaben für Garantien bei Verbrauchsgüterkaufverträgen, umgesetzt in § 477 BGB (BGH GRUR 11, 638 Rn 20 – *Werbung mit Granantie*);
- Art 3 der Richtlinien 2009/72/EG und 2009/73/EG: Verpflichtung der Energielieferanten, Letztverbrauchern in der Rechnung vertrags- und verbrauchsbezogene Informationen zur Verfügung zu stellen, umgesetzt in § 40 I, II EnWG (vgl *Alexander* WRP 12, 660);
- Art 6 II der Richtlinie 2011/83/EU über die Rechte der Verbraucher: verschärfte Informationspflichten und eine Bestätigung durch den Verbraucher bei der Inanspruchnahme entgeltlicher Leistungen im elektronischen Geschäftsverkehr vor (Stichwort „Abo-Fallen"), die in § 312g II – IV BGB umgesetzt wurden (vgl *Alexander* NJW 12, 1985, 1989);
- Art 3 iVm Anh I der Richtlinie 1999/94/EG: Pflicht zu Angaben zum Kraftstoffverbrauch und zu CO_2-Emissionen, umgesetzt in §§ 1, 3 Pkw-EnVKV (BGH GRUR 12, 842 Rn 20 – *Neue Personenkraftwagen;* GRUR 10, 852 – *Gallardo Spyder*);
- Art 16 der Richtlinie 98/79/EG: Kennzeichnungspflicht bei Medizinprodukten, umgesetzt in § 6 MPG;
- Art 22 I lit a der Dienstleistungsrichtlinie 2006/123/EG: Pflicht zur Angabe der Anschrift der Niederlassung, umgesetzt in § 2 I Nr 2 DL-InfoV (BGH GRUR 12, 1275 Rn 31 ff – *Zweigstellenbriefbogen;* vgl auch *Lohbeck* K&R 10, 463);
- Art 54 ff Richtlinie 2001/83/EG (zuletzt geändert durch Richtlinie 2011/62/EU): Kennzeichnungspflichten bei Arzneimitteln, umgesetzt durch § 10 AMG (BGH GRUR 08, 1014 – *Amlodipin;* GRUR 09, 990 – *Metropolol;* GRUR 13, 857 – *Voltaren*);
- Verordnung (EG) Nr 1272/2008: Kennzeichnungspflichten bei chemischen Stoffen, umgesetzt durch § 13 ChemG;
- Richtlinie 2007/45/EG: Verbot von „Mogelpackungen", umgesetzt durch § 7 II EichG
- Art 8 ff Verordnung EG Nr 1294/2006: Anforderungen an die Verwendung von nährwert- und gesundheitsbezogenen Angaben bei Lebensmitteln;
- Art 19 KostmetikVO 1223/2009/EG: Pflichtangaben beim Vertrieb von Kosmetika bzw zur Entfernung von Kontrollnummern beim Parallelimport, vgl § 4 Rn 10/71 ff;
- Art 65 PflanzenschutzVO 1107/2009/EG: Kennzeichnung von Pflanzenschutzmitteln, umgesetzt durch § 31 PflSchG;
- Art 4 der Richtlinie 2003/58/EG: Angaben über Rechtsform und bestimmte Verhältnisse juristischer Personen und anderer Gewerbetreibender auf Geschäftsbriefen, umgesetzt durch §§ 80 AktG; 25 a GenG; 35 a GmbHG; 37 a, 125 a, 161, 177 a HGB;
- Art 1 der Richtlinie 80/181/EWG (zuletzt geändert durch RL 2009/3/EG): Pflicht zur Verwendung gesetzlich vorgesehener Maßeinheiten, umgesetzt durch § 1 Gesetz über die Einheiten im Messwesen und die Zeitbestimmung (EinhZeitG);
- Art 5 I, II, IX der Richtlinie 2001/37/EG: Pflicht zur Angabe von Warnhinweisen auf Tabakverpackungen, umgesetzt in §§ 6, 7 Tabakprodukt-Verordnung;
- Art 1, 3 ff der Richtlinie 2008/121/EG (zuletzt geändert durch RL 2009/121/EG): Pflicht zu Angaben über Art und Gewichtsanteil der verwendeten Textilrohstoffe beim Verkauf von Textilien.

§ 6 Vergleichende Werbung

(1) Vergleichende Werbung ist jede Werbung, die unmittelbar oder mittelbar einen Mitbewerber oder die von einem Mitbewerber angebotenen Waren oder Dienstleistungen erkennbar macht.

(2) Unlauter handelt, wer vergleichend wirbt, wenn der Vergleich
1. sich nicht auf Waren oder Dienstleistungen für den gleichen Bedarf oder dieselbe Zweckbestimmung bezieht,
2. nicht objektiv auf eine oder mehrere wesentliche, relevante, nachprüfbare und typische Eigenschaften oder den Preis dieser Waren oder Dienstleistungen bezogen ist,
3. im geschäftlichen Verkehr zu einer Gefahr von Verwechslungen zwischen dem Werbenden und einem Mitbewerber oder zwischen den von diesen angebotenen Waren oder Dienstleistungen oder den von ihnen verwendeten Kennzeichen führt,
4. den Ruf des von einem Mitbewerber verwendeten Kennzeichens in unlauterer Weise ausnutzt oder beeinträchtigt,
5. die Waren, Dienstleistungen, Tätigkeiten oder persönlichen oder geschäftlichen Verhältnisse eines Mitbewerbers herabsetzt oder verunglimpft oder
6. eine Ware oder Dienstleistung als Imitation oder Nachahmung einer unter einem geschützten Kennzeichen vertriebenen Ware oder Dienstleistung darstellt.

Inhaltsübersicht

	Rn
I. Allgemeines	1
1. Normzweck und Systematik	1
a) Normzweck	1
b) Interessenlage	2
c) Systematik	3
2. Entstehungsgeschichte	4
3. Unionsrechtlicher Rahmen	6
a) Richtlinie 2006/114/EG über irreführende und vergleichende Werbung (WerbeRL)	6
b) Richtlinie 2005/29/EG über unlautere Geschäftspraktiken (UGP-RL)	9
c) Unionsrechtskonforme Auslegung	10
aa) Grundsatz	10
bb) Abweichungen des § 6 von der Richtlinie	11
4. Verhältnis zu anderen Vorschriften	12
a) Werbeverbote und -beschränkungen	12
b) Irreführungsverbot (§ 5)	13
c) Herabsetzung (§ 4 Nr 7)	17
d) Anschwärzung (§ 4 Nr 8)	18
e) UWG-Nachahmungsschutz (§ 4 Nr 9)	18a
f) Markenrecht	19
g) Urheberrecht, Persönlichkeitsrechte	20
II. Definition der vergleichenden Werbung (Abs 1)	21
1. Allgemeines	21
2. Werbung	22
a) Definition	22
b) Absatzförderung	23

			Rn
	c)	Form und Adressaten	24
	d)	Werbung mit Angaben Dritter	25
3.	Mitbewerber		26
	a)	§ 2 I Nr 3 nicht unmittelbar anwendbar	26
	b)	Substituierbarkeit der Produkte	26a
	c)	Werbung durch Dritte	27
	d)	Waren und Dienstleistungen	30
4.	Erkennbarkeit		31
	a)	Allgemeines	31
	b)	Unmittelbare Erkennbarkeit	32
	c)	Mittelbare Erkennbarkeit	33
		aa) Anspielungen	33
		bb) Bezug auf Warengattungen oder Gruppen von Mitbewerbern	33a
		cc) Alleinstellungswerbung, Systemvergleich	33b
		dd) Angebot nachgeahmter Produkte	33c
5.	Vergleich		34
	a)	Problematik	34
	b)	Rechtsprechung des EuGH	35
	c)	Das Vergleichserfordernis in § 6	36
	d)	Beispiele	37
	e)	Der unternehmens- oder unternehmerbezogene Vergleich	38
III. Unlauterkeitskriterien (Abs 2)			39
1.	Allgemeines		39
	a)	Verbotskriterien, richtlinienkonforme Auslegung	39
	b)	Verweis auf § 3	40
2.	Vergleich von Waren oder Dienstleistungen für den gleichen Bedarf oder dieselbe Zweckbestimmung (§ 6 II Nr 1)		41
	a)	Überblick	41
	b)	Vergleich von Waren oder Dienstleistungen	42
	c)	Substituierbarkeit	43
	d)	Qualitäts- und Quantitätsabweichungen	44
	e)	Sonderfall Ursprungsbezeichnungen	45
3.	Objektiver Vergleich wesentlicher, relevanter, nachprüfbarer und typischer Eigenschaften oder des Preises (§ 6 II Nr 2)		46
	a)	Allgemeines	46
	b)	Bezugspunkte des Vergleichs	47
		aa) Eigenschaften	48
		bb) Preis	49
	c)	Objektivität	50
	d)	Wesentlichkeit, Relevanz, Nachprüfbarkeit, Typizität	52
4.	Herbeiführen einer Verwechslungsgefahr (§ 6 II Nr 3)		57
	a)	Allgemeines	57
	b)	Gegenstand der Verwechslung	58
	c)	Verwechslungsgefahr	59
5.	Rufausnutzung und -beeinträchtigung (§ 6 II Nr 4)		60
	a)	Allgemeines	60
	b)	Ruf des von einem Mitbewerber verwendeten Kennzeichens	61
	c)	Ausnutzung	62
	d)	Unlauterkeit	63
	e)	Beeinträchtigung	64

		Rn
6.	Herabsetzung und Verunglimpfung (§ 6 II Nr 5)	65
	a) Allgemeines	65
	b) Herabsetzung und Verunglimpfung	66
	c) Gegenstand der Herabsetzung	67
	d) Unlauterkeit	68
7.	Darstellung als Imitation oder Nachahmung (§ 6 II Nr 6)	69
IV.	Beweislast und Rechtsfolgen	72
1.	Beweislast	72
2.	Rechtsfolgen	73
V.	Verwandte Fallgruppen außerhalb des § 6	74
1.	Neutrale Produkttests	74
	a) Begriff	74
	b) Rechtliche Beurteilung	75
	aa) Anspruchsgrundlagen	75
	bb) Grundsatz	76
	cc) Zulässigkeitskriterien	77
	c) Werbung mit Testergebnissen	78
	aa) Allgemeines	78
	bb) Irreführende Testwerbung	79
	cc) Vergleichende Werbung	80
2.	Allgemein gehaltene Vergleiche	81
	a) Grundsatz	81
	b) Bisherige Rechtslage	82
	c) Kritik	83

Literatur: *Alexander,* Markenschutz und berechtigte Informationsinteressen bei Werbevergleichen, GRUR 2010, 482; *Amschewitz,* Die Nachprüfbarkeit der Werbung mit selbst durchgeführten Studien, WRP 2013, 571; *Berlit,* Vergleichende Werbung, 2002; *ders,* Der irreführende Werbevergleich, WRP 2010, 1105; *Blanken,* Wettbewerbsrechtliche und immaterialgüterrechtliche Probleme des Zubehör- und Ersatzteilgeschäfts, 2007; *Blankenburg,* Gespaltenes Verständnis des Mitbewerberbegriffs im UWG?, WRP 2008, 186; *ders,* Neues zur vergleichenden Werbung, zur Verwechslungsgefahr und zur markenmäßigen Benutzung? WRP 2008, 1294; *Dilly/Ulmar,* Vergleichende Werbung ohne Vergleich? WRP 2005, 467; *Dreyer,* Konvergenz oder Divergenz – Der deutsche und der europäische Mitbewerberbegriff im Wettbewerbsrecht, GRUR 2008, 123; *Eck/Ikas,* Neue Grenzen vergleichender Werbung, WRP 1999, 251; *Faßbender,* Zum Erfordernis einer richtlinienkonformen Auslegung des Begriffs der vergleichenden Werbung, EuZW 2005, 42; *Fröndhoff,* Die Inhaltsbeschränkungen irreführender und vergleichender Werbung, 2002; *Gloy/Bruhn,* Die Zulässigkeit von Preisvergleichen nach der Richtlinie 97/55/EG – Kehrtwende oder Kontinuität? GRUR 1998, 226; *Heister,* Harmonisierung des Rechts der vergleichenden Werbung durch die Richtlinie 97/55/EG?, 2004; *Koos,* Vergleichende Werbung und die Fesseln der Harmonisierung, WRP 2005, 1096; *Köhler,* Was ist „vergleichende Werbung"?, GRUR 2005, 273; *ders,* Die Rechtsprechung des Europäischen Gerichtshofs zur vergleichenden Werbung: Analyse und Kritik, WRP 2008, 414; *ders,* Der „Mitbewerber", WRP 2009, 499; *ders,* „Gib mal Zeitung" – oder „Scherz und Ernst in der Jurisprudenz" von heute, WRP 2010, 571; *ders,* Irreführende vergleichende Werbung, GRUR 2013, 761; *Menke,* Die vergleichende Werbung in Deutschland nach der Richtlinie 97/55/EG und der BGH-Entscheidung „Testpreis-Angebot", WRP 1998, 811; *Ohly,* Vergleichende Werbung für Zubehör und Warensortimente – Anmerkungen zu den EuGH-Urteilen „Siemens/VIPA" und „LIDL Belgium/Colruyt", GRUR 2007, 3; *ders,* Unlautere vergleichende Werbung als Markenverletzung?, FS Doepner, 2008, 51; *ders,* Keyword-Advertising auf dem Weg von Karlsruhe nach Luxemburg, GRUR 2009, 709; *Ohly/Spence,* Vergleichende Werbung – Die Auslegung der Richtlinie 97/55/EG in Deutschland und Großbritannien, GRUR Int 1999, 681; *dies,* The Law of Comparative Advertising, 2000; *Peifer,* Vergleichende Werbung und sonst nichts?, WRP 2011, 1; *Plaß,* Die EG-Richtlinie vergleichende Werbung, WRP 1999, 766;

Vergleichende Werbung **§ 6 UWG**

dies, Die gesetzliche Neuregelung der vergleichenden Werbung, NJW 2000, 3161; *Sack*, Irreführende vergleichende Werbung, GRUR 2004, 89; *ders*, Zur Anwendbarkeit von § 6 UWG auf Werbung für Ersatzteile und Zubehör, GRUR 2004, 720; *ders*, Personen- und unternehmensbezogene Werbehinweise auf Mitbewerber als vergleichende Werbung nach § 6 UWG, WRP 2004, 817; *ders*, Markenrechtliche Probleme vergleichender Werbung, GRUR 2008, 201; *ders*, Ursprungsbezeichnungen in vergleichender Werbung, WRP 2008, 301; *ders*, Der Mitbewerberbegriff des § 6 UWG, WRP 2008, 1141; *ders*, Unlautere vergleichende Werbung und Markenrecht, WRP 2011, 288; *Scherer*, Partielle Verschlechterung der Verbrauchersituation durch die europäische Rechtsvereinheitlichung bei vergleichender Werbung, WRP 2001, 89; *dies*, Das Verhältnis des lauterkeitsrechtlichen Nachahmungsschutzes nach § 4 Nr 9 UWG zur europarechtlichen Vollharmonisierung der irreführenden und vergleichenden Werbung, WRP 2009, 1446; *dies*, Kehrtwende bei der vergleichenden Werbung, GRUR 2012, 545; *Somarriello*, Vergleichende und irreführende Werbung in Italien nach Umsetzung der Richtlinie 97/55/EG, GRUR Int 2003, 29; *Tilmann*, Richtlinie vergleichende Werbung, GRUR 1997, 790; *ders*, Anwendungsbereich und Bindungswirkung der Richtlinie Vergleichende Werbung, GRUR 1999, 546; *Ziervogel*, Rufausbeutung im Rahmen vergleichender Werbung, 2002. S auch die Nachw unter V.

I. Allgemeines

1. Normzweck und Systematik. a) Normzweck. Diese Vorschrift regelt die 1 Zulässigkeit von Werbevergleichen. Sie beruht auf der **Richtlinie 97/55/EG** vom 6. 10. 97 zur Änderung der Richtlinie 84/450/EWG über irreführende Werbung zwecks Einbeziehung der vergleichenden Werbung (ABl L 290 v 23.10.1997, S 18 = GRUR Int 97, 985), neu verkündet als **Richtlinie 2006/114/EG** des Europäischen Parlaments und des Rates über irreführende und vergleichende Werbung vom 12.12.2006 (ABl L 376 v 27.12.2006, S 21, im Folgenden **WerbeRL**).

b) Interessenlage. Für den Werbenden kann die vergleichende Werbung ein ef- 2 fektives Marketinginstrument darstellen, da sie es erlaubt, Vorzüge der eigenen Produkte gegenüber Konkurrenzerzeugnissen deutlich hervorzuheben (vgl zur ökonomischen Bewertung der vergleichenden Werbung *Menke* GRUR 93, 718, 723; GK/ *Glöckner* § 6 Rn 8). Der Vergleich mit der etablierten Konkurrenz kann gerade die Markteinführung neuer Produkte fördern. Aus der Sicht des Mitbewerbers, auf den Bezug genommen wird, birgt hingegen der kritisierende Vergleich („A ist besser als B") die Gefahr der Rufschädigung und der anlehnende Vergleich („A ist so gut wie B") die Gefahr der Rufausbeutung. Für den Verbraucher können Werbevergleiche eine nützliche Informationsquelle sein. Jedoch sind Vergleiche, die ein Wettbewerber in eigener Sache anstellt, weniger zuverlässig als neutrale Produktvergleiche und bergen daher die Gefahr der Fehlinformation durch Irreführung und Einseitigkeit. Im Anschluss an die WerbeRL löst § 6 diesen Interessenkonflikt unter Bezug auf ein Modell des rationalen Verbraucherverhaltens. Wenn vergleichende Werbung nicht irreführend ist und wesentliche, relevante, nachprüfbare und typische Eigenschaften vergleicht, bietet sie dem Verbraucher nützliche Informationen (Erwägungsgrund 5 der Richtlinie) und dient damit der **Markttransparenz**. Andererseits gewährt die Vorschrift durch ihren Katalog von Zulässigkeitsbedingungen Schutz gegen Vergleiche, die die Entscheidung der Verbraucher negativ beeinflussen, den Wettbewerb verzerren oder den Mitbewerber stärker als erforderlich schädigen (vgl Egrd 9 WerbeRL). Art 4 WerbeRL und dementsprechend auch § 6 sind mithin Ausdruck eines **Verhältnismäßigkeitsprinzips**: Vergleichende Werbung ist **erlaubt,** wenn und soweit sie **zur Verbraucherinformation geeignet** ist und **die Interessen des in der Werbung identifizierten Konkurrenten nicht stärker als erforderlich beeinträchtigt.** Dass die strikte Unterscheidung zwischen „guten" sachlich-informativen und „bösen" suggestiven Werbevergleichen aus der Perspektive der Informationsökonomie anfechtbar ist und daher rechtspolitisch nicht überzeugt, steht auf einem anderen Blatt.

3   c) **Systematik.** § 6 I bestimmt den **Anwendungsbereich** der Vorschrift: Es müssen ein oder mehrere bestimmte Mitbewerber erkennbar gemacht werden (s im Einzelnen Rn 26 ff, 31 ff). Nur wenn die Werbung auf einzelne Konkurrenten individuell Bezug nimmt und damit deren Interessen in besonderem Maße berührt, erscheinen die strengen Voraussetzungen des § 6 als angemessen. **§ 6 II** enthält eine Aufzählung der **Unlauterkeitskriterien.** Wenn der Werbevergleich mindestens eines dieser Kriterien erfüllt oder als irreführend (§ 5 I, III) anzusehen ist, so handelt es sich um unlauteren Wettbewerb iSd § 3 I. Obwohl durch die UWG-Novelle 2008 die Verweisung auf § 3 gestrichen wurde, bleibt es dabei, dass eine unzulässige vergleichende Werbung als **unlautere geschäftliche Handlung gem § 3 I** anzusehen ist (vgl § 3 Rn 3), die Rechtsfolgen ergeben sich aus §§ 8 ff.

4   **2. Entstehungsgeschichte. Bis zum Inkrafttreten der Richtlinie 97/55/EG** wurde die vergleichende Werbung unter § 1 aF als **grundsätzlich unzulässig** angesehen. Das galt sowohl für die **kritisierende** („Produkt A ist besser als Produkt B") als auch für die **anlehnende vergleichende Werbung** („Produkt A ist so gut wie Produkt B") und für die **persönliche** Werbung, die sich kritisch mit den persönlichen Eigenschaften und Verhältnissen eines Mitbewerbers auseinandersetzt (vgl zur früheren Rechtslage BGHZ 138, 55 = GRUR 98, 824, 826 f – *Testpreis-Angebot;* Harte/Henning/*Sack* § 6 Rn 1 ff; GK/*Glöckner* § 6 Rn 19 ff). Zur Begründung wurde auf die Interessen des im Vergleich identifizierten Mitbewerbers und auf die potentiell fehlende Objektivität des Werbevergleichs (grundlegend RG GRUR 31, 1299, 1301 – *Hellegold:* „Niemand kann Richter in eigener Sache sein") verwiesen. Ausnahmsweise wurde ein Vergleich als erlaubt angesehen, wenn die verglichenen Produkte sachlich vergleichbar waren, ein hinreichender Anlass bestand und sich die Angaben nach Art und Maß in den Grenzen des Erforderlichen und der wahrheitsgemäßen sachlichen Erörterung hielten (BGH GRUR 86, 618, 620 – *Vorsatz-Fensterflügel;* GRUR 89, 668, 669 – *Generikum-Preisvergleich;* GRUR 96, 502, 506 – *Energiekosten-Preisvergleich I*). Als hinreichender Anlass wurde zuletzt verstärkt das Interesse der Abnehmer an sachgemäßer Information anerkannt.

5   Nach langwierigen Beratungen wurde **am 6.10.1997** die **Richtlinie 97/55/EG verabschiedet,** die der Harmonisierung und der Liberalisierung des Rechts der vergleichenden Werbung in der EU dient (näher Rn 8). Schon vor Ablauf der Umsetzungsfrist wandte der BGH im Urteil *Testpreis-Angebot* (BGHZ 138, 55 = GRUR 98, 824) die Vorschriften der Richtlinie im Rahmen des § 1 aF an, ohne auf ein Tätigwerden des Gesetzgebers zu warten. Um aber die Erfüllung der gemeinschaftsrechtlichen Verpflichtungen jenseits jeden Zweifels sicherzustellen, entschied sich die Bundesregierung für eine Umsetzung der Richtlinie und führte durch das Gesetz zur vergleichenden Werbung und zur Änderung wettbewerbsrechtlicher Vorschriften vom 23.2.2000 (BGBl I 1374; vgl auch die Begr, BT-Drucks 14/2959, abgedr in WRP 00, 555, 556 ff) eine neue, an Art 2 lit c und 4 WerbeRL angelehnte Vorschrift über vergleichende Werbung (§ 2 aF) und eine spezielle Beschränkung von Werbevergleichen für Arzneimittel ein (§ 11 II HWG). Im Rahmen der UWG-Reform 2004 wurde § 2 aF in nahezu identischer Form beibehalten, nunmehr als § 6 (vgl BegrRegE zu § 6 nF, BT-Drucks 15/1487 S 20). Durch die **UWG-Novelle 2008** wurde § 6 nur geringfügig verändert. § 6 II verweist nunmehr nicht mehr ausdrücklich auf § 3 I. In § 6 II Nr 3 wurde klargestellt, dass bereits das Hervorrufen einer Verwechslungs*gefahr* die Unlauterkeit des Vergleichs begründet (s Rn 59), in § 6 II Nr 4 wurden die Worte „die Wertschätzung" durch „den Ruf" ersetzt. § 6 III aF, der eine Sonderregelung für Vergleiche mit Sonderangeboten enthielt, wurde gestrichen.

Vergleichende Werbung **§ 6 UWG**

3. Unionsrechtlicher Rahmen. a) Richtlinie 2006/114/EG über irrefüh- 6
rende und vergleichende Werbung (WerbeRL). Die Richtlinie 97/55/EG vom
6. 10. 97 zur Änderung der Richtlinie 84/450/EWG über irreführende Werbung
zwecks Einbeziehung der vergleichenden Werbung (ABl L 290 v 23.10.1997, S 18
= GRUR Int 97, 985) ergänzte die Richtlinie 84/450/EWG über irreführende Werbung um Vorschriften über die vergleichende Werbung und wurde als Richtlinie 2006/114/EG des Europäischen Parlaments und des Rates über irreführende und vergleichende Werbung vom 12.12.2006 (ABl L 376 v 27.12.2006, S 21) neu verkündet.

Bei der Regelung der vergleichenden Werbung verfolgt die Richtlinie drei Ziele. 7
Erstens sollen die vordem sehr unterschiedlichen Bestimmungen der Mitgliedstaaten im Interesse eines funktionierenden Binnenmarktes **harmonisiert** werden (Egrde 2, 3, s Rn 8). **Zweitens** erlaubt Art 4 WerbeRL eine **Abwägung der verschiedenen Interessen** (Rn 2), die durch vergleichende Werbung berührt werden. Die Richtlinie berücksichtigt also einerseits, dass vergleichende Werbung dem Informationsinteresse der Verbraucher dient und den Wettbewerb fördert (Egrde 6, 8), verbietet aber zugleich Praktiken, die den Wettbewerb verzerren, die Mitbewerber schädigen und die Entscheidung der Verbraucher negativ beeinflussen können (EuGH GRUR 09, 756 Rn 68 – *L'Oréal/Bellure;* EuGH GRUR 11, 159 Rn 20 – *Lidl/Vierzon*). Insofern dienen die Vorschriften der Richtlinie über vergleichende Werbung nach wie vor sowohl dem Mitbewerber- als auch dem Verbraucherschutz, auch wenn die frühere Schutzzwecktrias des Art 1 aF 2005 abgeändert (Rn 9) und hinsichtlich irreführender Praktiken auf den Mitbewerberschutz beschränkt wurde (Harte/Henning/*Sack* § 6 Rn 8). **Drittens** diente die Richtlinie vor allem in Mitgliedstaaten, in denen Werbevergleiche früher grundsätzlich verboten waren, der **Liberalisierung.** Art 4 WerbeRL ist nicht als Verbotstatbestand formuliert, sondern erlaubt die vergleichende Werbung, sofern sie den in der Richtlinie aufgeführten Voraussetzungen genügt. Diese Voraussetzungen sind in dem für vergleichende Werbung günstigsten Sinne auszulegen (EuGH GRUR 02, 354 Rn 37 – *Toshiba/Katun,* bestätigt in EuGH GRUR 03, 533 Rn 42 – *Pippig/Hartlauer;* EuGH GRUR 06, 345 Rn 22ff – *Siemens/VIPA;* EuGH GRUR 07, 69 Rn 22 – *De Landtsheer/CIVC*), wobei sicherzustellen ist, dass die vergleichende Werbung nicht in einer wettbewerbswidrigen und unlauteren oder die Verbraucherinteressen beeinträchtigenden Weise betrieben wird (so der Zusatz seit EuGH aaO Rn 69 – *L'Oréal/Bellure;* EuGH aaO Rn 21 – *Lidl/Vierzon*).

Wie der EuGH mittlerweile entschieden hat, ist mit der Richtlinie eine **abschlie-** 8
ßende Harmonisierung des Rechts der vergleichenden Werbung vorgenommen worden (EuGH GRUR 03, 533 Rn 44 – *Pippig Augenoptik/Hartlauer;* EuGH GRUR 11, 159 Rn 22 – *Lidl/Vierzon*). Das ergibt sich nicht nur aus ihrer Präambel (Egrde 7, 9, 11, 16), sondern auch aus ihrem Harmonisierungszweck. Sie schließt daher nicht eine strengere, sondern auch eine liberalere Beurteilung der vergleichenden Werbung durch die Mitgliedstaaten aus (vgl die RegBegr zu § 2 aF, WRP 00, 55, 556; krit Harte/Henning/*Sack* § 6 Rn 18ff mit umfangreicher Darstellung des Streitstands). Vergleichende Werbung muss also die kumulativen Kriterien des Art 4 WerbeRL erfüllen, um als zulässig zu gelten (EuGH GRUR 09, 756 Rn 67 – *L'Oréal/Bellure;* EuGH aaO Rn 16 – *Lidl/Vierzon*). Dass eine weitergehende Liberalisierung in einigen Punkten rechtspolitisch wünschenswert gewesen wäre (*Borck* WRP 01, 1124, 1128; *Sack* GRUR Int 98, 263ff; *Scherer* WRP 01, 89, 90), steht auf einem anderen Blatt. Vor allem das strikte Gebot eines objektiven Vergleichs wesentlicher, relevanter, nachprüfbarer und typischer Eigenschaften (Art 4 lit c) und die Privilegierung bestimmter Warenkategorien (Art 4 lit e und g) schränken die Werbefreiheit unnötig ein (s a Rn 10).

b) Richtlinie 2005/29/EG über unlautere Geschäftspraktiken (UGP-RL). 9
Während die Richtlinien 84/450/EWG und 97/55/EG noch einer Schutzzweck-

trias unterstanden (Art 1 aF, der § 1 des deutschen UWG ähnelte), also dem Schutz der Verbraucher, der Gewerbetreibenden und der Allgemeinheit dienten, unterscheidet die Richtlinie des Parlaments und des Rates vom 11. Mai 2005 über unlautere Geschäftspraktiken (2005/29/EG) (ABl L 149 vom 11.6.2005, S 22 = GRUR Int 05, 569) zwischen Verbraucher- und Konkurrentenschutz. Sie nennt die vergleichende Werbung im Zusammenhang mit dem Konkurrentenschutz (Egrd 6 UGP-RL) und enthält dementsprechend keine speziellen Vorschriften über Werbevergleiche. Art 6 II lit a UGP-RL bestimmt lediglich, dass das allgemeine Irreführungsgebot auch für irreführende vergleichende Werbung gilt. Art 14 UGP-RL änderte die WerbeRL im Wesentlichen in dreierlei Hinsicht. Erstens wurde deren Schutzzweck (Art 1 WerbeRL) in Bezug auf irreführende Werbung auf den Schutz der Gewerbetreibenden beschränkt (sa Rn 7). Zweitens nimmt das Verbot irreführender vergleichender Werbung (Art 4 I lit a = 3a I lit a aF WerbeRL) nunmehr ausdrücklich auf die Bestimmungen der Richtlinie von 2005 über irreführende Werbung Bezug (zu den Konsequenzen für irreführende Werbevergleiche s Rn 13). Drittens wurde das Verbot von Werbevergleichen, die zu einer Verwechslung mit fremden Kennzeichen Anlass geben, neu gefasst (Art 4 I lit h = 3a I lit d aF WerbeRL, dadurch verschieben sich die Buchstaben d–h), wobei nunmehr ausdrücklich geregelt wird, dass schon das Herbeiführen einer Verwechslungs*gefahr* unlauter ist.

10 c) **Unionsrechtskonforme Auslegung. aa) Grundsatz.** § 6 ist im Einklang mit dem EU-Recht auszulegen. Zu berücksichtigen ist also erstens das Primärrecht, insb die Warenverkehrs- und Dienstleistungsfreiheit (Art 34, 56 AEUV) und der europäische Grundrechteschutz. Einige der restriktiven Verbote der Richtlinie wie das strikte Objektivitätsgebot und das Verbot der Imitationswerbung (Art 4 lit c, g WerbeRL) stehen in einem Spannungsverhältnis zu der in **Art 10 EMRK** und **Art 11 EU-GRCh** garantierten Meinungsfreiheit, die auch die kommerzielle Kommunikation schützt (vgl *Ohly/Spence* GRUR Int 99, 681, 697; GK/*Glöckner* § 6 Rn 97 ff). Zweitens bedarf § 6 der richtlinienkonformen Auslegung im Lichte der WerbeRL, der UGP-RL und der dazu ergangenen Rechtsprechung des EuGH.

11 bb) **Abweichungen des § 6 von der Richtlinie.** Der Wortlaut des § 6 lehnt sich weitgehend an Art 2 Nr 2c und Art 4 (= Art 2 Nr 2a; 4 aF) WerbeRL an, weicht aber in mehreren Punkten von der gemeinschaftsrechtlichen Vorgabe ab (hierzu *Köhler* WRP 13, 403, 409). Gerade insoweit bedarf § 6 der unionsrechtskonformen Auslegung.

– Entsprechend der Systematik des UWG, das Verbotstatbestände vorsieht, wurden die **Zulässigkeitskriterien** in Abweichung von Art 4 WerbeRL (s Rn 7) **negativ formuliert.** Diese Gesetzgebungstechnik ändert nichts an der grundsätzlichen Zulässigkeit der vergleichenden Werbung (zur Beweislast s Rn 72). Auch darf – entgegen dem insoweit missverständlichen Wortlaut – wegen des Grundsatzes der Vollharmonisierung (Rn 8) die vergleichende Werbung nicht aus anderen als den in § 6 und §§ 5; 4 Nr 8 genannten Gründen für unlauter erklärt werden. Zu ergänzen ist in § 6 II also das Wort „nur".

– § 6 verweist implizit (s Rn 3) auf die **allgemeinen Voraussetzungen des § 3 I.** Soweit die Generalklausel eine geschäftliche Handlung iSd § 2 I Nr 1 voraussetzt, ist das unproblematisch, denn vergleichende Werbung geschieht definitionsgemäß zur Absatzförderung. Umstritten ist allerdings, ob der Verweis auf die Bagatellklausel des § 3 I richtlinienkonform ist (s Rn 40).

– Nicht eigens umgesetzt wurde das Verbot der **irreführenden vergleichenden Werbung** in Art 4 I lit a WerbeRL. Stattdessen stellt § 5 III klar, dass das Verbot der irreführenden Werbung auch für Werbevergleiche gilt. Diese Gesetzgebungstechnik führt zu einer willkommenen Vereinfachung, weil sie Irreführungen in Werbevergleichen den allgemeinen Regeln unterstellt (GK/*Glöckner* § 6 Rn 304). Allerdings führt sie auch zu zwei Abweichungen vom EU-Recht (*Köhler* GRUR

Vergleichende Werbung **§ 6 UWG**

13, 761 ff). Erstens wurde der Verweis des Art 4 I lit a WerbeRL auf die Irreführung durch Unterlassen (Art 7 UGP-RL) nicht umgesetzt, so dass § 5 III in richtlinienkonformer Auslegung sinngemäß auch auf § 5a anzuwenden ist; eine gesetzgeberische Klarstellung wäre wünschenswert. Für das B2B-Verhältnis enthält die (ältere und daher noch unausgereiftere) WerbeRL keine ausdrückliche Vorschrift zur Irreführung durch Unterlassen, doch ist insoweit das allgemeine Irreführungsverbot der Art 2 lit b, 3 WerbeRL anwendbar (EuGH GRUR 07, 69 Rn 80 – *Lidl/Colruyt*). Zweitens regelt § 5 irreführende Praktiken sowohl für den B2B- als auch den B2C-Bereich, während im Europarecht unterschiedliche Bestimmungen gelten (Art 6, 7 UGP-RL für Handlungen gegenüber Verbrauchern, Art 2 lit b, 3 WerbeRL im Übrigen). Allerdings dürften die praktischen Auswirkungen der letztgenannten Abweichung minimal sein (GK/*Glöckner* § 6 Rn 74 ff). Auch unter der WerbeRL gilt für sämtliche Bestandteile von Werbevergleichen ein unionsrechtlicher Irreführungsmaßstab (vgl EuGH GRUR 03, 533, Rz 44 – *Pippig Augenoptik/Hartlauer; Ohly* GRUR 03, 641 ff), und es steht zu erwarten, dass der EuGH beide Irreführungsverbote soweit möglich einheitlich auslegen wird.
– Während in der WerbeRL zwischen den Tatbeständen der Herabsetzung und der Rufausnutzung unterschieden wird (Art 4 lit d und f), wird in § 6 II Nr 4 der mit einem Kennzeichen verbundene Ruf nicht nur (wie in Art 4 lit f WerbeRL) gegen unlautere Ausnutzung, sondern zusätzlich gegen Beeinträchtigung geschützt. § 6 II Nr 4, 2. Alt sollte de lege ferenda gestrichen werden und muss vorläufig im Lichte des Art 4 lit d ausgelegt und auf die Fälle der Herabsetzung und Verunglimpfung beschränkt werden (BGH GRUR 11, 1158 Rn 21 – *Teddybär*). Zugleich muss § 6 II Nr 5 auf die Herabsetzung von Kennzeichen erstreckt werden.
– Das Hervorrufen von Verwechslungsgefahr wird im Unionsrecht in einen Tatbestand für Handlungen gegenüber Verbrauchern (Art 6 II lit a UGP-RL) und gegenüber Unternehmern (Art 4 lit h WerbeRL) aufgespalten. Da der deutsche Gesetzgeber die erstgenannte Bestimmung in § 5 II verallgemeinernd umgesetzt hat, ist § 6 II Nr 3 mittlerweile überflüssig, sofern in § 5 II auch Unternehmen als Bezugspunkt der Verwechslung berücksichtigt werden (GK/*Glöckner* § 6 Rn 125);
– **Nicht umgesetzt** wurde **Art 4 lit e WerbeRL**, der bei Waren mit Ursprungsbezeichnung nur den Vergleich mit Waren der gleichen Bezeichnung erlaubt (sog **„Champagner-Klausel"**). Nach Ansicht der Bundesregierung sollte die Verordnung 2081/92 zum Schutz von geographischen Angaben und Ursprungsbezeichnungen für Agrarerzeugnisse und Lebensmittel (Abl EG Nr L 208 vom 24.7.1992, S 1, mittlerweile ersetzt durch die Verordnung 510/2006 zum Schutz von geografischen Angaben und Ursprungsbezeichnungen für Agrarerzeugnisse und Lebensmittel, ABl L 93 vom 31.3.2006, S 12) insoweit ausreichenden Schutz gewähren. Da sowohl der Anwendungsbereich der Verordnung als auch ihr Schutzbereich enger sind, ist das nicht immer der Fall (hierzu ausführlich Harte/Henning/*Sack* § 6 Rn 234 ff; GK/*Glöckner* § 6 Rn 308 ff). Auch wenn Art 4a I e WerbeRL rechtspolitisch verfehlt ist, ist diese Bestimmung in richtlinienkonformer Auslegung des § 6 II Nr 1 (Rn 45), nach anderer Ansicht (Harte/Henning/*Sack* § 6 Rn 236; GK/*Glöckner* § 6 Rn 325) im Rahmen des § 3 I zu berücksichtigen.

4. Verhältnis zu anderen Vorschriften. a) Werbeverbote und -beschrän- 12
kungen. Der Grundsatz der Zulässigkeit vergleichender Werbung greift dann nicht ein, wenn das Unionsrecht oder das nationale Recht die Werbung für bestimmte Waren oder Dienstleitungen verbieten oder einschränken (Ergrde 20 bis 22 WerbeRL). Folgende Spezialregelungen ergeben sich aus dem Sekundärrecht der EU:
– **Art 9 Health-Claims-Verordnung** (Verordnung (EG) Nr 1924/2006 des Europäischen Parlaments und des Rates v 20.12.2006 über nährwert- und gesundheitsbezogene Angaben über Lebensmittel, ABl L 12 v 18.1.2007, S 3) regelt die Zulässigkeit vergleichender **nährwertbezogener Angaben.**

– Beschränkungen für die **Heilmittelwerbung** ergeben sich aus dem Gemeinschaftskodex für Humanarzneimittel (Richtlinie 2001/83/EG v 6.11.2001, ABl L 311 v 28.11.2001, S 67, in der durch Richtlinie 2004/27/EG geänderten Fassung, ABl L 136 v 30.4.2004, S 34, zuletzt geändert durch Richtlinie 2011/62/EU, ABl L 174 v 1.7.2011, S 74), umgesetzt im **HWG** (näher hierzu § 4 Rn 11/67 ff). Demnach darf die Öffentlichkeitswerbung für Arzneimittel keine Elemente enthalten, die nahe legen, dass die Wirkung des Arzneimittels einer anderen Behandlung oder einem anderen Arzneimittel entspricht oder überlegen ist (Art 90 lit b der Richtlinie = **§ 11 II HWG;** vgl dazu OLG Hamburg WRP 08, 1387; OLG Köln WRP 11, 1083), oder die das Arzneimittel einem Lebensmittel, einem kosmetischen Mittel oder anderen Gebrauchsgütern gleichsetzen (Art 90 lit g; wird mangels ausdrücklicher Regelung durch § 3 HWG erfasst, *Nawroth/Sandrock,* FS Doepner, 2008, 279, 289). § 11 II HWG hat als Umsetzung des EU-Heilmittelwerberechts gem Art 8 II WerbeRL Vorrang gegenüber § 6 (GK/*Glöckner* § 6 Rn 152). Im Übrigen ergeben sich die Grenzen für vergleichende Werbung auch für Arzneimittel aus § 6. Das gilt insbesondere für Preisvergleiche (RegBegr zu § 2 aF, WRP 00, 555, 561).

– Art 27 III der Richtlinie 2006/73/EG zur Durchführung der Richtlinie über Märkte für Finanzinstrumente (ABl L 241 v 2.9.2006, S 26), umgesetzt in **§ 4 III WpDVerOV,** enthält Vorgaben für den Vergleich von **Wertpapierdienstleistungen.**

13 **b) Irreführungsverbot (§ 5).** Art 4 lit a WerbeRL enthält ein spezielles Irreführungsverbot für vergleichende Werbung, das für Werbung gegenüber Verbrauchern auf den Irreführungsbegriff der Art 6, 7 UGP-RL, für Werbung gegenüber sonstigen Marktteilnehmern auf Art 2 lit b, 3 WerbeRL verweist. Diese Bestimmung wurde in Deutschland nicht umgesetzt, der Gesetzgeber hielt das allgemeine Irreführungsverbot in § 5 I für ausreichend. Allerdings stellt § 5 III klar, dass auch Angaben in vergleichender Werbung Angaben iSd § 5 I 2 sind. Diese Umsetzungstechnik ist unionsrechtskonform, doch besteht aber in dreifacher Hinsicht die Notwendigkeit einer richtlinienkonformen Auslegung des deutschen Rechts (s Rn 11 mwN). **(1)** § 5 verallgemeinert Art 6 UGP-RL, der unmittelbar nur für Werbung gegenüber Verbrauchern gilt, während irreführende vergleichende Werbung gegenüber Unternehmern nach Art 2 lit b, 3 WerbeRL zu beurteilen ist. Sollte die Anwendung des § 5 in einer B2B-Werbung zu Ergebnissen führen, die von den letztgenannten Bestimmungen abweichen, so ist unionsrechtskonform zu korrigieren. Allerdings sind die Unterschiede zwischen beiden Irreführungsbegriffen minimal (Rn 11, s aber *Köhler* GRUR 13, 761, 765 f), so dass sich die praktischen Auswirkungen des gespaltenen Irreführungsbegriffs in engen Grenzen halten. **(2)** Da Art 4 lit a WerbeRL auch auf Art 7 UGP-RL verweist, ist auch § 5 a sinngemäß auf die vergleichende Werbung anwendbar. Für die Werbung gegenüber Unternehmern fehlt zwar eine ausdrückliche Regelung, doch kann auch im B2B-Verhältnis eine Irreführung auch durch Unterlassen begangen werden, so dass auch hier § 5 a I entsprechend anwendbar ist. **(3)** Außerdem muss bei der Beurteilung der Irreführung im Rahmen des § 5 die Interessenabwägung berücksichtigt werden, die dem jeweiligen Kriterium in § 6 II zugrunde liegt. So darf ein gem § 6 II Nr 1 zulässiger Vergleich zwischen substituierbaren Lebensmitteln nicht gem § 5 I, III mit der Begründung verboten werden, der Verbraucher erwarte einen Vergleich genau identischer Produkte (Beispiel nach EuGH GRUR 11, 159 Rn 39 – *Lidl/Vierzon*).

14 **Irreführende Angaben** im Rahmen der vergleichenden Werbung sind **ausschließlich nach § 5** (zu § 4 Nr 8 s Rn 18) sowie gegebenenfalls nach spezialgesetzlichen Irreführungsverboten zu beurteilen (BGH GRUR 02, 633, 634 – *Hormonersatztherapie;* BGH GRUR 03, 800, 801 – *Schachcomputerkatalog;* BGH GRUR 13, 1058 Rn 15 – *Kostenvergleich bei Honorarfactoring*). Es gelten die allgemeinen Regeln des § 5. Die Irreführung kann sich auf sämtliche Elemente des Vergleichs, also auf die Angaben

Vergleichende Werbung **§ 6 UWG**

über das eigene Produkt, über das Konkurrenzangebot und auf den Vergleich beziehen (s § 5 Rn 102). **Unvollständige Vergleiche,** die nur einzelne Eigenschaften konkurrierender Produkte miteinander vergleichen, der **Vergleich substituierbarer Produkte unterschiedlicher Qualität, Quantität oder Zusammensetzung** oder ein Vergleich mit einem unter besonderen Umständen berechneten Preis können irreführend sein, sofern die Unvollständigkeit, die Unterschiede zwischen den verglichenen Produkten oder die fehlende Allgemeingültigkeit des Preises für die Adressaten der Werbung nicht erkennbar sind (EuGH GRUR 11, 159 Rn 50ff – *Lidl/Vierzon*). In diesem Fall verdrängt § 5 als speziellere Bestimmung das Objektivitätsgebot des § 6 II Nr 2 (vgl BGH GRUR 07, 896 Rn 17 – *Eigenpreisvergleich;* BGH GRUR 10, 658 Rn 12 – *Paketpreisvergleich;* BGH aaO Rn 16 – *Kostenvergleich bei Honorarfactoring;* anders noch OLG Hamburg GRUR-RR 03, 219, 220 f – *Frankfurt-Hahn;* OLG Hamburg GRUR-RR 05, 129, 130 – *Inlandsferngespräche*). Auch eine fehlerhafte Behauptung über Mängel eines Konkurrenzprodukts stellt für sich genommen noch keine Herabsetzung (§ 6 II Nr 5) dar, sondern ist ebenfalls ausschließlich nach §§ 4 Nr 8; 5 (und ggf besonderen Irreführungsverboten des Lebensmittel- oder Heilmittelwerberechts) zu beurteilen (BGH GRUR 08, 443 Rn 29 – *Saugeinlagen*).

Soweit abgesehen von der reinen Irreführung weitere Unlauterkeitsmerkmale **15** (etwa eine über die bloße Produktkritik hinausgehende Herabsetzung) vorliegen, kann zusätzlich zur Verletzung des Irreführungsverbots ein Verstoß gegen eines oder mehrere der in § 6 II aufgeführten Unlauterkeitskriterien vorliegen. Da vergleichende Werbung unlauter ist, sofern sie nur eines der Verbotskriterien erfüllt, sind grundsätzlich die Kriterien des § 6 II und § 5 nebeneinander zu prüfen. Ansprüche aus §§ 5 I, 3 I, 8 ff einerseits und aus §§ 6 II, 3 I, 8 ff andererseits stellen **unterschiedliche Streitgegenstände** dar (BGH GRUR 08, 443 Rn 21 ff – *Saugeinlagen*). Die Beweislast für die Unrichtigkeit der Behauptung trägt der Kläger, dem aber (nach allgemeinen Grundsätzen, s § 5 Rn 110) Darlegungs- und Beweiserleichterungen zugutekommen können, wenn die betreffenden Tatsachen in den Verantwortungsbereich des Werbenden fallen (BGH GRUR 03, 800, 803 – *Schachcomputerkatalog;* BGH GRUR 13, 1058 Rn 23 – *Kostenvergleich bei Honorarfactoring*).

Auch im Rahmen vergleichender Werbung kann eine **Irreführung durch Un- 15a terlassen** begangen werden (hierzu ausf Köhler GRUR 13, 761). Daher ist auf Werbevergleiche gegenüber Verbrauchern § 5a II-IV, auf Werbevergleiche gegenüber anderen Marktteilnehmern § 5a I anwendbar (s Rn 13), wobei die Abgrenzung zu § 5 fließend ist. Auch kommt es zu Überschneidungen mit dem Gebot, die zur Nachprüfbarkeit (§ 6 II Nr 2) erforderlichen Informationen bereitzustellen (s Rn 55). Aufklärungspflichten können das eigene Produkt des Werbenden betreffen, etwa wenn sich der Vergleich auf einen eigenen Sonderpreis bezieht oder wenn Zusatzkosten verschwiegen werden, ohne dass dies aus der Werbung deutlich wird (BGH GRUR 11, 742 Rn 35 – *Leistungspakete im Preisvergleich*). Über die Einzelheiten des Konkurrenzangebots besteht weder gem § 5a II noch hinsichtlich der in § 5a III genannten Umstände eine allgemeine Aufklärungspflicht. Auch ist es legitim, wenn der Werbende aus der Produktpalette eines Mitbewerbers zu Zwecken des Vergleichs bestimmte herausgreift, obwohl dieser noch andere, möglicherweise günstigere Waren anbietet. Allerdings muss der Werbende Informationen bereitstellen, ohne die der Vergleich von den angesprochenen Verkehrskreisen missverstanden würde, etwa weil sich die Preise der konkurrierenden Angebote nach unterschiedlichen Kriterien bestimmen (BGH GRUR 10, 658 Rn 16 f – *Paketpreisvergleich*), weil ein inhaltlich mindestens gleichwertiges, aber günstigeres Konkurrenzangebot verschwiegen wird (BGH aaO Rn 36 – *Leistungspakete im Preisvergleich*) oder weil sich das ungünstigere Tarifangebot eines konkurrierenden Telekommunikationsunternehmens nur auf bestimmte, besonders stark ausgelastete Tageszeiten bezieht (vgl OLG Hamburg GRUR-RR 05, 131, 133 – *Schlauer Telefonkunde*). Täuscht der Werbende einen neutralen Vergleich vor, obwohl er in Wirklichkeit in eigener Sache wirbt (Beispiel: angebliche Kundenbewertung auf

UWG § 6

einem Internet-Portal, die in Wirklichkeit der Anbieter selbst geschrieben hat), so kann § 4 Nr 3 eingreifen (OLG München MMR 12, 534; *Köhler* GRUR 13, 761, 765).

16 **Beispiele: Irreführend** sind
- ein Vergleich von Warensortimenten mit der Behauptung, das allgemeine Preisniveau sei beim Werbenden niedriger, wenn den Verbrauchern suggeriert wird, jedes Einzelprodukt sei günstiger, die Ersparnis sei unabhängig von Art und Menge der erworbenen Produkte oder wenn der Vergleich allgemein über die Höhe der möglichen Ersparnis irreführt (EuGH GRUR 07, 69 Rn 83f – *LIDL Belgium/Colruyt;* EuGH GRUR 11, 159 Rn 50 – *Lidl/Vierzon*);
- ein Preisvergleich zwischen einer No-name-Brille und einer Markenbrille, die, für den Verbraucher nicht erkennbar, mit höherwertigen Gläsern bestückt ist (BGH GRUR 03, 533 Rn 53 – *Pippig Augenoptik/Hartlauer*);
- ein Vergleich zweier Leistungspakete, bei dem der Werbende verschweigt, dass beim eigenen Angebot Zusatzkosten anfallen und dass der Konkurrent neben dem genannten auch ein gleichwertiges, aber deutlich günstigeres Angebot bereithält (BGH GRUR 11, 742 Rn 35f – *Leistungspakete im Preisvergleich*);
- ein Preisvergleich zweier Paketdienste, aus dem zwar die für die Werbende günstigen Unterschiede beim Preis pro Gewicht, nicht aber die für die Mitbewerberin vorteilhaften Unterschiede beim Preis pro Größe deutlich werden (BGH GRUR 10, 658 Rn 16f – *Paketpreisvergleich*);
- der Vergleich mit dem Preis eines Konkurrenten, den dieser einem individuellen Angebot zugrundegelegt hat, wenn suggeriert wird, dass es sich um dessen Standardpreis handelt (BGH GRUR 13, 1058 Rn 16 – *Kostenvergleich bei Honorarfactoring*, im konkreten Fall aber Irreführung verneint);
- ein Preisvergleich zwischen Arzneimitteln (zu § 11 HWG s Rn 12), bei dem verschwiegen wird, dass das beworbene Mittel höher dosiert werden muss oder nur für einen Teil der fraglichen Indikationen in Betracht kommt (OLG Hamburg PharmaRecht 03, 126 – *28% günstiger;* OLG Hamburg GRUR-RR 10, 67 – *Erste preisgünstige Alternative*);
- die Bezeichnung eines 120 km von Frankfurt/Main entfernt liegenden Flughafens als „Frankfurt-Hahn", wenn auf die Entfernung nicht deutlich hingewiesen wird (OLG Hamburg GRUR-RR 03, 219, 220);
- eine Gegenüberstellung von Telefontarifen, die nicht die jeweils korrespondierenden Tarife des verglichenen Anbieters angibt (vgl OLG Hamburg GRUR-RR 05, 129, 130 – *Inlandsferngespräche*).

Keine Irreführung liegt vor, wenn
- der Werbende nicht darauf hinweist, dass seine eigenen Produkte im Wege des Parallelimports beschafft wurden oder wenn er das Konkurrenzprodukt durch einen Testkauf erwirbt und erst anschließend einen Preisvergleich anstellt (EuGH GRUR 03, 533, Rn 65, 71, 53 – *Pippig Augenoptik/Hartlauer; Ohly* GRUR 03, 641, 645)
- bei einem Preisvergleich von Telefontarifen zu bestimmter Uhrzeit nicht darüber aufgeklärt wird, dass der Preisvorteil zu anderen Tageszeiten nicht besteht (OLG Düsseldorf NJW-RR 99, 408; OLG Hamburg GRUR-RR 05, 131, 133 – *Schlauer Telefonkunde*).

17 **c) Herabsetzung (§ 4 Nr 7).** Wird im Rahmen vergleichender Werbung die Wertschätzung eines Kennzeichens beeinträchtigt oder werden ein Mitbewerber oder seine Produkte herabgesetzt, so enthalten § 6 II Nr 4 und 5 Spezialregelungen, die § 4 Nr 7 verdrängen (s § 4 Rn 7/6). Wird kein Mitbewerber identifiziert, so liegt weder vergleichende Werbung vor, noch ist § 4 Nr 7 anwendbar. Die pauschale Abwertung ohne Erkennbarkeit individueller Konkurrenten fällt unter § 3 und wird hier im Anhang zur Kommentierung des § 6 behandelt (s Rn 79ff).

Vergleichende Werbung **§ 6 UWG**

d) Anschwärzung (§ 4 Nr 8). Die Tatbestände der Anschwärzung und der herabsetzenden vergleichenden Werbung (§ 6 II Nr 5) überschneiden sich teilweise. Dennoch wird § 4 Nr 8 auch im Anwendungsbereich des § 6 nicht verdrängt, da es sich bei der Anschwärzung immer um die Behauptung unwahrer oder nicht erweislich wahrer Tatsachen handelt. Das Verbot der Anschwärzung fällt also unter das Verbot der irreführenden vergleichenden Werbung in Art 4 lit a WerbeRL, die Beweislastumkehr ist durch Art 7 WerbeRL gedeckt. Beide Vorschriften sind nebeneinander anwendbar (BGH GRUR 02, 633, 635 – *Hormonersatztherapie; Köhler*/Bornkamm § 6 Rn 16; *Sack* GRUR 04, 89, 93; einschränkend MüKo/*Menke* § 6 Rn 22). Während § 6 II Nr 5 auch wahre Tatsachenbehauptungen oder Werturteile erfassen kann (vgl Rn 65) und nicht den Nachweis einer Schädigungseignung erfordert, bietet die Beweislastumkehr in § 4 Nr 8 dem Kläger Vorteile. 18

e) UWG-Nachahmungsschutz (§ 4 Nr 9). Wird in der Werbung für ein nachgeahmtes Produkt auf das Original Bezug genommen, so sind § 4 Nr 9 und § 6 parallel anwendbar. Das bloße Angebot eines nachgeahmten Produkts, das potenzielle Abnehmer an das Original erinnert, ist für sich genommen noch nicht als vergleichende Werbung iSd § 6 I anzusehen (s Rn 33c). Handelt es sich wegen einer zusätzlichen werblichen Bezugnahme um vergleichende Werbung, so schränken die Kriterien des § 6 II den Grundsatz der Nachahmungsfreiheit ein. Insbesondere verbietet § 6 II Nr 6 in systemwidriger Weise das ausdrückliche Bewerben eines Produkts als „Imitation" oder „Nachahmung" auch dann, wenn die Nachahmung nach der Maßgabe des Immaterialgüterrechts und des § 4 Nr 9 erlaubt ist (dazu Rn 70). 18a

f) Markenrecht. Bei Einführung des heutigen § 6 ging der deutsche Gesetzgeber noch in Einklang mit der damals hM davon aus, dass die Verwendung der Marke eines Konkurrenten in einem Werbevergleich mangels markenmäßiger Benutzung keine Markenverletzung darstellt (Begr RegE zu § 2 aF, WRP 00, 555, 557; ebenso OLG Hamburg GRUR 00, 243, 247 – *Lottoschein;* OLG Frankfurt GRUR 00, 84 – *Deutscher Aktienindex DAX;* ausf Harte/Henning/*Sack* § 6 Rn 264ff). Auch Egrd 15 WerbeRL beruht erkennbar auf der Vorstellung, dass die Erwähnung einer fremden Marke zur zutreffenden Unterscheidung der Produkte des Werbenden von denen des Markeninhabers nicht den Tatbestand der Markenverletzung erfüllt. Mittlerweile hat sich der EuGH aber der Gegenauffassung angeschlossen: Die Verwendung einer fremden Marke in der eigenen Werbung ist auch dann eine Verwendung für eigene Waren und Dienstleistungen, wenn die Marke zur zutreffenden Kennzeichnung der Produkte des Markeninhabers („referierende Benutzung") dient. Die **Verwendung der Marke eines Konkurrenten in einem Werbevergleich kann** daher **Markenverletzung** sein (EuGH GRUR 08, 698 Rn 36 – *02;* EuGH GRUR 09, 756 Rn 53 – *L'Oréal/Bellure*). 19

Sofern in einer Werbung für vergleichbare Produkte die Marke des Konkurrenten in unveränderter Form genannt wird, ist regelmäßig die Voraussetzung der **Doppelidentität** (Art 5 I 2 lit a MarkenRL = **§ 14 II Nr 1 MarkenG**) erfüllt. Da allerdings in Fällen der referierenden Benutzung der absolute Schutz, den § 14 II Nr 1 gewährt, ungerechtfertigt sein kann, verlangt der EuGH in st Rspr über die Doppelidentität hinaus die **Beeinträchtigung einer geschützten Markenfunktion.** Dabei soll § 14 II Nr 1 nicht nur die Herkunftsfunktion, sondern auch weitere Funktionen wie die Kommunikations-, Werbe-, Investitions- oder Qualitätsfunktion schützen (EuGH GRUR 09, 756 Rn 58 – *L'Oréal/Bellure;* EuGH GRUR 10, 445 Rn 49 – *Google France;* krit GK/*Glöckner* § 6 Rn 90; *Ohly,* FS Doepner, 2008, S 51, 60f; für eine Begrenzung des Art 5 I 2 lit a MarkenRL auf den Schutz der Herkunftsfunktion nunmehr auch Art 10 II lit a des Entwurfs der Kommission für eine Revision des Markenrechts, KOM(2013) 162 endg, 2013/0089 (COD)). Im Fall des § 6 II Nr 3 wird die Herkunftsfunktion, im Fall des § 6 II Nr 5 die Werbefunktion beeinträchtigt (EuGH aaO Rn 59 – *L'Oréal/Bellure*). Ob allerdings in Fällen subjektiver Vergleiche oder rei- 19a

Ohly

ner Rufausbeutung eine geschützte Markenfunktion beeinträchtigt wird (offengelassen in EuGH aaO Rn 63 – *L'Oréal/Bellure*), ist bisher nicht abschließend geklärt. Wird die Marke abgewandelt oder sind die verglichenen Produkte zwar substituierbar (§ 6 II Nr 1) aber nicht identisch, so kann bei Vorliegen von Verwechslungsgefahr § 14 II Nr 2 MarkenG eingreifen. Daneben kommt der Schutz bekannter Marken gem § 14 II Nr 3 MarkenG in Betracht (EuGH aaO Rn 64 – *L'Oréal/Bellure*).

19b Allerdings kann nicht schon die bloße Bezugnahme auf fremde Marken in Werbevergleichen zur Begründung der Markenverletzung ausreichen, weil ansonsten ein Wertungswiderspruch zu Art 4 WerbeRL bestünde. Es kann insoweit auch keinen „Vorrang des Markenrechts" geben (BGH GRUR 08, 628 Rn 15 – *Imitationswerbung;* Harte/Henning/Sack § 6 Rn 274), weil die Vorschriften über vergleichende Werbung detaillierte Regeln zur Lösung des Interessenkonflikts zwischen Werbendem und Mitbewerber bereitstellen. Daher ist die **Markenverwendung in einem Vergleich, der den Anforderungen der WerbeRL bzw des § 6 II genügt, markenrechtlich zulässig** (Egrd 15 WerbeRL; EuGH GRUR 08, 698 Rn 45 – *O2;* EuGH GRUR 09, 756 Rn 54 – *L'Oréal/Bellure*). § 6 II stellt insoweit eine ungeschriebene Schranke des Markenrechts dar (ebenso *Alexander* GRUR 10, 482, 487; zu anderen Lösungsmöglichkeiten, insb einer Anwendung der §§ 23, 24 MarkenG, GK/*Glöckner* § 6 Rn 86 ff; Harte/Henning/Sack § 6 Rn 278 ff). Eine entsprechende gesetzgeberische Klarstellung erscheint sinnvoll und wird in der Tat derzeit von der Kommission erwogen (Art 10 III lit f des Revisionsentwurfs, s Rn 19a). Ist der Werbevergleich **aber gem § 6 II unlauter,** so gibt es für eine Privilegierung der Markenverwendung keinen Grund (*Blankenburg* WRP 08, 1294, 1296; MüKo/*Menke* § 6 Rn 30; *Ohly,* FS Doepner, 2008, S 56 f; für Spezialität des § 6 dagegen Harte/Henning/*Sack* § 6 Rn 276). Die Verwendung der fremden Marke stellt bei Vorliegen der übrigen Voraussetzungen des § 14 II MarkenG eine Markenverletzung dar (EuGH GRUR 08, 698 Rn 36 – *02/Hutchison 3 G;* EuGH GRUR 09, 756 Rn 56 ff – *L'Oréal/Bellure*). Soweit das Markenrecht und die WerbeRL parallele Voraussetzungen aufstellen (Beispiele: Verwechslungsgefahr, unlautere Ausnutzung des Rufs), sollten sie nach gleichen Grundsätzen ausgelegt werden (EuGH GRUR 08, 698 Rn 49 – *02;* EuGH GRUR 09, 756 Rn 77 – *L'Oréal/Bellure*).

20 **g) Urheberrecht, Persönlichkeitsrechte.** Im Rahmen eines Werbevergleichs kann es zur **Abbildung eines urheberrechtlich geschützten Konkurrenzprodukts** kommen, etwa eines kunstvoll gestalteten Parfumflakons oder des Titelblatts einer Zeitschrift (so in der englischen Entscheidung *IPC Magazines v MGN,* berichtet bei *Ohly/Spence* GRUR Int 99, 681, 688). Hier kommt ein Verstoß gegen § 6 II Nr 4 in Betracht, doch ist keineswegs jede Abbildung eines Konkurrenzprodukts zwangsläufig als unlautere Ausnutzung der Wertschätzung eines Kennzeichens anzusehen (vgl Rn 63). Zwar stehen Urheberrecht und Lauterkeitsrecht grundsätzlich unabhängig nebeneinander, doch kommt eine Einschränkung des Urheberrechtsschutzes nach den Grundsätzen der Entscheidung **Parfumflakon** (BGHZ 144, 232, 237 ff = GRUR 01, 51, vgl auch EuGH GRUR Int 98, 140 – *Dior/Evora;* dazu *Kur* GRUR Int 99, 24 ff; *Schricker* JZ 01, 463 f) in Betracht. Ebenso wenig wie der Urheber nach dieser Entscheidung die Abbildung einer Ware in einer Werbeanzeige zu dem Zweck verhindern kann, eine marken- und wettbewerbsrechtlich erlaubte Weiterverbreitung zu unterbinden, sollte er die Möglichkeit haben, die Darstellung seiner Produkte in einem Werbevergleich unter Berufung auf sein Urheberrecht zu unterbinden, sofern die Abbildung nach dem unter § 6 II Nr 4 geltenden Verhältnismäßigkeitsgebot zur Durchführung des Vergleichs erforderlich ist. Die **Abbildung anderer Personen** im Rahmen vergleichender Werbung ist nach §§ 22; 23 KUG zu beurteilen (OLG Karlsruhe GRUR 04, 1058 – *Bildfragment*). Die Abbildung eines Prominenten ohne dessen Einwilligung ist grundsätzlich auch dann nicht gem § 23 Nr 1 KUG gerechtfertigt, wenn er für das Konkurrenzerzeugnis wirbt. Etwas anderes kann allenfalls

Vergleichende Werbung **§ 6 UWG**

gelten, wenn die vergleichende Werbung nur unter Verwendung des Bildnisses möglich ist, etwa weil es auf der Ware selbst angebracht ist (vgl dazu *Bartnik* AfP 04, 223, 225).

II. Definition der vergleichenden Werbung (Abs 1)

1. Allgemeines. Die Definition der vergleichenden Werbung in § 6 I ist von entscheidender praktischer Bedeutung, denn sie stellt die Weiche zwischen der Anwendung des in § 6 II aufgestellten strengen Kriterienkatalogs und dem freien Rückgriff auf §§ 3 I; 4. § 6 I entspricht weitgehend Art 2 lit c WerbeRL. Der Begriff „vergleichende Werbung" soll breit gefasst werden (Egrd 8 WerbeRL) und in dem für sie günstigsten Sinne ausgelegt werden (Rn 7). Entscheidendes Element der Definition ist die **Identifizierung eines oder mehrerer Mitbewerber** (identifizierende vergleichende Werbung, s Harte/Henning/*Sack* § 6 Rn 63). Es muss sich also um Werbung (2) handeln, die einen Mitbewerber oder seine Waren und Dienstleistungen (3) unmittelbar oder mittelbar erkennbar macht (4). Während weitgehende Einigkeit darüber herrscht, dass § 6 I allgemein gefasste Vergleiche ohne Bezug auf einen konkreten Mitbewerber ausschließt, ist umstritten, ob eine vergleichende Bezugnahme vorauszusetzen ist (5) und ob die Kriterien des § 6 II auch für unternehmensbezogene Werbung gelten, die sich nicht auf die Produkte, sondern auf die persönlichen und geschäftlichen Eigenschaften des Konkurrenten selbst bezieht (6). 21

2. Werbung. a) Definition. Der Begriff „Werbung" wird in Art 2 lit a WerbeRL definiert. Er umfasst jede Äußerung bei der Ausübung eines Handels, Gewerbes, Handwerks oder freien Berufs mit dem Ziel, den Absatz von Waren oder die Erbringung von Dienstleistungen, einschließlich unbeweglicher Sachen, Rechte und Verpflichtungen zu fördern. Der Begriff ist enger als derjenige der „geschäftlichen Handlung" (§ 2 I Nr 1): Jede Werbung ist geschäftliche Handlung, aber nicht jede geschäftliche Handlung ist Werbung. 22

b) Absatzförderung. Die Äußerung muss im **Zusammenhang mit einer unternehmerischen Tätigkeit** (*Köhler/Lettl* WRP 03, 1019, 1022) und mit dem Ziel erfolgen, den **Absatz von Waren oder die Erbringung von Dienstleistungen zu fördern.** Dem Ziel der Absatzförderung dienen nicht nur alle Formen der Produktwerbung, sondern auch die allgemeine Aufmerksamkeitswerbung, die Förderung des Erscheinungsbildes des eigenen Unternehmens (vgl Art 2 lit f der Richtlinie 2000/31/EG über den elektronischen Geschäftsverkehr), nicht jedoch Angaben gegenüber öffentlichen Stellen, etwa abwertende Äußerungen über Konkurrenzprodukte bei der Beschreibung des Standes der Technik in einer Patentanmeldung (dazu aus verwaltungsrechtlicher Sicht BayVGH Mitt 03, 400 – *Nachteile des Standes der Technik II*). Die Nutzung eines Domainnamens, der mit einer fremden Marke identisch ist, oder die Verwendung der Marke eines Mitbewerbers als Suchmaschinen-Keyword oder Metatag können als Werbung anzusehen sein (EuGH WRP 13, 1161 – *BEST/Peelaers,* zur Beurteilung des Metatagging und des Keyword Advertising als vergleichende Werbung s Rn 37). Inwieweit **Äußerungen in den Medien** unter § 6 I fallen, ist autonom-unionsrechtlich zu beurteilen (BGH GRUR 06, 875 Rn 22 – *Rechtsanwalts-Ranglisten; Lettl* GRUR 07, 936, 938). Da allerdings bisher einschlägige Urteile des EuGH fehlen, können die von der Rspr zu § 2 I Nr 3 entwickelten Grundsätze zur Orientierung herangezogen werden. Insbesondere ist bei der Prüfung der Wettbewerbsabsicht die Bedeutung der Meinungs- und Pressefreiheit (Art 10 EMRK, Art 5 I GG) zu berücksichtigen (BVerfG WRP 03, 69 – *JUVE-Handbuch;* BGH GRUR 06, 875 Rn 23 – *Rechtsanwalts-Ranglisten;* OLG Hamburg GRUR-RR 04, 259 – *Babes und Zicken*). Redaktionelle Beiträge können nur beim Vorliegen besonderer Umstände als Werbung angesehen werden. Insbesondere kann bei vergleichenden Tests von Waren oder Dienstleistungen und darauf aufbauenden „Rankings" eine Absicht 23

Ohly 775

der Herausgeber oder Journalisten, den Wettbewerb der gut bewerteten Unternehmen zu fördern, nicht vermutet werden. Zwar kann bei einer übermäßig anpreisenden Darstellung, die den Boden sachlicher Information verlässt, eine Wettbewerbsförderungsabsicht anzunehmen sein, doch folgt eine solche Darstellung nicht schon aus der Subjektivität der abgedruckten Wertungen oder dem Interesse, potentielle Werbekunden gut zu beurteilen (BGH GRUR 06, 875 Rn 27f – *Rechtsanwalts-Ranglisten*). Die Grundsätze der früheren, sehr restriktiven Rspr (BGH GRUR 97, 912, 913 – *Die Besten I*; BGH GRUR 97, 914, 915 – *Die Besten II*) halten der Kontrolle an Maßstab der Art 10 EMRK, Art 11 Eu-GRCh, 5 I GG nicht stand (vgl BVerfG WRP 03, 69 – *JUVE-Handbuch;* aA *Lettl* GRUR 07, 936, 941f). Hingegen kann die vergleichende Werbung für das eigene Presseprodukt außerhalb des medialen Funktionsbereichs ohne weiteres dem § 6 I unterfallen (BGH GRUR 10, 161 Rn 11 – *Gib mal Zeitung;* OLG München GRUR-RR 04, 309, 310 – *Billiges Plagiat;* OLG Hamburg GRUR-RR 04, 259 – *Babes und Zicken*). Äußerungen eines Online-Dienstes für Preisvergleiche über einen Verbrauchermarkt stellen demnach keine Werbung dar, auch wenn sie vom Geschäftsführer des Dienstes in einem Interview mit einer anderen Zeitschrift getätigt werden (OLG Hamburg GRUR-RR 05, 385, 386 – *Ladenhüter*). Vom Wortlaut der Definition nicht erfasst werden vergleichende Angaben beim **Bezug einer Ware oder Dienstleistung** (zB Personalwerbung), doch kommt insoweit eine analoge Anwendung des § 6 in Betracht (*Köhler/Bornkamm*, § 6 Rn 63; ebenso iE *Dreyer* GRUR 08, 123, 127; aA *Fezer/Koos* § 6 Rn 76; Harte/Henning/ *Sack* § 6 Rn 39).

24   c) **Form und Adressaten.** Im Übrigen ist die Definition der Richtlinie denkbar weit. Unerheblich sind die Form (EuGH GRUR 02, 354 Rn 31 – *Toshiba/Katun;* Köhler/Bornkamm § 6 Rn 60: verbal oder nonverbal, öffentlich oder individuell) und der Adressat der Äußerung (Unternehmer oder Verbraucher, vgl BGHZ 158, 26 = GRUR 04, 607, 609 – *Genealogie der Düfte;* BGH GRUR 11, 1153 Rn 36 – *Creation Lamis;* Allgemeinheit oder Einzelperson). Auch nichtssagende Anpreisungen oder reine Wertungen (vgl zur Zulässigkeit § 6 II Nr 2) können Werbung iSd § 6 sein. Der Vorschlag, unter Berücksichtigung der englischen und französischen Textversion (advertising, publicité) den Begriff der Werbung auf die Kommunikation gegenüber der Allgemeinheit zu beschränken (so *Bornkamm* in Schwarze, S 141; vgl auch *Eck/Ikas* WRP 99, 251, 265), ist mit dem Wortlaut des Art 2 Nr 1 WerbeRL nicht vereinbar. Auch die Beratung in einem individuellen Verkaufsgespräch wird daher von § 6 erfasst (*Ohly/Spence* GRUR Int 99, 681, 685; *Scherer* WRP 01, 89, 92; Harte/Henning/*Sack* § 6 Rn 61; einschränkend GK/*Glöckner* § 6 Rn 194ff: Marktbezug kann bei individuellem Gespräch fehlen).

25   d) **Werbung mit Angaben Dritter.** Neutrale Vergleiche, die durch die Presse (s Rn 23), durch Internet-Bewertungsportale (zur Frage der unmittelbaren Täterschaft s § 8 Rn 115a), durch unabhängige Personen oder Organisationen zum Zweck der Verbraucherinformation oder der wissenschaftlichen Diskussion vorgenommen werden, fallen nicht unter § 6, da sie oft schon nicht der Absatzförderung dienen und sich im Übrigen nicht auf Mitbewerber beziehen (s Rn 29, zu den Zulässigkeitskriterien für vergleichende Warentests s Rn 74ff). Wer sich aber einen neutralen Vergleich, eine wissenschaftliche Studie (vgl BGH GRUR 02, 633, 635 – *Hormonersatztherapie*), eine Marktforschungsstudie (OLG Hamburg GRUR-RR 04, 259 – *Babes und Zicken*) oder einen Pressebericht (OLG Hamburg GRUR-RR 02, 112 – *Verlierer*) zu Werbezwecken zu Eigen macht, wirbt vergleichend und muss die Kriterien der §§ 6 II und 5 beachten. Auch die Werbung mit Testergebnissen ist vergleichende Werbung, sofern einzelne Mitbewerber erkennbar gemacht werden (s Rn 78).

26   3. **Mitbewerber. a) § 2 I Nr 3 nicht unmittelbar anwendbar.** Der Mitbewerberbegriff ist autonom-unionsrechtlich zu bestimmen, § 2 I Nr 3 ist daher nicht un-

Vergleichende Werbung **§ 6 UWG**

mittelbar anwendbar (*Blankenburg* WRP 08, 186; *Dreyer* GRUR 08, 123, 128; *Köhler* WRP 08, 414, 415; *Sack* WRP 08, 1141, 1147; Fezer/*Koos* § 6 Rn 101; GK/*Glöckner* § 6 Rn 226 ff). Zwar verlangt der EuGH der Sache nach, ähnlich wie unter § 2 I Nr 3, ein konkretes Wettbewerbsverhältnis (s Rn 26a), doch kann es im Einzelfall zu Abweichungen zwischen beiden Mitbewerberbegriffen kommen.

b) Substituierbarkeit der Produkte. Die Werbung muss einen oder mehrere **26a** Mitbewerber erkennbar machen. Unternehmen sind Mitbewerber, wenn ihre Produkte aus Verbrauchersicht substituierbar sind (EuGH GRUR 07, 511 Rn 28 – *De Landtsheer/CIVC;* dazu *Blankenburg* WRP 08, 186, 288ff; *Dreyer* GRUR 08, 123, 126ff). Dabei sind von entscheidender Bedeutung (1) der augenblickliche Zustand des Marktes und die Verbrauchsgewohnheiten einschließlich ihrer Entwicklungsmöglichkeiten, (2) der Teil des Unionsgebiets, in dem die Werbung verbreitet wird, wobei mögliche Einflüsse durch die Verbrauchsgewohnheiten in anderen Mitgliedstaaten zu berücksichtigen sind und (3) die besonderen Merkmale des beworbenen Produkts und das Image, das ihm der Werbende zu geben beabsichtigt (EuGH aaO Rn 42). Dabei genügt eine allgemeine Substituierbarkeit, während es für § 6 II Nr 1 auf eine individuelle und konkrete Beurteilung ankommen soll (EuGH aaO Rn 47). Ob diese Abgrenzung gerechtfertigt und praktikabel ist, erscheint zweifelhaft (ebenso *Blankenburg* WRP 08, 186, 189; *Köhler* WRP 08, 414, 415; *Sack* WRP 08, 1141, 1143). Der Mitbewerberbegriff des EuGH ist nicht statisch, sondern entwicklungsoffen: Werbung kann gerade dazu führen, neue Substitutionsmöglichkeiten aufzuzeigen (*Dreyer* GRUR 08, 123, 128; Fezer/*Koos* § 6 Rn 125; *Sack* WRP 08, 1141, 1142; Beispiel aus der Rspr zu § 1 aF: Der Werbende empfiehlt, einen Gastgeber anstelle eines allgemein üblichen Mitbringsels mit einem anderen Geschenk zu überraschen, BGH GRUR 72, 553 – *Statt Blumen ONKO-Kaffee,* dort aber keine Erkennbarkeit konkreter Mitbewerber). Der Austauschbarkeit fehlt es hingegen beispielsweise bei der Abbildung eines Lottoscheins in der Werbung für ein Wirtschaftsmagazin, verbunden mit dem Slogan „Um Geld zu vermehren, empfehlen wir ein anderes Papier" (BGH GRUR 02, 828, 829 f – *Lottoschein*), oder beim Vergleich der Kursentwicklung eines Musterdepots mit der Entwicklung des DAX (OLG Frankfurt GRUR 00, 84 – *Deutscher Aktienindex DAX*). Ein Wettbewerbsverhältnis zwischen einem Anbieter von Ersatz- oder Zubehörteilen und dem Hersteller der entsprechenden Originalprodukte besteht nur, wenn dieser (wie regelmäßig, vgl EuGH GRUR 02, 354 – *Toshiba/Katun*) selbst Ersatzteile anbietet (*Ohly* GRUR 07, 3, 4f; *Sack* GRUR 04, 720). In diesem Fall ist es unschädlich, wenn in der Werbung für das Zubehör- oder Ersatzteil nur auf das Hauptprodukt Bezug genommen wird (MüKo/*Menke* § 6 Rn 53; *Ohly* aaO; aA *Blanken* S 200f; *Sack* aaO), weil mittelbar die Funktionsgleichheit der Teile behauptet wird.

c) Werbung durch Dritte. Umstritten ist die Frage, ob auch der Vergleich von **27** Produkten **fremder Unternehmen** unter § 6 I fällt, die zwar untereinander, nicht jedoch mit dem Werbenden in Wettbewerb stehen. Zu einem solchen Vergleich kann es etwa kommen, wenn ein Einzelhändler seinen Kunden bei der Auswahl zwischen verschiedenen Waren seines Sortiments berät, wenn sich der Betreiber eines Internet-Portals die Äußerungen der Nutzer durch redaktionelle Einbindung zu eigen macht (s § 8 Rn 115a) oder wenn ein Makler die Versicherungs- oder Finanzdienstleistungen verschiedener Unternehmen vergleicht (vgl KG Berlin WRP 00, 103 – *Krankenversicherungs-Computeranalyse*).

Erste und unstreitige Voraussetzung für die Anwendbarkeit des § 6 ist, dass es sich **28** bei dem Vergleich überhaupt **um Werbung handelt.** Das ist bei neutralen Produkttests unabhängiger Institutionen nicht der Fall (s Rn 74 ff). Auch bei Produktvergleichen (insbesondere „Ranking-Listen") in den Medien fehlt es regelmäßig am Ziel, den Absatz von Waren oder Dienstleistungen zu fördern (s Rn 23). Handelt es sich aber um Werbung, so genügt es, wenn der Werbende **zur Förderung fremden Wettbewerbs** tätig wird (BGH GRUR 99, 69, 70 – *Preisvergleichsliste II;* ebenso

Ohly

Dreyer GRUR 08, 123, 129; *Köhler*/Bornkamm § 6 Rn 66; *Fezer*/*Koos* § 6 Rn 102; Harte/Henning/*Sack* § 6 Rn 59; aA OLG München GRUR 03, 719 – *JUVE-Handbuch;* Ring EWiR § 1 UWG 5/03, 489, 490; *Sack,* WRP 01, 327, 334f).

29 Auf dieser Grundlage muss zwischen **drei unterschiedlichen Fallkonstellationen** differenziert werden.

- Wer als Unternehmer die Preise oder Eigenschaften verschiedener Produkte zu dem Zweck vergleicht, potentielle Kunden **zum Einkauf dieser Gegenstände gerade bei ihm** zu bewegen, nimmt mit dieser Werbung Bezug auf andere Anbieter der gleichen Waren und wirbt daher vergleichend iSd § 6 I (wohl unstr; so ie BGH GRUR 99, 69, 70 – *Preisvergleichsliste II*).
- Wer verschiedene Produkte vergleicht, um den **Absatz der eigenen, völlig andersartigen Produkte zu fördern,** also auf einem anderen Markt tätig ist, fällt nicht unter § 6 I. Vielmehr gelten die Grundsätze über neutrale Produkttests (dazu Rn 74ff). Das gilt vor allem für Verlage, die in ihren Büchern oder Zeitschriften vergleichende Produkttests durchführen oder Rangfolgetabellen („Ranking") von Unternehmen erstellen, die nicht auf dem Verlagssektor tätig sind (OLG München GRUR 03, 719 – *JUVE-Handbuch;* offen, da bereits das Vorliegen von Werbung verneinend BGH GRUR 06, 875 Rn 22 – *Rechtsanwalts-Ranglisten;* für Heranziehung der Wertungen des § 6 II Nr 1, 2 aber *Ahrens,* FS Ullmann, 2006, 565, 577), sofern es sich hier überhaupt um Werbung handelt.
- Schwierigkeiten bereitet lediglich der Fall, dass ein Unternehmen oder einer seiner Mitarbeiter (vgl § 8 II) verschiedene Produkte vergleicht, die dieses Unternehmen im Sortiment hat, wie es vor allem im Rahmen der individuellen Verkaufsberatung vorkommt. Da die Gleichheit der Wirtschafts- oder Handelsstufe für das Vorliegen eines Wettbewerbsverhältnisses nicht vorausgesetzt wird (vgl § 2 Rn 57), scheitert die Annahme eines Wettbewerbsverhältnisses zwischen Einzelhändler und Hersteller des nicht empfohlenen Produkts in dieser Situation nicht schon daran, dass der Einzelhändler beide Produkte in seinem Sortiment führt (so, wenn auch ohne Prüfung der Mitbewerbereigenschaft, BGH GRUR 07, 896 – *Eigenpreisvergleich*). Hier ist zu differenzieren. Bevorzugt der Unternehmer oder sein Mitarbeiter das Produkt eines Anbieters aus wirtschaftlichem Eigeninteresse (zB aus Provisionsinteresse oder weil es sich um ein Produkt mit eigener Handelsmarke handelt), dann ist § 6 anwendbar. Ist das aber nicht der Fall, so befinden sie sich in der Position eines neutralen Beraters, so dass nicht § 6, sondern die Grundsätze über neutrale Produkttests (s Rn 74ff) zur Anwendung kommen sollten (Harte/Henning/*Sack* § 6 Rn 61; aA *Voraufl*). Diese Grundsätze gelten auch für **Internet-Bewertungsplattformen,** auf denen zugleich die entsprechenden Waren oder Dienstleistungen bestellt werden können (s Rn 75).

30 **d) Waren und Dienstleistungen.** Ausreichend ist, dass im Vergleich die von einem Mitbewerber angebotenen Waren und Dienstleistungen erkennbar gemacht werden. Beide Begriffe sind weit auszulegen. **Waren** sind alle Güter, die Gegenstand des geschäftlichen Verkehrs sein können (*Köhler*/Bornkamm § 6 Rn 93). Dazu zählen bewegliche und unbewegliche Sachen und Rechte aller Art (vgl Art 2 lit a WerbeRL), beispielsweise Immaterialgüterrechte (Patente, Marken, urheberrechtliche Nutzungsrechte), andere vermögenswerte Immaterialgüter (etwa Domainnamen, Know-how, Werbeideen, Informationen) und Forderungen. **Dienstleistungen** sind alle Tätigkeiten, die entgeltlich für einen anderen erbracht werden, unabhängig davon ob es sich um gewerbliche oder freiberufliche Tätigkeiten handelt (*Köhler*/Bornkamm § 6 Rn 94).

31 **4. Erkennbarkeit. a) Allgemeines.** Entscheidende Voraussetzung für das Vorliegen vergleichender Werbung ist, dass ein Mitbewerber oder die von ihm angebotenen Produkte aus Sicht der angesprochenen Verkehrskreise **unmittelbar oder mittelbar erkennbar gemacht werden.** Nur wenn ein Konkurrent einzeln oder als

Vergleichende Werbung **§ 6 UWG**

Mitglied einer überschaubaren Gruppe konkret identifiziert wird, sind seine Interessen so schwerwiegend betroffen, dass es gerechtfertigt ist, die Werbung an den strengen Verbotskriterien des § 6 II zu messen. Die Beurteilung abstrakt gehaltener Vergleiche richtet sich nicht nach § 6, sondern nach den allgemeinen Vorschriften des Unionsrechts und des nationalen Rechts (EuGH GRUR 07, 511 Rn 54 – *De Landtsheer/CIVC*). Die Werbung muss auf einen oder mehrere bestimmte Mitbewerber so deutlich gerichtet sein, dass ein nicht ganz unerheblicher Teil der angesprochenen Verkehrskreise sie als vom Vergleich Betroffene ansieht. Ob eine solche Bezugnahme vorliegt, ist aus der Sicht eines **angemessen informierten und angemessen aufmerksamen durchschnittlichen Mitglieds der angesprochenen Verkehrskreise,** nicht aus der Sicht des Werbenden zu beurteilen. Der Bezug muss sich aufgrund der Werbung aufdrängen und darf sich nicht nur reflexartig daraus ergeben, dass die Betonung eigener Vorzüge incident die Behauptung enthält, nicht alle Mitbewerber hätten die gleichen Vorteile zu bieten. Eine „um zehn Ecken gedachte Bezugnahme" genügt nicht (BGH GRUR 99, 1100, 1101 – *Generika-Werbung;* bestätigt in BGH GRUR 02, 75 – *„SOOOO... BILLIG!";* GRUR 02, 828, 829 – *Lottoschein; Köhler/*Bornkamm § 6 Rn 79; Harte/Henning/*Sack* § 6 Rn 70). Richtet sich die Werbung sowohl an Groß- und Zwischenhändler als auch an Endverbraucher, so genügt es, wenn Erstere auf Grund ihrer besonderen Sachkenntnis den Mitbewerber identifizieren können (BGH GRUR 08, 628 Rn 21 – *Imitationswerbung*).

b) Unmittelbare Erkennbarkeit. Geringe Schwierigkeiten bestehen, wenn ein **32** Mitbewerber oder seine Produkte unmittelbar identifiziert, also namentlich genannt oder bildlich dargestellt werden. Beispielsweise wird ein Unternehmen unmittelbar erkennbar gemacht, wenn in einem Fernsehwerbespot dessen Name genannt und sein Geschäftsbetrieb gezeigt wird (EuGH GRUR 03, 533 – *Pippig Augenoptik/Hartlauer*). Produkte sind unmittelbar erkennbar, wenn sie durch Angabe der Artikelnummern des Herstellers (OEM-Nummern) bezeichnet werden (EuGH GRUR 02, 354 – *Toshiba/Katun;* EuGH GRUR 06, 345 – *Siemens/VIPA;* BGH GRUR 03, 444, 445 – *Ersetzt*).

c) Mittelbare Erkennbarkeit. aa) Anspielungen. Ausreichend ist es aber, **33** wenn es für die angesprochenen Verkehrskreise naheliegt, welcher Mitbewerber oder welche Produkte gemeint sind. Eng verwandt mit der unmittelbaren Erkennbarkeit sind Anspielungen auf besondere Merkmale eines Mitbewerbers, etwa dessen Niederlassungsort (Beispiel bei *Ohly/Spence* GRUR Int 99, 681, 697 f und *Ohly* GRUR 04, 889, 895: Abbildung eines britischen Wagens der gehobenen Klasse vor Autobahnwegweiser Richtung München und Stuttgart) oder auf dessen Werbeslogans (Beispiel bei *Heermann* WRP 04, 283: „Schraubst du noch oder wohnst du schon?" in Anspielung auf den Slogan eines schwedischen Möbelhauses „Wohnst du noch oder lebst du schon?").

bb) Bezug auf Warengattungen oder Gruppen von Mitbewerbern. Auch **33a** wenn eine Werbung lediglich auf eine **Warengattung** Bezug nimmt, kann es sich um vergleichende Werbung handeln (EuGH GRUR 07, 511 Rn 18 – *De Landtsheer/CIVC;* BGH GRUR 08, 628 Rn 20 – *Imitationswerbung*), ebenso wenn sie sich auf **alle Mitbewerber** oder eine nach abstrakten Kriterien definierte **Gruppe von Mitbewerbern** (zB alle Mitbewerber in einer bestimmten Region oder alle Anbieter einer bestimmten Ware oder Leistung) bezieht. In diesen Fällen hängt es von den Umständen des Einzelfalls ab, ob eine konkrete oder eine abstrakte Bezugnahme vorliegt. Besondere Bedeutung kommt dabei der **Marktstruktur** zu (EuGH aaO Rn 20). Je weniger Anbieter es auf einem bestimmten Markt gibt (vgl OLG Hamburg GRUR-RR 01, 84, 85 – *Handzahnbürste; Köhler/*Bornkamm § 6 Rn 91; Gegenbeispiel: BGH WRP 96, 1097 – *Preistest:* anonymisierte Bezugnahme auf sechs Verbrauchermärkte im gesamten nordwestdeutschen Raum), je stärker der Markt oligopolistische Strukturen aufweist oder von wenigen großen Anbietern beherrscht wird (vgl BGH GRUR 87, 49 – *Cola-Test;* OLG Frankfurt GRUR-RR 05, 137; *Ohly/Spence* GRUR Int 99, 681, 685), je weniger Mitbewerber eine in der Werbung angegebene Herstellungsart oder Produktzusammensetzung nutzen (GRUR 02, 633, 635 – *Hormonersatztherapie;* BGHZ 138, 55 = GRUR 98, 824 – *Testpreis-Angebot),* je stärker bestimmte Mitbewerber in der Vergangenheit durch ihre Werbung oder die besondere Qualität ihrer Produkte in Erscheinung getreten sind (HK/*Plaß* § 6 Rn 37), desto eher werden Mitbewerber konkret identifiziert. Beispiel (nach EuGH GRUR 07, 511 – *De Landtsheer/CIVC):* Vertreibt eine Brauerei ihr Bier in Flaschen, die nach Form und Aufmachung an Champagnerflaschen erinnert, so liegt darin angesichts der großen Zahl von Champagnerproduzenten noch kein Vergleich, selbst wenn man die zweifelhafte Substituierbarkeit von „Luxusbier" und Champagner unterstellt. Etwas anderes gilt nur, wenn sich die Aufmachung speziell, etwa durch gelbe Etiketten und gelbe viereckige Flaschenkartons, an den Stil eines bestimmten Champagnerherstellers anlehnt. Entscheidend ist das Verständnis der angesprochenen Verkehrskreise. Dabei kommt es nur darauf an, ob der angemessen aufmerksame und angemessen informierte Durchschnittsverbraucher einen oder mehrere Mitbewerber individuell identifiziert. Ob er diese Schlussfolgerung aufgrund der Werbung selbst oder aufgrund außerhalb der Werbung liegender Umstände zieht, sollte entgegen der Ansicht des BGH keine Rolle spielen (aA BGH GRUR 08, 628 Rn 20 – *Imitationswerbung),* zumal sich eine mittelbare Bezugnahme regelmäßig aus einer Kombination von Informationen aus der Werbung selbst (Beispiel: Angabe bestimmter Produktmerkmale) und aus weiteren Umständen (Beispiel: Marktstruktur) ergibt.

33b cc) **Alleinstellungswerbung, Systemvergleich.** Nach diesen Kriterien bestimmt sich auch, ob **Alleinstellungs- oder Spitzenstellungsbehauptungen** („Das beste Restaurant in X") und **Systemvergleiche** („Tennisschlägergattung A ist Gattung B überlegen", vgl BGHZ 138, 55 = GRUR 98, 824 – *Testpreis-Angebot)* in den Anwendungsbereich des § 6 I fallen. Insbesondere der Systemvergleich fällt nicht zwangsläufig aus dem Anwendungsbereich des § 6 heraus, entscheidend ist vielmehr, ob die angesprochenen Verkehrskreise das im Vergleich genannte System mit bestimmten Herstellern verbinden. So kann für Fachkreise auf Grund der Wirkstoffzusammensetzung eines Arzneimittels (BGH GRUR 02, 633, 635 – *Hormonersatztherapie)* oder der Herstellungsweise eines Sportgeräts (BGHZ 138, 55 = GRUR 98, 824 – *Testpreis-Angebot;* insoweit allerdings mit zu dünner Begründung, vgl Harte/Henning/*Sack* § 6 Rn 65) ein Anbieter erkennbar sein, der für Endverbraucher nicht identifizierbar wäre. Sofern derartige besondere Umstände, für deren Vorliegen der Kläger darlegungs- und beweispflichtig ist (vgl Rn 72), nicht bestehen, genügt der Bezug auf alle anderen Anbieter auf einem bestimmten Markt nicht (EuGH GRUR 07, 511 Rn 19 – *De Landtsheer/CIVC;* BGH GRUR 99, 1100, 1101 – *Generika-Werbung;* aA OLG München NJWE-WettbR 00, 177 – *Münchener Trinkwasser; Lux* GRUR 02, 682, 684). Zwar wäre es logisch möglich, einen Vergleich mit einer abstrakt abgegrenzten Gruppe auf alle Mitglieder der Gruppe zu beziehen, doch würde damit die Werbung Beschränkungen unterworfen, die weder mit dem Sinn der Werbung noch mit der Zielsetzung der WerbeRL vereinbar wären (BGH GRUR 99, 1100, 1101 – *Generika-Werbung).* Nicht unter § 6 I fällt daher Werbung, die auf die Anbieter von Steinhäusern (BGH GRUR 02, 982 – *Die „Steinzeit" ist vorbei),* alle Hersteller von Müsliriegeln (OLG Hamburg GRUR-RR 03, 251 – *Müsli-Riegel),* alle Produzenten und Händler von Heizöl (*OLG Oldenburg,* WRP 07, 1000 – *Wer auf Erdgas umstellt, spart)* oder alle Anbieter von Haushaltsgeräten und Unterhaltungselektronik in Köln (BGH GRUR 01, 752, 753 – *Eröffnungswerbung)* Bezug nimmt. Derartige allgemeine Vergleiche sind nach § 3 zu beurteilen (s Rn 79 ff), spezielle unionsrechtliche Vorgaben abgesehen vom allgemeinen Verbot der irreführenden und aggressiven Werbung bestehen insoweit nicht.

dd) Angebot nachgeahmter Produkte. Nicht abschließend geklärt ist bisher, 33c ob das bloße Angebot eines nachgeahmten Produkts als vergleichende Werbung anzusehen ist. Sicherlich liegt vergleichende Werbung vor, wenn das Original ausdrücklich in der Werbung genannt (Beispiel: Schmuck „à la Cartier", BGH GRUR 09, 871 Rn 31 – *Ohrclips*) wird oder wenn zumindest auf die Bezeichnung des Originals angespielt wird, etwa durch Produktnamen, die von den angesprochenen Verkehrskreisen als „Übersetzungscodes" oder „Eselsbrücken" verstanden werden (BGH GRUR 08, 628 Rn 21 – *Imitationswerbung;* BGH GRUR 10, 343 Rn 28 – *Oracle*). Der Wortlaut des Art 2 lit c WerbeRL = § 6 I erfordert aber eine solche Einschränkung nicht. Beispiel (BGH GRUR 07, 795 – *Handtaschen,* dort aber nur Prüfung des § 4 Nr 9): Das Angebot einer nachgeahmten Luxushandtasche kann die angesprochenen Verbraucher durchaus an das Original erinnern und es in diesem Sinne „erkennbar machen" (*Scherer* GRUR 12, 545, 547f). Sinnvoll wäre eine solche weite Auslegung des § 6 I indes nicht, weil so zahlreiche gem § 4 Nr 9 erlaubte Nachahmungen an den Kriterien des § 6 II, insbesondere am Objektivitätsgebot des § 6 II Nr 2 scheitern würden (*Köhler* GRUR 08, 632, 633: „Zappeln in der Fischreuse des § 6 II"), ohne dass ein solches Verbot nach Sinn und Zweck der WerbeRL beabsichtigt wäre. Insbesondere ist keineswegs jedes Angebot eines nachgeahmten Produkts gem § 6 II Nr 6 verboten (s Rn 70). Eine Regelung der innerhalb Europas überaus umstrittenen Frage der Produktnachahmung war mit der Richtlinie nicht beabsichtigt. Es bestehen zwei Lösungsmöglichkeiten. (1) Bei der Beurteilung der „Erkennbarkeit" zählen nur Informationen, die in der Werbung selbst gegeben werden, nicht hingegen weitere Assoziationen, die sich für die Abnehmer aufgrund außerhalb der Werbung liegender Umstände ergeben (so BGH GRUR 08, 628 Rn 20 – *Imitationswerbung*). Dagegen spricht aber, dass eine solche Trennung praktisch kaum möglich ist und auch mit dem unionsrechtlichen Verbraucherleitbild nur schwer vereinbar erscheint. (2) Wenn § 6 I als ungeschriebenes Tatbestandsmerkmal einen Vergleich voraussetzt (s Rn 36), lässt sich argumentieren, dass es beim bloßen Angebot einer Nachahmung an einer Gegenüberstellung von Kaufalternativen fehlt. Der Verbraucher denkt zwar beim Anblick des Imitats an das Original, entnimmt der Werbung für das nachgeahmte Produkt aber allenfalls dann einen Vergleich, wenn er „um zehn Ecken denkt". Dieser Lösungsweg erscheint überzeugender. Letztlich wird die Frage allerdings der EuGH zu klären haben.

5. Vergleich. a) Problematik. Versteht man Art 2 lit c WerbeRL wörtlich, so 34 wird von der Definition der „vergleichenden Werbung" jede Werbung erfasst, die einen Mitbewerber oder seine Produkte erkennbar macht. Ein Vergleich scheint nicht erforderlich zu sein. Nach diesem Verständnis wären auch die „**vergleichende Werbung ohne Vergleich**", etwa die reine Kritik an einem Mitbewerber („Mitbewerber X beschäftigt Schwarzarbeiter", vgl *Köhler* GRUR 05, 273), die rein beschreibende Nennung eines Konkurrenten („Unser Geschäft befindet sich gegenüber von Kaufhaus X", vgl *Borck* WRP 01, 1124, 1129) oder die bloße Abbildung eines Konkurrenzprodukts (Beispiel: BGH GRUR 05, 163 – *Aluminiumräder*) als Werbevergleich anzusehen. Da aber einige Zulässigkeitskriterien (Art 4 lit b, c = § 6 II Nr 1, 2) einen Vergleich voraussetzen, wäre die nicht vergleichende Bezugnahme stets unzulässig. Damit würde die durch Art 10 EMRK, Art 11 EU-GRCh und Art 5 I GG geschützte Meinungsfreiheit empfindlich eingeschränkt (*Köhler* GRUR 05, 273, 276).

b) Rechtsprechung des EuGH. Zu unterschiedlichen Interpretationen hat die 35 Rechtsprechung des EuGH, insbesondere die in diesem Punkt unklare *Toshiba*-Entscheidung (EuGH GRUR 02, 354, Rn 35ff – *Toshiba/Katun*), Anlass gegeben. Nach dieser Entscheidung handelt es sich um eine vergleichende Werbung iSd Art 2 lit c (= Art 2 Nr 2a aF) WerbeRL schon dann, wenn eine Äußerung in einer beliebigen Form vorliegt, die – auch nur mittelbar – auf einen Mitbewerber oder die Erzeugnisse oder Dienstleistungen, die dieser anbietet, Bezug nimmt. Hierbei soll es ohne Belang sein, ob ein Vergleich zwischen den vom Werbenden angebotenen Erzeugnissen und Dienstleistungen und denjenigen des Mitbewerbers vorliegt (EuGH aaO Rn 31). Anschließend lehnt der EuGH aber ein streng am Wortlaut des Art 2 lit c orientiertes Verständnis ab (EuGH aaO Rn 35) und spricht sich für eine **teleologische Auslegung** aus. Demnach ist zwar erforderlich, dass der Werbende **seine eigenen Waren oder Dienstleistungen zu denjenigen eines Mitbewerbers in Beziehung setzt,** doch ist dieses Erfordernis denkbar weit zu verstehen. Insbesondere reicht es aus, wenn ein Hersteller von Ersatzteilen und Verbrauchsmaterialien für technische Geräte die von ihm angebotenen Produkte denjenigen des Geräteherstellers unter Angabe der von diesem verwendeten Artikelnummern (OEM-Nummern) gegenüberstellt. Unterstützend verweist der EuGH darauf, dass eine solche Gegenüberstellung inzident eine Behauptung der Gleichwertigkeit enthält (EuGH GRUR 02, 354, Rn 38 ff – *Toshiba/Katun;* EuGH GRUR 06, 345, Rn 17 – *Siemens/VIPA;* dem folgend BGH GRUR 03, 444, 445 – *Ersetzt*). In seiner *Pippig*-Entscheidung nimmt der EuGH nicht ausdrücklich zum Erfordernis eines Vergleichs Stellung, betont aber, dass jede vergleichende Werbung die Vorteile der vom Werbenden angebotenen Waren oder Dienstleistungen gegenüber denjenigen eines Mitbewerbers herausstellen soll und daher notgedrungen die Unterschiede zwischen den verglichenen Waren oder Dienstleistungen hervorheben muss (EuGH GRUR 03, 533, Rn 36 – *Pippig Augenoptik/Hartlauer*). Die Rechtsprechung des EuGH ist also nicht eindeutig, kann aber durchaus im Sinn eines Vergleichserfordernisses verstanden werden (*Scherer* GRUR 12, 545, 546; Harte/Henning/*Sack* § 6 Rn 94; GK/*Glöckner* § 6 Rn 269).

36 c) **Das Vergleichserfordernis in § 6.** § 6 II setzt (im Gegensatz zu § 2 aF) voraus, dass „vergleichend" geworben wird. Auch die Regierungsbegründung zu § 2 aF (WRP 00, 555, 560) nimmt vergleichende Werbung nur im Fall einer **Gegenüberstellung** an. Die Rechtsprechung war lange uneinheitlich (für Vergleichserfordernis – BGH GRUR 99, 1100, 1101 – *Generika-Werbung;* BGH GRUR 02, 982, 983 – *Die „Steinzeit" ist vorbei!;* dagegen BGHZ 158, 26, 32 = GRUR 04, 607, 611 – *Genealogie der Düfte;* BGH GRUR 05, 384 – *Bestellnummernübernahme;* BGH GRUR 08, 443 Rn 15 – *Saugeinlagen*). Mittlerweile hat der BGH aber entschieden, dass § 6 I einen Vergleich voraussetzt. Dafür muss sich aus der Werbung neben der Identifikation eines Mitbewerbers ergeben, dass sich unterschiedliche, aber hinreichend austauschbare Produkte des Werbenden und des Mitbewerbers gegenüberstehen (BGH GRUR 12, 74 Rn 18 f – *Coaching-Newsletter;* ebenso bereits *Voraufl* mwN; zust *Köhler* WRP 12, 82, 83; *Scherer* GRUR 12, 545, 546). Eine reine Kritik an einem Mitbewerber erfüllt diese Voraussetzung nicht schon deshalb, weil sie implizit auch zum Ausdruck bringt, dass sie auf den Mitbewerber nicht zutrifft. Fehlt es in einer Werbung an einem Vergleich, so sind nur § 4 Nr 7 und 8 anwendbar. Erforderlich ist also ein **Vergleich im weitesten Sinne,** der aus **drei Bestandteilen besteht: (1)** einer ausdrücklichen oder impliziten **Aussage über ein eigenes Produkt, (2)** der **Identifizierung des von einem Mitbewerber angebotenen Produkts,** die nicht notwendig mit einer Wertung verbunden sein muss (vgl EuGH GRUR 02, 354, Rn 38 f – *Toshiba/Katun;*BGH aaO Rn 18 – *Coaching-Newsletter; Köhler* GRUR 05, 273, 277), **(3)** einer **Gegenüberstellung** beider unter einem gemeinsamen tertium comparationis (vgl EuGH GRUR 03, 533, Rn 37 – *Pippig Augenoptik/Hartlauer*). Die Gegenüberstellung kann ausdrücklich oder implizit und in Form einer **Kritik** („Produkt A ist besser als Produkt B") oder einer **Gleichwertigkeitsbehauptung** („Produkt A ist so gut wie Produkt B") erfolgen. Zum unternehmensbezogenen Vergleich s Rn 38.

37 d) **Beispiele.** Vergleichende Werbung ist demnach die Bezugnahme auf vergleichbare Modelle eines anderen Herstellers, das Angebot von Ersatzteilen und Verbrauchsmaterialien für Geräte eines anderen Herstellers (EuGH GRUR 02, 354, Rn 38 ff – *Toshiba/Katun;* bestätigt in EuGH GRUR 06, 345, Rn 17 – *Siemens/VIPA;* BGH GRUR 03, 444, 445 – *Ersetzt;* BGH GRUR 05, 348 – *Bestellnummernü-*

Vergleichende Werbung **§ 6 UWG**

bernahme) oder der Hinweis auf der Packung eines parallel importierten Arzneimittels, dieses sei mit einem in Deutschland unter anderer Bezeichnung vertriebenen Medikament identisch (OLG Frankfurt GRUR-RR 02, 397 – *Tiparidex*). Ein Grenzfall ist der Hinweis eines Selbstständigen auf seine frühere Beschäftigung bei einem anderen Unternehmen (für Anwendbarkeit des § 6 *Köhler* GRUR 05, 273, 277). **Kein Vergleich** ist hingegen: **(1)** die **reine Kritik** an Waren, Leistungen, Werbemethoden oder persönlichen Eigenschaften eines Mitbewerbers (BGH GRUR 02, 75, 76 – *„SOOOO... BILLIG!"?*; BGH GRUR 12, 74 Rn 18 – *Coaching-Newsletter Dilly/ Ulmar* WRP 05, 467, 472), sofern sich daraus nicht mittelbar eine Gegenüberstellung mit konkreten Eigenschaften der eigenen Produkte oder des eigenen Unternehmens ergibt; **(2)** die **reine Werbung für eigene Produkte** einschließlich des Eigenvergleichs, auch wenn sie impliziert, dass nicht alle anderen Produkte dieselben Vorzüge aufweisen (BGH GRUR 99, 1100, 1101 – *Generika-Werbung*; *Köhler*/Bornkamm § 6 Rn 55, 58); **(3)** das **reine Angebot eines nachgeahmten Produkts**, selbst wenn es die angesprochenen Verkehrskreise an das Original erinnert (s Rn 33c); **(4)** die **bloße Aufforderung zum Vergleich** (vgl BGH GRUR 1987, 49 – *Cola-Test*), sofern sie nicht von der Gegenüberstellung bestimmter Eigenschaften begleitet wird (BGHZ 139, 378, 382 = GRUR 99, 501, 502 – *Vergleichen Sie*). Dasselbe gilt für die Aufforderung, selbst Informationen einzuholen. Aus diesem Grund ist auch das bloße Setzen eines Hyperlinks noch kein Vergleich, sofern sich nicht aus dem begleitenden Text eine vergleichende Bezugnahme ergibt. Auch der Preisvergleich mit der unverbindlichen Preisempfehlung eines Herstellers fällt aus diesem Grund nicht unter § 6 I, weil er lediglich dazu anregt, sich über den von einem Mitbewerber tatsächlich angebotenen Preis zu informieren (vgl BGH GRUR 00, 436, 437 – *Ehemalige Herstellerpreisempfehlung*). Hingegen spricht einiges dafür, beim Keyword Advertising einen Vergleich anzunehmen, wenn der Werbende das Kennzeichen eines Mitbewerbers als Schlüsselwort nutzt, weil hier dem Nutzer die Bezugsalternative deutlich vor Augen geführt wird (*Ohly* GRUR 09, 709, 715; offengelassen in BGH GRUR 10, 835 Rn 41 – *POWER BALL*). Bejaht man das Vorliegen eines Werbevergleichs, so laufen die markenrechtliche Prüfung des § 14 II Nr 1 MarkenG unter dem Gesichtspunkt der Beeinträchtigung der Herkunftsfunktion, des § 14 II Nr 2 MarkenG und die Beurteilung nach § 6 II Nr 3 parallel (EuGH GRUR 08, 698 Rn 49 – *O2*; BGH aaO Rn 41 – *POWER BALL*). Jedenfalls sind die Wertungen der WerbeRL bei der Auslegung des Markenrechts zu berücksichtigen, insbesondere geschieht die Nutzung einer Marke zu dem Zweck, in lauterer Weise eine Kaufalternative aufzuzeigen „mit rechtfertigendem Grund" iSd § 14 II Nr 3 MarkenG (EuGH GRUR 11, 1124 Rn 91 – *Interflora*).

e) Der unternehmens- oder unternehmerbezogene Vergleich. Ebenso wie 38 Art 2 lit c WerbeRL lässt § 6 I die Bezugnahme auf einen Mitbewerber genügen. § 6 II Nr 1 und 2 verlangen aber, ebenso wie Art 4 lit b und c WerbeRL, dass Waren oder Dienstleistungen miteinander verglichen werden müssen. Zwei Fallkonstellationen dürften dabei weitgehend unumstritten sein. **Erstens** wird wegen des **Vergleichserfordernisses** (Rn 36) nicht schon jeder Hinweis auf persönliche Umstände eines Konkurrenten von § 6 I erfasst (BGH GRUR 12, 74 Rn 19 – *Coaching-Newsletter*; *Scherer* GRUR 12, 545, 548f; Harte/Henning/*Sack* § 6 Rn 138). Liegt aber ein Vergleich vor, so sind die Voraussetzungen des § 6 I erfüllt (offengelassen in BGH GRUR 02, 75 – *„SOOOO... BILLIG!"?*). **Zweitens** wird ein persönlicher oder unternehmensbezogener Vergleich häufig auch **implizit eine Aussage** über die vom Mitbewerber angebotenen **Waren oder Dienstleistungen** enthalten: Ein schlechter Bäcker backt schlechte Brötchen. Das gilt vor allem, wenn der Werbende seine im Vergleich zum Mitbewerber bessere persönliche Qualifikation hervorhebt (*Scherer* GRUR 12, 545, 549; *Köhler*/Bornkamm § 6 Rn 17). Nur wenn ein Vergleich vorliegt, dem nicht einmal eine mittelbare Aussage über die von beiden Mitbewerbern angebotenen Produkte entnommen werden kann, wirkt sich der Meinungsstreit aus. Nach einer Ansicht ist in diesem Fall der persönliche Vergleich per se gem § 6 II Nr 1 verboten (*Scherer* GRUR 12, 545, 549; *Köhler*/Bornkamm § 6 Rn 16; GK/*Glöckner* § 6 Rn 348; wohl auch GA Tizzano, Schlussanträge zu Rs C-356/04, *LIDL Belgium/ Colruyt*, Rn 30). Nach der Gegenansicht besteht entweder eine Regelungslücke, die es erlaubt, unternehmens- oder unternehmerbezogene Vergleiche nach §§ 3; 4 zu beurteilen (so RegBegr zu § 2 aF, WRP 00, 555, 559; *Tilmann* GRUR 99, 546, 547; Fezer/*Koos* § 6 Rn 26), oder § 6 II Nr 1 und 2 sind teleologisch zu reduzieren, so dass die Voraussetzungen des § 6 II sinngemäß anwendbar sind (*Sack* WRP 04, 817, 820 und Harte/Henning/*Sack* § 6 Rn 138; *Faßbender* EuZW 05, 42, 43; *Ohly/Spence* GRUR Int 99, 681, 686). Für Letzteres sprechen ein teleologisches und ein systematisches Argument: Auch ein unternehmensbezogener Vergleich kann dem Informationsinteresse des Verbrauchers dienen, außerdem liefe ansonsten § 6 II Nr 5 insoweit leer, als er die Herabsetzung der persönlichen oder geschäftlichen Verhältnisse eines Mitbewerbers in einem Vergleich verbietet. Oft werden sämtliche Ansichten allerdings zum gleichen Ergebnis gelangen, da ein persönlicher Vergleich, der sich nicht zugleich mittelbar auf die angebotenen Waren oder Dienstleistungen bezieht, meist nicht auf relevante Umstände bezogen ist (§ 6 II Nr 2), sondern der Herabsetzung dient (§ 6 II Nr 5).

III. Unlauterkeitskriterien (Abs 2)

39 **1. Allgemeines. a) Verbotskriterien, richtlinienkonforme Auslegung.** Während nach Art 4 WerbeRL die vergleichende Werbung zulässig ist, sofern die in den lit a–h aufgeführten Voraussetzungen erfüllt sind, hat der deutsche Gesetzgeber bei der Umsetzung den Kriterienkatalog an die Systematik des UWG angepasst, das von Verbotstatbeständen ausgeht (RegBegr § 2 aF WRP 00, 555, 560, vgl auch Rn 11). Vergleichende Werbung erfüllt demnach den Tatbestand des unlauteren Wettbewerbs (§ 3 I), wenn **mindestens eines der in § 6 II genannten Verbotskriterien** erfüllt ist. Die **irreführende vergleichende Werbung** wird anders als in Art 4 lit a WerbeRL nicht eigens erwähnt, sondern unterfällt dem allgemeinen Irreführungsverbot des § 5 (vgl § 5 III, dazu Rn 13) und dem Verbot der Anschwärzung in § 4 Nr 8 (s Rn 18). Im Übrigen ist die Aufzählung der Unlauterkeitskriterien in §§ 6 II, 5 III **abschließend** (s Rn 11), daher dürfen aus der Generalklausel (§ 3) keine weiteren Zulässigkeitsvoraussetzungen für Werbevergleiche abgeleitet werden. Da § 6 **richtlinienkonform auszulegen ist,** ändert diese Gesetzgebungstechnik nichts an der grundsätzlichen Zulässigkeit der vergleichenden Werbung. Insbesondere gilt für die Auslegung des in § 6 II eine Leitlinie, die der EuGH in st Rspr betont: Die Zulässigkeitskriterien sind in dem für die vergleichende Werbung günstigsten Sinn auszulegen, wobei sicherzustellen ist, dass die vergleichende Werbung nicht in einer wettbewerbswidrigen und unlauteren oder die Verbraucherinteressen beeinträchtigenden Weise betrieben wird (s Rn 7). Wenn der Werbevergleich dazu dient, Abnehmer in objektiver Weise über Entscheidungsalternativen zu informieren, ist er im Zweifel zulässig.

40 **b) Verweis auf § 3.** § 6 II verweist inzident (s Rn 3) auf die Generalklausel (§ 3 I) und damit auf deren zusätzliche Voraussetzungen. Was das Erfordernis einer geschäftlichen Handlung (§ 2 I Nr 1) anbetrifft, so ist diese Verweisung unproblematisch, denn jede Werbung erfolgt zum Zwecke der Absatzförderung. Sehr umstritten ist aber, ob auch die **Spürbarkeitsschwelle des § 3 I,** die in der Richtlinie keine Entsprechung findet, auf vergleichende Werbung anwendbar ist. Während die Verbote der Rufausbeutung (§ 6 II Nr 4) und Herabsetzung (Nr 5) immerhin eine Interessenabwägung erlauben, in deren Rahmen Bagatellfälle ausgeschieden werden können, ist das Objektivitätsgebot des § 6 II Nr 2 starr formuliert und führt bei wörtlicher Anwendung zur Unzulässigkeit harmloser und humorvoller Imagevergleiche (Beispiele bei *Koos* WRP 05, 1096, 1097 und *Ohly* GRUR 04, 889, 895). Die Anwendbarkeit der Spürbarkeitsgrenze wird im Schrifttum teilweise mit dem unionsrechtlichen Grundsatz der Verhältnismäßigkeit gerechtfertigt, der auch für die Auslegung der Richtlinie Geltung beanspruchen soll (*Köhler/Bornkamm* § 6 Rn 20; *Lettl,* WRP 04, 1079, 1120; *Koos* WRP 05, 1096, 1101 f). Auch verpflichte Art 5 I 2 WerbeRL die Mitgliedstaaten nur dazu, Personen oder Organisationen mit „berechtigtem Interesse" Durchsetzungsmöglichkeiten zu gewähren, in Bagatellfällen bestehe ein solches berechtigtes Interesse aber nicht (MüKo/*Menke* § 6 Rn 20). Dem ist zuzugeben, dass die strikte Anwendung des § 6 II auf Bagatellfälle zu unverhältnismäßigen und unvernünftigen Ergebnissen führt. Andererseits sieht die Richtlinie eine solche Bagatellklausel für vergleichende Werbung im Tatbestand des Art 4 WerbeRL anders als für irreführende Werbung (Art 2 lit b WerbeRL) gerade nicht vor. Ein möglicher Weg führt über Egrd 9 WerbeRL, dem zufolge die Richtlinie Praktiken verbietet, die „den Wettbewerb verzerren, die Mitbewerber schädigen und die Entscheidung der Verbraucher negativ beeinflussen können". Ist das nicht der Fall, so kann die richtlinienkonforme Auslegung des § 6 II ergeben, dass die Werbung zulässig ist, obwohl bei wörtlichem Verständnis ein Unlauterkeitstatbestand vorläge (*Köhler/Bornkamm* § 6 Rn 21). Letztlich wird aber nur der EuGH das Dilemma lösen können, das sich daraus ergibt, dass der als Erlaubnistatbestand formulierte Art 4 WerbeRL in seiner Umkehrung als Verbotstatbestand teleologisch nicht durchweg überzeugt (vgl *Sack* WRP 08, 30 f).

2. Vergleich von Waren oder Dienstleistungen für den gleichen Bedarf **41** **oder dieselbe Zweckbestimmung (§ 6 II Nr 1). a) Überblick.** Diese Bestimmung, die Art 4 lit b WerbeRL umsetzt, enthält zwei Aussagen: Erstens müssen Waren oder Dienstleistungen verglichen werden, zweitens müssen die verglichenen Waren oder Dienstleistungen dem gleichen Bedarf dienen oder dieselbe Zweckbestimmung aufweisen. Die Beschränkung auf den Waren- oder Dienstleistungsvergleich schließt nach ihrem Wortlaut die unternehmensbezogene Werbung aus, sofern sie in den Anwendungsbereich des § 6 I fällt. Allerdings ist Nr 1 insoweit teleologisch zu reduzieren (str, s Rn 38): Auch der Unternehmensvergleich ist zulässig, sofern die Unternehmen miteinander in Wettbewerb stehen und die übrigen Zulässigkeitskriterien erfüllt sind. Die praktische Bedeutung dieses Kriteriums wird dadurch geschmälert, dass es bei einem Vergleich nicht substituierbarer Produkte häufig schon an dem gem § 6 I erforderlichen Wettbewerbsverhältnis zwischen den Werbenden fehlt (Beispiel: BGH GRUR 02, 828, 829 – *Lottoschein:* Lottogesellschaft und Zeitungsverlag sind schon keine Mitbewerber iSd § 6 I).

b) Vergleich von Waren oder Dienstleistungen. Zum Begriff der Waren und **42** Dienstleistungen s Rn 30. Zulässig kann auch der Vergleich von Waren mit Dienstleistungen (etwa der Vergleich eines Arzneimittels mit einer Heilbehandlung) oder der Vergleich von kombinierten Waren- und Dienstleistungsangeboten sein (*Köhler/Bornkamm* § 6 Rn 97). Der Vergleich kann sich auch auf eine gesamte Produktgattung (zB Tennisschläger verschiedener Bauart: BGHZ 138, 55 = GRUR 98, 824 – *Testpreis-Angebot;* verschiedene Modeschmuck-Sortimente: BGHZ 139, 378 = GRUR 99, 501 – *Vergleichen Sie*) beziehen. **Warensortimente** zweier konkurrierender Supermarktketten dienen dem gleichen Bedarf oder derselben Zweckbestimmung, soweit diese Sortimente beiderseits aus einzelnen Produkten bestehen, die paarweise betrachtet jeweils dem Erfordernis der Vergleichbarkeit genügen (EuGH GRUR 07, 69 Rn 39 – *LIDL Belgium/Colruyt*). Allerdings können bei größeren „Warenkörben" Abweichungen von untergeordneter Bedeutung, die sich auf das allgemeine Preisniveau nicht verzerrend auswirken, außer Betracht bleiben (vgl auch *Köhler* WRP 08, 414, 418).

43 **c) Substituierbarkeit.** Die verglichenen Produkte müssen den gleichen Bedarf erfüllen oder dieselbe Zweckbestimmung aufweisen. Es kommt also nicht auf die Identität, sondern auf die **Substituierbarkeit** der Produkte aus der Sicht der angesprochenen Verkehrskreise an (EuGH GRUR 07, 511 Rn 28 – *De Landtsheer/ CIVC;* BGHZ 139, 378, 383 = GRUR 99, 501 – *Vergleichen Sie;* BGH GRUR 02, 828, 829 – *Lottoschein;* BGH GRUR 09, 418 Rn 26 – *Fußpilz;* RegBegr zu § 2 aF WRP 00, 555, 560; *Köhler/Bornkamm* § 6 Rn 98). Insbesondere dürfen vorbehaltlich des Art 4 lit e (s Rn 45) auch Nahrungsmittel miteinander verglichen werden, die nur austauschbar, nicht aber identisch sind (EuGH GRUR 11, 159 Rn 34ff – *Lidl/Vierzon*). Die Substituierbarkeit soll unter § 6 II Nr 1 (anders als unter § 6 I, s Rn 26a) individuell und konkret zu beurteilen sein (EuGH aaO), doch erscheint zweifelhaft, ob sich diese Unterscheidung zwischen § 6 I und II Nr 1 praktisch durchführen lässt. Nicht gegen § 6 II Nr 1 verstößt daher ein Vergleich zwischen Markenartikeln und No-name-Produkten oder Hausmarken (vgl BGHZ 139, 378, 384 = GRUR 99, 501, 502 – *Vergleichen Sie; Plaß* NJW 00, 3161, 3164; *Scherer* WRP 01, 89, 91; krit Harte/Henning/*Sack* § 6 Rn 131; offen dagegen EuGH GRUR 03, 533 Rn 45 – *Pippig Augenoptik/Hartlauer*), sofern nicht wegen der unterschiedlichen Abnehmerkreise eine Substitutionsmöglichkeit völlig ausscheidet (denkbar in Fällen wie BGH GRUR 85, 876 – *Tchibo/Rolex I*: Vertrieb einer nachgeahmten Luxusuhr durch Kaffeeröster). Die Substitutionsmöglichkeit braucht nicht von vornherein zu bestehen, sondern kann erst vom Werbenden aufgezeigt werden, insofern gilt dasselbe wie bei der Beurteilung der Mitbewerbereigenschaft (s Rn 26a).

44 **d) Qualitäts- und Quantitätsabweichungen.** Der Vergleich **substituierbarer Produkte in unterschiedlicher Quantität, Qualität oder Zusammenstellung** verstößt nicht gegen § 6 II Nr 1, kann aber irreführend iSd § 5 sein, wenn die Unterschiede für den Verbraucher nicht deutlich werden (s Rn 15). Vor allem geht es zu weit, aus § 6 II Nr 1 ein Erfordernis umfassender Funktions- und Bedarfsidentität abzuleiten (BGH GRUR 09, 418 Rn 26 – *Fußpilz*). Nicht gegen § 6 II Nr 1 (möglicherweise aber gegen § 5, s Rn 16) verstoßen daher ein Preisvergleich zwischen Flügen von zwei 120 km voneinander entfernt liegenden Abflughäfen (OLG Hamburg GRUR-RR 03, 219f – *Frankfurt-Hahn*), ein Vergleich unterschiedlicher Internet-Zugänge (aA OLG Hamburg GRUR-RR 02, 169, 171 – *Speedw@y*), ein Vergleich von Leitungswasser und Mineralwasser (OLG München NJWE-WettbR 00, 177 – *Münchener Trinkwasser*) und ein Vergleich unterschiedlicher Fast-Food-Erzeugnisse (OLG München WRP 99, 692, 694 – *Satte Mehrheit*).

45 **e) Sonderfall Ursprungsbezeichnungen.** Ausnahmsweise beschränkt die Richtlinie allerdings für eine Fallgruppe zulässige Vergleiche doch auf gleiche Produkte, ohne auf die Austauschbarkeit abzustellen: Nach Art 4 lit e WerbeRL ist **bei Waren mit Ursprungsbezeichnung** nur ein **Vergleich mit Waren mit der gleichen Bezeichnung** zulässig (sog **„Champagner-Klausel"**). Ein deutscher Winzersekt darf demnach auch dann nicht mit französischem Champagner verglichen werden, wenn beide Getränke im Vergleich korrekt bezeichnet werden. Art 4 lit e ist rechtspolitisch ärgerlich, weil er auch objektive und damit für den Verbraucher informative Vergleiche verbietet (inzident krit auch EuGH GRUR 07, 511 Rn 62, 67, 70 – *De Landtsheer/CIVC*). Daher neigt der EuGH zu einer engen Auslegung des Art 4 lit e. Insbesondere fällt ein Vergleich zwischen einem Produkt ohne und einem Produkt mit Ursprungsbezeichnung nicht unter Art 4 lit e und ist daher erlaubt (EuGH aaO Rn 57ff, 72). Diese Differenzierung ist zwar mit dem Wortlaut der Bestimmung vereinbar, führt aber zu einer nicht nachvollziehbaren Ungleichbehandlung und zeigt daher die rechtspolitische Problematik der „Champagnerklausel" in ganzer Schärfe. Der deutsche Gesetzgeber hat diese Vorschrift unter Hinweis auf die EG-Verordnung 2081/92 zum Schutz von geographischen Angaben und Ursprungsbezeichnungen nicht umgesetzt, doch dieser Hinweis greift zu kurz (s Rn 11 und *Sack* WRP 08,

Vergleichende Werbung **§ 6 UWG**

301, 303). § 6 II Nr 1 verstößt daher insoweit gegen Unionsrecht, kann aber richtlinienkonform dahingehend ausgelegt werden, dass es bei Waren mit Ursprungsbezeichnung nicht auf die Substituierbarkeit, sondern auf die Identität der verglichenen Bezeichnungen ankommt (str, s Rn 11 mwN).

3. Objektiver Vergleich wesentlicher, relevanter, nachprüfbarer und typischer Eigenschaften oder des Preises (§ 6 II Nr 2). a) Allgemeines. Die Richtlinie beruht auf dem Gedanken, dass vergleichende Werbung den Marktteilnehmern nützliche Informationen bietet, wenn und soweit sie sachlich, zutreffend und objektiv ist, während ansonsten der identifizierte Mitbewerber Schutz verdient. Diese Überlegung findet Ausdruck in Art 4 lit c WerbeRL, zu dessen Umsetzung § 6 II Nr 2 erlassen wurde. Beide Bestimmungen dienen daher dem **Informationsinteresse des Verbrauchers** und sind **Ausprägung des Verhältnismäßigkeitsprinzips**. Während im Werbevergleich, der den in § 6 II Nr 2 genannten Kriterien genügt, der Markttransparenz dient und daher zu Recht von der Richtlinie zugelassen wird, überzeugt das Verbot der vergleichenden Werbung im Übrigen rechtspolitisch nicht. Das unflexible Gebot des objektiven Vergleichs wesentlicher, relevanter, nachprüfbarer und typischer Eigenschaften schließt auch harmlose und humorvolle Imagevergleiche weitgehend aus (Beispiele bei *Koos* WRP 05, 1096, 1097 und *Ohly* GRUR 04, 889, 895, zur Möglichkeit der einschränkenden Auslegung im Licht des Egrd 9 WerbeRL s Rn 40). Sofern dieser Aspekt bei der Formulierung der Richtlinie überhaupt bedacht wurde, wird das Modell des rationalen Verbraucherverhaltens in einer Weise absolut gesetzt, die sich mit der Werbewirklichkeit und den Erkenntnissen der Informationsökonomie (vgl hierzu *Menke* GRUR 93, 718, 723ff) schlecht verträgt. Erheblich überzeugender sind die Grundsätze des US-Rechts, das streng gegen irreführende und herabsetzende Werbevergleiche vorgeht, subjektive und ersichtlich übertrieben formulierte Überlegenheitsbehauptungen im Übrigen aber als unbedenkliche Marktschreierei („puffery") im Lichte der verfassungsrechtlich garantierten Meinungsfreiheit großzügig beurteilt (vgl etwa US Court of Appeals, 5th Circuit, *Pizza Hut v Papa Johns International,* 227 F 3d 489, 56 USPQ 2d 1246 (2000) und *Rippert/Weimer* K&R 07, 302ff).

b) Bezugspunkte des Vergleichs. Art 4 lit c WerbeRL verlangt, dass Eigenschaften von Waren und Dienstleistungen miteinander verglichen werden, zu denen auch der Preis gehören kann. Der Vergleich einer einzelnen Eigenschaft ist ausreichend (BGH GRUR 02, 633, 635 – *Hormonersatztherapie; Köhler*/Bornkamm § 6 Rn 51), insbesondere lässt sich aus § 6 II Nr 2 kein Vollständigkeitsgebot ableiten (näher Rn 15, 50). Anders als die Richtlinie, die den Preis eines Produkts zu dessen Eigenschaften zählt, differenziert § 6 II Nr 2 im Einklang mit dem deutschen Zivilrechtsverständnis (RegBegr zu § 2 aF WRP 00, 555, 560) zwischen Eigenschaften und Preis. Zu unternehmensbezogenen Vergleichen s Rn 38.

aa) Eigenschaften. Der unionsrechtskonform auszulegende Begriff der Eigenschaft ist weit zu verstehen. Entscheidend ist, ob der angesprochene Verkehr aus der Angabe eine nützliche Information für die Entscheidung erhalten kann und ob dem Erwerb der angebotenen Ware oder Dienstleistung näher getreten werden soll (BGHZ 158, 26 = GRUR 04, 607, 611 – *Genealogie der Düfte;* bestätigt in BGH GRUR 05, 172, 174 – *Stresstest;* BGH GRUR 07, 605 Rn 30 – *Umsatzzuwachs;* BGH GRUR 10, 161 Rn 27 – *Gib mal Zeitung*). Eigenschaften einer Ware sind beispielsweise ihre in Art 6 I lit b UGP-RL aufgeführten „wesentlichen Merkmale" (*Köhler*/Bornkamm § 6 Rn 104). Bei einer an Facheinkäufer gerichteten Werbung können die Umsatzzuwächse eines Produkts Eigenschaften sein (BGH GRUR 07, 605 Rn 30 – *Umsatzzuwachs*). Zu den Eigenschaften einer Zeitung gehören die Auflagenhöhe und die Struktur der Leserschaft (BGH GRUR 10, 166 Rn 29 – *Gib mal Zeitung;* OLG Hamburg GRUR-RR 04, 259, 260 – *Babes und Zicken;* Harte/Henning/*Sack* § 6 Rn 146). Der Eigenschaftsbegriff des § 6 II Nr 2 ist, anders als derjenige des BGB, nicht auf wertbildende Faktoren unter Ausschluss des Wertes selbst beschränkt, da die Richtlinie auch den Preis zu den Eigenschaften zählt. Konsequenz daraus ist, dass auch die Wertschätzung eines Produkts in der Allgemeinheit zu dessen Eigenschaften gehört und daher, sofern objektiv darstellbar und nachprüfbar, Gegenstand eines Vergleichs sein kann. So sind der Duft (BGHZ 158, 26 = GRUR 04, 607, 611 f – *Genealogie der Düfte*), der Geschmack (aA OLG München WRP 99, 692, 694 – *Satte Mehrheit*) und sogar das Image (Fezer/*Koos* § 6 Rn 135) eines Produkts Eigenschaften. Sie sind zwar häufig nicht nachprüfbar, können aber im Einzelfall durchaus einen nachprüfbaren Tatsachenkern aufweisen (BGH aaO; *Scherer* WRP 01, 89, 97; Harte/Henning/*Sack* § 6 Rn 146). Auch ist ihre Einschätzung durch eine größere Zahl von Testpersonen einem objektiven Vergleich zugänglich (ebenso *Köhler*/Bornkamm § 6 Rn 108; MüKo/*Menke* § 6 Rn 125; vgl auch OLG Saarbrücken GRUR-RR 08, 312, 313 – *1. Platz Gesamtzufriedenheit:* Kundenzufriedenheit als Eigenschaft; aA OLG München aaO und GRUR-RR 03, 373 – *Branchentelefonbuch*). Erst recht ist der mittels einer wissenschaftlichen Methode erhobene Wert einer Marke eine Eigenschaft (ÖOGH GRUR Int 05, 161, 162 – *Dan aktuell*).

49   **bb) Preis.** § 6 II Nr 2 stellt ausdrücklich die grundsätzliche Zulässigkeit von Preisvergleichen fest. Preisvergleiche bergen ein erhebliches Potenzial für irreführende Angaben: Die Versuchung ist groß, den eigenen Preis günstig und den vom Konkurrenten verlangten Preis ungünstig „zu rechnen". Derartige Preismanipulationen sind ausschließlich nach § 5, nicht nach dem Objektivitätsgebot (§ 6 II Nr 2) zu beurteilen, auch die erhöhte Anfälligkeit von Eigenpreisvergleichen für Manipulationen rechtfertigt kein generelles Verbot von Vergleichen zwischen Artikeln, die unter der eigenen Hausmarke vertrieben werden, und Markenartikeln aus eigenem Angebot (BGH GRUR 07, 896 Rn 17 – *Eigenpreisvergleich;* s auch Rn 15f; 51). Während es der Wortlaut von Nr 2 zweifelhaft erscheinen lässt, ob sich die Adjektive „wesentlich, relevant, nachprüfbar und typisch" auch auf den Preis beziehen, ist der Text der Richtlinie in diesem Punkt eindeutig („wesentliche, relevante, nachprüfbare und typische Eigenschaften (...), zu denen auch der Preis gehören kann") (EuGH GRUR 07, 69 Rn 45 – *LIDL Belgium/Colruyt*). Insbesondere müssen die verglichenen Preise nachprüfbar sein (dazu EuGH aaO Rn 55ff). Auch ein Vergleich „untypischer" Preise kann verboten sein, etwa wenn bei einem Preisvergleich zusammengesetzter Produkte der Preis der üblichen Zusammensetzung mit dem Preis einer außergewöhnlichen Zusammensetzung verglichen wird (so die Situation in EuGH GRUR 03, 533 – *Pippig Augenoptik/Hartlauer:* beim Testkauf wurden besonders teure, selten verwendete Gläser verlangt, vgl die Schlussanträge des Generalanwalts Tizzano in Rs C-44/01, Slg 2003, I-3095, Rn 14).

50   **c) Objektivität.** Der Werbevergleich muss sich aus einer objektiven Feststellung ergeben und darf nicht auf einer subjektiven Wertung beruhen (EuGH GRUR 07, 69 Rn 46 – *LIDL Belgium/Colruyt;* BGH GRUR 07, 896 Rn 17 – *Eigenpreisvergleich;* BGH GRUR 10, 161 Rn 30 – *Gib mal Zeitung;* BGH GRUR 10, 658 Rn 12 – *Paketpreisvergleich*). Preisvergleiche sind regelmäßig objektiv (EuGH aaO Rn 47), ebenso sämtliche Vergleiche, die auf zähl- oder messbaren Angaben beruhen. Unzulässig sind hingegen Vergleiche, die sich auf objektiv nicht begründbare Wertungen, sondern auf subjektive Präferenzen wie Geschmack oder Stilgefühl stützen (s aber zur Zulässigkeit des objektiven Vergleichs der Ergebnisse von Umfragen zu subjektiven Empfindungen Rn 48). Da allerdings bei der wertenden Gegenüberstellung objektiver Fakten die Grenze zwischen objektiver Feststellung und subjektiver Wertung fließend ist, ist ein Vergleich schon dann objektiv, wenn er durch die zugrunde liegenden Tatsachen gedeckt und objektiv nachvollziehbar ist (*Köhler*/Bornkamm § 6 Rn 118). So darf die Überschrift eines Vergleichs nicht Behauptungen aufstellen, die vom anschließenden Text nicht gedeckt werden (OLG Hamburg GRUR-RR 02, 112 – *Verlierer*). Das Objektivitätsgebot ist also nicht, wie früher verbreitet angenommen, gleichbedeutend mit einem Sachlichkeitsgebot (*Köhler/*Bornkamm § 6 Rn 117; so aber noch RegBegr zu § 2 aF WRP 00, 555, 560; BGH GRUR 99, 69, 71 – *Preisvergleichsliste II*). Auch ist der Werbende nicht dazu verpflichtet, einen vollständigen Vergleich zu bieten (vgl EuGH aaO Rn 47). Der Vergleich braucht weder sämtliche relevanten Eigenschaften der verglichenen Produkte gegenüberzustellen (BGH GRUR 02, 633, 635 = WRP 02, 828 – *Hormonersatztherapie*) noch sämtliche vergleichbaren Produkte oder auch nur sämtliche vergleichbaren Produkte des Mitbewerbers aufzuführen (vgl OLG Düsseldorf CR 99, 22; *Bullinger/S. Emmerich* WRP 02, 608, 610).

Das Objektivitätsgebot wird durch das **Irreführungsverbot (§ 5)** ergänzt. Unvollständige Vergleiche, die den Eindruck der Vollständigkeit erwecken, Vergleiche mit Konkurrenzpreisen, die nicht mehr aktuell sind, oder Vergleiche mit dem Angebot eines Mitbewerbers, die dessen günstigere Angebote verschweigen, können als irreführende Werbung anzusehen sein. Derartige Fälle sind ausschließlich nach § 5 zu beurteilen (Rn 15), der als speziellere Bestimmung § 6 II 2 verdrängt. 51

d) Wesentlichkeit, Relevanz, Nachprüfbarkeit, Typizität. Die Richtlinie 52 lässt vergleichende Werbung nur dann zu, wenn sie zur Information der Abnehmer geeignet ist und die Interessen des identifizierten Mitbewerbers nicht stärker beeinträchtigt als zur Information der Abnehmer erforderlich (s Rn 2). Die Beschränkung auf den Vergleich wesentlicher, relevanter, nachprüfbarer und typischer Eigenschaften ist Ausprägung dieses Gedankens (RegBegr zu § 2 aF WRP 00, 555, 560; *Köhler/ Bornkamm* § 6 Rn 56), da Vergleiche, die auf unwesentlichen Eigenschaften oder reinen Wertungen beruhen, die Markttransparenz allenfalls unwesentlich fördern. Die vier Voraussetzungen müssen **kumulativ** eingehalten werden (EuGH GRUR 07, 69 Rn 44 – *Lidl/Colruyt;* BGH GRUR 10, 161 Rn 26 – *Gib mal Zeitung*). Sie weisen einen erheblichen Überschneidungsbereich auf. Bei der Anwendung der vier Voraussetzungen kommt es daher weniger auf eine analytische Differenzierung als auf eine normative Gesamtbetrachtung an.

Maßgeblich für die Beurteilung ist die **Sicht der angesprochenen Verkehrs-** 53 **kreise** (vgl EuGH GRUR 02, 354 Rn 38ff – *Toshiba/Katun*), nicht die Auffassung des Werbenden oder eines Produktsachverständigen. Entscheidendes Kriterium für die Zulässigkeit der vergleichenden Werbung ist nämlich, ob sie geeignet und erforderlich ist, dem Abnehmer Informationen für seine Produktauswahl zu bieten. Daher kommt es für die Beurteilung der vier Voraussetzungen darauf an, ob **Fachkreise** oder die **allgemeine Öffentlichkeit** angesprochen werden: Was für Verkäufer wesentlich und typisch ist, muss es nicht auch für Verbraucher sein (BGHZ 158, 26 = GRUR 04, 607, 612 – *Genealogie der Düfte*). Außerdem von entscheidender Bedeutung ist die Situation, in der die Kommunikation zwischen Anbieter und potentiellem Kunden stattfindet. Während bei Werbung, die sich an die **Allgemeinheit** richtet, auf die Perspektive des angemessen gut unterrichteten, angemessen aufmerksamen und kritischen Durchschnittsverbrauchers (vgl Egrd 18 der Richtlinie über unlautere Geschäftspraktiken; zum Verbraucherleitbild s § 2 Rn 92ff) abzustellen ist, ist bei einer Beratung im Rahmen eines **individuellen Verkaufsgesprächs** der Verständnishorizont des betreffenden Kunden maßgeblich (RegBegr zu § 2 aF WRP 00, 555, 560). Daher scheitert **der Auskunftsvergleich** des früheren deutschen Rechts regelmäßig nicht daran, dass die verglichenen Eigenschaften nicht objektiv wesentlich, relevant und typisch sind, sofern sich der betreffende Kunde gezielt nach ihnen erkundigt (vgl *Sack* WRP 01, 327, 343; *Scherer* WRP 01, 89, 93; *Tilmann* GRUR 99, 546, 549; aA *Plaß* NJW 00, 3161, 3164). Der Kunde selbst legt fest, welche Eigenschaften für seinen Kaufschluss wesentlich und relevant sind. Zu erwägen ist sogar, ob bestimmte Wertungen, die in einem Verkaufsgespräch vorgenommen werden, als nachprüfbar angesehen werden können, wenn der Verkäufer seinen durch Sachkunde geschulten Eindruck für den Kunden nachvollziehbar darstellt (so *Scherer* WRP 01, 89, 92).

54 Eine Eigenschaft ist **wesentlich,** wenn ihre Bedeutung für den jeweils angesprochenen Verkehr aus dessen Sicht im Hinblick auf die vorgesehene Verwendung des Produkts nicht völlig unerheblich ist. Sie ist **relevant,** wenn sie den Kaufentschluss einer nicht völlig unerheblichen Zahl der angesprochenen Kaufinteressenten zu beeinflussen vermag. Sie ist **typisch,** wenn sie die Eigenart der verglichenen Produkte aus der Sicht der angesprochenen Verkehrskreise im Hinblick auf den Bedarf oder die Zweckbestimmung prägt und damit repräsentativ oder aussagekräftig für deren Wert als Ganzes ist (BGHZ 158, 26 = GRUR 04, 607 – *Genealogie der Düfte;* BGH GRUR 05, 172, 174f – *Stresstest;* BGH GRUR 10, 161 Rn 29 – *Gib mal Zeitung).* Die Begriffe decken sich weitgehend (RegBegr zu § 2 aF WRP 00, 555, 560). Wesentlich, relevant und typisch sind demnach Eigenschaften, die geeignet sind, die Kaufentscheidung eines Durchschnittsverbrauchers zu beeinflussen (auf einen „nicht unerheblichen Teil" oder eine „nicht völlig unerhebliche Zahl" der angesprochenen Kaufinteressenten stellen ab BGHZ 158, 26 = GRUR 04, 607, 612 – *Genealogie der Düfte;* BGH GRUR 05, 172, 174 – *Stresstest;* BGH GRUR 10, 161 Rn 29 – *Gib mal Zeitung).* Die Begriffe sollten weit ausgelegt werden, verallgemeinernde Aussagen darüber, was wesentlich ist, sind dabei kaum möglich (*Köhler/*Bornkamm § 6 Rn 129). Wesentlich ist in der Regel nicht nur die Geeignetheit des Produkts für die geplante Verwendung, sondern auch sein äußeres Erscheinungsbild. Das gilt häufig selbst für technische Geräte, bei denen funktionale Elemente im Vordergrund stehen. Auch die Verpackung kann bei bestimmten Waren, etwa bei Geschenkartikeln, eine wesentliche Eigenschaft sein. Eigenschaften einer Sache, die sich bei außerhalb der regelmäßigen oder der empfohlenen Betriebsbedingungen vorgenommenen Tests zeigen, sind relevant, soweit es für den angesprochenen Verkehr von Bedeutung ist, zu wissen, inwieweit die Sache auch außerhalb der regelmäßigen oder der empfohlenen Betriebsbedingungen verwendet werden kann, oder soweit der Verkehr hieraus Rückschlüsse auf die Tauglichkeit der Sache unter normalen oder den empfohlenen Betriebsbedingungen ziehen kann (BGH GRUR 05, 172 – *Stresstest).*

55 Durch das Kriterium der **Nachprüfbarkeit** soll die Überprüfbarkeit eines Werbevergleichs auf seine sachliche Berechtigung ermöglicht werden (BGH GRUR 05, 172, 175 – *Stresstest;* GRUR 07, 605 Rn 31 – *Umsatzzuwachs;* BGH GRUR 10, 161 Rn 28 – *Gib mal Zeitung).* Zugleich trennt es Tatsachenbehauptungen von reinen Werturteilen (RegBegr zu § 2 aF WRP 00, 555, 560; BGH GRUR 99, 69, 71 – *Preisvergleichsliste II).* Nicht nachprüfbar ist eine Eigenschaft, die dem Beweis nicht zugänglich ist. Allerdings können auch Werturteile und subjektive Wahrnehmungen einen Tatsachenkern aufweisen (BGH GRUR 99, 69, 71 – *Preisvergleichsliste II;* BGH aaO – *Stresstest;* BGH aaO – *Gib mal Zeitung;* Harte/Henning/*Sack* § 6 Rn 149; *Köhler/*Bornkamm § 6 Rn 133), das gilt etwa für die Beschreibung von Düften (BGHZ 158, 26 = GRUR 04, 607, 611 – *Genealogie der Düfte).* Nachprüfbar ist auch die durch eine Studie belegte Einschätzung einer subjektiven Wahrnehmung durch eine größere Zahl von Testpersonen (*Köhler/*Bornkamm § 6 Rn 119). Hingegen werden pauschale Werturteile („A ist besser/ist schöner/riecht besser als B") durch dieses Kriterium ausgeschlossen, insofern überschneiden sich das Objektivitäts- und das Nachprüfbarkeitsgebot. – Aus dem Wortlaut des § 6 II Nr 2 ist nicht ersichtlich, ob die verglichenen Eigenschaften gerade für die angesprochenen Verkehrskreise nachprüfbar sein müssen oder ob die Nachprüfbarkeit lediglich abstrakt im Sinne einer Beweisbarkeit gegeben sein muss. Der EuGH geht einen Mittelweg. Der Werbende muss zwar in der Lage sein, die Richtigkeit seiner Äußerungen kurzfristig nachzuweisen, sie **braucht aber nicht für jeden Adressaten auf der Stelle persönlich nachprüfbar** zu sein (EuGH GRUR 07, 69 Rn 70ff – *LIDL Belgium/Colruyt;* ebenso zuvor bereits BGH GRUR 99, 69, 71 – *Preisvergleichsliste II;* BGHZ 139, 378, 385 = GRUR 99, 501 – *Vergleichen Sie;* Harte/Henning/*Sack* § 6 Rn 147). Andererseits genügt die bloße Nachprüfbarkeit im Gerichtsverfahren nicht. Vielmehr muss der Werbende den Werbeadressaten die **Informationen** bereitstellen, die es **ermöglichen,**

Vergleichende Werbung **§ 6 UWG**

die Werbeaussage selbst nachzuprüfen oder nachprüfen zu lassen (EuGH aaO Rn 74; EuGH GRUR 11, 163 Rn 60 – *Lidl/Vierzon;* BGH GRUR 07, 605 Rn 34 – *Umsatzzuwachs*). Im Wettbewerbsprozess trifft den Beklagten insoweit eine sekundäre Darlegungslast (BGB aaO). Ähnlich wie unter Art 7 I UGP-RL, der unmittelbar nur Aufklärungspflichten im B2C-Geschäftsverkehr betrifft, ist entscheidend, welche Informationen der Verbraucher nach den Gesamtumständen zur Nachprüfung benötigt und welche Aufklärung aufgrund der Beschränkungen des Kommunikationsmediums möglich ist. Erlaubt das betreffende Werbemedium die unmittelbare Angabe dieser Informationen nicht, so muss sie der Werbende auf Nachfrage bereitstellen. Je einfacher aber dem Verbraucher die Nachprüfung ermöglicht werden kann, desto eher ist sie ihm zu ermöglichen. So kann bei der Werbung mit Testergebnissen erwartet werden, dass der Werbende die Fundstelle angibt (BGH GRUR 91, 679 – *Fundstellenangabe*). Bei Preisvergleichen lässt sich aus dem Erfordernis der Nachprüfbarkeit nicht die Pflicht zur Benennung des Mitbewerbers herleiten; es genügt, wenn der Werbende auf Nachfrage die Namen nennt (vgl BGH GRUR 99, 69, 71 – *Preisvergleichsliste II;* strenger für einen anonymisierten Preisvergleich noch BGH WRP 96, 1097 – *Preistest*). Beim Vergleich von Warensortimenten soll es erforderlich sein, dass die betreffenden Waren aufgrund der in der Werbung enthaltenen Informationen individuell und konkret erkennbar sind (EuGH aaO Rn 60 – *Lidl/Vierzon*), doch dürfte es insoweit auf die Umstände des Einzelfalls und das jeweilige Werbemedium ankommen. Bisher nicht entschieden hat der EuGH über die **Nachprüfbarkeit technisch komplexer Fragen,** der BGH lässt in diesem Fall die Nachprüfbarkeit durch einen Sachverständigen ausreichen (BGHZ 158, 26, 34 = GRUR 2004, 607, 612 – *Genealogie der Düfte,* bestätigt in BGH GRUR 05, 172, 174 – *Stresstest;* BGH GRUR 07, 605 Rn 31 – *Umsatzzuwachs;* BGH GRUR 10, 161 Rn 28 – *Gib mal Zeitung*). Doch dürfte auch insoweit der Werbende verpflichtet sein, einem unabhängigen Sachverständigen auf Nachfrage eines Abnehmers die nötigen Informationen zur Verfügung zu stellen, jedenfalls soweit dem keine schutzwürdigen Geheimhaltungsinteressen entgegenstehen. Auch in diesem Fall trifft den Werbenden im Prozess eine sekundäre Darlegungslast, wenn der Kläger nicht selbständig überprüfen oder überprüfen lassen kann. Stützt sich der Werbende auf eigene Versuche, so können ihn Dokumentationspflichten treffend (OLG Düsseldorf GRUR-RR 12, 218, 221 – *Sortenvergleich*).

Eine Eigenschaft ist **typisch,** wenn sie die Eigenart der verglichenen Produkte aus **56** der Sicht der angesprochenen Verkehrskreise im Hinblick auf den Bedarf oder die Zweckbestimmung prägt und damit repräsentativ oder aussagekräftig für deren Wert als Ganzes ist (BGHZ 158, 26 = GRUR 04, 607 – *Genealogie der Düfte;* BGH GRUR 05, 172, 174f – *Stresstest;* BGH GRUR 10, 161 Rn 29 – *Gib mal Zeitung*). Ebenso wie bei den anderen Voraussetzungen ist die Sicht der angesprochenen Verkehrskreise entscheidend. Daher kann ein Merkmal, das aus Sicht der Allgemeinheit für das Produkt nicht repräsentativ ist, auf Nachfrage eines Kunden in einem Verkaufsgespräch zum typischen werden (s Rn 53). Der Begriff der typischen Eigenschaft ist nicht statisch, sondern für Fortentwicklungen offen (*Eck/Ikas* WRP 99, 251, 265). Durch die Werbung für innovative Produkte (Fortschrittsvergleich des früheren deutschen Rechts) kann ein Merkmal, das bisher nicht typisch war, typisch werden (*Köhler/Bornkamm* § 6 Rn 140). Qualitätsmängel einzelner Produkte (Ausreißer) sind nicht ohne weiteres untypisch (aA *Nordmann* GRUR Int 02, 297, 300; *Plaß* NJW 00, 3161, 3165), da der Werbende die Möglichkeit haben muss, seinen Vergleich auf den Test eines bestimmten Exemplars zu stützen. Allerdings kann der Hinweis auf zufällige Qualitätsmängel je nach Lage des Einzelfalls irreführend sein, wenn die Mangelhaftigkeit sämtlicher Produkte behauptet wird, oder an fehlender Objektivität scheitern.

UWG § 6　　　　　　Gesetz gegen den unlauteren Wettbewerb

57 **4. Herbeiführen einer Verwechslungsgefahr (§ 6 II Nr 3). a) Allgemeines.** Der Werbevergleich darf nicht zu einer Gefahr von Verwechslungen zwischen dem Werbenden und einem Mitbewerber oder zwischen deren Produkten oder Kennzeichen führen. Im Rahmen kritisierender Werbevergleiche kommen solche Verwechslungen kaum in Betracht, da der Werbende gerade das Ziel verfolgt, sein Angebot von demjenigen eines Mitbewerbers abzusetzen. Denkbar sind Verwechslungen allerdings im Rahmen anlehnender vergleichender Werbung. Die Vorschrift beruht auf Art 4 lit h WerbeRL, der allerdings nur die Verwechslungsgefahr bei Gewerbetreibenden betrifft, während im Verhältnis zu Verbrauchern Art 6 II lit a UGP-RL anwendbar ist. Da der deutsche Gesetzgeber das Verbot irreführender Werbevergleiche in der allgemeinen Vorschrift des § 5 verankert hat (§ 5 III), hätte es systematisch nahegelegen, auf § 6 II Nr 3 zu verzichten und insoweit auf § 5 II zu verweisen. Jedenfalls sollten beide Vorschriften gleich ausgelegt werden, sofern nicht die zugrunde liegenden Richtlinienbestimmungen zu einer Unterscheidung zwischen Werbung gegenüber Verbrauchern und gegenüber sonstigen Marktteilnehmern zwingen. Neben dem wettbewerbsrechtlichen Schutz bestehen in diesem Fall regelmäßig **markenrechtliche Ansprüche** (§§ 14 II Nr 2; 15 II MarkenG) (EuGH GRUR 08, 698 Rn 36f – *O2/Hutchison 3G*). Auch insofern ist eine einheitliche Auslegung anzustreben, näher hierzu Rn 59.

58 **b) Gegenstand der Verwechslung.** Gegenstand der Verwechslung können der Werbende und sein Mitbewerber selbst, ihre verwendeten Kennzeichen oder die von ihnen angebotenen Waren oder Dienstleistungen sein. Zu einer Verwechslung zwischen dem **Werbenden** und dem in der Werbung identifizierten **Mitbewerber** kommt es, wenn der Verkehr fälschlicherweise von einer Identität beider Unternehmen ausgeht, den Eindruck gewinnt, es bestehe eine organisatorische oder wirtschaftliche Verbindung oder nicht erkennen kann, ob solche Verbindungen bestehen (so zum Markenrecht EuGH GRUR 10, 445 Rn 89, 90 – *Google France;* EuGH GRUR 10, 451 Rn 36, 40 – *BergSpechte*). Der Begriff des **Kennzeichens** wurde aus § 1 MarkenG übernommen (RegBegr zu § 2 aF WRP 00, 555, 560), umfasst also Marken (§ 4 MarkenG), geschäftliche Bezeichnungen (§ 5 MarkenG) und geographische Herkunftsangaben (§ 126 I MarkenG). Die Richtlinie spricht hingegen von „Warenzeichen, Warennamen und sonstigen Kennzeichen" (Art 4 lit h, frühere Fassung des Art 3a I lit d: „Marken, Handelsnamen und sonstige Unterscheidungszeichen"). Der EuGH definiert „Kennzeichen" bzw „Unterscheidungszeichen" als Zeichen, die vom Verkehr als von einem bestimmten Unternehmen stammend identifiziert werden (EuGH GRUR 02, 354, 356 – *Toshiba/Katun;* BGH GRUR 05, 348 – *Bestellnummernübernahme*), darunter fallen etwa Bestellnummern (EuGH GRUR 06, 345 Rn 12 – *Siemens/VIPA*) oder Symbole, die zur Unterscheidung verschiedener Produkte eines Anbieters dienen (BGH GRUR 11, 1158 Rn 13ff – *Teddybär*). Sofern sich hier Abweichungen ergeben, weil derartige Unterscheidungszeichen eines Unternehmens nicht die Voraussetzungen für den kennzeichenrechtlichen Schutz erfüllen (etwa wegen fehlender Verkehrsgeltung, vgl § 5 II 2 MarkenG), ist der Begriff des „Kennzeichens" in § 6 II Nr 4 richtlinienkonform auszulegen und kann über § 1 MarkenG hinausgehen (BGH aaO; *Sack* WRP 04, 1405, 1416). Zwischen der Kennzeichen- und der **Produktverwechslung** besteht ein erheblicher Überschneidungsbereich. Lediglich zu einer Produktverwechslung kommt es aber, wenn das Produkt des Mitbewerbers nicht mit einem Kennzeichen versehen ist. Auch ist denkbar, dass eine Kennzeichenverletzung ausscheidet, weil sich die Kennzeichen beider Produkte nicht ähneln.

59 **c) Verwechslungsgefahr.** Umstritten war früher, ob es tatsächlich zu Verwechslungen kommen muss, wie früher der Wortlaut der Richtlinienbestimmung suggerierte, oder ob, wie im Markenrecht (§§ 14 II Nr 2; 15 II MarkenG), das Hervorrufen einer Verwechslungsgefahr genügt. Die Neufassung des Art 4 lit h durch die Richtlinie 2005/29/EG über unlautere Geschäftspraktiken hat diesen Meinungsstreit im

Vergleichende Werbung **§ 6 UWG**

Sinne der letzteren Ansicht entschieden (auch wenn es in der englischen Sprachfassung nach wie vor heißt: „does not create confusion"), für die schon bisher die besseren Gründe sprachen. Der deutsche Gesetzgeber hat § 6 II Nr 3 durch die UWG-Novelle 2008 entsprechend geändert. Für die Beurteilung der Verwechslungsgefahr sollen im Markenrecht (§ 14 II Nr 2 MarkenG) und unter § 6 II Nr 3 dieselben Maßstäbe gelten (EuGH GRUR 08, 698 Rn 49 – *O2/Hutchison 3G; Köhler* GRUR 09, 445, 448). Dabei soll es auf die konkreten Umstände ankommen, unter denen das Kennzeichen benutzt wird (aaO Rn 67). Folge ist ein gespaltener Begriff der Verwechslungsgefahr im Markenrecht, da es für das relative Schutzhindernis der Verwechslungsgefahr mit einer älteren Marke (§ 9 I Nr 2) nur auf einen abstrakten Vergleich der kollidierenden Kennzeichen ankommen kann. Bisher spricht sich die hM im deutschen Markenrecht für einen Gleichlauf zwischen § 9 I Nr 2 und § 14 II Nr 2 MarkenG aus, in beiden Fällen wird die Verwechslungsgefahr auf Grund eines Zeichenvergleichs bestimmt, für den die Produktaufmachung irrelevant ist (vgl *Ingerl/Rohnke* § 14 Rn 362). Es bleibt abzuwarten, inwieweit in Zukunft der unter § 14 II 2 MarkenG übliche Kennzeichenvergleich durch weitere kontextbezogene Elemente angereichert wird. Für das Lauterkeitsrecht steht jedenfalls außer Zweifel, dass es für § 6 II Nr 3 auf die konkreten Umstände (Werbung, Aufmachung, etc) ankommt, unter denen die Produkte vertrieben werden.

5. Rufausnutzung und -beeinträchtigung (§ 6 II Nr 4). a) Allgemeines. § 6 60 II Nr 4 schützt den guten Ruf der von einem Mitbewerber verwendeten Kennzeichen gegen unlautere Ausnutzung oder Beeinträchtigung. Der Wortlaut dieser Bestimmung, mit der Art 4 lit f und (teilweise) d WerbeRL umgesetzt werden, lehnt sich an § 14 II Nr 3 MarkenG an. Sofern man die Verwendung eines Kennzeichens im Rahmen von Werbevergleichen als kennzeichenmäßige Benutzung ansieht (s Rn 19), ergänzt § 6 II Nr 4 den markenrechtlichen Kennzeichenschutz: Bei einem Verstoß gegen § 6 II Nr 4 kann auch eine Markenverletzung vorliegen, ist der Vergleich hingegen insgesamt zulässig, so scheidet auch eine Markenverletzung aus (s Rn 19). Gegenüber § 4 Nr 9b ist § 6 II Nr 4 in seinem Anwendungsbereich als abschließende unionsrechtliche Regelung vorrangig (BGH GRUR 11, 1158 Rn 26 – *Teddybär*).

b) Ruf des von einem Mitbewerber verwendeten Kennzeichens. Gegen- 61 stand des Schutzes ist der Ruf (bis 2008: die Wertschätzung) des von einem Mitbewerber verwendeten Kennzeichens. Er umfasst jede positive Assoziation, die der Verkehr mit dem Kennzeichen verbindet, insbesondere die Vorstellung von Qualität, Erfolg und Prestige (OLG Hamburg PharmR 12, 481, 483; *Köhler/Bornkamm* § 6 Rn 152). Die Terminologie des § 6 II Nr 4 weicht von der Richtlinie insofern ab, als nicht „Marken, Handelsnamen und andere Unterscheidungszeichen" (Art 4 lit d, f), sondern **Kennzeichen** (§ 1 MarkenG) geschützt werden. Zu diesem Begriff und seiner richtlinienkonformen Auslegung s Rn 58. Abweichend von § 14 II Nr 3 MarkenG wird die Bekanntheit des Kennzeichens für den Schutz des guten Rufes nicht vorausgesetzt, da weder Art 4 lit d, f der Richtlinie noch § 6 II Nr 4 diese Voraussetzung aus den entsprechenden markenrechtlichen Bestimmungen übernehmen (*Berlit* BB 00, 1305, 1308; *Sack* WRP 01, 327, 345; aA *Plaß* NJW 00, 3161, 3166). Dass damit im Ergebnis der Schutz der nicht bekannten Marke in systemwidriger Weise erweitert wird, ist als Entscheidung des Richtliniengebers hinzunehmen. Allerdings darf die praktische Bedeutung des Problems nicht überschätzt werden, weil die Ausnutzung der Wertschätzung praktisch vorwiegend bei bekannten Kennzeichen vorkommen wird (Harte/Henning/*Sack* § 6 Rn 190).

c) Ausnutzung. Eine Rufausnutzung setzt voraus, dass die angesprochenen Ver- 62 kehrskreise den guten Ruf, der dem Kennzeichen des identifizierten Mitbewerbers anhaftet, auf die Produkte des Werbenden übertragen (EuGH GRUR 02, 354,

Rn 57 – *Toshiba/Katun;* bestätigt in EuGH GRUR 06, 365, Rn 18 – *Siemens/VIPA;* BGHZ 158, 26 = GRUR 04, 607, 611 – *Genealogie der Düfte;* BGH GRUR 05, 348, 349 – *Bestellnummernübernahme;* GRUR 10, 161 Rn 33 – *Gib mal Zeitung; Köhler/ Bornkamm* § 6 Rn 153). Ein solcher **Imagetransfer** kommt umso eher in Betracht, je bekannter und unterscheidungskräftiger das Kennzeichen ist und je stärker sich die verglichenen Produkte ähneln (vgl zur parallelen Problematik im Markenrecht *Ingerl/ Rohnke* § 14 Rn 850). Entscheidend ist das Verständnis der angesprochenen Verkehrskreise: Für Fachleute, denen die Unterschiede zwischen den konkurrierenden Anbietern vor Augen stehen, liegt ein Imagetransfer weniger nahe als für Endverbraucher (vgl EuGH aaO Rn 52 – *Toshiba/Katun;* EuGH aaO Rn 19 – *Siemens/VIPA;* BGHZ 158, 26 = GRUR 04, 607, 611 – *Genealogie der Düfte; Köhler/*Bornkamm aaO). Zu berücksichtigen ist auch, wie die Werbung präsentiert wird (vgl EuGH aaO Rn 57 – *Toshiba/Katun*). Eine Schädigung des Rufs ist nicht erforderlich, auch wenn Rufausnutzung und -schädigung zusammenfallen können.

63 d) **Unlauterkeit.** Die Rufausnutzung muss **unlauter** sein. Da auch die Gleichstellungsbehauptung („A ist so gut wie B") grundsätzlich erlaubt ist, lässt sich die Unlauterkeit **nicht schon** mit der **bloßen Nennung des fremden Kennzeichens** begründen (EuGH GRUR 02, 354, Rn 34, 53 – *Toshiba/Katun,* bestätigt in EuGH GRUR 03, 533 Rn 50f – *Pippig Augenoptik/Hartlauer,* EuGH GRUR 06, 345, Rn 14f – *Siemens/VIPA;* BGH GRUR 07, 896 Rn 24 – *Eigenpreisvergleich;* BGH GRUR 10, 166 Rn 32 – *Gib mal Zeitung*). Zwar partizipiert jeder, der die Gleichwertigkeit seiner Produkte mit denjenigen eines Konkurrenten behauptet, an deren guten Ruf, doch das allein stellt noch keine unlautere Rufausnutzung dar (vgl BGH GRUR 03, 444, 445 – *Ersetzt;* unklar insoweit EuGH GRUR 09, 756 Rn 48f, 79 – *L'Oréal/Bellure*). Im Gegenteil ist die Nennung des Kennzeichens häufig Voraussetzung für eine wirksame vergleichende Werbung (Egrd 14 der Richtlinie, EuGH aaO Rn 50, 54 – *Toshiba/Katun;* EuGH aaO Rn 14f – *Siemens/VIPA;* BGH GRUR 11, 1158 Rn 22 – *Teddybär*). Wenn die angesprochenen Verkehrskreise nicht wissen, wessen Produkte miteinander verglichen werden, kann der Vergleich unter besonderen Umständen sogar irreführend sein (EuGH aaO Rn 52 – *Pippig Augenoptik/Hartlauer*). Es müssen also über die bloße Nennung des Kennzeichens hinaus **weitergehende Umstände** hinzutreten, die den Vorwurf der Unlauterkeit begründen (BGHZ 139, 378, 387 = GRUR 99, 501 – *Vergleichen Sie;* BGH aaO Rn 24 – *Eigenpreisvergleich;* BGH aaO Rn 32 – *Gib mal Zeitung;* BGH aaO Rn 22 – *Teddybär;* ähnl EuGH GRUR 09, Rn 44ff – *L'Oréal/Bellure*). Entscheidendes Kriterium bei der Beurteilung der Unlauterkeit ist das **Verhältnismäßigkeitsprinzip** (BGH aaO Rn 23 – *Teddybär; Ohly/Spence* GRUR Int 99, 681, 694; *Sack* WRP 11, 155, 159f; *Köhler/ Bornkamm* § 6 Rn 157). Der Werbende darf auf das fremde Kennzeichen nur in dem Maße Bezug nehmen, in dem dies **geeignet, erforderlich** und **angemessen** ist, um einen wirksamen und informativen Vergleich durchzuführen (*Ohly* GRUR 07, 3, 9). **(1) Geeignet** hierfür sind in erster Linie objektive Informationen, etwa durch Tatsachen belegbare Gleichwertigkeitsbehauptungen. **(2)** An der **Erforderlichkeit** fehlt es, wenn der Werbevergleich seine Funktion für die Information der Abnehmer ebenso wirkungsvoll erfüllt hätte, wenn das Kennzeichen nicht in der beanstandeten Weise verwendet worden wäre. Allerdings braucht sich der Werbende nicht auf ein milderes, aber zur Information der Verbraucher weniger wirksames Mittel verweisen zu lassen (vgl EuGH GRUR 06, 345, Rn 19ff – *Siemens/VIPA;* BGH GRUR 11, 1158 Rn 24 – *Teddybär; Ohly* GRUR 07, 3, 10). Beispiel (BGH aaO): Kennzeichnet ein Hersteller von Druckern seine Geräte und die jeweils dazu passenden Tintenpatronen mit einprägsamen Bildmotiven wie Teddybären, Badeentchen oder Sonnenschirmen, so darf ein Mitbewerber, der kompatible Patronen anbietet, entsprechende Bildmotive verwenden, weil die Abbildungen Verbraucher schneller und wirksamer über die Kompatibilität informieren als eine Konkordanzliste. **(3)** An

Vergleichende Werbung **§ 6 UWG**

der **Angemessenheit** kann es ausnahmsweise fehlen, wenn eine zur Verbraucherinformation geeignete und erforderliche Information übermäßig in einen schutzwürdigen Besitzstand des betroffenen Mitbewerbers eingreift. Beispiel: Werden kennzeichenrechtlich geschützte Bestellnummern übernommen und werden diese durch die Übernahme zu Gattungsbezeichnungen mit der Folge des Schutzverlusts, so kann die Bestellnummernübernahme dennoch unlauter sein.

Kriterien sind der Bekanntheitsgrad des betroffenen Kennzeichens, Form und Präsentation des Vergleichs (sachlich oder emotional, sprachlich oder bildlich, unter Verwendung der Bildmarke oder des Slogans des Konkurrenten oder nur unter Namensnennung), der Grad der Annäherung und der Anlass des Vergleichs (vgl HK/ *Plaß* § 6 Rn 117). So ist die Abbildung eines Konkurrenzprodukts oder -unternehmens zwar grundsätzlich erlaubt, da sie für den Adressaten den Bezugspunkt des Vergleichs erläutert, doch kann eine ausgiebige und besonders ansprechende bildliche Darstellung als unlautere Rufausnutzung anzusehen sein (vgl zur parallelen Situation bei der Herabsetzung Rn 68). Unlauter ist eine Bezugnahme auf das Kennzeichen eines Mitbewerbers auch, wenn durch die Werbung ein falscher Eindruck über die Beziehungen zwischen dem Werbenden und dem Markeninhaber erweckt wird (EuGH GRUR Int 99, 438, Rn 40 – *BMW/Deenik*; EuGH GRUR 02, 354 Rn 55 – *Toshiba/Katun*), allerdings greift in diesem Fall bereits § 6 II Nr 3 ein. **63a**

Beispiele: Nicht unlauter ist die Nennung der Artikelnummern eines Geräteherstellers (OEM-Nummern) in der Werbung für Ersatzteile und Verbrauchsmaterialien, da ein sinnvoller Vergleich ohne diesen Bezug kaum möglich wäre (EuGH GRUR 02, 354 Rn 59 – *Toshiba/Katun; Blanken* S 216). Dasselbe gilt für den bloßen Hinweis auf die Wirkstoffidentität zweier Arzneimittel (OLG Frankfurt GRUR-RR 02, 397 – *Tiapridex*). Ein Generikum darf als bioäquivalent mit einem früher patentgeschützten Arzneimittel bezeichnet werden, das dabei auch markenmäßig benannt werden darf. Zwar erkennen angesprochene Ärzte das Produkt auch ohne Markennennung, mit deren Erwähnung gelingt die Identifizierung aber einfacher und zuverlässiger (aA OLG Hamburg PharmR 12, 481, 485). Die Übernahme eines Bestellnummernsystems durch einen Hersteller von Zubehör- oder Ersatzteilen ist zwar nicht zwingend erforderlich, da auch eine Zuordnung mittels einer Vergleichsliste möglich wäre, sie verschafft dem Abnehmer aber nützliche Informationen, erhöht mithin die Markttransparenz und ist daher nicht als unlauter anzusehen (EuGH GRUR 06, 345, Rn 19ff – *Siemens/VIPA*; aA in seinem Vorlagebeschluss BGH GRUR 05, 348, 349 – *Bestellnummernübernahme*). Das gilt in besonderem Maße, wenn die fraglichen Produkte für Fachkreise bestimmt sind, da hier die Wahrscheinlichkeit eines Imagetransfers niedriger ist als bei Produkten, die von Endverbrauchern gekauft werden (EuGH aaO, Rn 19). Dasselbe gilt für die Übernahme von Erkennungssymbolen, die eine Zuordnung zwischen Druckern und zugehörigen Tintenpatronen erlauben (BGH GRUR 11, 1158 Rn 24 – *Teddybär*). Auch der Vergleich eines No-name-Produkts oder eines unter einer Hausmarke vertriebenen Produkts mit einem Markenartikel stellt als solcher noch keine unlautere Rufausnutzung dar (BGH GRUR 07, 896 Rn 20 – *Eigenpreisvergleich*). Etwas anderes kann allerdings gelten, wenn der Werbende zu Unrecht eine qualitative Gleichwertigkeit suggeriert. Aus der bloßen Gegenüberstellung beider Produkte schließt der angemessen informierte und aufmerksame Verbraucher aber noch nicht auf eine solche Gleichwertigkeit (BGH aaO Rn 22). **Unlauter** ist die Rufausnutzung, wenn sie über das für die Werbung erforderliche Maß hinausgeht oder wenn die Verbesserung der Markttransparenz zur Beeinträchtigung der Interessen des identifizierten Mitbewerbers außer Verhältnis steht. Das ist der Fall, wenn nicht die sachliche Information über die Gleichwertigkeit beider Produkte, sondern die durch den guten Ruf des Konkurrenzprodukts hervorgerufene Anreizwirkung im Vordergrund des Werbevergleichs steht (Beispiele: Schmuck „à la Cartier", BGH GRUR 09, 538 Rn 30 – *Ohrclips*; KG MMR 05, 315: Nutzung einer fremden Marke als „Eye-Catcher" bei einer Internetauktion). **63b**

Ohly

64 **e) Beeinträchtigung.** § 6 II Nr 4, 2. Alt überschneidet sich mit § 6 II Nr 5. Da die WerbeRL die Beeinträchtigung der Wertschätzung nicht eigens regelt, sondern lediglich die Herabsetzung oder Verunglimpfung von Kennzeichen verbietet (Art 4 lit d), bleibt bei richtlinienkonformer Auslegung für diesen Fall des § 6 II Nr 4 kaum ein eigenständiger Anwendungsbereich. Auf die Kommentierung zu § 6 II Nr 5 wird daher verwiesen. Jedenfalls liegt eine **Beeinträchtigung der Wertschätzung** nur vor, wenn eine Herabsetzung vorliegt, wenn also der Vergleich dazu führt, dass die Wertschätzung des Kennzeichens bei den angesprochenen Verkehrskreisen verringert wird. Anders als in § 14 II Nr 3; 15 III MarkenG reicht die Beeinträchtigung der Unterscheidungskraft nicht aus (BGH GRUR 11, 1158 Rn 21 – *Teddybär*). Ebenso wie unter § 6 II Nr 5 ist nicht schon jeder kritisierende Vergleich oder jede Gleichstellung mit einem anderen, nicht in jeder Hinsicht gleichwertigen Produkt als unlautere Beeinträchtigung der Wertschätzung anzusehen (s Rn 68). Dem Verhältnismäßigkeitsprinzip kommt entscheidende Bedeutung zu: Eine unlautere Beeinträchtigung liegt nur vor, wenn der Vergleich die Wertschätzung des Kennzeichens stärker beeinträchtigt als zur Durchführung des Vergleichs erforderlich.

65 **6. Herabsetzung und Verunglimpfung (§ 6 II Nr 5). a) Allgemeines.** Die vergleichende Werbung ist unlauter, wenn der Vergleich die Waren oder Dienstleistungen, Tätigkeiten oder persönlichen oder geschäftlichen Verhältnisse eines Mitbewerbers herabsetzt oder verunglimpft. Die Vorschrift übernimmt weitgehend den Wortlaut des Art 4 lit d WerbeRL, allerdings wird die dort ebenfalls geregelte Beeinträchtigung eines Kennzeichens im deutschen Recht durch § 6 II Nr 4 erfasst, der insoweit §§ 14 II Nr 3; 15 III MarkenG ergänzt. § 6 II Nr 5 verdrängt in seinem Anwendungsbereich den fast wortgleichen § 4 Nr 7 (s Rn 17). Hingegen bleibt das Verbot der Anschwärzung (§ 4 Nr 8) als Sonderfall der irreführenden Werbung neben § 6 II Nr 5 anwendbar (s Rn 18). Während § 4 Nr 8 aus Sicht des Klägers den Vorteil der Beweislastumkehr für die Richtigkeit der Tatsachenbehauptung bietet, ist der Anwendungsbereich des § 6 II Nr 5 weiter, da er Herabsetzungen unabhängig von der Wahrheit der aufgestellten Behauptung verbietet (vgl RegBegr zu § 2 aF WRP 00, 555, 561) und auch herabsetzende Werturteile erfasst.

66 **b) Herabsetzung und Verunglimpfung. Herabsetzung** bedeutet eine Verringerung der Wertschätzung in den Augen der angesprochenen Verkehrskreise (*Köhler/Bornkamm* § 6 Rn 166). Die **Verunglimpfung** als gesteigerte Form der Herabsetzung hat daneben keine selbstständige Bedeutung. Entscheidend ist das Verständnis der Werbeadressaten (BGHZ 139, 378, 385 = GRUR 99, 501, 503 – *Vergleichen Sie*), im Fall der Verbraucherwerbung also der durchschnittlich informierten und verständigen Verbraucher (BGH GRUR 02, 982, 984 – *Die Steinzeit ist vorbei!*). Dabei ist zu berücksichtigen, dass (selbst) der deutsche Verbraucher sich mittlerweile an Humor in der Werbung gewöhnt hat. Eine **humorvolle Anspielung** auf einen Mitbewerber stellt daher nicht automatisch eine Herabsetzung dar. Ironie in einem Werbevergleich ist erlaubt, solange die Aussage nicht wörtlich genommen wird und daher vom Verkehr nicht als Abwertung verstanden wird (BGH GRUR 02, 982 – *Die „Steinzeit" ist vorbei;* BGH GRUR 02, 828, 830 – *Lottoschein;* BGH GRUR 10, 161 Rn 20 – *Gib mal Zeitung,* dazu *Köhler* WRP 10, 571; *Ohly* GRUR 10, 161, 166). Dabei ist auch die Wertung der Meinungsfreiheit zu berücksichtigen (BGH aaO Rn 23 – *Gib mal Zeitung*), für die angesichts der europarechtlichen Grundlage des § 6 auf Art 10 EMRK und Art 11 EU-GRCh abzustellen ist. Zulässig ist daher die Abbildung eines Lottoscheins in der Werbung für ein Wirtschaftsmagazin mit dem Slogan „Um Geld zu vermehren, empfehlen wir ein anderes Papier" (BGH GRUR 02, 828 – *Lottoschein*), ein Werbespot, der den typischen Leser einer Boulevardzeitung in satirisch überzeichneter Weise darstellt (BGH aaO – *Gib mal Zeitung*), die Abbildung eines überdimensionalen, staubtrockenen Getreideriegels in der Werbung für einen Schokoriegel (OLG Hamburg GRUR-RR 03, 251, 252 – *Müsli-Riegel*), die Werbung für Münchener Trinkwasser in Abgrenzung zu Mineralwasser mit dem Slogan „Hängen Sie immer noch an der Flasche" (aA OLG München NJW-E WettbR 00, 177) oder die von einem Preisvergleich begleitete Warnung „Fremdgehen kann teuer werden" (aA OLG Jena GRUR-RR 03, 254 – *Fremdgehen*).

c) Gegenstand der Herabsetzung. Gegenstand der Herabsetzung können die 67 Produkte oder die persönlichen und geschäftlichen Verhältnisse des Mitbewerbers sein, die Vorschrift erfasst daher sowohl den produkt- als auch den unternehmensbezogenen Vergleich (dazu Rn 38). Hingegen fällt die Beeinträchtigung der Wertschätzung eines Kennzeichens unter Nr 4, auch wenn die Abgrenzung bei herabsetzenden Äußerungen über mit einem Kennzeichen versehene Produkte schwerfällt.

d) Unlauterkeit. Im Gegensatz zu Nr 4 erwähnt § 6 II Nr 5 nicht ausdrücklich, 68 dass es sich um eine unlautere Herabsetzung handeln muss, vermutlich, weil die Unlauterkeit bereits als begrifflicher Bestandteil der „Herabsetzung" angesehen wurde. Dennoch gelten vergleichbare Grundsätze wie im Rahmen der Rufausnutzung. Da der kritisierende Vergleich grundsätzlich erlaubt ist, reicht der negative Bezug auf das verglichene Produkt nicht schon für die Annahme einer Herabsetzung aus. Herabsetzend iSd § 6 II Nr 5 ist ein Vergleich nur, wenn zu den mit jedem Werbevergleich verbundenen (negativen) Wertungen für die Konkurrenz **besondere Umstände** hinzutreten, die ihn als unangemessen, abfällig, abwertend oder unsachlich erscheinen lassen (BGHZ 139, 378, 385f = GRUR 99, 501, 503 – *Vergleichen Sie*; bestätigt in BGH GRUR 02, 72, 73 – *Preisgegenüberstellung im Schaufenster*; GRUR 02, 633, 634 *Hormonersatztherapie*; BGH GRUR 08, 443 Rn 15 – *Saugeinlagen*; Köhler/Bornkamm § 6 Rn 170; Harte/Henning/*Sack* § 6 Rn 207). Auch an dieser Stelle erweist sich das **Verhältnismäßigkeitsprinzip** als hilfreich: Eine Herabsetzung liegt nur vor, wenn der Vergleich den Ruf des Konkurrenten stärker beeinträchtigt als zur Durchführung des Vergleichs erforderlich. Daher ist der Vergleich eines No-name-Produkts mit einem Markenartikel nicht schon deshalb herabsetzend, weil beide auf eine Stufe gestellt werden (vgl BGHZ 139, 378, 386 = GRUR 99, 501, 503 – *Vergleichen Sie*), da ansonsten der Vergleich überhaupt nicht möglich wäre. **Beispiele: Nicht unlauter** ist die ausdrückliche Nennung eines Mitbewerbers im Werbevergleich, sie erhöht im Gegenteil regelmäßig die Markttransparenz (EuGH GRUR 03, 533, Rn 50 – *Pippig Augenoptik/Hartlauer*). Auch die Abbildung eines Konkurrenzunternehmens, verbunden mit einem kritischen Preisvergleich, ist nicht per se unlauter (EuGH aaO, Rn 79), doch kann die ausgiebige bildliche Darstellung des Geschäfts eines Mitbewerbers in einem Fernsehwerbespot, verbunden mit einem kritischen Text, den Ruf des betreffenden Mitbewerbers übermäßig schädigen (*Ohly* GRUR 03, 641, 645). Behauptet der Werbende, die von einem Mitbewerber angebotenen Verpackungsmaterialien für Lebensmittel führten zu einer Verunreinigung der Ware, so darf er auf die Gefahr einer „Kontamination" hinweisen; ist der Vorwurf unzutreffend, so ist allein § 5 einschlägig (BGH GRUR 08, 443 Rn 19, 29 – *Saugeinlagen*). Da mit jedem kritischen Qualitätsvergleich die inzidente Behauptung verbunden ist, das fremde Produkt weise eine geringere Qualität als das eigene auf, geht es zu weit, jede direkte oder indirekte Bezeichnung eines Konkurrenzprodukts als minderwertig per se als Herabsetzung anzusehen (aA *Köhler/Bornkamm* § 6 Rn 179). **Herabsetzend** sind hingegen **Formalbeleidigungen** und **Schmähkritik** (zu den Begriffen s § 4 Rn 7/17) in Form von pauschalen, aggressiv formulierten Vorwürfen gegenüber dem Angebot eines Mitbewerbers (Beispiel ÖOGH ÖBl 91, 64, 66 – *Kronenzeitung*: die Zeitung eines Konkurrenten tauge nur als Toilettenpapier, vgl auch OLG München GRUR-RR 04, 309, 311 – *Billiges Plagiat*; weitere Beispiele unter § 4 Rn 7/17), wobei allerdings zu berücksichtigen ist, dass der durchschnittlich informierte und verständige Verbraucher mittlerweile auch an deutliche, zuweilen aggressive Werbung gewöhnt ist (OLG Hamburg GRUR-RR 03, 50, 51 – *Tiefpreisgarantie*) und bloße Marktschreierei nicht für bare Münze nimmt. Die Einstufung der Slogans „Billige Composite-Rackets muten wir Ihnen nicht zu" (BGHZ 138, 55, 66 = GRUR 98, 824 – *Testpreis-Angebot*) oder „Die beste Werbung für S sind die Angebote der Konkurrenz" (KG WRP 99, 339, 340; zust Harte/Henning/*Sack* § 6 Rn 218) als herabsetzend durch die Rechtsprechung erscheint daher als zweifelhaft. Herabsetzend ist der pauschale Vorwurf generell überhöhter Preise, wenn nur der Preis einzelner Produkte verglichen wird (BGHZ 139, 378, 386 = GRUR 99, 501, 503 – *Vergleichen Sie*), doch folgt dieser Vorwurf nicht schon aus einer bloßen Preisgegenüberstellung im Einzelfall (BGH GRUR 02, 72, 73 – *Preisgegenüberstellung im Schaufenster*).

69   **7. Darstellung als Imitation oder Nachahmung (§ 6 II Nr 6).** Eine Ware oder Dienstleistung darf nicht als Imitation oder Nachahmung einer unter einem geschützten Kennzeichen vertriebenen Ware oder Dienstleistung dargestellt werden. Diese Vorschrift setzt Art 4 lit g WerbeRL um, der sich wiederum auf dem Vorbild des Art L 121–9 des französischen Code de la consommation von 1992 stützt (vgl *Heister* S 30, 169; *Sack* WRP 01, 327, 346). Bei dieser Vorschrift handelte es sich um eine „Parfumklausel", die auf französische Initiative zu dem Zweck eingefügt wurde, Parfumhersteller gegen Duftvergleichslisten („tableaux de concordance") zu schützen (OLG Frankfurt GRUR-RR 04, 359, 361 – *Markenparfum; Tilmann* GRUR 97, 790, 794f; Harte/Henning/*Sack* § 6 Rn 224). Aus dieser Entstehungsgeschichte wird deutlich, dass Nr 6 den **Inhaber des Kennzeichens** dagegen schützt, dass ein Nachahmer sein **eigenes** Produkt als Nachahmung des Originals bewirbt (vgl RegBegr zu § 2 aF WRP 00, 555, 561; *Plaß* NJW 00, 3161, 3167; *Scherer* WRP 01, 89, 95; *Sack* WRP 01, 327, 346). Nr 6 ist also ein **Sonderfall der Rufausnutzung (Nr 4),** die regelmäßig ebenfalls zu bejahen ist, wenn die Voraussetzungen der Nr 6 gegeben sind (EuGH GRUR 09, 756 Rn 79 – *L'Oréal/Bellure*). Umgekehrt fehlt es meist an hinreichenden Anhaltspunkten für eine Rufausbeutung, wenn bei Angebot eines nachgeahmten Produkts unter Bezug auf das Original die Voraussetzungen des § 6 II Nr 6 nicht vorliegen (BGH GRUR-RR 10, 407 – *Imitation von Parfümen*). Nicht gemeint ist hingegen der Fall, dass der Kennzeicheninhaber ein fremdes Produkt als Nachahmung kritisiert (aA *Kotthoff* BB 98, 2217, 2220; *Gloy/Bruhn* GRUR 98, 226, 238), obwohl der Wortlaut diese Auslegung zulassen würde. Eine solche Aussage ist nach § 4 Nr 8 und § 6 II Nr 5 zu würdigen; handelt es sich tatsächlich um eine unerlaubte Imitation oder Nachahmung, so ist der Hinweis des Verletzten auf diesen Umstand nicht zu beanstanden. Geschützt sind Kennzeichen iSd § 1 MarkenG. Damit geht § 6 über die Richtlinie hinaus, die nur „Marken und Handelsnamen", nicht hingegen geographische Herkunftsangaben schützt. § 6 II Nr 6 ist insoweit richtlinienkonform auszulegen (Harte/Henning/*Sack* § 6 Rn 228), wobei allerdings zu beachten ist, dass die Richtlinie Waren mit Ursprungsbezeichnung durch den ins deutsche Recht nicht umgesetzten Art 4 lit e besonders privilegiert (dazu Rn 45).

70   Problematisch ist das **Verhältnis** dieser Bestimmung **zum Immaterialgüterrecht** und zum **UWG-Nachahmungsschutz (§ 4 Nr 9).** Die Vorschriften dieser Rechtsgebiete, die den Vertrieb von Nachahmungen verbieten, erfassen regelmäßig auch die Werbung für die nachgeahmten Produkte. Der parallele Schutz durch § 6 II Nr 6 ist insoweit überflüssig, aber auch unschädlich. Allerdings erfasst Nr 6 seinem Wortlaut nach auch Fälle, in denen die Nachahmung als solche zulässig ist (EuGH GRUR 09, 756 Rn 73 – *L'Oréal/Bellure*), etwa weil der Patentschutz für das Original abgelaufen ist. In dieser Situation, die sich insbesondere bei der Werbung für Generika ergeben kann, führt Nr 6 zu einer **systemwidrigen Verstärkung des immaterialgüterrechtlichen Schutzes,** obwohl es im Verbraucherinteresse läge, nunmehr über die preisgünstigere Bezugsquelle informiert zu werden. Einiges spricht dafür, dass Art 4 lit g WerbeRL für diese Konstellationen gegen die in Art 10 EMRK, Art 11 EU-GRCh garantierte Meinungsäußerungsfreiheit verstößt: Kann ein Imitat legal vertrieben werden, so ist kein rechtfertigender Grund dafür ersichtlich, dem Hersteller die Werbung zu verbieten. Da zudem die Zulässigkeitskriterien

Vergleichende Werbung

des § 6 II in dem für die vergleichende Werbung günstigsten Sinn auszulegen sind (s Rn 8), muss die Bestimmung **restriktiv** angewandt werden (BGH GRUR 08, 628 Rn 20 – *Imitationswerbung;* Ohly/Spence GRUR Int 99, 681, 695; GK/*Glöckner* § 6 Rn 585; *Sack* WRP 01, 327, 347; *Scherer* WRP 01, 89, 95; weitergehend aber EuGH aaO Rn 75f).

Unlauter ist jedenfalls die offene Imitationsbehauptung, in der das eigene Produkt **71a** als „Imitation", „Nachahmung" oder als Ware „nach Art" eines Konkurrenzerzeugnisses dargestellt wird (BGH GRUR 09, 871 Rn 31 – *Ohrclips,* allerdings zu § 6 II Nr 4). Ebenfalls von § 6 II Nr 6 erfasst wird eine implizite, aber aus der Sicht des normal informierten, angemessen aufmerksamen und verständigen Durchschnittsverbrauchers deutliche Behauptung, dass es sich um nachgeahmte Produkte handelt (EuGH GRUR 09, 756 Rn 75 – *L'Oréal/Bellure;* BGH GRUR 08, 628 Rn 26 – *Imitationswerbung;* BGH GRUR 10, 343 Rn 29 – *Oracle;* BGH GRUR 11, 152 Rn 49 – *Kinderhochstühle im Internet*). Es reicht aber nicht aus, wenn das Produkt lediglich Assoziationen zum Originalprodukt weckt, wenn lediglich die Gleichwertigkeit mit dem Original behauptet wird oder wenn erst aufgrund weiterer Umstände als Imitat erkennbar wird, die außerhalb der Werbung und des präsenten Wissens der angesprochenen Verkehrskreise liegen (BGH GRUR 11, 1153 Rn 27, 31 – *Creation Lamis*). Sofern sich eine Werbung sowohl an gewerbliche Zwischenhändler als auch an Endkunden richtet, genügt es, wenn die Voraussetzungen hinsichtlich einer dieser Gruppen erfüllt sind (BGH aaO Rn 38 – *Creation Lamis*). Diese Rechtsprechung des BGH stellt eine enge, wenngleich vertretbare und daher europarechtskonforme Auslegung des EuGH-Urteils *L'Oréal/Bellure* (GRUR 09, 756) dar. Nach Ansicht des EuGH genügt es bereits, wenn die Werbung auf die Nachahmung eines wesentlichen Produktmerkmals, etwa des Geruchs, hinweist (EuGH aaO Rn 76). Diese Aussage mag für besondere Fälle (zB Parfumvergleiche) zutreffen, in ihrer Allgemeinheit geht sie aber zu weit. Jedenfalls nicht ausreichend ist die bloße Behauptung der Gleichwertigkeit zweier Produkte, etwa der Wirkstoffidentität zweier Arzneimittel oder des identischen Dufts zweier Parfums (BGH GRUR 08, 628 Rn 25 – *Imitationswerbung).* Auch der Hinweis, das beworbene Produkt sei „ähnlich" einem oder „wie" ein Markenprodukt, kann je nach den Umständen des Einzelfalls nur in erlaubter Weise auf ein gleiches äußeres Erscheinungsbild hinweisen (BGH GRUR 11, 152 Rn 50 – *Kinderhochstühle im Internet*).

IV. Beweislast und Rechtsfolgen

1. Beweislast. Die **Darlegungs- und Beweislast** für das Vorliegen eines Ver- **72** gleiches und die Voraussetzungen der Unlauterkeit trägt der Kläger. Allerdings kann den Beklagten eine sekundäre Darlegungslast treffen, wenn dem Kläger die Überprüfung der Werbebehauptungen nicht möglich ist (BGH GRUR 07, 605 Rn 33f – *Umsatzzuwachs,* s auch Rn 55). Weitergehend leitet die österreichische Rechtsprechung aus Art 6 der Richtlinie eine generelle Beweislastumkehr für Tatsachenbehauptungen in Werbevergleichen ab (ÖOGH GRUR Int 04, 255 – *Länger frische Vollmilch*).

2. Rechtsfolgen. Unzulässige vergleichende Werbung ist eine unlautere geschäft- **73** liche Handlung iSd § 3 I. Daher ergeben sich die Rechtsfolgen aus **§§ 8ff.** Die Anspruchsberechtigung richtet sich nach § 8 III, da § 6 II auch Verbraucher und die Allgemeinheit schützt (BGH GRUR 11, 1153 Rn 51 – *Creation Lamis; Bärenfänger* WRP 11, 160, 166). Allerdings steht bei Verstößen gegen §§ 6 II Nr 4–6 ganz die Verletzung individueller Interessen des betroffenen Mitbewerbers im Vordergrund, was (ebenso wie im Rahmen des § 4 Nr 7–10) für eine Beschränkung der Aktivlegitimation auf den betroffenen Mitbewerber spricht. Werden Werbevergleiche von individuellen Verkäufern oder Nutzern auf Internet-Plattformen vorgenommen, so ist für die Prüfungspflichten des Betreibers zu berücksichtigen, dass die Subsumtion unter § 6 II oft komplexe Rechtsfragen aufwirft, die nur von einem Juristen zuverlässig beurteilt werden können, dessen Hinzuziehung aber unzumutbar sein kann (BGH GRUR 11, 152 Rn 48 – *Kinderhochstühle im Internet;* näher hierzu § 8 Rn 128).

V. Verwandte Fallgruppen außerhalb des § 6
1. Neutrale Produkttests

Literatur: *Ahrens,* Vergleichende Bewertung von Universitätsdienstleistungen, FS Ullmann, 2006, 565; *Gomille,* Standardisierte Leistungsbewertungen, 2009; *Köhler,* Ranking als Rechtsproblem, FS Sonnenberger, 2004, 249; *Koppe/Zagouras,* Haftung für Produktkritik, GRUR 2005, 1011; *dies,* Rechtsprobleme der Testwerbung, WRP 2008, 1035; *Lettl,* Lauterkeitsrechtliche Probleme der Haftung von Presseunternehmen für „Rankings", GRUR 2007, 936; *Paschke,* Verbraucherinformation in der Marktwirtschaft – Rechtliche Grenzen der Publikationstätigkeit der Stiftung Warentest im Spannungsverhältnis zwischen Verbraucheraufklärung und Pressemarktschutz, AfP 1991, 683; *Vonhoff,* Negative Äußerungen auf Unternehmensbewertungsportalen, MMR 2012, 571.

74 **a) Begriff.** Neutrale Produkttests (oft auch als vergleichende Warentests bezeichnet) sind dadurch gekennzeichnet, dass der Veranstalter nicht im Wettbewerb zu den Anbietern der verglichenen Produkte steht. Er ist nicht „Richter in eigener Sache". Derartige Tests werden zum einen von unabhängigen Institutionen durchgeführt, die anschließend die Öffentlichkeit über das Testergebnis informieren. Eine herausgehobene Stellung nimmt dabei die 1964 von der Bundesregierung gegründete „Stiftung Warentest" mit ihren Zeitschriften „test" und „FINANZtest" ein. Zum anderen werden Waren oder Dienstleistungen häufig von Medienunternehmen getestet. Eine Erscheinungsform ist die Veröffentlichung von Rangfolgetabellen („Rankings") verschiedener Anbieter, meist im Dienstleistungsbereich, sofern diese Tabellen auf der Bewertung verglichener Eigenschaften beruhen (vgl BVerfG WRP 03, 69 und OLG München GRUR 03, 719 – *JUVE-Handbuch; Köhler,* FS Sonnenberger, 2004, 249ff; *Lettl* GRUR 07, 936). Damit vergleichbar sind Bewertungsplattformen im Internet, deren Besonderheit aber darin besteht, dass die Bewertungen von individuellen Nutzern abgegeben und vom Betreiber regelmäßig nicht kontrolliert, sondern allenfalls statistisch ausgewertet werden (zu deren Beurteilung Rn 75 und KG WRP 13, 1242; OLG Hamburg WRP 12, 485; LG Köln MMR 12, 244; *Gomille* S 6ff).

75 **b) Rechtliche Beurteilung. aa) Anspruchsgrundlagen.** Da der Veranstalter sich beim neutralen Produkttest nicht auf einen Mitbewerber bezieht, richtet sich die Beurteilung nicht nach § 6 (s zur Abgrenzung Rn 29). Wird der Test von einer **unabhängigen Institution** wie der Stiftung Warentest vorgenommen, so fehlt es bereits an einer geschäftlichen Handlung iSd § 2 I Nr 1 (OLG Frankfurt GRUR-RR 07, 16, 17). Etwas anderes gilt allerdings für den Abschluss von Verträgen, mit denen das Testinstitut entgeltlich den Herstellern der getesteten Produkte die Nutzung seines Logos erlaubt (OLG Frankfurt aaO S 18). **Vergleichstests in den Medien** gehören regelmäßig dem redaktionellen Teil an, so dass der Zusammenhang mit dem Absatz von Waren oder Dienstleistungen nach den allgemeinen zu § 2 I Nr 1 geltenden Kriterien der besonderen Feststellung bedarf. Meist fallen neutrale Produkttests demnach nicht unter das Lauterkeitsrecht, sondern sind im Fall unrichtiger Tatsachenbehauptungen nach § 824 BGB, im Übrigen nach § 823 I (eingerichteter und ausgeübter Gewerbebetrieb) und § 826 BGB zu beurteilen (BGHZ 65, 325 = GRUR 76, 268, 271f – *Warentest II; Köhler/Bornkamm* § 6 Rn 207; *Koppe/Zagouras* GRUR 05, 1011ff). Nur wenn ausnahmsweise eine geschäftliche Handlung zu bejahen ist, kommen §§ 3; 5 zur Anwendung. Betreiber von **Internet-Bewertungsplattformen** stehen auch dann nicht im Wettbewerb zu den bewerteten Unternehmen, wenn die betreffenden Produkte oder Dienstleistungen auch über das Portal bezogen werden

Vergleichende Werbung **§ 6 UWG**

können (aA KG WRP 13, 1242, 1243). Ähnlich wie Verkäufer in einem Geschäft, das Produkte verschiedener Hersteller führt, tritt das Portal den Nutzern als neutrale Instanz gegenüber, bezieht sogar aus der Neutralität seinen Informationswert. Im Übrigen haftet der Betreiber regelmäßig nur für eine Verletzung von Verkehrspflichten nach den Grundsätzen der mittelbaren Verletzung (§ 8 Rn 120 ff, dort auch zur Privilegierung gem §§ 7–10 TMG), haftet also nicht automatisch für individuelle Bewertungen, die nicht dem Sachlichkeits- und Objektivitätsgebot genügen. Das gilt auch, wenn er die fremden Bewertungen statistisch auswertet (aA *Gomille* S 257 ff).

bb) Grundsatz. Da neutrale Tests nicht vom Werbenden „in eigener Sache" **76** durchgeführt werden, sind sie von besonders hohem Informationswert. Verbraucher bringen ihnen gesteigertes Vertrauen entgegen. Damit spricht der Gesichtspunkt der Markttransparenz dafür, den Veranstaltern einen großen Freiraum bei der Durchführung und Darstellung der Tests zu lassen (BGH GRUR 76, 268, 270 – *Warentest II*). Zudem fällt die Veröffentlichung der Testergebnisse unabhängig davon in den Schutzbereich des Art 5 I GG, ob der Test von einer Stiftung oder einem Unternehmen durchgeführt wurde (BGH aaO; BVerfG WRP 03, 69 und OLG München GRUR 03, 719, 720 f – *JUVE-Handbuch; Ahrens,* FS Ullmann, 2006, S 565, 569; für Internet-Bewertungsplattformen OLG Hamburg WRP 12, 485, 489). Bedeutung und Tragweite des Art 5 I GG müssen daher berücksichtigt werden; ein Verbot ist nur gerechtfertigt, wenn in der Begründung die spezifischen Gefahren für den Leistungswettbewerb dargelegt werden (BVerfG aaO). Andererseits können unzutreffende Tests einzelne Anbieter unverdient benachteiligen und zugleich Konsumenten fehlleiten (*Schricker* GRUR 76, 274). Daher muss jeder Produkttest gewissen Anforderungen hinsichtlich seiner Neutralität, Objektivität und sachgerechten Methode genügen, wobei dem Veranstalter allerdings ein weiter Beurteilungsspielraum zukommt.

cc) Zulässigkeitskriterien. Die Veröffentlichung eines Produkttests, die nicht **77** als geschäftliche Handlung anzusehen ist, ist zulässig, wenn die dem Bericht zugrunde liegenden Untersuchungen neutral, objektiv und sachkundig durchgeführt worden sind und sowohl die Art des Vorgehens bei der Prüfung als auch die aus den Untersuchungen gezogenen Schlüsse vertretbar, das heißt diskutabel, erscheinen (BGHZ 65, 325 = GRUR 76, 268, 270 – *Warentest II* m Anm *Schricker;* bestätigt und ausdifferenziert in GRUR 86, 330 – *Warentest III;* GRUR 87, 468 – *Warentest IV;* GRUR 89, 549 – *Warentest V;* GRUR 89, 942 – *Druckertests; Ahrens,* FS Ullmann, 2006, S 565, 572 ff; *Köhler*/Bornkamm § 6 Rn 197 ff; *Gomille* S 151 ff). **(1)** Der Produkttest muss **neutral** sein. Andernfalls fällt er häufig bereits unter die Definition der vergleichenden Werbung (§ 6 I). Insbesondere handelt es sich bei einem Warentest, den ein Wettbewerber selbst durchführt, um vergleichende Werbung (BGH GRUR 99, 69, 70 – *Preisvergleichsliste II;* OLG Düsseldorf GRUR-RR 12, 218, 219 – *Sortenvergleich*). Die Neutralität kann fehlen, wenn der Veranstalter vom Anbieter des Produkts wirtschaftlich abhängig ist oder von diesem vor Durchführung des Vergleichs Zuwendungen erhält. Unbedenklich ist es hingegen, wenn ein Testveranstalter zur Deckung seiner Kosten Inserate veröffentlicht. Selbst die Veröffentlichung von Werbung für die verglichenen Produkte ist dann unbedenklich, wenn entsprechende Aufträge erst nach Abschluss des Tests entgegengenommen werden (BVerfG WRP 03, 69, 71; OLG München GRUR 03, 719, 721 – *JUVE-Handbuch*). **(2)** Der Produkttest muss **objektiv** sein. Damit ist nicht gemeint, dass die Ergebnisse objektiv richtig sein müssen (BGH GRUR 76, 268, 271 – *Warentest II;* OLG Frankfurt GRUR 03, 85, 86 – *FI-NANZtest*), da auch beim neutralen Vergleich Wertungen unvermeidlich sind und da zudem die Gerichte nicht in die Rolle des „Warentesters zweiter Instanz" geraten sollen (*Schricker* GRUR 76, 274, 275). Der Test muss lediglich **vom Bemühen um Richtigkeit getragen** sein. Dabei ist dem Testveranstalter ein **erheblicher Beurteilungsspielraum** zuzubilligen (BGH GRUR 76, 268, 270 – *Warentest II;* BGH

UWG § 6 Gesetz gegen den unlauteren Wettbewerb

GRUR 89, 942, 943 – *Druckertest*). Jedoch müssen die verglichenen Produkte nach objektiven Kriterien ausgewählt werden und die Untersuchung muss sachkundig und nach vertretbaren Prüfungsmethoden durchgeführt werden (auf dieser Grundlage krit ggü Universitätsrankings *Ahrens,* FS Ullmann, 2006, S 565, 579 ff). **(3)** Die **Darstellung der Testergebnisse** muss in objektiver und unverzerrter Art erfolgen (OLG Karlsruhe NJW-RR 03, 177, 178). Sie darf keine nachweislich unrichtigen Tatsachenbehauptungen enthalten. Wertungen müssen vom Text getragen sein und dürfen nicht die Grenze zur reinen Schmähkritik überschreiten. Hingegen sind ironische und schlagwortartige Zuspitzungen nicht ohne weiteres zu beanstanden (OLG Hamburg NJW-RR 04, 259, 262 – *Babes und Zicken*). Obwohl sich Geschmack einer objektiven Beurteilung entzieht, sind auch Restaurantkritiken in weitem Maße zulässig, sofern sie nicht lediglich das Ziel verfolgen, den betroffenen Gastronom zu verunglimpfen oder zu beleidigen (BGH GRUR 86, 812, 814 – *Gastrokritiker*).

78 **c) Werbung mit Testergebnissen. aa) Allgemeines.** Wird ein Produkt in einem Test gut bewertet, so liegt es für den Hersteller nahe, mit dem Ergebnis zu werben, sei es durch bloßen Hinweis auf den Test, sei es durch das Hervorheben des eigenen Ergebnisses (*Koppe/Zagouras* WRP 08, 1035 f). Anders als der neutrale Test selbst dient eine solche Werbung dem Absatz der eigenen Produkte und ist damit geschäftliche Handlung (§ 2 I Nr 1). Die zutreffende Werbung mit Testergebnissen ist nicht zu beanstanden, im Gegenteil trägt sie zur Verbraucherinformation bei. Allerdings muss der Werbende die Fundstelle angeben. Für den Fall der vergleichenden Werbung folgt das aus § 6 II Nr 2 (Rn 55), im Übrigen aus § 3 I unmittelbar (so zu § 1 aF BGH GRUR 91, 679 – *Fundstellenangabe;* zu § 3 OLG Hamburg WRP 08, 557, 558). Der Rechtsgedanke des § 6 II Nr 2, dass Abnehmern die Nachprüfung ermöglicht werden soll, lässt sich insoweit verallgemeinern. Sofern der Werbende das Testergebnis in irreführender Weise „schönt", greift § 5 I ein (Rn 79). Wird ein Mitbewerber identifiziert, so unterliegt die Werbung den Voraussetzungen des § 6 II (Rn 80). Anhaltspunkte für die lauterkeitsrechtliche Beurteilung können auch die Empfehlungen der Stiftung Warentest zur „Werbung mit Testergebnissen" vom 2.5.2008 (abgedr bei *Köhler*/Bornkamm § 6 Rn 213) geben (BGH GRUR 91, 679 – *Fundstellenangabe*). Allerdings sind die Empfehlungen für die rechtliche Beurteilung unverbindlich, insb handelt es sich nicht um einen verbindlichen Verhaltenskodex iSd § 5 I 2 Nr 6 (*Koppe/Zagouras* aaO S 1045).

79 **bb) Irreführende Testwerbung.** Jede Werbung mit Testergebnissen unterliegt dem Irreführungsverbot des § 5 (dazu umfassend *Koppe/Zagouras* WRP 08, 1035, 1036 ff), auch kann der Werbende verpflichtet sein, bestimmte Informationen zu geben, wenn ohne sie die Werbung irreführend wäre (§ 5a). Insbesondere kann sich die Irreführung beziehen auf

– das Zustandekommen des Tests, etwa wenn fälschlich der Eindruck erweckt wird, der Test sei neutral, sachlich und objektiv,
– den Inhalt des Test; so erwartet der Verbraucher beim Test von Shampoos und Deodorants eine Wirksamkeitsprüfung, auf deren Fehlen daher hinzuweisen ist (OLG Frankfurt GRUR-RR 07, 16, 18),
– die Größe der getesteten Stichprobe; so suggeriert die Behauptung, ein Lohnsteuerhilfeverein habe insgesamt das Testergebnis „gut" erzielt, dass es sich um einen repräsentativen Test handelt, was nicht zutrifft, wenn nur 5–8 von 289 Beratungsstellen getestet wurden (BGH GRUR 05, 877, 879 – *Werbung mit Testergebnis/Lohnsteuerhilfeverein*),
– die Wiedergabe der Testergebnisse, etwa wenn einzelne Testbefunde unzulässig verallgemeinert werden, wenn eine eigene gute Bewertung isoliert hervorgehoben wird, obwohl alle anderen getesteten Produkte eine noch bessere Beurteilung erzielt haben (BGH GRUR 82, 437, 438 – *Test Gut*), wenn eine unangefochtene Spitzenstellung suggeriert wird, obwohl auch andere Produkte dasselbe Ergebnis

Vergleichende Werbung **§ 6 UWG**

erzielt haben (*Koppe/Zagouras* aaO S 1037; nicht irreführend ist aber die Bezeichnung „Sieger" auch dann, wenn sich der Werbende den Spitzenplatz teilen muss: BGH GRUR 03, 800, 802 – *Schachcomputerkatalog*),
- die Hervorhebung von Teilergebnissen, wenn es sich nicht um repräsentative Eigenschaften handelt und das Produkt in anderen Kategorien schlecht abgeschnitten hat (Gegenbeispiel: OLG Celle GRUR-RR 05, 286 – *Sehr gut für Kaffeearoma*, da das Aroma zu den wesentlichen Eigenschaften des Kaffees gehört),
- die Aktualität des Tests, etwa wenn mit veralteten Testergebnissen oder mit den Ergebnissen eines Vorgängerprodukts geworben wird.

cc) Vergleichende Werbung. Die Werbung eines Anbieters der getesteten Pro- 80 dukte mit dem Testergebnis ist **vergleichende Werbung** iSd § 6 I, wenn konkrete Mitbewerber identifiziert werden (BGH GRUR 05, 877, 879 – *Werbung mit Testergebnis/Lohnsteuerhilfeverein; Köhler/Bornkamm* § 6 Rn 210; *Koppe/Zagouras* WRP 08, 1035, 1043), anderenfalls handelt es sich um einen allgemein gehaltenen Vergleich (zu dessen Beurteilung s Rn 79 ff; vgl auch Egrd 10 WerbeRL). Das Gebot der Nachprüfbarkeit (§ 6 II Nr 2) verpflichtet zur Angabe der Fundstelle (BGH GRUR 91, 679 – *Fundstellenangabe; Köhler/Bornkamm* § 6 Rn 211). Das Objektivitätsgebot ist lediglich verletzt, wenn der Werbende subjektive, vom Test nicht gedeckte Schlüsse zieht. An der Objektivität der Werbung kann es fehlen, wenn der Test selbst nicht den oben genannten Grundsätzen entspricht (zweifelhaft OLG München WRP 99, 692, 694 – *Satte Mehrheit*: Werbung mit Ergebnissen eines Vergleichstests über den Geschmack von Hamburgern scheitert am Objektivitätsgebot). Allerdings ist nur § 5 einschlägig, wenn über den Charakter des Tests getäuscht wird (Rn 74).

2. Allgemein gehaltene Vergleiche. a) Grundsatz. Vergleichende Äußerun- 81 gen, die sich nicht auf einen oder mehrere erkennbare Mitbewerber, sondern auf die Konkurrenz im Allgemeinen beziehen, lassen sich nicht unter die Definition der vergleichenden Werbung (§ 6 I) subsumieren, sondern sind nach allgemeinen wettbewerbsrechtlichen Maßstäben zu beurteilen. Auch § 4 Nr 7 setzt eine Bezugnahme auf bestimmte Mitbewerber voraus und ist daher ebenfalls nicht einschlägig (str, s § 4 Rn 7/10). Gleichwohl kann sich die pauschale Herabsetzung ungenannter Mitbewerber als unlauter darstellen (BGH GRUR 02, 75, 77 – „*SOOOO ... BILLIG!*"?); ihre Beurteilung richtet sich unmittelbar nach § 3 (s § 4 Rn 7/10 mwN). Beispiele sind der Warenarten- oder Systemvergleich (*Köhler/Bornkamm* § 4 Rn 10.139 ff), sofern dabei nicht ausnahmsweise individuelle Konkurrenten erkennbar gemacht werden (vgl Rn 33), der Vergleich des eigenen Preises mit dem Preis aller Mitbewerber („günstigstes Angebot in X") und allgemeine marktschreierische Aussagen ohne Bezug auf individuelle Konkurrenten („Die beste Werbung für uns sind die Angebote der Konkurrenz").

b) Bisherige Rechtslage. Nach den zu § 1 aF entwickelten Grundsätzen sind 82 Vergleiche ohne erkennbare Bezugnahme auf Mitbewerber zulässig, wenn sie sich in den **Grenzen einer sachlich gebotenen Erörterung** halten und die **Konkurrenz nicht pauschal herabsetzen** (BGH GRUR 73, 270 f – *Der sanfte Bitter;* GRUR 85, 982, 983 – *Großer Werbeaufwand;* BGH GRUR 88, 764, 766 – *Krankenkassen-Fragebogen; Harte/Henning/Omsels* § 4 Nr 7 Rn 26 ff). Letzteres ist nur dann der Fall, wenn zu den mit jedem Werbevergleich verbundenen (negativen) Wirkungen für die Konkurrenz besondere Umstände hinzutreten, die den Vergleich in unangemessener Weise abfällig, abwertend oder unsachlich erscheinen lassen (BGH GRUR 99, 1100, 1102 – *Generika-Werbung;* BGH GRUR 01, 752, 753 – *Eröffnungswerbung;* BGH GRUR 02, 75, 77 – „*SOOOO ... BILLIG!*"?; *Köhler/Bornkamm* § 4 Rn 10.153). Erforderlich ist allerdings, dass überhaupt auf andere Mitbewerber Bezug genommen und nicht lediglich die eigene Leistung gelobt wird (BGH aaO; *Köhler/Bornkamm* § 4 Rn 10.138). Die ältere Rechtsprechung ließ zwar die sachliche Aufklärung der

Verbraucher zu, nahm aber gegenüber allgemein marktschreierischen Äußerungen eine strenge, teilweise sogar kleinliche Haltung ein (zahlreiche Beispiele bei *Köhler/ Bornkamm* § 4 Rn 10.154ff). Als unzulässig eingestuft wurden etwa die Werbeslogans „Aber es gibt nur einen Underberg, den mit der berühmten Wirkung. Der tut dem Magen gut. Daher darf Underberg ruhig etwas mehr kosten" (BGH GRUR 73, 270, 271 – *Der sanfte Bitter*), „Unser preiswertester Kaffee schmeckt besser als bei vielen das Beste vom Besten" (BGH GRUR 73, 658, 660 – *Probierpreis*), „Dagegen ist alles andere eben bloß Zahnpasta" (OLG Frankfurt WRP 72, 91), „Lieber zu Sixt als zu teuer" (OLG Hamburg GRUR 92, 531, aA OLG Oldenburg WRP 93, 128) und „Die beste Werbung für S sind die Angebote der Konkurrenz" (KG WRP 99, 339, 340, allerdings unter Annahme vergleichender Werbung). Hingegen halten neuere Entscheidungen zwar an dem überkommenen Grundsatz fest, sind aber von dem Bestreben gekennzeichnet, harmlose, pointierte oder humorvolle Werbeslogans zuzulassen. Nicht beanstandet wurden etwa die Werbung für das Eröffnungsangebot eines Kölner Verbrauchermarkts mit der Abbildung des beliebten Volksschauspieler Willi Millowitsch, verbunden mit den Slogans „Willi säht: bis 17.4. kein Computer kaufe jon" und „Willi säht: ab 17.4. Computer kaufe jon" (BGH GRUR 01, 752, 753 – *Eröffnungswerbung*), die Werbesprüche „Lieber besser aussehen als viel bezahlen" (BGH GRUR 97, 227, 228 – *Aussehen mit Brille*) und „Statt Mondpreise: Lieber gleich den Höffner-Preis" (OLG Dresden NJWE-WettbR 97, 184, 186), die Aufforderung, „billige" Konkurrenzangebote misstrauisch zu prüfen (BGH GRUR 02, 75, 77 – „*SOOOO ... BILLIG!*") und eine Fernsehwerbung für einen Schokoladenriegel, in der ein überdimensionaler, staubtrockener Müsliriegel gezeigt wird (OLG Hamburg GRUR-RR 03, 251, 252 – *Müsli-Riegel,* s auch OLG Hamburg GRUR-RR 03, 249, 251 – „*orgelndes*" *Auto).*

83 **c) Kritik.** Auch wenn die übermäßig strenge Beurteilung der pauschalen Herabwertung der Vergangenheit angehört, ist fraglich, ob der Grundsatz selbst, den Rechtsprechung und hM nach wie vor aufrecht erhalten (BGH GRUR 01, 752, 753 – *Eröffnungswerbung;* BGH GRUR 02, 75, 77 – „*SOOOO ... BILLIG!*"?; *Köhler/*Bornkamm § 4 Rn 10.147ff, 153 mwN), noch uneingeschränkt Geltung beanspruchen kann. Das strenge Sachlichkeitsgebot in § 6 II Nr 2 und der Grundsatz der Verhältnismäßigkeit, der in § 6 II Nr 5 zur Anwendung kommt, finden ihre Rechtfertigung darin, dass bei vergleichender Werbung die Interessen des identifizierten Mitbewerbers in besonderem Maße betroffen sind. Dabei erfasst § 6 I auch die vergleichende Bezugnahme auf eine abstrakt umschriebene Gruppe von Mitbewerbern, sofern für die Adressaten der Werbung gleichwohl einzelne Konkurrenten erkennbar gemacht werden, etwa weil es wenige Mitbewerber gibt oder weil einige marktbeherrschende Mitbewerber jedem Adressaten vor Augen stehen (s Rn 33). Die pauschale Herabwertung sämtlicher Konkurrenten betrifft hingegen ein einzelnes Mitglied dieser Gruppe nur sehr mittelbar (vgl zur parallelen strafrechtlichen Problematik der Beleidigung unter einer Kollektivbezeichnung Schönke/Schröder/*Lenckner/Eisele,* StGB, Vor § 185 Rn 5 ff). Pauschale Abwertungen sämtlicher Konkurrenten werden hingegen vom durchschnittlich aufmerksamen und informierten Verbraucher jedenfalls dann weniger ernst genommen, wenn es sich um allgemeine Wertungen ohne Tatsachenkern handelt, und ihr werden bei ihrer Nachfrageentscheidung nur geringe Bedeutung beimessen. Der durchschnittlich informierte und verständige Verbraucher wird den Slogan „Lieber zu Sixt als zu teuer" (vgl OLG Hamburg GRUR 92, 531) weder als Abwertung anderer Autovermieter auffassen noch sich durch diese Werbung von einem eigenen Preisvergleich abhalten lassen. Die tragenden Urteile dieser Fallgruppe stammen aus einer Zeit, in der die vergleichende Werbung noch grundsätzlich verboten war, und lassen oft eine unnötig strenge und im Licht der neueren Rechtsprechung zu Art 5 I GG bedenkliche Beurteilung pauschaler marktschreierischer Slogans erkennen. Nach neuem UWG sollte sich die Beurteilung dieser Fallgruppe an **zwei**

Unzumutbare Belästigungen § 7 UWG

Grundsätzen orientieren. **(1)** Nachprüfbare Äußerungen unterliegen dem **Irreführungsverbot des** § 5 (BGH GRUR 73, 270, 271 – *Der sanfte Bitter; Köhler*/Bornkamm § 4 Rn 10.148). Es schützt die Abnehmer hinreichend vor einer Beeinträchtigung ihrer Marktentscheidung durch Fehlinformationen über alle Konkurrenten. Zu verweisen ist insbesondere auf die Grundsätze zu Alleinstellungsbehauptungen und zu irreführenden Preisangaben. Irreführend ist es, bei Werbeadressaten den unzutreffenden Eindruck eines objektiven und vollständigen Vergleichs mit allen Konkurrenzerzeugnissen hervorzurufen (BGH GRUR 88, 764, 766 – *Krankenkassen-Fragebogen; Köhler*/Bornkamm aaO; zweifelhaft BGH WRP 96, 1097 – *Preistest*). Ist aber ersichtlich, dass nur einzelne Aspekte verglichen werden, so fehlt es an einer Irreführung. **(2)** Nach § 3 unlauter sind nur **Formalbeleidigungen** und **reine Schmähkritik** (zu beiden Begriffen s § 4 Rn 7/17). In den übrigen Fällen einer pauschalen Wertung ohne konkreten Mitbewerberbezug sind weder die Interessen der betroffenen Mitbewerber noch die Interessen der Verbraucher oder der sonstigen Marktteilnehmer hinreichend berührt, um ein wettbewerbsrechtliches Verbot zu rechtfertigen.

§ 7 Unzumutbare Belästigungen

(1) ¹**Eine geschäftliche Handlung, durch die ein Marktteilnehmer in unzumutbarer Weise belästigt wird, ist unzulässig.** ²**Dies gilt insbesondere für Werbung, obwohl erkennbar ist, dass der angesprochene Marktteilnehmer diese Werbung nicht wünscht.**

(2) **Eine unzumutbare Belästigung ist stets anzunehmen**
1. **bei Werbung unter Verwendung eines in den Nummern 2 und 3 nicht aufgeführten, für den Fernabsatz geeigneten Mittels der kommerziellen Kommunikation, durch die ein Verbraucher hartnäckig angesprochen wird, obwohl er dies erkennbar nicht wünscht;**
2. **bei Werbung mit einem Telefonanruf gegenüber einem Verbraucher ohne dessen vorherige ausdrückliche Einwilligung oder gegenüber einem sonstigen Marktteilnehmer ohne dessen zumindest mutmaßliche Einwilligung,**
3. **bei Werbung unter Verwendung einer automatischen Anrufmaschine, eines Faxgerätes oder elektronischer Post, ohne dass eine vorherige ausdrückliche Einwilligung des Adressaten vorliegt, oder**
4. **bei Werbung mit einer Nachricht,**
   a) **bei der die Identität des Absenders, in dessen Auftrag die Nachricht übermittelt wird, verschleiert oder verheimlicht wird oder**
   b) **bei der gegen § 6 Absatz 1 des Telemediengesetzes verstoßen wird oder in der der Empfänger aufgefordert wird, eine Website aufzurufen, die gegen diese Vorschrift verstößt, oder**
   c) **bei der keine gültige Adresse vorhanden ist, an die der Empfänger eine Aufforderung zur Einstellung solcher Nachrichten richten kann, ohne dass hierfür andere als die Übermittlungskosten nach den Basistarifen entstehen.**

(3) **Abweichend von Absatz 2 Nr. 3 ist eine unzumutbare Belästigung bei einer Werbung unter Verwendung elektronischer Post nicht anzunehmen, wenn**
1. **ein Unternehmer im Zusammenhang mit dem Verkauf einer Ware oder Dienstleistung von dem Kunden dessen elektronische Postadresse erhalten hat,**
2. **der Unternehmer die Adresse zur Direktwerbung für eigene ähnliche Waren oder Dienstleistungen verwendet,**
3. **der Kunde der Verwendung nicht widersprochen hat und**

UWG § 7

4. der Kunde bei Erhebung der Adresse und bei jeder Verwendung klar und deutlich darauf hingewiesen wird, dass er der Verwendung jederzeit widersprechen kann, ohne dass hierfür andere als die Übermittlungskosten nach den Basistarifen entstehen.

Inhaltsübersicht

	Rn
I. Allgemeines	1
1. Normzweck und Systematik	1
a) Normzweck	1
b) Interessenlage	2
c) Systematik	4
2. Entstehungsgeschichte	5
a) UWG-Reform 2004	5
b) UWG-Novelle 2008 und spätere Änderungen	6
3. Unionsrechtlicher Rahmen	7
a) Primärrecht	7
b) Sekundärrecht	8
aa) EK-Datenschutzrichtlinie	8
bb) UGP-Richtlinie	11
cc) Verbraucherrechtsrichtlinie und Fernabsatzrichtlinie für Finanzdienstleistungen	12
dd) E-Commerce-Richtlinie	13
ee) Richtlinienkonforme Auslegung	14
4. Verhältnis zu anderen Vorschriften	15
a) UWG	15
aa) Überlagerung mit anderen Unlauterkeitsaspekten	15
bb) Trennungsgrundsatz	16
b) Bürgerliches Recht	17
aa) §§ 823, 1004, 862 BGB	17
c) §§ 312ff, 355 BGB; §§ 134, 138 BGB	20
d) § 20 UWG; §§ 67, 102 TKG	21
II. Allgemeine Voraussetzungen der unzumutbaren Belästigung (Abs 1)	22
1. Geschäftliche Handlung	23
2. Belästigung	24
3. Unzumutbarkeit	25
4. Erkennbare Ablehnung (§ 7 I 2)	27
a) Allgemeine Bedeutung des Adressatenwillens	27
b) Bedeutung des § 7 I 2	28
aa) Allgemeiner Grundsatz	28
bb) Entstehungsgeschichte und unionsrechtlicher Hintergrund	29
cc) Keine Sperrwirkung	30
c) Werbung	31
d) Erkennbarkeit der Ablehnung	32
III. Medienspezifische Sondertatbestände (Abs 2, 3)	34
1. Verhältnis zu § 7 I	34
2. Briefwerbung und Werbung mit Printmedien (§ 7 II Nr 1)	35
a) Werbung gegenüber Verbrauchern	35
b) Unter Verwendung eines in § 7 II Nr 2, 3 nicht aufgeführten Fernkommunikationsmittels	36
c) Hartnäckige Ansprache	37
d) Unerwünscht	38
aa) Briefkastenwerbung	39
bb) Briefwerbung	40

				Rn
3.	Telefonwerbung mittels persönlicher Anrufe (§ 7 II Nr 2)			41
	a)	Überblick		41
	b)	Werbung mit Telefonanrufen		42
		aa) Werbung		42
		bb) Telefonanruf		45
	c)	Gegenüber Verbrauchern		46
	d)	Ohne deren vorherige ausdrückliche Einwilligung		47
		aa) Richtlinienkonforme Auslegung		47
		bb) Rechtsnatur der Einwilligung		48
		cc) Erklärung und Auslegung		49
		dd) Form, ausdrückliche Erklärung		50
		ee) Zeitpunkt		51
		ff) Wirksamkeit		52
		gg) Einwilligungserklärungen in AGB		53
		hh) Beweislast		54
	e)	Gegenüber sonstigen Marktteilnehmern		55
	f)	Ohne deren zumindest mutmaßliche Einwilligung		56
		aa) Grundsatz		56
		bb) Kriterien		57
		cc) Anrufe von Personalberatern		58
	g)	Sonderfälle		59
		aa) Werbefinanzierte Telefongespräche		59
		bb) Warteschleifen-Werbung		60
4.	Automatische Anrufmaschinen, Faxgeräte, elektronische Post (§ 7 II Nr 3)			61
	a)	Allgemeines		61
	b)	Voraussetzungen		62
		aa) Werbung		62
		bb) Unter Verwendung einer automatischen Anrufmaschine, eines Faxgerätes oder elektronischer Post		63
		cc) Ohne vorherige ausdrückliche Einwilligung		66
	c)	Sonderfragen		67
		aa) Weiterempfehlungen per E-Mail, E-Cards, Einladung zu sozialen Netzwerken		67
		bb) Werbefinanzierte E-Mails und SMS		68
5.	Verbot anonymer elektronischer Direktwerbung (§ 7 II Nr 4)			69
	a)	Transparenzgebot		69
	b)	Nachricht		70
	c)	Pflichten des Werbenden		71
6.	Ausnahme für Direktwerbung innerhalb bestehender Kundenbeziehungen (§ 7 III)			72
	a)	Bedeutung		72
	b)	Voraussetzungen		73
IV.	Weitere Fallgruppen der unzumutbaren Belästigung			74
	1.	Ansprechen in der Öffentlichkeit, Verteilung von Werbematerial		74
		a) Grundsatz		74
		b) Voraussetzungen		75
		c) Verteilen von Werbematerial		77
			aa) Verteilung an Passanten	77
			bb) Scheibenwischerwerbung	78
		d) Werbung am Unfallort		78
	2.	Haustürwerbung		79
		a) Entwicklung		79

		Rn
	b) Beurteilung unter § 7 I	80
	c) Kategorien unzulässiger Haustürwerbung	81
3.	Werbung anlässlich eines Todesfalls	82
4.	Zusendung unbestellter Waren	83
	a) Unionsrechtliche Vorgaben	83
	b) Bürgerlich-rechtliche Beurteilung	84
	c) Lauterkeitsrechtliche Beurteilung	85
	aa) Unsachliche Beeinflussung, Irreführung	86
	bb) § 7 I	87
	cc) Einzelfragen	88
5.	Belästigungen im Telefonverkehr und im Internet	93
	a) Mehrwertdienste, Slamming, Internet-Dialer	93
	b) Keyword-Advertising, Bannerwerbung, Beeinflussung von Suchmaschinen	94
	c) Pop-up-Fenster, Interstitials	95

Literatur: Nachw bei der Kommentierung der einzelnen Fallgruppen.

I. Allgemeines

1. Normzweck und Systematik. a) Normzweck. Die Vorschrift schützt Verbraucher und andere Marktteilnehmer vor unzumutbaren Belästigungen und knüpft damit an die unter § 1 aF anerkannte Fallgruppe der belästigenden Werbung an. Zugleich dienen allerdings § 7 II Nr 1, 3, 4 und III der Umsetzung von Nr 26 Anh I der Richtlinie 2005/29/EG über unlautere Geschäftspraktiken und Art 13 der Datenschutzrichtlinie 2002/58/EG für elektronische Kommunikation (s Rn 10). Soweit Privatpersonen betroffen sind, dient § 7 in erster Linie dem Schutz der **Privatsphäre** (Art 1 EK-DSR, dazu Rn 8). Richtet sich die Wettbewerbshandlung an Unternehmer, so schützt § 7 vorrangig die **Ungestörtheit der Betriebsabläufe** (BGH GRUR 10, 939 Rn 20 – *Telefonwerbung nach Unternehmenswechsel*). Allerdings werden diese Interessen nicht uneingeschränkt geschützt. Nicht jede Belästigung durch Werbung ist in einer Marktwirtschaft vermeidbar. Auch die Interessen des Werbenden verdienen Berücksichtigung. Daher ist nicht jede, sondern nur die unzumutbare Belästigung unzulässig, doch wird in den Fallgruppen des § 7 II die Unzumutbarkeit unwiderleglich vermutet. **Nicht** Gegenstand des § 7 ist der **Schutz der Entscheidungsfreiheit** von Verbrauchern und anderen Gewerbetreibenden (wie hier MüKo/*Leible* § 7 Rn 1; GK/*Pahlow* § 7 Rn 20; ebenso nunmehr *Köhler*/Bornkamm § 7 Rn 3; aA Fezer/*Mankowski* § 7 Rn 43; Harte/Henning/*Schöler* § 7 Rn 36; jurisPK/*Koch* § 7 Rn 5), er wird durch einige Sondertatbestände der „Schwarzen Liste" und durch § 3 I iVm § 4 Nr 1 und 2 gewährleistet (näher hierzu Rn 16, zum Grenzfall des § 7 II Nr 1 s Rn 11).

b) Interessenlage. § 7 betrifft in erster Linie die lauterkeitsrechtliche Zulässigkeit der **Direktwerbung.** Bei dieser Form des Marketing stellt der Werbende einen unmittelbaren Kontakt zu einem bestimmten Adressaten her, sei es durch persönliche Ansprache oder Briefsendungen, sei es durch den Einsatz von Telekommunikationsmitteln wie Telefon, Telefax oder E-Mail. Unterschieden wird zwischen dem aktiven Direktmarketing, bei dem der Werbende den Adressaten anspricht, und dem passiven Direktmarketing, bei dem der Kontakt vom Kunden ausgeht. Aus Sicht der **Werbewirtschaft** handelt es sich beim Direktmarketing aus mehreren Gründen um eine **effektive Werbemethode** (vgl *Lettl* GRUR 00, 977). Erstens lassen sich durch die gezielte Ansprache potentieller Kunden Streuverluste vermeiden. Zweitens kann der Werbende, insbesondere bei persönlicher oder telefonischer Kontaktaufnahme, auf die Bedürfnisse und Fragen des individuellen Kunden eingehen. Drittens kann dabei die Kontaktaufnahme zu Werbezwecken in konkrete Vertragsverhandlungen übergehen. Viertens können im Rahmen bestehender Geschäftsverbindungen Kundenprofile erstellt werden, mit denen sich die Zielgenauigkeit weiter erhöhen lässt. Fünftens können vor allem neue Kommunikationsmedien wie E-Mail oder SMS nicht nur gezielt, sondern auch sehr kostengünstig eingesetzt werden, das gilt angesichts sinkender Telefonkosten auch für die Telefonwerbung. Für den **Adressaten** bringt das „aktive Direktmarketing" allerdings häufig **Belästigungen** mit sich (vgl *Köhler*/Bornkamm § 7 Rn 2; Fezer/*Mankowski* § 7 Rn 44 ff). Erstens erfolgt eine Störung, die umso nachhaltiger ist, je stärker der Adressat gezwungen ist, sich sofort mit der Werbung zu befassen. Insbesondere mit der Haustür- und der Telefonwerbung dringt der Werbende entweder in die Privatsphäre des Verbrauchers ein oder stört, sofern die Ansprache im gewerblichen Bereich oder am Arbeitsplatz erfolgt, betriebliche Abläufe. Zweitens erfolgt Direktwerbung in unterschiedlichem Maße unter Nutzung der Ressourcen des Adressaten. Zusätzlich zur aufgewandten Zeit entstehen bei der Telefaxwerbung Kosten für Toner und Papier, bei der E-Mail-Werbung können Gebühren für den Abruf der E-Mails anfallen. Zudem sind Telefonanschlüsse für die Dauer des Anrufs blockiert; bei Medien mit begrenzter Speicherkapazität wie internetfähigen Computern oder Mobiltelefonen können Werbenachrichten bei massivem Auftreten den Speicher überfluten. Drittens kann die unerwartete Ansprache den Kunden zu unüberlegten Geschäftsabschlüssen verleiten, allerdings sollte dieser Aspekt mittlerweile ausschließlich nach § 4 Nr 1 und 2 beurteilt werden (s Rn 16). Viertens kann eine bei isolierter Betrachtung unerhebliche Belästigung Mitbewerber zur **Nachahmung** veranlassen (näher Rn 26). Durch diesen Summeneffekt kann es zu erheblichen Belästigungen kommen. So ist eine einzelne Werbe-E-Mail harmlos, die massive Sendung unverlangter E-Mails („Spamming") kann hingegen zu erheblichen Behinderungen der Internet-Nutzung führen.

Nicht jede, sondern nur die unzumutbare Belästigung ist unlauter. **Bei Prüfung** 3 **der Zumutbarkeit** in § 7 I ist eine **Interessenabwägung** erforderlich. Dabei ist zu beachten, dass sowohl die Interessen des Adressaten als auch diejenigen des Werbenden **verfassungsrechtlichen Schutz** genießen (BGH GRUR 11, 747 Rn 17 – *Kreditkartenübersendung; Paschke* WRP 02, 1219, 1221; *Köhler*/Bornkamm § 7 Rn 22; Fezer/*Mankowski* § 7 Rn 2). Auf der Seite des Adressaten können die durch Art 8 EMRK; 7 EU-GRCh; 2 i Vm 1 I GG geschützte Privatsphäre, das durch Art 1 Anl 1 EMRK; Art 17 EU-GRCh; Art 14 GG geschützte Eigentum und, im Fall von Werbung gegenüber Gewerbetreibenden, die Berufsfreiheit (Art 15 EU-GRCh; Art 12 GG) betroffen sein. Zudem garantiert Art 5 I GG die negative Informationsfreiheit, also den Schutz vor aufgedrängter Information (*Fikentscher/Möllers* NJW 98, 1337, 1340; *Jarass*/Pieroth GG Art 5 Rn 17). Demgegenüber kann sich der Werbende auf den Schutz der Meinungsfreiheit (Art 10 EMRK; Art 11 EU-GRCh; Art 5 GG) und der Berufsfreiheit (Art 15 EU-GRCh; Art 12 GG) berufen. Bei der Abwägung gebührt keiner Seite per se der Vorrang. Insbesondere kann der Werbende nicht ohne weiteres auf eine weniger effektive Werbemethode verwiesen werden; die Abwertung des „wirtschaftlichen Gewinnstrebens", wie sie in der früheren Rechtsprechung zu beobachten war (BGHZ 54, 188 = GRUR 70, 523, 524 – *Telefonwerbung I*) erscheint aus heutiger Sicht unangebracht.

c) Systematik. Anders als im UWG 2004 verweist seit der UWG-Novelle 2008 4 § 7 als einziger zivilrechtlicher Unlauterkeitstatbestand **nicht mehr auf die Generalklausel des § 3 I.** Die Rechtsfolgen eines Verstoßes ergeben sich unmittelbar aus §§ 8–10, die nunmehr § 7 ausdrücklich nennen. Die Entkopplung von der Generalklausel zeigt sich auch darin, dass unzumutbare Belästigungen nicht mehr als „unlauter", sondern als „unzulässig" gelten. Damit stellt der Gesetzgeber klar, dass die Spürbarkeitsschwelle des § 3 I auf die belästigende Werbung nicht anwendbar ist (s Rn 26). § 7 I ist als „kleine Generalklausel" formuliert. Abs 1 verbietet unzumut-

UWG § 7 Gesetz gegen den unlauteren Wettbewerb

bare Belästigungen jeder Art, Abs 2 konkretisiert diesen Grundsatz für den Regelfall der Werbung dahingehend, dass ein entgegenstehender erkennbarer Wille des Adressaten immer zur Unzulässigkeit führt. § 7 II nennt medienspezifisch formulierte Fallgruppen der unzumutbaren Belästigung, die weitgehend auf Gemeinschaftsrecht beruhen (Rn 10). Sie stellen nach der neuen Fassung des § 7 II stets, also ohne Wertungsmöglichkeit, eine unzumutbare Belästigung dar. § 7 III formuliert einen speziellen Rechtfertigungsgrund für die E-Mail- und SMS-Werbung.

5   **2. Entstehungsgeschichte. a) UWG-Reform 2004.** Bis zur UWG-Reform von 2004 wurde die Belästigung als Fallgruppe der unlauteren Kundenwerbung im Rahmen des § 1 aF behandelt. Während im Vorschlag der Arbeitsgruppe unlauterer Wettbewerb (WRP 02, 1317, 1318) und im Referentenentwurf von 2003 (GRUR 03, 298) die Belästigung noch als Regelbeispiel des unlauteren Wettbewerbs im Katalog des § 4 aufgeführt wurde, sah der Regierungsentwurf von 2003 erstmals eine eigenständige, auf § 3 verweisende Vorschrift vor. Der Bundesrat kritisierte in seiner Stellungnahme zum RegE die in § 7 II Nr 2 vorgesehene Regelung der Telefonwerbung (vgl hierzu und zu weiteren Änderungsvorschlägen Fezer/*Mankowski* § 7 Rn 6 ff; MüKo/*Leible* § 7 Rn 4 ff). Sie sei im europäischen Vergleich zu restriktiv und berge die Gefahr einer Inländerdiskriminierung im Fall der Einführung eines die Direktwerbung erfassenden Herkunftslandprinzips (BT-Drucks 15/1487 S 31 f; dazu die Gegenäußerung der Bundesregierung, aaO S 41; vgl auch den von der FDP-Fraktion im Rechtsausschuss des Bundestags eingebrachten Änderungsantrag, BT-Drucks 15/2795 S 37 f). Im Vermittlungsausschuss fand das vom Bundesrat vorgeschlagene Optout-Modell für die Telefonwerbung indes keine Mehrheit.

6   **b) UWG-Novelle 2008 und spätere Änderungen.** Bei der Änderung des UWG im Jahre 2008 wurden die Verweisung auf die Generalklausel in § 7 I gestrichen und der Begriff „unlauter" durch „unzulässig" ersetzt (s Rn 4). § 7 II Nr 1 aF wurde zu § 7 I 2. Als einziger Tatbestand des Anhangs I zur Richtlinie über unlautere Geschäftspraktiken wurde Nr 26 nicht in den Anhang zu § 3 III übernommen, sondern wegen seiner systematischen Nähe zur belästigenden Werbung in § 7 II Nr 1 umgesetzt. § 7 II Nr 2–4, III blieben weitgehend unverändert, doch wurde das Einwilligungserfordernis in § 7 II Nr 3 verschärft. Während zuvor eine konkludente Einwilligung ausreichte, ist nunmehr eine ausdrückliche Einwilligung erforderlich. Durch das Gesetz zur Bekämpfung unerlaubter Telefonwerbung und zur Verbesserung des Verbraucherschutzes bei besonderen Vertriebsformen v 29. 7. 2009 (BGBl I S 2413) wurde das Einwilligungserfordernis für die Telefonwerbung gegenüber Verbrauchern (§ 7 II Nr 2) entsprechend verschärft. Außerdem wurde die unzulässige Telefonwerbung im neuen § 20 mit Bußgeld bedroht. Außerhalb des UWG erweiterte das Gesetz das verbraucherschutzrechtliche Widerrufsrecht bei Fernabsatzgeschäften (§ 312 d BGB) und führte ein bußgeldbewehrtes Verbot der Rufnummernunterdrückung ein (§ 102 II TKG). Während der Gesetzesberatungen hatten sich der Bundesrat und Stimmen in der Literatur für weitergehende Änderungen des UWG, insbesondere eine schwebende oder sogar endgültige Unwirksamkeit von aufgrund unzulässiger Telefonwerbung abgeschlossener Verträge, und für ein Textformerfordernis bei der Einwilligung ausgesprochen (BT-Drucks 16/10 734 S 19 ff; *Fezer* WRP 07, 855 ff und GRUR-Prax 11, 366). Dieser Vorschlag konnte sich aus gutem Grund nicht durchsetzen (vgl die Gegenäußerung der Bundesregierung, BT-Drucks 16/10 734 S 24; *Köhler* WRP 07, 866 ff; *Ufer* K&R 08, 493 ff; *Ohly* GRUR-Prax 11, 366). Durch das Gesetz gegen unseriöse Geschäftspraktiken (BGBl I 2013, 3714) wurde § 7 II Nr 4 um lit b erweitert.

3. Unionsrechtlicher Rahmen

Literatur: *Drexl,* Verbraucherschutz und Electronic Commerce in Europa, in: Lehmann (Hrsg) Electronic Business in Europa, 2001; *Eckhardt,* Datenschutzrichtlinie für elektronische Kommunikation, MMR 2003, 557; *Engels/Brunn,* Ist § 7 II Nr 2 UWG europarechtswidrig?,

Unzumutbare Belästigungen **§ 7 UWG**

GRUR 2010, 886; *Glöckner,* „Cold Calling" und europäische Richtlinie zum Fernabsatz – ein trojanisches Pferd im deutschen Lauterkeitsrecht, GRUR Int 2000, 29; *Leistner/Pothmann,* E-Mail-Direktmarketing im neuen deutschen Recht und in der UWG-Reform, WRP 2003, 815; *Köhler,* Ist die Regelung der Telefonwerbung im UWG richtlinienkonform?, WRP 2012, 1329; *ders,* Verbandsklagen gegen unerbetene Telefon-, Fax- und E-Mail-Werbung: Was sagt das Unionsrecht?, WRP 2013, 567; *Micklitz/Schirmbacher,* Distanzkommunikation im europäischen Lauterkeitsrecht, WRP 2006, 148; *Schmid,* Freier Dienstleistungsverkehr und Recht des unlauteren Wettbewerbs, dargestellt am Beispiel der Telefonwerbung, 2000.

a) Primärrecht. Da sich gerade das Direktmarketing für grenzüberschreitende 7 Werbung eignet, unterliegen alle Beschränkungen dieser Absatzmethode der Überprüfung auf ihre Vereinbarkeit mit den Grundfreiheiten (vgl *Köhler,* FS Koppensteiner, 2001, 431, 432 ff; *Leistner/Pothmann* WRP 03, 815, 819; *Raeschke-Kessler/Schroeder,* FS Piper, 1996, 391, 413 ff; *Schmid* S 339 ff). Die **Warenverkehrsfreiheit (Art 34 AEUV)** ist allerdings regelmäßig nicht betroffen, da es sich bei Einschränkungen des Direktmarketings um „sonstige Verkaufsmodalitäten" iSd Keck-Rechtsprechung handelt (vgl Einf C Rn 15) handelt (ÖOGH ÖBl 95, 12). Art 34 AEUV ist also nur einschlägig, wenn ausnahmsweise ausländische Anbieter diskriminiert wurden. Selbst in diesem Fall kommt eine Rechtfertigung durch zwingende Erfordernisse wie diejenigen der Lauterkeit des Handelsverkehrs und des Verbraucherschutzes gerechtfertigt werden (vgl EuGH GRUR Int 90, 459 – *Buet:* Haustürverkauf von pädagogischem Material). In den Schutzbereich der **Dienstleistungsfreiheit (Art 56 AEUV)** fällt sowohl die Werbung für eine Dienstleistung als auch die Werbung „als" Dienstleistung (*Schmid* aaO S 257 ff). Die *Keck*-Ausnahme greift insoweit nicht ein, doch Beschränkungen lassen sich auch hier mit zwingenden Gründen des Allgemeininteresses, zu denen auch der Verbraucherschutz und der Schutz der Lauterkeit des Handelsverkehrs zählen können, rechtfertigen (EuGH GRUR Int 95, 900, Rn 34 f – *Alpine Investments:* Verbot der Telefonwerbung für Kapitalanlagen in Warenterminverträgen; aA *Engels/Brunn* GRUR 10, 886, 890). Die **Bedeutung der primärrechtlichen Beurteilung nimmt** in dem Maße **ab,** in dem durch spezielles Sekundärrecht das Recht der Mitgliedstaaten **harmonisiert** wurde. Da eine solche Rechtsvereinheitlichung für den Bereich der Telefax- und E-Mail-Werbung, teils auch für die Telefonwerbung, mittlerweile erfolgt ist, erübrigt sich insoweit die Überprüfung des richtlinienkonform erlassenen nationalen Rechts.

b) Sekundärrecht. aa) EK-Datenschutzrichtlinie. § 7 II Nr 3, 4 und III setzen 8 Art 13 der **Datenschutzrichtlinie für elektronische Kommunikation** (Richtlinie 2002/58/EG, ABl L 201 v 31.7.2002, S 37 = GRUR Int 03, 409, geänd durch RL 2009/136/EG v 25.11.2009, ABl L 337 v 18.12.2009, S 11, im Folgenden **EK-DSR,** dazu *Leistner/Pothmann* WRP 03, 815, 818 ff) um. Sie dient der Konkretisierung der EG-Datenschutzrichtlinie (Richtlinie 95/46/EG des Europäischen Parlaments und des Rates vom 24.10.1995 zum Schutz natürlicher Personen bei der Verarbeitung personenbezogener Daten und zum freien Datenverkehr, ABl L 281 v 23.11.1995, S 31). Primäres Anliegen der Richtlinie ist nicht die Lauterkeit des Wettbewerbs oder der Verbraucherschutz, sondern der in Art 8 EMRK garantierte Schutz der Privatsphäre (Art 1 I EK-DSR). Die Mehrzahl der Bestimmungen betrifft dem Schutz derjenigen Daten, die eine Privatperson bei Abschluss von Verträgen über Telekommunikationsdienstleistungen oder im Rahmen der Nutzung von Telekommunikationsdiensten offen legt. **Art 13,** der vor **unerbetenen Nachrichten** schützt, erfasst allerdings diejenigen Fälle der belästigenden Werbung, bei denen Telekommunikationsmedien eingesetzt werden. Art 13 I, II und IV wurden fast wörtlich in § 7 II Nr 3, § 7 III und § 7 II Nr 4 übernommen. Für die Telefonwerbung, die in vielen Mitgliedstaaten grundsätzlich erlaubt ist (vgl *Schmid* S 43 ff; *Schricker* GRUR Int 98, 541, 546), sieht Art 13 III einen nationalen Gestaltungsspielraum vor (vgl auch Egrd 42). Deutschland kann also ebenso das bisherige grundsätzliche Verbot der Telefonwerbung ohne Einwilligung des Adressaten

Ohly

("Opt-in") beibehalten wie andere Mitgliedstaaten auch in Zukunft eine Erlaubnis mit Widerspruchsvorbehalt („Opt-out") vorsehen können (BGH GRUR 11, 936 Rn 24 – *Double-opt-in-Verfahren*). Die Vorgaben der Richtlinie gelten allerdings nur für die Werbung gegenüber natürlichen Personen, während in Bezug auf juristische Personen den Mitgliedstaaten ein weiter Gestaltungsspielraum bleibt (§ 13 V). Dass die Bundesrepublik ihren Gestaltungsspielraum dahingehend genutzt hat, das strenge Einwilligungserfordernis auf Werbung gegenüber juristischen Personen im Allgemeinen zu erstrecken, ist weder unions- noch verfassungsrechtlich zu beanstanden (OLG Hamm MMR 05, 316, 317; *Köhler*/Bornkamm § 7 Rn 125).

9 Als Sanktionen gegen unerlaubte Direktwerbung sieht die EK-DSR nur individuelle Rechtsbehelfe der betroffenen Personen und eine verwaltungsrechtliche Aufsicht vor (Art 13 VI EK-DSR). Der UWG-Gesetzgeber geht darüber hinaus, indem er in § 8 III auch Mitbewerbern und Verbänden eine Anspruchsberechtigung einräumt, bleibt aber hinter der EK-DSR insofern zurück, als er den Opfern der Belästigung nach UWG keinen Individualrechtsschutz einräumt. Gleichwohl **setzt das deutsche Recht Art 13 EK-DSR in unionsrechtskonformer Weise um.** Das EU-Datenschutzrecht bezweckt zwar hinsichtlich der Voraussetzungen und Schranken des Datenschutzes eine Vollharmonisierung (EuGH EuZW 04, 245 Rn 95ff – *Lindquist;* EuGH EuZW 12, 37 Rn 30 – *ASNEF/FECEMD*), den Bestimmungen über Sanktionen ist ein abschließender Charakter aber nicht zu entnehmen (BGH GRUR 13, 1170 Rn 16f – *Telefonwerbung für DSL-Produkte;* aA *Köhler* WRP 13, 567 Rn 17ff). Erstens genießen die Mitgliedstaaten Gestaltungsspielraum, soweit die Abwägung zwischen dem freien Verkehr personenbezogener Daten und dem Schutz der Privatsphäre in Einklang mit dem EU-Datenschutzrecht vorgenommen wird (EuGH aaO Rn 97f – *Lindquist*). Verbietet die EK-DSR eine bestimmte Handlung, so schränkt eine zusätzliche Sanktion die Datennutzung nicht zusätzlich ein. Zweitens spricht eine Parallele zum subsidiär anwendbaren allgemeinen EU-Datenschutzrecht gegen eine abschließende Regelung der Sanktionen: Gem Art 24 DSR, der über Art 15 II EK-DSR anwendbar ist, ergreifen die Mitgliedstaaten „geeignete Maßnahmen, um die volle Anwendung der Bestimmungen dieser Richtlinie sicherzustellen, und legen insbesondere die Sanktionen fest, die bei Verstößen gegen die zur Umsetzung dieser Richtlinie erlassenen Vorschriften anzuwenden sind". Wären die Vorschriften über Individualrechtsschutz und verwaltungsrechtliche Kontrolle abschließend, so hätte es dieser Bestimmung nicht bedurft. Drittens strebt das EU-Recht ein hohes Niveau beim Schutz der Privatsphäre an (EuGH aaO Rn 95 – *Lindquist*), so dass eine zusätzliche Sanktion dem *effet utile* dient (vgl OLG Köln GRUR-RR 13, 219, 220 – *Hausnotruf*). Auch das Fehlen eines Individualrechtsschutzes für belästigte Personen im UWG verstößt nicht gegen die EK-DSR, weil ein solcher Schutz über §§ 823 I, 1004 I analog BGB gewährt wird (aA *Brömmelmeyer* GRUR 06, 285, 292).

10 Auch wenn § 7 mit dem Unionsrecht vereinbar ist, stellt die Vorschrift doch einen Fremdkörper im UWG dar. Das Lauterkeitsrecht dient anders als Art 13 EK-DSR nicht dem Schutz höchstpersönlicher Rechte, sondern schützt Verbraucher (§ 1) gerade in ihrer Funktion als Marktteilnehmer (*Köhler* WRP 13, 567 Rn 13). Systematisch stimmiger wäre eine Regelung der belästigenden Werbung im Zusammenhang mit dem Datenschutzrecht. Eine ausdrückliche Regelung individueller und verwaltungsrechtlicher Rechtsbehelfe würde zudem die Vorgabe der EK-DSR transparenter umsetzen. Diese Überlegung de lege ferenda wirkt sich aber nicht auf die Anwendung des geltenden Rechts aus. Insbesondere bedarf die Verbandsklagebefugnis gem §§ 7, 8 I, III nicht der richtlinienkonformen Beschränkung (aA *Köhler* aaO Rn 24).

11 bb) UGP-Richtlinie. Die **Richtlinie über unlautere Geschäftspraktiken** (dazu Einf C Rn 43ff) verbietet in Art 8 aggressive Geschäftspraktiken. Belästigende Absatzmethoden werden von diesem Verbot allerdings nur erfasst, soweit sie geeignet sind, die **Entscheidungsfreiheit** des Verbrauchers erheblich zu beeinträchtigen. Diese

Regelung findet ihre Parallele im deutschen Recht nicht in § 7, sondern in § 4 Nr 1. Überlagerungen mit belästigenden Handlungen ergeben sich bei einigen Tatbeständen der „Schwarzen Liste", etwa bei der mit einer Zahlungsaufforderung verbundenen unbestellten Zusendung von Waren (Nr 29) und, im Fall persönlicher Besuche, der Missachtung einer Aufforderung des Verbrauchers, die Wohnung zu verlassen (Nr 25) (vgl auch Nr 22 und 26). Einen **Grenzfall** stellt **Anh I Nr 26,** teilweise umgesetzt in § 7 II Nr 1, dar. Einerseits soll es sich beim hartnäckigen und unerwünschten Ansprechen des Verbrauchers über Telefon, Telefax, E-Mail oder andere Fernkommunikationsmittel um einen Sonderfall der aggressiven Werbung handeln, andererseits ist der Einfluss dieser Praktiken auf das Entscheidungsverhalten der Verbraucher (vgl Art 5 II lit b = § 3 II 1, 2. HS) jedenfalls im Fall massiven E-Mail-Spammings gering. Ein verständiger Verbraucher wird auf eine Belästigung durch zahlreiche E-Mails nicht durch Vertragsschluss, sondern durch Optimierung seines Spam-Filters reagieren. Daher handelt es sich um eine im Rahmen der Richtlinie systemwidrige Regelung der belästigenden Werbung. Im deutschen Recht gelten für die Telefon, E-Mail- und Faxwerbung ohnehin strengere Verbote, so dass insoweit auf eine Umsetzung der Nr 26 verzichtet werden konnte und § 7 II Nr 1 nur noch sonstige für den Fernabsatz geeignete Medien wie Printmedien erfasst (Begr RegE UWG 2008, BT-Drucks 16/10 145 S 29). **Im Übrigen** lässt die Richtlinie **mitgliedstaatliche Verbote belästigender Geschäftspraktiken,** die die Entscheidungsfreiheit der Verbraucher nicht beeinträchtigen, **unberührt.** Als Beispiel nennt Egrd 7 der Präambel das Ansprechen von Personen auf der Straße zu Verkaufszwecken: Es könne in einzelnen Mitgliedstaaten aus „kulturellen Gründen" unerwünscht sein und dürfe daher unbeschadet der Richtlinie aus „Gründen der guten Sitten und des Anstands" verboten werden. Obwohl die Richtlinie nach einer Übergangszeit eine vollständige Harmonisierung (s Einf C Rn 45) anstrebt, bleibt es den Mitgliedstaaten daher unbenommen, auch solche belästigenden Wettbewerbshandlungen zu verbieten, die sich nicht auf die Wahlfreiheit der Verbraucher auswirken. Art 13 der Datenschutzrichtlinie für elektronische Kommunikation und Art 10 der Fernabsatzrichtlinie bleiben ebenfalls durch die Richtlinie über unlautere Geschäftspraktiken unberührt (Anh I Nr 26), so dass der deutsche Gesetzgeber die Wahlmöglichkeit zwischen einem strengen und einem auf hartnäckige Praktiken beschränkten Verbot behielt (BGH GRUR 11, 936 Rn 25 – *Double-opt-in-Verfahren;* aA *Engels/Brunn* GRUR 10, 886, 888).

cc) Verbraucherrechtsrichtlinie und Fernabsatzrichtlinie für Finanzdienstleistungen. Art 10 I der Fernabsatzrichtlinie (Richtlinie 97/7/EG, s Einf C Rn 37) ließ die Verwendung von automatischen Anrufmaschinen und Telefaxgeräten zu Werbezwecken nur mit Einwilligung des Adressaten zu, während Art 10 II im Übrigen die Mitgliedstaaten lediglich dazu verpflichtete, Werbung mit Hilfe von Fernkommunikationsmitteln im Fall einer offenkundigen Ablehnung durch den Verbraucher zu verbieten. Die Fernabsatzrichtlinie wird mit Wirkung vom 13.6.2014 durch die **Richtlinie 2011/83/EU** über die **Rechte der Verbraucher** abgelöst (Einf C Rn 37). Eine dem früheren Art 10 entsprechende Vorschrift ist dort nicht mehr enthalten. In einem teilweisen Widerspruch Art 13 EK-DSR steht **Art 10 der Fernabsatzrichtlinie für Finanzdienstleistungen** (Richtlinie 2002/65/EG, s Einf C Rn 38), der nur für die Werbung mittels automatischer Anrufmaschinen und Telefaxgeräte ein striktes Einwilligungserfordernis vorsieht, im Übrigen – also auch hinsichtlich der E-Mail-Werbung – den Mitgliedstaaten aber zumindest einen Gestaltungsspielraum lässt, wenn nicht sogar zwingend eine Opt-out-Lösung vorschreibt (so *Scherer* WRP 01, 1255, 1257). Allerdings lässt die Richtlinie nach ihrem Erwägungsgrund 26 einen weitergehenden Schutz der Privatsphäre durch andere gemeinschaftliche Regelungen unberührt, so dass Art 13 EK-DSR der Vorrang zukommt (*Leistner/Pothmann* WRP 03, 815, 824). 12

UWG § 7 Gesetz gegen den unlauteren Wettbewerb

13 **dd) E-Commerce-Richtlinie.** Die **E-Commerce-Richtlinie** (Richtlinie 2000/31/EG, s Einf C Rn 40) schreibt in Art 7 I vor, dass nicht angeforderte kommerzielle Kommunikationen klar als solche erkennbar sein müssen. Nach Art 7 II, auf den Egrd 45 EK-DSR ausdrücklich verweist, müssen die Mitgliedstaaten sicherstellen, dass **Robinson-Listen** von Direktmarketing-Unternehmen konsultiert und respektiert werden (vgl *Hoeren* MMR 99, 198; *Spindler* ZUM 99, 792). Diese Vorschrift geht von einem Opt-out-Prinzip aus, bei dem Direktwerbung zulässig ist, solange der Adressat nicht widerspricht. Allerdings verpflichtet die E-Commerce-Richtlinie die Mitgliedstaaten nicht zur Aufgabe strengerer Werbeverbote (vgl Erwägungsgrund 30; *Lettl* GRUR 00, 977, 984; *Spindler* MMR 00, Beil 7/2000, 4, 14; aA *Ziem* MMR 00, 129, 134). Außerdem wird die Zulässigkeit nicht angeforderter elektronischer Kommunikation mittels elektronischer Post im Anhang zur E-Commerce-Richtlinie vom Anwendungsbereich des Herkunftslandprinzips (Art 3 Richtlinie, dazu Einf C Rn 65 ff, 71) ausgenommen.

14 **ee) Richtlinienkonforme Auslegung.** Die Regelungen in § 7 I Nr 2, II Nr 1, 3–4, III beruhen auf Art 13 EK-DSR und unterliegen damit dem Gebot der richtlinienkonformen Auslegung (dazu Einf C Rn 27). So ist der zentrale Begriff der **Einwilligung** richtlinienkonform im Einklang mit Art 2h EG-DSR auszulegen, auf den Art 2 S 2 lit f EK-DSR verweist (Rn 47, 66). Die nach früherem Recht umstrittene Frage nach der Anwendbarkeit der Bagatellklausel (§ 3 I) hat sich durch die Neufassung des § 7 I erledigt.

15 **4. Verhältnis zu anderen Vorschriften. a) UWG. aa) Überlagerung mit anderen Unlauterkeitsaspekten.** Eine geschäftliche Handlung kann gleichzeitig den Adressaten unzumutbar belästigen (§ 7) und seine Entscheidungsfreiheit durch Ausübung von Druck oder sonstigen unangemessenen Einfluss beeinträchtigen. In diesem Fall sind § 7 und **§ 4 Nr 1,** je nach Einzelfall auch Nr 22, 23, 25, 26, 29 Anh zu § 3 III parallel anwendbar (BGH GRUR 12, 82 Rn 16 – *Auftragsbestätigung; Köhler/ Bornkamm* § 7 Rn 10; MüKo/*Leible* § 7 Rn 275). Auch kann belästigende Werbung im Einzelfall die Ausnutzung einer Zwangslage **(§ 4 Nr 2)** darstellen, insbesondere bei der Werbung am Unfallort (dazu Rn 78). Zudem ist es vor allem bei der Laienwerbung denkbar, dass zugleich eine Belästigung vorliegt und der Werbecharakter der Handlung verschleiert wird **(§ 4 Nr 3)**. Auch eine Tarnung eines Werbeschreibens als Privatbrief, dessen werbender Inhalt erst bei genauerer Lektüre des Inhalts deutlich wird, ist gem §§ 4 Nr 3 unzulässig (vgl BGH GRUR 73, 552, 553 – *Briefwerbung*). Werden Kunden eines Mitbewerbers durch belästigende Praktiken „abgefangen", kann § 7 mit **§ 4 Nr 10** zusammentreffen (s Rn 10/47). Schließlich kann ein Verstoß gegen die Informationspflichten der §§ 312c, 312e BGB unter dem Gesichtspunkt des Verstoßes gegen eine außerwettbewerbsrechtliche Norm **(§ 4 Nr 11)** die Unlauterkeit begründen, da die betreffenden verbraucherschutzrechtlichen Informationspflichten der Regelung des Marktverhaltens dienen (§ 4 Rn 11/76). Auch ein Zusammentreffen zwischen irreführender und belästigender Werbung ist denkbar, etwa bei einem Werbeanruf unter dem Vorwand der Marktforschung.

16 **bb) Trennungsgrundsatz.** Während die Gesichtspunkte der Belästigung und der Beeinträchtigung der Entscheidungsfreiheit unter § 1 aF häufig verquickt wurden (vgl etwa BGH GRUR 60, 431, 433 – *Kfz-Nummernschilder;* OLG Köln GRUR 02, 641 – *Werbestand II;* Baumbach/*Hefermehl,* 22. Aufl, § 1 Rn 57) zwingt die Systematik des UWG 2004 zu einer **stärkeren gedanklichen Trennung** der Belästigung von den in §§ 4 und 5 genannten Aspekten. Eine mögliche Beeinträchtigung der Entscheidungsfreiheit sollte daher bei der Auslegung des § 7 keine Rolle spielen (Rn 1). Für eine solche Trennung spricht erstens, dass auch das Unionsrecht zwischen der Beeinträchtigung der Entscheidungsfreiheit durch aufdringliche Geschäftspraktiken (Art 8 der Richtlinie über unlautere Geschäftspraktiken) und der

Unzumutbare Belästigungen **§ 7 UWG**

reinen Störung der Privat- oder Geschäftssphäre durch belästigende Werbung (Art 13 der Datenschutzrichtlinie für elektronische Kommunikation) unterscheidet. Zweitens wirkt sich das Verbraucherleitbild (hierzu § 2 Rn 94ff) unterschiedlich aus: Während auch der aufgeklärte und informierte Durchschnittsverbraucher ein erhebliches Interesse am Schutz seiner Privatsphäre hat, bedarf die in der älteren Rechtsprechung häufig bemühte Annahme einer psychologischen Zwangslage, der sich der Verbraucher im Fall der persönlichen Ansprache ausgesetzt sieht, der Überprüfung (vgl BGH GRUR 04, 699, 700 – *Ansprechen in der Öffentlichkeit I;* BGH GRUR 05, 443, 444 – *Ansprechen in der Öffentlichkeit II*). In vielen Fällen lässt sich ein **Schwerpunkt der Unlauterkeitsbeurteilung** feststellen. So steht bei der Telefon-, Telefax- oder E-Mail-Werbung ganz der Aspekt der Belästigung im Vordergrund, während die Werbung am Unfallort in erster Linie wegen der Ausnutzung der Notsituation des Unfallopfers als unlauter erscheint. Sofern sich bei getrennter Betrachtung die Unlauterkeit weder mit § 7 I noch mit § 4 Nr 1–3 begründen lässt, kann die Kombination beider Aspekte nur in Ausnahmefällen das Verdikt der Wettbewerbswidrigkeit stützen.

b) Bürgerliches Recht. aa) §§ 823, 1004, 862 BGB. Die Unlauterkeit der Be- 17 lästigung beruht in erster Linie darauf, dass das Interesse des Adressaten an der Ungestörtheit seiner Privatsphäre oder seiner Geschäftsabläufe und an der Vermeidung der Verschwendung von Ressourcen verletzt wird. Da das UWG dem Adressaten selbst regelmäßig keine individuellen Ansprüche gewährt, ist er bei Fehlen eines konkreten Wettbewerbsverhältnisses auf den Schutz absoluter Rechte durch §§ 823 I, 1004 I BGB und den Besitzschutz (§ 862 BGB) angewiesen. Auch Art 13 VI EK-DSR verpflichtet in seinem Anwendungsbereich das deutsche Recht dazu, den Betroffenen individuelle Ansprüche zu gewähren (Rn 9). Sämtliche Ansprüche können neben lauterkeitsrechtlichen Ansprüchen bestehen. Nach hM ist dabei eine parallele Auslegung der §§ 823, 1004 BGB und § 7 anzustreben (BGH GRUR 09, 980 Rn 14 – *E-Mail-Werbung II; Köhler/Bornkamm* § 7 Rn 14). Dagegen spricht aber, dass sich Unterschiede im Schutzzweck beider Gesetze auf die Auslegung auswirken können. Insbesondere eine Argumentation mit der **Nachahmungsgefahr,** die bei der Bewertung gem § 7 eine erhebliche Rolle spielt, kommt im Rahmen des § 823 BGB nicht und im Rahmen des § 1004 BGB nur insoweit in Betracht, als es um künftige Störungen gerade des Anspruchstellers geht (aA BGH aaO Rn 12).

Bei unerwünschter Direktwerbung gegenüber **Privatpersonen** können sowohl 18 der Schutz der Privatsphäre durch das **allgemeine Persönlichkeitsrecht** gem § 823 I und § 1004 I analog BGB als auch der **Schutz des Eigentums und Besitzes** gem §§ 823 I, 1004 I, 862 I BGB einschlägig sein (BGHZ 106, 229, 232ff = GRUR 89, 225, 226 – *Handzettel-Wurfsendung*). Einen Eingriff in die **Privatsphäre** stellt nach allgA die **unerlaubte Telefonwerbung** gegenüber Privatpersonen beim Anruf in ihrer Wohnung dar (OLG Stuttgart NJW 88, 2615; *Köhler/Bornkamm* § 7 Rn 119; MüKo/*Leible* § 7 Rn 45). Dasselbe soll für die **E-Mail-Werbung** gelten (KG K&R 02, 547, 548; *Brömmelmeyer* GRUR 06, 285, 289). Dagegen spricht, dass der Empfänger in seiner Privatsphäre nicht gestört wird, sondern lediglich gezwungen wird, unerwünschte Mails zu löschen. Da allerdings Art 13 VI EK-DSR zur Gewährung von Individualrechtsschutz verpflichtet und eine spezialgesetzliche Regelung fehlt, müssen die §§ 823 I, 1004 I analog BGB allen dogmatischen Bedenken zum Trotz als Lückenfüller dienen. Auch die Brief- und Briefkastenwerbung, die trotz eines Widerspruchs erfolgt, soll das allgemeine Persönlichkeitsrecht verletzen, da die Willensäußerung des Beworbenen missachtet wird (BGHZ 60, 296, 299 = GRUR 73, 552, 553 – *Briefwerbung;* BGH GRUR 89, 225 f – *Handzettel-Wurfsendung;* GK/*Pahlow* § 7 Rn 23; jurisPK/*Koch* § 7 Rn 155). Diese Ansicht überzeugt nicht, da durch den unerlaubten Einwurf von Werbesendungen lediglich das Selbstbestimmungsrecht über eine räumliche Sphäre berührt wird, ähnlich wie etwa durch die unerlaubte Ablagerung von Abfall auf einem fremden Privatgrundstück. Einschlägig ist daher der Eigentums- und Besitzschutz.

19 Bei der bürgerlich-rechtlichen Beurteilung der Direktwerbung gegenüber **Gewerbetreibenden** scheidet eine Verletzung des allgemeinen Persönlichkeitsrechts aus. Doch soll nach hM die unerlaubte Direktwerbung gegenüber Unternehmen einen rechtswidrigen Eingriff in das Recht am eingerichteten und ausgeübten Gewerbebetrieb darstellen. Eine einmalige E-Mail oder ein einzelner Anruf sollen genügen (für die E-Mail-Werbung BGH GRUR 09, 980 Rn 10 ff – *E-Mail-Werbung II;* für die Telefonwerbung LG München I GRUR-RR 07, 59). Auch diese Ansicht ist erheblichen dogmatischen Bedenken ausgesetzt (s *Voraufl*), sie ist in der Praxis aber als feststehende Rechtsprechung hinzunehmen.

20 **c) §§ 312 ff, 355 BGB; §§ 134, 138 BGB.** Ein Verbraucher, der unerwartet persönlich oder unter Einsatz von Telekommunikationsmedien angesprochen wird, ist besonders anfällig für unbedachte Vertragsschlüsse. Dieser Gesichtspunkt, der bei der lauterkeitsrechtlichen Beurteilung im Rahmen des § 4 Nr 1 eine Rolle spielt, liegt auch dem **situationsbedingten Verbraucherschutz der §§ 312 ff BGB** zugrunde. Nach diesen Vorschriften steht dem Verbraucher ein Widerrufsrecht (§ 355 BGB) bei Haustürgeschäften und vergleichbaren Verträgen (§ 312 I BGB) sowie bei Fernabsatzgeschäften zu (§ 312 d I BGB). Zudem werden **Informationspflichten** des Unternehmers bei Fernabsatzgeschäften (§ 312 c BGB) und im elektronischen Geschäftsverkehr (§ 312 e BGB) aufgestellt. Die bloße Unzulässigkeit des Anrufs nach § 7 II Nr 2 an sich führt noch nicht zu einer Nichtigkeit des Vertrags nach §§ 134, 138 BGB (vgl BGHZ 132, 1 = WRP 96, 426; s Einf D Rn 67, zu rechtspolitischen Bestrebungen zur Einführung einer schwebenden Unwirksamkeit im Fall der Telefonwerbung s Rn 6). Allerdings ist ein Vertrag zwischen einem Werbenden und einem Call-Center über die Durchführung von Telefonwerbung ohne Einwilligung der Adressaten als „Basisvertrag" gem § 134 BGB nichtig (OLG Stuttgart MMR 09, 128, s auch Einf D Rn 67). Umgekehrt ist auch die **lauterkeitsrechtliche Beurteilung der belästigenden Werbung** grundsätzlich **von §§ 312 ff BGB unabhängig.** Insbesondere schließt das bloße Bestehen eines Widerrufsrechts im Fall des Vertragsschlusses die Unlauterkeit der Werbung nicht zwangsläufig aus, da zum einen nicht gewährleistet ist, dass der Verbraucher dieses Recht kennt und da zum anderen ein Aspekt der Belästigung von dem Widerrufsrecht unberührt bleibt (vgl BGH GRUR 00, 235, 236 – *Werbung am Unfallort IV;* bestätigt in BGH GRUR 04, 699, 701 – *Ansprechen in der Öffentlichkeit I;* BGH GRUR 05, 443, 445 – *Ansprechen in der Öffentlichkeit II).* Tritt allerdings bei der lauterkeitsrechtlichen Beurteilung der Aspekt des unsachlichen Einflusses auf die Entscheidungsfreiheit der Verbraucher (§ 4 Nr 1) ganz in den Vordergrund, so kann eine Prüfung im Einzelfall ergeben, dass die Interessen des Verbrauchers durch das Widerrufsrecht der §§ 312 I, 312d I, 355 BGB hinreichend geschützt werden (ohne diese Ausnahme aber BGH aaO). Das kann vor allem der Fall sein, wenn die beworbenen Verträge vollständig in den Anwendungsbereich der §§ 312 ff BGB fallen und wenn die angesprochenen Verbraucherkreise das betreffende Widerrufsrecht üblicherweise kennen oder hierüber hinreichend deutlich informiert werden (vgl OLG Frankfurt GRUR 02, 639 – *Werbestand I).* Zur Unlauterkeit wegen Gesetzesverstoßes (§ 4 Nr 11) bei Verletzung der Informationspflichten s § 4 Rn 11/77.

21 **d) § 20 UWG; §§ 67, 102 TKG.** Das zivilrechtliche Verbot der unzumutbaren Belästigung wird durch den Bußgeldtatbestand des § 20 und verschiedene Bestimmungen des Telekommunikationsrechts flankiert. Gem **§ 20** kann die Bundesnetzagentur unerlaubte Telefonwerbung gegenüber Verbrauchern mit einer **Geldbuße** von bis zu 300 000 Euro ahnden. Zudem kann die Bundesnetzagentur Verstöße bei der Nutzung von Mehrwertdienstnummern gem § 67 I TKG verfolgen, darunter auch Verstöße gegen § 7 UWG (OVG Münster MMR 09, 284). § 102 II TKG verbietet seit 2009 Diensteanbietern (§ 3 Nr 6 TKG) unter Androhung eines Bußgeldes

Unzumutbare Belästigungen **§ 7 UWG**

(§ 149 I Nr 17a TKG) die **Rufnummernunterdrückung**. § 102 II TKG ist eine verbraucherschützende Vorschrift iSd § 44 II TKG, so dass die in § 3 UKlaG genannten Stellen Unterlassungsansprüche geltend machen können (Begr RegE 2009 BT-Drucks 16/10 734 S 15).

II. Allgemeine Voraussetzungen der unzumutbaren Belästigung (Abs 1)

Eine unzumutbare Belästigung ist unter vier Voraussetzungen unzulässig: Eine **22** **(1) geschäftliche Handlung** muss **(2)** eine **Belästigung** darstellen, die **(3)** für den Betroffenen **unzumutbar** ist. Außerdem ist **(4)** in unterschiedlicher Form je nach Fallgruppe der Belästigung der **Wille des Betroffenen** zu berücksichtigen. Eine unzumutbare Belästigung ist jedenfalls anzunehmen, wenn es sich um eine Werbung handelt, die der Empfänger **erkennbar nicht wünscht (§ 7 I 2)**.

1. Geschäftliche Handlung. Unter § 7 I fallen nur geschäftliche Handlungen **23** (§ 2 I Nr 1), nicht jedoch Belästigungen im **privaten Bereich** oder die **Werbung für politische oder gesellschaftliche Anliegen** (zB Werbung einer politischen Partei oder einer religiösen Gruppe). Hier bleiben allerdings die Ansprüche aus §§ 823, 1004, 862 BGB (Rn 27 ff) anwendbar (vgl KG NJW 02, 379, 380, bestätigt durch BVerfG NJW 02, 2938 f; OLG München MMR 04, 324; *Heidrich* MMR 04, 324, 325). Spendenaufrufe galten bisher hM nicht als geschäftliche Handlungen (BGH NJW 76, 753 – *UNICEF-Grußkarten;* AG Hannover GRUR-RR 03, 322, 323). Da es jedoch einen Markt für die Einwerbung von Spenden gibt, der durch Wettbewerb gekennzeichnet ist, spricht einiges dafür, auch die belästigende Werbung für Spenden unter § 7 zu fassen (*Köhler* GRUR 08, 281 ff, 285; *Voigt* GRUR 06, 466, 467; s a § 2 Rn 42). Obwohl es sich bei den § 7 unterfallenden Wettbewerbshandlungen meist um Werbung (zum Begriff's Rn 42) handeln wird, ist der Tatbestand im Gegensatz zu § 7 I 2 und den Fallgruppen des Abs II hierauf nicht beschränkt. Erfasst wird etwa auch die Aufforderung zur Teilnahme an einer „Abstimmung", bei der eine Mehrwertdienstnummer in Anspruch genommen wird (Begr RegE UWG 2004, BT-Drucks 15/1487 S 20; OLG Frankfurt GRUR 03, 805 f – *0190-Inkasso-Nummer*) oder das aufdringliche Fotografieren von Passanten mit dem Ziel, ihnen die Aufnahmen anschließend zum Kauf anzubieten (HK/*Plaß* § 7 Rn 70). Bei Meinungsumfragen ist danach zu differenzieren, ob sie mittelbar dem Absatz von Produkten dienen, oder von einem neutralen Institut zu wissenschaftlichen Zwecken durchgeführt werden (OLG Köln WRP 12, 725, 727; jurisPK/*Koch* § 7 Rn 20). Unerheblich ist, ob sich die Handlung an einen individuellen Adressaten oder an die Allgemeinheit richtet. Da der Begriff der geschäftlichen Handlung (§ 2 I Nr 1) auch **Handlungen nach Vertragsschluss** erfasst, können etwa belästigende Telefonanrufe eines Vermieters mit dem Ziel, den Mieter zur Kündigung zu bewegen, unter § 7 I fallen (Beispiel nach *Köhler*/Bornkamm § 7 Rn 16), nicht jedoch unter § 7 II Nr 2, weil es sich nicht um Werbung handelt.

2. Belästigung. Belästigend iSd § 7 I ist eine geschäftliche Handlung, die dem **24** Empfänger aufgedrängt wird und die bereits wegen ihrer Art und Weise unabhängig von ihrem Inhalt als störend empfunden wird (Begr RegE UWG 2004, BT-Drucks 15/1487 S 20; BGH GRUR 11, 747 Rn 17 – *Kreditkartenübersendung*). Nicht unter den Begriff der Belästigung fällt Werbung, die lediglich wegen ihres Inhalts als anstößig empfunden wird (BVerfG GRUR 01, 170, 173 f – *Benetton-Werbung I;* BVerfG GRUR 03, 442, 444 – *Benetton-Werbung II; Köhler*/Bornkamm § 7 Rn 19; jurisPK/ *Koch* § 7 Rn 26; MüKo/*Leible* § 7 Rn 50).

3. Unzumutbarkeit. Mit vielen Formen der Werbung ist eine Belästigung ver- **25** bunden. Für die lauterkeitsrechtliche Beurteilung kann es aber nicht einseitig auf die

UWG § 7 Gesetz gegen den unlauteren Wettbewerb

Perspektive des Adressaten ankommen, vielmehr sind auch die (verfassungsrechtlich geschützten, s Rn 3) Interessen des Werbenden an der Nutzung effektiver Werbemethoden zu berücksichtigen. Wettbewerb ist ohne Werbung nicht möglich, und Ziel der Werbung ist es, die Aufmerksamkeit potentieller Kunden zu gewinnen (*Köhler/Bornkamm* § 7 Rn 20; *Fezer/Mankowski* § 7 Rn 70). Daher sind nur unzumutbare Belästigungen unlauter. Ob eine Belästigung zumutbar ist, ist durch eine **Interessenabwägung** zu ermitteln. Dabei gelten **folgende Grundsätze.**

– Je **erheblicher** die Störung, desto eher ist sie unzumutbar. Geringfügige Belästigungen hingegen sind vom Adressaten hinzunehmen (Begr RegE UWG 2004, BT-Drucks 15/1487 S 20f). Entscheidend ist der **Maßstab eines durchschnittlich empfindlichen und verständigen Adressaten,** also weder einer besonders robusten noch einer übersensiblen Person (BGH GRUR 10, 1113 Rn 15 – *Grabmalwerbung;* BGH GRUR 11, 747 Rn 17 – *Kreditkartenübersendung; Köhler/*Bornkamm § 7 Rn 21; *Fezer/Mankowski* § 7 Rn 71; MüKo/*Leible* § 7 Rn 52). Im Gegensatz zu dem unter § 5 geltenden Maßstab spielen dabei allerdings die Aufmerksamkeit und der Kenntnisstand des Adressaten eine untergeordnete Rolle, entscheidend ist die durchschnittliche Resistenz gegenüber Störungen im sozialen Verkehr.

– Eingriffe in die **Privatsphäre** haben größeres Gewicht als Störungen in der Öffentlichkeit oder die Störung betrieblicher Abläufe. Der Gedanke des § 7 II Nr 2, der Telefonwerbung gegenüber Privaten strengeren Voraussetzungen als Anrufe bei Gewerbetreibenden unterwirft, ist Ausdruck eines allgemeinen Grundsatzes, von dem allerdings § 7 II Nr 3 eine Ausnahme macht.

– Je größer die **Bedeutung** der betreffenden Werbemethode **für den Werbenden** und je geringer seine **Ausweichmöglichkeiten** auf andere, ähnlich effektive Werbemittel, desto eher ist die Werbung vom Adressaten hinzunehmen (ähnl *Köhler/*Bornkamm § 7 Rn 25).

– Je höher der Aufwand für den Adressaten, der belästigenden Handlung zu entgehen, desto weniger ist sie hinnehmbar (*Köhler/*Bornkamm § 7 Rn 26; MüKo/ *Leible* § 7 Rn 54).

– Bei der lauterkeitsrechtlichen Beurteilung muss der **Summen-** bzw **Nachahmungseffekt** berücksichtigt werden. Gerade bei der Verwendung kostengünstiger Werbemethoden liegt die Vermutung nahe, dass sich andere Mitbewerber zur Nachahmung veranlasst sehen. Auch wenn eine einzelne Handlung als unerhebliche Belästigung anzusehen wäre, kann sich die Unlauterkeit in diesen Fällen daraus ergeben, dass für die Zukunft mit einer erheblichen Zahl gleichartiger Handlungen zu rechnen wäre, die in ihrer Summe eine wesentliche Belästigung darstellen würden (vgl BGH GRUR 88, 616 – *Btx-Werbung;* BGH GRUR 96, 208, 209 – *Telefax-Werbung;* BGH GRUR 04, 699, 701 – *Ansprechen in der Öffentlichkeit I;* BGH GRUR 05, 443, 445 – *Ansprechen in der Öffentlichkeit II*). Dieses Kriterium wird in der Literatur zum Teil kritisiert (vgl MüKo/*Leible* § 7 Rn 57f; *Eckhardt* CR 04, 448, 450; *Hartlage* WRP 97, 1, 4; *Schütz* WRP 93, 168ff). Anders als im Bürgerlichen Recht (vgl Rn 17f) hat es jedoch im Lauterkeitsrecht seine Berechtigung, da es hier nicht nur um den Individualrechtsschutz, sondern auch um die Steuerung des allgemeinen Wettbewerbsverhaltens geht. Umgekehrt spricht es für die Zumutbarkeit, wenn eine Werbemethode wegen ihrer untypischen oder speziellen Einsatzmöglichkeit voraussichtlich auch in Zukunft nur vereinzelt eingesetzt werden wird (vgl *Köhler* WRP 02, 1, 6; *Schricker* GRUR 98, 541, 553).

26   Da § 7 I mittlerweile nicht mehr auf § 3 I verweist, ist die Spürbarkeitsschwelle des § 3 I nicht mehr anwendbar. Die „Unzumutbarkeit" in § 7 I 1 stellt eine spezielle Bagatellschwelle dar (Begr RegE UWG 2008, BT-Drucks 16/10 145 S 28).

27   **4. Erkennbare Ablehnung (§ 7 I 2). a) Allgemeine Bedeutung des Adressatenwillens.** Die Unlauterkeit der unzumutbaren Belästigung ergibt sich in erster

Unzumutbare Belästigungen **§ 7 UWG**

Linie daraus, dass die Interessen des Adressaten verletzt werden. Bürgerlich-rechtlich sind diese Interessen durch absolute Rechte isd §§ 823 I, 1004 BGB geschützt (Rn 18), die ihrem Inhaber eine Dispositionsfreiheit zuweisen. Zwar dient § 7 anders als die genannten bürgerlich-rechtlichen Bestimmungen nicht ausschließlich dem Individualschutz, doch ist zu berücksichtigen, dass eine persönliche Ansprache des Kunden mit dessen Zustimmung eine alltägliche und sozialübliche Handlung darstellt („volenti non fit iniuria"). Daher schließt, auch außerhalb der in § 7 II Nr 2, 1. Alt und 3 geregelten Spezialfälle, jedenfalls die ausdrückliche vorherige Einwilligung bereits den Tatbestand der unzumutbaren Belästigung aus, während die wohl hM von einem Rechtfertigungsgrund ausgeht. In anderen Fallgruppen genügt die mutmaßliche Einwilligung. Jedenfalls ist gem § 7 I 2 ein erkennbarer entgegenstehender Wille des Adressaten zu respektieren. Damit ergibt sich folgende Stufenleiter der Einwilligungserfordernisse.

– **Verbot mit Einwilligungsvorbehalt („Opt-in-Lösung"):** Wettbewerbsmethoden, die sich potentiell besonders störend auswirken, sind nur mit Einwilligung des Adressaten zulässig. Beispiele sind die Telefonwerbung gegenüber Verbrauchern (§ 7 II Nr 2, 1. Alt), die Werbung mittels automatischer Anrufmaschinen, Telefax oder E-Mail (§ 7 II Nr 3) und, unter den gesetzlich nicht speziell geregelten Fällen, die Zusendung unbestellter Ware, die Werbung durch persönliche Ansprache und nach der hL die Haustürwerbung und die Scheibenwischerwerbung. In diesen Fällen muss der Empfänger seine Einwilligung (häufig mit dem Begriff „Einverständnis" bezeichnet, ohne dass damit etwas anderes gemeint wäre) erklärt haben, eine mutmaßliche Einwilligung genügt nicht. § 7 II Nr 2, 1. Alt und Nr 3 verlangen sogar eine ausdrückliche Einwilligung, während im Übrigen auch eine konkludente Einwilligung den Belästigungstatbestand ausschließt. Die Voraussetzungen der Einwilligung werden unten im Rahmen der Telefonwerbung und der Telefax- und E-Mail-Werbung behandelt (Rn 48, 66 ff), da sie von der Rechtsprechung in erster Linie für diese Fallgruppe entwickelt wurden.

– **Verbot mit abgeschwächtem Einwilligungsvorbehalt („Soft Opt-in-Lösung"):** Eine Zwischenstellung nehmen Wettbewerbsmethoden ein, die zwar ebenfalls nur mit Einwilligung des Empfängers zulässig sind, bei denen die Einwilligung aber vermutet werden kann (mutmaßliche Einwilligung oder vermutetes Einverständnis). Grundlage für die Vermutung ist das objektive Interesse des Betreffenden und sein wirklicher oder mutmaßlicher Wille (vgl § 683 BGB). Diese Lösung gilt für die Telefonwerbung gegenüber Gewerbetreibenden (§ 7 II Nr 2, 2. Alt) und wird dort im Einzelnen erläutert (Rn 56 f). Die Regelung des § 7 III stellt eine spezielle Ausgestaltung der mutmaßlichen Einwilligung für die Werbung mit elektronischen Nachrichten dar (unten, Rn 71 f).

– **Erlaubnis mit Widerspruchsvorbehalt („Opt-out-Lösung"):** Am schwächsten ist die Position des Adressaten, wenn die betreffende Wettbewerbsmethode grundsätzlich erlaubt ist. Sofern sie den Tatbestand der unzumutbaren Belästigung erfüllt, steht dem Betroffen jedenfalls ein Widerspruchsrecht zu, das gem § 7 I 2 vom Werbenden zu respektieren ist. Die Rechtsprechung wendet diese Variante bei der Brief-, der Briefkastenwerbung und der Haustürwerbung an, während eine verbreitete Literaturansicht sich dafür ausspricht, die Haustürwerbung strengeren Voraussetzungen zu unterwerfen.

b) Bedeutung des § 7 I 2. aa) Allgemeiner Grundsatz. Die Vorschrift unter- 28
streicht, dass jedenfalls ein erkennbar entgegenstehender Wille des angesprochenen Marktteilnehmers zu respektieren ist. Auch wenn der Anwendungsbereich des § 7 I 2 auf Werbung beschränkt ist, handelt es sich doch um eine Ergänzung der allgemeinen Regel des § 7 I 1 und, im Gegensatz zu den Fällen des § 7 II, nicht um einen medienspezifisch eingegrenzten Beispielstatbestand. Bei geschäftlichen Handlungen, die keine Werbung darstellen, ist der erkennbar entgegenstehende Adressatenwille bei

der Beurteilung der Unzumutbarkeit zu berücksichtigen. Zwar bedarf unter § 7 I, anders als unter § 7 II, die Unzumutbarkeit der Belästigung einer besonderen Feststellung (*Sosnitza* WRP 08, 1014, 1034), doch wird die Unzumutbarkeit durch den Widerspruch des Adressaten indiziert. Allerdings erlaubt § 7 I eine differenzierende Beurteilung von „Ausreißern" (s Rn 39).

29 **bb) Entstehungsgeschichte und unionsrechtlicher Hintergrund.** Die Regelung drückt sowohl Wertungen des Unionsrechts als auch des früheren deutschen UWG aus. Gem Art 13 III EK-DSR (s Rn 10) sind die Mitgliedstaaten verpflichtet, natürliche Personen, die keine Nachrichten zum Zweck der Direktwerbung erhalten möchten, zu schützen. Auch in der Rechtsprechung zu § 1 aF war anerkannt, dass in den Fällen der Direktwerbung, die ohne erklärte oder mutmaßliche Einwilligung zulässig sind, der Widerspruch des Adressaten zur Unlauterkeit führt (vgl BGHZ 106, 229 = GRUR 89, 225 – *Handzettel-Wurfsendung;* BGH GRUR 73, 552, 553 – *Briefwerbung*). § 7 II Nr 1 aF knüpfte ausdrücklich an die frühere Rechtsprechung an (vgl Begr RegE UWG 2004, BT-Drucks 15/1487 S 21), verallgemeinerte aber die zuvor nur für bestimmte Fallgruppen anerkannte Regelung. In der UWG-Novelle 2008 blieb die Vorschrift von redaktionellen Änderungen abgesehen unverändert. Sie wurde aber aus § 7 II herausgenommen, weil der Gesetzgeber Verbote, die über den Standard der Richtlinie über unlautere Geschäftspraktiken hinausgehen, nur im Rahmen von Generalklauseln für zulässig hielt (Begr RegE UWG 2008, BT-Drucks 16/10 145 S 29). Inhaltlich soll sich an der früheren Beurteilung nichts ändern.

30 **cc) Keine Sperrwirkung.** Aus § 7 I 2 folgt nicht e contrario, dass außerhalb der gesetzlich in § 7 II geregelten Fälle strengere Zustimmungserfordernisse ausgeschlossen wären. Es handelt sich nur um einen Mindeststandard. Für die Zulässigkeit von Praktiken wie der Zusendung unbestellter Waren oder des Ansprechens in der Öffentlichkeit kann durchaus eine Einwilligung des Adressaten verlangt werden (so zu § 7 II 1 aF Begr RegE UWG 2004, BT-Drucks 15/1487 S 21). Auch die Richtlinie über unlautere Geschäftspraktiken steht derartigen Einwilligungserfordernissen nicht entgegen. Die Richtlinie regelt nur Praktiken, die sich auf die Entscheidungsfreiheit der Verbraucher auswirken, erlaubt aber das Verbot belästigender Praktiken, die aus „kulturellen Gründen" in einzelnen Mitgliedstaaten unerwünscht sind (Egrd 7). Zum Verhältnis zwischen § 7 II 1 und § 7 I 2 s Rn 34.

31 **c) Werbung.** Im Gegensatz zu § 7 I 1 gilt § 7 I 2 nur für Werbung (zum Begriff s Rn 35, 42). Eine echte Beschränkung besteht darin nicht. In den wenigen denkbaren Fällen einer belästigenden geschäftlichen Handlung, die nicht Werbezwecken dient (zu denken ist besonders an Handlungen nach Vertragsschluss), ist im Rahmen der unter § 7 I 1 erforderlichen Interessenabwägung der entgegenstehende Adressatenwille ebenfalls zu berücksichtigen. Nach seinem Wortlaut ist § 7 I 2 nicht auf die Direktwerbung beschränkt, sondern erfasst sämtliche Formen der Werbung. Demnach wäre auch Werbung, die an die Öffentlichkeit gerichtet ist, unlauter, sobald sie sich ein Empfänger verbittet. Auch wird die Belästigung bei erkennbarer Ablehnung der Werbung durch den Empfänger vermutet, ohne dass zusätzlich objektiv eine Belästigung vorliegen muss. In beiden Punkten ist § 7 II Nr 1 **einschränkend** auszulegen. **Erstens** betrifft die Vorschrift nur solche Werbung, die **individuell an einzelne Adressaten gerichtet** ist (*Köhler*/Bornkamm § 7 Rn 33; *Sosnitza* GRUR 03, 739, 744). Hingegen fällt Werbung an einen unbestimmten Adressatenkreis, insbesondere die Fernseh-, Rundfunk- und Plakatwerbung nicht unter § 7 I 2. Für diese Einschränkung spricht bereits der Wortlaut, da der Begriff „angesprochener Marktteilnehmer" auf eine individuelle Ansprache hindeutet. Außerdem ist der Widerspruch beachtlich, weil und soweit er Ausdruck des Selbstbestimmungsrechts des Betroffenen ist. Durch öffentliche Werbung wird dieses Selbstbestimmungsrecht nicht wesentlich berührt, sie ist vielmehr in einer auf freiem Wettbewerb beruhenden Marktwirtschaft hinzunehmen. Das im Persönlichkeitsrecht wurzelnde Recht des einzelnen auf Ungestörtheit tritt zudem in dem Maße gegenüber den verfassungsrechtlich geschützten Interessen des Werbenden zurück, in dem sich der Einzelne in die Öffentlichkeit begibt. Auch ist zu beachten, ob es dem Unternehmer möglich und zumutbar ist, den Widerspruch einzelner Personen zu berücksichtigen. Ein Grenzfall, in dem § 7 I 2 eingreifen kann, ist aufdringliche Werbung gegenüber einem abgegrenzten Personenkreis, der sich ihr nicht entziehen kann (Beispiel von *Köhler*/Bornkamm § 7 Rn 33: Lautsprecherwerbung im Zug). **Zweitens** ist gem § 7 I 2 der belästigende Charakter von Werbung zu vermuten, der Empfänger erkennbar nicht wünscht, diese Vermutung ist aber als **widerleglich** zu verstehen. Es ist denkbar, dass bestimmte Werbemaßnahmen den Adressaten auch dann nur ganz unerheblich belästigen, wenn er seinen Widerspruch zum Ausdruck bringt.

d) Erkennbarkeit der Ablehnung. Der entgegenstehende Wille des Empfängers muss für den Werbenden erkennbar sein. Das ist stets der Fall, wenn die Ablehnung gegenüber dem Werbenden erklärt wurde, sei es schriftlich (zB per Brief oder Aufkleber auf dem Briefkasten), per Telefon oder E-Mail. Dabei ist es nicht erforderlich, dass er sich desselben Kommunikationsmittels wie der Werbende bedient. Auch ein per E-Mail erklärter Widerspruch gegen Briefwerbung ist also beachtlich. Da es sich beim Widerspruch um eine „negative Einwilligung" handelt, können für seine Voraussetzungen und Auslegung die **Grundsätze zur Einwilligung** herangezogen werden (s Rn 48 ff). Allerdings kann die Ablehnung konkludent erklärt werden. Ergibt sich der entgegenstehende Wille des Adressaten aber nicht aus dessen Erklärungsverhalten, sondern nur aus der objektiven Interessenlage, so spricht das eher für ein allgemeines Einwilligungserfordernis für die betreffende Fallgruppe als für einen individuell entgegenstehenden Adressatenwillen (Beispiel: die Scheibenwischerwerbung ist nicht unerlaubt, weil der Autofahrer vermutlich widerspricht, sondern weil Scheibenwischerwerbung nur mit Zustimmung des Betroffenen erlaubt ist, vgl Rn 78, aA *Köhler*/Bornkamm § 7 Rn 37). 32

Der Empfänger kann seine Ablehnung zum Ausdruck bringen, indem er sich in eine **Robinson-Liste** eintragen lässt (*Köhler*/Bornkamm § 7 Rn 115; *Fezer/Mankowski* § 7 Rn 95). Art 7 II E-Commerce-Richtlinie verpflichtet die Mitgliedstaaten dazu, sicherzustellen, dass Diensteanbieter, die nicht angeforderte kommerzielle Kommunikation durch elektronische Post übermitteln, derartige Listen regelmäßig konsultieren und beachten. Allerdings besteht in Deutschland derzeit kein allgemeinverbindliches System von Robinson-Listen (vgl *Schmittmann* K&R 04, 58, 59). Für die Briefwerbung wird eine Robinson-Liste vom Deutschen Direktmarketing-Verband, Wiesbaden (www.ddv.de) geführt. Vergleichbare Robinson-Listen führen für die Faxwerbung der Bundesverband Informationswirtschaft, Telekommunikation und neue Medien eV (BITKOM, www.bitkom.org), für die Telefon-, SMS- und E-Mail-Werbung von der Interessengemeinschaft deutsches Internet eV (IDI) unter www.robinsonlist.de. Die genannten Listen sind nur für die jeweiligen Verbandsmitglieder verbindlich. Nicht abschließend geklärt ist bisher die Frage, ob auch gegenüber Nichtmitgliedern ein Eintrag als Ablehnung iSd § 7 II Nr 1 beachtlich ist. Dafür spricht, dass sämtliche Listen sowohl Mitgliedern als auch Nichtmitgliedern zum Abgleich angeboten werden. Daher ist auch Nichtmitgliedern der Datenabgleich möglich und zumutbar (vgl *Köhler*/Bornkamm § 7 Rn 115; *Weichert* WRP 96, 522, 531 f). Zum Sperrvermerk am Briefkasten s unten, Rn 39. 33

III. Medienspezifische Sondertatbestände (Abs 2, 3)

1. Verhältnis zu § 7 I. Die medienspezifischen Sondertatbestände des § 7 II Nr 1, 3 und 4 beruhen auf Bestimmungen des Unionsrechts. Sie sind daher richtlinienkonform auszulegen. Im Gegensatz zur Generalklausel des § 7 I bedarf die Unzumutbar- 34 keit der Beeinträchtigung keiner gesonderten Feststellung. Die in § 7 II aufgeführten Praktiken sind **stets unzumutbar**, es handelt sich um eine Rechtsfolgenverweisung auf § 7 I, nicht jedoch um eine Rechtsgrundverweisung (Begr RegE UWG 2008, BT-Drucks 16/10 145 S 29). Die Verwendung des Singulars in § 7 II Nr 2, 3 soll klarstellen, dass bereits ein Telefonanruf oder eine E-Mail ohne die erforderliche Einwilligung oder mutmaßliche Einwilligung unzulässig ist (Begr RegE aaO). Anders als in Nr 26 Anh I UGP-RL verbieten § 7 II Nr 2 Alt 1, Nr 3 die genannten Formen des Direktmarketing ohne Einwilligung des Verbrauchers per se, ohne zusätzlich eine „hartnäckige Kontaktaufnahme" zu verlangen. Dieses weitergehende Verbot ist mit dem EU-Recht vereinbar, wie sich aus dem Verweis auf die Richtlinie 2002/58/EG in Nr 26 ergibt. Die Beschränkung auf „hartnäckiges" Ansprechen in § 7 II Nr 1 war unionsrechtlich nicht veranlasst (aA Begr RegE aaO), weil Nr 26 auch die (allerdings 2014 auslaufende, Rn 12) Fernabsatzrichtlinie (97/7/EG) unberührt lässt. Ihr Art 10 II räumt Verbrauchern ein ausdrückliches Widerspruchsrecht gegen die Verwendung von Fernkommunikationsmitteln ein (MüKo/*Leible* § 7 Rn 29). Eine ergänzende Anwendung des § 7 I im Fall der „nicht hartnäckigen" Brief- und Briefkastenwerbung ist daher zulässig. Während § 7 II Nr 1 – insoweit systemfremd (Rn 1) – die Entscheidungsfreiheit schützt, dient § 7 I dem Schutz der Privatsphäre, daher stehen beide Vorschriften nebeneinander.

2. Briefwerbung und Werbung mit Printmedien (§ 7 II Nr 1)

Literatur: *Alt*, Briefkastenwerbung, 1987; *ders*, Rechtliche Probleme der Briefkastenwerbung, WRP 1985, 319; *Weise*, Briefkastenwerbung als Persönlichkeitsverletzung?, GRUR 1989, 653; *Löwisch*, Briefkastenwerbung von Parteien, NJW 1990, 437; *Meyer*, Briefkastenwerbung in Plastikfolie und Gratiszeitungen, WRP 2012, 788; *Scherer*, Privatrechtliche Grenzen der Verbraucherwerbung, 1996.

35 **a) Werbung gegenüber Verbrauchern.** Werbung ist jede Äußerung im Geschäftsverkehr mit dem Ziel, den Absatz von Waren oder die Erbringung von Dienstleistungen zu fördern (vgl Art 2 lit a WerbeRL, näher hierzu Rn 42). Nach der Rspr zur Telefax- und E-Mail-Werbung fällt darüber hinaus auch die Nachfragewerbung (Beispiel: schriftliches Ersuchen um ein Verkaufsangebot) unter den Werbebegriff (s Rn 42, 62). Diese Rechtsprechung ist zwar Einwänden ausgesetzt, doch sollte der Begriff „Werbung" in allen Fallgruppen des § 7 II einheitlich ausgelegt werden. Nicht erfasst werden jedoch Handlungen nach Vertragsschluss. § 7 II Nr 1 erfasst nur die Werbung gegenüber Verbrauchern (§ 2 II iVm § 13 BGB). Brief- und Briefkastenwerbung gegenüber sonstigen Marktteilnehmern ist ausschließlich nach § 7 I zu beurteilen. Eine „hartnäckige Ansprache" wird zwar unter § 7 II Nr 1 vorausgesetzt, doch schon bei einmaliger unerwünschter Brief- und Briefkastenwerbung kann sich die Unzulässigkeit aus § 7 I 2 ergeben (s Rn 34).

36 **b) Unter Verwendung eines in § 7 II Nr 2, 3 nicht aufgeführten Fernkommunikationsmittels.** Fernkommunikationsmittel ist jedes Kommunikationsmittel, das zum Abschluß eines Vertrags zwischen einem Verbraucher und einem Anbieter ohne gleichzeitige körperliche Anwesenheit der Vertragsparteien eingesetzt werden kann (vgl Art 2 Nr 7 VerbraucherrechtsRL). Da die Telefon-, Telefax- und E-Mail-Werbung in § 7 II Nr 2 und 3 aufgeführt und daher vom Anwendungsbereich des § 7 II 1 ausgenommen ist, betrifft die Vorschrift vor allem die Werbung mit Briefen und Printmedien wie Prospekten und Katalogen (Begr RegE UWG 2008, BT-Drucks 16/10 145 S 29; vgl zur früheren Beurteilung unter § 1 aF BGHZ 60, 296, 299 = GRUR 73, 552, 553 – *Briefwerbung;* BGHZ 106, 229, 235 GRUR 89, 225 f – *Handzettel-Wurfsendung*). Bei der **Briefwerbung** wird der potentielle Kunde mittels eines an ihn adressierten Briefes persönlich angesprochen, während es sich bei der **Briefkastenwerbung** um den Einwurf von nicht adressiertem Werbematerial (Prospekte, Handzettel, Postwurfsendungen, Kataloge, Anzeigenblätter) handelt.

Unzumutbare Belästigungen **§ 7 UWG**

c) Hartnäckige Ansprache. In Anlehnung an Nr 26 Anh I zur Richtlinie über 37 unlautere Geschäftspraktiken setzt § 7 II Nr 1 voraus, dass Verbraucher **hartnäckig** angesprochen werden. Hartnäckig ist eine wiederholte (vgl die französische und italienische Fassung: „sollicitations répétées" bzw „ripetute sollecitazioni", wie im Deutschen dagegen die englische Fassung „persistent") Ansprache trotz erkennbar entgegenstehenden Adressatenwillens. Weitere Anforderungen, etwa eine besonders intensive Ansprache oder eine Zwangslage des Verbrauchers, ergeben sich jedenfalls nicht aus dem Wortlaut der Bestimmung (OLG Hamm GRUR-RR 11, 469, 470 – *Gratiszeitung mit Werbebeilagen; Köhler*/Bornkamm § 7 Rn 102a; aA *Scherer* NJW 09, 324, 329). Da es sich um einen Begriff des Unionsrechts handelt, entscheidet letztlich die Auslegung durch den EuGH. Allerdings ist die Abgrenzung praktisch nicht von großer Bedeutung. Fehlt es nämlich an einer hartnäckigen Ansprache, so ist der Rückgriff auf § 7 I nicht gesperrt. Die Vorschrift kann selbst bei einmaliger Brief- oder Briefkastenwerbung gegen den erkennbaren Willen des Adressaten eingreifen (s Rn 34).

d) Unerwünscht. Zudem muss die Ansprache **erkennbar unerwünscht** sein. 38 In diesem Punkt entsprechen sich § 7 I 2 und § 7 II Nr 1. Obwohl nur § 7 II Nr 1 auf der Richtlinie gegen unlautere Geschäftspraktiken beruht, sollte die Auslegung nach identischen Maßstäben erfolgen. Der Adressat muss seinen Willen in einer für den Werbenden **erkennbaren** Form zum Ausdruck gebracht haben.

aa) Briefkastenwerbung. Gegenüber der Briefkastenwerbung kann der Adres- 39 sat seine Ablehnung durch einen **Sperrvermerk** am Briefkasten zum Ausdruck bringen (Begr RegE UWG 2004, BT-Drucks 15/1487 S 21; Beispiel: „Bitte keine Werbung einwerfen"). Er stellt immer dann einen beachtlichen Widerspruch dar, wenn die Werbung von damit beauftragten Verteilern eingeworfen wird (BGH GRUR 89, 225 f – *Handzettel-Wurfsendung;* ebenso für Anwaltsfächer OLG Karlsruhe NJW 96, 3283 – *Werbesendungen im Anwaltsfach*). Auch bei der Zustellung von Postwurfsendungen müssen Sperrvermerke respektiert werden, die Deutsche Post hat ihre AGB entsprechend gestaltet (Ziff 4.6 AGB Brief National). „Ausreißer" stellen keine hartnäckige Ansprache dar. Auch unter § 7 I sind sie zu tolerieren, wenn der Werbende ausreichende Vorkehrungen der genannten Art getroffen hat (so zu § 1 aF BGH GRUR 92, 617, 618 – *Briefkastenwerbung*). Der Sperrvermerk muss zur Zeit des Einwurfs noch vorhanden sein, weil ansonsten der entgegenstehende Wille des Adressaten für den Werbenden nicht erkennbar ist (*Köhler*/Bornkamm § 7 Rn 102). Die **Reichweite des Sperrvermerks** ist durch Auslegung zu ermitteln. Der Briefkasteninhaber kann sich bestimmte Zeitschriften, Werbung einzelner Anbieter oder bestimmte Werbeformen (zB „Keine Werbung in Plastiktüten": *Meyer* WRP 12, 788, 794; jurisPK/*Koch* § 7 Rn 170; aA OLG Frankfurt WRP 12, 844) verbitten. Der Vermerk „keine Werbung" soll allerdings nur reine Werbeprospekte, nicht jedoch kostenlos verteilte Anzeigenblätter mit redaktionellem Teil oder Gratiszeitungen mit eingelegten Werbebeilagen erfassen (BGH GRUR-RR 12, 495 *Gratis-Anzeigenblatt;* OLG Hamm GRUR-RR 11, 469 – *Gratiszeitung mit Werbebeilagen,* dazu mit Recht krit *Mankowski* WRP 12, 589 ff; *Köhler*/Bornkamm § 7 Rn 109; aA OLG Karlsruhe GRUR 91, 940 – *Anzeigenblatt im Briefkasten*), obwohl es dem Empfänger im Zweifel darum geht, jede Verstopfung seines Briefkastens zu vermeiden, und ihm keine kautelarjuristischen Formulierungskünste zugemutet werden können. Hingegen betrifft ein Sperrvermerk **nicht Werbebeilagen in abonnierten Zeitungen** (insoweit zutreffend OLG Hamm GRUR-RR 11, 469, 471; OLG Karlsruhe NJW 1991, 2913; aA *Mankowski* WRP 12, 589, 590), da weder dem Zeitungsboten zugemutet werden kann, im Einzelfall die Werbebeilage vor Ort zu entfernen, noch von Zeitungen ein Verzicht auf Beilagenwerbung erwartet werden kann. Für den Abonnenten ist die Belästigung gering, da keine Überfüllung des Briefkastens droht und da die Zeitung nach der Lektüre ohnehin weggeworfen wird.

Ohly

UWG § 7 Gesetz gegen den unlauteren Wettbewerb

40 **bb) Briefwerbung.** Auch die Briefwerbung darf nicht gegen die erkennbare Ablehnung des Adressaten durchgeführt werden. Der Empfänger kann seine Ablehnung entweder durch direkte Benachrichtigung des Absenders oder durch Eintrag in die beim Deutschen Direktmarketing-Verband geführte Robinson-Liste (Rn 33) zum Ausdruck bringen. Hingegen ist ein Sperrvermerk am Briefkasten gegenüber adressierten Werbebriefen, die durch die Post zugestellt werden, unbeachtlich. Dem Postboten kann nicht angesonnen werden, die von ihm zugestellten Briefe auf ihren möglichen Werbecharakter zu überprüfen. Unerheblich ist dabei, ob der Werbebrief von außen als solcher erkennbar ist. Zur Beurteilung von als Privatschreiben getarnten Werbebriefen s Rn 15.

3. Telefonwerbung mittels persönlicher Anrufe (§ 7 II Nr 2)

Literatur: *Bernreuther,* Neues zur Telefonwerbung, WRP 2009, 390; *ders,* Zulässigkeit von Telefonwerbung, MMR 2012, 284; *Engels/Brunn,* Wettbewerbsrechtliche Beurteilung von telefonischen Kundenzufriedenheitsbefragungen, WRP 2010, 687; *dies,* Ist § 7 II Nr 2 UWG europarechtswidrig?, GRUR 2010, 886; *Fezer,* Die Nichtigkeit der Folgeverträge unlauterer Telefonwerbung, WRP 2007, 855; *ders,* Telefonmarketing im b2c- und b2b-Geschäftsverkehr, WRP 2010, 1075; *Hanloser,* „opt-in" im Datenschutzrecht und Wettbewerbsrecht, CR 2008, 713; *Hartwig/Ferschl,* Werbung per Telefon – Kostenlose Telefongespräche dank Werbung? WRP 1999, 1083; *Jankowski,* Nichts ist unmöglich! – Möglichkeiten der formularmäßigen Einwilligung in Telefonwerbung, GRUR 2010, 495; *Köhler,* Vertragsrechtliche Sanktionen gegen unerwünschte Telefonwerbung?, WRP 2007, 866; *ders,* Neue Regelungen zum Verbraucherschutz bei Telefonwerbung und Fernabsatzverträgen, NJW 2009, 2567; *ders,* Ist die Regelung der Telefonwerbung im UWG richtlinienkonform?, WRP 2012, 1329; *ders,* Verbandsklagen gegen unerbetene Telefon-, Fax- und E-Mail-Werbung: Was sagt das Unionsrecht?, WRP 2013, 567; *Lange,* Werbefinanzierte Kommunikationsdienstleistungen, WRP 2002, 786, 788; *Lettl,* Werbung mit einem Telefonanruf gegenüber einem Verbraucher nach § 7 Abs 2 Nr 2 Alt 1 UWG n F, WRP 2009, 1315; *Möller,* Die Änderung der rechtlichen Rahmenbedingungen des Direktmarketings, WRP 2010, 321; *Ohly,* „Volenti non fit iniuria" – die Einwilligung im Privatrecht, 2002; *Nippe,* Belästigende Wettbewerbshandlungen – Tatbestände, Rechtfertigungsgründe, Rechtsprechung, WRP 2007, 19; *Pauly/Jankowski,* Rechtliche Aspekte der Telefonwerbung im B-to-B-Bereich, GRUR 2007, 118; *Schäfer-Newiger,* Die strikte Trennung von Direktmarketing und Marktforschung, WRP 2001, 782; *Scherer,* Privatrechtliche Grenzen der Verbraucherwerbung, 1996; *dies,* „Cold Calling" in der europäischen Rechtsvereinheitlichung, WRP 2001, 1255; *Schmid,* Freier Dienstleistungsverkehr und Recht des unlauteren Wettbewerbs, dargestellt am Beispiel der Telefonwerbung, 2000; *Schricker,* Zur wettbewerbsrechtlichen Beurteilung der Telefonwerbung im geschäftlichen Bereich, GRUR Int 1998, 541; *Schweizer,* Grundsätzlich keine Anwendbarkeit des UWG auf die Medien- und insgesamt auf die Markt- und Meinungsforschung, ZUM 2010, 400; *Seichter/Witzmann,* Die Einwilligung in die Telefonwerbung, WRP 2007, 699; *Ufer,* Aktuelle Gesetzgebungsverfahren gegen unerwünschte Telefonwerbung, K&R 2008, 493; *Wahl,* Die Einwilligung des Verbrauchers in Telefonwerbung durch AGB, WRP 2010, 599; *v Wallenberg,* Ist das Telefonmarketing gegenüber Verbrauchern tot?, BB 2009, 1768; *Wegmann,* Anforderungen an die Einwilligung in Telefonwerbung nach dem UWG, WRP 2007, 1141; *Wulf,* Direktansprache am Arbeitsplatz I, NJW 2004, 2424; *Zöller,* Telefonwerbung ist nicht grundsätzlich unzulässig, GRUR 1992, 297.

41 **a) Überblick.** Die Vorschrift differenziert zwischen der Telefonwerbung gegenüber Verbrauchern und gegenüber sonstigen Marktteilnehmern. Die **Telefonwerbung gegenüber Verbrauchern** stellt zwar einerseits eine preisgünstige und effektive Werbemethode dar, stört aber andererseits den Angerufenen in seiner verfassungsrechtlich (Art 8 EMRK, Art 1 I iVm 2 I GG) geschützten Privatsphäre. Schon in der Rechtsprechung zu § 1 aF wurde dem Schutz der Privatsphäre der Vorrang eingeräumt: Telefonwerbung ohne vorherige Einwilligung des Angerufenen galt als unlauter (BGHZ 54, 188 = GRUR 70, 523 – *Telefonwerbung I;* bestätigt in BGH GRUR 89, 753, 754 –

Telefonwerbung II; BGH GRUR 90, 280 – *Telefonwerbung III;* BGH GRUR 94, 380, 381 – *Lexikothek;* BGH GRUR 95, 220 – *Telefonwerbung V;* BGH GRUR 00, 818 – *Telefonwerbung VI;* BGH GRUR 02, 637, 638 – *Werbefinanzierte Telefongespräche*). In der UWG-Reform 2004 hat der Gesetzgeber diese Rechtsprechung kodifiziert und damit den von Art 13 III EK-DSR eingeräumten Spielraum (Rn 8 ff) genutzt. Durch das Gesetz zur Bekämpfung unerlaubter Telefonwerbung von 2009 wurden das Einwilligungserfordernis verschärft (Rn 50), ein Bußgeldtatbestand eingeführt (§ 20), das Widerrufsrecht des Verbrauchers gem §§ 312d, 355 BGB erweitert und die Rufnummernunterdrückung verboten (Rn 6). Es bleibt abzuwarten, ob dadurch das bisherige Durchsetzungsdefizit (vgl dazu die Begründung zum Gesetz zur Bekämpfung unerlaubter Telefonwerbung, BT-Drucks 16/10 734 S 7 und *Ernst* ZUM 04, 566, 567; *Leible/Sosnitza* K&R 98, 283, 284) effektiv verringert wird. Hingegen ist die Interessenlage bei der **Telefonwerbung gegenüber Gewerbetreibenden** weniger eindeutig. Die Privatsphäre ist hier nicht betroffen, gestört werden lediglich Geschäftsabläufe. Zudem öffnet ein Gewerbetreibender zwangsläufig seine Geschäftssphäre gegenüber der Öffentlichkeit. Gleichwohl hielt die Rechtsprechung zu § 1 aF die Telefonwerbung gegenüber Gewerbetreibenden ebenfalls für grundsätzlich unlauter, erlaubte sie aber nicht nur bei erklärter, sondern auch bei mutmaßlicher Einwilligung (grundlegend BGH GRUR 91, 764, 765 – *Telefonwerbung IV;* bestätigt in BGH GRUR 01, 1181, 1183 – *Telefonwerbung für Blindenwaren;* BGH GRUR 04, 520, 521 – *Telefonwerbung für Zusatzeintrag;* krit *Schmid* S 339 ff; *Schricker* GRUR Int 98, 541, 547 ff). Im Zuge der UWG-Reform sprach sich der Bundesrat für eine Liberalisierung aus (BT-Drucks 15/3163), doch kam es mit der Regierungsmehrheit zu einer Kodifikation der bisherigen Rechtsprechung. Die Telefonwerbung gegenüber Gewerbetreibenden bleibt vom sekundären Unionsrecht unberührt, daher blieb § 7 II Nr 2 insoweit im Jahre 2008 unverändert.

b) Werbung mit Telefonanrufen. aa) Werbung. Werbung ist jede Äußerung 42 im Geschäftsverkehr mit dem Ziel, den Absatz von Waren oder die Erbringung von Dienstleistungen zu fördern (vgl Art 2 lit a WerbeRL; näher hierzu § 6 Rn 23). Der im Rahmen des § 7 I maßgebliche Begriff der geschäftlichen Handlung (definiert in § 2 I Nr 1) ist insofern weiter, als er keine Äußerung zu Absatzzwecken erfordert und zudem auch Handlungen nach Vertragsschluss erfasst. Während die Definition des Art 2 lit a WerbeRL nur die Angebotswerbung erfasst, bezieht die Rechtsprechung auch die **Nachfragewerbung** in den Anwendungsbereich des § 7 II ein (so für die Telefaxwerbung BGH GRUR 08, 923 Rn 12 – *Faxanfrage im Autohandel,* für die E-Mail-Werbung BGH GRUR 08, 925 Rn 16 – *FC Troschenreuth; Köhler/Bornkamm* § 7 Rn 129; MüKo/*Leible* § 7 Rn 104; aA OLG Düsseldorf MMR 06, 171, 172). Demnach ist etwa der Anruf eines Maklers bei einer Privatperson, die eine Immobilienanzeige aufgegeben hat, unzulässig. Da § 7 II Nr 2 nunmehr eine ausdrückliche Einwilligung verlangt, ist es unerheblich, ob die Anzeige als konkludente Einwilligung angesehen werden kann (s aber Rn 66). Angesichts des geringen Summeneffekts bei der Nachfragewerbung gegenüber Privaten war diese extensive Auslegung nicht erforderlich. Immerhin führt sie unter § 7 II Nr 2 kaum zu Problemen, weil für die telefonische Nachfragewerbung gegenüber Gewerbetreibenden eine mutmaßliche Einwilligung ausreicht. Zu größeren Schwierigkeiten führt die Einbeziehung der Nachfragewerbung hingegen bei der E-Mail-Werbung (s Rn 62, 66).

Ein Werbeanruf liegt stets vor, wenn der Angerufene zum **Eingehen, zur Fort-** 43 **setzung, zur Wiederaufnahme, zur Änderung oder zur Erweiterung eines Vertragsverhältnisses** bestimmt werden soll (*Köhler*/Bornkamm § 7 Rn 130). Beispiele sind der Anruf bei einem Versicherungsnehmer zu dem Zweck, ihn zur Versicherung eines weiteren Risikos zu veranlassen (BGH GRUR 95, 220, 221 – *Telefonwerbung V*), die telefonische Erkundigung nach den Gründen eines Widerrufs gem

UWG § 7

§§ 312ff, 355 BGB (BGH GRUR 94, 380, 382 – *Lexikothek*) oder nach der Richtigkeit eines Telefonbucheintrags, verbunden mit der Werbung für einen kostenpflichtigen Zusatzeintrag (BGH GRUR 04, 520, 521 – *Telefonwerbung für Zusatzeintrag*, allerdings gedeckt durch mutmaßliche Einwilligung; vgl auch OLG Köln OLGR 02, 122). Es genügt, wenn der Anruf erst der Anbahnung eines geschäftlichen Kontaktes dienen soll, etwa durch Vereinbarung eines Termins für einen Vertreterbesuch (BGH GRUR 89, 753, 754 – *Telefonwerbung II;* bestätigt in BGH GRUR 94, 380, 381 – *Lexikothek;* BGH GRUR 00, 818, 819 – *Telefonwerbung VI*), durch telefonisches Angebot von Informations- oder Werbematerial oder zur Gewinnung von Neukunden (OLG Frankfurt WRP 04, 515, 516). Werbung erfolgt erst ab dem Moment, in dem das Werbegespräch beginnt. Verwählt sich der Werbende oder erreicht er zunächst nicht die Person, die in den Anruf eingewilligt hat, so liegt noch kein Verstoß gegen § 7 II Nr 2 vor, solange der Werbende sich nur entschuldigt oder um Weiterleitung bittet (OLG Köln MMR 09, 860; jurisPK/*Koch* § 7 Rn 208).

44 Ein Anruf zum Zweck der **Marktforschung** ist als Telefonwerbung anzusehen, wenn der Anruf zumindest mittelbar den Absatz eines vom Auftraggeber vertriebenen Produkts fördern soll (OLG Köln MMR 09, 267, 268; OLG Köln MMR 12, 535; *Köhler*/Bornkamm § 7 Rn 133; aA *Schweizer* ZUM 10, 400). Das ist beispielsweise der Fall, wenn ein Marktforschungsinstitut Kunden nach ihrer Zufriedenheit mit dem Service des auftraggebenden Unternehmens befragt (OLG Köln aaO) oder wenn der Angerufene um seine Beurteilung der Werbung für ein Produkt gebeten wird, das vom Auftraggeber angeboten wird (OLG Stuttgart GRUR 02, 457, 458). Anrufe zu Zwecken der wissenschaftlichen Marktforschung durch neutrale Institute dienen hingegen weder der Förderung eigenen noch fremden Wettbewerbs. Sie sind daher mangels Vorliegens einer geschäftlichen Handlung (§ 2 I Nr 1) lauterkeitsrechtlich unbedenklich, wenn sie nicht objektiv mit der Absatzförderung eines bestimmten Auftraggebers zusammenhängen. Dient der Anruf dazu, unabhängig von beabsichtigten Geschäften mit dem Angerufenen Daten für die Erstellung von Verbraucherprofilen oder andere künftige Absatzstrategien zu erheben (dazu *Schäfer-Newiger* WRP 01, 782ff), so handelt es sich nicht mehr um Telefonwerbung. Allerdings fällt der Anruf unter § 7 I, der lediglich eine geschäftliche Handlung voraussetzt.

45 **bb) Telefonanruf.** § 7 II Nr 2 gilt nur für den **individuellen Anruf** eines Werbers. Anrufe unter Verwendung **automatischer Anrufmaschinen (Voice Mail)** und die Versendung von SMS- oder MMS-Nachrichten unterliegen der **Beurteilung des § 7 II Nr 3,** sind also auch gegenüber Gewerbetreibenden nicht ohne deren vorherige Einwilligung zulässig. Daher fallen sie im Gegenschluss nicht unter Nr 2, obwohl sie vom Wortlaut dieser Bestimmung erfasst würden. Auch die Zulässigkeit automatischer Werbung im Rahmen werbefinanzierter Telefongespräche (dazu BGH GRUR 02, 637 – *Werbefinanzierte Telefongespräche*) oder als Warteschleifenwerbung (dazu *Remmertz* MMR 03, 314, 317) ist nicht nach § 7 II Nr 2 zu beurteilen (s unten Rn 59, 60).

46 **c) Gegenüber Verbrauchern.** Verbraucher ist jede natürliche Person, die ein Rechtsgeschäft zu einem Zwecke abschließt, der weder ihrer gewerblichen noch ihrer selbstständigen beruflichen Tätigkeit zugerechnet werden kann (§ 2 II iVm § 13 BGB). Entscheidend ist demnach die **Zweckbestimmung** des angebotenen Geschäfts. Sie ist nicht nach dem inneren Willen des Werbenden, sondern durch Auslegung zu ermitteln. Zum privaten Bereich gehören etwa Freizeit, Wohnbedarf, Gesundheits- und Altersvorsorge (LG Münster WRP 05, 639, 640: Werbung für private Krankenversicherung), aber auch die Verwaltung und Anlage von Vermögen (vgl BGH NJW 02, 368). Auch der **Arbeitnehmer,** der im Zusammenhang mit seiner beruflichen Tätigkeit Verträge (zB beim Erwerb von Arbeitskleidung) schließt, ist demnach Verbraucher. Etwas anderes gilt allerdings für **Verträge zur Begründung, Änderung oder Aufhebung eines Arbeitsverhältnisses.** Zwar sind sie nach mitt-

Unzumutbare Belästigungen **§ 7 UWG**

lerweile gefestigter Rechtsprechung zum bürgerlich-rechtlichen Verbraucherschutz Verbraucherverträge (BVerfG NJW 07, 286; BAG NJW 05, 3305; NJW 10, 2827; MüKo/*Micklitz* § 13 BGB Rn 46), doch würde eine Anwendung des § 7 II Nr 2 – anders als im Bereich der §§ 305 ff, 312 ff BGB – nicht nur den Arbeitnehmer schützen, sondern zugleich sein Interesse an freier Berufswahl beeinträchtigen. Daher ist § 7 II Nr 2 insoweit teleologisch zu reduzieren: Der Anruf bei einem Arbeitnehmer unter seiner Privatnummer durch Personalberater fällt nicht unter § 7 II Nr 2, 1. Alt (so zu § 1 aF OLG Jena GRUR-RR 03, 158 f; ebenso *Köhler*/Bornkamm § 7 Rn 141; *Quiring* WRP 03, 1181, 1183; aA *Lettl* WRP 09, 1315, 1324; MüKo/*Leible* § 7 Rn 107). Können Waren oder Dienstleistungen sowohl zu beruflichen als auch zu privaten Zwecken genutzt werden („dual use"), so gilt der Abnehmer nach der Rechtsprechung des EuGH zum Verbrauchergerichtsstand (Art 15 EuGVVO) nur dann als Verbraucher, wenn der beruflich-gewerbliche Zweck eine ganz untergeordnete Rolle spielt (EuGH EuZW 05, 241 – *Gruber/BayWA* m krit Anm *Reich*). Diese Entscheidung ist allerdings von den Besonderheiten des Internationalen Zivilprozessrechts geprägt (*Reich* aaO S 244) und daher nicht ohne weiteres auf § 7 II Nr 2 übertragbar. Entscheidend sollte vielmehr sein, wo der Schwerpunkt des beworbenen Geschäfts liegt.

d) Ohne deren vorherige ausdrückliche Einwilligung. aa) Richtlinienkonforme Auslegung. Mit der Opt-in-Regelung des § 7 II Nr 2 nutzt der deutsche Gesetzgeber die Wahlmöglichkeit, die ihm Art 13 III EK-DSR eingeräumt hat (Rn 8). Nutzt der nationale Gesetzgeber eine von mehreren Optionen, die ihm eine Richtlinie einräumt, so ist er nur hinsichtlich der Auswahl frei, hinsichtlich der Ausgestaltung aber an die Rechtsbegriffe des Unionsrechts und deren autonome Auslegung durch den EuGH gebunden (so für Art 5 II MarkenRL EuGH GRUR 04, 58 Rn 20 – *Adidas/Fitnessworld;* für Art 5 II lit b der Richtlinie Urheberrecht in der Informationsgesellschaft EuGH GRUR 11, 50 Rn 32 – *Padawan*). Daher sind die Voraussetzungen für die Einwilligung richtlinienkonform in Einklang mit Art 2 lit h DSR (Rn 14) zu bestimmen, auf den Art 2 S 2 lit f EK-DSR verweist (BGH GRUR 13, 531 Rn 23 – *Einwilligung in Werbeanrufe II*). Demnach ist die Einwilligung eine „Willensbekundung, die ohne Zwang, für den konkreten Fall und in Kenntnis der Sachlage erfolgt und mit der die betroffene Person akzeptiert, dass personenbezogene Daten, die sie betreffen, verarbeitet werden". 47

bb) Rechtsnatur der Einwilligung. Die Einwilligung (häufig auch als Einverständnis bezeichnet) ist eine einseitige Erklärung, die ihrem Empfänger die Vornahme einer tatsächlichen Handlung gestattet. Es handelt sich nicht um eine Einwilligung iSd § 183, 1 BGB, der lediglich die hier nicht einschlägige vorherige Zustimmung zu einem Rechtsgeschäft betrifft (BGHZ 29, 33, 36; *Zitelmann* AcP 99 (1906) 1, 58; *Ohly* S 3 f, 344 mwN). Das wird in der Literatur bisweilen übersehen. Die Einwilligung kann im Rahmen eines Vertrages erteilt werden, sie ist aber vom Verpflichtungsgeschäft zu unterscheiden. Sie gestaltet die Rechtsbeziehung zwischen Einwilligendem und Empfänger um und ist daher als Ausdruck der Privatautonomie eine **einseitige, empfangsbedürftige Willenserklärung** (*Ohly* aaO S 201 und GRUR 12, 983, 985, jeweils mwN), nach der Gegenansicht eine geschäftsähnliche Erklärung (so für die Einwilligung des Patienten im Medizinrecht BGHZ 29, 33, 36, für die Einwilligung im Urheberrecht BGH GRUR 10, 628 Rn 35 – *Vorschaubilder I;* zum UWG *Köhler*/Bornkamm § 7 Rn 143). Die Frage nach der Rechtsnatur ist aber von untergeordneter Bedeutung, da auch nach hier vertretener Ansicht die §§ 104 ff BGB bei Einwilligungen im persönlichkeitsrechtlichen Bereich gewissen Modifikationen unterliegen, während die Vorschriften nach der Gegenansicht weitgehend analog anzuwenden sind (vgl BGH aaO). 48

49 cc) **Erklärung und Auslegung.** Die Einwilligung bedarf der ausdrücklichen (s Rn 50) **Erklärung**. Sie ist **empfangsbedürftig** und muss gerade **gegenüber dem Werbenden** oder seinen Mitarbeitern erklärt werden (BGH GRUR 94, 380, 382 – *Lexikothek,* zur Formfreiheit s Rn 52). Wechselt also ein Arbeitnehmer zu einem anderen Unternehmen, so kann er sich im Zweifel nicht auf die seinem früheren Geschäftsherrn erteilte Einwilligung berufen. Da die Einwilligung vom zugrundeliegenden Vertrag zu unterscheiden ist, erfordert sie eine **gesonderte Erklärung** (BGH GRUR 08, 1010 Rn 28 – *Payback;* BGH MMR 11, 458). Die Einwilligung ist nach Maßgabe der §§ 133, 157 BGB **auszulegen.** Da die Einwilligung sich auf konkrete Anrufszwecke beziehen muss (s Rn 50), ist ihre Wirkung durch diese Zwecke begrenzt.

50 dd) **Form, ausdrückliche Erklärung.** Formvorschriften bestehen nicht. Der Bundesrat konnte sich im Gesetzgebungsverfahren 2009 mit seiner Forderung nach Einführung eines Textformerfordernisses nicht durchsetzen (BT-Drucks 16/10 734 S 19). Doch muss die Einwilligung ausdrücklich erfolgen. Eine konkludente Einwilligung genügt seit der Änderung des § 7 II 2 durch das Gesetz zur Bekämpfung unerlaubter Telefonwerbung (Rn 6) nicht mehr (Begr RegE, BT-Drucks 16/10 734 S 13; anders nach bisherigem Recht: BGH GRUR 08, 923 Rn 16 – *Faxanfrage im Autohandel;* OLG Frankfurt GRUR 05, 964 – *telefonisches Versicherungsangebot;* zur unionsrechtskonformen Auslegung des Ausdrücklichkeitserfordernisses in § 7 II Nr 3 vgl Rn 66), erst recht keine mutmaßliche Einwilligung (§ 7 II Nr 2, 2. Alt e contario). Der Verbraucher muss also **schriftlich oder mündlich** (s Rn 52) **zum Ausdruck** bringen, dass er **im konkreten Fall** mit einem Anruf einverstanden ist (Begr RegE aaO). Ausgeschlossen sind unbeschränkte Generaleinwilligungen. Aus der Einwilligungserklärung muss hervorgehen, welches Unternehmen für welche Produkte telefonisch werben darf (so zu § 7 II Nr 3 *Köhler/*Bornkamm § 7 Rn 186). Eine ausdrückliche Einwilligung liegt beispielsweise vor, wenn der Verbraucher durch Ankreuzen einer AGB-Klausel mit Opt-in-Option (s Rn 54) Anrufen zu bestimmten Zwecken zugestimmt hat. Ruft ein Verbraucher bei einem Unternehmen mit der Bitte um Information an, so ist der Rückruf zulässig, nicht hingegen ein Folgeanruf aus anderem Anlass. Beabsichtigt der Werbende, im Rahmen eines von einer Einwilligung gedeckten Gesprächs andere Produkte zu bewerben, muss er den Verbraucher ausdrücklich um dessen Einverständnis ersuchen (für Annahme einer konkludenten Einwilligung nach altem Recht *Seichter/Witzmann* WRP 07, 699, 703). Da die Rechtsprechung schon bisher bei der Annahme einer konkludenten Einwilligung sehr restriktiv verfahren ist (vgl den Überblick bei *Seichter/Witzmann* WRP 07, 699, 702f; Köhler/Bornkamm § 7 Rn 150ff), halten sich die praktischen Auswirkungen der Änderung in Grenzen. So erlaubten schon nach bisherigem Recht die Eintragung in ein Telefonbuch (BGH GRUR 89, 753, 754 – *Telefonwerbung II),* das Bestehen einer ständigen Geschäftsbeziehung (BGH aaO) oder eine Branchenübung (BGH GRUR 90, 280, 281 – *Telefonwerbung III)* nicht die Annahme einer mutmaßlichen Einwilligung, so dass es in diesen Fällen erst recht an einer ausdrücklichen Einwilligung fehlt. Schwierigkeiten bereitet nach neuem Recht die Auslegung der Einwilligungserklärung bei **Angabe der Telefonnummer.** Die ausdrückliche Einwilligung erstreckt sich hier zweifelsfrei auf Anrufe zur Abwicklung des Vertrags **(vertragsakzessorische Anrufe),** nicht jedoch auf die Werbung für andere Produkte des Anbieters, für eine beliebige Vertragserweiterung oder eine Wiederaufnahme eines beendeten Vertrags (BGH GRUR 95, 220, 221 – *Telefonwerbung V;* OLG Frankfurt GRUR 05, 964 f – *telefonisches Versicherungsangebot;* OLG Koblenz WRP 92, 332, 333). Hängt der Anruf mit dem Vertrag zusammen, wurde aber von den Parteien bei Vertragsschluss nicht vorhergesehen, so ist durch Auslegung zu ermitteln, ob sich die Einwilligung auch auf derartige Fälle erstreckt. Das ist insbesondere der Fall, wenn der Unternehmer durch seinen Anruf eine vertragliche Nebenpflicht erfüllt (Begr RegE aaO), was etwa bei „Gefahr im Verzug" regelmäßig der Fall ist. Beispiele sind

Unzumutbare Belästigungen **§ 7 UWG**

der Anruf eines Werkstattbetreibers, der bei der Inspektion einen unerwarteten Mangel des Fahrzeugs entdeckt hat, der Hinweis eines Versicherungsunternehmens auf mögliche günstigere Vertragskonditionen oder der eilige Hinweis auf ein nicht abgedecktes, dringend zu versicherndes Risiko (*Seichter/Witzmann* WRP 07, 699, 702f, allerdings für Annahme einer konkludenten Einwilligung nach früherem Recht). Eindeutig nicht ausreichend ist eine mutmaßliche Einwilligung des Verbrauchers, die allgemeinen Grundsätze über die berechtigte Geschäftsführung ohne Auftrag (§§ 677, 683 BGB) werden durch die Spezialregelung ders § 7 II Nr 2 verdrängt (OLG Frankfurt GRUR 05, 964; Fezer/*Mankowski* § 7 Rn 133; Harte/Henning/*Ubber* § 7 Rn 153; aA *Köhler*/Bornkamm § 7 Rn 157). Erstreckt sich die Einwilligung trotz sachgerechter Auslegung nicht auf den Anruf, so kommt in Extremfällen ein Rückgriff auf den Rechtfertigungsgrund des Notstands (Rechtsgedanke der §§ 228, 904 BGB, 34 StGB) in Betracht.

ee) Zeitpunkt. Nur die **vorherige** Einwilligung schließt die Unlauterkeit aus. 51 Das war schon bisher allgemein anerkannt (BGH GRUR 94, 380, 381 – *Lexikothek;* OLG Köln NJW 05, 2786, 2787; *Köhler*/Bornkamm § 7 Rn 133; jurisPK/*Koch* § 7 Rn 229), ergibt sich seit der Änderung des § 7 II Nr 2 durch das Gesetz zur Bekämpfung unerlaubter Telefonwerbung (Rn 6) aber auch ausdrücklich aus dem Normtext. Eine Einwilligung ist zwar bei Fehlen einer entsprechenden Einschränkung unbefristet (OLG Hamburg WRP 09, 1282, 1284), kann mit Ablauf eines längeren Zeitraums aber ihre **Aktualität verlieren** (OLG Stuttgart MMR 08, 136): Die Anforderung von Informationen per Telefon oder E-Mail über ein bestimmtes Geschäft rechtfertigt nicht einen Werbeanruf oder eine Werbemail, die zwei Jahre später erfolgt (LG Berlin MMR 04, 688).

ff) Wirksamkeit. Willensmängel bei Erteilung der Einwilligung führen nach 52 der für § 7 II Nr 3 maßgeblichen Definition des Art 2 lit h der allgemeinen Datenschutzrichtlinie (95/64/EG) zur Nichtigkeit, da die Einwilligung „ohne Zwang" und „in Kenntnis der konkreten Sachlage" erteilt werden muss. Eine Einwilligung wird „in Kenntnis der Sachlage" erteilt, wenn der Verbraucher weiß, dass seine Erklärung ein Einverständnis darstellt und worauf sie sich bezieht. Die Einwilligung erfolgt für den konkreten Fall, wenn klar wird, welche Produkte oder Dienstleistungen welcher Unternehmen sie konkret erfasst (BGH GRUR 13, 531 Rn 24 – *Einwilligung in Werbeanrufe II; Köhler*/Bornkamm § 7 Rn 149 a f; *Lettl* WRP 09, 1315, 1325 ff). Eine Einwilligung Minderjähriger ohne Zustimmung ihrer gesetzlichen Vertreter ist wirksam, wenn der Minderjährige über die erforderliche Einsichtsfähigkeit verfügt und wenn mit der Einwilligung für den Minderjährigen keine nachteiligen vermögensrechtlichen Folgen (Beispiel: Kosten für Abruf der Nachricht) verbunden sind. Greift diese Einschränkung nicht ein, so sind die auf vermögensrechtliche Austauschgeschäfte zugeschnittenen §§ 107, 110 BGB, die für diesen Fall keine sachgerechte Regelung enthalten, aufgrund teleologischer Reduktion nicht anwendbar (vgl *Ohly* S 318, 324). Allerdings kann mit der Einwilligung nicht die Beeinträchtigung von Interessen Dritter gestattet werden. Beispiel: Ein Minderjähriger kann in die Telefonwerbung unter dem Festnetzanschluss der Familie nicht selbstständig einwilligen, weil durch den Anruf auch die Eltern gestört werden. Wird die Unerfahrenheit Minderjähriger dazu ausgenutzt, um von ihnen eine Einwilligung zu erlangen, so liegt darin eine unlautere Wettbewerbshandlung (§ 4 Nr 2).

gg) Einwilligungserklärungen in AGB. Einwilligungserklärungen in AGB un- 53 terliegen der Kontrolle nach §§ 305 ff BGB, obwohl es sich bei der Einwilligung in die Telefonwerbung um eine vom Wortlaut des § 305 I BGB nicht erfasste einseitige, vom zugrunde liegenden Vertrag zu unterscheidende (s Rn 48) Erklärung handelt (BGH GRUR 08, 1010 Rn 18 – *Payback;* BGH GRUR 13, 531 Rn 19 – *Einwilligung in Werbeanrufe II;* Fezer/*Mankowski* § 7 Rn 142; *Ohly* S 436 ff; ebenso mit der Konstruktion eines durch Aufforderung zur Einwilligung und deren Erteilung geschlossenen Vertrags *Köhler*/Bornkamm § 7 Rn 152). Insbesondere gelten vorbehaltlich des § 1 UKlaG die § 305 II BGH (**Einbeziehung,** vgl LG Hamburg MMR 08, 859), § 305 c I BGB (**überraschende Klauseln**) und § 305 c II BGH (**Unklarheitenregel**) (*Ohly* S 440 f; *Köhler*/Bornkamm § 7 Rn 153 ff; *Seichter/Witzmann* WRP 07, 699, 705). Bei der **Inhaltskontrolle** (§ 307 BGB) ist zwischen Erklärungen mit gesonderter Zustimmungsmöglichkeit (**„Opt-in"-Klauseln**) und Erklärungen ohne Wahlmöglichkeit oder bereits angekreuzte Einwilligungsklauseln (**„Opt-out"-Klauseln**) zu unterscheiden. Klauseln, die der Verbraucher gesondert ankreuzen kann, sind grundsätzlich zulässig (BGH GRUR 08, 1010 Rn 27 – *Payback;* BGH GRUR 13, 531 Rn 21 – *Einwilligung in Werbeanrufe II;* unklar noch BGH GRUR 00, 818, 820 – *Telefonwerbung VI*). Sie müssen aber den Anforderungen des § 307 I 2 BGB (Transparenzgebot) genügen und müssen hinreichend konkretisiert sein, damit erkennbar ist, welches Unternehmen zu welchen Zwecken anrufen darf (BGH WRP 12, 1545 Rn 57 – AGB in Stromlieferungsverträgen; Begr RegE 2009, BT-Drucks 16/10 734 S 13; *Grapentin* MMR 08, 735, 737; *Seichter/Witzmann* WRP 07, 699, 705 *v Wallenberg* BB 09, 1768, 1770 ff; *Köhler*/Bornkamm § 7 Rn 153 d; MüKo/*Leible* § 7 Rn 113). Sieht hingegen die Einwilligungserklärung keine gesonderte Zustimmungsmöglichkeit vor oder befindet sie sich in Textpassagen, die auch andere Erklärungen enthalten, so ist die Klausel wegen Unvereinbarkeit mit einem wesentlichen Grundgedanken einer gesetzlichen Regelung nach § 307 II Nr 1 BGB unwirksam, da sie entgegen der Regelung des § 7 II Nr 2 Alt 1 bzw des § 7 II Nr 3 die Aktionslast auf den Beworbenen verschiebt (BGH GRUR 08, 1010 Rn 29, 33 – *Payback;* BGHZ 141, 124 = WRP 99, 660, 661 – *Einverständnis mit Telefonwerbung*). Dasselbe gilt, wenn das Kästchen vor dem Wort „einverstanden" bereits angekreuzt wurde (BGH GRUR 00, 818, 820 – *Telefonwerbung VI;* LG Bonn MMR 12, 319). Hingegen kann die datenschutzrechtliche Einwilligungserklärung (§ 4 a BDSG) in gewissen Grenzen auch in einer „Opt-out"-Klausel enthalten sein (BGH GRUR 08, 1010 Rn 21 – *Payback; Grapentin* MMR 08, 735, 736).

54 **hh) Beweislast.** Da es sich bei § 7 II Nr 2 um ein Verbot mit Einwilligungsvorbehalt handelt, trägt der Werbende die **Darlegungs- und Beweislast** für die Voraussetzungen einer wirksamen Einwilligung (BGH GRUR 00, 818, 819 – *Telefonwerbung VI;* BGH GRUR 11, 936 Rn 30 – *Double-opt-in-Verfahren;* Fezer/Mankowski § 7 Rn 154; für die E-Mail-Werbung BGH GRUR 04, 517, 519 – *E-Mail-Werbung;* KG GRUR-RR 02, 343; für Zulassung eines Anscheinsbeweises bei der E-Mail-Werbung gegenüber Gewerbetreibenden *Eckhardt* CR 04, 448, 449). Hierzu gehört im Fall der mutmaßlichen Einwilligung auch die Unternehmereigenschaft des Angerufenen. Bei einem Anruf unter der Privatnummer spricht eine widerlegliche Vermutung für, bei einem Anruf unter der Geschäftsnummer gegen die Verbrauchereigenschaft (OLG Köln GRUR-RR 05, 138, 139 – *Weinwerbung; Köhler*/Bornkamm § 7 Rn 154). Der Beweis für das Vorliegen einer Einwilligung kann auf unterschiedliche Arten geführt werden (vgl *v Wallenberg* BB 09, 1768 ff; *Köhler*/Bornkamm § 7 Rn 154 ff).
– Am verlässlichsten ist eine **schriftliche Einwilligungserklärung** des Verbrauchers. Sie kann in AGB erteilt werden, doch unterliegen vorformulierte Einwilligungserklärungen der Kontrolle am Maßstab der §§ 305 ff BGB, insbesondere sind Erklärungen ohne Annahmeoption (Kästchen zum Ankreuzen) gem § 307 BGB unwirksam (Rn 53). Die schriftliche Bestätigung einer zuvor (angeblich) erteilten Einwilligung hat für sich genommen aber noch keinen Beweiswert (*Köhler* aaO Rn 154 c). Bei der Aufforderung zur Abgabe der Erklärung muss der Unternehmer die Vorgaben der §§ 4–7 beachten. Wird bei einem Gewinnspiel aus dem Teilnahmeschein nicht hinreichend deutlich, worauf sich die Einwilligungserklärung bezieht und ob ihre Erteilung Voraussetzung der Gewinnchance ist, so liegt ein Verstoß gegen § 4 Nr 5 vor (BGH GRUR 11, 629 Rn 20 ff – *Einwilligungser-*

Unzumutbare Belästigungen **§ 7 UWG**

klärung für Werbeanrufe). Selbstverständlich stellt eine Aufforderung zur Einwilligung per Telefon oder E-Mail ihrerseits einen Verstoß gegen § 7 II Nr 2 bzw 3 dar.
- Im elektronischen Geschäftsverkehr findet das **Double-opt-in-Verfahren** Verwendung: Der Verbraucher schickt eine Bestellung oder einen Antrag auf Teilnahme an einem Gewinnspiel an den Unternehmer, dieser bittet um eine Bestätigung per E-Mail oder durch Aktivierung eines Links, mit deren Hilfe eine Einverständniserklärung mit Telefon- oder E-Mail-Werbung angekreuzt werden kann. Geht die Bestätigung beim Unternehmer ein, so kann angenommen werden, dass sie vom betreffenden Verbraucher stammt und dass dieser, wenn er das Feld angekreuzt hat, seine Einwilligung erteilt hat. Der Verbraucher kann sich dennoch darauf berufen, die Einwilligungserklärung nicht abgegeben zu haben, etwa wenn die E-Mail nicht von seiner Adresse abgesandt wurde, muss dies aber darlegen und beweisen. Allerdings trägt der Werbende die Darlegungs- und Beweislast dafür, dass der Telefonanschluss der E-Mail-Adresse, von der die Einwilligungserklärung versandt wurde, zuzuordnen ist (BGH GRUR 11, 936 Rn 37 ff – *Double-opt-in-Verfahren*). Ungeklärt ist allerdings bisher, ob die per E-Mail versandte Aufforderung zur Bestätigung ihrerseits gegen § 7 II Nr 3 verstößt (hierfür OLG München GRUR-RR 13, 226 – *Bestätigungsaufforderung*). Dagegen spricht, dass die reine Bitte um Bestätigung keinen werblichen Inhalt aufweist (*Heidrich* MMR 13, 39, 40), sondern lediglich die vom Verbraucher erwünschte Antwort auf eine aus eigener Initiative getätigte Bestellung ist. Nur wegen der zu engen Beschränkung des § 7 II Nr 3 auf ausdrückliche Einwilligungserklärungen liegt hierin keine Rechtfertigung durch konkludente Einwilligung. Diese Grundsätze gelten auch für einen Anruf zur Überprüfung der Einwilligungserklärung (Köhler aaO Rn 154a).
- Eine im Zuge eines Telefonats erteilte mündliche Einwilligung kann **aufgezeichnet** werden, wenn der Angerufene mit der Aufzeichnung einverstanden ist (vgl dazu § 28 III lit a BDSG). Allerdings stellt der Anruf selbst einen unerlaubten Werbeanruf dar, wenn er nicht vom Verbraucher ausgeht, als erlaubter Anruf zur Vertragsdurchführung anzusehen ist (Rn 50) oder durch eine zuvor erteilte Einwilligung gedeckt ist.

e) Gegenüber sonstigen Marktteilnehmern. Richtet sich die individuelle Te- 55
lefonwerbung (zu Anrufmaschinen s § 7 II Nr 3) nicht an Verbraucher, sondern an sonstige Marktteilnehmer, so schließt bereits deren **mutmaßliche Einwilligung** die Wettbewerbswidrigkeit des Anrufs aus. Erst recht ist die Werbung natürlich mit Einwilligung des Angerufenen zulässig, insoweit gilt das oben Ausgeführte. Der Begriff der „sonstigen Marktteilnehmer" umfasst im Gegenschluss zu § 2 II iVm § 13 BGB alle Unternehmer (§ 2 I Nr 6), zudem Arbeitnehmer, soweit ein Bezug zum Abschluss, zur Änderung oder zur Aufhebung eines Arbeitsvertrags besteht (vgl Rn 46), und auch solche juristische Personen des Privatrechts und des öffentlichen Rechts, die nicht unter den Unternehmerbegriff fallen (zB Idealvereine, Gewerkschaften, Parteien, Kirchen; vgl *Köhler*/Bornkamm § 7 Rn 160). Ebenso wie beim Verbraucherbegriff kommt es auf die Zweckbestimmung des angebotenen Geschäfts an. Auch ein Anruf unter dem Privatanschluss des Unternehmers kann demnach durch eine mutmaßliche Einwilligung gerechtfertigt sein, sofern sich das Interesse oder der wirkliche oder mutmaßliche Wille des Unternehmers gerade auch auf einen Anruf in der Privatwohnung erstreckt (oben Rn 46), was allerdings der besonderen Darlegung bedarf.

f) Ohne deren zumindest mutmaßliche Einwilligung. aa) Grundsatz. 56
Einwilligung und mutmaßliche Einwilligung verhalten sich zueinander wie Rechtsgeschäft und Geschäftsführung ohne Auftrag. Eine mutmaßliche Einwilligung (häufig auch als vermutetes Einverständnis bezeichnet) liegt daher vor, wenn es an einer ausdrücklichen oder konkludenten Einwilligungserklärung fehlt, wenn aber die geschäftliche Handlung dem objektiven Interesse oder dem wirklichen oder mutmaßlichen Willen des Adressaten entspricht (vgl § 683 BGB). Es muss **auf Grund konkreter**

UWG § 7

Umstände ein **sachliches Interesse** des Anzurufenden vom Anrufer vermutet werden können (BGH GRUR 91, 764, 765 – *Telefonwerbung IV;* bestätigt in BGH GRUR 95, 220, 221 – *Telefonwerbung V;* BGH GRUR 04, 520, 521 – *Telefonwerbung für Zusatzeintrag;* BGH GRUR 08, 189 – *Suchmaschineneintrag;* BGH GRUR 10, 939 Rn 20 – *Telefonwerbung nach Unternehmenswechsel*). Liegt bereits eine ausdrückliche oder konkludente Einwilligung vor, so bedarf es eines Rückgriffs auf die mutmaßliche Einwilligung nicht (*Köhler/Bornkamm* § 7 Rn 162; jurisPK-UWG/*Koch* § 7 Rn 269). Umgekehrt schließt ein ausdrücklicher Widerspruch (§ 7 I 2) die Annahme einer mutmaßlichen Einwilligung aus. Da es bei Fehlen einer erklärten Einwilligung an Anknüpfungspunkten für die Feststellung des Willens aber meist fehlen wird, kommt dem **objektiven Interesse** entscheidende Bedeutung zu, das aber unter einem **subjektiven Korrekturvorbehalt** steht. Von der mutmaßlichen Einwilligung sind also Anrufe gedeckt, an denen ein durchschnittlich störungsanfälliger Gewerbetreibender interessiert wäre, sofern nicht besondere Umstände für einen entgegenstehenden Willen gerade des individuellen Adressaten sprechen. Erforderlich ist eine Interessenabwägung, die aber die Besonderheit aufweist, dass auf beiden Seiten Interessen des Angerufenen zu berücksichtigen sind. Ebenso wie die Einwilligung vor dem Anruf erklärt werden muss, ist auch bei der mutmaßlichen Einwilligung auf die **Interessenlage vor dem Anruf** abzustellen (*Köhler/Bornkamm* § 7 Rn 163). Die **Beweislast** für die Tatsachen, die zur Annahme einer mutmaßlichen Einwilligung führen, trägt der Werbende (insoweit gilt dasselbe wie bei der Einwilligung, s Rn 54).

57 **bb) Kriterien.** Für die Annahme einer mutmaßlichen Einwilligung können folgende Kriterien sprechen (vgl *Köhler/Bornkamm* § 7 Rn 168ff; MüKo/*Leible* § 7 Rn 125; *Ohly* K&R 08, 102f), die insgesamt im Rahmen einer Gesamtbetrachtung zu gewichten sind (für eine großzügigere Beurteilung jedoch *Engels/Stulz-Hernstadt* WRP 05, 1218, 1228f; *Pauly/Jankowsky* GRUR 07, 118, 120ff):
– **Art, Inhalt und Intensität einer bereits bestehenden Geschäftsverbindung:** Wenn bereits eine Geschäftsverbindung zwischen Werbenden und Umworbenen besteht, ist eine mutmaßliche Einwilligung umso eher anzunehmen, je enger diese Beziehung ist und je enger der Anruf mit dem Gegenstand der bisherigen Geschäfte zusammenhängt (BGH GRUR 91, 764, 765 – *Telefonwerbung IV;* BGH GRUR 04, 520, 522 – *Telefonwerbung für Zusatzeintrag;* GRUR 08, 189 Rn 18 – *Suchmaschineneintrag*); verlässt ein Mitarbeiter, der mit seinen Kunden persönlichen Kontakt hatte, das bisherige Unternehmen, so kann er ein berechtigtes Interesse daran haben, die Kunden über den Unternehmenswechsel telefonisch zu informieren (BGH GRUR 10, 939 Rn 27ff – *Telefonwerbung nach Unternehmenswechsel*);
– **Nähe des Angebots zum spezifischen Bedarf des umworbenen Unternehmens** (BGH GRUR 91, 764, 765 – *Telefonwerbung IV;* Fezer/*Mankowski* § 7 Rn 160): Je eher ein konkreter und besonderer Bedarf des beworbenen Unternehmens nach außen erkennbar ist und je weniger mit vergleichbaren Angeboten anderer Unternehmer zu rechnen ist, desto eher ist eine mutmaßliche Einwilligung anzunehmen. Umgekehrt reicht ein **bloßer allgemeiner Sachbezug nicht** aus (BGH GRUR 91, 764, 765 – *Telefonwerbung IV;* GRUR 07, 607 Rn 20 – *Telefonwerbung für „Individualverträge";* BGH GRUR 10, 939 Rn 25 – *Telefonwerbung nach Unternehmenswechsel*). Beispiele: Die Annahme einer mutmaßlichen Einwilligung scheidet aus bei der Werbung für Kraftfahrzeuge gegenüber einem Rechtsanwalt (BGH GRUR 91, 764, 765 – *Telefonwerbung IV*), dem Angebot von Büromaterial an ein Übersetzungsbüro (OLG Köln WRP 91, 836) oder der Werbung für einen Eintrag in eine von zahlreichen Internet-Suchmaschinen (BGH GRUR 08, 189 Rn 20 – *Suchmaschineneintrag*). Hingegen kann ein Interesse an einem Eintrag im örtlichen Branchenfernsprechbuch vermutet werden, weil es eine Standard-Informationsquelle darstellt und weil die Zahl solcher Verzeichnisse äußerst begrenzt ist (BGH GRUR 04, 520 – *Werbung für Zusatzeintrag*). Bei der Telefonwer-

bung durch Leiharbeitsunternehmen kommt jedenfalls dann eine mutmaßliche Einwilligung in Betracht, wenn auf Grund konkreter Umstände von einem aktuellen Bedarf des angerufenen Unternehmens an Arbeitskräften ausgegangen werden kann (OLG Düsseldorf WRP 97, 853, 854; *Köhler*/Bornkamm § 7 Rn 173; *Schricker* GRUR Int 98, 541, 551 ff);
– **Erheblichkeit der Störung und Erheblichkeit der Nachahmungsgefahr:** Erfolgt eine Kontaktaufnahme zum Zweck der Datenüberprüfung einmal pro Jahr, so ist die Nachahmungsgefahr geringer, als wenn sämtliche Internet-Suchmaschinenbetreiber regelmäßig zum Zweck des Datenabgleichs anrufen (BGH GRUR 08, 189 Rn 21 – *Suchmaschineneintrag*);
– **Einverständnis gerade mit der telefonischen Kontaktaufnahme:** Je weniger der Werbende auf andere Werbeformen ausweichen kann, desto eher spricht das für eine mutmaßliche Einwilligung. Umgekehrt fehlt es an einer solchen, wenn der Adressat zwar in der Information, nicht aber an ihrer telefonischen Übermittlung interessiert ist (BGH GRUR 91, 764, 766 – *Telefonwerbung IV;* BGH GRUR 04, 520, 521 f – *Telefonwerbung für Zusatzeintrag;* BGH GRUR 10, 939 Rn 32 – *Telefonwerbung nach Unternehmenswechsel*);
– **Vorverhalten des Angerufenen:** Wenn der Angerufene in der Vergangenheit entsprechende Angebote angenommen oder kein Interesse geäußert hat, kann das für eine mutmaßliche Einwilligung sprechen (*Köhler*/Bornkamm § 7 Rn 170);
– **Branchenüblichkeit** allein ist kein Kriterium, zumal es sich gerade um eine zu bekämpfende Unsitte handeln kann (BGH GRUR 10, 939 Rn 24 – *Telefonwerbung nach Unternehmenswechsel;* großzügiger BGH GRUR 01, 1181, 1183 – *Telefonwerbung für Blindenwaren*), doch kann die häufige Annahme ähnlicher Angebote durch Unternehmen in vergleichbaren Situationen (BGH GRUR 04, 520, 522 – *Telefonwerbung für Zusatzeintrag*) eine mutmaßliche Einwilligung nahelegen;
– **Günstigkeit des Angebots:** Bei einem besonders günstigen Angebot liegt die Annahme einer mutmaßlichen Einwilligung näher als bei einem Vermittlungsangebot, bei dem sich der Angerufene zu einer Vorauszahlung in beträchtlicher Höhe verpflichten soll (BGH GRUR 07, 607 Rn 21 – *Werbung für „Individualverträge";* gegen dieses Kriterium Fezer/*Mankowski* § 7 Rn 159);
– Schließlich hat der BGH eine mutmaßliche Einwilligung angenommen, wenn das Angebot einen **sozial besonders billigenswerten Zweck** verfolgte (BGH GRUR 01, 1181, 1183 – *Telefonwerbung für Blindenwaren*).

cc) Anrufe von Personalberatern. Bei der lauterkeitsrechtlichen Beurteilung 58 des Anrufs von Personalberatern („Headhuntern") bei einem Arbeitnehmer zur Unterbreitung eines Stellenangebots fallen zwei unterschiedliche Aspekte ins Gewicht: zum einen die Belästigung des angerufenen Arbeitnehmers, zum anderen der Eingriff in die Betriebsabläufe des Unternehmens (s auch § 4 Rn 10/31). Der BGH beurteilt die Zulässigkeit auf der Grundlage des § 3 I, da eine isolierte Beurteilung nach § 7 II Nr 2 der komplexen Interessenlage nicht gerecht werde (BGH GRUR 06, 426, Rn 16 – *Direktansprache am Arbeitsplatz II*). Präziser hätte sich der Unlauterkeitsgehalt durch eine Anwendung des § 4 Nr 10 und des § 7 II Nr 2 Alt 2 erfassen lassen (ebenso *Sosnitza*/*Kostuch* WRP 08, 166, 168). Da aber auch der BGH den genannten Vorschriften Anhaltspunkte für die Interessenabwägung entnimmt, halten sich die Auswirkungen auf das Ergebnis in Grenzen. Nach der Leitentscheidung BGHZ 158, 174 = GRUR 04, 696 – *Direktansprache am Arbeitsplatz I* und zwei Folgeentscheidungen (BGH GRUR 06, 426, Rn 16 – *Direktansprache am Arbeitsplatz II;* BGH GRUR 08, 262 – *Direktansprache am Arbeitsplatz III*) ist eine **erste Kontaktaufnahme,** bei der ein Mitarbeiter nach seinem Interesse an einer neuen Stelle befragt wird, diese kurz beschrieben wird sowie gegebenenfalls eine Kontaktmöglichkeit außerhalb des Unternehmens besprochen wird, **nicht wettbewerbswidrig** (zum früheren Meinungsstreit vgl die Nachw in BGH aaO – *Direktansprache am Arbeitsplatz I*). Hierfür

UWG § 7 Gesetz gegen den unlauteren Wettbewerb

sprechen das vermutlich erhebliche Interesse des Angerufenen, das im Zusammenhang mit seiner verfassungsrechtlich geschützten Berufswahlfreiheit (Art 12 GG) steht und das ebenfalls durch Art 12 GG geschützte Interesse des Personalberaters am Einsatz eines effektiven, kostengünstigen und zeitsparenden Mittels der Kontaktaufnahme. Sie überwiegen angesichts der Geringfügigkeit des Eingriffs gegenüber dem ebenfalls betroffenen Interesse des Arbeitgebers an der Ungestörtheit seiner Betriebsabläufe. Die Grenzen der Zulässigkeit sind aber überschritten, wenn der Berater das Gespräch bei fehlendem Interesse des Arbeitnehmers nicht sofort beendet, wenn das Telefongespräch über eine erste Kontaktaufnahme hinausgeht (BGH aaO S 698f – *Direktansprache am Arbeitsplatz I;* BGH aaO Rn 8, 12 – *Direktansprache am Arbeitsplatz II*) oder wenn der Berater es zur Ausforschung nach potentiellen Abwerbekandidaten nutzt (vgl *Lindacher,* FS Erdmann, 2002, 647, 655; *Wulf* NJW 04, 2424, 2425). Eine erste Kontaktaufnahme per E-Mail berührt die betrieblichen Abläufe weniger als ein Telefonanruf, doch ist ihre Zulässigkeit angesichts des (unnötig rigiden) Einwilligungserfordernisses des § 7 II Nr 3 problematisch. Die Zulässigkeit von Anrufen in der Privatwohnung des Arbeitnehmers richtet sich nur nach § 7 II 2 Alt 2 (s Rn 46). Sie sind zulässig, müssen aber ebenfalls kurz, sachlich und nicht übermäßig belästigend gehalten werden (OLG Jena GRUR-RR 03, 158, 159; OLG Karlsruhe GRUR 02, 459 – *Ausspannen von Beschäftigten;* von BGH aaO zust zitiert).

59 **g) Sonderfälle. aa) Werbefinanzierte Telefongespräche.** Werbefinanziert sind Telefongespräche, die in bestimmten Abständen durch eingeblendete Werbung unterbrochen werden. Für den Anrufer sind sie regelmäßig kostenlos. Derartige Angebote hat der BGH zu § 1 aF zu Recht nicht als unlauter angesehen (BGH GRUR 02, 637, 638 – *Werbefinanzierte Telefongespräche, Köhler/*Bornkamm § 7 Rn 177; *Dittmer,* EWiR § 1 UWG 8/02, 593, 594; krit hinsichtlich der Begründung *Hartwig* CR 02, 575f; *Hartwig/Ferschl* WRP 99, 1083, 1087). Zum einen wird der Anrufer zu Beginn des Gesprächs regelmäßig von seinem Gesprächspartner auf die Werbeunterbrechungen hinweisen, so dass der Angerufene mit dem Fortführen des Gesprächs und der Hinnahme der Werbeunterbrechung zugleich sein Einverständnis mit der Werbung zum Ausdruck bringt (s aber mittlerweile das Erfordernis der Ausdrücklichkeit, Rn 50). Zum anderen wird der angerufene Telefonteilnehmer nicht unzumutbar belästigt. Das Gespräch dient nicht ausschließlich Werbezwecken; die Störung ist der „Berieselung" durch eine Werbeeinblendung in Hörfunk oder Fernsehen vergleichbar. Im Übrigen handelt es sich nicht um einen Fall der unlauteren Laienwerbung. Nach der neuen Gesetzesfassung ist **nicht eindeutig,** ob die automatische Werbeeinblendung als Einsatz einer **„automatischen Anrufmaschine"** angesehen werden kann. Dagegen spricht, dass der Anruf selbst nicht maschinell, sondern den individuellen Anrufer ausgelöst wird und dass das Gespräch selbst einen privaten, nicht-kommerziellen Charakter aufweist (*Dittmer* aaO). Daher ist die Interessenlage mit dem automatischen Anruf nicht vergleichbar, da der Eingriff in die Privatsphäre durch den Anrufer erfolgt und selbst keiner Rechtfertigung bedarf. Die Beurteilung richtet sich somit nach § 7 I. Dabei fehlt es regelmäßig, ähnlich wie bei der Rundfunk- und Fernsehwerbung, an der Unzumutbarkeit der Störung.

60 **bb) Warteschleifen-Werbung.** Nach den gleichen Grundsätzen beurteilt sich die Zulässigkeit der Werbung, die vor allem bei Call-Centern abgespielt wird, während sich der Anrufer in der Warteschleife befindet. Der Anrufer, der dieser Werbung ausgesetzt wird, während er auf die Verbindung zu einem Mitarbeiter wartet, hat die Initiative zum Gespräch selbst ergriffen. Es handelt sich also nicht um eine Störung der Privatsphäre durch einen automatisch gesteuerten Anruf. Die Beurteilung richtet sich auch hier nach § 7 I, wobei zu berücksichtigen ist, dass die störende Wartezeit für den Anrufer unabhängig von der Werbung besteht. Zwar kann sich der Anrufer der Werbung nicht entziehen, ohne zugleich auf den Telefonkontakt zum erwarteten Gesprächspartner zu verzichten, doch ist auch hier die Störung in ihrer Intensität der

Unzumutbare Belästigungen **§ 7 UWG**

„Berieselung" durch Rundfunk- und Fernsehwerbung zu vergleichen und daher vom Anrufer hinzunehmen. Etwas anderes gilt bei kostenpflichtigen Telefonaten, die im Minutentakt abgerechnet werden, sofern die Wartezeit künstlich verlängert wird (vgl *Remmertz* MMR 03, 314, 317), was freilich schwer nachzuweisen sein wird.

4. Automatische Anrufmaschinen, Faxgeräte, elektronische Post (§ 7 II Nr 3)

Literatur: *Bahlmann,* Möglichkeiten und Grenzen der Kontrolle unverlangt zugesandter Emailwerbung, 2004; *Becker,* Anruf in Abwesenheit!?, WRP 2011, 808; *Brömmelmeyer,* E-Mail-Werbung nach der UWG-Reform, GRUR 2006, 285; *Dieselhorst/Schreiber,* Die Rechtslage zum E-Mail-Spamming in Deutschland, CR 2004, 680; *Fikentscher/Möllers,* Die (negative) Informationsfreiheit als Grenze von Werbung und Kunstdarbietung, NJW 1998, 1337; *Frank,* You've got (Spam-) Mail". Zur Strafbarkeit von E-Mail-Werbung, CR 2004, 123; *Gruber,* E-Mail-Werbung – Kundenfang oder legitimes Direktmarketing?, FS Koppensteiner, 2001, 381; *Krajewski,* Werbung über das Handy – Zur Zulässigkeit kommerzieller SMS-Nachrichten, MMR 2001, 86; *Ladeur,* Das Werberecht der elektronischen Medien, 2003; *Leistner/Pothmann,* E-Mail-Direktmarketing im neuen deutschen Recht und in der UWG-Reform, WRP 2003, 815; *Leupold,* Die massenweise Versendung von Werbe-eMails: Innovatives Direktmarketing oder unzumutbare Belästigung des Empfängers?, WRP 1998, 270; *Menke/Witte,* Aktuelle Rechtsprobleme beim E-Mail-Marketing, K&R 2013, 25; *Remmertz,* Werbebotschaften per Handy, MMR 2003, 314; *Rösler,* Werbende E-Karten – Zur Zulässigkeit von Mischformen zwischen elektronischem Direktmarketing und privater Kommunikation, WRP 2005, 438; *Schmittmann,* Überblick über die rechtliche Zulässigkeit von SMS-Werbung, K&R 2004, 58; *Schulze zur Wiesche,* Die neuen Zulässigkeitsgrenzen für Direktmarketing, CR 2004, 742; *Stuckel,* Zur Einwilligung in Telefon- und E-Mail-Werbung, DB 2011, 953; *Unger/Sell,* Unlautere Telefax-Werbung, GRUR 1993, 24; *Weber,* E-Mail-Werbung im geschäftlichen Verkehr, WRP 2010, 462; *Wendlandt,* Cybersquatting, Metatags und Spam, 2002; *dies,* Europäische, deutsche und amerikanische Regelungen von E-Mail-Werbung – Überlegungen zum Nutzen des „CAN-SPAM Act", MMR 2004, 365.

a) Allgemeines. Nach der früheren Rechtsprechung zu § 1 aF galten die oben für 61 die Telefonwerbung dargestellten Grundsätze auch für die Werbung unter Einsatz anderer Telekommunikationsmedien wie insbesondere Telefax (BGH GRUR 96, 208 – *Telefax-Werbung*), E-Mail (BGH GRUR 04, 517, 518 – *E-Mail-Werbung*) und SMS (LG Berlin K&R 03, 246, 248), Telex (BGHZ 59, 317 – *Telex-Werbung*) und Btx (BGHZ 103, 203 = GRUR 88, 614 – *Btx-Werbung*). In Abweichung von der bisherigen Beurteilung erlaubt § 7 II Nr 3 seit 2004 die Werbung unter Einsatz von Anrufmaschinen, Telefaxgeräten und E-Mails **nur mit vorheriger ausdrücklicher Einwilligung des Adressaten,** unabhängig davon, ob es sich um eine Privatperson oder einen Gewerbetreibenden handelt. Diese Ungleichbehandlung im Vergleich zur Telefonwerbung ist insbesondere im Fall der E-Mail-Werbung (hierzu im Einzelnen Rn 63 ff) **rechtspolitisch problematisch** (ebenso *Brömmelmeyer* GRUR 06, 285, 291; *Dieselhorst/Schreiber* CR 04, 680, 682; aA Fezer/*Mankowski* § 7 Rn 188 ff). In Anbetracht steigender Speicherkapazitäten, verbesserter Filter-Software und mittlerweile üblicher Flatrate-Tarife verlieren die für ein rigides Verbot ins Feld geführten Argumente an Gewicht. Da die Korrespondenz per E-Mail in zunehmendem Maße den Briefverkehr ersetzt, wird dem Werbenden die Möglichkeit zur zeitgemäßen direkten Kontaktaufnahme mit potentiellen Kunden verwehrt, wenn er auf die ohne vorherige Einwilligung zulässige Briefwerbung verwiesen wird. Zwar ist die Notwendigkeit eines effektiven Schutzes gegen massenhafte E-Mail-Werbung („Spamming") unbestreitbar (sie entspricht auch internationalem Standard, vgl *Spindler/Schmittmann* MMR Beil 8/01, 10, 17 ff; *Wendlandt* MMR 04, 365, 367), doch wäre er auch bei Ausreichen einer mutmaßlichen Einwilligung Gewerbetreibender in hinreichendem Maße gewährleistet, da die Werbung mit massenhaften E-Mail-Sendungen ebenso wenig vom mutmaßlichen Willen des Adressaten gedeckt wäre wie die Sendung im Betreff nicht als Werbung identifizierbarer Mails oder die Werbung für Produkte, die mit dem Geschäftsbetrieb des Gewerbetreibenden nichts zu tun haben. Allerdings waren dem deutschen Gesetzgeber durch Art 13 EK-DSR die Hände gebunden (oben Rn 10), wenn es auch irritiert, dass die Begründung zum RegE UWG 2004 Kontinuität mit der bisherigen Rechtsprechung vortäuscht (BT-Drucks 15/1487, S 21). Art 13 I EK-DSR lässt die genannten Werbemethoden nur mit Einwilligung des Adressaten zu; und die Definition des Begriffs der Einwilligung in Art 2 S 2 lit f der Richtlinie (mit Verweis auf Art 2 lit h der Datenschutz-Richtlinie 95/46/EG) schließt es aus, auch die mutmaßliche Einwilligung als Einwilligung iSd Richtlinie anzusehen. Zwar hätte Art 13 V es erlaubt, die Werbung gegenüber juristischen Personen vom generellen Verbot auszunehmen, was allerdings wiederum zu einer ebenso fragwürdigen Differenzierung zur Werbung gegenüber juristischen Personen einerseits und nicht rechtsfähigen Gesellschaften und Einzelkaufleuten gezwungen hätte. Immerhin enthält § 7 III in Umsetzung des Art 13 II der Richtlinie eine Ausnahmebestimmung für elektronische Nachrichten, die sich auf den Gedanken der mutmaßlichen Einwilligung zurückführen lässt (vgl Rn 71 f).

62 **b) Voraussetzungen. aa) Werbung.** Zum Begriff der Werbung s Rn 42. Auch die Nachfragewerbung soll unter § 7 II Nr 3 fallen (BGH GRUR 08, 925 Rn 16 – *Faxanfrage im Autohandel;* BGH GRUR 08, Rn 12 ff – *FC Troschenreuth*). Das führt dazu, dass auch die Angebotsanfrage per E-Mail im Geschäftsverkehr unter Unternehmern, also eine gängige und unbedenkliche Praxis, unter § 7 II Nr 3 fällt. Eine solche Einschränkung des elektronischen Geschäftsverkehrs ist nicht gerechtfertigt (ebenso OLG Düsseldorf MMR 06, 161; *Schulze zur Wiesche* MMR 08, 664, 665). Nach altem Recht konnte der BGH den weiten Werbebegriff ausgleichen, indem er die Angabe einer Telefaxnummer in gängigen Verzeichnissen als konkludente Einwilligung in die Kontaktaufnahme durch potentielle Kunden per Telefax ansah (BGH GRUR 08, 925 Rn 16 – *Faxanfrage im Autohandel;* krit aber *Schulze zur Wiesche* aaO). Seit § 7 III aber die Fax- und E-Mail-Werbung nur nach einer ausdrücklichen, auf den konkreten Fall bezogenen Einwilligung zulässt, ist dieser Weg nur mit Schwierigkeiten gangbar (s aber Rn 66). Auch eine Bagatellschwelle (für deren Anwendung nach bisherigem Recht *Schulze zur Wiesche* aaO) ist nach der neuen Fassung des § 7 II („stets unzulässig") nicht mehr möglich.

63 **bb) Unter Verwendung einer automatischen Anrufmaschine, eines Faxgerätes oder elektronischer Post.** Die Werbung mittels **automatischer Anrufmaschinen** (Voice Mail) unterscheidet sich von dem in § 7 II Nr 2 geregelten Normalfall der Telefonwerbung darin, dass der Anruf nicht individuell durch einen Mitarbeiter des werbenden Unternehmens sondern automatisch gesteuert erfolgt (Fezer/*Mankowski* § 7 Rn 172: „automatisierter ausgehender Call Center"). Zu den Erscheinungsformen gehören neben der automatisierten Telefonwerbung „Lock-" oder „Pinganrufe", bei denen die Verbindung nach einmaligem Klingeln automatisch unterbrochen und eine Mehrwertnummer auf dem Mobiltelefon des Angerufenen hinterlassen oder der Verbraucher bei Rückruf automatischer Werbung ausgesetzt wird (vgl VG Köln NJW 05, 1880; *Becker* WRP 11, 808). Nicht von § 7 II Nr 3 erfasst werden individuelle Werbeanrufe, bei denen die Werbebotschaft auf den Anrufbeantworter des Empfängers gesprochen wird (Fezer/*Mankowski* § 7 Rn 75 ff).

64 **Telefax-Werbung** und Telefonwerbung wurden unter § 1 aF nach den gleichen Grundsätzen beurteilt (BGH GRUR 96, 208, 209 – *Telefax-Werbung I*). Zwar ist die Störung durch ein Fax geringer, andererseits geschieht die Werbung auf Kosten des Empfängers, weil seine Ressourcen (Toner, Papier) verbraucht werden. Durch die UWG-Reform kam es zu einer strengeren Beurteilung, da nunmehr auch die Telefaxwerbung gegenüber Unternehmern nur mit deren vorheriger Einwilligung zulässig ist. Der Umstand, dass Telefaxsendungen immer häufiger auf einen PC geleitet

Unzumutbare Belästigungen **§ 7 UWG**

und nicht mehr mit einem Faxgerät ausgedruckt werden, ändert nichts an diesem Einwilligungserfordernis (BGH GRUR 07, 164 Rn 9 – *Telefax-Werbung II*). Unverlangte Faxsendungen, die zu einer Antwort unter einer Mehrwertdienst-Nummer auffordern, sei es als Werbung, sei es als Aufforderung zur Teilnahme an einer „Abstimmung" (Beispiel: OLG Frankfurt GRUR 03, 805 – *0190-Inkasso-Nummer*) oder zur Abgabe einer Meinungsäußerung, sind wegen der fehlenden Einwilligung des Adressaten gem § 7 II Nr 3 und bei Täuschung über den wirklichen Absender oder ihren eigentlichen Anlass auch gem § 7 II Nr 4 unzulässig. Zudem können § 4 Nr 3 und § 4 Nr 11 iVm §§ 312c, e BGB eingreifen. Der frühere Streit darüber, in welchem Maße der Vergeber der Nummer als Störer haftet (dafür OLG Frankfurt GRUR 03, 805, 806 – *0190-Inkasso-Nummer;* LG Hamburg GRUR-RR 03, 255 – *Telefaxabruf; Hoeren* NJW 01, 2525 und NJW 02, 1521; dagegen LG Wuppertal MMR 03, 488), hat sich durch die gesetzliche Regelung des Problems in § 13a TKV erledigt.

Der Begriff der **„elektronischen Post"** in § 7 II Nr 3 ist unionsrechtskonform in 65 Einklang mit Art 2 S 2 lit h EK-DSR auszulegen und umfasst daher „jede über ein öffentliches Kommunikationsnetz verschickte Text-, Sprach-, Ton- oder Bildnachricht, die im Netz oder im Endgerät des Empfängers gespeichert werden kann, bis sie von diesem abgerufen wird". Darunter fallen neben **E-Mails** auch **SMS- und MMS-Nachrichten** (vgl Egrd 40 EK-DSR), insbesondere auch elektronische Nachrichten innerhalb von sozialen Netzwerken (zur lauterkeitsrechtlichen Bewertung des „Freundefinders" bei Facebook Rn 67).

cc) Ohne vorherige ausdrückliche Einwilligung. Die Anforderungen an eine 66 wirksame Einwilligung sind unter § 7 II Nr 3 unionsrechtskonform im Einklang mit Art 2 lit f DSR, auf den Art 2 S 2 lit f EK-DSR verweist, auszulegen (BGH GRUR 08, 923 Rn 16 – *Faxanfrage im Autohandel;* GRUR 08, 1010 Rn 28 – *Payback; Köhler/*Bornkamm § 7 Rn 185; MüKo/*Leible* § 7 Rn 161). Diese Anforderungen entsprechen den oben für die Telefonwerbung erläuterten (Rn 47ff). Insbesondere muss die Einwilligung für den konkreten Fall erteilt werden (s Rn 50; hierzu ausführlich *Köhler/*Bornkamm § 7 Rn 186), auch für die Einwilligung in AGB gelten dieselben Grundsätze (Rn 53). Ebenso wie im Fall der Telefonwerbung gegenüber Verbrauchern verlangt § 7 II 3 eine ausdrückliche Einwilligung und lässt konkludente Einwilligungen nicht mehr genügen. Damit geht das UWG über die EK-DSR hinaus, die keine solche Einschränkung enthält. Da die Richtlinie die Zulässigkeit der in § 7 II Nr 3 geregelten Werbeformen gegenüber natürlichen Personen abschließend regelt, bedarf das Erfordernis der ausdrücklichen Einwilligung der unionsrechtskonformen Auslegung (ebenso *Köhler/*Bornkamm § 7 Rn 185). Ausreichen muss eine eindeutige, auf den konkreten Fall bezogene Willensbekundung, die nach der Richtlinie auch konkludent erklärt werden kann (vgl zum Ausreichen einer konkludenten Zustimmung unter Art 7 I MarkenRL EuGH GRUR 02, 156 Rn 46 – *Davidoff*). Das führt freilich zu dem ungereimten Ergebnis, dass eine Einwilligung von natürlichen Personen unter geringeren Voraussetzungen wirksam ist, als die von den Richtlinien nicht geregelte Einwilligung von juristischen Personen. Dieser Konflikt lässt sich kaum stimmig auflösen, doch sollte bei der Abgrenzung zwischen ausdrücklicher und konkludenter Einwilligung unter § 7 II Nr 3 großzügig verfahren werden. Entscheidend ist, dass der Adressat der Werbung für den konkreten Fall eindeutig seinen Willen bekundet hat. Hingegen ist eine mutmaßliche Einwilligung eindeutig nicht ausreichend (OLG Stuttgart MMR 08, 136; *Köhler/*Bornkamm § 7 Rn 185; MüKo/ *Leible* § 7 Rn 161). Die Angabe einer E-Mail-Adresse oder Telefaxnummer im Internet oder in geschäftlicher Korrespondenz durch einen Unternehmer ist als Einwilligung zur Kontaktaufnahme für übliche geschäftliche Angelegenheiten unter Nutzung der betreffenden Kommunikationsmittel anzusehen (*Köhler/*Bornkamm § 7 Rn 187; so zur früheren Fassung des § 7 II Nr 3 BGH GRUR 08, 923 Rn 17f – *Fa-*

UWG § 7 Gesetz gegen den unlauteren Wettbewerb

xanfrage im Autohandel; BGH GRUR 08, 925 Rn 22 – *FC Troschenreuth*), auch wenn dafür das Erfordernis einer Einwilligung „für den konkreten Fall" denkbar weit gedehnt wird (*Schulze zur Wiesche* MMR 08, 664, 665). Allerdings kommt es stets darauf an, zu welchem Zweck und unter welchen Umständen die Adresse mitgeteilt wurde. Sicherlich willigt ein Unternehmer, der im Internet seine E-Mail-Adresse als Kontaktadresse angibt, in Anfragen und Bestellungen potentieller Kunden ein (BGH aaO – *Faxanfrage im Autohandel*). Sendet hingegen ein Unternehmer einem anderen, in derselben Branche tätigen Gewerbetreibenden seine aktuelle Angebotsliste per E-Mail zu, so soll das eine unzulässige E-Mail-Werbung darstellen (BGH MMR 10, 183 Rn 184, allerdings aufgrund der tatrichterlichen Würdigung der Vorinstanz). Allgemeiner muss unter § 7 II Nr 3 in richtlinienkonformer Auslegung davon ausgegangen werden, dass die Angabe einer E-Mail-Adresse auf der Website eines Unternehmers selbst bei allgemeinem Sachbezug zu dessen Tätigkeitsbereich nicht als Einwilligung in die Zusendung elektronischer Werbung anzusehen ist (LG Ulm WRP 09, 1016, 1917 ff; aA *Weber* WRP 10, 462, 465 f), auch wenn dies rechtspolitisch nicht überzeugt. Wäre bei einer Angabe der Telefonnummer nach den oben unter Rn 57 dargestellten Grundsätzen nicht einmal eine mutmaßliche Einwilligung des Gewerbetreibenden anzunehmen, so scheidet die Annahme einer tatsächlichen Einwilligung fraglos aus (vgl OLG Stuttgart MMR 08, 136). Gibt ein Verbraucher oder ein Idealverein seine E-Mail-Adresse auf seiner Website im Internet an, so liegt darin noch keine Einwilligung in die E-Mail-Werbung (BGH aaO Rn 23 f – *FC Troschenreuth*).

67 **c) Sonderfragen. aa) Weiterempfehlungen per E-Mail, E-Cards, Einladung zu sozialen Netzwerken.** In verschiedenen Konstellationen bieten Unternehmen im Internet Nutzern die Möglichkeit, private E-Mails mit werblichem Inhalt zu senden. Beispiele sind Weiterempfehlungen per E-Mail, E-Cards und Einladungen zur Teilnahme an sozialen Netzwerken (zB die „Freundschaftswerbung" bei Facebook). Der Anlass zum Versenden der E-Mail ist regelmäßig privat, doch enthält die E-Mail Produktempfehlungen wie einen Hinweis auf den Internet-Anbieter des empfohlenen Produkts, eine Werbung für den Anbieter der E-Card oder eine Werbung für das (regelmäßig mit Gewinnerzielung agierende) soziale Netzwerk. In diesen Fällen handelt es sich um eine Dreieckskonstellation. Ob der Versender objektiv im Zusammenhang mit der Förderung fremder Absatzbemühungen (§ 2 I Nr 1) handelt, ist eine Frage des Einzelfalls. Dafür spricht es, wenn der Versender vom Werbenden eine Prämie in Aussicht gestellt bekommt (vgl LG Nürnberg-Fürth CR 04, 702) oder wenn Werbebotschaften massenhaft an Unbekannte versendet werden. Hingegen spricht bei einer bloßen Information unter Bekannten ohne finanzielle Anreize die Parallele zur privaten Versendung einer E-Mail mit einem Link auf fremde Werbung gegen das Vorliegen einer geschäftlichen Handung (*Rösler* WRP 05, 438, 439). Ob in diesem Fall das werbende Unternehmen durch Bereitstellung der Versandmöglichkeit einen eigenen Wettbewerbsverstoß begeht (so BGH GRUR 2013, 1259 Rn 23 – *Empfehlungs-E-Mail;* OLG Nürnberg GRUR-RR 06, 26, 27 – *Kunden-E-Mail; Köhler*/Bornkamm § 7 Rn 201; aus prozessualen Gründen offengelassen in BGH GRUR 08, 1121 – *Freundschaftswerbung im Internet*) oder als Mittäter des Versenders anzusehen ist (so zum „Freundefinder" bei Facebook LG Berlin WRP 12, 613, 615; Harte/Henning/*Schöler* § 7 Rn 335), erscheint zumindest zweifelhaft. Überzeugender erscheint es, zwischen zwei Unlauterkeitsvorwürfen zu differenzieren, die als Gegenstand von Unterlassungsanträgen in prozessualer Hinsicht unterschiedliche Streitgegenstände darstellen (BGH aaO Rn 16 f – *Freundschaftswerbung im Internet*). Fügt der Werbende Nachrichten der Versender Werbung ohne dessen Wissen hinzu (so angesichts der Umstände des konkreten Falls OLG Nürnberg aaO), so handelt es sich um mittelbare Täterschaft im engeren Sinne (hierzu näher § 8 Rn 116), weil das Werbende Unternehmen über eine Tatherrschaft kraft Irrtums verfügt. Weiß der Versender hingegen – wie regelmäßig –, dass seiner Nachricht Werbung hinzugefügt wird, so fehlt es an der Tatherrschaft des Unternehmens und damit an mittelbarer Täterschaft (s § 8 Rn 116). Eine Haftung wegen der Verletzung lauterkeitsrechtlicher Verkehrspflichten (dazu § 8 Rn 121, 124 ff) wird dadurch zwar nicht ausgeschlossen (hierfür bei Bereitstellung von E-Cards OLG München MMR 04, 324; KG GRUR-RR 05, 66), doch setzt deren Bestehen eine Abwägung aller betroffener Interessen voraus. Dabei ist zu berücksichtigen, dass regelmäßig bei Weiterempfehlungen, Freundschaftswerbungen und E-Cards (ähnlich wie bei werbefinanzierten E-Mails, s Rn 68) der private Charakter der Mitteilung im Vordergrund steht, sofern der Versender nicht schon selbst (etwa wegen Provisionsinteresses) zur Förderung fremden Wettbewerbs handelt. Ein Verbot von Weiterempfehlungen würde eine innovative Werbeform im Internet unterbinden und zugleich eine private Kommunikationsform beschränken, die im Zweifel (Beispiele: Geburtstagsgruß per E-Card oder Weiterempfehlung eines als gut empfundenen Buchs) Absender und Empfänger gutheißen. Folgt man der Gegenansicht, so ist im Einzelfall eine Einschränkung von Abwehransprüchen nach Verhältnismäßigkeitsgesichtspunkten (§ 242 BGB) zu erwägen (so *Köhler* aaO).

bb) Werbefinanzierte E-Mails und SMS. Verschiedene für den Nutzer kosten- 68 freie E-Mail-Dienste **finanzieren** sich mit **Werbung,** die am Ende der Nachricht eingefügt wird. Für die lauterkeitsrechtliche Beurteilung dieser Praxis gilt mit abgewandelter Begründung der zu werbefinanzierten Telefongesprächen entwickelte Grundsatz der Zulässigkeit (Rn 59): Da die Nachricht selbst im Vordergrund steht, kommt es durch die Werbung nicht zu einer zusätzlichen Belästigung. Zwar wird die Werbung dem Empfänger aufgedrängt, ohne dass er ihr widersprechen könnte, doch braucht der Empfänger der E-Mail die Werbung nicht zu lesen und wird sie praktisch regelmäßig ignorieren (vgl *Hoeren* MMR 04, 389, 390; *Lange* WRP 02, 786, 788; aA Harte/Henning/*Schöler* § 7 Rn 331; *Köhler*/Bornkamm § 7 Rn 201; *Schmittmann* K&R 04, 58, 62). Das gilt allerdings nur, wenn der Text der E-Mail und die Werbung für den Empfänger klar unterscheidbar sind (vgl § 4 Nr 3).

5. Verbot anonymer elektronischer Direktwerbung (§ 7 II Nr 4). a) Trans- 69 **parenzgebot.** § 7 II Nr 4 verbietet anonyme Direktwerbung unter Nutzung elektronischer Kommunikationsmedien. Dieses Transparenzgebot soll dem Werbeadressaten eine effektive Möglichkeit verschaffen, sich unerbetene Werbung zu verbitten, einmal erteilte Einwilligungen zu widerrufen und Ansprüche gegen den Absender durchzusetzen (RegBegr UWG 2004, BT-Drucks 15/1487 S 21). Die Vorschrift setzt Art 13 IV EK-DSR um. Die Änderung dieser Vorschrift durch RL 2009/136/EG wurde durch das Gesetz gegen unseriöse Geschäftspraktiken (Rn 6) nachvollzogen, indem eine Verweisung auf § 6 I TMG in § 7 II Nr 4b aufgenommen wurde (BT-Drucks 17/13057 S 15).

b) Nachricht. Der Begriff der Nachricht umfasst nach der aus Art 2 S 2 lit d EK- 70 DSR übernommenen Legaldefinition des § 2 I Nr 4 „jede Information, die zwischen einer endlichen Zahl von Beteiligten über einen öffentlich zugänglichen elektronischen Kommunikationsdienst ausgetauscht oder weitergeleitet wird". Ausgenommen sind allerdings grundsätzlich Informationen, die im Rahmen von Rundfunkdiensten weitergeleitet werden. Die Nachricht muss also an einen oder mehrere individualisierbare Adressaten versandt werden. Elektronische Kommunikationsdienste sind das Internet und das Telefonnetz, unter den Begriff der Nachricht fallen also E-Mails, automatische Telefonanrufe, SMS- und Fax-Mitteilungen. Das steht im Einklang mit Art 13 IV EK-DSR, dessen Begriff der „elektronischen Nachricht" bei Auslegung im Lichte des Egrd 43 ebenfalls nicht auf E-Mails beschränkt ist (aA Harte/Henning/*Schöler* § 7 Rn 341; *Köhler*/*Bornkamm* § 7 Rn 209).

c) Pflichten des Werbenden. Die Vorschrift normiert **drei Pflichten:** (1) Der 71 Werbende darf seine **Identität nicht verschleiern** und muss eine **gültige Adresse**

angeben, unter der die Einstellung der Werbung verlangt werden kann. Nicht erforderlich ist die Angabe einer ladungsfähigen Anschrift oder einer inländischen Adresse, Letzteres wäre jedenfalls für Anbieter aus der EU unionsrechtlich problematisch (Fezer/*Mankowski* § 7 Rn 227f). Da gerade zahlreiche unerlaubte Werbe-E-Mails aus dem Ausland kommen, besteht damit allerdings die Gefahr, dass Scheinadressen angegeben werden. Dieses Verhalten ist unlauter, da nach dem Marktortprinzip deutsches Recht anwendbar ist (vgl Einf B Rn 15), lässt sich in der Praxis aber kaum bekämpfen. **(2)** Die Transparenzgebote des § 6 I TMG müssen eingehalten werden und es darf nicht zum Aufruf einer Website aufgefordert werden, die ihrerseits nicht die erforderlichen Informationen bereitstellt. Erkennbar sein muss demnach, dass es sich um eine kommerzielle Kommunikation handelt und in wessen Auftrag die Kommunikation erfolgt. Außerdem wiederholt die Vorschrift nunmehr die Transparenzgebote des § 4 Nr 4, 5, der neben § 8 anwendbar bleibt. **(3)** Für den *Widerspruch* muss eine gültige Adresse angegeben werden und er Widerspruch muss **zu normalen Übermittlungskosten möglich** sein, er darf also insbesondere nicht von der Nutzung einer Mehrwertdienstnummer abhängen (RegBegr UWG 2004, BT-Drucks 15/1487 S 21). Hingegen ist der Werbende nicht verpflichtet, einen kostenfreien Widerspruch zu ermöglichen oder die Kosten des Widerspruchs zu übernehmen.

72   **6. Ausnahme für Direktwerbung innerhalb bestehender Kundenbeziehungen (§ 7 III). a) Bedeutung.** Gerade innerhalb bestehender Geschäftsverbindungen können Gründe dafür sprechen, dass der Adressat an Produktinformationen interessiert ist. Dieser Gedanke liegt auch der Rechtsprechung zur mutmaßlichen Einwilligung in die Telefonwerbung durch Gewerbetreibende zugrunde. Zwar lässt sich dort nicht schon allein aus dem Bestehen einer Geschäftsverbindung auf das Vorliegen einer mutmaßlichen Einwilligung schließen, doch handelt es sich um ein gewichtiges Indiz (Rn 57). Auf einer ähnlichen Überlegung beruht § 7 III, der Art 13 II EK-DSR umsetzt. Systematisch kann die Norm als gesetzlich geregelter Fall der mutmaßlichen Einwilligung angesehen werden (*Leistner/Pothmann* WRP 03, 815, 828), daher trägt der Werbende die **Beweislast** für das Vorliegen der Voraussetzungen des § 7 III (*Eckhardt* MMR 03, 557, 561; Fezer/*Mankowski* § 7 Rn 235).

73   **b) Voraussetzungen.** Die Vorschrift privilegiert nur die Werbung unter Einsatz elektronischer Post, also die **E-Mail** und die **SMS-/MMS-Werbung** (s Rn 65). Die Telefax-Werbung und die Telefonwerbung durch individuelle Anrufe werden nicht erfasst. Die in § 7 III genannten Voraussetzungen müssen **kumulativ** vorliegen.
– Der werbende (unklar insoweit der Wortlaut des § 7 III Nr 1, vgl *Goldbeck* K&R 06, 215ff) Unternehmer muss die elektronische Postadresse (E-Mail-Adresse oder Handy-Nummer, gegen die Einbeziehung der Telefonnummer *Köhler*/Bornkamm § 7 Rn 203) „im Zusammenhang mit dem Verkauf einer Ware oder einer Dienstleistung" vom Kunden selbst erlangt haben. Ein **Kaufvertrag** oder **Vertrag über die Erbringung einer Dienstleistung im weitesten Sinn** (zB Werkvertrag, Reisevertrag, Vertrag über Finanzdienstleistungen, s Rn 10) muss tatsächlich zustande gekommen sein (*Köhler*/Bornkamm § 7 Rn 204; Fezer/*Mankowski* § 7 Rn 239; Harte/Henning/*Schöler* § 7 Rn 351; *Köhler*/Lettl WRP 03, 1019, 1027; *Schulze zur Wiesche* CR 04, 742, 745; aA *Eckhardt* MMR 03, 557, 559; *Brömmelmeyer* GRUR 06, 285, 288; *Leistner/Pothmann* WRP 03, 815, 822; *Ohlenburg* MMR 03, 82, 84), die von der Gegenansicht vorgenommene Abgrenzung zwischen dem (noch nicht ausreichenden) generellen Interesse und der konkreten Vertragsanbahnung ist in der Praxis nicht durchführbar, der Werbende könnte das Einwilligungserfordernis durch ein hinreichend konkretes Vertragsangebot umgehen. Immerhin kann die Angabe der Adresse durch einen Kaufinteressierten im Vorfeld eines letztlich nicht zustande gekommenen Vertrages nach den oben (Rn 50) dargestellten Grundsätzen als Einwilligung in die Zusendung weiterer Information zu werten sein. Unschädlich ist die spätere Anfechtung oder der Wider-

ruf des Kaufvertrags (*Schulze zur Wiesche* aaO). Die Angabe der Adresse nach Vertragsschluss, etwa im Rahmen der Vertragsabwicklung, ist ausreichend.
- Der Werbende darf die Adresse nur zur Direktwerbung für **eigene ähnliche Waren oder Dienstleistungen** verwenden. Davon erfasst werden Waren oder Dienstleistungen, die dem gleichen Bedarf dienen, die also aus Verbrauchersicht substituierbar sind (*Köhler*/Bornkamm § 7 Rn 205; *Leistner*/*Pothmann* WRP 03, 812, 822; weitergehend *Schulze zur Wiesche* CR 04, 742, 746), die unter § 6 II Nr 1 geltenden Grundsätze können entsprechend herangezogen werden (s § 6 Rn 43). Außerdem sprechen Sinn und Zweck des § 7 III für die Einbeziehung von Zubehör- und Ersatzteilen (*Köhler*/Bornkamm § 7 Rn 205; *Fezer*/*Mankowski* § 7 Rn 264; *Köhler*/*Lettl* WRP 03, 1019, 1028; aA Harte/Henning/*Schöler* § 7 Rn 356).
- Der Kunde darf nach Belehrung über sein Widerspruchsrecht (vgl § 7 III Nr 4) der Nutzung **nicht** ausdrücklich oder konkludent **widersprochen** haben, für den Widerspruch gelten die Grundsätze des § 7 I Nr 2 (Rn 31 f).
- Der Kunde muss schon bei Erhebung der Adresse und bei jeder weiteren Verwendung auf seine Widerspruchsmöglichkeit **hingewiesen** werden. Für diese Hinweispflicht gilt das zu § 7 II Nr 4 Gesagte (Rn 69). Insbesondere muss auch hier der Widerruf zu normalen Übermittlungskosten, also ohne Inanspruchnahme einer Mehrwertdienstenummer, möglich sein (Begr RegE UWG 2004, BT-Drucks 15/1487, S 22).

IV. Weitere Fallgruppen der unzumutbaren Belästigung

1. Ansprechen in der Öffentlichkeit, Verteilung von Werbematerial

Literatur: *Isele*, Das gezielte und individuelle Ansprechen von Passanten in öffentlichen Verkehrsräumen, GRUR 2008, 1061; *Mankowski*, Scheibenwischerwerbung und andere belästigende Werbung an Auto und Fahrrad, GRUR 2010, 578; *Scherer*, Privatrechtliche Grenzen der Verbraucherwerbung, 1996; *Schwab*, Denn sie wissen, was sie tun – notwendige wettbewerbsrechtliche Neubewertung des Anreißens bei unaufgefordertem Ansprechen von Passanten in der Öffentlichkeit – Anmerkungen zu gegenläufigen Urteilen der OLGe Köln und Frankfurt a. M., GRUR 2002, 579; *Wasse*, Endlich: Unzulässigkeit der Scheibenwischerwerbung nach dem UWG, WRP 2010, 191.

a) Grundsatz. Das gezielte individuelle Ansprechen von Passanten im öffentlichen Verkehrsraum zu Werbezwecken ohne deren Einwilligung ist gem § 7 I 1 unzulässig, wenn der Werbende als solcher nicht erkennbar ist (BGH GRUR 04, 699, 700 – *Ansprechen in der Öffentlichkeit I;* BGH GRUR 05, 443, 444 – *Ansprechen in der Öffentlichkeit II; Köhler*/Bornkamm § 7 Rn 65, allerdings zu § 7 I 2; *Fezer*/*Mankowski* § 7 Rn 279 ff). Während in der älteren Rechtsprechung das Verbot dieser früher als „Anreißen" bezeichneten Praxis sowohl mit der Belästigung des Angesprochenen als auch mit der Beeinträchtigung seiner Entscheidungsfreiheit begründet wurde (BGH GRUR 60, 431, 432 – *Kraftfahrzeugnummernschilder;* bestätigt in BGH GRUR 65, 315, 316 – *Werbewagen*), stellt der BGH mittlerweile zu Recht nur noch auf die mit dem Ansprechen einhergehende unzumutbare Belästigung (§ 7 I 1) ab. Mit der Gefahr der Überrumpelung des Verbrauchers, die mittlerweile nach § 4 Nr 1 oder 2 zu beurteilen wäre, lässt sich die Unlauterkeit in der Regel allerdings nicht mehr begründen, da der mündige Verbraucher nicht mehr Gefahr läuft, sich durch das unerwartete Ansprechen zu einem ungewollten Vertrag verleiten zu lassen (BGH aaO – *Ansprechen in der Öffentlichkeit I;* jurisPK/*Koch* § 7 Rn 41). Gibt sich der Werbende als Privatperson aus, so können die Tatbestände der Nr 23 Anh zu § 3 III und des § 4 Nr 3 erfüllt sein. **74**

b) Voraussetzungen. Das Ansprechen muss gezielt, zu Werbezwecken und im öffentlichen Verkehrsraum erfolgen. **75**

- Es muss **zu Werbezwecken** erfolgen. Beim Ansprechen im Rahmen einer Meinungsumfrage oder im Straßenwahlkampf fehlt es bereits an einer geschäftlichen Handlung (s Rn 23). Stellt die Meinungsumfrage hingegen eine verdeckte Produktwerbung dar (Beispiel: OLG Stuttgart GRUR 02, 457, 458 – *Umfrage),* so ist das individuelle Ansprechen von Passanten nicht nur gem § 7 I, sondern auch gem § 4 Nr 3 unlauter (*Köhler*/Bornkamm § 7 Rn 74; Fezer/*Mankowski* § 7 Rn 299).
- Unlauter ist nur das **gezielte individuelle Ansprechen** von Passanten; erlaubt ist es hingegen, Produkte auszurufen, also in allgemeiner Form gegenüber größeren Personenkreisen mündlich anzupreisen („Marktschreierei"; vgl *Köhler*/Bornkamm § 7 Rn 70).
- Der **öffentliche Verkehrsraum** umfasst beispielsweise Straßen, Plätze, Einkaufszentren und -passagen, öffentliche Verkehrsmittel, Bahnhöfe und Flughäfen (*Köhler*/Bornkamm § 7 Rn 63; Fezer/*Mankowski* § 7 Rn 287 ff; speziell zu öffentlichen Verkehrsmitteln BGH GRUR 05, 443, 446 – *Ansprechen in der Öffentlichkeit II*). Unerheblich ist, wer Eigentümer der Fläche ist oder ob der Eigentümer der Werbung zugestimmt hat. Hingegen ist das individuelle Ansprechen von Kunden **innerhalb von Geschäftsräumen** grundsätzlich zulässig, sofern die im betreffenden Geschäft angebotenen Produkte beworben werden. Der Kunde wird nicht unvorbereitet angetroffen und wird häufig an den angebotenen Produkten interessiert sein (*Köhler*/Bornkamm § 7 Rn 72; Fezer/*Mankowski* § 7 Rn 160; enger OLG Köln GRUR 02, 641, 644). Aus ähnlichen Gründen wird seit jeher das Ansprechen von Passanten auf **Jahrmärkten, Wochenmärkten und Messen** als wettbewerbsrechtlich erlaubt angesehen, sofern der Kunde nicht über das Übliche hinaus belästigt oder unter Druck gesetzt wird (BGH GRUR 65, 315, 317 – *Werbewagen;* Köhler/Bornkamm § 7 Rn 71).

76 Die Ansprache in der Öffentlichkeit ist **zulässig**, wenn der Werbende als solcher erkennbar ist oder wenn der Angesprochene eingewilligt hat.
- Die gezielte Direktansprache von Passanten in der Öffentlichkeit kann nicht ohne weiteres als unzumutbare Belästigung des Angesprochenen angesehen werden, wenn der Werbende von vornherein **als solcher eindeutig erkennbar** ist (BGH GRUR 05, 443, 445 – *Ansprechen in der Öffentlichkeit II*) ist. Hier haben die Passanten die Möglichkeit, dem Werbenden aus dem Weg zu gehen oder knapp ihr fehlendes Interesse zu bekunden. Das gilt allerdings nur, sofern die räumlichen Verhältnisse das Ausweichen zulassen und sofern der Werbende die Adressaten nicht am Weitergehen hindert. Der Passant muss gleichsam auf einen Blick erkennen können, dass sich der Werbende zum Zweck der Absatzförderung an ihn wendet (OLG Frankfurt GRUR 08, 353, 355 – *Ansprechen von Passanten,* dazu *Isele* GRUR 08, 1061 ff). Erkennbar kann der Werbende insbesondere durch auffällige Kleidung oder seine räumliche Nähe zu einem Werbestand sein (gegen ein Ausreichen der räumlichen Nähe aber OLG Frankfurt aaO).
- Die **Einwilligung** kann ausdrücklich oder konkludent durch ein Verhalten erklärt werden, das anzeigt, dass der Kunde Beratung sucht. Nicht ausreichend ist hingegen da bloße Betrachten eines Plakats oder Schaufensters (*Köhler*/Bornkamm § 7 Rn 69). Auch darf der Werbende den Adressaten nicht zu dem Zweck ansprechen, dessen Einwilligung zu erlangen (Fezer/*Mankowski* § 7 Rn 300).

77 **c) Verteilen von Werbematerial. aa) Verteilung an Passanten.** Die Verteilung von Werbematerial (Prospekte, Handzettel, Gratisproben) an Passanten in der Öffentlichkeit führt nur zu einer geringen Belästigung, da der Werbende als solcher zu erkennen ist und da kein Gespräch aufgenommen wird. Sie verstößt daher grundsätzlich nicht gegen § 7 I (*Köhler*/Bornkamm § 7 Rn 75; Fezer/*Mankowski* § 7 Rn 296). Etwas anderes gilt, wenn die Passanten nach den örtlichen Gegebenheiten dem Verteiler nicht ausweichen können oder wenn die Verteilung nur dazu dient, den Passanten in ein Gespräch zu verwickeln. Die Verteilung von Werbematerial vor

Unzumutbare Belästigungen § 7 UWG

dem Geschäftsbetrieb eines Mitbewerbers kann unter dem Gesichtspunkt der gezielten Behinderung unlauter sein (s § 4 Rn 10/47).

bb) Scheibenwischerwerbung. Die Befestigung von Handzetteln unter den 78 Scheibenwischern parkender Autos ohne die (in diesem Fall kaum denkbare) Einwilligung des Fahrers oder Halters stellt eine unzumutbare Belästigung gem § 7 I 1 dar (ebenso *Köhler*/Bornkamm § 7 Rn 117, allerdings zu § 7 I 2; *Mankowski* GRUR 10, 578 ff; *Wasse* WRP 10, 191 ff; aA OLG Hamm GRUR 91, 229; jurisPK/*Koch* § 7 Rn 130). Erstens belästigt diese Werbemethode den betroffenen Fahrer nicht unerheblich, weil er das Werbematerial entsorgen muss. Zweitens können Handzettel bei Regen, Eis oder Schnee schwierig zu entfernen sein und im Extremfall auf der Scheibe Rückstände hinterlassen oder die Wischerblätter beschädigen. Drittens spricht der Vergleich zur Briefkastenwerbung für die Unzulässigkeit. Während der Briefkasten immerhin eine Empfangsvorrichtung darstellt und problemlos mit einem Sperrvermerk versehen werden kann, kann sich der Autofahrer gegen die aufgedrängte Werbung nicht wehren. Aus denselben Gründen ist die Ablage von Werbezetteln in Fahrradkörben unzulässig.

d) Werbung am Unfallort. Besonders strenge Grundsätze gelten für die **Wer-** 78 **bung am Unfallort**, weil sich hier die Gesichtspunkte der Belästigung (§ 7 I) und der Ausnutzung einer Zwangslage (§ 4 Nr 2) überlagern, letztere bildet den Schwerpunkt des Unlauterkeitsurteils. Die Werbung am Unfallort, für welche Waren oder Dienstleistungen auch immer, ist stets unzulässig (BGH GRUR 75, 264, 265– *Werbung am Unfallort I;* bestätigt in BGH GRUR 75, 266 – *Werbung am Unfallort II;* BGH GRUR 80, 790 – *Werbung am Unfallort III;* BGH GRUR 00, 235, 236 – *Werbung am Unfallort IV; Köhler*/Bornkamm § 7 Rn 73; Fezer/*Mankowski* § 7 Rn 304 mit Hinweis auf die andersartige US-Praxis; jurisPK/*Koch* § 7 Rn 49). Insbesondere kann sich der Werbende nicht darauf berufen, dass das Unfallopfer seiner Hilfe bedarf. Dieser Grundsatz gilt nicht nur für das wie auch immer geartete persönliche Ansprechen (Beispiel, BGH GRUR 00, 235, 236 – *Werbung am Unfallort IV:* Unternehmer erscheint im Arbeitskittel und fragt, ob Hilfe benötigt werde), sondern auch für die Verteilung von Visitenkarten und anderem Werbematerial. Ob es immerhin zulässig ist, in geziemendem Abstand vom Unfallort zu warten und dem Unfallopfer die Initiative zu überlassen (so *Köhler*/Bornkamm § 7 Rn 73), erscheint angesichts der praktischen Abgrenzungsschwierigkeiten (vgl BGH aaO) zweifelhaft.

2. Haustürwerbung

Literatur: *Lehmann*, Ist der unbestellte Vertreterbesuch gemäß § 1 UWG sittenwidrig?, GRUR 1974, 133; *Reich*, Die wettbewerbsrechtliche Beurteilung der Haustürwerbung, GRUR 2011, 589; *Schade*, Geschäfte an der Haustür durch unbestellte Vertreter, 1978; *Scherer*, Privatrechtliche Grenzen der Verbraucherwerbung, 1996; *Ulrich*, Der wettbewerbsrechtliche Schutz der Privatsphäre, FS Vieregge, 1995, 901; *Völp*, Ist der Verkauf an der Wohnungstür generell wettbewerbswidrig?, WRP 1973, 63.

a) Entwicklung. Im Gegensatz zur strengen Beurteilung der Telefonwerbung 79 und des individuellen Ansprechens in der Öffentlichkeit hat die Rechtsprechung zu § 1 aF und den Hausbesuch zu Werbezwecken bei Privatpersonen auch ohne vorherige Einwilligung zugelassen, sofern nicht auf Grund besonderer Umstände die Gefahr einer untragbaren oder sonst wettbewerbswidrigen Belästigung und Beunruhigung des privaten Lebensbereichs gegeben war (BGH GRUR 55, 541, 542 – *Bestattungswerbung;* BGH GRUR 59, 277, 280 – *Künstlerpostkarten;* BGH GRUR 70, 523, 534 – *Telefonwerbung I;* BGH GRUR 94, 818, 819 – *Schriftliche Voranmeldung;* BGH GRUR 94, 380, 382 – *Lexikothek*). Insbesondere wurde der Vertreterbesuch nach schriftlicher Voranmeldung als zulässig angesehen (BGH GRUR 94, 818, 819 – *Schriftliche Voranmeldung*), sofern die Zustimmung des Beworbenen nicht unter falschem Vorwand erschlichen wurde (BGH GRUR 76, 32, 33 – *Präsentation*) oder sich der Besuch an eine vorherige unentgeltliche Zuwendung anschloss (BGH GRUR 59, 277, 280 – *Künstlerpostkarten;* BGH GRUR 73, 81, 82 – *Gewinnermittlung*). Diese Beurteilung wurde vor allem mit der traditionellen Zulässigkeit dieser Absatzform begründet, die sich auch in § 55 GewO und § 312 I 1 BGB niedergeschlagen habe. Die Haustürwerbung sei weniger störend als die Telefonwerbung, weil der Vertreter an der Haustür sogleich erkannt werde und da Hausbesuche zudem nur zu den üblichen Arbeitszeiten stattfänden. Ein Verbot dieser gem Art 12 GG geschützten Tätigkeit sei nur unter Beachtung des Verhältnismäßigkeitsgrundsatzes möglich; die mit jedem Hausbesuch notwendig verbundene Störung reiche zur Begründung nicht aus.

80   **b) Beurteilung unter § 7 I.** Unter Geltung des § 7 I bedarf die Beurteilung der Haustürwerbung gegenüber Privatpersonen einer **Neubewertung.** Sie ist ebenso wie die Telefonwerbung grundsätzlich nur nach **vorheriger Einwilligung** des Wohnungsinhabers zulässig (LG Rostock VuR 11, 147; *Köhler*/Bornkamm § 7 Rn 41 ff; Fezer/*Mankowski* § 7 Rn 311 ff; GK/*Pahlow* § 7 Rn 66; Harte/Henning/*Ubber* § 7 Rn 92; MüKo/*Leible* § 7 Rn 227; aA jurisPK/*Koch* § 7 Rn 64). Zudem ist die Weigerung des Vertreters, nach entsprechender Aufforderung die Wohnung zu verlassen, gem Nr 26 Anh zu § 3 III unlauter; daraus folgt allerdings nicht die Zulässigkeit der Haustürwerbung im Übrigen (vgl Egrd 7 der Richtlinie über unlautere Geschäftspraktiken). Allerdings sollte für die Zulässigkeit die **mutmaßliche Einwilligung** des Adressaten ausreichen, sofern der Werbende nachweisen kann, dass diese Absatzmethode für die betreffenden Produkte und in der betreffenden Region üblich ist, wie es etwa beim Vertrieb landwirtschaftlicher Produkte (Eier, Honig) der Fall sein kann (ähnl *Köhler*/Bornkamm § 7 Rn 51; MüKo/*Leible* § 7 Rn 228). Auf diese Weise lässt sich schutzwürdigen Besitzständen Rechnung tragen. Die Last der Argumente zugunsten dieser Beurteilung ist erdrückend (vgl *Köhler*/Bornkamm § 7 Rn 46 ff; Fezer/*Mankowski* § 7 Rn 311 ff). Zweifellos geht mit der Haustürwerbung eine nicht unerhebliche Belästigung einher, da die Angesprochene seine Tätigkeit unterbrechen und sich zur Haustür oder Sprechanlage begeben muss. Keineswegs ist ein Vertreter immer auf den ersten Blick als solcher zu erkennen. Diese Belästigung ist auch unzumutbar iSd § 7 I. Zwar kann sich der Werbende auch hier auf den Schutz des Art 12 GG berufen, doch fällt dagegen der erhebliche Eingriff in die Privatsphäre des Beworbenen (Art 2 I iVm 1 I GG) stärker ins Gewicht. Das persönliche Gespräch mit einem Vertreter ist weniger einfach zu beenden als ein Telefongespräch oder gar ein Gespräch mit einem Werbenden im öffentlichen Verkehrsraum. Daher besteht in dieser Situation, anders als beim Ansprechen auf der Straße, durchaus die Gefahr ungewollter Geschäftsabschlüsse, die nur getätigt werden, um den unerwünschten Besuch zu beenden. Schließlich fällt ein vorheriger Widerspruch schwer, da entsprechende Schilder an der Wohnungstür („Betteln und Hausieren verboten") mittlerweile einen Anachronismus darstellen und im Übrigen in Mehrfamilienhäusern nicht vor dem Klingeln am Hauseingang schützen. Der außerwettbewerbsrechtlichen Regelung in § 55 GewO und in § 312 BGB misst die Rechtsprechung bei der Beurteilung anderer Formen der Direktwerbung kein Gewicht bei (s Rn 23 und Fezer/*Mankowski* § 7 Rn 320). Umgekehrt ist es für den Werbenden ohne weiteres möglich, mit Hilfe einer frankierten Antwortpostkarte die Einwilligung des Adressaten einzuholen. Die bisherige Argumentation der Rechtsprechung lässt sich nur noch damit begründen, dass der Warenabsatz durch Hausierer und Vertreter zurzeit der grundlegenden höchstrichterlichen Entscheidungen noch üblich war. In dieser Hinsicht haben sich seitdem die Marktbedingungen deutlich geändert. Gerade angesichts der Überflutung des Verbrauchers mit Werbung bedarf der Einzelne des Schutzes einer werbefreien Privatsphäre. Dieses keineswegs überholte Anliegen kommt für die Telefonwerbung in § 7 II Nr 2 zum Ausdruck. Es rechtfertigt auch ein grundsätzliches Verbot der Haustürwerbung, die im Vergleich zu Telefonanrufen ein noch größeres Störungspotenzial

aufweist. Der Umstand, dass angesichts der Kosten und der abnehmenden Häufigkeit dieser Werbeform die Nachahmungsgefahr geringer ist als bei anderen Arten der Direktwerbung (jurisPK/*Koch* § 7 Rn 66), steht dieser Bewertung wegen der erheblichen Belästigung durch Hausbesuche nicht entgegen.

c) Kategorien unzulässiger Haustürwerbung. Nach hier vertretener Ansicht 81 sind die Haustürwerbung und Vertreterbesuche bei **Privatpersonen** stets nur mit ausdrücklicher oder konkludenter, ausnahmsweise auch mutmaßlicher (Rn 80) Einwilligung des Besuchten zulässig. Persönliche Besuche bei **Gewerbetreibenden** in deren Geschäftsräumen sind hingegen uneingeschränkt zulässig, hierüber besteht Einigkeit (vgl OLG Hamburg WRP 92, 728). In folgenden Fallgruppen geht jedoch auch die Rechtsprechung in Einklang mit der hier vertretenen Ansicht von der Unzulässigkeit von Hausbesuchen aus.

- Bei einem **Widerspruch** des Beworbenen muss der Hausbesuch unterbleiben (§ 7 II Nr 1). Auch eine **Aufforderung zur Beendigung** des Besuchs und zum Verlassen der Wohnung muss sofort respektiert werden (s auch Nr 26 Anh zu § 3 III).
- Unzulässig ist die **Täuschung über den Werbecharakter** des Hausbesuchs (§ 4 Nr 3), etwa durch Vorspiegelung einer Meinungsumfrage (vgl OLG Stuttgart WRP 76, 400) oder eines privaten Besuchs (vgl BGH GRUR 74, 341, 343 – *Campagne*, zu Tätigkeit einer „Avon"-Beraterin). Nach den Grundsätzen zur Beurteilung der Laienwerbung (§ 4 Rn 1/155 ff) kann die Ausnutzung persönlicher Beziehungen die Unlauterkeit unter dem Gesichtspunkt der unsachlichen Beeinflussung (§ 4 Nr 1) begründen.
- Eine Ausnahme vom Grundsatz der Zulässigkeit wurde in der Rechtsprechung (Überblick bei *Köhler*/Bornkamm § 7 Rn 55 ff) dann gemacht, wenn der Werbende die **Zustimmung** des Umworbenen zum Hausbesuch **erschlichen** hatte (vgl BGH GRUR 68, 684 – *Farbbildangebot;* BGH GUR 76, 32, 33 – *Präsentation*) oder beim Umworbenen durch **vorherige unentgeltliche Zuwendungen** ein Gefühl der Dankbarkeit hervorgerufen hatte (BGH GRUR 59, 277, 280 – *Künstlerpostkarten:* Vertreterbesuch nach unbestellter Zusendung mund- und fußgemalter Postkarten; BGH GRUR 73, 81, 82 – *Gewinnübermittlung:* Verwicklung in ein Kaufgespräch bei Mitteilung über den Gewinn bei Preisausschreiben). Nach Ansicht der Rechtsprechung ergab sich hier die Unlauterkeit daraus, dass der Umworbene wegen seiner erschlichenen Zustimmung oder der Dankbarkeit über die unentgeltliche Zuwendung größere Hemmungen hat, den Hausbesuch zu beenden. Ob diese Urteile auch unter § 7 Geltung beanspruchen können, erscheint zweifelhaft, da ihnen widersprüchliche Annahmen zum Verbraucherverhalten zugrunde liegen. Einerseits soll der Verbraucher selbstbewusst genug sein, um ein Gespräch an der Haustür zu beenden, andererseits lässt er es sich aus Dankbarkeit für die Überlassung mundgemalter Postkarten zu einem Geschäftsabschluss bewegen. Nach hier vertretener Ansicht ist die Haustürwerbung grundsätzlich wegen der mit ihr verbundenen Belästigung unzulässig, eine erschlichene Einwilligung ist unwirkam (Rn 53). Sollte die Rechtsprechung aber in Zukunft die Haustürwerbung weiterhin als erlaubt ansehen, so lassen sich die hier referierten Urteile nur unter dem Gesichtspunkt der unsachlichen Beeinflussung (§ 4 Nr 1) aufrechterhalten, bedürfen in diesem Fall aber einer grundsätzlichen Überprüfung anhand des Leitbilds des mündigen Verbrauchers.

3. Werbung anlässlich eines Todesfalls. Besonders strengen Voraussetzungen 82 unterliegt nach ständiger Rechtsprechung die Werbung anlässlich eines Todesfalls. So ist die Haustürwerbung für Bestattungsaufträge, Grabmäler oder Sterbegeldversicherungen im Zusammenhang mit einem bevorstehenden oder eingetretenen Todesfall unlauter (BGH GRUR 55, 541, 542 – *Bestattungswerbung* (in Anknüpfung an RGZ 162, 337); BGH GRUR 67, 430, 431 – *Grabsteinaufträge I;* BGHZ 56, 18, 20 = GRUR 71, 317, 318 – *Grabsteinwerbungen II; Widmann,* WRP 03, 335, 338; jurisPK/

Koch § 7 Rn 80; anders allerdings die Rechtsprechung zur Werbung anlässlich freudiger Ereignisse: KG WRP 71, 131, 132f – *Hochzeitsfotograf*). Ausschlaggebend für diese Beurteilung ist der Gesichtspunkt der Pietät, zudem soll der Schutz der Intimsphäre Vorrang vor dem wirtschaftlichen Gewinnstreben haben (BGH GRUR 55, 541, 542 – *Bestattungswerbung*; BGH GRUR 67, 430, 431 – *Grabsteinaufträge I;* BGH GRUR 10, 1113 Rn 16 – *Grabmalwerbung*). Auch über Hausbesuche hinaus hat die Rechtsprechung pietätlose Werbung im Zusammenhang mit Todesfällen untersagt, etwa eine Werbung für „Grabsteine zu Discount-Preisen" (OLG Oldenburg GRUR 87, 300 – *Discount-Grabsteine*) oder einen Werbecontainer in unmittelbarer Nähe zu einer Grabstelle (OLG München GRUR-RR 03, 117f – *Grabaushubcontainer*). Als zulässig wurden hingegen angesehen die Werbung auf einem zur Durchführung vorübergehender Arbeiten auf dem Friedhof abgestellten LKW (OLG München GRUR-RR 08, 355, 356 – *Friedhofswerbung*), die Werbung auf Notruftafeln (OLG Stuttgart NJWE-WettbR 96, 35), die Werbung in einem persönlich adressierten Werbebrief (OLG München NJWE-WettbR 00, 156 – *Adressierter Werbebrief;* differenzierend BGH GRUR 10, 1113 Rn 18 – *Grabmalwerbung:* jedenfalls nach Ablauf von zwei Wochen zulässig) oder in der Informationsbroschüre eines Krankenhauses (LG Hamburg NJW-RR 89, 488). Diese Rechtsprechung verdient insoweit Zustimmung, als es gem § 4 Nr 2 unlauter ist, durch Direktwerbung die Beeinträchtigung der Entscheidungsfreiheit der Hinterbliebenen nach einem Trauerfall auszunutzen (vgl BGHZ 56, 18, 20 = GRUR 1971, 317, 318 – *Grabsteinwerbungen II*). Zudem sind persönliche Hausbesuche nach hier vertretener Ansicht grundsätzlich unzulässig (Rn 80), das gilt erst recht für Werbung anlässlich von Todesfällen. Ein Verstoß (auch kommunaler Betriebe selbst) gegen kommunale Friedhofssatzungen kann gem § 4 Nr 11 unlauter sein, weil die Satzung auch im Interesse der Mitbewerber den Wettbewerb auf einem bestimmten Markt regelt (BGH GRUR 05, 960, 961 – *Friedhofsruhe;* Haslinger WRP 08, 1052, 1053). Zweifelhaft erscheint es hingegen, darüber hinaus die Werbefreiheit eines gesamten Gewerbezweiges unabhängig von einer Ausnutzung der besonderen Situation Trauernder aus Gründen der Pietät einzuschränken (aA BGH GRUR 10, 1113 Rn 16 – *Grabmalwerbung;* OLG München GRUR-RR 03, 117, 118 – *Grabaushubcontainer;* OLG München GRUR-RR 08, 355, 356 – *Friedhofswerbung*), da die Wahrung des guten Geschmacks nicht Aufgabe des UWG ist. Der Gegensatz zwischen dem (in einer Marktwirtschaft nicht zu beanstandenden) „wirtschaftlichem Gewinnstreben" und dem „Schutz der Intimsphäre" ist ein scheinbarer, da bereits die Verbote der Telefon- und Haustürwerbung einen unmittelbaren und möglicherweise verletzenden persönlichen Kontakt verhindern.

4. Zusendung unbestellter Waren

Literatur: *Flume,* Vom Beruf unserer Zeit für Gesetzgebung. Die Änderungen des BGB durch das Fernabsatzgesetz, ZIP 2000, 1427; *Köhler,* Unbestellte Waren und Dienstleistungen – neue Normen, neue Fragen, GRUR 2012, 217; *Lorenz,* Im BGB viel Neues: Die Umsetzung der Fernabsatzrichtlinie, JuS 2000, 833; *Schwarz,* § 241a BGB als Störfall für die Zivilrechtsdogmatik – Zu den systemwidrigen Folgen der Umsetzung der EG-Fernabsatz-Richtlinie, NJW 2001, 1449; *Sosnitza,* Wettbewerbsrechtliche Sanktionen im BGB: Die Reichweite des neuen § 241a BGB, BB 2000, 2317.

83 **a) Unionsrechtliche Vorgaben.** Nach Nr 29 Anh I UGP-RL (umgesetzt in Nr 29 Anh zu § 3 III) gilt gegenüber Verbrauchern die Aufforderung zur Bezahlung oder Rücksendung unbestellt gelieferter Produkte oder unbestellt erbrachter Dienstleistungen als stets unlautere aggressive Geschäftspraxis. Art 27 der VerbraucherrechtsRL, die mit Wirkung vom 13.6.2014 an die Stelle der FernabsatzRL tritt, nimmt auf dieses Verbot Bezug und befreit in diesem Fall den Verbraucher von der Pflicht zur Gegenleistung. Die Übersendung von Werbematerialien mit einer Rechnung, die dem Verbraucher den fälschlichen Eindruck vermitteln, er habe das bewor-

Unzumutbare Belästigungen **§ 7 UWG**

bene Produkt bereits bestellt, ist gem Nr 21 Anh I UGP-RL (umgesetzt in Nr 22 Anh zu § 3 III) verboten. Daneben können die allgemeinen Verbote irreführender und aggressiver Praktiken (Art 6–9 UGP-RL) eingreifen.

b) Bürgerlich-rechtliche Beurteilung. Zur Umsetzung des Art 9 der Fernab- **84** satzrichtlinie (künftig Art 27 VerbraucherrechtsRL, s Rn 83) wurde § 241a BGB erlassen. Die Vorschrift bestimmt in Abs 1, dass durch die Lieferung unbestellter Sachen oder die Erbringung unbestellter Leistungen durch einen Unternehmer an einen Verbraucher ein Anspruch gegen diesen nicht begründet wird. Damit sind nicht nur vertragliche Ansprüche auf Erbringung der Gegenleistung gemeint, die schon nach früherem Recht mangels einer Annahmeerklärung des Verbrauchers nicht bestanden. Vielmehr sind **auch gesetzliche Ansprüche auf Rückgabe der Ware aus §§ 985, 812 BGB ausgeschlossen** (*Sosnitza* BB 00, 2317, 2322 ff; *Lorenz* JuS 00, 833, 841; MüKo/*Finkenauer* § 241a Rn 31; Palandt/*Heinrichs* § 241a Rn 7). Das ergibt sich im Gegenschluss aus Abs 2 der Vorschrift, der dem Unternehmer gesetzliche Ansprüche für den Ausnahmefall vorbehält, dass die Leistung nicht für den Empfänger bestimmt war oder in der irrigen Vorstellung einer Bestellung erfolgte und der Empfänger dies erkannt hat oder hätte erkennen können. Der Empfänger kann mit der Ware also nach Belieben verfahren. Die Vorschrift, die in der Literatur weitgehend kritisiert wird (vgl *Flume* ZIP 00, 1427, 1428; *Schwarz* NJW 01, 1449, 1454), hat Sanktionscharakter. Erfolgt die Lieferung der Ware oder die Erbringung der Dienstleistung indes an einen Unternehmer, so greift § 241a BGB nicht ein. Auch in diesem Fall entsteht kein vertraglicher Zahlungsanspruch, da das bloße Schweigen des Empfängers keine Annahme darstellt, doch ist der Empfänger grundsätzlich zur Aufbewahrung (zu möglichen Ausnahmen für geringwertige Gegenstände *Köhler*/Bornkamm § 7 Rn 81), nicht jedoch zur Rücksendung verpflichtet. Angesichts der äußerst strengen Regelung des § 241a BGB kommt der Zusendung unbestellter Waren mittlerweile in der Praxis nur noch eine geringe Bedeutung zu (vgl *Köhler*/Bornkamm, § 7 Rn 78).

c) Lauterkeitsrechtliche Beurteilung. Die Zusendung unbestellter Ware und **85** die Erbringung unbestellter Dienstleistungen sind aus zwei Gründen als unlauter anzusehen. Erstens führt sie zu einer **unsachlichen Beeinflussung der Entscheidungsfreiheit** des Verbrauchers und fällt damit, sofern nicht schon die in Nr 22 oder 29 Anh zu § 3 III eingreifen, unter das Regelbeispiel des § 4 Nr 1 oder, im Fall irreführender Zahlungsaufforderungen, unter § 5. Zweitens handelt es sich um **unzumutbare Belästigungen** iSd § 7 I.

aa) Unsachliche Beeinflussung, Irreführung. In der Rechtsprechung zu § 1 **86** aF wurde die Wettbewerbswidrigkeit vor allem damit begründet, dass der Verbraucher dazu neigen wird, aus Rechtsunkenntnis, geschäftlicher Unerfahrenheit oder auch aus einer gewissen Trägheit die Ware zu behalten, um sich unnötige Schreibarbeiten oder die Mühen einer Rücksendung zu ersparen. Damit wird die freie Willensentschließung des Empfängers in unsachlicher Weise beeinflusst (vgl BGH GRUR 59, 277, 278 f – *Künstlerpostkarten;* bestätigt in BGH GRUR 60, 382, 383 – *Verbandstoffe;* BGH GRUR 66, 47, 48 – *Indicator;* BGH GRUR 77, 157, 158 – *Filmzusendung*). Diese Beurteilung hat mittlerweile in Nr 29 Anh zu § 3 III Eingang gefunden. Allerdings ist der Tatbestand dieses Verbots in zweifacher Weise beschränkt: Erstens muss Adressat der Sendung ein Verbraucher sein, zweitens muss ihr eine Zahlungsaufforderung beiliegen. § 29 Ang zu § 3 III erfasst bereits die Ankündigung einer fortlaufenden Lieferung von Waren, beispielsweise eines Zeitschriftenabonnements (BGH GRUR 12, 82 Rn 29 – *Auftragsbestätigung;* krit *Köhler* GRUR 12, 217, 219). Da es sich um ein per se-Verbot handelt, ist unerheblich, ob der Verbraucher weiß, dass er nicht zur Zahlung verpflichtet ist. Ergänzend können § 4 Nr 1 und 2 angewandt werden. Wird der Sendung eine Rechnung beigelegt, die den unzutreffenden Eindruck erweckt, als habe der Kunde das Produkt bestellt, so greifen Nr 22 Anh zu

§ 3 III und – ergänzend und für den Geschäftsverkehr unter Unternehmern – die allgemeinen Irreführungsverbote und Transparenzgebote (§§ 4 Nr 3, 5, 5a) ein (BGH GRUR 12, 184 Rn 17 ff – *Branchenbuch Berg*).

87 **bb) § 7 I.** Zudem ist mit der Zusendung unbestellter Waren oder der Erbringung unbestellter Dienstleistungen eine Belästigung verbunden, da der Empfänger gezwungen ist, sich mit dem Angebot auseinanderzusetzen. Sofern er die Rechtslage falsch einschätzt, fühlt er sich veranlasst, die Ware aufzubewahren oder zurückzusenden. Diese Belästigung ist regelmäßig (zu Ausnahmen s Rn 86 aE) auch unzumutbar (BGH GRUR 12, 82 Rn 16 – *Auftragsbestätigung*; Köhler/Bornkamm § 7 Rn 83; Fezer/*Mankowski* § 7 Rn 370; jurisPK/*Koch* § 7 Rn 111). Da § 7 die Privatsphäre des Verbrauchers oder, bei Handlungen gegenüber Unternehmern, die Ungestörtheit der Betriebsabläufe, nicht jedoch die Entscheidungsfreiheit des Adressaten schützt, ist § 7 parallel neben Nr 22, 29 Anh zu § 3 III und § 4 Nr 1–3, 5, 5a anwendbar (BGH aaO Rn 16 – *Auftragsbestätigung*), ohne dass letztere vorrangig zu prüfen wären.

88 **cc) Einzelfragen.** Während § 241a BGB nur auf den Geschäftsverkehr zwischen Unternehmern und Verbrauchern anwendbar ist, gilt die soeben dargestellte wettbewerbsrechtliche Bewertung auch für unbestellte Leistungen **an Unternehmer.** Allerdings kommt insoweit, ebenso wie bei der Telefonwerbung, eine Rechtfertigung durch mutmaßliche Einwilligung in Betracht.

89 Erfasst werden die Lieferung von Waren und die **Erbringung von Dienstleistungen,** beispielsweise Reparaturarbeiten an einem Auto ohne entsprechenden Auftrag (*Köhler*/Bornkamm § 7 Rn 85; Fezer/*Mankowski* § 7 Rn 371). Hier tritt zwar oft der Aspekt der Belästigung in den Hintergrund, der nach §§ 4 Nr 1; 3 zu beurteilende Druck zur Bezahlung ist aber in dieser Fallgruppe ebenso, wenn nicht sogar in stärkerem Maße vorhanden. Nicht erst die Zusendung der Ware, sondern bereits die **Ankündigung** einer solchen Lieferung, etwa in einer angeblichen Auftragsbestätigung, ist unzulässig. Da § 2 I Nr 1 mittlerweile auch Verhalten nach Vertragsschluss erfasst (der in derartigen Fällen meist schon gar nicht vorliegen wird), ist hierfür nicht der Nachweis eines gezielten und systematischen Verhaltens erforderlich (BGH GRUR 12, 82 Rn 15 – *Auftragsbestätigung; Köhler* GRUR 12, 217, 223). Unzulässig ist auch die Lieferung weiterer Waren zusätzlich zum bestellten Produkt (jurisPK/*Koch* § 7 Rn 112).

90 Es muss sich um **entgeltliche Leistungen** handeln (BGH GRUR 59, 277, 279 – *Künstlerpostkarten*). Die Zusendung kostenloser Gegenstände (zB von Werbegeschenken) ist jedenfalls nicht nach den hier dargestellten Grundsätzen über die Zusendung unbestellter Waren unlauter. Das gilt auch, wenn bei der Zusendung geringwertiger Gegenstände dem Empfänger deutlich und ausdrücklich anheim gestellt wird, ob er eine Gegenleistung erbringen bzw die Ware zurückgeben möchte (BGH aaO S 279). Anders liegt es jedoch, wenn zugleich ein Vertreterbesuch angekündigt wird, in dessen Rahmen die Rückgabe ermöglicht werden soll, weil hier eine Aufbewahrungspflicht suggeriert wird (BGH aaO S 280). Die Übermittlung eines bloßen Angebots ist nicht unlauter, sofern die Voraussetzungen des § 7 im Übrigen eingehalten werden und sofern der Verbraucher erkennt, dass er das Angebot ohne Aufwand und weitere Verpflichtungen vernichten kann (BGH GRUR 11, 747 Rn 19 – *Kreditkartenübersendung*). Daher ist die Zusendung einer Kreditkarte, die der Adressat, für ihn erkennbar, erst mit gesonderter Erklärung aktivieren muss, zulässig, weil hier einer geringen Belästigung des Adressaten ein erhebliches Interesse des Werbenden und auch ein potentielles Interesse angeschriebener Kunden gegenübersteht (BGH aaO). Ebenfalls handelt seit der Liberalisierung des Rechts der Wertreklame in Unternehmer nicht mehr wettbewerbswidrig, wenn er auf die Bitte eines Kunden um einen Kostenvoranschlag für die Reparatur einer Kamera hin die Reparatur als unmöglich bezeichnet und dem Kunden einen Gutschein über 30 DM für den Kauf einer neuen

Kamera zuschickt (anders zum früheren Recht BGH GRUR 92, 855, 856 – *Gutscheinübersendung*).

Eine **Bestellung** durch den Kunden schließt die Unlauterkeit aus. Das gilt auch dann, wenn die Bestellung später angefochten (§§ 119 ff, 142 BGB) oder widerrufen (§§ 312 ff, 355 BGB) wird. Ob eine Bestellung vorliegt, ist nach dem objektiven Empfängerhorizont (§§ 133, 157 BGB) zu beurteilen. Beispiel: Fordert ein Kunde eine kostenlose Prämie oder Probelieferung mittels eines Formulars an, das zugleich in deutlich sichtbarer Weise eine bis auf Widerruf wirksame Bestellung enthält, so handelt der Werbende bei Zusendung der bestellten Ware nicht unlauter (vgl OLG Düsseldorf DB 79, 255). Gegenbeispiel: Die bloße Ankündigung einer Warensendung oder der Hinweis, Schweigen werde als Bestellung gewertet, kann die anschließende Lieferung nicht rechtfertigen (vgl BGH GRUR 66, 47, 48 – *Indicator;* BGH GRUR 77, 157, 158 – *Filmzusendung;* Fezer/*Mankowski* § 7 Rn 368). Grundsätzlich unlauter ist auch die Lieferung einer wesentlich anderen, nicht gleichwertigen Ware (vgl § 241 a III BGB), wenn sie mit dem Zweck erfolgt, den Adressaten zu einer weiteren geschäftlichen Handlung, in diesem Fall zur Akzeptanz und Bezahlung der Ware, zu veranlassen (ähnl jurisPK/*Koch* § 7 Rn 113). Bei einem **Irrtum des Unternehmers** über das Vorliegen einer Bestellung scheidet eine unzumutbare Belästigung aus, wenn der Irrtum nicht aus dem Verantwortungsbereich des Unternehmers stammt (Beispiel: Bestellung durch einen Dritten). Hingegen ist der Unternehmer für Irrtümer seiner Mitarbeiter und Beauftragten gem § 8 II verantwortlich (BGH GRUR 12, 82 Rn 12 f – *Auftragsbestätigung*), Fahrlässigkeit entlastet ihn nicht (*Köhler* GRUR 12, 217, 224). Sendet der Verkäufer dem Käufer auf dessen Bestellung hin die falsche Ware, so handelt er, vorbehaltlich des Verbots irreführender Werbung, nicht unlauter. Eine Belästigung liegt nicht vor, und ein verständiger Käufer wird sich nicht zur widerspruchslosen Bezahlung veranlasst fühlen, sondern seine Gewährleistungsrechte (vgl insb § 434 III BGB) geltend machen. 91

Bei **Einwilligung** des Empfängers ist die unbestellte Leistungserbringung nicht unlauter. Allerdings fällt die Einwilligung regelmäßig mit der Bestellung zusammen. Insbesondere kann im Rahmen laufender Geschäftsbeziehungen die Zusendung von Waren ohne vorherige Aufforderung der Gepflogenheiten der Parteien entsprechen. In diesem Fall ist die Annahme einer mutmaßlichen Einwilligung (hierfür *Köhler*/Bornkamm § 7 Rn 90) entbehrlich, denn es handelt sich schon nicht um unbestellte Waren (vgl BGH GRUR 60, 382, 384 – *Verbandsstoffe*). Doch ist auch in diesem Fall sorgfältig zu prüfen, ob der Kunde gerade eine unbestellte Leistung erwartet und wünscht (BGH aaO; *Köhler*/Bornkamm aaO). Eines Rückgriffs auf die mutmaßliche Einwilligung kann es hingegen bei der Erbringung von Dienstleistungen ohne vorherige entsprechende Gepflogenheit bedürfen, wenn der mutmaßliche Wille und das Interesse des Kunden (§ 683 BGB) dafür sprechen, was allerdings nur in Ausnahmesituationen der Fall sein kann (Beispiel: Rettungsmaßnahme, vor deren Vornahme ein Auftrag nicht eingeholt werden kann). 92

5. Belästigungen im Telefonverkehr und im Internet

Literatur: *Ernst,* Suchmaschinenmarketing (Keyword-Advertising, Doorwaypages uä) im Wettbewerbs- und Markenrecht, WRP 2004, 278; *Geiseler-Bonse,* Internet-Suchmaschinen als rechtliches Problemfeld – Die rechtliche Beurteilung von Metatags, Keyword Advertisement und Paid Listings, 2003; *Heim,* Die Einflussnahme auf Trefferlisten von Internet-Suchdiensten aus marken- und wettbewerbsrechtlicher Sicht, 2004; *Kotthoff,* Fremde Kennzeichen in Metatags: Marken- und Wettbewerbsrecht, K&R 1999, 157; *Lichtnecker,* Die Werbung in sozialen Netzwerken und mögliche hierbei auftretende Probleme, GRUR 2013, 135; *Rath,* Das Recht der Internet-Suchmaschinen, 2005; *ders,* Suchmaschinen sind auch nicht mehr das, was sie einmal waren, WRP 2005, 826; *Spindler/Volkmann,* Störerhaftung für wettbewerbswidrig genutzte Mehrwertdienst-Rufnummern und Domains, NJW 2004, 808.

93 **a) Mehrwertdienste, Slamming, Internet-Dialer.** Das Angebot von Mehrwertdiensten unter 0190- bzw 0900-Nummern ist für sich genommen wettbewerbsrechtlich nicht zu beanstanden. Die Möglichkeit, die Kosten der Nutzung über die Telefonrechnung einzuziehen, wird aber vielfach missbraucht. Zwischen den einzelnen Praktiken ist zu differenzieren. Sofern für die Nutzung eines Mehrwertedienstes mit Hilfe unangeforderter Fax-, SMS- oder E-Mail-Nachrichten geworben wird, handelt es sich um eine unzumutbare Belästigung gem § 7 II Nr 3. Eine Verschleierung der anfallenden Gebühren oder des Charakters eines Mehrwertedienstes kann als irreführende Werbung (§ 5) oder als Verstoß gegen gesetzliche Informationspflichten zu beurteilen sein (§§ 5a; 4 Nr 11). Problematisch ist regelmäßig nicht die Unlauterkeit des Verhaltens, sondern der Umstand, dass der Anbieter häufig seinen Sitz im Ausland hat und nicht identifizierbar ist. Die Frage, inwieweit der Vermieter der Telefonnummer als Störer haftet, ist in § 13a TKV geregelt (dazu *Spindler/Volkmann* NJW 04, 808 ff). Wird ein Endkunden-Telefonanschluss auf einen neuen Betreiber umgestellt, ohne den Kunden über diesen Vorgang zu informieren **(Slamming)**, so handelt es sich um einen Unterfall der aufgedrängten Dienstleistung unter § 7 I, zudem um eine Irreführung (§ 5 I) und ggf um eine unlautere Behinderung (§ 4 Nr 10) des betroffenen Konkurrenten. Zur Nichtausführung von Preselection-Anfragen s § 4 Rn 10/6, 11. Dasselbe gilt für den **verdeckte Einsatz** von **Internet-Dialern.** Ihre Verwendung ist nur dann lauterkeitsrechtlich unbedenklich, wenn der Nutzer auf die bevorstehende Verbindung und ihre Kosten hingewiesen wird und sich durch Mausklick für oder gegen deren Herstellung entscheiden kann. Allerdings hat das Problem mit zunehmender Verbreitung von LAN-Verbindungen seine Bedeutung teilweise verloren.

94 **b) Keyword-Advertising, Bannerwerbung, Beeinflussung von Suchmaschinen.** Die Beeinflussung von Suchmaschinen durch Metatags oder **Keyword-Advertising** kann im Einzelfall eine Kennzeichenrechtsverletzung darstellen oder unter den Gesichtspunkten der verdeckten Werbung (§ 4 Nr 3), der Irreführung (§§ 5 I, 5a) oder der unlauteren Behinderung (§ 4 Nr 10) lauterkeitsrechtliche Ansprüche auslösen (s § 4 Rn 10/536). Unter dem Gesichtspunkt der Belästigung sind diese Praktiken jedoch nicht zu beanstanden. Die Einblendung von Werbung beim Keyword-Advertising führt nur zu einer geringfügigen Belästigung, die hinsichtlich ihrer Intensität mit der Fernseh- oder Plakatwerbung vergleichbar und daher nicht unzumutbar ist. Das gilt auch für **personalisierte Bannerwerbung** innerhalb sozialer Netzwerke (*Lichtnecker* GRUR 13, 135 f), die allerdings datenschutzrechtliche Fragen aufwerfen kann. Die **Beeinflussung von Suchmaschinen** (etwa durch Metatagging) führt zwar zur Anzeige irrelevanter Ergebnisse und damit zu einer gewissen Belästigung. Sie ist aber nicht unzumutbar, da eine „Rubrikreinheit" bei Suchmaschinen nicht zu erwarten ist (OLG Düsseldorf GRUR-RR 03, 48, 49) und da die Notwendigkeit zur Unterscheidung zwischen relevanter und irrelevanter Information dem Medium eigen ist.

95 **c) Pop-up-Fenster, Interstitials. Pop-up-Fenster** sind Fenster, die sich auf dem Bildschirm beim Aufruf einer Website zusätzlich zu der gewünschten Seite automatisch öffnen. **Interstitials** sind Werbeeinblendungen, die vor dem Aufbau der eigentlich gewünschten Seite erfolgen. Ihr Einsatz ist zwar für den Nutzer lästig, er ist aber angesichts des berechtigten Interesses an der Finanzierung von Websites durch Werbung nicht zu beanstanden, sofern keine übermäßige Ladezeit beansprucht wird und dem Nutzer die Möglichkeit verbleibt, das Fenster ohne weiteres zu schließen oder Interstitials nach angemessen kurzer Zeit wegzuklicken (LG Berlin GRUR-RR 11, 332, 334; *Leupold/Bräutigam/Pfeiffer* WRP 00, 575, 591; aA *Fezer/Mankowski* § 4- S 12 Rn 149). Hingegen ist die Schwelle zur unzumutbaren Belästigung erreicht, wenn beim Versuch des Verlassens einer Website eine Kette weiterer Pop-up-Fenster erscheint, die sich nicht schließen lassen (LG Düsseldorf MMR 03, 486; insoweit zutr

Fezer/*Mankowski* § 4-S 12 Rn 151), oder wenn sich ein Interstitial nicht nach angemessener Zeit beenden lässt (LG Berlin aaO). Diese Praxis zwingt den Nutzer, Zeit aufzuwenden und gegebenenfalls den Computer herunterzufahren und so seine Tätigkeit zu unterbrechen. Diese Belästigung ist nicht durch das Interesse des Anbietenden an effektiver Werbung gerechtfertigt.

Kapitel 2. Rechtsfolgen

§ 8 Beseitigung und Unterlassung

(1) ¹Wer eine nach § 3 oder § 7 unzulässige geschäftliche Handlung vornimmt, kann auf Beseitigung und bei Wiederholungsgefahr auf Unterlassung in Anspruch genommen werden. ²Der Anspruch auf Unterlassung besteht bereits dann, wenn eine derartige Zuwiderhandlung gegen § 3 oder § 7 droht.

(2) Werden die Zuwiderhandlungen in einem Unternehmen von einem Mitarbeiter oder Beauftragten begangen, so sind der Unterlassungsanspruch und der Beseitigungsanspruch auch gegen den Inhaber des Unternehmens begründet.

(3) Die Ansprüche aus Absatz 1 stehen zu:
1. jedem Mitbewerber;
2. rechtsfähigen Verbänden zur Förderung gewerblicher oder selbständiger beruflicher Interessen, soweit ihnen eine erhebliche Zahl von Unternehmern angehört, die Waren oder Dienstleistungen gleicher oder verwandter Art auf demselben Markt vertreiben, soweit sie insbesondere nach ihrer personellen, sachlichen und finanziellen Ausstattung imstande sind, ihre satzungsmäßigen Aufgaben der Verfolgung gewerblicher oder selbständiger beruflicher Interessen tatsächlich wahrzunehmen und soweit die Zuwiderhandlung die Interessen ihrer Mitglieder berührt;
3. qualifizierten Einrichtungen, die nachweisen, dass sie in die Liste qualifizierter Einrichtungen nach § 4 des Unterlassungsklagegesetzes oder in dem Verzeichnis der Kommission der Europäischen Gemeinschaften nach Artikel 4 der Richtlinie 98/27/EG des Europäischen Parlaments und des Rates vom 19. Mai 1998 über Unterlassungsklagen zum Schutz der Verbraucherinteressen (ABl. EG Nr. L 166 S 51) eingetragen sind;
4. den Industrie- und Handelskammern oder den Handwerkskammern.

(4) ¹Die Geltendmachung der in Absatz 1 bezeichneten Ansprüche ist unzulässig, wenn sie unter Berücksichtigung der gesamten Umstände missbräuchlich ist, insbesondere wenn sie vorwiegend dazu dient, gegen den Zuwiderhandelnden einen Anspruch auf Ersatz von Aufwendungen oder Kosten der Rechtsverfolgung entstehen zu lassen. ²In diesen Fällen kann der Anspruchsgegner Ersatz der für seine Rechtsverteidigung erforderlichen Aufwendungen verlangen. ³Weiter gehende Ersatzansprüche bleiben unberührt.

(5) ¹§ 13 des Unterlassungsklagegesetzes ist entsprechend anzuwenden; in § 13 Abs. 1 und Satz 2 des Unterlassungsklagegesetzes treten an die Stelle des Anspruchs gemäß § 1 oder § 2 des Unterlassungsklagegesetzes die Unterlassungsansprüche nach dieser Vorschrift. ²Im Übrigen findet das Unterlassungsklagegesetz keine Anwendung, es sei denn, es liegt ein Fall des § 4a des Unterlassungsklagegesetzes vor.

Inhaltsübersicht

	Rn
A. Allgemeines	1
B. Der Unterlassungsanspruch	5
I. Allgemeines	5
1. Rechtsnatur	5
2. Begehungsgefahr	6

	Rn
II. Verletzungsunterlassungsanspruch (§ 8 I 1, Alt 2)	7
1. Wiederholungsgefahr	7
a) Materielle Anspruchsvoraussetzung	7
b) Vermutung der Wiederholungsgefahr	8
c) Verjährungsfälle	9
2. Wegfall der Wiederholungsgefahr	10
a) Überblick	10
b) Unterlassungserklärung	11
aa) Voraussetzungen	11
bb) Beschränkungen	12
cc) Form	13
dd) Einseitige Unterwerfung	14
ee) Auslegung	15
ff) Vertragsstrafe	16
gg) Drittunterwerfung	17
c) Wegfall der Wiederholungsgefahr ohne Unterlassungserklärung	19
aa) Änderung der tatsächlichen Umstände, Rechtsirrtum	19
bb) Änderung der Rechtslage	20
cc) Unterlassungsurteil	21
dd) Einstweilige Verfügung und Abschlusserklärung	22
d) Folge des Wegfalls	23
e) Zeitpunkt	24
III. Vorbeugender Unterlassungsanspruch (§ 8 I 2)	25
1. Allgemeines	25
a) Wesen und Bedeutung	25
b) Verjährung des vorbeugenden Unterlassungsanspruchs?	26
2. Erstbegehungsgefahr	27
a) Keine Vermutung	27
b) Umstände	28
c) Berühmung	29
aa) Bedeutung	29
bb) Äußerungen im Rechtsstreit	30
d) Verhältnis zur Wiederholungsgefahr	31
e) Verjährung des Verletzungsunterlassungsanspruchs	32
f) Wegfall der Erstbegehungsgefahr	33
3. Durchsetzung	34
IV. Umfang des gesetzlichen Unterlassungsanspruchs	35
1. Sachlicher, räumlicher und zeitlicher Umfang	35
a) Sachlich	35
b) Räumlich	36
c) Zeitlich	37
2. Aufbrauchsfrist	38
a) Grundgedanke	38
b) Rechtsgrundlage	39
c) Voraussetzungen	40
d) Umfang	44
e) Prozessuales	45
aa) Antragserfordernis	45
bb) Gewährung in der Revisionsinstanz und im Rahmen des einstweiligen Rechtsschutzes	46
f) Unterlassungserklärung und Aufbrauchsfrist	47

	Rn
V. Vertraglicher Unterlassungsanspruch	48
1. Allgemeines	48
a) Bedeutung	48
b) Rechtsnatur	49
2. Zustandekommen, Inhalt und Auslegung des Unterlassungsvertrags	50
a) Zustandekommen	50
b) Vertragsinhalt	51
c) Auslegung	52
3. Wirkungen des Unterlassungsvertrags	53
a) Wegfall der Wiederholungsgefahr	53
b) Ansprüche bei Zuwiderhandlung	54
aa) Überblick	54
bb) Verstoß gegen das Unterlassungsgebot	55
cc) Verwirkung der Vertragsstrafe	56
dd) Schadensersatz	57
ee) Anspruch auf Unterlassung	58
ff) Verhältnis zum gesetzlichen Unterlassungsanspruch	59
4. Beendigung des Unterlassungsvertrags	60
a) Vertragliche Beendigung, Bedingung und Befristung	60
b) Außerordentliche Kündigung aus wichtigem Grund	61
aa) Grundsatz	61
bb) Modalitäten der Kündigung	62
cc) Kündigung und Wiederholungsgefahr	63
VI. Übertragbarkeit der Unterlassungsansprüche	64
1. Keine isolierte Übertragbarkeit	64
2. Rechtsnachfolge	65
a) Gläubigerwechsel	65
b) Schuldnerwechsel	66
C. Der Beseitigungs- und Widerrufsanspruch (§ 8 I 1, 1. Alt)	67
I. Allgemeines	67
1. Rechtsgrundlage und Entstehungsgeschichte	67
2. Verhältnis zu anderen Ansprüchen	68
a) Widerrufsanspruch	68
b) Unterlassungsanspruch	69
c) Schadensersatzanspruch	70
II. Voraussetzung: rechtswidriger Störungszustand	71
1. Überblick	71
2. Fortbestehender Störungszustand	72
a) Grundsatz	72
b) Falsche Tatsachenbehauptungen	73
aa) Tatsachenbehauptung und Werturteil	73
bb) Unrichtigkeit	74
cc) Fortdauernder Störungszustand	75
3. Rechtswidrigkeit	76
III. Inhalt und Umfang	77
1. Beseitigung	77
2. Widerruf	78
3. Verhältnismäßigkeitsprinzip	79
a) Grundsatz	79
b) Insbesondere: Zumutbarkeit des Widerrufs	80
c) Klageantrag und Urteilstenor	81

	Rn
IV. Durchsetzung	82
1. Klage	82
2. Vollstreckung	83
3. Einstweilige Verfügung	84
D. Anspruchsgläubiger (§ 8 III)	85
I. Allgemeines	85
1. Bedeutung und Rechtsnatur	85
a) Zivilrechtlicher Individual- und Kollektivrechtsschutz	85
b) Regelung der Klagebefugnis oder der Aktivlegitimation?	86
2. Anwendungsbereich des § 8 III	87
a) Grundsatz	87
b) Einschränkungen	88
3. Ansprüche mehrerer	89
4. Beweislast, Prozessuales	90
a) Beweislast	90
b) Überprüfung von Amts wegen	91
c) Prozessstandschaft	92
II. Mitbewerber (§ 8 III Nr 1)	93
1. Begriff	93
2. Entstehen und Erlöschen, Beweislast	94
III. Verbände zur Förderung gewerblicher und beruflicher Interessen (§ 8 III Nr 2)	95
1. Normzweck und Entstehungsgeschichte	95
2. Rechtsfähige Verbände	96
3. Zur Förderung gewerblicher oder beruflicher Interessen	98
4. Verbandsmitglieder	99
a) Wettbewerbsverhältnis	99
aa) Grundsatz	99
bb) Vertrieb	100
cc) Waren oder Dienstleistungen verwandter Art (sachliche Marktabgrenzung)	101
dd) Auf demselben Markt (räumliche Marktabgrenzung)	102
b) Erhebliche Zahl verbandsangehöriger Unternehmen	103
c) Mittelbare Mitgliedschaft	104
d) Mischverbände	105
5. Befähigung zur Wahrnehmung des Verbandszwecks	106
a) Ausstattung	106
b) Tatsächliche Verfolgung	107
6. Interessenberührung	108
IV. Verbraucherverbände (§ 8 III Nr 3)	109
1. Normzweck und Entstehungsgeschichte	109
2. Anspruchsberechtigung deutscher Verbraucherverbände	110
3. Anspruchsberechtigung ausländischer qualifizierter Einrichtungen	112
V. Industrie- und Handelskammern, Handwerkskammern (§ 8 III Nr 4)	113
E. Anspruchsschuldner	114
I. Haftung des Verletzers	114
1. Überblick	114
2. Täter	115
a) Alleintäterschaft	115
b) Unmittelbare Täterschaft und Verletzung von Verkehrspflichten	115a

		Rn
	b) Mittäterschaft und mittelbare Täterschaft	116
	c) Tun und Unterlassen	117
	d) Organisationsmängel	118
3.	Teilnehmer	119
4.	Verletzung lauterkeitsrechtlicher Verkehrspflichten und Störerhaftung	120
	a) Allgemeines	120
	aa) Interessenlage	120
	bb) Entwicklung der Rechtsprechung	121
	cc) Stellungnahme	122
	dd) Grundlagen	123
	b) Voraussetzungen	124
	aa) Kein gesetzliches Haftungsprivileg	124
	bb) Geschäftliche Handlung	125
	cc) Gefahr der Interessenverletzung durch Dritte	126
	dd) Verletzung einer lauterkeitsrechtlichen Verkehrspflicht	127
	c) Darlegungs- und Beweislast	129
	d) Fallgruppen	130
	aa) Medien	131
	bb) Händler	132
	cc) Werbeagenturen und Werbemittler	133
	dd) Domainnamen	134
	ee) Internet-Versteigerungen, Internet-Portale	135
	ff) Meinungsforen und Bewertungsplattformen	135a
	gg) Access Provider	136
	hh) Virales Marketing	137
	ii) Inhaber von Internet-Anschlüssen	138
	jj) Hyperlinks	139
	kk) Suchmaschinen	139
II. Haftung für fremdes Verhalten		140
1.	Organ- und Repräsentantenhaftung (§§ 31, 89 BGB)	140
	a) Haftung der Gesellschaft	140
	b) Eigenhaftung des Geschäftsführers	140
	c) Persönliche Haftung der Gesellschafter	141
2.	Haftung für Erfüllungs- und Verrichtungsgehilfen	142
3.	Haftung für Mitarbeiter und Beauftragte (§ 8 II)	143
	a) Normzweck	143
	b) Anwendungsbereich	144
	c) Voraussetzungen	145
	aa) Zuwiderhandlung	146
	bb) In einem Unternehmen	147
	cc) Mitarbeiter	148
	dd) Beauftragter	149
	ee) Inhaber des Unternehmens	151
III. Mehrheit von Schuldnern, Rechtsnachfolge		152
1.	Mehrheit von Schuldnern	152
2.	Rechtsnachfolge, Arbeitsplatzwechsel	153
IV. Einwendungen gegen Abwehransprüche		154
1.	Missbräuchliche Geltendmachung (§ 8 IV)	154
	a) Normzweck	154
	b) Rechtsnatur	155
	c) Anwendungsbereich	156
	aa) Normadressaten	156

		Rn
	bb) Sachlicher Anwendungsbereich	157
d)	Missbrauch: Grundsatz	158
e)	Missbrauch: Fallgruppen	159
	aa) Gebührenerzielungsinteresse	159
	bb) Mehrfachverfolgung	160
	cc) Selektive Schuldnerauswahl	161
	dd) Fremdbestimmte Rechtsverfolgung	162
f)	Beweislast	163
g)	Kosten der Rechtsverteidigung (§ 8 IV 2, 3)	163a

2. Materiell-rechtliche Einwendungen ... 164
   a) Abwehr ... 164
      aa) Begriff und Bedeutung ... 164
      bb) Voraussetzungen ... 165
      cc) Rechtsfolge ... 166
   b) Üblichkeit ... 167
   c) Einwilligung ... 168
   d) Wahrnehmung berechtigter Interessen ... 169
   e) Privilegierung verfahrensbezogener Äußerungen ... 170
      aa) Verfahrensbeteiligte ... 170
      bb) Dritte ... 171
      cc) Grenzen ... 172
   f) Verwirkung ... 173
      aa) Rechtsgrundlage und Bedeutung ... 173
      bb) Voraussetzungen ... 174
         (1) Zeitablauf (Zeitmoment) ... 175
         (2) Duldungsanschein, Vertrauenstatbestand (Umstandsmoment) ... 176
         (3) Schutzwürdiger Besitzstand ... 177
         (4) Wechselwirkung, Interessenabwägung ... 179
         (5) Grenzen der Verwirkung ... 180
      cc) Rechtsfolgen ... 181
      dd) Darlegungs- und Beweislast ... 182
   g) Sonstige Fälle des Rechtsmissbrauchs ... 183
      aa) Venire contra factum proprium ... 183
      bb) Ausnutzung einer formalen Rechtsposition ... 184
      cc) Provokation eines Wettbewerbsverstoßes ... 185
      dd) Aufbrauchsfrist ... 186
   h) Einrede der Verjährung ... 187
F. Auskunftsanspruch (§ 8 V) ... 188
   I. Bedeutung der Vorschrift ... 188
   II. Auskunftsberechtigte und -verpflichtete ... 189
   III. Anspruchsinhalt und -durchsetzung ... 191

A. Allgemeines

1   Während vor 2004 die Anspruchsgrundlagen für die Geltendmachung lauterkeitsrechtlicher Unterlassungsansprüche im UWG nicht zentral zusammengefasst waren, trifft § 8 I eine **einheitliche Regelung** sowohl für den wettbewerbsrechtlichen **Unterlassungsanspruch** als auch für den **Beseitigungsanspruch**. Letzterer war zwar auch früher schon gewohnheitsrechtlich anerkannt, hatte aber im Gesetz selbst keinen Ausdruck gefunden. Beide Ansprüche – Oberbegriff ist der wettbewerbsrechtliche **Abwehranspruch** – setzen lauterkeitsrechtliche Unzulässigkeit des Handelns

Beseitigung und Unterlassung **§ 8 UWG**

gem § 3 oder § 7 voraus, sind aber – anders als der Schadensersatzanspruch (§ 9) und der neu in das Gesetz aufgenommene, dem UWG bislang unbekannte Gewinnabschöpfungsanspruch (§ 10) – **verschuldensunabhängig.** Das folgt e contrario aus §§ 9, 10, entspricht der Rechtslage unter § 1004 BGB (BGH GRUR 06, 167 Rn 7 – *Gasbelieferung II*) und war schon vor der UWG-Reform 2004 allgemein anerkannt (RGZ 60, 6, 7; BGHZ 8, 387, 393 = GRUR 53, 290, 292 – *Fernsprechnummer*; BGHZ 37, 30, 37 = GRUR 62, 426, 428 – *Selbstbedienungsgroßhandel*, ebenso zum Beseitigungsanspruch BGHZ 14, 163, 173 = GRUR 55, 97, 99 – *Constanze II*).

Inhaltlich hat § 8 I, der im Rahmen der UWG-Reform von 2008 bis auf kleinere **2** redaktionelle Änderungen unverändert geblieben ist, an der früheren **Rechtslage nichts geändert.** Das gilt für den Unterlassungsanspruch, aber auch für den Beseitigungsanspruch, dessen gesetzliche Fixierung lediglich der Klarstellung dient, dass die bisherige Rechtslage insoweit unverändert fortgilt (vgl Begr RegE UWG 2004, BT-Drucks 15/1487 S 22). Auf die frühere Rechtsprechung zu Voraussetzungen, Inhalt und Umfang der wettbewerbsrechtlichen Abwehransprüche kann daher ohne weiteres zurückgegriffen werden. Durch das Gesetz gegen unseriöse Geschäftspraktiken (BGBl I 2013, 3714) wurde dem Anspruchsgegner für den Fall der missbräuchlichen Geltendmachung eines Unterlassungsanspruchs ein Anspruch auf Kostenerstattung (§ 8 IV 2, 3) eingeräumt (Rn 163a).

Ihrer Bedeutung nach liegt das Schwergewicht der lauterkeitsrechtlichen Abwehr **3** auf dem **Unterlassungsanspruch,** den das UWG – vergleichbar dem § 1004 BGB und den Bestimmungen über die Verletzung von Immaterialgüterrechten – als Verletzungsunterlassungsanspruch bei Wiederholungsgefahr (§ 8 I 1 Alt 2) und als vorbeugenden Unterlassungsanspruch bei Erstbegehungsgefahr (§ 8 I 2) gewährt. Gerichtet ist der Anspruch auf das Verbot einer künftigen Verletzungshandlung (Rn 7ff). Anders gestaltet ist nach Voraussetzungen und Zielsetzung der **Beseitigungsanspruch,** der im Gegensatz zum Unterlassungsanspruch dem Gläubiger grundsätzlich nicht zur Abwehr einer erst bevorstehenden Beeinträchtigung zur Verfügung steht, sondern dazu dient, die Fortwirkung eines bereits geschaffenen rechtswidrigen Störungszustandes zu unterbinden (Rn 67ff).

Die Regelungen des § 8 I zu den lauterkeitsrechtlichen Abwehransprüchen sind – **4** ebenso wie die des § 8 III zur Klagebefugnis – **abschließender Natur.** Das hat zur Folge, dass das UWG – mit Ausnahme der die zivilrechtlichen Rechtsfolgen insoweit nicht erschöpfenden Regelungen der §§ 16–19 – *nicht als Schutzgesetz* iS des § 823 II BGB herangezogen werden kann (s dazu Einf D Rn 62; § 1 Rn 11; vgl auch Begr RegE UWG 2004, BT-Drucks 15/1487 S 22). Zur Konkurrenz mit bürgerlich-rechtlichen Ansprüchen im Übrigen s Einf D Rn 58 ff

B. Der Unterlassungsanspruch

Literatur: *Ahrens,* Die Abschlusserklärung – Zur Simulation der Rechtskraft von Verfügungstiteln, WRP 1997, 907; *Bergmann,* Zur alternativen und kumulativen Begründung des Unterlassungsantrags im Wettbewerbsrecht, GRUR 2009, 224; *Berlit,* Aufbrauchsfrist im gewerblichen Rechtsschutz und Urheberrecht, 1997; *ders,* Zur Frage der Einräumung einer Aufbrauchsfrist im Wettbewerbsrecht, Markenrecht und Urheberrecht, WRP 1998, 250; *Bernreuther,* Titelgläubiger, Vertragsgläubiger und erneuter Unterlassungsschuldner, WRP 2012, 796; *Borck,* Aktivlegitimation und Prozeßführungsbefugnis beim wettbewerbsrechtlichen Unterlassungsanspruch, WRP 1988, 707; *Bornkamm,* Unterlassungstitel und Wiederholungsgefahr, FS Tilmann, 2003, 769; *Dornis/Förster,* Die Unterwerfung: Rechtsnatur und Rechtsnachfolge, GRUR 2006, 195; *Fritzsche,* Unterlassungsanspruch und Unterlassungsklage, 2000; *Gottschalk,* Wie kann eine Unterlassungsvereinbarung erlöschen?, GRUR 2004, 827; *Gruber,* Der Grundsatz des Wegfalls der Wiederholungsgefahr, WRP 1992, 71; *Isele,* Vertragliche Unterlassungsansprüche bei Rechtsnachfolge auf Seiten des Unterlassungsschuldners, WRP 2011, 292; *Köhler,* Vertragliche Unterlassungspflichten,

AcP 190 (1990), 496; *ders,* Die wettbewerbsrechtlichen Abwehransprüche (Unterlassung, Beseitigung, Widerruf), NJW 1992, 137; *ders,* Die Begrenzung wettbewerbsrechtlicher Ansprüche durch den Grundsatz der Verhältnismäßigkeit, GRUR 1996, 82; *ders,* Die Auswirkungen der Unternehmensveräußerung auf gesetzliche und vertragliche Unterlassungsansprüche, WRP 2000, 921; *ders,* Zur Geltendmachung und Verjährung von Unterlassungsansprüchen, JZ 2005, 489; *ders,* Die notarielle Unterwerfungserklärung – eine Alternative zur strafbewehrten Unterlassungserklärung?, GRUR 2010, 6; *ders,* Wegfall der Erstbegehungsgefahr durch „entgegengesetztes Verhalten"?, GRUR 2011, 879; *Lindacher,* Unterlassungs- und Beseitigungsanspruch, GRUR 1985, 423; *Nieder,* Aufbrauchsfrist via Unterwerfungserklärung? WRP 1999, 583; *ders,* Die vertragsstrafebewehrte Unterwerfung im Prozessvergleich, WRP 2001, 117; *Nosch,* Die Abmahnung im Zivilrecht, 2012; *Oppermann,* Unterlassungsanspruch und materielle Gerechtigkeit im Wettbewerbsprozess, 1993; *Pohlmann,* Das Rechtsschutzbedürfnis bei der Durchsetzung wettbewerbsrechtlicher Unterlassungsansprüche, GRUR 1993, 361; *Pokrant,* Zur vorprozessualen Erfüllung wettbewerbsrechtlicher Unterlassunganprüche, FS Erdmann, 2002, 863; *Schnepel,* Wettbewerbliches Unterwerfungsrecht, 1997; *Spaetgens,* Zur Natur, Gestaltung, und Funktion wettbewerbsrechtlicher Unterwerfungserklärungen, FS Gaedertz, 1993, 545; *Stjerna,* Das sofortige Anerkenntnis (§ 93 ZPO) im gewerblichen Rechtsschutz, Wettbewerbs- und Urheberrecht – Teil 1, MarkenR 2010, 113 und Teil 2, MarkenR 2010, 153; *Steinbeck,* Die strafbewehrte Unterlassungserklärung: ein zweischneidiges Schwert!, GRUR 1994, 90; *Teplitzky,* Unterwerfung und „konkrete Verletzungsform", WRP 1990, 26; *ders,* Unterwerfung oder Unterlassungsurteil?, WRP 1996, 171; *ders,* Die Auflösung von Unterwerfungsverträgen mit nicht mehr verfolgungsberechtigten Gläubigern, WRP 1996, 1004; *ders,* Eingeschränkte Unterwerfungserklärungen, VuR 2009, 83; *Traub,* Die Anwendung des § 278 BGB auf die Erfüllung wettbewerblicher Unterlassungsversprechen, FS Gaedertz, 1992, 563; *Tsantinis,* Aktivlegitimation und Prozeßführungsbefugnis von Individuen und Organisationen im UWG-Prozeßrecht, 1995; *Ullmann,* Erstbegehungsgefahr durch Vorbringen im Prozeß?, WRP 1996, 1007; *Ungern-Sternberg,* Grundfragen des Klageantrags bei urheber- und wettbewerbsrechtlichen Unterlassungsklagen – Teil I, GRUR 2011, 375 und Teil II, GRUR 2011, 486. S auch die Nachw zu C (Anspruchsschuldner, insb Störerhaftung).

I. Allgemeines

5   **1. Rechtsnatur.** Der **Unterlassungsanspruch** ist ein vermögensrechtlicher **materiell-rechtlicher Anspruch**, kein lediglich prozessualer Rechtsbehelf (vgl BGH GRUR 80, 241, 242 – *Rechtsschutzbedürfnis;* früher war die Frage str, vgl *Teplitzky* Kap 1 Rn 6 mwN). Der Anspruch entsteht, sobald vom Unterlassungspflichtigen die drohende Gefahr einer zukünftigen Rechtsverletzung ausgeht **(Begehungsgefahr).** Das verlangt nicht, dass sich die Beeinträchtigung des fremden Interesses bereits effektiv vollzogen haben muss und eine erneute Störung droht **(Wiederholungsgefahr,** Rn 7 ff). Für die Entstehung des Anspruchs genügt es, dass eine Störung unmittelbar bevorsteht **(Erstbegehungsgefahr,** Rn 27 ff). Rechtsgrundlage für die Geltendmachung des Unterlassungsanspruchs sind (nach dem „Baukastenprinzip") §§ 8 I, 3 III iVm den Fällen der „Schwarzen Liste" (Anh zu § 3 III), §§ 8 I, 3 I iVm den Beispielstatbeständen des § 4 und den Sonderregelungen der §§ 5–6 oder § 3 I bzw § 3 I, II in unmittelbarer Anwendung. Lediglich § 7 verweist seit der UWG-Novelle 2008 nicht mehr auf § 3 I und ist daher iVm § 8 I unmittelbare Anspruchsgrundlage.

6   **2. Begehungsgefahr.** Die Begehungsgefahr, die den Unterlassungsanspruch sowohl nach seinem Gegenstand als auch personell nach Gläubiger und Schuldner konkretisiert, ist eine **materiell-rechtliche Anspruchsvoraussetzung,** nicht bloß Prozessvoraussetzung als prozessuales Erfordernis des allgemeinen Rechtsschutzinteresses (BGH GRUR 01, 255 – *Augenarztanschreiben;* GRUR 10, 455 Rn 24 – *Stumme Verkäufer II; Teplitzky* Kap 6 Rn 7 f mwN). Ob Erstbegehungs- oder Wiederholungsge-

fahr gegeben ist, spielt – bei aller Unterschiedlichkeit der Anforderungen insoweit (Rn 7 ff, 27 ff) – für die Entstehung des Unterlassungsanspruchs keine Rolle (vgl. § 8 I). Entscheidend ist allein die ernsthafte und greifbare **Besorgnis einer künftigen Rechtsverletzung** (BGH GRUR 92, 318, 319 – *Jubiläumsverkauf*). Fehlt es daran, ist die Klage – was Folge des materiell-rechtlichen Charakters des Unterlassungsanspruchs ist – als unbegründet, nicht als unzulässig abzuweisen (vgl *Teplitzky* Kap 6 Rn 8). Ob Begehungsgefahr besteht, ist Tatfrage (BGH GRUR 83, 186 – *Wiederholte Unterwerfung*; BGH GRUR 87, 45, 46 – *Sommerpreiswerbung*). Für ihre Beurteilung kommt es daher auf den Zeitpunkt der letzten mündlichen Verhandlung in der Tatsacheninstanz an. Ein nachfolgender Wegfall ist unerheblich (§ 559 I 1 ZPO), kann aber zur Erledigungserklärung Anlass geben (sa Köhler/*Bornkamm* § 8 Rn 1.11).

II. Verletzungsunterlassungsanspruch (§ 8 I 1, Alt 2)

1. Wiederholungsgefahr. a) Materielle Anspruchsvoraussetzung. Der Verletzungsunterlassungsanspruch entsteht, wenn ein in der Vergangenheit begangener Wettbewerbsverstoß die **Gefahr einer Wiederholung** des Verstoßes oder einer im Wesentlichen gleichartigen Verletzungshandlung begründet. Diese Gefahr benennt § 8 I ausdrücklich als (materiell-rechtliche, s Rn 6) Anspruchsvoraussetzung. Sie verlangt, dass ein erneuter Verstoß ernsthaft und greifbar zu besorgen ist. 7

b) Vermutung der Wiederholungsgefahr. Für das Vorliegen der Wiederholungsgefahr spricht eine **widerlegliche tatsächliche Vermutung**, die sich aus der allgemeinen Lebenserfahrung speist, dass ein schon einmal begangener Wettbewerbsverstoß dessen Wiederholung befürchten lässt (BGH GRUR 96, 290, 291 – *Wegfall der Wiederholungsgefahr I*; BGH GRUR 97, 379, 380 – *Wegfall der Wiederholungsgefahr II*; BGH GRUR 01, 453, 455 – *TCM-Zentrum*; BGH GRUR 02, 717, 719 – *Vertretung der Anwalts-GmbH*). Die Vermutung erfasst die **konkrete Verletzungsform**, dh die identische Wiederholung des Verstoßes, darüber hinaus – um nicht durch geringfügige, sachlich bedeutungslose Abweichungen die Wiederholungsvermutung leerlaufen zu lassen – alle Begehungsformen, die mit der konkreten Verletzungsform **im Kern wesensgleich** sind, in denen also das **Charakteristische der Verletzungshandlung** zum Ausdruck kommt („**Kerntheorie**", vgl BGH aaO – *Wegfall der Wiederholungsgefahr I*; BGH GRUR 99, 1017, 1018 – *Kontrollnummernbeseitigung I*; BGH GRUR 05, 443, 446 – *Ansprechen in der Öffentlichkeit II*; BGH GRUR 06, 421, 423 – *Markenparfümverkäufe*; BGHZ 166, 233 = GRUR 06, 504 Rn 36 – *Parfümtestkäufe*, BGH GRUR 10, 749 Rn 42 – *Erinnerungswerbung im Internet*; zur Kritik *Teplitzky* Kap 57 Rn 13 ff; vgl auch *Bergmann* GRUR 09, 224 ff). Um solche unerheblichen Abweichungen handelt es sich dann, wenn der die Wiederholungsvermutung begründende Wettbewerbsverstoß und die mit diesem nicht identische, aber gleichartige Verletzungshandlung aus lauterkeitsrechtlicher Sicht gleichwertig sind und bestehende Unterschiede den lauterkeitsrechtlich erheblichen Kern der Handlung unberührt lassen, so bei der Abänderung eines Werbetextes ohne inhaltliche Veränderung der Sachaussage, bei einer Änderung der Größe einer Werbeanzeige oder einem Wechsel des Werbemediums. Jedoch bezieht sich – beispielsweise – die Vermutung der Wiederholungsgefahr bei einer Werbung für Sportartikel eines Markenherstellers nicht auf Sportartikel schlechthin (vgl BGH GRUR 84, 593, 594 – *adidas-Sportartikel*) und das Nichtvorrätigsein eines beworbenen Computers begründet nicht die Besorgnis einer ungenügenden Bevorratung von EDV-Waren überhaupt (vgl BGH GRUR 96, 800, 802 – *EDV-Geräte*). Maßgebend für die Reichweite der Wiederholungsvermutung in solchen Fällen, dh für die Frage, ob sich das Charakteristische der konkreten Verletzungshandlung in der gleichartigen Handlung wiederfindet, ist die Sicht eines verständigen Durchschnittsverbrauchers (vgl § 2 Rn 104 ff). 8

9 **c) Verjährungsfälle.** Ist der dem Wettbewerbsverstoß zugrundeliegende Anspruch verjährt, wird durch die Zuwiderhandlung Begehungsgefahr *nicht* (mehr) begründet, so dass die für einen vorbeugenden Unterlassungsanspruch erforderliche Erstbegehungsgefahr (Rn 3, 5, 27 ff) aus der in verjährter Zeit liegenden Verletzungshandlung nicht hergeleitet werden kann, weil § 11 andernfalls weitgehend leerlaufen würde (BGH GRUR 87, 125 – *Berühmung;* GRUR 88, 313 – *Auto F. GmbH;* BGH GRUR 94, 57, 58 – *Geld-zurück-Garantie; Teplitzky* Kap 16 Rn 31 f). Treten allerdings Umstände aus nicht verjährter Zeit hinzu, zB eine Inanspruchnahme des früheren Verhaltens als rechtmäßig ohne klarzustellen, dass dies nur der Rechtsverteidigung dient, nicht der Rechtsberühmung, kann sich daraus eine Erstbegehungsgefahr ergeben (BGH aaO – *Berühmung,* 126; BGH aaO – *Auto F. GmbH*).

10 **2. Wegfall der Wiederholungsgefahr. a) Überblick.** Die Wiederholungsvermutung ist **widerleglich.** Ihre Ausräumung ist Sache des Verletzers. Regelmäßig wird die Vermutung der Wiederholungsgefahr durch Abgabe einer **strafbewehrten Unterlassungserklärung** ausgeräumt (Rn 11). Die Wiederholungsgefahr kann außerdem im Fall einer **Änderung der Rechtslage** (Rn 20) oder bei **Erlass eines rechtskräftigen Unterlassungsurteils** (Rn 21) entfallen. Auch die **Rechtsnachfolge** führt zum Wegfall der Wiederholungsgefahr (BGH GRUR 07, 995 Rn 10 f – *Schuldnachfolge*), hier fehlt es bereits an der Schuldnerstellung des Rechtsnachfolgers (näher hierzu Rn 153). Änderungen der tatsächlichen Verhältnisse oder ein Verhalten des Schuldners, das nicht die Voraussetzungen einer Unterlassungserklärung erfüllt, lassen hingegen die Widerholungsgefahr regelmäßig nicht entfallen (Rn 19).

11 **b) Unterlassungserklärung. aa) Voraussetzungen.** Eine Unterlassungserklärung (Unterwerfungserklärung) muss, um die Wiederholungsgefahr auszuräumen, eindeutig und hinreichend bestimmt sein, den ernstlichen Willen des Schuldners erkennen lassen, die betreffende Handlung nicht mehr zu begehen, und daher durch ein angemessenes Vertragsstrafeversprechen abgesichert sein. Sie muss außerdem den bestehenden gesetzlichen Unterlassungsanspruch nach Inhalt und Umfang voll abdecken und dementsprechend uneingeschränkt, unwiderruflich, unbedingt und grundsätzlich auch ohne die Angabe eines Endtermins erfolgen (BGH GRUR 96, 290, 291 – *Wegfall der Wiederholungsgefahr I;* BGH GRUR 97, 379, 380 – *Wegfall der Wiederholungsgefahr II;* BGH GRUR 02, 180, 181 – *Weit-vor-Winterschlussverkauf;* BGH GRUR 08, 815 Rn 14 – *Buchführungsbüro,* st Rspr; zu den Nachteilen *Köhler,* GRUR 10, 6). Eine nur auf einen abgrenzbaren Teil des Unterlassungsanspruchs bezogene, im Übrigen aber unbedingte Teilunterwerfung ist ebenso wie eine Unterwerfung nur hinsichtlich einer von mehreren Verletzungshandlungen ist grundsätzlich möglich. Sie lässt im Umfang der Erklärung die Wiederholungsgefahr entfallen, während der Unterlassungsanspruch im Übrigen unberührt bleibt (BGH GRUR 86, 814, 815 – *Whisky-Mischgetränk;* BGH GRUR 01, 422, 424 – *ZOCOR;* BGH GRUR 02, 824, 825 – *Teilunterwerfung*).

12 **bb) Beschränkungen.** Die Unterlassungserklärung muss grundsätzlich **unbedingt** und **unbefristet** erfolgen (BGH GRUR 03, 677, 679 – *Bedingte Unterwerfung;* BGH GRUR 08, 815 Rn 14 – *Buchführungsbüro*), doch gilt dieser Grundsatz nicht ohne Ausnahmen (*Köhler*/Bornkamm § 12 Rn 1.125; *Teplitzky,* VuR 2009, 83). Möglich sind zunächst **Beschränkungen,** die lediglich einer **Begrenzung des Unterlassungsanspruchs nach materiellem Recht** entsprechen (BGH aaO – *Buchführungsbüro; Köhler* aaO, Rn 1.126 ff). Das sind insbesondere (1) Befristungen, wenn auch der Unterlassungsanspruch einer zeitlichen Begrenzung unterliegt (Beispiel: befristeter Schutz gegen Nachahmungen, vgl § 4 Rn 9/81 f); (2) räumliche Beschränkungen, wenn nur eine räumlich begrenzte Wiederholungsgefahr besteht (BGH GRUR 86, 814, 815 – *Whisky-Mischgetränk*); (3) die (ex nunc wirkende) auflösende Bedingung einer Änderung oder Klärung der Rechtslage durch Gesetz oder höchst-

Beseitigung und Unterlassung **§ 8 UWG**

richterliche Rechtsprechung (BGH GRUR 93, 677, 679 – *Bedingte Unterwerfung;* GRUR 97, 125, 128 – *Künstlerabbildung in CD-Einlegeblatt*); (4) der Vorbehalt einer Aufbrauchfrist unter den in Rn 38 ff erläuterten Voraussetzungen. (5) Auch Bedingungen und Befristungen im Übrigen begründen nicht ohne weiteres Zweifel an der Ernsthaftigkeit des Unterlassungsversprechens, sofern der Schuldner an der Beschränkung ein **berechtigtes Interesse** hat und **keine schutzwürdigen Belange des Gläubigers** oder der Allgemeinheit entgegenstehen (BGH GRUR 02, 180, 181 – *Weit-vor-Winterschlussverkauf; Köhler*/Bornkamm § 12 Rn 1.131; *Teplitzky* Kap 8 Rn 13). So kann eine aufschiebend befristete Unterlassungserklärung die Wiederholungsgefahr ab Fristbeginn entfallen lassen, wenn nachvollziehbare Gründe für die Befristung bestehen und die Interessen des Gläubigers durch Schadensersatzansprüche und die Möglichkeit einstweiligen Rechtsschutzes hinreichend geschützt sind (BGH aaO). (6) Umstritten ist, ob die Wiederholungsgefahr auch dann entfallen kann, wenn der Schuldner die Haftung für Erfüllungsgehilfen nach § 278 BGB ausschließt. Dafür spricht der Gedanke eines Gleichgewichts von Titel und Unterwerfung, da auch der Titelschuldner nur für eigenes Verschulden haftet (*Teplitzky* Kap 8 Rn 29 und VuR 09, 83, 87; MüKo/*Ottofülling* § 12 Rn 281).

cc) Form. Für die Unterlassungserklärung, die ein abstraktes Schuldanerkenntnis **13** ist (Rn 49), bedarf es grundsätzlich der **Schriftform**, § 781 BGB (*Teplitzky* Kap 8 Rn 4 ff). Das Schriftformerfordernis entfällt, wenn der Schuldner (wie meist) Kaufmann ist (§ 350 HGB). Wird die Erklärung telefonisch, per Telefax oder E-Mail abgegeben, so kann der Gläubiger eine schriftliche Bestätigung verlangen. Kommt der Schuldner einem solchen Verlangen nicht nach, so verliert die Erklärung mangels ernsthafter Unterwerfungsbereitschaft ihre Wirkung (BGH GRUR 90, 530, 532 – *Unterwerfung durch Fernschreiben;* KG GRUR 88, 567, 568 – *Telex-Unterlassungsverpflichtung I; Köhler*/Bornkamm § 12 Rn 1.104 mit Hinweis auf § 127 II 2 BGB).

dd) Einseitige Unterwerfung. Regelmäßig verlangt der Gläubiger mit der Ab- **14** mahnung eine Unterwerfungserklärung; durch deren Abgabe kommt ein **Vertrag** zustande (näher hierzu Rn 50 ff). Der Schuldner kann sich auch **einseitig** wirksam unterwerfen, dh seine Unterlassungserklärung kann ohne Mitwirkung des Gläubigers abgegeben werden. Die Wirkung der Erklärung (Beseitigung der Wiederholungsvermutung) hängt nicht davon ab, dass der Gläubiger sie annimmt (BGH GRUR 84, 214, 216 – *Copy-Charge;* BGH GRUR 96, 290, 292 – *Wegfall der Wiederholungsgefahr I;* BGH GRUR 06, 878 Rn 20 – *Vertragsstrafevereinbarung;* zur konstruktiven Begründung *Köhler*/Bornkamm § 12 Rn 1.116 ff). Entscheidend ist allein, dass sie sich nach der versprochenen Vertragsstrafe und den Umständen, unter denen sie abgegeben wird, als Ausdruck ernsthaften Unterlassungswillens darstellt (BGH GRUR 90, 1050, 1051 – *Vertragsstrafe ohne Obergrenze*).

ee) Auslegung. Wie andere Willenserklärungen sind auch Unterwerfungserklä- **15** rungen einer Auslegung nach den allgemeinen Auslegungsgrundsätzen zugänglich (BGH GRUR 06, 878 Rn 18 – *Vertragsstrafevereinbarung;* BGH GRUR 10, 167 Rn 19 – *Unrichtige Aufsichtsbehörde*). Die konkrete Verletzungsform ist dabei allerdings nicht stets und ohne weiteres maßgebend, da die Beteiligten bei der Gestaltung des Inhalts der Vertragsverpflichtung frei sind und diese auch über die den Anlass der Unterwerfung bildende Verletzungshandlung hinausgehen kann (BGH GRUR 92, 61, 62 – *Preisvergleichsliste;* vgl auch BGH aaO Rn 21 f – *Unrichtige Aufsichtsbehörde*). Bezieht sich die Unterwerfungserklärung ihrem Wortlaut nach nur auf die konkrete Verletzungsform, kann sie gleichwohl dahin auszulegen sein, dass sie sich nicht nur auf die identische, sondern auf alle Handlungen erstreckt, die das Charakteristische der Verletzungshandlung ebenfalls aufweisen (BGH GRUR 96, 290, 291 – *Wegfall der Wiederholungsgefahr I;* BGH GRUR 97, 379, 380 – *Wegfall der Wiederholungsgefahr II;* BGH GRUR 98, 483, 485 – *Der M-Markt packt aus;* s a Rn 8).

UWG § 8

16 **ff) Vertragsstrafe.** Das **Vertragsstrafeversprechen** soll zum einen als Zwangsmittel den Schuldner zur Erbringung der geschuldeten Leistung anhalten, zum anderen aber auch dem Gläubiger im Verletzungsfall die Möglichkeit einer erleichterten Schadloshaltung eröffnen (BGHZ 63, 256, 259 = NJW 72, 163, 164; BGH GRUR 94, 146, 148 – *Vertragsstrafebemessung*). Es muss der Höhe nach angemessen sein, um die Wiederholungsgefahr zu beseitigen. Bei der Frage der Angemessenheit steht die „Zwangsfunktion" der Vertragsstrafe im Vordergrund (*Teplitzky* Kap 8 Rn 19). Regelmäßig wird die Leistung eines bestimmten Geldbetrags versprochen. Er muss so bemessen sein, dass der Schuldner von einem weiteren Verstoß künftig absieht. Maßgebend sind die Umstände des Einzelfalls, insbesondere Größe des Unternehmens, Umsatz und Schwere des Verstoßes und der Grad der Wiederholungsgefahr (BGH GRUR 83, 127, 129 – *Vertragsstrafeversprechen;* BGH GRUR 94, 146, 147 – *Vertragsstrafebemessung;* OLG Oldenburg GRUR-RR 10, 252 – *PKW-Laufleistung*). Schlägt der Abmahnende eine überhöhte Vertragsstrafe vor oder eine Vertragsstrafe vor, die verschuldensunabhängig verwirkt sein soll, so können darin Indizien dafür bestehen, dass die Geltendmachung des Unterlassungsanspruchs missbräuchlich ist (BGH GRUR 12, 730 Rn 17 ff – *Bauheizgerät*). Die Bestimmung der Vertragsstrafe kann aber auch gem §§ 315, 317 BGB dem Gläubiger oder einem Dritten überlassen werden, nicht jedoch (wie nach „altem Hamburger Brauch") dem Gericht (BGH GRUR 78, 192, 193 – *Hamburger Brauch I;* BGH GRUR 85, 155, 157 – *Vertragsstrafe bis zu … I*). Eine Begrenzung durch einen den Umständen angemessenen Höchstbetrag ist sinnvoll (vgl BGH aaO; BGH GRUR 85, 937, 938 – *Vertragsstrafe bis zu … II*), aber nicht zwingend (BGH GRUR 90, 1051, 1052 – *Vertragsstrafe ohne Obergrenze*). Die Bestimmung durch den Gläubiger muss **billigem Ermessen** entsprechen (§ 315 I BGB), der Schuldner kann gem § 315 III BGB die Überprüfung durch ein Gericht verlangen („neuer Hamburger Brauch", BGH GRUR 10, 355 Rn 30 – *Testfundstelle; Köhler* GRUR 94, 260). Die richterliche Billigkeitskontrolle kommt auch Kaufleuten zugute (BGH aaO).

17 **gg) Drittunterwerfung.** Ein Vertragsstrafeversprechen an einen **Dritten** (zB eine gemeinnützigen Organisation) schließt die Wiederholungsgefahr regelmäßig nicht aus, weil sie meist die Ernstlichkeit des Unterlassungsversprechens nicht hinreichend zum Ausdruck bringt (*Teplitzky* GRUR 96, 696, 700; *Köhler/Bornkamm* § 12 Rn 1.146). Die Rspr ist großzügiger und stellt auf die Umstände des Einzelfalls ab (BGH GRUR 87, 748, 749 f – *Getarnte Werbung II*).

18 Die Wiederholungsvermutung kann aber durch **Abgabe einer Unterlassungserklärung gegenüber einem von mehreren Verletzten** entfallen. Ob sie dadurch beseitigt ist, richtet sich nach den Umständen des Einzelfalls, bei deren Prüfung auch auf Person und Eigenschaft des Vertragsstrafegläubigers und dessen Beziehungen zum Schuldner abzustellen ist. Bei einer „Initiativunterwerfung" unter einen Dritten, der zwar abmahnberechtigt ist, aber nicht selbst abgemahnt hat, sind an die Ernsthaftigkeit der Unterlassungserklärung hohe Anforderungen zu stellen (OLG Köln WRP 12, 221). Auch im Übrigen bedarf die Ernsthaftigkeit genauer Prüfung (Beispiel, OLG Hamburg GRUR-RR 2010, 87 – *Netto Export*: kein Wegfall der Wiederholungsgefahr gegenüber allen Gläubigern, wenn ein Abmahnender ankündigt, eine eventuell verwirkte Vertragsstrafe mit dem Unterlassungsschuldner „auf dem Rummel teilen" zu wollen),. Beweisbelastet hinsichtlich der Ernstlichkeit der Unterlassungserklärung ist auch in diesen Fällen der Schuldner (BGH GRUR 83, 186, 187 – *Wiederholte Unterwerfung I;* GRUR 87, 640 *Wiederholte Unterwerfung II; Teplitzky* Kap 8 Rn 38 ff). Ist die Wiederholungsvermutung durch Unterwerfung gegenüber einem der Unterlassungsgläubiger entfallen, trifft den Schuldner, wenn er durch einen der anderen Gläubiger abgemahnt wird, die Verpflichtung, den Abmahnenden auf diesen Umstand hinzuweisen. Die Verletzung dieser **Aufklärungspflicht** kann Schadensersatzansprüche des Abmahnenden begründen (BGH GRUR 87, 54, 55 – *Aufklärungs-*

pflicht des Abgemahnten; BGH GRUR 87, 640, 641 – *Wiederholte Unterwerfung II;* BGH GRUR 88, 716, 717 – *Aufklärungspflicht gegenüber Verbänden).*

c) Wegfall der Wiederholungsgefahr ohne Unterlassungserklärung. 19
aa) Änderung der tatsächlichen Umstände, Rechtsirrtum. Ohne eine strafbewehrte Unterlassungserklärung entfällt die Wiederholungsgefahr – abgesehen von den im Folgenden (Rn 20f) dargestellten Fallgestaltungen – nur ganz ausnahmsweise. Das Versprechen künftigen Wohlverhaltens, die Einstellung der beanstandeten Werbung, die Änderung der beanstandeten AGB-Klauseln (LG Cottbus WRP 12, 91) oder die Beendigung der Tätigkeit, die zum Wettbewerbsverstoß geführt hat, reichen dafür nicht aus (ebenso zu Art 98 GMVO EuGH GRUR 07, 228 Rn 36 – *Nokia/ Wärdell*). Auch eine Änderung der für das beanstandete Verhalten maßgebenden tatsächlichen Umstände wie beispielsweise die Aufgabe des Geschäfts, die Einstellung der Produktion, der Eintritt in die Liquidation oder die Entlassung des für den Wettbewerbsverstoß verantwortlichen Angestellten berühren die Wiederholungsvermutung nicht (BGH GRUR 88, 38, 39 – *Leichenaufbewahrung;* BGH GRUR 92, 318, 320 – *Jubiläumsverkauf;* BGH GRUR 98, 824, 828 – *Testpreis-Angebot;* BGH GRUR 01, 453, 455 – *TCM-Zentrum;* BGH GRUR 08, 628 Rn 23 – *Fruchtextrakt;* Köhler/ Bornkamm § 8 Rn 1.39f; Harte/Henning/*Bergmann* § 8 Rn 16; zum Übergang auf den Rechtsnachfolger s Rn 153). Das gilt auch, wenn sich der Schuldner in einem entschuldbaren Rechtsirrtum befunden hat, denn subjektive Tatbestandsmerkmale sind für den Unterlassungsanspruch unerheblich (ebenso Köhler/*Bornkamm* § 8 Rn 1.42; *Teplitzky* Kap 7 Rn 4; aA für einen Sonderfall aber BGH GRUR 94, 445, 445 – *Versicherungsvermittlung im öffentlichen Dienst*). Jedoch kann eine Änderung der Rechtslage die Wiederholungsgefahr entfallen lassen (Rn 20).

bb) Änderung der Rechtslage. Ändert sich die Rechtslage während des Rechts- 20
streits, so kann ein Unterlassungsanspruch nur bestehen, wenn das beanstandete Verhalten sowohl zur Zeit seiner Vornahme als auch nach neuem Recht als unlauter zu beurteilen ist und auch nicht zwischenzeitlich zulässig war (BGHZ 173, 188 = BGH 07, 809 Rn 18 – *Jugendgefährdende Medien bei eBay;* BGH GRUR 08, 438 Rn 14 – *ODDSET;* BGH GRUR 09, 781 Rn 11 – *Sammelaktion für Schoko-Riegel;* BGH GRUR 11, 169 Rn 18 – *Lotterien und Kasinospiele;* BGH GRUR 12, 1279 Rn 16 – *DAS GROßE RÄTSELHEFT*). War die Wettbewerbswidrigkeit wegen Zweifelhaftigkeit der Rechtslage umstritten, ist aber wegen einer **Gesetzesänderung** während des Rechtsstreits nunmehr zu bejahen, so entfällt die Wiederholungsgefahr (BGH GRUR 02, 717, 719 – *Vertretung der Anwalts-GmbH* mwN). Mit Blick auf die Besonderheit einer solchen Situation kann nicht angenommen werden, dass der präsumtive Verletzer, der bei zweifelhafter Rechtslage sein Verhalten mit vertretbaren Gründen gegen den Vorwurf wettbewerbswidrigen Verhaltens verteidigt hat, auch dann noch auf einer Fortsetzung oder Wiederholung seines Handelns bestehen wird, wenn der Gesetzgeber die bis dahin offene Frage eindeutig im Sinne des zuvor streitigen Verbots entschieden hat (Köhler/*Bornkamm* § 8 Rn 1.43).

cc) Unterlassungsurteil. Ein im Hauptsacheverfahren ergangenes rechtskräftiges 21
Unterlassungsurteil ist nach herrschender, aber nicht unbestrittener Ansicht grundsätzlich geeignet, die Wiederholungsvermutung – auch im Verhältnis zu Dritten (Zweit-, Drittabmahner) – entfallen zu lassen, weil in aller Regel davon auszugehen ist, dass der Schuldner bei seinem künftigen Verhalten einem Urteil ebenso ernsthaft Beachtung schenken wird wie einer strafbewehrten Unterwerfung (BGH GRUR 03, 450, 452 – *Begrenzte Preissenkung; Bornkamm,* FS Tilmann, 2003, 769, 771ff mwN; Harte/Henning/*Bergmann* § 8 Rn 19; Fezer/*Büscher* § 8 Rn 75; mit Einschränkung *Teplitzky* Kap 7 Rn 4a). Anders ist es allerdings dann, wenn Anhaltspunkte für die Annahme bestehen, dass der Schuldner nicht bereit ist, dem Urteil eine den Streit regelnde Bedeutung beizulegen. Von einer solchen Sachlage ist auszugehen, wenn sich

der Schuldner im Streit mit einem Dritten wegen desselben Wettbewerbsverstoßes, der Gegenstand des in Rechtskraft erwachsenen Unterlassungsurteils ist, zur Abwehr der Klage nicht auf dieses beruft, sondern sich in der Sache selbst verteidigt und damit zu erkennen gibt, dass er das Urteil für sein künftiges Wettbewerbsverhalten nicht als maßgeblich ansieht (BGH aaO – *Begrenzte Preissenkung*).

22 **dd) Einstweilige Verfügung und Abschlusserklärung.** Anders als das in Rechtskraft erwachsene Unterlassungsurteil (Rn 21) lässt eine vom Verletzten erwirkte **einstweilige Verfügung,** die als solche den Streit lediglich vorläufig regelt und einer jederzeit möglichen Aufhebung im Hauptsacheverfahren unterliegt, die Wiederholungsvermutung nicht entfallen. Anders ist es, wenn der Schuldner eine **Abschlusserklärung** (näher hierzu § 12 Rn 182 ff) oder eine strafbewehrte Unterlassungserklärung (s Rn 11) abgibt und die einstweilige Verfügung als endgültige und verbindliche, einer einem im Hauptsacheverfahren ergangenen Urteil gleichstehenden Regelung anerkennt (BGH GRUR 64, 274, 275 – *Möbelrabatt;* OLG Karlsruhe GRUR 95, 510, 513; KG WRP 98, 71, 72; OLG Frankfurt NJWE-WettbR 00, 259, 260; Köhler/*Bornkamm* § 8 Rn 1.39, 51; Harte/Henning/*Bergmann* § 8 Rn 20; Fezer/*Büscher* § 8 Rn 75 *Berneke* Rn 8; Ahrens/*Schmukle* Kap 44 Rn 22; Ahrens/*Ahrens* Kap 58 Rn 38; *Teplitzky* Kap 7 Rn 11a).

23 **d) Folge des Wegfalls.** Mit dem **Wegfall der Wiederholungsvermutung** entfällt die Wiederholungsgefahr und der **Unterlassungsanspruch erlischt.** An seine Stelle tritt ggf der vertragliche Anspruch aus der Unterlassungsverpflichtung. Eine erneute – identische oder kerngleiche – Verletzungshandlung lässt den früheren Unterlassungsanspruch nicht wieder aufleben, sondern begründet einen *neuen* Unterlassungsanspruch mit *neuer* Wiederholungsvermutung (BGHZ 130, 288, 292 = GRUR 95, 678, 679 – *Kurze Verjährungsfrist;* BGH GRUR 98, 1043, 1044 – *GS-Zeichen;* Köhler/*Bornkamm* § 8 Rn 1.45; *Teplitzky* Kap 8 Rn 49). Diese kann grundsätzlich nur durch eine *erneute* strafbewehrte Unterlassungserklärung ausgeräumt werden. Der gerichtlichen Geltendmachung des neuen Unterlassungsanspruchs fehlt, solange sich der Schuldner nicht erneut unterworfen hat, das Rechtsschutzinteresse nicht deshalb, weil der Gläubiger die mit der früheren Unterwerfungserklärung für den Zuwiderhandlungsfall versprochene Vertragsstrafe verlangen kann (BGH GRUR 80, 241, 242 – *Rechtsschutzbedürfnis*).

24 **e) Zeitpunkt.** Für die Frage des Vorliegens der **Wiederholungsvermutung** kommt es auf den Zeitpunkt der letzten mündlichen Verhandlung in der Tatsacheninstanz an. Ob die Unterlassungserklärung die Wiederholungsgefahr beseitigt hat oder ob diese fortbesteht, ist im Wesentlichen **Tatfrage.** Als solche ist sie der Beurteilung durch das Revisionsgericht entzogen. Dieses kann aber nachprüfen, ob der Tatrichter alle wesentlichen Tatumstände berücksichtigt hat und von zutreffenden rechtlichen Gesichtspunkten ausgegangen ist. Ob der Tatrichter einen rechtlich zutreffenden Wertungsmaßstab angelegt hat, prüft das Revisionsgericht auch ohne besondere Verfahrensrüge (BGH GRUR 94, 516, 517 – *Auskunft über Notdienste*).

III. Vorbeugender Unterlassungsanspruch (§ 8 I 2)

25 **1. Allgemeines. a) Wesen und Bedeutung.** Kommt mangels eines die Wiederholungsvermutung begründenden Wettbewerbsverstoßes ein Verletzungsunterlassungsanspruch nicht in Betracht, kann ein Unterlassungsanspruch unter dem Gesichtspunkt der **Erstbegehungsgefahr** (Rn 27 ff) als vorbeugender Unterlassungsanspruch gleichwohl begründet sein, wenn eine Rechtsverletzung unmittelbar drohend bevorsteht. In § 8 I 2 wurde der vorbeugende Unterlassungsanspruch erstmals gesetzlich geregelt, doch auch zuvor war er in st Rspr anerkannt (vgl BGH GRUR 92, 318, 319 – *Geld-zurück-Garantie;* GRUR 99, 1097, 1099 – *Preissturz ohne*

Beseitigung und Unterlassung **§ 8 UWG**

Ende). Er setzt nicht voraus, dass es zu einer rechtswidrigen Störung des Wettbewerbs bereits gekommen ist. Ebenso wie der Verletzungsunterlassungsanspruch (Rn 7) ist auch der vorbeugende materiell-rechtlicher Natur und erfasst auch kerngleiche Handlungen (Rn 8). Beide Ansprüche ergänzen sich, unterscheiden sich aber in ihren Voraussetzungen und stehen selbstständig nebeneinander, was in den Fällen der Berühmung im Rechtsstreit, wenn der Kläger den behaupteten Wettbewerbsverstoß nicht nachweisen kann, von erheblicher praktischer Bedeutung ist.

b) Verjährung des vorbeugenden Unterlassungsanspruchs? Ob der vorbeugende Unterlassungsanspruch der **Verjährung** unterliegt, ist **streitig** (verneinend BGH GRUR 66, 623, 626 – *Kupferberg;* BGH GRUR 79, 121, 122 – *Verjährungsunterbrechung;* OLG Koblenz WRP 88, 557, 558; OLG Stuttgart NJWE-WettbR 96, 31, 32; bejahend die ganz hL, vgl Harte/Henning/*Schulz* § 11 Rn 12ff; GK/*Messer* § 21 Rn 12; Köhler/*Bornkamm* § 8 Rn 1.16; *Köhler*/Bornkamm § 11 Rn 1.3; Ahrens/ Bornkamm Kap 34 Rn 10ff; *Teplitzky* Kap 16 Rn 5; s a OLG Stuttgart WRP 93, 351, 353). Dabei wird anhand der Gestaltung des Einzelfalls zu unterscheiden sein, ob das Verhalten, das die Besorgnis der künftigen Rechtsverletzung begründet, einer nicht verjährenden, täglich sich erneuernden **Dauerhandlung** ähnlich in Betracht zu ziehen ist oder ob es sich als ein in der Vergangenheit liegendes **abgeschlossenes Ereignis** darstellt. Letzterenfalls verjährt auch der vorbeugende Unterlassungsanspruch. Denn unterliegt der aus einem begangenen Verstoß resultierende Verletzungsunterlassungsanspruch der Verjährung, kann dies bei einem vorbeugenden Unterlassungsanspruch, der denselben Verstoß ankündigt, grundsätzlich nicht anders sein. 26

2. Erstbegehungsgefahr. a) Keine Vermutung. Anders als die Wiederholungsgefahr, für deren Vorliegen auf Grund eines wettbewerbswidrigen Eingriffs eine Vermutung streitet, kann die **Erstbegehungsgefahr nicht vermutet** werden. Sie ist eine materiell-rechtliche Anspruchsvoraussetzung (vgl Rn 6, 7), deren Fehlen zur Abweisung der Unterlassungsklage als unbegründet führt. Erstbegehungsgefahr liegt vor, soweit ernsthafte und greifbare tatsächliche Anhaltspunkte dafür vorhanden sind, der Anspruchsgegner werde sich in naher Zukunft rechtswidrig verhalten (BGH GRUR 01, 1174, 1175 – *Berühmungsaufgabe;* BGH GRUR GRUR 11, 1038 Rn 44 – *Stiftparfüm;* BGH GRUR 12, 728 Rn 25 – *Einkauf Aktuell,* st Rspr). Eine bloß abstrakte Möglichkeit reicht dafür nicht aus. Die Gefahr muss ernstlich drohen. Sie folgt nicht schon aus einem Verhalten, das bis zu einer Gesetzesänderung rechtmäßig war. Ohne weiteren Anhalt kann bei einer solchen Sachlage nicht davon ausgegangen werden, dass der Handelnde das erst mit der Gesetzesänderung wettbewerbswidrig gewordene Tun fortsetzen wird (BGH GRUR 97, 665 – *Schwerpunktgebiete;* BGH GRUR 98, 591, 592 – *Monopräparate*). Die Feststellung der Erstbegehungsgefahr ist – ebenso wie die Feststellung der Wiederholungsgefahr (Rn 7) – **Tatfrage** und demgemäß Sache des Tatrichters, dessen Beurteilung in der Revisionsinstanz nur eingeschränkter Nachprüfung unterliegt. 27

b) Umstände. Die tatsächlichen Umstände, die Erstbegehungsgefahr begründen, können in Vorbereitungshandlungen liegen, in Markenanmeldungen (BGH GRUR 90, 361, 363 – *Kronenthaler;* BGH GRUR 94, 530, 532 – *Beta*), in der Ankündigung von Werbemaßnahmen zB durch betriebsinterne Weisungen (BGH GRUR 71, 119, 120 – *Branchenverzeichnis*), in der Schaltung von Titelschutzanzeigen (BGH GRUR 01, 1054, 1055 – *Tagesreport*), in der Anmeldung eines ältere Rechte verletzenden oder gegen § 4 Nr 10 verstoßenden Zeichens als Marke (BGH GRUR 08, 912 Rn 30 – *Metrosex*); in der Ankündigung eines gegen § 475 BGB verstoßenden Gewährleistungsausschlusses in einer Werbeanzeige (BGH GRUR 10, 1120 Rn 25 – *Vollmachtsnachweis*), in Absichtserklärungen, in der Nichtbeachtung oder Verletzung einer Unterlassungsverpflichtung, in Äußerungen aus Anlass und im Rahmen von Vergleichsverhandlungen (wobei allerdings an das Vorliegen von Erstbegehungsgefahr 28

Ohly 867

strenge Anforderungen zu stellen sind, BGH GRUR 92, 627, 630 – *Pajero*) oder – wichtigster Fall – in der **Berühmung**, zu einem bestimmten Verhalten berechtigt zu sein (Rn 29), immer vorausgesetzt, dass eine Verletzungshandlung unmittelbar bevorsteht (Köhler/*Bornkamm* § 8 Rn 1.23; Fezer/*Büscher* § 8 Rn 82ff; *Teplitzky* Kap 10 Rn 8ff). Eine Erstbegehungsgefahr muss aber immer in der Person des Handelnden selbst begründet sein. Ein Verhalten des Rechtsnachfolgers begründet keine Erstbegehungsgefahr (BGH GRUR 07, 995 Rn 10 – *Schuldnachfolge;* näher hierzu Rn 153). Veranlasst ein Unternehmen ein anderes, in bestimmter Weise wettbewerbswidrig vorzugehen, folgt allein daraus nicht, dass jenes selbst in dieser Weise tätig werden wird (BGH GRUR 91, 764, 766 – *Telefonwerbung IV*). Ein Verhalten, das zur Zeit seiner Vornahme rechtmäßig und erst nach einer Rechtsänderung als unlauter zu beurteilen ist, begründet keine Erstbegehungsgefahr, die Wertung erfolgt parallel zu derjenigen bei Wiederholungsgefahr (s die Nachw Rn 20).

29 c) **Berühmung. aa) Bedeutung.** Nimmt der präsumtive Verletzer für sich das Recht in Anspruch, zu einer bestimmten Handlung berechtigt zu sein, so kann dies den Schluss auf eine drohende Verletzung und damit auf eine Erstbegehungsgefahr zulassen („Berühmung", s BGH GRUR 87, 125, 126 – *Berühmung;* BGH GRUR 01, 1174, 1175 – *Berühmungsaufgabe;* BGH GRUR 06, 429 Rn 18 – *Schlank-Kapseln,* BGH GRUR 10, 455 Rn 26 – *Stumme Verkäufer II;* st Rspr; Köhler/*Bornkamm* § 8 Rn 1.18; *Teplitzky* Kap 10 Rn 9ff). Von jemandem, der sich berühmt, eine bestimmte Handlung vornehmen zu dürfen, kann man erwarten, dass er sie auch vornehmen wird (*Teplitzky* aaO). Maßgeblich sind allerdings immer die Umstände des Einzelfalls. Das gilt insbesondere für Erklärungen, die im Verlauf eines gerichtlichen Verfahrens abgegeben werden (s Rn 30).

30 bb) **Äußerungen im Rechtsstreit.** Eine die Erstbegehungsgefahr begründende Berühmung kann sich unter Umständen auch aus Auftreten und Äußerungen des Beklagten im Rechtsstreit ergeben. Die Tatsache allein, dass der Beklagte sich zu einem bestimmten Verhalten für berechtigt hält, ist jedoch noch nicht als Berühmung zu werten. Erstbegehungsgefahr wird nur begründet, wenn den Erklärungen bei Würdigung der Einzelumstände des Falls auch die Bereitschaft zu entnehmen ist, sich unmittelbar oder in naher Zukunft in dieser Weise zu verhalten (BGH GRUR 01, 1174, 1175 – *Berühmungsaufgabe;* BGH GRUR 06, 429 Rn 18 – *Schlank-Kapseln;* BGH GRUR 11, 1038 Rn 44 – *Stiftparfüm;* Köhler/*Bornkamm* § 8 Rn 1.18ff; Harte/Henning/*Bergmann* § 8 Rn 28; Fezer/*Büscher* § 8 Rn 80f; *Teplitzky* Kap 10 Rn 10; strenger die frühere Rspr, s zB BGH GRUR 87, 125, 126 – *Berühmung;* BGH GRUR 95, 595, 598 – *Kinderarbeit*).

31 d) **Verhältnis zur Wiederholungsgefahr.** Stützt der Kläger den Unterlassungsanspruch im Rechtsstreit zunächst nur auf Wiederholungsgefahr, will er dann aber – beispielsweise aus Beweisschwierigkeiten – auf Grund einer Prozessberühmung des Beklagten die Unterlassungsklage mit dem Vorliegen von Erstbegehungsgefahr begründen, geht es darum, eine **neuen Klagegrund** und damit einen **neuen Streitgegenstand** in den Rechtsstreit einzuführen (BGH GRUR 06, 429 Rn 22 – *Schlank-Kapseln;* allg zum Streitgegenstand § 12 Rn 57ff). Von sich aus kann daher das Gericht den Beklagten nicht wegen einer aus dessen Prozessverhalten abgeleiteten Erstbegehungsgefahr zur Unterlassung verurteilen (*Köhler* in Anm zu BGH LM UWG § 1 Nr 598 = GRUR 92, 618, 619 – *Pressehaftung II;* Köhler/*Bornkamm* § 8 Rn 1.21 Fezer/*Büscher* § 8 Rn 81; *Teplitzky* Kap 9 Rn 5, Kap 10 Rn 12).

32 e) **Verjährung des Verletzungsunterlassungsanspruchs.** Ist der Verletzungsunterlassungsanspruch verjährt, begründet die diesem Anspruch zu Grunde liegende Handlung für sich allein **keine Erstbegehungsgefahr**, weil sonst der Schutzzweck der Verjährungsvorschriften leerlaufen würde. Anders ist es bei Hinzutreten neuer Umstände, die die Annahme einer Erstbegehungsgefahr rechtfertigen (vgl Rn 9;

BGH GRUR 88, 313 – *Auto F. GmbH;* BGH GRUR 94, 57, 58 – *Geld-zurück-Garantie;* Köhler/Bornkamm § 8 Rn 1.28 aE).

f) Wegfall der Erstbegehungsgefahr. Für den Fortbestand der Erstbegehungs- 33 gefahr besteht anders als bei der Wiederholungsgefahr auf Grund einer begangenen Verletzungshandlung **keine Vermutung.** An die Beseitigung einer Erstbegehungsgefahr sind daher weniger strenge Anforderungen zu stellen als an den Wegfall der Wiederholungsgefahr (BGH GRUR 92, 116, 117 – *Topfgucker-Scheck;* BGH GRUR 01, 1174, 1176 – *Berühmungsaufgabe;* BGH GRUR 10, 455 Rn 26 – *Stumme Verkäufer II;* BGH NJW 13, 593 Rn 26 (zu § 1 UKlaG); Köhler/Bornkamm § 8 Rn 1.26 f; Fezer/*Büscher* § 8 Rn 85; *Teplitzky* Kap 10 Rn 20 ff). Insbesondere bedarf es keiner strafbewehrten Unterlassungserklärung (Rn 11). Erforderlich zur Beseitigung der Erstbegehungsgefahr ist nur der Aufgabe der Berühmung. Sie kann in einer uneingeschränkten und eindeutigen Erklärung liegen, dass die beanstandete Handlung in der Zukunft nicht vorgenommen werde (BGH GRUR 92, 116, 117 – *Topfgucker-Scheck;* BGH GRUR 01, 1174, 1176 – *Berühmungsaufgabe*), aber auch in der Rücknahme von Anzeigen oder Markenanmeldungen, Aufgabe von Vorbereitungshandlungen usw („actus contrarius"). Für die Zeit bis zur Abmahnung ist das unbestritten. Ist eine Abmahnung hingegen erfolgt, so sprechen die Gesichtspunkte der Rechtssicherheit und der Vermeidung von Wertungswidersprüchen dafür, auch für die Beseitigung der Erstbegehungsgefahr die Abgabe einer strafbewehrten Unterlassungserklärung zu verlangen (so nunmehr *Köhler* GRUR 11, 879, 881 ff).

3. Durchsetzung. Will der Gläubiger den vorbeugenden Unterlassungsanspruch 34 **klageweise** durchsetzen, muss er den Schuldner – ebenso wie in den Fällen der gerichtlichen Geltendmachung des Verletzungsunterlassungsanspruchs – zwecks Vermeidung der Kostenfolge des § 93 ZPO bei sofortigem Anerkenntnis durch den Beklagten vorher abmahnen (vgl § 12 I 1) und ihm Gelegenheit geben, die Erstbegehungsgefahr auszuräumen, was durch eine Unterlassungserklärung (*ohne* Strafbewehrung), aber auch durch jedes sonstige verbale oder schriftliche, direkte oder konkludente Verhalten, das einen ernstlichen, uneingeschränkten und eindeutigen Aufgabewillen erkennen lässt, zum Ausdruck gelangt. Lässt der Schuldner die Abmahnung unbeachtet, folgt daraus allein das Fortbestehen einer Erstbegehungsgefahr nicht. Wird die Unterlassungsklage abgewiesen, steht die Rechtskraft dieser Entscheidung einer erneuten Klage nicht entgegen, die die Erstbegehungsgefahr auf neue, nach der mündlichen Verhandlung in der Tatsacheninstanz entstandene Tatsachen stützt (vgl BGH GRUR 63, 378, 381 – *Deutsche Zeitung;* BGH GRUR 90, 687, 689 – *Anzeigenpreis II*).

IV. Umfang des gesetzlichen Unterlassungsanspruchs

1. Sachlicher, räumlicher und zeitlicher Umfang. a) Sachlich. Seinem 35 sachlichen Inhalt nach bestimmt sich die **Reichweite** der gesetzlichen Unterlassungsansprüche nach der begangenen bzw drohenden **Verletzungshandlung.** Dabei ist zu berücksichtigen, dass die Wiederholungs- bzw Erstbegehungsgefahr sich nicht nur auf die konkrete Verletzungsform erstreckt, sondern auf alle dem fraglichen Wettbewerbsverstoß im Kern gleichartigen Verletzungshandlungen (vgl Rn 8), wenn nicht der Gläubiger insoweit seinen Unterlassungsantrag – etwa auf die konkrete Verletzungsform – beschränkt. Tut er das, darf ihm das Gericht nicht auch das zusprechen, was er verlangen könnte (§ 308 I 1 ZPO). Verlangt er mehr als ihm zusteht, kann das Gericht unter Abweisung der Klage im Übrigen dem Unterlassungsantrag – etwa beschränkt auf die konkrete Verletzungsform – stattgeben, soweit das nach Sachlage und dem Antrag des Klägers möglich ist.

UWG § 8 Gesetz gegen den unlauteren Wettbewerb

36 **b) Räumlich.** Ist der Tätigkeitsbereich eines verletzten Mitbewerbers räumlich beschränkt, hindert das nicht die Geltendmachung des Unterlassungsanspruchs für den **gesamten Geltungsbereich des UWG** und dessen Durchsetzung (Vollstreckung) in diesem Bereich. Das deshalb, weil die wettbewerbsrechtlichen Ansprüche nicht nur den Schutz der Mitbewerber, sondern auch den Schutz der Verbraucher, der sonstigen Marktteilnehmer und der Allgemeinheit bezwecken (§ 1), und die Zuerkennung des Unterlassungsanspruchs nicht allein im Individualinteresse des Verletzten liegt, sondern im Interesse aller Marktteilnehmer und der Allgemeinheit (BGH GRUR 99, 509, 510 – *Vorratslücken;* BGH GRUR 00, 907, 910 – *Filialleiterfehler;* BGHZ 144, 165, 178 f = GRUR 00, 1089, 1093 – *Missbräuchliche Mehrfachverfolgung*). Etwas anderes gilt allerdings, wenn ein nur in einem Bundesland tätiger Unternehmer einen Mitbewerber wegen des Verstoßes gegen eine Marktverhaltensregelung (§ 4 Nr 11) in Anspruch nimmt, die auf Landesrecht beruht, und wenn im Hinblick auf die Unterschiede zwischen den einzelnen landesrechtlichen Regelungen eine einheitliche Beurteilung des beanstandeten Wettbewerbsverhaltens ausscheidet (BGH GRUR 08, 438 Rn 28 – *ODDSET*). Zudem ist es dem Gläubiger unbenommen, die Inanspruchnahme des Schuldners auf seinen Tätigkeitsbereich zu beschränken. Ob ein in räumlicher Hinsicht unbeschränktes Unterlassungsurteil die Begehungsgefahr im gesamten Gebiet der Bundesrepublik Deutschland entfallen lässt, ist eine Frage des Einzelfalls, die insbesondere davon abhängt, ob Vollstreckungsmaßnahmen auch hinsichtlich solcher Verletzungshandlungen in Betracht zu ziehen sind, die außerhalb des regionalen Tätigkeitsbereichs des Vollstreckungsgläubigers liegen (vgl Köhler/*Bornkamm* § 8 Rn 1.57). Zur Reichweite des Unterlassungsanspruchs in grenzüberschreitenden Streitigkeiten s Einf B Rn 20.

37 **c) Zeitlich.** In zeitlicher Hinsicht entsteht der Unterlassungsanspruch mit der die **Begehungsgefahr** auslösenden Handlung. Maßgebend für deren Beurteilung und für die Frage der Wiederholungsvermutung und Erstbegehungsgefahr ist der Zeitpunkt der letzten mündlichen Verhandlung in der Tatsacheninstanz. Entfällt die Wettbewerbswidrigkeit infolge einer **Gesetzesänderung** (wie es zB bei der Aufhebung von RabattG und ZugabeVO der Fall war) erlischt der Unterlassungsanspruch und eine bis dahin begründete Klage ist abzuweisen, wenn nicht der Kläger die Hauptsache für erledigt erklärt. Wird dagegen durch eine Gesetzesänderung ein bislang rechtmäßiges Verhalten rechtswidrig, besteht allein auf Grund dieses Verhaltens für die Folgezeit weder Wiederholungs- noch Erstbegehungsgefahr (Rn 20, 28).

38 **2. Aufbrauchsfrist. a) Grundgedanke.** Eine sofortige übergangslose Befolgung des Unterlassungsgebots kann für den Schuldner im Einzelfall mit schwerwiegenden wirtschaftlichen **Nachteilen** verbunden sein, so wenn die Firma (vgl BGH GRUR 07, 1079 Rn 41 – *Bundesdruckerei*) oder sonstige Geschäftsbezeichnungen, Waren oder Warenverpackungen, Werbematerial oder Geschäftspapiere nicht mehr benutzt oder Verträge (vgl zB die Fallgestaltung in BGH GRUR 90, 522, 528 – *HBV-Familien- und Wohnungsrechtsschutz*) nicht mehr erfüllt werden dürfen, was Schadensersatzverpflichtungen und weitreichende, uU existenzvernichtende Folgen nach sich ziehen kann. Andererseits muss für Gläubiger, Dritte (Verbraucher) oder die Allgemeinheit ein bemessenes Zuwarten mit der Durchsetzung des Titels **nicht unbedingt** eine unzumutbare **Beeinträchtigung ihrer Interessen** bedeuten. Liegt es so, ist die Einräumung eines Reaktionszeitraums (Aufbrauchs- bzw Beseitigungs- oder Umstellungsfrist) eine Ausprägung des **Verhältnismäßigkeitsgrundsatzes.** Bei Vergleichsverhandlungen kann das Thema der Aufbrauchsfristen einen wichtigen Aspekt darstellen.

39 **b) Rechtsgrundlage.** Das Prinzip der Verhältnismäßigkeit bindet als allgemeiner verfassungsrechtlicher Rechtsgrundsatz auch die ordentlichen Gerichte und stellt daher auch auch einen tragender Grundsatz des Zivilrechts dar (vgl *Köhler* GRUR 96,

§ 8 UWG
Beseitigung und Unterlassung

82 ff, vgl auch für das Immaterialgüterrecht Art 3 II der Richtlinie 2004/48/EG zur Durchsetzung der Rechte des geistigen Eigentums). Rechtsgrundlage ist nach ganz hM **§ 242 BGB** (BGH GRUR 82, 425, 431 – *Brillen-Selbstabgabestellen;* BGH GRUR 90, 522, 528 – *HBV-Familien- und Wohnungsrechtsschutz;* BGH GRUR 07, 1079 Rn 40 – *Bundesdruckerei;* Köhler/*Bornkamm* § 8 Rn 1.58 f; Fezer/*Büscher* § 8 Rn 123; Ahrens/ Bähr Kap 38 Rn 7; *Teplitzky* Kap 57 Rn 18). Seit der Schudrechtsreform 2002 findet das Verhältnismäßigkeitsprinzip allerdings einen allgemeinen Ausdruck in **§ 275 II BGB**, dem zufolge der Schuldner im Fall eines groben Missverhältnisses zwischen seinem Aufwand und dem Leistungsinteresse des Gläubigers die Leistung verweigern kann (*Ohly* GRUR Int 08, 787, 795 f). Diese Vorschrift erfasst den Rechtsgedanken, der der Gewährung einer Aufbrauchsfrist zugrunde liegt, präziser als § 242 BGB und erscheint daher als Rechtsgrundlage passender. § 242 BGB bewirkt (ebenso wie § 275 II BGB) eine **materiell-rechtliche Beschränkung des Unterlassungsanspruchs** (*Bornkamm; Büscher; Bähr; Teplitzky* aaO; *Köhler* GRUR 96, 82, 90; *Berlit* WRP 98, 250, 252; aA noch BGH GRUR 60, 563, 567 – *Sektwerbung:* „prozessuale Maßnahme"). Nach hM handelt es sich um eine teilweise rechtsvernichtende Einwendung (zu den prozessualen Konsequenzen s Rn 45), zieht man hingegen § 275 II BGB als Rechtsgrundlage heran, so handelt es sich um eine Einrede, die in Abweichung vom Normalfall des § 275 II BGB als dilatorisch zu qualifizieren ist.

c) **Voraussetzungen.** Die Aufbrauchsfrist beruht auf dem Gedanken der Verhält- **40** nismäßigkeit und setzt daher eine **Interessenabwägung** voraus. Eine Aufbrauchsfrist ist zu gewähren, wenn die Nachteile des Schuldners bei sofortiger Durchsetzung des Unterlassungstitels außer Verhältnis zum Interesse des Gläubigers und der Allgemeinheit an sofortiger Unterlassung stehen würden (BGH GRUR 60, 563, 567 – *Sektwerbung* vgl auch BGH GRUR 82, 425, 431 – *Brillen-Selbstabgabestellen;* BGH GRUR 90, 522, 528 – *HBV-Familien- und Wohnungsrechtsschutz;* BGH GRUR 07, 1079 Rn 40 – *Bundesdruckerei*).

Auf Seiten des Schuldners fallen die ihm bei sofortiger Befolgung des Unterlas- **41** sungsausspruchs drohenden Nachteile und die Frage ins Gewicht, ob und seit wann der Schuldner mit einem Verbot zu rechnen hatte. Eine Verurteilung in den Tatsacheninstanzen gibt im allgemeinen Anlass, mit einer Verurteilung auch in der Revisionsinstanz zu rechnen. In solchen Fällen, in denen der Schuldner vom Verbot nicht überrascht wird, dieses vielmehr seit längerem in Betracht ziehen musste, liegt die Gewährung einer Aufbrauchsfrist eher nahe (vgl BGH GRUR 60, 563, 567 – *Sektwerbung;* BGH GRUR 66, 495, 498 – *Uniplast;* BGH GRUR 74, 474, 476 – *Großhandelshaus;* GRUR 82, 425, 431 – *Brillen-Selbstabgabestellen*). Zudem ist der Grad des Verschuldens zu berücksichtigen. Bei vorsätzlichen oder grob fahrlässigen Wettbewerbsverstößen kann eine Aufbrauchsfrist regelmäßig nicht gewährt werden (Köhler/*Bornkamm* § 8 Rn 1.61).

Dem stehen die **Interessen des Gläubigers, der Verbraucher,** der übrigen **42** Marktteilnehmer und der **Allgemeinheit** (§ 1) an der sofortigen Durchsetzung des Verbots gegenüber. Ist Gläubiger ein Mitbewerber (§ 8 III Nr 1), so fällt ins Gewicht, ob er wie jeder andere Mitbewerber oder ob er auch individuell betroffen ist (etwa bei einer Beeinträchtigung oder Ausbeutung seines Rufs, § 6 II; 4 Nr 7, 8 bei einer unlauteren Produktnachahmung, § 4 Nr 9 oder einer gezielten Behinderung, § 4 Nr 10). Auch Verbraucher- oder Allgemeininteressen können für eine sofortige Geltung des Verbots sprechen, insbesondere bei Verstößen gegen §§ 5, 5a (*Teplitzky* Kap 57 Rn 21).

Das Schuldnerinteresse an der Gewährung der Aufbrauchsfrist und das Gläubiger- **43** interesse an sofortiger Geltung des Unterlassungsgebots müssen zueinander in einem **deutlichen Missverhältnis** stehen. Aufbrauchsfristen können nur in **Ausnahmefällen** gewährt werden, Zurückhaltung ist geboten (Fezer/*Büscher* § 8 Rn 164; *Teplitzky* Kap 57 Rn 21).

44 d) Umfang. Durch Gewährung einer Aufbrauchsfrist erhält der Schuldner einen gewissen **Überlegungs-, Reaktions- und Organisationszeitraum,** um auf das Unterlassungsgebot zu reagieren (vgl OLG Saarbrücken GRUR-RR 08, 176, 177). Zu den Reaktionsmöglichkeiten gehört nicht nur (wie der zu enge Begriff suggeriert) der Aufbrauch von Waren oder Materialien (Werbematerial, Briefpapier), sondern auch die Abwicklung von Verträgen, die Löschung einer irreführenden Firma, verbunden mit der Benachrichtigung von Geschäftspartnern, (vgl BGH GRUR 07, 1079 Rn 40f – *Bundesdruckerei*) oder (insb im Bereich des § 4 Nr 9) die Umstellung der Produktion. Das schließt selbstverständlich **nicht** die Erlaubnis ein, nach Rechtskraft des Unterlassungsurteils **neue Verletzungshandlungen** zu begehen, zB wettbewerbswidrige Werbeschriften innerhalb der Aufbrauchsfrist neu herzustellen und zu vertreiben (BGH GRUR 74, 474, 476 – *Großhandelshaus*). Hinsichtlich der **Dauer der Frist** sollen nach einer im Schrifttum verbreiteten Ansicht drei bis sechs Monate üblich sein (*Teplitzky* Kap 57 Rn 21). Entscheidend sind aber immer nur die Umstände des Einzelfalls (BGH GRUR 60, 563, 567 – *Sektwerbung:* 4 Monate; BGH GRUR 82, 425, 431 – *Brillen-Selbstabgabestellen:* 6 Monate; BGH GRUR 85, 930, 932 – *JUS-Steuerberatungsgesellschaft:* 9 Monate; BGH GRUR 90, 522, 528 – *HBV-Familien- und Wohnungsrechtsschutz:* fast ein Jahr; Harte/Henning/*Beckedorf* § 8 Rn 53).

45 e) Prozessuales. aa) Antragserfordernis. Ist dem Schuldner auf Grund des Sach- und Streitstands eine Aufbrauchsfrist einzuräumen, hängt deren Bewilligung nach hM nicht davon ab, dass ein dahingehender (Hilfs-)Antrag explizit gestellt ist. Auch ohne ausdrücklichen Antrag – *insoweit* also von Amts wegen – muss über die Frage der Aufbrauchsfrist entschieden werden, dies jedoch nur, wenn dem Vortrag des Beklagten das Interesse an der Einräumung einer Aufbrauchsfrist auch zu entnehmen ist (BGH GRUR 61, 283, 284 – *Mon Chéri II;* BGH GRUR 82, 420, 423 – *BBC/DDC;* BGH GRUR 85, 930, 932 – *JUS-Steuerberatungsgesellschaft;* OLG Stuttgart NJW 06, 2273, 2275). Da nach hier vertretener Ansicht Rechtsgrundlage der Aufbrauchsfrist § 275 II ist (Rn 39), handelt es sich abweichend von der hM um eine Einrede, die im Prozess geltend zu machen ist. Ungeachtet ihrer dogmatischen Einordnung ist die Einräumung der Aufbrauchsfrist keine Ermessensentscheidung. Liegen die Voraussetzungen für eine Bewilligung vor (Rn 40ff), darf sie nicht abgelehnt werden. Wird auf Einräumung einer Aufbrauchsfrist erkannt, bedeutet das die Abweisung der Klage in diesem Umfang (soweit nicht der Kläger schon selber seine Klage insoweit eingeschränkt hatte). Die Kostenentscheidung ergibt sich in diesen Fällen in aller Regel aus § 92 II Nr 1 ZPO.

46 bb) Gewährung in der Revisionsinstanz und im Rahmen des einstweiligen Rechtsschutzes. Die Aufbrauchsfrist kann auch noch in der Revisionsinstanz gewährt werden, wenn die Entscheidungsgrundlage unstreitig oder vom Tatrichter festgestellt ist (BGH GRUR 60, 563, 567 – *Sektwerbung;* GRUR 66, 495, 498 – *Uniplast;* GRUR 74, 474, 476 – *Großhandelshaus;* Köhler/Bornkamm § 8 Rn 1.67; *Teplitzky* Kap 57 Rn 19). Die Gewährung einer Aufbrauchsfrist ist auch im **Verfahren der einstweiligen Verfügung** möglich, sofern nicht im Einzelfall im Rahmen der anzustellenden Interessenabwägung (Rn 40) das Erfordernis der Dringlichkeit einer solchen Entscheidung entgegensteht (*Ulrich* GRUR 91, 26, 29; Ahrens/*Schmukle* Kap 54 Rn 19f; Köhler/*Bornkamm* § 8 Rn 1.68; *Teplitzky* Kap 57 Rn 23; einschränkend Fezer/*Büscher* § 8 Rn 166; aA OLG Düsseldorf GRUR 86, 197f – *Rechtsmittel gegen Aufbrauchsfrist;* OLG Frankfurt GRUR 88, 46, 49 – *Flughafenpassage*).

47 f) Unterlassungserklärung und Aufbrauchsfrist. Da es sich im Fall der Gewährung einer Aufbrauchsfrist um eine materiell-rechtliche Beschränkung des Unterlassungsanspruchs handelt (Rn 39) und da Beschränkungen einer Unterlassungserklärung dann unschädlich sind, wenn sie lediglich die materiell-rechtlichen Grenzen des Unterlassungsanspruchs nachzeichnen (Rn 12), kann das Unterlassungsverspre-

Beseitigung und Unterlassung **§ 8 UWG**

chen unter den Vorbehalt einer Aufbrauchsfrist gestellt werden, ohne dass deswegen per se die Ernstlichkeit zu bezweifeln ist. Wäre dem Schuldner auch im Urteil die Aufbrauchsfrist zu bewilligen, hätte sich die Wiederholungsvermutung trotz der (berechtigterweise) nur in eingeschränktem Umfang erklärten Unterwerfung ausgeräumt, der Unterlassungsanspruch erloschen und eine gleichwohl erhobene Unterlassungsklage abzuweisen. Mehr als die eingeschränkte Unterlassungsverpflichtung hat der Gläubiger in diesem Falle nicht zu beanspruchen (Köhler/Bornkamm § 12 Rn 1.130; Fezer/ Büscher § 8 Rn 168; Kisseler WRP 91, 691, 697; Berlit WRP 98, 250, 252; differenzierend Teplitzky Kap 8 Rn 10ff). Die Berufung auf die Aufbrauchsfrist ist allerdings für den Schuldner mit Blick auf die Schwierigkeit der Bestimmung **nicht ohne Risiko**. Hat der Schuldner die Einräumung einer Aufbrauchsfrist nicht zu beanspruchen oder verlangt er sie in unangemessenem Umfang, läuft er Gefahr, dass eine Unterlassungserklärung nicht als zur Ausräumung der Wiederholungsvermutung geeignet anerkannt wird. Gelingt es ihm, die Ernstlichkeit seines Unterlassungswillens darzutun, entfällt die Wiederholungsvermutung und mit ihr der Unterlassungsanspruch bis auf den Streit um dessen Bestehen für die Dauer der Aufbrauchsfrist (Köhler/Bornkamm aaO; Fezer/Büscher aaO; s aber auch Teplitzky aaO Rn 10ff). In Fällen dieser Art dürfte es freilich in aller Regel dem Interesse beider Parteien dienen, eine Streitbeilegung im Wege einer vertraglichen Regelung zu suchen.

V. Vertraglicher Unterlassungsanspruch

1. Allgemeines. a) Bedeutung. Aus dem Grundsatz der Vertragsfreiheit folgt 48 für die Vertragsschließenden die Befugnis, durch Abschluss von **Unterlassungsverträgen** vertragliche Unterlassungsansprüche mit entsprechenden Verpflichtungen auf Seiten des Unterlassungsschuldners zu begründen. Unterlassungsvereinbarungen sind im Lauterkeitsrecht von **erheblicher praktischer Bedeutung**. Regelmäßig kommen sie zustande, indem der Gläubiger mit der **Abmahnung** (§ 12 I 1) eine Unterwerfungserklärung verlangt, der Schuldner daraufhin eine vertragsstrafebewehrte **Unterlassungserklärung** (Rn 11) abgibt (BGH GRUR 06, 878 Rn 14 – *Vertragsstrafevereinbarung*). Dadurch wird die Wiederholungsgefahr ausgeräumt, an die Stelle des gesetzlichen Unterlassungsanspruchs tritt ein vertraglicher (**„Unterwerfung"**, vgl BGH GRUR 95, 678, 679 – *Kurze Verjährungsfrist;* Köhler/Bornkamm § 12 Rn 1.115; Teplitzky Kap 8 Rn 2). Auf diese Weise werden deutlich mehr Rechtsstreitigkeiten im Lauterkeitsrecht beigelegt als durch gerichtliche Entscheidung. Zwar erspart der Unterlassungsvertrag die Führung eines Rechtsstreits, ist aber für den Verletzer uU **nicht ganz unproblematisch.** Dessen Haftung aus ihm erstreckt sich – wenn die Wiederholungsgefahr entfallen und die Unterwerfung ernst gemeint sein soll (vgl Rn 11f) – auch auf das Verschulden von Erfüllungsgehilfen, während er bei der Vollstreckung aus einem gerichtlichen Titel (§ 890 ZPO) nur für eigenes Verschulden einzustehen hat und keine Vertragsstrafe an den Schuldner, sondern lediglich ein Ordnungsgeld an die Staatskasse zu zahlen hat. Die Vertragsstrafe kann schließlich höher sein als das Ordnungsgeld nach § 890 ZPO. Im Einzelfall kann es daher für den Schuldner zweckmäßiger sein, ein Urteil gegen sich ergehen zu lassen bzw im einstweiligen Verfügungsverfahren eine Abschlusserklärung abzugeben als sich zu unterwerfen (vgl Harte/Henning/Brüning § 12 Rn 115, 189).

b) Rechtsnatur. Im (Regel-)Fall der Unterwerfung handelt es sich um eine No- 49 vation in der Form eines **abstrakten Schuldanerkenntnisses (§ 781 BGB),** da ein zuvor bestehendes Schuldverhältnis anerkannt und der gesetzliche Anspruch durch einen vertraglichen ersetzt werden soll (BGHZ 130, 288, 292f = GRUR 95, 678, 679 – *Kurze Verjährungsfrist;* GRUR 98, 953, 954 – *Altunterwerfung III;* Köhler/Bornkamm § 12 Rn 1.113; zur Kondiktion gem § 812 I 2, II BGB und zur Einrede der Bereicherung, § 821 BGB, vgl BGH GRUR 10, 355 Rn 27 – *Testfundstelle*), dessen

Annahme durch den Gläubiger ein **Dauerschuldverhältnis** begründet (BGH aaO – *Kurze Verjährungsfrist*). Die Wiederholungsgefahr wird allerdings auch ohne Begründung eines Vertragsverhältnisses ausgeräumt, wenn der Gläubiger eine ihm angebotene ernstlich gemeinte und ausreichend strafbewehrte Unterlassungserklärung nicht annimmt (s Rn 14). Jedoch steht dem Gläubiger in diesem Fall bei Verletzung der Unterlassungsverpflichtung ein Anspruch auf Zahlung einer Vertragsstrafe nicht zu und außerdem läuft er Gefahr, im Unterlassungsrechtsstreit mit der Klage abgewiesen zu werden.

50 **2. Zustandekommen, Inhalt und Auslegung des Unterlassungsvertrags. a) Zustandekommen.** Der Unterlassungsvertrag wird durch **Angebot und Annahme** geschlossen (§§ 145ff BGB) (BGH GRUR 10, 355 Rn 17 – *Testfundstelle*, zur Form s Rn 13). Das Angebot zum Abschluss des Vertrages unterbreitet regelmäßig der Gläubiger, der Vertrag kommt in diesem Fall mit Zugang der Annahme, regelmäßig: der unterschriebenen Unterwerfungserklärung, zustande. In der Regel ist davon auszugehen, dass der Schuldner das Angebot (in Abweichung von der Auslegungsregel des § 147 II BGB) unbefristet abgibt, so dass es vom Gläubiger jederzeit angenommen werden kann (BGH aaO Rn 21). Die Modifizierung des Angebots durch den Schuldner (etwa eine Modifizierung der vorgeschlagenen Vertragsstrafe) ist ein neues Angebot, § 150 II BGB (BGH aaO Rn 19). Das Angebot kann aber auch vom Schuldner ausgehen, sei es, dass der Gläubiger noch nicht abgemahnt hatte, sei es, dass der Schuldner mit der Abmahnung noch nicht konkret genug zur Abgabe der Unterwerfungserklärung aufgefordert worden war. In diesem Fall ist die ausdrückliche Annahme durch den Gläubiger gem § 151 S 1 BGB entbehrlich, allerdings muss in diesem Fall der Annahmewille durch ein nach außen hervortretendes Verhalten des Empfängers unzweideutig hervorgehen (BGH GRUR 06, 878 Rn 16 – *Vertragsstrafenvereinbarung;* Bornkamm FS Tilmann, 2003, 769, 770; Fezer/*Büscher* § 8 Rn 171). Modifiziert der Gläubiger das Angebot, so gilt auch hier § 150 II BGB. Hat sich der Schuldner unterworfen, kann er seine dahingehende Erklärung nicht mehr widerrufen (§ 130 I 2 BGB). Beweisbelastet für den Zugang der Erklärung ist nach allgM der Schuldner (so wie der Gläubiger für den Zugang der Abmahnung, § 12 Rn 10. Die Frage ist streitig, s § 12 Rn 11, 12).

51 **b) Vertragsinhalt.** Gegenstand des Unterlassungsvertrages ist die Unterlassungsverpflichtung des Schuldners, durch deren Eingehung die Wiederholungsgefahr entfällt und **der gesetzliche Unterlassungsanspruch durch den vertraglichen ersetzt** wird. Das setzt voraus, dass Unterlassung eindeutig und bestimmt, uneingeschränkt, unwiderruflich, unbedingt und grundsätzlich auch unbefristet versprochen wird, so dass die Ernstlichkeit des Unterlassungswillens nicht bezweifelt werden kann (Rn 11). Zu zulässigen Beschränkungen, insb zum Ausschluss der Haftung für Erfüllungsgehilfen, s Rn 12, zum Vorbehalt einer Aufbrauchsfrist s Rn 38ff, zur Teilunterwerfung s Rn 11. In der **Ausgestaltung des Vertrages** sind die Parteien im Rahmen der allgemeinen gesetzlichen Beschränkungen (§§ 134, 138 BGB; §§ 1, 19ff GWB; Art 101 AEUV) grundsätzlich frei, können also ohne weiteres über die konkrete Verletzungsform und den Verbotsbereich der verletzten Norm hinaus mehr und anderes vereinbaren. Die Vereinbarung setzt also eine Verletzungshandlung nicht voraus, jedoch ist für den Regelfall davon auszugehen, dass sich der Schuldner vertraglich nicht weiter binden will, als seine Verpflichtung aus dem gesetzlichen Unterlassungsanspruch reicht (BGH GRUR 03, 889 – *Internet-Reservierungssystem*).

52 **c) Auslegung.** Für die **Auslegung** des Unterlassungsvertrages gelten die **allgemeinen Regeln** (§§ 133, 157 BGB; BGH GRUR 92, 61, 62 – *Preisvergleichsliste;* BGHZ 121, 13, 16 = WRP 93, 240 – *Fortsetzungszusammenhang;* BGH GRUR 96, 290, 291 – *Wegfall der Wiederholungsgefahr I;* BGH GRUR 03, 899, 900 – *Olympiasiegerin;* BGH GRUR 10, 167 Rn 19 – *Unrichtige Aufsichtsbehörde;* Köhler/*Bornkamm*

Beseitigung und Unterlassung **§ 8 UWG**

§ 12 Rn 1.121; Harte/Henning/*Brüning* § 12 Rn 142), nicht die Grundsätze, die für die Auslegung eines in gleicher Weise formulierten Unterlassungstitels gelten (BGH GRUR 92, 61, 62 – *Preisvergleichsliste;* BGH GRUR 97, 931, 932 – *Sekundenschnell*). Anzusetzen ist bei der Auslegung am **Wortlaut**. Ist dieser vom Gläubiger vorformuliert, kommt es maßgeblich auf das Verständnis des Schuldners an (BGH GRUR 97, 931, 933 – *Sekundenschnell*), stammt die Erklärung vom Schuldner, ist das des Gläubigers zugrunde zu legen, jeweils unter Berücksichtigung der Einzelumstände (Abmahnschreiben, Schriftwechsel, Interessenlage der Parteien). Wenn die Parteien dem Vertragsstrafeversprechen nicht ausdrücklich Rückwirkung beilegen, ist die Erklärung des Schuldners so auszulegen, dass er erst ab dem Zeitpunkt des Vertragsschlusses Unterlassung und ggf die Zahlung einer Vertragsstrafe verspricht (BGH GRUR 06, 878 Rn 19 ff – *Vertragsstrafevereinbarung;* BGH GRUR 10, 355 Rn 21 – *Testfundstelle;* OLG Köln GRUR-RR 2010, 339, 340 – *Matratzen im Härtetest; Klein* GRUR 07, 664). Ist die Unterlassungserklärung auf die konkrete Verletzungsform beschränkt, ist sie dahin auszulegen, dass sie **auch kerngleiche Handlungen** (Rn 8) erfasst (BGH aaO – *Wegfall der Wiederholungsgefahr I;* BGH GRUR 97, 931, 932 – *Sekundenschnell;* BGH GRUR 98, 483, 485 – *Der M-Markt packt aus*). Anders, wenn der Schuldner ausdrücklich erklärt, dass er sich nur zur Unterlassung der konkreten Verletzungsform und nicht auch zur Unterlassung kerngleicher Handlungen verpflichte. Eine solche Erklärung lässt allerdings regelmäßig mangels Ernstlichkeit des Unterlassungswillens die Wiederholungsgefahr nicht entfallen (Rn 11). Der Gläubiger kann sie aber ebenso annehmen wie eine Unterlassungserklärung, die nur bedingt oder ohne Strafbewehrung abgegeben wird. Dann tritt auch in diesen Fällen trotz Nichtbeseitigung der Wiederholungsvermutung der vertragliche Unterlassungsanspruch an die Stelle des gesetzlichen, der entfällt (aber nur für den vertraglich Gebundenen, nicht für etwaige Zweit- und Drittgläubiger).

3. Wirkungen des Unterlassungsvertrags. a) Wegfall der Wiederholungs- 53
gefahr. Genügt die Unterwerfungserklärung des Schuldners den oben (Rn 11) erläuterten Voraussetzungen, so entfällt mit deren (im Bestreitensfall vom Schuldner nachzuweisenden) Zugang die Wiederholungsgefahr, damit erlischt der gesetzliche Unterlassungsanspruch. Hat der Gläubiger die Unterwerfung akzeptiert, tritt an die Stelle des gesetzlichen ein von diesem unabhängiger **vertraglicher Unterlassungsanspruch** (BGH GRUR 01, 85, 86 – *Altunterwerfung IV*). **Unberührt** von der Unterlassungsvereinbarung bleiben die aus der Verletzungshandlung folgenden gesetzlichen Ansprüche des Gläubigers auf Beseitigung, **Schadensersatz** und Auskunft. Sie können allerdings kraft ausdrücklicher oder konkludenter Abrede in den Unterlassungsvertrag einbezogen werden **(Erlassvertrag).** Eine dahingehende Auslegung der Vereinbarung bedarf aber stichhaltiger Anhaltspunkte. Die Unterwerfung allein genügt dafür nicht.

b) Ansprüche bei Zuwiderhandlung. aa) Überblick. Verletzt der Schuldner 54
das vereinbarte Unterlassungsgebot, so kann er für die Zukunft Unterlassung verlangen, dabei besteht zwischen dem vertraglichen Unterlassungsanspruch und dem durch die erneute unlautere geschäftliche Handlung entstehenden gesetzlichen Unterlassungsanspruch Anspruchskonkurrenz. Im Fall eines schuldhaften Verstoßes ist zudem die Vertragsstrafe verwirkt (Rn 16 ff). Daneben kann ein Schadensersatzanspruch wegen Vertragsverletzung (§ 280 I BGB) bestehen.

bb) Verstoß gegen das Unterlassungsgebot. Für die Geltendmachung sämtli- 55
cher Ansprüche ist es erforderlich, dass der Schuldner das vereinbarte Unterlassungsgebot verletzt. Das ist nicht schon dann der Fall, wenn er den Wettbewerbsverstoß, der den Anlass für die Unterlassungsvereinbarung gegeben hatte, erneut begeht (§ 3), auch wenn beide Verstöße oft Hand in Hand gehen. Nicht immer lässt sich dem Unterlassungsvertrag ohne weiteres entnehmen, dass ein bestimmtes Verhalten des

Ohly 875

Schuldners der vertraglichen Regelung unterfällt. Dies gilt vor allem dann, wenn unklar ist, ob das Verhalten, das mit der konkreten Verletzungsform nicht identisch ist, als kerngleiche Handlung (Rn 8) von der Unterwerfungserklärung erfasst wird oder ob die Werbeformen, die für die Unterwerfung maßgebend waren, der (neuen) Verletzungshandlung entsprechen und die Unterlassungsklage begründen (vgl BGH GRUR 97, 931, 932 – *Sekundenschnell;* BGH GRUR 03, 899, 900 – *Olympiasiegerin*). In diesen Fällen bedarf die Reichweite des vertraglichen Unterlassungsanspruchs der **Auslegung** an Hand der für die Auslegung von Verträgen allgemein geltenden Grundsätze (Rn 52).

56 cc) **Verwirkung der Vertragsstrafe.** Mit der Zuwiderhandlung gegen das Unterlassungsgebot ist die Vertragsstrafe verwirkt (§ 339, 2 BGB). Obwohl der Wortlaut des § 339 S 2 BGB anders als in S 1 der Vorschrift ausdrücklich kein Verschulden voraussetzt, ist allgemein anerkannt, dass die Vertragsstrafe auch im Fall eines Unterlassungsversprechens **nur bei schuldhaftem Handeln** verwirkt wird (BGH GRUR 85, 1065, 1066 – *Erfüllungsgehilfe;* BGH GRUR 88, 561, 562 – *Verlagsverschulden I;* BGH GRUR 98, 963, 964 – *Verlagsverschulden II; Köhler/*Bornkamm § 12 Rn 1.152; Fezer/*Büscher* § 8 Rn 202; *Teplitzky* Kap 20 Rn 15). Allerdings steht es den Parteien frei, eine verschuldensunabhängige, garantieähnliche Haftung ausdrücklich zu vereinbaren (s aber Rn 16). Das Verschulden wird vermutet (vgl §§ 280 I 2; 286 IV BGB), für ein Fehlen ist der Schuldner darlegungs- und beweispflichtig (BGH GRUR 98, 471, 473 – *Modenschau im Salvatorkeller;* BGH GRUR 03, 899 – *Olympiasiegerin*), muss sich also entlasten. Für ein schuldhaftes Handeln seiner **Erfüllungsgehilfen** haftet der Schuldner gem **§ 278 BGB**, diese Haftung kann aber vertraglich ausgeschlossen werden (BGH aaO – *Erfüllungsgehilfe; Verlagsverschulden I; Verlagsverschulden II*).

57 dd) **Schadensersatz.** Steht dem Gläubiger ein Schadensersatzanspruch wegen Vertragsverletzung (gem § 280 I BGB) bzw gem § 9 zu, so kann er die verwirkte Strafe als Mindestschaden und ggf einen weiteren Schaden verlangen (§ 340 II BGB). Die Vertragsstrafe ist allerdings nur insoweit auf den Schadensersatzanspruch anzurechnen, als Interessenidentität besteht. Zwischen dem Anspruch auf Zahlung der Vertragsstrafe und dem Anspruch auf Ersatz der Anwaltskosten, die durch deren Einforderung entstanden sind, besteht keine solche Identität (BGH GRUR 08, 929 Rn 9 – *Vertragsstrafeneinforderung*). Werden die Anwaltskosten aber erst durch die verzugsbegründende Anforderung der Vertragsstrafe ausgelöst, so fehlt es nach den allgemeinen Regeln an den Voraussetzungen des Schadensersatzanspruchs gem §§ 280 I, II, 286 BGB (BGH aaO Rn 12).

58 ee) **Anspruch auf Unterlassung.** Trotz Verwirkung der Vertragsstrafe kann der Gläubiger aufgrund des vertraglichen Unterlassungsversprechens für die Zukunft Unterlassung verlangen. Auch ein Ordnungsgeld gem § 890 ZPO kann neben der Durchsetzung der Vertragsstrafe geltend gemacht werden (Fezer/*Büscher* § 8 Rn 211). Da es sich um den Erfüllungsanspruch handelt, besteht kein Verschuldenserfordernis, sofern es nicht ausdrücklich vereinbart wurde (BGH GRUR 56, 238, 240 – *Westfalen-Zeitung;* GRUR 60, 307, 309 – *Bierbezugsvertrag* m zust Anm *Harmsen;* sa *Teplitzky* Kap 12 Rn 10). Wiederholungs- oder Erstbegehungsgefahr werden ebenfalls nicht vorausgesetzt, gegeben sein muss aber das für jede Klage erforderliche **Rechtsschutzbedürfnis** (BGH GRUR 99, 522, 524 – *Datenbankabgleich; Köhler/*Bornkamm § 12 Rn 1.135). Es liegt bereits vor, wenn die **Besorgnis gerechtfertigt** ist, dass der Unterlassungsverpflichtung zuwidergehandelt werden könnte (BGH GRUR 60, 307, 308 – *Bierbezugsvertrag*), fehlt aber, wenn keinerlei Anhalt für die Annahme spricht, der Schuldner werde seine Unterlassungspflicht verletzen. Eine gleichwohl auf die Unterlassungsvereinbarung gestützte Klage ist in diesem Fall als unzulässig, nicht als unbegründet abzuweisen. Zu einer sofortigen Anerkennung des Klageanspruchs (§ 93

ZPO) bei Kostenüberbürdung auf den Gläubiger (vgl *Teplitzky* Kap 51 Rn 59) ist der vertragstreue Schuldner nicht veranlasst.

ff) Verhältnis zum gesetzlichen Unterlassungsanspruch. Der Verstoß gegen 59 die Unterlassungsvereinbarung berührt den daraus folgenden Unterlassungsanspruch nicht, schafft auch keinen neuen Anspruch aus dieser Vereinbarung, wohl aber erneut Begehungsgefahr und einen neuen gesetzlichen Unterlassungsanspruch, wenn, wie regelmäßig, der Vertragsverstoß wettbewerbswidrig ist (§ 3 I). Zwischen beiden Ansprüchen besteht **Anspruchskonkurrenz**, so dass die Unterlassungsklage auf *beide* Ansprüche gestützt werden kann. Der auf den gesetzlichen Anspruch gestützten Klage kann mit Blick auf die Möglichkeit, die verwirkte Vertragsstrafe geltend zu machen, nicht entgegengehalten werden, ihr fehle das **Rechtsschutzbedürfnis** (BGH GRUR 80, 241, 241 – *Rechtsschutzbedürfnis; Teplitzky* Kap 12 Rn 12 mwN). Die durch den erneuten Verstoß begründete Begehungsgefahr kann ausgeräumt werden, bei Wiederholungsgefahr in aller Regel aber nur dann, wenn der Schuldner die Ernstlichkeit seines Unterlassungswillens durch ein Vertragsstrafeversprechen bekräftigt, das deutlich höher bemessen ist, als das früher erklärte (Rn 14).

4. Beendigung des Unterlassungsvertrags. a) Vertragliche Beendigung, 60 **Bedingung und Befristung.** So wie die Unterlassungsverpflichtung durch Vertrag begründet worden ist, kann sie auch durch vertragliche Vereinbarung **aufgehoben** werden, etwa dann, wenn sie für den Gläubiger nicht mehr von Interesse ist, weil dieser nicht mehr Mitbewerber des Schuldners ist, oder weil aus tatsächlichen oder rechtlichen Gründen von dem Verhalten, das zum Gegenstand des Unterlassungsvertrages gemacht worden war, keine rechtswidrige Störung des Wettbewerbs mehr ausgeht und der Gläubiger die veränderte Sachlage akzeptiert. Aber auch gegen den Willen des Gläubigers kann der Unterlassungsvertrag sein Ende finden. Steht die Unterlassungsverpflichtung des Schuldners unter dem **Vorbehalt** einer auflösenden Bedingung (§ 158 II BGB) oder unter dem einer auflösenden Befristung (§ 163 BGB), die beide trotz grundsätzlicher Bedingungs- und Befristungsfeindlichkeit der Wirksamkeit einer die Wiederholungsvermutung ausräumenden Unterlassungsverpflichtung bei Vorliegen bestimmter Voraussetzungen (Rn 12) nicht entgegenstehen, führt der Eintritt der Bedingung oder das Auslaufen der Frist ipso iure zur Beendigung des Vertrages.

b) Außerordentliche Kündigung aus wichtigem Grund. aa) Grundsatz. 61 Wie jedes andere Dauerschuldverhältnis kann auch der Unterlassungsvertrag durch außerordentliche Kündigung aus wichtigem Grund gekündigt werden, wenn dem Schuldner die weitere Erfüllung des Vertrages nicht länger zumutbar ist (§ 314 BGB, vgl BGHZ 113, 316 = GRUR 97, 382, 383 – *Altunterwerfung IV;* BGHZ 113, 331 = GRUR 97, 386, 388 – *Altunterwerfung II;* hierzu ausführlich Ahrens/Achilles Kap 7 Rn 39ff). Das kann der Fall sein, wenn tatsächliche Umstände, auf denen die Unterwerfung maßgeblich beruht, entfallen sind. Beispiele sind die Änderung der Verkehrsauffassung, das Erreichen einer Alleinstellung, die zuvor in irreführender Weise behauptet wurde, der Wegfall eines Immaterialgüterrechts, dessen Bestehen für die Unterwerfung maßgebend war, oder der Wegfall der Voraussetzungen des § 8 III Nr 1–3 auf Gläubigerseite (vgl *Achilles* aaO Rn 43). Ebenso können eine Änderung der Gesetzeslage oder eine Änderung der Rechtsprechung die außerordentliche Kündigung rechtfertigen, wenn das früher wettbewerbswidrige Verhalten des Schuldners nicht mehr als wettbewerbswidrig zu beurteilen ist oder vom Unterlassungsgläubiger mangels Klagebefugnis nicht mehr verfolgt werden kann und das Festhalten am Vertrage für den Schuldner deshalb unzumutbar geworden ist. Ist es so, fehlt dem Gläubiger ein legitimes Interesse an der Aufrechterhaltung der Rechtslage nicht mehr entsprechenden Schuldnerverpflichtung (BGHZ 133, 316, 321 ff = GRUR 97, 382, 384f *Altunterwerfung I;* BGH GRUR 98, 953, 954 – *Altunterwerfung III;* BGH GRUR

01, 85, 86 – *Altunterwerfung IV;* Harte/Henning/Brüning § 12 Rn 157ff; Fezer/*Büscher* § 8 Rn 145ff; *Achilles* aaO Rn 44; *Teplitzky* Kap 20 Rn 23ff). Für eine Anwendung der Regeln über den Wegfall der Geschäftsgrundlage (§ 313 BGB) ist wegen des Vorrangs der Kündigung bei Dauerschuldverhältnissen kein Raum, zumal letztere als vertragsimmanentes Mittel der Auflösung das sachgerechtere Instrument darstellt (*Gottschalk* GRUR 04, 827, 830; *Achilles* aaO Rn 50; aA OLG Frankfurt a. M. GRUR-RR 13, 132 – *fishtailparkas;* Köhler/*Bornkamm,* § 13 Rn 1.161).

62 **bb) Modalitäten der Kündigung.** Die **Kündigungserklärung des Schuldners** muss dem Gläubiger innerhalb angemessener Frist zugehen (§ 314 III BGB; BGHZ 133, 331, 335 = GRUR 97, 386, 390 – *Altunterwerfung II*). Die **Kündigungsfrist** beginnt mit positiver Kenntnis des Schuldners vom Kündigungsgrund (§ 314 III BGB). Die auf Dienstverträge zugeschnittene Zweiwochenfrist des § 626 II 1 BGB findet hier keine Anwendung (BGH aaO – *Altunterwerfung II;* Ahrens/*Achilles* Kap 7 Rn 47). Die Kündigung beendet den Vertrag ex nunc. In die Vergangenheit wirkt sie nicht zurück. Bereits entstandene Schadensersatzansprüche sind zu erfüllen, verwirkte Vertragsstrafen zu zahlen, Rückgewähr gezahlter Vertragsstrafen kann nicht verlangt werden (BGHZ 133, 316, 326 = GRUR 97, 382, 385 – *Altunterwerfung I*). Das in der Unterwerfungserklärung liegende abstrakte Schuldversprechen (Rn 49) kann im Regelfall nicht kondiziert werden (§ 812 II BGB; BGH GRUR 98, 953, 954 – *Altunterwerfung III;* BGH GRUR 10, 355 Rn 27 – *Testfundstelle.* Solange der Schuldner nicht gekündigt hat, besteht daher der Unterlassungsvertrag fort, jedoch kann der Schuldner in diesem Falle rechtsmissbräuchlichem Vorgehen des Gläubigers den **Einwand der unzulässigen Rechtsausübung** (§ 242 BGB) entgegenhalten, wenn der gesetzliche Unterlassungsanspruch, der durch die Unterwerfung gesichert werden sollte, auf Grund der Änderung des Gesetzes (oder der Rechtsprechung) unzweifelhaft und ohne weiteres erkennbar nicht mehr besteht (BGHZ 133, 316, 329 = GRUR 97, 382, 387 – *Altunterwerfung I;* BGH GRUR 01, 85, 86 – *Altunterwerfung IV;* Harte/Henning/*Brüning* § 12 Rn 160, 164; Fezer/*Büscher* § 8 Rn 196; *Teplitzky* Kap 20 Rn 35).

63 **cc) Kündigung und Wiederholungsgefahr.** Kündigt der Schuldner den Vertrag, kann darin die **Berühmung** liegen, zu dem fraglichen Verhalten, dessen Unterlassung er versprochen hatte, nunmehr berechtigt zu sein. Das kann zur Folge haben, dass Drittgläubiger, denen bislang mangels Wiederholungsgefahr der Unterlassungsanspruch nicht zustand, die aber anders als der bisherige Vertragsgläubiger nach wie vor klagebefugt sind, ihn nunmehr auf Grund von Erstbegehungsgefahr auf Unterlassung in Anspruch nehmen können. Ob das in Betracht kommt, ist Frage des Einzelfalls. Will der Schuldner eine erneute Inanspruchnahme vermeiden, muss er – vergleichbar dem Verteidigungsvorbringen des Beklagten im Rechtsstreit, das der Entstehung von Erstbegehungsgefahr vorbeugen soll (Rn 27ff) – zweckmäßigerweise klarstellen, dass es ihm allein um die Beseitigung der obsolet gewordenen Unterlassungsverpflichtung zu tun ist, und nicht darum, das beanstandete Verhalten wiederaufzunehmen.

VI. Übertragbarkeit der Unterlassungsansprüche

64 **1. Keine isolierte Übertragbarkeit.** Gesetzliche Unterlassungsansprüche und Unterlassungsansprüche aus einem Unterwerfungsvertrag sind isoliert **nicht übertragbar** (abtretbar, pfändbar, verpfändbar) (BGHZ 119, 237, 241 = GRUR 93, 151, 152 – *Universitätsemblem;* BGH GRUR 01, 1158, 1160 – *Dorf Münsterland;* BGH GRUR 07, 978 Rn 33 – *Rechtsberatung durch Haftpflichtversicherer;* Köhler/Bornkamm § 8 Rn 3.17ff; Harte/Henning/*Bergmann/Goldmann* § 8 Rn 61; Fezer/*Büscher* § 8 Rn 114; *Teplitzky* Kap 15 Rn 3f, 5), da es ansonsten zu einer § 8 III zuwiderlaufenden Vermehrung der Verfolgungsberechtigten käme (BGH aaO – *Rechtsberatung durch Haftpflichtversicherer; Teplitzky* aaO). Bei höchstpersönlichen Ansprüchen steht auch § 399, 1. Alt BGB (Veränderung des Leistungsinhalts) einer Abtretung entgegen (*Tep-*

Beseitigung und Unterlassung **§ 8 UWG**

litzky aaO; ohne diese Einschränkung BGH aaO – *Dorf Münsterland; Köhler* aaO). Zur Geltendmachung von Unterlassungsansprüchen im Wege der gewillkürten Prozessstandschaft s Rn 92).

2. Rechtsnachfolge. a) Gläubigerwechsel. Anders stellt sich die Frage der 65 Übertragbarkeit dann dar, wenn die Übertragung (Abtretung) des Unterlassungsanspruchs im Zuge einer **Unternehmensübertragung** (vgl auch § 25 I 2 HGB), einer **Gesamtrechtsnachfolge** durch Erbfall (§ 1922 BGB) oder im Wege einer **Umwandlung** (Verschmelzung, Fusion, §§ 2 ff UmwG; Spaltung, §§ 123 ff UmwG; Vermögensübertragung, §§ 174 ff UmwG) erfolgt. In diesen Fällen, in denen Anspruch und zugrundeliegende Rechtsposition übertragen werden und der Leistungsinhalt keine Änderung erfährt, bestehen gegen die Übertragung des Unterlassungsanspruchs keine Bedenken (BGHZ 130, 182, 185 = GRUR 95, 817, 818 – *Legehennenhaltung;* OLG Koblenz GRUR 88, 43, 46 – *Weingut; Köhler/Bornkamm* § 8 Rn 3.20; *Teplitzky* aaO Rn 7). Voraussetzung ist allerdings auch in diesen Fällen, dass der Rechtsnachfolger in seiner Person den Anforderungen an die Geltendmachung des Unterlassungsanspruchs (§ 8 III Nr 1) genügt (BGH GRUR 99, 1100 – *Generika-Werbung; Harte/Henning/Bergmann* aaO Rn 54; *Teplitzky* aaO Rn 7) und es sich nicht um ein unübertragbares, allein dem Veräußerer zustehendes höchstpersönliches Recht handelt (BGH 83, 379, 381 – *Geldmafiosi*).

b) Schuldnerwechsel. Beim Unterlassungsvertrag kann auf der Schuldnerseite 66 ein neuer Schuldner kraft Vereinbarung zwischen den Beteiligten (Vertragsparteien und neuem Schuldner) oder kraft gesetzlichen Schuldbeitritts (vgl § 25 I 1 HGB) an die Stelle des bisherigen Schuldners oder neben diesen treten. In letzteren Fällen schuldet der Übernehmer neben dem Altschuldner Unterlassung und im Falle des Verstoßes die vereinbarte Vertragsstrafe (BGH GRUR 96, 995, 996 – *Übergang des Vertragsstrafeversprechens; Köhler/Bornkamm* § 12 Rn 1.137; *Harte/Henning/Brüning* § 12 Rn 180). Verstößt der Übernehmer gegen die Verpflichtung aus dem Unterlassungsvertrag, haftet der Altschuldner – in den zeitlichen Grenzen des § 26 HGB – nur für eigenes Verhalten und für das seiner Erfüllungsgehilfen, zu denen aber nicht der Übernehmer gehört (Harte/Henning/*Brüning* § 12 Rn 181 ff). Zur Rechtsnachfolge beim gesetzlichen Unterlassungsanspruch s Rn 153.

C. Der Beseitigungs- und Widerrufsanspruch (§ 8 I 1, 1. Alt)

Literatur: *Baur,* Der Beseitigungsanspruch nach § 1004 BGB, AcP 160 (1961), 465; *Borck,* Aktivlegitimation und Prozeßführungsbefugnis beim wettbewerbsrechtlichen Unterlassungsanspruch, WRP 1988, 707; *Brehm,* Die Vollstreckung der Beseitigungspflicht nach § 890 ZPO, ZZP 89 (1976), 178; *Diekmann,* Der Vernichtungsanspruch, 1993; *Köhler,* Die wettbewerbsrechtlichen Abwehransprüche (Unterlassung, Beseitigung, Widerruf), NJW 1992, 137; *ders,* Die Begrenzung wettbewerbsrechtlicher Ansprüche durch den Grundsatz der Verhältnismäßigkeit, GRUR 1996, 82; *Katzenstein,* Der Beseitigungsanspruch nach § 1004 Abs 1 Satz 1 BGB, AcP 211 (2011), 58; *ders,* Anwendung von § 275 Abs 2 BGB auf den negatorischen Beseitigungsanspruch, Anm. zu BGH Urteil v. 23.10.2009 – V ZR 141/08, JZ 2010, 633; *Koppe/Zagouras,* Haftung für Produktkritik, GRUR 2005, 1011; *Lindacher,* Unterlassungs- und Beseitigungsanspruch, GRUR 1985, 423; *Retzer,* Einige Überlegungen zum Vernichtungsanspruch bei der Nachahmung von Waren oder Leistungen, FS Piper, 1996, 421; *Schnur,* Das Verhältnis von Widerruf einer Behauptung und Bekanntmachung einer Gerichtsentscheidung als Mitteln der Rufwiederherstellung, GRUR 1978, 225, 473; *ders,* Zum „uneingeschränkten" und „eingeschränkten" Widerruf von Behauptungen, GRUR 1979, 139; *Steigüber,* Der „neue" Anspruch auf Urteilsbekanntmachung im Immaterialgüterrecht?, GRUR 2011, 295; *Teplitzky,* Das Verhältnis des objektiven Beseitigungsanspruchs zum Unterlassungsanspruch im Wettbewerbsrecht, WRP 1984, 365; *Walchner,* Der Beseitigungsanspruch im gewerblichen Rechtsschutz und Urheberrecht, 1998.

I. Allgemeines

67 **1. Rechtsgrundlage und Entstehungsgeschichte.** Als weiteren Abwehranspruch sieht § 8 I 1 Alt 1 den Beseitigungsanspruch vor. Er war vor seiner erstmaligen ausdrücklichen Regelung im UWG 2004 bereits gewohnheitsrechtlich anerkannt (vgl RGZ 148, 114, 123 – *Gummiwaren;* BGH GRUR 54, 337, 342 – *Radschutz;* BGHZ 121, 242, 247 = GRUR 93, 556, 558 – *Triangle;* BGH GRUR 01, 420, 422 – *SPA*). Die Kodifizierung des Beseitigungsanspruchs hat zu keiner Änderung der bisherigen Rechtslage geführt (Begr RegEntw UWG 2004, BT-Drucks 15/1487 S 22). Die Rechtsprechung zum Beseitigungsanspruch aus der Zeit vor der Novellierung 2004 kann daher herangezogen werden.

68 **2. Verhältnis zu anderen Ansprüchen. a) Widerrufsanspruch.** Der Anspruch auf **Widerruf** wettbewerbswidriger Tatsachenbehauptungen ist ein Unterfall des Beseitigungsanspruchs und findet seine Grundlage daher ebenfalls in § 8 I 1, 1. Alt (Köhler/*Bornkamm* § 8 Rn 1.95).

69 **b) Unterlassungsanspruch.** Wie der Unterlassungsanspruch ist der Beseitigungsanspruch **verschuldensunabhängig** (Rn 1). Im Übrigen können sich Unterlassungs- und Beseitigungsanspruch zwar überschneiden, sind aber bei unterschiedlicher Zielsetzung **wesensverschieden.** Während sich der Unterlassungsanspruch gegen zukünftige Störungen des Wettbewerbs richtet, bekämpft der Beseitigungsanspruch einen durch eine in der Vergangenheit bereits begangene Verletzungshandlung geschaffenen rechtswidrigen Zustand als Quelle fortwährender Störung. Dementsprechend zielt der Beseitigungsanspruch im Unterschied zum Unterlassungsanspruch nicht auf ein Unterlassungs-, sondern auf ein **Handlungsgebot** (ein positives Tun). Vielfach überlappen sich, wenn Nichtbeseitigung gleichbedeutend mit Fortdauer der Verletzungshandlung ist, Unterlassungs- und Beseitigungsanspruch, beispielsweise in Fällen der Aufstellung einer Werbetafel mit irreführendem Inhalt oder der wettbewerbswidrigen Ausgestaltung einer Gebäudefassade (BGH GRUR 77, 614, 616 – *Gebäudefassade*). In Fällen dieser Art steht dem Verletzten sowohl der Beseitigungsanspruch als auch der Unterlassungsanspruch zur Verfügung: Jener zur direkten Beseitigung der Störungsquelle, dieser zur Abwehr der von der Störungsquelle ausgehenden Wettbewerbsverstöße. Deren Verbot zielt zwar nicht direkt, wohl aber mittelbar und insoweit faktisch mit gleichem Erfolg wie die Beseitigungsklage auch auf die Beseitigung der Quelle andauernder Störung, ohne deren Beseitigung die Fortdauer der Störung anhält (BGH aaO – *Gebäudefassade*). Allerdings kann die Beseitigung der Störungsquelle im Vollstreckungsverfahren nur mittelbar durch Beugemittel erreicht werden, während die zwangsweise Durchsetzung des Beseitigungsanspruchs die Störungsquelle unmittelbar beseitigen kann. In anderen Fällen vermag der Unterlassungsanspruch die Funktion des Beseitigungsanspruchs grundsätzlich nicht übernehmen. Hat etwa der Verletzer den Verletzten angeschwärzt (§ 4 Nr 8) oder eine wettbewerbswidrige Eintragung in Marken- oder Handelsregister veranlasst, können ihm zwar mit der Unterlassungsklage weitere gleiche Handlungen für die Zukunft verboten werden. Die Eintragung wird davon aber nicht, auch nicht mittelbar, betroffen. Insoweit vermag der Unterlassungsanspruch allein dem Schutzbedürfnis des Verletzten nicht zu genügen.

70 **c) Schadensersatzanspruch.** Beseitigungsanspruch und Schadensersatzanspruch **unterscheiden sich in Voraussetzung und Zielsetzung.** Jener ist verschuldensunabhängig und dient der Abwehr eines objektiv-rechtswidrigen in die Zukunft fortwirkenden Störungszustandes, dieser verlangt Verschulden und richtet sich auf den Ausgleich bereits eingetretener schädigender Folgen eines Wettbewerbsverstoßes. Allerdings können beide Ansprüche auch parallel laufen, so wenn sich der Störungszustand als durch Naturalrestitution ersetzbarer Schaden darstellt (§ 249 I BGB). In diesen Fällen kann Beseitigung auch als Schadensersatz verlangt werden (s § 9 Rn 10). Die praktische Bedeutung dessen ist freilich angesichts des verschuldensunabhängigen Beseitigungsanspruchs gering (Köhler/*Bornkamm* § 8 Rn 1.73; *Teplitzky* Kap 33 Rn 12). Der Ersatz materiellen Schadens im Übrigen, zB aus wettbewerbsbezogenen oder geschäftsschädigenden Eingriffen, richtet sich nach den allgemeinen Voraussetzungen.

II. Voraussetzung: rechtswidriger Störungszustand

1. Überblick. Der Beseitigungsanspruch setzt einen **bereits bestehenden und anhaltenden Zustand rechtswidriger Störung** auf Grund einer in der Vergangenheit bereits begangenen Verletzungshandlung voraus (BGH GRUR 95, 424, 426 – *Abnehmerverwarnung;* GRUR 98, 415, 416f – *Wirtschaftsregister;* Fezer/*Büscher* § 8 Rn 9; Köhler/*Bornkamm* § 8 Rn 1.76; MüKo/*Fritzsche* § 8 Rn 148). Begehungsgefahr wird nicht vorausgesetzt. 71

2. Fortbestehender Störungszustand. a) Grundsatz. Die Störung muss **bereits bestehen,** daher scheidet ein vorbeugender Beseitigungsanspruch grundsätzlich aus (Köhler/*Bornkamm* § 8 Rn 1.77; Fezer/*Büscher* § 8 Rn 9). Etwas anderes soll gelten, wenn ein vorbeugender Unterlassungsanspruch nur dadurch erfüllt werden kann, dass der Anspruchsgegner eine bestimmte Handlung vornimmt, etwa eine Markenanmeldung zurücknimmt (BGHZ 121, 242, 247f = GRUR 93, 556, 558 – *Triangle;* Teplitzky Kap 22 Rn 14, Kap 25 Rn 8). Allerdings wird in diesen Fällen entweder bereits ein Störungszustand (etwa durch die Markenanmeldung) vorliegen oder ein Unterlassungsanspruch zum selben Eregbnis führen, so dass für die Annahme eines vorbeugenden Beseitigungsanspruchs in aller Regel kein Bedürfnis besteht (MüKo/ *Fritzsche* § 8 Rn 152). Vorbereitungshandlungen, die noch keine unlautere geschäftliche Handlung darstellen, können mit der Beseitigungsklage nicht bekämpft werden. Beispielsweise besteht (im Gegensatz zu §§ 18 I MarkenG, 98 I, II UrhG, 140a I, II PatG) kein Anspruch auf Vernichtung noch nicht in den Verkehr gebrachter Produktnachahmungen, da § 4 Nr 9 nur das Angebot der nachgeahmten Produkte, aber nicht bereits deren Herstellung verbietet (s § 4 Rn 9/50). Der Störungszustand muss **bis zur letzten mündlichen Tatsachenverhandlung andauern.** Fällt er vorher weg, so erlischt der Beseitigungsanspruch (BGH WRP 93, 396, 398 – *Maschinenbeseitigung;* KG GRUR-RR 02, 337, 339 – *T-offline;* MüKo/*Fritzsche* § 8 Rn 154, 157; *Teplitzky* Kap 22 Rn 18). 72

b) Falsche Tatsachenbehauptungen. aa) Tatsachenbehauptung und Werturteil. Beim Unterfall des Widerrufsanspruchs besteht der Störungszustand in der Behauptung unwahrer, objektiv nachprüfbarer, dem Beweis zugänglicher Tatsachen (BGH GRUR 78, 258, 259 – *Schriftsachverständiger;* GRUR 82, 631, 632 – *Klinikdirektoren;* BGH GRUR 88, 402, 403 – *Mit Verlogenheit zum Geld;* BGH GRUR 92, 527, 528 – *Plagiatsvorwurf II,* stRspr). Dem Widerruf von Werturteilen steht Art 5 I GG entgegen. Hier kommt uU ein Unterlassungsanspruch in Betracht, der aber ebenfalls unter dem Vorbehalt der Meinungsäußerungsfreiheit (Art 5 I GG) steht. Zur Abgrenzung zwischen Tatsachenbehauptungen und Werturteilen s § 4 Rn 8/12; § 5 Rn 87ff. 73

bb) Unrichtigkeit. Der Widerrufsanspruch greift allein gegenüber solchen Tatsachenbehauptungen durch, deren Unrichtigkeit **positiv feststeht.** Niemand kann zum Widerruf verurteilt werden, wenn die Möglichkeit besteht, dass die Behauptung wahr ist (BGHZ 37, 187, 189f = GRUR 62, 652 – *Eheversprechen;* BGH GRUR 82, 631, 632 – *Klinikdirektoren;* Köhler/*Bornkamm* § 8 Rn 1.103; *Teplitzky* Kap 26 Rn 8). Abzustellen ist bei der Beurteilung dieser Frage auf den **Empfängerhorizont.** Die Beweislast liegt, abgesehen von den Fallgestaltungen des § 4 Nr 8 Halbs 1 und der üblen Nachrede (§ 186 StGB iVm § 823 II BGB oder § 1004 analog) beim Kläger. Verweigert der Beklagte im Prozess eine nähere Substantiierung, obwohl diese ihm nach 74 eigenem Vortrag ohne weiteres möglich ist, kann die Behauptung ohne Rücksicht auf die Beweislast als unrichtig angesehen werden (BGH GRUR 75, 36, 38 – *Arbeits-Realitäten*). Steht die Unwahrheit der Behauptung **teilweise** fest, kann ein Widerruf **nur in diesem Umfang** beansprucht werden (BGHZ 31, 308, 318 = BGH GRUR 1960, 449, 454 – *Alte Herren*; BGH GRUR 87, 397, 399 – *Insiderwissen*). Steht die Unrichtigkeit der angegriffenen Behauptung nicht in vollem Umfang positiv fest, ist sie aber äußerst wahrscheinlich, weil kein ernstlicher Anhalt für die Richtigkeit spricht, kommt ein **eingeschränkter (abgeschwächter) Widerruf** in der Form in Betracht, dass die Behauptung nach dem Ergebnis der Beweisaufnahme nicht aufrechterhalten werde (BGHZ 37, 187, 190 = GRUR 62, 652 – *Eheversprechen*; BGHZ 69, 181, 182 = GRUR 77, 745, 747 – *Heimstättengemeinschaft*). Ist es aber ohne weiteres oder durchaus möglich oder sogar wahrscheinlich, dass der Vorwurf zu Recht erhoben worden ist, besteht auch der Anspruch auf einen eingeschränkten Widerruf nicht (BGH aaO – *Heimstättengemeinschaft*; Köhler/Bornkamm § 8 Rn 1.103; *Teplitzky* Kap 26 Rn 17 ff).

75 cc) **Fortdauernder Störungszustand.** Der Störungszustand muss noch andauern (Rn 72). Äußerungen im Rahmen eines schnelllebigen Werbegeschäfts sind aber im Allgemeinen schnell vergessen und rechtfertigen den Widerrufsanspruch dann nicht mehr. Anders ist es bei rufschädigenden, von den Medien verbreiteten Aussagen, die sich mit Blick auf Gewicht und Tragweite der erhobenen Vorwürfe – zB korrupter oder betrügerischer Machenschaften eines bekannten oder prominenten Betroffenen – dem Gedächtnis auf längere Zeit einprägen. Entscheidend sind die **Umstände des Einzelfalls:** Schwere des Vorwurfs, Person des Betroffenen, Form und Intensität der Verbreitung, Interesse der Allgemeinheit (BGH GRUR 62, 315, 318 – *Deutsche Miederwoche*; GRUR 69, 555, 558 – *Cellulitis*; GRUR 70, 254, 256 – *Remington*; GRUR 92, 527, 529 – *Plagiatsvorwurf II*). Der Störungszustand, der aus solchen Umständen resultiert, muss rechtswidrig sein.

76 3. **Rechtswidrigkeit.** Die Störung muss **objektiv rechtswidrig** sein. Eine Einwilligung oder eine Duldungspflicht des Verletzten kraft Gesetzes schließt die Rechtswidrigkeit aus. Die Rechtswidrigkeit unrichtiger Tatsachenbehauptungen entfällt, wenn der Äußernde in **Wahrnehmung berechtigter Interessen** handelt (BGH GRUR 60, 135, 136 – *Druckaufträge*, näher hierzu Rn 169). Unerheblich für den Beseitigungsanspruch ist es, ob auch die Verletzungshandlung, die den Störungszustand geschaffen hat, rechtswidrig ist. Entscheidend kommt es für die Beseitigungsanspruch nicht auf die Rechtmäßigkeit der Handlung bei ihrer Begehung an, sondern allein darauf, dass die Störung rechtswidrig ist, die von dem von der Handlung geschaffenen Zustand ausgeht. So macht ein Wegfall eines Rechtfertigungsgrundes (insb des berechtigten Interesses) den Störungszustand rechtswidrig und löst – sofern er noch andauert – den Widerrufsanspruch aus (BGH GRUR 58, 448, 449 – *Blanko-Verordnungen*; BGH GRUR 60, 500, 502 – *Plagiatsvorwurf I*; BGH GRUR 95, 424, 426 – *Abnehmerverwarnung*; *Teplitzky* Kap 22 Rn 14). Im Rechtsstreit muss die Fortwirkung des durch die unwahre Tatsachenbehauptung geschaffenen rechtswidrigen Störungszustandes im Zeitpunkt der letzten mündlichen Verhandlung noch andauern. Entfällt die Störung, erlischt der Beseitigungsanspruch (BGH WRP 93, 396, 398 – *Maschinenbeseitigung*). Im Rechtsstreit muss der Kläger, wenn nicht die Klage abgewiesen werden soll, die Hauptsache dann für erledigt erklären.

III. Inhalt und Umfang

77 1. **Beseitigung.** Der Inhalt des Beseitigungsanspruchs hängt von Art und Umfang der Beeinträchtigung ab. Bei **körperlichen Störungszuständen** richtet es sich nach den Umständen des Einzelfalls, welche Handlungen zur Beseitigung der Störungsquelle geeignet und erforderlich sind. So kann der Anspruch beim Vertrieb von

Waren mit irreführender Kennzeichnung oder von Werbematerialien mit unzulässigem Inhalt je nach Fallgestaltung auf eine Änderung der Gegenstände (zB durch Überkleben, Schwärzen, Entfernen, Verändern), auf Rückruf, auf Vernichtung oder auf Herausgabe an den Verletzten zum Zweck der Vernichtung gerichtet sein. Im Rahmen des UWG-Nachahmungsschutzes besteht kein Anspruch auf Vernichtung der nachgeahmten Gegenstände, weil § 4 Nr 9 nur deren Angebot, nicht aber deren Herstellung verbietet (BGHZ 141, 329 = GRUR 99, 928 – *Tele-Info-CD;* BGH GRUR 12, 1155 Rn 36 – *Sandmalkasten; Köhler/*Bornkamm § 4 Rn 9.81; MüKo/ *Fritzsche* § 8 Rn 180; s a § 4 Rn 9/87). Hingegen kann im Fall der Verletzung von Unternehmensgeheimnissen der Beseitigungsanspruch auf Herausgabe oder Vernichtung von Aufzeichnungen oder von aufgrund der erlangten Geheimnisse hergestellten Produkten gerichtet werden (BGH GRUR 58, 297, 299 – *Petromax;* BGH GRUR 06, 1044 Rn 17 – *Kundendatenprogramm; Kraßer* GRUR 77, 177). Bei einer irreführenden oder rechtsverletzenden Registereintragung richtet sich der Anspruch auf Einwilligung in die Löschung oder auf Veranlassung der Löschung. Ergänzt wird der Beseitigungsanspruch durch einen selbstständigen Anspruch auf **Drittauskunft,** der der Durchsetzung des (Haupt-) Anspruchs auf Beseitigung dient (vgl Köhler/ *Bornkamm* § 8 Rn 1.91; *Köhler/*Bornkamm § 9 Rn 4.2; näher hierzu § 9 Rn 41ff).

2. Widerruf. Handelt es sich um unkörperliche Störungen wie beispielsweise 78 ruf-, geschäfts- oder kreditschädigende Äußerungen, kommt zur Beseitigung des Störungszustandes meist nur eine einzige Art der Beseitigung, der **Widerruf,** in Betracht. Einen Widerruf muss der Schuldner auf eigene Kosten und grundsätzlich in der Form beseitigen, in der er den Gläubiger verletzt hat, bei Medienveröffentlichungen an gleicher Stelle und in gleicher Größe wie die unwahre Behauptung (BGH GRUR 69, 555, 558 – *Cellulitis;* zum allgemeinen Persönlichkeitsrecht grundlegend BGHZ 128, 1 = GRUR 95, 224, 227 – *Caroline von Monaco I*), bei Rundschreiben durch entsprechende Schreiben an die Empfänger, uU – wenn zur Beseitigung der Störung ausreichend und den Schuldner nicht unangemessen belastend – auch durch Bekanntmachung des Urteils (vgl § 12 III).

3. Verhältnismäßigkeitsprinzip. a) Grundsatz. Der Beseitigungsanspruch 79 wird durch den **Grundsatz der Verhältnismäßigkeit** und das **Übermaßverbot** begrenzt (vgl Begr RegE UWG 2004, BT-Drucks 15/1487 S 22; vgl auch §§ 18 III MarkenG; 140a IV PatG; 98 IV UrhG), berechtigt daher nur zur Ergreifung geeigneter, notwendiger und angemessener Maßnahmen. Maßnahmen, die dem Schuldner nicht zumutbar sind, scheiden aus (BGH GRUR 57, 278, 279 – *Evidur;* BGH GRUR 94, 630, 633 – *Cartier-Armreif;* BGH GRUR 98, 415, 416 – *Wirtschaftsregister;* BGH GRUR 02, 709, 711 – *Entfernung der Herstellungsnummer III*). Das erfordert eine **Interessenabwägung** unter Berücksichtigung einerseits der schutzwürdigen Belange von Verletztem und Verletzer, andererseits von Gewicht und Bedeutung der Beeinträchtigung (BGH GRUR 92, 527, 528 – *Plagiatsvorwurf II;* Köhler/*Bornkamm* § 8 Rn 1.88; *Teplitzky* Kap 22 Rn 16, Kap 25 Rn 5). Insbesondere die Vernichtung kann dem Schuldner nur aufgegeben werden, wenn keine geeigneten und weniger einschneidenden Maßnahmen (zB Unkenntlichmachung) zur Verfügung stehen (BGH GRUR 56, 553, 558 – *Coswig;* GRUR 63, 539, 541ff – *echt skai;* GRUR 74, 666, 669 – *Reparaturversicherung*). UU kommt auch die Gewährung einer **Aufbrauchsfrist** in Frage (Rn 38ff; BGH GRUR 60, 563, 567 – *Sektwerbung*). **Beseitigende Maßnahmen** können dem Schuldner **nur insoweit** angesonnen werden, als diese ihm möglich sind. Zu einem Rückruf etwa von Werbematerial, das bereits an die Einzelhändler ausgeliefert ist und nicht mehr in Besitz oder Eigentum des Verletzers steht und dessen Verfügungsgewalt entzogen ist, kann daher nicht verurteilt werden (BGH GRUR 74, 666, 669 – *Reparaturversicherung* mwN; Köhler/*Bornkamm* § 8 Rn 1.87; *Teplitzky* Kap 23 Rn 5, anders das Recht des geistigen Eigentums, s §§ 18 II MarkenG, 140a III PatG; 98 II UrhG).

80 **b) Insbesondere: Zumutbarkeit des Widerrufs.** Besondere Bedeutung kommt dem Verhältnismäßigkeitsprinzip beim Widerrufsanspruch zu. Erforderlich ist eine Interessenabwägung, die die Belange des Betroffenen und des Verletzers angemessen berücksichtigt, so dass uU nur eine mildere Form der Verurteilung statt einer uneingeschränkten geboten sein kann. Maßgebend insoweit sind vor allem Bedeutung und Auswirkung der aufgestellten Behauptung und des noch andauernden Störungszustandes, Art und Maß des Verschuldens des Verletzers, ein etwaiges mitwirkendes Verschulden des Verletzten (zB ein provozierendes Verhalten), der Zeitablauf, die Möglichkeit einer presserechtlichen Gegendarstellung, uU Richtigstellungen, die der Betroffene schon selbst veranlasst hat. Eine unnötige Demütigung des Verletzers ist unzulässig (BGHZ 89, 198, 202 = GRUR 84, 301, 303 – *Aktionärsversammlung;* BGHZ 99, 133, 138 = GRUR 87, 189, 190 – *Veröffentlichungsbefugnis beim Ehrenschutz;* BGH GRUR 92, 527, 528 – *Plagiatsvorwurf II;* BGH GRUR 98, 415, 417 – *Wirtschaftsregister;* Köhler/*Bornkamm* § 8 Rn 1.99ff; Fezer/*Büscher* § 8 Rn 33ff; *Teplitzky* Kap 26 Rn 10ff). Über den Widerruf hinaus kann dem Verletzer nicht die Erklärung abverlangt werden, dass er sich auch innerlich von seiner Behauptung distanziere. Wird der Verletzer zum Widerruf verurteilt, bedeutet es kein Abrücken von der Widerrufsverpflichtung, wenn er bei Abgabe der Widerrufserklärung zum Ausdruck bringt, dass er diese auf die Verurteilung hin abgebe (BVerfGE 28, 1, 9, 10 = NJW 70, 651, 652; BGHZ 69, 181, 184 = GRUR 77, 745, 747 – *Heimstättengemeinschaft*). Unzulässig wäre es aber, wenn er hinzufügte, dass er weiterhin zu seinen Behauptungen stehe (BGHZ 68, 331, 338 = GRUR 77, 674, 676 – *Abgeordnetenbestechung*). Der Widerrufsanspruch soll dem Verletzten nicht Genugtuung verschaffen, sondern die rechtswidrige Störung beseitigen. Er kann deshalb als unverhältnismäßig entfallen, wenn auf Unterlassung mit der Befugnis zur Urteilsveröffentlichung bereits rechtskräftig erkannt ist (BGH aaO – *Aktionärsversammlung;* BGH aaO – *Plagiatsvorwurf II*).

81 **c) Klageantrag und Urteilstenor.** Lässt sich die Störung nur auf eine einzige Art beseitigen, entstehen für die Formulierung des Klageantrags bzw Urteilstenors kein Problem. Stehen aber mehrere Möglichkeiten zur Wahl, kann eine offene, die verschiedenen Möglichkeiten unter einem Oberbegriff zusammenfassende abstrakte Umschreibung des Klageanspruchs zum **Bestimmtheitsgrundsatz** des § 253 II Nr 2 ZPO in Widerspruch stehen. Andererseits zwingen konkrete, auf bestimmte Maßnahmen beschränkte Anordnungen den Verletzer allein auf dem vorgeschriebenen Wege zur Beseitigung der Beeinträchtigung, obwohl andere Maßnahmen ebenso gut in Betracht kommen (vgl BGHZ 121, 248, 251 = NJW 93, 1656, 1657). Eine solche Anspruchskonkretisierung würde jedoch das Interesse des Schuldners, unter den in Betracht kommenden Möglichkeiten der Beseitigung die für ihn nächstliegende oder günstigste auszuwählen, übermäßig (Rn 79) beschneiden, ohne dass dafür eine materiell-rechtliche Grundlage gegeben wäre (vgl BGH NJW 60, 2335; BGHZ 67, 252, 253f = NJW 77, 146). Deshalb ist – noch im Einklang mit § 253 II Nr 2 ZPO – auf die Möglichkeit einer alternierenden Antragstellung und Verurteilung immer dann abzustellen, wenn die Beseitigung der Störung auf verschiedene Weise erreichbar ist (vgl Köhler/*Bornkamm* § 8 Rn 1.82ff; *Teplitzky* Kap 24 Rn 8). Besteht allerdings im Einzelfall die Möglichkeit zu Antragsalternativen nicht, kommt notwendigerweise eine abstrakte, an allgemeinen Oberbegriffen orientierte Antragsfassung in Betracht, die dem Interesse des Schuldners, das zur Beseitigung der Beeinträchtigung Geeignete selber zu tun, (erst recht) Rechnung trägt und – soweit eine solche Antragsfassung die Verpflichtung des Schuldners hinreichend deutlich konkretisiert – auch den Anforderungen des § 253 II Nr 2 ZPO genügt (Köhler/*Bornkamm* § 8 Rn 1.83ff; Ahrens/*Loewenheim* Kap 73 Rn 5, 13; *Teplitzky* Kap 28 Rn 8).

Beseitigung und Unterlassung **§ 8 UWG**

IV. Durchsetzung

1. Klage. Die auf den Beseitigungsanspruch gestützte Beseitigungsklage ist – wie 82 die Unterlassungsklage – eine **Leistungsklage,** mit der – ebenso wie mit der Unterlassungsklage – ein Leistungsurteil erstrebt wird. Im Prozess können Unterlassungs- und Beseitigungsansprüche **nebeneinander** geltend gemacht werden (vgl Rn 69), betreffen aber mit Blick auf ihre unterschiedliche Zielsetzung **verschiedene Streitgegenstände,** so dass der Übergang von einem Anspruch zum anderen im Rechtsstreit **Klageänderung** ist (BGH GRUR 74, 99, 101 – *Brünova;* BGH NJW-RR 94, 1404, 1405; Köhler/*Bornkamm* § 8 Rn 1.72 aE; Fezer/*Büscher* § 8 Rn 8; *Teplitzky* Kap 22 Rn 7). Die Geltendmachung des Beseitigungsanspruchs führt daher auch nicht zur Hemmung der Verjährung des Unterlassungsanspruchs und umgekehrt (*Köhler*/Bornkamm, § 11 Rn 1.46). Ist die Unterlassungsklage rechtshängig oder rechtskräftig ausgeurteilt, steht das der Erhebung der Beseitigungsklage nicht entgegen. Dieser fehlt auch nicht das **Rechtsschutzbedürfnis,** wenn mit der Unterlassungsklage im Einzelfall der gleiche Erfolg (Beseitigung der rechtswidrigen Störung) erreicht werden kann wie mit der Beseitigungsklage. Ausnahmsweise kann aber das Rechtsschutzbedürfnis zu verneinen sein, wenn auf Unterlassung bereits erkannt ist und die Vollstreckung des Titels (auch) zur Beseitigung der Störungsquelle führt (*Teplitzky* Kap 22 Rn 7). Einer Klage auf Unterlassung oder Beseitigung von Äußerungen, die zur Rechtsverteidigung in einem gerichtlichen oder behördlichen Verfahren oder im Vorfeld einer gerichtlichen Auseinandersetzung dienen, fehlt das Rechtsschutzbedürfnis (näher § 4 Rn 8/18).

2. Vollstreckung. Vollstreckt wird das Beseitigungsurteil bei vertretbaren 83 Handlungen im Wege der **Ersatzvornahme** nach § 887 ZPO, bei unvertretbaren Handlungen, insbesondere beim Widerruf, durch **Zwangsmaßnahmen** (Zwangsgeld und -haft) nach § 888 ZPO. § 894 ZPO, der bei Verurteilung des Schuldners zur Abgabe einer Willenserklärung die Abgabe der Erklärung für den Zeitpunkt der Rechtskraft des Urteils fingiert, greift hier nicht ein (BGHZ 69, 181, 184 = GRUR 77, 745, 747 – *Heimstättengemeinschaft;* Köhler/*Bornkamm* § 8 Rn 1.109; *Teplitzky* Kap 26 Rn 16).

3. Einstweilige Verfügung. Die Durchsetzung von Beseitigungsansprüchen im 84 Wege der **einstweiligen Verfügung** ist nicht schlechthin ausgeschlossen (OLG Frankfurt GRUR 89, 74 – *Folgebeseitigungsanspruch*). Die Beseitigung der Beeinträchtigung darf aber die Hauptsache nicht vorwegnehmen. Mit der einstweiligen Verfügung können daher dem Verletzten nur solche Maßnahmen aufgegeben werden, die zur *vorläufigen* Störungsbeseitigung erforderlich sind und noch keine endgültigen Verhältnisse schaffen (etwa durch Vernichtung von Gegenständen oder Löschung von Registereintragungen), und wenn der Verletzte auf die sofortige Durchsetzung des Beseitigungsanspruchs (zB zwecks Verhinderung der Anspruchsvereitelung) dringend angewiesen ist. Die Durchsetzung von **Widerrufsansprüchen** im Wege der einstweiligen Verfügung wird, um nicht die Hauptsache vorwegzunehmen, nur in besonders gelagerten Ausnahmefällen in Betracht kommen können. Denkbar ist eine Anordnung dann, wenn eine Entscheidung in der Hauptsache zur Beseitigung der Störung zu spät käme oder wenn sie dahin ergeht, dass die fragliche Behauptung *derzeit* nicht aufrecht erhalten werde, ihr vorläufiger Charakter also kenntlich gemacht wird.

D. Anspruchsgläubiger (§ 8 III)

Literatur: *Ahrens,* Die Mehrfachverfolgung desselben Wettbewerbsverstoßes, WRP 1983, 1; *Borck,* Aktivlegitimation und Prozeßführungsbefugnis beim wettbewerbsrechtlichen Unterlassungsanspruch, WRP 1988, 707; *Bornkamm,* Das Wettbewerbsverhältnis und die Sachbefugnis der Mitbewerber, GRUR 1996, 527; *Derleder/Zänker,* Die Anforderungen an die Struktur von Abmahnvereinen seit der UWG-Novelle 1994, GRUR 2002, 490; *Goldbeck,* Der „ungekehrte" Wettbewerbsprozess, 2008; *Greger,* Neue Regeln für die Verbandsklage im Verbraucherschutz- und Wettbewerbsrecht, NJW 2000, 2457; *Hefermehl,* Grenzen der Klagebefugnis der Gewerbetreibenden und Verbände im Recht gegen den unlauteren Wettbewerb, WRP 1987, 281; *Köhler,* Schutzlücken bei der Verbandsklagebefugnis im Kartell- und Wettbewerbsrecht – eine Aufgabe für den Gesetzgeber, WRP 2007, 602; *ders,* Verbandsklagen gegen unerbetene Telefon-, Fax- und E-Mail-Werbung: Was sagt das Unionsrecht?, WRP 2013, 567; *Lambsdorff,* Zur Klagebefugnis von Rechtsanwaltskammern, WRP 1998, 1151; *Lettl,* Die Aktivlegitimation für Unterlassungsansprüche wegen unberechtigter Verwendung einer geografischen Herkunftsangabe nach § 128 Abs 1 MarkenG, WRP 2008, 446; *Mankowski,* Können ausländische Schutzverbände der gewerblichen Wirtschaft „qualifizierte Einrichtungen" iS der Unterlassungsklagerichtlinie sein und nach § 8 III Nr 3 UWG klagen?, WRP 2010, 186; *Sack,* Neuere Entwicklungen der Individualklagebefugnis im Wettbewerbsrecht, GRUR 2011, 953; *Schindler,* Die Klagebefugnis im Wettbewerbsprozeß nach der UWG-Reform, WRP 2004, 835; *Welzel,* Anforderungen an die Struktur von „Abmahnvereinen" seit der UWG-Novelle 1994 – Entgegnung auf Derleder/Zänker, GRUR 2003, 762; *Wünsche,* Zur Einschränkung der Anspruchsberechtigung bei mitbewerberbezogenen UWG-Verstößen, K&R 2011, 16.

I. Allgemeines

85 **1. Bedeutung und Rechtsnatur. a) Zivilrechtlicher Individual- und Kollektivrechtsschutz.** Während viele ausländische Rechtsordnungen einer Verbraucherschutz- oder Wettbewerbsbehörde Kompetenzen zur Verfolgung unlauterer Geschäftspraktiken einräumen (s Einf B Rn 31, 34 ff), setzt das deutsche Lauterkeitsrecht fast ausschließlich auf die **zivilrechtliche Rechtsdurchsetzung**. Ebenso wie nach *Adam Smith* das egoistische Verhalten der einzelnen Marktteilnehmer durch die „unsichtbare Hand" des Marktes zu einer besseren Allokation von Ressourcen als eine staatliche Planwirtschaft führt, so sichert nach der Konzeption des UWG das Eigeninteresse der Unternehmer und Verbände bei der Rechtsdurchsetzung die Lauterkeit im Wettbewerb effektiver als staatliche Aufsicht. Lediglich zur Durchführung der Verordnung 2006/2004 über Zusammenarbeit im Verbraucherschutz wurden dem Bundesamt für Lebensmittelsicherheit und Verbraucherschutz und anderen Behörden durch das EG-Verbraucherschutzdurchsetzungsgesetz bestimmte Kompetenzen in grenzüberschreitenden Fällen übertragen, s dazu Einf C Rn 42. Ansonsten bilden Straftatbestände (§§ 16–19) und Ordnungswidrigkeiten (§ 20) die Ausnahme. Allerdings schützt das UWG im Gegensatz zum Bürgerlichen Recht nicht nur Individualinteressen, sondern auch die Interessen der Verbraucher, der übrigen Marktteilnehmer und der Allgemeinheit (§ 1). Wichtigste Ausprägung dieses für das Zivilrecht untypischen **kollektiven Elements** im UWG ist die in § 8 III geregelte Anspruchsberechtigung

86 **b) Regelung der Klagebefugnis oder der Aktivlegitimation?** Umstritten ist, ob § 8 III die (prozessuale) Klagebefugnis, die materiell-rechtliche Anspruchsberechtigung (Aktivlegitimation) oder beides regelt. Nach hM zum UWG 1909, die auch zum UWG 2004 überwiegt, ergibt sich für den unmittelbar verletzten Mitbewerber die Prozessführungsbefugnis aus den allgemeinen Vorschriften (§ 51 ZPO), während für die in § 8 III Nr 2 und 3 genannten Verbände die genannten Vorschriften sowohl die Prozessführungsbefugnis als auch die Anspruchsberechtigung regeln (**Doppelnatur,** vgl BGH GRUR 06, 517 Rn 15 – *Blutdruckmessungen;* BGH GRUR 07, 610 Rn 14 – *Sammelmitgliedschaft V;* Ahrens/*Jestaedt* Kap 18 Rn 4; Harte/Henning/*Bergmann*/Goldmann § 8 Rn 328; *Teplitzky* Kap 13 Rn 13, 25 ff). Zu den prozessualen Konsequenzen s Rn 91. Die Gegenansicht hält § 8 III für eine rein materiellrechtliche Regelung der

Anspruchsberechtigung (*Greger* NJW 00, 2457, 2462f; *Köhler*/Bornkamm § 8 Rn 3.10; MüKo/*Ottofülling* § 8 Rn 323; *Goldbeck* S 67) und verweist dafür auf den Wortlaut der Vorschrift („Die Ansprüche ... stehen zu") (einschränkend aber unter Hinweis auf die Begr RegE UWG 2004, BT-Drucks 15/1487 S 22f, *Köhler* aaO), vor allem aber darauf, dass für ein lauterkeitsrechtliches Sonderprozessrecht kein Anlass bestehe. Da die Verbände unstreitig eigene Ansprüche geltend machten, bestehe ihre Klagebefugnis nach allgemeinen Vorschriften. Diese Kritik hat dogmatisch einiges für sich, doch ist eine von den allgemeinen Regeln abweichende besondere Behandlung der Verbandsklagebefugnis wegen der mit ihr verbundenen Missbrauchsmöglichkeiten nicht zwingend systemwidrig. Die hM ermöglicht eine effizientere Kontrolle (s im Einzelnen Rn 91), hierin besteht ihr Vorzug (*Teplitzky* 13. Kap Rn 25a).

2. Anwendungsbereich des § 8 III. a) Grundsatz. § 8 III gilt für die in § 8 I ge- **87** regelten Abwehransprüche und sämtliche dazu akzessorischen Ansprüche: Auskunftsansprüche, soweit sie sich auf den Beseitigungsanspruch beziehen (BGH GRUR 72, 558, 560 – *Teerspritzmaschinen*) und Aufwendungsersatzansprüche (§ 12 I 2). Hingegen ist die Anspruchsberechtigung in §§ 9 und 10 abweichend von § 8 III geregelt. Auch für außerwettbewerbsrechtliche Ansprüche, insbesondere Ansprüche aus Bürgerlichem Recht, gilt § 8 III nicht (BGH GRUR 09, 980 Rn 9ff. – *E-Mail-Werbung II*). Die Regelung ist abschließend (vgl Begr RegE UWG 2004, BT-Drucks 15/1487 S 22). Das UWG eröffnet keine Popularklage. Verbraucher sind trotz ihrer ausdrücklichen Einbeziehung in die Schutzzweckregelung des Gesetzes nicht anspruchsberechtigt (EinfD Rn 62; § 1 Rn 11).

b) Einschränkungen. Die Klagebefugnis der Mitbewerber, Verbände und Kam- **88** mern gilt nach dem Wortlaut des § 8 III unbeschränkt. Sie bedarf aber für die Fälle einer **Einschränkung,** in denen durch den Wettbewerbsverstoß ausschließlich die **individuellen Interessen** eines bestimmten Mitbewerbers und nicht zugleich die eines anderen Marktteilnehmers oder der Allgemeinheit verletzt werden. In folgenden Fallgruppen ist nur der individuell Verletzte anspruchsberechtigt:
– Schutz des guten Rufs gegen Herabsetzung (§§ 4 Nr 7, 6 II Nr 4 Alt 2, 5), Anschwärzung (§ 4 Nr 8), Rufausbeutung und -schädigung (§§ 4 Nr 9b, 6 II Nr 4) (str, s im Einzelnen § 4 Rn 7/21, 8/18, § 6 Rn 73);
– UWG-Nachahmungsschutz (§ 4 Nr 9): Hier gilt die Beschränkung der Anspruchsberechtigung auch für den Fall der vermeidbaren Herkunftstäuschung (§ 4 Nr 9a) (BGH GRUR 88, 620, 621 – *Vespa-Roller;* BGH GRUR 94, 630, 634 – *Cartier-Armreif;* BGH GRUR 09, 416 Rn 23 – *Küchentiefstpreis-Garantie;* ebenso nach Umsetzung der UGP-RL BGH GRUR 10, 80 Rn 17 – *LIKEaBIKE;* näher hierzu und zu abweichenden Ansichten § 4 Rn 9/84);
– gezielte Behinderung (§ 4 Nr 10), soweit nicht zugleich eine Beeinträchtigung von Interessen Dritter gegeben ist (BGH GRUR 09, 416 Rn 22 – *Küchentiefstpreis-Garantie*);
– Fälle des Rechtsbruchs (§ 4 Nr 11), in denen die verletzte Norm ausschließlich Individualinteressen dient (Beispiel: §§ 17f UWG);
– zur Streitfrage, ob die Verbandsklagebefugnis unter § 7 II mit dem Unionsrecht in Einklang steht, s § 7 Rn 9.

3. Ansprüche mehrerer. Den nach § 8 III Klagebefugten erwächst aus einem **89** Wettbewerbsverstoß jeweils **ein eigener Abwehranspruch.** Für Mitbewerber folgt das aus der verletzten Norm, was durch § 8 III Nr 1 bestätigt wird, aber auch ohne ihn gelten würde, für die Verbände und Kammern durch die insoweit konstitutiv-anspruchsbegründenden Regelungen des § 8 III Nr 2–4. Mehrere Gläubiger können danach zugleich nebeneinander klagebefugt sein. In diesen Fällen besteht **Anspruchsmehrheit,** auf die die Vorschriften über die Gesamtgläubigerschaft (§§ 428ff BGB) grundsätzlich sinngemäß Anwendung finden (*Köhler*/Bornkamm § 8 Rn 3.3).

Entfällt – beispielsweise durch Unterwerfung – die Wiederholungsgefahr, erlischt daher der Unterlassungsanspruch gegenüber allen Gläubigern (§ 429 III 1 iVm § 422 I 1 BGB). Umstände, die aber nur in der Person eines Gläubigers begründet sind, zB solche, die zur Einrede der Verjährung berechtigen, berühren die Ansprüche der anderen nicht (§ 429 III 1 iVm § 425 BGB). In prozessualer Hinsicht sind mehrere Streitgegenstände gegeben, wenn mehrere Gläubiger – was abgesehen von den Missbrauchsfällen des § 8 IV grundsätzlich zulässig ist – gegen den Verletzer wegen desselben Wettbewerbsverstoßes nebeneinander, auch in verschiedenen Prozessen, vorgehen (Mehrfachverfolgung). Da mit jedem Anspruch ein eigener Streitgegenstand verbunden ist, fehlt der jeweiligen Klage weder das Rechtsschutzbedürfnis noch kann sich der Schuldner auf Rechtshängigkeit der Sache berufen, wohl aber auf den Einwand der res iudicata, wenn etwa ein rechtskräftiges Unterlassungsurteil zum Wegfall der Wiederholungsgefahr geführt hat (Rn 23). – Zur Abtretung von Abwehransprüchen s Rn 64.

90 **4. Beweislast, Prozessuales. a) Beweislast.** Die Darlegungs- und Beweislast für das Vorliegen der Klagebefugnis und Anspruchsberechtigung trägt nach allgemeinen Grundsätzen der Kläger (so für Verbraucherverbände ausdrücklich § 8 III Nr 3). Zum Beweis der Voraussetzungen des § 8 III Nr 2 ist die Vorlage einer anonymen Mitgliederliste nicht ausreichend; die Namen der Mitglieder müssen bekannt gegeben werden (BGHZ 90, 92 = GRUR 96, 217, 218 – *Anonymisierte Mitgliederliste*). Hingegen bedarf die Rechtsfähigkeit nicht der Überprüfung, denn die Zuerkennung der Rechtsfähigkeit (etwa durch Eintrag in das Vereinsregister) ist konstitutiv (BGH GRUR 83, 130, 131 – *Lohnsteuerhilfe-Bundesverband*). Dasselbe gilt für die Eintragung als „qualifizierte Einrichtung" iSd § 8 III Nr 3. Sie unterliegt nicht der Kontrolle des Wettbewerbsgerichts (§ 4 II 2 UKlaG, sa Rn 110)

91 **b) Überprüfung von Amts wegen.** Nach der herrschenden Ansicht von der Doppelnatur der §§ 8 III Nr 2, 3 muss die Klagebefugnis schon zur Zeit des Wettbewerbsverstoßes vorliegen (aA insoweit Harte/Henning/*Bergmann*/*Goldmann* § 8 Rn 329) und während der gesamten Dauer des Verfahrens (einschließlich Revisionsverfahren) fortbestehen. Sie ist in jeder Lage des Verfahrens von Amts wegen zu prüfen (BGH GRUR 07, 610 Rn 14 – *Sammelmitgliedschaft V*). Die Feststellungen zur Frage der Prozessführungsbefugnis können mit allen Beweismitteln, auch im Wege des Freibeweises, geführt werden (BGH GRUR 01, 846, 847 – *Metro V*). Kann der Verband die Voraussetzungen der § 8 III Nr 2, 3 nicht nachweisen, so ist die Klage als unzulässig abzuweisen (BGH GRUR 96, 217 – *Anonymisierte Mitgliederliste*; teils aA aufgrund der Lehre von den doppelrelevanten Tatsachen Ahrens/*Jestaedt* Kap 18 Rn 4). Allerdings kann aus Gründen der Verfahrensökonomie bei zweifelhafter Klagebefugnis und fehlendem materiell-rechtlichen Anspruch die Klage als unbegründet abgewiesen werden (BGH GRUR 99, 1119, 1120 – *Rumms!*; BGH GRUR 03, 804 – *Foto-Aktion*). Nach der Gegenansicht (s Rn 86) handelt es sich um rein materiellrechtliche Voraussetzungen, die bis zum Zeitpunkt der letzten mündlichen Verhandlung in der Tatsacheninstanz vorgelegen haben müssen (*Köhler*/*Bornkamm* § 8 Rn 3.65).

92 **c) Prozessstandschaft.** Für **Mitbewerber** können Dritte – aber nicht Verbände und Kammern iS des § 8 III Nr 2–4 (BGH GRUR 98, 417, 418 – *Verbandsklage in Prozessstandschaft*) – als **Rechts- oder Prozessstandschafter** handeln, wenn die Voraussetzungen dafür (Ermächtigung und ein eigenes rechtsschutzwürdiges Interesse des Ermächtigten an der Rechtswahrnehmung) vorliegen. Dieses Interesse kann auch ein wirtschaftliches sein (BGH GRUR 90, 361, 362 – *Kronenthaler;* BGH GRUR 93, 151, 152 – *Universitätsemblem;* BGH GRUR 00, 1089, 1092f – *Missbräuchliche Mehrfachverfolgung*). Für **Verbände** kann ein anderer Verband oder ein sonstiger Dritter, zB ein Verbandsmitglied, grundsätzlich nicht in Prozessstandschaft klagen. In solchen

Fällen ist ein eigenes rechtsschutzwürdiges Interesse des ermächtigten Dritten nicht ersichtlich (*Köhler*/Bornkamm § 8 Rn 3.23).

II. Mitbewerber (§ 8 III Nr 1)

1. Begriff. Klagebefugter Mitbewerber iS des § 8 III Nr 1 ist jeder Marktteilnehmer, der als Unternehmer mit anderen Unternehmern in einem konkreten Wettbewerbsverhältnis steht (§ 2 I Nr 3, s im Einzelnen § 2 Rn 55ff; vgl auch *Sack* GRUR 11, 953ff). Der Anspruch steht nach dem Wortlaut des § 8 III Nr 1 jedem Mitbewerber zu, doch kann die Anspruchsberechtigung ausgeschlossen sein, wenn durch ein wettbewerbswidriges Verhalten nur die Belange eines bestimmten Mitbewerbers betroffen sind (s Rn 88 und BGHZ 162, 264 = GRUR 05, 519, 520 – *Vitamin-Zell-Komplex;* BGH GRUR 07, 978 Rn 26 – *Rechtsberatung durch Haftpflichtversicherer*). Nicht ins UWG 2004 übernommen wurde die Regelung des § 13 II Nr 1 aF, die die Anspruchsberechtigung auch solchen Wettbewerbern einräumte, die mit dem Verletzer kein konkretes, sondern nur ein **abstraktes** Wettbewerbsverhältnis verband (§ 2 Rn 63). Danach waren auch solche Wettbewerber klagebefugt, die nicht selbst Verletzte waren oder ihre Verletzteneigenschaft nicht nachweisen konnten, aber von dem Wettbewerbsverstoß hätten betroffen sein können. Der Mitbewerberschutz, den diese Vorschrift verlieh, muss jetzt allein über § 8 III Nr 2–4 gesucht werden (vgl Begr RegE UWG 2004, BT-Drucks 15/1487, S 22). 93

2. Entstehen und Erlöschen, Beweislast. Das **konkrete Wettbewerbsverhältnis**, das für die Inanspruchnahme des Verletzers Voraussetzung ist, entsteht mit der Aufnahme der Geschäftstätigkeit und erlischt, wenn diese dauerhaft eingestellt wird (BGH GRUR 95, 697, 699 – *FUNNY PAPER*). Bloße Vorbereitungen zur Aufnahme der Geschäftstätigkeit reichen regelmäßig nicht aus (Beispiel, BGH aaO: bloße gewerberechtliche Anmeldung unzureichend, vgl auch KG WRP 81, 461, 462), etwas anderes gilt nur, wenn die Geschäftseröffnung so konkret vorbereitet und nach außen dokumentiert wurde, dass der Unternehmer schon als potentieller Wettbewerber in Erscheinung tritt (OLG Hamm GRUR 88, 241; *Ahrens/Jestaedt* Kap 18 Rn 14; *Köhler*/Bornkamm § 8 Rn 3.29; *Teplitzky* Kap 13 Rn 4). Für die Eigenschaft als Mitbewerber (§ 2 I Nr 3) kommt es allein auf das **tatsächliche Bestehen** eines Wettbewerbsverhältnisses an. Insoweit ist unerheblich, ob die Tätigkeit, die das Wettbewerbsverhältnis begründet, gesetzwidrig oder wettbewerbswidrig ist (BGHZ 162, 264 = GRUR 05, 519, 520 – *Vitamin-Zell-Komplex*). Mit der Aufgabe der Geschäftstätigkeit erlischt das Wettbewerbsverhältnis und damit auch die wettbewerbsrechtliche Klagebefugnis (BGH GRUR 95, 697, 699 – *FUNNY PAPER*). Zu nur regional tätigen Unternehmen BGH GRUR 07, 884 Rn 32ff – *Cambridge Institute*. 94

III. Verbände zur Förderung gewerblicher und beruflicher Interessen (§ 8 III Nr 2)

1. Normzweck und Entstehungsgeschichte. § 8 III Nr 2 räumt Verbänden zur Förderung gewerblicher und beruflicher Interessen eine eigene Anspruchsberechtigung und die damit verbundene Klagebefugnis ein (vgl Rn 86). Die Vorschrift stellt eine materiell-rechtliche und prozessuale Ausprägung des in § 1 geregelten Schutzzwecks dar, der nicht auf den Individualschutz beschränkt ist, sondern die Interessen sämtlicher Mitbewerber und der Allgemeinheit umfasst (BGH GRUR 09, 282, 284 – *Wettbewerbsverein IV;* BGH GRUR 94, 304f – *Zigarettenwerbung in Jugendzeitschriften; Köhler*/Bornkamm § 8 Rn 3.30). Die Verfolgung unlauteren Wettbewerbs allein durch Wettbewerber trägt dem Schutz dieser Interessen nicht hinreichend Rechnung. Schon das UWG von 1896 sah die Klagebefugnis gewerblicher Verbände vor (vgl dazu *v Stechow,* Das Gesetz zur Bekämpfung des unlauteren Wett- 95 bewerbs vom 27. Mai 1896, S 222f). § 8 III Nr 2 schreibt im Wesentlichen § 13 II Nr 2 UWG 1909 fort. Dabei hat sich der Gesetzgeber bewusst **gegen** das in § 13 II Nr 3 praktizierte **Listensystem** entschieden (Begr RegE UWG 2004, BT-Drucks 15/1487 S 22), die Voraussetzungen des § 8 III Nr 2 bedürfen also der Prüfung im Einzelfall. Gesetzlich erstmals ausdrücklich geregelt wurde 2004 die zuvor schon in der Rechtsprechung anerkannte **Klagebefugnis** der Verbände zur Förderung selbstständiger beruflicher Interessen **(Berufsverbände)**. Neu vorgesehen wurde ferner, dass die Interessen der Mitglieder von der Zuwiderhandlung berührt sein müssen, damit der Verband gegen den Wettbewerbsverstoß einschreiten kann. Das Erfordernis der Eignung zur wesentlichen Beeinflussung des Wettbewerbs des früheren § 13 II Nr 2 wurde 2004 in die Generalklausel des § 3 aufgenommen und daher an dieser Stelle entbehrlich (vgl Begr RegE UWG 2004, BT-Drucks 15/1487 S 22).

96   **2. Rechtsfähige Verbände.** Rechtsfähige Verbände sind Organisationen, die über die Fähigkeit verfügen, Rechte zu erwerben und Verbindlichkeiten zu begründen. In Betracht kommen rechtsfähige Vereine, daneben alle juristischen Personen des Privatrechts und rechtsfähige Personengesellschaften (OHG, KG, seit BGHZ 146, 341, 347; BGHZ 151, 204, 206 wohl auch die GbR), ebenso juristische Personen des öffentlichen Rechts (Kammern, Innungen, vgl BGH GRUR 06, 598 Rn 12 – *Zahnarztbriefbogen;* BGH GRUR 96, 70, 71 – *Sozialversicherungsfreigrenze*). Beispiele sind **Wettbewerbsvereine** als Zusammenschlüsse von Unternehmern, die satzungsgemäß unlauteren Wettbewerb bekämpfen, sowie deren Spitzen- und Dachverbände (BGH GRUR 90, 617, 618f – *Metro III;* GRUR 92, 175 – *Ausübung der Heilkunde*), **Fachverbände** zur Wahrnehmung der gewerblichen Interessen bestimmter Branchen und Berufe wie Handwerksvereinigungen (BGH GRUR 89, 432 – *Kachelofenbauer I*) oder Anwaltsvereine (BGH GRUR 91, 53 – *Kreishandwerkerschaft I;* BGH GRUR 93, 834 – *Haftungsbeschränkung bei Anwälten*) und **berufsständische Kammern,** wenn sie nach Gesetz oder Satzung die beruflichen Interessen ihrer Mitglieder wahrnehmen und die Überwachung der Einhaltung der Berufspflichten seitens ihrer Mitglieder zu ihren Aufgaben gehört (BVerfGE 111, 366 = NJW 04, 3765, 3766; BGH GRUR 02, 717, 718 – *Vertretung der Anwalts-GmbH* mwN). Die Kammern freier Berufe sind befugt, Wettbewerbsverstöße von Kammerangehörigen (oder deren Wettbewerbern) zu verfolgen, auch wenn im Einzelfall die Möglichkeit besteht, ein wettbewerbswidriges und zugleich berufswidriges Verhalten zu ahnden. Jedoch muss die Kammer abwägen, ob das Vorgehen im Zivilrechtsweg angemessen ist und nicht unverhältnismäßig in die Berufsausübungsfreiheit der betroffenen Kammerangehörigen eingreift. Grundsätzlich ist aber die Ausübung der Klagebefugnis aus § 8 III Nr 2 nicht unverhältnismäßig, wenn sie darauf gerichtet ist, unlautere Werbung eines Kammerangehörigen zu unterbinden (BGH GRUR 06, 598, 599 Rn 12ff – *Zahnarztbriefbogen*). Zum selektiven Vorgehen eines Verbandes gegen Verstöße von Nichtmitgliedern, die zugleich eigenen Mitgliedern zur Last fallen s Rn 161. **Ausländische Verbände** sind nicht nur unter den Voraussetzungen des § 8 III Nr 2 klagebefugt, ihre Klagebefugnis kann sich darüber hinaus aus internationalen oder bilateralen Abkommen ergeben (Beispiel: Abkommen zum Schutz ausländischer Herkunftsbezeichnungen, vgl BGH GRUR 69, 611, 612 – *Champagner-Weizenbier;* BGH GRUR 94, 307, 308 – *Mozarella I*).

97   Die Rechtsfähigkeit wie auch die übrigen Voraussetzungen der Anspruchsberechtigung müssen im **Zeitpunkt der Zuwiderhandlung** vorliegen, weil der Verband sonst nicht verletzt sein kann (vgl Rn 91), und auch im Zeitpunkt der letzten mündlichen Verhandlung gegeben sein. Die bei der Prüfung des Bestehens der Klagebefugnis als Verbandsmitglieder in Betracht kommenden Unternehmer müssen daher ihre gewerbliche oder berufliche Tätigkeit über bloße Vorbereitungshandlungen hinaus aufgenommen haben und noch ausüben (Rn 94; BGH GRUR 95, 697, 699 – *FUNNY PAPER*).

Beseitigung und Unterlassung § 8 UWG

3. Zur Förderung gewerblicher oder beruflicher Interessen. Der Verbands- 98
zweck muss auf die Förderung gewerblicher oder selbstständiger beruflicher Interessen gerichtet sein. Ob das der Fall ist, ist durch Auslegung seiner Satzung (BGH GRUR 65, 485, 486 – *Versehrtenbetrieb;* BGH GRUR 90, 282, 284 – *Wettbewerbsverein IV)* und Analyse seiner tatsächlichen Tätigkeit zu ermitteln (BGH GRUR 05, 689, 690 – *Sammelmitgliedschaft III).* Ob die Mitglieder den Verband ausdrücklich zur Verfolgung von Wettbewerbsverstößen ermächtigt haben, ist unerheblich (BGH aaO – *Sammelmitgliedschaft).* Bei **Wettbewerbsvereinen** (Rn 96) genügt als Vereinszweck die Bekämpfung unlauteren Wettbewerbs (BGH aaO – *Wettbewerbsverein IV;* MüKo/ *Ottofülling* § 8 Rn 374. Bei **Fachverbänden** (Rn 96) kann die Verfolgung von Wettbewerbsverstößen von nachgeordneter Bedeutung sein, braucht auch nicht unbedingt in der Satzung erwähnt zu werden, darf aber nicht gänzlich fehlen (BGH GRUR 00, 1093, 1095 – *Fachverband;* GRUR 03, 454, 455 – *Sammelmitgliedschaft).*

4. Verbandsmitglieder. a) Wettbewerbsverhältnis. aa) Grundsatz. Dem 99
Verband müssen Unternehmen angehören, die Waren und Dienstleistungen gleicher oder verwandter Art auf demselben räumlichen und sachlichen Markt vertreiben. Nach der Rechtsprechung reicht es dafür aus, dass eine nicht gänzlich unbedeutende potenzielle Beeinträchtigung mit einer gewissen, wenn auch nur geringen Wahrscheinlichkeit in Betracht gezogen werden kann. Ein entsprechendes Wettbewerbsverhältnis wird wesentlich durch die gemeinsame Zugehörigkeit zur selben Branche oder zu zumindest angrenzenden Branchen begründet. Dabei ist auf Seiten des in Anspruch Genommenen auf den Branchenbereich abzustellen, dem die beanstandete Wettbewerbshandlung zuzurechnen ist (BGH GRUR 06, 778 Rn 19 – *Sammelmitgliedschaft IV;* BGH GRUR 07, 617 Rn 17 – *Sammelmitgliedschaft V;* BGH GRUR 07, 809 Rn 14 – *Krankenhauswerbung).* Dafür soll an abstraktes Wettbewerbsverhältnis ausreichen (BGH GRUR 00, 438, 440 – *Gesetzeswiederholende Unterlassungsanträge;* BGH GRUR 06, 778 Rn 17 – *Sammelmitgliedschaft;* Harte/Henning/Bergmann/Goldmann § 8 Rn 347f; IV; Fezer/*Büscher* § 8 Rn 254). Für eine solche zusätzliche, im UWG 2004 nicht mehr vorgesehene Kategorie besteht aber kein Bedürfnis. Zudem verlangt § 8 III Nr 2, dass die Zuwiderhandlung die Interessen der Mitglieder berührt, was gleichbedeutend mit dem Bestehen von Abwehransprüchen gem § 8 III Nr 1 ist. Regelmäßig besteht in den von der Definition der Rechtsprechung erfassten Fällen ohnehin ein konkretes Wettbewerbsverhältnis iSd § 2 I Nr 3, in allen übrigen Fällen vertreiben die Unternehmen keine gleichen oder verwandten Dienstleistungen auf demselben Markt (*Köhler*/Bornkamm § 8 Rn 3.35; nur noch auf ein Wettbewerbsverhältnis abstellend auch BGH GRUR 07, 809 Rn 14 – *Krankenhauswerbung).* Auf die Kommentierung des § 2 I Nr 3 kann also verwiesen werden.

bb) Vertrieb. Vertrieb ist der Absatz von Waren und Dienstleistungen auf dem 100
Markt. Innerbetriebliche und rein konzerninterne Handlungen werden davon nicht erfasst (BGH GRUR 69, 479, 480 – *Colle de Cologne).* Der Wortlaut des § 8 III Nr 2 erfasst nur den Absatzwettbewerb, doch ist ein Gleichlauf mit § 2 I Nr 1 und 3 anzustreben. Das spricht für eine analoge Anwendung des § 8 III Nr 2 auf den Nachfragewettbewerb (*Köhler*/Bornkamm § 8 Rn 3.37; aA Harte/Henning/*Bergmann/Goldmann* § 8 Rn 354).

cc) Waren oder Dienstleistungen verwandter Art (sachliche Marktabgren- 101
zung). Dem Verband muss eine erhebliche Anzahl von Mitgliedern angehören, die auf demselben sachlichen und räumlichen Markt wie die Beklagte tätig sind. Der maßgebliche Markt wird im Wesentlichen durch die Geschäftstätigkeit des angegriffenen Unternehmens bestimmt (BGH GRUR 96, 804, 805 –*Preisrätselgewinnauslobung III;* BGH GRUR 01, 260, 261 – *Vielfachabmahner;* BGH GRUR 04, 251, 252 – *Hamburger Auktionatoren).* Die sachliche Marktabgrenzung richtet sich danach, ob die Verbandsmitglieder und der angegriffene Unternehmer Waren und Dienstleistungen (zu beiden

Ohly 891

Begriffen s § 2 Rn 71) gleicher oder verwandter Art anbieten (BGH GRUR 00, 438, 440 – *Gesetzeswiederholende Unterlassungsanträge*). Dabei gilt ein großzügiger Maßstab. Die beiderseitigen Waren müssen sich ihrer Art nach so gleichen oder nahestehen, dass der Absatz des einen durch irgendein wettbewerbswidriges Handeln des anderen beeinträchtigt werden kann. (BGH GRUR 07, 617 Rn 17 – *Sammelmitgliedschaft V;* BGH GRUR 07, 809 Rn 14 – *Krankenhauswerbung*). Als gleich oder verwandt wurden beispielsweise angesehen: Orientteppiche, Teppichböden und Fußbodenbeläge (BGH WRP 96, 1102, 1103 – *Großimporteur;* BGH GRUR 98, 417, 418 – *Verbandsklage in Prozessstandschaft;* BGH GRUR 00, 619, 620 – *Orientteppichmuster*), Silber- und Schmuckwaren (BGH GRUR 97, 479, 480 – *Münzangebot*), Gebrauchtwagen und Neuwagen (OLG Stuttgart WRP 97, 873, 876), Arzneimittel und Kosmetika (BGH GRUR 97, 681, 682 – *Produktwerbung*), Lebensmittel und Nahrungsergänzungsmittel (BGH GRUR 97, 541, 542 – *Produkt-Interview*), Tabakwaren jeder Art untereinander (Zigarren, Zigaretten, Tabak, Zigarettenpapier), Butter und Margarine, alkoholische und alkoholfreie Getränke, Mineralwässer und Kosmetika (BGH GRUR 01, 420, 421 – *SPA*), Leistungen von Ärzten und Zahnärzten (*Baumbach/Hefermehl,* Einf Rn 204 f).

102   **dd) Auf demselben Markt (räumliche Marktabgrenzung).** Das Merkmal „auf demselben Markt" dient vorwiegend der räumlichen Marktabgrenzung (BGH GRUR 00, 438, 440 – *Gesetzeswiederholende Unterlassungsanträge;* Harte/Henning/*Bergmann/Goldmann* § 8 Rn 360). Der Markt kann (wie bei Werbung in einer regional erscheinenden Tageszeitung) regional begrenzt sein. Dabei wird der maßgebliche räumliche Markt allein durch die Geschäftstätigkeit des beklagten Unternehmens bestimmt, selbst wenn es sich um Gemeinschaftswerbung handelt (BGH GRUR 09, 692 Rn 9 – *Sammelmitgliedschaft XI*). Der relevante räumliche Markt kann aber auch (etwa im Fall von Werbung im Internet, deutschlandweit ausgestrahlten Fernsehsendern oder der überregionalen Presse) das gesamte Bundesgebiet umfassen (BGH GRUR 96, 804, 805 – *Preisrätselgewinnauslobung III;* BGH GRUR 98, 170 – *Händlervereinigung;* BGH GRUR 04, 251, 252 – *Hamburger Auktionatoren*).

103   **b) Erhebliche Zahl verbandsangehöriger Unternehmer.** Dem Verband muss eine erhebliche Anzahl von Unternehmern angehören, die Waren oder Dienstleistungen gleicher oder verwandter Art auf demselben Markt vertreiben. Dabei sind diejenigen Mitglieder zu berücksichtigen, die auf demselben räumlichen und sachlichen Markt wie der angegriffene Unternehmer tätig sind. Beispiel (BGH GRUR 04, 251, 252 – *Hamburger Auktionatoren*): Greift die Vereinigung der Hamburger Auktionatoren eine Internet-Versteigerung für Kraftfahrzeuge an, so zählen nur diejenigen Verbandsmitglieder, die selbst Kraftfahrzeuge versteigern. Das Gesetz stellt nicht auf eine *bestimmte* Mindestzahl oder darauf ab, dass die *Mehrheit* der Mitbewerber dem Verband angehört. Die „erhebliche Zahl" ist keine absolute oder prozentuale Größe und lässt sich auch nicht abstrakt oder generell festlegen, sondern bestimmt sich relativ zu den Marktverhältnissen (OLG Koblenz GRUR-RR 10, 16, 17 – *GOLDENE 7; Welzel* GRUR 03, 762, 763 gegen *Derleder/Zänker* GRUR 02, 490, 491). Ist der Markt eng und sind nur wenige Mitbewerber vorhanden, kann auch die Mitgliedschaft von einem oder zwei Unternehmern ausreichen (OLG Nürnberg GRUR 95, 279, 283 – *Bauträgerwerbung*). Erforderlich, aber auch ausreichend ist es, wenn Unternehmer der betreffenden Branche auf dem betreffenden sachlichen und räumlichen Markt nach Anzahl, Marktbedeutung, Marktanteilen und wirtschaftlichem Gewicht im Verband repräsentativ vertreten sind, so dass ein missbräuchliches Vorgehen des Verbandes ausgeschlossen werden kann und Vorsorge dafür getroffen worden ist, dass nicht bei der Rechtsverfolgung lediglich Individualinteressen bestimmter Unternehmer, sondern Mitgliederinteressen kollektiv wahrgenommen werden (BGH GRUR 07, 610 Rn 18 – *Sammelmitgliedschaft V;* BGH GRUR 07, 809 Rn 15 – *Krankenhauswerbung; Köhler/*Bornkamm § 8 Rn 3.42; Harte/Henning/*Bergmann/Goldmann* § 8 Rn 350; Fezer/*Büscher* § 8 Rn 257; Ahrens/*Jestaedt* Kap 19 Rn 21 ff; MüKo/*Ottofülling* § 8

Rn 397f). Darauf, ob diese Verbandsmitglieder nach Zahl und wirtschaftlichem Gewicht im Verhältnis zu allen anderen auf dem Markt tätigen Unternehmen repräsentativ sind, kommt es aber nicht entscheidend an (BGH GRUR 07, 809 Rn 15 – *Krankenhauswerbung;* BGH GRUR 09, 692 Rn 12 – *Sammelmitgliedschaft VI*). Bei Fach- und Spitzenverbänden (Rn 96) werden sie im Hinblick auf die Homogenität der Mitglieder regelmäßig bejaht werden können (BGH GRUR 95, 354, 356 – *Rügenwalder Teewurst II;* GRUR 95, 274, 275 – *Dollar-Preisangaben*). Bei Wettbewerbsvereinen (Rn 96) bedarf sie im Einzelfall der Prüfung. Verbände, denen die nach § 8 III Nr 4 selbst klagebefugten Industrie- und Handelskammern angehören, sind stets klagebefugt (BGH GRUR 97, 758, 759 – *Selbsternannter Sachverständiger* mwN).

104 c) **Mittelbare Mitgliedschaft.** Eine **unmittelbare** Verbandsmitgliedschaft des Unternehmers wird von § 8 III Nr 2 **nicht** verlangt. Die Mitgliedschaft kann auch durch die Zugehörigkeit zu einem anderen Verband **vermittelt** werden, der seinerseits Mitglied des Verbandes ist (mittelbare Verbandszugehörigkeit), so bei der Zugehörigkeit zu Spitzen- oder Fachverbänden, die ihrerseits einem anderen Verband angehören wie beispielsweise bei der Zugehörigkeit solcher Verbände zur Zentrale zur Bekämpfung unlauteren Wettbewerbs („Wettbewerbszentrale") oder zum Deutschen Schutzverband gegen Wirtschaftskriminalität (BGH GRUR 05, 522, 523 – *Sammelmitgliedschaft II;* BGH GRUR 06, 873 Rn 15 – *Brillenwerbung;* Köhler/Bornkamm § 8 Rn 3.43; Harte/Henning/*Bergmann/Goldmann* § 8 Rn 350 ff; Fezer/*Büscher* § 8 Rn 258). Eine **eigene Klagebefugnis** des vermittelnden Verbandes iS des § 8 III Nr 2 ist **nicht** gefordert (BGH GRUR 03, 454, 455 – *Sammelmitgliedschaft I*), wohl aber muss auch dieser Verband den Zweck verfolgen, die gewerblichen oder selbstständigen beruflichen Interessen seiner Mitglieder zu fördern und von diesen, wenn auch ohne ausdrückliche Ermächtigung in der Satzung, beauftragt sein, die Wahrnehmung ihrer Interessen einem anderen Verband zu übertragen (BGH aaO – *Sammelmitgliedschaft I;* BGH aaO – *Sammelmitgliedschaft II;* BGH GRUR 07, 610 Rn 21 – *Sammelmitgliedschaft V*). Die **Kompetenzübertragung** muss der gemeinsamen Zielsetzung dienen, unlauteren Wettbewerb zu bekämpfen, darf also nicht nur Vorwand sein, dem aufnehmenden Verband die Klagebefugnis zu verschaffen (BGH GRUR 06, 873 Rn 20 – *Brillenwerbung;* BGH aaO – *Sammelmitgliedschaft V*).

105 d) **Mischverbände.** Dem Verband dürfen auch Verbraucher oder sonstige Marktteilnehmer als Mitglied angehören, wenn nach dessen Gesamtbild (Satzungszweck, Mitgliederstruktur, Verbandstätigkeit) die Funktionsfähigkeit und der Charakter als Verband zur Förderung gewerblicher oder beruflicher Interessen gewahrt bleiben und es nicht zu Interessenkollisionen bei der Wahrnehmung des Verbandszwecks kommen kann (BGH GRUR 83, 129, 130 – *Mischverband I;* GRUR 85, 58, 59 – *Mischverband II*). Widmet sich ein solcher aus Unternehmern und Verbrauchern bestehender Mischverband gleichrangig sowohl der Förderung gewerblicher bzw beruflicher Interessen als auch Verbraucherinteressen, ist er daher nach § 8 III Nr 2 nicht klagebefugt (BGH aaO – *Mischverband I;* BGH aaO – *Mischverband II;* Köhler/Bornkamm § 8 Rn 3.44; Harte/Henning/*Bergmann/Goldmann* § 8 Rn 340 f; Ahrens/*Jestaedt* Kap 19 Rn 5, 50; *Teplitzky* Kap 13 Rn 19).

106 5. **Befähigung zur Wahrnehmung des Verbandszwecks. a) Ausstattung.** Der Verband ist nur dann klagebefugt, wenn er seine satzungsmäßigen Aufgaben tatsächlich wahrnehmen kann. Er muss also über die nötige personale, sachliche und finanzielle Ausstattung verfügen (BGH GRUR 98, 489, 491 – *Unbestimmter Unterlassungsantrag III*). In **personeller Hinsicht** muss der Verband selbst in der Lage sein, das Marktverhalten der Wettbewerber zu beobachten, lauterkeitsrechtlich zu bewerten und Zuwiderhandlungen, ggf auch mit anwaltlicher Hilfe, zu verfolgen (BGH GRUR 91, 684 – *Verbandsausstattung I;* BGHZ 126, 145, 147 = GRUR 94, 831 – *Verbandsausstattung II;* GRUR 00, 1093, 1094 – *Fachverband*). Wettbewerbsvereine (Rn 96) müssen von einem Geschäftsführer geleitet sein und über ein für die Erledigung der Verbandsaufgaben auf wettbewerbsrechtlichem Gebiet ausreichend geschultes Personal – Geschäftsführer, Vorstandsmitglieder, angestellte Mitarbeiter, Verbandsmitglieder – verfügen, dem es möglich ist, in einfacher gelagerten Fällen auch ohne Hinzuziehung eines Rechtsanwalts gegen Wettbewerbsverstöße mit Abmahnungen vorzugehen (BGH GRUR 84, 691, 692 – *Anwaltsabmahnung;* BGH GRUR 91, 684 – *Verbandsausstattung I;* BGHZ 126, 145, 147 = GRUR 94, 831 – *Verbandsausstattung II;* BGH GRUR 00, 1093, 1094 – *Fachverband*). Bei Fachverbänden (Rn 96), bei denen im Rahmen der Erfüllung des Verbandszwecks die Bekämpfung unlauteren Wettbewerbs nur eine untergeordnete Rolle spielen kann, reicht es aus, wenn sich der Verband von den Verbandsmitgliedern über das Wettbewerbsgeschehen und Wettbewerbsverstöße unterrichten lässt und Rechtsanwälte mit der weiteren Verfolgung beauftragt (BGH aaO – *Fachverband*). Zur **sachlichen Ausstattung** gehört in aller Regel eine eigene Geschäftsstelle mit Büroräumen und entsprechender Ausstattung einschließlich der benötigten Kommunikationsmittel. Schließlich muss der Verband über **finanzielle Mittel** verfügen, die zumindest die Fixkosten für Existenz, Grundausstattung und Betätigung einschließlich der Verfahrenskosten für Prozesse über drei Instanzen auch ohne Streitwertherabsetzung abdecken (BGH GRUR 90, 282, 285 – *Wettbewerbsverein IV;* BGH GRUR 94, 385 – *Streitwertherabsetzung*). Die Anforderungen dürfen im Interesse kleinerer Verbände nicht übertrieben werden, zumal solche Verbände gerade auf oligopolistischen Märkten eine wichtige Rolle spielen können (BGH GRUR 12, 411 Rn 14 – *Glücksspielverband*). Deckt der Verband seine Verpflichtungen im Wesentlichen allein mit Abmahngebühren, so fehlt es ihm an einer ausreichenden Finanzausstattung und damit an der Klagebefugnis (BGH aaO – *Wettbewerbsverein IV*).

107   **b) Tatsächliche Verfolgung.** Nach der Rechtsprechung zu § 13 Nr 2 II aF, die allerdings im Wortlaut des § 8 II Nr 2 keinen Niederschlag gefunden hat, muss der Verband seine satzungsgemäße Aufgabe auch tatsächlich wahrnehmen (BGH GRUR 00, 1084, 1085 – *Unternehmenskennzeichnung;* BGH GRUR 00, 1093, 1094 – *Fachverband*). Bei einem ordnungsgemäß errichteten, seit Jahren als klagebefugt anerkannten und aktiv tätigen Verband spricht dafür eine tatsächliche Vermutung (BGHZ 126, 145, 147 = GRUR 94, 831 – *Verbandsausstattung II;* BGH aaO – *Fachverband* mwN; OLG Koblenz GRUR-RR 10, 16, 17 – *GOLDENE 7*). Bei neugegründeten Verbänden hängt die Frage der Klagebefugnis nicht so sehr von den entwickelten Aktivitäten als davon ab, ob sie nach Gründungsanlass, Mitgliederzahl, Ausstattung, Struktur und bisheriger Tätigkeit die Prognose einer tatsächlichen Erfüllung des Verbandszwecks zulassen (BGH GRUR 73, 78, 79f – *Verbraucherverband;* BGH GRUR 98, 489, 490 – *Unbestimmter Unterlassungsantrag III*).

108   **6. Interessenberührung.** Die Zuwiderhandlung muss die Interessen der Verbandsmitglieder berühren. Diese Voraussetzung steht in engem Zusammenhang dem Erfordernis, dass ein relevanter Teil der Verbandsangehörigen auf demselben Markt wie der angegriffene Mitbewerber tätig sein muss. Nach beiden Tatbestandskriterien kommt es darauf an, dass die Interessen der Verbandsmitglieder betroffen sind, was bedeutet, dass für diese selbst – als Mitbewerber – die **Voraussetzungen der Anspruchsberechtigung** nach § 8 III Nr 1 erfüllt sind (*Köhler*/Bornkamm § 8 Rn 3.51). Ist nur ein Teil der Verbandsmitglieder auf dem relevanten Markt tätig, so ist nur entscheidend, ob deren Interessen berührt sind (*Köhler* aaO).

IV. Verbraucherverbände (§ 8 III Nr 3)

109   **1. Normzweck und Entstehungsgeschichte.** § 8 III Nr 3 regelt die Klagebefugnis und Anspruchsberechtigung der Verbraucherverbände. Der Begriff „qualifizierte Einrichtungen" entstammt der Richtlinie 2009/22/EG über Unterlassungsklagen zum Schutz der Verbraucherinteressen (Einf C Rn 39). Durch den Bezug auf die

Beseitigung und Unterlassung **§ 8 UWG**

Richtlinie wird klargestellt, dass auch Einrichtungen aus anderen EU-Mitgliedstaaten unter den Voraussetzungen von § 8 III Nr 3 Ansprüche zustehen. Die in § 13 II Nr 3 UWG 1909 enthaltene Einschränkung, dass „wesentliche Belange der Verbraucher" berührt sein müssen, wurde nicht in § 8 III Nr 3 übernommen. Eine Prüfung der Wesentlichkeit des Wettbewerbsverstoßes ist damit entbehrlich, sie findet lediglich im Rahmen der Spürbarkeitsklausel (§ 3 I) statt. Unklar ist allerdings, ob die Klagebefugnis gem § 8 III Nr 3 entfällt, wenn die als unlauter angegriffene Handlung ausschließlich Mitbewerberinteressen berührt. Nach der Gesetzesbegründung (Begr RegE UWG 2004, BT-Drucks 15/1487 S 23) besteht in diesem Fall „von vornherein kein Interesse an einer Klage". Daraus folgt wohl, dass die Klagebefugnis von Verbraucherverbänden nur hinsichtlich solcher Zuwiderhandlungen besteht, die (auch) Verbraucherbelange berühren (KG GRUR-RR 05, 359; *Lettl* GRUR 04, 449, 460; vgl auch *Köhler*/Bornkamm § 8 Rn 3.52; Harte/Henning/*Bergmann*/*Goldmann* § 8 Rn 367).

2. Anspruchsberechtigung deutscher Verbraucherverbände. Anspruchsbe- 110
rechtigt nach § 8 III Nr 3 sind Verbraucherverbände, die in die **Liste qualifizierter Einrichtungen** nach § 4 UKlaG aufgenommen sind. Die im Bundesanzeiger jährlich neu bekannt zu machende Liste wird vom Bundesamt für Justiz geführt (§ 4 I UKlaG), das auf Antrag die Eintragung bzw die Aufhebung der Eintragung bescheinigt (§ 4 III 2, 3 UKlaG). Die Liste ist im Internet unter www.bundesjustizamt.de (Menüpunkte „Bürgerdienste"/„Verbraucherschutz") abrufbar. Die **Eintragungsvoraussetzungen** ergeben sich aus § 4 II 1, 2 UKlaG. Die Eintragung wirkt **konstitutiv.** Ihr Nachweis belegt die Klagebefugnis (Prozessführungsbefugnis), ebenso wie Nichteintragung, Aufhebung (§ 4 II 4 UKlaG) oder Anordnung des Ruhens der Eintragung (§ 4 II 5 UKlaG) das Fehlen der Klagebefugnis beweist. In letzterem Fall ist die Klage mangels Prozessführungsbefugnis (Doppelnatur der Klagebefugnis, s Rn 86) als unzulässig abzuweisen. Eine **wettbewerbsgerichtliche Überprüfung** der sachlichen Richtigkeit der Eintragung findet nicht statt (zur davon zu unterscheidenden Frage, ob die Prozessführung vom Satzungszweck umfasst ist, s Rn 111). Hat das Prozessgericht begründete Zweifel am Vorliegen der Eintragungsvoraussetzungen, ist es lediglich berechtigt (und verpflichtet), die Verhandlung auszusetzen und das Bundesverwaltungsamt zur Überprüfung der Eintragung aufzufordern (§ 4 IV UKlaG). An das Vorliegen begründeter Zweifel sind strenge Anforderungen zu stellen (BGH GRUR 10, 852 Rn 11 – *Gallardo Spyder*). Die Entscheidung des Amtes unterliegt der Nachprüfung im verwaltungsgerichtlichen Verfahren. Zum Verfahren insoweit und zu den Voraussetzungen der Aufhebung einer Eintragung in die Liste qualifizierter Einrichtungen s OVG Münster GRUR 04, 347, 348 – *Verbandseintragung*. § 8 IV UWG gilt auch in den Fällen des § 8 III (hier Nr 2).

Zur allgemeinen Reichweite der **Anspruchsberechtigung** s Rn 87. Sie kann 111
durch eine satzungsgemäße Begrenzung der Verbandsaufgaben persönlich, sachlich und regional **beschränkt** sein. Dadurch wird auch die Klagebefugnis entsprechend beschränkt (Ahrens/*Jestaedt* Kap 19 Rn 57; *Teplitzky* Kap 13 Rn 31a). Unbeschadet des § 4 IV UKlaG (s Rn 110) muss das erkennende Gericht prüfen, ob die Prozessführung im konkreten Fall **vom Satzungszweck des klagenden Verbands umfasst** ist (BGH GRUR 12, 415 Rn 11 ff mwN – *Überregionale Klagebefugnis;* missverständl *Voraufl* Rn 112). Ob der Wettbewerbsverstoß die Interessen von Verbandsmitgliedern oder die einer mehr oder weniger großen Zahl von Verbrauchern oder der Allgemeinheit verletzt, ist unerheblich. Materiell-rechtliche Voraussetzung für die Klagebefugnis von Verbraucherverbänden ist allerdings, dass durch den zu verfolgenden Wettbewerbsverstoß zumindest auch Verbraucherinteressen berührt werden (s Rn 109).

3. Anspruchsberechtigung ausländischer qualifizierter Einrichtungen. 112
Die für die Klagebefugnis der deutschen Verbraucherverbände maßgebenden Regelungen gelten im Wesentlichen auch für die Klagebefugnis **ausländischer** qualifizier-

ter Einrichtungen, die in das halbjährlich im Amtsblatt der EU zu veröffentlichende **Verzeichnis der Kommission** nach Art 4 III der Unterlassungsklagenrichtlinie 2009/22/EG (UKlaRL) eingetragen sind. Einrichtungen in diesem Sinne können – anders als nach § 4 II 1, 2 UKlaG – auch öffentliche Stellen (Behörden) sein, die dem Schutz von Verbraucherinteressen dienen. Ebenso wie bei deutschen Einrichtungen haben die Gerichte haben die Aufnahme in das Verzeichnis als Nachweis der Berechtigung der qualifizierten Einrichtung zur Klageerhebung zu akzeptieren, haben aber im Einzelfall das Recht zu prüfen, ob der Zweck der qualifizierten Einrichtung die Klageerhebung rechtfertigt (Art 4 I 2 UKlaRL). Wurde im Ausland (zu Unrecht) eine Einrichtung eingetragen, die sich bei näherem Hinsehen als Schutzverband der gewerblichen Wirtschaft entpuppt, so muss das deutsche Gericht die Eintragung als solche hinnehmen, kann aber die Übereinstimmung zwischen Satzungszweck und Gegenstand der Klage und die Möglichkeit eines Missbrauchs (§ 8 IV 1) prüfen (*Mankowski* WRP 10, 186).

V. Industrie- und Handelskammern, Handwerkskammern (§ 8 III Nr 4)

113 § 8 III Nr 4 knüpft an § 13 II Nr 4 aF an. Seine Geltung beschränkt sich auf die in ihm genannten Kammern. **Andere öffentlich-rechtliche Kammern** (die Berufskammern der Anwälte, Ärzte usw) unterfallen § 8 III Nr 2 (vgl Rn 96; Begr RegE UWG 2004, BT-Drucks 15/1487 S 23). Für die Klagebefugnis der Kammern des § 8 III Nr 4 ist Voraussetzung, dass ihre **Aufgabenkreise berührt** sind (vgl § 1 IHK-Gesetz; § 91 HandwO; GK¹/*Erdmann* § 13 Rn 108; *Teplitzky* Kap 13 Rn 32). Ihre Klagebefugnis hängt nicht vom Vorliegen der für die Verbände des § 8 III Nr 2 und 3 geltenden Voraussetzungen ab. Anspruchsberechtigt sind sie wie diese Verbände (§§ 8 I iVm §§ 3ff; § 8 V iVm § 13 UKlaG; § 10). Schadensersatzberechtigt nach § 9 sind sie nicht.

E. Anspruchsschuldner

Literatur: *Ahrens,* Unterlassungsschuldnerschaft beim Wechsel des Unternehmensinhabers, GRUR 1996, 518; *ders,* Störerhaftung als Beteiligungsform des Zivilrechts, FS Canaris, 2007, 3; *ders,* 21 Thesen zur Störerhaftung im UWG und im Recht des Geistigen Eigentums, WRP 2007, 1281; *Becker/Becker,* Virtuelle Festplatten als Sharehoster. Prüfungspflichten im Spannungsfeld zwischen Urheberrecht, Datenschutz und legitimen Nutzerinteressen, WRP 2013, 41; *Danckwerts,* Neues vom Störer: Was ist ein „von der Rechtsordnung gebilligtes Geschäftsmodell"?, GRUR-Prax 2011, 260; *Döring,* Die Haftung für eine Mitwirkung an Wettbewerbsverstößen nach der Entscheidung des BGH „Jugendgefährdende Medien bei eBay", WRP 2007, 1131; *ders,* Die zivilrechtliche Inanspruchnahme des Access-Providers auf Unterlassung bei Rechtsverletzungen auf fremden Webseiten, WRP 2008, 1155; *Ensthaler/Heinemann,* Die Fortentwicklung der Providerhaftung durch die Rechtsprechung, GRUR 2012, 433; *Fitzner,* Störer und Täter, Zwei Begriffe im Wandel der Rechtsprechung zum gewerblichen Rechtsschutz, Mitt 2011, 314; *Freytag,* Haftung im Netz, 2001; *Fürst,* Störerhaftung – Fragen der haftungsbegründenden Zumutbarkeit und Konsequenzen – Das Ende von eBay?, WRP 2009, 378; *v Gierke,* Grenzen der wettbewerbsrechtlichen Störerhaftung, WRP 1997, 892; *Götting,* Die persönliche Haftung des GmbH-Geschäftsführers für Schutzrechtsverletzungen und Wettbewerbsverstöße, GRUR 1994, 6; *Gräbig,* Aktuelle Entwicklungen bei Haftung für mittelbare Rechtsverletzungen, Vom Störer zum Täter – ein neues einheitliches Haftungskonzept?, MMR 2011, 504; *Haedicke,* Die Haftung für mittelbare Urheber- und Wettbewerbsrechtsverletzungen, GRUR 1999, 397; *Härting,* Allgegenwärtige Prüfungspflichten für Intermediäre: Was bleibt noch nach „Kinderhochstühle" und „Autocomplete" von der Störerhaftung übrig?, CR 2013, 443; *Heermann/Ohly,* Verantwortlichkeit im Netz, 2002; *Hess,* Das „Aus" in der Parenthese – Zum Abschied des Bundesgerichtshofs von der Störerhaftung bei lauterkeitsrechtlichen Verstößen, GRUR-Prax 2011, 25; *Hoeren/Semrau,* Haftung des Merchant für wettbewerbswidrige Affiliate-Werbung, MMR 2008, 571; *Hoeren/Yankova,* The Liability of Internet Intermediaries – The German Perspective, IIC 2012, 501; *Hühner,* Zur (mittelbaren) Haftung einer Domain-Parking-Plattform, ZGE 2012, 70; *Jergolla,* Das Ende der wettbewerbsrechtlichen Störerhaftung?, WRP 2004, 655; *Kieser/Kleinemenke,* Neues zur Affiliate-Werbung: Die Haftung des Affiliate für (Schutz-)Rechtsverletzungen des Advertisers, WRP 2012, 543; *Kleinmanns,* Mittelbare Täterschaft im Lauterkeitsrecht, 2013; *Köhler,* Die Beteiligung an fremden Wettbewerbsverstößen, WRP 1997, 897; *ders,* Die Auswirkungen der Unternehmensveräußerung auf gesetzliche und vertragliche Unterlassungsansprüche, WRP 2000, 921; *ders,* „Täter" und „Störer" im Wettbewerbs- und Markenrecht – Zur BGH-Entscheidung „Jugendgefährdende Medien bei eBay", GRUR 2008, 1; *Lehment,* Neuordnung der Täter- und Störerhaftung, WRP 2012, 149; *Leistner,* Von „Grundig-Reporter(n) zu Paperboy(s)" – Entwicklungsperspektiven der Verantwortlichkeit im Urheberrecht, GRUR 2006, 801; *ders,* Störerhaftung und mittelbare Schutzrechtsverletzung, GRUR-Beil. 2010, 1; *ders,* Grundlagen und Perspektiven der Haftung für Urheberrechtsverletzungen im Internet, ZUM 2012, 722; *Leistner/Stang,* Die Neuerung der wettbewerbsrechtlichen Verkehrspflichten – Ein Siegeszug der Prüfungspflichten?, WRP 2008, 533; *Leitgeb,* Virales Marketing – Rechtliches Umfeld für Werbefilme auf Internetportalen wie YouTube, ZUM 2009, 39; *Loschelder/Dörre,* Wettbewerbsrechtliche Verkehrspflichten des Betreibers eines realen Marktplatzes, WRP 2010, 822; *Mels/Franzen,* Rechtsnachfolge in die gesetzliche Unterlassungsschuld des Wettbewerbsrechts, GRUR 2008, 968; *Nennen,* Vertragspflichten und Störerhaftung der Werbeagenturen, GRUR 2005, 214; *Neuhaus,* Sekundäre Haftung im Lauterkeits- und Immaterialgüterrecht, 2011; *Renner,* Unterlassung von Handlungen im gewerblichen Rechtsschutz und Urheberrecht, GRUR 2009, 908; *Schirmbacher/Ihmor,* Affiliate-Werbung – Geschäftsmodell, Vertragsgestaltung, CR 2009, 245; *Spieker,* Haftungsrechtliche Aspekte für Unternehmen und ihre Internet-Werbepartner (Affiliates), GRUR 2006, 903; *Spindler,* Verantwortlichkeit und Haftung für Hyperlinks im neuen Recht, MMR 2002, 495; *ders,* Reformperspektiven der Providerhaftung im deutschen und europäischen Recht, in: Leistner (Hrsg.), Europäische Perspektiven des Geistigen Eigentums, 2010, S 212; *ders,* Präzisierung der Störerhaftung im Internet, Besprechung des BGH-Urteils „Kinderhochstühle im Internet", GRUR 2011, 101; *Spindler/Leistner,* Die Verantwortlichkeit für Urheberrechtsverletzungen im Internet – Neue Entwicklungen in Deutschland und in den USA, GRUR Int 2005, 773; *Spindler/Volkmann,* Die zivilrechtliche Störerhaftung der Internet-Provider, WRP 2003, 1; *dies,* Störerhaftung für wettbewerbswidrig genutzte Mehrwertdienst-Rufnummern und Domains, NJW 2004, 808; *Volkmann,* Verkehrspflichten für Internet-Provider, CR 2008, 232; *Vonhoff,* Negative Äußerungen auf Unternehmensbewertungsportalen, Haftungsrisiko für die Betreiber, MMR 2012, 571; *Werner,* Die Haftung des GmbH-Geschäftsführers für die Verletzung gewerblicher Schutzrechte, GRUR 2009, 820; *Wiebe,* Providerhaftung in Europa: Neue Denkanstöße durch den EuGH, Teil 1, WRP 2012, 1182, Teil 2, WRP 2012, 1335; *Wiegand,* Die Passivlegitimation bei wettbewerbsrechtlichen Abwehransprüchen, 1997; *Wilmer,* Überspannte Prüfungspflichten für Host-Provider? NJW 2008, 1845.

I. Haftung des Verletzers

1. Überblick. Schuldner der lauterkeitsrechtlichen Abwehransprüche ist jeder, der **114** den §§ 3 und 7 zuwiderhandelt (§ 8 I 1). Das sind nach dem Einheitstäterbegriff des Deliktsrechts (§ 830 II BGB) **Täter** und **Teilnehmer** (Rn 115ff, 119ff). Der Begriff des **„Störers"** wird teilweise als Oberbegriff für sämtliche Schuldner der Abwehransprüche verwendet (so MüKo/*Fritzsche* § 8 Rn 259; zum weiten Störerbegriff der persönlichkeitsrechtlichen Rspr s Rn 115a), meist bezeichnet er aber einen mittelbaren Verletzer, der an einer unlauteren geschäftlichen Handlung willentlich und kausal mitgewirkt hat (näher hierzu Rn 120ff). Da das Lauterkeitsrecht Sonderdeliktsrecht ist (EinfD Rn 56), kann auf die Grundsätze des allgemeinen Deliktsrechts zurückgegriffen werden, das sich wiederum bei der Bestimmung von Täterschaft und Teilnahme weitgehend am Strafrecht orientiert (BGH GRUR 11, 152 Rn 30 – *Kinderhochstühle im Internet*). Diese Strafrechtsakzessorietät zivilrechtlicher Begriffe ist gerade im Bereich der verschuldensunabhängigen Unterlassungsansprüche alles andere als zwingend (*Ahrens* WRP 07, 1281, 1282; *Köhler*/Bornkamm § 8 Rn 2.6; *Neuhaus* S 179ff), doch hat sich eine eigenständige Theorie von Täterschaft und Teilnahme im Bürgerlichen Recht und im Lauterkeitsrecht erst in Ansätzen entwickeln können. Handlungen von **Hilfspersonen** können einem Unternehmer nach allgemeinen Grundsätzen (Rn 140ff) oder nach der Sonderregelung des § 8 II (Rn 143ff) **zuzurechnen** sein.

115 2. **Täter. a) Alleintäterschaft.** Täter ist, wer durch sein Verhalten den objektiven Tatbestand des § 3 oder des § 7 kausal und zurechenbar verwirklicht (vgl § 25 I, 1. Alt StGB) oder – im Fall des vorbeugenden Unterlassungsanspruchs – zu begehen droht (vgl BGH GRUR 08, 530 Rn 21 – *Nachlass bei der Selbstbeteiligung;* BGH GRUR 11, 152 Rn 30 – *Kinderhochstühle im Internet; Köhler*/Bornkamm § 8 Rn 2.5). Täter kann nur sein, wer selbst eine geschäftliche Handlung (§ 2 I Nr 1) vornimmt. Dafür genügt die Förderung fremden Wettbewerbs (s § 2 Rn 25). Der Täter eines Rechtsbruchs (§ 4 Nr 11) muss sämtliche Tatbestandsmerkmale der verletzten außerwettbewerbsrechtlichen Norm einschließlich etwaiger besonderer Täterqualifikationen verwirklichen (s aber zur Haftung für die Verletzung von Verkehrspflichten im Fall des § 4 Nr 11 Rn 123).

115a b) **Unmittelbare Täterschaft und Verletzung von Verkehrspflichten.** Von der unmittelbaren Täterschaft ist die Verletzung von Verkehrspflichten abzugrenzen, die kausal für die unlautere Handlung eines Dritten wird und die der „Störerhaftung" des Immaterialgüterrechts entspricht (dazu Rn 120ff). Sie ist zwar täterschaftliche Haftung, setzt aber, anders als die unmittelbare Täterschaft, die Verletzung zumutbarer Prüfungs- und Überwachungspflichten voraus. Im Rahmen der Äußerungsdelikte (§ 4 Nr 7, 8) und für die Haftung von Telemedienanbietern wie Host-Providern kann die Abgrenzung zwischen einer unmittelbaren Täterschaft, die eine Verkehrspflichtverletzung nicht voraussetzt, und der Haftung wegen mittelbarer Verursachung Schwierigkeiten bereiten. **Unmittelbarer Täter** ist, wer eigene Informationen bereitstellt oder wer sich eine fremde Information **zueigen macht.** Entscheidend ist, ob der Betreiber den zurechenbaren Anschein erweckt, er identifiziere sich mit den Inhalten (so zum Urheberrecht BGH GRUR 10, 616 Rn 27 – *marions-kochbuch.de;* LG Hamburg MMR 12, 404 – *YouTube;* zur lauterkeitsrechtlichen Beurteilung von Bewertungsplattformen KG WRP 13, 1242, 1244; *Vonhoff* MMR 12, 571, 572). Kriterien, die dafür sprechen, sind eine redaktionelle Kontrolle der Inhalte, eine Einbindung in das eigene redaktionelle Angebot, Framing, bei dem Nutzer der Website den Unterschied zwischen eigenen und fremden Informationen nicht erkennen können (s Rn 139), oder eine wirtschaftliche Zuordnung, etwa durch Einholung umfassender Nutzungsrechte. Nicht ausreichend sind die bloße Freigabe eines Angebots im Internet (aA LG Hamburg WRP 12, 94) oder die statistische Auswertung von Nutzerbewertungen auf einer Bewertungsplattform, weil es sich nach dem Gesamteindruck nicht um eine eigene Meinungsäußerung des Betreibers, sondern um eine Ansammlung individueller Äußerungen handelt (aA *Gomille* S 257ff). Abweichend verwendet der VI. Zivilsenat des BGH in seiner persönlichkeitsrechtlichen Rechtsprechung einen einheitlichen Begriff des Störers, der nicht zwischen unmittelbarer Täterschaft und mittelbarer Verursachung differenziert und bei dem daher jedenfalls eine Pflichtverletzung zu prüfen ist (BGH GRUR 13, 751 Rn 24 – „*Autocomplete*"-*Funktion; Härting* CR 13, 443: „zwei Senate, zwei Störerbegriffe").

116 b) **Mittäterschaft und mittelbare Täterschaft.** Begehen mehrere Personen die unlautere Handlung gemeinsam und wirken dabei bewusst und gewollt zusammen, so haften sie als **Mittäter** (§ 830 I 1 BGB; BGH GRUR 11, 1018 Rn 17 – *Automo-*

Beseitigung und Unterlassung **§ 8 UWG**

bil-Onlinebörse; BGH GRUR 12, 1279 Rn 38 – *DAS GROSSE RÄTSELHEFT*). Auch die strafrechtliche Figur der **mittelbaren Täterschaft** (§ 25 I, 2. Alt StGB) soll nach ganz hM im Lauterkeitsrecht anwendbar sein (BGH aaO Rn 21 – *Automobil-Onlinebörse;* BGH aaO Rn 38 – *DAS GROSSE RÄTSELHEFT; Köhler*/Bornkamm § 8 Rn 2.5; MüKo/*Fritzsche* § 8 Rn 236; *Teplitzky* Kap 14 Rn 2, einschränkend *Döring* WRP 07, 1131, 1132; ausf *Kleinmanns,* Mittelbare Täterschaft im Lauterkeitsrecht, 2013). Im Strafrecht kommt mittelbare Täterschaft grundsätzlich nur in Betracht, wenn der unmittelbar Handelnde als „Werkzeug" selbst die Voraussetzungen des objektiven oder subjektiven Unrechtstatbestands nicht voll erfüllt und der mittelbare Täter über Tatherrschaft verfügt, insbesondere weil er den anderen kraft Willens- oder Wissensüberlegenheit beherrscht (vgl Schönke/Schröder/*Heine,* StGB § 25 Rn 6a, 8). Während in der älteren Rspr zum UWG der Begriff teilweise unscharf im allgemeinen Sinne einer „mittelbaren Verantwortlichkeit" verwendet wurde (BGHZ 11, 286, 297 = GRUR 54, 167, 170 – *Kundenzeitschrift;* BGH GRUR 64, 88, 89 – *Verona-Gerät*), ist mittlerweile geklärt, dass die mittelbare Täterschaft auch im UWG Tatherrschaft voraussetzt. Eine solche fehlt, wenn der unmittelbar Handelnde seinerseits als Täter haftet (BGH aaO Rn 38 – *DAS GROSSE RÄTSELHEFT*). Vor allem ist zwischen mittelbarer Täterschaft und der mittelbaren Verursachung bei Verletzung von Verkehrspflichten (Rn 120ff) zu unterscheiden, bei der es regelmäßig sowohl an der Tatherrschaft als auch am Haftungsdefizit des unmittelbar Handelnden fehlt. Damit ist für eine mittelbare Täterschaft im Lauterkeitsrecht erheblich weniger Raum als im Strafrecht, weil die Haftung nach §§ 8, 3/7 UWG rein objektiv ausgestaltet ist. Selbst wenn der Hintermann den Handelnden täuscht, ist dieser kein „vorsatzloses Werkzeug", sondern haftet auf Unterlassung und Beseitigung. Denkbar ist eine Haftung nach den Grundsätzen der mittelbaren Täterschaft, wenn der unmittelbar Handelnde keine geschäftliche Handlung iSd § 2 I Nr 1 vornimmt und daher selbst nicht lauterkeitsrechtlich verantwortlich ist (so MüKo/*Fritzsche* § 8 Rn 236, Beispiel: ein Unternehmen stellt im Internet die Möglichkeit zur Versendung privater Weiterempfehlungen oder E-Cards zur Verfügung, s § 7 Rn 67). Insgesamt spricht aber einiges dafür, die Figur der mittelbaren Täterschaft für das UWG ganz aufzugeben und Fälle der mittelbaren Verantwortlichkeit, sofern die Voraussetzungen der Teilnahme (Rn 119) nicht vorliegen, nach den Grundsätzen über die Verletzung lauterkeitsrechtlicher Verkehrspflichten (Rn 120ff) zu beurteilen. Während im Strafrecht dieser Weg wegen der dort vorherrschenden Vorsatzhaftung (§ 15 StGB) versperrt ist, erlaubt er im UWG eine eigenständig lauterkeitsrechtliche und flexiblere Beurteilung.

c) Tun und Unterlassen. Nach allgemeinen deliktsrechtlichen Grundsätzen kann **117** die Verletzung entweder durch positives Tun oder durch pflichtwidriges Unterlassen erfolgen. Die Haftung für Unterlassen setzt die Verletzung einer Rechtspflicht zum Handeln voraus, die sich aus Gesetz (zB §§ 4 Nr 4, 5; 5a) oder aus lauterkeitsrechtlichen Verkehrspflichten ergeben kann. Soweit nicht bereits gesetzlich vorgesehen, entstehen Verkehrspflichten insbesondere aus eigenem vorangegangenem gefährdendem Verhalten (BGH GRUR 08, 186 Rn 21 – *Telefonaktion*) oder aus der Eröffnung einer Gefahrenquelle, etwa einer Internet-Versteigerungsplattform (BGHZ 173, 188 = GRUR 07, 890 Rn 22 – *Jugendgefährdende Medien bei eBay*). Letzeres stellt den dogmatischen Ansatzpunkt für die Beurteilung mittelbarer Wettbewerbsverstöße als Verletzungen lauterkeitsrechtlicher Verkehrspflichten dar, die an die Stelle der Störerhaftung getreten ist (s Rn 120ff).

d) Organisationsmängel. Der Unternehmer haftet nach allgemeinen delikts- **118** rechtlichen Grundsätzen für Organisationsmängel (BGHZ 109, 291 = NJW 90, 1045; BGH NJW 80, 2810, 2811). Sie können etwa darin bestehen, dass Werbung vor der Veröffentlichung nicht hinreichend geprüft wird oder dass Mitarbeiter eingesetzt werden, denen die nötige Ausbildung fehlt. Es handelt sich um eine Haftung für eigenes Verschulden, nicht um eine Zurechnung fremden Verschuldens (MüKo/ *Fritzsche* § 8 Rn 250). Beispiele: Der GmbH-Geschäftsführer hat gegenüber der GmbH (grundsätzlich aber nicht gegenüber Dritten) die Pflicht, das Unternehmen so zu organisieren, dass es nicht zu unlauteren Handlungen kommt (*Werner* GRUR 09, 820, 823). Bei der Laienwerbung haftet der Unternehmer für eigene Organisationsmängel, wenn er Vertriebssystem per se wettbewerbswidrig organisiert oder bei der Ausgestaltung des Vertriebssystems keine hinreichenden Vorkehrungen gegen unlauteres Verhalten der Werber getroffen hat. Im Übrigen können unlautere Handlungen der Laienwerber unter den Voraussetzungen des § 8 II zugerechnet werden (*Isele* WRP 10, 1215 ff).

119 **3. Teilnehmer.** Anstifter und Gehilfen stehen Mittätern gleich (§ 830 II BGB), sind also ebenfalls Verletzer. Anstiftung und Beihilfe sind unter § 8 und § 9 unstreitig zumindest unter den Voraussetzungen der §§ 26, 27 StGB gegeben (BGH GRUR 09, 597 Rn 14 – *Halzband*; BGH GRUR 11, 152 Rn 34 – *Kinderhochstühle im Internet*). Demnach ist Anstiftung die vorsätzliche Bestimmung zu einer vorsätzlich begangenen Tat (§ 26 StGB). Eine „Bestimmung" setzt eine tatsächliche Einflussnahme voraus (MüKo/*Fritzsche* § 8 Rn 243). Sie fehlt bei einem bloßen Informationsschreiben (BGH GRUR 01, 255, 256 – *Augenarztschreiben*), hingegen stellt die Behauptung der Zulässigkeit einer bestimmten Handlung bereits eine Anstiftung oder zumindest eine psychische Beihilfe dar (BGH GRUR 08, 810 Rn 37 – *Kommunalversicherer*). Neben einer objektiven Beihilfehandlung wird zumindest bedingter Vorsatz im Bezug auf die Haupttat vorausgesetzt, das Bewusstsein der Rechtswidrigkeit einschließen muss (BGH GRUR 07, 890 Rn 21 – *Jugendgefährdende Medien bei eBay;* BGH GRUR 11, 617 Rn 32 – *Sedo*). Beihilfe ist die vorsätzliche Unterstützung einer vorsätzlich begangenen Tat (§ 27 StGB). Sie kann etwa vorliegen, wenn ein Hersteller Händlern Materialien für deren unlautere Werbung zur Verfügung stellt (BGH GRUR 03, 625, 626 – *Kleidersack*), wenn ein Unternehmer einen anderen im unzutreffenden Vertrauen auf die Zulässigkeit einer Maßnahme bestärkt oder es pflichtwidrig unterlässt, den Irrtum eines anderen über die Rechtmäßigkeit einer Maßnahme aufzuklären (BGH aaO Rn 37, 48 – *Kommunalversicherer*). Auch eine Beihilfe durch Unterlassen ist grundsätzlich denkbar, allerdings setzt auch sie Vorsatz in Bezug auf die Haupttat und Bewusstsein der Rechtswidrigkeit voraus (BGH aaO Rn 34 – *Kinderhochstühle im Internet*). Unterlässt ein Internet-Informationsmittler wie der Betreiber eines Internet-Forums oder -marktplatzes seine Prüfungspflichten, so kann darin zwar objektiv eine Beihilfehandlung liegen (offengelassen von BGH aaO), doch am Vorsatz fehlt es in der Regel, so dass nur eine Haftung wegen der Verletzung von Verkehrspflichten in Betracht kommt (Rn 120 ff). Da eine unlautere geschäftliche Handlung schon bei einem objektiven Wettbewerbsverstoß vorliegt und kein Verschulden voraussetzt, erscheint es konsequent, für den lauterkeitsrechtlichen Abwehranspruch in Abweichung von §§ 26, 27 StGB die vorsätzliche Anstiftung oder Beihilfe zu einer objektiv rechtswidrigen geschäftlichen Handlung ausreichen zu lassen (*Köhler*/Bornkamm § 8 Rn 2.6; MüKo/*Fritzsche* § 8 Rn 245). Demnach steht es der Teilnehmerhaftung nicht entgegen, wenn der unmittelbar Handelnde seine Handlung irrtümlich für zulässig hält.

120 **4. Verletzung lauterkeitsrechtlicher Verkehrspflichten und Störerhaftung. a) Allgemeines. aa) Interessenlage.** Neben dem Unternehmer, der zielgerichtet potentielle Vertragspartner umwirbt, ermöglichen oft weitere Personen die geschäftliche Handlung. Typische Beispiele sind Informationsmittler (Medienunternehmen, Betreiber von Internet-Foren), Zugangsvermittler (Internet Service-Provider, Inhaber von Internet-Anschlüssen), Absatzmittler im weitesten Sinne (Händler, Handelsvertreter oder Betreiber von Internet-Versteigerungsplattformen) oder Werbeagenturen. Häufig leisten diese Unternehmen kausale Beiträge zu Wettbewerbsverstößen im Rahmen ihrer eigenen geschäftlichen Tätigkeit, die als solche nicht zu beanstanden oder sogar gesellschaftlich erwünscht sein mag. Es gilt, das Interesse dieser Personen-

Beseitigung und Unterlassung § 8 UWG

kreise an möglichst ungestörter geschäftlicher Tätigkeit und das Allgemeininteresse an hindernisfreier Kommunikation mit dem Interesse von Mitbewerbern, Verbrauchern und der Allgemeinheit an effektivem Schutz vor unlauterem Wettbewerb zu einem gerechten Ausgleich zu bringen. Diese Problematik ist durch das Internet verschärft worden, das einerseits neuartige Angriffsmöglichkeiten schafft, andererseits aber auch innovative Geschäftsmodelle hervorbringt, von denen die Gesellschaft profitiert. Hinzu kommt, dass das Lauterkeitsrecht als Sonderdeliktsrecht nur geschäftliche Handlungen erfasst (§ 2 I Nr 1); in der Fallgruppe des Rechtsbruchs (§ 4 Nr 11) ist der Täterkreis noch weiter eingeschränkt. Damit stellt sich die Frage nach der Haftung von Beteiligten, die aus diesen Gründen als unmittelbare Täter nicht in Betracht kommen.

bb) Entwicklung der Rechtsprechung. Schon früh nahm die Rechtsprechung 121 zum Urheberrecht eine Mitverantwortung des Veranstalters für Urheberrechtsverletzungen während der Veranstaltung an, zunächst ohne klare dogmatische Begründung (RGZ 78, 84, 86f – *Gastwirt;* BGH GRUR 56, 515, 516 – *Tanzkurse;* BGH GRUR 60, 606, 607 – *Eisrevue II*). Da sich der strafrechtsakzessorisch verstandene Teilnehmerbegriff des Deliktsrechts als ungeeignet erwies, wandte die Rechtsprechung später in allen Bereichen des Immaterialgüterrechts und im Lauterkeitsrecht § 1004 I BGB analog an (vgl zum Urheberrecht RGZ 153, 1, 27; zum Warenzeichenrecht BGH GRUR 57, 352, 353 – *Taeschner (Pertusin II)*). Diese Störerhaftung war lange eine reine Kausalhaftung. Als Störer wurde angesehen, wer willentlich und adäquat kausal an einer Störung mitgewirkt hatte, auch wenn er Verletzung von Prüfungspflichten kam es nicht an (BGH aaO – *Taeschner;* BGH GRUR 90, 463, 464 – *Firmenrufnummer;* zum Urheberrecht BGHZ 17, 266 = GRUR 55, 492 – *Grundig-Reporter;* zum Presserecht BGHZ 14, 163, 175f = GRUR 55, 97, 100 – *Constanze II;* vgl auch *Leistner* GRUR 06, 801, 804). Zunächst im Urheberrecht, später auch im Lauterkeitsrecht wurde diese denkbar weite Haftung nach Zumutbarkeitsgesichtspunkten eingeschränkt (vgl zum Urheberrecht BGH GRUR 65, 104, 106 – *Personalausweise;* BGH GRUR 84, 54, 55 – *Kopierläden;* zum Lauterkeitsrecht BGH GRUR 97, 313, 316 – *Architektenwettbewerb; Haedicke* GRUR 99, 397, 399; *Leistner* GRUR 06, 801, 802ff). Demnach konnte als **Störer** auf Unterlassung und Beseitigung in Anspruch genommen werden, wer, ohne Täter zu sein oder mit Wettbewerbsabsicht zu handeln, in irgendeiner Weise zu der Herbeiführung der rechtswidrigen Beeinträchtigung **willentlich und kausal beiträgt** und **zumutbare Prüfungspflichten verletzt** (BGHZ 148, 13 = GRUR 01, 1038 – *ambiente.de;* BGHZ 158, 343 = GRUR 04, 693, 695 – *Schöner Wetten;* GRUR 06, 875 Rn 32 – *Rechtsanwalts-Ranglisten*). Diese Rechtsprechung war allerdings zunehmender Kritik ausgesetzt (vgl *Freytag* S 73ff; *Fritzsche* S 441f; *Köhler* WRP 97, 897ff; *v Gierke* WRP 97, 892ff; *Köhler* GRUR 99, 397, 399ff; *Schünemann* WRP 98, 120ff; *Spindler/Volkmann* WRP 03, 1, 7ff). Die Kritiker hielten erstens die dogmatische Grundlage der Störerhaftung für unzutreffend. Eine analoge Anwendung des § 1004 BGB sei unstatthaft, vielmehr handle es sich um die Verletzung von Verkehrspflichten. Zweitens wurde die Ausdehnung der lauterkeitsrechtlichen Haftung auf Personen kritisiert, die nicht zu den Adressaten des UWG gehören. In der Entscheidung *Jugendgefährdende Medien bei eBay* reagierte der BGH auf diese Kritik und behielt zwar die bisherigen Verhaltensanforderungen bei, revidierte aber deren dogmatische Grundlage. Seitdem prüft der BGH eine täterschaftliche Verletzung lauterkeitsrechtlicher Verkehrspflichten: Wer durch sein **Handeln im geschäftlichen Verkehr** die **Gefahr** schafft, dass **Dritte** durch das Wettbewerbsrecht geschützte **Interessen von Marktteilnehmern verletzen**, ist wettbewerbsrechtlich dazu verpflichtet, diese Gefahr **im Rahmen des Möglichen und Zumutbaren zu begrenzen** (BGHZ 173, 188 = GRUR 07, 890 Rn 36).

cc) Stellungnahme. Diese dogmatische Neuausrichtung verdient Zustimmung 122 (ebenso *Döring* WRP 07, 1131, 1140; *Köhler* GRUR 08, 1; *Leistner/Stang* WRP 08, 533, 535, grundlegend *Leistner* GRUR-Beil 10, 1). Der entscheidende Vorwurf an den mittelbaren Verletzer besteht nicht in der reinen Setzung einer Ursache für die spätere Störung, sondern in der Verletzung zumutbarer Prüfungs- oder Überwachungspflichten. Sie sind nichts anderes als Verkehrspflichten, deren Verletzung im allgemeinen Deliktsrecht seit langem Voraussetzung der Haftungen für mittelbare Rechtsverletzungen ist (*Ahrens* WRP 07, 1281, 1286). Allerdings besteht kein Bedürfnis, dafür auf die Generalklausel (§ 3 I) zurückzugreifen, da die jeweilige Verkehrspflicht auf den entsprechenden konkreten Unlauterkeitstatbestand bezogen ist. Der Sache nach handelt es sich um eine fahrlässige Beteiligung (*Köhler*/Bornkamm § 8 Rn 2.2 c), die lediglich deswegen nicht von § 830 II BGB erfasst wird, weil sich das allgemeine Deliktsrecht insofern am Strafrecht orientert (dagegen *Neuhaus* S 182 ff, 197 ff mwN). Ob man den Begriff der Störerhaftung auf neuer dogmatischer Grundlage beibehält (dafür *Ahrens*, FS Canaris, 2007, 3 ff) oder ihn wegen seiner Beziehung zu § 1004 BGB verwirft (*Köhler*/Bornkamm § 8 Rn 2.3 b), ist nicht entscheidend.

123 **dd) Grundlagen. Rechtsgrundlage** der Haftung für mittelbare Verstöße ist § 3, nach Ansicht des BGH (zur Kritik Rn 122) in unmittelbarer Anwendung ohne Rückgriff auf §§ 4–6. Richtet sich das Verhalten des unmittelbar Handelnden an Verbraucher, so fällt es in den Anwendungsbereich der UGP-RL und § 3 I, II ist anwendbar; Grundlage der Verkehrspflichten ist das Erfordernis der beruflichen Sorgfalt (*Köhler* WRP 12, 22, 26). Ansonsten gilt § 3 I. Für eine analoge Anwendung des § 1004 BGB ist daneben kein Raum. Der BGH hat die Störerhaftung für das UWG **komplett aufgegeben.** War die Änderung zunächst noch auf mittelbare Verletzungen beschränkt, die geschäftliche Handlungen (§ 2 I Nr 1) darstellen (BGH GRUR 07, 890 Rn 36 – *Jugendgefährdende Medien bei eBay*), so hat er später klargestellt, dass auch außerhalb dieses Bereichs eine Störerhaftung nicht mehr in Betracht kommt (BGH GRUR 11, 152 Rn 48 – *Kinderhochstühle im Internet*). Da es sich um eine täterschaftliche Haftung handelt, haftet nur, wer selbst geschäftlich handelt (§ 2 I Nr 1) (Rn 125).

123a Die Verletzung lauterkeitsrechtlicher Verkehrspflichten ist **täterschaftliche Haftung,** die nicht nur Abwehr- sondern auch **Schadensersatzansprüche** auslösen kann (*Döring* WRP 07, 1131, 1137; *Köhler* GRUR 08, 1, 3; *Haedicke* JZ 10, 150, 151 f; *Krüger/Apel* MMR 12, 144, 148 ff.). Letzteres hatte die Rechtsprechung zuvor abgelehnt (BGH GRUR 01, 82, 83 – *Neu in Bielefeld I;* BGH GRUR 02, 618, 619 – *Meißner Dekor I;* BGH GRUR 04, 705, 706 – *Verabschiedungsschreiben;* BGHZ 158, 236, 253 = GRUR 04, 860, 864 – *Internet-Versteigerung*).

123b Neben der Haftung für die Verletzung von Verkehrspflichten soll die unzureichende Sicherung von Zugangsberechtigungen (zB eBay-Account) im Internet im Markenrecht einen selbständigen Zurechnungsgrund darstellen (BGH GRUR 09, 597 Rn 16 – *Halzband*). Aus lauterkeitsrechtlicher Sicht muss zunächst geprüft werden, ob der Kontoinhaber sein Konto geschäftlich (§ 2 I Nr 1) oder nur privat nutzt. Unerheblich ist insoweit, ob der unmittelbar Handelnde geschäftlich tätig ist (beispielsweise durch ein gem § 4 Nr 9 unlauteres Internet-Angebot einer größeren Zahl gleichartiger nachgeahmter Gegenstände). Liegt eine geschäftliche Handlung vor, so haftet der Kontoinhaber nach allgemeinen Grundsätzen, wenn er selbst (etwa wegen unzureichender Sicherung des Kontos) eine Verkehrspflicht verletzt oder Dritte durch Unterlassen über die Identität des Kontonutzers täuscht (§ 5a). Im Übrigen ist aber ein lauterkeitsrechtlicher Haftungsgrund schwer zu erkennen, wenn die Voraussetzungen des § 8 II nicht vorliegen und der Konteninhaber weder gem § 830 II BGB am Wettbewerbsverstoß beteiligt ist noch Verkehrspflichten verletzt hat (*Köhler*/Bornkamm § 8 Rn 2.14; *Leistner* GRUR-Beil 10, 1, 7, beide mwN).

123c Für Verletzungen der **Rechte des geistigen Eigentums** und von **Persönlichkeitsrechten** soll die Störerhaftung fortbestehen, weil es hier nicht um Verhaltensunrecht, sondern um die Verletzung absoluter Rechte geht (so zum Markenrecht BGHZ 158, 236 = GRUR 04, 860, 864 – *Internet-Versteigerung I;* BGH GRUR 07, 708

Rn 40 – *Internet-Versteigerung II;* BGH GRUR 11, 152 Rn 45 – *Kinderhochstühle im Internet;* zum Urheberrecht BGH GRUR 10, 633 Rn 19 – *Sommer unseres Lebens;* BGH GRUR 13, 511 Rn 41 – *Morpheus;* zum Namensrecht BGH GRUR 12, 651 Rn 21 – *regierung-oberfranken.de;* zum allgemeinen Persönlichkeitsrecht mit teils abweichender Konstruktion BGH GRUR 13, 751 Rn 24, 29 – *„Autocomplete"-Funktion;* anders aber für das Patentrecht BGHZ 182, 245 = GRUR 2009, 1142 – *MP3-Player-Import*). Diese Ungleichbehandlung zwischen Immaterialgüter- und Lauterkeitsrecht ist unpraktisch und entbehrt der theoretischen Berechtigung (ebenso *Ahrens* WRP 07, 1281, 1285; *Köhler* GRUR 08, 1, 6f; *Leistner* GRUR-Beil 10, 1, 29f; *Stang/Hühner* GRUR 10, 636; aA v *Ungern-Sternberg* GRUR 12, 321, 326). Auch die Verletzung von Rechten des geistigen Eigentums ist trotz deren absolut-rechtlicher Natur Verhaltensunrecht. Der Verletzer führt nicht einen (etwa der Schädigung einer Sache vergleichbaren) Erfolg herbei, sondern nimmt eine Handlung vor, zu der ausschließlich der Rechtsinhaber berechtigt ist. Daher wäre es auch im Immaterialgüterrecht ohne weiteres möglich und zudem präziser, auf die Verletzung von Verkehrspflichten abzustellen. Allerdings wäre insoweit eine Klarstellung durch den immaterialgüterrechtlichen Gesetzgeber sinnvoll, da insbesondere die Verpflichtung zum Schadensersatz, die mit einer täterschaftlichen Haftung verbunden wäre (Rn 123a) im Immaterialgüterrecht rechtspolitisch problematisch wäre.

Die Grundsätze der Rspr sind **mit dem Unionsrecht** vereinbar, sofern die Haftungsprivilegien des TMG (Rn 124), insb das Verbot einer allgemeinen Prüfungs- und Überwachungspflicht (§ 7 II 1 TMG) berücksichtigt werden (so für das Markenrecht BGH GRUR 11, 1038 Rn 22 – *Stiftparfüm;* für das Urheberrecht BGH GRUR 13, 370 Rn 19 – *Alone in the Dark*). Für das Recht des geistigen Eigentums ergibt sich das aus Art 11 S 3 der Durchsetzungs-RL 2004/48/EG (EuGH GRUR 11, 1025 Rn 113 – *L'Oréal/eBay*), im Anwendungsbereich der UGP-RL aus deren Art 11 I und 13 (ebenso *Köhler*/Bornkamm § 8 Rn 2.1a). 123d

b) Voraussetzungen. aa) Kein gesetzliches Haftungsprivileg. Haftungsprivilegien ergeben sich insbesondere aus dem Telemediengesetz (TMG). Ausländische Unternehmen können sich zudem ggf auf das Herkunftslandprinzip (§ 3 TMG) berufen (s Einf C Rn 65ff). Die Privilegien der **§§ 7–10 TMG** beruhen auf der E-Commerce-RL (s Einf C Rn 40), daher ist ihre Reichweite richtlinienkonform zu bestimmen. Sie gelten für Diensteanbieter, also natürliche oder juristische Personen, die eigene oder fremde Telemedien zur Nutzung bereithalten oder den Zugang zur Nutzung vermitteln (§ 2 Nr 1 TMG). Diensteanbieter sind für eigene Informationen, die sie bereithalten, nach allgemeinen Grundsätzen verantwortlich. Privilegiert sind hingegen die Durchleitung von Informationen (§ 8 TMG), deren Zwischenspeicherung („Caching", § 9 TMG) und die **Speicherung fremder Informationen („Hosting", § 10 TMG).** In diesen Fällen besteht keine allgemeine Prüfungs- und Überwachungspflicht (§ 7 II 1 TMG). Wer fremde Informationen speichert, haftet gem § 10 TMG nicht, wenn er keine Kenntnis von der betreffenden rechtswidrigen Handlung oder Information hat und unverzüglich tätig wird, sobald er die Information erlangt. Auf diese Haftungserleichterung kann sich ein Zugangsmittler allerdings nur berufen, wenn er insofern neutral ist, als sein Verhalten rein technischer, automatischer und passiver Art ist und er weder Kenntnis noch Kontrolle über die weitergeleitete oder gespeicherte Information besitzt (EuGH GRUR 10, 445 Rn 114 – *Google France;* EuGH GRUR 11, 1025 Rn 113 – *L'Oréal/eBay;* BGH GRUR 11, 1038 Rn 22f – *Stiftparfüm*). Entgegen der früheren Rspr des BGH (BGHZ 158, 236 = GRUR 04, 860, 862f – *Internet-Versteigerung I;* BGH 07, 708 Rn 19 – *Internet-Versteigerung II;* BGH GRUR 11, 152 Rn 26 – *Kinderhochstühle im Internet*) sind **§§ 7–10 TMG auch auf Unterlassungsansprüche anwendbar.** Da die Vorschriften richtlinienkonform auszulegen sind und da der EuGH Unterlassungsansprüche nicht vom Anwendungsbereich der zugrunde liegenden RL-ausnimmt (s EuGH aaO – *Google* 124

France und *L'Oréal/eBay*), war die frühere deutsche Rspr nicht mit dem Unionsrecht vereinbar. Mittlerweile wendet der BGH jedenfalls § 7 II TMG ohne die frühere Einschränkung an (BGH GRUR 11, 1038 Rn 22ff – *Stiftparfüm;* BGH GRUR 13, 370 Rn 19 – *Alone in the Dark; v Ungern-Sternberg* GRUR 12, 321, 327).

125 **bb) Geschäftliche Handlung.** Die täterschaftliche Haftung gem § 8 I iVm § 3 oder § 7 setzt eine geschäftliche Handlung (§ 2 I Nr 1) voraus (BGH GRUR 11, 152 Rn 46 – *Kinderhochstühle im Internet,* zum parallelen Problem im Markenrecht; *Köhler/Bornkamm* § 8 Rn 2.3a, 2.5). Das gilt insbesondere für die Haftung von Presse- und Medienunternehmen (Rn 131). Für eine mittelbare Haftung nicht geschäftlich Handelnder nach den Grundsätzen der Störerhaftung ist seit der Neuausrichtung der Rspr kein Raum mehr (Rn 123; ebenso *Köhler* GRUR 08, 1, 5 ff; aA *Ahrens,* FS Canaris, 2007, S 3, 20). Ausreichend ist ein objektiver Zusammenhang mit der Förderung fremden Wettbewerbs (s § 2 Rn 26 ff). Fehlt dem Verantwortlichen in der Fallgruppe des Rechtsbruchs (§ 4 Nr 11) eine besondere Täterqualifikation, die der unmittelbar Handelnde aufweist, so ist eine Haftung wegen Verletzung von Verkehrspflichten nicht ausgeschlossen. Die Haftung ergibt sich nicht aus der Verletzung einer Sonderpflicht (zB einer Berufspflicht), sondern aus der allgemein-lauterkeitsrechtlichen Pflicht zur Kontrolle von Gefahrenquellen (ebenso *Ahrens* WRP 07, 1281, 1290; *Köhler* GRUR 08, 1, 4; *Leistner/Stang* WRP 08, 533, 538).

126 **cc) Gefahr der Interessenverletzung durch Dritte.** Grund der Haftung ist das risikoerhöhende Verhalten des Verpflichteten. Sein Verhalten muss daher die Gefahr mit sich bringen, dass Interessen der Marktteilnehmer (vgl § 1) durch Dritte in stärkerem Maße beeinträchtigt werden, als dies ohne das beanstandete Verhalten der Fall wäre. Der unmittelbare Verletzer kann selbst Adressat lauterkeitsrechtlicher Pflichten sein, zwingend ist das jedoch nicht. So kann durchaus die Pflicht bestehen, die **Verletzung lauterkeitsrechtlich geschützter Interessen durch Private** im Rahmen des Möglichen und Zumutbaren zu vermeiden (*Köhler* GRUR 08, 1, 3; zur Möglichkeit der mittelbaren Täterschaft s Rn 116). Das beanstandete Verhalten muss das **Risiko** einer Interessenverletzung **erhöhen** (*Ahrens* WRP 07, 1281, 1287). Zwar ist nach der dogmatischen Neuausrichtung die mittelbare Haftung nicht mehr akzessorisch ausgestaltet (zur Akzessorietät der früheren Störerhaftung BGH GRUR 00, 73, 74 – *Tierheilpraktiker;* BGH GRUR 02, 902, 904 – *Vanity-Nummer;* Fezer/Büscher § 8 Rn 133), doch auch der Unterlassungsanspruch wegen der Verletzung von Verkehrspflichten setzt Wiederholungs- oder Erstbegehungsgefahr voraus. Für die **Wiederholungsgefahr** ist eine vollendete unlautere Handlung des unmittelbaren Täters nach Begründung der Prüfungspflicht erforderlich. Sofern die Prüfungspflicht erst durch eine Abmahnung entsteht, begründet die der Abmahnung zugrunde liegende Verletzung daher noch nicht die Wiederholungsgefahr. Für die **Erstbegehungsgefahr** muss nach Verletzung der Prüfungspflicht die ernstliche, unmittelbare Gefahr drohen, dass es in Zukunft zu entsprechenden unlauteren Handlungen kommt (BGH GRUR 07, 890 Rn 53 f – *Jugendgefährdende Medien bei eBay;* BGH GRUR 11, 1038 Rn 39, 41 – *Stiftparfüm*).

127 **dd) Verletzung einer lauterkeitsrechtlichen Verkehrspflicht.** Es muss eine lauterkeitsrechtliche Verkehrspflicht bestehen. Dabei ist zwischen der Pflicht, **erkannte Verletzungen abzustellen,** und einer **proaktiven Prüfungspflicht** zu unterscheiden. Beide Pflichten stehen zueinander in einem Stufenverhältnis (*Neuhaus* S 209 ff). Regelmäßig besteht die Pflicht, selbst festgestellte oder in verlässlicher Form mitgeteilte Wettbewerbsverstöße nach Möglichkeit abzustellen (zu Gemeinsamkeiten mit und Unterschieden zum „notice and take-down"-Verfahren des US-Rechts *Holznagel,* Notice and Take-Down-Verfahren als Teil der Providerhaftung, 2013). Hierzu ist sogar die haftungsmäßig weitgehend privilegierte Vergabestelle für Domainnamen (DENIC) verpflichtet, wenn ihr ein rechtskräftiger gerichtlicher Titel vorliegt oder wenn die Rechtsverletzung derart eindeutig ist, dass sie sich ihr aufdrängen muss (BGH GRUR 01, 1038, 1048f – *ambiente.de;* BGH GRUR 12, 651 – *regierung-oberfranken.de*). Erst recht gilt eine solche Pflicht für kommerzielle Anbieter von Internetdiensten (vgl § 10 TMG und BGH GRUR 11, 1038 Rn 21, 28 – *Stiftparfüm*). Eine allgemeine, in die Zukunft gerichtete Prüfungs- und Überwachungspflicht wird im Anwendungsbereich der §§ 8–10 TMG hingegen durch § 7 II 1 TMG ausgeschlossen. Zulässig sind aber Überwachungspflichten in konkreten Fällen, die sich auf eine bestimmte Tätigkeit oder Information beziehen (EuGH GRUR 11, 1025 Rn 109ff – *L'Oréal/eBay;* BGH aaO Rn 22ff – *Stiftparfüm;* BGH GRUR 13, 370 Rn 19 – *Alone in the Dark*). Selbst mit dieser Einschränkung ist eine in die Zukunft gerichtete Prüfungspflicht erheblich belastender als die Pflicht, eine bestimmte Verletzung abzustellen, insbesondere wenn zusätzlich zu einer rein technischen Kontrolle (etwa durch Filtersoftware) Arbeitskraft zur Prüfung eingesetzt werden muss. Bestehen und Umfang einer Prüfungspflicht richten sich nach einer Abwägung aller betroffenen Interessen und relevanten rechtlichen Wertungen. Überspannte Anforderungen dürfen im Hinblick darauf, dass es sich um eine erlaubte Teilnahme am geschäftlichen Verkehr handelt, nicht gestellt werden. Entscheidend ist, ob und inwieweit dem in Anspruch Genommenen nach den Umständen eine Prüfung zuzumuten ist (BGHZ 173, 188 = GRUR 07, 890 Rn 38 – *Jugendgefährdende Medien bei eBay;* BGH aaO Rn 20 – *Stiftparfüm;* BGH GRUR 11, 617 Rn 37 – *Sedo*). Zu Einzelfällen s Rn 130ff. Neben Beseitigungs- und Prüfungspflichten kommen auch weitere Verkehrspflichten, etwa Dokumentationspflichten, in Betracht.

Wichtige **Kriterien** für Bestehen und Umfang von Beseitigungs- und Prüfungspflichten sind: **128**
– die Unterscheidung zwischen **aktiven Störern,** die durch ihre Werbung Verletzungen Dritter herausfordern (Beispiel: Anbieter technischer Einrichtungen zur Umgehung von technischen Schutzmaßnahmen oder zum Up- und Download von Film- und Musikdateien, s BGH GRUR 09, 841 Rn 21 – *Cybersky;* BGH GRUR 13, 1030 Rn 31 – *File-Hosting-Dienst*) und **neutralen Störern** (*Leistner* GRUR 06, 801, 809; *Spindler* MMR 06, 403, 404; zur Bedeutung dieses Kriteriums für die Anwendbarkeit der §§ 7–10 TMG s Rn 124);
– die **Bedeutung der Tätigkeit** des Unternehmers für das Allgemeininteresse (BGH GRUR 01, 1038, 1048f – *ambiente.de;* BGH GRUR 12, 651 Rn 25 – *regierung-oberfranken.de*) und der Umfang, in dem der Unternehmer mit seiner Tätigkeit Gewinn zu erzielen beabsichtigt (GRUR 11, 617 Rn 46 – *Sedo*);
– der Grundsatz, dass von der Rechtsordnung **gebilligte Geschäftsmodelle nicht gefährdet** oder unverhältnismäßig erschwert werden dürfen (BGH GRUR 11, 152 Rn 38 – *Kinderhochstühle im Internet;* BGH GRUR 11, 617 Rn 45 – *Sedo;* BGH GRUR 13, 370 Rn 28 – *Alone in the Dark*);
– die **Gefahrgeneigtheit:** wenn ein Geschäftsmodell Verletzungen in großem Umfang begünstigt, sind umfassendere Kontrollpflichten zumutbar (BGH GRUR 11, 617 Rn 44ff – *Sedo;* BGH GRUR 13, 1032 Rn 44 – *File-Hosting-Dienst*);
– Bestehen und Wirksamkeit **technischer Hilfsmittel** und die **Kosten** möglicher Prüf- und Überwachungsmaßnahmen (BGH GRUR 11, 152 Rn 39ff – *Kinderhochstühle im Internet;* GRUR 11, 617 Rn 48ff – *Sedo;* OLG Hamburg GRUR-RR 13, 94 – *Kinderhochstühle im Internet II;* LG Hamburg MMR 12, 404, 406f – *YouTube*);
– die **Erkennbarkeit der Rechtswidrigkeit:** wenn die Rechtslage nur durch Hinzuziehung eines mit der Materie vertrauten Juristen geklärt werden kann, kann die Prüfpflicht unzumutbar sein (BGH aaO Rn 48 – *Kinderhochstühle im Internet*);
– mögliche **Grundrechte,** auf die sich der Unternehmer berufen kann (EuGH GRUR 12, 382 Rn 41ff – *SABAM/Netlog*), insbesondere die Meinungs- und Pressefreiheit (Art 5 I GG) (BGH GRUR 11, 513 – *AnyDVD;* BVerfG GRUR 12, 390 – *AnyDVD;* OLG Hamburg WRP 12, 485, 488f);

UWG § 8   Gesetz gegen den unlauteren Wettbewerb

- das **Gewicht** der **gefährdeten Interessen** (BGH aaO Rn 40 – *Jugendgefährdende Medien bei eBay; Ahrens* WRP 07, 1281, 1289);
- die Möglichkeit des Anspruchstellers, gegen den **unmittelbaren Verletzer vorzugehen** (BGH aaO Rn 40 – *Jugendgefährdende Medien bei eBay; Köhler/Bornkamm* § 8 Rn 2.5b), wurde der unmittelbare Verletzer bereits erfolgreich in Anspruch genommen, so kann eine Inanspruchnahme des mittelbaren Verletzers rechtsmissbräuchlich sein (OLG Köln GRUR-RR 13, 49 – *Kirschkerne*);
- Die Möglichkeit des Betroffenen, vorgeschaltete Schlichtungsverfahren in Anspruch zu nehmen oder sich auf andere Weise **selbst zu schützen** (BGH GRUR 04, 619, 621 – *kurt-biedenkopf.de; Ahrens* WRP 07, 1281, 1290).

129   **c) Darlegungs- und Beweislast.** Für die Möglichkeit der erforderlichen Prüfung trifft den Gläubiger die Darlegungs- und Beweislast. Da der Gläubiger regelmäßig über entsprechende Kenntnisse nicht verfügt, trifft den Betreiber die sekundäre Darlegungslast: Ihm obliegt es daher, im Einzelnen vorzutragen, welche Schutzmaßnahmen er ergreifen kann und weshalb ihm – falls diese Maßnahmen keinen lückenlosen Schutz gewährleisten – weitergehende Maßnahmen nicht zuzumuten sind (BGH GRUR 08, 1097 Rn 19f – *Namensklau im Internet;* BGH GRUR 13, 511 Rn 32 – *Morpheus; Hühner* ZGE 4 (2012) 70, 117).

130   **d) Fallgruppen.** Die Kasuistik ist kaum überschaubar. Generalisierende Aussagen verbieten sich. Aussagen aus entschiedenen Fällen können nur vorsichtig und unter Berücksichtigung des jeweils entschiedenen Sachverhalts verallgemeinert werden. Zu weiteren Einzelfällen vgl MüKo/*Fritzsche* § 8 Rn 274f; *Teplitzky* Kap 14 Rn 4ff und, zum Urheberrecht, *Dreier/Schulze* § 97 Rn 33b).

131   **aa) Medien.** Zeitungsverleger und andere Medienunternehmen handeln bei Erfüllung ihrer **journalistischen Aufgaben** regelmäßig nicht im geschäftlichen Verkehr (s § 2 Rn 39) und kommen daher als Täter einer Verkehrspflichtverletzung nicht in Betracht. Die frühere Rspr, nach der Presseanbieter auch ohne eigene geschäftliche Handlung als Störer haften konnten (so für einen redaktionellen Hyperlink auf die Seite eines Glücksspielanbieters BGHZ 158, 343 = GRUR 04, 693, 695f – *Schöner Wetten*), kann seit der Aufgabe der Störerhaftung nicht mehr aufrechterhalten werden (Rn 125). Hält man entgegen der hier vertretenen Ansicht auch Äußerungen im redaktionellen Teil der Presse für potentielle geschäftliche Handlungen (§ 2 I Nr 1), so spricht die Meinungs- und Pressefreiheit (Art 5 I GG) gegen strenge Prüfungs- und Überwachungspflichten und für die Möglichkeit, aus journalistischen Gründen auch auf Websites mit unlauterem Inhalt zu verweisen (so zu § 95a UrhG BGH GRUR 11, 513 – *AnyDVD;* BVerfG GRUR 12, 390 – *AnyDVD*). Ist demnach ausnahmsweise eine Verletzung von Prüfungspflichten zu bejahen, so haftet neben dem verantwortlichen Redakteur auch der Verleger (*Teplitzky* Kap 14 Rn 9). Im **Anzeigengeschäft** ist die allgemeine Prüfungspflicht der Presse im Licht des Art 5 I GG auf grobe, unschwer zu erkennende Verstöße beschränkt (BGH GRUR 90, 1012, 1014 – *Pressehaftung I;* BGH GRUR 92, 618, 619 – *Pressehaftung II;* BGH GRUR 06, 429 Rn 15 – *Schlankheitskapseln;* Fezer/*Büscher* § 8 Rn 137; *Teplitzky* Kap 14 Rn 9). Wird ein Presseunternehmen aber auf eine Anzeige hingewiesen, deren Wettbewerbswidrigkeit sich unschwer erschließt, so unterliegt es nach den oben (Rn 127) genannten Grundsätzen erhöhten Kontollpflichten (OLG Köln GRUR-RR 12, 296 – *Schlank-Geheimnis*). Wer der Presse sachlich zutreffende Informationen überlässt, haftet angesichts der Eigenverantwortlichkeit der Presse grundsätzlich nicht für Wettbewerbsverstöße durch das Presseunternehmen, etwa für Verstöße gegen das Verbot der verdeckten Werbung (§ 4 Nr 3) (BGH GRUR 93, 561, 562 – *Produktinformation I;* BGH GRUR 94, 819, 821 – *Produktinformation II;* BGH GRUR 96, 71, 72f – *Produktinformation III*). Zur Haftung der Betreiber von Informationsportalen s Rn 135.

Beseitigung und Unterlassung **§ 8 UWG**

bb) Händler. Ein Hersteller haftet, wenn er durch sein Verhalten Wettbewerbs- 132
verstöße der mit ihm vertraglich verbundenen Großhändler oder der Händler auf nachgelagerten Wettbewerbsstufen fördert oder mit solchen Handlungen rechnen muss (BGH GRUR 03, 624, 626 – *Kleidersack;* BGH GRUR 12, 1279 – *DAS GROSSE RÄTSELHEFT;* dagegen BGH GRUR 78, 445, 446 – *4 zum Preis von 3:* keine Haftung für Verhalten, mit dem der Hersteller nicht zu rechnen braucht). Verwenden Händler vom Hersteller konzipiertes Werbematerial, das lauterkeitsrechtliche Verbote verletzt, so haften sie regelmäßig als unmittelbare Täter.

cc) Werbeagenturen und Werbemittler. Werbeagenturen konzipieren die 133
Werbung eigenständig und sind daher auch verpflichtet, die von ihnen gestaltete Werbung auf Wettbewerbsverstöße zu überprüfen. Allerdings können sie sich grundsätzlich auf die Angaben des Auftraggebers verlassen (OLG Frankfurt GRUR-RR 02, 77, 78 – *Anzeige für Räumungsverkauf;* für unmittelbare Täterschaft *Köhler*/Bornkamm § 8 Rn 2.10). Für Personen oder Unternehmen, derer sich ein Unternehmer bei der Verbreitung der eigenen Werbung bedient (insbesondere für **Affiliates;** vgl zu dieser Werbeform *Schirmbacher/Ihmor* CR 09, 245 ff) kann er bereits gem § 8 II verantwortlich sein (s Rn 143 ff, 150, dazu BGH GRUR 09, 1167 Rn 22 – *Partnerprogramm* m Anm *Liedtke*). Im Übrigen trifft ihn die Pflicht, den Werbemittler sorgsam auszuwählen und im Rahmen des Zumutbaren (etwa durch entsprechende strafbewehrte Vertragsklauseln) Wettbewerbsverstößen vorzubeugen (so zur Briefkastenwerbung BGH GRUR 89, 225, 226 – *Handzettel-Wurfsendung;* MüKo/*Fritzsche* § 8 Rn 274, aA für die Affiliate-Werbung *Hoeren/Semrau* MMR 08, 571, 572f). Jedenfalls muss der Unternehmer hinreichende Maßnahmen zur Unterbindung unlauterer Handlungen eines Werbemittlers treffen, von denen er Kenntnis erlangt (OLG München MMR 09, 126, 127f; *Hoeren/Semrau* aaO). Ob den Werbemittler eine Prüfungspflicht hinsichtlich der ihm überlassenen Werbemittel trifft, hängt von seinen Prüfungsmöglichkeiten im Einzelfall ab.

dd) Domainnamen. Die für die Vergabe von Domainnamen zuständige **DENIC** 134
handelt nicht in Gewinnerzielungsabsicht und nimmt ihre Aufgabe im Interesse sämtlicher Internet-Nutzer wahr. Sie trifft daher keine eigenständige Prüfungspflicht. Wird sie auf eine Rechtsverletzung hingewiesen, so ist sie nur dann zur Rücknahme von Domainnamen-Registrierungen verpflichtet, wenn ein rechtskräftiger gerichtlicher Titel vorliegt oder wenn ein Rechtsverstoß derart eindeutig ist, dass er sich aufdrängen muss (BGHZ 148, 13 = GRUR 01, 1038, 1040f – *ambiente.de;* BGH GRUR 04, 619, 621 – *kurt-biedenkopf.de;* Handbuch des Domainrechts/*Bettinger* DE 967ff). Das ist etwa der Fall, wenn sich ein Unternehmen mit Sitz in Panama die Domain „regierung-oberfranken.de" registrieren lassen möchte (BGH GRUR 12, 651 Rn 24ff – *regierung-oberfranken.de*). Den administrativen Ansprechpartner für eine Domain **(Admin-C)** trifft nicht die allgemeine Pflicht, die betreffenden Domainnamen auf eventuelle Rechtsverletzungen zu überprüfen. Eine solche Recherche entspräche weder seiner Funktion, noch wäre sie ihm zumutbar. Etwas anderes gilt nur bei Vorliegen besonderer gefahrerhöhender Umstände, etwa wenn ein ausländischer Anmelder frei werdende Domainnamen in einem automatisierten Verfahren ermittelt und anmeldet. Die abstrakte Gefahr, die aus der Anmeldung einer Vielzahl von Domainnamen folgt, genügt hierfür aber nicht (BGH GRUR 12, 304 Rn 55ff – *Basler Haar-Kosmetik* m Anm *Spindler;* BGH GRUR 13, 294 Rn 20ff – *dlg.de; Leistner/Stang* WRP 08, 533, 545). Wer eine Website (meist mit griffigem Domainnamen) für Werbelinks zu Webseiten Dritter bereitstellt **(Domain-Parking-Provider),** haftet nicht, wenn die Auswahl von Schlüsselwörtern für die Optimierung des Werbeeffekts seine Mitwirkung darstellt und ihm vom Diensteanbieter eine Kennzeichenverletzung nicht bekannt ist (BGH GRUR 11, 617 Rn 43ff – *Sedo;* für konkrete pro-aktive Prüfungspflichten auf nicht-generische, mit dem Keyword übereinstimmende Domains und typische Tippfehlerdomains *Hühner* ZGE 4 (2012) 70, 107ff; vgl auch *Leistner*/

Stang WRP 08, 542, 546 f). Der **Verpächter einer Domain** hat nicht die Pflicht, die Website seines Pächters auf unrechtmäßige Inhalte zu überprüfen, doch können Prüfungspflichten entstehen, wenn konkrete Anhaltspunkte für Verletzungen bestehen (BGH GRUR 09, 1093 – *Focus Online*).

135 ee) **Internet-Versteigerungen, Internet-Portale.** Den Betreiber einer Internet-Auktionsplattform trifft keine generelle Prüfungspflicht. Er ist aber verpflichtet, das konkrete rechtsverletzende Angebot bei Kenntniserlangung unverzüglich zu sperren. Er muss zudem zumutbare Maßnahmen ergreifen, um zu verhindern, dass es zu weiteren gleichartigen Rechtsverletzungen, sei es durch denselben Bieter, sei es durch andere Anbieter gleichartiger Produkte, kommt (BGHZ 173, 188 = GRUR 07, 890 Rn 43 – *Jugendgefährdende Medien bei eBay;* BGHZ 158, 236 = GRUR 04, 860, 864 – *Internet-Versteigerung I;* BGH GRUR 07, 708 Rn 45 – *Internet-Versteigerung II;* BGH GRUR 11, 152 – *Kinderhochstühle im Internet;* zur Vereinbarkeit mit dem Unionsrecht EuGH GRUR 11, 1025 – *L'Oréal/eBay;* BGH GRUR 11, 1038 – *Stiftparfüm*). Zur Bestimmtheit des Unterlassungsantrags vgl BGH GRUR 08, 702 Rn 35 ff – *Internet-Versteigerung III*. Dabei dürfen dem Betreiber aber keine unzumutbaren Prüfungspflichten auferlegt werden, die sein Geschäftsmodell in Frage stellen können. Zumutbar ist nicht nur der Einsatz von Filtersoftware, sondern auch in gewissem Umfang eine manuelle Nachprüfung der Treffer, sofern sie in ihrem Umfang beherrschbar ist und keine komplexe juristische Beurteilung voraussetzt (BGH aaO Rn 47 – *Internet-Versteigerung II;* BGH aaO Rn 38 ff – *Kinderhochstühle im Internet*). Diese Grundsätze sind auf andere Geschäftsmodelle im Internet übertragbar, die Nutzern die Bereitstellung eigener Inhalte ermöglichen, etwa auf Internet-Musikportale (LG Hamburg MMR 12, 404 – *YouTube*) und File-Hosting-Dienste (BGH GRUR 13, 370 – *Alone in the Dark*).

135a ff) **Meinungsforen und Bewertungsplattformen.** Meinungsforen, Bewertungsplattformen und Blogs erlauben Internet-Nutzern die Äußerung ihrer Meinung (Art 5 GG), schaffen aber auch für die betroffene Person oder das betroffene Unternehmen die Gefahr einer Rufschädigung durch falsche Tatsachenbehauptungen oder beleidigende Wertungen (grundlegend zur Abwägung dieser Interessen bei einer Lehrerbewertungsplattform BGH MMR 09, 608 – *spickmich.de*). Aus lauterkeitsrechtlicher Sicht sind fünf Fragen zu unterscheiden. (1) Ein Plattformbetreiber handelt nach den für Medien geltenden Grundsätzen (§ 2 Rn 39) nicht schon dann **im geschäftlichen Verkehr (§ 2 I Nr 1),** wenn er, etwa durch Werbeeinnahmen, mit dem Betrieb der Plattform Gewinn erzielen möchte. Allerdings ist geschäftliches Handeln zu bejahen, wenn der Betreiber die betreffenden Produkte selbst anbietet oder eine direkte Kauf- oder Buchungsmöglichkeit bereitstellt. Fehlt es an einer Handlung im geschäftlichen Verkehr, greifen §§ 823 I, 1004 I analog BGB unter dem Gesichtspunkt der Persönlichkeitsverletzung oder des Eingriffs in den Gewerbebetrieb ein. (2) Der Betreiber kann sich auf die Privilegierung der **§§ 7, 10 TMG** berufen, wenn er eine neutrale und passive Rolle einnimmt (Rn 124). Das ist der Fall, wenn er gegenüber den einzelnen Nutzerbeiträgen eine distanzierte Position einnimmt und keine Hilfestellungen bietet, die über die Eingabemöglichkeit und die statistische Auswertung der Beiträge hinausgeht (KG WRP 13, 1242, 1246). (3) Soweit die einschlägigen lauterkeitsrechtlichen Tatbestände Bezug auf einen **Mitbewerber** voraussetzen, gelten die zu § 6 entwickelten Grundsätze über neutrale Bewertungen. Ein Internetdienstleister, der selbst die auf einem Meinungsforum behandelten Produkte nicht anbietet, wird nicht dadurch zum Mitbewerber eines bewerteten Unternehmens, dass er Nutzern die Möglichkeit anbietet, negative Kommentare über dieses Unternehmen oder positive Bewertungen für einen Mitbewerber abzugeben. Wenn ein Plattformbetreiber selbst die betreffenden Waren oder Dienstleistungen anbietet (Beispiel: Reiseangebote der bewerteten Unternehmen können auch über die Plattform gebucht werden), ist entscheidend, ob er den verschiedenen Angeboten neutral gegenübersteht oder ei-

Beseitigung und Unterlassung **§ 8 UWG**

gene Angebote bevorzugt (s § 6 Rn 29). Nur in letzterem Fall ist er Mitbewerber der anderen bewerteten Anbieter (aA KG WRP 13, 1242, 1243). (4) Der Anbieter eines Internetforums handelt als **unmittelbarer Täter**, wenn er sich die Äußerungen der Nutzer zu eigen macht, insbesondere weil der Verkehr sie dem Betreiber, nicht dem individuellen Nutzer zurechnet (Rn 115a). Ansonsten kommt nur eine Haftung wegen der Verletzung von Verkehrspflichten in Betracht. (5) Bei der Bemessung der **Prüfungspflichten** ist einerseits zu beachten, in welchem Umfang der Anbieter mit Gewinnerzielungsabsicht handelt und welche Gefahren für die betroffenen Personen oder Unternehmen geschaffen werden, auf der anderen Seite fallen die Wertung der Meinungsfreiheit und der Überprüfungsaufwand ins Gewicht (OLG Hamburg WRP 12, 485, 486f). Demnach besteht keine allgemeine pro-aktive Prüfungspflicht. Wird der Betreiber aber auf eine rechtswidrige Handlung hingewiesen, so ist er zur Löschung verpflichtet, wenn auf Grund der Stellungnahme des für die konkrete Meinungsäußerung Verantwortlichen und gegebenenfalls einer Gegenäußerung des Betroffenen von einer Verletzung auszugehen ist (so für Persönlichkeitsrechtsverletzungen durch Blogs BGH GRUR 12, 311 – *Blog-Eintrag*). Auch die Betreiber von Nachrichtenportalen trifft keine allgemeine Prüfungspflicht; sie können aber verpflichtet sein, eine Persönlichkeitsrechtsverletzung zu verhindern, von der sie Kenntnis erlangen (BGH GRUR 12, 751 – *RSS-Feeds*). Nach den gleichen Grundsätzen muss der Betreiber einer Hotelbewertungsplattform falsche Tatsachenangaben, auf die er hingewiesen wird, beseitigen (vgl KG WRP 13, 1242, 1247; *Vonhoff* MMR 12, 571, 572). Ungeklärt ist bisher, in welchem Maße darüber hinaus eine Verpflichtung besteht, in der Zukunft gleichartige Verletzungen zu verhindern. Hier kommt es darauf an, inwieweit geeignete Filtersoftware zur Verfügung steht. Eine allgemeine manuelle Überprüfungspflicht aller Beiträge über eine bestimmte Person oder ein bestimmtes Unternehmen ist nicht zumutbar (so für Hotelbewertungsplattformen KG aaO).

gg) Access Provider. Die Rechtsprechung zu Internet-Auktionsplattformen ist **136** auf Unternehmen, die lediglich den Zugang zum Internet vermitteln (Access Provider), nicht übertragbar (OLG Frankfurt GRUR-RR 08, 93). Provider erhöhen nicht die Gefahr von Rechtsverletzungen im Internet, vielmehr ist ihre Tätigkeit für das Internet konstitutiv. Pro-aktive Prüfungspflichten kommen daher nicht in Betracht (EuGH GRUR 12, 383 – *SABAM/Netlog*). Eine **Sperrpflicht** für offensichtliche Rechtsverletzungen nach substantiierter Abmahnung wird im Ausland teilweise angenommen (Beispiel: High Court für England und Wales *Twentieth Century Fox Film Corp v British Telecommunications Plc* [2011] EWHC 1981 (Ch); ebenso für das deutsche Recht Handbuch des Domainrechts/*Bettinger* DE 998). Der ÖOGH hat die Frage nach der Vereinbarkeit einer Sperranordnung mit dem EU-Recht dem EuGH vorgelegt (GRUR Int 12, 934, beim EuGH geführt als Rs C-314/12 – *UPC Telekabel Wien*). Im deutschen Recht ist sie erheblichen Bedenken ausgesetzt und wird daher, soweit ersichtlich, von den Gerichten bisher nicht bejaht (OLG Hamburg CR 11, 735; LG Köln ZUM-RD 11, 701; *Döring* WRP 08, 1155, 1158ff; *Durner* ZUM 10, 833). Zu Haftungsprivilegierungen gem TMG s Rn 124.

hh) Virales Marketing. Beim viralen Marketing wird Werbung im weitesten **137** Sinne (Beispiel: Imagevideos) in der Hoffnung ins Internet gestellt, dass der Link zur Werbung unter Privaten per E-Mail weiterverbreitet wird (dazu *Leitgeb* ZUM 09, 39ff). Für die rechtliche Beurteilung ist zwischen der Haftung des Werbenden und der Haftung des Forumbetreibers zu unterscheiden. Der Werbende haftet als unmittelbarer Täter für rechtswidrige Inhalte seiner Werbung, etwa für irreführende Aussagen oder unerlaubte Werbevergleiche in bereitgestellten Videos (Beispiel, LG Köln GRUR-RR 09, 154: Einstellung eines Spots mit herabsetzendem Werbevergleich auf YouTube, dort allerdings Verstoß gegen § 6 II Nr 5 zweifelhaft). Der Werbende ist selbst dafür verantwortlich, dass seine Werbung als solche erkennbar ist (§ 4 Nr 3, s § 4

Rn 3/41). Wird die Werbung von einer Agentur im Internet platziert, so haftet der Auftraggeber gem § 8 II (LG Köln aaO). Hingegen haftet der Werbende nicht schon deshalb, weil Privatpersonen die Werbung per E-Mail verbreiten (vgl § 7 II Nr 3, s aber BGH GRUR 2013, 1259 Rn 23 – *Empfehlungs-E-Mail*, näher hierzu § 7 Rn 67). Es besteht keine Verpflichtung des Werbenden, die private Kommunikation über seine Werbung zu unterbinden (ähnl *Leitgeb* aaO S 46). Die Haftung des Forenbetreibers richtet sich nach den oben, Rn 135, dargestellten Grundsätzen.

138 **ii) Inhaber von Internet-Anschlüssen.** Der Inhaber eines WLAN-Anschlusses, der es unterlässt, die im Kaufzeitpunkt marktüblichen Sicherungen ihrem Zweck entsprechend anzuwenden, haftet als Störer auf Unterlassung, wenn Dritte den Anschluss missbräuchlich nutzen. Dies gilt nach dem BGH jedenfalls für Urheberrechtsverletzungen (BGHZ 185, 330 = GRUR 2010, 633 – *Sommer unseres Lebens*). Diese Wertung lässt sich auf das Lauterkeitsrecht übertragen, auch wenn dies dort eine Verletzung lauterkeitsrechtlicher Verkehrspflichten und eben nicht mehr eine Haftung als Störer begründet. Dafür spricht, dass eine solche Sicherung mit einfachen Mitteln möglich ist (so bereits *Leistner/Stang* WRP 08, 533, 550). Zur Haftung von Eltern für unerlaubte Aktivitäten ihrer Kinder (bei denen es allerdings in aller Regel ebenfalls um Urheberrechtsverletzungen geht) s BGH GRUR 13, 511 Rn 32 –*Morpheus;* zur Haftung des Inhabers von Accounts s Rn 123b.

139 **jj) Hyperlinks.** Ob haftet, wer im Internet einen Hyperlink setzt, ist eine Frage des Einzelfalls. Wer sich fremde Angebote, etwa durch Verwendung von Frames, so zu eigen macht, dass der Verkehr sie ihm zurechnet, haftet dafür wie für eigene Angebote (s Rn 115a; LG Hamburg ZUM-RD 12, 544; MüKo/*Fritzsche* § 8 Rn 271; Fezer/*Hoeren* § 4–3 Rn 98ff; vgl zur urheberrechtlichen Beurteilung des Framing die EuGH-Vorlage BGH GRUR 13, 818 – *Die Realität*). Im Übrigen kann schon fraglich sein, ob das Setzen eines Links eine geschäftliche Handlung (§ 2 I Nr 1) darstellt. Setzt ein Presseunternehmen einen Link im Rahmen eines redaktionellen Berichts, so fehlt es am objektiven Zusammenhang mit der Förderung des fremden Absatzes (BGHZ 158, 343 = GRUR 04, 693, 694 – *Schöner Wetten*), im Übrigen streiten die Meinungs- und Pressefreiheit für die Zulässigkeit des Links (Rn 131). Fehlt es an einer geschäftlichen Handlung, so kommt eine ergänzende Störerhaftung, anders als nach früherem Recht, nicht mehr in Betracht (Rn 125; überholt insoweit BGH aaO S 695ff – *Schöner Wetten*). Im Übrigen gelten die oben (Rn 135) für Internet-Portale geltenden Grundsätze: Eine pro-aktive Überwachungspflicht besteht nur im Ausnahmefall. Wer aber einen Link auf eine Seite mit rechtswidrigen Inhalten setzt, haftet ab Kenntnis, wenn er den Link nicht beseitigt (so zum UrhR BGH GRUR 13, 370 Rn 37ff – *Alone in the Dark;* LG Hamburg MMR 12, 554), sofern ihm eine Beurteilung der Rechtslage möglich und zumutbar ist. Wenn der Linksetzer aufgrund vertraglicher Beziehungen zum Betreiber der Website die Möglichkeit hat, diesen zur Beseitigung des rechtswidrigen Inhalts zu veranlassen, ist er ab Kenntnis verpflichtet, diese Möglichkeit zu nutzen (OLG Köln GRUR-RR 13, 49 – *Kirschkerne*). Hingegen ist das Setzen eines Links auf eine Seite mit Inhalten, die vom Rechtsinhaber selbst bereitgestellt wurden, weder urheberrechtlich noch unter dem Aspekt der Nachahmung (§ 4 Nr 9) zu beanstanden (EuGH Rs C-466/12 Rn 24ff – *Svensson;* BGHZ 156, 1 = GRUR 03, 958, 961 – *Paperboy*), sofern der Link nicht dazu dient, Kopierschutz zu umgehen und geschützte Inhalte entgegen der Absicht des Rechtsinhabers frei verfügbar zu machen.

139 **kk) Suchmaschinen.** Auch bei der Haftung von Suchmaschinenbetreibern ist zu differenzieren. Generiert die Suchmaschine Inhalte selbständig, so haftet der Betreiber als Täter (so zur urheberrechtlichen Beurteilung der Google-Bildersuche BGH GRUR 10, 628 Rn 20 – *Vorschaubilder I;* zur persönlichkeitsrechtlichen Beurteilung von Stichwortvorschlägen BGH GRUR 13, 751 Rn 17 – *„Autocomplete"-Funktion* m

Anm *Peifer/Becker*; zur Anzeige nicht bestehender Fachanwaltsbezeichnungen in einer Anwaltssuchmaschine LG Frankfurt MMR 12, 380). Gleichwohl kann in diesem Fall jedenfalls die Haftung für Persönlichkeitsverletzungen nach den Grundsätzen der Verkehrspflichtverletzung eingeschränkt sein (BGH aaO Rn 24 ff – *„Autocomplete"-Funktion)*. Allerdings ist zweifelhaft, ob die automatische Generierung von Suchvorschlägen als eigene Handlung des Suchmaschinenbetreibers anzusehen ist, weil lediglich fremde Suchanfragen kompiliert werden (OLG München MMR 12, 108, 109). Verweist die Suchmaschine nur auf die Inhalte fremder Websites, so scheidet eine Haftung als unmittelbarer Täter aus (OLG München aaO), als solcher ist nur der Unternehmer anzusehen, der die betreffenden Informationen bereitstellt (BGH GRUR 10, 1110 Rn 17 – *Versandkosten bei Froogle II*). Beim Zuschnitt lauterkeitsrechtlicher Verkehrspflichten ist zu berücksichtigen, dass Suchmaschinen für die Struktur des Internet von entscheidender Bedeutung sind, dass angesichts der unübersehbaren Vielfalt nachgewiesener Inhalte eine allgemeine Prüfung regelmäßig nicht möglich ist und dass Filtersoftware abgesehen von einfach auffindbaren Begriffen („Plagiat" usw) bei der Suche nach rechtswidrigen Inhalten schnell an ihre Grenzen stößt (OLG Hamburg ZUM-RD 12, 32). Werden die rechtswidrigen Inhalte von einer bestimmten Website verbreitet, so kann es dem Anspruchsteller zumutbar sein, zunächst gegen deren Betreiber vorzugehen. Selbst wenn ein Suchmaschinenbetreiber darauf hingewiesen wird, dass eine angezeigte Website rechtswidrige Inhalte enthält, besteht nur dann eine Pflicht zur Beseitigung des Links, wenn die Rechtswidrigkeit ohne eingehende juristische Prüfung zuverlässig beurteilt werden kann (BGH GRUR 11, 152 Rn 48 – *Kinderhochstühle im Internet*; OLG München aaO). Auch die Pflicht, künftige gleich gelagerte Verletzungen zu vermeiden, besteht nur, soweit Prüfungsmaßnahmen technisch möglich und wirtschaftlich zumutbar sind.

II. Haftung für fremdes Verhalten

Literatur: *Berger/Loeck*, Das Ende der ausufernden Beauftragtenhaftung im Wettbewerbsrecht, MMR 2011, 634; *Dienstbühl*, Die Ausweitung der Beauftragtenhaftung am Beispiel des Telekommunikationsresales, CR 2009, 568; *Hahn*, Die Haftung des Unternehmensinhabers nach § 8 Abs 2 UWG, 2007; *ders*, Ändert der BGH seine „Voreinstellung" zur Haftung des Unternehmensinhabers für Wettbewerbsverstöße Dritter?, GRUR-Prax 2011, 413; *Henning-Bodewig*, Die wettbewerbsrechtliche Haftung von Werbeagenturen, GRUR 1981, 164; *Hoeren/Semrau*, Haftung des Merchant für wettbewerbswidrige Affiliate-Werbung, MMR 2008, 571; *Isele*, Die Haftung des Unternehmers für wettbewerbswidriges Verhalten von Laienwerbern, WRP 2010, 1215; *Köhler*, Die Haftung des Betriebsinhabers für Wettbewerbsverstöße seiner Mitarbeiter und Beauftragten (§ 13 IV UWG), GRUR 1991, 344; *Reichelsdorfer*, Die Haftung für Dritte im Wettbewerbsrecht, Diss jur Erlangen, 2001; *Schirmbacher/Ihmor*, Affiliate-Werbung – Geschäftsmodell, Vertragsgestaltung und Haftung, CR 2009, 245; *Spieker*, Haftungsrechtliche Aspekte für Unternehmen und ihre Internet-Werbepartner (Affiliates), GRUR 2006, 903; *Werner*, Die Haftung des GmbH-Geschäftsführers für die Verletzung gewerblicher Schutzrechte, GRUR 2009, 820. S auch die Nachw unter I.

1. Organ- und Repräsentantenhaftung (§§ 31, 89 BGB). a) Haftung der Gesellschaft. Im UWG gelten die allgemeinen Grundsätze der Organ- bzw. Repräsentantenhaftung. Gem § 31 BGB haften Vereine für Schäden, die ihre verfassungsmäßig berufenen Vertreter in Ausübung ihrer Verrichtungen begehen. Dieser Grundsatz der Organhaftung gilt für sämtliche juristischen Personen, für Personengesellschaften (OHG, KG), die BGB-Gesellschaft und den nicht rechtsfähigen Verein (MüKo/*Reuter* § 31 Rn 11 ff mwN). Gehaftet wird nicht nur für Organe, sondern auch für alle Personen, denen durch die allgemeine Betriebsregelung und Handhabung bedeutsame, wesensmäßige Funktionen der juristischen Person zur selbständigen, eigenverantwortlichen Erfüllung zugewiesen sind (zB Filialleiter, Chefärzte)

(**Repräsentantenhaftung**, vgl *Reuter* aaO Rn 3, 20 ff). Eine Gesellschaft kann der strengen Haftungszurechnung gem § 31 nicht dadurch entgehen, dass sie für eine bestimmte besonders heikle Aufgabe keinen Mitarbeiter mit Organstellung, sondern eine externe Person einsetzt (beispielsweise einen Rechtsanwalt, s BGH NJW 80, 2810, 2811). In diesem Fall haftet die Gesellschaft (dasselbe gilt für Einzelunternehmer) wegen Organisationsverschuldens (s Rn 118).

140 **b) Eigenhaftung des Geschäftsführers.** Daneben haftet der Repräsentant (zB der GmbH-Geschäftsführer) auch persönlich, wenn er selbst den Tatbestand des § 3 oder des § 7 verwirklicht. Daneben soll nach st Rspr eine persönliche Haftung auch bestehen, wenn der Repräsentant die Rechtsverletzung eines anderen erkannt und pflichtwidrig nicht verhindert (BGH GRUR 86, 248, 251 – *Sporthosen;* BGH GRUR 10, 616 Rn 34 – *marions-kochbuch.de;* BGH GRUR 12, 184 Rn 32 – *Branchenbuch Berg;* KG GRUR-RR 2013, 172 – *Haustürwerbung*). Dieser Grundsatz entspricht zwar ständiger Rechtsprechung (ebenso zum allgemeinen Deliktsrecht BGHZ 109, 297 = NJW 90, 976, 978), doch fehlt meist eine Begründung dafür, warum die Pflicht, Rechtsverletzungen zu verhindern, nicht nur gegenüber der Gesellschaft, sondern auch gegenüber Dritten besteht (krit daher *Werner* GRUR 09, 824, 823 f; Gloy/Loschelder/Erdmann/*Melullis* § 80 Rn 26). Ob eine solche besondere Verkehrspflicht (*Keller* GmbHR 05, 1235, 1242) besteht, erscheint zweifelhaft. Jedenfalls kann sie sich nur auf Verhalten im Verantwortungsbereich des jeweiligen Organs erstrecken.

141 **c) Persönliche Haftung der Gesellschafter.** Neben dem Unternehmen haftet derjenige Gesellschafter persönlich, der selbst den Tatbestand des § 3 oder § 7 verwirklicht hat oder an ihm gem § 830 II (etwa durch Erteilung einer Anweisung) beteiligt war (BGH GRUR 86, 248, 250 – *Sporthosen*). Unbeteiligte Gesellschafter hingegen haften grundsätzlich nicht persönlich. Bei juristischen Personen besteht eine Außenhaftung für Gesellschaftsschulden schon nach gesellschaftsrechtlichen Grundsätzen. Bei Personengesellschaften handelt es sich nicht um einen Fall des § 128 HGB (BGH GRUR 06, 493 Rn 22 – *Michel-Nummern;* Köhler/Bornkamm § 8 Rn 2.21; MüKo/*Fritzsche* § 8 Rn 253f; aA *Ahrens/Jestaedt* Kap 21 Rn 45). Selbständige Verkehrspflichten der Gesellschafter zur Verhinderung rechtswidrigen Verhaltens der Gesellschaft können allenfalls in Ausnahmefällen angenommen werden.

142 **2. Haftung für Erfüllungs- und Verrichtungsgehilfen.** Die Haftung für Erfüllungsgehilfen (**§ 278 BGB**) setzt das Bestehen eines Schuldverhältnisses voraus. Sie kommt daher bei lauterkeitsrechtlichen Abwehransprüchen nicht in Betracht, wohl aber bei der Verletzung einer Unterlassungspflicht, die sich aus einem Unterlassungsvertrag ergibt (BGH GRUR 85, 1065, 1066 – *Erfüllungsgehilfe;* BGH GRUR 88, 561, 562 – *Verlagsverschulden I*). Im Bereich lauterkeitsrechtlicher Schadensersatzansprüche gilt § 831 BGB (s § 9 Rn 26).

143 **3. Haftung für Mitarbeiter und Beauftragte (§ 8 II). a) Normzweck.** § 8 II ordnet eine Haftung des Unternehmers für seine Mitarbeiter und Beauftragten ohne Entlastungsmöglichkeit an (ebenso im MarkenG § 14 VII, im UrhG § 99, im UKlaG § 2 I 2, die ebenso wie § 8 II auszulegen sind, so zu § 14 VII MarkenG BGH GRUR 09, 1167 Rn 21 – *Partnerprogramm*). Es handelt sich um eine strengere, wenn auch nicht abschließende (Rn 142) Spezialregelung zu § 831 BGB, eine **Erfolgshaftung für fremdes Verhalten ohne Entlastungsmöglichkeit** (BGH NJOZ 13, 863 Rn 9). Sie beruht auf der Überlegung, dass die arbeitsteilige Organisation eines Unternehmens die Verantwortung des Inhabers für das Verhalten im Wettbewerb nicht beseitigen soll. Der Unternehmensinhaber, dem die Wettbewerbshandlungen seiner Angestellten oder Beauftragten zugutekommen, soll sich bei einer wettbewerbsrechtlichen Haftung nicht hinter den von ihm abhängigen Dritten verstecken können (BGH GRUR 03, 453, 454 – *Verwertung von Kundenlisten;* BGH GRUR 07, 994 Rn 19 – *Gefälligkeit;* BGH GRUR 08, 186 Rn 22 – *Telefonaktion;* BGH aaO – *Partner-*

Beseitigung und Unterlassung **§ 8 UWG**

programm; BGH GRUR 12, 1279 Rn 62 – *DAS GROSSE RÄTSELHEFT).* Da der Unternehmer durch den Einsatz von Leuten seinen Geschäftskreis erweitert, muss er auch für das dadurch erhöhte Risiko von Zuwiderhandlungen einstehen (BGH GRUR 93, 605, 607 – *Franchise-Nehmer;* OLG Köln MMR 06, 622, 624; *Köhler* GRUR 91, 344, 346; *Hahn* S 186ff). Der Unternehmensinhaber wird daher durch § 8 II so gestellt, als hätte er die Zuwiderhandlung selbst begangen (BGH GRUR 00, 907, 909 – *Filialleiterfehler;* BGH GRUR 03, 453, 454 – *Verwertung von Kundenlisten).* § 8 II ist keine eigene Anspruchsgrundlage, sondern eine **Zurechnungsnorm** *(Fritzsche* S 443f). Das legt bereits der Wortlaut nahe, der auf einen anderweitig bestehenden Unterlassungs- oder Beseitigungsanspruch Bezug nimmt. Außerdem statuiert die Vorschrift (anders als § 831 BGB) keine Haftung für eigenes, von der Verletzung des Mitarbeiters unterscheidbares unlauteres Verhalten. Anspruchsgrundlage ist also § 8 I, II iVm § 3 oder § 7. Dass es sich dabei nach hM um einen **eigenständigen Unterlassungsanspruch** handelt (Rn 152), der neben den Anspruch gegen den Handelnden tritt *(Köhler/Bornkamm* § 8 Rn 2.32; *Ahrens/Jestaedt* Kap 21 Rn 48; *Teplitzky* Kap 14 Rn 19f), ist mit der hier vertretenen Ansicht zur Rechtsnatur vereinbar.

b) Anwendungsbereich. § 8 II findet auf den gesetzlichen Unterlassungs- und **144** Beseitigungsanspruch (§ 8 I) und die der Vorbereitung dieser Ansprüche dienenden Auskunftsansprüche Anwendung (BGH GRUR 95, 427, 428 – *Schwarze Liste).* **Nicht anwendbar** ist § 8 II auf vertragliche Ansprüche (BGH GRUR 98, 963, 965 – *Verlagsverschulden II),* auf Schadensersatzansprüche aus § 9 und die damit in Zusammenhang stehenden Auskunftsansprüche (BGH GRUR 09, 1167 Rn 21 – *Partnerprogramm;* BGH GRUR 12, 1279 Rn 43 – *DAS GROSSE RÄTSELHEFT).* Auch auf §§ 17, 18 ist § 8 II nicht anwendbar, wohl aber auf die zivilrechtliche Haftung gem §§ 3, 4 Nr 11 iVm 17f. Unanwendbar ist § 8 II auch in der Zwangsvollstreckung, weil § 890 ZPO ein eigenes Verschulden des Unternehmensinhabers, bei juristischen Personen des gesetzlichen Vertreters, voraussetzt (vgl BVerfG GRUR 67, 213, 215f; NJW 96, 2567; BGH GRUR 73, 208, 209 – *Neues aus der Medizin;* OLG Frankfurt WRP 81, 29, 30; *Teplitzky* Kap 14 Rn 22 mwN).

c) Voraussetzungen. Die Darlegungs- und Beweislast für die Voraussetzungen **145** des § 8 II trägt der Anspruchsteller (BGH GRUR 07, 994 Rn 19 – *Gefälligkeit).*

aa) Zuwiderhandlung. Der Mitarbeiter oder Beauftragte muss gegen § 3 oder § 7 **146** verstoßen haben. Er muss also alle Tatbestandsmerkmale der betreffenden Vorschrift erfüllt, insbesondere im geschäftlichen Verkehr gehandelt haben (BGH GRUR 96, 798, 800 – *Lohnentwesungen).* Mangelt es daran, fehlt es an einem Wettbewerbsverstoß des Mitarbeiters oder Beauftragten und damit an einer Haftung des Unternehmensinhabers.

bb) In einem Unternehmen. Die Zuwiderhandlung des Mitarbeiters oder Be- **147** auftragten muss einen inneren Zusammenhang zum Unternehmen aufweisen (BGH GRUR 08, 186 Rn 23 – *Telefonaktion).* Der Zusammenhang wird nicht schon dadurch aufgehoben, dass sich der Mitarbeiter oder Beauftragte bei der Ausübung der Tätigkeit über Weisungen des Unternehmers hinwegsetzt (BGH aaO – *Telefonaktion).* Der Unternehmer kann sich auch nicht mit der Behauptung entlasten, er habe von der Zuwiderhandlung nichts gewusst oder sie missbilligt (BGH NJOZ 13, 863 Rn 9; BGH GRUR 09, 1167 Rn 21 – *Partnerprogramm;* OLG Köln MMR 06, 622, 624). Wird der Beauftragte dadurch zu seiner unlauteren Handlung veranlasst, dass ihn ein Subunternehmer täuscht, so kann dies den Unternehmer nicht entlasten. Ungeachtet einer Wissenszurechnung (§ 166 I BGB) haftet er nach § 8 II (BGH GRUR 12, 82 Rn 13 – *Auftragsbestätigung).* Für eine rein private Tätigkeit, die nur dem Handelnden selbst zugute kommt, haftet der Unternehmensinhaber hingegen nicht (BGH GRUR 63, 434, 435 – *Reiseverkäufer;* BGH GRUR 95, 605, 608 – *Franchise-Nehmer;* BGH GRUR 07, 994 Rn 19 – *Gefälligkeit; Köhler/*Bornkamm, § 8 Rn 2.47; Fezer/*Büscher,*

§ 8 Rn 226; MüKo/*Fritzsche* § 8 Rn 307; *Teplitzky* Kap 14 Rn 18). Das gilt auch dann, wenn ein Arbeitnehmer den Namen und die Organisation des Unternehmers für eigene private Zwecke missbraucht (BGH aaO – *Gefälligkeit*). Ist der Beauftragte etwa noch für andere Personen oder Unternehmen tätig oder unterhält er neben dem Geschäftsbereich, mit dem er für den Auftraggeber tätig wird, noch weitere, davon zu unterscheidende Geschäftsbereiche, so beschränkt sich die Haftung des Auftraggebers auf diejenigen geschäftlichen Handlungen des Beauftragten, die dieser im Zusammenhang mit dem Geschäftsbereich vornimmt, der dem Auftragsverhältnis zugrunde liegt (BGH aaO Rn 27 – *Partnerprogramm*). Der Unternehmensbezug fehlt auch, wenn ein Mitarbeiter nach einem Arbeitsplatzwechsel rechtswidrig erlangte Unternehmensgeheimnisse seines früheren Arbeitgebers für sein neues Unternehmen verwertet, denn hier realisiert sich nicht das gesteigerte Risiko einer arbeitsteiligen Organisation (BGH GRUR 03, 453, 454 – *Verwertung von Kundenlisten;* Fezer/*Büscher* § 8 Rn 226; aA *Köhler*/Bornkamm § 8 Rn 2.47).

148   **cc) Mitarbeiter.** Mitarbeiter ist, wer auf Grund eines Beschäftigungsverhältnisses verpflichtet ist, als Arbeitnehmer (Angestellter, Arbeiter, Auszubildender, Vertreter, Praktikant uä) für den Unternehmensinhaber **weisungsabhängig** tätig zu sein (BGH GRUR 65, 155 – *Werbefahrer; Köhler*/Bornkamm § 8 Rn 2.39). Der Mitarbeiter muss in die Betriebsorganisation eingebunden sein. Unentgeltlichkeit der Beschäftigung schließt die Qualifikation als Mitarbeiter nicht aus. Handelt der Mitarbeiter als Betriebsrat, entfällt mangels Weisungsgebundenheit die Haftung des Unternehmensinhabers aus § 8 II.

149   **dd) Beauftragter.** Beauftragter ist, wer, ohne Mitarbeiter zu sein, für den Unternehmensinhaber kraft Absprache tätig wird (BGH GRUR 95, 605, 607 – *Franchise-Nehmer*). Der Begriff ist weit auszulegen (BGHZ 28, 1 = GRUR 59, 38, 44 – *Buchgemeinschaft II;* BGH GRUR 90, 1039, 1040 – *Anzeigenauftrag* BGH aaO; OLG Köln MMR 06, 622, 623). Der Beauftragte muss in die betriebliche Organisation des Betriebsinhabers in der Weise eingegliedert sein, dass einerseits der Betriebsinhaber auf das beauftragte Unternehmen einen bestimmenden, durchsetzbaren Einfluss hat und dass andererseits der Erfolg der Geschäftstätigkeit des beauftragten Unternehmens dem Betriebsinhaber zugute kommt (BGH GRUR 05, 864, 865 – *Meißner Dekor II;* BGH GRUR 11, 617 Rn 54 – *Sedo;* BGH GRUR 12, 1279 Rn 62 – *DAS GROSSE RÄTSELHEFT*). Der Auftraggeber muss den Risikobereich beherrschen. Seine Einflussmöglichkeiten müssen sich auf alle wesentlichen Vorgänge des Vertriebssystems erstrecken, so dass auch den Endkunden beeinflussende Maßnahmen vom Willen des Auftraggebers abhängen (BGH GRUR 11, 543 Rn 13 – *Änderung der Voreinstellung III*). An diesen Voraussetzungen fehlt es im normalen Anzeigengeschäft im Verhältnis des Anzeigenkunden zum beauftragten Verlagsunternehmen (BGH GRUR 90, 1039, 1040 – *Anzeigenauftrag*) oder im Verhältnis zwischen dem Netzbetreiber und einem Anbieter von Telefondienstleistungen an Endkunden, der über kein eigenes Netz verfügt (Reseller, BGH aaO – *Änderung der Voreinstellung III*). Das Kriterium der „Eingliederung" ist allerdings missverständlich, weil unstreitig auch selbständige Unternehmer Beauftragte sein können (BGH aaO – *DAS GROSSE RÄTSELHEFT*), die definitionsgemäß nicht in die betriebliche Organisation des Auftraggebers eingebunden sind. Allerdings kommte es nicht darauf an, welchen Einfluss der Inhaber des Unternehmens sich tatsächlich gesichert hat, sondern welchen Einfluss er sich hätte sichern können und müssen (BGH aaO – *Franchise-Nehmer;* BGH GRUR 09, 1167 Rn 21 – *Partnerprogramm;* OLG Köln MMR 06, 622, 623; Fezer/*Büscher* § 8 Rn 176; *Teplitzky* Kap 14 Rn 25). Auf die Rechtsnatur des Vertragsverhältnisses zwischen Unternehmensinhaber und Beauftragtem kommt es ebensowenig an wie auf die Entgeltlichkeit oder Dauer des Geschäfts. Mehrstufigkeit des Auftragsverhältnisses bei Beauftragung durch einen Mitarbeiter des Unternehmers oder bei gestuften Auftragsverhältnissen schließt die Haftung gem § 8 II nicht aus (*Köhler*/Bornkamm § 8 Rn 2.43 f; Ahrens/*Jestaedt* Kap 21 Rn 26; *Teplitzky* Kap 14 Rn 26).

Beseitigung und Unterlassung **§ 8 UWG**

Beispiele. Beauftragte iSd § 8 II können sein: **Einzelhändler** als Beauftragte von 150 Großhändlern (BGH GRUR 64, 88, 89 – *Verona-Gerät;* GRUR 64, 263, 264 ff – *Unterkunde);* **Vertragshändler** (BGH GRUR 71, 119, 120 – *Branchenverzeichnis*); **Handelsvertreter** (BGH aaO – *Branchenverzeichnis*); abhängige Unternehmen (BGH GRUR 05, 864, 865 – *Meißner Dekor II;* BGH GRUR 12, 1279 Rn 61 – *DAS GROSSE RÄTSELHEFT*); **Franchisenehmer** (BGH GRUR 95, 605, 607 – *Franchise-Nehmer*); **Werbeagenturen** (BGH GRUR 91, 772, 774 – *Anzeigenrubrik I;* LG Köln GRUR-RR 09, 154, 155 zum „viralen Marketing", sa Rn 137); **Lotto-Annahmestellen** im Verhältnis zu einer staatlichen Lotteriegesellschaft (BGH GRUR-RR 11, 439 – *Gewerbliche Spielevermittlung*); **Zeitungsverlage** im Anzeigengeschäft, aber nur bei Einräumung eines Gestaltungsspielraums durch den Anzeigenkunden als Auftraggeber, zB hinsichtlich des Inhalts der Anzeige und/oder des Erscheinungszeitpunkts (BGH GRUR 90, 1039, 1040 – *Anzeigenauftrag,* vgl Rn 170 aE); **Tochtergesellschaften,** die in den Vertrieb der Muttergesellschaft (Unternehmensinhaberin) eingegliedert sind (BGH GRUR 05, 1248, 1249 f – *Meißner Dekor II*); **Affiliates,** allerdings nur in Bezug auf die Websites, die Gegenstand des Auftrags sind (BGH GRUR 09, 1167 Rn 22, 25; OLG Köln MMR 06, 622, 623 f; *Spieker* GRUR 06, 903, 907; aA *Hoeren/Semrau* MMR 08, 571, 574; *Schirmbacher/Ihmor* CR 09, 245, 250); **Laienwerber** (MüKo/*Fritzsche* § 8 Rn 302). Keine Beauftragten sind **selbständige Einzel- oder Großhändler** im Verhältnis zum Hersteller oder Importeur (BGH GRUR 11, 543 Rn 13 – *Änderung der Voreinstellung III*); Reseller, die Endkunden Telekommunikationsdienstleistungen anbieten, im Verhältnis zur Telekom als Netzbetreiber (BGH aaO Rn 14 f – *Änderung der Voreinstellung III*); Kunden einer Domain-Parking-Plattform im Verhältnis zum Betreiber (BGH GRUR 11, 617 Rn 55 – *Sedo*) und **Verlagsunternehmen im normalen Anzeigengeschäft.**

ee) Inhaber des Unternehmens. Inhaber des Unternehmens ist derjenige, in 151 dessen Namen und Verantwortung das Unternehmen geführt wird (*Köhler*/Bornkamm § 8 Rn 2.48). Das ist der Einzelkaufmann oder die Gesellschaft als solche, nicht deren Organe. Bei einer Erbengemeinschaft ist Unternehmensinhaber die Gesamthandsgemeinschaft, bei treuhänderischer Unternehmensübertragung der Treuhänder. Beschränkungen des Unternehmensinhabers etwa durch Insolvenz oder Testamentsvollstreckung lassen die Unternehmensinhaberschaft als solche unberührt. Ist das Unternehmen verpachtet oder besteht an ihm ein Nießbrauch, ist Unternehmensinhaber der Pächter bzw Nießbraucher, nicht der Verpächter bzw Nießbrauchsverpflichtete.

III. Mehrheit von Schuldnern, Rechtsnachfolge

1. Mehrheit von Schuldnern. Sind dem Gläubiger mehrere Schuldner verpflichtet, zB der Unternehmensinhaber und der verfassungsmäßige Vertreter (Rn 140) oder der Unternehmensinhaber und der Mitarbeiter oder Beauftragte (Rn 142, 143), haftet **jeder der Schuldner** auf Unterlassung. Eine **gesamtschuldnerische Haftung** (§ 421 BGB) scheidet aus, weil der Gläubiger die Leistung von jedem der Schuldner und nicht nur einmal zu fordern berechtigt ist. Es nützte dem Gläubiger nichts, wenn einer der Schuldner die Unterlassungsverpflichtung erfüllte, der andere aber nicht (OLG Koblenz WRP 85, 45; OLG Düsseldorf, GRUR 00, 825; *Köhler*/Bornkamm § 8 Rn 2.30; *Ahrens/Jestaedt* Kap 21 Rn 49; *Teplitzky* Kap 14, Rn 28 ff). Ein anderes kann bei Beseitigungsansprüchen in Betracht kommen, aber auch bei diesen nur dann und insoweit, als die Beseitigungshandlung geeignet ist, den gegen alle Schuldner bestehenden Abwehranspruch zu erfüllen. Auf **Schadensersatzansprüche** des Gläubigers finden die Regelungen der Gesamtschuld (§§ 420 ff BGB) selbstverständlich Anwendung.

153 2. **Rechtsnachfolge, Arbeitsplatzwechsel.** Der **gesetzliche Unterlassungsanspruch** geht bei Unternehmensveräußerung, bei Umwandlung und Verschmelzung oder beim Tod des Unternehmers **nicht auf den Rechtsnachfolger** über. Die Wiederholungsgefahr ist ein tatsächlicher Umstand, der sich der Rechtsnachfolge entzieht (BGH GRUR 06, 879 Rn 17 – *Flüssiggastank*). Gleiches Verhalten der Rechtsnachfolger kann nicht per se vermutet werden. Auch für die Annahme einer Erstbegehungsgefahr reicht weder die bloße Unternehmensnachfolge noch eine bloße Verteidigung des Verhaltens des Rechtsvorgängers aus (BGH GRUR 07, 995 Rn 10 – *Schuldnachfolge;* BGH NJW 13, 593 Rn 15 ff (zu § 1 UKlaG); Harte/Henning/Bergmann/Goldmann § 8 Rn 309; *Köhler*/Bornkamm § 8 Rn 2.31; *Teplitzky,* Kap 15 Rn 12; aA Ahrens/*Ahrens* Kap 36 Rn 219 ff; *Mels/Franzen* GRUR 08, 968 ff). Die Rechtskraft eines gegen den Rechtsvorgänger erstrittenen Urteils kann nicht auf den Rechtsnachfolger gem § 325 ZPO erstreckt werden, auch eine Umschreibung eines erstrittenen Titels gem §§ 727, 729 ZPO auf den Rechtsnachfolger kommt nicht in Betracht. Setzt hingegen der Rechtsnachfolger das wettbewerbswidrige Verhalten fort, so entsteht der Unterlassungsanspruch erneut gegen ihn als Schuldner. Dabei dürfen die Anforderungen an eine Erstbegehungsgefahr bei einem Rechtsträgerwechsel nicht überspannt werden. So liegt es bei der Verwendung unwirksamer AGB durch den Rechtsvorgänger nicht fern, dass die Klausel nach einer Verschmelzung weiterverwendet wird (BGH NJW 13, 593 Rn 26). Bei einem **Arbeitsplatzwechsel** von Mitarbeiter oder Beauftragtem bleibt die Haftung des Unternehmensinhabers bestehen. Eine Haftung des neuen Arbeitgebers nach § 8 II für den im bisherigen Unternehmen begangenen Wettbewerbsverstoß wird nicht begründet (BGH GRUR 03, 453, 454 – *Verwertung von Kundenlisten*).

IV. Einwendungen gegen Abwehransprüche

1. Missbräuchliche Geltendmachung (§ 8 IV)

Literatur: *Barbasch,* Praktische Probleme bei der Darlegung der Rechtsmissbrauchs-Indizien, GRUR-Prax 2011, 486; *Buchmann,* Neuere Entwicklungen im Recht der lauterkeitsrechtlichen Abmahnung, WRP 2012, 1345; *Gerstenberg,* Zur (Gegen-)Abmahnung als Retourkutsche, WRP 2011, 1116; *Hacker,* Verwirkung und Doppelidentität im Markenrecht, WRP 2012, 266; *Hantke,* Zur Beurteilung der Mehrfachverfolgung eines Wettbewerbsverstoßes als rechtsmißbräuchlich, FS Erdmann, 2002, 831; *Jackowski,* Der Missbrauchseinwand nach § 8 IV UWG gegenüber einer Abmahnung, WRP 2010, 38; *Kisseler,* Der Mißbrauch der Klagebefugnis gemäß § 13 Abs 5 UWG, WRP 1989, 623; *Knippenkötter,* Indizien für rechtsmissbräuchliches Verhalten des Abmahnenden, GRUR-Prax 2011, 485; *Köhler,* Rechtsnatur und Rechtsfolgen der mißbräuchlichen Geltendmachung von Unterlassungsansprüchen (§ 8 Abs 4 UWG), FS Schricker, 2005, 725; *Mayer,* Die Folgen rechtsmissbräuchlicher Abmahnungen, WRP 2011, 534; *Schulte-Franzheim,* Rechtsmißbrauch durch Mehrfachverfolgung von Wettbewerbsverstößen, WRP 2001, 745; *Stickelbrock,* Mehrfachverfolgung von Wettbewerbsverstößen durch konzernmäßig verbundene Unternehmen, WRP 2001, 648; *Ulrich,* Die Mehrfachverfolgung von Wettbewerbsverstößen durch einem Konzernverbund angehörige, rechtlich selbständige Unternehmen, die auf einem regionalen Markt tätig sind, WRP 1998, 826.

154 a) **Normzweck.** Mit dem durch die UWG-Novelle von 1986 in das UWG eingefügten Tatbestand des § 13 V aF, den § 8 IV 1 inhaltlich unverändert in das UWG 2004 übernommen hat, verfolgte der Gesetzgeber den Zweck, „Mißbräuchen bei der Geltendmachung von Unterlassungsansprüchen durch Verbände und Mitbewerbern dadurch zu begegnen, dass die Klagebefugnis und damit auch die Abmahnbefugnis in bestimmten Fällen verneint wird" (Begr des Rechtsausschusses, BT-Drucks 10/5771 S 22, vgl auch die Parallelvorschrift § 2 III UKlaG). Damit sollte der Verfolgung von Wettbewerbsverstößen durch Abmahn- und Anwaltsgebührenvereine, aber auch durch unseriöse Gewerbetreibende ein Riegel vorgeschoben werden, wenn sie nicht so sehr der Bekämpfung unlauteren Wettbewerbs, sondern hauptsächlich dazu diente, gegen den Verletzer im Interesse der Gewinnerzielung einen Aufwendungsersatzanspruch oder Kosten der Rechtsverfolgung entstehen zu lassen. § 8 IV 1 stellt sich damit auch als Korrektiv zur weit gefassten Aktivlegitimation des § 8 III UWG dar (BGH GRUR 12, 730 Rn 14 – *Bauheizgerät*). Der Anspruch auf Erstattung der Rechtsverteidigungskosten (§ 8 IV 2, 3) wurde 2013 durch das Gesetz gegen unseriöse Geschäftspraktiken eingefügt (Rn 163a).

b) Rechtsnatur. § 8 IV 1 erklärt im Missbrauchsfall die Geltendmachung von **155** Abwehransprüchen für unzulässig. Es handelt sich demnach um eine rein prozessuale Regelung. Liegen die Voraussetzungen des § 8 IV 1 vor, so fehlt dem Kläger die Prozessführungsbefugnis und die Klage ist als unzulässig abzuweisen. Der Abwehranspruch selbst bleibt unberührt (BGH GRUR 01, 82 – *Neu in Bielefeld I;* BGHZ 149, 371, 379 – *Mißbräuchliche Mehrfachabmahnung;* BGH GRUR 06, 243 Rn 22 – *MEGA SALE;* Harte/Henning/Bergmann/Goldmann § 8 Rn 380; Fezer/Büscher § 8 Rn 283; Ahrens/Jestaedt Kap 20 Rn 3, 4; *Teplitzky* Kap 13 Rn 50f; aA *Köhler,* FS Schricker, 2005, 725, 726ff: materiellrechtliche Einwendung). Eine gem § 8 IV 1 missbräuchliche Abmahnung ist jedoch nicht berechtigt iSd § 12 I 2 und begründet daher keinen Aufwendungsersatzanspruch (BGH GRUR 12, 730 Rn 13 – *Trockenheizgerät;* BGH GRUR 13, 176 Rn 20 – *Ferienluxuswohnung*). Die Prozessführungsbefugnis ist in jeder Lage des Verfahrens, auch noch in der Revisionsinstanz, von Amts wegen zu prüfen (BGH GRUR 99, 509, 510 – *Vorratslücken;* GRUR 02, 515, 517 – *Scanner-Werbung*). Hat das Revisionsgericht zu entscheiden, trifft es die Entscheidung entweder selbst oder es gibt die Sache, wenn ihm das zweckmäßig erscheint, an die Tatsacheninstanz zu weiterer Sachaufklärung zurück (BGH GRUR 01, 78, 79 – *Falsche Herstellerpreisempfehlung;* BGH aaO – *Scanner-Werbung*). Im Fall einer Verbandsklage gem § 8 III Nr 2 können dieselben Umstände, die einen Missbrauch begründen, schon gegen die Fähigkeit des Verbandes sprechen, seine Aufgaben tatsächlich wahrzunehmen (vgl Rn 106).

c) Anwendungsbereich. aa) Normadressaten. Normadressaten sind sämtli- **156** che nach § 8 III Anspruchsberechtigten, also auch die Mitbewerber (§ 8 III Nr 1), die als unmittelbar Verletzte gegen den Schuldner vorgehen (BGHZ 144, 165, 168ff = GRUR 00, 1089, 1090 – *Mißbräuchliche Mehrfachverfolgung;* GRUR 01, 82 – *Neu in Bielefeld I;* GRUR 01, 260, 261 – *Vielfachabmahner;* BGHZ 149, 371, 373 = GRUR 02, 357 – *Mißbräuchliche Mehrfachabmahnung;* Harte/Henning/Bergmann/Goldmann § 8 Rn 378; *Hantke,* FS Erdmann, 2002, 831, 832).

bb) Sachlicher Anwendungsbereich. § 8 IV 1 ist auf die **gesetzlichen Ab-** **157** **wehransprüche** des § 8 I anwendbar. Vertragliche Ansprüche, insbesondere der Anspruch auf Vertragsstrafe aus einem Unterlassungsvertrag, sind nicht einbezogen. Insoweit finden aber die auch im Prozessrecht geltenden Grundsätze von Treu und Glauben (§ 242 BGB) Anwendung (BGH GRUR 12, 949 Rn 20 – *Mißbräuchliche Vertragsstrafe*). § 8 IV 1 gilt für die prozessuale und – wie sich aus der Erwähnung der Aufwendungsersatzansprüche im Tatbestand der Vorschrift ergibt – auch für die vorprozessuale Geltendmachung von Abwehransprüchen, also vor allem auch für den Fall der **Abmahnung** (BGH GRUR 02, 715, 717 – *Scanner-Werbung;* BGH GRUR 12, 730 Rn 13 – *Bauheizgerät; Köhler*/Bornkamm § 8 Rn 4.5ff; Harte/Henning/ Bergmann/Goldmann § 8 Rn 381 Fezer/Büscher § 8 Rn 298; Ahrens/Jestaedt Kap 20 Rn 2; Ahrens/Ahrens Kap 50 Rn 33; *Teplitzky* Kap 13 Rn 48). Die auf eine missbräuchliche Abmahnung folgende gerichtliche Geltendmachung des Anspruchs zieht bei unveränderter Sachlage die Unzulässigkeit der Klage ohne weiteres nach sich. Weitergehend hält allerdings der BGH die Klage auch dann für unzulässig, wenn die Abmahnung rechtsmissbräuchlich war, die Voraussetzungen des Missbrauchs bei der klageweisen Geltendmachung aber nicht mehr vorliegen (BGHZ 149, 371, 379f =

GRUR 02, 357, 359f – *Missbräuchliche Mehrfachabmahnung;* BGH aaO Rn 47 – *Bauheizgerät,* ebenso Köhler/Bornkamm § 8 Rn 4.7). Diese Einschränkung ist vom Wortlaut nicht geboten und sachlich nicht gerechtfertigt. So wie der mit der Klage durch Prozessurteil wegen Vorliegens der Voraussetzungen des § 8 IV 1 abgewiesene Kläger sein Begehren jederzeit erneuern kann, sobald der Missbrauchstatbestand entfallen ist, so wenig schließt eine missbräuchliche Abmahnung die nicht mehr missbräuchliche Geltendmachung desselben Anspruchs im Klagewege aus (ähnl Harte/Henning/Bergmann/Goldmann § 8 Rn 382).

158 **d) Missbrauch: Grundsatz.** Missbräuchlich handelt, wer sich bei der Geltendmachung von Abwehransprüchen von **sachfremden Absichten** leiten lässt, die als beherrschendes Motiv der Verfahrenseinleitung erscheinen (BGH GRUR 09, 1180 Rn 20 – *0,00 Grundgebühr;* BGH GRUR 12, 286 Rn 13 – *Suchrubrik;* BGH GRUR 12, 730 Rn 14 – *Bauheizgerät*). § 8 IV 1 nennt als Beispiel die Geltendmachung zum Zweck, Aufwendungsersatzansprüche oder Ansprüche auf Ersatz von Prozesskosten entstehen zu lassen, zu weiteren Fallgruppen s Rn 159 ff. Das Hinzutreten sachlicher Gründe schließt die Annahme einer missbräuchlichen Geltendmachung nicht aus, wenn die sachfremden überwiegen (§ 8 IV 1: „vorwiegend"). Ob die Anspruchsverfolgung vorwiegend von sachfremden Erwägungen bestimmt ist, muss im Einzelfall im Rahmen einer **Gesamtwürdigung** unter Berücksichtigung aller wesentlichen Umstände beurteilt werden (BGH GRUR 01, 354, 355 – *Verbandsklage gegen Vielfachabmahner*). Anhaltspunkte bilden Art und Schwere der Zuwiderhandlung, das Verhalten des Gläubigers bei der Rechtsverfolgung auch in früheren Fällen, das Verletzerverhalten nach der Zuwiderhandlung oder dem Vorgehen anderer Anspruchsberechtigter (BGHZ 144, 165, 170 = GRUR 00, 1089, 1091 – *Mißbräuchliche Mehrfachverfolgung*). Grundsätzlich ist dabei aber zu berücksichtigen, dass die Abmahnpraxis von Mitbewerbern und Verbänden und die klageweise Anspruchsverfolgung dem Interesse (auch) der Allgemeinheit an der Bekämpfung unlauteren Wettbewerbs dienen und deshalb, auch bei umfangreichen Tätigkeiten insoweit, für sich allein einen Missbrauch noch nicht hinreichend belegen (vgl BGH GRUR 05, 433, 434 – *Telekanzlei;* BGH GRUR 12, 286 Rn 14 – *Suchrubrik*). Es müssen also über die mit der Rechtsverfolgung einhergehenden **Vorteile,** die der Gläubiger aus Prozesskostenerstattung, Abmahnpauschalen oder Vertragsstrafen zieht, und die dem Schuldner dadurch entstehenden Nachteile hinaus **weitere Umstände** hinzutreten, die die Missbräuchlichkeit der Geltendmachung des Anspruchs dartun (BGH aaO – *Verbandsklage gegen Vielfachabmahner*).

159 **e) Missbrauch: Fallgruppen. aa) Gebührenerzielungsinteresse.** Die Prozessführungsbefugnis darf nicht als Mittel zu dem Zweck missbraucht werden, sich unter dem Vorwand der Bekämpfung unlauteren Wettbewerbs eine Einnahmequelle zu erschließen. Unzulässig ist deshalb die Geltendmachung von Ansprüchen, wenn mangels eines wirtschaftlichen oder sonstigen sachlichen Interesses allein ein Gebühreninteresse verfolgt wird, wenn eine Abmahntätigkeit auf einem Gebiet entfaltet wird, auf dem der Abmahnende nicht oder nur in geringem Umfang tätig ist, oder wenn die Abmahntätigkeit in keinem vernünftigen wirtschaftlichen Verhältnis zu der gewerblichen Tätigkeit des Abmahnenden steht (BGH GRUR 01, 260, 261 – *Vielfachabmahner;* BGH GRUR 12, 286 Rn 14 – *Suchrubrik*). Für eine missbräuchliche Geltendmachung spricht ferner die Beschränkung der Verfolgung von Ansprüchen auf einfach gelagerte, risikolos verfolgbare Verstöße (BGH GRUR 88, 918 – *Wettbewerbsverein III;* GRUR 90, 282, 285 – *Wettbewerbsverein IV*), das Absehen von gerichtlicher Anspruchsdurchsetzung trotz umfangreicher Abmahntätigkeit (BGH GRUR 99, 1116, 1118 – *Wir dürfen nicht feiern*), das systematische Einfordern überhöhter Abmahnpauschalen oder Vertragsstrafen (BGH aaO – *Suchrubrik;* BGH GRUR 12, 730 Rn 21ff – *Bauheizgerät*) oder die Verwendung vorformulierter Unterlassungserklärungen mit verschuldensunabhängigem Vertragsstrafeversprechen (BGH aaO – *Bau-*

Beseitigung und Unterlassung **§ 8 UWG**

heizgerät). Allerdings fehlt einem Unterlassungsbegehren nicht schon deshalb die Ernsthaftigkeit, weil das prozessuale Begehren zunächst auf die Geltendmachung der Abmahnkosten beschränkt ist (BGH GRUR 07, 164 Rn 13 – *Telefax-Werbung II*).

bb) Mehrfachverfolgung. Ein Anhaltspunkt für ein missbräuchliches Verhalten 160 ist es, wenn ein Gläubiger bei einem einheitlichen Wettbewerbsverstoß oder bei gleichartigen, ähnlich gelagerten Wettbewerbsverstößen gegen mehrere verantwortliche Unterlassungsschuldner mehrere Verfahren anstrengt und dadurch die Kostenlast erheblich erhöht, obwohl die Inanspruchnahme in einem Verfahren für ihn mit keinerlei Nachteilen verbunden wäre (BGHZ 144, 165, 171 = GRUR 00, 1089, 1090 – *Missbräuchliche Mehrfachverfolgung;* BGH GRUR 06, 243 Rn 16 – *MEGA SALE;* BGH GRUR 09, 1182 Rn 20 – *0,00 Grundgebühr*). Entsprechendes gilt für die Inanspruchnahme eines Schuldners in gesonderten Verfahren durch mehrere konzernmäßig verbundene, von demselben Rechtsanwalt vertretene Gläubiger trotz bestehender Möglichkeit eines gemeinsamen streitgenössischen Vorgehens (BGH GRUR 02, 715, 716 – *Scanner-Werbung*). In gleicher Weise missbräuchlich sind zeitgleiche, zu unangemessen-überhöhter Kostenbelastung des Schuldners führende **Mehrfachabmahnungen** ungeachtet der Möglichkeit zu koordiniertem Vorgehen der durch denselben Rechtsanwalt vertretenen Gläubiger (BGHZ 149, 371, 375f = GRUR 02, 367, 358 – *Missbräuchliche Mehrfachabmahnung*). Bestehen aber **sachliche Gründe** für eine getrennte Prozessführung, zB weil sich mehrere ähnliche Verstöße etwa in Fällen mangelnder Vorratshaltung verschiedener Filialen eines Unternehmens nicht in gleicher Weise beurteilen lassen, entfällt der Vorwurf der Missbräuchlichkeit (BGH GRUR 02, 713, 714 – *Zeitlich versetzte Mehrfachverfolgung;* BGH GRUR 04, 70, 71 – *Preisbrecher*). Auch eine unterschiedliche Beweissituation in den parallelen Verfahren kann eine Mehrfachverfolgung rechtfertigen (BGH aaO – *0,00 Grundgebühr;* BGH GRUR 10, 454 Rn 21– *Klassenlotterie*), ebenso die Verfolgung mehrerer eigenständiger Schutzrechtsverletzungen (BGH GRUR 13, 176 Rn 23 – *Ferienluxuswohnung*). Auch kann, wenn mehrere Klagen zeitversetzt erhoben werden, nicht ohne weiteres davon ausgegangen werden, dass bereits die Erhebung der ersten Klage von missbräuchlichen Erwägungen bestimmt war. Missbrauch kommt in solchen Fällen im Allgemeinen erst hinsichtlich der zweiten Klage in Betracht (BGHZ 144, 165, 180 = GRUR 00, 1089, 1093 – *Missbräuchliche Mehrfachverfolgung*). Eine erneute Abmahnung wegen eines kerngleichen Wettbewerbsverstoßes kann veranlasst sein, wenn der zweite Verstoß noch deutlicher als unlauteres Verhalten anzusehen ist (BGH GRUR 13, 307 Rn 32 – *Unbedenkliche Mehrfachabmahnung*). Eine indizielle Bedeutung für die Missbräuchlichkeit einer Anspruchsverfolgung kommt dagegen dem Umstand zu, dass der Gläubiger von mehreren Möglichkeiten der Geltendmachung ohne ersichtlichen Grund nicht den schonendsten, sondern einen den Schuldner belastenderen Weg wählt (BGHZ 144, 165, 177f = GRUR 00, 1089, 1092f – *Missbräuchliche Mehrfachverfolgung*). Missbräuchlich sind deshalb die Fälle der sog **Klagenspaltung,** wenn der Anspruchsberechtigte mehrere aus einer einheitlichen Wettbewerbshandlung folgende Verstöße ohne sachliche Notwendigkeit **einzeln** neben- oder nacheinander verfolgt (OLG Hamburg GRUR 84, 826; OLG Hamburg GRUR 89, 133; OLG Hamburg WRP 96, 579, 580; OLG München NJW-WettbR 98, 211, 212; *Köhler/Bornkamm* § 8 Rn 4.14; Harte/Henning/*Bergmann/Goldmann* § 8 Rn 396; *Teplitzky* Kap 13 Rn 58). Die Erhebung der Hauptsacheklage parallel zum Verfügungsverfahren kann missbräuchlich sein (BGH GRUR 02, 715, 716 – *Scanner-Werbung*), doch können die besonderen Fallumstände dieses Vorgehen rechtfertigen (OLG Köln WRP 09, 863, MüKo/*Fritzsche* § 8 Rn 466; enger OLG Nürnberg GRUR-RR 04, 336).

cc) Selektive Schuldnerauswahl. Grundsätzlich steht es dem Anspruchsberech- 161 tigten frei, darüber zu entscheiden, welchen von mehreren Schuldnern er in Anspruch nehmen will (BGH GRUR 85, 58, 59 – *Mischverband II;* BGH GRUR 99, 515, 516 – *Bonusmeilen;* BGH GRUR 04, 793, 795 – *Sportlernahrung II*). Geht ein

Verband nur gegen Nichtmitglieder vor, während er gleichartige Wettbewerbsverstöße bei seinen eigenen Mitgliedern duldet, so indiziert diese selektive Schuldnerauswahl noch nicht den Missbrauch (BGH GRUR 12, 411 Rn 19ff – Glücksspielverband m Anm *Ohly*; OLG Hamburg GRUR-RR 12, 21 – *LOTTO guter Tipp*; *Köhler/Bornkamm* § 8 Rn 4.21; anders zuvor BGH GRUR 96, 804, 806 – *Preisrätselgewinnauslobung III*; BGH GRUR 97, 681, 683 – *Produktwerbung*; OLG Hamm GRUR-RR 11, 17, 19; *Teplitzky* Kap 13 Rn 59; aA auch *Vorauff*). Erstens besteht eine Parallele zur Geltendmachung von Ansprüchen im Zweipersonenverhältnis: Auch hier steht dem Beklagten kein „unclean hands"-Einwand zu, wenn durch das beanstandete Verhalten auch Interessen Dritter betroffen sind, was regelmäßig der Fall ist. Zweitens erwartet das Recht von Verbänden ebensowenig rein fremdnütziges Handeln wie von anspruchsberechtigten Mitbewerbern (s Rn 75). Ein Missbrauch wegen selektiver Schuldnerauswahl kommt demnach nur bei Vorliegen besonderer Umstände, insbesondere sachfremder Erwägungen, in Betracht, für die der Beklagte die Darlegungs- und Beweislast trägt. Ein Beispiel ist die gezielte Verfolgung von Nichtmitgliedern mit dem Ziel, sie zum Beitritt zu veranlassen (BGH aaO Rn 20, 13; *Teplitzky* GRUR 97, 691, 695). Anderseits kann die systematische Verfolgung von Nichtmitgliedern schon aus dem Satzungszweck folgen, etwa wenn ein Verband privater Glücksspielanbieter gegen das staatliche Glücksspielmonopol kämpft und zu diesem Zweck nur Wettbewerbsverstöße der staatlichen Anbieter beanstandet (BGH aaO Rn 24).

162 **dd) Fremdbestimmte Rechtsverfolgung.** Unzulässig kann die Geltendmachung von Ansprüchen ferner dann sein, wenn sich ein Verband, ohne ein eigenes Interesse an der Rechtsverfolgung zu haben, zu einem Vorgehen lediglich im **Interesse eines Dritten** bestimmen lässt, dem seinerseits keine rechtliche Handhabe zur Inanspruchnahme des Verletzers zur Verfügung steht. Grundsätzlich ist es zwar nicht zu beanstanden, wenn ein Verband, sei es auch durch das Versprechen der Übernahme des Kosten- und Haftungsrisikos, veranlasst wird, Wettbewerbsverstöße zu verfolgen (GK^1/*Erdmann* § 13 Rn 139; *Ahrens/Jestaedt* Kap 20 Rn 17 mwN). Es ist aber missbräuchlich, wenn sich der Verband unter Verletzung seiner satzungsgemäßen Zwecke zu überindividueller Förderung gewerblicher oder beruflicher Interessen zum Werkzeug eines die Rechtsverfolgung steuernden Dritten macht und insoweit nur noch **fremdbestimmt** tätig wird (BGH GRUR 01, 178 – *Impfstoffversand an Ärzte*; *Köhler*/Bornkamm § 8 Rn 4.22; *Ahrens/Jestaedt* aaO; *Teplitzky* Kap 13 Rn 60).

163 **f) Beweislast.** Für den Einwand missbräuchlicher Rechtsverfolgung trägt der beklagte **Schuldner** die Darlegungs- und Beweislast (BGH GRUR 07, 164 Rn 13 – *Telefax-Werbung II*). Wird er von einem Verband in Anspruch genommen, muss er die Umstände darlegen und beweisen, die für ein rechtsmissbräuchliches Vorgehen des Verbandes sprechen und die für diesen streitende Vermutung satzungsgemäßer Zweckverfolgung (Rn 107) widerlegen (BGH GRUR 73, 78, 79 – *Verbraucherverband*; BGH GRUR 01, 178, 179 – *Impfstoffversand an Ärzte*). Gelingt ihm das nicht, hat er das non liquet dessen zu tragen. Gelingt es ihm, ist es Sache des klagenden Verbandes, seinerseits den Gegenbeweis zu führen (*Köhler/Bornkamm* § 8 Rn 4.25; Harte/Henning/*Bergmann/Goldmann* § 8 Rn 383; Fezer/*Büscher* § 8 Rn 297; *Teplitzky* Kap 13 Rn 54f; *Hantke*, FS Erdmann, 2002, 831, 842).

163a **g) Kosten der Rechtsverteidigung (§ 8 IV 2, 3).** Liegen die Voraussetzungen des § 8 IV 1 vor, so kann der Anspruchsgegner vom Anspruchsteller Ersatz der für seine Rechtsverteidigung erforderlichen Aufwendungen verlangen (§ 8 IV 2). Der Anspruch, der 2013 durch das Gesetz gegen unseriöse Geschäftspraktiken (Rn 154) eingeführt wurde, verbessert die Stellung des Anspruchsgegners gegenüber der früheren Rechtslage in zweifacher Hinsicht. Erstens ist der Anspruch verschuldensunabhängig, zweitens sind nach hM die Grundsätze über Schadensersatz im Fall einer unberechtigten Schutzrechtsverwarnung nicht auf die Abmahnung wegen unlauteren Verhaltens übertragbar (§ 4 Rn 10/43). Durch die Neuregelung soll das Kostenrisiko des Abgemahnten gesenkt und er soll dazu ermuntert werden, anwaltliche Hilfe in Anspruch zu nehmen (BT-Drucks 17/13057 S 14). Der Anspruch richtet sich, ebenso wie spiegelbildlich der Anspruch gem § 12 I 2, auf Ersatz der erforderlichen, tatsächlich entstandenen Aufwendungen (s § 12 Rn 22; BT-Drucks aaO). Weitergehende Ersatzansprüche bleiben unberührt (§ 8 IV 3). Das gilt insbesondere für Schadensersatzansprüche, die beispielsweise nach den Grundsätzen über eine unberechtigte Schutzrechtsverwarnung (s § 4 Rn 10/33ff) entstehen können, wenn nicht nur wegen einer unlauteren Handlung, sondern zugleich wegen der Verletzung eines Immaterialgüterrechts abgemahnt wird.

2. Materiell-rechtliche Einwendungen

Literatur: *Friehe,* „Unclean hands" und lauterer Wettbewerb, WRP 1987, 439; *Klaka,* Zur Verwirkung im gewerblichen Rechtsschutz, GRUR 1970, 265; *ders,* Erschöpfung und Verwirkung im Licht des Markenrechtsreformgesetzes, GRUR 1994, 321; *Köhler,* Die Begrenzung wettbewerbsrechtlicher Ansprüche durch den Grundsatz der Verhältnismäßigkeit, GRUR 1996, 82; *Neu,* Die Verwirkung im Wettbewerbs- und Warenzeichenrecht, GRUR 1987, 681; *Prölss,* Der Einwand der „unclean hands" im Bürgerlichen Recht sowie im Wettbewerbs und Warenzeichenrecht, ZHR 132 (1969), 35; *Traub,* Der Einwand der „unclean hands" gegenüber Folgenbeseitigungsansprüchen, FS v. Gamm, 1990, 213; *Ulrich,* Der Mißbrauch prozessualer Befugnisse in Wettbewerbssachen, FS v. Gamm, 1990, 223; *Walter,* Das Institut der wettbewerblichen Abwehr, 1986.

a) Abwehr. aa) Begriff und Bedeutung. Unter dem Begriff der Abwehr fallen **164** Wettbewerbshandlungen, mit denen der Abwehrende dem wettbewerbswidrigen Angriff eines Mitbewerbers entgegentritt. Anders als die Notwehr (§ 227 BGB) stellt der Abwehreinwand nicht erst einen Rechtsfertigungsgrund dar, sondern lässt bereits die Unlauterkeit entfallen. Da allerdings die Abwehr unzulässig ist, wenn sie in Belange Dritter eingreift (BGH GRUR 83, 335, 336 – *Trainingsgerät;* BGHZ 111, 188, 191 = GRUR 90, 685, 686f – *Anzeigenpreis I;* BGH GRUR 08, 530 Rn 22 – *Nachlass bei der Selbstbeteiligung*) und da geschäftliche Handlungen üblicherweise Belange der Verbraucher, der übrigen Mitbewerber und der Allgemeinheit betreffen (§ 1), darf die Bedeutung dieses Einwandes im modernen Lauterkeitsrecht nicht unterschätzt werden. Die früher wichtige Fallgruppe des Abwehrvergleichs (vgl BGHZ 107, 136 = WRP 1989, 572 – *Bioäquivalenz-Werbung*) ist durch § 6 gegenstandslos geworden. Soweit ersichtlich sind alle höchstrichterlichen Entscheidungen, in denen der Anspruchsgegner mit dem Abwehreinwand erfolgreich war, älteren Datums.

bb) Voraussetzungen (vgl BGH GRUR 71, 259, 260 – *WAZ;* BGH aaO – *Bio-* **165** *äquivalenz-Werbung; Köhler*/Bornkamm § 11 Rn 2.4ff; *Teplitzky* Kap 18 Rn 5ff mwN):
– **Abwehrlage:** Es muss ein gegenwärtiger, noch andauernder, objektiv rechtswidriger Angriff vorliegen (BGH aaO – *Bioäquivalenz-Werbung*). Steht ein Angriff unmittelbar bevor, sollten Abwehrmaßnahmen zulässig sein, sobald ein vorbeugender Unterlassungsanspruch begründet ist.
– **Abwehrzweck** (BGH aaO – *WAZ*): Der Abwehrende muss den Zweck verfolgen, den Angriff abzuwehren. Daher kommen nur Maßnahmen in Betracht, die mit dem Angriff in Zusammenhang stehen.
– **Verhältnismäßigkeit:** Die Handlung muss zur Abwehr geeignet, erforderlich und angemessen sein. An der Geeignetheit fehlt es bei Täuschungshandlungen (BGH GRUR 88, 916, 918 – *PKW-Schleichbezug*) oder Angaben „ins Blaue hinein" (OLG Hamburg GRUR-RR 53, 54). An der Erforderlichkeit fehlt es, wenn der Wettbewerbswidrigkeit rechtzeitig und effektiv durch Inanspruchnahme gerichtlicher Hilfe begegnet werden kann (GRUR 71, 259, 260 – *WAZ;* BGHZ 111, 188, 191 = GRUR 90, 685, 686 – *Anzeigenpreis I*) oder wenn ein schonen-

deres Mittel zur Verfügung steht (BGH GRUR 79, 157, 159 – *Kindergarten-Malwettbewerb*).
- **Abwehrberechtigung:** Zur Abwehr berechtigt ist nur der individuell Betroffene. Ein Verband iS des § 8 III Nr 2 kann betroffen und dann auch abwehrberechtigt sein, wenn die von ihm wahrzunehmenden Interessen seiner Mitglieder durch den Wettbewerbsverstoß berührt sind.
- **Keine Verletzung der Interessen Dritter:** Die Abwehr darf sich nur gegen den Angreifer richten, nicht hingegen Interessen sonstiger Mitbewerber, der Verbraucher oder der Allgemeinheit beeinträchtigen (s Rn 164).

166 cc) **Rechtsfolge.** Erfüllt die Abwehrhandlung die Zulässigkeitsvoraussetzungen, so ist sie nicht unlauter. Greift die Handlung auch in bürgerlich-rechtlich geschützte Rechtspositionen ein, so müssen dafür die Rechtfertigungsgründe des allgemeinen Zivilrechts vorliegen (BGH GRUR 67, 138, 140 – *Streckengeschäft*). Die unzulässige Abwehr löst Ansprüche gem §§ 8–10 aus.

167 b) **Üblichkeit.** Eine unlautere geschäftliche Handlung wird nicht dadurch gerechtfertigt, dass sie üblich ist (BGH GRUR 01, 256, 257 – *Gebührenvereinbarung*; BGH GRUR 06, 773 Rn 19 – *Probeabonnement*; BGH GRUR 11, 431 Rn 13 – *FSA-Kodex*; Köhler/Bornkamm § 11 Rn 2.3). Allerdings kann eine Branchen- oder Handelsübung im Rahmen der Generalklausel berücksichtigt werden (vgl insb § 3 II). Eine eigenständige Einwendung folgt daraus nicht.

168 c) **Einwilligung.** Sofern eine geschäftliche Handlung grundsätzlich untersagt ist, weil sie individuelle Interessen beeinträchtigt, kann die Einwilligung des Betroffenen die Unlauterkeit (bereits tatbestandlich) ausschließen. Das gilt aber nur, wenn und soweit der Einwilligende dispositionsbefugt ist, wenn also Interessen Dritter durch die Handlung nicht berührt werden. Eine störende Werbung stellt mit Einwilligung des Adressaten keine unzumutbare Belästigung dar (so ausdrücklich § 7 II Nr 2, 3; s dazu § 7 Rn 48 ff, 66), auch im Bereich der Herabsetzung und Anschwärzung (§ 4 Nr 7, 8), der Produktnachahmung (§ 4 Nr 9), der Behinderung (§ 4 Nr 10) und des Geheimnisschutzes (§§ 17, 18) kann die Gestattung des Betroffenen die Unlauterkeit ausschließen. Die Einwilligung im engeren Sinne ist eine einseitige, widerrufliche rechtsgeschäftliche Willenserklärung (str, näher hierzu und zu den Wirksamkeitsvoraussetzungen § 7 Rn 48 ff). Im weiteren Sinne besteht eine Stufenleiter der Gestattungen, die von der einseitigen Einwilligung über eine schuldvertragliche Gestattung und die einfache Lizenz bis zur ausschließlichen, dinglich wirkenden Lizenz reicht (vgl *Ohly*, Volenti non fit iniuria, 2002, S 141 ff).

169 d) **Wahrnehmung berechtigter Interessen.** Insbesondere unlautere rufschädigende Äußerungen (§ 4 Nr 7) können gerechtfertigt sein, wenn der Verletzer in Wahrnehmung berechtigter (Eigen- oder Fremd-)Interessen gehandelt hat (BGH GRUR 70, 465, 466 – *Prämixe*; BGH GRUR 99, 1128, 1130 – *Hormonpräparate*). Die Anwendbarkeit dieses von der Rechtsprechung in Anknüpfung an § 193 StGB und den allgemeinen Rechtsgedanken der Güter- und Pflichtenabwägung entwickelten Rechtfertigungsgrundes setzt voraus, dass das Vorgehen des Verletzers objektiv nach Inhalt, Form und Begleitumständen das gebotene und notwendige Mittel zur Erreichung eines rechtlich gebilligten Zwecks bildet (BGH GRUR 60, 135, 136 – *Druckaufträge*; BGH aaO – *Prämixe*). Zur Anschwärzung vgl die Spezialnorm des § 4 Nr 8 2. HS, s dazu § 4 Rn 8/17.

170 e) **Privilegierung verfahrensbezogener Äußerungen. aa) Verfahrensbeteiligte.** Einer Klage auf Unterlassung oder Beseitigung von Äußerungen im Rahmen gerichtlicher oder behördlicher Verfahren fehlt das Rechtsschutzbedürfnis, denn die Verfahrensbeteiligten sollen nicht durch Unterlassungs- oder Beseitigungsansprüche in ihrer Äußerungsfreiheit eingeengt werden. Das gilt auch, wenn die In-

Beseitigung und Unterlassung **§ 8 UWG**

teressen Dritter betroffen sind, doch ist in diesem Fall besonders sorgfältig zu prüfen, ob der Dritte die Äußerung hinzunehmen hat (BGH GRUR 10, 235 Rn 14 – *Fischdosendeckel;* BGH GRUR 13, 305 Rn 14, 20 – *Honorarkürzung;* Köhler/*Bornkamm* § 8 Rn 1.110ff; § 12 Rn 1.69; *Teplitzky* Kap 19 Rn 16, beide mwN). So kann die Behauptung, die von einem Mitbewerber verwendete Technik weise schwerwiegende Nachteile auf, dann nicht mit einer Unterlassungsklage verhindert werden, wenn sie im Erteilungsverfahren erfolgt, selbst wenn der Betroffene nicht am Verfahren beteiligt ist (BGH aaO – *Fischdosendeckel;* krit *Götting* GRUR 10, 256f). Etwas anderes gilt, wenn sich die Klage gegen Äußerungen außerhalb des Verfahrens richtet (BGH aaO Rn 28ff), wenn ein Bezug der Äußerungen zum Ausgangsverfahren nicht erkennbar ist, wenn sie auf der Hand liegend falsch sind oder sich als eine unzulässige Schmähung darstellen, bei der nicht die Auseinandersetzung in der Sache, sondern die Diffamierung des Dritten im Vordergrund steht (BGH aaO Rn 17). Die Privilegierung verfahrensbezogener Äußerungen, die der Rechtswahrung im Rahmen eines gerichtlichen oder behördlichen Verfahrens oder dessen konkreter Vorbereitung dient, behält ihre Bedeutung auch für die Zeit nach Abschluss des Verfahrens. Zur unberechtigten Schutzrechtsverwarnung s § 4 Rn 10/33ff, zur verfahrensrechtlichen Privilegierung der Verletzungsklage s § 4 Rn 10/40.

bb) Dritte. Dritten – zB am Prozess nicht beteiligten Mitarbeitern oder Beauf- **171** tragten des in Anspruch genommenen Mitbewerbers (§ 8 II), Störern (Rn 120ff) oder Mitbewerbern, deren Verhalten als Vorfrage oder inzident in den Prozess hineinspielt – ist es ebenfalls grundsätzlich verwehrt, mit der Abwehrklage in ein laufendes Verfahren einzugreifen (Rn 170). Die Durchsetzung individueller Ansprüche Dritter auf Schutz ihrer durch das Vorbringen der Verfahrensbeteiligten betroffenen Rechte ist damit nicht generell ausgeschlossen. Ist etwa ein Bezug der den Dritten betreffenden Äußerungen zum Ausgangsverfahren nicht erkennbar, sind diese auf der Hand liegend falsch oder stellen sie sich als unzulässige Schmähung dar, bei der nicht die Auseinandersetzung in der Sache, sondern die Diffamierung des Dritten im Vordergrund steht, kann eine gesonderte Klage auf Unterlassung oder Widerruf ausnahmsweise zulässig sein (BGH GRUR 98, 587, 590 – *Bilanzanalyse Pro 7;* GRUR 10, 235 Rn 17 – *Fischdosendeckel;* BGH GRUR 13, 305 Rn 16 – *Honorarkürzung*). Da die Dritten aber außerhalb des Verfahrens stehen und ihre Interessen deshalb in diesem auch nicht wahren können, kann ihnen das Rechtsschutzinteresse für die Geltendmachung ihrer Rechte nach rechts- oder bestandskräftigem Abschluss des Verfahrens nicht abgesprochen werden, sofern sich der Anspruch gegen Äußerungen außerhalb des Verfahrens bezieht (BGH aaO – *Bilanzanalyse Pro 7;* BGH aaO Rn 27 – *Fischdosendeckel;* Köhler/*Bornkamm* § 8 Rn 1.116).

cc) Grenzen. Keine Privilegierung besteht für nicht verfahrensbezogene Äuße- **172** rungen, dh für solche, die außerhalb der prozessualen Rechtsverfolgung oder -verteidigung oder der Verfahrensvorbereitung gemacht werden, etwa in Rundschreiben oder in einer an die Öffentlichkeit gerichteten Kampagne (BGH NJW 92, 1314, 1315; BGH GRUR 95, 66, 68 – *Konkursverwalter;* BGH GRUR 05, 236, 237 – *Bauernfängerei*). Die Gründe, die in diesem Verfahren die Versagung des Rechtsschutzbedürfnisses rechtfertigen, führen dazu, dass wegen der Vorrangigkeit des vorausgegangenen Verfahrens, in dem die beanstandeten Äußerungen gemacht wurden, auch in einem späteren Verfahren der Abwehranspruch ausgeschlossen bleibt, ohne dass in die Sachprüfung einzutreten ist (BGH GRUR 98, 587, 589 – *Bilanzanalyse Pro 7*). Eine Ausnahme gilt aber für Dritte, die zur Wahrung ihrer Interessen sonst keine Möglichkeit hätten (Rn 171).

f) Verwirkung. aa) Rechtsgrundlage und Bedeutung. Die Verwirkung ist **173** ein Sonderfall der unzulässigen Rechtsausübung (§ 242 BGB) (BGHZ 67, 56, 68 = GRUR 77, 42, 46 – *Schmalfilmrechte;* BGH NJW-RR 06, 235 Rn 10; BGH GRUR

12, 928 Rn 22 – *Honda-Grauimport,* zum Markenrecht). Ein Recht ist verwirkt, wenn sich der Schuldner wegen der Untätigkeit seines Gläubigers über einen gewissen Zeitraum hin bei objektiver Beurteilung darauf einrichten darf und eingerichtet hat, dieser werde sein Recht nicht mehr geltend machen, und deswegen die verspätete Geltendmachung gegen Treu und Glauben verstößt (BGH NJW-RR 06, 235 Rn 10). Der Verwirkung könen subjektive Rechte jeder Art unterliegen. Besondere Bedeutung kommt der Verwirkung im Kennzeichenrecht zu, wo sie in § 21 I-III MarkenG eine spezielle Regelung gefunden hat, die aber die Anwendung der allgemeinen Grundsätze unberührt lässt (§ 21 IV MarkenG; vgl aber EuGH GRUR 12, 519 Rn 37 – *Budvar/Anheuser Busch; Hacker* WRP 12, 266, 267). Da mittlerweile das Kennzeichenrecht abschließend im Markenrecht geregelt wurde (s Einf D Rn 82) und da eine Verwirkung nicht in Betracht kommt, wenn durch die unlautere Handlung Interessen der Verbraucher, der übrigen Marktteilnehmer oder der Allgemeinheit betroffen werden (Rn 180), hat der Einwand der Verwirkung im Lauterkeitsrecht erheblich an praktischer Bedeutung verloren. Die folgenden Kommentierung beschränkt sich auf Grundzüge, ergänzend sei auf die Kommentierungen zu § 21 MarkenG verwiesen.

174   **bb) Voraussetzungen.** Der Verwirkungseinwand setzt voraus: **(1)** eine längere Untätigkeit des verletzten Gläubigers, **(2)** die Entstehung eines darauf zurückzuführenden Vertrauenstatbestandes in der Person des Verletzers und **(3)** als Folge dessen die Schaffung eines schutzwürdigen Besitzstands durch diesen.

175   **(1) Zeitablauf (Zeitmoment).** Die Verwirkung erfordert zunächst, dass der Anspruchsberechtigte über einen längeren Zeitraum hinweg untätig geblieben ist. Zu berücksichtigen sind aber nur Zeiträume vermeidbarer Untätigkeit. Ist dem Gläubiger die Rechtsverletzung und damit Grund und Umfang seines Anspruchs unbekannt, ist die Untätigkeit unvermeidbar. Das gilt auch sonst für Zeiträume, in denen rechtliche oder tatsächliche Umstände einer Rechtsverfolgung entgegenstehen (BGH GRUR 60, 183, 186 – *Kosaken-Kaffee;* BGH GRUR 69, 615, 616 – *Champi-Krone*). Den Gläubiger trifft jedoch, soweit zur Wahrnehmung seiner Interessen geboten und zumutbar, eine **Marktbeobachtungspflicht** in allen Bereichen, in denen seine Rechte beeinträchtigt werden könnten (vgl BGH GRUR 85, 72, 73 – *Consilia;* BGH GRUR 89, 449, 452 – *Maritim;* BGH GRUR 93, 151, 153 – *Universitätsemblem;* BGH GRUR 93, 913, 915 – *KOWOG*). Die für den Verletzungseinwand relevante **Dauer** vermeidbarer Untätigkeit ist einer generalisierenden Festlegung entzogen. Maßgebend sind die Umstände des Einzelfalls. Dem Verletzten ist zur Feststellung und Bewertung des Verletzerhandelns eine angemessene Frist zuzubilligen (BGH GRUR 92, 329, 333 – *AjS-Schriftenreihe*). Das wird im Allgemeinen ein **mehrjähriger** Zeitraum sein (BGH GRUR 98, 1034, 1037 – *Makalu;* BGH GRUR 01, 1164, 1166 – *buendgens:* knapp zwei Jahre nicht ausreichend; BGH GRUR 01, 1161, 1163 – *CompuNet/ComNet:* vier Jahre nicht verwirkungsrelevant bei fehlender Kenntnis des Verletzten). Besondere Umstände, die eine alsbaldige Rechtsverfolgung durch den Gläubiger erfordern, können die Annahme einer **kürzeren Zeitspanne** rechtfertigen, so wenn der Verletzer die Ansprüche des Gläubigers bestreitet (BGHZ 26, 52, 65f = GRUR 58, 354, 358 – *Sherlock Holmes*), wenn er eine große Werbekampagne startet (BGH GRUR 67, 490, 495 – *Pudelzeichen*) oder wenn die Beteiligten zueinander in Geschäftsbeziehungen stehen oder sonst enge Berührungspunkte zwischen ihnen bestehen (BGH GRUR 70, 308, 310 – *Duraflex;* BGH GRUR 00, 605, 607 – *comtes/ComTel;* BGHZ 146, 217, 225 = GRUR 01, 323, 327 – *Temperaturwächter; Köhler/Bornkamm* § 11 Rn 2.19, 22; *Harte/Henning/Bergmann/Goldmann* Vor § 8 Rn 37; *Fezer/Büscher* § 8 Rn 359; *Teplitzky* Kap 17 Rn 7). Abmahnung oder Klageerhebung nehmen der bis dahin verstrichenen Zeitspanne (jedenfalls zunächst) ihre verwirkungsrelevante Bedeutung (vgl BGH GRUR 90, 1042, 1046 – *Datacolor*). Jedoch kann bei einem erneuten Untätigwerden des Gläubigers ein neuer Verwirkungstatbestand entstehen, bei dessen Beurteilung die frühere

Dauer der Untätigkeit die Berechnung der neuen Frist uU nachhaltig beeinflussen kann (BGH GRUR 63, 478, 481 – *Bleiarbeiter;* sa *Teplitzky* Kap 17 Rn 8 mwN). Wiederholte gleichartige Markenverletzungen, die zeitlich unterbrochen auftreten, lösen jeweils einen neuen Unterlassungsanspruch aus und lassen die für die Beurteilung des Zeitmoments bei der Verwirkung maßgebliche Frist jeweils neu beginnen, BGH GRUR 12, 928 Rn 22 ff – *Honda-Grauimport;* BGH GRUR 2013, 1161 Rn 79 – *Hard Rock Cafe*).

(2) Duldungsanschein, Vertrauenstatbestand (Umstandsmoment). Zeitablauf allein reicht für eine Anspruchsverwirkung nicht aus. Voraussetzung ist weiter, dass zum Zeitablauf **besondere,** auf dem Verhalten des Gläubigers beruhende **Umstände** hinzutreten, die den Verletzer darauf **vertrauen** lassen, dass der Gläubiger das Verletzerverhalten dulden und seinen Anspruch nicht mehr verfolgen werde (BGHZ 146, 217, 225 = GRUR 01, 323, 327 – *Temperaturwächter;* BGH GRUR = 02, 280, 282 – *Rücktrittsfrist;* BGH NJW 03, 824, jew mwN). Anzulegen ist bei der Beurteilung dessen ein objektiver Maßstab. Abzustellen ist auf das Gesamtverhalten beider Beteiligten. Von besonderer Wichtigkeit dabei ist die Zeitdauer der Untätigkeit des Gläubigers (Rn 175). Je länger diese dauert, umso eher liegt für den Verletzer der Schluss nahe, dass der Gläubiger nicht mehr gegen ihn vorgehen werde. Ein solcher **Duldungsanschein** scheidet aber aus, wenn der Verletzer weiß oder doch annehmen muss, dass der Gläubiger von der Rechtsverletzung bzw vom Bestehen seines Anspruchs keine Kenntnis und keinen Anlass zum Einschreiten hat (BGH GRUR 66, 623, 626 – *Kupferberg;* BGH GRUR 75, 434, 437 – *Bouchet;* BGH GRUR 03, 628, 630 – *Klosterbrauerei*). Das gilt besonders dann, wenn die Unkenntnis des Gläubigers auf einem unredlichen Verhalten des Verletzers beruht (BGH GRUR 63, 430, 433 – *Erdener Treppchen*). Unredliches Handeln schließt allerdings die Berufung des Schuldners auf Verwirkung nicht ohne weiteres aus. **Guter Glaube** des Verletzers an die Berechtigung seines Vorgehens oder **Schuldlosigkeit** des Verletzerhandelns (vgl BGH GRUR 92, 45, 47 – *Cranpool*) sind für den Verwirkungstatbestand nicht zwingend vorausgesetzt (BGH GRUR 89, 449, 453 – *Maritim;* BGH GRUR 93, 913, 914 – *KOWOG;* BGHZ 146, 217, 224 f = GRUR 01, 323, 326 – *Temperaturwächter*). Jedoch gilt der Grundsatz, dass die Anforderungen an die Verwirkung umso strenger sind, je schuldhafter oder unredlicher das Handeln des Verletzers ist (BGH GRUR 63, 478, 481 – *Bleiarbeiter;* BGH GRUR 81, 60, 62 – *Sitex;* BGH aaO – *Maritim;* BGH aaO – *KOWOG*). Bei bewusster (vorsätzlicher) Rechtsverletzung entfällt ein Vertrauenstatbestand und damit die Möglichkeit einer Berufung auf Verwirkung.

(3) Schutzwürdiger Besitzstand. Der **Besitzstand als sachlich-wirtschaftliche Basis** für das künftige geschäftliche Tätigwerden des Verletzers (vgl BGHZ 146, 217, 220 = GRUR 01, 323, 325 – *Temperaturwächter*) ist Voraussetzung für die Verwirkung wettbewerbs- und kennzeichenrechtlicher Unterlassungsansprüche (jedoch nicht für Schadensersatz- und Beseitigungsansprüche, Rn 178). Er ist schutzwürdig, wenn ihn der Schuldner mit der Verletzungshandlung im **Vertrauen** auf den vom Gläubiger gesetzten **Duldungsanschein** (Rn 176) geschaffen hat (BGH GRUR 88, 776, 778 – *PPC;* BGH GRUR 89, 449, 453 – *Maritim*) und **wertvoll** ist. Für die Beurteilung des Werts kommt es auf die Verhältnisse des *Verletzers* an (nicht auf die des Verletzten), wenn auch der Besitzstand ohnehin von beträchtlichem wirtschaftlichen Wert ist (BGH aaO – *PPC;* BGH aaO – *Maritim;* BGH GRUR 90, 1042, 1046 – *Datacolor;* BGH GRUR 93, 151, 154 – *Universitätsemblem;* BGH GRUR 93, 913, 915 – *KOWOG*). Maßgebend insoweit ist bei der Benutzung eines Kennzeichens die Verkehrsbekanntheit (auf Verkehrsgeltung kommt es nicht notwendigerweise an), die das Zeichen durch die Benutzung insbesondere gegenüber den umworbenen Verkehrskreisen erlangt hat, ferner die dafür getätigten Werbeaufwendungen und die Umsätze und Gewinne, die der Verletzer auf Grund des Zeichengebrauchs erwirtschaftet hat bzw künftig erzielen wird (BGH aaO – *Universitätsemblem;* BGH aaO – *KOWOG;*

BGH GRUR 98, 1034, 1037 – *Makalu; Köhler*/Bornkamm § 11 Rn 2.26; Harte/Henning/*Bergmann*/*Goldmann* Vor § 8 Rn 43; Fezer/*Büscher* § 8 Rn 362; *Teplitzky* Kap 17 Rn 13). Auch Bös- oder Gutgläubigkeit des Verletzers können die Frage der Schutzwürdigkeit des Besitzstands beeinflussen (Rn 176). Gegen die Interessen der Allgemeinheit, insbesondere vor Irreführung (§ 5) bewahrt zu werden, kann ein schutzwürdiger Besitzstand nicht begründet werden.

178 Für die Verwirkung eines **Schadensersatzanspruchs** kommt es – insoweit anders als beim Unterlassungsanspruch (Rn 177) – auf einen Besitzstand *nicht* an (BGHZ 26, 52, 64f = GRUR 58, 354, 358 – *Sherlock Holmes*; BGH GRUR 88, 776, 778 – *PPC*; BGHZ 146, 217, 220 = GRUR 01, 323, 325 – *Temperaturwächter*). Entscheidend ist allein, ob der Verletzer aus der **längerfristigen Duldung** gleichgelagerter Verletzungshandlungen durch den Verletzten geschlossen hat und schließen durfte, dieser billige sein Verhalten oder werde jedenfalls keine Schadensersatzansprüche daraus herleiten, und ob er darauf seine wirtschaftlichen Entschließungen eingestellt hat (BGH aaO – *Sherlock Holmes*; BGH aaO – *Temperaturwächter*). **Bereicherungsansprüche** auf Herausgabe des durch eine Verletzungshandlung Erlangten können ebenfalls verwirkt werden. Auch insoweit ist der Erwerb eines schutzwürdigen Besitzstands nicht vorausgesetzt (BGH aaO – *Temperaturwächter; Köhler*/Bornkamm § 11 Rn 2.16; Harte/Henning/*Bergmann*/*Goldmann* Vor § 8 Rn 35).

179 **(4) Wechselwirkung, Interessenabwägung.** Die Frage der Verwirkung erfordert im Rahmen einer **Gesamtwürdigung** eine Zusammenschau der Einzelnen in einer Wechselwirkung zueinander stehenden Umstände des Falles. Die dabei vorzunehmende **Interessenabwägung** erfordert eine Heranziehung aller objektiven und subjektiven Gesichtspunkte, um beurteilen zu können, ob Treu und Glauben den Anspruch ganz oder teilweise beschränken (BGH GRUR 92, 45, 48 – *Cranpool;* GRUR 93, 151, 154 – *Universitätsemblem;* BGHZ 146, 217, 224ff = GRUR 01, 323, 327 – *Temperaturwächter*). Zeitablauf, Duldungsanschein und Besitzstand können dabei **nicht unabhängig voneinander** bewertet werden, sondern stehen in einer aus der Natur der Sache folgenden Abhängigkeit zueinander: Je länger der Gläubiger untätig ist, umso schutzwürdiger ist der im guten Glauben an seine Anspruchsberechtigung handelnde Verletzer und sein erworbener Besitzstand, wie umgekehrt Unredlichkeit oder Bösgläubigkeit sowie Schwere und Bedeutung der Rechtsverletzung strengere Anforderungen an die Schutzwürdigkeit des Verletzers und des erworbenen Besitzstandes stellen und eine längere Zeitspanne untätigen Zuwartens des Verletzten als Voraussetzung für den Verwirkungseinwand erfordern (BGH aaO – *Cranpool;* BGH aaO – *Universitätsemblem;* BGH aaO – *Temperaturwächter*). Andererseits können Wert und Bedeutung des Besitzstands für den Verletzer einen kürzeren Benutzungszeitraum rechtfertigen (BGH GRUR 90, 1042, 1046 – *Datacolor*). Ist die Aufgabe der Benutzung einer Kennzeichnung dem Verletzer eher zumutbar als dem Verletzten, kann das zur Verneinung eines schutzwürdigen Besitzstandes ausreichen, wie umgekehrt entsprechendes gilt (BGH GRUR 66, 623, 626 – *Kupferberg;* GRUR 81, 60, 62 – *Sitex*).

180 **(5) Grenzen der Verwirkung.** Die Grundsätze der Verwirkung sind auf das Zweipersonenverhältnis zwischen Verletzer und Verletztem zugeschnitten. Betrifft die Verletzungshandlung aber Interessen der Verbraucher, der übrigen Marktteilnehmer oder der Allgemeinheit, so kommt eine Verwirkung nicht in Betracht (vgl BGH GRUR 66, 267, 271 – *White Horse;* BGH GRUR 97, 537, 539 – *Lifting-Creme;* BGH GRUR 03, 448, 450 – *Gemeinnützige Wohnungsgesellschaft*). Insbesondere scheidet eine Verwirkung des Unterlassungsanspruchs wegen irreführender Praktiken in aller Regel aus, weil das Allgemeininteresse an Irreführungsschutz Vorrang vor den Interessen des Werbenden hat (BGH GRUR 83, 32, 34 – *Stangenglas*). Nur ganz ausnahmsweise kann das grundsätzliche Interesse der Allgemeinheit hinter ein Individualinteresse zurücktreten, wenn einerseits die Irreführungsgefahr nur äußerst gering erscheint, andererseits ein (besonders) wertvoller Besitzstand vernichtet oder gefährdet würde. Dabei handelt es sich aber nicht um einen Fall der Verwirkung, sondern um eine am Verhältnismäßigkeitsprinzip orientierte Interessenabwägung (BGH GRUR 03, 628, 630 – *Klosterbrauerei; Köhler*/Bornkamm § 11 Rn 2.34; *Teplitzky* Kap 17 Rn 21; s a § 5 Rn 218ff). Weitergehend soll aber im Fall der Verwechslungsgefahr (§ 5 I 2 Nr 1, II) Verwirkung in Betracht kommen, wenn ein paralleler markenrechtlicher Anspruchs verwirkt ist (BGH GRUR 2013, 1161 Rn 64 – *Hard Rock Cafe*). Zwar ist es im Ergebnis zutreffend, dass eine markenrechtliche Verwirkung nicht über § 5 unterlaufen werden darf, doch erscheint auch hier der auf Zweipersonenverhältnisse zugeschnittene Verwirkungseinwand zur Begründung weniger überzeugend als eine Abwägung der Interessen des Markeninhabers gegen diejenigen der Mitbewerber und Verbraucher.

cc) Rechtsfolgen. Das Vorliegen des Verwirkungstatbestandes begründet eine **181 rechtsbeschränkende Einwendung.** Diese beseitigt den Anspruch nicht, **begrenzt ihn aber inhaltlich** (BGHZ 67, 56, 68 = GRUR 77, 42, 46 – *Schmalfilmrechte*), uU auch nur zeitlich (*Harte/Henning/Bergmann/Goldmann* Vor § 8 Rn 49; *Teplitzky* Kap 17 Rn 3). Sie wirkt nur inter partes (BGH GRUR 69, 694, 697 – *Brillant;* BGH GRUR 70, 315, 319 – *Napoléon III;* BGH GRUR 81, 66, 68 – *MAN/G-man; Teplitzky* Kap 17 Rn 18) und gewährt lediglich einen **Interessenausgleich** zwischen den Beteiligten, ohne dass dadurch für den durch die Anspruchsverwirkung Begünstigten über den Verwirkungseinwand hinaus eine eigene Rechtsposition begründet wird, und zwar weder gegenüber dem Verletzten noch gegenüber Dritten. Unzulässig ist insbesondere eine sachliche oder räumliche Ausdehnung des Besitzstands oder dessen Sicherung, etwa durch Eintragung einer rechtsverletzenden Kennzeichnung in Marken- oder Handelsregister nach Einschreiten des Verletzten. Die Verwirkung des Anspruchs auf Unterlassung einer markenverletzenden Kennzeichnung bestimmter Waren gewährt daher nicht das Recht, andere Waren mit derselben Kennzeichnung zu versehen oder diese als Marke in das Markenregister oder als Firma (Firmenbestandteil) in das Handelsregister eintragen zu lassen (BGH aaO – *Brillant;* BGH aaO – *Napoléon III;* BGH GRUR 92, 45, 47 – *Cranpool;* BGH GRUR 93, 576, 578 – *Datatel*). Eine nur geringfügige Ausdehnung des Gebrauchs ist aber unbeachtlich (BGH GRUR 63, 478, 481f – *Bleiarbeiter; Köhler*/Bornkamm § 11 Rn 2.35; *Teplitzky* Kap 17 Rn 23). Im Rechtsstreit ist der Verwirkungseinwand von Amts wegen, also auch ohne eine besondere Geltendmachung seitens des Schuldners zu berücksichtigen, sofern der Tatsachenvortrag der Parteien dazu Anlass gibt (BGH GRUR 66, 623, 625 – *Kupferberg; Köhler*/Bornkamm § 11 Rn 2.13; *Teplitzky* Kap 17 Rn 3). Zu prüfen ist er **für jeden Anspruch** des Verletzten **besonders,** da je nach Anspruch die Verwirkungsvoraussetzungen (zB beim Unterlassungs- und Schadensersatzanspruch, vgl Rn 178) unterschiedlich sein können (BGH aaO – *Napoléon III;* BGH aaO – *Brillant;* BGH GRUR 88, 776, 778 – *PPC; Köhler*/Bornkamm § 11 Rn 2.13; *Teplitzky* Kap 17 Rn 25).

dd) Darlegungs- und Beweislast. Für die den Verwirkungseinwand begründen- **182** den Tatsachen (langjährige Untätigkeit des Verletzten, Duldungsanschein, schutzwürdiger Besitzstand) trägt im Rechtsstreit der **Verletzer,** regelmäßig also der Beklagte, die **Beweislast** (*Köhler*/Bornkamm § 11 Rn 2.25; *Harte/Henning/Bergmann/Goldmann* Vor § 8 Rn 45; *Teplitzky* Kap 17 Rn 14). Die Behauptung eines schutzwürdigen Besitzstandes kann sich bereits aus dem Vortrag über eine langfristige Benutzung des fremden Rechts ergeben, weil der Erwerb eines Besitzstandes in solchen Fällen erfahrungsgemäß nahe liegt (BGH GRUR 92, 45, 48 – *Cranpool*). Ggf hat das Gericht auf Klarstellung und Ergänzung des Sachvortrags hinzuwirken (§ 139 ZPO, BGH GRUR 90, 1042, 1047 – *Datacolor*). Den Beweis für die **Gegeneinwendungen,** die geeignet sind, den Verwirkungseinwand zu entkräften (nicht zu vertretende Unkenntnis des Verletzten von der Rechtsverletzung; Unredlichkeit oder Bösgläubigkeit des Verletzers; der Verwirkung entgegenstehende Allgemeininteressen), hat der **Kläger** zu führen.

183 **g) Sonstige Fälle des Rechtsmissbrauchs. aa) Venire contra factum proprium.** Auch abgesehen vom Sonderfall der Verwirkung kann ein Verhalten gegen § 242 BGB verstoßen, wenn sich der Handelnde zu seinem eigenen früheren, im Rechtsverkehr gezeigten Verhalten, auf das sich der andere Teil eingerichtet hat, in Widerspruch setzt. Allerdings entstammt die Mehrzahl der entschiedenen Fälle dem Kennzeichenrecht. Zudem greift der Einwand widersprüchlichen Verhaltens nur zwischen den Beteiligten und versagt, wenn die Belange der Allgemeinheit, etwa in den Fällen der Irreführung, berührt sind. Daher kommt § 242 BGB unter dem Gesichtspunkt des venire factum proprium nur in Ausnahmefällen Bedeutung zu. Die Verfolgung von Wettbewerbsverstößen ist nicht schon deswegen rechtsmissbräuchlich, weil sich der Kläger selbst in ähnlicher Weise unlauter verhalten hat. Ein „unclean hands"-Einwand ist nicht anzuerkennen (*Köhler*/Bornkamm § 11 Rn 2.39; Ahrens/*Jestaedt* Kap 24 Rn 20; *Ohly* GRUR 12, 414; *Teplitzky* Kap 19 Rn 7; anders für Ausnahmefälle der älteren Urteile: BGH GRUR 57, 23, 24 – *Bünder Glas;* BGH GRUR 71, 582, 584 – *Kopplung im Kaffeehandel* und BGH GRUR 77, 494, 497 – *Dermatex; Prölss* ZHR 132 (1969) 35, 73, 85; *Friehe* WRP 87, 439, 442).

184 **bb) Ausnutzung einer formalen Rechtsposition.** Die Anmeldung und Ausübung von Kennzeichenrechten kann im Ausnahmefall den Tatbestand der unlauteren Behinderung erfüllen (§ 4 Nr 10) und sich als rechtsmissbräuchlich darstellen, näher hierzu § 4 Rn 10/78 ff.

185 **cc) Provokation eines Wettbewerbsverstoßes.** Rechtsmissbräuchlich handelt, wer einen anderen durch ein unlauter-provozierendes Verhalten zu einem Wettbewerbsverstoß veranlasst und den Provozierten anschließend mit einer Unterlassungsklage überzieht (vgl BGH GRUR 89, 113, 114 – *Mietwagen-Testfahrt;* BGH GRUR 85, 447, 450 – *Provisionsweitergabe durch Lebensversicherungsmakler*). Besondere Bedeutung hat dieser Einwand im Fall von Testmaßnahmen, näher hierzu § 4 Rn 10/20 ff, insb 10/21a.

186 **dd) Aufbrauchsfrist.** Zur Aufbrauchsfrist s Rn 38 ff.

187 **h) Einrede der Verjährung.** Die in § 11 geregelte Verjährung ist keine von Amts wegen zu beachtende Einwendung, sondern eine Einrede, s § 11 Rn 44.

F. Auskunftsanspruch (§ 8 V)

I. Bedeutung der Vorschrift

188 Mit der Verweisung auf § 13 UKlaG begründet § 8 V für **Verbraucherverbände** (§ 13 I Nr 1 UKlaG), für bestimmte **Wettbewerbsverbände** (§ 13 I Nr 2 UKlaG) und für **Kammern** (§ 13 I Nr 3 UKlaG) das Recht, Post-, Telekommunikations-, Tele- und Mediendienste und die an der Erbringung solcher Dienste Mitwirkenden auf Erteilung von Auskünften über Namen und zustellungsfähige Anschrift von am Verkehr dieser Dienste Beteiligten zwecks Durchsetzung von Unterlassungsansprüchen (§ 8 I) in Anspruch zu nehmen. Zweck der Regelung ist es, die Verfolgung von Wettbewerbsverstößen nicht daran scheitern zu lassen, dass der Verletzer im geschäftlichen Verkehr nur unter einer Postfachanschrift, Telefonnummer oder Internetadresse auftritt, unter der er nicht geladen werden kann. § 8 V 2 dient der Klarstellung, dass Anspruchsgrundlage und Klagebefugnis im UWG **abschließend** geregelt sind und Wettbewerbsverstöße über das UKlaG nicht verfolgt werden können (Begr RegE UWG 2004, BT-Drucks 15/1487 S 23).

Schadensersatz § 9 UWG

II. Auskunftsberechtigte und -verpflichtete

Auskunftsberechtigt sind die in § 8 III Nr 2–4 und in § 3 I UKlaG genannten 189
Verbände und Kammern. Die Beschränkung der Auskunftsberechtigung auf bestimmte Verbände in § 13 aF UKlaG wurde mit dem Gesetz zur Umsetzung der Verbraucherkreditrichtlinie (BGBl I S 2355) mit Wirkung vom 31. 10. 2009 beseitigt (vgl die Begr BT-Drucks 16/11643 S 138). Begründet wird von § 13 I UKlaG aber nur der Auskunftsanspruch, nicht die Klagebefugnis. Diese wird vom UKlaG vorausgesetzt, nicht statuiert (vgl BGH GRUR 03, 454, 455 – *Sammelmitgliedschaft*). **Mitbewerber** (§ 8 III Nr 1) sind nicht auskunftsberechtigt. Der Auskunftsanspruch kann auf sie auch nicht übertragen werden. Er ist mit Blick auf die Beschränkung der Auskunftsberechtigung auf einen bestimmten Personenkreis nicht abtretbar (*Köhler/Bornkamm* § 8 Rn 5.2; *Harte/Henning/Bergmann/Goldmann* § 8 Rn 405).

Die den Anspruchsberechtigten zur Auskunft **Verpflichteten** sind im Gesetz ge- 190
nannt: Die geschäftsmäßigen Erbringer von Post-, Telekommunikations-, Tele- und Mediendiensten (§ 13 I UKlaG). **Passivlegitimiert** ist also beispielsweise die Deutsche Post, die Denic als Vergabestelle für Internet-Domains oder der Provider als Internet-Dienstanbieter. Mitwirkende sind die an der Erbringung der Mediendienste beteiligten Unternehmer, nicht die Mitarbeiter (vgl BT-Drucks 14/6857, S 71).

III. Anspruchsinhalt und -durchsetzung

§ 8 V gewährt den **Auskunftsanspruch zum Zweck der Durchsetzbarkeit** 191
der „Unterlassungsansprüche nach dieser Vorschrift", ohne dabei die in § 8 ebenfalls bestimmten Beseitigungsansprüche zu erwähnen, was dafür spricht, dass sich § 8 V auf sie nicht erstrecken soll (so auch *Harte/Henning/Bergmann/Goldmann* § 8 Rn 407; aA *Köhler*/Bornkamm § 8 Rn 5.1). In der Sache ist diese Beschränkung allerdings kaum zu begründen. Nicht erfasst sind Schadensersatzansprüche und sonstige Ansprüche. Der Anspruch kann klageweise oder im einstweiligen Verfügungsverfahren durchgesetzt werden.

Der Anspruchsverpflichtete hat dem Anspruchsberechtigten auf dessen Verlangen 192
Namen und zustellungsfähige Anschrift des am Diensteverkehr Beteiligten mitzuteilen. Das Verlangen muss mit der schriftlichen Versicherung verbunden sein, dass die Angaben zur Durchsetzung eines Unterlassungsanspruchs benötigt werden und anderweit nicht zu beschaffen sind (§ 13 I UKlaG). Das Auskunftsverlangen muss die für die Auskunftserteilung notwendigen Angaben enthalten. Weiterer Angaben bedarf es nicht. Der Auskunftsverpflichtete hat sich nur von der Auskunftsberechtigung des die Auskunft Verlangenden zu überzeugen. Eine **inhaltliche Überprüfung** des in Rede stehenden Unterlassungsanspruchs etwa auf Schlüssigkeit steht dem Auskunftspflichtigen nicht zu.

§ 9 Schadensersatz

¹**Wer vorsätzlich oder fahrlässig eine nach § 3 oder § 7 unzulässige geschäftliche Handlung vornimmt, ist den Mitbewerbern zum Ersatz des daraus entstehenden Schadens verpflichtet.** ²**Gegen verantwortliche Personen von periodischen Druckschriften kann der Anspruch auf Schadensersatz nur bei einer vorsätzlichen Zuwiderhandlung geltend gemacht werden.**

Inhaltsübersicht

	Rn
A. Allgemeines	1
I. Normzweck und Bedeutung	1
II. Entstehungsgeschichte	2
III. Verhältnis zum Bürgerlichen Recht	3

	Rn
B. Voraussetzungen	4
I. Unzulässige geschäftliche Handlung	4
II. Kausalität und Zurechenbarkeit	5
III. Verschulden	6
1. Vorsatz	6
2. Fahrlässigkeit	7
3. Mitverschulden (§ 254 BGB)	8
IV. Art und Umfang des Schadensersatzes	9
1. Allgemeines	9
2. Naturalrestitution durch tatsächliche Handlungen	10
3. Ersatz von Vermögensschäden	11
a) Rechtsverfolgungskosten	11
b) Der sogenannte Marktverwirrungsschaden	12
4. Entgangener Gewinn	13
V. Dreifache Schadensberechnung	14
1. Funktion	14
2. Anwendungsbereich	15
3. Lizenzanalogie	16
a) Grundsatz	16
b) Verletzerzuschlag?	17
c) Berechnung	18
4. Herausgabe des Verletzergewinns	19
a) Grundsatz	19
b) Keine Abzugsfähigkeit von Gemeinkosten	20
5. Verhältnis der Berechnungsarten zueinander	21
a) Wahlrecht	21
b) Vermengungsverbot	22
C. Gläubiger und Schuldner des Schadensersatzanspruchs	23
I. Gläubiger	23
II. Schuldner	24
1. Haftung für eigenes Verhalten	24
2. Haftung für fremdes Verhalten	25
a) Organ- und Repräsentantenhaftung (§ 31 BGB)	25
b) Haftung für Verrichtungsgehilfen (§ 831 BGB)	26
D. Presseprivileg (§ 9 Satz 2)	27
I. Normzweck	27
II. Anwendungsbereich	28
1. Privilegierter Personenkreis	28
2. Privilegierte Medien	29
3. Privilegiertes Verhalten	30
E. Bereicherungsanspruch	31
F. Auskunfts- und Rechnungslegungsanspruch	33
I. Auskunftsanspruch	33
1. Bedeutung und Rechtsgrundlage	33
2. Unselbständiger Auskunftsanspruch	35
a) Voraussetzungen	35
aa) Bestehen des Hauptanspruchs	36
bb) Erforderlichkeit	37
cc) Zumutbarkeit	38
b) Umfang und Inhalt der Auskunftspflicht	39
c) Anspruch auf Rechnungslegung	40
3. Selbständiger Auskunftsanspruch (Anspruch auf Drittauskunft)	41
a) Rechtsgrundlage	41

Schadensersatz § 9 UWG

	Rn
b) Voraussetzungen	42
c) Inhalt und Umfang	43

Literatur: *Alexander,* Schadensersatz und Abschöpfung im Lauterkeits- und Kartellrecht, 2010; *Binder,* Die Zukunftsfähigkeit der markenrechtlichen Lizenzanalogie, GRUR 2012, 1186; *Bodewig/Wandtke,* Die doppelte Lizenzgebühr als Berechnungsmethode im Lichte der Durchsetzungsrichtlinie, GRUR 2008, 220; *Borck,* Zum Anspruch auf Schadensersatz aus unlauterem Wettbewerb, WRP 1986, 1; *Chudziak,* Die Erstattung der Rechtsanwaltskosten des unbegründet Abgemahnten, GRUR 2012, 133; *Dreier,* Kompensation und Prävention, 2002; *Fezer,* Schadensersatz und subjektives Recht im Wettbewerbsrecht, WRP 1993, 565; *Goldmann,* Die Berechnung des Schadensersatzes vor und nach der Durchsetzungsrichtlinie, WRP 2011, 950; *Grabinski,* Gewinnherausgabe nach Patentverletzung – Zur gerichtlichen Praxis acht Jahre nach dem „Gemeinkostenanteil"-Urteil des BGH, GRUR 2009, 260; *Kicker,* Problematik des Beschäftigungsverbots als Nachlese zum „López-Szenario", FS Piper, 1996, 273; *Köhler,* Zur Bereicherungshaftung bei Wettbewerbsverstößen, FS Lorenz, 2001, 167; *Loschelder,* Rechtsfortbildung der Schadensberechnungsmethode „Herausgabe des Verletzergewinns", NJW 2007, 1503; *Meier-Beck,* Herausgabe des Verletzergewinns – Strafschadensersatz nach deutschem Recht?, GRUR 2005, 617; *ders,* Schadenskompensation bei der Verletzung gewerblicher Schutzrechte nach dem Durchsetzungsgesetz, WRP 2012, 503; *Ohly,* Schadensersatzansprüche wegen Rufschädigung und Verwässerung im Marken- und Lauterkeitsrecht, GRUR 2007, 926; *Peifer,* Die dreifache Schadensberechnung im Lichte zivilrechtlicher Dogmatik, WRP 2008, 48; *Pokrant,* Zum Verhältnis von Gewinnabschöpfung gemäß § 10 und Schadensersatz gemäß § 9 UWG, in: FS Ullmann, 2006, 813; *Schaub,* Schadensersatz und Gewinnabschöpfung im Lauterkeits- und Immaterialgüterrecht, GRUR 2005, 918; *Schramm,* Der Marktverwirrungsschaden, GRUR 1974, 617; *Stieper,* Dreifache Schadensberechnung nach der Durchsetzungsrichtlinie 2004/48/EG im Immaterialgüter- und im Wettbewerbsrecht, WRP 2010, 624; *Teplitzky,* Grenzen des Verbots der Verquickung unterschiedlicher Schadensberechnungsmethoden, FS Traub, 1994, 401; *Tetzner,* Der Verletzerzuschlag bei der Lizenzanalogie, GRUR 2009, 6; *Tilmann,* Gewinnherausgabe im gewerblichen Rechtsschutz und Urheberrecht, GRUR 2003, 647; *Wedemeyer,* Beschäftigungsverbote trotz Beschäftigungspflicht?, FS Traub, 1994, 437; *Zahn,* Die Herausgabe des Verletzergewinnes, 2005.

A. Allgemeines

I. Normzweck und Bedeutung

Der Schadensersatz dient im Lauterkeitsrecht sowohl dem Ausgleich der Nachteile 1
des Verletzten als auch der Prävention. In seiner Bedeutung für die wettbewerbsrechtliche Praxis tritt allerdings der Schadensersatzanspruch hinter den Unterlassungsanspruch zurück. Grund dafür sind die Beweisschwierigkeiten, vor denen der beweisbelastete Geschädigte trotz der Möglichkeit der Schadensschätzung nach § 287 ZPO beim Nachweis von Grund und Höhe seines Schadens steht.

II. Entstehungsgeschichte

Während im UWG 1909 die Schadensersatzpflicht nicht in einer Norm zusam- 2
mengefasst war, wurde 2004 mit § 9 eine zentrale Vorschrift für die Haftung auf Schadensersatz ins UWG eingefügt. Eine sachliche Änderung der Rechtslage war damit nicht verbunden (Begr RegE UWG 2004, BT-Drucks 15/1487, S 23), so dass auch auf die ältere Rechtsprechung zurückgegriffen werden kann. Durch die UWG-Novelle 2008 wurde § 9 an die neue Terminologie des § 3 I („geschäftliche Handlung") und an die Trennung des § 7 von der Generalklausel angepasst.

III. Verhältnis zum Bürgerlichen Recht

3 § 9 ist Spezialnorm für den Schadensersatz wegen unlauterer geschäftlicher Handlungen und verdrängt insoweit §§ 823 ff BGB. Zur Konkurrenz zwischen lauterkeitsrechtlichen Ansprüchen und Ansprüchen aus §§ 823 ff BGB s Einf D Rn 59 ff. Da das Lauterkeitsrecht Sonderdeliktsrecht ist (Einf D Rn 56), sind die Vorschriften des Allgemeinen Schuldrechts und des Deliktsrechts anwendbar, sofern das UWG keine abschließenden Spezialregelungen (s § 11 zur Verjährung) trifft. Zur Anwendung kommen also insbesondere die Bestimmungen zum Verschulden (§ 276 BGB), zur Schadensberechnung (§§ 249 ff BGB), zur Zurechnungsfähigkeit (§§ 827 f BGB), zur Täterschaft (§ 830 BGB), zur Gehilfenhaftung (§ 831 BGB, denn § 8 II erfasst nur Abwehransprüche) und zur Herausgabe einer ungerechtfertigten Bereicherung nach Eintritt der Verjährung (§ 852 BGB) (BGH GRUR 99, 751, 754 – *Güllepumpen;* BGH GRUR 02, 618, 619 – *Meißner Dekor I*). § 9 erfasst nur **gesetzliche Schadensersatzansprüche,** die sich aus Verstößen gegen § 3 ergeben. Vertragliche Schadensersatzansprüche (zB auf Grund der Verletzung einer Unterwerfungsvereinbarung) oder Bereicherungsansprüche bleiben unberührt.

B. Voraussetzungen

I. Unzulässige geschäftliche Handlung

4 Erste Voraussetzung für den Schadensersatzanspruch aus § 9 ist eine nach § 3 oder § 7 unzulässige geschäftliche Handlung (§ 2 I Nr 1). Die Unlauterkeit kann (bereits tatbestandsmäßig) entfallen, wenn der Geschädigte das Verhalten durch einseitige Einwilligung oder lizenzvertragliche Gestattung erlaubt hat (s § 8 Rn 168) oder in zulässiger Abwehr (§ 8 Rn 164) oder Wahrnehmung berechtigter Interessen (§ 8 Rn 169) gehandelt hat.

II. Kausalität und Zurechenbarkeit

5 Der Schaden muss durch die Verletzungshandlung verursacht worden und dem Schädiger zurechenbar sein. Nach der Äquivalenztheorie ist jede Handlung **kausal,** die nicht hinweggedacht werden kann, ohne dass der Erfolg entfiele („conditio sine qua non"). Als zusätzlicher Filter soll die **Adäquanztheorie** anwendbar sein. Sie scheidet Kausalfaktoren aus, die sich auf Grund einer nachträglichen Prognose für den optimalen Beobachter als gänzlich unwahrscheinliche Umstände zur Herbeiführung des Erfolgs darstellen (BGHZ 3, 261, 267; *Köhler/Bornkamm* § 9 Rn 1.14; *Teplitzky* Kap 30 Rn 4). Die Adäquanztheorie erweist sich aber praktisch als überflüssig (ebenso MüKo BGB/*Wagner* § 823 Rn 58) und als theoretisch ungenau, weil sie Kausalität und Zurechnung vermischt. Wesentlicher, insbesondere im Bereich der Haftung für Verkehrspflichtverletzungen (s § 8 Rn 120 ff) und des § 4 Nr 11, ist, dass der Schaden in den **Schutzbereich der verletzten Norm** fallen muss. Da § 9 keinen eigenständigen Schutzbereich bestimmt, kommt es auf die Norm an, aus der sich die Unlauterkeit des betreffenden Verhaltens ergibt. Im Rahmen des § 4 Nr 11 soll allerdings unerheblich sein, ob die verletzte Marktverhaltensregelung ausschließlich dem Verbraucherschutz oder auch dem Mitbewerberschutz dient. Entscheidend soll sein, dass sich der Verletzer einen unlauteren Vorsprung im Wettbewerb verschafft hat (BGH GRUR 10, 754 Rn 25 – *Golly Telly;* BGH GRUR 12, 407 Rn 37 – *Delan;* dem folgend *Köhler/Bornkamm* § 9 Rn 1.15; aA *Schaffert*, FS Ullmann, 2004, 845). Das überzeugt nur, wenn man den Rechtsbruchtatbestand, anders als hier vertreten, als Ausprägung des allgemeinen Vorsprungsgedankens ansieht (vgl hierzu § 4 Rn 11/3), denn dann fällt ein Schaden, der durch einen unlauteren Wettbewerbsvorsprung eines

Konkurrenten entsteht, in den Schutzbereich zwar nicht der verletzten außerwettbewerbsrechtlichen Norm, wohl aber des § 4 Nr 11. Die Zurechenbarkeit wird auch ausgeschlossen, wenn der Schaden bei rechtmäßigem Verhalten des Schuldners ebenfalls eingetreten wäre (Einwand des **rechtmäßigen Alternativverhaltens**). Für diesen (Ausnahme-)Fall trägt der Schuldner die Darlegungs- und Beweislast (*Köhler/* Bornkamm § 9 Rn 1.15; *Teplitzky* Kap 30 Rn 6).

III. Verschulden

1. Vorsatz. Der Schadensersatzanspruch setzt Verschulden voraus (Vorsatz oder 6
Fahrlässigkeit, § 276 I BGB). **Vorsatz** ist Handeln in Kenntnis und Billigung sämtlicher Tatumstände. Die häufig verwendete Formel, Vorsatz bedeute Wissen und Wollen des rechtswidrigen Erfolgs, ist irreführend, weil das UWG Handlungsunrecht verbietet und den Nachweis eines konkreten Schädigungserfolgs (zB tatsächliche Irreführung von Verbrauchern oder Schädigung von Mitbewerbern) nicht voraussetzt. Vorsätzlich handelt demnach, wer weiß, dass er sämtliche Tatbestandsmerkmale des § 3 oder § 7 verwirklicht, und das auch will. Der Vorsatz muss sich auf das Bewusstsein der Unlauterkeit erstrecken (Begr RegE UWG 2004, BT-Drucks 15/1487 S 23), Kenntnis der unlauterkeitsbegründenden Umstände genügt demnach nicht (Fezer/*Koos* § 9 Rn 13; Harte/Henning/*Goldmann* § 9 Rn 23; *Köhler*/Bornkamm § 9 Rn 1.17). Auf den Eintritt eines Schadens braucht sich der Vorsatz nicht zu erstrecken. Ein – auch verschuldeter – Irrtum über die Tatumstände oder über die Unlauterkeit des Vorgehens lässt den Vorsatz entfallen, es bleibt unter § 9 I (nicht jedoch unter § 9 II und § 10) die Fahrlässigkeitshaftung (s Rn 7).

2. Fahrlässigkeit. Fahrlässigkeit ist die Außerachtlassung der im Verkehr erfor- 7
derlichen Sorgfalt (§ 276 II BGB). Der Sorgfaltsmaßstab ist objektiv, auf die individuellen Fähigkeiten und Kenntnisse des Handelnden kommt es nicht an. Ein **Irrtum** über die Unlauterkeit des Vorgehens beruht auf Fahrlässigkeit, wenn er vermeidbar war. Dabei gelten, ebenso wie im Recht des geistigen Eigentums, strenge Anforderungen. Ein Rechtsirrtum ist nur dann entschuldigt, wenn der Irrende bei Anwendung der im Verkehr erforderlichen Sorgfalt mit einer anderen Beurteilung durch die Gerichte nicht zu rechnen brauchte. Fahrlässig handelt daher, wer sich erkennbar in einem Grenzbereich des rechtlich Zulässigen bewegt, in dem er eine von der eigenen Einschätzung abweichende Beurteilung der rechtlichen Zulässigkeit des fraglichen Verhaltens in Betracht ziehen muss (BGHZ 131, 308 = GRUR 06, 271, 275 – *Gefärbte Jeans;* BGHZ 141, 139 = GRUR 99, 923, 928 – *Tele-Info-CD;* BGH GRUR 10, 623 Rn 55 – *Restwertbörse*). Es stellt den Handelnden vom Vorwurf fahrlässigen Verschuldens nicht frei, wenn er sich bei seinem Vorgehen einfach auf eine ihm günstige Ansicht stützt, ohne eine ihm ungünstige in Betracht zu ziehen (BGH GRUR 98, 568, 569 – *Beatles-Doppel-CD;* BGHZ 141, 267, 284 = GRUR 99, 984, 988 – *Laras Tochter*). An Fachkreise sind erhöhte Sorgfaltsanforderungen zu richten (GRUR 99, 1106, 1109 – *Rollstuhlnachbau*).

3. Mitverschulden (§ 254 BGB). Ein **mitwirkendes Verschulden** des Verletz- 8
ten oder seiner Hilfspersonen (§ 254 II 2 BGB) kann die Schadensersatzverpflichtung mindern oder ganz entfallen lassen. Das gilt allerdings nicht, wenn der Verletzer vorsätzlich gehandelt hat (BGHZ 98, 148, 158f = NJW 86, 2941, 2943). Es gelten die allgemeinen Grundsätze (§ 254 BGB). Mitverschulden kann vorliegen, wenn der Hersteller im Fall der unberechtigten Schutzrechtsverwarnung das beanstandete Verhalten vorschnell aufgibt (s § 4 Rn 10/41). Der Geschädigte verstößt gegen seine Schadensminderungspflicht (§ 254 II 1), wenn er den Verletzer trotz Zumutbarkeit nicht abmahnt oder mögliche Aufklärungsmaßnahmen unterlässt (BGH GRUR 79, 421, 423 – *Exdirektor*).

IV. Art und Umfang des Schadensersatzes

9 **1. Allgemeines.** Art und Umfang der Ersatzpflicht sind im UWG nicht geregelt. Es gelten die §§ 249 ff BGB. Danach wird grundsätzlich Wiederherstellung des Zustandes geschuldet, wie er ohne das schädigende Ereignis bestanden hätte (Naturalrestitution, § 249 I BGB). Ist sie unmöglich oder unzureichend, so schuldet der Schädiger Wertersatz in Geld (§ 251 I BGB). Der Schadensersatz umfasst den Ersatz des entgangenen Gewinns (§ 252 BGB). Ermittelt wird der Schaden durch eine Gegenüberstellung der durch das schädigende Ereignis geschaffenen Vermögenslage mit derjenigen, wie sie ohne das schädigende Ereignis bestanden hätte **(Differenzhypothese)**. Die **Beweislast** für Schadenseintritt und -höhe trägt der Verletzte. Das gilt für die haftungsbegründende und für die haftungsausfüllende Kausalität, wobei allerdings dem Verletzten, sofern sein Vortrag das zulässt, die Beweiserleichterung des § 287 ZPO mit der Möglichkeit zu freier Würdigung und Schadensschätzung zugute kommt. Steht fest, dass ein Schaden eingetreten ist, ohne dass dessen Höhe abschließend bestimmt werden kann, ist der Schaden gleichwohl nach § 287 ZPO zu schätzen (BGHZ 119, 20, 31 = GRUR 93, 55, 59 – *Tchibo/Rolex II*). Der Verletzer trägt die Beweislast für die Behauptung, dass der Schaden auch bei rechtmäßigem Verhalten eingetreten wäre (Einwand rechtmäßigen Alternativverhaltens), jedoch nicht, wenn er damit in Wirklichkeit nur die Entstehung des Schadens bestreitet, die in der Beweislast des Verletzten liegt (BGH GRUR 96, 919, 920 – *Jutefilze*).

10 **2. Naturalrestitution durch tatsächliche Handlungen.** Naturalrestitution ist die Wiederherstellung des Zustands, der bestehen würde, wenn der zum Schadensersatz verpflichtende Umstand nicht eingetreten wäre (§ 249 I BGB). In folgenden Konstellationen kommt Naturalrestitution in Betracht (vgl *Köhler*/Bornkamm § 9 Rn 1.24 ff; MüKo/*Fritzsche* § 9 Rn 68 ff; *Ohly* GRUR 07, 926, 928 f):

- **Wiederherstellung durch tatsächliche Handlungen:** Lassen sich die Folgen einer unlauteren Handlung durch aktives Tun beseitigen, so werden sich oft der verschuldensunabhängige Beseitigungsanspruch (§ 8 I) und der Schadensersatzanspruch unter dem Gesichtspunkt der Naturalrestitution überschneiden (Beispiele: Beseitigung einer irreführenden Werbung oder Kennzeichnung, Einwilligung in die Löschung einer Marke). Soweit die Wiederherstellung ein aktives Tun verlangt, bietet § 249 den Vorteil, dass der Geschädigte den zur Wiederherstellung erforderlichen Geldbetrag verlangen kann (§ 249 II BGB, s Rn 12);
- auch der **Widerruf einer rufschädigenden Behauptung** (nicht jedoch eines Werturteils) oder die Aufklärung einer Marktverwirrung können nach § 8 I (s § 8 Rn 67 ff) oder als Schadensersatz gem § 9 iVm § 249 I BGB verlangt werden (s aber Rn 12);
- bei der unlauteren Abwerbung von Mitarbeitern oder Kunden kommt als Schadensersatz unter dem Gesichtspunkt der Folgenbeseitigung ein befristetes **Herstellungs-, Vertriebs-, Belieferungs-, Bezugs- oder Beschäftigungsverbot** in Betracht (s § 4 Rn 10/32);
- **Kontrahierungszwang** nach rechtswidriger Verweigerung eines Vertragsschlusses (wie vor allem im Rahmen des kartellrechtlichen Missbrauchstatbestands).

11 **3. Ersatz von Vermögensschäden. a) Rechtsverfolgungskosten.** Ersatzfähig sind diejenigen Kosten der Rechtsverfolgung, die als kausale Folge der Verletzung tatsächlich entstanden sind und erforderlich waren. Dazu gehören **Anwaltskosten** für eine vorprozessuale berechtigte Abmahnung, (BGH GRUR 07, 631 Rn 19 ff – *Abmahnaktion*; BGH GRUR 10, 239 Rn 51 – *BTK;* zu Anwendungsfällen neben § 12 I 2 und zu Grenzen Ahrens/*Scharen* Kap 11 Rn 5 ff) und für vorprozessuale Bemühungen um freiwillige Auskunft, Anerkennung des Schadensersatzpflicht und Leistung des Schadensersatzes (*Leisse/Traub* GRUR 80, 1, 6; *Köhler*/Bornkamm § 9 Rn 1.29), allerdings nur, sofern die Einschaltung eines Anwalts mangels eigener hinreichender

Schadensersatz **§ 9 UWG**

Sachkunde erforderlich (BGH GRUR 04, 789, 790 – *Selbstauftrag*) und geeignet war, um den Störungszustand zu beenden. Auch Aufwendungen für **Schadensgutachten** oder **Testkäufe** sind als Rechtsverfolgungskosten ersatzfähig (*Köhler*/Bornkamm § 9 Rn 1.29; Fezer/*Koos* § 9 Rn 24; Gloy/Loschelder/Erdmann/*Melullis* § 80 Rn 88).

b) Der sogenannte Marktverwirrungsschaden. Irreführungen oder das Hervorrufen von Verwechslungsgefahr kann bei Abnehmern Fehlvorstellungen hervorrufen. Nach verbreiteter Ansicht soll der dadurch hervorgerufene Schaden als „Marktverwirrungsschaden" ersatzfähig sein (BGH GRUR 54, 457, 459 – *Iris/Urus;* BGH GRUR 91, 921, 923 – *Sahnesiphon;* BGH GRUR 10, 241 Rn 29 – *BTK; Schramm,* GRUR 74, 617 ff; *Köhler*/Bornkamm § 9 Rn 1.30; jurisPK/*Koch* § 9 Rn 46). Allerdings wird der Begriff selten definiert. Er ist seinerseits verwirrend und sollte aufgegeben werden (vgl *Ohly* GRUR 07, 926, 930 ff; krit auch *Teplitzky* Kap 34 Rn 6 ff). Die Marktverwirrung als solche ist lediglich ein Störungszustand und begründet noch keinen ersatzfähigen Schaden (*Köhler*/Bornkamm § 9 Rn 1.30; *Teplitzky* Kap 34 Rn 8). Folgende Schadenspositionen, die im Einzelnen darzulegen und ggf zu beweisen sind, können sich aus einer Marktverwirrung ergeben: 12
– **Entgangener Gewinn** infolge irreführender Handlungen oder infolge von Verwechslungsgefahren ist nach den allgemeinen Vorschriften (§ 252 BGB) ersatzfähig. Die Einbuße ist vom Gläubiger konkret darzulegen, doch kann das Gericht den Schaden gem § 287 ZPO schätzen.
– Die Kosten für Maßnahmen zur Bekämpfung der Marktverwirrung („**Marktentwirrungskosten**", zB Kosten für eine Informationskampagne oder Gegenwerbung) sind grundsätzlich ersatzfähig, überzeugendste rechtliche Grundlage ist § 249 II 1 BGB in analoger Anwendung (*Köhler*/Bornkamm § 9 Rn 1.32; für Anwendung des § 251 I MüKo/*Fritzsche* 9 Rn 81). Allerdings kommt praktisch ein solcher Anspruch nur im Fall falscher Tatsachenbehauptungen in Betracht. Zudem stellt die Rechtsprechung an die Notwendigkeit der Gegenmaßnahmen zu Recht strenge Anforderungen, weil die Versuchung für den Geschädigten groß ist, die Kosten seiner Werbung auf den Verletzer umzulegen (vgl BGH GRUR 79, 804, 806 – *Falschmeldung;* BGH GRUR 86, 330, 332 – *Warentest III; Köhler*/Bornkamm aaO; *Ohly* GRUR 07, 926, 931). Ein Ersatz fiktiver Marktwirrungskosten nach dem Vorbild der Erstattung fiktiver Kfz-Reparaturkosten kommt nicht in Betracht (BGH GRUR 82, 489, 491 – *Korrekturflüssigkeit;* aA *Leisse/Traub* GRUR 80, 1, 7 ff; *Leisse* GRUR 88, 88).
– Als Folge einer Rufschädigung (§§ 4 Nr 7; 4 Nr 9b; 6 II Nr 4, 5; § 14 II Nr 3 MarkenG) oder Verwässerung (§ 14 II Nr 3 MarkenG) kann der mit einer Kennzeichnung verbundene gute Ruf beeinträchtigt werden (**Rufschädigungs- oder Verwässerungsschaden**, dazu *Ohly* GRUR 07, 926, 930 ff). Dieser Schaden ist praktisch kaum zuverlässig zu berechnen. Als Näherung kommt im Rahmen der Lizenzanalogie (Rn 16) eine Erhöhung der fiktiven Lizenzgebühr in Betracht (BGHZ 119, 20 = BGH GRUR 93, 55, 58 – *Tchibo/Rolex II;* OLG Düsseldorf GRUR-RR 03, 209, 210 – *Meißner Dekor*).

4. Entgangener Gewinn. Die Ersatzpflicht des Verletzers erstreckt sich außer auf 13 den positiven Schaden auch auf den entgangenen Gewinn (§ 252, 1 BGB), vorausgesetzt dieser hätte rechtmäßig erzielt werden können (BGH GRUR 64, 392, 396 – *Weizenkeimöl;* BGH GRUR 95, 424, 426 – *Abnehmerverwarnung;* BGH GRUR 05, 519, 520 – *Vitamin-Zell-Komplex; Köhler*/Bornkamm § 9 Rn 1.35). Für die Feststellung des entgangenen Gewinns ist es unerheblich, ob ein Gewinn tatsächlich erzielt worden wäre. Als entgangen gilt nach § 252, 2 BGB bereits der Gewinn, der unter Berücksichtigung der Umstände des Einzelfalls **mit Wahrscheinlichkeit** zu erwarten ist (BGH GRUR 93, 757, 758 – *Kollektion Holiday*). Beweisbelastet insoweit ist der Verletzte. Zustatten kommt ihm dabei die allgemeine Lebenserfahrung, nach der davon ausgegangen werden kann, dass der Wettbewerbsverstoß auch zu einem Schaden bzw zu einem Gewinnentgang geführt hat (BGHZ 119, 20 = BGH GRUR 93, 55, 57 – *Tchibo/Rolex II;* BGH aaO – *Kollektion Holiday*), ferner, dass der Schaden vom Gericht nach § 287 ZPO geschätzt werden kann. Jedoch muss der Verletzer wenigstens ein Minimum an Tatsachen für eine zumindest **ungefähre Schätzung** des entgangenen Gewinns vortragen (BGHZ 77, 16, 19 = GRUR 80, 841, 842 – *Tolbutamid;* BGH aaO – *Kollektion Holiday*). Das wird bei einem gezielten Vorgehen des Verletzers, zB in den Fällen der Anschwärzung (§ 4 Nr 8), der Behinderung (§ 4 Nr 10) oder der unlauteren vergleichenden Werbung (§ 6 II) eher möglich sein als bei Wettbewerbsverstößen, die die Mitbewerber wie in den Fällen der Irreführung nur allgemein betreffen (vgl *Köhler*/Bornkamm § 9 Rn 1.37). Umsatzeinbußen auf Seiten des Verletzten und die Umsatzentwicklung beim Verletzer können brauchbare Anhaltspunkte für die Ermittlung des Gewinnentgangs geben. Es besteht aber kein Erfahrungssatz dahin, dass der Gewinn des Verletzers dem Gewinnentgang des Verletzten entspricht oder dass der Umsatz des Verletzers ohne den Wettbewerbsverstoß vom Verletzten getätigt worden wäre (BGH aaO – *Kollektion Holiday*). Sofern es nicht an jeglichem Anhalt für einen Gewinnentgang fehlt, schätzt das Gericht den Schaden auf der Grundlage des § 287 ZPO ggf in Höhe eines Mindestschadens (BGH aaO – *Tchibo/Rolex II;* sa BGH GRUR 06, 419, 420 Rn 16 – *Noblesse*). Abzurechnen vom Gewinnentgang sind die Aufwendungen, die der Verletzte infolge der Zuwiderhandlung erspart hat.

V. Dreifache Schadensberechnung

14   **1. Funktion.** Vor allem im Immaterialgüterrecht bereitet die konkrete Schadensberechnung erhebliche Schwierigkeiten. Um diesen Schwierigkeiten abzuhelfen und zugleich der besonderen Verletzlichkeit des geistigen Eigentums Rechnung zu tragen, hat die Rechtsprechung die Grundsätze zur dreifachen Schadensberechnung entwickelt. Bei Verletzung eines Schutzrechts kann der Verletzte zwischen der **(1) konkreten Berechnung** des Schadens einschließlich des entgangenen Gewinns (§ 252 BGB), **(2)** der Schadensberechnung auf der Grundlage einer fiktiven Lizenzgebühr **(Lizenzanalogie)** oder **(3)** der **Abschöpfung des Verletzergewinns** wählen (vgl den Überblick bei *Heermann* GRUR 99, 625 ff; *Kraßer* GRUR Int 80, 259 ff; *Teplitzky* Kap 34 Rn 18 ff; vertiefend *Dreier* S 78 ff; krit *Beuthien/Wasmann*, GRUR 97, 255). Schon die Lizenzanalogie lässt sich kaum noch als Schadensersatz deuten, sondern trägt deutliche Züge des Bereicherungsausgleichs (BGH GRUR 06, 143, 145 – *Catwalk*). Jedenfalls die Abschöpfung des Verletzergewinns ist bei Licht betrachtet keine Schadensberechnungsart, sondern beruht auf dem Gedanken der Geschäftsanmaßung (§§ 687 II 1; 681 S 2; 667 BGB) (BGHZ 145, 366 = GRUR 01, 329, 331 – *Gemeinkostenanteil*). Doch sind die Grundsätze mittlerweile richterrechtlich anerkannt und in den Gesetzen zum Schutz geistigen Eigentums seit Umsetzung der EG-Richtlinie 2004/48/EG zur Durchsetzung der Rechte des geistigen Eigentums (ABl L 157 v 30.4.2004, S 16) weitgehend wortgleich niedergelegt. Die DurchsetzungsRL erfasst zwar nicht das Lauterkeitsrecht (Egrd 13), kann aber vor allem dort Orientierung bieten, wo UWG-Ansprüche immaterialgüterrechtsähnlich ausgestaltet sind. § 14 VI MarkenG, dem die §§ 97 II UrhG, § 42 II GeschmMG und 139 II PatG entsprechen, lautet:

> Wer die Verletzungshandlung vorsätzlich oder fahrlässig begeht, ist dem Inhaber der Marke zum Ersatz des durch die Verletzungshandlung entstandenen Schadens verpflichtet. Bei der Bemessung des Schadensersatzes kann auch der Gewinn, den der Verletzer durch die Verletzung des Rechts erzielt hat, berücksichtigt werden. Der Schadensersatzanspruch kann auch auf der Grundlage des Betrages berechnet werden, den der Verletzer als angemessene Vergütung hätte entrichten müssen, wenn er die Erlaubnis zur Nutzung der Marke eingeholt hätte.

Schadensersatz § 9 UWG

2. Anwendungsbereich. Die Grundsätze der dreifachen Schadensberechnung 15
sind durch den vermögensrechtlichen Zuweisungsgehalt der Rechte des geistigen Eigentums bedingt (BGHZ 145, 366 = GRUR 01, 329, 331 – *Gemeinkostenanteil*): Eine Lizenz kann nur beanspruchen, wem die Nutzung eines Immaterialguts mit absoluter Wirkung zugewiesen ist, und ein Gewinn kann nur abgeschöpft werden, wenn er dem Verletzten zugewiesen ist. Da das Lauterkeitsrecht nach hM keine absoluten Rechte gewährt, ist eine Anwendung der Grundsätze zur dreifachen Schadensberechnung im Rahmen des § 9 problematisch (vgl *Köhler* GRUR 07, 548 Rn 52). Sie kommt nur in Betracht, wenn das Lauterkeitsrecht (im Spannungsverhältnis mit dem Grundsatz der scharfen Trennung zwischen Immaterialgüter- und Lauterkeitsrecht) immaterialgüterrechtsähnliche Rechtspositionen schützt. Das ist beim **UWG-Nachahmungsschutz (§ 4 Nr 9)** der Fall (BGHZ 119, 20 = BGH GRUR 93, 55, 57 – *Tchibo/Rolex II;* BGH GRUR 07, 431 Rn 21 – *Steckverbindergehäuse;* OLG Hamburg GRUR-RR 09, 136 – *Gipürespitze II*), ebenso beim **Schutz von Unternehmensgeheimnissen und Vorlagen (§§ 17, 18)** (BGH GRUR 77, 539, 541 f – *Prozessrechner;* BGH WRP 08, 938 Rn 6; KG GRUR 88, 702, 703 – *Corporate Identity;* aA zu § 18 noch BGH GRUR 60, 554, 556 – *Handstrickverfahren*). Bei allen übrigen unlauteren geschäftlichen Handlungen sind die Grundsätze unanwendbar. Hier kann der Schaden nur konkret berechnet werden. Da die dreifache Schadensberechnung ihren wesentlichen Anwendungsbereich im Recht des geistigen Eigentums hat, können hier nur die Grundzüge dargestellt werden. Ergänzend sei auf die Kommentierungen zum Marken-, Urheber- und Patentrecht verwiesen.

3. Lizenzanalogie. a) Grundsatz. Der Schadensersatzanspruch kann auf der 16
Grundlage des Betrages berechnet werden, den der Verletzer als angemessene Vergütung hätte entrichten müssen, wenn er die Erlaubnis zum Vertrieb nachgeahmter Produkte (§ 4 Nr 9) oder zur Nutzung von Unternehmensgeheimnissen (§§ 17, 18) eingeholt hätte (vgl die gesetzliche Formulierung in § 14 VI 3 MarkenG). Dem liegt der Gedanke zugrunde, dass der Verletzer grundsätzlich nicht anders stehen soll als ein vertraglicher Lizenznehmer, der eine Lizenzgebühr entrichtet hätte (BGHZ 119, 20 = GRUR 93, 55, 58 – *Tchibo/Rolex II;* BGH GRUR 03, 143, 145 – *Catwalk*). Zugunsten des fiktiven Lizenzgebers kann daher nicht schadensmindernd berücksichtigt werden, dass sich nach dem Zeitpunkt des Abschlusses des fiktiven Lizenzvertrages das Vertragsrisiko zum Nachteil des fiktiven Lizenznehmers entwickelt hat. Unerheblich ist, ob es bei ordnungsgemäßem Vorgehen des Verletzers im konkreten Fall tatsächlich zum Abschluss eines Lizenzvertrages gekommen wäre (BGH aaO – *Lizenzanalogie;* BGHZ 119, 20, 23 ff = GRUR 93, 55, 58 – *Tchibo/Rolex II*). Voraussetzung ist allein, dass der Abschluss von Lizenzverträgen und die Überlassung von Ausschließlichkeitsrechten rechtlich zulässig und – wenn auch nicht gerade in der Branche der Beteiligten – verkehrsüblich sind (BGHZ 60, 206, 211 = GRUR 73, 375, 377 – *Miss Petite;* BGH aaO – *Catwalk;* BGH GRUR 10, 123 Rn 23 – *BTK*). Es kommt auch nicht darauf an, ob der Verletzte überhaupt zur Lizenzierung bereit gewesen wäre oder bereit ist. Daher steht die Lizenzanalogie sogar zur Verfügung, wenn der Geschädigte eine Schädigung seines guten Rufs darlegt und beweist (BGHZ 119, 20 = BGH GRUR 93, 55, 58 – *Tchibo/Rolex II;* OLG Düsseldorf GRUR-RR 03, 209, 210 – *Meißner Dekor*).

b) Verletzerzuschlag? Der Verletzte soll demnach nicht schlechter, aber auch 17
nicht besser stehen als ein Lizenzgeber (s Rn 16). Im Recht des geistigen Eigentums wird diese Rechtsprechung seit Langem mit dem Argument kritisiert, es fehle an einer Präventionswirkung des Verletzungstatbestands, wenn der Verletzer schlimmstenfalls wie ein redlicher Lizenznehmer gestellt werde. Die EG-Durchsetzungsrichtlinie (Rn 14) sieht zwar, anders als noch im Entwurfsstadium, eine erhöhte Lizenzgebühr nicht als Regelfall vor, erlaubt aber doch die Schadensberechnung auf der Grundlage *mindestens* einer angemessenen Lizenzgebühr (Art 13 I 2 lit b). Der deutsche Gesetzge-

ber hat das Wort „mindestens" nicht übernommen, doch gebietet die richtlinienkonforme Auslegung der §§ 14 VI MarkenG, 97 II UrhG, § 42 II GeschmMG, 139 II PatG in geeigneten Fällen, insb bei vorsätzlicher Verletzung von Rechten des geistigen Eigentums, einen Verletzerzuschlag vorzusehen (*Peukert/Kur* GRUR Int 06, 294, 296; *Ohly* GRUR 07, 926, 929; weitergehend für einen Verletzerzuschlag als Regelfall *Bodewig/Wandtke* GRUR 08, 220, 225 ff; *Tilmann* ZEuP 07, 288, 292; *Tetzner* GRUR 09, 6, 9). Die Frage ist bisher höchstrichterlich nicht geklärt. Sollte aber im Recht des geistigen Eigentums ein Verletzerzuschlag zugelassen werden, so besteht kein Grund für eine andere Behandlung lauterkeitsrechtlicher Schadensersatzansprüche.

18 c) **Berechnung.** Ausgehend von der Sachlage bei Schluss der mündlichen Verhandlung ist unter Anlegung eines objektiven Maßstabs darauf abzustellen, was bei vertraglicher Einräumung ein vernünftiger Lizenzgeber gefordert und ein vernünftiger Lizenznehmer gewährt hätte, wenn beide die im Zeitpunkt der Entscheidung gegebene Sachlage gekannt hätten (BGH GRUR 90, 353, 355 – *Raubkopien;* GRUR 90, 1008, 1009 – *Lizenzanalogie;* (BGHZ 119, 20, 27 = GRUR 93, 55, 58 – *Tchibo/Rolex II;* BGH GRUR 93, 899, 900 – *Dia-Duplikate*). Die Höhe der Lizenzgebühr ist vom Tatrichter gem § 287 ZPO zu schätzen. Dabei liegt es nahe, branchenübliche Vergütungssätze und Tarife als Maßstab heranzuziehen (BGH GRUR 10, 623 Rn 36 – *Restwertbörse;* BGH GRUR 10, 123 Rn 21, 25 – *BTK*). Für die Bemessung der Lizenzgebühr ist in der Regel von einer **Stücklizenz** zwischen 1–5% der (Netto-)Verkaufspreise des Verletzers auszugehen, die jedoch im Einzelfall je nach Sachlage auch darüber hinausgehen kann (vgl BGH GRUR 91, 914, 917 – *Kastanienmuster:* 10%; BGHZ 119, 20, 26 = GRUR 93, 55, 58 – *Tchibo/Rolex II:* 12,5–20%; BGH GRUR 10, 123 Rn 26 – *BTK;* vgl auch BGH GRUR 03, 143, 145 – *Catwalk; Binder* GRUR 12, 1186). Ist, weil in dem betreffenden Bereich oder der jeweiligen Branche üblich, eine Pauschalierung zugrunde zu legen, ist diese entsprechend dem Charakter der Lizenzgebühr als einer vor der Verwertung vereinbarten Pauschalgebühr grundsätzlich unabhängig von Dauer und Intensität der Verletzung, also auch dann zu zahlen, wenn es nicht zu einem Vertrieb oder zu sonstigen Verbreitungshandlungen kommt (BGH GRUR 93, 899, 900 – *Dia-Duplikate; Köhler*/Bornkamm § 9 Rn 1.43). Verletzungsvorteile und -nachteile können durch Zu- oder Abschläge berücksichtigt werden, zB für aufgelaufene Zinsen, wenn ein vernünftiger Lizenzgeber sie gefordert und ein vernünftiger Lizenznehmer sie gewährt hätte (*Köhler*/Bornkamm § 9 Rn 1.44). Der im Wege der Lizenzanalogie bewirkte Schadensausgleich führt nicht zum Abschluss eines Lizenzvertrages und damit auch nicht zur Einräumung eines Rechts auf Nachbau oder Nachbildung des Originals (BGHZ 148, 221, 232 = GRUR 02, 248, 252 – *SPIEGEL-CD-ROM*).

19 **4. Herausgabe des Verletzergewinns. a) Grundsatz.** Bei der Bemessung des Schadensersatzes kann auch der Gewinn, den der Verletzer durch die Verletzung des Rechts erzielt hat, berücksichtigt werden (so im MarkenG § 14 VI 2). Dabei ist – ebenso wie unter §§ 687 II 1; 681, 2; 667 BGB (s Rn 14) – unerheblich, ob der vom Verletzer erzielte Gewinn auf besonderen Anstrengungen, Werbe- und Vertriebsleistungen oder der Ausnutzung von Geschäftsbeziehungen beruht und ob der Verletzte den Gewinn selbst hätte erzielen können (BGHZ 60, 168, 173 = GRUR 73, 478, 480 – *Modeneuheit;* GRUR 01, 329, 331 – *Gemeinkostenanteil;* BGH GRUR 2012, 1226 Rn 30 – *Flaschenträger*). Da allerdings, um dem Ausgleichsgedanken des Schadensrechts Rechnung zu tragen, fingiert wird, dass dem Verletzten Gewinn in Höhe des Verletzergewinns entgangen ist (BGH GRUR 07, 431 Rn 21 – *Steckverbindergehäuse*), scheidet diese Berechnungsmethode aus, wenn der Gewinn des Verletzten angestiegen ist (BGH GRUR 95, 349, 351 f – *Objektive Schadensberechnung*). Ein Anspruch auf Herausgabe des Verletzergewinns besteht im Kennzeichenrecht und unter § 4 Nr 9 nur insoweit, als **der Gewinn auf der Verletzungshandlung beruht** (so zum Markenrecht BGH GRUR 06, 419, 420 Rn 15 – *Noblesse;* zum Urheberrecht

Schadensersatz **§ 9 UWG**

BGH GRUR 09, 856 Rn 41 – *Tripp-Trapp-Stuhl;* zum Patentrecht BGH GRUR 12, 1226 Rn 18 – *Flaschenträger;* zum UWG BGHZ 119, 20 = GRUR 93, 55, 59 – *Tchibo/Rolex II;* BGH GRUR 07, 431 Rn 37 – *Steckverbindergehäuse;* BGH WRP 08, 938 Rn 8). So kann für den Kaufentschluss eines nachgeahmten Produkts neben seinem Erscheinungsbild auch der niedrige Kaufpreis maßgeblich sein (vgl OLG Hamburg GRUR-RR 09, 136, 139 – *Gipürespitze II:* modisches Design von Damendessous zu 60% ausschlaggebend für Kaufentscheidung). Hingegen ist bei der unbefugten Verwendung von Unternehmensgeheimnissen der gesamte Gewinn herauszugeben, da ein unter Verstoß gegen § 17 erlangtes Geheimnis vom Verletzer in keiner Weise verwertet werden darf (BGH GRUR 85, 294, 296 – *Füllanlage;* BGH WRP 08, 938 Rn 9).

b) Keine Abzugsfähigkeit von Gemeinkosten. Bei der Ermittlung des Gewinns sind vom Erlös lediglich die variablen (vom Beschäftigungsgrad abhängigen) Kosten für die Herstellung und den Vertrieb der schutzrechtsverletzenden Gegenstände abzuziehen. Fixkosten können nur dann abgezogen werden, wenn sie ausnahmsweise den schutzrechtsverletzenden Gegenständen unmittelbar zugerechnet werden können, wobei die Darlegungs- und Beweislast beim Verletzer liegt (BGHZ 145, 366 = GRUR 01, 329, 331 – *Gemeinkostenanteil;* auf das UWG übertragen in BGH GRUR 07, 431 Rn 25 – *Steckverbindergehäuse;* dazu *Loschelder* NJW 07, 1503 ff; *Tilmann* GRUR 03, 647 ff). Allerdings ist diese Unterscheidung betriebswirtschaftlich zweifelhaft, schwer praktikabel und führt zur Benachteiligung kleiner Unternehmen mit weniger differenzierter Buchführung (vgl die Kritik bei *Haedicke* GRUR 05, 529, 534 ff; *Meier-Beck* GRUR 05, 617 ff). Nach der Rechtsprechung können der Produktion des rechtsverletzenden Produkts unmittelbar zugerechnet werden die Herstellungskosten (Material, Energie), die Beschaffungskosten, die Vertriebskosten (Verpackung, Transport), die auf die fragliche Produktion entfallenden Lohnkosten, daneben auch Fixkosten, die ausschließlich auf die Produktion des rechtsverletzenden Produkts zurückzuführen sind (Beispiel: Miete für Produktionshalle, in der nur dieses Produkt hergestellt wird). Nicht abzugsfähig sind hingegen die Kosten, die unabhängig vom Umfang der Produktion und des Vertriebs durch die Unterhaltung des Betriebs entstanden sind, beispielsweise allgemeine Marketingkosten, die Geschäftsführergehälter, die Verwaltungskosten, die Kosten für Anlagevermögen, die nicht konkret der rechtsverletzenden Fertigung zugerechnet werden kann, Anlauf- und Entwicklungskosten sowie Kosten für die, etwa in Folge der Unterlassungsverpflichtung, nicht mehr veräußerbaren Produkte (BGH GRUR 07, 431 Rn 31 f – *Steckverbindergehäuse; Grabinski* GRUR 09, 260, 262 f).

5. Verhältnis der Berechnungsarten zueinander. a) Wahlrecht. Bei der dreifachen Schadensberechnung handelt es sich um verschiedene Liquidationsformen eines einheitlichen Schadensersatzanspruchs. Unter ihnen kann der Verletzte die ihm am günstigsten erscheinende wählen (BGH GRUR 06, 419, 420 Rn 14 – *Noblesse*). Ihm steht es auch frei, zur Berechnung des Schadens im Verlauf des Rechtsstreits von einer Liquidationsform auf die andere überzugehen oder diese in ein Eventualverhältnis zu stellen. Es liegt nur ein Streitgegenstand vor. Das Wahlrecht des Verletzten erlischt erst durch Erfüllung oder rechtskräftige Zuerkennung des Anspruchs (BGHZ 119, 20 = GRUR 93, 55, 57 – *Tchibo/Rolex II;* BGH GRUR 93, 757, 758 – *Kollektion Holiday*). Gegenüber mehreren Verletzern, zB den in einer Handelskette verbundenen Personen – Hersteller/Importeur, Großhändler, Einzelhändler – muss das Wahlrecht nicht einheitlich ausgeübt werden, sondern besteht gegenüber jedem von ihnen gesondert. Da jeder Verletzer innerhalb einer Verletzerkette selbständig in das Schutzrecht eingreift, besteht keine Gesamtschuld. Der Verletzte kann grundsätzlich von jedem Verletzer den von diesem erzielten Gewinn als Schadensersatz verlangen. Doch wird der vom Lieferanten herauszugebende Gewinn durch die Zahlungen gemindert, die er an seine Abnehmer wegen der Inanspruchnahme durch den Verletz-

20

21

Ohly

ten zu erbringen hat (BGH GRUR 09, 856 Rn 69, 79 – *Tripp-Trapp-Stuhl;* vgl auch *Bergmann* GRUR 10, 874; *Götz* GRUR 01, 295; *Tilmann* GRUR 03 647).

22 **b) Vermengungsverbot.** Es darf nicht zu einer doppelten Kompensation für denselben Schadensposten kommen (*Leisse/Traub* GRUR 80, 1, 4; *Teplitzky* Kap 34 Rn 22). Daher dürfen die verschiedenen Liquidationsformen nicht miteinander vermengt werden, dh der Schadensersatzanspruch darf seine Begründung nicht teils in der Lizenzanalogie, teils in der Herausgabe des Verletzergewinns finden (Vermengungsverbot: BGHZ 119, 20, = GRUR 93, 55, 58 – *Tchibo/Rolex II;* BGH GRUR 93, 757, 758 – *Kollektion Holiday*). Unbedenklich ist eine Kombination unterschiedlicher Schadensposten, etwa von Lizenzanalogie und Rechtsverfolgungskosten (aA BGH GRUR 77, 539, 543 – *Prozessrechner*). Missverständlich ist aber die Aussage, der Marktverwirrungs- oder Diskreditierungsschaden könne neben dem durch Lizenzanalogie ermittelten Schaden verlangt werden (so BGH GRUR 75, 85, 87 – *Clarissa;* BGH GRUR 82, 489, 491 – *Korrekturflüssigkeit;* BGH GRUR 10, 239 Rn 29 – *BTK*). Die Kombinationsmöglichkeit kann nicht für die erhöhte Lizenzgebühr gelten, sofern die Erhöhung gerade auch das Risiko eines Imageschadens miterfassen soll (vgl *Teplitzky* Kap 34 Rn 24). Deshalb muss sich der Markeninhaber entscheiden, ob er für eine erhöhte Lizenzgebühr optiert oder Ersatz für den Imageschaden analog § 249 II BGB bzw. Wertersatz (§ 251 I BGB) (s Rn 12) in Kombination mit einer normalen, nicht erhöhten Lizenzgebühr verlangt.

C. Gläubiger und Schuldner des Schadensersatzanspruchs

I. Gläubiger

23 Gläubiger des Anspruchs aus § 9 I ist allein der verletzte **Mitbewerber** (§ 2 I Nr 3). Verbände und Kammern, auch soweit sie nach § 8 III Nr 2–4 zur Geltendmachung von Unterlassungsansprüchen klagebefugt sind, sind für die Geltendmachung von Schadensersatzansprüchen im Rahmen des § 9 nicht aktivlegitimiert. Auch **Verbrauchern** und sonstigen Marktteilnehmern stehen Schadensersatzansprüche nach dem UWG nicht zu, auch nicht über § 823 II BGB, da § 3 kein Schutzgesetz iS dieser Bestimmung ist (Einf D Rn 62). Welchen **Mitbewerbern** das Gesetz Individualschutz gewährt, ergibt sich aus dem Schutzzweck der jeweils verletzten UWG-Norm. Kommen nach dieser nur bestimmte Mitbewerber in Betracht, sind nur sie anspruchsberechtigt, so nach § 4 Nr 7 nur der Herabgesetzte, nach § 4 Nr 8 der Angeschwärzte, nach § 4 Nr 9 (ergänzender Leistungsschutz) der Hersteller, dessen Leistung nachgeahmt wird, nach § 4 Nr 10 der behinderte Mitbewerber, nach § 6 der vom Vergleich Betroffene, in den Fällen der §§ 17–19 der Inhaber des Unternehmens. Bezieht sich der Schutzzweck der Norm wie beispielsweise in den Fällen der irreführenden Werbung auf alle Mitbewerber, ist von diesen jeder durch die Zuwiderhandlung in seinen wettbewerblichen Interessen Verletzte anspruchsberechtigt (*Bornkamm* GRUR 96, 527, 529; *Köhler*/Bornkamm § 9 Rn 1.9).

II. Schuldner

24 **1. Haftung für eigenes Verhalten.** Schuldner des Schadensersatzanspruchs aus § 9 ist der Verletzer, dh jeder, der den Tatbestand des § 3 oder des § 7 schuldhaft verwirklicht. Teilnehmer (Anstifter und Gehilfen) stehen dem Täter gleich (näher zu Täterschaft und Teilnahme § 8 Rn 113 ff). Während nach früherer Rechtslage kein Schadensersatzanspruch gegen den Störer bestand, kommt nach der dogmatischen Neuausrichtung der Rechtsprechung (BGHZ 173, 188 = GRUR 07, 890 – *Jugendgefährdende Medien bei eBay*) auch ein Schadensersatzanspruch gegen mittelbare Verletzer wegen Verletzung einer lauterkeitsrechtlichen Verkehrspflicht in Betracht (§ 8

Rn 123a). An einer eigenen geschäftlichen Handlung (§ 2 I Nr 1) und damit an einer Haftung gem § 9 fehlt es bei weisungsabhängigen Hilfspersonen in untergeordneter Stellung, die ohne eigenen Entscheidungsspielraum lediglich fremden Anweisungen folgen (zB Verteiler von Werbeprospekten, Plakatkleber) (*Köhler*/Bornkamm § 9 Rn 1.3). Mehrere Verletzer haften dem Geschädigten nach Maßgabe der §§ 840 I, 421 ff als Gesamtschuldner.

2. Haftung für fremdes Verhalten. a) Organ- und Repräsentantenhaftung 25 **(§ 31 BGB).** Juristische Personen und Personengesellschaften einschließlich der BGB-Gesellschaft haften gem § 31 BGB für schuldhafte Wettbewerbsverstöße ihrer verfassungsmäßigen Vertreter **(Organhaftung)** und andere Personen, die Aufgaben der Gesellschaft selbständig und eigenverantwortlich wahrnehmen (**Repräsentantenhaftung**, näher hierzu § 8 Rn 140ff). Unterlässt es ein Unternehmer sorgfaltswidrig, eine bestimmte Tätigkeit einem Repräsentanten zu übertragen, so kommt eine Haftung unter dem Gesichtspunkt des Organisationsverschuldens in Betracht (§ 8 Rn 116).

b) Haftung für Verrichtungsgehilfen (§ 831 BGB). Da § 8 II nur für die ver- 26 schuldensunabhängigen Abwehransprüche gilt, kommt eine Haftung des Unternehmers für das Verhalten seiner Leute nur nach den allgemeinen Vorschriften des Bürgerlichen Rechts in Betracht (BGH GRUR 12, 1279 Rn 43 – *DAS GROSSE RÄTSELHEFT;* Gloy/Loschelder/Erdmann/*Melullis* § 80 Rn 29; *Teplitzky* Kap 31 Rn 10). § 831 BGB begründet eine Haftung des Geschäftsherrn für die widerrechtliche, nicht notwendigerweise auch schuldhafte Schädigung Dritter durch seiner Weisungsbefugnis unterstehende Verrichtungsgehilfen (vgl BGH GRUR 98, 167, 169 – *Restaurantführer*). Selbständige Unternehmen sind regelmäßig keine Verrichtungsgehilfen. Etwas anderes kann gelten, wenn das unmittelbar handelnde Unternehmen weisungsabhängig ist, etwa aufgrund eines Beherrschungsvertrages (BGH aaO Rn 45). Der Geschäftsherr haftet – mit der Möglichkeit des Entlastungsbeweises – für eigenes Verschulden bei deren Auswahl und Einsatz, nicht weil ihm fremdes Verhalten zugerechnet wird. Ihn trifft eine gesteigerte Auswahl- und Überwachungspflicht, wenn die Tätigkeit des Verrichtungsgehilfen besonders nachteilige Folgen für den Dritten haben kann (BGH aaO – *Restaurantführer*). Verletzt er diese Pflicht, kann das nicht nur zum Scheitern des Entlastungsbeweises führen, sondern unter dem Gesichtspunkt des Organisationsverschuldens auch zur Begründung seiner Haftung aus § 9. Eine Zurechnung des Verschuldens von Erfüllungsgehilfen ohne Exkulpationsmöglichkeit gem § 278 BGB setzt das Bestehen eines Schuldverhältnisses voraus und kommt daher im Rahmen der deliktischen Haftung für Wettbewerbsverstöße nicht in Betracht. Zur Gehilfenhaftung bei Verletzungen eines Unterlassungsvertrags s § 8 Rn 56.

D. Presseprivileg (§ 9 Satz 2)

Literatur: *Ahrens,* Beteiligung der Presse an Wettbewerbsverstößen von Anzeigenkunden, FS Traub, 1994, 11; *Damm/Rehbock,* Widerruf, Unterlassung und Schadensersatz in den Medien, 3. Aufl, 2008; *Henning-Bodewig,* Das „Presseprivileg" in § 13 Abs 2 Nr 1 UWG, GRUR 1985, 258; *Lindacher,* Zur wettbewerbsrechtlichen Unterlassungshaftung der Presse im Anzeigengeschäft, WRP 1987, 585.

I. Normzweck

Die Möglichkeit der Medien, sich durch Werbung zu finanzieren, ist Bedingung 27 der Pressefreiheit (Art 5 I 2 GG). Eine uneingeschränkte Haftung für die (vom jeweiligen Auftraggeber gestaltete) Werbung würde einen unzumutbaren finanziellen und organisatorischen Aufwand bedeuten und damit das Funktionieren der Medien bedrohen (*Köhler*/Bornkamm § 9 Rn 2.12). Daher sind im Rahmen der Abwehransprüche die Prüfungspflichten der Presse auf grobe, unschwer erkennbare Verstöße beschränkt (§ 8 Rn 129). Aus dem gleichen Grund haften die für Presseerzeugnisse verantwortlichen Personen nur bei Vorsatz auf Schadensersatz. Im UWG 1909 war das Presseprivileg auf Fälle der Irreführung beschränkt (§ 13 VI Nr 1 S 2 aF). Diese nicht sachgerechte Beschränkung wurde im Zuge der UWG-Reform 2004 aufgehoben (vgl Begr RegE UWG 2004 BT-Druck 15/1487 S 23). Haftungsbeschränkungen für die Anbieter von Telemedien finden sich in §§ 3, 7–10 TMG.

II. Anwendungsbereich

28   **1. Privilegierter Personenkreis.** Privilegiert sind die wettbewerbsrechtlich verantwortlichen Personen von periodischen Druckschriften, also alle Personen, die eine lauterkeitsrechtliche Haftung treffen kann. Dazu gehören insbesondere die in § 13 VI Nr 1 Satz 2 aF noch ausdrücklich genannten Personengruppen: Redakteure, Verleger, Drucker und Verbreiter.

29   **2. Privilegierte Medien.** Das Privileg ist auf periodische Druckschriften beschränkt. Das sind Zeitungen, Zeitschriften und sonstige auf wiederkehrendes, nicht notwendig regelmäßiges Erscheinen angelegte Druckwerke (s Begr RegEntw UWG 2004, BT-Drucks 15/1487 S 23). Im Lichte von Art 5 I 2 GG ist eine analoge Anwendung auf andere Medien, insbesondere den Rundfunk, das Fernsehen und Internet-Publikationen geboten (*Henning-Bodewig* GRUR 85, 258, 264f; *Köhler*/Bornkamm § 9 Rn 2.13; *Fezer*/*Koos* § 9 Rn 38; einschränkend Harte/Henning/ *Goldmann* § 9 Rn 210).

30   **3. Privilegiertes Verhalten.** Das Presseprivileg gilt allgemein für Verstöße gegen § 3 und § 7. Die frühere Beschränkung auf Irreführungen wurde aufgehoben. Da das Privileg aber seinen Grund in den Schwierigkeiten bei der Überprüfung fremden Verhaltens findet, kann sich nicht darauf berufen, wer aktiv (insb bei Eigenwerbung der Presse) den Inhalt einer Anzeige mitgestaltet (Begr RegEntw UWG 2004, BT-Drucks 15/1487 S 23). § 9 S 2 privilegiert nach seinem Sinn und Zweck auch nicht die wettbewerbsrechtliche Haftung der für die periodische Druckschrift Verantwortlichen in den Fällen des Verstoßes gegen den Grundsatz der Trennung von Werbung und redaktionellem Text (§ 4 Nr 3) (*Köhler*/Bornkamm § 9 Rn 2.15; Harte/Henning/*Goldmann* § 9 Rn 212; Fezer/*Koos* § 9 Rn 2.15).

E. Bereicherungsanspruch

Literatur: *Brandner*, Die Herausgabe von Verletzervorteilen im Patentrecht und im Recht gegen den unlauteren Wettbewerb, GRUR 1980, 359; *Büsching*, Der Anwendungsbereich der Eingriffskondiktion im Wettbewerbsrecht, 1992; *Fournier*, Bereicherungsausgleich bei Verstößen gegen das UWG, 1999; *Köhler*, Zur Bereicherungshaftung bei Wettbewerbsverstößen, FS Lorenz, 2001, 167; *Loewenheim*, Bereicherungsansprüche im Wettbewerbsrecht, WRP 1997, 913.

31   Unter denselben Voraussetzungen, unter denen die dreifache Schadensberechnung statthaft ist (Rn 15), kommt auch eine **Eingriffskondiktion (§ 812 I 1 2. Alt BGB)** in Betracht. Ähnlich wie die Schadensberechnungsart der Lizenzanalogie liegt dem der Gedanke zugrunde, dass Immaterialgüterrechte einen vermögensrechtlichen Zuweisungsgehalt aufweisen, in den rechtsgrundlos eingreift, wer das Immaterialgut unbefugt nutzt (vgl zum Urheberrecht BGHZ 56, 317, 320 = GRUR 71, 522, 524 – *Gasparone II;* zum Patentrecht BGHZ 68, 90, 92ff = GRUR 77, 250, 253f – *Kunststoffhohlprofil I;* zum Markenrecht BGHZ 99, 244, 246 = GRUR 87, 520, 523 – *Cha-*

nel Nr 5 I; Köhler, FS Lorenz, 2001, 167ff; zum vermögenswerten Bestandteil des allgemeinen Persönlichkeitsrechts BGH GRUR 13, 196 Rn 42 – *Playboy am Sonntag*). Demnach besteht ein Bereicherungsanspruch nur dort, wo das UWG immaterialgüterrechtsähnlichen Schutz gewährt, also in den Fällen des UWG-Nachahmungsschutzes (§ 4 Nr 9) und der unbefugten Nutzung von Unternehmensgeheimnissen und Vorlagen (§§ 17, 18).

Da „das Erlangte" iSd § 812 I in der tatsächlichen Nutzung des Immaterialguts besteht, kann es wegen seiner Beschaffenheit nicht herausgegeben werden (BGHZ 82, 299 = GRUR 82, 301, 303 – *Kunststoffhohlprofil II; Köhler*/Bornkamm § 9 Rn 3.4). Daher schuldet der Verletzer **Wertersatz (§ 818 II BGB)**. Er ist ebenso zu bestimmen wie der nach der Lizenzgebühr berechnete Schadensersatz (ohne Verletzerzuschlag) (Rn 16, 18). Geschuldet ist daher Wertersatz in Höhe einer angemessenen Lizenzgebühr (BGH GRUR 82, 286, 289 – *Fersenabstützvorrichtung*). Ein **Wegfall der Bereicherung (§ 818 III BGB)** kommt vor allem in Betracht, wenn der Verletzer nachweist, dass er keinen Gewinn erwirtschaftet hat (*Ullmann* GRUR 78, 615, 620; *Köhler*/Bornkamm § 9 Rn 3.6). Der Bereicherungsanspruch steht selbständig neben dem Schadensersatzanspruch und unterliegt der regelmäßigen Verjährungsfrist von drei Jahren (§§ 195, 199 BGB) (*Köhler*/Bornkamm § 9 Rn 3.7). 32

F. Auskunfts- und Rechnungslegungsanspruch

I. Auskunftsanspruch

Literatur: *Amschewitz,* Selbständiger und akzessorischer Auskunftsanspruch nach Umsetzung der Durchsetzungsrichtlinie, WRP 2011, 301; *Banzhoff,* Der Auskunftsanspruch, 1989; *v. Gamm,* Zur sog Drittauskunft bei Wettbewerbsverletzungen, FS Vieregge, 1995, 261; *Köhler,* Der Schadensersatz-, Bereicherungs- und Auskunftsanspruch im Wettbewerbsrecht, NJW 1992, 1477; *v. Olenhusen/Crone,* Der Anspruch auf Auskunft gegenüber Internet-Providern bei Rechtsverletzungen nach Urheber- bzw Wettbewerbsrecht, WRP 2002, 164; *Schaffert,* Die Ansprüche auf Drittauskunft und Schadensersatz im Fall der Beeinträchtigung schutzwürdiger Kontrollnummernsysteme durch Entfernen oder Unkenntlichmachen der Kontrollnummern, FS Erdmann, 2002, 719; *Steinbeck,* „Windsor Estate" – Eine Anmerkung, GRUR 2008, 110; *Teplitzky,* Neue Entwicklungen beim wettbewerbs- und markenrechtlichen Auskunftsanspruch, FS Tilmann, 2003, 913; *Stjerna,* Pflicht des Schuldners zur Vorlage von Belegen im Rahmen der Auskunft und Rechnungslegung, GRUR 2011,789; *Tilmann,* Der Auskunftsanspruch, GRUR 1987, 251.

1. Bedeutung und Rechtsgrundlage. Der Gläubiger benötigt zur Durchsetzung seiner Ansprüche Informationen. Um Schadensersatzansprüche beziffern zu können, ist er auf Angaben über die vom Schuldner getätigten Umsätze angewiesen, und um Ansprüche überhaupt geltend machen zu können, muss er die Identität der Verletzer kennen. Im ersten Fall handelt um einen unselbständigen Hilfsanspruch, der zum Schadensersatzanspruch akzessorisch ist und sich gegen den Schuldner des Verletzungsanspruchs richtet (**unselbständiger Auskunftsanspruch, Hilfsanspruch auf Auskunft**). Im zweiten Fall hingegen richtet sich der Anspruch gegen Personen, die mögliche Schuldner von Verletzungsansprüchen, also Dritte, benennen sollen. Hier handelt es sich um einen selbständigen Auskunftsanspruch, oft auch als **Anspruch auf Drittauskunft** bezeichnet. Er ist in den Gesetzen zum Schutz des geistigen Eigentums ausdrücklich geregelt und wurde im Zuge der Umsetzung der EG-Durchsetzungsrichtlinie auf Ansprüche gegenüber selbst nicht verantwortlichen Personen erweitert (s §§ 19 MarkenG; 100 UrhG; 46 GeschmMG; 140b PatG). Insbesondere können nunmehr auch Personen auf Auskunft in Anspruch genommen werden, die weder Verletzer noch Störer sind. Verwandt mit dem Auskunftsanspruch ist der Anspruch auf Vorlage und Besichtigung von Urkunden oder Sachen. Einen 33 solchen Anspruch sehen seit der Umsetzung der Durchsetzungsrichtlinie sämtliche Schutzgesetze vor (§§ 19a MarkenG; 100a UrhG; 46a GeschmMG; 140c PatG), während zuvor § 809 BGB angewandt wurde. Da der Schwerpunkt der Rechtsprechung zu Auskunftsansprüchen im Bereich des geistigen Eigentums liegt, werden hier nur Grundzüge skizziert. Ergänzend sei auf die ausführlichen Kommentierungen bei *Köhler*/Bornkamm § 9 Rn 4.1 ff, bei *Teplitzky* Kap 34 und auf die Kommentierungen zum Immaterialgüterrecht verwiesen.

34 Das UWG regelt nur zwei Sonderfälle des selbständigen Auskunftsanspruchs, erstens den gegen eine am Wettbewerb nicht beteiligte Stelle gerichteten Anspruch auf Mitteilung von Namen und Anschrift eines mutmaßlichen Verletzers (§ 8 V), zweitens den Anspruch des Bundes über die Geltendmachung von Abschöpfungsansprüchen der Gläubiger (§ 10 IV 1). Im Übrigen ergeben sich die Auskunftsansprüche nach mittlerweile richterrechtlich verfestigten Grundsätzen aus dem durch den Wettbewerbsverstoß begründete Schuldverhältnis in Verbindung mit dem Grundsatz von Treu und Glauben (§ 242 BGB) (BGHZ 125, 322, 329 = GRUR 94, 630, 632 – *Cartier-Armreif*; BGH GRUR 01, 841, 842 – *Entfernung der Herstellungsnummer II*; BGH GRUR 10, 343 Rn 35 – *Oracle*). Daneben kann als Anspruchsgrundlage bei vorsätzlichen Wettbewerbsverstößen § 687 II 1 iVm §§ 681, 666 BGB in Betracht kommen (BGH GRUR 12, 1048 Rn 27 – *MOVICOL-Zulassungsantrag*).

35 **2. Unselbständiger Auskunftsanspruch. a) Voraussetzungen.** Der Auskunftsanspruch zur Vorbereitung und Durchsetzung eines Hauptanspruchs gegen den Auskunftspflichtigen besteht, wenn sich der Berechtigte über Inhalt und Umfang seines Rechts entschuldbar im Unklaren ist und er sich die zur Verfolgung seines Rechts notwendigen Auskünfte auf zumutbare Weise nicht selbst beschaffen kann, während dem Verpflichteten die Erteilung der Auskunft unschwer möglich und zumutbar ist (BGHZ 125, 322, 329 = GRUR 94, 630, 632 – *Cartier-Armreif*; BGH GRUR 99, 1025, 1029 – *Preisbindung durch Franchisegeber*; BGHZ 148, 26, 30 = GRUR 01, 841, 842 – *Entfernung der Herstellungsnummer II*). Daraus ergeben sich die folgenden Voraussetzungen (hierzu ausführlich *Köhler*/Bornkamm § 9 Rn 4.8 ff; *Teplitzky* Kap 38 Rn 5 ff).

36 **aa) Bestehen des Hauptanspruchs.** Da es sich beim Auskunftsanspruch um einen akzessorischen Hilfsanspruch handelt, muss ein Schadensersatz- oder Bereicherungsanspruch dem Grunde nach bestehen (BGH GRUR 88, 307, 308 – *Gaby*). Ist das nicht der Fall, beispielsweise weil es zu einem Wettbewerbsverstoß noch nicht gekommen ist oder weil er durch Erfüllung erloschen ist, besteht auch kein Auskunftsanspruch (BGH GRUR 01, 849, 851 – *Remailing-Angebot*). Weist der Gläubiger allerdings eine Verletzungshandlung nach, so erstreckt sich der Auskunftsanspruch auch auf den Zeitraum vor dieser Handlung (so für das Markenrecht BGHZ 173, 269 = GRUR 07, 877 Rn 25 – *Windsor Estate* unter Aufgabe der früheren Rspr), insoweit wird der Grundsatz der Akzessorietät eingeschränkt (*Steinbeck* GRUR 08, 110, 111 f). Der Hilfsanspruch verjährt mit dem Hauptanspruch (BGH GRUR 72, 558, 560 – *Teerspritzmaschinen*; BGH GRUR 74, 99, 101 – *Brünova*). Ein vorbeugender Unterlassungsanspruch kommt als Hauptanspruch nicht in Betracht (BGH GRUR 62, 91, 97 – *Jenaer Glas*), in Ausnahmefällen aber ein Verletzungsunterlassungsanspruch, etwa bei Ungewissheit über dessen sachliche und zeitliche Reichweite (*Köhler*/Bornkamm § 9 Rn 4.4).

37 **bb) Erforderlichkeit.** Die Auskunft muss erforderlich sein. Dass ist der Fall, wenn der Gläubiger über die Information noch nicht verfügt und wenn er alle ihm zur Verfügung stehenden Informationsmöglichkeiten ausgeschöpft hat.

38 **cc) Zumutbarkeit.** Die Auskunftserteilung muss für den Schuldner **zumutbar** sein, dabei gilt der Grundsatz der **Verhältnismäßigkeit** (BGH GRUR 10, 623 Rn 43 – *Restwertbörse*). Kriterien für die Zumutbarkeit sind einerseits Art und

Schwere des Verstoßes und Gewicht des Informationsinteresses, andererseits der Aufwand für den Schuldner und mögliche Geheimhaltungsinteressen. Überwiegt das Auskunftsinteresse des Gläubigers, so muss der Schuldner auch über Betriebsinterna Auskunft geben (BGHZ 148, 26 = GRUR 01, 841, 843 – *Entfernung der Herstellungsnummer II*). Allerdings kann einem schutzwürdigen Interesse des Gläubigers dadurch Rechnung getragen werden, dass in das Urteil ein **Wirtschaftsprüfervorbehalt** aufgenommen wird, durch den der Schuldner zur Auskunft nicht gegenüber dem Gläubiger, sondern gegenüber einem verschwiegenheitspflichtigen Wirtschaftsprüfer verpflichtet wird (zu Formulierung und Voraussetzungen ausführlich *Köhler*/Bornkamm § 9 Rn 4.19). Der Wirtschaftsprüfervorbehalt ist von Amts wegen zu prüfen, doch hat der Schuldner die maßgeblichen Umstände darzulegen und zu beweisen (BGH GRUR 81, 535 – *Wirtschaftsprüfervorbehalt*; BGH GRUR 84, 530, 534 – *Valium Roche*). Unzumutbarkeit aus tatsächlichen Gründen kann bestehen, wenn der Aufwand des Schuldners in keinem vernünftigen Verhältnis zur Bedeutung der Auskunft steht. Unzumutbarkeit aus rechtlichen Gründen besteht, wenn der Schuldner durch die Auskunftserteilung gegen eine gesetzliche Verschwiegenheitspflicht verstoßen würde (BGH GRUR 02, 706, 708 – *vossius.de*). Muss sich der Schuldner durch die Auskunft selbst einer Straftat (etwa einer strafbaren Verletzung von Rechten des geistigen Eigentums) oder Ordnungswidrigkeit bezichtigen, so ist das im Rahmen der Interessenabwägung zu berücksichtigen, macht die Befolgung der Auskunftspflicht aber nicht per se unzumutbar, da insoweit ein strafrechtliches Verwertungsverbot besteht (BGHZ 41, 318, 326 f; BVerfGE 56, 37, 41 ff = NJW 81, 1431, 1432 f; *Köhler*/Bornkamm § 9 Rn 4.23; *Schaffert*, FS Erdmann, 2002, 719, 722 f; *Teplitzky* Kap 38 Rn 22).

b) Umfang und Inhalt der Auskunftspflicht. Der Auskunftsanspruch richtet **39** sich auf die Bekanntgabe von Informationen, die zur Durchsetzung des Hauptanspruchs erforderlich sind (vgl im Einzelnen *Köhler*/Bornkamm § 9 Rn 4.25 ff; *Teplitzky* Kap 38 Rn 9 ff). Der Anspruch bezieht sich daher nur auf Art, Umfang und Dauer der konkret geltend gemachten Verletzungshandlung. Die Auskunft muss geeignet und erforderlich zur Substantiierung des Hauptanspruchs sein. Die Kosten der Auskunft trägt der Schuldner.

c) Anspruch auf Rechnungslegung. Der Anspruch auf Rechnungslegung ist **40** eine besondere, gesteigerte Form des Auskunftsanspruchs (vgl RGZ 108, 1, 7). **Inhaltlich** zielt der Rechnungslegungsanspruch auf Erteilung einer neben die Auskunft tretenden Rechnung, also einer geordneten Zusammenstellung der Einnahmen und Ausgaben, der Warenmengen, der Namen und Anschriften von Lieferanten und Abnehmern, der Preise, der Lieferzeitpunkte usw, ggf unter Vorlage von Belegen (§ 259 I BGB; BGH GRUR 81, 517, 520 – *Rollhocker*; BGH GRUR 86, 673, 676 – *Beschlagprogramm*; BGH GRUR 88, 690, 693 – *Kristallfiguren*; BGH GRUR 99, 1106, 1109 – *Rollstuhlnachbau*). Der Anspruch darauf ist – wie der Auskunftsanspruch – nur für Einzelfälle ausdrücklich gesetzlich geregelt (so zB in §§ 666, 675, 681, 687 II, 713 BGB; § 87c HGB). Soweit Vorschriften dieser Art nicht einschlägig sind, findet er seine **Rechtsgrundlage** als besonderer Fall des Ausgleichsanspruchs wie dieser in dem gesetzlichen oder vertraglichen Schuldverhältnis der Parteien iVm § 242 BGB. Auf dieser Grundlage hat die Rechtsprechung im Bereich des UWG einen Rechnungslegungsanspruch für die Fälle des Nachahmungsschutzes (§§ 3, 4 Nr 9; BGH GRUR 74, 53, 54 – *Nebelscheinwerfer*; BGHZ 60, 168, 172 f = GRUR 73, 478, 480 – *Modeneuheit*; BGH GRUR 81, 517, 520 – *Rollhocker*; BGH GRUR 82, 305, 308 – *Büromöbelprogramm*) und der **Verletzung von Betriebsgeheimnissen** (§§ 3, 4 Nr 11, §§ 17, 18; BGH GRUR 77, 539, 541 – *Prozessrechner*) zuerkannt, wenn der Schaden nach einer der beiden objektiven Schadensberechnungsarten (Lizenzanalogie, Herausgabe des Verletzergewinns, Rn 14 ff) – zB bei der Berechnung des Schadens nach Stücklizenzen oder bei der Berechnung des Verletzergewinns – bezifferbar ist, aber ohne Rechnungslegung nicht beziffert werden kann. Ist dagegen der Schaden – auch in den Fällen der dreifachen Schadensberechnung – konkret oder im Wege der Schätzung zu ermitteln, kommt ein Rechnungslegungsanspruch, weil insoweit nicht erforderlich, grundsätzlich nicht in Betracht. In diesen Fällen wird dem Interesse des Gläubigers durch den Auskunftsanspruch ausreichend genügt (BGH GRUR 69, 292, 294 – *Buntstreifensatin II;* GRUR 78, 52, 53 – *Fernschreibverzeichnisse; Köhler*/Bornkamm § 9 Rn 4.7; Ahrens/*Loewenheim* Kap 72 Rn 19; *Teplitzky* Kap 39 Rn 4 ff).

41 **3. Selbständiger Auskunftsanspruch (Anspruch auf Drittauskunft).**
a) Rechtsgrundlage. Der selbständige Auskunftsanspruch ist im Recht des geistigen Eigentums von erheblicher Bedeutung. Im Lauterkeitsrecht kommt er im Wesentlichen in Bereichen in Betracht, die dem Immaterialgüterrecht nahestehen, insbesondere bei der unlauteren Produktnachahmung (§ 4 Nr 9, vgl BGHZ 122, 262 = GRUR 93, 757 – *Kollektion Holiday;* BGHZ 125, 322 = GRUR 94, 630 – *Cartier-Armreif)* und der Verletzung von Unternehmensgeheimnissen und der unerlaubten Verwendung von Vorlagen (§§ 17, 18; BGH GRUR 12, 1048 Rn 27 – *MOVICOL-Zulassungsantrag)*, daneben bei der Bekämpfung von Vertriebsbindungsverstößen (BGH GRUR 68, 272 – *Trockenrasierer III;* GRUR 74, 351 – *Frisiersalon)* oder der Unterbindung geschäftsschädigender wettbewerbswidriger Äußerungen (BGH GRUR 87, 647 – *Briefentwürfe)*. Auch der selbständige Auskunftsanspruch findet seine Grundlage in dem durch den Rechtsverstoß begründeten gesetzlichen Schuldverhältnis iVm § 242 BGB, nicht in einer analogen Anwendung der Spezialvorschriften des geistigen Eigentums (BGHZ 125, 322 = GRUR 94, 630, 632 – *Cartier-Armreif)*.

42 **b) Voraussetzungen.** Zwar ist der selbständige Auskunftsanspruch kein akzessorischer Hilfsanspruch, er setzt aber ebenso wie jener das Bestehen einer Sonderverbindung zwischen Gläubiger und Schuldner voraus, die sich aus dem Wettbewerbsverstoß des Schuldners ergibt. Der Anspruch entfällt, wenn der durch die Verletzungshandlung eingetretene Störungszustand nicht mehr andauert (BGH GRUR 87, 647, 648 – *Briefentwürfe;* BGHZ 125, 322 = GRUR 94, 630, 632 – *Cartier-Armreif)*. Im Übrigen setzt der selbständige Auskunftsanspruch ebenso wie der akzessorische voraus, dass die Auskunftserteilung erforderlich und dem Schuldner zumutbar ist (s Rn 383 f).

43 **c) Inhalt und Umfang.** Der selbständige Auskunftsanspruch soll es dem Anspruchsteller ermöglichen, die Quelle des Wettbewerbsverstoßes ausfindig zu machen (BGHZ 125, 322, 332 = GRUR 94, 630, 633 – *Cartier-Armreif;* BGHZ 148, 26, 31 = GRUR 01, 841, 843 – *Entfernung der Herstellungsnummer II)*. Daher zielt der Anspruch auf die Benennung von Dritten, die Rechtsverletzungen begangen haben oder zu begehen drohen, nicht auf Auskunft über vom Schuldner selbst begangene Rechtsverletzungen. Eine strafbewehrte Unterlassungserklärung des Auskunftspflichtigen lässt daher den Drittauskunftsanspruch nicht entfallen. Die zum Zweck der Auskunftserteilung abgegebene Erklärung des Auskunftspflichtigen muss ernst gemeint, vollständig und glaubhaft sein (BGHZ 125, 322, 326 = GRUR 94, 630, 631 f – *Cartier-Armreif)*. Allerdings beschränkt sich der Anspruch auf Drittauskunft im Allgemeinen nicht nur auf die Abgabe einer Erklärung, sondern auch auf die Vorlegung von Unterlagen (Auftrag, Auftragsbestätigung, Einkaufsbelege, Lieferscheine, Rechnung), sofern die Vorlage – wie regelmäßig – zwecks Ergänzung und Vervollständigung erforderlich ist und dem Schuldner zugemutet werden kann (BGH GRUR 01, 841, 845 – *Entfernung der Herstellungsnummer II; Teplitzky* Kap 38 Rn 27).

§ 10 Gewinnabschöpfung

(1) **Wer vorsätzlich eine nach § 3 oder § 7 unzulässige geschäftliche Handlung vornimmt und hierdurch zu Lasten einer Vielzahl von Abnehmern einen Gewinn erzielt, kann von den gemäß § 8 Absatz 3 Nummer 2 bis 4 zur**

Geltendmachung eines Unterlassungsanspruchs Berechtigten auf Herausgabe dieses Gewinns an den Bundeshaushalt in Anspruch genommen werden.

(2) ¹Auf den Gewinn sind die Leistungen anzurechnen, die der Schuldner auf Grund der Zuwiderhandlung an Dritte oder an den Staat erbracht hat. ²Soweit der Schuldner solche Leistungen erst nach Erfüllung des Anspruchs nach Absatz 1 erbracht hat, erstattet die zuständige Stelle des Bundes dem Schuldner den abgeführten Gewinn in Höhe der nachgewiesenen Zahlungen zurück.

(3) Beanspruchen mehrere Gläubiger den Gewinn, so gelten die §§ 428 bis 430 des Bürgerlichen Gesetzbuchs entsprechend.

(4) ¹Die Gläubiger haben der zuständigen Stelle des Bundes über die Geltendmachung von Ansprüchen nach Absatz 1 Auskunft zu erteilen. ²Sie können von der zuständigen Stelle des Bundes Erstattung der für die Geltendmachung des Anspruchs erforderlichen Aufwendungen verlangen, soweit sie vom Schuldner keinen Ausgleich erlangen können. ³Der Erstattungsanspruch ist auf die Höhe des an den Bundeshaushalt abgeführten Gewinns beschränkt.

(5) Zuständige Stelle im Sinn der Absätze 2 und 4 ist das Bundesamt für Justiz.

Inhaltsübersicht

	Rn
A. Allgemeines	
I. Normzweck	1
II. Entstehungsgeschichte	2
III. Praktische Bedeutung	3
IV. Unionsrechtlicher Rahmen	4
B. Anspruchsvoraussetzungen	5
I. Vorsätzliche unzulässige geschäftliche Handlung	5
II. Gewinnerzielung zu Lasten einer Vielzahl von Abnehmern	6
1. Gewinn	6
2. Durch die unzulässige Handlung erzielt	7
3. Zu Lasten einer Vielzahl von Abnehmern	8
a) Zu Lasten	8
aa) Meinungsstand	8
bb) Stellungnahme	9
b) Abnehmer	10
c) Vielzahl	11
C. Rechtsfolge	12
D. Gläubiger und Schuldner	13
I. Gläubiger	13
1. Anspruchsberechtigung	13
2. Mehrheit von Gläubigern	14
3. Abführung an den Bundeshaushalt	15
II. Schuldner	16
E. Beweisfragen	17
F. Anspruchsdurchsetzung	18

Literatur: *Alexander,* Marktsteuerung durch Abschöpfungsansprüche, JZ 2006, 890; *ders,* Gemeinschaftsrechtliche Perspektiven der kollektiven Rechtsdurchsetzung, WRP 2009, 683; *ders,* Schadensersatz und Abschöpfung im Lauterkeits- und Kartellrecht, 2010; *Beuchler,* Das „Schreckgespenst" § 10 UWG: mehr Gespenst als Schrecken, WRP 2006, 1288; *Gärtner,* Der Gewinnabschöpfungsanspruch nach § 10 UWG, 2006; *ders,* Der Gewinnabschöpfungsanspruch gemäß § 10

UWG, GRUR Int 2008, 817; *Micklitz/Stadler,* Unrechtsgewinnabschöpfung – Möglichkeiten und Perspektiven eines kollektiven Schadenersatzanspruches im UWG, 2003; *Neuberger,* Der wettbewerbsrechtliche Gewinnabschöpfungsanspruch im europäischen Rechtsvergleich, 2006; *Oppermann/Müller,* Wie verbraucherfreundlich muß das neue UWG sein?, GRUR 2005, 280; *Pokrant,* Zum Verhältnis von Gewinnabschöpfung gemäß § 10 UWG und Schadensersatz nach § 9 UWG, FS Ullmann, 2006, 813; *van Raay,* Gewinnabschäpfung nach § 10: Erste Schritte, VuR 2007, 47; *ders,* Gewinnabschöpfung als Präventionsinstrument im Lauterkeitsrecht – Möglichkeiten und Grenzen effektiver Verhaltenssteuerung durch den Verbandsanspruch nach § 10 UWG, 2012; *Sack,* Der Gewinnabschöpfungsanspruch von Verbänden in der geplanten UWG-Novelle, WRP 2003, 549; *Schaub,* Schadensersatz und Gewinnabschöpfung im Lauterkeits- und Immaterialgüterrecht, GRUR 2005, 918; *Schmauß,* Der Gewinnabschöpfungsanspruch von Verbänden in der Neufassung des § 10 des Gesetzes gegen den unlauteren Wettbewerb (UWG), 2007; *Sieme,* Die Auslegung des Begriffs „zu Lasten" in § 10 UWG und § 34a GWB, WRP 2009, 914; *Stadler/Micklitz,* Der Reformvorschlag der UWG-Novelle für eine Verbandsklage auf Gewinnabschöpfung, WRP 2003, 559; *Wimmer-Leonhardt,* UWG-Reform und Gewinnabschöpfungsanspruch oder „Die Wiederkehr der Drachen", GRUR 2004, 12.

A. Allgemeines

I. Normzweck

1   Die Vorschrift soll als Anspruchsgrundlage sui generis Durchsetzungsdefiziten bei Streuschäden abhelfen. Das sind Schäden, die bei einer Vielzahl von Abnehmern entstehen und für jeden individuellen Abnehmer nur geringfügig sind (vgl Begr RegE UWG 2004, BT-Drucks 15/1487 S 23; Harte/Henning/*Goldmann* § 10 Rn 13; MüKo/*Micklitz* § 10 Rn 2). Als Beispiele werden in der Begründung die Einziehung geringer Beträge ohne Rechtsgrund, die Herbeiführung von Vertragsabschlüssen durch irreführende Werbung, der Vertrieb gefälschter Produkte und „Mogelpackungen" genannt. Hier ist für den einzelnen geschädigten Abnehmer die Motivation zur Einleitung rechtlicher Schritte gering (vgl das Grünbuch der Kommission über kollektive Rechtsdurchsetzungsverfahren für Verbraucher v 27.11.2008, KOM(2008) 794 endg, Rn 9). Für den unlauter Handelnden hingegen besteht gerade auf Märkten mit geringen Gewinnmargen die Aussicht auf Gewinne, die erheblich über denjenigen liegen, die auf rechtmäßigem Wege zu erzielen wären. Fehlt ein besonderer Rechtsbehelf, so besteht für den unlauter Handelnden die Aussicht, diese Gewinne behalten zu können, und damit eine erhebliche Nachahmungsgefahr (*Neuberger* S 24f, 29f). § 10 erlaubt eine Abschöpfung des unrechtmäßig erzielten Gewinns und zielt damit auf die Korrektur eines Marktversagens (*Alexander* JZ 06, 890, 893f; *Köhler*/Bornkamm § 10 Rn 4). Da der abgeschöpfte Erlös nicht an den Geschädigten ausgekehrt wird, dient die Vorschrift anders als der Schadensersatzanspruch nicht der Kompensation, sondern der Prävention (Begr RegE aaO S 24; *Neuberger* S 59ff; *Köhler*/Bornkamm § 10 Rn 3). Aus diesem Grund wird § 10 teilweise als verkappte Strafvorschrift kritisiert, deren Konzeption dem deutschen Zivilrecht fremd sei (*Sack* WRP 03, 549, 552; *Wimmer-Leonhardt* GRUR 04, 12, 16; *Engels/Salomon* WRP 04, 32, 42; *Mönch* ZIP 04, 2032, 2038). Gleichwohl handelt es sich um eine genuin zivilrechtliche, Ansprüchen wegen angemaßter Eigengeschäftsführung (§§ 687 II 1; 681, S 2; 667 BGB) und ungerechtfertigter Bereicherung vergleichbare Vorschrift, deren Verfassungsmäßigkeit keinen Bedenken ausgesetzt ist (OLG Stuttgart GRUR 07, 435, 436 – *Veralteter Matratzentest;* Köhler/Bornkamm § 10 Rn 3; *Oppermann/Müller* GRUR 04, 280, 284) Die Präventionsfunktion ist eine legitime Funktion des zivilen Haftungs- und Bereicherungsrechts und insbesondere des nicht auf den Individualschutz beschränkten Lauterkeitsrechts. Dabei kann die Prävention „aus dem Schatten

Gewinnabschöpfung   § 10 UWG

der Kompensation" treten, wenn der Gleichlauf von Kompensation und Prävention gestört ist (*Kraßer* GRUR Int 80, 259, 271; *Neuberger* S 64 f).

II. Entstehungsgeschichte

Die Vorschrift stellte bei ihrer Einführung im Zuge der UWG-Reform ein Novum dar. Zwar sahen zuvor bereits verschiedene ausländische Rechtsordnungen kollektive Mechanismen der Rechtsdurchsetzung vor (vgl die Verbandsklage auf Schadensersatz gem Art 10 IX des griechischen Verbraucherschutzgesetzes und die Sammelklage des spanischen Rechts, dazu *Neuberger* S 142 ff, 154 ff), doch folgt § 10 keinem dieser Vorbilder im Detail. Die Vorschrift lehnt sich an die Gesetzgebungsvorschläge von *Micklitz/Stadler* (aaO S 125) und *Köhler/Bornkamm/Henning-Bodewig* (WRP 02, 1317, 1321) an, die allerdings noch den Verbänden die Einziehung des Mehrerlöses ohne Abführung an den Bundeshaushalt vorsahen. Während der Referentenentwurf noch grobe Fahrlässigkeit genügen ließ, wurde § 10 im Regierungsentwurf auf vorsätzlich begangene Verstöße eingeschränkt (näher zur Entstehungsgeschichte *Neuberger* S 7 ff; *Fezer/v. Braunmühl* § 10 Rn 54 ff; MüKo/*Micklitz* § 10 Rn 48 ff). Allerdings war die Regelung schon während der Diskussion um die UWG-Reform das Ziel teilweise heftiger Kritik, die rechtsstaatliche Bedenken erhob und sie vor allem für ineffizient hielt (vgl *Stadler/Micklitz*, WRP 03, 559: „bunter Papiertiger"; *Sack*, WRP 03, 549; *Engels/Salomon*, WRP 04, 32, 42 f; *Wimmer-Leonhardt*, GRUR 04, 12; *Mönch*, ZIP 04, 2032; zusammenfassend ferner *Fezer/v. Braunmühl* § 10 Rn 99 ff; sa Harte/Henning/*Goldmann* § 10 Rn 79 ff). Auch der Bundesrat sprach sich in seiner Stellungnahme zum Gesetzentwurf für eine Aufhebung oder zumindest umfassende Überarbeitung des § 10 als „unausgereift" und „nicht praktikabel" aus (BT-Drucks 15/1487 S 34). Durch die UWG-Novelle 2008 wurde § 10 an die neue Terminologie des § 3 I („geschäftliche Handlung") und an die Trennung des § 7 von der Generalklausel angepasst.

III. Praktische Bedeutung

Die praktische Bedeutung der Vorschrift ist gering (Harte/Henning/*Goldmann* § 9 Rn 5: „totes Recht"). Schwierigkeiten bei der Durchsetzung des Anspruchs bereiten sowohl der Beweis vorsätzlichen Verhaltens als auch die Bestimmung des auf den unlauteren geschäftlichen Handlung beruhenden Mehrerlöses (vgl *Sack*, aaO, S 553 f; *Engels/Salomon*, aaO, S 43; sa Bundesrat BT-Drucks 15/1487 S 34). Hinzu kommt, dass die klagebefugten Verbände zwar das Prozessrisiko tragen, den abgeschöpften Gewinn aber an den Bundeshaushalt herausgeben müssen. Im Grünbuch über kollektive Rechtsdurchsetzungsverfahren für Verbraucher der Kommission (KOM(2008) 794 endg, näher hierzu Rn 4) wird Deutschland als das EU-Land bezeichnet, in dem die geringste Zahl von Verbrauchern kollektive Rechtsdurchsetzungsmechanismen in Anspruch nimmt (aaO Rn 12). Immerhin sind vereinzelte Urteile ergangen, in denen Gewinnabschöpfungsansprüche nach § 10 zugesprochen wurden (OLG Stuttgart GRUR 07, 435 – *Veralteter Matratzentest;* OLG Frankfurt GRUR-RR 09, 265 – *Abo-Fallen;* OLG Frankfurt GRUR-RR 10, 482 – *„heute gratis";* OLG Schleswig MMR 13, 579).

IV. Unionsrechtlicher Rahmen

Mehrere EU-Mitgliedstaaten sehen im Lauterkeitsrecht oder im allgemeinen Zivil- oder Zivilprozessrecht kollektive Rechtsbehelfe für Verbraucher vor (vgl dazu die von *Stuyck* ua im Auftrag der Kommission erstellte Studie „An analysis and evaluation of alternative means of consumer redress other than redress through ordinary judicial proceedings", im Internet unter http://ec.europa.eu/consumers/redress_cons/

collective_redress_en.htm; *Neuberger* S 140ff; MüKo/*Micklitz* § 10 Rn 13ff). Die Richtlinie über unlautere Geschäftspraktiken verpflichtet die Mitgliedstaaten lediglich dazu, geeignete und wirksame Rechtsbehelfe zum Schutz der Verbraucher gegen unlautere Geschäftspraktiken vorzusehen (Art 11 I), verpflichtet aber nicht zur Einführung kollektiver Durchsetzungsmechanismen. Weder die Richtlinie 98/27/EG über Unterlassungsklagen (s Einf C Rn 39) noch die Verordnung 2006/2004 zur Zusammenarbeit im Verbraucherschutz (s Einf C Rn 42) sehen eine Entschädigung der Verbraucher vor. Allerdings hat die Kommission am 27. November 2008 ein **Grünbuch über kollektive Rechtsdurchsetzungsverfahren** für Verbraucher vorgelegt (KOM(2008) 794 endg; dazu *Alexander* WRP 09, 683ff). In diesem Papier erwägt die Kommission **vier Möglichkeiten des weiteren Vorgehens** (aaO Rn 20ff): (1) keine unmittelbaren EG-Maßnahmen, (2) eine Zusammenarbeit zwischen den Mitgliedstaaten, die sicherstellt, dass EU-Verbraucher sämtliche in einzelnen Mitgliedstaaten bereits bestehenden Rechtsdurchsetzungsverfahren nutzen können, (3) eine Kombination verschiedener Instrumente wie alternativer Streitbeilegungsverfahren, einer Erstreckung bestehender Verfahren zur Durchsetzung geringfügiger Forderungen auf Massenforderungen und einer Ermächtigung nationaler Verbraucherschutzbehörden zur Anordnung einer Entschädigung für Verbraucher, (4) die Einführung gerichtlicher kollektiver Rechtsdurchsetzungsverfahren.

B. Anspruchsvoraussetzungen

I. Vorsätzliche unzulässige geschäftliche Handlung

5 § 10 I setzt eine nach § 3 oder § 7 unzulässige geschäftliche Handlung (§ 2 I Nr 1) voraus, die vorsätzlich vorgenommen wird. Bedingter Vorsatz (dolus eventualis) genügt (OLG Stuttgart GRUR 07, 435, 436 – *Veralteter Matratzentest;* OLG Schleswig MMR 13, 579, 584) Hingegen ergibt sich aus Wortlaut und Entstehungsgeschichte (vgl Begr RegE UWG 2004, BT-Drucks 15/1487 S 23f, s auch Rn 2) eindeutig, dass Fahrlässigkeit (auch grobe Fahrlässigkeit) nicht ausreicht. Vorsätzlich handelt, wer weiß, dass er sämtliche Tatbestandsmerkmale des § 3 oder § 7 verwirklicht, und das auch will (vgl § 9 Rn 6). Auf die Tatbestandsmerkmale des § 10 braucht sich der Vorsatz hingegen nicht zu erstrecken. Zum Vorsatz gehört das Bewusstsein der Rechtswidrigkeit (OLG Frankfurt GRUR-RR 10, 482 – „*heute gratis"*). Der Handelnde muss also die Tatsachen kennen, aus denen sich das Unlauterkeitsurteil ergibt, und zumindest im Sinne einer „Parallelwertung in der Laiensphäre" die Unlauterkeit seines Verhaltens erkennen. Insbesondere handelt bedingt vorsätzlich, wem sich die Rechtswidrigkeit seines Tuns geradezu aufdrängt (BGHZ 133, 246, 250; OLG Hamm GRUR-RR 08, 435, 437 – *Zulassung in EU-Mitgliedstaat;* OLG Frankfurt aaO; Harte/Henning/*Goldmann* § 10 Rn 66; *Köhler/Bornkamm* § 10 Rn 6) oder wer sein wettbewerbsrelevantes Verhalten fortsetzt, obgleich er sich auf Grund der ihm bekannten Tatsachen nicht der Einsicht verschließen kann, dass dieses unlauter ist (OLG Stuttgart GRUR 07, 435, 436 – *Veralteter Matratzentest;* ähnl bereits BGH GRUR 67, 596, 597 – *Kuppelmuffenverbindung;* BGHZ 117, 115, 117f = GRUR 92, 448, 449 – *Pullovermuster*). Stellt ein Tatbestand auf die Irreführung eines Durchschnittsverbrauchers ab, so ist es mangels Tatbestandserfüllung unerheblich, wenn ein Unternehmer billigend die Irreführung von Personen in Kauf nimmt, die unterdurchschnittlich aufmerksam oder informiert sind (aA OLG Frankfurt GRUR-RR 09, 265, 268 – *Abo-Fallen*). Eine berechtigte Abmahnung ist regelmäßig ausreichend, um Vorsatz zu vermitteln (OLG Frankfurt/Main GRUR-RR 2010, 482 – „*heute gratis";* Köhler/Bornkamm § 10 Rn 6). Wer über die Unlauterkeit seines Vorgehens, sei es auch grob fahrlässig, irrt, handelt nicht im Bewusstsein der Rechtswidrigkeit und damit nicht vorsätzlich (OLG Hamm GRUR-RR 08, 435, 437 – *Zulassung in EU-Mitgliedstaat;* LG Bonn GRUR-

RR 06, 111: jeder Mensch, Richter und Rechtsanwälte eingeschlossen, macht Fehler). Das ist etwa der Fall, wenn ein Unternehmer die unionsrechtlich nicht einfach zu beurteilende Vermarktung eines im Ausland zulässig in Verkehr gebrachten Produkts in Deutschland fälschlicherweise für zulässig hält (OLG Hamm aaO). Auch wer falsche Angaben eines Lieferanten ungeprüft übernimmt, handelt regelmäßig nur (grob) fahrlässig (bedenklich weitgehend OLG Stuttgart GRUR 07, 435, 436 – *Veralteter Matratzentest*: Pflicht des Schuldners, sich auf Angaben eines Lieferanten nicht zu verlassen, sondern sie zu überprüfen).

II. Gewinnerzielung zu Lasten einer Vielzahl von Abnehmern

1. Gewinn. Der Gewinn des Verletzers errechnet sich aus dem Umsatzerlös abzüglich der für die Herstellung der Ware oder die Erbringung der Leistung aufgewandten Kosten und abzüglich der Betriebskosten, aber ohne Gemeinkosten und sonstige betriebliche Aufwendungen, die auch ohne das wettbewerbswidrige Verhalten angefallen wären (Begr RegE UWG 2004, BT-Drucks 15/1487 S 24). Zur Berechnung des Verletzergewinns können die Grundsätze herangezogen werden, die im Immaterialgüterrecht und unter § 4 Nr 9 im Rahmen der dreifachen Schadensberechnung anerkannt sind (*Schaub* GRUR 05, 918, 921; *Pokrant,* FS Ullmann, 2006, 813, 823) und die in der Kommentierung zu § 9 erläutert werden (§ 9 Rn 19f). Das gilt insbesondere für die Begrenzung der Abzugsfähigkeit von Gemeinkosten (s § 9 Rn 20). **Nicht abzugsfähig** sind die Kosten der aufgrund der Zuwiderhandlung geführten Rechtsstreitigkeiten, zu denen der Verletzer einen Anlass hätte, sich auf kostenträchtige Prozesse einzulassen (Begr RegE aaO), und alle weiteren Vermögensnachteile, die gerade durch die Unlauterkeit des Verhaltens hervorgerufen wurden, etwa die Kosten für die Einstellung einer Werbeaktion oder mittelbare Folgen wie Imageschäden (§ 818 III BGB ist nicht anwendbar, *Köhler*/Bornkamm § 10 Rn 7; *Neuberger* S 100f; aA *Sack* WRP 03, 549, 554). Ist die Höhe des Gewinns streitig, so kann das Gericht den Betrag gem § 287 ZPO schätzen (Begr RegE aaO). 6

2. Durch die unzulässige Handlung erzielt. Für den so errechneten Gewinn muss die Zuwiderhandlung **kausal** sein, dh der Gewinn muss gerade auf dem Verstoß gegen § 3 oder § 7 beruhen (§ 10: „Wer ... vornimmt und *hierdurch*... einen Gewinn erzielt"). Ebenso wie unter § 9 (s § 9 Rn 19) erstreckt sich der Anspruch nicht auf den gesamten Gewinn, den der Verletzer aus dem unlauteren Vertrieb erzielt (aA Harte/Henning/*Goldmann* § 10 Rn 121f; MüKo/*Micklitz* § 10 Rn 142), sondern nur auf den Gewinnanteil, der gerade auf der Verletzungshandlung beruht (*Köhler*/Bornkamm § 10 Rn 7; *Neuberger* S 92ff). Sind aus Verbrauchersicht mehrere Motive für den Kauf maßgeblich oder ist nur eine von mehreren Werbeangaben irreführend, so kann die Ermittlung dieses Gewinnanteils erhebliche Schwierigkeiten bereiten (*Sack* WRP 03, 549, 554; *Köhler*/Bornkamm § 10 Rn 7), über die § 287 ZPO nur teilweise hinweghilft (dazu *Gärtner* GRUR Int 08, 817, 818f). Dennoch sprechen der Wortlaut des § 10 I, der (anzustrebende) Gleichlauf mit dem Schadensrecht und der Grundsatz der Verhältnismäßigkeit für diese Auslegung. 7

3. Zu Lasten einer Vielzahl von Abnehmern. a) Zu Lasten. aa) Meinungsstand. Der Gewinn muss „zu Lasten einer Vielzahl von Abnehmern" erzielt worden sein. Sicherlich genügt es daher nicht, wenn der Gewinn lediglich zu Lasten von Mitbewerbern erzielt wurde (*Köhler*/Bornkamm § 10 Rn 8). Im Übrigen ist die Bedeutung dieses Merkmals aber umstritten. Nach der Fassung des Regierungsentwurfs zu § 10 musste der Gewinn noch „auf Kosten" einer Vielzahl von Abnehmern erzielt werden. Dadurch sollte klargestellt werden, dass ein Anspruch auf Gewinnabschöpfung nur besteht, wenn dem Gewinn des Verletzers ein Vermögensnachteil auf Seiten des Abnehmers unmittelbar gegenübersteht (Begr RegE UWG 2004, BT-Drucks 15/1487 S 24). Im Rechtsausschuss wurde die Formulierung geändert, um 8 zum Ausdruck zu bringen, dass die Ermittlung einzelfallbezogener Nachteile nicht erforderlich sein sollte (BT-Drucks 15/2795 S 21). Nach einer möglichen Auslegung erfordert § 10 I immer noch, dass dem Vorteil des Verletzers ein unmittelbarer Vermögensnachteil der Abnehmer gegenübersteht. Das soll der Fall sein, wenn den Abnehmern bürgerlich-rechtliche Ansprüche oder Gestaltungsrechte (Anfechtung, Widerrufsrecht, Mängelrechte, culpa in contrahendo, §§ 823ff BGB) zur Verfügung stehen, da § 10 gerade darauf reagiere, dass diese Ansprüche praktisch nicht geltend gemacht werden (*Köhler*/Bornkamm § 10 Rn 9f; *Pokrant*, FS Ullmann, 2006, 813, 815; offengelassen von OLG Frankfurt GRUR-RR 10, 482, 483 – *„heute gratis"*). Nach der Gegenansicht ist es ausreichend, wenn Abnehmer in ihrem lauterkeitsrechtlich geschützten Interessenkreis berührt werden, ohne dass eine konkrete Gegenüberstellung von Leistung und Gegenleistung erforderlich ist (*Alexander* WRP 04, 407, 418; Fezer/*v. Braunmühl* § 10 Rn 198ff; MüKo/*Micklitz* § 10 Rn 127ff; *Neuberger* S 104ff; vermittelnd Harte/Henning/*Goldmann* § 10 Rn 83, 85ff: Erfordernis einer wirtschaftlichen Schlechterstellung ohne Saldierung zwischen Leistung und Gegenleistung).

9 **bb) Stellungnahme.** Mit der Änderung des Wortlauts (von „auf Kosten" zu „zu Lasten") hat der Rechtsausschluss geklärt, dass eine einzelfallbezogene Saldierung von Vor- und Nachteilen eines Geschäfts nicht erforderlich ist. Eine solche Gegenüberstellung wäre unpraktikabel und liefe auf eine unakzeptable richterliche Preiskontrolle hinaus (*Sosnitza* GRUR 03, 739, 746). Erforderlich, aber auch hinreichend ist eine wirtschaftliche Schlechterstellung bei einer Vielzahl von Abnehmern. Schon die Belastung mit einem möglicherweise ungewollten Vertrag kann eine solche Schlechterstellung bedeuten (OLG Stuttgart GRUR 07, 435, 437 – *Veralteter Martatzentest*; Harte/Henning/*Goldmann* § 10 Rn 85). Eines Nachweises im Einzelfall, dass der betreffende Vertrag tatsächlich unerwünscht war, ist nicht erforderlich. In den praktisch bedeutendsten Fällen der Irreführung (§§ 5, 5a) und der unangemessenen Einwirkung auf Abnehmer (§ 4 Nr 1) führen allerdings sämtliche Ansichten meist zum selben Ergebnis, da hier dem Abnehmer regelmäßig auch bürgerlich-rechtliche Mängelansprüche oder Möglichkeiten der Lösung vom Vertrag (Anfechtung, culpa in contrahendo) zur Verfügung stehen (vgl OLG Frankfurt GRUR-RR 09, 265, 268 – *Abo-Fallen*).

10 **b) Abnehmer.** Abnehmer sind neben Verbrauchern auch andere Marktteilnehmer (Unternehmen, Vereine, die öffentliche Hand), die Waren oder Dienstleistungen des Verletzers nachfragen, also zu ihm in einem Vertikalverhältnis stehen (Begr RegE UWG 2004, BT-Drucks 15/1487 S 24). Abnehmer sind nur die unmittelbaren Vertragspartner des Verletzers, nicht hingegen sämtliche Marktbeteiligte auf nachgelagerten Marktstufen (BGH GRUR 08, 818 Rn 135 – *Strafbare Werbung im Versandhandel*; *Köhler*/Bornkamm § 10 Rn 11; *Neuberger* S 108; aA Fezer/*v. Braunmühl* § 10 Rn 208; Harte/Henning/*Goldmann* § 10 Rn 101).

11 **c) Vielzahl.** Der Begriff der „Vielzahl" betroffener Abnehmer ist im Gesetz nicht näher bestimmt. Allerdings muss es sich um eine „größere Anzahl" von Abnehmern handeln, so dass individuelle Wettbewerbsverstöße, etwa im Rahmen eines Verkaufsgesprächs, außer Betracht bleiben (Begr RegE UWG 2004, BT-Drucks 15/1487 S 24). In der Literatur werden unterschiedliche Grenzen vorgeschlagen, die von drei Abnehmern (so in Anlehnung an die Rspr zu § 305 I 1 BGB *Köhler*/Bornkamm § 10 Rn 12) über 15 (*Micklitz/Stadler* § 36) bis zu 50 Abnehmern reichen (so in Anlehnung an § 283a StGB Harte/Henning/*Goldmann* § 10 Rn 99). Auch wenn vor allem die Grundsätze zu § 305 I 1 BGB wegen der verwandten Schutzzwecke beider Bestimmungen bis zu einer Klärung durch die Rechtsprechung Orientierung bieten, lässt sich keine trennscharfe Grenze aufstellen. Entscheidend sind nicht zuletzt die Umstände des Einzelfalls, etwa die Breitenwirkung der betreffenden Werbung, die

Schwere und die Dauer des Verstoßes (OLG Frankfurt GRUR-RR 09, 265, 267 f – *Abo-Fallen*).

C. Rechtsfolge

Herauszugeben ist der durch die unlautere Wettbewerbshandlung erzielte **Gewinn**. Da aber das Gesetz nur abschöpfen will, was dem Verletzer aus der Zuwiderhandlung als Gewinn effektiv verblieben ist, mindert sich die Herausgabepflicht um Leistungen, die der Schuldner zur Erfüllung von Verpflichtungen, die auf Grund der Zuwiderhandlung entstanden sind, an Dritte oder den Staat erbringt (§ 10 II 2). Der Anspruch aus § 10 I tritt daher hinter solche Verpflichtungen zurück (**Subsidiarität** des Gewinnabschöpfungsanspruchs). Abzuziehen vom Gewinn sind daher alle Leistungen an Dritte, wenn und soweit der Leistungsempfänger darauf Anspruch hatte und der Schuldner sie tatsächlich erbracht hat. Beispiele sind Leistungen zur Erfüllung von Schadensersatzansprüchen (§ 9) und Bereicherungsansprüchen von Mitbewerbern, Vertragsstrafeansprüchen von Mitbewerbern oder Verbänden und von Ansprüchen der Abnehmer (*Köhler*/Bornkamm § 10 Rn 13). Abzuziehen sind aber nicht Rechtsverteidigungskosten des Schuldners, die im Zusammenhang mit dem Wettbewerbsverstoß angefallen sind (Rn 6). Erfüllt die Zuwiderhandlung zugleich den Tatbestand einer strafbaren Handlung und ist der Verletzer zu Schuld und Strafe verurteilt worden, ist sogar eine gezahlte Geldstrafe mit dem Gewinn zu verrechnen (BegrRegEntw, BT-Drucks 15/1487, S 24, zu den Bedenken dagegen s Bundesrat BT-Drucks 15/1487, S 35). Bußgelder sowie Ordnungsgelder aus einer Unterlassungsvollstreckung sollen ebenfalls anrechenbar sein (BegrRegEntw aaO, S 24; *Köhler*/Bornkamm § 10 Rn 13). Hat der Schuldner nach Abführung des Gewinns eine Leistung erbracht, erstattet ihm die zuständige Stelle (das Bundesverwaltungsamt, § 10 V 1) den abgeführten Gewinn – als Konsequenz aus § 10 II 1 auch eine gezahlte Strafe oder Buße – in Höhe eines der erbrachten Leistung entsprechenden Betrages zurück.

D. Gläubiger und Schuldner

I. Gläubiger

1. Anspruchsberechtigung. Gläubiger des Gewinnabschöpfungsanspruchs sind die nach § 8 III Nr 2–4 klagebefugten **Verbände und Kammern,** nicht die Mitbewerber (§ 8 III Nr 1) und auch nicht der Bund (vgl § 10 I).

2. Mehrheit von Gläubigern. Machen mehrere der nach § 8 III Nr 2–4 Berechtigten den Anspruch geltend, was wenig wahrscheinlich, aber denkbar ist, finden die Vorschriften der §§ 428–430 BGB über die **Gesamtgläubigerschaft** entsprechende Anwendung (§ 10 III), soweit das nicht durch die Regelungen des § 10 ausgeschlossen wird. Keine Wirkung kommt § 428 Satz 1 Halbs 2 und Satz 2 BGB zu, da der Schuldner ausschließlich und unmittelbar an den Bundeshaushalt und nicht an einen der Gläubiger zu leisten hat (vgl § 10 I 1). Ebenfalls unanwendbar ist nach der Natur des durch § 10 normierten Rechtsverhältnisses § 429 II BGB und § 429 III iVm § 422 I 2, II und § 423 BGB. § 430 BGB hat mit Blick auf den vom Schuldner abzuführenden Gewinn, der allein dem Bundeshaushalt zufließt, keine Bedeutung, kann aber möglicherweise auf die Aufwendungserstattungsansprüche mehrerer Gläubiger (§ 10 IV) Anwendung finden, wenn der Gewinn zur Befriedigung aller nicht ausreicht (§ 10 IV 3) und deshalb nur pro rata zu erstatten ist.

15 **3. Abführung an den Bundeshaushalt.** Der Gläubiger kann vom Schuldner nicht Leistung an sich, sondern Herausgabe nur unmittelbar an den Bundeshaushalt (das Bundesverwaltungsamt, § 10 V) verlangen (§ 10 I). Anders als im Gesetzentwurf ursprünglich vorgesehen läuft die Zahlung nicht über die Gläubiger. Für den Bund (Bundeshaushalt) handelt als zuständige Stelle das **Bundesamt für Justiz** (§ 10 V). Gegenüber dem Gläubiger besteht ein **Auskunftsanspruch** nach § 10 IV 1. Nach Maßgabe des § 10 IV 2, 3 stehen dem Gläubiger **Erstattungsansprüche** zu, aber nur für erforderliche Aufwendungen und diese auch nur beschränkt auf die Höhe des an den Bundeshaushalt abzuführenden Gewinns (§ 10 IV 2, 3), ggf – bei einer Mehrheit von Gläubigern – auch nur pro rata (Rn 14 aE).

II. Schuldner

16 Schuldner des Abschöpfungsanspruchs ist der **Verletzer,** der durch einen (vorsätzlichen) Verstoß gegen § 3 oder § 7 einen Gewinn in abzuführender Höhe zu Lasten einer Vielzahl von Abnehmern erzielt hat. Zuwiderhandelnder und Gewinnerzielender müssen danach identisch sein. Eine Zurechnung der Handlungen von Hilfspersonen gem § 8 II scheidet aus. Auch § 31 BGB (Organ- und Repräsentantenhaftung) und § 831 BGB (Haftung für Verrichtungsgehilfen) sind nicht unmittelbar anwendbar, doch kommt wegen der Nähe zum Schadensersatzanspruch eine analoge Anwendung beider Vorschriften in Betracht (Fezer/*v. Braunmühl* § 10 Rn 224; *Köhler/ Bornkamm* § 10 Rn 16). Da aber § 10 nur vorsätzliches Handeln erfasst und die Haftung nach § 831 BGB Haftung für eigenes Verschulden ist, haftet der Geschäftsherr nur dann, wenn ihm selbst vorsätzliches Handeln zur Last fällt (Fezer/*v. Braunmühl* § 10 Rn 244; Harte/Henning/*Goldmann* § 10 Rn 75).

E. Beweisfragen

17 Beweisbelastet für beide Tatbestandsvoraussetzungen des § 10 I (Zuwiderhandlung und Gewinnerzielung) und deren jeweilige Einzelkriterien sowie für die Kausalität zwischen Wettbewerbsverstoß und Gewinn (Rn 7) ist der Gläubiger. §§ 286, 287 ZPO finden Anwendung. Sache des Schuldners ist es, den Nachweis für die nach § 10 II anrechenbaren bzw zu erstattenden Leistungen zu führen (Bestehen der Verpflichtungen nach Grund und Höhe und deren tatsächliche Erbringung).

F. Anspruchsdurchsetzung

18 Die Klage richtet sich auf **Herausgabe** des (Unrechts-)Gewinns nach Abzug der nach § 10 II 1 anrechenbaren Leistungen (Rn 12) an das Bundesverwaltungsamt. Kann der Gläubiger wie meist zur Höhe des Anspruchs nicht schlüssig vortragen, kann er den Schuldner auf **Auskunft** in Anspruch nehmen (vgl § 9 Rn 35 ff) und auch im Wege der **Stufenklage** zunächst die Auskunft, sodann die Herausgabe verlangen (§ 254 ZPO) (OLG Stuttgart GRUR 07, 435 – *Veralteter Matratzentest*).
19 **Einwendungen** des Schuldners können sich auf materiell-rechtliche Gesichtspunkte stützen (§ 242 BGB, vgl § 8 Rn 164 ff), aber auch auf die Art und Weise der Geltendmachung des Herausgabeanspruchs als **rechtsmissbräuchlich.** § 8 IV 1, der unmittelbar nur die Geltendmachung von Unterlassungs- und Beseitigungsansprüchen regelt, ist im Rahmen des § 10 analog anwendbar (*Köhler*/Bornkamm § 10 Rn 19; aA *Alexander* WRP 12, 1190, 1196). Zu den Voraussetzungen des § 8 IV s § 8 Rn 154 ff.
20 Die **Verjährung** des Herausgabeanspruchs aus § 10 I richtet sich nach § 11 IV.

§ 11 Verjährung

(1) **Die Ansprüche aus §§ 8, 9 und 12 Absatz 1 Satz 2 verjähren in sechs Monaten.**

(2) **Die Verjährungsfrist beginnt, wenn**
1. der Anspruch entstanden ist und
2. der Gläubiger von den den Anspruch begründenden Umständen und der Person des Schuldners Kenntnis erlangt oder ohne grobe Fahrlässigkeit erlangen müsste.

(3) Schadensersatzansprüche verjähren ohne Rücksicht auf die Kenntnis oder grob fahrlässige Unkenntnis in zehn Jahren von ihrer Entstehung, spätestens in 30 Jahren von der den Schaden auslösenden Handlung an.

(4) **Andere Ansprüche verjähren ohne Rücksicht auf die Kenntnis oder grob fahrlässige Unkenntnis in drei Jahren von der Entstehung an.**

Inhaltsübersicht

	Rn
A. Grundlagen	1
I. Normzweck	1
II. Neuregelung	2
III. Inhalt der Norm	3
IV. Anwendungsbereich	6
1. Ansprüche auf Grund des UWG	6
2. Vertragliche Ansprüche	7
3. Titulierte Unterlassungsansprüche	8
4. Konkurrierende Ansprüche	9
B. Anspruchsverjährung nach § 11 I, II	15
I. Voraussetzungen	15
II. Entstehung des Anspruchs (§ 11 II Nr 1)	16
1. Grundsatz	16
2. Unterlassungs- und Beseitigungsanspruch	17
3. Schadensersatzanspruch	22
4. Auskunftsanspruch	24
5. Anspruch auf Erstattung der Abmahnkosten und der Kosten für Abschlussschreiben	25
6. Gewinnabschöpfungsanspruch	26
III. Kenntnis, grob fahrlässige Unkenntnis (§ 11 II Nr 2)	27
1. Kenntnis der anspruchsbegründenden Umstände	27
2. Kenntnis von der Person des Schuldners	28
3. Wissensvertreter	29
4. Grob fahrlässige Unkenntnis	30
C. Verjährung von Schadensersatzansprüchen nach § 11 III	31
D. Verjährung anderer Ansprüche als Schadensersatzansprüche (§ 11 IV)	32
E. Hemmung der Verjährung	33
I. Allgemein	33
II. Einzelne Hemmungstatbestände	37
1. Verhandlungen über den Anspruch (§ 203 BGB)	37
2. Klageerhebung (§ 204 I Nr 1 BGB)	38
3. Zustellung bzw Einreichung des Antrags auf Erlass einer einstweiligen Verfügung	39
4. Anrufung der Einigungsstelle (§ 15 IX 1)	40
F. Neubeginn der Verjährung	41
I. Allgemein	41

	Rn
II. Anerkenntnis (§ 212 I Nr 1 BGB)	42
III. Vornahme oder Beantragung einer gerichtlichen oder behördlichen Vollstreckungshandlung (§ 212 I Nr 2 BGB)	43
G. Wirkung der Verjährung (§§ 214 ff BGB)	44
H. Vereinbarungen über die Verjährung, Einredeverzicht	47
I. Verfahrensfragen	48
J. Beweisfragen	52

Literatur: *Bär-Bouyissière,* Anspruchsverjährung bei Verstoß gegen wettbewerbsrechtliche Unterwerfungserklärung, NJW 1996, 1657; *Borck,* Zur Verjährung wettbewerbsrechtlicher Unterlassungsansprüche WRP 1979, 341; *Friedrich,* Verjährungshemmung durch Güteverfahren, NJW 2003, 1781; *Fritzsche,* Zum Verjährungsbeginn bei Unterlassungsansprüchen, FS Rolland, 1999, 115; *Köhler,* Zur Verjährung des vertraglichen Unterlassungs- und Schadensersatzanspruchs, GRUR 1996, 231; *ders,* Zur Geltendmachung und zur Verjährung von Unterlassungsansprüchen, JZ 2005, 489; *König,* Verfolgungsverjährung im Ordnungsmittelverfahren und Rückzahlung von Ordnungsgeld durch die Landeskasse, WRP 2002, 404; *Lindacher,* Unterlassungs- und Beseitigungsanspruch, GRUR 1985, 423; *Mansel,* Die Neuregelung des Verjährungsrechts, NJW 2002, 89; *Maurer,* Verjährungshemmung durch vorläufigen Rechtsschutz, GRUR 2003, 208; *Messer,* Neue Rechtsfragen zur Verjährung des wettbewerblichen Unterlassungs- und Schadensersatzanspruchs, FS Helm, 2002, 111; *Neu,* Die Verjährung der gesetzlichen Unterlassungs-, Beseitigungs- und Schadensersatzansprüche des Wettbewerbs- und Warenzeichenrechts, GRUR 1985, 345; *Peters,* Die Einrede der Verjährung als ein den Rechtsstreit in der Hauptsache erledigendes Ereignis, NJW 2001, 2289; *Pietzcker,* Feststellungsprozeß und Anspruchsverjährung, GRUR 1998, 293; *Rieble,* Verjährung „verhaltener" Ansprüche – am Beispiel der Vertragsstrafe, NJW 2004, 2270; *Rohlfing,* Verjährungsfristbeginn im Wettbewerbsrecht bei grob fahrlässiger Unkenntnis, GRUR 2006, 735; *Schabenberger,* Zur Hemmung nach § 204 Abs 1 Nr 9 BGB in wettbewerbsrechtlichen Auseinandersetzungen, WRP 2002, 293; *Schulz,* Die neuen Verjährungsvorschriften des UWG, WRP 2005, 274; *Teplitzky,* Zur Unterbrechung und Hemmung der Verjährung wettbewerbsrechtlicher Ansprüche, GRUR 1984, 307; *Traub,* Hemmung oder Unterbrechung der Verjährung durch eine wettbewerbsrechtliche Schlichtung?, FS Vieregge, 1995, 869; *ders,* Unterbrechung der Verjährung durch Antrag auf Erlaß einer einstweiligen Verfügung, WRP 1997, 903; *Traumann,* Zum Einfluß des Vortrags von Rechtsansichten auf die Verjährung wettbewerbsrechtlicher Unterlassungsansprüche, DB 1986, 262; *Ullmann,* Erstbegehungsgefahr durch Vorbringen im Prozeß?, WRP 1996, 1007; *Ulrich,* Die analoge Anwendung des § 21 UWG, WRP 1996, 379; *Ungewitter,* Zur Verjährung des Aufwendungsersatzanspruchs bei Abmahnungen, GRUR 2012, 697; *Wagner,* Alternative Streitbeilegung und Verjährung, NJW 2001, 182.

A. Grundlagen

I. Normzweck

1 Wie alle Verjährungsvorschriften beruht auch § 11 auf dem Gedanken des **Schuldnerschutzes** sowie der **Sicherheit des Rechtsverkehrs** und des **Rechtsfriedens.** Der Schuldner soll davor geschützt werden, auch noch nach längerer Zeit mit von ihm nicht mehr erwarteten Forderungen konfrontiert zu werden und vor **Beweisschwierigkeiten** zu stehen, in die er bei früherer rechtzeitiger Inanspruchnahme durch den Gläubiger nicht geraten wäre. Es dient aber auch dem allgemeinen Interesse an Rechtssicherheit und Rechtsfrieden, wenn die Anspruchsberechtigten angehalten werden, ihre Ansprüche innerhalb bemessener Zeit geltend zu machen, und, wenn das nicht geschieht, dem in Anspruch Genommenen die Möglichkeit zu geben, sich auf Verjährung zu berufen (BGHZ 59, 72, 74 = GRUR 72, 721 – *Kaffeewerbung;* BGHZ

128, 74, 82 f = NJW 95, 252, 253; Palandt/*Ellenberger* Überbl vor § 194 Rn 7 ff; *Köhler/ Bornkamm* § 11 Rn 1.2). Diese Grundsätze gelten auch für die Verjährung **wettbewerbsrechtlicher Ansprüche.** Insbesondere mit der nur kurzen sechsmonatigen Frist des § 11 I stellt das Gesetz im Interesse eines angemessenen Schuldnerschutzes den Verletzer, der von seinem rechtswidrigen Verhalten endgültig Abstand genommen hat, von der Möglichkeit frei, auch noch nach längerer Zeit von einer unübersehbaren Zahl anspruchsberechtigter Gläubiger in Anspruch genommen zu werden und trägt damit zugleich den Schwierigkeiten Rechnung, auf die die Klärung wettbewerbsrechtlicher Streitfragen in tatsächlicher Hinsicht vor allem längere Zeit nach der Zuwiderhandlung stößt (BGH GRUR 68, 367, 370 – *Corrida;* GRUR 84, 820, 823 – *Intermarkt II; Köhler*/Bornkamm § 11 Rn 1.2; Harte/Henning/*Schulz* § 11 Rn 8f).

II. Neuregelung

§ 11 ist an die Stelle von § 21 aF getreten. An der sechsmonatigen Verjährungsfrist 2 der früheren Regelung für Unterlassungs- und Schadensersatzansprüche hat das UWG – ergänzt um die den Abmahnkostenersatzanspruch (§ 12 I 2) betreffende Verjährungsregelung des § 11 I – **grundsätzlich festgehalten** (§ 11 I), im Übrigen aber die Vorschrift weitgehend an die durch das Schuldrechtsmodernisierungsgesetz vom 26.11.2000 (BGBl I S 3138) neu gefassten Verjährungsvorschriften des § 199 BGB angeglichen. Das betrifft insbesondere die **Erschwerung** der Verjährung durch die Verlängerung der für Schadensersatzansprüche maßgebenden Frist von früher drei auf zehn und 30 Jahre in den Fällen des § 11 III und die **Erleichterung** der Verjährung durch die neu in das Gesetz aufgenommene Gleichstellung der grob fahrlässig verschuldeten Unkenntnis mit der nach altem Recht für den Beginn der Verjährungsfrist bislang allein geforderten positiven Kenntnis von Tat und Täter (§ 11 II–IV). Nicht übernommen hat § 11 – was für die wettbewerbsrechtliche Praxis von erheblicher Bedeutung ist – die Regelung des § 199 I BGB, nach der die Verjährung erst mit dem Schluss des Jahres beginnt, in das der für den Beginn der Verjährung maßgebliche Zeitpunkt fällt.

III. Inhalt der Norm

§ 11 I gilt für Unterlassungs- und Beseitigungs-(Widerrufs-)Ansprüche (§ 8 I), für 3 Schadensersatzansprüche (§ 9) und für die Hilfsansprüche auf Auskunft und Rechnungslegung sowie für die Abmahnkostenersatzansprüche des § 12 I 2. Alle diese Ansprüche verjähren in **sechs Monaten** *bei Vorliegen der Voraussetzungen des § 11 II,* dh sobald der Anspruch entstanden ist und der Gläubiger die den Anspruch begründenden Umstände und die Person des Schuldners kennt oder seine Unkenntnis insoweit auf grober Fahrlässigkeit beruht.

§ 11 III betrifft nur Schadensersatzansprüche. Er normiert eine **zehnjährige** Ver- 4 jährungsfrist ab Entstehung des Anspruchs, *wenn* es an den Voraussetzungen des § 11 II Nr 2 fehlt („ohne Rücksicht auf die Kenntnis oder grob fahrlässige Unkenntnis" des Gläubigers von den anspruchsbegründenden Umständen und der Person des Schuldners), sowie eine **dreißigjährige Verjährungsfrist** ohne Rücksicht auf den Zeitpunkt der Entstehung des Anspruchs von der den Schaden auslösenden Handlung an.

§ 11 IV bezieht sich auf **andere Ansprüche als Schadensersatzansprüche.** Ge- 5 meint sind die in § 11 I genannten Unterlassungs- und Beseitigungsansprüche (§ 8 I) und Abmahnkostenersatzansprüche (§ 12 I 2) *für den Fall,* dass mangels Vorliegens der Voraussetzungen des § 11 II Nr 2 die sechsmonatige Verjährung des § 11 I nicht in Betracht kommt (vgl Rn 32). *In diesem Fall* verjähren die vorbezeichneten Ansprüche ebenso wie die Ansprüche auf Gewinnabschöpfung (§ 10) in drei Jahren ab Entstehung des Anspruchs.

IV. Anwendungsbereich

6 1. Ansprüche auf Grund des UWG. § 11 enthält – im Rahmen seines Anwendungsbereichs – für Beginn und Dauer der Verjährungsfristen eine **abschließende Regelung** für alle bürgerlich-rechtlichen Ansprüche aus dem UWG, auch für die Ansprüche aus ergänzendem wettbewerbsrechtlichen Leistungsschutz, § 4 Nr 9 (BGH GRUR 99, 751, 754 – *Güllepumpen; Köhler/Bornkamm* § 11 Rn 1.12; aA *Nirk,* GRUR 93, 247, 254). Als spezielle Regelung schließt § 11 insoweit die allgemeinen BGB-Verjährungsvorschriften aus. Unanwendbar sind daher die BGB-Regelungen über die regelmäßige Verjährungsfrist des § 195 BGB und die Fristenregelungen des § 199 BGB. § 11 trifft aber keine Bestimmungen zu Hemmung, Ablaufhemmung und Neubeginn der Verjährung sowie zu den Rechtsfolgen der Verjährung, so dass insoweit die einschlägigen Vorschriften der §§ 203 ff, 214 ff BGB auf die dem § 11 unterfallenden Ansprüche Anwendung finden (Rn 33 ff, 41 ff, 44 ff).

7 2. Vertragliche Ansprüche. Finden Unterlassungs-, Beseitigungs- und Schadensersatzansprüche oder Ansprüche auf Zahlung von Vertragsstrafe ihre Grundlage in strafbewehrten Unterwerfungsvereinbarungen (oder auch in Vertriebsbindungsverträgen oder vertraglichen Wettbewerbsverboten uä) ist zu unterscheiden: **Unterlassungspflichten aus Vertrag** gelten, wie aus der Natur solcher Verträge folgt, in zeitlicher Hinsicht grundsätzlich unbeschränkt. Sofern der Schuldner gegen seine vertragliche Unterlassungspflicht *nicht* verstößt, erfüllt er den Vertrag, so dass für Unterlassungsansprüche des Gläubigers, die verjähren könnten, kein Raum ist. Verjähren können nur nichtbefriedigte Ansprüche (BGHZ 59, 72, 74 f = GRUR 72, 721 – *Kaffeewerbung*). Verstößt aber der Schuldner gegen die Unterlassungsvereinbarung, unterliegt der daraus folgende vertragliche Unterlassungsanspruch der Verjährung. Wegen seiner Parallelität zu dem gesetzlichen Unterlassungsanspruch, die die Unterlassungsvereinbarung ausgelöst hatte, und zu dem auf Grund des erneuten Verstoßes wieder auflebenden gesetzlichen Unterlassungsanspruch gilt für ihn **analog § 11 I** die nach dieser Vorschrift maßgebende **sechsmonatige** Frist (vgl BGHZ 130, 288, 293 ff = GRUR 95, 678, 680 – *Kurze Verjährungsfrist; Köhler*/Bornkamm § 11 Rn 1.15; Harte/Henning/*Schulz* § 11 Rn 32; Fezer/*Büscher* § 11 Rn 15; Ahrens/*Bornkamm* Kap 34 Rn 23; *Teplitzky* Kap 16 Rn 21). Gleiches gilt für den Beseitigungs- (Widerrufs-) Anspruch und den durch den Verstoß ausgelösten vertraglichen Schadensersatzanspruch aus positiver Vertragsverletzung, **mangels Vergleichbarkeit** mit dem vertraglichen Unterlassungs- und Schadensersatzanspruch **aber nicht** für den Anspruch auf Zahlung einer verwirkten **Vertragsstrafe**. Dieser verjährt demgemäß innerhalb der regelmäßigen Verjährungsfrist des § 195 BGB von drei Jahren nach Maßgabe des § 199 I BGB (BGH GRUR 92, 61, 63 – *Preisvergleichsliste;* BGH aaO – *Kurze Verjährungsfrist,* S 295 f; *Köhler*/Bornkamm aaO; Harte/Henning/*Schulz* § 11 Rn 33; Fezer/*Büscher* § 11 Rn 20; Ahrens/*Bornkamm* Kap 34 Rn 25, 26).

8 3. Titulierte Unterlassungsansprüche. Anders als rechtskräftig ausgeurteilte Zahlungs-(Schadensersatz-)Ansprüche, die ab Rechtskraft der Entscheidung bzw der Errichtung des Vollstreckungstitels innerhalb von 30 Jahren verjähren (§ 197 I Nr 3, 4 BGB), unterliegen **rechtskräftig festgestellte Unterlassungsansprüche** aus den gleichen Gründen wie vertragliche Unterlassungansprüche (Rn 7) *nicht* der Verjährung, solange der Schuldner seiner Unterlassungsverpflichtung nachkommt. Für ein Eingreifen der dreißigjährigen Verjährungsfrist des § 197 I Nr 3, 4 BGB ist bei einer solchen Sachlage kein Raum. **Erst die Nichterfüllung** der Unterlassungspflicht lässt den Unterlassungsanspruch entstehen (BGHZ 59, 72, 74 f = GRUR 72, 721 – *Kaffeewerbung*). Diese Rechtsprechung hat mit den Schuldrechtsmodernisierungsgesetz im BGB auch ihren gesetzlichen Ausdruck gefunden (§ 200 iVm § 199 V BGB). **Unterlassungsansprüche** auf Grund von Verstößen gegen rechtskräftig festgestellte Unterlassungspflichten verjähren daher nach § 197 I BGB vom Zeitpunkt der Zuwi-

Verjährung **§ 11 UWG**

derhandlung an, nicht vom Zeitpunkt der Rechtskraft der Entscheidung an, in 30 Jahren (*Köhler*/Bornkamm § 11 Rn 1.18; Gloy/Loschelder/Erdmann/*Schwippert* § 83 Rn 42; Ahrens/*Bornkamm* Kap 34 Rn 13ff). Dabei ist jedoch zu beachten, dass für die Verfolgung eines Verstoßes nach § 890 ZPO die zweijährige Verjährungsfrist des Art 9 I EGStGB gilt, die mit der Beendigung der Zuwiderhandlung beginnt und mit der Festsetzung eines Ordnungsmittels, auch soweit diese nicht rechtskräftig ist, endet (vgl BGH GRUR 05, 269, 270 – *Verfolgungsverjährung*).

4. Konkurrierende Ansprüche. Treffen mit Ansprüchen aus dem UWG An- 9 sprüche aus anderen rechtlichen Vorschriften zusammen, verjähren diese **grundsätzlich selbstständig** innerhalb der jeweils für sie maßgebenden Frist (BGHZ 36, 252, 255 = GRUR 62, 310, 314 – *Gründerbildnis;* GRUR 84, 820, 822 – *Intermarkt II;* GRUR 11, 444 Rn 56 – *Flughafen Frankfurt-Hahn*).

Das gilt zunächst für alle § 11 UWG ausschließenden **spezialgesetzlichen Ver-** 10 **jährungsvorschriften** des MarkenG (§ 20), PatentG (§ 141), GebrMG (§ 24c), UrhG (§ 102) und GeschmMG (§ 49), die auf die **Verjährungsvorschriften des BGB** verweisen. Diese Vorschriften gelten auch für Ansprüche aus dem GWB (BGH GRUR 66, 344, 345 – *Glühlampenkartell;* BGHZ 133, 177, 183 = NJW 96, 3005, 3006 – *Kraft-Wärme-Kopplung*) und für Ansprüche aus der Verletzung von Namens- und Firmenrechten, einschließlich der Ansprüche aus § 37 II HGB (vgl/*Köhler*/Bornkamm § 11 Rn 1.6f; Fezer/*Büscher* § 11 Rn 6).

Ansprüche aus § 823 I BGB treten hinter die Vorschriften des UWG zurück, 11 wenn diese die jeweilige Teilfrage **konkret und erschöpfend** regeln (BGHZ 36, 252, 255 = GRUR 62, 310, 314 – *Gründerbildnis;* GRUR 84, 820, 822 – *Intermarkt II*). In diesen Fällen **verdrängen** die Vorschriften des UWG die entsprechenden Bestimmungen des BGB. Das gilt auch, wenn der Verstoß gegen § 3 zugleich einen **Eingriff in das Unternehmen** (den eingerichteten und ausgeübten Gewerbebetrieb) des Verletzers darstellt, weil dieser Eingriff mit dem Verstoß gegen § 3 typischerweise verbunden ist und § 11 sonst leerliefe (BGHZ 36, 252, 256f = GRUR 62, 310, 314 – *Gründerbildnis;* GRUR 74, 99, 100 – *Brünova;* GRUR 81, 517, 520 – *Rollhocker; Köhler*/Bornkamm § 11 Rn 1.8; Ahrens/*Bornkamm* Kap 34 Rn 28; *Teplitzky* Kap 16 Rn 17). Anders verhält es sich bei der Verletzung von Persönlichkeitsrechten oder anderer absoluter Rechte iS des 823 I BGB. Hier würde die Anwendung der gegenüber § 195 BGB kürzeren Verjährungsfrist den Verletzer privilegieren, was die Heranziehung dieser Bestimmung ausschließt. Nach Auffassung des Großen Senats für Zivilsachen (BGHZ 164, 1 = GRUR 05, 882 – *Unberechtigte Schutzrechtsverwarnung*) soll eine unberechtigte Schutzrechtsverwarnung nach wie vor einen rechtswidrigen Eingriff in den eingerichteten und ausgeübten Gewerbebetrieb darstellen (vgl § 4 Rn 10/37), mit der Konsequenz, dass dann nicht § 11 sondern §§ 195, 199 BGB gelten.

Gleiche Erwägungen gelten für die Beurteilung der Verjährung konkurrierender 12 Ansprüche aus § 3 UWG und **§ 823 II BGB.** Ist Schutzgesetz iS dieser Norm eine Vorschrift des UWG (§ 3 ist aber kein Schutzgesetz, anders die Straftatbestände der §§ 16– 19, vergl § 1 Rn 9, 10), verjährt der aus der Verletzungshandlung folgende Anspruch aus § 823 II BGB nach Maßgabe des § 11, weil sich der Unrechtsgehalt dieser Norm in derartigen Fällen mit der Regelung des § 3 im Wesentlichen deckt (BGH GRUR 59, 31, 34 – *Feuerzeug als Werbegeschenk;* BGHZ 36, 252, 256 = GRUR 62, 310, 314 – *Gründerbildnis* GRUR 74, 99, 100 – *Brünova; Teplitzky* Kap 16 Rn 17; aA *Sack*, FS Ullmann, 825, 836f: UWG lex specialis). Anders ist dies dagegen, wenn eine verletzte Norm sowohl Schutzgesetz iSd § 823 II BGB als auch Marktverhaltensregelung iSd § 4 Nr 11 ist und der Schwerpunkt des Unrechtsgehalts der verletzten Norm nicht im Lauterkeitsrecht liegt, wie zB bei Verletzung des beihilferechtlichen Durchführungsverbots des Art 108 III 3 AEUV (BGH GRUR 11, 444 Rn 57f – *Flughafen Frankfurt-Hahn*). Ebenso unterfallen Ansprüche aus den **§§ 824, 826 BGB** der Verjährung nach

§ 195 BGB, nicht nach § 11. Der Grund dafür ist darin zu sehen, dass insoweit die BGB-Ansprüche auf Unlauterkeitsmerkmale zurückgreifen, die über die wettbewerbsrechtlichen Verbote hinausreichen, und ferner, dass der Verletzer gegenüber den strengeren Folgen der §§ 824, 826 BGB – ebenso wie in den Fällen der Verletzung absoluter Rechte iS des § 823 I BGB (Rn 11 aE) – nicht deshalb privilegiert werden darf, weil sein Handeln zugleich wettbewerbswidrig ist (BGHZ 36, 252, 256 = GRUR 62, 310, 314 – *Gründerbildnis;* GRUR 64, 218, 220 – *Düngekalkhandel;* GRUR 74, 99, 100 – *Brünova;* GRUR 77, 539, 543 – *Prozessrechner; Köhler*/Bornkamm § 11 Rn 1.10 f; Harte/Henning/*Schulz* § 11 Rn 59 f; *Teplitzky* Kap 16 Rn 18; aA *Sack,* FS Ullmann, S 825, 837 ff).

13 **Bereicherungsansprüche** verjähren nach den §§ 195, 199 BGB, auch wenn ihnen ein Verstoß gegen § 3 zugrunde liegt (*Köhler*/Bornkamm § 11 Rn 1.13). Sie finden ihre Grundlage in den §§ 812 ff BGB, denen eine konkurrierende UWG-Regelung nicht gegenübersteht (s zur Bereicherungshaftung in den Fällen des ergänzenden wettbewerbsrechtlichen Leistungsschutzes § 4 Rn 9/89). § 852 S 1 BGB, der auf die Vorschriften über die Herausgabe einer ungerechtfertigten Bereicherung nach Vollendung der Verjährung des Schadensersatzanspruchs aus unerlaubter (geschäftlicher) Handlung verweist, gewährt *keinen* Bereicherungsanspruch. Es handelt sich bei ihm um einen Anspruch aus unerlaubter Handlung, der lediglich in Höhe der Bereicherung noch nicht verjährt ist. § 852 S 1 verweist mithin nur auf den Umfang der Ersatzpflicht, nicht aber auf die Voraussetzungen der Bereicherungshaftung (BGHZ 71, 86, 98 ff = GRUR 78, 492, 496 – *Fahrradgepäckträger II;* GRUR 99, 751, 754 – *Güllepumpen).*

14 Ansprüche auf Erstattung der Kosten von **Abschlussschreiben,** die ihre Grundlage in den §§ 670, 677, 683 BGB finden (vgl BGH GRUR 73, 384, 385 – *Goldene Armbänder),* verjähren – vergleichbar dem in § 11 I genannten Abmahnkostenerstattungsanspruch (§ 12 I 2) – nach § 11 (vgl zu letzterem BGHZ 115, 210, 212 = GRUR 92, 176, 177 – *Abmahnkostenverjährung;* Fezer/*Büscher* § 11 Rn 8; vgl auch *Köhler*/Bornkamm § 12 Rn 3.73).

B. Anspruchsverjährung nach § 11 I, II

I. Voraussetzungen

15 Für den Beginn der sechsmonatigen Verjährungsfrist des § 11 I wird ein Zweifaches – kumulativ – verlangt: Erstens die **Entstehung** des Anspruchs, zweitens die **Kenntnis** des Gläubigers von den anspruchsbegründenden Umständen und der Person des Schuldners oder grob fahrlässige Unkenntnis insoweit.

II. Entstehung des Anspruchs (§ 11 II Nr 1)

16 **1. Grundsatz.** Entstanden ist der Anspruch, sobald er erstmals geltend gemacht werden kann, dh einklagbar ist, was **Fälligkeit** voraussetzt (BGHZ 137, 193, 195 = NJW 98, 1056, stRspr und allgM). Die Möglichkeit der Erhebung einer Feststellungsklage genügt (BGHZ 73, 363, 365 = NJW 79, 1550; BGH NJW 82, 1288).

17 **2. Unterlassungs- und Beseitigungsanspruch.** Voraussetzung für die Entstehung eines (gesetzlichen oder vertraglichen) Verletzungsunterlassungsanspruchs (§ 8 Rn 7 ff) oder Beseitigungsanspruchs (§ 8 Rn 67 ff) ist ein – bei den gesetzlichen Unterlassungsansprüchen Wiederholungsgefahr begründender – Verstoß gegen § 3. Handelt es sich um eine **Einzelhandlung,** ist, sobald sie abgeschlossen ist, der Anspruch entstanden, mag auch der Verstoß in die Zukunft noch fortwirken (BGH GRUR 74, 99, 100 – *Brünova;* GRUR 90, 221, 223 – *Forschungskosten).*

Verjährung **§ 11 UWG**

18 Handelt es sich um eine **Dauerhandlung,** dh um einen Verstoß, der einen fortwährenden Störungszustand hervorruft (zB Anbringung eines Firmenschildes mit wettbewerbswidriger Kennzeichnung oder Aufstellung eines Werbeplakats mit irreführendem Inhalt) beginnt die Verjährung nach vorherrschender Ansicht erst mit der Beendigung der Dauerhandlung (des Störungszustands) zu laufen (BGH GRUR 66, 623, 626 – *Kupferberg;* GRUR 72, 558, 560 – *Teerspritzmaschinen;* GRUR 74, 99, 100 – *Brünova;* GRUR 99, 751, 754 – *Güllepumpen;* GRUR 03, 448, 450 – *Gemeinnützige Wohnungsgesellschaft).*

19 Zum gleichen Ergebnis führt es, wenn im Hinblick auf den Wortlaut des § 11 II und **parallel zur Verjährung von Unterlassungsansprüchen** auf Grund fortgesetzter (wiederholter) Zuwiderhandlung (Rn 20) und von **Schadensersatzansprüchen** (Rn 23) eine Aufspaltung der Dauerhandlung in **Teilakte** (Tagesaktionen) angenommen wird mit der Folge, dass der Unterlassungsanspruch (auch) mit dem letzten Teilakt erneut entsteht, so dass auch in diesem Fall die Verjährungsfrist erst mit der Beendigung des letzten Teilakts zu laufen beginnt (so Ahrens/*Bornkamm* Kap 34 Rn 9).

20 Bei einer **fortgesetzten (wiederholten) Handlung,** die sich nach der neueren Rechtsprechung (BGHZ 146, 318, 326 = GRUR 01, 758, 760 – *Trainingsvertrag*) im Rahmen einer natürlichen oder rechtlichen Einheit vollzieht, läuft **für jeden Teilakt** eine **besondere** Verjährungsfrist, so dass auch hier wie in den vorerörterten Verjährungsfällen (Rn 19) der Anspruch erst 6 Monate nach dem letzten Teilakt verjährt (BGHZ 71, 86, 94 = GRUR 78, 492, 495 – *Fahrradgepäckträger II;* BGH GRUR 84, 820, 822 – *Intermarkt II;* GRUR 92, 61, 63 – *Preisvergleichsliste I;* GRUR 99, 751, 754 – *Güllepumpen; Köhler*/Bornkamm § 11 Rn 1.22; Harte/Henning/*Schulz* § 11 Rn 75; Ahrens/*Bornkamm* Kap 34 Rn 9).

21 Ob der **vorbeugende Unterlassungsanspruch** (§ 8 Rn 25 ff) verjähren kann, ist streitig, nach (noch) vorherrschender Meinung wohl zu verneinen (§ 8 Rn 26), jedenfalls dann, wenn die Erstbegehungsgefahr sich *nicht* aus einem in der Vergangenheit liegenden *abgeschlossenen* Geschehen, *sondern* aus einem *andauernden* Zustand ergibt. Erscheint dagegen die Handlung, die die Erstbegehungsgefahr auslöst, als ein in der Vergangenheit liegender *abgeschlossener* Vorgang, ist in Betracht zu ziehen, dass in Fällen dieser Art auch der vorbeugende Unterlassungsanspruch verjähren kann (*Köhler*/Bornkamm § 11 Rn 1.3; GK[1]/*Messer* § 21 Rn 11 f; Harte/Henning/*Schulz* § 11 Rn 17 f; Ahrens/*Bornkamm* Kap 34 Rn 11).

22 **3. Schadensersatzanspruch.** Der (gesetzliche oder vertragliche) Schadensersatzanspruch (§ 9) entsteht mit dem **Eintritt eines Schadens** als Folge der Verletzungshandlung (§ 3). Die sechsmonatige Verjährungsfrist des § 11 I beginnt mithin nicht vor dem Zeitpunkt zu laufen, in dem ein Schaden entstanden ist (§ 11 II). Es genügt die Entstehung *irgendeines* Schadens, gleichviel ob weitere Schäden später noch eintreten oder nicht, da der gesamte auf der Verletzungshandlung beruhende Schaden eine Einheit bildet (**Grundsatz der Schadenseinheit,** BGH GRUR 84, 820, 822 – *Intermarkt II;* GRUR 95, 608, 609 – *Beschädigte Verpackung II).*

23 Bei einer schadensstiftenden **Dauerhandlung** setzt die Verjährung nicht erst mit dem Ende der gesamten Handlung ein. Vielmehr wird es so angesehen, als ob die Fortdauer der Handlung in **Teilakten** (Tagesaktionen) ständig neue Schäden und damit ständig neue **selbstständige Ersatzansprüche** hervorruft. Wie beim Unterlassungsanspruch in den Fällen der fortgesetzten Handlung (Rn 20) wird deshalb auch hier die Handlung in Teilakte aufgespalten mit der Folge, dass die vergangenheitsbezogenen Einzelansprüche aus den jeweiligen Teilakten **gesondert** verjähren (BGHZ 71, 86, 94 = GRUR 78, 492, 495 – *Fahrradgepäckträger II;* GRUR 84, 820, 822 – *Intermarkt II;* GRUR 92, 61, 63 – *Preisvergleichsliste I;* GRUR 99, 751, 754 – *Güllepumpen;* Harte/Henning/*Schulz* § 11 Rn 79).

24 **4. Auskunftsanspruch.** Anders als das MarkenG (§§ 19, 20), das GeschmMG (§§ 46, 49), das UrhG (§§ 101a, 102), das PatentG (§§ 140b, 141) und das GebrMG

(§ 24b) trifft das UWG zum Auskunftsanspruch und dessen Verjährung keine Bestimmung. Der **unselbständige Auskunftsanspruch** (§ 9 Rn 41 ff), der lediglich dazu dient, den Hauptanspruch vorzubereiten, verjährt daher als Hilfsanspruch entsprechend seinem akzessorischen Charakter wie der Hauptanspruch. Die Frage ist aber streitig. Große praktische Bedeutung kommt dem allerdings nicht zu, weil es der Auskunftsklage, wenn der Hauptanspruch verjährt ist, in aller Regel an einem berechtigten Informationsinteresse und damit an der Begründetheit fehlt (BGH NJW 90, 180, 181). Die Verjährung des **selbstständigen** Auskunftsanspruchs richtet sich nach den für seine Rechtsgrundlage jeweils maßgebenden Vorschriften, dh bei Hauptansprüchen auf der Grundlage der §§ 3 und 8 nach § 11 UWG (*Teplitzky* Kap 38 Rn 38).

25 **5. Anspruch auf Erstattung der Abmahnkosten und der Kosten für Abschlussschreiben.** Beide Ansprüche verjähren nach § 11 I (vgl § 11 I und Rn 14) in sechs Monaten. Sie entstehen mit der Abmahnung bzw mit dem Abschlussschreiben (Ahrens/*Bornkamm* Kap 34 Rn 22; MüKoUWG/*Fritzsche* § 11 Rn 116; aA *Ungewitter* GRUR 12, 697, 698 f: Gleichlauf mit Unterlassungsanspruch).

26 **6. Gewinnabschöpfungsanspruch.** Wegen der Verjährung der von § 11 nicht aufgenommenen Ansprüche auf Gewinnabschöpfung (§ 10 I) und auf Erstattung erforderlicher Aufwendungen (§ 10 IV 2) s § 11 IV (Rn 32).

III. Kenntnis, grob fahrlässige Unkenntnis (§ 11 II Nr 2)

27 **1. Kenntnis der anspruchsbegründenden Umstände.** Kenntnis iS des § 11 II Nr 2 setzt **positive Kenntnis** des Gläubigers der für die konkrete Zuwiderhandlung anspruchsrelevanten Tatsachen voraus. Lückenlose Kenntnis ist nicht verlangt. Es genügt, dass der Lebenssachverhalt dem Gläubiger zumindest in den **Grundzügen** bekannt ist (BGH NJW 85, 2022, 2023). Der Kenntnisstand muss so beschaffen sein, dass das Beschreiten des Klageweges, sei es auch nur in Form der Feststellungsklage, als einigermaßen aussichtsreich, wenn auch nicht risikolos, erscheint, dem Gläubiger mithin **zumutbar** ist (BGH GRUR 09, 1186 Rn 22 – *Mecklenburger Obstbrände*; GRUR 88, 832, 834 – *Benzinwerbung*; NJW 99, 2041, 2042 mwN; NJW 03, 2610, 2611). Innere Tatsachen müssen aus dem äußeren Geschehensablauf geschlossen werden (BGH GRUR 64, 218, 220 – *Düngekalkhandel*). Ob der Gläubiger den Sachverhalt zutreffend beurteilt, ist unerheblich. Es kommt auch nicht darauf an, ob er die Rechtswidrigkeit der Zuwiderhandlung, das Verschulden des Verletzers und den in Betracht kommenden Kausalverlauf richtig einschätzt (BGH NJW 99, 2041, 2042 mwN) und ob er aus den Fakten zutreffende Schlüsse auf seine Anspruchsberechtigung zieht (BGH NJW 96, 117, 118). Auch rechtlich fehlerhafte Vorstellungen des Gläubigers sind für den Beginn der Verjährung regelmäßig bedeutungslos, weil er die Möglichkeit hat, sich beraten zu lassen. Anders kann es sich dann verhalten, wenn auch ein rechtskundiger Dritter eine unübersichtliche oder zweifelhafte Rechtslage nicht zu beurteilen vermag. In solchen Fällen kann der Verjährungsbeginn mangels ausreichender Rechtskenntnis und Zumutbarkeit der Klageerhebung hinausgeschoben sein (BGHZ 6, 195, 202 = NJW 52, 1090, 1091; NJW 94, 3162, 3164; BGHZ 122, 317, 325 f = NJW 93, 2303, 2305; BGH NJW 99, 2041, 2042; NJW 03, 2610, 2611). Bei **§ 4 Nr 8** gehört die Wahrheit oder Unwahrheit der behaupteten Tatsache zu den anspruchsbegründenden Umständen (BGH GRUR 09, 1186 Rn 21 – *Mecklenburger Obstbrände*). Bei **Schadensersatzansprüchen** muss sich die Kenntnis des Gläubigers auch auf die für das Verschulden des Verletzers und die für den Schaden (die Schadensentstehung) maßgebenden Umstände erstrecken. Kenntnis von der Entstehung *irgendeines* Schadens reicht aus (Grundsatz der Schadenseinheit, Rn 22). Dieser Grundsatz gilt aber nicht für Ansprüche auf Ersatz *unvorhersehbarer* Schäden, für die eine besondere Verjährungsfrist läuft. Diese beginnt erst mit der Kenntnis der Schäden und ihrer Entstehung als Folge der Zuwiderhandlung (BGH GRUR 74, 99,

Verjährung **§ 11 UWG**

100 – *Brünova*). Bei einer **Dauerhandlung** (Rn 23) ist für den Beginn der Verjährung Schadenskenntnis hinsichtlich jedes Teilakts erforderlich (BGHZ 71, 86, 94 = GRUR 78, 492, 495 – *Fahrradgepäckträger II;* BGH GRUR 99, 751, 754 – *Güllepumpen; Köhler/*Bornkamm § 11 Rn 1.21; Ahrens/*Bornkamm* Kap 34 Rn 18; *Teplitzky* Kap 16 Rn 14).

2. Kenntnis von der Person des Schuldners. Kenntnis iS des § 11 II Nr 2 erfordert weiter, dass der Gläubiger von der Person des Schuldners, dh seines **Namens** und seiner **Anschrift,** *positive* Kenntnis hat (BGH NJW 98, 988, 989; NJW 99, 2734, 2735; NJW 00, 953, 954). Die Kenntnis muss so weit bestehen, dass der Verletzte eine Schadensersatz-(Feststellungs-)Klage Erfolg versprechend, wenn auch nicht risikolos, erheben kann (BGH NJW 99, 2734, 2735). Bei einer Mehrheit von Schuldnern (zB Unternehmen *und* verfassungsmäßiger Vertreter oder Mitarbeiter) muss sich der **Kenntnisstand** auf *jeden von ihnen* beziehen, so dass bei Kenntniserlangung zu unterschiedlichen Zeitpunkten unterschiedliche Verjährungsfristen laufen (BGH NJW 01, 964, 965). Für die Verjährung des Anspruchs gegen das Unternehmen kommt es nicht darauf an, dass der Gläubiger auch die Person des jeweils für das Unternehmen verantwortlich Handelnden kennt. **28**

3. Wissensvertreter. Von den anspruchsbegründenden Tatsachen und der Person des Schuldners muss der **Anspruchsberechtigte** Kenntnis haben. In einem Unternehmen ist Anspruchsberechtigter der Einzelhandelskaufmann bzw der gesetzliche Vertreter (Vorstand, Geschäftsführer, Gesellschafter), bei mehreren gesetzlichen Vertretern derjenige, dem die Wahrnehmung wettbewerblicher Aufgaben und Zuständigkeiten innerbetrieblich-organisatorisch übertragen ist und die Verfolgung von Wettbewerbsverstößen obliegt. Kenntnis aller ist für den Beginn der Verjährungsfrist grundsätzlich nicht erforderlich (*Teplitzky* Kap 16 Rn 8). Im Übrigen ist dem Gläubiger die Kenntnis seines **Wissensvertreters** zuzurechnen (vgl § 166 BGB). Wissensvertreter ist, wer im Rahmen der betrieblichen Organisation in einen Aufgabenkreis eingebunden ist, in den die Aufnahme, Bearbeitung und Weiterleitung wettbewerbsrechtlich erheblicher Informationen auch von und gerade der hier in Rede stehenden Art fällt (BGHZ 83, 293, 296 = NJW 82, 1585, 1586; BGHZ 133, 129, 139 = NJW 96, 2508, 2510; BGH NJW 00, 1411, 1412; *Köhler/*Bornkamm § 11 Rn 1.27; *Teplitzky* Kap 16 Rn 8). Wissensvertreter ist beispielsweise der zuständige Sachbearbeiter (etwa der Leiter der Rechtsabteilung). Wissensvertreter kann auch ein Rechtsanwalt sein (BGH NJW 01, 885, 886). Sonstige Mitarbeiter sind nicht Wissensvertreter. Auf rechtsgeschäftliche Vertretungsmacht kommt es insoweit nicht an. Die Kenntnis von Prokuristen, Handlungsbevollmächtigten oder Handelsvertretern, die nicht Wissensvertreter sind, setzt die Verjährung nicht in Lauf. Erst recht sind Händler keine Wissensvertreter des Herstellers (OLG Hamburg GRUR-RR 06, 374, 376). Dem Rechtsnachfolger ist die Kenntnis des zedierenden Gläubigers zuzurechnen (BGHZ 48, 181, 183 = NJW 67, 2199, 2200; BGH NJW 96, 117, 118). Die gleichen Grundsätze gelten für **Verbände** als Anspruchsberechtigte nach § 8 III Nr 2, Nr 3; eine Zurechnung des Wissens ihrer Mitglieder kommt ebenso wenig in Betracht (OLG Karlsruhe GRUR-RR 07, 51, 53), wie die Zurechnung des Wissens eines geschädigten Verbrauchers (OLG Bamberg WRP 07, 220). **29**

4. Grob fahrlässige Unkenntnis. Der positiven Kenntnis des Gläubigers von den schadensbegründenden Umständen und der Person des Schuldners steht nach § 11 II Nr 2 (anders als nach § 21 aF) grob fahrlässige Unkenntnis gleich. Um grob fahrlässige Unkenntnis im Sinne dieser Bestimmung handelt es sich dann, wenn sie auf einer **besonders schweren Verletzung** der Sorgfaltspflicht beruht, so wenn der Gläubiger sich einer ihm aufdrängenden Kenntnis verschließt oder wenn er von Erkenntnismöglichkeiten, die ihm ohne weiteres zugänglich sind, keinen Gebrauch macht (BGH NJW 90, 2808, 2810; NJW 99, 423, 425; NJW 00, 953, 954; NJW 01, **30**

1721, 1722; *Köhler*/Bornkamm § 11 Rn 1.28). Eine allgemeine **Marktbeobachtungspflicht** hat er aber **nicht** (differenzierend *Rohlfing*, GRUR 06, 735, 737). Jedoch ist es grob fahrlässig, wenn der Gläubiger trotz Kenntnis von der schadenstiftenden Zuwiderhandlung übliche Erkenntnis- und Informationsquellen zur Ermittlung der Person des Schuldners nicht nutzt, auch wenn damit ein gewisser Zeit- und Kostenaufwand verbunden ist. Eine Abstandnahme von langwierigen und unüblichen, kostenintensiven Nachforschungen rechtfertigt den Vorwurf grober Fahrlässigkeit aber nicht (vgl BGHZ 133, 192, 199 = NJW 96, 2933, 2934).

C. Verjährung von Schadensersatzansprüchen nach § 11 III

31 § 11 III entspricht § 199 III BGB. Seine **erste Alternative** (zehnjährige Verjährungsfrist), greift ein, wenn der Schadensersatzanspruch zwar entstanden ist (zur Entstehung des Anspruchs s Rn 16ff, 22f), aber die Voraussetzungen des § 11 II Nr 2 (Kenntnis oder grob fahrlässige Unkenntnis, Rn 27ff, 30) nicht erfüllt oder nicht beweisbar sind. Die **zweite Alternative** (dreißigjährige Verjährungsfrist) kommt nur in Betracht, wenn es sowohl am Verjährungstatbestand des § 11 II Nr 2 als auch am Tatbestand der ersten Alternative des § 11 III fehlt. Bei der zweiten Alternative des § 11 III kommt es für den Beginn der Verjährungsfrist weder auf den Zeitpunkt der Entstehung des Anspruchs noch auf Kenntnis oder grob fahrlässige Unkenntnis von Anspruch oder Schuldner an, sondern allein auf den Zeitpunkt der den Schaden auslösenden Zuwiderhandlung, also auf den Verstoß gegen § 3 als das für die Schadensursache maßgebende Geschehen.

D. Verjährung anderer Ansprüche als Schadensersatzansprüche (§ 11 IV)

32 § 11 IV ist § 199 IV BGB nachgebildet. Er regelt die Verjährung ua in den Fällen, in denen die sechsmonatige Verjährungsfrist des § 11 I mangels Vorliegens der Voraussetzungen des § 11 II Nr 2 (Kenntnis, grob fahrlässige Unkenntnis) nicht eingreift. Schadensersatzansprüche, deren Verjährungsbeginn und -dauer in § 11 I–III abschließend geregelt sind, unterfallen ihm nicht. „**Andere Ansprüche**" iS des § 11 IV sind daher die (gesetzlichen und vertraglichen) Ansprüche auf Unterlassung und Beseitigung, die Ansprüche auf Ersatz der Kosten für Abmahnung und Abschlussschreiben (Rn 25), ferner die Gewinnabschöpfungsansprüche nach § 10 I und die damit in Zusammenhang stehenden Aufwendungsersatzansprüche (§ 10 IV 2). Gewinnabschöpfungsansprüche entstehen mit der Erzielung *irgendeines* (nicht notwendigerweise des gesamten) Gewinns, Aufwendungsersatzansprüche nach § 10 IV 2 mit Tätigung der Aufwendungen.

E. Hemmung der Verjährung

I. Allgemein

33 Für die Hemmung der Verjährung trifft das UWG – abgesehen von § 15 IX 1 (Hemmung der Verjährung bei Anrufung der Einigungsstelle) – keine Bestimmung. Es gelten daher, soweit für die wettbewerbsrechtlichen Ansprüche einschlägig, die Bestimmungen der §§ 203ff BGB.

34 Hemmung der Verjährung bedeutet **Nichteinrechnung** des Hemmungszeitraums in die jeweils nach § 11 I, III, IV maßgebende Verjährungsfrist, dh **Verlängerung** der Verjährungsfrist um die konkret zu berechnende Hemmungszeit (§ 209

Verjährung § 11 UWG

BGB). Eingerechnet in den Hemmungszeitraum werden auch die Tage, in deren Verlauf der Hemmungsgrund anfällt bzw wegfällt (BGHZ 137, 193, 198 = NJW 98, 1058, 1059; Palandt/*Ellenberger* § 209 Rn 1). Ist der Hemmungsgrund entfallen, läuft vom Folgetage an die Verjährungsfrist weiter.

Frühere **Unterbrechungstatbestände,** zB der der **Klageerhebung** (vgl § 209 35 BGB aF), sind mit Inkrafttreten des Schuldrechtsmodernisierungsgesetzes zu **Hemmungstatbeständen** geworden. Das hat jedoch nicht in allen Fällen zu einer Erleichterung der Verjährung geführt (vgl Rn 2).

Hemmung der Verjährung tritt nur bei Vorliegen der gesetzlichen Hemmungstat- 36 bestände ein. Eine **negative Feststellungsklage des Schuldners,** eine Einlassung des Gläubigers darauf oder eine Abmahnung des Schuldners schaffen **keinen Hemmungstatbestand** (BGH NJW 72, 1043; BGHZ 72, 23, 25 ff = NJW 78, 1975 f; BGH GRUR 94, 846, 848 – *Parallelverfahren II*). Auch eine Auskunftsklage allein hemmt die Verjährung nicht.

II. Einzelne Hemmungstatbestände

1. Verhandlungen über den Anspruch (§ 203 BGB). Schweben Verhandlun- 37 gen über den Anspruch oder die anspruchsbegründenden Umstände, ist die Verjährung gehemmt, bis entweder der Gläubiger oder der Schuldner deren Fortsetzung verweigert. Der Begriff der Verhandlung ist **weit auszulegen.** Erfasst wird jeder **Meinungsaustausch** zum Anspruch oder zu den ihn tragenden Tatsachen, sofern nicht sofort und eindeutig jede Verpflichtung abgelehnt wird (BGH GRUR 09, 1186 Rn 27 – *Mecklenburger Obstbrände*). Abmahnung als solche ist noch keine Verhandlung, sondern nur eine einseitige Maßnahme des Gläubigers. Verhandlungen schweben aber dann, wenn sich der Schuldner auf die Abmahnung einlässt und seine Bereitschaft zu erkennen gibt, über die geforderte Unterlassungserklärung und deren Strafbewehrung zu einer Einigung zu gelangen, ohne damit beim Gläubiger auf Ablehnung zu stoßen. Verhandlungen schweben, wenn der Gläubiger auf Bitten des Schuldners diesem eine Überprüfungsfrist einräumt. Es genügt auch, wenn der Schuldner in einem Antwortschreiben seine Bereitschaft zum Ausdruck bringt, in einem nachfolgenden Schreiben den gesamten Sachverhalt zu erläutern (BGH GRUR 09, 1186 Rn 28 – *Mecklenburger Obstbrände*). Verhandlungen lediglich über einen abgrenzbaren Teil des Anspruchs hemmen nur hinsichtlich dieses Teils (BGH NJW 98, 1142). Werden weitere Verhandlungen verweigert, muss das klar und unzweideutig erkennbar sein (BGH GRUR 09, 1186 Rn 30 – *Mecklenburger Obstbrände;* NJW 98, 2819, 2820). Schlafen die Verhandlungen ein, ist für deren Beendigung der Zeitpunkt maßgebend, zu dem eine Antwort des zuletzt Angesprochenen zu erwarten gewesen wäre (BGH NJW 86, 1337, 1338). Nach dem Abbruch von Verhandlungen kann Verjährung frühestens drei Monate nach Beendigung der Hemmung eintreten (§ 203 Satz 2 BGB).

2. Klageerhebung (§ 204 I Nr 1 BGB). Klageerhebung erfolgt durch Zustel- 38 lung der Klage (§ 253 I ZPO). Bei Zustellung demnächst wird die Verjährung bereits mit der Einreichung der Klage bei Gericht gehemmt (§ 167 ZPO). Voraussetzung für die Hemmung der Verjährung ist **Wirksamkeit** der Klageerhebung (253 II ZPO), dh Bestimmtheit, zumindest Bestimmbarkeit des Klageantrags und des Streitgegenstandes (BGH GRUR 98, 481, 483 – *Auto, 94;* GRUR 04, 517, 519 – *E-Mail-Werbung*). Die Hemmung der Verjährung tritt bei einer Klage gegen die konkrete Verletzungsform auch hinsichtlich der dieser **kerngleichen Verletzungsformen** ein (*Teplitzky* Kap 16 Rn 38). Von der Hemmungswirkung erfasst wird der Streitgegenstand unter Berücksichtigung aller materiellen Ansprüche, die bei Zugrundelegung des vorgetragenen Lebenssachverhalts das Klagebegehren zu begründen vermögen (BGH GRUR 90, 221, 223 – *Forschungskosten*). **Unzulässigkeit** der Klage, zB die Einreichung beim unzuständigen Gericht oder das **Fehlen des Feststellungsinter-**

esses für eine Feststellungsklage (vgl *Köhler*/Bornkamm § 11 Rn 1.40; Fezer/*Büscher* § 11 Rn 62; *Teplitzky* Kap 16 Rn 37), lässt die Hemmungswirkung nicht entfallen, ebenso wenig die Unsubstantiiertheit oder die Unschlüssigkeit der Klage. Erforderlich ist aber, dass die Klage vom anspruchsberechtigten (aktivlegitimierten) Gläubiger erhoben wird und sich gegen den sachlich richtigen (passivlegitimierten) Schuldner richtet. Wird *Unterlassungs*klage erhoben, hemmt das nicht die Verjährung des *Schadensersatzanspruchs* (BGH GRUR 74, 99, 101 – *Brünova;* GRUR 84, 820, 822 – *Intermarkt II*) oder eines Beseitigungs- oder Bereicherungsanspruchs, wie umgekehrt die Geltendmachung des Kondiktionsanspruchs nicht die Verjährungsfrist des Schadensersatzanspruchs hemmt (BGH GRUR 90, 221, 223 – *Forschungskosten*). Zur negativen Feststellungsklage und zur isolierten Auskunftsklage so Rn 36. Die Hemmung endet sechs Monate nach der rechtskräftigen Entscheidung, sonst nach anderweiter Beendigung des Verfahrens (§ 204 II BGB).

39 **3. Zustellung bzw Einreichung des Antrags auf Erlass einer einstweiligen Verfügung.** Eine für die Praxis wichtige Neuerung gegenüber der früheren Gesetzeslage enthält die durch das Schuldrechtsmodernisierungsgesetz in das BGB eingefügte Hemmungstatbestand des § 204 I Nr 9. Er erfasst zwei Fälle: Hemmung der Verjährung (1) durch **Zustellung des Verfügungsantrags** an den Schuldner durch das Gericht (Rückwirkung auf den Zeitpunkt der Einreichung bei Zustellung demnächst, § 167 ZPO, vgl Rn 38), (2) durch **Einreichung des Verfügungsantrags** (ohne Zustellung an den Schuldner), wenn die einstweilige Verfügung dem Schuldner innerhalb eines Monats ab Verkündung oder ab Zustellung an den Gläubiger zugestellt wird. Die Hemmungswirkung endet wie in den Fällen der Klageerhebung (Rn 38) sechs Monate nach einer (formell) rechtskräftigen Entscheidung oder einer anderweiten Beendigung des Verfahrens (§ 204 II BGB). Der formellen Rechtskraft fähig sind Urteile und die mit der sofortigen Beschwerde angreifbaren Beschlüsse, durch die der Verfügungsantrag zurückgewiesen wird, nicht aber Beschlussverfügungen, gegen die der unbefristete Widerspruch möglich ist. Insoweit kommt eine anderweite Beendigung des Verfahrens durch Zustellung der Beschlussverfügung an den Gläubiger in Betracht (*Köhler*/Bornkamm § 11 Rn 1.41; Fezer/*Büscher* § 11 Rn 73; Ahrens/*Bornkamm* Kap 34 Rn 37; *Schabenberger* WRP 02, 293, 299: *Maurer* GRUR 03, 208, 209 ff). Legt der Schuldner Widerspruch ein, beginnt die Hemmung einer noch nicht abgelaufenen Verjährungsfrist von neuem. Hat die Hemmungswirkung der Verjährung nach Erlass der einstweiligen Verfügung geendet, muss der Gläubiger zwecks Vermeidung der Verjährung vor Ablauf der Verjährungsfrist entweder den Schuldner zur Abgabe einer Abschlusserklärung veranlassen oder Klage zur Hauptsache erheben.

40 **4. Anrufung der Einigungsstelle (§ 15 IX 1).** Die Verjährung wird bei Anrufung der Einigungsstelle „in gleicher Weise wie durch Klageerhebung" gehemmt. Das bedeutet, dass die Anrufung der Einigungsstelle durch den *Schuldner* die Verjährung ebenso wenig hemmt wie die Erhebung der negativen Feststellungsklage (Rn 36). Anders verhält es sich, wenn der *Gläubiger* die Einigungsstelle anruft oder sich der Anrufung durch den Schuldner *anschließt*. Lässt er sich vor der Einigungsstelle lediglich auf die Sache ein, führt das nicht zur Hemmung der Verjährung nach § 15 IX 1, wohl aber kann dann der Hemmungstatbestand des § 203 BGB (Verhandlungen über den Anspruch, Rn 37) gegeben sein (vgl *Köhler*/Bornkamm § 15 Rn 34; Ahrens/*Bornkamm* Kap 34 Rn 39; *Teplitzky* Kap 42 Rn 48, 50). Hat das Verfahren vor der Einigungsstelle zur Verjährungshemmung geführt, endet diese sechs Monate ab Verfahrensbeendigung, dessen Zeitpunkt von der Einigungsstelle festzustellen und den Parteien mitzuteilen ist (§ 15 IX 2, 3).

F. Neubeginn der Verjährung

I. Allgemein

Von den verjährungsunterbrechenden Tatbeständen des BGB aF sind als Folge der 41 Neuregelung des Verjährungsrechts durch das Schuldrechtsmodernisierungsgesetz nur die Unterbrechungsregelungen der §§ 208, 209 II Nr 5, §§ 216, 217 aF in Form der den **Neubeginn der Verjährung** regelnden Vorschriften des § 212 BGB nF erhalten geblieben. Es handelt sich dabei um zwei Tatbestände: (1) das **Anerkenntnis** (§ 212 I Nr 1), (2) die **Vornahme** oder **Beantragung** einer gerichtlichen oder behördlichen **Vollstreckungshandlung** (§ 212 I Nr 2, II, III).

II. Anerkenntnis (§ 212 I Nr 1 BGB)

Anerkenntnis ist ein (rechtsgeschäftliches oder tatsächliches) Verhalten des Schuld- 42 ners gegenüber dem Gläubiger, aus dem das **Bewusstsein** des Schuldners vom Bestehen seiner Verpflichtung klar und unzweideutig hervorgeht (BGH GRUR 81, 447, 448 – *Abschlussschreiben*). Verspricht der Schuldner Unterlassung, ist zu unterscheiden: Unterwirft er sich **vorbehaltlos** *und* **ausreichend strafbewehrt,** erlischt der Unterlassungsanspruch (§ 8 Rn 23), so dass es zu einer Anspruchsverjährung, die unterbrochen werden könnte, nicht mehr kommen kann. Gibt er dagegen eine Unterlassungsverpflichtungserklärung ab, die zwar vorbehaltlos erklärt, aber **nicht oder nicht ausreichend strafbewehrt** ist, führt das nicht zum Erlöschen des Anspruchs, wohl aber zu dessen Anerkennung mit der Folge des **Neubeginns der Verjährung.** Kein Anerkenntnis liegt in der Unterwerfungserklärung „ohne Anerkennung einer Rechtspflicht" oder „um des lieben Friedens willen" oder in einem sonstigen Verhalten, das die Ablehnung einer Anerkennung des Anspruchs zum Ausdruck bringt, so wenn die Zuwiderhandlung zwar eingeräumt, Wiederholungsgefahr aber in Abrede gestellt wird (OLG Koblenz GRUR 85, 388). Das Anerkenntnis muss den **Anspruch insgesamt** erfassen. Kein Anerkenntnis liegt in bloßem Nichtzuwiderhandeln (OLG Hamm WRP 77, 345, 346) oder in der Zahlung einer Abmahnpauschale und der durch Kostenbeschluss festgesetzten Kosten eines einstweiligen Verfügungsverfahrens, wenn zwar der Schuldner das Unterlassungsgebot einhält, sich aber weigert, eine Abschlusserklärung abzugeben (BGH aaO – *Abschlussschreiben*). In der Anerkennung des Unterlassungsanspruchs liegt *nicht* zugleich die Anerkennung eines Schadensersatzanspruchs (BGH GRUR 92, 61, 63 – *Preisvergleichsliste*). Das Anerkenntnis hat zur Folge, dass die Verjährung des Anspruchs mit dem auf das Anerkenntnis folgenden Tag (§ 187 I BGB) *insgesamt neu* laufen beginnt (BGH NJW 98, 2972, 2973). Entscheidend für das Anerkenntnis ist der Zeitpunkt der Abgabe der Erklärung (zB der Unterlassungsverpflichtungserklärung), nicht der des Zugangs der Erklärung beim Gläubiger (Palandt/ *Ellenberger* § 212 Rn 8 mwN).

III. Vornahme oder Beantragung einer gerichtlichen oder behördlichen Vollstreckungshandlung (§ 212 I Nr 2 BGB)

Sowohl **Vollstreckungsmaßnahmen** des Vollstreckungsorgans als auch die **Be-** 43 **antragung** von Vollstreckungsmaßnahmen durch den Gläubiger lassen die Verjährung wie beim Anerkenntnis (Rn 42) über die gesamte Dauer der Frist **neu beginnen.** Beantragung und Festsetzung von Ordnungsgeld oder Ordnungshaft (§ 890 I ZPO) sind Vollstreckungshandlungen in diesem Sinne, ebenfalls die *nachträgliche* Androhung von Ordnungsmitteln (§ 890 II ZPO, BGH GRUR 79, 121, 122 – *Verjährungsunterbrechung*). Die **Zustellung** eines Vollstreckungstitels (auch eines solchen mit Ordnungsmittelandrohung) ist aber **keine** Vollstreckungshandlung (BGH aaO –

Verjährungsunterbrechung), ebenso wenig der Erlass einer einstweiligen Verfügung und der darauf gerichtete Antrag des Gläubigers (BGH aaO – *Verjährungsunterbrechung*). Die Wirkung der Vollstreckungshandlung führt ebenso wie beim Anerkenntnis zum **Neubeginn der Verjährung**, setzt also bei der Vollstreckung aus einem rechtskräftigen Urteil die dreißigjährige Verjährungsfrist des § 197 I Nr 3 BGB (vgl Rn 8) in vollem Umfang neu in Lauf. Der Neubeginn der Verjährung entfällt mit Wirkung ex tunc bei Aufhebung der Vollstreckungshandlung (§ 212 II BGB) oder bei Ablehnung oder Rücknahme des Vollstreckungsantrags (§ 212 III BGB).

G. Wirkung der Verjährung (§§ 214 ff BGB)

44 Wichtigste Folge der Verjährung ist das Recht des Schuldners, die Leistung **dauernd zu verweigern** (§ 214 I BGB). Das bedeutet: Der Anspruch erlischt nicht, bleibt also erfüllbar, aber der Schuldner kann der Durchsetzung des Anspruchs, was in seinem Belieben steht, die **Einrede der Verjährung** entgegenhalten. Tut er das in **Unkenntnis** der Verjährung nicht, kann er das Geleistete nicht kondizieren (§ 214 II 1 BGB), auch nicht eine als vertragsmäßiges Anerkenntnis abgegebene Unterlassungsverpflichtungserklärung (§ 214 II 2).

45 Die Verjährung des Unterlassungsanspruchs gibt dem Schuldner – lediglich – das Recht, den Gläubiger an der Durchsetzung des konkret in Rede stehenden verjährten Anspruchs zu hindern, berechtigt ihn aber nicht dazu, die gleiche Handlung erneut zu begehen. Die (gesetzlichen oder vertraglichen) Verpflichtungen des Schuldners im Übrigen werden von der Verjährung nicht berührt. Der Verstoß gegen sie begründet einen neuen Unterlassungsanspruchs.

46 Wettbewerbsverstöße **in verjährter Zeit** vermögen Begehungsgefahr *nicht* zu begründen. § 11 würde andernfalls weitgehend gegenstandslos (§ 8 Rn 9). Aus einem Verstoß in verjährter Zeit *allein* kann daher der Gläubiger die für die Erfüllung der materiell-rechtlichen Voraussetzungen des Unterlassungsanspruchs notwendige Erstbegehungsgefahr nicht herleiten. Anders uU bei Hinzutreten neuer Umstände (§ 8 Rn 9). Die Erhebung der Verjährungseinrede zählt dazu aber nicht. Sie ist Rechtsverteidigung, keine Rechtsberühmung

H. Vereinbarungen über die Verjährung, Einredeverzicht

47 Vereinbarungen zur **Erleichterung** und jetzt auch (anders als früher, vgl § 225 BGB aF) zur **Erschwerung** der Verjährung stehen zur **Disposition** der Parteien. Das gilt für die Verjährung von Ansprüchen jeder Art, im Lauterkeitsrecht insbesondere für Unterlassungs- und Schadensersatzansprüche. Eine besondere Form ist nicht vorgeschrieben. Vereinbarungen sind vor und nach Beginn der Verjährung und auch noch nach deren Ablauf (Verlängerung der Verjährungsfrist) zulässig (Palandt/*Ellenberger* § 202 Rn 4f). Zu beachten sind die Grenzen des § 202 BGB (keine Verkürzung der Verjährungsfrist im Voraus bei Haftung für Verschulden, § 202 I BGB, und keine Verlängerung der gesetzlichen Verjährungsfrist über mehr als 30 Jahre hinaus, § 202 II BGB). Des Rückgriffs auf ein Stillhalteabkommen (pactum de non petendo) oder auf eine ähnliche Abrede bedarf es mit Blick auf die jetzt zulässige Vereinbarung einer längeren Verjährungsfrist oder einer Ablaufhemmung nicht mehr. Der Schuldner kann – einseitig oder im Rahmen einer Vereinbarung – auf die Erhebung der Einrede auch schon vor Beginn der Verjährung befristet oder unbefristet verzichten. Der **Verzicht** macht den Anspruch aber nicht unverjährbar. Wie in den Fällen des Anerkenntnisses (§ 212 I Nr 1 BGB) setzt der Verzicht lediglich eine neue Verjährungsfrist in Lauf (*Köhler*/Bornkamm § 11 Rn 1.51; jurisPK-UWG/*Ernst* § 11 Rn 37; aA *Palandt/Ellenberger* § 202 Rn 7).

I. Verfahrensfragen

Die Verjährung gewährt lediglich eine **Einrede**. Diese ist im Rechtsstreit **nicht** 48
von Amts wegen zu berücksichtigen. Anders, wenn der Schuldner die Einrede
schon vorprozessual erhoben hatte und das Gericht – sei es auch nur auf Grund des
Vortrags des Klägers – von der Berufung des Schuldners auf die Verjährung ausgehen
muss. In diesem Fall ist – die Berechtigung der Einrede vorausgesetzt – die Klage abzuweisen, ein Verfügungsantrag zurückzuweisen.

Wird die (begründete) Verjährungseinrede erstmals im Prozess erhoben, ist **erledi-** 49
gendes Ereignis nicht der Ablauf der Verjährungsfrist, sondern die **Erhebung der**
Einrede (*Köhler*/Bornkamm § 11 Rn 1.53; *Teplitzky* Kap 46 Rn 37, je mwN, str;
vgl *Maurer*, GRUR 03, 208 ff). Sollte die Klage bis zur Erhebung der Einrede begründet gewesen sein, stehen einer Kostenüberbürdung gemäß § 91 a ZPO allein auf den
Beklagten **Billigkeitserwägungen** jedenfalls dann entgegen, wenn der Beklagte
dem Kläger keinen Anlass zu der Annahme gegeben hatte, dass er sich nicht auf Verjährung berufen werde (vgl Ahrens/*Bornkamm* Kap 33 Rn 15; Harte/Henning/
Schulz § 11 Rn 119 ff; Gloy/Loschelder/Erdmann/*Schwippert* § 83 Rn 40 f). Erhoben
werden kann die Einrede bis zum Schluss der mündlichen Verhandlung in der Tatsacheninstanz, nicht mehr in der Revisionsinstanz, jedoch darf das Revisionsgericht
den weiteren Ablauf der Verjährung berücksichtigen (BGH NJW 90, 2754, 2755).
In der Berufungsinstanz braucht die in der ersten Instanz erhobene Einrede nicht wiederholt zu werden.

Wird die Verjährungseinrede trotz Verjährung des streitigen Anspruchs nicht erho- 50
ben, ist es *nicht* Sache des Gerichts, den Beklagten nach **§ 139 ZPO** auf diesen vom
Beklagten etwa übersehenen Umstand hinzuweisen (BGHZ 156, 269, 272 = NJW
04, 164, 165; Zöller/*Greger* § 139 Rn 17; Ahrens/*Bornkamm* Kap 34 Rn 2; Harte/
Henning/*Schulz* § 11 Rn 118; Fezer/*Büscher* § 11 Rn 80, je mwN; offengelassen in
BGH NJW 98, 612; aA Zöller/*Vollkommer* § 42 Rn 27 mit Überblick zum Sachund Streitstand; Palandt/*Ellenberger* § 214 Rn 2 mwN).

Die Berufung auf Verjährung kann **rechtsmissbräuchlich** sein, wenn das Verhal- 51
ten des Schuldners – möglicherweise auch nur unbeabsichtigt – dem Gläubiger den
Eindruck vermittelt hat, der Anspruch werde nur mit sachlichen Einwänden, nicht
mit der Verjährungseinrede bekämpft werden, und wenn der Schuldner den Gläubiger dadurch von der Ergreifung verjährungshemmender Maßnahmen (zB Klageerhebung) abgehalten hat (vgl BGHZ 71, 86, 96 = GRUR 78, 1377, 1379 – *Fahrradgepäckträger II*). Das ist aber nicht schon dann der Fall, wenn der Schuldner ein
Abschlussschreiben unbeantwortet lässt und den Antrag auf Klageerhebung nach
§ 926 ZPO erst nach der Verjährung des Anspruchs stellt (BGH GRUR 81, 447, 448
– *Abschlussschreiben*).

J. Beweisfragen

Der Schuldner, der sich auf Verjährung beruft, hat in tatsächlicher Hinsicht sämt- 52
liche die Einrede tragenden Umstände darzulegen und zu beweisen. Das gilt sowohl
für den **Zeitpunkt** der Entstehung des Anspruchs (§ 11 II Nr 1) als auch für die
Kenntnis (grob fahrlässige Unkenntnis) des Gläubigers von den anspruchsrelevanten
Umständen und der Person des Schuldners (§ 11 II Nr 2). Dafür reicht die Behauptung des Schuldners, es bestünde im Großunternehmen des Gläubigers ein Auskunfts- oder Controlling-System zur Ermittlung von Wettbewerbsverstößen, nicht
aus (OLG Jena WRP 07, 1121 f). Der Gläubiger ist aber gehalten, hinsichtlich der in
seiner Sphäre liegenden Umstände an der **Sachaufklärung** mitzuwirken und ggf

vorzutragen, was er zur Ermittlung seines Anspruchs und der Person des Schuldners unternommen hat. Beweisbelastet ist der Gläubiger für seine Behauptungen zur **Verjährungshemmung** und zum **Neubeginn** der Verjährung (*Köhler*/Bornkamm § 11 Rn 1.54; GK[1]/*Messer* § 21 Rn 80ff; Palandt/*Ellenberger* Überbl vor § 194 Rn 24; § 199 Rn 50).

Kapitel 3. Verfahrensvorschriften

§ 12 Anspruchsdurchsetzung, Veröffentlichungsbefugnis, Streitwertminderung

(1) ¹Die zur Geltendmachung eines Unterlassungsanspruchs Berechtigten sollen den Schuldner vor der Einleitung eines gerichtlichen Verfahrens abmahnen und ihm Gelegenheit geben, den Streit durch Abgabe einer mit einer angemessenen Vertragsstrafe bewehrten Unterlassungsverpflichtung beizulegen. ²Soweit die Abmahnung berechtigt ist, kann der Ersatz der erforderlichen Aufwendungen verlangt werden.

(2) Zur Sicherung der in diesem Gesetz bezeichneten Ansprüche auf Unterlassung können einstweilige Verfügungen auch ohne die Darlegung und Glaubhaftmachung der in den §§ 935 und 940 der Zivilprozessordnung bezeichneten Voraussetzungen erlassen werden.

(3) ¹Ist auf Grund dieses Gesetzes Klage auf Unterlassung erhoben worden, so kann das Gericht der obsiegenden Partei die Befugnis zusprechen, das Urteil auf Kosten der unterliegenden Partei öffentlich bekannt zu machen, wenn sie ein berechtigtes Interesse dartut. ²Art und Umfang der Bekanntmachung werden im Urteil bestimmt. ³Die Befugnis erlischt, wenn von ihr nicht innerhalb von drei Monaten nach Eintritt der Rechtskraft Gebrauch gemacht worden ist. ⁴Der Ausspruch nach Satz 1 ist nicht vorläufig vollstreckbar.

(4) ¹Macht eine Partei in Rechtsstreitigkeiten, in denen durch Klage ein Anspruch aus einem der in diesem Gesetz geregelten Rechtsverhältnisse geltend gemacht wird, glaubhaft, dass die Belastung mit den Prozesskosten nach dem vollen Streitwert ihre wirtschaftliche Lage erheblich gefährden würde, so kann das Gericht auf ihren Antrag anordnen, dass die Verpflichtung dieser Partei zur Zahlung von Gerichtskosten sich nach einem ihrer Wirtschaftslage angepassten Teil des Streitwerts bemisst. ²Die Anordnung hat zur Folge, dass
1. die begünstigte Partei die Gebühren ihres Rechtsanwalts ebenfalls nur nach diesem Teil des Streitwerts zu entrichten hat,
2. die begünstigte Partei, soweit ihr Kosten des Rechtsstreits auferlegt werden oder soweit sie diese übernimmt, die von dem Gegner entrichteten Gerichtsgebühren und die Gebühren seines Rechtsanwalts nur nach dem Teil des Streitwerts zu erstatten hat und
3. der Rechtsanwalt der begünstigten Partei, soweit die außergerichtlichen Kosten dem Gegner auferlegt oder von ihm übernommen werden, seine Gebühren von dem Gegner nach dem für diesen geltenden Streitwert beitreiben kann.

(5) ¹Der Antrag nach Absatz 4 kann vor der Geschäftsstelle des Gerichts zur Niederschrift erklärt werden. ²Er ist vor der Verhandlung zur Hauptsache anzubringen. ³Danach ist er nur zulässig, wenn der angenommene oder festgesetzte Streitwert später durch das Gericht heraufgesetzt wird. ⁴Vor der Entscheidung über den Antrag ist der Gegner zu hören.

Inhaltsübersicht

Rn

A. Außergerichtliche Anspruchsdurchsetzung (Abmahnung und strafbewehrte Unterlassungsverpflichtung, § 12 I) 1
   I. Abmahnung 1
      1. Gesetzliche Regelung 1
      2. Begriff, Zweck und Bedeutung der Abmahnung 2
      3. Rechtsnatur 3
      4. Obliegenheit 4
      5. Entbehrlichkeit der Abmahnung 5
         a) Allgemein 5
         b) Unzumutbarkeit 6
         c) Entbehrlichkeit der Abmahnung mangels Erfolgsaussicht .. 7
         d) Schubladenverfügung 8
      6. Formale Voraussetzungen der Abmahnung 10
         a) Formfragen, Beweismittel 10
         b) Vertretung, Vorlage der Vollmachtsurkunde 11
         c) Zugang der Abmahnung 12
      7. Inhaltliche Anforderungen 14
         a) Anspruchsberechtigung des Gläubigers 14
         b) Konkrete Beanstandung 15
         c) Unterwerfungsverlangen 16
         d) Angemessenheit der Fristsetzung 17
         e) Androhung gerichtlicher Maßnahmen 18
      8. Rechtsfolgen 19
         a) Berechtigte Abmahnung 19
            aa) Kostenfolge 19
            bb) Wettbewerbsrechtliche Sonderbeziehung eigener Art 20
            cc) Erstattung von Abmahnkosten (§ 12 I 2) 21
         b) Unberechtigte Abmahnung 27
            aa) Allgemein 27
            bb) Gegenabmahnung, Aufwendungsersatzanspruch 28
            cc) Feststellungsklage 29
            dd) Unterlassungs- und Schadensersatzklage, Privilegierung verfahrensbezogener Äußerungen 30
            ee) Schutzrechtsverwarnung 31
            ff) Geschäftsführung ohne Auftrag 32
   II. Vertragsstrafe 33
      1. Strafbewehrung der Unterlassungsverpflichtung 33
      2. Begriff 34
      3. Zweck der Vertragsstrafe 35
      4. Bemessung und Höhe der Vertragsstrafe 36
      5. Verwirkung der Vertragsstrafe 37
      6. Mehrere Zuwiderhandlungen 38
      7. Rechtsmissbrauch 40
      8. Verjährung 41
      9. Ordnungsgeld 42
      10. Schadensersatz 43
B. Gerichtliche Anspruchsdurchsetzung 44
   I. Klageverfahren 44
      1. Rechtsweg 44
         a) Bürgerlich-rechtliche Streitigkeiten 44
         b) Streitigkeiten bei Beteiligung der öffentlichen Hand 45
         c) Sozialrechtliche Streitigkeiten 47

	Rn
d) Arbeitsrechtliche Streitigkeiten	49
e) Entscheidung über den Rechtsweg	51
f) Schiedsabreden	53
2. Zuständigkeit	54
3. Unterlassungsklage	55
a) Rechtsschutzbedürfnis	55
b) Streitgegenstand	57
aa) Grundsatz	57
bb) Entwicklung der Rechtsprechung	59
c) Bestimmtheit des Klagegrundes: Klagehäufung	61
d) Bestimmtheit des Antrags	62
e) Konkretisierungsgebot	69
f) Insbesondere-Zusätze	70
g) Hilfsanträge	71
aa) Unechter Hilfsantrag	71
bb) Echter Hilfsantrag	72
h) Einschränkende Zusätze	73
i) Androhung von Ordnungsmitteln	74
4. Beseitigungsklage	75
a) Verhältnis zur Unterlassungsklage	75
b) Bestimmtheitsgebot	76
c) Rechtsschutzbedürfnis	78
d) Konkretisierungsgebot	79
5. Schadensersatzklage	80
a) Feststellungsklage	80
aa) Zulässigkeit	80
bb) Begründetheit	84
b) Leistungsklage	84
6. Auskunfts- und Rechnungslegungsklage	85
7. Negative Feststellungsklage	86
8. Urteil	87
a) Prozessurteil	87
b) Sachurteil auf Unterlassung	88
c) Bindung an die Parteianträge	89
d) Zeitliche Begrenzung des Unterlassungsurteils	90
e) Aufbrauchsfrist	91
f) Ordnungsmittelandrohung	92
g) Rechtskraft	93
aa) Bedeutung	93
bb) Bindungswirkung, Einzelfälle	96
(1) Unterlassungs- und Schadensersatzurteil	96
(2) Auskunfts- und Rechnungslegungsurteil	97
(3) Positives und negatives Feststellungsurteil	98
h) Kosten	99
aa) Kostenentscheidung	99
bb) Erstattungsfähigkeit von Kosten	101
9. Vergleich	107
a) Prozessvergleich	107
b) Außergerichtlicher Vergleich	108
II. Einstweilige Verfügung (§ 12 II)	109
1. Bedeutung	109
2. Voraussetzungen der einstweiligen Verfügung	110
a) Verfügungsanspruch	110

	Rn
b) Verfügungsgrund	114
aa) Begriff und Bedeutung	114
bb) Dringlichkeitsvermutung	115
3. Verfahren auf Erlass der einstweiligen Verfügung	121
a) Rechtsweg	121
b) Zuständigkeit	122
c) Verfügungsantrag	127
aa) Allgemein	127
bb) Rechtsschutzbedürfnis	128
cc) Streitgegenstand	129
dd) Bestimmtheit des Antrags	130
ee) Inhalt des Antrags	131
ff) Glaubhaftmachung	133
d) Schutzschrift	135
e) Aussetzung der Entscheidung über den Antrag	138
f) Entscheidung über den Antrag	139
aa) Entscheidung durch Beschluss	139
(1) Beschlussverfügung	139
(2) Zurückweisung des Antrags durch Beschluss	142
bb) Entscheidung durch Urteil	144
(1) Urteilsverfügung	144
(2) Zurückweisung des Antrags durch Urteil	146
g) Rechtsbehelfe	147
aa) Antragsteller	147
(1) Sofortige Beschwerde	147
(2) Berufung	148
bb) Antragsgegner	149
(1) Widerspruch	149
(2) Berufung	152
(3) Antrag auf Anordnung der Klageerhebung binnen bestimmter Frist (§§ 936, 926 I ZPO)	153
(4) Antrag auf Aufhebung der einstweiligen Verfügung nach §§ 936, 926 II ZPO	155
(5) Antrag auf Aufhebung der einstweiligen Verfügung wegen veränderter Umstände (§§ 936, 927 ZPO)	159
4. Vollziehung der einstweiligen Verfügung (§§ 936, 928, 929 ZPO)	166
a) Notwendigkeit der Vollziehung	166
b) Durchführung der Vollziehung	167
aa) Parteizustellung	167
bb) Vollziehungsfrist	173
(1) Lauf der Vollziehungsfrist	173
(2) Versäumung der Vollziehungsfrist	175
5. Rechtskraft	176
6. Verfassungsbeschwerde	182
7. Abschlussverfahren	183
a) Bedeutung	183
b) Abschlussschreiben	184
aa) Erforderlichkeit	184
bb) Überlegungsfrist, Inhalt des Abschlussschreibens	185
cc) Zugang des Abschlussschreibens	187
dd) Kosten des Abschlussschreibens	188

		Rn
	c) Abschlusserklärung	189
	aa) Inhalt	189
	bb) Zugang und Wirksamwerden der Abschlusserklärung	191
	cc) Rechtsfolgen	192
8.	Schadensersatz	193
	a) Allgemein	193
	b) Anspruchsvoraussetzungen	196
	aa) § 945 ZPO (1. Alt)	196
	(1) Von Anfang an ungerechtfertigt	196
	(2) Bindungswirkung	199
	bb) 945 ZPO (2. Alt)	203
	cc) Zu ersetzender Schaden	204
	c) Mitverschulden	209
	d) Verjährung	210
	e) Negative Feststellungsklage	211
III.	Urteilsbekanntmachung (§ 12 III)	212
1.	Zweck und Bedeutung	212
2.	Allgemeine Voraussetzungen	214
	a) Unterlassungsklage	214
	b) Klage auf Grund des UWG	215
	c) Antrag	216
	d) Obsiegende Partei	217
3.	Berechtigtes Interesse	218
4.	Urteil	220
	a) Ermessensentscheidung	220
	b) Entscheidung durch Urteil	221
	c) Inhalt der Bekanntmachungsbefugnis	222
5.	Bekanntmachung	223
6.	Materiell-rechtlicher Veröffentlichungsanspruch	224
IV.	Streitwertbegünstigung (§ 12 IV, V)	225
1.	Bedeutung und Anwendungsbereich	225
	a) Allgemeines	225
	b) Streitwertbegünstigung statt Streitwertminderung	227
	c) Anwendungsbereich	230
2.	Zum Streitwert von Unterlassungsklagen nach § 3 ZPO	231
3.	Streitwertbegünstigung im Lauterkeitsrecht	236
	a) Voraussetzungen	236
	b) Verfahren	238
	c) Folgen	240
V.	Zwangsvollstreckung	241
1.	Zwangsvollstreckung aus Unterlassungstiteln	241
	a) Voraussetzungen	241
	b) Vollstreckbarer Unterlassungstitel	242
	c) Androhung von Ordnungsmitteln	243
	d) Zuwiderhandlung	246
	e) Festsetzung des Ordnungsmittels	249
	f) Einstweilige Einstellung der Zwangsvollstreckung	252
	g) Verjährung	253
	h) Fortfall des Unterlassungstitels	254
2.	Zwangsvollstreckung aus anderen Unterlassungstiteln	255

A. Außergerichtliche Anspruchsdurchsetzung (Abmahnung und strafbewehrte Unterlassungsverpflichtung, § 12 I)

Literatur: *H.-J. Ahrens,* Zum Ersatz der Verteidigungsaufwendungen bei unberechtigter Abmahnung, NJW 1982, 2477; *ders,* Die Mehrfachverfolgung desselben Wettbewerbsverstoßes, WRP 1983, 1; *ders,* Unterlassungsschuldnerschaft beim Wechsel des Unternehmensinhabers, GRUR 1996, 518; *Bacher,* Die Beeinträchtigungsgefahr als Voraussetzung für Unterlassungsklagen im Wettbewerbsrecht und in anderen Gebieten des Zivilrechts, 1996; *Bernreuther,* Zusammentreffen von Unterlassungserklärung und Antrag auf Erlaß einer einstweiligen Verfügung, GRUR 2001, 400; *ders,* Zur Auslegung und Inhaltskontrolle von Vertragsstrafenvereinbarungen, GRUR 2003, 114; *Borck,* Über unrichtig gewordene Unterlassungstitel und deren Behandlung, WRP 2000, 9; *ders,* Andere Ansichten in Kostenfragen, WRP 2001, 20; *ders,* Zur Nachfragepflicht des Abmahnenden, WRP 2001, 238; *Bornkamm,* Unterlassungstitel und Wiederholungsgefahr, FS Tilmann, 2003, 769; *Conrad,* Der Zugang der Abmahnung, WRP 1998, 124; *ders,* Die Abmahnung und der Vollmachtsnachweis, WRP 1998, 258; *ders,* Abgabe einer Unterlassungserklärung ohne Anerkennung einer Rechts- und Zahlungspflicht und Aufwendungsersatz, WRP 2001, 187; *Deutsch,* Gedanken zur unberechtigten Schutzrechtsverwarnung, WRP 1999, 25; *Eichmann,* Die Rechtsnatur der Abmahnung und der Verwarnung, FS Helm, 2002, 287; *Einsiedler,* Geschäftsführung ohne Auftrag bildet keine Anspruchsgrundlage für die Erstattung der Kosten wettbewerbsrechtlicher Abmahnschreiben und Abschlußschreiben, WRP 2003, 354; *Ernst,* Abmahnungen auf Grund von Normen außerhalb des UWG, WRP 2004, 1133; *Eser,* Probleme der Kostentragung bei der vorprozessualen Abmahnung und des Abschlußschreiben in Wettbewerbsstreitigkeiten, GRUR 1986, 35; *D. Fischer,* Rechtsnatur und Funktion der Vertragsstrafe im Wettbewerbsrecht unter besonderer Berücksichtigung der höchstrichterlichen Rechtsprechung, FS Piper, 1996, 205; *Fritzsche,* Unterlassungsanspruch und Unterlassungsklage, 2000; *Goldbeck,* Zur Ermittlung des sachlich zuständigen Gerichts bei der Vertragsstrafeklage wettbewerbsrechtlichen Ursprungs, WRP 2006, 37; *Gottschalk,* Wie kann eine Unterlassungsvereinbarung erlöschen?, GRUR 2004, 827; *ders,* UWG-Reform: Die Auswirkungen auf Vertragsstrafeversprechen und gerichtliche Unterlassungstitel, WRP 2004, 1321; *Günther/Beyerlein,* Abmahnen nach dem RVG – Ein Gebühren-Eldorado?, WRP 2004, 1222; *Hantke,* Die Beurteilung der Mehrfachverfolgung eines Wettbewerbsverstoßes als rechtsmißbräuchlich, FS Erdmann, 2002, 831; *Heidenreich,* Zum Kostenerstattungsanspruch für eine wettbewerbsrechtliche Gegenabmahnung, WRP 2004, 660; *Heckelmann/Wettich,* Zur Frage der Angemessenheit von Vertragsstrafen, WRP 2003, 184; *Hess,* Unterwerfung als Anerkenntnis?, WRP 2003, 353; *ders,* Vertragsstrafe bei der Verteilung von Werbematerial, WRP 2004, 296; *Kaiser,* Die Vertragsstrafe im Wettbewerbsrecht, 1999; *A. Klein,* Keine Vertragsstrafe für die Schwebezeit, GRUR 2007, 664; *ders,* Hauptsacheverfahren oder Eilverfahren – worauf bezieht sich die Abmahnung, GRUR 2012, 882; *Köhler,* Der wettbewerbliche Unterlassungsvertrag: Rechtsnatur und Grenzen der Wirksamkeit, FS v. Gamm, 1990, 57; *ders,* Vertragliche Unterlassungspflichten, AcP 190 (1990), 496; *ders,* Die wettbewerbsrechtlichen Abwehransprüche (Unterlassung, Beseitigung, Widerruf), NJW 1992, 137; *ders,* Vertragsstrafe und Schadensersatz, GRUR 1994, 260; *ders,* Die Begrenzung wettbewerbsrechtlicher Ansprüche durch den Grundsatz der Verhältnismäßigkeit, GRUR 1996, 82; *ders,* Zur Verjährung des vertraglichen Unterlassungs- und Schadensersatzanspruchs, GRUR 1996, 231; *ders,* „Abmahnverhältnis" und „Unterwerfungsverhältnis", FS Piper, 1996, 309; *ders,* Die Auswirkungen der Unternehmensveräußerung auf gesetzliche und vertragliche Unterlassungsansprüche, WRP 2000, 921; *ders,* Zur Erstattungsfähigkeit von Abmahnkosten, FS Erdmann, 2002, 845; *Kunath,* Kostenerstattung bei ungerechtfertigter Verwarnung, WRP 2000, 1074; *ders,* Zur Nachfragepflicht des Abmahnenden, WRP 2001, 238; *Lindacher,* Der „Gegenschlag" des Abgemahnten, FS v. Gamm, 1990, 83; *Loewenheim,* Die Erstattung von Abmahnkosten der Verbände in der neueren Rechtsentwicklung, WRP 1987, 286; *Lührig/Lux,* Die Behandlung von Mehrfachverstößen gegen strafbewehrte Unterlassungserklärungen, FS Helm, 2002, 321; *Meier-Beck,* Die Verwarnung aus Schutzrechten – mehr als eine Meinungsäußerung!, GRUR 2005, 535; *Menke,* Die negative Feststellungsklage in der wettbewerbsrechtlichen Praxis, WRP 2012, 55; *Nieder,* Aufbrauchsfrist via Unterwerfungserklärung?, WRP 1999, 583; *ders,* Die vertragsstrafenbewehrte Unterwerfung im Prozeßvergleich, WRP 2001, 117; *Nill,* Sachliche Zuständigkeit bei Geltendmachung der Kosten von Abschlußschreiben, GRUR 2005, 741; *Nosch,* Die Abmahnung im Zivilrecht, 2012; *Ohrt,* „Procura necesse est" oder: Vollmachtsnachweis bei Abmahnschreiben und Kostenerstattung, WRP 2002, 1035; *Omsels,* Zur Unlauterkeit der gezielten Behinderung von Mitbewerbern (§ 4 Nr 10 UWG), WRP 2004, 136; *Pfister,* Erfordernis des Vollmachtsnachweises bei Abmahnschreiben, WRP 2002, 799; *Pokrant,* Zur vorprozessualen Erfüllung wettbewerbsrechtlicher Unterlassungsansprüche, FS Erdmann, 2002, 863; *Rieble,* „Kinderwärmekissen" und Vertragsstrafendogmatik, GRUR 2009, 824; *Sack,* Die Haftung für unbegründete Schutzrechtsverwarnungen, WRP 2005, 253; *Schinnenburg,* Zivilrechtliche Abmahnungen der Ärztekammern gegen ihre eigenen Mitglieder, GesR 2007, 568; *Schmitz-Temming,* Einzelhandel und Vertragsstrafe, WRP 2003, 189; *A. Schulz,* Kostenerstattung bei erfolgloser Abmahnung, WRP 1990, 658; *ders,* Schubladenverfügung und die Kosten der nachgeschobenen Abmahnung, WRP 2007, 589; *Selke,* Erstattung von Rechtsanwaltskosten bei unberechtigter Abmahnung aus culpa in contrahendo, WRP 1999, 286; *Sessinghaus,* Abschied von der unberechtigten Schutzrechtsverwarnung – auf Wiedersehen im UWG?, WRP 2005, 823; *Sosnitza,* Vom Fortsetzungszusammenhang zur natürlichen und rechtlichen Handlungseinheit – Vertragsstrafe und Ordnungsgeld, Liber amicorum Lindacher, 2007, 161; *Spätgens,* Zur Natur, Gestaltung und Funktion wettbewerbsrechtlicher Unterwerfungserklärungen, FS Gaedertz, 1992, 545; *ders,* Des Anwalts Hindernisparcours – Fallen und Handicaps – Insbesondere: Vollmachtsnachweis bei der Abmahnung?, FS Samwer, 2008, S 205; *ders,* Anmerkungen zur so genannten Schubladenverfügung und zur Zurückweisung anwaltlicher Abmahnungen ohne Originalvollmacht, FS Loschelder, 2010, S 355; *Steinbeck,* Die strafbewehrte Unterlassungserklärung: Ein zweischneidiges Schert!, GRUR 1994, 90; *Steiniger,* Abmahnung – auch bei notorischen Wettbewerbsverletzern?, WRP 1999, 1197; *ders,* Unterlassungstitel – Verletzungshandlung – Kerntheorie – oder warum man Untersagungsgeboten Folge leisten sollte, WRP 2000, 1415; *Teplitzky,* Unterwerfung und „konkrete" Verletzungsform, WRP 1990, 26; *ders,* Unterwerfung oder Unterlassungsurteil?, WRP 1996, 171; *ders,* Die wettbewerbsrechtliche Unterwerfung heute, GRUR 1996, 696; *ders,* Streitgegenstand und materielle Rechtskraft im wettbewerbsrechtlichen Unterlassungsprozeß, GRUR 1998, 320; *ders,* Zur Frage der Rechtmäßigkeit unbegründeter Schutzrechtsverwarnungen, GRUR 2005, 9; *ders,* Aktuelle Probleme der Abmahnung und Unterwerfung sowie des Verfahrens der einstweiligen Verfügung im Wettbewerbs- und Markenrecht, WRP 2005, 654; *ders,* Die Regelung der Abmahnung in § 12 Abs 1 UWG, ihre Reichweite und einige ihrer Folgen, FS Ullmann, 2006, S 999; *ders,* Zum Verhältnis von Feststellungs- und Leistungsklage im Bereich des gewerblichen Rechtsschutzes und des Wettbewerbsrechts, Liber amicorum Lindacher, 2007, 185; *Traub,* Die Anwendung des § 278 BGB auf die Erfüllung wettbewerbsrechtlicher Unterlassungsversprechen, FS Gaedertz, 1992, 563; *Ullmann,* Die Verwarnung aus Schutzrechten – mehr als eine Meinungsäußerung?, GRUR 2001, 1027; *Ulrich,* Die Kosten der Abmahnung und die Aufklärungspflichten des Abgemahnten, WRP 1995, 282; *ders,* Die fortgesetzte Handlung im Zivilrecht, WRP 1997, 75; *ders,* Der Zugang der Abmahnung, WRP 1998, 124; *ders,* Die Abmahnung und der Vollmachtsnachweis, WRP 1998, 258; *Ulrici,* Geschäftsähnliche Handlungen, NJW 2003, 2053; *Weisert,* Rechtsprobleme der Schubladenverfügung, WRP 2007, 504; *Wiegand,* Die Passivlegitimation bei wettbewerbsrechtlichen Abwehransprüchen, 1997; *Wiemann,* Abmahnung und Abschlussschreiben als wettbewerbsrechtliche Instrumente außergerichtlicher Streitbeilegung nach der UWG-Novelle 2004, 2006.

I. Abmahnung

1. Gesetzliche Regelung. § 12 I 1 normiert das richterrechtlich entwickelte Institut der **Abmahnung und Unterwerfung,** das bis zur UWG-Reform 2004 gewohnheitsrechtlich anerkannt, aber noch nicht gesetzlich fixiert war. Abweichungen von der Rechtslage vor der Reform bestehen nicht. Auf die bisherige Rechtsprechung kann daher insoweit uneingeschränkt zurückgegriffen werden.

2. Begriff, Zweck und Bedeutung der Abmahnung. Abmahnung ist die an den Schuldner gerichtete Aufforderung des Gläubigers, wegen einer Zuwiderhandlung binnen bestimmter Frist eine **strafbewehrte Unterlassungserklärung** abzugeben (vgl BegrRegEntw, B zu § 12 I, BT-Drucks 15/1487, S 25). Die Abmahnung ist damit Mittel zu dem Zweck, Streitigkeiten in Wettbewerbssachen ohne Inanspruchnahme der Gerichte einvernehmlich beizulegen. Sie liegt im Interesse von Gläubiger *und* Schuldner. Der Gläubiger erlangt bei Abgabe der verlangten Erklärung, ohne prozessieren zu müssen, einen Schutz, der einer gerichtlichen Entscheidung annähernd gleichwertig ist (**Streitvermeidungsfunktion** der Abmahnung), der Schuldner wird vor einer Anrufung der Gerichte gewarnt und ihm Gelegenheit gegeben, den Rechtsstreit abzuwenden (**Warnfunktion**). Auch aus Kostensicht stellt sich die Abmahnung für beide Teile als vorteilhaft dar: Für den Gläubiger, der bei sofortigem Anerkenntnis des Schuldners im Rechtsstreit die Kostenfolge des § 93 ZPO nicht zu besorgen braucht, für den Schuldner, der die Möglichkeit erhält, einem kostspieligen Rechtsstreit aus dem Wege gehen (**Kostenvermeidungsfunktion**). Dementsprechend hat sich die Abmahnung in der wettbewerbsrechtlichen Praxis als ein Institut von überragender Bedeutung erwiesen. Abmahnung und Unterwerfung erledigen den weit überwiegenden Teil aller wettbewerbsrechtlichen Auseinandersetzungen (*Teplitzky* Kap 41 Rn 3: 90–95%; *Eser* GRUR 86, 35: 80–90%; *Fezer/Büscher* § 12 Rn 2). IdR dient die Abmahnung sowohl der Vorbereitung eines Hauptsacheals auch eines Verfügungsverfahrens (*Klein* GRUR 12, 882).

3. Rechtsnatur. Ihrer Rechtsnatur nach ist die Abmahnung als solche kein Rechtsgeschäft, wohl aber – wie die Mahnung (§ 286 BGB) – eine einseitige **geschäftsähnliche Handlung** (Willensäußerung), auf die die Vorschriften über Rechtsgeschäfte und Willenserklärungen (§§ 104–185 BGB) entsprechende Anwendung finden (BGHZ 47, 352, 357 = NJW 67, 1800, 1802; BGH NJW 87, 1546, 1547 [beide zur Mahnung]). Die Bedeutung dessen zeigt sich insbesondere in den Anforderungen an den Vollmachtnachweis eines die Abmahnung aussprechenden Vertreters (Rn 11) und beim Nachweis des Zugangs der Abmahnung (Rn 12ff). Soweit die Abmahnung, wie regelmäßig, über die Aufforderung zur Unterwerfung hinaus zugleich das Angebot zum Abschluss eines strafbewehrten Unterlassungsvertrages enthält, ist sie Willenserklärung (§ 145 BGB; vgl BGHZ 121, 13, 17 = WRP 93, 240, 242 – *Fortsetzungszusammenhang*; *Teplitzky* Kap 41 Rn 6).

4. Obliegenheit. § 12 I 1 ist eine Soll-, keine Mussvorschrift. Eine Rechtspflicht zur Abmahnung wird durch sie nicht begründet. Sie ist auch keine Prozessvoraussetzung, deren Nichtvorliegen die Klage oder den Antrag auf Erlass einer einstweiligen Verfügung unzulässig machte. Jedoch erfüllt der Gläubiger mit der Abmahnung eine **Obliegenheit** gegenüber sich selbst, weil er sich bei gerichtlicher Geltendmachung des Anspruchs ohne Abmahnung dem Risikos aussetzt, in die Kosten des Verfahrens verurteilt zu werden, wenn der Schuldner den Klageanspruch sofort anerkennt bzw – im einstweiligen Verfügungsverfahren – den Widerspruch auf die Kosten beschränkt (§ 93 ZPO; vgl auch BegrRegEntw, B zu § 12 I, BT-Drucks 15/1487, S 25).

5. Entbehrlichkeit der Abmahnung. a) Allgemein. Eine Abmahnung ist nicht immer erforderlich. Auch ohne Abmahnung kann für den Gläubiger allein schon auf Grund des Wettbewerbsverstoßes Veranlassung zur Klageerhebung gegeben sein, so hauptsächlich dann, wenn eine Abmahnung dem Gläubiger **nicht zumutbar** ist oder angenommen werden kann, dass sie voraussichtlich **keinen Erfolg** haben wird. Abzustellen ist insoweit auf die dem Gläubiger bekannten Umstände. Auf das Schuldnerverhalten nach Klageerhebung kommt es grundsätzlich nicht an, es sei denn, dass es Rückschlüsse auf den Entschluss des Gläubigers erlaubt, den Schuldner nicht abzumahnen. Jedoch ist Vorsicht gegenüber der Annahme geboten, aus dem der

Rechtsverteidigung dienenden Verhalten des Schuldners im Prozess könne hergeleitet werden, dass er sich auch auf Abmahnung hin nicht unterworfen hätte (vgl aber die nicht unproblematische Entscheidung BayVerfGH GRUR 13, 299 = WRP 13, 228 – *Autoschilder 20%* m. krit Anm *Ahrens*).

b) Unzumutbarkeit. Unzumutbar ist die Abmahnung, wenn im Sinne einer 6 ernstlichen Besorgnis die Gefahr besteht, der Schuldner werde, durch die Abmahnung vor einem Vorgehen des Gläubigers gewarnt, dessen Unterlassungsanspruch **vereiteln,** beispielsweise durch **Beiseiteschaffen** wettbewerbswidrig nachgeahmter Ware vor einer drohenden Sequestration (OLG Düsseldorf WRP 97, 471; OLG Hamburg WRP 88, 47; KG WRP 83, 101; LG Hamburg GRUR-RR 04, 191; Köhler/*Bornkamm* § 12 Rn 1.48; *Teplitzky* Kap 41 Rn 30; zur Gefahr des Missbrauchs vgl KG GRUR 08, 372). Unzumutbarkeit kommt unter dem Gesichtspunkt der besonderen **Eilbedürftigkeit** ferner dann in Betracht, wenn nur durch sofortige Inanspruchnahme gerichtlichen Rechtsschutzes ein Wettbewerbsverstoß noch verhindert werden kann (vgl zB OLG Schleswig WRP 00, 1327, 1328). In diesen Fällen bedarf es aber sorgfältiger Prüfung, ob nicht doch mit Hilfe einer der Eilformen der Abmahnung – mit Telefon, Telefax, E-Mail oder Boten – ggf unter kürzester Fristsetzung abgemahnt werden kann (OLG Dresden NJWE-WettbR 99, 16, 17; Köhler/*Bornkamm* § 12 Rn 1.47). Unzumutbar kann die Abmahnung für den Gläubiger in Ausnahmefällen schließlich auch dann sein, wenn das Verhalten des Schuldners zu der Annahme berechtigt, dass er nicht bereit ist, sich zu unterwerfen (vgl OLG Hamburg WRP 95, 1037), oder wenn es sich um Fälle besonders hartnäckiger oder böswilliger Zuwiderhandlungen nach Art von Serientätern handelt (KG WRP 03, 101; Köhler/*Bornkamm* § 12 Rn 1.53; Ahrens/*Deutsch* Kap 2 Rn 44; *Teplitzky* Kap 41 Rn 35 ff).

c) Entbehrlichkeit der Abmahnung mangels Erfolgsaussicht. Für die Frage, 7 ob der Gläubiger von einer Abmahnung, weil voraussichtlich erfolglos, absehen kann, kommt es grundsätzlich auf das – vom Gläubiger aus seiner Sicht – zu beurteilende Verhalten des Schuldners vor Klageerhebung an. Bei einer erneuten Zuwiderhandlung trotz gerichtlicher Verurteilung (OLG Nürnberg WRP 81, 290, 291) von voraufgegangener Unterwerfung (BGH GRUR 90, 542, 543 – *Aufklärungspflicht des Unterwerfungsschuldners*) wird der Gläubiger im Allgemeinen von der **Entbehrlichkeit** einer Abmahnung ausgehen können, ebenso wenn sich der Schuldner der Rechtmäßigkeit seines Vorgehens berühmt und damit über die Äußerung seines Rechtstandpunkts hinaus zu erkennen gibt, dass er sich von seinem Verhalten durch eine Abmahnung nicht abbringen lassen wird (Köhler/*Bornkamm* § 12 Rn 1.51; vgl auch Harte/Henning/*Brüning* § 12 Rn 12). Entscheidend sind die Umstände des Einzelfalls. Entbehrlich ist die Abmahnung im Allgemeinen nicht allein schon deshalb, weil der Schuldner vor längerer Zeit schon einmal abgemahnt worden war oder die Abmahnung eines Dritten wegen eines vergleichbaren Verstoßes unbeachtet gelassen hatte (OLG Saarbrücken WRP 90, 548, 549; Ahrens/*Deutsch* Kap 2 Rn 47 ff; *Teplitzky* Kap 41 Rn 27; aA Köhler/*Bornkamm* § 12 Rn 1.55). Ein *vorsätzliches* Verletzerverhalten wird für sich allein – entgegen einer früher verbreiteten Ansicht – heute nicht mehr als ausreichend für die Annahme gehalten, dass die Abmahnung entbehrlich sei, erstens weil der Gläubiger, auf dessen Sicht es ankommt, vielfach gar nicht erkennen kann, ob der Schuldner vorsätzlich gehandelt hat, und zweitens weil gerade der mit Vorsatz handelnde Verletzer die ihm abverlangte Unterwerfung dem Risiko eines Prozesses häufig vorziehen wird (Köhler/*Bornkamm* § 12 Rn 1.52; Harte/Henning/*Brüning* § 12 Rn 9). Hat sich der Schuldner einem anderen Verletzten wirksam unterworfen, ist die Wiederholungsgefahr ausgeräumt und der Unterlassungsanspruch sämtlicher Gläubiger erloschen (vgl § 8 Rn 18). Auf die Frage der Entbehrlichkeit der Abmahnung kommt es dann nicht mehr an.

8 **d) Schubladenverfügung.** Von einer Schubladenverfügung, auch Vorratsverfügung genannt, spricht man, wenn der Gläubiger ohne vorherige Abmahnung des Schuldners eine einstweilige Verfügung im Beschlusswege erwirkt. Der Schuldner wird dann erst vom Gläubiger ohne Hinweis auf die bereits ergangene Verfügung (verdeckt; seltener: offen) abgemahnt. Gibt der Schuldner nicht die verlangte Unterlassungsverpflichtungserklärung ab, stellt ihm der Gläubiger sofort die Schubladenverfügung zu. Für dieses Vorgehen besteht in der Praxis oftmals das legitime Interesse, den mit der Abmahnung verbundenen Warneffekt zu verhindern (zB bei beabsichtigter Sequestration rechtsverletzender Ware; ebenso *Spaetgens* FS Loschelder, S 355, 357 f; krit Köhler/*Bornkamm* § 12 Rn 1.59: „Unsitte").

9 Die Folgen und insbesondere die **Kosten** hängen von der Reaktion des Schuldners auf die nachgeschobene Abmahnung ab. Gibt der (berechtigt) Abgemahnte eine Unterlassungsverpflichtungserklärung ab, so trägt die Kosten des Verfügungsverfahrens der Gläubiger. Unterwirft sich der nachträglich abgemahnte Schuldner dagegen nicht, ist sein nach zugestellter Verfügung erklärtes Anerkenntnis kein sofortiges iSd § 93 ZPO, sodass er die Kosten des Verfügungsverfahrens zu tragen hat (*A. Schulz* WRP 07, 589, 590; *Weisert* WRP 07, 504, 505 f; aA KG AfP 99, 173, 174; Köhler/*Bornkamm* § 12 Rn 1.58; MüKoUWG/*Ottofülling* § 12 Rn 132). Die Kosten der Abmahnung trägt in jedem Fall der Gläubiger, da § 12 I 2 nicht eingreift (§ 12 I 1: „*vor* der Einleitung") und eine GoA (§§ 683 S 1, 677, 667 BGB) daran scheitert, dass dem Schuldner mit Kostenwiderspruch (Rn 150) oder Unterwerfungserklärung mit anschließender Erledigungserklärung kostengünstigere Alternativen zur Verfügung stehen (BGH GRUR 10, 257 Rn 17 – *Schubladenverfügung*); insofern ist die Schubladenverfügung zwar legitim, aber ein „wettbewerbsrechtlicher Luxus" (*Spaetgens* FS Loschelder, S 355, 360).

10 **6. Formale Voraussetzungen der Abmahnung. a) Formfragen, Beweismittel.** Die Abmahnung wird wegen ihrer Bedeutung und aus Gründen der Beweisbarkeit in aller Regel schriftlich erklärt, unterliegt rechtlich aber keinem **Formzwang**, kann aber auch telefonisch, mit Telefax oder per E-Mail erklärt werden (OLG Frankfurt GRUR 88, 32; OLG Hamburg NJW-RR 94, 629; Köhler/*Bornkamm* § 12 Rn 1.22; Ahrens/*Deutsch* Kap 1 Rn 96). Der Namhaftmachung oder Zurverfügungstellung von Beweismitteln (Zeugenbenennung, Beifügung von Belegen) bedarf es nicht.

11 **b) Vertretung, Vorlage der Vollmachtsurkunde. Vertretung** bei der Erklärung der Abmahnung ist zulässig. Für die Frage, ob in Vertretungsfällen die Beifügung der **Vollmachtsurkunde** im Original erforderlich, weil die Abmahnung wirkungslos ist, wenn der Schuldner die Erklärung des Vertreters wegen der Nichtvorlage der Vollmachtsurkunde unverzüglich zurückweist (§ 174 BGB analog), ist zu differenzieren: ist die Abmahnung – wie in den allermeisten Fällen – mit einem **Angebot** zum Abschluss eines **Unterwerfungsvertrages verbunden**, so ist § 174 BGB nicht anwendbar, da dem Schuldnerinteresse an der Klärung der Vertragsverhältnisse hinreichend dadurch Rechnung getragen werden kann, dass der Schuldner die Unterwerfungserklärung von der Vorlage einer Vollmachtsurkunde abhängig macht (BGH GRUR 10, 1120 Rn 14 f – *Vollmachtsnachweis;* Fezer/*Büscher* § 12 Rn 11; Köhler/*Bornkamm* § 12 Rn 1.28). Handelt es sich dagegen – ausnahmsweise – um eine **isolierte Abmahnung**, ist auf eine solche geschäftliche Handlung § 174 BGB (entsprechend) anwendbar (vgl OLG Düsseldorf GRUR-RR 10, 87; Gloy/Loschelder/Erdmann/*Schwippert* § 84 Rn 14; *Nosch* S 27; aA *Spaetgens* FS Loschelder, S 355, 364; *Teplitzky* Kap 41 Rn 6a). Für die Mahnung – für die Abmahnung gilt nichts anderes, denn auch sie lässt materiell-rechtliche Folgen kraft Gesetzes eintreten (aA *Spaetgens*, FS Samwer, 2008, S 205, 212), nämlich den Kostenerstattungsanspruch, § 12 I 2, und bestimmte Aufklärungs- und Antwortpflichten des Verletzers (Rn 20) – hat der BGH das wiederholt ausgesprochen (BGHZ 47, 352, 357 = NJW 67, 1800, 1802; BGH NJW 87, 1546, 1547).

c) **Zugang der Abmahnung.** Die Abmahnung ist **geschäftsähnliche Handlung** (Rn 3), die den für Willenserklärungen geltenden Regelungen unterfällt. Sie wird also erst in dem Zeitpunkt wirksam, in welchem sie dem Abmahnenden **zugeht** (§ 130 I 1 BGB). Insoweit gelten die allgemeinen Regelungen, dh die Abmahnung ist zugegangen, sobald sie in den Bereich des Adressaten in einer Weise gelangt ist (zB durch Einwurf in den Briefkasten, Abspeicherung auf dem Anrufbeantworter, Ablage im E-Mail-Fach), dass dieser unter gewöhnlichen Umständen vom Inhalt der Erklärung Kenntnis nehmen kann (BGHZ 67, 241, 275 = NJW 77, 194; BGHZ 137, 205, 208 = NJW 98, 976, 977; BGH NJW 04, 1320, stRspr). Im Bestreitensfall ist es Sache des Gläubigers den **Beweis für den Zugang** zu führen, der allein durch den Nachweis ordnungsgemäßer Absendung noch nicht erbracht wird. Ein Anscheinsbeweis, dass eine Postsendung den Empfänger erreicht hat, besteht nicht (BGH NJW 64, 1176), auch nicht für gewöhnliche Einschreibbriefe (BGHZ 24, 308, 312ff = NJW 57, 1239; BGH NJW 96, 2033, 2035). 12

Gleichwohl war die Frage der Beweislast für den Zugang der Abmahnung im Wettbewerbsprozess bis zuletzt streitig. Während sich eine verbreitete Auffassung für die Beweislast auf Seiten des Schuldners aussprach (OLG Hamburg GRUR 76, 444; OLG Koblenz WRP 82, 437 L; OLG Stuttgart WRP 83, 644, 645; OLG Hamm WRP 84, 220, 221; OLG Köln WRP 84, 230; OLG Frankfurt GRUR 85, 240; KG WRP 92, 716, 717; KG WRP 94, 39, 40; OLG Stuttgart WRP 96, 477, 478; OLG Karlsruhe WRP 97, 477; OLG Braunschweig GRUR 04, 887, 888; Harte/Henning/Brüning § 12 Rn 24ff, 29, 65; Fezer/Büscher § 12 Rn 7; Ahrens/Deutsch Kap 1 Rn 103; Teplitzky WRP 05, 654, 655), plädierte die Gegenansicht für die Beweislast des Gläubigers (KG WRP 92, 716, 717; KG WRP 94, 39, 40; OLG Düsseldorf NJWE-WettbR 96, 256; OLG Düsseldorf GRUR-RR 01, 199; OLG Dresden WRP 97, 1201, 1203; OLG Saarbrücken NJW 04, 2908, 2909; LG Düsseldorf GRUR-RR 06, 143, 144; Köhler/Bornkamm § 12 Rn 1.31ff; GK[1]/Kreft Vor § 13 Rn 73ff; Ulrich WRP 98, 124ff; Wiemann S 112). Inzwischen hat der BGH in einer Grundsatzentscheidung Stellung genommen (BGH GRUR 07, 629 Rn 11f – *Zugang des Abmahnschreibens*). Ausgangspunkt für die Frage der Beweislast ist die Überlegung, dass die den Beklagten begünstigende Kostenregelung in § 93 ZPO eine Ausnahme von der allgemeinen Kostentragungsregel des § 91 I 1 ZPO darstellt. Daher obliegt **grundsätzlich** dem **Beklagten** die **Darlegungs- und Beweislast** für die Tatbestandsvoraussetzungen des § 93 ZPO. Da es sich beim Nichtzugang der Abmahnung um eine negative Tatsache handelt, trifft den **Kläger** aber eine **sekundäre Darlegungslast** (BGH GRUR 07, 629 Rn 12 – *Zugang des Abmahnschreibens*). Daraus ergibt sich folgende Verteilung: (1) Zunächst kann sich der Beklagte auf die schlichte Behauptung, die Abmahnung sei ihm nicht zugegangen, beschränken. (2) Daraufhin ist der Kläger verpflichtet, die genauen Umstände der Absendung vorzutragen und gegebenenfalls unter Beweis zu stellen; eine weitergehende Verpflichtung, etwa dahingehend, dass er besondere Versendungsformen zu wählen habe, die den Zugangsnachweis ermöglichen, trifft ihn aber nicht. (3) Der Beklagte hat dann den Nichtzugang, zB durch Benennung von Büropersonal als Zeugen, zu beweisen, wobei an den Nachweis keine übertriebenen Anforderungen gestellt werden dürfen. Umgekehrt hat es aber der Kläger in der Hand, zB durch parallele Abmahnung per Post, als Telefax und per E-Mail, seine Position zu verbessern, da dann das Bestreiten des Zugangs wenig glaubhaft ist (§ 286 ZPO). Kann nicht festgestellt werden, ob das Abmahnschreiben dem Beklagten zugegangen ist oder nicht, ist für eine Kostenentscheidung nach § 93 ZPO kein Raum. 13

7. Inhaltliche Anforderungen. a) Anspruchsberechtigung des Gläubigers. Mahnt der Gläubiger den Verletzer ab, muss er anspruchsberechtigt **(aktivlegiti-** 14

15 **b) Konkrete Beanstandung.** Die Abmahnung muss das beanstandete Verhalten **konkret** bezeichnen. Auf dessen rechtliche Bewertung kommt es weniger an. Der Abgemahnte muss aber wissen, was genau ihm der Gläubiger in tatsächlicher und rechtlicher Hinsicht zum Vorwurf macht und was von ihm als zur Vermeidung eines Rechtsstreits zu tun verlangt wird. Eine lückenlose Darstellung aller Einzelheiten des Falles ist nicht erforderlich, wenn nur der Abgemahnte an Hand der Abmahnung in der Lage ist, den ihm gemachten Vorwurf unter den in Betracht kommenden rechtlichen Gesichtspunkten zu prüfen (OLG Koblenz GRUR 81, 671, 674; OLG Hamburg WRP 96, 773; OLG Stuttgart WRP 96, 1229, 1230f). Einer Übermittlung von Beweismitteln oder des Hinweises auf Rechtsprechung bedarf es grundsätzlich nicht (vgl Rn 10).

miert) sein und dies auch dartun, wenn sich die Berechtigung des Gläubigers für den Abgemahnten nicht schon aus den Umständen ergibt. Das gilt für Mitbewerber ebenso wie für die Verbände und Kammern nach § 8 III Nr 2–4.

16 **c) Unterwerfungsverlangen.** Die Abmahnung muss außerdem, soll sie ihre Streitvermeidungsfunktion erfüllen, den Schuldner zur Unterlassung des beanstandeten Verhaltens und zur Abgabe einer strafbewehrten Unterlassungserklärung binnen bestimmter Frist unmissverständlich **auffordern,** wenn und soweit dies zur Beseitigung der Begehungsgefahr (Wiederholungs-, Erstbegehungsgefahr) erforderlich ist. Hat der Gläubiger wie üblich der Abmahnung eine vorformulierte Unterwerfungserklärung beigefügt, die der Verletzer nur noch zu unterschreiben braucht, handelt es sich dabei um ein **Angebot** (§ 145 BGB) zum Abschluss eines Unterwerfungsvertrages. Geht das Unterlassungsbegehren des Gläubigers zu weit oder verlangt der Gläubiger für den Wiederholungsfall eine höhere Vertragsstrafe als angemessen, nimmt das der Abmahnung nicht die Wirksamkeit (OLG Stuttgart WRP 85, 53; OLG Köln WRP 88, 56; KG GRUR-RR 08, 29, 30; Köhler/*Bornkamm* § 12 Rn 1.17). Es steht dem Schuldner frei, dem Gläubiger seinerseits ein die Wiederholungsgefahr beseitigendes, dem Sach- und Streitstand gerecht werdendes eingeschränktes Unterwerfungsangebot zu unterbreiten (§ 150 II BGB). Geht der Schuldner auf das Verlangen des Gläubigers nach einer Unterlassungsverpflichtung ein, dessen Strafbewehrung zu niedrig ist, um die Wiederholungsgefahr entfallen zu lassen, hat er zu der darauf gestützten Klage des Gläubigers keine Veranlassung gegeben, wenn er den Klageantrag unverzüglich anerkennt (§ 93 ZPO).

17 **d) Angemessenheit der Fristsetzung.** Die dem Schuldner gesetzte Frist muss grundsätzlich so bemessen sein, dass ihm für seine Prüfung und Entscheidung einschließlich anwaltlicher Beratung ein **ausreichender Zeitraum** zur Verfügung steht. Wie dieser zu bemessen ist, ist eine Frage des Einzelfalls. Angemessen ist im Normalfall eine Zeitspanne von sieben bis zehn Tagen ab Zugang der Abmahnung, in Eilfällen auch wesentlich kürzer. UU ist auch eine nur nach Stunden bemessene Frist angemessen, sofern dem Gläubiger in solchen Fällen eine Abmahnung überhaupt noch zumutbar ist (Rn 6). Eine unangemessen kurze Fristsetzung nimmt der Abmahnung nicht ihre Wirksamkeit. An ihre Stelle tritt eine angemessene Frist, deren Einhaltung durch den Schuldner den Gläubiger klaglos stellt (BGH GRUR 90, 381, 382 – *Antwortpflicht des Abgemahnten*). Auf die Unangemessenheit einer ihm gesetzten Frist braucht der Schuldner den Gläubiger grundsätzlich nicht hinzuweisen (Köhler/*Bornkamm* § 12 Rn 1.20). Ist die Frist an sich angemessen, für den Schuldner aber nicht ausreichend, kann er den Gläubiger um Fristverlängerung ersuchen, die dieser allerdings nur bei Vorliegen stichhaltiger Gründe einzuräumen braucht.

18 **e) Androhung gerichtlicher Maßnahmen.** Zur Wirksamkeit einer Abmahnung gehört es, dass der Gläubiger dem Schuldner **androht,** bei Zurückweisung der Abmahnung und Nichtabgabe einer ausreichend strafbewehrten Unterlassungsverpflichtungserklärung innerhalb angemessener Frist Unterlassungsklage zu erheben bzw Antrag auf Erlass einer einstweiligen Verfügung zu stellen. Ergibt sich die Androhung bereits aus den Umständen, muss sie nicht außerdem auch noch wörtlich ausgesprochen werden. Der Gläubiger braucht sich nicht darauf festzulegen, welche Schritte er im Einzelnen ergreifen wird GK[1]/*Kreft* Vor § 13 C Rn 37; Köhler/*Bornkamm* § 12 Rn 1.21).

8. Rechtsfolgen. a) Berechtigte Abmahnung. aa) Kostenfolge. Unterwirft 19
sich der Schuldner fristgerecht dem Unterlassungsverlangen des Gläubigers, hat er zu einer gleichwohl gegen ihn erhobenen Unterlassungsklage keine Veranlassung gegeben (§ 93 ZPO), und zwar auch dann nicht, wenn die – entsprechend dem Verlangen des Gläubigers – versprochene Vertragsstrafe nicht ausreicht, die Wiederholungsgefahr zu beseitigen (Rn 16 aE). Anders liegt es, wenn der Schuldner auf die Abmahnung nicht oder verspätet reagiert oder diese zurückgewiesen hat.

bb) Wettbewerbsrechtliche Sonderbeziehung eigener Art. Die Abmahnung 20
konkretisiert das gesetzliche Schuldverhältnis, das durch die Verletzungshandlung zwischen Gläubiger und Schuldner entstanden ist. Aus dieser **wettbewerbsrechtlichen Sonderbeziehung** ergeben sich für den Schuldner nach Treu und Glauben (§ 242 BGB) bestimmte Aufklärungs- und Antwortpflichten, deren Verletzung uU auch zu Schadensersatzansprüchen des Gläubigers führen kann (sa § 8 Rn 18). Insbesondere muss der Schuldner den Gläubiger auf Abmahnung fristgerecht ggf darüber aufklären, dass er sich einem anderen Gläubiger bereits unterworfen hat, damit der Abmahnende von der Erhebung einer Klage mit einer ihm ungünstigen Kostenfolge Abstand nehmen kann. Zur Beantwortung der Abmahnung ist der Abgemahnte in solchen Fällen innerhalb angemessener Frist stets verpflichtet, gleichviel ob er sich unterwirft oder die Eingehung einer Unterlassungsverpflichtung ablehnt (BGH GRUR 87, 54, 55 – *Aufklärungspflicht des Abgemahnten;* GRUR 87, 640, 641 – *Wiederholte Unterwerfung II;* GRUR 90, 381, 382 – *Antwortpflicht des Abgemahnten;* Köhler/*Bornkamm;* § 12 Rn 1.61 ff; *Teplitzky* Kap 41 Rn 50 ff).

cc) Erstattung von Abmahnkosten (§ 12 I 2). Weitere Rechtsfolge einer nach 21
Form (Rn 10–13) und Inhalt (Rn 14–18) berechtigten Abmahnung ist der **Abmahnkostenerstattungsanspruch** des Gläubigers bei Vorliegen der Voraussetzungen des § 12 I 2. Bis zur Reform des UWG von 2004 hat die Rechtsprechung seit der Entscheidung BGHZ 52, 393, 399 = GRUR 70, 189, 190 – *Fotowettbewerb* den Ersatzanspruch unter dem Gesichtspunkt der Geschäftsführung ohne Auftrag (vgl BGHZ 115, 210, 212 = GRUR 92, 176, 177 – *Abmahnkostenverjährung;* BGHZ 149, 371, 375 = GRUR 02, 357, 358 – *Mißbräuchliche Mehrfachverfolgung*) oder des Schadensersatzes (BGH GRUR 82, 489 – *Korrekturflüssigkeit;* BGH aaO – *Mißbräuchliche Mehrfachverfolgung*) zugesprochen. § 12 I 2 regelt den Anspruch nunmehr eigenständig. Im Rahmen seines Anwendungsbereichs kommt es daher auf die Ansprüche aus GoA oder auf Schadensersatz (§ 9) nicht mehr an. Für immaterialgüterrechtliche Abmahnungen bleibt es bei Ansprüchen aus GoA, während eine entsprechende Anwendung von § 12 I 2 ausscheidet (vgl *Teplitzky* FS Ullmann, S 999, 1002 ff).

Für den Anspruch auf Erstattung der Abmahnkosten ist allein die rechtliche Beur- 22
teilung zum **Zeitpunkt** der Abmahnung maßgeblich (BGH GRUR 07, 164 Rn 7 – *Telefax-Werbung II;* GRUR 07, 981 Rn 15 – *150%* Zinsbonus). Der Erstattungsanspruch nach § 12 I 2 richtet sich auf Ersatz der *erforderlichen, tatsächlich entstandenen* Aufwendungen. Fiktive Kosten (ersparte Aufwendungen einer unterlassenen Abmahnung) sind *nicht* erstattungsfähig (vgl OLG Köln WRP 86, 426, 428; OLG Celle WRP 96, 757, 759; Köhler/*Bornkamm* § 12 Rn 1.100; *Teplitzky* Kap 41 Rn 91). Für die durch die Einschaltung eines Rechtsanwalts angefallenen Kosten kann grundsätzlich Ersatz verlangt werden (zur Höhe vgl *Günther* WRP 09, 118), jedoch nicht, wenn der Gläubiger selber Rechtsanwalt ist oder wenn eine der nach § 8 III Nr 2–4 anspruchsberechtigten Organisationen abgemahnt hat und diese selber über eine hinrei-

chend eigene Sachkunde zur zweckentsprechenden Rechtsverfolgung eines unschwer zu erkennenden Wettbewerbsverstoßes verfügt. Bei den **Verbänden** iS des § 8 III Nr 2 und 3 kann regelmäßig von einer Personal- und Sachausstattung ausgegangen werden, die in Fällen mittleren Schwierigkeitsgrades eine außergerichtliche Geltendmachung des Unterlassungsanspruchs ermöglicht (vgl BegrRegEntw, B zu § 12 I, BT-Drucks 15/1487, S 25; BGH GRUR 04, 789, 790 – *Selbstauftrag*). Bei **Mitbewerbern** bestehen die an Verbände gestellten Voraussetzungen nach § 8 III Nr 1 nicht, sodass nach neuerer Rspr großzügigere Maßstäbe gelten. Danach ist auch ein Unternehmen mit eigener Rechtsabteilung nicht gehalten, dieser neben der rechtlichen Überprüfung der eigenen geschäftlichen Aktivitäten auch die Überprüfung der geschäflichen Handlungen der Mitbewerber auf ihre rechtliche Zulässigkeit zu übertragen; in gleicher Weise kann es auch bei festgestellten Wettbewerbsverstößen die Abmahnung einem Rechtsanwalt übertragen, sodass in jedem Fall die Rechtsanwaltskosten verlangt werden können (BGH GRUR 08, 928 Rn 14 – *Abmahnkostenersatz;* anders noch BGH GRUR 04, 448 – *Auswärtiger Rechtsanwalt IV*). Etwas anderes sollte allerdings gelten, wenn es für das Unternehmen weniger Aufwand erfordert, die Abmahnung selbst vorzunehmen, als einen Rechtsanwalt zu informieren und zu instruieren (offengelassen von BGH GRUR 08, 928 Rn 17 – *Abmahnkostenersatz*).

23   Verbände, denen ein Anspruch auf Erstattung von *Anwalts*kosten nach § 12 I 2 nicht zusteht, haben aber Anspruch auf Erstattung ihrer durch die Abmahnung verursachten *Personal- und Sachkosten,* die **pauschaliert** geltend gemacht werden können **(Kostenpauschale).** Dabei kommt es auf den Einzelfall an. Maßgeblich sind die dem *jeweiligen* Verband entstandenen Kosten (vgl Köhler/Bornkamm § 12 Rn 1.98 [Pauschale der Zentrale zur Bekämpfung des unlauteren Wettbewerbs: 195,– Euro + 7% MWSt). Die Pauschale ist auch dann in voller Höhe zu zahlen, wenn die Abmahnung nur *teilweise* berechtigt war (BGH GRUR 10, 744 Rn 51 – *Sondernewsletter;* GRUR 09, 1064 Rn 17 – *Geld-zurück-Garantie II;* GRUR 08, 1010 Rn 50 – *Paypack*). Richtet sich die Höhe der Abmahnkosten dagegen nach dem **Gegenstandswert** der Abmahnung, sind die Kosten einer nur **teilweise** berechtigten Abmahnung nur zu ersetzen, soweit die Abmahnung berechtigt war; dabei ist die Höhe des Ersatzanspruchs nach dem Verhältnis des Gegenstandswerts des berechtigten Teils der Abmahnung zum Gegenstandswert der gesamten Abmahnung zu bestimmen (BGH GRUR 10, 744 Rn 52 – *Sondernewsletter*).

24   Der Anspruch auf Erstattung der Abmahnkosten setzt voraus, dass der Unterlassungsanspruch, dessentwegen abgemahnt wurde, im Zeitpunkt des Zugangs der Abmahnung noch bestand (zur Maßgeblichkeit des Zugangs so Rn 12f). War das nicht mehr der Fall, weil sich der Schuldner schon vorher einem anderen Gläubiger ausreichend strafbewehrt unterworfen hatte und der Unterlassungsanspruch deshalb mangels Begehungsgefahr bereits erloschen war, kommt eine Erstattung von Abmahnkosten **nicht** in Betracht (BGH GRUR 83, 186, 187 – *Wiederholte Unterwerfung I;* BGHZ 149, 371, 375 = GRUR 02, 357, 358 – *Mißbräuchliche Mehrfachabmahnung;* anders dagegen, wenn der Schuldner bereits durch Dritten abgemahnt wurde, sich aber noch nicht unterworfen hatte und der Zweitabmahner davon keine Kenntnis hatte, OLG Oldenburg WRP 12, 1138 Rn 17). Gleiches gilt, wenn im maßgeblichen Zeitpunkt der Schuldner auf Klage eines anderen Gläubigers rechtskräftig zur Unterlassung verurteilt worden war und sein ernstlicher Unterlassungswille – etwa durch Berufung auf dieses Urteil gegenüber der Abmahnung – nicht in Zweifel gezogen werden kann (vgl § 8 Rn 21). Auch die Kosten einer zweiten Abmahnung nach ausbleibender Reaktion des Schuldners sind grundsätzlich nicht erstattungsfähig (BGH GRUR 10, 354 Rn 8f – *Kräutertee;* dasselbe gilt bei einer zweiten Abmahnung nach erneutem identischen oder kerngleichen Verstoß (BGH GRUR 13, 307 Rn 31 – *Unbedenkliche Mehrfachabmahnung*).

25   Ist die Abmahnung **missbräuchlich** iS von § 8 IV kann Ersatz von Abmahnkosten nicht verlangt werden, ebenso wenig wie ein Unterlassungsanspruch geltend ge-

macht werden kann (vgl § 8 Rn 154, 157). Geht es um eine nach § 8 IV **missbräuchliche Mehrfachverfolgung,** besteht daher eine Verpflichtung zur Tragung der Abmahnkosten nur hinsichtlich der Ersten (insoweit erforderlichen) Abmahnung (BGHZ 149, 371, 375 = GRUR 02, 357, 358 – *Mißbräuchliche Mehrfachabmahnung;* sa § 8 Rn 160).

Die **Kosten einer Abmahnung** zählen nicht zu den einen Rechtsstreit unmittel- **26** bar vorbereitenden Kosten und sind daher ebenso wie die Kosten einer Mahnung keine Kosten des Rechtsstreits. Eine Berücksichtigung von Abmahnkosten im Kostenfestsetzungsverfahren scheidet daher aus und ist auch aus Gründen der Verfahrensökonomie nicht geboten (BGH GRUR 06, 439 Rn 12 – *Geltendmachung der Abmahnkosten*). Die bislang streitige Frage (BGH aaO Rn 9; Köhler/*Bornkamm* § 12 Rn 1.92) hat der BGH damit in verneinendem Sinne entschieden. Ebenso wenig sind die Kosten eines Abwehrschreibens des Abgemahnten notwenige Kosten iSd § 91 I 1 ZPO (BGH GRUR 08, 639 – *Kosten eines Abwehrschreibens*).

b) Unberechtigte Abmahnung. aa) Allgemein. Ist die Abmahnung unbe- **27** rechtigt, sei es, dass eine Zuwiderhandlung nicht vorliegt, sei es, dass der Abmahnende nicht anspruchsberechtigt oder der Abgemahnte nicht passivlegitimiert ist oder die Abmahnung den inhaltlichen Anforderungen nicht entspricht, oder sei es, dass die Abmahnung missbräuchlich ist (vgl § 8 Rn 154ff), braucht der Abgemahnte darauf nicht zu erwidern. Eine Antwortpflicht besteht nicht (BGH GRUR 95, 167 – *Kosten bei unbegründeter Abmahnung;* OLG Hamburg WRP 09, 335). Das Schweigen des Schuldners begründet selbstverständlich auch keine Begehungsgefahr. Um aber denkbaren Weiterungen vorzubeugen, zB einer Klage oder einem Antrag auf Erlass einer einstweiligen Verfügung, empfiehlt sich für den Abgemahnten auch in solchen Fällen immer die Zurückweisung der Abmahnung unter Angabe von Gründen, ggf die Hinterlegung einer Schutzschrift.

bb) Gegenabmahnung, Aufwendungsersatzanspruch. Wird eine Abmah- **28** nung zu Unrecht ausgesprochen, ist der Abgemahnte berechtigt (s Rn 30), gegen den Abmahnenden mit der positiven oder negativen **Feststellungsklage** (*nicht* mit der Unterlassungsklage, Rn 29) vorzugehen (BGH GRUR 85, 571, 573 – *Feststellungsinteresse;* GRUR 94, 846, 848 – *Parallelverfahren II;* GRUR 95, 697, 699 – *Funny Paper*). Dabei ist er nicht gehalten, auch nicht zur Vermeidung der Kostenfolge aus § 93 ZPO, zuvor eine **Gegenabmahnung** auszusprechen (BGH WRP 12, 1523 Rn 13 – *Stadtwerke Wolfsburg;* GRUR 04, 790, 792 – *Gegenabmahnung*). Spricht der Abgemahnte sie gleichwohl aus, kann er Ersatz für die dadurch verursachten Aufwendungen weder nach § 12 I 2 noch unter dem Gesichtspunkt der auftragslosen Geschäftsführung verlangen, weil er insoweit allein im eigenen Interesse, nicht in dem des Abmahnenden (des Gegenabgemahnten) handelt. Nur **ausnahmsweise** kann eine Gegenabmahnung geboten sein, so wenn die zu Unrecht erteilte Abmahnung ersichtlich auf unzutreffenden Annahmen beruht, bei deren Richtigstellung mit einer Änderung der Auffassung des Abmahnenden gerechnet werden kann, oder wenn seit der Abmahnung längere Zeit verstrichen ist, ohne dass der Abmahnende die angedrohte Klage erhoben hätte. Nur in solchen Fällen entspricht eine Gegenabmahnung dem mutmaßlichen Willen und Interesse des Abmahnenden und kann der Abgemahnte die Kosten der Gegenabmahnung nach den §§ 683, 670 BGB ersetzt verlangen (BGH aaO – *Gegenabmahnung;* Köhler/*Bornkamm* § 12 Rn 1.74f; *Teplitzky* Kap 41 Rn 72ff).

cc) Feststellungsklage. Erhebt der zu Unrecht Abgemahnte die positive oder **29** negative Feststellungsklage (Rn 28), folgt das dafür erforderliche **Rechtsschutzinteresse** aus der Rechtsberühmung des Abmahnenden, Inhaber des Unterlassungsanspruchs zu sein, der Gegenstand der Abmahnung ist. Das Rechtsschutzinteresse entfällt mit der (deckungsgleichen) Unterlassungs-(Leistungs-)klage des Abmahnenden, wenn diese nicht mehr einseitig zurückgenommen werden kann (§ 269 I ZPO) und die Feststellungsklage noch nicht entscheidungsreif ist (BGH GRUR 85, 41, 44 – *REHAB;* BGHZ 99, 340, 341 = GRUR 87, 402, 403 – *Parallelverfahren I;* BGH GRUR 94, 846, 847 f – *Parallelverfahren II; Teplitzky* Kap 41 Rn 70 mwN). Die Unterlassungsklage kann vor jedem zuständigen Gericht erhoben werden, auf die Möglichkeit der Erhebung einer Widerklage vor dem Gericht der Feststellungsklage ist der Abmahnende (der Unterlassungskläger) nicht beschränkt (BGH aaO – *Parallelverfahren II;* vgl aber *Teplitzky,* Liber amicorum Lindacher, 2007, 185, 197 ff).

30 **dd) Unterlassungs- und Schadensersatzklage, Privilegierung verfahrensbezogener Äußerungen.** Ist die Abmahnung unberechtigt, kann der Abgemahnte dagegen grundsätzlich *nicht* mit der **Unterlassungsklage** vorgehen (zur Abwehr der Schutzrechtsverwarnung s Rn 31). Auch wenn das abgemahnte Verhalten rechtmäßig war, rechtfertigt das die Geltendmachung von Unterlassungsansprüchen gegen den Abmahnenden in aller Regel nicht. Äußerungen, die in gerichtlichen Verfahren oder – wie bei der Abmahnung – im Vorfeld solcher Verfahren und als deren Vorstufe der Rechtsverfolgung oder Rechtsverteidigung dienen, können mit der Unterlassungsklage grundsätzlich nicht bekämpft werden. Solche Äußerungen sind **verfahrensrechtlich privilegiert,** weil es mit den Erfordernissen einer geordneten Rechtspflege unvereinbar wäre, auf Ablauf und Ergebnis eines gerichtlichen Verfahrens dadurch Einfluss zu nehmen, dass ein Verfahrensbeteiligter mit Blick auf eine etwa drohende Unterlassungsklage in seiner Äußerungsfreiheit beschränkt wird. Ob die Äußerung, hier die Abmahnung, berechtigt ist, ist unerheblich. Sie unterliegt allein der Prüfung durch das für die Beurteilung der Äußerung zuständige Gericht, dessen Kompetenz durch die Geltendmachung von Unterlassungsansprüchen in einem anderen Verfahren nicht unterlaufen werden darf. Einer gleichwohl erhobenen Klage fehlte das Rechtsschutzbedürfnis. Sie wäre als unzulässig abzuweisen (ebenso *Menke* WRP 12, 55, 56). Die Interessen des Betroffenen (des Abgemahnten) finden ihre Berücksichtigung in dem Prozess, den der Abmahnende anstrengt bzw dem Abgemahnten androht (vgl § 8 Rn 170 ff). **Nur ausnahmsweise** kommt bei Vorliegen besonderer Umstände eine Unterlassungsklage des Abgemahnten in Betracht. Hat der Abmahnende *in Kenntnis* seiner fehlenden Berechtigung abgemahnt, kann eine dagegen gerichtete Unterlassungsklage des Abgemahnten zulässig sein, wenn sie sich auf den Tatbestand der **Anschwärzung** (§ 4 Nr 8), der **gezielten Behinderung** (§ 4 Nr 10) oder der **Irreführung** (§ 5) stützen lässt (*Köhler/Bornkamm* § 4 Rn 10.167, 168; *Köhler/Bornkamm* § 12 Rn 1.71; *Teplitzky* Kap 41 Rn 75 ff; vgl auch Harte/Henning/*Brüning* § 12 Rn 107; Fezer/*Büscher* § 12 Rn 53). Auch die Geltendmachung von Schadensersatzansprüchen auf der Grundlage der §§ 3, 4 Nr 8 und 10, § 5 oder der §§ 824, 826 BGB ist in Fällen dieser Art nicht allein schon deshalb ausgeschlossen, weil Abwehransprüchen die Privilegierung verfahrensbezogener Äußerungen grundsätzlich entgegensteht (vgl BGH GRUR 98, 587, 590 – *Bilanzanalyse Pro 7*). Voraussetzung ist jedoch, dass der durch Abmahnung und/oder Klageerhebung verursachte Schaden auf Umständen beruht, die das Vorgehen des Abmahnenden als *vorsätzlich-sittenwidrig* erscheinen lassen (Köhler/*Bornkamm* § 8 Rn 1.117; § 12 Rn 1.69, 71).

31 **ee) Schutzrechtsverwarnung.** Anders als in den Fällen der unberechtigten *wettbewerbsrechtlichen* Abmahnung (Rn 30) fällt die Beurteilung der Rechtsfolgen einer unberechtigten **Schutzrechtsverwarnung** aus. Diese unterfällt dem Privileg verfahrensbezogener Äußerungen nicht. Die mit ihr verbundene vorgerichtliche Abmahnung ist ein rechtswidriger Eingriff in das Recht des Verwarnten (des Abgemahnten) am eingerichteten und ausgeübten Gewerbebetrieb, der den Verwarnten zur Erhebung der Unterlassungsklage berechtigt und den Verwarner bei Verschulden zum Schadensersatz verpflichtet (§ 823 I BGB; vgl BGH [GSZ] GRUR 05, 882 ff – *Unberechtigte Schutzrechtsverwarnung;* sa § 4 Rn 10/33 ff; § 5 Rn 580 f). Dass die unberechtigte Schutzrechtsverwarnung andere Folgen hat als die unberechtigte wettbewerbs-

rechtliche Abmahnung, hat nach der Rechtsprechung (BGH WRP 65, 97, 99 – *Kaugummikugeln;* GRUR 69, 479, 481 – *Colle de Cologne;* GRUR 85, 571, 573 – *Feststellungsinteresse*) seinen Grund darin, dass die Folgen einer Schutzrechtsverwarnung meistens, wenn auch nicht immer, wesentlich schwerer wiegen (zB bei der Einstellung von Produktion oder Vertrieb) als bei der Abmahnung eines Wettbewerbsverstoßes, der sich lediglich gegen eine einzelne Werbemaßnahme richtet (Köhler/*Bornkamm* § 12 Rn 1.70).

ff) Geschäftsführung ohne Auftrag. Ist die Abmahnung unberechtigt, kann 32 der Abgemahnte Ansprüche auf Ersatz von Schäden, die ihm durch die Befolgung der Abmahnung entstanden sind, im Allgemeinen nicht geltend machen (vgl Rn 30 aE). Jedoch kann ein **Aufwendungsersatzanspruch**, insbesondere auf Ersatz der Kosten eines zur Abwehr der unberechtigten Abmahnung eingeschalteten Rechtsanwalts, nach § 678 BGB bei unberechtigter Geschäftsführung dann gerechtfertigt sein, wenn die Übernahme der Geschäftsführung durch den Geschäftsführer (hier den Abmahnenden) dem erkennbaren bzw fahrlässig nicht erkannten Willen des Geschäftsherrn (des Abgemahnten) widersprochen hat. Kann der Abmahnende im Falle einer berechtigten Abmahnung Ersatz der erforderlichen Aufwendungen nach § 12 I 2 (vor der UWG-Reform aus GoA, Rn 21) verlangen, erscheint es nur folgerichtig, dem Abgemahnten im Fall der unberechtigten Abmahnung ebenfalls einen Anspruch zu gewähren, der dem des § 12 I 2 im Ergebnis gleichkommt (vgl OLG Hamburg GRUR 83, 200, 201; OLG Hamm GRUR 88, 772; OLG Frankfurt GRUR 89, 858; OLG Hamburg NJW-RR 03, 857, 858; Köhler/*Bornkamm* § 12 Rn 1.73; Harte/Henning/*Brüning* § 12 Rn 110; *Teplitzky* Kap 41 Rn 80f, je mwN; aA Ahrens/*Achilles* Kap 3 Rn 8).

II. Vertragsstrafe

1. Strafbewehrung der Unterlassungsverpflichtung. Von entscheidender 33 Bedeutung für die Ausräumung der Wiederholungsgefahr und das Erlöschen des Unterlassungsanspruchs ist die **Ernstlichkeit des Unterlassungswillens** des Schuldners, wie sie in der Strafbewehrung der Unterlassungserklärung bzw in der Vereinbarung einer Vertragsstrafe im Rahmen des Unterlassungsvertrages zum Ausdruck kommt (zur Unterlassungserklärung des Schuldners und zum Unterlassungsvertrag im Einzelnen s § 8 Rn 11 ff, 48 ff).

2. Begriff. Die wettbewerbsrechtliche **Vertragsstrafe** besteht in einem bestimm- 34 ten oder bestimmbaren Geldbetrag, den der Schuldner dem Gläubiger für den Fall des Verstoßes gegen die eingegangene Unterlassungsverpflichtung zu zahlen verspricht. In ihrem Bestand ist sie abhängig (akzessorisch, vgl § 339 BGB) vom Bestehen einer Leistungspflicht, ist also unwirksam, wenn diese nicht oder im Verwirkungsfall nicht mehr besteht (stRspr und allgM, vgl *Teplitzky* Kap 20 Rn 4). Seine Rechtsgrundlage findet das Vertragsstrafeversprechen im Unterlassungsvertrag (§ 8 Rn 48 ff).

3. Zweck der Vertragsstrafe. Der Zweck der Vertragsstrafe ist ein dreifacher: 35 **Erstens** wird durch die Vertragsstrafe der vertragliche Unterlassungsanspruch gesichert, indem Druck auf den Schuldner ausgeübt wird, von weiteren Verletzungshandlungen Abstand zu nehmen (Verhütungs- und Sanktionsfunktion der Vertragsstrafe). **Zweitens** kommt der Vertragsstrafe für den Fall der Zuwiderhandlung gegen die Unterlassungsverpflichtung die Funktion eines pauschalierten Mindest-Schadensersatzes zu. Sie dient damit dem Schadensausgleichsinteresse des Gläubigers, der der Notwendigkeit eines Schadensnachweises enthoben wird und den Vertragsstrafeanspruch auch dann geltend machen kann, wenn kein Schaden entstanden ist. **Drittens** und vor allem aber führt sie zum Erlöschen des durch die Verletzungshandlung ausgelösten Unterlassungsanspruchs (§ 8 Rn 23), indem sie (unter bestimmten Voraussetzungen) die Begehungsgefahr (Wiederholungs-, Erstbegehungsgefahr) entfallen lässt (BGHZ 63, 256, 259 = NJW 75, 163, 164; BGHZ 121, 13, 19 = WRP 93, 240, 242 – *Fortsetzungszusammenhang;* BGH GRUR 94, 146, 148 – *Vertragsstrafebemessung; Teplitzky* Kap 20 Rn 1 ff).

36 **4. Bemessung und Höhe der Vertragsstrafe.** Die Vertragsstrafe muss, um die Wiederholungsgefahr zu beseitigen und den Unterlassungsanspruch entfallen zu lassen, so bemessen sein, dass sie dem Schuldner den **Anreiz** nimmt, unter Inkaufnahme der Vertragsstrafe dem abgegebenen Unterlassungsversprechen zuwider zu handeln, und ihrer Schadensausgleichsfunktion (Rn 35) gerecht wird. Welcher Betrag danach als **angemessen** in Betracht kommt, unterliegt grundsätzlich der Disposition der Parteien. Entscheidend dabei sind die Umstände des Einzelfalls, zB Art, Schwere, Ausmaß und Folgen der Zuwiderhandlung, ein – vorsätzliches oder fahrlässiges – Verschulden des Verletzers, die Gefährlichkeit des Verstoßes für den Gläubiger, die Person des Schuldners, die Größe, Marktstärke und Wettbewerbsfähigkeit seines Unternehmens. Bei einer erneuten Zuwiderhandlung kann die neue Wiederholungsgefahr grundsätzlich nur durch eine erheblich höhere Vertragsstrafe beseitigt werden als beim voraufgegangenen Verstoß (BGH GRUR 90, 534 – *Abruf-Coupon*). Die Bestimmung der Vertragsstrafe kann nach dem sog **neuen Hamburger Brauch** (vgl Ahrens/*Achilles* Kap 7 Rn 29; *Teplitzky* Kap 8 Rn 22) mit oder ohne Obergrenze dem **Gläubiger** überlassen werden (BGH GRUR 85, 155, 157 – *Vertragsstrafe bis zu ... I*; GRUR 85, 937, 938 – *Vertragsstrafe bis zu ... II*; GRUR 90, 1051, 1052 – *Vertragsstrafe ohne Obergrenze*; GRUR 10, 355 Rn 30 – *Testfundstelle*). Ihre Festsetzung muss billigem Ermessen entsprechen (§§ 315, 316 BGB). Ist das nicht der Fall, ist die Festsetzung nicht verbindlich und unterliegt dann der gerichtlichen Bestimmung (§§ 315 III, 319 BGB).

37 **5. Verwirkung der Vertragsstrafe.** Durch den Verstoß gegen die Unterlassungsverpflichtung wird die Vertragsstrafe **verwirkt** (§ 393 Satz 2 BGB). Dies gilt allerdings grundsätzlich nur für Handlungen ab dem Zustandekommen des Unterlassungsvertrages (BGH GRUR 06, 878 – *Vertragsstrafevereinbarung; A. Klein,* GRUR 07, 664; § 8 Rn 52) Ist die **Reichweite** der Unterlassungspflicht der Vereinbarung nicht ohne weiteres zu entnehmen, zB hinsichtlich der Frage der Einbeziehung **kerngleicher Verletzungshandlungen** in die Unterlassungsvereinbarung, ist sie durch Auslegung zu ermitteln (§ 8 Rn 52). Ausgelöst wird die Vertragsstrafe nur durch eine **schuldhafte** (vorsätzlich oder fahrlässig begangene) Zuwiderhandlung des Schuldners selbst (seiner gesetzlichen Vertreter, § 31 BGB) oder seiner Erfüllungsgehilfen (BGH GRUR 82, 688, 691 – *Seniorenpass;* GRUR 85, 1065, 1066 – *Erfüllungsgehilfe;* GRUR 88, 561, 562 – *Verlagsverschulden I;* GRUR 98, 963, 964 – *Verlagsverschulden II*). Ein Verschulden von Mitarbeitern oder Beauftragten iS des § 8 II, soweit sie nicht Erfüllungsgehilfen sind, genügt nicht, wohl aber ein Verschulden des Schuldners bei deren Auswahl und Überwachung (§ 831 BGB). Ist die Verschuldensfrage streitig, trifft die **Beweislast** den Schuldner (§ 280 I 2 BGB), wenn der Gläubiger die für die objektive Vertragsverletzung maßgebenden Umstände darlegt bzw beweist. Ist das der Fall, ist es Sache des Schuldners, den Nachweis zu führen, dass er das ihm Mögliche und Zumutbare zur Einhaltung der Unterlassungsverpflichtung unternommen hat und dass die Person, für deren Verhalten er einzustehen hat, nicht schuldhaft gehandelt hat (BGH NJW 72, 1893, 1894 f; BGH aaO – *Seniorenpass;* BGHZ 121, 13, 20 = WRP 93, 240, 243 – *Fortsetzungszusammenhang;* GRUR 98, 471, 473 – *Modenschau im Salvatorkeller;* GRUR 03, 899, 900 – *Olympiasiegerin;* GRUR 10, 167 Rn 26 – *Unrichtige Aufsichtsbehörde; Teplitzky* Kap 20 Rn 15, stRspr und allgM). Ist die verwirkte Vertragsstrafe unverhältnismäßig hoch, kann sie – nicht in den Fällen des § 348 HGB und nicht nach vorbehaltloser Entrichtung (§ 343 I 3 BGB) – auf Verlangen des Schuldners durch Urteil herabgesetzt werden (§ 343 BGB).

6. Mehrere Zuwiderhandlungen. Bei mehrfacher Zuwiderhandlung des 38
Schuldners stellt sich die Frage, ob die Vertragsstrafe für jeden einzelnen Verstoß verwirkt ist oder ob die mehreren Handlungen zu einer oder zu mehreren Taten zusammengefasst werden müssen. Haben die Parteien insoweit Konkretes nicht vereinbart, ist durch (ergänzende) Vertragsauslegung zu klären, was bei Vertragsabschluss gewollt war. Dabei ist auf die von der Rechtsprechung früher herangezogene Rechtsfigur des Fortsetzungszusammenhangs (BGHZ 33, 163, 167f = GRUR 61, 307, 309 – *Krankenwagen II;* BGHZ 121, 13, 20 = WRP 93, 240, 243 – *Fortsetzungszusammenhang*), die für das Strafrecht aufgegeben worden ist (BGHSt [GSSt] 40, 138, 145ff, 157ff = NJW 94, 1663, 1664ff, 1667ff), auch für die wettbewerbsrechtliche Beurteilung nicht mehr abzustellen. Nach neuerer Rechtsprechung kommt es vielmehr darauf an, ob die mehreren Zuwiderhandlungen eine **natürliche Handlungseinheit** bilden oder ob sie sich zu einer **rechtlichen Einheit** zusammenfassen lassen (BGHZ 146, 318, 324ff = GRUR 01, 758, 759ff – *Trainingsvertrag;* BGH GRUR 09, 427 Rn 13 – *Mehrfachverstoß gegen Unterlassungstitel; Sosnitza,* Liber amicorum Lindacher, 2007, S 161, 164ff). Im konkreten Einzelfall müssen Sinn und Zweck des Vertrages ergeben, ob nicht auch in den Fällen, in denen nicht ohnehin von einer natürlichen Handlungseinheit auszugehen ist (bei denen also die einzelnen Teilakte bei natürlicher Betrachtung einen einheitlichen Lebensvorgang bilden), nur eine einzige Vertragsstrafe verwirkt sein soll (BGH aaO – *Trainingsvertrag*). Entscheidend bei dieser Beurteilung sind die jeweils maßgebenden Umstände. Für eine **rechtliche Einheit** kann die Vereinbarung einer höheren Vertragsstrafe oder der Umstand sprechen, dass der Schuldner mit der Aufsummierung von Vertragsstrafen unangemessen belastet wird, falls nicht einer dahingehenden Annahme das Sicherungsbedürfnis des Gläubigers oder ein diesem erwachsener hoher Schaden entgegensteht. Jedoch wäre es eine unzulässige Privilegierung des Schuldners, bei in Wiederholungsabsicht begangenen Vorsatztaten eine rechtliche Einheit und damit nur *eine* Vertragsstrafe als verwirkt anzunehmen, weil dann die Vertragsstrafe ihre Sicherungsfunktion bereits nach der ersten Zuwiderhandlung einbüßte. Auch ein größeres wirtschaftliches Gewicht der Einzeltaten kann gegen die Annahme sprechen, dass die Parteien eine Zusammenfassung der verschiedenen Handlungen zu einer rechtlichen Einheit gewollt haben (BGH aaO – *Trainingsvertrag*). Haben die Parteien eine Vertragsstrafe für jedes einzelne verkaufte Produkt vereinbart, scheidet eine Zusammenfassung aus (BGH GRUR 09, 181 Rn 39 – *Kinderwärmekissen;* krit *Rieble* GRUR 09, 824).

Der Ausschluss der Zusammenfassung von **Einzeltaten** zu einer rechtlichen Einheit durch eine **Individualvereinbarung** ist grundsätzlich möglich, kann aber im Einzelfall nach § 242 BGB unzulässig sein, wenn die Strafe dadurch insgesamt zu hoch ausfällt (BGH GRUR 84, 72, 74 – *Vertragsstrafe für versuchte Vertreterabwerbung;* GRUR 98, 471, 474 – *Modenschau im Salvatorkeller*). Allgemeine Geschäftsbedingungen, die eine Zusammenfassung von Einzeltaten ausschließen, sind mit den Grundsätzen des Vertragsstraferechts regelmäßig unvereinbar und unwirksam (§ 307 II Nr 1; *Köhler/Bornkamm* § 12 Rn 1.151; *Harte/Henning/Brüning* § 12 Rn 216). Ein praktischer Weg für die Festlegung kann die Vereinbarung der Vertragsstrafenhöhe nach dem sog neuen Hamburger Brauch (Rn 36) sein (*Sosnitza,* Liber amicorum Lindacher, 2007, S 161, 170f). 39

7. Rechtsmissbrauch. Einem rechtsmissbräuchlichen Vorgehen des Gläubigers 40
kann der Schuldner den Einwand **unzulässiger Rechtsausübung** entgegensetzen (§ 242 BGB). Rechtsmissbräuchlich ist es, Zahlung von Vertragsstrafe zu verlangen, wenn der Gläubiger die Zuwiderhandlung provoziert oder den Schuldner sonst zum Verstoß verleitet (BGH NJW 71, 1126, 1127; GRUR 84, 72, 74 – *Vertragsstrafe für versuchte Vertreterabwerbung*). Es ist aber kein Missbrauch seiner Rechte, wenn der Gläubiger ein wettbewerbswidriges Verhalten des Schuldners durch einen **Testkäufer** zulässigerweise feststellen lässt (BGHZ 43, 359, 364ff = GRUR 612, 613f – *Warnschild*).

Dagegen kann ein Vertragsstrafegläubiger, der über Jahre hinweg **Vertragsstrafeansprüche sammelt** und zum Gegenstand einer für den Schuldner wirtschaftlich bedrohlichen Zahlungsklage macht, dem Einwand unzulässiger Rechtsausübung ausgesetzt sein (BGH GRUR 98, 471, 474 – *Modenschau im Salvatorkeller*), jedoch nicht, wenn das Abwarten des Gläubigers auf nicht zu beanstandenden Umständen beruht, zB der Vervollständigung der Beweislage dient (BGH aaO – *Vertragsstrafe für versuchte Vertreterabwerbung*). Auf den Umstand, dass der Gläubiger keinen Schaden erlitten hat und die Gläubigerinteressen auch sonst nicht verletzt sind, kann sich der Schuldner gegenüber dem Vertragsstrafeanspruch des Gläubigers nicht mit Erfolg berufen (BGH aaO – *Vertragsstrafe für versuchte Vertreterabwerbung*).

41 **8. Verjährung.** Der Anspruch auf Zahlung der verwirkten Vertragsstrafe verjährt nicht nach § 11 I in sechs Monaten, sondern nach den **§§ 195, 199 I, V BGB** innerhalb von drei Jahren. Anders der vertragliche Unterlassungsanspruch, der wegen seiner Parallelität zum gesetzlichen Unterlassungsanspruch analog § 11 I verjährt (s § 11 Rn 7).

42 **9. Ordnungsgeld.** Ist der Unterlassungsanspruch **tituliert** (ausgeurteilt oder Gegenstand eines gerichtlichen Vergleichs) *und* durch eine **Vertragsstrafe** gesichert, kann der Gläubiger *sowohl* die Vertragsstrafe verlangen *als auch* die Zwangsvollstreckung nach § 890 ZPO betreiben (BGHZ 138, 67, 70 = GRUR 98, 1053 – *Vertragsstrafe/Ordnungsgeld;* BGH GRUR 10, 355 Rn 32 – *Testfundstelle*). Ordnungsmittel und Vertragsstrafe sind nicht miteinander vergleichbar. Das Ordnungsgeld iS des § 890 ZPO ist eine strafähnliche Sanktion für die Übertretung des gerichtlichen Verbots, während die Vertragsstrafe iS des § 339 BGB den Unterlassungsanspruch sichern und dem Schadensausgleichsinteresse des Gläubigers dienen soll. Dementsprechend können beide Sanktionen nebeneinander geltend gemacht werden. Jedoch ist bei der Bemessung der nachfolgenden Sanktion die Festsetzung der ersten angemessen zu berücksichtigen (§ 242 BGB; vgl BGHZ 138, 67, 69f = GRUR 98, 1053, 1054 – *Vertragsstrafe/Ordnungsgeld;* GRUR 10, 355 Rn 32 – *Testfundstelle*).

43 **10. Schadensersatz.** Steht dem Gläubiger wegen des Verstoßes gegen die Unterlassungsvereinbarung ein Schadensersatzanspruch zu, kann er vom Schuldner die verwirkte Vertragsstrafe als **Mindestbetrag** des Schadens verlangen, was die Geltendmachung eines etwaigen weiteren Schadens nicht ausschließt (§ 340 II BGB). Die Vertragsstrafe ist also auf den Schaden nur anzurechnen. Eine Anrechnung kommt aber auch nur in Betracht, soweit Interessenidentität besteht, daher zB nicht zwischen Anspruch auf Zahlung der Vertragsstrafe und Anspruch auf Ersatz der Anwaltskosten, die durch deren Einforderung entstanden sind; soweit diese Anwaltskosten nicht nach §§ 91 ff ZPO erstattungsfähig sind, kommt auch keine analoge Anwendung von § 12 I 2 in Betracht (BGH GRUR 08, 929 Rn 6 – *Vertragsstrafeneinforderung*). Einer Schadensersatzfeststellungsklage kann das Rechtsschutzbedürfnis fehlen, wenn der Gläubiger den Anspruch auf Zahlung von Vertragsstrafe mit der Leistungsklage geltend machen kann und nicht darlegt, dass der ihm aus der Zuwiderhandlung erwachsene Schaden über die Vertragsstrafe hinausreicht (BGH GRUR 93, 926 – *Apothekenzeitschriften*).

B. Gerichtliche Anspruchsdurchsetzung

I. Klageverfahren

1. Rechtsweg

Literatur: *Asendorf,* Wettbewerbs- und Patentstreitsachen vor Arbeitsgerichten?, GRUR 1990, 229; *Bill,* Gesetzliche Krankenversicherung und Wettbewerb im Lichte des GKV Gesundheitsreformgesetzes 2000, SGb 2000, 359; *Bosten,* Wettbewerb ohne Wettbewerbsrecht, WRP 1999, 9; *Bumiller,* Zur Zuständigkeit der Sozialgerichte für kartellrechtliche Streitigkeiten, GRUR 2000, 484; *Diekmann/Wildberger,* Wettbewerbsrechtliche Ansprüche im Rahmen von § 69 SGB V, NZS 2004, 15; *Eichenhofer,* Die Rolle von öffentlichem und privatem Recht bei der Erbringung sozialer Dienstleistungen, SGb 2003, 365; *Fischer,* Der Rechtsweg zu den Arbeitsgerichten in UWG-Sachen, DB 1998, 1182; *Kamlah/Ulmar,* Neues zum Streitgegenstand der Unterlassungsklage und seine Auswirkungen auf Folgeprozesse, WRP 2006, 967; *Kissel,* Die neuen §§ 17 bis 17b GVG in der Arbeitsgerichtsbarkeit, NZA 1995, 345; *Knispel,* Auswirkungen der Neuregelung der Rechtsbeziehungen der Krankenkassen und ihrer Verbände zu den Leistungserbringern durch das GKV-Gesundheitsreformgesetz 2000, NZS 2001, 466; *Köhler,* Mitgliederwerbung der Krankenkassen, NZS 1998, 153; *ders,* Neue Wettbewerbsgrundsätze der Aufsichtsbehörden der gesetzlichen Krankenversicherung, WRP 1998, 959; *Kunze/Kreikebohm,* Sozialrecht versus Wettbewerbsrecht – dargestellt am Beispiel der Belegung von Rehabilitationseinrichtungen, NZS 2003, 5, 62; *v Linstow/Büttner,* Nach *Markenparfümverkäufen* sind *Reinigungsarbeiten* erforderlich, WRP 2007, 169; *Mayerhofer,* Rechtsweg oder sachliche Zuständigkeit? Das Verhältnis der ordentlichen Gerichte zu den Gerichten für Arbeitssachen nach dem Inkrafttreten des 4. VwGOÄndG, NJW 1992, 1602; *Mühlhausen,* Der Meinungsstand zur Anwendbarkeit des UWG auf wettbewerbsrelevantes Verhalten von Krankenkassen, insbesondere bei der Mitgliederwerbung, NZS 1999, 120; *Otto,* Wettbewerbsrechtlicher Schutz gegen kommunale Wirtschaftstätigkeit, GewArch 2001, 360; *Piper,* Zum Wettbewerb der öffentlichen Hand, GRUR 1986, 574; *Scholz,* Wettbewerbsrechtliche Klagen gegen Hoheitsträger: Zivil- oder Verwaltungsrechtsweg?, NJW 1978, 15; *Schünemann,* Die wirtschaftliche Tätigkeit der öffentlichen Hand zwischen öffentlichem und privatem Wettbewerbsrecht, WRP 2000, 1001; *Tetzlaff,* Wettbewerb von Sozialversicherungsträgern – Rechtswegfrage, WuW 1990, 1009; *Teplitzky,* Streitgegenstand und materielle Rechtskraft im wettbewerbsrechtlichen Unterlassungsprozeß, GRUR 1998, 320; *ders,* Der Streitgegenstand in der neuesten Rechtsprechung des I. Zivilsenats des BGH, WRP 2007, 1.

a) Bürgerlich-rechtliche Streitigkeiten. Fehlt es an einer ausdrücklichen 44 Rechtswegzuweisung des Gesetzgebers, beurteilt sich die **Rechtswegfrage** nach der Natur des Rechtsverhältnisses, aus dem der Klageanspruch hergeleitet wird. Maßgebend insoweit ist die wahre Natur des Anspruchs, wie er sich nach dem Klagevortrag darstellt. Unerheblich ist, ob sich der Kläger auf eine zivilrechtliche oder öffentlichrechtliche Anspruchsgrundlage beruft (GmS-OGB, BGHZ 97, 312, 314 = NJW 86, 2359, 2360 – *Orthopädische Hilfsmittel;* GmS OGB, BGHZ 102, 280, 283 = NJW 88, 2295, 2296 – *Rollstühle;* BGHZ 82, 375, 382f = GRUR 82, 425, 427 – *Brillen-Selbstabgabestellen*). Für **Streitigkeiten nach dem UWG** ergibt sich daraus beim Fehlen einer speziellen Rechtswegzuweisung regelmäßig die Zuständigkeit der ordentlichen (Wettbewerbs-)Gerichte (§ 13 GVG), da sich die Prozessparteien bei wettbewerbsrechtlichen Streitigkeiten in aller Regel auf dem Boden der Gleichordnung gegenüberstehen. Auf die öffentlich-rechtliche Aufgabenstellung und -erfüllung einer der Parteien oder beider kommt es nicht an. Wirkt das Verwaltungshandeln aus Anlass und im Rahmen öffentlich-rechtlicher Leistungsbeziehungen auf den privaten Wettbewerb Dritter ein, ist in solchen Fällen das Vorgehen der öffentlichen Hand – *soweit nicht* die Rechtswegzuweisung nach § 51 II SGG bzw die abschließenden Regelungen der §§ 90–94 SGB V eingreifen (Rn 47) – privatrechtlich zu qualifizieren und führt demgemäß prozessual zur Eröffnung des ordentlichen Rechtswegs und materiell-rechtlich zur Anwendung des UWG (BGH aaO – *Brillen-Selbstabgabestellen;* BGHZ 123, 157, 160 = GRUR 93, 917, 918 – *Abrechnungssoftware für Zahnärzte*). Dass bei der Entscheidung des Rechtsstreits öffentlich-rechtliche (Vor-)Fragen mitzuentscheiden sind, ist für die Bestimmung des Rechtswegs unerheblich. Das ist hinzunehmen, weil die Kompetenz zur Beurteilung solcher Fragen auch den ordentlichen Gerichten zukommt (BGH aaO – *Brillen-Selbstabgabestellen;* BGHZ 130, 13, 18 = NJW 95, 2295, 2296 – *Remailing I*).

45 b) Streitigkeiten bei Beteiligung der öffentlichen Hand. Die Beurteilungsmaßstäbe für die Entscheidung der Rechtswegfrage (Rn 44) gelten sowohl für **Aktiv**als auch für **Passivprozesse** der öffentlichen Hand, wenn sich diese in Konkurrenz zu privaten Anbietern erwerbswirtschaftlich betätigt. Nimmt die öffentliche Hand am Wettbewerb teil, kann sie, wie jeder andere Wettbewerber auch, den Schutz des UWG vor den ordentlichen Gerichten in Anspruch nehmen (BGHZ 37, 1, 15f = GRUR 62, 470, 474 – *AKI:* Wiedergabe von Fernsehsendungen im Kino; BGHZ 68, 132, 136 = GRUR 77, 543, 545 – *Der 7. Sinn:* Identische Bezeichnung einer Fernsehserie für ein gewerbsmäßig vertriebenes Würfelspiel; BGHZ 79, 390, 392 = GRUR 81, 596, 597 – *Apotheken-Steuerberatungsgesellschaft:* Unterlassungsklage einer Steuerberaterkammer gegen eine Steuerberatungsgesellschaft wegen Führung einer gesetzwidrigen Firmenbezeichnung; BGHZ 83, 52, 53 = GRUR 82, 431, 432 – *POINT:* Identische Bezeichnung einer Hörfunksendung für eine Diskothek; BGH GRUR 02, 717, 718 – *Klagebefugnis einer Anwaltskammer:* Unterlassungsklage gegen Rechtsanwalt wegen Verstoßes gegen das Zweigstellenverbot und die Bestimmungen über die überörtliche Sozietät; vgl auch BVerfG 111, 366 = NJW 04, 3765, 3766). Für Klagen *gegen* die öffentliche Hand gilt im Grundsatz nichts anderes. Die Rechtsnatur des jeweiligen wettbewerbsrechtlichen Unterlassungs- oder Schadensersatzanspruchs, die für die Rechtswegabgrenzung maßgeblich ist, ist in Passivprozessen nicht anders als in Aktivprozessen zu beurteilen. Auf die Leistungsbeziehungen, in denen die öffentliche Hand zu Mitgliedern, Benutzern oder Abnehmern steht, kommt es dabei nicht an. Diese sind unabhängig von den Wettbewerbsbeziehungen der öffentlichen Hand zu Dritten zu beurteilen (Rn 44). Ein anderes gilt nur im Geltungsbereich der die **sozialrechtlichen Leistungsbeziehungen** der gesetzlichen Krankenversicherung regelnden Vorschriften der §§ 90–94 SGB V und § 51 II SGG (Rn 47).

46 Danach hat der BGH den ordentlichen Rechtsweg für gegeben gehalten bei **Klagen gegen die öffentlich-rechtlichen Kammern freier Berufe** (BGHZ 90, 232 = GRUR 84, 540 – *Lohnsteuerberatung I:* Steuerberaterkammer; BGH GRUR 86, 905 – *Innungskrankenkassenwesen:* Handwerkskammer; GRUR 87, 178 – *Guten Tag-Apotheke II:* Apothekerkammer; GRUR 93, 837 – *Lohnsteuerberatung II:* Steuerberaterkammer), **gegen kassenärztliche Vereinigungen** (BGHZ 123, 157 = GRUR 93, 917 – *Abrechnungssoftware für Zahnärzte*); **gegen kommunale Körperschaften** (BGH GRUR 73, 530 – *Crailsheimer Stadtblatt;* GRUR 74, 733 – *Schilderverkauf;* GRUR 87, 116 – *Kommunaler Bestattungswirtschaftsbetrieb I;* GRUR 87, 119 – *Kommunaler Bestattungswirtschaftsbetrieb II;* GRUR 87, 829 – *Krankentransporte*); **gegen öffentlich-rechtliche Rundfunkanstalten** (BGHZ 110, 278 = GRUR 90. 611 – *Werbung im Programm;* BGHZ 117, 353 = GRUR 92, 518 – *Ereignis-Sponsorwerbung*); **gegen gesetzliche Krankenkassen** (BGH GRUR 98, 744 – *Mitgliederwerbung;* GRUR 99, 88 – *Ersatzkassen-Telefonwerbung*), s aber Rn 47, 48; **gegen kirchliche Stellen** (GRUR 81, 823 – *Ecclesia-Versicherungsdienst*), dagegen *verneint* bei der Unterlassungsklage eines Rechtsanwalts gegen eine Fachhochschule, um dieser die Verleihung bestimmter akademischer Graduierungen zu untersagen (GRUR 98, 174 – *Fachhochschuljurist*).

47 **c) Sozialrechtliche Streitigkeiten.** Nach § 51 II 1 SGG (zul geänd durch Art 1 d G v 26.3.2008, BGBl I S 444) entscheiden die Sozialgerichte über privatrechtliche Streitigkeiten in Angelegenheiten der gesetzlichen Krankenversicherung, *auch soweit* durch diese Angelegenheiten **Dritte** betroffen sind. Für die Eröffnung des Rechtsweges zu den Sozialgerichten ist deshalb entscheidend, ob es sich um eine Streitigkeit in einer Angelegenheit der gesetzlichen Krankenversicherung handelt; nicht von Bedeutung ist dagegen, ob die Streitigkeit öffentlich-rechtlicher oder privatrechtlicher Natur ist (BGH GRUR 12, 94 Rn 8 – *Radiologisch-diagnostische Untersuchungen;* GRUR 09, 700 Rn 12 – *Intergrierte Versorgung;* GRUR 08, 447 Rn 13 – *Treuebonus;* GRUR 04, 444, 445 – *Arzneimittelsubstituion*). Für die soziale und private Pflegeversicherung gilt diese Regelung entsprechend (§ 51 II 3 SGG). Die Anwendung von § 87 GWB ist ausgeschlossen (§ 51 II 2 SGG). Darüber hinaus treffen die Bestimmungen des **SGB V** über die Rechtsbeziehungen der Krankenkassen und ihrer Verbände zu Ärzten, Zahnärzten, Psychotherapeuten, Apotheken sowie sonstigen Leistungserbringern und ihren Verbänden einschließlich der Beschlüsse des Gemeinsamen Bundesausschusses und der Landesausschüsse nach den §§ 90 bis 94 eine abschließende Regelung (§ 69 SGB V). Das bedeutet, dass im Anwendungsbereich dieser Vorschriften der **Rechtsweg** für wettbewerbsrechtliche Ansprüche nicht mehr vor den ordentlichen Gerichten, sondern nur noch vor den **Sozialgerichten** eröffnet ist, was insbesondere dann von Bedeutung ist, wenn der Rechtsstreit im wesentlichen Aufgaben betrifft, deren Erfüllung den Krankenkassen und Kassenärztlichen Vereinigungen unmittelbar auf Grund der Bestimmungen des SGB V obliegt (BGH GRUR 98, 506, 507f – *Hilfsmittellieferungsvertrag;* GRUR 98, 744, 745 – *Mitgliederwerbung;* GRUR 99, 520, 521 – *Abrechnungsprüfung;* GRUR 00, 251, 252f – *Arzneimittelversorgung;* GRUR 00, 736, 737 – *Hörgeräteakustik;* GRUR 01, 87, 88 – *Sondenernährung;* GRUR 03, 549, 550 – *Arzneimittelversandhandel;* GRUR 04, 444, 445 – *Arzneimittelsubstitution;* Ahrens/Bornkamm Kap 15 Rn 18, 28 ff). § 69 SGB V schließt es aus, Handlungen der Krankenkassen und der von ihnen eingeschalteten Leistungserbringer, die der Erfüllung des öffentlich-rechtlichen Versorgungsauftrags dienen sollen, an Hand des UWG zu beurteilen. Beurteilungsgrundlage insoweit sind allein die sozialversicherungsrechtlichen Normen des öffentlichen Rechts (BSGE 89, 24, 30 ff; BGH GRUR 04, 247, 249 – *Krankenkassenzulassung;* GRUR 06, 517 Rn 22 – *Blutdruckmessungen*).

Die **sozialrechtlichen Regelungen** nach dem **SGG** und dem **SGB V,** die den **48 Rechtsweg zu den Sozialgerichten** eröffnen, gelten für den Bereich der gesetzlichen Krankenversicherung, soweit es um die Beurteilung von Maßnahmen geht, die unmittelbar der **Erfüllung der öffentlich-rechtlichen Aufgaben** der Krankenkassen und der Kassenärztlichen Vereinigungen nach dem SGB V dienen (Rn 47), aber nicht darüber hinaus. Für sonstige Streitigkeiten enthalten sie *keine* spezielle Rechtswegzuweisung. So sind Maßnahmen auf dem Gebiet der **Mitgliederwerbung,** mit denen eine gesetzliche Krankenkasse in Wettbewerb zu privaten Anbietern tritt, von den sozialrechtlichen Regelungen *nicht* erfasst (BGH GRUR 99, 88, 89 – *Ersatzkassen-Telefonwerbung;* vgl auch BGHZ 66, 229 = GRUR 76, 658 – *Studentenversicherung*), ebenso wenig wie Streitigkeiten zwischen einer Krankenkasse und einer Kassenärztlichen Vereinigung über die Zulässigkeit einer Presseerklärung (BGH NJW 03, 1192, 1193), wie überhaupt Streitigkeiten, die ausschließlich auf wettbewerbsrechtliche Normen gestützt werden (BGH GRUR 07, 535 Rn 14 – *Gesamtzufriedenheit*). Soweit es allerdings um Streitigkeiten *ausschließlich* zwischen **gesetzlichen Krankenkassen** im Bereich der **Mitgliederwerbung** geht, ist die Zuständigkeit der Sozialgerichte gegeben, weil nach einem Urteil des Gemeinsamen Senats davon auszugehen ist, dass es sich insoweit trotz Wahlfreiheit der Mitglieder (§§ 173 ff SGB V) um Rechtsstreitigkeiten handelt, die ihr Schwergewicht im Sozialrecht haben und es sich deshalb um Angelegenheiten der Sozialversicherung handelt (§ 51 I SGG; GmS OGB, BGHZ 108, 284, 286 ff = NJW 90, 1527, 1528; BGH GRUR 98, 744, 745 – *Mitgliederwerbung*). Diese Rechtsprechung führt allerdings zu dem unerfreulichen Ergebnis, dass für die Beurteilung derselben Werbemaßnahme eines gesetzlichen Krankenversicherers, je nachdem ob (mehr oder weniger zufällig) Kläger ein gesetzlicher oder privater Krankenversicherer ist, verschiedene Rechtswegzuständigkeiten begründet sind.

d) Arbeitsrechtliche Streitigkeiten. Nach § 48 I ArbGG besteht eine ausschließliche **Zuständigkeit der Arbeitsgerichte** ua für Streitigkeiten zwischen Arbeitgebern und Arbeitnehmern in den Fällen des § 2 I Nr 3 Buchst c und d, Nr 4 Buchst a, Nr 9 und III ArbGG. Es handelt sich bei diesen Vorschriften um eine **Regelung des Rechtswegs,** nicht mehr lediglich um eine solche der sachlichen Zuständigkeit. Bei Kompetenzkonflikten zwischen den ordentlichen und den Arbeitsgerichten ist daher nicht mehr nach § 281 ZPO, sondern nach § 17a II GVG, § 48 I Nr 1 ArbGG zu verweisen.

50 Danach ist insbesondere bei unerlaubten Handlungen und damit auch bei Wettbewerbsverstößen, soweit diese mit dem Arbeitsverhältnis in **Zusammenhang** stehen, der Rechtsweg zu den Arbeitsgerichten eröffnet (§ 2 I Nr 3d ArbGG). Der Zusammenhang mit dem Arbeitsverhältnis besteht, wenn die Zuwiderhandlung zugleich den Arbeitsvertrag verletzt. Beispiele dafür sind die Fälle des Vertragsbruchs beim Wechsel der Arbeitsstelle (BGH GRUR 04, 704, 705 – *Verabschiedungsschreiben*), des Vertrauensbruchs (BGH GRUR 64, 31, 32f – *Petromax II*) oder der Herabsetzung oder der Anschwärzung im Zusammenhang mit der Abwerbung von Mitarbeitern (OLG Düsseldorf GRUR 03, 63, 64; vgl § 4 Rn 10/30) oder des Verrats von Geschäfts- und Betriebsgeheimnissen (§§ 3, 4 Nr 7, 8, 11; §§ 17ff). Ob das Arbeitsverhältnis noch besteht oder zwischenzeitlich geendet hat, ist unerheblich (OLG Düsseldorf aaO; *Köhler/Bornkamm* § 12 Rn 2.4; *Ahrens/Bornkamm* Kap 15 Rn 14 mwN). Für den erforderlichen Zusammenhang zwischen dem Wettbewerbsverstoß und dem Arbeitsverhältnis ist nicht Voraussetzung, dass der Verstoß während Bestehens des Arbeitsverhältnisses begangen worden ist. Zur Zuständigkeit der Arbeitsgerichte bei der (wettbewerbswidrigen) Verletzung nachvertraglicher Pflichten s § 2 I Nr 3 Buchst c ArbGG, zur Zuständigkeit in Wettbewerbsstreitsachen, die mit einer anhängigen arbeitsgerichtlichen Streitigkeit in rechtlichem oder unmittelbar wirtschaftlichem Zusammenhang steht (Zusammenhangsklagen) s § 2 III ArbGG (vgl auch BAG GRUR-RR 10, 447).

51 e) **Entscheidung über den Rechtsweg. § 17a GVG** (zul geänd durch § 62 VIII d G v 17.6.1998, BGBl I S 1010) regelt das Verfahren beim Streit über den Rechtsweg einheitlich für alle Gerichtszweige (§ 48 ArbGG, § 173 VerwGO, § 202 SGG, § 155 FGO).

52 Über die Rechtswegfrage ist danach nur noch im Rahmen einer **Vorabentscheidung** zu befinden, die von der Prüfung der Zulässigkeit der Klage im Übrigen und von der Sachentscheidung getrennt ist und in den Fällen der Verneinung des eingeschlagenen Rechtswegs nicht mehr auf Klageabweisung wegen Unzulässigkeit des Rechtswegs lautet, sondern von Amts wegen oder auf Rüge zur **Verweisung** führen muss (§ 17a II, III 2 GVG). Das gegen die Vorabentscheidung vorgesehene Beschwerdeverfahren (§ 17a IV 3, 4 GVG) entzieht die Rechtswegfrage grundsätzlich der Nachprüfung im Berufungs- und Revisionsverfahren (§ 17a V GVG; BGHZ 119, 246, 250 = GRUR 93, 420, 421 – *Rechtswegprüfung I;* BGH GRUR 96, 213, 215 – *Sterbegeldversicherung*). Das entspricht dem Ziel der Vorschrift, nach Klärung der Zulässigkeit des Rechtswegs im Vorabverfahren das weitere Verfahren nicht mehr mit dem Risiko eines etwa später erkannten Mangels der Rechtswegzuständigkeit zu belasten (s Gesetzesbegründung, BT-Drucks 11/7030, S 36 ff). Eine mit Berufung oder Revision angreifbare Entscheidung in der Hauptsache iS des § 17a V GVG ist daher allein eine Entscheidung in einer weiteren, die Rechtswegfrage nicht mehr betreffenden Sachfrage, mag es sich bei dieser auch lediglich um eine prozessrechtliche Frage handeln. Jedoch steht § 17a V GVG einer Überprüfung der Rechtswegfrage durch das Berufungs- oder Revisionsgericht nicht entgegen, wenn das Gericht der ersten Instanz entgegen § 17a III 2 GVG über die vor ihm erhobene Rüge der Unzulässigkeit des Rechtswegs nicht oder nicht vorab durch Beschluss, sondern erst im Urteil entschieden hat, weil andernfalls – entgegen der gesetzlichen Regelung (vgl § 17a III 2, IV 3, 4 GVG) – eine Überprüfung der Rechtswegentscheidung durch eine höhere Instanz nicht stattfände (BGH aaO – *Rechtswegprüfung I;* BGHZ 121, 367, 369, 371 = NJW 93, 1799, 1800 – *Rechtswegprüfung durch Berufungsgericht*). Werden mit einer Klage mehrere prozessual selbstständige Ansprüche geltend gemacht (objektive Klagenhäufung) ist die Rechtswegfrage für jeden dieser Ansprüche gesondert zu prüfen, ggf gemäß § 145 ZPO eine Prozesstrennung vorzunehmen (BGH GRUR 98, 506, 508 – *Rechtsweg*).

f) Schiedsabreden. **Schiedsvereinbarungen** (§§ 1029 ff ZPO) schließen die 53 Anrufung der Gerichte aus. Sie führen zur Abweisung der Klage als **unzulässig,** wenn sich der Beklagte gemäß 1032 I ZPO darauf beruft und die Vereinbarung wirksam und durchführbar ist. Für das einstweilige Verfügungsverfahren (§ 1033 ZPO), das Aufhebungsverfahren (§ 1059 ZPO) und das Vollstreckungsverfahren (§ 1060 ZPO) bleibt aber der ordentliche Rechtsweg eröffnet.

2. Zuständigkeit. Zur internationalen Zuständigkeit s Einf B Rn 5 ff, zur sachli- 54 chen und funktionellen Zuständigkeit s § 13, zur örtlichen § 14.

3. Unterlassungsklage

Literatur: *Ahrens,* Die Bildung kleinteiliger Streitgegenstände als Folge des TÜV-Beschlusses, WRP 2013, 129; *Bergmann,* Zur alternativen und kumulativen Begründung des Unterlassungsantrags im Wettbewerbsrecht, GRUR 2009, 224; *Borck,* Das Prokrustesbett „Konkrete Verletzungsform", GRUR 1996, 522; *ders,* Der Weg zum richtigen Unterlassungsantrag, WRP 2000, 824; *Brandner/Bergmann,* Zur Zulässigkeit „gesetzeswiederholender" Unterlassungsanträge, WRP 2000, 842; *Büscher,* Klagehäufung im gewerblichen Rechtsschutz alternativ, kumulativ, eventuell?, GRUR 2012, 16; *Büttner,* Streit um den Streitgegenstand der Unterlassungsklage, FS Doepner, 2008, 107; *Fritzsche,* Unterlassungsanspruch und Unterlassungsklage, 2000; *Kamlah/Ulmar,* Neues zum Streitgegenstand der Unterlassungsklage und seine Auswirkungen auf Folgeprozesse, WRP 2006, 967; *Köhler,* Grenzen der Mehrfachklage und Mehrfachvollstreckung im Wettbewerbsrecht, WRP 1992, 359; *Krüger,* Zum Streitgegenstandsbegriff, WRP 2013, 140; *Kurtze,* Der „insbesondere"-Zusatz bei Unterlassungsanträgen im Wettbewerbsrecht, FS Nirk, 1992, 571; *v. Linstow/Büttner,* Nach Markenparfümverkäufen sind Reinigungsarbeiten erforderlich, WRP 2007, 169; *P. Meyer,* Der Streitgegenstand bei wettbewerbsrechtlichen Unterlassungsklagen, NJW 2003, 2887; *Oppermann,* Unterlassungsantrag und zukünftige Verletzungshandlung, WRP 1989, 713; *ders,* Unterlassunganspruch und materielle Gerechtigkeit im Wettbewerbsprozess, 1993; *M. Schmidt,* Streitgegenstand und Kernbereich der konkreten Verletzungsform im lauterkeitsrechtlichen Verfügungsverfahren; GRURPrax 2012, 179; *Schwippert,* Nach TÜV und Branchenbuch Berg, WRP 2013, 135; *Stieper,* Klagehäufung im Gewerblichen Rechtsschutz – alternativ, kumulativ, eventuell?, GRUR 2012, 5; *Teplitzky,* Anmerkungen zur Behandlung von Unterlassungsanträgen, FS Oppenhoff, 1985, 487; *ders,* Klageantrag und konkrete Verletzungsform, WRP 1999, 75; *ders,* Der Streitgegenstand in der neuesten Rechtsprechung des I. Zivilsenats des BGH, WRP 2007, 1; *ders,* Der Streitgegenstand der schutz- und lauterkeitsrechtlichen Unterlassungsklage vor und nach den „TÜV"-Entscheidungen des BGH, GRUR 2011, 1091; *ders,* Wie weit führt der „erste Schritt"?, WRP 2012, 261.

a) Rechtsschutzbedürfnis. Das Rechtsschutzbedürfnis ist **Prozessvorausset-** 55 **zung** für die gerichtliche Verfolgung eines sachlich-rechtlichen Anspruchs. Das Erfordernis des Rechtsschutzbedürfnisses soll verhindern, dass Klagen in das Stadium der Begründetheitsprüfung gelangen, die des Rechtsschutzes durch eine solche Prüfung nicht bedürfen (BGHZ 162, 246, 250 = GRUR 05, 519 – *Vitamin-Zell-Komplex*; BGH GRUR 06, 421 Rn 32 – *Markenparfümverkäufe*). Bei wettbewerbsrechtlichen Unterlassungsklagen (Leistungsklagen) ergibt es sich für gewöhnlich aus der Nichterfüllung des vom Kläger behaupteten Unterlassungsanspruchs, dh aus der – für die Prüfung des Rechtsschutzbedürfnisses zu unterstellenden – Behauptung einer begangenen oder drohenden Zuwiderhandlung, mithin aus der Behauptung von Wiederholungs- oder Erstbegehungsgefahr (BGH GRUR 80, 241, 242 – *Rechtsschutzbedürfnis*; GRUR 87, 568, 569 – *Gegenangriff*; GRUR 93, 576, 577 – *Datatel*; GRUR 94, 823, 824 – *Preisrätselgewinnauslobung II*; BGH aaO – *Vitamin-Zell-Komplex*). Unter materiell-rechtlichen Gesichtspunkten (zB Unterwerfung des Beklagten, OLG Köln WRP 96, 333, 336) darf das Rechtsschutzbedürfnis nicht verneint werden. Jedoch entfällt es, wenn der Anspruch durch Urteil oder Prozessvergleich tituliert ist oder wenn der Gläubiger über einen Vollstreckungstitel verfügt, der durch eine Abschlusserklärung des Beklagten einem Hauptsachetitel gleichkommt (BGH GRUR 73, 384 – *Goldene Armbänder;* GRUR 91, 76, 77 – *Abschlusserklärung*), oder wenn der Gläubiger seinen Anspruch einfacher oder billiger auf einem anderen Wege als dem gewählten durchsetzen kann (BGH GRUR 80, 241, 242 – *Rechtsschutzbedürfnis;* GRUR 93, 556, 558 – *Triangle*) oder wenn das Gericht unnütz oder unlauter bemüht wird oder das Verfahren zur Verfolgung zweckwidriger und nicht schutzwürdiger Ziele benutzt werden soll (BGH GRUR 76, 256, 257 – *Rechenscheibe*).

56 Dagegen fehlt einer Klage das **Rechtsschutzbedürfnis** nicht deshalb, weil das beanstandete Verhalten zu einem Strafverfahren (BGH GRUR 57, 558, 560 – *Bayern-Expreß*) oder zu berufsgerichtlicher Ahndung (BGHZ 79, 390, 392 = GRUR 81, 596, 597 – *Apotheken-Steuerberatungsgesellschaft*) führen kann oder weil es dem Gläubiger möglich ist, auf Zahlung von Vertragsstrafe zu klagen (BGH GRUR 80, 241, 242 – *Rechtsschutzbedürfnis*) oder das Verfügungsverfahren zu betreiben (BGH GRUR 73, 384 – *Goldene Armbänder;* GRUR 89, 115 – *Mietwagen-Mitfahrt*). Gleiches gilt für den Fall der Klageerhebung und der Erwirkung eines Titels durch einen Drittgläubiger (BGH GRUR 60, 379, 381 – *Zentrale;* GRUR 87, 45, 46 – *Sommerpreiswerbung;* KG WRP 93, 22, 23). Auch die negative Feststellungsklage des Beklagten nimmt der Unterlassungsklage das Rechtsschutzbedürfnis nicht (BGH GRUR 94, 823, 824 – *Preisrätselgewinnauslobung II*).

57 b) **Streitgegenstand. aa) Grundsatz.** Der **Streitgegenstand** (der **prozessuale Anspruch**) wird durch den Klageantrag und durch den zu seiner Begründung vorgetragenen Lebenssachverhalt, den Klagegrund, bestimmt (BGH GRUR 93, 157, 158 – *Dauernd billig;* WRP 98, 164, 168 – *Modenschau im Salvatorkeller;* GRUR 01, 181, 182 – *dentalästhetika I;* GRUR 02, 725, 727 – *Haar-Transplantation;* GRUR 03, 798, 800 – *Sanfte Schönheitschirurgie;* GRUR 05, 875, 876 – *Diabetes-Teststreifen;* GRUR 06, 421 Rn 25, 26 – *Markenparfümverkäufe;* GRUR 07, 981 Rn 19 – *150% Zinsbonus;* GRUR 10, 454 Rn 12 – *Klassenlotterie;* GRUR 13, 401 Rn 18 – *Biomineralwasser*). Der Streitgegenstandsbegriff ist bei Rechtshängigkeit, Rechtskraft, Klagehäufung und Klageänderung stets der gleiche (BGH GRUR 03, 716, 717 – *Reinigungsarbeiten;* GRUR 13, 401 Rn 21 – *Biomineralwasser;* Fezer/Büscher § 12 Rn 285) und umfasst auch „kerngleiche" Handlungen (vgl § 8 Rn 8, 25, 52). Von einem einheitlichen Lebenssachverhalt ist ungeachtet weiterer Erläuterungen, Berichtigungen und neuen Tatsachenvortrags auszugehen, wenn der **Kern** des in der Klage angeführten Sachverhalts unverändert bleibt (BGH GRUR 06, 421, 422 f – *Markenparfümverkäufe;* GRUR 07, 172 Rn 11 – *Lesezirkel II;* WRP 08, 220, 221 f – *Telefonaktion;* WRP 08, 666, 668 – *Saugeinlagen*). Der Klagegrund, der den Streitgegen-stand einer Unterlassungsklage mit bestimmt, wird durch die zu seiner Begründung vorgetragenen Verletzungsfälle gebildet. Mehrere mit der Klage vorgetragene gleichartige Verletzungshandlungen bilden dabei einen einheitlichen Klagegrund (BGH GRUR 85, 980, 982 – *Tennisschuhe;* GRUR 06, 421, 422 – *Markenparfümverkäufe*). Es steht dem Kläger frei, seinen Anspruch auf mehrere Klagegründe zu stützen. Tut er das, muss er aber deutlich machen, dass er damit einen oder mehrere weitere Streitgegenstände in das Verfahren einführt, damit sich der Beklagte mit seiner Rechtsverteidigung darauf einstellen kann (BGH GRUR 92, 552, 554 – *Stundung ohne Aufpreis;* GRUR 03, 716, 717 – *Reinigungsarbeiten*). Lässt der Vortrag des Klägers die Annahme zu, dass ein weiterer Klagegrund den Antrag stützen soll, muss das Gericht im Zweifelsfall auf Aufklärung hinwirken (§ 139 I ZPO), um den Umfang seiner Entscheidung und der Rechtskraft des Urteils festzulegen (GRUR 02, 52, 54 – *Kompressionsstrümpfe;* GRUR 03, 436, 439 – *Feldenkrais*).

58 Beanstandet der Kläger eine Werbung, die mehrere wettbewerbswidrige Aussagen enthält, kommt es für die **Bestimmung des Streitgegenstandes** darauf an, ob sich die Klage gegen alle oder nur gegen eine oder einiger dieser Aussagen wendet. Auf die nicht angegriffenen Aussagen darf das Gericht sein Urteil nicht stützen, § 308 ZPO (BGH GRUR 01, 181, 182 f – *dentalästhetika I;* GRUR 02, 725, 727 – *Haar-Transplantationen;* GRUR 03, 716, 717 – *Reinigungsarbeiten;* GRUR 03, 798, 800 – *Sanfte Schönheitschirurgie).* Unerheblich ist, ob sich in anderer Weise ein wettbewerbswidriges Verhalten aus einer mit der Klage zum Beweis der beanstandeten Verletzungshandlung vorgelegten Anlage (zB E-Mail oder Werbeprospekt) ergeben kann (BGH GRUR 08, 1121 Rn 23 f – *Freundschaftswerbung im Internet).* Kommen auf der Grundlage ein und desselben Lebenssachverhalts mehrere Anspruchsgrundlagen in Betracht, hat das Gericht den Klageantrag unter allen in Frage kommenden rechtlichen Gesichtspunkten zu prüfen und zu entscheiden. Auf welche Anspruchsgrundlagen sich der Kläger dabei stützt, spielt keine Rolle. Stützt er aber seinen Antrag allein auf eine bestimmte Norm, beschränkt er den Streitgegenstand, wenn er mit seinem Vortrag nur auf diese Norm, nicht aber auf andere Normen abstellt (BGH GRUR 99, 272, 274 – *Die Luxusklasse zum Nulltarif;* GRUR 01, 755, 757 – *Telefonkarte;* GRUR 05, 875, 876 – *Diabetes-Teststreifen;* vgl *Bergmann,* GRUR 09, 224). In solchen Fällen steht die Rechtskraft des Urteils einer auf anderen Normen gestützten Klage nicht entgegen (BGH aaO – *Telefonkarte).*

bb) Entwicklung der Rechtsprechung. Anders als im allgemeinen Zivilprozessrecht neigt die Rechtsprechung im Lauterkeitsrecht (und bei geistigen Eigentumsrechten) allerdings zu einem deutlich **verengten Streitgegenstandsverständnis** (vgl *Stieper* GRUR 12, 5, 13 f; *Büscher* GRUR 12, 23 ff). Jeder Unlauterkeitstatbestand bildet einen eigenen Streitgegenstand, sodass ein und dieselbe Werbung, die irreführend ist und einen Verstoß gegen die PAngV begründet, zwei Streitgegenstände darstellt (BGH GRUR 02, 287, 288 – *Widerruf der Erledigungserklärung);* gleiches gilt für ein Schreiben, das sowohl eine unzulässige vergleichende Werbung als auch eine Irreführung enthält (BGH GRUR 08, 443 Rn 21 ff – *Saugeinlagen).* Bei irreführenden Angaben nach § 5 wird der Streitgegenstand zusätzlich durch die Art der Fehlvorstellung eingegrenzt, sodass dieselbe Aussage je nach verschiedenen Fehlvorstellungen des Verkehrs unterschiedliche Streitgegenstände umfassen kann (BGH GRUR 02, 725, 727 – *Haar-Transplantationen;* GRUR 03, 798, 800 – *Sanfte Schönheitschirurgie);* wird im Laufe des Verfahrens vorgetragen, dass die beanstandete Werbung auch noch unter einem anderen, mit der Klage noch nicht vorgetragenen Gesichtspunkt unzutreffend und daher irreführend sei, handelt es sich insofern um einen neuen Streitgegenstand (BGH GRUR 07, 161 – *dentalästhetika II).* Verschiedene Streitgegenstände liegen außerdem in Bezug auf ein und dieselbe Handlung vor, wenn der Antrag auf Wiederholungs- und Erstbegehungsgefahr gestützt wird (BGH GRUR 06, 429 Rn 22 – *Schlank-Kapseln).* Schließlich sollen sogar Ort und Zeit der Handlung maßgeblich sein, zB bei rechtsverletzenden Parallelimporten (aus den USA und aus der Türkei, vgl BGH GRUR 06, 421 Rn 18, 24 ff, 30 – *Markenparfümverkäufe;* sehr zw, vgl zur Kritik *Kamlah/Ulmar* WRP 06, 967, 971 ff; *v. Linstow/Büttner* WRP 07, 169, 170 ff; *Teplitzky* Kap. 46 Rn 56 ff; *ders* WRP 07, 1, 2 ff). 59

Diese „kleinteilige" Betrachtung des Streitgegenstandes ist dadurch für die Praxis zu einem besonderen Problem geworden, dass der BGH inzwischen von seiner Duldung der alternativen Klagehäufung abgerückt ist und nun vom Kläger verlangt, mehrere Streitgegenstände entweder kumulativ oder eventualiter in einer selbst bestimmten Reihenfolge geltend zu machen (BGH GRUR 11, 521 Rn 8 – 10 – *TÜV I;* GRUR 11, 1043 Rn 21 – 38 – *TÜV II;* vgl unten Rn 61). Da die alternative Klagehäufung in der Tat nicht mit dem Bestimmtheitserfordernis nach § 253 II Nr 2 ZPO zu vereinbaren ist, muss die Lösung in einer **maßvollen Ausdehnung des Streitgegenstandsbegriffs** liegen (ebenso *Ahrens* WRP 13, 129 Rn 15 ff; *Teplitzky* GRUR 11, 1091, 1095). In diese Richtung deutet auch die aktuelle Rechtsprechung des BGH. So wurde in der Versendung eines Werbeschreibens, das in zweifacher Hinsicht irreführend ist (einerseits Eindruck eines Korrekturabzugs im Rahmen eines be- 60 stehenden Vertragsverhältnisses statt Auftrag, andererseits Eindruck monatlicher Ratenzahlung statt Vorauskasse), dennoch nur ein Streitgegenstand gesehen (BGH GRUR 12, 184 Rn 14 f – *Branchenbuch Berg;* dazu *Ahrens* WRP 13, 129 Rn 24 f; *Krüger* WRP 13, 140 Rn 2 f; *Schwippert* WRP 13, 135 Rn 9 ff; *Teplitzky* WRP 12, 261; krit *M. Schmidt* GRURPrax 12, 179, 181). Inzwischen hat der BGH seine bisherige **enge Streitgegenstandsbestimmung** ausdrücklich **aufgegeben** (BGH GRUR 13, 401 Rn 20 – *Biomineralwasser*). Zu dem Lebenssachverhalt rechnen danach alle Tatsachen, die bei einer vom Standpunkt der Parteien ausgehenden natürlichen Betrachungsweise zu dem durch den Vortrag der Klagepartei zur Entscheidung gestellten Tatsachenkomplex gehören. Das ist dann der Fall, wenn der **Tatsachenstoff nicht sinnvoll** auf verschiedene eigenständige, den Sachverhalt in seinem Kerngehalt verändernde Geschehensabläufe **aufgeteilt werden kann,** selbst wenn diese einer eigenständigen rechtlichen Bewertung zugänglich sind; der Streitgegenstand wird damit durch den **gesamten historischen Lebensvorgang** bestimmt, **auf den sich das Rechtsschutzbegehren** der Klagepartei **bezieht,** unabhängig davon, ob einzelne Tatsachen dieses Lebenssachverhalts von den Parteien vorgetragen worden sind oder nicht, und auch unabhängig davon, ob die Parteien die nicht vorgetragenen Tatsachen des Lebensvorgangs kannten oder hätten vortragen können (BGH GRUR 13, 401 Rn 19 – *Biomineralwasser*). Richtet sich die Klage gegen die **konkrete Verletzungsform,** so bildet diese Verletzungsform den Lebenssachverhalt (BGH GRUR 13, 401 Rn 34 – *Biomineralwasser;* GRUR 13, 1052 Rn 11 – *Einkaufwagen III*). Wendet sich zB die Klage gegen die Bewerbung und das Inverkehrbringen eines natürlichen Mineralwassers unter der Bezeichnung „Biomineralwasser", ist Streitgegenstand die Verwendung der Bezeichnung „Biomineralwasser" für ein natürliches Mineralwasser, unabhängig davon, unter welchem Gesichtspunkt (Werbung mit Selbstverständlichkeit, Eindruck einer amtlichen Zertifizierung und Verstoß gegen LMKV) dieses Verhalten beanstandet wurde (BGH GRUR 13, 401 Rn 17, 26 f – *Biomineralwasser*). Auch die Tatbestände des § 4 Nr 4 lit a und lit b schließen einen einheitlichen Streitgegenstand dar (BGH GRUR 13, 951 Rn 10 – *Regalsystem*), ebenso wie § 4 Nr 9 lit a und b und § 5 II (BGH GRUR 13, 1052 Rn 11 – *Einkaufswagen III*). Eine **Mehrheit von Streitgegenständen** liegt dagegen dann vor, wenn die materiell-rechtliche Regelung die zusammentreffenden Ansprüche durch eine Verselbständigung der einzelnen Lebensvorgänge erkennbar unterschiedlich ausgestaltet (BGH GRUR 13, 401 Rn 19 aE – *Biomineralwasser;* NJW 08, 3570 Rn 9); das ist etwa der Fall, wenn der Kläger sein Klagebegehren auf ein Schutzrecht und auf ein wettbewerbswidriges Verhalten des Beklagten stützt (BGH GRUR 13, 397 Rn 13 – *Peek & Cloppenburg III*).

61 **c) Bestimmtheit des Klagegrundes: Klagehäufung.** Gemäß § 253 II Nr 2 ZPO muss die Klageschrift neben einem bestimmten Antrag (unten Rn 62 ff) auch einen **bestimmten Klagegrund** enthalten. In der Vergangenheit hat die Rechtsprechung die alternative Klagehäufung, bei der ein einheitliches Rechtsschutzbegehren auf verschiedene Klagegründe gestützt wird, nicht beanstandet (BGH GRUR 01, 453, 455 – *TCM-Zentrum;* GRUR 08, 258 Rn 38 – *INTERCONNECT/T-Inter-Connect;* GRUR 10, 80 Rn 44 f – *LIKEaBIKE; Schippert* FS Loschelder, S 345, 346 f). Seit den **TÜV-Entscheidungen** (BGH GRUR 11, 521 Rn 8 – 10 – *TÜV I;* GRUR 11, 1043 Rn 21 – 38 – *TÜV II;* GRUR 13, 401 Rn 18 – *Biomineralwasser*) **verstößt** die **alternative Klagehäufung** aber nun (auch) im Lauterkeitsrecht **gegen** das **Bestimmtheitsgebot.** Der Kläger muss die gebotene Bestimmung des Streitgegenstandes vornehmen und kann sie nicht zur Disposition des Gerichts stellen. Dazu gehört bei mehreren Streitgegenständen (oben Rn 57 ff) auch die Benennung der Reihenfolge, in der diese zur Überprüfung durch das Gericht gestellt werden. Dies folgt nicht zuletzt aus dem allgemeinen Rechtsgedanken der „Waffengleichheit", da die alternative Klagehäufung den Beklagten dadurch benachteiligt, dass er sich gegen sämtliche prozessualen Ansprüche (Streitgegenstände) wehren muss, während der Kläger kein zusätzliches Kostenrisiko eingeht (BGH GRUR 11, 521 Rn 11 – *TÜV I*). Der Kläger muss daher deutlich machen, ob er mehrere Streitgegenstände kumulativ oder eventualiter in Form von Haupt- und Hilfsantrag verfolgt. Ohne diese Klarstellung hat das Gericht keine Veranlassung, von einer kumulativen Klagehäufung auszugehen und es kann in der Revisionsinstanz auch nicht mehr von einer alternativen zur kumulativen Klagehäufung übergegangen werden (BGH GRUR 11, 1043 Rn 30, 32 – *TÜV II*).

d) Bestimmtheit des Antrags. Nach § 253 II Nr 2 ZPO muss die Klageschrift neben der Angabe des Gegenstandes und des Grundes (oben Rn 61) des erhobenen Anspruchs einen **bestimmten Klageantrag** enthalten. Das ist erforderlich sowohl zur Festlegung des Streitgegenstandes (Rn 57 f) und des Umfangs der Prüfung und Entscheidungsbefugnis des Gerichts (§ 308 I ZPO) als auch zur Erkennbarkeit der Tragweite des begehrten Verbots und der Grenzen seiner Rechtskraft. Danach darf ein Verbot nicht derart undeutlich gefasst sein, dass sich der Beklagte nicht hinreichend verteidigen kann und die Frage, was eigentlich verboten ist, aus dem Erkenntnisverfahren in die Vollstreckungsinstanz verlagert wird (BGH GRUR 91, 254, 256 – *Unbestimmter Unterlassungsantrag I;* GRUR 92, 560, 561 – *Unbestimmter Unterlassungsantrag II;* GRUR 98, 471, 474 – *Modenschau im Salvatorkeller;* GRUR 02, 86, 88 – *Laubhefter;* GRUR 02, 1088, 1089 – *Zugabenbündel;* GRUR 03, 958, 960 – *Paperboy;* GRUR 04, 696, 699 – *Direktansprache am Arbeitsplatz I;* GRUR 06, 504 Rn 28 – *Parfümtestkäufe;* GRUR Int 10, 63 Rn 21 – *Brillenversorgung;* GRUR 10, 749 Rn 21 – *Erinnerungswerbung im Internet;* GRUR 11, 345 Rn 17 – *Hörgeräteversorgung II;* GRUR 11, 539 Rn 11 – *Rechtsberatung durch Lebensmittelchemiker;* GRUR 11, 1050 Rn 19 – *Ford-Vertragshändler*). Ist diesen Anforderungen, die auch in der Revisionsinstanz von Amts wegen zu prüfen sind (BGH aaO – *Paperboy* mwN), nicht genügt, ist die Klage grundsätzlich als **unzulässig** abzuweisen. Hat jedoch der Tatrichter entgegen § 139 ZPO nicht auf die gegen die Bestimmtheit des Klageantrags sprechenden Bedenken hingewiesen und auf Stellung eines sachdienlichen Antrags hingewirkt, hat das Revisionsgericht die Sache **zurückzuverweisen,** um dem Kläger Gelegenheit zur Neuformulierung seines Antrags zu geben (BGH GRUR 98, 489, 492 – *Unbestimmter Unterlassungsantrag III;* GRUR 02, 77, 78 – *Rechenzentrum;* GRUR 03, 886, 887 – *Erbenermittler*). Jedoch folgt daraus nicht, dass es der Kläger dem Gericht überlassen dürfte, für eine zulässige Antragsfassung zu sorgen. Das Erörterungsgebot des § 139 ZPO verpflichtet das Gericht nicht dazu, auf eine Antragstellung hinzuwirken, die auf einem anderen als dem vorgetragenen Sachverhalt beruht und einen neuen Streitgegenstand in den Prozess einführt (BGH aaO – *Unbestimmter Unterlassungsantrag III;* GRUR 01, 1178, 1181 – *Gewinn-Zertifikat;* GRUR 03, 798, 800 – *Sanfte Schönheitschirurgie*).

Dem Bestimmtheitserfordernis des § 253 II Nr 2 ZPO ist genügt, auch wenn die Ausformulierung des Klageantrags über die konkrete Verletzungsform hinaus auch **„kerngleiche"** Handlungen (§ 8 Rn 8, 25, 52) erfasst (BGH GRUR 00, 337, 338 – *Preisknaller;* GRUR 06, 776 Rn 28 – *Werbung für Klingeltöne*). Deren Darstellung im Antrag muss sich aber, um als „kerngleich" beurteilt werden zu können, auf die konkrete Verletzungsform beziehen und darf über diese nicht hinausgehen. Vielfach greift allerdings der Kläger mit der Fassung seines Antrags im Interesse der Erlangung eines möglichst umfassenden Rechtsschutzes nicht auf die konkrete Verletzungsform, sondern auf **verallgemeinernde Formulierungen** zurück. Das macht den Antrag nicht grundsätzlich unzulässig, aber es besteht die Gefahr, dass die gewählte Formulierung dem Bestimmtheitsgebot (Rn 61) nicht mehr genügt oder aber inhaltlich zu weit geht, was dann zur Abweisung der Klage als unbegründet führt (vgl Rn 69). Generell ist bei der Beurteilung der Zulässigkeit des Klageantrags auch die Notwendigkeit der Gewährung eines wirksamen Rechtsschutzes im Auge zu behalten und ferner, dass der Beurteilung des Vollstreckungsrichters bis zu einem bestimmten Grade immer auch Wertungen zu Grunde liegen (BGHZ 142, 388, 391 = GRUR 00, 228, 229 – *Musical-Gala;* BGH GRUR 02, 1088, 1089 – *Zugabenbündel;* BGHZ 158, 174, 186 f = GRUR 04, 696, 699 – *Direktansprache am Arbeitsplatz I*).

64 Wann **Verallgemeinerungen** dem Gebot hinreichender Bestimmtheit (§ 253 II Nr 2 ZPO) (noch) genügen, richtet sich maßgeblich nach den Umständen des jeweiligen Einzelfalls. Bei einer **Auslegung** des Klageantrags bedarf es des Rückgriffs auf die Klagebegründung (BGH GRUR 02, 177, 178 – *Jubiläumsschnäppchen;* BGHZ 152, 268, 274 = GRUR 03, 242, 243 – *Dresdner Christstollen;* GRUR 07, 890 Rn 17 – *Jugendgefährdende Medien bei eBay,* stRspr). Eine auslegungsbedürftige Antragsformulierung kann hinzunehmen sein, wenn eine weitere Konkretisierung nicht möglich ist und die Formulierung zur Gewährleistung effektiven Rechtsschutzes im Hinblick auf eine bestimmte Geschäftspraxis erforderlich erscheint (BGH GRUR 09, 977 Rn 22 – *Brillenversorgung I;* GRUR 11, 433 Rn 10 – *Verbotsantrag bei Telefonwerbung;* GRUR 11, 539 Rn 17 – *Rechtsberatung durch Lebensmittelchemiker;* GRUR 12, 407 Rn 15, 27 – *Delan;* GRUR 12, 405 Rn 15 – *Kreditkontrolle*). Der Grundsatz, dass Ausnahmetatbestände nicht in den Klageantrag aufgenommen zu werden brauchen, gilt nur dann, wenn der Antrag an der konkrete Verletzungsform beschreibt; daher müssen bei einer verallgemeinert abstrakten Fassung Einschränkungen in den Tenor aufgenommen werden (BGH GRUR 10, 749 Rn 25 f – *Erinnerungswerbung im Internet;* GRUR 13, 409 Rn 21 – *Steuerbüro*).

65 Entscheidend ist stets, ob sich die Antragsformulierung des Antrags auf ein an der konkreten Verletzungsform orientiertes, ggf kerngleiche Verletzungshandlungen einbeziehendes, Verbotsbegehren beschränkt oder ob sie weitergehend auch **ähnliche** Handlungen erfasst, was mit dem Bestimmtheitsgebot des § 253 II Nr 2 ZPO nicht zu vereinbaren wäre (BGH GRUR 02, 177, 178 – *Jubiläumsschnäppchen*). Unschädlich ist die Verwendung verallgemeinernder oder mehrdeutiger Begriffe, wenn deren Bedeutung durch Anführung von **Beispielen** („wie aus der beigefügten Abbildung ersichtlich" oder „sofern das geschieht wie") oder durch **Bezugnahme** auf die konkrete Verletzungshandlung näher erläutert wird (BGH GRUR 98, 471, 474 – *Modenschau im Salvatorkeller;* GRUR 98, 481, 482 – *Auto, 94;* GRUR 00, 619, 621 – *Orient-Teppichmuster;* GRUR 02, 1046, 1047 – *Faxkarte;* GRUR 07, 896 Rn 18 – *Eigenpreisvergleich;* GRUR 12, 842 Rn 13 – *Neue Personenkraftwagen*); bei Bezugnahme muss die Werbeanzeige aber auch beigefügt sein (BGH GRUR 09, 1183 Rn 6 – *Räumungsverkauf wegen Umbau*). Nicht anders ist es, wenn im Streitfall über den Sinngehalt auslegungsfähiger Begriffe („geschäftlicher Verkehr", „werblicher Charakter", „zu werben", „Werbung zu betreiben", „gegenüber Gewerbetreibenden" oder „markenmäßiger Gebrauch") zwischen den Parteien **Einigkeit** besteht und Zweifel über die Reichweite des Antrags deshalb nicht aufkommen (BGH GRUR 91, 138, 139 – *Flacon;* GRUR 91, 254, 256 – *Unbestimmter Unterlassungsantrag I;* GRUR 00, 616, 617 – *Auslaufmodelle III;* GRUR 09, 1075 Rn 11 – *Betriebsbeobachtung;* GRUR 11, 433 Rn 11 – *Verbotsantrag bei Telefonwerbung;* GRUR 12, 405 Rn 11 – *Kreditkontrolle*). Anders liegt es, wenn über die Bedeutung gerade solcher Begriffe gestritten wird (GRUR 92, 561, 562 – *Unbestimmter Unterlassungsantrag II*). Lässt sich die beanstandete Handlung mit Worten nur unzulänglich beschreiben, kann dem Erfordernis der Bestimmtheit dadurch genügt werden, dass Texte, Abbildungen, Fotografien ua in den Antrag eingerückt oder diesem als Anlage beigefügt werden (BGH GRUR 86, 673, 675 – *Beschlagprogramm;* BGHZ 142, 388, 391 = GRUR 00, 228, 229 – *Musical-Gala*). Richtet sich das begehrte Verbot bei einem nachgeahmten Produkt gegen eine ganz konkrete Verletzungsform, ist eine verbale Beschreibung der wettbewerblich eigenartigen Merkmale, die das Produkt des Beklagten übernimmt, nicht erforderlich; eine bildliche Darstellung genügt, wenn sich unter Heranziehung der Klagegründe eindeutig ergibt, in welchen Merkmalen des angegriffenen Erzeugnisses die Grundlage und der Anknüpfungspunkt des Wettbewerbsverstoßes und damit des Unterlassungsgebots liegen sollen (BGH GRUR 13, 951 Rn 11 – *Regalsystem;* GRUR 02, 86, 88 – *Laubhefter*).

Die am Einzelfall orientierte Ermittlung des Antragsbegehrens kann zur Folge **66** haben, dass je nach Kontext und Sinnzusammenhang derselbe Begriff in einem Falle als hinreichend bestimmt, in einem anderen dagegen als unbestimmt verstanden wird. Im Allgemeinen hat die Rechtsprechung die **Bestimmtheit** und damit die Zulässigkeit des Klageantrags bejaht beispielsweise bei Wendungen wie „markenmäßig" (BGH GRUR 91, 138, 139 – *Flacon*), „inhaltlich eindeutig" (BGH GRUR 03, 252, 253 – *Widerrufsbelehrung IV*), „zu bewerben" (BGH GRUR 09, 990 Rn 12 – *Metoprolol*), „blickfangmäßig" (BGH GRUR 00, 619, 620 – *Orient-Teppichmuster*), „vorrätig" (BGH GRUR 07, 991 Rn 16 – *Weltreiterspiele*) oder „im zeitlichen Zusammenhang mit" (BGH GRUR 96, 800, 801 – *EDV-Geräte;* GRUR 07, 991 Rn 16 – *Weltreiterspiele;* GRUR 08, 532 Rn 17 – *Umsatzsteuerhinweis*) oder „ohne hinreichend sachlichen Grund" (BGH GRUR 11, 345 Rn 18 – *Hörgeräteversorgung II*). Hinreichend bestimmt ist der Begriff „Jugendzeitschrift". Er bedeutet, dass die Leserschaft der Zeitschrift zu mehr als 50% aus Kindern und Jugendlichen besteht (BGH GRUR 06, 776 Rn 16 – *Werbung für Klingeltöne*). Auch der Begriff der „Abnehmer" ist hinreichend bestimmt, selbst wenn die Feststellung Ermittlungen oder Erkundigungen des Beklagten oder des Vollstreckungsgerichts erfordert (BGH GRUR 06, 433 Rn 15 – *Unbegründete Abnehmerverwarnung*). Die Wendung „zu werben" ist in Bezug auf Heilmittel nicht zweifelhaft (BGH GRUR 10, 749 Rn 22 – *Erinnerungswerbung im Internet*).

Dagegen sind als **unbestimmt** Formulierungen gewertet worden wie „ähnlich **67** wie" (BGH GRUR 91, 254, 256 – *Unbestimmter Unterlassungsantrag I*), „zum Verwechseln ähnlich" (BGHZ 126, 287, 291 = GRUR 94, 844, 845 – *Rotes Kreuz*), „verwechslungsfähig mit" (BGH GRUR 63, 430, 431 – *Erdener Treppchen;* GRUR 79, 859, 860 – *Hausverbot II*) „deutlich sichtbar", „leicht lesbar" (BGHZ 124, 230, 233 = GRUR 94, 219 – *Warnhinweis*), „inhaltlich Werbung" (BGH GRUR 93, 565, 566 – *Faltenglätter*), „gleichkommt" (BGH GRUR 92, 191, 194 – *Amtsanzeiger*), „angemessen", „eindeutig", „deutlich", „unmissverständlich", „unübersehbar", „unüberhörbar" (BGH GRUR 91, 254, 256 – *Unbestimmter Unterlassungsantrag I;* GRUR 99, 1017 – *Kontrollnummernbeseitigung I;* GRUR 00, 619, 620; GRUR 05, 692, 693 – „*statt*"*-Preis*), „chemisch (nicht) identisch" (BGH GRUR 12, 945 Rn 15 – *Tribenuronmethyl*), „ohne den eindeutig zuzuordnenden und leicht erkennbaren Hinweis" (BGH GRUR 08, 84 Rn 14 – *Versandkosten*), „günstig" (BGH GRUR 98, 471, 474 – *Modenschau im Salvatorkeller*), „regulärer Preis" (BGH GRUR 04, 344 – *Treuepunkte*), „systematisch" (BGH GRUR 09, 1075 Rn 11 – *Betriebsbeobachtung*), „Rechtsrat" (BGH GRUR 11, 539 Rn 13 – *Rechtsberatung durch Lebensmittelchemiker*), „rechtliche Beratung" (BGH GRUR 12, 405 Rn 11 – *Kreditkontrolle*), „wenn dadurch der Eindruck erweckt wird" (BGH GRUR 11, 1050 Rn 20 – *Ford-Vertragspartner*), „unter Vorspiegelung einer Erwerbsabsicht hinsichtlich eines Produkts" (OLG Hamburg WRP 08, 1263 Ls).

Für die Bestimmtheit des Klageantrags reicht es grundsätzlich *nicht* aus, dass im **68** Verbot mit den Worten des **gesetzlichen Verbotstatbestandes** umschrieben wird. Angesichts der generellen Abstraktheit der Formulierung des Gesetzes müsste sonst erst durch Auslegung ermittelt werden wie weit im konkreten Fall das Verbotsbegehren reicht (BGH GRUR 95, 832, 833 – *Verbraucherservice;* GRUR 00, 438, 440 – *Gesetzeswiederholende Unterlassungsanträge;* GRUR 02, 77, 78 – *Rechenzentrum;* GRUR 03, 886, 887 – *Erbenermittler;* GRUR 07, 607 Rn 16 – *Telefonwerbung für „Individualverträge";* GRUR 08, 532 Rn 16 – *Umsatzsteuerhinweis;* GRUR Int 10, 63 Rn 21 – *Brillenversorgung*). Ein anderes ist nur dann zulässig, wenn die Auslegung der gesetzlichen Tatbestandsmerkmale unstreitig oder durch die Rechtsprechung geklärt ist (vgl BGH GRUR 99, 272, 274 – *Die Luxusklasse zum Nulltarif;* GRUR 07, 607 Rn 16 – *Telefonwerbung für „Individualverträge";* GRUR 08 532 Rn 16 – *Umsatzsteuer-*

hinweis; GRUR 10, 749 Rn 21 – *Erinnerungswerbung im Internet;* OLG Hamm WRP 08, 254, 256). Die Übernahme der Formulierung aus § 7 II Nr 2 Fall 1 ist hinreichend bestimmt, wenn der Gesetzeswortlaut mit den Worten „zum Zwecke der Kundenaquise" konkretisiert wird (BGH GRUR 11, 936 Rn 19 – *Double-opt-in-Verfahren*).

69 e) **Konkretisierungsgebot.** Ist der Klageantrag bestimmt, aber inhaltlich **zu weit gefasst**, ist die Klage insoweit als **unbegründet** abzuweisen. Der Kläger muss sich also, will er (Teil-)Abweisung vermeiden, bei der Ausformulierung seines Antrags im Bereich der konkreten Verletzungshandlung halten. Dem ist genügt, wenn allein die konkrete Verletzungshandlung Gegenstand des Verbotsbegehrens ist, oder wenn – zulässigerweise – mit verallgemeinernden Umschreibungen das Charakteristische (der Kern, das Wesen) der Verletzungsform umschrieben wird, ohne dass dabei erlaubte Verhaltensweisen mit erfasst werden (BGH GRUR 02, 706, 708 – *vossius.de;* GRUR 04, 605, 607 – *Dauertiefpreise*). Die exakte Bestimmung des **Verbotsbereichs** lässt sich immer nur an Hand der Besonderheiten des Einzelfalls beantworten und gestaltet sich vielfach schwierig (vgl zB BGH GRUR 74, 225, 226 – *Lager-Hinweiswerbung;* GRUR 84, 593, 594 – *adidas-Sportartikel;* GRUR 00, 907, 909 – *Filialleiterfehler*). Ein auf unzulässige vergleichende oder irreführende Werbung gestützter Unterlassungsantrag muss aber nicht verbal zum Ausdruck bringen, aufgrund welchen Verkehrsverständnisses die Werbung unzulässig ist (BGH GRUR 08, 726 Rn 14 – *Duftvergleich mit Markenparfüm*). Geht der Antrag zu weit, kann als **minus** die konkrete Verletzungshandlung untersagt werden, die im Verbotsantrag mitenthalten ist, sofern das Vorbringen des Klägers die Annahme zulässt, dass sich sein Begehren jedenfalls auch auf das Verbot des minus (der konkreten Verletzungshandlung) erstreckt (BGH GRUR 98, 489, 492 – *Unbestimmter Unterlassungsantrag III;* GRUR 01, 176, 178 – *Myalgien;* GRUR 01, 181, 182 – *dentalästhetika;* GRUR 02, 187, 188 – *Lieferstörung;* GRUR 04, 605, 607 – *Dauertiefpreise*). Das Erörterungsgebot des § 139 ZPO kann es erforderlich machen, dem Kläger die Überprüfung und Neufassung seines Antrags nahezulegen (BGH aaO – *Unbestimmter Unterlassungsantrag III;* BGH aaO – *Lieferstörung;* GRUR 05, 692, 694 – *„statt"-Preis*).

70 f) **Insbesondere-Zusätze.** Fügt der Kläger, wie häufig, einem abstrakt-verallgemeinernd formulierten Klageantrag einen „insbesondere …"-Zusatz an, **konkretisiert** er damit sein Klagebegehren an Hand einer **beispielhaften** Darstellung der konkreten Verletzungshandlung. Zugleich stellt er klar, dass er jedenfalls im Umfang des im Klageantrag als **minus** enthaltenen Zusatzes – also im Rahmen der mit dem Zusatz genannten konkreten Verletzungshandlung einschließlich kerngleicher Handlungen – eine **Verurteilung** des Beklagten erstrebt (BGH GRUR 97, 672, 673 – *Sonderpostenhändler;* GRUR 98, 489, 491 – *Unbestimmter Unterlassungsantrag III;* GRUR 01, 446, 447 – *1-Pfennig-FArbbild;* GRUR 03, 868, 887 – *Erbenermittler;* GRUR 12, 945 Rn 22 – *Tribenuronmethyl*). Einen **eigenen Streitgegenstand** führt er mit dem Insbesondere-Zusatz *nicht* in den Rechtsstreit ein. Ergänzungen des Klageantrags mit Insbesondere-Zusätzen während des Rechtsstreits sind daher weder Klageänderung noch Klageerweiterung noch teilweise Klagerücknahme (BGH GRUR 91, 771, 772, 773 – *Anzeigenrubrik I*). Als ein minus-Antrag muss der Insbesondere-Zusatz den Anforderungen an die Bestimmtheit des Antrags (Rn 62ff) genügen (BGH GRUR 97, 767, 768 – *Brillenpreise II;* GRUR 02, 86, 88 – *Laubhefter*). Daran kann es fehlen, wenn der abstrakte Klageantrag den Insbesondere-Zusatz nicht mitumfasst, dieser also an jenem nicht anknüpfen kann und der „Insbesondere"-Antrag damit zum Obersatz des Antrags in Widerspruch steht und so den gesamten Antrag widersprüchlich macht (GK[1]/*Jacobs* Vor § 13 D Rn 147; *Teplitzky* Kap 51 Rn 38).

71 g) **Hilfsanträge. aa) Unechter Hilfsantrag.** Besteht für den Kläger die Gefahr, dass er mit einem in abstrakter Form gestellten Klageantrag über das Ziel hinausschießt, tut er zwecks Vermeidung einer klageabweisenden Entscheidung gut daran, seinem Klageantrag einen oder mehrere Hilfsanträge anzufügen, die das Charakteristische der beanstandeten Zuwiderhandlung näher konkretisieren. Es handelt sich dabei um *unechte* Hilfsanträge, mit denen der Kläger – ähnlich wie mit dem Insbesondere-Zusatz – ein minus, kein aliud verfolgt und lediglich eine abgestufte Verurteilung des Beklagten für den Fall begehrt, dass das umfassendere Verbot nach der verallgemeinernden Formulierung des Hauptantrags nicht erreicht werden kann. Da diese Hilfsanträge als minus im Hauptantrag enthalten sind, bilden sie keinen eigenen Streitgegenstand und können auch nach Klageerhebung jederzeit gestellt und geändert werden (BGH GRUR 01, 181, 182 – *dentalästhetika;* GK[1]/*Jacobs* Vor § 13 D Rn 158; *Teplitzky* Kap 51, Rn 30). Das Bestimmtheitsgebot (Rn 62 ff) gilt aber auch für sie.

bb) Echter Hilfsantrag. Mit dem *echten* Hilfsantrag führt der Kläger einen **weiteren Streitgegenstand** in den Rechtsstreit ein, der – anders als in den Fällen der Insbesondere-Zusätze (Rn 70) und der Hilfsanträge (Rn 71) – gegenüber dem Hauptantrag ein **aliud**, kein minus ist. Zum Hauptantrag steht der echte Hilfsantrag in einem **Eventualverhältnis**. Über ihn kann erst entschieden werden, wenn die Klage mit dem Hauptantrag abgewiesen worden ist oder der Hauptantrag sich anderweit erledigt hat. Hat der Hauptantrag Erfolg, scheidet eine Verurteilung nach dem Hilfsantrag aus, auch wenn dieser, was möglich ist, weiterreicht als der Hauptantrag (vgl BGH GRUR 91, 929, 930 – *Fachliche Empfehlung II*). In der nachträglichen Stellung eines echten Hilfsantrags liegt, da mit ihm ein weiterer Streitgegenstand in den Rechtsstreit eingeführt wird, eine **Klageänderung.** Echte Hilfsanträge können daher in der Revisionsinstanz grundsätzlich (vgl BGH GRUR 03, 890, 892 – *Buchclub-Kopplungsangebot*) nicht mehr gestellt werden. 72

h) Einschränkende Zusätze. Einschränkende Zusätze zum Klageantrag wie „es sei denn, dass ..." oder „sofern nicht ..." stellen klar, dass die damit beschriebenen Verhaltensweisen nicht gegen das vom Kläger begehrte Verbot verstoßen. Sie weisen damit dem Beklagten den Weg, wie er aus dem **Verbotsbereich** herausfindet. Da es aber Sache des Beklagten selbst ist, sein Verhalten entsprechend einem gegen ihn ergangenen Verbot einzurichten (BGH GRUR 89, 445, 446 – *Professorenbezeichnung in der Arztwerbung I;* GRUR 99, 1017, 1018 – *Kontrollnummernbeseitigung I*), bedarf es einschränkender Zusätze insoweit eigentlich nicht. Der Kläger kann das auf das Verletzerverhalten bezogene Verbot grundsätzlich **einschränkungslos** begehren. Sache des Verletzers ist es, einen Weg zu finden, der ihn aus dem Verbotsbereich herausführt (BGHZ 123, 330, 336 = GRUR 94, 126, 127 f – *Folgeverträge I;* BGH GRUR 95, 358, 360 – *Folgeverträge II*). Zudem besteht die Gefahr, dass Zusätze dieser Art das Begehren des Klägers unbestimmt und damit unzulässig machen (BGH GRUR 78, 649, 650 – *Elbe-Markt;* GRUR 78, 652, 653 – *mini-Preis; Teplitzky* Kap 51 Rn 23 ff). Anders ist es, wenn einschränkende Zusätze ein in verallgemeinernder Form formuliertes, als solches aber zu weit gehendes Verbotsbegehren begründet machen sollen (vgl BGH GRUR 13, 409 Rn 21 – *Steuerbüro*). Das ist grundsätzlich nicht unzulässig, jedoch dürfen einschränkende Zusätze sich nicht auf ein Verbot richten, das den Beklagten unzumutbar darin beschränkt, erlaubte Handlungsformen zu finden (*Teplitzky* Kap 51 Rn 27). 73

i) Androhung von Ordnungsmitteln. Der Antrag auf Androhung von Ordnungsmitteln kann gleichzeitig mit dem Unterlassungsantrag gestellt werden (vgl § 890 II ZPO). 74

4. Beseitigungsklage

Literatur: *Teplitzky,* Das Verhältnis des objektiven Beseitigungsanspruchs zum Unterlassungsanspruch, WRP 1984, 365.

a) Verhältnis zur Unterlassungsklage. Beseitigungsklage (Unterfall: Widerrufsklage) und Unterlassungsklage sind Leistungsklagen, unterscheiden sich aber in 75 ihrer **Zielsetzung.** Während sich die Unterlassungsklage gegen zukünftige Zuwiderhandlungen richtet, soll mit der Beseitigungsklage ein in der Vergangenheit durch einen Wettbewerbsverstoß geschaffener Zustand als **Quelle fortwährender Störung** beseitigt werden. Dementsprechend zielt die Beseitigungsklage nicht auf ein Verbot (ein Unterlassungsgebot), sondern auf ein **Handlungsgebot,** ein positives Tun. Häufig kann allerdings die Unterlassungsklage zum gleichen Erfolg wie die Beseitigungsklage führen, so wenn es um die Unterbindung einer wettbewerbswidrigen Werbung auf einer Werbetafel oder an einer Gebäudefassade geht. In anderen Fällen kann die Beseitigungsklage die Funktion der Unterlassungsklage mit übernehmen, beispielsweise in den Fällen der Klage auf Widerruf rufschädigender Äußerungen (zum Beseitigungs- und Widerrufsanspruch s § 8 Rn 67 ff). Eine vorbeugende Beseitigungsklage scheidet im Allgemeinen aus, da die Beseitigungsklage grundsätzlich einen bereits bestehenden Störungszustand voraussetzt (vgl § 8 Rn 72).

76 **b) Bestimmtheitsgebot.** Das Bestimmtheitsgebot des § 253 II Nr 2 ZPO (Rn 62 ff) gilt auch für den **Beseitigungsantrag.** Das ist unproblematisch, wenn sich die Störung nur auf eine einzige Art beheben lässt, zB durch Löschung einer Marke im Register oder Widerruf einer unwahren Behauptung. Der Antrag muss dann nur genau umschreiben, was der Beklagte zur Beseitigung der Störungsquelle zu tun hat. Da dem Beklagten in diesen Fällen ein **bestimmtes Handlungsgebot** auferlegt werden soll, ist für die Anwendung der Kerntheorie (Rn 63) hier kein Raum.

77 Nicht selten können aber für die Beseitigung eines Störungszustandes **mehrere Maßnahmen** in Betracht kommen, zB Vernichtung von Werbeprospekten oder Schwärzung von Textstellen, vgl BGH GRUR 54, 337, 338 – *Radschutz*). Das ist auch bei der **Fassung des Klageantrags** zu berücksichtigen. Dabei ist auf eine alternierende Antragstellung immer dann abzustellen, wenn die Störung auf verschiedene Weise beseitigt werden kann. Ist im Einzelfall eine dahingehende Formulierung des Antrags nicht möglich, genügt auch eine an allgemeinen Oberbegriffen orientierte Antragsfassung, die dem Schuldner die Vornahme des zur Beseitigung Erforderlichen hinreichend deutlich aufgibt, den Anforderungen des § 253 II Nr 2 ZPO (vgl § 8 Rn 81).

78 **c) Rechtsschutzbedürfnis.** Unterlassungs- und Beseitigungsklage schließen einander nicht aus. Mit Blick auf die unterschiedliche Zielsetzung der Begehren handelt es sich um **verschiedene Streitgegenstände.** Das Rechtsschutzbedürfnis fehlt daher der Beseitigungsklage auch dann nicht, wenn mit einer Unterlassungsklage der gleiche Erfolg erzielt werden kann. Anders ist es, wenn ein Unterlassungsurteil bereits vorliegt und die Vollstreckung aus diesem Titel zur Beseitigung der Störung führt (vgl § 8 Rn 82).

79 **d) Konkretisierungsgebot.** Der Kläger muss wie bei der Unterlassungsklage (Rn 69) sein Beseitigungsbegehren **inhaltlich konkretisieren.** Beansprucht er mehr als die Beseitigung der Störungsquelle erforderlich ist, ist die Klage insoweit unbegründet (BGH GRUR 66, 35, 38 – *multikord;* GRUR 81, 60, 64 – *Sitex*). Bei einer Firmenbezeichnung, deren Wettbewerbswidrigkeit auf der Verwendung bestimmter Firmenbestandteile beruht, kann sich daher die Klage nur auf Beseitigung *dieser* Bestandteile richten, nicht auf Beseitigung (Löschung) der gesamten Firma (BGH GRUR 74, 162, 164 – *etirex;* BGH aaO – *Sitex*). Verlangt der Kläger Widerruf, muss die Klage auf die Bekämpfung der unrichtigen Behauptungen beschränkt werden. Lassen sich im angegriffenen Text unrichtige Tatsachenbehauptungen von nicht zu beanstandenden Äußerungen trennen, muss sich das Widerrufsbegehren auf erstere beschränken.

80 **5. Schadensersatzklage. a) Feststellungsklage. aa) Zulässigkeit.** Erforderlich ist ein Feststellungsinteresse (§ 256 I ZPO), das zu bejahen ist, wenn der Kläger seinen Schaden noch nicht abschließend beziffern kann, sei es, dass die Schadensentwicklung noch andauert, sei es, dass die Berechnung des Schadens von einer Auskunft (Rechnungslegung) des Beklagten abhängt. Wird auf Feststellung der Verpflichtung zum Ersatz künftigen Schadens geklagt, genügt es für die Zulässigkeit der Klage, dass die Entstehung eines Schadens, wenn auch nur entfernt, möglich ist, mögen auch Eintritt, Art und Umfang des Schadens noch ungewiss sein (BGH GRUR 92, 559 – *Mikrofilmanlage*). Die Wahrscheinlichkeit einer Schadensentstehung ist dagegen Begründetheitserfordernis, nicht Prozessvoraussetzung (BGH GRUR 72, 180, 182 – *Cheri;* BGH aaO – *Mikrofilmanlage*).

Kann der Kläger auf **Leistung** klagen, fehlt der Feststellungsklage im Allgemeinen 81 das Rechtsschutzbedürfnis (allgM und stRspr, vgl BGH GRUR 93, 926 – *Apothekenzeitschriften*). Auf die Möglichkeit, im Wege der Stufenklage Leistung zu verlangen (§ 254 ZPO), braucht sich, jedenfalls im Wettbewerbsprozess, der Kläger in der Regel aber nicht verweisen zu lassen (BGH GRUR 01, 1177, 1178 – *Feststellungsinteresse II;* GRUR 03, 900, 901 – *Feststellungsinteresse III*). Ein anderes kommt nur dann in Betracht, wenn der Kläger imstande ist, seinen Schaden zu berechnen, weil die Schadensentwicklung abgeschlossen ist und der Beklagte bereits vor Prozessbeginn die erforderlichen Auskünfte erteilt hat (BGH 04, 70, 71 – *Preisbrecher*) oder wenn eine verwirkte Vertragsstrafe feststeht und weiterer Schaden nicht zu erwarten ist (BGH aaO – *Apothekenzeitschriften*). Ist das Feststellungsinteresse bei Klageerhebung gegeben, ist der Kläger nicht gehalten, zur Leistungsklage überzugehen, wenn diese während des Prozesses möglich wird (BGH GRUR 87, 524, 525 – *Chanel No. 5 II*).

Die Zulässigkeit der Feststellungsklage erfordert außerdem ein Interesse an *alsbaldi-* 82 *ger* Feststellung. Ein solches Interesse besteht immer dann, wenn der Anspruch, was wegen der kurzen **Verjährungsfrist** des § 11 I regelmäßig der Fall ist, zu verjähren droht und der Ablauf der Verjährungsfrist durch Klageerhebung gehemmt werden muss (§ 204 I Nr 1 BGB).

bb) Begründetheit. Für die Begründetheit der Schadensersatzfeststellungsklage 83 ist ein tatsächlicher Schadenseintritt nicht vorausgesetzt. Es genügt eine gewisse **Wahrscheinlichkeit** des Schadenseintritts. Diese braucht nicht hoch zu sein (BGHZ 130, 205, 220f = GRUR 95, 744, 749 – *Feuer, Eis & Dynamit I;* BGH GRUR 99, 530, 534 – *Cefallone;* GRUR 00, 907, 911 – *Filialleiterfehler;* GRUR 02, 715, 717 – *Scanner-Werbung*). Eine nur entfernt liegende, lediglich theoretische Möglichkeit eines Schadenseintritts begründet die Feststellungsklage aber nicht (BGH aaO – *Feuer, Eis & Dynamit I;* GRUR 99, 1017, 1019 – *Kontrollnummernbeseitigung;* GRUR 01, 78, 79 – *Falsche Herstellerpreisempfehlung*).

b) Leistungsklage. Bezifferte Leistungs- (Zahlungs-) klagen sind in Wettbe- 84 werbssachen relativ selten, weil sich der Schaden in wettbewerbsrechtlichen Streitigkeiten meist nicht genau berechnen lässt. **Unbezifferte Leistungsklagen** sind zulässig, wenn der Kläger Ersatz eines Schadens verlangt, der vom Gericht geschätzt werden kann (BGHZ 119, 20, 31 = GRUR 93, 58, 59 – *Tchibo-Rolex II*). Das setzt voraus, dass der Kläger die tatsächlichen Grundlagen, die für eine **Schadensschätzung** erforderlich sind, benennt und vorträgt, welcher Betrag größenordnungsmäßig oder als Mindestbetrag verlangt wird (BGH GRUR 77, 539, 542 – *Prozessrechner;* BGH NJW 82, 340 341). Im Einzelfall kann zweifelhaft sein, ob der Kläger unbeziffert auf Leistung oder auf Feststellung klagt. Das muss dann durch Auslegung (BGH NJW 90, 1012, 1014 – *Pressehaftung I*) oder gemäß § 139 ZPO geklärt werden. Weicht das Ergebnis einer gerichtlichen Schätzung *wesentlich* von den Betragsangaben des Klägers ab, ist die Klage insoweit als unbegründet abzuweisen.

6. Auskunfts- und Rechnungslegungsklage. Die Auskunfts-(Rechnungsle- 85 gungs-)klage kann, wie es meistens geschieht, mit einer anderen (Unterlassungs-, Beseitigungs-, Feststellungs-, Schadensersatz- oder Stufen-)klage verbunden oder auch selbstständig erhoben werden. Sie muss den auch für sie geltenden Anforderungen an **Bestimmtheit** (Rn 62 ff) und **Konkretisierung** (Rn 69) genügen, also den Auskunftsgrund im Einzelnen darlegen (Verletzungshandlung, Art, Umfang und Zeitraum, für den die Auskunft verlangt wird; BGH GRUR 07, 871 Rn 21 – *Wagenfeld-Leuchte*). Der Auskunftsanspruch ist nicht auf die konkrete Verletzungsform beschränkt, sondern erfasst auch kerngleiche Handlungen (§ 8 Rn 8; vgl BGH GRUR 06, 504 Rn 36 – *Parfümtestkäufe* [zum Auskunftsanspruch aus § 19 MarkenG]). Erteilt der Beklagte im Prozess Auskunft (auch in Form einer **Negativauskunft**), muss der Kläger die Auskunftsklage in der Hauptsache für erledigt erklären. Zum **Wirtschaftsprüfervorbehalt** s § 9 Rn 38. Das alles gilt auch für die Rechnungslegungsklage (zum Rechnungslegungsanspruch s § 9 Rn 40 f).

7. Negative Feststellungsklage

Literatur: *Borck,* Rückwärts gewandte Feststellungsklage und Fristsetzung nach „Erledigung der Hauptsache", WRP 1980, 1; *Keller,* Negative Feststellungsklage, gegenläufige Leistungsklage und Verzicht auf deren Rücknahme, WRP 2000, 908; *Lindacher,* Der „Gegenschlag" des Abgemahnten, FS v. Gamm, 1990, 83; *Schotthöfer,* Rechtliche Probleme im Verhältnis zwischen Feststellungsklage und Unterlassungsklage im Wettbewerbsrecht, WRP 1986, 14.

86 Wie die positive Feststellungsklage (vgl Rn 80) setzt auch die auf das **Nichtbestehen** eines Unterlassungsanspruchs gerichtete Feststellungsklage ein **Feststellungsinteresse** voraus. Dieses folgt noch nicht aus der Inaussichtstellung etwa erforderlich werdender gerichtlicher Schritte (BGH GRUR 01, 1036, 1037 – *Kauf auf Probe*), wohl aber aus einer Rechtsberührung wie der **Abmahnung** (Rn 2), mit der dem Schuldner für den Fall der Nichtunterwerfung bzw Fortsetzung eines bestimmten wettbewerbswidrigen Vorgehens Klage angedroht wird. Die Möglichkeit der Erhebung einer Leistungsklage durch den Abgemahnten (der Klage auf Unterlassung weiterer wettbewerbswidriger Abmahnungen), die nur unter ganz bestimmten Voraussetzungen und entsprechend selten in Betracht kommt, s Rn 30, 31), lässt das Feststellungsinteresse nicht entfallen (BGH GRUR 85, 571, 573 – *Feststellungsinteresse I*). Anders ist es allerdings dann, wenn der *Abmahnende* seinerseits eine gegenläufige Unterlassungsklage erhebt, sofern diese nicht mehr einseitig zurückgenommen werden kann und die Feststellungsklage noch nicht entscheidungsreif ist (s Rn 29). Der Feststellungskläger muss dann, um der Abweisung als unzulässig zu entgehen, die Feststellungsklage in der Hauptsache für erledigt erklären. Nimmt der Abmahnende von der für den Fall der Nichtunterwerfung angedrohten Unterlassungsklage Abstand und gibt er die Rechtsberührung auf, beseitigt das allein das Feststellungsinteresse nicht (Zöller/*Greger* § 256 Rn 7 c). Erforderlich ist vielmehr, dass der Abmahnende den Abgemahnten durch Unterwerfung oder Verzicht gegen eine erneute Rechtsberührung absichert.

87 **8. Urteil. a) Prozessurteil.** Das Fehlen einer Sachurteilsvoraussetzung **(Prozessvoraussetzung)** führt im Wettbewerbsprozess wie auch sonst grundsätzlich zur Abweisung der Klage als unzulässig, zB in den Fällen der mangelnden Bestimmtheit des Klageantrags (Rn 62 ff). Für gewöhnlich hat die Prüfung der Prozessvoraussetzung Vorrang vor der der Begründetheit. **Ausnahmen** bestehen aber bei fehlendem Rechtsschutz- und Feststellungsinteresse sowie der Prozessführungsbefugnis der Verbände nach § 8 III Nr 2 und 3. Steht fest, dass die Klage unbegründet ist, kann die Prüfung der Prozessvoraussetzung in solchen Fällen unterbleiben und sogleich auf Abweisung der Klage als unbegründet erkannt werden (BGH GRUR 96, 804, 805 – *Preisrätselgewinnauslobung III;* GRUR 99, 1199, 1120 – *Rumms!*). Unter derselben Voraussetzungen bedarf es einer Zurückverweisung der Sache an das Berufungsgericht auch dann nicht, wenn in der Berufungsinstanz die Hinweispflicht aus § 139 ZPO nicht beachtet worden war (BGH GRUR 04, 344 – *Treuepunkte* mwN).

b) Sachurteil auf Unterlassung. Die **Urteilsformel** (§ 313 I Nr 4 ZPO) muss **88** wie der Klageantrag *bestimmt* sein. Es gelten die gleichen Beurteilungsgrundsätze (Rn 62ff). Bei der **Auslegung** der Urteilsformel kann in Zweifelsfällen zur Ermittlung von Umfang und Reichweite der Entscheidung auf den Tatbestand und die Entscheidungsgründe und auf das darin in Bezug genommene Parteivorbringen zurückgegriffen werden (BGH GRUR 87, 172, 174 – *Unternehmensberatungsgesellschaft I;* GRUR 94, 441, 443 – *Kosmetikstudio;* GRUR 02, 86, 88 – *Laubhefter*). Heranzuziehen ist aber nur, was im Urteil selbst Ausdruck gefunden hat. Unerwähnt gebliebene Vorstellungen oder Willensrichtungen des Gerichts bleiben außer Betracht (BGH GRUR 92, 525, 526 – *Professorenbezeichnung in der Arztwerbung II*). Die Urteilsformel muss grundsätzlich in einer **einheitlichen Urkunde** niedergelegt sein (BGHZ 142, 388, 391 = GRUR 00, 228 – *Musical-Gala*). Ist das im Einzelfall nicht möglich, kann auf Anlagen zum Urteil oder auf Anlagen in den Akten Bezug genommen werden, ohne dass diese mit dem Urteil körperlich verbunden sind (BGH GRUR 66, 673, 674 – *Beschlagprogramm;* BGHZ 94, 276, 291 = GRUR 85, 1041, 1049 – *Inkasso-Programm;* BGH aaO – *Musical-Gala*).

c) Bindung an die Parteianträge. Das Gericht ist bei der Abfassung seines Ur- **89** teilsausspruchs nicht an die Formulierung des Klageantrags gebunden, darf aber der Sache nach nichts zusprechen, was der Kläger nicht begehrt. Maßgebend insoweit ist der durch den Klageantrag begrenzte **Streitgegenstand** (Rn 57). Es verstößt gegen § 308 I ZPO, wenn das Gericht seinem Urteil einen Klagegrund zugrunde legt, der nicht dem entspricht, mit dem der Kläger seinen Antrag begründet hat (BGHZ 154, 342, 347f = GRUR 03, 716, 717 – *Reinigungsarbeiten*).

d) Zeitliche Begrenzung des Unterlassungsurteils. Das in die Zukunft ge- **90** richtete **Unterlassungsurteil** gilt grundsätzlich **unbefristet**. Ausnahmsweise kann seine Geltung zeitlich begrenzt sein, zB bei saisongebundenen Modeschöpfungen (vgl BGHZ 60, 168, 171 = GRUR 73, 478, 480 – *Modeneuheit;* vgl auch BGH GRUR 98, 477, 478 – *Trachtenjanker*). Fehlt es an einer solchen zeitlichen Beschränkung, ist der Beklagte auf den Weg der **Vollstreckungsgegenklage** (§ 767 ZPO) verwiesen, wenn die materiell-rechtlichen Voraussetzungen des Unterlassungsurteils nachträglich entfallen. Das gilt aber nicht für die Beseitigung der Wiederholungsgefahr durch ein in Rechtskraft erwachsenes Unterlassungsurteil. Gegen ein solches Urteil kann der Schuldner nicht mit der Begründung, die Wiederholungsgefahr sei entfallen, mit der Vollstreckungsgegenklage vorgehen.

e) Aufbrauchsfrist. Zur Aufbrauchsfrist s § 8 Rn 38ff. **91**

f) Ordnungsmittelandrohung. Die für eine Zwangsvollstreckungsmaßnahme **92** nach § 890 I ZPO erforderliche vorherige **Androhung** (§ 890 II ZPO), kann schon im Urteil ausgesprochen werden, setzt aber einen dahingehenden **Antrag** des Gläubigers voraus. Beschränkt sich der Antrag auf die Androhung von Ordnungsgeld, kann Ersatzordnungshaft von Amts wegen angedroht werden (BGH GRUR 93, 62, 63 – *Kilopreise III*). Im Urteil sind Art und Höchstmaß des Ordnungsmittels ausdrücklich anzugeben. Die bloße Androhung von „gesetzlichen Ordnungsmitteln gemäß § 890 ZPO" oder von „Ordnungsmitteln in gesetzlicher Höhe" reicht nicht aus. Die Ordnungsmittelandrohung kann mit dem Unterlassungsgebot verbunden werden („unter Androhung", „bei Meidung") oder in einem besonderen Ausspruch enthalten sein. Die Organe einer juristischen Person, denen Ersatzordnungshaft oder Ordnungshaft angedroht wird, brauchen im Antrag des Gläubigers oder im Urteil noch nicht namentlich bezeichnet zu werden. Hat die juristische Person mehrere für sie verantwortlich handelnde Organe, genügt die Androhung der Vollstreckung „an einem der gesetzlichen Vertreter" (Vorstandsmitglieder, Geschäftsführer, Gesellschafter). Der konkreten **Namhaftmachung** bedarf es erst im Vollstreckungsverfahren, dh im Ordnungsmittelbeschluss (BGH GRUR 91, 929, 931 – *Fachliche Empfehlung II*).

93 **g) Rechtskraft. aa) Bedeutung.** Urteile sind der Rechtskraft insoweit fähig, als durch sie über den durch Klage oder Widerklage erhobenen Anspruch entschieden wird (§ 322 I ZPO). Rechtskräftige Urteile wirken nur zwischen den Parteien (§ 325 I ZPO). Weitere Gläubiger sind daher nicht gehindert, auf Unterlassung zu klagen, wenn auf Klage eines anderen Gläubigers wegen derselben Zuwiderhandlung bereits rechtskräftig auf Unterlassung erkannt ist (BGH GRUR 60, 379, 380 – *Zentrale*), sofern Wiederholungsgefahr (noch) besteht und § 8 IV nicht eingreift.

94 Entscheidend für den Umfang der Rechtskraft ist der **Streitgegenstand** (Rn 57). Eine erneute Klage mit identischem Streitgegenstand ist unzulässig. Ihr steht die Rechtskraft der voraufgegangenen Entscheidung entgegen (res iudicata). Die Rechtskraft des Urteils erstreckt sich auf die ausgeurteilte Verletzungsform *und* auf kerngleiche Handlungen (§ 8 Rn 8), dh auf Zuwiderhandlungen, in denen das **Charakteristische der Verletzungsform** zum Ausdruck kommt (Rn 63; § 8 Rn 8, 25, 52), wenn und soweit sie Streitgegenstand waren (BGHZ 126, 287, 296 GRUR 94, 844, 846 – *Rotes Kreuz;* BGH GRUR 06, 421 Rn 27 – *Markenparfümverkäufe*). Entsprechendes gilt für die Abweisung der Klage. Eine neue, nunmehr allein auf das Verbot der konkreten Verletzungsform gerichtete Klage ist daher unzulässig, wenn eine frühere Unterlassungsklage mit einem abstrakt-verallgemeinernd gefassten Verbotsantrag abgewiesen wurde (BGH GRUR 93, 157, 158 – *Dauernd billig*). Wurde dagegen eine vorbeugende Unterlassungsklage mangels Erstbegehungsgefahr als unbegründet abgewiesen, hindert die Rechtskraft dieser Entscheidung die Verletzungsunterlassungsklage nicht, wenn die Zuwiderhandlung nachträglich begangen wird (BGH GRUR 90, 687, 689 – *Anzeigenpreis II*). Insoweit handelt es sich um einen neuen Klagegrund und damit um einen neuen Streitgegenstand (vgl § 8 Rn 31).

95 Lässt sich der **Umfang des Verbots** oder – wie bei klageabweisenden Urteilen – der **Umfang der Abweisung** dem Urteilsausspruch nicht bzw nicht ohne weiteres entnehmen, sind zur Ermittlung dessen die Entscheidungsgründe und der Tatbestand heranzuziehen, erforderlichenfalls auch das Vorbringen der Parteien (BGH aaO – *Dauernd billig;* GRUR 02, 915, 916 – *Wettbewerbsverbot in Realteilungsvertrag*). Eine **Auslegung der Urteilsformel** ist aber nur in engen Grenzen möglich. Sie muss sich im Interesse der Rechtssicherheit an das halten, was das Gericht erkennbar zum Ausdruck gebracht hat. In Rechtskraft erwächst daher ein Urteil auch dann, wenn das Gericht unter Verstoß gegen § 308 ZPO über einen Anspruch befunden hat, den die Partei gar nicht erhoben hatte (BGH aaO – *Wettbewerbsverbot in Realteilungsvertrag*). Um diese Folge zu vermeiden, ist die beschwerte Partei darauf angewiesen, dem Urteil vor Eintritt der Rechtskraft mit Rechtsmitteln entgegenzutreten.

96 **bb) Bindungswirkung, Einzelfälle. (1) Unterlassungs- und Schadensersatzurteil.** Die rechtskräftige Entscheidung über einen *gesetzlichen* Unterlassungsanspruch präjudiziert das Bestehen oder Nichtbestehen eines gesetzlichen Schadensersatzanspruchs nicht, so wie auch umgekehrt das rechtskräftige Urteil über einen Schadensersatzanspruch keine Bindungswirkung für die Entscheidung über einen gesetzlichen Unterlassungsanspruch entfaltet (BGHZ 150, 377, 383 = GRUR 02, 1046, 1047 f – *Faxkarte*). Beide Ansprüche folgen zwar aus derselben Zuwiderhandlung, stehen aber mit teils unterschiedlichen Voraussetzungen und Zielsetzungen nebeneinander: Der Unterlassungsanspruch, der auf die Unterbindung *zukünftiger* gleichartiger *Verstöße* gerichtet ist, und der Schadensersatzanspruch, der die *Nachteile* ausgleichen soll, die dem Gläubiger durch den in der *Vergangenheit* liegenden Verstoß zugefügt worden sind. Dagegen bindet die rechtskräftige Feststellung eines *vertraglichen* Unterlassungsanspruchs für die Zeit ab Klageerhebung auch in einem späteren Schadensersatzprozess (BGHZ 42, 340, 348 ff = GRUR 65, 327, 329 ff – *Gliedermaßstäbe;* aA *Köhler/Bornkamm* § 12 Rn 2.115; MüKoUWG/*Ehricke* vor § 12 Rn 125; *Teplitzky* Kap 30 Rn 2 hinsichtlich des Zeitpunkts der Bindung, ebenso Harte/Henning/*Brüning* Vor § 12 Rn 246).

(2) Auskunfts- und Rechnungslegungsurteil. Ein rechtskräftiges Urteil auf 97
Auskunft oder Rechnungslegung bindet, auch wenn es im Rahmen einer Stufenklage ergangen ist, im Schadensersatzprozess nicht (BGH JZ 70, 226). Hat aber der Auskunftskläger ein Zwischenfeststellungsurteil erwirkt (§ 256 II ZPO), bindet das auch für die anschließende Zahlungsstufe (§ 318 ZPO).

(3) Positives und negatives Feststellungsurteil. Wird auf positive Feststellungsklage die Schadensersatzverpflichtung des Beklagten rechtskräftig festgestellt, steht mit **bindender Wirkung** fest, dass dem Kläger der Schadensersatzanspruch dem Grunde nach zusteht. Wird die Klage abgewiesen, steht mit gleicher Wirkung fest, dass dem Kläger ein Schadensersatzanspruch nicht zusteht. Klagt er gleichwohl auf Schadensersatz, ist die Klage wegen der Verschiedenheit der Streitgegenstände nicht unzulässig, aber unbegründet, weil das rechtskräftige Feststellungsurteil dagegensteht, es sei denn, dass das Gericht ersichtlich keine abschließende Entscheidung zum Schadensersatzanspruch getroffen hat (BGH GRUR 90, 70, 71 – *Rechtskraft der Feststellung*). Entsprechendes gilt für die negative Feststellungsklage: Wird sie aus Sachgründen rechtskräftig abgewiesen, steht mit bindender Wirkung fest, dass der Anspruch besteht, selbst wenn das Gericht die Darlegungs- und Beweislast verkannt hat (BGH NJW 86, 2508, 2509). Hat sie dagegen Erfolg, ist das Nichtbestehen des Anspruchs bindend festgestellt. 98

h) Kosten. aa) Kostenentscheidung. Für die Kostenentscheidung gelten die 99
allgemeinen kostenrechtlichen Bestimmungen der ZPO (§§ 91 ff, 269 III 2 und 3, §§ 516 III, 565). Bei Teilunterliegen (zB bei einem Verbot lediglich der konkreten Verletzungsform und Abweisung der verallgemeinernd weitergehenden Klage) ist über die Kosten nach § 92 I ZPO zu entscheiden, sofern nicht ausnahmsweise § 92 II ZPO eingreift. Eine isolierte Anfechtung der Kostenentscheidung ist – außer in bestimmten im Gesetz genannten Fällen (§§ 91 a, 99 II, 269 V ZPO) – unzulässig (§ 99 I ZPO). In den Fällen des § 91 a ZPO (Kostenbei Erledigung der Hauptsache) ist die sofortige Beschwerde binnen zwei Wochen zulässig, auch gegen eine Kostenentscheidung bei nur teilweiser Erledigung. Soll Berufung eingelegt werden, kann mit dieser auch die Kostenentscheidung nach § 91 a ZPO angefochten werden.

Erkennt der Beklagte den Unterlassungsanspruch sofort an, hat er zur Erhebung 100
der Klage **keine Veranlassung** gegeben (§ 93 ZPO), wenn ihn der Kläger zuvor nicht abgemahnt hatte (Rn 2) und die Abmahnung auch nicht entbehrlich war (Rn 5 ff). In diesen Fällen findet gegen die Kostenentscheidung des Anerkenntnisurteils sofortige Beschwerde statt (§ 99 II ZPO). Gleiches gilt, wenn der Gläubiger nach Erwirken einer einstweiligen Verfügung Klage erhebt, ohne ein **Abschlussschreiben** an den Schuldner gerichtet zu haben. Die Kosten des Abschlussschreibens sind Kosten des Hauptsacheverfahrens, nicht des Eilverfahrens. Hat der Gläubiger erfolglos abgemahnt, hat der Schuldner zur Klage Veranlassung gegeben, auch soweit der Gläubiger zeitgleich mit der Klage Antrag auf Erlass einer einstweiligen Verfügung stellt (*Köhler*/Bornkamm § 12 Rn 2.118; Harte/Henning/*Brüning* Vor § 12 Rn 257 je mwN).

bb) Erstattungsfähigkeit von Kosten. Kosten sind zu erstatten, wenn sie zur 101
zweckentsprechenden Rechtsverfolgung oder -verteidigung notwendig waren (§ 91 I 1 ZPO). Abmahnkosten gehören nicht dazu (Rn 25). Zum Anspruch auf Erstattung der Abmahnkosten (§ 12 I 2) s Rn 19 ff.

Die **Beauftragung eines Rechtsanwalts,** der seine Kanzlei am Ort des Wohn- 102
oder Geschäftssitzes des Mandanten hat, ist regelmäßig eine notwendige Maßnahme der Rechtsverfolgung, auch wenn die Streitsache bei einem auswärtigen Gericht anhängig ist. Die insoweit entstehenden Kosten einschließlich der Reisekosten sind notwendig iS von § 91 II 1 ZPO (BGH WRP 03, 391, 392 – *Auswärtiger Rechtsanwalt I*), insbesondere wenn der Schwierigkeitsgrad der Sache die Einschaltung eines Anwalts

erfordert (BGH GRUR 04, 447 – *Auswärtiger Rechtsanwalt III*). Anders ist es, wenn bereits bei der Beauftragung des Anwalts feststeht, dass ein eingehendes Mandantengespräch zur Führung des Rechtsstreits nicht erforderlich ist, zB deshalb nicht, weil der Mandant selbst über rechtskundige Mitarbeiter verfügt (BGH GRUR 03, 725, 726 – *Auswärtiger Rechtsanwalt II;* GRUR 04, 448 – *Auswärtiger Rechtsanwalt IV;* GRUR 04, 623 – *Unterbevollmächtigter*).

103 Die Notwendigkeit der Kosten eines in Wettbewerbssachen hinzugezogenen **Patentanwalts** ist in jedem Einzelfall gesondert zu prüfen (zur Erstattungsfähigkeit von Patentanwaltskosten sa die spezialgesetzlichen Regelungen in § 140 III MarkenG, § 143 III PatentG, § 27 III GebrMG, § 52 IV GeschmMG). Erstattungsfähigkeit kommt insbesondere in Betracht, wenn es um schwierigere kennzeichenrechtliche oder technische Fragen im Bereich der gewerblichen Schutzrechte geht (OLG Koblenz WRP 88, 126; KG GRUR 00, 803; OLG Köln GRUR 01, 184; *Köhler*/Bornkamm § 12 Rn 2.121; Harte/Henning/*Brüning* Vor § 12 Rn 269).

104 Kosten eines **Verkehrsanwalts** können ausnahmsweise erstattungsfähig sein, wenn **besondere Umstände** tatsächlicher oder rechtlicher Art die Zuziehung eines Verkehrsanwalts erforderlich machen, zB das Fehlen eines auf Wettbewerbssachen spezialisierten Anwalts am Gerichtsort (BGH WRP 08, 1120 Rn 8 – *Rechtsanwalt einer Unternehmensgruppe*) oder der Umstand, dass die dem Rechtsstreit vorangegangene unternehmensinterne Beratung an einem Ort stattgefunden hat, an dem das Unternehmen weder seinen Hauptsitz noch eine Zweigniederlassung unterhält (BGH GRUR 07, 726 Rn 14 – *Auswärtiger Rechtsanwalt VI*). Dies ist andererseits nicht der Fall, wenn ein auswärtiger Rechtsanwalt nur aufgrund einer langjährigen vertrauensvollen Zusammenarbeit gewählt oder die unternehmensinterne Organisation der Partei keine regelmäßige vorprozessuale Bearbeitung derartiger Streitfälle am Kanzleisitz des auswärtigen Rechtsanwalts vorsieht (BGH WRP 10, 367 Rn 12 f – *Auswärtiger Rechtsanwalt VIII*).

105 **Testkaufkosten** sind grundsätzlich erstattungsfähig, vorausgesetzt, dass weniger aufwändige Maßnahmen nicht möglich oder nicht zumutbar waren. Haben beim Testkauf erworbene Waren einen wirtschaftlichen Wert, sind die Auslagen dafür nur Zug um Zug gegen Herausgabe festzusetzen (KG GRUR 76, 665, 666; OLG Stuttgart NJW-RR 86, 978; aA OLG Koblenz WRP 79, 813, 814).

106 Erstattung von **Detektivkosten** kommt nur ausnahmsweise in Betracht, so wenn Recherchen erforderlich waren, die mit eigenen Mitarbeitern nicht angestellt werden konnten (*Köhler*/Bornkamm § 12 Rn 2.124; Harte/Henning/*Brüning* Vor § 12 Rn 276, je mwN).

107 **9. Vergleich. a) Prozessvergleich.** Vergleichen sich die Parteien zu gerichtlichem Protokoll, ist der Vergleich **Vollstreckungstitel** (§ 794 I 1 ZPO). Ist der Schuldner darin eine Unterlassungsverpflichtung eingegangen, wie meist durch eine strafbewehrte Unterwerfungserklärung, wird aus dem Vergleich – nach voraufgegangener Ordnungsmittelandrohung – wie aus einem Urteil vollstreckt (§ 890 I ZPO). Die Ordnungsmittelandrohung kann allerdings nicht Gegenstand des Prozessvergleichs als einer Parteivereinbarung sein. Sie kann aber bereits durch protokollierten Beschluss, wenn der Rechtsstreit in erster Instanz anhängig ist, zeitgleich mit dem Vergleich ausgesprochen werden. Im Zuwiderhandlungsfall kann der Gläubiger wählen, ob er die Vertragsstrafe verlangt oder die Zwangsvollstreckung betreibt oder ob er auf beiden Wegen gegen den Schuldner vorgeht (Rn 42). Einer dahingehenden **Doppelsanktion** kann der Schuldner nur dadurch ausweichen, dass er entweder keine Vertragsstrafe verspricht oder dem Gläubiger im Vergleich den Verzicht auf den Antrag nach § 890 II ZPO abverlangt. Gibt der Schuldner aus Kostengründen statt einen Prozessvergleich zu schließen, lediglich eine strafbewehrte Unterlassungserklärung ab, führt das in der Regel zu übereinstimmenden Erledigungserklärungen und zu einem Vergleich im Kostenpunkt oder, falls ein Kostenvergleich scheitert, zur Kostenentscheidung nach § 91a ZPO.

Anspruchsdurchsetzung, Veröffentlichungsbefugnis § 12 UWG

b) Außergerichtlicher Vergleich. Schließen die Parteien während der Anhängigkeit eines gerichtlichen Verfahrens einen **außergerichtlichen Vergleich,** wird der Rechtsstreit erst beendet, wenn infolge des Vergleichs die Klage oder das Rechtsmittel zurückgenommen wird oder übereinstimmende Erledigungserklärungen abgegeben werden. Haben sich die Parteien auch im Kostenpunkt verglichen und betreiben sie deshalb das Verfahren nicht weiter, erübrigt sich eine Kostenentscheidung. Mit dem Stillstand des Verfahrens endet die Hemmungswirkung des § 204 I BGB (§ 204 II BGB). 108

II. Einstweilige Verfügung (§ 12 II)

Literatur: *H.-J. Ahrens,* Der Schadensersatzanspruch nach § 945 ZPO im Streit der Zivilsenate, FS Piper, 1996, 31; *ders,* Die Abschlußerklärung, WRP 1997, 907; *ders,* Die fristgebundene Vollziehung einstweiliger Verfügungen, WRP 1999, 1; *Anders,* Die Zustellung einstweiliger Verfügungen nach dem Zustellungsreformgesetz, WRP 2003, 204; *Berneke,* Die einstweilige Verfügung in Wettbewerbssachen, 2. Aufl, 2003; *Bernreuther,* Einstweilige Verfügung und Erledigungserklärung, GRUR 2007, 660; *Beyerlein,* (K)eine zweite Chance – wiederholter Antrag auf Erlass einer einstweiligen Verfügung als Dringlichkeitsproblem, WRP 2005, 1463; *Borck,* Das rechtliche Gehör im Verfahren auf Erlaß einer einstweiligen Verfügung, MDR 1988, 908; *ders,* Probleme bei der Vollstreckung von Unterlassungstiteln, GRUR 1991, 428; *ders,* Die Vollziehung und die Vollstreckung von Unterlassungstiteln, WRP 1993, 374; *Creutzfeldt,* Die Dringlichkeit der einstweiligen Verfügung im gewerblichen Rechtsschutz und im Urheberrecht, 2010; *Danckwerts,* Die Entscheidung über den Eilantrag, GRUR 2008, 763; *Demuth,* Neue Maßstäbe für einstweilige Verfügungsverfahren in Wettbewerbssachen, GRUR 2011, 404; *Deutsch,* Die Schutzschrift in Theorie und Praxis, GRUR 1990, 327; *Eser,* Probleme der Kostentragung bei der vorprozessualen Abmahnung und beim Abschlußschreiben in Wettbewerbsstreitigkeiten, GRUR 1986, 35; *Doepner,* Selbstwiderlegung der Dringlichkeit in wettbewerbsrechtlichen Verfügungsverfahren: wider eine feste Zeitspanne, WRP 2011, 1384; *ders,* Die kartellrechtliche Leistungsverfügung – einige Anmerkungen aus lauterkeitsrechtlicher Sicht zu dortigen Durchsetzungsdefiziten, FS Canenbley, 2012, S 155; *Graf v. d. Groeben,* Zuwiderhandlungen gegen die einstweilige Verfügung zwischen Verkündung und Vollziehung des Unterlassungsurteils, GRUR 1999, 674; *Gröning,* „Im Brennpunkt": Die Kosten des Verfügungsverfahrens nach abgewiesener oder zurückgenommener Hauptklage, WRP 1992, 679; *Hees,* Erstattung der Kosten des Eilverfahrens nach Obsiegen in der Hauptsache, MDR 1994, 438; *Heistermann,* Die Vollziehungsfrist des § 929 Abs 2 ZPO – Eine Regreßfalle für den Anwalt im Einstweiligen Verfügungsverfahren?, MDR 2001, 792; *Holzapfel,* Zum einstweiligen Rechtsschutz im Wettbewerbs- und Patentrecht, GRUR 2003, 287; *Kehl,* Von der Marktbeobachtung bis zur Nichtvollziehung – wann ist es dem Antragsteller „nicht so eilig"?, FS Loschelder, 2010, S 139; *Klute,* Strategische Prozeßführung im Verfügungsverfahren, GRUR 2003, 34; *Knieper,* Die Vollziehung von Unterlassungsverfügungen, WRP 1997, 815; *Koch/Vykydal,* Immer wieder dringlich?, WRP 2005, 688; *Krenz,* Die Geschäftsführung ohne Auftrag beim wettbewerbsrechtlichen Abschlußschreiben, GRUR 1995, 31; *Krüger,* Zum Streitgegenstandsbegriff, WRP 2013, 140; *Lemke,* Der Kostenwiderspruch gegen einstweilige Verfügungen, DRiZ 1992, 339; *Lindacher,* Praxis und Dogmatik der wettbewerblichen Abschlußerklärung, BB 1984, 639; *Mes,* Kenntnis Dritter und Dringlichkeitsvermutung des § 25 UWG, FS Nirk, 1992, 661; *Oetker,* Die Zustellung von Unterlassungsverfügungen innerhalb der Vollziehungsfrist des § 929 Abs 2 ZPO, GRUR 2003, 119; *Pohlmann,* Wann ist ein Titel im Sinne von § 929 Abs 2 ZPO und § 945 ZPO vollzogen?, WM 1994, 1277; *Retzer,* Widerlegung der „Dringlichkeitsvermutung" durch Interessenabwägung?, GRUR 2009, 329; *M. Schmidt,* Streitgegenstand und Kernbereich der konkreten Verletzungsform im lauterkeitsrechtlichen Verfügungsverfahren, GRURPrax 2012, 179; *Schmitt-Gaedke/Arz,* Der Kostenerstattungsanspruch des Hinterlegers einer Schutzschrift, WRP 2012, 60; *Schote/Lührig,* Prozessuale Besonderheiten der Einstweiligen Verfügung, WRP 2008, 1281; *Schulte-Franzheim,* Vom Umgang mit der Dringlichkeit des Newcomers, WRP 1999, 70; *Schulz,* Die Rechte des Hinterlegers einer Schutzschrift, WRP 2009, 1472; *ders,* Die Schutzschrift im einstweiligen Beschlussverfahren, GRURPrax 2011,

313; *Sosnitza,* Die Leistungsverfügung im Kartellrecht, WRP 2004, 62; *Spehl,* Abschlußschreiben und Abschlußerklärung im Wettbewerbsverfahrensrecht, 1988; *Teplitzky,* Die Schutzschrift als vorbeugendes Verteidigungsmittel gegen einstweilige Verfügungen, NJW 1980, 1667; *ders,* Zur Bindungswirkung gerichtlicher Vorentscheidungen im Schadensersatzprozeß nach § 945 ZPO, NJW 1984, 850; *ders,* Zum Umgang mit Präjudizien in der Instanzrechtsprechung, WRP 1998, 935; *ders,* Streitgegenstand und materielle Rechtskraft im wettbewerbsrechtlichen Unterlassungsprozeß, GRUR 1998, 320; *ders,* Die Vollziehung der einstweiligen Verfügung auf Auskunfterteilung, FS Kreft, 2004, 163; *ders,* Aktuelle Probleme der Abmahnung und Unterwerfung sowie des Verfahrens der einstweiligen Verfügung im Wettbewerbs- und Markenrecht, WRP 2005, 654; *ders,* Zur Verwirkung des Verfügungsgrunds im Verfahren der einstweiligen Verfügung nach dem UWG und im Markenrecht, FS Loschelder, 2011, S 391; *Traub,* Verlust der Eilbedürftigkeit durch prozessuales Verhalten des Antragstellers, GRUR 1996, 707; *ders,* Unterbrechung der Verjährung durch Antrag auf Erlaß einer einstweiligen Verfügung, WRP 1997, 903; *Ulrich,* Die Beweislast im Verfahren des Arrestes und der einstweiligen Verfügung, GRUR 1985, 201; *ders,* Die Befolgung und Vollziehung einstweiliger Verfügungen sowie der Schadensersatzanspruch gemäß § 945 ZPO, GRUR 1991, 361; *ders,* Die unterbliebene Vollziehung wettbewerbsrechtlicher Unterlassungsverfügungen und ihre Folgen, WRP 1996, 84; *ders,* Die Geltendmachung von Ansprüchen auf Erteilung einer Auskunft im Verfahren der einstweiligen Verfügung, WRP 1997, 135; *ders,* Ersatz des durch die Vollziehung entstandenen Schadens gemäß § 945 ZPO auch ohne Vollziehung, WRP 1999, 82; *Vollkommer,* Erstattung der Kosten des Verfügungsverfahrens nach Klageabweisung, WM 1994, 51; *Wehlau,* Die Schutzschrift, 2011; *Wehlau/Kalbfus,* Die Versicherung an Eides Statt als Mittel der Glaubhaftmachung, Mitt 2011, 165; *dies,* Beschlussverfügung und rechtliches Gehör – zur Notwendigkeit einer europaweiten Anerkennung der Schutzschrift, GRUR Int 2011, 396; *dies,* Die Schutzschrift – Funktion, Gestaltung und prozesstaktische Erwägungen, WRP 2012, 395; *Wiemann,* Abmahnung und Abschlussschreiben als wettbewerbsrechtliche Instrumente außergerichtlicher Streitbeilegung nach der UWG-Novelle 2004, 2006; *Wilke,* Abmahnung, Schutzschrift und Unterlassungserklärung im gewerblichen Rechtsschutz, 2. Aufl 1995; *Wüstenberg,* Zur Vollziehung aus Unterlassungsverfügungsurteilen, WRP 2010, 1337.

109 **1. Bedeutung.** Die einstweilige Verfügung spielt im Wettbewerb eine außerordentlich wichtige Rolle. Mit ihr steht dem Wettbewerber im Vergleich zum ordentlichen Klageverfahren ein ebenso wirksames wie einfaches Instrument zum Schutze seiner wettbewerblichen Interessen vor allem auch gegen solche Zuwiderhandlungen zur Verfügung, deren Unterbindung keinen Aufschub duldet. Insbesondere die **Unterlassungsverfügung** erlaubt es ihm, gegen einen Verletzer schnell und durchgreifend vorzugehen, um weiteren oder auch erst drohenden Wettbewerbsverstößen mit durchschlagendem Erfolg entgegenzutreten. Der vorläufige Charakter der Eilmaßnahme mindert nicht die Wirkung, die in der schnellen Erlangung eines dem Hauptsacheurteil weitgehend entsprechenden Vollstreckungstitels liegt. Darüber hinaus zeigt sich die **Bedeutung der Unterlassungsverfügung** vor allem auch darin, dass sie in einer Vielzahl von Fällen das ordentliche Klageverfahren erübrigt. Denn soweit nicht schon durch Abmahnung und Unterwerfung eine außergerichtliche Streitbeilegung erreicht werden kann, führen zum großen Teil **Abschlussschreiben** und **Abschlusserklärung** im Anschluss an den Erlass einer einstweiligen Verfügung zu einer endgültigen Streitbeilegung mit der Folge der Vermeidung eines längerdauernden und teureren Klageverfahrens. Dieser besonderen Bedeutung des wettbewerbsrechtlichen Eilverfahrens trägt § 12 II – in Fortschreibung des § 25 aF – insofern Rechnung, als er den Erlass einer einstweiligen Verfügung wegen der generellen Eilbedürftigkeit wettbewerbsrechtlicher Streitsachen dadurch erleichtert, dass der Antragsteller den Verfügungsgrund, dh die Dringlichkeit der begehrten Maßnahme nicht glaubhaft zu machen braucht.

2. Voraussetzungen der einstweiligen Verfügung. a) Verfügungsanspruch. 110
Verfügungsanspruch ist **der materielle Anspruch,** auf den sich der Gläubiger zur
Durchsetzung seiner Rechte im einstweiligen Verfügungsverfahren stützt. Bei der Sicherungsverfügung nach § 935 ZPO ist das der zu sichernde Individualanspruch, bei
der Regelungsverfügung nach § 940 ZPO ist es das zu regelnde Rechtsverhältnis.
Unterlassungsverfügungen, die den Regelungsverfügungen zugeordnet werden können, sichern den Unterlassungsanspruch (§ 12 II: „Zur Sicherung der ... Ansprüche
auf Unterlassung ...").

Gegenstand einer einstweiligen Verfügung können – sofern keine endgültigen, ir- 111
reversiblen Zustände geschaffen werden – außer **Unterlassungsansprüchen** auch
Beseitigungsansprüche (Widerrufsansprüche) sein, zB die Beseitigung einer irreführenden Werbung auf einem Produkt (OLG Koblenz GRUR 87, 730, 731), ein
befristetes Beschäftigungsverbot nach wettbewerbswidriger Abwerbung von Mitarbeitern (OLG Oldenburg WRP 96, 612, 615 ff) oder ein Widerruf, wenn dieser später ohne weiteres wieder rückgängig gemacht werden kann (OLG Stuttgart WRP 86,
202, 204 ff). Im Allgemeinen kommt aber, um nicht die Hauptsache vorwegzunehmen, die Durchsetzung von Widerrufsansprüchen im Wege der einstweiligen Verfügung nur ausnahmsweise in Betracht, so wenn die Beseitigung der Störung keinen
Aufschub duldet oder wenn eine Anordnung dahin ergehen kann, dass die beanstandete Behauptung *derzeit* nicht aufrechterhalten wird, womit die Vorläufigkeit der
Maßnahme kenntlich gemacht wird (vgl *Berneke* Rn 34 mwN; sa § 8 Rn 84).

Auskunft (Rechnungslegung) kann in Wettbewerbssachen mit dem Antrag auf 112
Erlass einer einstweiligen Verfügung im Allgemeinen ebenfalls nicht verlangt werden,
weil der Gläubiger andernfalls schon im Eilverfahren (endgültige) Befriedigung
fände. Die Verschaffung einer über den Sicherungszweck hinausgehenden Befriedigung ist aber mit dem Wesen des vorläufigen Rechtsschutzes grundsätzlich nicht vereinbar. **Ausnahmen** kommen in Betracht, wenn die Interessen des Gläubigers existenziell bedroht sind oder wenn die begehrte Maßnahme zur Verhinderung weiterer
Rechtsverletzungen unverzichtbar ist (OLG Karlsruhe NJW 84, 1905, 1906; KG
GRUR 88, 403, 404; *Berneke* Rn 39). **Spezialgesetzlich** geregelt ist das Eilverfahren
für Auskunftsansprüche in Fällen offensichtlicher Rechtsverletzungen (§ 19 III MarkenG; § 46 III GeschmMG; § 109 III UrhG; § 140b PatentG: 24b III GebrMG).
Eine Heranziehung des gesetzgeberischen Grundgedankens dieser Regelungen
kommt im Wettbewerbsrecht für vergleichbare Fallgestaltungen im Bereich des ergänzenden Leistungsschutzes in Betracht (*Teplitzky* Kap 54 Rn 11; aA *Köhler*/Bornkamm § 12 Rn 3.10).

Ansprüche auf **Abgabe einer Willenserklärung,** auf Löschung von Marken 113
oder anderen rangbegründenden Registereintragungen oder auf Vernichtung von
Werbematerial oder auf Unbrauchbarmachung, auf Feststellung oder Schadensersatz
in Geld sind mit der einstweiligen Verfügung wegen der Endgültigkeit solcher Maßnahmen grundsätzlich ebenfalls nicht durchsetzbar (*Köhler*/Bornkamm § 12 Rn 3.11;
Teplitzky Kap 54 Rn 11; *Berneke* Rn 44).

b) Verfügungsgrund. aa) Begriff und Bedeutung. Der Verfügungsgrund 114
(§§ 936, 917 ZPO) ist gegeben, wenn der Erlass der einstweiligen Verfügung für den
Antragsteller dringlich (eilbedürftig) ist, weil ohne sofortige Befriedigung der Anspruch vereitelt oder wesentlich erschwert werden könnte. Als besondere Ausformulierung des allgemeinen Rechtsschutzinteresses (Rn 55 f) bezeichnet der Verfügungsgrund das Rechtsschutzbedürfnis des Antragstellers für das summarische Verfahren.
Der Verfügungsgrund ist nach verbreiteter Meinung Prozessvoraussetzung und deshalb von Amts wegen zu beachten (*Köhler*/Bornkamm § 12 Rn 3.12; *Teplitzky*
Kap 54 Rn 15; *Berneke* Rn 49, je mwN). Fehlt der Verfügungsgrund, ist der Antrag
als unzulässig zurückzuweisen. Entscheidend ist insoweit der Zeitpunkt der letzten
mündlichen Verhandlung. Die Frage der Dringlichkeit kann aber offen bleiben,

wenn feststeht, dass der Klageantrag jedenfalls unbegründet ist (OLG Dresden, GRUR 98, 69, 70f = WRP 98, 577, 580; OLG Frankfurt GRUR 00, 517; *Köhler/Bornkamm* § 12 Rn 3.12).

115 **bb) Dringlichkeitsvermutung.** § 12 II macht den Verfügungsgrund nicht entbehrlich. Grundsätzlich obliegt es daher dem Antragsteller, den Verfügungsgrund (die Dringlichkeit der Sache) darzulegen und glaubhaft zu machen (§§ 936, 920 II ZPO). Wegen der generellen Eilbedürftigkeit von Wettbewerbssachen erleichtert aber § 12 II dem Antragsteller die Erfüllung dieser Obliegenheit, indem er eine **widerlegliche Vermutung** für das Bestehen der Dringlichkeit begründet (BGH GRUR 00, 151, 152 – *Späte Urteilsbegründung*). Die Regelung gilt nach § 12 II für die im UWG bezeichneten Ansprüche auf Unterlassung, ferner für Unterlassungsansprüche aus dem UnterlassungsklagenG (§ 5 UKlaG) und – nach hM (OLG Köln GRUR-RR 02, 309; *Ahrens/Schmuckle* Kap 45 Rn 64 mwN; aA OLG Hamburg WRP 10, 953, vgl MüKoUWG/*Ottofülling* § 12 Rn 376 mwN) – analog für Unterlassungsansprüche aus dem MarkenG, aber nach ganz hA nicht für Unterlassungsansprüche aus GWB, UrhG, GeschmMG, PatentG und GebrMG (*Creutzfeldt* S 14, 20, 23 f; *Doepner* FS Canenbley, S 155, 160; *Sosnitza* WRP 04, 62, 64). Auf vertragliche Ansprüche ist § 12 II ebenfalls unanwendbar (*Köhler/Bornkamm* § 12 Rn 3.14; Fezer/*Büscher* § 12 Rn 76; *Teplitzky* Kap 54, Rn 19 ff; *Berneke* Rn 62).

116 Die Vermutung nach **§ 12 II betrifft nur den Verfügungsgrund.** Den Verfügungsanspruch muss der Antragsteller unabhängig von der Vermutung des § 12 II darlegen und glaubhaft machen, wobei ihm jedoch bei einem Verfügungsanspruch, dem ein Verletzungsunterlassungsanspruch zugrunde liegt, die Vermutung der Wiederholungsgefahr (§ 8 Rn 8) zugute kommt. Widerlegt der Antragsgegner die Dringlichkeitsvermutung durch Vortrag und Glaubhaftmachung von Umständen, die geeignet sind, den Verfügungsgrund entfallen zu lassen, ist es am Antragsteller, seinerseits Tatsachen vorzutragen und glaubhaft zu machen, die die Dringlichkeit gleichwohl belegen. Eine darüber hinausgehende Interessenabwägung zur Widerlegung der Dringlichkeitsvermutung ist regelmäßig nicht veranlasst (*Retzer*, GRUR 09, 329). Das Erfordernis der Dringlichkeit ist – bei gleichzeitiger Beeinträchtigung geistiger Eigentumsrechte – auch nicht durch Art 9 der Enforcement-Richtlinie 2004/48/EG beseitigt worden (OLG Düsseldorf, GRUR 09, 157 – *Olanzapin-Eilverfahren*). Der Verfügungsgrund muss als Prozessvoraussetzung stets *inter partes* erfüllt sein, sodass Verbraucherschutz als solcher nicht zu einer Modifikation der Maßstäbe führt (*Teplitzky* Kap 54 Rn 16; aA *Wiemeyer* S 2 ff, 217 ff).

117 Der Antragsteller kann die **Dringlichkeitsvermutung** durch sein Verhalten selbst **entkräften.** Lässt sein Verhalten darauf schließen, dass ihm die Sache selber nicht eilig ist, entfällt der Verfügungsgrund (BGH GRUR 00, 151, 152 – *Späte Urteilsbegründung;* OLG Hamburg GRUR-RR 02, 277, 278; OLG Düsseldorf GRUR-RR 03, 31, 32). Das ist vor allem dann der Fall, wenn der Antragsteller die Antragstellung trotz Kenntnis von der Zuwiderhandlung und der Person des Schuldners unangemessen **hinauszögert.** Grob fahrlässige Unkenntnis steht positiver Kenntnis gleich (*Köhler/Bornkamm* § 12 Rn 3.15a; *Ahrens/Schmuckle* Kap 45 Rn 19). Die Kenntnis (grob fahrlässige Unkenntnis) seines Wissensvertreters muss sich der Gläubiger zurechnen lassen (vgl § 11 Rn 29; zur Situation bei „ausgelagerter Rechtsabteilung" vgl OLG Köln GRUR-RR 10, 493). Einfache Fahrlässigkeit steht der Kenntnis nicht gleich. Eine allgemeine Marktbeobachtungslast trifft den Gläubiger nicht (OLG Hamburg WRP 99, 683, 684; OLG Köln GRUR-RR 03, 187, 188; für eine maßvoll begrenzte Beobachtungslast dagegen *Kehl* FS Loschelder, S 139, 145; *Teplitzky* Kap 54 Rn 29). Wegen des engen Streitgegenstandsbegriffs (oben Rn 57) kann ein dringlichkeitsschädliches Hinauszögern auch vorliegen, wenn der Verfügungsantrag zunächst auf einen bestimmten Lauterkeitsverstoß gestützt wird, später aber (zB auf Hinweis des Gerichts) auf einen anderen Verstoß (*M. Schmidt* GRURPrax 12,

179, 180). Soweit aber nach der neueren Rechtsprechung auch bei verschiedenen Irreführungen von einem Streitgegenstand auszugehen ist (BGH GRUR 12, 184 Rn 14f – *Branchenbuch Berg*), wird auch die Dringlichkeit gewahrt (ebenso *Krüger* WRP 13, 140 Rn 12ff; aA OLG Hamburg WRP 13, 127). Auch das Tolerieren gleicher Verletzungshandlungen eines Dritten ohne sachlichen Grund kann die Dringlichkeitsvermutung widerlegen (OLG Frankfurt NJWE-WettbR 97, 23; *Teplitzky* FS Loschelder, S 391, 395 ff; aA *Köhler/Bornkamm* § 12 Rn 3.19; *Fezer/Büscher* § 12 Rn 85).

Welcher Zeitraum bis zur Antragstellung **angemessen** ist, ist umstritten. Der Antragsteller muss Gelegenheit haben, den Wettbewerbsverstoß zu prüfen und Beweismittel (Mittel der Glaubhaftmachung) zu beschaffen, um das Eilverfahren mit Erfolg betreiben zu können. Die Rechtsprechung der Oberlandesgerichte geht zT weit auseinander und schwankt zwischen einem und sechs Monaten, wenn auch in jüngerer Zeit eine Tendenz zur Fristverkürzung erkennbar ist (s die Einzelnachweise dazu bei Harte/Henning/Retzer § 12 Rn 942ff; *Köhler/Bornkamm* § 12 Rn 3.15b; *Berneke* Rn 76ff; *Doepner* WRP 11, 1384, 1385f; *Demuth* GRUR 11, 404). Bei einem **Zuwarten von ein bis zwei Monaten** mit der Antragstellung wird die Dringlichkeit im Allgemeinen noch bejaht werden können, nach Lage des Einzelfalls aber auch schon zu einem früheren Zeitpunkt widerlegt sein oder auch für eine längere Zeitspanne in Betracht kommen, zB wenn vor der Antragstellung umfangreiche Ermittlungen erforderlich waren oder Vergleichsverhandlungen geschwebt haben. 118

Die **Dringlichkeit** kann durch zögerliches Verhalten des Antragstellers auch während des Verfügungsverfahrens entfallen. Rechtsmittelfristen darf er allerdings ausschöpfen. Bei Fristverlängerungen muss er aber auf **zügige Verfahrensförderung** bedacht sein, so dass die volle Ausnutzung der Verlängerung der Berufungsbegründungsfrist, uU aber auch schon der Antrag auf Fristverlängerung nach Lage des Falles geeignet sein kann, die Dringlichkeitsvermutung entfallen zu lassen (OLG Karlsruhe WRP 05, 1188, 1189; *Köhler/Bornkamm* § 12 Rn 3.16). Auch die bloße Anschlussberufung (OLG Frankfurt GRUR-Prax 12, 197) oder eine Flucht in die Säumnis (OLG Celle MMR 09, 483) kann dringlichkeitsschädlich sein. Dagegen wird die Dringlichkeitsvermutung noch nicht allein dadurch widerlegt, dass der Gläubiger erst eine Verfügung erwirkt und dann abmahnt, da für derartige Schubladenverfügungen legitime Zwecke sprechen (Rn 8f; ebenso *Spaetgens* FS Loschelder, S 355, 361 ff; vgl auch KG GRUR-RR 10, 22, 25). Dagegen kann die Dringlichkeitsvermutung durch **rechtsmissbräuchliches „forum-shopping"** widerlegt werden. Dies ist etwa der Fall, wenn der Verletzte einen Verfügungsantrag nach Anberaumung des Verhandlungstermins zurücknimmt und ihn inhaltsgleich bei einem anderen Gericht erneut einreicht, selbst wenn dies innerhalb eines Zeitraums erfolgt, der für sich genommen noch nicht dringlichkeitsschädlich ist (OLG Hamburg WRP 07, 813, 815; OLG Frankfurt GRUR-RR 02, 44; *Teplitzky* Kap 54 Rn 24; *Köhler/Bornkamm* § 12 Rn 3.16a; aA *Ahrens/Schmuckle* Kap 45 Rn 47; *Beyerlein,* WRP 05, 1463); das legitime Rechtsschutzinteresse des Verletzten bezieht sich auf ein Eilverfahren, nicht aber darauf, möglichst ohne Anhörung der Gegenseite einen Titel zu erlangen. 119

Hatte der Gläubiger im Zeitpunkt der Antragstellung die **Klage zur Hauptsache** bereits erhoben und damit zu erkennen gegeben, dass es ihm auf eine Eilentscheidung nicht ankommt, kann der Verfügungsgrund im Allgemeinen nicht bejaht werden. Anders aber, wenn neue Umstände hervorgetreten sind, die eine einstweilige Regelung bis zum Abschluss des Hauptsacheverfahrens dringend erfordern (vgl OLG Karlsruhe WRP 01, 425, 426; *Berneke* Rn 83). Gleiches gilt, wenn der Antragsteller den Verfügungsantrag zurücknimmt. Jedoch ist der Klagegrund im Allgemeinen nicht schon deshalb zu verneinen, weil der Antragsteller gegen gleichartige Verstöße Dritter nicht vorgegangen ist (*Köhler/Bornkamm* § 12 Rn 3.19, str). Die Frage der Dringlichkeit beurteilt sich allein aus dem Verhältnis der Parteien zueinander (*Berneke* Rn 82). 120

UWG § 12 Gesetz gegen den unlauteren Wettbewerb

121 **3. Verfahren auf Erlass der einstweiligen Verfügung. a) Rechtsweg.** Wie im Hauptsacheverfahren sind auch im einstweiligen Verfügungsverfahren die Wettbewerbsgerichte zur Entscheidung nur berufen, wenn der ordentliche Rechtsweg eröffnet ist. Es gilt insoweit das zu Rn 44 ff Gesagte. Die **Rechtswegprüfung** (vgl Rn 51 f) richtet sich auch im Eilverfahren nach **§ 17 a GVG**, so dass die Sache ggf ungeachtet ihrer Eilbedürftigkeit an das Gericht des zulässigen Rechtswegs zu verweisen ist (§ 17 a II GVG). Die sofortige Beschwerde nach § 17 a IV 3 GVG ist auch im einstweiligen Verfügungsverfahren gegeben (vgl OLG Düsseldorf WRP 98, 1091), ebenfalls die Beschwerde nach § 17 a IV 5 GVG an den BGH. § 542 II ZPO steht nicht entgegen (BGH NJW 99, 3785).

122 **b) Zuständigkeit.** Örtlich und sachlich ausschließlich zuständig ist das **Gericht der Hauptsache** (§§ 937 I, 802 ZPO). Ist die Hauptsache – wie meist – noch nicht anhängig, hat der Antragsteller zwischen mehreren zuständigen Gerichten die **Wahl (§ 35 ZPO).** Die gerichtliche Zuständigkeit für ein späteres Hauptsacheverfahren wird dadurch nicht festgelegt. Auch bewendet es bei der Zuständigkeit des im Verfügungsverfahren angerufenen Gerichts, wenn die Klage zur Hauptsache später vor einem anderen Gericht erhoben wird (OLG Karlsruhe WRP 10, 793, 794).

123 Ist die **Hauptsache** bereits **anhängig** (Rechtshängigkeit muss nicht gegeben sein), ist das mit ihr befasste erst- oder zweitinstanzliche Gericht für das Verfügungsverfahren zuständig, jenes auch, wenn die Hauptsache in der Revisionsinstanz schwebt. Die Zuständigkeit für das Eilverfahren ist beim Gericht der Hauptsache auch dann begründet, wenn dieses örtlich oder sachlich nicht zuständig oder die Hauptsacheklage sonst unzulässig ist. Gericht der Hauptsache ist auch das mit der negativen Feststellungsklage angerufene Gericht. Jedoch kann der Schuldner dem Gläubiger durch Erhebung der negativen Feststellungsklage nicht die Möglichkeit nehmen, zwischen mehreren für das einstweilige Verfügungsverfahren zuständigen Gerichten zu wählen (OLG Hamburg GRUR 01, 361). Der Gläubiger kann daher, muss aber nicht, den Antrag auf Erlass der einstweiligen Verfügung bei dem Gericht der negativen Feststellungsklage stellen (*Teplitzky* Kap 54 Rn 3).

124 Zuständig ist in **dringenden** Fällen auch das **Amtsgericht,** in dessen Bezirk sich der Streitgegenstand befindet (§ 942 ZPO). Das ist für Unterlassungsanträge das Gericht, in dessen Bezirk die Verletzungshandlung begangen ist oder begangen zu werden droht.

125 In dringenden Fällen, deren Erledigung eine mündliche Verhandlung nicht erfordert, kann der **Vorsitzende** über den Verfügungsantrag auch allein entscheiden (§§ 944, 937 II ZPO).

126 Ist das angerufene Gericht örtlich und/oder sachlich **unzuständig,** weist es den Antrag als unzulässig zurück. Beantragt der Antragsteller die Verweisung der Sache an das zuständige Gericht, hat das angerufene Gericht dem zu entsprechen (§ 281 ZPO). Eine etwa bereits ergangene Verfügung hebt es nach hM nicht vorab auf (*Berneke* Rn 115; *Zöller/Vollkommer* § 924 Rn 6 mwN, str), doch sprechen die besseren Argumente für die Gegenauffassung (LG Arnsberg NJW-RR 93, 319; *Bernaert,* MDR 79, 97; *Teplitzky* DRiZ 82, 42; *Schuschke/Walker* vor § 916 Rn 41, § 924 Rn 10).

127 **c) Verfügungsantrag. aa) Allgemein.** Das einstweilige Verfügungsverfahren setzt einen schriftlichen oder einen zu Protokoll der Geschäftsstelle (§§ 936, 920 III ZPO) erklärten Antrag voraus. Die Antragstellung unterliegt nicht dem Anwaltszwang (§ 78 V ZPO). Die Einreichung des Antrags, nicht erst die Zustellung, macht die Sache rechtshängig mit der Folge, dass einer anderweiten Antragstellung die Einrede der Rechtshängigkeit entgegensteht, ferner, dass die Verjährung nach Maßgabe des § 204 I Nr 9 BGB gehemmt wird (§ 11 Rn 39). Antragsrücknahme ist jederzeit, auch nach Beginn der mündlichen Verhandlung, ohne Einwilligung des Gegners zulässig (OLG Düsseldorf WRP 82, 654, 655; OLG Frankfurt WRP 01, 716).

bb) Rechtsschutzbedürfnis. Die Zulässigkeit eines gerichtlichen Verfahrens hängt vom Vorliegen eines Rechtsschutzbedürfnisses ab. Das gilt auch für das Verfügungsverfahren, das neben den allgemeinen Anforderungen insoweit (Rn 54f) auch das Gegebensein eines **Verfügungsgrundes als spezielle Ausformung** des allgemeinen Rechtsschutzbedürfnisses verlangt (Rn 114ff).

cc) Streitgegenstand. Der durch den Verfügungsantrag bestimmte **Streitgegenstand des Verfügungsverfahrens** ist *nicht* der materiell-rechtliche Anspruch (der Verfügungsanspruch) bzw dessen prozessuales Gegenstück, der prozessuale Klageanspruch, der den Streitgegenstand der Hauptsacheklage bildet, *sondern* der **prozessuale Anspruch auf vorläufige Befriedigung.** Dem Verfügungsverfahren und dem Hauptsacheverfahren liegen somit *verschiedene* Streitgegenstände zu Grunde (*Teplitzky* Kap 53 Rn 3; *Berneke* Rn 90 mwN). Die Rechtshängigkeit des Eilantrags steht daher der Hauptsacheklage nicht entgegen, wie umgekehrt die Rechtshängigkeit der Hauptsache den Eilantrag nicht unzulässig macht (sofern nicht die Klageerhebung in der Hauptsache den Verfügungsgrund entfallen lässt, so Rn 120).

dd) Bestimmtheit des Antrags. Das Bestimmtheitserfordernis des § 253 II Nr 2 ZPO gilt für den Unterlassungsantrag im Verfügungsverfahren ebenso wie für die Unterlassungsklage (Rn 62ff). Der Antragsteller muss daher in seinem Antrag – ebenso wie beim Antrag im Klageverfahren – den Verfügungsanspruch (§§ 936, 920 I ZPO) nach der zu unterlassenden Handlung im Einzelnen exakt beschreiben. § 938 I ZPO, nach dem das Gericht die erforderlichen Anordnungen nach freiem Ermessen bestimmt, befreit beim Antrag auf Erlass einer Unterlassungsverfügung (Leistungsverfügung) nicht von der Beachtung des Bestimmtheitserfordernisses des § 253 II Nr 2 ZPO (*Teplitzky* Kap 54 Rn 38; *Berneke* Rn 123, je mwN).

ee) Inhalt des Antrags. Der Antragsteller muss den auf vorläufige Befriedigung zielenden Anspruch **schlüssig darlegen** (vgl Rn 69), dh er muss die Tatsachen angeben, die den Antrag tragen. Er muss auch die Einwendungen und Einreden entkräften, die sich aus seinem eigenen Vortrag ergeben oder in einer (erwarteten) Schutzschrift gegen den Antragsteller erhoben werden. Vorzutragen sind ferner die Umstände, die die Eilbedürftigkeit der Sache ausmachen. Verfügungsanspruch und Verfügungsgrund sind **glaubhaft** zu machen (Rn 135). Genügt der Antragsteller dem nicht, ist der Antrag als unbegründet zurückzuweisen. Darzulegen sind außerdem alle sonstigen Umstände, von deren Vorliegen der Erfolg des Antrags abhängt. Das kann je nach Sachlage Vortrag zur Zuständigkeit des angerufenen Gerichts, zu Prozesshindernissen, zu einer anderweiten Rechtshängigkeit oder Klagebefugnis von Verbänden iS des § 8 III Nr 2 und 3 (§ 8 Rn 95ff, 109ff), notwendig machen. Darzulegen sind in den Fällen der §§ 937 II, 942 I, 944 auch die Umstände, die die besondere Dringlichkeit der Sache begründen.

Der Antrag auf **Androhung von Ordnungsmitteln** (§ 890 II ZPO) gehört nicht zwingend zum Inhalt des Antrags auf Erlass einer einstweiligen Verfügung, sollte aber immer mit diesem zugleich gestellt werden, da nach hM in der Zustellung der einstweiligen Verfügung ohne Ordnungsmittelandrohung noch keine Vollziehung der Eilmaßnahme iS des § 929 ZPO liegt (BGHZ 131, 141, 144f = WRP 96, 104, 105f – *Einstweilige Verfügung ohne Strafandrohung;* OLG Köln GRUR-RR 01, 71; sa *Teplitzky* Kap 54 Rn 41 und *Berneke* Rn 121, 314.

ff) Glaubhaftmachung. Verfügungsanspruch und Verfügungsgrund sowie die weiteren Antragsvoraussetzungen sind – soweit nicht die Dringlichkeitsvermutung des § 12 II greift – glaubhaft zu machen (§§ 936, 920 II, 294 ZPO). Glaubhaftmachung bedeutet **Erleichterung** gegenüber den Anforderungen an die Führung des **vollen Beweises** (§ 286 I 1 ZPO). Für Glaubhaftmachung genügt bereits die überwiegende Wahrscheinlichkeit der Richtigkeit einer Behauptung. Glaubhaftmachung von Verfügungsanspruch und -grund gehört zum Inhalt des Antrags, muss also bereits bei Antragstellung erfolgen. **Mittel der Glaubhaftmachung** sind eidesstattliche Versicherung (auch des Anwalts, vgl *Wehlau/Kalbfus* Mitt 11, 165), Urkunden, Augenschein (Vorlage von Objekten und Fotokopien), amtliche Auskünfte und Gutachten privater Sachverständiger. Eine Beweisaufnahme findet nur mit präsenten Beweismitteln statt (§ 294 II ZPO). Zeugen und Sachverständige muss die Partei, die glaubhaft zu machen hat, im Falle einer mündlichen Verhandlung zum Termin sistieren. Vorbereitende Maßnahmen trifft das Gericht nicht, jedoch kann es Akten beiziehen, auf die die Parteien keinen Zugriff haben, oder amtliche Auskünfte einholen, soweit das zeitlich möglich ist. Unstreitige Tatsachen bedürfen keiner Glaubhaftmachung, Tatsachen, für deren Richtigkeit eine Vermutung streitet (Dringlichkeitsvermutung, Wiederholungsvermutung) nur insoweit, als der Gegner sie ausgeräumt hat.

134 Die Verteilung der **Glaubhaftmachungslast** entspricht nach hM, sobald sich der Gegner am Verfahren beteiligt, den allgemeinen Beweislastgrundsätzen wie sie für das Hauptsacheverfahren maßgebend sind. Bis dahin trifft den Antragsteller eine **erweiterte Darlegungslast** insofern, als er sich auch mit Einwänden, Einwendungen und Einreden des Antragsgegners, die nach seinem eigenen Vorbringen oder nach einer vom Antragsgegner eingereichten Schutzschrift in Betracht kommen, auseinandersetzen muss. Misslingt es ihm, die Entkräftung solchen Gegenvorbringens glaubhaft zu machen, wird darauf allein die Zurückweisung des Antrags ohne mündliche Verhandlung im Allgemeinen aber nicht gestützt werden können (*Teplitzky* Kap 54 Rn 45; *Berneke* Rn 108; *Fezer/Büscher* § 12 Rn 103).

135 **d) Schutzschrift.** Die Schutzschrift ist im Gesetz nicht geregelt, hat sich aber in der wettbewerbsrechtlichen Praxis zu einer festen Einrichtung entwickelt. Ihr Zweck ist es, dem Antragsgegner, der meist auf Grund einer Abmahnung eine einstweilige Verfügung erwartet, **vorbeugend rechtliches Gehör** für den Fall zu verschaffen, dass eine mündliche Verhandlung nicht stattfindet und seine Anhörung vor der Entscheidung unterbleibt. Dementsprechend ist der Antragsgegner darauf angewiesen, die Schutzschrift bei mehreren Gerichten einzureichen, wenn nicht abzusehen ist, bei welchem von mehreren zuständigen Gerichten der Antragsteller den Erlass der einstweiligen Verfügung beantragt. Anwaltszwang besteht für die Einreichung der Schutzschrift nicht, doch kann sich ein Rechtsanwalt für das erwartete Verfahren als Prozessbevollmächtigter bestellen (vgl *Berneke* Rn 128). Im Aufbau befindlich ist ein **Zentrales Schutzschriftenregister im Internet** (www.schutzschriftenregister.de), das allerdings noch nicht von allen Landgerichten abgefragt wird (vgl *Rinkler*, MMR 06, 269; MMR 07, 273; *Schulz* WRP 09, 1472, 1474f; *Wehlau* Rn 51ff; zur unionsweiten Anerkennung von Schutzschriften vgl *Wehlau/Kalbfus* GRUR Int 11, 396).

136 Mit der Antragstellung ist die Schutzschrift ein **Teil des Verfahrens.** Das Gericht hat ihren Inhalt zu berücksichtigen (Art 103 I GG) und dem Antragsteller vor einer Zurückweisung des Verfügungsantrags Gelegenheit zur Stellungnahme zu geben (*Teplitzky* Kap 55 Rn 52), sofern nicht eine besondere Dringlichkeit der Sache die sofortige Entscheidung ohne eine vorherige Anhörung des Antragstellers erfordert. Der Hinterleger einer Schutzschrift erfährt regelmäßig nichts vom erfolglosen Verfügungsverfahren (krit *Schulz* GRURPrax 11, 313; *ders* WRP 09, 1472, 1476f; *Schmitt-Gaedke/Arz* WRP 12, 60).

137 Die Kosten der Schutzschrift sind **Verfahrenskosten,** gleichviel ob die Schutzschrift vor oder nach Antragstellung eingereicht wird. Sie sind zu erstatten, auch wenn der Antrag ohne mündliche Verhandlung zurückgewiesen oder zurückgenommen wird (§§ 91, 269 III ZPO; BGH GRUR 03, 456 – *Kosten einer Schutzschrift;* GRUR 08, 640 – *Kosten der Schutzschrift III*), aber nicht, wenn die Schutzschrift erst nach Rücknahme des Antrags oder dessen endgültiger Zurückweisung (BGH GRUR 07, 727 Rn 15 – *Kosten der Schutzschrift II; Deutsch,* GRUR 90, 327, 331) eingereicht wird. Wird der Antrag auf Erlass der einstweiligen Verfügung nicht gestellt, kommt für den zu Unrecht Abgemahnten nur ein materiell-rechtlicher Kostenerstattungsanspruch in Betracht, in den Fällen einer unberechtigten wettbewerbsrechtlichen Abmahnung aber nur ganz ausnahmsweise (Rn 30), uU aber unter dem Gesichtspunkt der unberechtigten Fremdgeschäftsführung nach § 678 BGB (Rn 32).

e) Aussetzung der Entscheidung über den Antrag. Eine Aussetzung wegen **Vorgreiflichkeit** (§ 148 ZPO) scheidet grundsätzlich und generell aus. Sie wäre mit der Eilbedürftigkeit des Verfügungsverfahrens nicht zu vereinbaren. Aus den gleichen Gründen kommt auch eine Aussetzung zwecks Einholung einer **Vorabscheidung des EuGH** nach Art 234 III EGV (Art 267 VAEU) nicht in Betracht. Der Gerichtshof bejaht zwar die Zulässigkeit eines Vorabentscheidungsersuchens in solchen Fällen, verneint aber eine gemeinschaftsrechtliche Verpflichtung zur Vorlage im Rahmen eines summarischen Verfahrens, wenn in einem Verfahren zur Hauptsache eine Prüfung der auszulegenden Frage noch in Betracht kommt (EuGH NJW 77, 1785, 1786; EuGH NJW 83, 2751). Eine Aussetzung der Entscheidung über den Antrag zwecks Vorlage an den EuGH ist danach wegen des Eilcharakters des Verfügungsverfahrens ausgeschlossen. Eine Aussetzung nach **Art 100 I GG** kommt dagegen in Betracht, wenn die einstweilige Verfügung in ihrer Wirkung die Hauptsachentscheidung bereits weitgehend vorweg nehmen würde (BVerfG 78, 37, 38; BVerfG 92, 2749, 2750; *Berneke* Rn 151 f mwN). 138

f) Entscheidung über den Antrag. aa) Entscheidung durch Beschluss. (1) Beschlussverfügung. In dringenden Fällen kann eine dem Antrag *stattgebende* Entscheidung ohne mündliche Verhandlung durch Beschluss ergehen (§ 937 II ZPO). Das verlangt eine *besondere* Dringlichkeit, die über die den Verfügungsgrund begründende Dringlichkeit hinausreicht. Davon ist auszugehen, wenn eine Terminierung der Sache zum Zweck der Maßnahme vereiteln würde. *Noch dringlicher* muss die Sache zu behandeln sein, wenn die Zuständigkeit des Vorsitzenden begründet sein soll (§ 944 ZPO). In diesen Fällen muss ein Zuwarten mit der Entscheidung bis zum Zusammentreten des Kollegiums nicht vertretbar sein. 139

Eine Beschlussverfügung durch Kollegium oder Vorsitzenden ergeht nur, wenn der Antragsteller sie auch wünscht. Die dafür maßgebenden Umstände muss er darlegen und glaubhaft machen. Darüber ist nach **pflichtgemäßem Ermessen** zu entscheiden (§ 937 II). Das erfordert eine Abwägung des Interesses des Antragstellers an der Erlangung einer sofortigen Entscheidung mit dem des Antragsgegners, Gelegenheit zur Stellungnahme in einer mündlichen Verhandlung zu erhalten. Eine *schriftliche* Anhörung des Antragsgegners im Beschlussverfahren ist nicht ausgeschlossen (*Teplitzky* Kap 55 Rn 3). Doch darf dadurch der Zweck der Maßnahme nicht gefährdet und die Entscheidung nicht verzögert werden. Besteht die Gefahr weiterer Verletzungshandlungen in der Zeit bis zu einer mündlichen Verhandlung mit nicht wiedergutzumachenden Folgen für den Antragsteller, rechtfertigt eine solche Sachlage die Entscheidung durch Beschluss auch ohne vorherige Anhörung des Antragsgegners. 140

Die Beschlussverfügung bedarf der **Begründung**, wenn und soweit der Antrag zurückgewiesen wird (allgM) oder wenn die Entscheidung im Ausland geltend gemacht werden soll (§§ 936, 922 I 2 ZPO), **sonst nicht.** Die Verfügung enthält eine Kostenentscheidung (§§ 91 ff ZPO). Die Anordnung einer Sicherheitsleistung (§§ 936, 921 Satz 2 ZPO) erfolgt von Amts wegen. Aus der Beschlussverfügung kann ohne weiteres vollstreckt werden. Sie ist dem Antragsteller von Amts wegen zuzustellen (§ 329 II 2 iVm §§ 936, 529 II ZPO). Eine Zustellung oder auch nur eine formlose Mitteilung an den Antragsgegner von Amts wegen unterbleibt. Die Zustellung an ihn ist Sache des Antragstellers (§§ 936, 922 II ZPO). War der Antragsgegner vom Gericht angehört worden oder war er am Verfahren mit einer Schutzschrift beteiligt, sollte ihm allerdings der Beschluss auch von Amts wegen – formlos – übermittelt werden (*Berneke* Rn 172). Über die Kosten ist nach § 91 I 1 zu entscheiden, wenn dem Antrag nur teilweise stattgegeben worden ist, nach § 92 ZPO. 141

142 **(2) Zurückweisung des Antrags durch Beschluss.** Ist der Antrag mangels Zulässigkeit oder Begründetheit zurückzuweisen, kann – nach pflichtgemäßem Ermessen des Gerichts – **ohne mündliche Verhandlung** entschieden werden (§ 937 ZPO). Dafür kommt es – anders als in den Fällen einer stattgebenden Entscheidung (Rn 139) – auf Dringlichkeit nicht an. Mündliche Verhandlung ist aber nicht ausgeschlossen. Sie kann sich aus prozessökonomischen Gründen anbieten, wenn zu erwarten steht, dass der Antragsteller Mängeln des Antrags abhilft.

143 Der den Antrag zurückweisende Beschluss ist zu **begründen.** Über die Kosten ist stets zu entscheiden, auch wenn das Gericht den Antragsgegner am Verfahren nicht beteiligt hat. Denn auch dann können dem Antragsgegner, zB durch eine eingereichte Schutzschrift, Kosten erwachsen sein. Die Vollstreckbarkeit der Entscheidung ergibt sich aus § 794 I Nr 3 iVm § 567 I Nr 2 ZPO. Zuzustellen ist der Beschluss dem Antragsteller (§ 392 II 2 ZPO), nicht dem Antragsgegner (§§ 936, 922 III ZPO). Jedoch ist er dem Antragsgegner formlos mitzuteilen, wenn dieser eine Schutzschrift eingereicht hatte oder sonst am Verfahren beteiligt war (vgl Rn 141).

144 **bb) Entscheidung durch Urteil. (1) Urteilsverfügung.** Entscheidet das Gericht nicht durch Beschluss, ist Termin zur mündlichen Verhandlung unverzüglich anzuberaumen (§§ 216 II, 272 III ZPO). Die Ladungsfrist kann abgekürzt (§§ 217, 226 ZPO), die Einlassungsfrist (§ 274 III ZPO) braucht nicht gewahrt zu werden. Die Terminierung ist grundsätzlich unanfechtbar, sofern nicht die Terminierung überhaupt unterbleibt oder zu spät vorgenommen wird. Von der Anordnung der mündlichen Verhandlung an gilt der bei dem betreffenden Gericht bestehende Anwaltszwang. Erkennt der Antragsgegner den Anspruch sofort an, ohne zuvor abgemahnt worden zu sein, ergeht Anerkenntnisurteil mit der dem Antragsteller nachteiligen Kostenfolge aus § 93 ZPO. Gleiches gilt, wenn sich der Antragsgegner sofort strafbewehrt unterwirft und die Parteien daraufhin das Verfahren in der Hauptsache für erledigt erklären (§ 91a ZPO). Kommt es dazu, können die Parteien bis zum Schluss der mündlichen Verhandlung neue Tatsachen vortragen und glaubhaft machen, letzteres aber nur mit präsenten Beweismitteln (Rn 133). Eine Vertagung findet grundsätzlich nicht statt, auch wenn sich eine Partei auf neues Vorbringen nicht erklären oder einen Zeugen zum anberaumten Termin nicht stellen konnte (vgl *Teplitzky* Kap 55 Rn 19; *Berneke* Rn 145). Es gilt der Grundsatz der Erledigung der Sache in *einem* Termin. Die Vorschriften über das Versäumnisurteil finden entsprechende Anwendung.

145 Erweist sich der Antrag als begründet, erlässt das Gericht – in den Grenzen des gestellten Antrags (§ 308 I ZPO) – die einstweilige Verfügung durch **Endurteil** (§§ 936, 922 I, 300 ff). Das Urteil bedarf nach Maßgabe der §§ 313a, 313b ZPO des Tatbestands und der Entscheidungsgründe (§ 313 ZPO). Es entscheidet auch über die Kosten (§§ 91 ff ZPO) und kann eine Sicherheitsleistung anordnen (§§ 936, 921 Satz 2 ZPO). Ein Vollstreckbarkeitsausspruch entfällt. Die einstweilige Verfügung ist, wie in den Fällen der Beschlussverfügung (Rn 139), ohne weiteres vollstreckbar (Zöller/*Vollkommer* § 929 Rn 1; *Berneke* Rn 159). Eine Einstellung der Zwangsvollstreckung ist wegen des Charakters der einstweiligen Verfügung als einer Eilmaßnahme zur vorläufigen Befriedigung des Gläubigers regelmäßig ausgeschlossen (OLG Nürnberg WRP 02, 345, 346; *Berneke* Rn 224). Das Urteil kann in der mündlichen Verhandlung, aber auch in einem – nahen – Verkündungstermin verkündet werden. Zugestellt werden muss es beiden Parteien von Amts wegen. In der Amtszustellung liegt aber keine Vollziehung der einstweiligen Verfügung (vgl §§ 936, 928 ZPO; Rn 165). Mit der Verkündung wird das Urteil nach überwiegender Auffassung in Rechtsprechung und Schrifttum (BGH GRUR 09, 890 Rn 11, 16 – *Ordnungsmittelandrohung; Teplitzky* Kap 55 Rn 35; *Berneke* Rn 160; vgl Rn 206) wirksam, falls es Ordnungsmittel androht (§ 890 II ZPO; Rn 92). Eine **Aufbrauchsfrist** (zur Gewährung im Klageverfahren s § 8 Rn 38) kann in Einzelfällen auch im Verfügungsverfahren gewährt werden, wenn die Dringlichkeit der Maßnahme und das Ergebnis der anzustellenden Interessenabwägung nicht entgegenstehen (OLG Stuttgart WRP 89, 832, 833; *Berneke* Rn 162; *Ulrich,* GRUR 91, 26; aA OLG Frankfurt GRUR 89, 456). Die Einräumung einer Aufbrauchsfrist ist eine auf Treu und Glauben beruhende mildere Form der Verurteilung, die auch im Eilverfahren nicht grundsätzlich ausgeschlossen werden kann.

(2) Zurückweisung des Antrags durch Urteil. Ist der Verfügungsantrag nach 146 dem Ergebnis der mündlichen Verhandlung **unbegründet,** wird er zurückgewiesen (§§ 936, 922 I 1, 330ff, 313 ZPO). Über die Kosten ist nach den §§ 91 ff ZPO zu entscheiden, über die vorläufige Vollstreckbarkeit ohne Sicherheitsleistung nach § 708 Nr 6 ZPO. Zustellung des Urteils wie auch sonst von Amts wegen. Nach der Rechtsprechung des BGH bewendet es bei der Kostenentscheidung des Verfügungsverfahrens auch dann, wenn der Antragsteller im Hauptsacheverfahren auf Grund einer anderen rechtlichen Beurteilung obsiegt (BGHZ 45, 251, 257f = NJW 66, 1513, 1514; BGH GRUR 95, 169, 170f – *Kosten des Verfügungsverfahrens bei Antragsrücknahme;* s aber auch OLG Dresden WRP 98, 322, 323 – *Rechtsverfolgungskosten).*

g) Rechtsbehelfe. aa) Antragsteller. (1) Sofortige Beschwerde. Gegen die 147 Zurückweisung des Antrags durch erstinstanzlichen Beschluss steht dem Antragsteller innerhalb einer Notfrist von zwei Wochen die sofortige Beschwerde zu (§ 567 I Nr 2, § 569 I 1 ZPO). Einlegung beim iudex a quo oder iudex ad quem. Besteht bei dem betreffenden Gericht Anwaltszwang, gilt dieser erst, wenn mündlich verhandelt wird, sonst nicht (vgl § 569 III Nr 1, §§ 936, 920 II, 78 V ZPO). Das Beschwerdegericht kann, wenn die Beschwerde bei ihm eingegangen ist, die Sache zur Frage der Abhilfe an das erstinstanzliche Gericht zurückgeben, sofern die Eilbedürftigkeit der Sache das zulässt. Ordnet das Beschwerdegericht mündliche Verhandlung an, weil die Voraussetzungen für eine Beschlussentscheidung nicht mehr vorliegen (§ 937 II ZPO), entscheidet es nicht durch Beschluss (§ 572 IV ZPO), sondern durch Endurteil (§§ 936, 922 I ZPO). Dieses ist unanfechtbar (§ 542 II ZPO). Ordnet es keine mündliche Verhandlung an, weil es die Voraussetzungen dafür nach § 937 II ZPO für gegeben hält, bleibt das Verfahren wie in erster Instanz einseitig und endet mit Beschluss, durch den die Beschwerde entweder zurückgewiesen oder die einstweilige Verfügung erlassen wird. Wird die Beschwerde zurückgewiesen, ist die Entscheidung endgültig. Eine Rechtsbeschwerde findet nicht statt (§ 574 I 2 ZPO). Gegen die Beschlussverfügung des Beschwerdegerichts kann der Antragsgegner – beim Gericht erster Instanz – Widerspruch einlegen (§§ 936, 924 I ZPO), vgl Rn 149.

(2) Berufung. Hat das Gericht der ersten Instanz über den Antrag auf Grund 148 mündlicher Verhandlung (§§ 936, 922 I 1 ZPO; nach Widerspruch: §§ 936, 925 I ZPO) durch Urteil entschieden, kann der mit dem Antrag abgewiesene Antragsteller Berufung nach den allgemeinen Vorschriften einlegen (§§ 511 ff ZPO). Eine **Zurückverweisung** der Sache an das erstinstanzliche Gericht (§ 538 II ZPO) findet im einstweiligen Verfügungsverfahren wegen der Eilbedürftigkeit der Sache **nicht** statt (OLG Karlsruhe GRUR 78, 116). Die Revision ist ausgeschlossen (§ 542 II 1 ZPO).

bb) Antragsgegner. (1) Widerspruch. Gegen die Beschlussverfügung 149 (Rn 139ff) kann der Antragsgegner Widerspruch einlegen (§§ 936, 924 I ZPO), auch wenn das Beschwerdegericht (vgl Rn 147 aE) oder das Berufungsgericht als Gericht der Hauptsache sie erlassen hat. Der Widerspruch eröffnet keine höhere Instanz. Die Vollziehung der einstweiligen Verfügung wird durch die Einlegung des Widerspruchs nicht gehemmt (§ 924 III 1 ZPO), die einstweilige Einstellung der Zwangsvollstreckung ist aber möglich (§ 924 III 2 ZPO). Beim Amtsgericht kann der Widerspruch zu Protokoll der Geschäftsstelle erklärt werden und unterliegt dann nicht dem Anwaltszwang (§ 78 V ZPO), wohl aber sonst. Der Widerspruch ist ab Zustellung an den Antragsgegner zulässig und nicht befristet, ist also möglich, solange die einstweilige Verfügung Bestand hat und das Recht zum Widerspruch nicht verwirkt ist (OLG Düsseldorf 72, 1955, 1956; OLG Celle GRUR 80, 945, 946; KG GRUR 85, 237; *Berneke* Rn 185 mwN). Das Rechtsschutzbedürfnis zur Erhebung des Widerspruchs entfällt nicht deshalb, weil der Antragsgegner die Aufhebung der einstweiligen Verfügung auch den §§ 936, 926 I und II, 927 ZPO erreichen könnte. Der Widerspruch bedarf der Begründung (§§ 936, 924 II 1 ZPO), die aber in der mündlichen Verhandlung noch nachgeschoben werden kann.

150 Der Widerspruch kann auf abtrennbare Teile der einstweiligen Verfügung **beschränkt** werden, zB auf die Ablehnung der Gewährung einer Aufbrauchsfrist oder auf die Kostenentscheidung **(Kostenwiderspruch)**. Will sich der Antragsgegner nicht gegen seine Verurteilung in der Sache selbst wenden, sondern nur gegen die Kostenentscheidung – weil er vom Antragsteller, obwohl geboten (Rn 4 ff), nicht abgemahnt worden ist und demgemäß keine Veranlassung zu einem gerichtlichen Vorgehen gegen ihn gegeben hat (§ 93 ZPO) – steht ihm dafür der Kostenwiderspruch zur Verfügung. Mit ihm erklärt er – unter Verwahrung gegen die Kostenlast – konkludent den **Verzicht** auf den Widerspruch gegen die mit der einstweiligen Verfügung getroffene Sachentscheidung, jedoch nicht ohne weiteres auch einen Verzicht auf die Rechte aus den §§ 926 I und II, 927 ZPO (*Berneke* Rn 201). Die Überbürdung der Verfahrenskosten auf den Antragsteller erreicht der nicht abgemahnte Antragsgegner ferner auch dadurch, dass er die Beschlussverfügung zwar im ganzen angreift, aber sich zugleich ausreichend strafbewehrt unterwirft, so dass die Kosten des daraufhin für erledigt zu erklärenden Verfahrens den Antragsteller treffen (§§ 91 a, 93 ZPO; *Teplitzky* Kap 55, Rn 10; *Köhler*/Bornkamm § 12 Rn 3.42).

151 Über den Widerspruch ist **mündlich zu verhandeln** (§§ 936, 924 II 2 ZPO) und – auch in den Fällen des Kostenwiderspruchs – durch **Endurteil** zu entscheiden (§§ 936, 925 II ZPO). Das Urteil, das die Beschlussverfügung bestätigt, bedarf keines Ausspruchs zur vorläufigen Vollstreckbarkeit. Es ist, wie die Beschlussverfügung (Rn 141, vgl auch Rn 145), ohne weiteres vollstreckbar. Zur Vollstreckbarkeitserklärung des aufhebenden Urteils s § 708 Nr 6 ZPO.

152 **(2) Berufung.** Gegen das erstinstanzliche Urteil, das die einstweilige Verfügung bestätigt, kann der Antragsgegner Berufung nach den allgemeinen Vorschriften einlegen. Zur Begründung kann er geltend machen, dass die Verfügung der Aufhebung nach den Vorschriften der §§ 936, 926, 927 ZPO unterliegt. Statt Berufung einzulegen, kann er aber auch nach Maßgabe dieser Vorschriften vorgehen. Die Möglichkeit dazu nimmt der Berufung nicht das **Rechtsschutzinteresse** (vgl Rn 149 aE). Gegen das Urteil über einen Kostenwiderspruch (Rn 151), findet nicht die Berufung, sondern in entsprechender Anwendung des § 99 II ZPO die **sofortige Beschwerde** statt (OLG Frankfurt WRP 96, 769; *Köhler*/Bornkamm § 12 Rn 3.43, allgM). Die Revision gegen das Urteil des Berufungsgerichts ist ausgeschlossen (§ 542 II 1).

153 **(3) Antrag auf Anordnung der Klageerhebung binnen bestimmter Frist (§§ 936, 926 I ZPO).** Zuständig für die Anordnung der Fristsetzung nach §§ 936, 926 I ZPO ist das Gericht, das die einstweilige Verfügung erlassen hat, auch wenn die Sache in der Berufungsinstanz anhängig ist. Hat das Beschwerde- oder das Berufungsgericht die einstweilige Verfügung erlassen, entscheidet gleichwohl das erstinstanzliche Gericht. **Funktionell zuständig** für die Anordnung der Fristsetzung ist der **Rechtspfleger** (§ 20 Nr 14 RpflG), Anwaltszwang besteht daher nicht (§ 13 RpflG). Der Antrag ist unzulässig, wenn die einstweilige Verfügung rechtskräftig aufgehoben, die Hauptsacheklage bereits erhoben oder über sie rechtskräftig entschieden ist oder wenn der Antragsgegner – zB im Rahmen einer Abschlusserklärung – auf eine Antragstellung nach §§ 936, 926 I, II ZPO wirksam verzichtet hat. Unzulässig ist der Antrag ferner dann, wenn das Rechtsschutzinteresse fehlt, so wenn der Antragsteller auf die Rechte aus der einstweiligen Verfügung unter Herausgabe des Titels an den Antragsgegner verzichtet hat oder wenn es offensichtlich ist, dass der Verfügungs-

antrag nicht mehr besteht, zB in den Fällen übereinstimmender Erledigungserklärungen oder des Wegfalls der Wiederholungsgefahr (*Teplitzky* Kap 56 Rn 9; *Berneke* Rn 259; *Fezer/Büscher* § 12 Rn 140; abw *Köhler/Bornkamm* § 12 Rn 3.45).

Über den Antrag entscheidet der Rechtspfleger (uU der Richter, § 6 RpflG) nach **154** Anhörung des Antragstellers ohne mündliche Verhandlung durch **Beschluss.** Eine Fristsetzung von **zwei bis vier Wochen** ist im Allgemeinen angemessen. Rechtsmittel: Für den Antragsgegner des Erlassverfahrens bei Zurückweisung des Antrags sofortige Beschwerde (§ 11 I RpflG iVm § 567 I ZPO), für den Antragsteller des Erlassverfahrens bei anordnendem Beschluss die befristete Erinnerung (§ 11 II 1 RpflG).

(4) Antrag auf Aufhebung der einstweiligen Verfügung nach §§ 936, 926 II **155** **ZPO.** Zuständig ist das Gericht, das die Anordnung nach § 926 I ZPO getroffen hat (*Zöller/ Vollkommer* § 926 Rn 22). Der Antrag unterliegt dem **Anwaltszwang,** sofern er nicht zu Protokoll der Geschäftsstelle des Amtsgerichts erklärt wird (§§ 496, 78 V ZPO). Er ist zulässig, solange die Voraussetzungen für die Anordnung nach den §§ 936, 926 I ZPO noch gegeben sind. War die Anordnung nach § 926 I trotz fehlenden Rechtsschutzinteresses (Rn 153) ergangen und kommt der Antragsteller des Erlassverfahrens ihr nicht nach, fehlt auch dem Antrag nach § 926 II ZPO das Rechtsschutzinteresse (BGH NJW 74, 503).

Im **Aufhebungsverfahren** gelten die Grundsätze des summarischen Verfahrens. **156** Glaubhaftmachung des Vortrags genügt. Der Antrag ist begründet, wenn der Antragsteller des Erlassverfahrens die auf endgültige Anspruchserfüllung gerichtete Hauptsacheklage nicht oder nicht fristgerecht erhoben oder zurückgenommen hat oder wenn die Klage als unbegründet abgewiesen worden ist (*Zöller/ Vollkommer* § 926 Rn 24; *Berneke* Rn 264). Klage zur Hauptsache ist nur erhoben, wenn die Klage denselben Antrag betrifft, der durch die einstweilige Verfügung gesichert werden soll (Anspruchsidentität), wobei aber ein weitergehender Antrag in der Hauptsache nicht schadet (BGHZ 122, 172, 176 = GRUR 93, 998, 999 – *Verfügungskosten; Zöller/ Vollkommer* § 926 Rn 30; *Berneke* Rn 263).

Fristgerechte Klageerhebung verlangt Zustellung der Klageschrift innerhalb **157** der festgesetzten Frist (§ 253 I ZPO). Fristgerechte Einreichung der Klageschrift bei Zustellung demnächst genügt (§ 167 ZPO). Die Klageerhebung kann nach § 231 II ZPO nachgeholt werden. Für die Entscheidung nach §§ 936, 926 II ZPO kommt es allein auf die nach §§ 936, 926 I ZPO gesetzte Frist an. Die Fristenregelungen des Art 50 VI des TRIPS-Abkommens (Erhebung der Hauptsacheklage innerhalb einer vom Gericht bereits bei Erlass der einstweiligen Verfügung festgelegten Frist, sonst innerhalb einer Frist von 20 Arbeits- oder 31 Kalendertagen) sind mangels unmittelbarer Geltung in Deutschland unanwendbar (vgl BGHZ 150, 377, 385 = GRUR 02, 1046, 1048 – *Faxkarte*). Die von den TRIPS-Bestimmungen abweichende Regelung des § 926 I ZPO ist einer abkommenskonformen Auslegung auch nicht zugänglich, so dass den deutschen Gerichten bei der Aufhebung der einstweiligen Verfügung ein Rückgriff auf Art 50 VI des Abkommens verwehrt ist.

Das Gericht entscheidet nach mündlicher Verhandlung durch **Endurteil** (§§ 936, **158** 926 II ZPO), und zwar entweder auf Aufhebung der einstweiligen Verfügung (bei Nichterhebung der Klage) oder auf Zurückweisung des Antrags (bei ordnungsgemäßer Klageerhebung). Die Aufhebung **wirkt zurück** und begründet die **Schadensersatzverpflichtung** des Antragstellers des Erlassverfahrens aus § 945 ZPO (Rn 193 ff). Gegen das Urteil findet nach den allgemeinen Vorschriften die Berufung statt (§§ 511 ff ZPO).

(5) Antrag auf Aufhebung der einstweiligen Verfügung wegen veränderter **159** **Umstände (§§ 936, 927 ZPO).** Zuständig für die Entscheidung über den **Aufhebungsantrag** ist das Gericht, das die einstweilige Verfügung erlassen hat oder das Gericht der Hauptsache (§§ 936, 927 II ZPO). Das erstinstanzliche Gericht ist auch dann zuständig, wenn die einstweilige Verfügung auf Beschwerde oder Berufung erlassen ist. Ist gegen eine Urteilsverfügung Berufung eingelegt, ist das Berufungsgericht zuständig.

160 **Antragsbefugt** ist nur der Schuldner, nicht der Gläubiger. Diesem steht es frei, auf seine Rechte aus der einstweiligen Verfügung zu verzichten. Der Antrag kann sich nur gegen eine noch bestehende – auch rechtskräftige – Beschluss- oder Urteilsverfügung richten. Andernfalls fehlt ihm das Rechtsschutzbedürfnis. Gleiches gilt, wenn die einstweilige Verfügung, zB nach Ablauf der Geltungsdauer, keine Wirkung mehr entfaltet und aus ihr nicht mehr vollstreckt werden kann (Zöller/*Vollkommer* § 927 Rn 3), ebenso bei Verzicht des Gläubigers auf die Rechte aus der einstweiligen Verfügung und Herausgabe des Titels an den Schuldner (OLG Karlsruhe NJWE-WettbR 99, 39, 40). Die Möglichkeit, weitere Rechtsbehelfe zu ergreifen, macht den Antrag nach den §§ 936, 927 I ZPO nicht unzulässig, jedoch entfällt das Rechtsschutzbedürfnis bei Anhängigkeit oder Anhängigwerden eines Widerspruchs oder Berufungsverfahrens, weil auch in diesen Verfahren die Aufhebung der einstweiligen Verfügung auch wegen veränderter Umstände geltend gemacht werden kann. Verzichtet der Schuldner im Rahmen einer Abschlusserklärung auf das Antragsrecht aus §§ 936, 927 I ZPO wird ein gleichwohl gestellter Antrag unzulässig. Aus einem im Verfügungsverfahren abgegebenen Anerkenntnis folgt aber nicht ohne weiteres der Verzicht auf das Recht, die Aufhebung der einstweiligen Verfügung wegen veränderter Umstände zu erlangen. Für die Stellung des Antrags besteht Anwaltszwang, soweit er nicht zu Protokoll des Amtsgerichts erklärt wird (§§ 496, 78 V ZPO).

161 Die **Aufhebung** der einstweiligen Verfügung nach den §§ 936, 927 I ZPO kommt nur in Betracht, wenn sich die für den Erlass der einstweiligen Verfügung maßgebenden Umstände *nachträglich* dh *nach* Erlass der einstweiligen Verfügung, geändert haben. Tatsachen, die der Schuldner bereits im Verfügungsverfahren geltend und glaubhaft machen konnte, zählen dazu nicht, wohl aber Umstände, die ihm vor Erlass der einstweiligen Verfügung noch nicht bekannt waren oder die er s Zt – auch wenn sie ihm bekannt waren – noch nicht hatte glaubhaft machen können. Auch neue Mittel der Glaubhaftmachung sind daher geeignet, den Aufhebungsantrag zu rechtfertigen (Zöller/*Vollkommer* § 927 Rn 4).

162 **Veränderte Umstände** können aus dem Wegfall von Verfügungsanspruch oder Verfügungsgrund, aber auch aus anderen Gegebenheiten folgen. Aufhebungsgründe sind zB
(1) der Wegfall der Wiederholungsgefahr des Unterlassungsanspruchs auf Grund einer strafbewehrten Unterwerfungserklärung des Schuldners,
(2) die rechtskräftige Abweisung der Hauptsacheklage wegen Fehlens des Verfügungsanspruchs (was die einstweilige Verfügung nicht eo ipso wirkungslos macht, BGH GRUR 87, 125, 126 – *Berühmung;* BGHZ 122, 172, 178 = GRUR 93, 998, 1000 – *Verfügungskosten*),
(3) die Verjährung des Anspruchs (bei Berufung des Schuldners darauf),
(4) der Wegfall der anspruchsbegründenden Norm durch eine Gesetzesänderung oder auf Grund der Rechtsprechung des BVerfG (BGH GRUR 09, 1096 Rn 17ff – *Mescher weis;* OLG Köln GRUR 85, 458, 459f; Zöller/*Vollkommer* § 927 Rn 4; *Berneke* Rn 282) oder infolge Änderung der höchstrichterlichen Rechtsprechung, die es ausschließt, dass der Gläubiger im Hauptsacheprozess obsiegt (KG WRP 90, 330, 331f),
(5) ein mit der einstweiligen Verfügung übereinstimmendes rechtskräftiges Urteil im Hauptsacheverfahren, das infolge Wegfalls des Verfügungsgrundes die Aufhebung nach den §§ 936, 927 ZPO rechtfertigt, da der Schuldner durch den Fortbestand der überflüssig gewordenen einstweiligen Verfügung belastet wird (OLG Karlsruhe NJWE-WettbR 99, 39, 40; Zöller/*Vollkommer* § 927 Rn 6; *Berneke* Rn 280),
(6) Verlust der Klagebefugnis nach § 8 III Nr 2,
(7) Nichterbringung einer dem Gläubiger aufgegebenen Sicherheitsleistung oder

(8) Leistung einer Sicherheit seitens des Schuldners (§§ 939, 927 I ZPO).
(9) Aufzuheben ist die einstweilige Verfügung immer auch dann, wenn der Gläubiger die Vollziehungsfrist nach den §§ 936, 929 II ZPO nicht eingehalten hat und die deshalb nicht mehr vollziehbare einstweilige Verfügung von Anfang an wirkungslos ist.

Die veränderten Umstände muss der Schuldner (Antragsteller des Aufhebungsverfahrens) darlegen und **glaubhaft machen.**

Das Gericht entscheidet auf Grund mündlicher Verhandlung durch **Endurteil** 163 (§§ 936, 927 II ZPO). Die Entscheidung lautet bei Begründetheit des Antrags auf Aufhebung der einstweiligen Verfügung, sonst auf Zurückweisung des Antrags. Das Gericht kann – im Rahmen des Verfügungsantrags – die einstweilige Verfügung auch abändern.

Die **Kostenentscheidung** erstreckt sich grundsätzlich nur auf die Kosten des 164 Aufhebungsverfahrens, nicht auf die des Anordnungsverfahrens. Ausnahmsweise ist aber auch über diese Kosten zu entscheiden, wenn das Aufhebungsurteil auf Gründen beruht, die die einstweilige Verfügung von Anfang an als ungerechtfertigt erscheinen lassen, beispielsweise dann, wenn eine Klage zur Hauptsache aus solchen Gründen abgewiesen worden ist (BGHZ 122, 172, 178 = GRUR 93, 998, 1000 – *Verfügungskosten*), wenn das BVerfG das der einstweiligen Verfügung zu Grunde liegende Gesetz mit ex tunc-Wirkung für nichtig erklärt hat (soweit im Hauptsacheverfahren eine den Anspruch bestätigende rechtskräftige Entscheidung noch nicht vorliegt; BGH GRUR 88, 787, 788 *Nichtigkeitsfolgen der Preisangabenverordnung; Teplitzky* Kap 56 Rn 39) oder wenn der Gläubiger die Vollziehungsfrist (§ 929 II ZPO) oder die Frist zur Erhebung der Hauptsacheklage (§ 926 I ZPO) versäumt hat (vgl zB OLG Karlsruhe WRP 96, 120, 121; Zöller/*Vollkommer* § 927 Rn 12; *Teplitzky* Kap 56 Rn 38). Vor der Stellung des Antrags nach den §§ 936, 927 I ZPO muss nach hM der Schuldner zur Vermeidung der Kostenfolge aus § 93 ZPO den Gläubiger – abgesehen von den Fällen des § 929 II ZPO – unter Androhung der Antragstellung (§§ 936, 927 I ZPO) zum Verzicht auf die Rechte aus der einstweiligen Verfügung und zur Herausgabe des Titels auffordern. Unterlässt er das und erkennt der Gläubiger den Aufhebungsanspruch sofort an, hat der Gläubiger zum Aufhebungsverfahren keine Veranlassung gegeben (Zöller/*Vollkommer* § 927 Rn 12).

Aufhebende Urteile sind nach § 708 Nr 6 ZPO für vorläufig vollstreckbar zu er- 165 klären, zurückweisende Urteile nach § 708 Nr 11 oder § 709 ZPO. Mit der Verkündung des aufhebenden Urteils wird eine weitere Vollstreckung aus der einstweiligen Verfügung unzulässig. Das Urteil entfaltet aber keine Rückwirkung, so dass eine Aufhebung von Vollstreckungsmaßnahmen erst nach Eintritt der Rechtskraft in Betracht kommt, jedoch kann der Schuldner analog §§ 936, 924 III 2, 707 ZPO Antrag auf einstweilige Einstellung der Zwangsvollstreckung stellen. Gegen das Urteil findet nach den allgemeinen Vorschriften die Berufung statt (§§ 511 ff ZPO).

4. Vollziehung der einstweiligen Verfügung (§§ 936, 928, 929 ZPO). 166
a) Notwendigkeit der Vollziehung. Vollziehung (der einstweiligen Verfügung) ist **Zwangsvollstreckung.** Das folgt aus den §§ 936, 928 ZPO, nach denen die Vorschriften über die Zwangsvollstreckung auf die Vollziehung der einstweiligen Verfügung entsprechend anzuwenden sind (BGHZ 131, 141, 143 = WRP 96, 104, 105 – *Unterlassungsverfügung ohne Strafandrohung*). Die Vollziehung der einstweiligen Verfügung muss der Antragsteller binnen Monatsfrist ab Verkündung des Urteils bzw der Zustellung des Beschlusses an ihn bewirken (§§ 936, 929 II ZPO). Geschieht das nicht, verliert die einstweilige Verfügung ihre Wirkung. Das gilt für **Urteilsverfügungen** (krit *Wüstenberg* WRP 10, 1337) ebenso wie für **Beschlussverfügungen,** auch für solche, die auf einem Anerkenntnis beruhen. Sinn der Regelung ist es, im Interesse des Schuldnerschutzes eine Vollstreckung aus der einstweiligen Verfügung noch nach längerer Zeit oder unter veränderten Umständen zu verhindern und dem

Schuldner Klarheit darüber zu verschaffen, ob der Antragsteller aus der einstweiligen Verfügung gegen ihn noch vorgehen kann (vgl BVerfG NJW 88, 3141).

167 **b) Durchführung der Vollziehung. aa) Parteizustellung.** Die Vollziehung der einstweiligen Verfügung ist unstatthaft, wenn sie nicht innerhalb der Frist von einem Monat (§§ 936, 929 II ZPO) erfolgt. Hält sich der Schuldner an die in der Unterlassungsverfügung getroffenen Anordnungen, kommen zwar Maßnahmen der Zwangsvollstreckung (§ 890 I ZPO) an sich nicht in Betracht. Jedoch genügt der Gläubiger dem Vollziehungserfordernis, wenn er – ohne dass noch Vollstreckungsmaßnahmen hinzutreten müssen – die mit einer Ordnungsmittelandrohung bewehrte Urteils- oder Beschlussverfügung dem Schuldner gemäß §§ 191 ff ZPO im Parteibetrieb zustellt, weil er damit hinreichend deutlich seinen Willen bekundet, von der einstweiligen Verfügung auch Gebrauch zu machen (BGH WRP 89, 514, 517 – *Vollziehung der einstweiligen Verfügung;* BGHZ 131, 141, 144 f = WRP 96, 104, 105 – *Unterlassungsverfügung ohne Strafandrohung*). Die Amtszustellung des Urteils (die Zustellung der Beschlussverfügung erfolgt ohnehin von Amts wegen, Rn 141) genügt dafür nicht. Sie ist keine Vollziehungsmaßnahme, da sie nicht dazu taugt, den Vollziehungswillen des Gläubigers zum Ausdruck zu bringen.

168 **Andere Vollstreckungsmaßnahmen,** zB der Antrag, gegen den Schuldner ein **Ordnungsgeld** festzusetzen (§ 890 I ZPO), kommen neben der Parteizustellung als Vollziehungsmaßnahmen in Betracht. Es muss sich dann um ähnlich formalisierte oder urkundlich belegte, leicht feststellbare Maßnahmen wie bei der Parteizustellung handeln (BGHZ 120, 73, 87 = GRUR 93, 415, 418 – *Straßenverengung*). Eine telefonische Ankündigung von Vollziehungsmaßnahmen oder ein Abschlussschreiben, auch wenn es mit der Androhung verbunden ist, einen Antrag auf Festsetzung eines Ordnungsmittels zu stellen, genügt dem nicht (BGH aaO – *Straßenverengung;* OLG Hamburg GRUR 00, 167, 168 L = NJWE-WettbR 00, 51). Auch ist zu beachten, dass eine Vollziehung, die durch andere Maßnahmen als durch Parteizustellung bewirkt wird, zwar schon vor der Zustellung der einstweiligen Verfügung zulässig ist, dass sie aber ihre Wirkung verliert, wenn nicht die Zustellung innerhalb einer Woche nach der Vollziehung und vor Ablauf der Vollziehungsfrist (§§ 936, 929 II ZPO) nachgeholt wird (§§ 936, 929 III ZPO).

169 Die **Parteizustellung** einer einstweiligen Verfügung muss, um wirksam zu sein, nach Maßgabe der §§ 191 ff, 166 ff ZPO bewirkt werden. Die Zustellung erfolgt entweder durch den Gerichtsvollzieher (§ 192 I ZPO) mittels Übergabe einer – auch abgekürzten (§ 750 I 2 ZPO) – Ausfertigung oder beglaubigten Abschrift der Urteils- oder Beschlussverfügung (vgl § 192 II ZPO) oder von Anwalt zu Anwalt, wenn der Zustellungsempfänger zur Annahme des zuzustellenden Schriftstücks bereit ist und ein schriftliches Empfangsbekenntnis erteilt (§ 195 ZPO; BGH WRP 82, 514, 517 – *Vollziehung der einstweiligen Verfügung*). Die Übersendung der einstweiligen Verfügung mit einfachem Brief oder auch als Einschreiben mit Rückschein ist keine ordnungsgemäße Zustellung. Das zuzustellende Schriftstück muss lesbar und vollständig sein. Grundsätzlich darf keine Seite fehlen (BGHZ 138, 166, 169 = GRUR 98, 746 – *Unzulänglich Zustellung*). Anlagen, die Bestandteil der einstweiligen Verfügung sind, müssen mit zugestellt werden, jedenfalls dann, wenn ohne sie die Entscheidung aus sich heraus nicht verständlich ist (OLG Düsseldorf GRUR 84, 78, 79; *Berneke* Rn 316). Die Entscheidung muss die Unterschriften der Richter richtig wiedergeben.

170 **Zustellungsmängel** sind nach Maßgabe des § 189 ZPO (idF des Art 1 des ZustRG v 25.6.2001, BGBl I S 1206) heilbar, wenn feststeht, dass und wann das zuzustellende Schriftstück dem Zustellungsempfänger *tatsächlich* zugegangen ist. Für Urteilsverfügungen ist das allgemein anerkannt, gilt jetzt aber auch für Beschlussverfügungen. § 189 ZPO unterscheidet insoweit nicht, sondern normiert im Rahmen seines Anwendungsbereichs eine generell geltende **Zustellungsfiktion,** der auch

Beschlussverfügungen unterfallen. Anders als nach § 187 ZPO aF hängt die Frage, ob die Zustellung trotz bestehender Mängel als bewirkt anzusehen ist, auch nicht mehr von einer richterlichen Ermessensentscheidung ab. Seit der Neufassung des Zustellungsrechts durch das ZustRG kann daher nicht mehr davon ausgegangen werden, dass Zustellungsmängel bei der Zustellung von Beschlussverfügungen einer Heilung nicht zugänglich seien. An der früheren Rechtsprechung zum alten Zustellungsrecht, die die Möglichkeit einer Heilung von Zustellungsmängeln bei der Zustellung von Beschlussverfügungen verneinte, ist nicht mehr festzuhalten (KG WRP 11, 612, 613: Faxkopie oder E-Mail ausreichend; *Berneke* Rn 315; *Zöller/Vollkommer* § 929 Rn 14; *Köhler*/Bornkamm § 12 Rn 3.64; Fezer/*Büscher* § 12 Rn 158; *Anders* WRP 03, 204, 206; *Teplitzky* Kap 55 Rn 47 a). § 189 ZPO heilt aber **nur Mängel des Zustellungsvorgangs,** nicht Mängel des zuzustellenden Schriftstücks. Auf die Heilung solcher Mängel erstreckt sich der Anwendungsbereich des § 189 ZPO nicht. Der Inhalt und die Amtlichkeit der einstweiligen Verfügung müssen dem Schuldner zur sicheren Kenntnis gelangen. § 189 ZPO heilt ferner auch dann nicht, wenn eine Urteilsverfügung statt im Parteibetrieb von Amts wegen zugestellt wird. Der Zweck der Parteizustellung, dem Schuldner den Willen des *Gläubigers* zur zwangsweisen Durchsetzung der einstweiligen Verfügung zur Kenntnis zu bringen, kann durch Amtszustellung nicht erreicht werden (Ahrens/*Berneke* Kap 57 Rn 42; *Berneke* Rn 315, je mwN; aA Zöller/*Vollkommer* § 929 Rn 16).

Die **Zustellung** muss, wenn sich ein **Prozessbevollmächtigter** für den Antragsgegner bestellt, an diesen erfolgen (§§ 191, 172 I 1 ZPO), sonst an den Antragsgegner selbst. Von der Bestellung des Prozessbevollmächtigten, die auch schon mit der Schutzschrift oder mit einem vorprozessualen Schriftsatz erklärt werden kann, muss der Antragsteller **sichere Kenntnis** haben. Diese erhält er jedenfalls mit der Anführung des gegnerischen Prozessbevollmächtigten im Rubrum der gerichtlichen Entscheidung. Der Mangel, der darin liegt, dass an den Antragsgegner selbst statt an dessen Prozessbevollmächtigten zugestellt wird, kann unter den Voraussetzungen des § 189 ZPO geheilt werden. **171**

Wird eine im **Parteibetrieb** zugestellte einstweilige Verfügung auf Widerspruch, Berufung oder im Aufhebungsverfahren nach §§ 936, 927 ZPO inhaltlich abgeändert, muss sie mit dem geänderten Inhalt **erneut** vollzogen werden (§§ 936, 929 II ZPO), insbesondere wenn sie erweitert (OLG Hamm GRUR 89, 931, 932; Ahrens/*Berneke* Kap 57, Rn 23) oder neu erlassen wird (OLG Frankfurt WRP 02, 334, 335). Dagegen bedarf sie keiner erneuten Vollziehung, wenn sie bestätigt oder nur unwesentlich, zB durch eine bloße sprachliche Konkretisierung oder Verdeutlichung des Verbotsausspruchs (OLG Frankfurt WRP 01, 66, 67; OLG Köln WRP 02, 738) oder nur in Äußerlichkeiten (Änderung der Formulierung, Berichtigung offensichtlicher Unrichtigkeiten) oder nur in der Begründung geändert wird, ohne dass damit eine Änderung des Streitgegenstands verbunden ist (KG NJWE-WettbR 00, 197, 198; *Köhler*/Bornkamm § 12 Rn 3.66; *Berneke* Rn 300, 301). Wird die Verfügung wesentlich eingeschränkt, ist eine erneute Vollziehung jedenfalls dann erforderlich, wenn nach Lage des Falles der Antragsgegner berechtigte Zweifel daran haben kann, ob der Gläubiger noch gewillt ist, die einstweilige Verfügung auch nur in eingeschränkter Form zwangsweise durchzusetzen (*Köhler*/Bornkamm § 12 Rn 3.66). **172**

bb) Vollziehungsfrist. (1) Lauf der Vollziehungsfrist. Bei Urteilsverfügungen beginnt der Lauf der einmonatigen Vollziehungsfrist mit der Verkündung, bei Beschlussverfügungen mit der Zustellung an den Antragsteller (§§ 936, 929 II ZPO). Jedoch genügt statt förmlicher Zustellung auch die formlose Mitteilung, weil dem Antragsteller die Vollziehung der einstweiligen Verfügung auch in diesem Fall möglich ist (Zöller/*Vollkommer* § 929 Rn 5; *Berneke* Rn 305, je mwN). **173**

Eine **Verlängerung oder Abkürzung** der Vollziehungsfrist kommt nicht in Betracht (vgl § 224 II ZPO). Auf die Einhaltung der Frist können die Parteien nicht **174** wirksam verzichten. Die Versäumung der Frist ist nicht heilbar. Eine Wiedereinsetzung in den vorigen Stand (§ 233 ZPO) ist ausgeschlossen (BGHZ 120, 73, 86 = GRUR 93, 415, 418 – *Straßenverengung*). Widerspruch oder Berufung haben auf die Vollstreckbarkeit der einstweiligen Verfügung keinen Einfluss, berühren daher das Vollziehungserfordernis nicht. Wird die Zwangsvollstreckung vor Ablauf der Vollziehungsfrist einstweilen eingestellt, kann aus der einstweiligen Verfügung nicht mehr vollstreckt, diese mithin auch nicht mehr vollzogen werden. Eine neue, etwa auf Widerspruch ergehende vollstreckbare Entscheidung setzt ab Verkündung eine neue Vollziehungsfrist in Lauf (*Berneke* Rn 306).

175 **(2) Versäumung der Vollziehungsfrist.** Die **Versäumung der Vollziehungsfrist** macht die einstweilige Verfügung endgültig unvollziehbar und gegenstandslos (BGHZ 112, 356, 361 = NJW 91, 496, 497 – *Arrestvollziehung*) und damit **ex tunc unwirksam** (OLG Karlsruhe WRP 98, 330; *Berneke* Rn 321). Der Antragsgegner braucht sie nicht mehr zu beachten. Im Streitfall muss der Antragsteller – anders als im Aufhebungsverfahren nach den §§ 936, 927 ZPO – die von ihm behauptete Einhaltung der Vollziehungsfrist glaubhaft machen. Ist die einstweilige Verfügung nicht mehr vollziehbar, unterliegt sie auf Widerspruch, Berufung oder in den Aufhebungsverfahren nach den §§ 936, 926 II, 927 ZPO der Aufhebung. Das Rechtsschutzbedürfnis für den Aufhebungsantrag des Antragsgegners ergibt sich aus dem formalen Fortbestand der einstweiligen Verfügung. Die Verfahrenskosten treffen den Antragsteller (§§ 91, 97 ZPO), die Versäumung der Vollziehungsfrist ist kein erledigendes Ereignis iS des § 91a ZPO (OLG Hamm GRUR 89, 931, 932; OLG Karlsruhe WRP 98, 330, 331; *Berneke* Rn 322). Ist die einstweilige Verfügung aufgehoben, kann der Antragsteller Erlass einer neuen Verfügung beantragen (mit Aussicht auf Erfolg aber nur, wenn der Verfügungsgrund noch besteht). Er kann aber auch, sofern die einstweilige Verfügung noch nicht aufgehoben ist, seinen Antrag zurücknehmen oder, falls die Verfügung Rechtskraft erlangt haben sollte, unter Verzichtleistung auf die Rechte aus dem Titel diesen an den Antragsgegner herausgeben und sodann den neuen Antrag stellen.

176 **5. Rechtskraft. Urteile** in Verfügungssachen werden **formell rechtskräftig** mit Ablauf der Berufungsfrist oder bei Erlass durch das Berufungsgericht, da eine Revision im Verfügungsverfahren nicht stattfindet (§ 542 II 1 ZPO). Formell rechtskräftig werden auch die den Verfügungsantrag *zurückweisenden* **Beschlüsse** (mit Ablauf der Beschwerdefrist) und die zurückweisenden Beschwerdebeschlüsse (Rn 147). Dagegen erlangen Beschlussverfügungen keine formelle Rechtskraft, da gegen sie der Widerspruch unbefristet zulässig ist.

177 Soweit die Entscheidungen im Verfügungsverfahren (Urteile und ablehnende Beschlüsse, Rn 176) in formelle Rechtskraft erwachsen, sind sie auch der **materiellen Rechtskraft** fähig (str, bejahend Stein/Jonas/*Grunsky* Vor § 916 Rn 14; Zöller/*Vollkommer* Vor § 916 Rn 13; Baumbach/Lauterbach/*Hartmann* § 322 Rn 29; *Berneke* Rn 94, je mwN zu Rechtsprechung und Schrifttum, auch zur Gegenansicht). Die Rechtskraftwirkung ist allerdings gegenüber den im ordentlichen Klageverfahren ergangenen Entscheidungen stark eingeschränkt, da bereits eine Änderung der tatsächlichen Verhältnisse oder auch schon das nachträgliche Bekanntwerden von Umständen oder das Zurverfügungstehen bislang nicht zugänglicher Glaubhaftmachungsmittel dem Gläubiger die Stellung eines neuen Verfügungsantrags erlaubt (vgl zB Zöller/*Vollkommer* aaO; *Berneke* aaO). Auch eine Aufhebung der einstweiligen Verfügung ist bei einer Änderung der Umstände unter den Voraussetzungen der §§ 936, 927 ZPO ohne weiteres zulässig (Rn 161f).

178 **Für das Hauptsacheverfahren** hat die Rechtskraft der einstweiligen Verfügung wegen der Verschiedenheit der Streitgegenstände von Verfügungs- und Hauptsacheverfahren (Rn 129) keine Bedeutung. Umgekehrt macht die rechtskräftige Hauptsacheentscheidung den Antrag auf Erlass einer einstweiligen Verfügung wegen Fehlens

des Verfügungsgrundes unzulässig. Der Gläubiger ist auf seinen Hauptsachetitel zu verweisen.

Akzeptiert der Schuldner die einstweilige Verfügung durch eine **Abschlusserklärung,** verschafft das zwar der Verfügungsentscheidung Bestandskraft, verleiht ihr aber keine Rechtskraft, über die die Parteien nicht disponieren können (BGH NJW 86, 1046, 1047). Die ungeachtet der Abschlusserklärung erhobene Hauptsacheklage ist daher auch nicht unter dem Gesichtspunkt der res iudicata, sondern wegen fehlenden Rechtsschutzbedürfnisses unzulässig. 179

Beschlussverfügungen erlangen keine formelle Rechtskraft (Rn 176) und damit auch keine materielle. Gleichwohl ist ein früheren Begehren entsprechender neuer Antrag wegen der Rechtshängigkeit der älteren Sache unzulässig. 180

Im **Schadensersatzprozess** des Schuldners gegen den Gläubiger (§ 945 ZPO) ist der Schadensersatzrichter an die Aufhebungsentscheidungen nach den §§ 936, 926 II, 942 III ZPO und an solche rechtskräftigen Entscheidungen des Verfügungsverfahrens gebunden, durch die über den Verfügungsgrund entschieden wurde oder die die einstweilige Verfügung wegen Fehlens des Verfügungsanspruchs als von Anfang an unbegründet aufgehoben bzw die aus diesen Gründen erfolgte Aufhebung bestätigt haben (Rn 199 ff). 181

6. Verfassungsbeschwerde. Die Verfassungsbeschwerde (Art 93 I Nr 4a GG) gehört nicht zum Rechtsweg, ist auch kein Rechtsmittel iS der Prozessgesetze, sondern ein **außerordentlicher Rechtsbehelf** (vgl BVerfG NJW 04, 1855). Ihr unterliegen uU auch letztinstanzliche Entscheidungen des Verfügungsverfahrens. Das setzt aber wegen des Grundsatzes der **Subsidiarität** der Verfassungsbeschwerde prinzipiell die **Erschöpfung des Rechtswegs** voraus, was einschließt, dass der Beschwerdeführer von der Möglichkeit Gebrauch macht, im Hauptsacheverfahren eine Korrektur des geltend gemachten Verfassungsverstoßes zu erreichen. Dieser Grundsatz greift jedoch nicht ein, wenn dem Beschwerdeführer die Erhebung der Hauptsacheklage nicht zugemutet werden kann, so wenn die gerügte Grundrechtsverletzung die Eilentscheidung selbst betrifft und im Hauptsacheverfahren nicht hinreichend ausgeräumt werden könnte (BVerfG NJW 85, 2187, 2188; BVerfG NJW 04, 3768) oder wenn der Sachverhalt keiner weiteren Klärung mehr bedarf und mit Blick auf die Identität der im Eil- und Hauptsacheverfahren zu entscheidenden Rechtsfragen nicht damit zu rechnen ist, dass das Hauptsacheverfahren die Anrufung des BVerfG entbehrlich machen werde (BVerfG NJW 76, 1680, 1681; BVerfG NJW 04, 3768). 182

7. Abschlussverfahren. a) Bedeutung. Durch die einstweilige Verfügung wird der Streit der Parteien nur **vorläufig** geregelt. Die endgültige Entscheidung soll nach der Konzeption des Gesetzes erst im Hauptsacheverfahren getroffen werden. Um dieses und etwaige weitere gerichtliche Auseinandersetzungen im Rahmen des einstweiligen Verfügungsverfahrens (Widerspruch, Berufung) entbehrlich zu machen, hat die wettbewerbsrechtliche Praxis das **Abschlussverfahren** entwickelt, dessen Zweck es ist, die einstweilige Verfügung ebenso effektiv und dauerhaft zu gestalten wie ein Hauptsacheurteil (BGH GRUR 10, 855 Rn 16 ff – *Folienrollos;* GRUR 91, 76, 77 – *Abschlusserklärung*). Erreicht wird das dadurch, dass der Schuldner meist auf ein Abschlussschreiben des Gläubigers in einer **Abschlusserklärung** unter **Verzicht** auf die Rechte aus den §§ 936, 926 I und II ZPO, unter Verzicht auf Widerspruch und Berufung und auf die Rechte aus den §§ 936, 927 ZPO sowie auf die Verjährungseinrede die einstweilige Verfügung als endgültig akzeptiert und den Gläubiger so stellt, als hätte dieser statt des nur vorläufigen einen endgültigen Titel. Die Abschlusserklärung bedeutet damit Streitbeilegung in vollem Umfang. Sowohl einer Hauptsacheklage des Gläubigers als auch einer negativen Feststellungsklage des Schuldners wird durch sie das **Rechtsschutzbedürfnis** genommen (BGH GRUR 10, 855 Rn 16 – *Folienrollos*). Das Abschlussverfahren ist nicht mehr Teil des Verfügungsverfahrens. Es betrifft auch nicht mehr nur eine vorläufige Maßnahme, sondern be- 183 zweckt eine endgültige Streitbeilegung unter Vermeidung eines Hauptsacheverfahrens.

184 **b) Abschlussschreiben. aa) Erforderlichkeit.** Das Abschlussschreiben ist die an den Schuldner gerichtete Aufforderung des Gläubigers zur Abgabe der Abschlusserklärung. Mit dieser Aufforderung erklärt der Gläubiger dem Schuldner seine Bereitschaft zur außergerichtlichen Streitbeilegung. Zugleich will er sich Klarheit darüber verschaffen, ob es zur Erlangung eines endgültigen Titels über den durch die einstweilige Verfügung nur vorläufig gesicherten Anspruchs noch eines Hauptsacheverfahrens bedarf. Voraussetzung für die Zulässigkeit der Hauptsacheklage ist das Abschlussschreiben allerdings nicht. Das Rechtsschutzbedürfnis für die Klage entfällt auch nicht deshalb, weil es der Gläubiger unterlassen hat, eine endgültige Einigung mit dem Schuldner qua Abschlussschreiben zu suchen. Jedoch liegt es im Kosteninteresse des Gläubigers, vor der Erhebung der Klage den Schuldner zur Abgabe der Abschlusserklärung aufzufordern, weil er andernfalls – wie bei unterlassener Abmahnung – im Falle des sofortigen Anerkenntnisses des Schuldners die Verfahrenskosten zu tragen hätte (§ 93 ZPO). Entbehrlich ist das Abschlussschreiben unter diesem Gesichtspunkt freilich dann, wenn auf Antrag des Schuldners die Klageerhebung angeordnet wird (§§ 936, 926 I ZPO) oder wenn der Schuldner sonst (zB durch Erhebung des Widerspruchs oder durch Einlegung der Berufung) zum Ausdruck gebracht hat, die einstweilige Verfügung nicht akzeptieren zu wollen. Hatte aber der Widerspruch oder die Berufung keinen Erfolg, bedarf es wiederum eines (ggf eines zweiten) Abschlussschreibens, weil sich die Einstellung des Schuldners unter dem Eindruck der ihm nachteiligen Entscheidung geändert haben kann und der Schuldner nunmehr bereit sein kann, die einstweilige Verfügung als endgültig hinzunehmen.

185 **bb) Überlegungsfrist, Inhalt des Abschlussschreibens.** Das Abschlussschreiben muss den Schuldner zur Abgabe der Abschlusserklärung binnen bestimmter Frist auffordern. Zu seiner Beantwortung muss dem Schuldner ein ausreichender Prüfungszeitraum zur Verfügung stehen. Eine **Überlegungsfrist** von einem Monat ab Zustellung der einstweiligen Verfügung und mindestens zwei Wochen ab Zugang des Abschlussschreibens oder von einem Monat ab Zugang des Abschlussschreibens wird im Allgemeinen als angemessen angesehen werden können (KG WRP 89, 659, 661; OLG Hamm GRUR-RR 10, 267, 268; *Köhler*/Bornkamm § 12 Rn 3.71; Fezer/*Büscher* § 12 Rn 179; *Berneke* Rn 352). Ist die Fristsetzung unangemessen kurz, tritt an ihre Stelle die angemessene Frist.

186 Das Abschlussschreiben braucht nicht begründet zu werden. Der **Gläubiger** formuliert es vielfach vor, kann sich aber auch damit begnügen, auf die einstweilige Verfügung zu verweisen. In jedem Fall muss zum Ausdruck kommen, dass der Gläubiger eine **Erklärung des Schuldners** erwartet, nach der die einstweilige Verfügung unter Verzicht auf alle in Betracht kommenden Rechtsbehelfe als endgültige Regelung hingenommen und einem Urteil in der Hauptsache gleich erachtet wird (*Teplitzky* Kap 43 Rn 18, allgM). Außerdem muss das Abschlussschreiben, um seine Warnfunktion erfüllen zu können, dem Schuldner die Klageerhebung in der Hauptsache für den Fall der Ablehnung oder der Nichtsabgabe der geforderten Erklärung androhen (*Köhler*/Bornkamm § 12 Rn 3.71; *Teplitzky,* Kap 43 Rn 24; str, vgl *Berneke* Rn 351).

187 **cc) Zugang des Abschlussschreibens.** Lange Zeit war umstritten, ob es für die Verhinderung von Kostennachteilen erforderlich ist, dass das Abschlussschreiben dem Schuldner tatsächlich zugegangen ist oder ob es ausreicht, wenn der Gläubiger es abgesandt hat und er mit dem Zugang rechnen durfte (vgl 4. Aufl Rn 185 mwN). Nachdem der BGH bei der Parallelproblematik des Zugangs der Abmahnung von der grundsätzlichen Darlegungs- und Beweislast des Beklagten für die Tatbestandsvoraussetzungen des § 93 ZPO ausgeht (BGH GRUR 07, 629 Rn 12 – *Zugang des Abmahnschreibens,* vgl oben Rn 13), wird man beim Abschlussschreiben keine anderen

Maßstäbe anwenden können (*Teplitzky* Kap 43 Rn 29; *Fezer/Büscher* § 12 Rn 177; *Harte/Henning/Retzer* § 12 Rn 661).

dd) Kosten des Abschlussschreibens. Die Kosten des Abschlussschreibens sind **188** keine Kosten des Verfügungsverfahrens, da das Abschlussverfahren nicht mehr Teil des Verfügungsverfahrens ist (Rn 183 aE). Sie sind **Vorbereitungskosten des Hauptverfahrens** (BGH WRP 07, 428 – *Abschlussschreiben außerhalb des Wettbewerbsrechts;* WRP 08, 805 – *Abschlussschreiben eines Rechtsanwalts*). Findet ein Hauptverfahren nicht statt, weil der Schuldner die geforderte Abschusserklärung abgegeben oder sich unterworfen hat, ist der Anspruch des Gläubigers auf Erstattung der Kosten des Abschlussverfahrens entweder unter dem Gesichtspunkt des Schadensersatzes begründet (wenn die Zuwiderhandlung den Schuldner zum Schadensersatz verpflichtet, § 9) oder als Anspruch aus GoA (§§ 677, 683 Satz 1, § 670 BGB; BGH GRUR 10, 1038 Rn 26 – *Kosten für Abschlussschreiben*), mangels Regelungslücke aber nicht analog § 12 I 2 (*Teplitzky*, FS Ullmann, S 999, 1005). Mit der Aufforderung zur Abgabe der Abschlusserklärung nimmt der Gläubiger auch ein Geschäft des Schuldners wahr. Ein Erstattungsanspruch besteht aber nur für Kosten, deren Aufwendung **notwendig** war. Das ist zu verneinen, wenn sich der Schuldner schon vor der Absendung des Abschlussschreibens ausreichend strafbewehrt unterworfen hat oder wenn der Gläubiger das Abschlussschreiben an den Schuldner absendet, ohne ihm zuvor Gelegenheit gegeben zu haben, innerhalb angemessener Frist von sich aus eine Abschlusserklärung abzugeben. Eine Frist von zwei Wochen wird der Schuldner insoweit im Allgemeinen einhalten können. Maßgebend sind die Umstände des Einzelfalls (OLG Frankfurt GRUR-RR 03, 274, 278; OLG Stuttgart WRP 07, 688; *Köhler/Bornkamm* § 12 Rn 3.73; *Teplitzky* Kap 43 Rn 31; *Berneke* Rn 404 mwN). Erstattungsfähig sind auch die durch die Beauftragung eines Rechtsanwalts entstandenen Kosten (BGH GRUR 10, 1038 Rn 23 ff – *Kosten für Abschlussschreiben;* GRUR 07, 621 Rn 12 f – *Abschlussschreiben;* OLG Brandenburg NJOZ 08, 157, 159; vgl Rn 22).

c) Abschlusserklärung. aa) Inhalt. Sinn der Abschlusserklärung ist es, den **189** Gläubiger so zu stellen, als hätte er statt eines vorläufigen einen endgültigen Titel. Das erfordert, dass der Schuldner die einstweilige Verfügung als endgültige Regelung hinnimmt und auf die Rechte aus den §§ 936, 924, 926 I und II, 927 ZPO, ggf auch auf das Rechtsmittel der Berufung verzichtet. Das schließt ferner den Verzicht darauf ein, Antrag auf Aufhebung der Verfügung wegen Verjährung zu stellen (Rn 162, 183). Allerdings soll der Gläubiger auch nicht besser gestellt werden als er bei Verurteilung des Schuldners durch ein Hauptsacheurteil stehen würde. Bei einem uneingeschränkten Verzicht auf die Rechte aus den §§ 936, 927 ZPO wäre das jedoch der Fall, weil sich der Schuldner bei einem uneingeschränkten Verzicht der Möglichkeit begäbe, im Rahmen eines Verfahrens nach den §§ 936, 927 ZPO die Aufhebung der einstweiligen Verfügung wegen solcher Umstände geltend zu machen, die mit der Vollstreckungsgegenklage (§ 767 ZPO) gegen einen rechtskräftigen Titel in der Hauptsache geltend gemacht werden können (BGH GRUR 09, 1096 Rn 16, 25 – *Mescher weis; Köhler/Bornkamm* § 12 3.74; *Teplitzky* Kap 43 Rn 6; *Berneke* Rn 338). Dem kann durch die Formulierung Rechnung getragen werden, dass mit der Abschlusserklärung der Verfügungstitel „jedenfalls nach Bestandskraft und Wirkung einem entsprechenden Hauptsachetitel als gleichwertig anerkannt und demgemäss auf alle Möglichkeiten eines Vorgehens gegen diesen Titel und/oder gegen den durch ihn gesicherten Anspruch verzichtet werde, die auch im Falle eines rechtskräftigen Hauptsacheurteils ausgeschlossen wären" (*Teplitzky* Kap 43 Rn 8; sa *Ahrens/Ahrens* Kap 58 Rn 54). Aber selbst ohne ausdrückliche Einschränkung ist eine Abschlusserklärung regelmäßig dahin auszulegen, dass jedenfalls nicht insoweit auf die Rechte aus § 927 ZPO verzichtet wird, als sie mit Einwendungen übereinstimmen, die einem rechtskräftigen Hauptsachetitel nach § 767 ZPO entgegengehalten werden könnten (BGH GRUR 09, 1096 Rn 26 f – *Mescher weis*).

190 Die Abschlusserklärung muss dem Inhalt der einstweiligen Verfügung entsprechen und darf nicht an Bedingungen geknüpft sein (BGH GRUR 09, 1096 Rn 14 – *Mescher weis*). Sie muss eindeutig erkennen lassen, dass der Schuldner die einstweilige Verfügung als endgültige Regelung anerkennt. **Auslegungsbedürftigkeit** steht der Wirksamkeit der Erklärung nicht schon per se entgegen, aber der Sinn der Schuldnererklärung als einer Abschlusserklärung muss nach allgemeinen Auslegungsgrundsätzen zweifelsfrei ermittelbar sein. Mit mündlichen oder telefonischen Erklärungen braucht sich der Gläubiger aus Gründen der Beweisbarkeit nicht zufrieden zu geben. Er hat Anspruch auf Abgabe der Erklärung in schriftlicher Form. Die Abschlusserklärung muss ohne räumliche Beschränkung sowie bedingungs- und vorbehaltlos abgegeben werden (BGH GRUR 91, 76, 77 – *Abschlusserklärung*). Ist die Erklärung des Schuldners nicht hinreichend deutlich oder inhaltlich unzureichend trifft den Gläubiger eine „Nachfasspflicht" (vgl OLG Hamburg WRP 95, 648, 649; OLG Stuttgart WRP 96, 152, 153; *Köhler/Bornkamm* § 12 Rn 3.70). Auf die Kostenentscheidung des Verfügungsverfahrens braucht sich die Abschlusserklärung nicht zu erstrecken, ebenso wenig auf die Kosten des Abschlussschreibens (*Berneke* Rn 336, 340). Die Kosten der Abschlusserklärung hat ohnehin der Schuldner zu tragen, da das Abschlussverfahren nicht mehr Teil des Verfügungsverfahrens ist.

191 **bb) Zugang und Wirksamwerden der Abschlusserklärung.** Der Schuldner muss die Abschlusserklärung dem Gläubiger zugehen lassen. Den Zugang muss er im Streitfall beweisen. Eine Annahme der Erklärung durch den Gläubiger ist grundsätzlich nicht erforderlich, da es sich um eine einseitige Erklärung handelt. Anders, wenn mit der Abschlusserklärung auch eine materiell-rechtliche Anerkennung des Unterlassungsanspruchs von den Parteien beabsichtigt ist (vgl Ahrens/*Ahrens* Kap 58 Rn 25 ff).

192 **cc) Rechtsfolgen.** Entspricht die Erklärung des Schuldners den an eine Abschlusserklärung zu stellenden Anforderungen, führt sie zu endgültiger **Streitbeilegung.** Das Rechtsschutzbedürfnis für eine Hauptsacheklage des Gläubigers entfällt dann ebenso, wie das für eine negative Feststellungsklage des Schuldners (Rn 185). Die Wirkung der Abschlusserklärung reicht so weit wie der Verbotsumfang der Unterlassungsverfügung, einschließlich kerngleicher Abwandlungen (BGH GRUR 10, 855 Rn 17 – *Folienrollos;* vgl Rn 57, 63). Die Wiederholungsgefahr wird im Regelfall auch im Verhältnis zu Drittgläubigern beseitigt. Erhebt der Gläubiger die Hauptsacheklage mit der Behauptung, dass die Abschlusserklärung des Schuldners den Anforderungen nicht genüge, muss der Streit darüber im Hauptsacheverfahren geklärt werden. Vollstreckt der Gläubiger aus der einstweiligen Verfügung, auf die sich die Abschlusserklärung bezieht, kommt eine Schadensersatzverpflichtung nach § 945 ZPO nicht in Betracht, da es sich bei dem Vollstreckungstitel nicht mehr nur um einen bloß vorläufigen Titel handelt (OLG Köln GRUR 70, 204, 205; *Teplitzky* Kap 43 Rn 11). Gibt der Schuldner statt der geforderten Abschlusserklärung eine strafbewehrte Unterlassungserklärung ab, wird dadurch kein endgültiger Titel geschaffen, vielmehr entfällt der Unterlassungsanspruch, so dass die einstweilige Verfügung der Aufhebung wegen veränderter Umstände unterliegt (§§ 936, 927 ZPO).

193 **8. Schadensersatz. a) Allgemein.** Nach § 945 ZPO haftet der Antragsteller auf Ersatz des Schadens, der dem Antragsgegner aus der Vollziehung der einstweiligen Verfügung oder daraus entsteht, dass dieser zur Abwendung der Vollziehung oder zur Aufhebung der einstweiligen Verfügung Sicherheit leistet, wenn sich die einstweilige Verfügung als von Anfang an ungerechtfertigt erweist (§ 945, 1. Alt) oder wenn sie nach den §§ 926 II, 942 III ZPO aufgehoben wird (§ 945, 2. Alt). Der Antragsteller soll konsequenterweise das mit der Vollstreckung aus einem noch nicht endgültigen Titel verbundene Risiko dafür tragen, dass sich sein Vorgehen nachträglich als unberechtigt erweist (BGHZ 54, 76, 80 f = NJW 70, 1459, 1461; BGHZ 131, 141, 143 = WRP 96, 104, 105 – *Einstweilige Verfügung ohne Strafandrohung*).

Die Haftung aus § 945 ZPO setzt **kein Verschulden** voraus, knüpft aber an eine **194 einstweilige Verfügung** an. Ist eine solche nicht erlassen, kann ein Schadensersatzanspruch auf § 945 ZPO auch nicht gestützt werden. Das Vorgehen aus einem Vergleich, der in einem Verfügungsverfahren geschlossen worden ist, oder aus einer einstweiligen Verfügung, die der Antragsgegner durch eine Abschlusserklärung als endgültige Regelung anerkannt hat, begründet nach § 945 ZPO ebenfalls keine Schadensersatzverpflichtung. Auf den umgekehrten Fall, der ungerechtfertigten Ablehnung einer Eilmaßnahme, ist § 945 ZPO nicht, auch nicht entsprechend anwendbar (Zöller/ *Vollkommer* § 945 Rn 5).

Geltend gemacht werden muss der Anspruch in einem besonderen Schadensersatzprozess oder auch im Wege der Widerklage im Rahmen des Hauptsacheverfahrens, aber nicht im Wege eines Eilverfahrens oder in dem etwa noch schwebenden Verfügungsverfahren, (Zöller/ *Vollkommer* § 945 Rn 7). **195**

b) Anspruchsvoraussetzungen. aa) § 945 ZPO (1. Alt). (1) Von Anfang an 196 ungerechtfertigt. Eine einstweilige Verfügung ist zu Unrecht ergangen, wenn die Voraussetzungen für ihren Erlass schon im Zeitpunkt der Anordnung nicht gegeben waren, wenn also bei richtiger Beurteilung der Sach- und Rechtslage die einstweilige Verfügung nicht hätte ergehen dürfen. Das gilt auch dann, wenn die der Verfügung zu Grunde gelegte Gesetzesvorschrift vom BVerfG nachträglich für nichtig erklärt wird (§§ 78, 79 I BVerfGG; BGHZ 54, 76, 81 = NJW 70, 1459, 1461; vgl auch BGH GRUR 88, 787, 788 – *Nichtigkeitsfolgen der Preisangabenverordnung*). Die Schadensersatzhaftung nach § 945 ZPO beruht auf dem Grundsatz, dass die Vollstreckung aus einem noch nicht endgültigen Vollstreckungstitel auf Gefahr des Antragstellers geht. Das gilt auch in den Fällen des § 78 BVerfGG (BGH aaO).

Von Anfang an ungerechtfertigt ist eine einstweilige Verfügung nicht nur dann, **197** wenn der **Verfügungsanspruch** nicht bestanden hat. Auch der **Verfügungsgrund** oder **sonstige Zulässigkeitsvoraussetzungen** dürfen nicht gefehlt haben. Lagen die Voraussetzungen für den Erlass der Eilmaßnahme im Zeitpunkt der Anordnung vor und sind sie erst später infolge einer Veränderung der Umstände entfallen, war die einstweilige Verfügung *nicht* zu Unrecht ergangen. Nicht anders ist es, wenn die einstweilige Verfügung mangels Darlegung oder Glaubhaftmachung des Verfügungsanspruchs oder des Verfügungsgrundes an sich nicht hätte erlassen werden dürfen, die Voraussetzungen insoweit tatsächlich aber gegeben waren (BGH GRUR 92, 203, 206 – *Roter mit Genever*).

Im Schadensersatzprozess trägt die **Darlegungs- und Beweislast** für die Rechtmäßigkeit der einstweiligen Verfügung der Antragsteller des Verfügungsverfahrens = Beklagter des Schadensersatzprozesses (BGH GRUR 92, 203, 206 – *Roter mit Genever;* Zöller/ *Vollkommer* § 945 Rn 8). Das folgt aus dem Tatbestand des § 945 ZPO, für den es auf die Feststellung ankommt, dass der Antragsteller des Verfügungsverfahrens bei einer ex post-Betrachtung berechtigt war, die einstweilige Verfügung zu erwirken (vgl BGH NJW 88, 3268, 3269). Auf die im Verfügungsverfahren dargelegten und glaubhaft gemachten Umstände braucht sich der Beklagte im Schadensersatzprozess nicht zu beschränken. Vielmehr kann er sich auch auf neue Tatsachen und Beweismittel berufen (BGH aaO – *Roter mit Genever*). Vermutungen wie die der Wiederholungsgefahr und des Verfügungsgrundes (§ 12 II) behalten ihre Wirkung auch im Schadensersatzprozess. **198**

(2) Bindungswirkung. Bei der Beurteilung der Frage der Ungerechtfertigtheit **199** ist der Schadensersatzrichter in bestimmtem Umfang an in Rechtskraft erwachsene Vorentscheidungen des Hauptsache- oder Verfügungsverfahrens gebunden.

Eine solche **Bindungswirkung** entfaltet die rechtskräftige Sachentscheidung des **200 Hauptsacheverfahrens** (BGH NJW 88, 3268, 3269; BGHZ 122, 172, 175 = GRUR 93, 998, 999 – *Verfügungskosten*). Sie erstreckt sich auf die Feststellungen zum Verfügungsanspruch, aber nicht auf die zum Verfügungsgrund, auf die es im Hauptsacheverfahren nicht ankommt, und auch nicht auf Feststellungen zu sonstigen Prozessvoraussetzungen des Verfügungsverfahrens, die als solche für das Hauptsacheverfahren unerheblich sind (*Teplitzky* Kap 36 Rn 15). Zu beachten ist außerdem, dass die der Hauptsacheentscheidung zugrunde liegende Rechtslage keine andere sein darf als bei Erlass der einstweiligen Verfügung und dass die Entscheidung in der Hauptsache die des Verfügungsverfahrens voll erfasst, sei es, dass sie weiterreicht als diese, sei es, dass sie ihr entspricht, was aber nicht der Fall ist, wenn die Reichweite des Urteils hinter der Entscheidung des Verfügungsverfahrens zurückbleibt (*Teplitzky* Kap 36 Rn 20 f).

201 Gebunden ist der Schadensersatzrichter nach der Rechtsprechung des BGH darüber hinaus an rechtskräftige Entscheidungen des **Verfügungsverfahrens,** die – bejahend oder verneinend – über den **Verfügungsgrund** entschieden haben oder die die einstweilige Verfügung wegen Fehlens des Verfügungsanspruchs als von Anfang an unbegründet **aufgehoben** oder eine solche Aufhebungsentscheidung **bestätigt** haben (BGHZ 62, 7, 10 f = NJW 74, 642, 643; BGH NJW 88, 3268, 3269; BGH NJW 92, 2297, 2298; str, vgl Zöller/*Vollkommer* § 945 Rn 9; *Teplitzky* Kap 36 Rn 17 ff; *Ahrens* in FS Piper, S 31; *Berneke* Rn 413 mwN; offengelassen in BGH GRUR 92, 203, 205 – *Roter mit Genever;* BGHZ 126, 368, 374 = GRUR 94, 849, 851 – *Fortsetzungsverbot;* BGH GRUR 98, 1010, 1011 – *WINCAD*).

202 **Keine Bindungswirkung** entfalten Beschlussverfügungen und solche Eilentscheidungen, die den Verfügungsanspruch bejaht haben. Auch Versäumnis- oder Verzichtsurteile ohne Begründung binden den Schadensersatzrichter nicht (BGH aaO – *WINCAD*).

203 **bb) 945 ZPO (2. Alt).** In den des Weiteren zum Schadensersatz verpflichtenden Fällen der §§ 926 II, 942 III ZPO (Aufhebung der einstweiligen Verfügung wegen Fristversäumung) ist der Schadensersatzanspruch an die **Tatsache der Aufhebung** geknüpft. Über deren Berechtigung hat der Schadensersatzrichter nicht zu befinden (Zöller/*Vollkommer* § 945 Rn 12 mwN; *Teplitzky* Kap 36 Rn 22). Jedoch muss er prüfen, ob die Handlung, die die aufgehobene Verfügung verboten hatte, rechtswidrig war, weil andernfalls ein ersatzfähiger Schaden nicht bejaht werden kann (BGH GRUR 81, 295, 296 – *Fotoartikel I;* GRUR 92, 203, 206 – *Roter mit Genever*). Ist es nicht zu einer Aufhebungsentscheidung gekommen, scheidet § 945 ZPO als Anspruchsgrundlage aus, selbst wenn die Aufhebungsvoraussetzungen vorgelegen haben (BGH aaO – *Roter mit Genever*). Auch eine entsprechende Anwendung des § 945 ZPO auf die Fälle der Versäumung einer zur Erhebung der Hauptsacheklage gesetzten Frist und des Verzichts des Antragstellers auf die Rechte aus der einstweiligen Verfügung, um der Aufhebung zuvorzukommen, kommt nicht in Betracht (BGH aaO – *Roter mit Genever*), ebenso wenig bei Versäumung der Vollziehungsfrist (§ 929 II ZPO; BGH MDR 64, 224).

204 **cc) Zu ersetzender Schaden.** Zu ersetzen ist jeder durch die Vollziehung der einstweiligen Verfügung oder durch Sicherheitsleistung zwecks Abwendung der Vollziehung oder Aufhebung der einstweiligen Verfügung **adäquat** verursachte unmittelbare oder mittelbare **Schaden** (§ 249 BGB). Ggf ist ein Mindestschaden zu schätzen (BGHZ 122, 172, 179 = GRUR 93, 998, 1000 – *Verfügungskosten*).

205 **Voraussetzung** eines ersatzpflichtigen Schadens iS der ersten Alternative des § 945 ZPO ist die **Vollziehung** der einstweiligen Verfügung, dh die Zustellung der mit einer Ordnungsmittelandrohung versehenen Beschluss- oder Urteilsverfügung im Parteibetrieb oder das Ergreifen einer gleichstehenden Maßnahme, zB die Beantragung der Festsetzung von Ordnungsmitteln (BGH WRP 89, 514, 517 – *Vollziehung einer einstweiligen Verfügung*). Der Beginn der Vollziehung (Versuch der Zustellung) genügt (BGH aaO, S 518; BGHZ 120, 73, 85 = GRUR 93, 415, 418 – *Straßenverengung*).

206 Allerdings steht der Vollziehung einer Urteilsverfügung deren **freiwillige Befolgung** gleichstehen, wenn das mit einer Ordnungsmittelandrohung versehene Verfügungsurteil verkündet oder verkündet und von Amts wegen zugestellt wird und damit wie jedes andere vollstreckbare Urteil ab Verkündung wirksam (Rn 145) und zu befolgen ist und wenn der Antragsgegner sich dem davon ausgehenden Vollstreckungsdruck **beugt,** sofern nicht der Druck der drohenden Zwangsvollstreckung dadurch entfällt, dass der Antragsteller dem Antragsgegner die Abstandnahme von Vollstreckungsmaßnahmen vor der Parteizustellung mitteilt (BGH GRUR 09, 890 Rn 11, 16 – *Ordnungsmittelandrohung;* Zöller/*Vollkommer* § 945 Rn 14; *Köhler*/Bornkamm § 12 Rn 3.83; *Teplitzky* Kap 36 Rn 29 ff; *Berneke* Rn 416; *R. Bork,* WRP 89, 360, 364 f; *Ulrich,* WRP 91, 361, 364 und WRP 99, 82, 83 ff).

Als zu ersetzen kommen **Schäden** aus einer auf der Verbotsverfügung beruhenden **207** Betriebs- oder Produktionseinstellung in Betracht, aus Auftrags- und Absatzbeeinträchtigungen, Bezugs- und Werbeverboten oder auf Grund von Aufwendungen zur Schadensminderung oder infolge entgangenen Gewinns (Zöller/*Vollkommer* § 945 Rn 14 c; *Köhler*/Bornkamm § 12 Rn 3.83; *Teplitzky* Kap 36 Rn 35). **Kosten des Verfügungsverfahrens** (Gerichtskosten und Kosten des Antragstellers), soweit sie auf Grund der Kostenentscheidung der einstweiligen Verfügung vom Antragsgegner beigetrieben worden sind oder von diesem zur Abwendung der Zwangsvollstreckung gezahlt worden sind, unterfallen der Haftung nach § 945 ZPO (BGHZ 45, 251, 252), aber *nicht* die eigenen Kosten des Antragsgegners. Diese sind durch den Erlass der einstweiligen Verfügung verursacht, nicht durch deren Vollziehung (BGHZ 45, 251, 252; BGHZ 122, 172, 176 ff = GRUR 93, 998, 999 – *Verfügungskosten*); jedoch kann sie der Antragsgegner im Aufhebungsverfahren nach den §§ 936, 927 ZPO geltend machen (BGH aaO – *Verfügungskosten*). Ebenfalls nicht zu ersetzen sind nach § 945 ZPO solche Nachteile, die der Antragsgegner infolge seiner Verurteilung zu Ordnungsmitteln getragen hat. Insoweit handelt es sich nicht um Vollziehungsschäden, sondern um Folgen des Verstoßes gegen den Titel (KG GRUR 87, 571, 572; Zöller/*Vollkommer* § 945 Rn 14 b).

Der zu ersetzende Schaden muss stets **Folge der Verbotsverfügung** sein **208** (Rn 204). Das ist nicht der Fall, wenn dem Antragsgegner in Verkennung des Verbotsumfangs der einstweiligen Verfügung ein Schaden aus der Unterlassung in Wirklichkeit nicht verbotener Handlungen erwachsen ist (OLG Hamm GRUR 89, 296, 297). Geht umgekehrt die Verbotsverfügung weiter als die materiell-rechtliche Unterlassungspflicht des Antragsgegners reicht, ist der Schaden zu ersetzen, der sich aus der Befolgung der zu weiten Verbotsfassung ergibt (BGH GRUR 81, 295, 296 – *Fotoartikel I;* GRUR 92, 203, 206 – *Roter mit Genever*). Ausgeschlossen ist eine Haftung des Antragstellers, wenn der Antragsgegner materiell-rechtlich verpflichtet war, die ihm durch die einstweilige Verfügung verbotene wettbewerbs- oder sonst gesetzwidrige Handlung ohnehin zu unterlassen. In solchen Fällen kann durch die Vollziehung der einstweiligen Verfügung kein nach § 945 ZPO zu ersetzender Schaden entstehen (BGHZ 15, 357, 359 = GRUR 55, 346, 347 – *Progressive Kundenwerbung;* BGH aaO – *Fotoartikel I;* BGH aaO – *Roter mit Genever*).

c) Mitverschulden. § 254 BGB findet Anwendung (BGHZ 122, 172, 179 = **209** GRUR 93, 998, 1001 – *Verfügungskosten*). Ein die Schadensersatzverpflichtung minderndes (BGHZ 120, 261, 271 = NJW 92, 593, 595), unter besonderen Umständen (BGH NJW 90 2689, 2690) auch ausschließendes (OLG München GRUR 96, 998, 999) Mitverschulden kann gegeben sein, wenn der Antragsgegner den Eilantrag veranlasst oder provoziert, wenn er einen Widerspruch unterlässt, der nach Sachlage ohne weiteres Erfolg verspricht (OLG München GRUR 96, 998, 999) oder wenn er auf die Vollziehung der einstweiligen Verfügung überreagiert, überhaupt immer dann, wenn der Schuldner Maßnahmen unterlässt, die ein vernünftiger und wirtschaftlich denkender Mensch nach Lage der Sache ergreifen würde, um Schaden von sich abzuwenden (BGHZ 120, 261, 271 = NJW 92, 593, 595).

d) Verjährung. Der Schadensersatzanspruch nach § 945 ZPO **verjährt in 3 Jah-** **210** **ren** (§ 195 BGB). Die Verjährungsfrist betrug auch schon vor der Neuregelung des

Verjährungsrechts drei Jahre (§ 852 BGB aF), jedoch galt für den Fristbeginn früher eine andere Regelung (Kenntnis des Antragsgegners vom Schaden und von der Person des Ersatzpflichtigen) als dies heute der Fall ist (§ 199 I BGB: Verjährungsbeginn mit Schluss des Jahres der Anspruchsentstehung und Kenntnis oder grobfahrlässige Unkenntnis des Gläubigers von den anspruchsbegründenden Umständen und der Person des Schuldners). Der Lauf der Verjährungsfrist beginnt aber nicht schon vor Abschluss des Verfügungsverfahrens (BGHZ 75, 1, 6 = NJW 80, 189, 191) und – sofern die einstweilige Verfügung nicht schon früher aufgehoben worden ist – in der Regel auch nicht vor einer den Verfügungsanspruch rechtskräftig verneinenden Entscheidung zur Hauptsache (BGH NJW 92, 2297, 2298; NJW 93, 863, 864).

211 e) **Negative Feststellungsklage.** Berühmt sich der Antragsgegner eines Schadensersatzanspruchs nach § 945 ZPO, fehlt dem auf positive Feststellung des Bestehens des Unterlassungsanspruchs gerichteten Begehren des Antragstellers das **Rechtsschutzbedürfnis**, da die positive Feststellungsklage diesen Streit nicht stets erschöpfend regeln kann. Möglich ist jedoch in diesen Fällen die negative Feststellungsklage (BGHZ 126, 368, 373 = GRUR 94, 849, 850 – *Fortsetzungsverbot*).

III. Urteilsbekanntmachung (§ 12 III)

Literatur: *Burhenne,* Der Anspruch auf Veröffentlichung von Gerichtsentscheidungen im Lichte wettbewerblicher Betrachtung, GRUR 1952, 84; *Flechsig/Hertel/Vahrenhold,* Die Veröffentlichung von Unterlassungsurteilen und Unterlassungserklärungen, NJW 1994, 2441; *Greuner,* Urteilsveröffentlichung vor Rechtskraft, GRUR 1962, 71; *Schnur,* Das Verhältnis von Widerruf einer Behauptung und Bekanntmachung der Gerichtsentscheidung als Mittel der Rufwiederherstellung, GRUR 1978, 225, 437; *Schricker,* Berichtigende Werbung, GRUR Int 1975, 191; *Schomburg,* Die öffentliche Bekanntmachung einer strafrechtlichen Verurteilung, ZRP 1986, 65; *Seydel,* Einzelfragen der Urteilsveröffentlichung, GRUR 1965, 650; *Steigüber,* Der „neue" Anspruch auf Urteilsbekanntmachung im Immaterialgüterrecht?, GRUR 2011, 295; *Walchner,* Der Beseitigungsanspruch im gewerblichen Rechtsschutz und im Urheberrecht, 1998; *Wronka,* Veröffentlichungsbefugnis von Urteilen, WRP 1975, 644.

212 **1. Zweck und Bedeutung.** § 12 III, der mit Abweichungen in Wortlaut und Inhalt an § 23 II aF anknüpft, ist wie dieser auf die Beseitigung eines fortdauernden **Störungszustandes** gerichtet. **Zweck** der Urteilsveröffentlichung ist es, Fehlvorstellungen in der Öffentlichkeit auszuräumen und einer anhaltenden Störung der Rechte des Verletzten entgegenzuwirken, wenn dafür, wie das Gesetz jetzt ausdrücklich betont, ein berechtigtes Interesse besteht.

213 § 12 III ist wie seine Vorgängerregelung und die ihm vergleichbaren Bestimmungen des § 7 UKlaG, § 103 UrhG, § 47 GeschmMG eine **besondere gesetzliche Ausprägung** des allgemeinen materiell-rechtlichen Bekanntmachungsanspruchs, der auf die Beseitigung eines fortdauernden Störungszustandes zielt (vgl BGHZ 99, 133, 136 ff = GRUR 87, 189, 190 – *Veröffentlichungsbefugnis beim Ehrenschutz* BGH GRUR 92, 527, 529 – *Plagiatsvorwurf II; Teplitzky* Kap 26 Rn 22; abw *Ahrens/Bähr* Kap 37 Rn 3: Eine prozessrechtliche, im Verhältnis zum materiellen Recht eigenständige Vorschrift; vgl auch *Steigüber* GRUR 11, 295). Zur Umsetzung der Richtlinie 2004/48/EG zur Durchsetzung der Rechte des geistigen Eigentums (ABl Nr L v 2.6.2004, S 16) werden vergleichbare Regelungen in § 140e PatG nF, § 24e GebrMG nF und § 19c MarkenG nF aufgenommen. Eine ähnliche Regelung wie § 12 III enthalten auch Art 5 IV der Richtlinie 2006/114/EG über irreführende und vergleichende Werbung und Art 11 II Unterabs 3 UGP-RL.

214 **2. Allgemeine Voraussetzungen. a) Unterlassungsklage.** § 12 III gewährt den **Veröffentlichungsanspruch** im Zusammenhang mit der Entscheidung über eine *Unterlassungsklage.* Einbezogen in den Geltungsbereich der Vorschrift sind damit als Unterfälle der Unterlassungsklage auch die *Beseitigungs-, Löschungs-* und *Widerrufsklage*. Dass das Gesetz eine „Klage" voraussetzt, besagt nicht, dass die Bekanntmachungsbefugnis durch einstweilige Verfügung nicht zugesprochen werden dürfte. § 12 III unterscheidet insoweit nicht zwischen den verschiedenen Erkenntnismöglichkeiten im Klage- und einstweiligen Verfügungsverfahren (Ahrens/*Bähr* Kap 37 Rn 4). An dieser Beurteilung, die auch schon vor der UWG-Reform hM war, hat § 12 III nichts geändert.

b) Klage auf Grund des UWG. Über die Befugnis zur Veröffentlichung des Urteils kann nur im Rahmen der Entscheidung über eine – zumindest auch – auf das **UWG gestützte Klage** befunden werden. Anspruchsgrundlagen aus anderen Gesetzen tragen die Bekanntmachungsbefugnis nach § 12 nicht. Das Verfahren muss mit einer gerichtlichen Entscheidung („Urteil") abgeschlossen werden. Endet es auf andere Weise, zB durch eine übereinstimmende Erledigungserklärung oder durch Unterwerfung seitens des Beklagten, scheidet eine Entscheidung über die Veröffentlichungsbefugnis auf der Grundlage des § 12 III aus. 215

c) Antrag. Nach der Gesetzesfassung ist die Zuerkennung der Veröffentlichungsbefugnis nicht von einer entsprechenden **Antragstellung** abhängig, könnte also auch von Amts wegen erfolgen. Allgemein wird jedoch – wie auch schon zu § 23 II aF – die Stellung eines Antrags für erforderlich gehalten (*Köhler*/Bornkamm 12 Rn 4.6f; Harte/Henning/*Retzer* § 12 Rn 735; Fezer/*Büscher* § 12 Rn 192; GK¹/*Teplitzky* § 23 Rn 26; vgl aber auch Ahrens/*Bähr* Kap 37 Rn 12), so dass das Gericht die Veröffentlichungsbefugnis nicht zusprechen darf, wenn der Antrag nicht gestellt ist (§ 308 I ZPO). 216

d) Obsiegende Partei. Zugesprochen wird die Befugnis nach § 12 III allein der **obsiegenden Partei,** nicht der unterliegenden, selbst wenn diese ein berechtigtes Interesse an der Veröffentlichung des Urteils hat. Obsiegende Partei kann sowohl der Kläger als auch der Beklagte sein, bei einem Teilerfolg jede der Parteien im Umfang ihres Obsiegens. 217

3. Berechtigtes Interesse. Die **Befugnis zur öffentlichen Bekanntmachung** des Urteils kann der obsiegenden Partei nur zugesprochen werden, wenn sie daran ein berechtigtes Interesse hat, dh wenn die Zuerkennung der Befugnis zur Beseitigung einer fortdauernden wettbewerbswidrigen Störung erforderlich und geeignet ist. Die Beurteilung dieser Frage erfordert eine am **Grundsatz der Verhältnismäßigkeit** orientierte **Interessenabwägung,** in die die Vor- und Nachteile einzubeziehen sind, die sich aus der Bekanntmachung des Urteils für den obsiegenden bzw den unterliegenden Teil ergeben (BGHZ 13, 244, 259 = GRUR 55, 37, 43 – *Cupresa;* BGH GRUR 72, 550, 551f – *Spezialsalz II*). Maßgeblich insoweit sind Art und Schwere des Verstoßes, das Ausmaß der Beeinträchtigung des Verletzten, die Aufmerksamkeit, die die Zuwiderhandlung in der Öffentlichkeit gefunden hat, die Dauer der Beeinträchtigung, die seither vergangene Zeit (BGH aaO – *Cupresa;* BGH GRUR 67, 362, 366 – *Spezialsalz I;* BGH aaO – *Spezialsalz II;* GRUR 92, 527, 529 – *Plagiatsvorwurf II*) und die Belastung und Auswirkungen einer Urteilsveröffentlichung auf den unterliegenden Teil (*Köhler*/Bornkamm § 12 Rn 4.7; Harte/Henning/*Retzer* § 12 Rn 753ff; *Teplitzky* Kap 26 Rn 30; Ahrens/*Bähr* Kap 37 Rn 6). Sind die Nachteile einer Veröffentlichung für den Verletzer unverhältnismäßig größer als die Vorteile für den Verletzten, ist die Befugnis zu versagen (BGH aaO – *Cupresa;* GRUR 61, 189, 192 – *Rippenstreckmetall*). Das kommt vor allem dann in Betracht, wenn die Zuwiderhandlung längere Zeit zurückliegt und die Gefahr weiterer Beeinträchtigungen des lauteren Wettbewerbs gemindert erscheint (BGH aaO – *Spezialsalz I;* GRUR 98, 415, 417 – *Wirtschaftsregister*) oder erst in Zukunft droht (BGH GRUR 57, 231, 237 – *Pertussin I;* GRUR 61, 538, 541 – *Feldstecher;* GRUR 62, 91, 97 – *Jenaer Glas*) oder wenn die Veröffentlichung auf eine Demütigung des Gegners hinauslaufen oder nur neue Ver- 218 wirrung mit unverhältnismäßig schwerwiegenden Nachteilen für den unterliegenden Teil stiften würde (BGH GRUR 57, 561, 564 – *REI-Chemie;* GRUR 66, 623, 627 – *Kupferberg*).

219 Die Partei, der die Befugnis zugesprochen ist, kann davon nach freiem Belieben Gebrauch machen. Verpflichtet zur Veröffentlichung ist sie nicht. Jedoch muss sie, wenn sie veröffentlichen will, von der Befugnis innerhalb der im Gesetz bestimmten Frist von drei Monaten nach Eintritt der Rechtskraft Gebrauch machen (§ 12 III 3). Die Befugnis soll nicht auf Dauer als Druckmittel dienen können.

220 **4. Urteil. a) Ermessensentscheidung.** § 12 III 1 ist eine „Kann"-Vorschrift. Das Gericht ist aber in seiner Entscheidung nicht frei. Vielmehr hat es nach **pflichtgemäßem Ermessen** zu entscheiden. Es muss also die Befugnis zusprechen, wenn dies dem Ergebnis der Interessenabwägung entspricht.

221 **b) Entscheidung durch Urteil.** Klage iS des § 12 III 1 ist auch der **Antrag auf Erlass einer einstweiligen Verfügung** (Rn 214). Demgemäß ist „Urteil" iS des § 12 III nicht nur das im ordentlichen Erkenntnisverfahren ergangene **Urteil** und auch nicht nur die im einstweiligen Verfügungsverfahren ergangene **Urteilsverfügung**, sondern grundsätzlich auch die **Beschlussverfügung,** wenn der Gegner Gelegenheit zur Stellungnahme hatte (*Teplitzky* Kap 26 Rn 27; Ahrens/*Bähr* Kap 37 Rn 29; aA *Köhler*/Bornkamm § 12 Rn 4.9). Allerdings ist zu beachten, dass die zusprechende Entscheidung nicht vorläufig vollstreckbar ist (§ 12 III 4). Solange also gegen eine Beschlussverfügung noch der Widerspruch eingelegt werden kann, kommt eine Veröffentlichung nicht in Frage, so dass das Urteil ohne Abschlusserklärung erst nach rechtskräftigem Abschluss des Verfügungsverfahrens veröffentlicht werden kann (Ahrens/*Bähr* Kap 37 Rn 30).

222 **c) Inhalt der Bekanntmachungsbefugnis.** Inhaltlich ist die Anordnung der Bekanntmachung dem Gericht nach § 12 III vorgegeben. Mit der Zuerkennung der Befugnis, das Urteil zu veröffentlichen, wird es der obsiegenden Partei gestattet, seinen Inhalt einer unbekannten Vielzahl von Personen mitzuteilen. Diese Veröffentlichung betrifft nicht mehr nur wie nach § 23 II aF „den verfügenden Teil" des Urteils (Urteilseingang mit Rubrum, Urteilsformel und Kostenentscheidung sowie Ordnungsmittelandrohung und Bekanntmachungsbefugnis), sondern nunmehr auch **Tatbestand und Entscheidungsgründe**. Jedoch hat das Gericht über Art und Umfang der Bekanntmachung im Einzelfall Bestimmung zu treffen (§ 12 III 2). Daraus können sich Beschränkungen der Bekanntmachungsbefugnis ergeben (vgl BGH GRUR 92, 527, 529 – *Plagiatsvorwurf II*), wenn und soweit dies nach der anzustellenden Interessenabwägung geboten ist (Rn 218). Die „Art der Bekanntmachung" (§ 12 III 2) betrifft das Medium, durch das das Urteil bekannt gemacht werden soll. Gemeint ist das Medium seiner Art nach (zB die Zeitung, die Zeitschrift usw als solche), nicht das im konkreten Fall individuell auszuwählende Veröffentlichungsorgan. Bestimmung zu treffen ist im Urteil auch zur Frage der Aufmachung, der Größe, der Häufigkeit, der Dauer und des Zeitpunkts der Bekanntmachung. Maßgebend ist dabei stets, welche Art Maßnahme im Rahmen der **Interessenabwägung** zur Beseitigung des Störungszustandes am ehesten in Betracht kommt. Zu entscheiden ist ferner über die Kostenpflicht der unterliegenden Partei (§ 12 III 1). Die obsiegende Partei erhält damit keinen eigenen Kostentitel, der sie berechtigte, die Kosten der Veröffentlichung im Rahmen des Kostenfestsetzungsverfahrens des Unterlassungsrechtsstreits mit festsetzen zu lassen (Ahrens/*Bähr* Kap 37 Rn 21). Ein Ausspruch über die vorläufige Vollstreckbarkeit ist ausgeschlossen (§ 12 III 4). Die Veröffentlichung des Urteils kann daher erst nach Eintritt der Rechtskraft erfolgen.

223 **5. Bekanntmachung.** Die obsiegende Partei muss von der zugesprochenen Befugnis durch Beauftragung des in Betracht kommenden Mediums **selbst** Gebrauch machen (private Zwangsvollstreckung). Das angesprochene Medium ist zivilrechtlich zur Annahme des Auftrags nicht verpflichtet. Für die Bekanntmachung ordnet das Gesetz eine feste **Frist von drei Monaten ab Rechtskraft** des Urteils an (Rn 219). Geht die obsiegende Partei mit der Veröffentlichung über die ihr zugesprochene Befugnis hinaus oder macht sie von der Befugnis erst nach Ablauf der dreimonatigen Frist Gebrauch, muss sie die Kosten der Bekanntmachung selber tragen.

6. Materiell-rechtlicher Veröffentlichungsanspruch. § 12 III normiert lediglich einen **Ausschnitt** aus dem auf negatorischer (§ 8 I) oder – bei Verschulden – deliktischer (§ 823 I BGB) Grundlage bestehenden allgemeinen (materiell-rechtlichen) Bekanntmachungsanspruch zwecks Beseitigung eines andauernden Störungszustandes als Folge einer rechtswidrigen (wettbewerbswidrigen) Verletzungshandlung (Rn 213). In seinen sachlichen Voraussetzungen (Rn 214 ff) entspricht der materiell-rechtliche Veröffentlichungsanspruch weitgehend § 12 III, reicht aber weiter als dieser. Als ein dem Verletzten zustehender Anspruch ist er unabhängig von der Geltendmachung im Rahmen einer Unterlassungsklage und berechtigt den Verletzten bei Vorliegen seiner Voraussetzungen zwecks Beseitigung eines fortdauernden rechtswidrigen Störungszustands auch **ohne gerichtliche Legitimation** zur Veröffentlichung zB einer strafbewehrten Unterlassungserklärung des Verletzers oder eines gegen diesen ergangenen Urteils (BGH GRUR 67, 362, 366 – *Spezialsalz I*; BGHZ 99, 133, 136 ff = GRUR 87, 189, 191 – *Veröffentlichungsbefugnis beim Ehrenschutz*). Der Verletzte kann aber auch im Interesse einer Vorabklärung des Bestehens seines Anspruchs Klage auf **gerichtliche Zuerkennung** der Bekanntmachungsbefugnis erheben (*Köhler*/Bornkamm § 12 Rn 4.17 f; *Fezer*/*Büscher* § 12 Rn 201; *Teplitzky* Kap 26 Rn 22; vgl auch Ahrens/*Bähr* Kap 37 Rn 4). Über die Veröffentlichung, deren Art und Umfang entscheidet dann das Gericht nach Maßgabe der für den Veröffentlichungsanspruch nach § 12 III geltenden Grundsätze (Rn 222). Es kann den Verletzer zur Duldung der Veröffentlichung durch den Verletzten, aber auch zur Vornahme der Veröffentlichung durch den Verletzer selbst verpflichten (BGH aaO – *Veröffentlichungsbefugnis beim Ehrenschutz*).

IV. Streitwertbegünstigung (§ 12 IV, V)

Literatur: *Burmann,* Der Streitwert in Wettbewerbsprozessen, WRP 1973, 508; *Goldmann,* Zum Streitwert der einstweiligen Verfügung beim wettbewerbsrechtlichen Unterlassungsanspruch, WRP 2001, 240; *Herr,* Zur Streitwertfestsetzung in Wettbewerbssachen und zum Selbstverständnis der Instanzgerichte, MDR 1985, 187; *Kur,* Streitwert und Kosten im Verfahren wegen unlauteren Wettbewerbs, 1980; *M. A. Mayer,* Die Streitwertminderung nach § 12 Abs 4 UWG, WRP 2010, 1126; *Schott,* Wiederholungsgefahr und Streitwertbemessung in Wettbewerbssachen, WRP 1969, 176; *Schramm,* Streitwertberechnung im gewerblichen Rechtsschutz, GRUR 1953, 104; *Schulte,* Verurteilung zur Auskunfterteilung – Bemessung der Rechtsmittelbeschwer und Kostenstreitwert, MDR 2000, 805; *Thesen,* Zur Streitwertbemessung in Wettbewerbssachen, MDR 1984, 177; *Traub,* Der Streitwert der Verbandsklage, WRP 1982, 55; *ders,* Die UWG-Novelle 1994 und der Streitwert in Wettbewerbssachen, WRP 1995, 362; *ders,* Erhöhungsgebühr oder Streitwertaddition bei Unterlassungsklagen gegen das Unternehmen und seine Organe?, WRP 1999, 79; *Ulrich,* Der Streitwert in Wettbewerbssachen, GRUR 1984, 177; *ders,* Die UWG-Novelle 1994 und der Streitwert in Wettbewerbssachen, WRP 1995, 362.

1. Bedeutung und Anwendungsbereich. a) Allgemeines. § 12 IV betrifft allein den – auch für die Berechnung der Rechtsanwaltsgebühren maßgebenden (§§ 23, 32 RVG) – **Gebührenstreitwert,** nicht den Zuständigkeits- und Rechtsmittelstreitwert.

Allgemein regeln den Gebührenstreitwert die §§ 39–47, 51 GKG und, soweit diese nichts Abweichendes bestimmen, die §§ 3–9 ZPO (§ 48 GKG). Diese Bestim-

UWG § 12 — Gesetz gegen den unlauteren Wettbewerb

mungen werden ergänzt durch § 12 IV, der für die Bemessung des Gebührenstreitwerts eine **wettbewerbsverfahrensrechtliche Sonderregelung** trifft.

227 **b) Streitwertbegünstigung statt Streitwertminderung.** Bis zum Inkrafttreten des Gesetzes gegen unseriöse Geschäftspraktiken am 9.10.2013 (BGBl I S 3714) galt die Streitwertminderung nach § 12 IV UWG 2008, der § 23a UWG 1909 inhaltlich übernommen hatte (Vorauﬂ Rn 223). Das Gesetz gegen unseriöse Geschäftspraktiken hat nun in § 12 IV, V eine Regelung zur **Streitwertbegünstigung** aufgenommen, die bereits in Gesetzen des gewerblichen Rechtsschutzes (§ 144 PatG, § 142 MarkenG, § 26 GebrMG, § 54 GeschmMG) gilt. Die Neuregelung steht in unmittelbarem Zusammenhang mit der gleichzeitigen Neufassung des **§ 51 GKG,** durch die für das UWG eine eigenständige Wertvorschrift in das GKG eingeführt wird (unten Rn 228). § 12 IV tritt neben § 51 GKG, der für die Streitwertbegünstigung auf die wirtschaftliche Bedeutung der Sache für den Kläger bzw den Beklagten abstellt. § 12 IV wird nur dann zur Anwendung kommen, wenn trotz der Wertvorschrift des § 51 GKG im Einzelfall ein sehr hoher Streitwert festgesetzt wird (Begr BT-Drs 17/13057, S 26).

228 Eine ähnliche Regelung war durch das Gesetz vom 21.7.1965 (BGBl I S 625) als § 23a in das UWG 1909 eingeführt worden. Nachdem durch Gesetz vom 25.7.1986 (BGBl I S 1169) § 23a in § 23b umbenannt und gleichzeitig in einem neuen § 23a (= § 12 IV UWG 2008) die Möglichkeit der Streitwertherabsetzung geschaffen worden war, wurde die Vorschrift des § 23b bei der UWG-Reform 2004 wieder gestrichen. Die Einführung einer neuen Wertvorschrift zum UWG in § 51 GKG veranlasste den Gesetzgeber jedoch, die bisherige Regelung zur allgemeinen Herabsetzung des Streitwerts zugunsten einer besonderen Regelung zur Streitwertbegünstigung aufzugeben (Begr BT-Drs 17/13057, S 26). Das BVerfG hatte bereits zu § 23b UWG aF entschieden, dass eine Streitwertbegünstigung wie in der Neuregelung verfassungskonform ist (BVerfG NJW-RR 91, 1134).

229 Nach der Neuregelung der Streitwertbegünstigung wird nicht der Streitwert gemindert, sondern das Gericht kann in einem Rechtsstreit auf Antrag (V) anordnen, dass die Gerichtskosten von einer Partei nur aus einem geringeren Streitwert zu erheben sind, wenn bei der Berechnung der Prozesskosten nach dem vollen Streitwert die wirtschaftliche Lage dieser Partei erheblich gefährdet würde (Begr BT-Drs 17/13057, S 25f).

230 **c) Anwendungsbereich.** Anders als § 12 IV UWG 2008 stellt § 12 IV nicht mehr auf „Ansprüche nach § 8 Abs 1" ab, sondern lässt einen „Anspruch aus einem der in diesem Gesetz geregelten Rechtsverhältnisse" genügen. Es kommen daher nicht nur Unterlassungs- und Beseitigungsansprüche, sondern insbesondere auch Schadensersatzansprüche in Betracht.

231 **2. Zum Streitwert von Unterlassungsklagen nach § 3 ZPO.** Die Streitwertbegünstigung nach § 12 IV knüpft an die Feststellung des vollen (normalen) Streitwerts an. Dieser ist daher zunächst zu bestimmen (BGH GRUR 90, 1052, 1053 – *Streitwertbemessung*). Nach **§ 3 ZPO** ist der Streitwert nach **freiem Ermessen** festzusetzen (zu schätzen). Allerdings enthält **§ 51 GKG** seit dem 9.10.2013 (BGBl I S 3714) eine vorrangige Regelung zur Streitwertbemessung bei Ansprüchen aus dem UWG. Danach ist der Streitwert nach der sich aus dem **Antrag des Klägers** für ihn ergebenden **Bedeutung der Sache** nach Ermessen zu bestimmen, § 51 II GKG. Ist die Bedeutung der Sache **für den Beklagten erheblich geringer** zu bewerten, ist dieser angemessen zu mindern, § 51 III 1 GKG. Bietet der Sach- und Streitstand für die Bestimmung des Streitwerts hinsichtlich des Beseitigungs- oder Unterlassungsanspruchs **keine genügenden Anhaltspunkte,** ist insoweit ein **Streitwert von 1000 Euro** anzunehmen, auch wenn diese Ansprüche nebeneinander geltend gemacht werden, § 51 III 2 GKG. Im **einstweiligen Verfügungsverfahren** ist der so ermittelte Wert in der Regel unter Berücksichtigung der geringeren Bedeutung gegenüber der Hauptsache zu ermäßigen, § 51 IV GKG.

Mit diesen eigenständigen Wertvorschriften will der Gesetzgeber **strengere Maß-** 232
stäbe an die Festsetzung des Streitwerts anlegen, um den in Fällen unseriöser Geschäftspraktiken als ungerecht hoch empfundenen Gegenstandswerten, die von abmahnenden Rechtsanwälten festgesetzt werden, entgegenzuwirken (Begr BT-Drs 17/13057, S 30). Durch das Abstellen auf die Bedeutung der Sache gemäß dem klägerischen Antrag soll verhindert werden, dass bei der Festsetzung des Streitwerts Umstände einfließen, die über das konkrete Klagebegehren hinausgehen. Die Bedeutung der Sache ist **objektiv,** nicht subjektiv zu verstehen (Begr BT-Drs 17/13057, S 30; vgl auch schon BGH GRUR 77, 748, 749 – *Kaffee-Verlosung II*). Die Bedeutung der Sache für den Beklagen lässt einen Rückschluss auf die Verletzungsintensität und die Gefährdung des Klägers zu und soll als Bewertungsfaktor einer eventuell davon abweichenden höhren Bedeutung auf Klägerseite regulierend gegenüber gestellt werden (Begr aaO). Der Anfangswert von 1000 Euro ist als starre Größe einer Differenzierung nach oben oder unten je nach Lage des Falles nicht zugänglich; er soll insbesondere in Fällen des § 4 Nr 11 zur Anwendung kommen, wenn trotz Gesetzesverstoß eine Verzerrung des Wettbewerbs eher unwahrscheinlich ist, da sich ein vernünftiger Verbraucher oder sonstiger Marktteilnehmer durch den Verstoß in seiner Entscheidung über den Kauf einer Ware oder die Inanspruchnahme einer Dienstleistung nicht beeinflussen lassen wird (Begr BT-Drs 17/13057, S 30 f).

Bewertungsmaßstab für das Interesse des Klägers ist die von der Zuwiderhand- 233
lung ausgehende Gefährlichkeit, der sog *Angriffsfaktor*, der bestimmend ist für Wahrscheinlichkeit und Ausmaß künftiger Rechtsverletzungen, insbesondere für die Beeinträchtigung von Umsatz und Gewinn des Klägers. Zu berücksichtigen sind dabei vor allem Intensität und Dauer, Art und Umfang und Auswirkung der Verletzungshandlung, die Stärke der Wiederholungsgefahr, die Wahrscheinlichkeit, das Ausmaß und die Folgen künftiger Verletzungshandlungen und die Unternehmensverhältnisse des Verletzers (Umsatz, Größe, Wirtschaftskraft), die das Interesse des Klägers an der Unterbindung zukünftiger Verstöße maßgeblich mitbestimmen (*Köhler/Bornkamm* § 12 Rn 5.5; *Fezer/Büscher* § 12 Rn 205; *Teplitzky* Kap 49, Rn 5 ff, 10 ff; *Ahrens/Berneke* Kap 40 Rn 29 ff, 39 ff).

Entscheidend für die Wertfestsetzung an Hand dieser Bemessungskriterien sind stets 234
die **Umstände des Einzelfalls.** Regelstreitwerte von beispielsweise 20 000 bis 30 000 DM (OLG Braunschweig WRP 90, 487; OLG Saarbrücken WRP 96, 145) oder von 30 000 DM (OLG Schleswig SchlHA 94, 22; OLG Koblenz GRUR-RR 01, 32) sind damit grundsätzlich nicht vereinbar (*Köhler/Bornkamm* § 12 Rn 5.3; *Teplitzky* Kap 49 Rn 17; *Ahrens/Berneke* Kap 40 Rn 47 ff). Die Wertfestsetzung muss für die Berücksichtigung der erfahrungsgemäß jedem Einzelfall anhaftenden Besonderheiten offen bleiben. Bei **Verbänden** zur Förderung gewerblicher Interessen (§ 8 III Nr 2) kommt es – anders als früher (vgl BGH GRUR 77, 748, 749 – *Kaffee-Verlosung II*) – nicht mehr auf das Allgemeininteresse oder das Interesse betroffener Verbandsmitglieder an, sondern auf ein Interesse, das im Allgemeinen ebenso zu erwarten ist, wie das eines gewichteten Mitbewerbers (BGH GRUR 98, 958 – *Verbandsinteresse*). Bei **Verbraucherverbänden** (§ 8 III Nr 3) ist das satzungsgemäß verfolgte Interesse der Verbraucher, dh der Allgemeinheit, maßgebend (*Ahrens/Berneke* Kap 40 Rn 52).

Im **einstweiligen Verfügungsverfahren** ist der Streitwert in der Regel unter Be- 235
rücksichtigung der geringeren Bedeutung gegenüber der Hauptsache zu ermäßigen, § 51 IV GKG. Er kann nicht höher sein als der des Klageverfahrens, sollte aber in der Regel niedriger als der Streitwert einer entsprechenden Klage festgesetzt werden, da der Antrag auf Erlass einer einstweiligen Verfügung nur auf vorläufige Sicherung des Antragstellers gerichtet ist, nicht auf die Durchsetzung des Antrags selbst (KG WRP 05, 368, 369: Abschlag von einem Drittel). Die Praxis verfährt nicht einheitlich. Die Auffassungen schwanken zwischen einer Zugrundelegung des vollen Werts und einem Abschlag von zwei Dritteln (vgl *Köhler/Bornkamm* § 12 Rn 5.12; *Teplitzky* Kap 49 Rn 26 f; *Ahrens/Schmuckle* Kap 54, Rn 36). Teilweise wird der Wert

der Hauptsache dem Verfügungsverfahren zugrunde gelegt, wenn zu erwarten steht, dass das Verfügungsverfahren zur endgültigen Beilegung des Streits der Parteien führt (vgl zB OLG Köln WRP 00, 650; dagegen *Teplitzky* Kap 49 Rn 27).

236 **3. Streitwertbegünstigung im Lauterkeitsrecht. a) Voraussetzungen.** Die Streitwertbegünstigung nach § 12 IV setzt voraus, dass die Belastung mit den Prozesskosten nach dem vollen Streitwert die **wirtschaftliche Lage** einer Partei **erheblich gefährden würde**. Das erfordert mehr als eine „nicht tragbare Belastung" iSd bisherigen § 12 IV UWG 2008 (vgl Voraufl Rn 233). Der Gesetzgeber wollte angesichts der ohnehin nach § 51 II, III GKG bestehenden Minderungsmöglichkeit in § 12 IV nur eine **Härteregelung** für Fälle wirtschaftlich unterschiedlich starker Parteien, wie etwa einem Großunternehmen auf der einen und einem kleinen Einzelhändler auf der anderen Seite, treffen (Beg BT-Drs 17/13057, S 26).

237 Allgemeine wirtschaftliche Schwierigkeiten der Parteien genügen nicht, wobei neben zumutbaren Kreditaufnahmemöglichkeiten (Benkard/*Rogge*/Grabinski, 10. Aufl § 144 PatG Rn 6; *Ingerl/Rohnke* 3. Aufl § 142 MarkenG Rn 18) auch durchsetzbare Erstattungsansprüche gegenüber Dritten, wie Vorlieferanten oder Auftraggeber, zu berücksichtigen sind (*Ingerl/Rohnke* aaO). Die wirtschaftliche Lage einer vermögenslosen und ohnehin nicht mehr tätigen juristischen Person kann durch die Belastung mit Prozesskosten nicht mehr „erheblich gefährdet werden" (BGH GRUR 53, 284 – *Kostenbegünstigung I* zum PatG); anders kann dies aber bei einer vermögenslosen natürlichen Person oder einer noch tätigen Personengesellschaft sein (GK[1]/ *Jestaedt* § 23b Rn 11; Benkard/*Rogge*/Grabinski aaO). Die Aussichten der beabsichtigten Rechtsverfolgung oder –verteidigung sind dagegen völlig unerheblich, da es hier nicht um Prozesskostenhilfe nach § 114 I ZPO geht (*Ingerl/Rohnke* § 142 Rn 19).

238 **b) Verfahren.** Die Streitwertbegünstigung erfordert einen **Antrag** der betroffenen Partei, in dem sie **glaubhaft** macht (§ 294 ZPO), dass die Belastung mit den Prozesskosten nach dem vollen Streitwert ihre wirtschaftliche Lage erheblich gefährden würde, § 12 IV 1. Dieser Antrag kann vor der Geschäftsstelle des Gerichts zur Niederschrift erklärt werden und muss vor der Verhandlung zur Hauptsache angebracht werden, § 12 V 1, 2. Danach ist er nur zulässig, wenn der angenommene oder festgesetzte Streitwert später durch das Gericht heraufgesetzt wird, § 12 V 3. Dem Gegner ist vor der Entscheidung über den Antrag rechtliches Gehör zu gewähren, § 12 V 4. Die Entscheidung ergeht durch Beschluss, der nach § 329 ZPO zu begründen und zuzustellen ist. Über die Frage der Streitwertbegünstigung ist in jeder Instanz erneut zu entscheiden, da sie sich, wie auch die Streitwertfestsetzung, stets nur auf eine Instanz bezieht. Die Wertfestsetzung kann vom festsetzenden Gericht und vom Rechtsmittel- (Berufungs-, Revisions-, Beschwerde-)Gericht **von Amts wegen geändert** werden, wenn die Vorinstanz die Voraussetzungen der Streitwertminderung zu Unrecht bejaht oder verneint hat (§ 63 III GKG). Die Beschwerde gegen den Festsetzungsbeschluss ist eröffnet, wenn der Wert der Beschwer 200 EUR übersteigt (§ 68 GKG).

239 Im **Verfügungsverfahren** kann der Antrag bis zur mündlichen Verhandlung über den Widerspruch gestellt werden; bei einer Beschlussverfügung innerhalb angemessener Frist nach der Streitwertfestsetzung (vgl OLG Hamburg WRP 85, 281; KG WRP 82, 530). Treten die Anordnungsvoraussetzungen **erst während des Verfahrens** durch grundlegende Verschlechterung der wirtschaftlichen Lage einer Partei ein, so kann der Antrag **analog § 12 V 3** auch noch nach Verhandlung zur Hauptsache innerhalb angemessener Frist seit der Verschlechterung gestellt werden (Benkard/ *Rogge*/Grabinski § 144 PatG Rn 11; *Ingerl/Rohnke* § 142 MarkenG Rn 26).

240 **c) Folgen.** Bei Anordnung der Streitwertbegünstigung sind die **Gerichtskosten** von der begünstigten Partei nur aus dem geringeren Streitwert zu entrichten, § 12 IV 1. Zugleich muss die Partei auch die Gebühren ihres **Anwalts** nur aus dem geringeren Streitwert entrichten, § 12 IV 2 Nr 1, und hat die Kosten der **Gegenseite** nur in der Höhe zu erstatten, wie sie bei dem niedrigeren Streitwert entstanden wären, § 12 IV 2 Nr 2. Auf die **Kostentragungspflicht der Gegenseite** sowohl gegenüber ihrem Anwalt als auch gegenüber dem Gericht hat die Anordnung dagegen **keine Auswirkung,** sodass bei Obsiegen der begünstigten Partei deren Anwalt von der Gegenseite die Erstattung der ungekürzten Gebühren verlangen kann, § 12 IV 2 Nr 3.

V. Zwangsvollstreckung

Literatur: *Borck,* Die Vollziehung und die Vollstreckung von Unterlassungstiteln, WRP 1993, 374; *Graf v. d. Groeben* Zuwiderhandlungen gegen die einstweilige Verfügung zwischen Verkündung und Vollziehung des Unterlassungstitels, GRUR 1999, 674; *Köhler,* Grenzen der Mehrfachklage und Mehrfachvollstreckung im Wettbewerbsrecht, WRP 1992, 359; *König,* Verfolgungsverjährung im Ordnungsmittelverfahren und Rückzahlung von Ordnungsgeld durch die Landeskasse, WRP 2003, 204; *Lackermeier,* Das Ordnungsgeld und der Grundsatz der Verhältnismäßigkeit, WRP 1999, 1065.

1. Zwangsvollstreckung aus Unterlassungstiteln. a) Voraussetzungen. Zur 241 **Unterlassungsvollstreckung** nach § 890 ZPO bedarf es eines vollstreckbaren Unterlassungstitels (des Vollstreckungstitels) nebst der gerichtlichen Androhung von Ordnungsmitteln und der Zustellung von Titel und Androhung. Voraussetzung ist eine schuldhafte Zuwiderhandlung des Schuldners gegen das Unterlassungsgebot.

b) Vollstreckbarer Unterlassungstitel. Vollstreckungstitel sind rechtskräftige 242 oder für vorläufig vollstreckbar erklärte (Unterlassungs-)Urteile (§ 704 I ZPO), **Unterlassungsverfügungen** (Urteils-, Beschlussverfügungen), die ohne Ausspruch zur Vollstreckbarkeit ohne weiteres vollstreckbar sind, ferner **Vergleiche** iS des § 794 I Nr 1 ZPO und des § 15 VII 2 UWG sowie Entscheidungen, die Schiedssprüche für vorläufig vollstreckbar erklären (§ 794 I Nr 4a ZPO). Aus einem Titel, der nur gegen Sicherheitsleistung vollstreckbar ist, darf erst vollstreckt werden, wenn die Sicherheit geleistet ist (§ 751 II ZPO). Eine Ahndung von Zuwiderhandlungen in der Zeit vor Erbringung der Sicherheitsleistung scheidet daher aus (OLG München GRUR 90, 638).

c) Androhung von Ordnungsmitteln. Die Festsetzung eines Ordnungsmittels 243 gegen den Titelschuldner setzt voraus, dass **zuvor** eine entsprechende **Androhung** ergangen ist, § 890 II ZPO (so Rn 241). Diese kann – auf Antrag des Gläubigers – bereits im Unterlassungstitel ausgesprochen werden. Dessen Zustellung ist noch keine Vollstreckungshandlung. Die Zwangsvollstreckung beginnt in diesem Falle erst mit der Festsetzung des Ordnungsmittels.

Enthält der Titel keine Androhung, muss der Gläubiger darauf besonders antragen, 244 um aus dem Titel vollstrecken zu können (§ 890 II ZPO). Die Entscheidung über den Antrag ergeht nach vorheriger Anhörung des Schuldners (§ 891 Satz 2 ZPO) durch Beschluss (§ 891 Satz 1 ZPO), auch wenn mündlich verhandelt worden ist (§ 128 IV ZPO). Mit der Androhung des Ordnungsmittels beginnt die Zwangsvollstreckung (BGH GRUR 79, 121, 122 – *Verjährungsunterbrechung*), so dass in diesem Zeitpunkt die allgemeinen Voraussetzungen der Zwangsvollstreckung, insbesondere die Zustellung des Vollstreckungstitels und die Erteilung der Vollstreckungsklausel, vorliegen müssen (§§ 750 ff ZPO).

Über den Antrag nach § 890 II ZPO entscheidet das erstinstanzliche Prozessge- 245 richt. Vor dem Landgericht unterliegt der Antrag dem **Anwaltszwang.** Die Antragstellung erfordert nicht, dass eine Zuwiderhandlung droht oder bereits begangen ist. Art und Höchstmaß des angedrohten Ordnungsmittels müssen im Beschluss **bestimmt bezeichnet** werden (BGH GRUR 95, 744, 749 – *Feuer, Eis und Dynamit I;* BGHZ 156, 335, 340 = GRUR 04, 264, 265 – *Euro-Einführungsrabatt*). Die kumula-

UWG § 12

tive Androhung von Ordnungsgeld und Ordnungshaft ist unzulässig aber unschädlich (BGH aaO – *Euro-Einführungsrabatt*). Die Androhung von Ersatzordnungshaft spricht das Gericht von Amts wegen aus, auch wenn der Gläubiger insoweit keinen Antrag gestellt hat. Der Beschluss unterliegt der sofortigen Beschwerde (BGH GRUR 79, 121, 122 – *Verjährungsunterbrechung;* GRUR 91, 929, 931 – *Fachliche Empfehlung II*).

246 **d) Zuwiderhandlung.** Ein Ordnungsmittel kann nur verhängt werden, wenn der Titelschuldner dem Unterlassungsgebot trotz Ordnungsmittelandrohung **schuldhaft zuwidergehandelt** hat. Ob das Vorgehen in den Bereich des Verbotsausspruchs fällt, muss ggf die **Auslegung des Titels** unter Heranziehung der das Verbot tragenden Gründe und, soweit erforderlich, auch unter Heranziehung des Parteivorbringens ergeben (BGH GRUR 89, 445 – *Professorenbezeichnung in der Arztwerbung I* GRUR 92, 525, 526 – *Professorenbezeichnung in der Arztwerbung II*). Enthält das Verbot wie bei Versäumnis- und Anerkenntnisurteilen oder Beschlussverfügungen keine Begründung, steht zur Ermittlung seines Sinngehalts neben der Urteilsformel allein der Vortag der Parteien zur Verfügung (BGHZ 124, 164, 166 = NJW 94, 460). Erfasst das Verbot über die konkrete Verletzungsform hinaus auch kerngleiche Handlungen (Rn 63, 94; § 8 Rn 8, 25, 52), bedarf es ggf der Abgrenzung dieser von den nur kernähnlichen Handlungen, auf die sich das Verbot nicht erstreckt (BGH WRP 89, 572, 574 – *Bioäquivalenz-Werbung*). Der Verbotsbereich muss zweifelsfrei feststehen. Ob die Handlung ihm unterfällt, darf nicht offen bleiben. Mehrere Einzelhandlungen können eine **natürliche Handlungseinheit** bilden oder sich auch zu einer rechtlichen Einheit zusammenfassen lassen. Auf die früher herangezogene Rechtsfigur des Fortsetzungszusammenhangs kann aber nicht mehr abgestellt werden (vgl Rn 38).

247 Die Festsetzung eines Ordnungsmittels wegen Verstoßes gegen das Unterlassungsgebot setzt ein **Verschulden** (Vorsatz oder Fahrlässigkeit) des **Titelschuldners selbst** voraus. Es muss sich also um ein *eigenes* Verschulden des Schuldners handeln (vgl BVerfG NJW 91, 3139; BGH GRUR 87, 648, 649 – *Anwalts-Eilbrief*). Verschulden der Organe (der verfassungsmäßigen Vertreter) ist Verschulden der juristischen Person bzw der Gesellschaft, auch soweit es sich um ein organisatorisches Verschulden handelt (BGH GRUR 91, 929, 931 *Fachliche Empfehlung II*). Für das Verschulden von **Erfüllungsgehilfen** (§ 278 BGB) oder von Verrichtungsgehilfen iS des § 831 BGB oder von Mitarbeitern und Beauftragten (§ 8 II) hat der Schuldner **nicht** einzustehen. Er muss aber sein Verhalten so einrichten, dass es zu künftigen Verletzungsverhandlungen nicht kommen kann. Dazu gehört, dass er seine Mitarbeiter, zB die für ihn tätigen Handelsvertreter oder Werbeagenturen ggf schriftlich und unter Androhung von Sanktionen unterweist und überwacht und die Fortsetzung einer verbotenen Werbung unterbindet, beispielsweise durch Rückruf und Vernichtung von Werbematerial oder Einstellung des Warenvertriebs (OLG Zweibrücken WRP 89, 63, 64; GRUR 00, 921; OLG Hamburg GRUR 89, 150, 151; KG GRUR 89, 707; 98,627, 628; OLG Frankfurt WRP 92, 185, 186; OLG Nürnberg WRP 99, 1184, 1185; *Köhler/Bornkamm* § 12 Rn 6.7; *Fezer/Büscher* § 12 Rn 392; *Teplitzky* Kap 57 Rn 26; *Ahrens/Spätgens* Kap 64 Rn 70). Überhaupt muss er alles unterlassen, was zu einem erneuten Verstoß führen kann und alles Zumutbare tun, um weitere Zuwiderhandlungen zu verhindern. Vermeidbare Unkenntnis des Verbots oder ein vermeidbarer Verbotsirrtum entlasten den Schuldner nicht (vgl Ahrens/*Spätgens* Kap 64 Rn 72, 73).

248 Die **Beweislast** für Zuwiderhandlung und Verschulden trifft den Gläubiger (OLG Nürnberg WRP 99, 1184, 1185; *Teplitzky* Kap 57 Rn 28). Jedoch trifft den Schuldner eine Darlegungslast für entlastende Umstände aus seinem internen Geschäftsbereich, die sich der Kenntnis des Gläubigers entziehen (vgl OLG Düsseldorf WRP 93, 326, 327; OLG Nürnberg aaO).

249 **e) Festsetzung des Ordnungsmittels.** Voraussetzung ist ein **Antrag des Gläubigers.** Zuständig ist das Gericht der ersten Instanz, § 890 I 1 ZPO. Es besteht **Anwaltszwang.** Das Gericht entscheidet nach Anhörung des Schuldners durch Beschluss (§ 891 Satz 1, 2 ZPO), der zu begründen und zuzustellen ist (§ 329 III ZPO). Das **Rechtsschutzbedürfnis** fehlt dem Antrag nicht deshalb, weil der Gläubiger den Schuldner wegen desselben Verstoßes auf Zahlung von Vertragsstrafe in Anspruch nehmen kann (OLG Karlsruhe WRP 96, 445, 447).

Die **Auswahl des Ordnungsmittels** nach Art und Höhe trifft das Gericht unter 250 Beachtung des Grundsatzes der **Verhältnismäßigkeit** nach pflichtgemäßem Ermessen. Dabei ist auf den Zweck des Ordnungsmittels abzustellen, den begangenen Verstoß zu sanktionieren und künftige Zuwiderhandlungen zu verhindern (BGHZ 156, 335, 349 = GRUR 04, 264, 267 f – *Euro-Einführungsrabatt*). Unverhältnismäßig wäre es, Ordnungshaft festzusetzen, wenn die Verhängung von Ordnungsgeld ausreichte. Zu berücksichtigen bei der Festsetzung sind insbesondere Art, Umfang und Dauer des Verstoßes, der **Verschuldensgrad,** der Vorteil des Verletzers aus der Verletzungshandlung und die Gefährlichkeit der begangenen und möglicher künftiger Verletzungshandlungen für den Verletzten (vgl BGH GRUR 94, 146, 147 – *Vertragsstrafebemessung;* BGH aaO – *Euro-Einführungsrabatt*). Ist ein Ordnungsgeld festzusetzen, bildet der Streitwert des Unterlassungsrechtsstreits dafür keinen Maßstab. Mitbestimmend sind aber die wirtschaftlichen Verhältnisse des Schuldners. Wiederholungsfälle rechtfertigen einschneidendere Sanktionen. Ersatzordnungshaft kann auch gegen juristische Personen und gegen Gesellschaften festgesetzt werden. Zu vollziehen ist sie an den Organen und verfassungsmäßigen Vertretern, **sofern** diesen ein **persönliches Verschulden** zur Last fällt (BGH GRUR 91, 929, 931 – *Fachliche Empfehlung II*).

Die **Kosten** des Festsetzungsverfahrens hat der Schuldner zu tragen (§ 891 Satz 3 251 iVm §§ 91 ff ZPO). Kostenfestsetzung und -beitreibung: § 788 I, II ZPO.

f) Einstweilige Einstellung der Zwangsvollstreckung. Die **Einstellung der** 252 **Zwangsvollstreckung** ist unter den Voraussetzungen der §§ 719, 707 ZPO möglich, in der Revisionsinstanz (§ 719 II ZPO) aber nur, wenn in der Berufungsinstanz ein Vollstreckungsschutzantrag nach § 712 ZPO gestellt war oder hätte gestellt werden können oder wenn die Einstellungsgründe erst nach der letzten mündlichen Verhandlung vor dem Berufungsgericht hervorgetreten sind oder die Stellung eines Vollstreckungsschutzantrags nicht zumutbar war (BGH GRUR 91, 159 – *Zwangsvollstreckungseinstellung;* GRUR 91, 943 – *Einstellungsbegründung;* GRUR 92, 65 – *Fehlender Vollstreckungsschutzantrag I;* GRUR 96, 512 – *Fehlender Vollstreckungsschutzantrag II*). Im Übrigen kommt es für die Begründung des Einstellungsantrags darauf an, ob dem Schuldner ein nicht zu ersetzender Nachteil droht und ein überwiegendes Interesse des Gläubigers der Einstellung nicht entgegensteht (§ 719 II 1 ZPO). Ist der Schuldner zur Unterlassung oder Auskunftserteilung verurteilt worden, ist es grundsätzlich kein unersetzlicher Nachteil, wenn die Vollstreckung das Prozessergebnis vorwegnehmen würde (GRUR 96, 78, 79 – *Umgehungsprogramm*).

g) Verjährung. Für die Verjährung von Ordnungsmitteln gelten die Regelungen 253 des **Art 9 EGStGB** sowohl hinsichtlich der Festsetzung von Ordnungsgeld und Ordnungshaft (Art 9 I) als auch hinsichtlich der Vollstreckung (Art 9 II). Die **Verjährungsfrist** beträgt jeweils **zwei Jahre**. Hinsichtlich der Festsetzung beginnt sie mit der Beendigung der Zuwiderhandlung. Nach Ablauf der Verjährungsfrist ist eine Festsetzung von Ordnungsmitteln nicht mehr zulässig. Die Vollstreckung setzt also einen innerhalb der zweijährigen Frist rechtskräftig gewordenen Festsetzungsbeschluss voraus. Die Verjährung der Vollstreckung beginnt, sobald das Ordnungsmittel vollstreckbar geworden ist. In beiden Fällen des Art 9 EGStGB ist die Verjährung **von Amts wegen** zu beachten.

h) Fortfall des Unterlassungstitels. Kommt der Vollstreckungstitel **mit rück-** 254 **wirkender Kraft** in Wegfall, zB durch Klage- oder Rechtsmittelrücknahme, Abweisung der Klage, Aufhebung nach §§ 936, 926 II ZPO, ist von diesem Zeitpunkt ab jede weitere Vollstreckung aus ihm unzulässig. Der Vollstreckungstitel ist aufzuheben

(§§ 775 Nr 1, 776 ZPO), ebenso ein (auch rechtskräftiger) Ordnungsmittelbeschluss, der durch den Wegfall des Vollstreckungstitels seine Grundlage verloren hat, selbst wenn das Ordnungsgeld bereits gezahlt ist. Dieses ist von der Staatskasse an den Schuldner zurückzuzahlen (OLG Hamm WRP 90 423, 424; OLG Köln GRUR 92, 476, 477; *Köhler*/Bornkamm § 12 Rn 6.17; Fezer/*Büscher* § 12 Rn 419). Aber auch wenn der Titel mit Wirkung nur **für die Zukunft** entfällt, zB in den Fällen der *übereinstimmenden* und uneingeschränkten Erledigungserklärung, der Aufhebung nach §§ 936, 927 ZPO oder des Prozessvergleichs ist jede weitere Vollstreckung unzulässig, auch wenn die Zuwiderhandlung vor dem Fortfall des Titels begangen worden ist (BGHZ 156, 335, 342 = GRUR 04, 264, 266 – *Euro-Einführungsrabatt* mwN auch zur Gegenmeinung). Der Gläubiger kann aber eine Erledigungserklärung auf die Zeit nach dem erledigenden Ereignis beschränken. In diesem Fall bleibt der Vollstreckungstitel als Grundlage für die Festsetzung von Ordnungsmitteln wegen zuvor begangener Verstöße erhalten (BGH aaO – *Euro-Einführungsrabatt*). Ob das gewollt war, muss ggf durch Auslegung ermittelt werden (BGH aaO – *Euro-Einführungsrabatt*). Dagegen kann ein Unterlassungstitel auch nach *einseitiger* Erledigungserklärung noch wirksame Grundlage eines Ordnungsmittelfestsetzungsbeschlusses bleiben (BGH WRP 12, 829 Rn 9 – *Ordnungsmittelfestsetzung nach einseitiger Erledigungserklärung*).

255 **2. Zwangsvollstreckung aus anderen Unterlassungstiteln.** Bei Titeln, die ein **Handlungsgebot** enthalten (Beseitigungstitel, Widerrufstitel, Titel auf Auskunft und Rechnungslegung, Titel auf Abgabe einer Willenserklärung), erfolgt die Vollstreckung nicht nach § 890 ZPO wie bei Unterlassungstiteln, sondern nach den §§ 887, 888 ZPO bzw – bei der Verpflichtung zur Abgabe einer Willenserklärung, zB bei der Verurteilung zur Einwilligung in die Löschung einer Registereintragung – nach § 894 ZPO.

256 § 887 ZPO betrifft die Zwangsvollstreckung zwecks Durchsetzung der Verpflichtung zur Vornahme **vertretbarer Handlungen,** dh von Handlungen, die von Dritten selbstständig ohne Mitwirkung des Schuldners vorgenommen werden können, zB die Beseitigung einer Werbetafel, die Vernichtung von Werbematerial usw. Einzige Voraussetzung für den **Ermächtigungsbeschluss** nach § 887 I ZPO ist die Nichterfüllung der Verpflichtung durch den Schuldner. Das Gericht (Prozessgericht erster Instanz) entscheidet auf Antrag des Gläubigers durch Beschluss (§ 891 Satz 1 ZPO). Es besteht **Anwaltszwang,** wenn Prozessgericht erster Instanz das Landgericht ist. Der Beschluss ist Vollstreckungstitel nach § 794 I Nr 3 ZPO. Bedarf es zur Vornahme der Handlung der Zustimmung eines Dritten, muss diese bei Erlass des Ermächtigungsbeschlusses vorliegen (Zöller/*Stöber* § 887 Rn 7).

257 Bei Handlungen, die ausschließlich vom Willen des Schuldners abhängen **(unvertretbare Handlungen),** aber trotz Möglichkeit der Vornahme vom Schuldner nicht vorgenommen werden, findet die Zwangsvollstreckung im Wege des **Beugezwangs** statt (§ 888 ZPO). Das betrifft ua die Ansprüche auf Abgabe einer Widerrufserklärung (vgl § 8 Rn 83) sowie auf Auskunftserteilung und Rechnungslegung (Zöller/*Stöber* § 888 Rn 3). Nur wenn Auskunft und Rechnungslegung ohne Mitwirkung des Schuldners auch von einem Dritten erteilt bzw vorgenommen werden können, zB durch einen Buchsachverständigen, findet die Vollstreckung nicht nach § 888, sondern nach § 887 ZPO statt. Der Schuldner kann die Zwangsvollstreckung jederzeit durch Vornahme der geschuldeten Handlung abwenden.

§ 13 Sachliche Zuständigkeit

(1) ¹Für alle bürgerlichen Rechtsstreitigkeiten, mit denen ein Anspruch auf Grund dieses Gesetzes geltend gemacht wird, sind die Landgerichte ausschließlich zuständig. ²Es gilt § 95 Absatz 1 Nummer 5 des Gerichtsverfassungsgesetzes.

Sachliche Zuständigkeit **§ 13 UWG**

(2) ¹Die Landesregierungen werden ermächtigt, durch Rechtsverordnung für die Bezirke mehrerer Landgerichte eines von ihnen als Gericht für Wettbewerbsstreitsachen zu bestimmen, wenn dies der Rechtspflege in Wettbewerbsstreitsachen, insbesondere der Sicherung einer einheitlichen Rechtsprechung, dienlich ist. ²Die Landesregierungen können die Ermächtigung auf die Landesjustizverwaltungen übertragen.

Inhaltsübersicht

	Rn
A. Ausschließliche Zuständigkeit der Landgerichte (§ 13 I)	1
I. Umfang der Zuständigkeit	1
II. Umfang der Zuständigkeitsprüfung	3
B. Funktionelle Zuständigkeit der Kammer für Handelssachen (§ 13 I 2)	6
C. Konzentrationsermächtigung (§ 13 II)	8
D. Arbeitsgerichte	9

Literatur: *Asendorf,* Wettbewerbs- und Patentsachen vor Arbeitsgerichten?, GRUR 1990, 229; *Brandi-Dohrn,* Die Zuständigkeit der Kammer für Handelssachen bei mehrfacher Klagebegründung, NJW 1981, 2453; *Bumiller,* Zur Zuständigkeit der Sozialgerichte für kartellrechtliche Streitigkeiten, GRUR 2000, 484; *Fischer,* Der Rechtsweg zu den Arbeitsgerichten in UWG-Sachen, DB 1998, 1182; *Gaul,* Das Zuständigkeitsverhältnis der Zivilkammer zur Kammer für Handelssachen bei gemischter Klagehäufung und handelsrechtlicher Widerklage, JZ 1984, 57; *Goldbeck,* Zur Ermittlung des sachlich zuständigen Berichts bei der Vertragsstrafeklage wettbewerbsrechtlichen Ursprungs, WRP 2006, 37; *Hess,* Vertragsstrafenklage und wettbewerbsrechtliche Gerichtszuständigkeit, FS Ullmann, 2006, S 927; *Lindacher,* Streitwertunabhängige landgerichtliche Zuständigkeit für Vertragsstrafeklagen, FS Ullmann, 2006, S 977; *Rieble,* Vertragsstrafklage und gerichtliche Zuständigkeit, JZ 2009, 716.

A. Ausschließliche Zuständigkeit der Landgerichte (§ 13 I)

I. Umfang der Zuständigkeit

§ 13 I begründet für die Geltendmachung von Ansprüchen aus dem UWG unabhängig von der Höhe des Streitwerts eine **ausschließliche Zuständigkeit der Landgerichte.** Die Zuständigkeit der Amtsgerichte für Streitigkeiten mit einem Streitwert bis zu 5000 € (§ 23 I Nr 1 GVG), wie sie für Wettbewerbsstreitsachen bis zur UWG-Reform von 2004 noch bestand (vgl § 27 I 1 aF), ist entfallen. 1

Die Zuständigkeitsregelung des § 13 I 1 erfasst **alle bürgerlichen Rechtsstreitigkeiten,** mit denen „ein Anspruch auf Grund dieses Gesetzes" geltend gemacht wird. **Dazu zählen** die Unterlassungs- und Beseitigungsansprüche aus § 8 I und II, der Schadensersatzanspruch aus § 9, der Gewinnabschöpfungsanspruch aus § 10 und die mit dieser Vorschrift in Zusammenhang stehenden Ansprüche (§ 10 II 2, III, IV 2), der Abmahnkostenerstattungsanspruch (§ 12 I 2), die Hilfsansprüche auf Auskunft, Rechnungslegung und Besichtigung, soweit sie der Vorbereitung und Durchsetzung von UWG-Ansprüchen dienen (vgl § 9 Rn 39ff), sowie der Anspruch auf Drittauskunft (vgl § 9 Rn 41ff). Unter § 13 I 1 fallen **auch vertragliche Unterlassungsansprüche,** Ansprüche aus Vergleichen und Ansprüche auf Zahlung von **Vertragsstrafe** (Fezer/*Büscher* § 13 Rn 7; MüKoUWG/*Ehricke* § 13 Rn 10; *Goldbeck,* WRP 06, 37; *Lindacher,* FS Ullmann, S 977, 978f; aA OLG Rostock GRUR-RR 05, 176; Ahrens/*Bähr* Kap 17 Rn 37; Gloy/Loschelder/Erdmann/*Spätgens* § 85 Rn 7; Harte/Henning/*Retzer* § 13 Rn 9; Köhler/Bornkamm § 13 Rn 2; *Hess,* FS Ullmann, S 927, 934ff; *Rieble* JZ 09, 716; offengelassen in BGH GRUR 12, 730 Rn 23 – *Bauheizgerät*). Diese Ansprüche sind zwar keine gesetzlichen, sondern vertragliche, doch wurzeln sie letztlich im UWG, sodass nichts hindert, sie als Ansprüche „auf Grund dieses 2

Gesetzes" nach § 13 I 1 anzusehen. Diese Sichtweise entspricht zudem dem erklärten Willen des Gesetzgebers (BT-Drucks 15/1487, S 36, 44), der einen „inhaltlichen Gleichklang" mit § 140 I MarkenG, § 15 I GeschmMG, § 27 I GebrMG, § 143 I PatG und § 6 I UKlaG herstellen wollte, worunter – trotz geringfügig abweichenden Wortlauts – auch Vertragsstrafeansprüche und Ansprüche aufgrund rechtsgeschäftlicher Erklärungen und Vereinbarungen über die jeweiligen Rechte fallen. Schließlich entspricht dies auch dem Zweck des § 13 I, die Sachkunde und Erfahrung der Landgerichte (Kammern für Handelssachen) zu nutzen und die Amtsgerichte zu entlasten. Zwar muss vordergründig „nur" eine vertragliche Vereinbarung angewandt werden, doch oftmals erfordert dies eine Auslegung zur Bestimmung der Reichweite eines Unterlassungsanspruchs oder eines Vertragsstrafeversprechens, womit dann doch wieder lauterkeitsrechtliche Fragen verbunden sind.

II. Umfang der Zuständigkeitsprüfung

3   Das Gericht prüft den geltend gemachten prozessualen Anspruch grundsätzlich **unter allen** in Betracht kommenden **rechtlichen Gesichtspunkten.** Kommen neben den materiell-rechtlichen Ansprüchen aus den §§ 8 und 9 auch außerwettbewerbsrechtliche Ansprüche in Frage, unterfallen prinzipiell auch diese seiner Prüfung (vgl BGHZ 153, 173, 176 ff = NJW 03, 828, 829 f). Sofern kein Vorrang einer anderen Zuständigkeit besteht (vgl § 88 GWB), steht dem vom Kläger ausgewählten (vgl § 35 ZPO) Wettbewerbsgericht die Prüfungs- und Entscheidungskompetenz auch hinsichtlich solcher materiell-rechtlichen Anspruchsgrundlagen zu, für die an sich die ausschließliche Zuständigkeit eines anderen Gerichts gegeben ist. Das ist in Wettbewerbsstreitsachen vor allem dann von Bedeutung, wenn dem prozessualen Anspruch außer Ansprüchen nach den §§ 8 und 9 beispielsweise auch marken- oder kennzeichenrechtliche oder urheber- oder geschmacksmusterrechtliche Ansprüche zu Grunde liegen.

4   Anders verhält es sich in Fällen der **Klagenverbindung (objektiven Klagenhäufung).** Hier muss das Wettbewerbsgericht, soweit für einen oder mehrere der verschiedenen prozessualen Ansprüche (Streitgegenstände) seine Zuständigkeit nicht gegeben ist, die Zuständigkeit anderer Gerichte beachten, dh es muss eine **Klagentrennung** vornehmen (§ 145 ZPO) und auf Antrag des Klägers die Sache, für die es keine Zuständigkeit besitzt, an das dafür zuständige Gericht **verweisen** (§ 281 ZPO) oder, sofern der Kläger den Verweisungsantrag nicht stellt, die Klage als **unzulässig abweisen.** Durch Prorogation oder rügelose Einlassung kann anstelle einer ausschließlichen eine anderweite Zuständigkeit nicht begründet werden (§ 40 II Satz 1 Nr 2, Satz 2 ZPO).

5   Die im Wege der **Zuständigkeitskonzentration nach § 13 II** begründete Zuständigkeit ist eine ausschließliche. An das danach zuständige Gericht muss das unzuständige verweisen. Das gilt für die Fälle § 13 II ebenso wie für § 140 II MarkenG, § 105 UrhG, § 52 II, III GeschmMG, § 143 II PatentG und § 27 II GebrMG. Hat das Gericht seine sachliche Zuständigkeit zu Unrecht bejaht, kann die Berufung darauf nicht gestützt werden, § 513 II ZPO geht § 529 II 1 ZPO insoweit vor. Hat es sie *verneint,* ist die Berufung zulässig. Das Revisionsgericht überprüft die Frage der Zuständigkeit des erstinstanzlichen Gerichts – abgesehen von der Frage der internationalen Zuständigkeit – in keinem Falle (§ 545 II ZPO).

B. Funktionelle Zuständigkeit der Kammer für Handelssachen (§ 13 I 2)

§ 13 I 2 ist eine Vorschrift **ohne eigenständigen Regelungsgehalt**. Wettbe- 6
werbsstreitsachen sind Handelssachen auch ohne die in dieser Vorschrift enthaltene Bezugnahme (§ 95 I Nr 5 GVG).

Für Handelssachen sind im Rahmen der Zuständigkeit des Landgerichts die **Kam-** 7
mern für Handelssachen zuständig. Es handelt sich dabei um einen Fall gesetzlich geregelter Geschäftsverteilung, nicht um eine Regelung der sachlichen Zuständigkeit (BGHZ 63, 214, 217 = NJW 75, 450, 451; BGHZ 71, 264, 267 = NJW 78, 1531). Die Zuständigkeit der Kammer für Handelssachen setzt voraus, dass der Kläger oder der Beklagte die Verhandlung vor ihr nach Maßgabe der §§ 96, 98, 101 GVG beantragt und eine Verweisung von Amts wegen an die Zivilkammer (§§ 97, 99 GVG) nicht erfolgt. Die Kammer für Handelssachen prüft den geltend gemachten einheitlichen prozessualen Anspruch unter allen materiell-rechtlichen Gesichtspunkten, auf die die Klage gestützt ist (vgl Rn 3), auch soweit es sich um Anspruchsgrundlagen handelt, die – wie rein vertragliche oder deliktische Ansprüche, die nicht auf Grund des UWG geltend gemacht werden – an sich vor die Zivilgerichte gehören. Werden aber solche Ansprüche im Wege der **Klagenhäufung** verfolgt, muss die Kammer für Handelssachen, sofern die Voraussetzungen der §§ 97, 99 GVG vorliegen, eine **Klagentrennung** vornehmen und Teilverweisung an die Zivilkammer aussprechen, wenn nicht das Vorliegen einer Handelssache aus anderen Gesichtspunkten folgt, zB aus der Kaufmannseigenschaft des Beklagten (§ 95 I Nr 1 GVG).

C. Konzentrationsermächtigung (§ 13 II)

§ 13 II hat die Konzentrationsermächtigung des § 27 II aF wörtlich übernommen. 8
Von ihr ist bislang nur in Sachsen (GVBl 1999, S 281; GVBl 2000 S 411, 539) und in Mecklenburg-Vorpommern (GVBl 2001, S 499) Gebrauch gemacht worden.

D. Arbeitsgerichte

Zur Zuständigkeit der Arbeitsgerichte (Frage des Rechtswegs) s § 12 Rn 49f. § 13 9
schließt die Erhebung einer Zusammenhangsklage iSv § 2 III ArbGG gegen Nichtarbeitnehmer vor den Gerichten für Arbeitssachen aus (BAG GRUR-RR 10, 447).

§ 14 Örtliche Zuständigkeit

(1) ¹**Für Klagen auf Grund dieses Gesetzes ist das Gericht zuständig, in dessen Bezirk der Beklagte seine gewerbliche oder selbständige berufliche Niederlassung oder in Ermangelung einer solchen seinen Wohnsitz hat.** ²**Hat der Beklagte auch keinen Wohnsitz, so ist sein inländischer Aufenthaltsort maßgeblich.**

(2) ¹**Für Klagen auf Grund dieses Gesetzes ist außerdem nur das Gericht zuständig, in dessen Bezirk die Handlung begangen ist.** ²**Satz 1 gilt für Klagen, die von den nach § 8 Absatz 3 Nummer 2 bis 4 zur Geltendmachung eines Unterlassungsanspruchs Berechtigten erhoben werden, nur dann, wenn der Beklagte im Inland weder eine gewerbliche oder selbständige berufliche Niederlassung noch einen Wohnsitz hat.**

Inhaltsübersicht

	Rn
A. Ausschließliche Zuständigkeit	1
B. Klagen auf Grund des UWG	2
C. Zuständigkeitsprüfung	3
D. Die Gerichtsstände des § 14 I	6
I. Gerichtsstand der gewerblichen oder selbstständigen beruflichen Niederlassung (§ 14 I 1, 1. Alt)	6
II. Gerichtsstand des Wohnsitzes (§ 14 I 1, 2. Alt)	8
III. Gerichtsstand des Aufenthaltsorts (§ 14 I 2)	9
E. Gerichtsstand des Begehungsortes (§ 14 II 1)	10
I. Begehungsort	10
II. Verbreitung von Druckschriften	11
III. Sonstige Verbreitungshandlungen	12
F. Beschränkung des Wahlrechts (§ 14 II 2)	13
G. Internationale Zuständigkeit	14

Literatur: *Bachmann,* Der Gerichtsstand der unerlaubten Handlung im Internet, IPRax 1998, 179; *Dankwerts,* Örtliche Zuständigkeit bei Urheber-, Marken- und Wettbewerbsverletzungen im Internet – Wider einen ausufernden „fliegenden Gerichtsstand" der bestimmungsgemäßen Verbreitung, GRUR 2007, 104; *Deutsch,* Gedanken zum Gerichtsstand der unerlaubten Handlung, MDR 1967, 88; *Hösch,* Die Auswirkungen des § 24 Abs 2 Satz 2 UWG auf Wettbewerbsvereinigungen, WRP 1996, 849; *Klute,* Die aktuellen Entwicklungen im Lauterkeitsrecht, NJW 2012, 3409; *M. Köhler,* Der fliegende Gerichtsstand, WRP 2013, 1130; *Maaßen,* Abschaffung des effektiven Rechtsschutzes durch das „Gesetz gegen unseriöse Geschäftspraktiken"?, GRUR-Prax 2012, 252; *v. Maltzahn,* Zum sog. fliegenden Gerichtsstand bei Wettbewerbsverstößen durch Zeitungsinserate, GRUR 1983, 711; *P. J. Schröder,* Ein Plädoyer gegen den Missbrauch des „Fliegenden Gerichtsstands" im Online-Handel, WRP 2013, 153; *Stapenhorst,* Der „fliegende Gerichtsstand" des § 24 Abs 2 UWG, GRUR 1989, 176; *Wahlers,* Die Neuregelung des „fliegenden" Gerichtsstandes in § 24 Abs 2 UWG, WiB 1994, 902; *Willems,* Wettbewerbsstreitsachen am Mittelpunkt der klägerischen Interessen?, GRUR 2013, 462.

A. Ausschließliche Zuständigkeit

1 § 14, der § 24 aF der Sache nach unverändert übernommen hat, ist **lex specialis** gegenüber den allgemeinen Regelungen der §§ 12 ff ZPO. Seine Gerichtsstände sind ausschließlich (vgl § 14 II 1: „außerdem nur"; sa BegrRegEntw, B zu § 14, BT-Drucks 15/1487, S 26).

B. Klagen auf Grund des UWG

2 Die Gerichtsstände nach § 14 I und II, zwischen denen der Kläger die Wahl hat (§ 35 ZPO), gelten für **Klagen jeder Art** (Leistungsklagen auf Unterlassung, Beseitigung und Schadensersatz; positive und negative Feststellungsklagen), für das einstweilige Verfügungsverfahren (vgl § 937 I ZPO) und nach Maßgabe des § 15 IV auch für die Anrufung der Einigungsstelle, jedoch nur für „Klagen auf Grund dieses Gesetzes", dh für Klagen und Anträge auf Grund des UWG (zB für Klagen, die auf die §§ 8 I und II, 9, 10, 12 I 2 gestützt sind, vgl § 13 Rn 2). Klagen, denen vertragliche Unterlassungsansprüche oder Ansprüche auf Zahlung von Vertragsstrafe zu Grunde liegen, zählen nach streitiger, aber zutreffender Ansicht ebenfalls dazu. Insoweit gilt das Gleiche wie zu § 13 Rn 2 ausgeführt.

C. Zuständigkeitsprüfung

Maßgebend für die Zuständigkeitsprüfung des Gerichts ist der **Sachvortrag des** 3 **Klägers.** Dabei sind Tatsachen, die sowohl für den Gerichtsstand als auch für die Begründetheit von Klage oder Antrag erheblich sind (**doppelrelevante Tatsachen**), erst bei Prüfung der Begründetheit festzustellen. Für die Zulässigkeit der Klage reicht in solchen Fällen die einseitige Behauptung der den Gerichtsstand begründenden Tatsachen durch den Kläger aus (vgl BGH GRUR 06, 517 Rn 16 – *Blutdruckmessungen*). Anders nur, wenn es sich um Tatsachen handelt, die – losgelöst von der Frage der Begründetheit – allein den Gerichtsstand betreffen, zB das Bestehen einer gewerblichen Niederlassung. Sie sind zur Feststellung des Gerichtsstands gesondert zu prüfen und vom Kläger ggf nachzuweisen (BGHZ 7, 184, 186; BGHZ 124, 237, 240 = NJW 94, 1413, 1414).

Das Gericht prüft den prozessualen Klageanspruch (den Streitgegenstand) **unter** 4 **allen** in Betracht kommenden **materiell-rechtlichen Gesichtspunkten,** auch wenn sich dieser neben den Ansprüchen aus dem UWG noch auf andere Anspruchsgrundlagen, zB aus dem MarkenG oder dem UrhG, stützt. Bei **Klagenhäufung** hat allerdings das Gericht ein Klagebegehren, für das seine Zuständigkeit nicht begründet ist, abzutrennen und auf Antrag des Klägers zu verweisen (§ 281 ZPO), oder – falls der Verweisungsantrag nicht gestellt wird – die Klage insoweit abzuweisen (vgl § 13 Rn 3).

Hat das erstinstanzliche Gericht seine Zuständigkeit bejaht, ist die Entscheidung 5 der Nachprüfung durch das Berufungsgericht entzogen (§ 513 II ZPO). Anders bei der Verneinung der Zuständigkeit. Das Revisionsgericht prüft die Zuständigkeitsfrage in keinem Falle nach (§ 545 II ZPO).

D. Die Gerichtsstände des § 14 I

I. Gerichtsstand der gewerblichen oder selbstständigen beruflichen Niederlassung (§ 14 I 1, 1. Alt)

Der **Begriff der gewerblichen Niederlassung** entspricht dem des § 21 ZPO. Er 6 verlangt eine auf Erwerb gerichtete selbstständige wirtschaftliche Tätigkeit von Dauer, also eine Tätigkeit, wie sie von Einzelkaufleuten, Gesellschaften (AG, GmbH, OHG, KG usw), juristischen Personen des öffentlichen Rechts, Land- und Forstwirten ausgeübt wird. Eintragung im Handelsregister ist nicht vorausgesetzt. Der gewerblichen Niederlassung steht die Niederlassung der freien Berufe gleich. Inhaber der Niederlassung (Gewerbetreibender) ist, wer die Niederlassung im eigenen Namen und auf eigene Rechnung betreibt.

Die Niederlassung erfordert das Bestehen von **Einrichtungen,** die für sie typisch 7 sind (Geschäftsstelle, Fertigungsstätten usw). Sie muss für eine **gewisse Dauer** bestehen, was bei einem bloßen Wandergewerbe nicht der Fall ist (OLG Hamm GRUR 65, 103). Erforderlich sind weiter **Selbstständigkeit** und eine **Leitung,** die berechtigt ist, von der Niederlassung aus Geschäfte zu tätigen, die auf die Niederlassung bezogen sind (BGH GRUR 87, 850, 851 – *US-Broker*). Genügt eine **Zweigniederlassung** diesen Anforderungen, ist auch sie Niederlassung iS des § 14 I UWG (§ 21 ZPO). Jedoch ist das Bestehen einer (Zweig-)Niederlassung nur dann zuständigkeitsbegründend iS von § 14 I 1, wenn die Klage zur Niederlassung in Beziehung steht, zB bei von der Niederlassung ausgehenden Zuwiderhandlungen. Ist diese Beziehung nur bei einer von mehreren Zweigniederlassungen gegeben, ist der Gerichtsstand nur am Ort dieser Zweigniederlassung begründet.

II. Gerichtsstand des Wohnsitzes (§ 14 I 1, 2. Alt)

8 § 14 I 1 lässt hilfsweise für den Fall, dass eine inländische gewerbliche oder selbstständige berufliche Niederlassung nicht besteht, den **inländischen Wohnsitz** (§§ 7–9, 11 BGB) genügen. Ist Beklagter eine juristische Person oder eine OHG, KG oder GbR, ist deren **Sitz** maßgebend (GK[1]/*Erdmann* § 24 Rn 22). Das ist der in Satzung oder Gesellschaftsvertrag bestimmte Ort, sonst der Ort, von dem aus die Verwaltung geführt wird.

III. Gerichtsstand des Aufenthaltsorts (§ 14 I 2)

9 Fehlt es auf Seiten des Beklagten an einem Wohnsitz, ist der **inländische Aufenthaltsort** maßgebend. Zum Begriff s § 16 ZPO. Eine auf Dauer gerichtete, freiwillige Tätigkeit an diesem Ort ist nicht gefordert. Es genügt ein **vorübergehender Aufenthalt** (Durchreise, Messebesuch). Die Klage muss aber an diesem Ort zugestellt werden können. Der Kläger muss darlegen und ggf nachweisen, dass die Gerichtsstände der Niederlassung und des Wohnsitzes (des Sitzes) nicht gegeben sind.

E. Gerichtsstand des Begehungsortes (§ 14 II 1)

I. Begehungsort

10 Nach § 14 II 1, der § 32 ZPO entspricht, ist zuständig auch das Gericht, in dessen Bezirk die Handlung begangen ist. Der Gerichtsstand aus § 14 II tritt *neben* die Gerichtsstände des § 14 I. Der Kläger kann zwischen ihnen grundsätzlich frei wählen. **Begehungsort** ist sowohl der **Ort der Handlung** (di der Ort, an dem sich der Wettbewerbsverstoß ganz oder teilweise verwirklicht) als auch der **Erfolgsort** (di der Ort der Belegenheit des geschützten Rechtsguts). Das gilt auch dann, wenn der Verletzer bundesweit tätig ist und die Verletzungshandlung nur zufällig am betreffenden Ort vorgenommen hat (OLG Köln MMR 12, 161 Rn 18). Davon zu unterscheiden ist der Ort des Schadenseintritts, der nur dann zuständigkeitsbegründend wirkt, wenn der Schadenseintritt zum Tatbestand der Rechtsverletzung gehört (BGHZ 40, 391, 394f = GRUR 64, 316, 318 – *Stahlexport*). Bei vorbeugenden Unterlassungsklagen ist auf den Ort abzustellen, an dem die Erstbegehungsgefahr droht (BGH GRUR 94, 530, 532 – *Beta*).

II. Verbreitung von Druckschriften

11 Bei Wettbewerbsverstößen in **Printmedien** (Zeitungen, Zeitschriften, Katalogen, Werbeblättern usw) ist Begehungsort der Ort des Erscheinens der Druckschrift *und* jeder Ort, an dem diese verbreitet wird (**„Fliegender Gerichtsstand"**; zur aktuellen Diskussion über dessen Abschaffung vgl *Klute* NJW 12, 3409, 3410; *Maaßen* GRUR-Prax 12, 252; *P. J. Schröder* WRP 13, 153). Verbreiten bedeutet **bestimmungsgemäßes**, nicht lediglich zufälliges **Zurkenntnisbringen** der Druckschrift im regelmäßigen Verbreitungsgebiet (BGH GRUR 98, 194 – *Profil*). Auf die Intensität der Verbreitung kommt es nicht an, so dass die Druckschrift auch dann „verbreitet" wird, wenn nur wenige Exemplare oder auch nur ein einziges im Verbreitungsgebiet verbreitet werden (BGH aaO – *Profil;* OLG Nürnberg GRUR 84, 830, 831; OLG Düsseldorf WRP 87, 476, 477; KG GRUR 89, 134, 135). Jedoch ist es kein Verbreiten, wenn der Bezug der Druckschrift nur dazu dienen soll, den Gerichtsstand des Begehungsortes zu begründen (BGH aaO – *Profil*), oder wenn die Druckschrift an den Urlaubsort nachgesandt wird (KG GRUR aaO). Auch genügt es nicht, dass die Druckschrift lediglich tatsächlich, ohne wettbewerbliche Relevanz, verbreitet wird. Die Verbreitung muss vielmehr **geeignet** sein, **den Wettbewerb** des Klägers im Be-

Örtliche Zuständigkeit **§ 14 UWG**

reich des angerufenen Gerichts nachteilig **zu beeinflussen** (OLG Karlsruhe GRUR 85, 556, 557; OLG München WRP 86, 357, 358; OLG Frankfurt GRUR 89, 136; OLG Köln GRUR 91, 775, 776; *Köhler*/Bornkamm § 14 Rn 15; GK[1]/*Erdmann* § 24 Rn 32; Fezer/*Büscher* § 14 Rn 28; *Teplitzky* Kap 45 Rn 13; str vgl OLG Düsseldorf WRP 87, 476, 477; KG GRUR 89, 134, 135). Unlauterer Wettbewerb wird nur dort begangen, wo die wettbewerblichen Interessen der Mitbewerber sich begegnen (BGHZ 35, 329, 333f = GRUR 62, 243, 245 – *Kindersaugflaschen;* BGHZ 40, 391, 395 = GRUR 64, 316, 318 – *Stahlexport;* GRUR 88, 453, 454 – *Ein Champagner unter den Mineralwässern;* BGHZ 113, 11, 15f = GRUR 91, 463, 465 – *Kauf im Ausland*). Fehlt es daran, fehlt es für den Gerichtsstand iS des § 14 II 1 an einem zuständigkeitsbegründenden Umstand.

III. Sonstige Verbreitungshandlungen

Begehungsort ist bei der Versendung **brieflicher Mitteilungen** oder sonstiger Schreiben sowohl der Absende- als auch der Empfangsort (BGHZ 40, 391, 395 = GRUR 64, 316, 318 – *Stahlexport*), bei einem Boykottaufruf auch der Sitz des boykottierten Unternehmens (vgl BGH GRUR 80, 130, 131 – *Kfz-Händler*). In den Fällen des **ergänzenden Leistungsschutzes** ist Begehungsort nicht der Ort der Nachahmung, die als solche noch nicht wettbewerbswidrig ist (vgl § 9 Rn 37), sondern erst der Ort des Angebots als Ort des Wettbewerbsverstoßes. Bei Wettbewerbsverstößen in **Hörfunk** und **Fernsehen** ist Handlungsort der Sitz der Sendeanstalt und Erfolgsort der Ort, an dem die wettbewerbsrechtliche Interessenkollision stattfindet. Auch hier werden die Grundsätze zur Verbreitung von Druckschriften (Rn 11) herangezogen, sodass es auf die **bestimmungsgemäße Verbreitung der Sendung** ankommt (Harte/Henning/*Retzer* § 14 Rn 74; *Köhler*/Bornkamm § 14 Rn 16). 12

Bei Zuwiderhandlungen im **Internet** ist gleichfalls zwischen Handlungs- und Erfolgsort zu differenzieren. Handlungsort ist der Wohnsitz oder Sitz des Informationsanbieters (Harte/Henning/*Retzer* § 14 Rn 75; Fezer/*Büscher* § 14 Rn 29), nicht aber der Standort des Servers, auf dem die wettbewerbswidrige Information bereitgehalten wird (Harte/Henning/*Retzer* aaO; *Lehmler* § 14 Rn 20; aA LG Hamburg GRUR-RR 02, 267, 268; Fezer/*Büscher* § 14 Rn 29), weil dieser Ort eher technisch bedingt und zufällig ist (vgl § 2 Nr 2, 2. Hs TMG; MüKoUWG/*Ehricke* § 14 Rn 51). Für den Erfolgsort genügt nach allgM wegen der Ubiquität des Mediums nicht schon die bloße Abrufbarkeit der Information. Vielmehr ist der Erfolgsort nur dann im Inland belegen, wenn sich der Internet-Auftritt bestimmungsgemäß dort auswirken soll (BGH GRUR 06, 513 Rn 21 – *Arzneimittelwerbung im Internet;* GRUR 05, 431, 432 – *HOTEL MARITIME*). Kriterien für diese bestimmungsgemäße Auswirkung können nach dem Inhalt der Website etwa die Sprache, akzeptierte Währungen oder die Art der beworbenen Waren oder Dienstleistungen sein (BGH aaO – *Arzneimittelwerbung im Internet;* OLG Köln ZUM 06, 648, 649; vgl auch EinfB Rn 25). Bei lokal begrenzten Dienstleistungen kann sich auch ein sehr lokal begrenzter Auswirkungskreis ergeben (vgl *Dankwerts,* GRUR 07, 104, 107; *M. Köhler* WRP 13, 1130, 1136f; *Willems* GRUR 13, 462, 465ff), zB Pizza-Bringdienst oder örtlicher Handwerksbetrieb. Ein sog Disclaimer, mit dem der Werbende ankündigt, Adressaten in einem bestimmten Land nicht zu beliefern, können ein Indiz für eine Einschränkung des Verbreitungsgebiets sein, *wenn* er klar und eindeutig gestaltet, aufgrund seiner Aufmachung als ernst gemeint aufzufassen ist *und* vom Werbenden auch tatsächlich beachtet wird (BGH aaO – *Arzneimittelwerbung im Internet*).

F. Beschränkung des Wahlrechts (§ 14 II 2)

13 **Verbände und Kammern** (§ 8 III Nr 2–4) können im Gerichtsstand des Begehungsorts nur klagen, wenn der Beklagte im Inland weder eine gewerbliche oder selbstständige berufliche Niederlassung noch einen Wohnsitz (Sitz) iS des § 14 I 1 hat (§ 14 II 2). Die Anwendung der §§ 13, 16, 17, 20, 21 ZPO ist ausgeschlossen. Das Wahlrecht des verletzten Mitbewerbers (§ 8 III Nr 1, § 2 I Nr 3) wird von dieser Regelung nicht berührt.

G. Internationale Zuständigkeit

14 Zur internationalen Zuständigkeit s Einf B Rn 5 ff.

§ 15 Einigungsstellen

(1) **Die Landesregierungen errichten bei Industrie- und Handelskammern Einigungsstellen zur Beilegung von bürgerlichen Rechtsstreitigkeiten, in denen ein Anspruch auf Grund dieses Gesetzes geltend gemacht wird (Einigungsstellen).**

(2) [1]Die Einigungsstellen sind mit einer vorsitzenden Person, die die Befähigung zum Richteramt nach dem Deutschen Richtergesetz hat, und beisitzenden Personen zu besetzen. [2]Als beisitzende Personen werden im Falle einer Anrufung durch eine nach § 8 Absatz 3 Nummer 3 zur Geltendmachung eines Unterlassungsanspruchs berechtigte qualifizierte Einrichtung Unternehmer und Verbraucher in gleicher Anzahl tätig, sonst mindestens zwei sachverständige Unternehmer. [3]Die vorsitzende Person soll auf dem Gebiet des Wettbewerbsrechts erfahren sein. [4]Die beisitzenden Personen werden von der vorsitzenden Person für den jeweiligen Streitfall aus einer alljährlich für das Kalenderjahr aufzustellenden Liste berufen. [5]Die Berufung soll im Einvernehmen mit den Parteien erfolgen. [6]Für die Ausschließung und Ablehnung von Mitgliedern der Einigungsstelle sind die § 41 bis 43 und § 44 Absatz 2 bis 4 der Zivilprozessordnung entsprechend anzuwenden. [7]Über das Ablehnungsgesuch entscheidet das für den Sitz der Einigungsstelle zuständige Landgericht (Kammer für Handelssachen oder, falls es an einer solchen fehlt, Zivilkammer).

(3) [1]Die Einigungsstellen können bei bürgerlichen Rechtsstreitigkeiten, in denen ein Anspruch auf Grund dieses Gesetzes geltend gemacht wird, angerufen werden, wenn der Gegner zustimmt. [2]Soweit die Wettbewerbshandlungen Verbraucher betreffen, können die Einigungsstellen von jeder Partei zu einer Aussprache mit dem Gegner über den Streitfall angerufen werden; einer Zustimmung des Gegners bedarf es nicht.

(4) Für die Zuständigkeit der Einigungsstellen ist § 14 entsprechend anzuwenden.

(5) [1]Die der Einigungsstelle vorsitzende Person kann das persönliche Erscheinen der Parteien anordnen. [2]Gegen eine unentschuldigt ausbleibende Partei kann die Einigungsstelle ein Ordnungsgeld festsetzen. [3]Gegen die Anordnung des persönlichen Erscheinens und gegen die Festsetzung des Ordnungsgeldes findet die sofortige Beschwerde nach den Vorschriften der Zivilprozessordnung an das für den Sitz der Einigungsstelle zuständige

Landgericht (Kammer für Handelssachen oder, falls es an einer solchen fehlt, Zivilkammer) statt.

(6) ¹Die Einigungsstelle hat einen gütlichen Ausgleich anzustreben. ²Sie kann den Parteien einen schriftlichen, mit Gründen versehenen Einigungsvorschlag machen. ³Der Einigungsvorschlag und seine Begründung dürfen nur mit Zustimmung der Parteien veröffentlicht werden.

(7) ¹Kommt ein Vergleich zustande, so muss er in einem besonderen Schriftstück niedergelegt und unter Angabe des Tages seines Zustandekommens von den Mitgliedern der Einigungsstelle, welche in der Verhandlung mitgewirkt haben, sowie von den Parteien unterschrieben werden. ²Aus einem vor der Einigungsstelle geschlossenen Vergleich findet die Zwangsvollstreckung statt; § 797a der Zivilprozessordnung ist entsprechend anzuwenden.

(8) Die Einigungsstelle kann, wenn sie den geltend gemachten Anspruch von vornherein für unbegründet oder sich selbst für unzuständig erachtet, die Einleitung von Einigungsverhandlungen ablehnen.

(9) ¹Durch die Anrufung der Einigungsstelle wird die Verjährung in gleicher Weise wie durch Klageerhebung gehemmt. ²Kommt ein Vergleich nicht zustande, so ist der Zeitpunkt, zu dem das Verfahren beendet ist, von der Einigungsstelle festzustellen. ³Die vorsitzende Person hat dies den Parteien mitzuteilen.

(10) ¹Ist ein Rechtsstreit der in Absatz 3 Satz 2 bezeichneten Art ohne vorherige Anrufung der Einigungsstelle anhängig gemacht worden, so kann das Gericht auf Antrag den Parteien unter Anberaumung eines neuen Termins aufgeben, vor diesem Termin die Einigungsstelle zur Herbeiführung eines gütlichen Ausgleichs anzurufen. ²In dem Verfahren über den Antrag auf Erlass einer einstweiligen Verfügung ist diese Anordnung nur zulässig, wenn der Gegner zustimmt. ³Absatz 8 ist nicht anzuwenden. ⁴Ist ein Verfahren vor der Einigungsstelle anhängig, so ist eine erst nach Anrufung der Einigungsstelle erhobene Klage des Antragsgegners auf Feststellung, dass der geltend gemachte Anspruch nicht bestehe, nicht zulässig.

(11) ¹Die Landesregierungen werden ermächtigt, durch Rechtsverordnung die zur Durchführung der vorstehenden Bestimmungen und zur Regelung des Verfahrens vor der Einigungsstelle erforderlichen Vorschriften zu erlassen, insbesondere über die Aufsicht über die Einigungsstellen, über ihre Besetzung unter angemessener Beteiligung der nicht den Industrie- und Handelskammern angehörenden Unternehmern (§ 2 Abs 2 bis 6 des Gesetzes zur vorläufigen Regelung des Rechts der Industrie- und Handelskammern in der im Bundesgesetzblatt Teil III, Gliederungsnummer 701–1, veröffentlichten bereinigten Fassung), und über die Vollstreckung von Ordnungsgeldern, sowie Bestimmungen über die Erhebung von Auslagen durch die Einigungsstelle zu treffen. ²Bei der Besetzung der Einigungsstellen sind die Vorschläge der für ein Bundesland errichteten, mit öffentlichen Mitteln geförderten Verbraucherzentralen zur Bestimmung der in Absatz 2 Satz 2 genannten Verbraucher zu berücksichtigen.

(12) Abweichend von Absatz 2 Satz 1 kann in den Ländern Brandenburg, Mecklenburg-Vorpommern, Sachsen, Sachsen-Anhalt und Thüringen die Einigungsstelle auch mit einem Rechtskundigen als Vorsitzendem besetzt werden, der die Befähigung zum Berufsrichter nach dem Recht der Deutschen Demokratischen Republik erworben hat.

Inhaltsübersicht

		Rn
A.	Zweck und Bedeutung der Einigungsstellen	1
B.	Errichtung der Einigungsstellen (§ 15 I, XI)	3
C.	Besetzung der Einigungsstellen (§ 15 II)	4
D.	Anrufung der Einigungsstellen (§ 15 III)	5
E.	Zuständigkeit	6
F.	Verfahren vor der Einigungsstelle (§ 15 V–IX)	7
	I. Verfahrensgrundlagen	7
	II. Antragsvorprüfung (§ 15 VIII)	8
	III. Terminsbestimmung und Ladung	9
	IV. Mündliche Verhandlung	10
	V. Beendigung des Verfahrens	11
	VI. Kosten	12
G.	Anrufung der Einigungsstelle und Klageerhebung	13
	I. Klageerhebung nach Anrufung der Einigungsstelle	13
	II. Klageerhebung ohne vorherige Anrufung der Einigungsstelle	15
H.	Verjährung (§ 15 IX)	16

Literatur: *Bernreuther,* Zur Zulässigkeit der Einigungsstelle gemäß § 27a UWG und der dort gegebenen Möglichkeiten der Erörterung wettbewerbswidriger AGB, WRP 1994, 853; *Katzenmeier,* Zivilprozeß und außergerichtliche Streitbeilegung, ZZP 115 (2002), 50; *Köhler,* Das Einigungsverfahren nach § 27a UWG: Rechtstatsachen, Rechtsfragen, Rechtspolitik, WRP 1991, 617; *Krieger,* Die Wiedererrichtung von Einigungsstellen zur Beilegung von Wettbewerbsstreitigkeiten, GRUR 1957, 197; *Lukes,* Die freiwilligen Einigungsstellen bzw. Einigungsämter bei den Industrie- und Handelskammern, FS Nipperdey, 1965, 365; *Ottofülling,* Außergerichtliches Konfliktmanagement nach § 15 UWG, WRP 2006, 410; *Probandt,* Die Einigungsstelle nach § 27a UWG, 1993.

A. Zweck und Bedeutung der Einigungsstellen

1 § 15 entspricht im Wesentlichen § 27a aF. **Zweck des Einigungsverfahrens** ist es, durch unabhängige und sachkundige Beratung der Parteien in Streitfällen, in denen ein Anspruch auf Grund des UWG geltend gemacht wird, einen „gütlichen Ausgleich anzustreben" (§ 15 VI 1). Den Parteien bietet das Verfahren den Vorteil einer schnellen und kostengünstigen Beilegung von Streitigkeiten **außerhalb des Anwaltszwangs,** ohne dabei die Möglichkeit einer Inanspruchnahme gerichtlichen Rechtsschutzes auszuschließen. Dem verletzten Gläubiger verschafft es zudem für den Fall der Einigung einen vollwertigen Vollstreckungstitel. Nachteilig wirkt sich im Fall des Nichtzustandekommens einer Einigung die Verdoppelung des Verfahren (vor der Einigungsstelle und vor Gericht) und die damit verbundene Verzögerung der Streitbeilegung aus. Eine Erfolgsquote von mehr als 50% (Fezer/*Mees* § 15 Rn 10) beweist aber die Berechtigung der Einigungsstellen ebenso wie ihre Notwendigkeit.

2 Die Einigungsstellen sind mit **hoheitlichen Befugnissen** (vgl § 15 V) ausgestattete **Behörden** (Träger öffentlicher Verwaltung) und unterstehen staatlicher Aufsicht. Mangels Kompetenz zu hoheitlich-verbindlicher Entscheidung eines Rechtsstreits haben sie aber weder die Stellung noch die Funktionen eines Gerichts. Sie sind auch keine Schiedsgerichte. Eine Einigungsstelle kann allerdings von den Parteien auf Grund einer freiwillig getroffenen Vereinbarung (Schiedsvereinbarung, § 1029 ZPO) zum Schiedsgericht berufen werden, ist dann aber auch keine Einigungsstelle mehr.

B. Errrichtung der Einigungsstellen (§ 15 I, XI)

Errichtet werden die Einigungsstellen von den **Landesregierungen** der einzelnen 3
Bundesländer (§ 15 I), die nach Maßgabe der Ermächtigung des § 15 XI entsprechende **Durchführungsverordnungen** erlassen haben: *Baden-Württemberg* v 9.2.1987 (GVBl S 64, 158); *Bayern* v 17.5.1988 (GVBl S 115); *Berlin* v 29.7.1958 (GVBl B. S 732) und v 4.12.1974 (GVBl S 2785) und v 28.10.1987 (GVBl S 2577); *Brandenburg* v 16.8.1991 (GVBl S 376); *Bremen* v 16.2.1988 (GVBl S 17); *Hamburg* v 27.1.1959 (GVBl S 11) und v 23.12.1986 (GVBl S 368); *Hessen* v 13.2.1959 (GVBl S 3), v 16.12.1974 (GVBl S 672) und v 7.4.1987 (GVBl S 59); *Mecklenburg-Vorpommern* v 19.9.1991 (GVBl S 384); *Niedersachsen* v 21.2.1991 (GVBl S 139); *Nordrhein-Westfalen* v 15.8.1989 (GVBl S 460); *Rheinland-Pfalz* v 2.5.1988 (GVBl S 102); *Saarland* v 21.1.1988 (Amtsbl S 89); *Sachsen* v 30.4.1992 (GVBl S 170); *Sachsen-Anhalt* v 21.1.1992 (GVBl S 30); *Schleswig-Holstein* v 19.7.1991 (GVBl S 390) und v 24.10.1996 (GVBl S 652); *Thüringen* v 10.12.1991 (GVBl S 666).

C. Besetzung der Einigungsstellen (§ 15 II)

Die Einigungsstellen sind mit einem Vorsitzenden und zwei oder mehr Beisitzern 4
besetzt. Die Vorschrift gibt hier detaillierte Regelungen vor. Der Vorsitzende muss die Befähigung zum Richteramt haben und soll auf dem Gebiet des Wettbewerbsrechts erfahren sein. Die Beisitzer werden vom Vorsitzenden für den jeweiligen Streitfall im Einvernehmen mit den Parteien aus einer alljährlich aufzustellenden Liste berufen. Für Ausschluss und Ablehnung der Mitglieder gelten die einschlägigen Vorschriften der ZPO entsprechend. Über Ablehnungsgesuche entscheidet das Landgericht. Es können entsprechend § 42 ZPO nur einzelne Mitglieder der Einigungsstelle, nicht aber die Einigungsstelle als solche abgelehnt werden (LG Hannover WRP 07, 1520; LG Leipzig WRP 07, 359).

D. Anrufung der Einigungsstellen (§ 15 III)

Die Einigungsstellen werden nur **auf Antrag** tätig, **nicht von Amts wegen.** An- 5
tragsberechtigt sind Gläubiger und Schuldner eines Anspruchs „auf Grund dieses Gesetzes" (s dazu § 13 Rn 2, § 14 Rn 2). Der Antrag kann wirksam grundsätzlich (Ausnahme: § 15 III 2) nur mit **Zustimmung** des Gegners gestellt werden (§ 15 III 1). Die Zustimmung ist Verfahrensvoraussetzung. Fehlt sie, ist die Einleitung eines Einigungsverfahrens abzulehnen. Keiner Zustimmung bedarf die Anrufung der Einigungsstelle bei geschäftlichen Handlungen (in der Novelle von 2008 wurde – wohl versehentlich – der Begriff der „Wettbewerbshandlung" im Gesetzestext beibehalten), die Verbraucher betreffen (§ 15 III 2). Die Einzelheiten der Antragstellung (Form und Begründung) regeln die Durchführungsverordnungen. Nach Klageerhebung kommt eine Anrufung der Einigungsstelle nur noch in den Fällen des § 15 III 2 auf Grund richterlicher Anordnung gemäß § 15 X 1, 2 in Betracht (su Rn 15).

E. Zuständigkeit

Für die **örtliche Zuständigkeit** der Einigungsstelle gilt § 14 entsprechend (§ 15 6
IV). **Sachlich zuständig** sind die Einigungsstellen nach § 15 III 1 für den Versuch der Güte in bürgerlichen Rechtsstreitigkeiten, in denen ein **Anspruch auf Grund des UWG** geltend gemacht wird (§ 15 I). Dazu zählen auch die Fälle, bei denen aus

der Zuwiderhandlung, die den Streitgegenstand bildet, neben Ansprüchen aus dem UWG auch Ansprüche aus anderen Normen, zB dem MarkenG, folgen. Auch für vertragliche Unterlassungsansprüche, für Ansprüche aus einem Vergleich und für Ansprüche aus Vertragsstrafevereinbarungen besteht eine Zuständigkeit, da sie auch mit Wettbewerbsverstößen in Zusammenhang stehen (vgl § 13 Rn 2). Zuständig sind die Einigungsstellen im Übrigen nach § 12 UKlaG in den Fällen verbraucherschutzwidriger Praktiken (§ 2 UKlaG).

F. Verfahren vor der Einigungsstelle (§ 15 V–IX)

I. Verfahrensgrundlagen

7   Neben den Bestimmungen des § 15 V–IX gelten für das Verfahren die Durchführungsverordnungen der Länder (vgl § 15 XI; so Rn 3).

II. Antragsvorprüfung (§ 15 VIII)

8   Die Einigungsstelle muss ihre örtliche und sachliche **Zuständigkeit** (Rn 6) sowie die weiteren Zulässigkeitsvoraussetzungen des Antrags prüfen, ebenso die **Begründetheit**. Bestehen Bedenken gegen die Zulässigkeit oder fehlt es an der Zustimmung des Gegners, soweit diese erforderlich ist, oder hält die Einigungsstelle den Antrag von vornherein für unbegründet, kann sie – ggf nach Anhörung der Partei – die Einleitung von Einigungsverhandlungen durch unanfechtbaren Beschluss ablehnen. Eine Ablehnung ist aber nicht möglich, wenn die Anrufung der Einigungsstelle auf eine Anordnung des Gerichts nach § 15 X 1 zurückgeht (§ 15 X 3).

III. Terminsbestimmung und Ladung

9   Kommt die Einigungsstelle zu dem Ergebnis, dass das Einigungsverfahren durchzuführen ist, bestimmt sie **Termin zur (obligatorischen) mündlichen Verhandlung** und lädt die Parteien nach Maßgabe der jeweils anwendbaren Durchführungsverordnung. Der Vorsitzende kann das **persönliche Erscheinen der Parteien** anordnen (§ 15 V 1), bezüglich des Antragsgegners auch dann, wenn dieser bisher eine Einigung abgelehnt hat (LG Passau WRP 06, 138). § 141 ZPO ist anwendbar. Im Falle unentschuldigten Ausbleibens der Partei kann ein **Ordnungsgeld** festgesetzt werden (vgl LG München WRP 09, 1160; *Köhler/*Bornkamm § 15 Rn 19). Gegen die Anordnung und Festsetzung findet die **sofortige Beschwerde** statt (§ 15 V 3 iVm §§ 567 ff ZPO).

IV. Mündliche Verhandlung

10   Der Vorsitzende eröffnet und leitet die mündliche Verhandlung (§ 136 ZPO), die nach den Durchführungsverordnungen der Länder **grundsätzlich nicht öffentlich** ist. Ihr Zweck ist die Herbeiführung eines gütlichen Ausgleichs zwischen den Parteien. Dem dient die anzustellende Erörterung der Sach- und Rechtslage. Eine **Einlassungspflicht des Antragsgegners** besteht allerdings **nicht**. § 138 ZPO findet keine Anwendung (*Teplitzky* Kap 42 Rn 20). Die Einigungsstelle kann den Parteien – sei es zur Vorbereitung der Erörterung in der mündlichen Verhandlung, sei es als deren Ergebnis – einen schriftlich begründeten **Einigungsvorschlag** unterbreiten (§ 15 VI 2), dessen Veröffentlichung nur mit Zustimmung der Parteien statthaft ist (§ 15 VI 3). Eine förmliche Beweisaufnahme ist nicht vorgesehen, freiwillig Erschienene oder von den Parteien sistierte Auskunftspersonen (Zeugen und Sachverständige) können aber angehört werden. Eine Vereidigung ist ausgeschlossen. Über die Verhandlung ist eine Niederschrift aufzunehmen. Kommt es zu einem **Vergleich,**

bedarf dieser der Protokollierung in einem besonderen Schriftstück und muss den sonstigen Anforderungen des § 15 VII 1 entsprechen. Aus dem Vergleich findet die Zwangsvollstreckung statt. Die Vollstreckungsklausel erteilt der Urkundsbeamte der Geschäftsstelle des Amtsgerichts am Sitz der Einigungsstelle (§ 15 VII 2 Halbs 2, § 797a ZPO). Die Zwangsvollstreckung aus dem Vergleich richtet sich nach den allgemeinen Vorschriften (§§ 887, 888, 890 ZPO). Zuständig für die insoweit zu treffenden Anordnungen ist das Prozessgericht erster Instanz, also immer das Landgericht, das als Prozessgericht zuständig gewesen wäre.

V. Beendigung des Verfahrens

Das Verfahren kann außer durch Abschluss eines Vergleichs durch Antragsrücknahme, Ablehnung von Einigungsverhandlungen, Ausbleiben im Termin zur mündlichen Verhandlung, Nichtverhandeln im Termin oder durch Ablehnung der Einleitung von Einigungsverhandlungen seitens der Einigungsstelle (§ 15 VIII) sein Ende finden. Kommt ein Vergleich nicht zustande, stellt die Einigungsstelle den Zeitpunkt fest, zu dem das Verfahren geendet hat und teilt dies den Parteien mit (§ 15 IX). Das ist von Bedeutung für den Zeitpunkt der Beendigung der Hemmung der Verjährung (§ 204 II 1 BGB). 11

VI. Kosten

Das Verfahren vor der Einigungsstelle ist **gebührenfrei**. Die bis 1999 (vgl MüKoUWG/*Ottofülling* § 15 Rn 114 Fn 261) abweichende Regelung der Bremer Durchführungsverordnung hatte im Gesetz keine Grundlage (vgl § 15 XI). **Auslagen der IHK** sind zu erstatten. Kommt darüber keine Einigung zustande, entscheidet die Einigungsstelle nach billigem Ermessen. Einziehung der Auslagen durch die IHK wie Beiträge. Gegen die Entscheidung findet auf der Grundlage der Bestimmungen der jeweiligen Durchführungsverordnung die **sofortige Beschwerde** an das für den Sitz der Einigungsstelle zuständige Landgericht statt. Ihre **eigenen Auslagen** einschließlich der Kosten ihrer Anwälte tragen die Parteien selbst (MüKoUWG/*Ottofülling* § 15 Rn 117), materiell-rechtliche Aufwendungsersatzansprüche bleiben unberührt (vgl *Köhler*/Bornkamm § 15 Rn 29). 12

G. Anrufung der Einigungsstelle und Klageerhebung

I. Klageerhebung nach Anrufung der Einigungsstelle

Die Erhebung einer **negativen Feststellungsklage** des *Antragsgegners* (des Verletzers) nach Einleitung des Einigungsverfahrens ist unzulässig (§ 15 X 4). Der angestrebten gütlichen Einigung soll mit einer solchen Klage nicht die Grundlage entzogen werden. 13

Erhebt umgekehrt der *Antragsteller* (der Verletzte) die **positive Feststellungs- oder Leistungs- (Unterlassungs-)klage,** nachdem *er* die Einigungsstelle angerufen hat, fehlt der Klage unter dem Gesichtspunkt des venire contra factum proprium in der Regel das Rechtsschutzbedürfnis (*Köhler*/Bornkamm § 15 Rn 30; *Teplitzky* Kap 42 Rn 40; str). Anders liegt es, wenn der *Verletzer* die Einigungsstelle angerufen hat, weil sich der Verletzte die mit dem Einigungsverfahren einhergehende Verzögerung des gerichtlichen Verfahrens nicht aufzwingen lassen muss und ihm das Einigungsverfahren keinen gleichwertigen Rechtsschutz gewährt, es sei denn, der Verletzte hat der Anrufung der Einigungsstelle durch den Verletzer zugestimmt (*Teplitzky* Kap 42 Rn 41 ff). Der Antrag auf Erlass einer einstweiligen Verfügung ist stets zulässig, arg § 15 X 2 (*Köhler*/Bornkamm § 15 Rn 30; *Teplitzky* Kap 42, Rn 38). 14

II. Klageerhebung ohne vorherige Anrufung der Einigungsstelle

15 Wird ohne vorherige Anrufung der Einigungsstelle eine Klage anhängig gemacht, die **Verbraucherstreitigkeiten** iS des § 15 III 2 betrifft, kann das *Gericht* den Parteien auf Antrag – im einstweiligen Verfügungsverfahren nur mit Zustimmung des Gegners – die Anrufung der Einigungsstelle aufgeben (§ 15 X 1, 2). Eine Anrufung der Einigungsstelle ist daher den Parteien in diesen Fällen vom Zeitpunkt der Anhängigkeit der Klage ab nur noch auf Grund gerichtlicher Anordnung möglich. Für die Rechtsstreitigkeiten iS des § 15 III 1, für die es an einer dem § 15 X 1 entsprechenden Regelung fehlt, scheidet die Anrufung der Einigungsstelle – falls nicht das Ruhen des Verfahrens angeordnet ist (§ 251 ZPO) – überhaupt aus (*Köhler*/Bornkamm § 15 Rn 31, 32; *Teplitzky* Kap 42 Rn 45).

H. Verjährung (§ 15 IX)

16 Nach § 15 IX 1 wird die **Verjährung** durch Anrufung der Einigungsstelle in gleicher Weise wie durch Klageerhebung **gehemmt**. Angerufen wird die Einigungsstelle mit der **Einreichung** eines Schriftsatzes oder zu Protokoll der Geschäftsstelle der Einigungsstelle, so dass die Hemmung der Verjährung bereits in diesem Zeitpunkt und nicht erst mit der Zustellung des Antrags an den Gegner einsetzt (Ahrens/*Ahrens* Kap 13 Rn 18; Fezer/*Mees* § 15 Rn 111; aA Harte/Henning/*Retzer* § 15 Rn 38).

17 Die **Hemmungswirkung** kann, wie aus der Formulierung des Gesetzes („wie durch Klageerhebung") folgt, nur einem **Antrag des Gläubigers** (des Verletzten) beigelegt werden, es sei denn, der Gläubiger hat dem Antrag des Schuldners zugestimmt oder sich sonst, zB durch Verhandeln zur Sache auf das Verfahren eingelassen (OLG Koblenz GRUR 88, 566; *Teplitzky* Kap 42 Rn 48; Harte/Henning/*Retzer* § 15 Rn 39; Fezer/*Mees* § 15 Rn 112f; Ahrens/*Ahrens* Kap 13 Rn 18).

18 Die Anrufung der Einigungsstelle durch den Gläubiger wirkt nur dann verjährungshemmend, wenn die Anrufung wirksam ist. Das ist sie nur bzw erst dann, wenn der Schuldner (der Antragsgegner) ihr zustimmt.

19 Bei wirksamer Anrufung tritt die Hemmung der Verjährung „in gleicher Weise wie durch Klageerhebung" ein, also auch dann, wenn eine **unzuständige Einigungsstelle** angerufen wird (Ahrens/*Ahrens* Kap 13 Rn 18; *Teplitzky* Kap 42 Rn 48 Fn 77; Harte/Henning/*Retzer* § 15 Rn 38; Fezer/*Mees* § 15 Rn 114; aA OLG Koblenz NJW-RR 89, 38).

20 Die Hemmung der Verjährung endet sechs Monate nach Beendigung des Einigungsverfahrens (§ 204 II 1 BGB).

Kapitel 4. Straf- und Bußgeldvorschriften

§ 16 Strafbare Werbung

(1) Wer in der Absicht, den Anschein eines besonders günstigen Angebots hervorzurufen, in öffentlichen Bekanntmachungen oder in Mitteilungen, die für einen größeren Kreis von Personen bestimmt sind, durch unwahre Angaben irreführend wirbt, wird mit Freiheitsstrafe bis zu zwei Jahren oder mit Geldstrafe bestraft.

(2) Wer es im geschäftlichen Verkehr unternimmt, Verbraucher zur Abnahme von Waren, Dienstleistungen oder Rechten durch das Versprechen zu veranlassen, sie würden entweder vom Veranstalter selbst oder von einem Dritten besondere Vorteile erlangen, wenn sie andere zum Abschluss gleichartiger Geschäfte veranlassen, die ihrerseits nach der Art dieser Werbung derartige Vorteile für eine entsprechende Werbung weiterer Abnehmer erlangen sollen, wird mit Freiheitsstrafe bis zu zwei Jahren oder mit Geldstrafe bestraft.

Inhaltsübersicht

	Rn
A. Vorbemerkung	1
B. Strafbare irreführende Werbung (§ 16 I)	3
I. Verhältnis zu § 5	3
II. Schutzzweck der Norm	4
III. Geschäftliche Handlungen	5
IV. Objektiver Tatbestand	6
1. Angaben	6
2. Öffentliche Bekanntmachungen, Mitteilungen an einen größeren Kreis von Personen	12
V. Subjektiver Tatbestand	15
1. Vorsatz	15
2. Absicht, den Anschein eines besonders günstigen Angebots hervorzurufen	16
3. Irrtum	20
VI. Täterschaft, Teilnahme	21
VII. Vollendung der Tat	23
VIII. Strafe, Strafverfolgung, Verjährung	24
IX. Konkurrenzen	28
X. Zivilrechtliche Folgen	29
C. Progressive Kundenwerbung (§ 16 II)	31
I. Entstehungsgeschichte	31
II. Normzweck	32
III. Begriff und Wesen der progressiven Kundenwerbung	33
IV. Erscheinungsformen	34
V. Progressive Kundenwerbung, Voraussetzungen der Strafbarkeit	36
1. Objektiver Tatbestand	36
a) Abstrakter Gefährdungstatbestand	36
b) Handeln im geschäftlichen Verkehr	37
c) Täter	40
d) Verbraucher	43
e) Tathandlung	44
aa) Einspannen in das Werbe- und Vertriebssystem	44

	Rn
bb) Versprechen der Gewährung besonderer Vorteile	46
cc) Kettenbriefaktionen	48
2. Subjektiver Tatbestand	49
VI. Rechtsfolgen	50
1. Strafrechtliche Rechtsfolgen	50
a) Tatbestandliche Handlung	50
b) Strafe, Strafverfolgung, Verjährung	51
c) Konkurrenzen	53
2. Zivilrechtliche Rechtsfolgen	54

A. Vorbemerkung

1 Mit der Novellierung des UWG 2004 hat der Reformgesetzgeber die Straftatbestände des § 4 aF **(Strafbare irreführende Werbung)** und des § 6 c aF **(Progressive Kundenwerbung)** ungeachtet ihrer Heterogenität in einer Vorschrift zusammengefasst. An der Selbstständigkeit dieser Regelungen hat das aber nichts geändert. Beide Tatbestände sind in Absatz 1 (§ 4 aF) und Absatz 2 (§ 6 c aF) lediglich äußerlich aneinandergereiht. Wesentliche substantielle Änderungen waren damit nicht verbunden. Auf die Rechtsprechung zu den §§ 4 und 6 c aF kann daher im Allgemeinen zurückgegriffen werden.

2 Die Strafvorschriften des § 16 I und II sind – wie die §§ 17–19 – **sondergesetzliche Straftatbestände.** Als solche bilden sie eine **Ausnahme** von der im Übrigen deliktsrechtlichen Ausgestaltung des Lauterkeitsrechts, deren zivilrechtliche Sanktionen im Allgemeinen schon für sich allein einen effektiven wettbewerbsrechtlichen Schutz gewährleisten. Besonders gefährliche Formen der Werbung erfordern jedoch, so auch in den Fällen des § 16, ihre strafrechtliche Sanktionierung, die in diesen Fällen zudem (über die §§ 3, 4 Nr 11 und § 5) zu einer wirksamen Ergänzung des zivilrechtlichen Sanktionensystems führt (vgl BegrRegEntw, B zu § 16, BT-Drucks 15/1487, S 26).

B. Strafbare irreführende Werbung (§ 16 I)

Literatur: *Albrecht,* Zur geplanten Reform des § 4 UWG, WRP 1976, 277; *Alexander,* Die strafbare Werbung in der UWG-Reform, WRP 2004, 407; *Bolenius,* Wirtschaftsstrafrechtliche Normen im Wettbewerbs- und Kartellrecht, in Studien zum Wirtschaftsstrafrecht, 1972; *Borck,* Verbraucherschutz durch fortschreitende Pönalisierung?, WRP 1973, 245; *Brammsen/Apel,* Strafbare Werbung für „Abo-Fallen", WRP 2011, 1254; *Dierlamm,* Strafbarkeit falscher Versprechungen bei Kaffeefahrten, NStZ 2003, 268; *Dornis,* Der „Schenkkreis" in der Strafbarkeitslücke?, WRP 2007, 1303; *ders,* Der „Anschein eines besonders günstigen Angebots" iS des § 16 I UWG, GRUR 2008, 742; *Endriß,* Strafbare Werbung beim Vertrieb von Zeitschriften, wistra 1989, 90; *Erbs/Kohlhaas/Fuhrmann,* Strafrechtliche Nebengesetze; *v Falckenstein,* Schäden der Verbraucher durch unlauteren Wettbewerb, 1979; *Göhler,* Zur strafrechtlichen Verantwortlichkeit des Betriebsinhabers für die in seinem Betrieb begangenen Zuwiderhandlungen, FS Dreher, 1977, S 611; *Grebing,* Strafrecht und Wettbewerb – Zur Reform des § 4 UWG, wistra 1982, 83; *Gribkowsky,* Strafbare Werbung (§ 4 UWG), Diss jur Freiburg, 1989; *Havekost,* Zur Strafbarkeit des Mißbrauchs bei der Werbung für Eintragungen in Adreßbuch- und Telexverzeichnisse, WRP 1977, 460; *Kempf/Schilling,* Nepper, Schlepper, Bauernfänger – Zum Tatbestand strafbarer Werbung (§ 16 Abs 1 UWG), wistra 2007, 41; *Kiethe/Groeschke,* Die Mogelpackung – Lebensmittel- und wettbewerbsrechtliche Risiken der Produkteinführung, WRP 2003, 962; *Kilian,* Strafbare Werbung (§ 16 UWG), 2011; *Kisseler,* Wettbewerbsrecht und Wirtschaftskriminalität, WRP 1973, 621; *Klug,* Zur Strafbarkeit irreführender Werbeangaben, GRUR 1975, 217, 289; *Kugler,*

Strafbare Werbung § 16 UWG

Die strafbare Werbung (§ 16 Abs 1 UWG) nach der UWG-Reform 2004, 2008; *Kunkel,* Zur praktischen Bedeutung der strafbaren Werbung gemäß § 16 Abs 1 UWG vor dem Hintergrund der Ausgestaltung als Privatklagedelikt, WRP 2008, 292; *Lampe,* Strafrechtlicher Schutz gegen irreführende Werbung, FS R. Lange, 1976, 455; *Meyer/Möhrenschläger,* Möglichkeiten des Straf- und Ordnungswidrigkeitenrechts zur Bekämpfung des unlauteren Wettbewerbs, WiVerw 1982, 21; *Niemeyer,* Strafbare Werbung, in Müller-Gugenberger, Wirtschaftsstrafrecht, 1992; *Otto,* Die Reform des strafrechtlichen Schutzes vor unwahrer Werbung – Dargestellt am Problem der Bekämpfung unwahrer Werbung für Adreßbücher uä Verzeichnisse, GRUR 1979, 90; *ders,* Die Reform des strafrechtlichen Schutzes gegen irreführende Werbung, GRUR 1982, 274; *Pluskat,* Die Tücken von „Kaffeefahrten", WRP 2003, 18; *Ruhs,* Strafbare Werbung – Die strafbare Werbung nach § 16 Abs 1 UWG im Spiegel nationaler Reformbedürfnisse und europarechtlicher Einflüsse, 2006; *Schricker,* Die Rolle des Zivil-, Straf- und Verwaltungsrechts bei der Bekämpfung unlauteren Wettbewerbs, GRUR 1973, 694; *ders,* Rechtsvergleichende Bemerkungen zum strafrechtlichen Schutz gegen unlauteren Wettbewerb – Ein Beitrag zur Reform des § 4 UWG, GRUR Int 1975, 33; *ders,* Möglichkeiten zur Verbesserung des Schutzes der Verbraucher und des funktionsfähigen Wettbewerbs im Recht des unlauteren Wettbewerbs, ZHR 139 (1975), 206; *Tiedemann,* Wettbewerb und Strafrecht, 1976; *Tilmann,* Irreführende Werbeangaben und täuschende Werbung, GRUR 1976, 544; *Többens,* Die Straftaten nach dem Gesetz gegen den unlauteren Wettbewerb (§§ 16–19 UWG), WRP 2005, 552.

I. Verhältnis zu § 5

§ 5 normiert den **wettbewerbsrechtlichen Schutz** vor Irreführung, § 16 I die **strafrechtlichen Folgen** irreführender Werbung. Beide Vorschriften korrespondieren weitgehend miteinander (zur Kritik an einer zivilrechtsakzessorischen Auslegung aus strafrechtlicher Sicht aber *Ruhs* S 76, 203 f). Während jedoch für den Tatbestand des § 5 irreführende Angaben ausreichen, verlangt § 16 I irreführende *und* unwahre Angaben, die in der Absicht gemacht werden, den Anschein eines besonders günstigen Angebots hervorzurufen. **Abweichungen** bestehen **ferner** insoweit, als § 5 (wie auch schon § 3 aF seit dem ÄnderungsG v 26.6.1969, Einf A Rn 37) über die öffentliche Werbung hinaus auch die **Einzelwerbung** von Kunden (das individuelle Kundengespräch) in seinen Geltungsbereich einbezieht (§ 5 Rn 82 f), während es in § 16 I bei der Werbung in öffentlichen Bekanntmachungen und Mitteilungen für einen größeren Personenkreis geblieben ist.

3

II. Schutzzweck der Norm

Wie § 5 dient auch § 16 I neben dem Schutz der Wettbewerber auch und vor allem dem der Allgemeinheit vor irreführender Werbung, insbesondere dem **Schutz der Verbraucher** vor einer Gefährdung ihrer Vermögensinteressen durch irreführende Werbung. Deshalb ist § 16 I auch **Schutzgesetz iS des § 823 II BGB**, so dass Verbraucher, denen als solche Ansprüche aus dem UWG sonst nicht eingeräumt sind (vgl § 1 Rn 12 f), bei einer strafbaren Irreführung Ansprüche auf Unterlassung und Schadensersatz nach § 823 II BGB, § 16 I UWG geltend machen können (wie hier BGH GRUR 08, 818 Rn 87 – *Strafbare Werbung im Versandhandel;* Köhler/Bornkamm § 16 Rn 29; Harte/Henning/Dreyer § 16 Rn 37; sa BegrRegEntw B zu § 8, BT-Drucks 15/1487). Da § 16 I einen Vermögensschaden tatbestandlich nicht voraussetzt, gewährt er dem Verbraucher auch schon im Vorfeld des Betrugs (§ 263 StGB) Schutz gegen geschäftliche Handlungen, die auf seine unredliche Übervorteilung angelegt sind (BGH GRUR 08, 818 Rn 52 – *Strafbare Werbung im Versandhandel*).

4

III. Geschäftliche Handlungen

5 § 4 aF setzte kein Handeln zu Wettbewerbszwecken voraus (BayObLG GRUR 74, 400), wenn auch die in subjektiver Hinsicht erforderliche Absicht, den Anschein eines besonders günstigen Angebots hervorzurufen, ein Handeln zu Wettbewerbszwecken regelmäßig einschloss. Für den Tatbestand des § 16 I kommt es darauf nicht mehr an. Dieser erfasst im Gegensatz zu § 4 aF **allein irreführende Werbemaßnahmen** und damit nur **geschäftliche Handlungen iS des § 2 I Nr 1**, enthält also insoweit gegenüber § 4 aF eine tatbestandliche **Einschränkung** (*Kilian* S 83f).

IV. Objektiver Tatbestand

6 1. **Angaben.** Der Begriff der **Angabe** iS des § 16 I deckt sich mit dem des § 5. Angaben sind inhaltlich nachprüfbare, dem Beweis zugängliche Aussagen tatsächlicher Art (**Tatsachenbehauptungen**) im Unterschied zu Meinungsäußerungen, die durch die subjektive Beziehung des sich Äußernden zum Inhalt seiner Aussage geprägt sind und sich deshalb einer objektiven Nachprüfung entziehen (zum Begriff der Angaben und Meinungsäußerungen und zur Abgrenzung beider s im Einzelnen § 5 Rn 85 ff). Der Angabenbegriff der §§ 5, 16 I ist **weit** zu ziehen. Er umfasst auch Angaben im Rahmen vergleichender Werbung (§ 5 Rn 99 ff) wie überhaupt – unabhängig von der Aussageform (§ 5 Rn 94 ff) – alle Tatsachenbehauptungen, die nach der Verkehrsauffassung für den Kaufentschluss des potentiellen Käufers wesentlich sein können.

7 **Schweigen** ist als solches keine Angabe. Jedoch kann das **Verschweigen** von Umständen, die für das **Verständnis** des Erklärungsempfängers vom Inhalt einer Aussage wesentlich sind, diese zu einer irreführenden und unwahren Angabe machen (vgl § 5a Rn 1 ff). In diesen Fällen handelt es sich meist um eine Täuschung durch positives Tun (vgl aus strafrechtlicher Sicht *Kugler* S 196 mwN). Verwirklicht werden kann der Tatbestand des § 16 I aber auch durch **Unterlassung** (§ 13 StGB), wenn eine **Garantenstellung** des Werbenden etwa auf Grund vorausgegangener Werbemaßnahmen ihm **Aufklärungspflichten** auferlegt (§ 5a Rn 13f; *Köhler/Bornkamm* § 16 Rn 12f; *Fezer/Rengier* § 16 Rn 72f).

8 Eine Angabe ist **irreführend** iS der §§ 5, 16 I, wenn sie die Wirkung einer unzutreffenden Aussage hervorruft, dh einen unrichtigen Eindruck vermittelt. Dafür reicht es aus, dass die Angabe zur Täuschung des Umworbenen und zur Beeinflussung seiner Entschließung *geeignet* ist. Dass eine Täuschung (ein Schaden) tatsächlich eintritt, ist nicht erforderlich. Es genügt die *Gefahr* einer Irreführung. Jedoch ist ein tatsächliches Irregeführtwerden des angesprochenen Verkehrs regelmäßig ein stichhaltiges Beweisanzeichen für die Eignung der Angabe zur Irreführung. Das gilt für § 16 I nicht anders als für § 5 (vgl § 5 Rn 105 f).

9 § 16 I erfordert irreführende (zur Irreführung geeignete) *und* unwahre Angaben. Diese Tatbestandsmerkmale bedeuten **nicht** dasselbe. Unwahre Angaben sind *objektiv* unwahre Angaben. Objektiv richtige Angaben, auch wenn sie irreführend sind (§ 5 Rn 189 ff), fallen wegen der nach Art 103 II GG erforderlichen **Bestimmtheit des Straftatbestandes** nicht darunter (OLG Stuttgart GRUR 81, 750 – *statt-Preise;* vgl auch KG GRUR 73, 601 – *Wohnraumangebot;* *Köhler/Bornkamm* § 16 Rn 10f; *Fuhrmann* § 4 II 2b). Für die Frage, ob eine Angabe wahr oder unwahr ist, kommt es daher **nicht** darauf an, welche Bedeutung ihr nach der **Verkehrsauffassung** (§ 5 Rn 112 ff) zukommt. Maßgebend ist allein ein objektiver Prüfungsmaßstab. Anders die ältere Rechtsprechung, die für § 4 aF auch objektiv richtige (irreführende) Angaben hatte genügen lassen (RGSt 40, 438, 439; 41, 161, 162f; 47, 161, 163; so auch GK[1]/*Otto* § 4 Rn 11, 24 ff, 33 ff).

10 Gegenstand der Irreführung waren nach den §§ 3, 4 aF allein solche Angaben, die Aussagen über geschäftliche Verhältnisse machten (s die Beispielskataloge in den §§ 3 und 4 aF). Erfasst waren damit zwar alle geschäftsbezogenen Umstände, die mit der Tätigkeit des Werbenden irgendwie in Verbindung standen (§ 5 Rn 107), aber **nicht** solche werbenden Aussagen, die ohne Verbindung mit den geschäftlichen Belangen des Betriebs **persönliche Eigenschaften und Verhältnisse** des Werbenden betrafen, zB über dessen Gesundheitszustand oder die Beweggründe seiner Tätigkeit (BGHSt 36, 389, 392 = NJW 90, 2395, 2396). Diese Beschränkung ist mit der Reform 2004 entfallen. § 16 I enthält also insoweit gegenüber § 4 aF eine tatbestandliche **Erweiterung.**

Eine irreführende und unwahre Angabe wurde beispielsweise angenommen, **11** wenn für sog „Kaffeefahrten" mit der Aussage „– im Fahrpreis enthalten – ein leckeres, reichhaltiges Mittagsmenü, welches man einfach mitnehmen muss" geworben, den Teilnehmern dann aber vor Ort lediglich eine verschlossene Konservendose mit Erbsensuppe in die Hand gedrückt wurde (BGH NJW 02, 3415). Gleiches gilt, wenn in einem Werbeschreiben zu einer solchen Verkaufsfahrt unter der Überschrift „Jackpot geknackt – Voucher für Herrn/Frau ..." in Verbindung mit dem Namen des Adressaten behauptet wird, der Empfänger habe bei einer Verlosung unter 99 Preisen einen „Topgewinn" erzielt und den „Jackpot" im Wert von 500 DM gewonnen, wobei er den Gewinn auf der Tagesfahrt überreicht bekomme, wenn dann aber tatsächlich lediglich kleine Geldbeträge zwischen 1,50 und 5 € ausgehändigt werden (BGH NJW 02, 3415), oder wenn bei Gewinnversprechen statt der ausgelobten Markenware nur wertloser Plunder gewährt wird (BGH GRUR 08, 818 Rn 14 – *Strafbare Werbung im Versandhandel*).

2. Öffentliche Bekanntmachungen, Mitteilungen an einen größeren Kreis **12** **von Personen.** Anders als nach § 5 unterliegt dem Straftatbestand des § 16 I **nicht die individuelle Werbung.** § 16 I erfasst nur Angaben in öffentlichen Bekanntmachungen und in Mitteilungen, die für einen größeren Personenkreis bestimmt sind. **Öffentliche Bekanntmachungen** wenden sich an eine nicht erkennbar miteinander verbundene Vielzahl von Personen, dh an jedermann (Anzeigenwerbung, Reklameanschläge, Prospekte, Werbefunk und -fernsehen, Internet, aber auch Aufdrucke auf Geschäftsbögen, auf der Warenverpackung oder auf der Ware selbst). Das **Kundeneinzelgespräch** (Rn 3) oder jede andere Form einer nur an Einzelpersonen gerichteten Werbung zählt dazu nicht.

Mitteilungen an einen größeren Personenkreis richten sich anders als öffent- **13** liche Bekanntmachungen zwar nicht an die Allgemeinheit schlechthin, wohl aber an eine nicht im Voraus bestimmte Mehrzahl von Personen oder Personengruppen. Mitteilungen an kleinere geschlossene Personengruppen scheiden danach aus. Erfasst werden Mitteilungen an Großvereine mit Tausenden von untereinander nicht verbundenen Mitgliedern oder an geschlossene Personengruppen, bei denen nicht mit einer Weitergabe nach außen zu rechnen ist, ebenso Mitteilungen an Personenkreise, bei denen – wie bei der Übersendung von Prospekten oder Preislisten an Groß- und Einzelhändler – die Weitergabe an eine unbegrenzte Vielzahl von Empfängern in Betracht kommt (vgl OLG München GRUR 55, 48, 49; OLG Oldenburg GRUR 67, 106, 107 – *Wäschefabrik*: Verbreitung unwahrer und irreführender Angaben durch Hunderte von Vertretern gegenüber einem nicht abzugrenzenden Personenkreis; krit *Kugler* S 104 mwN).

Unerheblich ist, **in welcher Form** die Bekanntmachungen oder Mitteilungen er- **14** folgen, ob mündlich oder schriftlich und ob sie von den angesprochenen Personenkreisen zur Kenntnis genommen werden. Voraussetzung ist lediglich, dass die **Möglichkeit zur Kenntnisnahme** besteht. Besteht sie nicht, entfällt die Strafbarkeit. Eine gleichzeitige Bekanntgabe von Mitteilungen ist nicht erforderlich. Es genügt, wenn sie einer größeren Zahl von Empfängern nacheinander zugehen. Auf völlige Übereinstimmung des Wortlauts kommt es dabei nicht an. Entscheidend ist die Wiederholung einer bestimmten nach Sinn und Inhalt gleich bleibenden Behauptung

(BGHSt 24, 272, 274 = GRUR 72, 479, 480 – *Vorführgeräte;* OLG Oldenburg GRUR 67, 106, 107 – *Wäschefabrik).*

V. Subjektiver Tatbestand

15 **1. Vorsatz.** Der Straftatbestand des § 16 I wird nur verwirklicht, wenn der Täter **vorsätzlich** handelt. § 4 aF hatte das mit dem Merkmal „wissentlich", das in § 16 I nicht mehr enthalten ist, auch ausdrücklich zum Ausdruck gebracht. In der Neufassung der Vorschrift liegt aber keine sachliche Änderung, da der Verstoß gegen § 16 I ohnehin nur bei vorsätzlichem Handeln strafbar ist (vgl § 15 StGB). Der Vorsatz muss sich auf alle Umstände erstrecken, die die Unwahrheit der Angabe und deren Eignung zur Irreführung begründen (BayObLG WRP 77, 524, 525). Bedingter Vorsatz (billigende Inkaufnahme) genügt. Fahrlässigkeit – auch grobe Fahrlässigkeit – reicht nicht aus.

16 **2. Absicht, den Anschein eines besonders günstigen Angebots hervorzurufen.** Für die Absicht, den Anschein eines besonders günstigen Angebots hervorzurufen, ist **direkter Vorsatz** erforderlich. Dieser muss darauf zielen, durch (vorsätzlich, auch bedingt vorsätzlich, vgl *Kilian* S 85 f) unwahre und zur Irreführung geeignete Werbeaussagen den Eindruck eines besonders günstigen Angebots zu erwecken und dadurch den Werbeadressaten zum Kauf zu verlocken. § 5 enthält weniger strenge Anforderungen, da für ihn *jede* Eignung genügt, die den Kaufentschluss *irgendwie* beeinflusst (§ 5 Rn 208 ff, 210).

17 Der **Anschein** eines besonders günstigen Angebots kann im Preis, in der Qualität oder in der Warenherkunft liegen, in der Leistungsfähigkeit, in der Geschäftstradition oder im Alter des Unternehmens, auch im Bereich des Ideellen (BGHSt 4, 44, 45 f – *Angebot als Blindenware).* Mit dem Tatbestandsmerkmal „Anschein eines besonders günstigen Angebots" ist gemeint, dass das Angebot nur *scheinbar* günstig sein muss. Es kann (auch) tatsächlich günstig sein, nur darf nicht auf irreführend-unredliche Weise mit solchen (tatsächlichen) Vorteilen geworben werden. § 16 I stellt nur auf den *Anschein* der Günstigkeit ab. Unerheblich ist also, ob die Vorteile tatsächlich vorhanden sind. Es genügt *irgendein* – tatsächlicher oder vermeintlicher – Vorteil, der als besonders günstig erscheint (BGH wistra 88, 243). Für das Tatbestandsmerkmal „besonders günstig" reicht es aus, dass die vom Verkehr auf Grund der Werbeaussage erwarteten Vorteile nicht die allgemein üblichen sind. Maßgebend ist der Anreiz zum Erwerb (BayObLG GRUR 59, 427, 428 – *Liebe mal ganz anders).* Der Anschein eines besonders günstigen Angebots fehlt regelmäßig bei sog **Abo-Fallen** im Internet, bei denen typischerweise eine üblicherweise kostenlose Leistung (versteckt) mit einem Preis versehen wird (*Brammsen/Apel* WRP 11, 1254, 1257).

18 Das Tatbestandsmerkmal des Handelns in der Absicht, den Anschein eines besonders günstigen Angebots hervorzurufen, enthält das **Erfordernis eines Zusammenhangs** zwischen Werbung und beworbener Ware oder Leistung. Ein solcher Zusammenhang kann ein *rechtlicher* sein, wenn der in der Werbeaussage versprochene Vorteil vom beabsichtigten Erwerbsgeschäft abhängig gemacht wird. Es genügt aber auch ein nur *wirtschaftlicher* Zusammenhang, wenn nach den Vorstellungen des Täters („Absicht") die Entscheidung des Adressaten für das Erwerbsgeschäft unter wirtschaftlichen Gesichtspunkten von dem angepriesenen geldwerten Vorteil beeinflusst wird, zB wenn Adressaten einen Gewinnvorteil oder ein Geschenkversprechen mit dem Warenangebot in einem Katalog zusammen sehen und insgesamt von einem güntigen Angebot ausgehen (BGH GRUR 08, 818 Rn 51 – *Strafbare Werbung im Versandhandel; Dornis,* GRUR 08, 742).

19 **Vergleichsmaßstab** bei der Beurteilung der Frage, ob ein Angebot als besonders günstig erscheint, sind Angebote mit einem Leistungsinhalt, die der Täter tatsächlich erbringen kann und will (BayObLG WRP 89, 521, 522 – *Fotomodelle;* vgl auch KG

JR 73, 478; *Fuhrmann* § 4 III 2b). Für § 16 I kommt es insoweit darauf an, ob die Leistung günstiger dargestellt wird, als sie tatsächlich ist, dh ob der unwahr Werbende nicht so leisten will, wie er es behauptet hat. Dagegen entfällt der (subjektive) Tatbestand des § 16 I, wenn der Werbende, weil er überhaupt nicht leisten will, über seine Vertragstreue täuscht. Diese füllt für sich allein das Tatbestandsmerkmal des „besonders günstigen Angebots" nicht aus. Die Absicht der gänzlichen Nichtleistung (der Täter will weder die beworbene Leistung noch eine ihr vergleichbare erbringen) rechtfertigt daher die Anwendung des § 16 I nicht (BGHSt 27, 293, 295 – *Branchen- und Telexverzeichnisse;* BayObLG aaO – *Fotomodelle*).

3. Irrtum. Ein Irrtum des Werbenden über das Vorliegen eines Umstands, der **20** zum gesetzlichen Tatbestand gehört **(Tatbestandsirrtum),** lässt den Vorsatz und damit die Strafbarkeit nach § 16 I entfallen (§ 16 I StGB). Unerheblich ist, ob dieser (Tatbestands-)Irrtum auf einer tatsächlichen oder rechtlichen Fehleinschätzung beruht. Es ist zB ein vorsatzausschließender Tatbestandsirrtum, wenn der Täter eine Angabe, die der Verkehr als geographische Herkunftsangabe auffasst, irrig für eine Beschaffenheitsangabe hält. Dagegen schließt der **Verbotsirrtum** (das Fehlen des Unrechtsbewusstseins), also der Irrtum über die rechtliche Zulässigkeit des Vorgehens je nach dem Grade der Vermeidbarkeit des Irrtums (allenfalls) die Schuld, aber nicht den Vorsatz aus (§ 17 StGB).

VI. Täterschaft, Teilnahme

Die **Täterschaft** ist *nicht* auf den Kreis der **Wettbewerber** beschränkt. Täter kann **21** **jeder** sein, der unter den Voraussetzungen des § 16 I unrichtige Angaben macht (vgl § 25 I StGB). In den Fällen der mittelbaren Täterschaft (OLG Oldenburg GRUR 67, 16, 107 – *Wäschefabrik:* Verbreitung unwahrer und irreführender Werbeaussagen durch Vertreter) sind die Ausführenden, **sofern** sie in Kenntnis der Tatbestände handeln, Mittäter oder Gehilfen (§ 25 II, § 27 StGB).

Für juristische Personen, Handelsgesellschaften, Vereine usw, die als solche selber **22** nicht schuldhaft handeln, sind unter den Voraussetzungen des § 16 I deren Organe, Gesellschafter, Vorstände, sonstige verfassungsmäßig berufene oder gesetzliche Vertreter verantwortlich, die die Tat begangen haben. Die strafrechtliche Verantwortlichkeit des Inhabers oder Leiters eines Betriebs für Verstöße von Angestellten oder Beauftragten gegen § 4 I aF, die § 4 II aF vorsah, hat § 16 I nicht übernommen. Sie kann aber unter dem Gesichtspunkt der **Garantenhaftung** nach § 16 I gegeben sein, wenn der für das Unternehmen Verantwortliche ein Einschreiten gegen seine Mitarbeiter trotz Kenntnis der Zuwiderhandlung unterlässt (Köhler/*Bornkamm* § 16 Rn 21).

VII. Vollendung der Tat

Vollendet ist die Tat erst mit der **Publikmachung** (Rn 12ff) der Werbeaussage. **23** Die der Veröffentlichung vorausgehende Maßnahme (zB Schaltung einer Werbeanzeige) ist straflose Vorbereitungshandlung. Der **Versuch** ist nicht strafbar (§ 23 I StGB).

VIII. Strafe, Strafverfolgung, Verjährung

Der Verstoß gegen § 16 I ist **Vergehen** (§ 12 II StGB) und Privatklagedelikt (§ 374 **24** I Nr 7 StPO; dazu *Kunkel,* WRP 08, 292). Zuständig für die Aburteilung ist der Strafrichter des Amtsgerichts (§ 25 GVG). Urteile des Wettbewerbsgerichts haben für ihn keine Bindungswirkung (und umgekehrt).

Als **Strafe** ist Freiheitsstrafe bis zu zwei Jahren *oder* Geldstrafe angedroht. Bei Han- **25** deln in Bereicherungsabsicht kann *neben* der Freiheitsstrafe auf Geldstrafe erkannt werden (§ 41 StGB). Verhängung der Geldstrafe nach Tagessätzen. Mindestmaß fünf Tagessätze zu je einem EUR = fünf EUR, Höchstmaß: 360 Tagessätze zu je 5000 EUR = 1 800 000 EUR (§ 40 I, II StGB, Art 12 II EGStGB). Bußgeldzahlung an den Verletzten ist mit Streichung des § 26 aF durch Art 139 Nr 13 EGStGB (Gesetz v 2.3.1974, BGBl I S 469, 574) entfallen. Verfallanordnung: §§ 73ff StGB, vgl dazu BGH GRUR 08, 818 Rn 126 – *Strafbare Werbung im Versandhandel,* aber keine Verfallanordnung bei Abschöpfung nach § 10 (vgl § 73 I 2 StGB). Einziehung: §§ 74ff StGB. Keine Urteilsveröffentlichung bei strafgerichtlicher Verurteilung (vgl § 12 III).

26 **Verfolgung der Tat** von Amts wegen. Erhebung der öffentlichen Klage aber nur bei Vorliegen öffentlichen Interesses (§ 374 I Nr 7, § 376 StPO), das aber nach den Richtlinien für das Strafverfahren zu bejahen ist, wenn eine nicht nur geringfügige Rechtsverletzung vorliegt, dh wenn die unrichtigen Angaben geeignet sind, einen erheblichen Teil der Verbraucher irrezuführen (RiStBV Nr 260). Privatklageberechtigt (§ 16 I ist Privatklagedelikt, vgl Rn 24) ist nur noch der Verletzte (§ 374 I StPO), nicht mehr (vgl § 22 II aF) die sonstigen Gewerbetreibenden, die Verbände und Kammern des § 13 II Nr 1, 2 und 4 aF.

27 **Verjährung** der Strafverfolgung: Fünf Jahre ab Beendigung der Tat (§ 78 III Nr 4, § 78a StGB).

IX. Konkurrenzen

28 **Tateinheit** (§ 52 StGB) kann bestehen mit § 16 II, mit §§ 143–144 MarkenG, mit § 263 StGB, aber auch mit anderen Vorschriften wie zB § 8 I Nr 2, § 96 Nr 3 AMG, § 49 Nr 4 WeinG, §§ 3, 14 HWG. Jedoch bedarf es für § 16 I nicht des Eintritts eines Vermögensschadens (Rn 4). Bei einem tateinheitlichen Zusammentreffen des § 16 I mit Ordnungswidrigkeiten (vgl zB § 145 MarkenG) findet allein § 16 I Anwendung (§ 21 OWiG).

X. Zivilrechtliche Folgen

29 Der Verstoß gegen § 16 I ist immer auch eine **Zuwiderhandlung** gegen die §§ 3, 4 Nr 11 und § 5, die die Ansprüche aus den §§ 8 I, 9 und 10 begründet. Außerdem ist § 16 I **Schutzgesetz** iS des § 823 II BGB, dessen Verletzung auch zu unmittelbarer Inanspruchnahme des Verletzers durch den Verbraucher führen kann (Rn 4).

30 Die unter Verletzung des § 16 I geschlossenen Verträge sind zivilrechtlich wirksam, unterliegen aber der Anfechtung wegen arglistiger Täuschung (§ 123 BGB). Ein Rücktrittsrecht des Verbrauchers ist wettbewerbsrechtlich nicht mehr begründet. § 13a aF ist in das 2004 novellierte UWG nicht übernommen worden.

C. Progressive Kundenwerbung (§ 16 II)

Materialien: BT-9/1701, S 14; Beschlussempfehlung und Bericht des Rechtsausschusses v 19.2.1986, BT-Drucks 10/5058, S 38; BT-Drucks 60/82, S 13; BT-Drucks 14/2959; BT-Drucks 14/3418; Begründung zum Regierungsentwurf eines Gesetzes zur vergleichenden Werbung und zur Änderung wettbewerbsrechtlicher Vorschriften v 23.2.2000, WRP 00, 555, 561; Begründung zum Regierungsentwurf eines Gesetzes gegen den unlauteren Wettbewerb v 21.8.2003 zu § 16 Abs 2, BT-Drucks 15/1487, S 26.

Literatur: *Arzt,* Lehren aus dem Schneeballsystem, FS Miyazawa, 1995, 519; *Beckemper,* Die Strafbarkeit des Veranstalters eines Pyramidenspiels nach § 6c UWG, wistra 1999, 169; *Brammsen/Apel,* Madoff, Phoenix, Ponzi und Co. – Bedarf das „Schneeballverbot" der progressiven Kundenwerbung in § 16 II UWG der Erweiterung?, WRP 2011, 400; *Brammsen/Leible,* Multi-Level-Marketing im System des deutschen Lauterkeitsrechts, BB 1997, Heft 32, Beil. 10; *Bruns,*

Neue Gesichtspunkte in der strafrechtlichen Beurteilung der modernen progressiven Kundenwerbung, in Gedächtnisschrift für Schröder, 1978, S 273; *Th. Finger,* Strafbarkeitslücken bei so genannten Kettenbrief-, Schneeball- und Pyramidensystemen, ZRP 2006, 159; *Granderath,* Das Zweite Gesetz zur Bekämpfung der Wirtschaftskriminalität, DB 1986, Beilage Nr 18 S 7; *ders,* Strafbarkeit von Kettenbriefaktionen, wistra 1988, 173; *Grebing,* Die Strafbarkeit der progressiven Kundenwerbung und der Wirtschaftsspionage im Entwurf zur Änderung des UWG, wistra 1984, 169; *Hartlage,* Progressive Kundenwerbung – immer wettbewerbswidrig?, WRP 1997, 1; *Joecks,* Anleger- und Verbraucherschutz durch das 2. WiKG, wistra 1986, 142, 149; *Kilian,* Strafbare Werbung (§ 16 UWG), 2011; *Kisseler,* Ein Meilenstein für den Verbraucherschutz, WRP 1997, 625; *Krack,* Legitimationsdefizite des § 16 Abs 2 UWG, FS H. Otto, 2007, S 609; *Lampe,* Soll ein Straf- oder Bußgeldtatbestand gegen die progressive Kundenwerbung für Waren oder Leistungen geschaffen werden?, Tagungsberichte der Sachverständigenkommission zur Bekämpfung der Wirtschaftskriminalität – Reform des Wirtschaftsstrafrechts – Bd XI, 1976, Anl 2; *ders,* Strafrechtliche Probleme der „progressiven Kundenwerbung", GA 1977, 33; *Leible,* Multi-Level-Marketing ist nicht wettbewerbswidrig, WRP 1998, 18; *Mäsch/Hesse,* Multi-Level-Marketing im straffreien Raum, GRUR 2010, 10; *Meyer/Möhrenschlager,* Möglichkeiten des Straf- und Ordnungswidrigkeitsrechts zu Bekämpfung unlauteren Wettbewerbs, WiVerw 1982, 21; *Möhrenschlager,* Urteilsanmerkung zu LG Fulda, wistra 1984, 188, wistra 1984, 191; *Olesch,* § 16 II UWG: Ein Schiff ohne Wasser, WRP 2007, 908; *Otto,* Die Reform des strafrechtlichen Schutzes gegen irreführende Werbung, GRUR 1982, 274; *ders,* „Geldgewinnspiele" und verbotene Schneeballsysteme nach § 6c UWG, wistra 1997, 81; *ders,* Zur Strafbarkeit der progressiven Kundenwerbung nach § 6c, wistra 1998, 227; *ders,* Wirtschaftliche Gestaltung am Strafrecht vorbei – Dargestellt am Beispiel des § 6c UWG, Jura 1999, 97; *Otto/Brammsen,* Progressive Kundenwerbung, Strukturvertriebe und Multi-Level-Marketing, WiB 1996, 281; *Richter,* Kettenbriefe und Schneeballsysteme, WIK 1983, 177, 196; 1984, 12; *ders,* Wettbewerbsstrafrecht und Anlegerschutz, WIK 1986, 157; *ders,* Strafloses Betreiben eines Kettenbriefsystems?, wistra 1987, 276; *ders,* Kettenbriefe doch straflos?, wistra 1990, 216; *Rose,* Verkaufswerbung mit (unzutreffenden) Gewinnversprechen – Möglichkeiten und Grenzen eines strafrechtlichen Verbraucherschutzes, wistra 2002, 370; *Schlüchter,* Zweites Gesetz zur Bekämpfung der Wirtschaftskriminalität, 1987; *Thume,* Multi-Level-Marketing, ein stets sittenwidriges Vertriebssystem?, WRP 1999, 280; *Többens,* Die Straftaten nach dem Gesetz gegen den unlauteren Wettbewerb (§§ 16–19 UWG), WRP 2005, 552; *Wegner,* Reform der Progressiven Kundenwerbung (§ 6c), wistra 2001, 171; *Willingmann,* Systemspielverträge im Spannungsfeld zwischen Zivilrechtsdogmatik, Verbraucherschutz und Wettbewerbsrecht, VuR 1997, 299; *ders,* Sittenwidrigkeit von Schneeballsystem-Gewinnspielen und Kondiktionsausschluß, NJW 1997, 2932; *Wünsche,* Abgrenzung zulässiger Multi-Level-Marketing-Systeme von unzulässiger progressiver Kundenwerbung, BB 2012, 273.

I. Entstehungsgeschichte

§ 6c aF, auf den § 16 II zurückgeht, ist durch das Zweite Gesetz zur Bekämpfung der Wirtschaftskriminalität (2. WiKG) v 15.5.1986 in das UWG eingefügt worden, um bestimmte Begehungsweisen der progressiven Kundenwerbung unter Strafe zu stellen. In der Praxis hatte sich die Beurteilung der progressiven Kundenwerbung anhand der §§ 263, 284ff StGB, § 4 UWG aF (vgl RGSt 34, 140, 142ff; BGHSt 2, 139; OLG Frankfurt wistra 86, 31ff) nicht als effizient genug erwiesen (krit *Krack* FS H. Otto* S 609, 611ff). Die heutige Fassung der Norm beruht auf dem Gesetz zur vergleichenden Werbung und zur Änderung wettbewerbsrechtlicher Vorschriften v 1.9.2000 (BGBl I S 1374). Mit ihr sollte den Schwierigkeiten Rechnung getragen werden, die sich in der Vergangenheit bei der Anwendung des § 6c aF ergeben hatten (vgl OLG Rostock JR 98, 389ff mwN). Außerdem war die Klarstellung bezweckt, dass der Tatbestand der progressiven Kundenwerbung auch dann erfüllt ist, wenn bei Kettenbriefsystemen die Vorteilsgewährung durch den neu geworbenen Teilnehmer erfolgt (vgl RegBegr, WRP 00, 561 [zu § 6c – *Schneeballsysteme*]). Die UWG-Reform 2004 hat § 6c aF im Wesentlichen unverändert übernommen. Im Gegensatz

31

zur bisherigen Regelung wurde lediglich der geschützte Personenkreis, der bislang Nichtkaufleute erfasste, auf Verbraucher beschränkt, weil nur insoweit ein erhebliches Gefährdungspotential vorliege (BegrRegEntw, B zu § 16, BT-Drucks 15/1487, S 26).

II. Normzweck

32 Um im Interesse der Verbraucher die verschiedenen Formen der progressiven Kundenwerbung (su Rn 33, 34 f) wirksam bekämpfen zu können, reicht der zivilrechtliche Schutz nach den §§ 3 ff vielfach nicht aus. Unterlassungsurteile kommen in solchen Fällen vielfach zu spät, um eine Schädigung der Verbraucher zu verhindern. Auch ist es dem Täter angesichts der Variabilität der progressiven Kundenwerbung oft ein leichtes, durch nur geringfügige Abwandlungen aus dem notwendigerweise konkret zu umschreibenden Verbotsbereich herauszugelangen. Auch die Straftatbestände der **strafbaren Ausspielung** (§§ 284 ff StGB) bieten zur Bekämpfung der progressiven Kundenwerbung keine hinreichende Handhabe, weil die dafür erforderlichen tatbestandlichen Voraussetzungen häufig nicht oder nicht vollständig erfüllt sind. Diese **Lücke der Strafbarkeit** schließt § 16 II wie vorher § 6 c aF mit einem wettbewerbsrechtlichen Straftatbestand, dessen Ziel es ist, über die §§ 284 ff StGB hinaus die verschiedenen Erscheinungsformen der unlauteren und irreführenden progressiven Kundenwerbung und deren vielfältige Abwandlungen wirksam zu unterbinden. Mit diesem Normzweck in Übereinstimmung steht die UGP-RL, nach der Schneeballsysteme unter allen Umständen als unlauter gelten (Art 5 iVm Anh I Nr 14).

III. Begriff und Wesen der progressiven Kundenwerbung

33 Kennzeichnend für die verschiedenen Erscheinungsformen der progressiven Kundenwerbung ist die Einbeziehung des angeworbenen Kunden in die **Vertriebsorganisation** des werbenden Unternehmens in der Weise, dass ihm bei Abschluss des Kauf- oder sonstigen Vertrages **für den Fall der Anwerbung weiterer Kunden**, die ihrerseits zu den gleichen Bedingungen wie der erste Kunde beliefert werden, **besondere Vorteile** (Preisnachlässe, Schuldtilgungen) in Aussicht gestellt werden. *Progressiv* ist diese Art der Kundenwerbung *deshalb*, weil bei Durchführung des Systems – wenn alle beworbenen Abnehmer Kunden werden – der Kundenkreis von Stufe zu Stufe lawinenartig bis zur Marktverengung und schließlich bis zur Marktverstopfung anschwillt. Die Kunden der letzten Stufen, denen dieser Entwicklungstand nicht bekannt ist, haben dann keine Möglichkeit mehr, ihre Werbechancen zu nutzen. Dieser **glücksspielartige Charakter** der progressiven Kundenwerbung enthält vor allem Elemente der Irreführung, der unlauteren (aleatorischen) Willensbeeinflussung und der Vermögensgefährdung (Vermögensschädigung). Eine solche Verknüpfung von Progression, Kundenbeeinflussung und Risiko lässt die progressive Kundenwerbung als grundsätzlich wettbewerbswidrig und strafwürdig erscheinen (vgl Gesetzesbegründung, BR-Drucks 60/82 S 13 f; BT-Drucks 9/1707 S 14 f; BT-Drucks 10/5058 S 38 – Beschlussempfehlung und Bericht des Rechtsausschusses).

IV. Erscheinungsformen

34 Haupterscheinungsformen der in vielfältiger Weise variierenden progressiven Kundenwerbung sind das **Schneeballsystem** und das **Pyramidensystem**. Bei *ersterem* schließt das werbende Unternehmen auch die Verträge mit den (von den Erstkunden geworbenen) Zweitkunden usw *direkt* ab. *Letzteres* ist dadurch gekennzeichnet, dass die Erstkunden (Zweitkunden usw) *ihrerseits* mit den von ihnen geworbenen weiteren Kunden Verträge über Waren abschließen. Für beide Erscheinungsformen ist typisch, dass der Kunde mit Einbeziehung in das System die Ware erwirbt, für diese

aber keinen eigenen Verwendungszweck hat und deshalb gezwungen ist, sie an erst noch zu werbende Abnehmer wieter zu veräußern (Köhler/*Bornkamm* § 16 Rn 32f; GK[1]/*Otto* § 6c Rn 1ff). Diesen Erscheinungsformen der progressiven Kundenwerbung sind auch die sog. **Kettenbriefsysteme** zuzuordnen, sei es in der Form rein privater Rechtsbeziehungen („Selbstläufer" ohne weitere Tätigkeit des Initiators und ohne Bearbeitungsgebühren), sei es in der Form eines Handelns im geschäftlichen Verkehr („verwaltete Kettenbriefaktion" mit vom Spielgewinn unabhängigen Bearbeitungsgebühren des Initiators), vgl BGHSt 34, 171 = NJW 87, 851 – *Kettenbriefaktion;* BayObLG WRP 90, 755, 756; OLG Karlsruhe GRUR 89, 615; GK[1]/*Otto* § 6c Rn 7ff). Kettenbriefsysteme sind dadurch gekennzeichnet, dass der Empfänger eines Kettenbriefs einen bestimmten Betrag an den Absender zahlt und den Brief sodann an zwei weitere Personen weiterleitet, die genau so wie er verfahren (sollen). Diese Verbreitung des Briefs in Form einer geometrischen Reihe (Kettenbrief) führt zu einem ständigen, außerordentlich starken Anwachsen des Teilnehmerkreises, was eines Tages zum Zusammenbruch des Systems führen muss. *Private* Kettenspielaktionen unterfallen allerdings mangels eines Handelns im geschäftlichen Verkehr dem § 16 II nicht (Rn 48). Sie sind auch nicht strafbar (BGH aaO – *Kettenbriefaktion*).

Multi-Level-Marketing- (MLM-) Vertriebssysteme (Strukturvertriebssysteme) 35 können Schneeball- bzw Pyramidensystemen oder vergleichbaren Systemen *nicht ohne weiteres* gleichgestellt werden. Anders als diese arbeiten MLM-Systeme, *nicht* mit dem Versprechen der Gewährung besonderer Vorteile für den Fall der Akquirierung weiterer Abnehmer und des Abschlusses weiterer gleichartiger Geschäfte. Beim MLM-Vertrieb kommt es dem Kunden in erster Linie auf den Erwerb der Ware für den eigenen Bedarf an, nicht auf die Inaussichtstellung und Erlangung besonderer Vorteile wie in den Fällen Rn 33. Allerdings ist es auch bei den MLM-Unternehmen so, dass erwerbswillige Endabnehmer, Verbraucher ua nach Erwerb der Ware die Möglichkeit haben, ihrerseits – Absatzmittlern, Beratern oder Laienwerbern vergleichbar – weitere Kunden in gleicher Weise zu werben, in der sie selbst geworben worden sind, um sich auf diese Weise eine Provision oder andere wirtschaftliche Vorteile oder auch Aufstiegsmöglichkeiten im System zu verdienen. Insoweit sind Ähnlichkeiten mit dem Schneeball- und Pyramidensystemen nicht zu verkennen. Jedoch liegt die Zielsetzung beim MLM-Vertrieb in erster Linie im Warenverkauf, und die Mitarbeiter (Laienwerber) stehen nicht unter dem Zwang, mehr Ware zu erwerben, als sie für den eigenen Bedarf benötigen. Sie müssen auch nicht den Kaufpreis oder eine andere Vergütung vorab entrichten und von ihnen erworbene Ware an andere Kunden weiterveräußern. Liegt es so, entfällt die (wettbewerbs- und straf-)rechtswidrige Verknüpfung von progressiver Kundenbeeinflussung und Ausnutzung der aleatorischen Risikobereitschaft potentieller Kunden, wie sie für Schneeball- und Pyramidensysteme typisch sind, bei denen der Kunde die Ware erwirbt, ohne einen eigenen Verwendungszweck zu haben und auf Weiterveräußerung angewiesen ist. Allerdings kann die Ausgestaltung des Strukturvertriebs von Unternehmen zu Unternehmen ganz **unterschiedlich** sein. Der Variantenreichtum der Erscheinungsformen und fließende Übergänge zwischen den Systemen müssen es deshalb einer **Einzelfallprüfung** überlassen, über die Anwendung des § 16 II auf ein Strukturvertriebssystem zu entscheiden (vgl LG Offenburg, WRP 98, 85, 86; *Brammsen/Apel* WRP 11, 400, 407; *Leible,* WRP 98, 18ff; *Thume,* WRP 99, 280ff).

V. Progressive Kundenwerbung, Voraussetzungen der Strafbarkeit

1. Objektiver Tatbestand. a) Abstrakter Gefährdungstatbestand. § 16 II 36 gewährt im Interesse der Abnehmer und Mitbewerber sowie im Allgemeininteresse einen **generalisierenden** Schutz gegen Täuschung, aleatorische Willensbeeinflussung und Vermögensschädigung. Er ist ein **abstrakter Gefährdungstatbestand,** der unabhängig davon eingreift, ob der Abnehmer tatsächlich getäuscht, durch den aleatorischen Anreiz verlockt oder infolge der systembedingten Marktveränderung geschädigt wird. Unerheblich ist, ob die Anwerbung von Kunden gelingt. **Strafbar ist bereits der Versuch** („Wer es ... unternimmt", § 11 I Nr 6 StGB). Es kommt auch nicht darauf an, ob der Zweitkunde usw in jedem Einzelfall durch das Versprechen besonderer Vorteile zum (Kauf-)Vertragsabschluss veranlasst wird. Es genügt, dass das System, um weitere Abnehmer zu gewinnen, *typischerweise* („nach der Art dieser Werbung") darauf abstellt. Außerdem ist durch die Tatbestandsmerkmale „gleichartige Geschäfte" und „derartige Vorteile" klargestellt, dass die verschiedenen Varianten des Gegenstandes der Abnahme und der zu gewährenden Vorteile miterfasst sind und dass die Regelung nicht nur den Fall der Leistungsbeziehung zwischen Veranstalter und Erstkunden regelt, sondern auch den zwischen Veranstalter und Zweit- (usw) Kunden (BT-Drucks 9/1701, S 15).

37   b) **Handeln im geschäftlichen Verkehr. Tatbestandsmäßiges Handeln** iS des § 16 II ist nur ein Handeln im geschäftlichen Verkehr. Diesem Merkmal, das außer in § 16 II nur noch in § 6 II 3 und § 18 I ausdrücklich genannt ist, aber auch sonst in allen einschlägigen Bestimmungen des UWG ungeschriebene Tatbestandsvoraussetzung ist, unterfällt jede selbstständige, der Verfolgung eines wirtschaftlichen Geschäftszwecks dienende Maßnahme, mit der ein marktgerichtetes Tätigwerden irgendwie zum Ausdruck kommt. Kein geschäftlicher Verkehr ist daher das rein private und rein betriebs- und dienstinterne (amtlich-hoheitliche) Handeln. Es gilt für den Begriff des geschäftlichen Verkehrs hier dasselbe wie auch sonst im UWG (vgl § 2 Rn 7 ff, 14 ff). Nicht im geschäftlichen Verkehr handelt der Initiator einer (sog „Selbstläufer-") Kettenbriefaktion (Rn 38), wenn sich dessen Tätigkeit darauf beschränkt, die Aktion in Gang zu setzen, im Übrigen aber die Veranstaltung allein in der Verantwortung der privaten Teilnehmer liegt und eine den Spielfluss kontrollierende Einwirkung nicht stattfindet (BGHSt 34, 171, 179 = NJW 87, 851, 853 – Kettenbriefaktion; BayObLG GRUR 91, 245, 246; Köhler/*Bornkamm* § 16 Rn 35; *Granderath*, wistra 88, 173, 175). Dagegen handelt es sich um geschäftlichen Verkehr, wenn der Veranstalter den Spielverlauf verwaltet und überwacht und von den Teilnehmern eine von seinem Spielgewinn unabhängige Bearbeitungsgebühr verlangt („*Verwaltete Kettenbriefaktion*"; BayObLG aaO; OLG Karlsruhe GRUR 89, 615; OLG Stuttgart wistra 91, 234, 235; zu sog „Schenkkreisen" vgl *Dornis*, WRP 07, 1303, 1305 f).

38   Gegenstand des marktbezogenen, auf Außenwirkung gerichteten (Rn 36) geschäftlichen Verkehrs iS des § 16 II ist „Werbung". Werbung in diesem Sinne ist aber immer ein wettbewerbsförderndes Handeln iS des § 2 I Nr 1, so dass ein tatbestandsmäßiges Handeln iS des § 16 II immer auch eine **geschäftliche Handlung** ist.

39   § 16 II unterscheidet nicht nach der **Art der in Rede stehenden Geschäfte**. Erfasst werden alle entgeltlichen Verträge (Kauf, Miete, gewerblichen Leistungen, Leasing, Lizenzeinräumungen usw).

40   c) **Täter.** Täter ist der **Veranstalter** des Vertriebssystems (§ 16 II 1). Andere an der Veranstaltung Beteiligte können Mittäter, Anstifter oder Gehilfen sein (25 ff StGB). Die in § 6 c aF noch enthaltene Formulierung „durch andere" („Wer es ... selbst oder durch andere unternimmt,...") ist mit der UWG-Reform, weil nicht erforderlich, entfallen. Die Strafbarkeit der Veranstaltung richtet sich nunmehr allein nach den allgemeinen Grundsätzen von Täterschaft und Teilnahme. Ggf ist der Veranstalter als Anstifter, dh ebenso wie ein Täter (§ 26 StGB) zu bestrafen.

41   Straflos bleiben die durch § 16 II geschützten Abnehmer als **notwendige Teilnehmer.** Nach der Begründung des Gesetzes (vgl BR-Drucks 60/82 S 15; BT-Drucks 9/1707 S 16; BT-Drucks 10/5058 S 39 – Beschlussempfehlung und Bericht des Rechtsausschusses) bleiben „Personen, die im Einzelfall Opfer dieser Art von Werbung geworden sind, ... straflos, da sie allenfalls als notwendige Teilnehmer angesehen werden können." Das bedeutet, dass der **angeworbene Kunde** wegen seiner

eigenen Beteiligung an der progressiven Kundenwerbung **straflos** bleibt, dh soweit er sich selbst zur Abnahme der Leistung unter den Voraussetzungen des § 6c aF, jetzt § 16 II, bereit erklärt (vgl BGHSt 34, 171, 179 = NJW 87, 851, 853 – *Kettenbriefaktion*).

Eine **weitergehende Bedeutung** ist der Gesetzesbegründung dagegen *nicht* zu entnehmen. Wird der Angeworbene seinerseits durch Anwerbung Dritter selbstständig tätig, in dem er ihnen besondere Vorteile in Aussicht stellt, ist er nicht mehr nur notwendiger Teilnehmer, sondern (Sub-)Unternehmer im Rahmen des vom Gesetz missbilligten Systems und unterfällt insoweit als solcher der Strafdrohung des § 16 II (ebenso GK[1]/*Otto* § 6c Rn 53). 42

d) Verbraucher. Zum geschützten Personenkreis zählten nach § 6c aF alle Nichtkaufleute. Nach § 16 II sind es die Verbraucher, weil praktisch nur Verbraucher als Tatopfer in Betracht kommen (BegrRegEntw, B zu § 16, BT-Drucks 15/1487, S 26; krit *Olesch,* WRP 07, 908, 911). Maßgeblich ist, ob die Adressaten in dem Zeitpunkt, in welchem sie durch die Werbemaßnahmen angesprochen werden, Verbraucher sind; eine spätere Entscheidung, als „Existenzgründer" unternehmerisch tätig werden zu wollen, spielt keine Rolle (BGH GRUR 11, 941 Rn 26, 31 – *Schneeballseminare; Wünsche* BB 12, 273, 274f; vgl auch *Brammsen/Apel* WRP 11, 400, 403f; aA *Mäsch/Hesse* GRUR 10, 10, 14). 43

e) Tathandlung. aa) Einspannen in das Werbe- und Vertriebssystem. Tathandlung ist das Einspannen von Abnehmern in das Vertriebssystem des werbenden Unternehmens mit dem Mittel der progressiven Kundenwerbung, dh durch das Versprechen der Gewährung besonderer Vorteile für den in § 16 II beschriebenen Fall des Einspannens weiterer Abnehmer in das in Frage stehende Werbe- und Vertriebssystem. Entscheidend ist, dass der Veranstalter selbst oder durch Dritte den Erstkunden, dieser den Zweitkunden und dieser weitere Kunden usw durch das Versprechen besonderer Vorteile zur Abnahme von Waren (gewerblichen Leistungen, Rechten) und damit zur Gewinnung weiterer Abnehmer veranlasst. Gleichartige Geschäfte mit den weiteren Abnehmern – Varianten der Ware und der Vorteile – genügen (Rn 36). Nicht erforderlich ist, dass der Erstkunde den Zweitkunden und dieser die weiteren Kunden gerade durch die Inaussichtstellung der Vorteile zum Eintritt in das System veranlasst. § 16 II lässt es genügen, dass dies bei dem fraglichen System *typischerweise* so ist (Rn 36). 44

Fehlt es an dem für die progressive Kundenwerbung **typischen Umstand,** dass der Kunde durch das Versprechen besonderer Vorteile veranlasst wird, weitere Abnehmer zum Abschluss gleichartiger Geschäfte zu veranlassen, unterfällt die Gewinnung von Laienwerbern gegen Provisionsversprechen oder Prämienzusagen (zB bei Sammelbestellern oder Abonnementswerbern) dem Verbot des § 16 II *nicht*. In diesen Fällen geht es um den Warenabsatz ohne das von § 16 II missbilligte Element der progressiven Kundengewinnung. 45

bb) Versprechen der Gewährung besonderer Vorteile. Mittel der Einspannung des Kunden in das Werbe- und Vertriebssystem des Veranstalters sind die zugesagten, verkaufsabhängigen **„besonderen Vorteile".** *Vorteile* sind alle vermögenswerten Leistungen (Prämien, Provisionen, Preisnachlass, verbilligter Warenbezug usw). Ob es sich um *besondere* Vorteile handelt, richtet sich nach der Relation zu dem vom Abnehmer (Empfänger des Vorteils) zu zahlenden Entgelt. Belanglose Vorteile, die so geringwertig sind, dass sie niemandem zum Eintritt in das Werbe- und Absatzsystem veranlassen, scheiden aus. 46

Die dem Erstabnehmer versprochenen Vorteile für die Gewinnung weiterer Abnehmer müssen **vom Veranstalter gewährt** werden. *Dieser* muss seinem Abnehmer den Vorteil **selber** – unmittelbar oder mittelbar – zukommen lassen. § 16 II greift nicht ein, wenn die Vorteile von den eigenen Abnehmern oder sonst von Dritten ge- 47 währt werden (OLG Karlsruhe GRUR 89, 615, 616; *Granderath,* wistra 88, 173, 176; aM *Richter,* wistra 87, 276; 88, 245; 90, 216).

48 **cc) Kettenbriefaktionen.** Strafbarkeit aus § 16 II kommt nicht in Betracht, wenn der Initiator einer **Kettenbriefaktion** sich darauf beschränkt, zu dieser den Anstoß zu geben und die Fortführung der Veranstaltung ohne weitere Tätigkeit und Kontrolle den privaten Teilnehmern überlässt („Selbstläufer"). In diesen Fällen fehlt es bereits an einem Handeln im geschäftlichen Verkehr (Rn 37). Die Strafbarkeit entfällt aber auch in den Fällen der „verwalteten Kettenbriefaktion" ohne Kopplung mit dem Vertrieb von Waren, bei denen der Veranstalter eine vom Spielgewinn unabhängige Bearbeitungsgebühr verlangt. An einem Handeln im geschäftlichen Verkehr fehlt es hier zwar nicht (Rn 37), wohl aber an der von § 16 II vorausgesetzten Gewährung eines besonderen Vorteils. Als besonderer Vorteil kommt hier allein die Verschaffung einer Gewinnchance durch den Veranstalter in Betracht, die aber mit der versprochenen Leistung identisch ist und deshalb nicht gleichzeitig ein besonderer Vorteil im Sinne des § 16 II sein kann (BayObLG GRUR 91, 245, 246).

49 **2. Subjektiver Tatbestand.** Erforderlich ist **Vorsatz,** § 15 StGB. Der Täter muss alle Tatumstände kennen und sie wissentlich und willentlich verwirklichen. **Bedingter Vorsatz** genügt. Ein Tatbestandsirrtum lässt die Strafbarkeit entfallen, ein Verbotsirrtum nur, wenn und soweit er unvermeidbar war (Rn 20).

VI. Rechtsfolgen

50 **1. Strafrechtliche Rechtsfolgen. a) Tatbestandliche Handlung.** Nach § 16 II bilden die einzelnen Teilakte, die in ihrer Summe der strafbaren Verwirklichung des Vertriebssystems dienen, eine tatbestandliche Handlungseinheit (KG NStZ-RR 05, 26, 27f). Es ist also nicht so, dass jede einzelne Förderungsaktion (Anwerbung Verkaufsveranstaltung) als eine rechtlich selbstständige Straftat zu werten wäre (Köhler/*Bornkamm* § 16 Rn 44).

51 **b) Strafe, Strafverfolgung, Verjährung.** Die Tat ist Vergehen (§ 12 II StGB). Sie ist mit Freiheitsstrafe bis zu zwei Jahren *oder* mit Geldstrafe bedroht, bei Bereicherungsabsicht – wie regelmäßig in den Fällen des § 16 II – auch mit Geldstrafe *neben* der Freiheitsstrafe (§ 41 StGB). Der **Versuch** wird von der Tathandlung mitumfasst (Rn 36). Zur **Teilnahme** und **notwendigen Teilnahme** s Rn 40, 41.

52 § 16 II ist **nicht Antrags-** (§ 22 I 1), wohl aber **Privatklagedelikt** (§ 374 I Nr 7 StPO). Strafverfolgung von Amts wegen findet daher nur bei Vorliegen eines öffentlichen Interesses statt (§ 376 StPO). Privatklageberechtigt ist nur noch der Verletzte, § 374 I StPO (vgl Rn 26). Die Strafverfolgungsverjährung beträgt 5 Jahre (§ 78 II Nr 4 StGB).

53 **c) Konkurrenzen. Tateinheit** kann bestehen mit § 16 I sowie mit §§ 263, 287 I, II StGB (Köhler/*Bornkamm* § 16 Rn 52; GK[1]/*Otto* § 6c Rn 58: Lex specialis gegenüber § 16 I).

54 **2. Zivilrechtliche Rechtsfolgen.** Der Verstoß gegen § 16 II ist zugleich eine **Zuwiderhandlung** gegen die §§ 3, 4 Nr 11, ggf auch §§ 3, 5, verpflichtet also auch zur Unterlassung (§ 8 I) und zum Schadensersatz (§ 9). Zum Abschöpfungsanspruch s § 10.

55 Die **zivilrechtlichen Abreden** zwischen dem Veranstalter und den Teilnehmern am Gewinnspiel sowie zwischen diesen und den weiteren Teilnehmern sind nach § 138 BGB und, da § 16 II anders als § 16 I Verbotsgesetz iS des § 134 BGB ist, auch nach § 134 BGB **nichtig** (vgl BGHZ 71, 358, 366 = NJW 78, 1970, 1972 – *Golden Products;* BGH WRP 97, 783, 784 – *Sittenwidriges Schneeballsystem;* OLG München NJW 86, 1880, 1881; OLG Celle NJW 96, 2660). Die Rückforderung des als besonderen Vorteil Geleisteten seitens des Veranstalters ist ausgeschlossen (§ 817 Satz 2

BGB), anders hinsichtlich des Einsatzes des Teilnehmers, wenn dieser über Risiken und Verlustgefahren im Unklaren gelassen worden war (BGH aaO – *Sittenwidriges Schneeballsystem*) oder wenn der Kondiktionssperre nach § 817 Satz 2 BGB Grund und Schutzzweck der Nichtigkeitssanktion entgegenstehen (BGH WRP 06, 112, 113 – *Schenkkreis I;* WRP 08, 961, 921 – *Schenkkreis II;* zust. *Möller,* NJW 06, 268).

Vorbemerkungen vor §§ 17–19
[Schutz von Unternehmensgeheimnissen]

Inhaltsübersicht

	Rn
I. Allgemeines	1
1. Begriffe	1
2. Wirtschaftliche Bedeutung	2
3. Die Natur des Rechts am Unternehmensgeheimnis	3
4. Unternehmensgeheimnisse im Rechtsverkehr	5
5. Internationales Recht und Unionsrecht	6
II. Überblick über den Schutz von Unternehmensgeheimnissen im deutschen Recht	8
1. Verfassungsrecht	8
2. Strafrecht	9
3. Zivilrecht	10
4. Zivilprozessrecht	11

Literatur: S die Nachw zu § 17.

I. Allgemeines

1. Begriffe. Unternehmensgeheimnis ist jede im Zusammenhang mit einem Unternehmen stehende Information, die nicht offenkundig, sondern nur einem eng begrenzten Personenkreis bekannt ist und nach dem bekundeten Willen des Unternehmensinhabers, der auf einem ausreichenden wirtschaftlichen Interesse beruht, geheim gehalten werden soll (s § 17 Rn 5). § 17 unterscheidet zwischen **Geschäftsgeheimnissen,** die kaufmännische Aspekte des Unternehmens betreffen (Beispiele: Kunden- und Lieferantendaten, Kalkulationsunterlagen, Vertragsunterlagen), und **Betriebsgeheimnissen,** die sich auf den technischen Bereich (Beispiele: Konstruktionspläne, Fertigungsmethoden) beziehen, doch ist eine trennscharfe Unterscheidung weder möglich noch erforderlich (s § 17 Rn 5). Der Begriff des **Know-how** entstammt der ökonomischen Terminologie und ist rechtlich nicht allgemein definiert. Lediglich für die Zwecke des Kartellrechts definiert Art 1 lit i der Technologietransfer-GruppenfreistellungsVO 772/2004 (s dazu Rn 8a) „Know-how" als „eine Gesamtheit nicht patentierter praktischer Kenntnisse, die durch Erfahrungen und Versuche gewonnen werden und die (i) geheim, d h nicht allgemein bekannt und nicht leicht zugänglich sind, (ii) wesentlich, d h die für die Produktion der Vertragsprodukte von Bedeutung und nützlich sind, und (iii) identifiziert sind, d h umfassend genug beschrieben sind, so dass überprüft werden kann, ob es die Merkmale „geheim" und „wesentlich" erfüllt. In der Literatur wird der Begriff „Know-how" teilweise mit demjenigen des Unternehmensgeheimnisses gem § 17 UWG oder demjenigen der „nicht offenbarten Information" gem Art 39 II TRIPS gleichgesetzt (*Ann/ Loschelder/Grosch* Kap 1 Rn 7ff; *Enders* GRUR 12, 25, 27), doch besteht keine Notwendigkeit, den Begriff auf nicht offenkundige Tatsachen zu beschränken. Es mag unternehmerisch durchaus sinnvoll sein, sich nicht geheimes Wissen mittels eines

1

Know-how-Vertrags auf einfachem Wege zu verschaffen (*Kraßer* GRUR 70, 587, 595; GRUR 77, 177, 183; *Dorner* S 36; *Kalbfus* Rn 11). Auch eine Verengung auf den technischen Bereich ist nicht zwingend (so etwa *Gaul* WRP 88, 215; *Bartenbach/Gennen* Rn 2547), ebenso wenig eine Ausklammerung sondergesetzlich geschützter Immaterialgüter (so aber *Dorner* S 41 f), denn sobald das Know-how schriftlich fixiert ist, kommt parallel Urheberrechtsschutz in Betracht. Daher sollte „Know-how" jeden Weg zur Lösung eines Problems, der einer wirtschaftlichen Verwendung in einem Unternehmen zugänglich ist (vgl *Kraßer* GRUR 70, 587, 590), oder jeden wirtschaftlich relevanten Wissensvorsprung (*Bartenbach/Gennen* Rn 2548) umfassen. Allerdings sind Definitionsversuche letztlich müßig, da es sich außerhalb des Kartellrechts nicht um einen Rechtsbegriff handelt (ähnl *Kalbfus* Rn 10).

2 **2. Wirtschaftliche Bedeutung.** Das Know-how im technischen und geschäftlichen Bereich kann einen **erheblichen Unternehmenswert** darstellen. Insbesondere Unternehmensgeheimnisse sind oft wertvoller als gewerbliche Schutzrechte und bilden häufig den wesentlichen Wertfaktor des Betriebes (BGHZ 16, 172, 175f = GRUR 55, 388, 390 – *Dücko*; BGH GRUR 63, 207, 210 – *Kieselsäure*; *Ann* GRUR 07, 39, 40; Ann/Loschelder/Grosch/*Huber* Kap 1 Rn 235 ff; *Köhler/Bornkamm* vor § 17 Rn 1; *Doepner*, FS Tilmann, 2003, 105; *Kalbfus* Rn 15 ff; *Westermann* Rn 1/1). Paradebeispiel ist die Coca-Cola-Rezeptur, die landläufig als das am besten gehütete Geheimnis der Industrie gilt (*Doepner*, FS Tilmann, 105). Unternehmensgeheimnisse sind besonders verletzlich, da sie ihren Wert und ihren rechtlichen Schutz mit der Offenbarung verlieren, sei sie auch in rechtswidriger Weise erfolgt. Insbesondere durch Betriebsspionage entstehen erhebliche volkswirtschaftliche Schäden, die für Deutschland in Höhe eines ein- bis zweistelligen Milliardenbetrags pro Jahr geschätzt werden (*Többens* NStZ 00, 506; Gloy/Loschelder/Erdmann/*Harte-Bavendamm* § 48 Rn 2; *Doepner* FS Tilmann, S 105; *Kiethe/Groeschke* WRP 05, 1358, 1359; MüKo/*Brammsen* Vor § 17 Rn 7). Dem Interesse des Unternehmensinhabers am Schutz seiner Wirtschaftsgeheimnisse stehen allerdings das öffentliche Informationsinteresse und das Interesse des Arbeitnehmers an der freien Wahl seines Arbeitsplatzes und an freier Verwendung seiner Kenntnisse und Erfahrungen gegenüber. Der letztgenannte Interessengegensatz zieht sich wie ein roter Faden durch die rechtspolitische Diskussion und durch zahlreiche höchstrichterliche Entscheidungen (Gloy/Loschelder/Erdmann/*Harte-Bavendamm* § 48 Rn 1), nicht nur im deutschen Recht, sondern auch in ausländischen Rechtsordnungen (vgl *Maier* S 90 ff, 200 ff; *Schlötter* S 24 ff, 97 ff, 232 ff).

3 **3. Die Natur des Rechts am Unternehmensgeheimnis.** Unternehmensgeheimnisse sind bei wirtschaftlicher Betrachtung Immaterialgüter, denn sie weisen einen wirtschaftlichen Wert auf und sind durch den Unternehmer selbst oder durch Lizenzerteilung verwertbar. Als solche sind sie jedoch **nicht Gegenstand eines vollständigen Immaterialgüter*rechts*** (*Ann* GRUR 07, 39, 43; *Siems* WRP 07, 1146, 1149; vgl zur Unterscheidung zwischen Immaterialgut und Immaterialgüterrecht *Troller*, Immaterialgüterrecht I, S 49 ff). Die Position des Geheimnisinhabers ist zunächst eine rein faktische, die rechtlich abgesichert wird. Insoweit ist sie mit dem berechtigten Besitz vergleichbar. Die geheime Information ist dem Geheimnisträger nicht abstrakt zugewiesen, sondern nur gegen bestimmte unlautere Angriffsformen geschützt. Wer die geheime Information auf redliche Weise, insbesondere durch eigene Überlegungen oder Forschungen, erlangt, ist in ihrer Verwertung frei. Insofern handelt es sich beim Schutz von Unternehmensgeheimnissen um einen genuinen Teil des Lauterkeitsrechts (vgl Art 39 I TRIPS). Außerdem besteht im Vergleich zu den Immaterialgüterrechten die Schwäche des Geheimnisschutzes darin, dass er mit der Offenbarung des Geheimnisses verloren geht und so gerade in Fällen schwerster Verletzungen versagt.

4 Dennoch besteht eine **enge Verwandtschaft zwischen Geheimnisschutz und Immaterialgüterrecht** (vgl BGHZ 16, 172, 175f = GRUR 55, 388, 390 – *Dücko*; BGH GRUR 77, 539, 542 – *Prozessrechner; Ann* GRUR 07, 39 ff). Solange das Ge-

heimnis besteht, reicht sein Schutz in gewisser Hinsicht weiter als derjenige eines Patents (der Geheimnisschutz ist zeitlich unbegrenzt) und als derjenige des Urheberrechts (der Geheimnisschutz umfasst die Information selbst, nicht nur die Ausdrucksform). Dem Inhaber kommt eine Dispositionsbefugnis zu, die derjenigen des Patentinhabers oder Urhebers vergleichbar ist. Er kann Lizenzen gewähren (s Rn 5) und Dritte von der Verwertung des geheimen Wissens ausschließen. Besonders bei technischen Informationen besteht eine enge Wechselwirkung zwischen Patent- und Geheimnisschutz. Bis zur Patentanmeldung verhindert die Geheimhaltung den Verlust der patentrechtlichen Neuheit (§ 3 PatG), § 24 I ArbNErfG verpflichtet den Arbeitgeber, § 24 II ArbNErfG den Arbeitnehmererfinder zur Geheimhaltung. Anstelle einer Patentanmeldung, die nach 18 Monaten zur Offenlegung der Erfindung führt (§ 31 II PatG; Art 93 EPÜ), kann sich der Unternehmer zur Geheimhaltung entschließen. Patentschutz und Geheimnisschutz stellen in dieser Hinsicht alternative Schutzmöglichkeiten dar. Der Schutz von Unternehmensgeheimnissen lässt sich daher nicht nur mit der Notwendigkeit der Bekämpfung unlauteren Marktverhaltens, sondern auch mit dem Gedanken der **Investitionsförderung** begründen. Er senkt die Kosten faktischer Geheimhaltungsmaßnahmen und erleichtert den Transfer von Know-how. Zudem benötigt jedes Unternehmen einen geschützten Innenbereich, in technischer Hinsicht für die eigene Forschung und Entwicklung, in betriebswirtschaftlicher Sicht zur Vorbereitung des eigenen Marktauftritts (vgl *Beater* Rn 1871; *Kalbfus* Rn 23 ff; *Ohly*, FS Straus, 546 f). Andererseits ist nicht zu verkennen, dass zwischen dem potentiell unbefristeten Geheimnisschutz und den Wertungen des befristeten Patentrechts, das Offenbarung der Erfindung voraussetzt, ein gewisses Spannungsverhältnis besteht (vgl *Siems* WRP 07, 1146, 1150m Hinw auf die Diskussion in den USA). Die enge Beziehung zwischen Geheimnisschutz und Immaterialgüterrecht findet auf internationaler Ebene darin Ausdruck, dass **Art 39 TRIPS** nicht offenbarte Informationen von wirtschaftlichem Wert im Zusammenhang mit den Rechten des geistigen Eigentums schützt. Insgesamt kann die Rechtsposition des Inhabers von Unternehmensgeheimnissen als **unvollkommenes Immaterialgüterrecht** angesehen werden (vgl *Ahrens/McGuire*, Modellgesetz für Geistiges Eigentum, 2011, Buch 1 § 10; zum US-Recht *Lemley* 61 Stanford L Rev 311 (2008); aA *Köhler/Bornkamm* Vor §§ 17–19 Rn 2; *Kalbfus* Rn 403 ff; krit ggü der „Verdinglichung" von Unternehmensgeheimnissen *Dorner* S 128 ff). Es handelt sich um ein gegen beliebige Dritte wirksames und in diesem Sinne absolutes Recht (§ 823 I BGB) (*Köhler/Bornkamm* § 17 Rn 53; Harte/Henning/*Harte-Bavendamm* § 17 Rn 50; *Nastelski* GRUR 57, 1, 4 ff; wohl auch *Ann* GRUR 07, 39, 43; aA MüKo/*Brammsen* § 17 Rn 6; *Kalbfus* aaO), das aber nur gegen bestimmte unlautere Angriffsformen schützt, den Charakter eines Rahmenrechts hat und dessen rechtswidrige Verletzung daher gesondert auf der Grundlage einer Interessenabwägung festzustellen ist (s im Einzelnen § 17 Rn 38 ff).

4. Unternehmensgeheimnisse im Rechtsverkehr. Unternehmensgeheim- 5
nisse können mit oder ohne das dazugehörige Unternehmen **veräußert** werden (BGH GRUR 06, 1044 Rn 19 – *Kundendatenprogramm*). Schuldrechtlich liegt der Veräußerung regelmäßig ein **Kaufvertrag (§§ 453 I, 433 ff BGB)** zugrunde (*Köhler*/Bornkamm Vor §§ 17–19 Rn 3). Diese Verpflichtung wird in ihrem Kern durch eine Übertragung der Dispositionsbefugnis über das Geheimnis gem § 413; 398 ff BGB erfüllt (*Forkel*, FS Schnorr von Carolsfeld, 105, 122 f; aA *Pfister* S 146 ff: Analogie zu §§ 929 ff BGB; krit auch *Köhler* aaO), doch treffen den Veräußerer nach ausdrücklicher vertraglicher Vereinbarung oder ergänzender Vertragsauslegung weitere Pflichten, insbesondere die Mitteilung der geheimen Information, die Einweisung in deren Verwendung und die Übergabe zugehöriger Unterlagen; weitere Pflichten können im Einzelfall hinzukommen (Ann/Loschelder/Grosch/*Maaßen* Kap 5 Rn 11 ff; *Köhler*/Bornkamm Vor §§ 17–19 Rn 3). Ebenso wie die Rechte des geistigen Eigentums können Unternehmensgeheimnisse Gegenstand von **Lizenzverträgen** sein (zu den

Pflichten der Parteien *Maaßen* aaO Kap 5 Rn 53 ff). Die Hauptpflicht des Lizenzgebers besteht darin, dem Lizenznehmer das Geheimnis mitzuteilen und ihm die Nutzung des Geheimnisses zu gestatten. Diese Gestattung kann in ausschließlicher oder einfacher Weise erfolgen. Sie vermittelt nach hM lediglich ein schuldrechtliches Benutzungsrecht (*Bartenbach/Gennen* Rn 2655; wohl auch BGHZ 16, 172, 175 = GRUR 55, 388, 390 – *Dücko),* doch sprechen die besseren Gründe dafür, ihr dingliche Wirkung beizumessen, so dass insbesondere der Lizenznehmer im Fall einer späteren Übertragung seine Berechtigung dem neuen Verfügungsberechtigten entgegengehalten werden kann (*Forkel* aaO). Daneben ist auch ein Know-how-Vertrag über bereits offenbarte Informationen denkbar (*Kraßer* GRUR 77, 177, 183), dem aber das charakteristische Element der Gestattung fehlt.

5a Verträge über Know-how unterliegen den **kartellrechtlichen Grenzen** des § 1 GWB und des Art 101 AEUV iVm der Verordnung 772/2004 der Kommission vom 27.4.2004 über die Anwendung von Art 81 III EGV auf Gruppen von Technologietransfer-Vereinbarungen, ABl L 123 v 27.4.2004, S 11 (vgl hierzu *Drexl* GRUR Int 04, 716 ff; *Hufnagel* Mitt 2004, 297 ff; *Kleissl,* Lizenzkartellrecht in der amerikanischen und europäischen Rechtsordnung, 2008; *Lubitz* EuZW 04, 652 ff). Die Weigerung, vertrauliche Informationen anderen Unternehmen zur Verfügung zu stellen, kann in Ausnahmefällen als **Missbrauch einer marktbeherrschenden Stellung** (Art 102 AEUV; §§ 19, 20 GWB) anzusehen sein. So kann einem Unternehmen, das auf dem Markt für Betriebssysteme eine beherrschende Stellung innehat, ein kartellrechtlich relevanter Missbrauch zur Last fallen, wenn es vertrauliche Schnittstelleninformationen nicht bereitstellt und so die Herstellung kompatibler Software durch andere Unternehmen verhindert (EuG, Rs T-201/04, *Microsoft/Kommission,* insb Rn 312 ff; dazu *Ensthaler/Bock* GRUR 09, 1, 4 f; *Hausmann* MMR 08, 381, 382 ff).

5b Unternehmensgeheimnisse unterliegen der Zwangsvollstreckung (§§ 857, 828 ff ZPO) und gehören im Fall der Insolvenz zur Insolvenzmasse (BGHZ 16, 172 = GRUR 55, 388, 390 – *Dücko; Pfister* S 157 ff; *Köhler/*Bornkamm Vor §§ 17–19 Rn 5).

6 **5. Internationales Recht und Unionsrecht.** Das Übereinkommen zum Schutz der Rechte des geistigen Eigentums **(TRIPS-Übereinkommen)** verpflichtet in **Art 39** die Mitgliedstaaten zum Schutz „nicht offenbarter Informationen" (näher hierzu *Reger* S 235 ff). Natürlichen und juristischen Personen muss nach Art 39 II TRIPS die Möglichkeit eingeräumt werden, zu verhindern, dass Informationen, die rechtmäßig unter ihrer Kontrolle stehen, ohne ihre Zustimmung auf eine Weise, die den anständigen Gepflogenheiten in Gewerbe und Handel zuwiderläuft, Dritten offenbart, von diesen erworben oder benutzt werden, solange diese Informationen (a) geheim sind, (b) wirtschaftlichen Wert haben und (c) Gegenstand angemessener Geheimhaltungsmaßnahmen sind. Art 39 III TRIPS verpflichtet zum Schutz von Versuchsdaten, die einer Behörde im Rahmen der Arznei- oder Lebensmittelzulassung zugänglich gemacht werden. Das deutsche Recht weicht in verschiedener Hinsicht von Art 39 TRIPS ab. Da das Übereinkommen aber nur einen Mindeststandard setzt (Art 1 I 2 TRIPS), ist das deutsche Recht weitgehend mit dem Völkerrecht vereinbar, auch wenn eine stärkere Anlehnung des Geheimnisbegriffs an Art 39 II TRIPS rechtspolitisch wünschenswert wäre. Problematisch ist allerdings, dass § 18, anders als es Art 39 II TRIPS mit Fußn 10 verlangt, anvertraute Informationen nicht allgemein schützt, sondern den Schutz auf Vorlagen verengt (s § 18 Rn 1).

7 Innerhalb der EU ist es bisher **nicht** zu einer **Angleichung der Rechtsvorschriften über den Geheimnisschutz** gekommen. Noch bestehen erhebliche Unterschiede zwischen den Rechtsordnungen der Mitgliedstaaten (vgl die von der Kommission in Auftrag gegebene rechtsvergleichende *Hogan Lovells*-Studie, abrufbar unter http://ec.europa.eu/internal_market/iprenforcement/trade_secrets/index_de. htm#maincontentSec 1, vgl auch die Nachw bei MüKo/*Brammsen* Vor § 17 Rn 14; zum Geheimnisschutz in China, Indien, Russland und den USA Ann/Loschelder/

Grosch Kap 12). Die Kommission hat aber am 28.11.2013 einen **Vorschlag für eine Richtlinie über den Schutz vertraulichen Know-hows und vertraulicher Geschäftsinformationen (Geschäftsgeheimnisse)** vor rechtswidrigem Erwerb sowie rechtswidriger Nutzung und Offenlegung, COM(2013) 813 endg., 2013/0402 (COD), vorgelegt (abrufbar unter http://ec.europa.eu/internal_market/iprenforcement/docs/trade-secrets/131128_proposal_de.pdf). In Art 2 wird der Begriff „Geschäftsgeheimnis" in enger Anlehnung an Art 39 II TRIPS definiert. Art 3 verbietet die vorsätzliche oder grob fahrlässige Aneignung, Nutzung und Offenlegung von Geheimnissen. Beim rechtswidrigen Erwerb werden konkrete Angriffsformen wie der unbefugte Zugang zu Verkörperungen des Geheimnisses, Diebstahl, Bestechung, Betrug und die Verletzung einer Vertraulichkeitsvereinbarung oder Anstiftung dazu genannt, dann folgt eine generalklauselartige Auffangbestimmung. Die Nutzung oder Offenlegung ist unzulässig, wenn die Information rechtswidrig erlangt wurde oder gegen ein vertragliches Offenbarungs- oder Nutzungsverbot verstößt. Der Verrat durch Arbeitnehmer wird, anders als in § 17 Abs 1 UWG, nicht gesondert erwähnt. Dritte verletzen Geheimnisse, wenn sie die Information verwerten oder veröffentlichen, obwohl sie den Geheimnischarakter kennen oder kennen mussten. Art 3 Abs 5 verbietet den Vertrieb rechtswidriger Produkte. Deutlicher als das deutsche Recht regelt Art 4 Fälle, in denen die Nutzung des Geheimnisses zulässig ist. Erlaubt werden die unabhängige Entdeckung oder Schaffung, das „reverse engineering" und „jede andere Vorgehensweise, die unter den gegebenen Umständen mit einer seriösen Geschäftspraxis vereinbar ist". Neben einer generellen Rechtfertigung durch die Meinungsfreiheit gibt es eine spezielle Ausnahme für Whistleblower, die unter dem Vorbehalt der Erforderlichkeit und des öffentlichen Interesses steht. Schwerpunkt der Richtlinie sind die **an die Durchsetzungsrichtlinie angelehnten zivilrechtlichen Rechtsfolgen,** während das Strafrecht ausgeklammert bleibt. Eine umfangreiche Bestimmung verpflichtet die Mitgliedstaaten dazu, die Vertraulichkeit im Prozess zu schützen, und sieht dabei unter einschränkenden Voraussetzungen, anders als das bisherige deutsche Recht, auch Möglichkeiten vor, der anderen Partei den Zugang zu vertraulichen Informationen zu verwehren. Beim vorläufigen Rechtsschutz und beim Unterlassungsanspruch setzt der Entwurf auf Flexibilität. Bestimmte Maßnahmen müssen zur Verfügung stehen, aber die Gerichte müssen über Abwägungsspielraum verfügen, entsprechende Kriterienkataloge werden bereitgestellt. Allerdings fehlen Bestimmungen zur Beweissicherung.

Vorbehaltlich einer künftigen Harmonisierung nicht abschließend geklärt ist bisher, ob die Richtlinie 2004/48/EG zur **Durchsetzung der Rechte des geistigen Eigentums** auf den Schutz von Unternehmensgeheimnissen anwendbar ist. Dafür spricht, dass die Richtlinie zur Umsetzung des TRIPS-Übereinkommens erlassen wurde, das wiederum den Schutz nicht offenbarter Informationen erfasst (Rn 6) und auch nicht von den Bestimmungen über die Durchsetzung der Immaterialgüterrechte (Art 41 ff) ausnimmt (Ann/Loschelder/*Grosch* Kap 6 Rn 185; für Anwendbarkeit auch der englische Court of Appeal *Vestergaard Frandsen SA v Bestnet Europe* [2011] EWCA Civ 424 Rn 56). Dennoch ist die Richtlinie nicht unmittelbar anwendbar, weil sie das Lauterkeitsrecht nicht erfasst, sondern in Egrd 13 Mitgliedstaaten nur die Möglichkeit einräumt, die Bestimmungen der Richtlinie auf diesen Bereich zu erstrecken. Doch erscheint eine analoge Anwendung einzelner Vorschriften der Richtlinie möglich (*Stadler* ZZP 123 (2010) 261, 282), jedenfalls sollten ihre Wertungen bei der (richterlichen) Ausgestaltung der zivilrechtlichen Rechtsfolgen der Geheimnisverletzung berücksichtigt werden.

7a

II. Überblick über den Schutz von Unternehmensgeheimnissen im deutschen Recht

8 **1. Verfassungsrecht.** Unternehmensgeheimnisse unterfallen nach der Rechtsprechung des BVerfG dem Art 12 I GG (BVerfGE 105, 205 Rn 81 ff; ebenso *Beyerbach* S 230 ff; *Dorner* S 304 f), nach der Gegenansicht der Eigentumsgarantie des Art 14 I GG (*Ann* GRUR 07, 39, 42; GK¹/*Otto* § 17 Rn 4; *Stadler* S 38 f; differenzierend *Brammsen* DÖV 07, 10, 12 ff: „inhaltsbeschränktes Informationseigentum"). Die zivilrechtliche Frage nach der Natur des Rechts am Unternehmensgeheimnis (für Annahme eines absoluten Rechts BGHZ 16, 172, 175 = GRUR 55, 388, 389 – *Dücko; Mes* GRUR 79, 584, 590 ff; für Schutz als Teil des Rechts am Gewerbebetrieb BGH GRUR 63, 367, 369 – *Industrieböden;* Harte/Henning/*Harte-Bavendamm* § 17 Rn 50; s auch § 17 Rn 48) findet ihre Parallele auf verfassungsrechtlicher Ebene. Während teilweise das Recht am Geheimnis selbst als gem Art 14 GG geschütztes subjektives Vermögensrecht angesehen wird (*Pfister* S 46 ff; *Beater* aaO; *Denninger* GRUR 84, 627, 632 f), sieht die Gegenansicht das Unternehmensgeheimnis als durch das ebenfalls Art 14 unterfallende (s Einf D Rn 16) Recht am Unternehmen an (*Axer*, FS Isensee, S 121). Falls fraglich ist, ob ein Arbeitnehmer vertrauliche Informationen seines ehemaligen Arbeitgebers verwerten darf, ist dessen Recht an Unternehmensgeheimnissen gegen das durch Art 12 GG geschützte Recht des Arbeitnehmers an freier Berufswahl und beruflichem Fortkommen abzuwägen (s im Einzelnen § 17 Rn 38 ff). Zum Geheimnisschutz gem § 6 des zum 1.1.2006 in Kraft getretenen Informationsfreiheitsgesetzes vgl *Kiethe/Groeschke* WRP 06, 303 ff.

9 **2. Strafrecht.** Auf der Ebene des einfachen Rechts ist der Geheimnisschutz in Deutschland nicht einheitlich geregelt, sondern zersplittert und unübersichtlich. Trotz der erheblichen zivilrechtlichen Bedeutung der Materie hat sich der Gesetzgeber weitgehend darauf beschränkt, Straftatbestände zu erlassen und bestimmte Personenkreise zur Vertraulichkeit zu verpflichten. Anders als es die Gesetzessystematik vermuten lässt, ist der strafrechtliche Schutz praktisch nur von eingeschränkter Bedeutung (Ann/Loschelder/Grosch/*Bukow* Kap 6 Rn 221), doch können immerhin die Ergebnisse der staatsanwaltschaftlichen Ermittlungen den Geschädigten in die Lage versetzen, zivilrechtliche Ansprüche geltend zu machen (*Kiethe/ Groeschke* WRP 05, 1358, 1366). Die zentralen strafrechtlichen Vorschriften zum Schutz von Betriebs- und Geschäftsgeheimnissen sind die im Folgenden kommentierten §§ 17–19 UWG. § 17 schützt Unternehmensgeheimnisse gegen den Verrat durch Beschäftigte während der Dauer des Dienstverhältnisses (§ 17 I), gegen Betriebsspionage durch Beschäftigte oder Dritte (§ 17 II Nr 1) und gegen die häufig als Geheimnishehlerei bezeichnete unbefugte Verwertung rechtswidrig erlangter Geheimnisse (§ 17 II Nr 2). § 18 schützt Know-how, das in Vorlagen verkörpert oder in technischen Vorschriften beschrieben ist, gegen den Vertrauensbruch durch einen Geschäftspartner. § 19 erweitert den strafrechtlichen Schutz auf das Verleiten und Erbieten zum Verrat. Nicht auf Unternehmensgeheimnisse beschränkt sind die Vorschriften des StGB zum Schutz des persönlichen Lebens- und Geheimbereichs **(§§ 201 ff StGB),** insbesondere gegen die Offenbarung oder Verwertung von Privatgeheimnissen durch zur Vertraulichkeit verpflichtete Berufsgruppen (§§ 203 f StGB) und gegen die Ausspähung von Daten (§ 202a StGB, vgl auch §§ 44 BDSG; 95 TKG; zum strafrechtlichen Schutz gegen Hacker und Angriffe auf WLAN-Netze vgl *Bär* MMR 05, 434 ff; *Ernst* NJW 03, 3233 ff). Transparenzgebote des Datenschutzrechts können mit dem Schutz von Unternehmensgeheimnissen in Konflikt geraten (vgl *Taeger* K&R 08, 513 ff). Dem Schutz von Staatsgeheimnissen dienen die §§ 93 ff StGB, dem Schutz des Steuergeheimnisses § 355 StGB. Zahlreiche Vorschriften des Nebenstrafrechts stellen den Geheimnisverrat durch bestimmte, besonders zur Vertraulichkeit verpflichtete Personengruppen unter Strafe (zB §§ 85

GmbHG; 404 AktG; 151 GenG; 333 HGB; 120 BetrVG; 38 WPHG; 55a KWG; vgl den Überblick bei Ann/*Loschelder*/Grosch Kap 1 Rn 171 ff).

3. Zivilrecht. Nur sehr **lückenhaft** ist der **zivilrechtliche Geheimnisschutz** 10 gesetzlich ausgestaltet. §§ 17–19 ordnen unmittelbar nur strafrechtliche Sanktionen an, ihre Verletzung löst über **§§ 4 Nr 11; 3; 8f, §§ 823 I (str) und II, 1004 BGB** aber auch zivilrechtliche Abwehr- und Schadensersatzansprüche aus (hierzu im Einzelnen § 17 Rn 44, 48). § 19 aF, der dies ausdrücklich anordnete, wurde im Zuge der UWG-Reform als überflüssig gestrichen. Damit ist der zivilrechtliche Schutz von Unternehmensgeheimnissen aber nicht abschließend geregelt. Von wesentlicher Bedeutung sind **vertragliche Vereinbarungen,** insbesondere arbeitsvertragliche Geheimhaltungspflichten. Für die außervertragliche Haftung kommt vor allem bei der fahrlässigen Offenbarung von Geheimnissen oder bei der Offenbarung oder Verwertung von Geheimnissen durch Bedienstete nach Beendigung des Arbeitsverhältnisses ein Rückgriff auf **§§ 4 Nr 9c, 10; 3 UWG** oder **§ 3 UWG unmittelbar** und auf **§§ 823 I; 826 BGB** in Betracht, allerdings sind die Einzelheiten umstritten und nicht abschließend geklärt (s § 17 Rn 38 ff). Die Diskussion hierüber ist seit Schaffung des UWG nicht zur Ruhe gekommen (*Mes* GRUR 79, 584). Verschiedene Bestimmungen des Handels-, Gesellschafts- und Arbeitsrechts verpflichten daneben weitere Personenkreise zur Vertraulichkeit (insb § 90 HGB: Handelsvertreter; §§ 93 I; 116 AktG: Aufsichtsratsmitglieder; §§ 79 BetrVG; 10 BPersVG: Betriebsratsmitglieder und Mitglieder der Personalvertretung). Der Arbeitnehmer ist zur Geheimhaltung von Diensterfindungen bis zu deren Freiwerden verpflichtet (§ 24 II ArbNErfG), der Arbeitgeber hat ihm gemeldete Arbeitnehmererfindungen vertraulich zu behandeln (§ 24 I ArbNErfG).

4. Zivilprozessrecht. Schwierigkeiten kann der Geheimnisschutz im Zivilprozess bereiten, sowohl in Verfahren, in denen es um den Schutz von Unternehmensgeheimnissen geht, aber auch in immaterialgüterrechtlichen Verletzungsverfahren. Das Zivilprozessrecht schützt die Geheimnisse Dritter durch Zeugnisverweigerungsrechte (§§ 384 Nr 3; 383 Nr 6 ZPO). Sofern die Prozessparteien im Verfahren vertrauliche Informationen offen legen, hat das Gericht die Möglichkeit, die Öffentlichkeit auszuschließen (§ 172 Nr 2 GVG). Darüber hinaus sind aber etliche Fragen des Geheimnisschutzes im Zivilprozess bisher nicht abschließend geklärt (näher hierzu § 17 Rn 56 ff). Die immaterialgüterrechtlichen Vorschriften zum Vorlage- und Besichtigungsanspruch, die 2008 zur Umsetzung der Richtlinie zur Durchsetzung der Rechte des geistigen Eigentums in die einzelnen Schutzgesetze aufgenommen wurden, verpflichten das Gericht dazu, Maßnahmen zum Schutz vertraulicher Informationen im Verletzungsprozess zu treffen (zB §§ 140c I, III PatG; 19a I, III MarkenG; § 101a I, III UrhG; vgl dazu *Dombrowski*/*Eck* GRUR 08, 387, 392 f; *Spindler*/*Weber* MMR 06, 711 ff). 11

§ 17 Verrat von Geschäfts- und Betriebsgeheimnissen

(1) **Wer als eine bei einem Unternehmen beschäftigte Person ein Geschäfts- oder Betriebsgeheimnis, das ihr im Rahmen des Dienstverhältnisses anvertraut worden oder zugänglich geworden ist, während der Geltungsdauer des Dienstverhältnisses unbefugt an jemand zu Zwecken des Wettbewerbs, aus Eigennutz, zugunsten eines Dritten oder in der Absicht, dem Inhaber des Unternehmens Schaden zuzufügen, mitteilt, wird mit Freiheitsstrafe bis zu drei Jahren oder mit Geldstrafe bestraft.**

(2) **Ebenso wird bestraft, wer zu Zwecken des Wettbewerbs, aus Eigennutz, zugunsten eines Dritten oder in der Absicht, dem Inhaber des Unternehmens Schaden zuzufügen,**

1. sich ein Geschäfts- oder Betriebsgeheimnis durch
   a) Anwendung technischer Mittel,
   b) Herstellung einer verkörperten Wiedergabe des Geheimnisses oder
   c) Wegnahme einer Sache, in der das Geheimnis verkörpert ist,
   unbefugt verschafft oder sichert oder
2. ein Geschäfts- oder Betriebsgeheimnis, das er durch eine der in Absatz 1 bezeichneten Mitteilungen oder durch eine eigene oder fremde Handlung nach Nummer 1 erlangt oder sich sonst unbefugt verschafft oder gesichert hat, unbefugt verwertet oder jemandem mitteilt.

(3) Der Versuch ist strafbar.

(4) [1]In besonders schweren Fällen ist die Strafe Freiheitsstrafe bis zu fünf Jahren oder Geldstrafe. [2]Ein besonders schwerer Fall liegt in der Regel vor, wenn der Täter
1. gewerbsmäßig handelt,
2. bei der Mitteilung weiß, dass das Geheimnis im Ausland verwertet werden soll, oder
3. eine Verwertung nach Absatz 2 Nummer 2 im Ausland selbst vornimmt.

(5) Die Tat wird nur auf Antrag verfolgt, es sei denn, dass die Strafverfolgungsbehörde wegen des besonderen öffentlichen Interesses an der Strafverfolgung ein Einschreiten von Amts wegen für geboten hält.

(6) § 5 Nummer 7 des Strafgesetzbuches gilt entsprechend.

Inhaltsübersicht

	Rn
I. Allgemeines	1
1. Normzweck und Systematik	1
2. Entstehungsgeschichte	3
3. Verhältnis zu anderen Vorschriften, Konkurrenzen	4
II. Geschäfts- und Betriebsgeheimnis	5
1. Begriff	5
2. Unternehmensbezogenheit	6
3. Fehlende Offenkundigkeit	7
a) Grundsatz	7
b) Eng begrenzter Personenkreis	8
c) Veröffentlichte Informationen	9
d) Entschlüsselung	10
4. Geheimhaltungswille	11
5. Geheimhaltungsinteresse	12
III. Die Tatbestände des § 17	13
1. Objektiver Tatbestand	13
a) Der Geheimnisverrat (§ 17 I)	13
aa) Täter	13
bb) Tatobjekt	14
cc) Tathandlung	15
dd) Tatzeitpunkt	16
b) Die Betriebsspionage (§ 17 II 1)	17
aa) Täter	17
bb) Tathandlung	18
c) Die Geheimnishehlerei (§ 17 II Nr 2)	20
aa) Täter	20
bb) Vortat	21
cc) Tathandlungen	22

	Rn
2. Subjektiver Tatbestand	23
a) Vorsatz	24
b) Absicht	25
3. Rechtswidrigkeit	26
a) Unbefugt	26
aa) Verweis auf Rechtfertigungsgründe oder Interessenabwägung?	26
bb) Reverse engineering	26a
b) Einwilligung	27
c) Gesetzliche Mitteilungspflichten	28
d) Schuldrechtlicher Anspruch auf Mitteilung	29
e) Rechtfertigender Notstand (§ 34 StGB)	30
4. Versuch (§ 17 III)	31
IV. Strafrechtliche Rechtsfolgen	32
1. Strafe im Regelfall und in besonders schweren Fällen (§ 17 I, IV)	32
2. Strafantrag (§ 17 V)	33
3. Auslandstaten (§ 17 VI)	34
V. Zivilrechtlicher Schutz von Unternehmensgeheimnissen	35
1. Überblick	35
2. Anspruchsgrundlagen	37
a) Vertragliche Ansprüche	37
aa) Verschwiegenheitspflichten während der Dauer des Arbeitsverhältnisses	37
bb) Verschwiegenheitspflichten nach Beendigung des Vertragsverhältnisses	38
cc) Ansprüche bei Verletzung	43
b) Außervertragliche Ansprüche	44
aa) UWG	44
bb) Geistiges Eigentum	47
cc) BGB	48
3. Rechtsfolgen	51
a) Schadensersatz	51
b) Unterlassung	52
c) Beseitigung	54
d) Auskunft, Besichtigung	55
4. Geheimnisschutz im Zivilprozess	56
a) Schutz Dritter	56
b) Schutz der Parteien gegenüber der Öffentlichkeit	57
c) Schutz gegenüber der anderen Prozesspartei	58

Literatur: *Ann,* Know-how – Stiefkind des Geistigen Eigentums?, GRUR 2007, 39; *ders,* Geheimnisschutz – Kernaufgabe des Informationsmanagements im Unternehmen GRUR 2014, 12; *Ann/Loschelder/Grosch,* Praxishandbuch Know-how-Schutz, 2010; *Arians,* Der strafrechtliche Schutz des Geschäfts- und Betriebsgeheimnisses in der Bundesrepublik Deutschland, in: Oehler (Hrsg), Der strafrechtliche Schutz des Geschäfts- und Betriebsgeheimnisses in den Ländern der Europäischen Gemeinschaft sowie in Österreich und der Schweiz, Bd 1, 1987, 307; *Bartenbach/ Gennen,* Patentlizenz- und Know-how-Vertrag, 5. Aufl, 2001; *Beyerbach,* Die geheime Unternehmensinformation, 2012; *Brammsen,* Wirtschaftsgeheimnisse als Verfassungseigentum, DÖV 2007, 10; *Brandau/Gal,* Strafbarkeit des Fotografierens von Messe-Exponaten, GRUR 2009, 118; *Deichfuß,* Die Entwendung von technischen Betriebsgeheimnissen, GRURPrax 2012, 449; *Doepner,* Anmerkungen zum wettbewerbsrechtlichen Geheimnisschutz im Zivilprozess, FS Tilmann, 2003, 105; *Dorner,* Know-how-Schutz im Umbruch, 2013; *Enders,* Know How als Schutz des geistigen Eigentums, GRUR 2012, 25; *Engländer/Zimmermann,* Whistleblowing als strafbarer

UWG § 17 Gesetz gegen den unlauteren Wettbewerb

Verrat von Geschäft- und Betriebsgeheimnissen?, NZWiSt 2012, 328; *Fezer*, Der zivilrechtliche Geheimnisschutz im Wettbewerbsrecht, FS Traub, 1994, 81; *Forkel,* Zur Übertragbarkeit geheimer Kenntnisse, FS Schnorr von Carolsfeld, 1972, 105; *Gaugenrieder/Unger-Hellmich,* Know-how-Schutz – gehen mit dem Mitarbeiter auch die Unternehmensgeheimnisse?, WRP 2011, 1364; *Götting/Hetmank,* Unmittelbare Leistungsübernahme durch Mitarbeiterabwerbung, WRP 2013, 421; *Grunewald,* Fern der Quelle – Geheimnisschutz und Outsourcing, WRP 2007, 1307; *Harte-Bavendamm,* Wettbewerbsrechtliche Aspekte des Reverse Engineering von Computerprogrammen, GRUR 1990, 657; *Kalbfus,* Know-how-Schutz in Deutschland zwischen Strafrecht und Zivilrecht – welcher Reformbedarf besteht?, 2011; *ders,* Die neuere Rechtsprechung des BGH zum Schutz von Betriebs- und Geschäftsgeheimnissen, WRP 2013, 584; *Kiethe/Groeschke,* Die Durchsetzung von Schadensersatzansprüchen in Fällen der Betriebs- und Wirtschaftsspionage, WRP 2005, 1358; *dies,* Informationsfreiheitsgesetz: Informationsfreiheit contra Betriebsgeheimnis? – Notwendige Vorkehrungen für den Schutz von Betriebs- und Geschäftsgeheimnissen, WRP 2006, 303; *Kraßer,* Der Schutz des Know-how nach deutschem Recht, GRUR 1970, 587; *ders,* Grundlagen des zivilrechtlichen Schutzes von Geschäfts- und Betriebsgeheimnissen sowie von Know-how, GRUR 1977, 177; *Maier,* Der Schutz von Betriebs- und Geschäftsgeheimnissen im schwedischen, englischen und deutschen Recht, 1998; *Maume,* Know-how-Schutz – Abschied vom Geheimhaltungswillen?, WRP 2008, 1275; *ders,* Know-how-Verletzungen und Herausgabe des Verletzergewinns, Mitt 2009, 379; *Mayer,* Geschäfts- und Betriebsgeheimnis oder Geheimniskrämerei?, GRUR 2011, 884; *Meincke,* Geheimhaltungspflichten im Wirtschaftsrecht, WM 1998, 741; *Mes,* Arbeitsplatzwechsel und Geheimnisschutz, GRUR 1979, 584; *Nastelski,* Der Schutz des Betriebsgeheimnisses, GRUR 1957, 1; *Ohly,* Reverse Engineering: Unfair Competition or Catalyst for Innovation?, FS Straus, 2008, 535; *ders,* Der Geheimnisschutz im deutschen Recht: heutiger Stand und Perspektiven, GRUR 2014, 1; *Otto,* Verrat von Betriebs- und Geschäftsgeheimnissen, § 17 UWG, wistra 1988, 125; *Pfister,* Das technische Geheimnis „Knowhow" als Vermögensrecht, 1974; *Reimann,* Einige Überlegungen zur Offenkundigkeit im Rahmen von §§ 17 ff UWG und von § 3 PatG, GRUR 1998, 298; *Rützel,* Illegale Unternehmensgeheimnisse?, GRUR 1995, 557; *Sander,* Schutz nicht offenbarter betrieblicher Informationen nach der Beendigung des Arbeitsverhältnisses im deutschen und amerikanischen Recht, GRUR Int 2013, 217; *Schlötter,* Der Schutz von Betriebs- und Geschäftsgeheimnissen und die Abwerbung von Arbeitnehmern, 1997; *Schweyer,* Die rechtliche Bewertung des Reverse Engineering in Deutschland und den USA, 2012; *Siems,* Die Logik des Schutzes von Betriebsgeheimnissen, WRP 2007, 1146; *Stadler,* Der Schutz von Unternehmensgeheimnissen im deutschen und US-amerikanischen Zivilprozess und im Rechtshilfeverfahren, 1989; *dies,* Der Schutz von Unternehmensgeheimnissen im Zivilprozess, NJW 1989, 1202; *dies,* Geheimnisschutz im Zivilprozess aus deutscher Sicht, ZZP 123 (2010), 261; *Stürner,* Die gewerbliche Geheimsphäre im Zivilprozess, JZ 1985, 453; *Taeger,* Die Offenbarung von Betriebs- und Geschäftsgeheimnissen, 1988; *Többens,* Die Straftaten nach dem Gesetz gegen den unlauteren Wettbewerb (§§ 16–19 UWG), WRP 2005, 552; *Wawrzinek,* Verrat von Geschäfts- und Betriebsgeheimnissen, 2010; *Westermann,* Der BGH baut den Know-how-Schutz aus, GRUR 2007, 116; *ders,* Handbuch Know-how-Schutz, 2007; *Wolff,* Der verfassungsrechtliche Schutz der Betriebs- und Geschäftsgeheimnisse, NJW 1997, 98; *Wüterich/Breucker,* Wettbewerbsrechtlicher Schutz von Werbe- und Kommunikationskonzepten, GRUR 2004, 389. S auch die Nachw zu § 18.

I. Allgemeines

1 **1. Normzweck und Systematik.** Diese Vorschrift schützt Betriebs- und Geschäftsgeheimnisse gegen den Verrat durch Beschäftigte, gegen das Ausspähen durch Dritte sowie die Verwertung unbefugt erlangter Geheimnisse und gewährleistet damit (teilweise) den **Schutz von Unternehmensgeheimnissen,** zu dessen Gewährung Deutschland völkerrechtlich durch **Art 39 I TRIPS** verpflichtet ist. Zum unionsrechtlichen Rahmen s Vor §§ 17–19 Rn 7. Das Unternehmensgeheimnis ist Gegenstand eines subjektiven, durch Art 14 GG geschützten Rechts (s Vor §§ 17–19 Rn 4). In erster Linie schützt § 17 damit die Interessen des Geheimnisinhabers, der regelmä-

ßig mit dem Unternehmensinhaber identisch ist. Sekundär dient die Vorschrift auch dem Schutz des Allgemeininteresses an einem unverfälschten Wettbewerb.

§ 17 enthält **drei Tatbestände:** den Geheimnisverrat durch Beschäftigte (Abs 1), die Betriebsspionage durch Beschäftigte oder Dritte (Abs 2 Nr 1) und die häufig als Geheimnishehlerei bezeichnete unbefugte Verwertung rechtswidrig erlangter Geheimnisse (Abs 2 Nr 2). Ausdrücklich sieht § 17 **nur strafrechtliche Rechtsfolgen** vor. Für die Auslegung des § 17 gilt das **strafrechtliche Bestimmtheitsgebot.** Der frühere § 19 aF, der eine Schadensersatzpflicht anordnete, wurde im Rahmen der UWG-Reform gestrichen. § 17 ist aber nach allgemeiner Ansicht Schutzgesetz iSd § 823 II BGB; **Schadensersatzansprüche** können sich zudem aus §§ 9; 3; 4 Nr 9c, 10 und 11 UWG und aus § 823 I BGB, § 826 BGB ergeben (s Rn 44, 48). Grundlage für **Unterlassungs- und Beseitigungsansprüche** sind § 1004 I BGB analog und §§ 8; 3; 4 Nr 9c und 11 UWG. In der Praxis kommt dem zivilrechtlichen Rechtsschutz größerer Bedeutung als der strafrechtlichen Verfolgung des Geheimnisverrats zu.

2. Entstehungsgeschichte. Der Verrat von Betriebs- und Geschäftsgeheimnissen durch Beschäftigte wurde bereits durch §§ 9, 10 des UWG von 1896 mit Strafe bedroht und unter kleineren Änderungen und Ergänzungen in §§ 17ff des UWG von 1909 übernommen (näher zur Entstehungsgeschichte MüKo/*Brammsen* Vor § 17 Rn 1ff; § 17 Rn 1ff; *v Stechow* S 268ff, beide mwN). Wesentliche Änderungen erfolgten im Jahre 1932. Durch das 2. WiKG von 1986 wurde das Ausspähen von Geheimnissen durch Dritte (§ 17 II) unter Strafe gestellt. Im Zuge der UWG-Reform von 2004 wurden die §§ 17ff nicht wesentlich verändert (vgl Begr RegE UWG 2004 BT-Drucks 15/1487, S 26; Gloy/Loschelder/Erdmann/*Harte-Bavendamm* § 48 Rn 3 mwN zur Entstehungsgeschichte), daher bleiben die Grundsätze der älteren Rechtsprechung von Bedeutung (BGH GRUR 06, 1044 Rn 8f – *Kundendatenprogramm;* BGH GRUR 08, 727 Rn 12 – *Schweißmodulgenerator*) § 17 I–III entsprechen der früheren Fassung, allerdings wurden die Begriffe „Angestellter, Arbeiter oder Lehrling eines Geschäftsbetriebs" durch „bei einem Unternehmen beschäftigte Person" und „Geschäftsbetrieb" durch „Unternehmen" ersetzt. Der Katalog der besonders schweren Fälle in Abs IV wurde um den Fall des gewerbsmäßigen Handelns erweitert. Die Streichung des § 19 aF, der früher eine Schadensersatzpflicht vorsah, hat keine praktischen Auswirkungen (s Rn 44). Bei der Änderung des UWG im Jahre 2008 blieben die §§ 17–19 unverändert.

3. Verhältnis zu anderen Vorschriften, Konkurrenzen. Der Tatbestand des § 17 wird durch § 18 ergänzt, der die unbefugte Verwendung von Vorlagen unter Strafe stellt. § 19 stellt in Anlehnung an § 30 StGB die versuchte Anstiftung unter Strafe. Die zivilrechtlichen Rechtsfolgen der §§ 17, 18 ergeben sich aus §§ 823ff BGB und §§ 4 Nr 11; 3 I; 8ff (s Rn 44, 48). § 3 I kann ergänzend neben die wegen des strafrechtlichen Bestimmtheitsgebots präzise gefassten Tatbestände der §§ 17ff treten. Insbesondere kann § 3 I das Verhalten ausgeschiedener Mitarbeiter und Formen der Betriebsspionage erfassen, die nicht unter § 17 II 1 fallen (Rn 19). Zu weiteren strafrechtlichen Normen des Geheimnisschutzes s Vor §§ 17–19, Rn 9. Die in Abs 1 und 2 geregelten Tatbestände stehen unabhängig nebeneinander. Hat der Täter einer Geheimnishehlerei (§ 17 II Nr 2) sich das Geheimnis zuvor unter Verstoß gegen § 17 I oder II Nr 1 verschafft, so tritt das vorangegangene Verhalten unter dem Gesichtspunkt der mitbestraften Vortat im Wege der Gesetzeskonkurrenz zurück (OLG Celle NStZ 89, 367; Fezer/*Rengier* § 17 Rn 82; aA GK[1]/*Otto* § 17 Rn 63). Werden weitere Straftaten (zB §§ 123, 202a, 242, 246, 263, 266, 274, 303a StGB) mitbegangen, so liegt Tateinheit (§ 52 StGB) dann vor, wenn sich die Ausführungshandlungen überschneiden.

II. Geschäfts- und Betriebsgeheimnis

5 **1. Begriff.** Geschäfts- oder Betriebsgeheimnis ist jede im Zusammenhang mit einem Betrieb stehende Tatsache, die nicht offenkundig, sondern nur einem eng begrenzten Personenkreis bekannt ist und nach dem bekundeten Willen des Betriebsinhabers, der auf einem ausreichenden wirtschaftlichen Interesse beruht, geheim gehalten werden soll (BGH GRUR 55, 424, 425 – *Möbelpaste*, bestätigt in BGH GRUR 61, 40, 43 – *Wurftaubenpresse;* BGH GRUR 03, 356, 358 – *Präzisionsmessgeräte;* BGH GRUR 06, 1044 Rn 19 – *Kundendatenprogramm;* BGH GRUR 09, 603 Rn 13 – *Versicherungsuntervertreter; Ann* GRUR 07, 39, 40; *Köhler/Bornkamm* § 17 Rn 4; MüKo/*Brammsen* § 17 Rn 8; *Westermann* Rn 1/3 ff). Damit bestehen vier Voraussetzungen: (1) Unternehmensbezogenheit, (2) fehlende Offenkundigkeit, (3) Geheimhaltungswille und (4) Geheimhaltungsinteresse (*Köhler/Bornkamm* § 17 Rn 5 ff; *Fezer/Rengier* § 17 Rn 9). **Geschäftsgeheimnisse** betreffen kaufmännische Aspekte des Unternehmens (Beispiele: Kunden- und Lieferantendaten, Kalkulationsunterlagen, Vertragsunterlagen), **Betriebsgeheimnisse** beziehen sich auf den technischen Bereich (Beispiele: Konstruktionspläne, Fertigungsmethoden). Eine trennscharfe Abgrenzung ist weder möglich noch erforderlich; beide Begriffe können unter dem Oberbegriff „Unternehmensgeheimnis" (GK[1]/*Otto* § 17 Rn 10) oder „Wirtschaftsgeheimnis" zusammengefasst werden (Harte/Henning/*Harte-Bavendamm* § 17 Rn 1; *Köhler/Bornkamm* § 17 Rn 4); zum Begriff „Know-how" s Vor §§ 17–19 Rn 1.

6 **2. Unternehmensbezogenheit.** § 17 schützt das Geheimhaltungsinteresse des Inhabers eines bestimmten Geschäftsbetriebs (BGHZ 166, 84 Rn 83 = NJW 06, 830 – *Kirch/Deutsche Bank, Breuer;* GK[1]/*Otto* § 17 Rn 4, 6; *Westermann* Rn 1/48). Das Merkmal des Unternehmensbezugs erfüllt zwei Funktionen. Erstens muss das Geheimnis dem geschäftlichen Bereich eines bestimmten Unternehmens zuzuordnen sein (vgl auch Art 39 II TRIPS: „information lawfully within their control"). Der Unternehmensbezug ist daher Voraussetzung des Strafantragsbefugnis (Rn 33) oder, bei Ansprüchen aus §§ 3 I, 4 Nr 11 oder § 823 II BGB, der Aktivlegitimation (Rn 46). Wird ein Unternehmensgeheimnis veräußert, so ist es nur noch dem Unternehmen des Erwerbers zuzuordnen (BGHZ 16, 172 = GRUR 55, 388 – *Dücko;* BGH GRUR 06, 1044 Rn 19 – *Kundendatenprogramm*). Zweitens dient der Unternehmensbezug der Abgrenzung zwischen geschäftlichen und privaten Geheimnissen (Beispiel: OLG Stuttgart wistra 90, 277, 278: Kündigungsabsicht eines Arbeitnehmers), die ebenso wenig von § 17 erfasst werden wie Forschungsergebnisse nicht erwerbswirtschaftlich tätiger Institutionen (Fezer/*Rengier* § 17 Rn 11). In einem Gerät verkörperte Betriebsgeheimnisse verlieren ihren Bezug zum Betrieb des Herstellers nicht dadurch, dass sie öffentlich vertrieben werden (Harte/Henning/*Harte-Bavendamm* § 17 Rn 2; aA *Dorner* S 130); allerdings entfällt der (gesondert zu prüfende) Geheimnischarakter, wenn das Konstruktionsprinzip ohne größere Schwierigkeiten ermittelt werden kann (s Rn 10). Hingegen fehlt allgemeinen Informationen über die Störanfälligkeit eines Geräts der Bezug zu einem bestimmten Betrieb, sofern sie nicht Gegenstand einer internen Analyse des Herstellerunternehmens sind (OLG Stuttgart GRUR 82, 315, 316 – *Gerätewartung*). Auch ein an sich bekanntes Verfahren kann für ein bestimmtes Unternehmen Gegenstand eines Betriebsgeheimnisses sein, sofern geheim ist, dass sich dieses Unternehmen dieses Verfahrens bedient und dadurch möglicherweise besondere Erfolge erzielt (BGH GRUR 55, 424 – *Möbelpaste;* OLG Hamm WRP 93, 36 – *Tierohrmarken*).

7 **3. Fehlende Offenkundigkeit. a) Grundsatz.** Offenkundig ist eine Tatsache, wenn sie den Kreisen, die üblicherweise mit Informationen dieser Art befasst sind, allgemein bekannt oder leicht zugänglich ist (vgl Art 39 II TRIPS; BGH GRUR 58, 297, 299 – *Petromax I;* BayObLG GRUR 91, 694, 695 – *Geldspielautomat; Köhler/Born-*

kamm § 17 Rn 6; Harte/Henning/*Harte-Bavendamm* § 17 Rn 3; *Reimann* GRUR 98, 298 ff mwN).

b) Eng begrenzter Personenkreis. An Offenkundigkeit fehlt es, solange die Tat- 8
sache nur einem eng begrenzten Personenkreis bekannt ist (RGZ 149, 329, 334 – *Stiefeleisenpresse;* BGH GRUR 55, 424, 425 – *Möbelpaste;* BGH GRUR 12, 1048 Rn 31 – *MOVICOL-Zulassungsantrag; Köhler*/Bornkamm § 17 Rn 7a; Harte/Henning/*Harte-Bavendamm* § 17 Rn 4; Fezer/*Rengier* § 17 Rn 14). Wie groß die Zahl der eingeweihten Personen sein muss, um dem Geheimnischarakter entfallen zu lassen, ist im wesentlichen Tat- und Beweisfrage (RGSt 38, 108, 110; 42, 394, 396; BayObLG GRUR 91, 694, 696 – *Geldspielautomat;* Harte/Henning/*Harte-Bavendamm* § 17 Rn 4). Entscheidend ist weniger die Größe des Personenkreises als die Frage, ob der Geheimnisträger den Kreis der Mitwisser unter **Kontrolle** behält (*Kräßer* GRUR 77, 177, 179; Gloy/Loschelder/*Harte-Bavendamm* § 48 Rn 11; Fezer/*Rengier* § 17 Rn 14). Das ist der Fall, wenn das Unternehmen sämtliche Mitwisser **zur Vertraulichkeit verpflichtet** hat, sei es durch Arbeitsvertrag, sei es durch sonstige vertragliche Vereinbarung, oder wenn eine gesetzliche Verschwiegenheitspflicht besteht (*Köhler*/Bornkamm § 17 Rn 7a; *Doepner,* FS Tilmann, S 109; *Grunewald* WRP 07, 1307). Auch wird eine Tatsache nicht schon dadurch offenkundig, dass sie einer zur Verschwiegenheit verpflichteten Behörde in einem verwaltungsrechtlichen Verfahren, etwa einem Arzneimittel-Zulassungsantrag (vgl Art 39 III TRIPS), zugänglich gemacht wird (BGH GRUR 12, 1048 Rn 31 – *MOVICOL-Zulassungsantrag*). Wird ein Computerprogramm rechtswidrig entschlüsselt, so entfällt der Geheimnischarakter erst, wenn das illegale Auswertungsprogramm einen gewissen Grad an Verbreitung erreicht hat (BayObLG GRUR 91, 694, 696 – *Geldspielautomat*). Dieser Gedanke lässt sich verallgemeinern: Erfahren Dritte die Information, so geht der Geheimnischarakter noch nicht verloren, wenn der Kreis begrenzt ist (Beispiel von *Köhler*/Bornkamm § 17 Rn 7a: kein Verlust des Geheimnischarakters, wenn ein Reisender zufällig ein Geheimdokument im Zug findet und einem Bekannten zeigt).

c) Veröffentlichte Informationen. Tatsachen sind allgemein zugänglich, wenn 9
sie durch Beschreibung der Öffentlichkeit zugänglich gemacht wurden. Nicht jede im patentrechtlichen Sinn neuheitsschädliche Tatsache steht dabei dem Geheimnischarakter entgegen. Informationen, die zum Stand der Technik gehören, können durchaus ein Betriebsgeheimnis darstellen. Anders als beim patentrechtlichen Neuheitserfordernis ist die Frage der Zugänglichkeit nicht abstrakt, sondern konkret zu beurteilen: Es kommt darauf an, ob die fragliche Information für die inländischen Fachkreise **ohne großen Zeit- und Kostenaufwand zugänglich** ist (BGH GRUR 03, 356, 358 – *Präzisionsmessgeräte;* BGH GRUR 08, 727 Rn 19 – *Schweißmodulgenerator;* BGH GRUR 12, 1048 Rn 21 – *MOVICOL-Zulassungsantrag; Kräßer* GRUR 77, 177, 179; Harte/Henning/*Harte-Bavendamm* § 17 Rn 4). Demnach bewirkt die Veröffentlichung der Information im Internet, in Rundfunk und Fernsehen, in allgemein zugänglichen Datenbanken (OLG Düsseldorf K&R 02, 101) und in Zeitungen und Fachzeitschriften (BGH GRUR 12, 1048 Rn 21 – *MOVICOL-Zulassungsantrag;* GK[1]/*Otto* § 17 Rn 14; aA noch RGSt 40, 406, 407) regelmäßig die Offenkundigkeit, ebenso die Präsentation in Werbeveranstaltungen oder auf Messen (bei denen allerdings eine vertragliche Verpflichtung zur Vertraulichkeit bestehen kann: *Brandau/Gal* GRUR 09, 118, 120f). Offenkundig sind auch offengelegte deutsche und europäische Patentanmeldungen (BGH GRUR 75, 206, 207 – *Kunststoffschaum-Bahnen;* vgl § 31 II PatG; Art 93 EPÜ), veröffentlichte Gebrauchsmuster (§ 8 III GebrMG) und bekanntgemachte Geschmacksmuster (§ 20 GeschmMG). Der Inhalt ausländischer offengelegter Patentanmeldungen ist offenkundig, sofern ihre Recherche im Inland unschwer, etwa per Internet, möglich ist (anders noch BGH GRUR 63, 207, 210f – *Kieselsäure*). Eine **Sammlung von Informationen** ist nicht schon dann offenkundig, wenn jeder Einzelbestandteil bekannt ist („Mosaiktheorie": *Kalbfus* Rn 137; aA *Vorauß*), denn Art 39

II lit a TRIPS verpflichtet die Mitgliedstaaten auch zum Schutz von Informationen, die „in ihrer Gesamtheit oder in der genauen Anordnung und Zusammenstellung ihrer Bestandteile" „nicht allgemein bekannt oder leicht zugänglich sind". Entscheidend ist allerdings nicht, ob die Informationen „als Paket" auf dem Markt erhältlich sind, sondern ob ihre Zusammenstellung einen großen Zeit- oder Kostenaufwand erfordert (BGH GRUR 08, 727 Rn 19 – *Schweißmodulgenerator;* BGH GRUR 09, 603 Rn 13 – *Versicherungsunterverteter;* BGH GRUR 12, 1048 Rn 23 – *MOVICOL-Zulassungsantrag*). Beispiel ist eine mit beträchtlichem Aufwand erstellte Kundendatei, Gegenbeispiel eine Adressenliste, die jederzeit ohne großen Aufwand aus allgemein zugänglichen Quellen erstellt werden kann (BGH GRUR 06, 1044 Rn 19 – *Kundendatenprogramm;* BGH GRUR 09, 603 Rn 13 – *Versicherungsunterverteter;* OLG Köln GRUR-RR 10, 480 – *Datei mit Adressen von Serienschreiben*).

10   **d) Entschlüsselung.** Offenkundig ist eine Tatsache auch dann, wenn für jeden an ihr Interessierten die Möglichkeit besteht, sich unter Zuhilfenahme lauterer Mittel ohne größere Schwierigkeiten und Opfer von ihr Kenntnis zu verschaffen (BGH GRUR 06, 1044 Rn 19 – *Kundendatenprogramm:* Adressenliste, die sich unschwer aus öffentlich zugänglichen Quellen erstellen lässt; BayObLG GRUR 91, 694, 695 – *Geldspielautomat; Köhler/*Bornkamm § 17 Rn 8; Fezer/*Rengier* § 17 Rn 16; vgl auch Art 39 II lit a TRIPS). Maßgeblich sind dabei die Kenntnisse und Fähigkeiten der jeweiligen Fachkreise (Harte/Henning/*Harte-Bavendamm* § 17 Rn 3). Lässt sich die nicht ohne weiteres zutage liegende Struktur oder Funktionsweise eines Produkts durch dessen Analyse (sog. reverse engineering, dazu *Harte-Bavendamm* GRUR 90, 657 ff; *Ohly,* FS Straus, 535 ff; *Wiebe* CR 92, 134, 135) gewinnen, so ist nach ganz überwiegender Ansicht entscheidend, ob die Information ohne größere Schwierigkeiten und Kosten zu gewinnen ist (RGZ 149, 329, 334 – *Stiefeleisenpresse; Köhler/*Bornkamm § 17 Rn 8; Harte/Henning/*Harte-Bavendamm* § 17 Rn 8; Fezer/*Rengier* § 17 Rn 16; für weitergehende Offenkundigkeit aber OLG Düsseldorf OLGR 99, 55; weitere Beispiele bei *Reimann* GRUR 98, 298, 299 ff). Daran fehlt es, wenn sich die Zusammensetzung und Herstellungsweise eines Arzneimittels für den Durchschnittsfachmann nur aus schwierigen, nicht nahe liegenden Überlegungen ergibt (BGH GRUR 80, 750, 752 – *Pankreaplex II*) oder wenn sich die Funktionsweise eines Geldspielautomaten nur nach Einsatz von 70 Beobachtungsstunden und 2500 € „Spiel"geld erschließt (BayObLG GRUR 91, 694, 695 – *Geldspielautomat*). Der technische Fortschritt im Bereich des reverse engineering bewirkt, dass heutzutage Tatsachen als offenkundig anzusehen sehen sein können, die nach einem früheren Stand der Technik als Unternehmensgeheimnisse geschützt gewesen wären (*Köhler/*Bornkamm § 17 Rn 8; *Kiethe/Groeschke* WRP 06, 303, 305). Allerdings ist das reverse engineering nach hier vertretener Ansicht nicht „unbefugt" iSd § 17 II (s Rn 26a).

11   **4. Geheimhaltungswille.** Nach st Rspr gehört der Geheimhaltungswille zu den wesentlichen Merkmalen des Geschäfts- und Betriebsgeheimnisses; er soll das Geheimnis von dem bloßen Unbekanntsein einer Tatsache unterscheiden (BGH GRUR 64, 31 – *Petromax II;* Harte/Henning/*Harte-Bavendamm* § 17 Rn 5, zur Kritik s unten). An die Manifestation des Geheimhaltungswillens sind dabei keine überzogenen Anforderungen zu stellen. Es genügt im Einzelfall, wenn sich dieser Wille aus der Natur der geheim zu haltenden Tatsache ergibt (BGH NJW 95, 2301; BGH GRUR 06, 1044 Rn 19 – *Kundendatenprogramm; Köhler/*Bornkamm § 17 Rn 10; aA *Dannecker* BB 87, 1614, 1615). Nicht erforderlich ist, dass das Geschäftsgeheimnis einen bestimmten Vermögenswert besitzt (BGH GRUR 06, 1044 Rn 17 – *Kundendatenprogramm*). Praktisch wird damit der Geheimhaltungswille bei nicht offenkundigen betriebsinternen Vorgängen und Kenntnissen vermutet (*Köhler/*Bornkamm § 17 Rn 10; Harte/Henning/*Harte-Bavendamm* § 17 Rn 5), mag dieses Vorgehen auch aus strafrechtlicher Sicht Bedenken ausgesetzt sein (vgl GK[1]/*Otto* § 17 Rn 18; Fezer/*Rengier* § 17 Rn 19). So ist unerheblich, ob dem Arbeitgeber ein im Betrieb entwickeltes

Geheimnis etwa im Fall einer Arbeitgebererfindung, bereits mitgeteilt wurde (BGH GRUR 77, 539, 540 – *Prozessrechner; Köhler*/Bornkamm § 17 Rn 10). Daher handelt es sich praktisch um eine Fiktion, die angesichts der objektiven Konzeption des UWG überflüssig erscheint und daher in der Literatur zu Recht kritisiert wird. Das Merkmal sollte aufgegeben werden. Entscheidend sollte nur sein, ob der Dispositionsberechtigte die Information allgemein freigegeben (dann Offenkundigkeit) oder an bestimmte Personen weitergegeben hat (dann Einwilligung, s Rn 27) (*Maume* WRP 08, 1275, 1280; *Kalbfus* Rn 148; MüKo/*Brammsen* § 17 Rn 23 ff; *Köhler*/Bornkamm § 17 Rn 10).

5. Geheimhaltungsinteresse. Der Betriebsinhaber muss ein berechtigtes wirt- 12 schaftliches Interesse an der Geheimhaltung haben. Der Unternehmer ist nicht berechtigt, willkürlich die Geheimhaltung von Dingen zu verlangen, wenn dafür schlechthin kein begründetes Interesse gegeben ist (BGH GRUR 55, 424, 426 – *Möbelpaste;* Harte/Henning/*Harte-Bavendamm* § 17 Rn 6). Das Geheimnis braucht keinen bestimmten Vermögenswert zu besitzen; es reicht aus, dass die Offenbarung der Tatsache geeignet ist, die eigene Stellung im Wettbewerb zu verschlechtern oder diejenige eines Konkurrenten zu verbessern (BGH GRUR 06, 1044 Rn 19 – *Kundendatenprogramm;* GK[1]/*Otto* § 17 Rn 15; *Köhler*/Bornkamm § 17 Rn 11). Ohne Bedeutung ist, ob es sich um ein rechts- oder sittenwidriges Geheimnis, etwa die Dokumentation kartellrechtswidriger Absprachen oder von Verstößen gegen das Steuer- oder Umweltrecht, handelt (GK[1]/*Otto* § 17 Rn 16; *Köhler*/Bornkamm § 17 Rn 9; MüKo/ *Brammsen* § 17 Rn 22; aA *Rützel* GRUR 95, 557, 560; *Beater* UnlWettb § 18 Rn 19; *Engländer/Zimmermann* NZWiStR 12, 328, 333). Dient jedoch die Aufdeckung des Geheimnisses höherrangigen Interessen Dritter, so ist zu prüfen, ob die Bekanntgabe des Geheimnisses „unbefugt" erfolgt oder gerechtfertigt ist (Rn 26, 30). Art 39 II lit b TRIPS setzt ein Geheimhaltungsinteresse nicht voraus, verlangt aber, dass das Geheimnis gerade wegen seiner Nichtoffenkundigkeit wirtschaftlichen Wert aufweist. Einiges spricht dafür, den deutschen Geheimnisbegriff an diese Vorgabe anzupassen, weil der Begriff „Geheimhaltungsinteresse" unzutreffend suggeriert, dass die Berechtigung des Interesses mittels einer Abwägung zu prüfen ist, und weil Geheimnisse, die zur Verbesserung der eigenen Stellung im Wettbewerb dienen, regelmäßig auch wirtschaftlichen Wert aufweisen und weil sich der Schutz reiner „Beziehungsgeheimnisse" auf andere Weise gewährleisten ließe (vgl *Kalbfus* Rn 166 ff).

III. Die Tatbestände des § 17

1. Objektiver Tatbestand. a) Der Geheimnisverrat (§ 17 I). aa) Täter. Als 13 Täter kommt nur eine bei einem Unternehmen beschäftigte Person in Betracht. § 17 I ist damit ein Sonderdelikt, selbständige Gewerbetreibende und andere Nichtbeschäftigte können allenfalls als Teilnehmer haften (BGH GRUR 09, 603 Rn 10 – *Versicherungsunterverterter; Fezer*/Rengier § 17 Rn 30). Der Begriff ist weit auszulegen. Täter kann jeder sein, der seine Arbeitskraft gerade dem Unternehmen schuldet, dem das Geheimnis zugeordnet ist (MüKo/*Brammsen* § 17 Rn 30: „unselbständige Dienstleister"; ebenso bei Konzernverbundenheit, *Köhler*/Bornkamm § 17 Rn 14). Dazu gehören vor allem die in § 17 aF noch ausdrücklich genannten Angestellten, Arbeitnehmer und Lehrlinge. Erforderlich ist lediglich ein Beschäftigungsverhältnis; Weisungsgebundenheit oder Arbeitnehmereigenschaft im arbeitsrechtlichen Sinne werden nicht vorausgesetzt. Täter können daher auch Geschäftsführer und Vorstandsmitglieder juristischer Personen Aufsichtsratsmitglieder und Amtswalter wie Insolvenzverwalter oder Testamentsvollstrecker sein (*Köhler*/Bornkamm § 17 Rn 14; *Fezer/Rengier* § 17 Rn 28; teilw aA GK[1]/*Otto* § 17 Rn 26). Als Täter ausgeschlossen sind hingegen Gesellschafter und Aktionäre, sofern sie nicht zugleich bei den Unternehmen beschäftigt sind, selbstständige Gewerbetreibende und Freiberufler (Wirtschaftsprüfer, Rechtsanwälte, vgl insoweit aber §§ 203 I Nr 3 StGB; 333 HGB), Freunde und Angehörige des Unternehmers, Besucher oder Lieferanten (*Köhler*/Bornkamm § 17 Rn 14).

14 **bb) Tatobjekt.** Das Geschäfts- oder Betriebsgeheimnis (zum Begriff Rn 5) muss dem Täter im Rahmen des Dienstverhältnisses anvertraut worden oder zugänglich geworden sein. Das ist nicht der Fall, wenn der Täter das Geheimnis schon vorher kannte oder es unabhängig vom Dienstverhältnis erfahren hätte (*Köhler*/Bornkamm § 17 Rn 15). **Anvertraut** wird ein Geheimnis, wenn es dem Beschäftigten unter der ausdrücklichen oder konkludenten Auflage der Geheimhaltung mitgeteilt wird. Bringt der Beschäftigte das Geheimnis hingegen selbst in den Betrieb ein und verpflichtet sich zur Vertraulichkeit, so verletzt er bei unbefugter Weitergabe des Geheimnisses lediglich eine vertragliche Pflicht, § 17 I greift nicht ein (s aber zu § 17 II Rn 19 und BGH GRUR 06, 1044 – *Kundendatenprogramm;* aA *Köhler*/Bornkamm § 17 Rn 16; Harte/Henning/*Harte-Bavendamm* § 17 Rn 9). **Zugänglich** wird ein Geheimnis, wenn es dem Täter im Zusammenhang mit seiner Beschäftigung bekannt wird. Unerheblich ist dabei, ob die Information für den Täter bestimmt war (Beispiel, RGSt 33, 354, 356: Bestechung eines anderen Beschäftigten) oder ob sie seinen üblichen Beschäftigungskreis betrifft. Auch Diensterfindungen, die der Beschäftigte selbst getätigt hat, sind ihm im Zusammenhang mit seiner Beschäftigung bekannt und unterliegen daher der Geheimhaltungspflicht (BGH GRUR 55, 402, 403 – *Anreißgerät;* BGH GRUR 77, 539, 540 – *Prozessrechner;* Harte/Henning/*Harte-Bavendamm* § 17 Rn 9).

15 **cc) Tathandlung.** Tathandlung ist die unbefugte Mitteilung des Geheimnisses an einen Dritten. **Mitteilung** ist jede Handlung, die dem Dritten die Kenntnis verschafft, sei es in schriftlicher (Brief, E-Mail, Presseveröffentlichung) oder mündlicher Form. Das bloße Unterlassen steht der aktiven Mitteilung gleich, wenn der Täter eine Garantenstellung (§ 13 StGB) innehat. Sie kann sich aus einer besonderen Vertrauensstellung im Unternehmen oder daraus ergeben, dass der Garant die Pflicht übernommen hat, Geheimnisse gegen den Zugriff Dritter zu schützen (vgl Fezer/*Rengier* § 17 Rn 36). Die Mitteilung ist mit Zugang der Information vollendet, Kenntnisnahme ist nicht erforderlich (Fezer/*Rengier* § 17 Rn 34; GK[1]/*Otto* § 17 Rn 57; aA *Köhler*/Bornkamm § 17 Rn 19; *Többens* NStZ 00, 505, 508). Eine spätere Löschung der Information ändert nichts mehr an der Erfüllung des Tatbestands. Der **Versuch** ist strafbar (§ 17 III). **Dritter** ist jeder, dem das Geheimnis nicht zugänglich ist; insbesondere ein Konkurrent, aber auch ein Mitarbeiter des eigenen Unternehmens, der das Geheimnis nicht kennt (GK[1]/*Otto* § 17 Rn 35). **Unbefugt** ist die Mitteilung, wenn sie weder durch die Einwilligung des Verfügungsberechtigten noch durch allgemeine Rechtfertigungsgründe gedeckt ist (s im Einzelnen Rn 26 ff, dort auch zur Kritik des engen strafrechtlichen Begriffsverständnisses der hM).

16 **dd) Tatzeitpunkt.** Die Mitteilung muss während der Dauer des Dienstverhältnisses erfolgen. Nach Ablauf des Beschäftigungsverhältnisses kann der ehemalige Beschäftigte lediglich vertragliche Geheimhaltungspflichten verletzen oder gegen § 17 II verstoßen; § 17 I greift nicht mehr ein. Entscheidend ist der rechtliche Bestand des Beschäftigungsverhältnisses. Er wird durch eine Kündigung beendet, selbst wenn es sich um eine vom Arbeitnehmer provozierte Kündigung handelt (BGH GRUR 55, 402, 404 – *Anreißgerät*).

17 **b) Die Betriebsspionage (§ 17 II 1). aa) Täter.** Täter kann jeder sein, sowohl ein Beschäftigter als auch eine außenstehende Person.

18 **bb) Tathandlung.** Der Täter **verschafft sich** ein Geschäfts- oder Betriebsgeheimnis (Rn 5), wenn er Kenntnis des Geheimnisses erlangt (*Köhler*/Bornkamm § 17 Rn 30; Harte/Henning/*Harte-Bavendamm* § 17 Rn 20; MüKo/*Brammsen* § 17 Rn 72). Dem steht es gleich, wenn er bei verkörperten Geheimnissen Gewahrsam am Datenträ-

ger (Schriftstück, CD) begründet oder bei computergespeicherten Dateien die Datei auf einen in eigener Verfügungsgewalt stehenden Datenträger kopiert. Eine **Sicherung** liegt vor, wenn der Täter das ihm bereits bekannte Geheimnis eine schon vorhandene Kenntnis genauer verfestigt, insbesondere es in eine bleibende Form (Aufzeichnung, Datei, E-Mail an privaten Account) bringt. Daran fehlt es, wenn ein Mitarbeiter beim Ausscheiden aus einem Dienstverhältnis die Kopie eines Betriebsgeheimnisse des bisherigen Dienstherrn enthaltenden Dokuments mitnimmt, die er im Rahmen des Dienstverhältnisses befugt angefertigt oder erhalten hat (BGH GRUR 12, 1048 Rn 14 – *MO-VICOL-Zulassungsantrag;* krit *Kalbfus* WRP 13, 584, 586: Verbringen an einen Ort, an dem dauerhafte Kenntnisnahme möglich ist, ausreichend). Eine trennscharfe Abgrenzung zwischen beiden Varianten ist weder möglich noch erforderlich: Durch die Übertragung geheimer Dateien auf den eigenen PC per E-Mail verschafft sich der Täter das Geheimnis und sichert es zugleich.

Das Verschaffen oder Sichern muss mit Hilfe der in § 17 II Nr 1 aufgezählten Tatmittel geschehen. Verschafft sich der Täter die Information auf anderem Wege (zB durch Aushorchen von Mitarbeitern oder durch Auskundschaften der Vorgänge in einem Betrieb), so macht sich der Täter nicht gem § 17 II 1 strafbar (zur Verwertung s aber § 17 II Nr 2), setzt sich aber möglicherweise Ansprüchen gem §§ 3 I, 8ff aus (ebenso auf der Grundlage von § 4 Nr 10 OLG Hamburg MMR 08, 855; *Köhler/Bornkamm* § 4 Rn 10.165; zur Abgrenzung zu § 4 Nr 10 s § 4 Rn 10/19). Heimlichkeit wird dabei nicht vorausgesetzt (*Többens* WRP 05, 552, 557; MüKo/*Brammsen* § 17 Rn 72). Die verschiedenen Varianten können sich überschneiden. So kommt es bei der computerbezogenen Betriebsspionage regelmäßig sowohl zum Einsatz technischer Mittel als auch zur Herstellung einer verkörperten Wiedergabe (Datei). Der Begriff der **technischen Mittel** (§ 17 II Nr 1 lit a) ist im weitesten Sinne zu verstehen. Er umfasst neben Fotoapparaten, Kopier- und Abhörgeräten insbesondere Computer-Hardware und Software jeder Art, etwa Programme zur Umgehung technischer Schutzmaßnahmen oder zur Dekompilierung fremder Software (Harte/Henning/*Harte-Bavendamm* § 17 Rn 22). **Herstellung einer verkörperten Wiedergabe** (§ 17 II Nr 1 lit b) ist jede Materialisierung des immateriellen Geheimnisses (vgl GK[1]/*Otto* § 17 Rn 128), insbesondere durch schriftliche Aufzeichnung, Fotokopie, Tonaufzeichnung oder Speicherung als computerlesbare Datei (BGH GRUR 06, 1044 Rn 14 – *Kundendatenprogramm*). Auch der Nachbau einer Maschine stellt eine Verkörperung des Gedankens dar (BGH GRUR 83, 179, 181 – *Stapel-Automat*). Eine **Sache, in der das Geheimnis verkörpert ist** (§ 17 II Nr 1 lit c), kann insbesondere ein Schriftstück (Beispiel: Kundenliste), eine Fotografie, ein Tonband oder ein computerlesbarer Datenträger sein (vgl BGH GRUR 03, 453, 454 – *Verwertung von Kundenlisten*). Wegnahme ist nach hM, wie im Rahmen des strafrechtlichen Diebstahlstatbestands (§ 242 StGB), der Bruch fremden und die Begründung neuen Gewahrsams. Daran soll es fehlen, wenn der Täter bereits Alleingewahrsam an der Verkörperung hat (BGH GRUR 12, 1048 Rn 14 – *MOVICOL-Zulassungsantrag;* BayObLG WRP 92, 174, 175). Überzeugender erscheint hingegen ein am Normzweck des § 17 orientierter Wegnahmebegriff, nach dem eine Entfernung der Sache aus dem betrieblichen Herrschaftsbereich ausreicht (*Kalbfus* WRP 13, 584, 588; *Otto* wistra 88, 125, 129). Die Handlung ist **unbefugt**, wenn keine Rechtfertigungsgründe eingreifen (Rn 26, dort auch zur Kritik des zu engen Begriffsverständnisses der hM). Ein ausgeschiedener Beschäftigter darf Kundenadressen verwerten, die ihm im Gedächtnis geblieben sind (BGH GRUR 99, 934, 935 – *Weinberater;* BGH GRUR 09, 603 Rn 25 – *Versicherungsuntervertreter*), er verstößt aber gegen § 17 II, wenn er sich während des Vertreterverhältnisses die Adressen notiert oder als Datei auf einem privaten Datenträger speichert und die Liste nach Ausscheiden verwertet (BGH GRUR 99, 934, 935 – *Weinberater;* BGH GRUR 03, 453, 454 – *Verwertung von Kundenlisten;* BGH GRUR 06, 1044 Rn 13f – *Kundendatenprogramm*). Das gilt auch dann, wenn ein ausgeschiedener Handelsvertreter die betreffenden Kunden während der Dauer des Beschäftigungsverhältnisses selbst geworben hat (BGH GRUR 09, 603 Rn 17ff – *Versicherungsuntervertreter*).

20 **c) Die Geheimnishehlerei (§ 17 II Nr 2). aa) Täter.** Täter kann jeder sein, sowohl ein Beschäftigter als auch eine außenstehende Person. Besondere Bedeutung hat die Vorschrift dort, wo frühere Arbeitnehmer Geheimnisse ihres ehemaligen Arbeitgebers verwerten, die sie sich noch während der Beschäftigungsdauer auf unredliche Weise verschafft haben (Harte/Henning/*Harte-Bavendamm* § 17 Rn 27).

21 **bb) Vortat.** Der Täter muss das Geheimnis auf eine der in § 17 II Nr 2 abschließend genannten Arten an sich gebracht haben. Die ersten beiden Alternativen betreffen Geheimnisse, die durch den Geheimnisverrat eines Beschäftigten (§ 17 I) oder eigene oder fremde Betriebsspionage (§ 17 II Nr 1) erlangt wurden. Der Täter der Vortat muss den objektiven und subjektiven Tatbestand verwirklicht und rechtswidrig gehandelt haben. Erlangen bedeutet Verschaffen oder Sichern (wie § 17 II Nr 1, s Rn 18). Liegen beide Alternativen nicht vor, so genügt es nach der dritten Alternative, dass der Täter sich das Geheimnis „sonst unbefugt" verschafft oder gesichert hat. Anders als in § 17 I, II Nr 1 soll es sich hier bei „unbefugt" nicht um einen Verweis auf die allgemeinen Rechtfertigungsgründe (Rn 26), sondern um ein echtes Tatbestandsmerkmal handeln (MüKo/*Brammsen* § 17 Rn 100ff). Dieser generalklauselartig weite und daher aus strafrechtlicher Perspektive in Anbetracht von Art 103 II GG bedenkliche (vgl *Etter* CR 89, 115, 120; Fezer/*Rengier* § 17 Rn 68; *Kalbfus* Rn 240; *Köhler/ Bornkamm* § 17 Rn 47) Tatbestand erfasst zwei Fälle. Erstens kann er eingreifen, wenn sich ein Arbeitnehmer während der Zeit seiner Anstellung ein Geheimnis mit nicht in § 17 II Nr 1 genannten Mitteln verschafft hat, etwa indem er es sich systematisch eingeprägt hat oder es Unterlagen entnimmt, die er während der Zeit seiner Beschäftigung befugt angefertigt hat (BGH GRUR 08, 77 Rn 19 – *Schweißmodulgenerator;* BGH GRUR 09, 603 Rn 13 – *Versicherungsuntervertreter;* BGH GRUR 12, 1048 Rn 21 – *MOVICOL-Zulassungsantrag*). Zweitens kann er sich auf Eingriffe Außenstehender wie die Bestechung (§ 299 StGB), das Aushorchen von Mitarbeitern oder die Informationsbeschaffung unter Vorspiegelung einer falschen Identität (LG Münster ZD 12, 476) beziehen (Harte/Henning/*Harte-Bavendamm* § 17 Rn 32; MüKo/ *Brammsen* § 17 Rn 103f). Zur Abgrenzung zwischen unlauterem Verleiten zum Vertragsbruch und zulässiger Ausnutzung eines fremden Vertragsbruchs s § 4 Rn 10/29). Die Anforderungen an den Nachweis des unredlichen Erwerbs dürfen dabei nicht überspannt werden (BGH GRUR 63, 367, 369 – *Industrieböden*; BGH GRUR 83, 179, 181 – *Stapel-Automat*). So liegt bei erheblichen und ungewöhnlichen Übereinstimmungen zwischen einer geheimen technischen Entwurfszeichnung und einer später von einem ehemaligen Angestellten angebotenen Maschine die Annahme des unredlichen Erwerbs nahe (Harte/Henning/*Harte-Bavendamm* aaO).

22 **cc) Tathandlungen.** Tathandlungen sind die Verwertung oder die Mitteilung des Geheimnisses. Verwertung ist jede Nutzung im geschäftlichen Verkehr, sei es zur Gewinnerzielung, zur Kostensenkung (*Köhler*/Bornkamm § 17 Rn 41) oder zur Schädigung eines Konkurrenten (Harte/Henning/*Harte-Bavendamm* § 17 Rn 35), nicht jedoch die rein ideelle Nutzung, etwa in einer wissenschaftlichen Publikation (aA Harte/Henning/*Harte-Bavendamm* aaO). Verwertung ist auch eine Entwicklung, die zwar nicht vollständig auf den unlauter erlangten Kenntnissen beruht, bei denen diese aber in einer Weise mitursächlich geworden sind, die wirtschaftlich oder technisch nicht als bedeutungslos angesehen werden kann (BGH GRUR 85, 294, 296 – *Füllanlage*). Modifikationen und Weiterentwicklungen ändern nichts an der Verwertung, solange für das Betriebsgeheimnis entscheidende Grundelemente beibehalten worden sind und deshalb davon auszugehen ist, dass dasselbe technische Ergebnis ohne Kenntnis des Vorbilds nicht oder jedenfalls nicht in derselben Zeit oder so zuverlässig hätte erreicht werden können (BGH GRUR 02, 91, 93 – *Spritzgießwerkzeuge;* GK/

Otto § 17 Rn 84). Zur **Mitteilung** s Rn 15; zur **unbefugten** Verwertung oder Mitteilung s Rn 26 ff.

2. Subjektiver Tatbestand. Der subjektive Tatbestand der §§ 17 I, II Nr 1, II Nr 2 umfasst jeweils zwei Komponenten. 23

a) Vorsatz. Die Tat setzt vorsätzliches Handeln voraus. Dolus eventualis genügt. Irrt der Täter über den Geheimnischarakter oder andere Merkmale des Tatbestands, so entfällt der Vorsatz (§ 16 StGB). Irrt der Täter über seine Pflicht zur Offenbarung, so liegt ein vorsatzausschließender Erlaubnistatbestandsirrtum vor, wenn er tatsächliche Gegebenheiten irrtümlich annimmt. Irrt er hingegen über die Reichweite seiner Befugnis zur Offenlegung des Geheimnisses (Beispiel: Aussage im Zivilprozess in Unkenntnis des Zeugnisverweigerungsrechts gem §§ 383 I Nr 6; 384 Nr 3, dazu Rn 56), so liegt ein Verbotsirrtum vor (§ 17 StGB) (GK[1]/*Otto* § 17 Rn 56; *Fezer/Rengier* § 17 Rn 48 f). 24

b) Absicht. Zudem setzt die Tat Absicht hinsichtlich der in § 17 I und II genannten Ziele voraus. Der Täter muss also (mindestens) aus einem der folgenden Beweggründe gehandelt haben, wobei es sich allerdings nicht um das alleinige Motiv zu handeln braucht. 25

— **Zu Zwecken des Wettbewerbs** handelt, wer das Ziel verfolgt, zugunsten des eigenen oder eines fremden Unternehmens den Absatz von Waren oder den Bezug von Dienstleistungen zu fördern (vgl § 2 I Nr 1 UWG 1909/2004).

— **Aus Eigennutz** handelt, wer einen eigenen materiellen oder immateriellen Vorteil erlangen will. Allerdings bedarf die häufig im Anschluss an eine ältere und berüchtigte Entscheidung des BGH zum früheren Kuppeleitatbestand (BGHSt 11, 94, 97) vertretene Ansicht, jeder immaterielle Vorteil reiche aus, der Einschränkung. Der immaterielle Vorteil muss einem materiellen Gewinn zumindest vergleichbar sein (*Fezer/Rengier* § 17 Rn 42). Insbesondere gebietet es die Freiheit wissenschaftlicher Theorien, ein rein wissenschaftliches Interesse beim reverse engineering für die Strafbarkeit nicht genügen zu lassen (*Harte-Bavendamm* GRUR 90, 657, 663).

— Wer **zugunsten eines Dritten** handelt, verfolgt die Absicht, einem Dritten die soeben genannten Vorteile zukommen zu lassen. Damit wird insbesondere der Geheimnisverrat zugunsten eines fremden Staates erfasst (vgl BT-Drucks 10/5058 S 40; GK[1]/*Otto* § 17 Rn 47; *Harte/Henning/Harte-Bavendamm* § 17 Rn 17).

— In der Absicht, dem Inhaber des Unternehmens Schaden zuzufügen, handelt jeder, dem es gerade auf die Schädigung ankommt. Der beabsichtigte Schaden braucht nicht materieller Art zu sein, es genügt die Beeinträchtigung rechtlich anerkannter Interessen, insbesondere des guten Rufs (GK/*Otto* § 17 Rn 48; *Harte/Henning/Harte-Bavendamm* § 17 Rn 17).

3. Rechtswidrigkeit. a) Unbefugt. aa) Verweis auf Rechtfertigungsgründe oder Interessenabwägung? Die Tat muss **unbefugt** erfolgen. Das ist nach hM bei Erfüllung des Tatbestands der Fall, sofern nicht eine Einwilligung des Geheimnisträgers oder andere Rechtfertigungsgründe vorliegen. Lediglich in § 17 II Nr 2, 3. Var soll es sich bei „unbefugt" um ein eigenes Tatbestandsmerkmal handeln (Rn 21). Gegen diesen Ansatz spricht, dass er ohne Not auf die flexiblen Maßstäbe des Lauterkeitsrechts verzichtet. Naheliegender erscheint es, die Auslegung des Merkmals „unbefugt" am Schutzzweck des § 17 auszurichten (*Schweyer* S 490 ff) und im Anschluss an Art 39 II TRIPS nur ein Verhalten als unbefugt anzusehen, das den anständigen Gepflogenheiten in Gewerbe und Handel zuwiderläuft, sich also aufgrund einer umfassenden Interessenabwägung als unlauter darstellt (aA *Kalbfus* Rn 573; vgl auch *Dorner* S 149 ff). Ein solcher Ansatz wäre mit dem strafrechtlichen Bestimmtheitsgebot vereinbar, weil sich die Interessenabwägung nur als Korrektiv der Tatbestände des § 17 I, II zugunsten des Täters auswirken würde (so für das Merkmal „ver- 26 werflich" in § 240 II StGB BVerfGE 73, 206 ff). Zu Schranken, die sich aus dem Immaterialgüter- oder Kartellrecht ergeben, s Rn 47 und Vor §§ 17–19 Rn 5 a.

26a **bb) Reverse engineering.** Die Rückwärtsanalyse auf dem Markt frei erhältlicher Produkte kann nach hM den Tatbestand des § 17 II Nr 1 a erfüllen. Wenn die im Produkt verkörperte Information nur mit größeren Schwierigkeiten oder Kosten in Erfahrung gebracht werden kann, geht der Geheimnischarakter mit dem freien Vertrieb nicht verloren (Rn 10), und die Rückwärtsanalyse geschieht in aller Regel mit technischen Mitteln. Da einschlägige Rechtfertigungsgründe nicht ersichtlich sind, verstößt das reverse engineering nach hM grundsätzlich gegen § 17 II (RGZ 149, 329, 334 – *Stiefeleisenpresse;* zu Einschränkungen s Rn 10). Damit geht das deutsche Recht mit seinem Schutz gegen die Analyse frei auf dem Markt erhältlicher Produkte weiter als andere Rechtsordnungen. So lässt das US-Recht das reverse engineering wegen dessen innovationsfördernder Funktion ausdrücklich zu, solange dabei nicht gegen Rechte des geistigen Eigentums, insbesondere das Patentrecht, verstoßen wird (US Supreme Court, *Bonito Boats v Thunder Craft,* 489 U. S 141, 160 (1989); *Ohly,* FS Straus, 535, 538 ff; *Schweyer* S 438 ff). Im Ergebnis gewährt das deutsche Recht hier einen oft nicht näher begründeten wettbewerbsrechtlichen Leistungsschutz für komplexe Produkte, der vom Anliegen des Schutzes unternehmensinterner Informationen nicht mehr gedeckt ist und dann zweifelhaft erscheint, wenn das Produkt im Übrigen frei nachgebildet werden dürfte (vgl *Beater* UnlWettb § 18 Rn 16; *Kalbfus* Rn 557 ff; *Ohly* aaO S 548 ff; *Sambuc,* UWG-Nachahmungsschutz, Rn 266; ebenso bereits Baumbach/*Hefermehl,* 22. Aufl, § 1 Rn 478). Bei Auslegung des Merkmals „unbefugt" im Lichte des Art 39 TRIPS (Rn 26) führt nach hier vertretener Ansicht eine Interessenabwägung dazu, dass das reverse engineering in den Schranken des Immaterialgüterrechts (s insb §§ 69 e UrhG; 6 HalbISchG, vgl auch *Schweyer* S 39 ff, 87 ff, 287 ff) zulässig ist und lauterkeitsrechtlich nicht beanstandet werden kann.

27 **b) Einwilligung.** Die Einwilligung lässt jedenfalls dann bereits den Tatbestand entfallen, wenn der Dispositionsberechtigte die betreffende Information völlig freigibt. Differenziert man mit der wohl hM im Strafrecht zwischen Einverständnis und Einwilligung, so handelt es sich hier um ein tatbestandsausschließendes Einverständnis, das bereits das taugliche Angriffsobjekt entfallen lässt (MüKo/*Brammsen* § 17 Rn 52). Sofern man nicht ohnehin jede Einwilligung für tatbestandsausschließend hält (vgl zum Streitstand im Strafrecht Schönke/Schröder/*Lenckner/Sternberg-Lieben,* Vor §§ 32 ff Rn 31 ff; zur Einwilligung im Zivilrecht *Ohly,* Volenti non fit iniuria, S 124 ff s a § 7 Rn 48 ff), ist die Einwilligung im Übrigen, also die Gestattung an bestimmte Personen, Rechtfertigungsgrund (*Brammsen* aaO). Die Einwilligung muss durch denjenigen erfolgen, der innerhalb des Unternehmens dispositionsbefugt ist, regelmäßig also durch den Unternehmensinhaber oder einen Bevollmächtigten.

28 **c) Gesetzliche Mitteilungspflichten.** Gerechtfertigt handelt auch, wer durch gesetzliche Anzeige-, Auskunfts- oder Aussagepflichten (Pflicht zur Anzeige von Straftaten gem § 138 StGB, Aussagepflicht als Zeuge oder Sachverständiger) zur Offenbarung des Geheimnisses verpflichtet ist und sich nicht auf ein Zeugnisverweigerungsrecht (vgl §§ 52 ff StPO; 383 f; 408 ZPO) berufen kann. Im Zivilprozess ist der Beschäftigte verpflichtet, sich auf sein Zeugnisverweigerungsrecht gem §§ 383 I Nr 6; 384 Nr 3; 408 I ZPO zu berufen, sofern nicht die Geheimhaltung im Prozess durch Ausschluss der Öffentlichkeit gem § 172 Nr 2 GVG sichergestellt wird (Harte/Henning/*Harte-Bavendamm* § 17 Rn 11).

29 **d) Schuldrechtlicher Anspruch auf Mitteilung.** Der Täter handelt gerechtfertigt, wenn er selbst einen schuldrechtlichen Anspruch auf Überlassung des Geheimnisses hat (BayObLG GRUR 88, 634 – *Überlassungsanspruch;* ÖOGH WRP 73, 374). Der strafrechtliche Schutz von Betriebs- und Geschäftsgeheimnissen ist insoweit mit den Vermögensdelikten des StGB gleichzubehandeln. Diese Rechtfertigung erstreckt sich aber nicht auf den Beschäftigten, der einen Geheimnisverrat nach § 17 I begeht, da er weder Gläubiger noch Schuldner des Informationsanspruchs ist (vgl GK[1]/*Otto* § 17 Rn 52; MüKo/*Brammsen* § 17 Rn 55).

e) Rechtfertigender Notstand (§ 34 StGB). Der Täter kann sich auf einen 30 rechtfertigenden Notstand (§ 34 StGB) berufen, wenn der Geheimnisverrat zur Abwendung einer gegenwärtigen Gefahr für ein höherrangiges eigenes oder fremdes Rechtsgut erfolgt. Allerdings kommt eine Rechtfertigung nur in Betracht, wenn mildere Mittel zum Schutz des höherrangigen Rechtsguts nicht in Betracht kommen. Beispielsweise kann nach hM das Offenlegen einer vertraulichen Information gerechtfertigt sein, wenn sie eine rechtswidrige Handlung betrifft, die anderweitig nicht aufgedeckt werden kann und ihre Offenlegung einen Beitrag zum geistigen Meinungskampf in der Öffentlichkeit darstellt („Whistleblowing", s OLG München GRUR-RR 04, 145, 146 f – *Themen-Placement:* verdeckte journalistische Recherche über Schleichwerbung). Allerdings steht einer Rechtfertigung gem § 34 StGB regelmäßig entgegen, wenn der Whistleblower die Presse informiert, anstatt sich an die Strafverfolgungsbehörden zu wenden, oder wenn er die Information aus Gewinnerzielungsinteresse weitergibt und daher das Vorliegen subjektiver Rechtfertigungselemente fraglich ist (*Engländer/Zimmermann* NZWiStR 12, 328, 331 mwN, die aus diesem Grund eine Lösung über das Geheimhaltungsinteresse bevorzugen, s Rn 12). Auch darf das Strafverfolgungsinteresse nicht pauschal als gegenüber dem Geheimhaltungsinteresse höherrangig eingestuft werden, vielmehr kommt es auf die Schwere der Straftat an (vgl Fezer/*Rengier* § 17 Rn 47). Arbeitsvertraglich kann eine zur Kündigung berechtigende Verletzung des Rücksichtnahmegebots vorliegen, wenn der Arbeitnehmer wissentlich oder leichtfertig falsche Angaben über seinen Arbeitgeber macht oder wenn er sich nicht zunächst um eine zumutbare innerbetriebliche Klärung bemüht (EGMR NJW 11, 3501: Strafanzeige einer Altenpflegerin wegen Missständen an ihrem Arbeitsplatz; BAG NJW 04, 1547). Nach hier vertretener Ansicht (Rn 26) ist die Handlung in diesem Fall schon nicht „unbefugt" und damit nicht tatbestandsmäßig, auf die Voraussetzungen des § 34 StGB kommt es nicht an. Im Rahmen der Abwägung kommt den Grundrechten, insbesondere der Meinungsfreiheit (Art 5 I GG, Art 11 EMRK) und der Pressefreiheit (Art 5 I 2 GG), erhebliche Bedeutung zu (EGMR aaO). Auf die Abwägung erscheinen die arbeitsrechtlichen Grundsätze übertragbar.

4. Versuch (§ 17 III). Der Versuch des Geheimnisverrats, der Betriebsspionage 31 und der Geheimnishehlerei ist strafbar (§ 17 III).

IV. Strafrechtliche Rechtsfolgen

1. Strafe im Regelfall und in besonders schweren Fällen (§ 17 I, IV). Die 32 Tat kann im Regelfall mit einer Freiheitsstrafe bis zu drei Jahren oder mit Geldstrafe geahndet werden. In besonders schweren Fällen beträgt der Strafrahmen bis zu fünf Jahren Freiheitsstrafe oder Geldstrafe. § 17 IV nennt drei Regelbeispiele, die nicht zwingend, sondern nur „in der Regel" zum erhöhten Strafrahmen führen. Umgekehrt kann ein besonders schwerer Fall auf Grund einer Gesamtbetrachtung auch angenommen werden, wenn keines der Beispiele verwirklicht ist (näher zur Bedeutung der Regelbeispiele GK/*Otto* § 17 Rn 110). **Gewerbsmäßigkeit (Nr 1)** liegt vor, wenn der Täter in der Absicht handelt, sich durch wiederholte Tatbegehung eine fortlaufende Einnahmequelle von einiger Dauer und einigem Umfang zu verschaffen; nicht erforderlich ist, dass er vorhat, aus seinem Tun ein „kriminelles Gewerbe" zu machen. Liegt ein solches Gewinnstreben vor, ist schon die erste der ins Auge gefassten Tathandlungen als gewerbsmäßig anzusehen (BGH NStZ 95, 85; BGH NJW 98, 2913, 2914). Der erhöhte Strafrahmen ist ebenfalls eröffnet **(Nr 2 und 3),** wenn der Täter bei der Mitteilung weiß, dass das Geheimnis **im Ausland verwertet** (s Rn 22) werden soll, oder eine Verwertung nach Absatz 2 Satz 2 im Ausland selbst vornimmt. Der Umstand, dass der Wortlaut der Nr 2 und 3 bei der UWG-Reform unverändert blieb, spricht dafür, dass auch die EU-Staaten zum Ausland gehören (vgl Harte/Henning/*Harte-Bavendamm* § 17 Rn 38; aA *Ullrich* RIW Beil 23 zu Heft 12/ 90; GK[1]/*Otto* § 17 Rn 113), doch ist in diesem Fall gesondert zu prüfen, ob wirklich ein „Regelfall" vorliegt (*Köhler*/Bornkamm § 17 Rn 66).

33   **2. Strafantrag (§ 17 V).** Die Tat wird nur auf Antrag oder bei Vorliegen eines besonderen öffentlichen Interesses von Amts wegen verfolgt. Antragsberechtigt sind Verletzte (§ 77 StGB), nicht aber die in § 8 III Nr 2–4 genannten Verbände (*Köhler/ Bornkamm* § 17 Rn 69). Da ein Gleichlauf zwischen der Antragsberechtigung und zivilrechtlicher Aktivlegitimation anzustreben ist, kommen als Verletzte iSd § 77 StGB nur der dispositionsbefugte Unternehmensinhaber und der Nehmer einer ausschließlichen Lizenz in Betracht (*Kiethe/Groeschke* WRP 03, 1358, 1366). Der Begriff des „besonderen öffentlichen Interesses" wird durch Nr 255, 260 ff der Richtlinien für das Strafverfahren und das Bußgeldverfahren konkretisiert (abgedr bei *Köhler*/Bornkamm § 17 Rn 71). Anstelle oder neben der öffentlichen Klage ist die Privatklage möglich (§ 374 I Nr 7 StPO; näher hierzu *Kiethe/Groeschke* WRP 05, 1358, 1367).

34   **3. Auslandstaten (§ 17 VI).** Von dem Grundsatz, dass Auslandstaten nicht dem deutschen Strafrecht unterliegen, macht § 17 VI (entspricht § 20a aF) iVm § 5 Nr 7 StGB eine Ausnahme: Geheimnisse inländischer Unternehmen sind auch gegen Taten geschützt, die im Ausland begangen werden. Der Schutz der Geheimnisse im Ausland gelegener Unternehmen gegen Inlandstaten unterfällt ebenfalls dem deutschen Strafrecht, in diesem Fall gelten §§ 3; 9 StGB (GK[1]/*Otto* § 17 Rn 7; Fezer/*Rengier* § 17 Rn 82).

V. Zivilrechtlicher Schutz von Unternehmensgeheimnissen

35   **1. Überblick.** Der zivilrechtliche Schutz von Unternehmensgeheimnissen ist **spezialgesetzlich weitgehend ungeregelt** (vgl aber die oben, Vor §§ 17–19 Rn 10 aufgeführten Spezialbestimmungen), obwohl ihm in der Praxis, verglichen mit dem Strafrecht, die größere Bedeutung zukommt. § 19 aF sah bei Verstößen gegen die §§ 17; 18 ausdrücklich eine Schadensersatzpflicht vor. Diese Vorschrift wurde aber weitgehend als überflüssig empfunden und im Zuge der UWG-Reform gestrichen. Der Vorschlag, die Verletzung von Unternehmensgeheimnissen in den Beispielskatalog des § 4 aufzunehmen (so *Köhler/Bornkamm/Henning-Bodewig,* § 5 Nr 5 des in WRP 02, 1317 abgedruckten Entwurfs) konnte sich im Gesetzgebungsverfahren nicht durchsetzen.

36   Besondere Bedeutung kommt **vertraglichen Geheimhaltungspflichten** zu, die sich vor allem aus Arbeitsverträgen und Lizenzverträgen ergeben können (Rn 37 ff). Ein Verstoß gegen **§§ 17, 18** löst regelmäßig Schadensersatz- und Abwehransprüche aus, da beide Vorschriften als **Schutzgesetze iSd § 823 II BGB** und **Marktverhaltensregelungen iSd § 4 Nr 11** anzusehen sind (Rn 44 ff). Allerdings sind damit die außervertraglichen Ansprüche wegen der Verletzung von Unternehmensgeheimnissen aus drei Gründen nicht abschließend geregelt. (1) §§ 17; 18 erfassen nicht alle möglichen Angriffsarten. Vor allem regeln sie nicht die schwierige Frage der nachvertraglichen Verschwiegenheitspflicht. (2) Beide Vorschriften setzen vorsätzliches Verhalten voraus. Unter bestimmten Umständen können aber auch fahrlässiger Geheimnisverrat Schadensersatzansprüche auslösen. (3) Das strafrechtliche Bestimmtheitsgebot, dem beide Tatbestände unterliegen, kann für das Zivilrecht keine Geltung beanspruchen. Daher wurde im früheren Recht ein Rückgriff auf § 1 aF und auf §§ 823 I; 826 BGB weithin befürwortet, doch herrschte über dessen Voraussetzungen keine Einigkeit (vgl *Fezer*, FS Traub, S 81 ff) (Rn 48 ff).

2. Anspruchsgrundlagen. a) Vertragliche Ansprüche. aa) Verschwiegen- 37
heitspflichten während der Dauer des Arbeitsverhältnisses. Arbeitnehmer sind während der Dauer des Arbeitsverhältnisses zur Verschwiegenheit verpflichtet. Diese Pflicht ergibt sich oft aus ausdrücklichen Vertraulichkeitsvereinbarungen, bei Fehlen einer ausdrücklichen Vereinbarung aus der Treuepflicht (Ann/Loschelder/Grosch/ *Brock* Kap 2 Rn 44 ff; *Westermann* Rn 5/28 ff). Der Arbeitnehmer darf Unternehmensgeheimnisse weder offenbaren noch selbst verwerten. Hat er im Betrieb Leitungs- oder Überwachungsfunktionen oder eine besondere Vertrauensstellung inne, so ist er zugleich verpflichtet, gegen den drohenden Geheimnisverrat durch andere Beschäftigte einzuschreiten (s Rn 15; vgl auch *Kraßer* GRUR 77, 177, 185; Harte/Henning/*Harte-Bavendamm* § 17 Rn 51). Die Verschwiegenheitspflicht umfasst alle beruflichen und persönlichen Belange des Arbeitgebers, soweit ihre Offenbarung dessen Interessen beeinträchtigen kann. Für den Handelsvertreter ergibt sich die Verschwiegenheitspflicht während der Laufzeit des Vertrages aus § 86 I 2. HS HGB (Baumbach/*Hopt* HGB § 90 Rn 1), der insoweit auf andere Absatzmittler wie Vertragshändler oder Franchisenehmer analog anwendbar ist (Baumbach/*Hopt* HGB § 84 Rn 11, vgl auch *Köhler*/Bornkamm § 17 Rn 61). In zahlreichen weiteren Verträgen (Lizenzverträge, Beratungsverträge, Kooperationsvereinbarungen für Forschung und Entwicklung) ergibt sich die Pflicht zur Vertraulichkeit aus ausdrücklichen Vereinbarungen oder als Nebenpflicht aus Vertragsauslegung. Stellt eine Partei im Rahmen von Vertragsverhandlungen geheime Informationen zur Verfügung, so ergibt sich für die andere Partei eine vorvertragliche Pflicht zur Vertraulichkeit aus §§ 311 II, 241 II BGB.

bb) Verschwiegenheitspflichten nach Beendigung des Vertragsverhältnis- 38
ses. Von einiger Rechtsunsicherheit umgeben ist die Frage, in welchem Maße **Arbeitnehmer** nach Ende des Vertragsverhältnisses Verschwiegenheitspflichten unterliegen. Einerseits hat der Unternehmer ein berechtigtes Interesse an der Wahrung seiner Unternehmensgeheimnisse, andererseits muss der Arbeitnehmer über die Möglichkeit verfügen, auch bei Wechsel des Arbeitgebers sein Erfahrungswissen einzusetzen.

Arbeitgeber und Arbeitnehmer können im Arbeitsvertrag auch für die Zeit nach 39
Ende des Arbeitsverhältnisses **ausdrücklich Geheimhaltung vereinbaren.** Sofern eine solche Vereinbarung allerdings auf ein Wettbewerbsverbot zu Lasten des Arbeitnehmers hinausläuft (zur Abgrenzung Ann/Loschelder/Grosch/*Brock* Kap 2 Rn 54 ff), ist ihre Wirksamkeit an §§ 74, 74a HGB zu messen (BAG NJW 88, 1686; BGH GRUR 02, 91, 94 – *Spritzgießwerkzeuge*), setzt also Schriftform, Aushändigung der Urkunde an den Arbeitnehmer und vor allem die Vereinbarung einer Karenzentschädigung voraus und ist nur wirksam, wenn sie zum Schutz eines berechtigten Interesses des Arbeitgebers dient. Problematisch sind vor allem pauschale, unbestimmte und zeitlich unbegrenzte Geheimhaltungspflichten. Je konkreter aber das Geheimnis im Vertrag bezeichnet ist und je bedeutender es für das Unternehmen ist, desto eher hat eine solche Vereinbarung Aussicht darauf, der gerichtlichen Überprüfung standzuhalten (vgl Harte/Henning/*Harte-Bavendamm* § 17 Rn 56).

Nach der Rechtsprechung des BAG ist ein ausgeschiedener Arbeitnehmer auch 40
ohne besondere Vereinbarung auf Grund nachwirkender Treuepflicht arbeitsrechtlich zur Verschwiegenheit über Geschäfts- und Betriebsgeheimnisse verpflichtet und darf lediglich sein im Laufe der bisherigen Tätigkeit erworbenes berufliches Erfahrungswissen verwerten (BAG NJW 83, 134, 135; BAG NJW 88, 1686, 1687). Hingegen geht der BGH in st Rspr zu § 3 I davon aus, dass der Arbeitnehmer nach Ausscheiden aus einem Beschäftigungsverhältnis in der Weitergabe und Verwertung der dort redlich erlangten Betriebsgeheimnisse grundsätzlich frei ist (st Rspr zu § 1 aF seit RGZ 65, 333, 337 – *Pomril*; bestätigt in BGHZ 38, 391, 396 = GRUR 1963, 367 – *Industrieböden*; BGH GRUR 83, 179, 181 – *Stapel-Automat*; BGH GRUR 02, 91, 92 – *Spritzgießwerkzeuge; Köhler*/Bornkamm § 17 Rn 59; aA *Mes* GRUR 79, 584,

593). Zur Begründung verweist der BGH auf den Gegenschluss aus § 17 I und darauf, dass die Abgrenzung zwischen Unternehmensgeheimnis und Erfahrungswissen zwar in der Theorie einleuchtet, in der Praxis aber oft nicht durchführbar ist (ebenso *Kraßer* GRUR 77, 177, 186). Die praktischen Unterschiede zwischen der Rechtsprechung beider Bundesgerichte sind aber kleiner, als es diese Grundsätze vermuten lassen. Einerseits erkennt das BAG an, dass sich Geheimhaltungspflichten nicht auf Erfahrungswissen beziehen und dass sie dann nicht bestehen, wenn eine Geheimhaltung für ein Wettbewerbsverbot hinauslaufen würde. Auch gesteht das BAG ausgeschiedenen Arbeitnehmern das Recht zu, ehemalige Kunden zu umwerben. Andererseits hält der BGH den Tatbestand des § 17 II Nr 2 für erfüllt, wenn ein ausgeschiedener Arbeitnehmer unbefugt Aufzeichnungen aus dem beendeten Dienstverhältnis verwertet, und führt im Übrigen im Rahmen des Merkmals „redlich erlangte Betriebsgeheimnisse" eine Interessenabwägung durch.

40a   Sinnvoll erscheint es, die nachvertraglichen Pflichten ausgeschiedener Arbeitnehmer im Arbeitsrecht und unter § 3 I nach **gleichen Kriterien** zu bestimmen (aA BGH GRUR 83, 179, 181 – *Stapel-Automat*). Dabei haben die Begriffe „Unternehmensgeheimnis" und „Erfahrungswissen" durchaus Erkenntniswert: Es handelt sich um Typen, die nicht trennscharf voneinander abgegrenzt werden können, die aber jeweils einen Kernbereich aufweisen (ähnl *Mes* GRUR 79, 584, 591; *Kalbfus* Rn 517; Harte/Henning/*Harte-Bavendamm* § 17 Rn 1). Sowohl im Vertrags- als auch im Lauterkeitsrecht ist jeweils eine **einzelfallbezogene Abwägung** zwischen den verfassungsrechtlich geschützten **Interessen des Arbeitgebers an der Wahrung seiner Unternehmensgeheimnisse (Art 14 GG)** und den **Arbeitnehmers an seinem beruflichen Fortkommen (Art 12 GG)** erforderlich (BGHZ 38, 391, 395 = GRUR 63, 367 – *Industrieböden;* BGH GRUR 02, 91, 93 – *Spritzgießwekzeuge; Mes* GRUR 79, 584, 586f; Harte/Henning/*Harte-Bavendamm* § 17 Rn 48). Mögliche Kriterien sind:

– der Charakter der Information: Arbeitnehmererfindungen sind dem Unternehmer zugeordnet und vom Arbeitnehmer auch nach seinem Ausscheiden vertraulich zu behandeln (§§ 5, 24, 26 ArbNErf). Ähnliches kann für Rezepturen oder Konstruktionsdetails gelten, die dem Patentschutz mangels Neuheit oder erfinderischer Tätigkeit nicht zugänglich wären. Verkörperungen der Information in Dokumenten oder Dateien, die der Arbeitnehmer während seiner Betriebszugehörigkeit in befugter Weise angefertigt hat, darf er nach dessen Beendigung grundsätzlich nicht mehr verwerten oder weitergeben (so zu § 17 II BGH GRUR 06, 1044 Rn 13 – *Kundendatenprogramm*), die Verwertungs- und Offenbarungsbefugnis des Arbeitnehmers ist also durch seine Gedächtnisleistung begrenzt (*Kalbfus* Rn 521). Je stärker sich die Information von den üblichen Erfahrungen eines Arbeitnehmers in vergleichbarer Stellung unterscheiden lässt, desto eher ist sie dem bisherigen Unternehmen zuzuordnen.

– die Bedeutung des Geheimnisses für das Unternehmen: Das Interesse des Arbeitgebers fällt umso stärker ins Gewicht, je wichtiger das Geheimnis für seine Wettbewerbsposition ist. Allerdings ist nicht ausgeschlossen, dass ein ehemaliger Arbeitnehmer auch wertvolle Informationen verwerten darf, sofern sich andere der genannten Kriterien zu seinen Gunsten auswirken.

– die Bedeutung der Information für das berufliche Fortkommen des Arbeitnehmers: Je eher die Information Voraussetzung für eine weitere berufliche Tätigkeit in der betreffenden Branche ist, je eher sich der Arbeitnehmer im bisherigen Betrieb so spezialisiert hat, dass die Information Teil seiner Expertise ist, und je eher ein Verwertungsverbot auf ein Wettbewerbsverbot hinausliefe, desto eher darf der Arbeitnehmer sie verwerten (BGH aaO – *Industrieböden;* BGH GRUR 02, 91, 94 – *Spritzgießwerkzeuge*). Das Interesse des Arbeitnehmers an einem Verkauf der Information an Dritte wiegt geringer als sein Interesse an der eigenen Verwertung (BGH aaO – *Spritzgießwerkzeuge*).

– die Stellung des Arbeitnehmers in seiner früheren Beschäftigung: Informationen, die der Arbeitnehmer sich schon während der Beschäftigung unredlich verschafft hat, darf er regelmäßig nicht nutzen (BGH GRUR 83, 179, 180 – *Stapel-Automat;* vgl § 17 II). Das Interesse des Arbeitnehmers wiegt umso schwerer, je stärker sein eigener Anteil am Ausarbeiten der Information war (BGH aaO – *Industrieböden;* BGH aaO – *Spritzgießwerkzeuge;* krit *Kalbfus* Rn 525). Eine Vertrauensstellung im bisherigen Betrieb wirkt sich zulasten des Arbeitnehmers aus (BGH aaO – *Industrieböden*). Eine Geheimhaltungspflicht während der Dauer des Beschäftigungsverhältnisses wirkt zwar nicht ohne weiteres fort, hat aber für die Interessenabwägung vor allem dann Bedeutung, wenn der Arbeitnehmer auch im Hinblick auf das Unterlassen künftiger Verwertungshandlungen eine Vergütung erhalten hat. Die Dauer des Beschäftigungsverhältnisses und die Umstände seiner Beendigung sind allenfalls schwache Kriterien (aA aufgrund der Umstände des Falls BGH aaO – *Industrieböden; Spritzgießwerkzeuge*).

Für **Handelsvertreter** ergibt sich die nachvertragliche Pflicht zur Wahrung von **41** Unternehmensgeheimnissen aus § 90 HGB. Allerdings ist diese Verpflichtung enger als während der Laufzeit des Vertragsverhältnisses. Die Mitteilung oder Verwertung eines Geheimnisses ist nur untersagt, soweit dies nach den gesamten Umständen der Berufsauffassung eines ordentlichen Kaufmanns widersprechen würde. Auch bei der Auslegung dieser Bestimmung ist eine Abwägung zwischen dem Geheimhaltungsinteresse des Unternehmers und dem Interesse des Handelsvertreters an der Fortsetzung seiner Tätigkeit unausweichlich. Nicht gestattet ist dem Handelsvertreter die Nutzung von Kundenlisten des bisherigen Unternehmens (Baumbach/Hopt § 90 Rn 7, s auch Rn 19). § 90 HGB findet analoge Anwendung auf andere Absatzmittler, insbesondere auf Vertragshändler und Franchisenehmer (s Rn 37).

Eine Verschwiegenheitspflicht für **Gesellschafter** kann sich nach ihrem Ausscheiden aus der Gesellschaft aus einer ausdrücklichen vertraglichen Vereinbarung erge- **42** ben, die in den Grenzen des Kartellrechts (§ 1 GWB) möglich ist. Bei Fehlen einer solchen Vereinbarung kann sich eine Verschwiegenheitspflicht aus nachvertragliche Pflicht aus der gesellschaftsrechtlichen Treuepflicht ergeben. Ob das der Fall ist, ist auf Grund einer Interessenabwägung festzustellen (zu den Kriterien s Rn 40; vgl *Köhler*/Bornkamm § 17 Rn 60).

cc) Ansprüche bei Verletzung. Der Unterlassungsanspruch ist in diesem Fall **43** Erfüllungsanspruch; er ist verschuldensunabhängig. Der vorsätzliche oder fahrlässige Verstoß gegen eine vertragliche Verschwiegenheitspflicht löst Schadensersatzansprüche gem § 280 I BGB aus. Leichte Fahrlässigkeit ist ausreichend. Steht die Pflichtverletzung fest, so wird das Verschulden vermutet (§ 280 I 2 BGB). Die Ansprüche unterliegen der regelmäßigen Verjährungsfrist (§§ 195, 199 BGB).

b) Außervertragliche Ansprüche. aa) UWG. Sofern die allgemeinen Voraus- **44** setzungen des § 3 I vorliegen, ist jeder Verstoß gegen die Strafrechtsnormen der §§ 17, 18 UWG zugleich eine unlautere Wettbewerbshandlung unter dem Gesichtspunkt des Rechtsbruchs (§ 4 Nr 11) (BGH GRUR 06, 1044 Rn 17 – *Kundendatenprogramm;* BGH GRUR 09, 603 Rn 22 – *Versicherungsuntervertreter*), da die strafrechtlichen Vorschriften des Geheimnisschutzes dem Zweck dienen, im Interesse des Geheimnisinhabers und der Allgemeinheit (vgl Rn 1) das Marktverhalten zu regeln (§ 4 Rn 11/ 86 mwN). Dient die Geheimnisverletzung dazu, eine Produktnachahmung zu ermöglichen, so ergibt sich die Unlauterkeit der Verwertung unabhängig von den Voraussetzungen der §§ 17, 18 aus § 4 Nr 9c (vgl BGH GRUR 08, 727 Rn 20 – *Schweißmodulgenerator*). Die von § 4 Nr 9c erfassten Fälle werden zwar regelmäßig auch die Voraussetzungen des § 17 II Nr 2 erfüllen, doch erspart § 4 Nr 9c die Prüfung der strafrechtlichen Voraussetzungen und verlangt insbesondere kein Verschulden. Die Abwerbung eines Arbeitnehmers, die ein Unternehmer zu dem Zweck vornimmt, sich die Unternehmensgeheimnisse des bisherigen Arbeitnehmers anzueignen, kann unter engen Voraussetzungen als gezielte Behinderung (§ 4 Nr 10) anzusehen sein (s § 4 Rn 10/27). Ein Bedürfnis nach der Anwendung des § 3 I unter dem Gesichtspunkt der Leistungsübernahme durch Abwerbung besteht daneben nicht (§ 4 Rn 10/27; aA *Götting/Hetmank* WRP 13, 421ff).

45 Auch unabhängig von den Voraussetzungen der genannten Spezialbestimmungen kann die unerlaubte Offenbarung oder Verwertung von Unternehmensgeheimnissen eine unlautere Wettbewerbshandlung gem **§ 3 I** darstellen, die **§§ 17, 18 entfalten** insoweit **keine Sperrwirkung** (BGHZ 38, 391, 393 = GRUR 63, 367, 369 – *Industrieböden;* BGH GRUR 64, 31, 32 – *Petromax II;* BGH GRUR 83, 179, 181 – *Stapel-Automat; Köhler/*Bornkamm § 17 Rn 52; Harte/Henning/*Harte-Bavendamm* § 17 Rn 45). Ebenso wie im Rahmen der vertraglichen Haftung kann ein Verstoß gegen § 3 I nur vorliegen, wenn eine Verpflichtung zur Vertraulichkeit verletzt oder das Geheimnis mit unlauteren Mitteln erlangt wurde. Wer durch eigene Forschung und Investition oder auch durch bloßen Zufall die geheime Information erlangt hat, kann sie frei verwerten (BGH GRUR 64, 31, 32 – *Petromax II; Köhler/*Bornkamm § 17 Rn 62). Bisher ist es Rechtsprechung und Literatur nicht gelungen, allgemeine Kriterien zur Beurteilung der Frage aufzustellen, wann eine **Verpflichtung zur Vertraulichkeit** vorliegt. Erforderlich ist eine umfassende Interessenabwägung, die sich an den oben (Rn 40a) genannten Kriterien orientiert. Ein Geheimnis wurde **mit unlauteren Mitteln erlangt,** wenn ein Arbeitnehmer außerhalb seiner arbeitsvertraglichen Pflichten Konstruktionsunterlagen vervielfältigt (vgl § 17 II Nr 1) oder sich einprägt (BGH GRUR 83, 179, 181 – *Stapel-Automat*), wenn ein Unternehmer eigene Beauftragte als Arbeitnehmer in einen Konkurrenzbetrieb einschleust (BGH GRUR 73, 483, 485 – *Betriebsspionage*) oder ein Unternehmer seine Kenntnisse aus einem erkennbar fehlgeleiteten Bestellschreiben verwertet (BGH GRUR 83, 34, 35 – *Bestellschreiben*).

46 Liegt nach diesen Grundsätzen eine unlautere geschäftliche Handlung vor, so bestehen Schadensersatzansprüche (§§ 4 Nr 11, 3 I, 9) und Unterlassungs- und Beseitigungsansprüche (§§ 4 Nr 11, 3 I, 8) (BGH GRUR 06, 1044 Rn 17 – *Kundendatenprogramm*). Wird der Verstoß von einem Mitarbeiter eines Unternehmens begangen, so haftet auch dessen Inhaber auf Unterlassung und Beseitigung (§ 8 II). Das gilt jedoch nicht, wenn der Verstoß aus einer früheren Tätigkeit herrührt. Verwertet der neue Arbeitgeber in diesem Fall ein Geheimnis unbefugt, so kann auch er Schuldner eines Unterlassungsanspruchs sein (BGH GRUR 03, 453, 454 – *Verwertung von Kundenlisten*). Da das Recht am Unternehmensgeheimnis als unvollkommenes Immaterialgüterrecht während der Dauer seines Schutzes der Dispositionsbefugnis des geheimnisberechtigten Unternehmers unterliegt (s Vor §§ 17–19 Rn 4f), bedarf die **Aktivlegitimation** gegenüber § 8 III der **Einschränkung.** Der Anspruch kann von dem Unternehmer geltend gemacht werden, der die Dispositionsbefugnis über das Geheimnis innehat. Auch ein Unternehmen, das ein Geheimnis aufgrund einer Lizenz nutzt, ist anspruchsberechtigt (Ann/Loschelder/*Grosch* Kap 6 Rn 139). Mitbewerber im Übrigen und Verbände sind hingegen nicht aktivlegitimiert (vgl auch § 13 II UWG 1909, in dem sich die Aktivlegitimation der Verbände nicht auf § 19 aF erstreckte). Zwar dient der Geheimnisschutz auch dem Allgemeininteresse an der Innovationsförderung, diese Schutzrichtung ist aber – ähnlich wie bei technischen Schutzrechten – nur eine mittelbare (aA *Köhler/*Bornkamm § 17 Rn 52: Geltendmachung durch Verband nur mit Zustimmung des Geheimnisträgers).

47 **bb) Geistiges Eigentum.** Ein Immaterialgut kann zugleich als Unternehmensgeheimnis und durch ein Recht des geistigen Eigentums geschützt sein. In Betracht kommt vor allem urheberrechtlicher Schutz, insb von schriftlichen Dokumenten (§ 2 I Nr 1 UrhG), von Computerprogrammen (§§ 2 I Nr 1; 69a ff UrhG) und von technischen Zeichnungen (§ 2 I Nr 7 UrhG), Urheber- und Leistungsschutz von Datenbanken (§§ 2 II, 4; 87a ff UrhG) oder geschmacksmusterrechtlicher Schutz von Vorla-

Verrat von Geschäfts- und Betriebsgeheimnissen **§ 17 UWG**

gen. Hingegen schließen sich Patentschutz und Geheimnisschutz gegenseitig aus, da die Veröffentlichung der Patentanmeldung der Erfindung den Geheimnischarakter nimmt. Ansprüche aus §§ 17, 4 Nr 11, 3 I, 8 ff und den jeweiligen Schutzrechten können nebeneinander bestehen, dabei kann die Anspruchsberechtigung auseinanderfallen. Auch wenn die Schranken des geistigen Eigentums im Rahmen des § 17 nicht unmittelbar gelten, können sie doch Bedeutung erlangen. Soweit etwa das reverse engineering von Computerprogrammen unter § 17 II 1 fällt, sind jedenfalls solche Rückwärtsanalysen erlaubt, die §§ 69d II, III, 69e UrhG dem Nutzer ohne die Möglichkeit vertraglicher Beschränkungen (§ 69g II UrhG) gestatten (vgl LG Mannheim NJW 95, 3322, 3323; *Dreier* CR 91, 583; *Köhler*/Bornkamm § 17 Rn 12).

cc) BGB. Die §§ 17, 18 dienen dem Schutz des Geheimnisinhabers. Sie sind somit Schutzgesetze iSd **§ 823 II BGB**, ihre (vorsätzliche) Verletzung löst Schadensersatzansprüche nach dieser Vorschrift aus. Der vorsätzliche Geheimnisverrat unter Verletzung einer Verschwiegenheitspflicht fällt zudem unter **§ 826 BGB**. Verschuldensunabhängige Unterlassungs- und Beseitigungsansprüche ergeben sich aus **§ 1004 BGB** in analoger Anwendung. Die Verjährung deliktsrechtlicher Ansprüche richtet sich nach §§ 195 ff BGB (BGH GRUR 77, 539, 541 – *Prozessrechner*). **48**

Unabhängig von den Voraussetzungen der §§ 17, 18 kann der Geheimnisverrat auch als Verletzung eines absoluten Rechts nach **§ 823 I BGB** anzusehen sein (BGHZ 16, 172, 175 = GRUR 55, 388, 389 – *Dücko; Forkel,* FS Schnorr von Carolsfeld, S 105, 112; *Mes* GRUR 79, 584, 590 ff; *Pfister* S 31 ff, 85 ff). Bei dem subjektiven Recht am Unternehmensgeheimnis handelt es sich allerdings um ein **Rahmenrecht** (s Vor §§ 17–19 Rn 4): Die Verwertung des Geheimnisses indiziert noch nicht die Rechtswidrigkeit (*Köhler*/Bornkamm § 17 Rn 53; aA *Nastelski* GRUR 57, 1, 6), vielmehr kann die Verletzung erst auf Grund einer umfassenden Interessenabwägung festgestellt werden, die sich an den oben (Rn 40) genannten Kriterien orientiert. Die Gegenansicht gelangt zum selben Ergebnis, begründet die Möglichkeit eines Anspruchs aus § 823 I BGB aber mit einem Eingriff in das Recht am eingerichteten und ausgeübten Gewerbebetrieb (BGH GRUR 63, 367, 369 – *Industrieböden; Harte/Henning/Harte-Bavendamm* § 17 Rn 50; insoweit offen *Mes* aaO). Nach beiden Ansichten besteht die Bedeutung des § 823 I BGB in erster Linie darin, dass auch der fahrlässige Geheimnisverrat erfasst wird. **49**

Neben deliktsrechtlichen Ansprüchen kommen Ansprüche auf Gewinnherausgabe wegen angemaßter Eigengeschäftsführung (§§ 687 II, 681, 667 BGB) (BGH GRUR 12, 1048 Rn 27 – *MOVICOL-Zulassungsantrag*) und Ansprüche auf Herausgabe einer ungerechtfertigten Bereicherung unter dem Gesichtspunkt der Eingriffskondiktion (§ 812 I 1, 2. Alt) in Betracht (*Köhler*/Bornkamm § 17 Rn 55f), sofern man, wie hier, die Berechtigung am Unternehmensgeheimnis als unvollkommenes Immaterialgüterrecht mit Zuweisungsgehalt ansieht (Vor §§ 17–19 Rn 4). **50**

3. Rechtsfolgen. a) Schadensersatz. Da das Recht am Unternehmensgeheimnis durch Lizenzerteilung verwertbar und insoweit einem Immaterialgüterrecht vergleichbar ist, erlaubt die Rechtsprechung im Fall der Verletzung des § 17 die dreifache Schadensberechnung nach immaterialgüterrechtlichem Vorbild (BGH GRUR 77, 539, 541f – *Prozessrechner;* BGH WRP 08, 938 Rn 6; KG GRUR 88, 702, 703 – *Corporate Identity; Köhler*/Bornkamm § 17 Rn 58; zur Nicht-Anwendbarkeit der EG-Durchsetzungsrichtlinie auf Unternehmensgeheimnisse s Vor §§ 17–19 Rn 7). Dasselbe gilt für eine Verletzung des § 18 (s § 18 Rn 11) und für die übrigen, nicht von §§ 17, 18 erfassten Fälle der Geheimnisverletzung. Der Schaden kann daher auf folgende Arten berechnet werden (näher hierzu § 9 Rn 14 ff): (1) konkreter Nachweis des Schadens einschließlich des entgangenen Gewinns (§§ 252 BGB, 287 ZPO), (2) Schadensberechnung nach der Lizenzanalogie, also Ersatz in Höhe der Summe, die verständige Parteien als Lizenzgebühr für die Nutzung des Geheimnisses vereinbart hätten, oder (3) Herausgabe des Verletzergewinns. Für den Umfang des Schadenser- **51**

satzanspruchs bei Herausgabe des Verletzergewinns kommt es nicht darauf an, ob das Produkt oder Verfahren des Verletzers vollständig auf den unlauter erlangten Kenntnissen beruht oder ob diese abgewandelt wurden (BGH GRUR 85, 294, 296 – *Füllanlage*). Daraus soll folgen, dass es, anders als im Bereich des UWG-Nachahmungsschutzes und des Immaterialgüterrechts, nicht darauf ankommt, in welchem Umfang die Gestaltung des Produkts oder seine Kennzeichnung für den Kaufentschluss der Abnehmer ursächlich war; grundsätzlich soll der gesamte unter Einsatz des geheimen Know-hows erzielte Gewinn herauszugeben sein (BGH WRP 08, 938 Rn 9). Die letztgenannte Abweichung von der Rechtsprechung im Recht des geistigen Eigentums überzeugt nicht. Sie kann jedenfalls dann nicht gelten, wenn der Beklagte darlegt, dass die Verwertung des Know-hows nur einen begrenzten Einfluss auf die Verwertungserlöse hatte (Ann/Loschelder/*Grosch* Kap 6 Rn 115 f) Unerheblich ist, ob der Verletzer die geheimen Informationen auch auf redliche Weise hätte beschaffen können, etwa im Fall widerrechtlich verschaffter Konstruktionszeichnungen eigene Zeichnungen hätten erstellen können (BGH WRP 08, 938 Rn 11).

52 **b) Unterlassung.** Der Unterlassungsanspruch erstreckt sich je nach Fallgestaltung auf die Weitergabe oder die Verwertung des Geheimnisses selbst und auf die Nutzung der Ergebnisse, die mit Hilfe der geheimen Information geschaffen wurden. Das gilt auch für solche Entwicklungen, die zwar nicht vollständig auf den unlauter erlangten Kenntnissen beruhen, bei denen diese aber in einer Weise mitursächlich geworden sind, die wirtschaftlich oder technisch nicht als bedeutungslos anzusehen ist (BGH GRUR 85, 294 – *Füllanlage*). Bereits die gewerbsmäßige Herstellung eines Produkts unter Verwendung des Geheimnisses kann untersagt werden (BGH GRUR 02, 91, 94 f – *Spritzgießwerkzeuge*). Die Benutzung einzelner Merkmale einer komplexen Vorrichtung kann nur untersagt werden, wenn gerade diese Merkmale Geschäftsgeheimnisse darstellen und unbefugt verwendet wurden (BGH aaO S 95). Ausnahmsweise kann das Unterlassungsgebot befristet werden, wenn im Zeitpunkt der letzten mündlichen Verhandlung feststeht, dass das Handeln des Verletzers ab einem bestimmten zukünftigen Zeitpunkt nicht mehr rechtswidrig sein wird. Das kann der Fall sein, wenn ein Arbeitsverhältnis durch fristlose Kündigung beendet wurde und der Geheimnisschutz bis zum Ablauf der gewöhnlichen Kündigungsfrist fortdauert (Gloy/Loschelder/Erdmann/*Harte-Bavendamm* § 48 Rn 72) oder wenn der Anspruchsgegner durch die Verletzung eine Information früher erhalten hat, die er andererseits später selbst auf redliche Weise erlangt hätte. Der Unterlassungsanspruch erlischt, sobald die betreffende Information offenkundig wird oder die Geheimhaltungspflicht endet (BGH GRUR 60, 554, 555 – *Handstrickverfahren*).

53 Schwierigkeiten bereitet die **Antragsfassung und Tenorierung.** Einerseits zwingen das prozessuale Bestimmtheitserfordernis und das materiellrechtliche Konkretisierungsgebot zur genauen Umschreibung dessen, was verboten werden soll, andererseits besteht die Gefahr, dass der Kläger bei zu detaillierter Formulierung sein Geheimnis preisgibt (hierzu eingehend *Doepner*, FS Tilmann S 105, 112 ff; Ann/Loschelder/*Grosch* Kap 6 Rn 2 ff). Das Geheimnis braucht nur so eingehend beschrieben zu werden, wie es für die Zwangsvollstreckung unerlässlich ist; anzustreben ist ein angemessener Ausgleich zwischen Bestimmtheitsanforderungen und den Geheimhaltungsinteressen des Klägers (BGH GRUR 61, 40, 42 – *Wurftaubenpresse;* Harte/Henning/*Harte-Bavendamm* § 17 Rn 60; *Stadler* NJW 89, 1202, 1203). Im Einzelfall mag die genaue Umschreibung des vom Beklagten vertriebenen Produkts genügen (BGH aaO; *Doepner*, FS Tilmann S 105, 115). Macht der Kläger geltend, dass die Übernahme eines Schaltplans eine Verletzung eines Betriebsgeheimnisses darstellt, so braucht er nicht darzulegen, welche Schaltungen im Einzelnen Betriebsgeheimnisse darstellen. Erweisen sich zahlreiche der Schaltungen als allgemein bekannt, so führt dies lediglich zu einem eingeschränkten Umfang des Unterlassungsanspruchs (vgl Rn 52). Da nur feststeht, dass der betreffende Schaltplan als Ganzes ein Betriebsgeheimnis darstellt, wer-

den Abwandlungen vom Unterlassungsgebot nicht erfasst (BGH GRUR 08, 727 Rn 17 – *Schweißmodulgenerator*). Auch kann es trotz vollstreckungsrechtlicher Bedenken genügen, wenn im Tenor auf begleitende Unterlagen und Gegenstände Bezug genommen wird (BGH aaO Rn 9; *Doepner,* FS Tilmann S 105, 118).

c) Beseitigung. Sofern entwendete Dokumente oder Datenträger nicht ohnehin gem § 985 BGB herauszugeben sind, kann die Vernichtung oder Herausgabe rechtswidrig hergestellter Aufzeichnungen, Dateien oder anderer Verkörperungen der geheimen Information unter dem Gesichtspunkt der Beseitigung verlangt werden. Außerdem kann der Verletzte Herausgabe oder Beseitigung von Gegenständen verlangen, die unter rechtswidriger Verwendung des Geheimnisses hergestellt wurden (BGH GRUR 58, 297, 299 – *Petromax I*). Mit dem Beseitigungsanspruch kann auch die Nennung Dritter erreicht werden, an die das Geheimnis weitergegeben wurde (*Köhler*/Bornkamm § 17 Rn 65). 54

d) Auskunft, Besichtigung. Ebenso wie bei der Verletzung von Immaterialgüterrechten ist der Verletzte häufig über Bestehen und Umfang seiner Ansprüche im Unklaren, während der Verletzer hierüber unschwer Auskunft geben könnte. Während im Bereich des geistigen Eigentums die Sonderschutzgesetze ausdrücklich Ansprüche auf Auskunft über die Herkunft verletzender Gegenstände (Drittauskunft) und Ansprüche auf Auskunft über den erzielten Gewinn vorsehen (zur Anwendbarkeit der EG-Durchsetzungsrichtlinie auf Unternehmensgeheimnisse s Vor §§ 17–19 Rn 7), fehlt für Unternehmensgeheimnisse trotz einer vergleichbaren Interessenlage eine Regelung. Die Rechtsprechung hat bisher eine analoge Anwendung der immaterialgüterrechtlichen Bestimmungen nicht erwogen, obwohl sie naheläge, gewährt aber Auskunftsansprüche auf der Grundlage des allgemeinen Zivil- und Lauterkeitsrechts. 55
– Zur Vorbereitung von Schadensersatz- und Beseitigungsansprüchen besteht ein unselbständiger Auskunftsanspruch auf Grundlage des § 242 BGB (BGH GRUR 76, 367, 368 – *Ausschreibungsunterlagen;* OLG Frankfurt InstGE 7, 152 – *PET-Spritzwerkzeug I;* allg zum unselbständigen Auskunftsanspruch § 9 Rn 35 ff).
– Ein Anspruch auf Nennung des Empfängers der geheimen Information kommt unter den Gesichtspunkten der Beseitigung (§ 8 I, 1. Alt.) und der Naturalrestitution im Rahmen des Schadensersatzanspruchs (§§ 9 I, 823 BGB iVm § 249 BGB) in Betracht (BGH aaO – *Ausschreibungsunterlagen*). Sieht man das Recht am Unternehmensgeheimnis als immaterialgüterrechtsähnliches Recht mit Zuweisungsgehalt an, so kann der Auskunftsanspruch auch wegen angemaßter Eigengeschäftsführung (§§ 687 II, 681, 666 BGB) bestehen (BGH GRUR 12, 1048 Rn 27 – *MOVICOL-Zulassungsantrag*). Da der Täter aber nicht verpflichtet ist, sich selbst wegen einer Straftat zu belasten, ist § 140b VIII PatR analog anwendbar: Die Erkenntnisse dürfen nicht in einem Strafverfahren gegen den Auskunftsverpflichteten verwendet werden (*Kalbfus* WRP 13, 584, 590).
– Ob gegen einen Außenstehenden, der das Geheimnis von einem zur Vertraulichkeit Verpflichteter, erfahren hat, ein Auskunftsanspruch auf Preisgabe der Identität des „Verräters" besteht, ist nicht abschließend geklärt (dagegen aufgrund einer Abwägung im Einzelfall BGH GRUR 76, 367, 369 m krit Anm *Fritze* – „höchstrichterliche Anerkennung einer Ganovenehre"), aber zu bejahen (Harte/Henning/*Harte-Bavendamm* § 17 Rn 64; *Kalbfus* Rn 466 ff).
– Auch die Grundsätze der Rechtsprechung zum Patentrecht (BGHZ 93, 191 = GRUR 85, 518 – *Druckbalken*) und Urheberrecht (BGH 150, 377 = GRUR 02, 1064 – *Faxkarte*), die bei einer gewissen Wahrscheinlichkeit der Verletzung einen Besichtigungsanspruch auf der Grundlage des § 809 BGB gewährt (mittlerweile praktisch weitgehend abgelöst durch §§ 140b PatG, 101a UrhG, deren analoge Anwendung zu erwägen ist), erscheinen auf den Geheimnisschutz übertragbar (Ann/Loschelder/*Grosch* Kap 6 Rn 148 ff; Harte/Henning/*Harte-Bavendamm*

aaO). Nach allgemeinen Grundsätzen darf der Anspruch aber nicht zur Ausforschung missbraucht werden. Daher muss der Anspruchsteller den Nachweis der Voraussetzungen einer Verletzung von Unternehmensgeheimnissen bis zu dem Punkt führen, an dem die Besichtigung letzte Gewissheit verschafft (OLG Hamm GRUR-RR 13, 306, 308 – *Vorbereitender Besichtigungsanspruch*).

56 **4. Geheimnisschutz im Zivilprozess. a) Schutz Dritter.** Vergleichsweise umfassend werden **Dritte** davor geschützt, als Zeugen im Zivilverfahren eigene oder fremde Unternehmensgeheimnisse offenlegen zu müssen. Hinsichtlich eigener „Kunst- oder Gewerbegeheimnisse" gewährt § 384 Nr 3 ZPO ein **Zeugnisverweigerungsrecht.** Es erstreckt sich auf den Fall, dass der Zeuge vertraglich zur Verschwiegenheit verpflichtet ist (Musielak/*Huber* ZPO § 384 Rn 5). Personen, die wegen ihres Berufs oder Amtes zur Verschwiegenheit verpflichtet sind, steht ein Zeugnisverweigerungsrecht gem § 383 Nr 6 zu, sofern sie der Geheimnisinhaber nicht von der Verschwiegenheitspflicht entbindet (§ 385 II ZPO). § 385 II ZPO ist analog auf den Fall der vertraglichen Verschwiegenheitspflicht anwendbar, sofern der Zeuge nicht zugleich mit dem fremden Geheimnis ein eigenes offenlegen müsste (*Stürner* JZ 85, 453, 454).

57 **b) Schutz der Parteien gegenüber der Öffentlichkeit.** Für die *Parteien* besteht keine vergleichbare Möglichkeit, die prozessuale Mitwirkung aus Rücksichtnahme auf Unternehmensgeheimnisse zu verweigern, ohne dafür prozessuale Nachteile in Kauf nehmen zu müssen (*Stadler* ZZP 123 (2010) 261, 264; *Maier* S 374). Der **Kläger,** der sein Recht am Unternehmensgeheimnis gerichtlich durchzusetzen sucht, **riskiert die Offenlegung** des Geheimnisses, sei es durch Formulierung des Klageantrags (hierzu Rn 53 und *Doepner,* FS Tilmann, 105, 109), sei es durch Darlegung und Beweis der Verletzung. Umgekehrt kann sich der **Beklagte** genötigt sehen, **zur Verteidigung** gegen den Vorwurf eigene **Geheimnisse offenzulegen.** Dieses Risiko kann auch im immaterialgüterrechtlichen Verletzungsverfahren bestehen. So kann der als Verletzer eines Verfahrenspatents in Anspruch genommene Beklagte durch die Beweislastvorschrift des § 139 III PatG gezwungen sein, ein geheimes Herstellungsverfahren zu offenbaren. Gem **§ 172 Nr 2 GVG** kann das Gericht für die Verhandlung (nicht jedoch für die Verkündung des Tenors, s *Maier* S 378) die Öffentlichkeit ausschließen, wenn ein wichtiges Unternehmensgeheimnis zur Sprache kommt, durch dessen öffentliche Erörterung überwiegende schutzwürdige Interessen verletzt würden. Dieser Beschluss kann durch ein Geheimhaltungsgebot für die Anwesenheitsberechtigten (§ 174 III GVG) ergänzt werden (*Stadler* aaO S 265).

58 **c) Schutz gegenüber der anderen Prozesspartei.** Nicht abschließend geklärt ist, in welchem Maße eine Partei verhindern kann, dass die Gegenseite von vertraulichen Informationen Kenntnis erlangt (hierzu *Stadler* S 199ff; *Stürner* JZ 85, 453, 459; *Maier* S 380f; *Ann/Loschelder/Grosch* Kap 7 Rn 36ff). Der Geheimnisschutz ist hier gegen die prozessualen Rechte der Gegenseite abzuwägen. Anders als in ausländischen Rechtsordnungen fehlt im deutschen Recht eine Möglichkeit, dem Prozessgegner eine Geheimhaltungspflicht und ein Missbrauchsverbot aufzuerlegen (*Stadler* ZZP 123 (2010) 261, 267; vgl aber *Rojahn,* FS Loewenheim, 2009, 251, 258 ff). Ein in-camera-Verfahren, bei dem bestimmte Tatsachen nur dem Gericht und den Vertretern der Gegenseite zur Kenntnis gebracht werden, wäre ohne gesetzliche Grundlage problematisch (Ann/Loschelder/*Grosch* 6. Kap Rn 195; aA *Stadler* aaO S 275 ff mit Hinweis auf BVerfGE 115, 205 ff; s a Art 8 des Entwurfs einer RL über den Schutz von Geschäftsgeheimnissen, dazu Vor §§ 17–19 Rn 7). Dasselbe gilt für eine Einschränkung des § 357 I ZPO, der beiden Parteien die Anwesenheit bei der Beweisaufnahme gestattet (vgl OLG Nürnberg CR 86, 197m krit Anm *Ullmann;* krit auch *Maier* S 381; rechtsvergleichend *Stadler* NJW 89, 1202, 1204). Die 2008 in die Gesetze des geistigen Eigentums eingefügten Vorschriften zum Vorlage- und Besichtigungsanspruch (§§ 140b PatG; 101a I, III UrhG; 19b MarkenG) tragen dem Geheimhaltungsinteresse des Anspruchsgegners Rechnung, regeln aber nicht näher, welche Maßnahmen das Gericht zum Schutz der Vertraulichkeit zu treffen hat.

§ 18 Verwertung von Vorlagen

(1) **Wer die ihm im geschäftlichen Verkehr anvertrauten Vorlagen oder Vorschriften technischer Art, insbesondere Zeichnungen, Modelle, Schablonen, Schnitte, Rezepte, zu Zwecken des Wettbewerbs oder aus Eigennutz unbefugt verwertet oder jemandem mitteilt, wird mit Freiheitsstrafe bis zu zwei Jahren oder mit Geldstrafe bestraft.**

(2) **Der Versuch ist strafbar.**

(3) **Die Tat wird nur auf Antrag verfolgt, es sei denn, dass die Strafverfolgungsbehörde wegen des besonderen öffentlichen Interesses an der Strafverfolgung ein Einschreiten von Amts wegen für geboten hält.**

(4) **§ 5 Nummer 7 des Strafgesetzbuches gilt entsprechend.**

Inhaltsübersicht

	Rn
I. Allgemeines	
1. Normzweck	1
2. Entstehungsgeschichte	2
II. Objektiver Tatbestand	3
1. Täter	3
2. Tatobjekt	4
a) Vorlage	4
b) Vorschriften technischer Art	5
c) Anvertraut	6
d) Im geschäftlichen Verkehr	7
3. Tathandlung	8
III. Subjektiver Tatbestand	9
IV. Versuch, Strafantrag	10
V. Zivilrechtliche Rechtsfolgen	11

Literatur: *Brammsen,* Rechtsgut und Täter der Vorlagenfreibeuterei (§ 18 UWG), wistra 2006, 201; *Lampe,* Der strafrechtliche Schutz des Know-how gegen Veruntreuung durch den Vertragspartner (§§ 18, 20 UWG), BB 1977, 1477; *Schumacher,* Missbrauch von nicht schutzfähigen Vorlagen, WRP 2006, 1072; *Wüterich/Breucker,* Wettbewerbsrechtlicher Schutz von Werbe- und Kommunikationskonzepten, GRUR 2004, 389; *Zentek,* Präsentationsschutz, WRP 2007, 507. S im Übrigen die Nachw zu § 17.

I. Allgemeines

1. Normzweck. Diese Vorschrift schützt **Know-how,** das in Vorlagen verkörpert oder technischen Vorschriften ausgedrückt ist, gegen eine Verwertung oder Offenlegung, die auf einem **Vertrauensbruch** beruht. § 18 ergänzt § 17 in zweierlei Hinsicht (vgl Fezer/*Rengier* § 18 Rn 3): Erstens bezieht § 18 die Vertrauensbeziehung zu Geschäftspartnern in den Schutzbereich des Geheimnisschutzes ein, zweitens setzt § 18 nicht zwingend voraus, dass es sich bei dem anvertrauten Gegenstand um ein Geheimnis handelt (näher Rn 4). Ebenso wie § 17 schützt die Vorschrift in erster Linie die wirtschaftlichen Interessen des über die Vorlage dispositionsberechtigten Unternehmers (vgl § 17 Rn 1), daneben aber auch das Allgemeininteresse daran, einen durch Vertrauensbruch erzielten Wettbewerbsvorsprung zu verhindern (BGH GRUR 82, 225, 226 – *Straßendecke II;* Köhler/Bornkamm § 18 Rn 2; aA *Brammsen* 1

UWG § 18 Gesetz gegen den unlauteren Wettbewerb

wistra 06, 201, 202 f). Die strafrechtliche Bedeutung der Vorschrift ist gering, doch verstärkt sie aus zivilrechtlicher Sicht den Schutz von Informationen, die im Rahmen von Know-how-Verträgen oder – später gescheiterten – Vertragsverhandlungen zur Verfügung gestellt werden (*Kraßer* GRUR 77, 177, 180; Harte/Henning/*Harte-Bavendamm* § 18 Rn 1; Fezer/*Rengier* § 18 Rn 4; *Zentek* WRP 07, 507: „Präsentationsschutz"). Angesichts der völkerrechtlichen Verpflichtung, anvertraute, nicht offenkundige Informationen allgemein gegen Vertrauensbruch zu schützen (Art 39 II Fußn 10 TRIPS) erscheint die Beschränkung des Schutzbereichs auf Vorlagen problematisch. Werden andere anvertraute Informationen vom Vertragspartner unlauter genutzt, so muss ergänzender Schutz gem § 3 gewährt werden, um die völkerrechtliche Verpflichtung zu erfüllen (*Kalbfus* Rn 253).

2   **2. Entstehungsgeschichte.** Die sog. „Vorlagenfreibeuterei" wurde bereits im UWG von 1909 unter Strafe gestellt. Anlass waren Klagen des Stickerei- und Spitzengewerbes, das besonders unter der rechtswidrigen Verwendung von Schablonen durch Lohnmaschinenbesitzer zu leiden hatte (*Brammsen* wistra 06, 201 f; GK[1]/*Otto*, § 18 Rn 1; Fezer/*Rengier*, § 18 Rn 1; *v Stechow* S 366 f; *Zentek* WRP 07, 507, 511, alle mwN). Seitdem blieb die Vorschrift, von kleineren Änderungen abgesehen, weitgehend unverändert. Im Zuge der UWG-Reform von 2004 wurde die Versuchsstrafbarkeit (§ 18 II) eingeführt.

II. Objektiver Tatbestand

3   **1. Täter.** Täter kann jedermann sein, § 18 ist kein Sonderdelikt (Fezer/*Rengier* § 18 Rn 6; GK[1]/*Otto* § 18 Rn 6; aA *Brammsen* wistra 06, 201, 204). Einschränkungen ergeben sich aber daraus, dass die Vorlagen dem Täter „im geschäftlichen Verkehr" anvertraut worden sein müssen. Daher kommen nur Außenstehende, nicht jedoch Arbeitnehmer des betroffenen Unternehmens als Täter in Betracht (s Rn 7).

4   **2. Tatobjekt. a) Vorlage.** Vorlage ist alles, was bei der Herstellung neuer Gegenstände als Vorbild dienen soll (RGSt 45, 385 f; KG GRUR 88, 702, 703 – *Corporate Identity*). Beispiele sind die in § 18 genannten Zeichnungen (etwa Architektenpläne, vgl OLG Karlsruhe WRP 86, 623), Modelle (etwa Kostümmodelle, vgl OLG Hamm NJW-RR 90, 1380), Schablonen und Schnitte, darüber hinaus alle als Grundlage oder Vorbild für neue Produkte oder Absatzformen dienenden Muster und Entwürfe (etwa der Entwurf eines Werbekonzepts, vgl KG GRUR 88, 702, 703; *Wüterich/Breucker* GRUR 04, 389, 390). Anders als im Urheberrecht oder unter § 4 Nr 9 wird die Information als solche geschützt, insofern bietet § 18 Ideenschutz (*Zentek* WRP 07, 507, 512). Vage Einfälle ohne jede konkrete Ausformulierung sind hingegen nicht ausreichend (OLG München GRUR 90, 674, 676 – *Forsthaus Falkenau*). Computerprogramme sind nicht schon deshalb Vorlagen, weil sie bei der bestimmungsgemäßen Verwendung zwangsläufig vervielfältigt werden (vgl § 69d I UrhG), sondern nur, wenn sie zur Grundlage für Weiterentwicklungen oder die Entwicklung ähnlicher Programme dienen (*Rupp* WRP 85, 676, 678; *Harte-Bavendamm* GRUR 90, 657, 663; weiter *Sieber* BB 81, 1547, 1554; *Junker* BB 88, 1334, 1341). Der Zusatz „technischer Art" bezieht sich nur auf den Begriff „Vorschriften", es werden also auch nicht-technische Vorlagen erfasst (Gloy/Loschelder/Erdmann/*Harte-Bavendamm* § 77 Rn 56). Neuheit im patent- oder geschmacksmusterrechtlichen Sinne oder im Sinne eines wirtschaftlich wertvollen neuen Gedankens ist nicht erforderlich (BGH GRUR 60, 554, 446 – *Handstrickverfahren*). Bei der Vorlage braucht es sich nicht um ein Geheimnis iSd § 17 zu handeln, insbesondere brauchen Geheimhaltungswille und Geheimhaltungsinteresse nicht vorzuliegen (RGZ 83, 384, 386; BGH GRUR 64, 31, 32 – *Petromax II*; GK[1]/*Otto* § 18 Rn 2; enger *Kraßer* GRUR 77, 177, 180). Allerdings darf die Information nicht offenkundig sein, da sich allgemein Bekanntes nicht „anvertrauen" lässt (BGH GRUR 82, 225, 226 – *Straßendecke II;* OLG München NJWE-

WettbR 97, 38; *Köhler*/Bornkamm § 18 Rn 9). Praktisch wird es sich daher in aller Regel um Geheimnisse handeln (Gloy/Loschelder/Erdmann/*Harte-Bavendamm* § 77 Rn 56).

b) Vorschriften technischer Art. Vorschriften technischer Art sind Anweisungen oder Lehren, die sich auf einen technischen Vorgang im weitesten Sinne beziehen (*Köhler*/Bornkamm § 18 Rn 10). Beispiele sind die in § 18 genannten Rezepte, aber auch Konstruktionszeichnungen oder Ablaufpläne für technische Verfahren. Eine trennscharfe Abgrenzung zur „Vorlage" ist weder möglich noch erforderlich. Der Begriff der „Technik" soll nicht im engen patentrechtlichen Sinn, sondern weit zu verstehen sein und insbesondere wissenschaftliche oder künstlerische Arbeiten einschließen (Harte/Henning/*Harte-Bavendamm* § 17 Rn 4). Auch Computerprogramme sollen in Abweichung vom Patentrecht generell als „Vorschriften technischer Art" anzusehen sein (*Rupp* WRP 85, 676, 678; *Köhler*/Bornkamm § 18 Rn 10; Fezer/*Rengier* § 18 Rn 15), was aber weder vom Wortlaut nahegelegt wird, der auf Anweisungen an den menschlichen Geist abstellt, noch erforderlich ist, weil Computerprogramme hinreichend durch das Urheberrecht geschützt werden (§§ 69a ff UrhG). Der urheberrechtliche Schutz unterliegt bestimmten Schranken (§§ 69c II Nr 3, 69d, 69e UrhG), die teilweise vertraglich nicht abbedungen werden können (vgl § 69g II und *Dreier*/Schulze, UrhG, § 69d Rn 12). Auch wenn man mit der hM Computerprogramme unter § 18 I fasst, kann der Inhaber der Rechte am Programm diese Wertung nicht dadurch umgehen, dass er das Programm einem Nutzer „anvertraut". Eine Nutzung eines Programms ist also nicht iSd § 18 unbefugt, wenn sich der Nutzer auf zwingende urheberrechtliche Schranken berufen kann. Zum Einwand des Missbrauchs einer marktbeherrschenden Stellung s Vor §§ 17–19 Rn 5a.

c) Anvertraut. Anvertraut sind Vorlagen oder technische Vorschriften, die der Unternehmer (nicht jedoch ein unbefugt handelnder Mitarbeiter, s Fezer/*Rengier* § 18 Rn 18) einem anderen vertraglich oder außervertraglich mit der ausdrücklichen oder aus den Umständen folgenden Verpflichtung überlässt, sie nur im Interesse des Anvertrauenden zu verwerten (KG GRUR 88, 702, 703 – *Corporate Identity;* OLG Hamm WRP 93, 36, 38; *Köhler*/Bornkamm § 18 Rn 11). Zwar empfehlen sich ausdrückliche Vereinbarungen oder Hinweise auf die Vertraulichkeit von Vorlagen, doch werden gerade bei Vertragsverhandlungen oder im Rahmen von Ausschreibungen (vgl *Zentek* WRP 07, 507, 513) häufig die Umstände ergeben, dass eine Pflicht zur Vertraulichkeit besteht (BGH GRUR 64, 31, 32 – *Petromax II*). Insbesondere sind auch solche Vorlagen anvertraut, die ein Unternehmer einem anderen Unternehmer im Rahmen von Verhandlungen zugänglich macht, die später scheitern. Allerdings bedarf die Verpflichtung zur Vertraulichkeit stets einer Prüfung im Einzelfall. Bei der Überlassung von Angebotsunterlagen im Rahmen alltäglicher Austauschgeschäfte fehlt es regelmäßig an einem Vertrauensverhältnis (BGH GRUR 09, 416 Rn 18 – *Küchentiefstpreis-Garantie*). Auch nach Ende der Vertragslaufzeit kann die Pflicht zur Vertraulichkeit fortbestehen (*Köhler*/Bornkamm § 18 Rn 12). Offenkundige Informationen lassen sich hingegen nicht anvertrauen (s Rn 4), daher endet der Schutz des § 18 mit Offenlegung.

d) Im geschäftlichen Verkehr. Im geschäftlichen Verkehr werden Vorlagen dann anvertraut, wenn zwischen dem Unternehmen des Anvertrauenden und dem Empfänger ein Außenverhältnis besteht (Harte/Henning/*Harte-Bavendamm* § 18 Rn 6). Innerbetriebliche Vorgänge werden hingegen nicht erfasst, daher kann sich ein Arbeitnehmer, der unbefugt vertrauliche Vorlagen seines Arbeitgebers verwertet oder offenbart, nur nach § 17 strafbar machen. Beziehungen zu Freiberuflern oder der öffentlichen Hand bei erwerbswirtschaftlicher Tätigkeit fallen unter § 18. Dasselbe gilt, wenn es sich bei dem Empfänger um einen Privatmann handelt (*Köhler*/Bornkamm § 18 Rn 12; GK[1]/*Otto* § 18 Rn 8; Harte/Henning/*Harte-Bavendamm*

§ 18 Rn 6), etwa wenn ein privater Bauherr Baupläne von einem Unternehmer anvertraut bekommt und sie anschließend von dessen Konkurrenten ausführen lässt (aA OLG Karlsruhe WRP 86, 623; *Zentek* WRP 07, 507, 515).

3. Tathandlung. Tathandlung ist die unbefugte (s § 17 Rn 26 ff) Verwertung (s § 17 Rn 22) oder Mitteilung an einen Dritten (s § 17 Rn 15). Nicht erforderlich ist eine identische Benutzung; es genügt, wenn der Benutzer der anvertrauten Vorlage wesentliche, bis dahin weder ihm selbst noch der Allgemeinheit bekannte und nicht ohne weiteres zugängliche Gedanken, sei es auch unter Abwandlungen, übernimmt (BGH GRUR 60, 554, 556 – *Handstrickverfahren;* gegen die vom BGH vorgenommene Beschränkung auf wesentliche Inhalte *Zentek* WRP 07, 507, 515).

III. Subjektiver Tatbestand

Der Täter muss vorsätzlich (s § 17 Rn 24) und zu Zwecken des Wettbewerbs oder aus Eigennutz (s § 17 Rn 25) handeln.

IV. Versuch, Strafantrag

Der Versuch ist strafbar (§ 18 III). Die Tat wird nur auf Antrag verfolgt, es sei denn, es läge ein Fall des besonderen öffentlichen Interesses (s § 17 Rn 33) vor (§ 18 IV).

V. Zivilrechtliche Rechtsfolgen

Regelmäßig stellt der Vertrauensbruch eine Verletzung einer vertraglichen oder vorvertraglichen (§ 311 II BGB) Pflicht dar, die Schadensersatzansprüche gem § 280 I BGB auslöst (vgl OLG Hamm NJW-RR 90, 1380). Zudem ist § 18 Schutzgesetz iSd § 823 II BGB und dient der Regelung des Marktverhaltens (§§ 4 Nr 11; 3; 8 f), eine Verletzung löst daher außervertragliche Schadensersatz- und Abwehransprüche aus. Insoweit kann auf die Ausführungen zu § 17 verwiesen werden (§ 17 Rn 44). Ebenso wie dort steht wegen der engen Verwandtschaft des Schutzes verkörperten Know-hows zum Schutz des geistigen Eigentums die **dreifache Schadensberechnung** zur Verfügung (KG GRUR 88, 702, 703 – *Corporate Identity; Köhler*/Bornkamm § 17 Rn 58; Harte/Henning/*Harte-Bavendamm* § 18 Rn 11; aA noch BGH GRUR 60, 554, 556 – *Handstrickverfahren*, die Entscheidung erging aber vor Anerkennung der dreifachen Schadensberechnung im Rahmen des § 17 in BGH GRUR 77, 539, 541 – *Prozessrechner*).

Unabhängig vom teilweise zu restriktiv geratenen Wortlaut des § 18 kommt zivilrechtlicher Rechtsschutz gegen die unbefugte Verwertung anvertrauter Informationen gem §§ 3; 8 f; §§ 823 I; 826 BGB (s § 17 Rn 48 f) in Betracht. Zudem können die anvertrauten Vorlagen immaterialgüterrechtlich geschützt sein, insbesondere durch das Urheber- oder Designrecht (dazu *Zentek* WRP 07, 507 ff, 517 f; Beispiele: Ausführung fremder, dem Bauherren anvertrauter Baupläne durch ein Konkurrenzunternehmen als Urheberrechtsverletzung, zu eng insoweit OLG Karlsruhe WRP 86, 623; Nachahmung von Modellkleidern als Geschmacksmusterverletzung, offen gelassen von OLG Hamm NJW-RR 90, 1380). Dass dabei sowohl die Schutzvoraussetzungen als auch die Rechtsinhaberschaft nach den jeweiligen Gesetzen (UrhG, DesignG, GemGeschmMVO) und damit unabhängig vom Lauterkeitsrecht zu bestimmen sind, versteht sich von selbst.

§ 19 Verleiten und Erbieten zum Verrat

(1) **Wer zu Zwecken des Wettbewerbs oder aus Eigennutz jemanden zu bestimmen versucht, eine Straftat nach § 17 oder § 18 zu begehen oder zu einer solchen Straftat anzustiften, wird mit Freiheitsstrafe bis zu zwei Jahren oder mit Geldstrafe bestraft.**

(2) **Ebenso wird bestraft, wer zu Zwecken des Wettbewerbs oder aus Eigennutz sich bereit erklärt oder das Erbieten eines anderen annimmt oder mit einem anderen verabredet, eine Straftat nach § 17 oder § 18 zu begehen oder zu ihr anzustiften.**

(3) § 31 des Strafgesetzbuches gilt entsprechend.

(4) **Die Tat wird nur auf Antrag verfolgt, es sei denn, dass die Strafverfolgungsbehörde wegen des besonderen öffentlichen Interesses an der Strafverfolgung ein Einschreiten von Amts wegen für geboten hält.**

(5) § 5 Nummer 7 des Strafgesetzbuches gilt entsprechend.

Inhaltsübersicht

	Rn
I. Allgemeines	
1. Normzweck	1
2. Entstehungsgeschichte	2
II. Die einzelnen Tatbestände	3
1. Versuchte Anstiftung (§ 19 I)	3
2. Erbieten oder Verabredung zum Verrat (§ 19 II)	4
III. Rücktritt vom Versuch, Strafantrag	5
IV. Zivilrechtliche Rechtsfolgen	6

Literatur: *Lampe,* Der strafrechtliche Schutz des Know-how gegen Veruntreuung durch den Vertragspartner (§§ 18, 20 UWG), BB 1977, 1477; *Mitsch,* Strenge Akzessorietät der Teilnahme und andere Merkwürdigkeiten im neuen § 19 UWG, wistra 2004, 161. S im Übrigen die Nachw zu § 17.

I. Allgemeines

1. Normzweck. § 19 erweitert den Schutz der §§ 17, 18, indem er in Anlehnung an § 30 StGB bestimmte Vorbereitungshandlungen des Geheimnisverrats mit Strafe bedroht.   **1**

2. Entstehungsgeschichte. § 19 I–III entspricht inhaltlich § 20 I–III aF, lehnt sich aber sprachlich enger an die Grundnorm des § 30 StGB an (Begr RegE UWG 2004 BT-Drucks 15/1487, S 26, zu Ungereimtheiten des Tatbestandes krit *Mitsch* wistra 04, 161 ff). § 19 IV entspricht § 22 I aF; § 19 V entspricht § 20a aF.   **2**

II. Die einzelnen Tatbestände

1. Versuchte Anstiftung (§ 19 I). Strafbar gem § 19 I ist die versuchte Anstiftung zu einer Straftat nach § 17 oder § 18 (1. Alt) und die versuchte „Kettenanstiftung" (2. Alt). Hat die Anstiftung Erfolg, so ist der Täter gem § 17 oder § 18 iVm § 26 StGB strafbar, § 19 tritt in diesem Fall als subsidiär zurück. Der Täter muss gem § 22 StGB zur Anstiftung unmittelbar angesetzt haben (Beispiel, RGSt 32, 308, 310: Frage, deren Beantwortung einen Geheimnisverrat darstellen würde). § 19 erfasst auch den untauglichen Versuch (Beispiel, OLG Celle GRUR 69, 548 – *Abschaltplatte*: Täter hält technische Lehre für geheim, während in Wirklichkeit schon die Patentanmeldung offengelegt wurde). Der Täter muss vorsätzlich und zu Zwecken des Wettbe-   **3**

werbs (s § 17 Rn 24f) oder aus Eigennutz (s § 17 Rn 25) handeln. Da es im Fall der erfolgreichen Anstiftung nur darauf ankommt, ob der Anstifter die Absicht des Haupttäters kennt, ist diese Regelung ungereimt (*Mitsch* wistra 04, 161, 165).

4 **2. Erbieten oder Verabredung zum Verrat (§ 19 II).** Die Formulierung des § 19 II lehnt sich an § 30 II StGB an. Zur Auslegung der Begriffe „Bereiterklären", „Erbieten" und „Verabreden" kann daher auf die strafrechtliche Literatur zu § 30 StGB zurückgegriffen werden (Fezer/*Rengier* § 19 Rn 11). **Bereiterklären** ist jede ernsthafte Erklärung gegenüber einem anderen, einen Verstoß gegen § 17 oder § 18 begehen zu wollen. Das **Erbieten** eines anderen nimmt an, wer sich ernsthaft damit einverstanden erklärt, dass der andere eine Tat gem § 17 oder § 18 begeht. Das Erbieten hingegen braucht nicht ernsthaft oder der Geheimnisverrat auch nur möglich zu sein. **Verabredung** ist die Einigung, eine Tat nach § 17 oder § 18 als Mittäter auszuführen oder einen anderen gemeinsam hierzu anzustiften (vgl *Köhler*/Bornkamm § 19 Rn 10ff; Harte/Henning/*Harte-Bavendamm* § 19 Rn 1f). Der Täter muss vorsätzlich und zu Zwecken des Wettbewerbs (s § 17 Rn 24f) oder aus Eigennutz (s § 17 Rn 25) handeln.

III. Rücktritt vom Versuch, Strafantrag

5 Für den Rücktritt vom Versuch der Beteiligung verweist § 19 III auf § 31 StGB. Zum Strafantragserfordernis und zum besonderen öffentlichen Interesse (§ 19 IV) s § 17 Rn 33.

IV. Zivilrechtliche Rechtsfolgen

6 Ein Verstoß gegen § 19 kann Abwehransprüche aus § 4 Nr 11, 3, 8 und § 1004 BGB in analoger Anwendung sowie Schadensersatzansprüche aus §§ 4 Nr 11, 3, 9 und § 823 II BGB auslösen (vgl § 17 Rn 44, 48). Ein Schaden wird nur ausnahmsweise, etwa in Form von Aufwendungen zur Gefahrenabwehr, vorliegen (*Köhler*/Bornkamm § 19 Rn 18).

§ 20 Bußgeldvorschriften

(1) **Ordnungswidrig handelt, wer vorsätzlich oder fahrlässig entgegen § 7 Absatz 1**
1. **in Verbindung mit § 7 Absatz 2 Nummer 2 mit einem Telefonanruf oder**
2. **in Verbindung mit § 7 Absatz 2 Nummer 3 unter Verwendung einer automatischen Anrufmaschine**

gegenüber einem Verbraucher ohne dessen vorherige ausdrückliche Einwilligung wirbt.

(2) **Die Ordnungswidrigkeit kann mit einer Geldbuße bis zu dreihunderttausend Euro geahndet werden.**

(3) **Verwaltungsbehörde im Sinne des § 36 Absatz 1 Nummer 1 des Gesetzes über Ordnungswidrigkeiten ist die Bundesnetzagentur für Elektrizität, Gas, Telekommunikation, Post und Eisenbahnen.**

Inhaltsübersicht

		Rn
1.	Normzweck und Entstehungsgeschichte	1
2.	Voraussetzungen	2
3.	Rechtsfolge	5

Bußgeldvorschriften **§ 20 UWG**

1. Normzweck und Entstehungsgeschichte. Diese Bestimmung wurde durch 1
das Gesetz zur Bekämpfung unerlaubter Telefonwerbung und zur Verbesserung des
Verbraucherschutzes bei besonderen Vertriebsformen v 29.7.2009 (BGBl I S 2413)
eingefügt. Die bisherigen Schlussbestimmungen des UWG (§§ 20–22 aF) hatten
sich erledigt und wurden daher gestrichen. § 20 ermöglicht es der Bundesnetzagentur, auch ohne vorherige Abmahnung Verstöße gegen § 7 II Nr 2, 1. Alt unmittelbar
zu ahnden (Begr RegE BT-Drucks 16/10 734 S 13). Durch das Gesetz gegen unseriöse Geschäftspraktiken (BGBl 2013, 3714) wurde der Tatbestand auf die Verwendung automatischer Anrufmaschinen (§ 7 II Nr 3, 1. Alt) erweitert und die Bußgeldandrohung von 50 000 auf 300 000 Euro erhöht. So verständlich der Wunsch des
Gesetzgebers nach Schaffung effektiver Sanktionen gegen unerlaubte Telefonwerbung ist, so wenig überzeugt es, lediglich für eine bestimmte unlautere Handlung
einen Bußgeldtatbestand vorzusehen, während im Übrigen (von § 16 und dem Sonderfall des Geheimnisschutzes abgesehen) sämtliche unlautere geschäftliche Handlungen (auch die in § 7 untersagten) lediglich zivilrechtliche Sanktionen auslösen. Zudem erscheint es fraglich, ob § 20 große praktische Bedeutung gewinnen wird. Die
Beweisschwierigkeiten, die einer effektiven zivilrechtlichen Durchsetzung des § 7 II
Nr 2 bisher im Wege standen, bestehen unter § 20 im gleichen Maße.

2. Voraussetzungen. Der Bußgeldtatbestand des § 20 ist akzessorisch gefasst. Er 2
ist nur erfüllt, wenn **sämtliche Voraussetzungen des § 7 I, II Nr 2, 1. Alt oder II
Nr 3, 1. Alt** vorliegen, wenn also (1) mit einem Telefonanruf oder unter Verwendung einer automatischen Anrufmaschine geworben wird und (2) der Adressat ein
Verbraucher (§ 2 II iVm § 13 BGB) ist, der (3) nicht zuvor ausdrücklich in den Anruf
eingewilligt hat. Vgl hierzu im Einzelnen § 7 Rn 42 ff.

Täter des § 20 ist der Werbende. Darunter sollen nach der Gesetzesbegründung 3
fallen: (1) der Mitarbeiter des Call-Centers, der das Telefongespräch führt, (2) der Betreiber des Call-Centers und (3) der Auftraggeber des Call-Centers (Begr RegE BT-Drucks 16/10 734 S 13). Dem ist im Ergebnis zuzustimmen. Der Anrufer selbst verwirklicht alle Tatbestandsmerkmale des §§ 7 II Nr 1, 20 in eigener Person. Ob der
Betreiber des Call-Centers als Mittäter oder Anstifter anzusehen ist, ist angesichts des
im Ordnungswidrigkeitenrechts herrschenden Einheitstäterbegriffs (§ 14 OWiG)
praktisch unerheblich (vgl Karlsruher Kommentar zum OWiG/*Rengier*, § 14 Rn 4).
Der Auftraggeber des Call-Centers haftet als Anstifter ebenso wie der Täter (§ 14
OWiG), wenn er vorsätzlich hinsichtlich der Tatbestandsverwirklichung und seines
eigenen Tatbeitrags handelt. Hingegen haften fahrlässige Täter unabhängig voneinander als Nebentäter (*Rengier* aaO § 14 Rn 104).

Der Täter muss selbst **vorsätzlich oder fahrlässig** handeln. Eine dem § 8 II oder 4
dem § 278 BGB vergleichbare strenge Zurechnung ohne Entlastungsmöglichkeit findet im Ordnungswidrigkeitenrecht nicht statt. Vorsatz setzt die Kenntnis aller Tatbestandsmerkmale und den Willen zur Tatbestandsverwirklichung voraus (Karlsruher
Kommentar zum OWiG/*Rengier*, 3. Aufl 2006, § 10 Rn 3). Fahrlässig handelt, wer
nicht mit der erforderlichen Sorgfalt gegen die Tatbestandsverwirklichung Vorsorge
getroffen hat (*Rengier* aaO Rn 16). Den Anrufer trifft eine Pflicht, sich vor dem Anruf
zu vergewissern, ob es sich beim Angerufenen um einen Verbraucher handelt und ob
die erforderliche Einwilligung aktuell vorliegt (vgl Begr RegE BT-Drucks 16/10 734
S 14). Zu den Sorgfaltspflichten eines Call-Center-Betreibers gehört eine sorgsame
Dokumentation von Einwilligungserklärungen. Daher können sich der Anrufer und
der Call-Center-Betreiber regelmäßig nicht mit der Behauptung entlasten, der Anrufer sei gutgläubig vom Vorliegen einer Einwilligung ausgegangen (vgl Begr RegE
aaO). Der Auftraggeber des Call-Centers handelt vorsätzlich, wenn er Verstöße der
Call-Center-Mitarbeiter gegen § 7 II Nr 2, 1. Alt zumindest billigend in Kauf nimmt.
Welche Sorgfaltspflichten den Auftraggeber im Rahmen der Fahrlässigkeitshaftung
treffen, ist bisher nicht abschließend geklärt. Sofern der Auftraggeber dem Call-Cen-

ter-Betrieber eine Liste anzurufender Verbraucher zur Verfügung stellt, muss der Auftraggeber auch prüfen, ob deren Einwilligung vorliegt. Auch muss er bei der Auswahl des Call-Centers Zweifel an dessen Seriosität und nach Auftragserteilung Beschwerden über unerlaubte Telefonwerbung nachgehen. Eine darüber hinausgehende allgemeine Erkundigungs- und Überwachungspflicht wäre hingegen schwer mit dem im Ordnungswidrigkeitenrecht geltenden Vertrauensgrundsatz zu vereinbaren, nach dem jedermann grundsätzlich auf das pflichtgemäße Handeln Anderer vertrauen darf (vgl *Rengier* aaO § 10 Rn 23; strenger *Köhler* NJW 09, 2567, 2568f).

5 **3. Rechtsfolge.** Die Tat kann mit einer Geldbuße von bis zu 300 000 Euro geahndet werden. Hat der Anrufer für ein als juristische Person oder rechtsfähige Personengesellschaft verfasstes Unternehmen gehandelt, so kann die Geldbuße auch gegen das Unternehmen verhängt werden (§ 30 OWiG). Zuständig für die Ahndung der Tat ist gem 20 III iVm § 36 I Nr 1 OWiG die Bundesnetzagentur. Der Individualschutz der Verbraucher gegen unzulässige Formen des Direktmarketings wird durch §§ 823 I, 1004 I analog BGB gewährleistet (§ 7 Rn 17f). Für eine Anwendung des § 20 als Schutzgesetz im Rahmen des § 823 II BGB (dagegen *Köhler*/Bornkamm § 20 Rn 8) besteht daneben zwar kein Bedürfnis, sie wäre allerdings auch unschädlich. Zu weiteren Sanktionen, insb bei Rufnummernunterdrückung, s § 7 Rn 21.

2. Preisangabenverordnung (PAngV)

In der Fassung der Bekanntmachung vom 18. Oktober 2012 (BGBl. I S 4197)
Zuletzt geändert durch Art 7 Gesetz zur Umsetzung der Verbraucherrechterichtlinie und zur Änderung des Gesetzes zur Regelung der Wohnungsvermittlung vom 20. 9. 2013 (BGBl. I S 3642)

Einführung

Literatur: Kommentare und Einzeldarstellungen: *Erbs/Kohlhaas,* Strafrechtliche Nebengesetze, Preisangabengesetz, P 182, und Preisangabenverordnung (PAngV), P 183; *Gelberg,* Kommentar zur Preisangabenverordnung, 1975; *Gimbel/Boest,* Die neue Preisangabenverordnung, 1985; *Landmann/Rohmer,* Gewerbeordnung und ergänzende Vorschriften, Bd II, 540 PAngV; *Scholz,* Die Verordnung zur Regelung von Preisangaben vom 14. 3. 1985, 1985; *Steppeler/Astfalk,* Preisrecht und Preisangaben in der Kreditwirtschaft, 1986; *Steppeler/Astfalk/Steinkamp,* Effektivzinsen nach der Preisangabenverordnung 1985, 2. Aufl 1985; *Strecker/Reinhard/Roesner/Bettermann/Ernst/Lindemann,* Kommentar zum Fertigpackungsrecht, 2008; *Vogler,* Das neue Preisangabenrecht, 1998; *Völker,* Preisangabenrecht, 1. Aufl, 1996; *ders,* Preisangabenrecht, 2. Aufl, 2002.

Aufsätze: *Amschewitz,* Anforderungen an die Werbung für Verbraucherkredite – der neue § 6a Preisangabenverordnung, DB 2011, 1565; *Boest,* Die neue Preisangabenverordnung, NJW 1985, 1440; *ders,* Die Neuregelung der Preisangaben für Kredite, NJW 1993, 40; *Bülow,* Neues Preisangabengesetz und Entwurf zu einer neuen Preisangabenverordnung, GRUR 1985, 254; *ders,* Nachtrag zu dem Beitrag „Neues Preisangabengesetz und Entwurf zu einer neuen Preisangabenverordnung", GRUR 1985, 850; *A. Deutsch,* Preisangaben und „Opt-out" Versicherungen bei Flugbuchungen im Internet, GRUR 2011, 187; *Domke/Sperlich,* Werbung für Verbraucherkredite mit Zinsangaben, BB 2010, 2069; *Dylla-Krebs,* Pflicht zur Angabe eines Barzahlungspreises und eines effektiven Jahreszinses bei Leasingangeboten?, DB 1989, 1173; *Enßlin,* Verpflichtung zur Angabe von Preisen in der Werbung für Telefonmehrwertdienste, WRP 2001, 359; *Ernst,* Die Pflichtangaben nach § 1 II PAngV im Fernabsatz, GRUR 2006, 636; *Gelberg,* Ausgewählte Fragen zur Verordnung über Preisangaben, GewArch 1978, 177, 209; *ders,* Die Verordnung über Preisangaben in der Rechtsprechung, GewArch 1979, 1; *ders,* Die Verordnung über Preisangaben in der jüngeren Verwaltungspraxis und Rechtsprechung, GewArch 1979, 353; *ders,* Die Verordnung über Preisangaben in der Verwaltungspraxis und Rechtsprechung der Jahre 1979 und 1980, GewArch 1981, 1, 46; *ders,* Die Verordnung über Preisangaben in der Verwaltungspraxis und Rechtsprechung der Jahre 1981/1982, GewArch 1982, 281, 319; *ders,* Die Verordnung über Preisangaben in der Verwaltungspraxis und Rechtsprechung der Jahre 1982 und 1983, GewArch 1983, 353; *ders,* Erste Erfahrungen mit der Preisangabenverordnung 1985, GewArch 1986, 281; *ders,* Verwaltungspraxis und Rechtsprechung zur Preisangabenverordnung in den Jahren 1986/87, GewArch 1987, 313, 353; *ders,* Verwaltungspraxis und Rechtsprechung zur Preisangabenverordnung in den Jahren 1987/88, GewArch 1989, 145, 177; *ders,* Verwaltungspraxis und Rechtsprechung zur Preisangabenverordnung in den Jahren 1989/90, GewArch 1991, 1, 41; *ders,* Verwaltungspraxis und Rechtsprechung zur Preisangabenverordnung in den Jahren 1990/91, GewArch 1992, 161, 217; *ders,* Verwaltungspraxis und Rechtsprechung 1992/1993 zur Preisangabenverordnung, GewArch 1994, 1, 54; *ders,* Preisangaben für Küchenstudios und Badausstellungen, GewArch 1994, 365; *ders,* Das Kartellrecht und das Preisangabenrecht und deren Bedeutung für den Augenoptiker, GewArch 1994, 457; *ders,* Verwaltungspraxis und Rechtsprechung 1992 bis 1995 zur Preisangabenverordnung, GewArch 1995, 393; *ders,* Dritte Verordnung

PAngV Einf

zur Änderung der Preisangabenverordnung, GewArch 1997, 461; *ders,* Verwaltungspraxis und Rechtsprechung 1995/1996 zur Preisangabenverordnung, GewArch 1997, 135; *ders,* Verwaltungspraxis und Rechtsprechung 1997/1998 zur Preisangabenverordnung, GewArch 1999, 95; *ders,* Verwaltungspraxis und Rechtsprechung 1998/1999 zur Preisangabenverordnung, GewArch 2000, 41; *ders,* Novellierung der Preisangabenverordnung und der Fertigpackungsverordnung, GewArch 2000, 393; *ders,* Verwaltungspraxis und Rechtsprechung 1999/2001 zur Preisangabenverordnung, GewArch 2002, 225; *ders,* Vierte Verordnung zur Änderung der Preisangabenverordnung, GewArch 2003, 137; *ders,* 5. Änderungsverordnung zur Preisangabenverordnung, GewArch 2004, 468; *ders,* Verwaltungspraxis und Rechtsprechung 2001 bis 2004 zur Preisangabenverordnung, GewArch 2005, 459; *ders,* Verwaltungspraxis und Rechtsprechung 2005 bis 2007 zur Preisangabenverordnung, GewArch 2008, 279; *ders,* Neuere Entwicklungen im Recht der Preisangaben, 2008/2009, GewArch 2010, 383; *Gimbel,* Die neue Preisangabenverordnung, GewArch 1985, 155; *Haller,* Die Werbung mit dem Zusatz „inkl MwSt", WRP 1989, 5; *Hoene,* Mehr Transparenz?! Änderungen der Preisangabenverordnung treten in Kraft, IPRB 2010, 160; *Hoeren,* Die Pflicht zur Preisangabe für Leistungen eines telefonischen Auskunftsdienstes, MMR 2003. 784; *Holzapfl,* „Tagespreisklausel" und Preisauszeichnung, BB 1972, 150; *ders,* Das neue Recht der Preisangaben, BB 1973, 729; *Hoß/Lascher,* Die Einführung des Euro in der vertrags- und wettbewerbsrechtlichen Praxis, MDR 1999, 726; *Jacobi,* Die optische Vergrößerung der Grundpreisangabe – Notwendigkeit und Umsetzung, WRP 2010, 1217; *Jacobs,* Die Preisangabenverordnung bei Immobilienanzeigen, GRUR 1983, 619; *Kisseler,* Preiswahrheit und Preisklarheit in der Werbung, FS Traub, 1994; *Köhler,* Preisinformationspflichten, FS Loschelder, 2011, 151; *ders,* Die Regelungen zur Angabe des effektiven Jahreszinses bei Immobilienkrediten: Mehr – oder weniger – Transparenz und Vergleichbarkeit von Kreditangeboten?, WM 2012, 149; *ders,* „Haircut" bei der Preisangabenverordnung am 12.06.2013, WRP 2013, 723; *Kohlmann/Sandermann,* Zur Abgrenzung der Begriffe „anbieten" und „werben" im Sinne der Verordnung über Preisangaben, GRUR 1975, 120; *Kunz,* Die neue Preisangabenverordnung (PAngV), MDR 1985, 539; *Mankowski,* Preisangaben in ausländischer Währung und deutscher Werbemarkt, GRUR 1995, 539; *ders,* Die Biet & Flieg-Entscheidung – Preisangaben und Internet?, K&R 2001, 257; *Menke,* Community Shopping und Wettbewerbsrecht, WRP 2000, 337, 341; *Messer,* Preisauszeichnungsverordnung und Kopplungsgeschäft, WRP 1976, 442; *Metz,* Tilgungsverrechnung: Transparenz durch AGB-Recht und Preisangabenverordnung, NJW 1991, 668; *Nees,* Der Kauf zum Kreditpreis (Finanzierungskauf), WRP 1988, 509; *Nippe,* Liefer- und Versandkosten im Internet-Versandhandel, WRP 2009, 690; *Omsels,* Die Auswirkungen einer Verletzung richtlinienwidriger Marktsverhaltensregelungen auf § 4 Nr 11 UWG, WRP 2013, 1286; *Quantius,* Zur Preisangabenpflicht bei der Bewerbung von Auskunftsdienstleistungen im TK-Sektor, WRP 2002, 901; *Rohnke,* Die Preisangabenverordnung und die Erwartungen des Internetnutzers – Plädoyer für eine lebensnahe Handhabung, GRUR 2007, 381; *Ruff,* Das Wettbewerbsrecht und die Preisangabenverordnung beim Verkauf kommunaler Grundstücke, GemHaushalt 2003, 250; *Schirmbacher,* Zur Preisangabepflicht bei Werbung für Service-Rufnummern, CR 2003, 817; *Scholz,* Neue Preisangabenverordnung in der Kreditwirtschaft, GRUR 1986, 585; *Steppeler,* Der Effektivzins nach der Preisangabenverordnung, ZGesKredW 1985, 846; *Stögmüller,* Auktionen im Internet, K&R 1999, 391; *Strömer,* Zur Zulässigkeit von Werbung mit Nettopreisen im Internet, CR 1998, 362; *Tonner,* Zur Pflicht des Reiseveranstalters, Endpreise für Ferienwohnungen anzugeben, VuR 1992, 21; *Torka,* Neue Vorgaben für Finanzierungswerbung durch § 6a PAngV, WRP 2011, 1247; *Trube,* Befristet-pauschale Preisherabsetzungen nach der Preisangabenverordnung, WRP 1999, 1241; *ders,* Preisangaben nach Wegfall des Rabattgesetzes, WRP 2001, 878; *P. Ulmer,* Der Preiswettbewerb beim Handel mit Neuwagen, DAR 1983, 137; *Völker,* Änderungen im Recht der Preisangaben, NJW 1997, 3405; *ders,* Preisangaben und Preiswerbung nach Einführung des Euro, WRP 1999, 756; *ders,* Neue Entwicklungen im Recht der Preisangaben, NJW 2000, 2787; *Voigt,* Preisangabenverordnung erzwingt mehr Transparenz im Spendenmarkt, WRP 2007, 44; *Wekwerth,* Anforderungen an preisbezogene Pflichtangaben im Fernabsatz, MMR 2008, 378; *Widmann,* Die Preisangabenverordnung im Handwerk – Umfang und Grenzen, WRP 2010, 1443; *Wimmer,* Die aktuelle und zukünftige Effektivzinsangabeverpflichtung von Kreditinstituten, BB 1993, 950; *ders,* Die neue Preisangabenverordnung, WM

Einführung **Einf PAngV**

2001, 447; *Zirpel,* Zur Neuregelung des Rechts der Preisangaben, DB 1985, 1008; *ders,* Die Angabe des effektiven Jahreszinses bei Krediten und Leasingangeboten, DB 1988, 1104.

Inhaltsübersicht

	Rn
A. Rechtsnatur, Abgrenzung zum materiellen Preisrecht	1
B. Rechtsentwicklung	2
C. Vereinbarkeit mit dem Unionsrecht	13
D. Normzweck	14
E. Inhalt	16
F. Anwendungsbereich	19
I. Persönlicher Anwendungsbereich. Letztverbraucher	19
II. Sachlicher Anwendungsbereich. Geschäftlicher Verkehr	21
III. Räumlicher Geltungsbereich	22
G. Verhältnis zu anderen Vorschriften	25
I. UWG	25
1. § 4 Nr 11 (Rechtsbruch)	25
2. Irreführung, §§ 5, 5a UWG	26
II. Bürgerliches Recht	27
1. § 823 II BGB	27
2. § 134 BGB	28
3. Verbraucherdarlehensverträge	29
4. Fernabsatzverträge	30
5. Reiseverträge	31
III. Telekommunikationsgesetz (TKG)	32
H. Prozessuale Geltendmachung	33

A. Rechtsnatur, Abgrenzung zum materiellen Preisrecht

Die Preisangabenverordnung (PAngV) ist eine **Rechtsverordnung,** die vom Bundeswirtschaftsminister mit Zustimmung des Bundesrates am 14.3.1985 auf des Grundlage des § 1 PreisangabenG v 3.12.1984 erlassen worden ist (Rn 4). Ihre Vorschriften enthalten **formelles Preisrecht** (Preisordnungsrecht). Sie treffen Bestimmung allein über die *Angabe* von Preisen, nicht über deren *Bildung* (Festsetzung, Aufrechterhaltung, Genehmigung) wie es beispielsweise bei den Gebührenregelungen freier Berufe (der Ärzte, Rechtsanwälte, Steuerberater, Architekten und Ingenieure ua) oder bei der Preisbildung im Bereich des Gesundheitswesens (bei den Krankenhauspflegesätzen oder den Festbeträgen für Arzneimitteln), der Personenbeförderung, der Postdienstleistungen, bei der Vermietung von Wohnraum oder im Energiebereich der Fall ist **(materielles Preisrecht).** Als materiell-rechtliche Preisvorschriften können sich auch die Bestimmungen des UWG auswirken, soweit es zB um die Unterbindung einer unlauteren Preisunterbietung geht. Auch die Regelungen des aufgehobenen Rabattgesetzes waren materielles Preisrecht. Solche materiell-rechtlichen Preisbildungsbestimmungen enthält die PAngV nicht. Sie begründet beim Angebot oder bei der Werbung für Waren oder Leistungen allein eine Verpflichtung zur Angabe von bereits gebildeten Preisen. Dem liegt die Absicht des Gesetzgebers zu Grunde, nicht durch eine staatliche Reglementierung von Preisen, sondern durch eine sachlich zutreffende und vollständige **Verbraucherinformation** Preisklarheit und Preiswahrheit beim Angebot von Waren und Leistungen oder bei der Werbung dafür zu gewährleisten und durch optimale **Preisvergleichsmöglichkeiten** die Stellung der Verbraucher gegenüber Handel und Gewerbe zu stärken und den Wettbewerb zu fördern (vgl BGHZ 155, 301, 305 = GRUR 03, 971, 972 – *Telefonischer Auskunftsdienst*). Dieser Regelungsinhalt schließt es aus, der PAngV über die Funktion

1

PAngV Einf — Preisangabenverordnung

einer Regelung im Bereich des (formellen) Preisordnungsrechts hinaus Bedeutung auch für das **materielle Preisrecht** beizulegen. Eine Beschränkung der Vertragsfreiheit und damit der Möglichkeit Preise frei zu vereinbaren, enthält die PAngV nach dem klaren und eindeutigen Normzweck und Wortlaut und Inhalt ihrer Regelungen nicht (vgl BGH GRUR 74, 416, 417 – *Tagespreis;* KG WRP 76, 244; *Völker,* Preisangabenrecht, Einf Rn 3).

B. Rechtsentwicklung

2 **Vorgängerregelungen** der PAngV waren die Verordnung über Preisauszeichnung vom 16.11.1940 (RGBl I S 1535) idF v 6.4.1944 (RGBl I S 98), die Preisauszeichnungsverordnung v 18.9.1969 (VO PR Nr 1/69, BGBl I S 1733, geändert durch die VO PR Nr 4/71 v 25.10.1971, BGBl I S 1689) und die **Preisangabenverordnung v 10.5.1973** (VO PR Nr 3/73, BGBl I S 461). Anders als die früheren Regelungen hatte bereits letztere neben dem Bereich des Handels auch den Dienstleistungsbereich in die Preisangabenpflicht einbezogen.

3 An die Stelle der PAngV 1973 ist mit weitgehend gleichem Regelungsinhalt (s dazu die Begründung zur VO zur Regelung der Preisangaben, BAnz Nr 70/1985 v 13.4.1985, S 3730) die **PAngV 1985** getreten. Deren Erlass war erforderlich geworden, nachdem das **BVerfG** durch **Beschluss v 8.11.1983** – in einem gewissen Gegensatz zu seiner früheren Rechtsprechung (vgl BVerfGE 8, 274, 307ff = NJW 59, 475, 476f; vgl auch BVerfG NJW 1980, 929, 930f) – entschieden hatte, dass die Pflicht zur Preisauszeichnung im Handel nach § 1 I und § 2 I PAngV 1973 durch die Ermächtigung des § 2 PreisG vom 10.4.1948 nicht gedeckt und als eine die Freiheit der Berufsausübung beschränkende Regelung mit Art 12 I GG unvereinbar sei (BVerfGE 65, 248, 260 = GRUR 84, 276, 278ff m Anm *Jacobs*). Damit war die PAngV 1973 unanwendbar geworden. Da die verfassungsrechtlichen Bedenken der Sache nach nicht nur § 2 I, sondern auch § 1 I und damit die PAngV 1973 insgesamt betrafen, schied eine auch nur teilweise Fortgeltung dieser Vorschrift und der übrigen Regelungen der PAngV aus (BGH WRP 84, 388, 389 – *Sonderfinanzierung;* GRUR 85, 58, 59 f – *Mischverband II*).

4 Der Gesetzgeber stand damit vor der Notwendigkeit, eine den verfassungsrechtlichen Anforderungen entsprechende neue Ermächtigungsgrundlage zu schaffen, um dem im Interesse des Verbraucherschutzes (Rn 14) bestehenden Regelungsbedarf im Bereich des Preisordnungsrechts gerecht zu werden. Das geschah durch das am 7.12.1984 in Kraft getretene **Gesetz zur Regelung der Preisangaben v 3.12.1984** (BGBl I S 1429; später: **Preisangaben und Preisklauselgesetz,** Art 9 § 4 Nr 1 des Ges v 9.6.1998, BGBl I S 1242, 1253). Art 1 dieses Gesetzes bildet mit seinen §§ 1 bis 3 das **PreisangabenG.** Auf die Grundlage des § 1 dieses Gesetzes hat der Bundeswirtschaftsminister mit Zustimmung des Bundesrates die **Verordnung zur Regelung der Preisangaben** v 14.3.1985 erlassen (Art 1 bis 4, BGBl I S 580). Deren Art 1 (§§ 1 bis 10) bildete die **Preisangabenverordnung 1985 (PAngV 1985),** wie sie bis zum Inkrafttreten der Neufassung der PAngV v 28.7.2000 (Rn 7) in Geltung war. Durch Art 8 des **Informations- und Kommunikationsdienste-Gesetzes (IuKDG)** v 22.7.1997 (BGBl I S 1870) wurde die Ermächtigungsgrundlage des § 1 des PreisangabenG dahin erweitert, dass nunmehr auch im Verordnungswege Bestimmungen über die Angabe des Preisstandes fortlaufender Leistungen der elektronischen Informations- und Kommunikationsdienste getroffen werden konnte (s die durch Art 9 IuKDG geänderten §§ 3 und 8 PAngV aF (jetzt §§ 5 und 10, Rn 6)).

5 Die **PAngV 1985** wurde 1992 zweimal ergänzt. Durch die Erste Verordnung zur Änderung der PreisangabenVO v 3.4.1992 (BGBl I S 846) wurde der damalige § 4 (Kredite), heute § 6, aus Anlass der Umsetzung der EG-Verbraucherkreditrichtlinie (Richtlinie 87/102/EWG; 90/88/EWG – ABl EG Nr L 42/48 v 12.2.1987; Nr 61/

Einführung **Einf PAngV**

14 v 10.3.1990) neu gefasst und zugleich der Begriff des effektiven Jahreszinses der PAngV neu bestimmt. Durch die Zweite Verordnung zur Änderung der Preisangabenverordnung v 14.10.1992 (BGBl I S 1765) wurde § 4 aF redaktionell überarbeitet und die Bußgeldbestimmung des § 8 II aF ergänzt.

1997 wurde die **PAngV** erneut zweimal geändert. Durch das **IuKDG** v 22.7.1997 (Rn 4) wurde der damalige § 3 I (heute § 5 I) durch die Sätze 3 und 4 erweitert und § 8 II Nr 2 aF (heute § 10 II Nr 2) neu gefasst. Zu zahlreichen weiteren Änderungen führte die Dritte Änderungsverordnung ebenfalls v 22.7.1997 (BGBl I S 1910). Der Zweck dieser Verordnung lag in der Vereinfachung und Aktualisierung des Preisangabenrechts unter Berücksichtigung der neuen Medien **(Internet, Onlinedienste, Fernsehen)** und Verbesserung der Preistransparenz in Einzelfällen (vgl die Amtl Begr, BR-Drucks 238/97, S 6). Wichtigste materielle Neuerung war die Aufhebung der bisherigen Bestimmungen des § 1 III aF (Preisangaben auf der Grundlage von Preisen anhand gesetzlich festgesetzter oder behördlich genehmigter Tarife oder Gebührenregelungen) und deren Ersetzung durch die neue Regelung der Preisangaben für rückerstattbare Sicherheiten (Flaschenpfand) neben dem Waren- oder Leistungspreis, heute § 1 IV (s § 1 Rn 66). Weitere Änderungen betrafen neben zahlreichen textlichen Neufassungen, Klarstellungen und redaktionellen Änderungen die Vorschriften über Preisangaben in Gaststätten und Beherbergungsbetrieben, § 5 aF (heute § 7; s *Völker*, NJW 97, 3405). 6

Die **Umsetzung der Richtlinie 98/6/EG** des Europäischen Parlaments und des Rates v 16.2.1998 über den Schutz der Verbraucher bei der Angabe der Preise der ihnen angebotenen Erzeugnisse (ABl EG Nr L 80 S 27) **und der Richtlinie 98/7/ EG** des Europäischen Parlaments und des Rates ebenfalls v 16.2.1998 zur Angleichung der Rechts- und Verwaltungsvorschriften der Mitgliedstaaten über den Verbraucherkredit (ABl EG Nr L 101 S 17) durch die **Verordnung** zur Änderung der Preisangabenverordnung und der Fertigpackungsverordnung **v 28.7.2000** hatte grundlegende Neuerungen des Preisangabenrechts zur Folge. Die Umsetzung der Verbraucherschutzrichtlinie 98/6/EG führte zwecks Verbesserung der Preistransparenz unter Aufhebung des § 1 V aF erstmals die Verpflichtung zur Angabe von **Grundpreisen** ein (§ 2 nF), während die Umsetzung der Verbraucherkreditrichtlinie 98/7/EG die für die Berechnung des effektiven Jahreszinses bislang geltende 360-Tage-Methode (§ 4 II aF) im Interesse einer europaweiten Vereinheitlichung der Berechnung durch die **AIBD-Methode** (§ 6 II nF; AIBD = Association of International Bond Dealers, vgl § 6 Rn 2 und 8) ersetzt wurde. Zugleich wurden die Preisangaben für leitungsgebundene Energien – Elektrizität, Gas, Fernwärme – und für Wasser neu geregelt (§ 3 nF), der Ausnahmekatalog des § 7 aF erweitert, die Ordnungswidrigkeitentatbestände des § 8 aF den geänderten Vorschriften der §§ 2 und 3 nF angepasst (§ 10 nF) und mit Blick auf die Einführung des Euro eine Übergangsregelung getroffen (§ 11, jetzt aufgehoben). 7

Zu erneuten Änderungen führte die Vierte Änderungsverordnung v 18.10.2002 **(PAngV 2002, BGBl I S 4197).** Neu geregelt wurden die Bestimmungen zur Angabe von Preisen bei Geschäften im Fernabsatz (§§ 1 II, 9 III), bei nach Länge angebotenen Waren (§ 2 III 4) und in Beherbergungsbetrieben (§ 7 III). Ergänzt wurden ferner die Ausnahmevorschriften des § 9 durch Einfügung eines Neuen § 9 II und des Ordnungswidrigkeitenkatalogs des § 10. 8

Im Zuge der **Novellierung des UWG 2004** wurde auch die PAngV überarbeitet und an das Reformgesetz angepasst **(§ 20 IX UWG).** Das betraf insbesondere § 1 II (Angabe von Liefer- und Versandkosten bei Angeboten zum Abschluss von Fernabsatzverträgen) und § 9 II (Ergänzung der Ausnahmeregelungen des § 9 durch Neufassung des Absatzes 2. Die weiteren Änderungen des § 20 IX UWG sind redaktioneller Art und inhaltlich ohne besondere Bedeutung. 9

Am 1.11.08 ist die **Verordnung (EG) Nr 1008/2008** über gemeinsame Vorschriften für die Durchführung von Luftverkehrsdiensten in der Gemeinschaft (ABl 10

PAngV Einf

L 293/3) in Kraft getreten. Art 23 dieser Verordnung verpflichtet die Fluggesellschaften zur Angabe des zu zahlenden Endpreises, einschließlich Steuern, Flughafengebühren und sonstiger Gebühren, Zuschläge und Entgelte. Dies entspricht allerdings der in Deutschland bereits geltenden Rechtslage (vgl § 1 Rn 32).

11 Durch die Fünfte Änderungsverordnung v 23.3.2009 (**PAngV 2009**, BGBl I S 653) wurde die PAngV durch eine Verweisung auf § 4 II BGB-InfoV in § 1 V Nr 3 um einen Änderungsvorbehalt ergänzt.

12 Zur Umsetzung der **Verbraucherkreditrichtlinie** 2008/48/EG (ABl L 133/66), des zivilrechtlichen Teils der Zahlungsdiensterichtlinie sowie zur Neuordnung der Vorschriften über das Widerrufs- und Rückgaberecht wurden durch Art 6 des Gesetzes v 29. 7. 09 (BGBl I S 2355) § 6 angepasst und neue Regelungen über Werbung für Kreditverträge (§ 6a) sowie zu Überziehungsmöglichkeiten (§ 6b) aufgenommen. Mit Art 4 des Gesetzes v 24.7.2010 (BGBl I S 977) wurden redaktionelle Änderungen in § 6 und in der Anlage zu § 6 vorgenommen. Schließlich führte die Sechste Änderungsverordnung v 1.8.2012 (BGBl I S 1706) zu Änderungen in § 1 II, § 6 sowie in der Anlage zu § 6 im Zusammenhang mit der Berechnung des effektiven Jahreszinses in Umsetzung der Richtlinie 2011/90/EU (ABl L 296/35).

C. Vereinbarkeit mit dem Unionsrecht

13 Die Preisangaben-RL 98/6/EG (oben Rn 7), zu deren Umsetzung die PAngV vor allem dient, ist nach Art 10 eine Mindestharmonisierung. Dies hat nach Art 3 V UGP-RL zur Konsequenz, dass strengere Regelungen der PAngV im Anwendungsbereich der UGP-RL eigentlich nur noch bis zum 12.6.2013 beibehalten werden durften. Inhaltlich betrifft dies vor allem (vgl zu weiteren Tatbeständen *Köhler* WRP 13, 723, 725 ff) die Pflicht zur hervorgehobenen Angabe des Endpreises bei Aufgliederung (§ 1 VI 3, dort Rn 58 ff) und die Pflicht, den Grundpreis in unmittelbarer Nähe zum Endpreis anzugeben (§ 2 I, dort Rn 5), da Art 4 der RL 98/6/EG nur vorsieht, dass der Verkaufspreis und der Preis je Maßeinheit unmissverständlich, klar erkennbar und gut lesbar sein müssen. Unklar sind die **Konsequenzen** dieser Diskrepanz zum Unionsrecht bis zu einer Anpassung der PAngV durch den Gesetzgeber. Die betreffenden Bestimmungen seit dem 13.6.2013 nicht mehr anzuwenden (so *Köhler* WRP 13, 723, 727), dürfte kaum möglich sein, da es sich trotz Richtlinienwidrigkeit um geltendes Recht handelt. Eine richtlinienkonforme Auslegung erscheint ebenso wenig möglich (*Omsels* WRP 13, 1286, 1288 f). Ein Verstoß gegen die betreffenden Normen der PAngV führt damit zwar zu einem Verstoß gegen § 4 Nr 11 UWG, doch schließt das Erfüllen eines lauterkeitsrechtlichen Einzeltatbestandes es nicht aus, auf der Ebene der Unlauterkeit nach § 3 I UWG aus besonderen Gründen einen Lauterkeitsverstoß abzulehnen (dazu MüKo/*Sosnitza* § 3 Rn 121 ff, 124). Es ist daher davon auszugehen, dass in diesem Bereich **seit dem 13.6.2013 kein Lauterkeitsverstoß** mehr vorliegt (im Ergebnis ebenso *Omsels* WRP 13, 1286, 1289).

D. Normzweck

14 Die PAngV 2002 (Rn 8) verfolgt wie ihre Vorgängerinnen (Rn 2 ff) das Ziel, die Position des letzten Verbrauchers durch **Gewährleistung eines optimalen Preisvergleichs** zu stärken und zugleich eine entscheidende Voraussetzung für das **Funktionieren der marktwirtschaftlichen Ordnung** zu schaffen (vgl Amtl Begründung zur PAngV 1985, Abschn. A, und zur PAngV 1973, Abschn. A; BGH GRUR 74, 281, 282 – *Clipper;* GRUR 80, 304, 306 – *Effektiver Jahreszins;* GRUR 82, 493, 494 – *Sonnenring;* GRUR 91, 845, 846 – *Nebenkosten;* GRUR 94, 222, 224 – *Flaschenpfand I;*

GRUR 97, 767, 769 – *Brillenpreise II;* GRUR 99, 762, 763 – *Herabgesetzte Schlussverkaufspreise*). Durch eine sachlich zutreffende und vollständige Verbraucherinformation sollen **Preisklarheit und Preiswahrheit** gewährleistet, für den Verbraucher optimale Preisvergleichsmöglichkeiten geschaffen und der Wettbewerb gefördert werden (BGHZ 155, 301, 305 = GRUR 03, 971, 972 – *Telefonischer Auskunftsdienst;* GRUR 08, 84 Rn 25 – *Versandkosten;* GRUR 13, 850 Rn 13 – *Grundpreisangabe im Supermarkt*). Der Normzweck der PAngV ist damit ein doppelter: Gefördert werden sollen **Verbraucherinformation** und **Verbraucherschutz** und – im Zusammenhang damit – ein **sachbezogener** (Leistungs-)**Wettbewerb** (§ 1 PAngG). Dem Verbraucher soll es möglich werden, sich zutreffend und erschöpfend durch Preisvergleiche über den Preisstand zu unterrichten. Sinn und Zweck der PAngV ist es daher vor allem, für Preistransparenz, Preisklarheit und Preiswahrheit – durch Angabe von Endpreisen einschließlich aller Preisbestandteile unter Vermeidung jeglicher Irreführung – zu sorgen (BGH GRUR 91, 847, 848 – *Kilopreise II*) und zu verhindern, dass sich der Verbraucher seine Preisvorstellungen anhand von untereinander **nicht vergleichbaren Preisen** bildet (BGH GRUR 81, 140, 141 – *Flughafengebühr;* BGHZ 108, 39, 41 = GRUR 89, 762, 763 – *Stundungsangebote;* BGH GRUR 91, 685, 686 – *Zirka-Preisangabe;* GRUR 92, 856, 857 – *Kilopreise IV;* GRUR 95, 274, 275 – *Dollar-Preisangaben;* BGH GRUR 01, 1166, 1168 – *Fernflugreise;* BGHZ 155, 301, 305 = GRUR 03, 971, 972 – *Telefonischer Auskunftsdienst,* stRspr). Dies beruht auf der Erwägung, dass nur der informierte Verbraucher in der Lage ist, dem günstigsten Kauf- oder Leistungsangebot den Vorzug zu geben und mit dessen Auswahl dem weiteren Ziel der PAngV gerecht zu werden, einen sachbezogenen Wettbewerb zu fördern und einen Beitrag zur Dämpfung des Preisauftriebs zu leisten (vgl BVerfGE 65, 248, 260 = GRUR 84, 276, 278 ff).

Durch die Aufhebung des RabattG (Gesetz zur Aufhebung des Rabattgesetzes und 15 zur Anpassung anderer Rechtsvorschriften v 23.7.2001, BGBl I S 1663) hat allerdings die PAngV als **Instrument des Verbraucherschutzes** (Rn 14) an Bedeutung erheblich **eingebüßt.** Während der Kaufmann unter der Geltung des RabattG nach dessen Maßgabe an seine angekündigten oder allgemein geforderten Preise gebunden war und davon nur in engen Grenzen abweichen durfte, besteht nunmehr die grundsätzlich unbeschränkte Möglichkeit, durch Gewährung von Preisnachlässen von den angekündigten Preisen jederzeit wieder abzurücken und diese von Fall zu Fall durch Individualvereinbarung zu ermäßigen. Damit aber kann der Verbraucher nicht mehr uneingeschränkt darauf vertrauen, jedenfalls nicht mehr in allen Marktbereichen, dass die angekündigten, jederzeit in unbekanntem Umfang abänderbaren Preise untereinander vergleichbar sind. Insoweit sind also zur Vorbereitung der Kaufentscheidung Preisvergleiche **nicht mehr optimal** möglich. Der Normzweck der PAngV, der darin besteht, Verbraucherinformation und Preistransparenz zu fördern, um den Verbraucher in die Lage zu versetzen, dem preisgünstigsten Angebot den Vorzug zu geben, ist dadurch in vielen Fällen wesentlich gestört. Der nach § 1 I 1 weiterhin anzugebende Endpreis ist nur noch eingeschränkt zu Preisvergleichen geeignet (dort wo aus tatsächlichen Gründen für Rabattverhandlungen praktisch kein Raum ist), im Übrigen ist er zu einer Art **Verhandlungsbasis** geworden, die lediglich noch Anhaltspunkte für die Preisgestaltung abgibt (vgl *Köhler,* BB 01, 265, 266; *Heil/Dübbers,* ZRP 01, 207, 208; *Lange/Spätgens,* Rn 178 ff; *Borck,* WRP 01, 1124, 1131; krit dagegen *Trube,* WRP 01, 878 ff; *Steinbeck,* ZIP 01, 1741, 1748). Das Gebot der Preisklarheit, das zu eindeutigen, zweifelsfreien Preisangaben verpflichtet (§ 1 Rn 44), wird allerdings auch in Zukunft seine Bedeutung für den Verbraucher behalten.

E. Inhalt

§ 1 PAngV enthält die **Grundvorschriften** des Preisangabenrechts. **Grundtatbe-** 16 **stand ist der § 1 I.** Er legt die Verpflichtung zur Angabe von Endpreisen und die

PAngV Einf

Sachverhalte fest, die die Preisangabenpflicht auslösen. Diese Pflicht besteht bei Angeboten von Waren und Leistungen und bei der Werbung unter Angabe von Preisen. Entsprechende Regelungen enthielten auch schon die PreisauszeichnungsVO 1969, die PAngV 1973 und die PAngV 1985, so dass die Rechtsprechung zu diesen Vorschriften nach wie vor Bedeutung hat und zur Auslegung auch der **PAngV 2002** herangezogen werden kann.

17 § 1 I wird ergänzt durch die Bestimmungen der Absätze 2–6. Als **weitere Grundnorm** stellt **Absatz 6** hinsichtlich der inhaltlichen Gestaltung der Preisangaben auf den Grundsatz der **Preisklarheit und Preiswahrheit** und auf das Erfordernis der Beachtung der **allgemeinen Verkehrsauffassung** ab, hinsichtlich des äußeren Erscheinungsbildes auf die Notwendigkeit eindeutiger Zuordnung, leichter Erkennbarkeit, deutlicher Lesbarkeit und guter Wahrnehmbarkeit der zu fordernden Angaben. Ferner schreibt § 1 VI die Hervorhebung des Endpreises vor, wenn (Einzel-)Preise (Preisbestandteile) genannt (aufgegliedert) werden. § 2 verlangt neben der Endpreisangabe nach § 1 I 1 auch die Angabe des Grundpreises. § 3 betrifft die Preisangaben bei leitungsgebundenen Angeboten (für Elektrizität, Gas, Fernwärme und Wasser). § 4 regelt die Art und Weise der Preisangabe bei Waren, § 5 beim Angebot wesentlicher Leistungen. Weitere Sonderregelungen enthalten die Vorschriften des § 6 für Kredite und der §§ 7 und 8 für die Preisangaben im Gaststätten- und Tankstellengewerbe. § 9 trifft zahlreiche Ausnahmeregelungen, § 10 normiert den Bußgeldtatbestände in Form von Vorschriften zur Ausfüllung der Blankettnorm des § 3 I Nr 2 WiStG für im Einzelnen bestimmte Zuwiderhandlungen gegen die PAngV. Voraussetzung für die Anwendung des § 1 II–VI und der §§ 2 ff PAngV ist stets das **Vorliegen des Grundtatbestandes** des § 1 I. Fehlt es daran, finden auch die Folgevorschriften der PAngV **keine** Anwendung.

18 Der **Vollzug** der ihrem Charakter nach öffentlich-rechtlichen Bestimmungen der PAngV, die **Bundesrecht** sind (Art 74 Nr 11 GG), erfolgt durch die Länder, deren Wirtschaftsminister (-senatoren) als oberste Landespreisbehörden die Fachaufsicht ausüben (vgl *Landmann/Rohmer/Gelberg*, Vorbem PAngV Rn 12; *Völker,* Einf Rn 19). Im Bereich des Kreditwesens (vgl § 6) ist die Bundesanstalt für Finanzdienstleistungsaufsicht an der Aufsicht über die Kreditinstitute einschließlich deren Kreditwerbung beteiligt. Koordiniert wird die Verwaltungsaufsicht der Länder durch den *Bund/Länder-Ausschuss Preisangaben,* ein aus Vertretern des Bundeswirtschaftsministeriums und der obersten Landesbehörden zusammengesetztes Gremium (*Landmann/Rohmer/Gelberg* aaO, Vorbem Rn 14; *Völker* Einf Rn 19).

F. Anwendungsbereich

I. Persönlicher Anwendungsbereich. Letztverbraucher

19 Der **persönliche Anwendungsbereich** der PAngV beschränkt sich auf das Verhältnis von **Normadressatem** *(Anbieter, Werbendem)* zum Letztverbraucher. Normadressat ist auch der *Vermittler,* der für seinen Auftraggeber (mit Preisangaben ohne Angabe des Endpreises) wirbt. **Letztverbraucher** sind Endverbraucher, die Waren erwerben oder Leistungen in Anspruch nehmen, ohne sie weiter umzusetzen oder sonst verwerten zu wollen (BGH GRUR 11, 82 Rn 23 – *Preiswerbung ohne Umsatzsteuer;* GRUR 77, 264, 266 – *Miniaturgolf*). Hersteller, Importeure, Großhandelsunternehmen, die ausschließlich an Wiederverkäufer abgeben, sind keine Letztverbraucher in diesem Sinne und zu Preisangaben nach der PAngV daher auch nicht verpflichtet. Ob sich ein Angebot nur an Wiederverkäufer oder **zumindest auch an Letztverbraucher** wendet, beurteilt sich aus der Sicht der Adressaten. Ist eine Internetseite mit Gebrauchtwagenangeboten sowohl für Privatkunden als auch für Händler zugänglich, bedarf es eines ausdrücklichen Zusatzes („Verkauf nur an Händler"), um die PAngV

auszuschließen (BGH GRUR 11, 82 Rn 23 f – *Preiswerbung ohne Umsatzsteuer*). Richtet sich danach das Angebot oder die Werbung zumindest auch an Letztverbraucher, so wird die Anwendung der PAngV nicht dadurch ausgeschlossen, dass der Unternehmer tatsächlich nicht an Letztverbraucher veräußert (BGH GRUR 11, 82 Rn 26 – *Preiswerbung ohne Umsatzsteuer*).

Letztverbraucher sind – insoweit anders als nach § 2 II UWG, § 13 BGB – nicht 20 nur Abnehmer, die Waren oder Leistungen für den *Privatbedarf* ge- oder verbrauchen, sondern grundsätzlich auch **gewerbliche Verbraucher,** die Waren (zB für ihren Betrieb) erwerben, *ohne* sie weiter umsetzen zu wollen. Nach der Ausnahmeregelung des § 9 I Nr 1 PAngV werden allerdings vom Anwendungsbereich der PAngV solche gewerblichen Verbraucher ausgenommen, die die Ware oder Leistung in ihrer selbstständigen beruflichen oder gewerblichen oder in ihrer behördlichen oder dienstlichen Tätigkeit – zB als Wiederverkäufer, gewerbliche Verbraucher oder Großabnehmer (Großverbraucher wie Behörden, Krankenhäuser, kirchliche Einrichtungen, Kantinen usw) – verwenden. Sie erscheinen auf Grund ihrer beruflichen oder gewerblichen Tätigkeit und Erfahrung **nicht** als im Sinne der PAngV **schutzwürdige Letztverbraucher.** Kommen nur sie als Adressaten von Angebot und Werbung in Betracht, besteht zu Preisangaben nach § 1 I keine Verpflichtung. Bei Angeboten bzw. bei der Werbung unter Angabe von Preisen gegenüber gewerblichen Verbrauchern besteht daher insoweit zu Preisangaben nach der PAngV nur dann eine Verpflichtung, wenn sich Angebot oder Werbung (auch) auf die Deckung des *betriebsfremden* Eigenbedarfs des gewerblichen Verbrauchers beziehen (§ 1 Rn 11). Zu den insoweit notwendigen Kontrollmaßnahmen des anbietenden oder werbenden Unternehmens s. § 1 Rn 12.

II. Sachlicher Anwendungsbereich. Geschäftlicher Verkehr

In **sachlicher Hinsicht** erstreckt sich der Anwendungsbereich des § 1 I PAngV 21 auf den **geschäftlichen Verkehr** zwischen dem Normadressaten und dem Letztverbraucher (Rn 18). Das folgt aus dem Nebeneinander der in § 1 I 1 verwendeten Begriffe „gewerbsmäßig", „geschäftsmäßig" und „regelmäßig in sonstiger Weise", die in ihrer Kumulation den gesamten Bereich geschäftlicher Betätigungen erfassen. **Geschäftlicher Verkehr** in diesem Sinne umschließt – ebenso wie im UWG (§ 6 II 3, §§ 16 II, 18 I; vgl § 2 UWG Rn 7 ff, 14 ff, § 16 UWG Rn 37) – alle Maßnahmen die auf die Förderung eines beliebigen Geschäftszwecks gerichtet sind. Dazu zählen die Tätigkeiten der Kaufleute und sonstigen Gewerbetreibenden (Hersteller, Groß- und Einzelhändler, Handwerker), aber auch die der freien Berufe (Ärzte, Rechtsanwälte, Steuerberater, Architekten, Künstler usw), ferner die Tätigkeiten der öffentlichen Hand, soweit diese am Wirtschaftsleben und Wettbewerb teilnimmt und nicht die Ausnahmeregelung des § 9 I Nr 2 eingreift. Ausgenommen vom Begriff des geschäftlichen Verkehrs sind allein die rein privaten und rein betriebsintern bleibenden Handlungen sowie alle dienstlichen (amtlich-hoheitlichen) Betätigungen, die sich nicht auf den Wettbewerb auswirken.

III. Räumlicher Geltungsbereich

Die Verordnung zur Regelung der Preisangaben v 14.3.1985 (Rn 2 ff) ist für das 22 Gebiet der **Bundesrepublik Deutschland** erlassen und seinerzeit vom Land **Berlin** (GVBl 1985 S 965) übernommen worden. Zuvor hatte in Berlin – auf der Grundlage eines eigenen Preisgesetzes – die der PAngV 1973 (Rn 2) entsprechende Berliner PAngV v 19.6.1973 gegolten (GVBl S 884, zuletzt geändert am 20.5.1981, GVBl S 613). Mit der Wiedervereinigung Deutschlands ist die Geltung der PAngV auf die **neuen Bundesländer** erstreckt worden (Art 8 Einigungsvertrag).

PAngV Einf

23 Im Rahmen seines räumlichen Geltungsbereichs unterfallen der PAngV auch solche Angebote und Werbemaßnahmen iS des § 1 I 1, mit denen **Ausländer** im Inland (auf dem Territorium der Bundesrepublik) hervortreten (vgl BGH GRUR 93, 53, 55 – *Ausländischer Inserent*). Das gilt nicht nur für Angebote und Werbung mit Ursprung in Deutschland, sondern auch für werbende Tätigkeiten mit Druckerzeugnissen oder elektronischen Medien (Internet, E-Mail) über die Grenzen hinweg vom Ausland aus **(Territorialitätsgrundsatz).** Zu beachten ist hier allerdings für Angebote und Werbung aus den EU-Mitgliedstaaten das **Herkunftslandprinzip** (vgl UWG Einf C Rn 65 ff), das zur Unanwendbarkeit von UWG und PAngV führen kann.

24 Unanwendbar ist die PAngV für **Angebote und Werbung im Ausland,** auch wenn Anbieter und Werbende und Angebots- und Werbeadressaten Deutsche sind, die im Ausland tätig sind bzw. sich dort, zB als Urlauber, aufhalten (vgl BGHZ 113, 11, 15 f = GRUR 91, 463, 464 f – *Kauf im Ausland*).

G. Verhältnis zu anderen Vorschriften

I. UWG

25 **1. § 4 Nr 11 (Rechtsbruch).** Seit der UWG-Reform von 2008 (zur vorherigen Rechtslage vgl 4. Aufl Rn 23 f) sind Verstöße gegen die PAngV regelmäßig zugleich unlauter unter dem Gesichtspunkt des Rechtsbruchtatbestandes nach § 4 Nr 11 UWG, da die Preisvorschriften **Marktverhaltensregelungen** darstellen (BGH GRUR 13, 186 Rn 9 – *Traum-Kombi;* GRUR 12, 1159 Rn 9 – *Preisverzeichnis bei Mietwagenangebot;* GRUR 11, 82 Rn 17 – *Preiswerbung ohne Umsatzsteuer;* GRUR 10, 1110 Rn 19 – *Versandkosten bei Froogle II;* GRUR 10, 744 Rn 25 – *Sondernewsletter;* GRUR 10, 652 Rn 11 – *Costa del Sol;* GRUR 10, 251 Rn 16 – *Versandkosten bei Froogle;* GRUR 10, 249 Rn 16 – *Kamerakauf im Internet;* GRUR 09, 1180 Rn 24 – *0,00 Grundgebühr;* GRUR 08, 84 Rn 25 – *Versandkosten*). Im Hinblick darauf, dass die UGP-RL unlautere Geschäftspraktiken von Unternehmern gegenüber Verbrauchern, insbesondere die gegenüber Verbrauchern bestehenden Informationspflichten, abschließend regelt, kann ein Verstoß gegen Bestimmungen der PAngV eine Unlauterkeit nach § 4 Nr 11 UWG nur begründen, wenn die von der PAngV aufgestellten Informationspflichten eine **Grundlage im Unionsrecht** haben (BGH GRUR 09, 1180 Rn 24 – *0,00 Grundgebühr;* GRUR 10, 744 Rn 26 – *Sondernewsletter*). Aus derartige unionsrechtliche Grundlagen kommen vor allem die **Richtlinien 98/6/EG und 98/7/EG** (oben Rn 7) in Betracht, zum Teil aber auch Art 5 II Richtlinie 2000/31/EG (BGH GRUR 10, 251 Rn 16 – *Versandkosten bei Froogle,* zu § 1 II), Art 3 II 1 Richtlinie 90/314/EWG (BGH GRUR 10, 652 Rn 11 – *Costa del Sol*) oder Art 22 Richtlinie 2006/123/EG (BGH GRUR 12, 1159 Rn 10 – *Preisverzeichnis bei Mietwagenangebot*). Einzelne Tatbestände, wie zB § 4, gehen über die Richtlinie 98/6/EG (Rn 7) hinaus. Da sich die (fehlende) Preisauszeichnung von Waren im Schaufenster auch nicht als wesentliche Information im Sinne des Art 7 I der UGP-RL einordnen lässt, erscheint eine Ahndung dieses Verstoßes nicht mehr über § 4 Nr 11 UWG, sondern nur noch über § 10 II Nr 1 möglich.

26 **2. Irreführung, §§ 5, 5 a UWG.** Die wettbewerbsrechtliche Beurteilung von Handlungen, die Vorschriften der PAngV verletzen, beschränkt sich nicht zwangsläufig auf den Gesichtspunkt des § 4 Nr 11 UWG. Vor allem Verstöße gegen das Gebot der Preisklarheit (§ 1 Rn 49) können zugleich iS des § 5 UWG irreführend sein (zur Irreführung durch die Angabe eines geringeren als des realen effektiven Jahreszinses in einem Kreditvertrag EuGH GRUR 12, 639 – *Perenič/SOS*). Preisinformationspflichten können außerdem zugleich wesentliche Merkmale des beworbenen Produkts sein, sodass ein Verstoß auch eine unlautere Irreführung durch Unterlassen begrün-

Einführung **Einf PAngV**

den kann (vgl BGH GRUR 10, 251 Rn 17 – *Versandkosten bei Froogle*). Auf welche Verbotsnorm die Beurteilung dann zu stützen ist, wird – bei Gleichheit der Rechtsfolgen – von **Zweckmäßigkeitserwägungen** abhängen, die es nahe legen, auf die Norm zurückzugreifen, die eine abschließende Beurteilung des beanstandeten Verhaltens am ehesten ermöglicht. Auch die grundsätzliche Vollharmonisierung durch die UGP-RL schließt weitergehende Anforderungen nach der PAngV nicht aus, da Art 10 der Richtlinie 98/6/EG eine Öffnungsklausel enthält (vgl auch *Köhler* FS Loschelder, S 151, 159).

II. Bürgerliches Recht

1. § 823 II BGB. Die PAngV ist **kein Schutzgesetz** iS des § 823 II BGB. Ihr Zweck ist zwar Verbraucherschutz und -information (Rn 14), dient aber – über diese allgemeine Zielsetzung hinaus – nicht dem individuellen Schutz einzelner oder eines bestimmten Personenkreises gegen Rechtsverletzungen (OLG Düsseldorf WRP 1965, 181, 183 [zur PreisauszeichnungsVO]; *Köhler*/Bornkamm Vorbem PAngV Rn 7; Harte/Henning/*Völker* Einf PAngV Rn 6; Fezer/*Wenglorz* § 4-S 14 Rn 81). 27

2. § 134 BGB. Die Vorschriften der PAngV sind auch **keine Verbotsgesetze** iS des § 134 BGB. Die PAngV enthält *formelles* Preisrecht (Preisordnungsrecht), kein materielles Preisrecht (Rn 1), das die Preisbildung als solche normiere. Verträge, die unter Verstoß gegen die Verpflichtungen aus der PAngV zustande kommen, berühren daher die Wirksamkeit der getroffenen Abreden nicht (BGH GRUR 74, 416, 417 – *Tagespreis;* NJW 79, 540, 541 – *Ratenkredit;* GRUR 81, 206, 207 – *Vier Monate Preisschutz;* Palandt/*Ellenberger* § 134 Rn 26). 28

3. Verbraucherdarlehensverträge. Die Regelungen über Verbaucherdarlehensverträge nach **§§ 491ff BGB** sind *nicht* lex specialis gegenüber der PAngV. Beide Regelungsbereiche stehen vielmehr **nebeneinander.** Der Anwendungsbereich der PAngV erfasst daher auch alle in den Geltungsbereich der §§ 491ff BGB fallenden Sachverhalte. Die §§ 1 I 1, VI PAngV gelten also auch dort, wo die §§ 491ff BGB keine Verpflichtung zu Preisangaben vorsehen. Die Werbung für Verbraucherdarlehensverträge verpflichtet mithin unter den Voraussetzungen des § 1 I 1 PAngV zur Angabe des effektiven bzw anfänglich effektiven Jahreszinses nach § 6 PAngV. Preisklarheit und Preiswahrheit gelten auch in den Fällen des § 492 BGB (vgl *Völker,* Preisangabenrecht, Anh. § 4 PAngV Rn 11). Zu berechnen ist der effektive Jahreszins nach **§ 6 PAngV (§ 492 II BGB).** 29

4. Fernabsatzverträge. Für Fernabsatzverträge gelten die Regelungen der §§ 312b ff. Nach ihnen kommen Verträge – nicht anders als nach dem aufgehobenen FernAbsG – nur unter ausschließlicher Verwendung von **Fernkommunikationsmitteln** (Brief, Katalog, Telefon, Telefax, E-Mail, Rundfunk, Tele- und Mediendienste wie das Internet) *ohne* gleichzeitige körperliche Anwesenheit der Vertragspartner zustande (§ 312b I, II BGB). Der Unternehmer ist verpflichtet, dem Verbraucher den Preis der Ware oder der Dienstleistung einschließlich aller Steuern und sonstiger Preisbestandteile vor Abschluss des Fernabsatzvertrages in einer dem eingesetzten Fernkommunikationsmittel entsprechenden Weise (zB bei Telefongesprächen fernmündlich) klar und verständlich mitzuteilen. Nach § 312c I BGB iVm Art 246 §§ 1 und 2 EGBGB hat der Unternehmer den Verbraucher zu unterrichten, dh grundsätzlich **rechtzeitig** vor Abgabe von dessen Vertragserklärung bestimmte Informationen zur Verfügung zu stellen (s zur Frage der Rechtzeitigkeit BGHZ 155, 301, 305 = GRUR 03, 971, 972f – *Telefonischer Auskunftsdienst;* OLG Hamburg GRUR-RR 05, 236, 237f). Diese Regelungen schränken die Preisangabepflichten nach der PAngV *nicht* ein (§ 312c IV BGB). Jedoch sind Angaben, die § 1 VI PAngV genügen, immer auch „klar und verständlich" iS des § 312c I BGB iVm Art 246 § 1 I EGBGB. Eine 30 inhaltliche Divergenz besteht insoweit nicht. Der Anwendungsbereich der §§ 312b ff BGB ist allerdings mit dem der PAngV nicht deckungsgleich. Vor allem die Verschiedenheit der jeweiligen Ausnahmeregelungen (vgl § 9 PAngV und § 312b III BGB zwingt zur Beachtung der Preisangabepflichten nach *beiden* Regelungen.

31 **5. Reiseverträge.** Für Reiseverträge gelten die §§ 651a BGB. Stellt der Reiseveranstalter über die von ihm veranstalteten Reisen einen **Prospekt** zur Verfügung, so muss dieser nach Art 4 I BGB-InfoV, der auf Art 3 II 1 der Richtlinie 90/314/EWG über Pauschalreisen beruht, deutlich lesbare, klare und genaue Angaben ua über den Reisepreis enthalten. Diese für das Reiserecht geltende Sonderregelung wird durch die Bestimmungen der PAngV ergänzt (BGH GRUR 10, 652 Rn 15 – *Costa del Sol*).

III. Telekommunikationsgesetz (TKG)

32 Nach § 45n I Nr 3 TKG v 22.6.2004 (BGBl I S 1190) sind die Anbieter von **Telekommunikationsdienstleistungen** für die Öffentlichkeit zur Bekanntmachung der Einzelheiten über die Preise der angebotenen Dienste verpflichtet. Diese Regelung stellt von der Beachtung der Verpflichtung zur Angabe von Preisen nach der PAngV *nicht frei*. Das folgt aus § 45n III 2 TKG, wonach sonstige Rechtsvorschriften, und damit auch die PAngV, unberührt bleiben (vgl (BGHZ 155, 301, 303 = GRUR 03, 971, 972 – *Telefonischer Auskunftsdienst*, zur früheren TKV).

H. Prozessuale Geltendmachung

33 Rügt der Kläger im **Rechtsstreit** einen Wettbewerbsverstoß (zB wegen irreführender Preisangaben, § 5 UWG), hat das Gericht grundsätzlich erst und nur dann Anlass, den vorgetragenen Sachverhalt auf einen Verstoß auch gegen die PAngV zu überprüfen, wenn das Klagebegehren hinreichend deutlich macht, dass sich der Kläger – gleichviel, welche Norm er dabei im Auge hat – auch gegen die **Preisangabengestaltung** des Beklagten wendet, um sein Klageziel zu erreichen. Insoweit geht es hinsichtlich der Heranziehung der PAngV nicht um die dem Richter obliegende rechtliche Einordnung und Subsumtion eines vorgetragenen Sachverhalts unter eine bestimmte Gesetzesbestimmung (iura novit curia), sondern um die Feststellung eines **Lebenssachverhalts** als der Grundlage eines (möglichen) Verstoßes gegen die PAngV und um die Bestimmung des **Streitgegenstandes,** der von dem des UWG-Verstoßes verschieden sein kann (BGH GRUR 02, 287, 288 – *Widerruf der Erledigungserklärung*).

§ 1 Grundvorschriften

(1) ¹**Wer Letztverbrauchern gewerbs- oder geschäftsmäßig oder regelmäßig in sonstiger Weise Waren oder Leistungen anbietet oder als Anbieter von Waren oder Leistungen gegenüber Letztverbrauchern unter Angabe von Preisen wirbt, hat die Preise anzugeben, die einschließlich der Umsatzsteuer und sonstiger Preisbestandteile zu zahlen sind (Endpreise).** ²**Soweit es der allgemeinen Verkehrsauffassung entspricht, sind auch die Verkaufs- oder Leistungseinheit und die Gütebezeichnung anzugeben, auf die sich die Preise beziehen.** ³**Auf die Bereitschaft, über den angegebenen Preis zu verhandeln, kann hingewiesen werden, soweit es der allgemeinen Verkehrsauffassung entspricht und Rechtsvorschriften nicht entgegenstehen.**

(2) ¹**Wer Letztverbrauchern gewerbs- oder geschäftsmäßig oder regelmäßig in sonstiger Weise Waren oder Leistungen zum Abschluss eines Fernabsatzvertrages anbietet, hat zusätzlich zu Absatz 1 und § 2 Abs 2 anzugeben,**

1. dass die für Waren oder Leistungen geforderten Preise die Umsatzsteuer und sonstige Preisbestandteile enthalten und
2. ob zusätzlich Liefer- und Versandkosten anfallen.

[2]Fallen zusätzlich Liefer- und Versandkosten an, so ist deren Höhe anzugeben. [3]Soweit die vorherige Angabe dieser Kosten in bestimmten Fällen nicht möglich ist, sind die näheren Einzelheiten der Berechnung anzugeben, aufgrund derer der Letztverbraucher die Höhe leicht errechnen kann.

(3) [1]Bei Leistungen können, soweit es üblich ist, abweichend von Absatz 1 Satz 1 Stundensätze, Kilometersätze und andere Verrechnungssätze angegeben werden, die alle Leistungselemente einschließlich der anteiligen Umsatzsteuer enthalten. [2]Die Materialkosten können in die Verrechnungssätze einbezogen werden.

(4) Wird außer dem Entgelt für eine Ware oder Leistung eine rückerstattbare Sicherheit gefordert, so ist deren Höhe neben dem Preis für die Ware oder Leistung anzugeben und kein Gesamtbetrag zu bilden.

(5) Die Angabe von Preisen mit einem Änderungsvorbehalt ist abweichend von Absatz 1 Satz 1 nur zulässig
1. bei Waren oder Leistungen, für die Liefer- oder Leistungsfristen von mehr als vier Monaten bestehen, soweit zugleich die voraussichtlichen Liefer- und Leistungsfristen angegeben werden,
2. bei Waren oder Leistungen, die im Rahmen von Dauerschuldverhältnissen erbracht werden, oder
3. in Prospekten eines Reiseveranstalters über die von ihm veranstalteten Reisen, soweit der Reiseveranstalter gemäß § 4 Absatz 2 der BGB-Informationspflichten-Verordnung in der Fassung der Bekanntmachung vom 5. August 2002 (BGBl. I S. 3002), die zuletzt durch die Verordnung vom 23. Oktober 2008 (BGBl. I S. 2069) geändert worden ist, den Vorbehalt einer Preisanpassung in den Prospekt aufnehmen darf und er sich eine entsprechende Anpassung im Prospekt vorbehalten hat.

(6) [1]Die Angaben nach dieser Verordnung müssen der allgemeinen Verkehrsauffassung und den Grundsätzen von Preisklarheit und Preiswahrheit entsprechen. [2]Wer zu Angaben nach dieser Verordnung verpflichtet ist, hat diese dem Angebot oder der Werbung eindeutig zuzuordnen sowie leicht erkennbar und deutlich lesbar oder sonst gut wahrnehmbar zu machen. [3]Bei der Aufgliederung von Preisen sind die Endpreise hervorzuheben.

Inhaltsübersicht

	Rn
A. Inhalt und Bedeutung	1
B. Grundtatbestände	4
I. Allgemein	4
II. § 1 I Pflicht zur Preisangabe	6
1. Geschäftlicher Verkehr. Gewerbsmäßig, geschäftsmäßig, regelmäßig in sonstiger Weise	6
2. Normadressat	8
3. Letztverbraucher	10
4. Anbieten, Werben	14
a) Anbieten	15
b) Werben	18
5. Waren, Leistungen	20
a) Waren	21
b) Leistungen	22

	Rn
6. Preisangaben	23
a) Endpreise (§ 1 I 1)	23
aa) Einzelpreisangaben	24
bb) Preisangabepflicht des Anbieters und Werbenden. Normzweck	26
cc) Unbestimmte Entgelte	28
dd) „Ca"-Preise	29
ee) „Von ... bis"-Preise, „ab"-Preise	30
ff) Umsatzsteuer (Mehrwertsteuer)	31
gg) Sonstige Preisbestandteile	32
hh) Kosten Dritter, Versandkosten, Folgegeschäfte	33
ii) Fertigpackungen, offene Packungen, Verkaufseinheiten ohne Umhüllung	35
jj) Selbstständige Verkaufseinheiten	36
kk) Rabatte	37
ll) Ausländische Preise	38
b) Verkaufs- und Leistungseinheit, Gütebezeichnung (§ 1 I 2)	39
aa) Verkaufs- und Leistungseinheit (§ 1 I 2)	39
bb) Gütebezeichnung (§ 1 I 2)	42
c) Bereitschaft zu Preisverhandlungen (§ 1 I 3)	44
III. Art und Weise § 1 VI	46
1. Bedeutung	46
2. Allgemeine Verkehrsauffassung	47
3. Preisklarheit und Preiswahrheit	49
4. Form der Preisangabe	51
a) Eindeutige Zuordnung	52
b) Leichte Erkennbarkeit	53
c) Deutliche Lesbarkeit	55
d) Sonstige gute Wahrnehmbarkeit	56
e) Vergleichbare Regelungen	57
f) Aufgliederung von Endpreisen (§ 1 VI 3)	58
g) Kopplungsgeschäfte	61
C. Ergänzungstatbestände (§ 1 II–IV)	62
I. Fernabsatzgeschäfte (§ 1 II)	62
II. Verrechnungssätze bei Leistungen (§ 1 III)	65
III. Rückerstattbare Sicherheiten (§ 1 IV)	66
IV. Änderungsvorbehalt (§ 1 V)	67

A. Inhalt und Bedeutung

1 § 1 fasst den **Regelungsbereich der PAngV** in seinen Grundzügen und Grundvoraussetzungen zusammen. Erfasst wird der gesamte Bereich des geschäftlichen Verkehrs (Einf Rn 21). Einbezogen sind Waren und Leistungen (Dienstleistungen). Das sichert der Verordnung einen **weiten Anwendungsbereich** und zwingt im Interesse des Verbraucherschutzes (Einf Rn 14) zu sachgerechter Information des Adressaten von Angebot und Werbung. Eine generelle Pflicht zur Preisangabe besteht aber nicht. Eine Werbung ohne Angabe von Einzelpreisen ist von der Verpflichtung zur Endpreisangabe freigestellt. Die Aufgliederung von Endpreisen (Rn 58 f), die die Umsatzsteuer und alle sonstigen Preisbestandteile enthalten (§ 1 I 1) ist – bei Hervorhebung des Endpreises (§ 1 VI 3, Rn 58, 59) – zulässig. Das dient der Preistransparenz und trägt dem Umstand Rechnung, dass die Aufgliederung der Preise in die einzelnen Positionen eines Angebots, zB bei Leistungen von Handwerkern, einer wirtschaftlichen Notwendigkeit entsprechen.

§ 1 enthält in den Absätzen 1 und 6 die **Grundvorschriften**, die die Verpflichtung 2 zur Preisangabe im geschäftlichen Verkehr zwischen Anbieter und Werbendem einerseits und Letztverbrauchern andererseits normieren (Einf Rn 16 ff). Diese Grundvorschriften regeln, dass und wie die Preisangaben nach Maßgabe der **allgemeinen Verkehrsauffassung** unter Beachtung der Grundsätze von **Preisklarheit** und **Preiswahrheit** (Rn 49, 50) zu machen sind, auf welche Vorgehensweisen sich die Verpflichtung zur Preisangabe bezieht (Anbieten und Werben, Rn 14 ff, 18 f) und was insoweit Gegenstand von Angebot und Werbung ist (Waren und Leistungen, Rn 20 ff). Die Absätze 2–4 enthalten **Sondervorschriften** über zusätzliche Angaben bei Angeboten zum Abschluss von Fernabsatzverträgen (Abs 2, vgl Einf Rn 30), über die Zulässigkeit der Angabe von Verrechnungssätzen bei Leistungen (Abs 3), über rückerstattbare Sicherheiten (zB Flaschenpfand), wenn diese neben dem Waren-(Leistungs-)preis anfallen (Abs 4), und über die Angabe von Preisen mit Änderungsvorbehalten bei Liefer- oder Leistungsfristen von mehr als vier Monaten (Abs 5). Voraussetzung für die Anwendbarkeit der den Absatz 1 ergänzenden Tatbestände der Absätze 2–6 ist das **Vorliegen des Grundtatbestandes** des § 1 I (Einf Rn 17 aE). Dessen Vorschriften entsprechen – ebenso wie die §§ 4 ff – in weitem Umfang der PAngV 1973 und der PreisauszeichnungsVO 1969. **Rechtsprechung und Schrifttum** dazu können daher auch bei der Anwendung des § 1 PAngV 2002 herangezogen werden (Einf Rn 16).

Die Vorschriften der PAngV gelten nur gegenüber **Letztverbrauchern** (Einf 3 Rn 19 f; § 1 Rn 10) bei Waren- oder Leistungsangeboten oder bei der Werbung mit Preisangaben. Sie gelten nicht im Wirtschaftsverkehr auf Handelsstufen, die dem Verkehr mit Letztverbrauchern **vorgelagert** sind (Hersteller, Großhändler, Importeur, Exporteur, Einzelhändler), § 1 I 1 iVm § 9 I Nr 1 (Einf Rn 19). Sie binden nur die Anbieter-, nicht die Nachfragerseite, dh allein den *anbietenden* oder (unter Angabe von Preisen) *werbenden* Unternehmer. Geboten ist dabei eine wirtschaftliche, auf die Sicht des angesprochenen Verkehrs abstellende Betrachtungsweise. Bieten Kreditinstitute Kapitalanlagemöglichkeiten an, muss der Endpreis genannt werden, der von den umworbenen potentiellen **Kunden** bei Inanspruchnahme der jeweils angebotenen Anlagemöglichkeiten zu entrichten ist, zB Kontoführungskosten und Bearbeitungsgebühren, aber nicht der *von der Bank* für das angelegte Kapital zu zahlende Betrag, auch wenn es sich bei dem beworbenen Geschäft aus der Sicht der Bank um eine Kapitalnachfrage handelt (vgl *Völker* § 1 Rn 8).

B. Grundtatbestände

I. Allgemein

§ 1 I 1, der die Verpflichtung zur Angabe von Endpreisen normiert, hatte noch in 4 der Fassung von 2002 ausdrücklich darauf abgestellt, dass eine etwaige Rabattgewährung in der vorgeschriebenen Preisangabe keine Berücksichtigung zu finden habe (**„unabhängig von einer Rabattgewährung"**). § 20 IX Nr 1 Buchst a UWG 2004 hat diese Formulierung als entbehrlich gestrichen. Sachlich geändert hat sich insoweit aber nichts. Nach wie vor ist der Preis anzugeben, den der Unternehmer allgemein, also unabhängig von einer Rabattgewährung, fordert und der Kunde zu zahlen hat. Allerdings sind **individuelle** und bestimmte **generelle Preisnachlässe** von der Preisangabenpflicht nach den §§ 1 I und 2 I jetzt ausdrücklich ausgenommen (§ 9 II, eingefügt durch § 20 IX Nr 6 Buchst a UWG 2004).

Nach § 1 VI hat die Endpreisangabe der **allgemeinen Verkehrsauffassung** und 5 den Grundsätzen von **Preisklarheit** und **Preiswahrheit** zu entsprechen. Das schränkt die Verpflichtung aus § 1 I 1 nicht ein, sondern regelt die Form der Preisangabe und der sonstigen nach der PAngV erforderlichen oder zulässigen Angaben (§ 1 I 2, 3; § 1 II–V, §§ 2 ff). § 1 VI besagt also nicht, dass und wann die Verpflichtung zur Endpreisangabe entfallen kann, sondern nur, wie sie zu befolgen ist (BGH GRUR 81, 140, 141 – *Flughafengebühr*).

II. § 1 I Pflicht zur Preisangabe

6   **1. Geschäftlicher Verkehr. Gewerbsmäßig, geschäftsmäßig, regelmäßig in sonstiger Weise.** Nach § 1 I 1 gilt die PAngV für das Angebot von Waren und Leistungen und für die auf solche Angebote bezogene Preiswerbung, wenn das Anbieten und Werben „gewerbs- oder geschäftsmäßig oder regelmäßig in sonstiger Weise" erfolgt. Mit diesen Begriffen hat der Verordnungsgeber den **gesamten geschäftlichen Verkehr** zwischen Anbieter/Werbendem und Letztverbraucher dem Anwendungsbereich der PAngV unterstellt. **Gewerbsmäßigkeit** verlangt die Absicht einer fortdauernden Gewinnerzielung (BGHSt 19, 63, 76f = NJW 63, 2034, 2037) von einigem Gewicht (BGHZ 49, 258, 260f = NJW 68, 639). Ist diese gegeben, reicht für die Bejahung der Gewerbsmäßigkeit auch ein erstes Vorgehen aus. Die Absicht, sich eine Nebeneinnahmequelle zu verschaffen, genügt. **Geschäftsmäßigkeit** setzt Gewinnerzielungsabsicht nicht voraus, erfordert aber die Absicht, gleichartige Tätigkeiten zu wiederholen. Auch hier genügt – bei Wiederholungsabsicht – ein einmaliges Tun (BayObLG NStZ 81, 29). **„Regelmäßig in sonstiger Weise"** handelt, wer anders als gewerbs- oder geschäftsmäßig, aber auf vergleichbare Art und Weise (wiederkehrend) Waren oder Leistungen anbietet oder bewirbt.

7   Der danach für den Anwendungsbereich der **PAngV** maßgebliche **Begriff des geschäftlichen Verkehrs** entspricht dem des **UWG** (Einf Rn 21). Wie dieses erfasst auch die PAngV die unmittelbare oder mittelbare Verfolgung **beliebiger geschäftlicher (Erwerbs-)Zwecke** durch Kaufleute, sonstige Gewerbetreibende, Freiberufler (Ärzte, Rechtsanwälte usw) und Privatpersonen (Einf Rn 21). Jedoch ist nicht erfasst der Bereich des dienstlichen (amtlich-hoheitlichen), betriebsinternen (nicht nach außen dringenden) und rein privaten Handelns. Privatpersonen, die als solche ihr Eigentum (Einfamilienhaus, Eigentumswohnung, Gebrauchtwagen usw) zum Verkauf stellen, unterfallen der PAngV nicht (OLG München WRP 83, 704, 705). Es ist kein geschäftlicher Verkehr und begründet keine Verpflichtung zur Preisangabe, wenn ein Immobilienmakler ohne Hinweis auf seine berufliche Tätigkeit ein Grundstück aus seinem Privatbesitz in Zeitungsanzeigen zum Verkauf anbietet. Dass der Erlös dem Geschäftsbetrieb zugute kommen kann, reicht für die Annahme eines Handelns im geschäftlichen Verkehr nicht aus (BGH GRUR 93, 761, 762 – *Makler-Privatangebot*). Ebenso wie das Spendensammeln eine geschäftliche Handlung nach § 2 I Nr 1 UWG (§ 2 UWG Rn 42) darstellen kann, kann die Spendenwerbung der PAngV unterliegen (*Voigt*, WRP 07, 44).

8   **2. Normadressat.** Verpflichtet zur Preisangabe sind Anbieter und Werbender, dieser in den Fällen der Werbung mit Preisangaben (§ 1 I 1). Verpflichtet ist aber nur, wer **selbst** anbietet oder **selbst** als Anbieter von Waren oder Leistungen den Endpreis vom Letztverbraucher fordert oder ihm gegenüber festsetzt. Hersteller, Importeure, Großhandelsunternehmen, die nicht an Letztverbraucher abgeben, unterliegen bei ihrer Produktwerbung den Verpflichtungen der PAngV nicht. Dasselbe gilt bei Hinweisen auf **unverbindliche Preisempfehlungen** (vgl Amtl Begr zur PAngV 1985, Abschn B, zu § 1 Abs 1 Nr 2; KG GRUR 83, 455). Großhandelsunternehmen, die *auch* an Letztverbraucher verkaufen, unterliegen insoweit – sofern nicht die Ausnahmeregelung des § 9 I Nr 1 greift – der Verpflichtung zur Endpreisangabe. Ob eine Händlergemeinschaftswerbung mit Preisangaben (zB mit einer Herstellerpreisempfehlung) wie eine Hersteller-, Importeur- oder Großhändlerwerbung von den Vorschriften der PAngV freigestellt ist, ist Frage des Einzelfalls. Sie ist nicht freigestellt,

Grundvorschriften **§ 1 PAngV**

wenn der Verkehr der Werbung entnimmt, dass sich die einzelnen Händler als Anbieter von Waren direkt an den Letztverbraucher richten (vgl BGH GRUR 83, 658, 661 – *Hersteller-Preisempfehlung in Kfz-Händlerwerbung*).

Makler und sonstige Vermittler, die für einen andern anbieten oder für Dritte 9 als Anbieter von Waren oder Leistungen werben, müssen Endpreise angeben. Sie sind **Normadressaten,** da sie als Anbieter auftreten, auch wenn sie nicht in eigenem Namen und auf fremde Rechnung handeln. Entscheidend ist, dass sie sich direkt an Letztverbraucher richten und aus der Sicht des Verkehrs als Anbieter erscheinen (Amtl Begr PAngV 1985, Abschnitt B, zu § 1 I Nr 1 aE; BGH GRUR 80, 304, 306 – *Effektiver Jahreszins;* GRUR 90, 1022, 1023 – *Importeurwerbung;* GRUR 91, 845, 846 – *Nebenkosten;* BGHZ 139, 368, 375 = GRUR 99, 264, 266 – *Handy für 0,00 DM*). Unabhängig davon ist auch die Vermittlungsleistung preisangabenpflichtig, wenn *diese* iS des § 1 I 1 PAngV angeboten oder beworben wird. **Reiseveranstalter** sind ebenfalls Normadressaten, auch wenn sie nicht Vertragspartner des Kunden werden (BGH aaO – *Nebenkosten*). Normadressat ist auch der Kaufmann, der für einen **drittfinanzierten Abzahlungskauf** (Finanzkauf) wirbt, dh er muss den nach § 6 I maßgebenden effektiven Jahreszins angeben. Zur Angabe des Teilzahlungsendpreises ist er dagegen nicht verpflichtet, da er lediglich die Vermittlung des Kredits zur Finanzierung des Kaufpreises anbietet, diesen aber nicht selber gewährt. Der Teilzahlungsendpreis ist in diesen Fällen nicht der Endpreis *des Werbenden*. Anders ist es, wenn Kreditgeber und Warenlieferant identisch sind (BGH GRUR 92, 857, 858 – *Teilzahlungsendpreis I;* GRUR 93, 127 – *Teilzahlungsendpreis II;* GRUR 94, 225, 226 – *Teilzahlungsendpreis III*).

3. Letztverbraucher. Die Verpflichtung zur Endpreisangabe trifft grundsätzlich 10 jeden, der Letztverbrauchern gegenüber als Waren- oder Leistungsanbieter auftritt oder Preiswerbung betreibt (§ 1 I 1). Letztverbraucher sind Endverbraucher, die Waren erwerben, ohne sie – unverändert oder nach Be- oder Verarbeitung – weiter umsetzen (weiterveräußern) oder sonst gewerblich verwenden zu wollen (Einf Rn 20). Aus diesem Kreis von Letztverbrauchern sind **Gewerbetreibende ausgenommen,** die die Ware oder Leistung in ihrer selbstständigen beruflichen oder gewerblichen oder in ihrer behördlichen oder dienstlichen Tätigkeit verwenden (§ 9 I Nr 1; Einf Rn 20). Dies beruht auf der Erwägung, dass es vom Schutzzweck der PAngV her nicht erforderlich erscheint, dem Anbieter oder Werbenden die Verpflichtung zur Angabe des Endpreises auch gegenüber diesem Personenkreis aufzuerlegen (§ 9 Rn 3).

Zweigen die in § 9 I Nr 1 genannten Gewerbetreibenden von den **für den Be-** 11 **trieb erworbenen Waren** einen Teil für die Deckung des privaten Lebensbedarfs ab, fallen sie – entgegen dem Wortlaut der PAngV („… die die Ware … in ihrer selbstständigen … Tätigkeit … *verwenden*") – nicht aus der Ausnahmeregelung des § 9 I 1 Nr 1 heraus, weil der Sinn und Zweck der Ausnahmeregelung auch diese Fälle deckt, gleichviel ob der Entschluss zur Warenentnahme vor oder nach dem Einkauf gefasst wird. Anders liegt es, wenn der private Bedarf mit betriebsfremden Waren gedeckt wird. Auch Gewerbetreibende sind in diesen Fällen letzte Verbraucher, auf die die Ausnahmeregelung des § 9 I Nr 1 nicht mehr passt. Sie stehen privaten Letztverbrauchern gleich, weil sie ebenso sehr oder ebenso wenig wie diese imstande sind, das Waren- oder Leistungsangebot sachgerecht beurteilen zu können. Großhandelsunternehmen (insbesondere der Selbstbedienungsgroßhandel) und andere Handelsbetriebe müssen deshalb – wenn sie von den Bestimmungen der PAngV freigestellt sein sollen – sicherstellen, dass private Endverbraucher zu ihnen keinen Zutritt haben und dass die von ihnen belieferten Wiederverkäufer, gewerblichen Verbraucher und Großabnehmer nur die in ihrer jeweiligen Tätigkeit verwendbaren Waren erwerben (§ 9 I Nr 1 Halbs 2).

Um diesen Anforderungen zu genügen, bedarf es effektiver, durchgehender **Kon-** 12 **trollen,** die sich nicht nur in Stichproben erschöpfen dürfen (BGH GRUR 90, 617,

PAngV § 1

621 f – *Metro III*). Mittel zur Kontrolle sind Einkaufsausweise, Einkaufsberechtigungsscheine, Eingangs- und Ausgangskontrollen. Einkaufsausweise mit Angaben zur Person und Tätigkeit des Gewerbetreibenden und seiner Branche belegen bei der **Eingangskontrolle** dessen Identität und Einkaufsberechtigung, bei der **Ausgangskontrolle** die Berechtigung zum Erwerb der ausgesuchten Waren. Die dafür notwendige Prüfung hat der Bundesgerichtshof für möglich und zumutbar erachtet, sofern die Kontrollmaßnahmen nicht zum Eindringen in die betriebliche oder häusliche Sphäre des Kunden führen. Eine Überprüfung auf die tatsächliche Verwendung der Ware scheidet daher aus, dagegen nicht eine Kontrolle auf **betriebliche Verwendbarkeit**. Bei unbefugtem Einkauf ist der Verkauf abzulehnen, uU der Einkaufsausweis einzuziehen. Derartige Maßnahmen, die auch praktisch durchführbar sind (vgl BGH aaO – *Metro III*), schaffen die Möglichkeit, Einkäufe betriebsfremder Waren durch gewerbliche Abnehmer für den Privatbedarf wirkungsvoll einzuschränken, dh im Rahmen der Toleranzgrenze (Rn 13) zu halten, und Einkäufe von Privatpersonen weitgehend zu unterbinden. Dass es in Einzelfällen gelingt, Kontrollen etwa durch Täuschung oder Ausweismissbrauch zu umgehen, ist dann unschädlich (BGH aaO – *Metro III*). Keine ausreichende Kontrollmaßnahme ist die Ausgabe von „Kommissionskärtchen", die dem Kunden beim Einkauf unter der Voraussetzung ausgehändigt werden, dass er in der Kundenkartei der Wiederverkäufer und gewerblichen Abnehmer registriert ist, wenn bei der Endabrechnung des Einkaufs keinerlei Kontrolle stattfindet, ob die eingekauften Waren dem gewerblichen oder dem privaten Bedarf des Kunden zuzuordnen sind (OLG Frankfurt GRUR 94, 140, 141 – *Metro-Kommissionskärtchen*).

13 Der Miterwerb betriebsfremder Waren zum Eigenverbrauch lässt sich allerdings erfahrungsgemäß auch bei Durchführung der gebotenen Kontrollmaßnahmen nicht vollständig verhindern. Das rechtfertigt die Festlegung einer **Toleranzgrenze,** innerhalb der die Ausnahmeregelung des § 9 I Nr 1 noch greift. Diese Grenze ist – wie früher bei § 6a UWG (vgl 3. Aufl § 6a UWG Rn 20, 21) – bei etwa 10% des Umsatzes des (Großhandels-, Hersteller-) Unternehmens zu ziehen. Auf eine Überschreitung im Einzelfall kommt es nicht an, maßgebend ist der Gesamtumsatz des Unternehmens bzw. dessen verselbstständigter (Food- oder Non-food-) Abteilung (vgl BVerfG GRUR 99, 247, 249 = NJW 98, 2811, 2812 – *Metro;* BGHZ 70, 18, 29 f = GRUR 78, 173, 176 – *Metro I;* BGH aaO – *Metro III*).

14 **4. Anbieten, Werben.** § 1 I 1 knüpft die Preisangabenpflicht an zwei unterschiedliche, von der PAngV gesondert geregelte Vorgehensweisen des Kaufmanns, das **Anbieten** von Waren und Leistungen und das **Werben** dafür. Beim Angebot ist die Angabe von Endpreisen stets, bei der Werbung nur dann erforderlich, wenn unter Angabe von Preisen geworben wird, dh wenn (Einzel-)Preise angegeben werden (BGH GRUR 09, 982 Rn 9 – *Dr. Clauder's Hufpflege;* GRUR 04, 960, 961 – *500 DM-Gutschein für Autokauf*). Ob der Kaufmann mit Preisen wirbt, ist ihm freigestellt. Wirbt er aber damit, muss er die **Endpreise** einschließlich der Umsatzsteuer und aller sonstigen Preisbestandteile nennen. Fehlt es an einer Angabe von (Einzel-)Preisen, findet die PAngV nur dann Anwendung, wenn ein Angebot vorliegt. Wettbewerbsrechtlich schließt der Begriff der Werbung den des Angebots ein. Dagegen ist Werbung nach der PAngV nur ein minus zum Angebot, eine Vorstufe zu diesem, die als solche hinsichtlich der Preisangabepflicht weniger strengen Anforderungen unterworfen ist.

15 **a) Anbieten.** Unter den Begriff des Anbietens iS des § 1 I 1 fallen zunächst alle Vertragsangebote iS des § 145 BGB. Darüber hinaus sind ihm alle sonstigen Erklärungen eines Kaufmanns zuzurechnen, die vom Verkehr **in einem rein tatsächlichen Sinne** üblicherweise als Angebot aufgefasst werden. Dieser weite Angebotsbegriff folgt unmittelbar aus der PAngV, die auch solche Handlungen für preisangabepflichtig erklärt, die – wie in den Fällen des § 4 I – noch keine Vertragsofferte im engeren, rechtstechnischen Sinne des § 145 BGB darstellen, vielmehr den potentiellen Kunden

Grundvorschriften **§ 1 PAngV**

im Sinne einer *invitatio ad offerendum* erst auffordern, seinerseits ein Vertragsangebot abzugeben (BGH GRUR 80, 304, 305 f – *Effektiver Jahreszins; Erbs/Kohlhaas/Ambs*, § 1 PAngV Rn 6; *Gelberg*, Komm z PAngV, S 18; *Kohlmann/Sandermann*, GRUR 75, 120, 121). Notwendig für den Begriff des Anbietens iS der PAngV ist aber, dass der Kunde, wenn auch rechtlich noch unverbindlich, **tatsächlich** aber schon **gezielt** auf die Anbahnung geschäftlicher Beziehungen, dh auf den Kauf einer Ware oder die Abnahme einer Leistung angesprochen wird.

Ein Angebot in diesem Sinne liegt vor, wenn der Inhalt einer Anzeige, einer Wer- **16** bebroschüre usw so **konkret** gestaltet ist, dass der Abschluss des Geschäfts aus der Sicht des Kunden **ohne weiteres** möglich erscheint (BGH GRUR 82, 493, 494 – *Sonnenring;* GRUR 83, 658, 660 – *Hersteller – Preisempfehlung in Kfz-Händlerwerbung;* GRUR 83, 661, 662 – *Sie sparen 4000 DM*). Bedarf es **ergänzender Angaben** und weiterer Verhandlungen, um das Geschäft zustande zu bringen, liegt ein Angebot iS des § 1 I 1 noch **nicht** vor (BGH aaO – *Sonnenring;* BGH aaO – *Hersteller-Preisempfehlung in Kfz-Händlerwerbung;* GRUR 94, 222, 223 – *Flaschenpfand I;* BGHZ 155, 301, 304 = GRUR 03, 971, 972 – *Telefonischer Auskunftsdienst*). Ein **Immobilienangebot**, dem Angaben über die Größe des Objekts, die Ausstattung oder das aufzubringende Eigenkapital fehlen, enthält kein Angebot iS der PAngV (BGH aaO – *Sonnenring*), ebenso die Werbung eines **Fahrschulunternehmens,** Fahrschüler unter Einsatz neuester Fahrzeuge zu schulen und bei bestandener Prüfung einen auf einen bestimmten Geldbetrag lautenden Gutschein schenkweise zu überlassen (BGH GRUR 04, 960, 961 – *500,– DM-Gutschein für Autokauf*). Entscheidend sind die Umstände des Einzelfalls. Angebote iS der PAngV können auch schriftliche **Einzelangebote** sein (Rn 17) oder **Werbepostkarten** für die Vergabe von Krediten, die das Versprechen enthalten, das beworbene Darlehen gegen Einsendung der Karte zu den angegebenen Bedingungen zur Verfügung zu stellen (BGH aaO – *Effektiver Jahreszins*). Gleiches gilt für die Zusendung von **Warenkatalogen** mit im Einzelnen beschriebenen Artikeln unter Beifügung von Bestellscheinen. Angebot iS des § 1 I 1 ist auch die Aufforderung, unter der in der Werbung angegebenen **Rufnummer** die Dienste eines Inlandsauskunftsunternehmens in Anspruch zu nehmen, da mit der Wahl der Rufnummer die angebotene Dienstleistung unmittelbar abgerufen werden kann (BGH aaO – *Telefonischer Auskunftsdienst*). Zur Angabe von Endpreisen verpflichtet auch das Anbieten von **Flugreisen,** wenn der Kunde aufgefordert wird, seinerseits für den von ihm aus dem vorliegenden Angebot des Flugreiseunternehmens auszuwählenden Flug einen bestimmten Preis zu bieten, den das Flugreiseunternehmen entweder akzeptiert oder ablehnt (OLG Düsseldorf WRP 01, 291, 293). Auf Onlinemarktplätzen wie zB **Internetversteigerungen** eingestellte Produkte stellen unabhängig von der Veräußerungsart (Sofort-kaufen oder Höchstgebot) ein Angebot dar (*Wekwerth*, MMR 08, 378, 379).

Erfasst werden vom Angebotsbegriff des § 1 I 1 sowohl **Allgemeinangebote** (An- **17** gebote an jedermann bzw. an einen unbestimmten Personenkreis) als auch **Einzel- (Individual-)Angebote.** Grundsätzlich unerheblich ist die Form des Angebots (schriftlich, mündlich). § 9 sieht allerdings unter bestimmten Voraussetzungen Freistellungen von der Preisangabenpflicht vor, so für *mündliche* (Allgemein- oder Einzel-) Angebote, die *ohne* Angabe von Preisen abgegeben werden (§ 9 I Nr 4), und für Warenangebote bei Versteigerungen (§ 9 I Nr 5). Mündliche Angebote im Fernsehen sind aber durch § 9 I Nr 4 von der Verpflichtung zur Preisangabe nach § 1 I 1 nicht freigestellt (BGHZ 155, 301, 304 = GRUR 03, 971, 972 f – *Telefonischer Auskunftsdienst*). Anders bei mündlichen Angeboten ohne Angabe von Preisen im Hörfunk (BGH aaO – *Telefonischer Auskunftsdienst*).

b) Werben. Fehlt es am Begriff des Angebots, weil der Kunde nicht gezielt auf **18** den Abschluss eines Geschäfts angesprochen wird, handelt es sich um Werbung, wenn der Kaufmann zwecks Absatzförderung auf die Kauf- oder Abnahmeentschlie-

PAngV § 1 Preisangabenverordnung

ßung des Kunden einwirkt, **ohne** dass der Erwerb einer Ware oder die Inanspruchnahme einer Leistung **bereits im Einzelnen** konkretisiert werden kann. Werben ist weniger als Anbieten (Rn 14 aE). Bloße Produktinformation oder allgemeine Kaufanregungen, die nicht ohne weiteres geeignet sind, den Letztverbraucher zum Kauf zu veranlassen, sind Werbung, kein Angebot, auch wenn sie auf eine bestimmte Bezugsquelle hinweisen. Hängt der Kaufentschluss von zusätzlichen Erklärungen des Käufers ab, liegt regelmäßig noch kein Angebot vor (Rn 15f). Immobilienanzeigen sind daher regelmäßig Werbung und kein Vertragsangebot iS des § 1 I 1. Ebenso liegt es bei der Werbung für andere höherwertige Wirtschaftsgüter wie Kraftfahrzeuge, Einrichtungsgegenstände oder Fernsehgeräte (BGH GRUR 82, 493, 494 – *Sonnenring;* GRUR 83, 658, 660 – *Hersteller-Preisempfehlung in Kfz-Händlerwerbung;* GRUR 83, 661, 662 – *Sie sparen 4000,– DM*).

19 Die PAngV erfasst Angebote und Werbemaßnahmen gleich welcher Art und Form. Ihr unterfallen daher nicht nur werbliche Verlautbarungen in Zeitungen, Zeitschriften, Prospekten und Katalogen, auf Plakaten und in Handzetteln, sondern auch solche bei Benutzung aller sonstigen Medien und Kommunikationsformen (Rundfunk, Fernsehen, Telefon, Telefax, E-Mail usw).

20 **5. Waren, Leistungen. Gegenstand** von Angebot und Werbung sind Waren oder Leistungen. Beide Begriffe entsprechen denen des UWG. Sie sind, um dem Sinn und Zweck der PAngV (Einf Rn 14) gerecht zu werden, **weit auszulegen.** Auf das handelsrechtliche Verständnis und den Warenbegriff des HGB kommt es für die PAngV nicht an. Sonderregelungen für Waren enthält die PAngV in den §§ 4, 7, 8 und 9, für Leistungen in den §§ 5, 6 und 9.

21 a) **Waren.** Waren iS der PAngV sind alle **Wirtschaftsgüter,** die Gegenstand eines Handels im geschäftlichen Verkehr sein können. Dazu zählen alle **beweglichen Sachen** unabhängig vom Aggregatzustand (Gas, Fernwärme), landwirtschaftliche, forstwirtschaftliche, bergbauliche Erzeugnisse, sonstige Gegenstände, die **Urproduktion,** der **elektrische Strom.** Auch **Immobilien** (Grundstücke, Eigentumswohnungen) sind preisangabepflichtige Waren (BGH GRUR 82, 493, 494 – *Sonnenring;* GRUR 83, 665, 666 – *qm-Preisangaben I*). Dekorationsstücke unterliegen keiner Preisangabepflicht, wohl aber Gegenstände, die anstelle von Waren ausgestellt werden (Attrappen, Schallplattenhüllen, Buchhüllen, leere Flaschen, Kartons usw; BayObLG BB 54, 730). Gleiches gilt für verkaufte Ware, wenn nicht ersichtlich ist, dass die gleiche Ware nicht mehr zum Verkauf steht (*Gelberg*, Komm z PAngV, S 16). Gegenstände, für die Pfand (zB Flaschenpfand) erhoben wird, sind Waren, wenn es dem Käufer – wie regelmäßig – freisteht, das Pfandstück zurückzugeben oder zu behalten, dh wenn ein eigentumsrechtlicher Rückgabeanspruch des Verkäufers nicht besteht (in BGH GRUR 94, 222, 223 – *Flaschenpfand I,* offengelassen, ob Ware oder Leistung; GRUR 98, 955f – *Flaschenpfand II*).

22 b) **Leistungen.** Die PAngV erfasst mit dem Begriff der Leistung **alle geldwerten Leistungen** (wirtschaftliche Leistungen mit umsatzfähigem Wert), die im geschäftlichen Verkehr erbracht werden (*Gimbel/Boest,* § 1 Anm 7). Dazu zählen insbesondere die Leistungen der Handwerker, des Kredit-, Hotel- und Gaststättengewerbes (vgl §§ 6 und 7), der Versicherungs-, Beförderungs- und Reiseunternehmen (BGH GRUR 91, 845, 846 – *Nebenkosten*), der Makler und Kreditvermittler (BGH GRUR 80, 304, 305 – *Effektiver Jahreszins*), der freiberuflich Tätigen und der öffentlichen Hand, soweit nicht die Ausnahmeregelungen des § 9 I Nr 2, 3 und § 9 VIII eingreifen.

23 **6. Preisangaben. a) Endpreise (§ 1 I 1).** Die Preisangabepflicht wird durch Angabe des Endpreises erfüllt. Endpreis ist nach der Legaldefinition des § 1 I 1 der Preis, der einschließlich der Umsatzsteuer und sonstiger Preisbestandteile unabhängig von einer Rabattgewährung (Rn 4) zu zahlen ist, dh der insgesamt als Gegenleistung auf-

Grundvorschriften § 1 PAngV

zubringende Betrag *ohne* Abzug eines etwa gewährten Rabatts (Rn 37; BGH GRUR 91, 845, 846 – *Stundungsangebote;* GRUR 01, 1166, 1168 – *Fernflugpreise*). Endpreis iS der PAngV ist daher stets der *Brutto*preis. Zur (besonderen) Ausweisung eines eingeräumten Rabatts oder des auf Grund des Preisnachlasses ermäßigten Entgelts ist der Werbende/der Anbieter nicht verpflichtet (Rn 37). Die Verpflichtung zur Endpreisangabe besteht unabhängig davon, ob der Verkehr bei bestimmten Angeboten daran gewöhnt ist, angegebene Einzelpreise zu einem Endpreis zusammenzurechnen (BGH GRUR 81, 140, 141 – *Flughafengebühr;* BGH aaO – *Fernflugpreise*) oder ob die Errechnung des Endpreises anhand der in der Werbung genannten Einzelpreise für einen durchschnittlichen Letztverbraucher möglich, einfach oder schwierig ist (BGH GRUR 88, 699, 700 – *qm-Preisangaben II;* GRUR 99, 762, 763 – *Herabgesetzte Schlussverkaufspreise;* BGH aaO – *Fernflugpreise*). Neben dem Endpreis ist nach Maßgabe des § 2 der **Grundpreis** anzugeben (s § 2 Rn 1ff).

aa) Einzelpreisangaben. In den Fällen der Werbung besteht die Preisangabepflicht nur dann, wenn „unter Angabe von Preisen" geworben wird (Rn 14). Gemeint sind **Einzelpreisangaben** (Preisbestandteile), die im Endpreis enthalten oder für dessen Bildung von Bedeutung sind. Um Preisangaben handelt es sich, wenn die Werbung Informationen enthält, die Preisvergleiche, wenn auch nur in allgemeiner Form, zulassen (BGH GRUR 83, 661, 663 – *Sie sparen 4000,– DM*), zB Teilangaben über den Kaufpreis (BGH GRUR 82, 493, 494 – *Sonnenring*), Angabe des Quadratmeterpreises beim Angebot von Eigentumswohnungen (BGH GRUR 83, 665, 666 – *qm-Preisangaben I;* GRUR 01, 258, 259 – *Immobilienpreisangaben*) oder Mitteilungen zur Höhe der Anzahlung. Beim Angebot einer aus einzelnen Bestandteilen **zusammengesetzten Leistung** (zB Entwicklung eines Farbfilms *und* Farbabzug) muss der *Gesamt*preis angegeben werden. Es verstößt gegen § 1 I 1 PAngV, wenn nur der besonders günstige Preis eines einzelnen Leistungsbestandteils herausgestellt wird, obwohl sich ein Gesamtpreis bilden lässt (BGH GRUR 01, 446, 447 – *1-Pfennig-Farbbild;* vgl auch BGHZ 139, 368, 376f = GRUR 99, 264, 267 – *Handy für 0,00 DM;* BGH GRUR 99, 261, 264 – *Handy-Endpreis;* GRUR 06, 164 Rn 20 – *Aktivierungskosten II;* GRUR 09, 73 Rn 18 – *Telefonieren für 0 Cent!*). Ob ein einheitliches Leistungsangebot vorliegt und welche Bestandteile zu der beworbenen Leistung gehören, bestimmt sich nach der **Verkehrsauffassung** (BGH GRUR 01, 1166, 1168 – *Fernflugpreise;* GRUR 09, 73 Rn 23 – *Telefonieren für 0 Cent!*). Eine einheitliche Leistung liegt in der Regel jedenfalls dann vor, wenn die Leistungen nur zusammen erworben werden können oder wenn Zusatzleistungen bei Inanspruchnahme der beworbenen Leistung auf jeden Fall und ohne Wahlmöglichkeit des Kunden anfallen (BGH GRUR 91, 845, 846 – *Nebenkosten;* GRUR 09, 73 Rn 23 – *Telefonieren für 0 Cent!*). Wird für einen Telefontarif mit der Angabe „Telefonieren für 0 Cent!" geworben, so sind in der Anzeige die für die Bereitstellung des erforderlichen Telefonanschlusses aufzuwendenden Kosten sowie die monatlich anfallenden Grundgebühren für diesen Anschluss anzugeben (BGH GRUR 09, 73 Rn 25 – *Telefonieren für 0 Cent!*) vgl auch unten Rn 28. Wirbt der Kaufmann mit **unverbindlichen Hersteller-Preisempfehlungen**, verpflichtet nach aaO das zur Angabe des Endpreises, wenn der Verkehr der Angabe auch den **Hinweis auf den eigenen Händlerpreis** entnimmt, nicht aber, wenn sie lediglich als neutrale Information über die Preisvorstellung des Herstellers verstanden wird.

Keine Preisangaben sind *abstrakte,* nicht auf die Ware oder Leistung bezogene Hinweise wie „Haus der kleinen Preise" ua oder nicht auf *bestimmte* Waren bezogene „Von ... bis"-Preise (OLG Stuttgart WRP 83, 445, 446; *Erbs/Kohlhaas/Ambs,* § 1 PAngV Rn 9; *Gimbel/Boest,* § 1 PAngV Anm 10). Keine Preisangabe ist ferner der Hinweis auf eine **Preisersparnis** mag diese in Prozenten oder zahlenmäßig ausgedrückt sein. Rückschlüsse auf den Preis können allein aus einer solchen Angabe nicht gezogen werden (BGH aaO – *Sie sparen 4000,– DM*).

PAngV § 1

26 bb) Preisangabepflicht des Anbieters und Werbenden. Normzweck. Das Erfordernis der Angabe von Endpreisen entspricht dem Normzweck der PAngV, die verhindern will, dass der Letztverbraucher seine Preisvorstellung anhand von untereinander nicht vergleichbaren Preisen, von Basispreisen, Teilpreisen, „ca"-Preisen oder Preisbeispielen bildet (Einf Rn 14). Anbieter und Werbender sollen den insgesamt zu zahlenden Preis nennen, nicht soll der Letztverbraucher ihn ermitteln müssen. Die Angabe des Endpreises ist deshalb auch dann erforderlich, wenn der Endpreis im Einzelfall unschwer durch einen einfachen Rechenvorgang ermittelt werden kann (BGH GRUR 79, 553, 554 – *Luxus-Ferienhäuser;* GRUR 83, 665, 666 – *qm-Preisangaben I;* GRUR 01, 258, 259 – *Immobilienpreisangaben*). Es verstößt gegen § 1 I 1, wenn der Kaufmann auf Hinweisschildern im Verkaufsraum ankündigt, dass die auf den Preisschildern an der Ware stehenden Preise um 20% an der Kasse herabgesetzt werden (BGH GRUR 99, 762, 763 – *Herabgesetzte Schlussverkaufspreise*).

27 Beim **Verkauf einer Brille** ist Endpreis des Optikers der Selbstzahlerpreis, dh beim Verkauf einer Brille an das Mitglied einer gesetzlichen Krankenkasse ist Endpreis das Entgelt, das der Optiker von der gesetzlichen Krankenkasse *und* dem zuzahlenden Versicherten insgesamt erhält. Eine Werbung, die als Preisangabe nur die Selbstbeteiligung nennt, gibt entgegen der Preisangabepflicht aus § 1 I 1 nicht den wahren Endpreis an (BGH NJW-RR 89, 101, 102 – *Brillenpreise I*). Für die Höhe des anzugebenden Endpreises ist es daher unerheblich, ob der Optiker *ausschließlich* an Selbstzahler, *auch* an Mitglieder gesetzlicher Krankenkassen oder *nur* an solche verkauft (BGH GRUR 97, 767, 769 – *Brillenpreise II*). Der Verkehr erblickt in der Werbung für eine Brille (Fassung und Gläser) ein *einheitliches* Angebot des Optikers. Die gegenteilige Annahme – ein Angebot für die Fassung, ein zweites für die Gläser – wäre erfahrungswidrig. Die sozialversicherungsrechtliche Einstandspflicht, die sich für Gläser und Brillenfassungen unterschiedlich gestaltet, prägt die Verkehrsauffassung nicht (BGH GRUR 00, 918, 919 – *Null-Tarif*). Nur bei einer einheitlichen, für alle Optiker geltenden Ausgangsgröße lässt sich der Zweck der PAngV erreichen, Preisklarheit und Preiswahrheit zu gewährleisten und durch optimale Vergleichsmöglichkeiten der Stellung des Verbrauchers gegenüber Handel und Gewerbe zu stärken (Einf Rn 14). Preisangabenrechtlich ebenso zu beurteilen ist die Werbung einer Autoglaserei für Windschutzscheiben zum Preis von 1 EUR unter Einsatz einer Kaskoversicherungs-Selbstbeteiligung von 150 EUR, wenn nicht der gesamte Selbstzahlerpreis (dh der dem Kaskoversicherer in Rechnung gestellte Gesamtrechnungsbetrag der Werkstatt) in der Werbung genannt wird. Ohne diese Angabe ist dem Verbraucher ein effektiver Preisvergleich mit den Angeboten anderer Autoglasereien nicht möglich (LG Mannheim WRP 04, 1520, 1521).

28 cc) Unbestimmte Entgelte. Die **Verpflichtung** zur Bildung eines Endpreises **kann** im Einzelfall **entfallen,** wenn ein solcher wegen der Zeit- und Verbrauchsabhängigkeit einzelner Preiskomponenten nicht gebildet werden kann (BGH GRUR 10, 652 Rn 18 – *Costa des Sol*). Unkosten, die auf den Kunden mit dem Abschluss eines Vertrages zukommen, aber noch **nicht zu beziffern** sind, wie beispielsweise die Erschließungskosten beim Verkauf eines noch nicht erschlossenen Baugrundstücks (vgl Amtl Begr, BAnz Nr 70 S 3730, § 1 I Nr 3; KG WRP 89, 168, 170; *Völker*, § 1 Rn 46), können nicht in den Endpreis einbezogen werden. Lassen sich **einzelne Preisbestandteile** nicht in den Endpreis einbeziehen, weil sie wie zB Telefongrundgebühren laufzeit- und verbrauchsabhängig sind, braucht aus den bereits feststehenden Preisbestandteilen **kein Teilgesamtpreis** gebildet zu werden. Wird der Abschluss eines Kaufvertrages über ein **Mobiltelefon** vom gleichzeitigen Abschluss eines **Netzkartenvertrages** abhängig gemacht, kann deshalb kein Endpreis über das Gesamtangebot und auch kein Teilgesamtpreis gebildet werden, da im Netzkartenvertrag im Zeitpunkt des Vertragsabschlusses noch nicht überschaubare laufzeit- und verbrauchsabhängige Preisbestandteile enthalten sind. Erforderlich ist aber, dass der Verbraucher in solchen Fällen auf die mit dem Abschluss des Netzkartenvertrages verbundenen Kosten und kostenbildenden Faktoren (Mindestlaufzeit, einmalige Anschlussgebühren, monatliche Grundgebühren, Mindestumsätze, hinsichtlich der verbrauchsunabhängigen festen Entgelte; Vergütungssätze hinsichtlich der verbrauchsabhängigen variablen Entgelte) genügend deutlich hingewiesen wird, so dass diese dem Handy-Preis eindeutig zugeordnet werden können (§ 1 II, § 1 VI 1; § 5 UWG; BGH GRUR 09, 1180 Rn 26 – *0,00 Grundgebühr;* GRUR 09, 73 Rn 18 – *Telefonieren für 0 Cent!;* GRUR 99, 261, 262 – *Handy-Endpreis;* BGHZ 139, 368, 375 ff = GRUR 99, 264, 266 f – *Handy für 0,00 DM*); dies gilt freilich dann nicht, wenn lediglich ein festes Startguthaben eingeräumt wird und der Kunde nach Verbrauch des Guthabens ein eingeleitetes Gespräch nicht einfach zu den allgemeinen Verbindungstarifen fortsetzen kann (BGH GRUR 09, 690 Rn 16 – *XtraPac*); bei solchen Startguthaben müssen auch keine Angaben dazu gemacht werden, in welchem Umfang mit dem Guthaben telefoniert werden kann (BGH GRUR 09, 690 Rn 13 – *XtraPac*). Unklare oder unübersichtliche Preisangaben können – je nach dem **Gesamteindruck** der Werbung – gegen den Grundsatz von Preisklarheit und Preiswahrheit verstoßen und wettbewerbswidrig sein (§ 1 VI PAngV iVm §§ 3, 4 Nr 11, §§ 3, 5 UWG), vgl BGH GRUR 02, 287, 288 – *Widerruf der Erledigungserklärung:* Werbung für Handy-Kauf und Netzkartenvertrag mit zweijähriger Laufzeit des Netzkartenvertrages unter Angabe unterschiedlich hoher, teils fester, teils variabler Preise, wobei die Festpreise nicht in der insgesamt anfallenden Höhe genannt werden, sondern nur in Höhe der jeweiligen monatlichen Rate (= $^1/_{24}$ des jeweiligen Gesamtpreises). – Eine Werbung für **telefonische Dienstleistungen** unter Angabe des anfallenden Minutenpreises, aber ohne Hinweis auf die Notwendigkeit der Einrichtung eines „Prepaid"-Kontos und der Einzahlung eines (dann abzutelefonierenden) Guthabenbetrages auf dieses Konto verstößt gegen § 1 I 1, da in einer solchen finanziellen Vorlage eine nicht unerhebliche wirtschaftliche Mehrbelastung des Kunden liegt (OLG Frankfurt GRUR-RR 05, 355, 356). Soweit die Kosten eines **Kabelanschlusses** neben den Kosten des Telefonanschlusses und einer Internet-Flatrate angegeben werden (dazu unten Rn 34), kann die Angabe eines Endpreises wegen Personenverschiedenheit der Anschlussnehmer (Mieter und Vermieter) unmöglich sein; erforderlich ist dann zumindest ein Hinweis darauf, dass die Inanspruchnahme des Telefonanschlusses und der Internet-Flatrate einen Kabelanschluss voraussetzt, für den anzugebende Gebühren und ggf eine einmalige Installationspauschale anfallen (BGH GRUR 10, 744 Rn 33 f – *Sondernewsletter*). Bei **Flugpreisen** hängt zwar die Höhe der Flughafenzu- und -abschläge von Faktoren ab, die sich nur kurzfristig ermitteln lassen, doch macht dies die Festsetzung eines Endpreises nicht unmöglich, sondern gehört zum Kalkulationsrisiko des Unternehmers (BGH GRUR 10, 652 Rn 18 – *Costa del Sol*); allerdings kann sich aus § 4 II 2 und 3 BGB-InfoV die Befugnis zu einem Preisanpassungsvorbehalt ergeben (BGH aaO Rn 19 – *Costa del Sol*).

dd) „Ca"-Preise. Die Endpreisangabe verlangt grundsätzlich die Mitteilung **29** eines festen Preises. „Ca"-Preise sind regelmäßig unzulässig, weil sie keinen hinreichend genauen Preisvergleich erlauben (BGH GRUR 91, 685, 686 – *Zirka-Preisangabe*). Nur ausnahmsweise kann auch eine „ca"-Preisangabe zulässig sein, so wenn der Endpreis, zB bei der Werbung für ein noch nicht vermessenes Grundstück, noch nicht angegeben werden kann.

ee) „Von ... bis"-Preise, „ab"-Preise. Margenpreise („von ... bis"-Preise, **30** „ab"-Preise) sind bei *Angeboten* im Allgemeinen **unzulässig**, da bei Angeboten der Leistungsgegenstand konkret feststeht und der Preis deshalb konkret benannt werden kann (zB OLG Schleswig GRUR-RR 07, 400). In der *Werbung* bestehen aber gegen Margenpreise dann keine Bedenken, wenn lediglich auf den **Umfang** des durch die Werbung angekündigten Angebots hingewiesen wird (OLG Stuttgart WRP 83, 51, 52; *Gimbel/Boest*, § 1 Anm 12). Werden Waren mit einer Vielzahl unterschiedlicher

Gewichte und demgemäß unterschiedlicher Preise beworben (zB Geflügel), genügt der Kaufmann seiner Verpflichtung zur Endpreisangabe durch einen Hinweis auf die Marge der Preise der einzelnen Ware mittels einer „von ... bis"-Preisangabe (BGH GRUR 91, 847, 848 – *Kilopreise II,* sa Rn 35) oder einer „ab"-Preisangabe, ggf mit einer Erläuterung, warum ein bestimmter Preis nicht genannt wird (BGH GRUR 01, 1166, 1168 – *Fernflugpreise*).

31 **ff) Umsatzsteuer (Mehrwertsteuer).** Die Umsatzsteuer ist in den Endpreis einzurechnen. § 1 I 1 erfordert die Angabe des *Brutto*preises. Die Angabe der Umsatzsteuer neben dem Nettopreis ohne Nennung (und gesonderte Hervorhebung, § 1 VI 3) des Endpreises ist preisangabenrechtlich unzulässig (BGH GRUR 79, 553, 554 – *Luxus-Ferienhäuser;* OLG Naumburg GRUR-RR 08, 173, 175). Erst recht gilt das für den lediglich pauschalen Hinweis, dass neben dem Nettopreis noch Steuern und Gebühren anfallen (BGH GRUR 01, 1166, 1167 – *Fernflugpreise*). Für Angebote zum Abschluss von Fernabsatzverträgen schreibt § 1 II Nr 1 die Aufnahme der Umsatzsteuer und sonstiger Preisbestandteile in den Waren- oder Leistungspreis auch ausdrücklich vor.

32 **gg) Sonstige Preisbestandteile.** Einzurechnen sind außer der Umsatzsteuer (Rn 31) auch alle sonstigen Preisbestandteile und Nebenkosten. Sonstige Preisbestandteile sind Teil- oder Basisangaben über den Kaufpreis (Rn 24), überhaupt alle Preise und Kosten, die der Verkäufer üblicherweise in die Kalkulation seiner Endpreise einbezieht (notwendige Preisbestandteile). Die bei jeder **Flugreise** zwangsläufig anfallende und bei der Buchung zu entrichtende Flughafengebühr muss daher im Endpreis enthalten sein (BGH GRUR 81, 140, 141 – *Flughafengebühr*), ebenso sonstige Flughafenabgaben wie Flughafensteuer, Passagier-, Sicherheits- und Servicegebühren (BGH GRUR 10, 652 Rn 15 – *Costa del Sol;* GRUR 01, 1166, 1168 – *Fernflugpreise;* OLG Düsseldorf WRP 99, 115, 116f; OLG Köln MD 99, 882; OLG München MD 99, 911; LG Frankfurt/M WRP 08, 523, 524; *A. Deutsch* GRUR 11, 187, 189) und obligatorisch anfallende Kreditkartenkosten (LG Berlin WRP 05, 1569, 1570). Der allgemeine Hinweis, dass zusätzlich zu den genannten Flugpreisen Kosten und Gebühren anfallen, genügt nicht (BGH GRUR 04, 435, 436 – *FrühlingsgeFlüge;* OLG Düsseldorf NJWE-WettbR 98, 104 und WRP 99, 115, 116f); eine inhaltlich übereinstimmende Regelung enthält auch Art 23 der am 1.11.2008 in Kraft getretenen **Verordnung (EG) Nr 1008/2008** über gemeinsame Vorschriften für die Durchführung von Luftverkehrsdiensten in der Gemeinschaft (ABl L 293/3; dazu näher *A. Deutsch* GRUR 11, 187; vgl Einf Rn 10). – Gleiches gilt bei der Vermietung von Ferienwohnungen für die in jedem Fall anfallenden Nebenkosten für Strom, Wasser, Gas, Heizung, Endreinigung usw (BGH GRUR 91, 845, 846 – *Nebenkosten;* LG München WRP 08, 273, 274). – Ebenfalls Preisbestandteile sind die **Überführungskosten für Kraftfahrzeuge,** wenn sie, wie es regelmäßig der Fall ist, obligatorisch anfallen (BGH GRUR 83, 443, 445 – *Kfz-Endpreis;* OLG Düsseldorf WRP 95, 732; OLG Köln WRP 13, 192 Rn 10; zur fakultativen Überführung LG Krefeld MMR 08, 125). Die Angabe der Überführungskosten ist auch beim **Kfz-Leasing** erforderlich, wenn andernfalls der Eindruck entsteht, die Überführungskosten seien im Preis mitenthalten (OLG Frankfurt WRP 98, 324, 325). Fallen Überführungskosten in unterschiedlicher Höhe an, weil das werbende Unternehmen verschiedene Niederlassungen hat, kann der eindeutige Hinweis auf die gesonderte Berechnung der Überführungskosten den Anforderungen des § 1 I 1 genügen (vgl OLG Stuttgart NJWE-WettbR 98, 78, 79). Können die Überführungskosten nicht angegeben werden, weil diese – zB bei Importfahrzeugen oder bei räumlich weit auseinanderliegenden Niederlassungen des Unternehmens (vgl OLG Stuttgart NJWE-WettbR 98, 78, 79) – im Zeitpunkt der Werbung noch nicht feststehen, ist auf das Hinzutreten dieser Kosten entsprechend den Grundsätzen des § 1 VI in geeigneter Weise hinzuweisen („zuzüglich Überführungskosten").

§ 1 PAngV

hh) Kosten Dritter, Versandkosten, Folgegeschäfte. Zu sonstigen Preisbe- 33
standteilen iS des § 1 I 1 zählen nicht die Nebenkosten, die an Dritte zu zahlen sind,
zB Maklerprovision, Grunderwerbssteuer, die gesetzlichen Gebühren der Notare und
Grundbuchämter, Kurtaxen usw oder beliebig auswählbare Zusatzleistungen, die der
Verkehr dem Endpreis nicht notwendigerweise zurechnet (Pkw-Zusatzausstattung).
Auch Belastungen, die bei einem Erwerb lediglich mittelbar anfallen, sind keine in
den Endpreis einzurechnenden Preisbestandteile (zB Erschließungskosten eines Baugrundstücks). Versandkosten und Versicherungsprämien für zu versendende Kauf-
objekte sind **nicht Preisbestandteile**, wenn klargestellt ist oder sonst nach der Art
des Angebots für den Verkehr feststeht, dass Zusatzkosten dieser Art bzw. eine Unkostenpauschale üblicherweise gesondert neben dem Endpreis anfallen. Im **Versandhandel** – sofern es sich nicht um **Fernabsatzgeschäfte** iS des § 1 II PAngV, § 312b
BGB handelt (Rn 62) – werden die Versandkosten auf die Sendung, nicht auf die
Ware erhoben. Versandkosten sind deshalb (von der vorerwähnten Ausnahme abgesehen) kein in den Endpreis iS des § 1 I 1 einzubeziehender Preisbestandteil (BGH
GRUR 97, 479, 480 – *Münzangebot;* aA KG GewArch 87, 100, 101; vgl auch KG
NJW-RR 87, 1126, 1127).

Die Verpflichtung zur Angabe des Endpreises besteht grundsätzlich allein im Hin- 34
blick auf die **unmittelbar** angebotenen oder beworbenen Produkte, nicht für andere
Produkte – zB Verbrauchsmaterialien oder Zubehörteile – die lediglich kompatibel
sind; der Anbieter oder Werbende ist **nicht** zur Angabe der Preise von Produkten verpflichtet, die lediglich Gegenstand möglicher **Folgegeschäfte** sind, auch wenn er
diese selbst anbietet und mittelbar mitbewirbt (BGH GRUR 10, 744 Rn 29 – *Sondernewsletter;* GRUR 09, 690 Rn 9 – *XtraPac;* GRUR 08, 729 Rn 15 – *Werbung für Telefondienstleistungen*). **Anders** dagegen, wenn mit dem Erwerb des angebotenen oder
beworbenen Produkts zugleich eine **Vorentscheidung** im Hinblick auf ein anderes
Produkt des Unternehmens verbunden ist; dies gilt auch dann, wenn sich die Werbung auf kombinierte Leistungen bezieht, die aus Sicht der angesprochenen Verbraucher als einheitliches Leistungsangebot und Gegenstand eines einheitlichen Vertragsschlusses erscheinen (BGH GRUR 10, 744 Rn 30 – *Sondernewsletter;* GRUR 09, 73
Rn 18 – *Telefonieren für 0,00 Cent!*). Dabei liegt ein einheitliches Leistungsangebot
idR jedenfalls dann vor, wenn die Inanspruchnahme der beworbenen Leistung
zwangsläufig die Inanspruchnahme einer anderen Leistung voraussetzt (BGH GRUR
10, 744 Rn 30 aE – *Sondernewsletter;* GRUR 09, 73 Rn 23 – *Telefonieren für 0,00
Cent!*), zB bei Telefonanschluss und Internet-Flatrate gegenüber Kabelanschluss
(BGH GRUR 10, 744 Rn 31 – *Sondernewsletter*).

ii) Fertigpackungen, offene Packungen, Verkaufseinheiten ohne Umhül- 35
lung. Waren in Fertigpackungen (gemäß der Definition des § 6 FPV), in offenen Packungen (zB Spargel in Spankörben) und Waren ohne Umhüllung (zB Elektrokabel,
Gartenschläuche, aber auch unverpackte Lebensmittel [Backwaren]) sind ungeachtet
der Verpflichtung zur Angabe des Grundpreises von der Verpflichtung zur Angabe des
Endpreises nicht ausgenommen (vgl § 2 I). Lediglich in den Fällen des § 2 II (lose
Ware) ist die Endpreisangabe entbehrlich. Hier genügt die Angabe des Grundpreises.
Haben gleiche Waren in Fertigpackungen unterschiedliche Gewichte (zB bei Geflügel) wird in der Werbung der Verpflichtung zur Endpreisangabe nach der PAngV –
neben der nach der FertigpackungsVO – durch beispielhafte Endpreisangaben und/
oder durch „von ... bis"-Preisangaben genügt (BGH GRUR 91, 847, 848 – *Kilopreise
II,* sa Rn 30).

jj) Selbstständige Verkaufseinheiten. Werden mehrere zu einer Einheit zusam- 36
mengefasste Waren als eine neue **selbstständige Verkaufseinheit** angeboten
(Kopplungsangebote, Vorspannangebote, Sachgesamtheiten, Warengebinde), bedarf
die neue Verkaufseinheit der Angabe eines **einheitlichen Endpreises.** Ob eine
neue Verkaufseinheit vorliegt, richtet sich nach der Auffassung des Verkehrs, der sich

PAngV § 1

an Hand des Erscheinungsbildes von Angebot und Werbung in erster Linie daran orientiert, ob die Ware oder Leistung – wie beispielsweise bei der Werbung für eine Eigentumswohnung mit Garage – nur als Einheit erworben werden kann (BGH aaO – *Flaschenpfand I;* KG WRP 81, 464, 465; OLG Frankfurt WRP 83, 689, 690; OLG Hamm WRP 88, 755, 756f; *Gimbel/Boest,* § 1 Anm 13 aE). Entsprechendes gilt für Pauschalangebote, zB für Pauschalreisen (vgl GRUR 81, 140, 141 – *Flughafengebühr;* GRUR 91, 845, 846 – *Nebenkosten*).

37 **kk) Rabatte.** Anzugeben sind die Endpreise, die **unabhängig von einer Rabattgewährung** zu zahlen sind (Rn 4). Das bedeutet, dass Preisnachlässe bei der Bildung des Endpreises nicht berücksichtigt werden dürfen. Anzugeben sind daher die Preise, die noch nicht um Preisnachlässe vermindert worden sind. Preisangabenrechtlich unbedenklich ist aber *neben* der Endpreisangabe der Hinweis auf die Gewährung von Preisnachlässen, sei es durch Nennung eines prozentualen oder betragsmäßigen Abschlags, sei es durch Angabe des um den Rabatt ermäßigten Preises (unter Beachtung des § 1 VI 3), vgl *Gimbel/Boest,* § 1 Rn 14; *Gelberg,* Komm z PAngV, S 23).

38 **ll) Ausländische Preise.** Anbieter, die auf dem deutschen Markt zu anderen Anbietern in Konkurrenz treten, müssen ihre in Deutschland zu zahlenden Preise (zB für Flugreisen) **seit dem 1.1.2002 grundsätzlich in Euro** angeben. Andernfalls würde der Zweck der PAngV verfehlt, dem Letztverbraucher eine hinreichend zuverlässige Klarheit über die Preise zu verschaffen und zugleich zu verhindern, dass er seine Preisvorstellungen an Hand untereinander nicht vergleichbarer Preise bildet (Einf Rn 14). Daraus folgt aber nicht, dass **Angebote in ausländischer Währung** oder die Werbung für solche Angebote stets und ausnahmslos unzulässig sind. Soll das Geschäft im Ausland abgewickelt werden, dh soll die Leistung im Ausland erbracht und dort auch bezahlt werden, tritt die Zielsetzung der PAngV zurück. Das gilt einmal für Angebote in Werbeanzeigen ausländischer Zeitungen, die auch in Deutschland vertrieben werden, sofern sich diese Zeitungen hauptsächlich an den Leserkreis ihres Landes richten und nicht – wie etwa in Grenzregionen – eigens für den deutschen Markt konzipiert und gedruckt werden. Das gilt ferner dann, wenn ein Wettbewerb mit inländischen Anbietern hinsichtlich der beworbenen Ware oder Leistung nicht stattfindet (Werbung für Verkäufe ausländischer Grundstücke oder für Flugreisen innerhalb der USA mit Preisangaben in US-Währung). Darüber hinaus ist es preisangabenrechtlich unbedenklich, wenn im Inland in einer deutschen oder deutschsprachigen Zeitung für im Ausland zu bestellende und in ausländischer Währung zu bezahlende Ware ohne zusätzliche Preisangaben in Euro geworben wird. Preisklarheit und Preiswahrheit sind in diesen Fällen nicht berührt (BGH GRUR 95, 274, 275 – *Dollar-Preisangaben*).

39 **b) Verkaufs- und Leistungseinheit, Gütebezeichnung (§ 1 I 2). aa) Verkaufs- und Leistungseinheit (§ 1 I 2).** Preisangaben allein reichen vielfach nicht aus, um dem Letztverbraucher eine ausreichend sichere Preisvergleichsgrundlage zu verschaffen. § 1 I 2 ordnet deshalb an, dass – entsprechend einer etwa bestehenden allgemeinen Verkehrsauffassung (Rn 47f) – die Verkaufs- oder Leistungseinheit anzugeben ist, auf die sich die Preise beziehen. Besteht insoweit keine Verkehrsauffassung, scheiden derartige Angaben aus. Ist die Angabe von Verkaufs- oder Leistungseinheiten durch Gesetz zwingend vorgeschrieben, kommt es auf das tatsächliche Bestehen einer Verkehrsauffassung nicht an. Es gilt dann nicht die *Ist-,* sondern die *Soll-*Verkehrsauffassung (vgl § 5 UWG Rn 198). Solche gesetzlichen Vorschriften enthalten lebensmittelrechtliche Spezialbestimmungen wie die Lebensmittel-Kennzeichnungsverordnung (LMKV) idF der Bek v 15.12.1999 (BGBl I S 2464), zul geänd durch Art 1 der V v 18.12.2007 (BGBl I S 3011), die Nährwert-Kennzeichnungsverordnung v 25.11.1994 (BGBl I S 3526), zul geänd durch Art 1 der V v 22.2.2006 (BGBl I S 444), ferner eichrechtliche Vorschriften wie das Gesetz über Einheiten im Messwesen idF der Bek v 22.2.1985 (BGBl I S 408), zul geänd durch Art 152 der V v

Grundvorschriften　　　　　　　　　　　　　　　　　　　　　　**§ 1 PAngV**

31.10.2006 (BGBl I S 2407), die Ausführungsverordnung zum Gesetz über Einheiten im Messwesen (Einheitenverordnung – EinhV v 13.12.1985, BGBl I S 2272), zuletzt geändert durch V v 10.3.2000 (BGBl I S 214), das EichG idF der Bek v 23.3.1992 (BGBl I S 711), zul geänd durch G v 2.2.2007 (BGBl I S 58) und die Fertigpackungsverordnung idF der Bek v 8.3.1994 (BGBl I S 451, 1307), zul geänd durch V v 11.6.2008 (BGBl I S 1079). Von diesen Spezialregelungen gehen der PAngV die eichrechtlichen Vorschriften als die spezielleren vor, diesen wiederum die lebensmittelrechtlichen Sondernormen.

Verkaufseinheit einer Ware ist immer eine bestimmte Warenmenge, die nach **40** Gewicht (kg, g), **Länge** oder **Größe** (m, cm), **Fläche** (m^2, cm^2), **Volumen** (l, ml; m^3, cm^3) oder **Stückzahl**, gelegentlich auch nach der **Anzahl der Packungen,** bemessen wird. Die Verkaufseinheit nach Metern verkaufter textiler Stoffe ist der Meter, *nicht* das Kilogramm (BGH GRUR 81, 289 – *Kilopreise I*) und auch *nicht* der Quadratmeter (OLG München WRP 77, 819: für Gardinen). Beim Verkauf flächiger Stoffe (Handtücher, Frottierware) ist Verkaufseinheit die Fläche, Länge × Breite/cm bzw. m (BGH GRUR 92, 856, 857 – *Kilopreise IV*) oder das Stück. Beim Verkauf von Kerzen ist Verkaufseinheit die einzelne Kerze (das Stück) oder eine Packung mit einer bestimmten Anzahl gleicher Kerzen (BGH GRUR 93, 62, 63 – *Kilopreise III*). Zu Verkaufseinheiten bei Immobilien, paketweise angebotenen Lebensmitteln, Schmuckwaren ua s *Gelberg*, GewArch 94, 1, 4f. Die Verwendung der Maßangabe „**Zoll**" oder des dafür stehenden Kürzels (**"**) in der Werbung zur Bezeichnung der Größe von Autofelgen ist unzulässig (BGH GRUR 95, 427 – *Zollangaben*). Verkaufseinheiten können für die gleiche Ware regional verschieden sein, können daher zB bei der Abgabe bestimmter Obstsorten (Apfelsinen) teils nach Gewicht, teils nach der Stückzahl bemessen werden (*Gimbel/Boest*, § 1 Anm 28). Innerhalb einer Region muss aber die Verkaufseinheit einheitlich bestimmt werden, da zutreffende Preisvergleiche sonst nicht möglich wären.

Leistungseinheit ist die Maßeinheit, die eine Leistung bestimmt, so die **Kilo-** **41** **wattstunde** (kwh) bei der elektrischen Energie, der **Quadratmeter** (m2) bei der Bearbeitung von Flächen (zB bei Maler- und Tapeziererbeiten, Verputz- und Fliesenlegerarbeiten), der **Kubikmeter** (m^3) bei Gas und Wasser. Zur Unzulässigkeit der Verwendung der Leistungseinheit „**PS**" bei Kraftfahrzeugen s BGH GRUR 93, 679, 680 – *PS-Werbung I;* GRUR 94, 220, 221 – *PS-Werbung II*.

bb) Gütebezeichnung (§ 1 I 2). Gütebezeichnungen, auf die sich die Preise be- **42** ziehen, können sein: **Gütezeichen** iS der Grundsätze des Deutschen Instituts für Gütesicherung und Kennzeichnung e.V. (RAL-Gütezeichen), die ein besonderes Anerkennungsverfahren unter Beteiligung der betroffenen Wirtschafts- und Verbraucherkreise und der zuständigen Behörden voraussetzen und für ständig geprüfte und überwachte Produktqualität stehen, ferner **Prüfzeichen** wie die des Verbandes Deutscher Elektrotechniker (VDE-Zeichen), das **TÜV-Maschinenzeichen** und das **GS-Zeichen** für geprüfte Sicherheit. **DIN-Normen** des Deutschen Instituts für Normung e.V. lassen einen Beschaffenheits- und Qualitätsstandard erwarten, der dem der angegebenen Norm entspricht (BGH GRUR 85, 973, 974 – *DIN 2093;* GRUR 88, 832, 834 – *Benzinwerbung:* Notwendigkeit eines Hinweises auf „Otto-Kraftstoff 2. Wahl" bei nicht normgerechtem Benzin. **Handels- und Güteklassenbezeichnungen** (s HandelsklassenG idF v 23.11.1972, BGBl I S 2201; V über gesetzliche Handelsklassen für frisches Obst und Gemüse v 9.10.1971, BGBl I S 1640; V über gesetzliche Handelsklassen für Speisekartoffeln v 6.3.1985, BGBl I S 542).

Gütebezeichnungen sind anzugeben, wenn eine entsprechende Verkehrsauffas- **43** sung besteht (vgl Rn 39, 47). Gesetzliche Vorschriften, die Gütebezeichnungen festlegen (HandelsklassenG, Handelsklassenverordnungen, Rn 42) gehen einer etwa abweichenden Verkehrsauffassung vor (Rn 39, 47). Nichtssagende, nur aus Buchstaben und/oder Zahlen bestehende Angaben können keine Gütebezeichnungen sein

PAngV § 1   Preisangabenverordnung

(OLG Bamberg WRP 83, 526: „I, II, III"; „I. S, II. S, III. S"; „MS" für Fliesen, Natursteine, Klinker, ohne einen weiteren klarstellenden Hinweis).

44   **c) Bereitschaft zu Preisverhandlungen (§ 1 I 3).** Auf die Bereitschaft, über den angegebenen Preis zu verhandeln, darf hingewiesen werden, wenn es der **Verkehrsauffassung** entspricht, dass über Preise verhandelt wird *und* wenn **Rechtsvorschriften** *nicht* entgegenstehen. Die Streitfrage aus der Zeit der Geltung der PAngV 1973 (vgl *Gelberg,* GewArch 83, 356; *Zirpel,* DB 85, 1008 je mwN) hat der Verordnungsgeber damit in Abweichung von dem Gebot der festen Preisangabe zugunsten der Zulässigkeit von Verhandlungsvorbehalten entschieden. Auf dem Immobiliensektor und dem Gebrauchtwagenmarkt steht der Zusatz „Verhandlungsbasis" („VB") mit der Verkehrsauffassung in Einklang. Der Verkehr fasst den mit diesem Zusatz gekennzeichneten Preis als Höchstpreis auf, von dem aus der Anbieter die Preisverhandlungen führen will (*Erbs/Kohlhaas/Ambs,* § 1 PAngV Rn 19; *Gimbel/Boest,* § 1 Anm 17). Eine entsprechende Verkehrsauffassung kann, was Frage des Einzelfalls ist, aber auch bestehen. Im Grunde ist die Frage mit der Aufhebung des RabattG obsolet geworden (Einf Rn 15).

45   Rechtsvorschriften, die der Ankündigung der Vergleichsbereitschaft entgegenstehen, sind **gesetzliche Vergütungsregelungen,** soweit sie Entgelte zwingend oder halbzwingend vorschreiben, also nicht über- und/oder unterschritten werden dürfen bzw. sich innerhalb einer bestimmten Marge bewegen müssen. Dazu gehören die berufsbezogenen Gebühren- bzw. Honorarordnungen der Ärzte und Zahnärzte (vgl § 12 I 3 MBO-Ä 2000, DÄBl 2000, A, 2730), der Rechtsanwälte (§ 49b I BRAO), Steuerberater (§ 64 StBerG), Notare (§ 17 I BNotO), Architekten und Ingenieure (HOAI), ferner die Preisbindungsregelungen im Postdienstleistungs- und Personenverkehr (Eisenbahnen, Straßenbahnen, Omnibuslinienverkehre, Taxen, Luftfahrzeuge), im Energiebereich (Elektrizität und Gas), im Krankenhausbereich, für Arzneimittel, bei der Vermietung von Wohnraum und im Tabaksteuerrecht ua (sa Einf Rn 1).

III. Art und Weise § 1 VI

46   **1. Bedeutung.** Wie der Absatz 1 gehört auch der Absatz 6 des § 1 zu den zentralen Regelungen, die die Grundzüge und Voraussetzungen der Anwendbarkeit der PAngV zusammenfassen. § 1 VI normiert das „Wie" der Preisangaben. Alle Angaben nach der PAngV müssen der **allgemeinen Verkehrsauffassung** und den Grundsätzen von **Preisklarheit** und **Preiswahrheit** entsprechen; für Endpreisangaben und Grundpreisangaben (§ 2) gelten keine unterschiedlichen Anforderungen (BGH GRUR 09, 982 Rn 12 – *Dr. Clauder's Hufpflege*). Außerdem müssen sie entsprechend dem Normzweck der PAngV (Einf Rn 15) zur Herbeiführung einer möglichst optimalen Information und Orientierung der Verbraucher und zur Vermeidung einer Irreführung den angebotenen oder beworbenen Waren und Leistungen **eindeutig zugeordnet, leicht erkennbar** und **deutlich lesbar** oder sonst **gut wahrnehmbar** sein und bei Aufgliederung von Preisen die **Endpreise** in hervorgehobener Form **herausstellen.** Es handelt sich hierbei um die Grundprinzipien der PAngV, die sicherstellen sollen, dass der angegebene Endpreis wahr und genau beziffert und als solcher ohne weiteres erkennbar sein muss. Stets unzulässig sind daher unterschiedliche Preisangaben für dieselbe Ware oder Leistung.

47   **2. Allgemeine Verkehrsauffassung.** Das **Erfordernis der allgemeinen Verkehrsauffassung** besagt, dass es bei der Beurteilung der Bedeutung einer (Preis-) Angabe nach der PAngV auf den Eindruck ankommt, den der *Verkehr* der Angabe entnimmt (BGH GRUR 97, 479, 480 – *Münzangebot*). Es gelten dazu dieselben Beurteilungsgrundsätze wie zu § 5 UWG (s dazu § 5 UWG Rn 112ff). Der Grundsatz von Preisklarheit und Preiswahrheit soll jeglicher Irreführung entgegenwirken.

Grundvorschriften **§ 1 PAngV**

Abzustellen ist bei der **Ermittlung der Verkehrsauffassung** auf die Bedeutung, 48
die aus der Sicht eines durchschnittlich informierten und verständigen, situationsbedingt aufmerksamen Verbrauchers der betreffenden Angabe zukommt (§ 2 UWG Rn 107, 110 ff UWG). Angesprochene Letztverbraucher sind bei Waren des täglichen Bedarfs praktisch alle Verbraucher, bei Betroffenheit nur bestimmter Personenkreise lediglich diese. Deren Umfang ist ggf durch Beweiserhebung (Meinungsforschungsgutachten) festzustellen. Werden Waren des täglichen Gebrauchs im **Internet** beworben und angeboten, ist maßgeblich auf den durchschnittlichen Nutzer des Internets abzustellen; dieser ist mit den Besonderheiten des Internets vertraut und weiß daher zB, dass Informationen zu angebotenen Waren auf mehrere Seiten verteilt sein können, die untereinander durch elektronische Verweise („Links") verbunden sind (BGH GRUR 08, 84 Rn 30 – *Versandkosten; Rohnke,* GRUR 07, 381, 382 f). Bei Dienstleistungsangeboten im Internet, die so oder ähnlich häufig auch kostenlos verfügbar sind, ist ein hinreichend deutlicher Hinweis erforderlich, wenn entgegen der Umstände oder Präsentation Kostenpflichtigkeit besteht (sog „Kostenfalle" vgl OLG Frankfurt K&R 09, 197, 198). Anzulegen ist bei der Ermittlung der Verkehrsauffassung ein Durchschnittsmaßstab unter Zugrundelegung des Erfahrungsstandes eines Durchschnittsbetrachters in dem vorerörterten Sinne. Wie der Werbende *subjektiv* seine Angabe versteht oder verstanden wissen will, ist unerheblich. Der allgemeine Sprachgebrauch, Bezeichnungsvorschriften, Industrienormen, DIN-Normen, Handelsbräuche, die Rechtsprechung, Tätigkeiten und Praxis der Behörden (Vollzugsbehörden) können die Verkehrsauffassung wesentlich (mit-)prägen oder Hinweise geben, wie der Verkehr eine Angabe benutzt (BGHZ 101, 105, 106 = GRUR 89, 440, 441 f – *Dresdner Stollen I;* GRUR 90, 461, 463 – *Dresdner Stollen II*). Im Einzelnen s zur Feststellung der Verkehrsauffassung § 5 UWG Rn 134 ff. Bestehen gesetzliche Vorschriften, die den Gebrauch einer Bezeichnung oder sonst einer Angabe zwingend vorschreiben, gehen diese einer etwa bestehenden anders lautenden Verkehrsauffassung vor (Rn 39). Eine regional begrenzte Werbung richtet sich nur an den Verkehr in dem beworbenen Bereich, so dass es auch nur auf die Auffassung des Verkehrs in diesem Bereich ankommt. Zur Bedeutung der Verkehrsauffassung bei der Angabe von Verkaufs- und Leistungseinheiten und Gütebezeichnungen s Rn 39 ff.

3. Preisklarheit und Preiswahrheit. Das Gebot der Beachtung von Preisklar- 49
heit und Preiswahrheit in § 1 VI 1 normiert einen Oberbegriff, der durch § 1 VI 2 und 3 und andere Regelungen der PAngV näher ausgestaltet und konkretisiert wird, aber auch unabhängig davon seine eigenständige Bedeutung hat und bei der Anwendung und Auslegung der Vorschriften der PAngV heranzuziehen ist. Der Grundsatz von Preisklarheit und Preiswahrheit dient dem Verbraucherschutz als einem wichtigen Gemeinwohlbelang (BVerfG GRUR 93, 751, 753 – *Großmarktwerbung I;* NJW 93, 1969, 1971 – *Großmarktwerbung II*). Er verlangt eindeutige und zutreffende (Preis-)Angaben. **Preisklarheit** verlangt nach **Eindeutigkeit** der Preisangabe. Gemeint ist sofortige Erkennbarkeit des Sinns und der Bedeutung der Preisangabe in ihrer äußeren Gestaltung nach Form und/oder Wortwahl. **Preiswahrheit** bedeutet inhaltliche **Richtigkeit** der Preisangabe: Nur *der* Preis, der werbend herausgestellt ist, darf gefordert werden, und *das,* was beworben wird, muss zum angegebenen Preis auch lieferbar sein (*Völker,* Preisangabenrecht, § 1 Rn 120 ff, 125 ff). Grundsätzlich sind daher nur genau bezifferte und feste Preise anzugeben. „Ca"-Preise, „von … bis"-Preise und andere Margenpreise, Angaben zur Verhandlungsbereitschaft (§ 1 I 3) und Preisänderungsvorbehalte (§ 1 V) sind nur ausnahmsweise und nur im Rahmen von Werbeangaben zulässig (vgl Rn 28 ff). Lässt sich ein Endpreis nicht bilden, weil einzelne Preisbestandteile noch nicht bezifferbar sind, sind die bereits feststehenden Preisbestandteile mitzuteilen und die variablen so weit wie möglich, zB anhand von Verrechnungssätzen (§§ 1 III, 5 I), zu erläutern (Rn 28). Das einzelne Waren*angebot* muss dagegen stets mit dem jeweiligen Preis versehen werden. Ausländische Preisan-

gaben, die nicht auf Euro lauten, sind nur unter bestimmten, von den Umständen des Einzelfalls abhängigen Voraussetzungen zulässig (Rn 38). Versandkosten sind, weil sie Preisvergleiche erschweren können, auch aus Gründen der Wahrheit und Klarheit der Preisangabe, *nicht* in den Endpreis einzubeziehen (BGH GRUR 97, 479, 480f – *Münzangebot*), ausgenommen Angebote zum Abschluss von Fernabsatzverträgen (§ 1 II 1 Nr 2, vgl Rn 33, 34).

50 Der Grundsatz von Preisklarheit und Preiswahrheit verlangt nicht nur eine formale, sondern auch die **inhaltliche Richtigkeit der Angaben**, also die Wahrheit des Deklarierten (Rn 49; BGH GRUR 08, 442 Rn 15 – *Fehlerhafte Preisauszeichnung*). Die lediglich formale Pflicht, die Ware mit irgendeinem Preis auszuzeichnen, wäre ohne Sinn (BGHSt 31, 91, 92f = NJW 82, 2010 – *Damenstiefel*). Die Angabe verschiedener Preise für dieselbe Ware ist unzulässig, so wenn sich die vom Anbieter an den Regalschienen oder Kühltheken angebrachten Preisangaben von den bereits vom Hersteller an der Ware angebrachten Preisschildern unterscheiden (KG GewArch 92, 195, 196) oder die Preise an der Scanner-Kasse nicht mit den Regalpreisen übereinstimmen (vgl *Gelberg*, GewArch 94, 3). Zulässig ist die Angabe der Herstellerpreisempfehlung neben der weiteren Angabe eines niedrigeren Preises des Anbieters, **wenn klar ist**, dass erstere nur der Information des Verbrauchers über die Preisvorstellung des Herstellers dient. Nicht um unterschiedliche Preise für dieselbe Ware oder Leistung handelt es sich, wenn sachlich gerechtfertigte Unterschiede des Leistungsangebots eine – vom Verkehr akzeptierte – unterschiedliche Preisstellung rechtfertigen, zB beim Verzehr im Lokal und beim Außer-Haus-Verkauf oder beim Verkauf zu verschiedenen Tageszeiten (*Gimbel/Boest*, § 1 Anm 34) oder in den Fällen der Bedienung und Selbstbedienung (vgl BGHZ 117, 230, 233 = GRUR 92, 465, 466 – *Rent-o-mat*).

51 **4. Form der Preisangabe.** Die Preisangaben müssen dem Angebot oder der Werbung eindeutig zugeordnet, leicht erkennbar und deutlich lesbar oder sonst gut wahrnehmbar sein (§ 1 VI 2). Die Anforderungen an die Gestaltung der Pflichtangaben nach § 4 IV HWG sind wegen des regelmäßig größeren Umfangs und schwerer zu erfassenden Inhalts auf Preisangaben nicht übertragbar (BGH GRUR 13, 850 Rn 16 – *Grundpreisangabe im Supermarkt*). Preisangaben müssen **eindeutig** sein und **übersichtlich** angegeben werden. Nur dann entsprechen sie dem Grundsatz von Preiswahrheit und Preisklarheit. Der Verstoß dagegen verletzt nicht nur § 1 VI 2 PAngV, sondern ist auch wettbewerbswidrig iS von § 4 Nr 11 uU auch iSv § 5 UWG (vgl BGH GRUR 02, 287, 288 – *Widerruf der Erledigungserklärung*, sa Rn 28). Ein **bloßer Verweis** auf eine Honorarordnung (zB HOAI) ist nicht hinreichend eindeutig und übersichtlich, da der Verbraucher nicht ohne Weiteres in der Lage ist, die auf ihn zukommende Kostenbelastung zu erkennen (OLG München GRUR-Prax 11, 40). Eine **blickfangmäßig** herausgestellte Preisangabe ist unvollständig, wenn in der Werbung nicht gleichzeitig die weiteren Preisbestandteile so dargestellt werden, dass sie dem blickfangmäßig herausgestellten Preisbestandteil eindeutig zugeordnet sowie leicht erkennbar und deutlich lesbar sind (BGH GRUR 10, 744 Rn 35 – *Sondernewsletter;* GRUR 06, 164 Rn 21 – *Aktivierungskosten II;* GRUR 99, 264 – *Handy für 0,00 DM*). Eine eindeutige Zuordnung kann etwa durch einen Sternchenhinweis, der am Blickfang teil hat, erfolgen (BGH GRUR 10, 744 Rn 35 aE – *Sondernewsletter;* vgl auch § 5 Rn 133 UWG).

52 **a) Eindeutige Zuordnung.** Die eindeutige Zuordnung geschieht durch Beschriftung der Ware, durch Anhängen von Preisetiketten oder durch Stellschilder, Stelltafeln oder Regalpreisschilder, wenn diese in unmittelbarer Nähe der Ware angebracht bzw. aufgestellt werden. Sammelpreisschilder für mehrere in oder auf einem Behältnis (Tiefkühltruhe, Verkaufstheke, Wühltisch) befindliche Waren sind zulässig, wenn die Beschriftung vollständig und übersichtlich und auch sonst in einer Weise gestaltet ist, die dem Verkehr die notwendige Information ohne weiteres verschafft (s

Grundvorschriften **§ 1 PAngV**

auch *Gelberg,* GewArch 94, 1, 6). Sog. Preisschlüssel in Verbindung mit bestimmten Symbolen oder Markierungen entsprechen im Allgemeinen dem Gebot eindeutiger Zuordnung nicht (OLG München WRP 83, 116, 117). In einer Anzeigenwerbung reicht es aus, wenn der Hinweis zur Umsatzsteuer (§ 1 II) räumlich eindeutig dem Preis zugeordnet ist; dies kann auch durch einen klaren und unmissverständlichen *Sternchenhinweis* geschehen, wenn dadurch die Zuordnung des Hinweises zum Preis gewahrt bleibt (BGH GRUR 08, 532 Rn 23 – *Umsatzsteuerhinweis*).

b) Leichte Erkennbarkeit. Das Merkmal der leichten Erkennbarkeit verlangt, **53** dass dem Letztverbraucher die Feststellung des Preises **ohne weiteres** möglich sein muss. Die Preisauszeichnung von **Waren im Schaufenster** muss dem Betrachter zugekehrt sein. Gleiches gilt für die **im Geschäft** ausgezeichneten Waren, soweit möglich und üblich. Bei Waren, die üblicherweise nicht schon mit aus einiger Entfernung lesbaren Preisschildern versehen werden (zB bei Büchern, Kleidern und Anzügen von der Stange, bei Schuhen) genügt es, wenn die Preisangabe bei näherem Hinsehen oder beim In-die-Hand-nehmen an der üblichen Stelle – zB bei Büchern auf der Innenseite des Einbandes, bei Kleidern auf dem Etikett am Kleidungsstück – erkennbar wird. Im Übrigen gilt, dass bei sichtbar ausgestellten Waren der Preis aus **angemessener Entfernung** erkennbar ist (OLG Düsseldorf WRP 78, 460, 461). In Selbstbedienungsgeschäften genügt Erkennbarkeit, wenn die Ware in die Hand genommen wird. Ein wettbewerbsrechtlich unzulässiger psychologischer Kaufzwang ist heute damit nicht mehr verbunden (OVG Koblenz GRUR 83, 458, 459 – *Preisauszeichnung in SB-Geschäft*). Unzulässig sind Hinweise, dass auf sämtliche Preise, mit denen die Waren ausgezeichnet sind, an der Kasse eine Preisreduzierung von 20 % vorgenommen wird. Solche Hinweise verstoßen nicht nur gegen das Gebot der Bildung eines Endpreises (§ 1 I 1), sondern zugleich auch gegen das der leichten Erkennbarkeit (§ 1 VI 2; BGH GRUR 99, 762, 763 – *Herabgesetzte Schlussverkaufspreise*).

Bei **Internetangeboten** genügt es, wenn der Interessent klar und unmissverständ- **54** lich darauf hingewiesen wird, dass er mit einem einfachen Link von einer zunächst nur unvollständigen Preisangabe zur Endpreisangabe gelangt (BGH GRUR 03, 889, 890 – *Internet-Reservierungssystem;* OLG Köln GRUR-RR 04, 307, 308 und GRUR-RR 05, 90, 91 f). Fehlt ein solcher Hinweis oder ist er nicht eindeutig, verstößt die Werbung mangels eindeutiger Zuordnung und leichter Erkennbarkeit des Endpreises gegen § 1 I 1 und § 1 VI 1, 2 (OLG Köln GRUR-RR 05, 89, 90; sa OLG Hamburg GRUR-RR 04, 150, 151; GRUR-RR 07, 170, 172). Sog „*Abo-Fallen"* verstoßen regelmäßig gegen § 1 IV 1, 2: Der Verbraucher rechnet bei banalen Online-Angeboten (Zugriff auf Datenbank mit einfachen Grafiken oder Gedichten) nicht mit einer Kostenpflichtigkeit, sodass es eines deutlichen Hinweises auf die Entgeltlichkeit bedarf, wofür es keinesfalls genügt, ganz versteckt am Ende eines Sternchenhinweises (zu einem ganz anderem Thema) und in den AGB darauf hinzuweisen (OLG Frankfurt GRUR-RR 09, 265). Da den Verbrauchern allgemein bekannt ist, dass im Versandhandel neben dem Endpreis üblicherweise auch *Liefer- und Versandkosten* anfallen, genügt es bei Internetangeboten, wenn die fraglichen Informationen nach § 1 II Nr 2 alsbald sowie leicht erkennbar und gut wahrnehmbar auf einer gesonderten Seite gegeben werden, die noch *vor* Einleitung des Bestellvorgangs (Einlegen der Ware in den virtuellen Warenkorb) notwendig aufgerufen werden muss (BGH GRUR 10, 249 Rn 22, 26 – *Kamerakauf im Internet;* GRUR 08, 84 Rn 33 – *Versandkosten;* OLG Hamburg MMR 08, 681, 682 – *FRITZCard*); dies gilt allerdings nicht für einen Hinweis auf einen Mindermengenzuschlag (Zuschlag von 3,50 Euro bei Bestellungen unter 15 Euro Warenwert, OLG Hamm K&R 12, 619). Informationen in anderen, über Links erreichbaren Rubriken, etwa unter Menüpunkten wie „Allgemeine Geschäftsbedingungen" (OLG Hamburg CR 08, 116, 118; LG Hanau MMR 08, 488) oder „Service", genügen dagegen nicht, da ein Kaufinteressent erfahrungsgemäß nur Seiten aufrufen wird, die er zur Information über die Ware benötigt oder zu denen er durch einfache Links oder durch klare und unmissverständliche Hinweise auf dem Weg zum Vertragsschluss geführt wird (BGH GRUR 08, 84 Rn 32 – *Versandkosten*). Dafür genügt auch ein gesonderter Reiter „Versand- und Zahlungsmethoden" nicht (LG Bochum K&R 12, 834). Die vorstehenden Grundsätze gelten in gleicher Weise für die Angabe der Umsatzsteuer nach § 1 II (BGH aaO – *Versandkosten*). Bei der Werbung für Waren in *Preisvergleichslisten einer Preissuchmaschine* müssen die Versandkosten dagegen schon in der Liste angegeben oder es muss darauf hingewiesen werden, in welcher Höhe zusätzliche Versandkosten anfallen, da der Verbraucher, der von einer solchen Liste Einzelangebote aufruft, bereits eine gewisse Vorauswahl trifft (BGH GRUR 10, 251 Rn 14 f – *Versandkosten bei Froogle I*; GRUR 10, 1110 Rn 25 – *Versandkosten bei Froogle II*). Die **Höhe** der Liefer- und Versandkosten hängt häufig vom Umfang der Gesamtbestellung und von der Art der Waren ab, sodass es ausreicht, unmittelbar bei der Werbung für das einzelne Produkt den Hinweis „zzgl. Versandkosten" aufzunehmen, wenn sich bei Anklicken dieses Hinweises ein Fenster mit einer übersichtlichen und verständlichen Erläuterung der allgemeinen Berechnungsmodalitäten für die Versandkosten öffnet und außerdem die tatsächliche Höhe der für den Einkauf anfallenden Versandkosten jeweils bei Aufruf des virtuellen Warenkorbs in der Preisaufstellung gesondert ausgewiesen wird (BGH GRUR 10, 249 Rn 27 – *Kamerakauf im Internet*). Demgegenüber genügt es nicht, wenn die Informationen ohne Zuordnung zu den Warenangeboten nur durch Herabscrollen zum Seitenende sichtbar sind (OLG Hamburg GRUR-RR 09, 268, 269).

55 **c) Deutliche Lesbarkeit.** Dem Gebot deutlicher Lesbarkeit ist Rechnung getragen, wenn die Preisangabe vom Letztverbraucher mit **normaler Sehkraft** ohne Hilfsmittel aus angemessener Entfernung ohne Mühe wahrgenommen werden kann (BGH GRUR 13, 850 Rn 13 – *Grundpreisangabe im Supermarkt*). Dabei ist auf die Umstände des Einzelfalls abzustellen, wobei neben der Schriftgröße auch das Druckbild, dh unter anderem die Wort- und Zahlenanordnung, die Gliederung, das Papier, die Farbe sowie der Hintergrund von Bedeutung sind; außerdem ist der Abstand zu berücksichtigen, aus dem der Verbraucher die Angabe liest (BGH GRUR 13, 850 Rn 13 – *Grundpreisangabe im Supermarkt*). Eine abstrakte Festlegung exakter Mindestschriftgrößen lässt sich der PangV nicht entnehmen (BGH aaO). Bei einem Werbe-Handzettel wurde Schriftgröße vier für nicht ausreichend gehalten (BGH GRUR 09, 1180 Rn 1, 27 – *0,00 Grundgebühr*). Dagegen kann eine Grundpreisangabe für in Supermärkten angebotene Waren auch dann noch deutlich lesbar sein, wenn die dabei verwendete Schriftgröße nur zwei Millimeter beträgt, weil die Angabe kontrastreich und übersichtlich gestaltet ist (BGH GRUR 13, 850 Rn 14 – *Grundpreisangabe im Supermarkt*).

56 **d) Sonstige gute Wahrnehmbarkeit.** Mündliche Werbung und Angebote, auch im Rundfunk, müssen deutlich wahrnehmbar, bei Einblendung im Fernsehen auch für eine angemessene Zeit sichtbar sein.

57 **e) Vergleichbare Regelungen.** Vorschriften, die den Anforderungen des § 1 VI 2 vergleichbar sind und Parallelen in Anwendung und Auslegung aufweisen, enthalten das **Heilmittelwerbegesetz** (HWG, § 4 IV) idF der Bek v 19.10.1994 (BGBl I S 3068), zuletzt geänd durch Art 2 des Ges v 26.4.2006 (BGBl I S 984), die **Lebensmittel-Kennzeichnungsverordnung** (LMKV, § 3 III) idF der Bek v 15.12.1999 (BGBl I S 2464), zul geänd durch V v 18.12.2007 (BGBl I S 3011), die **Margarine- und Milchfettverordnung** (MargMFV, § 4 II, IV) v 31.8.1990 (BGBl I S 1989, 2259), zul geänd durch Art 3 der V v 8.5.2008 (BGBl I S 797), die **Bedarfsgegenständeverordnung** (§ 10 II, III) idF der Bek v 23.12.1997 (BGBl 1998 I S 5), zul geänd durch Art 1 der V v 30.4.2008 (BGBl I S 784) und die **Fertigpackungsverordnung** (FertigPackV, § 2 IV) idF der Bek v 8.3.1994 (BGBl I S 451, 1307), zul geänd durch V v 11.6.2008 (BGBl I S 1079). Soweit nach der PAngV zu beurteilende An-

Grundvorschriften **§ 1 PAngV**

gaben mit nach diesen Vorschriften erforderlichen Angaben zusammentreffen, sind bei Gleichrangigkeit der jeweiligen Regelungen an Zuordnung, Erkennbarkeit, Lesbarkeit und sonstiger guter Wahrnehmbarkeit gleiche Anforderungen zu stellen.

f) Aufgliederung von Endpreisen (§ 1 VI 3). Der Endpreis ist – bei Aufgliederung – hervorzuheben (§ 1 VI 3). Diese Regelung geht über die Preisangabe-RL 98/6/EG hinaus, da Art 4 nur vorschreibt, dass der Verkaufspreis unmissverständlich, klar erkennbar und gut lesbar sein muss. Ein **Verstoß** gegen § 1 VI 3 ist daher wegen Art 3 V UGP-RL seit dem 13.6.2013 **nicht mehr unlauter** iSd § 3 I UWG (Einf PAngV Rn 13). 58

Die Aufgliederung der Endpreise erhöht für den Verbraucher häufig die **Preistransparenz**, zB bei Handwerkerrechnungen, bei der Ausweisung der Mehrwertsteuer, bei der Angabe des Quadratmeterpreises für Immobilien, bei Kopplungsangeboten für die Einzelwaren usw. Die Aufgliederung in die einzelnen Preisbestandteile befreit – auch bei einfachen Rechenvorgängen – nicht von der (hervorgehobenen, Rn 60) Angabe des Endpreises (Rn 26). 59

Unerheblich ist, ob die *Einzel*preise hervorgehoben sind. Die **Hervorhebung des Endpreises** kann optisch geschehen (Fettdruck, Blickfang), aber auch durch besondere Bezeichnungen, zB als „Endpreis". Entscheidend ist allein, dass der Letztverbraucher den insgesamt zu zahlenden Preis ohne weiteres erkennen kann. Wird neben der nicht hervorgehobenen Endpreisangabe eine Einzelpreisangabe (zB der qm-Preis in einer Immobilienwerbung) blickfangmäßig herausgestellt, verstößt die Werbung gegen die Verpflichtung aus § 1 I 3 PAngV, den Endpreis hervorzuheben (BGH GRUR 01, 258, 259 – *Immobilienpreisangaben*). Werden Nettopreise Bruttopreisen im gleichen Schriftbild und in gleicher Schrifthöhe gegenübergestellt, genügt eine farblich unterschiedliche Gestaltung der Preisangaben grundsätzlich nicht dem Gebot des § 1 VI 3, den Endpreis hervorzuheben (BGH GRUR 01, 846, 849 – *Metro V*). Das gilt allerdings nicht in den Ausnahmefällen uua des § 9 I Nr 1 Halbs 1 (§ 7 I Nr 1 Halbs 1 aF), wohl aber in denen des Halbs 2, wenn der geschäftliche Verkehr mit dem Letztverbraucher in der Weise erfolgt, dass Gewerbetreibende betriebsfremde Waren zur Deckung ihres Privatbedarfs verwenden und keine ausreichenden Kontrollmaßnahmen (Rn 11–13) stattfinden. Steht fest, dass die betrieblich nicht verwendbaren Einkäufe nur so marginal sind, dass Kontrollmaßnahmen unterbleiben können (Rn 12), entfällt die Verpflichtung zur Hervorhebung des Endpreises (§ 9 I Nr 1; BGH aaO – *Metro V*). 60

g) Kopplungsgeschäfte. Zu **Begriff** und **Bedeutung** s § 4 UWG, Rn 1/88 ff. Bei Kopplungsangeboten müssen die Preisangaben für jeden einzelnen Angebotsbestandteil den Vorschriften des § 1 I, VI genügen, insbesondere muss die jeweilige Preisangabe dem betreffenden Angebotsteil eindeutig zugeordnet, leicht erkennbar und deutlich lesbar sein (BGH GRUR 06, 164 Rn 20 – *Aktivierungskosten II*). Wird für ein **Mobiltelefon** geworben, das *nur* in Verbindung mit dem Abschluss eines **Netzkartenvertrages** verkauft wird, verlangt der Grundsatz von Preisklarheit und Preiswahrheit, dass die Angaben über die Kosten des Netzzugangs dem blickfangmäßig herausgestellten Preis für das Mobiltelefon („Fast geschenkt", „Nur 49 Pfennig") räumlich eindeutig zugeordnet werden sowie leicht erkennbar und deutlich lesbar sind (BGHZ 139, 368, 377 = GRUR 99, 264, 267 – *Handy für 0,00 DM;* BGH GRUR 99, 261, 264 – *Handy-Endpreis;* NJWE-WettbR 00, 232, 233 f – *Fast geschenkt;* GRUR 02, 976, 978 – *Kopplungsangebot I;* GRUR 02, 979, 981 f – *Kopplungsangebot II;* OLG Hamburg WRP 07, 342, 345). Ebenso bei der Kopplung von Fernseher und Stromliefungsvertrag (BGH GRUR 02, 979, 982 – *Kopplungsangebot II;* OLG Karlsruhe GRUR-RR 02, 168 f) oder bei der Kopplung einer Internet-Flatrate an einen DS L-Anschluss und einen Telefontarif (OLG Frankfurt, GRUR-RR 07, 165). Entstehen für den passiven (Telefon-)Netzzugang jedoch keine Kosten, muss auch kein Preis angegeben werden (BGH GRUR 09, 690 Rn 11 – *XtraPac*). **Fehlt** es 61 an einer solchen **Kopplung**, so beschränken sich die Anforderungen an die Angabe von Preisen allein auf die unmittelbar angebotenen oder beworbenen Produkte und gelten daher nicht auch für Produkte, die lediglich für die Verwendung der angebotenen oder beworbenen Produkte erforderlich oder mit ihnen kompatibel sind, wie etwa benötigte Verbrauchsmaterialien, Zubehör- und Ersatzteile, Kundendienstleistungen und Leistungen, die mittels der angebotenen oder beworbenen Produkte in Anspruch genommen werden können (BGH GRUR 08, 729 Rn 15 – *Werbung für Telefondienstleistungen;* GRUR 09, 73 Rn 17 – *Telefonieren für 0 Cent!;* GRUR 10, 744 Rn 29 – *Sondernewsletter*), auch wenn diese Produkte von dem Unternehmer selbst angeboten und daher indirekt mitbeworben werden (BGH GRUR 09, 690 Rn 9 – *XtraPac;* GRUR 08, 729 Rn 15 – *Werbung für Telefondienstleistungen*).

C. Ergänzungstatbestände (§ 1 II–IV)

I. Fernabsatzgeschäfte (§ 1 II)

62 § 1 II (idF der 4. ÄndV v 18.10.2002 [s Einf Rn 8] bzw. des § 20 IX Nr 1 Buchst b UWG 2004 [s Einf Rn 9]) betrifft *ausschließlich* Angebote zum Abschluss von **Fernabsatzverträgen** iS des § 312b I BGB. Nach ihm bedarf es in diesen Fällen zusätzlich zu den nach § 1 I erforderlichen Angaben – abgesehen von den durch § 9 III freigestellten Fällen – weiter der Angabe, ob in den geforderten Preisen die **Umsatzsteuer** und **sonstige Preisbestandteile** enthalten sind (§ 1 II 1 Nr 1) und – sofern solche Kosten anfallen – wie hoch die **Liefer- und Versandkosten** sind, ggf wie sich diese berechnen (§ 1 II 1 Nr 2, § 1 II 2, 3). Ihrem Wortlaut nach erstreckt sich die Regelung nur auf *Angebote* zum Abschluss von Fernabsatzverträgen (§ 312b I BGB), gilt aber bei der aufgrund von Art 5 II Richtlinie 2000/31/EG gebotenen richtlinienkonformen Auslegung auch für die *Werbung* mit Preisen im Fernabsatzhandel (BGH GRUR 08, 532 Rn 27 – *Umsatzsteuerhinweis;* GRUR 10, 251 Rn 12 – *Versandkosten bei Froogle I;* GRUR 10, 249 Rn 16 – *Kamerakauf im Internet;* GRUR 10, 1110 Rn 20 – *Versandkosten bei Froogle II*). § 1 II hat eine ausreichende Ermächtigungsgrundlage (Art 80 I GG) in § 1 des Preisangaben- und Preisklauselgesetzes (Einf Rn 4; BGH GRUR 08, 84 Rn 27 – *Versandkosten*).

63 Die Angabe, dass die **Umsatzsteuer** enthalten ist (§ 1 II Nr 1), ist im Hinblick auf § 1 I 1 nur dann eine unzulässige Werbung mit Selbstverständlichkeiten (§ 5 UWG Rn 192ff), wenn der Umsatzsteuerhinweis werbemäßig als Besonderheit herausgestellt wird (BGH GRUR 08, 532 Rn 29 – *Umsatzsteuerhinweis*), nicht aber, soweit er im Verhältnis zum Preis klein gehalten wird (*Ernst*, GRUR 06, 636, 637).

64 Angebote (zur Gleichstellung von Werbung oben Rn 61) zum Abschluss von Verträgen, die ausschließlich unter Verwendung von Fernkommunikationsmitteln zustande kommen (Fernabsatzverträge iS des § 312b I BGB), müssen die Angabe enthalten, ob **Liefer- und Versandkosten** zusätzlich zum angegebenen Waren-/ Leistungspreis anfallen. Fallen solche Kosten an, muss deren Höhe angegeben werden. Ist die Angabe aus bestimmten Gründen im Voraus nicht möglich, bedarf es der Angabe der Berechnungsweise, damit der Kunde die entstehenden Kosten selber berechnen kann (§ 1 II Nr 2). Die Rechtsprechung des BGH, nach der Versandkosten kein in den Endpreis einzubeziehender Preisbestandteil sind (BGH GRUR 97, 479, 480 – *Münzangebot*), gilt daher nicht mehr für Angebote zum Abschluss von Fernabsatzverträgen (sa Rn 33); insbesondere zur Angabe im **Internet** vgl oben Rn 54.

II. Verrechnungssätze bei Leistungen (§ 1 III)

65 § 1 III erlaubt – soweit üblich – in Abweichung von der Verpflichtung zur Angabe des Endpreises (§ 1 I 1) bei Leistungen die Angabe von **Verrechnungssätzen**. Das

Grundvorschriften **§ 1 PAngV**

trägt dem Umstand Rechnung, dass in zahlreichen Fällen (zB bei Handwerkerleistungen) im Zeitpunkt der Werbung über die Abgabe des Angebots der Leistungsumfang noch nicht feststeht, da der erforderliche Zeit-, Arbeits-, Fahr- oder Materialaufwand noch nicht exakt bestimmbar ist. In diesen Fällen reicht es aus, wenn bestimmte „Sätze" angegeben werden, die der späteren Abrechnung zugrunde gelegt werden sollen. § 1 III nennt beispielhaft Stunden- und Kilometersätze (für Zeit- bzw Fahraufwand) als die gebräuchlichsten Verrechnungssätze. Die Bildung eigener Verrechnungssätze, die mangels Verkehrsbekanntheit Preisvergleiche erschweren oder unmöglich machen, ist unzulässig. Sämtliche Leistungselemente (einschließlich der anteiligen Umsatzsteuer) *müssen,* Materialkosten *können* in die Verrechnungssätze einbezogen werden. Die Angabe von Verrechnungssätzen steht unter dem Vorbehalt der **Üblichkeit.** Üblich ist, was nach Auffassung der beteiligten Verkehrskreise vernünftigen kaufmännisch-unternehmerischen Gepflogenheiten entspricht. Die Werbung eines Finanzdienstleisters, der unter einer 0190-Nummer über Telefon oder Fax abrufbare Informationen zur Verfügung stellt, muss die zeitbezogenen Kosten erkennen lassen (§ 1 I 1, III 1; OLG Frankfurt GRUR 99, 359). Der Werbende, der sich sog. „Shared-Cost-Dienste 0180-X" bedient, muss, um den Anforderungen des § 1 I 1 zu genügen, den Preis je Anruf/Minute (Betrag, Währung, Zeiteinheit) in der Werbung angeben (OLG Stuttgart NJWE-WettbR 00, 107, 108).

III. Rückerstattbare Sicherheiten (§ 1 IV)

§ 1 IV zielt auf eine **Verbesserung der Preistransparenz** und auf die Beseiti- 66 gung einer optischen Benachteiligung von Mehrweggebinden gegenüber Einweggebinden und hat insoweit auch eine umweltpolitische Zielsetzung (Amtl Begr BR-Drucks 238/97, S 7, 8). Entgegen der bisherigen Rechtslage (BGH GRUR 94, 222, 224 – *Flaschenpfand I;* GRUR 98, 955 – *Flaschenpfand II*) bestimmt § 1 IV, dass die Höhe einer rückerstattbaren Sicherheit wie zB das **Flaschenpfand** *neben* dem Warenpreis angegeben werden muss und *kein* Gesamtbetrag mehr zu bilden ist. Die Preisangabe beim Verkauf von Ware in Mehrweg- (Pfand-) Flaschen hat also in der Weise zu erfolgen, dass der Endpreis für die Ware (ohne Flasche) und – daneben – der Pfandbetrag genannt wird („2,50 DM zuzüglich 0,30 DM Pfand").

IV. Änderungsvorbehalt (§ 1 V)

§ 1 V betrifft Preisänderungen, die nach Vertragsabschluss wirksam werden sollen 67 (*Holzapfl,* BB 72, 251). Er erlaubt – neben § 1 I 3 als weitere Ausnahme vom Erfordernis der Angabe fester Endpreise – **Änderungsvorbehalte,** wenn (Nr 1) **Liefer- oder Leistungsfristen von mehr als vier Monaten** bestehen (vor allem im Kfz- und Möbeleinzelhandel), (Nr 2), wenn Waren oder Leistungen im Rahmen von **Dauerschuldverhältnissen** geliefert bzw. erbracht werden (zB bei Versicherungsverträgen hinsichtlich der Prämienanpassungsklauseln) oder (Nr 3) **in Prospekten eines Reiseveranstalters,** wenn der Preisanpassungsvorbehalt nach § 4 Abs 2 BGB-InfoV zulässig ist. Besthen Liefer- bzw Leistungsfristen von mehr als vier Monaten, ist es für die preisangabenrechtliche Zulässigkeit des Änderungsvorbehalts erforderlich, dass neben der Angabe des derzeit geltenden Preises und des Änderungsvorbehalts (in der Form des § 1 VI) die voraussichtliche Liefer- oder Leistungsfrist angegeben wird (§ 1 V Nr 1).

Aus § 1 I 1 und § 1 V Nr 1 folgt, dass **Änderungsvorbehalte unzulässig** sind, 68 wenn zwischen dem Vertragsschluss und dem Zeitpunkt der Lieferung der Ware (Erbringung der Leistung) **weniger** als vier Monate liegen. Trotz dieser Regelung können individualvertraglich Tagespreisklauseln wirksam vereinbart werden. Die Vorschriften der PAngV sind ausschließlich Regelungen des Preisordnungsrechts, die die Verpflichtung des Anbieters zu Preisangaben festlegen, aber nicht Regelungen des materiellen Preisrechts, die die Vertragsfreiheit einschränken und dessen Nichtbeachtung zur Nichtigkeit der Vereinbarung einer Tagespreisklausel gemäß § 134 BGB führte (Einf Rn 1, 28; BGH GRUR 74, 416, 417 – *Tagespreis;* GRUR 81, 206, 207 – *4 Monate Preisschutz*).

§ 2 Grundpreis

(1) ¹Wer Letztverbrauchern gewerbs- oder geschäftsmäßig oder regelmäßig in sonstiger Weise Waren in Fertigpackungen, offenen Packungen oder als Verkaufseinheiten ohne Umhüllung nach Gewicht, Volumen, Länge oder Fläche anbietet, hat neben dem Endpreis auch den Preis je Mengeneinheit einschließlich der Umsatzsteuer und sonstiger Preisbestandteile (Grundpreis) in unmittelbarer Nähe des Endpreises gemäß Absatz 3 Satz 1, 2, 4 oder 5 anzugeben. ²Das gilt auch für denjenigen, der als Anbieter dieser Waren gegenüber Letztverbrauchern unter Angabe von Preisen wirbt. ³Auf die Angabe des Grundpreises kann verzichtet werden, wenn dieser mit dem Endpreis identisch ist.

(2) Wer Letztverbrauchern gewerbs- oder geschäftsmäßig oder regelmäßig in sonstiger Weise unverpackte Waren, die in deren Anwesenheit oder auf deren Veranlassung abgemessen werden (lose Ware), nach Gewicht, Volumen, Länge oder Fläche anbietet oder als Anbieter dieser Waren gegenüber Letztverbrauchern unter Angabe von Preisen wirbt, hat lediglich den Grundpreis gemäß Absatz 3 anzugeben.

(3) ¹Die Mengeneinheit für den Grundpreis ist jeweils 1 Kilogramm, 1 Liter, 1 Kubikmeter, 1 Meter oder 1 Quadratmeter der Ware. ²Bei Waren, deren Nenngewicht oder Nennvolumen üblicherweise 250 Gramm oder Milliliter nicht übersteigt, dürfen als Mengeneinheit für den Grundpreis 100 Gramm oder Milliliter verwendet werden. ³Bei nach Gewicht oder nach Volumen angebotener loser Ware ist als Mengeneinheit für den Grundpreis entsprechend der allgemeinen Verkehrsauffassung entweder 1 Kilogramm oder 100 Gramm oder 1 Liter oder 100 Milliliter zu verwenden. ⁴Bei Waren, die üblicherweise in Mengen von 100 Liter und mehr, 50 Kilogramm und mehr oder 100 Meter und mehr abgegeben werden, ist für den Grundpreis die Mengeneinheit zu verwenden, die der allgemeinen Verkehrsauffassung entspricht. ⁵Bei Waren, bei denen das Abtropfgewicht anzugeben ist, ist der Grundpreis auf das angegebene Abtropfgewicht zu beziehen.

(4) ¹Bei Haushaltswaschmitteln kann als Mengeneinheit für den Grundpreis eine übliche Anwendung verwendet werden. ²Dies gilt auch für Wasch- und Reinigungsmittel, sofern sie einzeln portioniert sind und die Zahl der Portionen zusätzlich zur Gesamtfüllmenge angegeben ist.

Inhaltsübersicht

	Rn
A. Allgemeines	1
B. Grundpreis (§ 2 I)	3
C. Lose Ware (§ 2 II)	6
D. Mengeneinheit (§ 2 III, IV)	7

A. Allgemeines

1 Mit § 2 hat der Verordnungsgeber die Richtlinie 98/6/EG des Europäischen Parlaments und des Rates v 16.2.1998 über den Schutz der Verbraucher bei der Angabe der Preise der ihnen angebotenen Erzeugnisse (ABl EG Nr L 80 S 27) in das deutsche Recht umgesetzt (Einf Rn 7). Er hat damit im Interesse einer gemeinschaftsweiten Vereinheitlichung des Preisangabenrechts eine umfassende Verpflichtung zur **Angabe des Grundpreises** je Mengeneinheit *neben* dem Endpreis statuiert. Die Richtlinie 98/6/EG bezweckt nur eine Mindestharmonisierung (vgl Art 10), sodass die Mitgliedstaaten für den Verbraucher günstigere Regelungen erlassen dürfen (vgl Rn 5 zur „unmittelbaren Nähe").

Die Regelung gilt **nur für Waren,** *nicht* für Leistungen. **Normadressaten,** dh 2 verpflichtet zur Angabe des Grundpreises neben dem Endpreis, sind Gewerbetreibende iS der PAngV (§ 1 Rn 8), die Letztverbrauchern (§ 1 Rn 10) gewerbs- oder geschäftsmäßig oder regelmäßig in sonstiger Weise (§ 1 Rn 6) Waren (§ 1 Rn 21) in Fertigpackungen, offenen Packungen oder als Verkaufseinheiten ohne Umhüllung nach Gewicht, Volumen, Länge oder Fläche anbieten (§ 1 Rn 15–17) oder als Anbieter dieser Waren gegenüber Letztverbrauchern unter Angabe von Preisen werben (§ 1 Rn 18). Wie der Endpreis muss auch der Grundpreis den allgemeinen Anforderungen des § 1 VI, insbesondere der allgemeinen Verkehrsauffassung und den Grundsätzen von Preisklarheit und Preiswahrheit entsprechen.

B. Grundpreis (§ 2 I)

§ 2 I verpflichtet neben der Angabe eines Endpreises auch zur Angabe eines 3 Grundpreises, dh des Preises je Mengeneinheit. Zweck der Regelung ist es, dem Verbraucher die Vergleichbarkeit der Preise unabhängig von Packungs- und Gebindegrößen zu erleichtern. Seitdem durch die Änderung der FertPackVO von 2008 (Art 1 Sechste ÄndVO v 11.6.2008, BGBl I S 1079) die bisher gesetzlich verbindlich vorgegebenen Größen von Fertigpackungen nahezu frei gegeben worden sind, kommt der Grundpreisangabe nach § 2 I eine umso wichtigere Rolle zu, um durch Grundpreisvergleiche leichter verdeckte Preiserhöhungen mittels veränderter Packungsgrößen identifizieren zu können (vgl *Jacobs* WRP 10, 1217, 1218f, 1220ff mit Vorschlag der lege ferenda für Größenrelation zwischen Grund- und Endpreisangabe; vgl auch § 5 UWG Rn 239).

§ 2 I erfasst Angebote und die Werbung mit Preisangaben (§ 1 I 1) für Produkte in 4 Fertigpackungen (§ 6 FPV), offenen Packungen (§ 31a FPV, zB Obstkörbchen) oder für Verkaufseinheiten ohne Umhüllung (§§ 32, 33 FPV, zB unverpackte Backwaren, Auslegeware usw), soweit nach Gewicht, Volumen, Länge oder Fläche angeboten wird. Auf Waren, die stückweise abgegeben werden und auf Leistungen bezieht sich die Regelung nicht (*Völker,* NJW 00, 2787f). Der *neben* dem Endpreis anzugebende **Grundpreis** ist der **Preis je Mengeneinheit** (§ 2 III) einschließlich Umsatzsteuer und sonstiger Preisbestandteile unabhängig von einer Rabattgewährung. Bei erlaubten Zugaben gleicher Ware (Getränkekiste mit 12 Literflaschen + zwei Gratis-Literflaschen) ist der Grundpreis bezogen auf die Gesamtmenge (14 Flaschen) anzugeben, da nur dies dem Ziel der erleichterten Preisvergleichsmöglichkeit entspricht (OLG Köln WRP 12, 1452 Rn 19).

Der Grundpreis ist in **unmittelbarer Nähe** des Endpreises zu platzieren. Das Er- 5 fordernis der „unmittelbaren Nähe" hat in der zugrunde liegenden Richtlinie 98/6/EG keine Entsprechung. Ein **Verstoß** gegen § 2 I ist insoweit allerdings wegen Art 3 V UGP-RL seit dem 13.6.2013 **nicht mehr unlauter** iSd § 3 I UWG (Einf PAngV Rn 13). Eine „unmittelbare Nähe" setzt voraus, dass beide Preise auf einen Blick wahrgenommen werden können (BGH GRUR 09, 982 Rn 13 – *Dr. Clauder's Hufpflege*); bloße unmittelbare Erreichbarkeit nach § 5 I TMG genügt nicht (BGH aaO). Der Endpreis ist *nicht* hervorzuheben. § 1 VI verpflichtet zur Hervorhebung des Endpreises nur bei einer *Aufgliederung* von Preisen (§ 1 Rn 58f). Darum geht es bei der Grundpreisangabe aber nicht (BGH GRUR 09, 982 Rn 12 – *Dr. Clauder's Hufpflege*).

Durch die graphische Art der Darstellung darf der Verbraucher – beispielsweise durch eine Hervorhebung des Grundpreises, der dadurch als Endpreis erscheint – aber nicht getäuscht werden (§ 1 VI 1, 2). Von der Angabe des Grundpreises darf nur **abgesehen** werden, wenn Grund- und Endpreis identisch sind (§ 2 I 3). In diesen Fällen genügt allein die Angabe des Endpreises. Nach der Begründung zum Verordnungsentwurf des BMWi v 25.2.2000 (BR-Drucks 180/00 v 9.6.2000) soll eine Verpflichtung zur Grundpreisangabe dann nicht bestehen, wenn die Angaben über Gewicht, Volumen, Länge oder Fläche ausschließlich der näheren Beschreibung des Produkts oder zur Verbraucherinformation erfolgen, zB bei der Angabe von Länge und Breite von Handtüchern oder Bettwäsche, bei der Angabe der Länge von Gürteln und Schnürsenkeln oder des Volumens von Töpfen und anderen Behältnissen. In Frage kommen insoweit aber nur Fallgestaltungen, bei denen es mangels eines Angebots oder einer Werbung mit Preisangaben auch der Endpreisangabe nach § 1 I 1 nicht bedarf. Ausnahmen von § 2 enthält § 9 IV Nr 1–5, § 9 V Nr 1–3 und § 9 VI Nr 1 und 2. Die Grundpreisangabepflicht trifft auch einen Pizza-Lieferdienst, der neben Speisen auch andere Waren in Fertigpackungen (Bier, Wein, Eiscreme) anbietet; die Ausnahme des § 9 IV Nr 4 (unten § 9 Rn 18) greift insoweit nicht ein (BGH GRUR 13, 186 Rn 14f – *Traum-Kombi*).

C. Lose Ware (§ 2 II)

6 Lose Ware, die Letztverbrauchern nach Gewicht, Volumen, Länge oder Fläche angeboten oder gegenüber Letztverbrauchern mit Preisangaben beworben wird, ist ebenfalls mit der Grundpreisangabe nach Maßgabe des § 2 III zu versehen. Jedoch bedarf es bei ihr kraft der ausdrücklichen Regelung des § 2 II daneben keiner Endpreisangabe, wenn die (unverpackte, lose) Ware in Gegenwart des Käufers (Letztverbrauchers) abgemessen wird. Das trägt den tatsächlichen Gegebenheiten beim Kauf solcher Waren in Anwesenheit des Kunden Rechnung.

D. Mengeneinheit (§ 2 III, IV)

7 Maßgebende Mengeneinheiten für den Grundpreis sind nach § 2 III das kg, der l, der m, der m^2 und der m^3, bei Kleinmengen das Gewicht oder Volumen von 100 g bzw 100 ml, bei Großmengen (zB Kartoffeln, Kohlen) die Mengeneinheit, die der allgemeinen Verkehrsauffassung entspricht (zB Zentner, Schock, Fuder). Bei Haushaltswaschmitteln und bei einzeln positionierten Wasch- und Reinigungsmitteln kann nach Maßgabe des § 2 IV als Mengeneinheit für den Grundpreis auch eine „übliche Anwendung" verwendet werden, zB Messbecher oder Waschgang (*Völker*, NJW 00, 2787, 2788).

§ 3 Elektrizität, Gas, Fernwärme und Wasser

[1]Wer Letztverbrauchern gewerbs- oder geschäftsmäßig oder regelmäßig in sonstiger Weise Elektrizität, Gas, Fernwärme oder Wasser leitungsgebunden anbietet oder als Anbieter dieser Waren gegenüber Letztverbrauchern unter Angabe von Preisen wirbt, hat den verbrauchsabhängigen Preis je Mengeneinheit einschließlich der Umsatzsteuer und aller spezifischen Verbrauchssteuern (Arbeits- oder Mengenpreis) gemäß Satz 2 im Angebot oder in der Werbung anzugeben. [2]**Als Mengeneinheit für den Arbeitspreis bei Elektrizität, Gas und Fernwärme ist 1 Kilowattstunde und für den Mengenpreis bei Wasser 1 Kubikmeter zu verwenden.** [3]**Wer neben dem Arbeits- oder**

Mengenpreis leistungsabhängige Preise fordert, hat diese vollständig in unmittelbarer Nähe des Arbeits- oder Mengenpreises anzugeben. ⁴Satz 3 gilt entsprechend für die Forderungen nicht verbrauchsabhängiger Preise.

Inhaltsübersicht

	Rn
A. Allgemeines	1
B. Inhalt und Bedeutung	2

A. Allgemeines

§ 3 bezieht sich auf **leitungsgebundene Angebote** gegenüber Letztverbrauchern 1 und die Werbung dafür unter Angabe von Preisen. § 3 will auch auf diesen Märkten entsprechend der Zielsetzung der PAngV im Ganzen für Preistransparenz sorgen (Einf Rn 14). Die Regelung schließt deshalb auch nicht aus, *neben* den Pflichtangaben (s Rn 2) **Preisberechnungsbeispiele** unter Zugrundelegung eines bestimmten Jahresverbrauchs aufzuzeigen.

B. Inhalt und Bedeutung

§ 3 verlangt die Angabe des verbrauchsabhängigen Preises je Mengeneinheit ein- 2 schließlich Umsatzsteuer und aller spezifischen Verbrauchssteuern (Arbeits- oder Mengenpreis). Danach ist bei Elektrizität, Gas und Wasser der (Arbeits-) Preis/kWh und bei Wasser der (Mengen-)Preis/m^3 anzugeben (§ 3 Satz 2). Daneben können nach wie vor nicht verbrauchsabhängige Entgelte verlangt werden. Die diesbezüglichen Angaben müssen jedoch vollständig und in unmittelbarer Nähe des Arbeitsbzw Mengenpreises erscheinen (§ 3 Satz 4).

§ 4 Handel

(1) **Waren, die in Schaufenstern, Schaukästen, innerhalb oder außerhalb des Verkaufsraumes auf Verkaufsständen oder in sonstiger Weise sichtbar ausgestellt werden, und Waren, die vom Verbraucher unmittelbar entnommen werden können, sind durch Preisschilder oder Beschriftung der Ware auszuzeichnen.**

(2) **Waren, die nicht unter den Voraussetzungen des Absatzes 1 im Verkaufsraum zum Verkauf bereitgehalten werden, sind entweder nach Absatz 1 auszuzeichnen oder dadurch, dass die Behältnisse oder Regale, in denen sich die Waren befinden, beschriftet werden oder dass Preisverzeichnisse angebracht oder zur Einsichtnahme aufgelegt werden.**

(3) **Waren, die nach Musterbüchern angeboten werden, sind dadurch auszuzeichnen, dass die Preise für die Verkaufseinheit auf den Mustern oder damit verbundenen Preisschildern oder Preisverzeichnissen angegeben werden.**

(4) **Waren, die nach Katalogen oder Warenlisten oder auf Bildschirmen angeboten werden, sind dadurch auszuzeichnen, dass die Preise unmittelbar bei den Abbildungen oder Beschreibungen der Waren oder in mit den Katalogen oder Warenlisten im Zusammenhang stehenden Preisverzeichnissen angegeben werden.**

PAngV § 4

(5) **Auf Angebote von Waren, deren Preise üblicherweise aufgrund von Tarifen oder Gebührenregelungen bemessen werden, ist § 5 Abs 1 und 2 entsprechend anzuwenden.**

Inhaltsübersicht

		Rn
A.	Inhalt und Bedeutung	1
B.	Regelmäßige Warenangebote (§ 4 I)	4
C.	Weitere Warenangebote (§ 4 II)	7
D.	Warenangebote nach Musterbüchern (§ 4 III)	8
E.	Warenangebote nach Katalogen und Warenlisten und auf Bildschirmen (§ 4 IV)	9
F.	Warenangebote nach Tarifen und Gebührenregelungen (§ 4 V)	13

A. Inhalt und Bedeutung

1 § 4 **konkretisiert und ergänzt** hinsichtlich des „Wie" der Preisangaben die Grundanforderungen des § 1 VI an *Angebote* von *Waren*. Die Regelung begründet für besonders häufig vorkommende Formen von Warenangeboten bestimmte **Preisauszeichnungspflichten**. Der Begriff der Preisauszeichnung ist enger als der der Preisangabe. Er umfasst insbesondere nicht Preisankündigungen in Zeitungsanzeigen oder sonstigen werblichen Mitteilungen (BGH GRUR 89, 446, 447 – *Preisauszeichnung* [zum früheren § 6e II Nr 1 UWG]). „Preisauszeichnen" ist das Versehen der Ware mit dem für sie bestimmten Preis, sei es an der Ware selbst (durch Beschriftung, Anhängen von Preisetiketten), sei es durch Aufstellen von Preisschildern oder Stelltafeln in unmittelbarer Nähe der Ware.

2 Auf die **Werbung** und auf **Leistungen** findet § 4 **keine** Anwendung. Die Vorschrift gilt aber auch für *Waren*angebote von Unternehmen, die Dienstleistungen anbieten, zB für Warenangebote in Gaststätten, Tankstellen, Friseurgeschäften usw. Daneben sind von diesen Unternehmen – soweit einschlägig – auch die §§ 5, 7 und 8 zu beachten. Ausnahmen von § 4 enthalten die Regelungen des § 9 VII Nr 1–3.

3 Liegen die Voraussetzungen der **Grundvorschriften des § 1 nicht** vor, findet auch § 4 *keine* Anwendung (Einf Rn 17 aE). Umgekehrt bleibt es bei der Preisangabepflicht nach § 1, wenn § 4 nicht eingreift, weil anders als in § 4 I–V bestimmt angeboten wird (zB in Form von Einzelofferten). § 4 enthält keine erschöpfende Regelung (*Gelberg*, Komm z PAngV, S 64).

B. Regelmäßige Warenangebote (§ 4 I)

4 § 4 I erfasst das **Angebot von Waren**, die **sichtbar ausgestellt** sind *oder* vom Verbraucher **unmittelbar entnommen** werden können (Hauptfälle des Warenangebots). Präsentationsort der Waren sind (beispielsweise) Schaufenster, Schaukästen, Verkaufsstände (innerhalb oder außerhalb des Verkaufsraums). Schaufenster sind auch die sog. Durchschaufenster, bei denen der Schaufensterbereich vom Inneren des Geschäfts nicht abgetrennt ist. *Sichtbar ausgestellt* bedeutet mehr als sichtbar sein. Erforderlich ist, dass die Ware, wie es zB bei Schaufensterauslagen der Fall ist, in deutlich sichtbarer (auffallender) Form zur Schau gestellt wird (BayObLG NJW 1973, 1088, 1089). Ware ist alles, was der Verkehr als zum Verkauf ansieht. Attrappen und Schaupackungen, die stellvertretend für die Ware ausgelegt sind, sind auszuzeichnen (§ 1 Rn 20, 21), Dekorationsstücke, bei denen der Dekorationszweck für den Betrachter zweifelsfrei feststeht, dagegen nicht, ebenfalls nicht Ware, die als verkauft ge-

kennzeichnet wird, sofern erkennbar ist, dass sie – auch in absehbarer Zeit – nicht mehr zum Verkauf steht, also auch nicht nachzubestellen ist.

Waren in **SB-Geschäften** können vom Verbraucher unmittelbar entnommen werden. Da sie den „sichtbar ausgestellten" Waren gleichgestellt sind (Rn 4), besteht in SB-Geschäften eine uneingeschränkte Preisauszeichnungspflicht, dh auch für Ware, die *nicht* sichtbar (Rn 4) ausgestellt ist. 5

Mittel der Preisauszeichnung sind Preisschilder und Beschriftung der Ware. Dem Kaufmann steht frei, welches dieser Mittel er wählt. Es gilt der Grundsatz der eindeutigen Zuordnung, leichten Erkennbarkeit und deutlichen Lesbarkeit, § 1 VI 2 (§ 1 Rn 51–56ff). 6

C. Weitere Warenangebote (§ 4 II)

§ 4 II ordnet über Absatz 1 hinaus die Preisauszeichnung auch für Waren an, die nicht sichtbar *ausgestellt* sind, zB nur sichtbar sind (Rn 4), und dem Publikum nicht zur Selbstbedienung zur Verfügung stehen. Voraussetzung ist aber auch hier ein Bereithalten der Ware in den Verkaufsräumen (in Regalen, Schränken, in sonstiger Weise) zum Verkauf. Verkaufsräume sind alle vom Verkäufer für den allgemeinen Kundenbesuch freigegebenen Räume, so die zur Kundenbesichtigung offen gehaltenen Lager-, Büro- oder Werkstatträume. Mittel der Preisauszeichnung können die des Absatzes 1 sein (Preisschilder, Beschriftung, Rn 6), alternativ aber auch die Beschriftung der Warenbehältnisse und -regale oder die Anbringung von Preisverzeichnissen oder deren Auslegung zur Einsichtnahme entsprechend den Anforderungen des § 1 VI. 7

D. Warenangebote nach Musterbüchern (§ 4 III)

Musterbücher finden vor allem im Handel mit Stoffen, Gardinen, Tapeten, Teppichböden und anderen Bodenbelägen Verwendung. Bei ihnen sind die Preise für die Verkaufseinheit (§ 1 Rn 39, 40) entweder auf den Mustern selbst oder auf damit (fest) verbundenen Preisschildern oder (im Musterbuch eingehefteten) Preisverzeichnissen anzugeben. 8

E. Warenangebote nach Katalogen und Warenlisten und auf Bildschirmen (§ 4 IV)

Die Sonderregelung des § 4 IV für **Warenangebote nach Katalogen** und **Warenlisten** betrifft in erster Linie den Versandhandel, aber auch Buchklubs und Automobilhändler, die mit Katalogen oder Warenlisten arbeiten. Um Kataloge oder Warenlisten iS des § 4 IV handelt es sich nur, wenn diese Unterlagen **Grundlage eines Angebots** iS des § 1 I PAngV sind. Bloße Werbesendungen scheiden aus. 9

Zwischen den nach § 4 IV zulässigen Preisauszeichnungen kann der Unternehmer **wählen.** Anders als nach Absatz 3 genügt es, wenn die Preisauszeichnungen mit den Katalogen (Warenlisten) im Zusammenhang stehen, dh diesen lose beiliegen oder sich inhaltlich auf sie beziehen. Zu beachten ist aber auch hier wie in allen anderen Fällen § 1 VI 2, insbesondere das Gebot der **eindeutigen Zuordnung** (§ 1 Rn 52). Im Versandhandel werden die **Versandkosten**, was dem Verkehr geläufig ist, als Drittkosten neben dem Warenpreis gesondert erhoben. Sie werden nicht auf die Ware, sondern auf die Sendung erhoben und sind daher in aller Regel *kein* in den Endpreis einzurechnender Preisbestandteil (BGH GRUR 97, 479, 480 – *Münzangebot;* vgl § 1 Rn 33). 10

11 § 4 IV (§ 2 IV aF) gilt seit der Dritten ÄnderungsVO PAngV v 22.7.1997 (Einf Rn 6) auch für alle Angebote von Waren auf **Bildschirmen** wie zB im Fernsehen oder Internet (vgl Amtl Begr, BR-Drucks 238/97, S 8). Die Sichtbarmachung von auf Datenträgern gespeicherten Angeboten auf dem Bildschirm dürfte dem gleichstehen (*Völker*, NJW 97, 3405, 3406). Die Preisangabe kann nach Wahl des Unternehmers (Rn 10) entweder im unmittelbaren räumlichen Zusammenhang mit den Warenabbildungen oder Warenbeschreibungen bestehen oder in Katalogen, Warenlisten bzw damit in Zusammenhang stehenden Preisverzeichnissen (BGH GRUR 03, 889, 890 – *Internet-Reservierungssystem*).

12 § 4 IV bezieht sich nur auf die Art und Weise der Angaben von *Preisen* nach § 1 I, nicht aber auf die Angaben nach § 1 II (Umsatzsteuer, Liefer- und Versandkosten), die zusätzlich zu den Preisen zu machen sind (BGH GRUR 08, 84 Rn 29 – *Versandkosten; Rohnke*, GRUR 07, 381, 382); insoweit kommt mangels Lückenhaftigkeit des § 1 II auch keine entsprechende Anwendung von § 4 IV in Betracht (BGH aaO – *Versandkosten*). Für die Art und Weise der Angaben nach § 1 II ist daher § 1 VI maßgebend (§ 1 Rn 46 ff). § 4 IV ist auch nicht auf die Grundpreisangabe nach § 2 entsprechend anwendbar (BGH GRUR 09, 982 Rn 17 – *Dr. Clauder's Hufpflege*).

F. Warenangebote nach Tarifen und Gebührenregelungen (§ 4 V)

13 § 4 V verweist für die Angebote von Waren, die üblicherweise auf Grund von Tarifen oder Gebührenregelungen bemessen werden, auf die Vorschriften des § 5 I und II für **Leistungsentgelte**. Damit ist bestimmt, dass für die *Waren* Wasser und Gas, für die ohne die in § 4 V getroffene Regelung die Vorschriften des § 4 I–IV gelten würden, die für Leistungen maßgebenden Regelungen des § 5 I und II entsprechend anzuwenden sind. Dahinter steht die Absicht des Verordnungsgebers, eine Gleichbehandlung von Wasser, Gas und elektrischem Strom zu erreichen. Es gelten also für Wasser und Gas *nicht* die für den Warenhandel geltenden Vorschriften. Demgemäß wird der Preisangabepflicht auch für Wasser und Gas durch Aushang oder Bereithaltung der Tarife zur Einsichtnahme am Ort des Leistungsangebots (§ 5 I, II) genügt.

§ 5 Leistungen

(1) ¹**Wer Leistungen anbietet, hat ein Preisverzeichnis mit den Preisen für seine wesentlichen Leistungen oder in den Fällen des § 1 Abs 3 mit seinen Verrechnungssätzen aufzustellen.** ²**Dieses ist im Geschäftslokal oder am sonstigen Ort des Leistungsangebots und, sofern vorhanden, zusätzlich im Schaufenster oder Schaukasten anzubringen.** ³**Ort des Leistungsangebots ist auch die Bildschirmanzeige.** ⁴**Wird eine Leistung über Bildschirmanzeige erbracht und nach Einheiten berechnet, ist eine gesonderte Anzeige über den Preis der fortlaufenden Nutzung unentgeltlich anzubieten.**

(2) **Werden entsprechend der allgemeinen Verkehrsauffassung die Preise und Verrechnungssätze für sämtliche angebotenen Leistungen in Preisverzeichnisse aufgenommen, so sind diese zur Einsichtnahme am Ort des Leistungsangebots bereitzuhalten, wenn das Anbringen der Preisverzeichnisse wegen ihres Umfangs nicht zumutbar ist.**

(3) **Werden die Leistungen in Fachabteilungen von Handelsbetrieben angeboten, so genügt das Anbringen der Preisverzeichnisse in den Fachabteilungen.**

§ 5 PAngV

Inhaltsübersicht

	Rn
A. Inhalt und Bedeutung	1
B. Preisverzeichnis (§ 5 I)	2
I. Regelungsgehalt	2
II. Preisverzeichnisse	3
III. Preise	4
IV. Wesentliche Leistungen	5
V. Verrechnungssätze	6
VI. Anbringung der Preisverzeichnisse (§ 5 I 2)	7
C. Umfangreiche Preisverzeichnisse (§ 5 II)	9
D. Fachabteilungen (§ 5 III)	11

A. Inhalt und Bedeutung

§ 5 normiert entsprechend § 4 hinsichtlich der Form der Preisangabe bei Warenangeboten (§ 4 Rn 1) über die Regelungen des § 1 II–V und VI hinaus weitergehende Preisangabepflichten (s Rn 2) hinsichtlich der Form der Preisangabe bei **Leistungsangeboten**. Unionsrechtliche Grundlage (Einf Rn 23) ist Art 22 der Richtlinie 2006/123/EG, der nach V nur eine Mindestharmonisierung darstellt (BGH GRUR 12, 1159 Rn 10 – *Preisverzeichnis bei Mietwagenangebot*). § 5 gilt für sämtliche Dienstleistungsbetriebe (zB Abschlepp- und Bergungsunternehmen, Bestattungsgewerbe, Campingplatzbetriebe, chemische Reinigungen, Fotografen, Friseure, Kraftfahrzeugreparaturwerkstätten, die Kreditwirtschaft, Makler, Mietwagenunternehmen, das Schneider- und Kürschnerhandwerk, Schuhmacher, Wäschereien). § 5 gilt ferner – entsprechend der Regelung des § 4 für Warenangebote von Dienstleistungsbetrieben – für die Dienstleistungsangebote von Handelsunternehmen. Ob ein Angebot vorliegt oder ob es sich lediglich um Werbung handelt, für die *nicht* die Vorschriften des § 5, sondern *allein* die allgemeinen Anforderungen des § 1 gelten, ist nach § 1 I 1 zu beurteilen (§ 1 Rn 14 ff). Zum Begriff der Leistung s § 1 Rn 20, 22. Sonderregelungen enthalten § 6 (Kredite), § 7 (Gaststättengewerbe), § 8 II (Garagen, Parkplätze), Ausnahmen § 9 VIII Nr 1–3.

B. Preisverzeichnis (§ 5 I)

I. Regelungsgehalt

§ 5 I begründet die Verpflichtung zur **Anbringung** (zum Aushang) **von Preisverzeichnissen** mit Preisen für die *wesentlichen* Leistungen des Anbieters oder – in den Fällen des § 1 II – mit *Verrechnungssätzen*.

II. Preisverzeichnisse

Preisverzeichnisse sind **Aufstellungen über eine Mehrzahl von Leistungen**, die Preisangaben und sonstige Angaben enthalten, auf die sich die Preise beziehen (Verkaufs- und Leistungseinheiten, Gütebezeichnungen). Preisverzeichnisse iS des § 5 I tragen den individuellen Gegebenheiten des jeweiligen Betriebs Rechnung. Für eine Reihe von Gewerbezweigen (Übersicht bei *Gimbel/Boest*, § 3 Rn 5) sind in Zusammenarbeit mit dem Bundeswirtschaftsministerium, den Preisbehörden der Länder und den beteiligten Wirtschaftskreisen **Musterpreisverzeichnisse** mit den in der jeweiligen Branche typischen Regelleistungen entwickelt und eingeführt worden (abgedr bei *Gimbel/Boest*, S 100 ff; krit zu derartigen Verzeichnissen *Widmann*

WRP 10, 1443, 1447 f). Die Musterpreisverzeichnisse sind von den einzelnen Betrieben ihren individuellen Gegebenheiten durch Einsetzen der Preise und Streichen nicht angebotener oder Anfügen zusätzlich angebotener Leistungen anzupassen. Dabei sind die einzelnen Leistungspositionen hinreichend deutlich zu umschreiben und – wenn nicht Verrechnungssätze anzugeben sind (Rn 6) – mit festen Preisen zu versehen. Margen-, „ca"- und „ab"-Preise sind grundsätzlich unzulässig (§ 1 Rn 29, 30). Es gilt der Grundsatz von Preisklarheit und Preiswahrheit, § 1 VI 2 (§ 1 Rn 49, 50).

III. Preise

4   Die anzugebenden Preise müssen **Endpreise** sein, die alle Einzelpreise, zB für die Materialkosten des Handwerkers, einschließen (§ 1 Rn 23 ff). Ob Endpreise (für die wesentlichen Leistungen, Rn 5) oder **Verrechnungssätze** (Rn 6) anzugeben sind, richtet sich danach, ob die Angabe von Verrechnungssätzen nach den Gepflogenheiten und Anschauungen der beteiligten Verkehrskreise üblich ist (§ 1 Rn 63).

IV. Wesentliche Leistungen

5   **Wesentliche Leistungen** sind Leistungen, die der Verkehr beim anbietenden Unternehmen **erfahrungsgemäß besonders häufig** in Anspruch nimmt. Welche das im Einzelfall sind, richtet sich nach den Gegebenheiten des **jeweiligen** Betriebs. Maßgebend ist also keine auf die Branche bezogene generalisierende Betrachtungsweise. Entscheidend ist, ob die Leistungen des *anbietenden Betriebs* im Rahmen seines Gesamtangebots für diesen wesentlich sind. Das bedeutet für Leistungsangebote von Handelsunternehmen, dass bei der Beurteilung der Frage der Wesentlichkeit die Tatsache zu berücksichtigen ist, dass diese Unternehmen auch oder sogar hauptsächlich Waren anbieten. Leistungen, die für den Anbieter nur von untergeordneter Bedeutung sind, sind nicht wesentlich. Bestehen in Handelsunternehmen Fachabteilungen, kommt es auf deren Angebot an (§ 5 III).

V. Verrechnungssätze

6   Die Angabe von **Verrechnungssätzen**, die an die Stelle der Angabe konkreter Endpreise tritt, trägt der Tatsache Rechnung, dass in einer Vielzahl von Fällen, insbesondere beim Dienstleistungsangebot von Handwerksbetrieben, der **Leistungsumfang noch nicht feststeht** (vgl § 1 Rn 65). Die Beschränkung der Preisangabe auf *wesentliche* Leistungen gilt hier nicht, da sich Verrechnungssätze in aller Regel auf sämtliche angebotenen Leistungen beziehen.

VI. Anbringung der Preisverzeichnisse (§ 5 I 2)

7   Das Leistungsverzeichnis ist **am Ort des konkreten Leistungsangebots** (des Geschäftslokals, aber auch – soweit möglich – an jedem sonstigen Ort, an dem Leistungen angeboten werden), ggf auch im Schaufenster (Schaukasten) anzubringen, bei mehreren Angebotsorten an **jedem** dieser Orte. Ein Schaufenster bzw Schaukasten ist iS der Norm nur vorhanden, wenn ein solcher Raum auch tatsächlich funktionsbezogen genutzt wird, also zB nicht, wenn ein vom Vorgängerbetrieb genutztes Schaufenster nun mit einem Vorhang verdeckt oder nur eine Leuchtreklame angebracht wird (vgl *Widmann* WRP 10, 1443, 1448). Die Anbringung der Preisverzeichnisse hat so zu geschehen, dass die in ihnen enthaltenen Angaben der Form des § 1 VI 2 entsprechen (eindeutige Zuordnung, leichte Erkennbarkeit, deutliche Lesbarkeit, § 1 Rn 52 ff).

8   Ort des Leistungsangebots ist nach dem durch Art 9 IuKDG eingefügten Satz 3 des § 5 I (Einf Rn 6) auch die Bildschirmanzeige. Das bedeutet, dass entgeltliche Dienstleistungen, die wie Online-Dienst- oder Internet-Angebote an den Verbraucher über

den Bildschirm gerichtet werden, mit Preisangaben versehen sein müssen, auch wenn die Dienstleistung selbst nicht über den Bildschirm erbracht wird. Zu § 5 I 4 (§ 3 I 4 aF) s die Amtl Begr zum IuKDG (BR-Drucks 13/7385 v 9.4.1997 S 49). Nach dieser Regelung genügt der Unternehmer seiner Verpflichtung zur Preisangabe, wenn auf Abruf des Kunden der jeweils aktuelle Preisstand mitgeteilt wird (vgl *Völker*, NJW 97, 3405, 3408).

C. Umfangreiche Preisverzeichnisse (§ 5 II)

§ 5 II betrifft Preisverzeichnisse mit den Preisen (Verrechnungssätzen) für sämtliche Leistungen des anbietenden Betriebs. Die Norm stellt eine Ausnahmevorschrift zur Verpflichtung nach § 5 I dar (BGH GRUR 12, 1159 Rn 11 – *Preisverzeichnis bei Mietwagenangebot*). Er lässt für die Preisangabe die **Bereithaltung dieser Preisverzeichnisse** zur Einsichtnahme am Ort des Leistungsangebots genügen, wenn die Aufnahme sämtlicher Preise bzw. Verrechnungssätze in das Leistungsverzeichnis der allgemeinen Verkehrsauffassung entspricht (§ 1 Rn 47, 48) und das Anbringen (der Aushang) nach dem Umfang des Preisverzeichnisses nicht zumutbar ist. Die Maßgeblichkeit der allgemeinen Verkehrsauffassung soll verhindern, dass die Preisangabepflicht nach § 5 I durch die Aufnahme sämtlicher angebotenen Leistungen in Preisverzeichnisse umgangen wird. Es besteht eine allgemeine Verkehrsauffassung, nach der überregional tätige Autovermieter umfassende Preisverzeichnisse erstellen, die alle ihren Geschäftsbetrieben zuzuordnenden Leistungen umfassen (BGH GRUR 12, 1159 Rn 13 – *Preisverzeichnis bei Mietwagenangebot*). Die **Darlegungs- und Beweislast** für die Voraussetzungen von § 5 II (Verkehrserwartung und Unzumutbarkeit eines Aushangs, nicht aber Unüblichkeit von Aushängen) trägt der Unternehmer, der sich auf diese Ausnahmeregelung beruft (BGH GRUR 12, 1159 Rn 16f – *Preisverzeichnis bei Mietwagenangebot*).

9

§ 5 II betrifft vor allem **Leistungen auf Grund von Tarifen oder Gebührenregelungen**. Freigestellt von der Preisangabepflicht sind nach § 9 VIII Nr 3 die Leistungen der freien Berufe (Ärzte [GOÄ], Rechtsanwälte [RVG] usw). „**Bereithalten**" bedeutet die Möglichkeit zur Verschaffung jederzeitiger Einsichtnahme durch den Kunden, egal ob in körperlicher Form oder auf einem Bildschirm, sodass auch die Möglichkeit genügt, die jeweiligen Preise in einem elektronischen System einzusehen (BGH GRUR 12, 1159 Rn 23 – *Preisverzeichnis bei Mietwagenangebot*).

10

D. Fachabteilungen (§ 5 III)

§ 5 III enthält eine Einschränkung der Pflicht zur Anbringung von Preisverzeichnissen hinsichtlich der Leistungsangebote in **Fachabteilungen** von Handelsbetrieben. Um Fachabteilungen handelt es sich, wenn bestimmte Warensortimente oder Dienstleistungen aus dem Gesamtbetrieb ausgegliedert sind oder wenn sonst eine räumliche Trennung zwischen verschiedenen Warensortimenten oder Dienstleistungssparten besteht und das Leistungsangebot nur von dieser Abteilung ausgeht (*Gimbel/Boest*, § 3 Anm 10), zB bei der Tätigkeit von Reisebüros innerhalb von Kaufhäusern. Hier genügt die Anbringung der Preisverzeichnisse in den Abteilungen. Aushang im Schaufenster nur, wenn auf die Angebote der Abteilungen dort hingewiesen wird. Für Gaststätten als Teil von Handelsbetrieben s die Sonderregelung in § 7 II 2.

11

§ 6 Kredite

(1) ¹Bei Krediten sind als Preis die Gesamtkosten als jährlicher Vomhundertsatz des Kredits anzugeben und als „effektiver Jahreszins" zu bezeichnen. ²Satz 1 gilt auch beim Angebot eines Sollzinses für die Vertragslaufzeit nach Ablauf einer Sollzinsbindung.

(2) ¹Der anzugebende Vomhundertsatz gemäß Absatz 1 ist mit der in der Anlage angegebenen mathematischen Formel und nach den in der Anlage zugrunde gelegten Vorgehensweisen zu berechnen. ²Er beziffert den Zinssatz, mit dem sich der Kredit bei regelmäßigem Kreditverlauf, ausgehend von den tatsächlichen Zahlungen des Kreditgebers und des Kreditnehmers, auf der Grundlage taggenauer Verrechnung aller Leistungen abrechnen lässt. ³Es gilt die exponentielle Verzinsung auch im unterjährigen Bereich. ⁴Ist im Vertrag eine Anpassung des Sollzinssatzes oder anderer preisbestimmender Faktoren vorbehalten (§ 1 Abs 5), sind die zum Zeitpunkt des Angebots oder der Werbung geltenden preisbestimmenden Faktoren zugrunde zu legen. ⁵Der anzugebende Vomhundertsatz ist mit der im Kreditgewerbe üblichen Genauigkeit zu berechnen.

(3) In die Berechnung des anzugebenden Vomhundertsatzes sind die Gesamtkosten die vom Kreditnehmer zu entrichtenden Zinsen und alle sonstigen Kosten einschließlich etwaiger Vermittlungskosten, die der Kreditnehmer im Zusammenhang mit dem Kreditvertrag zu entrichten hat und die dem Kreditgeber bekannt sind, mit Ausnahme folgender Kosten einzubeziehen:
1. Kosten, die vom Kreditnehmer bei Nichterfüllung seiner Verpflichtungen aus dem Kreditvertrag zu tragen sind;
2. Kosten mit Ausnahme des Kaufpreises, die vom Kreditnehmer beim Erwerb von Waren oder Dienstleistungen unabhängig davon zu tragen sind, ob es sich um ein Bar- oder Kreditgeschäft handelt;
3. Kosten für die Führung eines Kontos, auf dem sowohl Zahlungen als auch in Anspruch genommene Kreditbeträge verbucht werden, Kosten für die Verwendung eines Zahlungsauthentifizierungsinstruments, mit dem sowohl Zahlungen getätigt als auch Kreditbeträge in Anspruch genommen werden können, sowie sonstige Kosten für Zahlungsgeschäfte, es sei denn, die Kontoeröffnung ist Voraussetzung für die Kreditvergabe oder die mit dem Konto verbundenen Kosten sind weder im Kreditvertrag noch in einem anderen mit dem Verbraucher geschlossenen Vertrag klar und getrennt ausgewiesen;
4. Kosten für solche Versicherungen und für solche anderen Zusatzleistungen, die keine Voraussetzung für die Kreditvergabe oder für die Kreditvergabe zu den vorgesehenen Vertragsbedingungen sind;
5. Notarkosten;
6. Kosten für Sicherheiten bei Immobiliardarlehensverträge im Sinne des § 503 des Bürgerlichen Gesetzbuchs.

(4) Ist eine Änderung des Zinssatzes oder sonstiger in die Berechnung des anzugebenden Vomhundertsatzes einzubeziehender Kosten vorbehalten und ist ihre zahlenmäßige Bestimmung im Zeitpunkt der Berechnung des anzugebenden Vomhundertsatzes nicht möglich, so wird bei der Berechnung von der Annahme ausgegangen, dass der Sollzinssatz und die sonstigen Kosten gemessen an der ursprünglichen Höhe fest bleiben und bis zum Ende des Kreditvertrages gelten.

(5) Erforderlichenfalls ist bei der Berechnung des anzugebenden Vomhundertsatzes von den in der Anlage niedergelegten Annahmen auszugehen.

(6) **Wird die Gewährung eines Kredits allgemein von einer Mitgliedschaft oder vom Abschluss einer Versicherung abhängig gemacht, so ist dies anzugeben.**

(7) ¹**Bei Bauspardarlehen ist bei der Berechnung des anzugebenden Vomhundertsatzes davon auszugehen, dass im Zeitpunkt der Kreditauszahlung das vertragliche Mindestspargutguthaben angespart ist.** ²**Von der Abschlussgebühr ist im Zweifel lediglich der Teil zu berücksichtigen, der auf den Darlehensanteil der Bausparsumme entfällt.** ³**Bei Krediten, die der Vor- oder Zwischenfinanzierung von Leistungen einer Bausparkasse aus Bausparverträgen dienen und deren preisbestimmende Faktoren bis zur Zuteilung unveränderbar sind, ist als Laufzeit von den Zuteilungsfristen auszugehen, die sich aus der Zielbewertungszahl für Bausparverträge gleicher Art ergeben.**

Inhaltsübersicht

	Rn
A. Allgemeines	
I. Sonderregelung für das Kreditgewerbe	1
II. Inhalt	2
III. Verhältnis zu § 1 und § 5	4
B. Anwendungsbereich	5
I. Darlehensgeschäfte, Normadressaten	5
II. Angebot, Werbung, Letztverbraucher	6
C. Effektiver Jahreszins (§ 6 I)	7
I. Preisvergleichszahl	7
D. Berechnung des effektiven Jahreszinses (§ 6 II–V)	8
E. Zusatzangaben (§ 6 VI)	14
F. Bauspardarlehen (§ 6 VII)	15

A. Allgemeines

I. Sonderregelung für das Kreditgewerbe

§ 6 trifft Sonderregelungen für die Preisangabepflicht des Kreditgewerbes. Die **1** Vergabe von Krediten unterfällt dem Begriff der Leistung iS der PAngV.

II. Inhalt

§ 6 enthält in den Absätzen 1 und 2 die **grundlegenden Regelungen** darüber, **2** dass und wie der **effektive Jahreszins** zu berechnen und anzugeben ist. Absatz 2, der zur Berechnung des effektiven Jahreszinses anstelle der früher geltenden 360-Tage-Methode die AIBD-Methode eingeführt hat (s Einf Rn 7 und unten Rn 8 ff), beruht auf der Umsetzung der Richtlinie 98/7/EG des Europäischen Parlaments und des Rates v 16.2.1998 zur Angleichung der Rechts- und Verwaltungsvorschriften der Mitgliedstaaten über den Verbraucherkredit (ABl EG Nr L 101 S 17) durch die Verordnung zur Änderung der Preisangaben- und Fertigpackungsverordnung v 26.7.2000 (BGBl I S 1238). Durch Art 6 des Gesetzes v 29. 7. 09 (BGBl I S 2355) wurde § 6 an die Verbraucherkreditrichtlinie 2008/48/EG (ABl L 133/66) angepasst und dabei insbesondere der bisher im deutschen Recht verwendete Begriff des „anfänglichen effektiven Jahreszinses" gestrichen, da die Verbraucherkreditrichtlinie nicht zwischen „effektivem Jahreszins" und „anfänglichem effektiven Jahreszins" differenziert (BT-Drucks 16/11643 S 81 f). Zugleich wird der Begriff des **Sollzinssatzes** eingeführt (§ 6 II 4, IV), der der gebundene oder veränderliche periodische Pro-

PAngV § 6

zentsatz ist, der pro Jahr auf das in Anspruch genommene Darlehen angewendet wird, § 489 V BGB.

3   Die bisherigen Absätze 7 und 8 des § 6 wurden später zu Absätzen 6 und 7 (G v 24. 7. 10, BGBl I S 977). § 6 I 2 wurde durch die Sechste Änderungsverordnung vom 1. 8. 12 (BGBl I S 1706) eingefügt.

III. Verhältnis zu § 1 und § 5

4   Die Anwendung des § 6 hängt davon ab, dass die Voraussetzungen des **Grundtatbestandes des § 1 I** erfüllt sind (Einf Rn 17 aE). Sonderregelungen, die auch bei der Vergabe von Krediten zu beachten sind, enthält § 5. Erforderlich ist der Aushang von Preisverzeichnissen gemäß § 5 I und III, wenn die Kreditgewährung zu den wesentlichen Leistungen des Kreditgebers gehört (§ 5 Rn 5). Für die Kreditwirtschaft besteht das **Musterpreisverzeichnis „Preisaushang – Regelsätze im standardisierten Privatkundengeschäft"** (vgl § 5 Rn 3), abgedr bei *Gimbel/Boest*, S 105 ff, und bei *Völker*, Preisangabenrecht, S 356 ff.

B. Anwendungsbereich

I. Darlehensgeschäfte, Normadressaten

5   § 6 gilt für Darlehensgeschäfte **jeder Art,** auch im Rahmen von Abzahlungsgeschäften, bei Konsumentenkrediten und der Finanzierung von Dienstleistungen. Dazu gehören auch Zahlungsaufschübe und Stundungsangebote, wenn diese entgeltlich gewährt werden (vgl BGHZ 108, 39 = GRUR 89, 762 – *Stundungsangebote;* GRUR 94, 311, 312 – *Finanzkaufpreis ohne Mehrkosten*). § 6 gilt auch für Kredite, die aufgrund von Kreditkarten eingeräumt werden, aber nicht bei Verwendung der Kreditkarte als bloßem Zahlungsmittel, dh bei Begleichung des Rechnungsbetrages unmittelbar nach Belastung. Beim Finanzierungsleasing, das die Möglichkeit zum endgültigen Erwerb (zB eines Kraftfahrzeugs) eröffnet, muss *auf den kreditierten Teil* des Kaufpreises der effektive Jahreszins angegeben werden (OLG Frankfurt BB 87, 1837; vgl auch OLG Frankfurt DB 88, 1543; *Zirpel,* DB 88, 1104, 1105; aA *Dylla-Krebs,* DB 89, 1173 ff). Zur Berechnung des effektiven Jahreszinses beim Finanzierungsleasing mit Sonderzahlung und kalkuliertem Restwert s BGH NJW 95, 1146, 1147 f). **Normadressaten** sind alle Unternehmen und Personen, die **Kredite vergeben oder vermitteln,** dh nicht nur Banken, Sparkassen und andere Kreditinstitute, gleichviel ob sie auf privat- oder öffentlich-rechtlicher Grundlage arbeiten, sondern auch die in diesem Bereich tätigen Versicherungen, ferner Kreditvermittler (§ 1 Rn 8 f; BGH GRUR 80, 304, 306 – *Effektiver Jahreszins*). Wird in Ausbildungsverträgen den Kursteilnehmern angeboten, die Ausbildungsgebühr statt ein Form eines vorauszuzahlenden Barbetrages in monatlichen Raten zu bezahlen, deren Summe höher ist als der Barzahlungsbetrag, ist ein solcher Vertrag kein Verbraucherdarlehnsvertrag iS des § 491 I BGB; er verpflichtet deshalb nicht zur Angabe des effektiven Jahreszinses nach § 6 I (BGH WRP 96, 292, 293 f – *Ausbildungsverträge*).

II. Angebot, Werbung, Letztverbraucher

6   Die Pflicht zur Angabe des Effektivzinses besteht bei **Kreditangeboten** und bei der **Werbung unter Angabe von Preisen** (§ 1 Rn 14–19), wenn Adressat des Angebots oder der Werbung ein Letztverbraucher ist, § 1 I 1 (§ 1 Rn 10). Die Ausnahme des § 9 I Nr 1 gilt auch für § 6, so dass die Pflicht zur Angabe des Effektivzinses entfällt, wenn der Kredit im Rahmen einer selbstständigen beruflichen oder gewerblichen (behördlichen/dienstlichen Tätigkeit) verwendet wird. Kreditangebote sind auch

vom Darlehensgeber vorformulierte, vom Darlehensnehmer zu unterschreibende Kreditanträge (BGH NJW 80, 2076, 2078 – *Kreditantrag*), ebenso die Beifügung von Anforderungsschecks für Barauszahlungen in Zeitschriften, wenn damit ein Kredit ohne weiteres in Anspruch genommen werden kann (BGH GRUR 80, 304, 306 – *Effektiver Jahreszins*). Auch eine Immobilienanzeige, die die Möglichkeit einer Kreditfinanzierung mit Hervorhebung der monatlichen Belastungsrate aufzeigt, kann ein Kreditangebot sein (OLG Köln OLGR Köln 08, 353). Auf mündliche Kreditangebote ohne Preisangaben ist die PAngV nicht anwendbar (§ 9 I Nr 4; § 1 Rn 17).

C. Effektiver Jahreszins (§ 6 I)

I. Preisvergleichszahl

§ 6 I verpflichtet zur Angabe des **effektiven Jahreszinses** als einer **Preisvergleichszahl,** die die unterschiedlichen Preisfaktoren für die Gewährung von Krediten berücksichtigt. Sinn der Preisvergleichszahl ist es sicherzustellen, dass der Verbraucher einen zuverlässigen Preisvergleich anstellen kann, was er allein anhand einer einzelnen Preisangabe, zB des Nominalzinses, nicht könnte. Zu berücksichtigen sind insoweit sämtliche Faktoren, die – wie Nominalzins, Zinssollstellungstermine, Disagio, Agio, Bearbeitungsgebühren, Kreditvermittlungskosten, Bereitstellungszinsen, Kontoführungsgebühren, Zusatzdarlehen zur Finanzierung eines Disagios usw – die Gesamtbelastung bestimmen (preisbestimmende Faktoren, BGH GRUR 82, 236, 238 – *Realkredite*). Der effektive Jahreszins drückt sich in einer einzigen Prozentzahl aus. Er ist der **Endpreis iS des** § 1 I 1 und wörtlich als „effektiver Jahreszins" zu bezeichnen (§ 6 I 1). Abweichende Bezeichnungen (Bruttopreis, Gesamtbelastung, Gesamtkosten) sind unzulässig, jedoch dürfen Abkürzungen gebraucht werden, deren Sinn zweifelsfrei feststeht und allgemein verständlich ist (BGH GRUR 89, 59, 60 – *Anfängl effekt Jahreszins*). Nicht vereinbar mit der in § 6 I 1 vorgeschriebenen Angabe „effektiver Jahreszins" ist die Angabe „Effektivzins" (BGH GRUR 96, 421, 422 – *Effektivzins*). 7

D. Berechnung des effektiven Jahreszinses (§ 6 II–V)

Die Vorschriften des § 6 II–V zur Berechnung des effektiven Jahreszinses hinsichtlich der *Berechnungsgrundlage* und der *Berechnungsmethode* dienen der Information des Letztverbrauchers und stellen sicher, dass der effektive Jahreszins zwecks Erzielung zuverlässiger Preisvergleichszahlen und zwecks Vermeidung von Wettbewerbsverzerrungen von allen Kreditanbietern einheitlich ermittelt wird. **Berechnungsgrundlage** sind die preisbestimmenden Faktoren (Rn 7), aber nicht Aufwendungen, die mit dem Kredit nur mittelbar in Zusammenhang stehen und nicht ohne weiteres anfallen (zB Notar- und Grundbuchkosten). **Berechnungsmethode** ist nicht mehr wie nach § 4 II 1 aF die sogenannte 360-Tage-Methode (finanzmathematische Methode), sondern jetzt (§ 6 II) die AIBD- (Association of International Bond Dealers-) Methode (so Rn 2), für deren Handhabung § 6 II auf den die Vorschrift beigegebene Anlage verweist (BGBl 2009 I S 2385, 2406f). Diese enthält die Erläuterungen für die der Berechnung des effektiven Jahreszinses nunmehr zugrunde zu legende Formel, für deren Anwendung in der Praxis es einer speziellen Software bedarf (sa *Völker,* NJW 00, 2787, 2789). 8

§ 6 III wurde durch Art 6 des G v 29. 7. 2009 (BGBl I S 2355, 2384f) neu gefasst. Der Begriff „Gesamtkosten" ist Oberbegriff über die Zinsen und die sonstigen Kosten und umfasst alle finanziellen Verpflichtungen des Kreditnehmers, die dieser bei regulärem Vertragsverlauf über die Rückzahlung des Kredits hinaus zu tragen hat 9

(BT-Drucks 16/11643, S 141). Zivilrechtlich wird dies sichergestellt, indem die Gesamtkosten im Vertrag angegeben sein müssen (§ 492 II BGB) und auf Kosten, die nicht im Vertrag angegeben sind, kein Anspruch besteht (§ 494 IV BGB). Zugleich stellt die Definition sicher, dass es außer Zinsen und Kosten keine weiteren Geldansprüche des Kreditgebers gibt. So ist zB ein Disagio nach seiner Funktion auszulegen und entweder den Zinsen oder den Kosten zuzuordnen. Die **sonstigen Kosten** müssen „im Zusammenhang mit dem Kreditvertrag" stehen. Verlangt wird eine kausale Verbindung zwischen den Kosten und dem Kreditvertrag, wobei diese Verknüpfung **weit** auszulegen ist (BT-Drucks 16/11643 S 141). So stehen sämtliche vorvertraglichen und auch vertraglichen Kosten im Zusammenhang mit dem Kreditvertrag (Art 6 lit k Verbraucherkreditrichtlinie 2008/48/EG). Die sonstigen Kosten müssen daher ihren rechtlichen Ursprung nicht zwingend im Kreditvertrag selbst haben. Wird ein Kreditvertrag unter der Bedingung abgeschlossen, dass auch ein weiterer Vertrag abgeschlossen wird (zB ein Kauf- oder Versicherungsvertrag), sind folglich auch die Kosten, die durch diesen Vertrag entstehen, Teil der sonstigen Kosten. So ist insbesondere der Barzahlungspreis bei entgeltlichen Finanzierungshilfen in die Berechnung des effektiven Jahreszinses einzubeziehen (BT-Drucks 16/11643 S 141).

10 Im Unterschied zur bisherigen Regelung müssen die sonstigen Kosten dem Darlehensgeber **bekannt** sein, damit sie in die Berechnung des effektiven Jahreszinses einbezogen werden können (Art 3 lit g Verbraucherkreditrichtlinie 2008/48/EG). Die Kenntnis des Kreditgebers ist objektiv danach zu beurteilen, welche Kosten der Kreditgeber kennen muss; auf besondere Sach- oder Unkenntnis des Kreditgebers kommt es demnach nicht an. Maßgeblich ist die Anforderungen an die berufliche Sorgfalt eines Kreditgebers (Erwägungsgrund 20 der Richtlinie 2008/48/EG; BT-Drucks 16/11643 S 141). Gerade bei Kosten für Zusatzleistungen ist allerdings grundsätzlich zu vermuten, dass der Kreditgeber die Kosten kennt, wenn die Kosten nicht von den persönlichen Verhältnissen des Darlehensnehmers abhängen. Der Kreditgeber kennt wegen der Mitteilungspflicht aus Art 247 § 13 III EGBGB jedenfalls die Vermittlungskosten, die weiterhin beispielhaft in § 6 III erwähnt werden.

11 **Kontoführungskosten** (Abs 3 Nr 3) sind nur dann nicht einzubeziehen, wenn zwei Voraussetzungen kumulativ vorliegen, nämlich bei fakultativer Kontoeröffnung und klarer und getrennter Ausweisung der Kontokosten.

12 Die in der bisherigen Ziff 4 vorgesehene Ausnahme für Mitgliedsbeiträge wurde gestrichen, da die Verbraucherkreditrichtlinie 2008/48/EG eine entsprechende Ausnahmevorschrift nicht mehr vorsieht. Maßgeblich für die Einbeziehung solcher Kosten in den effektiven Jahreszins ist nunmehr, ob sie „im Zusammenhang" mit dem Kreditvertrag stehen, sodass also eine kausale Verknüpfung zwischen Mitgliedsbeiträgen und Kreditvertrag bestehen muss und die Kosten dem Kreditgeber bekannt sein müssen (BT-Drucks 16/11643 S 142). Aus dem gleichen Grunde wurde in Ziff 5 die Ausnahme der Kosten für „Sicherheiten" gestrichen, sodass auch insoweit zukünftig nur maßgeblich ist, ob ein Zusammenhang mit dem Kreditvertrag besteht und die Kosten dem Kreditgeber bekannt sind.

13 Für **Versicherungsbeiträge,** insbesondere Beiträge zu einer Restschuldversicherung, kommt es gemäß Abs 3 Ziff 4 nicht mehr darauf an, dass der Abschluss des Versicherungsvertrages zwingende Voraussetzungen für den Abschluss des Kreditvertrages ist, vielmehr reicht es aus, wenn der Abschluss eines Versicherungsvertrages Voraussetzung für den Abschluss eines Kreditvertrages zu den vom Kreditgeber vorgesehenen Vertragsbedingungen ist (vgl Art 3 lit g Verbraucherkreditrichtlinie 2008/48/EG). Gleichzeitig gilt diese Regelung nicht nur für Versicherungen, sondern auch für alle anderen Zusatzleistungen; im Unterschied zu Ziff 3 sind die Kosten dagegen nicht allein deswegen einzubeziehen, weil keine Kostenklarheit besteht (BT-Drucks 16/11643 S 142).

E. Zusatzangaben (§ 6 VI)

Nach § 6 VI bedarf es neben der Angabe des effektiven Jahreszinses zusätzlicher 14
Angaben hinsichtlich solcher **Belastungen,** die mit der Kreditgewährung **generell** und nicht nur im Einzelfall verbunden sind, aber **keine Beiträge** für Kostenfaktoren darstellen, die in den effektiven Jahreszins einfließen. Das sind die **Mitgliedschaft** in einer Genossenschaft, Gesellschaft oder einem Verein oder **Aufwendungen** für die Zeichnung von Anteilen. Ferner Versicherungsprämien, die unmittelbar die Rückzahlung des Kredits sichern **(Restschuldversicherungsprämien),** aber auch Prämien für Versicherungen, die der **Werterhaltung** des mit Kreditmitteln erworbenen Gutes dienen (Kaskoversicherung, Gebäudeversicherung).

F. Bauspardarlehen (§ 6 VII)

§ 6 VII trifft besondere Regelungen für die **Leistungen der Bausparkassen aus** 15
Bausparverträgen. Auch für diese ist der effektive Jahreszins anzugeben. Grundlage der Berechnung ist hier der Darlehensanteil der Bausparsumme abzüglich der *Mindest*ansparsumme, weil die *individuelle* Ansparsumme im Zeitpunkt des Angebots bzw. der Werbung noch nicht feststeht. Auf diesen Darlehnsanteil ist, wenn nichts anderes vereinbart wird, die Abschlussgebühr anteilig zu verrechnen. § 6 VII 3 trifft eine weitere Sonderregelung für die Laufzeit von Krediten zur Vor- und Zwischenfinanzierung von Bauspardarlehen. Da die Laufzeit im Zeitpunkt des Angebots bzw. der Werbung nicht bekannt ist (vgl § 4 V BSpG), fingiert das Gesetz die Laufzeit für den von ihm angenommenen Fall, dass die Kreditkonditionen bis zur Zuteilung fest sind.

§ 6a Werbung für Kreditverträge

(1) **Wer gegenüber Letztverbrauchern für den Abschluss eines Kreditvertrags mit Zinssätzen oder sonstigen Zahlen, die die Kosten betreffen, wirbt, muss in klarer, verständlicher und auffallender Weise angeben:**
1. **den Sollzinssatz,**
2. **den Nettodarlehensbetrag,**
3. **den effektiven Jahreszins.**

Beim Sollzinssatz ist anzugeben, ob dieser gebunden oder veränderlich oder kombiniert ist und welche sonstigen Kosten der Beworbene im Falle eines Vertragsabschlusses im Einzelnen zusätzlich zu entrichten hätte.

(2) **Die Werbung muss zusätzlich die folgenden Angaben enthalten, sofern diese vom Werbenden zur Voraussetzung für den Abschluss des beworbenen Vertrags gemacht werden:**
1. **die Vertragslaufzeit**
2. **bei Teilzahlungsgeschäften die Sache oder Dienstleistung, den Barzahlungspreis sowie den Betrag der Anzahlung,**
3. **gegebenenfalls den Gesamtbetrag und den Betrag der Teilzahlungen.**

(3) **Die in den Absätzen 1 und 2 genannten Angaben sind mit einem Beispiel zu versehen. Bei der Auswahl des Beispiels muss der Werbende von einem effektiven Jahreszins ausgehen, von dem er erwarten darf, dass er mindestens zwei Drittel der auf Grund der Werbung zustande kommenden Verträge zu dem angegebenen oder einem niedrigeren effektiven Jahreszins abschließen wird.**

PAngV § 6a   Preisangabenverordnung

(4) Verlangt der Werbende den Abschluss eines Versicherungsvertrags oder eines Vertrags über andere Zusatzleistungen und können die Kosten für diesen Vertrag nicht im Voraus bestimmt werden, ist auf die Verpflichtung zum Abschluss dieses Vertrags klar und verständlich an gestalterisch hervorgehobener Stelle zusammen mit dem effektiven Jahreszins hinzuweisen.

Inhaltsübersicht

		Rn
A.	Allgemeines	1
B.	Pflichtangaben (§ 6a I)	3
C.	Erweiterte Pflichtangaben (§ 6a II)	6
D.	Beispiel (§ 6a III)	7
E.	Zusatzleistungen (§ 6a IV)	9

A. Allgemeines

1   § 6a verpflichtet denjenigen, der für den Abschluss von Verbraucherkreditverträgen wirbt, in der Werbung bestimmte Informationen anzugeben. Die Vorschrift wurde durch Art 6 des G v 29. 7. 09 (BGBl I S 2355, 2385) eingefügt und setzt die Vorgaben aus Art 4 der Verbraucherkreditrichtlinie 2008/48/EG um. Der Wortlaut von § 6a ist allerdings wesentlich weiter als der Anwendungsbereich der genannten Richtlinie, die zB nur Kredite mit einem Kreditbetrag zwischen 200 € und 75 000 € (Art 2 II lit c) und keine Miet- oder Leasingverträge erfasst, bei denen keine Verpflichtung zum Erwerb des Gegenstandes vorgesehen ist (Art 2 II lit d). Es besteht aber keine Veranlassung, § 6a nur auf Verträge anzuwenden, die in den Anwendungsbereich der Richtlinie fallen, da die Vollharmonisierung nach Art 22 der Richtlinie auf deren Anwendungsbereich beschränkt ist (aA *Hoene* IPRB 10, 160, 161; vgl auch *Köhler* WRP 12, 149 zu Immobilienkrediten).

2   Die Werbung nach § 6a ist unabhängig von und qualitativ etwas anderes als der gesetzlich geforderte Preisaushang nach §§ 5, 6, sodass im Rahmen des Letzteren keine Angabe des Sollzinssatzes erforderlich ist (LG Frankfurt a. M. WM 11, 2322; aA *Torka* WRP 11, 1247, 1249).

B. Pflichtangaben (§ 6a I)

3   § 6a I verpflichtet zur Angabe von bestimmten Informationen, wenn **mit Zinssätzen oder sonstigen Zahlen**, die die Kosten betreffen, geworben wird. Die Vorschrift greift nur ein, wenn in der Werbung gegenüber Letztverbrauchern mit **konkreten Zahlen** gearbeitet wird (BT-Drucks 16/11643 S 143). Eine solche konkrete Zahl kann zB der effektive Jahreszins sein („Finanzierung ab 0,9% effektiver Jahreszins"). Der Werbende soll nicht nur eine besonders günstige Zahl herausstellen dürfen, sondern auch auf die weiteren Bedingungen seiner Angebote hinweisen müssen (BT-Drucks 16/11643 S 143).

4   Anzugeben sind nach Abs 1 S 1: (1) der Sollzinssatz, (2) der Nettodarlehensbetrag sowie (3) der effektive Jahreszins. Beim **Sollzinssatz** (vgl oben Rn 2) ist nach Abs 1 S 2 anzugeben, ob dieser gebunden oder veränderlich oder kombiniert ist und welche sonstigen Kosten der Beworbene im Falle seines Vertragsschlusses im Einzelnen zusätzlich zu entrichten hätte. Der **Nettodarlehensbetrag** ist gemäß Art 247 § 3 II 2 EGBGB der Höchstbetrag, auf den der Darlehensnehmer aufgrund des Darlehensvertrages Anspruch hat. Zum **effektiven Jahreszins** vgl § 6 Rn 7ff Zu den **Kosten** iSd § 6a I gehört nicht der Nettodarlehensbetrag (*Amschewitz* DB 11, 1565, 1566).

Für die Art und Weise der Darstellung macht Art 4 der Verbraucherkreditrichtlinie 2008/48/EG nur die Vorgabe, dass die Informationen „auffallend" sein müssen, aber nicht in einer bestimmten Reihenfolge dargestellt werden müssen. Dies hat der deutsche Gesetzgeber in der Weise umgesetzt, dass die Informationen **in klarer, verständlicher und auffallender Weise** anzugeben sind. Eine bestimmte Reihenfolge der Angaben wird nicht vorgegeben (*Torka* WRP 11, 1247, 1250). Wird bei einer Kreditwerbung im **Internet** die Werbeanzeige über mehrere Seiten hinweg gestaltet, sind alle Pflichtangaben bereits auf der Einzelseite anzuführen, die erstmals Preise oder Preisbestandteile nennt; bei einem Werbespot reicht es dagegen, wenn alle Pflichtangaben spätestens auf der letzten Bildsequenz erscheinen (*Domke/Sperlich* BB 10, 2069, 2070; *Torka* WRP 11, 1247, 1251). Die **Art** der Angabe („in klarer, verständlicher und auffallender Weise") bezieht sich nur auf die Angaben nach § 6a I 1 und daher nicht auch auf die weiteren Informationen nach § 6a I 2 (*Domke/Sperlich* BB 10, 2069; aA *Amschewitz* DB 11, 1565, 1566f). 5

C. Erweiterte Pflichtangaben (§ 6a II)

Nach Abs 2 müssen in der Werbung zusätzliche Angaben gemacht werden, sofern diese vom Werbenden zur Voraussetzung für den Vertragsabschluss gemacht werden. Dabei handelt es sich um 6
– die Vertragslaufzeit,
– bei Teilzahlungsgeschäften (vgl § 506 III BGB) die Sache oder Dienstleistung, den Barzahlungspreis sowie den Betrag der Anzahlung und
– ggfs den Gesamtbetrag und den Betrag der Teilzahlungen.

Das Wort „gegebenenfalls" in Abs 2 Ziff 3 bedeutet, dass der Gesamtbetrag und der Betrag der Teilzahlungen anzugeben ist, **soweit** dies **möglich** ist. Die Angabe kann deshalb beispielsweise bei Überziehungsmöglichkeiten entfallen (BT-Drucks 16/11643 S 143). Die Pflicht zur Art und Weise der Angabe aus Abs 1 („in klarer, verständlicher und auffallender Weise") wird man auch auf die Angabe nach Abs 2 erstrecken müssen, zumal die Richtlinie 2008/48/EG in Art 5 insoweit nicht differenziert (ebenso *Torka* WRP 11, 1247, 1250).

D. Beispiel (§ 6a III)

Nach Abs 3 müssen die gemäß Abs 1 und Abs 2 vorgesehenen Pflichtangaben mit einem **Beispiel** versehen werden. Bei der Auswahl des Beispiels muss sich der Werbende gemäß Abs 3 S 2 an einem effektiven Jahreszins orientieren, von dem erwartet werden darf, dass er mindestens 2/3 der zustande kommenden Verträge oder einen niedrigeren effektiven Jahreszins betreffen wird. Mit dieser, bereits in Großbritannien praktizierten, Regelung soll ein „repräsentatives" (vgl Art 4 II der Verbraucherkreditrichtlinie 2008/48/EG) Beispiel gewährleistet werden, vgl auch Art 247 § 3 III 1 EGBGB, um Lockvogelangebote auszuschließen (*Domke/Sperlich* BB 10, 2069, 2070; *Torka* WRP 11, 1247, 1252). Angesichts der Vollharmonisierung nach Art 22 der Verbraucherkreditrichtlinie 2008/48/EG bestehen allerdings erhebliche Zweifel, ob diese strikte Zwei-Drittel-Schwelle unionsrechtskonform ist (ebenso *Domke/Sperlich* BB 10, 2069, 2070; *Torka* WRP 11, 1247, 1252). 7

Das Beispiel nach Abs 3 muss nicht zusätzlich zu den Standardinformationen nach Abs 2 präsentiert werden, sondern kann diese Standardinformationen enthalten (*Hoene* IPRB 10, 160, 162). Die Zwei-Drittel-Regelung bezieht sich nur auf den effektiven Jahreszins, nicht die weiteren Pflichtangaben (*Amschewitz* DB 11, 1565, 1568; *Domke/Sperlich* BB 10, 2069, 2070). 8

E. Zusatzleistungen (§ 6a IV)

9 Abs 4 verpflichtet zur Angabe, ob mit dem Kreditvertrag eine **Zusatzleistung** iSd Art 247 § 8 EGBGB vereinbart werden muss. Diese Angabe hat zusammen mit dem effektiven Jahreszins sowie klar und verständlich an gestalterisch hervorgehobener Stelle zu erfolgen. Die Vorschrift dient der Umsetzung von Art 4 III der Verbraucherkreditrichtlinie 2008/48/EG. Zusatzleistungen müssen solche sein, die der Werbende verlangt, sodass darunter zB nicht die Kfz-Haftpflichtversicherung fällt, da diese gesetzlich vorgeschrieben ist (*Hoene* IPRB 10, 160, 162).

§ 6b Überziehungsmöglichkeiten

Bei Überziehungsmöglichkeiten iSd § 504 II des Bürgerlichen Gesetzbuchs hat der Kreditgeber statt des effektiven Jahreszinses den Zollzinssatz pro Jahr und die Zinsbelastungsperiode anzugeben, wenn diese nicht kürzer als drei Monate ist und der Kreditgeber außer den Sollzinsen keine weiteren Kosten verlangt.

1 § 6b übernimmt den Regelungsgehalt des bisherigen § 6 IX und beruht auf Art 4 II lit c und Art 6 II der Verbraucherkreditrichtlinie 2008/48/EG. Eine parallele Vorschrift findet sich in Art 247 § 10 III EGBGB. Die Erleichterung des § 6b gilt sowohl für § 6 als auch für § 6a (BT-Drucks 16/11643 S 143).

§ 7 Gaststätten, Beherbergungsbetriebe

(1) ¹In Gaststätten und ähnlichen Betrieben, in denen Speisen oder Getränke angeboten werden, sind die Preise in Preisverzeichnissen anzugeben. ²Die Preisverzeichnisse sind entweder auf Tischen aufzulegen oder jedem Gast vor Entgegennahme von Bestellungen und auf Verlangen bei Abrechnung vorzulegen oder gut lesbar anzubringen. ³Werden Speisen und Getränke gemäß § 4 Abs 1 angeboten, so muss die Preisangabe dieser Vorschrift entsprechen.

(2) ¹Neben dem Eingang der Gaststätte ist ein Preisverzeichnis anzubringen, aus dem die Preise für die wesentlichen angebotenen Speisen und Getränke ersichtlich sind. ²Ist der Gaststättenbetrieb Teil eines Handelsbetriebes, so genügt das Anbringen des Preisverzeichnisses am Eingang des Gaststättenteils.

(3) In Beherbergungsbetrieben ist beim Eingang oder bei der Anmeldestelle des Betriebes an gut sichtbarer Stelle ein Verzeichnis anzubringen oder auszulegen, aus dem die Preise der im Wesentlichen angebotenen Zimmer und gegebenenfalls der Frühstückspreis ersichtlich sind.

(4) Kann in Gaststätten- und Beherbergungsbetrieben eine Telekommunikationsanlage benutzt werden, so ist der bei Benutzung geforderte Preis je Minute oder je Benutzung in der Nähe der Telekommunikationsanlage anzugeben.

(5) Die in den Preisverzeichnissen aufgeführten Preise müssen das Bedienungsgeld und sonstige Zuschläge einschließen.

Inhaltsübersicht

	Rn
A. Inhalt und Bedeutung	
I. Sonderregelung für das Gaststätten- und Beherbergungsgewerbe	1
II. Endpreise, Benutzung von Kommunikationsmitteln (§ 7 IV, V)	2
B. Gaststättenbetriebe	3
I. Begriff	3
II. Gaststättenbetriebe	4
1. Preisangabepflicht in der Gaststätte (§ 7 I)	4
2. Preisangabepflicht neben dem Eingang (§ 7 II)	5
C. Beherbergungsbetriebe (§ 7 III)	7

A. Inhalt und Bedeutung

I. Sonderregelung für das Gaststätten- und Beherbergungsgewerbe

§ 7 trifft Sonderregelungen für Gaststätten einschließlich Selbstbedienungsgaststätten und für Beherbergungsbetriebe. Werden andere Waren als Speisen und Getränke abgegeben oder Speisen und Getränke außer Haus verkauft, ist § 4 anwendbar. § 5 gilt für Leistungen, die für das Gaststättengewerbe untypisch sind. § 7 greift nur ein, wenn die **Grundvoraussetzungen des § 1 I** erfüllt sind (Einf Rn 17 aE). Alle Angaben müssen **§ 1 VI** entsprechen. Der Grundsatz von Preisklarheit und Preiswahrheit (§ 1 VI) verlangt sofort zu verstehende und inhaltlich zutreffende Angaben (§ 1 Rn 49, 50). Die PAngV **hindert** aber den Gastwirt (Hotelier) **nicht,** abweichende Preisvereinbarungen zu treffen, da die PAngV formelles, nicht materielles Preisrecht enthält, also lediglich Preisordnungsrecht ist und die **Vertragsfreiheit nicht einschränkt** (Einf Rn 1). 1

II. Endpreise, Benutzung von Kommunikationsmitteln (§ 7 IV, V)

Anzugeben sind, wie sich aus § 7 V ergibt, die **Endpreise** einschließlich Umsatzsteuer (§ 1 I 1). Diese müssen das **Bedienungsgeld** als Teil des Speise- und Getränkepreises bzw. des Übernachtungspreises und alle **sonstigen Zuschläge** einschließen (zB Heizkostenzuschläge zum Zimmerpreis in den Fällen des § 7 III). Entgelte für Leistungen Dritter (zB Kurtaxe) sind keine Zuschläge. Für die **Benutzung einer Telekommunikationsanlage** (Telefon, Telefax, Internetzugang) gilt § 7 IV (Preisangabe je Minute oder je Benutzung in der Nähe der Telekommunikationsanlage). Für die entgeltliche Zurverfügungstellung von Parkmöglichkeiten gilt § 8 II (keine Berücksichtigung im Endpreis). 2

B. Gaststättenbetriebe

I. Begriff

Gaststättenbetriebe sind die **Schank- und Speisewirtschaften** einschließlich der Selbstbedienungsgaststätten (Fast-Food-Restaurants), Kioske, Imbissbuden und ähnlichen Betriebe sowie der Gaststättenteile von Beherbergungsbetrieben und der Restaurants von Kaufhäusern (vgl § 1 I Nr 1, 2 GaststättenG). § 7 unterscheidet anders als frühere Fassungen der Vorschrift nicht mehr zwischen *eigentlichen* Gaststättenbetrieben *und besonderen.* Zwar unterscheidet der Wortlaut von § 7 I „Gaststätten" und „ähnliche Betriebe", sodass man Gaststätten im engeren Sinne von „ähnlichen Betrieben" unterscheiden kann, bei denen vor allem typischerweise keine Bedienung an Tischen stattfindet (vgl LG Hamburg GRUR-RR 11, 477); jedoch stellt § 7 I 3 beide Formen gerade gleich, sodass auch nach § 7 II nichts anderes gelten kann (vgl unten Rn 5).

II. Gaststättenbetriebe

4   **1. Preisangabepflicht in der Gaststätte (§ 7 I).** Die Gaststättenbetriebe (Rn 3) erfüllen ihre Preisangabenpflicht – nach Wahl des Gaststätteninhabers – *entweder* durch **Auslage** der Preisverzeichnisse auf den Tischen *oder* durch **Vorlage** beim Kunden anlässlich der Bestellung oder (auf Verlangen) im Zuge der Abrechnung *oder* durch eine gut lesbare **Anbringung.** Auszulegen sind die Preisverzeichnisse in hinreichender Zahl, und zwar so, dass sich der Gast unschwer und ohne langes Warten über das Speisen- und Getränkeangebot unterrichten kann. Getrennte Preisverzeichnisse für Speisen und Getränke sind zulässig. Aufzuführen sind **alle** dem *üblichen* Angebot der Gaststätte entsprechenden Speisen und Getränke. Anzugeben sind die Endpreise (Rn 2). Die Angabe von Margenpreisen („von ... bis"-Preisen, „ca"-Preisen) ist unzulässig (§ 1 Rn 29, 30 ff). Es besteht ein **Musterpreisverzeichnis** (§ 5 Rn 3) „für den Aushang der wesentlichen Getränke in Gaststättenbetrieben" (für Bier- und Weinlokale, Nachtlokale, Cafés, abgedr bei *Gimbel/Boest,* S 107).

5   **2. Preisangabepflicht neben dem Eingang (§ 7 II).** Zusätzlich zu den Preisangabepflichten nach Absatz 1 ist ein Preisverzeichnis **neben dem Eingang** der Gaststätte anzubringen (§ 7 II). Obwohl der Wortlaut von § 7 II nur an „Gaststätten" anknüpft, kann für „ähnliche Betriebe" iSd § 7 I nichts anderes gelten, da Abs 1 beide Formen gleich behandelt und auch der Normzweck eine Gleichbehandlung gebietet (aA LG Hamburg GRUR-RR 11, 477). „Neben dem Eingang" bedeutet, dass sich der Gast vor Betreten über die hauptsächlichen Leistungen des Lokals und dessen Preise informieren kann. Die Preisangabepflicht nach Absatz 2 reicht weniger weit als die nach Absatz 1. Anzuführen sind nur die Preise für die *wesentlichen* angebotenen Speisen und Getränke (zum Begriff der Wesentlichkeit s § 5 Rn 5). Gelegentliche Angebote, auch solche, die sich nur an bestimmte Gäste (Hotelgäste, Betriebsangehörige), richten, sind aufzunehmen. Weitergehende Angaben als durch § 7 II vorgeschrieben stehen dem Gastwirt (selbstverständlich) frei. § 7 II gilt nur für die Zeit der Öffnung der Gaststätte (BayObLGSt 75, 146, 147 ff = NJW 76, 984, 985).

6   Bei Gaststätten, die Teil eines Handelsbetriebes sind, lässt § 7 II 2 die Anbringung des Preisverzeichnisses **am Eingang des Gaststättenteils** genügen (§ 5 III). Bestehen für die verschiedenen Tages- und Nachtzeiten unterschiedliche Preise, müssen die Preisverzeichnisse (im Lokal und am Eingang) die jeweilige Geltungsdauer erkennen lassen. Aufführung der unterschiedlichen Preise unter Hinweis auf den Grund der Preisverschiedenheit ist zulässig.

C. Beherbergungsbetriebe (§ 7 III)

7   Beherbergungsbetriebe sind **Betriebe des Gaststättengewerbes,** die Gäste beherbergen und jedermann oder bestimmten Personenkreisen zugänglich sind § 1 I Nr 3 GaststättenG). Dazu zählen auch **Kleinbeherbergungsbetriebe** (Vermieter von Urlaubsquartieren, Ferienwohnungen, private Vermieter), sofern sie im geschäftlichen Verkehr (§ 1 Rn 6, 7) tätig werden. (vgl zur Frage der Begrenzung des Begriffs der Gewerbsmäßigkeit auf Betriebe, die nicht der Ausnahmeregelung des § 2 IV GaststättenG unterfallen, *Gelberg,* GewArch 94, 57 f).

8   § 7 III schreibt für Beherbergungsbetriebe die **Anbringung** oder **Auslegung** eines **Preisverzeichnisses** beim Eingang oder bei der Anmeldestelle des Betriebs an gut sichtbarer Stelle vor. „An gut sichtbarer Stelle" bedeutet nicht, Einsehbarkeit von außen, wohl aber die Möglichkeit der Kenntnisnahme innerhalb des Eingangs bzw

der Rezeption ohne großes Suchen (vgl § 1 VI). Die „im Wesentlichen angebotenen Zimmer" sind die üblichen Zimmerangebote, keine Suiten und auch keine sonstigen Zimmer mit besonderer Ausstattung und entsprechenden Preisen. Wird Frühstück angeboten, ist auch der Frühstückspreis anzugeben.

Das Preisverzeichnis muss den **Anforderungen des § 1 VI** entsprechen, insbesondere **leicht erkennbar, dh offen angebracht** und **gut sichtbar** sein (§ 1 VI 2). Die angegebenen Preise müssen Endpreise sein, also bei Vermietung von Zimmer *mit* Frühstück letzteres einschließen (§ 1 I 1). **Aufgliederung,** zB in Zimmer- und Frühstückspreis, ist bei Hervorhebung des Endpreises (§ 1 VI 3) möglich. Beim Angebot unterschiedlicher Leistungen (Zimmer mit oder ohne Frühstück) können Zimmer- und Frühstückspreis auch gesondert angegeben werden. Wird in diesen Fällen ein Inklusivpreis genannt, bedarf es des Hinweises, was das Zimmer ohne Frühstück kostet. 9

Von den angegebenen Preisen **abweichende Preisvereinbarungen** sind zulässig (Rn 1 aE). 10

§ 8 Tankstellen, Parkplätze

(1) ¹**An Tankstellen sind die Kraftstoffpreise so auszuzeichnen, dass sie**
1. **für den auf der Straße heranfahrenden Kraftfahrer,**
2. **auf Bundesautobahnen für den in den Tankstellenbereich einfahrenden Kraftfahrer**

deutlich lesbar sind. ²**Dies gilt nicht für Kraftstoffmischungen, die erst in der Tankstelle hergestellt werden.**

(2) **Wer für weniger als einen Monat Garagen, Einstellplätze oder Parkplätze vermietet oder bewacht oder Kraftfahrzeuge verwahrt, hat am Anfang der Zufahrt ein Preisverzeichnis anzubringen, aus dem die von ihm geforderten Preise ersichtlich sind.**

Inhaltsübersicht

	Rn
A. Inhalt und Bedeutung	1
B. Tankstellen (§ 8 I)	2
I. Endpreise, Verkaufseinheiten, Gütebezeichnungen	2
II. Tankstellen	3
1. Preisangabe (§ 8 I 1, 2)	3
2. BAB-Tankstellen (§ 8 I 1 Nr 2)	4
3. Andere Tankstellen (§ 8 I Nr 1)	5
C. Abstellflächen (§ 8 II)	6

A. Inhalt und Bedeutung

§ 8 trifft eine die §§ 4 und 5 ergänzende Sonderregelung für das **Kraftstoffangebot** der Tankstellen (Absatz 1) und für das **Vermieten** von Garagen, Einstellplätzen und Parkplätzen sowie für das **Bewachen** und **Verwahren** von Kraftfahrzeugen für die Dauer von weniger als einem Monat (Absatz 2). Für das sonstige Warenangebot der Tankstellen gilt § 4. Voraussetzung für die Anwendbarkeit des § 8 ist das Vorliegen des Grundtatbestandes des § 1 I (s Einf Rn 17 aE). 1

B. Tankstellen (§ 8 I)

I. Endpreise, Verkaufseinheiten, Gütebezeichnungen

2 Anzugeben sind **Endpreise** (§ 1 I 1). Für Kraftstoffgemische gilt § 8 I 2 (s Rn 3). **Verkaufseinheit** für Kraftstoff ist der Liter (l), § 2 III. **Gütebezeichnungen,** auf die sich die Preise beziehen, sind „Normal", „Super", „Diesel", ggf auch weitere im Verkehr durchgesetzte Bezeichnungen wie „Esso-Extra", „Aral Plus" für Super, bei Benzin auch „bleifrei" und „verbleit". Einer Erwähnung der DIN-Norm bedarf es nicht. Angabepflichtig ist der *tatsächliche* Betreiber (Eigentümer, Stationär, Pächter). Diese öffentlich-rechtliche Pflicht kann zivilrechtlich nicht übertragen werden. Schmierstoffe sind keine Kraftstoffe, auf sie findet nicht § 8, wohl aber § 4 Anwendung.

II. Tankstellen

3 **1. Preisangabe (§ 8 I 1, 2).** Die Kraftstoffpreise sind **deutlich lesbar** auszuzeichnen. Das gilt auch für die Preise von Kraftstoffgemischen, die automatisch gemischt der Zapfsäule entnommen werden, aber nicht für solche Gemische, die erst in der Tankstelle hergestellt werden (§ 8 I 2). Deutliche Lesbarkeit wird im Allgemeinen gegeben sein, wenn die Preisschilder senkrecht zur Fahrbahn stehen und die Größe der Ziffern mindestens 40 cm beträgt (*Gimbel/Boest*, § 6 Anm 2). Im Übrigen kommt es auf die Umstände des Einzelfalls an. Bauwerke, Reklameschilder, Bäume dürfen die gute Wahrnehmbarkeit der Preisschilder nicht beeinträchtigen. Die Preisangabepflicht besteht für die Dauer der Öffnungszeit der Tankstelle. Bei Dunkelheit müssen die Preisschilder, solange die Tankstelle geöffnet ist, ausreichend beleuchtet sein. Die Unterschiedlichkeit der Regelungen für die BAB-Tankstellen (§ 8 I 1 Nr 2) und für die sonstigen Tankstellen (§ 8 I Nr 1) erklärt sich aus Gründen der Verkehrssicherheit und der Rücksichtnahme auf den Schnellverkehr auf Autobahnen.

4 **2. BAB-Tankstellen (§ 8 I 1 Nr 2).** Die Regelung gilt für den in den Tankstellenbereich *einfahrenden* Kraftfahrer, also nicht mehr wie nach einer früheren Regelung (§ 6 I 1 Nr 1 aF) für den *eingefahrenen*. Sie gilt für BAB-Tankstellen, dh für Tankstellen, die unmittelbaren Zugang von der Autobahn und zu ihr haben. Bei ihnen muss der Kraftfahrer die Preisauszeichnung – in deutlich lesbarer Form (Rn 3) – schon dann erkennen können, wenn er in den Tankstellenbereich einfährt.

5 **3. Andere Tankstellen (§ 8 I Nr 1).** Bei den Tankstellen, die nicht an der BAB liegen, muss die Preisangabe so gestaltet sein, insbesondere so deutlich lesbar sein (Rn 3), dass der mit angemessener Geschwindigkeit herannahende Kraftfahrer die Preisauszeichnung rechtzeitig erkennen kann und sich ohne Störung des fließenden Verkehrs zum Tanken entschließen kann. Das gilt für Tankstellen innerhalb und außerhalb der Ortslage.

C. Abstellflächen (§ 8 II)

6 Die Inhaber von Garagen, Einstellplätzen oder Parkplätzen, die solche Abstellflächen bzw. -räumlichkeiten kurzfristig (für weniger als einen Monat) vermieten oder bewachen oder Kraftfahrzeuge verwahren, müssen am Anfang der Zufahrt Preisverzeichnisse mit den von ihnen geforderten Preisen anbringen. Unter diese Regelung fallen auch Garagen und Einstellplätze von Hotels, Gaststätten und Tankstellen. § 1 VI ist zu beachten, dh der in die Zufahrt einfahrende Kraftfahrer muss die Preisangaben aus seinem Fahrzeug so rechtzeitig zur Kenntnis nehmen können, dass die Möglichkeit zum Wegfahren besteht. Ist diese Möglichkeit nach den räumlichen Verhältnissen nicht gegeben, muss er das Parkhaus usw ohne Kostenfolge unverzüglich wieder verlassen können.

§ 9 Ausnahmen

(1) Die Vorschriften dieser Verordnung sind nicht anzuwenden
1. auf Angebote oder Werbung gegenüber Letztverbrauchern, die die Ware oder Leistung in ihrer selbständigen beruflichen oder gewerblichen oder in ihrer behördlichen oder dienstlichen Tätigkeit verwenden; für Handelsbetriebe gilt dies nur, wenn sie sicherstellen, dass als Letztverbraucher ausschließlich die in Halbsatz 1 genannten Personen Zutritt haben, und wenn sie durch geeignete Maßnahmen dafür Sorge tragen, dass diese Personen nur die in ihrer jeweiligen Tätigkeit verwendbaren Waren kaufen;
2. auf Leistungen von Gebietskörperschaften des öffentlichen Rechts, soweit es sich nicht um Leistungen handelt, für die Benutzungsgebühren oder privatrechtliche Entgelte zu entrichten sind;
3. auf Waren und Leistungen, soweit für sie aufgrund von Rechtsvorschriften eine Werbung untersagt ist;
4. auf mündliche Angebote, die ohne Angabe von Preisen abgegeben werden;
5. auf Warenangebote bei Versteigerungen.

(2) § 1 Abs. 1 und § 2 Abs. 1 sind nicht anzuwenden auf individuelle Preisnachlässe sowie auf nach Kalendertagen zeitlich begrenzte und durch Werbung bekannt gemachte generelle Preisnachlässe.

(3) § 1 Abs. 2 ist nicht anzuwenden auf die in § 312b Abs. 3 Nr. 1 bis 4 und 7 des Bürgerlichen Gesetzbuchs genannten Verträge.

(4) § 2 Abs. 1 ist nicht anzuwenden auf Waren, die
1. über ein Nenngewicht oder Nennvolumen von weniger als 10 Gramm oder Milliliter verfügen;
2. verschiedenartige Erzeugnisse enthalten, die nicht miteinander vermischt oder vermengt sind;
3. von kleinen Direktvermarktern sowie kleinen Einzelhandelsgeschäften angeboten werden, bei denen die Warenausgabe überwiegend im Wege der Bedienung erfolgt, es sei denn, dass das Warensortiment im Rahmen eines Vertriebssystems bezogen wird;
4. im Rahmen einer Dienstleistung angeboten werden;
5. in Getränke- und Verpflegungsautomaten angeboten werden.

(5) § 2 Abs. 1 ist ferner nicht anzuwenden bei
1. Kau- und Schnupftabak mit einem Nenngewicht bis 25 Gramm;
2. kosmetischen Mitteln, die ausschließlich der Färbung oder Verschönerung der Haut, des Haares oder der Nägel dienen;
3. Parfüms und parfümierten Duftwässern, die mindestens 3 Volumenprozent Duftöl und mindestens 70 Volumenprozent reinen Äthylalkohol enthalten.

(6) Die Angabe eines neuen Grundpreises nach § 2 Abs. 1 ist nicht erforderlich bei
1. Waren ungleichen Nenngewichts oder -volumens oder ungleicher Nennlänge oder -fläche mit gleichem Grundpreis, wenn der geforderte Endpreis um einen einheitlichen Betrag herabgesetzt wird;
2. leicht verderblichen Lebensmitteln, wenn der geforderte Endpreis wegen einer drohenden Gefahr des Verderbs herabgesetzt wird.

(7) § 4 ist nicht anzuwenden

PAngV § 9   Preisangabenverordnung

1. auf Kunstgegenstände, Sammlungsstücke und Antiquitäten im Sinne des Kapitels 97 des Gemeinsamen Zolltarifs;
2. auf Waren, die in Werbevorführungen angeboten werden, sofern der Preis der jeweiligen Ware bei deren Vorführung und unmittelbar vor Abschluss des Kaufvertrags genannt wird;
3. auf Blumen und Pflanzen, die unmittelbar vom Freiland, Treibbeet oder Treibhaus verkauft werden.

(8) § 5 ist nicht anzuwenden
1. auf Leistungen, die üblicherweise aufgrund von schriftlichen Angeboten oder schriftlichen Voranschlägen erbracht werden, die auf den Einzelfall abgestellt sind;
2. auf künstlerische, wissenschaftliche und pädagogische Leistungen; dies gilt nicht, wenn die Leistungen in Konzertsälen, Theatern, Filmtheatern, Schulen, Instituten oder dergleichen erbracht werden;
3. auf Leistungen, bei denen in Gesetzen oder Rechtsverordnungen die Angabe von Preisen besonders geregelt ist.

Inhaltsübersicht

	Rn
A. Inhalt und Bedeutung	1
B. Ausnahmen von der Anwendung der gesamten PAngV (§ 9 I)	2
I. Allgemein	2
II. Letztverbraucher	3
III. Gebietskörperschaften (§ 9 I Nr 2)	7
IV. Werbeverbote (§ 9 I Nr 3)	8
V. Mündliche Angebote (§ 9 I Nr 4)	9
VI. Versteigerungen (§ 9 I Nr 5)	10
C. Ausnahmen von der Anwendung der §§ 1 I und 2 I (§ 9 II)	11
I. Allgemein	11
II. Individuelle Preisnachlässe	12
III. Generelle Preisnachlässe	13
D. Ausnahmen von der Anwendung des § 1 II (§ 9 III)	14
E. Ausnahmen von der Anwendung des § 2 I (§ 9 IV–VI)	15
I. Allgemein	15
II. Warenbezogene Ausnahmen (§ 9 IV Nr 1 und 2; § 9 V Nr 1–3; § 9 VI Nr 1)	16
III. Betriebsbezogene Ausnahmen (§ 9 IV Nr 3 und 5)	17
IV. Angebotsbezogene Ausnahmen (§ 9 IV Nr 4)	18
F. Ausnahmen von der Anwendung des § 4 (§ 9 VII)	19
I. Allgemein	19
II. Kunstgegenstände, Sammlerstücke, Antiquitäten (§ 9 VII Nr 1)	20
III. Werbevorführungen (§ 9 VII Nr 2)	21
IV. Freilandverkauf von Blumen (§ 9 VII Nr 3)	22
G. Ausnahmen von der Anwendung des § 5 (§ 9 VIII)	23
I. Allgemein	23
II. Einzelangebote (§ 9 VIII Nr 1)	24
III. Künstlerische, wissenschaftliche, pädagogische Leistungen (§ 9 VIII Nr 2)	26
IV. Besondere staatliche Regelungen (§ 9 VIII Nr 3)	27

Ausnahmen § 9 PAngV

A. Inhalt und Bedeutung

Die **weite Fassung** des § 1 I 1 **erfordert Ausnahmen** von der Preisangabepflicht. 1
Dem trägt § 9 durch eine Reihe materiell-rechtlicher Ausnahmebestimmungen
Rechnung, die in unterschiedlichem Umfang von den Preisangabepflichten der
PAngV freistellen. Von der Beachtung der PAngV gänzlich freigestellt sind die Fälle
des Absatzes 1 der Vorschrift. Im Übrigen bestehen nach Absatz 2 Freistellungen von
den §§ 1 I und 2 I, nach Absatz 3 von § 1 II, nach den Absätzen 4–6 von § 2 I und
nach den Absätzen 7 und 8 von den §§ 4 bzw. 5. Diese Regelungen sind abschließend. *Weitere* Ausnahmen dürfen *nicht* gewährt werden. Die Auslegung der Ausnahmetatbestände muss die Zielsetzung und den Sinn und Zweck der PAngV (Einf
Rn 11) beachten (BayObLG GewArch 83, 35).

B. Ausnahmen von der Anwendung der gesamten PAngV (§ 9 I)

I. Allgemein

§ 9 I trifft eine **Ausnahmeregelung** für die Anwendbarkeit der PAngV **im gan-** 2
zen. Die Freistellung (zB von der Verpflichtung zur Endpreisangabe) gilt generell,
also nicht nur für die Fälle der (freiwilligen) Angabe von Einzelpreisen.

II. Letztverbraucher

§ 9 I Nr 1 privilegiert Angebote und Werbung gegenüber solchen Letztverbrau- 3
chern (zum Begriff s Einf Rn 20; § 1 Rn 10), die die Ware oder Leistung in ihrer
selbständigen beruflichen oder gewerblichen oder in ihrer behördlichen oder
dienstlichen Tätigkeit verwenden. Bedeutung hat diese Regelung vor allem für den
Großhandel, bei dem Preisangaben gegenüber dem Einzelhandel, sonstigen Wiederverkäufern, gewerblichen Verbrauchern und Großabnehmern mit Endpreisen
einschließlich der Umsatzsteuer weder praktikabel noch mit Blick auf die Schutzwürdigkeit dieses Abnehmerkreises erforderlich sind. Dieser Abnehmerkreis bedarf – im
Rahmen seiner Tätigkeit – nicht so weit reichender Preisinformationen wie der vom
Schutzzweck der PAngV erfasste Letztverbraucher (§ 1 Rn 10, 11). Die Ausnahmevorschrift greift daher ihrem Sinn und Zweck nach auch dann ein, wenn die in § 9 I
Nr 1 Genannten ihren privaten Bedarf mit Mitteln decken, die für den Betrieb erworben werden, *nicht* jedoch dann, wenn sie *betriebsfremde* Mittel erwerben. In den
letztgenannten Fällen sind auch Gewerbetreibende ebenso schutzwürdig wie (private) Letztverbraucher (§ 1 Rn 11).

Die Freistellung von der Preisangabepflicht verlangt, dass der Großhandel (so ins- 4
besondere der Selbstbedienungsgroßhandel, „C+C"-Großhandelsbetriebe), der die
Privilegierung in Anspruch zu nehmen wünscht, **keine privaten Letztverbraucher**
zulässt und dafür sorgt, dass die in § 9 I Nr 1 Halbs 1 Genannten nur **die in ihrer jeweiligen Tätigkeit** verwendbaren Waren erwerben (Halbs 2). Das erfordert ausreichende **Kontrollmaßnahmen.** Wird dem in ausreichendem Maße Rechnung getragen, gilt eine **Toleranzgrenze** für Einkäufe, die an sich unzulässig sind, aber aus
Gründen der Praktikabilität toleriert werden müssen, weil sie auch bei Durchführung
der gebotenen Kontrollen nicht verhindert werden können (BGH GRUR 90, 617,
621 f – *Metro III*; vgl ferner § 1 Rn 11 ff).

Bei Werbemaßnahmen, so insbesondere bei der Prospekt- und Katalogwerbung, 5
muss **sichergestellt** sein, dass sich diese nur an die in § 9 I Nr 1 genannten Personen
richtet und schriftliches Werbematerial nur an solche Personen versandt wird. Im
Grundsatz gilt, dass ein breit gefächertes Angebot an einen weiten Verbraucherkreis

von § 9 nicht freigestellt wird, während die Privilegierung umso eher greift, je ausgewählter das Warenangebot und je spezieller der Adressatenkreis ist, so wenn das Angebot **auf den gewerblichen Bedarf** der Werbeempfänger zugeschnitten ist. Dass einzelne Gegenstände aus diesem Angebot auch private Verwendung finden können, steht dem nicht ohne weiteres entgegen (BGH GRUR 79, 61, 62 – *Schäfer-Shop* m Anm *Fritze*). Die bloße Katalogangabe „nur für Industrie, Handel, Handwerk und Gewerbe" stellt jedoch von der Preisangabepflicht nicht frei (BGH aaO – *Schäfer-Shop*). Bei der Werbung für die Vermietung von Geschäftsräumen braucht der Endpreis (§ 1 I Nr 1) auch dann nicht angegeben zu werden, wenn sich diese Werbung, zB eine Zeitungswerbung, auch an Adressaten richtet, die noch nicht Gewerbetreibende sind, aber die Miträume für ihre beabsichtigte selbstständige berufliche oder gewerbliche Tätigkeit verwenden wollen (BGH GRUR 93, 984, 985 – *Geschäftsraumwerbung*).

6 Der Begriff der **behördlichen oder dienstlichen Tätigkeit** ist weit auszulegen, sodass darunter zB auch Kirchengemeinden und Pfarreien fallen können (OLG Karlsruhe GRUR-RR 08, 351 – *Altarkerzen;* vgl auch Einf Rn 20).

III. Gebietskörperschaften (§ 9 I Nr 2)

7 Die Regelung stellt den Bund, die Länder, Gemeinden und Gemeindeverbände von der Preisangabepflicht bei **Entgelten für hoheitliche Leistungen** frei (zB bei Gerichtsgebühren, Gebühren für die Ausstellung von Ausweisen und sonstigen Urkunden, für Zeugnisse usw). Nicht freigestellt sind Leistungen, für die Benutzungsgebühren oder privatrechtliche Entgelte zu zahlen sind (Leistungen im Bereich der Daseinsvorsorge, so die Angebote von elektrischer Energie, Strom, Gas, Wasser, der Krankenhäuser, Schwimmbäder, Theater ua). Das trägt dem Gebot der Gleichbehandlung der öffentlichen Hand bei deren privatrechtlicher Betätigung mit privaten Anbietern Rechnung.

IV. Werbeverbote (§ 9 I Nr 3)

8 Der Normzweck der PAngV, Verbraucherinformation und Preistransparenz und im Zusammenhang damit einen sachbezogenen Leistungswettbewerb zu fördern (Einf Rn 14), tritt zurück, wenn Werbung aus übergeordneten Gesichtspunkten **auf Grund von Rechtsvorschriften** untersagt ist und deshalb nicht stattfinden kann (Amtl Begr PAngV 1973, § 7 Nr 3). Solche Rechtsvorschriften sind neben Gesetzen und Verordnungen auch Satzungen öffentlich-rechtlicher Körperschaften. Praktische Bedeutung hat die Vorschrift vor allem für diejenigen freien Berufe, die gesetzlichen Werbebeschränkungen unterliegen, so insbesondere für Ärzte, Zahnärzte, Tierärzte und Apotheker sowie für Rechtsanwälte, Patentanwälte, Notare, Steuerberater, Rechtsberater, Lohnsteuerhilfevereine und Wirtschaftsprüfer (vgl dazu im Einzelnen § 4 UWG Rn 11/31 ff).

V. Mündliche Angebote (§ 9 I Nr 4)

9 Mündliche Angebote ohne Preisangaben sind von den Verpflichtungen der PAngV freigestellt, mag es sich um Individual- (zB Handwerker-) oder Allgemeinangebote handeln. Nach der eindeutigen Regelung der PAngV gilt die **Freistellung schlechthin** und ohne Rücksicht darauf, ob eine Preisangabe bei mündlichen Angeboten allgemein üblich oder unüblich ist (OLG Hamburg NJWE-WettbR 00, 37, 38 [für sog. Telefon-Sonderdienste]). Werbesendungen im **Fernsehen** sind keine nach § 9 I Nr 4 ohne Angabe von Preisen zulässigen mündlichen Angebote. Werbesendungen im **Hörfunk** stellen dagegen nach § 9 I Nr 4 ohne Angabe von Preisen zulässige mündliche Angebote dar und lösen auch keine Informationspflichten nach § 312c I 1

Nr 1 BGB iVm § 1 I Nr 6 BGB-InfoV aus (BGHZ 155, 301, 304 ff = GRUR 03, 971, 972 f – *Telefonischer Auskunftsdienst*).

VI. Versteigerungen (§ 9 I Nr 5)

Das Angebot des Versteigerers unterfällt dem Begriff des Anbietens iS des § 1 I 1 **10** PAngV (vgl § 1 Rn 14 ff; aA *Erbs/Kohlhaas/Ambs*, § 7 Rn 6). Ohne die Ausnahmeregelung des § 9 I Nr 5 wären Versteigerungen nicht möglich, da sich bei ihnen der Preis erst mit dem Zuschlag ergibt; dies gilt in gleicher Weise für Online-Auktionen á la eBay (ebenso *Nippe* WRP 09, 690, 692 f). § 9 I Nr 5 ist allerdings insoweit teleologisch zu reduzieren, als jedenfalls Liefer- und Versandkosten auszuweisen sind (vgl dazu § 1 Rn 33 ff), da dies grundsätzlich auf einer Auktionsplattform möglich ist.

C. Ausnahmen von der Anwendung der §§ 1 I und 2 I (§ 9 II)

I. Allgemein

§ 9 II normiert Ausnahmen von der Verpflichtung zur Angabe des Endpreises (§ 1 **11** I) und des Grundpreises (§ 2 I) in doppelter Hinsicht: Für **individuelle** Preisnachlässe (Rn 12) und für *bestimmte* **generelle** Preisnachlässe (Rn 13).

II. Individuelle Preisnachlässe

Die PAngV beschränkt den Kaufmann nicht in der **Preisbildungsfreiheit,** son- **12** dern setzt voraus, dass als Ergebnis von Preisverhandlungen (§ 1 I 3) der vereinbarte Preis vom angegebenen, allgemein geforderten Endpreis abweichen kann. Da für diese Fälle eine Preisangabe im Voraus nicht in Betracht kommt, ist die Klarstellung in § 9 II, dass individuelle Preisabsprachen den Preisangabepflichten nach der PAngV nicht unterliegen, nur konsequent und logisch.

III. Generelle Preisnachlässe

Generelle Preisnachlässe sind solche, die für *alle* Kunden in Fällen einer *allgemeinen* **13** Preisherabsetzung gelten. § 9 II normiert insoweit eine **Privilegierung** unter der Voraussetzung, dass es sich um nach Kalendertagen *zeitlich begrenzte* und durch Werbung *bekannt gemachte* Rabatte handelt. Die PAngV befreit also in diesen Fällen den Kaufmann von der Notwendigkeit, die einzelnen betroffenen Waren mit dem neuen herabgesetzten Preis auszuzeichnen. Es darf sich dabei aber nur um eine vorübergehende („nach Kalendertagen zeitlich begrenzte") Aktion handeln, die als solche dem Publikum („durch Werbung", dh durch Zeitungswerbung, Prospekte, Aushänge) bekannt gemacht worden ist. Die Dauer der Aktion (die Zahl der Kalendertage) ist von § 9 II nicht vorgegeben. Sie ist zulässig, solange der Verkehr einen Preisnachlass auf einen zuvor zeitlich geforderten Preis noch voraussetzen kann.

D. Ausnahmen von der Anwendung des § 1 II (§ 9 III)

§ 1 II verpflichtet den Anbieter bei **Fernabsatzgeschäften** zu der Angabe, ob die **14** geforderten Preise die Umsatzsteuer und sonstige Preisbestandteile enthalten und ob, ggf in welcher Höhe, Liefer- und Versandkosten anfallen (§ 1 Rn 62 f). Von dieser Verpflichtung befreit § 9 III den Anbieter bei *bestimmten* Fernabsatzgeschäften (§ 312 b III Nr 1–4 und 7: Verträge, die sich beziehen auf Fernunterricht, Teilzeitnutzung von Wohngebäuden, Versicherungen und deren Vermittlung, dingliche Rechtsgeschäfte und Errichtung von Bauwerken, Vertragsschlüsse mit Hilfe technischer

Vorrichtungen). In diesem Umfang sorgt die PAngV für eine **Harmonisierung** mit dem BGB, das in den genannten Fällen die Vorschriften für Fernabsatzverträge ebenfalls für nicht anwendbar erklärt. Die Freistellung bezieht sich aber immer nur auf die Verpflichtung des Anbieters aus § 1 II, nicht auf dessen sonstige Bindung an die Vorschriften der PAngV.

E. Ausnahmen von der Anwendung des § 2 I (§ 9 IV–VI)

I. Allgemein

15 Die Ausnahmeregelungen des § 9 IV–VI beruhen auf unterschiedlichen Erwägungen. Teils sind sie warenbezogen, teils betriebsbezogen, teils auch angebotsbezogen. In allen Fällen befreien sie von der Grundpreisangabe (§ 2 I), dagegen nicht von der Beachtung der Preisangabepflichten des § 1 I 1. *End*preise sind daher auch in allen diesen Fällen (§ 9 IV Nr 1–5, § 9 III Nr 1–3, § 9 VI Nr 1 und 2) unerlässlich.

II. Warenbezogene Ausnahmen (§ 9 IV Nr 1 und 2; § 9 V Nr 1–3; § 9 VI Nr 1)

16 Bei den warenbezogenen Ausnahmen des § 9 (vgl Rn 11 ff) handelt es sich um die Regelungen in Absatz 4 Nr 1 (Kleinstwaren von weniger als 10 g bzw 10 ml), Absatz 2 Nr 2 (Waren mit nicht miteinander vermischten oder vermengten verschiedenartigen Erzeugnissen), Absatz 5 Nr 1 (Kleinmengen von Kau- und Schnupftabak bis 25 g), Absatz 5 Nr 2 (bestimmte kosmetische Mittel), Absatz 5 Nr 3 (bestimmte Parfüms und parfümierte Duftwässer), Absatz 6 Nr 1 (Herabsetzung des Endpreises um einen einheitlichen Betrag bei Waren ungleichen Nenngewichts/-volumens oder ungleicher Nennlänge/-fläche mit gleichem Grundpreis), Absatz 6 Nr 2 (Herabsetzung des Endpreises leicht verderblicher Lebensmittel wegen drohenden Verderbs). In allen diesen Fällen entfällt die Grundpreisangabe bzw ist sie nicht erforderlich (Absatz 6 Nr 1 und 2).

III. Betriebsbezogene Ausnahmen (§ 9 IV Nr 3 und 5)

17 Betriebsbezogen sind die Angebote kleiner Direktvermarkter (zB kleinere Winzerbetriebe, kleinere Hofstellen, Gärtnereien) und kleiner Einzelhandelsgeschäfte (zB kleinere Ladengeschäfte, „Tante-Emma-Läden", Kioske), die die angebotene Ware überwiegend im Wege der Bedienung abgeben (§ 9 IV Nr 3). Ausnahmekriterien sind hier Betriebsgröße und die hergebracht-individuelle Art der Bedienung (der Warenausgabe). Mit der Gegenausnahme in Absatz 4 Nr 3 Halbs 2 soll einer Privilegierung von Filialbetrieben und Franchise-Unternehmen entgegengewirkt werden (s BT-Drucks 180/00, S 2). Betriebsbezogen sind ferner die Angebote von Waren vermittels Getränke- und Verpflegungsautomaten (Absatz 4 Nr 5). Der Verordnungsgeber ist bei der Bewilligung dieser Ausnahme davon ausgegangen, dass die Automatenbetreiber sonst unverhältnismäßig hohe Umrüstungskosten hätten aufwenden müssen (BT-Drucks 180/00, S 3).

IV. Angebotsbezogene Ausnahmen (§ 9 IV Nr 4)

18 Der Grundpreisangabe nach § 2 I bedarf es ferner nicht, wenn eine Ware im Rahmen einer Dienstleistung, dh als *Teil* einer einheitlichen Dienstleistung, angeboten wird (§ 9 IV Nr 4). Diese Regelung zielt ua auf Gaststätten, deren Angebot sich nicht nur darauf bezieht, dass Speisen zubereitet und dargereicht werden und dem Gast Räumlichkeiten zur Verfügung gestellt werden, in denen er die zubereiteten Speisen

verzehren kann, sondern auch darauf, dass beispielsweise Getränke in der Flasche, also in Fertigpackungen, oder offen, also als nach Volumen bemessene Verkaufseinheit ohne Umhüllung, angeboten werden, sodass die Lieferung der Getränke gegenüber den Dienstleistungen klar in den Hintergrund tritt; werden dagegen Lebensmittel (zB Bier, Wein und Eiscreme) in Fertigpackungen von einem *Pizzalieferdienst* neben den zubereiteten Speisen nach Hause geliefert, steht die Warenlieferung ähnlich wie beim Straßenverkauf durch eine Gaststätte im Vordergrund mit der Folge, dass die Ausnahmeregelung hier keine Anwendung findet (BGH GRUR 13, 186 Rn 15 – *Traum-Kombi*). Etwas anderes ergibt sich auch nicht aus Art 3 II der Richtlinie 98/6/EG, der der Ausnahmevorschrift zugrunde liegt, denn die Wendung „bei Erbringung einer Dienstleistung gelieferte Erzeugnisse" verdeutlicht, dass es sich um ein Angebot handeln muss, das von der Dienstleistung und nicht von der Warenlieferung geprägt ist (BGH GRUR 13, 186 Rn 14 – *Traum-Kombi*).

F. Ausnahmen von der Anwendung des § 4 (§ 9 VII)

I. Allgemein

§ 9 V entbindet nicht von der Bedeutung der Preisangabenpflicht des § 1 I 1, sondern nur von den Sonderregelungen des § 4, dh von den von § 4 vorgeschriebenen Formen der Preisangabe hinsichtlich der in den Nummern 1–3 genannten Waren. *End*preise sind also – zB bei der Beantwortung von Anfragen nach dem Preis – auch in diesen Fällen anzugeben. **19**

II. Kunstgegenstände, Sammlerstücke, Antiquitäten (§ 9 VII Nr 1)

Es muss sich um Gegenstände iS des Kap. 97 des Gemeinsamen Zolltarifs (GZT) handeln (VO [EWG] Nr 2658/87 des Rates v 23.7.1987 über die zolltarifliche und statistische Nomenklatur sowie über den Gemeinsamen Zolltarif, ABl Nr L 256 v 7.9.1987, S 1, zul geänd durch VO [EG] Nr 1352/2007 der Kommission vom 16.11.2007 zur Änderung des Anhangs I der Verordnung [EWG] Nr 2658/87, ABl Nr L 303 v 21.11.2007, S 3). Kunstgegenstände verlangen eine gewisse künstlerische Schöpfungshöhe, Antiquitäten ein gewisses Alter (mindestens 100 Jahre). Sammlerstücke können auch jünger sein, müssen sich aber in eine nach wissenschaftlichen Grundsätzen aufgebaute öffentliche Sammlung einreihen lassen (*Gelberg*, GewArch 78, 214). Die Vorschrift ist nicht deswegen verfassungswidrig, weil von ihr Schmuckstücke, Uhren und Accessoires, wie sie von Juwelieren angeboten werden, nicht erfasst werden, denn es bestehen hinreichende Unterschiede, die eine Ungleichbehandlung nach Art 3 I GG rechtfertigen: Der Wert von Kunstgegenständen, Antiquitäten und Sammlungsstücken wird, anders als bei Schmuckstücken, bei denen mehr der Materialwert im Vordergrund steht, erheblich von subjektiven Kriterien bestimmt, sodass das Ziel der PAngV, nämlich der Gewährung eines optimalen Preisvergleichs, nur sehr eingeschränkt erreicht werden kann (BVerfG GRUR-RR 10, 338 – *Hochwertige Schmuckstücke*). **20**

III. Werbevorführungen (§ 9 VII Nr 2)

Bei Warenangeboten anlässlich von Werbevorführungen (zB auf Hauspartys oder durch Marktschreier) entfallen die Preisangabepflichten in der Form des § 4. Voraussetzung ist, dass der Preis bei der Vorführung und unmittelbar vor Abschluss des Kaufvertrages genannt wird, mag letzterer auch erst nach der Werbevorführung getätigt werden. Dem Anbieter soll der mit der späten Nennung des Preises verbundene Werbeeffekt erhalten bleiben. **21**

IV. Freilandverkauf von Blumen (§ 9 VII Nr 3)

22 Die Regelung gilt nur für den *unmittelbaren* Verkauf von Freiland, Treibbeet oder Treibhaus durch den Urproduzenten. Es muss sich um Blumen und Pflanzen handeln, die sich noch in der Erde befinden, dh noch nicht gepflückt oder aus ihr herausgenommen sind. Obst ist keine „Pflanze", auch wenn es noch nicht geerntet ist.

G. Ausnahmen von der Anwendung des § 5 (§ 9 VIII)

I. Allgemein

23 § 9 VIII schließt nur § 5 aus, befreit also nur von der Verpflichtung zur Aufstellung und Anbringung von Preisverzeichnissen (§ 5 I) bzw. deren Bereithaltung (§ 5 I), jedoch nicht von der Preisangabepflicht nach § 1 I 1.

II. Einzelangebote (§ 9 VIII Nr 1)

24 § 9 VIII Nr 1 gilt für Individual- (Einzel-) Angebote, wenn die Leistungsangebote (Voranschläge) schriftlich unterbreitet werden und diese Angebotsform üblich ist, dh allgemeiner Verkehrsübung entspricht, wie etwa bei Angeboten im Bauhandwerk (OLG Hamburg GRUR-RR 12, 26, 27) oder von anderen Handwerkern (zB Maler, Maßschneider, Modisten und Hutmacher, Steinmetze, *Widmann* WRP 10, 1443, 1447, 1452) oder von Versicherungen.

25 „Schriftliche Angebote" bzw „schriftliche Voranschläge" sind Aufstellungen, die aus individuellen Angebotspositionen – ggfs mit Einzelpreisen – bestehen und am Ende einen bestimmten Gesamt- oder Endpreis schriftlich ausweisen (OLG Hamburg GRUR-RR 12, 26, 27).

III. Künstlerische, wissenschaftliche, pädagogische Leistungen (§ 9 VIII Nr 2)

26 Die Regelung erfasst Musik-, Malerei-, Nachhilfestunden, auch (nicht nur, vgl OLG Hamburg GRUR-RR 12, 26, 28) in den privaten Räumen des Leistungserbringers. Künstlerische Leistungen können auch Portraitmalerei und -fotographie sein (*Widmann* WRP 10, 1443, 1452), ebenso wie die Leistungen eines Tätowierers (OLG Hamburg GRUR-RR 12, 26, 28). Die Verpflichtung des § 5 zur Anbringung oder Bereithaltung von Preisverzeichnissen wäre hier unverhältnismäßig. Leistungen in Konzertsälen und in anderen öffentlichen Einrichtungen oder allgemein zugänglichen Räumen sind *nicht* freigestellt (§ 9 VIII Nr 2 Halbs 2).

IV. Besondere staatliche Regelungen (§ 9 VIII Nr 3)

27 Sonderregelungen über Preisangaben bei Leistungen in Gesetzen und Rechtsverordnungen gehen den allgemeinen Bestimmungen der PAngV vor. Lex specialis insoweit ist beispielsweise das **Personenbeförderungsgesetz** (PBefG, für den Linienverkehr der Straßenbahnen und Omnibusse, für Taxis im Pflichtfahrbereich) idF der Bek v 8.8.1990 (BGBl I S 1690), zul geänd durch Art 27d G v 7.9.2007 (BGBl I S 2246), ferner die **Eisenbahn-Verkehrsordnung** (EVO nebst Tarif) idF der Bek v 20.4.1999 (BGBl I S 782), zul geänd durch Art 4d G v 20.7.2007 (BGBl I S 1595), die **Verordnung über den Geschäftsbetrieb der gewerblichen Pfandleiher** (PfandleiherVO) idF der Bek v 1.6.1976 (BGBl I S 1334), zul geänd durch V v 14.11.2001 (BGBl I S 3073) und das **Gesetz über das Fahrlehrerwesen** (FahrlehrerG) v 25.8.1969 (BGBl I S 1336), zul geänd durch G v 19.3.2008 (BGBl I S 418).

§ 10 Ordnungswidrigkeiten

(1) Ordnungswidrig im Sinne des § 3 Abs. 1 Nr. 2 des Wirtschaftsstrafgesetzes 1954 handelt, wer vorsätzlich oder fahrlässig
1. entgegen § 1 Abs. 1 Satz 1 Preise nicht, nicht richtig oder nicht vollständig angibt,
2. entgegen § 1 Abs. 1 Satz 2 die Verkaufs- oder Leistungseinheit oder Gütebezeichnung nicht oder nicht richtig angibt, auf die sich die Preise beziehen,
3. entgegen § 1 Abs. 2 Satz 1 Nr. 1, auch in Verbindung mit Satz 3, eine Angabe nicht, nicht richtig oder nicht vollständig macht,
4. entgegen § 1 Abs. 3 Satz 1 Stundensätze, Kilometersätze oder andere Verrechnungssätze nicht richtig angibt,
5. entgegen § 1 Abs. 4 oder 6 Satz 2 Angaben nicht in der dort vorgeschriebenen Form macht,
6. entgegen § 1 Abs. 6 Satz 3 den Endpreis nicht hervorhebt oder
7. entgegen § 2 Abs. 1 Satz 1, auch in Verbindung mit Satz 2, oder § 2 Abs. 2 oder § 3 Satz 1 oder 3, auch in Verbindung mit Satz 4, eine Angabe nicht, nicht richtig oder nicht vollständig macht.

(2) Ordnungswidrig im Sinne des § 3 Abs. 1 Nr. 2 des Wirtschaftsstrafgesetzes 1954 handelt auch, wer vorsätzlich oder fahrlässig einer Vorschrift
1. des § 4 Abs. 1 bis 4 über das Auszeichnen von Waren,
2. des § 5 Abs. 1 Satz 1, 2 oder 4 oder Abs. 2, jeweils auch in Verbindung mit § 4 Abs. 5, über das Aufstellen, das Anbringen oder das Bereithalten von Preisverzeichnissen oder über das Anbieten einer Anzeige des Preises,
3. des § 6 Abs. 1 Satz 1 über die Angabe oder die Bezeichnung des Preises bei Krediten,
4. des § 6 Abs. 1 Satz 2 über die Angabe des Zeitpunktes, von dem an preisbestimmende Faktoren geändert werden können, oder des Verrechnungszeitraums,
5. des § 6 Abs. 2 bis 5 oder 8 über die Berechnung des Vomhundertsatzes,
6. des § 6 Abs. 6 über die Angabe des effektiven oder anfänglichen effektiven Jahreszinses,
7. des § 6 Abs. 7 oder 9 über die Angabe von Voraussetzungen für die Kreditgewährung oder des Zinssatzes oder der Zinsbelastungsperiode,
8. des § 7 Abs. 1 Satz 1 oder 2, Abs. 2 Satz 1, Abs. 3 oder 4 über die Angabe von Preisen oder über das Auflegen, das Vorlegen, das Anbringen oder das Auslegen eines dort genannten Verzeichnisses,
9. des § 8 Abs. 1 Satz 1 über das Auszeichnen von Kraftstoffpreisen oder
10. des § 8 Abs. 2 über das Anbringen eines Preisverzeichnisses
zuwider handelt.

(3) Ordnungswidrig im Sinne des § 3 Abs. 1 Satz 1 Nr. 3 des Wirtschaftsstrafgesetzes 1954 handelt, wer vorsätzlich oder fahrlässig entgegen § 1 Abs. 2 Satz 1 Nr. 2 oder Satz 2, jeweils auch in Verbindung mit Satz 3, eine Angabe nicht, nicht richtig oder nicht vollständig macht.

Inhaltsübersicht

	Rn
A. Inhalt und Bedeutung	1
B. Täter der Ordnungswidrigkeit	2
C. Tathandlungen	3
D. Konkurrenzen	5
E. Rechtsfolgen	6

PAngV § 10

A. Inhalt und Bedeutung

1   Verstöße gegen die PAngV sind Ordnungswidrigkeiten iS der Blankettnorm des § 3 I Nr 2 WiStG, wenn vorsätzlich oder fahrlässig einer der Tatbestände des § 10 verwirklicht wird. Dessen verfassungsrechtlich unbedenkliche Vorschriften enthalten konkret ausgestaltete Bußgeldtatbestände, die in Verbindung mit den in Bezug genommenen Einzelvorschriften der PAngV die Blankettnorm ausfüllen.

B. Täter der Ordnungswidrigkeit

2   Täter der Ordnungswidrigkeit nach § 10 ist regelmäßig der zur Preisangabe **Verpflichtete** (§ 1 Rn 8, 9), also der Anbieter oder derjenige, der unter Angabe von Preisen wirbt. Das ist regelmäßig der Geschäftsinhaber, kann aber auch der Handelsvertreter sein, der für Rechnung und im Namen eines anderen Unternehmers auftritt (BayObLGSt 72, 91, 93 [Tankstellenhalter]). Anstifter und Gehilfen, dh Personen, die sich an vorsätzlichem Tun eines anderen vorsätzlich beteiligen, handeln nach § 14 OWiG ihrerseits ordnungswidrig, da diese Vorschrift keine unterschiedliche Beteiligung nach Täterschaft, Mittäterschaft, Anstiftung oder Beihilfe kennt. Bei den juristischen Personen und Personenhandelsgesellschaften trifft die Verantwortlichkeit die gesetzlichen Vertreter (Geschäftsführer, vertretungsberechtigte Gesellschafter), § 9 OWiG, ggf auch die juristische Person oder die Personenhandelsgesellschaft selber, § 30 OWiG.

C. Tathandlungen

3   Ordnungswidrig handelt, wer die **in § 10 im Einzelnen umschriebenen Tathandlungen** begeht. Die Ausnahmeregelungen des § 9 lassen die Tatbestandsmäßigkeit entfallen.

4   Die subjektive Seite verlangt **Vorsatz** oder **Fahrlässigkeit** (§ 10 I, II iVm § 3 I WiStG). Für Vorsatz genügt bedingter Vorsatz, für Fahrlässigkeit jede weitere Form der Vorwerfbarkeit. Irrtümliche Unkenntnis der tatbestandsmäßigen Regelung lässt den Verschuldensvorwurf (Fahrlässigkeit) *nicht* entfallen, wenn der **Irrtum vermeidbar** war (§ 11 II OWiG). Dies ist bei Kaufleuten, die sich über die für sie maßgebenden Rechtsvorschriften Kenntnis zu verschaffen haben, regelmäßig anzunehmen.

D. Konkurrenzen

5   Verstößt eine Zuwiderhandlung gegen die PAngV zugleich gegen ein Strafgesetz (zB § 16 I UWG), findet – wenn eine Strafe verhängt wird – allein das **Strafgesetz** Anwendung (§ 21 OWiG). Treffen mehrere Ordnungswidrigkeiten in Tateinheit zusammen (zB mehrere Ordnungswidrigkeiten nach § 10 PAngV), wird nur *eine* Geldbuße festgesetzt (§ 19 OWiG). Bei Tatmehrheit wird jede gesondert geahndet. Haftung für Verletzung der Aufsichtspflicht: § 130 OWiG.

E. Rechtsfolgen

6   Ordnungswidrigkeiten können mit einer **Geldbuße** bis zu 25 000 Euro (§ 3 II WiStG), bei Fahrlässigkeit mit einer solchen bis zu 12 500 Euro (§ 17 II OWiG) geahndet werden. Die Verfolgung erfolgt **von Amts wegen** und liegt nach § 47

OWiG im **pflichtgemäßen Ermessen** der zuständigen **Verwaltungsbehörde** (§ 36 OWiG). Diese kann den Täter anstelle oder neben der Verfolgung als Ordnungswidrigkeit auch verwarnen oder ihm sonst durch ordnungsbehördliche Verfügung (Verwaltungsakt), aufgeben, seinen Verpflichtungen nach der PAngV zu genügen. Sie kann ihn auch nach Maßgabe des § 2 PAngG auf Erteilung von Auskünften in Anspruch nehmen.

Die Zuwiderhandlung gegen die PAngV verstößt – auch soweit sie als Ordnungswidrigkeit mit einer Geldbuße bedroht ist – als solche **nicht eo ipso auch gegen das UWG,** wohl aber in den Fällen der Irreführung (§ 5 UWG) und bei Vorliegen der Voraussetzungen des § 4 Nr 11 UWG (Rechtsbruch). Die Vorschriften der PAngV sind Marktverhaltensregelungen iS des Lauterkeitsrechts (vgl auch Einf Rn 25). Die PAngV enthält ferner kein Verbot iS des § 134 BGB, so dass der Verstoß gegen die PAngV die Rechtmäßigkeit privatrechtlicher Abreden nicht berührt (BGH NJW 79, 540, 541).

C. Weitere Gesetzestexte

I. Gemeinschaftsrecht

1. Richtlinie 2005/29/EG des Europäischen Parlaments und des Rates über unlautere Geschäftspraktiken von Unternehmen gegenüber Verbrauchern im Binnenmarkt und zur Änderung der Richtlinie 84/450/EWG des Rates, der Richtlinien 97/7/EG, 98/27/EG und 2002/65/EG des Europäischen Parlaments und des Rates sowie der Verordnung (EG) Nr. 2006/2004 des Europäischen Parlaments und des Rates (Richtlinie über unlautere Geschäftspraktiken)

Vom 11. Mai 2005 (ABl. EG 2005 Nr. L 149 S. 22, ber. ABl. EG 2009 Nr. L 253 S. 18)

(Auszug)

DAS EUROPÄISCHE PARLAMENT UND DER RAT DER EUROPÄISCHEN UNION –
gestützt auf den Vertrag zur Gründung der Europäischen Gemeinschaft, insbesondere auf Artikel 95,
auf Vorschlag der Kommission,
nach Stellungnahme des Europäischen Wirtschafts- und Sozialausschusses[1],
gemäß dem Verfahren des Artikels 251 des Vertrags[2],
in Erwägung nachstehender Gründe:

(1) Nach Artikel 153 Absatz 1 und Absatz 3 Buchstabe a des Vertrags hat die Gemeinschaft durch Maßnahmen, die sie nach Artikel 95 erlässt, einen Beitrag zur Gewährleistung eines hohen Verbraucherschutzniveaus zu leisten.

(2) Gemäß Artikel 14 Absatz 2 des Vertrags umfaßt der Binnenmarkt einen Raum ohne Binnengrenzen, in dem der freie Verkehr von Waren und Dienstleistungen sowie die Niederlassungsfreiheit gewährleistet sind. Die Entwicklung der Lauterkeit des Geschäftsverkehrs innerhalb dieses Raums ohne Binnengrenzen ist für die Förderung grenzüberschreitender Geschäftstätigkeiten wesentlich.

(3) Die Rechtsvorschriften der Mitgliedstaaten in Bezug auf unlautere Geschäftspraktiken unterscheiden sich deutlich voneinander, wodurch erhebliche Verzerrungen des Wettbewerbs und Hemmnisse für das ordnungsgemäße Funktionieren des Binnenmarktes entstehen können. Im Bereich der Werbung legt die Richtlinie 84/450/EWG des Rates vom 10. September 1984 über irreführende und vergleichende

---

[1] **Amtl. Anm.:** ABl C 108 vom 30.4.2004, S 81.
[2] **Amtl. Anm.:** Stellungnahme des Europäischen Parlaments vom 20. April 2004 (ABl. C 104 E vom 30.4.2004, S. 260), Gemeinsamer Standpunkt des Rates vom 15. November 2004 (ABl. C 38 E vom 15.2.2005, S. 1) und Standpunkt des Europäischen Parlaments vom 24. Februar 2005 (noch nicht im Amtsblatt veröffentlicht). Beschluss des Rates vom 12. April 2005.

Werbung[3] Mindestkriterien für die Angleichung der Rechtsvorschriften im Bereich der irreführenden Werbung fest, hindert die Mitgliedstaaten jedoch nicht daran, Vorschriften aufrechtzuerhalten oder zu erlassen, die einen weiterreichenden Schutz der Verbraucher vorsehen. Deshalb unterscheiden sich die Rechtsvorschriften der Mitgliedstaaten im Bereich der irreführenden Werbung erheblich.

(4) Diese Unterschiede führen zu Unsicherheit darüber, welche nationalen Regeln für unlautere Geschäftspraktiken gelten, die die wirtschaftlichen Interessen der Verbraucher schädigen, und schaffen viele Hemmnisse für Unternehmen wie Verbraucher. Diese Hemmnisse verteuern für die Unternehmen die Ausübung der Freiheiten des Binnenmarkts, insbesondere, wenn Unternehmen grenzüberschreitend Marketing-, Werbe- oder Verkaufskampagnen betreiben wollen. Auch für Verbraucher schaffen solche Hemmnisse Unsicherheit hinsichtlich ihrer Rechte und untergraben ihr Vertrauen in den Binnenmarkt.

(5) In Ermangelung einheitlicher Regeln auf Gemeinschaftsebene könnten Hemmnisse für den grenzüberschreitenden Dienstleistungs- und Warenverkehr oder die Niederlassungsfreiheit im Lichte der Rechtsprechung des Gerichtshofs der Europäischen Gemeinschaften gerechtfertigt sein, sofern sie dem Schutz anerkannter Ziele des öffentlichen Interesses dienen und diesen Zielen angemessen sind. Angesichts der Ziele der Gemeinschaft, wie sie in den Bestimmungen des Vertrags und im sekundären Gemeinschaftsrecht über die Freizügigkeit niedergelegt sind, und in Übereinstimmung mit der in der Mitteilung der Kommission „Folgedokument zum Grünbuch über kommerzielle Kommunikationen im Binnenmarkt" genannten Politik der Kommission auf dem Gebiet der kommerziellen Kommunikation sollten solche Hemmnisse beseitigt werden. Diese Hemmnisse können nur beseitigt werden, indem in dem Maße, wie es für das ordnungsgemäße Funktionieren des Binnenmarktes und im Hinblick auf das Erfordernis der Rechtssicherheit notwendig ist, auf Gemeinschaftsebene einheitliche Regeln, die ein hohes Verbraucherschutzniveau gewährleisten, festgelegt und bestimmte Rechtskonzepte geklärt werden.

(6) Die vorliegende Richtlinie gleicht deshalb die Rechtsvorschriften der Mitgliedstaaten über unlautere Geschäftspraktiken einschließlich der unlauteren Werbung an, die die wirtschaftlichen Interessen der Verbraucher unmittelbar und dadurch die wirtschaftlichen Interessen rechtmäßig handelnder Mitbewerber mittelbar schädigen. Im Einklang mit dem Verhältnismäßigkeitsprinzip schützt diese Richtlinie die Verbraucher vor den Auswirkungen solcher unlauteren Geschäftspraktiken, soweit sie als wesentlich anzusehen sind, berücksichtigt jedoch, dass die Auswirkungen für den Verbraucher in manchen Fällen unerheblich sein können. Sie erfaßt und berührt nicht die nationalen Rechtsvorschriften in Bezug auf unlautere Geschäftspraktiken, die lediglich die wirtschaftlichen Interessen von Mitbewerbern schädigen oder sich auf ein Rechtsgeschäft zwischen Gewerbetreibenden beziehen; die Mitgliedstaaten können solche Praktiken, falls sie es wünschen, unter uneingeschränkter Wahrung des Subsidiaritätsprinzips im Einklang mit dem Gemeinschaftsrecht weiterhin regeln. Diese Richtlinie erfaßt und berührt auch nicht die Bestimmungen der Richtlinie 84/450/EWG über Werbung, die für Unternehmen, nicht aber für Verbraucher irreführend ist, noch die Bestimmungen über vergleichende Werbung. Darüber hinaus berührt diese Richtlinie auch nicht die anerkannten Werbe- und Marketingmethoden wie rechtmäßige Produktplatzierung, Markendifferenzierung oder Anreize, die auf rechtmäßige Weise die Wahrnehmung von Produkten durch den Verbraucher und sein Verhalten beeinflussen können, die jedoch seine Fähigkeit, eine informierte Entscheidung zu treffen, nicht beeinträchtigen.

---

[3] **Amtl. Anm.:** ABl. L 250 vom 19.9.1984, S. 17. Richtlinie geändert durch die Richtlinie 97/55/EG des Europäischen Parlaments und des Rates (ABl. L 290 vom 23.10.1997, S. 18).

(7) Diese Richtlinie bezieht sich auf Geschäftspraktiken, die in unmittelbarem Zusammenhang mit der Beeinflussung der geschäftlichen Entscheidungen des Verbrauchers in Bezug auf Produkte stehen. Sie bezieht sich nicht auf Geschäftspraktiken, die vorrangig anderen Zielen dienen, wie etwa bei kommerziellen, für Investoren gedachten Mitteilungen, wie Jahresberichten und Unternehmensprospekten. Sie bezieht sich nicht auf die gesetzlichen Anforderungen in Fragen der guten Sitten und des Anstands, die in den Mitgliedstaaten sehr unterschiedlich sind. Geschäftspraktiken wie beispielsweise das Ansprechen von Personen auf der Straße zu Verkaufszwecken können in manchen Mitgliedstaaten aus kulturellen Gründen unerwünscht sein. Die Mitgliedstaaten sollten daher im Einklang mit dem Gemeinschaftsrecht in ihrem Hoheitsgebiet weiterhin Geschäftspraktiken aus Gründen der guten Sitten und des Anstands verbieten können, auch wenn diese Praktiken die Wahlfreiheit des Verbrauchers nicht beeinträchtigen. Bei der Anwendung dieser Richtlinie, insbesondere der Generalklauseln, sollten die Umstände des Einzelfalles umfassend gewürdigt werden.

(8) Diese Richtlinie schützt unmittelbar die wirtschaftlichen Interessen der Verbraucher vor unlauteren Geschäftspraktiken von Unternehmen gegenüber Verbrauchern. Sie schützt somit auch mittelbar rechtmäßig handelnde Unternehmen vor Mitbewerbern, die sich nicht an die Regeln dieser Richtlinie halten, und gewährleistet damit einen lauteren Wettbewerb in dem durch sie koordinierten Bereich. Selbstverständlich gibt es andere Geschäftspraktiken, die zwar nicht den Verbraucher schädigen, sich jedoch nachteilig für die Mitbewerber und gewerblichen Kunden auswirken können. Die Kommission sollte sorgfältig prüfen, ob auf dem Gebiet des unlauteren Wettbewerbs über den Regelungsbereich dieser Richtlinie hinausgehende gemeinschaftliche Maßnahmen erforderlich sind, und sollte gegebenenfalls einen Gesetzgebungsvorschlag zur Erfassung dieser anderen Aspekte des unlauteren Wettbewerbs vorlegen.

(9) Diese Richtlinie berührt nicht individuelle Klagen von Personen, die durch eine unlautere Geschäftspraxis geschädigt wurden. Sie berührt ferner nicht die gemeinschaftlichen und nationalen Vorschriften in den Bereichen Vertragsrecht, Schutz des geistigen Eigentums, Sicherheit und Gesundheitsschutz im Zusammenhang mit Produkten, Niederlassungsbedingungen und Genehmigungsregelungen, einschließlich solcher Vorschriften, die sich im Einklang mit dem Gemeinschaftsrecht auf Glücksspiele beziehen, sowie die Wettbewerbsregeln der Gemeinschaft und die nationalen Rechtsvorschriften zur Umsetzung derselben. Die Mitgliedstaaten können somit unabhängig davon, wo der Gewerbetreibende niedergelassen ist, unter Berufung auf den Schutz der Gesundheit und der Sicherheit der Verbraucher in ihrem Hoheitsgebiet für Geschäftspraktiken Beschränkungen aufrechterhalten oder einführen oder diese Praktiken verbieten, beispielsweise im Zusammenhang mit Spirituosen, Tabakwaren und Arzneimitteln. Für Finanzdienstleistungen und Immobilien sind aufgrund ihrer Komplexität und der ihnen inhärenten ernsten Risiken detaillierte Anforderungen erforderlich, einschließlich positiver Verpflichtungen für die betreffenden Gewerbetreibenden. Deshalb lässt diese Richtlinie im Bereich der Finanzdienstleistungen und Immobilien das Recht der Mitgliedstaaten unberührt, zum Schutz der wirtschaftlichen Interessen der Verbraucher über ihre Bestimmungen hinauszugehen. Es ist nicht angezeigt, in dieser Richtlinie die Zertifizierung und Angabe des Feingehalts von Artikeln aus Edelmetall zu regeln.

(10) Es muss sichergestellt werden, dass diese Richtlinie insbesondere in Fällen, in denen Einzelvorschriften über unlautere Geschäftspraktiken in speziellen Sektoren anwendbar sind auf das geltende Gemeinschaftsrecht abgestimmt ist. Diese Richtlinie ändert daher die Richtlinie 84/450/EWG, die Richtlinie 97/7/EG des Europäischen Parlaments und des Rates vom 20. Mai 1997 über den Verbraucherschutz bei Vertragsabschlüssen im Fernabsatz[4], die Richtlinie 98/27/EG des Europäischen Parla-

---

[4] **Amtl. Anm.**: ABl. L 144 vom 4.6.1997, S. 19. Richtlinie geändert durch die Richtlinie 2002/65/EG (ABl. L 271 vom 9.10.2002, S. 16).

ments und des Rates vom 19. Mai 1998 über Unterlassungsklagen zum Schutz der Verbraucherinteressen[5] und die Richtlinie 2002/65/EG des Europäischen Parlaments und des Rates vom 23. September 2002 über den Fernabsatz von Finanzdienstleistungen an Verbraucher[6]. Diese Richtlinie gilt dementsprechend nur insoweit, als keine spezifischen Vorschriften des Gemeinschaftsrechts vorliegen, die spezielle Aspekte unlauterer Geschäftspraktiken regeln, wie etwa Informationsanforderungen oder Regeln darüber, wie dem Verbraucher Informationen zu vermitteln sind. Sie bietet den Verbrauchern in den Fällen Schutz, in denen es keine spezifischen sektoralen Vorschriften auf Gemeinschaftsebene gibt, und untersagt es Gewerbetreibenden, eine Fehlvorstellung von der Art ihrer Produkte zu wecken. Dies ist besonders wichtig bei komplexen Produkten mit einem hohen Risikograd für die Verbraucher, wie etwa bestimmten Finanzdienstleistungen. Diese Richtlinie ergänzt somit den gemeinschaftlichen Besitzstand in Bezug auf Geschäftspraktiken, die den wirtschaftlichen Interessen der Verbraucher schaden.

(11) Das hohe Maß an Konvergenz, das die Angleichung der nationalen Rechtsvorschriften durch diese Richtlinie hervorbringt, schafft ein hohes allgemeines Verbraucherschutzniveau. Diese Richtlinie stellt ein einziges generelles Verbot jener unlauteren Geschäftspraktiken auf, die das wirtschaftliche Verhalten des Verbrauchers beeinträchtigt. Sie stellt außerdem Regeln über aggressive Geschäftspraktiken auf, die gegenwärtig auf Gemeinschaftsebene nicht geregelt sind.

(12) Durch die Angleichung wird die Rechtssicherheit sowohl für Verbraucher als auch für Unternehmen beträchtlich erhöht. Sowohl die Verbraucher als auch die Unternehmen werden in die Lage versetzt, sich an einem einzigen Rechtsrahmen zu orientieren, der auf einem klar definierten Rechtskonzept beruht, das alle Aspekte unlauterer Geschäftspraktiken in der EU regelt. Dies wird zur Folge haben, dass die durch die Fragmentierung der Vorschriften über unlautere, die wirtschaftlichen Interessen der Verbraucher schädigende Geschäftspraktiken verursachten Handelshemmnisse beseitigt werden und die Verwirklichung des Binnenmarktes in diesem Bereich ermöglicht wird.

(13) Zur Erreichung der Ziele der Gemeinschaft durch die Beseitigung von Hemmnissen für den Binnenmarkt ist es notwendig, die in den Mitgliedstaaten existierenden unterschiedlichen Generalklauseln und Rechtsgrundsätze zu ersetzen. Das durch diese Richtlinie eingeführte einzige, gemeinsame generelle Verbot umfaßt daher unlautere Geschäftspraktiken, die das wirtschaftliche Verhalten der Verbraucher beeinträchtigen. Zur Förderung des Verbrauchervertrauens sollte das generelle Verbot für unlautere Geschäftspraktiken sowohl außerhalb einer vertraglichen Beziehung zwischen Gewerbetreibenden und Verbrauchern als auch nach Abschluß eines Vertrags und während dessen Ausführung gelten. Das generelle Verbot wird durch Regeln über die beiden bei weitem am meisten verbreiteten Arten von Geschäftspraktiken konkretisiert, nämlich die irreführenden und die aggressiven Geschäftspraktiken.

(14) Es ist wünschenswert, dass der Begriff der irreführenden Praktiken auch Praktiken, einschließlich irreführender Werbung, umfaßt, die den Verbraucher durch Täuschung davon abhalten, eine informierte und deshalb effektive Wahl zu treffen. In Übereinstimmung mit dem Recht und den Praktiken der Mitgliedstaaten zur irreführenden Werbung unterteilt diese Richtlinie irreführende Praktiken in irreführende Handlungen und irreführende Unterlassungen. Im Hinblick auf Unterlassungen legt diese Richtlinie eine bestimmte Anzahl von Basisinformationen fest, die der Verbraucher benötigt, um eine informierte geschäftliche Entscheidung treffen zu können. Solche Informationen müssen nicht notwendigerweise in jeder Werbung

---

[5] **Amtl. Anm.:** ABl. L 166 vom 11.6.1998, S. 51. Richtlinie zuletzt geändert durch die Richtlinie 2002/65/EG.
[6] **Amtl. Anm.:** ABl. L 271 vom 9.10.2002, S. 16.

enthalten sein, sondern nur dann, wenn der Gewerbetreibende zum Kauf auffordert; dieses Konzept wird in dieser Richtlinie klar definiert. Die in dieser Richtlinie vorgesehene vollständige Angleichung hindert die Mitgliedstaaten nicht daran, in ihren nationalen Rechtsvorschriften für bestimmte Produkte, zum Beispiel Sammlungsstücke oder elektrische Geräte, die wesentlichen Kennzeichen festzulegen, deren Weglassen bei einer Aufforderung zum Kauf rechtserheblich wäre. Mit dieser Richtlinie wird nicht beabsichtigt, die Wahl für die Verbraucher einzuschränken, indem die Werbung für Produkte, die anderen Produkten ähneln, untersagt wird, es sei denn, dass diese Ähnlichkeit eine Verwechslungsgefahr für die Verbraucher hinsichtlich der kommerziellen Herkunft des Produkts begründet und daher irreführend ist. Diese Richtlinie sollte das bestehende Gemeinschaftsrecht unberührt lassen, das den Mitgliedstaaten ausdrücklich die Wahl zwischen mehreren Regelungsoptionen für den Verbraucherschutz auf dem Gebiet der Geschäftspraktiken lässt. Die vorliegende Richtlinie sollte insbesondere Artikel 13 Absatz 3 der Richtlinie 2002/58/EG des Europäischen Parlaments und des Rates vom 12. Juli 2002 über die Verarbeitung personenbezogener Daten und den Schutz der Privatsphäre in der elektronischen Kommunikation[7] unberührt lassen.

(15) Legt das Gemeinschaftsrecht Informationsanforderungen in Bezug auf Werbung, kommerzielle Kommunikation oder Marketing fest, so werden die betreffenden Informationen im Rahmen dieser Richtlinie als wesentlich angesehen. Die Mitgliedstaaten können die Informationsanforderungen in Bezug auf das Vertragsrecht oder mit vertragsrechtlichen Auswirkungen aufrechterhalten oder erweitern, wenn dies aufgrund der Mindestklauseln in den bestehenden gemeinschaftlichen Rechtsakten zulässig ist. Eine nicht erschöpfende Auflistung solcher im Besitzstand vorgesehenen Informationsanforderungen ist in Anhang II enthalten. Aufgrund der durch diese Richtlinie eingeführten vollständigen Angleichung werden nur die nach dem Gemeinschaftsrecht vorgeschriebenen Informationen als wesentlich für die Zwecke des Artikels 7 Absatz 5 dieser Richtlinie betrachtet. Haben die Mitgliedstaaten auf der Grundlage von Mindestklauseln Informationsanforderungen eingeführt, die über das hinausgehen, was im Gemeinschaftsrecht geregelt ist, so kommt das Vorenthalten dieser Informationen einem irreführenden Unterlassen nach dieser Richtlinie nicht gleich. Die Mitgliedstaaten können demgegenüber, sofern dies nach den gemeinschaftsrechtlichen Mindestklauseln zulässig ist, im Einklang mit dem Gemeinschaftsrecht strengere Bestimmungen aufrechterhalten oder einführen, um ein höheres Schutzniveau für die individuellen vertraglichen Rechte der Verbraucher zu gewährleisten.

(16) Die Bestimmungen über aggressive Handelspraktiken sollten solche Praktiken einschließen, die die Wahlfreiheit des Verbrauchers wesentlich beeinträchtigen. Dabei handelt es sich um Praktiken, die sich der Belästigung, der Nötigung, einschließlich der Anwendung von Gewalt, und der unzulässigen Beeinflussung bedienen.

(17) Es ist wünschenswert, dass diejenigen Geschäftspraktiken, die unter allen Umständen unlauter sind, identifiziert werden, um größere Rechtssicherheit zu schaffen. Anhang I enthält daher eine umfassende Liste solcher Praktiken. Hierbei handelt es sich um die einzigen Geschäftspraktiken, die ohne eine Beurteilung des Einzelfalls anhand der Bestimmungen der Artikel 5 bis 9 als unlauter gelten können. Die Liste kann nur durch eine Änderung dieser Richtlinie abgeändert werden.

(18) Es ist angezeigt, alle Verbraucher vor unlauteren Geschäftspraktiken zu schützen; der Gerichtshof hat es allerdings bei seiner Rechtsprechung im Zusammenhang mit Werbung seit dem Erlass der Richtlinie 84/450/EWG für erforderlich gehalten, die Auswirkungen auf einen fiktiven typischen Verbraucher zu prüfen. Dem Verhält-

---

[7] **Amtl. Anm.:** ABl. L 201 vom 31.7.2002, S. 37.

nismäßigkeitsprinzip entsprechend und um die wirksame Anwendung der vorgesehenen Schutzmaßnahmen zu ermöglichen, nimmt diese Richtlinie den Durchschnittsverbraucher, der angemessen gut unterrichtet und angemessen aufmerksam und kritisch ist, unter Berücksichtigung sozialer, kultureller und sprachlicher Faktoren in der Auslegung des Gerichtshofs als Maßstab, enthält aber auch Bestimmungen zur Vermeidung der Ausnutzung von Verbrauchern, deren Eigenschaften sie für unlautere Geschäftspraktiken besonders anfällig machen. Richtet sich eine Geschäftspraxis speziell an eine besondere Verbrauchergruppe wie z. B. Kinder, so sollte die Auswirkung der Geschäftspraxis aus der Sicht eines Durchschnittsmitglieds dieser Gruppe beurteilt werden. Es ist deshalb angezeigt, in die Liste der Geschäftspraktiken, die unter allen Umständen unlauter sind, eine Bestimmung aufzunehmen, mit der an Kinder gerichtete Werbung zwar nicht völlig untersagt wird, mit der Kinder aber vor unmittelbaren Kaufaufforderungen geschützt werden. Der Begriff des Durchschnittsverbrauchers beruht dabei nicht auf einer statistischen Grundlage. Die nationalen Gerichte und Verwaltungsbehörden müssen sich bei der Beurteilung der Frage, wie der Durchschnittsverbraucher in einem gegebenen Fall typischerweise reagieren würde, auf ihre eigene Urteilsfähigkeit unter Berücksichtigung der Rechtsprechung des Gerichtshofs verlassen.

(19) Sind Verbraucher aufgrund bestimmter Eigenschaften wie Alter, geistige oder körperliche Gebrechen oder Leichtgläubigkeit besonders für eine Geschäftspraxis oder das ihr zugrunde liegende Produkt anfällig und wird durch diese Praxis voraussichtlich das wirtschaftliche Verhalten nur dieser Verbraucher in einer für den Gewerbetreibenden vernünftigerweise vorhersehbaren Art und Weise wesentlich beeinflusst, muss sichergestellt werden, dass diese entsprechend geschützt werden, indem die Praxis aus der Sicht eines Durchschnittsmitglieds dieser Gruppe beurteilt wird.

(20) Es ist zweckmäßig, die Möglichkeit von Verhaltenskodizes vorzusehen, die es Gewerbetreibenden ermöglichen, die Grundsätze dieser Richtlinie in spezifischen Wirtschaftsbranchen wirksam anzuwenden. In Branchen, in denen es spezifische zwingende Vorschriften gibt, die das Verhalten von Gewerbetreibenden regeln, ist es zweckmäßig, dass aus diesen auch die Anforderungen an die berufliche Sorgfalt in dieser Branche ersichtlich sind. Die von den Urhebern der Kodizes auf nationaler oder auf Gemeinschaftsebene ausgeübte Kontrolle hinsichtlich der Beseitigung unlauterer Geschäftspraktiken könnte die Inanspruchnahme der Verwaltungsbehörden oder Gerichte unnötig machen und sollte daher gefördert werden. Mit dem Ziel, ein hohes Verbraucherschutzniveau zu erreichen, könnten Verbraucherverbände informiert und an der Ausarbeitung von Verhaltenskodizes beteiligt werden.

(21) Personen oder Organisationen, die nach dem nationalen Recht ein berechtigtes Interesse geltend machen können, müssen über Rechtsbehelfe verfügen, die es ihnen erlauben, vor Gericht oder bei einer Verwaltungsbehörde, die über Beschwerden entscheiden oder geeignete gerichtliche Schritte einleiten kann, gegen unlautere Geschäftspraktiken vorzugehen. Zwar wird der Beweislast von nationalen Recht bestimmt, die Gerichte und Verwaltungsbehörden sollten aber in die Lage versetzt werden, von Gewerbetreibenden zu verlangen, dass sie den Beweis für die Richtigkeit der von ihnen behaupteten Tatsachen erbringen.

(22) Es ist notwendig, dass die Mitgliedstaaten Sanktionen für Verstöße gegen diese Richtlinie festlegen und für ihre Durchsetzung sorgen. Die Sanktionen müssen wirksam, verhältnismäßig und abschreckend sein.

(23) Da die Ziele dieser Richtlinie, nämlich durch Angleichung der Rechts- und Verwaltungsvorschriften der Mitgliedstaaten über unlautere Geschäftspraktiken die durch derartige Vorschriften verursachten Handelshemmnisse zu beseitigen und ein hohes gemeinsames Verbraucherschutzniveau zu gewährleisten, auf Ebene der Mitgliedstaaten nicht ausreichend erreicht werden können und daher besser auf Gemeinschaftsebene zu erreichen sind, kann die Gemeinschaft im Einklang mit dem in Artikel 5 des Vertrags niedergelegten Subsidiaritätsprinzip tätig werden. Entsprechend

dem in demselben Artikel genannten Verhältnismäßigkeitsprinzip geht diese Richtlinie nicht über das für die Beseitigung der Handelshemmnisse und die Gewährleistung eines hohen gemeinsamen Verbraucherschutzniveaus erforderliche Maß hinaus.

(24) Diese Richtlinie sollte überprüft werden um sicherzustellen, dass Handelshemmnisse für den Binnenmarkt beseitigt und ein hohes Verbraucherschutzniveau erreicht wurden. Diese Überprüfung könnte zu einem Vorschlag der Kommission zur Änderung dieser Richtlinie führen, der eine begrenzte Verlängerung der Geltungsdauer der Ausnahmeregelung des Artikels 3 Absatz 5 vorsehen und/oder Änderungsvorschläge zu anderen Rechtsvorschriften über den Verbraucherschutz beinhalten könnte, in denen die von der Kommission im Rahmen der verbraucherpolitischen Strategie der Gemeinschaft eingegangene Verpflichtung zur Überprüfung des Besitzstands zur Erreichung eines hohen gemeinsamen Verbraucherschutzniveaus zum Ausdruck kommt.

(25) Diese Richtlinie achtet die insbesondere in der Charta der Grundrechte der Europäischen Union anerkannten Grundrechte und Grundsätze –

HABEN FOLGENDE RICHTLINIE ERLASSEN:

Kapitel 1. Allgemeine Bestimmungen

Art 1 Zweck der Richtlinie

Zweck dieser Richtlinie ist es, durch Angleichung der Rechts- und Verwaltungsvorschriften der Mitgliedstaaten über unlautere Geschäftspraktiken, die die wirtschaftlichen Interessen der Verbraucher beeinträchtigen, zu einem reibungslosen Funktionieren des Binnenmarkts und zum Erreichen eines hohen Verbraucherschutzniveaus beizutragen.

Art 2 Definitionen

Im Sinne dieser Richtlinie bezeichnet der Ausdruck
a) „Verbraucher" jede natürliche Person, die im Geschäftsverkehr im Sinne dieser Richtlinie zu Zwecken handelt, die nicht ihrer gewerblichen, handwerklichen oder beruflichen Tätigkeit zugerechnet werden können;
b) „Gewerbetreibender" jede natürliche oder juristische Person, die im Geschäftsverkehr im Sinne dieser Richtlinie im Rahmen ihrer gewerblichen, handwerklichen oder beruflichen Tätigkeit handelt, und jede Person, die im Namen oder Auftrag des Gewerbetreibenden handelt;
c) „Produkt" jede Ware oder Dienstleistung, einschließlich Immobilien, Rechte und Verpflichtungen;
d) „Geschäftspraktiken von Unternehmen gegenüber Verbrauchern" (nachstehend auch „Geschäftspraktiken" genannt) jede Handlung, Unterlassung, Verhaltensweise oder Erklärung, kommerzielle Mitteilung einschließlich Werbung und Marketing eines Gewerbetreibenden, die unmittelbar mit der Absatzförderung, dem Verkauf oder der Lieferung eines Produkts an Verbraucher zusammenhängt;
e) „wesentliche Beeinflussung des wirtschaftlichen Verhaltens des Verbrauchers" die Anwendung einer Geschäftspraxis, um die Fähigkeit des Verbrauchers, eine informierte Entscheidung zu treffen, spürbar zu beeinträchtigen und damit den Verbraucher zu einer geschäftlichen Entscheidung zu veranlassen, die er andernfalls nicht getroffen hätte;
f) „Verhaltenskodex" eine Vereinbarung oder ein Vorschriftenkatalog, die bzw. der nicht durch die Rechts- und Verwaltungsvorschriften eines Mitgliedstaates vorgeschrieben ist und das Verhalten der Gewerbetreibenden definiert, die sich in Bezug

auf eine oder mehrere spezielle Geschäftspraktiken oder Wirtschaftszweige auf diesen Kodex verpflichten;
g) „Urheber eines Kodex" jede Rechtspersönlichkeit, einschließlich einzelner Gewerbetreibender oder Gruppen von Gewerbetreibenden, die für die Formulierung und Überarbeitung eines Verhaltenskodex und/oder für die Überwachung der Einhaltung dieses Kodex durch alle diejenigen, die sich darauf verpflichtet haben, zuständig ist;
h) „berufliche Sorgfalt" der Standard an Fachkenntnissen und Sorgfalt, bei denen billigerweise davon ausgegangen werden kann, dass der Gewerbetreibende sie gegenüber dem Verbraucher gemäß den anständigen Marktgepflogenheiten und/oder dem allgemeinen Grundsatz von Treu und Glauben in seinem Tätigkeitsbereich anwendet;
i) „Aufforderung zum Kauf" jede kommerzielle Kommunikation, die die Merkmale des Produkts und den Preis in einer Weise angibt, die den Mitteln der verwendeten kommerziellen Kommunikation angemessen ist und den Verbraucher dadurch in die Lage versetzt, einen Kauf zu tätigen;
j) „unzulässige Beeinflussung" die Ausnutzung einer Machtposition gegenüber dem Verbraucher zur Ausübung von Druck, auch ohne die Anwendung oder Androhung von körperlicher Gewalt, in einer Weise, die die Fähigkeit des Verbrauchers zu einer informierten Entscheidung wesentlich einschränkt;
k) „geschäftliche Entscheidung" jede Entscheidung eines Verbraucher darüber, ob, wie und unter welchen Bedingungen er einen Kauf tätigen, eine Zahlung insgesamt oder teilweise leisten, ein Produkt behalten oder abgeben oder ein vertragliches Recht im Zusammenhang mit dem Produkt ausüben will, unabhängig davon, ob der Verbraucher beschließt, tätig zu werden oder ein Tätigwerden zu unterlassen;
l) „reglementierter Beruf" eine berufliche Tätigkeit oder eine Reihe beruflicher Tätigkeiten, bei der die Aufnahme oder Ausübung oder eine der Arten der Ausübung direkt oder indirekt durch Rechts- oder Verwaltungsvorschriften an das Vorhandensein bestimmter Berufsqualifikationen gebunden ist.

Art 3 Anwendungsbereich

(1) Diese Richtlinie gilt für unlautere Geschäftspraktiken im Sinne des Artikels 5 von Unternehmen gegenüber Verbrauchern vor, während und nach Abschluss eines auf ein Produkt bezogenen Handelsgeschäfts.

(2) Diese Richtlinie lässt das Vertragsrecht und insbesondere die Bestimmungen über die Wirksamkeit, das Zustandekommen oder die Wirkungen eines Vertrags unberührt.

(3) Diese Richtlinie lässt die Rechtsvorschriften der Gemeinschaft oder der Mitgliedstaaten in Bezug auf die Gesundheits- und Sicherheitsaspekte von Produkten unberührt.

(4) Kollidieren die Bestimmungen dieser Richtlinie mit anderen Rechtsvorschriften der Gemeinschaft, die besondere Aspekte unlauterer Geschäftspraktiken regeln, so gehen die Letzteren vor und sind für diese besonderen Aspekte maßgebend.

(5) Die Mitgliedstaaten können für einen Zeitraum von sechs Jahren ab dem 12. Juni 2007 in dem durch diese Richtlinie angeglichenen Bereich nationale Vorschriften beibehalten, die restriktiver oder strenger sind als diese Richtlinie und zur Umsetzung von Richtlinien erlassen wurden und die Klauseln über eine Mindestangleichung enthalten. Diese Maßnahmen müssen unbedingt erforderlich sein, um sicherzustellen, dass die Verbraucher auf geeignete Weise vor unlauteren Geschäftspraktiken geschützt werden und müssen zur Erreichung dieses Ziels verhältnismäßig sein. Im Rahmen der nach Artikel 18 vorgesehenen Überprüfung kann gegebenen-

unlautere Geschäftspraktiken **UGP RL 1**

falls vorgeschlagen werden, die Geltungsdauer dieser Ausnahmeregelung um einen weiteren begrenzten Zeitraum zu verlängern.

(6) Die Mitgliedstaaten teilen der Kommission unverzüglich die auf der Grundlage von Absatz 5 angewandten nationalen Vorschriften mit.

(7) Diese Richtlinie lässt die Bestimmungen über die Zuständigkeit der Gerichte unberührt.

(8) Diese Richtlinie lässt alle Niederlassungs- oder Genehmigungsbedingungen, berufsständischen Verhaltenskodizes oder andere spezifische Regeln für reglementierte Berufe unberührt, damit die strengen Integritätsstandards, die die Mitgliedstaaten den in dem Beruf tätigen Personen nach Maßgabe des Gemeinschaftsrechts auferlegen können, gewährleistet bleiben.

(9) Im Zusammenhang mit „Finanzdienstleistungen" im Sinne der Richtlinie 2002/65/EG und Immobilien können die Mitgliedstaaten Anforderungen stellen, die im Vergleich zu dem durch diese Richtlinie angeglichenen Bereich restriktiver und strenger sind.

(10) Diese Richtlinie gilt nicht für die Anwendung der Rechts- und Verwaltungsvorschriften der Mitgliedstaaten in Bezug auf die Zertifizierung und Angabe des Feingehalts von Artikeln aus Edelmetall.

Art 4 Binnenmarkt

Die Mitgliedstaaten dürfen den freien Dienstleistungsverkehr und den freien Warenverkehr nicht aus Gründen, die mit dem durch diese Richtlinie angeglichenen Bereich zusammenhängen, einschränken.

Kapitel 2. Unlautere Geschäftspraktiken

Art 5 Verbot unlauterer Geschäftspraktiken

(1) Unlautere Geschäftspraktiken sind verboten.

(2) Eine Geschäftspraxis ist unlauter, wenn
a) sie den Erfordernissen der beruflichen Sorgfaltspflicht widerspricht
und
b) sie in Bezug auf das jeweilige Produkt das wirtschaftliche Verhalten des Durchschnittsverbrauchers, den sie erreicht oder an den sie sich richtet oder des durchschnittlichen Mitglieds einer Gruppe von Verbrauchern, wenn sich eine Geschäftspraxis an eine bestimmte Gruppe von Verbrauchern wendet, wesentlich beeinflusst oder dazu geeignet ist, es wesentlich zu beeinflussen.

(3) Geschäftspraktiken, die voraussichtlich in einer für den Gewerbetreibenden vernünftigerweise vorhersehbaren Art und Weise das wirtschaftliche Verhalten nur einer eindeutig identifizierbaren Gruppe von Verbrauchern wesentlich beeinflussen, die aufgrund von geistigen oder körperlichen Gebrechen, Alter oder Leichtgläubigkeit im Hinblick auf diese Praktiken oder die ihnen zugrunde liegenden Produkte besonders schutzbedürftig sind, werden aus der Perspektive eines durchschnittlichen Mitglieds dieser Gruppe beurteilt. Die übliche und rechtmäßige Werbepraxis, übertriebene Behauptungen oder nicht wörtlich zu nehmende Behauptungen aufzustellen, bleibt davon unberührt.

(4) Unlautere Geschäftspraktiken sind insbesondere solche, die
a) irreführend im Sinne der Artikel 6 und 7
oder
b) aggressiv im Sinne der Artikel 8 und 9 sind.

(5) Anhang I enthält eine Liste jener Geschäftspraktiken, die unter allen Umständen als unlauter anzusehen sind. Diese Liste gilt einheitlich in allen Mitgliedstaaten und kann nur durch eine Änderung dieser Richtlinie abgeändert werden.

Abschnitt 1. Irreführende Geschäftspraktiken

Art 6 **Irreführende Handlungen**

(1) Eine Geschäftspraxis gilt als irreführend, wenn sie falsche Angaben enthält und somit unwahr ist oder wenn sie in irgendeiner Weise, einschließlich sämtlicher Umstände ihrer Präsentation, selbst mit sachlich richtigen Angaben den Durchschnittsverbraucher in Bezug auf einen oder mehrere der nachstehend aufgeführten Punkte täuscht oder ihn zu täuschen geeignet ist und ihn in jedem Fall tatsächlich oder voraussichtlich zu einer geschäftlichen Entscheidung veranlasst, die er ansonsten nicht getroffen hätte:
a) das Vorhandensein oder die Art des Produkts;
b) die wesentlichen Merkmale des Produkts wie Verfügbarkeit, Vorteile, Risiken, Ausführung, Zusammensetzung, Zubehör, Kundendienst und Beschwerdeverfahren, Verfahren und Zeitpunkt der Herstellung oder Erbringung, Lieferung, Zwecktauglichkeit, Verwendung, Menge, Beschaffenheit, geografische oder kommerzielle Herkunft oder die von der Verwendung zu erwartenden Ergebnisse oder die Ergebnisse und wesentlichen Merkmale von Tests oder Untersuchungen, denen das Produkt unterzogen wurde;
c) den Umfang der Verpflichtungen des Gewerbetreibenden, die Beweggründe für die Geschäftspraxis und die Art des Vertriebsverfahrens, die Aussagen oder Symbole jeder Art, die im Zusammenhang mit direktem oder indirektem Sponsoring stehen oder sich auf eine Zulassung des Gewerbetreibenden oder des Produkts beziehen;
d) der Preis, die Art der Preisberechnung oder das Vorhandensein eines besonderer Preisvorteils;
e) die Notwendigkeit einer Leistung, eines Ersatzteils, eines Austauschs oder einer Reparatur;
f) die Person, die Eigenschaften oder die Rechte des Gewerbetreibenden oder seines Vertreters, wie Identität und Vermögen, seine Befähigungen, seinen Status, seine Zulassung, Mitgliedschaften oder Beziehungen sowie gewerbliche oder kommerzielle Eigentumsrechte oder Rechte an geistigem Eigentum oder seine Auszeichnungen und Ehrungen;
g) die Rechte des Verbrauchers einschließlich des Rechts auf Ersatzlieferung oder Erstattung gemäß der Richtlinie 1999/44/EG des Europäischen Parlaments und des Rates vom 25. Mai 1999 zu bestimmten Aspekten des Verbrauchsgüterkaufs und der Garantien für Verbrauchsgüter[8] oder die Risiken, denen er sich möglicherweise aussetzt.

(2) Eine Geschäftspraxis gilt ferner als irreführend, wenn sie im konkreten Fall unter Berücksichtigung aller tatsächlichen Umstände einen Durchschnittsverbraucher zu einer geschäftlichen Entscheidung veranlasst oder zu veranlassen geeignet ist, die er ansonsten nicht getroffen hätte, und Folgendes beinhaltet:
a) jegliche Art der Vermarktung eines Produkts, einschließlich vergleichender Werbung, die eine Verwechslungsgefahr mit einem anderen Produkt, Warenzeichen, Warennamen oder anderen Kennzeichen eines Mitbewerbers begründet;
b) die Nichteinhaltung von Verpflichtungen, die der Gewerbetreibende im Rahmen von Verhaltenskodizes, auf die er sich verpflichtet hat, eingegangen ist, sofern

---

[8] **Amtl. Anm.:** ABl. L 171 vom 7.7.1999, S. 12.

unlautere Geschäftspraktiken **UGP RL 1**

i) es sich nicht um eine Absichtserklärung, sondern um eine eindeutige Verpflichtung handelt, deren Einhaltung nachprüfbar ist,
und
ii) der Gewerbetreibende im Rahmen einer Geschäftspraxis darauf hinweist, dass er durch den Kodex gebunden ist.

Art 7 Irreführende Unterlassungen

(1) Eine Geschäftspraxis gilt als irreführend, wenn sie im konkreten Fall unter Berücksichtigung aller tatsächlichen Umstände und der Beschränkungen des Kommunikationsmediums wesentliche Informationen vorenthält, die der durchschnittliche Verbraucher je nach den Umständen benötigt, um eine informierte geschäftliche Entscheidung zu treffen, und die somit einen Durchschnittsverbraucher zu einer geschäftlichen Entscheidung veranlasst oder zu veranlassen geeignet ist, die er sonst nicht getroffen hätte.

(2) Als irreführende Unterlassung gilt es auch, wenn ein Gewerbetreibender wesentliche Informationen gemäß Absatz 1 unter Berücksichtigung der darin beschriebenen Einzelheiten verheimlicht oder auf unklare, unverständliche, zweideutige Weise oder nicht rechtzeitig bereitstellt oder wenn er den kommerziellen Zweck der Geschäftspraxis nicht kenntlich macht, sofern er sich nicht unmittelbar aus den Umständen ergibt, und dies jeweils einen Durchschnittsverbraucher zu einer geschäftlichen Entscheidung veranlasst oder zu veranlassen geeignet ist, die er ansonsten nicht getroffen hätte.

(3) Werden durch das für die Geschäftspraxis verwendete Kommunikationsmedium räumliche oder zeitliche Beschränkungen auferlegt, so werden diese Beschränkungen und alle Maßnahmen, die der Gewerbetreibende getroffen hat, um den Verbrauchern die Informationen anderweitig zur Verfügung zu stellen, bei der Entscheidung darüber, ob Informationen vorenthalten wurden, berücksichtigt.

(4) Im Falle der Aufforderung zum Kauf gelten folgende Informationen als wesentlich, sofern sie sich nicht unmittelbar aus den Umständen ergeben:
a) die wesentlichen Merkmale des Produkts in dem für das Medium und das Produkt angemessenen Umfang;
b) Anschrift und Identität des Gewerbetreibenden, wie sein Handelsname und gegebenenfalls Anschrift und Identität des Gewerbetreibenden, für den er handelt;
c) der Preis einschließlich aller Steuern und Abgaben oder in den Fällen, in denen der Preis aufgrund der Beschaffenheit des Produkts vernünftigerweise nicht im Voraus berechnet werden kann, die Art der Preisberechnung sowie gegebenenfalls alle zusätzlichen Fracht-, Liefer- oder Zustellkosten oder in den Fällen, in denen diese Kosten vernünftigerweise nicht im Voraus berechnet werden können, die Tatsache, dass solche zusätzliche Kosten anfallen können;
d) die Zahlungs-, Liefer- und Leistungsbedingungen sowie das Verfahren zum Umgang mit Beschwerden, falls sie von den Erfordernissen der beruflichen Sorgfalt abweichen;
e) für Produkte und Rechtsgeschäfte, die ein Rücktritts- oder Widerrufsrecht beinhalten, das Bestehen eines solchen Rechts.

(5) Die im Gemeinschaftsrecht festgelegten Informationsanforderungen in Bezug auf kommerzielle Kommunikation einschließlich Werbung oder Marketing, auf die in der nicht erschöpfenden Liste des Anhangs II verwiesen wird, gelten als wesentlich.

Abschnitt 2. Aggressive Geschäftspraktiken

Art 8 Aggressive Geschäftspraktiken

Eine Geschäftspraxis gilt als aggressiv, wenn sie im konkreten Fall unter Berücksichtigung aller tatsächlichen Umstände die Entscheidungs- oder Verhaltensfreiheit des Durchschnittsverbrauchers in Bezug auf das Produkt durch Belästigung, Nötigung, einschließlich der Anwendung körperlicher Gewalt, oder durch unzulässige Beeinflussung tatsächlich oder voraussichtlich erheblich beeinträchtigt und dieser dadurch tatsächlich oder voraussichtlich dazu veranlasst wird, eine geschäftliche Entscheidung zu treffen, die er andernfalls nicht getroffen hätte.

Art 9 Belästigung, Nötigung und unzulässige Beeinflussung

Bei der Feststellung, ob im Rahmen einer Geschäftspraxis die Mittel der Belästigung, der Nötigung, einschließlich der Anwendung körperlicher Gewalt, oder der unzulässigen Beeinflussung eingesetzt werden, ist abzustellen auf:
a) Zeitpunkt, Ort, Art oder Dauer des Einsatzes;
b) die Verwendung drohender oder beleidigender Formulierungen oder Verhaltensweisen;
c) die Ausnutzung durch den Gewerbetreibenden von konkreten Unglückssituationen oder Umständen von solcher Schwere, dass sie das Urteilsvermögen des Verbrauchers beeinträchtigen, worüber sich der Gewerbetreibende bewusst ist, um die Entscheidung des Verbrauchers in Bezug auf das Produkt zu beeinflussen;
d) belastende oder unverhältnismäßige Hindernisse nichtvertraglicher Art, mit denen der Gewerbetreibende den Verbraucher an der Ausübung seiner vertraglichen Rechte zu hindern versucht, wozu auch das Recht gehört, den Vertrag zu kündigen oder zu einem anderen Produkt oder einem anderen Gewerbetreibenden zu wechseln;
e) Drohungen mit rechtlich unzulässigen Handlungen.

Kapitel 3. Verhaltenskodizes

Art 10 Verhaltenskodizes

Diese Richtlinie schließt die Kontrolle – die von den Mitgliedstaaten gefördert werden kann – unlauterer Geschäftspraktiken durch die Urheber von Kodizes und die Inanspruchnahme solcher Einrichtungen durch die in Artikel 11 genannten Personen oder Organisationen nicht aus, wenn entsprechende Verfahren vor solchen Einrichtungen zusätzlich zu den Gerichts- oder Verwaltungsverfahren gemäß dem genannten Artikel zur Verfügung stehen.

Die Inanspruchnahme derartiger Kontrolleinrichtungen bedeutet keineswegs einen Verzicht auf einen Rechtsbehelf vor einem Gericht oder einer Verwaltungsbehörde gemäß Artikel 11.

Kapitel 4. Schlussbestimmungen

Art 11 Durchsetzung

(1) Die Mitgliedstaaten stellen im Interesse der Verbraucher sicher, dass geeignete und wirksame Mittel zur Bekämpfung unlauterer Geschäftspraktiken vorhanden sind, um die Einhaltung dieser Richtlinie durchzusetzen.

unlautere Geschäftspraktiken **UGP RL 1**

Diese Mittel umfassen Rechtsvorschriften, die es Personen oder Organisationen, die nach dem nationalen Recht ein berechtigtes Interesse an der Bekämpfung unlauterer Geschäftspraktiken haben, einschließlich Mitbewerbern, gestatten,
a) gerichtlich gegen solche unlauteren Geschäftspraktiken vorzugehen und/oder
b) gegen solche unlauteren Geschäftspraktiken ein Verfahren bei einer Verwaltungsbehörde einzuleiten, die für die Entscheidung über Beschwerden oder für die Einleitung eines geeigneten gerichtlichen Verfahrens zuständig ist.

Jedem Mitgliedstaat bleibt es vorbehalten zu entscheiden, welcher dieser Rechtsbehelfe zur Verfügung stehen wird und ob das Gericht oder die Verwaltungsbehörde ermächtigt werden soll, vorab die Durchführung eines Verfahrens vor anderen bestehenden Einrichtungen zur Regelung von Beschwerden, einschließlich der in Artikel 10 genannten Einrichtungen, zu verlangen. Diese Rechtsbehelfe stehen unabhängig davon zur Verfügung, ob die Verbraucher sich im Hoheitsgebiet des Mitgliedstaats, in dem der Gewerbetreibende niedergelassen ist, oder in einem anderen Mitgliedstaat befinden.

Jedem Mitgliedstaat bleibt vorbehalten zu entscheiden,
a) ob sich diese Rechtsbehelfe getrennt oder gemeinsam gegen mehrere Gewerbetreibende desselben Wirtschaftssektors richten können
und
b) ob sich diese Rechtsbehelfe gegen den Urheber eines Verhaltenskodex richten können, wenn der betreffende Kodex der Nichteinhaltung rechtlicher Vorschriften Vorschub leistet.

(2) Im Rahmen der in Absatz 1 genannten Rechtsvorschriften übertragen die Mitgliedstaaten den Gerichten oder Verwaltungsbehörden Befugnisse, die sie ermächtigen, in Fällen, in denen sie diese Maßnahmen unter Berücksichtigung aller betroffenen Interessen und insbesondere des öffentlichen Interesses für erforderlich halten,
a) die Einstellung der unlauteren Geschäftspraktiken anzuordnen oder ein geeignetes gerichtliches Verfahren zur Anordnung der Einstellung der betreffenden unlauteren Geschäftspraxis einzuleiten,
oder
b) falls die unlautere Geschäftspraxis noch nicht angewandt wurde, ihre Anwendung jedoch bevorsteht, diese Praxis zu verbieten oder ein geeignetes gerichtliches Verfahren zur Anordnung des Verbots dieser Praxis einzuleiten,

auch wenn kein tatsächlicher Verlust oder Schaden bzw. Vorsatz oder Fahrlässigkeit seitens des Gewerbetreibenden nachweisbar ist.

Die Mitgliedstaaten sehen ferner vor, dass die in Unterabsatz 1 genannten Maßnahmen im Rahmen eines beschleunigten Verfahrens mit
− vorläufiger Wirkung
oder
− endgültiger Wirkung
getroffen werden können, wobei jedem Mitgliedstaat vorbehalten bleibt zu entscheiden, welche dieser beiden Möglichkeiten gewählt wird.

Außerdem können die Mitgliedstaaten den Gerichten oder Verwaltungsbehörden Befugnisse übertragen, die sie ermächtigen, zur Beseitigung der fortdauernden Wirkung unlauterer Geschäftspraktiken, deren Einstellung durch eine rechtskräftige Entscheidung angeordnet worden ist,
a) die Veröffentlichung dieser Entscheidung ganz oder auszugsweise und in der von ihnen für angemessen erachteten Form zu verlangen;
b) außerdem die Veröffentlichung einer berichtigenden Erklärung zu verlangen.

(3) Die in Absatz 1 genannten Verwaltungsbehörden müssen

1 UGP RL

Richtlinie über

a) so zusammengesetzt sein, dass ihre Unparteilichkeit nicht in Zweifel gezogen werden kann;
b) über ausreichende Befugnisse verfügen, um die Einhaltung ihrer Entscheidungen über Beschwerden wirksam überwachen und durchsetzen zu können;
c) in der Regel ihre Entscheidungen begründen.

Werden die in Absatz 2 genannten Befugnisse ausschließlich von einer Verwaltungsbehörde ausgeübt, so sind die Entscheidungen stets zu begründen. In diesem Fall sind ferner Verfahren vorzusehen, in denen eine fehlerhafte oder unsachgemäße Ausübung der Befugnisse durch die Verwaltungsbehörde oder eine fehlerhafte oder unsachgemäße Nichtausübung dieser Befugnisse von den Gerichten überprüft werden kann.

Art 12 Gerichte und Verwaltungsbehörden: Begründung von Behauptungen

Die Mitgliedstaaten übertragen den Gerichten oder Verwaltungsbehörden Befugnisse, die sie ermächtigen, in den in Artikel 11 vorgesehenen Verfahren vor den Zivilgerichten oder Verwaltungsbehörden
a) vom Gewerbetreibenden den Beweis der Richtigkeit von Tatsachenbehauptungen im Zusammenhang mit einer Geschäftspraxis zu verlangen, wenn ein solches Verlangen unter Berücksichtigung der berechtigten Interessen des Gewerbetreibenden und anderer Verfahrensbeteiligter im Hinblick auf die Umstände des Einzelfalls angemessen erscheint,
und
b) Tatsachenbehauptungen als unrichtig anzusehen, wenn der gemäß Buchstabe a verlangte Beweis nicht angetreten wird oder wenn er von dem Gericht oder der Verwaltungsbehörde für unzureichend erachtet wird.

Art 13 Sanktionen

Die Mitgliedstaaten legen die Sanktionen fest, die bei Verstößen gegen die nationalen Vorschriften zur Umsetzung dieser Richtlinie anzuwenden sind, und treffen alle geeigneten Maßnahmen, um ihre Durchsetzung sicherzustellen. Diese Sanktionen müssen wirksam, verhältnismäßig und abschreckend sein.

Art. 14–16

(vom Abdruck wurde abgesehen)

Art 17 Information

Die Mitgliedstaaten treffen angemessene Maßnahmen, um die Verbraucher über die nationalen Bestimmungen zur Umsetzung dieser Richtlinie zu informieren, und regen gegebenenfalls Gewerbetreibende und Urheber von Kodizes dazu an, die Verbraucher über ihre Verhaltenskodizes zu informieren.

Art 18 Änderung

(1) Die Kommission legt dem Europäischen Parlament und dem Rat spätestens am 12. Juni 2011 einen umfassenden Bericht über die Anwendung dieser Richtlinie, insbesondere von Artikel 3 Absatz 9, Artikel 4 und Anhang I, den Anwendungsbereich einer weiteren Angleichung und die Vereinfachung des Gemeinschaftsrechts zum Verbraucherschutz sowie, unter Berücksichtigung des Artikels 3 Absatz 5, über Maßnahmen vor, die auf Gemeinschaftsebene ergriffen werden müssen, um sicherzustellen, dass ein angemessenes Verbraucherschutzniveau beibehalten wird. Dem Be-

richt wird erforderlichenfalls ein Vorschlag zur Änderung dieser Richtlinie oder anderer einschlägiger Teile des Gemeinschaftsrechts beigefügt.

(2) Das Europäische Parlament und der Rat streben gemäß dem Vertrag danach, binnen zwei Jahren nach Vorlage eines Vorschlags der Kommission nach Absatz 1 geeignete Maßnahmen zu treffen.

Art 19 Umsetzung

Die Mitgliedstaaten erlassen und veröffentlichen bis zum 12. Juni 2007 die Rechts- und Verwaltungsvorschriften, die erforderlich sind, um dieser Richtlinie nachzukommen. Sie setzen die Kommission davon und von allen späteren Änderungen unverzüglich in Kenntnis.

Sie wenden diese Vorschriften ab dem 12. Dezember 2007 an. Wenn die Mitgliedstaaten diese Vorschriften erlassen, nehmen sie in den Vorschriften selbst oder durch einen Hinweis bei der amtlichen Veröffentlichung auf diese Richtlinie Bezug. Die Mitgliedstaaten regeln die Einzelheiten der Bezugnahme.

Art 20 Inkrafttreten

Diese Richtlinie tritt am Tag nach ihrer Veröffentlichung im Amtsblatt der Europäischen Union in Kraft.

Art 21 Adressaten

Diese Richtlinie ist an die Mitgliedstaaten gerichtet.

Anhang I. Geschäftspraktiken, die unter allen Umständen als unlauter gelten

Irreführende Geschäftspraktiken
1. Die Behauptung eines Gewerbetreibenden, zu den Unterzeichnern eines Verhaltenskodex zu gehören, obgleich dies nicht der Fall ist.
2. Die Verwendung von Gütezeichen, Qualitätskennzeichen oder Ähnlichem ohne die erforderliche Genehmigung.
3. Die Behauptung, ein Verhaltenskodex sei von einer öffentlichen oder anderen Stelle gebilligt, obgleich dies nicht der Fall ist.
4. Die Behauptung, dass ein Gewerbetreibender (einschließlich seiner Geschäftspraktiken) oder ein Produkt von einer öffentlichen oder privaten Stelle bestätigt, gebilligt oder genehmigt worden sei, obwohl dies nicht der Fall ist, oder die Aufstellung einer solchen Behauptung, ohne dass den Bedingungen für die Bestätigung, Billigung oder Genehmigung entsprochen wird.
5. Aufforderung zum Kauf von Produkten zu einem bestimmten Preis, ohne dass darüber aufgeklärt wird, dass der Gewerbetreibende hinreichende Gründe für die Annahme hat, dass er nicht in der Lage sein wird, dieses oder ein gleichwertiges Produkt zu dem genannten Preis für einen Zeitraum und in einer Menge zur Lieferung bereitzustellen oder durch einen anderen Gewerbetreibenden bereitstellen zu lassen, wie es in Bezug auf das Produkt, den Umfang der für das Produkt eingesetzten Werbung und den Angebotspreis angemessen wäre (Lockangebote).
6. Aufforderung zum Kauf von Produkten zu einem bestimmten Preis und dann
    a) Weigerung, dem Verbraucher den beworbenen Artikel zu zeigen,
       oder
    b) Weigerung, Bestellungen dafür anzunehmen oder innerhalb einer vertretbaren Zeit zu liefern,

oder
c) Vorführung eines fehlerhaften Exemplars
in der Absicht, stattdessen ein anderes Produkt abzusetzen („bait-and-switch"-Technik).
7. Falsche Behauptung, dass das Produkt nur eine sehr begrenzte Zeit oder nur eine sehr begrenzte Zeit zu bestimmten Bedingungen verfügbar sein werde, um so den Verbraucher zu einer sofortigen Entscheidung zu verleiten, so dass er weder Zeit noch Gelegenheit hat, eine informierte Entscheidung zu treffen.
8. Verbrauchern, mit denen der Gewerbetreibende vor Abschluss des Geschäfts in einer Sprache kommuniziert hat, bei der es sich nicht um eine Amtssprache des Mitgliedstaats handelt, in dem der Gewerbetreibende niedergelassen ist, wird eine nach Abschluss des Geschäfts zu erbringende Leistung zugesichert, diese Leistung wird anschließend aber nur in einer anderen Sprache erbracht, ohne dass der Verbraucher eindeutig hierüber aufgeklärt wird, bevor er das Geschäft tätigt.
9. Behauptung oder anderweitige Herbeiführung des Eindrucks, ein Produkt könne rechtmäßig verkauft werden, obgleich dies nicht der Fall ist.
10. Den Verbrauchern gesetzlich zugestandene Rechte werden als Besonderheit des Angebots des Gewerbetreibenden präsentiert.
11. Es werden redaktionelle Inhalte in Medien zu Zwecken der Verkaufsförderung eingesetzt und der Gewerbetreibende hat diese Verkaufsförderung bezahlt, ohne dass dies aus dem Inhalt oder aus für den Verbraucher klar erkennbaren Bildern und Tönen eindeutig hervorgehen würde (als Information getarnte Werbung). Die Richtlinie 89/552/EWG[9] bleibt davon unberührt.
12. Aufstellen einer sachlich falschen Behauptung über die Art und das Ausmaß der Gefahr für die persönliche Sicherheit des Verbrauchers oder seiner Familie für den Fall, dass er das Produkt nicht kauft.
13. Werbung für ein Produkt, das einem Produkt eines bestimmten Herstellers ähnlich ist, in einer Weise, die den Verbraucher absichtlich dazu verleitet, zu glauben, das Produkt sei von jenem Hersteller hergestellt worden, obwohl dies nicht der Fall ist.
14. Einführung, Betrieb oder Förderung eines Schneeballsystems zur Verkaufsförderung, bei dem der Verbraucher die Möglichkeit vor Augen hat, eine Vergütung zu erzielen, die hauptsächlich durch die Einführung neuer Verbraucher in ein solches System und weniger durch den Verkauf oder Verbrauch von Produkten zu erzielen ist.
15. Behauptung, der Gewerbetreibende werde demnächst sein Geschäft aufgeben oder seine Geschäftsräume verlegen, obwohl er dies keineswegs beabsichtigt.
16. Behauptung, Produkte könnten die Gewinnchancen bei Glücksspielen erhöhen.
17. Falsche Behauptung, ein Produkt könne Krankheiten, Funktionsstörungen oder Missbildungen heilen.
18. Erteilung sachlich falscher Informationen über die Marktbedingungen oder die Möglichkeit, das Produkt zu finden, mit dem Ziel, den Verbraucher dazu zu bewegen, das Produkt zu weniger günstigen Bedingungen als den normalen Marktbedingungen zu kaufen.
19. Es werden Wettbewerbe und Preisausschreiben angeboten, ohne dass die beschriebenen Preise oder ein angemessenes Äquivalent vergeben werden.

---

[9] **Amtl. Anm.:** Richtlinie 89/552/EWG des Rates vom 3. Oktober 1989 zur Koordinierung bestimmter Rechts- und Verwaltungsvorschriften der Mitgliedstaaten über die Ausübung der Fernsehtätigkeit (ABl. L 298 vom 17.10.1989, S. 23). Geändert durch die Richtlinie 97/36/EG des Europäischen Parlaments und des Rates (ABl. L 202 vom 30.7.1997, S. 60).

20. Ein Produkt wird als „gratis", „umsonst", „kostenfrei" oder Ähnliches beschrieben, obwohl der Verbraucher weitere Kosten als die Kosten zu tragen hat, die im Rahmen des Eingehens auf die Geschäftspraktik und für die Abholung oder Lieferung der Ware unvermeidbar sind.
21. Werbematerialien wird eine Rechnung oder ein ähnliches Dokument mit einer Zahlungsaufforderung beigefügt, die dem Verbraucher den Eindruck vermitteln, dass er das beworbene Produkt bereits bestellt hat, obwohl dies nicht der Fall ist.
22. Fälschliche Behauptung oder Erweckung des Eindrucks, dass der Händler nicht für die Zwecke seines Handels, Geschäfts, Gewerbes oder Berufs handelt, oder fälschliches Auftreten als Verbraucher.
23. Erwecken des fälschlichen Eindrucks, dass der Kundendienst im Zusammenhang mit einem Produkt in einem anderen Mitgliedstaat verfügbar sei als demjenigen, in dem das Produkt verkauft wird.

Aggressive Geschäftspraktiken

24. Erwecken des Eindrucks, der Verbraucher könne die Räumlichkeiten ohne Vertragsabschluß nicht verlassen.
25. Nichtbeachtung der Aufforderung des Verbrauchers bei persönlichen Besuchen in dessen Wohnung, diese zu verlassen bzw. nicht zurückzukehren, außer in Fällen und in den Grenzen, in denen dies nach dem nationalen Recht gerechtfertigt ist, um eine vertragliche Verpflichtung durchzusetzen.
26. Kunden werden durch hartnäckiges und unerwünschtes Ansprechen über Telefon, Fax, E-Mail oder sonstige für den Fernabsatz geeignete Medien geworben, außer in Fällen und in den Grenzen, in denen ein solches Verhalten nach den nationalen Rechtsvorschriften gerechtfertigt ist, um eine vertragliche Verpflichtung durchzusetzen. Dies gilt unbeschadet des Artikels 10 der Richtlinie 97/7/EG sowie der Richtlinien 95/46/EG[10] und 2002/58/EG.
27. Aufforderung eines Verbrauchers, der eine Versicherungspolice in Anspruch nehmen möchte, Dokumente vorzulegen, die vernünftigerweise nicht als relevant für die Gültigkeit des Anspruchs anzusehen sind, oder systematische Nichtbeantwortung einschlägiger Schreiben, um so den Verbraucher von der Ausübung seiner vertraglichen Rechte abzuhalten.
28. Einbeziehung einer direkten Aufforderung an Kinder in eine Werbung, die beworbenen Produkte zu kaufen oder ihre Eltern oder andere Erwachsene zu überreden, die beworbenen Produkte für sie zu kaufen. Diese Bestimmung gilt unbeschadet des Artikels 16 der Richtlinie 89/552/EWG über die Ausübung der Fernsehtätigkeit.
29. Aufforderung des Verbrauchers zur sofortigen oder späteren Bezahlung oder zur Rücksendung oder Verwahrung von Produkten, die der Gewerbetreibende geliefert, der Verbraucher aber nicht bestellt hat (unbestellte Waren oder Dienstleistungen); ausgenommen hiervon sind Produkte, bei denen es sich um Ersatzlieferungen gemäß Artikel 7 Absatz 3 der Richtlinie 97/7/EG handelt.
30. Ausdrücklicher Hinweis gegenüber dem Verbraucher, dass Arbeitsplatz oder Lebensunterhalt des Gewerbetreibenden gefährdet sind, falls der Verbraucher das Produkt oder die Dienstleistung nicht erwirbt.
31. Erwecken des fälschlichen Eindrucks, der Verbraucher habe bereits einen Preis gewonnen, werde einen Preis gewinnen oder werde durch eine bestimmte Handlung einen Preis oder einen sonstigen Vorteil gewinnen, obwohl:
    – es in Wirklichkeit keinen Preis oder sonstigen Vorteil gibt,

---

[10] **Amtl. Anm.:** Richtlinie 95/46/EG des Europäischen Parlaments und des Rates vom 24. Oktober 1995 zum Schutz natürlicher Personen bei der Verarbeitung personenbezogener Daten und zum freien Datenverkehr (ABl. L 281 vom 23.11.1995, S. 31). Geändert durch die Verordnung (EG) Nr. 1882/2003 (ABl. L 284 vom 31.10.2003, S. 1).

oder
- die Möglichkeit des Verbrauchers, Handlungen in Bezug auf die Inanspruchnahme des Preises oder eines sonstigen Vorteils vorzunehmen, in Wirklichkeit von der Zahlung eines Betrags oder der Übernahme von Kosten durch den Verbraucher abhängig gemacht wird.

Anhang II. Bestimmungen des Gemeinschaftsrechts zur Regelung der Bereiche Werbung und kommerzielle Kommunikation

Artikel 4 und 5 der Richtlinie 97/7/EG

Artikel 3 der Richtlinie 90/314/EWG des Rates vom 13. Juni 1990 über Pauschalreisen[11]

Artikel 3 Absatz 3 der Richtlinie 94/47/EG des Europäischen Parlaments und des Rates vom 26. Oktober 1994 zum Schutz der Erwerber im Hinblick auf bestimmte Aspekte von Verträgen über den Erwerb von Teilzeitnutzungsrechten an Immobilien[12]

Artikel 3 Absatz 4 der Richtlinie 98/6/EG des Europäischen Parlaments und des Rates vom 16. Februar 1998 über den Schutz der Verbraucher bei der Angabe der Preise der ihnen angebotenen Erzeugnisse[13]

Artikel 86 bis 100 der Richtlinie 2001/83/EG des Europäischen Parlaments und des Rates vom 6. November 2001 zur Schaffung eines Gemeinschaftskodexes für Humanarzneimittel[14]

Artikel 5 und 6 der Richtlinie 2000/31/EG des Europäischen Parlaments und des Rates vom 8. Juni 2000 über bestimmte rechtliche Aspekte der Dienste der Informationsgesellschaft, insbesondere des elektronischen Geschäftsverkehrs, im Binnenmarkt („Richtlinie über den elektronischen Geschäftsverkehr")[15]

Artikel 1 Buchstabe d der Richtlinie 98/7/EG des Europäischen Parlaments und des Rates vom 16. Februar 1998 zur Änderung der Richtlinie 87/102/EWG des Rates zur Angleichung der Rechts- und Verwaltungsvorschriften der Mitgliedstaaten über den Verbraucherkredit[16]

Artikel 3 und 4 der Richtlinie 2002/65/EG

Artikel 1 Nummer 9 der Richtlinie 2001/107/EG des Europäischen Parlaments und des Rates vom 21. Januar 2002 zur Änderung der Richtlinie 85/611/EWG des Rates zur Koordinierung der Rechts- und Verwaltungsvorschriften betreffend bestimmte Organismen für gemeinsame Anlagen in Wertpapieren (OGAW) zwecks Festlegung von Bestimmungen für Verwaltungsgesellschaften und vereinfache Prospekte[17]

Artikel 12 und 13 der Richtlinie 2002/92/EG des Europäischen Parlaments und des Rates vom 9. Dezember 2002 über Versicherungsvermittlung[18]

---

[11] **Amtl. Anm.:** ABl. L 158 vom 23.6.1990, S. 59.
[12] **Amtl. Anm.:** ABl. L 280 vom 29.10.1994, S. 83.
[13] **Amtl. Anm.:** ABl. L 80 vom 18.3.1998, S. 27.
[14] **Amtl. Anm.:** ABl. L 311 vom 28.11.2001, S. 67. Richtlinie zuletzt geändert durch die Richtlinie 2004/27/EG (ABl. L 136 vom 30.4.2004, S. 34).
[15] **Amtl. Anm.:** ABl. L 178 vom 17.7.2000, S. 1.
[16] **Amtl. Anm.:** ABl. L 101 vom 1.4.1998, S. 17.
[17] **Amtl. Anm.:** ABl. L 41 vom 13.2.2002, S. 20.
[18] **Amtl. Anm.:** ABl. L 9 vom 15.1.2003, S. 3.

Artikel 36 der Richtlinie 2002/83/EG des Europäischen Parlaments und des Rates vom 5. November 2002 über Lebensversicherungen[19]

Artikel 19 der Richtlinie 2004/39/EG des Europäischen Parlaments und des Rates vom 21. April 2004 über Märkte für Finanzinstrumente[20]

Artikel 31 und 43 der Richtlinie 92/49/EWG des Rates vom 18. Juni 1992 zur Koordinierung der Rechts- und Verwaltungsvorschriften für die Direktversicherung (mit Ausnahme der Lebensversicherung)[21] (Dritte Richtlinie Schadenversicherung)

Artikel 5, 7 und 8 der Richtlinie 2003/71/EG des Europäischen Parlaments und des Rates vom 4. November 2003 betreffend den Prospekt, der beim öffentlichen Angebot von Wertpapieren oder bei deren Zulassung zum Handel zu veröffentlichen[22]

---

[19] **Amtl. Anm.:** ABl. L 345 vom 19.12.2002, S. 1. Richtlinie geändert durch die Richtlinie 2004/66/EG des Rates (ABl. L 168 vom 1.5.2004, S. 35).

[20] **Amtl. Anm.:** ABl. L 145 vom 30.4.2004, S. 1.

[21] **Amtl. Anm.:** ABl. L 228 vom 11.8.1992, S. 1. Richtlinie zuletzt geändert durch die Richtlinie 2002/87/EG des Europäischen Parlaments und des Rates (ABl. L 35 vom 11.2.2003, S. 1).

[22] **Amtl. Anm.:** ABl. L 345 vom 31.12.2003, S. 64.

2. Richtlinie 2006/114/EG des Europäischen Parlaments und des Rates über irreführende und vergleichende Werbung

Vom 12. Dezember 2006 (ABl. L 376 S. 21)

DAS EUROPÄISCHE PARLAMENT UND DER RAT DER EUROPÄISCHEN UNION –
gestützt auf den Vertrag zur Gründung der Europäischen Gemeinschaft, insbesondere auf Artikel 95,
auf Vorschlag der Kommission,
nach Stellungnahme des Europäischen Wirtschafts- und Sozialausschusses[1],
gemäß dem Verfahren des Artikels 251 des Vertrags[2],
in Erwägung nachstehender Gründe:
 (1) Die Richtlinie 84/450/EWG des Rates vom 10. September 1984 über irreführende und vergleichende Werbung[3] ist mehrfach und in wesentlichen Punkten geändert worden[4]. Aus Gründen der Übersichtlichkeit und Klarheit empfiehlt es sich, sie zu kodifizieren.
 (2) Die in den Mitgliedstaaten geltenden Vorschriften gegen irreführende Werbung weichen stark voneinander ab. Da die Werbung über die Grenzen der einzelnen Mitgliedstaaten hinausreicht, wirkt sie sich unmittelbar auf das reibungslose Funktionieren des Binnenmarktes aus.
 (3) Irreführende und unzulässige vergleichende Werbung ist geeignet, zur Verfälschung des Wettbewerbs im Binnenmarkt zu führen.
 (4) Die Werbung berührt unabhängig davon, ob sie zum Abschluss eines Vertrags führt, die wirtschaftlichen Interessen der Verbraucher und der Gewerbetreibenden.
 (5) Die Unterschiede zwischen den einzelstaatlichen Rechtsvorschriften über Werbung, die für Unternehmen irreführend ist, behindern die Durchführung von Werbekampagnen, die die Grenzen eines Staates überschreiten, und beeinflussen so den freien Verkehr von Waren und Dienstleistungen.
 (6) Mit der Vollendung des Binnenmarktes ist das Angebot vielfältig. Da die Verbraucher und Gewerbetreibenden aus dem Binnenmarkt den größtmöglichen Vorteil ziehen können und sollen, und da die Werbung ein sehr wichtiges Instrument ist, mit dem überall in der Gemeinschaft wirksam Märkte für Erzeugnisse und Dienstleistungen erschlossen werden können, sollten die wesentlichen Vorschriften für Form und Inhalt der Werbung einheitlich sein und die Bedingungen für vergleichende Werbung in den Mitgliedstaaten harmonisiert werden. Unter diesen Umständen sollte dies dazu beitragen, die Vorteile der verschiedenen vergleichbaren Erzeugnisse objektiv herauszustellen. Vergleichende Werbung kann ferner den Wettbewerb zwischen den Anbietern von Waren und Dienstleistungen im Interesse der Verbraucher fördern.
 (7) Es sollten objektive Mindestkriterien aufgestellt werden, nach denen beurteilt werden kann, ob eine Werbung irreführend ist.
 (8) Vergleichende Werbung kann, wenn sie wesentliche, relevante, nachprüfbare und typische Eigenschaften vergleicht und nicht irreführend ist, ein zulässiges Mittel

---

[1] **Amtl. Anm.:** Stellungnahme vom 26. Oktober 2006 (noch nicht im Amtsblatt veröffentlicht).
[2] **Amtl. Anm.:** Stellungnahme des Europäischen Parlaments vom 12. Oktober 2006 (noch nicht im Amtsblatt veröffentlicht) und Beschluss des Rates vom 30. November 2006.
[3] **Amtl. Anm.:** ABl. L 250 vom 19.9.1984, S. 17. Zuletzt geändert durch die Richtlinie 2005/29/EG des Europäischen Parlaments und des Rates (ABl. L 149 vom 11.6.2005, S. 22).
[4] **Amtl. Anm.:** Siehe Anhang I Teil A.

zur Unterrichtung der Verbraucher über ihre Vorteile darstellen. Der Begriff „vergleichende Werbung" sollte breit gefasst werden, so dass alle Arten der vergleichenden Werbung abgedeckt werden.

(9) Es sollten Bedingungen für zulässige vergleichende Werbung vorgesehen werden, soweit der vergleichende Aspekt betroffen ist, mit denen festgelegt wird, welche Praktiken der vergleichenden Werbung den Wettbewerb verzerren, die Mitbewerber schädigen und die Entscheidung der Verbraucher negativ beeinflussen können. Diese Bedingungen für zulässige vergleichende Werbung sollten Kriterien beinhalten, die einen objektiven Vergleich der Eigenschaften von Waren und Dienstleistungen ermöglichen.

(10) Werden in der vergleichenden Werbung die Ergebnisse der von Dritten durchgeführten vergleichenden Tests angeführt oder wiedergegeben, so sollten die internationalen Vereinbarungen zum Urheberrecht und die innerstaatlichen Bestimmungen über vertragliche und außervertragliche Haftung gelten.

(11) Die Bedingungen für vergleichende Werbung sollten kumulativ sein und uneingeschränkt eingehalten werden. Die Wahl der Form und der Mittel für die Umsetzung dieser Bedingungen sollte gemäß dem Vertrag den Mitgliedstaaten überlassen bleiben, sofern Form und Mittel noch nicht durch diese Richtlinie festgelegt sind.

(12) Zu diesen Bedingungen sollte insbesondere die Einhaltung der Vorschriften gehören, die sich aus der Verordnung (EG) Nr. 510/2006 des Rates vom 20. März 2006 zum Schutz von geographischen Angaben und Ursprungsbezeichnungen für Agrarerzeugnisse und Lebensmittel[5], insbesondere aus Artikel 13 dieser Verordnung, und den übrigen Gemeinschaftsvorschriften im Bereich der Landwirtschaft ergeben.

(13) Gemäß Artikel 5 der Ersten Richtlinie 89/104/EWG des Rates vom 21. Dezember 1988 zur Angleichung der Rechtsvorschriften der Mitgliedstaaten über die Marken[6] steht dem Inhaber einer eingetragenen Marke ein Ausschließlichkeitsrecht zu, das insbesondere das Recht einschließt, Dritten im geschäftlichen Verkehr die Benutzung eines identischen oder ähnlichen Zeichens für identische Produkte oder Dienstleistungen, gegebenenfalls sogar für andere Produkte, zu untersagen.

(14) Indessen kann es für eine wirksame vergleichende Werbung unerlässlich sein, Waren oder Dienstleistungen eines Mitbewerbers dadurch erkennbar zu machen, dass auf eine ihm gehörende Marke oder auf seinen Handelsnamen Bezug genommen wird.

(15) Eine solche Benutzung von Marken, Handelsnamen oder anderen Unterscheidungszeichen eines Mitbewerbers verletzt nicht das Ausschließlichkeitsrecht Dritter, wenn sie unter Beachtung der in dieser Richtlinie aufgestellten Bedingungen erfolgt und nur eine Unterscheidung bezweckt, durch die Unterschiede objektiv herausgestellt werden sollen.

(16) Personen oder Organisationen, die nach dem nationalen Recht ein berechtigtes Interesse an der Angelegenheit haben, sollten die Möglichkeit besitzen, vor Gericht oder bei einer Verwaltungsbehörde, die über Beschwerden entscheiden oder geeignete gerichtliche Schritte einleiten kann, gegen irreführende und unzulässige vergleichende Werbung vorzugehen.

(17) Die Gerichte oder Verwaltungsbehörden sollten die Befugnis haben, die Einstellung einer irreführenden oder einer unzulässigen vergleichenden Werbung anzuordnen oder zu erwirken. In bestimmten Fällen kann es zweckmäßig sein, irreführende und unzulässige vergleichende Werbung zu untersagen, noch ehe sie veröffentlicht worden ist. Das bedeutet jedoch nicht, dass die Mitgliedstaaten ver-

---

[5] **Amtl. Anm.:** ABl. L 93 vom 31.3.2006, S. 12.
[6] **Amtl. Anm.:** ABl. L 40 vom 11.2.1989, S. 1. Geändert durch den Beschluss 92/10/EWG (ABl. L 6 vom 11.1.1992, S. 35).

pflichtet sind, eine Regelung einzuführen, die eine systematische Vorabkontrolle der Werbung vorsieht.

(18) Freiwillige Kontrollen, die durch Einrichtungen der Selbstverwaltung zur Unterbindung irreführender und unzulässiger vergleichender Werbung durchgeführt werden, können die Einleitung eines Verwaltungs- oder Gerichtsverfahrens entbehrlich machen und sollten deshalb gefördert werden.

(19) Zwar wird die Beweislast vom nationalen Recht bestimmt, die Gerichte und Verwaltungsbehörden sollten aber in die Lage versetzt werden, von Gewerbetreibenden zu verlangen, den Beweis für die Richtigkeit der von ihnen behaupteten Tatsachen zu erbringen.

(20) Die Regelung der vergleichenden Werbung ist für das reibungslose Funktionieren des Binnenmarktes erforderlich, und eine Aktion auf Gemeinschaftsebene ist daher notwendig. Eine Richtlinie ist das geeignete Instrument, da sie einheitliche allgemeine Prinzipien festlegt, es aber den Mitgliedstaaten überlässt, die Form und die geeignete Methode zu wählen, um diese Ziele zu erreichen. Sie entspricht dem Subsidiaritätsprinzip.

(21) Die vorliegende Richtlinie sollte die Verpflichtungen der Mitgliedstaaten hinsichtlich der in Anhang I Teil B genannten Fristen für die Umsetzung der dort genannten Richtlinien in innerstaatliches Recht und für die Anwendung dieser Richtlinien unberührt lassen –

HABEN FOLGENDE RICHTLINIE ERLASSEN:

Art 1 [Anwendungsrahmen]

Zweck dieser Richtlinie ist der Schutz von Gewerbetreibenden vor irreführender Werbung und deren unlauteren Auswirkungen sowie die Festlegung der Bedingungen für zulässige vergleichende Werbung.

Art 2 [Definitionen]

Im Sinne dieser Richtlinie bedeutet

a) „Werbung" jede Äußerung bei der Ausübung eines Handels, Gewerbes, Handwerks oder freien Berufs mit dem Ziel, den Absatz von Waren oder die Erbringung von Dienstleistungen, einschließlich unbeweglicher Sachen, Rechte und Verpflichtungen, zu fördern;

b) „irreführende Werbung" jede Werbung, die in irgendeiner Weise – einschließlich ihrer Aufmachung – die Personen, an die sie sich richtet oder die von ihr erreicht werden, täuscht oder zu täuschen geeignet ist und die infolge der ihr innewohnenden Täuschung ihr wirtschaftliches Verhalten beeinflussen kann oder aus diesen Gründen einen Mitbewerber schädigt oder zu schädigen geeignet ist;

c) „vergleichende Werbung" jede Werbung, die unmittelbar oder mittelbar einen Mitbewerber oder die Erzeugnisse oder Dienstleistungen, die von einem Mitbewerber angeboten werden, erkennbar macht;

d) „Gewerbetreibender" jede natürliche oder juristische Person, die im Rahmen ihrer gewerblichen, handwerklichen oder beruflichen Tätigkeit handelt, und jede Person, die im Namen oder Auftrag des Gewerbetreibenden handelt;

e) „Urheber eines Kodex" jede Rechtspersönlichkeit, einschließlich einzelner Gewerbetreibender oder Gruppen von Gewerbetreibenden, die für die Formulierung und Überarbeitung eines Verhaltenskodex und/oder für die Überwachung der Einhaltung dieses Kodex durch alle diejenigen, die sich darauf verpflichtet haben, zuständig ist.

Art 3 [Beurteilung irreführender Werbung]

Bei der Beurteilung der Frage, ob eine Werbung irreführend ist, sind alle ihre Bestandteile zu berücksichtigen, insbesondere in ihr enthaltene Angaben über:
a) die Merkmale der Waren oder Dienstleistungen wie Verfügbarkeit, Art, Ausführung, Zusammensetzung, Verfahren und Zeitpunkt der Herstellung oder Erbringung, die Zwecktauglichkeit, Verwendungsmöglichkeit, Menge, Beschaffenheit, die geographische oder kommerzielle Herkunft oder die von der Verwendung zu erwartenden Ergebnisse oder die Ergebnisse und wesentlichen Bestandteile von Tests der Waren oder Dienstleistungen;
b) den Preis oder die Art und Weise, in der er berechnet wird, und die Bedingungen unter denen die Waren geliefert oder die Dienstleistungen erbracht werden;
c) die Art, die Eigenschaften und die Rechte des Werbenden, wie seine Identität und sein Vermögen, seine Befähigungen und seine gewerblichen, kommerziellen oder geistigen Eigentumsrechte oder seine Auszeichnungen oder Ehrungen.

Art 4 [Bedingungen für vergleichende Werbung]

Vergleichende Werbung gilt, was den Vergleich anbelangt, als zulässig, sofern folgende Bedingungen erfüllt sind:
a) Sie ist nicht irreführend im Sinne der Artikel 2 Buchstabe b, Artikel 3 und Artikel 8 Absatz 1 der vorliegenden Richtlinie oder im Sinne der Artikel 6 und 7 der Richtlinie 2005/29/EG des Europäischen Parlaments und des Rates vom 11. Mai 2005 über unlautere Geschäftspraktiken im binnenmarktinternen Geschäftsverkehr zwischen Unternehmen und Verbrauchern (Richtlinie über unlautere Geschäftspraktiken)[7];
b) sie vergleicht Waren oder Dienstleistungen für den gleichen Bedarf oder dieselbe Zweckbestimmung;
c) sie vergleicht objektiv eine oder mehrere wesentliche, relevante, nachprüfbare und typische Eigenschaften dieser Waren und Dienstleistungen, zu denen auch der Preis gehören kann;
d) durch sie werden weder die Marken, die Handelsnamen oder andere Unterscheidungszeichen noch die Waren, die Dienstleistungen, die Tätigkeiten oder die Verhältnisse eines Mitbewerbers herabgesetzt oder verunglimpft;
e) bei Waren mit Ursprungsbezeichnung bezieht sie sich in jedem Fall auf Waren mit der gleichen Bezeichnung;
f) sie nutzt den Ruf einer Marke, eines Handelsnamens oder anderer Unterscheidungszeichen eines Mitbewerbers oder der Ursprungsbezeichnung von Konkurrenzerzeugnissen nicht in unlauterer Weise aus;
g) sie stellt nicht eine Ware oder eine Dienstleistung als Imitation oder Nachahmung einer Ware oder Dienstleistung mit geschützter Marke oder geschütztem Handelsnamen dar;
h) sie begründet keine Verwechslungsgefahr bei den Gewerbetreibenden, zwischen dem Werbenden und einem Mitbewerber oder zwischen den Warenzeichen, Warennamen, sonstigen Kennzeichen, Waren oder Dienstleistungen des Werbenden und denen eines Mitbewerbers.

Art 5 [Bekämpfung irreführender Werbung]

(1) Die Mitgliedstaaten stellen im Interesse der Gewerbetreibenden und ihrer Mitbewerber sicher, dass geeignete und wirksame Mittel zur Bekämpfung der irreführenden Werbung vorhanden sind, und gewährleisten die Einhaltung der Bestimmungen über vergleichende Werbung.

---

[7] **Amtl. Anm.:** ABl. L 149 vom 11.6.2005, S. 22.

Diese Mittel umfassen Rechtsvorschriften, die es den Personen oder Organisationen, die nach dem nationalen Recht ein berechtigtes Interesse am Verbot irreführender Werbung oder an der Regelung vergleichender Werbung haben, gestatten,
a) gerichtlich gegen eine solche Werbung vorzugehen
oder
b) eine solche Werbung vor eine Verwaltungsbehörde zu bringen, die zuständig ist, über Beschwerden zu entscheiden oder geeignete gerichtliche Schritte einzuleiten.

(2) Es obliegt jedem Mitgliedstaat zu entscheiden, welches der in Absatz 1 Unterabsatz 2 genannten Mittel gegeben sein soll und ob das Gericht oder die Verwaltungsbehörden ermächtigt werden sollen, vorab die Durchführung eines Verfahrens vor anderen bestehenden Einrichtungen zur Regelung von Beschwerden, einschließlich der in Artikel 6 genannten Einrichtungen, zu verlangen.

Es obliegt jedem Mitgliedstaat zu entscheiden,
a) ob sich diese Rechtsbehelfe getrennt oder gemeinsam gegen mehrere Gewerbetreibende desselben Wirtschaftssektors richten können
und
b) ob sich diese Rechtsbehelfe gegen den Urheber eines Verhaltenskodex richten können, wenn der betreffende Kodex der Nichteinhaltung rechtlicher Vorschriften Vorschub leistet.

(3) Im Rahmen der in den Absätzen 1 und 2 genannten Vorschriften übertragen die Mitgliedstaaten den Gerichten oder Verwaltungsbehörden Befugnisse, die sie ermächtigen, in Fällen, in denen sie diese Maßnahmen unter Berücksichtigung aller betroffenen Interessen und insbesondere des Allgemeininteresses für erforderlich halten,
a) die Einstellung einer irreführenden oder unzulässigen vergleichenden Werbung anzuordnen oder geeignete gerichtliche Schritte zur Veranlassung der Einstellung dieser Werbung einzuleiten,
oder
b) sofern eine irreführende oder unzulässige vergleichende Werbung noch nicht veröffentlicht ist, die Veröffentlichung aber bevorsteht, die Veröffentlichung zu verbieten oder geeignete gerichtliche Schritte einzuleiten, um das Verbot dieser Veröffentlichung anzuordnen.

Unterabsatz 1 soll auch angewandt werden, wenn kein Beweis eines tatsächlichen Verlustes oder Schadens oder der Absicht oder Fahrlässigkeit seitens des Werbenden erbracht wird.

Die Mitgliedstaaten sehen vor, dass die in Unterabsatz 1 bezeichneten Maßnahmen nach ihrem Ermessen im Rahmen eines beschleunigten Verfahrens entweder mit vorläufiger oder mit endgültiger Wirkung getroffen werden.

(4) Die Mitgliedstaaten können den Gerichten oder Verwaltungsbehörden Befugnisse übertragen, die es diesen gestatten, zur Ausräumung der fortdauernden Wirkung einer irreführenden oder unzulässigen vergleichenden Werbung, deren Einstellung durch eine rechtskräftige Entscheidung angeordnet worden ist,
a) die Veröffentlichung dieser Entscheidung ganz oder auszugsweise und in der von ihnen für angemessen erachteten Form zu verlangen;
b) außerdem die Veröffentlichung einer berichtigenden Erklärung zu verlangen.

(5) Die in Absatz 1 Unterabsatz 2 Buchstabe b genannten Verwaltungsbehörden müssen
a) so zusammengesetzt sein, dass ihre Unparteilichkeit nicht in Zweifel gezogen werden kann;
b) ausreichende Befugnisse haben, die Einhaltung ihrer Entscheidungen wirksam zu überwachen und durchzusetzen, sofern sie über die Beschwerden entscheiden;
c) in der Regel ihre Entscheidungen begründen.

u. vergleichende Werbung   **WerbeRL 2**

(6) ¹Werden die in den Absätzen 3 und 4 genannten Befugnisse ausschließlich von einer Verwaltungsbehörde ausgeübt, sind die Entscheidungen stets zu begründen. ²In diesem Fall sind Verfahren vorzusehen, in denen eine fehlerhafte oder unsachgemäße Ausübung der Befugnisse durch die Verwaltungsbehörde oder eine ungerechtfertigte oder unsachgemäße Unterlassung, diese Befugnisse auszuüben, von den Gerichten überprüft werden kann.

Art 6 [Freiwillige Kontrolle]

¹Diese Richtlinie schließt die freiwillige Kontrolle irreführender oder vergleichender Werbung durch Einrichtungen der Selbstverwaltung oder die Inanspruchnahme dieser Einrichtungen durch die in Artikel 5 Absatz 1 Unterabsatz 2 genannten Personen oder Organisationen nicht aus, unter der Bedingung, dass entsprechende Verfahren vor solchen Einrichtungen zusätzlich zu den in Artikel 5 Absatz 1 Unterabsatz 2 genannten Gerichts- oder Verwaltungsverfahren zur Verfügung stehen. ²Die Mitgliedstaaten können diese freiwillige Kontrolle fördern.

Art 7 [Übertragung von Verfahrensbefugnissen]

Die Mitgliedstaaten übertragen den Gerichten oder Verwaltungsbehörden Befugnisse, die sie ermächtigen, in den in Artikel 5 genannten Verfahren vor den Zivilgerichten oder Verwaltungsbehörden
a) vom Werbenden Beweise für die Richtigkeit von in der Werbung enthaltenen Tatsachenbehauptungen zu verlangen, wenn ein solches Verlangen unter Berücksichtigung der berechtigten Interessen des Werbenden und anderer Verfahrensbeteiligter im Hinblick auf die Umstände des Einzelfalls angemessen erscheint, und bei vergleichender Werbung vom Werbenden zu verlangen, die entsprechenden Beweise kurzfristig vorzulegen,
sowie
b) Tatsachenbehauptungen als unrichtig anzusehen, wenn der gemäß Buchstabe a verlangte Beweis nicht angetreten wird oder wenn er von dem Gericht oder der Verwaltungsbehörde für unzureichend erachtet wird.

Art 8 [Weiterreichender Schutz]

(1) Diese Richtlinie hindert die Mitgliedstaaten nicht daran, Bestimmungen aufrechtzuerhalten oder zu erlassen, die bei irreführender Werbung einen weiterreichenden Schutz der Gewerbetreibenden und Mitbewerber vorsehen.

Unterabsatz 1 gilt nicht für vergleichende Werbung, soweit es sich um den Vergleich handelt.

(2) Diese Richtlinie gilt unbeschadet der Rechtsvorschriften der Gemeinschaft, die auf die Werbung für bestimmte Waren und/oder Dienstleistungen anwendbar sind, sowie unbeschadet der Beschränkungen oder Verbote für die Werbung in bestimmten Medien.

(3) ¹Aus den die vergleichende Werbung betreffenden Bestimmungen dieser Richtlinie ergibt sich keine Verpflichtung für diejenigen Mitgliedstaaten, die unter Einhaltung der Vorschriften des Vertrags ein Werbeverbot für bestimmte Waren oder Dienstleistungen aufrechterhalten oder einführen, vergleichende Werbung für diese Waren oder Dienstleistungen zuzulassen; dies gilt sowohl für unmittelbar ausgesprochene Verbote als auch für Verbote durch eine Einrichtung oder Organisation, die gemäß den Rechtsvorschriften des Mitgliedstaats für die Regelung eines Handels, Gewerbes, Handwerks oder freien Berufs zuständig ist. ²Sind diese Verbote auf bestimmte Medien beschränkt, so gilt diese Richtlinie für diejenigen Medien, die nicht unter diese Verbote fallen.

(4) Diese Richtlinie hindert die Mitgliedstaaten nicht daran, unter Einhaltung der Bestimmungen des Vertrags Verbote oder Beschränkungen für die Verwendung von Vergleichen in der Werbung für Dienstleistungen freier Berufe aufrechtzuerhalten oder einzuführen, und zwar unabhängig davon, ob diese Verbote oder Beschränkungen unmittelbar auferlegt oder von einer Einrichtung oder Organisation verfügt werden, die nach dem Recht der Mitgliedstaaten für die Regelung der Ausübung einer beruflichen Tätigkeit zuständig ist.

Art 9 [Mitteilung an die Kommission]

Die Mitgliedstaaten teilen der Kommission den Wortlaut der wichtigsten innerstaatlichen Rechtsvorschriften mit, die sie auf dem unter diese Richtlinie fallenden Gebiet erlassen.

Art 10 [Aufhebung der Richtlinie 84/450/EWG]

Die Richtlinie 84/450/EWG wird unbeschadet der Verpflichtungen der Mitgliedstaaten hinsichtlich der in Anhang I Teil B genannten Fristen für die Umsetzung der dort genannten Richtlinien in innerstaatliches Recht und für die Anwendung dieser Richtlinien aufgehoben.

Verweisungen auf die aufgehobene Richtlinie gelten als Verweisungen auf die vorliegende Richtlinie und sind nach Maßgabe der Entsprechungstabelle in Anhang II zu lesen.

Art 11 [Inkrafttreten]

Diese Richtlinie tritt am 12. Dezember 2007 in Kraft.

Art 12

Diese Richtlinie ist an alle Mitgliedstaaten gerichtet.

Anhang I–III. *(vom Abdruck wurde abgesehen)*

3. Richtlinie 2000/31/EG des Europäischen Parlaments und des Rates über bestimmte rechtliche Aspekte der Dienste der Informationsgesellschaft, insbesondere des elektronischen Geschäftsverkehrs, im Binnenmarkt (Richtlinie über den elektronischen Geschäftsverkehr)

Vom 8. Juni 2000 (ABl. Nr. L 178 S. 1)

DAS EUROPÄISCHE PARLAMENT UND DER RAT DER EUROPÄISCHEN UNION –
gestützt auf den Vertrag zur Gründung der Europäischen Gemeinschaft, insbesondere auf Artikel 47 Absatz 2 und die Artikel 55 und 95,
auf Vorschlag der Kommission[1],
nach Stellungnahme des Wirtschafts- und Sozialausschusses[2],
gemäß dem Verfahren des Artikels 251 des Vertrags[3]
in Erwägung nachstehender Gründe:

(1) Ziel der Europäischen Union ist es, einen immer engeren Zusammenschluß der europäischen Staaten und Völker zu schaffen, um den wirtschaftlichen und sozialen Fortschritt zu sichern. Der Binnenmarkt umfaßt nach Artikel 14 Absatz 2 des Vertrags einen Raum ohne Binnengrenzen, in dem der freie Verkehr von Waren und Dienstleistungen sowie die Niederlassungsfreiheit gewährleistet sind. Die Weiterentwicklung der Dienste der Informationsgesellschaft in dem Raum ohne Binnengrenzen ist ein wichtiges Mittel, um die Schranken, die die europäischen Völker trennen, zu beseitigen.

(2) Die Entwicklung des elektronischen Geschäftsverkehrs in der Informationsgesellschaft bietet erhebliche Beschäftigungsmöglichkeiten in der Gemeinschaft, insbesondere in kleinen und mittleren Unternehmen, und wird das Wirtschaftswachstum sowie die Investitionen in Innovationen der europäischen Unternehmen anregen; diese Entwicklung kann auch die Wettbewerbsfähigkeit der europäischen Wirtschaft stärken, vorausgesetzt, daß das Internet allen zugänglich ist.

(3) Das Gemeinschaftsrecht und die charakteristischen Merkmale der gemeinschaftlichen Rechtsordnung sind ein wichtiges Instrument, damit die europäischen Bürger und Unternehmen uneingeschränkt und ohne Behinderung durch Grenzen Nutzen aus den Möglichkeiten des elektronischen Geschäftsverkehrs ziehen können. Diese Richtlinie zielt daher darauf ab, ein hohes Niveau der rechtlichen Integration in der Gemeinschaft sicherzustellen, um einen wirklichen Raum ohne Binnengrenzen für die Dienste der Informationsgesellschaft zu verwirklichen.

(4) Es ist wichtig zu gewährleisten, daß der elektronische Geschäftsverkehr die Chancen des Binnenmarktes voll nutzen kann und daß somit ebenso wie mit der Richtlinie 89/552/EWG des Rates vom 3. Oktober 1989 zur Koordinierung bestimmter Rechts- und Verwaltungsvorschriften der Mitgliedstaaten über die Ausübung der Fernsehtätigkeit[4] ein hohes Niveau der gemeinschaftlichen Integration erzielt wird.

---

[1] **Amtl. Anm.:** ABl. C 30 vom 5.2.1999, S. 4.
[2] **Amtl. Anm.:** ABl. C 169 vom 16.6.1999, S. 36.
[3] **Amtl. Anm.:** Stellungnahme des Europäischen Parlaments vom 6. Mai 1999 (ABl. C 279 vom 1.10.1999, S. 389). Gemeinsamer Standpunkt des Rates vom 28. Februar 2000 und Beschluß des Europäischen Parlaments vom 4. Mai 2000 (noch nicht im Amtsblatt veröffentlicht).
[4] **Amtl. Anm.:** ABl. L 298 vom 17.10.1989, S. 23. Richtlinie geändert durch die Richtlinie 97/36/EG des Europäischen Parlaments und des Rates (ABl. L 202 vom 30.7.1997, S. 60).

(5) Die Weiterentwicklung der Dienste der Informationsgesellschaft in der Gemeinschaft wird durch eine Reihe von rechtlichen Hemmnissen für das reibungslose Funktionieren des Binnenmarktes behindert, die die Ausübung der Niederlassungsfreiheit und des freien Dienstleistungsverkehrs weniger attraktiv machen. Die Hemmnisse bestehen in Unterschieden der innerstaatlichen Rechtsvorschriften sowie in der Rechtsunsicherheit hinsichtlich der auf Dienste der Informationsgesellschaft jeweils anzuwendenden nationalen Regelungen. Solange die innerstaatlichen Rechtsvorschriften in den betreffenden Bereichen nicht koordiniert und angepaßt sind, können diese Hemmnisse gemäß der Rechtsprechung des Gerichtshofes der Europäischen Gemeinschaften gerechtfertigt sein. Rechtsunsicherheit besteht im Hinblick darauf, in welchem Ausmaß die Mitgliedstaaten über Dienste aus einem anderen Mitgliedstaat Kontrolle ausüben dürfen.

(6) In Anbetracht der Ziele der Gemeinschaft, der Artikel 43 und 49 des Vertrags und des abgeleiteten Gemeinschaftsrechts gilt es, die genannten Hemmnisse durch Koordinierung bestimmter innerstaatlicher Rechtsvorschriften und durch Klarstellung von Rechtsbegriffen auf Gemeinschaftsebene zu beseitigen, soweit dies für das reibungslose Funktionieren des Binnenmarktes erforderlich ist. Diese Richtlinie befaßt sich nur mit bestimmten Fragen, die Probleme für das Funktionieren des Binnenmarktes aufwerfen, und wird damit in jeder Hinsicht dem Subsidiaritätsgebot gemäß Artikel 5 des Vertrags gerecht.

(7) Um Rechtssicherheit zu erreichen und das Vertrauen der Verbraucher zu gewinnen, muß diese Richtlinie einen klaren allgemeinen Rahmen für den Binnenmarkt bezüglich bestimmter rechtlicher Aspekte des elektronischen Geschäftsverkehrs festlegen.

(8) Ziel dieser Richtlinie ist es, einen rechtlichen Rahmen zur Sicherstellung des freien Verkehrs von Diensten der Informationsgesellschaft zwischen den Mitgliedstaaten zu schaffen, nicht aber, den Bereich des Strafrechts als solchen zu harmonisieren.

(9) In vieler Hinsicht kann der freie Verkehr von Diensten der Informationsgesellschaft die besondere gemeinschaftsrechtliche Ausprägung eines allgemeineren Grundsatzes darstellen, nämlich des Rechts auf freie Meinungsäußerung im Sinne des Artikels 10 Absatz 1 der von allen Mitgliedstaaten ratifizierten Konvention zum Schutze der Menschenrechte und Grundfreiheiten. Richtlinien, die das Angebot von Diensten der Informationsgesellschaft betreffen, müssen daher sicherstellen, daß diese Tätigkeit gemäß jenem Artikel frei ausgeübt werden kann und nur den Einschränkungen unterliegt, die in Absatz 2 des genannten Artikels und in Artikel 46 Absatz 1 des Vertrages niedergelegt sind. Die grundlegenden Regeln und Prinzipien des einzelstaatlichen Rechts, die die freie Meinungsäußerung betreffen, sollen von dieser Richtlinie unberührt bleiben.

(10) Gemäß dem Grundsatz der Verhältnismäßigkeit sind in dieser Richtlinie nur diejenigen Maßnahmen vorgesehen, die zur Gewährleistung des reibungslosen Funktionierens des Binnenmarktes unerläßlich sind. Damit der Binnenmarkt wirklich zu einem Raum ohne Binnengrenzen für den elektronischen Geschäftsverkehr wird, muß diese Richtlinie in den Bereichen, in denen ein Handeln auf Gemeinschaftsebene geboten ist, ein hohes Schutzniveau für die dem Allgemeininteresse dienenden Ziele, insbesondere für den Jugendschutz, den Schutz der Menschenwürde, den Verbraucherschutz und den Schutz der öffentlichen Gesundheit, gewährleisten. Nach Artikel 152 des Vertrags ist der Schutz der öffentlichen Gesundheit ein wesentlicher Bestandteil anderer Gemeinschaftspolitiken.

(11) Diese Richtlinie läßt das durch Gemeinschaftsrechtsakte eingeführte Schutzniveau, insbesondere für öffentliche Gesundheit und den Verbraucherschutz, unberührt. Unter anderem bilden die Richtlinie 93/13/EWG des Rates vom 5. April 1993 über mißbräuchliche Klauseln in Verbraucherverträgen[5] und die Richtlinie 97/

---

[5] **Amtl. Anm.**: ABl. L 95 vom 21.4.1993, S. 29.

7/EG des Europäischen Parlaments und des Rates vom 20. Mai 1997 über den Verbraucherschutz bei Vertragsabschlüssen im Fernabsatz[6] wichtige Errungenschaften für den Verbraucherschutz im Bereich des Vertragsrechts. Jene Richtlinien gelten voll und ganz auch für die Dienste der Informationsgesellschaft. Zum Rechtsstand auf Gemeinschaftsebene, der uneingeschränkt für die Dienste der Informationsgesellschaft gilt, gehören insbesondere auch die Richtlinien 84/450/EWG des Rates vom 10. September 1984 über irreführende und vergleichende Werbung[7], die Richtlinie 87/102/EWG des Rates vom 22. Dezember 1986 zur Angleichung der Rechts- und Verwaltungsvorschriften der Mitgliedstaaten über den Verbraucherkredit[8], die Richtlinie 93/22/EWG des Rates vom 10. Mai 1993 über Wertpapierdienstleistungen[9], die Richtlinie 90/314/EWG des Rates vom 13. Juni 1990 über Pauschalreisen[10], die Richtlinie 98/6/EG des Europäischen Parlaments und des Rates vom 16. Februar 1998 über den Schutz der Verbraucher bei der Angabe der Preise der ihnen angebotenen Erzeugnisse[11], die Richtlinie 92/59/EWG des Rates vom 29. Juni 1992 über die allgemeine Produktsicherheit[12], die Richtlinie 94/47/EG des Europäischen Parlaments und des Rates vom 26. Oktober 1994 zum Schutz der Erwerber im Hinblick auf bestimmte Aspekte von Verträgen über den Erwerb von Teilzeitnutzungsrechten an Immobilien[13], die Richtlinie 98/27/EG des Europäischen Parlaments und des Rates vom 19. Mai 1998 über Unterlassungsklagen zum Schutz der Verbraucherinteressen[14], die Richtlinie 85/374/EWG des Rates vom 25. Juli 1985 zur Angleichung der Rechts- und Verwaltungsvorschriften der Mitgliedstaaten über die Haftung für fehlerhafte Produkte[15], die Richtlinie 1999/44/EG des Europäischen Parlaments und des Rates vom 25. Mai 1999 zu bestimmten Aspekten des Verbrauchsgüterkaufs und der Garantien für Verbrauchsgüter[16], die künftige Richtlinie des Europäischen Parlaments und des Rates über den Fernabsatz von Finanzdienstleistungen an Verbraucher, und die Richtlinie 92/28/EWG des Rates vom 31. März 1992 über die Werbung für Humanarzneimittel[17]. Die vorliegende Richtlinie sollte die im Rahmen des Binnenmarktes angenommene Richtlinie 98/43/EG des Europäischen Parlaments und des Rates vom 6. Juli 1998 zur Angleichung der Rechts- und Verwaltungsvorschriften der Mitgliedstaaten über Werbung und Sponsoring zugunsten von Tabakerzeugnissen[18] und die Richtlinien über den Gesundheitsschutz unberührt lassen. Diese Richtlinie ergänzt die Informationserfordernisse, die durch die vorstehend genannten Richtlinien und insbesondere durch die Richtlinie 97/7/EG eingeführt wurden.

---

[6] **Amtl. Anm.:** ABl. L 144 vom 4.6.1997, S. 19.
[7] **Amtl. Anm.:** ABl. L 250 vom 19.9.1984, S. 17. Richtlinie geändert duch die Richtlinie 97/55/EG des Europäischen Parlaments und des Rates (ABl. L 290 vom 23.10.1997, S. 18).
[8] **Amtl. Anm.:** ABl. L 42 vom 12.2.1987, S. 48. Richtlinie zuletzt geändert durch die Richtlinie 98/7/EG des Europäischen Parlaments und des Rates (ABl. L 101 vom 1.4.1998, S. 17).
[9] **Amtl. Anm.:** ABl. L 141 vom 11.6.1993, S. 27. Richtlinie zuletzt geändert durch die Richtlinie 97/9/EG des Europäischen Parlaments und des Rates (ABl. L 84 vom 26.3.1997, S. 22).
[10] **Amtl. Anm.:** ABl. L 158 vom 23.6.1990, S. 59.
[11] **Amtl. Anm.:** ABl. L 80 vom 18.3.1998, S. 27.
[12] **Amtl. Anm.:** ABl. L 228 vom 11.8.1992, S. 24.
[13] **Amtl. Anm.:** ABl. L 280 vom 29.10.1994, S. 83.
[14] **Amtl. Anm.:** ABl. L 166 vom 11.6.1998, S. 51. Richtlinie geändert durch die Richtlinie 1999/44/EG (ABl. L 171 vom 7.7.1999, S. 12).
[15] **Amtl. Anm.:** ABl. L 210 vom 7.8.1985, S. 29. Richtlinie geändert durch die Richtlinie 1999/34/EG (ABl. L 141 vom 4.6.1999, S. 20).
[16] **Amtl Anm:** ABl. L 171 vom 7.7.1999, S. 12.
[17] **Amtl. Anm.:** ABl. L 113 vom 30.4.1992, S. 13.
[18] **Amtl. Anm.:** ABl. L 213 vom 30.7.1998, S. 9.

(12) Bestimmte Tätigkeiten müssen aus dem Geltungsbereich dieser Richtlinie ausgenommen werden, da gegenwärtig in diesen Bereichen der freie Dienstleistungsverkehr aufgrund der Bestimmungen des Vertrags bzw. des abgeleiteten Gemeinschaftsrechts nicht sicherzustellen ist. Dieser Ausschluß darf Maßnahmen, die zur Gewährleistung des reibungslosen Funktionierens des Binnenmarkts erforderlich sein könnten, nicht berühren. Das Steuerwesen, insbesondere die Mehrwertsteuer, die auf eine große Zahl von Diensten erhoben wird, die in den Anwendungsbereich dieser Richtlinie fallen, muß von ihrem Anwendungsbereich ausgenommen werden.

(13) Mit dieser Richtlinie sollen weder Regelungen über steuerliche Verpflichtungen festgelegt werden, noch greift sie der Ausarbeitung von Gemeinschaftsrechtsakten zu den steuerlichen Aspekten des elektronischen Geschäftsverkehrs vor.

(14) Der Schutz natürlicher Personen bei der Verarbeitung personenbezogener Daten ist ausschließlich Gegenstand der Richtlinie 95/46/EG des Europäischen Parlaments und des Rates vom 24. Oktober 1995 zum Schutz natürlicher Personen bei der Verarbeitung personenbezogener Daten und zum freien Datenverkehr[19] und der Richtlinie 97/66/EG des Europäischen Parlaments und des Rates vom 15. Dezember 1997 über die Verarbeitung personenbezogener Daten und den Schutz der Privatsphäre im Bereich der Telekommunikation[20], beide Richtlinien sind uneingeschränkt auf die Dienste der Informationsgesellschaft anwendbar. Jene Richtlinien begründen bereits einen gemeinschaftsrechtlichen Rahmen für den Bereich personenbezogener Daten, so daß diese Frage in der vorliegenden Richtlinie nicht geregelt werden muß, um das reibungslose Funktionieren des Binnenmarkts und insbesondere den freien Fluß personenbezogener Daten zwischen den Mitgliedstaaten zu gewährleisten. Die Grundsätze des Schutzes personenbezogener Daten sind bei der Umsetzung und Anwendung dieser Richtlinie uneingeschränkt zu beachten, insbesondere in bezug auf nicht angeforderte kommerzielle Kommunikation und die Verantwortlichkeit von Vermittlern. Die anonyme Nutzung offener Netze wie des Internets kann diese Richtlinie nicht unterbinden.

(15) Die Vertraulichkeit der Kommunikation ist durch Artikel 5 der Richtlinie 97/66/EG gewährleistet. Gemäß jener Richtlinie untersagen die Mitgliedstaaten jede Art des Abfangens oder Überwachens dieser Kommunikation durch andere Personen als Sender und Empfänger, es sei denn, diese Personen sind gesetzlich dazu ermächtigt.

(16) Die Ausklammerung von Gewinnspielen aus dem Anwendungsbereich dieser Richtlinie betrifft nur Glücksspiele, Lotterien und Wetten mit einem einen Geldwert darstellenden Einsatz. Preisausschreiben und Gewinnspiele, mit denen der Verkauf von Waren oder Dienstleistungen gefördert werden soll und bei denen etwaige Zahlungen nur dem Erwerb der angebotenen Waren oder Dienstleistungen dienen, werden hiervon nicht erfaßt.

(17) Das Gemeinschaftsrecht enthält in der Richtlinie 98/34/EG des Europäischen Parlaments und des Rates vom 22. Juni 1998 über ein Informationsverfahren auf dem Gebiet der Normen und technischen Vorschriften und der Vorschriften für die Dienste der Informationsgesellschaft[21] sowie in der Richtlinie 98/84/EG des Europäischen Parlaments und des Rates vom 20. November 1998 über den rechtlichen Schutz von zugangskontrollierten Diensten und von Zugangskontrolldiensten[22] bereits eine Definition der Dienste der Informationsgesellschaft. Diese Definition umfaßt alle Dienstleistungen, die in der Regel gegen Entgelt im Fernabsatz mittels Ge-

---

[19] **Amtl. Anm.:** ABl. L 281 vom 23.11.1995, S. 31.
[20] **Amtl. Anm.:** ABl. L 24 vom 30.1.1998, S. 1.
[21] **Amtl. Anm.:** ABl. L 204 vom 21.7.1998, S. 37. Richtlinie geändert durch die Richtlinie 98/48/EG (ABl. L 217 vom 5.8.1998, S. 18).
[22] **Amtl. Anm.:** ABl. L 320 vom 28.11.1998, S. 54.

räten für die elektronische Verarbeitung (einschließlich digitaler Kompression) und Speicherung von Daten auf individuellen Abruf eines Empfängers erbracht werden. Nicht unter diese Definition fallen die Dienstleistungen, auf die in der Liste von Beispielen in Anhang V der Richtlinie 98/34/EG Bezug genommen wird und die ohne Verarbeitung und Speicherung von Daten erbracht werden.

(18) Die Dienste der Informationsgesellschaft umfassen einen weiten Bereich von wirtschaftlichen Tätigkeiten, die online vonstatten gehen. Diese Tätigkeiten können insbesondere im Online-Verkauf von Waren bestehen. Tätigkeiten wie die Auslieferung von Waren als solche oder die Erbringung von Offline-Diensten werden nicht erfaßt. Die Dienste der Informationsgesellschaft beschränken sich nicht nur auf Dienste, bei denen online Verträge geschlossen werden können, sondern erstrecken sich, soweit es sich überhaupt um eine wirtschaftliche Tätigkeit handelt, auch auf Dienste, die nicht von denjenigen vergütet werden, die sie empfangen, wie etwa Online-Informationsdienste, kommerzielle Kommunikation oder Dienste, die Instrumente zur Datensuche, zum Zugang zu Daten und zur Datenabfrage bereitstellen. Zu den Diensten der Informationsgesellschaft zählen auch Dienste, die Informationen über ein Kommunikationsnetz übermitteln, Zugang zu einem Kommunikationsnetz anbieten oder Informationen, die von einem Nutzer des Dienstes stammen, speichern. Fernsehsendungen im Sinne der Richtlinie 89/552/EWG und Radiosendungen sind keine Dienste der Informationsgesellschaft, da sie nicht auf individuellen Abruf erbracht werden. Dagegen sind Dienste, die von Punkt zu Punkt erbracht werden, wie Video auf Abruf oder die Verbreitung kommerzieller Kommunikationen mit elektronischer Post, Dienste der Informationsgesellschaft. Die Verwendung der elektronischen Post oder gleichwertiger individueller Kommunikationen zum Beispiel durch natürliche Personen außerhalb ihrer gewerblichen, geschäftlichen oder beruflichen Tätigkeit, einschließlich ihrer Verwendung für den Abschluß von Verträgen zwischen derartigen Personen, ist kein Dienst der Informationsgesellschaft. Die vertragliche Beziehung zwischen einem Arbeitnehmer und seinem Arbeitgeber ist kein Dienst der Informationsgesellschaft. Tätigkeiten, die ihrer Art nach nicht aus der Ferne und auf elektronischem Wege ausgeübt werden können, wie die gesetzliche Abschlußprüfung von Unternehmen oder ärztlicher Rat mit einer erforderlichen körperlichen Untersuchung eines Patienten, sind keine Dienste der Informationsgesellschaft.

(19) Die Bestimmung des Ortes der Niederlassung des Anbieters hat gemäß den in der Rechtsprechung des Gerichtshofs entwickelten Kriterien zu erfolgen, nach denen der Niederlassungsbegriff die tatsächliche Ausübung einer wirtschaftlichen Tätigkeit mittels einer festen Einrichtung auf unbestimmte Zeit umfaßt. Diese Bedingung ist auch erfüllt, wenn ein Unternehmen für einen festgelegten Zeitraum gegründet wird. Erbringt ein Unternehmen Dienstleistungen über eine Web-Site des Internets, so ist es weder dort niedergelassen, wo sich die technischen Mittel befinden, die diese Web-Site beherbergen, noch dort, wo die Web-Site zugänglich ist, sondern an dem Ort, an dem es seine Wirtschaftstätigkeit ausübt. In Fällen, in denen ein Anbieter an mehreren Orten niedergelassen ist, ist es wichtig zu bestimmen, von welchem Niederlassungsort aus der betreffende Dienst erbracht wird. Ist im Falle mehrerer Niederlassungsorte schwierig zu bestimmen, von welchem Ort aus ein bestimmter Dienst erbracht wird, so gilt als solcher der Ort, an dem sich der Mittelpunkt der Tätigkeiten des Anbieters in bezug auf diesen bestimmten Dienst befindet.

(20) Die Definition des Begriffs des Nutzers eines Dienstes umfaßt alle Arten der Inanspruchnahme von Diensten der Informationsgesellschaft sowohl durch Personen, die Informationen in offenen Netzen wie dem Internet anbieten, als auch durch Personen, die im Internet Informationen für private oder berufliche Zwecke suchen.

(21) Eine künftige gemeinschaftliche Harmonisierung auf dem Gebiet der Dienste der Informationsgesellschaft und künftige Rechtsvorschriften, die auf einzelstaatlicher Ebene in Einklang mit dem Gemeinschaftsrecht erlassen werden, bleiben

vom Geltungsbereich des koordinierten Bereichs unberührt. Der koordinierte Bereich umfaßt nur Anforderungen betreffend Online-Tätigkeiten, beispielsweise Online-Informationsdienste, Online-Werbung, Online-Verkauf und Online-Vertragsabschluß; er betrifft keine rechtlichen Anforderungen der Mitgliedstaaten bezüglich Waren, beispielsweise Sicherheitsnormen, Kennzeichnungspflichten oder Haftung für Waren, und auch keine Anforderungen der Mitgliedstaaten bezüglich der Lieferung oder Beförderung von Waren, einschließlich der Lieferung von Humanarzneimitteln. Der koordinierte Bereich umfaßt nicht die Wahrnehmung des Vorkaufsrechts durch öffentliche Behörden in bezug auf bestimmte Güter wie beispielsweise Kunstwerke.

(22) Die Aufsicht über Dienste der Informationsgesellschaft hat am Herkunftsort zu erfolgen, um einen wirksamen Schutz der Ziele des Allgemeininteresses zu gewährleisten. Deshalb muß dafür gesorgt werden, daß die zuständige Behörde diesen Schutz nicht allein für die Bürger ihres Landes, sondern für alle Bürger der Gemeinschaft sichert. Um das gegenseitige Vertrauen der Mitgliedstaaten zu fördern, muß die Verantwortlichkeit des Mitgliedstaates des Herkunftsortes der Dienste klar herausgestellt werden. Um den freien Dienstleistungsverkehr und die Rechtssicherheit für Anbieter und Nutzer wirksam zu gewährleisten, sollten die Dienste der Informationsgesellschaft zudem grundsätzlich dem Rechtssystem desjenigen Mitgliedstaates unterworfen werden, in dem der Anbieter niedergelassen ist.

(23) Diese Richtlinie zielt weder darauf ab, zusätzliche Regeln im Bereich des internationalen Privatrechts hinsichtlich des anwendbaren Rechts zu schaffen, noch befaßt sie sich mit der Zuständigkeit der Gerichte; Vorschriften des anwendbaren Rechts, die durch Regeln des Internationalen Privatrechts bestimmt sind, dürfen die Freiheit zur Erbringung von Diensten der Informationsgesellschaft im Sinne dieser Richtlinie nicht einschränken.

(24) Unbeschadet der Regel, daß Dienste der Informationsgesellschaft an der Quelle zu beaufsichtigen sind, ist es im Zusammenhang mit dieser Richtlinie gerechtfertigt, daß die Mitgliedstaaten unter den in dieser Richtlinie festgelegten Bedingungen Maßnahmen ergreifen dürfen, um den freien Verkehr für Dienste der Informationsgesellschaft einzuschränken.

(25) Nationale Gerichte, einschließlich Zivilgerichte, die mit privatrechtlichen Streitigkeiten befaßt sind, können im Einklang mit den in dieser Richtlinie festgelegten Bedingungen Maßnahmen ergreifen, die von der Freiheit der Erbringung von Diensten der Informationsgesellschaft abweichen.

(26) Die Mitgliedstaaten können im Einklang mit den in dieser Richtlinie festgelegten Bedingungen ihre nationalen strafrechtlichen Vorschriften und Strafprozeßvorschriften anwenden, um Ermittlungs- und andere Maßnahmen zu ergreifen, die zur Aufklärung und Verfolgung von Straftaten erforderlich sind, ohne diese Maßnahmen der Kommission mitteilen zu müssen.

(27) Diese Richtlinie trägt zusammen mit der künftigen Richtlinie des Europäischen Parlaments und des Rates über den Fernabsatz von Finanzdienstleistungen an Verbraucher dazu bei, einen rechtlichen Rahmen für die Online-Erbringung von Finanzdienstleistungen zu schaffen. Diese Richtlinie greift künftigen Initiativen im Bereich der Finanzdienstleistungen, insbesondere in bezug auf die Harmonisierung der Verhaltensregeln für diesen Bereich, nicht vor. Die durch diese Richtlinie geschaffene Möglichkeit für die Mitgliedstaaten, die Freiheit der Erbringung von Diensten der Informationsgesellschaft unter bestimmten Umständen zum Schutz der Verbraucher einzuschränken, erstreckt sich auch auf Maßnahmen im Bereich der Finanzdienstleistungen, insbesondere Maßnahmen zum Schutz von Anlegern.

(28) Die Verpflichtung der Mitgliedstaaten, den Zugang zur Tätigkeit eines Anbieters von Diensten der Informationsgesellschaft keiner Zulassung zu unterwerfen, gilt nicht für Postdienste, die unter die Richtlinie 97/67/EG des Europäischen Parlaments und des Rates vom 15. Dezember 1997 über gemeinsame Vorschriften für die

Entwicklung des Binnenmarktes der Postdienste der Gemeinschaft und die Verbesserung der Dienstequalität[23] fallen und in der materiellen Auslieferung ausgedruckter Mitteilungen der elektronischen Post bestehen; freiwillige Akkreditierungssysteme, insbesondere für Anbieter von Diensten für die Zertifizierung elektronischer Signaturen, sind hiervon ebenfalls nicht betroffen.

(29) Kommerzielle Kommunikationen sind von entscheidender Bedeutung für die Finanzierung der Dienste der Informationsgesellschaft und die Entwicklung vielfältiger neuer und unentgeltlicher Dienste. Im Interesse des Verbraucherschutzes und der Lauterkeit des Geschäftsverkehrs müssen die verschiedenen Formen kommerzieller Kommunikation, darunter Preisnachlässe, Sonderangebote, Preisausschreiben und Gewinnspiele, bestimmten Transparenzerfordernissen genügen. Diese Transparenzerfordernisse lassen die Richtlinie 97/7/EG unberührt. Diese Richtlinie ist ferner ohne Auswirkung auf die Richtlinien, die bereits im Bereich der kommerziellen Kommunikationen bestehen, insbesondere die Richtlinie 98/43/EG.

(30) Die Zusendung nicht angeforderter kommerzieller Kommunikationen durch elektronische Post kann für Verbraucher und Anbieter von Diensten der Informationsgesellschaft unerwünscht sein und das reibungslose Funktionieren interaktiver Netze beeinträchtigen. Die Frage der Zustimmung der Empfänger bestimmten Formen der nicht angeforderten kommerziellen Kommunikation ist nicht Gegenstand dieser Richtlinie, sondern ist, insbesondere in den Richtlinien 97/7/EG und 97/66/EG, bereits geregelt. In Mitgliedstaaten, die nicht angeforderte kommerzielle Kommunikationen über elektronische Post zulassen, sollten geeignete Initiativen der Branche zum Herausfiltern entsprechender Mitteilungen gefördert und erleichtert werden. Darüber hinaus müssen nicht angeforderte kommerzielle Kommunikationen auf jeden Fall klar als solche erkennbar sein, um die Transparenz zu verbessern und die Funktionsfähigkeit derartiger Filtersysteme der Branche zu fördern. Durch elektronische Post zugesandte nicht angeforderte kommerzielle Kommunikationen dürfen keine zusätzlichen Kommunikationskosten für den Empfänger verursachen.

(31) Mitgliedstaaten, die in ihrem Hoheitsgebiet niedergelassenen Diensteanbietern die Versendung nicht angeforderter kommerzieller Kommunikation mit elektronischer Post ohne vorherige Zustimmung des Empfängers gestatten, müssen dafür Sorge tragen, daß die Diensteanbieter regelmäßig sog. Robinson-Listen konsultieren, in die sich natürliche Personen eintragen können, die keine derartigen Informationen zu erhalten wünschen, und daß die Diensteanbieter diese Listen beachten.

(32) Um Hindernisse für die Entwicklung grenzüberschreitender Dienste innerhalb der Gemeinschaft zu beseitigen, die Angehörige der reglementierten Berufe im Internet anbieten könnten, muß die Wahrung berufsrechtlicher Regeln, insbesondere der Regeln zum Schutz der Verbraucher oder der öffentlichen Gesundheit, auf Gemeinschaftsebene gewährleistet sein. Zur Festlegung der für kommerzielle Kommunikation geltenden Berufsregeln sind vorzugsweise gemeinschaftsweit geltende Verhaltenskodizes geeignet. Die Erstellung oder gegebenenfalls die Anpassung solcher Regeln sollte unbeschadet der Autonomie von Berufsvereinigungen und -organisationen gefördert werden.

(33) Diese Richtlinie ergänzt gemeinschaftliche und einzelstaatliche Rechtsvorschriften für reglementierte Berufe, wobei in diesem Bereich ein kohärenter Bestand anwendbarer Regeln beibehalten wird.

(34) Jeder Mitgliedstaat hat seine Rechtsvorschriften zu ändern, in denen Bestimmungen festgelegt sind, die die Verwendung elektronisch geschlossener Verträge behindern könnten; dies gilt insbesondere für Formerfordernisse. Die Prüfung anpassungsbedürftiger Rechtsvorschriften sollte systematisch erfolgen und sämtliche Phasen bis zum Vertragsabschluß umfassen, einschließlich der Archivierung des Ver-

---

[23] **Amtl. Anm.:** ABl. L 15 vom 21.1.1998, S. 14.

3 ElektGRL

Richtlinie über den

trages. Diese Änderung sollte bewirken, daß es möglich ist, elektronisch geschlossene Verträge zu verwenden. Die rechtliche Wirksamkeit elektronischer Signaturen ist bereits Gegenstand der Richtlinie 1999/93/EG des Europäischen Parlaments und des Rates vom 13. Dezember 1999 über gemeinschaftliche Rahmenbedingungen für elektronische Signaturen[24]. Die Empfangsbestätigung durch den Diensteanbieter kann darin bestehen, daß dieser die bezahlte Dienstleistung online erbringt.

(35) Diese Richtlinie läßt die Möglichkeit der Mitgliedstaaten unberührt, allgemeine oder spezifische rechtliche Anforderungen für Verträge, die auf elektronischem Wege erfüllt werden können, insbesondere Anforderungen für sichere elektronische Signaturen, aufrechtzuerhalten oder festzulegen.

(36) Die Mitgliedstaaten können Beschränkungen für die Verwendung elektronisch geschlossener Verträge in bezug auf Verträge beibehalten, bei denen die Mitwirkung von Gerichten, Behörden oder öffentliche Befugnisse ausübenden Berufen gesetzlich vorgeschrieben ist. Diese Möglichkeit gilt auch für Verträge, bei denen die Mitwirkung von Gerichten, Behörden oder öffentliche Befugnisse ausübenden Berufen erforderlich ist, damit sie gegenüber Dritten wirksam sind, und für Verträge, bei denen eine notarielle Beurkundung oder Beglaubigung gesetzlich vorgeschrieben ist.

(37) Die Verpflichtung der Mitgliedstaaten, Hindernisse für die Verwendung elektronisch geschlossener Verträge zu beseitigen, betrifft nur Hindernisse, die sich aus rechtlichen Anforderungen ergeben, nicht jedoch praktische Hindernisse, die dadurch entstehen, daß in bestimmten Fällen elektronische Mittel nicht genutzt werden können.

(38) Die Verpflichtung der Mitgliedstaaten, Hindernisse für die Verwendung elektronisch geschlossener Verträge zu beseitigen, ist im Einklang mit den im Gemeinschaftsrecht niedergelegten rechtlichen Anforderungen an Verträge zu erfüllen.

(39) Die in dieser Richtlinie in bezug auf die bereitzustellenden Informationen und die Abgabe von Bestellungen vorgesehenen Ausnahmen von den Vorschriften für Verträge, die ausschließlich durch den Austausch von elektronischer Post oder durch damit vergleichbare individuelle Kommunikation geschlossen werden, sollten nicht dazu führen, daß Anbieter von Diensten der Informationsgesellschaft diese Vorschriften umgehen können.

(40) Bestehende und sich entwickelnde Unterschiede in den Rechtsvorschriften und der Rechtsprechung der Mitgliedstaaten hinsichtlich der Verantwortlichkeit von Diensteanbietern, die als Vermittler handeln, behindern das reibungslose Funktionieren des Binnenmarktes, indem sie insbesondere die Entwicklung grenzüberschreitender Dienste erschweren und Wettbewerbsverzerrungen verursachen. Die Diensteanbieter sind unter bestimmten Voraussetzungen verpflichtet, tätig zu werden, um rechtswidrige Tätigkeiten zu verhindern oder abzustellen. Die Bestimmungen dieser Richtlinie sollten eine geeignete Grundlage für die Entwicklung rasch und zuverlässig wirkender Verfahren zur Entfernung unerlaubter Informationen und zur Sperrung des Zugangs zu ihnen bilden. Entsprechende Mechanismen könnten auf der Grundlage freiwilliger Vereinbarungen zwischen allen Beteiligten entwickelt und sollten von den Mitgliedstaaten gefördert werden. Es liegt im Interesse aller an der Erbringung von Diensten der Informationsgesellschaft Beteiligten, daß solche Verfahren angenommen und umgesetzt werden. Die in dieser Richtlinie niedergelegten Bestimmungen über die Verantwortlichkeit sollten die verschiedenen Beteiligten nicht daran hindern, innerhalb der von den Richtlinien 95/46/EG und 97/66/EG gezogenen Grenzen technische Schutz- und Erkennungssysteme und durch die Digitaltechnik ermöglichte technische Überwachungsgeräte zu entwickeln und wirksam anzuwenden.

---

[24] **Amtl. Anm.:** ABl. L 13 vom 19.1.2000, S. 12.

(41) Diese Richtlinie schafft ein Gleichgewicht zwischen den verschiedenen Interessen und legt die Grundsätze fest, auf denen Übereinkommen und Standards in dieser Branche basieren können.

(42) Die in dieser Richtlinie hinsichtlich der Verantwortlichkeit festgelegten Ausnahmen decken nur Fälle ab, in denen die Tätigkeit des Anbieters von Diensten der Informationsgesellschaft auf den technischen Vorgang beschränkt ist, ein Kommunikationsnetz zu betreiben und den Zugang zu diesem zu vermitteln, über das von Dritten zur Verfügung gestellte Informationen übermittelt oder zum alleinigen Zweck vorübergehend gespeichert werden, die Übermittlung effizienter zu gestalten. Diese Tätigkeit ist rein technischer, automatischer und passiver Art, was bedeutet, daß der Anbieter eines Dienstes der Informationsgesellschaft weder Kenntnis noch Kontrolle über die weitergeleitete oder gespeicherte Information besitzt.

(43) Ein Diensteanbieter kann die Ausnahmeregelungen für die „reine Durchleitung" und das „Caching" in Anspruch nehmen, wenn er in keiner Weise mit der übermittelten Information in Verbindung steht. Dies bedeutet unter anderem, daß er die von ihm übermittelte Information nicht verändert. Unter diese Anforderung fallen nicht Eingriffe technischer Art im Verlauf der Übermittlung, da sie die Integrität der übermittelten Informationen nicht verändern.

(44) Ein Diensteanbieter, der absichtlich mit einem der Nutzer seines Dienstes zusammenarbeitet, um rechtswidrige Handlungen zu begehen, leistet mehr als „reine Durchleitung" und „Caching" und kann daher den hierfür festgelegten Haftungsausschluß nicht in Anspruch nehmen.

(45) Die in dieser Richtlinie festgelegten Beschränkungen der Verantwortlichkeit von Vermittlern lassen die Möglichkeit von Anordnungen unterschiedlicher Art unberührt. Diese können insbesondere in gerichtlichen oder behördlichen Anordnungen bestehen, die die Abstellung oder Verhinderung einer Rechtsverletzung verlangen, einschließlich der Entfernung rechtswidriger Informationen oder der Sperrung des Zugangs zu ihnen.

(46) Um eine Beschränkung der Verantwortlichkeit in Anspruch nehmen zu können, muß der Anbieter eines Dienstes der Informationsgesellschaft, der in der Speicherung von Information besteht, unverzüglich tätig werden, sobald ihm rechtswidrige Tätigkeiten bekannt oder bewußt werden, um die betreffende Information zu entfernen oder den Zugang zu ihr zu sperren. Im Zusammenhang mit der Entfernung oder der Sperrung des Zugangs hat er den Grundsatz der freien Meinungsäußerung und die hierzu auf einzelstaatlicher Ebene festgelegten Verfahren zu beachten. Diese Richtlinie läßt die Möglichkeit der Mitgliedstaaten unberührt, spezifische Anforderungen vorzuschreiben, die vor der Entfernung von Informationen oder der Sperrung des Zugangs unverzüglich zu erfüllen sind.

(47) Die Mitgliedstaaten sind nur dann gehindert, den Diensteanbietern Überwachungspflichten aufzuerlegen, wenn diese allgemeiner Art sind. Dies betrifft nicht Überwachungspflichten in spezifischen Fällen und berührt insbesondere nicht Anordnungen, die von einzelstaatlichen Behörden nach innerstaatlichem Recht getroffen werden.

(48) Diese Richtlinie läßt die Möglichkeit unberührt, daß die Mitgliedstaaten von Diensteanbietern, die von Nutzern ihres Dienstes bereitgestellte Informationen speichern, verlangen, die nach vernünftigem Ermessen von ihnen zu erwartende und in innerstaatlichen Rechtsvorschriften niedergelegte Sorgfaltspflicht anzuwenden, um bestimmte Arten rechtswidriger Tätigkeiten aufzudecken und zu verhindern.

(49) Die Mitgliedstaaten und die Kommission haben zur Ausarbeitung von Verhaltenskodizes zu ermutigen. Dies beeinträchtigt nicht die Freiwilligkeit dieser Kodizes und die Möglichkeit der Beteiligten, sich nach freiem Ermessen einem solchen Kodex zu unterwerfen.

(50) Es ist wichtig, daß die vorgeschlagene Richtlinie zur Harmonisierung bestimmter Aspekte des Urheberrechts und der verwandten Schutzrechte in der Infor-

mationsgesellschaft und die vorliegende Richtlinie innerhalb des gleichen Zeitrahmens in Kraft treten, so daß zur Frage der Haftung der Vermittler bei Verstößen gegen das Urheberrecht und verwandte Schutzrechte auf Gemeinschaftsebene ein klares Regelwerk begründet wird.

(51) Gegebenenfalls müssen die Mitgliedstaaten innerstaatliche Rechtsvorschriften ändern, die die Inanspruchnahme von Mechanismen zur außergerichtlichen Beilegung von Streitigkeiten auf elektronischem Wege behindern könnten. Diese Änderung muß bewirken, daß diese Mechanismen de facto und de jure tatsächlich wirksam funktionieren können, und zwar auch bei grenzüberschreitenden Rechtsstreitigkeiten.

(52) Die effektive Wahrnehmung der durch den Binnenmarkt gebotenen Freiheiten macht es erforderlich, den Opfern einen wirksamen Zugang zu Möglichkeiten der Beilegung von Streitigkeiten zu gewährleisten. Schäden, die in Verbindung mit den Diensten der Informationsgesellschaft entstehen können, sind durch ihre Schnelligkeit und ihre geographische Ausbreitung gekennzeichnet. Wegen dieser spezifischen Eigenheit und der Notwendigkeit, darüber zu wachen, daß die nationalen Behörden das Vertrauen, das sie sich gegenseitig entgegenbringen müssen, nicht in Frage stellen, verlangt diese Richtlinie von den Mitgliedstaaten, dafür zu sorgen, daß angemessene Klagemöglichkeiten zur Verfügung stehen. Die Mitgliedstaaten sollten prüfen, ob ein Bedürfnis für die Schaffung eines Zugangs zu gerichtlichen Verfahren auf elektronischem Wege besteht.

(53) Die Richtlinie 98/27/EG, die auf Dienste der Informationsgesellschaft anwendbar ist, sieht einen Mechanismus für Unterlassungsklagen zum Schutz kollektiver Verbraucherinteressen vor. Dieser Mechanismus trägt zum freien Verkehr von Diensten der Informationsgesellschaft bei, indem er ein hohes Niveau an Verbraucherschutz gewährleistet.

(54) Die in dieser Richtlinie vorgesehenen Sanktionen lassen andere nach einzelstaatlichem Recht vorgesehene Sanktionen oder Rechtsbehelfe unberührt. Die Mitgliedstaaten sind nicht verpflichtet, strafrechtliche Sanktionen für Zuwiderhandlungen gegen innerstaatliche Rechtsvorschriften, die aufgrund dieser Richtlinie erlassen wurden, vorzusehen.

(55) Diese Richtlinie läßt das Recht unberührt, das für die sich aus Verbraucherverträgen ergebenden vertraglichen Schuldverhältnisse gilt. Dementsprechend kann diese Richtlinie nicht dazu führen, daß dem Verbraucher der Schutz entzogen wird, der ihm von den zwingenden Vorschriften für vertragliche Verpflichtungen nach dem Recht des Mitgliedstaates, in dem er seinen gewöhnlichen Wohnsitz hat, gewährt wird.

(56) Im Hinblick auf die in dieser Richtlinie vorgesehene Ausnahme für vertragliche Schuldverhältnisse in bezug auf Verbraucherverträge ist zu beachten, daß diese Schuldverhältnisse auch Informationen zu den wesentlichen Elementen des Vertrags erfassen; dazu gehören auch die Verbraucherrechte, die einen bestimmenden Einfluß auf die Entscheidung zum Vertragsschluß haben.

(57) Nach ständiger Rechtsprechung des Gerichtshofs ist ein Mitgliedstaat weiterhin berechtigt, Maßnahmen gegen einen in einem anderen Mitgliedstaat niedergelassenen Diensteanbieter zu ergreifen, dessen Tätigkeit ausschließlich oder überwiegend auf das Hoheitsgebiet des ersten Mitgliedstaates ausgerichtet ist, wenn die Niederlassung gewählt wurde, um die Rechtsvorschriften zu umgehen, die auf den Anbieter Anwendung fänden, wenn er im Hoheitsgebiet des ersten Mitgliedstaats niedergelassen wäre.

(58) Diese Richtlinie soll keine Anwendung auf Dienste von Anbietern finden, die in einem Drittland niedergelassen sind. Angesichts der globalen Dimension des elektronischen Geschäftsverkehrs ist jedoch dafür Sorge zu tragen, daß die gemeinschaftlichen Vorschriften mit den internationalen Regeln in Einklang stehen. Die Ergebnisse der Erörterungen über rechtliche Fragen in internationalen Organisationen

(unter anderem WTO, OECD, UNCITRAL) bleiben von dieser Richtlinie unberührt.

(59) Trotz der globalen Natur elektronischer Kommunikationen ist eine Koordinierung von nationalen Regulierungsmaßnahmen auf der Ebene der Europäischen Union notwendig, um eine Fragmentierung des Binnenmarktes zu vermeiden und einen angemessenen europäischen Rechtsrahmen zu schaffen. Diese Koordinierung sollte auch zur Herausbildung einer gemeinsamen und starken Verhandlungsposition in internationalen Gremien beitragen.

(60) Im Sinne der ungehinderten Entwicklung des elektronischen Geschäftsverkehrs muß dieser Rechtsrahmen klar, unkompliziert und vorhersehbar sowie vereinbar mit den auf internationaler Ebene geltenden Regeln sein, um die Wettbewerbsfähigkeit der europäischen Industrie nicht zu beeinträchtigen und innovative Maßnahmen in diesem Sektor nicht zu behindern.

(61) Damit der elektronische Markt in einem globalisierten Umfeld wirksam funktionieren kann, bedarf es einer Abstimmung zwischen der Europäischen Union und den großen nichteuropäischen Wirtschaftsräumen mit dem Ziel, die Rechtsvorschriften und Verfahren kompatibel zu gestalten.

(62) Die Zusammenarbeit mit Drittländern sollte im Bereich des elektronischen Geschäftsverkehrs intensiviert werden, insbesondere mit den beitrittswilligen Ländern, den Entwicklungsländern und den übrigen Handelspartnern der Europäischen Union.

(63) Die Annahme dieser Richtlinie hält die Mitgliedstaaten nicht davon ab, den verschiedenen sozialen, gesellschaftlichen und kulturellen Auswirkungen Rechnung zu tragen, zu denen das Entstehen der Informationsgesellschaft führt. Insbesondere darf sie nicht Maßnahmen verhindern, die die Mitgliedstaaten im Einklang mit dem Gemeinschaftsrecht erlassen könnten, um soziale, kulturelle und demokratische Ziele unter Berücksichtigung ihrer sprachlichen Vielfalt, der nationalen und regionalen Besonderheiten sowie ihres Kulturerbes zu erreichen und den Zugang der Öffentlichkeit zur breitestmöglichen Palette von Diensten der Informationsgesellschaft zu gewährleisten und zu erhalten. Im Zuge der Entwicklung der Informationsgesellschaft muß auf jeden Fall sichergestellt werden, daß die Bürger der Gemeinschaft Zugang zu dem in einem digitalen Umfeld vermittelten europäischen Kulturerbe erhalten können.

(64) Die elektronische Kommunikation stellt für die Mitgliedstaaten ein hervorragendes Instrument zur Bereitstellung von öffentlichen Dienstleistungen in den Bereichen Kultur, Bildung und Sprache dar.

(65) Wie der Rat in seiner Entschließung vom 19. Januar 1999 über die Verbraucherdimension der Informationsgesellschaft[25] festgestellt hat, muß dem Schutz der Verbraucher in diesem Bereich besondere Aufmerksamkeit gewidmet werden. Die Kommission wird untersuchen, in welchem Umfang die bestehenden Regeln des Verbraucherschutzes im Zusammenhang mit der Informationsgesellschaft unzulänglich sind, und gegebenenfalls die Lücken in der bestehenden Gesetzgebung sowie die Aspekte, die ergänzende Maßnahmen erforderlich machen könnten, aufzeigen. Gegebenenfalls sollte die Kommission spezifische zusätzliche Vorschläge unterbreiten, um die festgestellten Unzulänglichkeiten zu beheben –

HABEN FOLGENDE RICHTLINIE ERLASSEN:

---

[25] **Amtl. Anm.:** ABl. C 23 vom 28.1.1999, S. 1.

Kapitel I. Allgemeine Bestimmungen

Art 1 Zielsetzung und Anwendungsbereich

(1) Diese Richtlinie soll einen Beitrag zum einwandfreien Funktionieren des Binnenmarktes leisten, indem sie den freien Verkehr von Diensten der Informationsgesellschaft zwischen den Mitgliedstaaten sicherstellt.

(2) Diese Richtlinie sorgt, soweit dies für die Erreichung des in Absatz 1 genannten Ziels erforderlich ist, für eine Angleichung bestimmter für die Dienste der Informationsgesellschaft geltender innerstaatlicher Regelungen, die den Binnenmarkt, die Niederlassung der Diensteanbieter, kommerzielle Kommunikationen, elektronische Verträge, die Verantwortlichkeit von Vermittlern, Verhaltenskodizes, Systeme zur außergerichtlichen Beilegung von Streitigkeiten, Klagemöglichkeiten sowie die Zusammenarbeit zwischen den Mitgliedstaaten betreffen.

(3) Diese Richtlinie ergänzt das auf die Dienste der Informationsgesellschaft anwendbare Gemeinschaftsrecht und läßt dabei das Schutzniveau insbesondere für die öffentliche Gesundheit und den Verbraucherschutz, wie es sich aus Gemeinschaftsrechtsakten und einzelstaatlichen Rechtsvorschriften zu deren Umsetzung ergibt, unberührt, soweit die Freiheit, Dienste der Informationsgesellschaft anzubieten, dadurch nicht eingeschränkt wird.

(4) Diese Richtlinie schafft weder zusätzliche Regeln im Bereich des internationalen Privatrechts, noch befaßt sie sich mit der Zuständigkeit der Gerichte.

(5) Diese Richtlinie findet keine Anwendung auf
a) den Bereich der Besteuerung,
b) Fragen betreffend die Dienste der Informationsgesellschaft, die von den Richtlinien 95/46/EG und 97/66/EG erfaßt werden,
c) Fragen betreffend Vereinbarungen oder Verhaltensweisen, die dem Kartellrecht unterliegen,
d) die folgenden Tätigkeiten der Dienste der Informationsgesellschaft:
   – Tätigkeiten von Notaren oder Angehörigen gleichwertiger Berufe, soweit diese eine unmittelbare und besondere Verbindung zur Ausübung öffentlicher Befugnisse aufweisen;
   – Vertretung eines Mandanten und Verteidigung seiner Interessen vor Gericht;
   – Gewinnspiele mit einem einen Geldwert darstellenden Einsatz bei Glücksspielen, einschließlich Lotterien und Wetten.

(6) Maßnahmen auf gemeinschaftlicher oder einzelstaatlicher Ebene, die unter Wahrung des Gemeinschaftsrechts der Förderung der kulturellen und sprachlichen Vielfalt und dem Schutz des Pluralismus dienen, bleiben von dieser Richtlinie unberührt.

Art 2 Begriffsbestimmungen

Im Sinne dieser Richtlinie bezeichnet der Ausdruck
a) „Dienste der Informationsgesellschaft" Dienste im Sinne von Artikel 1 Nummer 2 der Richtlinie 98/34/EG in der Fassung der Richtlinie 98/48/EG;
b) „Diensteanbieter" jede natürliche oder juristische Person, die einen Dienst der Informationsgesellschaft anbietet;
c) „niedergelassener Diensteanbieter" ein Anbieter, der mittels einer festen Einrichtung auf unbestimmte Zeit eine Wirtschaftstätigkeit tatsächlich ausübt; Vorhandensein und Nutzung technischer Mittel und Technologien, die zum Anbieten des Dienstes erforderlich sind, begründen allein keine Niederlassung des Anbieters;

d) „Nutzer" jede natürliche oder juristische Person, die zu beruflichen oder sonstigen Zwecken einen Dienst der Informationsgesellschaft in Anspruch nimmt, insbesondere um Informationen zu erlangen oder zugänglich zu machen;
e) „Verbraucher" jede natürliche Person, die zu Zwecken handelt, die nicht zu ihren gewerblichen, geschäftlichen oder beruflichen Tätigkeiten gehören;
f) „kommerzielle Kommunikation" alle Formen der Kommunikation, die der unmittelbaren oder mittelbaren Förderung des Absatzes von Waren und Dienstleistungen oder des Erscheinungsbilds eines Unternehmens, einer Organisation oder einer natürlichen Person dienen, die eine Tätigkeit in Handel, Gewerbe oder Handwerk oder einen reglementierten Beruf ausübt; die folgenden Angaben stellen als solche keine Form der kommerziellen Kommunikation dar:
   – Angaben, die direkten Zugang zur Tätigkeit des Unternehmens bzw. der Organisation oder Person ermöglichen, wie insbesondere ein Domain-Name oder eine Adresse der elektronischen Post;
   – Angaben in bezug auf Waren und Dienstleistungen oder das Erscheinungsbild eines Unternehmens, einer Organisation oder Person, die unabhängig und insbesondere ohne finanzielle Gegenleistung gemacht werden;
g) „reglementierter Beruf" alle Berufe im Sinne von Artikel 1 Buchstabe d) der Richtlinie 89/48/EWG des Rates vom 21. Dezember 1988 über eine allgemeine Regelung zur Anerkennung der Hochschuldiplome, die eine mindestens dreijährige Berufsausbildung abschließen[26], oder im Sinne von Artikel 1 Buchstabe f) der Richtlinie 92/51/EWG des Rates vom 18. Juni 1992 über eine zweite allgemeine Regelung zur Anerkennung beruflicher Befähigungsnachweise in Ergänzung zur Richtlinie 89/48/EWG[27];
h) „koordinierter Bereich" die für die Anbieter von Diensten der Informationsgesellschaft und die Dienste der Informationsgesellschaft in den Rechtssystemen der Mitgliedstaaten festgelegten Anforderungen, ungeachtet der Frage, ob sie allgemeiner Art oder speziell für sie bestimmt sind.
i) Der koordinierte Bereich betrifft vom Diensteanbieter zu erfüllende Anforderungen in bezug auf
   – die Aufnahme der Tätigkeit eines Dienstes der Informationsgesellschaft, beispielsweise Anforderungen betreffend Qualifikationen, Genehmigung oder Anmeldung;
   – die Ausübung der Tätigkeit eines Dienstes der Informationsgesellschaft, beispielsweise Anforderungen betreffend das Verhalten des Diensteanbieters, Anforderungen betreffend Qualität oder Inhalt des Dienstes, einschließlich der auf Werbung und Verträge anwendbaren Anforderungen, sowie Anforderungen betreffend die Verantwortlichkeit des Diensteanbieters.
ii) Der koordinierte Bereich umfaßt keine Anforderungen wie
   – Anforderungen betreffend die Waren als solche;
   – Anforderungen betreffend die Lieferung von Waren;
   – Anforderungen betreffend Dienste, die nicht auf elektronischem Wege erbracht werden.

Art 3 Binnenmarkt

(1) Jeder Mitgliedstaat trägt dafür Sorge, daß die Dienste der Informationsgesellschaft, die von einem in seinem Hoheitsgebiet niedergelassenen Diensteanbieter erbracht werden, den in diesem Mitgliedstaat geltenden innerstaatlichen Vorschriften entsprechen, die in den koordinierten Bereich fallen.

---

[26] **Amtl. Anm.:** ABl. L 19 vom 24. 1. 1989, S. 16.
[27] **Amtl. Anm.:** ABl. L 209 vom 24. 7. 1992, S. 25. Richtlinie zuletzt geändert durch die Richtlinie 97/38/EWG der Kommission (ABl. L 184 vom 12. 7. 1997, S. 31).

(2) Die Mitgliedstaaten dürfen den freien Verkehr von Diensten der Informationsgesellschaft aus einem anderen Mitgliedstaat nicht aus Gründen einschränken, die in den koordinierten Bereich fallen.

(3) Die Absätze 1 und 2 finden keine Anwendung auf die im Anhang genannten Bereiche.

(4) Die Mitgliedstaaten können Maßnahmen ergreifen, die im Hinblick auf einen bestimmten Dienst der Informationsgesellschaft von Absatz 2 abweichen, wenn die folgenden Bedingungen erfüllt sind:
a) Die Maßnahmen
   i) sind aus einem der folgenden Gründe erforderlich:
      – Schutz der öffentlichen Ordnung, insbesondere Verhütung, Ermittlung, Aufklärung und Verfolgung von Straftaten, einschließlich des Jugendschutzes und der Bekämpfung der Hetze aus Gründen der Rasse, des Geschlechts, des Glaubens oder der Nationalität, sowie von Verletzungen der Menschenwürde einzelner Personen,
      – Schutz der öffentlichen Gesundheit,
      – Schutz der öffentlichen Sicherheit, einschließlich der Wahrung nationaler Sicherheits- und Verteidigungsinteressen,
      – Schutz der Verbraucher, einschließlich des Schutzes von Anlegern;
   ii) betreffen einen bestimmten Dienst der Informationsgesellschaft, der die unter Ziffer i) genannten Schutzziele beeinträchtigt oder eine ernsthafte und schwerwiegende Gefahr einer Beeinträchtigung dieser Ziele darstellt;
   iii) stehen in einem angemessenen Verhältnis zu diesen Schutzzielen.
b) Der Mitgliedstaat hat vor Ergreifen der betreffenden Maßnahmen unbeschadet etwaiger Gerichtsverfahren, einschließlich Vorverfahren und Schritten im Rahmen einer strafrechtlichen Ermittlung,
   – den in Absatz 1 genannten Mitgliedstaat aufgefordert, Maßnahmen zu ergreifen, und dieser hat dem nicht Folge geleistet oder die von ihm getroffenen Maßnahmen sind unzulänglich;
   – die Kommission und den in Absatz 1 genannten Mitgliedstaat über seine Absicht, derartige Maßnahmen zu ergreifen, unterrichtet.

(5) ¹Die Mitgliedstaaten können in dringlichen Fällen von den in Absatz 4 Buchstabe b) genannten Bedingungen abweichen. ²In diesem Fall müssen die Maßnahmen so bald wie möglich und unter Angabe der Gründe, aus denen der Mitgliedstaat der Auffassung ist, daß es sich um einen dringlichen Fall handelt, der Kommission und dem in Absatz 1 genannten Mitgliedstaat mitgeteilt werden.

(6) Unbeschadet der Möglichkeit des Mitgliedstaates, die betreffenden Maßnahmen durchzuführen, muß die Kommission innerhalb kürzestmöglicher Zeit prüfen, ob die mitgeteilten Maßnahmen mit dem Gemeinschaftsrecht vereinbar sind; gelangt sie zu dem Schluß, daß die Maßnahme nicht mit dem Gemeinschaftsrecht vereinbar ist, so fordert sie den betreffenden Mitgliedstaat auf, davon Abstand zu nehmen, die geplanten Maßnahmen zu ergreifen, bzw. bereits ergriffene Maßnahmen unverzüglich einzustellen.

elektronischen Geschäftsverkehr **ElektGRL 3**

Kapitel II. Grundsätze

Abschnitt 1. Niederlassung und Informationspflichten

Art 4 Grundsatz der Zulassungsfreiheit

(1) Die Mitgliedstaaten stellen sicher, daß die Aufnahme und die Ausübung der Tätigkeit eines Anbieters von Diensten der Informationsgesellschaft nicht zulassungspflichtig ist und keiner sonstigen Anforderung gleicher Wirkung unterliegt.

(2) Absatz 1 gilt unbeschadet der Zulassungsverfahren, die nicht speziell und ausschließlich Dienste der Informationsgesellschaft betreffen oder die in den Anwendungsbereich der Richtlinie 97/13/EG des Europäischen Parlaments und des Rates vom 10. April 1997 über einen gemeinsamen Rahmen für Allgemein- und Einzelgenehmigungen für Telekommunikationsdienste[28] fallen.

Art 5 Allgemeine Informationspflichten

(1) Zusätzlich zu den sonstigen Informationsanforderungen nach dem Gemeinschaftsrecht stellen die Mitgliedstaaten sicher, daß der Diensteanbieter den Nutzern des Dienstes und den zuständigen Behörden zumindest die nachstehend aufgeführten Informationen leicht, unmittelbar und ständig verfügbar macht:
a) den Namen des Diensteanbieters;
b) die geographische Anschrift, unter der der Diensteanbieter niedergelassen ist;
c) Angaben, die es ermöglichen, schnell mit dem Diensteanbieter Kontakt aufzunehmen und unmittelbar und effizient mit ihm zu kommunizieren, einschließlich seiner Adresse der elektronischen Post;
d) wenn der Diensteanbieter in einem Handelsregister oder ein vergleichbares öffentliches Register eingetragen ist, das Handelsregister, in das der Diensteanbieter eingetragen ist, und seine Handelsregisternummer oder eine gleichwertige in diesem Register verwendete Kennung;
e) soweit für die Tätigkeit eine Zulassung erforderlich ist, die Angaben zur zuständigen Aufsichtsbehörde;
f) hinsichtlich reglementierter Berufe:
 – gegebenenfalls der Berufsverband, die Kammer oder eine ähnliche Einrichtung, dem oder der der Diensteanbieter angehört,
 – die Berufsbezeichnung und der Mitgliedstaat, in der sie verliehen worden ist;
 – eine Verweisung auf die im Mitgliedstaat der Niederlassung anwendbaren berufsrechtlichen Regeln und Angaben dazu, wie sie zugänglich sind;
g) in Fällen, in denen der Diensteanbieter Tätigkeiten ausübt, die der Mehrwertsteuer unterliegen, die Identifikationsnummer gemäß Artikel 22 Absatz 1 der Sechsten Richtlinie 77/388/EWG des Rates vom 17. Mai 1977 zur Harmonisierung der Rechtsvorschriften der Mitgliedstaaten über die Umsatzsteuer – Gemeinsames Mehrwertsteuersystem: einheitliche steuerpflichtige Bemessungsgrundlage[29].

(2) Zusätzlich zu den sonstigen Informationsanforderungen nach dem Gemeinschaftsrecht tragen die Mitgliedstaaten zumindest dafür Sorge, daß, soweit Dienste der Informationsgesellschaft auf Preise Bezug nehmen, diese klar und unzweideutig ausgewiesen werden und insbesondere angegeben wird, ob Steuern und Versandkosten in den Preisen enthalten sind.

---

[28] **Amtl. Anm.:** ABl. L 117 vom 7.5.1997, S. 15.
[29] **Amtl. Anm.:** ABl. L 145 vom 13.6.1977, S. 1. Richtlinie zuletzt geändert durch die Richtlinie 1999/85/EG (ABl. L 277 vom 28.10.1999, S. 34).

Abschnitt 2. Kommerzielle Kommunikationen

Art 6 Informationspflichten

Zusätzlich zu den sonstigen Informationsanforderungen nach dem Gemeinschaftsrecht stellen die Mitgliedstaaten sicher, daß kommerzielle Kommunikationen, die Bestandteil eines Dienstes der Informationsgesellschaft sind oder einen solchen Dienst darstellen, zumindest folgende Bedingungen erfüllen:

a) Kommerzielle Kommunikationen müssen klar als solche zu erkennen sein;
b) die natürliche oder juristische Person, in deren Auftrag kommerzielle Kommunikationen erfolgen, muß klar identifizierbar sein;
c) soweit Angebote zur Verkaufsförderung wie Preisnachlässe, Zugaben und Geschenke im Mitgliedstaat der Niederlassung des Diensteanbieters zulässig sind, müssen sie klar als solche erkennbar sein, und die Bedingungen für ihre Inanspruchnahme müssen leicht zugänglich sein sowie klar und unzweideutig angegeben werden;
d) soweit Preisausschreiben oder Gewinnspiele im Mitgliedstaat der Niederlassung des Diensteanbieters zulässig sind, müssen sie klar als solche erkennbar sein, und die Teilnahmebedingungen müssen leicht zugänglich sein sowie klar und unzweideutig angegeben werden.

Art 7 Nicht angeforderte kommerzielle Kommunikationen

(1) Zusätzlich zu den sonstigen Anforderungen des Gemeinschaftsrechts stellen Mitgliedstaaten, die nicht angeforderte kommerzielle Kommunikation mittels elektronischer Post zulassen, sicher, daß solche kommerziellen Kommunikationen eines in ihrem Hoheitsgebiet niedergelassenen Diensteanbieters bei Eingang beim Nutzer klar und unzweideutig als solche erkennbar sind.

(2) Unbeschadet der Richtlinien 97/7/EG und 97/66/EG ergreifen die Mitgliedstaaten Maßnahmen um sicherzustellen, daß Diensteanbieter, die nicht angeforderte kommerzielle Kommunikation durch elektronische Post übermitteln, regelmäßig sog. Robinson-Listen konsultieren, in die sich natürliche Personen eintragen können, die keine derartigen kommerziellen Kommunikationen zu erhalten wünschen, und daß die Diensteanbieter diese Listen beachten.

Art 8 Reglementierte Berufe

(1) Die Mitgliedstaaten stellen sicher, daß die Verwendung kommerzieller Kommunikationen, die Bestandteil eines von einem Angehörigen eines reglementierten Berufs angebotenen Dienstes der Informationsgesellschaft sind oder einen solchen Dienst darstellen, gestattet ist, soweit die berufsrechtlichen Regeln, insbesondere zur Wahrung von Unabhängigkeit, Würde und Ehre des Berufs, des Berufsgeheimnisses und eines lauteren Verhaltens gegenüber Kunden und Berufskollegen, eingehalten werden.

(2) Unbeschadet der Autonomie von Berufsvereinigungen und -organisationen ermutigen die Mitgliedstaaten und die Kommission die Berufsvereinigungen und -organisationen dazu, Verhaltenskodizes auf Gemeinschaftsebene aufzustellen, um zu bestimmen, welche Arten von Informationen im Einklang mit den in Absatz 1 genannten Regeln zum Zwecke der kommerziellen Kommunikation erteilt werden können.

(3) Bei der Ausarbeitung von Vorschlägen für Gemeinschaftsinitiativen, die erforderlich werden könnten, um das Funktionieren des Binnenmarktes im Hinblick auf die in Absatz 2 genannten Informationen zu gewährleisten, trägt die Kommission den auf Gemeinschaftsebene geltenden Verhaltenskodizes gebührend Rechnung und

handelt in enger Zusammenarbeit mit den einschlägigen Berufsvereinigungen und -organisationen.

(4) Diese Richtlinie findet zusätzlich zu den Gemeinschaftsrichtlinien betreffend den Zugang zu und die Ausübung von Tätigkeiten im Rahmen der reglementierten Berufe Anwendung.

Abschnitt 3. Abschluß von Verträgen auf elektronischem Weg

Art 9 Behandlung von Verträgen

(1) ¹Die Mitgliedstaaten stellen sicher, daß ihr Rechtssystem den Abschluß von Verträgen auf elektronischem Wege ermöglicht. ²Die Mitgliedstaaten stellen insbesondere sicher, daß ihre für den Vertragsabschluß geltenden Rechtsvorschriften weder Hindernisse für die Verwendung elektronischer Verträge bilden noch dazu führen, daß diese Verträge aufgrund des Umstandes, daß sie auf elektronischem Wege zustande gekommen sind, keine rechtliche Wirksamkeit oder Gültigkeit haben.

(2) Die Mitgliedstaaten können vorsehen, daß Absatz 1 auf alle oder bestimmte Verträge einer der folgenden Kategorien keine Anwendung findet:
a) Verträge, die Rechte an Immobilien mit Ausnahme von Mietrechten begründen oder übertragen;
b) Verträge, bei denen die Mitwirkung von Gerichten, Behörden oder öffentliche Befugnisse ausübenden Berufen gesetzlich vorgeschrieben ist;
c) Bürgschaftsverträge und Verträge über Sicherheiten, die von Personen außerhalb ihrer gewerblichen, geschäftlichen oder beruflichen Tätigkeit eingegangen werden;
d) Verträge im Bereich des Familienrechts oder des Erbrechts.

(3) ¹Die Mitgliedstaaten teilen der Kommission mit, für welche der in Absatz 2 genannten Kategorien sie Absatz 1 nicht anwenden. ²Die Mitgliedstaaten übermitteln der Kommission alle fünf Jahre einen Bericht über die Anwendung des Absatzes 2, aus dem hervorgeht, aus welchen Gründen es ihres Erachtens weiterhin gerechtfertigt ist, auf die unter Absatz 2 Buchstabe b) fallende Kategorie Absatz 1 nicht anzuwenden.

Art 10 Informationspflichten

(1) Zusätzlich zu den sonstigen Informationspflichten aufgrund des Gemeinschaftsrechts stellen die Mitgliedstaaten sicher, daß – außer im Fall abweichender Vereinbarungen zwischen Parteien, die nicht Verbraucher sind – vom Diensteanbieter zumindest folgende Informationen klar, verständlich und unzweideutig erteilt werden, bevor der Nutzer des Dienstes die Bestellung abgibt:
a) die einzelnen technischen Schritte, die zu einem Vertragsabschluß führen;
b) Angaben dazu, ob der Vertragstext nach Vertragsabschluß vom Diensteanbieter gespeichert wird und ob er zugänglich sein wird;
c) die technischen Mittel zur Erkennung und Korrektur von Eingabefehlern vor Abgabe der Bestellung;
d) die für den Vertragsabschluß zur Verfügung stehenden Sprachen.

(2) Die Mitgliedstaaten stellen sicher, daß – außer im Fall abweichender Vereinbarungen zwischen Parteien, die nicht Verbraucher sind – der Diensteanbieter die einschlägigen Verhaltenskodizes angibt, denen er sich unterwirft, einschließlich Informationen darüber, wie diese Kodizes auf elektronischem Wege zugänglich sind.

(3) Die Vertragsbestimmungen und die allgemeinen Geschäftsbedingungen müssen dem Nutzer so zur Verfügung gestellt werden, daß er sie speichern und reproduzieren kann.

(4) Die Absätze 1 und 2 gelten nicht für Verträge, die ausschließlich durch den Austausch von elektronischer Post oder durch damit vergleichbare individuelle Kommunikation geschlossen werden.

Art 11 Abgabe einer Bestellung

(1) Die Mitgliedstaaten stellen sicher, daß – außer im Fall abweichender Vereinbarungen zwischen Parteien, die nicht Verbraucher sind – im Fall einer Bestellung durch einen Nutzer auf elektronischem Wege folgende Grundsätze gelten:
– Der Diensteanbieter hat den Eingang der Bestellung des Nutzers unverzüglich auf elektronischem Wege zu bestätigen;
– Bestellung und Empfangsbestätigung gelten als eingegangen, wenn die Parteien, für die sie bestimmt sind, sie abrufen können.

(2) Die Mitgliedstaaten stellen sicher, daß – außer im Fall abweichender Vereinbarungen zwischen Parteien, die nicht Verbraucher sind – der Diensteanbieter dem Nutzer angemessene, wirksame und zugängliche technische Mittel zur Verfügung stellt, mit denen er Eingabefehler vor Abgabe der Bestellung erkennen und korrigieren kann.

(3) Absatz 1 erster Gedankenstrich und Absatz 2 gelten nicht für Verträge, die ausschließlich durch den Austausch von elektronischer Post oder durch vergleichbare individuelle Kommunikation geschlossen werden.

Abschnitt 4. Verantwortlichkeit der Vermittler

Art 12 Reine Durchleitung

(1) Die Mitgliedstaaten stellen sicher, daß im Fall eines Dienstes der Informationsgesellschaft, der darin besteht, von einem Nutzer eingegebene Informationen in einem Kommunikationsnetz zu übermitteln oder Zugang zu einem Kommunikationsnetz zu vermitteln, der Diensteanbieter nicht für die übermittelten Informationen verantwortlich ist, sofern er
a) die Übermittlung nicht veranlaßt,
b) den Adressaten der übermittelten Informationen nicht auswählt und
c) die übermittelten Informationen nicht auswählt oder verändert.

(2) Die Übermittlung von Informationen und die Vermittlung des Zugangs im Sinne von Absatz 1 umfassen auch die automatische kurzzeitige Zwischenspeicherung der übermittelten Informationen, soweit dies nur zur Durchführung der Übermittlung im Kommunikationsnetz geschieht und die Information nicht länger gespeichert wird, als es für die Übermittlung üblicherweise erforderlich ist.

(3) Dieser Artikel läßt die Möglichkeit unberührt, daß ein Gericht oder eine Verwaltungsbehörde nach den Rechtssystemen der Mitgliedstaaten vom Diensteanbieter verlangt, die Rechtsverletzung abzustellen oder zu verhindern.

Art 13 Caching

(1) Die Mitgliedstaaten stellen sicher, daß im Fall eines Dienstes der Informationsgesellschaft, der darin besteht, von einem Nutzer eingegebene Informationen in einem Kommunikationsnetz zu übermitteln, der Diensteanbieter nicht für die automatische, zeitlich begrenzte Zwischenspeicherung verantwortlich ist, die dem alleinigen Zweck dient, die Übermittlung der Information an andere Nutzer auf deren Anfrage effizienter zu gestalten, sofern folgende Voraussetzungen erfüllt sind:
a) Der Diensteanbieter verändert die Information nicht;

b) der Diensteanbieter beachtet die Bedingungen für den Zugang zu der Information;
c) der Diensteanbieter beachtet die Regeln für die Aktualisierung der Information, die in weithin anerkannten und verwendeten Industriestandards festgelegt sind;
d) der Diensteanbieter beeinträchtigt nicht die erlaubte Anwendung von Technologien zur Sammlung von Daten über die Nutzung der Information, die in weithin anerkannten und verwendeten Industriestandards festgelegt sind;
e) der Diensteanbieter handelt zügig, um eine von ihm gespeicherte Information zu entfernen oder den Zugang zu ihr zu sperren, sobald er tatsächliche Kenntnis davon erhält, daß die Information am ursprünglichen Ausgangsort der Übertragung aus dem Netz entfernt wurde oder der Zugang zu ihr gesperrt wurde oder ein Gericht oder eine Verwaltungsbehörde die Entfernung oder Sperrung angeordnet hat.

(2) Dieser Artikel läßt die Möglichkeit unberührt, daß ein Gericht oder eine Verwaltungsbehörde nach den Rechtssystemen der Mitgliedstaaten vom Diensteanbieter verlangt, die Rechtsverletzung abzustellen oder zu verhindern.

Art 14 Hosting

(1) Die Mitgliedstaaten stellen sicher, daß im Fall eines Dienstes der Informationsgesellschaft, der in der Speicherung von durch einen Nutzer eingegebenen Informationen besteht, der Diensteanbieter nicht für die im Auftrag eines Nutzers gespeicherten Informationen verantwortlich ist, sofern folgende Voraussetzungen erfüllt sind:
a) Der Anbieter hat keine tatsächliche Kenntnis von der rechtswidrigen Tätigkeit oder Information, und, in bezug auf Schadenersatzansprüche, ist er sich auch keiner Tatsachen oder Umstände bewußt, aus denen die rechtswidrige Tätigkeit oder Information offensichtlich wird, oder
b) der Anbieter wird, sobald er diese Kenntnis oder dieses Bewußtsein erlangt, unverzüglich tätig, um die Information zu entfernen oder den Zugang zu ihr zu sperren.

(2) Absatz 1 findet keine Anwendung, wenn der Nutzer dem Diensteanbieter untersteht oder von ihm beaufsichtigt wird.

(3) Dieser Artikel läßt die Möglichkeit unberührt, daß ein Gericht oder eine Verwaltungsbehörde nach den Rechtssystemen der Mitgliedstaaten vom Diensteanbieter verlangt, die Rechtsverletzung abzustellen oder zu verhindern, oder daß die Mitgliedstaaten Verfahren für die Entfernung einer Information oder die Sperrung des Zugangs zu ihr festlegen.

Art 15 Keine allgemeine Überwachungspflicht

(1) Die Mitgliedstaaten erlegen Anbietern von Diensten im Sinne der Artikel 12, 13 und 14 keine allgemeine Verpflichtung auf, die von ihnen übermittelten oder gespeicherten Informationen zu überwachen oder aktiv nach Umständen zu forschen, die auf eine rechtswidrige Tätigkeit hinweisen.

(2) Die Mitgliedstaaten können Anbieter von Diensten der Informationsgesellschaft dazu verpflichten, die zuständigen Behörden unverzüglich über mutmaßliche rechtswidrige Tätigkeiten oder Informationen der Nutzer ihres Dienstes zu unterrichten, oder dazu verpflichten, den zuständigen Behörden auf Verlangen Informationen zu übermitteln, anhand derer die Nutzer ihres Dienstes, mit denen sie Vereinbarungen über die Speicherung geschlossen haben, ermittelt werden können.

Kapitel III. Umsetzung

Art 16 Verhaltenskodizes

(1) Die Mitgliedstaaten und die Kommission ermutigen
a) die Handels-, Berufs- und Verbraucherverbände und -organisationen, auf Gemeinschaftsebene Verhaltenskodizes aufzustellen, die zur sachgemäßen Anwendung der Artikel 5 bis 15 beitragen;
b) zur freiwilligen Übermittlung der Entwürfe für Verhaltenskodizes auf der Ebene der Mitgliedstaaten oder der Gemeinschaft an die Kommission;
c) zur elektronischen Abrufbarkeit der Verhaltenskodizes in den Sprachen der Gemeinschaft;
d) die Handels-, Berufs- und Verbraucherverbände und -organisationen, die Mitgliedstaaten und die Kommission darüber zu unterrichten, zu welchen Ergebnissen sie bei der Bewertung der Anwendung ihrer Verhaltenskodizes und von deren Auswirkungen auf die Praktiken und Gepflogenheiten des elektronischen Geschäftsverkehrs gelangen;
e) zur Aufstellung von Verhaltenskodizes zum Zwecke des Jugendschutzes und des Schutzes der Menschenwürde.

(2) [1]Die Mitgliedstaaten und die Kommission ermutigen dazu, die Verbraucherverbände und -organisationen bei der Ausarbeitung und Anwendung von ihre Interessen berührenden Verhaltenskodizes im Sinne von Absatz 1 Buchstabe a) zu beteiligen. [2]Gegebenenfalls sind Vereinigungen zur Vertretung von Sehbehinderten und allgemein von Behinderten zu hören, um deren besonderen Bedürfnissen Rechnung zu tragen.

Art 17 Außergerichtliche Beilegung von Streitigkeiten

(1) Die Mitgliedstaaten stellen sicher, daß ihre Rechtsvorschriften bei Streitigkeiten zwischen einem Anbieter eines Dienstes der Informationsgesellschaft und einem Nutzer des Dienstes die Inanspruchnahme der nach innerstaatlichem Recht verfügbaren Verfahren zur außergerichtlichen Beilegung, auch auf geeignetem elektronischem Wege, nicht erschweren.

(2) Die Mitgliedstaaten ermutigen Einrichtungen zur außergerichtlichen Beilegung von Streitigkeiten, insbesondere in Fragen des Verbraucherrechts, so vorzugehen, daß angemessene Verfahrensgarantien für die Beteiligten gegeben sind.

(3) Die Mitgliedstaaten ermutigen Einrichtungen zur außergerichtlichen Beilegung von Streitigkeiten, die Kommission über signifikante Entscheidungen, die sie hinsichtlich der Dienste der Informationsgesellschaft erlassen, zu unterrichten und ihr alle sonstigen Informationen über Praktiken und Gepflogenheiten des elektronischen Geschäftsverkehrs zu übermitteln.

Art 18 Klagemöglichkeiten

(1) Die Mitgliedstaaten stellen sicher, daß die nach innerstaatlichem Recht verfügbaren Klagemöglichkeiten im Zusammenhang mit Diensten der Informationsgesellschaft es ermöglichen, daß rasch Maßnahmen, einschließlich vorläufiger Maßnahmen, getroffen werden können, um eine mutmaßliche Rechtsverletzung abzustellen und zu verhindern, daß den Betroffenen weiterer Schaden entsteht.

(2) Der Anhang der Richtlinie 98/27/EG wird durch folgende Nummer ergänzt:
11. Richtlinie 2000/31/EG des Europäischen Parlaments und des Rates vom 8. Juni 2000 über bestimmte rechtliche Aspekte der Dienste der Informationsgesellschaft, insbesondere des elektronischen Geschäftsverkehrs, im Binnenmarkt (Richtlinie über den elektronischen Geschäftsverkehr) (ABl L 178 vom 17.7.2000, S 1).

Art 19 Zusammenarbeit

(1) Die Mitgliedstaaten müssen geeignete Aufsichts- und Untersuchungsinstrumente für die wirksame Umsetzung dieser Richtlinie besitzen und stellen sicher, daß die Diensteanbieter ihnen die erforderlichen Informationen zur Verfügung stellen.

(2) Die Mitgliedstaaten arbeiten mit den anderen Mitgliedstaaten zusammen; hierzu benennen sie eine oder mehrere Verbindungsstellen, deren Anschrift sie den anderen Mitgliedstaaten und der Kommission mitteilen.

(3) Die Mitgliedstaaten kommen Amtshilfe- und Auskunftsbegehren anderer Mitgliedstaaten oder der Kommission im Einklang mit ihren innerstaatlichen Rechtsvorschriften so rasch wie möglich nach, auch auf geeignetem elektronischem Wege.

(4) Die Mitgliedstaaten richten Verbindungsstellen ein, die zumindest auf elektronischem Wege zugänglich sind und bei denen Nutzer von Diensten und Diensteanbieter
a) allgemeine Informationen über ihre vertraglichen Rechte und Pflichten sowie über die bei Streitfällen zur Verfügung stehenden Beschwerde- und Rechtsbehelfsmechanismen, einschließlich der praktischen Aspekte der Inanspruchnahme dieser Mechanismen, erhalten können;
b) Anschriften von Behörden, Vereinigungen und Organisationen erhalten können, von denen sie weitere Informationen oder praktische Unterstützung bekommen können.

(5) [1]Die Mitgliedstaaten ermutigen dazu, die Kommission über alle signifikanten behördlichen und gerichtlichen Entscheidungen, die in ihrem Hoheitsgebiet über Streitigkeiten im Zusammenhang mit Diensten der Informationsgesellschaft ergehen, sowie über die Praktiken und Gepflogenheiten des elektronischen Geschäftsverkehrs zu unterrichten. [2]Die Kommission teilt derartige Entscheidungen den anderen Mitgliedstaaten mit.

Art 20 Sanktionen

[1]Die Mitgliedstaaten legen die Sanktionen fest, die bei Verstößen gegen die einzelstaatlichen Vorschriften zur Umsetzung dieser Richtlinie anzuwenden sind, und treffen alle geeigneten Maßnahmen, um ihre Durchsetzung sicherzustellen. [2]Die Sanktionen müssen wirksam, verhältnismäßig und abschreckend sein.

Kapitel IV. Schlussbestimmungen

Art 21 Überprüfung

(1) Die Kommission legt dem Europäischen Parlament, dem Rat und dem Wirtschfts- und Sozialausschuß vor dem 17. Juli 2003 und danach alle zwei Jahre einen Bericht über die Anwendung dieser Richtlinie vor und unterbreitet gegebenenfalls Vorschläge für die Anpassung dieser Richtlinie an die rechtlichen, technischen und wirtschaftlichen Entwicklungen im Bereich der Dienste der Informationsgesellschaft, insbesondere in bezug auf die Verbrechensverhütung, den Jugendschutz, den Verbraucherschutz und das einwandfreie Funktionieren des Binnenmarktes.

(2) [1]Im Hinblick auf das etwaige Erfordernis einer Anpassung dieser Richtlinie wird in dem Bericht insbesondere untersucht, ob Vorschläge in bezug auf die Haftung der Anbieter von Hyperlinks und von Instrumenten zur Lokalisierung von Informationen, Verfahren zur Meldung und Entfernung rechtswidriger Inhalte („notice and take down"-Verfahren) und eine Haftbarmachung im Anschluß an die Entfernung von Inhalten erforderlich sind. [2]In dem Bericht ist auch zu untersuchen, ob angesichts der technischen Entwicklungen zusätzliche Bedingungen für die in den Artikeln 12

und 13 vorgesehene Haftungsfreistellung erforderlich sind und ob die Grundsätze des Binnenmarkts auf nicht angeforderte kommerziellen Kommunikationen mittels elektronischer Post angewendet werden können.

Art 22 Umsetzung

(1) ¹Die Mitgliedstaaten setzen die erforderlichen Rechts- und Verwaltungsvorschriften in Kraft, um dieser Richtlinie vor dem 17. Januar 2002 nachzukommen. ²Sie setzen die Kommission unverzüglich davon in Kenntnis.

(2) ¹Wenn die Mitgliedstaaten die in Absatz 1 genannten Vorschriften erlassen, nehmen sie in den Vorschriften selbst oder durch einen Hinweis bei der amtlichen Veröffentlichung auf diese Richtlinie Bezug. ²Die Mitgliedstaaten regeln die Einzelheiten der Bezugnahme.

Art 23 Inkrafttreten

Diese Richtlinie tritt am Tag ihrer Veröffentlichung[30] im Amtsblatt der Europäischen Gemeinschaften in Kraft.

Art 24 Adressaten

Diese Richtlinie ist an die Mitgliedstaaten gerichtet.

Anhang. Ausnahmen im Rahmen von Artikel 3

Bereiche gemäß Artikel 3 Absatz 3, auf die Artikel 3 Absätze 1 und 2 keine Anwendung findet:
— Urheberrecht, verwandte Schutzrechte, Rechte im Sinne der Richtlinie 87/54/EWG[31] und der Richtlinie 96/9/EG[32] sowie gewerbliche Schutzrechte;
— Ausgabe elektronischen Geldes durch Institute, auf die die Mitgliedstaaten eine der in Artikel 8 Absatz 1 der Richtlinie 2000/46/EG[33] vorgesehenen Ausnahmen angewendet haben;
— Artikel 44 Absatz 2 der Richtlinie 85/611/EWG[34];
— Artikel 30 und Titel IV der Richtlinie 92/49/EWG[35], Titel IV der Richtlinie 92/96/EWG[36] sowie die Artikel 7 und 8 der Richtlinie 88/357/EWG[37] und Artikel 4 der Richtlinie 90/619/EWG[38];
— Freiheit der Rechtswahl für Vertragsparteien;
— vertragliche Schuldverhältnisse in bezug auf Verbraucherverträge;

---

[30] Veröffentlicht am 17.7.2000.
[31] **Amtl. Anm.:** ABl. L 24 vom 27.1.1987, S. 36.
[32] **Amtl. Anm.:** ABl. L 77 vom 27.3.1996, S. 20.
[33] **Amtl. Anm.:** Noch nicht im Amtsblatt veröffentlicht.
[34] **Amtl. Anm.:** ABl. L 375 vom 31.12.1985, S. 3. Richtlinie zuletzt geändert durch die Richtlinie 95/26/EG (ABl L 168 vom 18.7.1995, S. 7).
[35] **Amtl. Anm.:** ABl. L 228 vom 11.8.1992, S. 1. Richtlinie zuletzt geändert durch die Richtlinie 95/26/EG.
[36] **Amtl. Anm.:** ABl. L 360 vom 9.12.1992, S. 1. Richtlinie zuletzt geändert durch die Richtlinie 95/26/EG.
[37] **Amtl. Anm.:** ABl. L 172 vom 4.7.1988, S. 1. Richtlinie zuletzt geändert durch die Richtlinie 92/49/EG.
[38] **Amtl. Anm.:** ABl. L 330 vom 29.11.1990, S. 50. Richtlinie zuletzt geändert durch die Richtlinie 92/96/EG.

- formale Gültigkeit von Verträgen, die Rechte an Immobilien begründen oder übertragen, sofern diese Verträge nach dem Recht des Mitgliedstaates, in dem sich die Immobilie befindet, zwingenden Formvorschriften unterliegen;
- Zulässigkeit nicht angeforderter kommerzieller Kommunikation mittels elektronischer Post.

4. Richtlinie 2002/58/EG des Europäischen Parlaments und des Rates über die Verarbeitung personenbezogener Daten und den Schutz der Privatsphäre in der elektronischen Kommunikation

Vom 12. Juli 2002 (ABl. Nr. L 201 S. 37)

Zuletzt geändert durch Art. 2 ÄndRL/136/EG vom 25.11.2009 (ABl. Nr. L 337 S. 11)

(Auszug)

DAS EUROPÄISCHE PARLAMENT UND DER RAT DER EUROPÄISCHEN UNION –
gestützt auf den Vertrag zur Gründung der Europäischen Gemeinschaft insbesondere auf Artikel 95,
auf Vorschlag der Kommission[1],
nach Stellungnahme des Wirtschafts- und Sozialausschusses[2],
nach Anhörung des Ausschusses der Regionen, gemäß dem Verfahren des Artikels 251 des Vertrags[3],
in Erwägung nachstehender Gründe:

(1)–(16) *(vom Abdruck wurde abgesehen)*

(17) Für die Zwecke dieser Richtlinie sollte die Einwilligung des Nutzers oder Teilnehmers unabhängig davon, ob es sich um eine natürliche oder eine juristische Person handelt, dieselbe Bedeutung haben wie der in der Richtlinie 95/46/EG definierte und dort weiter präzisierte Begriff „Einwilligung der betroffenen Person". Die Einwilligung kann in jeder geeigneten Weise gegeben werden, wodurch der Wunsch des Nutzers in einer spezifischen Angabe zum Ausdruck kommt, die sachkundig und in freier Entscheidung erfolgt; hierzu zählt auch das Markieren eines Feldes auf einer Internet-Website.

(18)–(39) *(vom Abdruck wurde abgesehen)*

(40) Es sollten Vorkehrungen getroffen werden, um die Teilnehmer gegen die Verletzung ihrer Privatsphäre durch unerbetene Nachrichten für Zwecke der Direktwerbung, insbesondere durch automatische Anrufsysteme, Faxgeräte und elektronische Post, einschließlich SMS, zu schützen. Diese Formen von unerbetenen Werbenachrichten können zum einen relativ leicht und preiswert zu versenden sein und zum anderen eine Belastung und/oder einen Kostenaufwand für den Empfänger bedeuten. Darüber hinaus kann in einigen Fällen ihr Umfang auch Schwierigkeiten für die elektronischen Kommunikationsnetze und die Endgeräte verursachen. Bei solchen Formen unerbetener Nachrichten zum Zweck der Direktwerbung ist es gerechtfertigt, zu verlangen, die Einwilligung der Empfänger einzuholen, bevor ihnen solche Nachrichten gesandt werden. Der Binnenmarkt verlangt einen harmonisierten Ansatz, damit für die Unternehmen und die Nutzer einfache, gemeinschaftsweite Regeln gelten.

(41) Im Rahmen einer bestehenden Kundenbeziehung ist es vertretbar, die Nutzung elektronischer Kontaktinformationen zuzulassen, damit ähnliche Produkte oder

---

[1] **Amtl. Anm.:** ABl. C 365 E vom 19.12.2000, S. 223.
[2] **Amtl. Anm.:** ABl. C 123 vom 25.4.2001, S. 53.
[3] **Amtl. Anm.:** Stellungnahme des Europäischen Parlaments vom 13. November 2001 (noch nicht im Amtsblatt veröffentlicht), Gemeinsamer Standpunkt des Rates vom 28. Januar 2002 (ABl. C 113 E vom 14.5.2002, S. 39) und Beschluss des Europäischen Parlaments vom 30. Mai 2002 (noch nicht im Amtsblatt veröffentlicht). Beschluss des Rates vom 25. Juni 2002.

Dienstleistungen angeboten werden; dies gilt jedoch nur für dasselbe Unternehmen, das auch die Kontaktinformationen gemäß der Richtlinie 95/46/EG erhalten hat. Bei der Erlangung der Kontaktinformationen sollte der Kunde über deren weitere Nutzung zum Zweck der Direktwerbung klar und eindeutig unterrichtet werden und die Möglichkeit erhalten, diese Verwendung abzulehnen. Diese Möglichkeit sollte ferner mit jeder weiteren als Direktwerbung gesendeten Nachricht gebührenfrei angeboten werden, wobei Kosten für die Übermittlung der Ablehnung nicht unter die Gebührenfreiheit fallen.

(42) Sonstige Formen der Direktwerbung, die für den Absender kostspieliger sind und für die Teilnehmer und Nutzer keine finanziellen Kosten mit sich bringen, wie Sprach-Telefonanrufe zwischen Einzelpersonen, können die Beibehaltung eines Systems rechtfertigen, bei dem die Teilnehmer oder Nutzer die Möglichkeit erhalten, zu erklären, dass sie solche Anrufe nicht erhalten möchten. Damit das bestehende Niveau des Schutzes der Privatsphäre nicht gesenkt wird, sollten die Mitgliedstaaten jedoch einzelstaatliche Systeme beibehalten können, bei denen solche an Teilnehmer und Nutzer gerichtete Anrufe nur gestattet werden, wenn diese vorher ihre Einwilligung gegeben haben.

(43) Zur Erleichterung der wirksamen Durchsetzung der Gemeinschaftsvorschriften für unerbetene Nachrichten zum Zweck der Direktwerbung ist es notwendig, die Verwendung falscher Identitäten oder falscher Absenderadressen oder Anrufernummern beim Versand unerbetener Nachrichten zum Zweck der Direktwerbung zu untersagen.

(44) Bei einigen elektronischen Postsystemen können die Teilnehmer Absender und Betreffzeile einer elektronischen Post sehen und darüber hinaus diese Post löschen, ohne die gesamte Post oder deren Anlagen herunterladen zu müssen; dadurch lassen sich die Kosten senken, die möglicherweise mit dem Herunterladen unerwünschter elektronischer Post oder deren Anlagen verbunden sind. Diese Verfahren können in bestimmten Fällen zusätzlich zu den in dieser Richtlinie festgelegten allgemeinen Verpflichtungen von Nutzen bleiben.

(45) Diese Richtlinie berührt nicht die Vorkehrungen der Mitgliedstaaten, mit denen die legitimen Interessen juristischer Personen gegen unerbetene Direktwerbungsnachrichten geschützt werden sollen. Errichten die Mitgliedstaaten ein Register der juristischen Personen – großenteils gewerbetreibende Nutzer –, die derartige Nachrichten nicht erhalten möchten („optout Register"), so gilt Artikel 7 der Richtlinie 2000/31/EG des Europäischen Parlaments und des Rates vom 8. Juni 2000 über bestimmte rechtliche Aspekte der Dienste der Informationsgesellschaft, insbesondere des elektronischen Geschäftsverkehrs, im Binnenmarkt („Richtlinie über den elektronischen Geschäftsverkehr")[4] in vollem Umfang.

(46)–(49) *(vom Abdruck wurde abgesehen)*

HABEN FOLGENDE RICHTLINIE ERLASSEN:

Art 1 Geltungsbereich und Zielsetzung

(1) Diese Richtlinie dient der Harmonisierung der Vorschriften der Mitgliedstaaten, die erforderlich sind, um einen gleichwertigen Schutz der Grundrechte und Grundfreiheiten, insbesondere des Rechts auf Privatsphäre, in Bezug auf die Verarbeitung personenbezogener Daten im Bereich der elektronischen Kommunikation sowie den freien Verkehr dieser Daten und von elektronischen Kommunikationsgeräten und -diensten in der Gemeinschaft zu gewährleisten.

(2) [1]Die Bestimmungen dieser Richtlinie stellen eine Detaillierung und Ergänzung der Richtlinie 95/46/EG im Hinblick auf die in Absatz 1 genannten Zwecke

---

[4] **Amtl. Anm.:** ABl. L 178 vom 17.7.2000, S. 1.

dar. ²Darüber hinaus regeln sie den Schutz der berechtigten Interessen von Teilnehmern, bei denen es sich um juristische Personen handelt.

(3) Diese Richtlinie gilt nicht für Tätigkeiten, die nicht in den Anwendungsbereich des Vertrags zur Gründung der Europäischen Gemeinschaft fallen, beispielsweise Tätigkeiten gemäß den Titeln V und VI des Vertrags über die Europäische Union, und auf keinen Fall für Tätigkeiten betreffend die öffentliche Sicherheit, die Landesverteidigung, die Sicherheit des Staates (einschließlich seines wirtschaftlichen Wohls, wenn die Tätigkeit die Sicherheit des Staates berührt) und die Tätigkeiten des Staates im strafrechtlichen Bereich.

Art 2 Begriffsbestimmungen

Sofern nicht anders angegeben, gelten die Begriffsbestimmungen der Richtlinie 95/46/EG und der Richtlinie 2002/21/EG des Europäischen Parlaments und des Rates vom 7. März 2002 über einen gemeinsamen Rechtsrahmen für elektronische Kommunikationsnetze und -dienste („Rahmenrichtlinie")[5] auch für diese Richtlinie.

Weiterhin bezeichnet im Sinne dieser Richtlinie der Ausdruck
a) „Nutzer" eine natürliche Person, die einen öffentlich zugänglichen elektronischen Kommunikationsdienst für private oder geschäftliche Zwecke nutzt, ohne diesen Dienst notwendigerweise abonniert zu haben;
b) „Verkehrsdaten" Daten, die zum Zwecke der Weiterleitung einer Nachricht an ein elektronisches Kommunikationsnetz oder zum Zwecke der Fakturierung dieses Vorgangs verarbeitet werden;
c) „Standortdaten" Daten, die in einem elektronischen Kommunikationsnetz verarbeitet werden und die den geografischen Standort des Endgeräts eines Nutzers eines öffentlich zugänglichen elektronischen Kommunikationsdienstes angeben;
d) „Nachricht" jede Information, die zwischen einer endlichen Zahl von Beteiligten über einen öffentlich zugänglichen elektronischen Kommunikationsdienst ausgetauscht oder weitergeleitet wird. Dies schließt nicht Informationen ein, die als Teil eines Rundfunkdienstes über ein elektronisches Kommunikationsnetz an die Öffentlichkeit weitergeleitet werden, soweit die Informationen nicht mit dem identifizierbaren Teilnehmer oder Nutzer, der sie erhält, in Verbindung gebracht werden können;
e) „Anruf" eine über einen öffentlich zugänglichen Telefondienst aufgebaute Verbindung, die eine zweiseitige Echtzeit-Kommunikation ermöglicht;
f) „Einwilligung" eines Nutzers oder Teilnehmers die Einwilligung der betroffenen Person im Sinne von Richtlinie 95/46/EG;
g) „Dienst mit Zusatznutzen" jeden Dienst, der die Bearbeitung von Verkehrsdaten oder anderen Standortdaten als Verkehrsdaten in einem Maße erfordert, das über das für die Übermittlung einer Nachricht oder die Fakturierung dieses Vorgangs erforderliche Maß hinausgeht;
h) „elektronische Post" jede über ein öffentliches Kommunikationsnetz verschickte Text-, Sprach-, Ton- oder Bildnachricht, die im Netz oder im Endgerät des Empfängers gespeichert werden kann, bis sie von diesem abgerufen wird.

Art 3–12 *(vom Abdruck wurde abgesehen)*

---

[5] **Amtl. Anm.:** ABl. L 108 vom 24.4.2002, S. 33.

Art 13 Unerbetene Nachrichten

(1) Die Verwendung von automatischen Anrufsystemen ohne menschlichen Eingriff (automatische Anrufmaschinen), Faxgeräten oder elektronischer Post für die Zwecke der Direktwerbung darf nur bei vorheriger Einwilligung der Teilnehmer gestattet werden.

(2) Ungeachtet des Absatzes 1 kann eine natürliche oder juristische Person, wenn sie von ihren Kunden im Zusammenhang mit dem Verkauf eines Produkts oder einer Dienstleistung gemäß der Richtlinie 95/46/EG deren elektronische Kontaktinformationen für elektronische Post erhalten hat, diese zur Direktwerbung für eigene ähnliche Produkte oder Dienstleistungen verwenden, sofern die Kunden klar und deutlich die Möglichkeit erhalten, eine solche Nutzung ihrer elektronischen Kontaktinformationen bei deren Erhebung und bei jeder Übertragung gebührenfrei und problemlos abzulehnen, wenn der Kunde diese Nutzung nicht von vornherein abgelehnt hat.

(3) Die Mitgliedstaaten ergreifen geeignete Maßnahmen, um – gebührenfrei für die Teilnehmer – sicherzustellen, dass außer in den in den Absätzen 1 und 2 genannten Fällen unerbetene Nachrichten zum Zweck der Direktwerbung, die entweder ohne die Einwilligung der betreffenden Teilnehmer erfolgen oder an Teilnehmer gerichtet sind, die keine solchen Nachrichten erhalten möchten, nicht gestattet sind; welche dieser Optionen gewählt wird, ist im innerstaatlichen Recht zu regeln.

(4) Auf jeden Fall verboten ist die Praxis des Versendens elektronischer Nachrichten zu Zwecken der Direktwerbung, bei der die Identität des Absenders, in dessen Auftrag die Nachricht übermittelt wird, verschleiert oder verheimlicht wird oder bei der keine gültige Adresse vorhanden ist, an die der Empfänger eine Aufforderung zur Einstellung solcher Nachrichten richten kann.

(5) [1]Die Absätze 1 und 3 gelten für Teilnehmer, die natürliche Personen sind. [2]Die Mitgliedstaaten tragen im Rahmen des Gemeinschaftsrechts und der geltenden einzelstaatlichen Rechtsvorschriften außerdem dafür Sorge, dass die berechtigten Interessen anderer Teilnehmer als natürlicher Personen in Bezug auf unerbetene Nachrichten ausreichend geschützt werden.

Art 14–21 *(vom Abdruck wurde abgesehen)*

II. Deutsches Recht

5. Gesetz über den Verkehr mit Arzneimitteln (Arzneimittelgesetz – AMG)[1]

Vom 12. Dezember 2005 (BGBl. I S. 3394)

FNA 2121-51-1-2

Zuletzt geändert durch Art. 1 Sechzehntes Gesetz zur Änderung des Arzneimittelgesetzes vom 10.10.2013 (BGBl. I S. 3813)

(Auszug)

§ 8 Verbote zum Schutz vor Täuschung

(1) Es ist verboten, Arzneimittel oder Wirkstoffe herzustellen oder in den Verkehr zu bringen, die
1. durch Abweichung von den anerkannten pharmazeutischen Regeln in ihrer Qualität nicht unerheblich gemindert sind oder
1 a. *[aufgehoben]*
2. mit irreführender Bezeichnung, Angabe oder Aufmachung versehen sind. Eine Irreführung liegt insbesondere dann vor, wenn

---

[1] **Amtl. Anm.:** Dieses Gesetz dient der Umsetzung
– der Richtlinie 2001/83/EG des Europäischen Parlaments und des Rates vom 6. November 2001 zur Schaffung eines Gemeinschaftskodexes für Humanarzneimittel (ABl. EG Nr. L 311 S. 67),
– der Richtlinie 2001/82/EG des Europäischen Parlaments und des Rates vom 6. November 2001 zur Schaffung eines Gemeinschaftskodexes für Tierarzneimittel (ABl. EG Nr. L 311 S. 1),
– der Richtlinie 2001/20/EG des Europäischen Parlaments und des Rates vom 4. April 2001 zur Angleichung der Rechts- und Verwaltungsvorschriften der Mitgliedstaaten über die Anwendung der guten klinischen Praxis bei der Durchführung von klinischen Prüfungen mit Humanarzneimitteln (ABl. EG Nr. L 121 S. 34),
– der Richtlinie 2002/98/EG des Europäischen Parlaments und des Rates vom 27. Januar 2003 zur Festlegung von Qualitäts- und Sicherheitsstandards für die Gewinnung, Testung, Verarbeitung, Lagerung und Verteilung von menschlichem Blut und Blutbestandteilen und zur Änderung der Richtlinie 2001/83/EG (ABl. EU Nr. L 33 S. 30),
– der Richtlinie 2004/23/EG des Europäischen Parlaments und des Rates vom 31. März 2004 zur Festlegung von Qualitäts- und Sicherheitsstandards für die Spende, Beschaffung, Testung, Verarbeitung, Konservierung, Lagerung und Verteilung von menschlichen Geweben und Zellen (ABl. EU Nr. L 102 S. 48),
– der Richtlinie 2004/24/EG des Europäischen Parlaments und des Rates vom 31. März 2004 zur Änderung der Richtlinie 2001/83/EG zur Schaffung eines Gemeinschaftskodexes für Humanarzneimittel hinsichtlich traditioneller pflanzlicher Arzneimittel (ABl. EU Nr. L 136 S. 85),
– der Richtlinie 2004/27/EG des Europäischen Parlaments und des Rates vom 31. März 2004 zur Änderung der Richtlinie 2001/83/EG zur Schaffung eines Gemeinschaftskodexes für Humanarzneimittel (ABl. EU Nr L 136 S. 34) und
– der Richtlinie 2004/28/EG des Europäischen Parlaments und des Rates vom 31. März 2004 zur Änderung der Richtlinie 2001/82/EG zur Schaffung eines Gemeinschaftskodexes für Tierarzneimittel (ABl. EU Nr. L 136 S. 58).

a) Arzneimitteln eine therapeutische Wirksamkeit oder Wirkungen oder Wirkstoffen eine Aktivität beigelegt werden, die sie nicht haben,
b) fälschlich der Eindruck erweckt wird, dass ein Erfolg mit Sicherheit erwartet werden kann oder dass nach bestimmungsgemäßem oder längerem Gebrauch keine schädlichen Wirkungen eintreten,
c) zur Täuschung über die Qualität geeignete Bezeichnungen, Angaben oder Aufmachungen verwendet werden, die für die Bewertung des Arzneimittels oder Wirkstoffs mitbestimmend sind.

(2) Es ist verboten, gefälschte Arzneimittel oder gefälschte Wirkstoffe herzustellen, in den Verkehr zu bringen oder sonst mit ihnen Handel zu treiben.

(3) Es ist verboten, Arzneimittel, deren Verfalldatum abgelaufen ist, in den Verkehr zu bringen.

6. Gesetz über die Werbung auf dem Gebiete des Heilwesens (Heilmittelwerbegesetz – HWG)

In der Fassung der Bekanntmachung vom 19. Oktober 1994 (BGBl. I S. 3068)
FNA 2121-20
Zuletzt geändert durch Art. 1a Drittes Gesetz zur Änderung arzneimittelrechtlicher und anderer Vorschriften vom 7.8.2013 (BGBl. I S. 3108)

Inhaltsübersicht

	§§
Anwendungsbereich	1
Fachkreise	2
Unzulässigkeit irreführender Werbung	3
Unzulässigkeit von Werbung für zulassungspflichtige Arzneimittel	3a
Inhaltliche Anforderungen	4
Werbung für andere Arzneimittel	4a
Werbung für homöopathische Arzneimittel	5
Werbung mit wissenschaftlichen Veröffentlichungen	6
Verbot von Werbegaben	7
Werbeverbote für Versandhandel und Teleshopping	8
Werbeverbot für Fernbehandlung	9
Werbeverbote für verschreibungspflichtige Arzneimittel und Psychopharmaka	10
Verbote für Werbung außerhalb der Fachkreise	11
Weitere Werbeverbote	12
Werbeverbote für ausländische Unternehmen	13
Straftaten	14
Ordnungswidrigkeiten	15
Einziehung von verbotenem Werbematerial	16
Fortgeltung anderer Rechtsnormen	17
Übergangsvorschrift	18
Anlage (zu § 12)	

§ 1 [Anwendungsbereich]

(1) Dieses Gesetz findet Anwendung auf die Werbung für
1. Arzneimittel im Sinne des § 2 des Arzneimittelgesetzes,
1a. Medizinprodukte im Sinne des § 3 des Medizinproduktegesetzes,
2. andere Mittel, Verfahren, Behandlungen und Gegenstände, soweit sich die Werbeaussage auf die Erkennung, Beseitigung oder Linderung von Krankheiten, Leiden, Körperschäden oder krankhaften Beschwerden bei Mensch oder Tier bezieht, sowie operative plastisch-chirurgische Eingriffe, soweit sich die Werbeaussage auf die Veränderung des menschlichen Körpers ohne medizinische Notwendigkeit bezieht.

(2) Andere Mittel im Sinne des Absatzes 1 Nr. 2 sind kosmetische Mittel im Sinne des § 2 Absatz 5 Satz 1 des Lebensmittel- und Futtermittelgesetzbuches. Gegenstände im Sinne des Absatzes 1 Nr. 2 sind auch Gegenstände zur Körperpflege im Sinne des § 2 Absatz 6 Nummer 4 des Lebensmittel- und Futtermittelgesetzbuches.

(3) Eine Werbung im Sinne dieses Gesetzes ist auch das Ankündigen oder Anbieten von Werbeaussagen, auf die dieses Gesetz Anwendung findet.

(4) Dieses Gesetz findet keine Anwendung auf die Werbung für Gegenstände zur Verhütung von Unfallschäden.

(5) Das Gesetz findet keine Anwendung auf den Schriftwechsel und die Unterlagen, die nicht Werbezwecken dienen und die zur Beantwortung einer konkreten Anfrage zu einem bestimmten Arzneimittel erforderlich sind.

(6) Das Gesetz findet ferner keine Anwendung beim elektronischen Handel mit Arzneimitteln auf das Bestellformular und die dort aufgeführten Angaben, soweit diese für eine ordnungsgemäße Bestellung notwendig sind.

(7) Das Gesetz findet ferner keine Anwendung auf Verkaufskataloge und Preislisten für Arzneimittel, wenn die Verkaufskataloge und Preislisten keine Angaben enthalten, die über die zur Bestimmung des jeweiligen Arzneimittels notwendigen Angaben hinausgehen.

(8) Das Gesetz findet ferner keine Anwendung auf die auf Anforderung einer Person erfolgende Übermittlung der nach den §§ 10 bis 11a des Arzneimittelgesetzes für Arzneimittel vorgeschriebenen vollständigen Informationen und des öffentlichen Beurteilungsberichts für Arzneimittel nach § 34 Absatz 1a Satz 1 Nummer 2 des Arzneimittelgesetzes und auf die Bereitstellung dieser Informationen im Internet.

§2 [Fachkreise]

Fachkreise im Sinne dieses Gesetzes sind Angehörige der Heilberufe oder des Heilgewerbes, Einrichtungen, die der Gesundheit von Mensch oder Tier dienen, oder sonstige Personen, soweit sie mit Arzneimitteln, Medizinprodukten, Verfahren, Behandlungen, Gegenständen oder anderen Mitteln erlaubterweise Handel treiben oder sie in Ausübung ihres Berufes anwenden.

§3 [Unzulässigkeit irreführender Werbung]

Unzulässig ist eine irreführende Werbung. Eine Irreführung liegt insbesondere dann vor,
1. wenn Arzneimitteln, Medizinprodukten, Verfahren, Behandlungen, Gegenständen oder anderen Mitteln eine therapeutische Wirksamkeit oder Wirkungen beigelegt werden, die sie nicht haben,
2. wenn fälschlich der Eindruck erweckt wird, daß
    a) ein Erfolg mit Sicherheit erwartet werden kann,
    b) bei bestimmungsgemäßem oder längerem Gebrauch keine schädlichen Wirkungen eintreten,
    c) die Werbung nicht zu Zwecken des Wettbewerbs veranstaltet wird,
3. wenn unwahre oder zur Täuschung geeignete Angaben
    a) über die Zusammensetzung oder Beschaffenheit von Arzneimitteln, Medizinprodukten, Gegenständen oder anderen Mitteln oder über die Art und Weise der Verfahren oder Behandlungen oder
    b) über die Person, Vorbildung, Befähigung oder Erfolge des Herstellers, Erfinders oder der für sie tätigen oder tätig gewesenen Personen
    gemacht werden.

§3a [Unzulässigkeit von Werbung für zulassungspflichtige Arzneimittel]

Unzulässig ist eine Werbung für Arzneimittel, die der Pflicht zur Zulassung unterliegen und die nicht nach den arzneimittelrechtlichen Vorschriften zugelassen sind oder als zugelassen gelten. Satz 1 findet auch Anwendung, wenn sich die Werbung auf Anwendungsgebiete oder Darreichungsformen bezieht, die nicht von der Zulassung erfasst sind.

§ 4 [Inhaltliche Anforderungen]

(1) Jede Werbung für Arzneimittel im Sinne des § 2 Abs. 1 oder Abs. 2 Nr. 1 des Arzneimittelgesetzes muß folgende Angaben enthalten:
1. den Namen oder die Firma und den Sitz des pharmazeutischen Unternehmers,
2. die Bezeichnung des Arzneimittels,
3. die Zusammensetzung des Arzneimittels gemäß § 11 Abs. 1 Satz 1 Nr. 6 Buchstabe d des Arzneimittelgesetzes,
4. die Anwendungsgebiete,
5. die Gegenanzeigen,
6. die Nebenwirkungen,
7. Warnhinweise, soweit sie für die Kennzeichnung der Behältnisse und äußeren Umhüllungen vorgeschrieben sind,
7a. bei Arzneimitteln, die nur auf ärztliche, zahnärztliche oder tierärztliche Verschreibung abgegeben werden dürfen, der Hinweis „Verschreibungspflichtig",
8. die Wartezeit bei Arzneimitteln, die zur Anwendung bei Tieren bestimmt sind, die der Gewinnung von Lebensmitteln dienen.

Eine Werbung für traditionelle pflanzliche Arzneimittel, die nach dem Arzneimittelgesetz registriert sind, muss folgenden Hinweis enthalten: „Traditionelles pflanzliches Arzneimittel zur Anwendung bei ... (spezifiziertes Anwendungsgebiet/spezifizierte Anwendungsgebiete) ausschließlich auf Grund langjähriger Anwendung".

(1a) Bei Arzneimitteln, die nur einen Wirkstoff enthalten, muß der Angabe nach Absatz 1 Nr. 2 die Bezeichnung dieses Bestandteils mit dem Hinweis: „Wirkstoff:" folgen; dies gilt nicht, wenn in der Angabe nach Absatz 1 Nr. 2 die Bezeichnung des Wirkstoffs enthalten ist.

(2) Die Angaben nach den Absätzen 1 und 1a müssen mit denjenigen übereinstimmen, die nach § 11 oder § 12 des Arzneimittelgesetzes für die Packungsbeilage vorgeschrieben sind. Können die in § 11 Abs. 1 Satz 1 Nr. 3 Buchstabe a und Nr. 5 des Arzneimittelgesetzes vorgeschriebenen Angaben nicht gemacht werden, so können sie entfallen.

(3) Bei einer Werbung außerhalb der Fachkreise ist der Text „Zu Risiken und Nebenwirkungen lesen Sie die Packungsbeilage und fragen Sie Ihren Arzt oder Apotheker" gut lesbar und von den übrigen Werbeaussagen deutlich abgesetzt und abgegrenzt anzugeben. Bei einer Werbung für Heilwässer tritt an die Stelle der Angabe „die Packungsbeilage" die Angabe „das Etikett" und bei einer Werbung für Tierarzneimittel an die Stelle „Ihren Arzt" die Angabe „den Tierarzt". Die Angaben nach Absatz 1 Nr. 1, 3, 5 und 6 können entfallen. Satz 1 findet keine Anwendung auf Arzneimittel, die für den Verkehr außerhalb der Apotheken freigegeben sind, es sei denn, daß in der Packungsbeilage oder auf dem Behältnis Nebenwirkungen oder sonstige Risiken angegeben sind.

(4) Die nach Absatz 1 vorgeschriebenen Angaben müssen von den übrigen Werbeaussagen deutlich abgesetzt, abgegrenzt und gut lesbar sein.

(5) Nach einer Werbung in audiovisuellen Medien ist der nach Absatz 3 Satz 1 oder 2 vorgeschriebene Text einzublenden, der im Fernsehen vor neutralem Hintergrund gut lesbar wiederzugeben und gleichzeitig zu sprechen ist, sofern nicht die Angabe dieses Textes nach Absatz 3 Satz 4 entfällt. Die Angaben nach Absatz 1 können entfallen.

(6) Die Absätze 1, 1a, 3 und 5 gelten nicht für eine Erinnerungswerbung. Eine Erinnerungswerbung liegt vor, wenn ausschließlich mit der Bezeichnung eines Arzneimittels oder zusätzlich mit dem Namen, der Firma, der Marke des pharmazeutischen Unternehmers oder dem Hinweis: „Wirkstoff:" geworben wird.

§4a [Werbung für andere Arzneimittel]

(1) Unzulässig ist es, in der Packungsbeilage eines Arzneimittels für andere Arzneimittel oder andere Mittel zu werben.

(2) Unzulässig ist es auch, außerhalb der Fachkreise für die im Rahmen der vertragsärztlichen Versorgung bestehende Verordnungsfähigkeit eines Arzneimittels zu werben.

§5 [Werbung für homöopathische Arzneimittel]

Für homöopathische Arzneimittel, die nach dem Arzneimittelgesetz registriert oder von der Registrierung freigestellt sind, darf mit der Angabe von Anwendungsgebieten nicht geworben werden.

§6 [Werbung mit wissenschaftlichen Veröffentlichungen]

Unzulässig ist eine Werbung, wenn
1. Gutachten oder Zeugnisse veröffentlicht oder erwähnt werden, die nicht von wissenschaftlich oder fachlich hierzu berufenen Personen erstattet worden sind und nicht die Angabe des Namens, Berufes und Wohnortes der Person, die das Gutachten erstellt oder das Zeugnis ausgestellt hat, sowie den Zeitpunkt der Ausstellung des Gutachtens oder Zeugnisses enthalten,
2. auf wissenschaftliche, fachliche oder sonstige Veröffentlichungen Bezug genommen wird, ohne daß aus der Werbung hervorgeht, ob die Veröffentlichung das Arzneimittel, das Verfahren, die Behandlung, den Gegenstand oder ein anderes Mittel selbst betrifft, für die geworben wird, und ohne daß der Name des Verfassers, der Zeitpunkt der Veröffentlichung und die Fundstelle genannt werden,
3. aus der Fachliteratur entnommene Zitate, Tabellen oder sonstige Darstellungen nicht wortgetreu übernommen werden.

§7 [Verbot von Werbegaben]

(1) Es ist unzulässig, Zuwendungen und sonstige Werbegaben (Waren oder Leistungen) anzubieten, anzukündigen oder zu gewähren oder als Angehöriger der Fachkreise anzunehmen, es sei denn, dass
1. es sich bei den Zuwendungen oder Werbegaben um Gegenstände von geringem Wert, die durch eine dauerhafte und deutlich sichtbare Bezeichnung des Werbenden oder des beworbenen Produktes oder beider gekennzeichnet sind, oder um geringwertige Kleinigkeiten handelt; Zuwendungen oder Werbegaben sind für Arzneimittel unzulässig, soweit sie entgegen den Preisvorschriften gewährt werden, die auf Grund des Arzneimittelgesetzes gelten;
2. die Zuwendungen oder Werbegaben in
   a) einem bestimmten oder auf bestimmte Art zu berechnenden Geldbetrag oder
   b) einer bestimmten oder auf bestimmte Art zu berechnenden Menge gleicher Ware gewährt werden;
   Zuwendungen oder Werbegaben nach Buchstabe a sind für Arzneimittel unzulässig, soweit sie entgegen den Preisvorschriften gewährt werden, die aufgrund des Arzneimittelgesetzes gelten; Buchstabe b gilt nicht für Arzneimittel, deren Abgabe den Apotheken vorbehalten ist;
3. die Zuwendungen oder Werbegaben nur in handelsüblichem Zubehör zur Ware oder in handelsüblichen Nebenleistungen bestehen; als handelsüblich gilt insbesondere eine im Hinblick auf den Wert der Ware oder Leistung angemessene teilweise oder vollständige Erstattung oder Übernahme von Fahrtkosten für Verkehrsmittel des öffentlichen Personennahverkehrs, die im Zusammenhang mit dem

Besuch des Geschäftslokals oder des Orts der Erbringung der Leistung aufgewendet werden darf;
4. die Zuwendungen oder Werbegaben in der Erteilung von Auskünften oder Ratschlägen bestehen oder
5. es sich um unentgeltlich an Verbraucherinnen und Verbraucher abzugebende Zeitschriften handelt, die nach ihrer Aufmachung und Ausgestaltung der Kundenwerbung und den Interessen der verteilenden Person dienen, durch einen entsprechenden Aufdruck auf der Titelseite diesen Zweck erkennbar machen und in ihren Herstellungskosten geringwertig sind (Kundenzeitschriften).

Werbegaben für Angehörige der Heilberufe sind unbeschadet des Satzes 1 nur dann zulässig, wenn sie zur Verwendung in der ärztlichen, tierärztlichen oder pharmazeutischen Praxis bestimmt sind. § 47 Abs. 3 des Arzneimittelgesetzes bleibt unberührt.

(2) Absatz 1 gilt nicht für Zuwendungen im Rahmen ausschließlich berufsbezogener wissenschaftlicher Veranstaltungen, sofern diese einen vertretbaren Rahmen nicht überschreiten, insbesondere in bezug auf den wissenschaftlichen Zweck der Veranstaltung von untergeordneter Bedeutung sind und sich nicht auf andere als im Gesundheitswesen tätige Personen erstrecken.

(3) Es ist unzulässig, für die Entnahme oder sonstige Beschaffung von Blut-, Plasma- oder Gewebespenden zur Herstellung von Blut- und Gewebeprodukten und anderen Produkten zur Anwendung bei Menschen mit der Zahlung einer finanziellen Zuwendung oder Aufwandsentschädigung zu werben.

§ 8 [Werbeverbote für Versandhandel und Teleshopping]

Unzulässig ist die Werbung, Arzneimittel im Wege des Teleshopping oder bestimmte Arzneimittel im Wege der Einzeleinfuhr nach § 73 Abs. 2 Nr. 6a oder § 73 Abs. 3 des Arzneimittelgesetzes zu beziehen. Die Übersendung von Listen nicht zugelassener oder nicht registrierter Arzneimittel, deren Einfuhr aus einem anderen Mitgliedstaat oder aus einem anderen Vertragsstaat des Abkommens über den Europäischen Wirtschaftsraum nur ausnahmsweise zulässig ist, an Apotheker oder Betreiber einer tierärztlichen Hausapotheke ist zulässig, soweit die Listen nur Informationen über die Bezeichnung, die Packungsgrößen, die Wirkstärke und den Preis dieses Arzneimittels enthalten.

§ 9 [Werbeverbot für Fernbehandlung]

Unzulässig ist eine Werbung für die Erkennung oder Behandlung von Krankheiten, Leiden, Körperschäden oder krankhaften Beschwerden, die nicht auf eigener Wahrnehmung an dem zu behandelnden Menschen oder Tier beruht (Fernbehandlung).

§ 10 [Werbeverbote für verschreibungspflichtige Arzneimittel und Psychopharmaka]

(1) Für verschreibungspflichtige Arzneimittel darf nur bei Ärzten, Zahnärzten, Tierärzten, Apothekern und Personen, die mit diesen Arzneimitteln erlaubterweise Handel treiben, geworben werden.

(2) Für Arzneimittel, die psychotrope Wirkstoffe mit der Gefahr der Abhängigkeit enthalten und die dazu bestimmt sind, bei Menschen die Schlaflosigkeit oder psychische Störungen zu beseitigen oder die Stimmungslage zu beeinflussen, darf außerhalb der Fachkreise nicht geworben werden.

§ 11 [Verbote für Werbung außerhalb der Fachkreise]

(1) Außerhalb der Fachkreise darf für Arzneimittel, Verfahren, Behandlungen, Gegenstände oder andere Mittel nicht geworben werden
1. *(weggefallen)*
2. mit Angaben oder Darstellungen, die sich auf eine Empfehlung von Wissenschaftlern, von im Gesundheitswesen tätigen Personen, von im Bereich der Tiergesundheit tätigen Personen oder anderen Personen, die auf Grund ihrer Bekanntheit zum Arzneimittelverbrauch anregen können, beziehen,
3. mit der Wiedergabe von Krankengeschichten sowie mit Hinweisen darauf, wenn diese in missbräuchlicher, abstoßender oder irreführender Weise erfolgt oder durch eine ausführliche Beschreibung oder Darstellung zu einer falschen Selbstdiagnose verleiten kann,
4. *(weggefallen)*
5. mit einer bildlichen Darstellung, die in missbräuchlicher, abstoßender oder irreführender Weise Veränderungen des menschlichen Körpers auf Grund von Krankheiten oder Schädigungen oder die Wirkung eines Arzneimittels im menschlichen Körper oder in Körperteilen verwendet,
6. *(weggefallen)*
7. mit Werbeaussagen, die nahelegen, dass die Gesundheit durch die Nichtverwendung des Arzneimittels beeinträchtigt oder durch die Verwendung verbessert werden könnte,
8. durch Werbevorträge, mit denen ein Feilbieten oder eine Entgegennahme von Anschriften verbunden ist,
9. mit Veröffentlichungen, deren Werbezweck mißverständlich oder nicht deutlich erkennbar ist,
10. *(weggefallen)*
11. mit Äußerungen Dritter, insbesondere mit Dank-, Anerkennungs- oder Empfehlungsschreiben, oder mit Hinweisen auf solche Äußerungen, wenn diese in missbräuchlicher, abstoßender oder irreführender Weise erfolgen,
12. mit Werbemaßnahmen, die sich ausschließlich oder überwiegend an Kinder unter 14 Jahren richten,
13. mit Preisausschreiben, Verlosungen oder anderen Verfahren, deren Ergebnis vom Zufall abhängig ist, sofern diese Maßnahmen oder Verfahren einer unzweckmäßigen oder übermäßigen Verwendung von Arzneimitteln Vorschub leisten,
14. durch die Abgabe von Arzneimitteln, deren Muster oder Proben oder durch Gutscheine dafür,
15. durch die nicht verlangte Abgabe von Mustern oder Proben von anderen Mitteln oder Gegenständen oder durch Gutscheine dafür.

Für Medizinprodukte gilt Satz 1 Nr. 7 bis 9, 11 und 12 entsprechend. Ferner darf für die in § 1 Nummer 2 genannten operativen plastisch-chirurgischen Eingriffe nicht mit der Wirkung einer solchen Behandlung durch vergleichende Darstellung des Körperzustandes oder des Aussehens vor und nach dem Eingriff geworben werden.

(2) Außerhalb der Fachkreise darf für Arzneimittel zur Anwendung bei Menschen nicht mit Angaben geworben werden, die nahe legen, dass die Wirkung des Arzneimittels einem anderen Arzneimittel oder einer anderen Behandlung entspricht oder überlegen ist.

§ 12 [Weitere Werbeverbote]

(1) Außerhalb der Fachkreise darf sich die Werbung für Arzneimittel und Medizinprodukte nicht auf die Erkennung, Verhütung, Beseitigung oder Linderung der in Abschnitt A der Anlage zu diesem Gesetz aufgeführten Krankheiten oder Leiden bei Menschen beziehen, die Werbung für Arzneimittel außerdem nicht auf die Erken-

Heilmittelwerbegesetz **HWG 6**

nung, Verhütung, Beseitigung oder Linderung der in Abschnitt B dieser Anlage aufgeführten Krankheiten oder Leiden beim Tier. Abschnitt A Nr. 2 der Anlage findet keine Anwendung auf die Werbung für Medizinprodukte.

(2) Die Werbung für andere Mittel, Verfahren, Behandlungen oder Gegenstände außerhalb der Fachkreise darf sich nicht auf die Erkennung, Beseitigung oder Linderung dieser Krankheiten oder Leiden beziehen. Dies gilt nicht für die Werbung für Verfahren oder Behandlungen in Heilbädern, Kurorten und Kuranstalten.

§ 13 [Werbeverbote für ausländische Unternehmen]

Die Werbung eines Unternehmens mit Sitz außerhalb des Geltungsbereichs dieses Gesetzes ist unzulässig, wenn nicht ein Unternehmen mit Sitz oder eine natürliche Person mit gewöhnlichem Aufenthalt im Geltungsbereich dieses Gesetzes oder in einem anderen Mitgliedstaat der Europäischen Union oder in einem anderen Vertragsstaat des Abkommens über den Europäischen Wirtschaftsraum, die nach diesem Gesetz unbeschränkt strafrechtlich verfolgt werden kann, ausdrücklich damit betraut ist, die sich aus diesem Gesetz ergebenden Pflichten zu übernehmen.

§ 14 [Straftaten]

Wer dem Verbot der irreführenden Werbung (§ 3) zuwiderhandelt, wird mit Freiheitsstrafe bis zu einem Jahr oder mit Geldstrafe bestraft.

§ 15 [Ordnungswidrigkeiten]

(1) Ordnungswidrig handelt, wer vorsätzlich oder fahrlässig
1. entgegen § 3a eine Werbung für ein Arzneimittel betreibt, das der Pflicht zur Zulassung unterliegt und das nicht nach den arzneimittelrechtlichen Vorschriften zugelassen ist oder als zugelassen gilt,
2. eine Werbung betreibt, die die nach § 4 vorgeschriebenen Angaben nicht enthält oder entgegen § 5 mit der Angabe von Anwendungsgebieten wirbt,
3. in einer nach § 6 unzulässigen Weise mit Gutachten, Zeugnissen oder Bezugnahmen auf Veröffentlichungen wirbt,
4. entgegen § 7 Abs. 1 und 3 eine mit Zuwendungen oder sonstigen Werbegaben verbundene Werbung betreibt,
4a. entgegen § 7 Abs. 1 als Angehöriger der Fachkreise eine Zuwendung oder sonstige Werbegabe annimmt,
5. entgegen § 8 eine dort genannte Werbung betreibt,
6. entgegen § 9 für eine Fernbehandlung wirbt,
7. entgegen § 10 für die dort bezeichneten Arzneimittel wirbt,
8. auf eine durch § 11 verbotene Weise außerhalb der Fachkreise wirbt,
9. entgegen § 12 eine Werbung betreibt, die sich auf die in der Anlage zu § 12 aufgeführten Krankheiten oder Leiden bezieht,
10. eine nach § 13 unzulässige Werbung betreibt.

(2) Ordnungswidrig handelt ferner, wer fahrlässig dem Verbot der irreführenden Werbung (§ 3) zuwiderhandelt.

(3) Die Ordnungswidrigkeit nach Absatz 1 kann mit einer Geldbuße bis zu fünfzigtausend Euro, die Ordnungswidrigkeit nach Absatz 2 mit einer Geldbuße bis zu zwanzigtausend Euro geahndet werden.

§ 16 [Einziehung von verbotenem Werbematerial]

Werbematerial und sonstige Gegenstände, auf die sich eine Straftat nach § 14 oder eine Ordnungswidrigkeit nach § 15 bezieht, können eingezogen werden. § 74a des

Strafgesetzbuches und § 23 des Gesetzes über Ordnungswidrigkeiten sind anzuwenden.

§ 17 [Fortgeltung anderer Rechtsnormen]

Das Gesetz gegen den unlauteren Wettbewerb bleibt unberührt.

§ 18 [Übergangsvorschrift] *(weggefallen)*

Anlage
(zu § 12)

Krankheiten und Leiden, auf die sich die Werbung gemäß § 12 nicht beziehen darf

A. Krankheiten und Leiden beim Menschen
 1. Nach dem Infektionsschutzgesetz vom 20. Juli 2000 (BGBl. I S. 1045) meldepflichtige Krankheiten oder durch meldepflichtige Krankheitserreger verursachte Infektionen,
 2. bösartige Neubildungen,
 3. Suchtkrankheiten, ausgenommen Nikotinabhängigkeit,
 4. krankhafte Komplikationen der Schwangerschaft, der Entbindung und des Wochenbetts.
B. Krankheiten und Leiden beim Tier
 1. Nach der Verordnung über anzeigepflichtige Tierseuchen und der Verordnung über meldepflichtige Tierkrankheiten in ihrer jeweils geltenden Fassung anzeige- oder meldepflichtige Seuchen oder Krankheiten,
 2. bösartige Neubildungen,
 3. bakterielle Eutererkrankungen bei Kühen, Ziegen und Schafen,
 4. Kolik bei Pferden und Rindern.

7. Lebensmittel-, Bedarfsgegenstände- und Futtermittelgesetzbuch (Lebensmittel- und Futtermittelgesetzbuch – LFGB)[1,2]

In der Fassung der Bekanntmachung vom 24. Juli 2009 (BGBl. I S. 2205)[3]

FNA 2125-44

Zuletzt geändert durch Art. 4 Abs. 20 Gesetz zur Strukturreform des Gebührenrechts des Bundes vom 7.8.2013 (BGBl. I S. 3154)

(Auszug)

§ 11 Vorschriften zum Schutz vor Täuschung

(1) ¹Es ist verboten, Lebensmittel unter irreführender Bezeichnung, Angabe oder Aufmachung in den Verkehr zu bringen oder für Lebensmittel allgemein oder im Einzelfall mit irreführenden Darstellungen oder sonstigen Aussagen zu werben. ²Eine Irreführung liegt insbesondere dann vor, wenn

1. bei einem Lebensmittel zur Täuschung geeignete Bezeichnungen, Angaben, Aufmachungen, Darstellungen oder sonstige Aussagen über Eigenschaften, insbesondere über Art, Beschaffenheit, Zusammensetzung, Menge, Haltbarkeit, Ursprung, Herkunft oder Art der Herstellung oder Gewinnung verwendet werden,
2. einem Lebensmittel Wirkungen beigelegt werden, die ihm nach den Erkenntnissen der Wissenschaft nicht zukommen oder die wissenschaftlich nicht hinreichend gesichert sind,
3. zu verstehen gegeben wird, dass ein Lebensmittel besondere Eigenschaften hat, obwohl alle vergleichbaren Lebensmittel dieselben Eigenschaften haben,
4. einem Lebensmittel der Anschein eines Arzneimittels gegeben wird.

(2) Es ist ferner verboten,
1. andere als dem Verbot des Artikels 14 Absatz 1 in Verbindung mit Absatz 2 Buchstabe b der Verordnung (EG) Nr. 178/2002 unterliegende Lebensmittel, die für den Verzehr durch den Menschen ungeeignet sind, in den Verkehr zu bringen,
2. a) nachgemachte Lebensmittel,
   b) Lebensmittel, die hinsichtlich ihrer Beschaffenheit von der Verkehrsauffassung abweichen und dadurch in ihrem Wert, insbesondere in ihrem Nähr- oder Genusswert oder in ihrer Brauchbarkeit nicht unerheblich gemindert sind oder
   c) Lebensmittel, die geeignet sind, den Anschein einer besseren als der tatsächlichen Beschaffenheit zu erwecken,

ohne ausreichende Kenntlichmachung in den Verkehr zu bringen.

---

[1] **Amtl. Anm.:** Das Gesetz dient der Umsetzung der in der Anlage zu Fußnote1) des Gesetzes zur Neuordnung des Lebensmittel- und des Futtermittelrechts vom 1. September 2005 (BGBl. I S. 2618, 3007) in den Nummern 1 bis 72 und 75 aufgeführten Rechtsakte.

[2] **Amtl. Anm.:** Die Verpflichtungen aus der Richtlinie 98/34/EG des Europäischen Parlaments und des Rates vom 22. Juni 1998 über ein Informationsverfahren auf dem Gebiet der Normen und technischen Vorschriften und der Vorschriften für die Dienste der Informationsgesellschaft (ABl. EG Nr. L 204 S. 37), geändert durch die Richtlinie 98/48/EG des Europäischen Parlaments und des Rates vom 20. Juli 1998 (ABl. EG Nr. L 217 S. 18), sind beachtet worden.

[3] Neubekanntmachung des Lebens- und Futtermittelgesetzes v. 1.9.2005 (BGBl. I S. 2618) in der seit dem 4.7.2009 geltenden Fassung.

§ 12 Verbot der krankheitsbezogenen Werbung

(1) Es ist verboten, beim Verkehr mit Lebensmitteln oder in der Werbung für Lebensmittel allgemein oder im Einzelfall
1. Aussagen, die sich auf die Beseitigung, Linderung oder Verhütung von Krankheiten beziehen,
2. Hinweise auf ärztliche Empfehlungen oder ärztliche Gutachten,
3. Krankengeschichten oder Hinweise auf solche,
4. Äußerungen Dritter, insbesondere Dank-, Anerkennungs- oder Empfehlungsschreiben, soweit sie sich auf die Beseitigung oder Linderung von Krankheiten beziehen, sowie Hinweise auf solche Äußerungen,
5. bildliche Darstellungen von Personen in der Berufskleidung oder bei der Ausübung der Tätigkeit von Angehörigen der Heilberufe, des Heilgewerbes oder des Arzneimittelhandels,
6. Aussagen, die geeignet sind, Angstgefühle hervorzurufen oder auszunutzen,
7. Schriften oder schriftliche Angaben, die dazu anleiten, Krankheiten mit Lebensmitteln zu behandeln,

zu verwenden.

(2) ¹Die Verbote des Absatzes 1 gelten nicht für die Werbung gegenüber Angehörigen der Heilberufe, des Heilgewerbes oder der Heilhilfsberufe. ²Die Verbote des Absatzes 1 Nummer 1 und 7 gelten nicht für diätetische Lebensmittel, soweit nicht das Bundesministerium durch Rechtsverordnung mit Zustimmung des Bundesrates etwas anderes bestimmt.

(3) Artikel 14 Absatz 1 der Verordnung (EG) Nr. 1924/2006 des Europäischen Parlaments und des Rates vom 20. Dezember 2006 über nährwert- und gesundheitsbezogene Angaben über Lebensmittel (ABl. L 404 vom 30.12.2006, S. 9, L 12 vom 18.1.2007, S. 3, L 86 vom 28.3.2008, S. 34), die zuletzt durch die Verordnung (EU) Nr. 116/2010 (ABl. L 37 vom 10.2.2010, S. 16) geändert worden ist, über die Verwendung von Angaben über die Verringerung eines Krankheitsrisikos bleibt unberührt.

§ 27 Vorschriften zum Schutz vor Täuschung

(1) ¹Es ist verboten, kosmetische Mittel unter irreführender Bezeichnung, Angabe oder Aufmachung in den Verkehr zu bringen oder für kosmetische Mittel allgemein oder im Einzelfall mit irreführenden Darstellungen oder sonstigen Aussagen zu werben. ²Eine Irreführung liegt insbesondere dann vor, wenn
1. einem kosmetischen Mittel Wirkungen beigelegt werden, die ihm nach den Erkenntnissen der Wissenschaft nicht zukommen oder die wissenschaftlich nicht hinreichend gesichert sind,
2. durch die Bezeichnung, Angabe, Aufmachung, Darstellung oder sonstige Aussage fälschlich der Eindruck erweckt wird, dass ein Erfolg mit Sicherheit erwartet werden kann,
3. zur Täuschung geeignete Bezeichnungen, Angaben, Aufmachungen, Darstellungen oder sonstige Aussagen über
   a) die Person, Vorbildung, Befähigung oder Erfolge des Herstellers, Erfinders oder der für sie tätigen Personen,
   b) Eigenschaften, insbesondere über Art, Beschaffenheit, Zusammensetzung, Menge, Haltbarkeit, Herkunft oder Art der Herstellung
   verwendet werden,
4. ein kosmetisches Mittel für die vorgesehene Verwendung nicht geeignet ist.

(2) Die Vorschriften des Gesetzes über die Werbung auf dem Gebiete des Heilwesens bleiben unberührt.

8. Telemediengesetz (TMG)[1, 2]

Vom 26. Februar 2007 (BGBl. I S. 179)
FNA 772-4
Zuletzt geändert durch Art. 1 Erstes Gesetz zur Änderungen des Telemediengesetzes
(1. Telemedienänderungsgesetz vom 31.5.2010 (BGBl. I S. 692)

Nichtamtliche Inhaltsübersicht

§§

Abschnitt 1. Allgemeine Bestimmungen
   Anwendungsbereich 1
   Begriffsbestimmungen 2
   Herkunftslandprinzip 3
Abschnitt 2. Zulassungsfreiheit und Informationspflichten
   Zulassungsfreiheit 4
   Allgemeine Informationspflichten 5
   Besondere Informationspflichten bei kommerziellen Kommunikationen . 6
Abschnitt 3. Verantwortlichkeit
   Allgemeine Grundsätze 7
   Durchleitung von Informationen 8
   Zwischenspeicherung zur beschleunigten Übermittlung von Informationen 9
   Speicherung von Informationen 10
Abschnitt 4. Datenschutz
   Anbieter-Nutzer-Verhältnis 11
   Grundsätze 12
   Pflichten des Diensteanbieters 13
   Bestandsdaten 14
   Nutzungsdaten 15
Abschnitt 5. Bußgeldvorschriften
   Bußgeldvorschriften 16

Abschnitt 1. Allgemeine Bestimmungen

§ 1 Anwendungsbereich

(1) ¹Dieses Gesetz gilt für alle elektronischen Information- und Kommunikationsdienste, soweit sie nicht Telekommunikationsdienste nach § 3 Nr. 24 des Telekommunikationsgesetzes, die ganz in der Übertragung von Signalen über Telekommunikationsnetze bestehen, tele-kommunikationsgestützte Dienste nach § 3 Nr. 25 des Telekommunikationsgesetzes oder Rundfunk nach § 2 des Rundfunkstaatsvertrages

---

[1] Verkündet als Art. 1 Elektronischer-Geschäftsverkehr-VereinheitlichungsG v. 26.2.2007 (BGBl. I S. 179); Inkrafttreten gem. Art. 5 Satz 1 dieses G am 1.3.2007.
[2] **Amtl Anm:** Die Verpflichtungen aus der Richtlinie 98/34/EG des Europäischen Parlaments und des Rates vom 22. Juni 1998 über ein Informationsverfahren auf dem Gebiet der Normen und technischen Vorschriften und der Vorschriften für die Dienste der Informationsgesellschaft (ABl. L 204 vom 21.7.1998, S. 37), die zuletzt durch die Richtlinie 2006/96/EG vom 20. Novemver 2006 (ABl. L 363 vom 20.12.2006, S. 82) geändert worden ist, sind beachtet worden.

8 TMG

Telemediengesetz

sind (Telemedien). ²Dieses Gesetz gilt für alle Anbieter einschließlich der öffentlichen Stellen unabhängig davon, ob für die Nutzung ein Entgelt erhoben wird.

(2) Dieses Gesetz gilt nicht für den Bereich der Besteuerung.

(3) Das Telekommunikationsgesetz und die Pressegesetze bleiben unberührt.

(4) Die an die Inhalte von Telemedien zu richtenden besonderen Anforderungen ergeben sich aus dem Staatsvertrag für Rundfunk und Telemedien (Rundfunkstaatsvertrag).

(5) Dieses Gesetz trifft weder Regelungen im Bereich des internationalen Privatrechts noch regelt es die Zuständigkeit der Gerichte.

§ 2 Begriffsbestimmungen

¹Im Sinne dieses Gesetzes
1. ist Diensteanbieter jede natürliche oder juristische Person, die eigene oder fremde Telemedien zur Nutzung bereithält oder den Zugang zur Nutzung vermittelt,
2. ist niedergelassener Diensteanbieter jeder Anbieter, der mittels einer festen Einrichtung auf unbestimmte Zeit Telemedien geschäftsmäßig anbietet oder erbringt; der Standort der technischen Einrichtung allein begründet keine Niederlassung des Anbieters,
3. ist Nutzer jede natürliche oder juristische Person, die Telemedien nutzt, insbesondere um Informationen zu erlangen oder zugänglich zu machen,
4. sind Verteildienste Telemedien, die im Wege einer Übertragung von Daten ohne individuelle Anforderung gleichzeitig für eine unbegrenzte Anzahl von Nutzern erbracht werden,
5. ist kommerzielle Kommunikation jede Form der Kommunikation, die der unmittelbaren oder mittelbaren Förderung des Absatzes von Waren, Dienstleistungen oder des Erscheinungsbilds eines Unternehmens, einer sonstigen Organisation oder einer natürlichen Person dient, die eine Tätigkeit im Handel, Gewerbe oder Handwerk oder einen freien Beruf ausübt; die Übermittlung der folgenden Angaben stellt als solche keine Form der kommerziellen Kommunikation dar:
    a) Angaben, die unmittelbaren Zugang zur Tätigkeit des Unternehmens oder der Organisation oder Person ermöglichen, wie insbesondere ein Domain-Name oder eine Adresse der elektronischen Post,
    b) Angaben in Bezug auf Waren und Dienstleistungen oder das Erscheinungsbild eines Unternehmens, einer Organisation oder Person, die unabhängig und insbesondere ohne finanzielle Gegenleistung gemacht werden.

²Einer juristischen Person steht eine Personengesellschaft gleich, die mit der Fähigkeit ausgestattet ist, Rechte zu erwerben und Verbindlichkeiten einzugehen.

§ 3 Herkunftslandprinzip

(1) In der Bundesrepublik Deutschland niedergelassene Diensteanbieter und ihre Telemedien unterliegen den Anforderungen des deutschen Rechts auch dann, wenn die Telemedien in einem anderen Staat innerhalb des Geltungsbereichs der Richtlinie 2000/31/EG des Europäischen Parlaments und des Rates vom 8. Juni 2000 über bestimmte rechtliche Aspekte der Dienste der Informationsgesellschaft, insbesondere des elektronischen Geschäftsverkehrs, im Binnenmarkt (ABl. EG Nr. L 178 S. 1) geschäftsmäßig angeboten oder erbracht werden.

(2) ¹Der freie Dienstleistungsverkehr von Telemedien, die in der Bundesrepublik Deutschland von Diensteanbietern geschäftsmäßig angeboten oder erbracht werden, die in einem anderen Staat innerhalb des Geltungsbereichs der Richtlinie 2000/31/EG niedergelassen sind, wird nicht eingeschränkt. ²Absatz 5 bleibt unberührt.

(3) Von den Absätzen 1 und 2 bleiben unberührt

Telemediengesetz **TMG 8**

1. die Freiheit der Rechtswahl,
2. die Vorschriften für vertragliche Schuldverhältnisse in Bezug auf Verbraucherverträge,
3. gesetzliche Vorschriften über die Form des Erwerbs von Grundstücken und grundstücksgleichen Rechten sowie der Begründung, Übertragung, Änderung oder Aufhebung von dinglichen Rechten an Grundstücken und grundstücksgleichen Rechten,
4. das für den Schutz personenbezogener Daten geltende Recht.

(4) Die Absätze 1 und 2 gelten nicht für
1. die Tätigkeit von Notaren sowie von Angehörigen anderer Berufe, soweit diese ebenfalls hoheitlich tätig sind,
2. die Vertretung von Mandanten und die Wahrnehmung ihrer Interessen vor Gericht,
3. die Zulässigkeit nicht angeforderter kommerzieller Kommunikationen durch elektronische Post,
4. Gewinnspiele mit einem einen Geldwert darstellenden Einsatz bei Glücksspielen, einschließlich Lotterien und Wetten,
5. die Anforderungen an Verteildienste,
6. das Urheberrecht, verwandte Schutzrechte, Rechte im Sinne der Richtlinie 87/54/EWG des Rates vom 16. Dezember 1986 über den Rechtsschutz der Topographien von Halbleitererzeugnissen (ABl. EG Nr. L 24 S. 36) und der Richtlinie 96/9/EG des Europäischen Parlaments und des Rates vom 11. März 1996 über den rechtlichen Schutz von Datenbanken (ABl. EG Nr. L 77 S. 20) sowie für gewerbliche Schutzrechte,
7. die Ausgabe elektronischen Geldes durch Institute, die gemäß Artikel 8 Abs. 1 der Richtlinie 2000/46/EG des Europäischen Parlaments und des Rates vom 18. September 2000 über die Aufnahme, Ausübung und Beaufsichtigung der Tätigkeit von E-Geld-Instituten (ABl. EG Nr. L 275 S. 39) von der Anwendung einiger oder aller Vorschriften dieser Richtlinie und von der Anwendung der Richtlinie 2000/12/EG des Europäischen Parlaments und des Rates vom 20. März 2000 über die Aufnahme und Ausübung der Tätigkeit der Kreditinstitute (ABl. EG Nr. L 126 S. 1) freigestellt sind,
8. Vereinbarungen oder Verhaltensweisen, die dem Kartellrecht unterliegen,
9. die von den §§ 12, 13a bis 13c, 55a, 83, 110a bis 110d, 111b und 111c des Versicherungsaufsichtsgesetzes und der Versicherungsberichterstattungs-Verordnung erfassten Bereiche, die Regelungen über das auf Versicherungsverträge anwendbare Recht sowie für Pflichtversicherungen.

(5) ^{1}Das Angebot und die Erbringung von Telemedien durch einen Diensteanbieter, der in einem anderen Staat im Geltungsbereich der Richtlinie 2000/31/EG niedergelassen ist, unterliegen abweichend von Absatz 2 den Einschränkungen des innerstaatlichen Rechts, soweit dieses dem Schutz
1. der öffentlichen Sicherheit und Ordnung, insbesondere im Hinblick auf die Verhütung, Ermittlung, Aufklärung, Verfolgung und Vollstreckung von Straftaten und Ordnungswidrigkeiten, einschließlich des Jugendschutzes und der Bekämpfung der Hetze aus Gründen der Rasse, des Geschlechts, des Glaubens oder der Nationalität sowie von Verletzungen der Menschenwürde einzelner Personen sowie die Wahrung nationaler Sicherheits- und Verteidigungsinteressen,
2. der öffentlichen Gesundheit,
3. der Interessen der Verbraucher, einschließlich des Schutzes von Anlegern,

vor Beeinträchtigungen oder ernsthaften und schwerwiegenden Gefahren dient und die auf der Grundlage des innerstaatlichen Rechts in Betracht kommenden Maßnahmen in einem angemessenen Verhältnis zu diesen Schutzzielen stehen. ^{2}Für das Verfahren zur Einleitung von Maßnahmen nach Satz 1 – mit Ausnahme von gericht-

8 TMG Telemediengesetz

lichen Verfahren einschließlich etwaiger Vorverfahren und der Verfolgung von Straftaten einschließlich der Strafvollstreckung und von Ordnungswidrigkeiten – sieht Artikel 3 Abs. 4 und 5 der Richtlinie 2000/31/EG Konsultations- und Informationspflichten vor.

Abschnitt 2. Zulassungsfreiheit und Informationspflichten

§ 4 Zulassungsfreiheit

Telemedien sind im Rahmen der Gesetze zulassungs- und anmeldefrei.

§ 5 Allgemeine Informationspflichten

(1) Diensteanbieter haben für geschäftsmäßige, in der Regel gegen Entgelt angebotene Telemedien folgende Informationen leicht erkennbar, unmittelbar erreichbar und ständig verfügbar zu halten:
1. den Namen und die Anschrift, unter der sie niedergelassen sind, bei juristischen Personen zusätzlich die Rechtsform, den Vertretungsberechtigten und, sofern Angaben über das Kapital der Gesellschaft gemacht werden, das Stamm- oder Grundkapital sowie, wenn nicht alle in Geld zu leistenden Einlagen eingezahlt sind, der Gesamtbetrag der ausstehenden Einlagen,
2. Angaben, die eine schnelle elektronische Kontaktaufnahme und unmittelbare Kommunikation mit ihnen ermöglichen, einschließlich der Adresse der elektronischen Post,
3. soweit der Dienst im Rahmen einer Tätigkeit angeboten oder erbracht wird, die der behördlichen Zulassung bedarf, Angaben zur zuständigen Aufsichtsbehörde,
4. das Handelsregister, Vereinsregister, Partnerschaftsregister oder Genossenschaftsregister, in das sie eingetragen sind, und die entsprechende Registernummer,
5. soweit der Dienst in Ausübung eines Berufs im Sinne von Artikel 1 Buchstabe d der Richtlinie 89/48/EWG des Rates vom 21. Dezember 1988 über eine allgemeine Regelung zur Anerkennung der Hochschuldiplome, die eine mindestens dreijährige Berufsausbildung abschließen (ABl. EG Nr. L 19 S. 16), oder im Sinne von Artikel 1 Buchstabe f der Richtlinie 92/51/EWG des Rates vom 18. Juni 1992 über eine zweite allgemeine Regelung zur Anerkennung beruflicher Befähigungsnachweise in Ergänzung zur Richtlinie 89/48/EWG (ABl. EG Nr. L 209 S. 25, 1995 Nr. L 17 S. 20), zuletzt geändert durch die Richtlinie 97/38/EG der Kommission vom 20. Juni 1997 (ABl. EG Nr. L 184 S. 31), angeboten oder erbracht wird, Angaben über
    a) die Kammer, welcher die Diensteanbieter angehören,
    b) die gesetzliche Berufsbezeichnung und den Staat, in dem die Berufsbezeichnung verliehen worden ist,
    c) die Bezeichnung der berufsrechtlichen Regelungen und dazu, wie diese zugänglich sind,
6. in Fällen, in denen sie eine Umsatzsteueridentifikationsnummer nach § 27a des Umsatzsteuergesetzes oder eine Wirtschafts-Identifikationsnummer nach § 139c der Abgabenordnung besitzen, die Angabe dieser Nummer,
7. bei Aktiengesellschaften, Kommanditgesellschaften auf Aktien und Gesellschaften mit beschränkter Haftung, die sich in Abwicklung oder Liquidation befinden, die Angabe hierüber.

(2) Weitergehende Informationspflichten nach anderen Rechtsvorschriften bleiben unberührt.

Telemediengesetz **TMG 8**

§ 6 Besondere Informationspflichten bei kommerziellen Kommunikationen

(1) Diensteanbieter haben bei kommerziellen Kommunikationen, die Telemedien oder Bestandteile von Telemedien sind, mindestens die folgenden Voraussetzungen zu beachten:
1. Kommerzielle Kommunikationen müssen klar als solche zu erkennen sein.
2. Die natürliche oder juristische Person, in deren Auftrag kommerzielle Kommunikationen erfolgen, muss klar identifizierbar sein.
3. Angebote zur Verkaufsförderung wie Preisnachlässe, Zugaben und Geschenke müssen klar als solche erkennbar sein, und die Bedingungen für ihre Inanspruchnahme müssen leicht zugänglich sein sowie klar und unzweideutig angegeben werden.
4. Preisausschreiben oder Gewinnspiele mit Werbecharakter müssen klar als solche erkennbar und die Teilnahmebedingungen leicht zugänglich sein sowie klar und unzweideutig angegeben werden.

(2) [1]Werden kommerzielle Kommunikationen per elektronischer Post versandt, darf in der Kopf- und Betreffzeile weder der Absender noch der kommerzielle Charakter der Nachricht verschleiert oder verheimlicht werden. [2]Ein Verschleiern oder Verheimlichen liegt dann vor, wenn die Kopf- und Betreffzeile absichtlich so gestaltet sind, dass der Empfänger vor Einsichtnahme in den Inhalt der Kommunikation keine oder irreführende Informationen über die tatsächliche Identität des Absenders oder den kommerziellen Charakter der Nachricht erhält.

(3) Die Vorschriften des Gesetzes gegen den unlauteren Wettbewerb bleiben unberührt,

Abschnitt 3. Verantwortlichkeit

§ 7 Allgemeine Grundsätze

(1) Diensteanbieter sind für eigene Informationen, die sie zur Nutzung bereithalten, nach den allgemeinen Gesetzen verantwortlich.

(2) [1]Diensteanbieter im Sinne der §§ 8 bis 10 sind nicht verpflichtet, die von ihnen übermittelten oder gespeicherten Informationen zu überwachen oder nach Umständen zu forschen, die auf eine rechtswidrige Tätigkeit hinweisen. [2]Verpflichtungen zur Entfernung oder Sperrung der Nutzung von Informationen nach den allgemeinen Gesetzen bleiben auch im Falle der Nichtverantwortlichkeit des Diensteanbieters nach den §§ 8 bis 10 unberührt. [3]Das Fernmeldegeheimnis nach § 88 des Telekommunikationsgesetzes ist zu wahren.

§ 8 Durchleitung von Informationen

(1) [1]Diensteanbieter sind für fremde Informationen, die sie in einem Kommunikationsnetz übermitteln oder zu denen sie den Zugang zur Nutzung vermitteln, nicht verantwortlich, sofern sie
1. die Übermittlung nicht veranlasst,
2. den Adressaten der übermittelten Informationen nicht ausgewählt und
3. die übermittelten Informationen nicht ausgewählt oder verändert haben.

[2]Satz 1 findet keine Anwendung, wenn der Diensteanbieter absichtlich mit einem Nutzer seines Dienstes zusammenarbeitet, um rechtswidrige Handlungen zu begehen.

(2) Die Übermittlung von Informationen nach Absatz 1 und die Vermittlung des Zugangs zu ihnen umfasst auch die automatische kurzzeitige Zwischenspeicherung

1253

8 TMG

Telemediengesetz

dieser Informationen, soweit dies nur zur Durchführung der Übermittlung im Kommunikationsnetz geschieht und die Informationen nicht länger gespeichert werden, als für die Übermittlung üblicherweise erforderlich ist.

§ 9 Zwischenspeicherung zur beschleunigten Übermittlung von Informationen

[1]Diensteanbieter sind für eine automatische, zeitlich begrenzte Zwischenspeicherung, die allein dem Zweck dient, die Übermittlung fremder Informationen an andere Nutzer auf deren Anfrage effizienter zu gestalten, nicht verantwortlich, sofern sie
1. die Informationen nicht verändern,
2. die Bedingungen für den Zugang zu den Informationen beachten,
3. die Regeln für die Aktualisierung der Informationen, die in weithin anerkannten und verwendeten Industriestandards festgelegt sind, beachten,
4. die erlaubte Anwendung von Technologien zur Sammlung von Daten über die Nutzung der Informationen, die in weithin anerkannten und verwendeten Industriestandards festgelegt sind, nicht beeinträchtigen und
5. unverzüglich handeln, um im Sinne dieser Vorschrift gespeicherte Informationen zu entfernen oder den Zugang zu ihnen zu sperren, sobald sie Kenntnis davon erhalten haben, dass die Informationen am ursprünglichen Ausgangsort der Übertragung aus dem Netz entfernt wurden oder der Zugang zu ihnen gesperrt wurde oder ein Gericht oder eine Verwaltungsbehörde die Entfernung oder Sperrung angeordnet hat.

[2] § 8 Abs. 1 Satz 2 gilt entsprechend.

§ 10 Speicherung von Informationen

[1]Diensteanbieter sind für fremde Informationen, die sie für einen Nutzer speichern, nicht verantwortlich, sofern
1. sie keine Kenntnis von der rechtswidrigen Handlung oder der Information haben und ihnen im Falle von Schadensersatzansprüchen auch keine Tatsachen oder Umstände bekannt sind, aus denen die rechtswidrige Handlung oder die Information offensichtlich wird, oder
2. sie unverzüglich tätig geworden sind, um die Information zu entfernen oder den Zugang zu ihr zu sperren, sobald sie diese Kenntnis erlangt haben.

[2]Satz 1 findet keine Anwendung, wenn der Nutzer dem Diensteanbieter untersteht oder von ihm beaufsichtigt wird.

Abschnitt 4. Datenschutz

§ 11 Anbieter-Nutzer-Verhältnis

(1) Die Vorschriften dieses Abschnitts gelten nicht für die Erhebung und Verwendung personenbezogener Daten der Nutzer von Telemedien, soweit die Bereitstellung solcher Dienste
1. im Dienst- und Arbeitsverhältnis zu ausschließlich beruflichen oder dienstlichen Zwecken oder
2. innerhalb von oder zwischen nicht öffentlichen Stellen oder öffentlichen Stellen ausschließlich zur Steuerung von Arbeits- oder Geschäftsprozessen erfolgt.

(2) Nutzer im Sinne dieses Abschnitts ist jede natürliche Person, die Telemedien nutzt, insbesondere um Informationen zu erlangen oder zugänglich zu machen.

(3) Bei Telemedien, die überwiegend in der Übertragung von Signalen über Telekommunikationsnetze bestehen, gelten für die Erhebung und Verwendung personenbezogener Daten der Nutzer nur § 15 Absatz 8 und § 16 Absatz 2 Nummer 4.

§ 12 Grundsätze

(1) Der Diensteanbieter darf personenbezogene Daten zur Bereitstellung von Telemedien nur erheben und verwenden, soweit dieses Gesetz oder eine andere Rechtsvorschrift, die sich ausdrücklich auf Telemedien bezieht, es erlaubt oder der Nutzer eingewilligt hat.

(2) Der Diensteanbieter darf für die Bereitstellung von Telemedien erhobene personenbezogene Daten für andere Zwecke nur verwenden, soweit dieses Gesetz oder eine andere Rechtsvorschrift, die sich ausdrücklich auf Telemedien bezieht, es erlaubt oder der Nutzer eingewilligt hat.

(3) Soweit nichts anderes bestimmt ist, sind die jeweils geltenden Vorschriften für den Schutz personenbezogener Daten anzuwenden, auch wenn die Daten nicht automatisiert verarbeitet werden.

§ 13 Pflichten des Diensteanbieters

(1) [1]Der Diensteanbieter hat den Nutzer zu Beginn des Nutzungsvorgangs über Art, Umfang und Zwecke der Erhebung und Verwendung personenbezogener Daten sowie über die Verarbeitung seiner Daten in Staaten außerhalb des Anwendungsbereichs der Richtlinie 95/46/EG des Europäischen Parlaments und des Rates vom 24. Oktober 1995 zum Schutz natürlicher Personen bei der Verarbeitung personenbezogener Daten und zum freien Datenverkehr (ABl. EG Nr. L 281 S. 31) in allgemein verständlicher Form zu unterrichten, sofern eine solche Unterrichtung nicht bereits erfolgt ist. [2]Bei einem automatisierten Verfahren, das eine spätere Identifizierung des Nutzers ermöglicht und eine Erhebung oder Verwendung personenbezogener Daten vorbereitet, ist der Nutzer zu Beginn dieses Verfahrens zu unterrichten. [3]Der Inhalt der Unterrichtung muss für den Nutzer jederzeit abrufbar sein.

(2) Die Einwilligung kann elektronisch erklärt werden, wenn der Diensteanbieter sicherstellt, dass
1. der Nutzer seine Einwilligung bewusst und eindeutig erteilt hat,
2. die Einwilligung protokolliert wird,
3. der Nutzer den Inhalt der Einwilligung jederzeit abrufen kann und
4. der Nutzer die Einwilligung jederzeit mit Wirkung für die Zukunft widerrufen kann.

(3) [1]Der Diensteanbieter hat den Nutzer vor Erklärung der Einwilligung auf das Recht nach Absatz 2 Nr. 4 hinzuweisen. [2]Absatz 1 Satz 3 gilt entsprechend.

(4) [1]Der Diensteanbieter hat durch technische und organisatorische Vorkehrungen sicherzustellen, dass
1. der Nutzer die Nutzung des Dienstes jederzeit beenden kann,
2. die anfallenden personenbezogenen Daten über den Ablauf des Zugriffs oder der sonstigen Nutzung unmittelbar nach deren Beendigung gelöscht oder in den Fällen des Satzes 2 gesperrt werden,
3. der Nutzer Telemedien gegen Kenntnisnahme Dritter geschützt in Anspruch nehmen kann,
4. die personenbezogenen Daten über die Nutzung verschiedener Telemedien durch denselben Nutzer getrennt verwendet werden können,
5. Daten nach § 15 Abs. 2 nur für Abrechnungszwecke zusammengeführt werden können und

8 TMG Telemediengesetz

6. Nutzungsprofile nach § 15 Abs. 3 nicht mit Angaben zur Identifikation des Trägers des Pseudonyms zusammengeführt werden können.
²An die Stelle der Löschung nach Satz 1 Nr. 2 tritt eine Sperrung, soweit einer Löschung gesetzliche, satzungsmäßige oder vertragliche Aufbewahrungsfristen entgegenstehen.

(5) Die Weitervermittlung zu einem anderen Diensteanbieter ist dem Nutzer anzuzeigen.

(6) ¹Der Diensteanbieter hat die Nutzung von Telemedien und ihre Bezahlung anonym oder unter Pseudonym zu ermöglichen, soweit dies technisch möglich und zumutbar ist. ²Der Nutzer ist über diese Möglichkeit zu informieren.

(7) ¹Der Diensteanbieter hat dem Nutzer nach Maßgabe von § 34 des Bundesdatenschutzgesetzes auf Verlangen Auskunft über die zu seiner Person oder zu seinem Pseudonym gespeicherten Daten zu erteilen. ²Die Auskunft kann auf Verlangen des Nutzers auch elektronisch erteilt werden.

§ 14 Bestandsdaten

(1) Der Diensteanbieter darf personenbezogene Daten eines Nutzers nur erheben und verwenden, soweit sie für die Begründung, inhaltliche Ausgestaltung oder Änderung eines Vertragsverhältnisses zwischen dem Diensteanbieter und dem Nutzer über die Nutzung von Telemedien erforderlich sind (Bestandsdaten).

(2) Auf Anordnung der zuständigen Stellen darf der Diensteanbieter im Einzelfall Auskunft über Bestandsdaten erteilen, soweit dies für Zwecke der Strafverfolgung, zur Gefahrenabwehr durch die Polizeibehörden der Länder, zur Erfüllung der gesetzlichen Aufgaben der Verfassungsschutzbehörden des Bundes und der Länder, des Bundesnachrichtendienstes oder des Militärischen Abschirmdienstes oder des Bundeskriminalamtes im Rahmen seiner Aufgabe zur Abwehr von Gefahren des internationalen Terrorismus oder zur Durchsetzung der Rechte am geistigen Eigentum erforderlich ist.

§ 15 Nutzungsdaten

(1) ¹Der Diensteanbieter darf personenbezogene Daten eines Nutzers nur erheben und verwenden, soweit dies erforderlich ist, um die Inanspruchnahme von Telemedien zu ermöglichen und abzurechnen (Nutzungsdaten). ²Nutzungsdaten sind insbesondere
1. Merkmale zur Identifikation des Nutzers,
2. Angaben über Beginn und Ende sowie des Umfangs der jeweiligen Nutzung und
3. Angaben über die vom Nutzer in Anspruch genommenen Telemedien.

(2) Der Diensteanbieter darf Nutzungsdaten eines Nutzers über die Inanspruchnahme verschiedener Telemedien zusammenführen, soweit dies für Abrechnungszwecke mit dem Nutzer erforderlich ist.

(3) ¹Der Diensteanbieter darf für Zwecke der Werbung, der Marktforschung oder zur bedarfsgerechten Gestaltung der Telemedien Nutzungsprofile bei Verwendung von Pseudonymen erstellen, sofern der Nutzer dem nicht widerspricht. ²Der Diensteanbieter hat den Nutzer auf sein Widerspruchsrecht im Rahmen der Unterrichtung nach § 13 Abs. 1 hinzuweisen. ³Diese Nutzungsprofile dürfen nicht mit Daten über den Träger des Pseudonyms zusammengeführt werden.

(4) ¹Der Diensteanbieter darf Nutzungsdaten über das Ende des Nutzungsvorgangs hinaus verwenden, soweit sie für Zwecke der Abrechnung mit dem Nutzer erforderlich sind (Abrechnungsdaten). ²Zur Erfüllung bestehender gesetzlicher, satzungsmäßiger oder vertraglicher Aufbewahrungsfristen darf der Diensteanbieter die Daten sperren.

(5) ¹Der Diensteanbieter darf an andere Diensteanbieter oder Dritte Abrechnungsdaten übermitteln, soweit dies zur Ermittlung des Entgelts und zur Abrechnung mit dem Nutzer erforderlich ist. ²Hat der Diensteanbieter mit einem Dritten einen Vertrag über den Einzug des Entgelts geschlossen, so darf er diesem Dritten Abrechnungsdaten übermitteln, soweit es für diesen Zweck erforderlich ist. ³Zum Zwecke der Marktforschung anderer Diensteanbieter dürfen anonymisierte Nutzungsdaten übermittelt werden. ⁴§ 14 Abs. 2 findet entsprechende Anwendung.

(6) Die Abrechnung über die Inanspruchnahme von Telemedien darf Anbieter, Zeitpunkt, Dauer, Art, Inhalt und Häufigkeit bestimmter von einem Nutzer in Anspruch genommener Telemedien nicht erkennen lassen, es sei denn, der Nutzer verlangt einen Einzelnachweis.

(7) ¹Der Diensteanbieter darf Abrechnungsdaten, die für die Erstellung von Einzelnachweisen über die Inanspruchnahme bestimmter Angebote auf Verlangen des Nutzers verarbeitet werden, höchstens bis zum Ablauf des sechsten Monats nach Versendung der Rechnung speichern. ²Werden gegen die Entgeltforderung innerhalb dieser Frist Einwendungen erhoben oder diese trotz Zahlungsaufforderung nicht beglichen, dürfen die Abrechnungsdaten weiter gespeichert werden, bis die Einwendungen abschließend geklärt sind oder die Entgeltforderung beglichen ist.

(8) ¹Liegen dem Diensteanbieter zu dokumentierende tatsächliche Anhaltspunkte vor, dass seine Dienste von bestimmten Nutzern in der Absicht in Anspruch genommen werden, das Entgelt nicht oder nicht vollständig zu entrichten, darf er die personenbezogenen Daten dieser Nutzer über das Ende des Nutzungsvorgangs sowie die in Absatz 7 genannte Speicherfrist hinaus nur verwenden, soweit dies für Zwecke der Rechtsverfolgung erforderlich ist. ²Der Diensteanbieter hat die Daten unverzüglich zu löschen, wenn die Voraussetzungen nach Satz 1 nicht mehr vorliegen oder die Daten für die Rechtsverfolgung nicht mehr benötigt werden. ³Der betroffene Nutzer ist zu unterrichten, sobald dies ohne Gefährdung des mit der Maßnahme verfolgten Zweckes möglich ist.

§ 15a Informationspflicht bei unrechtmäßiger Kenntniserlangung von Daten

Stellt der Diensteanbieter fest, dass bei ihm gespeicherte Bestands- oder Nutzungsdaten unrechtmäßig übermittelt worden oder auf sonstige Weise Dritten unrechtmäßig zur Kenntnis gelangt sind, und drohen schwerwiegende Beeinträchtigungen für die Rechte oder schutzwürdigen Interessen des betroffenen Nutzers, gilt § 42a des Bundesdatenschutzgesetzes entsprechend.

Abschnitt 5. Bußgeldvorschriften

§ 16 Bußgeldvorschriften

(1) Ordnungswidrig handelt, wer absichtlich entgegen § 6 Abs. 2 Satz 1 den Absender oder den kommerziellen Charakter der Nachricht verschleiert oder verheimlicht.

(2) Ordnungswidrig handelt, wer vorsätzlich oder fahrlässig
1. entgegen § 5 Abs. 1 eine Information nicht, nicht richtig oder nicht vollständig verfügbar hält,
2. entgegen § 13 Abs. 1 Satz 1 oder 2 den Nutzer nicht, nicht richtig, nicht vollständig oder nicht rechtzeitig unterrichtet,
3. einer Vorschrift des § 13 Abs. 4 Satz 1 Nr. 1 bis 4 oder 5 über eine dort genannte Pflicht zur Sicherstellung zuwiderhandelt,

8 TMG

4. entgegen § 14 Abs. 1 oder § 15 Abs. 1 Satz 1 oder Abs. 8 Satz 1 oder 2 personenbezogene Daten erhebt oder verwendet oder nicht oder nicht rechtzeitig löscht oder
5. entgegen § 15 Abs. 3 Satz 3 ein Nutzungsprofil mit Daten über den Träger des Pseudonyms zusammenführt.

(3) Die Ordnungswidrigkeit kann mit einer Geldbuße bis zu fünfzigtausend Euro geahndet werden.

9. Gesetz über Unterlassungsklagen bei Verbraucherrechts- und anderen Verstößen (Unterlassungsklagengesetz – UKlaG)

In der Fassung der Bekanntmachung vom 27. August 2002 (BGBl. I S. 3422, ber. S. 4346)[1]

BGBl. III/FNA 402-37

Zuletzt geändert durch Art. 7 Gesetz gegen unseriöse Geschäftspraktiken vom 1.10.2013 (BGBl. I S. 3714)

Abschnitt 1. Ansprüche bei Verbraucherrechts- und anderen Verstößen

§ 1 Unterlassungs- und Widerrufsanspruch bei Allgemeinen Geschäftsbedingungen

Wer in Allgemeinen Geschäftsbedingungen Bestimmungen, die nach den §§ 307 bis 309 des Bürgerlichen Gesetzbuchs unwirksam sind, verwendet oder für den rechtsgeschäftlichen Verkehr empfiehlt, kann auf Unterlassung und im Fall des Empfehlens auch auf Widerruf in Anspruch genommen werden.

§ 2 Unterlassungsanspruch bei verbraucherschutzgesetzwidrigen Praktiken

(1) ¹Wer in anderer Weise als durch Verwendung oder Empfehlung von Allgemeinen Geschäftsbedingungen Vorschriften zuwiderhandelt, die dem Schutz der Verbraucher dienen (Verbraucherschutzgesetze), kann im Interesse des Verbraucherschutzes auf Unterlassung in Anspruch genommen werden. ²Werden die Zuwiderhandlungen in einem geschäftlichen Betrieb von einem Angestellten oder einem Beauftragten begangen, so ist der Unterlassungsanspruch auch gegen den Inhaber des Betriebs begründet.

(2) Verbraucherschutzgesetze im Sinne dieser Vorschrift sind insbesondere
1. die Vorschriften des Bürgerlichen Rechts, die für Verbrauchsgüterkäufe, Haustürgeschäfte, Fernabsatzverträge, Teilzeit-Wohnrechteverträge, Reiseverträge, Verbraucherdarlehensverträge sowie für Finanzierungshilfen, Ratenlieferungsverträge, Darlehensvermittlungsverträge und Zahlungsdienste zwischen einem Unternehmer und einem Verbraucher gelten,
2. die Vorschriften zur Umsetzung der Artikel 5, 10 und 11 der Richtlinie 2000/31/EG des Europäischen Parlaments und des Rates vom 8. Juni 2000 über bestimmte rechtliche Aspekte der Dienste der Informationsgesellschaft, insbesondere des elektronischen Geschäftsverkehrs, im Binnenmarkt („Richtlinie über den elektronischen Geschäftsverkehr", ABl. EG Nr. L 178 S. 1),
3. das Fernunterrichtsschutzgesetz,
4. die Vorschriften des Bundes- und Landesrechts zur Umsetzung der Artikel 10 bis 21 der Richtlinie 89/552/EWG des Rates vom 3. Oktober 1989 zur Koordinierung bestimmter Rechts- und Verwaltungsvorschriften der Mitgliedstaaten über die Ausübung der Fernsehtätigkeit (ABl. EG Nr. L 298 S. 23), geändert durch die

---

[1] Neubekanntmachung des UKlaG v. 26.11.2001 (BGBl. I S. 3138, 3173) in der seit dem 21.8.2002 geltenden Fassung.

Richtlinie 97/36/EG des Europäischen Parlaments und des Rates vom 30. Juni 1997 zur Änderung der Richtlinie 89/552/EWG des Rates zur Koordinierung bestimmter Rechts- und Verwaltungsvorschriften der Mitgliedstaaten über die Ausübung der Fernsehtätigkeit (ABl. EG Nr. L 202 S. 60),
5. die entsprechenden Vorschriften des Arzneimittelgesetzes sowie Artikel 1 §§ 3 bis 13 des Gesetzes über die Werbung auf dem Gebiete des Heilwesens,
6. § 126 des Investmentgesetzes,
7. die Vorschriften des Abschnitts 6 des Wertpapierhandelsgesetzes, die das Verhältnis zwischen einem Wertpapierdienstleistungsunternehmen und einem Kunden regeln,
8. das Rechtsdienstleistungsgesetz,
9. § 37 Abs. 1 und 2, § 53 Abs. 2 und 3, §§ 54, 55 Abs. 2 und 3 sowie § 56 des Erneuerbare-Energien-Gesetzes,
10. das Wohn- und Betreuungsvertragsgesetz.

(3) Der Anspruch auf Unterlassung kann nicht geltend gemacht werden, wenn die Geltendmachung unter Berücksichtigung der gesamten Umstände missbräuchlich ist, insbesondere wenn sie vorwiegend dazu dient, gegen den Zuwiderhandelnden einen Anspruch auf Ersatz von Aufwendungen oder Kosten der Rechtsverfolgung entstehen zu lassen.

§ 2a Unterlassungsanspruch nach dem Urheberrechtsgesetz

(1) Wer gegen § 95b Abs. 1 des Urheberrechtsgesetzes verstößt, kann auf Unterlassung in Anspruch genommen werden.

(2) Absatz 1 gilt nicht, soweit Werke und sonstige Schutzgegenstände der Öffentlichkeit auf Grund einer vertraglichen Vereinbarung in einer Weise zugänglich gemacht werden, dass sie Mitgliedern der Öffentlichkeit von Orten und zu Zeiten ihrer Wahl zugänglich sind.

(3) § 2 Abs. 3 gilt entsprechend.

§ 3 Anspruchsberechtigte Stellen

(1) [1]Die in den §§ 1 und 2 bezeichneten Ansprüche auf Unterlassung und auf Widerruf stehen zu:
1. qualifizierten Einrichtungen, die nachweisen, dass sie in die Liste qualifizierter Einrichtungen nach § 4 oder in dem Verzeichnis der Kommission der Europäischen Gemeinschaften nach Artikel 4 der Richtlinie 98/27/EG des Europäischen Parlaments und des Rates vom 19. Mai 1998 über Unterlassungsklagen zum Schutz der Verbraucherinteressen (ABl. EG Nr. L 166 S. 51) in der jeweils geltenden Fassung eingetragen sind,
2. rechtsfähigen Verbänden zur Förderung gewerblicher oder selbständiger beruflicher Interessen, soweit sie insbesondere nach ihrer personellen, sachlichen und finanziellen Ausstattung imstande sind, ihre satzungsgemäßen Aufgaben der Verfolgung gewerblicher oder selbständiger beruflicher Interessen tatsächlich wahrzunehmen, und, bei Klagen nach § 2, soweit ihnen eine erhebliche Zahl von Unternehmern angehört, die Waren oder Dienstleistungen gleicher oder verwandter Art auf demselben Markt vertreiben und der Anspruch eine Handlung betrifft, die die Interessen ihrer Mitglieder berührt und die geeignet ist, den Wettbewerb nicht unerheblich zu verfälschen;
3. den Industrie- und Handelskammern oder den Handwerkskammern.

[2]Der Anspruch kann nur an Stellen im Sinne des Satzes 1 abgetreten werden.

(2) Die in Absatz 1 Nr. 1 bezeichneten Einrichtungen können Ansprüche auf Unterlassung und auf Widerruf nach § 1 nicht geltend machen, wenn Allgemeine Ge-

bei Verbraucherrechts- und anderen Verstößen **UKlaG 9**

schäftsbedingungen gegenüber einem Unternehmer (§ 14 des Bürgerlichen Gesetzbuchs) verwendet oder wenn Allgemeine Geschäftsbedingungen zur ausschließlichen Verwendung zwischen Unternehmern empfohlen werden.

§ 3a **Anspruchsberechtigte Verbände nach § 2a**

[1]Der in § 2a Abs. 1 bezeichnete Anspruch auf Unterlassung steht rechtsfähigen Verbänden zur nicht gewerbsmäßigen und nicht nur vorübergehenden Förderung der Interessen derjenigen zu, die durch § 95b Abs. 1 Satz 1 des Urheberrechtsgesetzes begünstigt werden. [2]Der Anspruch kann nur an Verbände im Sinne des Satzes 1 abgetreten werden.

§ 4 **Qualifizierte Einrichtungen**

(1) [1]Das Bundesamt für Justiz führt eine Liste qualifizierter Einrichtungen. [2]Diese Liste wird mit dem Stand zum 1. Januar eines jeden Jahres im Bundesanzeiger bekannt gemacht und der Kommission der Europäischen Gemeinschaften unter Hinweis auf Artikel 4 Abs. 2 der Richtlinie 98/27/EG des Europäischen Parlaments und des Rates vom 19. Mai 1998 über Unterlassungsklagen zum Schutz der Verbraucherinteressen (ABl. EG Nr. L 166 S. 51) zugeleitet.

(2) [1]In die Liste werden auf Antrag rechtsfähige Verbände eingetragen, zu deren satzungsmäßigen Aufgaben es gehört, die Interessen der Verbraucher durch Aufklärung und Beratung nicht gewerbsmäßig und nicht nur vorübergehend wahrzunehmen, wenn sie in diesem Aufgabenbereich tätige Verbände oder mindestens 75 natürliche Personen als Mitglieder haben, seit mindestens einem Jahr bestehen und auf Grund ihrer bisherigen Tätigkeit Gewähr für eine sachgerechte Aufgabenerfüllung bieten. [2]Es wird unwiderleglich vermutet, dass Verbraucherzentralen und andere Verbraucherverbände, die mit öffentlichen Mitteln gefördert werden, diese Voraussetzungen erfüllen. [3]Die Eintragung in die Liste erfolgt unter Angabe von Namen, Anschrift, Registergericht, Registernummer und satzungsmäßigem Zweck. [4]Sie ist mit Wirkung für die Zukunft aufzuheben, wenn
1. der Verband dies beantragt oder
2. die Voraussetzungen für die Eintragung nicht vorlagen oder weggefallen sind.

[5]Ist auf Grund tatsächlicher Anhaltspunkte damit zu rechnen, dass die Eintragung nach Satz 4 zurückzunehmen oder zu widerrufen ist, so soll das Bundesamt für Justiz das Ruhen der Eintragung für einen bestimmten Zeitraum von längstens drei Monaten anordnen. [6]Widerspruch und Anfechtungsklage haben im Fall des Satzes 5 keine aufschiebende Wirkung.

(3) [1]Entscheidungen über Eintragungen erfolgen durch einen Bescheid, der dem Antragsteller zuzustellen ist. [2]Das Bundesamt für Justiz erteilt den Verbänden auf Antrag eine Bescheinigung über ihre Eintragung in die Liste. [3]Es bescheinigt auf Antrag Dritten, die daran ein rechtliches Interesse haben, dass die Eintragung eines Verbands in die Liste aufgehoben worden ist.

(4) Ergeben sich in einem Rechtsstreit begründete Zweifel an dem Vorliegen der Voraussetzungen nach Absatz 2 bei einer eingetragenen Einrichtung, so kann das Gericht das Bundesamt für Justiz zur Überprüfung der Eintragung auffordern und die Verhandlung bis zu dessen Entscheidung aussetzen.

(5) Das Bundesministerium der Justiz wird ermächtigt, durch Rechtsverordnung, die der Zustimmung des Bundesrates nicht bedarf, die Einzelheiten des Eintragungsverfahrens, insbesondere die zur Prüfung der Eintragungsvoraussetzungen erforderlichen Ermittlungen, sowie die Einzelheiten der Führung der Liste zu regeln.

9 UKlaG

Gesetz über Unterlassungsklagen

§ 4a Unterlassungsanspruch bei innergemeinschaftlichen Verstößen

(1) Wer innergemeinschaftlich gegen Gesetze zum Schutz der Verbraucherinteressen im Sinne von Artikel 3 Buchstabe b der Verordnung (EG) Nr. 2006/2004 des Europäischen Parlaments und des Rates vom 27. Oktober 2004 über die Zusammenarbeit zwischen den für die Durchsetzung der Verbraucherschutzgesetze zuständigen nationalen Behörden (ABl. EU Nr. L 364 S. 1), geändert durch Artikel 16 Nr. 2 der Richtlinie 2005/29/EG des Europäischen Parlaments und des Rates vom 11. Mai 2005 (ABl. EU Nr. L 149 S. 22), verstößt, kann auf Unterlassung in Anspruch genommen werden.

(2) § 2 Abs. 3 und § 3 Abs. 1 gelten entsprechend.

Abschnitt 2. Verfahrensvorschriften

Unterabschnitt 1. Allgemeine Vorschriften

§ 5 Anwendung der Zivilprozessordnung und anderer Vorschriften

Auf das Verfahren sind die Vorschriften der Zivilprozessordnung und § 12 Abs. 1, 2 und 4 des Gesetzes gegen den unlauteren Wettbewerb anzuwenden, soweit sich aus diesem Gesetz nicht etwas anderes ergibt.

§ 6 Zuständigkeit

(1) [1]Für Klagen nach diesem Gesetz ist das Landgericht ausschließlich zuständig, in dessen Bezirk der Beklagte seine gewerbliche Niederlassung oder in Ermangelung einer solchen seinen Wohnsitz hat. [2]Hat der Beklagte im Inland weder eine gewerbliche Niederlassung noch einen Wohnsitz, so ist das Gericht des inländischen Aufenthaltsorts zuständig, in Ermangelung eines solchen das Gericht, in dessen Bezirk
1. die nach den §§ 307 bis 309 des Bürgerlichen Gesetzbuchs unwirksamen Bestimmungen in Allgemeinen Geschäftsbedingungen verwendet wurden,
2. gegen Verbraucherschutzgesetze verstoßen wurde oder
3. gegen § 95b Abs. 1 des Urheberrechtsgesetzes verstoßen wurde.

(2) [1]Die Landesregierungen werden ermächtigt, zur sachdienlichen Förderung oder schnelleren Erledigung der Verfahren durch Rechtsverordnung einem Landgericht für die Bezirke mehrerer Landgerichte Rechtsstreitigkeiten nach diesem Gesetz zuzuweisen. [2]Die Landesregierungen können die Ermächtigung durch Rechtsverordnung auf die Landesjustizverwaltungen übertragen.

(3) Die vorstehenden Absätze gelten nicht für Klagen, die einen Anspruch der in § 13 bezeichneten Art zum Gegenstand haben.

§ 7 Veröffentlichungsbefugnis

[1]Wird der Klage stattgegeben, so kann dem Kläger auf Antrag die Befugnis zugesprochen werden, die Urteilsformel mit der Bezeichnung des verurteilten Beklagten auf dessen Kosten im Bundesanzeiger, im Übrigen auf eigene Kosten bekannt zu machen. [2]Das Gericht kann die Befugnis zeitlich begrenzen.

Unterabschnitt 2. Besondere Vorschriften für Klagen nach § 1

§ 8 Klageantrag und Anhörung

(1) Der Klageantrag muss bei Klagen nach § 1 auch enthalten:

bei Verbraucherrechts- und anderen Verstößen **UKlaG 9**

1. den Wortlaut der beanstandeten Bestimmungen in Allgemeinen Geschäftsbedingungen,
2. die Bezeichnung der Art der Rechtsgeschäfte, für die die Bestimmungen beanstandet werden.

(2) Das Gericht hat vor der Entscheidung über eine Klage nach § 1 die Bundesanstalt für Finanzdienstleistungsaufsicht (Bundesanstalt) zu hören, wenn Gegenstand der Klage
1. Bestimmungen in Allgemeinen Versicherungsbedingungen sind oder
2. Bestimmungen in Allgemeinen Geschäftsbedingungen sind, die die Bundesanstalt nach Maßgabe des Gesetzes über Bausparkassen oder des Investmentgesetzes zu genehmigen hat.

§ 9 Besonderheiten der Urteilsformel

Erachtet das Gericht die Klage nach § 1 für begründet, so enthält die Urteilsformel auch:
1. die beanstandeten Bestimmungen der Allgemeinen Geschäftsbedingungen im Wortlaut,
2. die Bezeichnung der Art der Rechtsgeschäfte, für welche die den Unterlassungsanspruch begründenden Bestimmungen der Allgemeinen Geschäftsbedingungen nicht verwendet oder empfohlen werden dürfen,
3. das Gebot, die Verwendung oder Empfehlung inhaltsgleicher Bestimmungen in Allgemeinen Geschäftsbedingungen zu unterlassen,
4. für den Fall der Verurteilung zum Widerruf das Gebot, das Urteil in gleicher Weise bekannt zu geben, wie die Empfehlung verbreitet wurde.

§ 10 Einwendung wegen abweichender Entscheidung

Der Verwender, dem die Verwendung einer Bestimmung untersagt worden ist, kann im Wege der Klage nach § 767 der Zivilprozessordnung einwenden, dass nachträglich eine Entscheidung des Bundesgerichtshofs oder des Gemeinsamen Senats der Obersten Gerichtshöfe des Bundes ergangen ist, welche die Verwendung dieser Bestimmung für dieselbe Art von Rechtsgeschäften nicht untersagt, und dass die Zwangsvollstreckung aus dem Urteil gegen ihn in unzumutbarer Weise seinen Geschäftsbetrieb beeinträchtigen würde.

§ 11 Wirkungen des Urteils

[1]Handelt der verurteilte Verwender einem auf § 1 beruhenden Unterlassungsgebot zuwider, so ist die Bestimmung in den Allgemeinen Geschäftsbedingungen als unwirksam anzusehen, soweit sich der betroffene Vertragsteil auf die Wirkung des Unterlassungsurteils beruft. [2]Er kann sich jedoch auf die Wirkung des Unterlassungsurteils nicht berufen, wenn der verurteilte Verwender gegen das Urteil die Klage nach § 10 erheben könnte.

Unterabschnitt 3. Besondere Vorschriften für Klagen nach § 2

§ 12 Einigungsstelle

Für Klagen nach § 2 gelten § 15 des Gesetzes gegen den unlauteren Wettbewerb und die darin enthaltene Verordnungsermächtigung entsprechend.

Abschnitt 3. Auskunft zur Durchführung von Unterlassungsklagen

§ 13 Auskunftsanspruch der anspruchsberechtigten Stellen

(1) Wer geschäftsmäßig Post-, Telekommunikations- oder Telemediendienste erbringt oder an der Erbringung solcher Dienste mitwirkt, hat
1. qualifizierten Einrichtungen, die nachweisen, dass sie in die Liste gemäß § 4 oder in das Verzeichnis der Kommission der Europäischen Gemeinschaften gemäß Artikel 4 der Richtlinie 98/27/EG eingetragen sind,
2. rechtsfähigen Verbänden zur Förderung gewerblicher oder selbständiger beruflicher Interessen und
3. Industrie- und Handelskammern oder den Handwerkskammern

auf deren Verlangen den Namen und die zustellungsfähige Anschrift eines Beteiligten an Post-, Telekommunikations- oder Telemediendiensten mitzuteilen, wenn diese Stellen schriftlich versichern, dass sie die Angaben zur Durchsetzung ihrer Ansprüche gemäß § 1 oder § 2 benötigen und nicht anderweitig beschaffen können.

(2) ¹Der Anspruch besteht nur, soweit die Auskunft ausschließlich anhand der bei dem Auskunftspflichtigen vorhandenen Bestandsdaten erteilt werden kann. ²Die Auskunft darf nicht deshalb verweigert werden, weil der Beteiligte, dessen Angaben mitgeteilt werden sollen, in die Übermittlung nicht einwilligt.

(3) ¹Der Auskunftspflichtige kann von dem Anspruchsberechtigten einen angemessenen Ausgleich für die Erteilung der Auskunft verlangen. ²Der Beteiligte hat, wenn der gegen ihn geltend gemachte Anspruch nach § 1 oder § 2 begründet ist, dem Anspruchsberechtigten den gezahlten Ausgleich zu erstatten.

§ 13a Auskunftsanspruch sonstiger Betroffener

Wer von einem anderen Unterlassung der Lieferung unbestellter Sachen, der Erbringung unbestellter sonstiger Leistungen oder der Zusendung oder sonstiger Übermittlung unverlangter Werbung verlangen kann, hat die Ansprüche gemäß § 13 mit der Maßgabe, dass an die Stelle des Anspruchs nach § 1 oder § 2 sein Anspruch auf Unterlassung nach allgemeinen Vorschriften tritt.

Abschnitt 4. Außergerichtliche Schlichtung

§ 14[2] Schlichtungsverfahren

(1) Bei Streitigkeiten aus der Anwendung
1. der Vorschriften des Bürgerlichen Gesetzbuchs betreffend Fernabsatzverträge über Finanzdienstleistungen oder
2. der §§ 675c bis 676c des Bürgerlichen Gesetzbuchs

können die Beteiligten unbeschadet ihres Rechts, die Gerichte anzurufen, die Schlichtungsstelle anrufen, die bei der Deutschen Bundesbank einzurichten ist.

(2) ¹Das Bundesministerium der Justiz regelt durch Rechtsverordnung, die nicht der Zustimmung des Bundesrates bedarf, die näheren Einzelheiten des Verfahrens der Schlichtungsstelle nach Absatz 1 und die Zusammenarbeit mit vergleichbaren Stellen zur außergerichtlichen Streitbeilegung in anderen Vertragsstaaten des Abkom-

---

[2] In § 14 Abs. 1 wird **mWv 11.6.2010** nach Nr. 1 folgende Nr. 2 eingefügt:
„2. der §§ 491 bis 509 des Bürgerlichen Gesetzbuchs oder"
Die bisherige Nr. 2 wird **mWv 11.6.2010** Nr. 3.

mens über den Europäischen Wirtschaftsraum. ²Das Verfahren ist auf die Vewirklichung des Rechts auszurichten und es muss gewährleisten, dass
1. die Schlichtungsstelle unabhängig ist und unparteiisch handelt,
2. ihre Verfahrensregelungen für Interessierte zugänglich sind und
3. die Beteiligten des Schlichtungsverfahrens rechtliches Gehör erhalten, insbesondere Tatsachen und Bewertungen vorbringen können.
³Die Rechtsverordnung regelt auch die Pflicht der Unternehmen, sich nach Maßgabe eines geeigneten Verteilungsschlüssels an den Kosten des Verfahrens zu beteiligen; das Nähere, insbesondere zu diesem Verteilungsschlüssel, regelt die Rechtsverordnung.

(3) Das Bundesministerium der Justiz wird ermächtigt, im Einvernehmen mit den Bundesministerien der Finanzen und für Wirtschaft und Technologie durch Rechtsverordnung mit Zustimmung des Bundesrates die Streitschlichtungsaufgaben nach Absatz 1 auf eine oder mehrere geeignete private Stellen zu übertragen, wenn die Aufgaben dort zweckmäßiger erledigt werden können.

Abschnitt 5. Anwendungsbereich

§ 15 Ausnahme für das Arbeitsrecht

Dieses Gesetz findet auf das Arbeitsrecht keine Anwendung.

Abschnitt 6. Überleitungsvorschriften

§ 16 Überleitungsvorschrift zur Aufhebung des AGB-Gesetzes

(1) Soweit am 1. Januar 2002 Verfahren nach dem AGB-Gesetz in der Fassung der Bekanntmachung vom 29. Juni 2000 (BGBl. I S. 946) anhängig sind, werden diese nach den Vorschriften dieses Gesetzes abgeschlossen.

(2) ¹Das beim Bundeskartellamt geführte Entscheidungsregister nach § 20 des AGB-Gesetzes steht bis zum Ablauf des 31. Dezember 2004 unter den bis zum Ablauf des 31. Dezember 2001 geltenden Voraussetzungen zur Einsicht offen. ²Die in dem Register eingetragenen Entscheidungen werden 20 Jahre nach ihrer Eintragung in das Register, spätestens mit dem Ablauf des 31. Dezember 2004 gelöscht.

(3) Schlichtungsstellen im Sinne von § 14 Abs. 1 sind auch die auf Grund des bisherigen § 29 Abs. 1 des AGB-Gesetzes eingerichteten Stellen.

(4) ¹Die nach § 22a des AGB-Gesetzes eingerichtete Liste qualifizierter Einrichtungen wird nach § 4 fortgeführt. ²Mit Ablauf des 31. Dezember 2001 eingetragene Verbände brauchen die Jahresfrist des § 4 Abs. 2 Satz 1 nicht einzuhalten.

Sachverzeichnis

Fette Zahlen bedeuten Paragraphen bzw. Artikel; magere Zahlen bedeuten Randnummern. Paragraphen ohne Gesetzesangabe sind solche des UWG

Ab-Preise 5 453, 460; **PAngV** 1 30, 5 3
Abbildung von Gebäuden 4 10/21b; 5 602
Abfangen von Korrespondenz 4 10/51; von Kunden 4 10/45 ff
Abholpreis 4 4/10; 5 157, 478, 564
Ablehnung, erkennbare 7 27 ff
Abmahnung Abmahnkosten 12 21 ff; Aktivlegitimation 12 14; Androhung gerichtlicher Maßnahmen 12 18; Bedeutung 12 2; Begriff 12 2; Beweislast für Zugang 12 12 f; Entbehrlichkeit 12 5 ff; Entbehrlichkeit mangels Erfolgsaussicht 12 7; Erstattungsanspruch 12 21 ff; Formale Voraussetzungen 12 10 ff; Fristsetzung 12 17; Gegenabmahnung 12 28; Gesetzliche Regelung 12 1 ff; Inhaltliche Anforderungen 12 14 ff; Konkrete Beanstandung 12 15; Konkretisierung des gesetzlichen Schuldverhältnisses 12 20; Kosten bei Anerkenntnis im Rechtsstreit (§ 93 ZPO) 12 19; Kostenpauschale 12 23; Obliegenheit 12 4; Rechtsfolge: Wettbewerbsrechtliche Sonderbeziehung 12 20; Rechtsnatur 12 3; Unberechtigte Abmahnung; 12 27 ff; Unberechtigte Abmahnung, Aufwendungsersatz 12 32; Unberechtigte Abmahnung, Feststellungsklage 12 29; Unberechtigte Abmahnung, Schadensersatzklage 12 30; Unberechtigte Abmahnung, Schutzrechtsverwarnung 3 69 ff; 4 10/33 ff; 12 31; Unberechtigte Abmahnung, Unterlassungsklage 12 30; Unterwerfungsverlangen 12 16; Unzumutbarkeit 12 6; Verbände 12 23; Vertretung 12 11; Vollmachtsurkunde 12 11; wegen unlauterer geschäftlicher Handlung 4 10/43; Zugang 12 12 f; Zweck 12 2; s auch unberechtigte Abmahnung u Schutzrechtsverwarnung
Abnehmerverwarnung 4 10/33 ff
Absatzbeschränkung 4 11/59 ff
Absatzförderung 2 25; 6 23
Absatzsteigerung 2 27
Absatzstufen 2 61
Absatzverbote 4 11/59 ff
Abschlusserklärung Einstweilige Verfügung 8 22; 12 107, 177, 187 ff; Entfallen des Rechtsschutzbedürfnisses 12 55, 177; Rechtsfolgen 12 190; und Wegfall der Wiederholungsgefahr 8 22, 48; Wirksamwerden 12 189; Zugang 12 189
Abschlussschreiben Einstweilige Verfügung 12 109, 185 ff; Kosten 12 100, 188; Zugang 12 187; Verjährung 11 14 f; s auch Abschlusserklärung
Abschlussverfahren Bedeutung 12 183; Einstweilige Verfügung 12 183 ff
Absicht s Wettbewerbsabsicht
Abstellflächen Kraftfahrzeuge **PAngV** 8 6
Abstraktes Wettbewerbsverhältnis 1 18; 2 67; 4 9/31; s auch konkretes Wettbewerbsverhältnis
Abwanderung von Kunden 2 30
Abwehransprüche 1 18; 8 1 ff, 67, 87; Abtretung von 8 64; Ansprüche mehrerer 8 89; Einwendungen 8 154 ff; Gläubiger 8 85 ff; Schuldner 8 114 ff
Abwerben durch ehemalige Mitarbeiter 4 10/57; von Kunden 4 10/44 ff, 10/54; von Mitarbeitern 4 10/7, 10/19, 10/22 ff
Abzahlungsverkäufer Normadressat **PAngV** 1 19
Access-Provider 8 136
Admin-C 8 134
Adressenangabe 7 71
Adressbuchschwindel 4 3/55, 5 175
Adressenmaterial Verschleiernde Werbung 4 3/54; Verdeckte Laienwerbung 4 1/154
Affiliate-Werbung 8 133, 150
AGB 2 24; 4 11/13, 11/78; 5 563; **5a** 22; 7 53
AGG 4 11/80
Akademie 5 570, 603
Aktivlegitimation 3 45; Abwehransprüche 8 85 ff; Beweislast 8 90; Einschränkung 8 88; Mitbewerber 8 93; Verbände 8 95 ff; Verhältnis zur Klagebefugnis 8 86
Aleatorische Veranstaltungen 4 1/106 ff; Kinder 4 2/8
Aleatorische Werbung Wettbewerbsrechtliche Beurteilung 4 1/58, 1/155
All inclusive 5 505
Alleinstellungsbehauptung Bedeutung 5 636 ff; 6 33; Umweltzeichen 4 1/135; s auch Alleinstellungswerbung

1267

Sachverzeichnis

Alleinstellungswerbung 6 33b; Anzeigenmarkt **5** 649; Aussageformen, Beispielsfälle **5** 640ff; Bestimmter Artikel **5** 641; Darlegungs- und Beweislast **5** 653; Deutsch **5** 273, 643; Domain-Name **5** 648; Euro…, Europäisch **5** 273, 643; Komparativ **5** 270, 640; Negativer Komparativ **5** 271, 642; Positiv **5** 270; Produktbezogene Werbung **5** 268ff; Produktbezogene Werbung, Beispielsfälle **5** 272; Systemunterschiede **5** 651; und vergleichende Werbung; Unternehmensbezogene Werbung **5** 636ff; Weltstellung, Weltruf **5** 645; Zulässigkeitsvoraussetzungen bei Unternehmensbezug **5** 646; s auch Alleinstellungbehauptung
Alleintäterschaft 8 115ff
Allgemeine Geschäftsbedingungen Irreführung **5** 563; s auch AGB
Allgemeine Marktbehinderung s Marktstörung, allgemeine
Allgemeine Marktstörung Einf D 82; s auch Marktstörung, allgemeine
Allgemeine Missachtung des Gesetzes 5 647ff; Abgrenzung zur Angstwerbung **2** 6; Brautradition **5** 651, 653; Einzelfälle **5** 649ff; Filialkette des Stammhauses **5** 652; Gründerbildnis **5** 657; Gründungsjahr **5** 656; Superlativwerbung **5** 661; Unternehmenskontinuität **5** 662
Allgemeines Persönlichkeitsrecht Einf D 18, 61, 69; **4** 1/42, 7/7
Ambush Marketing 4 9/45, 10/66; **5** 89
Amtliche Prüfung Vortäuschung **5** 282, 418
Anbieten Abgrenzung zum Werben **PAngV 1** 18; Preisangabepflicht **PAngV 1** 14ff, 26ff; Beispiele **PAngV 1** 16
Anbieterwettbewerb 2 46, 68
Änderungsvorbehalt PAngV 1 67f
Anerkannt 5 604
Anfänglich effektiver Jahreszins PAngV 6 7
Anfechtung Einf D 69
Anforderungen Gaststätten, Beherbergungsbetriebe **PAngV 7** 1
Angaben Begriff **5** 85ff, **16** 6ff; Arzneimittelkennzeichnung **5** 90; Aussageformen **5** 94ff; Firmen-, Vereins-, Verbandsbezeichnung **5** 91; gesetzlich vorgeschriebene **5** 198f; gesetzlich zugelassene **5** 200f; Irreführung **5** 103ff, 155ff; konkludente **5** 96; mehrdeutige **5** 181f; objektiv falsche **5** 155ff; objektiv richtige **5** 189ff; Preisangaben **PAngV 1** 23, 46, 51ff; tarnende **5** 169ff; Teilnahmebedingungen **4** 5/5; übertreibende **5** 185ff; unklare **5** 160ff; unvollständige **5** 178ff, 443; Vergleichende Werbung **5** 99ff, **6** 14ff; Verkaufsförderungsmaßnahmen **4** 4/8ff; Verpackung, Aufmachung **5** 93; verunsichernde **5** 183f; verschleiernde **5** 163; Warenbezeichnungen **5** 92

Angebot 5a 32; Gesamtangebot **4** 1/88ff, **5** 457; Verschleierung von Vertragsangeboten **4** 3/55ff; Irreführung über Privatangebot **5** 173, 547, 656ff; nachgeahmter Produkte **9** 45ff; Preisangaben **PAngV 1** 16ff; Täuschung über Angebotsbedingungen **5** 547ff; s auch Kopplungsangebot, Eröffnungsangebot, Sonderangebot, Lockvogelwerbung

Angebot kostenloser Beratung Irreführung **5** 673

Angebote im Ausland s Ausland

Angebotsbedingungen Irreführende Werbung **5** 547ff

Angebotsbezogene Ausnahmen Preisangabepflicht **PAngV 9** 18

Angstwerbung 4 2/24ff; Einzelfälle **4** 2/27; Spezielle Werbeverbote (HWG, LFGB u a) **4** 2/26

Ankauf fremder Ware 4 6/7

Anlass des Verkaufs Irreführende Angaben **5** 422ff; Einzelfälle **5** 432ff

Anlocken begrenzte Verfügbarkeit **Anh 3** 22; Eignung zur Beeinflussung des Kaufentschlusses **5** 185; Irreführung **5** 132; übertriebenes **4** 1/80f

Anordnung der Klageerhebung Einstweilige Verfügung **12** 153f

Anreißen s Ansprechen in der Öffentlichkeit

Anrufmaschine 7 45, 63

Anschwärzung 4 8/1ff; **12** 30; Abnehmerverwarnung **3** 51; **4** 10/39; Tatsachenbehauptungen **3** 91; **4** 8/12f; Unterlassungsklage **12** 30

Ansprechen am Unfallort **7** 74ff; hartnäckiges **7** 37; in der Öffentlichkeit **7** 73; unerwünschtes **4** 1/125; von Gefühlen **4** 1/125; von Mitarbeitern am Arbeitsplatz **4** 10/31; **7** 58

Anspruch auf Drittauskunft s Selbständiger Auskunftsanspruch

Anspruchsgläubiger bei Abmahnung **12** 14; Abwehransprüche **8** 85ff

Anspruchsmehrheit 8 89

Anspruchsschuldner 8 114ff

Anstandsformel 3 28

Anstifter 8 119; **16** 40; **PAngV 10** 2

Antiquitäten Ausnahmen von der Preisangabepflicht **PAngV 9** 20; Irreführende Werbung **5** 279, 512

Antrag auf Aufhebung der eV Nach §§ 936, 926 II ZPO **12** 155ff; wegen ver-

Sachverzeichnis

änderter Umstände (§§ 936, 927 ZPO) **12** 159ff
Anwalts- und Steuerkanzlei 5 606
Anwaltszwang Antrag auf Androhung von Ordnungsmitteln **12** 243; Einstweilige Verfügung **12** 127; Widerspruch **12** 149ff
Anwendbares Recht s Internationales Privatrecht
Anwendungsbereich Generalklausel **3** 81; Preisangabeverordnung **PAngV Einf** 16ff; **PAngV 1** 11
Anzapfen s Missbrauch von Nachfragemacht
Anzeigenblätter 4 1/63
Anzeigengeschäft 2 33; Irreführung **5** 674; Prinzip der Preislistentreue **3** 58
Anzeigenmarkt Alleinstellungswerbung **5** 649
Anzeigenwerbung Irreführung **5** 82; Gewinnspiel **4** 5/6
Apotheke 4 11/52
Arbeitnehmer 7 46, 58
Arbeitnehmerschutz 3 21; **4** 11/17
Arbeitsgerichte Rechtsweg **12** 49f
Arbeitsplatz s Ansprechen von Mitarbeitern
Arbeitsplatzwechsel 8 153
Arbeitszeitgesetz 4 11/74
Architekt 4 11/58; **5** 588
Arzneimittel Einf C 61; Inverkehrbringen **2** 71; **4** 11/60ff; Kennzeichnung **5** 90
Ärzte 4 11/52ff; **5** 119, 592, 605; s auch Werbung
Ärztehaus 5 605
Aufbrauchsfrist 8 38ff; **12** 91; Antragserfordernis **8** 45; Dauer **8** 44; Durchsetzung **8** 82ff; im Rechtsmittelverfahren und bei einstweiliger Verfügung **8** 46; Rechtsgrundlage **8** 39; Voraussetzungen **8** 40ff
Aufforderung zum Vergleich 6 37
Aufhebung RabattG Unterwerfungsverträge **4** 1/86; Vollstreckungsgegenklage **4** 1/87
Aufklärungspflichten allgemeine **5a** 14; Auslaufmodelle **5a** 18; des Schuldners; des Werbenden **5a** 14; Konstruktionsunterschiede **5a** 20; Risikoausschlüsse in AGB **5a** 22; und Rechtsbruch **4** 11/8a
Auflagenhöhe 5 601, 649, 674; **6** 48
Aufmerksamkeitswerbung 4 1/120ff
Aufsuchen Anh 3 68
Auktionen 4 1/111ff; Auktionsverkäufe **5** 168
Ausbeutung 4 9/5, 9/45, 9/55, 9/46ff, 10/14a
Ausfuhrbeschränkungen Art. 29 EG **5** 67f
Ausgelobter Preis Anh 3 49, 55
Auskunft amtliche **12** 133; s auch Wettbewerb der öffentlichen Hand

Auskunftsanspruch 8 188ff; **9** 35ff; **11** 24; **12** 112
Auskunftsklage 12 85; Hemmung **11** 36
Auskunftsvergleich 6 53
Ausland Werbung und Angebote **PAngV Einf** 22; s auch ausländisches Recht, Internationales Privatrecht
Ausländer Inlandsschutz **5** 399ff; Werbung im Inland **PAngV Einf** 23
Ausländische Herkunftsangaben Einf B 2, 13d; **5** 399ff; s auch geographische Herkunftsangaben
Ausländische Normen 4 11/13
Ausländische Preise PAngV 1 38
Ausländische Währung PAngV 1 38
Ausländisches Recht Einf B 31ff; s auch Internationales Privatrecht
Auslegung Klageantrag **12** 62ff, 37f; Unterlassungstitel **12** 242; Urteilsformel **12** 88, 95
Auslosung s Verlosung
Ausnahmeregelungen Freistellung von der Preisangabepflicht **PAngV 9** 1ff
Ausnutzen von Ausnahmesituation 4 1/36, 2/1, 2/6; **7** 78
Ausnutzen von Vertragsbruch 3 42, 86; **4** 10/29, 10/56
Ausnutzung Formaler Rechtsposition **8** 184
Ausräumung der Wiederholungsgefahr Vertragsstrafe **12** 33ff
Ausschließliche Zuständigkeit Örtlich **14** 1; Sachlich **13** 1ff
Außergerichtlicher Vergleich 12 108
Äußerungen Dritter Irreführung **5** 207; vergleichende Werbung bei **6** 25, 27ff; wettbewerbsrechtliche Verantwortung der Medien **4** 3/23
Aussetzung des Verfahrens Einstweilige Verfügung **12** 138
Austauschbar 2 60, 63; **Anh 3** 18
Austauschverhältnis 4 1/8; **6** 26a, 43
Australien Einf B 58
Auswirkungsprinzip s Internationales Privatrecht
Auszeichnungen 5 594
Autorität Ausnutzung und Missbrauch **Einf D** 36, 38; **4** 1/143ff

Backwaren Beschaffenheitsangaben **5** 364; Geographische Herkunftsangaben **5** 364
Bagatellklausel Einf A 46, 51; Beispielsfälle **3** 63; Beweis- und Verfahrensfragen **3** 64; Inhalt und Normzweck **3** 48ff; keine bei Belästigung **7** 14; Vereinbarkeit mit Gemeinschaftsrecht **3** 53ff; **6** 40
Bait-and-switch Anh 3 18f; **4** 10/5
Baubetreuung 5 675

1269

Sachverzeichnis

Baufinanzierung 5 676
Bauprodukte 4 11/62
Bauspardarlehen PAngV 6 15
Bausparkasse 5 677
Beauftragte 8 149f; Haftung für Beauftragte 8 143ff
Bedarfsdeckung 4 1/62, 1/101; Private 2 14, 45, 98, 100
Bedeutung des Unternehmens allgemein 5 599
Bedeutungswandel 5 249, 390; Aufklärende Zusätze 5 251; Beschaffenheitsangaben 5 253; Denaturierende Zusätze 5 251
Befähigung Irreführung 5 582ff
Begehungsgefahr materiell-rechtliche Anspruchsvoraussetzung 8 6; Unterwerfungsverlangen 12 16
Begehungsort Einf B 5, 7ff; 14 10
Beherbergungsbetriebe PAngV 7 7ff
Behinderung Begriff 4 10/8f; Horizontale 2 27; Produktbezogene 4 10/59
Behinderung, gezielte 4 10/1
Behördensprachgebrauch Irreführung 5 202
Beihilfe, staatliche Einf D 30; Beihilfen- und Vergaberecht 4 11/91f
Belästigung unzumutbare 7 1ff; Ansprechen in der Öffentlichkeit 7 74ff; Begriff 7 24; Brief- und Briefkastenwerbung 7 35ff; E-Mail-Werbung 7 63ff; Haustürwerbung 7 79ff; MMS- und SMS-Werbung 7 65ff; Telefax-Werbung 7 64; Telefon-Werbung 7 41ff; Unzumutbarkeit 7 25; Verteilen von Werbematerial 7 77f; Zusendung unbestellter Waren 7 83
Belehrungspflichten Informationspflichten bei Vertragsschluss 4 11/77; Rücktritts-, Widerrufsrecht 4 2/14ff
Belgien Einf B 34
Benetton-Werbung Einf D 6ff; 4 1/42ff, 1/122
Berechnung des effektiven Jahreszinses PAngV 6 8
Berechtigungsanfrage 4 10/33; 5 581
Bereicherungsanspruch 8 31, 178; 9 3, 14, 31ff; Verjährung 11 13
Berufsbezeichnung Interessenabwägung 5 224; Qualifikationsmerkmal 5 582ff; gesetzlich besonders geschützte 5 592
Berufsbezogenheit 4 11/41
Berufs- und Berufsausübungsfreiheit Einf D 15; 4 10/22; 4 11/83; 5 32ff, 191
Berufsspezifische Vorschriften 4 11/31ff
Berufsständisch 2 86
Berufsständische Kammern 8 96
Berufsverbände 8 95ff

Berufung des Antragsgegners Einstweilige Verfügung 12 152
Berufung des Antragstellers Einstweilige Verfügung 12 148
Berühmung 8 28ff; Erstbegehungsgefahr 2 38; im Rechtsstreit 2 38; mit Patent 5 573ff
Beschaffenheit Aufklärungspflicht 5 248; Bedeutungswandel 5 249ff; Irreführung 5 253ff; Verkehrsauffassung 5 352ff
Beschaffenheitsangaben 5 364ff; Backwaren 5 364; Fischwaren 5 366; Fleisch- und Wurstwaren 5 367; Parfümeriewaren 5 373; Porzellan- und Keramikwaren 5 374; Spirituosen 5 375; Tabakwaren 5 377
Beschaffenheitsvorschriften Einzelbeispiele 5 256ff
Beschäftigungsverbot 12 111
Beschluss BVerfG 1983 PAngV Einf 3
Beschlussverfügung 12 139ff; Begründung 12 141
Beseitigung der Wiederholungsgefahr s Wiederholungsgefahr
Beseitigungsanspruch 5 336; 8 67ff; 11 17; Inhalt und Umfang 8 77; Klageantrag, Urteilstenor 8 81; Verhältnis zum Schadensersatzanspruch 8 70; Verhältnis zu Unterlassungsanspruch 8 69; Verhältnis zum Widerrufsanspruch 8 68; Vollstreckung 8 83; Voraussetzungen 8 71ff
Beseitigungsklage 12 75ff; Bestimmtheit des Klageantrags 12 76; Fassung des Klageantrags 12 77; Konkretisierung des Klageantrags 12 79; Rechtsschutzbedürfnis 12 78; Verhältnis zur Unterlassungsklage 12 75
Besichtigungsreisen 4 1/29
Besitzstand 5 218, 221
Bestattungsauftrag 4 1/36; Werbung für 7 82
Bestechung Einf D 41; 4 11/89f
Bestellungen Anh 3 61
Bestimmter Artikel Alleinstellungswerbung 5 267, 636, 639, 646, 649
Bestimmtheit des Klageantrags 12 75; Gesetzlicher Verbotstatbestand 12 68; Kerngleiche Handlungen 12 63; Unbestimmte Formulierungen 12 67; Unterlassungsklage 12 75ff; Ähnliche Handlungen 12 65; s auch Klageantrag
Bestimmtheit des Verfügungsantrags 12 130
Besuchsankündigung s Haustürwerbung
Betriebliche Herkunft Herkunftshinweis durch Marke 5 281; Täuschung über **Anh** 3 38; 4 9/52ff; 5 409ff

Sachverzeichnis

Betriebliche Herkunftsangaben 5 352; Porzellan- und Keramikwaren **5** 374
Betriebsbezogene Ausnahmen Preisangabepflicht **PAngV 9** 17
Betriebsfremde Waren PAngV 1 11 ff, 60
Betriebsgeheimnis 2 47; **4** 10/27; **5** 230; **Vor 17–19** 1; **17** 5; s auch Unternehmensgeheimnis
Betriebsinhaber Identitätstäuschung **5** 568 ff
Betriebsspionage 2 27; **4** 10/19; **17** 17 ff
Betriebsstörung 2 27; **4** 10/19
Beurteilungssicht 1 16
Beweislast 4 3/48; 9/92; **5** 198, 653; Umkehrung bei der Anschwärzung **4** 7/7; 8/6 ff, 8/16 ff; 10/39, 10/59; Verbrauchereigenschaft **2** 102; Verjährung **11** 52; Zugang der Abmahnung **12** 13 ff; s auch Darlegungs- und Beweislast
Bewertungsplattformen 4 8/14a; **8** 135a
Bezeichnungsvorschriften Einzelbeispiele **5** 253 ff
Bezugsart Irreführung **5** 663 ff
Bezugsquelle Irreführung **5** 663 ff
Bezugsweg Irreführung **5** 663 ff
Bier Beschaffenheit **5** 253; Geographische Herkunftsangaben **5** 365; Sortenbezeichnung **5** 365
Bilanzbuchhalter 5 589, 678
Bilaterale Abkommen 5 401
Bildschirmangebote PAngV 4 9
Billig, Billigpreis 5 492
Bindungswirkung, 12 96 ff,199, 200; Schadensersatzprozess **12** 181; einstweilige Verfügung **12** 199 ff
Binnenmarkt Einf B 2; **Einf C** 1 ff; s auch Grundfreiheiten
Bio ... Bedeutungen **5** 304; Irreführung **5** 266, 297
Black list 3 99; **5** 52
Blickfang 5 132; Warenvorrat **5** 243
Blindenware 4 1/130
BORA 4 11/38 ff
Boykott Einf D 60, 72 f; **4** 10/86 ff; Begehungsort **Einf B** 16b; **14** 12
Branntwein Beschaffenheit **5** 253
BRAO 4 1/85; 11/32, 11/38
Briefkastenwerbung 7 35 ff, 39
Briefköpfe 4 11/46
Briefwerbung 7 35 ff, 40
Brillenverkaufspreis PAngV 1 27
Brüssel I-Verordnung Einf B 5
Bruttopreis 5 493; **PAngV 1** 23, 31, 60
Buchführung 5 589; s auch Bilanzbuchhalter
Buchhaltung s Bilanzbuchhalter
Buchpreisbindung 4 11/10
Bulgarien Einf B 35
Bundes-Apothekerordnung 4 11/52

Bundesärzteordnung 4 11/52
Bundestierärzteordnung 4 11/52
Bundesverband 5 607
Bundeszentrale 5 608
Bürgerliches Recht Einf D 56 ff; **17** 48; Verhältnis zur PAngV **PAngV Einf** 27 ff
Butter Beschaffenheit **5** 253

Ca.-Preis 5 452, 494; **PAngV 1** 29
Center 5 609
Champagner-Klausel 6 11, 45
Chemikaliengesetz (ChemG) 4 11/64
China Einf B 62

Dänemark Einf B 36
Darlegungs- und Beweislast 4 3/53; **5** 110, 466, 653; **12** 13, 198; **PAngV 5** 9; Einwilligung und mutmaßliche Einwilligung **7** 47; s auch Beweislast
Darlehensgeschäfte PAngV 6 5
Dassonville-Formel Einf C 13; **5** 56
Datenbanken 4 9/17, 9/43
Datenerfassung Werbezwecke **4** 2/22
Datenschutz Art A 23; **Einf C** 41; **4** 11/79
Dauertiefpreis 5 495
DAX® 4 9/28, 9/43; **6** 26a
DDR Einf A 39; **5** 397
Deep Links 4 10/65
Definitionen Definitionskatalog § 2 I 2 1 ff
DENIC 8 134
Designer-Outlet 5 504
Designrecht Einf B 62; **Einf D** 77, 83; **4** 9/1, 9/9, 9/12f, 9/18, 9/33, 9/45, 9/56, 9/62, 9/65, 9/76 ff, 9/82
Detektivkosten Erstattungsfähigkeit **12** 106
Deutscher Corporate Gouverance Kodex (DCGK) 2 84
Diätetische Lebensmittel Beschaffenheit **5** 253
Diätwerbung 5 298
Dienstleistungen 4 6/7; **5** 230; Begriff **2** 48, 75; Irreführende Werbung **5** 246; Lockvogelwerbung **5** 246; Nachahmung von **4** 9/28; Verkehrserwartung, Umfang des Angebots **5** 246; telefonische Dienstleistungen **PAngV 1** 28
Dienstleistungsfreiheit Einf C 22 ff; **7** 9
Dienstleistungsrichtlinie Einf C 61a
DIN-Normen 5 258 ff; **PAngV 1** 42
Diplom-Ingenieur, Dipl.-Ing. 5 585
Direkt ab Werk 5 496
Direktwerbung 7 2, 69; anonyme **7** 69 ff; Ausnahme **7** 72 ff; gegenüber Gewerbetreibenden **7** 19; gegenüber Privatperson **7** 18
Discountpreis 5 490, 497
Diskriminierende Werbung 4 1/43
Diskriminierung 4 1/104, **4** 1/38

Sachverzeichnis

Distanzdelikte Einf B 8
Doktortitel 5 583f
Domainname 4 10/51 ff, 10/84ff; Domain-Grabbing **4** 10/85; Domain-Name-Sharing **4** 10/52; Domain-Parking **8** 134; Second-Level-Domains **4** 10/52; Störerhaftung **8** 134
Doppelnatur Maßnahmen der öffentlichen Hand **Einf D** 20; Abmahnung **12** 12
Dreifache Art der Schadensberechnung 9 14ff; Abschöpfung des Verletzergewinns **9** 14; Anwendungsbereich **9** 15; Bereicherungsanspruch **9** 31f; Betriebs- und Geschäftsgeheimnisse **17** 51; **18** 11; Gemeinkosten **9** 20; konkrete Berechnung **9** 14, 18; Herausgabe des Verletzergewinns **9** 19ff; Lizenzanalogie **9** 14, 16; Verhältnis der Berechnungsarten **9** 21f; Verletzerzuschlag **9** 17
Dringlichkeit besondere **12** 136; Einstweilige Verfügung **12** 115ff, 119; Glaubhaftmachung **12** 133; Verfügungsgrund **12** 114
Dringlichkeitsvermutung 12 115ff
Drittauskunft s selbständiger Auskunftsanspruch
Dritte Verwendung von Äußerungen Dritter **5** 207; Werbevergleich durch **6** 27
Drittkosten PAngV 4 10
Drohung 4 1/18, 1/40; **4** 2/27; **12** 18, 72, 90
Druckauflage 5 601, 649, 674
Druckausübung 4 1/9ff, 1/19
Druckmittel 4 1/18ff
Dual use-Geschäfte 2 101
Durchführung der Vollziehung der eV Parteizustellung **12** 167ff
Durchsetzung vertraglicher Rechte Einf D 66b; **Anh 3** 69

E-Cards 7 67
E-Commerce-Richtlinie Einf C 71ff; **2** 99; **4** 3/41, 4/2; **5** 73f; Bestandskraft **5** 73
E-Mail-Werbung 4 3/41f; **5** 73; Trennungsgebot **4** 3/37
Eau de Cologne Beschaffenheitsangaben **5** 373
Ebay 2 9; **8** 123b, 135
Effektiver Jahreszins PAngV 6 7ff; Berechnung **PAngV 6** 8; Mitgliedschaften **PAngV 6** 14; Restschuldversicherungsprämie **PAngV 6** 14; Zusatzangaben **PAngV 6** 14
Eichgesetz 4 11/64; **5** 21
Eier Beschaffenheit **5** 261
Eigenart s wettbewerbliche Eigenart
Eigentumsgarantie Einf D 16; **5** 32; **Vor 17–19** 5

Eigentumsschutz 7 18, s auch Eigentumsgarantie
Eignung z. Wettbewerbsbeeinträchtigung 3 45ff; **4** 4/12, 5/6
Eignung zur Beeinflussung Kaufentschluss **5** 208ff
Eignung zur Irreführung 5 13, 106; bei Preisangaben **5** 449; Strafbare irreführende Werbung **16** 15
Eilbedürftigkeit 12 6; **12** 121
Eindeutige Zuordnung PAngV 1 52
Einfuhrbeschränkungen 5 67
Einführungspreis 5 437, 498
Einigungsstellen Anrufung **15** 5, 13ff; Bedeutung **15** 1f; Beendigung des Verfahrens **15** 11; Besetzung **15** 4; Errichtung **15** 3; Hemmung der Verjährung **15** 16ff; Klageerhebung nach Anrufung **15** 13f; Klageerhebung ohne Anrufung **15** 15; Mündliche Verhandlung **15** 10; Terminsbestimmung **15** 9; Verfahren vor den Einigungsstellen **15** 7ff; Verfahrenskosten **15** 12; Zuständigkeit **15** 6
Einigungsvertrag Geographische Herkunftsangaben **5** 397
Einkaufspreis 5 486,499f.
Einrede der Verjährung 11 44
Einrichtung der Buchführung 5 678
Einstandspreis 5 487, 500
Einstandspreis Verkauf unter **4** 1/83, 10/4, 10/91ff
Einstellplätze PAngV 8 1
Einstweilige Verfügung 12 109ff; Abschlusserklärung **12** 189ff; Abschlussschreiben **12** 184ff; Abschlussverfahren **12** 183ff; Androhung von Ordnungsmitteln **12** 132; Anordnung der Klageerhebung **12** 153f; Anwaltszwang **12** 127, 144, 147, 155, 245, 249, 256; Aufbrauchsfrist **12** 145; Auskunftsanspruch **12** 112; Beschlussverfügung **12** 139ff, 166, 180, 221; Beseitigungsanspruch **12** 111; Bestandskraft nach Abschlusserklärung **12** 179; Bindungswirkung im Schadensersatzprozess **12** 181, 199ff; Dringlichkeitsvermutung **12** 115ff; Durchführung der Vollziehung **12** 167ff; Entscheidung durch Beschluss **12** 139; Entscheidung durch Urteil **12** 144ff; Entscheidung über den Antrag **12** 138ff; Glaubhaftmachung **12** 133f; Hemmung der Verjährung **11** 33; Kostenwiderspruch **12** 150; Parteizustellung **12** 167ff; Prozessvoraussetzung **12** 55, 87; Rechtsbehelfe **12** 147ff; Rechtskraft der Entscheidungen **12** 176ff; Rechtsschutzbedürfnis **12** 114, 128, 183; Rechtswegprüfung **12** 121; Regelungsverfügung **12** 110; Schadensersatz

Sachverzeichnis

12 193 ff; Schadensersatz, Mitverschulden **12 209**; Schadensersatz, Voraussetzungen **12 196** ff; Schutzschrift **12 135** ff; Sicherungsverfügung **12 110**; Sofortige Beschwerde **12 147**; Streitgegenstand **12 129**; Streitwert **12 227** ff; Unterlassungsanspruch **12 110**; Unterlassungsverfügung **12 109** ff; Unzuständigkeit **12 126**; Urteilsbekanntmachung **12 212** ff; Verfahrensaussetzung **12 138**; Verfassungsbeschwerde **12 182**; Verfügungsanspruch **12 110** ff; Verfügungsantrag **11 39**; **12 127** ff; Verfügungsgrund **12 114** ff, 197, 200; Vollstreckungsmaßnahmen **12 168**; Vollziehung **12 167** ff; Vollziehungsfrist **12 173** ff; Widerspruch **12 149**; Wiederholungsvermutung **12 133**; Willenserklärung, Anspruch auf Abgabe einer W. **12 113**; Zurückweisung des Antrags durch Beschluss **12 142** f; Zustellungsmängel **12 170**; Zuständigkeit **12 122** ff

Einverständnis s Einwilligung
Einwendungen materiell-rechtliche **8 164** ff; missbräuchliche Geltendmachung **8 154** ff
Einwilligung 7 48 ff, 76, 80, 92; **8 168**; **17 27**; ausdrückliche Einwilligung **7 48** ff, 61, 66; Beweislast **7 47**; Erklärung **7 49**; in AGB **7 54**; mutmaßliche Einwilligung **7 19, 55** ff, 80, 92; Rechtsnatur **7 48**; Wirksamkeit **7 53**; Zeitpunkt **7 51**
Einwilligungsvorbehalt 7 27
Einzelangebote Ausnahmen von der Preisangabepflicht **PAngV 1 16** f; **PAngV 9 24** f
Einzelpreisangaben PAngV 1 24
Einzelwerbung 5 83, 118; 16 3
Eisenbahnverkehrsordnung Ausnahmen von der Preisangabepflicht **PAngV 9 27**
Elektrizität PAngV 3 2
Elektronische Medien Haftung der Betreiber **4 8/14a**; **8 124, 130** ff; Trennungsgebot **4 3/33**
Elektronische Post s E-Mail
Elektronischer Geschäftsverkehr Richtlinie s E-Commerce-Richtlinie
Emmentaler Gemeinschaftsrecht **5 369** f
Empfehlung der öffentlichen Hand **Einf D 39**
EMRK s Europäische Menschenrechtskonvention
Endpreis 5 444; 5a 39 f; **PAngV 1 23**; Aufgliederung **PAngV 1 58**; Gaststätten, Beherbergungsbetriebe **PAngV 7 4**; Hervorhebung **PAngV 1 60**; Tankstellen **PAngV 8 2**; Verpflichtung **PAngV 1 34**
Endpreisangabe Irreführung **5 444**; Mehrwertsteuer **5 445**; Tankstelle **PAngV 8 2** f; s auch Endpreis

Entscheidungsfreiheit Beeinträchtigung **4 1/5** ff, 1/47 ff, 10/30, 10/47, 10/55; Schutz **1 20** f; Beeinflussung **5a 27**
Erbenermittler 4 11/36
Erfahrungssätze Beweiserleichterung **3 43**, 64; **5 129**
Erfolgsabwendungspflicht 2 21; 5 76
Erfolgsgarantien 4 1/97; Irreführende Werbung **5 557**; s auch Erfolgsgarantiewerbung
Erfolgsgarantiewerbung 5 280, 557; Nachhilfeunterricht **5 687**
Ergänzender Leistungsschutz s Nachahmungsschutz
Ergänzungstatbestände (§ 1 II–V) PAngV 1 62 ff
Erkennbarkeit des Angebots **4 4/9**; der beworbenen Veranstaltung **4 5/6**; **PAngV 1 53** f
Eröffnungsangebote Irreführende Angaben **5 436**
Eröffnungspreis 5 436, 501
Erprobungszweck Verschenken von Originalware **4 1/62, 10/100**
Ersatzteile Irreführung **5 701**
Erschleichen 4 9/71
Erschließungskosten PAngV 1 33
Erstattungsfähigkeit Kosten **12 101** ff; Kosten der Rechtsverteidigung **8 154**; 163a
Erstbegehungsgefahr 8 27 ff; Berührung **8 28** ff; Materiell-rechtliche Anspruchsvoraussetzung **8 6**; Unterlassungsklage **12 55**; Verhältnis zur Wiederholungsgefahr **8 31**; Verjährung des Verletzungsunterlassungsanspruchs **8 32**; Voraussetzungen **8 27**; Vorbeugender Unterlassungsanspruch **2 16**; **8 25**; **11 21**; verjährte Zeit **11 46**; Wegfall **8 33**
Erstreckungsgesetz Geographische Herkunftsangaben **5 364, 397**
Erwachsene Anh 3 69; Geschäftliche Unerfahrenheit **4 2/13**
Erwerbszweck 2 1
Erwerbswirtschaftliche Tätigkeit Einf D 25, 35 f
Estland Einf B 37
Etikettierungsrichtlinie 5 23, 42
EuGH Einf C 11; gesetzlicher Richter **Einf C 11**; **5 38**
Euro …, Europäisch 5 611, 643; Alleinstellungswerbung **5 273**
Europäische Menschenrechtskonvention Einf D 3; **6 8** ff

Fabrik 5 612
Fabrikneu Irreführung **5 277**
Fabrikpreis 5 502
Fabrikverkauf 5 503

Sachverzeichnis

Fachabteilungen PAngV 5 11
Fachanwaltsbezeichnung 4 11/44, 11/46; **5** 599, 626
Fachgeschäft 5 613
Fachhandel 5 613
Fachhändler 5 613
Fachverbände 2 32; **8** 96, 98, 104, 106f
Fachkreise 5 119ff; Beweiserhebungsvermögen **5** 120; Beweiserhebung **5** 141; Interessenabwägung **5** 223
Fachmarkt Lieferkosten **5** 157
Fachliche Aussagen 4 1/140
Fachliche Sorgfalt 2 892f; **3** 71, s. Generalklausel
Factory-Outlet 5 504
Fahrlässigkeit 8 7; **4** 9/46; 10/41, 10/43; **PAngV 10** 4; Dringlichkeitsvermutung **12** 117; Ordnungsmittel **12** 247; Strafbare irreführende Werbung **16** 15
Fahrlehrergesetz 4 11/58; Ausnahmen von der Preisangabepflicht **PAngV 9** 26
Fahrschulwerbung 5 679
Fahrtkostenerstattung 4 1/70, 1/102
Fallgruppen 3 82ff; **4** 1/16ff, 3/6ff, 10/12
Faxgerät 7 61ff
Feilbieten 2 71
Feilhalten 2 71
Fernabsatzgeschäfte Ausnahmen von der Preisangabepflicht **PAngV 1** 62; **9** 14
Fernabsatzrichtlinie Einf C 31ff, 78; **4** 1/39; **4** 3/9; **Anh 3** 76; **2** 99; **5a** 48
Fernabsatzvertrag PAngV Einf 30; **PAngV 1** 31
Fernwärme PAngV 3 1
Fertigpackungen PAngV 1 35
Fertigpackungsverordnung 4 11/295; **PAngV 1** 57
Festpreise 5 447, 505; notarielle **5** 524
Festpreisvorschriften 4 11/72
Festsetzung von Ordnungsmitteln Festsetzungskriterien **12** 243; Grundsatz der Verhältnismäßigkeit **12** 250; Verfahrenskosten **12** 251; Verschulden des Titelschuldners **12** 247; Verschulden von Erfüllungsgehilfen **12** 247
Feststellung der Verkehrsauffassung 5 146
Filesharing-System 4 10/61
Finanzierungsleasing PAngV 6 5
Finanzkauf 5 682; **PAngV 1** 9
Finnland Einf B 38
Firmenbezeichnung 5 388, 620, 631, 677
Fischwaren Beschaffenheitsangaben **5** 366; Geographische Herkunftsangaben **5** 366
Flaschenpfand PAngV 1 2, 21, 66
Fleisch- und Fleischerzeugnisse Bezeichnung/Beschaffenheit **5** 253

Fleisch- und Wurstwaren Beschaffenheitsangaben **5** 367, Geographische Herkunftsangaben **5** 367
Fliegender Gerichtsstand Zuständigkeit **14** 11
Flughafenabgaben PAngV 1 32
Flugreise PAngV 1 32
Folgeverträge Einf D 67; Anfechtbarkeit **4** 2/20; Nichtigkeit nach § 134 BGB **Einf D** 67
Formalisierte Tätigkeiten 4 11/37
Form der Preisangabe PAngV 1 51ff
Formalbeleidigung 4 7/17; **6** 68
Formelles Preisrecht PAngV Einf 1
Fortgesetzte Handlung Verjährung **11** 20
Fortwirkende Irreführung 5 202f
Fotografieren in Geschäftsräumen 4 10/21bf
Framing 8 139
Frankreich Einf B 39; Bilaterale Abkommen **5** 401
Freie Berufe 4 11/31ff
Frei Haus 5 506, 564
Freier Warenverkehr Einf C 12ff; **5** 54ff; Irreführung, Einzelfälle **5** 58ff; Irreführungsgefahr **5** 67; Produktcharakteristika **5** 62ff, 65; Verkaufsmodalitäten **5** 62ff; s auch Warenverkehrsfreiheit
Freilandverkauf Ausnahmen von der Preisangabepflicht **PAngV 9** 22
Fruchtsäfte Beschaffenheit **5** 253
Füllanzeigen 5 674

Garagen PAngV 8 1, 6
Garantien 4 1/97ff
Garantiewerbung Irreführende Werbung **5** 280f, 554ff, 559
Garantiezusagen 5 279, 558; unbefristete langjährige **5** 561; befristete **4** 1/101
Gas PAngV 3 2
Gaststättenbetriebe PAngV 7 3ff; Begriff **PAngV 7** 3; Musterpreisverzeichnis **PAngV 7** 4; Preisangabepflicht im Lokal und neben dem Eingang **PAngV 7** 4, 5f
Gattungsbezeichnung 5 345; Entwicklung zur Beschaffenheitsangabe **5** 249f; Geographische (Herkunfts-)Angabe **5** 220, 355; Bier **5** 365; Käse **5** 369; Spirituosen **5** 375; s auch Beschaffenheitsangabe
Gebietskörperschaften Freistellung von der Preisangabepflicht **PAngV 9** 7
Gebührenüberhebung 4 11/72
Gebührenregelungen PAngV 4 13; **PAngV 5**
Gefährdung des Wettbewerbsbestands 4 10/98

Sachverzeichnis

Gefährdung von Drittinteressen 3 96; 4 1/148 ff
Gefahrenangabe Anh 3 36
Gefühlsbetonte Werbung 4 1/125 ff; Beurteilungskriterien 4 1/128
Geheimhaltungsinteresse 17 12
Geheimhaltungspflichten vertragliche 17 36
Geheimhaltungswille 17 11
Geheimnishehlerei 17 20 ff
Geheimnisschutz s Unternehmensgeheimnis
Geheimnisverrat 17 13 ff; s Unternehmensgeheimnis
Geistiges Eigentum Irreführung 5 572 ff; Nachahmungsschutz 4 9/12 ff; Verhältnis zum UWG **Einf D** 77 ff; 4 11/10, 11/17; **Vor 17–19** 3; 17 47
Geld-zurück-Garantie 4 1/99; 5 479
Geld-zurück-Garantie-Werbung 5 556 f
Geldwerte Zuwendungen 4 1/53, 1/57 ff
Gelegenheit, Gelegenheitskauf 5 507
Gelegenheitsverkäufe Irreführende Angaben 5 433
Gemeinschaftsgüter 4 3/12, 11/3; Gesundheit 4 1/137; Rundfunkfreiheit 4 3/12, 3/38
Gemeinschaftsrecht s Unionsrecht
Gemeinschaftsrechtskonforme Auslegung s unionsrechtskonforme Auslegung
Genehmigung Verwendung von Zeichen ohne **Anh** 3 8 f, 12 ff
Generalklausel Allgemeine 3 10 ff; Anwendungsbereich; Bedeutung 3 1 ff, 4 ff; Einzelfälle 3 98 ff; fachliche Sorgfalt 3 71; Fallgruppen 3 82; große **Einf A** 10, 29, 32, 46; 3 5; 5 2, 8; Irreführungstatbestand **Einf A** 29, 32; 5 2; Konkretisierung durch Beispielstatbestände 4 1/1; Verbrauchergeneralklausel 3 65 ff; Verfassungsrecht 5 36
Generika 4 1/125 f
Geographische Herkunftsangaben Anforderungen an Irreführungsquote 5 220; Anforderungen an Irreführungsschutz 5 392; anwendbares Recht **Einf B** 13 d, 22; Arten 5 337 ff; Aufklärende, klarstellende Zusätze 5 362 ff; Backwaren 5 364; Bedeutungswandel 5 354; Beispiele für Herkunft oder Beschaffenheit 5 364 ff; Beschaffenheitsangaben 5 247, 349, 364 ff; Betriebliche 5 352; Betriebsverlagerungen 5 351; Bier 5 365; Bilaterale Abkommen 5 401 ff; Einfache 5 311, 318 ff, 343; Einigungsvertrag 5 397; Ergänzung 5 320; Entlokalisierung 5 357 ff; Erscheinungsformen 5 311; Erstreckungsgesetz 5 397 f; Fischwaren 5 366; Fleisch- und Wurstwaren 5 367; Gattungsbezeichnungen 5 349; Gemeinschaftsrechtlicher Schutz 5 345; Gleichnamigkeit 5 388; historische Entwicklung **Einf A** 27, 41; Hopfen 5 368; Inlandsschutz für ausländische Angaben 5 399 ff; Interessenabwägung 5 385 ff; Interessenabwägung, Wechselwirkung 5 391; Irreführung 5 380 ff; Kohle 5 371; Käse 5 369; Lebensmittelrechtliche Vorschriften 5 25; MarkenG, lex specialis gegenüber § 5 30; Markengesetz 5 325 ff; Mehrdeutigkeit 5 387; Mineralwässer 5 372; Mittelbare 5 339; Monopolisierung 4 10/82; Multilaterale Abkommen 5 409 ff; Ortsangaben 5 347; Parfümeriewaren 5 373; Personengebundene 5 332, 350; Porzellan- und Keramikwaren 5 373; Pseudo-Herkunftsangaben 5 348; Qualifizierte 5 343; Rechtsnatur 5 327; Relokalisierung 5 361; Schutzinhalt 5 328; Schutzvoraussetzungen 5 328; Solingen 5 393 f; Spirituosen 5 375; Stahlwaren 5 376; Tabakwaren 5 377; Textilerzeugnisse 5 378; Unmittelbare 5 338, 339; Ursprungsangaben 5 343 ff; Verhältnis zum Markenrecht **Einf D** 82; 5 331; Verhältnis zum nationalen Recht 5 319 ff; Verkehrsauffassung 5 346 ff; Verordnung (EWG) Nr. 2081/92 5 319, 321 ff; Wandel der Verkehrsauffassung 5 353 ff; Warennamen 5 349; und Warenverkehrsfreiheit **Einf C** 15, 18; Wein 5 379; Zusätze 5 357 ff
Geräte- und Produktsicherheitsgesetz früheres 4 11/62; Verwendung von Zeichen ohne Genehmigung **Anh** 3 8
Gerätenummern s Herstellungsnummern
Gerichtsentscheidungen 4 11/13
Gerichtsstand 14 6 ff; Begehungsort **Einf B** 7 ff; rügelose Einlassung **Einf B** 11; Zuständigkeitsvereinbarung **Einf B** 11; bei Internet-Delikten **Einf B** 9; des Erfüllungsortes **Einf B** 11; für Verbrauchersachen **Einf B** 11; s auch Zuständigkeit, internationale
Gering, Geringer Preis 5 508
Gesamttatbestand Rückschau 3 36
Gesamtverhalten Rückschau 3 36
Geschäftliche Entscheidung 3 75; 5a 3, 10, 12, 14
Geschäftliche Handlung Einf A 51; Grundlagen 2 4 ff; Unternehmensbezogenheit 2 45; unzulässige **Anh** 3 1 ff; 4 1/3, 1/4, 1/7, 2/6, 11/26; **5a** 4; Irreführung 5 9, 75 ff, 103, 131; Strafbarkeit 16 38
Geschäftliche Unerfahrenheit 4 2/4 ff; Begriff 4 2/9; Erwachsene 4 2/13; Kinder und Jugendliche 4 2/10 ff

1275

Sachverzeichnis

Geschäftliche Verhältnisse Gegenstand der Irreführung **5** 107f, 566; sonstige **5** 599ff
Geschäftlicher Verkehr PAngV Einf 21; **1** 6f; **2** 7
Geschäftsaufgabe Anh 3 43f
Geschäftsbetrieb Räumungsverkäufe **5** 430; Tätigwerden im Rahmen des **2** 19; Verordnung über **PAngV 9** 27
Geschäftsehrverletzung 4 7/1
Geschäftsgeheimnis Vor 17–19 1; **17** 5; s auch Unternehmensgeheimnis
Geschäftsmäßig PAngV Einf 21; **1** 6
Geschäftspraktik Begriff **2** 12, 23, 110; Wesentliche Beeinflussung **3** 75
Geschenke 4 1/53; Geringwertige **4** 1/25; Transparenzgebot **4** 4/1; Begriff **4** 1/57; s auch Werbegeschenke
Geschmacklose Werbung 4 1/45ff; Menschenwürde **Einf D** 19; **4** 1/38
Geschmacksmusterrecht s Designrecht
Geschmackszensur 4 1/45
Gesetzlich geschützte Berufsbezeichnungen Irreführung **5** 592; Vermögensberater **5** 693
Gesetzlich geschützt 5 576f; Angabe als **5** 576ff; s auch Schutzrechtsanmaßung
Gesetzliche Vergütungsregelungen PAngV 1 45
Gesetzliche Vorschriften 5 253ff
Gesundheitsbezogene Werbung 4 1/137f; **5** 294ff; Spezialregelungen (HWG, LFGB u a) **4** 1/141, 11/67ff, 11/71ff
Gewaltverherrlichende Werbung 4 1/45
Gewerbebetrieb s Recht am eingerichteten und ausgeübten Gewerbebetrieb
Gewerbefreiheit Einf A 25
Gewerbeordnung Einf A 25
Gewerbetreibende PAngV 1 10ff; Verbände **2** 11
Gewerbliche Leistungen Einzelfälle **5** 673ff
Gewerbliche Schutzrechte Einf D 82ff; **4** 9/16, 9/18f; **5** 573; s auch geistiges Eigentum
Gewerbliche Verbraucher PAngV Einf 20
Gewerblicher Charakter der Werbung Irreführung **5** 485
Gewerblicher Rechtsschutz Begriff und Verhältnis zum Lauterkeitsrecht **Einf A** 3; s auch geistiges Eigentum
Gewerbsmäßig PAngV Einf 21; **1** 6
Gewerkschaft 2 42; Mitgliederwerbung **2** 18; Versicherungsschutz **4** 1/35
Gewinnabschöpfungsanspruch Einf A 46; **10** 1ff; **11** 26, 32; **13** 2
Gewinnabsicht Begünstigter einer geschäftlichen Handlung **2** 28
Gewinnchancenerhöhung Anh 3 45

Gewinnmitteilungen Anh 3 48
Gewinnspiel 4 1/106ff; **Anh 3** 45, 47; Angaben **4** 5/6; Kopplungsverbot **4** 6/1ff; Ohne Warenerwerb **4** 6/8ff; Psychischer Kaufzwang **4** 6/11; Rechtlicher Kaufzwang **4** 6/8f; Redaktionelle Werbung **4** 3/24f; Teilnahmebedingungen **4** 5/5; Teilnahme und Warenerwerb **4** 6/5ff; Transparenzgebot **4** 5/1ff; Verbraucherschutz **4** 6/5; Verkaufsförderungsmaßnahmen **4** 6/6; Werbecharakter **4** 5/4
Glaubensfreiheit Einf D 16a
Glaubhaftmachung Einstweilige Verfügung **12** 116, 118, 133f
Gleicher Kundenkreis 2 58
Gleichheitsgrundsatz Einf D 16, 35; **5** 32
Gleichnamigkeit Geographische Herkunftsangaben **5** 388
Glücksspiel Anh 3 45ff; **4** 1/106, 108, 11/82ff; **16** 33
Gold- und Silberwaren Beschaffenheit **5** 254, 257
Goldwaren Mindestfeingehalt **5** 253, 256
Goodwill 4 7/1, 8/1, 10/19; **5** 571
Gratis 5 509
Gratisleistung kostenpflichtige **Anh 3** 58
Gratisverteilung Presseerzeugnisse **4** 1/63
Griechenland Einf B 40
Grob fahrlässige Unkenntnis Beweisfragen **11** 52; Verjährung **11** 15, 30
Großbritannien Einf B 41
Großhandel 5 615; **PAngV 9** 3f
Großhandelspreis 5 510, 664
Großhändler 5 510
Großimporteur 5 616
Grünbuch zum Verbraucherschutz Einf C 7
Grunderwerbsteuer PAngV 1 33
Grundfreiheiten Einf C 5, 9ff; Dienstleistungsfreiheit **Einf C** 22ff; **7** 9; Warenverkehrsfreiheit **Einf C** 12ff; **3** 23; **4** 9/8; **7** 8
Grundgesetz Irreführungsverbot **5** 32ff; Wertungsgesichtspunkte **3** 6; **5** 32ff; s auch Grundrechte
Grundpreisangabe PAngV 2 1f, 3ff
Grundrechte Einf A 8; **Einf D** 1ff; **3** 27; s auch Berufsfreiheit, Eigentumsgarantie, EMRK, Glaubensfreiheit, Gleichheitsgrundsatz, Handlungsfreiheit, Kunst- und Wissenschaftsfreiheit, Meinungsfreiheit, Menschenwürde, Persönlichkeitsrecht; Irreführung **5** 32ff; Generalklausel **5** 36
Grundrechtsbindung der öffentlichen Hand **Einf D** 35
Grundsatz der Nachahmungsfreiheit Einf D 80; **4** 9/2
Grundtatbestände PAngV 1 4ff

Sachverzeichnis

Grundvorschriften PAngV Einf 16; **1** 2; **4** 3
GS-Zeichen PAngV 1 42; **5** 260; Irreführende Werbung **5** 189, 419
Günstig, günstiger Preis s Gering, Geringer Preis
Gutachten Tarnung einer Werbeaussage mit **4** 3/6
Gute Sitten Einf A 29ff; Generalklausel **3** 10; Unbestimmter Rechtsbegriff **3** 10, 17
Gute Wahrnehmbarkeit PAngV 1 53f; sonstige **PAngV 1** 56
Gütebezeichnung PAngV 1 39, 42f; Kraftstoffe **PAngV 8** 2
Güter- und Interessenabwägung 3 33ff
Gütezeichen 5 259; **Anh 3** 8f; **PAngV 1** 42f
Gutscheine 4 1/65f, 1/71; psychische Zwangslage **4** 1/26
GWB Einf D 70ff; **4** 11/10, 11/13; Preisempfehlungen des Herstellers **5** 471; Kartellrecht **1** 8; **3** 30ff

Hacker tools 4 10/61
Haftung für fremdes Verhalten 8 140ff; Organhaftung **8** 140; Repräsentantenhaftung **8** 140; persönliche Haftung der Gesellschafter **8** 141; Erfüllungs- und Verrichtungsgehilfe **8** 142; Mitarbeiter und Beauftragte **8** 143ff; Schadensersatzanspruch **9** 25f
Halle 5 618
„Halzband"-Haftung 8 123b
Hamburger Brauch 8 16
Handeln im geschäftlichen Verkehr 2 7f; Abgrenzung zu anderen Tätigkeiten **2** 13ff; Bedeutungsunterschiede UWG 1909 und 2004 **2** 26ff; Herstellen von Waren **2** 15; Mitgliederwerbung **2** 18; Progressive Kundenwerbung **16** 37; Tatsächliche Vermutung **2** 19; Verhalten **2** 21; Zeitungsinterview eines Unternehmers **2** 16; Geschäftliche Handlung **5** 76
Handeln zu Zwecken des Wettbewerbs Begriff UWG 2004 **2** 5
Handels- und Güteklassenbezeichnungen PAngV 1 42f
Handelsbetriebe Fachabteilungen **PAngV 5** 11
Handelsbrauch 5 201ff
Handelsstufen 2 60; **PAngV 1** 3
Händlergarantien 5 559f
Handlungsfreiheit allgemeine **Einf D** 17; **4** 1/42
Handwerkerleistungen PAngV 1 65
Handwerkliche Fertigung Irreführende Werbung **5** 288f
Handwerksbetrieb 5 617
Handwerkskammern 8 113
Handwerksordnung 5 590
Handzettelwerbung 4 10/48
Handy PAngV 1 28
Haus 5 619
Haushaltsrecht Einf D 54
Hausier- und Straßenhandel 4 1/131
Hausrecht 4 9/80, 10/20
Haustürwerbung 7 79ff; erschlichene Zustimmung **7** 81; Täuschung über Werbecharakter **7** 81
Hausverbot 2 32; **4** 10/20; virtuelles **4** 10/20
Headhunter 4 10/22ff, 10/31; **7** 58
Health-Claims-Verordnung Einf C 59; **4** 11/64
Heilberufe 4 11/52ff
Heilmittelwerbegesetz 4 11/67ff; Irreführungsverbote außerhalb des UWG **5** 20; Form der Preisangabe/vergleichbare Regelungen **PAngV 1** 57; Spezialregelungen **4** 1/141
Heilpraktiker, Heilpraktikergesetz (HPG) 4 11/52, 11/69; Irreführung **5** 592; Tierheilpraktiker **5** 630
Hemmung der Verjährung 11 33ff
Herabsetzung 4 7/1ff, 10/55; Begriff **4** 7/12ff; Beispiele **4** 7/19f, **6** 17, 65ff; Preisherabsetzungswerbung **5** 463
Herausgabe des Verletzergewinns 9 19ff
Herkunftsangabe Geographische Herkunftsangaben **5** 381, 30; qualifizierte betriebliche **5** 417; Monopolisierung und Verwässerung **4** 10/32
Herkunftshinweis 5 220; **4** 9/33, 9/37
Herkunftslandprinzip Einf B 13c, 27; **Einf C** 31, 65ff; Begriff **Einf C** 65; Rechtsfolgen **Einf C** 82ff; Rechtsgrundlagen **Einf C** 66ff; Voraussetzungen **Einf C** 69ff; und Internationales Privatrecht **Einf C** 76ff; **4** 11/83; **5** 73; **PAngV Einf** 23
Herkunftstäuschung s vermeidbare Herkunftstäuschung
Hersteller Aktivlegitimation bei Nachahmung **4** 9/83; Medieninformant **4** 3/13ff
Herstellergarantien 5 559; Garantiewerbung **5** 280
Herstellerpreis 5 502, 512
Herstellerpreisempfehlung 5 472ff; **PAngV 1** 8, 50
Herstellerverkauf 5 503
Herstellerverwarnung 3 89; **4** 10/33f; **5** 577f; s auch Unberechtigte Schutzrechtsverwarnung
Herstellung 2 72; eigene **5** 291
Herstellungsnummern 5a 21
Herstellungsverfahren 5 288ff

1277

Sachverzeichnis

Hilfsgeschäfte der Verwaltung Einf D 26, 35
Hinweispflicht des Gerichts 3 44; des Handels bei Auslaufmodellen 5a 18
Historische Entwicklung Einf A 24 ff
HOAI 4 1/85; PAngV 1 45
Höhere Gewalt bei bait-and-switch Anh 3 19
Höchstpreis 5 513
Hoheitlich 2 35
Höchstpreisvorschriften 4 11/72
Honig Beschaffenheit 5 253
Hopfen 5 368
Horizontalverhältnis 1 14
Hyperlinks 3 85; 6 37; 8 139

Ideenschutz 4 9/30; 5 16
Identitätsverschleierung Verbot 7 71
Imagetransfer s Rufausnutzung und -schädigung
Imagewerbung 4 1/120; 2 43, 69, 95
Imitation 6 69 f; s auch Nachahmung
Immaterialgüterrecht s geistiges Eigentum
Immobilien 5 681; Waren 2 47, PAngV 1 21
Index-Spamming 4 10/53a, 10/53c
Individualrechtsschutz 1 18
Industrie- und Handelskammern 8 113
Informationsfreiheit 2 39
Informationspflichten Gemeinschaftsrechtliche Informationsanforderungen 5a 34 ff; Rechtsunkenntnis 4 2/12, 11/63 ff, 11/75 ff; Unternehmer 1 22; Wesentliche Informationen 5a 35
Inhalt des Verfügungsantrags 12 131
Inkasso 4 11/36; Vor 17–19 5a
Inklusivpreis 5 446, 505, 514, 528
Inserent Auflagenhöhe 5 601; Haftungsgrundlagen 4 3/11; Maklerwerbung 5 449; Redaktionelle Zugaben 4 3/29 f; Vortäuschen von Privatangeboten 5 547
Insolvenzwarenverkäufe Irreführende Angaben 5 425 ff
Interesse der Marktteilnehmer 4 11/21 ff
Interessenabwägung 1 17, 24; 3 33 ff; Vor 4 7; Aufbrauchfrist 8 40 ff; Aufklärende (klarstellende) Zusätze 5 362 f; Berufsbezeichnung 5 224; Besitzstand 5 223; Fortwirkung der Irreführung 5 202; Geographische Herkunftsangaben 5 381 ff; Irreführung 5 220 ff; Irreführungsgefahr 5 218, 223, 385; Irreführungsquote 5 49 f, 150, 221 ff; Nachträgliche Unrichtigkeit 5 204; Urteilsbekanntmachung 12 212; Zumutbarkeit der Belästigung 7 3, 254
Internationales Privatrecht Einf B 12 ff; Aktivlegitimation Einf B 19; Auswirkungsprinzip Einf B 23; bilaterales Wettbewerbsverhalten Einf B 15 a, 21; Herkunftslandprinzip Einf B 13 c, 27; Einf C 56 ff; Internet Einf B 25; Marktortprinzip Einf B 15; Multistate-Verstöße Einf B 24; Rechtswahl Einf B 30; „Rom II"-Verordnung Einf B 13 ff; Schutzlandprinzip Einf B 22; Spürbarkeitsprinzip Einf B 24 ff; Teilnahmehandlungen Einf B 18
Internationale Zuständigkeit s Zuständigkeit, internationale
Internet 2 114; anwendbares Recht Einf B 24 ff; Beeinflussung von Suchmaschinen 4 10/53 ff; 7 94; Belästigungen 7 93 f; Bewertungsplattformen 4 8/10, 8/14a; Dialer 7 93; Haftung des Anschlussinhabers 8 138; Haftung des Internet-Service-Providers 8 136; Haftung für Hyperlinks 8 139; internationale Zuständigkeit Einf B 9; s auch Herkunftslandprinzip; Internet-Plattformen und -Portale 8 135; Internet-Versteigerung 8 135; Kaufveranstaltung 4 1/113; Pop-up-Fenster 7 95; Preisangabe PAngV 1 54; Verkäufe gegen Höchstgebot 4 1/111
Internetwerbung Trennungsgebot 4 3/8 ff; Verkaufsförderungsmaßnahmen 4 4/9
Inverkehrbringen 2 71; Gesundheitsbezogene Werbung 4 1/137
Inverkehrsetzen 2 71; s auch Verbreiten
Inzahlungnahme 4 1/72; Höchstpreis 5 513
Irland Einf B 42
Irreführende Angaben 5 103 ff; Anlass des Verkaufs 5 424 ff; Auktionsverkäufe vor Versteigerungszwangslage 5 168; Behördensprachgebrauch 5 201; Beschaffenheit 5 247 ff; Erscheinungsformen 5 155 ff; Fortwirkung der Irreführung 5 202 f; Gesetzlich vorgeschriebene Angaben 5 198 f; Gesetzlich zugelassene Angaben 5 200 f; Handelsbrauch 5 201; Mehrdeutige, missverständliche Angaben 5 181 f; Nachfolgende Klarstellung 5 205 f; Nachträgliche Unrichtigkeit 5 204; Objektiv falsche Angaben 5 155 ff; Objektiv richtige Angaben 5 189 ff; Offene Unklarheit 5 162; Tarnende Angaben 5 169 f; Tarnung der Person des Anbieters 5 173 f; Tarnung des Charakters der Werbemaßnahme 5 171 f; Tarnung mit Gutachten 5 176 f; Tarnung von Art und Inhalt des Angebots 5 175; Tarnung von Zweck und Anlass der Werbung 5 170; Unklare, allgemein gehaltene Angaben 5 160 ff; Unterschieben von Waren und Leistungen 5 163; Unvollständige Angaben 5 178 ff; Verdeckte Unklarheit 5 162; Verfügbarkeit, Warenmenge 5 237 f; Verschleiernde Angaben 5 163 ff; Verunsichernde

Sachverzeichnis

Angaben **5** 183 f; Vorschieben von Mittelsmann **5** 166; Werbung mit Selbstverständlichkeiten **5** 192 ff; Äußerungen Dritter **5** 207; Übertreibende Angaben **5** 185 ff
Irreführende Preisangaben Abholpreise **5** 478; Kopplungsangebote **5** 459 f; Listenpreise **5** 477; Margenpreise **5** 461; Preisangaben bei Kreditgeschäften **5** 481 ff; Preisgarantien **5** 479 ff; Preisgünstige Einkaufsmöglichkeiten **5** 484; Preisgünstige Gesamtangebote **5** 457; Preisspaltung/Preisschaukelei **5** 454; Preisvergleiche **5** 462 ff; Preisvergleichsportale **5** 215; Preisverschleierung **5** 455; Sonderangebote **5** 458; Unbestimmte Angaben **5** 449 ff; Unvollständige Angaben **5** 443 ff
Irreführende Werbung; Amtliche Prüfung **5** 282; Dienstleistungen **5** 236 ff; Handwerkliche Fertigung **5** 288 f; Kopplungsangebote **5** 459 f; Kosmetikprodukte **5** 300; „Med" **5** 296; Mindesthaltbarkeitsdatum **5** 283 ff; Preisschaukelei **5** 454; Preisspaltung **5** 454; Preisverschleierung **5** 455 f; Schlankheitswerbung **5** 299; Sonderangebote **5** 458; vergleichende Werbung **6** 11, 13 ff, 51
Irreführung PAngV Einf 26; Alterswerbung **5** 275, 278; Antiquitäten **5** 278; Aufklärungspflichten, Einzelfälle **5a** 15 ff; Begriff **5** 103 ff; Echt **5** 274; Etikettierung; Fabrikneu **5** 277; Garantiewerbung **5** 280; Vorrang des Gemeinschaftsrechts **5** 37 ff; Geschäftliche Handlung **5** 75 ff; Geschäftliche Verhältnisse **5** 566 ff; Gesundheitsbezogene Werbung **5** 294 ff; Gewerbliche Leistungen **5** 673 ff; Herstellungsverfahren **5** 290; Interessenabwägung **5** 218 ff; Irreführungsquote **5** 49 f, 149 ff; Kennzeichen, Verwechslungsgefahr **5** 29, 717 f; Künstliche Erzeugnisse **5** 263; Lebensmittelwerbung **5** 264 f; Lockvogelwerbung **5** 457; Markenware **5** 281; Marktneuheit **5** 276; Naturerzeugnisse **5** 264; Neuheitswerbung **5** 275 ff; Originalware **5** 274; Preiswerbung **4** 1/84, **5** 438 ff; Produktcharakteristika **5** 62 ff, 65; Qualität **5** 266; Qualitätsgarantien **5** 279 f; Rechtsbegriff **5** 220; Stoffliche Beschaffenheit **5** 261 ff; Verbraucherleitbild **5** 48, 112 ff; Vergleichende Werbung **5** 99 ff; Verkaufsmodalitäten **5** 62 ff, 64; Verkehrsauffassung **5** 112 ff; Verkehrskreise **5** 115 f; Verschweigen **5a** 1 ff; Verwendungsmöglichkeit **5** 293 ff; Wahrheitsgrundsatz **5** 8; Warenvorrat **5** 238 ff; Werbeadressat/Werbeempfänger **5** 82 f; Werbeadressaten **5** 117 ff; Werbung mit elektronischen Medien **5** 73 f; Wettbewerbsrechtliche Relevanz **5** 208 ff; Wirkungsweise **5** 293 ff; Zwecktauglichkeit **5** 293 ff
Irreführungsgefahr 5 13; Abwägung der Belange des freien Warenverkehrs **5** 57; Aufklärung **5** 108; Gleichnamigkeit **5** 388; Interessenabwägung **5** 218 ff; Irreführungsquote **5** 49, 147 ff; Richterliche Sachkunde **5** 135 ff
Irreführungsquote 5 49 f, 147 ff; „erheblicher Teil" **5** 148; Interessenabwägung **5** 218 ff; Verbraucherleitbild **5** 148
Irreführungsrichtlinie 5 45 ff, **5a** 4; Absatz und Bezug **2** 47; Beeinträchtigung der Interessen **2** 61; Darlegungs- und Beweislast **5** 110; Geistige Eigentumsrechte **5** 572; Irreführungsgefahr **5** 13; Irreführungsquote **5** 49; Mitbewerber- und Verbraucherschutz **5** 12; nachträgliche Aufklärung **5** 106; Regelungskatalog irrführender Umstände **5** 233; UWG Reform 2004 **5** 5; Verbraucherleitbild **5** 48; Vergleichende Werbung **5** 99 ff; Verhältnis zum UWG **5** 46; Vertragsbedingungen **5** 546; Von 1984 **5** 3; Wahrheitsgrundsatz **5** 8
Irreführungstatbestand Angaben im Rahmen vergleichender Werbung **5** 99; Entstehungsgeschichte **5** 1 ff; Gegenstand der Irreführung **5** 107 f; Generalklausel **5** 8, 36; Grundsatz **5** 32 ff; Irreführungsrichtlinie 1984/1997 **5** 3; Kein Schutzgesetz **5** 14; Leistungsstörungen **5** 15; Normadressat **5** 11, 80 f; Normzweck **5** 12 ff; Regelungsinhalt **5** 8 ff; Regelungskatalog **5** 233 ff; Spezialvorschriften **5** 18 ff; Spezialvorschriften, Anspruchskonkurrenz **5** 22; Spezialvorschriften, Gesetzeskonkurrenz **5** 23; UWG 1896 **5** 1; UWG 1909 **5** 2; UWG Novelle 2008 **5** 2; UWG-Reform 2004 **5** 5; UWG-Änderungsgesetz 2000 **5** 4; UWG-Novelle 2008 **5** 6; Verfassungskonforme Auslegung **5** 32 ff; Verhältnis zu § 16 I **5** 17; Verhältnis zu anderen Vorschriften **5** 16; Verhältnis zu § 4 Nr 1–11 **5** 16; Verhältnis zu § 826 BGB **5** 31; Verkehrsauffassung **5** 27; Voraussetzungen **5** 75 ff; Werbeempfänger **5** 82 f
Irreführungsverbote Arzneimittelgesetz **5** 20; Außerhalb des UWG **5** 18 ff; Besondere Weinbezeichnungsregelungen **5** 26; Eichgesetz **5** 21; Grundgesetz **5** 32 ff; Heilmittelwerbegesetz **5** 20; Lebensmittelrechtliche Kennzeichnungsvorschriften **5** 19; Markengesetz **5** 21; Mitbewerber **5** 102; Normadressat **5** 82 f; Rückgriff auf das UWG **5** 24; Schutz der Volksgesundheit **5** 20; Spezialgesetze **5** 22 ff; UWG-Reform 2004 **5** 5; Verkehrsauffassung **5** 27; Verstoß **5** 27; Warenverkehrsfreiheit **5** 68

1279

Sachverzeichnis

Irreführungsvermutung Darlegungs- und Beweislastregel **Anh 3** 16; Preisherabsetzungswerbung **5** 463 ff
Irrtum über die Rechtslage 2 12; **3** 38; **4** 2/14, 2/16; **5** 8, 551; **5a** 33; **12** 243; **16** 20
Italien Einf B 43

Japan Einf B 63
Jubiläumspreis 5 515
Jugendgefährdende Werbung 4 1/46, 11/81
Jugendliche Geschäftliche Unerfahrenheit **4** 2/10 ff

Kaffee Beschaffenheit **5** 253
Kaffeefahrten 4 3/53; Charakter der Werbeveranstaltung **5** 172; Irreführende, unwahre Angaben **16** 11; Täuschen über Werbecharakter **5** 548
Kakao und Kakaoerzeugnisse Beschaffenheit **5** 253
Kammern 8 96
Kammer für Handelssachen Funktionelle Zuständigkeit **13** 6f
Kampfpreisunterbietung 4 1/83
Kanada Einf B 64
Kartellrecht Einf D 70 ff, **4** 10/15, 10/73, 10/87, 10/92, 10/96, 11/10, **Vor 17–19** 5 a; Wettbewerbswidrigkeit **3** 30
Käse Beschaffenheit **5** 253; Gattungsbezeichnung **5** 369; Geographische Herkunftsangaben **5** 369
Kataloge PAngV 4 9
Kauf Appell an Kinder **Anh 3** 70 ff; Aufforderung, Begriff **5a** 32
Kaufentschluss Eignung zur Beeinflussung **5** 211 ff
Keck-Rechtsprechung Einf C 14 ff; **5** 71; produktbezogene Regelungen **Einf C** 15; Rechtfertigungsgründe **Einf C** 17; Verkaufsmodalitäten **Einf C** 15
Kennzeichen Behinderung durch **4** 10/78 ff; Nachahmungsschutz **4** 9/19, 9/30, 9/42; Entfernung von **4** 10/60; Inhaber **5** 712 f; Irreführung **5** 29; lauterkeitsrechtliche Ansprüche **5** 712 f; Verwechslungsgefahr **5** 29
Kennzeichenrecht 5 415; Verhältnis zum Lauterkeitsrecht **Einf A** 4; **Einf D** 77, 82; s auch Markenrecht
Kennzeichnungspflichten 4 11/63 f
Kerntheorie 8 4, 8; Unterlassungsvertrag **8** 52
Kettenanstiftung 19 3
Keyword Advertising 4 9/69, 10/53b; **6** 37; **7** 94; s auch Suchmaschinen
Keyword-Buying 4 10/53c

Kinder Geschäftliche Unerfahrenheit **4** 2/10 ff
Kinospielfilme Trennungsgebot **4** 3/43
Kirche behördliche oder dienstliche Tätigkeit **PAngV 9** 6; Betätigung **2** 42; sonstige Marktteilnehmer **2** 51
Klage zur Hauptsache Verfügungsgrund **12** 120
Klageantrag Androhung von Ordnungsmitteln **12** 74; Auslegung **12** 64; Echter Hilfsantrag **12** 72; Einschränkende Zusätze **12** 73; Insbesondere-Zusätze **12** 70; Unechter Hilfsantrag **12** 71; s auch Bestimmtheit des Klageantrags
Klagebefugnis Abwehransprüche **8** 85 ff; Einschränkung **8** 88; Beweislast **8** 90; Mitbewerber **8** 93; Verbände **8** 95 ff; Verhältnis zur Aktivlegitimation **8** 86
Klageerhebung, unberechtigte 4 10/40
Klagenhäufung, objektive Zuständigkeit **13** 4, 7
Klagentrennung Zuständigkeit **13** 4
Klagenverbindung Zuständigkeit **13** 4
Klemmbausteine s LEGO®-Bausteine
Klinik 5 621
Klinikprivileg 4 11/57
Know-how Vor 17–19 1 f; **18** 1; Vermögen des Werbenden **5** 571
Kohle Geographische Herkunftsangaben **5** 371
Kollektivrechtsschutz 1 18, 26
Kollisionsrecht s Internationales Privatrecht
Kölnisch Wasser Beschaffenheitsangaben **5** 373
Kommunalrechtliche Vorschriften 4 11/20
Kommunikationsdienste Elektronische **2** 81
Kommunikationsmittel PAngV 7 2
Komparativ Alleinstellungswerbung **5** 270 f, 302, 640, 642
Kompetenz Auszeichnung **5** 594; Verbrauchervertrauen **4** 1/144
Komplettpreis 5 516; s auch Inklusivpreis
Konfitüren Beschaffenheit **5** 253
Konkretes Wettbewerbsverhältnis 1 18; **2** 57 ff; Bedeutung UWG 2004 **2** 5
Konkretisierungsgebot 12 69, 79
Konkurrenzlos 5 517
Konsumentensouveränität 1 20; **4** 1/5
Kontrollmaßnahmen PAngV 9 4
Kontrollnummern 4 10/70 ff
Konzernverbundenheit 5 389
Kopplungsangebote 4 1/53, 1/88 ff; **PAngV 1** 36, 61; Irreführende Werbung **5** 459 f; Wettbewerbsrechtliche Beurteilung **4** 1/90 ff; Wettbewerbswidrigkeit **4** 1/91 f

Sachverzeichnis

Körperliche Gewalt 4 1/41
Kosmetikprodukte Irreführende Werbung 5 381
Kosmetikrichtlinie 5 42
Kosmetikverordnung 4 42
Kosten 12 99ff; Erstattungsfähigkeit 12 101ff; Erstattungsfähigkeit, Detektivkosten 12 106; Dritter **PAngV** 1 33; Erstattungsfähigkeit, Patentanwalt 12 101; Erstattungsfähigkeit, Rechtsanwalt 12 102; Erstattungsfähigkeit, Testkaufkosten 12 105; Erstattungsfähigkeit, Verkehrsanwalt 12 104; Schutzschrift 12 135; Testkauf 12 105; Zweckentsprechende Rechtsverfolgung 12 101
Kostenentscheidung 12 99ff
Kostenlos s Gratis
Kostenwiderspruch 12 150
Krankenkasse gesetzliche 2 90
Kraftfahrzeuge 5 682
Krankenkassen Einf D 23a, 25, 29, 32, 55
Kredite 5 683
Kreditgeschäfte Irreführung über Gesamtbelastung 5 481; Preisangaben 5 481ff
Kreditgewährung Zugabe 4 1/95; Zusatzangaben **PAngV** 6 14
Kreditgewerbe Preisangabepflicht **PAngV** 6 1; **PAngV 6a** 7f
Kreditkarten PAngV 6 5
Kreditkartenkosten PAngV 1 32
Kritik durch öffentliche Hand **Einf D** 40; im Wettbewerb 4 7/1ff; 6 15, 34, 36f, 77, s auch Restaurantkritik, Schmähkritik
Kroatien Einf B 44
Kündigungshilfe 4 10/30, 10/56
Kundenbeförderung Unentgeltlich 4 1/28f, 1/64, 1/103, 1/53
Kundenbindung 4 1/104f
Kundenbindungssysteme Irreführung 5 456
Kundendienst in anderer Sprache **Anh 3** 26; Täuschung **Anh 3** 61; Irreführung 5 309
Kundenfang s Abfangen von Kunden
Kundenkreis Gleicher 2 58
Künftiger Wettbewerb 4 9/31
Kunst- und Wissenschaftsfreiheit Einf D 14; 4 7/16
Kunstgegenstände Ausnahmen von der Preisangabepflicht **PAngV** 9 20
Künstlerische Leistungen Ausnahmen von der Preisangabepflicht **PAngV** 9 26
Künstliche Erzeugnisse Irreführung 5 263

Ladenschlussgesetze 4 11/74
Lager 5 622
Lagerpreis 5 518
Lagerverkauf 5 519

Laienwerbung 4 1/154ff; 8 150; Wettbewerbsrechtliche Beurteilung 4 1/155ff; Wettbewerbsrechtliche Haftung 4 1/162
Landespressegesetze Trennungsgebot 4 3/10; Anwendung 4 3/10
Lauterkeitsrecht Ansprüche Dritter aus 5 714ff; Begriff **Einf A** 1; als Teil des Privatrechts **Einf A** 5; und Kennzeichenrecht **Einf A** 4
Lebensmittel Beschaffenheit 5 253; Mindesthaltbarkeit 5 283ff
Lebensmittel-, Bedarfsgegenstände- und Futtermittelgesetzbuch 4 11/61, 11/71
Lebensmittelrecht 4 11/61, 11/64, 11/71; Auswirkungen auf Verkehrsauffassung 5 25
Lebensmittelwerbung Einf C 59; Anforderungen 5 220; Ausnutzung von Angst 4 2/24ff; Bio..., Öko... 5 264f; Natürlich, naturrein, naturbelassen 5 265f; Schadstoffbelastung 5 264f
LEGO®-Bausteine 4 9/67ff, 9/75
Leichte Erkennbarkeit PAngV 1 53
Leichtgläubigkeit 4 2/4; Ausnutzung 4 2/23; Verbraucherleitbild 2 110
Leistungen PAngV 1 20ff; **PAngV** 4 2; Wesentliche **PAngV** 5 5
Leistungseinheit PAngV 1 39ff
Leistungsschutz ergänzender und Recht des geistigen Eigentums **Einf D** 80, 4 9/1; Gerichtsstand des Begehungsortes 14 12; mittelbarer 4 9/3; unmittelbarer 4 9/3; s auch Nachahmung
Leistungsstörungen Einf D 66b; und Irreführung 5 15
Leistungswettbewerb 1 5; **Einf A** 23; 4 10/1; Anlockwirkung als Folge 4 1/80, 1/90, 1/114; Förderung durch PAngV **PAngV** 9 8; Missbrauch des Vertrauens 4 1/50; Nachweis einer Gefährdung 4 1/47
Leitungsgebundene Angebote PAngV 3 1f
Leseranalyse 5 674
Lettland Einf B 45
Letztverbraucher PAngV Einf 19ff; Begriff **PAngV** 1 10
Lieferbedingungen Täuschung 5 564f
Lieferkosten 5 157; **PAngV** 1 33f, 62, 64, 67
Linking s Hyperlink
Lissaboner Ursprungsabkommen (LUA) 5 413f; Ursprungsangaben 5 343
Listenpreise 5 477
Litauen Einf B 46
Lizenzanalogie 9 16ff
Lizenzvertrag Vor 17–19 5
Lockvogelwerbung Dienstleistungen; Irreführung 5 457
Lohnbuchhalter 5 589

1281

Sachverzeichnis

Lohnsteuerhilfevereine 4 11/48; 5 137, 589, 684
Lose Ware PAngV 1 35; 2 6
Lotterie 4 1/53, 1/106; 4 11/82
Lotto 4 1/106; 5 675
Luxemburg Einf B 47

Made in Germany Geographische Herkunftsangaben 5 338, 381
Madrider Herkunftsabkommen (MHA) 5 410
Makler Normadressat **PAngV** 1 9
Maklerprovision PAngV 1 33
Malereiunterricht Ausnahmen von der Preisangabepflicht **PAngV** 9 26
Malta Einf B 48
Mandatswerbung 4 11/45
Margarine Beschaffenheit 5 253
Margenpreise 5 461
Marken eingetragene 5 574; geschützte 5 575; Irreführung 5 29; Product Placement 4 3/32; Verwechslungsgefahr 5 29; s auch Markenrecht
Markenartikel Verkauf zu Billigpreisen 4 7/15; 4 10/93
Markenbruch s Kennzeichen, Entfernung von
Markenqualität s Markenware
Markenrecht Einf D 82; 4 7/18; 6 19; Harmonisierung **Einf A** 41; historische Entwicklung **Einf A** 26f; Irreführungsverbote 5 29; und vergleichende Werbung 6 19; s auch Kennzeichenrecht
Markenware Vortäuschung 5 281
Markt 5 623; derselbe Markt 2 59; 6 26a, 29, 33ff, 43; Räumlicher, regionaler, örtlicher 2 59; sachlicher 2 60
Marktbedeutung Irreführung 5 601ff
Marktbedingungen Anh 3 53ff
Marktbehinderung, allgemeine s Marktstörung, allgemeine
Marktbeteiligte 1 7; 2 50; Schutz 2 50, **Vor 4** 7; 4 3/1; 5 228, 230; Unternehmer als 2 51; **UWG 2004** 1 9
Marktbezogenheit 1 30; 5 77
Marktforschung 7 44
Marktführerschaft s Alleinstellungsbehauptung und Alleinstellungswerbung
Marktneuheit Irreführung 5 275
Marktortprinzip s Internationales Privatrecht
Marktstörung, allgemeine 4 10/95ff; Generalklausel 3 65
Marktteilnehmer Begriff 2 50f; Bedeutung des Preises 5 438f; Gleichrangigkeit der Interessen 1 10; 4 1/8; Interessenbeeinträchtigung 3 45ff; Kriterien für Gesamtwürdigung 3 55; Schutz 1 3, 19, 28; 2 50; 4 1/1, 1/5, 1/8; 4 2/1; 4 4/1; 4 6/5; 5 12, 109, 218ff; **5a** 4; sonstige 1 27ff; 2 51; 4 11/21 Spürbarkeit des Wettbewerbsverstoßes, Beispielsfälle 3 62
Marktverhaltensregelung 4 11/14ff; 11/40
Marktverwirrungsschaden 9 12
Marktzutrittsregelungen Einf D 32; 4 11/18ff
Maßnahmen gleicher Wirkung Einf C 12ff; 5 54, 60, 67f
Materielles Preisrecht PAngV Einf 1
Med. Irreführende Werbung 5 296
Medien Ausnutzung von Vertrauen 4 1/143ff; Begünstigter einer geschäftlichen Handlung 2 28ff, 33ff; Elektronische 4 3/12; 4 5/2; 8 124, 130ff; Werbung mit 5 75f; Printmedien 14 11; Nachrichtenbegriff 2 80; Redaktionelle Zugaben 4 3/29ff; Rundfunkstaatsvertrag 4 3/12; Störerhaftung 8 131; Trennungsgebot 4 3/8; Unabhängigkeit 4 3/9f; Verantwortlichkeit 4 3/19ff; Verantwortungsbereich 4 3/16; vergleichende Berichterstattung 6 23, 75; Werbetreibende 4 3/11, 3/13ff; Wettbewerbsfördernde Tätigkeiten 2 33; Wettbewerbsrechtliche Verantwortlichkeit 4 3/11ff, 3/16ff
Medienrecht Einf D 53
Medizinprodukte 4 11/60c, 11/64
Mehrdeutige Angaben Irreführung 5 181f
Mehrdeutigkeit Interessenabwägung, Geographische Herkunftsangaben 5 387; Irreführungsquote 5 152
Mehrere Verkehrskreise 5 123
Mehrweggebinde PAngV 1 66
Mehrwert 5 520
Mehrwertdienste 7 64, 73, 93
Mehrwertdiensterufnummer 4 6/7
Mehrwertsteuer PAngV 1 31
Meinungsäußerungen Einf D 9; 4 7/1, 7/16, 10/90; 5 88, 581; Abgrenzung von Werturteil und Tatsachenbehauptung 4 8/12; Nichterweislichkeit der Wahrheit 4 8/16; 6 8, 34; 7 3
Meinungsaustausch Verjährungshemmung 11 37; vorbereitender 3 90
Meinungsforen 4 8/14a; 8 135a
Meinungsforschung 7 44
Meinungsforschungsgutachten 5 140ff
Meinungsforschungsinstitute 2 42
Meinungsfreiheit Einf D 9ff; 4 7/1, 7/16, 10/90
Meinungsumfrage Unlauterkeit 4 3/60; Irreführung 5 167, 182, 207
Meister 4 11/58; 5 590, 624

Sachverzeichnis

Mengeneinheit PAngV 2 1, 3f, 7
Menschenverachtende Werbung Einf D 19; **4** 1/42ff
Menschenverachtung 4 1/9ff, 1/38ff
Menschenwürde Einf D 19; **4** 1/38ff
Metatags 4 10/53a
Mindesthaltbarkeit Lebensmittel **5** 283ff
Mindestpreisvorschriften 4 11/72
Mineralwässer Geographische Herkunftsangaben **5** 372
Mineralwasser, Quellwasser, Tafelwasser Beschaffenheit **5** 253
Missbrauch von Kennzeichenrechten **4** 10/78ff; von Nachfragemacht **4** 10/16
Missbräuchliche Geltendmachung von Abwehransprüchen **8** 154ff
Missbräuchliches Handeln Festhalten an Unterwerfungsvertrag **4** 1/86; „forum shopping" **12** 119; Rechtsausübung **12** 40; Verjährungseinrede, Erhebung **11** 49
Missverständliche Angaben Irreführung **5** 183f
Mitarbeiter Abwerbung **2** 74; **4** 10/7, 10/19, 10/22ff; Anruf am Arbeitsplatz **3** 33, 58, 98; **4** 10/31; **7** 58; Begriff **8** 148; Garantenhaftung **16** 22; Haftung für Mitarbeiter **8** 143ff; Irreführung über Fachkenntnisse **5** 670; Irreführung über Mitarbeiterstamm **5** 668f; Irreführung über Verwendung von Fremdpersonal **5** 671f; lauterkeitsrechtlicher Unternehmensbegriff **2** 45; private Äußerung **2** 31; Verwirkung Vertragsstrafe **12** 37
Mitarbeiter und Beauftragte Verwirkung Vertragsstrafe **12** 37; Verstöße **16** 22
Mitbewerber 4 9/31, 11/22; **6** 26ff; **8** 93ff; Schutzsubjekt **1** 3ff, 14ff; **5** 12; Begriff **2** 55ff; Nachfragewettbewerb **2** 74; Anbieterwettbewerb **2** 68ff; Klagebefugnis **5** 406
Mitgliederwerbung Verbände **2** 18; gesetzliche Krankenkassen, Rechtsweg **12** 46
Mitgliederzahl 5 686
Mitgliedschaften Effektiver Jahreszins, Angabe zusätzlicher Belastungen **PAngV 6** 14
Mittäter 8 146; **16** 21, 40
Mitteilungspflichten 17 28
Mittelbare Täterschaft 8 116
Mittelbares Wettbewerbsverhältnis 2 62
Mittlerer Preis 5 521
Mitverschulden Schadensersatzanspruch (§ 945 ZPO) **12** 209
MMS-Werbung 7 65, 73
Mobiltelefon 5 179; **PAngV 1** 28, 61
Modeneuheiten s Saisonschutz von Modeneuheiten

Modeschöpfungen 12 90; s auch Saisonschutz von Modeneuheiten
Mogelpackung Irreführung **5** 155, 239, 551
Mondpreis Irreführung **5** 454, 464, 476
Moralischer Kaufzwang 4 1/21ff; s psychologischer Kaufzwang
Multilaterale Abkommen Einf B 1ff; Geographische Herkunftsangaben **5** 409ff
Multi-Level-Marketing 4 1/119; Progressive Kundenwerbung **16** 1, 31ff, 36ff
Multistate-Delikte Einf B 8a, 24
Mündliche Angebote Freistellung von der Preisangabepflicht **PAngV 9** 9; **PAngV 1** 17
Musikunterricht Ausnahmen von der Preisangabepflicht **PAngV 9** 26
Musterberufsordnung der deutschen Ärzteschaft 4 11/53ff
Musterbücher PAngV 4 8
Musterpreisverzeichnis Gaststätten **PAngV 6** 4; **7** 4; Kreditangebote **PAngV 6** 4
Musterpreisverzeichnisse PAngV 5 3

Nachahmer Schutzumfang Mittbewerber **1** 17
Nachahmung 4 9/45ff; Imitationswerbung **5** 718; nachschaffende Übernahme **4** 9/49; „sklavische Nachahmung" **4** 9/26, 9/48; unmittelbare Leistungsübernahme **4** 9/48; und Unternehmensgeheimnis **17** 44; und vergleichende Werbung **6** 69f
Nachahmungsfreiheit Grundsatz der **Einf D** 80; **4** 9/2
Nachahmungsgefahr 3 37f, 54, 58, 62; **4** 1/29; **7** 17, 57
Nachahmungsschutz, mittelbarer **4** 9/1ff, 9/51ff; Nachahmungsfreiheit **4** 9/2ff; Verhältnis zum Geistigen Eigentum **4** 9/12ff; Verhältnis zum UWG **4** 9/21ff; unmittelbarer **4** 9/77ff; Rechtsfolgen **4** 9/83ff; prozessuale Fragen **4** 9/90ff; **6** 18a; s auch Nachahmung, vermeidbare Herkunftstäuschung, Rufausnutzung und -schädigung
Nachfolgende Klarstellung Gattungsdomain **5** 205; Irreführung **5** 205ff
Nachfragebehinderung 4 10/62
Nachfrager Marktteilnehmer **1** 27; **2** 46, 74; **4** 1/1, 1/5; Täuschung über Unternehmerhandeln **Anh 3** 64
Nachfragewerbung 7 42
Nachfragewettbewerb 2 46, 74
Nachhilfeunterricht 5 687; Ausnahmen von der Preisangabepflicht **PAngV 9** 26
Nachricht Begriff **2** 77ff
Nährmittel Beschaffenheit **5** 253
Nährstoffgehalt Hinweis auf Verminderung **5** 257

1283

Sachverzeichnis

Nationale Werbeverbote Arzneimittel **4** 2/24; Jugendgefährdende Inhalte **4** 2/10; s auch Werbeverbot für Waren und Dienstleistungen
Natur, naturrein, naturbelassen 4 1/133; Irreführung **5** 264f, 301, 30
Naturerzeugnisse 5 382; Irreführung **5** 263; **5 a** 13
Natürliche Handlungseinheit Zwangsvollstreckung **12** 246; Zuwiderhandlungen **12** 38f
Negative Feststellungsklage 12 86, 98, 211; Abmahnung **12** 28f; Verhältnis zur Unterlassungsklage **12** 56; Verjährungshemmung **11** 36
Negativer Komparativ Alleinstellungswerbung **5** 271, 640
Negatives Feststellungsurteil Rechtskraft **12** 98; s auch negative Feststellungsklage
Nettopreis 5 522
Netzkartenvertrag PAngV 1 28, 61
Neubeginn der Verjährung s Verjährung
Neuheitswerbung Irreführung **5** 275 ff.
Nicht- oder Schlechtleistung Einf D 66ff; **2** 23; **3** 76
Niederlande Einf B 49; **5** 341
Niedrigpreiswerbung 5 436, 477, 483, 490, 497, 543
Normadressat PAngV 1 8ff; **2** 2; **6** 5
Normalpreis 5 450, 523
Notare 4 11/32ff, 11/47; Kosten **PAngV 1** 33; Neutralitätsgebot **4** 1/149; Unternehmensbegriff **2** 45
Notarieller Festpreis Immobilienwerbung **5** 447, 524
Notarkosten PAngV 1 33 s Notare
Notstand rechtfertigender **17** 30
Notverkäufe Irreführende Angaben **5** 432
Notwehr 10 19
Novellierungen des UWG Einf A 49
Nulltarif 5 526
Nur, nur noch 5 526 f

Objektiv richtige Angaben Bedeutung für wettbewerbsrechtliche Relevanz **5** 216, 227; Interessenabwägung **5** 218ff, 227; Irreführung **5** 189ff
Objektivitätsgebot 6 50
Oddset-Wetten 4 1/106; 11/85; Alleinstellungswerbung **5** 685
Offene Kopplungen 4 1/89
Offene Packungen PAngV 1 35
Offenkundigkeit, fehlende **17** 7 ff
Öffentliche Einrichtungen, Nutzung **Einf D** 44

Öffentliche Hand Einf A 77f; **2** 12 Doppelnatur der Maßnahmen **Einf A** 78; **Einf D** 22; s auch Wettbewerb der öffentlichen Hand
Öffentliche Werbung 5 17, 83
Öko... Umweltfreundlich **4** 1/132; Irreführung **5** 264; Verwendung **5** 303 f
Optiker 5 625
Ordnungsgeld Vertragsstrafe **12** 42
Ordnungsmittel Verjährung **12** 253
Ordnungsmittelandrohung Antrag **12** 74; Einstweilige Verfügung **12** 132; Prozessvergleich **12** 107; Unterlassungsurteil **12** 92; Voraussetzung/Anforderungen für spätere Zwangsvollstreckung **12** 241 ff
Ordnungsmittelfestsetzung s Festsetzung von Ordnungsmitteln
Ordnungswidrigkeit 20 1ff; **PAngV 10** 1, 3ff
Organhaftung 8 140; auch Haftung für fremdes Verhalten
Organisationsmängel 8 118
Originalware Wertreklame **4** 1/53; Verschenken von **4** 1/61f; Irreführung **5** 274; ausländische **5** 381
Örtliche Zuständigkeit Einf B 5; **14** 1ff; Einigungsstellen **15** 6; Einstweilige Verfügung **12** 122ff; **15** 6
Ortsangabe Geographische Herkunftsangaben **5** 347; Verkehrsauffassung **5** 346f
Österreich Einf B 50
Outlet 5 504

Packungen, offene s offene Packungen
Pädagogische Leistungen Ausnahmen von der Preisangabepflicht **PAngV 9** 26
Paid Listings s Suchmaschinen
PAngV 1973 PAngV Einf 2
PAngV 1985 PAngV Einf 3ff
Parallelschöpfung 4 9/45
Parfümeriewaren Beschaffenheitsangaben **5** 373; Geographische Herkunftsangaben **5** 373
Pariser Verbandsübereinkunft (PVÜ) Einf B 1; **4** 9/56; **5** 409
Parkplätze PAngV 8 1
Parteianträge Bindung des Gerichts **12** 89
Parteizustellung Einstweilige Verfügung **12** 167ff, 206
Passivlegitimation 8 114ff; Redaktionelle Werbung **4** 3/49ff
Patentberühmung 5 573, 579; s auch unberechtigte Schutzrechtsverwarnung
Patentrecht- und Gebrauchsmusterrecht Einf D 77, 84; **5** 576, 580; Pauschalangebote **PAngV 1** 36
Pauschalpreis 5 528

Sachverzeichnis

Pauschalreisen PAngV 1 36
Personenbeförderungsgesetz 4 11/58; Ausnahmen von der Preisangabepflicht **PAngV 9** 27
Personengebundene Herkunftsangaben 5 332, 350
Persönlicher Anwendungsbereich PAngV Einf 19f
Persönlichkeitsrecht 4 1/21, 1/35, 1/42, 1/45; allgemeines **Einf D** 18; Schutzobjekt **1** 4, 15, 23
Pfandleiherverordnung Ausnahmen von der Preisangabepflicht **PAngV 9** 27
Pferdewetten 4 1/106
Pflanzenschutzgesetz 4 11/61, 11/64
Physischer Druck 4 1/18, 1/21, 2/28
Piratenkarten 4 10/61
Polen Einf B 51
Politische Parteien 2 42
Pop-up-Blocker 4 10/64
Pop-up-Fenster 7 95
Portugal Einf B 52
Porzellan- und Keramikwaren Beschaffenheitsangaben **5** 370; Betriebliche Herkunftsangaben **5** 370; Geographische Herkunftsangaben **5** 370
Positive Aussage 5 96, 178
Positives Feststellungsurteil Rechtskraft **12** 98
Postgesetz 4 11/62
Post-sale confusion s vermeidbare Herkunftstäuschung
Potentieller Wettbewerb 2 58
Powershopping 4 1/113
Praxisschilder Notare **4** 11/47; Rechtsanwälte **5** 626
Preisangabe PAngV 1 1ff, 23ff; **4** 11/73; „Abo-Falle" **PangV 1** 54; Form **PAngV 1** 51ff; Grundpreisangabe **PAngV 2** 3ff; Irreführung **5** 443ff; **5a** 34, 39; Lesbarkeit **PAngV 1** 55; Lieferkosten **PAngV 1** 64
Preisangabenrichtlinie Einf C 38a
Preisangabenverordnung 4 11/73; **PAngV 6a** 1ff; Allgemeine Verkehrsauffassung **PAngV 1** 2, 5, 24, 44, 46, 47ff; Anbieten **2** 68; Änderung durch Rechtsverordnung **21** 1; Änderungsvorbehalt **PAngV 1** 67f; Anwendungsbereich **PAngV Einf** 19ff, 21ff, 27; **1** 1, 6f; Ausnahmeregelungen **PAngV 9** 1ff; Effektiver Jahreszins **PAngV 6** 2, 7ff, 9ff; Entsteinerungsklausel **21** 1; Ergänzungstatbestände (§ 1 II–IV) **PAngV 1** 62ff; Fernabsatzgeschäfte (§ 1 II) **PAngV 1** 62; Gaststätten, Beherbergungsbetriebe (§ 7) **PAngV 7** 1ff, 4ff 7ff; Grundpreisangabe (§ 2) **PAngV 2** 1ff, 3ff; Grundvoraussetzungen **PAngV 1** 1; Grundvorschriften

PAngV Einf 16f; **1** 2; Handel (§ 4) **PAngV 4** 1ff; Irreführung iSd 5a **PAngV Einf** 26; Kontoführungskosten **PangV 6** 11f; Kredite (§ 6) **PAngV 6** 1ff, 9ff; Leistungen (§ 5) **PAngV 1** 22, **5** 1ff; Leitungsgebundene Angebote (§ 3) **PAngV 3** 1f; Letztverbraucher **PAngV Einf** 19f; **1** 2f, 6, 8, 10ff; Marktverhaltensregelung **PAngV Einf** 25; Normadressat **PAngV 1** 8f; Normzweck **PAngV Einf** 14f; Preisangaben **PAngV 1** 23ff; Preisklarheit und Preiswahrheit, s auch Preisklarheit und Preiswahrheit; Preisordnungsrecht **PAngV Einf** 1; Preiswerbung **5** 440; Prozessuale Geltendmachung **PAngV Einf** 33; Rechtsbruchtatbestand **PAngV Einf** 25; Rechtsentwicklung **PAngV Einf** 2ff; Regelungsbereich **PAngV 1** 1; Regelungsinhalt **PAngV Einf** 16ff; Reiseverträge **PAngV Einf** 31; Rückerstattbare Sicherheiten **PAngV 1** 66; Schutzgesetz **PAngV Einf** 27; Streitgegenstand **PAngV Einf** 33; Tankstellen, Parkplätze (§ 8) **PAngV 8** 1ff; Verbotsgesetz **PAngV Einf** 28; Verrechnungssätze bei Leistungen (§ 1 III) **PAngV 1** 65; Versicherungsbeiträge **PAngV 6** 13; Vollzug durch die Länder **PAngV Einf** 18; Vorgängerregelungen **PAngV Einf** 2; Wettbewerbsbezug **PAngV Einf** 26
Preisangabepflicht PAngV 1 23ff, 26; Gaststätte **PAngV 7** 4; Ausnahmen **PAngV 9** 1ff
Preisausschreiben 4 1/107f, 5/4ff, 6/1ff, 6/6; **Anh 3** 55ff
Preisauszeichnen PAngV 4 1
Preisauszeichnungspflicht PAngV 4 1
Preisauszeichnungsverordnung 1969 PAngV Einf 2
Preisbestandteile PAngV 1 32f, 62
Preise Endpreise **PAngV 1** 23ff; Produktpreise **5a** 32
Preisgarantien Irreführung **5** 479f
Preisgegenüberstellung 5 64, 451, 463ff, 473
Preisgestaltungsfreiheit 4 1/76, 1/83; **5** 441
Preisgünstige Einkaufsmöglichkeiten 5 484, 519
Preisgünstige Gesamtangebote Irreführende Werbung **5** 457
Preisherabsetzungswerbung 5 5; Irreführungsvermutung **5** 462ff
Preisklarheit und Preiswahrheit 4 1/116; **PAngV Einf** 14, 19, 29; **PAngV 1** 2, 5, 46, 49ff
Preisknüller 5 529
Preisnachlässe Ausnahmen von der Preisangabepflicht **PAngV 9** 11ff

1285

Sachverzeichnis

Preisnachlasswerbung Beurteilung **4** 1/76, 1/78, 1/84
Preisordnungsrecht PAngV Einf 1
Preisrätsel Redaktionelle Werbung **4** 1/106; **4** 3/23, 3/26 ff
Preisrecht Formelles **PAngV Einf** 1; Materielles **PAngV Einf** 1
Preisschaukelei Irreführende Werbung **5** 454
Preissensation 5 529
Preisspaltung Irreführende Werbung **5** 454
Preistransparenz 5 440; **PAngV Einf** 6 f; **PAngV 1** 59, 66
Preisunterbietung 4 10/91 ff, 10/104; Verdrängungsabsicht **4** 10/94
Preisvergleich 6 49; Bagatellschwelle, Beispiele Erschwerung **3** 48, 62; Effektiver Jahreszins **PAngV 6** 7 ff; Konkurrenzpreise **4** 1/98; **5** 469 f, 480, 508, 555; Ca-Preise **PAngV 1** 29; Irreführung **5** 462 ff; mit Konkurrenz **5** 469; Verbraucherinformation **PAngV Einf** 1, 14 f; s auch Vergleichende Werbung
Preisverhandlungen PAngV 1 44 f
Preisverschleierung Irreführende Werbung **4** 1/58, 1/91; **5** 455 f
Preisverzeichnis PAngV 5 3 ff; Anbringung **PAngV 5** 2, 7 f; Gaststätte **PAngV 7** 4, 8 f; Tarife, Gebührenregelungen **PAngV 5** 10; Umfangreiche **PAngV 5** 9 f; Warenangebote **PAngV 4** 7 f
Preisvorschriften 4 11/72
Preiswerbung Irreführung **5** 438 ff; Preisangabenverordnung **5** 440; Verkehrsauffassung **5** 442; s auch Preisverschleierung
Preiswerbungsschlagworte Verkehrsauffassung **5** 491 ff
Preselection-Antrag 4 10/11, 10/50
Presse- und Rundfunkfreiheit Einf D 11; **2** 33, 40; **4** 1/122; redaktionelle Werbung **4** 3/25
Presse- und Rundfunkprivileg 4 8/9; **9** 27 ff
Presseerzeugnisse 4 1/63 ff; kostenloses Verteilen von **4** 10/97, 10/102
Printmedien, Werbung mit **7** 35 ff
Privatangebot Vortäuschen **5** 547; Vortäuschung **4** 3/59; **5** 485, 665
Private Handlungen 2 17, 34
Privatgutachten 2 41
Privatsphäre 7 1
Privilegierung verfahrensbezogener Äußerungen 12 30 f; Unberechtigte Schutzrechtsverwarnung **3** 89, **5** 581, **12** 31
Probierpreis 5 530

Product Placement Einf C 31 ff; **4** 3/12, 3/32 ff
Produktbezogene Regelungen s Keck-Rechtsprechung
Produktionsort Geographische Herkunftsangaben **5** 351, 381
Produktnachahmung 6 69 f; **17** 44
Produkttest 6 74 ff
Produktveränderung 4 10/59
Professorentitel 5 586 f
Progressive Kundenwerbung 4 1/117; Abnehmer **16** 36 ff, 41, 44; Abstrakter Gefährdungstatbestand **16** 36; Begriff und Wesen **16** 33; Erscheinungsformen **16** 34 f; Handeln im geschäftlichen Verkehr **16** 37; Kettenbriefaktionen **16** 48; Konkurrenzen **16** 53; Multi-Level-Marketing **16** 35; Nichtigkeit zivilrechtlicher Abreden **16** 54; Normzweck **16** 32; Notwendige Teilnehmer **16** 41; Rückforderung des Geleisteten **16** 55; Strafbarkeit **16** 36 ff, 40; Strafrechtliche Rechtsfolgen **16** 50 ff; Strukturvertriebsysteme **16** 35; Subjektiver Tatbestand **16** 49; Tathandlung **16** 44, 50; Täter **16** 40; Verbotsgesetz **16** 55; Verbraucher **16** 43; Verjährung **16** 51; Versprechen besonderer Vorteile **16** 46 f; Vorsatz **16** 49; geschäftliche Handlung **16** 38; Zivilrechtliche Rechtsfolgen **16** 54 f
Provokation eines Wettbewerbsverstoßes 8 185
Prozessurteil 12 87
Prozessvergleich 12 55, 107
Prüfzeichen 5 260; **PAngV 1** 42; Irreführende Werbung **5** 418, 419
Psychischer bzw Psychologischer Kaufzwang 4 1/22 ff, 1/53; Gewinnspiel **4** 6/9, 6/12
Psychischer Druck 4 1/10, 1/21 ff, 1/36, 1/56
Publikumswerbung 5 117
Pyramidensystem Anh 3 42; **16** 35; s auch Schneeballsystem

Qualifikation Irreführung **5** 582 ff
Qualität Irreführung **5** 261, 266 ff; Verschlechterung **5** 281
Qualitätsgarantien Irreführung **5** 279 ff
Qualitätskennzeichen Anh 3 8

Rabatte 4 1/53, 1/66 ff; Kundenbindung **4** 1/105; **PAngV 1** 37; Zeitraum **5** 210, 453
RabattG Einf A 34, 39 f; Aufhebung **PAngV Einf** 15
Rabattverbote Gesetzliche **4** 1/85; Vertragliche **4** 1/85 ff
Ranking 6 23, 29, 74

Sachverzeichnis

Rationalität der Kaufentscheidung 1 21; **4** 1/121 ff, 1/136, 1/153; Verhältnis zu Beeinflussung Entscheidungsfreiheit **4** 1/56
Rationalität Verbraucherentscheidung **4** 1/13, 1/78 ff
Räumlicher Geltungsbereich PAngV Einf 22 f
Räumliches Festhalten Anh 3 67
Räumungsverkäufe Irreführende Angaben **5** 430 f
Rechnungslegungsanspruch 9 40
Rechnungslegungsklage Schadensersatz **12** 85
Rechnungslegungsurteil Rechtskraft **12** 97
Recht am eingerichteten und ausgeübten Gewerbebetrieb Einf D 59 f; **4** 10/18, 10/35 ff; **Vor 17–19** 8; **17** 49
Rechtlicher Kaufzwang 4 1/31 f; Gewinnspiel **4** 6/6 f
Rechtsanwälte 4 11/32 ff; Beratung, objektiv u neutral **4** 1/149; Briefbögen **5** 204 f, Briefkopf **5** 107, 599; Gebührenregelungen **PAngV Einf** 1; Geschäftliche Handlung **2** 37; **5** 80; Geschäftlicher Verkehr **2** 8; **PAngV Einf** 20; Kanzleibezeichnung **5** 606; Praxisschilder **5** 626; Sozietät **5** 626, 655; Sponsoring **4** 1/124; **5** 695 ff; Unternehmensbegriff **2** 45; Wissensvertreter **11** 29
Rechtsanwaltsgebühren u. -kosten 12 102 ff; Abschlussschreiben **12** 184; Abwehr unberechtigter Abmahnung **12** 32; Erstattung Abmahnkosten **12** 21 ff
Rechtsbehelfe s Einstweilige Verfügung
Rechtsberatung Erlaubnis zur **4** 11/32 ff; telefonische **5a** 17
Rechtsbruch 4 11/1 ff; durch die öffentliche Hand **Einf D** 50 ff; s auch Verleiten zum Vertragsbruch
Rechtschutzbedürfnis Abschlussverfügung, Wirkung **12** 175, 179, 183 f, 192; Beseitigungsklage **12** 75 f; Einigungsstelle **15** 14; Einstweilige Verfügung **12** 128; Vertragsstrafe **12** 43; Unterlassungsklage **12** 55 ff; Widerspruch **12** 149 ff, 160
Rechtsdienstleistung 4 11/35
Rechtsdienstleistungsgesetz 4 11/32 ff
Rechtsentwicklung PAngV Einf 2
Rechtsfrage Objektive Geeignetheit zur Wettbewerbsförderung **2** 43 f
Rechtsirrtum s Irrtum über die Rechtslage
Rechtskraft Auskunftsurteil **12** 97; Auslegung der Urteilsformel **12** 95; Bedeutung **12** 93; Bindungswirkung, Schadensersatzurteil **12** 96; Bindungswirkung, Unterlassungsurteil **12** 96; Entscheidungen im eV **12** 177 ff; Feststellungsurteil **12** 98; Positives Feststellungsurteil **12** 98; Rechnungslegungsurteil **12** 97; Reichweite des Urteils **12** 95; Streitgegenstand **12** 94
Rechtsmissbrauch 8 183 ff; **12** 40
Rechtsnachfolge 8 153
Rechtspflege 4 11/3
Rechtsschutzbedürfnis s einstweilige Verfügung
Rechtsunkenntnis Ausnutzen **2** 22; **4** 2/14 ff; **5** 552; **5a** 44
Rechtsweg 12 44 ff; Arbeitsgerichte **12** 49 f; Beispielsfälle **12** 50; Beteiligung der öffentlichen Hand **Einf D** 22; **12** 45; Einstweilige Verfügung **12** 121; Schiedsabreden **12** 53; Sozialgerichte **12** 47; Streitigkeiten nach dem UWG **12** 44; Vorabentscheidung, § 17a GVG **12** 52 f
Redaktionelle Werbung 4 3/8 ff; Erscheinungsformen **4** 3/32 ff; Haftung der Redaktion **4** 3/46; Informantenhaftung **4** 3/49 f; Irreführung **5** 171; **Anh 3** 31 ff; Wettbewerbsrechtliche Beurteilung **4** 3/8 ff; Zugaben **4** 3/29 ff
Redaktionelle Zugaben 4 3/29 ff
Regelungsgehalt PAngV 5 2
Regelungsinhalt 5 8 f; **PAngV Einf** 12 f; **1** 1 f; Effektiver Jahreszins **PAngV 6** 2
Regelungsverfügung 12 110
Regulärer Preis 5 531
Reinigung 5 688
Reisen Besichtigungsreisen **4** 1/29; Irreführung ü Leistung **5** 689; Werbe- und Verkaufsfahrten **4** 1/30
Reiseveranstalter Normadressat **PAngV 1** 9; Sicherungsschein **4** 2/18
Reklamehafte Übertreibungen Begriff **5** 89, 125, 185, 637
Relevanz der Irreführung 5 208 ff; black list **5** 52; geographische Herkunftsangaben **5** 378 f; Lockvogelangebote **5** 246; Vorlagepflicht EuGH **5** 38
Repräsentantenhaftung 8 140; s auch Haftung für fremdes Verhalten
Restaurantkritik 4 7/9; **6** 77
Restschuldversicherungsprämie Effektiver Jahreszins **PAngV 6** 14
Reverse engineering 4 9/73; **17** 10, 26
Richterliche Sachkunde 5 135 ff
Richterrecht Einf A 30; Vorbem **4** 2, 4, 6; **12** 1
Richtlinie audiovisuelle Mediendienste (2010/13/EU) **Einf C** 31 ff, 78; E-Commerce-Richtlinie (2000/31/EG) **2** 99; **Anh 3** 45; **4** 3/41, **5** 73 f; Datenschutz für elektronische Kommunikation (2002/58/EG) **Einf C** 41; **2** 79; **3** 53; **Anh 3** 2; **7** 1, 10; **PAngV 1** 4; Dienstleistungen im Bin-

Sachverzeichnis

nenmarkt (2006/123/EG) **Einf C** 61 a;
Elektronischer Geschäftsverkehr (2000/31/
EG) **Einf A** 48; **Einf C** 40, 79 ff; Etikettierung (2000/13/EG) **5** 23, 28, 42, 44, 314;
Fernabsatz (97/7/EG) **Einf C** 37; **2** 99;
Fernabsatz von Finanzdienstleistungen
(2002/65/EG) **Einf C** 38; Fernsehtätigkeit
(89/552/EWG) **Einf C** 31 ff, 78; **4** 1/42,
3/12; Humanarzneimittel (2001/83/EG)
Einf C 61; Irreführende Werbung (84/
450/EWG) **Einf A** 23 f; **Einf C** 28 ff; **1** 7;
3 19 ff, 47, 53; **5** 3 ff, 45 f; Irreführungsrichtlinie 2006/114/EG **5** 8, 12 f, 42, 45 f,
104; Kosmetik (76/768/EWG) **5** 28, 42;
Lebensmittelrichtlinie (79/112/EWG) **5**
42, 44; Pauschalreise-Richtlinie des Rates
(90/314/EWG) **4** 2/18; Preisangabenrichtlinie (98/6/EG) **Einf C** 38 a; Rechte
der Verbraucher (2011/83/EU) **Einf C** 37;
Unlautere Geschäftspraktiken (2005/29/
EG) **Einf A** 26 ff; **Einf C** 43 ff; **2** 6, 23; **3**
26; **4** 1/55, 11/7; **5** 6, 8, 42, 51 ff; **6** 9;
Anh 3 1; Unterlassungsklagen (98/27/EG)
Einf C 39; Vergleichende Werbung (97/
55/EG und 2006/114/EG) **Einf C** 34 ff;
5 4; **6** 1, 4 ff
Rom II-Verordnung Einf B 13 ff; s auch
Internationales Privatrecht
RSS-Feeds 8 135a
Rückerstattbare Sicherheiten PAngV
1 66
Rückwärtsanalyse s reverse engineering
Ruf Ausnutzung **4** 9/64, 9/67 ff, 10/14 a ff;
6 60 ff; besonderer **5** 329; Rufnummernunterdrückung **7** 6, 21, 41
Rufumleitung 4 10/50 a;Rufschädigung **4**
9/64, 9/70, 10/14; **6** 60, 64
Rumänien Einf B 53
Rundfunkfreiheit 4 3/25, 3/38
Rundfunkstaatsvertrag Trennungsgebot **4**
3/12, 3/32 f, 3/38
Russland Einf B 65

Sachliche Zuständigkeit 13 1 ff; Einigungsstelle **15** 6, 8; Einstweilige Verfügung **12**
121 ff
Sachlicher Anwendungsbereich PAngV
Einf 21
Sachlichkeitsgebot Anwaltswerbung **4**
11/40, 11/55; Ärzte **4** 11/55
Sachmängelhaftung Einf D 68 f
Sachurteil Unterlassung **12** 88
Sachverständigengutachten 4 8/13
Sachverständiger 5 591, 595, 604
Saisonschutz von Modeneuheiten 4 9/76,
9/82
Sales Promotion 4 1/52 ff

Sales-Promotion-Verordnung Vorschlag
Einf A 26 f; **Einf C** 63
Sammlerstücke Ausnahmen von der Preisangabepflicht **PAngV 9** 20
Schaden 9 9 ff; bei 945 ZPO **12** 204 ff; Schadenseinheit **11** 22
Schadensberechnung s Schadensersatz
Schadensersatz Art und Umfang **9** 9 ff; Markengesetz **5** 336; Vertragsstrafe **12** 43; Dreifache Schadensberechnung Art **4** 9/88; **9**
14 ff; **17** 51; **18** 11; Einstweilige Verfügung
12 193 ff; entgangener Gewinn **9** 13; Naturalrestitution **9** 10; Vermögensschäden **9**
11 f
Schadensersatzanspruch 9 1 ff; Auskunfts-
und Rechnungslegungsanspruch **9** 33 ff;
Gläubiger **9** 23; Kausalität **9** 5; negative
Feststellungsklage **12** 86; Patentberühmung
5 579; Schuldner **9** 24 ff; Verjährung **11**
22 f, 31; Verschulden **9** 6 ff; Voraussetzungen **9** 4 ff; bei 945 ZPO **12** 193 ff
Schadensersatzfeststellungsklage Begründetheitsvoraussetzungen **12** 83; Feststellungsinteresse **12** 80; Rechtsschutzbedürfnis **12** 55 ff, 78; Wahrscheinlichkeit des
Schadenseintritts **12** 80, 83; Zulässigkeit **12**
80 ff; s auch Schadensersatzklage
Schadensersatzklage Auskunftsklage **12**
30 ff, 80 ff; Leistungsklage **12** 84; Rechnungslegungsklage **12** 85
Schadensersatzurteil Rechtskraft, Bindungswirkung **12** 96
Schadensschätzung 12 84
Schadstoffbelastung Lebensmittelwerbung
5 265; von Produkten **5** 301
Schätzpreis 5 532
Schiedsabreden 12 53
Schlankheitswerbung 5 299
Schleichbezug Vertriebsbindung **3** 86 f; **4**
10/70, 10/77
Schleichwerbung 4 3/2 ff, 3/6 ff, 3/33
Schmähkritik 4 7/17; **6** 68
Schneeballsystem 4 1/117, 1/119; s auch
Pyramidensystem
Schnupperpreis 5 533
Schockierende Werbung 4 1/43, 1/142
Schriftliche Einzelangebote Ausnahmen
von der Preisangabepflicht **PAngV 9** 24 f
Schubladenverfügung 12 8
Schuldner Gesamtschuldnerische Haftung **8**
152
Schutz der Privatsphäre 1 23; **2** 78, 103
Schutzfunktion Lauterkeitsbezogen **4** 11/4;
11/25
Schutzgesetz PAngV Einf 27; Irreführungstatbestand **5** 14; UWG kein Schutzgesetz iSd § 823 II BGB **1** 11 f

Sachverzeichnis

Schutzgut 1 2ff
Schutzlandprinzip s Internationales Privatrecht
Schutzobjekt 1 2ff; Leistungswettbewerb 1 5
Schutzrechte s geistiges Eigentum, unberechtigte Schutzrechtsverwarnung
Schutzrechtsanmaßung 5 572ff
Schutzrechtshinweis Werbung mit 5 573ff
Schutzrechtsverwarnung 5 580f; Ansprüche 4 10/39f; Rechtsfolgen 12 31; s auch unberechtigte Schutzrechtsverwarnung
Schutzschrift einstweilige Verfügung 12 131, 135ff; Kosten 12 137
Schutzsubjekt 1 2ff; Mitbewerber 1 3ff, 14ff
Schutzwürdiger Besitzstand irreführende Angabe 5 131
Schutzzweck des Wettbewerbsrechts 1 1ff; Gleichrangigkeit der Schutzzwecke 1 32; Institutionsschutz 1 31f; Lauterkeitsrechtliche Schutzzwecke 1 8; Wertungsgesichtspunkte 3 18ff
Schutzzwecktrias Einf A 46; 1 6, 10f
Schwebendes Verfahren Äußerungsfreiheit 2 38
Schweden Einf B 54
Schweiz Einf B 66
Schwerbeschädigtenware 4 1/129
Second-Level-Domains s Domainnamen
Selbständige Verkaufseinheiten PAngV 1 36
Selbständiger Auskunftsanspruch Verjährung 11 24
Selbsthilfe Anh 3 68
Selbsthilfeeinrichtung Beamte 5 628
Selbstkosten, Verkauf unter s Einstandspreis, Verkauf unter
Selbstkostenpreis 5 488f
Selbstverständlichkeiten Irreführung 5 192ff; kostenlose Beratung 5 673; Umsatzsteuerhinweis **PAngV** 1 63
Selbstzahlerpreis PAngV 1 27
Selektives Vertriebssystem s Vertriebssystem, selektives
Sendelandprinzip Einf A 85; Einf C 70
Sicherheiten rückerstattbare Sicherheiten **PAngV** 1 66
Sicherungsschein Reiseveranstalter 4 2/18
Sicherungsverfügung 12 110
Sittenwidrigkeit Begriff 1 12; 3 11; Kenntnis 3 39; in § 1 aF **Einf A** 30, 46; gem § 138 BGB wegen Unlauterkeit **Einf D** 67a
Sittliches Empfinden 4 1/44
Sklavische Nachahmung s Nachahmung
Slamming 7 93
Slowakei Einf B 55
Slowenien Einf B 56

SMS-Werbung 7 65, 68, 73
Sniper-Software 4 10/105
Sofortige Beschwerde Einstweilige Verfügung 12 147
Solingen Geographische Herkunftsangaben 5 393f
Sommerpreis 5 454, 535
Sonderangebot Begriff 5 274, 286; Einzelfälle 5 286, 536; **Anh 3** 20
Sonderveranstaltungen Irreführende Angaben 5 428f
Sonstige Marktteilnehmer Begriff 1 3, 27ff; 2 51ff
Sonstiger unangemessener unsachlicher Einfluss 4 1/49ff
Sortenbezeichnung Bier 5 365, 382 392
Sozialgerichte Mitgliederwerbung gesetzlicher Krankenkassen 12 48; Rechtsweg 12 47f
Sozialrecht Einf D 55; 4 11/10; Rechtsweg zu den Sozialgerichten **Einf D** 23a
Sozietät 4 11/46; Rechtsanwälte 5 626
Sozietätsbezeichnung Rechtsanwälte 5 599, 626
Spamming 3 98; 4 1/61; 7 61, 65
Spanien Einf B 57
Sparpreis 5 537
Speiseeis Beschaffenheit 5 253
Spekulationsmarke 4 10/81
Sperrzeichen 4 10/79f
Spezialgesetzliche Irreführungsverbote 5 18ff, 24, 27
Spirituosen Beschaffenheit 5 253; Beschaffenheitsangaben 5 375; Gattungsbezeichnung 5 375; Geographische Herkunftsangaben 5 375
Spitzengruppenwerbung 5 636, 639, 642f, 652
Spitzenstellungsbehauptung s Alleinstellungsbehauptung
Spitzenstellungswerbung 5 234; Produktbezogene Werbung 5 267ff; Unternehmensbezogene Werbung 5 636; und vergleichende Werbung 6 33
Sponsoring 2 43; 4 1/113, 1/124, 1/128, 3/31; Irreführung 5 695ff; Ereignissponsoring 4 3/34
Sportübertragungsrechte 4 9/80
Sportwetten 4 11/82
Sprachenwechsel Anh 3 26f
Sprachgebrauch Allgemeiner 5 129, **PAngV** 1 48; Behördlicher 5 200ff
Spürbarkeit ausländischer Wettbewerbshandlungen Einf B 9, 24ff; Bagatellklausel 3 48ff; 4 11/30
Staatliche Regelungen Ausnahmen von der Preisangabepflicht **PAngV** 9 27f

1289

Sachverzeichnis

Stahlwaren Geographische Herkunftsangaben **5** 376, 381
Standesregeln 4 10/58
Statt-Preis 5 451
Stellenangebote 5 680, 691
Steuerberater 4 11/48 ff; neutrale Beratung **4** 1/149; geschützte Berufsbezeichnung **5** 592; Kanzleibezeichnung **5** 606
Steuerberatungsgesetz 4 11/50
Steuerrecht 4 11/17
Stiftung Warentest 5 420; **6** 74 ff
Stoffliche Beschaffenheit Einzelfälle **5** 261 ff; Irreführung **5** 261 ff
Störer 8 114; Redaktionelle Werbung, Schleichwerbung **4** 3/45 ff; Schleichwerbung **4** 3/6, 3/33 ff; s auch Störerhaftung
Störerhaftung 8 120 ff; Bestehen und Umfang von Beseitigungs- und Prüfungspflichten **8** 128; geistiges Eigentum **8** 123; Haftungsprivileg **8** 124; Fallgruppen **8** 130 ff; Prüfungspflichten **8** 121; Schadensersatzansprüche **8** 123; Täterqualifikation **8** 123; Voraussetzungen **8** 124 ff
Störungszustand 8 71 ff
Strafbare irreführende Werbung 16 3 ff; Absicht **16** 15 ff; Begriff der Angabe **16** 6; Geschäftliche Handlung **16** 5; Geschäftliche Verhältnisse **16** 10; Irreführende und unwahre Angaben **16** 9; Konkurrenzen **16** 28; Mitteilungen an einen größeren Personenkreis **16** 13; Objektiver Tatbestand **16** 6 ff; Öffentliche Bekanntmachungen **16** 12; Persönliche Eigenschaften und Verhältnisse **16** 10; Schutzgesetz **16** 4; Schutzzweck **16** 4; Strafe **16** 24 ff; Strafverfolgung **16** 24 ff; Subjektiver Tatbestand **16** 15 ff; Tatbestandsirrtum **16** 20; Tatsachenbehauptung **16** 6; Täterschaft und Teilnahme **16** 21 f; Unterlassung **16** 7; Verbotsirrtum **16** 20; Vergehen **16** 24; Vergleichsmaßstab **16** 19; Verhältnis zu § 5 **16** 3; Verjährung **16** 27; Verkehrsauffassung **16** 9; Verschweigen **16** 7; Vollendung der Tat **16** 23; Vorsatz **16** 15; Zivilrechtliche Folgen **16** 29 f; Öffentliche Bekanntmachungen **16** 12 ff
Strafbare Werbung 16 1 ff
Strafbewehrte Unterlassungserklärung 12 1 ff, 107, 192; **22** 2; Anerkenntnis **11** 42; Aufhebung der einstweiligen Verfügung **12** 155; Doppelnatur der Abmahnung **12** 3; Unterwerfungserklärung **12** 9, 11, 16; Unterwerfungsverlangen, Aufforderung **12** 16; Veröffentlichungsanspruch **12** 214, 224; Vollstreckungstitel **12** 107
Strafrecht 4 11/86 ff; Besondere Ausprägung **5** 17; Folgen **16** 50 ff; Garantenhaftung **16** 22

Straßenverkehrsrecht 4 11/17
Streik 4 10/19
Streitgegenstand 12 57 ff; **PAngV Einf** 33; Echter Hilfsantrag **12** 72; Einstweilige Verfügung **12** 127; Insbesondere-Zusätze **12** 70; Parteiantrag **12** 89; Rechtskraft **12** 93
Streitwert Einstweilige Verfügung **12** 231, 235
Streitwertänderung Streitwertminderung (§ 12 IV) **12** 228
Streitwertherabsetzung Streitwertminderung (§ 12 IV) **12** 228
Streitwertminderung (§ 12 IV) **12** 225 ff; Bewertungsmaßstab **12** 233 f; Einstweilige Verfügung **12** 231, 235; Gebührenstreitwert **12** 225 f; Herabsetzung des Streitwerts **12** 228; Minderungstatbestände **12** 227, 236, 238; Nicht tragbare Belastung **12** 236 f; Unterlassungsklage **12** 231 ff; Verbände **12** 234; Änderung des Streitwerts **12** 238
Streudelikte Einf B 8a, 24
Strukturvertriebssysteme Progressive Kundenwerbung **16** 35, 33
Stundung 4 1/73; Kaufpreis **4** 1/82
Subliminale Werbung 4 1/42
Substituierbarkeit Waren **2** 63, **6** 43
Subunternehmer Irreführung über Einsatz **5** 671 f
Subventionen Einf D 30
Suchmaschinen Beeinflussung von **4** 10/53; **7** 94; Haftung der Betreiber **8** 139
Suggestive Beeinflussung 4 1/24 ff
Super, Supersparpreis 5 539; Superreklamehafte Übertreibung **5** 637; Kraftstoff **PAngV 8** 2 f
Superlativwerbung Alterswerbung **5** 654; Produktbezogene Werbung **5** 267; Unternehmensbezogene Werbung **5** 636
Süßstoff Beschaffenheit **5** 253
Systemvergleich 6 33b

Tabak Beschaffenheit **5** 253
Tabakgesetz, vorläufiges **4** 11/71
Tabakprodukt-Verordnung (Tabakprodukt V) 4 11/64
Tabakwaren Beschaffenheitsangaben **5** 377; Geographische Herkunftsangaben **5** 377
Tabakwerbung Einf C 60
Tagespreisklausel PAngV 1 68
Tankstellen PAngV 8 1 ff; Kraftstoffangebot **PAngV 8** 1
Tarife PAngV 4 13
Tarnende Angaben Irreführung **5** 169 ff
Tarnung einer Werbeaussage **4** 3/6; der Person des Anbieters **5** 173; des Charakters einer Werbemaßnahme **5** 171 f; Gutachten

Sachverzeichnis

4 3/7; **5** 176; von Art und Inhalt des Angebots **5** 175; von Zweck und Anlass der Werbung **5** 170
Täterschaft Betriebsspionage **17** 17; Geheimnishehlerei **17** 20; Geheimnisverrat **17** 13; und Teilnahme **4** 11/29; **8** 115 ff; Vorlagenverwertung **18** 3
Tatfrage Objektive Geeignetheit zur Wettbewerbsförderung **2** 43
Tatsachenbehauptung Einf D 9; **4** 8/12; Falsche **8** 73 ff; Angaben (§ 5) **5** 85 ff, **16** 6
Tatsächliche Vermutung 2 20
Täuschung über Werbecharakter Irreführende Werbung **5** 548
Taxpreis 5 540
Technische Regeln 4 11/13
Technisches Mittel 17 19
Teigwaren Beschaffenheit **5** 253
Teilnehmer 8 119
Teilzahlungsgeschäfte PAngV 6 5, 9
Teilzahlungskauf 4 1/73
Teilzahlungspreis 5 448, 481 f
Teledienstegesetz 5 73
Telefaxwerbung 7 64
Telefonanschluss Umstellung **4** 10/50
Telefonwerbung 7 41 ff; Arbeitnehmer **7** 46; gegenüber Gewerbetreibenden **7** 41, 46 ff; gegenüber sonstigen Marktteilnehmern **7** 55; gegenüber Verbrauchern **7** 41; Gesetz zur Bekämpfung unerlaubter Telefonwerbung **Einf A** 53; **7** 6; mittels Anrufmaschinen **7** 45; Warteschleifen Werbung **7** 60; werbefinanzierte Telefongespräche **7** 59; **20** 2 ff
Telekommunikationsgesetz 4 11/10; **7** 21
Telekommunikations-Kundenschutz V Dienstleistung **PAngV Einf** 30
Territorialitätsgrundsatz PAngV Einf 23
Testamentsvollstreckung 4 11/37
Testergebnisse 6 78; Irreführende Werbung **5** 418 f; Werbung mit **5a** 25
Testfotos 4 10/21b
Testkauf 4 10/20 ff
Testkaufkosten Erstattungsfähigkeit **12** 105
Testmaßnahmen 4 10/20; geschäftliche Handlung **2** 16, 26, 32
Testpreis 5 541; **6** 5
Tests irreführende Werbung **5** 418 ff; vergleichende Werbung **6** 78
Textilerzeugnisse Geographische Herkunftsangaben **5** 378; gesetzliche Vorschriften Beschaffenheit **5** 253
Textilkennzeichnungsgesetz 5 253
Tiefpreis 5 542; s auch Dauertiefpreis
Tiefstpreis 5 543
Tierärzte 4 11/52; Verbot berufswidriger Werbung **PAngV 9** 8, 12

Tierheilpraktiker 5 592, 630
Toleranzgrenze PAngV 1 12 f; **9** 4
Toto 4 1/106
Traditionswerbung 5 654 ff; **16** 17
Transparenzgebot 7 69; Bedeutung **4** 4/1; **4** 5/1; **5** 1; bei Verkaufsförderungsmaßnahmen **4** 4/1; Umweltschutz **4** 1/135; Gesundheitsbezogene Werbung **4** 1/136, 1/138; Nichtgewährung ausgelobter Preise **Anh 3** 56 f
Traumpreis 5 544
Trennungsgrundsatz/Trennungsgebot **4** 3/8 ff; **7** 16; Beweislast **4** 3/53
Trinkwasser Beschaffenheit **5** 253
TRIPS-Abkommen Einf B 2; **Vor 17–19** 4, 6; **17** 1; Klageerhebungsfrist **12** 157
Tschechische Republik Einf B 58
Türkei Einf B 67
TÜV-Maschinenzeichen PAngV 1 42; Irreführende Werbung **5** 260, 419
Typosquatting 4 10/51

Überführungskosten 5 446, 516; **PAngV 1** 32
Überörtliche Sozietät 5 626
Überrumpelung 7 75
Übertreibungen/Übertreibende Angaben **4** 1/43; getarnte Werbung **4** 3/42; Irreführung **5** 91, 187 ff; Unternehmensbezogene Alleinstellungswerbung **5** 631
Übertriebenes Anlocken 4 1/59 ff, 1/80 f; **Anh 3** 22
Übervorteilen Irreführende Werbung **5** 551
Üblichkeit/üblich Angebot nach Tarif **PAngV 4** 13; Erkennbarkeit **PAngV 1** 53; Irreführung **5** 158, 175, 184, 194 ff, 200, 292, 573; Vorbehalt bei Verrechnungssätzen **PAngV 1** 65
Umsatzeinbußen 2 30
Umsatzsteuer PAngV 1 14, 23, 31 f, 62
Umsonst 4 1/75; **5** 509, 545; **Anh 3** 57
Umsonstlieferung 4 1/75
Umweltbezogene Werbung 4 1/132 ff; **5** 301 ff; Anforderungen **5** 301 ff, 306; Aufklärungspflichten **5** 301, 306; Umweltzeichen **5** 305; Verkehrserwartung **5** 303
Umweltrecht 4 11/17
Umweltschutz 3 60; **4** 1/125, 1/132
Umweltzeichen 5 305
Unberechtigte Abmahnung 4 10/43; Aufwendungsersatzanspruch des Abgemahnten **12** 28; Feststellungsklage **12** 29; Schadensersatzklage **12** 30; Schutzrechtsverwarnung **12** 31; Unterlassungsklage **12** 30; s auch unberechtigte Schutzrechtsverwarnung, Abmahnung

Sachverzeichnis

Unberechtigte Klageerhebung s Klageerhebung, unberechtigte
Unberechtigte Schutzrechtsverwarnung 3 89ff; 4 8/13; 4 10/33ff; Abnehmerverwarnung 3 91; Herstellerverwarnung 3 89f
Unbestellte Produkte s Zusendung unbestellter Waren
Unbestimmte Aussagen 5 89, 94
Unbestimmte Entgelte PAngV 1 28; Verpflichtung zur Endpreisbildung, Unmöglichkeit **PAngV** 1 28, 58
Unbestimmte Preisangaben 5 449
Unbestimmter Rechtsbegriff Konkretisierung 1 1; 3 10ff; sonstiges unangemessenes unsachliches Handeln 4 1/13
Unclean hands 8 183
Unentgeltlich Irreführung 4 3/57; 5 509, 546; Kundenbeförderung 4 1/28f; Preisrätselgewinne 4 3/26f; Product Placement 4 3/35; Tranzparenzgebot 4 1/92, 1/104; Zinsvorteil 4 1/82; **PAngV** 6 7f; Zuwendung 4 1/22, 1/25, 1/57ff; s auch Originalware und Presseerzeugnisse
Unentgeltliche Verteilung s Originalware und Presseerzeugnisse
Unerheblichkeitsschwelle 3 1; 4 3/63
Ungarn Einf B 59
Unionsrecht Einf A 9, 40ff; **Einf C** 1ff; 1 22; 4 2/4, 3/2; 5 37ff; **PAngV Einf** 13; Bagatellklausel 3 48ff; Bagatellfälle 3 63, Bilateraler Bezeichnungsschutz 5 401f; Dienstleistungsfreiheit **Einf C** 22ff; 5 69ff; Einfuhrbeschränkungen 5 67f; Etikettierungsvorschriften 5 66; EuGH, gesetzlicher Richter 5 38; Generalklausel 3 19ff; Geographische Herkunftsangaben 5 311ff, 315f, 322, geschichtliche Entwicklung **Einf C** 3; Informationsanforderungen **5a** 34ff; 45ff; Irreführungsquote 5 49f; Konkretisierung der Generalklausel 3 15; Kopplungsverbot 4 6/2; Maßnahmen gleicher Wirkung **Einf C** 12ff; 5 54, 67f; primäres **Einf C** 9ff; Richtlinien **Einf C** 26ff; 5 30, 42; sekundäres **Einf C** 26ff; Umsetzungsfrist, Ablauf 5 41; Unzulässige Geschäfte nach **Anh 3** 1ff; Verbraucherbegriff 2 95ff; Verbraucherleitbild 2 104, Verkaufsförderungsmaßnahmen 4 1/55; Verordnungen **Einf C** 26, 42; 5 40; Vorlagepflicht 5 38; Vorrang **Einf A** 9; 5 37, 43f; Warenverkehrsfreiheit **Einf C** 12ff; Werbung mit elektronischen Medien 5 73f
Unionsrechtskonforme Auslegung Einf B 27; 5 44
Unklare Angaben Irreführung 5 160ff
Unkostenpauschale PAngV 1 33

Unlauterkeit Bagatellklausel, Unterscheidung 3 48ff; berufliche Sorgfalt 3 24; Beweislast 3 43; Grundrechte 3 27; Konkretisierung 1 1; 3 18ff; **Vor 4** 4; **Anh 3** 3f; Objektives Verständnis 3 42, 79; Unbestimmter Rechtsbegriff 3 10ff
Unmittelbare Leistungsübernahme s Nachahmung
Unsachliche Werbung 4 1/49ff
Untereinstandspreisverkäufe 4 1/83; 5 489; s auch Verkauf unter Einstandspreis
Unterlassen 2 8, 20; 8 117; geschäftlicher Verkehr 2 8; Irreführung **5a** 1ff; Richtlinie unlautere Geschäftspraktiken 2 6
Unterlassungsanspruch Einf B 7f, 20; **Einf C** 39; 8 1ff; Anerkenntnis (materiell) 11 42; 12 191; Aufbrauchfrist 8 38ff; Begehungsgefahr 8 6, 37; Durchsetzung 8 34; Einstweilige Verfügung 12 109; Erstbegehungsgefahr 8 5, 27ff; Kerngleiche Handlungen 8 35ff; räumlicher Geltungsbereich 8 36; Rechtsnatur 8 5; Reichweite 8 35; titulierter 12 42; Umfang 8 35ff; Verjährung 11 15, 18ff; Wiederholungsgefahr 8 5, 7ff
Unterlassungserklärung 8 10ff, 48; Abgabe gegenüber Dritten, anderen Verletzten 8 17f; Aufbrauchfrist 8 47; Auslegung 8 15; Beschränkungen 8 12; einseitige Unterwerfung 8 14; Schriftform 8 12; Teilunterwerfung 8 11; Vertragsstrafe 8 11, 16ff; Auslegung 8 15
Unterlassungsklage Bestimmtheit des Antrags 12 61ff; Konkretisierungsgebot 12 69; Rechtsschutzbedürfnis 12 55f; Streitgegenstand 12 57f; Streitwert 12 225ff, 231ff; Urteilsbekanntmachung 12 212f; Verhältnis Beseitigungsklage 12 75; Verjährungshemmung 11 40, 51
Unterlassungsklagenrichtlinie Einf C 39
Unterlassungsklagenverordnung Änderung durch Rechtsverordnung 21 1
Unterlassungstitel Fortfall 12 254
Unterlassungsurteil Ordnungsmittelandrohung 12 92; Prozessurteil 12 87; Rechtskraft, Bindungswirkung 12 89f, 96f; Sachurteil 12 88; Vollstreckungsgegenklage 12 90; Wegfall der Wiederholungsvermutung 8 21; Zeitliche Begrenzung 12 90; Zwangsvollstreckung 12 241ff; s auch Urteil
Unterlassungsverfügung 12 108ff
Unterlassungsvertrag 8 48ff; Auslegung 8 52; Beendigung 8 60ff; Rechtsnatur 8 49; Schadensersatzanspruch 8 59; Vertragsinhalt 8 51; Wirkungen 8 53ff; Zustandekommen 8 50
Unterlassungsvollstreckung 12 241ff

Sachverzeichnis

Unternehmensbedeutung Beispielsfälle 5 599 ff, 602 ff; Irreführung **5** 598 ff
Unternehmensbegriff 2 45, 88 ff
Unternehmensbezogenheit 2 45; **5** 636 ff
Unternehmensgeheimnis Vor 17–19 1 ff; und Abwerbung von Mitarbeitern 4 10/27
Unternehmensidentität 5a 37 f; Identitätstäuschung **5** 568 ff
Unternehmensinhaber Begriff 2 88 ff; **8** 151; Haftung für Mitarbeiter und Beauftragte **8** 143 ff; Handeln im geschäftlichen Verkehr **2** 7 ff, 92; Irreführung **5** 566 f
Unternehmenskennzeichen 4 3/32; **5** 29, 223, 303, 599, 614
Unterschieben anderer Ware 4 10/50; **5** 163, 310, 380
Unterschwellige Werbung 4 1/42, 1/142
Unterwerfungserklärung 8 11 ff; Änderung der Rechtslage 4 1/87; Gesetzliche Regelung **12** 1 ff, 9, 11; prozessuale Folgen **12** 109, 192; Strafbewehrte Unterlassungserklärung **12** 7; s auch Unterlassungserklärung
Unvertretbare Handlungen Zwangsvollstreckung **12** 257
Unvollständige Angaben 4 2/15; Irreführung **5** 178 ff, 443, 552; **5a** 9, 14, 32, 35
Unzulässige Rechtsausübung 8 173 ff; s auch missbräuchliche Rechtsverfolgung bzw Geltendmachung
Unzumutbarkeit der Abmahnung Anspruchsvereitelung **12** 6; Beiseiteschaffen nachgeahmter Ware **12** 6; Eilbedürftigkeit der Anspruchsdurchsetzung **12** 6
Unzumutbarkeit der Belästigung 7 25
Unzuständigkeit Einstweilige Verfügung **12** 126; s auch Zuständigkeit
Urheberrecht Einf D 77, 85; und vergleichende Werbung **6** 20
Ursprungsangabe Geographische Herkunftsangaben **5** 343 f, 359, 380, 384
Ursprungsbezeichnungen 6 11, 45
Urteil 12 87 ff; Kostenentscheidung **12** 99 ff; Rechtskraft **12** 93 ff; Urteilsverfügung **12** 144; s auch Unterlassungsurteil, Urteilsbekanntmachung
Urteilsbekanntmachung 4 7/19; Einstweilige Verfügung **12** 109 ff, 123, 212 ff; Inhalt **12** 222; Interessenabwägung **12** 218 ff, 222; Materiell-rechtlicher Veröffentlichungsanspruch **12** 224; Obsiegende Partei **12** 217; Unterlassungsklage **12** 211, 224; Urteil **12** 220 ff; Veröffentlichung **12** 212 ff, 222; Veröffentlichungsanspruch **12** 214; Veröffentlichungsbefugnis **12** 213, 215 f, 224
USA Einf B 68

UWG 1909 Einf A 28 ff; Entwicklung 4 1/126; **5** 2
UWG 2004 Einf A 44 ff; Regelungskonzept **1** 9; **5** 1 f, 4, 5; **16** 1; **PAngV Einf** 9
UWG Funktionswandel 1 4; Kein Schutzgesetz iSd § 823 II BGB **5** 14; **11** 12; Normzweck **1** 19 ff; Schutzzweck **1** 1 f, 6 ff; Sozialrechtliches Verständnis **1** 4; Verhältnis zum GWB **1** 8
UWG-Novelle von 2008 Einf A 49 ff; Neuerungen **1** 13; **2** 3, 6, 21, 23; **3** 1 ff, 45 ff, 99; **Anh 3** 2; **4** 2/3 ff; **5** 6

Vanity-Rufnummern 4 10/52
VDE-Zeichen 5 260; Irreführende Werbung **5** 419
Venire contra factum proprium Einwand widersprüchlichen Verhaltens **8** 183; **15** 14
Verabschiedungsschreiben 4 10/57
Veränderung von Produkten 2 72; **5** 242, 288 ff
Verarbeitung Naturerzeugnisse **5** 382
Verbandsklage 8 95 ff
Verbotsgesetz 16 55; **PAngV Einf** 28
Verbraucher 1 6, 19 ff; Arbeitnehmer **2** 100; Begriff **PAngV Einf** 14 f, 19 ff, **1** 19; bestimmte Verbrauchergruppen **3** 79 f; Gemeinschaftsrecht **2** 99; Natürliche Person **2** 100 ff; Schutzsubjekt **2** 50, 103; **4** 1/8; Verbrauchergeneralklausel **3** 65 ff; s auch Verbraucherleitbild
Verbraucherdarlehensvertrag PAngV Einf 29
Verbraucherhandeln Beweislast 2 97
Verbraucherinformation 5 62, 440; **PAngV Einf** 1, 14 f
Verbraucherkreditgesetz PAngV Einf 5, 7, 12
Verbraucherleitbild Einf A 40; **1** 24; **2** 104 ff; **4** 1/14 ff; **5** 48, 85,112; BGH **2** 107 ff; Entwicklung **2** 105 ff; EuGH **2** 96; Kriterien **2** 110 ff
Verbraucherrechte als Besonderheit **Anh 3** 30; Irreführung **5** 704
Verbraucherschutz Einf D 68 f; **1** 11, 19 ff; **5** 12, 43, 56, 72; **PAngV Einf** 7, 14 f
Verbraucherschutzrichtlinie Einf C 43 ff; **1** 25 f; **6** 9
Verbraucherverbände 1 26; **8** 109 ff; **Anh 3** 11; Anspruchsberechtigung **8** 110 f; Ausländische qualifizierte Einrichtungen **8** 112; Streitwertminderung **12** 227, 234
Verbreiten 2 71 f; Druckschriften **14** 11 f; Presseerzeugnis **4** 1/63
Verbreitete Auflage 5 601, 649, 674
Verdeckte Kopplungen 4 1/89 ff
Vereinsrechtlichen Vorschriften 4 11/20

Sachverzeichnis

Verfahrensbezogene Äußerungen Privilegierung **12** 30f
Verfassungsbeschwerde Einstweilige Verfügung **12** 182
Verfügbarkeit Irreführung **5** 237ff; von Waren **5** 215
Verfügungsanspruch 12 110ff; Glaubhaftmachung **12** 116, 118, 133f, 197
Verfügungsantrag 12 127ff, 136; Bestimmtheit **12** 130
Verfügungsgrund Dringlichkeitsvermutung **12** 115ff; Einstweilige Verfügung **12** 110ff; Glaubhaftmachung **12** 133f, 156f; Klage zur Hauptsache **12** 120; Prozessvoraussetzung **12** 114, 116
Vergleich 6 34ff; **12** 107f; vor Einigungsstelle **15** 10
Vergleichende Werbung 6 1ff; Grenzen **5** 102
Vergütungsregelungen PAngV **1** 45
Verhaltenskodex 4 11/13; Begriff **2** 82; Billigung **Anh 3** 10f; Irreführung über Einhaltung **5** 702; unterzeichneter **Anh 3** 7; § 2 I Nr. 5 UWG **2** 82ff
Verhaltenssteuerung, präventive **2** 87
Verhältnis zum UWG PAngV **Einf** 25ff
Verhältnismäßigkeit 8 38ff; geographische Herkunftsangaben **5** 386; Hemmnisse des freien Warenverkehrs **5** 56; Ordnungsmittel **12** 249ff; **Anh 3** 3
Verhältnismäßigkeitsabwägung 4 7/18
Verhältnismäßigkeitsprinzip 6 2, 68
Verharmlosung von Gesundheitsgefahren 3 74
Verjährung (§ 11) 11 1ff; Abmahnkosten **11** 25; Abschlussschreiben **11** 25; andere Ansprüche (§ 11 IV) **11** 32; Anerkenntnis **11** 42; Anwendungsbereich **11** 6ff; Auskunftsanspruch **11** 24; Bereicherungsansprüche **11** 13; Beweislast **11** 52; Dauerhandlung **11** 18f, 23; Einrede **11** 48; Einredeverzicht **11** 47; Entstehung des Anspruchs **11** 16ff; Erledigungserklärung **11** 49; Fortgesetzte Handlung **11** 20; grob fahrlässige Unkenntnis **11** 30; Hemmung **11** 33ff; Hemmung durch Antrag auf Erlass einer eV **11** 39; Hemmung durch Klageerhebung **11** 38; Hemmung durch Verhandlungen **11** 37; Hemmungstatbestände **11** 37ff; Kenntnis der Person des Schuldners **11** 28; Kenntnis der schadensbegründenden Umstände **11** 27; Konkurrierende Ansprüche **11** 9ff; Neubeginn **11** 41ff; Normzweck und Bedeutung **11** 1f; Rechtsmißbräuchliche Geltendmachung **11** 51; Regelungsinhalt **11** 3ff; Schadensersatzanspruch **11** 22, 31; Titulierte Unterlassungsansprüche **11** 8; UWG-Ansprüche **11** 6; Unterlassungs- und Beseitigungsanspruch **11** 17ff; Vereinbarungen **11** 47; Vertragliche Ansprüche **11** 7; Vollstreckungshandlung **11** 43; Voraussetzungen **11** 15ff; Vorbeugender Unterlassungsanspruch **11** 21; Wirkung **11** 44ff; Wissensvertreter **11** 29
Verjährung Gewinnabschöpfungsanspruch **10** 22; Hemmung durch Anrufung der Einigungsstelle **15** 5, 13ff; Ordnungsmittel **12** 253; Progressive Kundenwerbung **16** 31ff; Schadensersatzanspruch (§ 945 ZPO) **12** 210; Strafbare irreführende Werbung **16** 24, 27; Verletzungsunterlassungsanspruch **8** 9; Vertragsstrafeanspruch **12** 41
Verkauf unter Einstandspreis 4 1/83; **4** 10 95; **5** 488
Verkaufs- und Werbefahrten 4 1/29; **5** 685
Verkaufseinheiten ohne Umhüllung PAngV **1** 35
Verkaufseinheiten PAngV **1** 35f, 39ff
Verkaufsförderungsmaßnahmen 4 1/52ff; **4** 4/3; Information über Bedingungen **4** 4/8ff; Preisausschreiben, Gewinnspiele **4** 5/4; **4** 6/3, 6/6; Preisnachlässe, Schneeballsysteme **Anh 3** 42; Zugaben, Geschenke **4** 4/4ff
Verkaufsmodalitäten s Keck-Rechtsprechung
Verkaufte Auflage 5 601
Verkehrsauffassung 5 25, 27, 112ff; Auswirkung spezialgesetzlicher Regelungen **5** 25ff; Bedeutung für wettbewerbsrechtliche Relevanz **5** 216; Beschaffenheit **5** 247ff; Beweiserhebung **5** 141ff; Blickfang **5** 132; Durchschnittsmaßstab **5** 122; Ermittlung PAngV **1** 48; Feststellung **5** 134ff; Geographische Herkunftsangaben **5** 220, 310, 340, 346ff; Gesamteindruck **5** 125; Kriterien **5** 125ff; Maßgebender Zeitpunkt **5** 131, 145f; Meinungsforschungsgutachten **5** 14ff; Objektiver Eindruck **5** 129; Preiswerbung **5** 438; Preiswerbungsschlagworte **5** 491ff; Rabatte **4** 1/68ff; Regionale Beschränkung **5** 124; Richterliche Sachkunde **5** 135ff; Verweisende Verkehrsvorstellung **5** 184, 254, 258; Wandel der Verkehrsauffassung **5** 250f, 353ff; s auch Verbraucherleitbild
Verkehrsfähigkeit Anh 3 28f
Verkehrskreise 2 106; **5** 105, 112, 115ff
Verkehrspflichten, Verletzung lauterkeitsrechtlicher **8** 120, 127f; s auch Störerhaftung
Verkehrssitte 4 11/13
Verkehrsverständnis Begriff **5** 112; Ermittlung **5** 134ff, 143f; Schlüssigkeit **12** 59

Sachverzeichnis

Verleiten zum Vertragsbruch Einf D 66 a; **3** 42, 86; **4** 1/153; **4** 10/5, 10/28 ff, 10/56, 10/77a
Verletzer Täterschaft bei Verkehrspflicht **3** 59, 89
Verletzergewinn Herausgabe **9** 19 ff
Verletzungshandlung Tun und Unterlassen **8** 117
Verletzungsunterlassungsanspruch 8 5 ff
Verlosung 4 1/53, 1/106
Vermeidbare Herkunftstäuschung 4 9/52 ff; post-sale confusion **4** 9/55, 9/67; unmittelbare und mittelbare Herkunftstäuschung **4** 9/53
Vermittler Normadressat **PAngV 1** 8
Vermögen des Werbenden Täuschung über Vermögensverhältnisse **5** 571
Vermögensberater 5 693
Vermögensverhältnisse s Vermögen des Werbenden
Vermutung der Wiederholungsgefahr kerngleiche Handlung **8** 8; konkrete Verletzungsform **8** 8
Verordnung EG-VO 258/97 **4** 11/61; EG-VO 178/2002 **4** 11/61; EG-VO 1829/2003 **4** 11/61; EG-VO 1924/2006 (Health-Claims-VO) **4** 11/64; Verkaufsförderung im Binnenmarkt (Vorschlag) **Einf C** 63; **4** 1/55; **4** 6/2; Weinmarkt EG-VO 2006/2004 (Zusammenarbeit im Verbraucherschutz) **Einf C** 42
Verpackungsverordnung 4 11/62
Verrechnungssätze PAngV 5 2 f, 6; bei Leistungen **PAngV 1** 65
Versandkosten 5 48, 454; **PAngV 1** 33 f, 48 f, 62
Verschenken von Originalware **4** 1/62 f, 81; **4** 10/95, 10/99 f; von Presseerzeugnissen **4** 10/95, 10/102
Verschleiernde Angaben 5 163 ff
Verschleierndes Wettbewerbshandeln Irreführende Werbung **5** 164 ff, 549 f
Verschleierung des Werbecharakters 4 1/159; **4** 3/1 ff, 3/54 ff
Verschulden 3 26, 59; **9** 6 ff; **17** 43; Bagatellklausel **3** 13, 48 ff; berufliche Sorgfalt **3** 24; Interessenabwägung Unlauterkeit **3** 33; Kenntnis der anspruchsbegründenden Umstände (§ 11) **11** 27; Mitverschulden **12** 209; Ordnungsmittel **12** 222, 243 ff; Schadensersatzanspruch **3** 41; Verwirken von Vertragsstrafe **12** 37
Verschweigen Aufklärungspflichten **5** 213; **5a** 7 ff; Irreführung **5a** 1, 10 ff; Strafbare irreführende Werbung **16** 7; Wettbewerbsrechtliche Relevanz **5** 213
Verschwiegenheitspflichten 17 37 ff

Versicherung 4 1/35; **5** 694; **Anh 3** 37, 69; **PAngV 6** 5, 9, 13 f
Versteigerungen 4 1/111 ff; Freistellung von der Preisangabepflicht **PAngV 9** 1 f, 9 f; Irreführende Angaben **5** 170, 435; Schätzpreis **5** 532; Versteigerungsverkäufe **5** 168
Versuch 17 15, 31; **18** 10; **19** 3, 5
Vertikales Marktverhältnis 2 27, 51; **4** 1/8
Vertikalverhältnis 1 14, 19, 27
Vertraglicher Unterlassungsanspruch 8 48 ff; anstelle des gesetzlichen **8** 23, 53; Anspruchskonkurrenz m. ges. Unterlassungsanspr. **8** 59; Dringlichkeitsvermutung (12 II) **12** 115; Gerichtsstand **14** 2, 10; Rechtsnachfolger **8** 65; Rechtsschutzbedürfnis für Klage **8** 59; Übertragbarkeit **8** 64 ff; Verjährung **11** 8, 17 ff; Verschulden **8** 56; Vertragsstrafe **12** 33 ff; Zuständigkeit **13** 2; **15** 6; Zuwiderhandlung **8** 54 f; s auch Unterlassungsvertrag
Vertragsabschluss 2 49
Vertragsangebote Verschleierung des Werbecharakters **4** 3/54 ff
Vertragsbedingungen Irreführende Werbung **5** 422 ff, 546 ff; **Anh 3** 54
Vertragsbruch s Ausnutzung von Vertragsbruch, Leistungsstörungen, Verleiten zum Vertragsbruch
Vertrag, Durchführung **2** 49
Vertragspflichten Aufklärungspflichten **5a** 13 ff; Durchsetzung **Anh 3** 68
Vertragsrechte Einf D 65; **4** 1/20 Beeinträchtigung der Entscheidungsfreiheit **3** 96; **Anh 3** 74; **4** 1/5, 1/47; Belehrung **5** 552 f; Geschäftliche Handlung **2** 21 f, 45 ff; Irreführung **5** 15; Vertragsauflösungsrecht Abnehmer **1** 11
Vertragsstrafe 8 16 ff; **12** 33 ff; Bemessung **12** 36; Bestimmung durch Gläubiger **8** 16; Höhe **12** 36; Mehrfache Zuwiderhandlung **12** 38; Mehrfache Zuwiderhandlung, Natürliche Handlungseinheit **12** 38 f; Mehrfache Zuwiderhandlung, Rechtliche Einheit **12** 38 f; Ordnungsgeld **12** 42; Rechtsmissbräuchliche Geltendmachung **12** 40; Schadensersatzanspruch **12** 43; Verjährung des Vertragsstrafeanspruchs **11** 7; **12** 41; Verwirkung **8** 56; **12** 37; Zweck **12** 35; s auch Vertragsstrafeversprechen
Vertragsstrafeanspruch Gerichtliche Zuständigkeit **13** 2; **15** 6
Vertragsstrafeversprechen 8 16; erneuter Verstoß **8** 16; an Dritten **8** 16; Höhe der Vertragsstrafe, Angemessenheit **8** 16
Vertragsverletzung Einf D 65 ff
Vertrauen Ausnutzung **4** 1/143 ff; Öffentliche Hand **Einf D** 34, 36 ff, 42; **4** 1/147

Sachverzeichnis

Vertrauensschutz 4 11/11
Vertrauensstellung Einf D 34, 36
Vertraulichkeit 4 8/17; 4 9/73; 17 8, 14, 45
Vertretbare Handlungen Zwangsvollstreckung 12 257
Vertreterbesuch s Haustürwerbung
Vertriebsbindungssysteme 3 86ff
Vertriebssystem selektives 4 10/67ff; Multi-Level-Marketing 4 1/119; 16 35ff
Verunglimpfung 4 7/13; 6 65f
Verwaltungsakte 4 11/13
Verwaltungsrecht 4 11/11
Verwechslungsgefahr 5 417, 705ff; 6 57ff
Verweisende Verkehrsvorstellung 5 184, 254, 258
Verwendungsmöglichkeit Irreführung 5 293ff
Verwirkung 8 173ff
Virales Marketing 8 137
VOB 4 11/13
Volksgesundheit 4 1/137; 5 20
Vollstreckungsgegenklage Unterlassungsurteil 12 90
Vollstreckungsschutzantrag Einstellung der Zwangsvollstreckung 12 252
Vollziehung der eV 12 166ff
Vollziehungsfrist 12 173ff
Vollzug PAngV Einf 18
Von ... bis- Preise PAngV 1 30
Vorauszahlungen 4 1/74
Vorbeugender Unterlassungsanspruch 8 25ff; Erstbegehungsgefahr 8 25, 27ff; 14 10; Verjährung 8 9, 26; 11 21, 46; Wesen und Bedeutung 8 25
Vorenthalten einer wesentlichen Information 5a 4, 9ff
Vorfeldthese Einf D 74; 3 31
Vorfinanzierung PAngV 6 6
Vorgeschriebene Angaben Irreführung 5 198, 200f, 255ff; PAngV 1 39; 6 7
Vorgeschriebene Bezeichnungen 5 28
Vorhalten Zeitraum Anh 3 17; 5 244
Vorlagenfreibeuterei s Vorlagenverwertung
Vorlagenverwertung 18 4
Vorrang des Gemeinschaftsrechts 3 22; 5 37ff, 43; Auslegung, harmonisiertes Recht 5 44; markenrechtlicher Wertungen 5 707ff
Vorsatz 9 6; „Bait-and-Switch" Anh 3 18; Entbehrlichkeit der Abmahnung 12 5; Strafbare Werbung 5 17; 16 1ff
Vorschieben eines Mittelmanns Irreführende Werbung 5 166, 550
Vorschrift technischer Art 18 5
Vorspannangebote 3 85; 4 1/89
Vorsprung durch Rechtsbruch PAngV Einf 25

Vortäuschen amtlicher Prüfung Irreführende Werbung 5 282, 418
Vorteilsannahme und -gewährung Einf D 41; 4 11/90

Wahrheitsgrundsatz 4 1/84; 4 3/1f; 5 8; Preiswahrheit 5 439; PAngV Einf 1, 14, PAngV 1 5, 46, 49f
Wahrnehmbarkeit 4 4/9; PAngV 1 51ff
Wandel der Verkehrsauffassung s Verkehrsauffassung
Waren PAngV 1 21ff; 5 230
Warenbezogene Ausnahmen Preisangabepflicht PAngV 9 16f
Warengebinde PAngV 1 36
Warenkopplung 4 1/88ff; Anh 3 47; s auch Kopplungsangebote
Warenlisten PAngV 4 9ff
Warenmenge PAngV 1 40; Irreführung 5 237ff; Mogelverpackung 5 239
Warenprobe 4 1/61, 1/94
Warenproduktion Verhältnis zum geschäftlichen Verkehr 2 15; Verhältnis zum Inverkehrbringen 2 68
Warentests 4 8/13; 6 25, 74ff; Irreführende Werbung 5 420f; s auch Produkttest
Warenverkehrsfreiheit Einf C 12ff; 3 23; 4 9/8; 5 54ff; 7 8; Dassonville-Formel Einf C 13; Irreführung, Einzelfälle 5 58ff; Irreführungsgefahr, Art. 28 EG 5 57f; Keck-Rechtsprechung Einf C 14ff; Rechtfertigungsgründe Einf C 17; Produktcharakteristika Einf C 14ff; 5 62ff, 65; Verkaufsmodalitäten Einf C 14ff; 5 62ff
Warenvorrat Angemessenheit 5 243, 246; Blickfangmäßige Herausstellung 5 243, 340; Darlegungs- und Beweislastregel, § 5 V 2 5 244; Irreführung 5 242ff; Anh 3 17ff; Mindestdauer der Verfügbarkeit 5 244; Regelvermutung, § 5 V 2 5 244; Relevanz der Irreführung 5 245; Sofortige Liefermöglichkeit und -bereitschaft 5 243; Verkehrserwartung 5 243; Vorhaltezeitraum 5 244
Warnungen der öffentlichen Hand Einf D 40

Warteschleifen-Werbung 7 60
Wasser PAngV 3 2
Wechselwirkung GWB 1 8; Irreführung 5 391
Wechselwirkungslehre 4 9/26
Wegfall der Erstbegehungsgefahr 12 35
Wegfall der Wiederholungsgefahr Änderung der Rechtslage 8 20; Einstweilige Verfügung und Abschlusserklärung 8 22; Folge 8 23; ohne Unterlassungserklärung 8 19; Rechtsirrtum 8 19; Rechtsnachfolge 8

Sachverzeichnis

10; Unterlassungsurteil **8** 21; Unterlassungsvertrag **8** 53
Wein Geographische Herkunftsangaben **5** 362, 375, 379, 382; Weinlagenname **5** 343, 631
Wein, Likörwein, Schaumwein u. a. Beschaffenheit, gesetzliche Bestimmungen **5** 254
Weingesetz 4 11/71
Weltstellung, Weltruf Alleinstellungswerbung **5** 267 ff, 636
Werbe- und Verkaufsfahrten s Verkaufs- und Werbefahrten
Werbeadressat Ausnutzung von Angst **4** 2/24; Beteiligte Verkehrskreise **5** 115 ff; Irreführung **5** 81
Werbeagenturen 8 133, 150
Werbeanzeige Ermittlung Sinngehalt **5** 86; Täuschung über Werbecharakter **4** 3/6; **5** 171; Tarnung als Privatangebot **4** 3/62; **5** 173; s auch redaktionelle Werbung
Werbebehinderung s auch Behinderung, gezielte **4** 10/63 ff
Werbebeschränkungen Dienstleistungsfreiheit **5** 70 ff; freie Berufe **PAngV 9** 8; Gemeinschaftsrecht, Verstoß **5** 71; Spezialregelungen **4** 1/141
Werbeblocker 4 10/64, 10/105
Werbefinanzierung Telefongespräche **7** 59; E-Mails **7** 68; SMS **7** 68
Werbegeschenke 4 1/53, 1/57 ff
Werbematerial Scheibenwischerwerbung **7** 78; Verschleierung des Werbecharakters **4** 3/5 ff; 3/54; Verteilen an Passanten **3**, 37; **7** 77; **Anh 3** 61 ff
Werben PAngV 1 14, 18 f
Werbender als Vertragspartner **5** 209; Preisangabepflicht **PAngV 1** 26
Werberegeln 4 11/39
Werberichtlinie s Irreführungsrichtlinie
Werbeslogans Nachahmungsschutz **4** 9/27
Werbeverbote für Waren und Leistungen Freistellung von der Preisangabepflicht **PAngV 9** 4, 8
Werbeverbote, nationale Arzneimittel **4** 2/23; Jugendgefährdende Inhalte **4** 2/10; s auch Werbeverbot für Waren und Dienstleistungen
Werbevorführungen Ausnahmen von der Preisangabepflicht **PAngV 9** 21
Werbung im Ausland PAngV Einf 23
Werbung im Internet 2 114; Angaben, eindeutige **3** 4/10; Ermittlung der Verkehrsauffassung **5** 49; Herkunftslandprinzip **5** 73; Irreführung **5** 648; Preisangabe **PAngV 1** 54; Trennungsgrundsatz **4** 3/41; s auch Internet

Werbung mit Selbstverständlichkeiten Irreführung **5** 192 ff, 673; **Anh 3** 30
Werbung mit Testergebnissen 5a 25; **6** 78 ff; Irreführende Werbung **5** 420 f
Werbung PAngV 6 6; Abonnentenwerbung **2** 33; anlässlich Todesfalls **7** 82; am Unfallort **7** 78; Anwaltswerbung **4** 11/39; Aufforderung zum Kauf **Anh 3** 72; Aufmerksamkeitswerbung **2** 8; **4** 1/120 ff; Begriff **2** 68; durch Dritte **6** 27 ff; Gefühlsbetonte Werbung **4** 1/125 f; Geschmacklose Werbung **4** 1/45 f; Gesundheitsbezogene Werbung **4** 1/137 ff; Heilmittelwerbung **4** 11/67, 11/70 a ff; Imagewerbung **2** 43, 69, 95; Kreditverträge **PAngV 6a** 1 ff; Laienwerbung **4** 1/154 ff; Mandatswerbung **4** 11/45; Mitgliederwerbung **2** 18 f; Schutz der Entscheidungsfreiheit **1** 20 ff; Preisangabepflicht **PAngV 1** 14 ff; produktspezifisch **4** 11/66; Schockierende Werbung **4** 1/43 f; Strafbare **16** 1 ff, 24, 36 ff; Tarnung **4** 3/6; Transparenzgebot **4** 4/1; Unterschwellige Werbung **4** 1/42; vergleichende **6** 1 ff; s auch Belästigung, irreführende Werbung, vergleichende Werbung, redaktionelle Werbung, progressive Kundenwerbung, umweltbezogene Werbung, Werbeadressat, Schleichwerbung, Alleinstellungs-, Spitzenstellungswerbung
Werk 2 30, 47; **5** 632
Wertbezogenheit 4 11/3
Wertneutrale Ordnungsvorschriften PAngV Einf 24
Wertneutralität 4 11/3
Wertreklame 4 1/52 ff
Werturteil 4 7/3, 7/15; **8** 73; Abnehmerverwarnung **3** 91; Angaben **5** 84 f, 87
Wesentliche Leistungen PAngV 5 5
Wesentliche Merkmale Begriff **5** 236
Wesentliche Warenmerkmale 5a 33 ff; Einzelfälle **5a** 15 ff
Wettbewerb Begriff und Konzeptionen **Einf A** 17 ff; Erkennbarkeit **4** 3/1, 3/5; Förderung **2** 25 ff; Institution **4** 11/3
Wettbewerb der öffentlichen Hand Einf D 20 ff, 38 ff; Auskünfte, Empfehlungen und Warnungen **Einf D** 39 f; Beeinflussung amtlicher Entscheidungsprozesse **Einf D** 41; Entgelte **PAngV 9** 7; **4** 1/154; geschäftliche Handlung **Einf D** 24 ff; Geschäftlicher Verkehr **2** 12, 18 f, 30, 38; **PAngV Einf** 21; Missbrauch hoheitlicher Befugnisse **Einf D** 46; Missbrauch von Informationen **Einf D** 45; Preiswettbewerb **Einf D** 47 ff; Rechtsbruch **Einf D** 50 ff; Rechtsweg **Einf D** 22 ff; Unlauterkeit **Einf D** 31 ff; s auch Autoritätsmiss-

1297

Sachverzeichnis

brauch, öffentliche Einrichtungen, Sozialrecht
Wettbewerbliche Eigenart 4 9/32 ff
Wettbewerbsbezug Interessenbeeinträchtigung **1** 46; Verhältnis UWG u PAngV **PAngV Einf** 25
Wettbewerbsfreiheit Einf A 20 ff; **1** 8, 15, 20
Wettbewerbshandlung 6 32; bilaterale **Einf B** 1 f; Geschäftliche Handlung **1** 13; **2** 4 ff, 21 f, 24; Gesamtverhalten **3** 36; Marktbezogenheit **1** 30
Wettbewerbsrecht Begriff **Einf A** 2; Schutzzweck u Funktion **1** 1 ff
Wettbewerbsrechtliche Relevanz 5 208 ff; Geographische Herkunftsangaben **5** 383 f
Wettbewerbsrechtliche Verkehrspflicht 3 92 ff
Wettbewerbsregeln 4 11/3
Wettbewerbsrichtlinien 4 10/58; **4** 11/11; Verletzung von **Anh 3** 7
Wettbewerbsverbände 8 96 ff; ausländische Verbände **8** 96; Fachverbände **8** 96, 98; Kammern **8** 96; Mischverbände **8** 105; mittelbare Mitgliedschaft **8** 104; Rechtsfähigkeit **8** 97; Wahrnehmung und tatsächliche Verfolgung des Verbandszwecks **8** 106 f; Wettbewerbsvereine **8** 96, 98, 106
Wettbewerbsverbot HGB **4** 11/20; AktG **4** 11/20
Wettbewerbsvereine 8 96, 98, 106
Wettbewerbsverhältnis 6 26 a, 14; **8** 93 f, 99
Wettbewerbsvorsprung Bagatellfälle **3** 63
Widerrufsanspruch 8 67 ff, 73 ff, 78 ff; eingeschränkter Widerrufsanspruch **8** 74; einstweilige Verfügung **8** 84; Inhalt und Umfang **8** 78; Vollstreckung **8** 83; Voraussetzungen **8** 71 ff; Zumutbarkeit **8** 80; s auch Beseitigungsanspruch
Widerrufsbelehrung 4 2/15 ff; **5** 552; **5a** 43 f
Widerrufsrecht Einf D 68; **7** 6, 20, 41, 75
Widerspruch Einstweilige Verfügung **12** 147 ff
Widerspruchsvorbehalt 7 27
Wiederholungsgefahr Materiell-rechtliche Anspruchsvoraussetzung **8** 7; Vermutung **8** 8; Verhältnis zur Bagatellschwelle **3** 61; Anerkenntnis, Umfang **11** 42; Vertragsstrafe **12** 7, 16, 33, 36, 160; Vertragsstrafenversprechen **8** 16; Wegfall **8** 10; **12** 90
Wiederholungsvermutung 8 10 ff; Glaubhaftmachung **12** 133; Zeitpunkt der Beurteilung **8** 24; s auch Vermutung der Wiederholungsgefahr
Wikipedia 2 16
Willenserklärung, Anspruch auf Abgabe Einstweilige Verfügung **12** 113

Winzer 5 633
Wirkungsweise Irreführung **5** 293 ff
Wirtschaftsprüfer 4 1/149; 11/51; Berufsbezeichnung **5** 592; unsachliche Beeinflussung **4** 1/148 f
Wirtschaftsstufen 2 51, 61
Wirtschaftswerbung 2 69; **4** 1/43, **4** 1/127; **4** 3/1, 3/8, 3/11
Wissenschaftliche Leistungen Ausnahmen von der Preisangabepflicht **PAngV 9** 26
Wissenschaftliche Tätigkeiten 2 41
Wissensvertreter Verjährung **11** 29; Zurechnung **12** 117

Zahnärzte 4 1/149; **5** 592
ZAW-Richtlinien 4 3/1
Zentrale 5 635
Zentrum 5 635
Zertifikate 5 593
Zigarettenwerbung 4 1/138 f
Zitatwahrheit Grundsatz der **5** 295
Zubehör Irreführung **5** 309
Zugabe 4 1/68; Fahrtkostenerstattung **4** 1/70; Kostenpflichtige Gratisleistungen **Anh 3** 58 f; Kreditgewährung **4** 1/95; Mengenverhältnis zur Hauptware **5** 242; Redaktionelle Zugaben **4** 3/29; Verkehrsauffassung **4** 1/68; Einzelfragen **4** 1/93
ZugabeVO Einf A 34, 39 f; **4** 1/53
Zugelassene Angaben Irreführung **5** 202 ff
Zugelassene Bezeichnungen 5 28
Zuordnung, eindeutige PAngV 1 52
Zurückweisung des Verfügungsantrags durch Beschluß **12** 142 f; durch Urteil **12** 146 f
Zusammensetzung Irreführung **5** 247 ff, 261 ff
Zusatzangaben Effektiver Jahreszins **PAngV 6** 16
Zusendung unbestellter Waren 7 83 ff; **Anh 3** 74 ff
Zuständigkeit Ansprüche auf Grund des UWG **13** 2; Arbeitsgerichte **13** 9; Aufenthaltsort **14** 9; Ausschließliche **13** 1 ff; **14** 1; Begehungsort **14** 10 ff; Doppelrelevante Tatsachen **14** 3; Einstweilige Verfügung **12** 120 ff; Erfolgsort **14** 10; Fliegender Gerichtsstand **14** 11; Funktionelle **13** 6 f; Gerichtsstände **14** 6 f; Gewerbliche Niederlassung **14** 6 f; Handlungsort **14** 10; Internationale **Einf B** 5 ff; **14** 14; Kammer für Handelssachen **13** 6 f; Klagen auf Grund des UWG **14** 2; Klagen von Verbänden und Kammern **14** 13; Klagentrennung **13** 4, 7; Klagenverbindung **13** 4; Objektive Klagenhäufung **13** 4, 7; Örtliche **14** 1 ff; Sachliche **13** 1 ff; Verbreitung von Druck-

Sachverzeichnis

schriften **14** 11; Verbreitungshandlungen **14** 11f; Vereinbarung über **Einf B** 11; Vertragliche Ansprüche **13** 2; Vertragsstrafenanspruch **13** 2; Verweisung **13** 4; Wohnsitz **14** 8; Zuständigkeitskonzentration **13** 5; Zuständigkeitsprüfung **13** 3ff; **14** 3ff; Zweigniederlassung **14** 8; s auch Gerichtsstand

Zustellungsmängel Einstweilige Verfügung **12** 167; Heilung **12** 170

Zuwiderhandlung Ordnungsmittel **12** 246ff; Vertragsstrafe **12** 35ff

Zwangslage 7 15f, 78; Ausnutzung **4** 2/28f; Drohung **4** 1/19; psychische **4** 1/21ff; wirtschaftliche **4** 1/33ff

Zwangsvollstreckung 5 170, 425; Androhung von Ordnungsmitteln **12** 42, 92; Prozessvergleich **12** 107, 237ff; Androhung von Ordnungsmitteln **12** 239ff; Anwaltszwang **12** 241, 245; Beweislast für Verschulden **12** 244; Beweislast für Zuwiderhandlung **12** 244; Einstweilige Einstellung **12** 248; Festsetzung von Ordnungsmitteln **12** 243, 245ff; Fortfall des Unterlassungstitels **12** 250; Handlungsgebot **12** 251ff; Mehrfache Zuwiderhandlungen **12** 242; Natürliche Handlungseinheit, mehrfacher Verstoß **12** 242; Unterlassungsvollstreckung **12** 237ff; Unvertretbare Handlungen **12** 253; Verhängung von Ordnungsmitteln **12** 242; Verjährung von Ordnungsmitteln **12** 249; Vertretbare Handlungen **12** 252; Vollstreckbarer Unterlassungstitel **12** 238; Zuwiderhandlung gegen Unterlassungsgebot **12** 242

Zwecktauglichkeit Irreführung **5** 293ff; **Anh 3** 52

Zypern Einf B 60